U0941145

YEARBOOK OF CHANGJIANG DELTA DEVELOPMENT(2006)

长三角年鉴

(2006)

长 三 角 联 合 研 究 中 心／编
宋林飞／主编　孙克强／执行主编

社会科学文献出版社
SOCIAL SCIENCES ACADEMIC PRESS(CHINA)

编辑委员会

编辑部成员

2005年12月18日，由上海社会科学院、江苏省社会科学院、浙江省社会科学院共同发起的“长三角联合研究中心”在上海成立

中心近期出版的《长三角蓝皮书》

中心近期编辑出版的《长三角观察》

“创新型国家战略与长三角合作创新”

学术研讨会

主办单位：上海社会科学院城市区域研究中心
华东师范大学现代城市研究中心
长三角联合研究中心
2006.11.25

2006年11月，中心和有关部门在上海联合召开“创新型国家战略与长三角合作创新”学术研讨会

中心网址 http://yangtze.org.cn

长三角联合研究中心

长三角联合研究中心是由上海社会科学院、江苏省社会科学院、浙江省社会科学院共同创办的合作研究平台。

长三角联合研究中心将整合苏浙沪三地社会科学院的专业研究力量，着重研究长三角地区城市、产业发展和区域合作问题，并为政府和社会决策提供咨询服务。

长三角联合研究中心将为苏浙沪三地的学者和政府部门搭建一个共同探讨长三角区域发展与合作的学术平台、交流平台和信息平台。

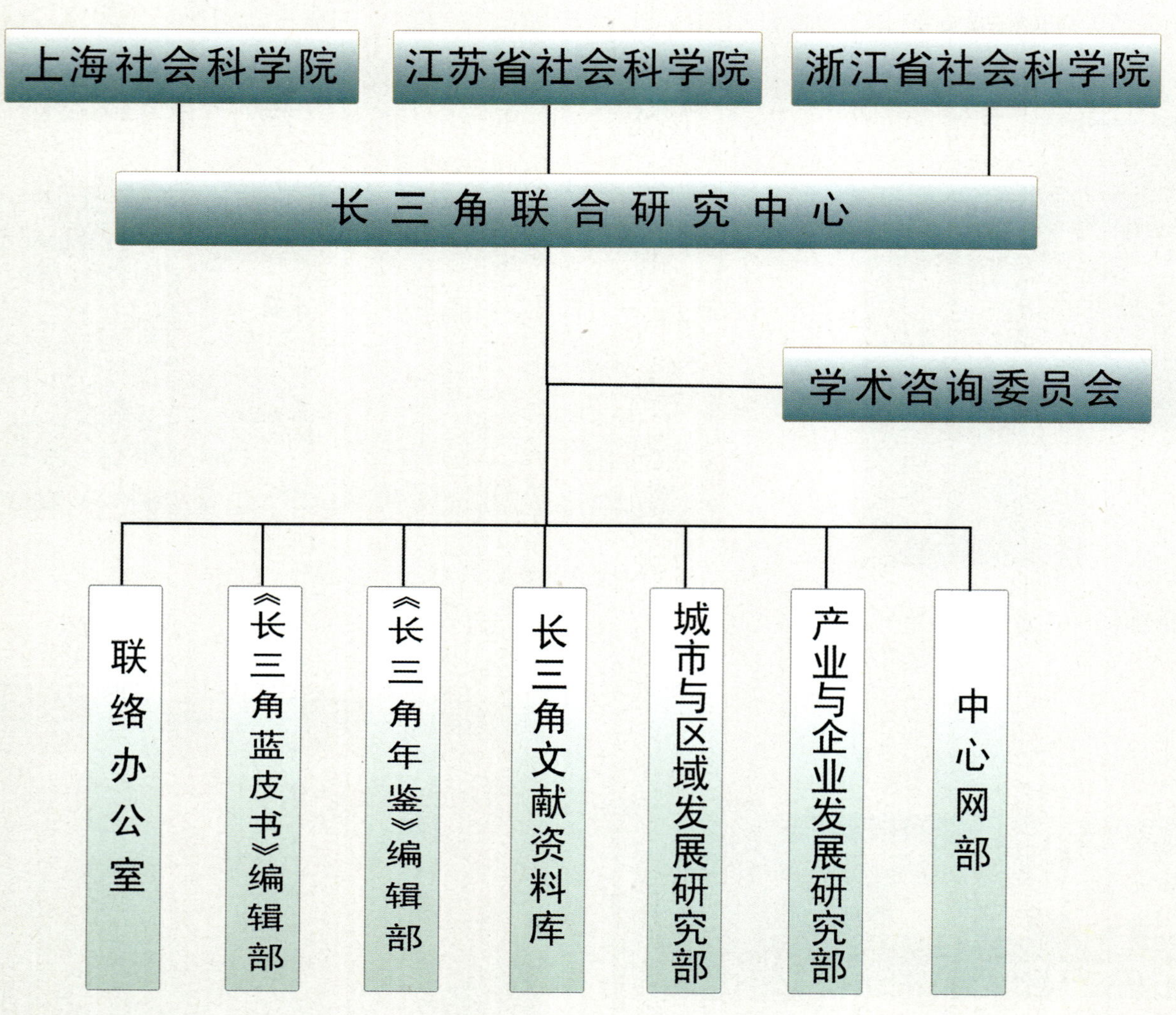

扬州简介

扬州位于江苏省中部，已有近2500年的建城史，是国务院首批公布的24座历史文化名城之一。现辖3个区、3个县级市和1个县，总面积6634平方公里，总人口456万，其中城区面积980平方公里，人口128万。

扬州历史悠久,文化昌盛。历史上，凭借独特的区位和交通优势，曾经铸就了两汉、隋唐、清康乾年间三次辉煌。扬州文化独树一帜、异彩纷呈，扬剧和扬州评话、清曲、剪纸、漆艺、玉雕、雕版印刷已被列入中国首批非物质文化遗产。扬州旅游资源丰富，园林、老宅、街巷散发出迷人的魅力，中国十大风景名胜区之一的蜀冈—瘦西湖风景区、中国四大名园之一的个园、晚清第一名园的何园等景点闻名遐迩。

扬州区位优越、交通便利。凭借长江与京杭大运河在此交汇，历史上曾以其无可比拟的区位优势，成为中国水陆交通的重要枢纽、承南启北的重要“门户”。近年来，随着宁启铁路、润扬长江大桥、西北绕城公路、沿江高等级公路的建成，初步形成了“江海河沟通、水公铁联运”的交通运输体系，并成为长三角重要的区域中心城市。

扬州经济发达，活力较强。2005年,全市实现地区生产总值922亿元，增长15%，人均地区生产总值达2550美元；财政总收入117亿元，增长26%；城市居民人均可支配收入和农民人均纯收入分别增长15.5%和11.5%，全市注册外资实际到账12.5亿美元，民资投入400亿元。

扬州环境优美，适宜人居。近几年来，先后投入200多亿元，进一步加大城市基础设施建设和环境综合整治的力度。先后实施了瘦西湖活水工程、古运河城区段整治等一批水环境工程。新建了新区中央公园、润扬森林公园、蜀冈西峰生态公园、曲江公园及200多个小游园，新增绿地1000万平方米以上，市区累计绿化覆盖面积2319公顷，绿化覆盖率达36.9%，人均公共绿地面积为9.15平方米。先后获得“国家卫生城市”、“国家环保模范城市”、“国家园林城市”等称号；2004年，又成为长三角地区第二个获得“中国人居环境奖”的城市。

南钢集团

南钢始建于1958年。1996年7月，由南京钢铁厂改制为南京钢铁集团有限公司，并以南京钢铁集团有限公司为核心组建了南京钢铁集团。2000年9月，“南钢股份”在上海证券交易所成功发行上市。2003年，南钢集团有限公司实施了“三联动”改革，由国有独资企业转变为非国有控股企业，并与上海复星高科技集团有限公司等三家企业合资成立了南京钢铁联合有限公司，实现了企业经营机制的重大转变。2005年，南钢集团完成销售收入285亿元。

南钢集团现有新区和老区两个生产区域。目前，集团已具备650万吨钢的年综合生产能力，主要产品有宽中厚板（卷）、中厚板、棒材、高速线材、热轧钢带、热轧薄钢板、球扁钢等。

南钢集团十分重视科技进步，大量引进国内外先进技术和装备，不断开发新产品。南钢集团倡导优质服务，先后被评为“全国质量效益型企业”和“全国用户满意企业”。

今后，南钢集团还将通过进一步加大投入、加快发展，争取进一步扩大产业规模，增强企业的核心竞争力，使企业攀上更高的发展平台。展望不远的将来，南钢集团将成为具有很强竞争力和赢利能力、管理一流、环境优美、国内先进、国际知名的特大型钢铁联合企业。

江苏省交通厅公路局是江苏省交通厅的直属单位，受省交通厅委托，主管全省普通国省干线公路的建设、养护、规费征收和包括全省高速公路、跨江大桥在内的路政管理工作，此外，还承担全省农村公路的建设、养护任务。

全省公路系统在各级交通主管部门的坚强领导下，一心一意谋发展，聚精会神抓落实，使"十五"成为江苏公路史上发展速度最快、质量最好、成效最为显著的时期之一，在2005年底交通部组织的全国干线公路养护与管理检查中，获得了全国第二名的好成绩。

路网总量大幅提高。至2005年底，全省公路社会总里程达8.27万公里，密度达80.6公里/百平方公里，居全国各省份首位。五年累计新增公路54125公里，比"九五"末增长191.9%，其中，干线公路3395公里，增长42.7%，农村公路50485公里，增长257.6%。

服务水平大幅提高。全省干线公路年平均好路率达87%，比"九五"末上升10%。五年累计完成国省干线改造4119公里，建成绿色通道6654公里，新增部省级文明样板路5300公里，实施路面大中修4370公里，实施普通干线公路安全保障工程4300公里，改造国省干线危桥666座，完成国省干线路标体系更新建设7个市，在全国率先进行了国省干线限速标志体系研究和规范设置工作。

行政能力大幅提高。五年先后提请省人大出台了地方性公路法规2部，提请省政府出台政府规章1部，同时，先后组织了公路法律规章的学习和贯彻，为依法管理公路创造了法制条件，并建立和完善了一整套的公路建设、养护与管理规章制度体系。

文明形象大幅提高。五年来，扎实推进公路窗口服务单位形象建设，累计完成养路费征收站点、收费站点等窗口单位改造182个，建成标准化路政大队126个。巩固并扩大公路"三乱"治理成果，首批成为全国所有公路基本无"三乱"省份。江苏公路行业被评为全国交通文明行业、江苏省文明行业，80%以上的市级公路系统被评为省级文明子行业。全省公路系统拥有江苏省文明单位标兵3个、江苏省文明单位27个、省级青年文明号45个、全省交通行业文明单位596个。

江苏交通控股有限公司

江苏交通控股有限公司是江苏省人民政府于2000年批准成立的国有独资企业，是具有投资性质的国有资产经营单位和投资主体，负责江苏省内干线高速公路和过江桥梁等交通基础设施投资建设，对建成后的高速公路和过江桥梁实行统一、高效、规范的运营管理，对授权经营的国有资产行使经营决策、资产处置和投资收益权。公司以政府产业政策为导向，紧紧围绕江苏经济发展大局，以路桥经营、物流运输、工程建设、金融租赁、电力生产为五大板块，延伸发展相关产业。公司本部下设办公室、组织人事部、投资发展部、财务审计部、营运安全部、党群工作部、纪检监察室（工会），管理江苏省高速公路经营管理中心、镇扬汽渡、通沙汽渡3家事业单位，全资、控股或相对控股宁沪、京沪等高速公路公司、南通天生港发电有限公司、江苏远洋运输有限公司等28家企业。

公司以"争创一流服务、一流管理、一流效益"为经营理念，以"做优、做强、做大"为经营目标，充分发挥投融资功能优势，科学合理地运用资本经营手段，建立"各负其责、协调运转、有效制衡"的运行机制，逐步把公司发展成为具有较强竞争力的集约化、多元化、国际化的大型企业集团，为全面实现小康社会和江苏"两个率先"做出积极贡献。

江苏锦华集团

江苏锦华集团是以能源、酒业、服装生产经营等为主的综合性企业，近年来不断发展壮大，年销售额达5亿多元，并在广州、上海、南京、天津、山西等地建立了锦华集团多家分公司和分支机构。锦华集团不仅注重经济效益，同时热心社会公益事业，20世纪90年代初率先在全国设立了锦华家庭教育奖励基金，年复一年地奖励教子成才的优秀家长和有突出成绩的家庭教育工作者，这项义举受到国内外社会学家、教育家的肯定和赞扬。

近年来，江苏锦华集团贸易实业发展神速。煤炭业务近年来得到了快速发展，集团先后与蒙煤集团、淮南矿务局、徐州矿务集团煤炭运销处、山西大同矿务局煤炭运销处、重庆天府煤矿煤炭运销处等单位建立了稳定的煤炭进货渠道，能确保全年50万吨以上的进货量，并在江阴建立了2万余平方米的煤炭中转场，同时和天津港务局、张家港港务局、江阴新长江集团港口等中转港的码头保持了良好的业务关系，确保煤炭到港后的及时中转和发运。

在纺织实业方面，锦华集团瞄准国际著名品牌，与意大利啄木鸟服饰公司、美国金牌花花公子等企业联合

生产出了时尚天然彩棉内衣，销往乌鲁木齐、兰州、西安、成都、太原、郑州等地，产品材料主要为绿色环保的精梳高支彩棉纱线与莱卡弹性纤维，它们被纺织专家称为21世纪最佳时尚搭配，同时，公司自主开发的“容大”、“鸟语花香”等品牌借船出海，在市场上受到众多消费者的青睐，服装年产值已突破5000万元。

“珍品龙酒”是锦华集团的拳头产品和支柱产业，投放市场后受到广大消费者的青睐。被列为“第五届中国记者节指定用品”，销售市场已经覆盖全国十多个省市自治区。

2005年7月，由中国社会科学院、欧美同学会主办的中国东西部企业家国际论坛在北京隆重召开，锦华集团作为协办方参加。“珍品龙酒”也被指定为中国东西部企业家国际论坛指定宴会用酒。

2005年9月，“珍品龙酒”在人民大会堂以26万张选票，被国家权威机构——中国知名品牌（企业）评价协会、《中国工业报》、2005年中国自主品牌建设高峰论坛组织委员会等联合评为2005年度酒类产业“中国最具影响力的知名品牌”，进一步确立了“珍品龙酒”在中国白酒行业中的名酒地位。

江苏省文化产业集团

《上将许世友》剧照

江南自古繁华，南京人文荟萃。近年来，江苏省委、省政府高度重视文化发展，提出实施文化大省建设战略，新华报业、出版、广电、演艺等几大集团先后成立。在此背景之下，2006年2月18日，江苏省文化产业集团在南京成立。江苏省领导、众多文化名人、各界嘉宾应邀参加了成立典礼。

江苏省文化产业集团是全国首家由省级政府直接投资组建的大型国有文化产业公司。它是由江苏省政府出资设立并被授予国有资产投资主体的、按现代企业制度建立的新型国有独资文化企业，集投资建设、项目经营、引资融资于一体，承担国有资产保值增值责任，将通过多方位的文化经营，探索江苏文化产业发展的新机制，创建文化与经济立体合作的新平台。江苏省文化产业集团汇集了一批文化、经济人才，为公司的发展奠定了坚实的人力资源基础。

公司在江苏省委、省政府的领导下，按照党的十六大精神，全面贯彻文化工作“二为”方向和“双百”方针，强化引导主流文化意识，努力实现精神文明和物质文明协调发展、经济效益和社会效益同步增长。公司紧紧依托江苏丰富而深厚的文化底蕴，以企业资本整合文化资源，通过扩大引进社会资金和外资等多种形式，进一步解放和发展文化生产力，努力为社会创造前瞻性、示范性、导向性的精神产品，增强江苏文化产品在国内外文化市场上的竞争力、辐射力、影响力。

江苏省文化产业集团在人民大会堂举行《上将许世友》首映式

本年鉴出版得到了以下单位的大力协助，

特表谢忱！

苏州市政府

扬州市政府

江苏省交通厅公路局

江苏交通控股有限公司

马鞍山市发展和改革委员会

江苏锦华集团

南京钢铁联合有限公司

江苏省武警总队

南京宏发公司

江苏省地质矿产勘察局

浙江海洋学院

编辑说明

（1）为加强对长三角地区的跟踪报道与深入研究，2005年12月，上海社会科学院、江苏省社会科学院、浙江省社会科学院共同发起和成立了“长三角联合研究中心”，以期发挥三院雄厚的专业力量，共同关注长三角的发展问题，为政府、企业和学术界提供全面、专业的研究成果。《长三角年鉴》的编写即为该中心的年度工作内容之一。

（2）《长三角年鉴（2006）》是长三角联合研究中心编写的第一本《长三角年鉴》，该年鉴重点分析长三角地区（上海市、江苏省、浙江省全部区域）2005年经济社会发展的基本情况与基本成就。《长三角年鉴（2006）》中部分使用了前几年的发展数据，主要用于说明事情的发展过程，便于使用者从历史变化的角度对长三角地区的发展有整体认识。部分数据使用了相关地区的政府工作报告和年度统计公报中的数据。

（3）《长三角年鉴（2006）》主要开设以下栏目：长三角区域概况、长三角地区经济社会发展、长三角地区专项经济社会发展、重要文献、2005年重要经济社会发展指标、大事记。

（4）《长三角年鉴》采用篇章编辑法编辑，篇下设章，篇和章的标题分别使用不同字体和字号以示区别，篇目标明于页眉，以便于检索。

（5）《长三角年鉴》以上海社会科学院、江苏省社会科学院、浙江省社会科学院的研究人员为主，部分地约请了区域内相关部门与有关地区的人员参加。以后将根据长三角地区经济社会发展的实际情况与相互联系，部分地约请周边地区参加。

长三角发展面临的十大理论与实践问题

——代发刊词

宋林飞

观察当今长三角，首先应该观察什么？这就需要搞清楚当前长三角经济与社会发展面临的重大理论与实践问题。同时，需要寻找这些问题的答案，并且不断深化认识与优选解决这些问题的途径。我观察长三角，感到有以下一些问题值得关注：

第一，“长三角”范围究竟如何界定？

长江三角洲是长江下游入海口周边地区。现有三种界定：一是指上海，江苏的苏州、无锡、常州、镇江、南京、南通、泰州、扬州，浙江的嘉兴、湖州、杭州、绍兴、宁波、舟山，先被称为长三角，后来加上浙江的台州，共16个城市及其周围地区。这是“小长三角”。二是指沪、苏、浙两省一市，这是“大长三角”。三是指沪、苏、浙两省一市与安徽等邻近省份，这是“泛长三角”。界定长三角概念的依据，是区域位置与经济文化联系，不是GDP水平，不能“嫌贫爱富”，不是行政划分，不需要审批。

我们应多从大长三角、泛长三角的视野观察长三角，而不应拘泥于“小长三角”的狭隘理解与操作，从而使长三角成为这一地域各地共有的“概念股”与“发展品牌”。

第二，如何保持长三角快速增长的态势？

中国改革开放以来，长三角是经济增长速度最快的地区之一。如何保持这一趋势？我在主编2006年的《长三角蓝皮书》时，提出了“可持续的率先发展”概念，希望大家关注长三角经济保持平衡快速增长面临的挑战，如经济增长方式转变、资源短缺、生态环境压力等。近年来，有的地区增速下降，引起一些学者敏感的疑问：“长三角经济是否正在出现拐点？”我认为，拐点尚未到来，长三角经济仍处于新一轮经济增长周期的上升阶段，增长动力强劲。

但是也有隐忧，如部分行业投资增速快、产能过剩，投资率偏高、消费推动力不足，等等问题仍然不同程度地存在，冷势因素出现的不确定性也客观存在。淡化周期、熨平周期，是市场经济条件下政府宏观调控成熟的标志。在今后10年、20年甚至更长的时期中，长三角地区的各级政府应积极培育平稳快速增长的新经济周期。

第三，如何实现长三角一体化？

长三角一体化的实质，是生产诸要素能够在区域内自由流动，并且得到优化配置。首先，交通等公共基础设施相互沟通，建设水平相近。现在，重点是发展城际快速通道。其次，打破行政区划的界限，统一劳动市场、商品市场、服务市场与资本市场。再次，加强各地区政府之间的沟通与协作，共同编制长三角未来规划。第四，加强各地区民间的理论与思想交流，促进区域文化创新。

长三角一体化的关键，是政策与地方法规的一体化。因此，应联合研究与制定统一的政策，消除地方保护主义，防止恶性竞争，建设长三角区域共同市场，实现区域整体效益的最大化。

第四，如何进一步优化长三角的发展环境？

说起投资环境，人们更多想到的是外资。境外投资是发展中国家经济增长的重要动力，但主要动力是国内投资。美国哈佛大学经济学家丹尼·罗德里克在《新全球经济与发展中国家》（1999）一书中指出："第二次世界大战以来发展比较好的国家，是那些能够科学制定出有效的国内投资战略推动的国家，是那些能够建立适宜的体制来克服外部负面冲击的国家，而不是那些依靠解除贸易与资本流动限制的国家。"这个观点是值得重视的。应将引进外资与鼓励内资放在同等重要的地位，需要进一步营造有利于民间资本创业与投资的环境。

同时，应将保护投资者权益与保护劳工权益结合起来，建立有关劳工权益的增加工资、劳动保护、社会保障等理论基础与司法实践。长三角地区的二、三产业的就业者，已经一半以上是"农民工"。从实行最低工资制度到城乡户籍居民就业"同工同酬"，从劳动保护到社会保障，从子女受教育到居住条件，都应采取有效措施保护"农民工"的基本权益，善待"农民工"。

第五，如何提高长三角的产业核心竞争力？

当前，提高长三角产业核心竞争力的战略，首选是自主创新战略，是建设"创新型"区域，加快从"长三角制造"向"长三角创造"转变。发展中国家都希望从发达国家获得技术，但这一希望难以满足。20世纪70年代，产油国曾提出："技术转让就是石油价格。"20世纪80年代我曾提出："技术转让就是市场准入。"二者都未得到响应。发展中国家虽然通过设备引进提高了劳动生产率，但领先技术、处于生命周期上升阶段的技术，发达国家都是严格控制的。中国企业产品有了自己的"中国心"，具有关键技术与核心技术的自主知识产权，才能增强国际市场竞争力，才能发展民族利益与保证国家安全。自主创新必须以企业为主体，以高校与科研院所为主体的模式不适应市场经济环境。自主创新需要竞争，在竞争中激发创新活力与动力。长三角已经出现的"簇群经济"是一种竞争型经济，要进一步发挥长三角产业群聚集效应。长三角人才密集，应成为大学生直接创业、专业技术人员勇于创业的乐园与热土。

在国际产业分工体系中，长三角地区仍然有比较多的企业处于产业链的中低端，而发达国家及其跨国公司凭借技术优势及其建立在技术优势之上的国际规则，形成了对国际市场的高度垄断，获得了大量超额利润。我们的根本出路，在于提高产业的科技进步贡献率，在于充分开发与利用全社会丰富的人力资源，促进企业加大技改投入，在国内外市场上均不靠“价格战”取胜，从而走出“低成本、低价格、低技术、低附加值、低效益”的生产模式。20世纪90年代中后期，长三角地区大幅提高基础设施建设的投入，实施建设高速公路网等重大项目，往往以30%以上的基础设施投资年增长率，保持20%以上的全社会固定资产投资增速，拉动12%以上的GDP增长。这一阶段，政府主导的熨平经济周期的努力，可以称之为“第一种投资热”。进入21世纪以来，长三角地区城市化进程加速，政府“经营城市”的热情与开发商的赢利驱动相结合，导致房地产投资占全部投资的比重达到了较高的比重。这是长三角地区也是全国性的“第二种投资热”。当前，政府必须引导全社会投资结构的改善，促进企业扩大更新改造投资，兴起“第三种投资热”。

第六，长三角怎样提高外向型经济的发展水平？

广东、江苏、上海的对外贸易额居中国前三位。目前，长三角地区已经进入国际贸易摩擦的高发期。进入“后配额时代”以后，美国、欧盟等就纷纷利用反倾销、贸易保护、知识产权保护等多种市场准入限制，抑制中国纺织品的出口。这对长三角地区经济发展无疑带来了较大的负面影响。以前的摩擦是关税、配额许可证，现在则表现为反倾销、反补贴、技术壁垒、绿色壁垒以及劳工和社会标准。许多企业对国际通行规则把握不深、运用不力，是我们对外贸易的弱点。应建立贸易壁垒预警、应对与防护机制，重点促进行业协会、中介机构反贸易壁垒的工作平台建设；应提高使用国际通行规则进行自我保护的能力，运用贸易救济措施及其他国际通行规则发展和保护自己；应通过出口多元化实现对外贸易的地区平衡。

长三角是外资比较集中的区域，提高外资的质量是长三角经济保持快速增长的重要条件。科技含量、产业拉动、与本土企业的配套、洁净生产等，是评估外资质量的重要指标，应在这些方面设置较高的门槛。同时，注意部分外资企业的不良经营行为。比如，有些外资企业钻劳动用工使用期的空子，不断辞退3个月使用期满的工人，这种现象应予以处理。实行差别性使用期限制度，对于非熟练用工使用期可缩短为1个月，以保护劳工利益。

第七，长三角房地产市场如何才能健康发展与长期繁荣？

房地产业已经成为长三角经济发展的支柱产业之一，是城镇居民改善住房条件、实现“一人一间、一户一套”文明标准与小康生活水平的基础。近几年来，长三角房价上涨过快。有的媒体称：“长三角房地产市场是一片疯长的草。”2005年，北京等城市房价上涨20%左右，上海、南京、杭州等长三角城市的房价涨幅不同程度地回落，但2006年春季又开始上扬。开发商追求利润最大化，地方政府追求土地收入最大化，谁管老百姓奔小康？房价收入比偏高，房价上涨过快，占人口多数的中低收入者“买房贵、买房难”的问题日益突出。这个问题不解决，全面建设小康社会与构建和谐社会的任务就无法落实。

怎么办？地方政府应该管。一是规范房地产的定价机制，加强对房地产企业成本核算的监管。“‘五一’节后涨百分之五，‘六一’节后涨百分之五，‘七一’节后涨百分之五。”这是广州某房地产商在广东媒体上公开打出的售楼广告。试想，两个月竟然要涨三次，这是什么市场经济？是“黑市场行为”。刊登这样广告的媒体，也应该受到惩处。长三角虽然没有出现这样的广告，但同一楼盘一期比一期涨价的现象是普遍的，甚至同一期房源的价格也不断攀升。这个问题必须通过成本核算监管与反暴利来解决。二是整顿房地产市场的秩序。房市已成为股市，炒房者众，不仅中国人自己炒，而且许多外国人也加入其中。这种“中国特色”真是不堪承受，也不符合“国际惯例”。同时，少数官员从中谋取私利，“贪不离地”竟然成为一些人的“潜规则”，必须通过反腐败铲除这些“利益中人”。

第八，长三角如何建设社会主义新农村？

建设社会主义新农村面临许多新问题，其中核心问题是如何才能增加资金投入，促进农村生产与生活条件的改善。一条思路是，增加财政对“三农”的投入，加大对落后地区财政转移支付的力度；另一条思路是，探讨以农村土地产权改革为核心的制度创新，通过农村土地产权的明晰、市场化流转、土地资源与人力资源开发利用，吸引城乡大量民间资金投入新农村建设。财政投入属于行政推动，重在解决农民吃饭问题、改善公共基础设施建设与公共服务，建设投入形式主要是拉动社会投资的先导资金与种子资金；资源开发属于市场推动，重在产业发展、居住条件与环境改善的各项具体建设项目，可以筹集的资金规模更巨大，开拓的经济生活发展空间更宽广。

明晰农民土地产权，既是保护农民基本权益，又是鼓励农民长期进行土地投资的根本途径。中国经济体制改革过程中放弃公有制企业的承包制，就是为了避免承包者的短期行为。当年，对于农村生产责任制许多人不理解，认为是搞“资本主义”了。现在，对于农村土地制度再次创新也有人顾虑重重，就怕戴“私有化”的帽子。思想要解放一点，步子要迈大一点。邓小平同志曾经指出：“生产关系究竟以什么形式为最好，恐怕要采取这样一种态度，就是哪种形式在哪个地方能够比较容易比较快地恢复和发展农业生产，就要采取哪种形式，不合法的使它合法起来。”我们在探讨新时期农村土地制度创新的过程中，也应该采取这种态度。

农村土地产权主体多元化，只有通过市场化的途径才能实现。政府垄断土地一级市场，政府行政权力与政策配置土地资源，限制农民对承包土地经济权益的处置，不仅浪费土地资源，而且限制外部资金的注入，导致土地资源效益低下。按照市场规律配置农村土地资源，才能大大提高土地效益。目前，虽然农村集体建设用地与农民家庭承包地的隐性交易是存在的，而且在先发展地区还比较普遍，公开、透明、规范的农村集体土地市场尚未真正形成。增加土地开发资金投入，是前一个阶段城市发展的重要经验，应把这个经验推广到新农村建设中去。应大力发展民营经济，充分利用与开发土地资源，扩大城市居民在农村的消费，为新农村建设积累资金。有人说：“城市应有农民的梦想空间。”这是对的，现在农民进城的门槛已经大多拆除。同样道理，对于市民下乡也不应该设置门槛。为此，我提议：“农村应有市民的梦想空间。”实施“城市支持农村”的方针，不能只依靠城市政府的支持，更重要的是要依靠城市企业、科研机构与市民，没有这些农村外部资源的广泛参与和投资，新农村建设不可能有声有色。

第九，长三角如何建设最佳人居环境？

长三角之所以能够成为先发地区，主要得益于工业化。工业化对于人们的生活质量具有双重影响。长三角地区一方面享受到了工业化带来的财富与物质文明，另一方面也在品尝环境污染的苦果。每当看到少数乌黑的河道、水体富营养化导致有害生物大量蔓延，以及闻到刺鼻的化工气味，当做何感想？我想的是人生命的价值，它应该最大限度地得到尊重与保护。不能仅仅为了 GDP 的“不断增长”，要从“以人为本”的角度理解环境治理的意义，要为每一个公民提供洁净的空气、水等，把长三角营造成为中国最佳人居环境之一。“亲商”的服务型政府是一种投资环境，良好的生态环境也是一种投资环境，更是人们生存与提高生活质量的基础。

第十，长三角如何率先实现向后工业社会的转型?

“三二一”产业结构形成，第三产业就业人数超过总就业人数的一半，是进入后工业社会的重要标志。长三角地区处于工业化中后期，正在率先向后工业社会转型。国际学术界从20世纪60年代开始谈论后工业社会的来临。美国社会学家丹尼尔·贝尔认为，后工业社会具有如下特点：从产品经济转变为服务性经济，专业技术人员阶层处于主导地位，理论知识处于中心地位，它是社会革新与制定政府的源泉，等等。这些特征在长三角发达地区已经初见端倪。现在的问题是如何增强经济学、社会学、政治学、法学等学科的前瞻性研究，避免与消除后工业社会来临过程中的诸多负面问题。

近几年来，长三角地区工业化加速，重化工外资与内资投入不断增加，工业重型化趋势显著。不仅仅是一个国家，像长三角地区这样的区域，重化工阶段是不可逾越的。应提高重加工业的水平，提高加工组装产业的加工高度，向技术密集型产业为主的产业结构过渡，并拉长产业链，大力带动服务业的发展，节约资本，充分利用劳动，增加就业。但也不是越重越好，不应追求重化工产能的最大化。工业重型化对地区 GDP 增长贡献大，但煤电油等能源产品供求关系日趋紧张，环境污染加重。长三角地区正处于重化工加快发展的阶段，突出问题是资源、环境与生态的压力明显加大。应实施工业适度重型化战略，建立人与自然和谐相处的关系。实施这一战略的关键，是能否树立正确的政绩观。应从片面追求 GDP 向经济社会全面发展与绿色 GDP 转变，正视我们面临的生态环境压力与潜在危机。

Ten Questions in Theory and Practice the Changjiang Delta Is Facing at Present

Song Linfei

To observe the Changjiang Delta (the Yangtze-River Delta) (CJD), what should we focus on? First of all, we must make clear the key problems in theory and practice CJD is facing in the development of its economy and society. Meanwhile, search for the keys to problems, keep understanding and optimizing the ways to solve these problems. According to my observation, there are the following questions worth concerning with:

Question 1: How to Define the CJD Region?

CJD refers to the surrounding area at the sea exit in the lower part of Changjiang River. There are three definitions at present. Firstly, it refers to Shanghai Municipality, the cities of Suzhou, Wuxi, Changzhou, Zhenjiang, Nanjing, Nantong, Taizhou, Yangzhou in Jiangsu Province, and the cities of Jiaxing, Huzhou, Hangzhou, Shaoxing, Ningbo and Zhoushan in Zhejiang Province. Later, Taizhou in Zhejiang Province joined in. These 16 cities and their surrounding area are named as "small CJD". Secondly, CJD refers to Shanghai Municipality, Jiangsu Province and Zhejiang Province. This is "large CJD". Thirdly, it refers to Shanghai Municipality, Jiangsu Province and Zhejiang Province and the neighboring provinces such as Anhui Province. This is the "extensive CJD". The basis to define CJD is the regional position and its economic and cultural contact; it is not based on GDP, it is not "poor or rich", it is not the administrative division, it does not need to examine and approve.

To observe CJD, more attention should be paid to large CJD and extensive CJD, not constrained to small CJD so as to make CJD the "concept share" or "top brand" shared together in this region.

Question 2: How to Maintain the Rapid Growth in CJD?

Since the reform and opening up in China, CJD has become one of the regions with fastest growth of economy. How to maintain this tendency? When editing the CJD Blue Book of

2006 as the editor in chief, I put forward the concept of "sustainable leading development", with the hope to pay attention to the challenges CJD is meeting with in maintaining the balanced and rapid growth of its economy, such as the shift of the mode of economic growth, shortness of resource, eco-environment pressure, etc. In recent years, the decline of economic growth in some areas arouses some scholars' doubt: "Has inflexion appeared in CJD economy?" In my opinion, the inflexion hasn't come yet. The CJD is still in a new round of rising period of economic growth, with strong motivity.

However, there are some secret worries: to some extent, there still exists the rapidness of investment growth in some industries, surplus of production, investment rate on the high side, short of consumption impetus. Objectively, there is uncertainty of passive factors towards this tendency. Desalting the development period, ironing the period is the symbol of maturity of the macro adjustment and control by the government under market economy. In the next 10 or 20 years or even in a longer period, the governments at various levels in CJD region should actively cultivate the new period of stable and rapid economic growth.

Question 3: How to achieve integration of CJD?

The essence of CJD integration is that the production factors can freely flow and get optimized deployment. First of all, the public infrastructure like the traffic should mutually go through and be close in construction level. The key at present is to develop inter-city expressways. Second, break through the bounds of administrative division, and unify the labour market, commodity market, service market and the capital market. Third, reinforce the communication and cooperation among the regional governments, and draw up together the CJD future plan. Fourth, reinforce the non-governmental theoretical and ideological communication among the area, and promote the cultural innovation in this region. The key of CJD integration is the integration of the policy and the local rules of law. Study and set down together the unified policy, get rid of local protectionism, avoid evil competition, achieve the maximum of the overall benefit of the whole region.

Question 4: How to Further Optimize the CJD Development Environment?

As far as the investment environment concerned, more thoughts will be focused on the foreign investment. The foreign investment is an important power in the economic growth in developing countries, but the main power comes from domestic investment. In his book *New Global Economy and Developing Countries* (1999), Daniel Roderick, an American economist from Harvard University, points out: Since the Second World War, the nations with better development are those who are able to establish effective home investment strategy to promote, who are able to set up the proper system to get over the external negative impact, but not those who release from trade and capital flow restrictions. This view is worth thinking much of. The invitation of foreign investment and home investment should be paid equal attention to. The environment in favor of the carve-out and investment of non-governmental capital should be further established.

Meanwhile, combine the protection of the rights and interests of the investors with that of the labor, and establish the theoretical basis and judicatory practice on the labor's rights and interests such as the pay increase, labour protection and social security. At present, in CJD region, more than half of the employees are "peasant workers" serving in the secondary and tertiary industries. They should be protected and kindly treated from the lowest pay system to "same pay for the same job" for rural or urban inhabitants, from labor protection to social security, from children's education to inhabiting conditions.

Question 5: How to Boost the Core Competition Power of Industry in CJD?

At present, the first strategic choice to increase the core competition power of industry in CJD is the strategy of self-determined innovation, the construction of "innovative region", or the transformation from "CJD manufacturing" to "CJD creation". All the developing countries hope to get technology from developed countries, but it is hard to achieve. In the 1970s, there was a saying among the oil-producing countries: "technology transfer is the oil price". In the 1980s, I once said "technology transfer is market admittance". Neither got proper responses. The developing countries have increased their labor productivity by way of equipment introduction, whereas the leading technology and the technology in its ascending lifecycle are always strictly controlled in the developed countries. Only when the products made by the enterprises in our country have their own "Chinese core", namely the self-owned knowledge property rights of core technology, can they promote the international market competitiveness, develop the national benefits and guarantee the national safety. The subject of the independent innovation must be the enterprise, for the mode of colleges and research institutes as the subject cannot fit the market economy environment. Independent innovation needs competition, kindling new innovative sparks and power in competition. There has been a sort of competitive economy appearing as "cluster economy" in CJD. It is of great significance to further bring into play the industry cluster economy. There is a high density of talented people in CJD, therefore it should become the Garden of Eden or fairyland where the undergraduates can directly carve out, and the special technicians are brave enough to.

In the international industry distribution system, there are still many enterprises in the middle or low-leveled industry chain in CJD region, while the developed countries and their multinationals have been forming a high monopoly over the international market and gaining excess profits by way of making use of their technical advantages and the international rules established on the technical advantages. Our ultimate way out is to promote the contribution of technology progress, to win "non-price war" market home and abroad, therefore walking out of the production mode of "low cost, low price, low techniques, low extra value, and low benefits". In the middle and late 90s of the last century, the CJD region greatly increased the devotion to the construction of infrastructure, and conducted large projects such as the construction of express way net, leading to an annual growth of over 30% on infrastructure construction, keeping a growth of over 20% on the whole fixed assets investment, and drawing a growth of over 12% of GDP. The efforts in this period guided by the government to iron the economic cycle can be called "the first investment heat". After the entrance of the new century, with the speedup of urbanization in this CJD region, the combination of the government's enthusiasm for "urban management" and the profits of the agents' led to a high proportion of real estate investment among the whole investment. This is "the second investment heat", regional as well as nation-wide. Currently, the government must guide the whole society to the improvement of investment structure, promote the enterprises to enlarge, renew and rebuild the investment so as to bring forth the "third investment heat".

Question 6: How to Expand the Exporting Economy?

In our country, the first three in foreign trade are Guangdong Province, Jiangsu Province and Shanghai Municipality. At present, the CJD region has entered a period with high international trade collision. After entering the "post-quota time", the USA, EU and others frequently control the import of Chinese textile goods by making use of various restrictions on market admittance such as anti-dumping, trade protection, protection of knowledge property rights. Without doubt, this brings forth great negative impact on the CJD region. Earlier, the frictions were tariff, quota license; now they are anti-dumping, anti-allowance, technical barrier, green barrier, labor and social standard. Many enterprises are weak in mastering the international pass rules and their application, which is our weakness in international trade. It is the time to establish the trade barrier watchdog, the reply and protection mechanism, to focus on the construction of the guild and the platform of anti-trade barrier agency; it is time to improve the ability of self-protection by using international pass rules, to develop and protect ourselves with the help of trade relief measures and other international pass rules; it is time to achieve the regional balance of international trade by way of export plurality.

CJD is the region with the mass of overseas investment, thus to improve the quality of overseas investment is an important condition to maintain the rapid growth in CJD economy. The key index to evaluate the quality of overseas investment is the content of science and technology, the industry pull, the match with the local enterprises, the clean production etc., which should have a higher doorsill. At the same time, pay attention to bad behavior of some foreign enterprises. For instance, some foreign corporations exploit the advantage of the employment time of the labor, keeping refusing the workers with the three-month employment time. Carry out the different system of employment time, and shorten it to one month for unskillful employees so as to protect the labor's benefit.

Question 7: How Achieve Healthy Development and Long Prosperity in the Real Estate in CJD?

The real estate industry has become one of the backbone industries in the development of CJD economy, the basis to improve the living condition of the urban residents, to achieve the civilization standard of "one room for one person and one suit for one household" and the being-well-off standard of living. In recent years, the house price in CJD has met soaring growth. According to some media, "the real estate market in CJD is just like a piece of grass crazily growing". In 2005, the urban house price in cities like Beijing grew by about 20%, whereas it declined to some extent in CJD cities such as Shanghai, Nanjing and Hangzhou, but rose again in the spring this year. The agents are searching for the maximum profits while the local governments are seeking for maximum land earnings, who cares how the civilians run for being-well-off? The proportion of house price to the income is too high, and the house price increases too fast. Therefore, the problem that the majority with the medium and low income feel "costly and difficult to buy the house" is becoming increasingly prominent. If this problem is not solved, the mission to build the overall well-off society and construct a harmonious society will not be fulfilled.

What to do? The local governments should be in charge. "After May Day, an increase of 5%, after Children's Day another 5%, and after July 1 st another 5%", that is the house sales advertisement open to the public in one of the mass media by some realty agent in Guangdong Province. Just imagine, the price increases three times in just two months! What kind of market economy is this? It is the "black market behavior"! The mass media with this advertisement should be punished. Though there is no such ad in CJD, it is common that the price for the same stories building increases period by period, or even keeps rising for the building of the same period. This problem must be solved by way of supervision on the cost calculation and counter-sudden huge profits. Besides, neaten the order of the realty market. The realty market has become the share market, not only the Chinese themselves buy houses like buying share but also the foreigners join in it. This Chinese feature can neither be born nor fall short of "international convention". Meanwhile, few officials figure out self-interest from this, and "corruption goes with the land" has become the "hidden rule" for them, thus those gaining profit among should be uprooted by way of counter-corruption.

Question 8: How to Build New Socialist Countryside in CJD?

The construction of new socialist countryside is meeting with many new problems, among which the key problem is the promotion of capital devotion and the improvement of rural production and living standard. One way is to increase the financial devotion to "three nongs" (the countryside, the agriculture and the peasants), to enlarge the payment power for financial transfer towards backward areas; another way is the system innovation oriented on the reform of the property rights of rural land so as to attract a great deal of non-governmental capital into the construction of the new countryside by way of clarifying the rights of rural land, the market move, the opening out and employment of land resources and personnel resources. The financial devotion belongs to the administrative drive with the aim of solving the peasants' feeding problem, the construction of public infrastructure and public service, the form of construction devotion mainly is the forerunning capital and the seed capital to draw the social investment; the exploitation of the resources belongs to the market drive with the aim of industry development and improvement of the dwelling condition and the environment, the scale of the raised capital will be greater and the developmental space to exploit the economic life will be wider.

The clarity of the peasants land right is the fundamental route to protect the basic rights of the peasants as well as to encourage the peasants into long-term land investment. The abandon of the contract system for the public-owned enterprises in the process of economic system reform in our country was to avoid the short-term behavior of the contractors'. In those years, the rural production responsibility system could not be accepted. Instead, it was considered as "capitalist". Now there are worries towards the re-innovation on rural land system that might be capped as "privatization". More liberated thought and greater steps are needed. Deng Xiaoping once said, "What is the best form of production relation? The attitude should be that whatever form can recover and develop agricultural production easily and rapidly in whatever place should be adopted, make the illegal form legal". In our discussion of the innovation process of rural land system, the same attitude should be taken.

The plurality of the subject for the property rights of the rural land can only be realized through market. The governmental monopoly of the first level market of the land, the deployment of the land resources by the governmental administrative power and policy, and the restrictions on the disposition of the benefited land contracted by the peasants, not only are a waste of land, but also confines the input of external capital, leading to the low efficiency of the land resources. The deployment of the rural land resources according to the market will enable to increase greatly the land benefit. At present, though there exists the hidden deal between the rural land for collective construction and household contracted land, quite common in first developed region, the open, transparent and regulated market for rural collective land hasn't been formed. The increase of capital devotion to land exploitation is the experience in urban development, which should be extended to the construction of new countryside. Vigorously expand nongovernmental economy, make full use of and exploit the land resources, enlarge the rural consumption by the urban civilians so as to accumulate the capital for the construction of the new countryside. Someone says, "There should be dream world for the peasants in the urban areas". This is right. The doorsills for the peasants to walk across

have been mostly dismantled. For the same reason, there should be no doorsills for the urban citizens to go to the countryside. Therefore, I suggest "there should be dream world for the urban citizens in the countryside". To carry out the policy that " the city supports the countryside" cannot depend only on the government, more important, it should depend on the urban enterprises, the research institutions and urban citizens. Without the extensive participation and investment of these resources outside the rural area, the construction of the new countryside cannot be vivid and dramatic.

Question 9: How to Build the Best Dwelling Environment in CJD?

The leading development in CJD region owes mainly to the profits from industrialization. Industrialization makes dual impact on the living quality. On one hand, CJD enjoys the fortune and material civilization; on the other hand, it tastes the bitterness of environmental pollution. What would you think every time we see some sooty watercourse, the spread of harmful living things rich in nutrition, and smell the nasty chemical flavor? What in my mind is the value of life, which should be most respected and best protected. The cost of environment should not be paid only for the "ceaseless growth" of GDP, the significance of the environment governance should be understood from the view of "human beings as the nature", so as to provide every citizen with clean air and water, to build CJD into one of the best national dwelling places. "Business oriented" service government is a kind of investment environment, whereas a good eco-environment is another investment environment, and more than that, the base for human existence and better living quality.

Question 10: How to Take the Lead in Realizing the Transformation of Post-industrialized Society in CJD?

The important symbol of the entrance of post-industrialized society is the formation of "third, second and first" industries and the employment number in the third industry is over the half of the total. The CJD region is in the middle and post industrialization, taking the lead towards the transformation of the post-industrialized society. Since the 60s of the last century, the international academia has been talking about the coming of the post-industrialized society. According to Daniel Bell, an American sociologist, the post-industrialized society has the following features: the product economy shifts to service economy, the special technician status is in the guiding position, the theoretical knowledge as the source of social reform and government establishment is in the center, and so on. The first glimpse of these has appeared in CJD region. The current problem is how to boost the foreseeing researches in the subjects of economics, sociology, politics and law, avoiding and removing the negative sides in the coming of post-industrialized society. In recent years, the industrialization is speeding up, the devotion of overseas investment on the heavy chemical industry and home investment is increasing, the industry is tending to be heavy. Not only for a nation but also for a region like CJD, the period of heavy chemical industry is impassable. The solution is to increase the level of heavy processing industry, to increase the processing stature of processing and assembly industry, to transit to the structure oriented on the industry with high technical density, to prolong the industry chain, to bring along the development of the service industry, to economize the capital, to make full use of the labor and enlarge the employment. However, it doesn't mean the more the better, or to search for the maximum of heavy chemical production. The heavy industry contributes a lot to the increase of regional GDP, yet it tenses the supply and demand relation of coal, electricity and oil, and worsens the environmental pollution. The CJD region is in the phase of rapid development of heavy chemical industry, the pressure in resources, environment and ecology is enlarging. It is acceptable to implement the strategy for moderate heavy industry, to establish the harmony between man and nature. The key to implement this strategy is whether the right view of the achievement in one's post can be set up. We should shift the narrow search for GDP to the overall development of economy and society and green GDP, and look squarely at the pressure in eco-environment and the potential crisis we are meeting with.

目 录

CONTENTS

第一编

长三角区域概况

一 自然地理

(一) 位置

长三角区域包括上海、江苏、浙江两省一市，位于中国华东地区东部，介于东经116°18′~123°、北纬27°12′~35°20′之间。东岸濒临黄海和东海，西部与安徽、江西接壤，北部毗邻山东，南部紧邻福建。淮河、长江、钱塘江等大型河流穿越长三角地区入海。区域总面积21.07万平方公里，其中陆域面积19.33万平方公里。

上海，简称沪，位于北纬31°14′，东经121°29′。它北界长江，东濒东海，南临杭州湾，西接江苏、浙江两省。全市面积6340.5平方公里，其中陆地面积6218.65平方公里，水面面积121.85平方公里，南北长约120公里，东西宽约100公里。上海地处长江三角洲东缘，位于中国南北海岸的中心，长江由此入海，交通便利，腹地广阔，地理位置优越，是一个良好的江海港口。

江苏，简称苏，位于中国大陆东部沿海中心，介于东经116°18′~121°57′、北纬30°45′~35°20′之间。东濒黄海，西连安徽，北接山东，东南与浙江和上海毗邻。江苏地处美丽富饶的长江三角洲，平原辽阔，主要有苏南平原，江淮平原、黄淮平原和东部滨海平原，自然条件优越，经济基础较好。全省面积10.26万平方公里，占全国总面积的1.06%。海岸线长954公里，耕地面积4741.04万公顷。

浙江，简称浙，位于中国东南沿海，介于北纬27°12′~31°31′、东经118°~123°之间，东濒东海，南界福建，西与江西、安徽相连，北与上海、江苏为邻。东西与南北的直线距离均为450公里。全省面积10.18万平方公里，其中山地、丘陵占70.4%，海岸线总长6321公里。

(二) 地貌

长三角区域地貌以平原和丘陵为主，其中长江以北（江苏北部地区）多为平原地形，长江两岸和长江以南多为丘陵，其中浙江省地形复杂，山地和丘陵地形占70%以上，上海则全为长江三角洲冲积平原。

上海市全境除西南部有少数残丘外，全为坦荡低平的长江三角洲冲积平原的一部分，平均高度为海拔4米左右。2004年末，上海全市面积6340.5平方公里，占全国总面积的0.06%，南北长约120公里，东西宽约100公里。其中区域面积5299.29平方公里，县域面积1041.21平方公里。上海的崇明岛是中国的第三大岛，由长江挟带下来的泥沙冲积而成。此外，上海所属的岛屿还有长兴岛、横沙岛等。崇明岛面积为1200.00平方公里，长兴岛面积为88.54平方公里，横沙岛面积为55.74平方公里。

江苏省全境以平原为主，地面高程在45米以下的平原低地占总面积的85%，其中半数以上在5米以下；低山丘陵和岗地合占15%，主要分布在盱眙—响水一线以北和省境西南部。江苏是以水域面积辽阔著称的省份，水面面积合计约占总面积的17%。共有大小河流和人工河道2900余条（不包括田间渠道），湖泊200多个，分属长江、淮河和泗、沂、沭等水系，又有京杭运河自北而南贯穿其间，相互连通，构成完整的水道系统，富航运、灌溉和水产养殖之利。海岸线南起长江口北岸启东市连兴港东侧蓼家嘴角，北止赣榆县绣针河口，长953.9公里。

浙江地形复杂，山地和丘陵占70.4%，平原和盆地占23.2%，河流和湖泊占6.4%，耕地面积仅208.17万公顷，故有“七山一水两分田”之说。地势由西南向东北倾斜，大致可分为浙北平原、浙西丘陵、浙东丘陵、中部金衢盆地、浙南山地、东南沿海平原及滨海岛屿等地形区。

（三）水系

长三角区域内河湖交错，水系众多，由北向南主要有淮河、长江、钱塘江三大天然水系，东西方向有京杭大运河贯穿江苏省和浙江省北部。洪泽湖、太湖是区域内的主要湖泊，杭州湾、温州湾等是区域内的主要港湾。

上海地区天然河港密布，多属太湖流域，主要河流有黄浦江及其支流吴淞江（苏州河）。黄浦江深约7~9米，宽400米左右，全长80.0公里；苏州河宽70~80米，全长125.0公里，其中在上海市境内的长度为53.1公里。

江苏全省境内河川交错，水网密布，长江横穿东西400多公里，大运河纵贯南北690公里，西南部有秦淮河，北部有苏北灌溉总渠、新沭河、通扬运河等。有大小湖泊290多个，全国五大淡水湖，江苏得其二，太湖和洪泽湖像两面大明镜，分别镶嵌在水乡江南和苏北平原。

浙江全省海域广阔，海岸曲折，形成了众多的港湾，如杭州湾、象山港、三门湾、台州湾、温州湾、乐清湾等。杭州湾是浙江省最大的港湾，钱塘江河口呈喇叭形，由于潮汐的作用，在海宁附近形成举世闻名的钱江潮。全省河流众多。主要有钱塘江、瓯江、灵江、苕溪、南江、飞云江、鳌江、曹娥江八条水系。钱塘江全长约605公里，是省内第一大江。此外，还有以杭州为起点的浙江境内长129公里的大运河，大运河贯穿杭嘉湖平原中部。杭州西湖、绍兴东湖、嘉兴南湖、鄞县东钱湖为浙江四大名湖。

（四）气候

长三角区域为亚热带和暖温带的季风气候，大致以淮河—灌溉总渠一线为界，该线以北（苏北地区）属暖温带湿润季风气候，该线以南（江苏省中南部、上海市、浙江省）属亚热带湿润季风气候。区域内气候温和湿润，四季分明，除淮河—灌溉总渠一线以北的地区外，受梅雨和台风的影响较大，雨季较长，江水较多，均为雨热同步变化的区域，多数地区年降雨量在1000毫米以上。

上海属北亚热带季风性气候，四季分明，日照充分，雨量充沛。上海气候温和湿润，春秋较短，冬夏较长。2004年，全年平均气温18.1℃，极端最高气温38.0℃，极端最低气温-4.6℃，日照1929.6小时，降雨量1158.1毫米，蒸发量941.4毫米，降雨日114.0天，无霜期296.0天，晴天天数为104.0天。全年50%左右的雨量集中在5~9月的汛期，汛期有春雨、梅雨、秋雨三个雨期。

江苏全省气候具有明显的季风特征，处于亚热带向暖温带过渡地带，大致以淮河—灌溉总渠一线为界，以南属亚热带湿润季风气候，以北属暖温带湿润季风气候。全省气候温和，雨量适中，四季分明。全省地处暖温带季风气候和亚热带季风气候的过渡地带，年均温度13℃～16℃，由北而南递增。1月平均温度为－1.5℃～3.5℃，作为暖温带和亚热带分界线的0℃等温线大致沿淮河、苏北灌溉总渠一线通过。7月平均温度在26℃以上，由东北沿海赣榆县的26.5℃递增到西南内陆高淳县的29.1℃。无霜期210～240天，徐、淮各地为210～220天，江淮间为220～230天，江南为230～240天。10℃以上的持续期和活动积温值分别为210～230天和4352℃～5045℃。年降水量800～1200毫米。淮河、苏北灌溉总渠一线以北，雨季较短，年降水量在1000毫米以下；以南深受梅雨和台风影响，雨季较长，降水较多，江淮间为900～1100毫米，沿江为1100毫米，宜溧山区为1200毫米左右。4～10月的降水量占年降水量的70%以上，徐淮海一带更在85%以上。

浙江属于亚热带季风气候，浙江气候总的特点是：季风显著，四季分明，年气温适中，光照较多，雨量丰沛，水资源总量964亿立方米，按单位面积计算的水资源量居全国第四位。空气湿润，雨热季节变化同步，气候多样，气象灾害繁多。浙江年平均气温15℃～18℃，极端最高气温33℃～43℃，极端最低气温－2.2℃～－17.4℃；全省年平均雨量在980～2000毫米，年平均日照时数1710～2100小时。

二 自然资源

长三角区域自然资源较为丰富，因平原、水面面积所占比例较大，水产资源充裕，江苏的吕四、海州湾等四大渔场盛产黄鱼、带鱼、昌鱼、虾类、蟹类及贝藻类水产品，同时也是全国河蟹、鳗鱼苗的主要产地；浙江海域历来是全国最大的渔场，舟山渔场是中国最大的渔场，是世界四大渔场之一，东海大黄鱼誉满全球。长三角区域的矿产资源以非金属矿产为主，用于建筑、化工、冶金辅助等多种用途。上海市面积较小，资源相对贫乏。

江苏以地形地势低平、河湖众多为特点，平原、水面所占比例之大，在全国居首位，成为江苏一大地理优势。水产资源丰富，有广阔的海涂、浅海，东部沿海渔场面积达15.4万平方公里。内陆水面2600多万亩，养殖面积近800万亩，有淡水鱼类140余种，已利用的有40多种。

浙江海域历来是全国最大的渔场，渔业资源的蕴藏量在205万吨以上，年可捕量在105万吨以上。矿产资源以非金属矿产为主，已发现非金属矿产72种，在探明储量的矿产中，石煤、明矾石、叶蜡石、水泥用凝灰岩、建筑用凝灰岩居全国首位，萤石居第二位，硅藻土居第三位。全省有林地面积553.9万公顷，林木蓄积量13847万立方米，森林覆盖率达到59.4%，名列全国前茅。

（一）土地资源

长三角区域总面积占全国国土面积的2.1%，总耕地面积为4973.78万公顷，江南地区是历史悠久的鱼米之乡。但“十五”期间，受工业化进程和自然原因影响，耕地流失的情况较为严重，且耕地质量不断下降。

上海全市面积6340.5平方公里，占全国总面积的0.06%，耕地面积24.57万公顷。南北长约120公里，东西宽约100公里。其中区域面积5299.29平方公里，县域面积1041.21平方公里。境内辖有崇明、长兴、横沙三个岛屿，其中崇明岛面积1041.21平方公里，是中国的第三大岛。根据上海市土地利用现状调查结果，区域土地总面积为7945.58平方公里。其中，长江水面面积1106.98平方公里，占13.93%。扣除沿海滩涂等未利用土地和长江水面面积的全市陆域土地总面积为6377.10平方公里。

江苏耕地面积4741.04万公顷，占全国耕地总量的4.7%。耕地后备资源集中于海岸带，可供围垦面积仅260万公顷。人均耕地0.061公顷，仅为全国平均数的70%。土地人口负荷量是全国平均数的197.1%，仅次于沪、津、京三市，列第四位。耕地负荷量高达每公顷1614人，高出全国平均数24.2%。近20余年，江苏省土地利用结构变化快，耕地流失强度大。农业用地结构调整，粮食作物用地减少，价值高的经济作物及牧渔副业用地增加；尤其是经济高速发展，非农占用耕地急剧增加，耕地流失量大，1978~2000年间，共减少耕地420.44万公顷，年均减少18.28万公顷，相当于减少1个较小规模县的耕地。耕地面积大幅度减少的同时，耕地质量不断下降。每年大面积的耕地受三

废污染、沙化、盐碱化、土壤侵蚀或由于利用不当等原因而使生产力下降。因此，采取切实可行的措施，保护耕地，已成当务之急。

浙江全省陆域10.18万平方公里，其中山区面积占70.4%，平原占23.2%，河流和湖泊占6.4%，耕地面积仅208.17万公顷，有“七山一水二分田”之说。2005年，浙江总播种面积2838千公顷，比2004年增长2.1%，“十五”期间年均下降4.4%。其中粮食播种面积1511千公顷，比2004年增长3.9%，“十五”期间年均下降7.5%。全年新增有效灌溉面积0.2千公顷，新增节水灌溉面积44.5千公顷。

（二）水资源

长三角区域内河湖众多，水网密布，主要有江苏的洪泽湖、太湖、骆马湖、高邮湖、邵伯湖，浙江的杭州西湖、绍兴东湖、嘉兴南湖、鄞县东钱湖，等等著名湖泊，除淮河、长江、钱塘江、京杭大运河等重要河流以外，还有江苏的秦淮河、苏北灌溉总渠、新沭河、通扬运河，浙江的瓯江、灵江、苕溪、南江、飞云江、鳌江、曹娥江，等等水系。

上海地区河湖众多，水网密布，水资源丰富，是著名的江南水乡，水面积占全市总面积的11%。上海河网大多属黄浦江水系，黄浦江源自太湖，全长113公里，流经市区，江道宽度300～770米，平均360米。黄浦江江宽水深，终年不冻，是上海的水上要道。全市年水资源总量27亿立方米，人均占有量200立方米。

江苏省境内地势平坦，水系发达，湖泊水面占16.9%，主要有洪泽湖、太湖、骆马湖、高邮湖、邵伯湖等。江苏省水系分属长江、淮河两大流域。淮河流域又按习惯分为淮河和沂沭泗两个水系。南部属长江流域。长江是中国最大的河流，其长度及水量均列世界第三位。江苏境内长江干流全长418公里，岸线960公里，是全省沿江地区引排水的动脉。太湖属长江水系，涉及江、浙、沪两省一市，流域面积3.65万平方公里，耕地2600多万亩，其中江苏约各占一半。中部为淮河水系。南以通扬运河与长江水系分界，北以废黄河与沂沭泗水系分开。淮河西起河南桐柏山，经安徽流入全省洪泽湖。洪泽湖以下分别由入江水道至三江营入长江，由灌溉总渠直接入海。淮河干流全长1000公里，流域面积18.7万平方公里，其中江苏为3.94万平方公里。洪泽湖是一座调蓄淮河上中游来水的平原水库，总库容135亿立方米，湖堤长67.25公里，是下游地区防洪的第一道屏障，关系到下游近3000万亩耕地、2200多万人口的安全。北部为沂沭泗水系。总面积7.8万平方公里，横跨苏鲁两省，境内面积2.56万平方公里。

浙江省多年平均水资源总量为937亿立方米，按单位面积计算居全国第四位，但人均水资源拥有量仅2004立方米，低于全国人均水平。浙江海域面积26万平方公里。面积大于500平方米的海岛有3061个，是全国岛屿最多的省份，其中面积495.4平方公里的舟山岛为中国第四大岛。海岸线总长6486.24公里，居全国首位，其中大陆海岸线2200公里，居全国第五位。岸长水深，可建万吨级以上泊位的深水岸线290.4公里，占全国的1/3以上，10万吨级以上泊位的深水岸线105.8公里。

（三）矿产资源

长三角的矿产资源主要分布于江苏、浙江两省，其中江苏的矿产资源相对丰富，有煤炭、石油、天然气等能源矿产和大量的非金属矿产，另有一定数量的金属矿产。浙江的矿产资源以非金属矿产为主，多用于建筑材料的生产等用途。

上海基本无一次常规能源，煤、石油、水力的储藏和生产，所需的能源都要靠其他省市的支援。但是，上海具有一定数量和较高质量的二次能源生产，产品主要是电力、石油油品、焦煤和煤气（包括液化石油气）。其他可以利用开发的能源还有沼气、风能、潮汐及太阳能。

江苏省矿产资源分布广泛，品种较多，已发现的有120种。能源矿产主要有煤炭、石油和天然气。非金属矿产有硫、磷、钠盐、水晶、蓝晶石、蓝宝石、金刚石、高岭土、石灰石、石英砂、大理石、陶瓷黏土；金属矿产有铜、铅、锌、银、金、锶、锰等。黏土类矿产、建材类矿产、化工原料矿产、冶金辅助原料矿产和特种用途矿产是江苏矿产资料的优势，其中方解石、泥灰石、凹凸棒石黏土、保温材料黏土、水泥用辉绿岩、水泥混合材料用闪长玢岩6种矿产的保有储藏量列全国第一位。

浙江矿产资源以非金属矿产为主。东海大陆架盆地有着良好的石油和天然气开发前景。浙江海域历来是全国最大的渔场，渔业资源的蕴藏量在205万吨以土，年可捕量在105万吨以上。矿产资源以非金属矿产为主，已发现非金属矿产72种，在探明储量的矿产中，石煤、明矾石、叶蜡石、水泥用凝灰岩、建筑用凝灰岩居全国首位，萤石居第二位，硅藻土居第三位。全省有林地面积553.9万公顷，林木蓄积量13847万立方米，森林覆盖率达到59.4%，名列全国前茅。

（四）生物资源

长三角地区生物资源较为丰富，其中江苏、浙江两省的野生植物资源品种繁多，上海位于东海、黄海、长江三水交汇处，海淡水交汇，水产资源丰富。

上海濒临东海，有丰富的水产资源，据统计，东海、黄海的水产资源有700多种。此外，上海地处长江口，这里江面宽阔，海淡水交汇，是鱼类索饵、繁殖、栖息的场所，有各种鱼类108种，其中经济鱼类有20多种。上海有众多的天然湖泊，螺、蚬、蚌等底栖生物资源比较丰富。稠密的水网，为淡水养殖提供了良好的条件。

江苏共有维管束植物2400多种；野生动物资源有脊椎动物（除鱼类）584种，约占全国的23.5%，有鸟类448种，占全国总数的36%，还有鱼类500多种，等等。有关研究表明，江苏境内有可开发利用的野生植物600多种，其中具利用价值的野生蔬菜种类就有192种之多。

浙江森林覆盖率达59.4%，居全国前列。经济林以茶园、桑园、油茶林、果园为主。其中，茶、桑、柑橘等中外闻名。树种资源丰富，素有“东南植物宝库”之称。野生动物种类繁多，有123种动物被列入国家重点保护野生动物名录。

三　人口概况

（一）人口规模

2005年末，长三角两省一市人口总量保持低速增长。年末区域内常住人口14150.5万人，比2004年末增加138.4906万人。全年出生人口131.29万人，人口出生率9.60‰；死亡92.26万人，死亡率6.74‰；人口增长39.01万人，人口自然增长率2.85‰。

2005年末，上海全市户籍人口1360.26万人。全年出生人口8.24万人，出生率为6.08‰；死亡人口10.23万人，死亡率为7.54‰；人口自然增长率为-1.46‰。至2005年末，全市常住人口达到1778万人。积极营造良好环境，吸引优秀人才集聚。2005年内吸引0.52万留学人员来沪工作，至年末，已吸引6万留学人员来沪工作，注册的留学人员科技企业达3200家。年内有4.4万名境内外人才获得上海市居住证，至2005年末，已有10.67万名境内外人才获得上海市居住证。其中，境外人才0.28万名，境内人才10.39万名。在获得上海市居住证的人才中，本科以上学历者占73.3%，研究生以上者占8.2%。

江苏省人口总量保持低速增长。2005年末，全省常住人口7474.5万人，比上年末增加42万人。全年人口出生率9.24‰，比上年下降0.21个千分点；死亡率7.03‰，比上年下降0.17个千分点；人口自然增长率2.21‰，比上年下降0.04个千分点。人民生活水平得到新提高。根据对5000户城镇住户的抽样调查，全年城镇居民人均可支配收入12319元，比上年增长17.5%，考虑物价因素，实际增长15.2%；人均消费性支出8622元，比上年增长17.6%，其中食品支出占人均消费性支出的比重为37.2%。根据对3400户农村住户的抽样调查，全年农村居民人均纯收入5276元，比上年增长11%，考虑物价因素，实际增长8.4%；人均生活消费支出3567元，比上年增长17.5%，其中食品支出占人均生活消费支出的比重为44%。城乡居民居住条件进一步改善。城镇居民人均住宅使用面积为21.7平方米，农村居民人均住房使用面积为38.6平方米。

江苏省社会保障体系进一步完善。城镇基本养老、基本医疗、失业保险覆盖面均达90%以上。社会保险主要险种向非公有经济组织、进城务工农民和乡镇企业延伸，国有企业下岗职工基本生活保障向失业保险顺利并轨，破产关闭的国有、集体企业退休人员已纳入基本医疗保险范围，被征地农民基本生活保障制度全面建立。全省城乡“低保”实现全覆盖，符合“低保”条件的40.1万城镇困难群众和85.5万农民实现应保尽保。2005年末，全省参加基本养老保险职工952.10万人，参加基本养老保险的离退休人员282.40万人，参加基本医疗保险的职工819.10万人，参加基本医疗保险的退休人员304万人，参加失业保险的职工838.30万人。2005年末，全省各类福利院拥有床位9.43万张，收养7.39万人；建立城镇各种社区服务设施24550个，其中社区服务中心463个；城乡居民最低生活保障对象128.6万人，筹集福利资金4.05亿元，接受社会捐赠2.4亿元（不包括慈善机构）。

据1%人口抽样调查，2005年末，浙江省常住人口4898万人，比上年增长1.97%。其中，男性人口2484.8万人，女性人口2413.2万人，分别占总人口的50.7%和49.3%。全年出生人口54.37万人，出生率11.10‰；死亡人口29.78万人，死亡率为6.08‰；全年净增人口24.59万人，自然增长率为5.02‰。

2005年，浙江省城镇居民人均可支配收入16294元，农村居民人均纯收入6660元，扣除价格因素，分别比上年实际增长10.4%和6.4%，“十五”期间分别年均增长11.3%和7.4%；城镇居民人均可支配收入连续5年、农村居民人均纯收入连续21年列全国各省区第一位。城镇居民人均消费支出12254元，比上年实际增长13.5%；农村居民人均生活消费支出5215元，实际增长10.2%。农村居民家庭恩格尔系数（即居民家庭食品消费支出占家庭消费总支出的比重）为38.6%，城镇居民家庭恩格尔系数为33.8%，分别比上年下降0.8个和2.4个百分点。城镇居民人均住房使用面积26.1平方米，比上年末增加2.2平方米；农村居民人均居住面积55.0平方米，比上年末增加3.7平方米。年末每百户城镇居民家用汽车拥有量8.7辆。

2005年末，浙江全省参加企业基本养老保险人数为872万人，其中实际缴费人数为647万人，分别比上年末增加67万人和46万人。参加失业保险的人数为440万人，比上年增加12万人。参加医疗保险的人数为632万人，比上年增加63万人。参加工伤、生育保险参保职工分别为455万人和280万人。全省低保对象61.0万人，其中城镇8.8万人、农村52.2万人，城乡月平均保障标准分别为223元/人和129元/人，全年共支出低保金5.6亿元，比上年增长26.0%。

（二）人口自然变动

长三角区域的人口自然变动情况与全国的情况区域一致，部分地区略有不同。经过中华人民共和国成立后的两次人口生育高峰，长三角两省一市的人口再生产类型已经由高出生、低死亡、高增长逐渐过渡到了低出生、低死亡、低增长的状况，其中，江苏、浙江两省的人口自然增长率2005年来一直维持在较低的水平，上海市的人口自然变动已经出现了负增长。

上海是全国除港澳台地区外的31个省、自治区、直辖市中第一个出现人口自然变动负增长的地区，人口自然增长率自1993年开始已连续八年为负增长（见表1-1）。2001年，全市户籍人口出生率为4.3‰，死亡率为7‰，自然增长率为负2.7‰，为改革开放以来的最低人口自然增长率。根据第五次人口普查信息，全市现有实际人口总量为1696.94万人（包括常住人口和来往于上海，并在上海停留一天以上、半年以下的流动人口）。从人口规模来看，上海已成为仅次于东京、墨西哥、圣保罗、纽约的世界第五大城市。

表 1－1　上海市历年人口自然变动情况

单位：万人，‰

年　份	出　生		死　亡		自　然　增　长	
	人　数	出生率	人　数	死亡率	人　数	自然增长率
1978	12.36	11.3	6.82	6.2	5.54	5.1
1980	14.31	12.6	7.39	6.5	6.92	6.1
1985	15.43	12.7	8.10	6.7	7.33	6.0
1990	13.12	10.2	8.63	6.7	4.49	3.5
1991	10.08	7.8	8.56	6.7	1.52	1.1
1992	9.37	7.3	9.10	7.1	0.27	0.2
1993	8.40	6.5	9.40	7.3	-1.00	-0.8
1994	7.63	5.9	9.42	7.3	-1.79	-1.4
1995	7.11	5.5	9.79	7.5	-2.68	-2.0
1996	6.79	5.2	9.77	7.5	-2.98	-2.3
1997	6.42	4.9	9.57	7.3	-3.15	-2.4
1998	6.17	4.7	10.13	7.8	-3.96	-3.1
1999	6.56	5.0	9.54	7.3	-2.98	-2.3
2000	6.95	5.3	9.45	7.2	-2.50	-1.9
2001	5.76	4.4	9.34	7.1	-3.58	-2.7
2002	6.20	4.7	9.67	7.3	-3.47	-2.6
2003	5.73	4.3	10.07	7.5	-4.34	-3.2
2004	8.09	6.0	9.65	7.2	-1.56	-1.2
2005	8.24	6.1	10.23	7.54	-2.01	-1.5

进入21世纪，江苏省人口增长始终保持“低出生、低死亡、低自然增长”的现代人口再生产模式（见表1－2）。“九五”期间，全省人口出生率由12.32‰下降到9.08‰，自然增长率由5.76‰下降到2.56‰。“十五”前四年，尽管出现小幅波动，但全省人口出生率和自然增长率仍稳定在10‰和3‰以内。2002年，全省人口出生率自20世纪90年代持续下降以来首次出现上升，与2001年相比，上升了0.14个千分点。2004年，人口出生率第二次上升的幅度较前次增加了0.28个千分点；自然增长率为2.25‰，与上年相比增加了0.24个千分点，成为近20年来的首次回升。但与“九五”期末的2000年相比，仍然低0.16个千分点，比第三次生育高峰最低点1984年的4.52‰低2.27个千分点。稳定的现代人口再生产类型，主要得益于全省经济快速发展、社会进步、政策引导，以及人们在思想观念上、经济上、生活方式上发生的深刻变化，从而直接影响到全民婚育观的转变。

表 1－2　江苏省人口自然变动情况

单位：万人，‰

年份	出生		死亡		自然增长	
	人数	出生率	人数	死亡率	人数	自然增长率
1978	90.62	15.63	35.32	6.09	55.30	9.54
1980	86.90	14.69	38.87	6.57	48.03	8.12
1985	67.11	10.84	36.35	5.87	30.76	4.97
1989	111.27	17.15	36.31	5.60	74.96	11.55
1990	137.96	20.54	43.86	6.53	94.10	14.01
1991	116.03	17.05	44.23	6.50	71.80	10.55
1992	108.04	15.71	46.49	6.76	61.55	8.95
1993	96.94	13.97	45.87	6.61	51.07	7.36
1994	96.38	13.78	47.98	6.86	48.40	6.92
1995	86.77	12.32	46.20	6.56	40.57	5.76
1996	85.84	12.11	46.64	6.58	39.20	5.53
1997	81.47	11.43	48.76	6.84	32.71	4.59
1998	78.60	10.97	49.01	6.84	29.59	4.13
1999	75.58	10.50	49.95	6.94	25.63	3.56
2000	66.01	9.08	47.40	6.52	18.61	2.56
2001	66.28	9.03	48.60	6.62	17.68	2.41
2002	67.56	9.17	51.50	6.99	16.06	2.18
2003	66.83	9.04	51.98	7.03	14.85	2.01
2004	70.11	9.45	53.42	7.20	16.69	2.25
2005	68.68	9.24	52.25	7.03	16.43	2.21

中华人民共和国成立以来，浙江人口的发展变化起伏较大（见表1－3）。根据增长率的高低，可分为五个时期。第一阶段（1949～1958年），是浙江省人口增长的第一个高峰期，年均增长率高达2.43%；第二阶段（1959～1961年），人口增长低谷期，年均增长率只有1.21%；第三阶段（1962～1966年），人口增长的第二个高峰期，年均增长率高达2.66%；第四阶段（1967～1979年），增长率稳定下降时期，年均增长率为1.79%；第五阶段（1980年至今），迈向低速增长时期，1980～1990年，年均增长1.03%，到1997年，人口自然增长率已降至4.93‰。总之，中华人民共和国成立以来，浙江省人口再生产类型由高出生、低死亡、高增长逐渐过渡到了低出生、低死亡、低增长，目前正处于完成人口转变的前夜。进入20世纪90年代，浙江省人口生育水平有以下特点：总出生水平较低，但总出生量较大，地区间生育水平差异显著，其影响因素主要是经济、社会、政策以及人口再生产内部规律。根据高、中、低三套方案的预测结果来看，浙江省人口出生率在未来50年的前半期将稳步下降，后期则将呈现一种波浪形态势，出生率将长期徘徊于11‰～13‰之间。

表1－3 浙江省历年人口自然变动情况

单位：万人，‰

年份	出生		死亡		自然增长	
	人数	出生率	人数	死亡率	人数	自然增长率
1970	85.93	26.16	19.57	5.96	66.36	20.2
1971	86.16	25.7	20.45	6.1	65.71	19.6
1972	83.72	24.48	20.6	6.02	63.12	18.46
1973	80.92	23.24	21.16	6.08	59.76	17.16
1974	74	20.92	21.78	6.16	52.22	14.76
1975	69.92	19.49	22.64	6.31	47.28	13.18
1976	68.99	18.96	22	6.05	46.99	12.91
1977	69.78	18.94	24.13	6.55	45.65	12.39
1978	67.75	18.17	21.75	5.83	46	12.34
1979	67.82	17.98	22.23	5.89	45.59	12.09
1980	59.4	15.59	23.97	6.29	35.43	9.3
1981	69	17.93	24.12	6.27	44.89	11.66
1982	71.38	18.31	23.17	5.94	48.21	12.37
1983	62.66	15.89	25.13	6.37	37.53	9.52
1984	49.8	12.52	23.82	5.99	25.97	6.53
1985	50.59	12.61	24.25	6.05	26.34	6.56
1986	64.64	15.96	24.06	5.94	40.58	10.02
1987	69.67	17.01	28.34	6.92	41.33	10.09
1988	64.42	15.54	26.32	6.35	38.1	9.19
1989	63.68	15.2	26.85	6.41	36.83	8.79
1990	64.75	15.33	26.65	6.31	38.1	9.02
1991	61.59	14.48	27.18	6.39	34.41	8.09
1992	63.1	14.72	28.17	6.57	34.93	8.15
1993	58.79	13.61	28.42	6.58	30.37	7.03
1994	56.67	13.24	28.25	6.64	28.42	6.6
1995	54.52	12.66	29.07	6.75	25.45	5.91
1996	53.21	12.09	28.96	6.58	24.25	5.51
1997	50.47	11.41	28.66	6.48	21.81	4.93
1998	49.57	11.15	28.14	6.33	21.43	4.82
1999	47.51	10.64	28.36	6.35	19.15	4.29
2000	48.09	10.3	28.63	6.13	19.46	4.17
2001	46.14	10.02	28.78	6.25	17.39	3.77
2002	46.2	9.98	28.7	6.19	33.5	3.79
2003	45.0	9.66	29.7	6.38	15.3	3.28
2004	50.12	10.71	26.95	5.76	40.02	4.95
2005	54.37	11.10	29.78	6.08	24.59	5.02

注：表中1985～1999年及2001年数字为人口变动抽样调查数，2000年数字为第五次人口普查数。

（三）人口构成

长三角区域内人口构成变化的最明显趋势是人口老龄化，由于计划生育政策的严格执行，以及生活水平的提高和医疗条件的改善，少儿人口的比重呈下降趋势，老年人口的比重上升较快，老龄化社会的形成有加快的趋势。

2005 年 11 月 1 日零时，上海市全市常住人口为 1778 万人。其中，男性为 893 万人，占总人口的 50. 22%；女性为 885 万人，占总人口的 49. 78%。性别比为 100. 90（以女性为100）。年龄构成如下：0 ~ 14 岁的人口为 158 万人，占总人口的 8. 88%；15 ~ 64 岁的人口为1408 万人，占总人口的 79. 17%；65 岁及以上的人口为 212 万人，占总人口的 11. 94%。与第五次人口普查相比，0 ~ 14 岁人口的比重下降了 3. 38 个百分点，65 岁及以上人口的比重上升了 0. 48 个百分点。民族构成如下：汉族人口为 1762 万人，占总人口的 99. 1%；各少数民族人口为 16 万人，占总人口的 0. 9%。与第五次人口普查相比，汉族人口增加了 132 万人，增长了 8. 1%；各少数民族人口增加了 6 万人，增长了 60%。受教育程度如下：全市 6岁及以上常住人口为 1719 万人，其中，具有大学及以上受教育程度的人口占 8. 78%，大专程度的人口占 9. 31%，高中程度的人口占 24. 84%，初中程度的人口占 35. 78%，小学程度的人口占 15. 82%。与第五次人口普查相比，大学及以上程度人口的比重提高了 3. 34 个百分点，大专程度人口比重提高了 3. 4 个百分点，高中程度人口比重提高了 0. 95 个百分点，初中程度人口比重减少了 2. 43 个百分点，小学程度人口比重减少了 3. 83 个百分点。

从 1982 年开始，江苏省人口年龄结构发生了较大的变化，少儿人口比重持续下降，老年人口比重上升较快，在进入成年型人口的同时，开始向年老型人口过渡，并于 1986 年在全国率先进入老年型社会。2000 年人口普查时，全省 0 ~ 14 岁人口占总人口的 19. 64%，65 岁及以上人口占 8. 84%，分别比 1990 年人口普查时下降 4. 11 个百分点、上升 2. 05 个百分点。进入 21 世纪，全省人口老年化速度明显加快。据推算，2004 年，全省总人口中，0 ~ 14 岁人口为 1213. 73 万人，占 16. 33%；15 ~ 64 岁人口为 5422. 01 万人，占 72. 95%；65 岁及以上人口为 796. 76 万人，占 10. 72%。与 2000 年相比，0 ~ 14 岁少儿人口的比重下降 3. 31 个百分点，65 岁及以上老年人口的比重上升 1. 88 个百分点。从老年人口的总量来看，2004 年，全省 65 岁及以上老年人口比 2000 年增加 149. 03 万人，增长 23. 01%。老龄人口比重迅速上升的原因是，一方面，由于近年来全省人口出生率一直稳定在较低水平，0 ~ 14 岁少儿比重逐年减少；另一方面，随着生活水平的提高，医疗条件改善，人均预期寿命不断提高。

在浙江人口中，男性为 2401. 86 万人，占 51. 35%；女性为 2275. 12 万人，占48. 65%。性别比（以女性为 100，男性对女性的比例）为 105. 57。全省人口中，0 ~ 14岁的人口为 845. 12 万人，占 18. 07%；15 ~ 64 岁的人口为 3418. 27 万人，占 73. 09%；65岁及以上的人口为 413. 59 万人，占 8. 84%。同 1990 年第四次全国人口普查相比，0 ~ 14岁人口的比重下降了 5. 22 个百分点，65 岁及以上人口的比重上升了 2. 01 个百分点。全省人口中，汉族人口为 4637. 01 万人，占 99. 15%；各少数民族人口为 39. 97 万人，占0. 85%。与 1990 年第四次全国人口普查相比，汉族人口增加了 513. 68 万人，增长了12. 46%；各少数民族人口增加了 18. 70 万人，增长了 87. 89%。

四 行政区划

（一）概况

长三角的行政区划由江苏、浙江、上海两省一市构成，其中江苏、浙江两省共设24个省辖市，下辖198个县、市、区，共有约2700个乡镇；上海市共有18个区、1个县，共118个镇、3个乡、100个街道办事处、3293个居民委员会和1991个村民委员会。

中华人民共和国成立初期，上海共划分为20个市区和10个郊区。后经多次行政区划调整和撤县建区，至2005年末，上海共有18个区、1个县，共118个镇、3个乡、100个街道办事处、3293个居民委员会和1991个村民委员会（见表1-4）。

表1-4　上海市行政区划表

单位：个

地　区	镇	乡	街道办事处	居民委员会	村民委员会
全　市	114	3	103	3365	1920
浦东新区	13	—	11	550	265
黄浦区	—	—	9	135	—
卢湾区	—	—	4	74	—
徐汇区	1	—	12	344	14
长宁区	1	—	9	176	6
静安区	—	—	5	85	—
普陀区	3	—	6	206	8
闸北区	1	—	8	207	1
虹口区	1	—	9	268	—
杨浦区	1	—	11	302	—
宝山区	9	2	5	233	165
闵行区	9	—	3	289	166
嘉定区	8	—	3	89	169
金山区	14	—	1	60	139
松江区	10	—	4	109	118
青浦区	8	—	3	57	184
南汇区	14	—	—	64	185
奉贤区	8	—	—	65	276
崇明县	13	1	—	52	224

注：本表由上海市民政局提供。

江苏省现设13个省辖市，省辖市下辖108个县、市、区，其中28个县级市、30个县、50个市辖区。共有1346个乡镇，其中建制镇1202个、行政村20219个（见表1－5）。省会南京市。

表1－5　江苏省行政区划表

单位：个

市　名	各级市单位数	县级单位数	县级单位		
			县	县级市	市辖区
江苏全省	40	106	25	27	54
南京市	1	13	2	—	11
无锡市	3	8	—	2	6
徐州市	3	11	4	2	5
常州市	3	7	—	2	5
苏州市	6	11	—	5	6
南通市	5	8	2	4	2
连云港市	1	7	4	—	3
淮安市	1	8	4	—	4
盐城市	3	9	5	2	2
扬州市	4	7	1	3	3
镇江市	4	6	—	3	3
泰州市	5	6	—	4	2
宿迁市	1	5	3	—	2
市　名	镇	乡	街道办事处	居民委员会	村民委员会
江苏全省	1077	122	265	5238	17885
南京市	54	—	75	816	850
无锡市	59	—	24	448	1061
徐州市	114	—	43	396	2262
常州市	64	—	24	307	1059
苏州市	66	—	30	772	1266
南通市	127	6	10	406	1864
连云港市	56	36	15	182	1432
淮安市	92	24	10	230	1464
盐城市	129	9	6	421	2040
扬州市	81	6	10	332	1179
镇江市	65	1	8	304	607
泰州市	91	8	6	381	1583
宿迁市	79	32	4	243	1218

浙江现设杭州、宁波两个副省级城市（其中宁波市为全国计划单列市），温州、湖州、嘉兴、绍兴、金华、衢州、舟山、台州、丽水9个地级市，36个县、22个县级市、32个市属城区，837个镇、562个乡、212个街道（见表1-6）。省会杭州市。

表1-6　浙江省行政区划表

单位：个

地　区	市辖区	县级县级市	建制镇	乡	村
合　计	28	60	838	576	41383
杭州市	8	5	122	58	4782
宁波市	5	6	101	18	3990
温州市	3	8	130	154	121
嘉兴市	2	5	60	2	1099
湖州市	—	3	48	19	1464
绍兴市	1	5	80	18	5266
金华市	2	7	87	55	5973
衢州市	1	5	55	84	2611
舟山市	2	2	24	12	766
台州市	3	6	68	28	5619
丽水市	1	8	63	128	3692

（二）行政区划变更

中华人民共和国成立以来，长三角两省一市范围内的行政区划变更一直存在，但近年来变更的主要内容是“撤县设市”、“撤县设区”和“撤乡并镇”。经过撤并，基层政府的组织机构得以精简，冗员得以分流，地方政府的财政负担明显降低，政府的办事效率显著提高。

1. 上海

1）2000年

撤销黄浦区和南市区，设立新的黄埔区，以原黄浦区和南市区的行政区域为新的黄浦区的行政区域。区人民政府驻九江路（国务院2000年6月13日批准）。

2）2001年

（1）撤销奉贤县，设立奉贤区，以原奉贤县的行政区域为奉贤区的行政区域。区人民政府驻南桥镇（国务院2001年1月9日批准，国函［2001］2号）。

（2）撤销南汇县，设立南汇区，以原南汇县的行政区域为南汇区的行政区域。区人民政府驻惠南镇（国务院2001年1月9日批准，国函［2001］3号）。

3）2003年

（1）黄浦区人民政府驻地从九江路219号迁移至延安东路300号（上海市人民政府

2003年2月21日批准，沪府［2003］8号）。

（2）松江区人民政府驻地从中山中路38号迁移至园中路1号（上海市人民政府2003年8月22日批准，沪府［2003］79号）。

4）2005年

将上海市宝山区的长兴乡、横沙乡划入崇明县管辖（国务院2005年5月18日批准，国函［2005］40号）。

2. 江苏

1）2000年

（1）将苏州市郊区更名为虎丘区（国务院2000年1月5日批准）。

（2）撤销江宁县，设立南京市江宁区（国务院2000年12月21日批准）。

（3）撤销县级锡山市，设立无锡市锡山区和惠山区。同时撤销无锡市马山区，并将无锡市郊区更名为滨湖区（国务院2000年12月21日批准）。

（4）将地级淮阴市更名为淮安市。撤销县级淮安市和淮阴县，分别设立淮安市楚州区和淮阴区（国务院2000年12月21日批准）。

（5）撤销邗江县，设立扬州市邗江区（国务院2000年12月21日批准）。

（6）撤销县级吴县市，设立苏州市吴中区和相城区（国务院2000年12月31日批准）。

2）2001年

撤销连云港市云台区（国务院2001年10月1日批准）。

3）2002年

（1）撤销县级武进市，设立常州市武进区。

（2）将常州市郊区更名为新北区。将原常州市郊区的永红、五星、西林、北港四个乡和新闸镇划归钟楼区管辖，将原常州市郊区的茶山、雕庄、红梅、青龙四个乡划归常州市天宁区管辖。

（3）撤销南京市浦口区和江浦县，设立新的南京市浦口区。区人民政府驻珠江镇。

（4）撤销南京市大厂区和六合县，设立南京市六合区。区人民政府驻雄州镇。

（5）撤销丹徒县，设立镇江市丹徒区。

4）2003年

（1）无锡市惠山区人民政府驻地由洛社迁至堰桥镇（民政部2003年4月27日批准，民函［2003］76号）。

（2）盐城市城区更名为亭湖区；撤销盐都县，设立盐城市盐都区。

5）2004年

调整宿迁市部分行政区划（国务院2004年1月15日批准，国函［2004］6号）：

（1）撤销宿豫县，设立宿迁市宿豫区。宿豫区辖原宿豫县的顺河、皂河、大兴、来龙、蔡集、王官集、黄墩、晓店、陆集、仰化、丁咀、关庙、新庄、侍岭14个镇和曹集、保安2个乡以及宿城区的井头乡。区人民政府驻顺河镇。

（2）将原宿豫县的耿车镇、埠子镇、洋北镇、龙河镇、罗圩乡、南蔡乡、三棵树乡

和泗阳县的洋河镇、郑楼镇、中扬镇、仓集镇、屠园乡以及泗洪县的陈集镇划归宿城区管辖。调整后，宿城区辖幸福、项里、河滨、古城4个街道和双庄、耿车、埠子、洋北、龙河、洋河、郑楼、中扬、仓集、陈集10个镇以及罗圩、南蔡、三棵树、屠园4个乡。区人民政府驻中山路。并对乡镇行政区划进行了大幅调整。1999~2001年底，全省共撤并乡镇628个，撤并村15039个，分别占原总数的31.7%和42.7%。调整后的乡镇平均面积由49.14平方公里增加到71.96平方公里，平均人口规模由3.13万人增加到4.58万人。全省继续对乡镇行政区划进行了大幅调整。

3. 浙江

1）2000年

（1）撤销丽水地区和县级丽水市，设立地级丽水市，丽水市新设莲都区（国务院2000年5月20日批准）。

（2）撤销金华县，设立金华市金东区（国务院2000年12月30日批准）。

2）2001年

（1）将绍兴县人民政府驻地由绍兴市越城区迁至柯桥镇；同时将绍兴县部分行政区域划归越城区管辖（国务院2001年1月13日批准）。

（2）撤销县级余杭市，设立杭州市余杭区（国务院2001年2月2日批准）。

（3）撤销县级萧山市，设立杭州市萧山区（国务院2001年2月2日批准）。

（4）温州市调整市辖区行政区划（国务院2001年7月7日批准）。

（5）撤销衢县，设立衢州市衢江区（国务院2001年12月10日批准）。

3）2002年

撤销鄞县，设立宁波市鄞州区（国务院2002年2月1日批准）。

4）2003年

设立湖州市吴兴区、南浔区（国务院2003年1月2日批准，国函［2003］2号）。

五 文化和旅游

（一）文化

今长三角区域在春秋时期是吴、越文化的所在地，自春秋以来，长三角区域的人们依托长江和钱塘江两大流域繁衍生息。现在“长三角”经济协作区的形成，是以源远流长的历史文化互动基础为前提的。新石器时代文化遗址的大量发现与发掘，揭示了长三角文化发展的历史源头。中华人民共和国建立后，长三角地区继续在文化上蓬勃发展，迎来前所未有的历史发展契机。长三角的文化精神，是长三角在区域竞争中借以制胜争优的“软实力”的核心所在，支撑着长三角创造出一个又一个的经济社会发展奇迹。

上海位于长江三角洲冲积平原，因吴淞江支流上海浦而得名。春秋时属吴，战国时当地渔民创造了捕鱼工具“扈”，称这一带为沪渎，东晋时在此筑沪渎垒以防海盗，故上海简称“沪”。上海是中国的历史文化名城，被誉为“江海之通津，东南之都会”。“两千年历史看西安，一千年历史看北京，一百年历史看上海”，上海是近现代中国的“缩影”，拥有厚重的历史底蕴。作为中国共产党的诞生地，这座城市更是凭此增添了一份独特的光彩。

江苏是中国古代吴越文化、长江文化的发祥地。南京汤山直立人化石将这块富饶土地的文明史追溯到距今35万年前的远古时期。江苏旅游资源丰富，自然景观与人文景观交相辉映，名胜古迹遍布全省，是全国七大旅游省份之一，全省有13个城市被命名为中国优秀旅游城市。南京的六朝胜迹，苏州的古典园林，无锡的太湖风光，扬州的汉唐文化，徐州的秦汉遗址，连云港的海域仙境，镇江的山林寺院，以及陶都宜兴的洞天竹海，等等，令人流连忘返。

位于今浙江省境内的距今6000～7000年的河姆渡文化和距今4000～5000年的良渚文化是浙江悠久灿烂的史前文化的杰出代表。在浙江余姚河姆渡遗址出土的大量文物中，有种类齐全的骨、石、陶、木制成的生产工具和生活用具，大量保存完好的古代稻谷，榫卯结构清楚的木构件，以及色彩鲜艳的漆碗，依然能吹出动听音响的陶埙、骨哨，等等。良渚文化以发达的黑陶制作和精美绝伦的玉器制作闻名，曾经存在世界上早期的大规模犁耕稻作农业、大型营建工程及社会组织形态。河姆渡文化、良渚文化的发现，证明了长江流域也是中华民族的发祥地之一。浙江文化历史悠久，手工业发达，如春秋、战国时（前770～前221年）越国的铸剑，东汉时（25～220年）的制瓷技术和铜镜制作工艺，唐代（618～907年）以后的丝绸、雕版印刷、造塔、寺院建筑、佛像雕塑技艺，等等。始镌于南齐建武年间（494～497年）的新昌大佛寺弥勒像，被称为“江南第一大佛”。北宋开宝三年（970年）建的杭州六和塔，唐中和四年（884年建内塔）和北宋开宝年间（968～975年建外塔）建的湖州飞英塔，等等，被誉为全国造塔工艺的典范。

（二）旅游

1. 上海

上海是中国最大的经济中心和世界著名的港口城市，也是一座历史悠久的文化城市。

至2003年末，上海被列入全国重点文物保护的单位有16处，市级文物保护单位114处，纪念地点29处，保护地点14处。迄今仍保留着中国唐、宋、元、明、清以来的若干古迹和富有特色的园林。例如，有具有一千多年历史的龙华古寺，有建于三国时期的静安古寺和国内外知名的玉佛寺，有号称江南名园之秀的豫园，有嘉定的孔庙，松江的方塔、醉白池，等等。20世纪90年代以来，上海相继建成了一批享誉国内外的功能性建筑，构成了迷人的都市风景线，同时也成为上海的旅游新景观，向世人展示了上海的新风貌。例如，有象征上海的外滩；有被誉为“城市绿肺”的人民广场；有创造了10个“世界第一”的东方明珠广播电视塔；有中国第一摩天大楼——金茂大厦；以及南京路步行街、上海博物馆、上海大剧院、上海城市规划展示馆；等等。

上海号称万国建筑博览会，名不虚传。横空出世的南浦、杨浦大桥，地铁，高架内环线，处处让人感受到上海城市交通的现代化。南京路、淮海路，以及上海西面的徐家汇商城，北面新客站的不夜城，一起展现着现代化城市的面貌，还有位于上海南市区的老城隍庙，那里有一座规模巨大的新豫园商场，是一个由古园林、古街坊、古楼宇组成的综合旅游胜地。

上海是中国近代科技、文化的中心和国际港口城市。古代这里为海滨村镇，唐天宝十年（751年）设华亭县，宋设上海镇，元置上海县。上海具有光荣的革命历史，是中国共产党的诞生地，近、现代许多重要历史事件和历史人物的活动都发生在这里，如小刀会起义、五卅运动、上海工人三次武装起义、淞沪抗战等。现存革命遗址有中共一大会址、孙中山故居、鲁迅墓、宋庆龄墓、龙华革命烈士纪念地等。文物古迹有龙华塔、松江方塔、豫园、秋霞浦、唐经幢等。上海近代的各式外国风格建筑在建筑史上也具有重要价值。

2. 江苏

江苏是全国七大重点旅游省份之一，名山、名湖、名泉、名园、名寺遍布各地。太湖烟波浩渺，景色之佳居全国五大淡水湖之首，南京玄武湖和莫愁湖，扬州瘦西湖，苏州阳澄湖，徐州云龙湖，溧阳天目湖，等等，皆独具风情。镇江中泠泉称“天下第一泉”，无锡惠山泉称“天下第二泉”，苏州虎丘憨泉称“天下第三泉”，南京汤山温泉、东海汤庙温泉，等等，也颇具盛名。南京钟山、清凉山（石头山）、镇江三山（北固山、金山、焦山）苍翠雄秀。句容和金坛交界处的茅山是中国东南道教中心、全国重点道观之一，有道教“第一福地”、“第八洞天”之称。南通狼山是全国佛教八小名山之一。陶都宜兴号称“洞天世界”。连云港花果山因结缘《西游记》而闻名海内外。古典园林举世闻名，苏州拙政园、留园跻身全国四大名园之列，苏州9家古典园林被列为世界文化遗产。南京栖霞寺、镇江金山寺、扬州大明寺、苏州寒山寺、常熟兴福寺、常州天宁寺、句容隆昌寺等都是著名古刹。

江苏历史悠久，古迹遍布大江南北，全国99座历史文化名城中，江苏有南京、苏州、扬州、徐州、镇江、淮安、常熟7座。连云港锦屏山将军崖岩画被称为“我国最早的一部天书”；孔望山东汉摩崖造像是迄今为止中国发现的最早的佛教摩崖造像，比敦煌石窟还早一二百年，有“九州第一窟”之誉。武进春秋淹城是中国目前保存的最古老、最为完整的地面城池建筑遗址。徐州汉画像石，南京、丹阳帝王墓前留下的六朝石刻，是中国古代雕刻艺术的瑰宝。徐州狮子山发现的西汉兵马俑被考古学界称为第三大奇迹。南京明城墙不仅仅是中国城墙之最长者，也是世界上最大的砖城之一。江苏近现代历史纪念地众多，如南京静海寺、太平天国天王府、总统府、中山陵、淮安周恩来纪念馆、南京梅园新村、雨花台烈士陵园、渡江胜利纪念碑、侵华日军南京大屠杀纪念馆、徐州淮海战役烈士纪念塔、盐城新四军纪念馆等。

江苏省处于长江下游，长江以南地区河网密布，自然条件优越，有鱼米之乡之称。比较有名的旅游城市有苏州、无锡、扬州，这三个城市的园林集中了中国的江南园林艺术的代表。

3. 浙江

浙江省有富庶的杭嘉湖平原。浙江旅游资源数量众多，类型丰富，特色明显，知名度较高。例如，有重要地貌景观资源800余处，水域景观资源200余处，生物景观资源100余处，人文景观资源100余处。至1999年底，有国家级风景名胜区11处，省级风景名胜区35处；国家级文物保护单位28处，省级文物保护单位323处；国家级森林公园12处，省级森林公园42处；国家级旅游度假区1处，省级旅游度假区10处；国家级和省级自然保护区11处。旅游资源总量名列全国前茅，是全国有名的旅游资源大省。主要的旅游景点有杭州西湖、普陀山、钱塘观潮、千岛湖、莫干山、奉化溪口等。开辟了浙东风情游、浙西名山名水游、浙北运河古镇游、浙南奇山奇水游等旅游路线。建立了以杭州为中心的、具有江南水乡特色的杭绍旅游区；以佛教文化为主的宁舟台旅游区；以奇山奇水、民俗文化为主要内容的温丽台旅游区；以本地历史文化、山水风情为基础的金衢旅游区；以运河古镇为基础的杭嘉湖旅游区。

浙江气候宜人，山清水秀，文化悠久，自古便是著名的旅游胜地，共有国家级风景名胜区11个，是中国旅游资源最为丰富的省份之一。全省现有西湖、两江一湖（富春江—新安江—千岛湖）、雁荡山、楠溪江、普陀山、嵊泗列岛、天台山、莫干山、雪窦山、双龙、仙都11个国家级风景名胜区，数量列中国首位。此外，还有省级风景名胜区35个，杭州之江国家旅游度假区和萧山湘湖、温州瓯江、绍兴会稽山等省级旅游度假区10个，旅游资源十分丰富。浙江的特色旅游比较发达。钱江观潮、书法、垂钓、气功保健、古民居观赏、佛教朝拜、道教养生、生态考察、“农家乐”、“渔家乐”之旅等多项具有浓郁浙江特色的旅游项目，深受国内外游客的青睐。中国国际钱江观潮节、西湖博览会、宁波国际服装节、绍兴国际书法节、舟山国际沙雕节等旅游节庆活动丰富多彩。

省会杭州是中国七大古都之一，也是中国著名的风景旅游城市，以秀丽迷人的西湖自然风光闻名于世。多年来，浙江省在重点开发杭州风景名胜区的同时，致力于开发全省各地的旅游资源，逐步建立了以杭州为中心的全省旅游网络，形成了浙东水乡佛国游、浙南奇山秀水游、浙西名山名水游、浙北丝绸古镇游四条精品旅游线路。西湖三面环山，一面临城，面积4.65平方公里。千岛湖位于浙江省西北的淳安县，处于杭州和黄山之间，东距杭州180公里左右，西距黄山160公里左右。千岛湖由一千多个岛屿组成，森林覆盖率达80%以上，已经开放了二十多个旅游景点。西塘、南浔、乌镇是浙江的著名古镇。

第二编 长三角地区经济社会发展

第一章 2005年上海市经济社会发展报告

2005年是实施“十五”计划的最后一年。一年来，上海全市人民在上海市委、市政府的领导下，以邓小平理论和“三个代表”重要思想为指导，全面落实科学发展观，积极贯彻中央宏观调控政策措施，深入实施科教兴市主战略，加快经济结构调整和增长方式转变，着力深化改革和扩大开放，使国民经济保持平稳较快增长，社会和谐稳定，各项社会事业加快发展，人民生活持续改善，圆满完成了国民经济和社会发展的各项任务和预期目标，为“十一五”规划开局奠定了良好基础。

（一）经济发展

1. 经济总量

国民经济平稳较快增长。经国家统计局联审通过，2005年，上海市全年实现生产总值（GDP）9143.95亿元，按可比价格计算，比上年增长11.1%，自1992年以来已连续第14年保持两位数增长。二、三产业共同推动全市经济增长。全年第一产业增加值79.65亿元，比上年下降9.7%；第二产业增加值4475.92亿元，比上年增长12.1%；第三产业增加值4588.38亿元，比上年增长10.5%。第三产业增加值占全市生产总值的比重为50.2%。财政收入持续快速增长。全年全市财政收入4095.8亿元，比上年增长13.9%。全年地方财政收入1433.9亿元，按可比口径计算，比上年增长20.7%。其中，增值税226.12亿元，增长13.4%；营业税512.93亿元，增长15.9%；个人所得税111.92亿元，增长26.2%；房产税34.1亿元，增长25.9%。全年地方财政支出1660.32亿元，比上年增长19%。其中，基本建设支出369.21亿元，增长18.8%；科教文卫事业支出277.45亿元，增长18.7%；企业挖潜改造资金支出237.92亿元，增长22.7%。

2. 固定资产投资

固定资产投资保持适度增长。2005年全年完成全社会固定资产投资总额3542.55亿元，比上年增长14.8%，增幅比上年回落11个百分点。

投资结构发生新变化。2005年，在全社会固定资产投资总额中，城市基础设施投资885.74亿元，比上年增长31.7%，高出全社会固定资产投资总额增幅16.9个百分点；房地产开发投资1246.86亿元，比上年增长6.1%。从产业投向看，第一产业投资5.58亿元，比上年增长5.6%；第二产业投资1082.1亿元，增长7.1%，其中工业投资1074.76亿元，增长7.3%；第三产业投资2454.87亿元，增长18.6%。从投资主体看，国有经济投资1240.27亿元，比上年增长29.9%，占全社会固定资产投资总额的比重为35%；集体经济投资131.07亿元，比上年下降10.6%，所占比重为3.7%；股份制经济投资

916.27 亿元，比上年增长 37.3%，所占比重为 25.9%；外商及港澳台投资 640.31 亿元，比上年下降 24.8%，所占比重为 18.1%；其他经济投资 614.63 亿元，比上年增长 32.4%，所占比重为 17.3%。

3. 价格

消费市场价格保持基本稳定。2005 年，居民消费价格总水平比上年上涨 1%。其中，食品类价格上涨 4.5%，拉动居民消费价格总水平上涨 1.5 个百分点，是影响居民消费价格总水平上涨的主要因素；居住类价格上涨 2.9%；医疗保健和个人用品类价格上涨 0.3%；家庭设备用品及维修服务类价格上涨 0.8%；烟酒及用品类价格下降 0.3%；娱乐教育文化用品及服务类价格下降 1.7%；交通和通信类价格下降 2.5%；衣着类价格下降 7.9%。

生产领域价格水平涨幅回落。2005 年，原材料、燃料、动力购进价格水平比上年上涨 6.8%，工业品出厂价格水平上涨 1.7%，涨幅分别比上年回落 9.6 个和 1.9 个百分点。

房地产价格涨幅回落。2005 年，房屋销售价格水平比上年上涨 9.7%，涨幅比上年回落 6.2 个百分点。其中商品住宅销售价格水平上涨 9.2%，涨幅比上年回落 6.6 个百分点。全年房屋租赁价格水平上涨 3.6%，涨幅比上年回落 1.9 个百分点。全年土地交易价格水平比上年上涨 6.9%，涨幅比上年回落 13.4 个百分点。

4. 农业

农业产业结构调整继续推进。2005 年完成农业总产值 236.78 亿元，比上年下降 9.6%。其中，种植业产值 108.84 亿元，比上年下降 8.1%；畜牧业产值 60.28 亿元，比上年下降 16.3%；渔业产值 51.47 亿元，比上年增长 1.4%。全年粮油作物优质化率分别达到 94% 和 70%。严格实行耕地保护，粮食生产实现“双超”。全年粮食种植面积超过 13.33 万公顷（200 万亩），达到 16.61 万公顷（249.15 万亩）；粮食产量超过 100 万吨，达到 105.36 万吨。全年水产品产量 35.35 万吨，比上年增长 2.7%；蔬菜产量 387.02 万吨，比上年下降 11.4%；生猪出栏数 280 万头，比上年下降 15.4%；牛奶产量 23.76 万吨，比上年下降 5.7%；家禽产量 0.76 亿只，比上年下降 22.1%。农产品出口保持稳定增长。全年初级农产品出口 13.34 亿元，比上年增长 26%。

农业标准化生产水平继续提高。至 2005 年末，已建立 54 个国家级农业标准化示范区。食用农产品安全性不断提高。至年末，全市注册品牌的农产品 139 个，有 149 家企业的 273 个农产品通过无公害农产品、安全卫生优质农产品、有机食品和绿色食品认证。全市已实施 3.67 万公顷基本农田有机肥推广使用。全市化肥每公顷年施用量比上年下降 7.9%；全年生产基地蔬菜农药残留检测合格率达到 95% 以上。

农业规模化生产和科技水平稳步提高。至 2005 年末，全市有 143 个规模化、现代化蔬菜园艺场；12 个市级现代农业园区投入各类建设资金 54.82 亿元，引入产业开发项目 128 个，有 163 项科研成果在园区推广应用。全市有农业产业化企业 420 家。其中，被列为国家级龙头企业 11 家，市级龙头企业 25 家。至年末，有农民专业合作社 310 家。

5. 工业

依托大基地、大项目建设，促进工业生产持续增长。2005 年，实现工业增加值

4155.23 亿元，比上年增长 12.5%。其中规模以上工业增加值 3994.68 亿元，增长 12.5%。在规模以上工业增加值中，轻工业增加值 1081.75 亿元，比上年增长 9.6%；重工业增加值 2912.93 亿元，比上年增长 13.7%。全年工业总产值达到 16876.78 亿元，比上年增长 13.9%，其中规模以上工业总产值 15806.78 亿元，比上年增长 13.9%。

区县工业增长加快。2005 年，在全市规模以上工业总产值中，区县工业总产值 9175.33 亿元，比上年增长 18%，高出全市工业平均增幅 4.1 个百分点。区县工业总产值占全市规模以上工业总产值的比重达到 58.1%，比上年提高 1.2 个百分点，拉动全市规模以上工业总产值增长 10.3 个百分点。全年“1+3+9”工业园区完成工业总产值 7349.67 亿元，比上年增长 15.5%，其中九个市级工业园区完成工业总产值 1399.77 亿元，增长 19.2%。

高新技术产业生产快速增长。2005 年，高新技术产业完成工业总产值 4826.67 亿元，比上年增长 22%，占全市工业总产值的比重达到 28.6%，比上年提高 0.4 个百分点。重点发展行业对工业生产的拉动作用明显。电子信息产品制造业、汽车制造业、石油化工及精细化工制造业、精品钢材制造业、成套设备制造业、生物医药制造业六个重点发展工业行业完成工业总产值 9993.55 亿元，比上年增长 16.5%，拉动全市工业增长 10.1 个百分点，占全市规模以上工业总产值的比重达到 63.2%，其新增产值占全市规模以上工业新增产值的比重达到 70.8%。

适应市场需求的工业产品产量大幅增长。2005 年，规模以上工业企业产品销售率达到 98.6%。全年大规模半导体集成电路产量比上年增长 13.2%，发电设备产量比上年增长 40.6%，微型电子计算机产量比上年增长 1.2 倍，金属切削机床产量比上年增长 35.8%，原油加工量比上年增长 7.3%，钢材产量比上年增长 8%，家用电冰箱产量比上年增长 28.8%，民用钢质船舶产量比上年增长 11.6%，乙烯产量比上年增长 67.8%。受成本和市场因素的双重制约，工业企业经济效益下滑。全年工业企业实现利润总额 939.56 亿元，比上年下降 10.8%；实现税金总额 605.59 亿元，比上年增长 2.9%。其中，国有及国有控股工业企业实现利润 510.75 亿元，比上年下降 16.6%；实现税金 395.23 亿元，比上年增长 1.7%，占全市工业税金总额的 65.3%。全市工业企业亏损面为 18.6%。赢利工业企业赢利额 1118.72 亿元，比上年下降 4.1%；亏损工业企业亏损额 179.16 亿元，比上年增长 56.9%。全年工业企业经济效益综合指数为 202.27，比上年下降 4.26。

6. 建筑业

建筑业保持稳定增长。2005 年实现建筑业增加值 320.69 亿元，比上年增长 6.3%。

全市建筑企业 2005 年完成施工产值 1892.97 亿元，比上年增长 12.1%；施工面积 13586.96 万平方米，比上年增长 18%；竣工面积 4761.16 万平方米，比上年增长 4.5%。建筑企业按施工产值计算的全员劳动生产率达到人均 19.41 万元，比上年提高 14.4%。

7. 金融业

金融业市场化进程加快，金融中心建设取得新进展。2005 年全年实现金融业增加值 689.87 亿元，比上年增长 11.6%。

金融机构加快集聚。2005 年，新增各类金融机构 73 家，其中，银行类机构 11 家，保险类机构 59 家，证券类机构 3 家。至年末，全市有各类金融机构 527 家，其中，银行类机构 130 家，保险类机构 227 家，证券类机构 91 家。至年末，在沪经营性外资金融机构达到 123 家，其中年内新增 14 家。在沪经营的 84 家外资银行及财务公司资产总计达到 484.33 亿美元，其中获准经营人民币业务的有 65 家，人民币资产总额达到 1144.55 亿元。有 29 家在沪外资银行被其总行确定为中国境内业务的主报告行。

金融服务功能不断增强。至 2005 年末，全市金融机构各项存款余额 23320.86 亿元，当年新增 3142.83 亿元；贷款余额 16798.12 亿元，当年新增 1785.93 亿元。个人消费贷款余额 2814.16 亿元，当年新增 141.5 亿元。其中住房按揭贷款余额 2644.94 亿元，当年新增 199.4 亿元。全年金融机构现金收入 21195.88 亿元，现金支出 21701.53 亿元，收支相抵现金净投放 505.65 亿元。金融机构资产质量继续提高。全市中资银行不良贷款率为 3.39%，比年初下降 0.58 个百分点。

金融要素市场加快创新，在改革和规范中稳定发展。2005 年，上海证券交易所各类证券成交额 4.97 万亿元，比上年下降 35.2%。其中，股票成交额 1.92 万亿元，比上年下降 27.3%；债券成交额 2.81 万亿元，比上年下降 43.4%；基金成交额 155.86 亿元，比上年下降 37.4%。证券市场证券品种不断增加。至年末，上市证券数 1069 只，比上年末增加 73 只，其中股票 878 只，减少 3 只。全年通过资本市场筹资 299.77 亿元，比上年下降 49.1%。其中，发行新股筹资 28.55 亿元，下降 88%；再次发行（增发、配股和国有股配售）筹资 271.22 亿元，比上年增长 23.5%。至年末，已有 125 只股票完成股权分置改革，占上海证券交易所上市股票的 14.2%。积极推动金融创新，推出沪深 300 指数、债券远期交易、企业短期融资券等新产品。银行间同业拆借市场成交金额 23.21 万亿元，比上年增长 73.3%。期货市场全年成交量 6757.95 万手，比上年下降 16.7%；成交金额 6.54 万亿元，下降 22.4%。黄金市场交易活跃。全年黄金市场成交金额 1168.43 亿元，比上年增长 46.7%。钻石市场成交金额 4.1 亿美元，比上年增长 11.4%。

保险业健康发展。至 2005 年末，全市有各类保险公司 70 家，比上年末增加 12 家；保险中介机构 157 家，比上年增加 47 家。全年保费收入 333.62 亿元，比上年增长 8.8%。其中，财产险保费收入 87.86 亿元，比上年增长 18.2%；人身险保费收入 245.76 亿元，比上年增长 5.8%。在全年保费收入中，中资保险公司保费收入 275.4 亿元，比上年增长 5.6%；外资保险公司保费收入 58.22 亿元，比上年增长 27.1%。全年支付各类保险赔款及给付 87.46 亿元，比上年增长 23.2%。其中，财产险 47.26 亿元，比上年增长 38.8%；人身险 40.2 亿元，比上年增长 8.9%。

8. 国内贸易

不断加快商业布局与结构调整，市场流通规模继续扩大。2005 年全年实现国内商业增加值 588.11 亿元，比上年增长 12.7%。消费品市场销售稳中趋旺。全年完成社会消费品零售总额 2972.97 亿元，比上年增长 11.9%。其中，吃的商品零售额 1172.05 亿元，比上年增长 12.3%；穿的商品零售额 381.31 亿元，比上年增长 11.7%；用的商品零售额 1388.32 亿元，比上年增长 11.3%。餐饮业、家居和通信类商品消费增长强劲。全年餐饮

业实现零售额达到350.31亿元，比上年增长25.4%；家居类商品实现零售额341.13亿元，比上年增长22.5%；通信类商品实现零售额78.02亿元，比上年增长25.4%。主要耐用消费品销售稳定增长。全年汽车零售量9.08万辆，比上年增长1.8%，其中，轿车8.32万辆，比上年增长0.3%；移动电话186.47万部，比上年增长12.4%；摄像机5.99万台，比上年增长17.1%；脱排油烟机34.83万台，比上年增长26.1%；家用空调器120万台，比上年增长10.7%。

连锁超市、专卖店、仓储式商场等商业业态整体规模不断扩大。至2005年末，全市连锁商业网点达到9264家，其中，连锁超市门店2315家，便利店3894家。全年连锁商业销售额1078.94亿元，比上年增长16.6%。

各类商品市场持续发展。2005年，全市实现商品销售总额12943.25亿元，比上年增长15%。至年末，全市共有商品交易市场1053个，全年成交额2545亿元，比上年增长8.3%，其中农副产品市场成交额310亿元，比上年增长6.9%。年内建成标准化菜市场100家，生鲜食品超市23家。

9. 交通运输、仓储和邮政业

交通运输、仓储和邮政业综合服务功能不断增强。2005年全年实现交通运输、仓储和邮政业增加值581.27亿元，比上年增长13.8%。

客货运输全面增长。2005年全年各种运输方式完成货物运输总量68739.82万吨，比上年增长8.8%。其中，铁路运输1278.3万吨，比上年下降0.5%；公路运输32684万吨，比上年增长3.6%；水路运输34557万吨，比上年增长14.6%；民用航空运输220.52万吨，比上年增长13.9%。全年完成旅客发送9486.81万人次，比上年增长5.8%。其中，铁路运输4313.1万人次，比上年增长5.8%；公路运输2468万人次，比上年增长0.1%；水路运输625.9万人次，比上年增长0.7%；民用航空运输2079.81万人次，比上年增长15.2%。各类民用车辆拥有量持续增加。至年末，全市拥有各类民用车辆220.5万辆，比上年增长8.7%，其中汽车拥有量95.16万辆，比上年增长13.9%。在民用汽车拥有量中，私人汽车拥有量41万辆，比上年增长29.1%。

洋山深水港一期工程建成开港，国际航运中心建设取得重大突破。2005年，上海港货物吞吐量达到4.43亿吨，比上年增长16.9%，跃居世界第一大港。集装箱运输快速增长。全年港口集装箱吞吐量达到1808.4万国际标准箱，比上年净增353万国际标准箱，增长24.3%，继续保持世界第三位。至年末，上海港拥有16条国际集装箱班轮航线；上海港每月集装箱航班数已达1967班，其中国际航班942班。上海浦东、虹桥两大机场全年共起降航班37.51万架次，比上年增长13.9%；进出港旅客达到4139.16万人次，比上年增长15.3%。其中，国内航线进出港旅客2679.87万人次，比上年增长16.3%；国际及地区航线进出港旅客1459.29万人次，比上年增长13.5%。

邮政业务发展加快。2005年全年完成邮政业务总量38.49亿元，比上年增长6.6%。全年发送信函9.14亿件，比上年增长11%；国际及港澳特快专递144.3万件，比上年增长24.5%。

10. 房地产业

落实国家宏观调控政策，促进房地产业持续健康发展。2005年全年实现房地产业增加值670.23亿元，比上年下降4.1%。

房地产市场保持基本稳定。2005年全年完成房地产开发投资额1246.86亿元，比上年增长6.1%；商品房施工面积10462.39万平方米，增长10.3%；竣工面积3095.74万平方米，比上年下降10.1%；销售面积3158.87万平方米，比上年下降9.5%，其中商品住宅销售面积2845.7万平方米，比上年下降12%。全年商品房销售额2161.3亿元，比上年下降4.5%，其中商品住宅销售额1906.05亿元，比上年下降7.7%。全年存量房成交过户面积1971.55万平方米，比上年下降27.7%。

（二）改革开放

1. 所有制结构

非公有制经济发展迅速。2005年，在全市生产总值中，公有制经济增加值5261.26亿元，比上年增长7.3%；非公有制经济增加值3882.69亿元，比上年增长16.7%，占全市生产总值的比重由上年的40.4%上升到42.5%。其中私营及个体经济增加值1501亿元，比上年增长16%，占全市生产总值的比重达到16.4%。

各种所有制工业企业全面发展。2005年，全年规模以上国有及国有控股工业企业完成工业总产值6018.86亿元，比上年增长8%。在全市规模以上工业总产值中，股份制工业企业总产值4357.52亿元，比上年增长10.2%；外商及港澳台投资工业企业总产值9828.19亿元，比上年增长16.9%。

非国有商业企业发展迅速。2005年，在全市社会消费品零售总额中，股份制商业企业完成零售额265.41亿元，比上年增长9%；外商及港澳台投资商业企业完成零售额418.58亿元，比上年增长11.9%；私营和个体商业企业完成零售额1375.47亿元，比上年增长17.7%。

2. 国有资产管理和国有企业改革

国资国企改革进一步深化。至2005年末，全市国有资产总量达到7300多亿元，比上年末净增400亿元。国有资产通过重组，布局进一步优化，竞争力不断增强。全年国有资产完成重大资产重组1300亿元，破产、债转股退出、债务重组63亿元，募集资金规模150亿元。其中上海电气集团股份有限公司在香港上市，募集资金60亿元。年内广电集团完成股权结构调整。国有控股上市公司股权分置改革加速推进。在全市地方国有控股上市公司中，需股改的公司共72家，其中年内已完成或启动44家，涉及总股本303.78亿股。稳妥推进企业破产。全年实施、终结政策性破产的国有企业9家，有40家企业申请了依法破产并进入法律程序，其中，地方国有企业35家，中央在沪企业5家。

产权交易市场健康发展。2005年全年交易各类产权3395宗，比上年下降34.1%；交易总额4002.8亿元，比上年增长10.8%。

3. 政府职能转变

政府职能转变取得新进展。2005年，基本建成以公务网、政务外网、政府门户网站为主体的电子政务基础框架，全年政府部门主动公开信息目录5.6万条，已申请公开信息目录1.27万条，申请答复率达到95%。全年“中国上海”门户网站主页访问数达

1824.15万人次，网上直接受理事项704项。行政审批制度改革加快推进，行政审批效率进一步提高。年内初步确定了国家创设正在本市实施的非行政许可审批项目和涉密的行政审批项目100项，其中，非行政许可审批事项87项，涉密的审批事项13项。浦东、长宁、闵行等区的行政审批改革试点进一步深化。

4. 社会保障

社会保障体系进一步完善。至2005年末，全市共有734.5万人（包括离退休人员）参加城镇基本养老保险；有466.06万人参加失业保险，全年领取失业保险金的人数26.74万人。小城镇社会保险覆盖面进一步扩大。至年末，参保人数达到110.16万人，其中被征用土地农民参保人数79.22万人。外来从业人员综合保险参保人数不断增加，至年末，参保人数达到247.65万人。职工最低工资标准继续提高。月最低工资标准由上年的635元提高到690元，小时最低工资标准由上年的5.5元提高到6元。

医保改革继续深化。至2005年末，全市共有15.9万家城镇企业、机关事业单位，共713.63万人（包括离退休人员）参加城镇职工基本医疗保险，有18.26万个体工商户、自由职业人员参加基本医疗保险。至年末，全市医保定点零售药店达到244家，其中当年新增60家，覆盖全市214个街道、乡镇。医保社会服务体系加快建设。年内建成10个标准化的区医保事务中心，100个医保事务服务点。

5. 国内合作

积极参与西部开发和东北振兴，支持中部地区崛起，加强长三角区域联动，共同推进“长江黄金水道”建设，上海服务全国的水平进一步提高。2005年全年与各地签订各类合作项目368项，项目总金额达602亿元。全年与东北地区签订各类经济技术合作项目67项，总金额164亿元；与西部省市签订各类经济技术合作项目89项，总金额147亿元。合作项目涉及工业、农业、金融、科技、教育、人才、资产运作、资源开发、城镇建设、文化旅游、对外经贸等领域。

集中集聚，形成合力，深入开展对口支援。2005年全年在云南、西藏日喀则地区、新疆阿克苏地区、三峡库区等8个对口地区投入援助资金3.29亿元，完成无偿援建项目448个。

商业部门开拓国内市场取得新进展。至2005年末，上海在各地开设的连锁商业网点达到4774家；全年实现销售额485.44亿元，比上年增长12.6%。

6. 对外贸易

外贸进出口保持快速增长。2005年全年外贸进出口总额1863.65亿美元，比上年增长16.5%，增幅比上年回落25.9个百分点。其中，进口总额956.23亿美元，比上年增长10.5%，增幅回落24.8个百分点；出口总额907.42亿美元，比上年增长23.4%，增幅回落28.2个百分点。私营企业出口保持高速增长，外商及港澳台投资企业出口增幅回落幅度较大。全年私营企业完成出口74.92亿美元，比上年增长76.2%；外商及港澳台投资企业完成出口615.93亿美元，比上年增长24.4%；国有企业完成出口206.85亿美元，比上年增长9.3%；集体企业完成出口9.71亿美元，比上年增长14.9%。外贸出口商品结构进一步优化。全年一般贸易完成出口339.11亿美元，比上年增长24%；加工贸易完成出口518.84亿美元，比上年增长21.3%。机电产品出口的主导地位日益增强。全年机电产品出口602.47亿美元，比上年增长25.9%，占全市外贸出口总额的比重由上年的65.1%提高到66.4%。全年高新技术产品出口362.53亿美元，比上年增长25.5%，占全市外贸出口总额的比重由上年的39.3%提高到40%。积极开拓多元化出口市场。全年对亚洲出口383.99亿美元，比上年增长18.1%；对欧洲出口216.28亿美元，比上年增长28.7%；对北美洲出口247.11亿美元，比上年增长27.8%；对拉丁美洲出口24.89亿美元，比上年增长18.2%；对大洋洲出口21.22亿美元，比上年增长32.3%。

深化“大通关”工程，推进“电子口岸”建设，上海口岸功能明显增强。2005年全年上海口岸进出口商品总额3506.78亿美元，比上年增长24.1%。其中，进口总额1382.48亿美元，比上年增长14%；出口总额2124.3亿美元，比上年增长31.7%。

7. 吸收外资

利用外资规模扩大，质量不断提高。2005年全年批准外商直接投资合同项目4091项，比上年下降5.6%；吸收外资合同金额达到138.33亿美元，比上年增长18.3%；实际到位金额68.5亿美元，比上年增长4.7%。外商直接投资加快向商贸、物流、广告、金融等现代服务业领域拓展。全年第三产业吸收外资合同金额73.15亿美元，比上年增长60.2%，占全市外商直接投资合同金额的比重首次超过50%，达到52.9%。其中，交通运输、仓储和邮政业合同金额13.71亿美元，比上年增长1.8倍；批发和零售业合同金额12.07亿美元，比上年增长1.2倍。全年第二产业吸收外资合同金额65.06亿美元，比上年下降7.9%。外商增资势头明显，大项目投资比重继续提高。全年外商投资企业增资68.95亿美元，占全市外商直接投资合同金额的比重达到49.8%，比上年提高11个百分点。全年批准总投资在1000万美元以上的外商直接投资项目307项，比上年下降21.7%；合同金额101.07亿美元，比上年增长18.4%，占全市外资合同金额的比重达73.1%。至2005年末，在上海投资的国家和地区已达120个。总部经济得到大力发展，功能性外资项目明显增加。年内新落户的跨国公司地区总部、投资性公司和外资研发中心分别达到38家、25家和30家。至年末，在上海落户的跨国公司地区总部有124家，投资性公司有130家，外资研发中心有170家。

金融业对外开放不断深化。至2005年末，在沪经营性外资金融机构实到资本金（营运资金，下同）35.69亿美元，当年新增7.31亿美元。其中，银行及财务公司实到资本金26.56亿美元，当年新增5.42亿美元；保险机构实到资本金5.7亿美元，当年新增2.08亿美元；证券机构实到资本金3.43亿美元，当年减少0.19亿美元。

8. 对外承包工程和劳务合作

开拓多元化海外市场，发展对外经济合作。2005年全年批准对外投资项目59项，投资总额6.87亿美元。签订对外承包工程和劳务合作合同1249项，比上年增长16.1%；合同金额24.6亿美元，比上年增长22.4%；实际完成营业额19.41亿美元，比上年增长29.7%；派出劳务人员1.29万人次，比上年增长0.6%。至年末，上海对外承包工程和劳务合作涉及的国家和地区已达135个。

9. 旅游

优化旅游环境，加快旅游资源整合，旅游业服务水平不断提升。2005年全年实现旅

游产业增加值584.26亿元，比上年增长15.8%。至年末，全市星级宾馆已达351家，其中五星级宾馆25家。全市已有旅行社763家，其中，国际旅行社52家，国内旅行社711家。入境旅游人数稳定增长。全年接待国际旅游入境人数571.35万人次，比上年增长16.1%。其中，入境外国人452.27万人次，增长21.8%；港、澳、台同胞119.08万人次，比上年下降1.3%。在国际旅游入境人数中，入境过夜旅游人数444.54万人次，比上年增长15.3%。国际旅游外汇收入36.08亿美元，比上年增长16.8%。全年接待国内旅游者9011.94万人次，比上年增长6%，其中外省市来沪旅游者6804.98万人次，比上年增长7.2%。国内旅游收入1308.41亿元，比上年增长7.6%。

（三）城市建设和管理

1. 城市基础设施建设

枢纽型、功能性、网络化的城市基础设施建设取得新进展。2005年全年完成城市基础设施建设投资885.74亿元，比上年增长31.7%，占全社会固定资产投资总额的比重为25%。其中，交通运输邮电通信投资443.91亿元，比上年增长19.5%；市政建设投资276.28亿元，比上年增长49.5%；公用事业投资41.33亿元，比上年增长53.6%。年内浦东铁路一期、轨道交通4号线、翔殷路隧道、长江口深水航道治理二期、东海大桥等重大城市基础设施项目相继建成。建成A6新卫、A7亭枫等高速公路，高速公路网通车里程达到560公里。

2. 公用事业

公共交通设施不断完善，城市交通运营效能继续提高。2005年内，新辟和调整公交线路169条；轨道交通营运线路长度由121.23公里提高到148公里（包括磁浮线）。至年末，全市公交线路达到940条，公交运营车辆1.8万辆，运营出租车4.8万辆。全年市内公共交通客运量44.09亿人次，比上年增长0.3%。其中，轨道交通客运量5.94亿人次，增长23.8%；公共汽电车客运量27.81亿人次，比上年下降2%。公共交通设施更新加快。空调车占公交车的比重由上年的39.9%提高到45.8%。年内中心城区新增4条总长21.6公里的公交专用道，改造完成28个瓶颈、堵头道路。

公用事业改革继续推进，管理和服务水平不断提高。2005年，全市自来水日供水能力达到1096万立方米。全年自来水售水总量22.81亿立方米，比上年增长4.5%，其中生活用水13.54亿立方米，增长2.4%。全年全市用电量921.97亿千瓦小时，比上年增长12.2%，其中城乡居民生活用电109.2亿千瓦小时，比上年增长20.5%。至年末，全市人工煤气及液化气家庭用户达到490万户，比上年末下降3.4%；天然气家庭用户达到186万户，比上年末增长31.6%。全年人工煤气供应总量22.8亿立方米，比上年下降5%；天然气售气量17.5亿立方米，比上年增长78.6%。

3. 环境保护和治理

加大污染治理和环境保护力度，整体生态环境得到改善。2005年全年用于环境保护的资金投入281亿元，相当于全市生产总值的比例达到3.07%。

苏州河环境综合整治二期工程基本完成。2005年内新建倒卧式河口水闸1座，泵站

12座，改造泵站4座，苏州河水系有594家单位的污染源被截流，苏州河干流基本消除黑臭，主要水质指标已稳定达到景观水标准。全年整治中心城区河道76条（段）共60公里，中心城区河道水质明显改善。大气环境质量明显提高。全年空气质量优良天数达322天，空气质量优良率达到88.2%。以清洁能源为依托，年内基本完成内环线内所有燃煤锅炉清洁能源替代，实现了“无燃煤化”；全年建成49.73平方公里“基本无燃煤区”；全市区域月降尘平均值为8.8吨/平方公里，比上年下降11.8%。年内新建10个环境空气质量自动监测站。大力推进机动车污染治理。年内更新9500辆出租车和1700辆公交车；淘汰20万辆燃油助动车。环境保护基础设施建设进一步加强。污水处理能力达到418.1万吨/日，比上年增加28.4万吨/日；城市污水集中处理率达到70.2%。全年新增生活垃圾无害化处理能力5400吨/日。年内新建1996个生活垃圾分类收集站和90个生活垃圾小型压缩站。老港填埋场四期和江桥垃圾焚烧厂二期等生活垃圾无害化处置设施投入使用。工业区环境综合整治进一步深入。年内吴淞、桃浦工业区实现了环境综合整治目标，中心城区96家污染企业完成结构调整。

能源利用效率不断提高。2005年，全市万元生产总值综合能耗从上年的0.95吨标准煤降至0.93吨标准煤，万元工业总产值综合能耗从上年的0.32吨标准煤降至0.29吨标准煤。

4. 城市绿化

城市绿化建设加快推进。2005年全年新建绿地2100公顷，其中公共绿地1000公顷。年内相继建成并开放了九子公园、罗城路绿地、上海南站广场绿地、新江湾城绿地以及苏州河沿线多块滨河绿地。全年新建居住区绿地422公顷。至年末，城市绿化覆盖率达到37%，人均公共绿地面积达到11平方米，全市实行免费开放的公园达到122座。郊区林业建设平稳发展。年内新增造林面积6329公顷，森林覆盖率达到11.6%。郊区新建1783公顷水源涵养林、256公顷经济林和587公顷沿海防护林。

（四）城市信息化

1. 信息产业

信息产业继续保持平稳较快发展。2005年全年实现信息产业增加值1097.91亿元，比上年增长25.7%，占全市生产总值的比重达到12%。其中，信息产品制造业增加值653.75亿元，比上年增长25.8%；信息产品销售业增加值21.66亿元，比上年增长12.7%；信息服务业增加值422.5亿元，比上年增长26.4%。全市用于信息化建设的固定资产投资308.87亿元，占全社会固定资产投资总额的比重为8.7%。

2. 信息技术应用

城市信息化建设进一步加强，信息技术在经济社会各领域得到广泛应用。电子商务服务体系不断完善。2005年全年完成电子商务交易额1327.09亿元，比上年增长78.6%；数字证书累计发放56.1万张。“大通关”电子平台进一步完善。全年传输报文5184万份，比上年增长1.1倍；电子支付交易额达到480亿元，比上年增长92%。银行卡累计发放5729.8万张，全年交易额2761.18亿元，比上年增长61.9%，其中持卡消费

1233.15 亿元，比上年增长 7.1%。社会诚信体系进一步完善。至年末，个人信用联合征信系统共采集 618 万市民的信用记录，比上年末增加 85 万人；出具个人信用报告 460 万份，比上年增加 182 万份；企业联合征信机构的入库企业达到 60 万户。社会公共服务领域信息化程度进一步提高。至年末，“市民信箱”注册用户达到 86.98 万人。“付费通”业务平台全年完成交易 733.75 万笔，交易金额 7.27 亿元。社保卡累计发放 963.67 万张。居住证累计发放 7.71 万张；临时居住证累计发放 18.73 万张。交通卡累计销售 1974.02 万张，比上年增加 504.73 万张，全年销售额达 8.28 亿元。信息安全保障能力进一步加强。全年完成重要信息系统的安全测评 33 个。信息化发展环境日趋完善。全市累计有 401.4 万人次的市民参加了计算机应用能力等级考核，其中 185.4 万人次取得合格证书；社区居民信息化技能普及培训合格人数达 72.6 万人。

3. 信息基础设施

信息基础设施集约化建设加快。至 2005 年末，集约化信息管线完成 1621 沟公里，比上年末增加 361 沟公里。全年新增电话交换机 444.5 万门，总容量达到 1356.5 万门。至年末，全市固定电话用户 996.7 万户，其中住宅电话 685 万户；移动电话用户 1444.2 万户，比上年末增加 138.2 万户。全年长途电话通话时长 110 亿分钟，比上年增长 11.8%。其中，固定电话长途通话时长 31.2 亿分钟，比上年增长 5.4%；移动电话长途通话时长 19.6 亿分钟，比上年下降 2.5%；IP 电话通话时长 59.2 亿分钟，比上年增长 21.6%。在长途电话通话时长中，对国际及港澳台电话通话时长 5.7 亿分钟，比上年增长 7.5%。至年末，互联网用户达到 803 万户，比上年末增加 170 万户；宽带接入用户 247.4 万户，增加 88.58 万户；有线电视用户达到 427.3 万户，比上年增加 49.3 万户，其中有线电视双向改造完成 185.66 万户，比上年增加 12.77 万户；卫星站点 915 个，比上年末减少 2 个。

（五）社会事业

1. 科技

深入实施科教兴市主战略，科技创新能力不断增强。2005 年全年用于研究与试验发展（R&D）经费支出 214 亿元，相当于全市生产总值的比例为 2.34%。全年共取得科技成果 1701 项。其中，属于国际领先的有 123 项，达到国际先进水平的有 629 项。年内本市共有 46 个项目（人）获得 2005 年度国家科技奖励，占全国获奖总数的 14.3%。其中，1 人首次获国家最高科学技术奖，7 项获国家自然科学奖，34 项获国家科技进步奖，3 项获国家技术发明奖，1 人获中华人民共和国国际科学技术合作奖。知识产权保护力度加大。全年受理专利申请量 3.27 万件，比上年增长 59.9%，其中发明专利 1.04 万件，比上年增长 55%。全年专利授权量 1.26 万件，比上年增长 18.6%，其中发明专利 1997 件，比上年增长 18.4%。至年末，全市拥有中国科学院院士 97 人，其中年内新增 9 人；中国工程院院士 67 人。

落实促进高新技术成果转化政策，科研成果产业化进程加快。2005 年内新认定高新技术成果转化项目 602 项。在认定的项目中，电子信息、生物医药、新材料等重点领域的项目占 92%；拥有自主知识产权的项目占 89.4%；达到国际先进水平的项目占

82.3%。注重培育自主创新能力，企业创新活力增强。至年末，全市共认定高新技术成果转化项目3555项，其中70%的项目已实现产业化，累计新增产值2497亿元。至年末，全市共有29家国家级企业技术中心和166家市级企业技术中心，其中年内新认定3个国家级企业技术中心。技术交易日趋活跃。全年共签订各类技术交易合同3.03万项，比上年增长10.8%；合同金额231.73亿元，比上年增长35%。科普教育基地建设继续推进，年内新建科普教育基地15个。

2. 教育

不断完善重点学校和重点学科建设，高等教育布局结构加快调整。至2005年末，全市共有普通高等院校60所。其中，本科院校30所，高职、高专院校30所。在校学生44.26万人，比上年增长6.5%。全年普通高等院校共招收本科、专科学生13.18万人，比上年增长0.9%；毕业学生10.34万人，比上年增长16.7%。全年招收研究生2.77万人，比上年增长9.3%；毕业研究生1.67万人，比上年增长24.3%。

全面深化素质教育，促进基础教育均衡发展。至2005年末，全市共有小学640所，在校学生53.5万人；普通中学807所，在校学生77.02万人，其中普通高中在校学生30.82万人；中等专业学校81所，在校学生13.67万人。全市九年制义务教育入学率达到99.9%，高中阶段入学率99.7%。郊区薄弱学校改造建设加快。年内完成郊区355所中小学教育设施改造。各类民办教育加快发展。至年末，全市共有16所民办普通高校，在校学生6.3万人；129所民办普通中学，在校学生9.23万人；19所民办小学，在校学生2.63万人。

多层次成人教育网络基本形成。至2005年末，全市共有成人高校21所，在校学生14.72万人；成人网络教育在校学生7.73万人；成人中等学校、初等学校65所，在校学生4.11万人。成人中等技术培训学校901所，毕业人数达177.5万人次。年内新办521所老年教育机构，在校学习的老年人达80万人。继续推进多层次的职业培训，提高就业困难人员的就业能力。全年对29.7万人实施职业培训，其中中高级培训人数所占比重达到61.4%。

3. 文化

文化、新闻、出版和广播电影电视事业取得新成就。2005年内成功地举办了中法文化交流上海“马赛周”、第七届中国上海国际艺术节、第八届上海国际电影节、2005年上海国际服装文化节等一系列国内外大型文化交流活动。在全国和国际性重要文艺评奖中，上海共获奖58项，其中昆剧《班昭》被评为2004~2005年国家舞台艺术精品工程获奖剧目。至年末，全市有市、区（县）文化馆、群众艺术馆32个，艺术表演团体85个，公共图书馆28个，档案馆45个，博物馆100个。全年共摄制电影故事片13部。广播电视节目丰富多彩。全市共有公共广播节目21套，公共电视节目25套。广播、电视综合覆盖率均达到100%。有线电视“村村通”工程继续推进，全市有1696个村开通有线电视，覆盖率达到87%。新闻出版事业不断发展。全年共发行报纸19.06亿份，各类期刊1.91亿册，图书2.59亿册。内容丰富、形式多样的群众文化创作和文化活动广泛开展。年内全市共举办各类群众文化活动6.23万场次，1600多万人次参加，创作各类群众

文艺作品8303个（件）。年内完成30个社区文化活动中心的建设。

4. 卫生

加快公共卫生体系和健康城市建设，公共卫生应急处置和医疗服务水平继续提高。至2005年末，全市共有卫生机构2527所。其中，医院487所，门诊部199所，疾病预防控制中心22所，卫生监督所20所。至年末，全市共有卫生技术人员10.35万人。其中，执业医生4.4万人，注册护士3.94万人。公共卫生体系建设不断推进。年内，6个市级专科急救中心、5所市级医院传染病病房和20所市级医院传染病专用门诊基本建成。实施新一轮医学重点学科建设，年内重点建设30个三级医院医学重点学科、30个二级医院重点专科和40个社区卫生重点项目。医疗科研水平不断提高，年内共获中华医学科技奖17项。卫生监督执法力度进一步加强，年内全市共进行卫生监督23.75万户次。

5. 体育

竞技体育取得好成绩。2005年内成功地举办了F1世界一级方程式上海站锦标赛、第48届世界乒乓球锦标赛、网球大师杯赛等36项国际体育赛事和42项国内重要体育赛事。在第十届全运会上，上海运动员共获得26枚金牌、48枚银牌、44.5枚铜牌，团体总分2105.7分，奖牌总数和总分数均名列全国第三；同时，上海体育代表团还获得了体育道德风尚奖等4个奖项。在国际重大比赛中，上海运动员共获得7项世界冠军。

群众性体育运动蓬勃发展。2005年内成功举办了第十届全民健身节等10余项大型群众性体育活动。社区健身设施建设投入加大。至年末，全市共建成社区公共运动场76个，其中年内新增41个；社区市民健康体质测试站80个，其中年内新增20个。建成街道（乡镇）健身苑201个，居（村）委会健身点4345个，安置各类健身器材5.65万件，累计投入资金3.64亿元。

6. 社会福利与救助

整合政府救济与社会帮困资源，社会福利与救助力度明显加大。至2005年末，全市共有养老机构474家，床位4.95万张。其中，年内改扩（新）建薄弱养老机构35家，新增养老床位9393张。鼓励社会各界开办养老机构。在全市养老机构中，由社会投资开办的有231家，床位2.56万张。全年新建83家社区老年人日间服务中心；233个社区助老服务社，为16万名独居及其他需特殊照顾的老人提供上门照顾等服务。社会救助政策不断完善，困难群众的基本生活得到保障。年内统一了农村最低生活标准，城乡居民最低生活标准进一步提高。城镇低保标准由上年的月人均290元提高到300元。农村低保标准由上年的年人均郊区2240元和海岛1980元归并提高到2340元。至年末，全市有55.23万人享受政府救助，比上年末净减3.4万人。其中，享受城镇最低生活保障人数36.74万人，净减3.62万人；享受农村最低生活保障人数11.55万人，比上年末净增1.56万人；有6.94万协保人员享受政府生活困难补助，比上年末净减1.34万人。低保家庭中有10.95万老幼病残人员享受粮油帮困。全年全市共有7.7万人次的大病重病患者获得医疗救助。

对残疾人的福利服务稳步开展。2005年内新办福利企业40家，新安置750名残疾人就业。残障人、老年人出行条件继续改善。年内新建盲道303.1公里，铺筑坡道6288处，完成4754处公共场所无障碍设施改造。

（六）人民生活

1. 人口

至2005年末，全市户籍人口1360.26万人。全年出生人口8.24万人，出生率为6.08‰；死亡人口10.23万人，死亡率为7.54‰；人口自然增长率为-1.46‰。至年末，全市常住人口达到1778万人。

积极营造良好环境，吸引优秀人才集聚。2005年内吸引0.52万留学人员来沪工作，至年末，已吸引6万留学人员来沪工作，注册的留学人员科技企业达3200家。年内有4.4万名境内外人才获得上海市居住证，至年末，已有10.67万名境内外人才获得上海市居住证。其中，境外人才0.28万名，境内人才10.39万名。在获得上海市居住证的人才中，本科以上学历的占73.3%，研究生以上的占8.2%。

2. 就业

优化创业环境，加大就业援助力度，进一步促进就业。至2005年末，全市城镇从业人员598.34万人，比上年末增加9.37万人。其中，城镇私营企业从业人员和个体劳动者221.3万人，比上年增加7.19万人；非正规劳动就业人员及其他灵活就业人员45.31万人，比上年增加1.75万人。全年新增就业岗位65.1万个，其中15.2万农村富余劳动力实现非农就业。以援助困难人员为重点的“万人就业项目”继续推进，年内吸纳就业人员11.6万人。自主创业扶持政策体系初步形成。至年末，非正规就业劳动组织达到3.4万家，为35.5万人提供就业岗位。至年末，全市青年职业见习学员达到6.2万人，见习后就业率达到66.1%。至年末，全市城镇登记失业人员27.5万人，登记失业率为4.4%。

高校毕业生就业渠道日趋多元化。至2005年末，全市有11.23万名当年高校毕业生实现就业，就业率达96%。年内设立了“大学生科技创业基金”，高校毕业生自主创业比例提高，全年大学生申请创业项目165项，使用创业基金1350万元。加强劳动者合法权利保护。全年受理各类投诉举报2.34万件，检查用人单位3.95万家，查处各类违法单位1.48万家，追缴社会保险费2.29亿元，补发工资和清退押金2.59亿元。

3. 居民收入和储蓄

城乡居民收入水平不断提高。据抽样调查，城市居民家庭人均年可支配收入18645元，比上年增长11.8%；农村居民家庭人均年可支配收入8342元，比上年增长10.7%。全年城市居民人均消费支出13773元，比上年增长9%，其中服务性消费支出4447元，比上年增长8.9%；农村居民人均消费支出7265元，比上年增长14.8%，其中服务性消费支出2359元，比上年增长13.7%。

家庭耐用消费品拥有量继续增加。据抽样调查，至2005年末，平均每百户城市居民家庭耐用消费品拥有量如下：家用空调168台，影碟机93台，组合音响48套，移动电话181部，家用电脑81台，热水淋浴器90台。平均每百户农村居民家庭耐用消费品拥有量如下：彩电157台，轻骑、摩托车72辆，洗衣机86台，热水淋浴器78台，移动电话130部，影碟机33台，家用空调84台，家用电脑32台。

居民储蓄持续增加。2005 年末，全市居民储蓄存款余额 8432.49 亿元，当年新增 1471.35 亿元。其中，定期储蓄存款余额 6071.83 亿元，新增 1166.81 亿元；活期储蓄存款余额 2360.66 亿元，新增 304.54 亿元。

4. 居住

居民居住水平不断提高。2005 年，全市完成住宅建设投资 929.73 亿元，比上年增长 1.7%。建成为住宅配套的公共服务设施面积 264.4 万平方米。旧区改造突出重点，动拆迁保持合理规模。全年拆除住宅建筑面积 851.85 万平方米，比上年增长 91.1%；动迁居民 7.45 万户，比上年增长 34.5%，其中世博园区完成居民动迁 1.79 万户，总签约率达到 96.9%。至年末，城镇居民人均住房使用面积 21.3 平方米，比上年末增加 0.9 平方米；人均住房居住面积 15.5 平方米，比上年增加 0.7 平方米。居民住宅成套率达到 93%。

住房保障体系进一步完善，廉租住房制度受益面扩大。至 2005 年末，享受廉租住房政策的家庭达到 18074 户。年内完成平改坡综合改造 386 万平方米。完成旧住房综合整治 1550 万平方米，使 41.3 万户家庭的居住条件进一步改善。

国民经济和社会发展中存在的主要困难和问题是：企业赢利能力有所下降；能源、土地资源和环境的约束趋紧；就业压力仍然较大；等等。

一　中心城区发展

本次统计的上海中心城区是由黄浦、卢湾、徐汇、长宁、普陀、静安、闸北、虹口、杨浦九个区组成，总面积288.52平方公里，户籍人口616万人。九个区概况见表2-1。

表2-1　2005年上海市九个区概况

区名	街道（个）	区属城镇（个）	居委会（个）	年末户籍人口（个）	区域面积（平方公里）	人口密度（人/平方公里）	教育				医疗		
							医疗中学（所）	中学生（人）	小学（所）	小学生（人）	医疗机构（个）	年末医院病床数（张）	年末家庭病床数（张）
黄浦	9	—	135	598451	12.49	47914	30	32245	22	13326	22	5106	4121
卢湾	4	—	74	316653	8.02	39483	16	13539	14	7623	32	4041	899
徐汇	12	1	314	887448	54.76	16206	47	51701	45	34947	259	12276	7200
长宁	9	1	174	618365	37.19	16627	29	32418	26	19711	14	2179	1457
普陀	5	—	85	309992	7.62	40681	15	19236	13	9153	39	4508	1269
静安	6	3	212	857932	55.25	15528	41	37030	30	27461	113	4456	1914
闸北	8	1	210	705111	29.18	24164	47	42114	35	22976	21	4531	1153
虹口	9	1	247	784967	23.40	33546	51	40318	41	21000	60	5762	1755
杨浦	11	1	306	1081611	60.61	17845	62	55044	46	29393	24	7643	2022
合计	73	8	1757	6160530	288.52	21352	338	323645	272	185590	584	50502	21790

2005年，上海市中心城区经济社会稳定协调发展，总体运行状况良好（财政收入见表2-2）。中心城区中每个区的社会经济运行都有各自的特点，以下重点选取几个典型区进行分析。

表2-2　2005年上海市九个区财政收入完成情况表

单位：亿元，%

区县名	金额	同比增长	区县名	金额	同比增长
黄浦区	38.7	10.1	静安区	30.9	26.2
卢湾区	23.6	14.6	闸北区	30.5	31.8
徐汇区	43.9	10.4	虹口区	30.0	17.6
长宁区	36.2	14.4	杨浦区	35.5	20.8
普陀区	45.0	19.8			

（一）黄浦区——经济发展保持良好势头

2005年，黄浦区加大招商引资力度，发挥楼宇载体作用，调整和优化产业结构，主要经济指标完成情况良好（见表2-3）。

表 2－3　2005 年黄浦区主要经济指标完成情况

项目名称	数值	项目名称	数值
全年实现增加值（亿元）	110.47	合同引进外资（亿美元）	3.03
同比增长（%）	10.1	引进内资（亿元）	70.08
完成区级财政收入（亿元）	38.68	引进国际著名品牌（个）	60
同比增长（%）	15	品牌旗舰店（家）	10
实现社会消费品零售总额（亿元）	170.27	盘活楼宇（万平方米）	36.9
同比增长（%）	10.8		

重点工程建设有序推进。外滩一体化开发、老城厢改造、轨道交通站点建设与绿地建设等项目积极推进，基础设施建设步伐进一步加快推进（见表 2－4）。

表 2－4　2005 年黄浦区重点工程建设情况

项目名称	数值	项目名称	数值
“平改坡”综合改造（万平方米）	8.9	商办楼竣工（万平方米）	40.97
旧小区房屋综合整治（万平方米）	29	住宅竣工（万平方米）	31.7
拆除旧房（万平方米）	37.3	世博园区（黄浦范围）居民动迁签约率（%）	91
动迁居民（户）	7200		

（二）卢湾区——全面完成“十五”发展目标

2005 年，卢湾区全面完成“十五”计划指标（见表 2－5）。

表 2－5　2005 年卢湾区完成“十五”计划指标情况

项目名称	“十五”计划	2005 年实际完成
年末户籍人口（万人）	34.5	31.7
区增加值年均增长率（%）	9 以上	17.3
区级财政收入平均增长率（%）	10 以上	26.1
非公经济增加值占全区比重（%）	60	70
社会消费品零售额（亿元）	100	124.4
建设投资完成量（5 年累计，亿元）	200	204
拆除旧房总量（5 年累计，万平方米）	100	127.3
居民平均期望寿命（岁）	80	82
城区绿化覆盖率（%）	15	16.7
新增就业岗位（5 年累计，万个）	8	10.9

创建全国文明城区取得新成果。2005 年，卢湾区全国文明城区创建工作通过了全国文明区测评小组的100 多项实地考察指标、87 项材料审核指标以及600 多份入户调查的综合测评，荣获全国创建文明城市工作先进城区称号。

（三）徐汇区——重大工程和重点项目建设有序推进

徐汇区以“一站、三线、两路、一带”为主体的重大工程建设稳步推进。2005 年，南站地区1、2、3 号地块居民动迁超过80%；中环线徐汇段动迁工作取得重大突破，动迁率达到99%，轨道交通7 号线完成零陵路动迁，常熟路站、东安路站动迁正式启动；9 号线完成桂林路站等3 个车站动迁，徐家汇站和大木桥路站选址方案基本确定；斜土路、老沪闵路——石龙路拓宽主体工程按时间结点如期竣工；生态专项（外环线500 米绿带）建设方案初步确定。全面完成第二轮环保3 年行动计划确定的41 项主要任务和10 项重大工程，区域水、气、声等环境治理工作取得阶段性成果。天平、湖南街道创建成无燃煤街道，内环线以内4 吨以下（含4 吨）燃煤锅炉全部实现清洁能源替代；“安静住宅小区”创建工作积极推进；绿化建设持续进展，建成龙吴路罗城路绿地、上海南站绿地等大型公共绿地（见表2 -6）。

表2 -6　2005 年徐汇区绿化建设情况

项目名称	数值	项目名称	数值
整治机场河、曹家宅河等黑臭河道（条）	15	全区固定源噪声达标率（%）	98
对区域内堆场进行扬尘综合整治（家）	15	全年新辟各类公共绿地（万平方米）	20
100 座以下的餐饮单位油烟净化率（%）	99		

（四）长宁区——数字长宁建设取得新成效

2005 年，长宁区以推进信息产业提升和推广应用普及为主要内容，注重信息化各领域的协调联动和资源共享，数字长宁建设取得明显成效。

信息产业集群发展。充分发挥专业孵化器功能，支持孵化器公司与国际数据集团、日本软银等50 多家风险基金机构建立战略合作伙伴关系；在风险资本支持下，吸引了在孵企业180 多家，信息产业能级进一步提升（见表2 -7）。

建成统一的社区管理平台。全区10 个街道（镇）全部完成了社区管理和公共服务信息化平台的建设，所有街道（镇）、居委会、社区事务中心和社区文化中心实现联网，市区信息化建设加快（见表2 -8）。

表 2-7　2005 年长宁区信息产业集群发展情况

项目名称	数值	项目名称	数值
信息服务业税收（亿元）	5.4	占信息服务业税收总额（%）	86
同比增长（%）	22	新增软件企业（家）	15
税收超过 100 万元的信息企业（家）	62		

表 2-8　2005 年长宁区社区管理平台发展情况

项目名称	数值	项目名称	数值
创建信息化特色小区（个）	28	受理市民信箱申请（人）	22262
“百万家庭网上行”培训（人）	14809	超额完成（%）	11
超额完成（%）	35	以布放公用事业付费通自助缴费终端的住宅小区和商务楼（个）	35

（五）静安区——南京路商业呈现国际化特征

2005 年，静安南京路地区商业通过功能调整、优化政府服务等措施，整体形象、品位档次和质量效益进一步提升，商业国际化特征逐步呈现。

持续推进商业功能调整和升级换代。重点引进国际著名品牌，加快世界顶级品牌在静安南京路地区集聚。至 2006 年末，进入上海的国际知名品牌已有 90% 以上在静安区开设了旗舰店和专卖店（见表 2-9）。

充分利用商务楼宇资源，加快服务业集聚区建设。通过推进商务楼宇建设，挖掘闲置商务楼资源等措施，提升服务业能级（见表 2-9）。

表 2-9　2005 年静安区商业发展情况

项目名称	数值	项目名称	数值
全年税收超亿元的楼宇（幢）	11	户均注册资金同比上升（个）	45
50 幢重点楼宇占总税收（%）	50.97	现代服务业完成地方税收（亿元）	8.79
共引进现代服务业企业（家）	386	同比增长（%）	16.68
引进企业注册资金（亿元）	8.53	占全区地方税收（%）	28.50
占总数（%）	75.65		

二　浦东新区发展

2005 年，是实施“十五”计划的最后一年，也是制定“十一五”规划的一年，浦东新区在上海市委、市政府的领导下，积极落实科学发展观，努力构建和谐社会，认真贯彻国家宏观调控政策，实现了经济平稳增长；社会事业同步协调发展，人民生活水平稳步提高；功能区域一体化顺利推进，城市综合服务功能不断完善；改革创新进入新阶段，综合配套改革试点正式启动。年初制定的各项经济社会发展指标及“十五”计划所确定的主要目标如期完成。

2005 年浦东新区主要指标全年完成情况见表 2－10。

表 2－10　2005 年浦东新区社会经济主要指标

主要指标	全年完成	占全市比重（%）
年末总人口（万人）	184.81	13.6
从业人员（万人）	144.07	16.7
新区生产总值（亿元）	2108.79	23.1
第一产业（亿元）	6.09	7.6
第二产业增加值（亿元）	1070.96	23.9
第三产业增加值（亿元）	1031.74	22.5
工业总产值（亿元）	4241.04	25.1
全社会固定资产投资额（亿元）	693.61	19.6
城市基础设施投资总额（亿元）	125.95	14.2
外贸进出口（亿美元）	894.75	48.0
出口（亿美元）	372.12	41.0
外商实际到位金额（亿美元）	31.11	—
新批外商直接投资签约项目（个）	1734	42.4
新批项目外商合同投资额（亿美元）	56.54	40.9
地方财政收入（亿元）	155.31	10.8
地方财政支出（亿元）	198.79	12
商品销售总额（亿元）	3894.67	—
社会消费品零售总额（亿元）	414.99	14.0
新增就业岗位（万个）	11.5	—
登记失业人数（万人）	4.3	—
城镇居民人均可支配收入增长（%）	12.4	—
农村居民人均可支配收入增长（%）	11.4	—
户籍人口自然增长率（‰）	0	—
高新技术产业产值率（%）	39.6	—
万元工业增加值综合能耗（吨标准煤）	0.9	—
各级各类全日制学校在校学生数（万人）	28.31	13.3
医院病床（万张）	0.65	7.3
居民储蓄存款年末余额（亿元）	1335.88	15.8

（一）经济发展

浦东开发开放以来，大力推进产业升级、功能开发和制度创新，充分发挥了示范、辐射和带动作用。2005 年，浦东新区全年实现增加值突破 2000 亿元，达到 2108.79 亿元，比上年增长 12.1%。其中，第二产业增加值 1070.96 亿元，比上年增长 10.5%；第三产业增加值 1031.74 亿元，比上年增长 14%。

（二）投资热土

浦东开发坚持城市基础设施建设先行，构建多功能、辐射型现代化新城区骨架，城市功能和投资环境不断优化，成为中外创业者的投资热土。2005 年，签订外商直接投资合同金额 56.54 亿美元，比上年增长 75.4%；外商直接投资实际到位金额 31.11 亿美元，比上年增长 30.8%。至 2005 年末，已有 97 个国家和地区的外商在浦东投资了 13464 个项目，吸收外资合同金额达 308 亿美元。在浦东注册的国内各省市办的各类企业有 9300 家，注册资本有 600 亿元。

（三）金融贸易区

陆家嘴金融贸易区金融机构加速集聚，现代服务业体系初步形成。至 2005 年末，已有 360 余家中外金融机构集聚贸易区（见表 2 – 11）。德国北意志银行上海分行、花旗银行亚太区总部、平安保险公司、西班牙对外银行、UPS、西门子、沃尔玛等一批跨国公司地区总部和国内大企业（集团）总部相继进驻陆家嘴地区。贸易区的会展旅游和商务租赁功能进一步拓展。全年区内共举行大型会议 1420 次，其中国际性会议 180 多次。年末区内商务楼宇平均使用率达到 92.5%。

表 2 – 11　2005 年浦东新区金融机构网点数

单位：家

分　类	网点数	分　类	网点数
总计	859	保险机构	150
银行机构	476	外资	52
外资	102	邮政储汇局	93
证券机构	123	其他机构	17

（四）自由贸易区

外高桥保税区现代物流功能进一步提升。2005 年，外高桥港口货物吞吐量达 10647 万吨，比上年增长 33.2%；集装箱吞吐量 1272.5 万国际标准箱，比上年增长 34.9%，占上海港集装箱吞吐量的 70.4%。全区物流企业营业收入 1381.5 亿元，增长 29.7%。物流辐射范围迅速扩展到长三角区域的南京、苏州、无锡、杭州、宁波等城市。

（五）出口加工区

金桥出口加工区工业生产稳步增长，产业能级不断提升。2005 年，园区完成工业总产值 1889.61 亿元，比上年增长 10.9%。汽车及零部件、微电子和计算机加快发展。全年电子信息、汽车制造两大主导产业共完成工业总产值 978.59 亿元，占加工区工业总产值的比重达到 51.8%。利用外资加快向园区集中。2005 年，金桥出口加工区新批外资项目 51 个；实际利用外资 3.78 亿美元。

（六）高科技园区

张江高科技园区以高新技术产业为支撑，加快创意产业基地和银行卡产业园区建设。至 2005 年末，园区内已有经认定的各类研发机构 58 家，高新技术企业 242 家。全年区内实现电子信息产品制造业总产值 153.7 亿元，比上年增长 22.5%；生物医药制造业总产值 47.1 亿元，比上年增长 14.5%。至 2005 年末，已有美国艺电（EA）公司、百度（中国）、上海华纳英乐公司、SJS 公司等 43 家国内外知名公司入驻园区。

三　郊区发展

（一）郊区经济持续健康增长

综合经济总量上一个新台阶。2005 年，在宏观调控背景下，郊区不断调整产业结构、布局结构，制造业产能增强，第三产业量增质升，农业综合生产能力不断提高。经济增长对土地的依赖程度减弱，增加值首次突破 3000 亿元，达到 3055.06 亿元，同比增长 18.90%。

第二、三产业共同推进经济增长。郊区工业向园区集中步伐加快，城镇化建设推动第三产业发展，提升了产业水平，推动了经济发展（见表 2－12）。郊区三次产业结构比为 3∶61∶36。

表 2－12　2005 年上海郊区工业情况

项目名称	数　值	同比增长（%）
实现工业总产值（亿元）	9429.21	28.5
市级工业区产值（亿元）	2531.94	32.3
占郊区总量比重（%）	26.80	—
社会消费品零售额（亿元）	1302.26	21.2
增幅同比提高（%）	2.60	—
外贸产品出口额（亿美元）	367.42	38.4

经济运行质量整体提升。固定资产投资增幅回落，工业效益持续增长，财政收入延续了多年快速增长势头，农民全年净增收入首次突破了 1000 元（见表 2－13）。

表 2－13　2005 年上海郊区经济运行情况

项目名称	数　值	同比增长（%）
郊区固定资产投资额（亿元）	1534.37	17.8
同比增幅回落（%）	17.6	—
实现工业利润（亿元）	377.75	13.6
郊区财政收入（亿元）	8342	10.7
农民人均可支配收入（元）	8342	10.7
同比净增（元）	1005	—

（二）扎实推进农业重大项目建设

2005 年，上海农业重点建设项目取得显著成绩。在农业基础设施建设方面，重点推进粮田基础设施建设项目和蔬菜基地建设项目，进一步增强了上海农业的综合生产能力（见表2－14）。

表2－14 2005年上海郊区农业发展情况

项目名称	数值
粮田基础设施建设（万公顷）	6.67
年底已建成（万公顷）	2.67
设施蔬菜基地建设（万公顷）	1000
年底已建成（万公顷）	500
全部完成三年环保行动计划畜禽粪处理中心项目（个）	5
投资总额（万元）	7992
市二级政府投资比例（%）	30
企业自筹比例（%）	40
带动规模化畜禽场治理（个）	86
年处理鲜粪能力（万吨）	30.8
有机肥料生产能力（万吨）	9.5

（三）郊区乡镇工业经济运行情况

2005年，郊区紧紧围绕上海“科教兴市”主战略，全年乡镇工业继续保持快速、稳定、健康的发展势头，取得了较好的经济效益。

经济运行质量进一步提高。①主导产业、规模企业优势明显增强。②销售增长高于产值增长。③利润、税金同步增长。④规模工业比重上升（见表2－15）。

表2－15 2005年上海郊区乡镇工业经济运行情况

项目名称	数值	同比增长（%）
乡镇工业完成工业增加值（亿元）	1547	35
完成总产值（亿元）	7515	25
乡镇规模工业增加值（亿元）	1415	16
主导产业规模工业产值（亿元）	7123	28.6
主导产业规模销售产值（亿元）	6986	27.6
实现营业收入（亿元）	7451	26.2
主导产业规模企业营业收入（亿元）	7126	—
营业收入增幅高于产值增幅（%）	1.2	—
实现利润（亿元）	343	—
规模工业占郊区工业比重（%）	79	—

乡镇工业园区集聚发展效应显著。随着郊区农村城市化的推进，上海乡镇工业园区经过梳理、整合，集聚发展功效显著，起到了领先增长的积极作用（见表2－16）。

表2－16　2005年上海郊区乡镇工业园区集聚发展情况

项目名称	数值	同比增长（%）
乡镇企业园区数（个）	85	－15
园区内实有企业（个）	73867	35
园区内年末从业人员数（万人）	111	16
园区内企业完成增加值（亿元）	555	—
园区内企业完成总产值（亿元）	3017	24
园区内企业完成实现营业收入（亿元）	3004	27
园区内企业上缴税金（亿元）	109	—
园区内企业实现利润（亿元）	91	—
园区内企业出口交货值（亿元）	335	—
园区内企业累计利用外资（亿元）	96	1
园区内企业累计固定资产投资额（亿元）	651	17

农产品加工业进一步增长。农产品加工型企业已成为乡镇工业的重要组成部分（见表2－17）。

表2－17　2005年上海郊区农产品加工业发展情况

项目名称	数值	同比增长（%）
郊区共有农产品加工企业（个）	4322	—
从业人员（万人）	61	—
实现增加值（亿元）	305	12.1
完成总产值（亿元）	1415	25.8
实现销售产值（亿元）	1396	16.1
利润总额（亿元）	66	—
被农业部评为国家级农业产业化企业（家）	11	—
市级农业产业化企业（家）	24	—
被农业部认定的农产品加工企业技术创新机构（家）	3	—
国家级全国农产品加工示范基地（家）	4	—
全国农产品加工示范企业（家）	4	—

（四）郊区农业旅游新发展（见表2－18）

表2－18　2005年上海郊区旅游业发展情况

项目名称	数值
全郊区农业旅游景点（个）	30
全年旅游人数（万人次）	800
观光占郊区旅游总人数（%）	50
农业旅游总收入（亿元）	10

上海农业旅游起步于1991年南汇县第一届“南汇桃花节”，其后，该节已升格为“上海桃花节”；1995年，浦东新区孙桥现代农业开发区建成开放接待游客，这是上海现代观光农业旅游第一家。2000年“五一”黄金周，崇明岛中北部的前卫生态村“农家乐”正式挂牌对外营业，其有几十个床位。这是上海农业旅游景点正式对外开放营业的第一家。2005年，前卫村接待游客床位已增加到1200个，全年直接营业收入1100多万元。

2005年，上海鲜花港建成开港，奉贤区申隆生态园、金山区施普蟠桃园、嘉定区马陆镇葡萄科技文化节、松江番茄农庄、青浦区大千农庄等一批农业旅游新景点正式建成接待游客。全郊区已建成30多个具有一定规模的农业旅游景点。

2005年，国家旅游局又授予崇明县瀛东村“农家乐”、奉贤申隆生态园为国家级农业旅游示范点。

（五）郊区利用外资情况

2005年，上海郊区合同外资额同比下降，但具有新的特点：①项目平均投资规模有所扩大。②资金到位率大幅度提高，闵行区、松江区、嘉定区分别位居第一、第二和第三。③外商独资项目占主体，独资仍是外商在郊区投资的主要形式。④工业园区吸收外资能力继续增强，郊区市级工业园区良好的投资环境对外商仍具有很大的吸引力。⑤外商投资企业的经营水平继续提高，已成为上海郊区经济发展的一支重要力量（见表2－19）。

表2－19　2005年上海郊区利用外资情况

项目名称	数值	同比增长（%）
新批外商投资（家）	1264	－22.00
吸收合同外资（亿美元）	58.71	－9
新批农业项目（个）	24	—
农业利用外资（万美元）	8056	—
新批三产项目（个）	193	—

续表 2－19

项目名称	数　值	同比增长（%）
吸收合同外资（亿美元）	10.46	46
郊区兴牧的平均投资额（万美元）	464	16.5
郊区的到位外资额（亿美元）	33.20	—
闵行区（亿美元）	8.72	—
松江区（亿美元）	7.51	—
嘉定区（亿美元）	4.51	—
外商独资项目（个）	9.52	—
占外资总量（%）	75	—
外商独资合同金额（亿美元）	42.58	—
占外资合同金额（%）	72	—
落户市级工业园区外商直接投资项目（个）	437	—
合同金额（亿美元）	24.15	—
郊区外商投资企业（家）	7540	8
实现销售收入（亿元）	4263	36
出口创汇（亿美元）	327	36
上缴税收（亿元）	159	37

（六）农民收入稳定增长

2005 年，上海农民连续第二年增收超过 10%，农民经营性收入稳定，增收新增长点出现（见表 2－20）。

表 2－20　2005 年上海郊区农民收入情况

项目名称	数　值
农村居民家庭人均可支配收入（元）	8342
同比增幅（%）	10.20
低保标准提高（元）	100
近三年非农就业累计（万人）	37
4 项农业生产性补贴农民直接受益（万元）	5000

（七）农村社会保障制度不断得到巩固和完善

①低保实现“应保尽保”；②社会养老不断完善；③合作医疗继续巩固（见表 2－21）。

表 2－21　2005 年上海郊区农村社会保障制度情况

项 目 名 称	数 值
郊区农民和城镇居民最低生活保障比	1∶1.50
郊区农村居民低保救助救助标准人均年收入（元）	2340
全市农村救助总人数（万人）	12
郊区参加农保人数（万人）	123.68
领取养老金人数（万人）	29.04
人均月养老金（元）	108
累计进入“镇保”人数（万人）	103
领取养老金人数（万人）	9.65
人均月养老金（元）	417
65 周岁以上老年农民人数（万人）	43
老年最低托底补贴（元）	75
郊区参加各类医疗保险比例（%）	99.20
农村合作医疗实际参保率（%）	85
农民人均合作医疗补偿（元）	250
大病风险基金补偿（万元）	0.5～5

第二章 2005年江苏省经济社会发展报告

2005年是“十五”计划的最后一年。江苏全省上下紧紧围绕富民强省、“两个率先”目标，全面贯彻落实科学发展观，统筹推进各方面工作，着力调整结构和转变经济增长方式，经济呈现又快又好发展的良好格局，改革开放取得新进展，社会事业迈出新步伐，和谐社会建设收到新成效，全面建设小康社会的时序进度加快，较好地完成了年初制定的各项预期调控目标。

（一）2005年江苏省经济发展状况

1. 综合实力跨上新台阶

经济总量持续增长。2005年，江苏省实现生产总值18272.12亿元，比上年增长14.5%。其中，第一产业增加值1388.58亿元，比上年增长2.8%；第二产业增加值10342.67亿元，比上年增长16.0%；第三产业增加值6540.87亿元，比上年增长14.8%。人均生产总值24515元，按现行汇率折算达3038美元。地区生产总值五年年均增长12.8%。

财政收入快速增长。财政总收入达到3125亿元，比上年增长23.8%，五年年均增长23%；地方一般预算收入1323亿元，比上年增长26.4%，年均增长26.7%，其中营业税、企业所得税、个人所得税、契税等主体税种增长较快。财政支出结构进一步调整。一般预算支出1652.83亿元，增支340.79亿元，可比增长18.8%；基金预算支出538.67亿元，增支110.80亿元，可比增长25.9%。

市场物价总水平保持基本稳定。全年居民消费价格比上年上涨2.1%，涨幅比上年回落2.0个百分点。其中，食品类价格上涨3.9%，居住类价格上涨4.4%；城市上涨2.0%，农村上涨2.4%。商品零售价格上涨0.3%。原材料、燃料、动力购进价格上涨7.6%，工业品出厂价格上涨2.6%，固定资产投资价格上涨0.9%，农业生产资料价格上涨6.9%。经济运行的稳定性明显提高，经济发展的协调性不断改善。

2. 固定资产投资平稳增长

2005年，江苏省全社会固定资产投资8739.71亿元，比2004年增长28.0%，其中城镇投资6211.86亿元，增长24.0%，两者增幅均与上年基本持平；固定资产投资增幅高于全国平均水平2.3个百分点，城镇投资的增幅低于全国平均水平3.2个百分点。与浙、沪比较，江苏省城镇固定资产投资总量、增幅均居首位，高于浙江（投资4756.95亿元，增长19.0%）和上海（投资3198.57亿元，增长11.7%）。2005年全年固定资产投资保持平稳增长。一季度全社会固定资产投资增长22.3%，上半年增长

31.8%，一至三季度增长33.7%，全年增长28.0%，季度之间增幅波动没有出现大起大落的情况。

总体来说，2005年投资运行呈现六大特点。

（1）第二产业特别是工业依然是投资主体。2005年，江苏省全社会投资中第二产业投资完成4862.82亿元，其中工业投资完成4808.60亿元，同比分别增长33.6%和33.7%，增速比上年又有所提高。

（2）第一产业投资高速增长。2005年，江苏省委、省政府按照统筹城乡发展的要求，切实把“三农”作为各项工作的重中之重，坚持“多予、少取、放活”的方针，对第一产业的投入进一步加强。江苏省全社会固定资产投资中，第一产业实现投资47.77亿元，比2004年增长90.2%，增速比上年大幅提高达86个百分点，远超27.5%的全国平均水平。

（3）基础设施建设投资增速趋缓。随着近几年大规模的基础设施建设投资的增加，全省建成了一大批基础设施项目。近年来，江苏省基础设施建设投资开始放缓，2005年，江苏省城镇固定资产投资中，基础设施建设共完成投资1979.14亿元，比上年同期增长4.82%。在农村计划总投资500万元以上项目投资中，基础设施投资增速仍保持较高增长速度，全年共完成投资176.57亿元，比上年同期增长29.6%。

（4）重点调控行业投资体现“有保有压”原则。钢铁工业完成投资150.04亿元，比2004年增长14.4%，增幅比上年下降了7个百分点；水泥工业完成投资28.32亿元，同比下降28.3%；汽车工业完成投资151.09亿元，同比增长7.4%。作为“瓶颈”产业的电力工业，在2004年投入了大量资金高速增长的情况下，2005年投入稍有回落，完成投资496.12亿元，同比下降4.7%。

（5）民间投资日趋活跃。2005年，江苏省全社会投资中，民间投资完成4640.29亿元，同比增长63.7%，增速比上年提高了12个百分点，占全社会投资的比重进一步上升为53.1%。作为投资领域的一支重要力量，民间投资在促进产业结构优化升级、加快所有制结构调整和完善、推动地区经济协调发展、提高人民生活水平等诸多方面发挥了重要作用，为拉动经济持续快速增长做出了重要贡献。

（6）房地产投资增幅回落。2005年，江苏房地产开发投资完成1526.9亿元，同比增长20.2%。虽然这一数据在绝对量上已达到了江苏有史以来房地产开发投资的最高点，但增幅在“十五”期间仅高于2001年增长15.5%的水平，比2002年、2003年和2004年投资增幅分别低11.1个、28.7个和30.1个百分点，也低于2005年全社会投资增长28%的水平。

2005年投资运行中需要注意的问题有：

（1）第三产业投资比重下降，增速减缓。2005年，江苏省全社会固定资产投资中，第三产业投资3829.12亿元，比2004年增长21.1%，占全社会的比重为43.8，增速与比重比上年分别下降了7.1个和2.5个百分点。

（2）各地区发展不平衡。2005年，从城镇投资情况来看，苏南完成投资4038.49亿元，同比增长19.9%，占全省比重为65%；苏北完成投资1276.80亿元，同比增长32.4%，占全省比重为20.6%；苏中完成投资884.93亿元，同比增长34.2%，占全省比重为14.4%。

(3) 房地产企业自有资金不足，开发企业资金压力加大。2005年，全省房地产开发企业筹集的开发资金中，企业自有资金340.43亿元，仅占全部开发资金的17.5%，低于全国比重1.2个百分点，平均每个企业为877万元，基础仍显脆弱。

3. 消费品市场稳中趋旺

2005年，江苏全年实现社会消费品零售总额5699.90亿元，比上年增长16%。分城乡看，城市消费品零售额4453.38亿元，增长16.6%；农村消费品零售额1246.52亿元，增长14%。分行业看，批发零售贸易业零售额4964.84亿元，增长15.4%；餐饮业零售额629.10亿元，增长19.4%；其他行业零售额105.96亿元，增长25.9%。

以住房、汽车、信息通信、旅游等为代表的新型消费保持较快增长，居民消费结构升级加快。全年实现商品房销售额比上年增长36.9%，其中住宅销售额增长44.6%；限额以上批发零售贸易企业汽车类零售额增长18%，通信器材类零售额增长14.9%，文化办公用品类零售额增长43.8%。

各类商品市场较快发展。年成交额在亿元以上的商品交易市场452家，成交额4808.46亿元。其中年成交额在10亿~50亿元的企业有73家，成交额1382.20亿元；年成交额在50亿~100亿元的企业有6家，成交额366.63亿元；年成交额在100亿元以上的企业有13家，成交额1957.57亿元。

4. 开放型经济保持强劲增长势头

1) 对外贸易再创新高

2005年，全省进出口总额2279.4亿美元，同比增长33.4%，出口、进口同步首超千亿美元，其中出口1229.8亿美元，同比增长40.5%，进口1049.6亿美元，同比增长26.1%。实现贸易顺差180.2亿美元。全省进口、出口额均列全国第二位，出口额占全国出口的16.1%，比上年提高了1.4个百分点。进、出口增幅分别比全国平均水平高出12.1个百分点、8.5个百分点。

2005年，江苏省对外贸易有五大特点。

(1) 机电、高新产品出口快速增长。机电产品、高新技术产品出口额分别为840.2亿美元、524.7亿美元，增幅分别为44.8%、46.1%，分别占全省出口的68.3%和42.7%。

(2) 加工贸易保持较大份额。加工贸易进出口1469.3亿美元，同比增长40.6%，占全省进出口的64.5%。

(3) 外贸经营主体不断扩张。有进出口实绩企业数首次超过2万家，达22029家，比上年多出3879家。大型出口企业（年出口额超2亿美元）77家，比上年增加14家，出口568.1亿美元，占全省出口的46.2%。中型出口企业（年出口额5000万~2亿美元）224家，比上年增加66家，出口207.4亿美元，占全省出口的16.9%。

(4) 出口拳头商品迅速增加。出口超亿美元商品173个，比上年增加104个，合计出口827.5亿美元，占全省出口的67.3%。出口额列前十位的商品都是计算机与通信技术类产品。

（5）主要贸易伙伴易位。欧盟取代日本成为江苏第一大贸易伙伴，进出口规模达368.9亿美元，日本列第二位，美国保持第三位，韩国超过中国台湾，列第四位，中国台湾列第五位。三大出口市场中，欧盟列出口市场第一位，出口287.7亿美元，同比增长41.3%，其次是美国、日本。三大进口市场中，韩国列进口市场第一位，进口216.9亿美元，同比增长55.5%，其次是中国台湾、日本。

2）引进外资量质并举

2005年，在全国外商直接投资实际到账同比下降0.5%的大背景下，江苏实际到账外资131.8亿美元，名列全国第一，同比增长29.2%，协议注册外资457.2亿美元，同比增长18.5%，工商登记注册外商投资企业5108户，同比下降5.1%；注册协议外资200亿美元，同比增长6.6%。

2005年，江苏省引进外资有四大特点。

（1）重大项目增多。全年新批总投资3000万美元以上项目149个，5000万美元以上项目112个，9000万美元以上项目59个，涉及电子、汽车、能源、机械、化工等领域，特别是一批大规模集成电路芯片、新型液晶显示器、新型电子元器件、新材料等项目代表了当今世界领先水平。

（2）项目结构优化。2005年，江苏新增第三产业外资项目1128个，协议注册外资75.6亿美元，实际到账外资17.0亿美元。其中新增3000万美元以上的第三产业大项目有28个，占全部3000万美元以上项目数的18.8%。2005年新增的28个物流及商贸项目中，项目平均规模达1392万美元。规模最大的张家港联合物流，其总投资9800万美元。

（3）苏中、苏北增势明显。2005年，苏中、苏北地区全年新批协议外资80.7亿美元、30.4亿美元，同比分别增长35.8%、51.5%，比苏南地区新批协议外资增幅分别高22.8个百分点、38.5个百分点；苏中、苏北地区全年实际到账外资25.1亿美元、8.0亿美元，同比分别增长37.5%、27.5%，比苏南地区实际到账外资增幅分别高10.1个百分点、0.1个百分点。苏中、苏北当年新增3000万美元以上大项目25个，占全省总数的16.8%。其中南通实际到账外资15.3亿美元，跃居全省第三位。

（4）开发区仍是领头羊。2005年，省级以上开发区新批外商投资项目2571个，实际到账外资94.1亿美元，占全省总量的71.4%。12个国家级开发区中有11个开发区实现了协议注册外资和实际到账外资增长，其中，有4个开发区协议注册外资增幅超过30%。

3）“走出去”成效显著

2005年，全省对外新签承包工程、劳务合作、设计咨询合同额33.1亿美元，同比增长35.1%；完成营业额32.0亿美元，同比增长28.9%；新派44163人次，同比增长25.4%；期末在外人数100280人，同比增长10.1%。其中，合同额和营业额当年双超30亿美元，再创历史新高。境外投资新突破。江苏企业境外投资在2004年突破1亿美元的高平台上，2005年继续保持了快速增长的态势，全年批准境外投资项目163个，同比增长55.2%，当年中方协议投资突破2亿美元，达2.1亿美元，同比增长63.3%。新批中方协议投资额200万美元以上的大项目有27个，同比增长50%，中方协议投资总额1.6亿美元，同比增长59.7%。

5. “三农”工作得到加强

2005年，江苏进一步加快农业结构调整步伐，推进农业产业化经营，促进了农业综合生产能力的进一步提高。全年粮食总产量达2834.6万吨，比上年增加5.5万吨。种植业结构发生变化，全年粮食种植面积回升，为4909.5千公顷，比上年增加134.9千公顷；棉花、油料种植面积分别为368.3千公顷、846.9千公顷，分别减少41.3千公顷和73.8千公顷。蔬菜面积1194.4公顷，下降1.9%。优质、高效、安全和生态农业发展较快。

（1）林牧渔业生产稳定。全年造林面积102.0千公顷。多数畜产品产量保持增长，肉类总产量352.0万吨，增长1.5%，与上年基本持平；虽然上年四季度禽流感疫情对全省养禽业造成一定影响，但由于前三个季度增长较多，全年家禽仍呈现增长态势，禽肉产量104.6万吨，增长5.9%，禽蛋总产量182.0万吨，增长3.8%；牛奶总产量56.6万吨，增长5.6%。全年水产品产量388.7万吨，增长6.2%。

（2）农村经济结构调整步伐加快。农村工业、建筑业、运输业、批发零售贸易业、餐饮业产值占农村社会总产值比重继续保持在90%以上。农业投入进一步增加，农业生产条件改善，全省农田有效灌溉面积达3817.7千公顷；节水灌溉面积1424.5千公顷，新增49.7千公顷；年末全省农业机械总动力3135.3万千瓦，比上年末增长2.7%。

认真落实“一免三补”等支农惠农政策，全省实现免征农业税，加大对农业和农村的投入，2005年，省财政对“三农”投入150.4亿元，五年年均增长30.6%。2005年，江苏省16个贫困县农民人均纯收入为3902元，比上年增加377元，增长10.7%，继续保持了较快增长势头。贫困县中，农民收入最高的是阜宁，为4420元；最低的是灌南，为3415元，分别高出全国平均水平1165元、160元。

6. 工业经济保持较快增长

2005年，江苏工业生产增长较快，经济总量居全国前列（见图2－1）。全年完成工业增加值9326.67亿元，比上年增长16.7%。全省全部国有及年产品销售收入500万元及以上的非国有工业（以下简称“规模以上工业”）完成工业增加值8054.67亿元，同比增长22.5%，工业生产继续保持高位运行态势；工业增加值总量位居江、浙、沪之首，工业增速高于全国平均水平6.1个百分点。全省规模以上工业实现产值32651.43亿元，完成销售产值32064.10亿元，工业产品销售率为98.2%，同比提高0.4个百分点，产销衔接状况良好。

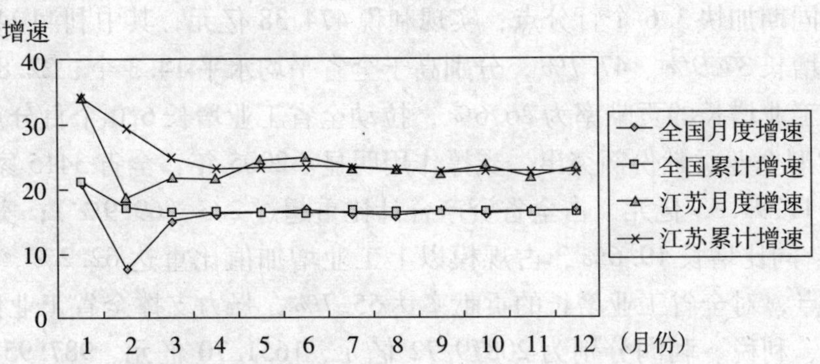

图2－1　2005年江苏、全国工业增加值增速走势图（单位:%）

2005年，江苏省工业经济运行的主要特点有：

（1）三资、股份制工业两轮驱动明显，贡献份额超八成。2005年，全省规模以上三资工业实现增加值3172.71亿元，同比增长25.3%，在各种经济类型工业中增速名列首位，拉动全省工业增长9.7个百分点，对全省工业增长的贡献率为43.0%；股份制工业实现增加值3348.28亿元，同比增长21.9%，比上年同期提高3.2个百分点，拉动全省工业增长9.0个百分点，对全省工业增长的贡献率为39.8%；国有、集体、其他类型和股份合作等其他工业共同拉动全省工业增长3.8个百分点，对全省工业增长的累计贡献率为17.2%。三资、股份制工业对全省工业增长的累计贡献率达82.8%，是其他工业对全省工业增长贡献份额的4.81倍，成为全省工业稳步增长的“助推器”（见图2-2）。

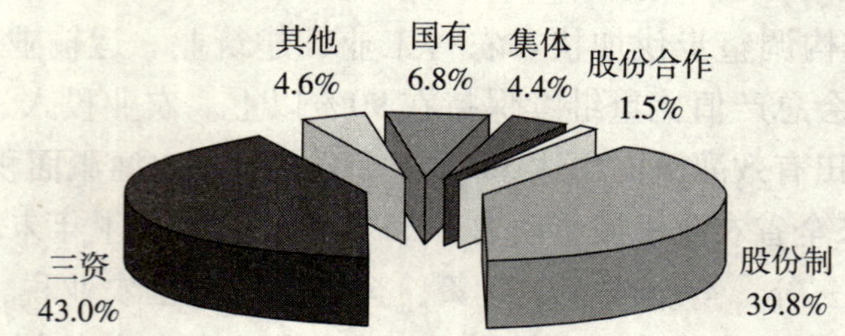

图2-2　2005年江苏省分经济类型工业贡献率示意图

（2）民营工业规模壮大，私营工业活力增强。在各地政府鼓励发展民营经济政策引导下，全省民营工业队伍不断壮大，呈现出良好发展势头。2005年，全省规模以上民营工业企业22005户，比上年同期净增3195户，拥有资产9088.82亿元，占全省资产比重1/3强（35.7%）；实现现价产值13551.02亿元，占全省现价产值比重为41.5%；完成销售收入13268.85亿元，占全省销售收入比重为41.3%；实现工业增加值3284.47亿元，占全省规模以上工业增加值比重为40.8%。民营工业对全省工业增长的贡献率为41.6%，拉动全省工业增长9.4个百分点。

私营工业活力进一步增强，生产同比加速，效益稳步提高。2005年，全省规模以上私营工业实现增加值1965.93亿元，同比增长25.6%，增速高于全省平均水平3.1个百分点，较上年同期加快3.6个百分点；实现利税474.38亿元，其中利润246.57亿元，比上年同期分别增长37.9%、47.7%，分别高于全省平均水平14.3个、22.8个百分点；私营工业对全省工业增长的贡献率为26.6%，拉动全省工业增长6.0个百分点。

（3）大中型企业贡献份额突出，支撑作用明显。2005年，全省3415家大中型工业企业，拥有资产17791.33亿元，占全省资产合计比重超过2/3（69.9%）；实现工业增加值5011.24亿元，同比增长19.6%，占规模以上工业增加值比重达62.2%，比上年同期上升0.9个百分点，对全省工业增长的贡献率达55.7%，强力支撑全省工业保持稳定增长；实现销售收入、利税、利润分别为20879.72亿元、1651.70亿元、987.95亿元，分别占全省的比重为65.0%、69.2%、71.3%，对全省销售收入、利税、利润增长的贡献率分

别为65.6%、57.7%、57.7%，贡献份额突出。

2005年，在全省3000多家大中型工业企业中，省电力公司、沙钢集团、扬子石化、金陵石化、乐金飞利浦、华西集团、明基电通、南钢集团8家大型企业实现产值均超200亿元，这8家企业累计实现产值2996.27亿元，占全省产值比重为9.2%，同比增长40.9%，增幅高于全省平均水平11.7个百分点，对全省工业产值增长的贡献率超过一成（11.8%）；其中，乐金飞利浦同比增长1.03倍，金陵石化、南钢集团、沙钢集团同比分别增长62.6%、34.2%、27.9%，有力支撑并拉动地方工业快速发展。

（4）纺织、服装行业生产加快效益提升，石油和天然气开采业利润倍增。2005年，全省纺织业完成产值3027.82亿元，同比增长25.8%，较上年同期增幅高3.1个百分点，实现利润82.39亿元，同比增长55.3%，增幅是全省平均水平的2.34倍，是同期利润增幅的5.27倍；纺织服装制造业完成产值999.59亿元，同比增长31.0%，较上年同期增幅高16.2个百分点，实现利润47.41亿元，同比增长41.3%，高于全省平均水平16.4个百分点，而上年同期利润增幅则低于全省平均水平17.5个百分点。

2005年，石油和天然气开采业实现产值48.78亿元，同比增长35.7%，增速高于全省6.5个百分点，是同期增幅的1.57倍；实现利润23.38亿元，同比增长1.66倍，是上年同期利润增幅的2.12倍，对全省利润增长的贡献率为5.3%。

（5）工业出口保持快速增长，电子行业出口总量继续领先。2005年，全省规模以上工业实现出口交货值7881.85亿元，比上年同期增长35.3%，增速高于规模以上工业产值增速6.1个百分点，高于销售产值增速5.5个百分点，工业出口在上年高增长的基础上继续保持快速增长势头。在全省39个工业行业大类中，通信设备、计算机及其他电子设备制造业（简称“电子行业”）实现出口交货值3579.26亿，同比增长34.1%，其出口交货值总量继续高居各行业之首，是位居第二的纺织业的5.36倍，占全省出口总量的比重为45.4%，对全省工业出口交货值增长的贡献份额达44.3%，地位举足轻重。

2005年，江苏省工业经济运行中存在的主要问题有：

（1）企业赢利能力下降，主要经济效益指标回落明显。2005年以来，企业生产购进的主要原材料、燃料、动力等价格持续保持高位，但产成品销售价格涨幅相对滞后，难以同步增长，全年全省工业品出厂价格指数（102.6%）低于原材料、燃料、动力购进价格指数（107.6%）5.0个百分点，价格倒挂使企业生产成本刚性增加，增收不增利，赢利能力下降。2005年，全省工业生产继续保持高位运行，但主要效益指标尤其是利润增幅回落明显，表现为利润增幅低于销售增幅、销售增幅低于产值增幅“双低”现象，与往年三者增幅利润高于销售、销售高于产值相比，反差较为明显。

（2）国有控股企业表现不佳，运行质量有待提高。2005年，江苏国有控股工业企业经济运行质量不高，且呈现滑坡态势。全省规模以上国有控股工业企业实现增加值1322.31亿元，同比增长13.7%，增速低于全省平均水平8.8个百分点，处于低位运行；国有控股工业企业实有户数957户，亏损企业户数266家，亏损面高达27.8%，高于全省平均水平13.8个百分点；亏损企业亏损额32.82亿元，同比增长28.2%，增幅是全省平均水平的5.13倍。

（3）国际油价持续攀升振荡，省内炼油企业亏损严重。原油采购价格持续上涨，国内成品油价格未能按价格挂钩机制相应调整到位，成品油价格严重倒挂，导致江苏原油加工企业普遍增产增收不增利，原油加工及其石油制品制造行业利润同比骤降。2005 年，全省规模以上原油加工及石油制品制造行业企业累计实现产值 586. 62 亿元、销售收入 583. 02 亿元，同比分别增长 48. 8%、48. 5%，实现利润仅为 0. 45 亿元，而同期则赢利 8. 13 亿元，利润同比降幅高达 94. 5%。

（4）电子行业产销明显回落，支撑拉动作用减弱。通信设备、计算机及其他电子设备制造业是江苏制造业中的第一大支柱行业。近年来，江苏电子行业发展迅速，扮演“领军人物”角色，对支撑拉动全省工业经济发展发挥着重要作用，其地位不可替代。进入 2005 年，电子行业产销增幅明显回落，对全省工业经济发展的支撑拉动作用有所减弱。

7. 建筑业发展较快

江苏建筑业正逐步实现向建筑业强省的转变，2005 年全年共完成建筑业总产值 4365. 09 亿元，增长 19. 4%。全年完成建筑业增加值 1016 亿元，增长 10. 7%。实现利税总额 252. 79 亿元，增长 23. 9%。全员劳动生产率 12. 9 万元/人，增长 8. 0%。

8. 现代服务业发展步伐加快

2005 年全年交通运输、邮电通信业实现增加值 827. 5 亿元和 326. 9 亿元，分别比上年增长 18. 9% 和 22. 2%。

交通运输业增长较快。2005 年全年完成旅客运输量 14. 80 亿人次，货物运输量 11. 34 亿吨，分别比上年增长 15. 2% 和 13. 3%；完成旅客周转量 1266. 16 亿人公里，货物周转量 3063. 72 亿吨公里，分别增长 14. 2% 和 27. 8%。完成港口货物吞吐量 7. 30 亿吨，增长 15. 1%，其中外贸货物吞吐量 1. 14 亿吨，增长 31. 3%。年末全省公路里程达 82739 公里，新增 9657 公里；铁路营业里程 1598. 9 公里，铁路正线延展长度 2301 公里。客运车辆特别是私人车辆增长迅速。年末民用汽车保有量 192. 25 万辆，增长 19. 3%；其中本年净增汽车 31. 06 万辆，增长 5. 6%。年末私人汽车保有量 109. 43 万辆，其中本年净增汽车 31. 23 万辆，分别增长 39. 9% 和 60. 3%。

邮电通信业持续较快增长。2005 年全年邮电业务总量 729. 07 亿元，比上年增长 33. 9%。邮电业务收入 453. 49 亿元，比上年增长 13. 1%。其中邮政业务收入 44. 49 亿元，电信业务收入 409. 00 亿元，分别增长 11. 2% 和 13. 3%。全省电话普及率达 75. 1 部/百人，比上年增加 10. 5 部。长途光缆线路总长度 2. 55 万公里，新增 0. 18 万公里。年末互联网用户达 449. 54 万户。

国内国际旅游业快速发展。2005 年全年国内旅游人数达 17234. 26 万人次，比上年增长 17. 6%；国内旅游收入 1625. 62 亿元，增长 26. 0%。全年境外入境旅游人数 378. 3 万人次，比上年增长 23. 4%，其中外国人 262. 1 万人次，增长 22. 4%，港澳台同胞 116. 2 万人次，增长 25. 8%。国际旅游外汇收入 22. 6 亿美元，增长 28. 1%。旅行社组织公民自费出境旅游 25. 7 万人次，增长 2. 9%。

金融总体上运行平稳。2005 年末，广义货币供应量余额、狭义货币供应量余额和流

通中现金余额分别为24640.67亿元、9057.14亿元和3035.12亿元，比上年同期分别增长20.0%、12.1%和14.9%。年末全省金融机构人民币贷款余额15396.59亿元，比年初增加2141.61亿元，同比少增148.38亿元；其中短期贷款增加686.28亿元，同比多增24.46亿元。年末全省金融机构人民币存款余额22001.44亿元，比年初增加3619.11亿元，同比多增773.31亿元。

证券市场在规范中运行。2005年末，全省境内上市公司在上海、深圳证券交易所筹集资金16.68亿元，其中通过发行股票筹集资金8.82亿元，分别比上年下降5.56亿元和7.64亿元。全年证券经营机构证券交易量3902亿元，期货经营机构代理交易量9825亿元，分别比上年下降34.9%和13.6%。年末全省境内上市公司（A、B股）由上年末的87家增加到90家。上市公司总股本362.47亿股，比上年末增长4.8%；市价总值1729.44亿元，下降12.3%。

保险事业平稳发展。2005年全年保费收入437.34亿元，比上年增长4.4%。其中财产险收入93.64亿元，寿险收入308.43亿元，健康险和意外伤害险收入35.27亿元，分别增长10.8%、1.4%和16.4%。赔付额118.83亿元，比上年增长5.0%。

9. 各项改革深入推进

农村综合改革、税费改革取得突破性进展，以县为主的农村义务教育管理体制基本建立，乡镇机构改革有序推进。国有企业改革继续深化，国有资产监管体系基本建立，促进了国有资产保值增值。全省上市企业达到115家。行政管理体制改革取得重要进展。大力推进政府职能转变，清理减少行政审批事项，政府依法行政水平和管理效率得到提高。按照“分类定位、分开管理、分别改革”的原则，事业单位改革取得阶段性成果，省属第一、二批生产经营类事业单位改制转企任务基本完成。财政、金融和投资体制以及科技、教育、文化、卫生等领域的改革取得积极成效。加快建设公共财政体系，完善部门预算制度改革，健全出口退税负担机制。

完善政策措施，改善发展环境，民营经济加速发展。2005年，全省私营企业达到50.7万户，注册资本7234亿元，增长35.2%，比“九五”期末增加6285亿元；个体工商户175.3万户，增加26.3万户。全省基本形成了国资、民资、外资共同发展的格局。

开发区建设较快发展。2005年，省级以上开发区完成进出口总额1607.41亿美元，其中出口总额830.08亿美元，分别增长43.8%和51.3%，占全省总量的70.5%和67.5%；新批外商投资企业2571家，实际到账注册外资额94.15亿美元（商务部确认数），占全省总量的71.4%。

（二）2005年江苏社会发展状况

1. 社会事业取得新进步

深入实施科教兴省战略，“十五”期间，全省财政预算内对科技、教育、文化、卫生、体育事业投入1479亿元，是“九五”时期的2.1倍。

加强科技创新体系建设，加快科技成果向现实生产力转化，科技进步对工业、农业增长的贡献率分别达到45.5%和55%。

科技队伍壮大，科技活动支出增加。2005 年，全省科学研究与技术开发机构 3584 个，其中政府部门属独立研究与开发机构 299 个，高等院校属科研机构 403 个，大中型工业企业办科研机构 1373 个。从事科技活动人员 35.5 万人，其中研究与发展人员 10.05 万人。全省拥有中国科学院和中国工程院院士 94 人。全年科技活动经费支出 617 亿元，增长 28%，其中研究与发展活动经费支出 270 亿元，占全省生产总值的 1.48%。全省已建国家及省级高技术研究重点实验室、工程技术研究中心、科技公共服务平台 166 个，比上年增加 21 个。经国家认定企业技术中心 9 个。

科学研究成果显著，技术市场较为活跃。2005 年，全省有 32 项成果获国家科技奖，其中自然科学奖 1 项、发明奖 3 项、科技进步奖 28 项；省科技进步奖 185 项，其中一等奖 14 项、二等奖 56 项、三等奖 115 项。全年共签订各类技术合同 2.62 万项；技术合同成交额 100.83 亿元，增长 12%。知识产权工作取得明显进展，全年专利申请量 34811 件，比上年增长 47.9%，其中发明专利 6582 件；专利授权量 13580 件，增长 19%。

高新技术园区建设进一步加强，全省高新技术产业化进程加快。2005 年全年实现高新技术产业产值 7928.17 亿元，比上年增长 34.4%。组织实施省科技项目 1610 项，其中：高技术研究及重大科技攻关项目 257 项，科技成果转化专项资金项目 77 项，火炬计划项目 421 项，星火计划项目 327 项。全省高新技术企业达 2948 家，新批国家高新技术企业 90 家，当年认定省级高新技术产品 1345 项，国家重点新产品 244 项。已建国家级高新技术特色产业基地 45 个，其中当年新建 9 个。

坚持教育优先发展，加快推进教育强省建设，各级各类教育协调发展，农村义务教育、职业教育和高等教育等得到加强。高等院校、在校大学生、职校生数保持全国领先。农村办学条件进一步改善，农村中小学危房改造全面完成，农村中小学教师省标工资发放问题全面解决。全省共有普通高校 115 所，高等教育毛入学率达到 33.5%，提高 18 个百分点。高中阶段教育普及率达到达 89%，比“九五”期末提高 21 个百分点。初中升学率达 89.6%。小学学龄儿童入学率 99.7%。特殊教育招生 0.34 万人，在校生 3.16 万人。幼儿园在园幼儿 130.96 万人（见表 2－22）。

表 2－22　2005 年江苏省各类教育招生和在校生情况

单位：万人，%

指　标	招生数		在校生数		毕业生数	
	绝对数	比上年增加	绝对数	比上年增加	绝对数	比上年增加
研究生教育	2.87	0.19	7.79	1.00	1.49	0.32
普通高等教育	36.15	4.75	115.98	16.5	22.97	3.23
中等职业教育	41.18	4.42	106.08	15.16	19.72	3.72
普通高中教育	52.25	2.78	145.34	7.99	42.65	7.33
普通初中教育	105.3	－13.67	346.23	－21.55	120.33	7.09
小学教育	61.93	－6.28	485.53	－42.68	105.52	－14.92

文化事业和文化产业加快发展，文艺创作、文化遗产保护取得丰硕成果，广播影视、新闻出版和哲学社会科学事业取得新成绩。2005年末，全省共有艺术表演团体129个，文化馆116个，公共图书馆102个，博物馆99个，档案馆170个，向社会开放档案210万卷（件）；共有广播电台14家，广播发射台和转播台21座，电视台14家，广播人口综合覆盖率和电视人口综合覆盖率分别达99.7%和99.6%。有线电视用户1022.16万户，比上年增长12.1%。生产故事影剧片7部。全年报纸发行24.49亿份，比上年下降0.05%；期刊出版8804万册，下降9.7%；图书出版47043万册，增长12.5%。

体育事业取得新进步。2005年，全省运动员在世界最高水平比赛中3人次获金牌、5人次获铜牌。在亚洲最高水平比赛中，共有21人次获金牌。成功举办第十届全运会，江苏省共夺得56枚金牌、136枚奖牌，竞赛总分、金牌总数均居全国第一。全面实现"环境优美、设施优良、服务优质、成绩优异"的目标，扩大了江苏在海内外的影响。

卫生事业进一步加强。加大公共卫生事业建设力度，全面建成疾病预防控制体系，基本建成突发公共卫生事件医疗救治体系。2005年末，共有各类卫生机构15007个；各类卫生机构拥有病床19.39万张；共有卫生技术人员25.75万人；乡镇卫生院0.16万个，床位5.21万张，卫生技术人员6.79万人，乡村医生和卫生员6.09万人。省财政拨专款加强农村卫生院建设，苏北地区第一批重点支持的300个乡镇卫生院医疗条件明显改善。妇女儿童工作、人口和计划生育工作取得新进步。

2. 人民生活水平得到新提高

人口总量保持低速增长。2005年末，全省常住人口7474.5万人，比上年末增加42万人。全年人口出生率9.24‰，下降0.21个千分点；死亡率7.03‰，下降0.17个千分点；人口自然增长率2.21‰，下降0.04个千分点。

人民生活水平得到提高。2005年，城镇居民人均可支配收入12319元，农民人均纯收入5150元，分别比上年增长17.5%和8%以上，比"九五"期末增长81%和43.3%。城镇居民人均消费性支出8622元，比2005年增长17.6%，其中食品支出占人均消费性支出的比重为37.2%。农村居民人均生活消费支出3567元，增长17.5%，其中食品支出占人均生活消费支出的比重为44%。

就业和再就业形势良好。实行积极的就业政策，城镇就业再就业工作力度加大，继续推进500万农民大转移和百万农民大培训工程。2005年末，全省城乡就业人员达4510.12万人，比上年增加27.60万人。全省城镇国有、集体、股份制、三资等单位就业人员628.98万人，增加22.13万人；私营个体就业人员586.41万人，增加61.70万人；从事社区公益岗位及灵活就业人数76.46万人。通过多种途径使41.55万下岗失业人员实现了再就业。城镇登记失业率近三年持续下降，2005年控制在3.6%。五年新增城镇就业380万人，新增农村劳务输出286万人。

经过近三年的努力，惠及千家万户的农村五件实事取得显著成效：新建农村公路4.1万公里，基本实现了行政村通公路；改造草危房15.2万户；新增改水受益人口960万人；农村自来水普及率达到95.7%；农村新型合作医疗覆盖面达到85.5%。

城乡居民居住条件进一步改善。2005年，城镇居民人均住宅使用面积为21.7平方米，农村居民人均住房使用面积为38.6平方米。

社会保障体系进一步完善，城镇基本养老、基本医疗和失业保险覆盖面分别达到96.8%、90.3%和99.4%。社会保险主要险种向非公有经济组织、进城务工农民和乡镇企业延伸，国有企业下岗职工基本生活保障向失业保险顺利并轨，部分地区历史遗留的拖欠养老金问题得到解决，破产关闭的国有、集体企业退休人员已纳入基本医疗保险范围，被征地农民基本生活保障制度全面建立。全省城乡“低保”实现全覆盖，对符合条件的127.5万困难群众实现应保尽保。2005年末，全省参加基本养老保险职工952.10万人，参加基本养老保险的离退休人员282.40万人，参加基本医疗保险的职工819.10万人，参加基本医疗保险的退休人员304万人，参加失业保险职工838.30万人。年末全省各类福利院拥有床位9.43万张，收养7.39万人；建立城镇各种社区服务设施24550个，其中社区服务中心463个；城乡居民最低生活保障对象128.6万人，筹集福利资金4.05亿元，接受社会捐赠2.4亿元（不包括慈善机构）。

3. 和谐社会建设迈出新步伐

重视解决困难群众的实际问题，提高农村征地补偿标准，改进城市拆迁办法，对下岗职工给予合理经济补偿，完善对低收入者的救助措施，确保困难群众有饭吃、有衣穿、有房住。2005年，对义务教育阶段56万名困难家庭学生实行“两免一补”，对10万名经济困难的职校生、大学生实行资助，努力保证每个困难家庭子女都有受义务教育的机会，每个考上大学的学生不因贫失学。全面实施农村计划生育家庭奖励扶助制度。推进农村五保户“关爱工程”，2005年，新增敬老院床位3万张。社会主义精神文明建设取得新成果，民主法制建设不断加强。高度重视信访工作，妥善解决人民群众的合理诉求，坚决纠正侵害群众利益的行为。国防动员、人民防空、民兵预备役和“双拥”、优抚安置工作取得新成绩。反腐倡廉工作向纵深推进，法治江苏、平安江苏、诚信江苏建设成效显著，安全生产工作得到加强，社会和谐稳定局面进一步巩固。

4. 环境保护工作得到加强

各级领导高度重视环境保护工作，重点流域水污染防治取得新成效，主要河湖水质有所改善。绿色江苏建设加快推进，五年新增造林面积685.7万亩，森林覆盖率提高4.2个百分点。2005年末，全省共有环境监测站14个，设立自然保护区31个，其中国家级自然保护区2个，自然保护区面积82.26万公顷。建成烟尘控制区142个，面积达0.3万平方公里；建成环境噪声达标区207个，面积为0.24万平方公里。城市污水集中处理率78.2%、生活垃圾无害化处理率96%，分别比上年提高2.1个和2.6个百分点。工业废水排放总量29.12亿吨，工业废气排放总量19587.8亿标立方米，工业粉尘排放量36.16万吨。积极推进生态省建设，实施绿色江苏建设工程，国土资源管理工作得到加强。全省有7个城市被评为国家园林城市。成功承办首届中国绿化博览会。进一步加强环境保护，推进太湖、淮河等重点流域水污染综合治理，流域水质继续好转。制定实施循环经济行动计划，推行清洁能源、清洁生产和清洁发展。

（三）“十五”时期，江苏经济社会发展取得巨大成就

“十五”以来，江苏创新发展思路，主动适应宏观调控的新要求，工业化、城市化、

信息化、市场化和国际化互动并进，体制转轨、社会转型、结构调整和经济增长方式转变同时进行，实现了经济持续快速协调健康发展和社会全面进步。

1. 经济发展进入新一轮稳步增长期，物价保持稳定

"十五"时期，江苏经济保持持续快速增长。从2000年开始，经济止落回升，2002～2005年增长率分别比上年稳步上升1.4个、2.0个、1.3、1.4个百分点，步入新一轮增长周期，走出了一条既稳定又较快的增长新轨迹。2001～2005年，地区生产总值年递增12.8%，高出全国平均水平3.9个百分点。人均生产总值由2000年的11773元增至2005年的24515元，按当年汇率折算，达3038美元。

市场物价出现恢复性回升，但基本处于可承受范围内，没有出现消费品和服务的全面上涨。居民消费价格指数（CPI）涨幅由2000年的0.1%上升到2004年的4.1%，是自1997年物价走低以来涨幅最高的一年。2005年，价格指数有所回落，全年居民消费价格累计上涨2.1%。

2. 坚持走新型工业化道路，经济结构调整与经济增长方式转变加快

（1）工业化显著提速，步入"重工业化"阶段。以新型工业化为第一方略，加快工业化进程，建设现代国际制造业基地，工业化推进速度明显加快。2004年，工业增加值占GDP的比重为50.2%，为历史最高，比2000年上升5.4个百分点；规模以上工业中，重工业增加值比重由2000年的57.0%快速升至2004年的65.8%；近似霍夫曼比率相应地由0.76逐步下降至0.50。第一产业增加值比重为8.5%，下降3.5个百分点，第三产业增加值比重也由36.3%下降到35%。而2004年三次产业就业比例为37.4∶31.6∶31.0，与2000年相比，第一产业就业比重下降5.4个百分点，服务业比重上升4.0个百分点。

（2）投资拉动力提升，基础产业和基础设施建设加强。"十五"以来，伴随经济步入新一轮景气周期，投资进入快速增长通道，规模扩大，速度加快。2001～2004年，全社会固定资产投资累计19315.59亿元，比"九五"时期累计额高出55.4%；年递增22.9%，高出10.6个百分点。投资对经济增长的拉动作用逐年增强。投资率由2001年的44.6%逐年上升到2004年的51.7%，四年平均为47.8%，比"九五"时期上升2.1个百分点；投资需求对经济增长的拉动率由40.6%逐年上升到46.1%，四年平均为43.6%。

（3）科技进步加快，高新技术产业带动力增强。把提高自主创新能力作为经济增长方式转变的中心环节，着力构筑高技术、低能耗的新型产业结构，经济增长方式转变取得进展。劳动生产率水平提高较快，2000年以来年递增12.1%，2004年为34660元。R&D经费支出占GDP的比重为1.38%，比2000年提升0.53个百分点；专利申请量、授权量分别比2000年增长1.9倍和76.2%。节能工作取得实质性进展，能源利用效率有所提高。综合能源利用效率约35%，远高于全国平均；2004年，每万元GDP（不变价）能耗为0.99吨标准煤，比2000年又有所下降。

高新技术产业发展快速。高新技术产业产值占规模以上工业的23.2%，比2000年提高6.2个百分点，其中，电子及通信设备制造业、计算机及办公设备制造业、电气机械及设备制造业、新材料制造业实现产值分别占高新技术产业产值的37.7%、19.4%、18.3%和15.1%，信息产业迅速崛起为第一支柱产业；高新技术产品出口2002年、2003

年、2004 年相继突破 100 亿美元、200 亿美元、300 亿美元，2004 年为 359.14 亿美元，是 2000 年的 6.7 倍，占出口总额的 41.0%，比 2000 年提高 20.1 个百分点。

3. 对外开放向纵深推进，国际化水平全面提升

"十五"以来，抓住世界经济全球化、中国正式加入 WTO 及国际产业结构加快调整和转移机遇，进一步发挥地理位置、产业基础、市场规模、人才资源等比较优势，对外开放进入全方位、多层次、宽领域的发展新阶段。对外贸易迈上新台阶。2001～2004 年，进出口总额累计 4061.87 亿美元，是"九五"时期的 2.8 倍，其中 2003 年突破 1000 亿美元大关（1136.7 亿美元），排名跃居全国第二；出口 2139.95 亿美元，进口 1921.92 亿美元，分别是"九五"时期的 3.1 倍、2.5 倍。经济对国际市场的依赖程度大幅提高，外贸依存度由 2000 年的 44.0% 上升到 2004 年的 91.2%。外商投资企业贡献份额上升，进出口额占全省比重由 2000 年的 66.1% 上升到 79.3%；产值占规模以上工业总产值比重由 27.7% 上升到 36.5%。开发区集聚、创新、辐射功能增强，87 个国家级和省级开发区（其中国家级开发区 12 个，省级开发区 75 个，在开发区内还设有 8 个出口加工区）已进入产出期。

继续扩大利用外资总量，加快利用外资转型升级，利用外资对促进资本形成、技术进步、完善体制等的作用日显重要。2001～2004 年，累计合同外商直接投资项目 23870 个，新批合同外商直接投资金额 1016.54 亿美元，实际外商直接投资金额 454.28 亿美元，分别比"九五"时期增长 1.1 倍、1.3 倍和 49.7%，年递增 28.4%、35.8% 和 17.2%；占全国的比重为 16.5%、24.2% 和 21.3%，比"九五"时期上升 5.8 个、8.4 个和 7.1 个百分点。2003 年，实际外商直接投资超 100 亿美元，首次位居全国第一。至 2004 年底，累计批准合同外商直接投资项目 64615 个，新批合同外商直接投资金额 1871.93 亿美元，实际外商直接投资金额 897.91 亿美元；世界 500 强已有 236 家在江苏投资。外商投资结构进一步优化，通信设备、计算机及其他电子设备制造业实际利用外资近占全省的 1/4，服务业引资成为新的增长点。2001～2004 年，累计服务业实际外商直接投资额 47.12 亿美元，年递增 37.8%，高出全部投资 20.5 个百分点，占全省的比重由 2000 年的 6.8% 上升到 2004 年的 10.4%。

4. 各项改革协调推进，民营经济快速发展

"十五"时期，在经济社会发展各领域推出了一系列改革，特别是在一些重要领域和关键环节的体制改革取得重大突破，社会主义市场经济体制逐步完善，为发展注入了强大动力。一系列改革举措的相继出台，使得 2005 年成为"改革攻坚年"。国有企业总改制面达 80% 以上，市县以下国有企业改革已基本完成，2004 年末，国有企业从业人数达 108.37 万人，比 2000 年减少 120.53 万人。社会事业单位改革、行政管理体制改革和财税、金融、投资等各项体制改革全面推进。

将加速发展民营经济作为所有制结构调整的关键环节，民营经济持续快速健康发展。2004 年，民营经济实现增加值占全省 GDP 的 44.8%，其中私营个体增加值占 32.3%；2005 年上半年，民营经济增加值占 GDP 的比重进一步升至 45.1%，其中私营个体增加值比重升至 32.6%。2004 年末，私营个体就业人数 807.39 万人，比 2000 年末增加 291.33 万人，私营企业户数排名保持全国第一。民间投资（相对于国有投资、外商投资的一类投资）渐趋活跃。2001~2004年间，民间投资累计9454.33亿元，比“九五”时期高出72.2%；平均占全社会固定资产投资的48.9%，比“九五”时期上升4.7个百分点。2004年，民间投资占全社会固定资产投资的比重达52.6%，比2000年上升4.8个百分点。

5. 区域共同发展取得重大突破，苏中、苏北发展加速

“十五”以来，强化分类指导与区域协调，优化生产力布局，区域共同发展战略的实施步入了新阶段。2000年，江苏省委、省政府明确提出“提升苏南发展水平、促进苏中快速崛起、发挥苏北后发优势”的分类指导方针，2003年以来，全面推进新一轮沿江开发，推进东陇海线产业带和沿海经济带开发，加大对苏北挂钩帮扶力度，区域经济发展融合加快。苏中正成为承载国际资本新的集聚地。2001~2004年，苏中累计实际外商直接投资额47.4亿美元，比“九五”时期扩大80.9%，年递增率由“九五”时期的下降7.7%转为增长62.1%，占全省比重由2000年的4.9%上升到2004年的17.7%。2004年，苏南、苏中、苏北全面小康实现程度分别为89.08%、81.05%和71.56%，分别比2003年上升2.13个、9.14个和6.25个百分点，区域差距有所缩小。

加快苏北振兴是江苏区域共同发展的关键所在。“十五”以来，抓住国际资本和产业、南方传统产业和民间资本加速北进机遇，发挥资源禀赋、区位交通和人工成本等比较优势，苏北发展全面加快。2001~2004年，苏北地区生产总值年递增12.0%，高于“九五”时期0.2个百分点，高于全国平均3.4个百分点。其中，2003年，人均生产总值突破1000美元，提前两年实现“十五”目标；2004年底，总体初步赶上全国平均发展水平。2004年，苏北工业增加值占地区生产总值的37.7%，比2000年上升3.0个百分点；城镇化水平为37.8%，比2002年上升4.9个百分点；城镇居民人均可支配收入、农民人均纯收入分别比2000年增加2505元和767元，年均名义增长8.4%和5.6%。

6. 和谐社会建设成效显著，人民生活明显改善

把发展经济与造福百姓相统一，坚持富民优先方针，坚持统筹兼顾原则，完善收入分配制度，保障弱势群体基本利益，人民从改革发展中得到了更多的实惠。

1）政府、企业和个人三者分配趋向合理，人民生活质量提高

财政收入保持稳定较快增长。2004年，财政总收入实际入库2216.41亿元；地方一般预算收入980.49亿元，增长35.0%，增幅为近十年最高，与2000年相比，年递增28.3%（按可比口径计算）。财政收入占地区生产总值的比重延续了“九五”以来逐年提高的升势，2004年为14.3%，比2000年上升4.2个百分点。企业经济效益稳步提升。2004年，规模以上工业企业分别实现利税总额、利润总额1939.56亿元、1111.42亿元，是2000年的2.3倍、3.0倍；工业经济效益综合指数为166.4%，为近年来最高。2005年上半年，规模以上工业利润总额增幅在上年较高基数上适度回落，实现608.71亿元，同比增长23.9%，增幅下降20.2个百分点，基本上属于合理回归。富民进程加快。城镇居民人均可支配收入由2000年的6800元增加到10482元，农民人均纯收入由3595元增加到4754元，分别实际年递增10.6%、5.6%，其中城镇收入增速高出“九五”时期4.8个百分点。2004年，城乡居民收入自1997年以来首次双双实现两位数增长；城乡居

民储蓄存款年末余额8863.10亿元，人均居民储蓄11925元，分别是2000年的1.99倍、1.96倍。中低收入家庭收入增长加快。2005年上半年，城镇居民高低收入组人均收入比由上年同期的11.7:1缩小为11.2:1。居民消费结构加快转型升级，家用轿车、信息通信产品、住房等消费热点持续升温，城镇居民恩格尔系数由2000年的41.1%下降到2004年的40.0%。

2）城乡统筹力度加大，农民生产生活条件明显改善

按照统筹城乡发展的要求，抓住解决“三农”问题这一全部工作的重中之重，推动了农业的发展、农村的进步和农民利益的改善。出台“一降三补”等扶持粮食生产和促进农民增收的综合性政策措施，2004年，粮食生产在连续6年滑坡之后出现恢复性增产。2004年，城乡人均收入之比为2.20:1，保持全国最小。继续进行行政区划调整，城市化进程加快，城镇化水平为48.2%，比2000年上升6.7个百分点。特别是从2003年起推行的农村“五件实事”显著改善了农村的基础设施条件和生产生活环境。2004年底，农民人均政策性减负61元，新增改水受益人口431万人，草危房改造4.1万户，新增农村公路通车里程1.8万公里，3400万农民参加新型合作医疗，覆盖率达到70%，居全国之首。

3）就业总体形势阶段性好转，社会保障体系不断健全完善

实施积极的就业政策，弘扬“三创”精神，千方百计增加就业岗位，推动全民创业、自主创业、艰苦创业，就业再就业工作成效显著。就业总量持续扩大。2004年末，城乡就业人数4482.52万人，比2000年增加64.38万人。城镇登记失业率得到有效控制，2003年末、2004年末连续两年分别比上年小幅回落0.1个、0.2个百分点，2005年上半年继续回落，为3.52%。农村劳动力转移力度不断加大，2005年6月底，农村劳动力累计转移1518.19万人（包括地域转移和产业转移），占农村劳动力总量的57.0%。

进一步扩大保险覆盖面，提高社会保障水平，基本建立起独立于企事业单位以外、资金来源多渠道、保障制度规范化、管理服务社会化的社会保障体系。2004年末，基本养老保险参保职工、基本医疗保险参保人数、参加失业保险人数分别为839.81万人、967.7万人和797.1万人，比2000年增加191.81万人、644.1万人和33.1万人；参加工伤保险、生育保险的职工分别有577.2万人、552.7万人。基本养老保险参保缴费总人数、基本医疗保险参保总量、参加工伤保险职工人数均位居全国第二。符合低保条件的38.3万城镇困难群众实现应保尽保，已有44.3万农民享受农村低保。完善对低收入者的救助制度，对失业职工、失地农民、拆迁居民和贫困家庭提供帮助。

7. 社会事业全面进步，三大文明协调共进

更加重视社会发展，加快实施科教兴省、人才强省主体战略，科技、教育、文化、体育、卫生等各项社会事业全面进步。2004年，在校大学生106万人，职校生125万人，高等教育毛入学率29%，均居全国第一。公共卫生体系和应急机制初步形成，卫生机构总数（含诊所、医务室、卫生所、社区卫生服务站）14447个，比2000年增长12.8%，卫生服务体系健全率为77.1%。文化事业和文化产业加快发展。文化市场经营单位主营业务收入30.83亿元，事业单位总收入12.5亿元，分别是2000年的4.25倍、1.5倍。江苏广电集团、江苏出版集团、新华日报报业集团、江苏演艺集团四大文化产业集团集团化规模效益

明显。广播、电视节目制作时间分别是54.43万小时、15.68万小时，比2000年年递增12.9%、38.7%。出版报纸、期刊、图书100.03亿印张、4.09亿印张和28.02亿印张，分别是2000年的2.3倍、1.3倍和1.4倍，报刊种数稳居全国第四，平均印数、总印数均居全国第二。平安江苏、法治江苏建设全面推进，主要刑事案件发案率在连续3年下降基础上又降低2个百分点，人民群众对社会治安的满意率为95.1%，位居全国之首。

基于人口密度全国最大、人均环境容量全国最小的基本省情，实施可持续发展战略，坚持走新型工业化道路，建设资源节约型和环境友好型社会，推动经济与人口、资源、环境协调发展。人口进入低速增长期，基本稳定在低生育水平，2001~2004年，人口年递增0.36%，远低于"九五"时期的0.73%。以"工业向园区集中、人口向城市集中、住宅向社区集中"推动经济集约化发展。积极发展循环经济，开展循环经济试点，被列为首批国家循环经济试点省。加快推进生态省、"绿色江苏"建设，基本实现耕地占补平衡，环境恶化趋势得到遏制。"十五"前三年成片造林471万亩，接近前20年造林面积的总和。2004年末，森林覆盖率为13.9%，比2002年上升3.0个百分点。

（四）挑战与目标

站在"十五"发展更高的历史起点上，今后五年，江苏正在进入发展机遇和矛盾凸显期，经济发展具备许多有利条件，也还面临不少困难和问题。

（1）经济结构不合理仍然是发展中的突出问题。服务业比重偏低，自主创新能力不强，消费对经济增长拉动力不足，资源制约发展的矛盾突出，环境污染问题仍然严峻，经济增长主要依靠资本投入和资源、能源消耗的状况尚未根本改变。

（2）农民持续增收难度加大。这两年农民收入增长较快，主要得益于一系列支农惠农政策的积极效应，目前农资价格居高不下，粮食等农产品价格下行压力较大，调整农业结构，提高农业产业化水平任务还很艰巨，继续增加农民收入需要做出更大的努力。

（3）开放型经济发展面临新的挑战。由于汇率变化，石油价格上升，贸易摩擦增多，外贸出口和利用外资持续增长面临不少不确定因素。

（4）发展中存在不够平衡、不够协调、不够全面的问题。苏南、苏北发展差距仍在扩大，社会事业发展相对滞后，就业压力加大，群众对看病难、看病贵、教育乱收费等问题反映较多，社会保障体系还不够完善，安全生产存在薄弱环节，因利益调整而引发的社会矛盾时有发生，维护社会稳定任务艰巨。政府工作还存在一些缺点和不足，政府职能转变没有完全到位，少数政府工作人员还存在形式主义、官僚主义和消极腐败现象。

面对这些困难和问题，应进一步增强忧患意识，主动应对新挑战，积极解决新矛盾、新问题，克服工作中的缺点，努力把各项工作做得更好。

江苏省政府提出的"十一五"时期经济社会发展主要目标是：经济持续快速协调健康发展，经济总量保持全国领先行列，全省人均生产总值力争2010年比2000年增加2倍左右；人民群众生活水平和生活质量普遍提高，城乡之间、区域之间、社会成员之间收入分配差距扩大趋势逐步缓解，就业相对充分，社会保障体系基本完善，公共服务体系比较健全，基本实现教育现代化；经济结构明显优化，自主创新能力显著增强，形成一批拥有自主知识产权和知名品牌、国际竞争力较强的优势企业；经济增长方式实现较大转变，资源利用效率显著提高，单位生产总值能源消耗力争比“十五”期末降低20%左右，生态省建设取得阶段性重要成果，环境污染得到有效治理，生态和人居环境明显改善；2006年是“十一五”发展的开局之年，做好2006年的工作至关重要。2006年经济社会发展的主要预期目标是：地区生产总值增长11%，单位生产总值能源消耗降低4%，地方一般预算收入增长15%，居民消费价格涨幅控制在3%左右，城镇居民人均可支配收入增长9%，农民人均纯收入增长7%，城镇登记失业率控制在4%左右。

一　南京市2005年经济社会发展报告

2005年，南京市以科学发展观为统领，紧紧围绕“两个率先”战略目标，坚持统筹协调发展，着力推进富民进程，加快构建和谐南京，经济社会发展继续保持良好势头，市十三届人大三次会议确定的各项目标全面完成。

（一）2005年南京市经济发展状况

1. 保持经济平稳健康发展，产业结构进一步优化

2005年，全市完成生产总值2411.11亿元，按可比价格计算，比上年增长15.1%（见图2－3）。其中，第一产业增加值80.04亿元，增长2.7%；第二产业增加值1200.28亿元，增长17.9%；第三产业增加值1130.79亿元，增长13.4%。人均生产总值40887元（按户籍人口计算），比上年增长12.9%（见图2－4）。2005年，第一、第二、第三产业增加值在全市生产总值中的比重分别为3.3%、49.8%、46.9%。非公有制经济占全市经济的比重为37%。

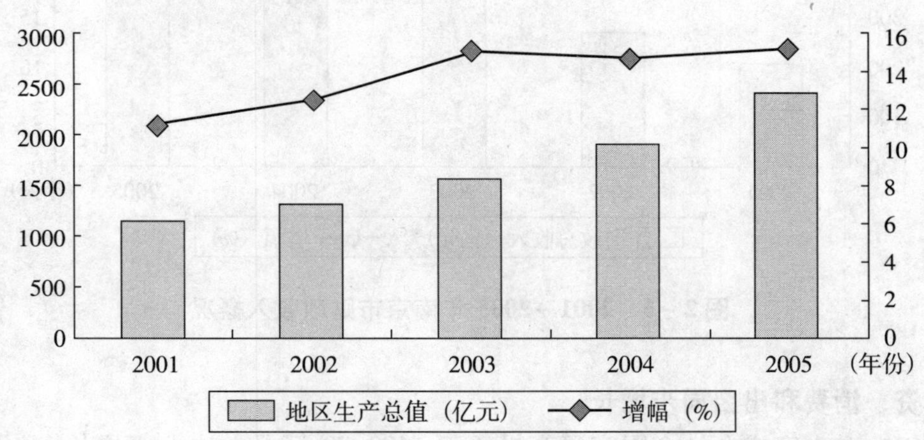

图2－3　2001～2005年南京市地区生产总值

2005年全年实现财政收入510.2亿元，同口径增长19.5%（见图2－4）。其中，地方一般预算收入211.07亿元，比上年同口径增长20.4%。财政收入占GDP比重全省领先。

2005年，全市居民消费价格指数为102.1，比上年上升2.1%。其中，食品类上升2.9%，家庭设备用品及维修服务类上升0.6%，医疗保健及个人用品类上升0.3%，娱乐教育文化用品及服务类上升5.7%，居住类上升4.7%；烟酒及用品类下降0.7%，衣着类下降2.2%，交通通信类下降2.6%。全市工业品出厂价格指数为101.7，比上年上升1.7%。其中，轻工业下降4.05%，重工业上升5.59%；生产资料上升2.55%，生活资料下降1.25%。

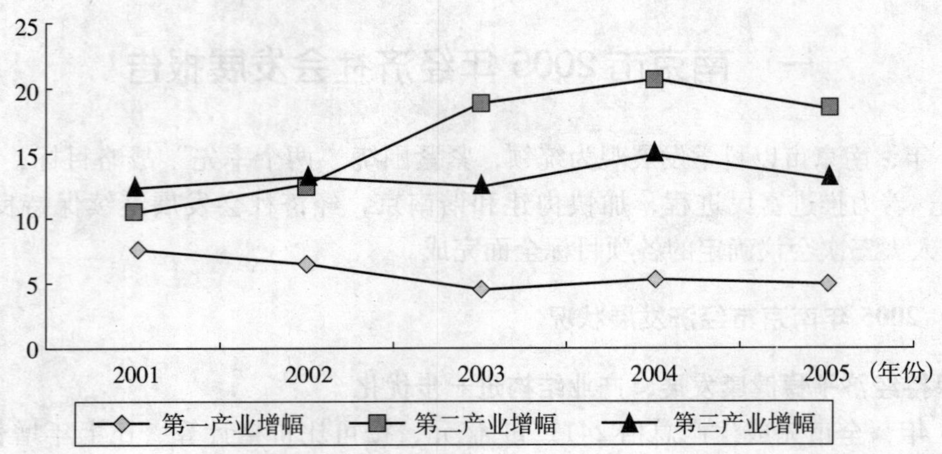

图 2-4　2001~2005 年南京市三次产业产值增长概况（单位:%）

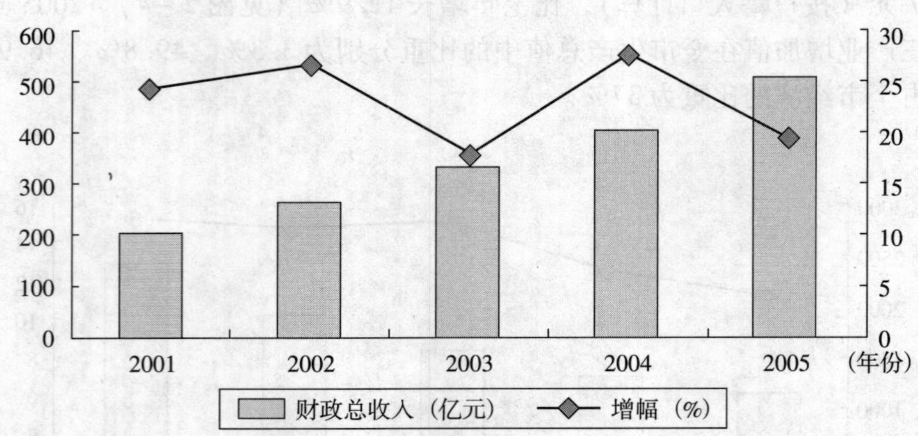

图 2-5　2001~2005 年南京市财政收入概况

2. 投资、消费和出口同步增长

2005 年，全市完成全社会固定资产投资额 1402.72 亿元，比上年增长 16.7%（见图 2-6）。其中房地产开发完成投资额 296.14 亿元，比上年增长 1.1%。从产业结构看，第一产业投资 4.78 亿元，比上年下降 18%；第二产业投资 586.42 亿元，比上年增长 21.8%，其中用于工业的投资 582.04 亿元，比上年增长 26.9%；第三产业投资 811.52 亿元，比上年增长 13.6%。从所有制结构看，国有经济完成投资 527.63 亿元，比上年增长 7.4%；非国有经济完成投资 875.09 亿元，比上年增长 23.2%。

2005 年，全市完成社会消费品零售总额 1004.99 亿元，比上年增长 16.3%；其中，批发和零售业完成零售额 884.52 亿元，比上年增长 15.8%；住宿和餐饮业实现零售额 108.19 亿元，比上年增长 21.5%。私营经济、个体经济和股份制经济实现的零售额分别达到 230.62 亿元、340.36 亿元和 132.83 亿元，分别比上年增长 18.5%、18.3% 和 19.4%。年成交额亿元以上的商品交易市场有 57 家，成交额 692.17 亿元，比上年增长 12.7%。

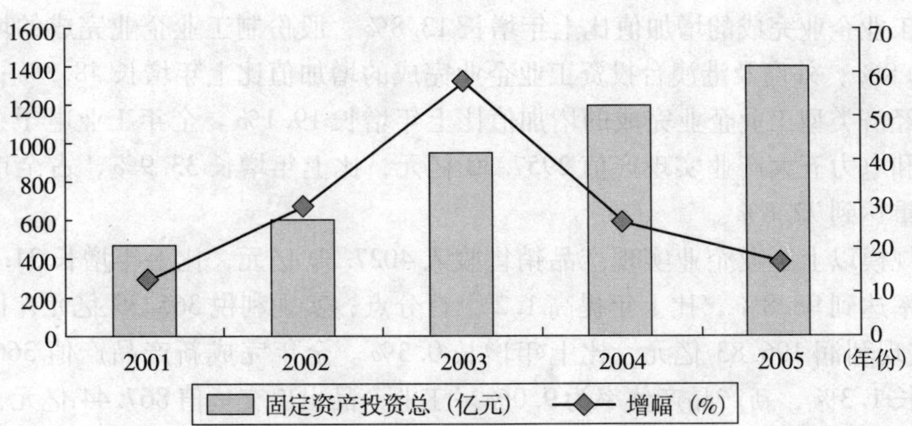

图2-6 2001~2005年南京市全社会固定资产投资概况

2005年，全市进出口总值达270.90亿美元，比上年增长31.3%。其中，出口总值142.45亿美元，比上年增长36.2%。

3. 重视“三农”问题，进一步加快统筹城乡发展步伐

2005年，南京市政府制定并实施了《关于加快我市统筹城乡发展的意见》及若干配套政策，统筹城乡发展的工作机制进一步完善。以工业园区为重点，加大郊县资源整合力度，加速主城产业和要素向郊县转移。以推进国家“万村千乡”市场工程为抓手，加快农村流通体系建设。加大“三城九镇”建设力度，郊县城镇化水平进一步提高。以产业化经营推进农业结构调整，农业的集约经营程度不断提高。对“一区两县”的帮促工作初见成效，全面完成农村八件实事，启动农村新五件实事，促进了农村的繁荣、稳定和发展。

2005年，全市农业总产值155.38亿元，比上年增长5.7%。由于受台风、病虫害等因素的影响，致使农业生产出现一定的波动。全市粮食总产量96.54万吨，比上年下降5.7%。棉花产量0.59万吨，比上年下降2.3%。油料总产量21.17万吨，比上年增长0.9%；其中，油菜子20.07万吨，比上年增长1.6%。蔬菜总产量311.62万吨，比上年下降2.9%。全市粮食与经济作物种植面积比为36.9:63.1。肉类总产量19.81万吨，比上年下降4.1%。禽蛋总产量8.3万吨，比上年下降1.6%。全年牛奶总产量13.8万吨，比上年增长10.4%。全年水产品产量18.04万吨，比上年增长3.7%，特种水产养殖面积比重超过75%。2005年，养殖业现价产值63.22亿元，同比增长5.3%。

2005年末，全市累计通过省级认定的无公害农产品达190个，其中当年新增加23个；通过省级认定的无公害农产品生产基地总面积达188.42万亩。年末全市农田有效灌溉面积达190.54千公顷，比上年增加0.6千公顷；节水灌溉面积53.30千公顷，新增4.53千公顷；年末全市农业机械总动力174.45万千瓦，比上年末增长2.3%。2005年，全市造林面积10267公顷。

4. 坚持工业第一方略，着力提升支柱产业发展水平

2005年，全市实现工业增加值1066亿元，按可比价计算，比上年增长19.5%。在全部国有及年产品销售收入500万元以上的非国有工业企业（以下简称“规模以上工业”）

中，国有工业企业完成的增加值比上年增长13.8%；股份制工业企业完成的增加值比上年增长25.8%；外商及港澳台投资工业企业完成的增加值比上年增长48.3%；联营、私营等其他经济类型工业企业完成的增加值比上年增长19.1%。全年工业电子、石化、钢铁、汽车和电力五大产业实现产值2957.30亿元，比上年增长33.9%，占全市规模以上工业的比重达到72.8%。

全市规模以上工业企业实现产品销售收入4027.30亿元，比上年增长31.8%；工业产品产销率达到98.8%，比上年提高1.2个百分点；实现利税365.39亿元，比上年增长7.0%；实现利润196.83亿元，比上年增长0.3%。全年完成新产品产值366.32亿元，比上年增长1.3%，新产品产值率为9.0%。工业产品出口交货值867.44亿元，比上年增长61.8%，占工业销售产值的比重为21.6%。在全市474家有出口交货值的工业企业中，超过亿元的有64家。

加快产品结构调整，优势产品竞争力增强。2005年，南京市政府在产品生产上，坚持有所为和有所不为，形成了一批生产销售、特别是出口方面占据优势的产品群。推动电子、石化、钢铁、汽车和电力五大产业快速增长。2005年，五大产业实现工业产值2957.3亿元，增长33.9%，占全市总产值的比重达72.8%，拉动全市工业增长23.9个百分点，形成了对全市工业经济的重要支撑。

坚持走新型工业化道路，高新技术产业占全市规模以上工业销售收入的32%。加快软件产业发展步伐，全市软件及系统集成销售收入达166亿元，增长52%。工业经济运行质量稳步提高，工业企业效益综合指数达215.43，比上年提高15.7个百分点，继续保持全省第一。

5. 以服务业集聚区为抓手，大力发展现代服务业

加快传统服务业提档升级，社会消费品零售总额突破1000亿元。

2005年，全市交通运输仓储业及邮政业完成增加值142亿元，按可比价计算，比上年增长9.2%，信息传输计算机服务及软件业完成增加值47亿元，按可比价计算，比上年增长8.6%。各种运输方式共完成客运周转量243.80亿人公里，比上年增长7.1%；完成货运周转量1543.60亿吨公里，比上年增长8.0%。年末民用汽车保有量31.2万辆，增长26.3%，其中本年新注册汽车6万辆，增长13.2%。年末私人轿车保有量10.2万辆，增长45.7%，其中本年新注册轿车2.7万辆。

2005年，邮电通信业务总量为71.8亿元，比上年增长30.3%。年末移动电话用户达462万户。无线寻呼业务年内停止运营。全年新增固定电话用户54.3万户，累计达到339.7万户。年末住宅电话用户165.9万户，新增5.8万户。全市电话交换机总容量达478.9万门。全市宽带用户达43.9万户，比上年末上升77.6%，合计上网时间达1137.5万小时。国际、国内特快专递共完成272.6万件，比上年增长0.8%。

着力打造“博爱之都”，旅游会展业进一步活跃。2005年，旅游总收入379亿元，比上年增长18.4%。全年接待海内外旅游者3307.6万人次，比上年增长15.2%。国际旅游创汇5.8亿美元，比上年增长13.4%。全年经批准因私出国出境人数达10.63万人次，比上年增长17.7%。年末全市拥有旅游星级宾馆饭店122家，4A级旅游景点5个，各类

旅行社 395 家，其中从事国际旅游业务的旅行社 27 家。

2005 年末，全市金融机构本外币各项存款余额达 5263.25 亿元，比年初增长 18.4%；其中，城乡居民储蓄存款余额达 1677.49 亿元，比年初增长 21.7%。全市金融机构本外币贷款余额 4659.81 亿元，比年初增长 10.9%。商业性保险保费收入 72.1 亿元，比上年增长 0.5%。保险赔款支出 12.45 亿元，比上年增长 34.0%。

2005 年，商品住宅用房建设投资 208.57 亿元，比上年下降 2.6%；商品住宅用房施工面积与竣工面积分别为 2123.57 万平方米和 564.51 万平方米，比上年分别增长 16.2% 和 0.9%。商品住宅用房销售面积与销售额分别为 570.66 万平方米和 217.13 亿元，比上年分别增长 5.2%、29.2%。全年完成经济适用房建设投资 16.78 亿元。

6. 深入推进改革开放，经济发展活力进一步增强

积极创新招商思路，进一步健全大项目协调推进机制，着力引进一批龙头型基地项目。"福特汽车"等一批大项目落户南京，"扬巴一体化"等项目建成投产。2005 年，利用外资结构和质量进一步优化，全年实际使用外资同口径增长 22.7%。新签外商投资合同数 728 个，新批项目平均单体协议外资规模为 581.2 万美元。全市新批协议注册外资额 51.29 亿美元，比上年增长 10.5%；实际到账注册外资额 14.18 亿美元，比上年增长 68.2%。全市八个省级以上开发区新批协议注册外资额 34.07 亿美元，比上年增长 7.0%；实际到账注册外资额 6.66 亿美元。新签对外承包劳务合作合同金额达 5.2 亿美元，比上年增长 11.2%；实际完成对外承包劳务营业额 4.8 亿美元，比上年增长 5.0%。期末在外劳务人数达 6313 人，比上年末增长 0.3%。

2005 年，南京市对外贸易保持高速增长，实现地方出口 85 亿美元，增长 45%（见图 2－7）。其中三资企业出口增长迅猛，全年出口额达 60.30 亿美元，比上年增长 63.1%，占全市出口额的比重达到 42.3%。三大主体市场出口全面增长，全年对亚洲、欧洲、北美洲出口 127.30 亿美元，比上年增长 35.7%，占全市出口额的 89.4%。新兴出口市场开拓成效明显，全年对非洲和拉丁美洲出口分别增长 20.4% 和 67.2%。全市已有 135 家企业出口额超千万美元，出口额达 124.80 亿美元，比上年增长 37.0%，占全市出口总量的 87.6%。

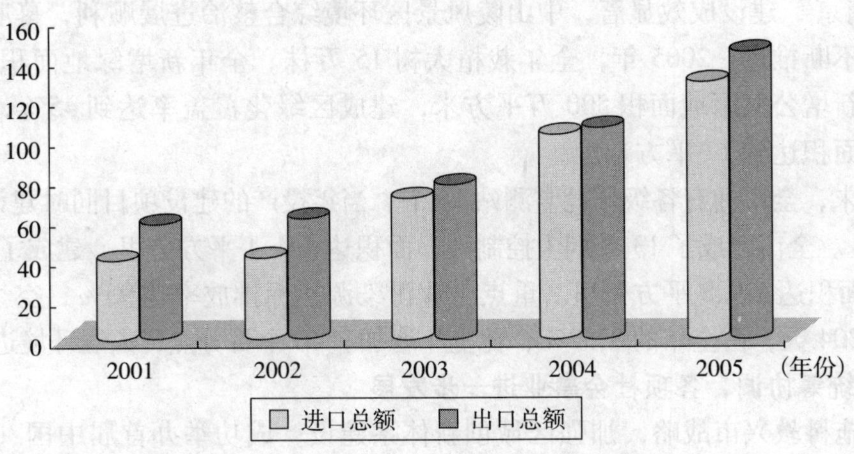

图 2－7　2001～2005 年南京市对外贸易概况（单位：亿美元）

开发区功能建设取得新进展，建成国家级南京龙潭保税物流中心。国内招商引资工作进展顺利，2005 年，全年引进市外资金 162 亿元。继续推进各项改革，全面完成工业、商贸、城建、农口等系统的国有企业和经营性事业单位产权制度改革。建立国有资产监督管理机构，进一步健全了国有资产管理体制。贯彻落实中央和省有关鼓励非公有制经济发展的意见，进一步优化发展环境，非公有制经济占全市经济的比重提高到37%。

（二）2005 年南京市社会发展状况

1. 十运会（第十届全国运动会，简称“十运会”）圆满成功，城市形象进一步提升

2005 年是南京市城市建设“迎接十运会，建设新南京”的决战之年，全年城市建设投资完成300 亿元，各重大项目顺利推进。以“建设新南京，迎接十运会”为动力，全面提升城市建设和管理水平。高标准推进“一城三区”建设。河西新城核心区初步建成，滨江大道一期全线贯通，绿博园建成开放，成功举办首届中国绿化博览会。老城历史文化内涵进一步彰显，外秦淮河环境综合整治一期工程基本完成，开通了水上观光游览线路，龙江宝船遗址公园、天妃宫—静海寺景区建成开放，明城墙综合整治进展顺利。对外交通建设加速推进，长江三桥建成通车，开工建设过江隧道，绕城公路和沪宁高速公路南京段改造完成，铁路新客站建成使用。推进立体公交网络建设，地铁一号线建成通车，开工建设地铁二号线试验段，初步建成城市快速内环，城区道路出新90 公里。铁路沿线环境治理、出租车升级、房屋出新等10 项环境整治完成预期目标。在中央、江苏省的关心指导下，十运会南京赛区各项工作取得了很大的成功，参赛办赛圆满顺利，安全保卫周密细致，群众体育充分展现，场馆设施建设一流，完成了预期的目标和任务。

2. 扎实开展生态市建设，人居环境进一步改善

完成生态市建设规划编制工作，生态县建设开始启动，新创建了 21 个绿色人居环境社区。建立循环经济清洁生产技术推广中心，在扬子石化、金陵石化、南钢集团等一批企业开展了循环经济试点工作。全市工业废水排放达标率、工业重复用水率、工业固体废物综合利用率分别达到93.75%、72.77%和87.86%。

“绿色南京”建设成效显著，中山陵风景区环境综合整治进展顺利，幕府山植被恢复等绿化工程不断推进。2005 年，全年栽植大树 15 万株。全年新增绿地面积 1000 多万平方米，其中新增公共绿地面积500 万平方米，建成区绿化覆盖率达到45%，市区累计人均公共绿地面积达到12 平方米。

2005 年末，全市拥有各级环境监测站 14 个。当年投产的建设项目同时建设防治污染设施的占 100%。全市建成了 13 个烟尘控制区，面积达 494.4 平方公里。建成了 20 个环境噪声达标区，面积达 329.8 平方公里。重点工业污染源达标排放率达 95%，空气质量良好以上天数达到 304 天，占全年的 83.2%，比上年增加 2.46 个百分点，人居环境进一步优化。

3. 坚持统筹协调，各项社会事业进一步发展

大力实施科教兴市战略，加强区域创新体系建设，成功举办首届中国（南京）国际软件产品博览会，建成大型科学仪器共享服务平台。进一步提高科学普及水平，青少年

科技活动中心建成开放。

注重科技投入，2005 年，全市研究与发展活动经费支出占全市生产总值的比重为 2.4%。全市有 22 项成果获国家科技奖。全年新培育高新技术企业 77 家。高新技术产业实现工业产值 1236.80 亿元，占全市规模以上工业产值的 30.4%。软件产业销售收入 166 亿元。进一步实施科技兴农，全年引进农业新品种 120 个。全年建成农业科技示范园核心区 1 个；产业园 9 个；其中，有 6 个现代农业示范园区通过省级认定。实施国际科技合作项目 15 个。全年共签订各类技术合同 1.12 万项。技术合同成交额 44.66 亿元，比上年增长 10.6%。年末全市拥有中国科学院和中国工程院院士分别为 48 人和 32 人。全年专利申请量 5228 件，比上年增长 36.2%。其中，发明专利申请量 2321 件，占总申请量的 44.4%，比上年增长 42%；专利授权量 2166 件，比上年增长 23%。

坚持实施素质教育，推进义务教育均衡发展，农村办学条件显著改善，基本解决进城务工人员子女入学问题。拥有在宁普通高等学校（不含部队院校）38 所。2005 年，新招收本专科生 14.44 万人，在校学生 50.37 万人，分别比上年增加 1.5 万人和 6.16 万人。在宁高校招收研究生 2.04 万人，在校研究生 5.75 万人，分别比上年增加 0.17 万人和 0.81 万人。拥有普通中学 234 所，在校学生 32.26 万人，比上年减少 1.67 万人。职业中学在校学生 1.47 万人，比上年增加 0.25 万人。初中入学率达 95.2%。拥有小学 419 所，在校学生 30.51 万人，比上年减少 1.87 万人。拥有幼儿园 481 所，在园儿童 10.66 万人。

深入推进文化南京建设，开展“郑和下西洋 600 周年”纪念活动，推出大型音舞诗画——《神韵金陵》。2005 年末，全市共有文化馆 16 个，公共图书馆 17 个，博物馆 14 个。14 个档案馆向社会开放档案 26.5 万卷。共有广播电台 2 座，中、短波广播发射台和转播台 2 座，电视台 2 座，一千瓦以上电视发射台和转播台 14 座，广播人口覆盖率和电视人口覆盖率均达到 100%。年末拥有各类电影放映单位 10 个。

城市社区卫生服务网络基本形成，建成市突发公共卫生事件应急处置中心，有效控制了禽流感等重大疫情。2005 年末，全市拥有医疗卫生机构 1612 个。其中，医院、卫生院 230 个，卫生防疫和防治机构 29 个，妇幼卫生保健机构 14 个。各类卫生机构拥有病床 2.6 万张。共有卫生技术人员 3.4 万人。全市平均每千人拥有卫生技术人员 5.6 人，每千人拥有医疗床位 4.2 张。计划免疫四苗覆盖率达 99.35%。新生儿卡介苗接种率达 99.9%。全市农村已基本建立以大病统筹为主的新型农村合作医疗制度，农民参保率达到 91%。全市初级卫生保健合格镇（街）占所有镇（街）的比重达 100%，建成村标准卫生室 596 所。合作医疗行政村覆盖率达 100%。全市计划生育率达 98.5%。

2005 年，先后承办了 6 项次省级比赛、12 项次全国比赛、1 项次国际比赛。南京市运动员共获得 207.5 枚金牌。其中，国际金牌 2 枚，全国金牌 21 枚，省级金牌 184.5 枚。在“十运会”上，南京市运动员获得 8 枚金牌、5 枚银牌、9 枚铜牌和总分 406.25 分的优异成绩，参赛的 9 支运动队全部获得了体育道德风尚奖，实现了精神文明和运动成绩双丰收，取得了南京体育事业的历史性突破。2005 年，全市新建了 185 个全民健身工程（点），总数增加到 1160 个；新建社区健身房 32 个。

平安南京建设成效显著。社区建设和村民自治工作深入开展，以优抚安置为重点的双拥工作扎实推进，人口与计划生育、民族宗教、侨务、妇女、儿童、老龄、残疾人等各项事业健康发展。

4. 加快实施富民工程，人民生活进一步改善

2005年末，全市常住人口689.80万人，比上年末增加21.62万人。年末全市户籍总人口为595.80万人，比上年末增加12.20万人。在全市户籍人口中，非农业人口435.30万人，占全市人口数的73.06%；农业人口160.50万人，占全市人口数的26.94%。

多渠道增加城乡居民收入（见图2－8）。2005年，城市居民人均可支配收入达14997.47元，比上年同口径增长19.9%；人均消费性支出10704.34元，比上年同口径增长28.2%。农村居民人均纯收入达6225元，比上年增长12.5%；人均生活消费支出4376元，比上年增长20.9%。

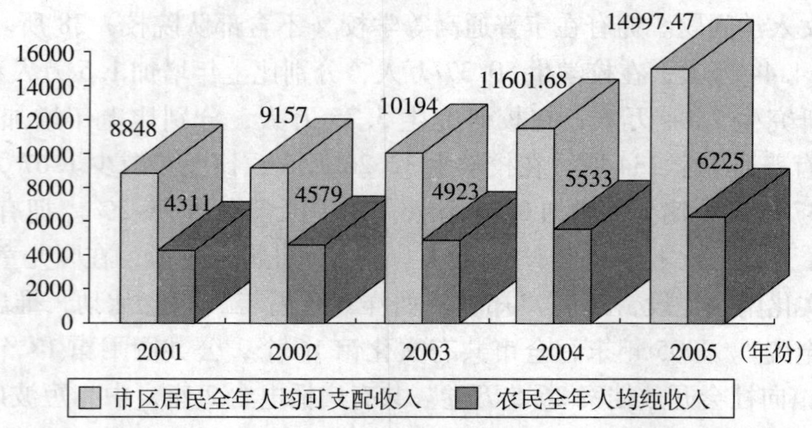

图2－8　2001～2005年南京市城乡居民收入对比（单位：元）

继续实施“温暖工程”，扎实开展对困难群体的帮扶救助工作，城镇和农村最低生活保障标准进一步提高。2005年末，全市福利类收养性单位拥有床位12476张，收养10039人，其中各类福利院拥有床位2369张，收养2047人。建立城镇各种社区服务设施1807处，社区服务中心53个。全市城乡居民享受最低生活保障的有13.05万人；享受国家抚恤、补助各类优抚的有8609人。

不断完善就业帮扶政策和服务，城镇登记失业率创6年来新低，新增转移农村劳动力6.87万人。2005年末，全市新增就业岗位19.74万个。为解决下岗人员就业难的问题，全年创办家庭型创业组织1.38万个，援助困难人员再就业1.35万人。年末城镇登记失业率为3.35%。

2005年，全市养老、失业、医疗、工伤、生育参保人数实现“五个过百万”。1.85万被征地农民进入基本生活保障体系。16.1万困难企业职工参加基本医疗保险，基本解决了困难企业职工的医疗保障问题。年末全市参加失业保险人数为129.36万人，领取失业保险金人数2.86万人；参加养老保险的职工为144.05万人，离退休人员当期养老金按时足额发放。职工医疗保险参保人数为146.81万人。

制定并实施廉租住房管理细则，建成经济适用住房120万平方米，建设中低价商品房50万平方米。2005年末，城市居民人均住房建筑面积为24.30平方米，农村居民人均住房面积为42.80平方米。

5. 强化政府自身建设，民主法制进程进一步加快

结合保持共产党员先进性教育，制定和完善市政府重大事项决策程序和议事制度。加强对南京经济社会发展重大问题的研究，完成“十一五”规划纲要编制工作，建立市级民意调查中心，不断提高决策的科学性和民主性。贯彻落实《行政许可法》，启动实施《南京市全面推进依法行政三年行动计划》。加大决策执行和督查力度，加强了对公共财政支付资金的审计监督。努力营造清正廉洁的政务环境，建立了规范权力运行的13项规章制度。各级政府认真执行同级人大及其常委会决议，支持各级政协履行政治协商、民主监督和参政议政的职能，人大代表议案和建议724件、政协委员提案585件全部办结。

（三）2005年南京市经济运行特点

（1）经济运行的稳定性增强。从GDP增幅来看，第一季度增幅15.1%，上半年为15.3%，前三季度为15.0%，全年增长15.2%。2005年成为近几年季度GDP增长波幅最小的年份，表明经济增长平稳。

（2）出口和消费对经济拉动力度加大。过去以投资拉动为主的增长格局有所改变，消费和出口对经济增长的贡献逐步上升。2005年，投资增幅比上年回落9.3个百分点，社会零售总额和出口总额分别实现了16.3%和32.6%的高增长。实现了由投资拉动为主向投资、出口和消费共同拉动的转变。同时，在投资结构上，生产性投入比重有所上升。

（3）工业贡献能力不断加大，拉动了经济总量攀升。2005年，全市工业经济对地区总产值的贡献率达56.8%，比2004年提高了9.6个百分点。其中，重工业生产一直处于强势，全年累计实现产值3497.63亿元，同比增长32.7%，对全市工业增长贡献率达92%，拉动总产值增长27.5个百分点。

（4）服务业不断升级，非生产领域释放了增长动力。2005年，第三产业总量比上年增加130.1亿元，对GDP贡献率达37.7%，成为南京经济发展的重要助推器。其中，文体、娱乐业同比增长15.1%，科研、技术服务和地质勘探增长17.9%，教育增长15,4%，均超过三产平均增幅。

（5）出口结构不断优化，拓宽了生产和流通的发展空间。对外出口方面，劳务出口进一步增长，商品出口从资源密集型向劳动、技术密集型产品转变。2005年，高新技术产品和机电产品占南京总出口额的72.7%。

（6）民营经济快速发展，增添了经济发展活力。2005年，民营经济实现增加值820.42亿元，占全市GDP比重达34%。尤其在社会消费品零售总额1005亿元中，民营企业的比重达89.4%。民间投资渐趋活跃，2005年，全市民间投资额达到655亿元，占全社会固定资产投资额的46.7%。

（四）“十五”时期南京经济社会发展成就

1. 综合经济实力显著增强

进入“十五”，全市生产总值在2000年突破千亿的基础上，仅用4年时间就实现了翻番，2005年，生产总值达到2411.11亿元，按可比价计算，比2000年增长94.7%，年均增幅达14.3%，高于“九五”平均增幅2.1个百分点，超过“十五”目标4.3个百分点。按户籍人口计算的人均生产总值为40887元。

“十五”期间，南京作为充满经济活力的城市，全市经济在全国、全省快速增长的大背景下，在“九五”期间高于全国、全省平均增幅3.9个和1个百分点的基础上再次发力，上行至高于全国、全省增幅5.4个和1.4百分点的快速通道（见表2-23）。在2005年国家统计局开展的“中国综合实力城市”评比中，南京位居第七名。经济总量在副省级市的排名也由2000年的第九位上升至2005年的第六位。

表2-23　全国、江苏省、南京市“九五”、“十五”时期GDP增幅比较

单位：%

区域 指标	南京市	江苏省	全国	区域 指标	南京市	江苏省	全国
“九五”平均增幅	12.2	11.2	8.3	“十五”平均增幅	14.3	12.9	8.9

2. 物质供给水平大幅提升

“十五”期间，全市上下积极应对国内外形势变化，经济增长的内生动力不断增强，推动了物质供给水平的提高。实施工业第一方略，推进“三个倍增、一个扩张”计划，支柱产业的发展有了重大突破，经济增长的质量显著提高。

1）工业生产能力显著增强

“十五”期间，全市工业投资进入快速发展阶段，2005年，全市工业投资达到582.04亿元，是2000年的5.4倍，五年累计工业投入1795.19亿元，是“九五”累计投入的3倍多。工业投资占全社会固定资产投资的比重也由“九五”时期的32.1%上升至38.8%。

投入的增加带来了生产能力的提升，增强了企业的竞争力。2005年，全市规模以上工业企业总产值达到4064.44亿元，是2000年1686.99亿元的2.4倍。2005年，电子信息、石化、钢铁、汽车四大产业共实现工业总产值2903.19亿元，其中，石化、电子产业总产值规模突破千亿元，分别达到1279.16亿元和1028.00亿元。

2）农业生产稳步增长

2005年，农业产值达到155.38亿元，比2000年增长46.1%。肉类总产量由2000年的11.7万吨增加到2005年的19.81万吨；禽蛋总产量从6.9万吨增加到8.3万吨；牛奶总产量从6.7万吨上升至13.8万吨；水产品产量从12.9万吨上升至18.04万吨。

农产品供应安全保障体系进一步增强，“十五”末，全市累计通过省级认定的无公害

农产品达190个；通过省级认定的无公害农产品生产基地总面积达188.42万亩。

2005年末，节水灌溉面积达到53.30千公顷，比2000年增加了20.84千公顷；农业机械总动力174.45万千瓦，比2000年增加了7.91万千瓦。

3. 经济结构调整取得实效

五年来，南京市按照科学发展观的要求，加快经济结构的战略性调整，取得了可观的成效。

1）所有制结构有所调整

非公有制经济已经成为全市经济发展的重要力量。2005年度，南京市非公经济实现增加值893亿元，占全市地区生产总值的比重上升到37%，比2000年增加了10个百分点；民营经济实现增加值820.42亿元，占全市地区生产总值的比重达到34%。

从支撑经济增长的投入力量看，民间投资十分活跃，占全市投资的比重呈逐年攀升之势，由2001年的27.54%上升到2005年的46.69%（见表2－24）。

表2－24　南京市“十五”期间民间投资比重表

单位：%

年份 指标	2001	2002	2003	2004	2005
民间投资占全社会固定资产投资比重	27.54	30.38	33.36	42.44	46.69

2）产业结构发生变化

2005年，全市工业企业完成工业增加值1066亿元，比2000年翻了一番多，按可比价计算，增长109.2%，年平均增幅15.9%，高出同时期GDP增幅1.6个百分点，其比重由2000年的39.6%上升至2005年的44.2%，上升了4.6个百分点。工业的快速增长使三次产业结构发生变化，三次产业的比重由5.4∶45.8∶48.8调整为3.3∶50.4∶46.3，一产、三产分别下降2.1个和2.5个百分点（见表2－25）。

表2－25　南京市“十五”期间产业结构变动比较

单位：亿元，%

年份	GDP	产业结构		
		一产比重	二产比重	三产比重
2000	1073.5	5.4	45.8	48.8
2001	1218.5	5.1	44.7	50.2
2002	1385.1	4.7	44.1	51.2
2003	1690.8	4.1	47.5	48.4
2004	2067.2	3.6	48.6	47.8
2005	2413.0	3.3	50.4	46.3

3）行业结构继续优化

（1）发挥比较优势，推进农业经营方式调整。“十五”期间，南京市以“农业增效、农民增收”为调整方向，按照“因地制宜、发挥优势、形成区域、创造特色”的原则，加快农业产业化经营和农业功能调整。全市粮食与经济作物种植面积比由“九五”末的45.9∶54.1调整为36.9∶63.1。农业生产综合机械化水平由2000年末的67%提高到2005年的80%。

（2）转变增长方式，促使工业生产优化升级。“十五”期间，南京市大力调整产品结构，提升产品的外向度和高新度。2005年，高新技术产品的出口额达到“九五”末的2.5倍，同年高新技术产业实现工业产值1236.80亿元，占全市规模以上工业产值的30.4%。与此同时，全市以开发区为载体，引导工业项目向园区集中，形成集聚效应，提升产业集约化发展水平。2005年，三大国家级开发区实现增加值379亿元，占全市GDP的比重达到15.7%，比2003年时提高了3.6个百分点，对南京市工业经济的增长做出重要贡献。

（3）发掘内在潜力，擢升科教文卫体发展水平。数据显示，“十五”期间，南京市科学研究、技术服务和地质勘察业增加值年均增幅为19.9%；教育业为16.5%；卫生、社会保障和社会福利业为14.3%；文化、体育和娱乐业为20.4%，均高于三产平均增长速度。科教文卫体事业的发达程度在一定层面上体现了社会文明的程度，它们的快速发展说明南京市服务业正在实现着层次上的优化和转变。

4. 投资消费需求得到释放

南京市坚持贯彻“九五”以来国家“扩大内需”的方针政策，并将其作为一项长期任务来抓，积极引导消费，有序扩大投资，使投资和消费竞相发展、互为促进，共同拉动经济的快速、稳定、高效地向前推进。

1）固定资产投资力度加大

“十五”期间，固定资产投资增长迅速，“九五”时期投资低位徘徊的状况大为改观，全社会固定资产投资与地区生产总值的比值大幅提高（见表2－26）。

表2－26　南京市“十五”期间全社会固定资产投资额占GDP比重

单位：亿元，%

年　份	全社会固定资产投资		年　份	全社会固定资产投资	
	绝对值	占GDP比重		绝对值	占GDP比重
2000	412.2	38.4	2003	954.0	56.4
2001	464.9	38.2	2004	1201.9	58.1
2002	603.0	43.5	2005	1402.7	58.1

2005年，全市完成固定资产投资1402.72亿元，是2000年的3.4倍。“十五”期间，全社会累计固定资产投资4626.5亿元，为“九五”的2.53倍，年平均增幅为27.6%，比“九五”高出15.6个百分点。

"十五"时期，城市建设累计投入1250亿元，城区面积由原来的200多平方公里扩大到了近500平方公里，城市化水平比"九五"期末提高约16个百分点，达到76.3%。

房地产开发投资是全社会投资的一个亮点，2005年，南京市实现的投资额达到296.14亿元，是2000年的3倍。"十五"期间，房地产开发累计投资1055亿元，年均增长31%，高出全社会固定资产投资平均增幅3.4个百分点。2005年，来自全市房地产业的税收达40.88亿元，比2000年增长近3.8倍，五年平均增速高达43.4%，高出全市税收平均水平24.1个百分点，成为全市税收增长的强劲引擎。

2）消费规模不断扩大

"十五"期间，南京市的商贸流通体系建设取得了长足进展。在城区，启动实施河西中央活动区等现代服务业十大重点项目，加快建设区域性商贸、物流等五大中心。在郊县，以"三城九镇"建设带动农村商品新流通体系的构建，积极面向"三农"调整服务业态和服务方式，促进农村商贸流通业的改造升级。随着基础设施建设力度的不断加大，南京与本市各县及周边城市的道路全部实现高速化，一个以南京为核心，涵盖镇江、扬州、马鞍山、芜湖在内，拥有2000多万人口、总面积3.5万平方公里的"一小时都市圈"逐步形成。

2005年，南京市社会消费品零售规模达到1005亿元，是2000年的近两倍，年均增长14.5%，总量在全省始终保持第一。2005年，批发零售业共完成增加值273.14亿元，年均增长14.8%，高于三产平均增幅1.1个百分点，对三产增长的贡献达到24.2%。2005年，来自批发零售业的税收达61.29亿元，比2000年的22.34亿元增长了1.7倍。

5. 对外开放程度明显提升

全市开放型经济借加入WTO和国际资本、产业向长三角聚集的契机，全方位、多层次、宽领域地实施对外开放战略，千方百计扩大出口，积极稳妥地引进外资，加快"走出去"的步伐，经济国际化的程度不断提高，为经济社会发展提供了强大的内生动力。

（1）对外贸易取得历史性突破。对外贸易呈现积极向上的发展势头，2005年，全市出口总值达到了142.5亿美元，是2000年的1.65倍，年均增长21.5%。

（2）引进外资实现超常规发展。据南京市外经局统计，"十五"期间，全市共新批准外商投资项目3430个，协议注册外资171.9亿美元，实际到账注册外资91.9亿美元，三项指标分别比"九五"期间增长87.3%、251.6%和165.7%，年均增长率分别为15.4%、50.1%和22.2%。"十五"期间，全市共新批准（含增资）千万美元大项目866个，协议注册外资114.8亿美元，分别同比"九五"期间增长434.6%和206.2%。其中，3000万美元以上重大项目56个，协议注册外资22.6亿美元，分别同比"九五"期间增长460%和111%；超亿美元以上特大项目17个，协议注册外资12.49亿美元，分别同比"九五"期间增长466.6%和31.2%。

（3）对外合作呈现跨越式进展。2005年，南京市对外承包工程、劳务合作和咨询设计新签合同额5.22亿美元，是"九五"末的3.2倍；完成营业额4.83亿美元，是"九五"末的3.5倍；在外劳务人员6313人，比"九五"末增加37.4%。对外合作呈现跨越式进展，外经企业国际竞争能力进一步增强。

6. 社会事业实现全面进步

五年来，南京市以承办第六届世界华商大会和“十运会”为契机，不断提升城市功能。深入推进依法治市，努力建设公共服务型政府，扎实创建平安南京，各项社会事业实现长足发展。

（1）城市发展环境更加优化。2002 年，在南京市委、市政府提出的“一个疏散、三个集中”和“一城三区”的城市发展思路指导下，抓住 2005 年承办第十届全国运动会的机遇，通过实施两次重大的区划调整，加速了南京市新城区的扩张，掀起了新一轮的城市建设。加快绿色南京建设，2005 年，全市造林面积 10267 公顷，是 2000 年造林面积的 4.8 倍。2005 年末，全市烟尘控制区总面积达 494.4 平方公里，比 2001 年扩大了 72.3%；环境噪声达标区总面积达到 329.8 平方公里，比 2001 年扩大了 55.0%。

（2）社会保障体系更加完善。社会保障体系日趋完善，社会保险覆盖面继续扩大，各类保障标准稳步提高。2005 年，全年新增就业岗位 19.74 万个，是“十五”期间增加最多的年份，五年中累计增加就业岗位 45 万个，超过“十五”目标 5 万个。

（3）各项社会事业更加发达。数据显示，“十五”期间，科学研究、技术服务和地质勘察业，教育业，卫生、社会保障和社会福利业，文化、体育和娱乐业的增加值分别高于三产平均增长速度 6.2 个、2.8 个、0.6 个、6.7 个百分点，显示了社会公共事业的蓬勃发展后劲。

7. 人民生活水平明显改善

“十五”期间，富民优先成为全市上下的共识，在多项富民政策的拉动下，南京市居民收入和生活水平全面攀升，跨上了一个新的历史台阶，表现为居民收入稳步增长，生活质量明显改善。

1）城乡居民收入水平进一步提高

（1）从城市居民收入看：南京市城市居民家庭的人均可支配收入由 2000 年的 8233.02 元增长至 2005 年的 14997 元，增幅为 82.2%，年均增幅达到 12.6%，分别高于“十五”目标 2997 元和 4.6 个百分点。在省内由 2000 年的第四位跃居到 2005 年的第三位，是长三角地区居民可支配收入增长最快的城市之一。

“十五”期间，南京的城市居民家庭的工薪收入由 2000 年的 5605.89 元增长至 2005 年的 10892.31 元，增幅为 94.3%，成为推动城市居民家庭收入快速增长的主要因素。人均经营性收入也由 2000 年的 80.57 元增长至 2005 年的 532.58 元，增幅为 5.61 倍。同时，人均出租房收入由 2000 年的 29.28 元增长至 2005 年的 98.94 元，增幅为 2.38 倍。

（2）从农村居民收入看，随着富民工程的深入推进，2005 年，农民人均纯收入达到 6225 元，高出 2000 年 2163.33 元，高于“十五”目标 750 元；“十五”年均增长 9%，高出目标 3 个百分点。在农民收入增长的构成中，工资性收入的贡献率最大，由 2000 年的人均 1733.94 元提高到 2005 年的人均 3416 元，成为农民收入的主要来源；经营性收入保持稳定，由 2208.79 元增加到 2461 元；财产性收入增长最快，由 2000 年的 33 元增加到 203 元，比重提高 2.5 个百分点；转移性收入由 85.94 元增加到 145 元。

2）城乡居民生活质量进一步改善

“十五”期间，南京市城市居民家庭人均总支出由2000年的8162.05元上升到2005年的15012.03元，增幅为83.9%，年均增长13.0%。南京市城市居民家庭人均消费性支出由2000年的7047.46元上升到2005年的10704元，人均消费支出首次超过万元，增幅为51.9%，扣除物价因素后年均增长7.8%。农村居民人均生活消费支出由2000年的2497.53元增加到2005年的4375.95元，增幅为75.2%，快于城市居民消费支出的增长速度。

（1）住房条件改善。“十五”期间，南京市城市居民家庭人均住房建筑面积由2000年的20.18平方米上升到2005年的24.30平方米。2005年底，南京市城市居民中有43.4%的家庭达到建设部人均一间房的小康指标。农村居民家庭人均住房面积由2000年末的33.8平方米上升到2005年的42.8平方米，增长了26.8%。

（2）消费档次提升。“十五”期间，随着居民收入水平的提高，南京市城市居民家庭的恩格尔系数呈下降态势，由2000年的40.0%下降到2005年的36.1%，五年间下降了3.9个百分点。城市居民家庭每百户的洗衣机、电冰箱、彩电、空调、热水器、移动电话等高档消费品得到普及。摩托车、家用电脑、摄像机的百户拥有量比2000年分别提高了1.06倍、1.84倍、5.69倍。家用小汽车百户拥有量达到4.88辆。农村居民家庭消费耐用物品的能力在五年内获得显著提升，中档生活耐用消费品基本在农户家庭普及，并逐步演变成家庭生活离不了的必需品。移动电话每百户拥有量由2000年的6台跃升至121台；而彩电和固定电话的普及率继续提高，每百户拥有量由2000年的74台和48台（部）上升为121台和92台（部），增幅分别为63.5%和91.7%。主要由城市家庭使用的一些高档耐用消费品也受到农户家庭青睐，家用计算机、组合音响、影碟机、微波炉、抽油烟机的每百户拥有量在“十五”期间大幅增加，分别达到7台、26台、46台、26台、23台。

8. 小康社会建设进展顺利

全面建设小康社会是中国共产党的十六大提出的战略方向，也是南京“两个率先”的发展目标，几年来全市上下咬住省委制定的全面建设小康社会的预定目标不放松，小康社会建设取得了突出的成效。2005年，在考核的25个子项指标中，南京市已达到全面小康目标值的指标有19个，达标率为76%。

在25个单一指标中，新型农村合作医疗覆盖面的大幅提高和城镇劳动保障三大保险中的城镇基本养老保险、城镇失业保险、城镇基本医疗保险的各自覆盖面均超过95%，使富民政策得到更加全面的落实和体现。

总之，经过“十五”时期的奋斗，南京市经济和社会事业都获得了长足的发展，为“十一五”时期创造新的辉煌奠定了良好的基础。

回顾过去，不仅要肯定成绩，更要看到南京市经济社会发展中存在的困难和问题。主要是：影响发展的体制机制障碍尚未根本消除，发展的内生动力和活力还不够；粗放型经济增长方式没有根本转变，科教优势发挥不充分，自主创新能力还不强；城乡发展不平衡的问题还比较突出，农民持续增收的压力还比较大；一些关系百姓切身利益的工作还不到位，社会管理和公共服务的能力有待进一步提高。这些问题和矛盾，需要引起高度重视，在今后的工作中重点加以解决。

（五）南京经济社会发展在长三角发展中的地位和作用

1. “十五”期间南京市生产总值在长三角所占比重的变化趋势

“十五”期间是南京市经济发展较为迅速的时期，在积极推进循环经济发展，推动资源节约、要素集约，转变经济发展模式的同时，南京市经济发展进入快速上升期。这使得南京市地区生产总值在整个长三角地区生产总值的比重总体上升，2001～2005年的比重分别为5.44%、5.43%、5.61%、5.58%和5.92%，呈现良好势头（见图2－9）。

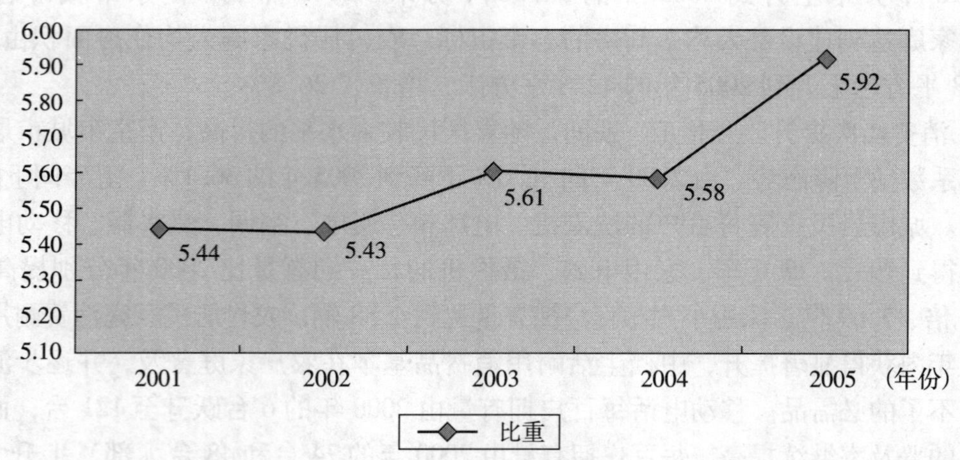

图2－9　2001～2005年南京市地区生产总长三角比重的变化趋势（单位：%）

2. “十五”期间南京市产业结构变化情况

南京市进一步加大产业结构调整的力度，2001～2005年，南京市第一产业产值占长三角第一产业生产总值的比重分别为3.20%、3.40%、3.38%、3.14%和3.42%，呈现出了稳定的趋势（见图2－10）。

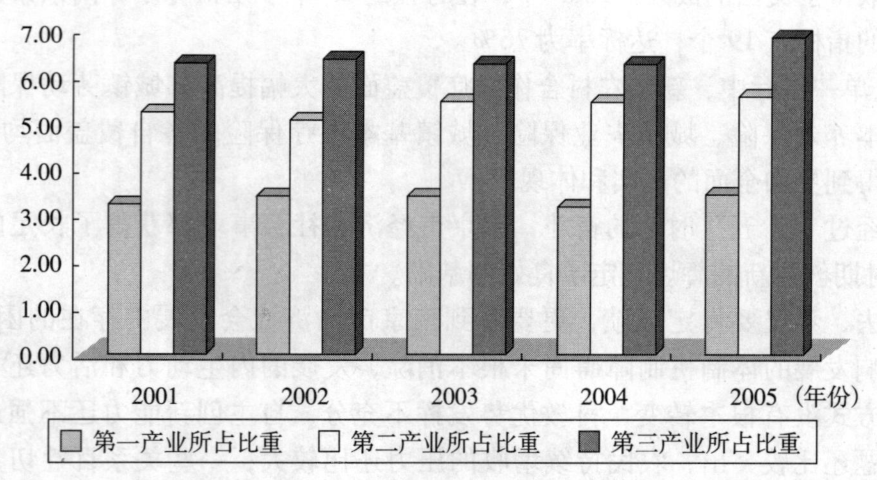

图2－10　2001～2005年南京市各产业产值占长三角产值比重（单位：%）

2001～2005 年间，南京市第二产业产值占长三角第二产业生产总值的比重分别为 5.19%、5.04%、5.41%、5.40%、5.53%，从这组数据中，我们看出了第二产业在南京地区的稳定上升趋势。这是南京市产业结构调整的结果，也是这在“十五”期间所取得的值得肯定的成绩。

南京市第三产业占长三角第三产业的比重在 2001～2005 年间分别为 6.24%、6.30%、6.24%、6.24%、6.79%，通过这五个数据，可以看出，第三产业一直是南京市的优势，在“十五”期间，南京市在坚持产业结构调整的同时很好地保持、发展了这种优势。第三产业占长三角第三产业的比重也在最近的几年中保持稳中有升。

3. 2005 年南京市社会经济发展与长三角比较一览（见表 2－27）

表 2－27　2005 年南京市与长三角部分社会经济发展指标比较

指　标	长三角	南　京	比　重（%）
固定资产投资（亿元）			
全社会固定资产投资总额	18978.51	1116.44	5.9
国内商业			
社会消费品零售总额（亿元）	13304.55	1004.99	7.6
对外经济贸易			
出口总额（亿美元）	2905.28	142.45	4.9
客运量总计（万人）			
公路	292977.00	18592.00	6.3
货物运输量总计（万吨）			
公路	190433.00	10530.00	5.5
民用车辆拥有量（万辆）			
民用汽车拥有量	492.06	31.15	6.3
邮电业务总量			
年末市内电话（万户）	4507.77	323.95	7.2
年末移动电话用户（万户）	6680.00	454.27	6.8
国际互联网用户（万户）	1597.46	62.35	3.9
从业人员合计（万人）	8474.20	316.69	3.7
第一产业	2241.24	42.62	1.9
第二产业	3266.99	131.56	4.0
第三产业	2965.97	142.51	4.8
教育			
普通中学在校学生（万人）	759.68	32.26	4.2
小学在校学生（万人）	881.43	30.51	3.5

2005 年，南京市在科学发展观的指导下，坚持统筹协调发展，着重推进富民工程，社会经济发展呈现良好趋势，各项指标在长三角地区 24 个省辖市中均保持一定比重，对长三角社会经济的发展具有重要影响作用。

在经济发展方面，2005 年，长三角地区固定资产投资总额达 18978.51 亿元，其中，南京占 5.9%，为 1116.44 亿元，超过长三角地区的平均水平。国内商业繁荣，消费规模扩大，社会消费品零售总额达 1004.99 亿元，占长三角地区 13304.55 亿元的 7.6%。对外经济保持高速增长，由于三资企业出口增长迅猛，对亚洲、欧洲、北美洲三大主体市场出口全面增长以及新兴出口市场开拓成效明显，2005 年，南京市的出口总额达 142.45 亿美元，占长三角地区出口总额 2905.28 亿美元的 4.9%。

在交通运输方面，2005 年，长三角地区实现公路旅客客运量 292977 万人，其中南京市公路旅客客运量为 18592.00 万人，在长三角中的比重为 6.3%。长三角地区公路货物运输量达 190433 万吨，南京市为 10530 万吨，占长三角货运总量的 5.5%。此外，南京市的民用车辆拥有量也高于长三角地区的平均水平，南京市民用车拥有量为 31.15 万辆，占长三角地区 492.06 万辆的 6.3%。

邮电业务总量大幅增长，2005 年，市内电话用户达 323.95 万户，占整个长三角地区 4507.77 万户的 7.2%。移动电话用户 454.27 万户，占长三角地区 6680 万户的 6.8%，均高于长三角地区的平均水平。国际互联网用户也有所增长，全年达 62.35 万户，占长三角地区的 3.9%。

从业人员比例初现产业调整的效果，呈现劳动力由一产向二、三产业转移的趋势。2005 年，南京市第三产业从业人员为 142.51 万人，占长三角地区第三产业从业人数 2965.97 万人的 4.8%。南京市第二产业的从业人数为 131.56 万人，长三角地区为 3266.99 万人，占 4.0%。而第一产业只有 42.62 万人，仅占长三角地区的 1.9%。

教育方面，南京市的义务教育工作开展良好，全市中小学生的在校率均保持稳定增长。2005 年，南京市小学生在校人数为 30.51 万人，长三角地区为 881.43 万人，占 3.5%。南京市普通中学在校人数为 32.26 万人，长三角地区为 759.68 万人，比重为 4.2%。

（六）未来发展趋势与“十一五”目标

未来的五年，是南京全面建成小康社会和率先基本实现现代化的关键阶段。在新的历史起点上，面临着新的机遇、新的挑战。综观国际国内，经济全球化趋势深入发展，中国经济社会发展进入了新阶段，长江三角洲地区的发展呈现强劲势头，这些都为南京经济社会发展提供了更为广阔的空间。经过“十五”期间的奋斗，南京的经济实力明显增强，城乡面貌发生了深刻的变化，发展的优势进一步显现，为实现又快又好发展奠定了坚实的基础。未来的五年，全市经济将进入了一个“高增长、低通胀”的稳定发展时期。各类经济主体将进一步活跃，民间资本不断扩大。城乡居民收入会持续增长，消费需求稳步增长。投资规模将进一步扩大，对外贸易出口增加。第二、三产业经济仍是支撑南京经济的主要力量。在科学发展观的指导下，抓住发展机遇，突破发展瓶颈，创新

发展模式，提高发展质量，着力提高低收入群体的生活水平，必将走出具有南京特色的发展之路。

"十一五"时期，经济社会发展的主要预期目标和要求如下：

(1) 城市综合实力再上新台阶。坚持发展第一要务，用发展的办法解决前进中的问题。继续保持国民经济平稳较快发展，力争经济总量五年翻一番，人均地区生产总值比2000年增长2倍以上。经济增长方式实现新转变。坚持走新型工业化道路，推进产业结构战略性调整和升级。自主创新实现新跨越。坚持科教兴市战略，提升自主创新能力。改革开放实现新突破。坚持经济市场化、国际化发展方向，显著提升经济发展活力，城市功能实现新提升。坚持规划的科学性和先导性，初步构建经济、社会、生态和谐发展的现代化国际性城市框架。统筹城乡发展取得新进展。加快建立以工促农、以城带乡的新机制，积极推进工业向园区集中、农民向城镇集中、土地向规模经营集中，努力建设"生产发展、生活宽裕、乡风文明、村容整洁、管理民主"的社会主义新农村。

(2) 和谐南京建设取得新进步。坚持以人为本，推进"三个文明"协调发展。2006年是"十一五"的开局之年。南京市经济社会发展的主要预期目标是：地区生产总值增长13%；财政收入同口径增长13%；全社会固定资产投资增长15%；社会消费品零售总额增长13%；地方外贸出口增长18%，实际利用外资增长18%；城市居民人均可支配收入增长11%，农民人均纯收入增长10%；城镇登记失业率控制在4%左右；万元生产总值综合能耗比上年下降4%左右。

高淳县经济社会发展情况

（一）高淳县概况

高淳县地处长江以南、南京市郊，东邻苏、锡、常，西接安徽的芜湖、宣州、马鞍山。面积801.8平方公里。下辖8个镇，1个省级开发区，人口43万。境内地势西低东高，西部为水网平原区，东部为低山丘陵区。属北亚热带和中亚热带过渡季风气候区，年降水量1157毫米，年平均气温15.9℃，四季分明，雨量充沛，光照充足，气候宜人，生态优越，风光秀丽，是国家级生态示范区和全国环保优秀县。

农业资源丰富，特色物产丰饶。全县有固城湖、石臼湖两大天然淡水湖和长江支流水阳江，是清朝乾隆皇帝钦赐的"江南圣地"，素有"日出斗金、日落斗银"的江南鱼米之乡的美誉。近年来，先后被列为国家商品粮基地县、商品油基地县、省淡水鱼类重点生产基地。56万亩耕地盛产优质粮油，26万亩优质水面，年产螃蟹、甲鱼、青虾、银鱼、珍珠等名特优水产品3.5万吨，以及各种水生蔬菜万余吨。10万亩山地竹林郁郁葱葱，林、桑、茶、果等土特产久负盛名。

工业经济迅速崛起，竞争优势明显。全县已形成精品陶瓷、机械制造、新型材料、出口服装、生物制药、保健食品六大支柱产业。9家高新技术企业和23个高新技术产品享誉国内外市场，科技进步对经济的贡献份额高达48%；建筑、水运、水产三大特色经济闻名全国，支撑起农村经济的"半壁江山"。

薛城古人类遗址、春秋古固城遗址、世界上最古老的人工运河——胥河、明清古街、玉泉古寺等大批名胜古迹保存完好；孔子周游、吴楚争霸、陈毅东征等大批人文景观交相辉映；跳五猖、大马灯、打水洗等民间艺术流光溢彩。近年来，开发建设成高淳老街、游子山、迎湖桃源三大景区，使高淳成为南京及周边城市市民观光、休闲、度假的优选之地。

（二）高淳县经济发展基本状况

2005 年，高淳县人民在县委、县政府的领导下，坚持以邓小平理论和“三个代表”重要思想为指导，认真贯彻落实科学发展观，紧紧围绕“工业强县、生态立县、特色兴县”的发展战略，坚持统筹兼顾，有效克服了发展中的各种矛盾和困难，保持了全县经济和社会事业的健康发展，实现了全年经济和社会发展的主要预期目标，为“十五”发展画上了圆满的句号。

1. 积极适应形势变化，国民经济快速发展

国民经济保持较快增长。2005 年，全县实现地区生产总值 93.01 亿元，按可比价格计算，比上年同期增长 18.2%，其中：一产增加值 13.43 亿元，增长 5.1%；二产实现增加值 48.13 亿元，增长 22.4%；三产实现增加值 31.45 亿元，增长 15.2%。三次产业的结构由上年的 15.67:49.46:34.87 调整为 14.44:51.75:33.81。特色经济继续得到较快发展，非公有制经济发展势头良好，个体私营经济发展成为全县经济增长的重要力量，在整个国民经济的比重达到 56.0%。

财政收入迅速增长。全年全县财政收入完成 91068 万元，比上年增长 20.1%。一般预算收入完成 49313 万元，增长 14.4%，其中：地方工商税收完成 43182 万元，行政性收入完成 2559 万元；中央上划收入完成 14787 万元，基金收入为 14934 万元；全年财政支出 83758 万元，比上年增长 15.2%。支出结构进一步调整。基本建设拨款 7581 万元，增长 46.4%；支援农业生产支出 3987 万元，下降 5.9%；教育、科技三项费用为 9062 万元、743 万元，分别增长 18.3% 和下降 20.9%；行政管理费 6580 万元，增长 7.4%。

市场物价稳中有升。2005 年，全县物价总指数为 101.8，比上年下降 2.7 个百分点。其中：食品类下降 8.6 个百分点；衣着类上升 0.6 个百分点；家庭设备用品下降 0.9 个百分点；医疗保健品上升 1.2 个百分点；交通、通信工具下降 1.0 个百分点；娱乐、教育文化上升 1.0 个百分点；居住类上升 0.9 个百分点；服务项目上升 0.6 个百分点。

2. 三大需求拉动经济稳步增长

1）固定资产投资

固定资产投资高速增长。2005 年，全县固定资产投资额完成 51.09 亿元，比上年增长 40.8%，其中：工业投资额完成 28.35 亿元，比上年增长 41.2%，城镇固定资产投资额为 16.23 亿元，同比增长 34.0%，农村非农户固定资产投资额为 24.30 亿元，同比增长 62.8%，房地产投资完成额 3.57 亿元，同比增长 7.0%，农村固定资产投资额完成 31.23 亿元，比上年增长 50.8%。私营个体经济投资占全社会投资额的比重

为62.3%。

基础设施建设步伐加快。建成湖滨大道景观带、双牌石生态广场等重点工程。小花大桥、宁宣一级公路高淳段开工、双湖公路二期开工建设。实施农村公路“水泥化”工程160公里。35千伏桠溪输变电站工程竣工投入运行，污水处理厂工程竣工投入正式运行。

工业园区载体建设步伐加快。县开发区建成区内道路网络工程，完成起步区道路配套工程设施建设，新建标准厂房10万平方米，新增入区企业52家，投产19家。

2）国内贸易

批发零售市场继续得到拓展。2005年，全县社会消费品零售额达到33.01亿元，比上年增长15.7%，分行业看，批发零售贸易业零售额30.08亿元，增长16.5%；餐饮业2.72亿元，增长7.9%；住宿业0.16亿元，增长6.6%，其他行业0.05亿元。主要商业流通部门由于改制比较到位，经营状况有所好转，共实现销售收入33.91亿元，同比增长14.4%，利润总额1.29亿元，同比增长2.3%。

城乡市场规模继续扩大。围绕边贸中心，加大了市场建设投入力度，天河农贸市场扩容改造，苏果苏宁大卖场、百货大厦扩建等商贸重点工程进度加快，高淳大市场三期、华润苏果、华天购物广场建成开业，新建苏果、苏农、红太阳农资农技连锁店118家；消费日趋旺盛，全县共建成综合、专业市场22个，成交额25.73亿元，比上年增长12.7%。

3）对外贸易

对外贸易有所突破。2005年，全县出口创汇额达到8618万美元，比上年增长26.8%。全年合同利用外资1.78亿美元，同比增长34.9%。实际利用外资2519万美元，比上年下降44.3%。对外劳务营业额达到600万美元，比上年增长14.1%。

3. 三大产业齐头并进，带动全市经济增长

1）农业

农业生产稳步发展。2005年，全县共完成农业总产值27.10亿元，比上年增长10.0%。大宗粮油作物种植面积保持稳定，全年粮食总产量达到176544吨，比上年下降12.6%；油料产量为4.65万吨，与上年基本持平，蔬菜的种植面积大幅度增加，达到23.92万亩，产量达到38.27万吨，分别比上年增长6.1%、6.2%，食用菌持续增长，总产量达3496万公斤，比上年增长16.6%。全县茶园面积12150亩，茶叶产量661吨。农业结构调整取得新的成效，粮经比由上年的33.68∶66.32调整为32.81∶67.19。

林业生产加快发展。2005年，全县造林面积为18210亩，四旁植树40万株，幼林抚育实际面积19755亩，幼林抚育作业面积36975亩次，水果产量3519吨，新开发旱园竹2575亩，果树1613亩，其他林果299亩。

水产品产量继续增加。2005年，全县水产品总产量达到3.52万吨，比上年增长5.9%，其中：养殖产量达到3.30万吨，比上年增长6.2%，占水产品产量的93.7%。品种结构得到进一步优化，特种水产品牌优势日益明显，2005年，全县螃蟹产量达到7640吨，比上年增长19.2%。

牧业生产总体平稳。2005 年，全县年末生猪存栏 18.97 万头，比上年增长 1.4%，全县家禽生产前期发展势头强劲，后期受周边地区禽流感疫情影响较大，家禽年末只数为 194.41 万只，比上年下降 18.0%，肉类总产量为 3.44 万吨，比上年增长 3.6%，禽蛋产量 0.69 万吨，比上年下降 23.3%。

农业产业化进程不断加快。“三水三业”等特色农产品规模进一步壮大，以绿色食品加工为主的龙头企业继续得到发展。拥有县级以上龙头企业 15 家，其中国家级龙头企业 1 家、省级龙头企业 2 家。特别是出现了南京润在生物科技有限公司、南京新东阳农副产品开发有限公司、江苏野生植物开发有限公司、南京汇华农业开发有限公司、阳江水生蔬菜加工厂、南京绿野菇业有限公司等一批以农副产品为对象的加工经销企业，以及以县水产批发市场为龙头的销售企业，有力地促进了全县农业产业化经营进程的加快。到 2005 年，全县建成无公害农产品基地 56 个、共 46 万亩，新认证有机食品 3 个、绿色食品标识 10 个。

农业生产条件继续改善。2005 年，水利工程建设进一步加强，全县农田机电灌溉面积达 46.82 万亩，机耕面积 50.76 万亩，机收面积 32.79 万亩；农业物质装备水平提高，年末全县农业机械总动力 46.01 万千瓦，比上年增加 0.77 万千瓦，全县农业综合机械化水平达到 83.5%。

2）工业

工业生产快速增长。2005 年，高淳县进一步强化了产业引导工作，编制完成了工业产业发展指导纲要和工业布局规划纲要，成立了中小企业服务中心，引导企业切实抓好股份制改造、技术创新、新产品开发等重点工作，取得了显著成效。全年实现全社会工业总产值 185.00 亿元，比上年增长 22.1%。其中：规模以上工业企业完成产值 102.51 亿元，比上年增长 30.1%。全县实现主营业务收入 156.69 亿元，比上年增长 30.1%，增加值 36.53 亿元，比上年增长 22.5%，全部工业利税为 8.02 亿元，同比增长 19.4%，工业利润为 4.84 亿元，同比增长 21.6%。规模以上企业共完成主营业务收入 91.09 亿元、增加值 25.13 亿元，比上年增长 34.4%、28.6%，实现利润 3.38 亿元，同比增长 11.1%。

16 家重点骨干企业的支撑作用日益明显，共实现增加值 16.86 亿元，占全县工业经济总量的 46.2%。以调整优化产权结构为重点，企业改革进一步深化。新增规模股份制企业 5 家，启动上市公司股权分置改革，红太阳股份公司、高陶公司内部改革逐步深化。

建筑业保持持续发展。2005 年，全县共完成建筑业施工产值 62.93 亿元，比上年增长 21.3%，新开工面积 575.82 万平方米，竣工面积 550.24 万平方米，建筑业从业人员达 6.31 万人，约占全县从业人员的 1/4。建筑市场继续拓宽，除占有原有的南京、无锡、镇江、苏州等地市场外，又继续向青岛、武汉、西安、北京、承德等地拓展了新的市场。工程建筑质量稳步提高，创品牌意识得到强化，全县有 13 项工程获部、省优质工程奖，21 项工程获市优质工程奖。

3）金融保险

金融业运行态势良好。至 2005 年末，全县金融机构存款余额 43.55 亿元，贷款余额

30.22亿元，分别比年初增加3.62亿元和4.15亿元。存款余额中，企业存款9.54亿元，城乡居民储蓄存款28.34亿元，分别比年初增加0.32亿元和1.19亿元。信贷结构得到优化。贷款余额中，短期贷款20.95亿元，中长期贷款余额8.14亿元，分别比年初增加2.52亿元和1.19亿元。全年现金收入累计为222.19亿元，现金支出累计为229.13亿元，累计收支轧差净投放6.94亿元。

保险市场稳步增长。2005年，保险费收入达到13957万元，比上年同期增长6.0%。其中：财产险收入3578万元，增长8.7%；人身险收入10379万元，增长5.1%；赔付额2159万元，比上年下降14.6%，其中财产险赔付1588万元，增长2.7%；人身险赔付571万元，下降41.9%。

4）运输邮电

交通运输业保持较快发展。2005年，全县交通运输业继续保持了较快的增长态势，全年全社会运输业增加值11.49亿元，同比增长17.0%，水运业继续保持了较快的发展速度，拥有在运船舶1562艘，共计152万吨，完成营业收入16.35亿元，比上年增长38.0%。水运业结构得到优化，各类经营性公司得到扶持，新发展民营专业水运公司12家，武家嘴船舶制造公司获造船一级资质；建成八卦洲造船基地一期工程。

邮电通信业平稳发展。2005年全年邮电业务总量6556万元，比上年下降6.3%，其中：电信业务总量5698万元，下降10.7%，邮政业务总量1296万元，增长13.3%。年末局用交换机总容量达12.86万门，新增0.69万门，增长5.7%。年末固定电话用户14.23万户，新增2.85万户，其中：城市住宅电话用户2.09万户；农村住宅电话用户7.56万户；年末小灵通电话用户3.53万户。年末移动电话用户15.33万户，新增5.63万户。全县163个行政村全部成为达标电话村。年末互联网用户5697户，其中：宽带网用户5350户，且家庭用户占了90.8%。

5）旅游业

旅游业开发力度加大。开通高淳旅游网站，推出高淳一日游联票，迎湖桃源成为全国农业旅游示范点，一批集休闲、娱乐的生态旅游景区得到精心打造，全年接待游客65万人次，实现旅游总收入3.27亿元。

经济社会发展中存在的主要矛盾和问题是：经济发展虽有较快增长，但总量偏小；工业有效投入不足，规模企业不多，自主创新能力和品牌优势不强；实际利用外资没有大的突破，特别是高新技术项目、外资项目引进偏少；农业产业化经营程度需要进一步提高，农业结构调整需要进一步深化；城镇居民和纯农户增收难度加大，社会保障体系有待进一步完善。

（三）高淳县社会发展基本状况

1. 人口与人民生活

人口自然增长率继续得到控制。2005年末，总人口为420527人，其中：男性219706人，女性200821人，非农业人口139964人，出生人口4019人，死亡人口2796人，净迁出人口1309人，出生率为9.55‰，死亡率为6.65‰，人口自然增长率为2.90‰。全县建立农村部分计划生育家庭奖励扶持制度，计划生育工作成果得到巩固。2005 年，高淳县计划生育率达到 98.16%，节育措施落实率为 99.91%，独生子女率为 79.02%，继续处于全省全市先进水平行列。

社会保障和福利制度进一步完善。2005 年末，全县参加失业保险人数 19596 人，参加基本养老保险人数 72385 人，参加基本医疗保险人数 33200 人。社会福利院、敬老院拥有床位 1256 张，建立各种社区服务设施 21 个。全县城乡居民享受最低生活保障的人数达 9287 人。

居民居住条件继续改善。2005 年全年新建商品住宅 16.91 万平方米，私人新建住房 36.26 万平方米，年末城镇人均住房建筑面积达到 34.62 平方米，年末农村人均住房面积达到 41.25 平方米，比上年增加 3.09 平方米。

城乡居民生活水平不断提高。2005 年，全县职工人均年收入达到 16545 元，比上年增长 15.8%。城镇居民人均可支配收入达到 12803 元，人均生活消费支出 7774 元。农村居民人均纯收入达到 6226 元，比上年增长 12.5%，人均生活消费支出 4437 元，增长 23.0%。

就业再就业工作扎实推进。2005 年，全县从业人数为 25.85 万人，比上年略有增加，其中：从事第一产业的从业人员 7.96 万人，比上年减少 1.75 万人；从事第二产业的从业人员 11.41 万人，比上年增加 1.33 万人；从事第三产业的从业人员 6.48 万人，比上年增加 0.48 万人。通过全面落实促进就业再就业的各项政策措施，加强职业技能培训和劳动力市场建设，新增就业岗位 5300 个，帮扶 202 名就业困难人员实现再就业。

2. 社会事业

科技事业有了进一步发展。2005 年，高淳县共有 48 个项目列入市以上科技发展计划，其中：国家级科技计划项目 7 项，争取科技贷款计划 5460 万元。全县高新技术企业总数达到 22 家，其中：国家级 4 家，省级 5 家；全县高新技术产品 49 个，其中：国家重点新产品 10 个，省级 17 个；全县专利申请量达 199 件，其中发明专利 70 件。

各级各类教育事业协调发展。拥有普通中学 20 所，其中：完全中学 3 所，高级中学 3 所，初级中学 13 所，九年一贯制学校 1 所。办学体制和管理制度改革不断深入，全县各镇继续实施“村小提升工程”、“六有工程”，布局调整的力度进一步加大，开工建设湖滨中学，小学校数和小学教学点数共计比上一年减少 3 个。现拥有小学 39 所，教学点 17 个。全县普通中学、小学和职业中学在校人数分别为 29088 人、24136 人、2532 人，分别比上年减少 1053 人、2333 人和增加 868 人。拥有幼儿园 28 所，在园幼儿人数为 7448 人。全县高考录取率为 83.4%，比上年提高 7.2 个百分点。

卫生事业进一步加强。全县共有卫生机构 25 个，实有床位 1011 张，其中，标准床位 1011 张，共有卫生人员 1211 人，其中，卫生技术人员 987 人。全年诊疗总数为 65.33 万人次。县人民医院新门诊大楼投入使用，医疗服务水平实现提档升级。社区卫生服务业进展顺利，合作医疗制度建立得到加强，建有村级卫生室 158 个，甲级村卫生室覆盖率达 100%，农村新型合作医疗行政村覆盖率达 100%，参加人数达 26.62 万人，参保率为 90.2%。农村改水改厕工作加快，全县农村自来水普及率达 98.5%。

体育事业蓬勃发展。2005 年，在南京市举行的羽毛球、跆拳道、田径等比赛中，高淳县取得 4 金、6 银的较好成绩。群众体育活动红红火火，成功举办了多种形式的乒乓球、羽毛球、篮球比赛以及第四届女子象棋比赛和沿固城湖风光带万人健身徒步行等活动。在江苏省承办的第十届全国运动会上，高淳县有 11 名气功爱好者参加了开幕式的表演。

3. 环境保护

环境综合整治工作得到加强。全面开展国家级生态县创建工作，城市面貌得到较大改善。环境监测工作正常开展，当年投产的建设项目同时建设防治污染设施的占 100%。2005 年全年完成环境污染治理项目 18 个，总投资 1846 万元。全县建成烟尘控制区 1 个，面积 4 平方公里；环境噪声达标区 1 个，面积 10.38 平方公里。工业废水排放总量 2091.34 万吨，工业粉尘排放总量 813.8 吨。全县空气质量稳定在国家二级标准，空气质量达到优良以上的有 53 周。固城镇、古柏镇分别通过市级环境优美乡镇验收，瑶宕村、游子山村、高墩村成为市首批十佳生态村。

二　无锡市2005年经济社会发展报告

2005年，无锡市以邓小平理论和“三个代表”重要思想为指导，以科学发展观统揽全局，突出“富民强市”战略，紧紧围绕争创全省“两个率先”先导区、示范区奋斗目标，加大经济结构调整力度，加速工业化、信息化和国际化进程，全面构筑以人为本的和谐社会，经济社会发展取得令人鼓舞的成就。经济综合实力明显增强，社会事业全面进步，人民生活水平不断提高，生态建设和环境保护明显改善。

（一）2005年无锡市经济社会发展状况良好

2005年，无锡全面完成了市十三届人大三次会议确定的各项任务，在全省率先基本建成全面小康社会。全市2005年实现地区生产总值2804.68亿元，财政收入大幅增加，全市完成财政总收入421.8亿元，同口径增长19.0%。财政收入占生产总值的比重为15.0%。其中一般预算收入181.68亿元，同口径增长24.2%。全社会固定资产投资完成1335.1亿元，增长19.8%。

1. 国民经济持续快速发展、三大产业各有特色

全市2005年实现地区生产总值2804.68亿元，按可比价格计算，比上年增长15.1%（见图2－11）。其中，第一产业增长4.2%；第二产业增长15.7%；第三产业增长14.8%。二、三产业增加值占全市生产总值的比重达到98.2%，比上年提高0.2个百分点。第一、二、三产业总值分别是48.19亿元、1695.95亿元、1060.54亿元，其比例为1.7%、60.5%、37.8%（见图2－12）。

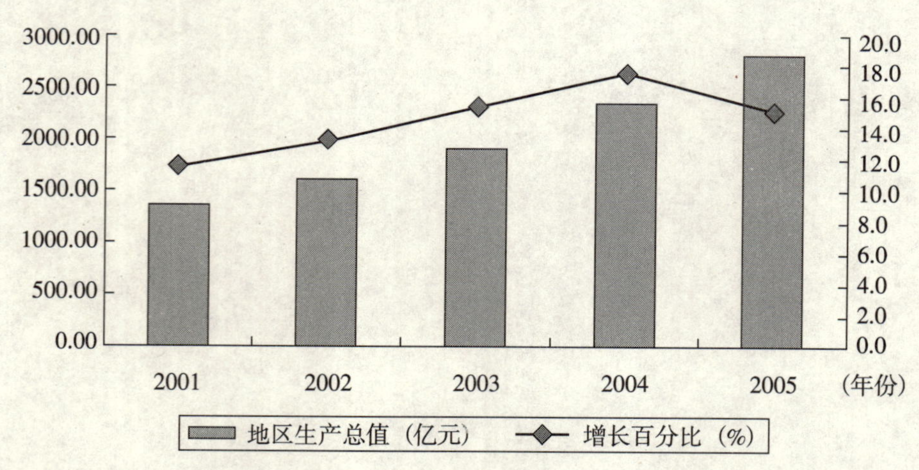

图2－11　2001～2005年无锡市地区生产总值概况

1）工业生产快速增长，向集群发展、高端延伸

2005年，全市国有及年销售收入500万元以上、非国有工业企业（以下简称“规模以上工业企业”）增加值1353.13亿元，增长22.0%。在规模以上工业企业中，国有工业

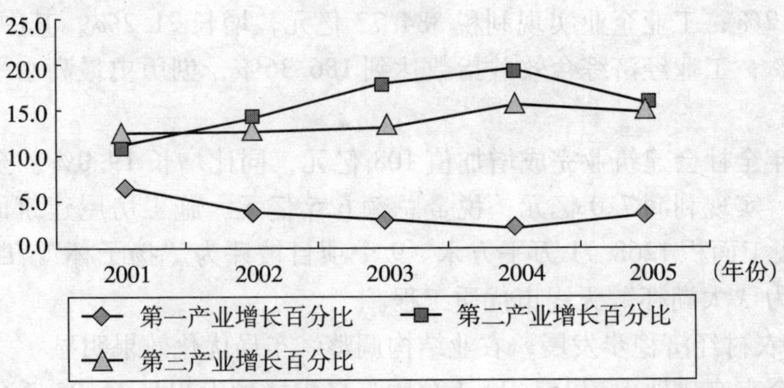

图 2-12　2001~2005 年无锡市三次产业增长概况（单位:%）

企业完成工业增加值 52.81 亿元，增长 12.9%；股份制企业增加值 555.61 亿元，增长 20.3%；集体企业增加值 162.11 亿元，增长 20.4%；股份合作制企业增加值 60.02 亿元，增长 12.7%；三资企业增加值 445.22 亿元，增长 28.2%。分轻、重工业看，全年轻工业增加值 376.51 亿元，增长 21.7%；重工业增加值 976.62 亿元，增长 22.1%。列入统计的 238 只主要工业产品，比上年增长的有 173 只，占全市统计产品数的 72.7%，产量增幅超过 15% 的有 94 只，占 39.5%。重点工业产品增势良好，如：液晶显示器增长 139.3%，电热水器增长 49.4%，粗钢增长 28.0%，呢绒增长 27.1%，洗衣机增长 21.3%，成品钢材增长 30.1%，电站锅炉增长 31.9%，合成纤维增长 25.3%，服装增长 19.4%（见表 2-28）。

表 2-28　2005 年无锡市工业增加值情况

单位：亿元，%

指标 企业	增加值	增幅	指标 企业	增加值	增幅
国有工业企业	52.81	12.9	三资企业	445.22	28.2
股份制企业	555.61	20.3	轻工业	376.51	21.7
集体企业	162.11	20.4	重工业	976.62	22.1
股份合作制企业	60.02	12.7			

积极推进循环经济发展，编制实施循环经济发展规划、工业能效指南等政策意见，推动资源节约、要素集约。国家（无锡）液晶显示产业园等先进制造业基地加快发展，集成电路、液晶显示、生物医药、新材料等产业集群初具规模，博世、TC、清华同方、柯尼卡美能达等一批项目建成投产，新增国家级高新技术企业 19 家。30 家企业入选全省百强高新技术企业，居全省首位。规模工业增加值完成 1353.1 亿元，增长 22%。营业收入超百亿元企业新增 5 家，累计达到 11 家。新增中国名牌产品 7 个，国家免检产品企业 14 家。

工业经济运行质量继续提高。2005 年，全市规模以上工业实现产品销售收入 5629.88

亿元，增长24.2%；工业企业实现利税384.77亿元，增长21.2%，其中利润256.63亿元，增长27.5%；工业经济综合效益指数达到186.36%，创历史最高水平，比上年提高11.86个百分点。

2005年全年全社会建筑业完成增加值108亿元，同比增长19.0%。全员劳动生产率12.11万元/人；实现利润7.0亿元，税金总额6.5亿元。施工房屋建筑面积2604.09万平方米，房屋竣工面积1268.71万平方米。9个项目被评为“扬子杯”江苏省优质工程，67个项目被评为“太湖杯”无锡市优质工程。

2）农业和农村经济稳步发展，农业结构调整、布局优化效果明显

2005年，全市有耕地面积151.20千公顷，夏粮播种面积为41.05千公顷，比上年增加34.5%；水稻播种面积为80.39千公顷，比上年减少0.9%；油菜子播种面积为19.34千公顷，比上年减少1.9%。严格保护耕地，加大复垦开发力度，开发整理新增耕地1.8万亩。全面建成阳山万亩水蜜桃、绿羊生态园等5个市级重点园区。无公害农产品基地扩大到107.3万亩，市级以上农业龙头企业增加到51家，农业适度规模经营集中度为43.9%，农机化综合水平为88.7%。

主要农产品产量小幅下跌。2005年全年粮食总产量79.53万吨，同比下降2.1%。油料总产量3.44万吨，其中油菜子3.38万吨，分别下降6.4%和6.6%；蚕茧总产量444吨，下降26.4%；茶叶总产量4802吨，增长2.6%；水果总产量82242吨，增长5.4%。

林牧渔业生产稳步发展。2005年，无锡市主要畜产品中，肉类总产量14.64万吨，增长0.2%，其中，猪牛羊肉9.44万吨，增长2.7%；禽蛋总产量2.68万吨，增长12.0%。奶牛存栏2.52万头，增长4.6%。全年水产品产量12.09万吨，增长6.1%（见表2-29）。

表2-29　2005年无锡市农林牧渔业主要产品概况

指标 产品	单位	总产量	增减百分比（%）	指标 产品	单位	总产量	增减百分比（%）
粮食总产	万吨	79.53	-2.1	水果	吨	82242	5.4
油料	万吨	3.44	-6.4	肉类	万吨	14.64	0.2
蚕茧	吨	444	-26.4	水产品	万吨	12.09	6.1
茶叶	吨	4802	2.6				

经济强镇培育再见成效。列入培育对象的61个经济强镇（含两个街道）实现工商两业销售收入6690亿元，比上年增长30%，其中：工业企业销售收入4985亿元，比上年增长28%；商业企业销售收入1705亿元，比上年增长35.9%。澄江、周庄、华士3镇工商两业销售收入突破300亿，江阴新桥、宜兴官林、锡山安镇、惠山洛社、滨湖太湖、新区硕放等17个镇实现超百亿。

3）服务业规模扩张，层次提升

2005年，无锡市完成服务业增加值1060亿元，增长14.8%。现代服务业快速成长，

无锡（国家）工业设计园、无锡（国家）动画产业基地发展态势良好，保税物流园开工建设。

消费品市场持续活跃（见图 2－13）。2005 年全年实现社会消费品零售总额 824.10 亿元，增长 16.3%，其中，城市消费品零售额 695.49 亿元，增长 17.6%；农村消费品零售额 128.63 亿元，增长 9.7%。批发零售贸易业零售额 736.76 亿元，增长 15.8%；餐饮业零售额 72.56 亿元，增长 16.7%。

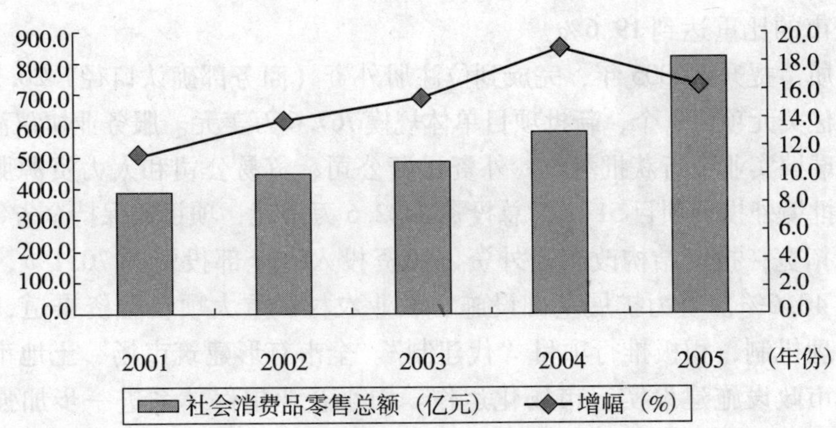

图 2－13　2001～2005 年无锡市社会消费品零售总额概况

市场建设稳步推进。2005 年末拥有各类亿元以上商品交易市场 64 个，实现成交额 1319 亿元，增长 28.7%。其中年成交额超过 10 亿元以上的市场达到 25 个，同比增加 7 个。大力构建现代市场体系，新增百亿元大市场 2 家，累计达到 8 家。崇安寺步行街开业，国际招商城、新世界国际纺织服装城等初具规模。

旅游设施更加完善，旅游人数和收入双增长。2005 年全年共接待旅游、参观、访问及从事各项活动的海外游客 65.87 万人次，增长 22.1%；接待国内旅游者 2637.5 万人次，增长 19.8%。旅游总收入达 301.6 亿元，增长 31.3%，其中国际旅游外汇收入 2.63 亿美元。全市拥有年接待游客 10 万人以上的景区 26 个，国家 4A 级景区 7 家，3A 级景区 6 家，2A 级景区 8 家。年末全市星级宾馆已达 72 家，其中五星级宾馆 4 家，四星级宾馆 17 家。灵山景区服务标准被列为省级标准并进行推广。

金融态势良好，信贷结构优化。2005 年末各项本外币存贷款余额分别为 3343.6 亿元和 2264 亿元，比年初增加 579.7 亿元和 384.8 亿元。金融机构存贷款规模迅速扩大。年末金融机构各项人民币存款余额达 3222.39 亿元，增长 22.1%；各项人民币贷款余额 2183.40 亿元，增长 21.0%。存款中，企业存款余额 1140.37 亿元，增长 14.4%；城乡居民储蓄存款余额 1410.15 亿元，增长 21.5%。贷款中，短期贷款 1302.24 亿元，增长 12.1%；中长期贷款 526.61 亿元，增长 23.9%，其中个人中长期消费贷款 176.50 亿元，增长 16.1%。全年银行现金收入 7863.17 亿元，增长 16.5%；现金支出 7984.22 亿元，增长 16.6%；全年现金净投放 121.05 亿元。

保险事业发展平稳。2005 年全年保费收入 57.62 亿元，下降 3.8%，其中财产险收入

14.71亿元，增长12.1%；人寿险收入42.92亿元，下降8.2%。保险赔款支出9.27亿元，增长8.2%。保险给付支出6.89亿元，下降23.1%。

2. 投融资体制改革稳步实施，开放型经济全面拓展

利用外资大幅增长。2005年全年新批外资项目811个，协议注册外资78.39亿美元，同比增长20.3%，到位注册外资25.17亿美元，同比增长20.1%，按商务部确认口径，到位注册外资20亿美元。新批超千万美元项目449个，协议注册外资76.45亿美元，占全市比重的97.5%。服务业利用外资快速发展，协议注册外资15.34亿美元，同比增长46.3%，占全市的比重达到19.6%。

利用外资质量提升。2005年，完成到位注册外资（商务部确认口径）20.1亿美元，新批注册资本超亿美元项目3个，新批项目单体规模767.6万美元。服务业协议注册外资15.3亿美元，日本瑞穗实业银行获批落户，外资投资公司、贸易公司和人力资源服务机构首次成功引进。新批境外投资项目51个，总投资3402.6万美元，项目数保持全省领先。

投资渠道拓宽，投资结构改善。外资、民资投入占全部投资的70.1%，服务业投资占全部投资的40.6%。着力扩展基础设施、农业农村、重大项目融资渠道，完善政府投资项目建设管理机制，积极推行项目“代建制”。全市有形建筑市场、土地市场、产权交易市场及部分市政设施建设实行市场化运作。中小企业担保体系进一步加强，担保公司注册资本金、贷款担保余额继续列全省首位。社会事业改革取得突破。市医院、学校、文化艺术、体育场馆与训练4个管理中心正式运行，市属义务教育阶段学校实行属地管理，71家行业协会完成“政会脱钩”。

对外经济合作稳步上升。2005年全年新签对外工程承包和劳务合作合同金额1.71亿美元，增长38.9%；实际完成营业额1.6亿美元，增长32.3%；期末在外劳务人数1139人，增长11.8%。年内有4家企业经外经贸部批准获得对外承包劳务经营权，年末获授权企业达21家。

对外贸易增势强劲。2005年全年外贸进出口总额291.88亿美元，增长33.6%。其中，进口总额136.45亿美元，增长26.1%；出口总额155.44亿美元，增长41.0%。新增对外贸易经营者877家，全市累计已达2967家。外贸出口三路大军全面增长，其中外商投资企业完成出口110.54亿美元，同比增长47.7%；专业外贸公司出口16.56亿美元，同比增长2.3%；自营生产企业完成出口28.36亿美元，同比增长47.7%。外贸结构转型升级，高新技术产品出口占比升至40.9%。

表2－30　2005年无锡市对外贸易出口主要构成概况排序

单位：亿美元，%

指标 类型	出口总额	增幅
外商投资企业	110.54	47.7
自营生产企业	28.36	47.7
专业外贸公司	16.56	2.3

3. 私营经济稳步壮大，民营经济素质有所提高

无锡市坚持把加快民营经济发展置于重要的战略地位，出台了多项扶持性政策，积极鼓励、支持和引导个体私营等非公有制经济发展，着力为民营经济营造良好的社会氛围和宽松的发展环境，全市民营企业自主创业热情高涨，经营规模和整体实力连年跨上新的台阶，日益成为引领国民经济持续快速增长的重要力量。2005 年，民营销售超亿元企业达到 550 家，22 家企业进入全国民企五百强，尚德太阳能公司成为中国内地首家在纽约证券交易所上市的民营企业。

私营个体经济稳步壮大。2005 年，全市私营个体经济保持快速增长的强劲态势，成为经济发展的重要支撑。全市私营个体企业 20.74 万户，从业人员 110.99 万人，注册资金 1150.84 亿元，分别增长 21.0%、28.2% 和 30.2%。私营个体企业实现增加值 1210.39 亿元，占全市总量的 43.2%，完成工业总产值 3602.18 亿元，实现社会消费品零售总额 351.55 亿元，上缴税金 108.04 亿元。私营个体固定资产投入 495.91 亿元，增长 40.8%。

4. 城乡建设步伐加快，区域现代化水平有所提高

突出规划龙头作用，不断完善规划体系，推进城乡资源要素集约利用。编制完成市域农村规划、现代服务业规划和轨道交通线网及建设规划等一批重大基础设施规划。加快建成区功能调整和工业企业"退城入园"，城区 4 个重点片区启动开发，蠡湖新城骨架路网基本形成。强化基础设施建设，五爱路、梁溪路、钱荣路、惠山大道、江阴澄南大道、宜兴教育路及金城公铁立交等重点道桥竣工投用，新建城市道路 83 公里。312 国道和沪宁高速无锡段改拓建完成，芜申运河宜兴绕城段通航。

社会运输能力继续提高。全市 2005 年末全社会拥有车辆 97.34 万辆，增长 1.0%，其中汽车 29.39 万辆，增长 23.0%。私人汽车又有大的发展，达到 15.2 万辆，比上年增加 4.86 万辆。全社会客货运量全面增长。全年完成客运量 20465 万人次，增长 17.1%；完成货运量 8421 万吨，增长 13.3%。全市港口货物吞吐量 5046 万吨，增长 42.4%。无锡机场正式通航以来，机场已开通广州、深圳、北京等 8 条航线，全年共运送客人 61.91 万人次，机场货邮运量达到 1.41 万吨。

邮电通信持续快速发展。邮政服务门类增多，投递速度加快。2005 年全年发送邮政函件 5603.2 万件。年末固定电话交换机总容量达 381.6 万门，增加 13.3 万门。城乡本地电话用户达 305 万户，增加 55 万户，其中移动市话 125 万户，增加 49.5 万户。移动电话用户达到 352 万户，增加 50 万户。计算机互联网用户达到 46 万户。

落实房地产市场调控措施，2005 年全市竣工经济适用房 23 万平方米、拆迁安置房 541.6 万平方米，商品房销售面积 398.7 万平方米，老新村整治 60 万平方米。

2005 年全年房地产业实现增加值 101 亿元，同比增长 16.0%。完成房地产开发投资 226.79 亿元，增长 16.0%，商品房施工面积为 1853.09 万平方米，增长 19.7%，竣工面积 569.53 万平方米，增长 17.8%。房地产业发展健康，全年商品房销售额 129.03 亿元，增长 24.2%，实现房地产开发平稳发展。

2005 年，市区整修背街小巷 101 条，改造供水管网 31.2 公里，新增天然气用户近 11 万户，新辟、调整公交线路 31 条。区域供水工程全面完成，市区日供水能力达到 145.6

万吨，江阴和宜兴城区分别为70万吨和20万吨。本地网固定电话号码升至八位。不断完善口岸功能。无锡机场新辟航线5条，获准开通香港临时客运包机，全年进出港旅客62万人次，货邮吞吐量增长69.9%。无锡港江阴港区和夏港第二公共型港区建设力度加大，全市港口吞吐量达到5046万吨。

百村奔小康工程成效显现，2005年，新增脱贫转化村39个，完成农村公路建设483公里，各镇自来水入户率95%，农村卫生户厕普及率86.4%。

加快建设绿色无锡。加强资源保护和环境综合整治，环境质量综合指数达到80.4。空气良好天数占比88.5%，城市水域功能区水质达标率升至59.5%，城市生活污水集中处理率超过70%，省内第一个工业固体废弃物安全填埋场投入运行。大力植树造林，加快惠山、青龙山整治，积极推进绿色通道和城市绿地建设，蠡湖及十八湾景区成为全省最大的开放式绿地，宜兴成为国家园林城市，江阴建成国家生态示范区。全市森林覆盖率升至20.3%，城市绿化覆盖率升至40%，人均公共绿地面积增加到10.1平方米。

5. 科技教育文化共同发展，城市综合影响力有了新提升

科教发展再上新台阶。2005年，无锡市12项科技指标列全省第一：国家、省科技计划经费1.85亿元，国家创新基金项目30项，国家创新基金经费2035万元，国家火炬计划项目61项，新增国家级高新技术企业19家，国家863计划经费到位数3796万元，科技进步环境和科技促进可持续发展指标，省科技计划项目155项和省科技计划经费13509万元，省重大科技成果转化项目经费到位1亿元，省火炬计划项目89项，新增省高新技术企业108家，新增“双密”企业11家。2005年，全社会研究与开发费用投入占生产总值比重为1.56%，专利申请量达到5621件；太湖国际科技园、藕塘职教园建设加快。

2005年，无锡市大力发展各类教育，年末拥有各级各类学校644所，在校学生82.28万人，增加2.26万人。其中，普通高校7.97万人，增加1.84万人；中等专业学校7.93万人，增加1.55万人；技工学校3.84万人，增加0.65万人；职业中学1.96万人，增加0.05万人；普通中学28.68万人，减少1.34万人；小学31.77万人，减少0.5万人。小学和初中的普及率均达100%；盲聋弱智儿童入学率为99%以上；初中毕业生升学率达96.86%；高考录取率达87%，高等教育毛入学率达到51.42%；11.5万适龄常住流动人口子女在锡接受义务教育，其中九成以上在公办学校就读。教育现代化进程进一步加快，全市中心小学以上的学校100%宽带接入教育城域网。年内全市共新建校园网39个，义务教育阶段学校“校校通”工程达标率85%，高中阶段学校“校园网”建有率达95%，全市新增计算机8300多台，生机比例达到10:1。积极建设、发展优质教育资源的覆盖面，年内全市分别新增省实验幼儿园13所、省实验小学12所、市实验小学18所、省示范初中13所、省二星级高中4所、三星级高中4所、四星级高中1所，另有15所幼儿园、12所小学、19所初中和3所高中分别接受了省级实验幼儿园、小学、示范初中以及省三星级、四星级普通高中的评估验收。积极推进、落实职业教育倍增计划，职业教育事业规模不断扩大。全市各类中等职业学校招生超过5.15万人，比上年增长33%；全市中等职业学校在校生规模达13.7万人，比上年增加2.3万人，增长20%。

深入挖掘和保护历史文化遗产，鸿山遗址被列为全国十大考古新发现，无锡成为江苏

省历史文化名城。积极打造文化品牌，民族舞剧《红河谷》被评为全国十大舞台精品剧目。成功举办了“太湖国际民乐展”、“狂欢巡游”等文化活动，承办了“欢乐中国行”大型演出。年内举办“激情周末”等广场文艺演出62场，组织其他公益演出134场。成功引进法国著名钢琴家理查德·克莱德曼钢琴音乐会、瑞典钢管乐团等高品位文艺团体71团次，演出161场次。市博物馆、钱钟书故居、秦邦宪故居等免费开放。承办“十运会”6大项目办赛任务，乒乓球等3个赛区被评为最佳赛区，无锡籍运动员夺得金牌6枚。

2005年，无锡市入选中国品牌经济城市和福布斯内地最佳商业城市。成功举办第三届太湖博览会和世界粮油大会、世界城市服务业大会。与德国勒沃库森市、意大利维琴察市结为友好城市。被列入国家“火炬创新试验城市”行列，通过国家技术标准试点城市验收。无锡国际科技合作园被列为江苏唯一的省级国际科技合作示范基地和江苏唯一的省级知识产权园。连续三次获选全国创建文明城市工作先进市，荣获全国城市畅通工程模范管理城市称号，华西村、官林镇成为全国文明村镇，东港镇成为国家卫生镇，全市注册志愿者人数增加到22万。深入开展市容环境专项治理，重点整治改造城乡结合部，加大违法、临时建筑拆除力度，城管创优考评名列全省第一。

6. 民生民富受到关注，市民共享发展成果

据公安部门统计，2005年末全市户籍人口为452.84万人，人口出生率7.36‰，人口死亡率6.69‰，人口自然增长率为0.67‰。

居民收入稳步增长（见图2-14）。2005年，企业工资集体协商制建制面71.8%，企业最低工资标准进一步提高，各项惠农政策全面落实。全市城镇集体以上单位在岗职工年平均工资25602元，增长15.7%。市区城市居民人均可支配收入16005元，同比增长17.8%。农民人均纯收入8004元，增长12.5%。平均每百户城市居民家庭拥有彩电177台、家用电冰箱100台、空调160台、电脑62台、家用摄像机3台、移动电话144部。每百户农村居民家庭拥有彩电152台、冰箱81台、洗衣机99台、空调109台、移动电话162部、电脑19台。城乡居民人均本外币储蓄存款32056元，比年初增加4980元。

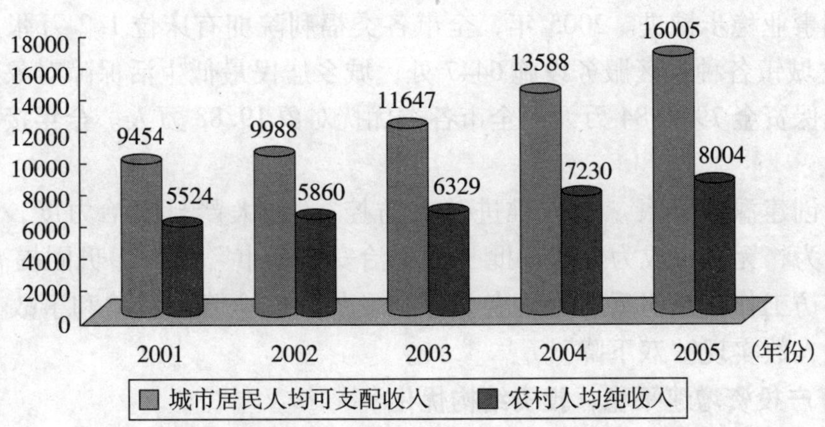

图2-14　2001~2005年无锡市城乡居民收入概况（单位：元）

居民住房条件继续改善。据抽样调查资料显示，2005年，城市居民人均住房面积27.1平方米，农村居民人均住房面积55.5平方米。

鼓励群众自主创业；推进建立城乡统筹的就业机制，开展农村劳动力转移就业培训，就业率逐步提高。2005 年，全市城镇新增就业 14.5 万人次，其中安置城镇失业人员 5.16 万人，净增就业 10.7 万人。帮助持有《再就业优惠证》的下岗失业人员实现再就业 1.92 万人（其中，“4050”人员 1.32 万人），失业人员再就业率为 60%。年末城镇登记失业人数 3.92 万人，登记失业率为 3.27%。本地农村劳动力转移就业近 5 万人，吸纳苏北地区劳动力 9.5 万人。

社会保障制度进一步完善，覆盖面扩大。国家“金保工程”试点——社会保障卡工程主体项目基本建成。全市养老、医疗两大保险参保人数双双超过百万。2005 年，全市企业职工养老保险参保人数达到 128 万人，比上年增加 19.19 万人；全市参加城镇职工基本医疗保险人数达到 150.82 万人，比上年增加 23.45 万人；全市参加失业保险职工人数为 90.8 万人，比上年增加 7.6 万人，年末在领失业保险金人数为 3.83 万人（期末数）；全市参加城镇企业职工工伤和生育保险人数分别为 85.22 万人和 82.16 万人，分别比上年增加 14.8 万人和 12.5 万人。企业离退休人员养老金社会化发放率达 100%。城镇养老、医疗、失业等保险综合覆盖率均超过 96%。新型农民养老保险参保人数 43.8 万人，覆盖面 72%，各级财政对新型农村合作医疗的筹资额达到人均 73 元，被征地农民基本生活保障率 100%。城乡低保对象应保尽保，共发放低保金 7900 多万元、各项慈善救助金 1600 多万元。向 694 户低保家庭提供廉租房。

实事项目全面完成。2005 年，主城区开工建设公共停车场 4 个。2006 年元旦起，70 岁以上老人可持公交卡免费乘坐市区 75 条线路的公交车。为 100 名贫困残疾人免费安装义肢，为 400 名贫困精神病患者提供免费药物，为 40 名残疾孤儿实施康复手术。

公共管理实现新进步。强化公共卫生职能，2005 年，市区建成社区卫生服务中心 24 个，禽流感防治工作取得阶段性成效；落实副食品市场蔬菜残留农药速检措施，药品市场抽验合格率 96%。继续保持低生育水平，人口自然增长率 0.67‰。全面实施农村计划生育家庭奖励扶助制度，发放奖扶金近 600 万元。

社会福利事业稳步推进。2005 年，全市各类福利院拥有床位 1.2 万张，供养、代养 8383 人；建立城镇各种社区服务设施 6447 处；城乡居民最低生活保障对象 70856 人；全年发放城乡低保资金 7944.84 万元。全市各类优抚对象 19.88 万人。全年接收社会捐赠款 1757.92 万元。

平安无锡创建深入开展。全力推进“大防控”，加大严打整治力度，严惩“搬霸”等违法犯罪行为，无锡市成为全省首批“社会治安安全市”之一。巩固提高“大调解”，进一步做好信访工作，及时妥善处理各类矛盾。加大安全隐患整治和事故查处力度，事故起数和死亡人数实现“双下降”。

7. 固定资产投资增速平稳，投资结构优化

2005 年，全社会固定资产投资完成 1335.09 亿元，增长 19.8%。其中，规模以上固定资产投资 1310.52 亿元，增长 22.2%。从项目构成看，建筑工程投资和设备工器具购置投入较多，分别为 655.81 亿元和 432.69 亿元。从产业投向看，第一产业投资 2.43 亿元，第二产业投资 791.04 亿元，第三产业投资 541.62 亿元。从注册类型看，国有经济投资 194.78

亿元，三资经济投资296.68亿元，其他经济投资843.62亿元。全年基础设施建设投资254.12亿元，增长0.1%。固定资产投资（50万元以上）投资项目（不含房地产）投产3757个，项目建成投产率为78.1%；新增固定资产985.24亿元，固定资产交付使用率为73.8%。平稳、良好的固定资产投资为无锡的可持续发展奠定了基础（见图2－15）。

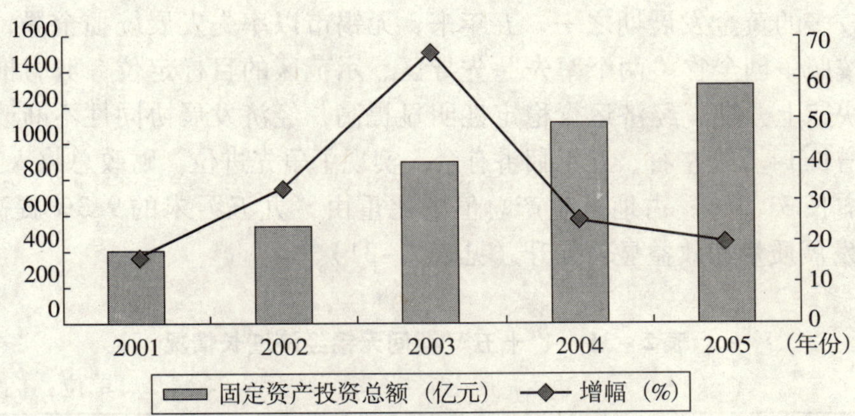

图2－15　2001～2005年无锡市固定资产投资概况

8. 政府职能有所转变，行政执行能力有所增强

2005年，无锡市贯彻执行市人大及其常委会的各项决议，扎实办理人大代表的建议、批评、意见和政协委员的提案及建议案。进一步加强政府法制工作，保持规章、规范性文件的合法性、严肃性。修订完善了《无锡市人民政府工作规则》，进一步健全集体领导和集体决策制度，完善决策程序和规则。深化行政审批制度改革，全面清理行政许可事项，审批事项再削减31%，审批集中度提高到81.7%。推进“阳光政府”建设，成立市效能投诉中心，开展机关效能监察。建立政府新闻发言人制度，完善市长公开电话和市长信箱工作机制，畅通民声民情反映渠道，努力帮助基层和群众解决实际困难。

完善管理机制，提高政府快速反应能力，妥善处理各类突发公共事件。健全价格调控体系，稳定市场物价水平。认真履行统计职能，完成全国经济普查工作任务。完善预算管理制度，深化非税收入改革，全面推行市级国库集中支付，扩大政府采购范围。进一步优化支出结构，市本级财政支农支出增长25.6%，科技支出增长19.3%，教育支出增长22%。

2005年，无锡市经济社会发展取得了令人鼓舞的成绩，但对照科学发展观的要求，促进经济社会全面协调可持续发展的任务依然艰巨、工作依然繁重。人口、资源、环境矛盾仍然突出，促进可持续发展的要求更加迫切；城乡之间、经济社会之间发展不够协调的问题仍较明显，全面推进统筹发展的要求更加迫切；现代服务业发展相对滞后，先进制造业整体竞争力有待提高，加快产业结构优化升级的要求更加迫切；自主创新能力不强，企业的创新主体地位还未能完全确立，完善创新机制的要求更加迫切；群众对医疗、教育、住房等问题反映较多，社会保障体系还不够完善，加强社会管理和公共服务的要求更加迫切；影响城市安全的因素增加，因利益调整而引发的社会矛盾时有发生，维护社会和谐的要求更加迫切。同时，政府工作中还存在着不足和薄弱环节，政府职能转变和自身建设还需要不懈努力。这些都要求政府进一步增强责任意识，不断提升工作的预见性、开创性和主动性，努力把各项工作做得更好。

（二）“十五”期间无锡综合实力明显增强

过去的“十五”，是无锡市发展史上综合实力提升很快、城乡面貌变化巨大、人民群众得到实惠较多的黄金发展期之一。五年来，无锡市以率先发展统揽全局，全面推进区域现代化。按照争创全省“两个率先”先导区、示范区的目标定位，努力推动经济发展进入新一轮快速上升期，经济运行稳定性明显提高，经济发展协同性不断改善，地区生产总值年均增长14.5%左右，五年翻番有余，实现了争先进位。财政总收入五年增长3.7倍多，年均增长31.3%，占地区生产总值的比重由“九五”末的9.3%提高到“十五”末的15%，发展质量和效益显著提升（见表2－31）。

表2－31　“十五”期间无锡经济增长情况

单位：亿元，亿美元

年　份	2001	2002	2003	2004	2005
生产总值	1360.00	1601.70	1901.22	2350.00	2805.00
第一产业生产总值	54.39	56.93	54.02	51.8	50
第二产业生产总值	751.11	868.04	1093.02	1353.5	1695
第三产业生产总值	554.6	655.7	754.18	944.7	1060
固定资产投资完成总额	405.0	537.8	893.3	1114.0	1335.0
社会消费品零售总额	390.82	444.30	487.10	579.21	824.11
出口总额	36.00	51.40	73.25	110.22	155.46

“十五”期间，无锡市以对外开放为主线，全面推进经济国际化。坚持“引进来”与“走出去”相结合，不断提高利用外资水平，积极放大开放园区示范带动效应，有效发挥外贸拉动作用，开放型经济对经济社会发展的促进作用日益显现，成为无锡经济发展的新优势。五年无锡共计批准外资项目3800多个，累计引进超亿美元项目48个，到位注册外资超过115亿美元，出口总额突破420亿美元。以转变增长方式为着力点，全面推进产业高度化。实施制造业和服务业“双轮驱动”战略，积极推进产业升级，推进布局集中、用地集约、产业集聚，推进技术创新与进步，打造国际先进制造业基地和区域性服务业高地。工业经济综合实力保持领先，高新产业增加值占规模工业比重升至33.4%，比“九五”期末提高13.4个百分点。商贸物流业、旅游业、房地产业等发展迅猛，消费升级趋势明显，增长动力结构日益优化。以改革创新为动力，全面推进经济体制市场化。以国有企业产权制度改革为中心环节，推进各项配套改革，加快转变政府职能，初步形成与市场经济要求相适应的微观主体基础与经济运行机制。国有企业改革任务基本完成，国有资产管理体制基本建立。大力激发民间创业潜能，不断推动民营经济快发展、上规模、提素质，使民营经济成为增量经济、富民经济、支柱

经济，民营经济占全市经济的比重上升到51.2%。以统筹协调为基本原则，全面推进城乡一体化。以完善城乡布局为基础，以基础设施、公共设施建设为抓手，以推进城乡制度接轨为重点，突出完善市域城市体系，突出实施“城市南进、工业北移”的中心城市发展战略，突出改善农村生产生活条件，突出构筑人与自然和谐的生态环境。市域三级城市体系规划确定、形态初现，城市化率达到67%。以安民富民为立足点，全面推进群众生活宽裕化。从促进就业、鼓励创业入手，强化居民收入稳定增长机制，强化社会保障体系建设，强化社会救助措施，促进城乡居民共同迈进小康社会。城市居民人均可支配收入和农民人均纯收入年均分别增长13.2%和8.8%，五年新增城镇就业岗位60万个，农村劳动力转移就业22万多人。

（三）2005年无锡率先基本建成全面小康

根据江苏省委的要求，2010年全省总体上建成小康社会。2005年，无锡市率先实现了小康社会。

全面建成小康社会的指标体系是由江苏省计委、江苏省委研究室、江苏省统计局和江苏省社会科学院联合研制的，并在江苏省委十届五次全会上获得通过。这套评价指标体系既有人均GDP、产业结构、城市化水平等经济发展指标，又有城乡居民人均收入、就业、社会保障、住房、恩格尔系数等人民生活水平指标，有科技、教育、文化、卫生等社会发展指标，还有森林覆盖率、环境质量等生态环境指标和社会治安满意率、村民依法自治率等政治文明指标，内容主要反映经济发展、人民生活、社会发展和生态环境四大类、18项、25个指标。

根据江苏省统计局的测评报告，到2005底，无锡市已基本达到了江苏省全面建设小康社会的25个指标。无锡市政府副秘书长叶勤良在无锡市政府新闻发布会上宣布，无锡在25个指标中已有23项已经达到或超过指标体系要求的标准值，另有两项指标尚未达到全面小康标准值，分别为城镇人均住房建筑面积和居民文教娱乐及服务支出占家庭消费支出比重，上述指标虽未达到标准值，但与2004年相比，都有明显进步，而六大核心指标均达到或超过了目标值，已在江苏省率先基本建成全面小康。

无锡市统计局局长滕兰英介绍，全面小康评价指标体系中，反映居民生活水平的指标就有10个，从收入到住房、从出行到信息化普及程度，以及消费支出结构，从这些指标中反映出无锡富民步伐的明显加快，居民生活状况得到了进一步改善。统计显示，无锡市2005年城乡居民收入双双实现两位数增长。城市居民人均可支配收入16005元，同比增长17.8%，农村居民人均纯收入8004元，同比增长12.5%，城乡居民收入增幅是“十五”以来最快的一年。

（四）无锡市经济发展在长三角经济发展中的地位

1.“十五”期间，无锡生产总值在长三角生产总值中所占比重的变化趋势

“十五”期间是无锡市经济发展的黄金期，以争创全省“两个率先”先导区、示范区为目标，无锡市经济发展进入快速上升期。这使得无锡市地区生产总值在整个长三角地区生产总值的比重逐年递升，2001～2005 年比重分别为 6.41%、6.72%、6.76%、6.87%、6.88%，呈现良好势头。这表明无锡市积极推进循环经济发展，推动资源节约、要素集约，显现出经济发展由粗放型向集约型转变的努力已初见成效（见图 2－16）。

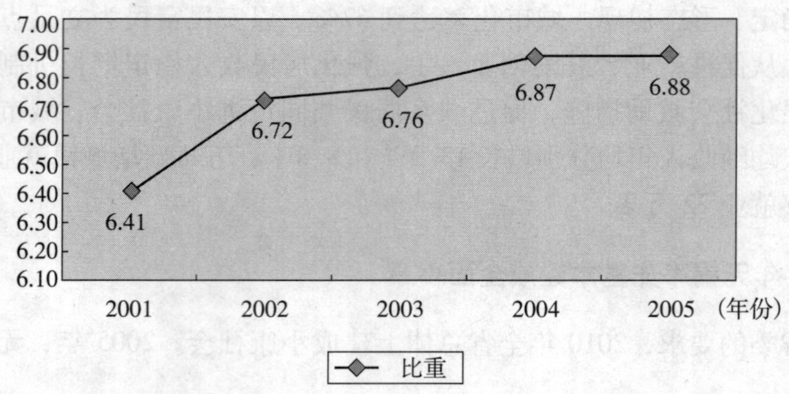

图 2－16　2001～2005 年无锡市生产总值占长三角生产总值比重（单位：%）

2. "十五"期间无锡市产业结构变化情况（见图 2－17）

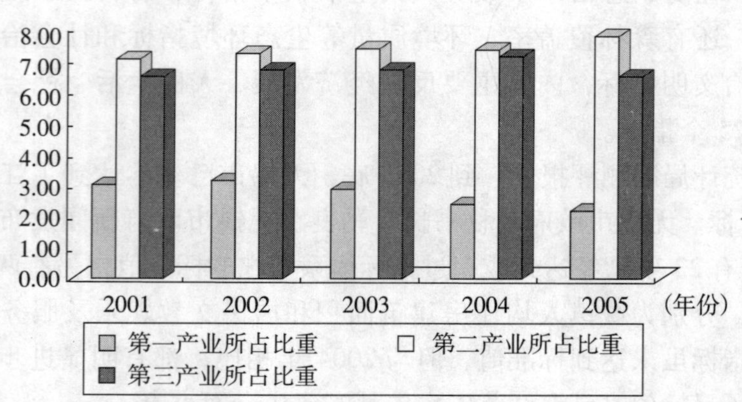

图 2－17　2001～2005 年无锡市各产业产值占长三角各产业产值比重（单位：%）

"十五"期间，无锡市进一步加大产业结构调整的力度，2001～2005 年，无锡市第一产业产值占长三角第一产业生产总值的比重分别为 2.96%、3.10%、2.80%、2.36%、2.14%，呈缓慢减少的趋势。这是由于无锡市优化产业结构，进一步加快农村城市化步伐，导致了部分农产品小幅下跌，农业增长速度放缓。另一方面，近几年自然灾害频繁，也在一定程度上影响了无锡市的农业发展速度。

无锡市的第二产业得益于产业结构的调整，实现了快速发展，其产值在整个长三角地区所占比重不断增加，2001～2005 年，其分别为 6.99%、7.14%、7.36%、7.28%、7.72%。第二产业在长三角中所占的比重一直要高于其他两个产业在长三角中所占的比重，可见第二产业在无锡甚至在长三角中的重要性。

2001～2005 年，无锡市第三产业占长三角第三产业的比重分别为 6.43%、6.66%、6.66%、7.06%、6.43%。通过以上数据，我们可以看出，第三产业在总比重中所占的比例从总体上趋于稳定，并且和第二产业一样，第三产业在长三角第三产业中所占比重的数值也较高，反映出了第三产业在长三角地区的重要性。

3. 2005 年无锡市社会经济发展与长三角比较一览

近年来，无锡的经济获得高速发展，综合实力迅速增强，人民生活水平不断提高，社会经济发展的成绩显著。2005 年，无锡市主要社会经济发展指标基本上高于长三角地区的整体水平，呈现出较快的发展趋势（见表 2－32）。

表 2－32　2005 年无锡市与长三角部分社会经济发展指标比较

指　标	长三角	无　锡	比重（%）
固定资产投资（亿元）			
全社会固定资产投资总额	18978.51	891.76	4.7
国内商业			
社会消费品零售总额（亿元）	13304.55	824.10	6.2
对外经济贸易			
出口总额（亿美元）	2905.28	155.44	5.4
客运量总计（万人）			
公路	292977.00	19372.00	6.6
货物运输量总计（万吨）			
公路	190433.00	7008.00	3.7
民用车辆拥有量（万辆）			
民用汽车拥有量	492.06	29.39	6.0
邮电业务总量（亿元）			
年末市内电话（万户）	4507.77	308.48	6.8
年末移动电话用户（万户）	6680.00	360.53	5.4
国际互联网用户（万户）	1597.46	48.50	3.0
从业人员合计（万人）	8474.20	289.20	3.4
第一产业	2241.24	34.18	1.5
第二产业	3266.99	159.43	4.9
第三产业	2965.97	95.59	3.2
教育			
普通中学在校学生（万人）	759.68	28.68	3.8
小学在校学生（万人）	881.43	31.77	3.6

经济发展持续稳定，2005 年，无锡市全社会固定投资总额为 891.76 亿元，长三角地

区全社会固定投资总额为18978.51亿元，比重为4.7%。国内消费市场繁荣，消费规模逐步扩大，无锡市社会消费品零售总额为824.1亿元，占整个长三角地区社会消费品零售总额13304.55亿元的6.2%。对外贸易快速发展，2005年无锡市的出口总值达155.44亿美元，整个长三角地区为2905.28亿美元，比重为5.4%。

交通运输方面的客货运输量持续增加。2005年，无锡市实现公路旅客发送量19372万人，长三角地区公路旅客发送总量为292977万人，比重为6.6%。无锡市2005年的公路货物运输量为7008万吨，占整个长三角地区公路货物运输量190433万吨的3.7%。无锡市2005年民用汽车拥有量为29.39万辆，占整个长三角地区总量492.06万辆的9.1%。

邮电业务总量稳定。2005年，整个长三角地区市内电话用户为4507.77万户，无锡市市内电话用户为308.48万户，比重为6.8%。长三角地区年末移动电话用户为6680万户，其中无锡市移动电话用户为360.53万户，比重为5.4%。国际互联网用户所占比重为3.0%，其中，无锡市国际互联网用户为48.50万户，长三角地区国际互联网用户总数为1597.46万户。

无锡市的从业人员比例结构反映了较为合理的产业结构。2005年，无锡市三次产业总的从业人员人数为289.2万人，占长三角地区总量的3.4%。其中一、二、三产业从业人员人数分别为34.18万人、159.43万人和95.59万人，占长三角地区比重分别为1.5%、4.9%和3.2%，基本上与各产业产值在长三角中所占比重对应。

义务教育情况良好。2005年，无锡市小学在校学生数为31.77万人，占整个长三角地区小学在校学生数881.43万人的3.6%。无锡市普通中学在校学生数为28.68万人，长三角地区普通中学在校学生数为759.68万人，比重为3.8%。

宜兴市经济社会发展情况

（一）宜兴市概况

1. 总体概况

宜兴是一座历史悠久的文化名城。宜兴古代出过10个宰相、7个状元、380多个进士，现代有17名两院院士，有1万多名高级知识分子分布全球各地，享有“教授之乡”之美誉，徐悲鸿、周培源、蒋南翔、吴冠中等政治、教育、文化界名流，更是成为宜兴的骄傲。全国基础教育先进县、全国科技先进县等光荣称号，标志着“科教兴市”战略使古老的宜兴永葆青春。

宜兴是著名的陶都，已有5000年的制陶历史，集保健实用、艺术鉴赏于一体的紫砂茶具名扬四海。与紫砂相媲美的均陶、精陶、青瓷、美彩陶巧夺天工。高新技术的应用使工业陶瓷应运而生。陶瓷产业正为现代化建设做出更大的贡献。

2. 地理位置

宜兴市位于江苏省南端，苏、宁、杭三角中心。东濒太湖，东南邻浙江长兴，西南界安徽广德，西接溧阳，西北毗连金坛，北面与武进相傍，滆湖镶嵌其间。全市总面积

2038.7平方公里，耕地99.14万亩。地势南高北低。南部为丘陵山区，北部为平原区；东部为太湖渎区，西部为低洼圩区。

3. 历史沿革

宜兴已有5000多年历史，古称荆邑，春秋时属吴。周元王四年（公元前472年）属越。周显王三十六年（前333年）属楚。秦始皇二十五年（前222年）荆邑司会稽郡，次年改荆邑为阳羡县。西晋怀帝永嘉四年（310年），置义兴郡。隋文帝开皇九年（589年），废义兴郡，改称义兴县，属常州。宋太宗太平兴国元年（976年）改为宜兴县。清雍正四年（1726年），分为宜兴、荆溪二县。民国元年荆溪撤销，并入宜兴县。1949年6月属常州专区。1953年1月属苏州专区。1956年2月属镇江专区。1983年3月起，属无锡市。1988年1月，撤销宜兴县，建立宜兴市。

4. 气候

宜兴属中亚热带北缘的南北过渡地区，地形复杂，植被较多，土地肥沃，物产丰富，山区多溶洞，景奇形怪，竹木蔽日，茶垅满坡，江苏省内，北亚热带交界地带仅存的一块天然次生植被——龙池山自然保护区在茗岭乡，是苏南面积最大的、植物品种最丰富的省级自然保护区，全市林地60万亩，其中竹林18万亩，是江苏省最大的毛竹基地。

5. 行政区划

目前全市设28个镇，1个国家级环保科技园，121个居民委员会，597个村民委员会。

（二）宜兴市经济发展状况

1. 着力转变增长方式，经济发展又快又好

2005年，全市实现地区生产总值363亿元，可比价比上年增长18.5%；财政总收入43.1亿元，增长15.9%，其中地方一般预算收入17.7亿元，增长25.1%；完成全社会固定资产投入171.8亿元，增长30%；城镇居民人均可支配收入和农民人均纯收入分别达13832元和7010元，增长15.6%和13.2%。

（1）工业增势强劲，产业提升。发展速度不断加快，工业总产值、销售收入、利润分别实现903.8亿元、850.1亿元和40.2亿元，增长30%、29.8%和35%。后劲投入力度不减，完成投入工作量133.6亿元，增长32.7%%；投资结构得到优化，技改投入占工业投入总量的65%。科技创新有力推进，实施各级各类科技项目200多项，新增国家级高新技术企业7家、省级19家，高新技术产业增加值占规模以上工业增加值的30%。规模经济继续扩张。电线电缆、化纤纺织、环保设备、精细化工、服装服饰、机械铸件、陶瓷、化肥八个优势产业进一步做大做强。化工行业结构调整初见成效，依法关停并转化工企业236家；建材行业整治向纵深拓展。民营经济保持旺盛发展势头，私营工业产值、销售和利税总额占全市工业的比重均接近70%“质量兴市”工作通过省级验收，累计创建中国名牌产品和国家免检产品各3只、省名牌产品32只、省著名商标21只。

（2）农业基础稳固，结构优化。2005 年，启动实施了现代都市农业规划，加快了新兴产业培植步伐。重视提高农产品安全度，新建无公害农产品基地 20.8 万亩，新增无公害、绿色食品 11 只；加强动物防疫工作，禽流感防治取得阶段性成效。加快发展农业产业化经营，新办农产品加工企业 13 家，特色农产品交易市场发展态势良好。三资新增对农投入 3.5 亿元。狠抓圩堤、库塘等水利设施达标建设，抗御自然灾害能力有了新的提高。严格保护耕地，推行集约用地，加大土地复垦整理力度，建设用地基本得到保障。

（3）服务业加快发展，业态良好。2005 年，完成服务业增加值 127 亿元，占全市 GDP 的 35%；社会消费品零售总额 123.5 亿元，市场成交额 118.1 亿元；服务业完成地方税收 4.8 亿元，占全市总量的 45.8%。业态创新步伐加快，一批新的连锁超市登台亮相。重点专业市场和骨干商贸企业继续发展壮大，汽车城、茶文化街基本建成。重视构建现代物流业，海关直通点全年进出口标箱 3705 只。旅游业快速发展，全年接待境内外游客突破 300 万人次。财政管理体制进一步完善，财政收支保持平衡。注重发挥金融对经济的支撑作用，年末金融机构人民币存、贷款余额分别达 366.9 亿元和 233.8 亿元，新增信贷支持总量 55 亿元。全年新办贷款担保机构 4 家。证券、保险、期货、产权交易等规范运作。家政、会计、律师、房地产等新兴服务业健康发展。继续加强经济监管，物价保持基本稳定，市场经济秩序总体良好。无锡首次入选《福布斯》内地最佳商业城市。

2. 大力推进改革开放，发展活力不断激发

（1）各项改革继续深化。企业制度创新扎实推进。企业股本结构不断优化，资本经营工作业绩良好。生产经营型事业单位改制转企工作进一步规范。农村各项改革深入实施。农村合作经济组织、村级股份合作制、土地股份合作制“三大合作”建设取得较好成效；第四轮行政村合并工作顺利完成。行政审批制度改革积极推进。行政许可项目由 199 项调减到 168 项；“一个窗口对外”的行政审批服务制度得到较好落实。

（2）外向开拓成效显著。成功举办了金秋经贸洽谈会以及赴日、韩、香港、上海等地的综合性招商活动。新批外商投资项目 114 个，新增协议注册外资 7.56 亿美元，增长 50%；实现到位注册外资 2.27 亿美元，增长 37.1%。重大项目创办取得新突破，新批总投资超千万美元项目 43 个，引进世界 500 强企业 2 家。服务业利用外资成为亮点，完成协议注册外资 2.1 亿美元，增长 95.7%。对外贸易稳步增长，完成自营出口 7.97 亿美元；贸易方式继续优化，加工贸易出口比重由 16.7% 上升到 20%。境外投资创历史新高，全年新办项目 8 个，投资额列无锡市首位。

（3）园区建设加快推进。环科园按照建设“产业园、创新园、生态园”的要求，坚持形象开发、功能开发与项目开发并举，园区环境大为改善，集聚功能不断增强，一批重大外资项目相继落户。2005 年全年完成房屋拆迁 20 万平方米，安置 1500 户；协议注册外资和到位注册外资均超过全市 1/3。城北工业区立足于建设先进制造业基地，精心编制了总体规划和产业规划，完成了二期 7.5 万平方米的房屋拆迁，基础设施配套达到“七通一平”，发展骨架已经拉开，省级开发区报批工作取得实质性进展。镇工业集中区建设基本实现三年预定目标。全市工业园区累计完成基础设施投入 42.6 亿元，新建标准厂房 38 万平方米；集聚企业 2175 家，产出总量占全市工业的 60% 以上。

（三）宜兴市社会发展状况

1. 科学组织城乡建设，发展环境继续优化

规划龙头地位进一步确立。修编完善了城市总体规划，完成了城区综合交通体系、历史文化保护和东氿风景区、铜官山风景区概念性规划等重点规划的编制。按照农村“三集中”的要求，组织编制了乡镇布局规划和农村新型社区修建性规划。规划的理念、手段和水平不断创新提高，对城乡建设的指导作用得到较好体现。

（1）城乡建设力度进一步加大。围绕“宜人、宜居、宜商、宜游”的城市发展要求，加快了新兴中心城市的建设步伐。多条城市主干道路改造到位，东氿新城路网工程扎实推进；市体育中心体育馆和游泳馆主体工程如期完工；城区“三河”环境改造完成年度计划；“紫砂之源”广场一期建设和龙溪公园改造顺利完成；龙背山森林公园、团氿风景区继续完善提高。新建人防工程 3.5 万平方米。城区绿化覆盖率达 44.8%，被命名为“国家园林城市”。芜申运河绕城段竣工通航，锡溧漕河整治加快推进；完成了 104 国道丁蜀改线段、戈潘公路戈庄至杨巷段建设；新建农村公路 210 公里，改造危桥 135 座。农村改水基本完成上级下达任务，自来水受益人口已达 82.5 万人。天然气应急气源站建成投用，调峰措施得到落实。电力建设新增投资 4.2 亿元，有序用电取得积极成效。固定电话号码顺利升位。

（2）城乡环境面貌进一步改善。围绕“三创建”工作目标，加大行政推动力度，创建工作有序推进。组织开展了“山水杯”城市管理创优竞赛和“创卫百日会战”综合整治行动，市容市貌明显改观。加快环保基础设施建设，市清源污水处理厂日处理能力扩至 5 万吨，官林、屺亭、万石、和桥等污水处理厂建成投运。加强环境综合治理，开展了纺织印染企业废水排放升级达标工作，突出整治了入湖主要河道两侧的污染源，对城区餐饮单位实施了油烟、油水两分离限期治理，工业窑炉整治、矿山宕口复绿和生态林建设等工作扎实推进。“创卫”、“创模”工作分别通过国家级暗访调研和技术评估，“全国生态示范区”创建进展顺利。

2. 积极构建和谐社会，各项社会事业协调发展

（1）实施“科教兴市”战略，科技水平不断提高。科技队伍发展稳定。2005 年末各类专业技术人员 66505 人，比上年增长 3.8%。其中，高级职称 2698 人，中级职称 17781 人，初级职称 46026 人，分别增长 15.4%、3.3% 和 3.44%。全年科技投入 3840 万元。其中科技三项费用 3346 万元。

科技创新能力稳步提高，2005 年全年实施各级各类科研项目 263 项，其中国家级 42 项，省（部）级 119 项，无锡市级 18 项，宜兴市级 84 项。新增国家级高新技术企业 7 家、省级 19 家，高新技术产业增加值占全市工业增加值的比重达 30%，荣获省级科技进步先进县（市）称号，科技项目的数量居全国县级市前列。年内有 35 项次科研成果获无锡和宜兴科技进步奖；全年申请专利 433 件，累计 2414 件，授权专利 220 件，累计 1481 件。

（2）教育事业全面发展。2005 年，全市共有普通高中 14 所，招生 7695 人，在校学

生23583人；普通初中39所，招生14429人，在校学生46224人；小学99所，招生8894人，在校学生67350人；中等专业学校2所，招生2950人，在校学生9692人；农职业中学5所，招生2370人，在校学生5221人；特殊教育学校2所，招生32人，在校学生255人；幼儿园58所，在园幼儿20799人。小学入学率、巩固率均达100%，小学升学率99.4%，初中毕业生升学率96.22%。全市各类成人技术培训学校培训学员19.3万人次。高考录取的各类学生7079人，录取率87.7%。

2005年全年用于教育的预算内教育事业费3.38亿元，比上年增长7.8%，用于新建校舍、改善办学条件的总投入19843万元，新增教育用房面积8.5万平方米。

（3）文化事业发展健康繁荣。2005年末全市有艺术表演团体1个，全年演出场次210场，观众42万多人次。2005年，通过挖掘艺术资源，搜集生活素材，捕捉创作信息，激发创作灵感，共创作戏剧、小品、电影电视剧本、舞蹈、曲艺、音乐等大小作品70余件。小锡剧《举贤良》和道情音乐剧《冤家成亲》在第三届滨州博兴国际小戏艺术节中双双获金奖，《举贤良》荣获中国戏剧奖·小戏小品奖；小戏《三拆桥》、话剧小品《坑》分获省第三届小戏小品大赛二等奖、三等奖；小品《木梳三卖》获省第四届少儿艺术节银奖。电影放映单位37个，影剧院座位数为1.92万座，全年电影观众人数达70万人次。市级图书馆1个，藏书25.98万册。广播电视网络健全，覆盖率广。22个镇园全面建成有线网，广播和电视人口覆盖率均达100%，全市有线电视用户27万户。档案馆向社会开放档案29421卷。《宜兴日报》为周六刊彩色胶印报纸，每期发行量3万份。

（4）卫生条件继续改善。2005年，全市共有各类卫生机构531个；拥有病床床位3228张；卫生技术人员3939人，其中执业医师1430人，执业助理医师194人，注册护师（士）1032人。社区卫生服务站、村卫生室总数318个，卫生技术人员450人。

（5）体育事业取得较好成绩。全面构建宜兴特色全民健身服务体系，积极开展形式多样的群众体育活动，群众体育工作继续保持全省领先地位。2005全年举办运动会64次，参加运动会人数7250人次。在省以上赛事中共有26人次获奖牌，其中金牌9枚、银牌8枚、铜牌9枚。2005年圆满成功地承办了十运会女子足球预选赛和决赛以及全国田径大奖赛暨亚洲田径公开赛，提升了办大赛的整体水平。

3. 生活水平不断提高，人民群众安居乐业

（1）城乡居民生活水平不断提高。2005年全年城镇职工工资总额12.9亿元，比上年增长21.9%，城镇职工平均工资18695元，比上年增长17.2%。根据城市住户抽样调查资料，全年城镇居民人均可支配收入13832元，比上年增长15.6%；根据农村住户抽样调查资料，全年农村居民人均纯收入7010元，比上年增长13.2%。年末城乡居民人均储蓄存款21754元，比上年增长18.5%。居住条件继续改善。据城镇、农村住户抽样调查，城镇居民人均住房建筑面积35.93平方米、人均住房使用面积26.36平方米，农村居民人均住房使用面积44.5平方米。

（2）就业和再就业工作成效明显。2005年全年向社会提供就业岗位25427个，实现就业人数22781人，其中，帮助3207名失业人员实现了再就业，帮助658名大龄困难群

体实现了再就业。城镇登记失业率3.16%。

（3）进一步健全和完善了社会保障制度，扩大了养老、医疗、失业、工伤、生育五大保险覆盖面。2005年末全市参加养老保险人数25.16万人，参加医疗保险人数23.46万人，参加失业保险人数16.2万人，参加工伤保险人数14.39万人，参加生育保险人数14.39万人。全市企业离退休人员养老金和所有失业人员失业金全部实行社会化发放，累计享受失业保险待遇人数、享受领取农保金人数、享受农民基本养老保险金人数、享受征地农民生活保障金人数分别为3717人、3987人、165927人和11554人。

（4）福利事业进一步发展。2005年末全市敬老院现有五保供养床位1390张，集中供养人数1390人；建立城镇社区服务中心5个；国家抚恤、补助各类优抚对象1815人。全年销售福利彩票3430万元，筹集福利资金343万元；全年慈善机构接收捐赠款590万元，其中慈善一日捐501万元，定向募捐89万元。慈善会“四助”救助困难群众2700多人次，救助款近200万元。

（5）社会秩序保持稳定。坚持一手抓预防犯罪，一手抓严打整治，切实加强信访调解和社会治安综合治理，认真开展公安“大接访”和社区矫正等工作，“大调解”机制和“大防控”体系进一步健全，再次被评为“省社会治安安全市”。高度重视安全生产工作，加强安监机构和队伍建设，提高重点领域安全监管水平，安全生产形势总体保持平稳。

4. 协调建设三个文明，发展合力日益增强

（1）精神文明建设有力推进。培育了丁蜀镇蜀山村等一批学习型示范村，建成了一批文明村镇、文明单位、文明行业和文明社区。官林镇被评为无锡市唯一的“全国文明镇”。《公民道德建设实施纲要》进一步落实，以有效控减青少年违法犯罪为重点，切实加强未成年人思想道德建设和关心下一代工作。江苏省无锡未成年人社会实践基地被确定为“全国青少年校外教育示范基地”。人民武装工作、国防动员建设均有新发展，征兵任务圆满完成。创建“省双拥模范城”实现“五连冠”。与徐州睢宁、沛县挂钩帮扶工作取得成效。

（2）民主法制建设不断深入。完成了“四五”普法教育任务。深入实施《行政许可法》和《全面推进依法行政实施纲要》，依法行政水平不断提高。

三　徐州市2005年经济社会发展报告

2005年是实现“十五”计划的关键一年。全市上下在徐州市委、市政府的正确领导下，始终高举加快发展大旗，认真贯彻落实科学发展观，积极顺应国家宏观调控，突出工业经济“第一方略”，深入推进改革开放，着力增强经济增长活力和动力，努力提高经济增长质量，完成和超额完成“十五”计划确定的各项目标任务，全市经济和社会发展迈上了新的台阶。国家统计局2005年中国综合实力百强城市信息公布，徐州市入选2005年中国综合实力百强城市，名列2004年度中国100个城市综合实力百强榜第45位。

（一）2005年徐州市经济发展状况

1. 经济发展持续加快，综合实力明显增强

“十五”期间，全市地区生产总值增长速度每年分别为11%、11.4%、12.5%、14%和14.3%，年均增速为12.6%，比“九五”时期提高0.6个百分点；2005年达到1212.15亿元，超额完成“十五”计划确立的1100亿元目标，比上年增长14.3%，增幅提高0.3个百分点，再创1997年以来新高（见图2－18）。其中，第一产业增加值169.96亿元，增长4.0%；第二产业增加值613.92亿元，增长15%；第三产业增加值428.27亿元，增长17.9%。人均GDP13160元（按常住人口计算），增长14.8%。三次产业结构不断优化，由2000年的18.4∶46.8∶34.8优化为14.0∶50.6∶35.3，第二、三产业比重提高1.5个百分点（见图2－19）。财政实力显著增强，2005年财政收入完成145.26亿元，是2000年的3倍，占GDP的比重提高4.6个百分点；一般预算收入完成55.22亿元，比上年增长32.3%，是2000年的2.5倍。财政总收入相当于全市生产总值的比例为12.0%，比上年提高1.3个百分点（见图2－20）。

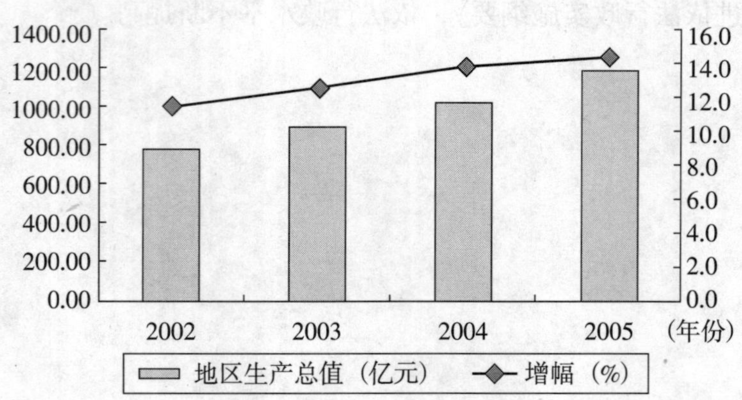

图2－18　2002～2005年徐州市地区生产总值概况

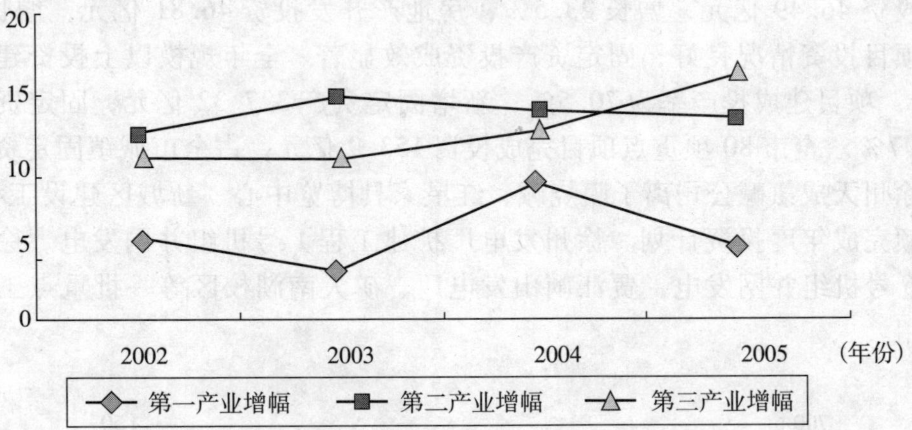

图 2－19　2002～2005 年徐州市三次产业产值增长概况（单位:%）

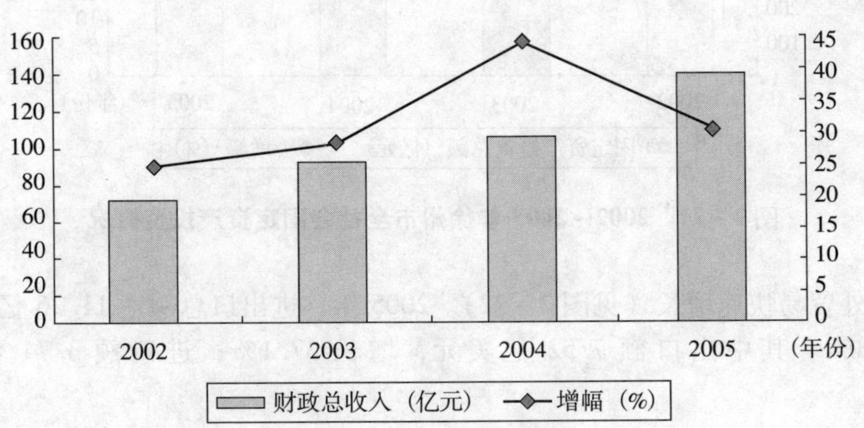

图 2－20　2002～2005 年徐州市财政收入概况

2. 三大需求平稳增长，投资拉动效应明显

（1）固定资产投资快速增长。五年来，全社会固定资产投资累计完成 2039 亿元，年均增速 16.5%（见图 2－21）。2005 年，全社会固定资产投资完成 601.31 亿元，比上年增长 35.0%，增幅比上年提高 18.7 个百分点。规模以上完成投资 530.32 亿元，增长 35.8%，其中城镇投资完成 435.23 亿元，增长 36.5%；农村投资完成 89.30 亿元，增长 25.9%。在规模以上投资中，外商、港澳台经济投资 12.07 亿元，增长 35.6%；民间投资 406.73 亿元，增长 84.1%，其中私营个体经济投资 173.83 亿元，增长 118.8%。民间投资占规模以上投资的比重达 76.7%。投资结构继续优化。在规模以上投资中，第一产业投资 1.60 亿元，比上年下降 7.8%；第二产业投资 329.90 亿元，增长 53.5%；第三产业投资 198.70 亿元，增长 14.3%。工业投资 305.89 亿元，增长 49.1%，其中原材料工业投资 59.84 亿元，机械电子工业投资 70.21 亿元，轻纺工业投资 115.98 亿元，分别增长 41.2%、121.2% 和 95.7%。第三产业投资中，批发和零售业投资46.49亿元，增长23.5%；房地产开发投资46.81亿元，增长51.4%。重点建设项目投资情况良好，固定资产投资成效显著。全年规模以上投资建成投产项目1288个，项目建成投产率为70.5%；新增固定资产327.32亿元，固定资产交付使用率为67.7%。全市80项重点项目完成投资153.9亿元，占全市城镇固定资产投资的35.4%，徐州天成氯碱公司离子膜烧碱、红星家具博览中心、新城区建设工程等53项完成或超额完成年度投资计划。徐州发电厂扩建工程1号机组并网发电、徐塘发电厂扩建工程6号机组并网发电，贾汪阚山发电厂、矿大南湖校区等一批重点工程陆续竣工投入使用。

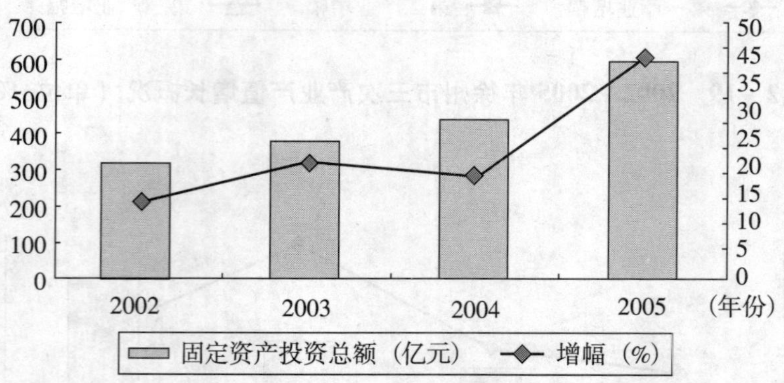

图2－21　2002～2005年徐州市全社会固定资产投资概况

（2）对外贸易快速增长（见图2－22）。2005年，进出口总额达11.26亿美元，比上年增长23.8%。其中出口额7.52亿美元，增长37.1%；进口额3.74亿美元，增长3.7%。

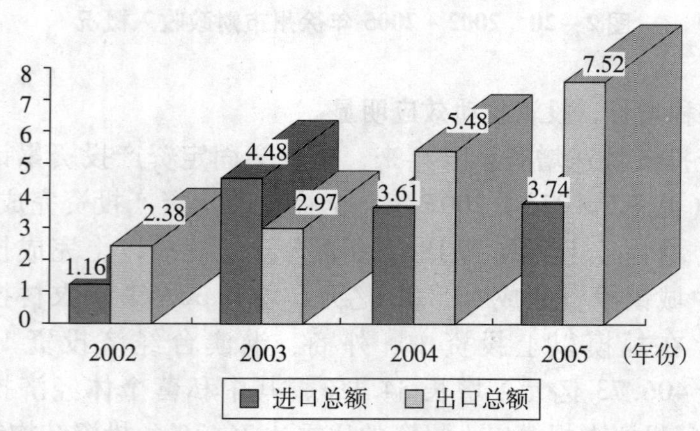

图2－22　2002～2005年徐州市对外贸易概况（单位：亿美元）

（3）消费品市场稳中趋旺。2005年全年实现社会消费品零售总额396.04亿元，比上年增长15.7%，增幅比预期计划目标提高2.7个百分点。分城乡看，城市消费品零售额

247.27亿元，增长16.0%；县及县以下消费品零售额148.77亿元，增长15.0%。分行业看，批发零售贸易业零售额342.42亿元，增长14.3%；餐饮业零售额47.11亿元，增长15.7%；其他行业零售额2.72亿元，增长197.8%。居民消费结构趋于合理，以住房、汽车、信息产品等为代表的新型消费持续升温。全年实现商品房销售额23.99亿元，比上年增长74.5%；限额以上批发零售贸易企业汽车类零售额增长36.5%，通信器材类增长121.4%，家用电器和音像器材类增长67.1%，家具类增长54.1%。

3. 强化有效投入，工业经济支撑作用迅速增强

"十五"期间，累计完成全社会工业投入876.8亿元，2005年完成305亿元，比上年净增100亿元，接近"十五"前三年的总和。其中规模以上工业总产值达1200亿元，比2000年增长1.6倍；全部工业增加值完成517.92亿元，比上年增长14.2%，占GDP的比重比2000年提高4.8个百分点，对GDP增长贡献率达42.9%。其中规模以上工业企业（即国有工业企业及年产品销售收入500万元以上的非国有工业企业）完成增加值397.36亿元，增长21.8%。2005年，工业产品销售率98.10%。2005年，规模以上工业投入及增加值增长速度分别高于全市60和6个百分点。销售收入超亿元企业达135家，25家大企业大集团实现销售收入、利税、利润分别比2000年增长1.3倍、2.7倍和3.3倍。

工业结构不断调整优化。传统行业的技术水平提高，支柱行业的支撑带动作用增强。2005年，全市重点监测的25家大企业、集团实现工业总产值554.53亿元，占全市规模以上工业总产值的45.2%，实现产值100亿元以上的企业1家，50亿元以上的企业4家，10亿元以上的企业16家。产品结构不断优化，高新技术产品加快发展。工业新产品产值60.40亿元，比上年增长9.3%。主要工业产品产量多数保持增长。在列入统计的135种主要工业产品产量中，保持增长的有107种，下降的有28种。品牌经济发展呈现新亮点，创中国名牌产品3个，实现零的突破，省级名牌产品达55个；徐工集团、维维集团和徐州卷烟厂荣获中国制造·行业内最具成长力的自主品牌企业称号。

工业企业经济效益不断提高。2005年全年规模以上工业企业产品销售收入1199.48亿元，比上年增长36.7%；实现利税150.68亿元，增长29.7%，其中国有控股企业97.97亿元，增长21.2%，大中型企业121.69亿元，增长21.2%；实现利润59.75亿元，增长38.5%，其中国有控股企业32.32亿元，增长33.5%，大中型企业47.24亿元，增长29.4%。全年亏损企业亏损总额2.53亿元，比上年下降52.1%，其中国有控股企业下降69.9%，大中型企业下降74.4%。全年工业企业经济效益综合指数为187.17，比上年提高21.2个点。

建筑业发展较快。2005年全年建筑业增加值92.38亿元，比上年增长17.8%。全市具有资质等级的建筑施工企业房屋建筑施工面积2225万平方米，增长12.6%；房屋建筑竣工面积1429万平方米，增长22.6%。

4. 认真落实支农政策措施，农业和农村经济稳步发展

五年来，徐州市财政累计投入支农资金19亿元，2004年以来，落实粮食直补、良种补贴和农机补贴资金1.6亿元，并全面免征农业税及附加，农民负担大幅度减轻。2005年，实现农业总产值208.75亿元。

2005 年，全市上下紧紧围绕农业增效、农民增收，狠抓各项惠农政策的落实，实施以“一免三补”为重点的扶农政策措施，全面推行水稻直接补贴、良种补贴和农机具购置补贴，农村产业结构得到进一步优化，农业在遭遇严重自然灾害的情况下，粮食、棉花、油料等大宗农产品减产，但蔬菜、水果在调整品种、优化品质的基础上较快增长。全年粮食产量 314.13 万吨，比上年减产 4.89 万吨，下降 1.5%。全年粮食种植面积 576.99 千公顷，比上年增加 37.7 千公顷；棉花、油料种植面积 53.33 千公顷和 53.12 千公顷，分别减少 16.84 千公顷和 3.52 千公顷。蔬菜面积 310.97 千公顷，比上年扩大 8.98 千公顷，增长 3%。

林牧渔业稳步发展。2005 年全年林牧渔业增加值比上年增长 10.3%，占农林牧渔业增加值的比重为 25.9%。全年造林面积 7450 公顷，比上年末减少 1122 公顷，下降 13.1%；畜牧水产品产量较快增长，品种结构继续优化。全年肉类总产量 50.16 万吨，比上年增长 10.3%；奶类产量 18.39 万吨，增长 3.1%；禽蛋产量 42.20 万吨，增长 10.7%；水产品产量 16.43 万吨，增长 5.5%；蚕茧产量 13212 吨，下降 10.7%。

农业基础设施建设不断加强，农业生产条件进一步改善。五年累计完成重点水利工程投资 29 亿元，农业综合开发投资 7.05 亿元，改造中低产田 114 万亩，综合机械化水平达 76%。2005 年，重点水利工程建设完成投资 29 亿元，农业综合开发投资完成 7.05 亿元。物质装备水平进一步提高，2005 年末全市农业机械总动力 437.73 万千瓦，比上年增长 4%；拥有大中型拖拉机 7101 台，小型拖拉机 15.64 万台，分别比上年增长 2.1% 和 1.8%；农用排灌动力机械 70.15 万千瓦，与上年基本持平；日光温室面积 310.22 万平方米，增长 0.3%。全年农用化肥施用量（折纯）67.13 万吨，增长 2.0%。农村用电量 29.74 亿千瓦小时，增长 24.4%。

农业产业化步伐加快，农村经济稳定发展。2005 年，各类农副产品加工企业达 5000 多家，其中销售收入 500 万元以上企业达 350 家，比上年增加 38 家，农民专业合作经济组织达 1663 个。农村非农产业持续发展。全年农村工业、建筑业、运输业和邮电业、商业和饮食业等非农产业总产值增长 7.9%，占农业及农村非农产业总产值的比重达 80.2%，比重与 2004 年持平。

5. 积极培育新型业态，现代服务业水平快速提升

2005 年，第三产业完成产值 428.27 亿元，实现增加值 431.82 亿元，全社会消费品零售总额 396.04 亿元。“十五”期间，第三产业增加值与全社会消费品零售总额年均分别增长 13.6% 和 12.9%。

突出中心商圈建设，市场贸易日益繁荣。金鹰国际、中央百货、东安王府井、法国家乐福等著名商家纷纷进驻。晚间经济蓬勃发展，户部山商业步行街商户已达 716 家。大型专业批发市场发展较快，2005 年实现成交额 549 亿元。其中，年成交额超 100 亿元的特大型市场有 2 家，成交额 221.94 亿元。超市、便民连锁店、专卖店、仓储式商场等新型零售业态以及邮购、电视购物、网上购物等新型流通业态以及现代经营方式较快发展。现代物流业方兴未艾，香山物流一期工程、新沂生产资料物流配送中心等建成并投入运营。

旅游经济蓬勃兴起。“十五”期间，徐州接待国内外游客、旅游总收入年均分别增长34%和34.2%，全面完成省下达的旅游倍增计划任务，云龙湖风景区和马陵山景区被评为国家4A级旅游景区。2005年，接待海内外游客首次突破1000万人次大关，比上年增长24.1%；旅游总收入实现同步高速增长，达81.44亿元，比上年增长30.3%。其中，接待来徐旅游、参观访问及从事各项活动的海外游客7.3万人次，创汇5657.94万美元，分别比上年增长44.3%和59.6%；接待国内游客993.59万人次，旅游收入76.81亿元，分别增长24.0%和28.9%。

交通、仓储邮电通信业发展较快。2005年全年实现增加值122.59亿元，比上年增长20.9%。各种运输方式全年完成货物周转量547.28亿吨公里，比上年增长15.1%；内河港口完成货物吞吐量3231万吨。旅客周转量91.01亿人公里，增长7.9%。年末全市拥有公路里程10906公里，其中新增公路里程1136公里；高速公路通车里程299公里。私人车辆增长较快。年末民用汽车拥有量11.55万辆，其中私人汽车7.33万辆，增长26.6%；载客汽车7.97万辆；小型汽车9.16万辆，增长15.3%。邮电通信业快速增长，固定电话号码成功升为八位。全年完成邮电业务总量36.26亿元，比上年增长36.4%。年末固定电话用户数达278.53万户，新增55.38万户，其中城市电话用户165.65万户，乡村电话用户112.88万户。年末移动电话154.97万户，新增12.3万户。全市电话主线普及率每百人30.1部，比上年增加5.8部。国际互联网用户（不含上网卡）21.41万户，增加10.86万户。年末邮政线路总长度5900公里，新增321公里；农村投递线路长度21710公里，新增44公里。

金融机构存贷款稳定增加。2005年，金融机构存款第三季度起超过千亿元，年末金融机构各项存款余额1010.89亿元，比年初增加160.34亿元，增长18.9%；金融机构各项贷款余额491.18亿元，比年初增加55.64亿元，增长12.8%。贷款结构继续改善。短期贷款余额300.66亿元，比年初增加12.84亿元，增长4.5%。其中，私营企业与个体贷款比年初增加0.73亿元，增长90.8%；中长期贷款余额140.44亿元，比年初增加17.63亿元，增长14.4%。

6. 改革开放深入推进，发展环境明显优化

国有企业改革改制取得重大进展，徐工、徐钢等国有大中型企业引进战略投资伙伴有了实质性突破，2005年，318家市属国有企业完成改革改制任务，占总数的87.8%，17.05万名职工身份得到置换，县（市）区属工业企业改制面接近100%。生产经营类事业单位改革顺利开展，社会公益类和行政管理类事业单位改革启动实施；投资体制、金融体制、农村税费等各项改革扎实推进。

对外经济交流和技术合作持续活跃。大力推进招商引资，“十五”期间，全市实际到账外资累计达13.09亿美元，千万美元以上外资项目达139个，分别比“九五”时期增加4.42亿美元、126个；自营出口总额、对外承包工程及劳务营业额年均分别增长31%和33.8%，外派劳务人数是“九五”时期的两倍。2005年，新批外商投资项目173个；新批协议注册外资金额79955万美元，增长9.0%；实际到账注册外资额26056万美元，增长4.1%。全年新签对外承包工程劳务合作合同额3.15亿美元，比上年增长40.0%；

完成营业额3.00亿美元，增长47.8%。

民营经济迅速崛起，连续保持20%以上的增速，2005年，民营经济增加值达628亿元，占全市GDP的52%，增幅高于全市GDP增幅2.4个百分点；民营工业项目投资占全市规模以上工业投资的70%。年末私营企业和个体工商户分别达2.5万户和14.2万户，从业人员达39.5万人和22.3万人，注册资本达244亿元和29.1亿元。投资环境显著改善，2004年以来，连续两年荣登《福布斯》“中国大陆最佳商业城市排行榜”，连续两年被中国台湾电机电子同业公会评为极力推荐投资城市。

（二）2005年徐州市社会发展状况

1. 基础设施建设力度不断加大，城乡面貌明显改观

五年来，城市建设累计投入资金120多亿元，其中2005年完成投资50亿元，是近年来投资力度最大的一年。突出规划龙头作用，高标准完成了徐州都市圈规划、市域城镇体系规划、城市总体规划、分区规划、部分控制性详细规划和专项规划的编制以及一批重要地段城市设计。强力推进老城改造，组织实施了城市中心区综合改造、迎宾路改造、云龙湖“显山露水”工程、小南湖景区建设等86项城建重点工程，城市形象和功能有了较大提升。有序推进新城区建设，基本完成了起步区规划设计、土地征用等项工作，实施了部分主要干道、60万平方米惠民花园、行政办公中心大楼等项工程。“两级政府、三级管理、四级网络”的城管体制进一步完善，区级政府在城市管理中的主体作用明显强化；“四城同创”深入开展，广大市民踊跃参与，城区园林绿化面貌一新，城市文明程度得到提高，生态环境明显改善，市容面貌大为改观，一举获得国家园林城市和省文明城市两块“金字招牌”。县城镇建设得到加强，六县（市）、贾汪区总体规划全部完成，114个镇布局规划通过省建设厅验收，累计完成村镇建设投资30亿元，建制镇新增竣工住宅建筑面积180万平方米。大交通体系日益完善，五年累计完成投资120多亿元，高速公路通车里程达300公里，国省干线公路新增里程190公里。2005年末，人均拥有道路面积10.91平方米。城市化水平进一步提高，年末全市城市化率达到44.1%，比上年上升2.1个百分点。

“十五”期间，围绕人民群众普遍关心的问题，组织完成了58件实事。农村五件实事进展顺利，全面完成省下达的农村税费改革任务，新型农村合作医疗覆盖率达82.44%，农村自来水普及率达88%，改造农村草危房51275户，建设标准等级农村公路4600公里，农村面貌有所改观。

2. 社会保障能力逐步增强，人民生活水平明显提高

2005年末，全市户籍人口925.31万人，比上年末增加8.46万人，增长0.9%，其中，非农业人口315.85万人，增加13.31万人，增长4.4%。2005年1%人口调查显示：全市人口出生率为10.03‰；死亡率为6.66‰；自然增长率为3.37‰。

2005年，城乡居民生活水平进一步提高（见图2-23）。全年城镇以上在岗职工工资总额107.26亿元，在岗职工平均工资18849元，分别比上年增长19.9%和19.2%；全年城市居民人均可支配收入突破万元，达11185.30元，比上年增长13.7%；农村居民人均

纯收入4443元，增长11.0%。居民家庭恩格尔系数（即居民家庭食品消费支出占家庭消费总支出的比重）：城市为35.29%，农村为41.12%。“十五”期间，城市居民人均可支配收入和农民人均纯收入年均增长分别为10.9%和6.5%；在岗职工平均工资达到18370元，年均增长14.5%。

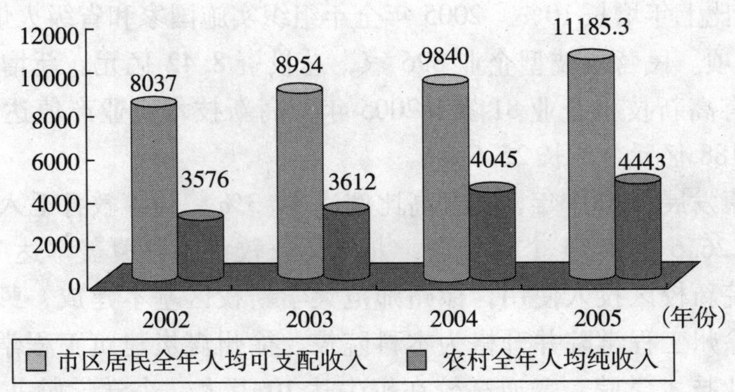

图2-23　2002~2005年徐州市城乡收入对比一览（单位：元）

五年累计实现下岗失业人员就业再就业11.6万人，新增就业25.2万人。2005年末，全市从业人员445.10万人，比上年增加10.37万人，其中城镇国有、集体、股份制、三资等企业在岗职工55.84万人，比上年减少0.48万人；城镇私营个体从业人员37.74万人，增加9.01万人。全年通过多种途径使2.73万名下岗职工实现再就业，3.13万名失业人员实现就业，年末城镇登记失业率3.44%，比上年下降0.59个百分点。输出农村劳动力58.6万人。

城乡居住条件继续改善。2005年，全年城镇投资竣工住宅建筑面积210.43万平方米，比上年增长126.7%。年末城市居民人均住房建筑面积23.31平方米，比上年末增加2.5平方米；农村居民人均生活用房面积29.36平方米，增加1.54平方米。比2000年分别增加4.01平方米和6.84平方米。

社会保障事业得到加强。2005年末，全市城镇参加基本养老保险人数为88.28万人。其中职工参保65.49万人，离退休人员参保22.79万人，农村参保人员72.04万人，农村社会保障网络覆盖率100%。全市参加失业保险的人数为68.98万人，增加3万人。全市参加医疗保险的人数为76.78万人，增加8.38万人。其中参保职工51.95万人，参保退休人员24.83万人。年末全市领取失业保险金人数为4.76万人。城镇职工三项保险参保率分别达到98%、98%和90%，企业离退休人员养老金按时足额发放，城市低保实现应保尽保，11万人享受了农村低保。

社会福利事业稳步发展。2005年末，全市各类收养性单位230个，床位12331张，收养各类人员8856人。城镇建立各种社区服务设施2872个，其中综合性社区服务中心40个。城乡定期社会救济总人数23.90万人，其中有4.94万名城镇居民和12.27万名农村居民享受了最低生活保障。

3. 科技教育加快发展，各项社会事业明显进步

科技事业取得新突破。五年来，组织实施火炬、星火计划项目450项；完成科技成果391项，其中获国家、省部级科技进步奖101项；专利授权量达2221件；省级以上高新技术企业达79家，其中国家级高新技术企业3家；县以上国有独立研究与开发机构25个。2005年全年完成科技成果156项，通过鉴定的有131项，其中达到国际水平12项，填补国内空白96项。受理国家专利申请2205项。全年签订技术合同1198项，技术合同金额3.97亿元，比上年增长10%。2005年全年组织实施国家和省级火炬计划项目19项、星火计划项目60项。民营科技型企业896家，总投资8.42亿元。新增高新技术企业11家。年末全市拥有高新技术企业81家，2005年，高新技术企业产值达155.08亿元。全年技工贸总收入188亿元，增长25.5%。

教育事业健康发展。2005年，初升高比例达84.3%，高等教育毛入学率达33%，分别比2000年提高26.6个和15个百分点，九年义务教育人口覆盖率达100%。中国矿业大学和徐州医学院新校区投入使用，徐州师范大学新校区基本建成，彭城大学和经济管理学院合并组建徐州工程学院并升格为本科院校，徐州煤炭建筑工程学校、徐州化工学校升格为高等职业技术学院，普通高校在校生达10万人。小学学龄儿童入学率100%。特殊教育在校生0.93万人。幼儿园在园幼儿14.95万人。

群众性精神文明创建活动扎实开展，新时期徐州精神深入人心，城乡文明程度有了较大提高。2005年新亚欧大陆桥区域经济合作国际研讨会、首届李可染艺术节等活动在徐州市成功举办。徐州市图书馆、汉画像石馆二期等一批文化设施建成并投入使用。

体育事业蓬勃发展。竞技体育运动成绩斐然。2005年，徐州籍运动员在参加国际比赛中获得金牌1枚；在全国第十届运动会上获得8枚金牌、8枚银牌和10枚铜牌的好成绩；在全省年度比赛中，参加省级比赛项目28个，取得金牌129.5枚，总分居全省第二。成功地举办了全国第十届运动会铁人三项和男子排球比赛。群众体育活动广泛开展，全民健身蔚然成风。建成全民健身工程（点）269处，其中，2005年，新建全民健身工程2个、全民健身点17处。积极组织丰富多彩、群众喜闻乐见的群众体育竞赛活动，极大地丰富了群众的业余生活。

公共卫生体系不断完善。完成了徐州中心医院门诊急诊楼、疾控中心、妇幼保健院综合楼、中医院和传染病院扩建等项工程，市区建成社区卫生服务中心（站）44所，突发公共卫生事件应急防治、疾病预防控制和医疗救治体系得到加强，非典、艾滋病等重大传染病防治取得显著成效。合作医疗制度建设得到加强，以大病统筹为主的新型农村合作医疗制度已在全市全面展开，人口覆盖面达82.5%。人口和计划生育工作依法开展，计划生育率达90%以上。

环境保护综合治理工作得到加强，生态建设步伐加快。2005年建成区园林绿地面积3823.20公顷，绿地率32.4%；绿化覆盖面积4283.40公顷，绿化覆盖率36.3%，公共绿地面积1046.24公顷，人均公共绿地面积7.96平方米。市区公共绿地五年新增323.9公顷、绿化覆盖率达36.86%，全市森林覆盖率达25.5%，上升2.9个百分点，高于全省11.5个百分点。年末全市各级环境监测站8个；环境自然保护区10个，面积74669公顷；建成烟尘控制区面积118平方公里；环境噪声达标区面积86.36平方公里。对重点排污单位进行了排污达标治理。全年工业废水排放总量1.2万吨，工业废水中COD排放量

2.31万吨，烟尘排放量5.49万吨，工业粉尘排放量6.22万吨。城市空气质量逐步提高。在全年空气监测中，城市空气质量达到和优于国家二级标准的天数310天，比上年增加90天。国土资源管理力度加大，有力保障了全市发展的用地需求。

4. 政府自身建设不断加强，民主法制进程明显加快

认真贯彻《行政许可法》，加快实施政府机构改革和行政审批制度改革，行政审批事项由1257项核减到277项，审减幅度达78%，政府机关服务职能进一步加强。深入推进政务公开，建立了市政府新闻发言人制度。坚持领导信访接待日制度，开通市政府门户网站和市长信箱，扩大了与人民群众的沟通渠道。自觉接受市人大及其常委会的监督，主动加强与人民政协的联系，共办理人大代表建议1646件、政协委员提案2807件，满意率均在95%以上。不断改进机关作风，勤政廉政建设进一步加强，审计监督扎实开展，纠风治乱取得明显成效。从2003年起连续三年开展万人评议机关活动，基层和群众对机关作风的总体满意率提高了32.7个百分点。“平安徐州”创建活动广泛开展，社会治安大防控体系、社会矛盾大调解机制逐步完善，大普法活动成效明显，2005年全市刑事案件发案率比上年下降5.6%，重大刑事案件破案率提高9.7%，人民群众的安全感进一步增强。

（三）从企业景气指数看2005年徐州经济运行特点

2005年，徐州市各行业积极应对上一年因国家宏观调控、能源和原材料等要素供求趋紧的延续以及年初以来各行业市场竞争进一步加剧等不利因素的影响，加强各环节的管理，确保企业保持良好的运行状态，从而整体推动徐州市宏观经济继续平稳地向前发展。据徐州市企业调查队对市122家企业景气调查显示：2005年第四季度，徐州市企业家信心指数为110.91，企业景气指数为113.82，确定了徐州市宏观经济运行在年底收尾于景气区间。纵观全年，呈现前低、中高、后缓的格局，2006年，徐州市宏观经济将继续保持良好的运行态势。

1. 全年宏观经济运行总体保持平稳

2005年第四季度企业景气调查资料显示：在122家被调查的企业中，有26.2%的企业家对当前宏观经济运行状况持“乐观”态度，58.51%的企业家认为“持平”，15.29%的企业家看法是“不乐观”，据此计算的企业家信心指数为110.91，反映出徐州市宏观经济运行收尾于向好的景气区间。

纵观全年，第一季度，企业家信心指数为112.14，比2004年第四季度下降14.72点。原因是国家为了抑制经济超常增长，在2004年出台政策干预，随着宏观调控政策措施效果逐步显现，到了2005年年初，徐州市部分企业家的心理受到一定影响，企业家信心指数下降；企业家在接受考验后积极应对，各自重新审视行业市场，对各自行业市场和经营做出理性判断，第二季度，企业家信心指数上升到114.10，比第一季度微增1.96点；第三季度和第四季该指数度保持在110.00左右。

2. 企业生产经营的总体状况良好

受能源市场供应动荡及价格等因素影响，徐州市全年企业景气同样呈现微波动荡的曲线运动状态，但没有很大的起伏，仍保持相对平稳的运行状态。2005 年第一季度企业景气指数为 107.61，比 2004 年第四季度下降 7.22 点，景气指数为 107.61，但停留在景气区间；徐州市出台多项政策，积极鼓励兴办企业和帮助企业投融资助推着企业发展，第二季度企业景气指数爬高到 119.99，比第二季度上升 12.38 点；随着国内能源供应趋于缓和，原材料价格微落，第三季度和第四季度企业生产经营保持良好的状态，企业景气指数分别达到 113.89 和 113.82，运行在偏好的景气区间。2005 年第四季度企业景气调查资料显示，在 122 家被调查的企业中，有 32.30% 的企业家对当前企业生产经营状况持“乐观”态度，49.22% 的企业家认为“持平”，18.48% 的企业家的看法是“不乐观”，据此计算的企业景气指数为 113.82。

3. 第二产业是支撑徐州市全年宏观经济平稳向前发展的关键因素（见表 2－33）

表 2－33　2004 年第四季度～2005 年第四季度徐州市第二产业企业景气指数对照表

行　业	2004 年	2005 年			
	第四季度	第一季度	第二季度	第三季度	第四季度
建筑业	160.91	100.00	158.83	152.26	153.53
工业	124.39	124.63	119.31	116.96	130.41
其中：					
采矿业		136.32	136.32	114.98	114.98
饮料制造业		142.08	182.08	110.83	174.75
烟草制品业		200.00	100.00	100.00	200.00
纺织业		145.45	145.45	122.15	122.26
医药制造业		100.00	200.00	200.00	100.00
金属制品业		133.33	166.67	166.67	166.67
通用设备制造业		134.44	117.87	117.87	117.87

徐州市是以工业为主的城市，随着徐州市委、市政府提出工业强市的战略方针，以及加强能源、交通、资金协调和重点项目的适度投资和市软环境的改善，2005 年，工业企业生产经营继续表现良好，全年工业企业景气指数运行在 116.96～130.41 的较好景气区间，全市工业运行的良好势头确保了徐州市宏观经济平稳的向前发展。2005 年第一季度，工业景气指数达到 124.63，与 2004 年第四季度工业景气指数靠近；第二季度随着工业原料和能源市场动荡及国家政策调控效果显露，第二季度和第三季度工业景气相对第一季度分别微降 5.32 和 7.67，但不影响平稳的发展趋势；第四季度因原料和能源供求趋缓，工业景气出现反弹，景气指数上升到 130.41，为全年最高点。

分行业看，徐州市采矿业、饮料制造业、烟草制造业、纺织业、医药制造业、金属制品业和通用设备制造业七大行业全年生产经营表现突出，景气指数均在100～200 之间，

从而引领和确保了徐州市工业的加快发展。

此外，建筑业在徐州市加快建设特大型城市和改造旧城区的政策影响下，继续保持着近几年快速发展的势头。从全年来看，第一季度建筑企业受国家压缩基础建设投资调控政策影响，景气指数从2004年第四季度的160.91大幅下跌到2005年第一季度的100.00；随着徐州市新一轮城市建设拉开帷幕，第二季度至第四季度建筑业景气指数大幅反弹，连续三个季度景气指数保持在152.26～158.83的高位运行，成为支撑徐州市宏观经济平稳发展又一个关键因素。

4. 第三产业对徐州市宏观经济发展的作用明显

从表2－34可以看出，2005年，徐州市第三产业中除批发和零售业及住宿和餐饮业受季节因素的影响经营欠佳外，其他的交通运输、仓储和邮政业，社会服务业，及房地产业的生产经营状况表现良好，期间略有波动，但是企业景气指数分别运行在114.75～145.89、114.29～142.86和100.00～127.27的偏好景气区间。

表2－34 2005年徐州市第三产业部分行业企业景气运行情况

行业	2004年	2005年			
	第四季度	第一季度	第二季度	第三季度	第四季度
交通运输、仓储和邮政业	108.33	145.89	114.75	128.86	120.52
批发和零售业	133.24	99.32	91.90	83.98	116.63
房地产业	90.00	100.00	109.09	127.27	109.09
社会服务业	114.29	128.57	128.57	114.29	142.86
信息传输、计算机服务和软件业	137.50	162.50	137.50	87.50	87.50
住宿和餐饮业	50.00	—	100.00	100.00	50.00

5. 私营企业、外商及港澳台企业经济加快发展，成为徐州市宏观经济发展的有效动力

从2005年全年来看，徐州市外商及港澳台企业和私营企业生产经营保持向好的发展势头，为徐州市宏观经济发展起到有效的推动作用。虽然期间企业景气指数有些波动，但是企业景气指数分别运行于125.00～137.50和114.29～142.86的较好区间。外商及港澳台企业和私营企业之所以有如此好的表现，主要是徐州市近年来出台招商、扶商和鼓励兴办民营企业的优惠政策出台，加之市场渐趋平稳，外商及港澳台企业和私营企业的发展出现较好势头。

6. 企业生产经营中的主要问题

（1）企业流动资金紧缺，融资不畅成为徐州市全年经济运行中的突出问题。据全年企业景气调查资料显示：第一季度至第四季度综合流动资金景气指数分别为48.22、52.97、61.88和54.45；第一季度到第四季度综合企业融资景气指数分别为65.67、57.42、64.44和66.72。从以上可以看出，全年综合流动资金景气指数和企业融资景气指数一直处在低落状态。流动资金是企业在生产经营活动中参加循环、周转，不断改变其形态，为企业带来效益，并促进企业规模扩张而不可缺少。因此，政府和企业本身应积极吸引资金聚集，促进区域资金和企业资金的要素流动，提升地区经济竞争力和企业竞争力。

（2）部分行业劳动力需求矛盾比较突出。从全年企业景气调查资料来看，徐州市部分行业用工荒明显。其中，住宿和餐饮业全年三个季度劳动力需求景气指数在50以下，批发和零售业全年四个季度劳动力需求景气指数在99.85以下，交通运输、仓储和邮政业全年四个季度景气指数在93.25以下。产生的主要原因是劳动力工资水平低，以及地区劳动力向南方经济较发达的地区转移的缘故，作为企业，应根据自己的实际经营情况对劳动力工资水平做出合理性的判断，以便吸引更多的务工人员。

（四）“十五”期间徐州市经济社会发展中面临的矛盾与问题

过去的五年，是徐州市发展史上综合实力提升最快、城乡面貌变化最大、人民群众得到实惠最多的时期之一。

回顾“十五”，徐州市政府主要有以下几点体会：①必须始终坚持加快发展这个主题，创造性地开展工作。近年来，全市上下的发展氛围日益浓厚，广大干部群众干事创业、奋力争先的热情日益高涨，这是徐州加快发展最为宝贵的财富。②必须始终坚持工业经济“第一方略”，奏响富民强市的主旋律。集中精力上项目、全力以赴抓民营、强市首在强工业、谋求富民新举措，是“十五”期间全市经济和社会快速发展的关键所在。必须牢固坚持工业强市信念不动摇，狠抓项目带动不放松，只有这样，才能实现新的、更大的跨越。③必须始终坚持改善环境创优势，营造促进发展的良好氛围。“十五”的发展成就，在较大程度上得益于投资环境的改善。五年来的工作也充分表明，只要政府真心实意地改善服务、为投资者着想，就能够不断增强徐州的凝聚力和吸引力，掌握加快发展的主动权。④必须始终坚持以民为本、关注民生，在发展中落实执政为民的宗旨，让全市人民得到更多实实在在的利益。只要始终坚持发展为了人民，加快发展依靠人民，发展成果由人民共享，就一定能够更好地带领广大人民群众，共同推动全市经济和社会又快又好地发展。

过去五年的发展为实施“十一五”规划奠定了坚实基础，但徐州市发展中依然面临着一些矛盾和问题。这主要表现在：经济结构性矛盾还没有得到根本缓解，经济增长方式较为粗放，资源能源利用效率较低；对外开放相对滞后，实际利用外资总量依然偏小；名牌产品和品牌企业数量不多，R&D/GDP水平仍显不足，自主创新能力亟待增强；城乡居民收入差距依然较大，农民持续增收、就业岗位增加的难度加大，部分群众生活还比较困难；物价上涨压力增加，生产资料价格大幅上涨对下游产品成本的传导滞后影响将逐渐显现，成本推动物价上涨的压力加大；资源环境对经济社会发展的制约日益明显，部分生产要素紧张，资源约束矛盾突出，环境压力加大；因利益调整引发的社会矛盾增多，关注民生、维护稳定方面还有大量工作要做；政府职能转变和优化服务尚需进一步加强，一些部门工作作风、服务意识和办事效率存在一定问题，有的还较为突出。对此，

必须采取有力措施加以解决。

2006 年是实施“十一五”规划的第一年，也是在更高起点、更大平台上跨越发展的关键一年。2006 年政府工作的总体要求是：按照“十一五”发展的指导思想和战略部署，着力在改革开放、结构调整、自主创新、统筹发展上下工夫，在工业经济、新农村建设、沿东陇海线产业带开发、徐州都市圈建设等方面取得新突破，促进全市经济和社会又快又好地发展，确保为“十一五”发展起好步、开好局。

2006 年，国民经济和社会发展的主要预期目标是：①地区生产总值增长 13.5%。②一般预算收入增长 15% 以上。③全社会固定资产投资增长 20%。④实际到账注册外资增长 30%，自营出口总额增长 20%。⑤社会消费品零售总额增长 15%。⑥城市居民人均可支配收入增长 10%，农民人均纯收入增长 8.5%。⑦城镇登记失业率控制在 4% 左右，新增就业 4.6 万人。⑧人口自然增长率控制在 5‰以内。⑨万元 GDP 能耗下降 4.5% 以上。

（五）徐州市的经济发展在长三角中的地位

1.“十五”期间，徐州生产总值在长三角中所占比重的变化趋势

在“十五”期间，徐州市的发展是富有成效的，也是有着长远影响的，但是与长三角其他兄弟城市相比，这种发展速度还是显得较为缓慢，特别是和苏南的一些先进城市比，这种差距尤为明显。2002～2005 年四年间，徐州市地区生产总值在长三角中所占比重分别为 3.33%、3.22%、3.20%、2.97%（见图 2－24）。徐州市在发展中依然面临着一些矛盾和问题：经济结构性问题还没有得到很有效地解决，经济增长方式与其他兄弟城市相比仍然是粗放式经营；受客观条件的限制，徐州市的对外开放也相对滞后。

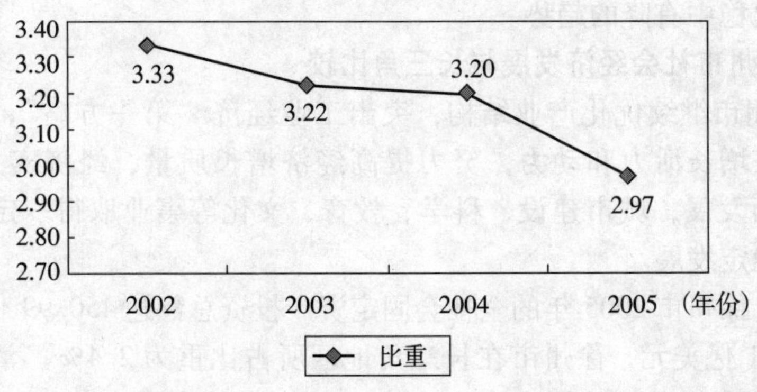

图 2－24　2002～2005 年徐州市地区生产总值占长三角生产总值比重（单位：%）

2.“十五”期间徐州市产业结构变化情况

“十五”期间，徐州市各产业产值在长三角中所占比重的变化并不很明显。而其最大的特点是，从第二产业在长三角中所占比重与第一产业、第三产业在长三角中所占比重的比较中，第二产业相比其他两个产业来讲，所占的比例非常小，几乎可以忽略不计。

2002～2005 年，徐州市第一产业占长三角第一产业的比重分别为 7.27%、7.22%、

6.90%和7.18%。通过以上数据，我们可以看出，徐州市的第一产业在长三角总比重中所占的比例较大，对长三角的第一产业发展有着重大的意义（见图2－25）。

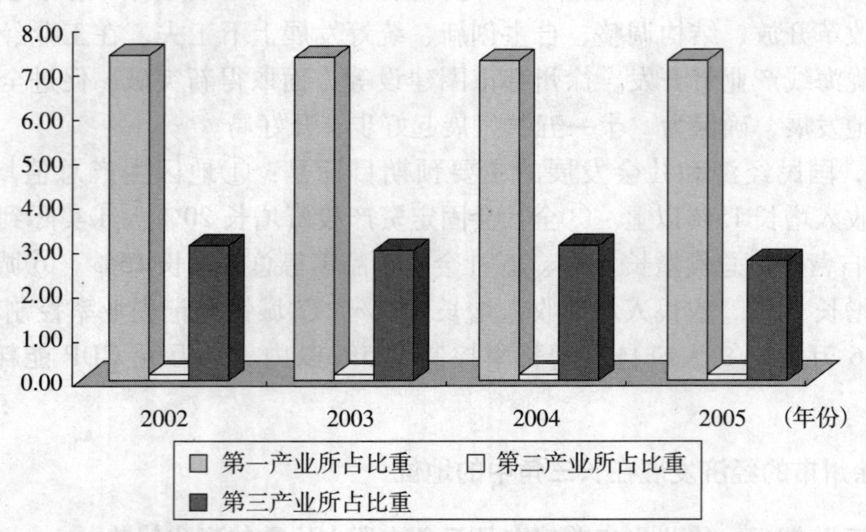

图2－25　2002～2005年徐州市各产业值占长三角产业总值比重（单位:%）

2002～2005年，徐州市第二产业占长三角第二产业的比重分别为0.06%、0.05%、0.04%、0.03%。第二产业在总比重中所占的比例极少，而且呈现出很明显的下降趋势，这说明，从第二产业来讲，徐州市还没有跟上长三角大部分城市高速增长的步伐。

2002～2005年，徐州市第三产业占长三角第三产业的比重分别为2.99%、2.89%、2.99%和2.62%。通过以上数据，我们可以看出，第三产业在长三角总比重中所占的比例从总体上呈现出稳中有降的趋势。

3. 2005年徐州市社会经济发展与长三角比较

2005年，徐州市继续优化产业结构，突出工业经济“第一方略”，深入推进改革开放，着力增强经济增长活力和动力，努力提高经济增长质量，经济实力得到显著提高。各种社会事业全面发展，城市建设、科学、教育、文化等事业取得一定成绩，社会经济发展实现健康、稳定发展。

在经济方面，徐州市2005年的全社会固定资产投资总额达450.99亿美元，整个长三角地区为18978.51亿美元，徐州市在长三角地区所占比重为2.4%。消费品市场稳中趋旺，2005年社会消费品零售总额达396.04亿美元，占整个长三角地区13304.55亿美元的3.0%。对外贸易保持稳定发展，实现出口总额7.52亿美元，在长三角地区2905.28亿美元中的比重较小，仅为0.3%。

交通运输发展良好，2005年，整个长三角地区实现公路旅客运送量292977万人，其中，徐州市为7202万人，占长三角总量的2.5%。长三角地区的公路货运总量为190433万吨，其中徐州市为6114万吨，比重为3.2%。在民用汽车拥有量方面，长三角地区民用汽车拥有总量为492.06万辆，徐州市为11.55万辆，占整个长三角地区的2.3%。

表2－35　2005年徐州市与长三角社会经济发展部分指标比较

指　标	长三角	徐州	比重（%）
固定资产投资（亿元）			
全社会固定资产投资总额	18978.51	450.99	2.4
国内商业			
社会消费品零售总额（亿元）	13304.55	396.04	3.0
对外经济贸易			
出口总额（亿美元）	2905.28	7.52	0.3
客运量总计（万人）			
公路	292977.00	7202.00	2.5
货物运输量总计（万吨）			
公路	190433.00	6114.00	3.2
民用车辆拥有量（万辆）			
民用汽车拥有量	492.06	11.55	2.3
邮电业务总量（亿元）			
年末市内电话（万户）	4507.77	278.53	6.2
年末移动电话用户（万户）	6680.00	154.97	2.3
国际互联网用户（万户）	1597.46	21.41	1.3
从业人员合计（万人）	8474.20	452.20	5.3
第一产业	2241.24	182.63	8.1
第二产业	3266.99	127.69	3.9
第三产业	2965.97	141.88	4.8
教育			
普通中学在校学生（万人）	759.68	81.51	10.7
小学在校学生（万人）	881.43	72.24	8.2

邮电业务总量保持稳定，2005年，徐州市年末市内电话用户总量为278.53万户，占长三角地区总量4507.77万户的6.2%。年末移动电话用户为154.97万户，长三角移动电话用户总量为6680万户，比重为2.3%。国际互联网用户为21.41万户，长三角用户总量为1597.46万户，比重仅为1.3%。

2005年末从业人员比例结构反映出徐州市仍需进一步调整产业结构，二、三产业吸纳更多的农村劳动力，实现劳动力在各产业的合理分配，进而提升产业的生产力。2005年，徐州市第一产业的从业人员为182.63万人，占整个长三角地区的比重高达8.1%，远远高于徐州市从业人员总数在长三角中所占的比重和第二、三产业从业人员在长三角中的比重，分别为5.3%、3.9%和4.8%。这反映出连云港市第一产业的从业人员占全市从业人员的主要部分，劳动力仍集中在农业，因此，要继续调整产业结构，转移部分农业中的劳动力到二、三产业中。

在义务教育方面，全市义务教育内在校学生人数基本稳定。2005 年，徐州市小学在校学生人数为 72. 24 万人，占整个长三角地区小学在校学生总数 881. 43 万人的 8. 2%。普通中学在校学生人数 81. 51 万人，长三角地区普通中学在校学生人数为 759. 68 万人，比重为 10. 7%。

沛县经济社会发展情况

（一）沛县概况

1. 自然地理

沛县地势西南高东北低，为典型的冲积平原形。属暖温带半湿润季风气候，四季分明。年平均气温 13. 8℃，年平均降水量 757. 8 毫米，年日照时间 2308 小时，年平均无霜期 260 天，年平均相对湿度 72%。境内水资源较丰富，东西走向的主要河道有杨屯河、沿河、鹿口河等，南北流向的主要河道有大沙河、姚楼河、龙口河、徐沛河、苏北堤河、顺堤河等。地下水储量约 22. 19 亿立方米。

境内以煤炭资源最为丰富，煤田面积为 160 平方公里，已探明储量为 23. 7 亿吨，具有煤层多、煤层厚、储量大、煤质好、分布稳定而有规律等特点。现在，年产优质原煤已达 1000 万吨以上，是中国沿海地区主要的煤炭基地之一。

沛县是汉高祖刘邦故里、明太祖朱元璋祖籍地，素有“千古龙飞地，一代帝王乡”之美称。作为汉文化的发祥地，文化遗产丰富，名胜古迹众多。泗水亭、琉璃井、高祖原庙、射戟台等历史景点驰名中外。其中大风歌碑、汉化像石、汉代陶器均为国家珍贵文物。

沛县汉城占地 989 亩，投资 1. 5 亿元，由汉城公园、汉街、汉高祖原庙、歌风台、沛公大酒店、春雨楼等大型仿汉建筑群组成，是一座集游、购、娱、吃、住、行等配套一体的“城中之城”。

微山湖景色秀丽，百里荷花闻名遐迩。大沙河四季常绿，花卉繁多，流水清澈见底，自然风光美不胜收，是较为理想的旅游景点。

2. 历史沿革

沛县，因古有“沛泽”而得名。

沛县为汉高祖刘邦的故乡和发迹之地，亦是明太祖朱元璋祖籍，向有“汉汤沐邑”，“明先世家”和“千古龙飞地”之称。

沛县位于江苏省西北端，东靠微山、昭阳两湖，北与山东接壤，处于淮海经济区的中心部位和华北平原的东南边缘，总面积 1576 平方公里，总人口 118 万。

沛县历史悠久，春秋战国时，沛地属宋国，齐、楚、魏灭宋，楚得沛地，设县。秦统一中国后，建沛县，属泗水郡。西汉改为沛郡，辖沛县。北齐天宝元年（550 年）撤销沛郡，沛县隶属彭城郡。隋、唐时隶属徐州。宋金议合后，沛县人金。金天兴二年（1233 年），沛地升格称源州。元代沛县先后属济宁府、济州。明、清时隶属徐州、徐州府。民国初年隶属徐海道，民国三十七年（1948 年）11 月全境解放，正式组建沛县民主政府，隶属于冀豫行署湖西专员公署。1953 年 1 月，隶属于徐州地区专员公署。1983 年

1月，实行市管县新体制，沛县隶属徐州市。至今已有2200余年的历史。

3. 行政区划

沛县共有15个镇、57个居民委员会、324个村民委员会。面积1349平方公里，人口120.3万人。

（二）2005年沛县经济发展状况

1. 积极适应形势变化，国民经济快速发展

2005年，全县生产总值实现124亿元，比上年增长15%。财政收入实现8.5亿元，比上年增长36.8%，其中，一般预算收入4亿元，比上年增长32.4%。

2. 三大需求拉动经济稳步增长

2005年，社会消费品零售总额完成24.5亿元，比上年增长15.5%。民营经济快速成长。2005年，全县民营经济完成增加值47.2亿元，比上年增长24.1%，年均递增17.8%。净增民营企业502家，累计达到1800家，注册资本20亿元，民营企业个数、注册资本均比2000年翻番。民营经济入库税金2.1亿元，比2000年增长252%。

开放型经济取得新成绩。“十五”期间，全县累计实际到账外资8026万美元，比“九五”末增长44.1%；自营出口累计实现2086万美元，年均增长44.7%；劳务输出合同额累计完成7571万美元，年均增长17.9%。

3. 三大产业齐头并进，带动全市经济增长

1）农业

农村经济稳步发展。致力于农村社会和谐发展，全力推进农村基层组织、事务管理、服务保障、资源配置、文化教育五个体系建设，积极主动地从县域层面破解“三农”难题。2005年，农民人均纯收入4775元，比上年增长10.4%，年均递增7.3%。农业产业化步伐加快。主要农产品商品率达80%以上，粮经比达到45:55。2005年，新上1000万元以上农副产品加工龙头企业25家，其中福润、海阔、森磊、徐州大丰等投资5000万元以上项目在2005年上半年建成投产。农村专业合作经济组织达424个，入会会员8.2万人。生态肉鸭、优质稻米、创汇特菜三大优势主导产业和三大经济板块生产格局基本形成。劳务经济进一步壮大。2005年，全县劳务输出26万人，比上年增加8.5万人，初步形成了建筑防腐、保安、电子装配、运输等一批名牌劳务。农业生产条件显著改善。“十五”期间，重点实施了大沙河分期治理、36条骨干河道疏浚，累计完成土方5000万方。改造中低产田11.2万亩，治理采煤塌陷地2万亩。农业机械综合作业水平达到79.5%。

2）工业

工业经济快速增长。2005年，列统工业销售收入63亿元，比上年增长62%，比2000年增长2倍，年均递增30.6%。重大项目建设取得突破性进展。近年来，先后完成了投资25亿元的电解铝、投资12亿元的天成氯碱、投资10亿元的龙固坑口电厂，以及华隆织染、华正塑编、汉唐服饰、千龙木业等一批亿元以上重大项目。投资20亿元的龙都兴业60万吨甲醇、投资5亿元的年产30万吨纳米碳酸钙、投资1.5亿元的年产60万吨芭田复合肥、投资1500万美元的年产220万对液晶显示器等一批亿元以上项目正在建设，年内投产。投资5亿美元的禄恒能源60万吨液相甲醇项目前期工作进展顺利，投资8000万美元的PVC手套项目已签约。2005年，完成工业性投资40亿元，开工建设投资1000万元以上的项目109个，其中，亿元以上项目14个。煤电、重化工、铝深加工三大支柱产业和纺织、塑编、机电、农副产品加工四大产业集群初步形成。

建筑业实现新突破，2005年，全县建筑业总产值达18亿元，实现税收5000万元。

3）第三产业

现代服务业水平快速提升。投资3亿元的金凤凰建材装饰城已经建成，投资4亿元的温州商贸广场建设及场内招商进展顺利。引进苏宁、农工商、五星电器等大型超市、连锁经营流通企业，城区商贸营业面积达40余万平方米。金融运行平稳增长。2005年末，金融机构存款余额90.5亿元，比年初增加12.6亿元，其中城乡居民储蓄余额71亿元，比年初增加9.9亿元。

（三）沛县社会发展基本状况

1. 各项改革进一步深化

县属企业改革取得突破性进展。2005年列入改制计划的56家企业全部进入改制程序，37家实施破产，在企业破产过程中最大限度地维护了职工利益，保证了改革平稳推进。农村税费改革稳步推进。全面落实"一免三补"等支农惠农政策，全部免征了农业税和农业特产税。农民负担总额比改革前减少1.36亿元，人均减负152.8元。机关事业单位改革有序推进。教育改革步伐加快，办学体制实现多元化，投资3500万元的民办新华中学建成招生；镇级农业服务体系改革全面完成；在机关事业单位推行了中层干部竞聘上岗。行政管理体制改革取得新进展。大力缩减行政审批事项，县级审批总事项减少50%。

2. 城市建设管理与环境整治并进

加快城市建设，中等城市框架基本形成。"十五"期间，先后投资50多亿元，实施了"十路两场"、"九路两带十五园"等城市基础设施项目，总建筑面积210万平方米。新建紫荆花园、锦绣家园、风光地带等16个住宅小区，新增住宅面积120万平方米；新建城区道路16条，新增面积138.9万平方米；新增绿地80万平方米，城市绿化覆盖率达35%；城区建成面积由17平方公里扩大到36平方公里，城市化率达到38.6%。2005年确定的45项重点工程建设进展顺利，东风东路、汉城滨水观光带、燃气管网等36项工程已经完成，9项跨年度工程达到阶段性控制目标。基本解决困扰沛县多年的城建遗留问题，严肃查处了一批违法违纪人员，切实维护了群众的合法权益。

强化城市管理，城区环境明显改善。以迎接省级文明城市复检为契机，响应徐州市"四城同创"，突出违法建设、小区管理、环境卫生、交通秩序、美化亮化等方面的综合整治，城市面貌明显改观。

大力整治软环境，投资环境不断优化。深入开展万人评议机关和"双建双评"活动，实行首问负责、服务承诺和承办事项责任追究制度，加大力度查处"涉软"案件，2005年，受理投诉35件，立案8起，处理8人。加强收费管理，严格执行涉企检查准入制度，

维护了投资者利益，提升了沛县的美誉度。

3. 社会事业全面进步

实事工程顺利实施。2005 年初，沛县县委、县政府确定为民办的 10 件实事得到较好落实。三年农村改水新增受益人口 15 万人，农村卫生自来水普及率达 82%。新型农村合作医疗农民参合率达 80.3%。全县 10083 户、18872 人享受农村低保。通过干部结对帮扶，2087 名孤贫特困学生享受义务教育阶段免费教育，22453 名贫困学生免费使用教科书。三年建成农村等级公路 670 余公里，农村村通灰黑公路比重达 80%。全县行政村班车通达率达 93% 以上。全面完成了 15 个小游园、8 座公厕等便民工程建设任务。加快镇中心敬老院建设，新增床位 752 张，集中供养达到 1818 人。

社会事业协调发展。科技实力显著增强。“十五”期间，组织实施火炬、星火计划项目 62 项，推广农业科技成果 52 项，新技术 47 项。教育事业蓬勃发展。2005 年，全县适龄幼儿入园率达到 72%，比 2000 年提高 10 个百分点，义务教育巩固提高，初中毕业生升高中段教育的比例达到 83%。累计投资 3 亿元，全面完成了中小学布局调整、危房改造、三新一亮、六有和校校通工程建设任务，办学条件得到极大改善。地方文化建设卓有成效。全县有 13 个镇建成万册图书馆，80% 的行政村建成千册图书室。全民健身活动蓬勃开展，竞技体育成绩显著，沛县选手参加市级以上体育比赛共获奖牌 653 枚，其中国家级以上金牌 18 枚。实现村村通无线广播，有线电视村通率达 76%。人口与计划生育工作水平有了新的提高，争创省人口与计划生育工作先进县可望通过省验收。环境保护和生态建设取得突破性进展，沛县生态示范区创建通过国家验收。妇女儿童、老龄、残疾人事业、国防动员、审计、统计、物价、药监、技术监督、供电、邮政、电信、烟草、盐业、民族宗教、气象、人防、房改、墙改、台侨外事、档案、史志等各项工作都取得了新的成绩。

精神文明建设不断深化。深入开展文明城市、文明村镇、文明行业、文明家庭等群众性精神文明创建活动，加强未成年人思想道德建设，积极开展公民道德教育，城乡文明程度和居民素质有了新的提高。网吧管理取得显著成效。

4. 社会保障体系日趋完善

落实优惠政策，拓展就业空间，发放再就业优惠证 3600 多份，净增就业 10550 人。及时足额发放企业离退休人员养老金，社会化发放率 100%。城市居民最低生活保障提标扩面，受益 1987 户、6420 人。城镇职工失业保险、养老保险、医疗保险参保率分别达到 97%、98% 和 83%，城镇登记失业率一直控制在 3% 以内。

5. 民主法制建设进一步加强

民主法制建设进一步加强。坚持定期向县人大常委会报告工作，向县政协通报情况，认真办理人大代表建议和政协委员提案。“四五”普法和依法治县工作扎实推进，干部群众法制意识明显增强。试行了学分制管理，公务员学习培训系统规范。高度重视群众来信来访，研究解决了一批久拖未决的信访问题，集访、越级访现象明显下降。行政监察、政府法制、反腐倡廉工作得到加强。切实抓好安全生产，积极创建“平安沛县”，强化社会治安综合治理，严厉打击刑事犯罪活动，社会政治持续稳定。

四　常州市2005年经济社会发展报告

2005年，全市人民在常州市委、市政府的正确领导下，以邓小平理论和“三个代表”重要思想为指导，深入贯彻党的十六届五中全会精神，坚持以科学的发展观统领经济社会发展全局，紧紧围绕力争“两个率先”、实现富民强市总目标，凝心聚力，奋力拼搏，积极进取，勇于作为，国民经济保持了快速发展，各项社会事业全面进步，人民生活水平稳步提高，全面完成了市十三届人大四次会议确定的各项目标任务，全面实现了“十五”计划确定的主要发展目标。

（一）常州市2005年经济社会发展状况

1. 经济发展

1）国民经济平稳较快增长，综合实力不断增强（见图2－26）

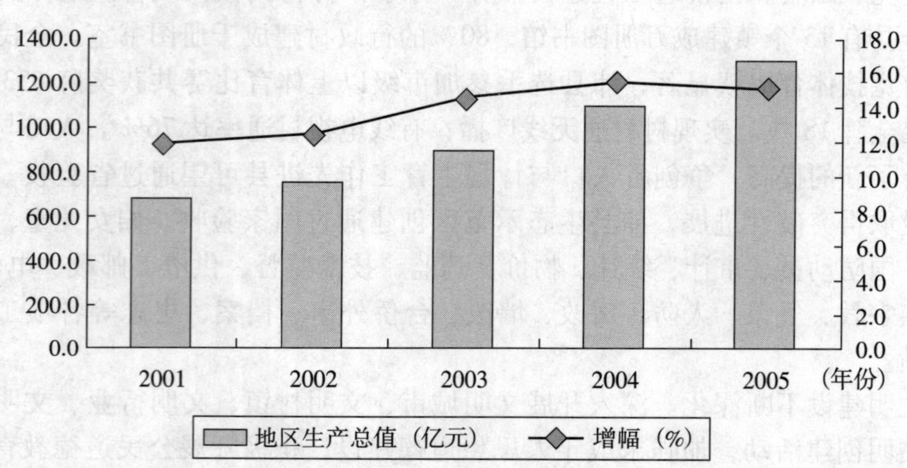

图2－26　2001～2005年常州市地区生产总值一览

2005年，全市实现地区生产总值（GDP）1303.36亿元，按可比价格计算（下同），增长15.2%。从三次产业看，第一产业增加值56.56亿元，增长5.0%；第二产业增加值796.12亿元，增长16.3%，其中工业增加值717.23亿元，增长16.5%；第三产业（服务业）增加值450.68亿元，增长14.8%。三次产业结构为4.3∶61.1∶34.6，二、三产业比重比上年提高0.6个百分点。全市按户籍人口计算的人均GDP达37207元，比上年增长14.2%，按现行汇率折算达4606美元。在经济总量迅速扩大的同时，地方财政实力也显著增强，财政总收入突破200亿元，达到220.4亿元，比上年增长25.9%，其中，地方一般预算收入95亿元，增长27.4%；一般预算财政支出97.0亿元，增长28.2%。财政收入占GDP的比重继续上升，由上年的15.9%提高到16.9%（见图2－27）。

（1）农业及农村经济。农业综合生产能力明显提升，实现农业增加值56.5亿元；农业产业化经营步伐进一步加快，形成花卉苗木等优势产业带（区）80多万亩，25家市级

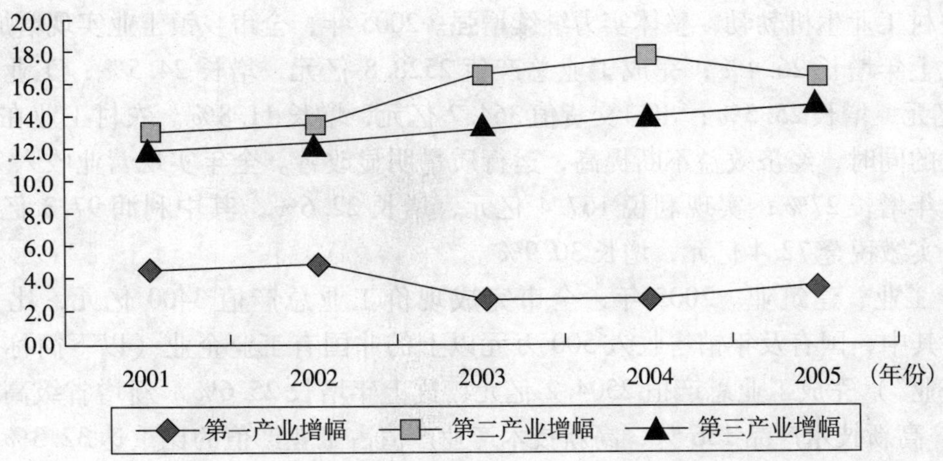

图 2-27 2001~2005 年常州市三次产业产值增长概况（单位：%）

以上重点农业龙头企业经营收入突破 100 亿元；农村集体经济股份合作制改革等三大改革稳步推进。

• 结构调整成效显著，现代农业步伐加快（见表 2-36）。2005 年全年农林牧渔业总产值达 103.8 亿元，比上年增长 4.4%，其中农业产值 50.1 亿元，增长 5.2%；畜牧业产值 18.8 亿元，增长 2.7%；渔业产值 28.9 亿元，增长 4.3%。在稳定粮食生产的前提下，继续扩大经济作物种植面积，土地利用效益得到有效提高。全年粮食总产量达 98.1 万吨，粮食作物和经济作物的播种面积比例为 1.5:1，优质水稻、优质油料作物种植比例分别达 74.1% 和 94.2%，比上年提高 3 个和 1 个百分点，水稻良种覆盖率达 98% 以上，居全省前列。水产、花卉、茶叶等特色农业稳步发展，年底拥有特种水产养殖面积 48 万亩，增长 3%；花卉苗木种植面积达 20 万亩，增长 8%；茶园总面积达 8.8 万亩，增长 8.6%。积极实施科技兴农战略，大力倡导无公害农产品和绿色食品生产。全年新建无公害农产品生产基地 25 个、10.5 万亩，无公害农产品生产基地总面积达 151.9 万亩；新增无公害农产品 31 个、绿色食品 17 个、有机食品 16 个、名优农产品 4 个，共有无公害农产品 212 个、绿色食品 70 个、名优农产品 135 个。

表 2-36 2005 年常州市农村工业各项指标概况

单位：亿元，%

名　称	总　额	增　幅	名　称	总　额	增　幅
工业总产值	2528.8	24.5	营业收入	2438.4	27.0
总产增加值	591.5	26.4	利　税	167.4	22.6
工业销售产值	2462.7	25.5	利　润	97.3	23.2
出口交货值	364.7	11.8	实交税金	72.4	30.9

•农村工业生机勃勃，整体实力继续增强。2005 年，全市乡镇工业实现增加值 591.5 亿元，比上年增长 26.4%；完成工业总产值 2528.8 亿元，增长 24.5%；工业销售产值 2462.7 亿元，增长 25.5%；出口交货值 364.7 亿元，增长 11.8%。农村工业在总量规模持续扩大的同时，经济效益不断提高，运行质量明显改善。全年实现营业收入 2438.4 亿元，比上年增长 27%；实现利税 167.4 亿元，增长 22.6%，其中利润 97.3 亿元，增长 23.2%，实缴税金 72.4 亿元，增长 30.9%。

（2）工业、建筑业。2005 年，全市完成现价工业总产值 3400 亿元，比上年增长 23.5%，其中，国有及年销售收入 500 万元以上的非国有工业企业（以下简称“规模以上工业企业”）完成工业总产值 2504.2 亿元，比上年增长 25.6%。新增省级高新技术企业 39 家、高新技术产品 156 只，高新技术产业产值占工业产值的比重达 32.3%；中天钢铁销售收入达到 108 亿元，成为常州市首家销售超百亿元的企业集团；新增境外上市企业 3 家、中国驰名商标 1 个、中国名牌产品 8 个，入选中国品牌经济城市。工业在全市经济中的主体地位进一步提升，工业增加值占地区生产总值的比重达到 55.0%，对 GDP 增长的贡献份额上升到 65.3%，分别比上年提高 2.9 个、7.5 个百分点。规模以上工业中，轻工业完成产值 744.2 亿元，重工业完成产值 1760 亿元，分别增长 6.9% 和 35.7%；外商及港澳台资企业完成产值 721.2 亿元，增长 30.1%，股份制企业完成产值 1365.6 亿元，增长 28.3%。全市工业用电量达 145.2 亿千瓦时，比上年增长 21%（见图 2－28）。

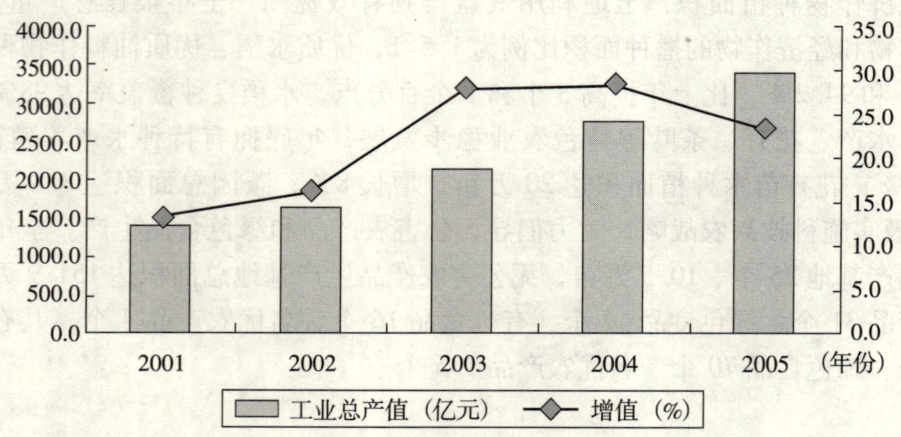

图 2－28　2001～2005 年常州市工业总产值概况

•经济效益继续提高，运行质量稳步上升。2005 年，规模以上工业完成产品销售收入 2459.6 亿元，比上年增长 25.5%，实现利税 161.8 亿元，增长 22.7%，实现利润 96.2 亿元，增长 23.5%，其中，高新技术产业利润总额达 46.4 亿元，增长 25.8%。工业经济运行质量进一步提高，全市工业产品销售率为 98.2%，比上年提高 0.4 个百分点；工业经济效益综合指数达 155.6%，比上年提高 13.2 个百分点，其中全员劳动生产率比上年增长 21.7%，资本保值增值率达 117.7%。

•新兴产业发展良好，总量规模逐步壮大。电子信息设备制造及软件、生物医药及

精细化工和新型材料三大新兴产业经济规模继续壮大，全年完成现价产值398.4亿元，实现销售收入391.9亿元，工业增加值95.3亿元，分别比上年增长14.8%、13.5%和17.2%；实现利税33.7亿元，比上年增长23.2%，其中利润22.7亿元，增长24.8%。

• 规模企业数量增多，支撑作用日益明显。2005年，全市纳入统计的规模以上工业企业共3593家，比上年增加432家。全年有458家企业产值超过亿元，比上年增加85家，其中27家企业年销售收入超过10亿元，比上年增加5家；利税超亿元企业达26家，比上年增加6家，利润超亿元企业18家，比上年增加7家。

• 建筑企业平稳发展，劳动效率继续上升。全年建筑业实现增加值78.9亿元，按可比价格计算，增长14.5%；全员劳动生产率为13.0万元/人，比上年增长10.4%；外出施工人数达9.4万人，增长2%。建筑企业实现施工产值287亿元，增长10%；当年施工面积达3092万平方米，增长17%；完成竣工面积1640万平方米，增长13%。

（3）第三产业。2005年，服务业发展呈现良好势头，增加值达到450.4亿元，增长16.6%；全社会消费品零售总额420亿元，增长16.3%；旅游业游客和收入分别增长23%和23.5%。

• 金融运行态势良好，信贷结构优化调整。金融机构各项存贷款保持较快增长，2005年末本外币存款余额为1700.3亿元，本外币贷款余额为1141.5亿元，分别比年初增长19.8%和16.1%；人民币存款余额1649.6亿元，人民币贷款余额1113.3亿元，分别增长20.8%和17.2%。信贷结构不断优化，短期贷款和票据融资合计新增119.5亿元，占新增贷款总额的72.2%，企业短期资金紧张的矛盾进一步缓解；中长期贷款新增45.7亿元，同比少增10.2亿元，银行信贷资产的流动性有所增强。与此同时，金融对经济发展和个人消费的支持作用日益明显，全年新增工业类贷款111.1亿元、民营企业贷款111.7亿元、个人消费贷款22.2亿元，在新增贷款总量中所占比重分别达61.7%、62%和13.4%。金融机构现金收入4511.5亿元，现金支出4577.7亿元，收支相抵，现金净投放66.2亿元，与上年基本持平。

• 保险市场平稳增长，业务领域不断拓展。2005年末全市拥有各类保险公司18家，比上年增加4家。全年保费收入37.9亿元，比上年增长8.0%，其中财产险保费收入8.3亿元，增长3.4%；人身险保费收入29.6亿元，增长9.4%。全年支付各类保险赔款6.2亿元，比上年增长18.5%，其中，财产险5.0亿元，增长19.3%；人身险1.2亿元，增长15.8%。

• 消费需求不断扩大，增长速度逐年提升（见2－29）。2005年全年完成社会消费品零售总额444.08亿元，比上年增长16.2%，增幅比上年加快0.7个百分点。分行业看，批发零售贸易业实现零售额393.85亿元，增长16.2%；餐饮业实现零售额40.06亿元，增长16.2%；其他行业实现零售额10.2亿元，增长17.1%。分地域看，城镇市场实现零售额398.5亿元，增长16.7%；农村市场实现零售额45.5亿元，增长12%。

• 市场交易较为活跃，多种业态共同发展。2005年末成交额在亿元以上的市场达51个，成交总额459亿元，比上年增长15.1%。凌家塘农副产品批发市场、钢材现货交易市场、溧阳苏浙皖边界市场、新长江自由贸易中心、常州市湖塘棉纱市场、邹区灯具市

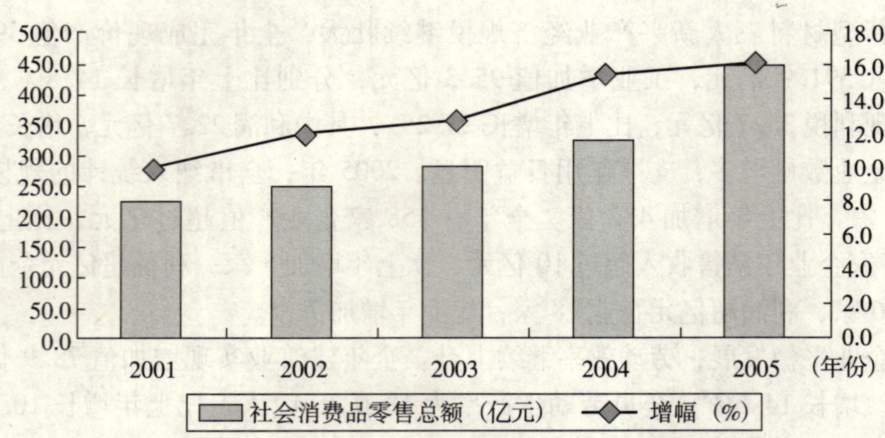

图2－29　2001～2005年常州市社会消费品零售总额概况

场等12个市场年成交额超过10亿元，共完成交易额321.5亿元，增长22.2%。以连锁业为代表的各类新型业态获得了迅猛发展，年内又有每家玛超市、乐购超市南大街店2家大卖场相继开张营业，全年超级市场、专业店、专卖店分别实现销售额20亿元、60亿元和20亿元，依次占零售业销售总额的11.7%、38.5%和12.5%。

•邮政业务稳步增加，电信事业加快发展。2005年全年完成邮政业务总收入2.9亿元，比上年增长6.6%。全市通信业务收入30.6亿元，比上年增长6.2%，年末本地网电话用户数达202.1万户，增长22.3%；移动电话用户数达207.5万户，增长6.9%。邮电通信能力继续扩大，电话普及程度不断提高。年末全市本地网电话交换机容量达160.3万门，移动电话交换机容量306万门，分别增长3.2%和19.1%。无线市话（小灵通）业务发展势头强劲，全年新增28.6万户，总数达72.7万户，增长64.7%。信息化社会建设速度进一步加快，年末全市宽带网用户达19.2万户，增长69.6%。

•交通运输能力不断扩展，客货运量较快增长。2005年全年完成客运量15220万人，比上年增长20.1%。完成旅客周转量64.1亿人公里，增长10.5%。全年完成货运量6031.8万吨，比上年增长8%，其中公路4950万吨，增长14.2%；铁路295.8万吨，下降0.6%；水运786万吨，下降17.4%。完成货物周转量31.2亿吨公里，增长4.3%。民航常州奔牛机场全年起降航班3176架次，增长5.7%。私人汽车拥有量快速上升，年末达8.8万辆，比上年增长38%，其中小汽车8.0万辆，增长40%。

•港口建设速度加快，外贸吞吐量稳步上升。2005年，全市港口吞吐量3824.5万吨，比上年增长30.4%。长江常州港保持稳步发展，全年货物吞吐量达388.9万吨，比上年增长37.9%，其中，外贸货物吞吐量187.8万吨，增长30.3%；集装箱吞吐量3.3万标箱，增长23.1%。全年接待外贸船舶1115艘次，增长6.6%，其中，外籍轮142艘次，增长14.5%。

•房地产市场供应充足，空置面积有所上升。在国家一系列宏观调控措施的作用下，常州市房地产市场逐步降温，发展速度趋于平稳。2005年底，在建商品房屋施工面积达1246.1万平方米，比上年增长25.7%，其中新开工面积483.2万平方米，比上年下降

15.7%；当年竣工面积520.7万平方米，增长108.0%，其中，住宅商品房竣工397.8万平方米，增长111.9%。全年商品房销售面积302万平方米，增长27.7%，其中，商品住宅销售257.6万平方米，增长31%。年末商品房空置面积为55.3万平方米，比上年增长2倍，其中住宅为23.5万平方米，增长4倍。

• 旅游经济较快发展，产业规模不断壮大。2005年全年接待海外旅游者18.2万人次，比上年增长27.1%；接待国内旅游者1282.8万人次，增长23.3%；市民出境旅游人数达9461人，增长54.3%。全社会旅游总收入为126.2亿元，比上年增长24.3%，旅游创汇1.4亿美元，增长27.8%。实现旅游增加值51.5亿元，增长24.4%。旅游基础设施进一步完善，接待能力显著提升。年末全市旅游涉外、星级饭店（宾馆）共计59家，比上年增加5家，其中五星级3家、四星级8家；旅行社共计63家，比上年增加8家，其中国内百强旅行社2家。旅游区（点）建设取得新进展，年末全市共有30个旅游区（点）和7个国家工农业旅游示范点，分别比上年增加3个和6个，其中，国家4A级旅游区（点）5个，3A级旅游区（点）1个，2A级景区（点）10个。中华恐龙园、溧阳天目湖旅游度假区、金坛茅山风景名胜区等6个旅游区（点）全年接待游客均超过100万人次。

2）固定资产投资规模稳步扩大，投资主体日趋多元（见图2-30）

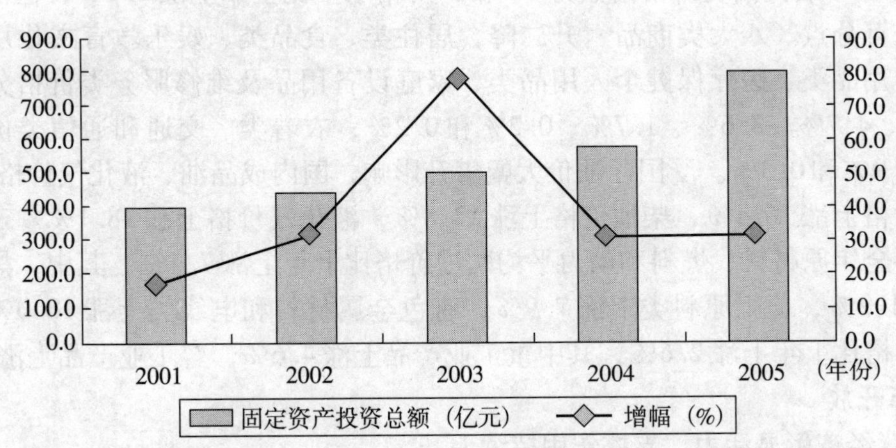

图2-30　2001～2005年常州市固定资产投资一览

各级组织积极实施以“加快利用外资、加大民资投入、加速园区建设”为主要内容的“三加”工程。2005年全年完成全社会固定资产投资769.8亿元，比上年增长30.8%，分产业看，第一产业完成投资1.2亿元，增长110.9%；第二产业完成投资464.9亿元，增长34.7%，其中工业完成投资459.8亿元，增长34.2%；第三产业完成投资303.6亿元，增长25%。投资结构明显优化，高新技术产业投入增长三成左右，高能耗、高污染行业投资得到有效控制，全市单位生产总值能耗同比下降2%。高新技术产业和基础设施投资保持较快增长，全年高新技术产业投资项目达375个，完成高新技术产业投资56.0亿元，比上年增长27.3%；完成基础设施投资335.1亿元，增长29.8%。

2005 年，投资资金来源呈现多元化趋势，财政性资金、银行贷款的比重分别为 0.2%和 15.1%，比上年下降 0.3 个和 5.1 个百分点；社会投资比重为 17.6%，上升 1.6 个百分点。民间投资继续呈现迅猛增长的势头，全年亿元以上民间投资项目达 103 个，其中 5 亿元以上项目 12 个；共完成民间投资 482.2 亿元，增长 36.5%；民间投资在全社会投资中所占比重达到 62.6%，对全社会投资增长的贡献份额为 71.1%，分别比上年提升 2.6 个和 10.1 个百分点。

3）市场物价温和上扬，能源价格屡创新高（见表 2－37）

表 2－37　2005 年常州市八大类商品物价指数变化一览

单位：%

种　类	增减幅度	种　类	增减幅度
居住类	6.5	医疗保健个人用品类	0.2
食品类	4.7	家庭设备用品及维修服务类	0.2
娱乐教育文化用品及服务类	3.6	衣着类	－2.9
烟酒及用品类	1.7	交通和通信类	－0.3

2005 年全年居民消费价格指数为 102.8，价格水平比上年上涨 2.8%，但涨幅比上年回落 1.5 个百分点。八大类商品六升二降，居住类、食品类、娱乐教育文化用品及服务类、烟酒及用品类、医疗保健个人用品类、家庭设备用品及维修服务类价格分别比上年上涨 6.5%、4.7%、3.6%、1.7%、0.2%和 0.2%；衣着类、交通和通信类价格分别比上年下降 2.9%和 0.3%。受国际油价大幅攀升影响，国内成品油、液化气价格一路走高，全年汽油价格上涨 16.4%，柴油价格上涨 12.8%，液化气价格上涨 18.1%。工业品价格继续走高。全年原材料、燃料和动力平均购进价格比上年上涨 7.4%，其中，黑色金属材料类上涨 11.2%，化工原料类上涨 7.9%，有色金属材料和电线类上涨 10.0%；工业品平均出厂价格比上年上涨 2.6%，其中重工业产品上涨 4.6%，轻工业产品上涨 0.9%。

2. 改革开放

1）民营经济彰显活力，支撑作用持续上升

全市积极鼓励、支持和引导非公有制经济发展，着力为民营经济创造良好的社会氛围和宽松的发展环境，民营企业自主创业热情高涨，经营规模和整体实力连年跨上新的台阶，成为引领地区经济持续快速增长的重要力量。2005 年全年规模以上民营工业完成产值 1510.7 亿元，增长 26.8%，在全市规模以上工业产值中所占比重达 60.3%，对全市工业增长的贡献份额达 60.6%。民营经济实现税收 104.2 亿元，占全部税收的比重达 59.5%。

2005 年末个私经营户数（含分支机构）达 15.5 万户，比上年增长 13.1%，其中私营企业 4.5 万户，增长 18.4%；注册资金 583.3 亿元，比上年增长 29.2%，其中私营企业 558.2 亿元，增长 29.5%；从业人员达 91.7 万人，比上年增长 34.3%，其中私营企业 54 万人，增长 33.5%。规模以上私营企业全年完成工业产值 1098.6 亿元，增长 31.8%，在全部规模

以上工业总产值中所占比重达43.9%，比上年提高8.6个百分点；个私商贸、餐饮业完成社会消费品零售额209.5亿元，增长15.1%，在全社会零售额中所占比重达47.2%。

2）对外贸易持续扩大，出口结构不断优化（见图2－31）

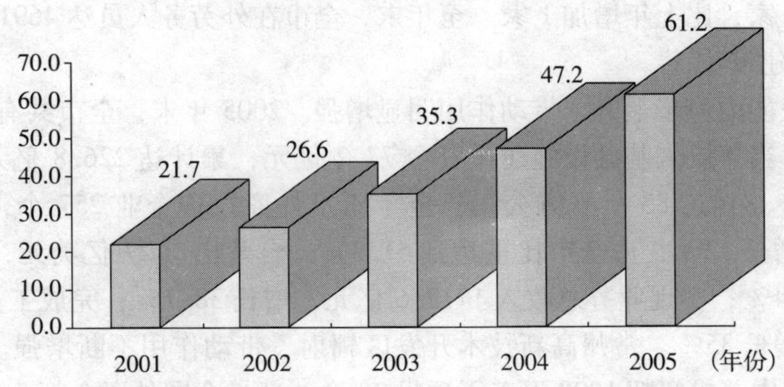

图2－31　2001～2005年常州市出口总额变化概况（单位:%）

2005年，常州市成功举办了中国常州科技·经贸洽谈会和对台招商恳谈会，出口加工区获得批准并启动建设，武进海关办事处获准设立。据海关统计，全年外贸进出口总额为83.3亿美元，比上年增长20.7%，其中，进口22.1亿美元，增长0.9%；出口61.2亿美元，增长29.8%。外贸依存度由上年的42.3%提高到51.8%，出口依存度由上年的35.4%提高到38.1%。全年机电产品出口额达30.8亿美元，比上年增长31.5%，占出口总额的比重达50.4%，比上年提高0.4个百分点；高新技术产品出口9.6亿美元，比上年增长38.2%，占出口总额的比重达16%，比上年提高1个百分点。出口龙头企业支撑作用日趋明显，全年出口额超1000万美元的企业达118家，比上年增加35家，共完成出口36.2亿美元，占出口总额的59%，其中，出口超5000万美元的企业14家，增加2家，共完成出口16.6亿美元，所占比重达27%。远洋市场进一步拓展，全年有贸易往来的国家和地区达181个，比上年新增6个，远洋市场出口比重达54.6%。

3）利用外资量质并举，项目规模有所扩大

2005年，利用外资取得重要突破，扭转了年初负增长的不利局面。全市共新签协议外资项目509个，比上年增长16%；全年协议利用外资28.5亿美元，增长30%以上，经商务部确认，有验资报告的注册外资实际到账7.3亿美元，增长40.6%。外资项目规模继续扩大，新批项目单体规模达到570万美元，新批1000万美元以上项目150个，引进总投资超亿美元项目7个，新批服务业外资项目84个，新增5家世界500强企业投资常州市，共吸收外资合同金额20.9亿美元，增长30.9%，占全市注册外资总额的73.4%，比重上升0.4个百分点。以外引外成效显著，全年有161家外商投资企业增资扩股，协议外资5.1亿美元，占全市协议外资总额的18.1%，比上年上升0.1个百分点。服务业利用外资步伐加快，新签协议外资5.6亿美元，增长90.2%，占全市协议外资总额的19.5%，比上年提高6.1个百分点。

外经领域大力拓展，对外合作稳步发展。2005 年全年新签外经合同额 2.6 亿美元，完成外经营业额 2.1 亿美元，分别增长 27.3% 和 40.9%。新签承包工程项目 166 个，合同额达 2.2 亿美元，完成营业额 1.7 亿美元，分别增长 26.6% 和 51.7%；新签劳务合作项目 17 个，合同额达 3863 万美元，增长 28.5%。全年承接外经合同额超过 1000 万美元的外经企业有 9 家，比上年增加 1 家。至年末，全市在外劳务人员达 4691 人。

4）开发区建设

开发区承载能力稳步上升，带动作用明显增强。2005 年末，全市共有 1 个国家级、9 个省级开发区，当年投入基础设施建设资金 77.2 亿元，累计达 226.8 亿元；新开发面积 11.8 平方公里，累计达 83.9 平方公里。全年新批外商投资企业 257 个，协议外资金额 17.5 亿美元，增长 12%，占全市比重达到 61.3%；自营出口 27 亿美元，增长 46%，占全市比重达到 44%；实现业务总收入 1712.6 亿元，增长 38.7%；完成工业产品销售收入 1123.3 亿元，增长 35%。常州高新技术开发区辐射、带动作用不断增强。全年引进外资项目 102 个，其中总投资超 1000 万美元项目 30 个；新批合同外资金额 5.5 亿美元，完成自营出口 12.8 亿美元，增长 88.2%；实现财政收入 32.9 亿元，增长 28.7%。

3. 社会事业

坚持为民办好实事，除因规划调整的河道整治项目外，2005 年初确定的实事项目全部完成。各项改革取得新进展，国有资产管理体系和公共财政体系进一步健全，企业改革和行政管理体制改革进一步深化。精神文明和民主法制建设进一步加强，创建成全国文明城市工作先进市，涌现出英雄教师殷雪梅、新时代产业工人代表邓建军等先进人物。“平安常州”建设取得新成效，大调解机制、社会治安防控体系进一步完善，被评为全国社会治安综合治理优秀市。

1）科技创新力度加大，高新产业发展加快

科教兴市战略深入实施，新增市级以上工程技术研究中心 6 家、企业技术中心 18 家。2005 年全年用于研究与试验发展（R&D）经费支出 20.8 亿元，占全市生产总值的比例为 1.6%，比上年上升 0.05 个百分点。当年获得省、市科技进步奖 89 项，比上年增加 4 项。各级政府科技经费投入 2.4 亿元，增长 12.7%，争取落实国家、省各项专项资金 1.5 亿元，增长 1.9 倍。科技进步监测评价得分继续位居全省第四。高新技术产业继续快速发展，当年新增高新技术企业 39 家，新增高新技术产品 156 只。高新技术产业实现产值 1140 亿元，增长 38.3%，占全部工业总产值的比重达到 33%，比上年提高 3.1 个百分点。知识产权保护力度增强，全年受理专利申请量 2696 件，获得授权专利 1240 件，分别比上年增长 42.9% 和 5.5%。

2005 年末拥有各类专业技术人员 26.9 万人，比上年增长 5.6%。全市引进各类人才 1.7 万人，增长 9.2%，其中，博士 46 名，硕士 443 名。全年完成技术贸易额 6.7 亿元，增长 3%；组织国际科技合作与交流 29 次，专业人才境外培训 76 人次。

2）教育事业扎实推进，办学条件继续改善

高质量普及学前三年教育和 12 年教育，2005 年，全市高考万人进线率和单招录取率继续名列全省第一，高等教育毛入学率达到 54%。在常高校学生达到 9.5 万人，比上年

增长22%。

教育现代化步伐加快，新建校园网55个，累计达369个，中小学100%实现宽带上网。大学城东区实训基地建设全面开工，进展顺利。基础教育水平稳步提高，适龄儿童少年小学、初中入学率均达100%，初中毕业生升学率96.5%，比上年提高1.3个百分点。职业教育继续快速发展，刘国钧职教中心升格为高等职业技术学校，常州卫生学校通过国家级重点中等职业学校评估；职校生一次就业率在96%以上，中级职业资格考核达标率在98%以上。社会教育体系更加完备，新增国家级社区教育实验区2个、省级社区培训学院和"农科教"结合示范基地各1个，完成"5112"教育富民工程各项培训40余万人次，组织12万人次参加学历和非学历证书考试。

3）新闻、文体、卫生事业取得新进步

新闻事业蓬勃发展，广电节目更多选择。2005年，拥有自办广播节目7套，全年播出时间4.6万小时，比上年增长14%；自办电视节目8套，全年播出时间4.8万小时，增长5%；有线电视传输节目36套，比上年增加2套，全年传输有线广播电视69.1万小时，增长74%；广播节目综合覆盖率、电视节目综合覆盖率保持着100%的水平。全年发行《常州日报》2610万份、《常州晚报》2756万份、《常州广播电视报》676万份，分别比上年增长1.1%、8.6%和8%。

文化活动丰富多彩、成果显著。2005年，常州市荣获国家级楹联文化城市称号，儿童舞《小鸡出壳》和《玩月亮》在全国青少年儿童文艺大赛中获得金奖，大型滑稽戏《阿拉美丽苑》被评为江苏省舞台精品工程。年内举办文化艺术活动70场次，举办各类展览109个，创作《烟村三月》等4部剧本，出版《锡剧集韵》等多部戏曲研究专著，完成彩色戏曲故事片《烟村三月》的拍摄。图书馆全年接待读者86万人次，流通图书194万册次，分别增长1.7%和4.9%；博物馆全年接待参观人员25万人次，增长30%。成功举办了第二届中国国际（常州）卡通数码艺术周，20家动画企业入驻常州国家动画产业基地；常州博物馆、前后北岸历史文化街区建设积极推进；全民健身运动蓬勃开展，第九次获得全国全民健身先进城市称号，年内新增全民健身工程（点）117个。体育人口（指每周进行体育活动3次、每次锻炼半小时以上人群）比重达42.7%，上升2.2个百分点。成功承办全国十运会常州赛区赛事等8项国家级比赛，常州籍运动员在十运会上获得6.5枚金牌。

卫生条件不断改善，医疗资源合理配置。2005年末全市共有卫生机构（包括企事业单位卫生所、医务室和门诊部）618个，其中医院32所，门诊部（所）、医务室459个。每千人拥有卫生技术人员5人，拥有医生2.3人。推进公共卫生体系和健康城市建设，全市儿童计划免疫"五苗"覆盖率（以乡镇为单位）达98%。继续做好重大传染病的防治工作，年末拥有社区卫生服务中心（站）52个、省级卫生镇40个、省级卫生村161个。实施农村部分计划生育家庭奖扶制度，继续保持人口低生育水平。市妇幼保健院病房楼、市残疾人康复服务中心建成投运，全市乡镇提前三年达到省农村初保先进地区标准。

4）社保体系不断完善，社会救助事业稳步发展

社会保险覆盖面进一步扩大，2005年，年内净增参保人员8.4万人，参保人员总数

达69.1万人。全年养老保险基金总收入达27.0亿元，增长28.6%，养老保险征缴率达98.1%；养老保险基金总支出20.2亿元，增长13.7%，其中支付养老金19.6亿元，增长13.9%。年末参加失业保险人数为49.8万人，失业保险基金收入2.1亿元，增长15.5%，支出1.3亿元，下降16.5%。城镇职工医疗保险覆盖面进一步拓展，全年净增参保人数9.8万人，累计达79.7万人，比上年增长14.0%。

社会救助积极开展，慈善事业得到发展。提高了城乡低保、农村五保和城镇“三无”对象生活补贴标准，建立了以城市低保对象为重点的医疗救助制度，全市93%以上的农民参加了新型农村合作医疗保险。2005年全年共发放保障金4621万元，比上年增长38.6%，保障城镇低保对象7373户、15240人，分别增长15.2%和13.1%，保障农村低保对象12689户、28378人，分别增长21%和14.6%。年末拥有各类收养性单位104个，床位数7551张，在院人数5156人。慈善募捐活动得到社会各界的广泛支持，全市慈善金总量达到2.5亿元，跃居全省首位。全年对近4万名大病重病患者进行医疗救助，提供医疗救助金额870万元。司法部门继续为困难群体提供法律援助，年末全市拥有8个法律援助中心，全年接受法律咨询人数达1.0万人次，受理法律援助案件820件，分别增长11%和33.6%。全年发行福利彩票1.3亿元，增长1.6倍。

4. 人口与人民生活

2005年末，全市户籍人口达351.6万人，比上年增加2.7万人，外来暂住人口总数为130.3万人。计划生育和优生优育工作成效显著，全市计划生育率达98.5%，节育率达91.1%，比上年提高0.1个百分点，独生子女率为82%，比上年提高0.6个百分点。人口出生率为8.3‰，死亡率为6.2‰，自然增长率为2.1‰。

1）就业政策得到落实，技能培训力度增大

坚持富民优先原则，全市新增就业6.9万人，2005年末，全市城镇集体以上在岗职工35.1万人，城镇登记失业率3.58%。全年投入再就业资金7555万元，完成各类再就业培训3.2万人次，安置就业人员3.3万人，援助困难群体实现再就业6184人。

2）居民收入持续提升，富民步伐不断加快（见图2－32）

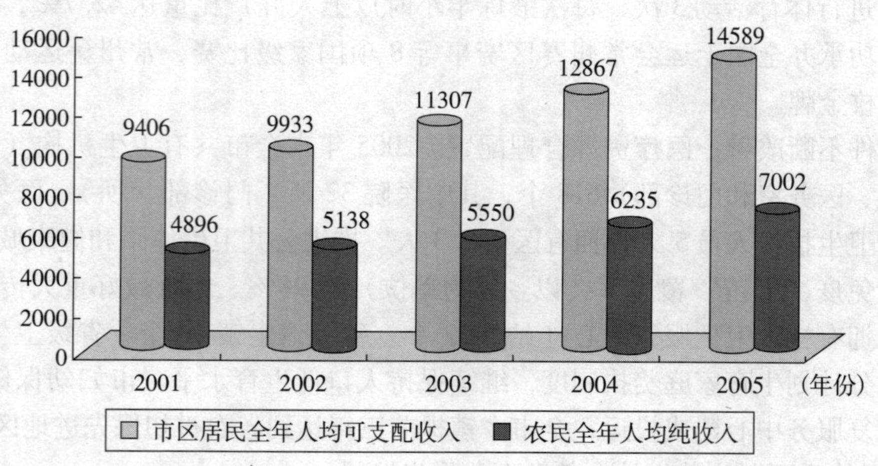

图2－32　2001～2005年常州市城乡居民收入概况（单位：元）

2005年，市区居民全年人均可支配收入达14589元，比上年增长13.4%；人均消费支出为10718元，增长8.5%。平均每百户城市居民家庭拥有彩电167.7台、空调机144台、移动电话130.7部、摩托车47辆、汽车3.3辆。农民全年人均纯收入7002元，增长12.3%；人均消费支出5712元，增长19.2%。平均每百户农村居民家庭拥有彩电142台、空调机89台、电话94部、移动电话140部、摩托车85辆、汽车1.2辆。居民储蓄继续增加，年末城乡居民储蓄存款余额为865.4亿元，增长19.5%；人均储蓄存款余额24704元，比上年增加3946元。

5. 城市建设

编制了新的三年城市建设实施纲要，基本完成新一轮城市总体规划中的23个专项规划和镇村布局规划。

1）重点项目进展迅速，基础设施日趋完善

交通建设加快推进，沪宁高速常州段扩建、312国道和239省道改扩建工程建成通车，录安洲夹江大桥主桥合龙，常宁高速、扬溧高速和新运河建设进展顺利，常州民航机场改造工程开始实施，境内高速公路通车里程达到117公里，每百平方公里密度达到了2.7公里。城市基础设施建设取得新成绩，外环路、青洋路等改扩建工程顺利完成，长江路、常焦路等骨干道路建设按计划推进，常州—金坛供水工程、城市生活垃圾卫生填埋厂二期、江边污水处理厂一期等公用设施建成投运，生活垃圾焚烧发电项目动工兴建，武宜运河武进段拓浚、藻港河南段整治等城市防洪工程全面完成。老住宅小区整治成效明显，全年整治15个老小区、计120万平方米，改造拆迁危旧房1500户。国家康居示范工程陈渡新苑小区开工建设。城市环境进一步改善，新增城市绿地319公顷，完成荆川公园敞开改造和青枫公园一期工程，建成东方绿地等一批公共绿地和道路景观，启动实施“八路八口”绿化工程、红梅公园敞开扩建等工程。城市管理得到加强，开展了以“限摩”为重点的城市道路交通秩序专项整治，新辟、调整和延伸公交线路17条。村镇建设进一步加快，农村清洁田园、清洁水源、清洁家园的“三清”工程取得初步成效。

2）公用事业快速发展，服务水平不断提升

2005年全年新辟公交线路4条，调整延伸13条，新增公交车231辆，新增出租车200辆。全年市内公共交通客运量2.2亿人次，比上年增长20.7%。公用事业综合服务水平不断提高，全年完成自来水“一户一表”改造2.8万户，市区管道燃气用户达17万户，新增3万户，城市供气气化率为92%，上升1.2个百分点。全年市区供水总量3.2亿立方米，其中，居民生活用水1.4亿立方米，自来水普及率达92.7%。全市生活污水年处理能力为36.5万吨，比上年增长37.7%，污水处理率达66.2%。城区照明亮化工程稳步推进，年底城市路灯总数达8.6万盏，比上年增长7.7%。全社会用电量182.7亿千瓦时，增长20%，其中城乡居民生活用电14.9亿千瓦时，增长16%。

6. 政府自身建设得到加强，投资创业环境明显改善

常州市把开展保持共产党员先进性教育活动与加强政府自身建设有机结合起来，强化党的意识、民本意识、法制意识、效率意识、创新意识和廉洁意识，进一步精简会议文件，加快工作节奏，深化政务公开，加强督查落实，树立诚信形象，提升了政府的行政能力和工作水平。按照“法制、诚信、效率、双赢”的要求，着力抓好软环境建设，在“放、减、控、改”等方面取得了突破，把外资审批权等14项市级审批权下放给辖市区；减轻企业负担，常州高新区和武进高新区实行市级行政事业性“零收费”；控制和规范对企业的检查，推行“宁静生产（经营）日”制度；改进工作作风，全面推行企业联合年检、申办告知承诺、建设项目联合审批和收费一卡制四项制度，对乱收费等行为进行了通报批评。同时，进一步加强廉政建设，自觉接受市人大及其常委会的法律监督和工作监督，支持市政协履行政治协商、民主监督、参政议政的职能，514件市人大、政协议案、建议和提案全部办结。

2005年，常州市在经济社会的发展中虽然取得了一些成绩，但也存在着问题和不足。这主要表现在：①经济转型面临考验。虽然全市经济一直保持平稳较快的增长势头，但从总体上看，产业层次还不高，特别是制造业竞争能力还不够强，如何走出一条具有常州特色的新型工业化道路，对常州市是一个考验。②薄弱环节依然薄弱。虽然2004年常州利用外资走出了低谷，并有较大幅度增长，但外资规模和质量与先进地区相比仍然存在较大差距。③富民工程任务艰巨。虽然全市城乡居民收入有了新的增长，但增幅还不够高，与全面实现小康指标的要求看，还有一定距离。④和谐稳定任重道远。就业再就业和社会保障形势不容乐观，水污染和大气污染状况在一些地方还比较严重，环境治理的任务依然艰巨。同时，随着改革的深入，一些历史遗留问题和新的矛盾交织，群访事件时有发生，维护社会稳定的任务十分繁重。⑤自身建设亟待加强。对照新的形势和科学发展的新要求，政府组成人员还有很多不适应的地方，转变政府职能、改进工作作风、提高工作效率还有大量的工作要做。这些问题都有待于在今后的工作中，采取切实有效的措施，认真加以解决。

（二）常州市全面小康完成情况（见表2－38）

表2－38　2005年常州市小康指标达标情况一览

指标	情况	指标	情况
人均GDP	√	百户家庭电脑拥有量	×
二、三产业增加值占GDP比重	√	高中阶段毛入学率	√
城市化水平	√	新型农村合作医疗覆盖面	√
城镇登记失业率	√	人民群众对社会治安的满意率	√
农村人均钢筋砖木结构住房面积	√	城镇社区居委会依法自治	√
农村行政村通灰黑公路（或航道）的比重	√	农村村委会依法自治	√
城镇人均拥有道路面积	√	R&D经费支出占GDP比重	√
百户家庭电话拥有量	√	卫生服务体系健全率	√
恩格尔系数	√	城镇劳动保障三大保险覆盖面	×
农民人均纯收入	×	城市绿化覆盖率	×
城镇居民人均住房建筑面积	×	森林覆盖率	×
居民文教娱乐服务支出占家庭消费支出比重	×	环境质量综合指数	×
城镇居民人均可支配收入	×		

"十五"以来特别是十六大召开的三年多来，常州市坚持以科学发展观统领经济社会发展全局，努力提升城市综合实力，切实改善城乡人民生活，不断加强民主政治建设，着力推进"富民强市"、"两个率先"进程，走出了一条全面、协调、可持续的发展道路。按照各相关部门上报的预计数测算，截止到2005年底，在衡量全面小康社会建设进程的25项量化指标中，常州市已有16项达到和超过了小康目标值，19项达到了自定达标的时序进度要求，城乡居民收入、人均住房面积、居民信息化普及程度等生活水平指标，以及R&D经费支出占GDP比重、高中阶段教育毛入学率等社会发展指标，也在全省名列前茅。

1）经济发展方面

该大类共有人均GDP、二、三产业增加值占GDP比重、城市化水平和城镇登记失业率4项指标，从2003年起，常州市已经全面达标。2005年，常州市人均GDP为37208元，比上年增加5543元，超出目标值13208元；二、三产业增加值占GDP的比重为95.7%，比上年提高0.4个百分点，比目标值高出3.7个百分点；城市化水平为60%，比上年提高0.8个百分点，比目标值高出5个百分点；城镇登记失业率为3.6%，与上年持平，比目标值低1.4个百分点。

2）生活水平方面

该大类共有6项、10个具体指标。2005年，有5个指标达标，与上年持平，具体指标是：农村人均钢筋砖木结构住房面积、农村行政村通灰黑公路（或航道）的比重、城镇人均拥有道路面积、百户家庭电话拥有量、恩格尔系数。另有5个指标尚未达标，其中3个指标没有达到自定时序进度，分别是农民人均纯收入（2005年，为6900元，比上年增加665元，比时序进度低218元）、城镇居民人均住房建筑面积（2005年，为28.1平方米，比上年增加0.5平方米，低于时序进度0.7平方米）、居民文教娱乐服务支出占家庭消费支出比重（2005年，为13.4%，比上年提高0.2个百分点，低于时序进度2.2个百分点）；2个达到时序进度的指标分别是城镇居民人均可支配收入（2005年，为14589元，低于达标值1411元）、百户家庭电脑拥有量（2005年，为36.2台，低于达标值3.8台）。

3）社会发展方面

该大类共有6项、8个具体指标。在原有的5个达标指标（高中阶段毛入学率、新型农村合作医疗覆盖面、人民群众对社会治安的满意率、城镇社区居委会依法自治、农村村委会依法自治）的基础上，2005年又新增2个达标指标，分别是R&D经费支出占GDP比重（达1.67%，超过目标值0.17个百分点）、卫生服务体系健全率（达96.2%，超出目标值6.2个百分点）。一个未达标指标是城镇劳动保障三大保险覆盖面，2005年预计达到91.0%，虽然比上年提高了2.1个百分点，但比目标值仍低4.0个百分点，同时也低于时序进度1个百分点，其中基本养老保险和失业保险覆盖面均比上年有所下降，分别为91.2%和88.6%，基本医疗保险覆盖面比上年有较大幅度的提高，达到93.3%。

4）生态环境方面

该大类共有2项、3个具体指标，至今还没有一个指标达标。2005年，城市绿化覆盖率为38.8%，比上年上升1.2个百分点，达到时序进度要求；森林覆盖率为16.9%，虽然比上年提高1.8个百分点，但仍低于时序进度0.7个百分点；环境质量综合指数为65.7分，比上年下降5.6分，与目标值的差距由上年的8.7个百分点扩大到14.3个百分点。

（三）“十五”时期常州经济社会发展情况

“十五”是进入21世纪以后的第一个五年计划，也是常州经济社会发展遇到困难最重、经受考验最多的一个时期。五年来，常州市国民经济总体呈现规模扩张、结构改善、质量提高、活力增强的良性运行态势，城乡居民生活质量得到明显改善，各项社会事业发展取得显著成就，城市综合竞争实力跻身全国同类城市先进行列。

1.“十五”期间常州市经济社会发展的主要成就

五年来，全市经济增长的微观基础得到显著增强，市场内生机制逐步成为支持经济快速发展的主要动力，国民经济总体呈现高投入、高增长、高效益的“三高”发展态势，多项经济指标的增长速度创各时期最高水平。

1）综合实力在加快发展中实现新提升

“十五”期间总体发展速度仍比“九五”时期明显加快，经济总量在省内排位也由“九五”期末的第六位上升到了第五位。2005年，全市地区生产总值突破1300亿元，按可比价计算年均增长13.9%左右，比“九五”时期高出3.5个百分点，比全省平均水平高出约2个百分点；按户籍人口计算的人均生产总值由“九五”期末的17635元增加到37000元以上。财政总收入连续攀上了百亿元、200亿元两个台阶，2005年预计达到220亿元，相当于“九五”期末的3.6倍，五年中年均增长速度达到29.6%，其中地方一般预算收入达到92亿元，年均增长速度达到23.3%。

2）经济运行质量在产业升级中得到新改善

体现地区经济运行质量的综合性指标——财政总收入占地区生产总值的比重呈现逐年稳步提高的态势，2005年达到16.9%，分别比“八五”、“九五”期末提高9.2个、6.9个百分点，继续在省内城市中保持领先位置。高新技术产业产值占全部工业产值的比重由“九五”期末的20%上升到32.3%。工业经济效益稳步改善，2005年，全市规模以上工业产品销售收入达2440亿元，利税总额达158亿元，利润总额达95亿元，分别相当于2000年的2.9倍、2.7倍和3.7倍，五年中平均增长速度分别达23.9%、21.5%和30.2%。

3）经济结构在调整优化中呈现新格局

“十五”期间，全市三次产业比重结构由7.5:56.1:36.4调整为4.3:61.2:34.5，二、三产业比重比“九五”期末上升了3.2个百分点。多种所有制经济共同发展的氛围更趋浓厚，国资、民资、外资三足鼎立。2005年，全市规模以上工业经济总量中，国有、集体经济比重为6.7%，比“九五”期末下降了25个百分点；外商及港澳台商投资经济比重为21.7%，比“九五”期末提高了2.3个百分点；股份制经济比重为53.7%，比“九五”期末提高了34.5个百分点。

4）有效投入在项目推进中得到新增长

2001~2005年，全社会固定资产投资总额达2240亿元左右，分别相当于“八五”、

"九五"时期的6倍和3.2倍。全市工业投资总额达到1250亿元，年均增长速度超过50%，比全社会投资增速高出14.3个百分点。2005年，工业投资在全社会固定资产投资中所占比重达到59.7%，比"九五"期末提高了23.4个百分点。韩国现代、中天优钢等一批技术含量高、辐射能力强、带动效应大的重点项目相继竣工投产，为全市经济增长注入了强大的动力。

5）民营经济在创新机制中彰显新活力

"十五"以来，常州市出台了《常州市民营经济发展三年跃升计划》等多项扶持性政策，着力为民营经济营造良好的社会氛围和宽松的发展环境，全市民营企业经营规模和整体实力连年跨上新的台阶。2005年，全市民营经济增加值在地区生产总值中所占比重接近65%，民营工业总产值在规模以上工业总产值中所占比重达到67%左右；民营经济税收在全市税收总额中所占比重超过60%，民间投资在全社会固定资产投资中所占比重超过63%，均比"九五"期末有明显的提高，并在苏南地区处于领先位置。

6）对外开放在创优环境中取得新成效

"十五"期间，全市新开办外商投资企业2100多家，比"九五"期间增加近700家；实际利用外资超过30亿美元，比"九五"期间明显增加。外商投资形式发生显著变化，独资企业与控股企业的比重明显提高，2005年1~11月，全市新批外商独资项目269个，协议利用外资20.9亿美元，在外商直接投资项目中所占比重分别达59%和80.4%，比2000年上升了24个、41.6个百分点。外贸出口结构继续优化，经济国际化程度稳步提高，2005年，全市外贸依存度达到50%左右，比"九五"期末提高了近11个百分点；进出口总额达到80亿美元，其中出口60亿美元，五年中年均增长幅度达到26.4%，比"九五"期间提高了7.1个百分点；机电产品出口比重达50%，比"九五"期末提高了11个百分点。

7）城乡面貌在建设改造中展现新姿态

五年来，常州市集中力量建设了一批城乡基础设施建设改造项目，"一体两翼"的特大城市框架初步拉开，中心城区的辐射、带动和服务功能明显增强。五年来，全市二级以上高等级公路通车里程由508公里增加到1269公里，市区建成区面积由69平方公里扩大到103平方公里，城镇人均拥有道路面积由10.7平方米上升到18平方米，人均公共绿地面积由5.6平方米提高到8平方米。"十五"期间，全市预计完成房地产开发投资338亿元，年均增长速度达到30.8%，比"九五"期间提高20.6个百分点。城市的建设和发展有力地推动了常州市的城市化进程，到2005年底，全市城市化水平达到60%，比"九五"期末提高了5.2个百分点，比全省平均水平高出10个百分点以上。

8）社会事业在统筹协调中取得新发展

五年来，科教兴市战略取得新的成效，科技经费"三年倍增"计划顺利实施，科技成果转化与创新能力不断增强，全社会R&D经费投入占地区生产总值的比重由"十五"期初的1.2%提高到1.7%，继续在全省名列前茅；各级财政对社会保障及福利事业的支持力度明显加大，城镇劳动保障三大保险覆盖率均超过90%，城镇登记失业率继续控制在较低水平；坚持教育优先战略，高考本科万人进线率连续多年居全省前列。

9）人民生活在富民政策中实现新跨越

最近几年来，常州市启动和实施了多项惠农、富民工程，有力地促进了城乡居民收入水平的提高和生活质量的改善。“十五”期间，全市城镇居民人均可支配收入由8540元提高到14500元，年均增长速度达11.2%，比“九五”时期高出2.5个百分点；农民人均纯收入由4430元提高到6900元左右，年均增长速度达9.3%，比“九五”时期高出3.8个百分点；城镇居民人均储蓄存款余额由10413元提高到24450元，年均增长速度达到18.6%。居民消费结构继续优化，发展型、享受型消费支出比重稳步上升，城镇居民恩格尔系数由40.1%下降到36%，农村居民恩格尔系数由43.1%下降到39.8%。随着城市建设、旧城改造以及老小区整治力度的加大，城镇居民生活环境明显优化，居住条件大为改观，人均住房建筑面积达到29平方米，比“九五”期末增加了8.8平方米。

2. “十五”期间常州市经济社会发展中突出的矛盾和问题

在肯定成绩的同时，也应当清醒地看到，一些长期积累的深层次问题还没有得到根本性的解决，一些制约全局的体制性、结构性矛盾依然比较突出，经济运行的整体效率仍有待于进一步提高。

（1）经济增长方式依然比较粗放（见表2－39）。与“九五”期末相比，常州市总量扩张最大、比重上升最快的行业是黑色金属冶炼及压延加工业，在规模以上工业产值中所占比重由3.3%提高到11.7%。而污染少、耗能低、附加值高的电子信息产业，在全市工业经济总量中比重明显偏低，2004年仅为8.3%，低于全省平均水平8.2个百分点，低于苏州26.7个百分点。

表2－39　“十五”期间常州经济增长情况

单位：亿元，亿美元

年　份	2001	2002	2003	2004	2005
生产总值	673.0	760.3	900.2	1100.6	1302.2
第一产业生产总值	47.2	49.5	47.3	51.2	56.5
第二产业生产总值	381.2	430.8	519.1	647.7	795.3
第三产业生产总值	244.6	280	333.8	401.7	450.4
固定资产投资完成总额	190.7	250.5	446.6	588.6	769.8
社会消费品零售总额	222.6	249.5	280.6	324.1	444.1
出口总额	21.7	26.6	35.3	47.2	61.2

（2）结构调整任务依然比较艰巨。近年来，第三产业发展却相对滞后，特别是现代物流业、金融服务业等直接为第二产业提供服务的行业发展较为滞后，在一定程度上制约了工业经济的发展和产业结构的升级。“十五”期间，全市第三产业增加值可比价年均增长速度为13.3%，低于GDP增速0.6个百分点，低于工业增加值平均增速2.5个百分点；2005年，全市第三产业增加值占地区生产总值的比重不足35%，与“十五”预期目标存在较大差距。

（3）城乡发展差距依然比较明显。五年来，城乡居民收入差距由2000年的1.9:1上升为2.1:1，城乡居民恩格尔系数差距由2000年的3个百分点上升到3.8个百分点。部分农村地区虽然经济发展达到了较高水平，但生态环境治理、水域污染问题十分严重，对农村投资环境和人居环境造成了较大的影响。

（4）农民增收难度依然比较突出。由于农民收入长期低增长等历史原因，加之常州市区域经济发展的不平衡性在苏南地区最为突出，这使得全市农民收入与2006年实现全面小康的现实目标仍有较大距离。

（四）常州市经济发展在长三角中的地位

1. “十五”期间常州市生产总值在长三角中所占比重的变化趋势

“十五”期间，常州市地区生产总值占长三角地区生产总值的比重呈现连续升上后的回落，各年分别为3.17%、3.19%、3.20%、3.22%、3.19%，但基本上保持稳定（见图2-33）。由于常州市加大产业结构调整的力度，农业生产力不断提高，农业现代化程度逐步提高；工业规模进一步扩大，高新技术发展步伐加快；第三产业结构不断优化，国内外贸易及旅游业等规模不断扩大，因此，总产值所占比重稳中有升。但2005年，常州市总体经济发展速度放缓，2004年的地区生产总值增长率为17.6%，2005年的增长率下降为15.3%，降低了2.3%个百分点，造成了2005年常州市生产总值在整个长三角中所占的比重下降。

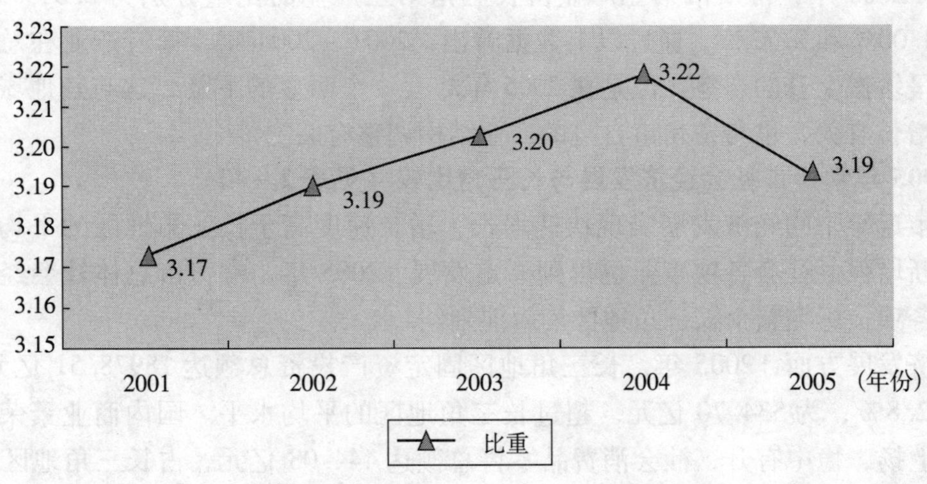

图2-33　2001~2005年常州市地区生产总值占长三角生产总值比重（单位:%）

2. “十五”期间常州市产业结构变化情况

“十五”期间，常州市各产业产值在长三角产值中所占比重趋于稳定，变化不是很大（见图2-34）。从第二产业在长三角所占比重与第一产业、第三产业在长三角所占比重的比较中，可以看出，第二产业相比其他两个产业有着一定的优势。

2001~2005年，常州市第一产业占长三角第一产业的比重分别为2.57%、2.69%、2.46%、2.30%和2.41%。通过以上数据可以看出，第一产业在总比重中所占的比例从

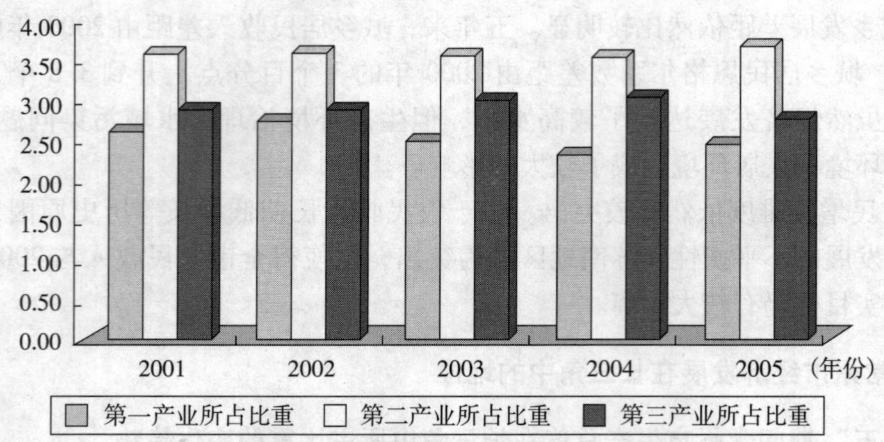

图 2-34　2001~2005 年常州市各产业产值占长三角产值比重（单位：%）

总体上讲有着较为明显的下降趋势，这说明常州市正在稳步加紧产业结构调整的步伐，产业结构在总体经济比重中逐渐趋于合理。

2001~2005 年，常州市第二产业占长三角第二产业的比重分别为 3.55%、3.55%、3.49%、3.48%和 3.62%。第二产业在总比重中所占的比例略有上升。尽管在 2001~2004 年间，第二产业在总比重中所占的比例是缓慢下降的，但是在 2005 年却有一个较为明显的上升。

2001~2005 年，常州市第三产业占长三角第三产业的比重分别为 2.84%、2.84%、2.95%、3.00%和 2.73%。通过以上数据看出，2001~2004 年，第三产业在总比重中所占的比例呈缓慢上升的态势，但是在 2005 年却有一个明显的下降，这与其他城市第三产业的快速增长有关，也与常州市自身的产业结构调整有关。

3．2005 年常州市社会经济发展与长三角比较（见表 2-40）

常州市近年来的经济发展实现快速增长，增长速度高于长三角地区的平均水平，经济实力不断增强。社会各项事业也得到一定发展，2005 年，常州市总体社会经济发展情况良好，各项指标在整个长三角地区均属前列。

在经济发展方面，2005 年，长三角地区固定资产投资总额达 18978.51 亿元，其中，常州市占 2.8%，为 534.70 亿元，超过长三角地区的平均水平。国内商业繁荣，消费品市场温和上扬，稳中有升，社会消费品零售总额达 444.08 亿元，占长三角地区 13304.55 亿元的 3.3%。对外经济保持高速增长，由于 2005 年常州市成功举办了中国常州科技·经贸洽谈会和对台招商恳谈会，出口加工区获得批准并启动建设，武进海关办事处获准设立。2005 年，常州市的出口总额达 61.28 亿美元，占长三角地区出口总额 2905.28 亿美元的 2.1%。

在交通运输方面，2005 年，长三角地区实现公路旅客客运量 292977 万人，其中，常州市公路旅客客运量为 14505.00 万人，在长三角中的比重为 5.0%。长三角地区公路货物运输量达 190433 万吨，常州市为 4950 万吨，占长三角货运总量的 2.6%。此外，常州市的民用车辆拥有量也属长三角地区前列，常州市民用车拥有量为 16.59 万辆，占长三角地区 492. 06 万辆的 3. 4%。

邮电业务总量大幅增长，2005 年，常州市市内电话用户达 202. 08 万户，占整个长三角地区 4507. 77 万户的 4. 5%。移动电话用户 207. 46 万户，占长三角地区 6680 万户的 3. 1%。国际互联网用户也有所增长，全年达 23. 23 万户，占长三角地区的 1. 5%。

表 2－40　2005 年常州市与长三角部分社会经济发展指标比较

指　　标	长三角	常　州	比　重（%）
固定资产投资（亿元）			
全社会固定资产投资总额	18978. 51	534. 70	2. 8
国内商业			
社会消费品零售总额（亿元）	13304. 55	444. 08	3. 3
对外经济贸易			
出口总额（亿美元）	2905. 28	61. 28	2. 1
客运量总计（万人）			
公路	292977. 00	14505. 00	5. 0
货物运输量总计（万吨）			
公路	190433. 00	4950. 00	2. 6
民用车辆拥有量（万辆）			
民用汽车拥有量	492. 06	16. 59	3. 4
邮电业务总量（亿元）			
年末市内电话（万户）	4507. 77	202. 08	4. 5
年末移动电话用户（万户）	6680. 00	207. 46	3. 1
国际互联网用户（万户）	1597. 46	23. 23	1. 5
从业人员合计（万人）	8474. 20	241. 46	2. 8
第一产业	2241. 24	32. 70	1. 5
第二产业	3266. 99	128. 94	3. 9
第三产业	2965. 97	79. 82	2. 7
教育			
普通中学在校学生（万人）	759. 68	22. 07	2. 9
小学在校学生（万人）	881. 43	24. 46	2. 8

从业人员比例结构合理。2005 年，长三角地区第一产业从业人员总数为 2241. 24 万人，常州市第一产业从业人员为 32. 70 万人，占长三角地区的 1. 5%。第二产业的从业人数为 128. 94 万人，占长三角地区第二产业从业人数 3266. 99 万人的 3. 9%。第三产业从

业人员为79.82万人，占长三角地区第三产业从业人数2965.97万人的2.8%。

教育方面，南京市的义务教育工作开展良好，全市中小学生的在校率均保持稳定。2005年，常州市小学生在校人数为24.46万人，占长三角地区小学生在校人数881.43万人的2.8%。南京市普通中学在校人数为22.07万人，占长三角地区普通中学在校人数759.68万人2.9%。

金坛市经济社会发展情况

（一）金坛市概况

1. 总体概况

金坛市是有着1300多年历史的文化名城，历代人文荟萃，是数学泰斗华罗庚的故乡，境内风景秀丽，有中国道教三大名山之一的茅山，也有中国十大淡水湖之一的长荡湖，自然条件十分优越，资源丰富，有被誉为江南第一矿、储量达163亿吨的盐矿等一批矿产资源，生产大米、螃蟹、仔猪、花卉苗木、食用菌等农产品，标糯米曾于1931年获巴拿马国际博览会金质奖，是著名的全国名茶——绿茶之乡、中华绒毛蟹之乡。

2. 地理位置

金坛市地处江苏南部，为宁（南京）、沪（上海）、杭（杭州）三角地带之中枢。常州至溧水公路东西贯串，镇江至广德公路南北穿越。境内水陆交通方便，东与武进市相连；西界茅山，与句容市接壤；南濒洮湖，与溧阳、宜兴市依水相望；北与丹阳市、丹徒区毗邻。

3. 历史沿革

金坛早在远古时代便是先民繁衍生息的理想场所，成为最早出现人类文明曙光的地区之一。唐武后垂拱四年（688年），金坛置县，1993年11月，经国务院批准撤县建市。千年历史传承，孕育了一代又一代风流人杰。自唐至清，金坛科举入仕228名，其中状元4人。唐代大诗人储光曦、戴叔伦，明代名医王肯堂，清代训诂学家段玉裁、政治家于敏中，等等一大批历史名人如群星璀璨。近现代更是涌现出了数学泰斗华罗庚，教育家王维克、韩大授，人类学家吴定良，物理学家汤定元，地质学家孙枢、“两弹一星”功臣钱骥，“弹道元勋”浦发，等等一批杰出人物，为国家建设做出了杰出的贡献。

4. 行政区划

金坛市史誉“江东福地”，总面积976.7平方公里，其中，耕地4.33万公顷、水面1.6万公顷，山地1.53万公顷，俗称“二山六水二分田”。设有15个镇、1个省级经济开发区、1个街道办事处、20个居委会、158个行政村，总人口54.23万人。

（二）金坛市经济社会发展总体状况

金坛是中国经济发展较快的城市之一，近年来，先后跨入中国农村综合实力百强县市、全国百家明星县市、全国首批80家小康县市、中国科技实力百强县市和全国卫生城市行列。

1. 国民经济平稳较快增长，综合实力明显提升

2005 年，全市完成地区生产总值 147.3 亿元，增长 20.6%；财政总收入 17.15 亿元，同口径增长 28%，其中，地方财政一般预算收入 6.74 亿元，同口径增长 26.8%；全社会固定资产投资 71.5 亿元，增长 48.2%。

1）工业经济增势强劲

全市工业经济努力克服宏观调控和国际贸易摩擦等因素的影响，攻坚克难，继续保持快速发展的态势。2005 年，完成工业总产值 330 亿元，增长 25.1%；销售收入 299.5 亿元，增长 27.4%；增加值 71.67 亿元，增长 25.4%；利税 28.1 亿元，增长 31.6%。工业投入再创新高，全年完成工业投入 55 亿元，增长 57%。全年工业用电量达 11.4 亿千瓦时，增长 8.2%。规模企业不断壮大，净增规模企业 65 家，累计达到 437 家，其中销售收入超亿元的企业达 38 家，比上年增加 13 家；新增享受“一企一策”企业 3 家；规模以上企业总产值、销售收入、增加值、利税分别增长 35.3%、36.8%、38.4% 和 40.2%，占全部工业的比重达 58.5%、61%、64.9% 和 64.8%。中盐、晨风、康美、百洋、金晟、盘固等一批重点企业发挥了支撑作用，华钛化学成功进入上市辅导期。高新技术产业发展加快，康泰氟化工、亿晶单晶硅等一批高新技术项目有效推进，全市新增国家级高新技术企业 1 家、省级 4 家，申请专利 330 件，高新技术产业增加值占全市工业增加值的比重达 26%，被确立为“江苏省知识产权工作示范市”，全国科技进步先进县（市）第三次通过考核。企业品牌和质量意识日益增强，全年新增省级名牌产品 9 个、常州市级名牌产品 26 个；20 家企业通过 ISO9000、ISO14000 等系列体系认证；申报注册商标 197 个。建筑业持续发展，实现总产值 70 亿元，增长 12.9%；增加值 10 亿元，增长 10%。

2）农业经济稳中有进

2005 年，实现农业总产值 27.54 亿元、增加值 13.93 亿元，年均增长 5%。制定并启动实施《金坛市现代农业产业发展总体规划》。农业发展要素加速向优势产业集聚，优质粮油、特种水产、花卉苗木、畜禽养殖、食用菌、茶叶、蚕桑等优势产业带加快形成。科技兴农步伐明显加快，建成市级以上农业科技示范园区 40 个，承办了全省“致富工程”实施现场会。农业生产经营组织化程度不断增强，新组建农村专业合作经济组织 16 家，订单农业面积发展到 20 万亩。质量农业取得新成效，新增无公害农产品、绿色食品、有机食品 25 种。重大动物疫病防控工作得到加强。项目农业有力推进，农业利用三资势头良好，新办项目 107 个，投入总额达 3.1 亿元。农业装备水平不断提高，农机化综合水平达 82.2%。成立了农业贷款信用担保中心。开工建设江苏省薛埠粮食储备直属库。《金坛市城市防洪规划》编制完成，水利设施建设步伐加快，海底水库除险加固、下塘河疏浚整治工程全面竣工，全年完成水利土石方 370 万立方米。土地市场治理整顿深入开展，土地复垦整理扎实推进，净增农用地 6382 亩。

3）服务业加快提升

2005 年，实现三产增加值 51.7 亿元，增长 21%；全社会消费品零售总额 50.3 亿元，增长14%。商贸流通业态不断更新，司马坊商业步行街竣工投用，苏宁、五星、世纪联华等一批知名商贸企业落户金坛市。市场建设得到新拓展，实现市场成交额64.5亿元，增长10.3%；金家园木板材、茅山茶叶市场建设进展顺利；人才、劳动力等生产要素市场不断完善。消费市场繁荣活跃，居民教育、旅游、卫生保健等支出明显增加；商品房新开工面积46.6万平方米，竣工面积39.2万平方米，销售面积31.4万平方米，提供住房公积金个人贷款1.3亿元；新增私家车2500多辆。旅游业发展步伐加快，全面部署实施中国优秀旅游城市创建工作，完成城南风景区、顾龙山公园规划编制；成功组织全国龙舟精英赛；茅山旅游度假区、城南风景区等项目加快推进；五星级宾馆江苏润澳花园大酒店开工建设；奥金鳄鱼乐园成为金坛市首家国家级农业旅游示范点。财税金融良性运行，财政总收入占GDP比重达11.6%；年末金融机构各项存款余额115.64亿元，各项贷款余额58.43亿元，分别比年初增长17.8%和15.7%。保险业稳步发展。邮电通信、交通运输等行业创新创优、业态良好，社区服务、中介咨询、物流配送等新兴服务业迅速发展。

2. 三资推进力度加大，发展活力明显增强，开放型经济实现新突破

1）招商引资力度进一步加大

精心组织了港台、日韩和东南亚、欧美等地招商活动，成功举办了深圳、厦门、昆山等地投资说明会。坚持“一月一会”、“一季一评”例会制度，狠抓“四个一批”项目的推进，2005年全年新批外商投资项目81个，比上年增加15个，其中1000万美元以上项目19个，比上年增加8个；完成合同利用外资4.52亿美元，增长41.3%；实际到账外资7990万美元，同口径增长51.8%。开发区继续发挥了全市利用外资的龙头作用，合同利用外资和实际利用外资分别占全市的74.2%和76.4%。各镇利用外资取得了实质性突破，合同利用外资和实际利用外资分别比上年增长57.3%、62.6%。新型环保制冷剂、精密铜管、纺织机械、国际服装城等一批重大项目得到推进落实，成功引进了全球最大的纺机生产企业瑞士苏拉公司和精密铜管生产企业美国美乐公司。对外贸易快速增长，实现进出口总额4.5亿美元，其中自营出口3.8亿美元，增长24.7%。重点外贸企业出口主体作用增强，晨风、晶励、肠衣厂、华钛等10家企业出口超千万美元，占全市的50.7%。外经合作稳步发展，完成外经合同额9480万美元、外经营业额6760万美元，均增长15%。

2）民营经济获得新提升

按照“六放”要求，加快实施“三年倍增”计划，全面落实鼓励民营经济发展的政策措施，有力促进了民营经济发展。2005年全年引进内资17.5亿元，比上年增加3亿元；新办私营企业603家，新增注册资本9.2亿元，累计分别达到3499家、37.7亿元；新增个体工商户2568户，累计14800户。确认市级以上民营科技企业75家。绝缘套管、汽车配件、油泵油嘴、橡胶密封件等民营特色行业进一步壮大。

3）园区建设取得新进展

强化园区基础设施建设，制定落实加快“一区三园”联动开发的政策意见，组织开展“四比四赛”活动，园区承载能力有效提升。开发区建设不断加快，2005年，全区完

成基础设施投入4.5亿元；完成业务总收入120.5亿元，增长39.5%；新增企业110家、注册资本9.1亿元。各镇工业集中区发展势头迅猛，全年完成工业总产值110亿元、销售收入108亿元，分别增长32%、39%；新办企业191家。金城、河头等重点工业集中区形成一定规模。园区集约发展能力进一步提高，全市标准厂房开工面积39万平方米，竣工面积27万平方米。

（三）金坛市社会发展基本状况

1. 城乡建设步伐加快，环境面貌明显改观

1）大交通格局基本形成

2005年，金坛完成交通建设投资11.3亿元。宁常、镇溧高速公路主线工程进展顺利。丹金溧漕河金坛城区段西移改道工程加快实施。金宜一级公路北延段、直茅线、水洮线、薛罗线和茅山旅游路等建成通车。港站建设步伐加快，启动了金坛北港工程建设，客货运站（场）布局日趋完善，交通整体形象得到提升。

2）城镇化步伐加速推进

规划的龙头地位进一步突出，编制完成全市镇村布局规划、“一区三园”规划、城市绿地系统规划、市域环境卫生规划、城市人防工程和地下空间利用总体规划。积极实施“东扩南移”城市发展战略，加快城市基础设施建设，2005年全年完成投入6.2亿元。市政道路建设进展顺利，城南新区、开发区、金城工业集中区内道路建设力度进一步加大，完成了南二环东延段、电厂路拓宽、经九路等道路建设，东一环、东三环南延段和东二环、丹阳门北路北延段等道路建设加快推进。拆迁工作取得进展，全年城区共拆迁380户，面积达4.1万平方米；继续加大清临拆违力度，共拆除临时建筑、违章建筑面积1.3万平方米。人防工程建设得到加快，市人防地面指挥所建成投用。城市管道燃气进一步发展，新增用户3422户。常金供水工程建成供水。“西气东输”工程储气库项目顺利推进。电力建设继续加快，220千伏方麓变、110千伏武宜变和35千伏朱林变建成投运。镇村建设进一步加强，薛埠镇创建“全国小城镇建设示范镇”通过省级验收，金城镇白龙荡村等4个现代化试验示范村规划建设有序推进。城市经营迈出新步伐，招拍挂出让经营性用地20宗，面积1183亩，出让金额6.3亿元；与上海城建集团合作总额3亿元的市政建设BT项目得到落实，有效保障了城市建设和经济社会发展。经济适用房和廉租房建设稳步推进，全年共安置577户。

3）人居环境不断优化

深入开展“新三创”活动，城乡环境治理和保护切实加强。省级园林城市通过调研和技术考察，全国生态示范区通过国家级验收。重点绿化工程加快推进，全面启动绿色通道和城市出入口绿化建设工作；完成了下丘河清淤绿化和春风公园一期、城南体育休闲公园、城区道路等绿化工程，全市新增绿化面积166.3公顷。城市管理综合执法力度进一步加大，城市管理步入经常化、制度化、规范化轨道。积极开展创建“十大示范路段”活动，全面优化城市环境；深入推进城市“牛皮癣”、户外广告、“马路市场”等各类专项整治行动；积极探索城乡统筹管理模式，在薛埠镇及河滨、华城等小区实施“城

管进乡镇”、“城管进社区”试点工作；279 辆出租车全部更新换型；实现江苏省城市管理创优活动“三连冠”。环保工作全面加强，“整治违法排污企业保障群众健康”专项行动取得阶段性成果，工业污染源和农业面源污染治理继续加强，长荡湖综合治理工作有序推进。大力改善农村环境，农村“三清”工作预定任务较好完成，环境优美镇、卫生镇村和生态镇村建设加快实施，6 个镇、62 个村通过省和常州市卫生镇村考核，16 个村通过生态村考核。

2. 各项事业全面推进，人民生活水平明显提高

1）城乡居民收入稳步增加

2005 年，全市城镇居民人均可支配收入达到 12890 元，农民人均纯收入达到 6613 元，分别增长 14.7% 和 15%；城乡居民储蓄存款余额达到 79.58 亿元，比上年末增长 15.6%。认真落实“三农”政策，巩固农村税费改革成果，农村集体经济股份合作制等“三大改革”稳步推进。就业和再就业工作全面加强，新增城镇就业和再就业 3330 人，城镇登记失业率控制在 3.5% 以内；转移农村劳动力 13800 人。社会保障体系进一步完善，切实加大养老保险扩面征缴力度，新增城镇养老保险职工 11000 人，基金收缴率达 96%，备付能力增加到 11 个月；农村养老保险积极推进；医疗、失业、工伤、生育等保险稳步拓展；新型农村合作医疗参保率达到 87.1%。城乡特困群众救助体系不断完善，提高了城乡居民最低生活保障标准并确立了自然增长机制，建立了城市低保对象、农村困难群众医疗救助制度；精心组织慈善劝募活动，募集慈善资金 1100 多万元。制定实施了扶持经济薄弱镇村加快发展的意见，老区开发和扶贫工作取得新进展。

2）各项社会事业协调发展

教育事业健康发展，优质教育资源不断放大，教育质量稳步提高，民办金沙高级中学建成投用。“人才强市”战略扎实推进，人才工作机制和配套政策措施进一步完善。卫生事业加快发展，中医院综合病房大楼即将竣工，人民医院改扩建、茅山地区人民医院和金城卫生院迁建等工程加快实施。文化事业日益繁荣，成功举办了第二届文化艺术节；中共苏皖区一大会址、博物馆建成开馆，华罗庚纪念馆迁建、金沙影城等项目加快推进；农村文化基础设施加快建设，社头镇成为全省首批 18 个文化站标准化建设试点乡镇之一。体育事业得到加强，体育馆建成投用，成功承办了十运会女排比赛等系列赛事，被评为十运会最佳赛区，荣获全国群众体育先进单位称号。人口与计划生育工作稳步推进，农村部分计划生育家庭奖励扶助制度有效落实，省“十五”人口与计划生育工作示范市通过验收。广电事业不断发展壮大。统计、档案、侨务、外事、地方志、台湾事务、民族宗教、防震减灾以及气象、盐务、烟草等工作都取得新成绩。

3）精神文明建设不断加强

深化学习型城市创建活动，大力弘扬“三创”精神，组织开展了学习全国重大典型英雄教师殷雪梅和邓建军、张云泉先进事迹活动，全市争当创业榜样、创新楷模、创优标兵蔚然成风。《公民道德建设实施纲要》进一步落实，未成年人思想道德建设得到重视和加强，城乡文明程度和市民道德水准有了新的提高。省级文明城市顺利通过复查。双拥工作取得新成绩，省双拥模范城顺利通过考核验收。强化国防动员、民兵预备役工作，

市国防动员指挥中心建成投用。优抚安置、老龄、红十字、共青团、工会、妇女儿童、关心下一代和残疾人事业健康发展。

3. 民主法制建设继续加强，投资创业环境明显改善

1）民主法制建设有力推进

“四五”普法教育成效显著。深入开展“法治金坛”、“诚信金坛”创建活动，基层民主法制建设进一步加强。

2）社会环境安定有序

“平安金坛”创建活动深入推进，“严打”整治斗争成效明显，“大防控、大调解、大服务”格局基本形成，全市城乡社会稳定，省社会治安安全市顺利通过验收。安全生产管理责任制全面落实，安全生产形势总体平稳。高度重视信访工作，认真落实信访工作责任制，畅通信访渠道，建立健全信访监督机制、办理评价机制和信访终结机制，及时化解了经济社会发展中出现的不稳定因素。以食品、药品等为重点的市场经济秩序整顿工作收到良好成效，物价、工商、质监、药监等部门认真履行了职责。

五　苏州市2005年经济社会发展报告

2005年，在宏观经济环境偏紧、各方面矛盾和困难较多的情况下，苏州市坚持“立足于快、服从于好、着眼于新、致力于本”的原则，理清发展思路，加大工作力度，迎难而上，奋力拼搏，夺得了改革开放和现代化建设的新成绩，较好地完成了市十三届人大三次会议确定的目标任务，为“十五”发展画上了圆满的句号。

（一）2005年苏州市经济社会发展状况

苏州市以邓小平理论和“三个代表”重要思想为指导，以科学发展观统揽全局，紧紧围绕争创全省“两个率先”先导区、示范区奋斗目标，加大经济结构调整力度，加速工业化、信息化和国际化进程，全面构筑以人为本的和谐社会，经济社会发展取得令人鼓舞的成就。经济综合实力明显增强，社会事业全面进步，人民生活水平不断提高，生态建设和环境保护明显改善。

1. 经济发展又快又好

2005年，苏州市全面贯彻落实科学发展观，切实转变增长方式，努力化解新矛盾新问题，在上年较高增长平台上实现了平稳发展，经济效益也进一步改善。

1）综合经济

经济保持较快增势（见表2－41、图2－35、图2－36）。2005年，全市地区生产总值4026.52亿元，按可比价格计算，比上年增长15.3%。其中，第一产业完成增加值88.66亿元，下降0.1%；第二产业完成增加值2681.54亿元，增长15.3%；第三产业完成增加值1256.32亿元，增长16.7%。三次产业的比重分别为2.2%、66.6%和31.2%。人均地区生产总值（按户籍人口计算）66766元，按现行汇率折算，超过8000美元。

表2－41　2001～2005年苏州市地区生产总值概况一览

年　　份	地区生产总值（亿元）	增长百分比（%）	人均地区生产总值（元）
2001	1760.28	12.3	30384
2002	2080.37	14.5	35733
2003	2801.56	17.0	47693
2004	3450.00	17.6	57992
2005	4026.52	15.3	66766

注：增长百分比按可比计算，人均地区生产总值按户籍人口计算。

地方财力明显增强。2005年，全市地方一般预算收入突破300亿元，完成316.78亿元，比上年增长26.4%，其中，营业税、企业所得税、个人所得税分别增长25.3%、33.6%和25.5%。财政支出结构不断优化，对“三农”、教育和社会保障等领域的资金保

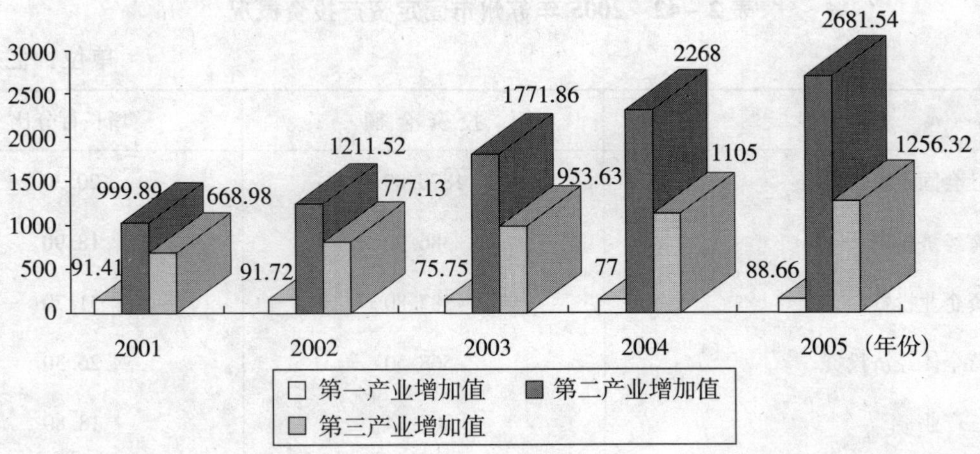

图 2－35　2001～2005 年苏州市三次产业产值增长情况一览（单位：亿元）

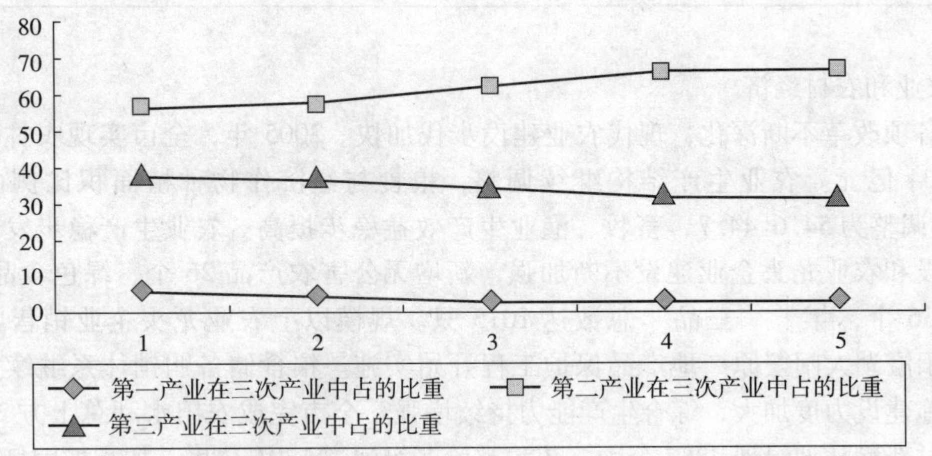

图 2－36　2001～2005 年苏州市三次产业比重变化一览（单位：%）

障力度加大。

全面贯彻国家宏观调控政策，注重调整投资结构，固定资产投资在高平台上呈现平稳增长态势。2005 年，全社会固定资产投资 1870 亿元，比上年增长 20.3%，其中，国有经济投资 386.9 亿元，比上年增长 18.9%；三资企业投资 587.8 亿元，增长 31.7%；私营个体经济投资总量已接近三资企业，完成投资 568.5 亿元，比上年增长 26.3%。第三产业完成投资 807.34 亿元，增长 18.8%，第二产业完成投资 1061.01 亿元，增长 21.8%，其中工业投资 1056.13 亿元，增长 21.5%。全社会施工房屋面积 9151.65 万平方米，比上年增长 5.2%，竣工房屋面积 4425.69 万平方米，增长 9.1%，房屋竣工率为 50.9%（见表 2－42）。

2005 年，新增固定资产 1546.47 亿元，固定资产交付使用率为 82.7%。全市新增生产能力主要有：高速公路 175 公里，发电机组能力 327 万千瓦，变电设备 528 万千伏安，等等。

表 2－42　2005 年苏州市固定资产投资概况

单位：亿元，%

类　型	投资金额	增长百分比
全社会固定资产投资	1870.00	20.30
国有经济投资	386.90	18.90
三资企业投资	587.80	31.70
私营个体经济投资	568.50	26.30
第三产业	807.34	18.80
第二产业	1061.01	21.80
工业投资	1056.13	21.50

2）农业和农村经济

农村各项改革不断深化，现代农业建设步伐加快。2005 年，全市实现农林牧渔业总产值 161.04 亿元。农业生产结构继续调整，粮食与经济作物种植面积比例由上年的 52.9∶46.5调整为 54.6∶44.7，畜牧、渔业生产效益稳步提高。农业生产稳步发展，农产品质量建设和农业龙头企业建设不断加强，新增无公害农产品 26 个、绿色食品 236 个、有机食品 36 个，年末“三品”总数达 1015 只。规模以上农业龙头企业销售收入增长 15.6%。阳澄湖大闸蟹原产地产品保护工程开始实施。粮食储备购销体系继续完善。农村基础设施建设力度加大，综合生产能力持续增强。全市完成农田水利总土方 2764 万立方米。农村新增林地绿地 7867 公顷，疏浚整治各级河道 1791 公里，加高加固圩堤 191 公里，增砌护岸工程 179 公里。农业机械化综合水平进一步提高，年末拥有农业机械总动力 196.9 万千瓦，农林牧渔业用电量 2.96 亿千瓦时。

3）工业和建筑业

工业规模不断扩大，经济运行质量明显提高。2005 年，全市工业总产值突破 1 万亿元，达到 12100 亿元，其中规模以上工业企业实现总产值 9840 亿元，分别比上年增长 26.6% 和 27.4%（见图 2－37）。全市工业用电量 483.56 亿千瓦时，比上年增长 25%。在全市规模以上工业中，国有工业产值 76 亿元，集体工业产值 150 亿元，三资工业产值 6580 亿元，私营工业产值 1460 亿元。重工业产值 6560 亿元，轻工业产值 3280 亿元，分别增长 28.5% 和 25.3%，重工业化水平达到 66.6%。百强企业完成工业产值 4400 亿元，比上年增长 35%，占规模以上工业产值的比重达 45%。工业经济效益稳步提升，规模以上工业产品销售收入 9640 亿元，比上年增长 26.7%，产销率达 98.2%；实现利税 552.42 亿元，增长 20.7%，其中利润 392.61 亿元，增长 23.5%。“IT 产业双倍增计划”提前两年完成。7 家企业年销售收入超过 100 亿元。常熟电气机械、张家港精细化工、苏州汽车零部件等国家火炬计划产业基地相继建成。新增中国

驰名商标2件、中国名牌产品14个。主导产业电子信息行业强势地位凸现，工业产值超过3000亿元，增速高出1.1个百分点，产值占规模以上的比重及对工业增长的贡献达到了1/3，成为名副其实的擎天大柱。

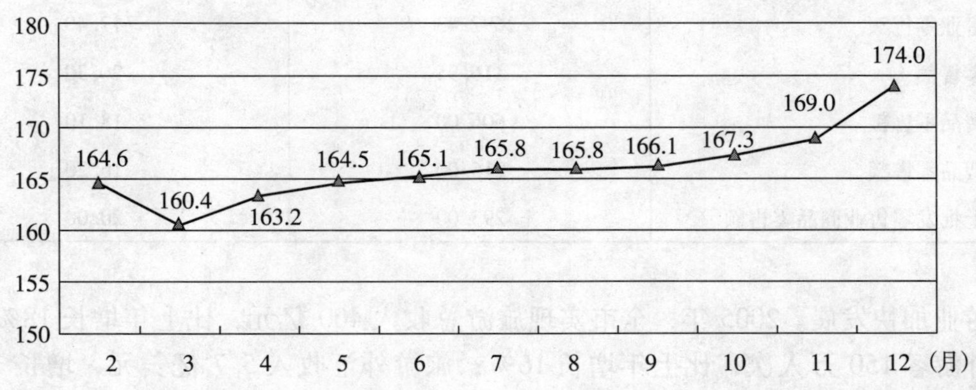

图2－37　2005年苏州市规模以上工业经济效益综合指数（单位：%）

建筑业稳步发展。2005年，全市建筑施工企业实现施工产值520亿元，比上年增长22.0%，施工面积6100万平方米，竣工面积3660万平方米。

4）第三产业

2005年，在全市实施服务业跨越发展计划，实现服务业增加值1256.3亿元，增长16.9%。

消费市场繁荣兴旺，消费结构调整升级（见图2－38、表2－43）。2005年，全市实现社会消费品零售总额905.07亿元，比上年增长17.6%。其中，批发零售业零售额786.56亿元，餐饮业零售额102.01亿元，分别比上年增长17.4%和20.3%；城市消费品零售额606亿元，农村消费品零售额215亿元，分别比上年增长18.1%和16.2%。限额以上批发零售业实现商品零售额295亿元，增长20%；其中吃的商品零售额49亿元，增长25%；穿的商品零售额34亿元，增长28%；用的商品零售额212亿元，增长18%；吃、穿、用占限额以上零售额的比重分别为16.6%、11.5%和71.9%。

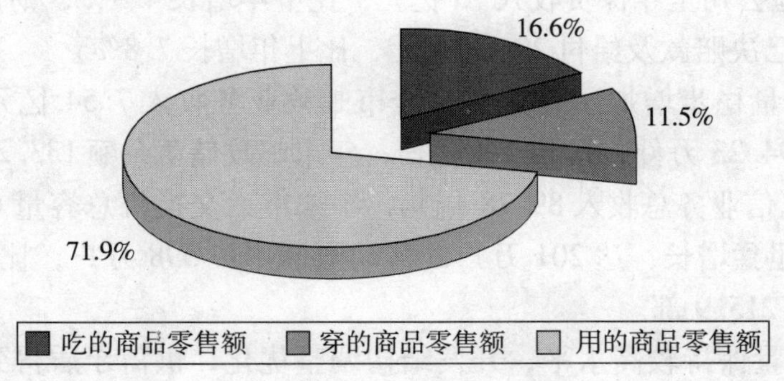

图2－38　2001～2005年苏州限额以上批发零售业实现商品零售额中吃、穿、用比重

表 2－43　2005 年苏州市社会消费品零售实现情况

单位：亿元，%

指　　标	总　量	增　幅
社会消费品零售总额	905.07	17.60
批发零售业零售额	692.43	17.40
餐饮业零售额	116.95	20.30
城市消费品零售额	606.00	18.10
农村消费品零售额	215.00	16.20
限额以上批发零售业商品零售额	295.00	20.00

旅游业加快发展。2005 年，全市实现旅游总收入 400 亿元，比上年增长 18%。全市接待境外游客 150 万人次，比上年增长 16%；旅游外汇收入 5.7 亿美元，增长 17.3%。接待国内游客 3600 万人次，比上年增长 15%。全市新增星级饭店 15 家，年末拥有星级饭店 116 家，其中四星级及以上饭店 29 家。围绕建设旅游强市的目标，创新理念，整合资源，完善服务，培育精品，精心打造“天堂苏州、东方水城”的城市旅游形象，张家港市、太仓市建成中国优秀旅游城市，常熟沙家浜、昆山锦溪古镇和亭林园跻身国家 4A 级景区行列，沙家浜还入选全国百家红色旅游经典景区，8 个单位被确定为全国工业、农业旅游示范点。中国苏州国际旅游节和寒山寺听钟声活动被录入中国旅游节庆指南。

客运物流业规模迅速扩大。2005 年，全社会完成客运量 3.07 亿人次，客运周转量 191.91 亿人公里，分别比上年增长 21.4% 和 7.1%；完成货运量 1.04 亿吨，比上年增长 17.7%，货物周转量 68.42 亿吨公里，增长 30.9%，苏州港港口吞吐量达 1.19 亿吨，集装箱运量 74 万标箱。全市年末拥有机动车 141.42 万辆，其中汽车 44.94 万辆，分别比上年增长 10.7% 和 26.5%。

金融机构继续贯彻落实稳健的货币政策，各项存贷款业务平稳增长。2005 年末金融机构本外币存、贷款余额分别为 5058.3 亿元和 3872.23 亿元，比年初分别增加 884.9 亿元和 615.09 亿元。全年银行现金收入 10844.55 亿元，现金支出 11122.57 亿元，分别比上年增长 6.9% 和 6.7%。保险业持续较快发展。全市新增保险机构 3 家，年末保险机构总数达 21 家，保险公司全年保费收入 75 亿元，比上年增长 4.9%，财产险与人寿险的比例为 30.2∶69.8，已决赔款及给付 20.68 亿元，比上年增长 7.8%。

邮政电信业务量稳步增加。2005 年，全市邮政业务收入 7.54 亿元；发送函件 1.11 亿件，特快专递 394.23 万件，报刊 2.4 亿份；年末邮政储蓄余额 133.25 亿元，比上年增长 30.9%。全市电信业务总收入 89.78 亿元，年末市话交换机总容量 626 万门（含小灵通）；小灵通用户迅猛增长，达 201 万户；移动电话用户 598 万户，比上年增长 21.7%。每百人拥有电话机 215.9 部。

房地产开发总量保持较高水平，开发结构调整优化，供需矛盾得到缓解，价格走势逐步趋稳。2005 年，全市房地产开发投资 420 亿元，比上年增长 25.6%，占全社会固定资产投资比重达 22.5%，商品房施工面积 4600 万平方米，增长 10%，竣工面积 1600 万

平方米，增长9.4%。全市商品房销售额295亿元，增长11.2%，其中住宅销售额240亿元，增长8%。房屋二级市场置换交易活跃，市区存量房交易成交面积达276.95万平方米。拍卖、招标和挂牌交易经营性用地112宗，共计465万平方米。全市完成拆迁房屋面积14万平方米，建成定销房面积22万平方米。

2. 体制改革向纵深推进

积极帮助改制企业优化股权结构，认真解决企业改制后的遗留问题。建立新的国有资产监督管理体制，促进了国有资产保值增值。深化事业单位综合配套改革，初步建立起形式多样、自主灵活的用人制度和分配制度。社团改革稳步实施，经济类行业协会与主管部门人员、经费、办公场所“三脱钩”工作取得进展。非经营类政府投资项目代建制和市政公用行业特许经营积极推行。农村改革力度加大，新建社区股份合作社117家、土地股份合作社27家、农民专业（股份）合作经济组织80家。

随着民营经济三年腾飞计划的积极实施，民营经济发展如虎添翼。2005年，规模以上工业中，民营企业3465家，超过了一半，完成工业产值2928.6亿元，增长24.2%，占全市税收的比重达到29.5%，拉动规模工业增长7.3个百分点，户均产值达8450万元，成为苏州工业新的增长点。沙钢集团以超过400亿元的成绩成为全省民营企业的龙头老大，稳居全市百强之首。全市新增注册私营企业2.1万家，个体工商户1.83万户。年末私营企业登记注册户数10.27万家，注册资金1946亿元，分别比上年增长25.2%和49.7%；个体工商户登记注册户数达到23.95万户，注册资金98.6亿元，分别比上年增长8.1%和15.4%。私营个体经济完成投资占全社会固定资产投资的30.4%，比上年提高1.5个百分点。目前已拥有16个中国驰名商标、29个中国名牌产品。提前一年完成“民营经济腾飞计划”注册资本三年翻番目标。

开发区辐射、带动作用不断增强。2005年，全市国家级开发区和省级开发区全年共新增注册外资108亿美元，实际利用外资46亿美元，分别占全市的70.8%和76.7%，完成地方一般预算收入130亿元，批准进区三资企业1260个。

3. 开放水平进一步提高

对内开放步伐加快，引进外地注册资本205亿元，对口帮扶、经济协作的领域进一步拓宽。对外开放继续深化。第28次国际科联大会、第四届中国苏州电子信息博览会、人口与发展国际援助研讨会、欧洲国际友城日等重大活动成功举办。苏州与马达加斯加塔那那利佛市结为友好城市。市华侨活动中心建成启用。苏州工业园区保税物流中心（B型）和张家港保税物流园区封关运作。赴欧美、日韩招商和日本爱知县世博会“苏州周”活动取得圆满成功。

对外贸易在高平台上快速增长，出口结构不断优化。2005年，进出口总额超过1400亿美元，比上年增长35.7%，其中出口总额超过700亿美元，比上年增长37.9%。其中外商投资企业出口额630亿美元，外贸公司出口额34亿美元，私营企业出口额21.6亿美元，分别比上年增长39.4%、9.0%和83.1%。对亚洲、北美、欧洲三大洲的出口额占出口总额的比重达96.2%，其中对亚洲出口额303.6亿美元，增长35.2%；对北美洲出口额185.1亿美元，增长39.9%；对欧洲出口额184.4亿美元，增长41.1%。全年机电产品出口576亿美元，增长40.9%，机电产品出口额占全市出口总额的比重达82.3%，比上年提高3个百分点。高新技术产品出口414.7亿美元，比上年增长42.3%，占全市出口总额的比重为59%，比上年提高1.8个百分点。在出口总额中，一般贸易出口118.4亿美元，进料加工贸易出口404亿美元，来料加工装配贸易出口175.8亿美元，分别比上年增长31.2%、20.2%和118.2%（见表2－44）。

表2－44　2005年苏州市出口总额构成概况排序

单位：亿美元，%

构　成	出口总额	增　幅
来料加工装配贸易出口	175.8	118.2
私营企业	21.6	83.1
高新技术产品出口	414.7	42.3
对欧洲出口	184.4	41.1
全年机电产品出口	576.0	40.9
对北美洲出口	185.1	39.9
外商投资企业	630.0	39.4
对亚洲出口	303.6	35.2
一般贸易出口	118.4	31.2
进料加工贸易出口	404.0	20.2
外贸公司	34.0	9.0

利用外资水平稳步提升，引资结构进一步优化。2005年，全市新增注册外资153.4亿美元，比上年增长4.3%，按原口径统计，实际利用外资60.05亿美元，比上年增长19.4%。外资项目规模继续扩大，新批超千万美元以上的项目占项目总数的33.7%，注册外资金额占全市注册外资的63.5%，其中9个新批项目超亿美元。1207家外商投资企业先后增资，第一、第二、第三产业注册外资之比为0.2∶91.2∶8.6，单项注册外资规模提高到703万美元，投资苏州的世界500强企业累计达到107家，服务业、农业利用外资规模明显扩大，新认定外资研发机构38家（见图2－39）。

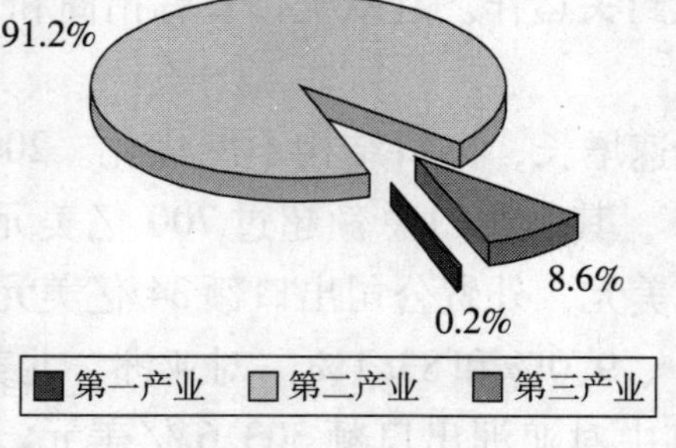

图2－39　2005年苏州市第一、第二、第三产业注册外资比重

外经合作步伐继续加快。2005年，全市新签对外劳务承包合同额3.2亿美元，完成营业额3.1亿美元，分别比上年增长35.2%和46.4%。年末在外劳务人员9250人，其中当年新派出劳务人员2256人。当年新批境外投资项目42个，其中新开业企业20家，中方投资8211万美元，占全省的40%。

4. 城乡规划建设管理继续加强

以城市总体规划修编为龙头，全面开展综合交通、环卫、消防等各项专业规划，继续开展对三个新城规划的评估、调整、完善和深化，进一步提高城市详细规划的覆盖面，完善古城保护规划。苏州市城市总体规划修编纲要、紫线规划、重点湖区控制规划以及一批专项规划、重大工程规划编制完成。大力实施城市化战略，完善城市布局，改善城市环境，进一步增强中心城市聚集、辐射、带动功能，城市化率达63.5%。

路桥建设按计划加快推进，随着沪宁高速公路改扩建、苏沪高速公路、苏昆太高速公路、绕城高速公路西北段、312国道苏州段拓宽、锡太一级公路、东环路快速干道北延和227省道分流线二期工程的建成，大交通瓶颈基本消除。2005年末全市高速公路总里程432公里，密度达5.1公里/百平方公里。农村公路建设进展迅速，共完成投资23.7亿元，新建改建农村公路900公里，新增通车里程525公里。苏州港建设投资力度继续加大，完成投资15.8亿元，新增万吨级码头泊位16个，太仓港区二期码头水工工程、常熟兴华港区三期工程完工。市区新辟公交线路20条，新增公交车301辆。

2005年，全市增加发电装机容量482万千瓦，新投运变电容量460万千伏安。苏州天然气高压管网二期工程建成。市区北部供水工程顺利完工，区域供水覆盖面超过90%。长江堤防达标工程、城市中心区防洪青龙桥枢纽工程如期建成，太湖治理工程基本结束。苏州工业园区二、三期开发大力推进，苏州高新区、吴中区、相城区和平江、沧浪、金阊新城的功能建设高标准实施，各县级市城区建设积极有序进行。设立公共信息亭200座。苏州市再度获得全国人民防空先进城市称号。“两级政府、三级管理、四级网络”城市管理体制基本建立，综合管理和综合执法水平继续提高，街道在城市管理中的基础性作用进一步发挥，市容市貌明显改观。苏州市和金阊区、沧浪区、平江区被评为全国社区建设示范市（区），5个县级市均成为全省社区建设示范市。

切实采取措施保障文物保护单位和控制保护建筑完好，不断提高全市历史文化遗产保护水平。加强“一城两线三片”风貌保护，加大古建筑和古镇古村落抢修保护力度。根据《苏州市古村落保护办法》，陆巷等14处古村落列入苏州市第一批控制保护古村落；新增谦和堂等60处历史建筑作为苏州市第三批控制保护建筑。

5. 生态环境不断优化

企业、区域、社会三个层面循环经济试点工作取得成效。2005年，大力推进企业清洁生产和ISO14000体系认证，198家企业通过了清洁生产审核，292家企业通过了ISO14000环境管理体系认证。太湖水污染防治“十五”计划及阳澄湖水污染防治行动计划全面完成，重点水源和湖泊保护得到加强。市区水资源综合治理工程加快建设，敷设污水支管84.5公里、雨水支管33公里；农村疏浚整治各级河道1791公里。地下水禁采封井目标提前实现。市固体废物管理中心和医疗废物收集处置网络建立，新建改建市区公共厕所50座，苏州垃圾焚烧发电厂主体工程完工，固体废物填埋场建设正式启动。国家和省下达的二氧化硫污染防治“十五”计划顺利完成。市区燃油助力车全面禁行，淘汰高污染燃料锅炉35台，烟尘控制区和环境噪声达标区覆盖率均达到100%。整治违法排污企业工作和保障群众健康环保专项行动深入开展。张家港、常熟、昆山生态市建设通过省级调研，24个镇创建全国环境优美乡镇通过国家环保总局技术审核，苏州高新区被列为国家级循环经济试点区。启动创建国家生态园林城市工作，市区新增绿地480.3公顷，绿化覆盖率为40.2%，比上年提高1个百分点，人均公共绿地达到9.8平方米；农村新增绿地林地7867公顷。环境质量综合指数比上年提高10.8。

6. 社会事业全面进步

全面推进国际新兴科技城市十大工程建设，创新创业环境持续改善，科技进步对工业、农业的贡献率稳步提高。2005年，全市组织实施省级以上科技项目338项，其中国家级项目171项，省级项目167项。142项科技成果获市级以上科技进步奖，其中国家科技进步奖2项，江苏省奖8项。全年专利申请量6000件，比上年增长28%，专利授权量3350件，比上年增长20.4%。大力促进产学研和区域科技合作，创新创业的平台和载体建设成效显著，新建、扩建了7个科技创业园，累计科技创业孵化器25个，创业孵化面积68.66万平方米，苏州科技中心正式启用。全市民营科技企业达3000多家，比上年增长36.3%。高新技术产业稳健发展，全市高新技术产业产值达3000亿元，比上年增长21.8%，占规模以上工业比重达30.5%。全市新认定省级以上高新技术产品196个，累计已达1639个。当年新增省级以上高新技术企业63家，实有总数达到706家，新增国家认定的软件企业30家。人才环境得到优化，高层次人才队伍进一步壮大，全市引进各类人才9万人，引进留学人员301名。龙芯产业化基地、清华紫光产学研基地相继建立。中国科技大学与香港城市大学合建的研究中心落户苏州。苏州软件园成为“中国软件欧美出口工程试点基地”。10项科技成果分获国家级、省级科技进步奖。

2005年，中小学布局调整基本完成，优质教育资源覆盖率超过70%，高中段教育毛入学率达到95.4%。高等教育和职业教育快速发展，高等教育毛入学率达到51.5%，新增劳动力人均受教育年限达14.5年。市妇女儿童活动中心成为全国青少年校外活动示范基地。全市中外合作办学项目达到20个，双语教育实验学校达到120所。独墅湖高等教育区和苏州国际教育园建设进展顺利，入驻学生分别达到1.2万人和5万人。职业教育实现优质化、规模化，职业中学在校学生2.1万人，技工学校在校学生2.72万人，毕业生0.7万人。中等专业学校在校学生9.46万人，毕业生1.42万人；普通高等学校在校学生11.3万人，毕业生2.25万人；成人高等学校在校学生3.21万人，毕业生1.15万人。全年培训农村各类人员115万人次、农村致富带头人2.4万名。

文化建设取得新成果。2005年，成功举办中国非物质文化遗产保护·苏州论坛，公布苏州市第一批12项非物质文化遗产代表作名录，文化遗产保护法制化建设稳步推进。坚持“三贴近”，实施文化精品工程，小品《面试》荣获第五届央视小品大赛4项大奖，《青春跑道》被列入省舞台艺术精品工程初选剧目，新编昆曲《西施》高质量创作完成。“苏州周”活动获得日本爱知世博会中国馆唯一最佳展示奖。已建成7个国家级民间艺术之乡、14个省级特色文化之乡。公共文化服务体系逐步完善，年末全市文化馆、图书馆、城乡文化站总面积50.37万平方米。苏州博物馆新馆抓紧建设，桃花坞木刻年画博物馆如期建成，山塘历史文化保护区保护性修复二期工程竣工。两家出版社出版新书315种，公开出版报纸13种、期刊28种。广电事业不断发展，全市有线电视用户数超过150万户，农村广电网建设取得新发展，农村有线电视净增用户7.37万户。苏州古典园林保护管理走上科学化、规范化轨道。古城古镇申报世界遗产基础性工作扎实开展，沙溪镇、木渎镇列入第二批中国历史文化名镇。中国非物质文化遗产保护·苏州论坛、纪念郑和下西洋600周年及第五届全国儿童剧优秀剧目展演等活动获得成功。苏州图书馆被评为全国公共图书馆一级馆。苏州工业园区科技园成为国家级动画产业基地。昆曲保护工程获得文化部首届创新奖特等奖。

卫生事业加快发展，应对突发公共卫生事件能力提升。2005年，成功举办苏港澳健康城市论坛，苏州市被正式授牌成为健康城市联盟中国分部，"母婴健康保护"和"关爱弱势、健康公平"项目获得世界卫生组织健康城市优秀实践奖。医疗服务体系更加完善，市疾病预防控制中心建成使用，并建成国家级实验室和国内首创的健康教育园。加大社区卫生服务中心建设力度，新建社区卫生服务中心45家，社区卫生服务普及率达96.1%。年末全市拥有医疗卫生机构1946个，其中医院、卫生院217个，专业卫生技术人员3.03万人，其中医生1.28万人，卫生机构医疗床位2.27万张。积极开展慢性病、艾滋病防治示范区建设，加大城乡医疗救助力度。全市无偿献血者达12万人次，无偿献血占临床用血量的106%。增加20万人次乙肝疫苗接种，8万多名外来儿童接受计划免疫接种。"医院管理年"活动深入推进，市属医疗机构管办分离稳步实施。建成市疾病预防控制中心国家级实验室和国内首创的健康教育园。精神卫生工疗站全面改善。食品、药品安全监督管理得到加强。人口和计划生育综合改革不断深化，近2万名农民领到政府发放的计划生育奖励扶助金，人口出生缺陷社会化干预工程全面启动。

体育事业蓬勃发展，"环太湖体育圈"加快建设。2005年，全市新建市级以上全民健身工程3个、全民健身点444个。全年开展349项次各类全民健身活动，市全民健身活动中心被评为全国"十佳优秀全民健身活动中心"。成功承办世界速度轮滑锦标赛、全国速度轮滑锦标赛和十运会7项比赛三大体育赛事，苏州健儿在国际赛场上获得6个世界冠军，在十运会上获得12枚金牌。

信息化建设再上新台阶。2005年，宽带城域网光缆总长度达到7.4万公里，宽带核心交换能力为970G，城市出口带宽达到45G，面向社会和公众的信息服务能力大大提升。信息技术应用覆盖诸多领域，新闻浏览、视频点播、信息查询、远程教育、远程医疗、视频会议、网络娱乐等广泛应用。互联网宽带用户达到42.64万户，新增15万户，互联网拨号上网用户为20.25万户；互联网专线用户为5100户。医保联网覆盖面扩大，医保定点医院达38家，定点药店81家，定点门诊部、社区卫生院和企业卫生所共177家。刷卡消费渐成时尚，全市18家银行累计发行银行卡1586万张，全年POS交易金额64.6亿元，比上年增长81%。

7. 人民生活持续改善

2005年，全市出生43595人，出生率为7.2‰，人口自然增长率为1.01‰。年末全市户籍总人口606.22万人，比上年增加7.37万人，其中市区总人口224.53万人，比上年增加3.78万人。

城乡居民生活不断改善（见图2－40）。2005年，市区城市居民人均可支配收入16276元，全市农民人均纯收入8393元，分别比上年增长12.6%和10.6%。年末城乡居民本外币储蓄存款余额2120.92亿元，人均储蓄存款3.5万元，比上年增长22%。年末家用汽车拥有量达30.11万辆，比上年增长35%，其中家用客车拥有量达27.59万辆，增长40.1%。市场物价保持基本稳定。全年价格水平总体保持稳定（见表2－45）。居民消费价格总指数为102.4，分类指数6升2降。食品类、烟酒及用品类、衣着类、家庭设备用品及维修服务类、娱乐教育文化用品及服务类、居住类价格分别比上年上升4.5%、1%、1.2%、0.8%、0.2%和6%；医疗保健和个人用品、交通及通信类价格分别比上年下降0.6%和1.8%。

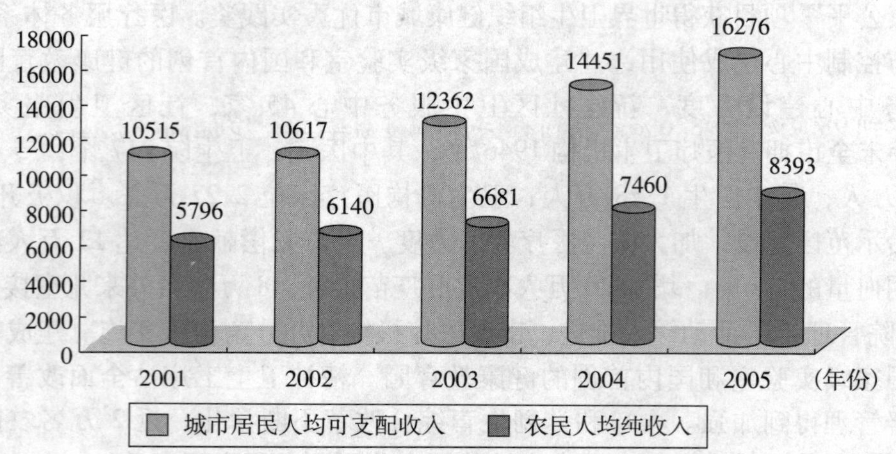

图2－40　2001～2005年苏州市城乡居民收入概况（单位：元）

表2－45　2005年苏州市消费价格指数变动概况

单位：%

类　别	消费价格指数变动	类　别	消费价格指数变动
食品类	4.5	烟酒及用品类	1.0
衣着类	1.2	家庭设备用品及维修服务类	0.8
娱乐教育文化用品及服务类	0.2	居住类	6.0
医疗保健和个人用品	-0.6	交通及通信类	-1.8

2005年，住房条件继续改善，城镇居民人均住房建筑面积达30.5平方米，比上年增加1.3平方米，市区改造危旧住房21.7万平方米，对3个老住宅小区进行了综合整治，供应1000户中低收入家庭住房，低保家庭人均住房保障标准放宽到建筑面积14平方米，

全市净增参加住房公积金制度的职工11.6万人。

进一步调整完善和全面落实再就业优惠政策，不断加大落实各项扶持政策的力度，扩大了《再就业优惠证》的发放范围和公益性岗位范围，提高了社会保险费补贴标准和公益性岗位补贴标准，鼓励用人单位吸纳失业人员，促进失业人员自主创业、自谋职业，积极营造政策促进就业的氛围。2005年全年再就业免费技能培训3.3万人，新增劳动就业岗位30万个，其中面向本地城镇劳动力的就业岗位14万个，11.5万名失业人员实现了就业，城镇登记失业率为3.42%，比上年下降0.3个百分点。开展对困难群体的再就业援助，接受援助者达到1.9万人。完成再就业免费技能培训3.3万人，创业培训4000人，培训外地来苏劳动力11.4万人。

社会保障体系进一步完善。全市城镇职工养老、失业、医疗、工伤和生育五大保险覆盖面继续扩大。2005年末全市参加城镇基本养老保险的单位4.44万户，参保职工186.57万人，增长28.4%；参加城镇职工基本医疗保险单位4.54万户，参保人数239.57万人，增长15.5%，失业保险参保人数为145万人，工伤和生育保险参保缴费人数分别为152.48万人和154.86万人。企业基本养老保险费、城镇职工基本医疗保险费收缴率分别达到98.7%和98.6%。农村社会保障覆盖率进一步提高，新型农村合作医疗保险参保人口覆盖率达95%；农村居民参加养老保险覆盖率为84%，73.5万农民领到基本养老金或养老补贴。在市区全面启动少年儿童大病医疗保险，全市公办学校中小学生全部纳入在校意外伤害事故保险范围。

城乡居民最低保障覆盖面不断扩大，应保尽保成果进一步巩固。提高城乡低保指导标准，2005年，城镇居民由原来的月人均260元提高到月人均300元，农村居民由原来的130元提高到180元。全市共有3.46万户、7.52万人纳入低保范围，其中，城镇1.33万户、2.67万人，农村2.13万户、4.85万人，各级发放低保资金8983万元。城镇低保家庭人均住房保障标准提高到14平方米。年末全市养老服务机构170家，总床位1.1万张。覆盖城乡的社会救助体系基本形成。扩大困难人群医疗救助规模，救助水平不断提高。市养老护理员培训基地建成使用，养老服务社会化、产业化进程加快。残疾人助听、助明、助行和免费送药行动计划开始实施。

8. 民主法制建设、精神文明建设和政府自身建设普遍加强

加快建设“法治苏州”，大力推进依法治市。广泛普及法律知识，扎实做好“法律进社区”和社区矫正试点工作，积极推行村民委员会和社区居委会专职人员直选，涌现出一批全国全省民主法治示范村和民主法治示范社区。持续开展“平安苏州”创建活动，苏州市被命名为全国社会治安综合治理优秀地区，并被授予“长安杯”。加大安全生产监管力度，有效防止了重特大事故发生。高度重视信访工作，妥善处理新型社会矛盾，维护了社会稳定。纪念中国人民抗日战争暨世界反法西斯战争胜利60周年等活动成功举办。苏州再次成为创建全国文明城市工作先进市，张家港市荣膺首批全国文明城市。双拥模范城创建活动成效明显，军转干部安置任务全面完成。国防教育、国防后备力量建设取得新进展，驻苏部队在支持地方建设方面发挥了重要作用。以开展保持共产党员先进性教育活动为契机，加强政府自身建设，高度重视党风廉政建设，切实加强反腐倡廉工作，组织纳税人评议政风行风，群众对政府部门的综合满意率达到98.1%。市行政服务中心的作用进一步发挥，86%的行政审批事项在中心集中办理，网上申报审批率达到92%，并建成行政审批电子监察系统，实行事前、事中、事后全过程监察。市便民服务中心投入运行。政务、厂务、村务公开积极推进，效能建设成效明显。审计监督不断加强，重点基本建设项目竣工决算审计全面开展。在全省率先建立政府采购有形市场，财政性资金使用效益逐步提高。改进政府立法工作，对政府规章草案及重要的规范性文件草案通过政府网站和新闻媒体公开征求意见，全年提请市人大常委会审议通过地方性法规5件，颁布政府规章8件。推行行政执法责任制，启动规范性文件备案审查机制，开展行政复议和应诉工作，依法行政水平有所提高。市政府认真执行市人大及其常委会的决议，坚持重大事项向市人大常委会报告、向市政协通报制度，注重发挥各民主党派、工商联、无党派人士和人民团体的参政议政作用，共办复人大代表建议216件、政协委员提案481件。对市十三届人大三次会议确定的“进一步加快农民增收”、“加快老新村改造步伐，切实改善居民生活条件”两项议案，市政府高度重视，认真办理，并将各项措施落实到位。

苏州的发展之中有艰辛和坎坷，有困难和矛盾，也有问题和不足，主要是：产业结构不够合理，现代服务业发展相对滞后；民营经济活力仍显不足；自主创新能力偏弱；城市规划建设管理水平有待提高；人口资源环境压力加大，经济增长方式需要加快转变；城乡居民收入增加与经济增长不尽协调，社会事业发展还不能满足人民群众日益增长的精神文化需求；社会矛盾和问题较多，维护稳定的任务繁重；外来人员管理存在薄弱环节；政府社会管理和公共服务职能仍需进一步加强；等等。对此，苏州市将采取切实措施，认真加以解决。

2005年，全市人民在苏州市委、市政府的正确领导下，牢固树立和认真贯彻科学发展观，紧紧围绕“富民强市、两个率先”的目标，努力克服宏观环境偏紧和经济发展中的各种矛盾和困难，抢抓机遇，奋力拼搏，加快调整经济结构和生产力布局，努力转变经济增长方式，全市经济社会在高平台上又快又好地发展，为“十五”发展画上了圆满的句号。

（二）“十五”时期苏州经济社会发展回顾

“十五”时期，全市工作力度全面加大，现代化建设取得重大成就。面对宏观经济环境的新变化，面对中国加入世界贸易组织后的新形势，面对非典疫情等严重灾害的新挑战，苏州市政府始终以邓小平理论和“三个代表”重要思想为指导，牢固树立和认真落实科学发展观，紧紧围绕富民强市、“两个率先”的目标，坚持上级精神、发展形势、苏州实际、市民利益的有机统一，坚持连续性、操作性、创造性、实效性的有机统一，不断探索中国特色、时代特征、苏州特点的发展新路。坚决贯彻中央宏观调控政策，注重用发展和改革的办法解决前进中的问题，认真实施科教兴市、经济国际化、城市化和可持续发展战略，励精图治，奋发进取，物质文明、政治文明、精神文明共同进步，“十五”计划确定的奋斗目标顺利实现，在全省率先完成全面小康指标任务，一个充满生机、蓬勃向上的新苏州已呈现在我们面前。

1. 经济持续快速发展，综合实力迈上新的台阶

“十五”时期，牢牢抓住发展这个第一要务，加快构建具有自主知识产权的规模经济、民营经济和开放型经济“三足鼎立”格局，努力增强中心城市和5个县级市“六大经济板块”的整体实力，经济总量快速增长，产业结构不断优化。

五年来，地区生产总值翻一番（见表2-46、表2-47），按可比价计算，年均增长15.5%，分别于2002年、2004年、2005年实现2000亿元、3000亿元、4000亿元的跨越；财政总收入以平均每年100多亿元的幅度递增，年均增长35%，“十五”期末是“九五”期末的4.5倍，占地区生产总值的比重由10.3%提高到17.8%。实施农业结构战略性调整，主导产业基本形成；推进农业产业化、标准化、机械化、外向化进程，传统农业加快向现代农业转变。坚持走新型工业化道路，优化布局和结构，制造业规模迅速扩大，工业总产值年均增长27.3%，高新技术产品产值占规模以上工业产值的比重由“九五”期末的25.1%提高到30.5%。着力培育现代服务业，巩固提高传统服务业，推动了服务业较快发展，增加值年均增长14.8%。大旅游格局加快构建，旅游总收入年均增长23%。现代商业业态实现零售额占社会消费品零售总额的比重达到9.8%，比“九五”期末提高2.8个百分点。区域经济共同繁荣，5个县级市全部进入全国综合实力百强县（市）前列，其中昆山市名列全国第一位。

表2-46　2001~2005年苏州市规模以上工业企业利润总额

单位：亿元

年　份	2001	2002	2003	2004	2005
利润总额	125	159	219	310	424

表2-47　“十五”期间苏州市列入统计监测的企业集团发展情况

单位：亿元

项目／年份	集团个数	户均资产	户均营业收入	户均利税
2005	38	45.12	50.27	2.85
2004	38	34.07	39.76	2.97
2003	35	29.14	30.98	2.97
2002	33	22.80	23.98	1.85
2001	31	18.39	21.68	1.57
2000	26	15.20	14.24	1.15

2. 体制改革取得重要突破，对外开放形成领先优势

“十五”时期，坚定不移地深化各项改革，经济社会发展的体制活力和内生动力不断增强。加快国有资本从一般竞争性领域和中小企业退出步伐，国有（集体）企业和生产经营性事业单位产权制度改革全面完成，赢得了发展先机。在全省率先推行部门预算和国库集中支付制度改革，实施综合预算和以国库单一账户管理体系为基础的集中支付。建立土地收购储备制度，除工业以外的经营性用地全部实行公开交易。农村税费改革取得实效，以社区股份合作制、承包土地股份合作制和专业合作经济组织为重点的三大合作改革全面推进。放宽准入领域，加强政策支持，促进了民营经济发展壮大。私营企业和个体工商户注册总资本达到2044.6亿元，比“九五”期末增长8.9倍；上缴税收占全市的比重比“九五”期末提高15.5个百分点。推动行政体制创新，机构改革顺利实施，政府职能明显转变，市和县级市、区两级行政服务中心全部建立，昆山市建成镇级便民服务中心，市级机关行政许可项目和非行政许可审批项目累计削减72.3%。大力推进多层次、宽领域、全方位的对外开放，以积极主动的姿态抢抓机遇、迎接挑战，经济国际化程度不断提高（见图2-41）。进出口总额年均增长47.5%，“十五”期末是“九五”期末的6.5倍；五年累计注册外资570亿美元、实际利用外资198亿美元，分别为“九五”时期的5倍和2.6倍。境外投资积极开展，中方投资额1.4亿美元，是“九五”时期的14.8倍；外经规模逐步扩大，外派劳务实现从低收入国家向高收入国家的转变。接受华侨、华人、港澳同胞捐赠1.3亿元，位居全省首位。

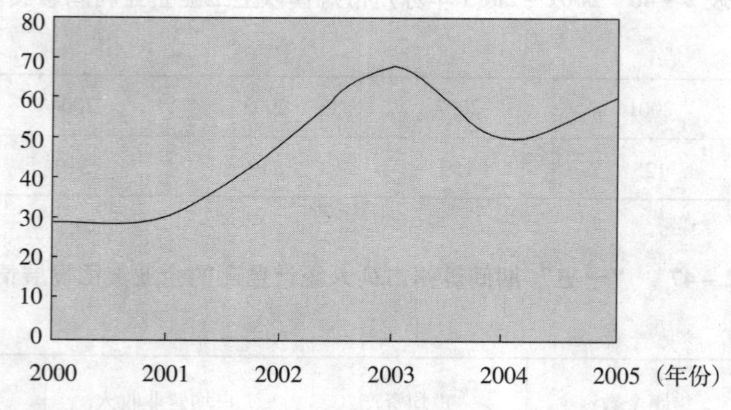

图2-41 “十五”期间苏州市利用外资情况（单位：亿元）

3. 全社会投资规模扩大，投资效果良好

“十五”时期是苏州市经济社会发展较快的时期，也是投资规模最大的时期。这一时期发展快、总量大、变化多，五年中投资增幅经历了小幅增长，快速增长、高速增长、大幅回落到趋于平稳增长的不同阶段（见图2-42）。

2001年是“十五”开局之年，苏州市投资承接“九五”平稳增长的态势，增长9.4%；随着国家积极的财政政策和稳健的货币政策的实施，苏州抓准机遇，加大投资力度，2002年、2003年两年连续放量高走，同比增幅分别达43.9%和73.3%，每年跨上一

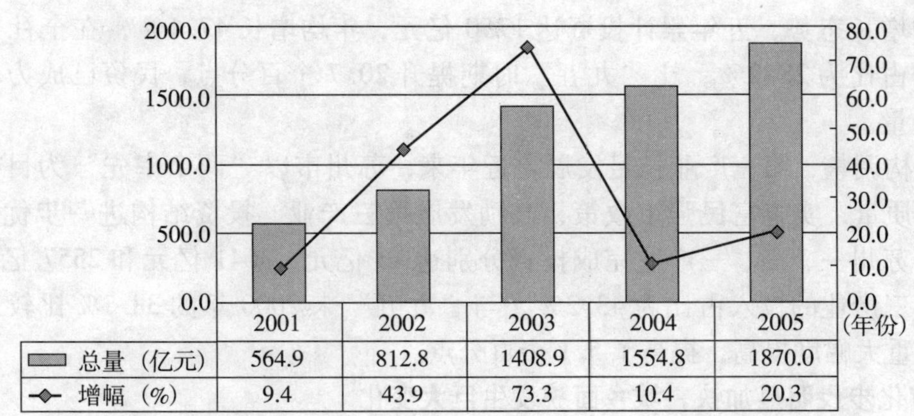

	2001	2002	2003	2004	2005
总量（亿元）	564.9	812.8	1408.9	1554.8	1870.0
增幅（%）	9.4	43.9	73.3	10.4	20.3

图 2－42　“十五”时期苏州全社会固定资产投资完成情况

个新台阶；2004 年第二季度以来，国家加强宏观调控，严把信贷和土地两个闸门，并运用经济、法律等手段，控制固定资产投资的过快增势，固定资产投资增幅高位回落。2004 年全社会固定资产投资完成 1554.9 亿元，比 2003 年仅增 10.4%，增幅大落 62.9 个百分点；2005 年苏州市投资增长逐步趋稳，全年完成固定资产投资将达 1870 亿元，月度增幅基本稳定在 20% 左右。

“十五”时期，苏州固定资产投资达 6211 亿元，是“九五”时期的 2.8 倍、是“八五”的 5.4 倍。“十五”时期的年均增速近三成，占全省投资的比重二成多，比“九五”时期的占比提高了 4 个多百分点（见图 2－43、图 2－44）。

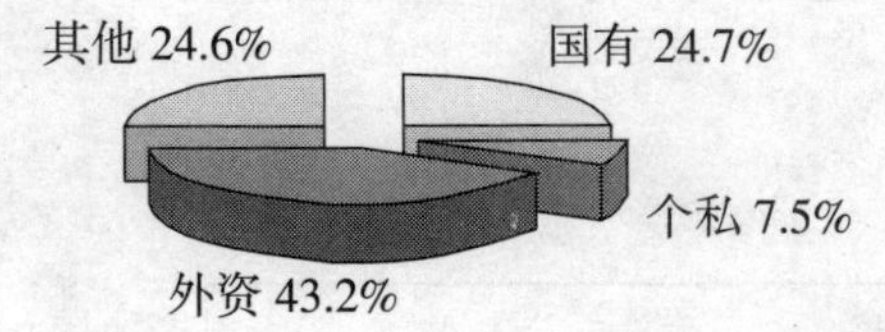

图 2－43　苏州“九五”时期全社会投资按经济类型占比情况

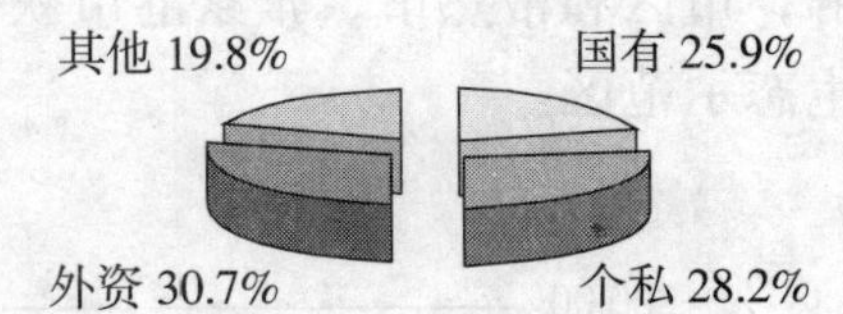

图 2－44　苏州“十五”时期全社会投资按经济类型占比情况

投资主体多元化，国资、外资、民资三足鼎立。随着经济体制改革的深入，投资领域形成了国资、外资、民资三足鼎立的投资主体格局，多元化日趋显著。

国有投资总量逐年增加，比重下降。“十五”时期，苏州市以城市基础设施建设为主的国有投资力度加大，呈现总量扩大、比重下降的趋势，预计五年累计完成投资 1359.6 亿元，年平均增长 26.4%，占全部投资的 21.9%，比“九五”占比低了 2.8 个百分点。外商投资势头不减，尤其是国家、省级开发区的建设日益完善，更加吸引外资企业的投入，五年累计完成投资 1874.1 亿元，年平均增长 26.1%，占全部投资的 30.2%，比“九五”时期低 13.0 个百分点。但外商企业投资总量仍居首位，依然是拉动投资的中坚力量。个私投资增势强劲，跃居投资主体。“十五”期间一直保持着高速、稳定的增长态势，五年累计投资达1750亿元，年均增长47.1%，在全社会固定资产投资中的占比为28.2%，比“九五”时期提升20.7个百分点，民资已成为苏州市投资的新生力量。

投资结构调整，第三产业长足发展。近年来，苏州市以“两个率先”为目标，提升经济增长的质量，实施富民强市政策，鼓励发展第三产业，投资结构进一步优化。“十五”时期，苏州一、二、三产业完成投资分别达13亿元、3641亿元和2557亿元，“十五”期末第三产业的投入占比为43.2%，与“九五”末2000年的38.1%比较来看，第三产业的比重大幅度提高，提高了5.1个百分点。

4. 城市化步伐明显加快，城乡面貌发生巨大变化

统筹城乡规划、产业布局和基础设施建设，调整镇村设置，区域城市框架基本形成，城市化率达到63.5%（见图2－45）。五年来，基础设施建设累计投入1560.6亿元，是“九五”时期的3.2倍，一批重大项目和实事项目如期完成。新增高等级公路通车里程1778公里，其中，高速公路362公里，是“九五”时期的5.2倍，高速公路密度达到发达国家水平；农村实现村村通公路并全部达到灰黑化；市区人均道路面积由“九五”期末的10.9平方米增加到15.3平方米。苏通长江大桥开工建设。新增电力装机容量620万千瓦，累计达到1000万千瓦，用电需求得到保障。市区自来水日供水量由“九五”期末的97.5万吨增加到105万吨；农村自来水普及率达到99%，比“九五”期末提高4.2个百分点。建成覆盖全市的宽带信息网，网络光纤通达所有行政村。生态建设步伐加快，水资源、山体资源和湿地得到保护。关闭采石企业112家，对部分宕口进行了整理复绿。环境质量有所改善，苏州市建成国家环境保护模范城市群、国家园林城市群、中国优秀旅游城市群，市区和常熟市、张家港市获得国际花园城市称号，5个县级市和吴中区率先成为全国生态示范区。

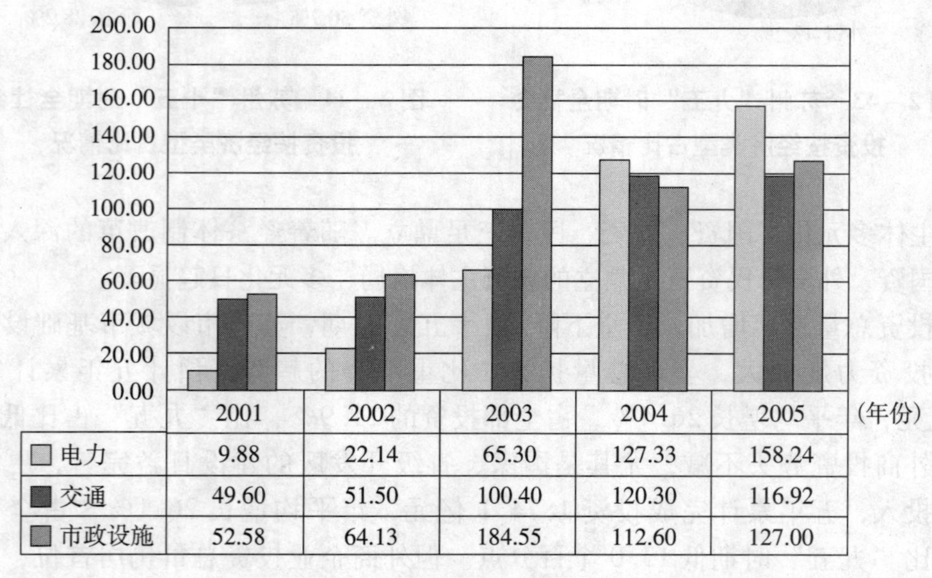

	2001	2002	2003	2004	2005
电力	9.88	22.14	65.30	127.33	158.24
交通	49.60	51.50	100.40	120.30	116.92
市政设施	52.58	64.13	184.55	112.60	127.00

图2－45　“十五”时期苏州基础设施建设完成投资额（单位：亿元）

5. 社会事业繁荣进步，文明程度显著提高

围绕建设国际新兴科技城市的目标，积极构建区域创新体系，一大批科技项目研发成功并得到转化应用，苏州进入全国科技进步先进城市行列，常熟市被确定为全国科技进步示范市，5 个县级市获得全国科普示范市称号，沧浪区成为全国科普示范城区。教育事业全面发展，在全省率先高水平、高质量普及九年义务教育，率先基本普及 15 年教育，高等教育进入普及化阶段，劳动力人均受教育年限达到 14.5 年。优秀传统文化得到继承和弘扬，成功承办第 28 届世界遗产委员会会议，苏州市被确定为中国民族民间文化保护工程综合性试点城市。文艺创作精品迭出，多部作品荣获国家舞台艺术精品工程剧目和五个一工程奖。广电事业快速发展，有线电视用户超过 150 万户。健康城市建设进展顺利，疾病预防控制体系逐步健全，医疗卫生条件不断改善，张家港市、常熟市成为世界卫生组织健康城市联盟成员。强化计划生育管理与服务，人口自然增长率控制在 1‰左右。全民健身活动蓬勃开展，竞技体育成果喜人。市区成为全国无障碍设施建设示范城。“张家港精神”、“昆山之路”、“园区经验”发扬光大，民主法制建设和精神文明建设持续加强。

6. 富民工程扎实推进，人民生活迈向小康

坚持富民优先，落实富民政策，支持群众勤劳致富、创业致富、投资致富，五年来，城镇居民人均可支配收入、农民人均纯收入年均分别增长 13.9% 和 8.7%。城镇、农村家庭恩格尔系数分别比“九五”期末下降 5.3 个和 2.7 个百分点。市区人均住房建筑面积达到 30.5 平方米，比“九五”期末增加 6.6 平方米，修缮改造危旧住房 74.7 万平方米；农村居民居住条件有了较大改善。全市家用汽车拥有量达到 30 万辆，比“九五”期末增长 5.6 倍。人口平均预期寿命达到 78 岁，比“九五”期末增加 0.5 岁。统筹发展社会保障事业，以养老、医疗、失业、工伤、生育保险和最低生活保障制度为主体的城镇社会保障体系基本建立，企业退休人员基本养老金稳步增加；以养老保险、最低生活保障和合作医疗保险为主要内容的农村社会保障制度加快建设，城乡保障水平逐年提高。

（三）2005 年苏州市率先基本建成全面小康

根据江苏省委的要求，2010 年全省总体上建成小康社会。根据江苏省统计局的测评报告，到 2005 底，苏州市已基本达到了江苏省全面建设小康社会的 25 条指标，率先实现了小康社会。

全面建成小康社会的指标体系是由江苏省计委、江苏省委研究室、江苏省统计局和江苏省社会科学院联合研制的，并在江苏省委十届五次全会上获得通过。这套评价指标体系既有人均 GDP、产业结构、城市化水平等经济发展指标，又有城乡居民人均收入、就业、社会保障、住房、恩格尔系数等人民生活水平指标，有科技、教育、文化、卫生等社会发展指标，还有森林覆盖率、环境质量等生态环境指标和社会治安满意率、村民依法自治率等政治文明指标，内容主要反映经济发展、人民生活、社会发展和生态环境四大类、18 项、25 个指标。

江苏省委书记李源潮在苏州调研检查全面小康建设情况时说：苏州全面小康达标是一个了不起的成就，来之不易，全国瞩目，我们一定要使之成为一个经得起实践检验、群众检验、历史检验的高水平全面小康。

（四）苏州市的经济发展在长三角中的地位

1．“十五”期间苏州市生产总值在长三角中所占比重的变化趋势（见图2－46）

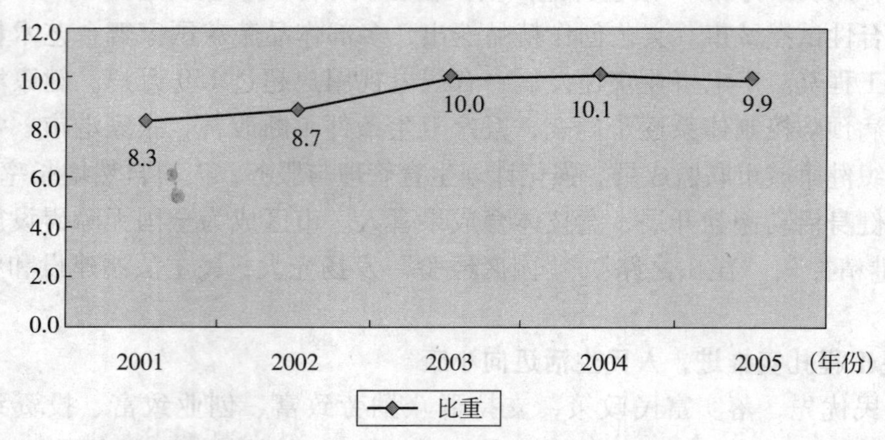

图2－46　“十五”期间苏州市地区生产总值在长三角所占比重（单位：%）

苏州市是江苏省经济社会全面发展的“火车头”，2005年全市地区生产总值4026.52亿元，按可比价格计算，比上年增长15.3%，均列全省前位。作为江苏省经济发展的主力军，苏州市的地区经济繁荣在长三角地区经济发展中也占有举足轻重的地位。“十五”期间，苏州市的地区生产总值占长三角生产总值的比重呈上升趋势，“十五”期间，该比重分别为8.3%、8.7%、10.0%、10.1%、9.9%，稳中有升，实现了苏州市经济的稳定发展。这得益于苏州市经济结构的调整和大力引进外资、促进进出口贸易、发展高新技术产业的结果。

2．“十五”期间苏州市产业结构变化情况（见图2－47）

“十五”期间，随着苏州市加大经济结构调整的力度，农村城市化进程进一步推进，苏州市的农业生产总值在整个长三角地区农业生产总值中的比重不断减少，2001～2005年各年比重分别为5.08%、5.1%、4.07%、3.46%、3.37%，这表明苏州市产业结构调整初见成效，农业生产在三次产业中所占比重逐渐减少，特别是新城的建设，加快了以外资和高新技术为特点的二、三产业的发展。

“十五”期间，苏州市第二产业的发展势头强劲，在整个长三角地区第二产业生产总值中的比重不断上升，2001～2005年，分别占长三角地区生产总值的9.28%、9.95%、11.9%、12.19%、12.25%。工业规模不断扩大，其中主导产业电子信息行业工业产值超过3000亿元，产值占规模以上的比重及对工业增长的贡献达到了1/3，成为名副其实的擎天大柱。

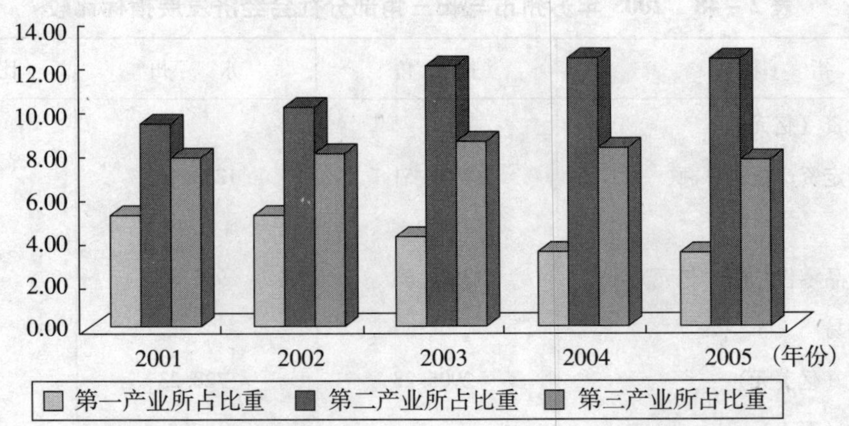

图2－47　“十五”期间苏州市各产业在长三角中所占比重（单位:％）

2001～2005年，苏州第三产业发展稳中有升，其产值占长三角地区产值比重分别为7.75％、7.9％、8.44％、8.26％、7.63％。“十五”期间，苏州市以“两个率先”为目标，提升经济增长的质量，实施富民强市政策，鼓励发展第三产业，推进了苏州市第三产业的发展。其中旅游市场繁荣，旅游产业在带动第三产业发展中起了重要作用，“大旅游”格局加快构建，旅游总收入年均增长23％。

3．2005年苏州市社会经济发展与长三角比较（见表2－48）

苏州市的社会经济发展水平在整个长三角地区属前列，仅次于上海。2005年，通过进一步优化产业结构和大力引进外资，以及加大各种创新的力度，使得苏州市社会经济发展更上一个台阶，各种指标都呈现健康、快速的发展趋势。

经济发展稳中有升，固定资产投资总额占长三角比重较大。2005年，苏州市全社会固定投资总额为1233.76亿元，长三角地区全社会固定投资总额为18978.51亿元，比重高达6.5％。国内消费市场繁荣，消费规模进一步扩大，苏州市社会消费品零售总额为905.07亿元，占整个长三角地区社会消费品零售总额13304.55亿元的6.8％。对外贸易迅猛发展，2005年苏州市的出口总值达728.23亿美元，整个长三角地区为2905.28亿美元，比重高达25.1％。

随着苏州市社会经济的高速发展，交通运输方面的客货运输量不断增加。2005年，苏州市实现公路旅客发送量30703万人，长三角地区公路旅客发送总量为292977万人，比重为10.5％。苏州市2005年的公路货物运输量为7762万吨，占整个长三角地区公路货物运输量190433万吨的4.1％，较旅客发送量比重较小。苏州市2005年民用汽车拥有量为44.97万辆，占整个长三角地区的9.1％。

邮电业务总量保持较大规模。2005年，整个长三角地区市内电话用户为4507.77万户，苏州市市内电话用户为483.1万户，比重高达10.7％。长三角地区年末移动电话用户为6680万户，其中，苏州市移动电话用户为562.69，比重为8.4％。国际互联网用户所占比重较其他城市高，为4.4％，其中，苏州市国际互联网用户为70.48万户，长三角地区国际互联网用户总数为1597.46万户。

表2－48　2005年苏州市与长三角部分社会经济发展指标比较

指　　标	长三角	苏　　州	比　重（%）
固定资产投资（亿元）			
全社会固定资产投资总额	18978.51	1233.76	6.5
国内商业			
社会消费品零售总额（亿元）	13304.55	905.07	6.8
对外经济贸易			
出口总额（亿美元）	2905.28	728.23	25.1
客运量总计（万人）			
公路	292977.00	30703.00	10.5
货物运输量总计（万吨）			
公路	190433.00	7762.00	4.1
民用车辆拥有量（万辆）			
民用汽车拥有量	492.06	44.97	9.1
邮电业务总量			
年末市内电话（万户）	4507.77	483.10	10.7
年末移动电话用户（万户）	6680.00	562.69	8.4
国际互联网用户（万户）	1597.46	70.48	4.4
从业人员合计（万人）	8474.20	398.18	4.7
第一产业	2241.24	43.40	1.9
第二产业	3266.99	231.68	7.1
第三产业	2965.97	123.10	4.2
教育			
普通中学在校学生（万人）	759.68	33.82	4.5
小学在校学生（万人）	881.43	35.99	4.1

苏州市的从业人员比例结构反映了苏州较为合理的产业结构以及较高的生产力水平。2005年，苏州市三次产业总的从业人员人数为398.18万人，占长三角地区总量的4.7%，相比其生产总值比重，说明苏州市人均生产率较高。其一、二、三产业从业人员人数分别为43.4万人、231.68万人和123.1万人，占长三角地区的比重分别为1.9%、7.1%和4.2%。

义务教育情况良好。2005年，苏州市小学在校学生数为35.99万人，占整个长三角地区小学在校学生数881.43万人的4.1%。苏州市普通中学在校学生数为33.82万人，长三角地区普通中学在校学生数为759.68万人，比重为4.5%。

昆山市经济社会发展情况

（一）昆山市概况

1. 昆山市概况

昆山，东靠上海，西邻苏州，是江苏省的东大门。1989 年，撤县设市，市域面积 927 平方公里，户籍总人口 65 万，下辖 10 个镇和国家级经济技术开发区。昆山历史悠久，人文荟萃，著名思想家顾炎武、教育家朱柏庐、散文家归有光、电脑大王王安都是昆山人。这里是百戏之祖——昆曲的发源地，千年古镇周庄被誉为中国第一水乡，享誉海内外。昆山物产丰饶，盛产驰名中外的阳澄湖清水大闸蟹，素有江南鱼米之乡美称。

2. 地理位置

昆山处江苏省东南部、上海与苏州之间。北至东北与常熟、太仓两市相连，南至东南与上海嘉定、青浦两区接壤，西与吴江、苏州交界。东西最大直线距离 33 公里，南北 48 公里，总面积 921.3 平方公里，其中水域面积占 23.1%。

3. 自然环境

（1）土地资源。全市面积 927.7 平方公里，约合 138.2 万亩，其中，耕地 70.5 万亩，园地 1.65 万亩，林地 1.7 万亩，居民点及工矿用地 33.62 万亩，交通用地 8.13 万亩，水域 30.9 万亩，未利用土地 0.55 万亩。

（2）水资源。全境河流总长 1056.32 公里，其中，主要干支河流 62 条，长 457.51 公里；湖泊 41 个，水面 10 余万亩。年均降水量 1074 毫米；年地表水中河湖蓄水 6.9 亿立方米，承泄太湖来水 51.3 亿立方米，引入长江水 2.5 亿立方米；年地下水开采量约 0.95 亿立方米。

（3）矿产资源。境内有昆石、红泥、矿泉水等，尤昆石为奇。

（4）生物资源。林木类有竹、松、梅、桑等，观赏型树种日渐增多，以琼花为珍；野生药用植物有百余种，数并蒂莲为贵；野生动物品种繁多，其中阳澄湖大闸蟹驰名中外。

（5）旅游资源。市内的亭林公园融自然景物与名胜古迹于一体，玉峰山“百里平畴，一峰独秀”；古镇周庄以“中国第一水乡”闻名海内外，赵陵山良渚文化遗址被誉为 1992 年中国十大考古发现之一；顾炎武墓、秦峰塔、文昌阁等历史名胜广受注目；阳澄湖、淀山湖的水上风情园、国际游园、高尔夫球场、赛车俱乐部、度假村庄等现代化旅游项目，令人乐而忘返；丹桂园大型主题公园集观光、度假、游乐、餐饮于一体，广为游人青睐。

4. 气候

昆山属北亚热带南部季风气候区。气候温和湿润，四季分明，光照充足，雨量充沛。年平均气温 15.5℃；年平均降水量 1097.1 毫米，年平均日照时间 2085.9 小时，历史极端最高气温 39.0℃（2003 年 8 月 1 日），历史极端最低气温 －11.7℃（1977 年 1 月 31 日）。

5. 交通运输

昆山地处中国东南沿海长江三角洲的东部，东距上海50公里，西邻苏州37公里。

（1）航空：上海虹桥机场（距45公里，约半小时车程）、上海浦东机场（距100公里，约1小时车程）。

（2）港口：上海港（中国最大港口、距离60公里）、张家港（距100公里）、太仓浏家港（距35公里），货物经区内水道运达以上各港口可直接出口。

（3）铁路：京沪铁路穿越开发区，并在区内设有二等客货运输站。

（4）公路：区域内公路网健全，沪宁高速公路、机场路、312国道穿越开发区。

6. 基础设施

（1）供水。自来水日供水能力65万吨。水源取自阳澄湖，达到国家饮用水标准。

（2）供电。用电来自华东电网，电力供应充足，全市已建有220千伏变电站5座、110千伏变电站22座，正在建设500千伏变电站1座。

（3）供气。国家“西气东输”重点工程供气管道在昆山境内经过，已于2003年底正式供气。

（4）通信。2004年，昆山市固定电话装机容量46万门，移动电话容量超过100万门。已开通ISDN、DDN和宽带上网业务。

（5）通关。设有海关和国家进出口商品检验检疫局。沪苏口岸直通式进出口货物分流中心玉山站是经海关总署批准的通关点，与昆山出口加工区相联结，为国家陆路二类口岸。

（二）昆山市经济社会发展基本状况

改革开放以来，昆山市经济社会保持了持续、快速、协调发展的良好态势，先后荣获国家卫生城市、国家环保模范城市、全国优秀旅游城市、国家园林城市、全国生态示范区和中国十大最佳魅力城市等称号。2005年，全市完成GDP730亿元，比上年增长24.1%；财政收入116.8亿元，其中地方一般预算收入51.6亿元，分别增长36.1%和36.5%；进出口总额332.2亿美元，增长41.1%；全社会固定资产投资234.8亿元，增长23%；城镇居民人均可支配收入16809元，农民人均纯收入8519元，分别比上年增长12%和11.3%。在国家统计局公布的全国百强县（市）排名中，昆山位居第一。在中国中小城市科学发展三项测评中，昆山名列全国中小城市综合实力百强第一位、全国最具投资潜力中小城市50强第一位、全国十佳节约型中小城市第二位。到2005年底，昆山率先实现了江苏全面建设小康社会指标，基本达到了全面小康社会水平。

1. 充分利用外资，建立开放型经济格局

1）通过利用外资，昆山市经济发展有了三次跨越，并实现了产业结构的提升

1984年至今，昆山经济发展大致经历了三次跨越：1984～1991年，自从1985年昆山自费建立了开发区以后，以开发区为载体，通过利用外资发展了工业，从而使昆山实现了从以单一的农业经济为主转向了以工业经济为主的跨越；1992～1997年，随着利用外资的数量不断扩大，进而带动外贸出口额的不断增多，昆山的经济外向度越来越高，从而实现了昆山经济由内向外的跨越；1998以后，昆山引资结构发生了大的变化，高新技

术产业的比重逐步超过了一般加工业，逐步形成了以开发区、出口加工区为中心，以专业园区、配套园区为组团的高新技术密集区的新格局，高新技术产品产值已占工业产值的26%以上，从而实现了产业结构由低到高的跨越。

以IT产业为例，2005年全年规模以上企业生产笔记本电脑1566万台、数码相机731万台，分别比上年增长64.0%和122.9%。以通信设备、计算机及其他电子设备制造业为主的规模以上IT产业完成工业总产值1056.32亿元，占全市规模以上工业总产值的比重达到49.8%，占全省规模以上通信设备、计算机及其他电子设备制造业产值的1/5。

2）通过利用外资，昆山市塑造了开放型经济格局

2005年，在国际经济环境变化比较大、困难比较多、对出口的影响逐步显现的情况下，昆山市积极采取应对措施，对外贸易仍取得优异成绩。全年自营进出口总额达332.19亿美元，比上年增长41.1%，其中：出口总额179.46亿美元，增长39.8%；进口总额152.73亿美元，增长42.7%。对各大市场出口全面增长。

在利用外资方面，昆山市也实现了新的突破。2005年，积极实施“巩固台资、强攻日韩、拓展欧美”的招商策略，进一步推进全方位、多层次、宽领域的对外开放，利用外资继续保持良好态势。全年共批准利用外资项目435项，合同利用外资25.02亿美元；实际利用外资11.20亿美元，比上年增长17.3%。全年批准总投资在1000万美元以上的大项目123项，合同利用外资金额19.52亿美元；2900万美元以上项目35个；1亿美元以上项目1个。世界500强已在昆山投资了52家企业。服务领域利用外资不断拓展。全年第三产业合同利用外资项目44个，合同外资2.8亿美元。投产的外商及港澳台投资企业经济效益良好，全市三资工业企业总产值占全市工业产值的比重为89.4%；全年涉外税收54.16亿元，比上年增长21.3%。

另外，在对外经济合作方面，昆山市也加快了步伐。2005年，全年新签订对外承包工程和劳务合作合同5608万美元；完成营业额5101万美元。派出劳务人员400人。至年末，昆山对外承包工程和劳务合作涉及的国家和地区已达22个。

2. 以开发区为载体的建设，进一步吸引外资，发展外向型经济

1）开发区建设过程

（1）自费建立开发区。20世纪60~70年代，昆山是一个典型的农业县，人少地多，经济略感富足，不思进取、小富即安的思想较为严重。但随着改革开放，农村实行家庭联产承包责任制后，昆山人发现其与周边地区的差距越来越大，在短短的几年中，其经济水平已排在苏州6个县市的最末位。面对这一局势，昆山市委、市政府积极解放思想，转变观念，不等不靠，勇做“第一个吃螃蟹”的人，率先于1985年提出了在县级市兴办开发区的设想。至1992年，昆山已正式被批准为全国唯一的县级市国家级开发区，并于2000年再次经国务院批准，成为全国首批15个出口加工区的试点之一和中国首家封关运作出口加工区。

（2）勇于探索、大胆实践。开发区建设之初，作为以农业为主的县市，昆山工业经济基础十分薄弱。面对开发区建设一无政策允许、二无国家资金投入、三无技术项目、四无人才优势的困境，昆山市自我解放，大胆实践，在认真分析自身优势的基础上，提

出了“东依上海，西托‘三线’，内联乡镇，面向全国，走向世界”的口号，确立了“开发区就是昆山、昆山就是开发区”的“经营城市”发展思路。没有政策优势，就模仿执行沿海“国批”级开发区开放的优惠政策；没有启动资金，就率先采取批租2万亩土地换得2亿元资金作为开发区启动经费，进行前期开发；没有技术项目，便主动出击，在上海设立办事处，派人常住上海，及时招商引资；没有专家、技术人才，高价从上海聘请、引进。据说，当时昆山大街小巷到处可见从上海请来的专家、师傅。正如昆山市领导所说，此举带动了昆山人力资源再开发，也在较短的时间内给昆山比较短缺的工业经济补上了一课。

通过抓横向经济联合，在20世纪80年代中期，昆山很快搭上了上海这辆经济快车，较好地抓住了两大机遇。第一次机遇是在20世纪80年代初期，当时上海城市工业开始向外释放能量，正在寻找出路，内地“三线”军工企业实行“军转民”生产，也在寻找向沿海地区发展。基于这种分析，昆山主动到上海寻找联营伙伴。入驻开发区的第一家企业就是生产金星牌电视机的上海电视机一厂昆山分厂。通过引进一个，带来一批，昆山开发区很快就成为上海产品的扩散地和“三线”军工企业的聚集点。第二次机遇是在1992年以后，当时，上海浦东开发的强劲势头为长江三角洲的区域经济发展创造了机遇，而此时的昆山开发区已建立了七八年之久，无论是硬件设施还是投资环境，都已经具备了承受上海经济辐射的能力。

2）开发区建设取得的成就

昆山经济技术开发区在制度创新和扩大开放等方面取得新进展，城市功能日趋完善，其示范、辐射、带动作用进一步增强，已成为国内发展速度最快、最具竞争力的开发区之一。开发区综合实力在国家级开发区中保持第三名，2005年，全区完成地方一般预算收入16.65亿元，比上年增长24.3%；完成工业总产值1735亿元，比上年增长37.6%。全年新增合同外资9.4亿美元，实际利用外资5.3亿美元。光电产业园顺利启动，龙腾光电、德芯电子等龙头项目开工建设。沿沪产业带、高新区和民营科技园、留学人员创业园、软件园等重点园区开发建设顺利，招商引资和招才引智势头良好。花桥国际商务城规划工作全面展开，功能项目启动建设。建成国家农业示范区大唐生态农业示范基地。

3. 以“经营城市”为理念，经济与生态环境协调发展

1）以“经营城市”的理念，盘活城市资源，激发城市活力

综观昆山16年发展历程，正是由于坚持“昆山就是开发区、开发区就是昆山”的城市经营理念，充分利用昆山独特的区位优势，将城市拥有的土地、设施、环境及其他各种资源要素资本化，以市场运作方式经营城市资产，不断加大开发区建设力度，探索出自我积累、自我发展的城市建设新路子。昆山自1985年出租第一块土地筹集资金以来，随着开发区规模的不断扩大，资金投入的不断加大，城市环境的不断美化，基础设施的不断完善，投资环境的不断优化，昆山土地出让价格也逐年迅速提高。据有关资料显示，昆山市累计筹集土地出让金达60多亿元。通过市场化运作，城市土地不断升值，昆山有限的城市资源也得到了较好地开发和利用。

2）“既要金山银山又要绿水青山”的可持续经济发展观

虽然昆山市的经济发展以“开放型”经济著称，但是昆山更注重生态环境的保护，并提倡走“循环”经济发展之路。

昆山市的开发区每年都要对引进项目实行环境影响评价，不合格的企业予以劝退，仅2004年就劝退16个项目，投资额近2亿元。而进入开发区的企业几乎都要面对一个资源利用门槛，昆山在实行绿色招商的同时，发挥“集群产业链”的优势，构建“生态工业链网络”，形成绿色产业延伸链。

2005年，昆山人筹集资金1.6亿元，对一些断头河流、池塘进行绿化改造。实现每一个昆山人都拥有14平方米公共绿地的目标，“生态优先”的理念已经渗透到昆山的引资开发和规划建设中。

4. 昆山市坚定不移地实施外向带动、民营赶超和服务业跨越三大战略

在外向带动方面，不断巩固台资特色，着力提高核心产业、欧美日韩投资、软件研发、服务业和内销型企业的比重，推动技术升级和效益升级。加大招商选资力度，初步建立以科技含量、投资强度、产出效益和生态影响为主要标准的项目筛选评审机制，促进招商项目质量的提升。2004年，全市新增注册外资25亿美元，到账外资11.2亿美元。历年累计批准外资项目4300多个，注册外资超150亿美元，到账外资超100亿美元，开业投产企业达到1900家。

在民营赶超方面，坚持以原创型企业为主，以服务业项目为主，以引进外地具有自主知识产权的企业和规模型企业为主，通过创办原创型企业基地等措施扶持民营企业加速发展。同时，把外向配套作为外企生根、民企升级的关键举措，促使一大批民营企业进入跨国公司的核心生产体系，促进了外源型经济和内源型经济的相互融合。2004年，全市外向配套企业达1000家，配套销售额近200亿元。近三年，全市民资每年保持100多亿元的强劲投入，新增注册资本是过去历年总和的近三倍。

在服务业跨越方面，2004年开始全面启动三年跨越计划，重点发展生产性服务业，大力培育新兴服务业，加快提升传统服务业。按照“融入上海、面向世界、服务江苏”的总定位，集中开发建设花桥国际商务城，力争使之成为全省发展现代服务业的示范区。台湾彰化银行、登云科技学院、宗仁卿医院、友邦保险、东方海外、沃尔玛、欧尚、百乐门等一批服务业项目相继落户。全市排出总投资达170亿元的52个重点项目，实行跟踪督查，实施进展顺利。

通过实施三大战略，全市经济结构进一步优化，主导产业集聚程度明显提升，电子信息、精密机械、精细化工、民生用品已成为支柱产业，其中电子信息产业产值2004年首次突破1000亿元，占规模以上工业总量的近一半。光电子、特种汽车等种子产业正在迅速崛起，龙腾光电、德芯电子、维信诺、日月光等一批重点项目加快建设；特种汽车及零部件生产企业已达到320多家，具备了年产3万辆特种汽车的能力。

（三）昆山市经济发展具体状况

1. 农林牧渔业

农业结构调整加快推进，农业生产稳步发展。2005年全年完成农林牧渔业总产值

21.6 亿元，与上年持平。农业生产以市场需求为导向，加大结构调整力度，农业综合生产能力明显提高。水稻亩产 508.5 公斤，三麦亩产 282.2 公斤，油菜子亩产 137.3 公斤。新增绿色食品基地 13 个，新认定无公害农产品 2 个、绿色食品 93 个，引进农业项目 43 个，其中外资项目 31 个、民资项目 12 个，总投资 20.6 亿元。全年发放粮食直补、水稻良种补贴和购买农机具补贴资金 640 万元。农产品品质结构不断优化，优良品种覆盖率上升。现代农业园区建设继续推进。

2. 工业

工业生产持续快速增长。2005 年，全市工业继续大力发展外向型经济，放手发展民营经济，进一步加大技术创新力度，深化企业改革，积极开拓市场，不断提高企业竞争力，工业经济快速发展，经济效益不断改善。全市完成工业总产值 2333.24 亿元、工业增加值 475 亿元，分别比上年增长 40.9%、24.3%。外商及港澳台投资工业持续高速增长，总产值为 2086.99 亿元，比上年增长 50.4%。私营工业稳定发展，以私营工业为主的其他经济完成产值 219.84 亿元，比上年增长 2.9%。大中型企业产值突破 1000 亿元，全市 252 家大中型工业企业完成产值 1556.56 亿元，占全市工业产值的比重达 66.7%，比上年提高 4.8 个百分点。

工业经济运行质量进一步提高。2005 年全年实现销售产值 2299.72 亿元，比上年增长 41.1%；产销率为 98.6%，比上年提高 0.1 个百分点。企业经济效益继续好转。实现利税总额 119 亿元、利润总额 87 亿元，分别比上年增长 22.4%、22.5%。

3. 建筑业

建筑业发展平稳。不断规范建筑市场，强化行业管理，建筑企业以质量求生存，以创新促发展，工程质量和经营效益进一步提高。2005 年，本市有资质的建筑企业完成施工产值 76 亿元，比上年增长 0.4%，施工面积 1150 万平方米，竣工面积 500 万平方米。

4. 运输邮电业

交通运输业稳步发展，综合运输能力不断提升。全市机动车辆增多，社会运输能力提高。2005 年末拥有机动车辆 15.14 万辆，其中汽车 5.91 万辆，比上年末增长 26.0%。私家车拥有率明显提高，全市年末私家汽车拥有量为 3.73 万辆，比上年增长 30.6%，占全市的比重达 63.2%，比上年提高 2.2 个百分点。新增公交线路 5 条、延伸 13 条，新增、更新公交车辆 108 辆。全年完成工程量 10.5 亿元，建成高级公路里程 54 公里，“三纵六横两环五高十互通”的交通基础设施路网体系格局基本形成。年末全市公路总里程达 3104 公里，其中：国道 32 公里、省道 91 公里、县道 241 公里、乡道 2496 公里；高速公路 86 公里、一级公路 402 公里、二级公路 1743 公里、三级公路 148 公里、四级公路 155 公里。公路密度为 3.35 公里/平方公里。交通局系统完成客运量 1500 万人次，客运周转量 21568 万人公里；货物周转量 3143 万吨公里。全市港口吞吐量 52.9 万吨。

邮电通信业继续快速发展。2005 年全年完成邮电业务总量 14.3 亿元，比上年增长 20.5%。邮政服务门类增多，投递速度加快。全年发送信函 664.51 万件，特快专递 54.51 万件，比上年增长 26.4%。电信业务迅速发展。全市年末电话用户 74.09 万户，比上年末增长 35.7%；移动电话用户达到 90.89 万户，比上年末增加 20.89 万户。年末，互联网宽带接入用户达到8.83万户，比上年末增长27.2%。

5. 国内贸易业

商业企业以加快结构调整、发展新型商业业态为抓手，努力改善消费环境，扩大市场销售。消费品市场销售增长较快。2005年全年完成社会消费品零售总额102.40亿元，比上年增长19.3%，其中贸易业零售额为83.34亿元、餐饮业零售额为17.25亿元，分别比上年增长18.8%和22.3%。居民消费结构升级趋势明显，汽车、通信类产品以及与住房相关的商品消费进一步扩大。连锁超市、便利店等新型连锁业发展势头强劲，规模效应凸现，全年连锁超市完成商品零售额15.16亿元，比上年增长38.1%，成为最显成长性、最具活力的市场经营业态。商品交易市场交易活跃。

6. 金融保险业

金融保险业服务功能进一步强化。2005年末全市金融机构存款余额（本外币）699.21亿元，比上年末增长21.3%；贷款余额（本外币）487.46亿元，比上年末增长24.7%，其中，个人消费贷款余额147.93亿元，比上年末增长38.2%；全年银行现金收入1167.60亿元、现金支出1261.90亿元，分别比上年增长22.3%和21.8%，净投放现金94.30亿元，比上年增长16.0%。保险市场健康发展，保险业收入大幅增加。全年保费收入8.5亿元，比上年增长21.6%。其中，财产险保费收入3.2亿元，增长37.3%；人身险保费收入5.3亿元，增长13.7%。

7. 房地产业

房地产业快速发展。2005年，房地产开发规模继续扩大，全年商品房施工面积1350万平方米、竣工面积324万平方米，分别比上年增长16.8%和32.5%。全年商品房销售面积198万平方米，其中商品住宅销售175万平方米。商品房销售额达66.32亿元。

8. 旅游业

旅游业稳步发展。全市加大对旅游资源整合力度，进一步加强行业管理，努力实现从规模数量型向质量效益型转变。以周庄为龙头的旅游业蓬勃发展，锦溪、亭林园成为国家4A级景区，千灯古镇正式对外开放，捷安特公司跻身国家工业旅游示范点行列，周庄旅游公司名列全国百强旅行社第二。2005年内，周庄、锦溪、千灯、巴城、亭林园成功举办了旅游艺术节。全年完成旅游总收入51.8亿元，比上年增长27.0%；全年接待国内外旅游者610万人次，比上年增长15.1%。旅游配套设施不断完善。年内新批3家旅游星级饭店，至年末，全市共有星级宾馆19家、旅行社20家。

（四）昆山市社会发展具体状况

1. 坚持把富民优先作为第一导向，着力提高城乡居民生活水平

具体抓好“一三五”重大举措。“一”就是大力发展民营经济。坚持内外并举，鼓励全民创业，实行扶优扶强，加大政策扶持力度，营造放手发展的良好氛围。至2004年底，全市私营企业累计达到1.5万家，个体工商户3.36万户，注册民资共计224亿元。“三”就是实施“三有工程”。以“人人有技能、个个有工作、家家有物业”为目标，多层次、多渠道、多形式地开展劳动力培训，每年培训劳动力2万人次以上，转移农村劳动力1万多人。建立农村创业指导服务中心、农民创业担保中心、农村社区管理服务中心三个中心，为群众创业搭建平台。积极发展富民、社区股份、土地股份三大合作组织，增加群众投资性、资产性、经营性收入。“五”就是构筑五道保障。加大财政转移支付力度，建立起以低保、养老保险、医疗保险、拆迁补偿、征地补偿为主体的农村五道保障。近三年，市财政每年拿出近6亿元，用于建立健全农村社会保障体系。目前全市低保已实现全覆盖，农村基本养老保险、基本医疗保险覆盖率均达到99%以上，基本实现了老有所养、病有所医、弱有所扶、贫有所济。及时调整征地补偿标准和办法，积极探索“土地换保障”，建立征地保养平台，稳步推进农保与城保并轨，2004年已有1.6万多名大龄失地农民由农保转为城保。

“十五”期间，昆山市城乡登记失业率控制在3%以内，城乡居民收入持续增长。“十五”期末，全市城镇居民可支配收入达16809元，农民人均纯收入达8450元，农村家庭纯收入超过8000元的比例超过60%。全市人均储蓄余额超3.3万元，位居江苏省前列。农民人均住房面积70.2平方米，城镇居民人均住房面积32平方米，市区居民住宅成套率达100%，人均期望寿命达80岁，城乡居民生活质量进一步提高。

2. 坚持城乡统筹和可持续发展理念，不失时机地加快城市化进程

以建设现代化中等城市、营造一流的投资创业环境和人居环境为目标，积极引导工业向园区集中、人口向城镇集中、住宅向社区集中，不断加快城市建设和城市化步伐，城市建成区面积已扩大到55平方公里，城市化率达到63.8%。强化城市规划指导，把昆山927平方公里市域作为一个整体来规划，实现城乡规划全覆盖，在完善城市发展总体规划的同时，着重抓好重点区域控制性规划、建筑物天际轮廓线规划以及地下设施和管网规划，从空中、地面和地下强化规划的立体配套；编制、完善全市农业、服务业、社会事业、土地综合利用等专业规划，使专业规划与城市发展总体规划有机衔接。坚持动迁和基础设施建设先行。率先取消农民宅基地置换，规划建设73个农村新型社区，已建成33个。三年来，共投资200多亿元，集中力量抓好重大基础设施项目建设，实施了一批交通和水、电、气、生态环保工程。全市基本形成了“三纵六横二环”的市域交通大框架，境内高速公路里程达100公里、一级公路500公里、二三级公路1000公里、高速互通10个，市域内任何地点15分钟能上高速，30分钟能到上海或苏州。不断完善功能设施配套。按照现代工商城市的要求，坚持缺什么、补什么的原则，先后实施了新体育中心、图书馆、客运中心、国际会展中心、人力资源市场、老年活动中心、青少年宫以及省委党校苏南分校等40多项公共配套项目建设，结合老城区改造和东西副中心建设，加快商贸集中区建设，大大增强了城市对经济社会发展的承载能力。强化资源集约利用和生态环境建设。大力推进园区载体建设，初步形成以开发区为龙头、各类特色功能园区为依托的集约发展格局。切实加强耕地保护和用地管理，从提高投资强度、加快开发进度、控制配套用地限度、增加厂房高度等入手，多管齐下，大力提高集约用地水平。2005年，全市外资企业亩均投资达47万美元、民营企业亩均投资达341万元，分别比上年提高51%和123%。同时，以创建全国生态市为契机，城乡统筹，市镇联动，突出抓好水环境整治，加大资金投入，全市已建成污水处理厂18家，城市生活污水处理率达到

70%以上。大力绿化造林，三年共投入10多亿元，规划建设大型生态公园和公路、河流等绿色走廊，不断改善城乡环境质量。

3. 注重强化社会管理，全面推进和谐社会建设

从适应经济快速发展和城市化加速推进的要求出发，高度重视强化政府的公共管理职能，积极协调好各方面的利益关系，努力构建管理有序、治安稳定、服务高效、社会和谐的人文环境。

完善“三项机制”。建立招商引资、社会治安、社会稳定、新闻宣传和社情民意等快速反应机制，及时发现、调处各类苗头性问题。建立治安防范机制，市区全面完成社会治安路面监控系统，建立“五位一体”治安管理模式，推进“平安昆山”建设。建立公共安全应急机制，提高政府保障公共安全和处置突发事件的能力。

协调好“四个关系”。致力于构建和谐的党群干群关系、政商关系、劳资关系和新老昆山人关系。把机关效率效能建设作为机关思想作风建设永恒的主题，作为“一把手”工程来抓，出台一系列规章制度，在全省率先实行行政效能评估，以票决方式评议行政不作为、乱作为案例，广泛开展机关“进位升级”活动，设立“服务创新奖”，全面提升机关服务基础工作、重点工作和特色工作的水平。引导企业诚信经营，依法纳税，善待员工，安全生产，保护环境。以教育、管理、服务、维权为重点，创造性地开展“新昆山人”建设工作，大力营造新老昆山人“共处一地、共保安宁、共创繁荣、共树新风”的和谐社会环境。

弘扬六大传统文化，即以昆曲为代表的戏曲文化，以周庄为代表的水乡旅游文化，以顾炎武等“三贤”为代表的政治哲学文化，以沈万三为代表的商业文化，以大闸蟹和奥灶面为代表的饮食文化，以昆石、琼花、并蒂莲为代表的园艺文化，促进传统文化与现代文明的融合，不断丰富城市文化内涵，增添城市魅力。

4. 经济社会协调发展

五年来，随着经济的快速发展，教育、文化、卫生等社会事业取得显著成绩。不断提高教育质量，进一步完善教育体系。“十五”期末，人均预期受教育年限达14.7年，学前教育、基础教育、高中教育、地方高等教育和成人教育全面发展，幼儿园、小学、初中、高中入学率分别达到99%、100%、100%和97.3%，高等教育毛入学率达55.9%。加大人才引进、培养力度，人才总量突破15万人，列全省县级市首位。大力开展科技创新和创牌活动，科技投入逐年增加，科技对工业、农业的贡献率分别提高到52%、58.5%。累计专利申请量、授权量列全省县级市首位。医疗卫生服务网络基本建成，新建了市疾病控制中心，扩建了市人民医院和市中医院，“十五”期末，全市共有医疗卫生机构269个，专业卫生技术人员3430人，卫生机构床位2121张。文化事业不断发展，新建了市科技文化博览中心、图书馆、侯北人美术馆等一批重点文化设施，全市各类文化场馆达到16个；群众性文化体育活动丰富多彩，全民健身计划得到全面实施，建成市体育馆。

六　南通市2005年经济社会发展报告

2005年，南通市上下在市委、市政府的正确领导下，认真贯彻落实党的十六届四中、五中全会精神，牢固树立科学发展观，紧紧围绕全面建设小康社会和争当全省江北“两个率先”排头兵的奋斗目标，进一步解放思想，奋力开拓，抢抓机遇，扎实工作，全市经济继续保持平稳较快发展的良好势头，各项社会事业全面发展，人民生活水平进一步提高，为“十五”时期全市经济与社会事业发展画上了圆满的句号。

（一）2005年南通市经济发展状况

1. 经济总量继续保持较快增长（见图2－48～图2－50）

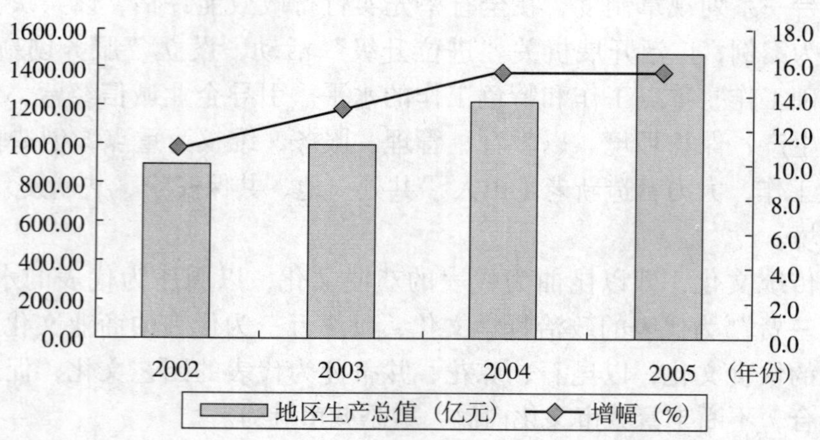

图2－48　2002～2005年南通市地区生产总值概况

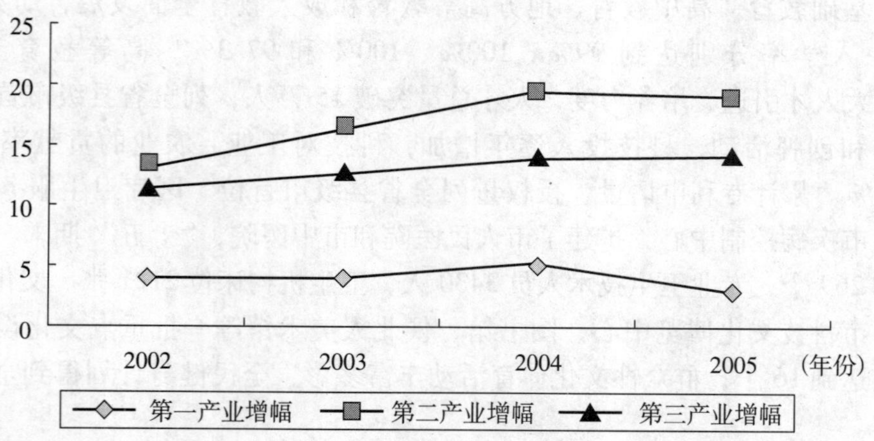

图2－49　2002～2005年南通市三次产业总值增长概况（单位：%）

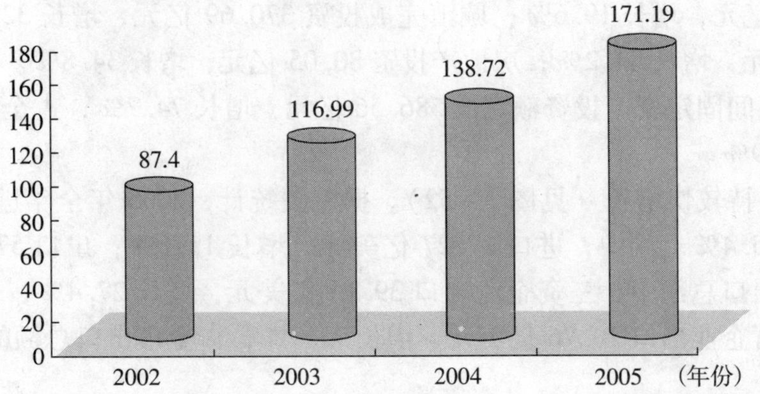

图 2－50　2002～2005 年南通市财政收入概况（单位：亿元）

2005 年，全市实现地区生产总值（GDP）1472.08 亿元，增长 15.4%。其中：第一产业完成增加值 160.03 亿元，增长 3.0%；第二产业完成增加值 825.85 亿元，增长 19.1%；第三产业完成增加值 486.20 亿元，增长 14.4%。从三次产业对国民经济增长的贡献看，主要拉动力来自于第二产业中的工业和第三产业，工业对国民经济增长的贡献率达到 47.3%，第三产业的贡献率为 41.4%。财政收支同步快速增长。2005 年，全市完成财政总收入 171.19 亿元，增长 26.3%，其中，一般预算收入 71.99 亿元，增长 26.7%。财政收入占 GDP 的比重达到 11.6%。全市财政支出 119.75 亿元，增长 19.3%。

2. 三大需求拉动经济稳步增长

固定资产投资依然强劲（见图 2－51）。2005 年，全市完成全社会固定资产投资 815.26 亿元，增长 34.7%，其中规模以上投资完成 672.08 亿元，增长 51.5%，规模以上投资占全社会投资的比重达 82.4%，比上年提高 9.1 个百分点。在全社会固定资产投资中，工业完成投资 617.72 亿元，增长 54.3%，增速比全社会投资快 19.6 个百分点，占全社会投资的比重达 75.8%，比 2004 年提高了 9.7 个百分点。在规模以上投资中，第一产业投资 5.23 亿元，增长 10.9 倍；第二产业投资 493.97 亿元，增长 65.4%；第三产

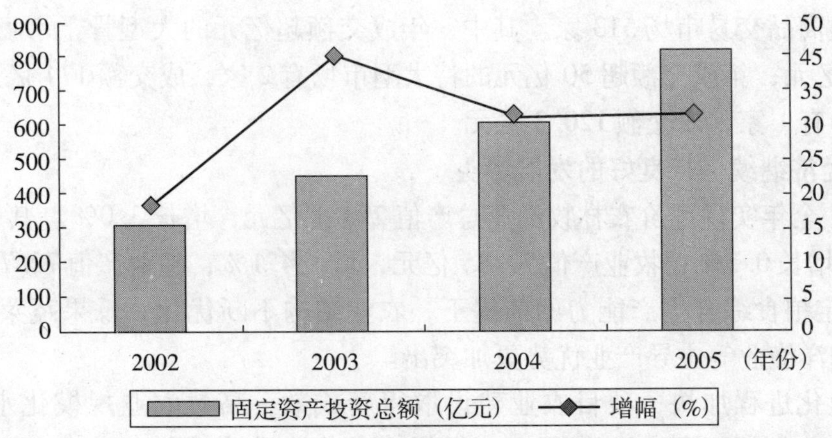

图 2－51　2002～2005 年南通市全社会固定资产投资概况

业投资172.89亿元，增长19.6%；城镇完成投资370.69亿元，增长32.4%；农村完成投资301.39亿元，增长84.2%；房地产投资80.05亿元，增长34.8%。民间投资热情依然高涨，全年民间固定资产投资额完成586.56亿元，增长74.7%，占全社会固定资产投资的比重达71.9%。

对外出口保持较快增长（见图2－52）。据海关统计，2005年全年进出口总额85.26亿美元，增长25.4%。其中，进口27.27亿美元，增长11.6%；出口57.94亿美元，增长33.2%。在出口总额中，三资企业出口39.16亿美元，增长27.4%，占全市出口总额的67.6%；私营企业出口10.76亿美元，增长93.9%，占全市出口总额的18.6%。

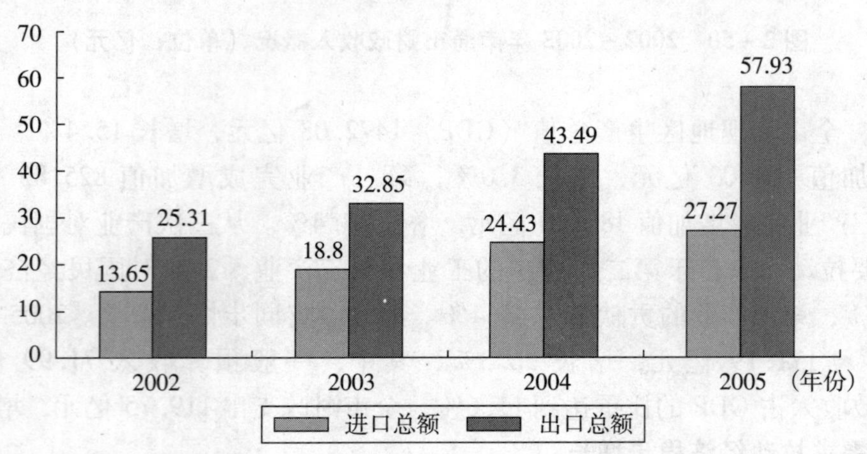

图2－52　2002～2005年南通市对外贸易概况（单位：亿美元）

消费品市场销售稳中见旺。2005年，实现社会消费品零售总额536.41亿元，增长16.2%。分城乡看，城市消费品零售额297.62亿元，增长16.8%；农村消费品零售额238.79亿元，增长15.5%。分行业看，批发零售业488.15亿元，增长16.1%；餐饮业39.37亿元，增长21.6%；其他行业8.89亿元，增长3.2%。从限额以上批发零售贸易企业来看，吃的商品类占13.8%；穿的商品类占12.4%；用的商品类占73.8%。2005年末，拥有各类商品交易市场513家。其中，年成交额超亿元的大型骨干市场有63家，成交额361.81亿元；年成交额超50亿元的特大型市场有2家，成交额174亿元；年成交额超100亿元的有1家，成交额120.2亿元。

3. 农村经济继续保持良好的发展势头

2005年，全年实现现价农林牧渔业总产值293.1亿元，增长3.0%。其中，农业产值128.7亿元，增长0.5%；牧业产值77.85亿元，增长4.1%；渔业产值72.72亿元，增长4.7%。在稳定粮食综合生产能力的前提下，农业结构不断优化，瓜果蔬菜、花卉苗木、家禽养殖、海洋渔业等主导产业优势更加突出。

农业产业化进程加快，项目农业建设取得新成效，高效农业规模化水平进一步提高，1/4的耕地亩产出超过3000元，市级以上龙头企业实现销售收入超百亿元，获国家认证的无公害农产品435个、绿色食品129个、有机食品14个，建成“四有”农民

专业合作组织 57 个。通过加强技能培训和劳务中介服务，新转移农村劳动力 6.26 万人。

农机装备水平不断提高，装备结构进一步优化。2005 年末，全市拥有农机总动力 288.3 万千瓦，增长 3.6%，每百亩耕地平均拥有农机动力 39.7 千瓦；全市拖拉机保有量 44252 台，其中，大中型拖拉机 1370 台；联合收割机 4544 台；高性能机动插秧机 1955 台。随着农机装备水平的不断提高，农机化作业水平明显提升。2005 年，全市完成机耕面积 596 万亩，机耕水平达 83.6%；三麦的机播、机收水平分别达到 98.2% 和 95.3%；水稻的机械化种植和收获水平分别达到 27.0% 和 85.1%；油菜生产机械化迈出了可喜的步伐，完成机直播面积 2.3 万多亩。2005 年，全市农用化肥施用量（折纯）27.09 万吨，增长 1.7%；农村用电量 57.28 亿千瓦时，增长 20.4%。

4. 工业经济持续高速增长

2005 年，规模以上工业总产值和销售收入分别实现 2144 亿元和 2081 亿元，双双突破 2000 亿元。规模以上工业增加值 564.53 亿元，增长 25.2%。其中：民营工业增加值 319.73 亿元，增长 26.3%；轻工业增加值 278.33 亿元，增长 23.3%；重工业增加值 286.2 亿元，增长 27.2%。

2005 年，全市规模以上工业企业产品销售率 98.93%，比上年提高了 0.7 个百分点；实现利税总额 163.01 亿元，增长 36.4%，其中利润总额 99.92 亿元，增长 36.4%；亏损面 11.81%，比上年下降 1.3 个百分点；工业经济效益综合指数 186.96%，比上年提高 24.6 个百分点。

建筑业生产增长较快，建筑企业经济效益继续提高。2005 年全年实现建筑业增加值 151.33 亿元，增长 17.0%。建筑企业全年完成建筑业总产值 897.96 亿元，增长 17.9%；施工面积 13614.1 万平方米，增长 12.1%；竣工面积 4168.8 万平方米，增长 0.5%。按建筑业总产值计算的全员劳动生产率达到人均 14.83 万元，比上年提高 7.2%。2005 年，全市有 3 家企业晋升总承包特级资质，14 家企业获一级资质，8 家企业跻身全省建筑业综合实力 20 强，5 家企业进入全省建筑外经 10 强。2005 年，南通市建筑铁军获省级以上优质工程近 100 项，获鲁班奖（国优工程奖）2 项。

5. 第三产业平稳发展

交通运输生产稳定增长。2005 年，完成公路货运量（系统内）641 万吨，增长 0.2%；公路客运量（系统内）4411 万人次，增长 16.7%。民航安全接送旅客 83723 人次，增长 2.0%；民航完成货邮吞吐量 1640.84 吨，增长 21.8%。铁路完成货运量 23 万吨，增长 12.2%；客运量 87.8 万人次，增长 179.0%。交通基础设施建设持续加快。2005 年，全市共完成交通基础设施建设投资 31 亿元，其中，盐通高速公路优质高效建成，完成投资额 9.97 亿元；苏通大桥北接线工程，路基、桥梁全面完成，完成投资 1.42 亿元；国省干线公路续建 6 个项目，新开工 1 个项目，建成通车 29.5 公里，完成投资 1.27 亿元；沿江公路新建 118.3 公里，全线开工建设，完成投资 6.4 亿元；农村公路建成通车 2248 公里，“村村通”目标基本实现，完成投资 9.94 亿元。2005 年，新增“公车公营”班车 103 辆，新增 77 个行政村开通客运班车。港口生产再上新台阶。2005 年，南通港货物吞吐量8326.9万吨，增长15.4%，其中，进港4811.2万吨，增长12.7%；出港3515.8万吨，增长19.3%；外贸吞吐量776.1万吨，增长11.8%；集装箱吞吐量30.1万标准箱，增长4.8%。港洽会期间，8万多吨“诺登”号货轮在洋口锚地成功加载作业，创下了洋口锚地首次航行实载外籍船舶、首次实施过驳作业、首次有货物吞吐量等多项新的纪录。

邮电通信业继续快速发展。2005年12月10日，南通市电话号码成功升至8位，全市电话交换机总容量达到400.8万门；本地电话用户260万户，其中，市话120.6万户，农话139.4万户；小灵通用户59.1万户；全市移动电话（不含小灵通）用户238.48万户；国际互联网用户25.3万户，数字数据用户1600户。

旅游业稳步推进。2005年全年实现旅游总收入76.20亿元，增长33.2%。2005年，南通市积极融入“苏浙沪”旅游圈，实现旅游业跨越发展，成功举办2005年全国航空运动会、空中婚礼等大型活动。全市现有旅游星级饭店44家，旅行社75家，A级旅游区点12家，旅游直接从业人员5万人。全年接待海内外旅游者758.21万人次，增长18.5%，其中，接待入境旅游人数15.13万人次，增长37.6%；接待国内旅游人数743.08万人次，增长18.2%。

金融业务稳步发展。2005年末，金融系统各项存款余额1847.98亿元，比年初增加269.99亿元，其中居民储蓄存款余额1190.74亿元，比年初增加173.48亿元；企事业单位存款余额446.61亿元，比年初增加50.37亿元。贷款投放稳步增长，年末各项贷款余额1024.45亿元，比年初增加160.21亿元。其中，短期贷款余额669.25亿元，比年初增加47.69亿元；中长期贷款余额210.10亿元，比年初增加52.09亿元。住房、汽车、教育等消费类贷款发展迅速，年末全市个人消费贷款余额达73.16亿元，比年初增加12.20亿元，其中住房贷款55.91亿元，比年初增加10.98亿元。

6. 改革开放继续深化

国有企业改革继续深化，国有资产管理体制进一步完善。2005年，市属社会公益型事业单位改革全面启动，首批16家改革基本到位，第二批187家正在推进。新增上市公司1家，2家上市企业完成股权分置改革。乡镇综合配套改革试点工作初见成效。各类行业协会、商会进一步发展。接轨上海工作取得新成效，与长三角城市在港口、产业、科技、旅游等方面的合作得到加强。

利用外资增势良好，利用外资质量进一步提高。2005年，全市新签外资协议项目998个，下降3.4%，其中，千万美元以上的项目198个，增长32.9%；协议外资48.44亿美元，增长29.3%；实际利用外资15.32亿美元，增长55.5%；新增工商注册登记外资31.1亿美元，列全省第二；注册外资实际到账17.48亿美元，列全省第三，跻身全国大中城市利用外资15强行列。服务业实际利用外资增长84%。对外劳务完成营业额6.62亿美元，增长42.7%。

对外经济技术合作稳步发展。2005年，全市新签对外承包劳务合同额5.42亿美元，增长14.1%；实现承包劳务营业额6.62亿美元，增长42.7%；新派劳务14028人次，增长3.3%；年末在外劳务人员30924人，增长11.2%。

7. 2005年南通市经济发展特点

1）经济增长速度全省领先，发展质态进一步优化

2005年，全市GDP增加值增幅居全省首位。工业经济依然是2005年国民经济发展中的主要增长点和亮点，完成增加值672.66亿元，增长19.6%，增幅居全省第二。规模以上工业实现利税增长36.4%，高于产值增幅13.6个百分点；工业经济效益综合指数达187%，为历史最高水平。高新技术产业产值比计划提前两年实现翻两番的目标，在规模以上工业产值中的占比较上年提高3.1个百分点。单位生产总值能耗为0.95吨标准煤，低于全国、全省平均水平。

2）投资和出口仍然是拉动经济增长的主要动力

通过继续猛攻有效投入，完成全社会固定资产投资815.26亿元，增长34.7%；完成规模以上投资672.08亿元，占全社会固定资产投资比重超过80%，增幅居全省第一；完成工业投入617.72亿元，增长54.3%，总量列全省第三。

3）县域经济与南通经济开发区发展加速

2005年，县域经济在全市地区生产总值中的占比较上年提高1个百分点，南部三县（市）保持良好发展态势，北部三县（市）工业增加值、注册外资实际到账等多项经济指标增幅高于全市平均水平。

南通经济技术开发区建设步伐加快。2005年，全区实现地区生产总值62.89亿元，增长21.0%；规模以上工业总产值167.54亿元，增长31.2%；全社会固定资产投资50.14亿元，增长44.3%；实际利用外资3.51亿美元，增长24.0%，为建区21年来的最高水平。2005年，全区实现进出口总额16.57亿美元，增长17.6%。其中，出口加工区完成进出口额3.23亿美元，增长5.7倍。目前正式注册出口加工区的外商投资企业有14家。全区在建工业项目231个，其中，超亿元工业项目30个，超千万美元外资工业项目14个。外资投向由原来比较集中的传统化工、纺织服装类项目，转变为以生物医药、电子机械及服务业项目为主。

4）民营经济发展活力进一步增强

全民创业势头强劲，2005年，私营企业、个体工商户新增数等六项指标列全省第一，民营经济增加值占全市地区生产总值的比重达43.1%，比上年提高2个百分点。先后在珠三角、长三角和浙东等地举行大型民资招商活动，正式签约项目287个，当年开工172个，总投资86亿元。争创“名企·名品·名人”工程取得成效，11家企业入围全省民营企业销售收入50强；新增中国驰名商标1个、中国名牌产品5个。以民营为主体的建筑业主要经济指标继续保持全省第一，新增特级资质企业3家，占全省新增数的3/4，8家企业跻身全省建筑业综合实力20强，获全省建筑强市称号。

5）江海联动开发取得重大突破，重大项目建设力度加大

江海联动开发20项重点工作任务基本完成。沿江开发向纵深推进。现代纺织服装、船舶制造与配套、电子信息、精细化工、机械制造等优势特色产业发展态势强劲。有效盘活深水岸线资源，建成万吨级以上泊位5个，其中，5万吨级以上泊位3个；全市港口货物吞吐量达8326.9万吨，增长15.4%。各口岸查验单位整体联动，“大通关”功能进

一步完善。沿海开发实质性启动。洋口港锚地成功进行加载作业，临港工业区一期围堰工程完成，陆岛跨海通道和洋口大道开工建设；启东滨海工业集中区开工建设，吕四港大唐电厂一期围堰吹填工程竣工，两个5万吨级泊位岸线使用获交通部批准。一批重大产业及基础设施项目进展顺利。2005年，全市实施重大项目101个，比上年增加30个；项目单体规模超过9亿元，比上年增加1亿元。江苏LNG项目获国家发改委批准开展前期工作，中远川崎二期扩建、熔盛造船等48个重点项目开工建设，醋纤四期扩建工程丝束部分、天生港电厂技改工程等44个重点项目相继完工。苏通大桥顺利转入主桥索塔和上部结构施工，北接线高速路基桥梁贯通；崇启大桥完成工程可行性研究报告；皋张汽渡通渡。沿海高速南通段建成通车，沿江高等级公路全线开工。铁路“一线三中心”建设方案开始实施，沪通铁路着手开展建设前期工作。

（二）2005年南通社会发展状况

1. 城乡建设保持大推进态势，城市知名度和影响力进一步扩大

以“五城同创”和举办“五大活动”为推动，全面提升中心城市建设和管理水平。中心城市建设强力推进，发展框架进一步拉开，通宁大道等18项城建重点工程相继完工，崇川路东延等15项跨年度重点工程完成年度任务，新增道路面积212万平方米，人均拥有道路面积达12.36平方米。新区建设加速推进，体育会展中心建设进展顺利，中央商务区开工建设。积极推进商品房规模开发，2005年，市区商品房竣工面积163.25万平方米，比上年净增66.57万平方米；依法做好拆迁工作，城市房屋拆迁量比上年增加45.28万平方米。城市公用设施建设力度加大，市区污水日处理能力达到15.5万吨，污水处理率达73%；新增公交站点82个。重点实施城市环境整治“3410”工程和“精品濠河”工程，市区10个重要节点环境明显改观，濠河亮化工程获全国市政工程“金杯奖”。人居环境明显改善，新增绿地180公顷，绿化覆盖率达41.5%。整治河道23条；着力推进“五小”行业整治；启动姚港化工区三类企业搬迁工程。创建国家环保模范城市通过验收；创建国家园林城市通过省级考核验收，荣获江苏省园林城市称号，并获得省第五届园艺博览会举办权；创建国家卫生城市通过省级验收和复核。成功举办第二届世界大城市带发展高层论坛、2005中国南通港口经济洽谈会、南通博物苑一百年暨中国博物馆事业发展百年庆典、2005年全国航空运动会、长三角城市经济协调会第六次会议，城市形象进一步提升。

“民富、村美、风气好”的新农村建设开始起步。高度重视村镇规划编制工作，稳步推进农民集居区建设；改造农村危桥360座；新建和改造农村公路2248.71公里，超过计划的72.9%，新建和改造农村公路里程数量是历史上最多的一年。

2. 环境保护与生态建设又上台阶

城市环境整治取得了显著成效。2005年，全面实施“蓝天工程”，天生港电厂等5家企业的大中型锅炉先后实施了烟气脱硫，全市关停供热网内小型锅炉80多台，增加集中供热用户100多家，市区和六县（市）政府所在地城镇烟尘控制区覆盖率达100%。全市固体废物综合利用率达98%以上，市垃圾无害化处理中心和清源固体废弃物处置中心扩

建工程投入运行。市区环境质量保持稳定，环境空气主要污染物年平均值二氧化硫为0.050毫克/立方米，二氧化氮为0.035毫克/立方米，可吸入颗粒物为0.095毫克/立方米，符合国家环境空气质量二级标准，环境质量综合指数为84.5%；长江南通段主流水质符合国家地表水环境质量Ⅱ类水质标准，饮用水源地水质达标率为100%。区域环境噪声平均值为55.7分贝，交通干线噪声平均值为67.9分贝。环境保护工作继续位于“全国污染控制较好城市”前列。疏浚县级河道25条、乡级河道154条。以农村环境整治为重点的“百村示范、千村整治”工程进展顺利，小康示范村建设起步良好。

3. 各项社会事业加快发展，精神文明和民主法制建设进一步加强

科技工作成果显著，市及各县（市）区均通过国家科技进步考核，市及海门、通州、启东、海安4县（市）获全国科技进步先进市（县）称号。列入国家科技成果重点推广计划数、省科技进步奖获奖数、省农业科技攻关项目数等列全省第一；新增国家级高新技术企业11家、重点新产品31项。人才人事工作跻身全国先进行列。高新技术产业发展迅猛。2005年，全市高新技术产业产值达到425.37亿元，占规模以上工业总产值的比重为19.84%。全年获省级以上科技计划项目立项308项。科技企业孵化器建设成效明显，共建成市级以上孵化器7家，新增省级孵化器1家。2005年，全市新增省级以上高新技术企业38家，新增省级以上高新技术产品116项，新建公共技术服务平台9家，新建工程技术研究中心11家。科技创新活力涌动，自主创新能力明显提升。2005年，有14项科技成果荣获江苏省科技进步奖。全年申请专利量达3120件，增长67.8%。

教育现代化工程稳步推进，教育事业协调发展。“六有”和“校校通”工程全面完成，58%的乡镇成为省级教育现代化乡镇；基础教育保持优势，南通市素质教育、未成年人思想道德建设成为全国典型，高考生均总分等10项主要指标继续保持全省第一，职业教育、高等教育、成人教育进一步发展。全市小学学龄儿童入学率100%；初中入学率100%；高中阶段毛入学率71.67%；高等教育毛入学率40.87%。2005年，职普招生比例达到1.08∶1，职教招生人数多年来首次超过了普高招生人数。2005年，南通市素质教育经验全国关注，中央电视台、人民日报等30多家媒体予以宣传报道。

加快发展文化事业，文化活动繁荣活跃。2005年末全市共有艺术表演团体8个、公共图书馆8个、博物馆（文化系统内）3个。建成南通博物苑新馆、城市博物馆等一批文化设施，环濠河博物馆群基本形成。全市共有各级各类档案局（馆）28家，全年开放档案20.95万卷、24.79万件，利用档案5.31万卷次。2005年，成功举行了南通博物苑一百年暨中国博物馆事业发展百年纪念大会、“博物馆与城市发展”中外博物馆馆长高层论坛。大力推进社区文化、村镇文化、企业文化、校园文化建设。全年市区组织较高水平文化活动120场，观众达91万人次；县级组织文化活动1100场，观众达225万人次。2005年，全市共有文化经营单位2578家，从业人员1.21万人。全年电影放映3300多场次，观众达8.3万人次。广播人口综合覆盖率和电视人口综合覆盖率均达到100%。有线电视用户新增18.7万户，总数达120.7万户，当年有线电视用户发展数位居全省第一，数字电视用户达1.65万户。

体育事业跨越发展。2005年，成功承办全国十运会击剑比赛。在全国十运会上，85

名南通籍体育健儿，参加了田径、击剑、体操、乒乓球、花样游泳等19个项目的比赛，获得14枚金牌、11枚银牌、11枚铜牌。在江苏省委、省政府召开的十运会总结表彰大会上，南通市政府荣获“十运会组织工作贡献奖”，南通赛区被十运会组委会评为“最佳赛区”。积极筹备省第十六届运动会，群众体育工作取得新进展，2005年，在全市开展群众性健身活动和体育竞赛750余次，近400万人参与了健身活动。

加大公共卫生事业建设力度，卫生事业发展态势良好。健全疾病预防控制体系，重大疾病防治工作取得新进展；加强医院管理，医疗服务水平有了新的提高。2005年，全市共有卫生机构1810个，其中：医院、卫生所、医务室319个，门诊部、诊所1451个，妇幼保健专科疾病防治所10个，疾病预防控制、卫生监督机构15个，医学教育科研培训机构8个。各级卫生机构共有卫生人员3.08万人，拥有床位2.12万张。市区共建成11个社区卫生服务中心，以街道（镇）为单位建成率达73.33%。综合卫生监督进一步加强，乡镇卫生所规范化建设全面推进，农村卫生工作体系进一步完善。累计建成农村社区卫生服务站1825个，行政村覆盖率达95.67%。创建国家卫生城市进展顺利，已通过省级验收复核。新型农村合作医疗制度全面建立，全市参合率达86.98%。全市计划生育率达99.6%。农村改水任务提前完成，新增农村自来水受益人口31.75万人，自来水普及率达97.99%。农村改厕工作取得较大进展，全市新增无害化户厕4万余座，完成改厕试点村20个。

法治南通建设向纵深推进。制定加快法治政府和法治南通建设实施意见，出台相关配套措施，在全省较早建立行政首长出庭应诉制度。切实帮助群众解决实际问题，信访总量明显下降。平安南通建设和全省最安全城市创建工作取得新成效，社会矛盾纠纷大调解机制和社会治安大防控体系进一步完善，市及通州市分别获得全国社会治安综合治理优秀市和先进县（市）称号。南通刑警被国务院授予特别能战斗刑警队称号，南通市进入全国首批科技强警示范城市行列。安全生产工作得到强化。

4. 城乡居民生活质量继续改善，社会和谐程度进一步提高（见图2-53）

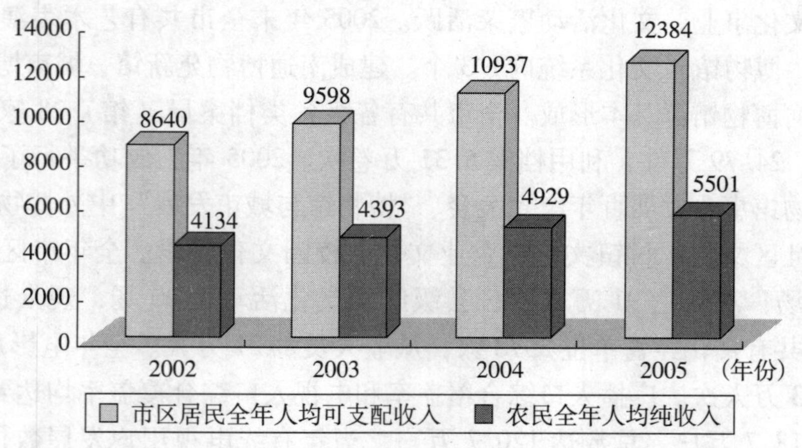

图2-53　2002~2005年南通市城乡居民收入对比一览（单位：元）

据公安部门统计，2005 年末，全市户籍人口 770. 86 万人，其中市区人口 85. 36 万人。全市人口出生率为 6. 38‰，人口死亡率为 7. 46‰，人口自然增长率为 -1. 08‰。

2005 年，市区居民人均可支配收入 12384 元，增长 13. 2%，人均生活消费支出 8573 元，增长 10. 4%。其中，娱乐、教育、文化消费支出 1298 元，增长 8. 2%；医疗保健支出 664 元，增长 38. 2%；交通与通信支出 861 元，增长 6%。市区每百户居民家庭拥有电脑 40. 5 台，空调 119. 5 台，汽车 2. 5 辆，移动电话 123. 5 部。全市农村居民人均纯收入 5501 元，增长 11. 6%，其中生活消费支出 3858 元，增长 15. 4%。农村居民每百户家庭拥有电视机 140. 98 台，电冰箱 45. 45 台，摩托车 66. 84 辆，电话（含手机）182. 94 部。居住条件不断改善。市区居民人均住房建筑面积 29. 14 平方米，增长 11. 9%；农村居民人均住房面积 49. 62 平方米，增长 5. 2%。全市在岗职工年平均工资为 18556 元，增长 16. 7%。

就业与再就业取得新的进展。2005 年，全市城镇净增就业人员 5. 50 万人，培训下岗失业人员 4. 59 万人，核发《再就业优惠证》1. 69 万本，有 1. 66 万名下岗失业人员实现了再就业。城镇登记失业率为 3. 39%。全年新增转移农村劳动力 6. 26 万人，其中：新增农村劳务输出 4. 6 万人。全市各级公共职业介绍服务机构累计登记招聘 19. 22 万人次。市区街道（乡镇）劳动保障服务所和社区劳动保障服务站共提供就业岗位 2. 9 万个。年末全市在岗职工人数 52. 52 万人，增长 3. 1%。其中国有单位 19. 77 万人，下降 2. 8%；集体单位 3. 41 万人，下降 3. 9%；其他单位 29. 35 万人，增长 8. 5%。

市场物价水平总体保持稳定。2005 年，市区居民消费价格总水平比上年上涨 1. 2%，涨幅比 2004 年回落了 3. 3 个百分点；市区商品零售价格总水平比上年下降 0. 4%。居民消费价格指数为 101. 2%。

社会保障水平不断提高，社会保障覆盖面继续扩大。2005 年，全市基本养老保险参保 72. 8 万人，比上年增加 4. 44 万人，为 26. 01 万企业离退休人员按时足额发放养老保险金及丧葬抚恤费 22. 79 亿元；全市基本医疗保险参保 90. 95 万人，比上年增加 8. 9 万人；全市失业保险参保 67. 9 万人，为失业职工提供失业保险金 1. 66 亿元。农村养老保险参保 114. 8 万人。被拆迁群众和被征地农民补偿款全部发放到位，基本生活得到保障。

社会福利事业继续发展。2005 年，城市低保提标 10%，农村低保提标 10% 左右。享受低保的城乡居民达 10. 03 万人，其中，城镇有 2 万人得到低保，农村有 7. 8 万人得到低保，专业渔民有 0. 23 万人得到低保。全市共有社会福利企业 675 多家，安排残疾人就业 13863 人。市区安排 100 万元用于送温暖工程，同时为符合条件的定补（保养）职工增发生活补助金 616 万元。

5. 政府自身建设得到加强，行政效能进一步提升

2005 年是规划编制年，也是项目突破年。围绕科学规划、项目推进等重大问题，有针对性地组织开展 89 个专项和系列调研，80% 的调研成果得到转化。集思广益，精心编制《南通市国民经济和社会发展第十一个五年规划纲要（草案）》和 51 项专项发展规划；制定了《南通市生产力（工业产业）空间布局与工业集中区规划》等 3 个空间布局规划，基本完成市级土地利用总体规划大纲编制工作；启动城市总体规划修编，完成城市公共交通等 6 个专项规划及市区 22 平方公里控制性详规等 12 个修建性详规的编制；编制完成

125个乡镇布局规划和13个市级小康示范村规划。进一步加强政府目标责任管理，健全政府常务会议督察制度，强化重大项目推进制度和领导挂钩、督察制度，化解土地、电力、资金等要素瓶颈制约，完善经济工作推进机制，112项重点工作完成情况良好。注重政府法制建设，行政执法监督得到加强。全面推进政务公开，政府采购、工程招投标全面实行阳光操作，进一步加强市、县两级行政审批中心建设，完善行政效能监察机制，机关行政效率明显提高。自觉接受市人大及其常委会的法律监督、工作监督和市政协的民主监督，认真执行人大及其常委会决议，支持政协履行职能，切实抓好人大议案和人大代表建议、批评、意见以及政协委员提案的办理工作，市人大代表和政协委员满意、基本满意率分别达95.9%、98.8%。主动听取、充分吸纳市人大、市政协意见和社会各界的意见和建议，提高了政府科学决策、民主决策水平。认真落实党风廉政建设责任制，领导干部廉洁从政自觉性进一步提高，审计监督进一步加强。

（三）“十五”时期南通经济社会发展成就

五年来，全市人民紧紧围绕争当全省江北“两个率先”排头兵的目标，按照南通市委确定的“依托江海、崛起苏中、融入苏南、接轨上海、走向世界、全面小康”总体思路，以跨越发展为主题，解放思想，奋力拼搏，真抓实干，争创一流，经济社会发展取得了令人瞩目的成就，市十一届人大四次会议通过的《南通市国民经济和社会发展第十个五年计划纲要》确定的主要发展目标全面超额完成。

1. 经济总量五年翻番，跨越发展态势强劲

2005年，全市地区生产总值按可比价年递增13.1%，财政总收入年递增21.7%。在多年蓄势的基础上，三年迈出三大步：2003年，地区生产总值超千亿、财政收入超百亿；2004年，地区生产总值增速超全省平均水平；2005年，经济增长速度全省领先，地区生产总值、人均地区生产总值均比“九五”末翻了一番，财政总收入为“九五”末的3.2倍。农业综合生产能力稳步提高；二、三产业增加值占全市地区生产总值比重达89%，比“九五”末提高了6.9个百分点；2005年，工业经济效益综合指数比“九五”末提高68个点。综合实力显著增强，在长三角城市中的位次不断前移。

2. 改革保持领先地位，开放型经济重返全省第一方阵

国有经济布局战略性调整和国有企业战略性改组目标基本实现，多种所有制经济竞相发展格局基本形成，市场化改革走在全省前列。争创江苏民营经济第一大市成效显著，主要指标增幅连续两年保持全省领先地位。行政审批事项大幅削减，政府服务效率明显提高；事业单位分类改革取得实效。实际利用外资持续实现“撑竿跳”，按原口径五年累计达到48.5亿美元，是“九五”时期的2.3倍；2005年进出口总额是“九五”末的2.7倍；外经合作保持省内领先水平。

3. 发展优势更加凸显，城市综合竞争力和影响力迅速提升

以苏通大桥开工建设、高速公路纵向横向贯通、铁路客货运通车、国道省道全面网化为标志的大交通格局初步形成。沿江开发强力推进，一批重大项目在沿江地区集聚落户，优势特色支柱产业快速扩张升级，沿江先进制造业和基础工业走廊基本形成；港口建设步伐加快，五年新增 5 万吨级以上泊位 14 座，2005 年港口吞吐量是“九五”末的 3 倍。沿海开发实现重大突破，洋口、吕四海港开发建设实质性启动，南通开始从江河时代向江海时代跨越。发展后劲显著增强，全社会固定资产投资五年累计达 2437 亿元，是“九五”的 2.2 倍。连续 14 年实现耕地占补平衡。中心城市面貌变化巨大，“中国近代第一城”品牌彰显魅力；各县（市）城及重点镇面貌显著改观，城镇化进程明显加快，全市城市化水平比“九五”末提高了 12 个百分点。争创全省最佳办事环境，获中国城市管理进步奖，被评为最具台商投资价值城市。

4. 三个文明建设同步推进，经济社会协调发展

精神文明“南通现象”发扬光大，全国文明单位总数在全省名列前茅，建成江苏江北第一个文明城市群。民主法制建设进一步加强，依法治市五年规划目标和“四五”普法任务全面完成，政府工作法制化进程加快，基层民主法治示范村（社区）建设走在全省前列；人民群众对社会治安的满意率不断提高，被江苏省委、省政府命名为 2003 ~ 2005 年度社会治安安全市，成为全省首批平安城市。社会事业全面发展，国民教育体系进一步完善，南通大学组建成立。群众文化生活不断丰富。全民健身体系加快健全。人口和计划生育工作进一步加强，人口连续 8 年负增长。老龄工作、社会福利等事业有较大发展。各类事故死亡人数连续五年下降。

5. 生活质量显著改善，人民群众得到更多实惠

城乡一体化的就业体制初步建立，五年累计提供就业岗位 70 万个，实现再就业 19 万人次，城镇登记失业率低于全国、全省平均水平。农村劳动力转移总量达到 202.01 万人，在全省领先。城镇社会保障体系基本形成。城乡居民收入实现较快增长，2005 年市区居民人均可支配收入、农民人均纯收入分别是“九五”末的 1.6 倍和 1.5 倍。2005 年末城乡居民储蓄存款余额 1190.74 亿元，是“九五”末的 2.2 倍。2005 年城镇、农村人均住房建筑面积分别达到 29.14 平方米和 49.62 平方米，比“九五”末分别增加 12.3 平方米和 8.17 平方米。完成了城乡电网改造和通如区域供水工程，农村自来水基本普及。

（四）未来南通经济社会发展中的矛盾和挑战

过去的五年，是南通市发展史上不平凡的五年。在这五年中，南通市主动适应宏观经济环境的新变化，积极应对加入世贸组织后的新形势，成功战胜非典和重大自然灾害的新挑战，不断把跨越发展大业推向前进。发展历程令人难忘，发展成就令人振奋。但是也要清醒地看到，全市经济社会发展中还存在很多矛盾和问题，主要是：与先进地区相比，在经济总量和均量指标上的差距还比较大；经济增长方式由粗放型向集约型转变的任务还很艰巨；投资集中度和高新技术产业投资占比较低；自主创新能力不强，产业层次和集中度不高，重点企业支撑作用不够；消费需求对经济增长的拉动不足；城乡居民收入增加与经济增长不尽协调，农民持续增收、就业持续增加的难度加大，社会弱势群体生活困难还较多；统筹城乡、区域、经济社会协调发展和维护社会稳定的任务还很繁重；农业综合生产能力有待提高，农民继续增收困难不少，城乡消费市场的差距依然较大；政府工作还存在缺点和不足，政府社会管理和公共服务职能仍需进一步加强；等等。对此，在未来的发展中，必须采取切实措施，认真加以解决。

经过“十五”的发展，南通已经站在新的历史起点上。展望未来，“十一五”时期正是南通市全面建设小康社会的决胜期，持续跨越发展的黄金期，提升在全省和长三角城市中地位的赶超期，经济社会发展进入全面腾飞的关键期。基于对发展态势的分析，市政府在深入调查研究、广泛听取意见、集中各方智慧的基础上，提出了“十一五”期间全市经济社会发展的总体思路、总体定位和主要目标任务。“十一五”期间，南通市将以邓小平理论和“三个代表”重要思想为指导，以科学发展观统领发展全局，根据江苏省委、省政府做出的“新发优势在苏中”的科学判断，紧紧围绕经济社会全面腾飞的战略定位，继续按照“依托江海、崛起苏中、融入苏南、接轨上海、走向世界、全面小康”的发展思路，以建设“经济发达、文化繁荣、政治清明、社会和谐、人民安康”的新南通为战略目标取向，确保2010年、力争2009年在江苏江北率先全面建成小康社会，全面融入苏南板块，为在下个10年内基本实现现代化奠定坚实的基础，加快推动形成长三角核心区沪苏通“金三角”和沿海沪甬通“一体两翼”发展新格局，加速把南通市建设成为江苏江海交汇的现代化国际港口城市、长三角北翼的经济中心和国内一流的宜居创业城市。

（五）南通市的经济发展在长三角中的地位

1.“十五”期间南通市生产总值在长三角中所占比重的变化趋势

2002~2005年的这四年中，南通市生产总值在长三角中所占比重分别是3.73%、3.58%、3.58%、3.61%，在稳定中略有下降（见图2-54），南通市主动适应客观因素的变化，成功克服了许多困难，敢于面对新的挑战，不断把跨越发展大业推向前进。但是，也要清醒看到，全市经济社会发展中还存在很多矛盾和问题，主要是：与长三角的先进地区相比，总体指标在量上的差距还是很大；经济增长方式转变比较缓慢；等等。这些原因导致了南通在整体经济上并没有明显赶上先进地区的态势。

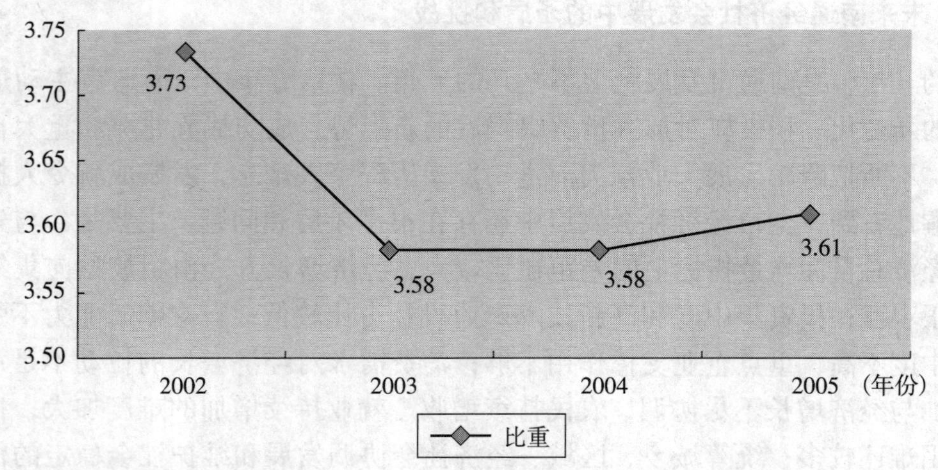

图2-54　2002~2005年南通市地区生产总值占长三角生产总值比重（单位：%）

2. “十五”期间南通市产业结构变化情况

“十五”期间，南通市各产业产值在长三角产值中所占比重变化并不很明显。其最大的特点是，从第二产业在长三角所占的比重与第一产业、第三产业在长三角产值中所占的比重的比较中，可以看出，第二产业相比其他两个产业来讲，所占的比例微乎其微。

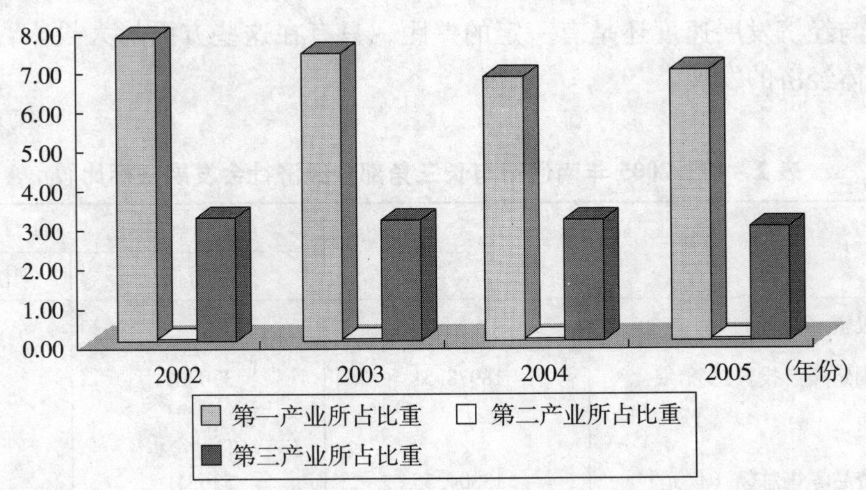

图 2-55　2002~2005 年南通市各产业产值占长三角产值比重（单位:%）

2002~2005 年，南通市第一产业占长三角第一产业的比重分别为 7.69%、7.32%、6.68%、6.93%。这一组数据告诉我们，南通的第一产业在长三角总比重中所占的比例很大，南通的第一产业在长三角的第一产业中扮演着重要角色。但是，这一组数据也显示，南通的产业结构比起同在长三角的先进地区，还要进行进一步的调整。

2002~2005 年，南通市第二产业占长三角第二产业的比重分别为 0.06%、0.05%、0.04%、0.03%。通过以上数据，我们可以看出，第二产业在总比重中所占的比例很少，而且呈现出很明显的下降趋势，这说明，从第二产业来讲，南通市还没有跟上长三角其他城市的步伐，第二产业是南通相比较来说最为薄弱的环节，也是潜力最大的一个产业。

2002~2005 年，南通市第三产业占长三角第三产业的比重分别为 3.15%、3.09%、3.09%、2.95%。通过以上数据，我们可以看出，第三产业在总比重中所占的比例从总体上呈现出略微下降的趋势。

3. 南通市的经济社会发展在长三角中的地位（见表 2-49）

从前面的分析我们可以看到，南通市 2005 年实现地区生产总值（GDP）1472.08 亿元，增长 15.4%。究其原因，从拉动经济增长的三大动力来看，2005 年，南通市的固定资产投资额为 370.69 亿元，占长三角的比重为 1.95%；社会消费品零售总额为 536.41 亿元，占长三角的比重为 4.03%；在对外贸易方面，出口总额实现了 57.94 亿元，占长三角的比重为 1.99%。从南通市固定资产投资、对内销售额和对外贸易额占长三角的比重的对比来看，南通市的社会消费品零售总额发展得更为迅速些，对经济发展的贡献也更大。当然，在进出口贸易方面，近年来增长幅度也很大，对南通市的经济发展也起到了一定的拉动作用。

基础设施的推进是整个经济发展的基础，南通市在城市规划建设，以及邮电通信方面也投入了大量的资金，并且取得了一定的进展。2005 年，南通市的公路客运总量为 9220 万人，货运总量为 8058 万吨，占整个长三角的比重为 3.15% 和 4.23%。民用汽车拥有量为 13.04 辆，占长三角的比重为 2.65%。以上数据显示，南通市的道路建设，以及运输能力与经济发展速度还是有一定的差距，只有在这些方面加大投入，才能更进一步地促进总体经济的发展。

表 2－49　2005 年南通市与长三角部分经济社会发展指标比较

指　标	长三角	南　通	
		绝对值	比　重（%）
固定资产投资（亿元）			
全社会固定资产投资总额	18978.51	370.69	1.95
国内商业			
社会消费品零售总额（亿元）	13304.55	536.41	4.03
对外经济贸易			
出口总额（亿美元）	2905.28	57.94	1.99
客运量总计（万人）			
公路	292977	9220	3.15
货物运输量总计（万吨）			
公路	190433	8058	4.23
民用车辆拥有量（万辆）			
民用汽车拥有量	492.06	13.04	2.65
邮电业务总量（亿元）			
年末市内电话（万户）	4507.77	262.28	5.82
年末移动电话用户（万户）	6680	238.48	3.57
国际互联网用户（万户）	1597.46	25.3	1.58
从业人员合计（万人）	8474.2	444.4	5.24
第一产业	2241.24	133.93	5.98
第二产业	3266.99	178.3	5.46
第三产业	2965.97	132.17	4.46
教育			
普通中学在校学生（万人）	759.68	44.13	5.81
小学在校学生（万人）	881.43	43.53	4.94

在通信发展方面，2005年，南通市的年末市内电话用户、年末移动电话用户、国际互联网用户分别实现了262.28万户、238.48万户、25.3万户，占整个长三角的比重分别为5.82%、3.57%、1.58%。在通信发展发面，南通市还是有一定进取空间的，尤其是信息量迅速而丰富的国际互联网，在南通还未得到很好的发展，只占到整个长三角的1.58%。

在考量社会发展水平以及人民生活水平时，从业人员数也是一个比较重要的指标。2005年，南通市从业人员总数为444.4万人，占长三角的比重为5.24%。一、二、三产业的从业人员分别为133.93万人、178.3万人、132.17万人，占长三角的比重分别为5.98%、5.46%、4.46%。从以上的数据我们可以看到，南通市的农业仍然吸收了大量的劳动力，但是二、三产业也有了一定程度的发展，尤其是第三产业也有了较大的发展，吸收了相对较多的劳动力，从整个长三角来看，也发展得较快。

教育水平的提高也是体现人民生活水平的重要方面之一，2005年，南通市的普通中学在校学生为44.13万人，小学在校学生为43.53万人，在长三角的比重分别为5.81%、4.94%。南通市在义务教育的实现方面还是投入了大量的人力物力，普遍实现了适龄儿童的入学。

总体来讲，南通市在整个长三角地区属于发展得较好的行列，但在产业结构的提升方面还是有很大的改进余地，交通运输和邮电通信事业也仍然有很大的发展空间，能促进南通市总体经济实力的提升。

通州市经济社会发展情况

（一）通州市概况

1. 地理位置

通州市位于江苏省东南部长江三角洲北翼，东临黄海，海岸长16.27公里；西部平潮地区南濒长江，江岸长15公里；西南与南通市区相接，东南与海门为邻，北与如东毗连，西北与如皋接壤；总面积1351平方公里。全境横宽纵窄，土地平坦，耕层深厚，适耕性强。地势西北部较高，东南部和沿江、近海垦区较低。高程一般3.8~4.5米，近海最低处为2.2米。境内新长铁路（支线）和宁通、盐通、通启高速公路穿境而过，通扬、通吕、通启运河和九圩港、遥望港、新江海河等大型骨干河道纵横交错，南端连接正在兴建的苏通长江公路大桥，市区西郊设有南通飞机场。地理位置得天独厚，水、陆、空交通十分便捷。

2. 历史沿革

通州境域，初为长江口海域中几块相邻的沙洲，南北朝中期出水，唐末与大陆涨接。五代初，称静海镇。后周显德五年（958年），建通州，领静海、海门两县，属扬州。静海县辖有狼山、蔡港、西寨、石港、余庆五寨地。宋仁宗天圣元年（1023年），改通州为崇州，又名崇川，属淮南东路；明道二年（1033年），仍称通州；徽宗政和七年（1117年），改为静海郡，不久复名通州，属扬州。元世祖至元十五年（1278年）升为通州路；至元二十一年复为通州，属扬州路，隶江北淮东道廉访司。明洪武元年（1368年），废静海县，通州直管静海本土，领海门、崇明两县，属扬州府；洪武九年划崇明县归苏州府，通州仅领海门一县。嘉靖年间（1522~1566年），通州除州城外，分6乡6场。清顺治二年（1645年）属江南省扬州府；康熙六年（1667年）起属江苏省扬州府；康熙十一年，因江岸坍没，海门省县为乡，并入通州；雍正二年（1724年），升为直隶州；宣统元年（1909年），设定3市区、10镇区、8乡区；宣统二年，市区、镇区改为市，乡区改为乡。

民国元年（1912年）5月，废州，改称南通县，属江苏省；全县仍设13市、8乡，民国九年增设三余乡。民国十八年，市乡合并为18个区，区下设镇、乡、闾、邻；民国二十三年，又并为13个区，区下设镇、乡、保、甲。抗日战争与解放战争时期，多种政权并存，行政区划变化频繁。

1949年2月2日，南通县全境解放，划城区及港闸等地另置南通市；南通县政府移驻金沙镇，属南通专署管辖。同年10月，全县行政区划为12个区、159个乡。1956年2月和1957年10月两次并区并乡后，全县为8个区、47个乡，3个县属镇，2个区属镇。1958年3月，撤销区建制，设通海、通中、通东、通北、通西5个片。1958年成立38个人民公社，实行政社合一，公社下设大队，大队下设生产队；后公社范围逐步调小，至1982年，全县有61个公社、5个县属镇。1961年9月，恢复8个区建制；1966年增设十总区。

1983年，实行市管县体制，属南通市管辖。同年，政社分设，公社改为乡，大队改为村，生产队改为村民小组，年末，全县为9个区、60个乡、5个县属镇、1个海洋渔业公社。1984年5月，实行镇管村体制，全县设14个镇、43个乡，以后各乡先后改建为镇。1987年2月，撤销区委、区公所，按原行政区域设9个区工委和指导组。1991年1月，陈桥、幸福、秦灶、新开3乡、1镇和小海镇的6个村划归南通市区后，县境面积为1637平方公里，人口145万有余。1992年末，全县为17个镇、32个乡、1个海洋渔港管理委员会、36个居民委员会、884个村。

1993年2月，南通县撤销，改设通州市。1996年4月的机构改革中，9个区工委、指导组撤销。2000年，全市行政区划再次调整，原49个乡镇撤并为26个。2001年4月，观音山、小海、竹行3镇和市良种场、种畜场划归南通市区，通州市行政区域内的南通农场（省属）和东方红农场（省属）也划入南通市区范围。2002年末，通州市辖23个建制镇、3个街道办事处、376个村、52个社区、5个农场，总面积1351平方公里，总人口128.13万人。

3. 气候

通州地处北亚热带，寒暑变化显著，气候温和湿润，日照充裕，雨水丰沛，无霜期长达220多天，各种喜温作物都可以栽培，一年可两至三熟。灾害性气候主要有干旱、台风、暴雨、连阴雨、冰雹和龙卷风。据县志记载：年降水量少于750毫米的大旱年约10年1遇，夏季40天以上无透雨的严重伏旱约10年3遇；5~10月为暴雨发生期，年均暴雨2.7次；受热带气候影响年均1.5次，最多4次，最大风力10级以上；冰雹年均1

次，最多6次；龙卷风每年2～3次。

（二）通州市经济发展基本状况

1. 国民经济高位运行，综合实力明显提升

全市经济持续高位增长，呈现出跨江争雄的强劲态势。2005年，实现地区生产总值238亿元，比上年增长（下同）15.5%；财政总收入突破20亿元，其中地方一般预算收入8.64亿元，增长34.6%。连续8次进入全国社会经济综合发展指数百强县（市）行列，5次蝉联全国县域经济基本竞争力50强。工业经济增势强劲，在南通市争先创优竞赛中名列第一。完成工业总产值1096.11亿元、销售收入1060.09亿元，利税84.52亿元，分别增长62.3%、65.6%和127.1%。规模企业、亿元企业分别达731家和83家。工业投入突破100亿元。大富豪啤酒荣获中国名牌产品称号，桑夏太阳能、南山面粉获国家免检产品称号。民营经济迸发性增长。新增个体工商户44319户、私营企业7230家、私营企业注册资本74.01亿元，其中，新增有限责任公司1767家，占新增私营企业的24.4%。引进市外民资24.1亿元，列南通各县（市）之首，成为加大投入的新引擎。民营经济综合考评在南通市继续保持第一。产业集聚效应加速显现，家用纺织品、纺织服装、电子电器、船舶修造及钢结构、食品加工五大产业在全市工业经济中的占比达43%。开发区、重点工业集中区重大项目承载能力进一步增强。建筑业在全省县（市）中继续保持领先地位，完成施工产值200亿元，增长15.5%。获鲁班奖1个，5家企业晋升为一级资质。农村经济稳步发展。突出项目农业建设，农业产业化步伐加快。全市实施投入50万元以上农业项目543个，投资总额12.86亿元。农业基础设施建设扎实推进，小康示范村建设取得阶段性成果。农经、农机、农资、气象等工作取得新进展。服务业增势良好。传统服务业档次提升，现代服务业发展加快。实现服务业增加值80亿元，增长14%。实施区域共同发展战略，加大财政转移支付和政策扶持力度，加快基础设施建设，欠发达地区发展速度明显加快。培育税源经济，加强财政监管，实现财政收支平衡。经济普查工作荣获全国先进县（市）称号。工商、物价、质监、审计等工作在维护经济秩序方面继续发挥积极作用。

2. 改革开放不断深化，发展活力明显增强

以产业招商为抓手，以企业家招商为主体，整合招商资源，招商引资再度实现撑竿跳。2005年全年新批外资项目145个，投资总额10.39亿美元，其中千万美元以上项目27个；协议注册外资7.08亿美元，注册外资实际到账2.22亿美元，分别增长21.8%和78.3%。完成外贸出口总额8亿美元，增长35%。新签外经合同额9077万美元，完成营业额7338万美元。沿江开发取得实质性进展，船舶、钢结构产业快速崛起。开发区注册外资实际到账超1亿美元，招商引资的主阵地作用日益显现。外事、侨务、对台事务等工作得到加强。各项改革深度推进。全面完成市属企事业改革攻坚任务。顺利实施市级政府机关机构改革，完善了工作职能。全面实施镇事业单位改革，统一设置4个中心，精简人员44.2%。深化行政审批制度改革，全面清理许可事项，扩充集中审批项目。公共财政配套改革日臻完善。国库集中支付范围不断扩大，市镇两级会计集中核算改革成

效明显。推进农村公共卫生管理体制改革，优化卫生资源配置。建立社区卫生服务体系，农村疾病防控网络进一步完善。

（三）通州市社会发展基本状况

1. 城乡建设快速推进，环境面貌明显改观

以“五城同创”为抓手，大力推进城市化建设。建成国家环保模范城市，全国文明城市通过省级复查，国家园林城市创建有序推进，通州市被列为国际健康城市试点城市。加快城区基础设施建设。市行政中心启用，交通北路、翠园中路建成通车，城区绿化、水系治理、污染治理等重点工程建设加快。土地市场秩序进一步规范，全市土地出让金总额9.43亿元。强化城市长效管理机制，连续3年夺得省城管创优奖。实行城区垃圾无害化处理，建成城区垃圾处置中转中心。完善物业管理机制，住宅小区面貌明显改观。5个镇进入全国小城镇综合实力千强镇。基础设施更趋完善。沿海高速、洋兴公路通车，平海公路东延段、平五公路相继建成，新建农村公路246公里。实施农村桥梁除险安康工程，维修改造农村危桥475座，疏浚河道335公里，双桥套闸、新江海河闸改建等水利工程投入使用，水利工作荣获全国先进称号。电力建设、邮政通信事业快速发展。

2. 社会事业全面进步，精神文明建设明显加强

积极倡导“自信、包容、求实、创造”的新时期通州城市精神，深入开展群众性精神文明创建活动，社会文明程度有了新提升，涌现了一批先进典型。大力弘扬崇学之风，深化学习型城市建设。基础教育、职业教育、成人教育协调发展，高中阶段学生职普比名列全省前茅，高考成绩保持全省领先。实施“六有”、“校校通”工程，大大改善了中小学办学条件。花大气力整治非法幼儿园，规范办园行为。建成全国首家海外人才工作站，荣获省人才工作先进县（市）称号。科技与经济融合更趋紧密。列入省以上科技计划项目43项，其中国家级10项；新认定高新技术产品14个，高新技术企业8家；高新技术产业产值达74.67亿元，增长33.7%；科技进步对工农业贡献率分别达到53.1%和63.6%；科普工作全国先进，再次荣列全国科技进步先进县（市）之列。实行征、监、管相分离的新型农村合作医疗运行机制，全市共有89.63万农民参保，参保率91.9%。加强农村卫生预防保健工作，公共卫生体系逐步完善，突发性公共卫生事件应急体系和疾病预防控制体系不断健全。群众文化活动精彩纷呈，成功举办激情广场“和谐通州”专场等文艺演出，通州市被命名为省小品之乡，再获全国文化先进称号。实施农村部分计划生育家庭奖励扶助制度，7461名农民受益，成为全国婚育新风进万家、人口与计划生育信息化建设先进县（市）。广电事业有了新发展，新增有线电视用户3万户，通过省有线电视达标县（市）考核验收。全民健身活动蓬勃开展，成功承办LG中韩乒乓球对抗赛，3名通州籍运动员在第十届全运会上夺得银牌。着力打造平安通州，深入开展“严打”整治斗争，社会治安持续稳定。坚持市领导信访接待日制度，完善社会矛盾纠纷大调解机制，及时化解各种社会矛盾，荣获全国社会治安综合治理先进集体称号。大力开展安全生产大检查和专项整治，全面落实安全生产责任制，安全生产形势平稳。努力提升新形势下的双拥工作水平，连续5届获得省双拥模范城称号。

3. 民心工程深入实施，人民生活明显改善

把加快富民作为构建和谐社会的重要基础，积极营造激励全民创业致富的环境，努力提高城乡居民收入。城镇居民人均可支配收入1.2万元，农民人均纯收入6100元，分别增长15.2%和12.3%。2005年末城乡居民储蓄存款余额170亿元，增长18.5%。全面取消农业税，农民人均负担比上年减少42元。建立全覆盖的劳动力信息网络，多渠道推进城乡一体化就业。新增城镇就业7511人，城镇登记失业率为2.69%。继续实施农民增收5项工程，全面促进农民增收。加强农村劳动力培训，培训农村劳动力2.77万人次。企业养老保险覆盖面进一步扩大，新增1.8万人。筹措4400万元为高速公路沿线3100名失地农民和镇畜牧兽医站人员办理农村养老保险。安排4000万元为1.6万名破产关闭企业退休职工办理多层次医疗保险。建立农村医疗救助制度，资助1.8万名农村低保户、五保户参加新型农村合作医疗。完善城市低保救助体系，落实困难群众在看病就医等方面的优惠政策。建立特困职工扶贫帮困机制。安排710万元提高城乡低保和民政抚恤对象生活补助标准，1.74万人享受城乡低保补助。继续实施扶贫助学阳光工程，资助贫困大学生100名、中小学生1000名。高度关注涉及群众利益的难点问题，妥善解决了交通新村、纺织新村、农贸市场等历史遗留问题。市政府确定的为民办实事项目全面完成。

4. 加强政府自身建设，政府职能明显转变

按照“为民、务实、清廉”的要求，着力打造服务型政府。牢固确立发展为了人民、发展成果与人民共享的理念，让人民群众在改革发展中得到更多的实惠。着力打造法治型政府。坚持依法行政，完善行政监督机制，努力提高执法水平。认真贯彻实施《中华人民共和国行政许可法》，深化行政审批制度改革，推进政府工作规范化、制度化、法制化。自觉接受人大及其常委会的法律监督、工作监督和政协的民主监督，积极支持民主党派和工商联履行参政议政职能，进一步密切与工会、共青团、妇联等人民团体的联系。高度重视人大代表议案、建议和政协委员提案办理工作，2005年全年共办理人大代表议案和建议176件、政协委员提案210件，落实率和满意率明显提高。着力打造高效型政府。深入开展“创业奉献十佳单位”评选和政风行风考评活动，努力提高行政效能。大力弘扬求真务实的作风，切实解决发展中的难题。着力打造廉洁型政府。坚持从严治政，按照领导干部廉洁自律的要求，做出廉洁从政公开承诺，全面开展领导干部述职述廉活动。

七　连云港市2005年经济社会发展报告

2005年，连云港市上下以邓小平理论和“三个代表”重要思想为指导，以科学发展观统领经济社会发展全局，坚持“以工兴港、以港兴市、以市带农”发展方略，迎难而上，奋力拼搏，求真务实，开拓创新，克服洪涝灾害和非典疫情等影响，适应宏观环境变化，探索经济发展路子，坚定不移地向富民强市目标迈进，较好完成了“十五”确定的主要预期目标，经济社会发展和人民生活迈上新的台阶。

（一）2005年连云港市经济发展状况

1. 结构调整成效明显，经济持续稳定增长（见图2－56～图2－58）

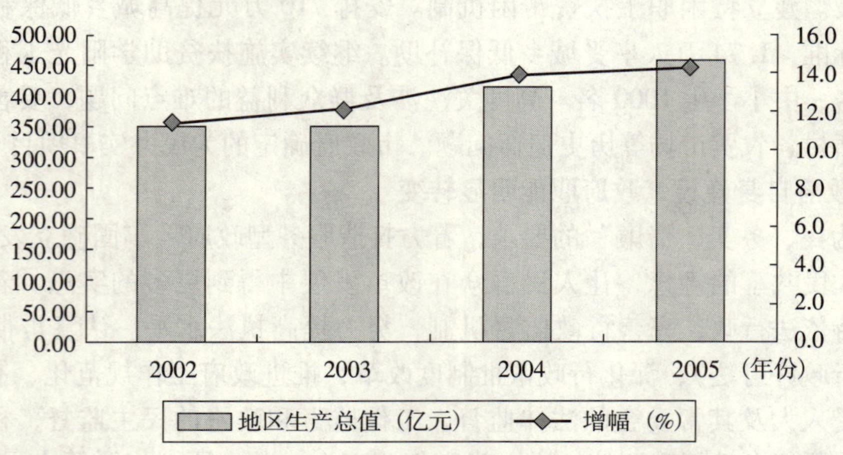

图2－56　2002～2005年连云港市地区生产总值概况

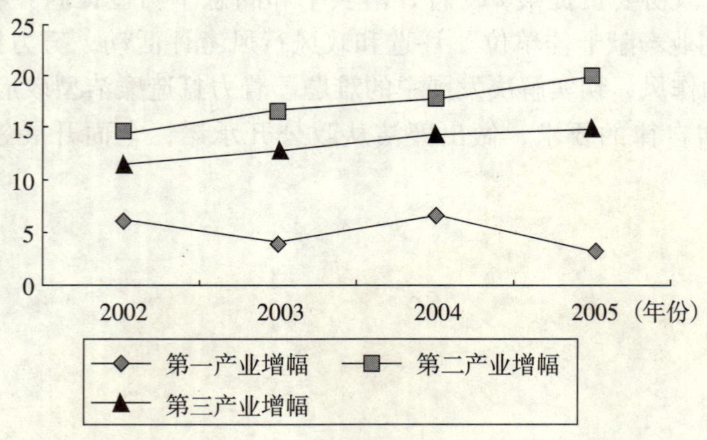

图2－57　2002～2005年连云港市三次产业总值增长概况（单位：%）

五年来，全市地区生产总值年均递增11.9%。2005年，全市生产总值达455.97亿元，比上年增长14.2%，创近八年来最高。按常住人口计算，全市人均地区生产总值

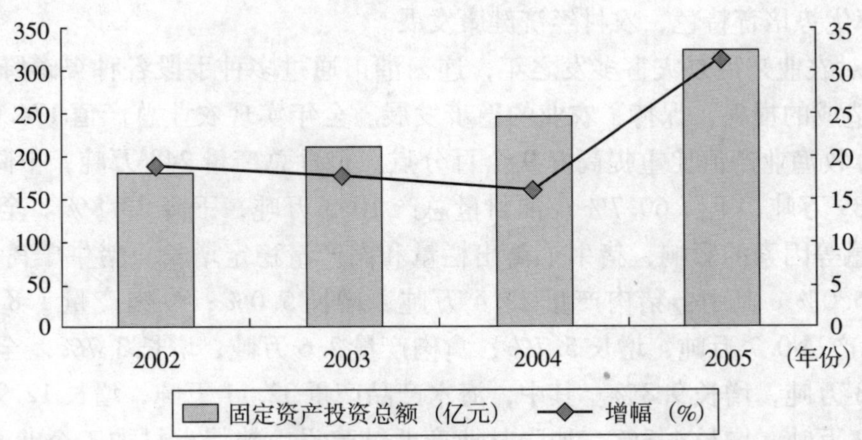

图 2－58 2002～2005 年连云港市全社会固定资产投资概况

9691 元。从区域角度看，东部城区经济发展快于全市，开发区、连云区分别实现 GDP25.71 亿元、22.97 亿元，增长 30.4%、15.1%，比全市高出 16.2 个和 0.9 个百分点。在国家统计局 2005 年发布的全国中心城市综合实力百强的排名中，连云港市的排名从 2001 年的第 83 位提升到 2004 年的第 55 位，较上一年度前移了 17 位。

2005 年，全市第一产业实现增加值 93.36 亿元，增长 3.3%；第二产业实现增加值 201.52 亿元，增长 19.9%；第三产业实现增加值 161.09 亿元，增长 14.9%。三次产业比例调整为 20.5∶44.2∶35.3，第二、第三产业对全市经济增长的贡献率分别为 57.3% 和 37.1%。财政总收入年均递增 26.7%，2005 年，一般预算收入 24.6 亿元，同口径增长 36%，增幅高出全省平均 9.6 个百分点，全省排名第二，占 GDP 的比重为 5.39%，较上年提高 0.77 个百分点。

五年来，累计完成全社会固定资产投资 1110 亿元，是“九五”时期的 2.5 倍，2005 年完成 323.6 亿元，增长 31.4%。社会固定资产投资结束了近两年投资低谷徘徊的局面，保持了较快增长速度，增长后势强劲。其中，规模以上投资完成 282.3 亿元，增长 32.1%，高于全省平均 4.0 个百分点，全省排位第九；全年规模以上投资中，制造业完成投资 125.1 亿元，增长 86.2%。实施水利、交通、电力等 50 个重点建设项目，完成投资 75 亿元。新电公司 2 台 33 万千瓦机组和协鑫环保热电联产投产运行，核电站 1、2 号机组进入带核运行状态，中海集装箱、益海油化等工程按期完工，连盐高速、新牛公路、灌云和东海县污水处理厂等一批重点建设项目超额完成年度投资任务。

在固定资产投资中，2005 年全社会工业投资 183.63 亿元，增长 32.0%，制造业投资占工业投资的比重由 2004 年的 54.6% 提高到 2005 年的 76.9%；房地产开发投资完成 35.36 亿元，增长 29.4%，商品房竣工面积 125.85 万平方米，下降 14.1%，商品房销售面积 144.86 万平方米，增长 14.3%。全社会民间投资 197.52 亿元，增长 49.8%，增幅高于全社会投资 18.4 个百分点，对全社会投资贡献率达到 84.9%，拉动全社会投资增长 26.7 个百分点，成为全社会投资的主导力量。

2. 三大产业齐头并进，带动全市经济增长

1）发挥优势培育特色，农村经济健康发展

2005 年对农业来说是灾害多发之年，连云港市通过多种手段各种渠道降低台风暴雨等自然灾害造成的损失，保持了农业的稳步发展。全年实现农业总产值 174. 02 亿元，增长 1. 9%；林牧渔业产值比重提高 6. 9 个百分点。粮食总产量 248 万吨，下降 4. 6%；棉花总产量 1. 89 万吨，下降 60. 7%；油料量总产 10. 3 万吨，下降 23. 8%。全市畜牧业生产克服禽流感等因素的影响，猪牛羊禽出栏量和肉产量稳定增长。猪牛羊禽肉产量 18. 5 万吨，增长 5. 0%。其中：猪肉产量 13. 4 万吨，增长 5. 0%；牛肉产量 1. 8 万吨，增长 6. 7%；羊肉产量 0. 7 万吨，增长 5. 7%；禽肉产量 2. 6 万吨，增长 3. 7%。全年完成水产品总量 49. 03 万吨，增长 9. 8%。其中，海水产品产量 32. 11 万吨，增长 12. 9%；淡水产品产量 16. 92 万吨，增长 4. 3%。加强林业产业链建设，扶持木材加工企业营造原料林，同时大力发展绿化苗木基地和造林绿化专业队伍，林业产业化水平提高。2005 年，完成造林 76 万亩，全市年末森林覆盖率达到了 14. 7%。云台山经过 5 年的封山育林，森林资源数量稳步增加，森林覆盖率从 2000 年的 61. 38% 提高到 73. 9%。

优化农产品区域布局，水产养殖、高品质粮棉、林木园艺等支柱产业形成一定特色优势，建成全省特色渔业、设施渔业、观光渔业基地，畜牧业良种覆盖率达到 80%。东海、灌云均被评为全国绿化模范县、粮食生产百强县。农业产业化经营、标准化生产快速推进，省级以上龙头企业发展到 16 家，农民专业合作经济组织发展到 168 家，全市年末无公害农产品基地突破 300 万亩，建成无公害、绿色、有机食品品牌 130 个，四个县全部成为省级无公害农产品整体推进示范县。农产品出口创汇位居全省前列。

2005 年，全市农机安全生产管理规范化建设进展顺利，建成“农机安全村”47 个，建成省级试点的“农机安全乡镇”2 个。全市水稻机插秧面积达 6. 2 万亩。全年参加跨区作业机具达 9000 余台次，收入达 2. 1 亿元。农业综合机械化水平达 79%。

2005 年全年完成重点水利工程投资 2. 41 亿元，增长 39. 1%。小塔山水库除险加固工程、安峰山水库除险加固工程、城市防洪及水环境工程、海堤达标工程等 15 个水利重点项目全部完成。

2）提升实力壮大规模，工业经济主体地位逐步确立

五年来，工业增加值年均递增 15. 6%。2005 年达到 147. 3 亿元，增长 19. 5%，对全市经济增长贡献率达 43. 3%，拉动全市经济增长 6. 1 个百分点。其中，规模以上工业企业 677 个，增加 124 个；实现工业增加值 98. 09 亿元，增长 22. 0%，创近七年最高水平，但较全省平均水平低 0. 5 个百分点，增幅位居全省第八；产销率 97. 6%，提高 0. 7 个百分点。全市规模以上工业企业共完成主营业务收入 327. 16 亿元，增长 32. 8%；创利税 34. 26 亿元，同比增长 34. 1%，高于全省平均水平 10. 5 个百分点，位居全省第三，其中，利润 19. 16 亿元，增长 50. 7%；经济效益综合指数 167. 3%，增长 23. 9 个百分点。全市工业主营业务收入过亿元企业达 50 家，比 2004 年增加了 20 家。其中，过 10 亿元企业 4 家，分别是益海（连云港）粮油工业有限公司、江苏新海发电有限公司、中国石化集团南京化学工业有限公司连云港碱厂、江苏恒瑞医药股份有限公司。据企业景气状况调查，

年末连云港市企业家信心指数达到122.8点。

工业结构逐步优化，新医药、新材料产业形成较强竞争力，纺织机械、电子信息等成长性产业形成一定优势，高新技术产业产值年均递增28.2%，医药、化工、食品等五个支柱行业增加值比重提高到64%。大力推进临港开发和沿东陇海线产业带建设，东方集装箱等临港型项目建成投产。“奥神”氨纶长丝等3个产品被评为中国名牌产品，“太阳雨”热水器等4个产品成为国家免检产品。

2005年全年重点培育100个年新增销售收入1000万元以上项目，其中，30个年新增销售收入过3000万元的省级新增长点项目，当年新增利税6亿元，拉动全市规模以上工业利税增长25个百分点。全市规模以上高新技术产业完成工业总产值62.04亿元，增长35.0%，增幅高于全市规模以上工业增幅0.8个百分点。高新技术产业工业总产值占全市规模以上工业的18.1%，比2004年提高0.1个百分点。

连云港市继续将建筑业作为国民经济的支柱产业加以培育，在纵向上拉长产业链，在横向上发展多元经济，积极提升企业级别，发展专业承包和劳务分包，初步形成了以一级企业为龙头、二级企业为骨干、三级企业与劳务企业为补充的产业组织结构体系。大力推进建筑施工企业产权制度改革，全市改制企业和按公司制组建的企业达283家，改制面达87.6%。建筑业产业结构趋向合理，整体素质大幅度提高，产业队伍不断壮大。建筑业快速发展，增加值年均递增15.6%。2005年，建筑业总产值达到115.04亿元，增长10.3%；施工面积1236.22万平方米，增长18.4%；竣工面积714.75万平方米，增长8.2%。建筑业全员劳动生产率达10.1万元/人。

3）增强功能优化结构，特色服务业体系初步形成

2005年，连云港旅游业快速发展，成功创建中国优秀旅游城市。共接待国内外游客705.66万人次，实现旅游收入64.74亿元，分别增长15.1%和23.4%。其中，海外旅游者53758人次，增长33.4%，实现外汇收入4601万美元，增长30.7%。全市拥有国家4A级旅游景区4个，花果山景区被评为全国文明景区，游客接待量和旅游收入分别年均递增18%和20%。建成全国工农业旅游示范点6个。拥有旅游星级饭店60家，旅行社76家。其中，国际旅行社2家，具有出国旅游组团资格的旅行社1家。成功承办2005年世界旅游日中国主会场暨首届陆桥国际旅游文化节。连续三年成功承办江苏国际农洽会。

交通、物流业全面发展。港口加快向发展要素集聚港转变，现代物流体系不断完善，港口吞吐量连跨4个千万吨级，达到6016万吨，增长38.2%。集装箱运量突破100万标箱，同比实现倍增，增幅居全国沿海各大港口之首。开通至韩国客货班轮航线。2005年，连云港跻身全国十大外贸港和十大集装箱运输港之列。港口建设力度也进一步加大，连云港15万吨级进港航道扩建、墟沟港区5万吨级航道扩建项目均已取得了新进展。墟沟港区68号和69号泊位、客运码头、焦炭码头、庙岭港区庙三突堤集装箱码头和东港区25万吨级矿石码头、15万吨级氧化铝泊位、2个5万吨级液体散货泊位项目也在紧张地推进中。2005年，全社会公路客运量6551万人，增长10.8%；全社会公路客运周转量424932万人公里，增长9.2%。全社会公路货运量3843万吨，增长15.5%；全社会公路货运周转量377607万吨公里，增长10%。尽管2005年开通国内航线减少到7条，全年

完成航班减少到1835架次，但航空运量仍保持了较快增长。全年民航客运量为95975人，增长16.6%；民航货运量934吨，增长1.5%。

通信、信息业快速推进。2005年全年邮政通信业务收入实现13.41亿元，增长17.3%。全市年末移动电话用户已达到74.67万户，增长19.6%；固定电话总数达到140.07万户，增长14.2%；小灵通电话用户达到41万户，增长38.5%。宽带互联网用户突破10万户，达到10.16万户，增长3.7%。信息技术广泛应用，电子政务、电子商务加快推进，电话普及率由14.7%提高到55%，宽带用户发展到9.5万户。

国内贸易稳步发展。"十五"期间，社会消费品零售总额年均递增11.8%，2005年，达182.08亿元，增长15.3%。2005年，商贸、餐饮服务业形成集聚发展、品牌经营新格局，成交额过10亿元的市场有3家。全市批发零售及住宿餐饮业实现增加值35.56亿元，增长15.0%，占全市GDP的比重为7.8%，占全市第三产业的比重达22.1%，对GDP增长贡献率为8.8%，拉动GDP增长1.25个百分点。全市实现社会消费品零售总额182.08亿元，增长15.6%，是近10年来的最快增速。其中，市区的零售额实现74.05亿元，增长17.5%；县及县以下的零售额108.03亿元，增长14.3%。市场消费特点明显：①餐饮企业强劲增长。全年餐饮行业共实现社会消费品零售总额16.07亿元，增长17.9%，增幅列各行业之首。②消费层次逐步提高。消费结构正逐步从温饱型向小康型、现代型过渡，以住宅、汽车、旅游、信息通信等为代表的新型现代化消费热点不断涌现。③节日消费成为市场亮点。④重点市场发展良好。全市重点专业市场保持了健康的发展势头，市场交易活跃兴旺，全年成交额超亿元市场共有21个，累计实现成交总额76.39亿。2005年，在保持经济健康快速发展的同时，连云港市严格控制政策性调价项目的出台，积极采取有效措施确保市场供应，全年居民消费价格总指数为102.0，市场物价快速上涨势头得到有效控制。价格总水平基本稳定。

2005年，开发房地产1250万平方米，商品房销售额年均递增40.1%，新建小区实现物业管理全覆盖，初步建成社区服务网络。

金融机构积极支持地方经济建设，信贷有效投入不断扩大，2005年末各项存款余额437.4亿元，增加64.09亿元；其中居民储蓄存款额250.13亿元，增加32.40亿元。各项贷款余额311亿元，增加47.27亿元。存贷款余额分别比"九五"末增加236亿元和180亿元。全年实现保险费收入11.76亿元，增长2.2%。

3. 改革开放有序推进，发展活力明显增强

五年来，加快以产权制度为重点的企业改革，市属工业企业、非工业流通企业改革改制面分别达到97.3%和92.4%，国有集体资本基本从中小企业退出，实现资产重组45亿元，妥善安置破产企业职工和离退休人员3.4万人。2家股份公司成功上市，5家公司通过上市辅导验收。民营经济发展迅速，占全市经济比重达49%，比"九五"末提高31.7个百分点。国有资产监管运营体系日趋完善，组建港口集团、城建等14家资产经营主体，整合组建连云发展集团。政府机构、行政审批和招投标管理体制改革不断深化，探索扩大县级管理权限，实施行政区划调整，撤并云台区和32个乡镇。生产经营型事业单位改制转企加快推进，社会公益型和行政管理型事业单位改革全面启动。财税体制和

投融资体制改革有序推进，实施部门预算、国库集中支付和政府采购制度改革，银企银政合作成效明显。

推进重点地区、重点产业和重点项目招商，累计直接利用外资8.8亿美元，引进内联资金270亿元，是“九五”时期的2.3倍和5倍。2005年，按商务部口径，实际到账注册外资额完成2.75亿美元，增长59.9%。全年新批外资项目271个，新批协议注册外资额10.36亿美元，增长63.7%。加快各类园区建设，2005年完成基础设施投入25亿元，园区工业增加值占规模以上工业比重达51%，园区载体功能和集聚效应不断增强。美国杜邦、法国罗盖特等跨国公司落户开发区，出口加工区批准运营。海洋经济开发区、堆沟港化学工业园、浦南开发区等特色园区初具规模，成为县域经济加快发展的重要支撑和主要推动力。外贸进出口总额年均递增31.4%。

2005年全年完成进出口总额20.38亿美元，增长32.5%，外贸依存度达到了36.1%。其中，出口9.30亿美元，增长22.4%，地方产品占全部出口产品的比重达到64%；进口11.07亿美元，增长42.3%。出口增长较慢，进口增势迅猛，贸易逆差初步形成。对外经济技术合作不断扩大，外经营业额和期末在外人数分别年均递增16%和18.6%。全年新签对外承包劳务合同额1.58亿美元，增长42.2%；完成对外承包营业额1.66亿美元，增长27.6%。引进市外客方到位资金144亿元，增长102%，实现倍增。

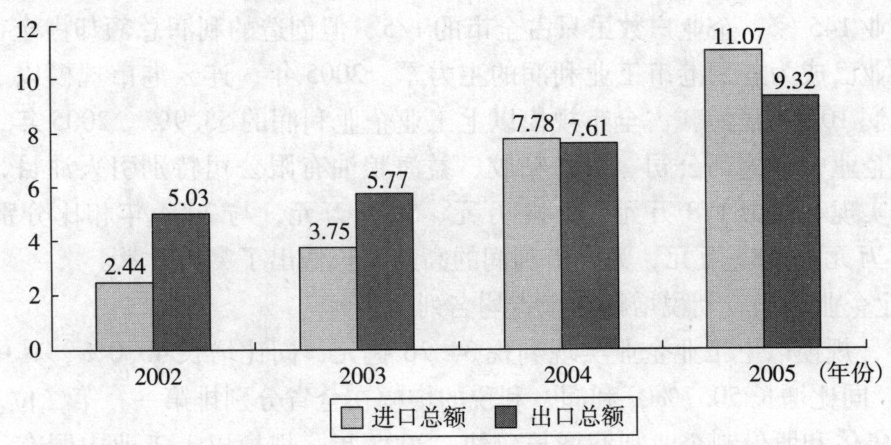

图2-59　2002~2005年连云港市对外贸易概况（单位：亿美元）

2005年，全市民营经济实现增加值222.86亿元，占全市GDP比重达48.9%，提高4.1个百分点；民营经济对全市经济增长的贡献率超过60%，拉动全市经济增长超过8个百分点；全年民营经济实现税收21.97亿元，增长36.0%。全市年末私营企业数达11884户，增长17.3%；个体工商户为73205户，增长18.2%。当年新增私营企业3145户，新增个体工商户21906户。全市私营个体经济注册资本共计152.99亿元，增长41.2%；其中注册资本过百万元的私营企业达2417户，其中超千万元的有265户。民营企业新增从业人员6.03万人，其中当年新安置下岗失业人员4870人。在出口企业中，全市有出口实绩的各类私营企业204家，其中当年新增73家，增长55.7%，占全市外贸企业总数的

51.3%。实现进出口总额3.47亿美元，增长85.6%。其中，出口2.94亿美元，增长114.4%，增幅高于全市出口92.0个百分点，占全市出口总额的31.5%。

4. 2005年连云港经济运行特点

2005年，连云港市全面贯彻落实科学发展观，切实转变经济增长方式，努力化解新矛盾、新问题，进一步解放思想、抢抓机遇，充分发挥自身优势，用足用好本地资源，突出发挥主导产业和重点产品的优势，经济继续保持快速稳定增长，经济总体呈现“发展速度与质量效益相匹配、经济增长与结构优化相同步”的良好态势。

1）工业经济效益综合指数保持较快增长速度

2005年，全市规模以上工业经济效益综合指数显著增长，由2月的147.7%提升至12月的167.3%，比2004年提高了23.9个百分点，创近年来新高。其中，总资产贡献率13.2%，同比提高1.2个百分点；成本费用利润率6.2%，同比提高0.8个百分点；流动资产周转2.29次，同比提高0.13次；全员劳动生产率88620元/人，同比提高36.3%；资本保值增值率132.7%，同比提高22.5个百分点；资产负债率55.1%，同比下降1.5个百分点。

2）三资企业成为连云港市赢利的主力军

连云港市加大招商引资力度，一批外资企业在连云港市落户生根，本地一些内资企业为做大、做强，也纷纷与外企进行合作。2005年，连云港市共有规模以上企业677家，其中三资企业145家，企业户数虽只占全市的1/5，但创造的利润总额却占全市的一半以上，三资企业已成为连云港市工业利润的主力军。2005年，连云港市规模以上三资工业企业实现利润10.33亿元，占全市规模以上工业企业利润的53.9%。2005年，在连云港市所有三资企业中，德邦公司、甲乙粘胶、益海粮油有限公司特别引人注目，这三家企业全年分别实现利润13178万元、6148万元、5969万元，与2004年相比分别净增4824万元、5748万元、4685万元，为全市利润的高速增长做出了突出贡献。

3）工业企业利润、利税增幅在全省均名列前茅

2005年，规模以上工业企业实现利税34.26亿元，同比增长40.0%，其中利润总额19.16亿元，同比增长50.7%，利润、利税的增幅在全省分别排第一、第二位。

国有、集体和股份制企业利润增长较快。2005年，规模以上工业中国有、集体企业共实现利润2.48亿元，占全市规模以上工业利润总额的13.0%，同比增长达150.9%，高于全市平均增幅100.2个百分点；股份制企业共实现利润5.84亿元，占全市规模以上工业利润总额的30.5%，同比增长92.6%，高于全市平均增幅41.9个百分点。

支柱产业对全市的贡献份额大。2005年，农副食品加工业、化学原料及化学制品制造业、医药制造业、电力热力的生产和供应业、非金属矿物制品业五大支柱行业发展加快，主要经济指标均高于全市平均水平，对全市工业经济增长的贡献非常显著。这五个行业利润总额达14.91亿元，同比增长87.8%，高出全市平均增幅37.1个百分点，总量占全市规模以上工业利润的77.8%，有力拉动了全市规模以上工业利润的增长。

县、区实现利润不同程度增长。2005年，连云港市四县利润均实现大幅度增长，其

中，赣榆县0.85亿元，增长149.1%；东海县2.24亿元，增长144.3%；灌云县0.50亿元，增长214.3%；灌南县0.64亿元，增长115.5%，四县虽然呈现出强劲的增长势头，但总量规模还是偏小，还需加大招商引资，创新工作机制，做大做强工业企业。市区共实现利润14.94亿元，同比增长了35.7%，低于全市利润增幅15.0个百分点。

4）企业亏损面和亏损总额增幅均有所下降

2005年，全市677户规模以上工业企业中，亏损企业有146户，亏损面为21.6%，与全省其他市相比，连云港市的亏损面虽显得较大，但与上年同期相比却下降了7.3个百分点，与2月底相比，下降了7.9个百分点；亏损企业亏损总额为2.62亿元，同比增长18.0%，比11月份回落了23.3个百分点，这说明连云港市亏损企业的情况正在好转。

但仍需关注的是，在亏损企业面和亏损总额增幅都有所回落的情况下，少数亏损大户亏损状况依然严峻，影响了全市工业经济效益的提高，亏损前10户企业亏损额达1.73亿元。

（二）2005年连云港市社会发展状况

1. 基础设施建设加快，城乡环境显著改善

五年来，不断强化基础设施建设，水利、交通、电力、通信、社会事业等一批重点项目相继实施，地区发展承载能力和服务功能得到增强。

实施水库除险加固、海堤达标、河道整治工程，完成一批农村水利建设和城市水环境整治工程。港口新建扩建4个生产性泊位，改造提升14个泊位，扩建了7万吨级航道，实现第五代集装箱船舶全天候进出港，新增综合通过能力1612万吨。连徐、汾灌高速公路全线通车，连盐高速公路完成桥梁路基和路面基层工程，改造国省道495公里，92.6%的行政村通水泥柏油路。民航候机楼投入运营，航线航班密度增加。东陇海铁路实施提速改造。海陆空立体交通网络进一步完善，成为交通部规划建设的长三角地区7个国家级综合运输枢纽之一。

完成城乡电网建设改造，伊芦、云台等一批输变电工程投入使用。田湾核电站1号机组投料调试。实施电话扩容、连徐光缆、宽带城域网等信息网络基础建设。市急救中心、新图书馆、淮工教学综合楼、省海上训练基地等一批社会公共事业项目投入使用，市新博物馆、少儿活动中心、新闻中心基本建成。

强化城市规划引导，完成城市总体规划修编和市域城镇体系规划，编制港口总体规划、开发区发展概念规划、新海地区分区规划，一批市政设施专项规划相继完成。组织开展东部滨海地区发展战略规划国际竞赛和控制性详细规划。建成区控制性详细规划覆盖率82%。协调推进新区开发和旧城建设，五年投入城市建设资金160亿元，城市建成区面积从51.4平方公里扩展到69.6平方公里。新浦新区建设全面展开，道路网架基本形成，通达能力明显增强。市行政中心主楼建成使用，配套服务设施快速推进。东部城区建设拉开框架，港城大道建成通车，撤除朝阳收费站，改建中山东路，国际商务大厦主体封顶。旧城改造步伐加快，拆除危旧房屋234万平方米，新建住宅509万平方米。新建改建城市道路126条，新增城市道路123公里，新海城区一环、二环路网基本形成，城镇

人均道路面积达13.7平方米。供水、排水、燃气、供热、环卫等公用事业快速发展，大浦污水处理厂投入运行。2005年，全市以创建省级园林城市为目标，分春、秋两季全面开展园林绿化建设，完成投资2.3亿元，其中，春季绿化8大项、102子项，秋季绿化29项，栽植乔木29万株，灌木40万株，色块灌木110万株。新增绿地面积220公顷，建成区绿化覆盖率37.1%，绿地率达到32.4%，人均公共绿地7.47平方米，超过了省级园林城市绿化指标。建成人防工程12.8万平方米。实施城市管理综合执法，初步形成市容环境卫生长效管理机制。开展“四城同创”，创建国家环保模范城市和省级园林城市通过省级验收。县城建设快速推进，重点中心镇建设加快，市政配套工程同步实施。城乡一体化有序推进，城市化水平由28.1%提高到38.3%。

先后投入3000多万元，使锦屏、新坝、板桥、宁海等地区10万农村居民告别了吃井水的历史。

全面启动创建“国家环保城”工程，全市环境质量综合指数达到86.6%，提高了4.4个百分点。市区及县城建成区烟尘控制区覆盖率保持在100%，全市空气质量全面达到国家二级标准；市区环境空气质量优良天数优良率为88.8%，较上年增加0.3个百分点；蔷薇河饮用水源水质达标率继续保持100%，各县城集中饮用水源水质良好；市区及县城建成区噪声达标区覆盖率90%以上。认真执行排污许可证和排污申报登记制度，完成1566家单位排污申报登记年审，对1113家单位核发了排污许可证。

2. 科技教育全面进步，社会事业协调发展。

五年来，加快推进高新技术产业发展，实施省以上火炬计划96项、星火计划243项，培育国家高新技术企业9家、省高新技术企业38家，在苏北地区率先实现县区全面覆盖，形成海产品养殖加工等8个省级星火支柱产业。建成新医药、硅材料2个国家火炬计划产业基地和中电华威、恒瑞股份2个国家863计划成果产业化基地，成为苏北地区仅有的4个国家级高新技术产业基地。推动企业技术创新和产学研联合，培育5个国家博士后科研工作站、8个省工程技术研究中心，创建留学人员创业园，与中国科学院、清华大学等建立合作关系。支持中国内地第一口科学钻探井圆满完成综合测井任务。仅2005年，新上国家火炬计划项目11项，省火炬计划项目15项，总投资1.61亿元，“MB345超柔磨毛机”等6个项目获省火炬贴息资金扶持。康缘药业承担的“银杏内酯注射液的研究”和正大天晴药业承担的“异甘草酸镁原料及制剂”项目，获国家863计划滚动支持。硅材料基地新上省以上科技计划30项，其中省重大成果转化项目1项。新培育省高新技术企业4家；新认定市高新技术企业16家、制造业信息化示范企业10家。“JRT型自动卷绕机”等8个产品被认定为国家重点新产品；“TSOP封装用环氧模塑料”等18个产品被认定为省高新技术产品。新上市级农业攻关项目34项，农业科技成果示范推广项目17项。累计举办各类职业技能和实用技术培训班188期，直接培训技术骨干和技术带头人1.8万人次，间接培训农民6.1万人次。全年共组织鉴定科技成果124项，其中，达到国际先进水平的2项。获得省科技进步奖二等奖1项，三等奖4项。专利申请批准268项，增长53.1%。

完善以县为主的教育管理体制，义务教育成果得到巩固，小学、初中入学率分别达到99.9%和99.7%，对8.2万名农村贫困生实行“两免一补”政策。创建5所省四星级高中、15所省三星级高中，高中段入学率达87.3%。实施中小学布局调整，全市调整撤并中小学1015所，迁建5所高级中学，新海高中兼并东方中学，教育资源得到优化配置。新扩建中小学校舍197万平方米，改造危旧校舍84万平方米，中小学办学条件明显改善。淮工办学规模不断扩大，地方高校联合初见成效，高校在校生扩大一倍，培养本专科毕业生4万人。职业教育、成人教育长足发展，打破行业限制优化重组10所职业学校，创建省级以上重点职业学校15所、省级农科教示范基地5个。加强人才培养引进，优化人才结构，全年共引进本科以上毕业生1703人，其中，本科1547人，硕士146人，博士10人。25个引智项目得到国家外专局批准，其中，中电华威的ULSI电路封装用环氧封装料规模化制备技术被国家外专局确定为全国重点引智项目。引进外国专家27人次，为企事业单位解决技术难题。正式启动了公务员、专业技术人员网上培训工程，对45家试点单位40岁以下工作人员进行了网上定单式培训考试。各类人才总量达到23万人，6人荣获全国劳模和先进工作者称号。

文艺创作、新闻出版、广播电视健康活跃，一批文艺作品和广播电视作品获省以上奖。发掘海州双龙汉墓，完成将军崖岩画、孔望山摩崖造像防风化工程。启用数字电视中心大楼，完成中波发射台迁建，全市行政村有线电视联网率达68%。2005年，全市共举办各类广场文化活动120多场次，组织展示、展览活动45次，送书12000余册，放映电影1300多场，参与演职员16000人，受众达300多万人次。组织文艺团体参加全国十运会开幕式演出及十运会连云港分会场开幕式演出，承办了2005年“连云港之夏”旅游狂欢节开幕式花车巡游，组织举办了连云港市第六届专业剧团新剧（节）目调演。在文化部举行的全国第三次县以上公共图书馆评估定级中，连云港市少儿图书馆被命名为国家一级图书馆。淮海戏《明月芦花》荣获第四届中国戏剧文学奖铜奖；国画作品《诱惑》荣获省文化厅、省国画院主办的“现代金陵水墨传媒展”评委会奖第一名；“海州五大宫调”在江苏绝技展动态展示中大出风头。2005年，广播电视紧扣连云港发展主题做好宣传工作。尝试跨出国门采访，配合日韩招商活动，组织赴韩摄制了大型电视系列报道《连云港与仁川港的对话》。十运会170场65小时的转播受到了省十运会组委会、广电部和市委、市政府的表彰。全年电台在省台用稿299篇；电视台在省台用稿900余篇；在中央台《新闻联播》中用稿9篇，中央台其他节目用稿30多篇。广播小说连播《一路格桑花》获国家级政府奖——中国广播影视大奖广电节目优秀长篇连播节目奖，《东方女孩》栏目再获省十大名牌栏目称号，广播《行风热线》特别节目、电视系列专题片《山海连云港》等8件作品获省级政府一等奖，电视专题片《水晶之恋》获江苏金凤凰奖电视专题片一等奖。全市有线电视新开通行政村212个，新发展用户10.8万户。

医疗资源有效整合，公共卫生体系建设逐步加强。传染病发病率控制在省平均水平以下，市一院、二院分别兼并东方医院和省盐业医院，中医院被评为三级医院。全市2005年末各类卫生机构达923个，增长6.5%，其中各类医院153所，增长5.5%；医疗总床位9057张，增长3.0%。全市新型农村合作医疗人口覆盖面达91.3%，提高13.5个百分点；卫生服务体系健全率77.7%，提高1.6个百分点。人口与计划生育管理服务体系不断健全，完善利益导向机制，稳定低生育水平，计划生育率达90%。

2005年，成功举办国际国内沙滩排球和十运会四个项目等重大赛事，获十运会最佳赛区和组织工作贡献奖。五年获省以上金牌182枚，实现了竞技体育水平的稳步提高。建成全民健身工程28个、健身点252个，常年参加体育活动人口达45%。其中，2005年新建全民健身工程3个，全民健身点30个，使全市全民健身工程达28个，全民健身点达252个，晨（晚）练活动点达895个。100%的城市街道和90%的农村乡镇达到“八个一工程”的基本要求。连云港市被国家体育总局授予2005年全民健身周优秀组织奖。

加强国土资源管理，整顿土地市场秩序，复垦新增耕地5.7万亩。关停整治违法采石塘口，实施云台山封山育林，植被覆盖率达73.9%，五年提高12.5个百分点，海域综合管理水平不断提高。全面推进生态建设，环境质量明显改善，森林覆盖率提高6.5个百分点，市区空气质量优良率88.8%，蔷薇河饮用水源水质达标率保持100%，进入全国污染控制最好城市行列。

3. 人民生活不断改善，社会保障逐步加强

全市2005年末户籍总人口达到472.18万人，其中市区人口70.17万人。全年人口出生率11.3‰。根据人口抽样调查推算，全市年末常住总人口为454.4万人，比上年末减少2.88万人。

五年来，城乡居民收入持续增加，人民生活水平不断提高（见图2－60）。城镇居民人均可支配收入年均增长11.2%，农民人均纯收入年均增长7.8%，2005年分别达到10006元和3869元，增长12.8%和8%。全年城市居民人均消费支出7213元，增长16.0%；城市居民恩格尔系数为38.6%。农村居民人均生活消费支出2574元，增长25.7%，农村居民恩格尔系数为46.1%。城乡居民消费结构不断优化，耐用消费品数量迅速增长，汽车等贵重消费品逐步进入家庭，教育文化、休闲娱乐等消费比重大幅提高。城市居民家庭人均住房建筑面积31.6平方米，农村居民家庭人均住房面积平均为24.5平方米。分别增加6.3平方米和2.1平方米。城市惠民工程得到实施，新建改建便民道路130条，发展管道燃气用户2.3万户，新增公交车90辆。农村实施七件实事，基本完成草危房改造，新增改水受益人口133万人，建成农村公路3800公里，加强农业综合开发，新型农村合作医疗人口覆盖率达90%。实施农村税费改革，取消农业税，农民人均负担下降79%。实施“四级联动”等帮扶措施，投入帮扶资金11.5亿元，贫困户较“九五”末减少8.1万户。

落实积极的就业政策，强化就业指导服务，建立就业平台，多渠道扩大就业岗位，城镇登记失业率控制在4.5%以内。2005年，组织各类职业技术培训98.8万人次，实施劳动力输出百万工程，年新增农村劳动力转移10万人。发放各类就业补贴2603万元，减免税收2654万元，发放小额贷款875万元，政府购买就业岗位2390个，实现年下岗失业人员就业再就业2万人以上。城镇登记失业人员为20940人，登记失业率4.1%，低于省确定4.5%的控制目标，下降0.2个百分点。

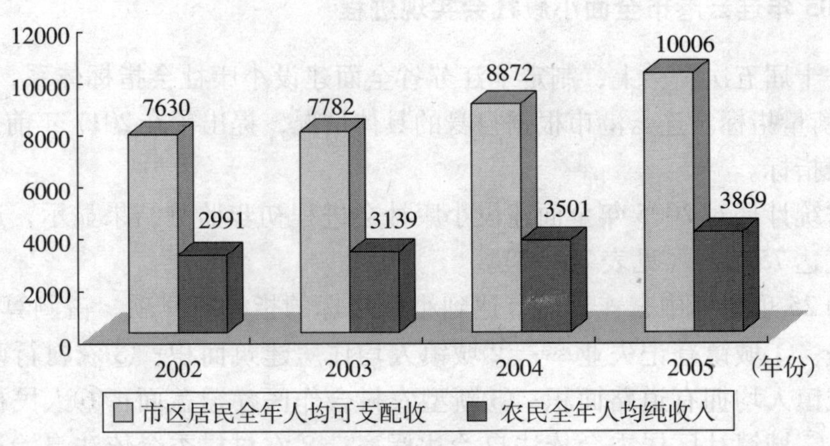

图 2－60　2002～2005 年连云港市城乡居民收入对比一览（单位：元）

社会保障体系日趋完善，社会保障能力逐步提高。企业职工养老保险覆盖面达 98%，离退休人员养老金社会化发放率 100%，医疗保险覆盖面提高到 88%，失业保险覆盖面达 96%，工伤、生育保险范围不断扩展。农村养老保险参保人数达 54.5 万人。失地农民生活得到基本保障，妥善解决拖欠农民工工资问题。积极开展社会救助，完善城市居民最低生活保障制度，启动农村最低生活保障工程，城乡居民参保人数达 11.2 万人，残疾人等特困群众基本生活得到保障，改扩建农村敬老院 56 所，五保对象集中供养率由 10.1% 提高到 35%。

4. 精神文明建设不断深入，民主法制建设进程加快

五年来，坚持用正确的舆论导向和丰富的道德实践引导规范市民行为，培育和弘扬新时期连云港精神，营造积极向上、团结奋进的社会氛围，凝聚人心参与改革发展实践。以创建省级文明城市为龙头，整体推进各类文明创建活动，电信公司、柘汪镇被评为全国文明单位和文明村镇，“雷锋车”成为全国精神文明建设先进典型，抗日山烈士陵园被评为全国青少年教育基地。奥运“申吉”影响广泛。举办五届“在海一方”广场文化活动，开展共建文化先进村等活动，城乡文明程度和市民素质稳步提高。自觉接受人大法律监督、政协民主监督和社会舆论监督，注重听取各民主党派、工商联、专家学者和人民团体意见，政府决策机制逐步完善。

推进村民自治和社区居民自治，基层民主进一步加强。实施重大事项社会公示、听证制度。完成“四五”普法任务，构建社会治安“大防控”体系，依法严厉打击各类违法犯罪活动，平安连云港创建扎实推进。强化行政监察和审计监督，加强政风行风和廉政建设，依法治市有序推进。少数民族扶贫开发成效显著，宗教事务依法有序管理。国防建设、民兵预备役和优抚安置得到加强，两次被评为全国双拥模范城。健全安全生产监管责任体系，安全生产形势进一步好转。开展农资、食品、药品、小化肥等专项打假，市场经济秩序进一步规范。落实信访责任制，完善社会矛盾纠纷“大调解”机制，妥善处理人民内部矛盾，有效维护了社会稳定。

（三）2005年连云港市全面小康社会实现进程

江苏省委十届五次全会上，制定了江苏省全面建设小康社会指标体系，共分四大类、18项、25个衡量指标。连云港市根据自身的具体情况，提出了在2017年前全面完成江苏省制定的小康指标。

据江苏省统计局对2005年全面建设小康社会进程初步监测结果显示，连云港市全面小康实现程度达75.2%（见表2-50）。

在测算的25项指标中，连云港市达到小康目标的指标有9项，占测算指标的36%。这9项分别是：①城镇登记失业率；②城镇人均住房建筑面积；③农村行政村通灰黑公路比重；④城镇人均拥有道路面积；⑤新型农村合作医疗覆盖面；⑥人民群众对社会治安的满意率；⑦城镇社区居委会依法自治达标率；⑧农村村委会依法自治达标率；⑨环境质量综合指数。

按2017年目标完成当年序时进度的有14项，分别是：①人均GDP；②二、三产业增加值占GDP比重；③城市化水平；④城镇居民人均可支配收入；⑤农村居民人均纯收入；⑥农村人均钢筋砖木结构住房面积；⑦百户家庭电话拥有量；⑧百户家庭电脑拥有量；⑨恩格尔系数；⑩高中阶段毛入学率；⑪卫生服务体系健全率；⑫城镇劳动保障三大保险覆盖面；⑬森林覆盖率；⑭城市绿化覆盖率。

未能完成当年序时进度的指标有2项：①居民文教娱乐服务支出占家庭消费支出比重；②R&D经费支出占GDP比重。

因此，连云港市要提前全面进入小康要在以下三个方面下工夫：

（1）在提高农民收入上下工夫。发展农村经济，增加农民收入，是全面建设小康社会的重大任务。实现全面小康难点在农村，农村小康的难点又在于提高农民收入。党中央对农村“多予少取放活”的富民惠民政策深得人心，但需要抓住这一历史性机遇，在狠抓落实上下工夫、长工夫、实工夫和硬工夫，只有农民的腰包鼓起来才能谈娱乐，谈文教。

（2）继续加快城市化进程。成为城市人是农民兄弟的梦想，大量的农村富余劳动力向城镇流动，是农民兄弟为实现自己梦想而付诸的实际行动。农村富余劳动力向非农产业和城镇转移，是工业化和现代化的必然趋势，同时，也是农民生活方式的大转折，是向小康迈进的重要一步。逐步提高城镇化水平，坚持城乡协调发展，是实现全面小康的有效途径。

（3）加大R&D经费的投入。要快步奔小康，没有科技支撑是行不通的，要加大研究与开发经费的投入力度，尽快缩小差距。一方面，要更新观念、树立信心。观念的突破预示着大的发展，要树立起“以市场为根本，以科技为依托”的新观念，从政策指引和人才引进等方面为R&D发展创造有利条件。另一方面，要充分挖掘地区性优势，改变以劳动密集型为主的产业现状，加大R&D投入，开发自主产权的新产品，打造科技创新的金钥匙，变连云港制造为连云港创造。

表 2－50　2005 年连云港市全面小康实现进程

指　标　名　称	代码	单位	目标值	2005 年	比上年增减值	按 2005 年的发展速度预计完成各项指标的时间
一　经济发展						
1. 人均地区生产总值	1	元	≥24000	10003	1452	2011
2. 二、三产业增加值占 GDP 比重	2	%	≥92	79.5	1.6	2013
3. 城市化水平	3	%	55	38.1	1.8	2015
4. 城镇登记失业率	4	%	<5	4.1	-0.2	已达标
二　生活水平						
5. 居民收入						
（1）城镇居民人均可支配收入	5	元	≥16000	10006	1134	2011
（2）农村居民人均纯收入	6	元	≥8000	3869	368	2017
6. 居民住房						
（1）城镇人均住房建筑面积	7	平方米	30	31.8	0.1	已达标
（2）农村人均钢筋、砖木结构住房面积	8	平方米	40	24.5	1.6	2015
7. 居民出行						
（1）农村行政村通灰黑公路（或航道）比重	9	%	100	100.0	0.0	已达标
（2）城镇人均拥有道路面积	10	平方米	12	13.7	0.6	已达标
8. 居民信息化普及程度						
（1）百户家庭电话拥有量	11	部	200	169.4	25.6	2007
（2）百户家庭电脑拥有量	12	台	40	14.6	6.0	2010
9. 居民文教娱乐服务支出占家庭消费支出比重	13	%	18	14.5	-1.7	2017
10. 恩格尔系数	14	%	<40	43.2	-2.5	2007
三　社会发展						
11. R&D 经费支出占 GDP 比重	15	%	≥1.5	0.55	0.03	2017
12. 高中阶段教育毛入学率	16	%	≥90	45.4	7.7	2011
13. 卫生服务体系健全率	17	%	≥90	77.7	1.6	2012
14. 社会保障						
（1）城镇劳动保障三大保险各自覆盖面	18	%	≥95	91.8	3.3	2007
城镇基本养老保险		%	≥95	98.1	3.2	已达标
城镇失业保险		%	≥95	98.3	-0.7	已达标
城镇基本医疗保险		%	≥95	79.2	7.3	2007
（2）新型农村合作医疗覆盖面	19	%	≥85	91.3	5.8	已达标

续表 2-50

指标名称	代码	单位	目标值	2005年	比上年增减值	按2005年的发展速度预计完成各项指标的时间
15. 人民群众对社会治安的满意率	20	%	90	97.1	-1.6	已达标
16. 城乡村（居）民依法自治						
（1）城镇社区居委会依法自治达标率	21	%	90	92.0	1.0	已达标
（2）农村村委会依法自治达标率	22	%	95	95.0	0.0	已达标
四　生态环境						
17. 绿化水平						
（1）城市绿化覆盖率	23	%	40	37.1	2.7	2007
（2）森林覆盖率	24	%	20	14.7	1.2	2010
18. 环境质量综合指数	25	分	80	86.6	4.4	已达标

（四）连云港市经济社会发展面临的挑战

2005年，虽然取得了一定的成绩，但也存在不少困难和问题，全市经济社会的发展仍面临着挑战。这主要表现为：经济总量较小，财政实力偏弱，经济主体竞争力不够强；产业结构不够合理，经济增长方式需要进一步转变；产业承载能力不够强，带动发展的重大项目比较少；城市规划建设和经营管理水平有待进一步提高，城市化进程比较滞后；县域经济基础还较为薄弱，农民持续增收难度较大；社会保障体系还不够完善，就业工作有待进一步加强；发展环境需要进一步改善，政府工作效能需要进一步提高，行政行为不规范及少数政府工作人员违法违纪现象仍然存在。要发展就必须应对这些挑战，必须切实解决这些问题。在未来的一年里，连云港市仍须坚持发展第一要务，更加注重加快发展、科学发展；坚持改革创新，更加注重转变观念、创新机制；坚持执政为民，更加注重以人为本、富民优先；坚持统筹发展，更加注重社会稳定、和谐共存；坚持依法行政，更加注重真抓实干、高效廉洁，推动全市经济社会又快又好发展。

2006年是实施“十一五”规划开局之年，做好2006年的工作，对于落实新一轮跨越发展战略，加快形成大开发、大开放、大发展新局面，具有十分重要的意义。2006年，连云港市政府决心牢牢把握夯实基础、全面提速两大主题，认真抓好十项重点工程，重点做好10件实事，加大投入、会战东区、重抓环境、力促和谐，确保首战必胜。主要预期目标是：地区生产总值增长16%，财政一般预算收入增长25%，全社会固定资产投资增长25%，社会消费品零售总额增长14%，外贸出口增长16%，实际到账外资增长30%，居民消费价格涨幅3%，城镇居民人均可支配收入增长10%，农民人均纯收入增长8%以上，城镇登记失业率控制在4%左右，人口自然增长率控制在7‰以内，城市化水平提高2个百分点以上。

(五) 连云港市的经济发展在长三角中的地位

1. "十五"期间连云港生产总值在长三角中所占比重的变化趋势 (见图 2-61)

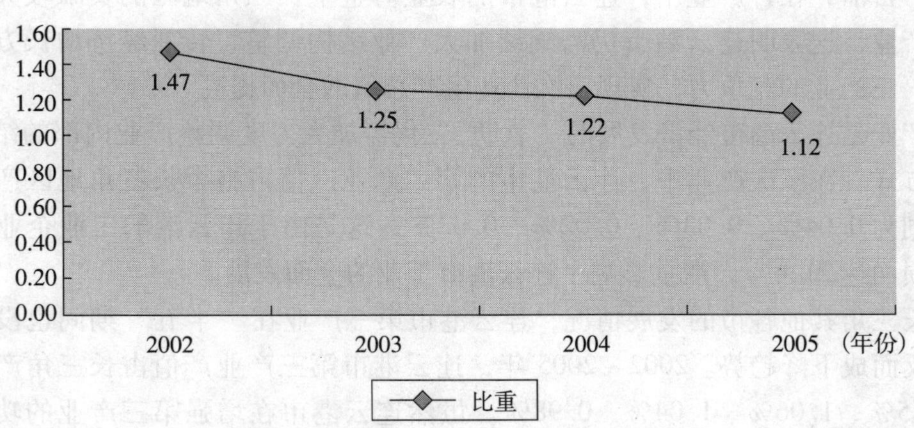

图 2-61　2002~2005 年连云港市地区生产总值占长三角生产总值的比重 (单位:%)

"十五"期间，连云港市的经济虽然得到了一定程度的发展，但相对整个长三角地区的经济发展，其经济发展的速度仍显缓慢，仍需加大产业结构调整的力度，提升整体经济的竞争力。2002~2005 年，连云港市的地区生产总值占长三角地区生产总值的比重不断减少，分别为 1.47%、1.25%、1.22%、1.12%，尤其以 2005 年最低，这是由于，一方面，自然灾害对农业生产造成了一定的影响，农业产出没有实现大幅增长；另一方面，连云港的工业企业中仍存在较大亏损面，2005 年，全市 677 户规模以上工业企业中，亏损企业有 146 户，亏损面为 21.6%，远远高于省内其他城市。因此，连云港市要进一步加大产业结构调整的力度，转变经济增长方式，以实现经济总量的进一步扩大。

2. "十五"期间连云港市产业结构变化情况 (见图 2-62)

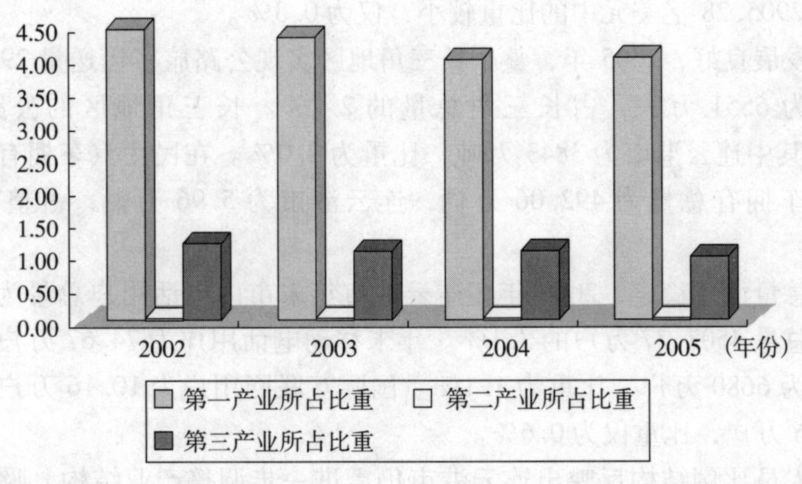

图 2-62　2002~2005 年连云港市各产业产值占长三角产值比重 (单位:%)

“十五”期间，连云港市的农业总产值在长三角中所占比重呈下降趋势，分别为4.46%、4.30%、3.98%、3.99%，这一方面是由于连云港市实行产业结构调整，加大力度扶植二、三产业；另一方面，自然灾害也影响了农业的各项产出，阻碍了农业产值的大幅增长。目前，在各产业中，连云港市的农业对整个长三角地区的贡献较大，远远高于二、三产业，这表明连云港市仍需继续加大产业结构调整，转变经济增长方式，进一步提高二、三产业的竞争力，实现三次产业生产总值的全面提高。

第二产业是连云港市经济发展的“软肋”，仍需加大力度调整产业内部的结构，转变经济增长方式。在三次产业中，连云港市的第二产业产值占整个长三角地区产值的比重最低，分别为0.04%、0.03%、0.02%、0.02%，这是由于连云港的工业企业存在大面亏损，亏损面达21.6%，严重影响了连云港市工业的全面发展。

相对长三角其他各市的发展情况，连云港市第三产业在“十五”期间也没有取得大幅增长，反而成下降趋势。2002～2005年，连云港市第三产业产值占长三角产值的比重分别为1.15%、1.06%、1.04%、0.98%。虽然连云港市在增强第三产业的功能、优化产业内部结构方面取得了一定的成效，初步建立起具有特色的服务业体系，但是，相比整个长三角地区，连云港市的总体经济发展水平仍比较落后，没有实现大幅增长，因此，在长三角中的比重呈现逐年下降的情况。

3. 2005年连云港市与长三角社会经济发展比较（见表2－51）

2005年，连云港市切实转变经济增长方式，经济结构调整成效显著，经济综合实力大幅提高。农业发挥自身优势，在克服自然灾害的情况下依然获得稳定增长；工业经济主体地位基本确立，第三产业中，颇具特色的服务业也初步形成。各项社会事业全面推进，总体社会经济发展情况良好。

在经济方面，连云港市2005年的全社会固定资产投资总额达220.28亿美元，整个长三角地区为18978.51亿美元，连云港市在长三角地区中所占比重为1.2%。消费品市场繁荣，2005年社会消费品零售总额达182.08亿美元，占整个长三角地区13304.55亿美元的1.4%。对外贸易仍需进一步发展，2005年，连云港市实现出口总额9.30亿美元，在长三角地区2905.28亿美元中的比重较小，仅为0.3%。

交通运输发展良好，2005年，整个长三角地区实现公路旅客运送量292977万人，其中，连云港市为6551万人，占长三角总量的2.2%。长三角地区的公路货运总量为190433万吨，其中连云港市为3843万吨，比重为2.0%。在民用汽车拥有量方面，长三角地区民用汽车拥有总量为492.06万辆，连云港市为5.96万辆，占整个长三角地区的1.2%。

邮电业务总量保持稳定，2005年，连云港市年末市内电话用户总量为140.07万户，占长三角地区总量4507.77万户的3.1%。年末移动电话用户为74.67万户，长三角移动电话用户总量为6680万户，比重为1.1%。国际互联网用户为10.16万户，长三角用户总量为1597.46万户，比重仅为0.6%。

年末从业人员比例结构反映出连云港市仍需进一步调整产业结构，吸纳更多的农村劳动力，实现提供人民生活水平的目标。连云港市第一产业的从业人员为99.68万人，

占整个长三角地区的4.4%，高于第二、三产业从业人员在长三角中的比重，分别为1.8%和2.3%。这反映出连云港市第一产业的从业人员占全市从业人员的主要部分，劳动力仍集中在农业，因此，要继续调整产业结构，转移部分农业中的劳动力到第三产业中。

表2－51　2005年连云港市和长三角部分社会经济指标比较

指　标	长三角	连云港	比　重（%）
固定资产投资（亿元）			
全社会固定资产投资总额	18978.51	220.28	1.2
国内商业			
社会消费品零售总额（亿元）	13304.55	182.08	1.4
对外经济贸易			
出口总额（亿美元）	2905.28	9.30	0.3
客运量总计（万人）			
公路	292977.00	6551.00	2.2
货物运输量总计（万吨）			
公路	190433.00	3843.00	2.0
民用车辆拥有量（万辆）			
民用汽车拥有量	492.06	5.96	1.2
邮电业务总量（亿元）			
年末市内电话（万户）	4507.77	140.07	3.1
年末移动电话用户（万户）	6680.00	74.67	1.1
国际互联网用户（万户）	1597.46	10.16	0.6
从业人员合计（万人）	8474.20	227.60	2.7
第一产业	2241.24	99.68	4.4
第二产业	3266.99	59.45	1.8
第三产业	2965.97	68.47	2.3
教育			
普通中学在校学生（万人）	759.68	39.61	5.2
小学在校学生（万人）	881.43	1.14	4.7

在义务教育方面，2005年，连云港市继续完善以县为主的教育管理体制，义务教育成果得到巩固。同时，对8.2万名农村贫困生实行“两免一补”政策，中小学生在校率保持稳定。连云港市小学在校学生人数为41.14万人，占整个长三角地区小学在校学生总数881.43万人的4.7%。普通中学在校学生人数39.61万人，长三角地区普通中学在校学生人数为759.68万人，比重为5.2%。

赣榆县经济社会发展情况

（一）赣榆县概况

1. 地理环境

赣榆处于苏鲁两省交界，是江苏沿海经济带和东陇海产业带开发的东部交汇点，赣榆处于海州湾的中心地段，是连云港与岚山港的经济腹地，江苏省出台了支持苏北发展的一系列政策，对连云港发展的高度关注，将举全省之力开发建设连云港港，242 省道将沿海向柘汪延伸，赣榆境内的柘汪港与岚山港仅不到 3 公里的路程，三洋港与连云港的路程也只有 20 公里。按省里规划，到 2008 年连云港港口将建设成为亿吨大港和现代化国际物流中心，集装箱吞吐量超过 300 万标箱，建成上海和青岛之间最重要的集装箱干线大港，连云港市从战略高度出发，已经把柘汪港作为“一体两翼”的北翼进行重点建设，这是赣榆发展史上前所未有的机遇。赣榆拥有 62. 5 公里的海岸线，柘汪港、海头港、青口港、三洋港四个天然港口，1. 53 万公顷的沿海滩涂和盐田，优越的区位、广阔的空间使赣榆发展大型临港工业、集聚重化工业具备了条件。

赣榆县属于暖温带湿润季风区。冬季盛行来自高纬度大陆内部偏北风，气候寒冷干燥，夏季盛行来自低纬度太平洋的偏南风，气候炎热多雨，形成了寒暑变化显著、四季分明的气候特征，因东临黄海，受海洋的影响，和同纬度内陆各地相比，具有春季温度较低、气温回升缓慢、冬夏温度变化平缓、年降水量比较丰富等特点。

赣榆县自然资源较丰富。土壤有棕壤、砂礓黑土、潮土、盐土 4 个土类、9 个亚类，16 个土属、33 个土种。植被属温带落叶阔叶林区南端，以人为植被为主，自然落叶阔叶林、常绿针叶林为辅，植物有 169 科、657 属、1062 种，动物有 16 纲，以水生动物与家畜禽为主。矿产以非金属矿产为主，花岗石、大理石、蛇纹石、黄沙、矿泉水、卤水储量丰富。

2. 历史沿革

赣榆地夏以前属九夷，商属人方，西周属莒、祝其二国。战国时，先后归越、齐、楚领地。秦时置赣榆县，治于盐仓城，属琅琊郡；汉属赣榆、祝其、利城三县，分属琅琊、东海二郡。公元元年，汉平帝刘衎封司徒马宫为扶德侯，置国于赣榆，赣榆县移治郁洲（今连云港市北云台山）；公元 280 年，西晋复赣榆县。南北朝置为怀仁县，世宗大定七年间（1167 年），复名赣榆县，此后元、明、清直至民初无变，先后隶属于淮安府海州、江苏省徐海道。

抗日战争至解放战争时期，赣榆先后隶属山东省战时工作委员会、滨海专署。1945 年 9 月，为纪念“血洒赣榆”的符竹庭将军，赣榆改为竹庭县；1950 年 10 月，竹庭县更名为赣榆县，隶属于临沂专署。1953 年 1 月，赣榆县由山东省划归江苏省，隶属于徐州专署；1983 年 3 月，江苏省撤销各专区，实行市管县体制，赣榆县划归连云港市至今，县人民政府驻青口镇黄海路 32 号。

3. 人口及行政区划

2005年末，全县总人口107.69万人，比上年末净增0.60万人，增长0.56%；非农业人口45.59万人，增加0.62万人。全县辖18个镇、2个省级开发区，435个行政村，107万人口，47万劳动力，87万亩耕地，总面积1408平方公里，境内沿海、平原、山区各占1/3。

（二）经济发展基本状况

2005年，赣榆在县委的正确领导下，在县人大、县政协和社会各界的监督支持下，较好地完成了县第十四届人民代表大会第三次会议确定的各项目标任务。

1. 国民经济持续健康发展

2005年，实现地区生产总值74.8亿元，增长14.2%；财政一般预算收入2.3亿元，增长25.8%。

2005年，实现财政总收入4.88亿元，比上年增长57.1%，实现财政一般预算收入2.61亿元，同比增长43.6%。

2. 三大需求拉动经济稳步增长

2005年，全社会固定资产投资50.3亿元，增长53.6%。赣榆县完成投资4.5亿元，实施城建项目87个。

2005年内完成市场成交额50亿元，增长12%；社会消费品零售总额增长14.4%。年末各项存款余额50.2亿元，各项贷款余额26亿元，分别较年初增加6.88亿元和3.3亿元。落实银企合作项目98个，实际到位资金4.7亿元；核销、剥离国有商业银行不良贷款2.9亿元，金融环境进一步改善。保费收入突破1.5亿元，理赔金额4600万元。挂牌出让经营性用地18宗，出让金总额8000万元。

赣榆加大招商引资力度，实施三百项目会战和夏秋招商攻坚战，务实推进专业招商、节会招商，举办境内外大型招商活动16次，成功举办第五届徐福节，组织参加省农洽会、上海农交会和苏北投资贸易洽谈会。内联到位资金26亿元（市认定23.58亿元），增长23.8%；新批外资项目71个，协议注册外资1.6亿美元，注册外资实际到账额3480万美元；外贸出口创汇2000万美元，外经营业额3329万美元，分别增长36.2%和58%。

2005年，进出口总额2406万美元，地方自营出口总额2086万美元。

3. 三大产业齐头并进，带动全市经济增长

1）农业

粮食总产量35.8万吨。小麦、水稻良种覆盖率达90%。建设无公害农产品基地82万亩。饲养大牲畜10万头、生猪70万头、三禽1450万只、特种经济动物180万头；建成苏太猪扩繁中心；新增太阳能猪舍4500间。扎实开展禽流感、狂犬病等动物疫病防治工作，未发生重大动物疫情。成片造林2.6万亩。沙河猪沼菜、门河户用沼气等生态农业发展势头良好，全县新建“一池三改”户用沼气池2080个。新创无公害、绿色农副产品品牌11个，被评为全国无公害农产品出口示范基地县达标单位。新成立芦笋、黑莓、紫菜等经济协会13个，新增农村经纪人233人。育苗业实现产值1.3亿元。涉农产品占出口总量的84.4%，其中，紫菜养殖面积1.8万亩，年产一次加工紫菜1.8亿张（年产二次加工紫菜1亿张），占全省总量的1/4。实施土地复垦和农业综合开发项目16个，争取无偿资金7100万元。清理疏浚县乡河道18条、71.5公里；完成2.2公里海堤达标护坡工程，开工建设56公里海堤达标土方工程。供销社为农综合服务工作全面推开。农信联社累计发放支农贷款18.9亿元。有效实施人工增雨。全县农机总动力达到60.8万千瓦，增长10.7%。

赣榆县环傍海州湾渔场，拥有62.5公里海岸线，23万亩沿海滩涂和108万亩浅海域。近年来，赣榆县由以捕为主向以养为主、养捕结合转变，加大海水养殖的科技投入，与省水产研究所、青岛海洋大学等密切协作，成功探索出对虾立体综合养殖、梭子蟹混养、盐田改造养殖青蛤、三倍体太平洋牡蛎吊养、循环水养殖南美白对虾等新的养殖模式，宋庄镇健康养虾示范区被列为国家级示范区。2005年，水产品总量达30.12万吨，增长15%，列全省第二位（仅次于启东），其中，淡水产品7.06万吨，海水养殖12.99万吨（贝类9万吨，梭子蟹养殖面积1.8万亩、1600吨，对虾1600吨，对虾亩产40斤），捕捞10.3万吨（梭子蟹2.7万吨，鲳鱼5000吨，带鱼8000吨，小黄鱼5000吨，马蛟、勒鱼、苔鱼10000吨）。全县渔船总数2889艘，总马力14.95万千瓦（1千瓦等于1.36马力），继续名列全国渔业生产百强县之列。水产品育苗在全国沿海脱颖而出，年育河蟹苗11.2万公斤（800元/公斤），居全国第一位，年育对虾苗22.06亿尾，奠定了全国育苗之乡的位置，大力发展中华绒螯蟹、对虾、梭子蟹、鲍鱼、大菱鲆、紫菜、泥蚶等20多个品种育苗，目前全县育苗企业已达176家，育苗水体16.8万立方米，年创产值8.2亿元；全县工厂化养殖面积25万平方米，居全省第一位，主要品种有大菱鲆、河豚、鲍鱼、南美白对虾、梭子蟹。注册资金1.05亿元的江苏榆城育苗集团，其规模、产品及效益均居同行业之首，是目前全国最大的水产育苗集团公司。中日合资连云港神仙紫菜有限公司在全国率先引进生产二次加工即食紫菜，被日本、东南亚客户称为神仙菜、长生菜，占据这些国家和地区一半以上的市场。2003年1月28日，江苏省人民政府批准并在赣榆设立了全国首家海洋经济开发区，规划面积158平方公里，其中陆地面积28平方公里，成为赣榆省海洋经济发展的重要载体。

2）工业

2005年，完成工业增加值22.04亿元，增长27.10%。规模以上工业企业121家，规模以上工业企业完成产值31.31亿元，增长60.3%；完成规模以上工业增加值7.16亿元，增长35.6%；实现产品销售收入30.25亿元，增长60.3%，实现利税2.01亿元，增长101%。

国有工业企业完成产值2.71亿元；私营工业完成产值23.28亿元，增长84.7%。农村规模以上工业完成产值18.76亿元，增长74.6%。全年完成轻、重工业产值16.39亿元、增长79.3%，14.92亿元、增长43.5%，工业产品销售率99.7%。

工业经济方面，完成工业总投入35.1亿元，增长73.6%；工业入库税金1.4亿元，增长53.9%，占财政总收入比重提高8.5个百分点；工业用电量3.3亿千瓦时，增长23.4%。新开工2000万元以上工业项目46个，其中过亿元项目11个。新增规模企业34

家；纳税超千万元工业企业3家。稳步推进企业改革，筹集资金6000万元，安置职工4200人。加快经济开发区、海洋开发区建设进度，启动柘汪、海头临港产业区建设，完成基础设施投入1.5亿元，新进区项目45个。镇级工业集聚区项目建设进度加快。创省级品牌4个、市级品牌16个。民营经济快速健康发展，新增私营企业580家、个体工商户5571户，新增注册资本6.8亿元，新注册商标67件，入库税收2.4元。建筑业完成施工面积480万平方米。

全县年成建制外出施工人员近10万人，2005年，全县完成施工面积524.8万平方米，实现产值47.15亿元。

3）第三产业

2005年，邮电通信业全年完成增加值0.52亿元，比上年增长23.4%。完成邮电业务总量1.25亿元，增长17.6%。其中，邮政业务总量0.21亿元，增长27.4%；电信业务总量1.04亿元，增长15.8%。邮政业在改革中获得发展，服务门类不断增多，投递速度继续加快。年内发送函件112.80万件，特快专递信件4.75万件，特快专递物品1162件。通信业在激烈竞争中市场仍然火爆。年内铁通、网通两大通信公司运营顺利，业务开展迅速。年末局用交换机总容量25.32万门，增长14.1%；年内固定电话和无线电话新增3.14万部；年末电话用户数达到23.14万户，增长15.7%；年末电信宽带用户8619户，新增3612户，增长48.7%。门河药用植物观光园、厉庄有机茶果观光基地成功创建全国农业旅游示范点。

全县金融机构积极支持地方经济发展，加大对基础产业、重点行业和重点项目的信贷支持力度，银企关系进一步密切。2005年末，全县金融机构存款余额50.81亿元，贷款余额25.94亿元。存款中，企业存款余额7.18亿元，城乡居民储蓄存款余额38.06亿元。

（三）社会发展基本状况

1. 基础设施和城市建设步伐加快

2005年，投资4.5亿元，实施城建项目87个。完成高速公路赣榆出入口景观大道、金三角迎宾大道等县城主要出入口改造。东至海边、西接204国道的黄海路全线贯通。污水处理厂建成投运，管道燃气开始供气。新开工商品房20万平方米、经济适用房9000平方米。启动五里墅市场、站东市场建设。完成12条小街小巷整治，新建、改造8座水冲公厕。新增城市绿化面积24.6万平方米、亮化面积12.7万平方米、楼体刷新面积1.2万平方米。强化城市管理，市容市貌得到改善。完成18个镇镇村布局规划调整和2个镇、90个村总体规划编制工作。投资1.6亿元，建成青沙、官壮、墩演3条县镇公路，共计59.9公里，76条农村公路，计309.7公里，改造危桥5座。完成海头渔港一期工程。架设广电杆线330公里，附挂光缆185公里。完成总投资1020万元的2.7万门程控交换机扩容工程。投资2860万元，建成开发区35千伏新康变电所，完成金山变、申城线等改建工程。

2. 城乡人民生活进一步改善

2005年，全县农民人均纯收入4180元，在岗职工平均工资11430元，分别增长11%

和13.1%。城乡居民储蓄存款余额38亿元，较年初增加5.4亿元。新增就业岗位5132个，净增就业人数4867人。转移农村劳动力19.5万人。发放失业保险金60万元、养老保险金5068万元，基本医疗保险费用支出2406万元。落实城乡最低生活保障线制度，24640人纳入农村低保，2274人纳入城市低保。关心社会弱势群体，发放救灾救济款物105元；投入资金656万元，完成13个镇敬老院建设；投入资金633万元，完成草危房改造2436户。支持残疾人事业发展，捐助轮椅280辆，安置800名残疾人就业。新增农村改水受益人口9.9万人。认真落实农业税取消、水稻直补、小麦良种补贴等扶农支农政策和减负政策，坚持涉农收费公示制度，切实维护农民利益。积极配合省市扶贫工作队做好帮扶工作，省市县共投入扶贫资金800余万元，落实扶贫小额贷款1500万元。

外事、侨务、法制、对台、民族宗教、工商联、工会、共青团、妇女、文联、关工委、老促会等工作有效服务经济建设，人防、商业、物资、盐务、烟草、物价、档案、机要、地震、海事、地方志等各项工作扎实推进。

3. 各项社会事业协调发展

2005年，实施科技项目64项，完成投入2.3亿元。成功承办苏北星火带第十次科技先导型支柱产业建设现场会。高考本科上线4011人，连续7年蝉联全市第一；职教对口高考成绩连续3年全市第一。

2005年，教育设施投入5800万元，完成“校校通”工程，实施农村中小学“六有”工程并通过省验收；“两免一补”工作有序推进。至2005年末，全县共有各类学校242所，其中高级中学5所，完全中学6所，初级中学32所，九年一贯制学校4所，职业中学3所，普通小学104所，幼儿园248所，特殊教育学校1所。年末在校学生数为23.75万人，教职工1.27万人。现有赣榆县外国语学校、华杰双语学校、中英文学校等民办学校8所。高考成绩显著，本科上线4011人，比上年增长8.2%。全县共有6335名考生被录取，录取率达到70.43%。高考本科录取2889人，占录取总数的45.6%，连续7年蝉联全市第一。县职教中心顺利通过省验收，被评为国家级农民科技培训星火学校；职教中心电子专业、金山职中农艺专业被认定为省职教示范专业。

新型农村合作医疗经验在全国推广，疾病防控工作得到加强。扎实开展人口与计划生育“十五”创建工作，独生子女帮扶救助覆盖面继续扩大，在全市率先发放农村部分计划生育家庭奖励扶助金，计划生育社会保障机制进一步完善；计划生育率90%，人口出生率6.5‰。完成殡仪馆迁建并投入使用。加强药品监督网络建设，开展食品药品安全专项整治，净化了食品药品市场。

生态环保工作得到加强，宋口村建成省级生态村，厉庄谢湖等10个村被评为市级生态村，金山茶园等4个农产品生产基地被评为国家有机食品生产基地。组织文化广场、送戏下乡等文体活动1100多场次；加强网吧整治和音像市场管理，文化娱乐市场秩序进一步规范。体育、福利彩票销售额3000万元。新发展有线电视用户2.5万户。2005年末，全县共有各类卫生机构43个，病床数1150张。卫生技术人员1688人，其中高级职称108人，中级职称576人，农村合作医疗人口覆盖率90.4%。

2005年末，全县有三星级旅游涉外宾馆2家、二星级旅游饭店3家、家庭三星级酒

店2家、国家级农业旅游示范点3家。全县共有有线电视用户11万户。城区有线电视光缆覆盖率达到100%，有文化馆1个，艺术表演团体2个，公共图书馆1个，博物馆1个，广播电台1座，电视台1座，有线电视节目36套。

4. 精神文明和民主法制建设得到加强

深入开展精神文明创建活动，柘汪镇被评为全国文明镇，县国税局、石桥镇东温庄村被评为全国精神文明创建工作先进单位，青口镇中心社区获省文明社区称号。县农业局被农业部评为农业物价信息工作先进单位。县民政局被评为全省民政工作先进单位。抗日山烈士陵园被评为全国爱国主义教育基地。未成年人思想道德建设进一步加强。“四五”普法通过省验收。创建国家级民主法治示范村1个，省级民主法治示范村4个。深入开展“平安赣榆”创建工作，破获各类刑事案件2553起，严惩了一批违法犯罪分子。社区矫正工作全面开展，新接收矫正对象145人。依法打假治劣，整顿和规范了市场经济秩序。深入开展安全生产检查，及时处理事故隐患和突发事件，人民群众生命财产安全得到有效保障。认真贯彻《信访条例》，完善大信访机制，接待群众来访718批、3701人次，受理人民来信472件。完成经济普查和人口抽样调查。审计各类项目78个，查处各类违规资金1081万元。认真落实优抚安置政策，扎实推进双拥模范县创建工作；积极支持部队海训，国防建设进一步加强；征兵和民兵武器装备管理工作受到南京军区表彰。关心支持老干部工作，老干部作用较好发挥。自觉接受社会各界监督，先后向县人大常委会做了18个方面工作和有关法律、法规执行情况的汇报，向县政协常委会通报了全县经济和社会事业发展情况，共办结人大代表建议64件、政协委员提案107件。扎实开展保持共产党员先进性教育活动。加强行政监察，促进了依法行政；继续开展“万人评议机关活动”，机关服务效率进一步提高。

八　淮安市2005年经济社会发展报告

2005年，淮安市全面落实科学发展观，紧紧围绕“人均超全国、财政再翻番、建设大城市、苏北争先进”的奋斗目标，大力弘扬“团结、创新、实干、自强”的淮安精神和“苦抓、苦干、苦创”的“三苦”精神，励精图治，奋发进取，圆满完成了“十五”计划，全市经济社会发展迈上新的台阶。

（一）2005年淮安经济发展状况

1. 经济发展登上新台阶（见图2－63～图2－65）

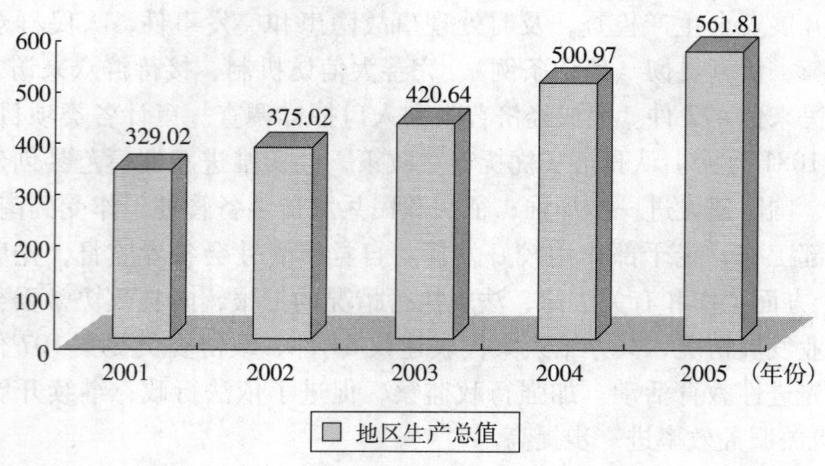

图2－63　2001～2005年淮安市地区生产总值概况（单位：亿元）

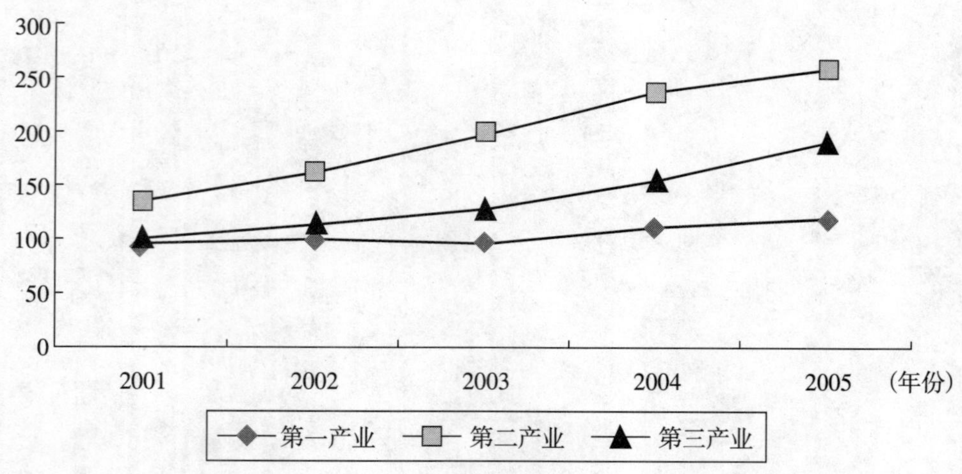

图2－64　2001～2005年淮安市三次产业产值增长概况（单位：亿元）

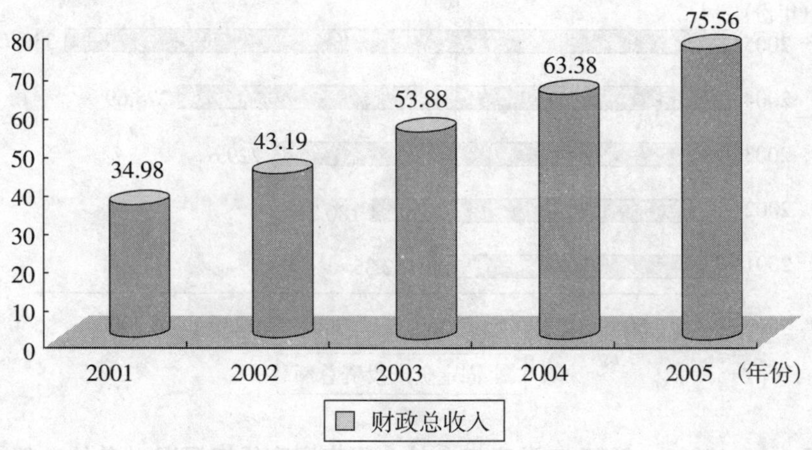

图2－65　2001～2005年淮安市财政收入概况（单位：亿元）

2005年，淮安市经济持续快速增长，经济总量创历史新高。2005年实现生产总值561.81亿元，按可比价计算，比上年增长14.3%，增幅比上年提高0.5个百分点。其中，第一产业增加值119.90亿元，比上年增长4.2%；第二产业增加值255.75亿元，增长19.5%；第三产业增加值186.16亿元，增长14.4%。人均生产总值10683元，比上年增长13.4%。经济结构进一步优化，三次产业结构由上年的23.2∶43.7∶33.1变为21.0∶45.5∶33.5。城市化进程进一步加快，中心城市集聚功能和辐射作用增强。年末全市城市化率37.5%，比上年提高1.1个百分点。

财政收入增长较快。2005年全年实现财政总收入75.56亿元，按同口径计算，比上年增长21.4%。上划中央收入40.58亿元，增长19.4%；地方财政收入34.99亿元，增长24.0%，其中一般预算收入26.77亿元，增长23.4%。

2005年全年一般预算支出49.54亿元，增支9.93亿元，增长25.1%；基金支出7.94亿元，增支1.24亿元，增长18.6%。全年农业支出3.24亿元，增长25.5%；社会保障补助支出1.50亿元，增长6.4%；文教支出10.96亿元，增长34.6%；医疗卫生支出2.44亿元，增长44.3%；科技三项费用支出0.60亿元，增长61.9%；基本建设支出2.67亿元，下降35.0%；公检法司支出3.92亿元，行政管理费支出7.05亿元，分别增长17.6%和20.5%。

2. 投资仍是拉动经济的主导力量（见图2－66）

固定资产投资保持平稳增长。2005年全年完成全社会固定资产投资330.73亿元，比上年增长20.0%。全年完成50万元以上项目投资285.37亿元，比上年增长20.1%，其中，民间投资157.03亿元，增长27.8%，私营个体完成投资76.24亿元，增长57%。城镇50万元以上、农村50万元以上和房地产开发投资分别完成189.18亿元、52.90亿元和43.36亿元，增长18.5%、10.8%和25.1%。

在固定资产投资中，投资结构有所改变。2005年全年规模以上投资中，第一产业投资2.93亿元，比上年增长151.7%；第二产业投资160.97亿元，增长24.2%；第三产业投资78.19亿元，增长9.2%。其中，工业投资154.08亿元，增长25.3%，机械电子工

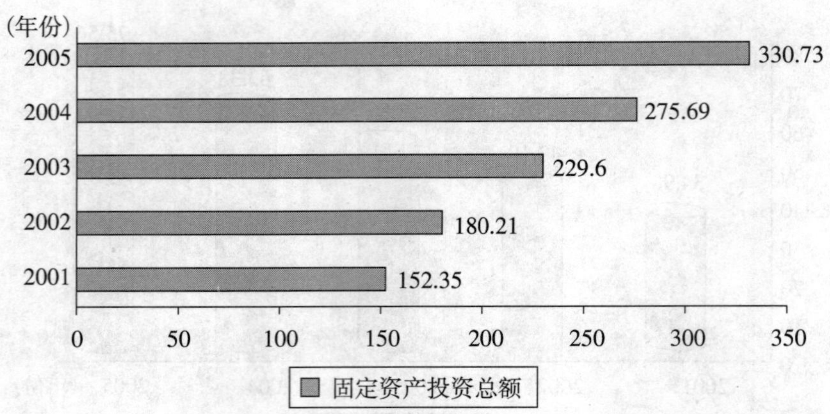

图2－66　2001～2005年淮安市全社会固定资产投资概况（单位：亿元）

业投资49.86亿元，轻纺工业投资56.76亿元，分别增长114.7%和48%。在第三产业投资中，运输邮电通信业投资38.1亿元，增长18.0%；文教卫生广播福利业投资11.28亿元，增长31.2%。

投资效果明显，重点项目建设进展顺利。2005年计划总投资在亿元以上的重大建设项目94个，占施工总项目个数的4.1%；完成投资88.94亿元，占投资完成额的36.7%。当年完成投资在亿元以上的项目有24个，其中超过5亿元的项目有：宁淮高速公路淮安段，完成投资5.85亿元；宿淮高速公路淮安段，完成投资8.22亿元；全市供电城网改造工程，完成投资5.71亿元。

2005年全年完成进出口总额6.82亿美元，比上年增长6.3%。其中，出口4.77亿美元，增长25.0%；进口2.05亿美元，下降21.1%（见图2－67）。

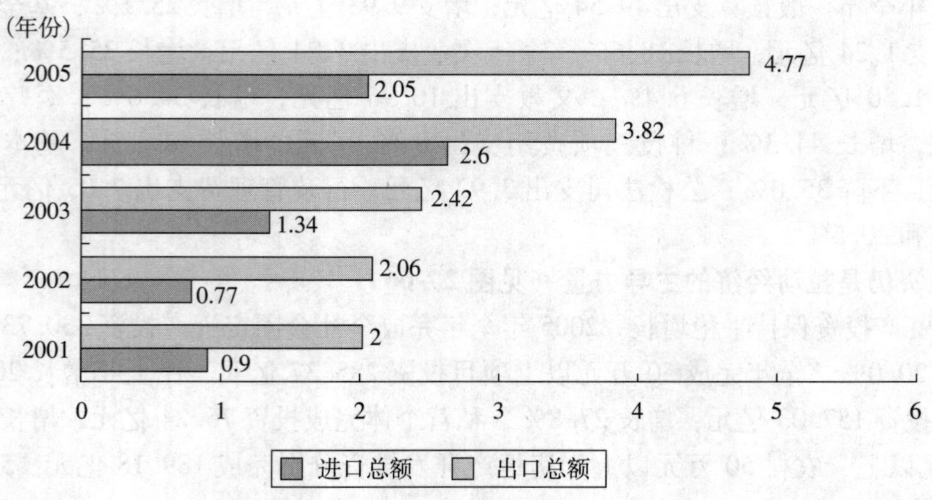

图2－67　2001～2005年淮安市对外贸易概况（单位：亿美元）

市场消费价格温和上涨。2005年全年实现社会消费品零售总额198.62亿元，比上年

增长14.9%，增幅比上年提高0.9个百分点。城市居民消费价格总水平比上年上升1.6%，在8大类商品价格中，食品类和居住类价格涨幅较大，分别为2.7%和4.9%。食品中的鲜菜价格涨幅达10.9%，其余6类价格涨幅较小或下降。

3. 农村经济稳定发展

淮安市认真落实农业各项政策措施，加大对农业的投入，通过免除农业税、粮食直补等措施，调动了广大农民的生产积极性，促进了农业生产的发展。2005年，粮食生产喜获丰收，全年粮食种植面积574.91千公顷，比上年增加24.36千公顷；总产量345.39万吨，比上年增长3.5%。棉花、油料作物种植面积和总产量比上年有所下降。

林业和牧业生产有所下滑，渔业生产稳定增长。2005年全年完成造林面积3.52千公顷，比上年下降16.6%。受禽流感和比较效益的影响，主要畜产品产量下降较多。生猪出栏290.43万头，比上年下降1.3%；家禽出栏5339.51万只，下降7.2%；猪牛羊肉20.76万吨，下降0.7%；禽蛋总产量13.43万吨，下降1.3%；牛奶总产量2.82万吨，增长3.7%。全年水产品产量22.83万吨，增长0.4%。

农业生产条件进一步改善，水利事业扎实开展。2005年，实施了以灌区节水改造、县乡河道疏浚、圩区综合治理、山丘区水源工程为重点的农村水利建设，完成了西郊大沟整治、灰场大沟整治、钵池山公园活水工程、古黄河护岸和10座城区排涝泵站维修改造工程，建成了总投资2.4亿元的淮河灾后水利重点应急工程。全市农田有效灌溉面积324.06千公顷；节水灌溉面积42.93千公顷，新增3.05千公顷。农业物质装备水平进一步提高，农业机械化步伐加快，年末全市农业机械总动力275.36万千瓦，比上年末增长8.4%。

农业产业化水平明显提升，优质稻米、特种水产、特色林业等一批优势产业初步形成。2005年，农业招商引资实现倍增，固定资产到位资金20.8亿元。农业综合开发投入1.37亿元，建成优质农产品基地14.5万亩。新增省级龙头企业4户。50户市级以上龙头企业销售收入、利税分别增长19%和20%。农产品质量安全水平进一步提高，高致病性禽流感、农作物病虫害等得到有效防控。

农村经济在结构调整中稳步发展。2005年，农村工业、建筑业、运输业、批发零售贸易业、餐饮业产值占农村社会总产值比重达69.5%。

4. 工业经济提速增效

2005年，认真落实了工业经济突破年各项任务，列统工业实现增加值161亿元、销售收入575亿元、利税73亿元，分别增长25%、31%和18%。完成工业投入150.4亿元，实施固定资产投资超千万元项目1005个，竣工408个，新增列统企业230户、销售超亿元企业43户。实施市经济开发区和淮阴、楚州、清河工业园区联动发展战略，全市开发区、园区新开发面积12.5平方公里，新签项目460个，到位资金82亿元，淮阴、楚州、涟水、盱眙、金湖工业园区进入省级园区行列。辉煌太阳能荣获中国名牌产品称号，实现了淮安市中国名牌零的突破。

工业生产保持快速增长。2005年，完成工业增加值213.59亿元，比上年增长19.3%。国有及年销售收入500万元以上的非国有工业企业完成增加值160.86亿元，增长24.6%。国有控股工业增加值58.78亿元，增长12.9%，其中国有工业增加值37.72亿元，增长10.0%。集体工业增加值6.04亿元，增长54.8%。股份合作工业增加值1.01亿元，增长25.7%，股份制工业增加值78.09亿元，增长29.0%。外商港澳台投资工业增加值16.38亿元，增长35.0%。农村工业增加值21.45亿元，增长17.9%。大中型工业增加值85.89亿元，增长15.2%。全年完成轻、重工业增加值74.27亿元、86.59亿元，分别增长14.3%和36.1%。全年用电量59.05亿千瓦时，增长19.8%，其中工业用电45.10亿千瓦时，增长20.3%。

工业产品结构进一步优化。2005年，30种主要工业产品中，保持增长的有23种，下降的有7种。其中，原盐增长26.5%，白酒增长24.4%，卷烟增长3.3%，化学纤维增长51.0%，服装增长64.8%，农用化肥增长63.7%，轮胎外胎增长69.9%，钢材增长22.4%，发电量增长71.7%，大中型拖拉机增长112.1%，电力电缆增长63.2%；钢筋下降59.5%，印染布下降10.6%，液压元件下降18%，改装汽车下降69.3%，减速机下降13.2%。

工业经济运行质量稳步提高。2005年，全市全部国有及年销售收入500万元以上的非国有工业企业实现产品销售收入581.13亿元，比上年增长35.1%；产品销售率97.8%；实现利税73.66亿元，增长20.7%，其中利润29.78亿元，增长23.3%；亏损企业亏损额1.16亿元，下降24.4%。工业经济效益综合指数190.08，比上年提高10个百分点。

建筑业强势发展。2005年，全市建筑业总产值167.3亿元，实现增加值42亿元，比上年增长28.0%。其中，建筑工程产值142.1亿元，比上年增长39.6%；安装工程产值12.2亿元，增长9.9%。建筑企业实现利润总额3.9亿元，比上年增长46.2%。房屋建筑施工面积1728.2万平方米，增长39.1%；房屋建筑竣工面积1017.1万平方米，增长26.9%。

5. 服务业发展水平明显提高

2005年全年投入110亿元，实施150个投资超千万元的重点项目，服务业增加值、社会消费品零售总额分别比上年增长14.4%和14.7%。

消费品市场繁荣活跃。2005年，在社会消费品零售总额中，城市消费品零售额123.71亿元，增长14.5%；县及县以下消费品零售额74.91亿元，增长14.2%。按行业分，批发零售贸易业零售额171.76亿元，增长14.3%；餐饮业零售额22.78亿元，增长22.9%；其他行业零售额4.08亿元，增长7.9%。居民消费结构升级加快，通信器材产品等新型消费持续升温。全年限额以上批发零售贸易业实现通信器材类零售额1.64亿元，家用电器和音像器材类零售额3.52亿元，分别比上年增长17.6%和5.5%。各类商品市场稳定发展。年末共有各类商品交易市场391家，实现成交额143亿元。年成交额超亿元的大型骨干市场有15家，成交额59.11亿元。

交通运输生产保持全面增长态势。2005年全年完成货运量3905万吨，比上年增长6.9%，完成货物周转量54.32亿吨公里，比上年增长7.0%；完成客运量3518万人次，比上年增长6.0%，完成旅客周转量29.45亿人公里，比上年增长6.9%。港口货物吞吐

量1750万吨，比上年增长9.4%。宿淮高速公路淮安段于年内提前建成通车。全市年末公路总里程9700公里，其中高速公路里程202公里。汽车拥有量特别是私人汽车拥有量增长迅速。年末全市拥有民用汽车6.18万辆，其中私人汽车2.96万辆，分别比上年末增长16.4%和29.0%。

邮电通信业快速发展。2005年全年邮电业务收入13.65亿元，比上年增长14.0%。其中，电信业务收入12.32亿元，增长14.8%；邮政业务收入1.33亿元，增长7.0%。全市年末固定电话用户157.47万户，新增21.13万户，增长15.7%；年末移动电话用户74.43万户，比上年末增加4.61万户，增长6.6%；年末互联网注册用户11.43万户，增长37.9%，其中，宽带网络接入用户8.23万户，增长57.0%。

2005年全年国内旅游人数549.85万人次，比上年增长11.7%；实现旅游总收入35.61亿元，增长22.8%，其中国内旅游收入34.55亿元，增长22.5%。全年接待入境人数2.16万人次，比上年增长18.0%，其中外国人1.47万人次，增长6.5%。国际旅游外汇收入1321.9万美元，增长37.8%。2005年，通过了中国优秀旅游城市国家级验收。周恩来纪念馆申报4A级景区和古黄河民俗生态园、金湖荷花荡、盱眙铁山寺国家森林公园创建全国工农业旅游示范点也通过了国家级验收。淮扬菜美食文化节与省园博会同时举办，接待游客突破100万人次，集中签约项目76个，引资额110亿元。

金融运行总体平稳。2005年，全市金融机构本外币存款年末余额430.75亿元，比上年末增加68.4亿元（储蓄存款250.03亿元、企事业单位存款111.79亿元，分别增加37.31亿元和13.26亿元）。金融机构本外币贷款年末余额281.34亿元，比上年末增加40.81亿元。全年金融机构现金收入1466.97亿元，比上年增长15.4%。金融机构现金支出1418.25亿元，增长14.9%；货币回笼48.72亿元，增长32.5%。保险事业发展较快。全年保费收入13.11亿元，比上年增长13.2%。赔付额2.72亿元，比上年增长7.5%。

6. 改革开放实现新突破

2005年，各项改革全面推进，完成市属企业改制35户、市直生产经营类事业单位改革24户，县（区）事业单位改革加快实施。政府投资项目代建制和非税收入管理改革逐步推开，国库集中支付制度改革深入推进，行政审批中心部门授权服务全部落实到位。

民营经济蓬勃发展。2005年，深入开展全民创业和调研服务活动，新增私营企业3196户、个体工商户2.85万户、注册资本47.9亿元、从业人员10.7万人，分别增长24.8%、41.6%、100.4%和95.7%。

对外开放成效显著。对外贸易平稳增长，出口商品贸易方式进一步优化。2005年，一般贸易出口2.79亿美元，增长10.8%；加工贸易出口1.98亿美元，增长52.7%。对欧盟组织、美国、日本的出口为10074.60万美元、9335.09万美元和3834.02万美元，分别增长69.8%、42.4%和26.1%；对东盟组织、台湾地区出口为2227.88万美元和2120.43万美元，分别增长40.4%和61.1%；对俄罗斯、拉丁美洲和非洲出口额为207.92万美元、3913.65万美元和2756.25万美元，分别增长28.8%、22.7%和25.9%。外资企业出口增势强劲，全年外商投资企业出口2.50亿美元，增长31.5%，占出口总额的52.5%，成为出口企业的主导力量。私营企业出口1.53亿美元，增长43.2%。对外经济技术合作稳步发展。全年新签对外承包工程和劳务合作合同金额1.18亿美元，增长8.0%；承包劳务完成营业额1.31亿美元，增长18.4%。新派出劳务人员4635人次，增长15.8%；期末在外人数10771人，增长11.1%。

招商引资成效显著。2005年全年新批外商投资企业103个，比上年增加46个，新批外资项目平均规模进一步增大，达到330万美元，增长31.4%。协议注册外资3.40亿美元，增长137.3%。注册外资实际到账1.52亿美元，增长26.4%。强化专业定向招商，积极与苏州、无锡等发达地区开展对口招商，新签内资规模项目980个，到位资金125.2亿元，其中5000万元以上项目110个、亿元以上项目40个。宁淮挂钩签约项目24个，到位资金6.2亿元。

（二）2005年淮安市社会发展状况

1. 城乡建设取得新成效

中心城市建设快速推进。投资82亿元实施城建项目356个，完成和平东路等48项路桥工程，新增道路面积103万平方米；建成市第二污水处理厂、王元垃圾处理场等项目；新建、改造绿地228万平方米，建成钵池山景区。突出抓好农贸市场、生活小区、“城中村”整治，市容市貌焕然一新，市民对城管工作的满意率达95.2%。县城和镇村建设步伐加快。开展了县域城镇体系规划和新一轮县城总体规划修编；四个县城加快新区建设和旧城改造，配套功能进一步完善；重点中心镇、特色小城镇和中心村建设取得新的成绩。交通、水利等基础设施建设进展较快。交通投入28.3亿元，建成宿淮高速、淮安新港一期等重点项目，淮盐、宁淮高速和京杭运河“三改二”整治工程全面推进。水利投入5.2亿元，全面完成淮河灾后重建项目，开工建设南水北调东线淮阴三站、淮安四站等水利重点设施。环境保护不断加强。2005年末全市拥有各级环境监测站9个，设立自然保护区6个，自然保护区面积9.6万公顷。建成烟尘控制区4个，面积80.1平方公里；建成环境噪声达标区11个，面积68.4平方公里。生态示范区建设试点单位有6个。城市污水集中处理率达22.8%，城市生活垃圾无害化处理率达89.1%。工业废水排放总量7425.8万吨，工业废气排放总量365亿立方米，工业粉尘排放量0.82万吨，工业粉尘回收量16.56万吨。完成限期治理项目12个，完成限期治理项目投资额927万元。

2. 群众生活得到新改善

2005年末，全市户籍总人口527.77万人，比上年末增加3.71万人，人口自然增长率6.7‰。

居民生活水平稳步提高（见图2－68）。2005年，全市在岗职工年平均工资14136元，比上年增长16.1%。城镇居民人均可支配收入9115元，比上年增长11.0%；人均消费性支出6389元，增长12.0%。农村居民人均纯收入4024元，比上年增长10.5%；人均生活消费支出2602元，增长4.5%。

社会保障事业进一步完善。养老、医疗、失业保险覆盖范围继续扩大，基本按时足额发放企业离退休人员基本养老金和下岗职工基本生活费，符合“低保”条件的困难群众基本做到应保尽保。2005年末全市参加失业保险职工38.90万人，参加基本养老保险

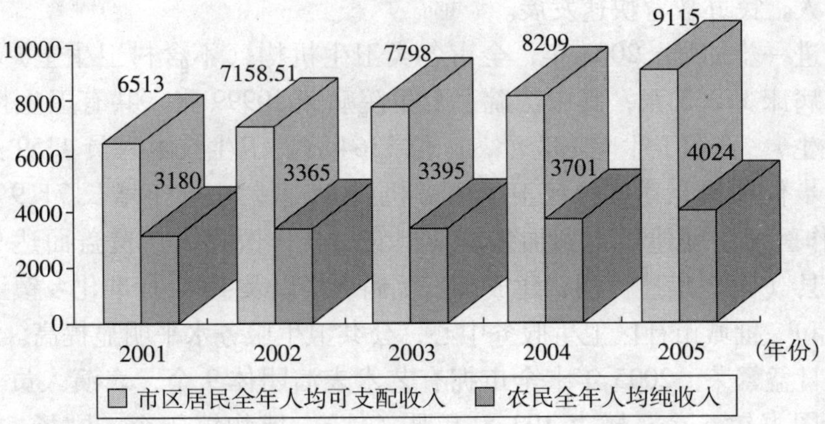

图2-68　2001~2005年淮安市城乡居民收入对比（单位：元）

职工34.76万人，参加基本养老保险的离退休人员7.56万人，参加基本医疗保险的职工27.04万人，参加基本医疗保险的退休人员9.79万人。城镇居民最低生活保障对象3.88万人，农村最低生活保障对象8.43万人。在全国率先开展农业保险试点。

2005年初确定的"为全市人民办20件实事、为市区人民办10件实事"的目标全面完成。着力办好惠农实事，新增农村改水受益人口47万人、沼气受益农户1万户，改造农村草危房8594户，新建农村公路1000公里，实施农村扶贫开发项目772个。高度重视就业和弱势群体帮扶，城镇新增就业4.4万人，安置下岗职工再就业3.3万人，城镇登记失业率控制在4%以内；农村五保户集中供养率达39%，资助困难学生13.6万人，结对扶持残疾人家庭1948户。建成各类安置房54万平方米，2004年之前符合条件的拆迁户得到妥善安置。农村初步建立计划生育家庭奖励扶助制度，计划生育率稳定在93%以上。新转移农村劳动力12万。

3. 社会事业有了新发展

科教兴市战略深入实施。2005年，引进本科以上人才2483人，新增市级以上研发机构11个，新开发市级以上新产品539个，新培育省级以上高新技术企业5户，第四届科洽会签约项目352个。科技事业取得新进展。2005年获国家科学技术进步奖1项；获江苏省科学技术奖3项。当年认定国家级高新技术企业1家，省级高新技术企业5家，省级高新技术产品19项。技术市场共认定技术合同12项，成交金额1500万元，较上年增长67%。组织实施省以上火炬计划项目4项，星火计划项目35项，省成果转化专项资金项目3项。全市独立研究与开发机构11家。专利申请665项，授权专利272项。

教育事业扎实推进。全市拥有普通高校6所，在校生4.67万人。普通中等专业学校13所，在校生3.52万人；普通中学220所，在校生38.14万人；职业高中20所，在校生3.84万人；小学50所，在校生41.73万人；各级各类幼儿园335所，在园儿童11.32万人；特殊教育学校8所，在校生2808人。素质教育继续得到重视和加强，基础教育质量稳步提高，小学入学率为100%，初中入学率为98.9%。建成农村寄宿制小学46所，留守学童问题得到有效解决，高中阶段教育快速发展，普职结构进一步优化，高教园区入驻学生2.5万人，民办教育快速发展。

卫生事业进一步加强。2005年，全市各类卫生机构（不含村卫生室）603个。各类卫生机构拥有病床11253张，其中医院、卫生院病床10999张。共有卫生技术人员1.94万人（含村医生）。乡镇卫生院132个，床位3364张，卫生技术人员4359人。城市社区卫生服务发展步伐加快，建成社区卫生服务机构55家，比上年增长71.9%，覆盖人口100万人。合作医疗制度建设得到加强。新型农村合作医疗人口覆盖面达92.2%。2005年建立了市、县（区）疾控机构，建成市三院病房楼以及40个标准化乡镇卫生院、40个规范化防保所和一批城市社区卫生服务中心，公共卫生服务水平明显提高。

文化事业日益繁荣。2005年末全市拥有艺术表演团体9个，表演人员360人，文化馆9个，公共图书馆6个，藏书102.8万册（件），博物馆7个，剧场、影剧院6个。2005年全市艺术团体组织演出场次1216场，其中农村演出442场。全市拥有广播电台1家，中波转播发射台2座，电视台1家，电视转播发射台14座，广播人口和电视人口综合覆盖率均达100%。有线电视用户35.87万户，比上年增长17.7%，有线电视行政村开通率达68%。2005年编辑出版《洪泽湖志》，《豆腐宴》、《金陵子潮》等作品在全国和省里获奖。

体育事业取得新成绩。2005年末全市拥有大型体育馆7座、体育场7个、游泳馆3座、综合性训练馆4座、标准田径场28个、小型运动场159个（不含大中专院校自建运动场），建成1项全民健身工程、60个健身点。在全国第十届运动会中，淮安籍运动员获4枚金牌、4枚银牌和3枚铜牌，体育竞技水平进一步提升。

4. 精神文明、民主法制建设迈出新步伐

2005年，在全市广泛开展了“三创”、“三苦”主题教育活动，“文明家园、和谐社区”等工程深入实施，城乡文明程度进一步提高。以纪念抗战胜利60周年为契机，大力开展爱国主义教育。民主法制建设全面推进。各级政府自觉接受人大法律监督和政协民主监督，主动加强与民主党派、工商联的联系，积极发挥工会、共青团、妇联等群团组织的桥梁和纽带作用，办理人大代表建议和政协委员提案640件，办结率100%，满意率达98%以上。如期实现“四五”普法、“平安淮安”创建目标，深入开展社会治安综合治理，积极推进信访法制化建设，妥善处置“3·29”液氯泄漏等重特大事故，保持了社会稳定。认真开展政府系统先进性教育活动，修订完善《市政府工作规则》，切实加强督查工作，建立健全市政府新闻发言人和市长公开电话等制度，进一步树立了为民、务实、清廉的政府形象。

总体来说，2005年，淮安市经济与社会发展取得了明显的成绩，但在经济社会发展的过程中，也存在着问题和不足，主要是：经济总量不够大，自主创新能力不够强，工业化、城市化水平和经济外向度比较低；财政实力比较弱，特别是县乡财政困难；城乡居民尤其是农民收入水平不高，部分群众生活困难；就业和再就业压力较大，社会保障体系还需进一步完善；影响稳定的因素仍然不少，社会公共安全压力增加；领导发展市场经济的能力还不够强，机关行政效率、服务质量有待进一步提高。对这些问题，今后应高度重视并采取有效措施加以解决。

（三）“十五”期间淮安市的发展成就

（1）“十五”时期是淮安综合实力提升最快的时期。2005 年，实现地区生产总值 561.81 亿元，年均递增 12.6%；人均地区生产总值 1324 美元，年均递增 11.7%；财政收入 75.56 亿元，年均递增 24%，是“九五”末的 2.9 倍；金融机构各项存贷款余额分别达 426.8 亿元和 273.5 亿元，为“九五”末的 2.4 倍、1.8 倍；全社会固定资产投资累计完成 1171 亿元，是“九五”的 2.8 倍。三次产业比例由“九五”末的 30.3∶40∶29.7 变为 21∶45.5∶33.5，实现了由“二一三”到“二三一”的转变。

（2）“十五”时期是淮安城乡面貌变化最大的时期。中心城市建成区面积由“九五”末的 60 平方公里扩大到 85 平方公里，人口由 65 万增加到 85 万，实现了“建设大城市”的目标；建成大运河文化广场、市民健身广场等一批重点工程，城市品位、形象有了很大提升。县城、重点中心镇和中心村建设成效显著，市域城镇体系初步形成，城市化水平达 38%，比“九五”末提高 10 个百分点。交通基础设施建设步伐加快，高速公路通车里程达 202 公里，新长铁路客货运全面开通，结束了淮安不通火车的历史。淮河入海水道、华能二期等水利、能源基础设施项目顺利建成。

（3）“十五”时期是淮安改革开放成效最明显的时期。市属国有集体企业以“四到位一保障”为标准的产权制度改革完成 205 户，改制面达 95%，市直和部分县（区）事业单位改革基本完成，市、县（区）机构改革顺利完成，农村改革扎实推进，行政审批、财税金融、粮食购销体制改革成效显著。招商引资累计到位资金 306 亿元，注册外资实际到账 5.8 亿美元，完成进出口总额 25.2 亿美元、外经营业额 6.6 亿美元。市经济开发区由小到大，县（区）工业园区从无到有，全市开发区、园区累计开发面积 70 平方公里，一批乡镇工业集中区粗具雏形。

（4）“十五”时期是淮安各项社会事业发展最全面的时期。大力实施“科教兴市”战略，科技“四大工程”进展顺利。坚持优先发展教育事业，累计投入资金 70 亿元，办学条件显著改善，小学、初中和高中阶段入学率分别达到 99.2%、96.3% 和 87.2%，新建 46 所民办中小学校，初步建成高教园区，新增 3 所高职院校。卫生事业快速发展，累计投入资金 7 亿元，建立健全了公共卫生体系和突发公共卫生事件应急机制，超额完成农村卫生三项建设任务。文化体育事业全面发展，100 多部文艺作品获省以上奖项，圆满承办世界女篮锦标赛、第十届全国运动会男排决赛等重大赛事。开通了数字电视。建成 3 个国家级生态示范县（区）和一个省级自然保护区。成功进行经济普查、1% 人口抽样调查。人口出生率稳定在 10‰以内，人口自然增长率低于 5‰。实现了全国双拥模范城、中国优秀旅游城市、国家级优秀交通管理城市、省级文明城市创建目标，国家园林城市创建通过省级专家组验收，国家卫生城市创建通过省级可行性调研验收，健康城市建设全面启动，成功举办淮扬菜美食文化节、稻米博览会、科技洽谈会等特色节会。

（5）“十五”时期是淮安人民群众得到实惠最多的时期。2005 年，城镇居民人均可支配收入达 9115 元，农民人均纯收入达 4000 元，年分别递增 11.1% 和 5.8%，人均储蓄余额比“九五”末翻一番。农村劳动力就业结构发生重大变化，劳动力转移总量达 120

万人，接近农村总人口的1/3。农村五件实事成效明显，全面取消农业税和“两工”，对农民种植水稻、使用良种和购置农机具进行财政补贴；新建和改造农村公路3655公里；基本消除草危房；农村新型合作医疗覆盖面达88.4%；完成农村改水三年攻坚任务，自来水普及率达95%以上。扶贫助困工程进展顺利，城镇新增就业13.4万人，下岗职工再就业8万人；累计办理廉租房租金补贴698户，安置解困房908户；城镇养老、医疗、失业、工伤生育保险覆盖面分别达98%、85%、96%和85%；城乡低保覆盖面扩大到12.3万人。物价总水平涨幅控制在4%以内。

（四）淮安未来发展面临的挑战与机遇

“十一五”是承前启后、极为关键的时期，淮安市面临着机遇与挑战并存的发展环境。围绕加快区域经济发展，各地在资源、市场、技术、人才等方面的争夺会更加激烈，竞争的压力增大。但是，当前和今后一个时期，经济全球化的趋势没有改变，世界经济结构调整和产业转移的走向没有改变，我国经济保持较快增长的基本面没有改变，省委、省政府扶持苏北发展的力度将进一步加大。在这种大背景下，淮安加快发展、实现新的跨越具备很多有利条件：国际、国内经济结构调整和产业转移步伐加快，将为淮安市扩大开放、加快发展开辟更为广阔的空间；以集中、集约为主要特征的科学发展观逐步确立，将为淮安市和谐发展注入新的活力；工业化、城市化进程加速，广大干部群众创新创业能力进一步提升，将为淮安发展增添新的动力。未来的五年，淮安市应积极应对挑战，充分利用各种有利条件，同心同德，扎实苦干，抓住机遇。

基于发展环境状况，淮安市提出“十一五”总的奋斗目标是：总量翻一番，财政争双百，建成特大市，实干奔小康。就是通过五年的努力，全市地区生产总值在“十五”基础上翻一番，财政收入争取达到200亿元，中心城区人口超100万，城市化率达到46%，按预定的序时进度，确保到2016年并力争提前1~2年全面建成小康社会。

2006年全市经济和社会发展的主要预期目标是：地区生产总值增长13%；地方财政一般性预算收入增长16%；全社会固定资产投资增长25%，其中工业投入增长40%；社会消费品零售总额增长14%；城市化率达到39.6%；农民人均纯收入增长7%，城镇居民人均可支配收入增长10%；居民消费价格总水平涨幅控制在4%左右；人口出生率控制在10‰以内；城镇登记失业率控制在4%左右；单位生产总值能耗降低4%。

（五）淮安经济社会发展在长三角发展中的地位和作用

1. “十五”期间淮安市生产总值在长三角中所占比重的变化趋势（见图2-69）

“十五”期间，淮安市地区生产总值在整个长三角地区生产总值中的比重不断降低，2001~2005年分别占长三角地区的1.55%、1.57%、1.50%、1.46%和1.38%。虽然淮安市在全国经济高速发展的大背景下不断升级产业结构调整的力度，实现了经济的快速增长，但由于经济总量不大、自主创新能力不强、经济外向度比较低及其他不利因素，使得淮安市的经济发展速度相对长三角其他城市的发展速度稍有滞后，导致在整个长三角地区的生产总值比重呈下降趋势。

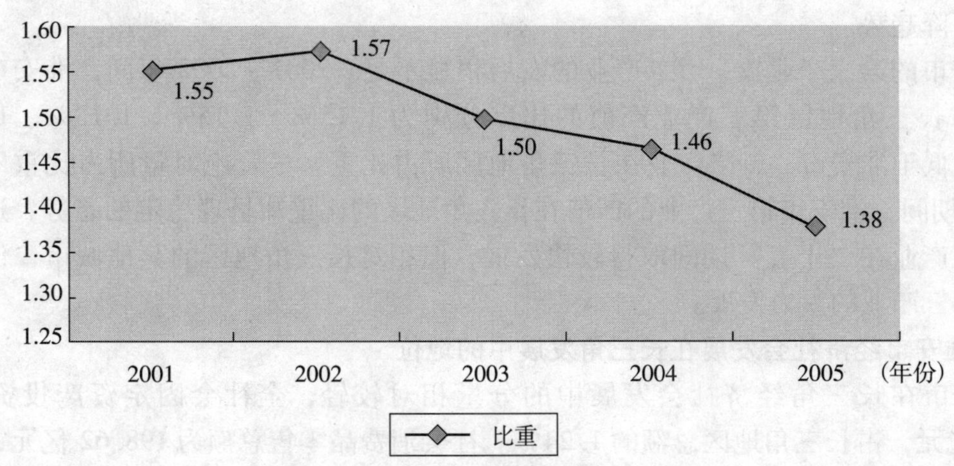

图 2－69 2001～2005 年淮安市地区生产总值占长三角生产总值比重（单位：%）

2. “十五”期间淮安市产业结构变化情况（见图 2－70）

“十五”期间，淮安市的农业获得较快发展，农业产值保持稳定增长，2001～2005 年，淮安市农业产值占整个长三角地区的产值比重分别为 5.13%、5.47%、5.04%、5.03% 和 5.02%，呈平稳状态。由于免除农业税、实施粮食直补和农业招商引资实现了倍增，淮安市的农业生产积极性得到了极大的提高，农业产业化水平得到较大提高，因此，淮安市的农业生产在长三角地区中保持了稳定的发展。但由于禽流感的影响，淮安市的畜牧业产值有所下降，这也是造成淮安市农业产值在整个长三角地区有所波动的一个原因。

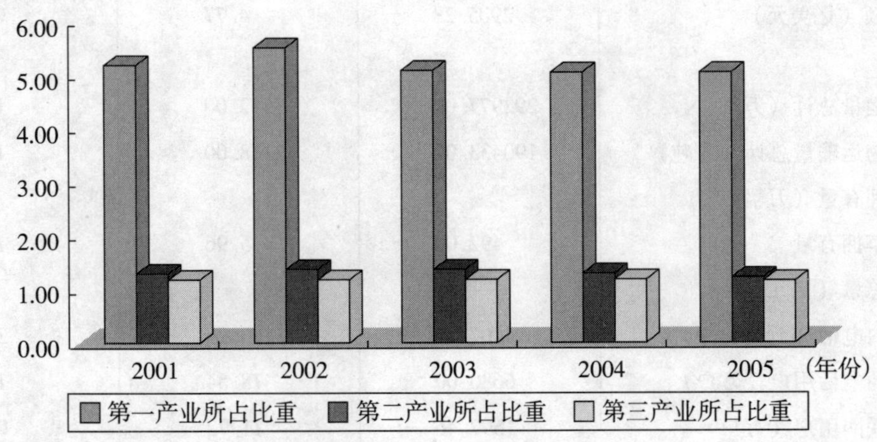

图 2－70 2001～2005 年淮安市各产业占长三角产值比重（单位：%）

2001～2005 年间，淮安市的工业获得较快发展，产品结构不断优化，工业运行质量不断提高。“十五”期间，淮安市工业产值占长三角地区工业产值的比重分别为 1.26%、1.33%、1.32%、1.27% 和 1.16%。虽然淮安市的工业在纵向历史维度的比较中取得了显著的成绩，但由于淮安的经济总量比较小，自主创新的能力较低，淮安市的工业实力在长三角地区工业生产中仍稍显薄弱，因此呈现出工业产值在长三角地区生产总值中的比重呈下降趋势。

淮安市的第三产业较一、二产业的发展稍显不足。2001～2002 年间，淮安市第三产业产值占长三角地区第三产业产值的比重分别为 1.15%、1.15%、1.13%、1.15% 和 1.14%，低于淮安市一、二产业在长三角地区所占比重。尽管绝对量所占比重不大，但“十五”期间，淮安市第三产业的产值在长三角地区的比重却呈现稳定的态势，这表明淮安市第三产业在“十五”期间取得较快发展，但相对长三角地区的其他城市，仍需进一步促进第三产业的大力发展。

3. 淮安市经济社会发展在长三角发展中的地位

淮安市在长三角经济社会发展中的分量相对较轻，全社会固定资产投资总额为 234.49 亿元，占长三角地区总额的 1.24%。社会消费品零售总额为 198.62 亿元，是长三角地区的 1.49%。在对外经济贸易中，淮安的出口总额为 4.77 亿美元，占长三角地区的 0.16%（见表 2－52）。

表 2－52　2005 年淮安市与长三角部分经济社会发展指标比较

指　标	长三角	淮　安	比例（%）
固定资产投资（亿元）			
全社会固定资产投资总额	18978.51	234.49	1.24
国内商业			
社会消费品零售总额（亿元）	13304.55	198.62	1.49
对外经济贸易			
出口总额（亿美元）	2905.28	4.77	0.16
运输			
公路客运量总计（万人）	292977.00	3512.00	1.20
公路货物运输量总计（万吨）	190433.00	2118.00	1.11
民用车辆拥有量（万辆）			
民用汽车拥有量	492.06	5.96	1.21
邮电业务总量（亿元）			
年末市内电话（万户）	4507.77	160.25	3.55
年末移动电话用户（万户）	6680.00	78.54	1.18
国际互联网用户（万户）	1597.46	11.72	0.73
从业人员合计（万人）	8474.20	273.70	3.23
第一产业	2241.24	111.63	4.98
第二产业	3266.99	54.92	1.68
第三产业	2965.97	107.15	3.61
教育			
普通中学在校学生（万人）	759.68	38.14	5.02
小学在校学生（万人）	881.43	41.73	4.73

在交通运输方面，淮安的公路客运量为3512万人，占长三角地区公路客运总量的1.20%；公路货物运输量为2118万吨，占长三角地区公路货运总量的1.11%。淮安市的民用汽车拥有量为5.96万辆，是长三角地区民用汽车拥有数量的1.21%。

在通信方面，淮安市2005年末的市内电话总量为160.25万户，在长三角地区的比重达到3.55%；移动电话用户为78.54万户，占长三角移动电话用户总数的1.18%；国际互联网用户为11.72万户，仅占长三角地区的0.73%。

2005年，淮安市各产业从业人员总数为273.70万人，占到长三角地区从业人员总数的3.23%。其中，第一产业111.63万人，占到长三角地区第一产业从业人员的4.98%，第二产业的从业人员数为54.92万人，仅为长三角地区的1.68%，第三产业从业人员人数为107.15万人，占长三角地区的3.61%。长三角地区的一、二、三产业从业人员结构大致为26∶39∶35，而淮安市的从业人员在各产业的比例为41∶20∶39，第一产业从业人数明显高于长三角的总体水平，而第二产业从业人数的比例则低于长三角的人员结构水平，第三产业从业人员与长三角总体水平相当（见图2－71）。

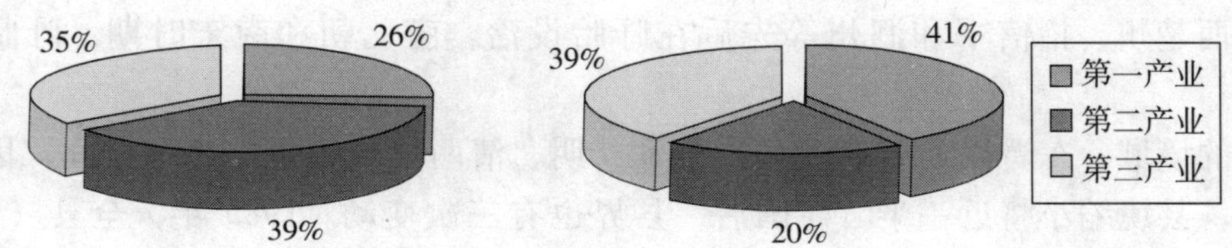

1）长三角地区一、二、三产业从业人员结构　　2）淮安市一、二、三产业从业人员结构

图2－71　2005年淮安市与长三角地区一、二、三产业从业人员结构比较

2005年，淮安市普通中学在校生为38.14万人，在长三角地区的比例达5.02%，小学在校生为41.73万人，占长三角地区的4.73%。

淮安力图接轨上海，形成辅助配角经济的经营战略。淮安从发展旅游业入手，打造旅游品牌，同时加大招商引资力度，利用外资整合有利资源，借旅游经济融入长三角都市经济圈，分享长三角的品牌优势，拉动淮安经济的发展。在要素上，淮安的资源优势，加上素质高、成本低的劳动力，形成了一定的竞争优势。

盱眙县经济社会发展情况

（一）盱眙县概况

1. 地理环境

盱眙位于淮河中下游，洪泽湖南岸，江苏省西部，淮安市南端，东与金湖县、安徽省天长市相邻，南、西与安徽省来安县、明光市交界，北与洪泽、泗洪两县接壤。总面积2483.7平方公里，人均面积列江苏省各县（市）之首。耕地113万亩，山地64万亩，宜林地33万亩，宜牧草山25万亩，水域96万亩。境内地势西南高，多丘陵，东北低，多平原，呈现阶梯状倾斜，高低悬殊220多米。淮河流经境内，北部濒临洪泽湖，有低山、丘岗、平原、河湖圩区等多种地貌。

在矿产资源方面，凹凸棒黏土储量高达5亿吨，占全国总储量的70%，为国内唯一具有开采价值的蕴藏地；石灰石、玄武岩总储量173亿吨，为江苏省淮安、扬州地带唯一矿区；初步探明的石油储量占江苏省的1/3。在旅游方面，境内可供开发的自然景观、人文景观和历史文化遗存多达66处，有全国重点文物保护单位明代第一陵——明祖陵、省级文物保护单位黄花塘新四军军部旧址、第一山摩崖石刻、秦汉东阳城遗址，有国家级第一山森林公园、省级铁山寺自然保护区、省级第一山风景名胜区等。

2. 建制

盱眙，建县于秦。建县前，盱眙为淮夷之地。周初，伯益的后代在今盱眙县治北建立徐国，盱眙是其属地。春秋时，盱眙名为“善道”，属吴国。战国时，越灭吴，盱眙属越国；楚国东侵至泗上，盱眙改属楚国。建县以后，隶属关系多次变更，盱眙先后隶属过30多个郡、国、州、军、路、府、省、道和地区，现属江苏省淮安市。

盱眙地处要冲。楚汉之际，楚怀王一度在境内建都。西晋以后，临淮郡、南兖州、北兖州、西楚州、招信军和泗州等先后在盱眙设治。南北朝和南宋时期，盱眙曾升为郡、军。

盱眙的境域，东晋以后曾有过多次变动，明、清两代较稳定。民国期间，因析置嘉山县等因，县境缩小将近一半。建国后，县界也有三次变动。1985年，全县（新区划）面积2482.4平方公里。

（二）盱眙县经济发展基本状况

1. 积极适应形势变化，国民经济快速发展

2005年，全县实现地区生产总值68.05亿元，比上年增长18%；全社会固定资产投入38.6亿元，增长35.1%，其中工业固定资产投入24.1亿元，增长52.9%。

全部财政收入4.1亿元，增长17%，其中地方一般预算收入2.03亿元，增长23.5%；农民人均纯收入3946元，增长10%；城乡居民储蓄余额24亿元，增长18.9%。主要体现在以下方面：财税工作保障有力。围绕全年财政收入超4亿元目标，推进征管目标责任制，在农业税全面减免的情况下，全年财政收入超额完成任务。强化预算管理，大力压缩一般性财政支出，集中财力保重点支出。启动财政国库管理制度改革和乡镇财政管理方式改革，进一步加强行政事业单位财务监督。抓住省加快苏北振兴的政策机遇，争取项目206个，到位资金4.3亿元，在苏北地区居前列。通过超计划争取省补助资金，全面解决了农村中小学教职工省标补贴发放及医疗保险问题。

2. 三大产业齐头并进，带动全市经济增长

1）农业

农民收入显著提高。重抓农村劳动力转移，多渠道增加农民收入，农民人均纯收入增幅保持在两位数。2005年全年转移农村劳动力18.75万人，接近农村人口的1/3，其中县外输出16.54万人、有组织输出3.7万人、境外输出293人；转岗就业培训6.52万人。

推动全民创业，新增私营企业519户、个体工商户5100户，新增注册资本金10亿余元。推进农业产业化，市级以上龙头企业增加到8个，投资超亿元的温氏家禽项目落户盱眙。新植意杨900万株，造林规模和质量居全市第一。通过省无公害农产品产地整体认定，认定面积增加到97.48万亩，新认定无公害农产品4个、市级农业标准化示范区1个。高致病性禽流感等重大动物疫病防控有力。城乡突发性气象灾害安全预警系统初步建成。农村信用联社成功改制为农村合作银行。农业保险试点工作稳步推进。

2）工业

工业强县步伐加快。通过全力聚焦工业开发区，加大区外工业增长点培植，工业增加值达到24亿元，二产占地区生产总值的比重首次超过40%，2005年全年实现规模工业产值、销售收入、利税分别增长44.3%、43.6%、44.1%。通过加快加压加速“三百工程”实施，全年竣工投产项目84个、开工在建项目87个、正式签约项目110个，凡力钢管、宁力紧固件、新海电子等一批投入超亿元项目成为新亮点，新增销售收入超亿元企业9户、列统企业55户，工业开发区企业实现销售收入、入库税收及相关收入分别比上年增长1.2倍、1.1倍，企业用工2.2万人，比上年增加7000人。加大技术改造力度，实施1000万元以上技改项目178个，开发新产品198个，其中市级重点新产品64个。加大境外项目招商力度，集中力量赴东莞驻点招商，全年新批外资企业13个，协议注册资金3100多万美元，实际到位资金1200万美元。推进国有集体企业“退二进三”，化肥厂等8户企业彻底改制。

3）旅游

旅游带动能力增强。实施旅游环境综合整治，推进项目建设，完成明祖陵南线路牌坊、铁山寺特色商贸区、严佛雕塑像及广场、铁山禅寺三殿佛像登座及大雄宝殿佛像贴金、天文观测基地二期等景区景点开发工程；完成八仙台道路、明祖陵南门至西门连接线、天泉湖环湖道路硬质化等基础设施配套工程，2005年全年接待游客量和旅游总收入分别比上年增长25.7%、109%。组织古泗州城钻探考古成果和保护开发利用可行性论证。铁山寺通过国家4A级景区省级初验和全国农业旅游示范点验收，象山公园获批国家地质矿山公园。组织中国龙虾节与盱眙旅游发展高层论坛、旅游兴县（南京）座谈会等活动，精心制作旅游光盘和盱眙原创歌曲MTV等影像资料，在交通主干道出入口设置大型旅游广告群，旅游宣传促销力度加大。盱眙宾馆、金都饭店分别通过三星、二星级旅游饭店评审。

（三）盱眙县社会发展基本状况

1. 城市建设品位提升

加大经营城市力度，公开出让经营性土地360多亩，收取土地出让金1.68亿元，惠源居花苑、半坡叠墅、新泗州国际大酒店等十大重点项目开工建设。大力实施硬化、绿化、亮化、净化工程，完成7.2万平方米城市主干道维修和次干道、巷道、搭接道口硬化，改造城市主干道两侧人行道7.5万平方米；完成淮河风光带绿化更新和城市道路、单位庭院以及工业开发区绿化工程，新增绿化面积8.9万平方米；完成城市主干道两侧建筑立面改造，亮化设施全面更新；新建垃圾中转站3座，污水处理厂一期投入运行。水月山庄一期、裕源居一期工程基本竣工。完成金源北路、淮河北路控制性详规，金源南路、金鹏大道街道空间设计，以及镇村布局规划的编制。以市场、街道、社区、集镇、绿地、公园和主次干道为重点，富有成效地开展城镇环境卫生综合整治，再次被评为省文明城市创建工作先进城市，初步建立城市长效管理机制。

2. 基础设施得到加强

工业开发区硬化道路13余万平方米，完成牡丹大道连接线和梅花大道、东方大道延伸线等工程。实施第二轮资源换石料，新建农村公路84条428公里，高标准建成管兴路、马东路等二级公路，实施移民迁建安置点、龙王山、戚大山等公路通达和完善工程。投入1.3亿元，完成35千伏铁佛输变电、移民迁建电网改造、小灵通网络优化、宽带网建设等“三电”工程，超计划实施项目4个。投入近7000万元，完成一批小型水库除险加固、县乡河道疏浚、农业土地综合开发等农业农村基础设施和农业开发工程，尤其是超计划改造敬老院15个，累计改造18个，争取投入资金389万元。

3. 各项事业协调发展

加大社会事业项目建设力度，县医院、中医院和鲍集卫生院病房楼基本完工，文化公园（博物馆、图书馆、文化馆和青少年活动中心）一期工程全面启动。城镇净增就业3618人，下岗失业人员再就业4675人。城市低保由每月165元提高到每月180元，农村5651户，计12519人纳入低保。深入贯彻落实《信访条例》，调解各类社会矛盾1023件，调处成功率87%。落实安全生产责任制和责任追究制，全年无重特大安全生产事故发生。

九 盐城市2005年经济社会发展报告

2005年，盐城人民坚持以邓小平理论和“三个代表”重要思想为指导，认真落实科学发展观，紧紧围绕“两个率先”目标，抢抓机遇，奋发进取，凝心聚力，攻坚克难，较好地完成了市五届人大三次会议提出的各项任务。

（一）2005年盐城市经济发展状况

1. 综合实力跃上新台阶

经济总量有新突破（见图2－72和图2－73）。2005年，全市上下坚持以加快发展为第一要务，瞄准全年目标，突出重点，主攻难点，着力破解经济运行中资金、土地、能源紧缺等难题，国民经济保持平稳较快增长。全年完成地区生产总值1004.90亿元，比上年增长14.3%，人均GDP 12658元，创10年来新高。经济总量成为继徐州之后苏北第二家、全省第七家超千亿的地级市。人均GDP达12658元。三次产业呈协调发展态势，第一产业实现增加值228.48亿元，增长6.9%；第二产业实现增加值442.18亿元，增长18.4%；第三产业实现增加值334.24亿元，增长14.2%。经济结构进一步优化，三次产业比重按新统计口径调整为22.3:45.6:32.1。

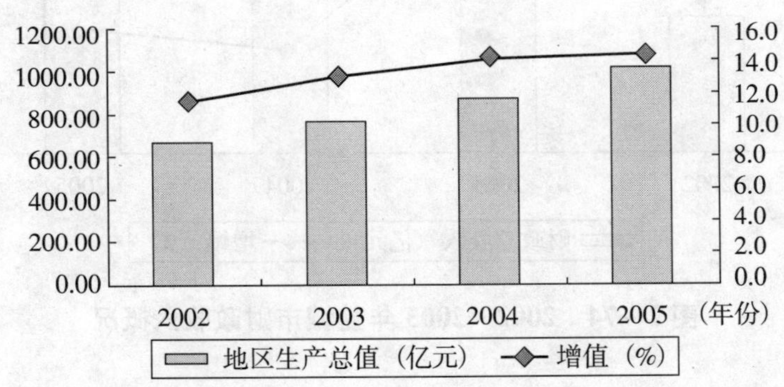

图2－72 2002～2005年盐城市地区生产总值概况

财政收入再创新纪录（见图2－74）。2005年全市完成财政总收入86.9亿元，比上年增长29.4%，其中地方一般预算收入37.9亿元，增长33.5%，增幅高于全省平均水平8个百分点，列全省前三位。财政收入占GDP的比重由2000年的5.2%提高到2005年的8.6%。“十五”时期，盐城市财政收入年均增长25.1%，高于“九五”时期12.2个百分点，“十五”前三年财政收入翻了一番，是建市以来最高增速。财政收入实现历史突破，预示着盐城市经济社会发展的实力进一步增强。

物价调控收到新成效。2005年，居民消费价格总指数比上年上涨1.4%。其中服务项目价格上涨2.8%，消费品价格上涨1.1%，涨势温和，且逐步减弱。同期工业品出厂价格指数同比上涨2%，原材料、燃料、动力购进价格指数同比上涨8.86%。物价走势平

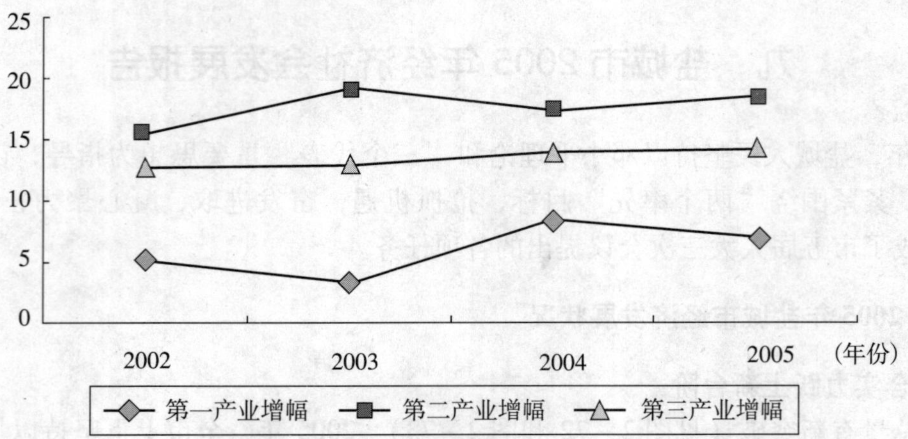

图 2－73　2002～2005 年盐城市三次产业产值增长概况（单位：%）

稳并有所回落。前 11 月份居民消费价格总水平低于全省平均水平 0.5 个百分点，物价涨幅居全省第 12 位。表明宏观调控收到预期的效果。

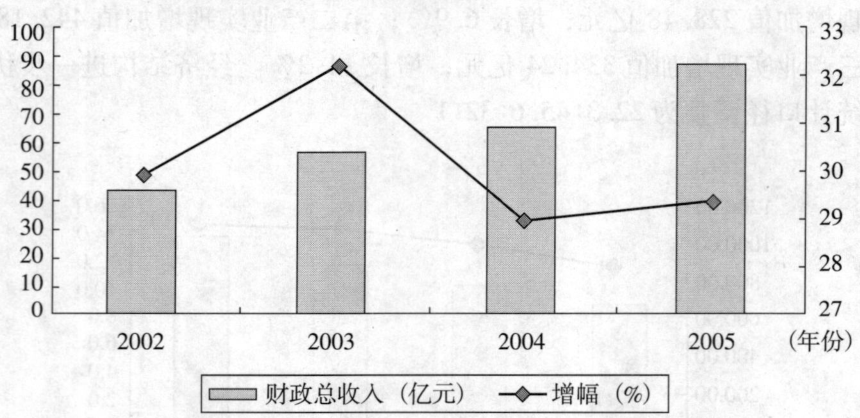

图 2－74　2002～2005 年盐城市财政收入概况

2. 消费、投资、出口三大需求呈现同步快速增长的态势（见图 2－75、图 2－76）

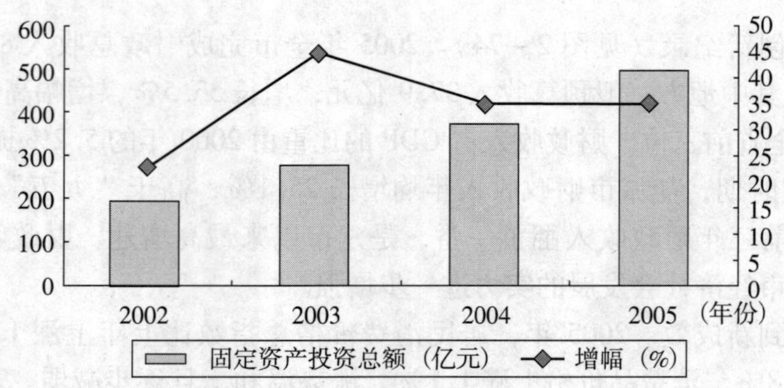

图 2－75　2002～2005 年盐城市全社会固定资产投资概况

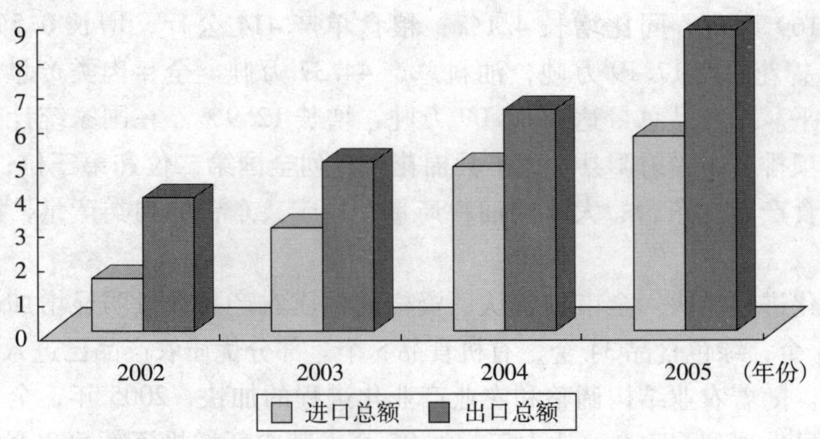

图 2－76　2002～2005 年盐城市对外贸易概况（单位：亿美元）

消费品市场规模进一步扩大，2005 年全年实现社会消费品零售总额 316.91 亿元，增长 15.6%，增幅高于上年 1.8 个百分点。是“九五”以来增速最快的一年，住房、汽车、旅游、信息服务等已成为新的消费热点。

2005 年，全市坚定不移地实施项目推进，强化和改进招商引资，狠抓重点项目建设，完成全社会固定资产投资 500 亿元，增长 35%，保持全省最快增速。其中，城镇固定资产投资达 264 亿元，增长 39.8%，增幅列全省第一；工业技改投资 270.2 亿元，增长 39.6%。全市八类十大重点工程完成投资 130 亿元；5000 万元以上重点工业项目开工 120 项，竣工 102 项，其中亿元以上项目 71 项，累计完成投资 35 亿元。“十五”时期，累计完成投资 1500 亿元，是“九五”时期的 2.6 倍，年均增长 27.9%，高于“九五”时期 20.6 个百分点。东风悦达起亚汽车第二工厂、沿海风力发电等一批重大项目取得突破，成为新的经济增长点。全年房地产开发投资增长 75%，在全省名列榜首；施工、竣工、销售面积同步高速增长。进一步加快基础设施建设步伐，沿海高速盐通段及市开发区连接线、大丰连接线建成通车，连盐、盐淮高速超额完成年度施工计划，高速公路共完成投资 34.3 亿元。盐城机场新开通盐城至温州航班，新长铁路盐城站开通全国客货运，大丰港试通航成功。

2005 年，完成进出口总额达 14.35 亿美元，同比增长 29.2%。其中出口 8.71 亿美元，增长 36.8%，地方自营出口总量位居苏北第一；进口 5.6 亿美元，增长 19%，实现贸易顺差 3.1 亿美元。出口产品结构进一步优化，形成了以玻璃工艺品、长毛绒玩具、纺织服装、机械和汽配等产品为龙头的一批具有地方特色的出口产品。

三大需求相互促进、共同发展，形成了需求型经济增长的格局，为全市经济的持续、健康发展拓展了新的空间。

3. 农业经济保持稳步发展

农业生产稳步发展。2005 年是自然灾害频繁发生的一年，全市围绕农民增收、农业增效，全力抵御台风、雨涝以及病虫害，狠抓禽流感防控，农业在大灾之年取得较好成效。全年实现农林牧渔业总产值 511.98 亿元，按可比价计算比上年增长 7.3%。全年粮

食播种面积 1169 万亩，同比增长 4. 1%；粮食单产 414 公斤，增长 0. 5%；粮食总产 483. 96 万吨。棉花总产 17. 19 万吨，油料总产 44. 37 万吨。全年肉类产量达 69. 3 万吨，与上年基本持平。水产品总量达到 82. 09 万吨，增长 12. 9%。在国家统计局最新发布的全国百强县单项排名中，射阳县、大丰县棉花产量列全国第二位和第三位；射阳、东台、阜宁三县的粮食产量，东台、大丰的油料产量，阜宁、东台的肉类产量，都跻身全国百强行列。

农业产业化进程加快。全市具备认证资格的优质农产品数量明显增加，其中无公害产品发展到 94 个，绿色食品 34 个，有机食品 5 个。部分优质农产品已进入家乐福等国际知名的大超市。随着农业结构调整和农业产业化进程的加快，2005 年，全市农业产业化龙头加工企业已发展到 683 个，比上年增加 95 个，其中新增投资额 500 万元以上农业龙头企业 73 家。农业生产条件不断改善。农业机械化水平进一步提高，年末全市拥有农业机械总动力 413. 4 万千瓦，比上年增长 3. 1%。大中型拖拉机 1. 79 万台，增长 3. 3%，小型拖拉机 8. 80 万台，与上年持平。农用排灌动力机械 8. 10 万台，计 87. 03 万千瓦。全年农用化肥施用量（折纯）57. 4 万吨，增长 2. 2%。农村用电量 28. 21 亿千瓦时，增长 21. 7%。

农业产业结构不断优化，实现了由粮棉油单一结构向多元化结构发展的新跨越。2005 年，全市实现非农行业总产值 1485. 38 亿元，比 2000 年增长 81. 5%。农业与非农业产值比由 30. 2:69. 8 调整为 25. 6:74. 4，农业与林牧渔业产值比由 51. 1:48. 9 调整为 45. 2:54. 8。

4. 工业、建筑业快速发展

工业生产高位增长。2005 年，盐城市着力推进新型工业化，培植支柱产业、骨干企业、产业集群，工业经济竞争力不断增强。全年第二产业实现增加值达 461. 67 亿元，同比增长 18. 4%。其中，规模以上工业增加值 271. 2 亿元，增长 21. 8%。全市工业用电量 54. 3 亿千瓦时，比上年增长 20. 2%。在列统的 95 种主要工业产品中，产量增长或持平的有 75 种。创中国名牌 3 个、江苏名牌 12 个，新增国家免检产品 9 个。

工业经济效益有所提高。2005 年全年规模以上工业主营业务收入 1049 亿元，比上年增长 38. 1%。实现利税总额 78. 23 亿元，增长 46. 9%，其中利润总额 32. 9 亿元，增长 47. 1%。工业经济效益综合指数 156. 4%，比上年提高 7. 2 个百分点。全年规模以上工业企业亏损面为 5. 1%，比上年下降 4. 4 个百分点；亏损企业亏损额 2. 2 亿元，比上年增长 20. 9%。工业产品销售率为 98. 2%，比上年增长 1. 2 个百分点，保持了良好的产销衔接水平。

工业结构得到优化。工业经济结构调整和产业升级取得明显成效，一批优势企业和名牌产品在竞争中发展壮大。在汽车工业的带动下，重工业发展较快，2005 年全年实现增加值 143. 3 亿元，增长 23. 2%；轻工业增加值 127. 9 亿元，增长 20. 1%。工业结构中，轻重工业比例由上年的 47:53 改变为 47. 2:52. 8。以制造业为主的项目推进活动成效显著，特别是东风悦达起亚汽车第二工厂的顺利开工建设，使盐城市工业经济进一步增强了后劲。

建筑业发展较快。2005 年，全市实现建筑业增加值 66.78 亿元，比上年增长 25.3%。从业人数达 25.7 万人。承建施工面积 2834 万平方米，竣工面积 1518 万平方米，全员劳动生产率 2.60 万元/人。综合施工能力不断增强，全年新承接高层建筑 198 幢，其中超高层 8 幢。盐城市建筑企业遍布大江南北，部分建筑劲旅挺进国际建筑市场，全年组织外国施工人数达到 8698 人。

5. 服务业长足发展

2005 年，盐城市把发展现代服务业作为推进新型工业化的重要举措，服务业保持了良好的发展势头。全年全市实现服务业增加值 324.6 亿元，增长 14.2%，比上年高 0.3 个百分点。对全市经济增长的贡献率达 36%，拉动全市经济上升 5.2 个百分点。服务业从业人员达 116 万人，比 2000 年增加 31.4 万人。

交通运输能力有所增强。2005 年，全市公路等级明显提高，年末等级公路总里程 7768 公里，其中一级公路 325 公里，高速公路 128 公里。客货运输稳定发展，全社会客运量 6544 万人，比上年增长 4.6%，旅客周转量 583893 万人公里，上升 3.4%；全社会货运量 7630 万吨，增长 6.4%，货运周转量 1097576 万吨公里，上升 6.8%。铁路客运量 3.6 万人次、货运量 200 万吨。盐城机场飞机安全起降 1186 架次，比上年增长 13.8%；接送旅客 38022 人次，比上年增长 6.3%。

邮电业务进一步扩大。2005 年末，全市固定电话用户达 241.7 万户，增长 20.1%，其中市话年末用户 111.3 万户，增长 31.7%，农话年末用户 123.28 万户，增长 5.7%，电话普及率达每百人 30.3 部。移动通信、公众多媒体网络和数据通信等新兴业务发展势头良好，全市移动电话用户 176.1 万户，计算机互联网用户达 14.89 万户，分别比上年增长 24.1% 和 10.4%，消费品市场购销两旺。在城乡居民收入较快增长和消费结构升级以及消费观念变化的双重影响下，全市消费品市场明显趋旺。时代购物中心、华润苏果等大型连锁的进驻，进一步优化了城市的商业业态结构，提升了流通现代化水平，改善了消费环境。全年实现社会消费品零售总额增长 15.6%，增幅高于上年 1.8 个百分点。其中，餐饮业增长 23.4%，比上年提高了 0.8 个百分点，比社会消费品零售总额增幅高出 7.8 百分点，成为拉动消费的主要力量。

旅游产业方兴未艾，开始成为服务业发展的新亮点。盐城市东有海涂湿地，西有湖荡湿地，中有城市湿地，尤其是东部沿海 680 万亩海涂湿地，是太平洋西海岸亚洲大陆边缘面积最大、原始生态保持最好的海岸型湿地，拥有盐城珍禽和大丰麋鹿两个国家级自然保护区，被列入联合国世界重要湿地名录。在景点建设过程中，盐城市委、市政府提出要围绕打造“东方湿地之都”，重点建设特色鲜明、功能齐全的五大旅游经济圈——以丹顶鹤文化、湿地科普教育为特色的丹顶鹤旅游经济圈，以麋鹿文化、湿地休闲为特色的麋鹿旅游经济圈，以海洋文化、森林度假为特色的弓京港旅游度假经济圈，以水乡文化、休闲观光为特色的湖荡湿地旅游经济圈，以铁军文化、盐文化特色的城市旅游经济圈。2005 年，成功地创建了中国优秀旅游城市。大丰麋鹿国家级自然保护区被评为国家 3A 级旅游景区（点）。滨海通榆河枢纽风景区被水利部评定为国家水利风景区，盐城人民公园等 5 个景区（点）被评定为国家 2A 级旅游景区（点）。全年共接待国内外游客

533.98万人次，增长14.0%，其中海外游客4.07万人次，增长19.7%。实现旅游总收入40.07亿元，增长14.9%，其中旅游外汇收入2125万美元，增长38%；星级饭店客房利用率64.9%。

金融运行、保险事业比较平稳。2005年，金融机构年末本外币存款余额858.8亿元，比年初净增113.09亿元。金融机构年末本外币贷款余额485.5亿元，比年初净增66.89亿元。外汇收支继续保持顺差，全市跨境外汇收支16.05亿美元，实现收支顺差4.37亿美元；全市银行结售汇13.25亿美元，实现结售汇顺差4.47亿美元。保险业务继续保持快速、稳定的发展势头，全年实现保费收入23.74亿元，比上年增长14.7%。其中，财产险3.78亿元，寿险19.66亿元，分别增长19.1%和13.9%。总赔款达到2.97亿元，为促进社会稳定、支持经济建设发挥了保驾护航作用。

6. 开放型经济活力增强

确立利用外资倍增目标，组织开展“外资突破年”活动，不断提高开放型经济发展水平。2005年，据商务部反馈数据，全市注册外资实际到账达到16183万美元。利用外资项目规模扩大，全市新批总投资1000万美元以上的项目达到46个，协议利用外资77756万美元，增长78.5%。外经合作势头良好。全市实现对外工程承包劳务合作合同额3.87亿美元，比上年增长31.9%；完成营业额3.63亿美元，比上年增长31%；新派人数22844人，比上年增长50.2%；年末在外人数达30109人，增长11.8%。

开发区和工业集中区发展加快，市经济开发区财政收入超2亿元，阜宁、盐都经济开发区财政收入超亿元。接轨上海及区域经济合作取得新进展，全市共签约承接南北产业转移项目357个，进一步提高了盐城市开放型经济水平。

（二）2005年盐城市社会发展现状

1. 加快基础设施建设，城乡面貌呈现新气象

城市建设日臻完善。2005年是盐城城市建设力度最大的一年，市区以承办全国十运会赛事、创建中国优秀旅游城市和省级文明城市为契机，实施了新体育馆和市行政中心南迁等重大工程，加快推进城市化进程。2005年末，市区人口达153万人，建成区人口达70万人，建成区面积达75平方公里，城市化率由2000年的35.6%上升到2005年的42%。五年间，市区城建累计完成投资400多亿元，超过建市20多年的总和，先后新建、扩建了10多条城市主干道，百万人口大城市的框架已基本形成。2005年，被评为中国优秀旅游城市和江苏省文明城市。

进一步提高城市规划、建设和管理水平，编制完成市区各专业规划和主要片区控制性详规，组织实施分片发展、合力建城，城市建设综合整治和绿化会战取得新成效。统筹城乡建设，完成镇村布局和100个全面小康示范村规划编制工作，市区和县（市）城、中心镇面貌发生新的变化。建湖县被命名为江苏省文明城市，东台、大丰两市被确认继续保持省文明城市称号，阜宁、滨海、射阳三县获创建工作先进奖。

2. 注重科技教育，社会事业全面发展

2005年，盐城市以承办全国十运会赛事、创建中国优秀旅游城市和省文明城市为抓

手，加强精神文明建设，带动社会事业全面发展。

科技创新成果辉煌。2005 年，盐城市加大科技投入，鼓励自主创新。全年组织实施国家级、省级科技发展计划项目 187 项，争取科技经费 5348.2 万元；获科技部产业化环境建设贷款项目 10 项，新增贷款 0.94 亿元；实施国家级火炬计划 9 项，省级 29 项；实施国家级星火计划项目 29 项，省级 60 项，总投资 1.53 亿元。全市新增国家级重点高新技术企业 3 家，国家级重点高新技术产品 12 个，省级高新技术产品 40 个。全年专利申请数 1566 件，授权数 372 件。被认定为省级高新技术企业共 17 家，市级高新技术企业 30 家，省级民营科技企业 286 家。全市新建产学研联合体 186 个。组织评定市科技进步奖 108 项。东台市、建湖县获全国科技进步先进县称号。

教育事业继续发展。2005 年，盐城市加快教育强市步伐，城乡中小学办学条件明显改善，初中毕业生升学率为 86.1%，新组建 4 所高等职业技术院校，开工建设市职教园区。全市共有普通高校 5 所，在校生 32569 人；普通中等专业学校在校生 50526 人；成人中等专业学校在校生 1953 人；普通中学在校生 524860 人；职业中学在校生 55183 人；小学在校生 425720 人；各级各类幼儿园在园儿童 136246 人；特殊教育学校 11 所，在校生 2687 人。素质教育继续得到重视和加强，基础教育质量稳步提高，小学升初中升学率为 100%，初中升高中入学率为 86.12%。

文化艺术事业日益繁荣。2005 年末，全市共有艺术表演团体 13 个，剧场、影剧院 11 个，文化馆（站）156 个，公共图书馆 9 个，藏书 157.1 万册，博物馆 5 个。2005 年全市艺术团体组织演出场次为 2313 场，其中在农村演出 742 场。新版淮剧《太阳花》被评为江苏省舞台艺术精品。有线电视和数字电视建设取得新的进展，数字电视用户已达到 1.4 万户，同比增长 133.3%。宽带网实现村村通，率先在全国建成城乡全覆盖的远程教育网。

卫生保健工作有所改善。2005 年，城乡公共卫生体系和应急机制逐步完善，市疾控中心和市一院等一批重点医院病房楼建成投入使用，全市医疗条件不断改善。年末全市拥有卫生机构 1084 个，其中医院、卫生院 256 个，疾病预防控制中心 10 个，妇幼保健院（所、站）11 个。共有卫生技术人员 19665 人，其中执业医师、执业助理医师 9076 人。拥有病床 14995 张。全市计划生育率稳定在 95% 以上。

体育事业蓬勃发展。2005 年，承办盐城承办了全国十运会指定比赛项目，并获得了组织贡献奖、场所建设贡献奖和最佳赛区称号。2005 年末，全市拥有体育场馆 42 座、综合性训练馆 2 座、游泳馆 4 座、400 米标准跑道 39 片、14 项全民健身工程、194 个健身点。2005 年，盐城市运动员参加省级以上运动会各类比赛获得奖牌 90.5 枚，其中金牌 26.5 枚（十运会上获 4 枚），银牌 27 枚（十运会上获 3 枚），铜牌 37 枚（十运会上获 5 枚）。

3. 高度关注民生问题，努力改善人民群众生活

2005 年末，全市户籍人口 798.67 万人，比上年末增加 0.39 万人，其中城镇人口 333.45 万人，增加 14.16 万人。人口自然增长率为 3.76‰。

坚持把富民放在更加突出的位置，采取多种措施，努力增加城乡居民收入，人民生活水平不断提高。2005 年，市区居民人均可支配收入达 10580 元，增长 13.0%。人均消费支出 7293.3 元，增长 11.1%。在岗职工平均工资 13590 元，增长 13.7%。全面落实中央和省的各项支农惠农政策，农民增收取得成效，人均纯收入达 4893 元，比上年增长 10.8%。农民人均生活消费支出 3016.5 元，增长 16.5%。城乡居民储蓄存款余额 593.4 亿元，比年初增加 72.86 亿元，人均储蓄达 7426 元。城乡居民居住条件进一步改善。市区居民住房人均建筑面积 24.98 平方米，人均住房使用面积 18.76 平方米。农村居民人均住房面积为 32.94 平方米，比上年增加 2.4 平方米。富民步伐的加快，使全市人民的生活水平得到显著改善（见图 2－77）。

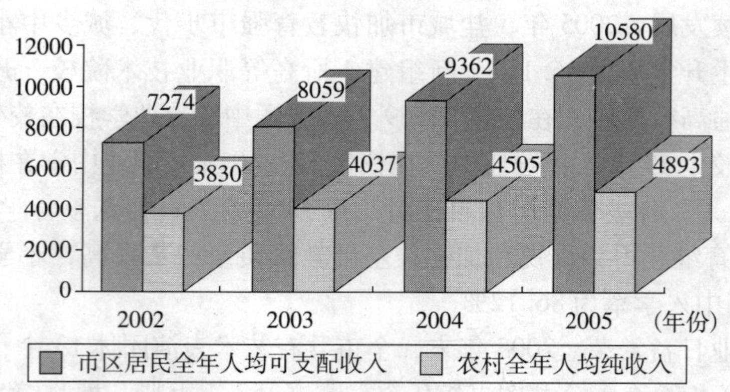

图 2－77　2002～2005 年盐城市城乡居民收入对比（单位：元）

加强就业再就业工作。到 2005 年底，城镇就业人员总数达 90.96 万人，比上年末净增就业人数 4.79 万人。其中城镇单位从业人员 48.28 万人，比上年增加 0.36 万人；城镇私营个体从业人员达 37.53 万人，比上年增加 3.06 万人；社区公益岗位及灵活就业人数达 4.66 万人，增加 1.37 万人；下岗失业人员实现再就业 3.46 万人。年末城镇登记失业率为 3.7%，比年初下降 0.45 个百分点。

社会保障与福利事业进一步发展。2005 年，基金征缴率、养老金社会化发放率均有较大幅度提高，失业保险、养老保险覆盖面分别达 96.0% 和 97.1%。推进社会保险扩面征缴工作，全市企业养老保险净增缴费人数 4.61 万人，失业保险、医疗保险净增参保人数 4000 人和 9.91 万人。年末全市参加失业保险人数为 51.57 万人，参加养老保险人数为 50.02 万人，参加基本医疗保险人数为 70.18 万人。全市城市最低生活保障对象为 4.6 万人，农村最低生活保障对象为 8.5 万人。实施市区城市居民医疗统筹与救助制度，提高城市居民最低生活保障标准，全面推行农村最低生活保障制度，落实农村部分计划生育家庭奖励扶助政策，市区城市居民医疗统筹人数突破 6 万人，发放城市和农村低保补助金 3080 万元、2890 万元，支付农村部分计划生育家庭奖励扶助金 1152 万元。关心群众特别是困难群众的生产生活，市、县城区普遍建立扶贫济困长效机制和爱心超市，农村五保户集中供养率提高 15 个百分点，资助贫困学生 10 万人。加快市区拆迁安置定销房建设，完善廉租房保障政策。继续实施农村五件实事，全面免征农业税，基本实现村村通

公路目标，超额完成省下达的草危房改造任务，97.8%的农民用上自来水，新型农村合作医疗参合率86%。

4. 加强生态建设，改善环境质量

环境质量总体趋好。2005年，全市饮用水源水质持续好转，达标率为100%，较上年提高0.5个百分点，其中市区达标率为100%，全市地表水水质好于上年度，达标率为88.9%，较上年提高9.9个百分点。市区空气环境质量明显好转，二氧化硫和二氧化氮浓度符合空气质量二级标准；市区道路交通噪声平均等效声级65.7分贝，较上年度下降1.6分贝。城市污水处理厂、集中供热、垃圾处理及发电项目、危险废物处置等一批环境基础设施工程建设取得突破性进展，为改善环境质量、控制环境污染起到了基础保障作用。

积极推进生态市建设，盐都区、滨海县建成国家级生态示范区，东台、射阳、建湖、阜宁、响水5县（市）通过国家验收，市区成为全省大气环境质量最好的市。新增造林折实面积41.6万亩，林木覆盖率提高1.5个百分点。

5. 加强民主法制建设，保持社会和谐稳定

积极支持政协履行政治协商、民主监督、参政议政职能，认真听取关于"十一五"发展规划和发展现代服务业、推进城市化进程等重大问题的意见和建议。全年共办理市人大代表议案、建议203件，办理市政协委员提案365件。发挥新闻媒体及社会舆论的监督作用，积极改进政府工作。加强和扩大基层民主政治建设，进一步完善村民居民自治。解决了市区社区用房问题，扎实推进劳动保障、卫生、治安、物管进社区工作，社区建设得到加强。深入推进平安盐城创建活动，加强市区居民小区治安防范建设，完善社会矛盾纠纷大调解机制和大防控体系，盐城市平安创建经验在全省推广。开展食品安全专项整治行动，"问题食品"得到有效控制。重抓安全生产责任落实和隐患查处，编制完善应急预案，遏制重特大事故的发生。加强信访工作，重抓《信访条例》落实和积案处理，建立信访督导专员制度，维护了社会大局稳定。

注重政府自身建设，切实提高行政效能。认真开展保持共产党员先进性教育活动，着力解决群众反映强烈的突出问题，努力建设让人民满意的政府。强化行政效能建设，突出围绕全年80项重点工作，狠抓督查落实，促进了各项任务的完成。深化行政审批制度改革，市行政审批事项新减69项。积极推行政务公开，加强电子政务建设，政府与群众的联系渠道进一步拓宽。市长热线电话共承接基层和群众来电5254件，办理反馈率99.5%。扎实开展为企业服务活动，帮助企业解决改革发展中的问题和困难625件，与46家重点企业签订契约式服务责任书，探索建立为企业服务长效机制，进一步优化了发展环境。认真贯彻《建立健全教育、制度、监督并重的惩治和预防腐败体系的实施纲要》，切实加强政府系统党风廉政建设，严格执行领导干部经济责任审计制度，促进政风进一步好转。

（三）2005年盐城经济运行特点

1. 经济运行态势稳健

2005年，盐城市经济增长在时段上没有出现大的起伏，全市经济在平稳发展的基础上呈上升态势。在生产和消费的推动下，第一季度生产总值增长14%，第二季度增速上升到14.3%，第三、第四季度一直保持14.3%的增速。同时，三次产业增速上下波动的幅度很小。“十五”时期，盐城经济以平均每年提高0.9个百分点的增长速度，在经济增长周期的上升轨道上稳健前行，2005年的增长速度创10年来的新高。

2. 骨干作用更加突出

2005年，全市大中型企业及大项目在经济发展中的骨干作用更加突出。全市新办农业龙头企业56个，省级龙头企业实现销售70亿元。2005年末，全市规模以上工业企业达2552户，比上年同期增加479户。纺织、汽车、化工三大重点行业主营业务收入同比增长41%，高于全市平均水平6个百分点。“十五”时期，全市新上投资5000万元以上的工业技改项目400多个，其中亿元以上项目190个。培植壮大了悦达、森达、中大、磊达、宏大等一大批骨干企业，形成了滨海化工、建湖节能灯、阜宁玻璃工艺品、东台市溱东不锈钢、大丰西团抛丸机、盐都大冈鞋机等十大重点产业群，标志着盐城市新型工业化进程明显加快。全市已建成超亿元的批发市场33个，其中生产资料市场11个，农副产品市场20个；已形成特色商业街（区）32个，成为拉动全市经济增长的主动力。

3. 县域经济增势强劲

县域经济是盐城市国民经济的重要支撑力量，也是最具发展潜力和后劲的新经济增长点。2005年，盐城市县域经济发展驶入了快车道，县域实现经济总量763亿元，占全市经济总量的72%，在全市经济中举足轻重。县域财政收入增长30.5%，高于全市平均水平1.1个百分点，财政收入占GDP的比重为7.2%，比上年提高0.7个百分点。县域全社会固定资产投资增长36.3%，高于全市平均水平1.3个百分点。县域进出口总额增长34%，高于全市平均水平9.7个百分点。县域注册外资实际到账占全市的81.8%。响水、滨海和东台的主要经济指标增幅遥遥领先于全市平均水平，全市县域经济呈现第一板块快马加鞭、第二板块稳步推进、第三板块提速争先的喜人局面。

4. 产业结构形成新格局

2005年，盐城市突出重点，主攻难点，用创新的办法破解经济运行中的难题，煤电油紧张的状况得到缓解，结构调整取得明显成效，形成了农业结构协调、工业结构改善、服务业升级加快的新格局。全市三次产业结构由2000年的31.5∶38.6∶29.9演进为2005年的22.3∶45.6∶32.1。二、三产业比重提高了8.2个百分点。种植业内部的粮经作物产值比由2000年的30.8∶69.2演变为27.6∶72.4；传统服务业所占比重逐渐下降，新兴服务业所占比重逐渐上升；轻重工业比例由2000年的65.4∶34.6调整到2005年的48.2∶51.8，重工业化特征已经显现，这标志着盐城市已由工业化初期进入了工业化的中期。

5. 民营经济发展加快

2005年，盐城市高度重视民营经济的发展，大力推进全民创业，实施“凤还巢”工程，使民营经济驶入了发展的快车道。目前民营经济已经成为全市最具发展潜力和后劲的新经济增长点和国民经济的重要支撑力量。2004年，新增私营企业5000户，新发展个体工商户3.2万户。据统计，2005年前三季度，全市民营经济实现增加值439.61亿元，

同比增长19.6%，增速高于同期GDP 5.3个百分点，占GDP的比重为60%。其中民营工业实现增加值232.31亿元，同比增长23.4%，占全部工业的比重为79.3%，实现营业收入996.56亿元，同比增长30.2%。规模以上民营经济完成投资209.1亿元，同比增长57.9%，高出全社会固定资产投资额增幅19.4个百分点。民营经济对财政收入贡献份额显著，全市民营经济上缴入库税金占全部财政收入的比重达43.5%，占全部税收比重达63.5%，与2004年同期比提升2.9个百分点，成为盐城市最重要、最稳定和最具增长潜力的财政收入来源。

（四）“十五”期间盐城市经济社会发展成就

“十五”时期，是盐城市发展最快最好的时期之一。全市人民紧紧围绕“两个率先”目标，大力实施新型工业化、经济国际化、农业产业化和城市化“四化”联动战略，成功战胜非典疫情、洪涝等灾害的挑战，积极应对宏观环境新变化，主要经济指标创建市以来最高水平，提前一年完成“十五”计划目标。

1. 综合经济实力明显增强

盐城市五年累计实现GDP 3875亿元，年均增长12.5%，比“九五”时期高1.4个百分点。工业化进程明显加快，三次产业结构由2000年的31.5∶38.6∶29.9调整为22.3∶45.6∶32.1，第二产业比重上升7个百分点。五年来，财政收入同口径年均增长26.4%，占GDP比重由2000年的5.2%提高到8.6%；五年完成全社会固定资产投资1500亿元，年均增长27.9%。盐城市进入中国城市综合竞争力百强行列。

2. 改革开放取得新进展

五年来，国有企业产权制度改革、事业单位改革取得新突破，政府职能进一步转变，民营经济快速发展。经济国际化进程加快，实际利用外资、外贸进出口额、对外承包工程劳务合作营业额年均分别增长40.3%、29.6%、75%。

3. 城乡面貌发生显著变化

五年来，市区城市建设共完成投资400多亿元，百万人口大城市框架基本形成，县（市）城和中心镇建设步伐加快，全市城市化率由2000年的35.6%提高到42%。一批交通、水利、能源等重大项目相继建成，基础设施支撑能力明显提升。

4. 社会事业全面进步

盐城市先后被评为全国科教兴市先进市、全省科技先进市和教育先进市。科技进步在农业和工业中的贡献份额分别达55.4%和38.5%。各类教育事业加快发展，新建了一批新校区。制定实施《盐城市文化发展行动纲要》，进一步繁荣文化事业，积极发展文化产业。建立健全城乡公共卫生体系和应急机制，城乡卫生状况进一步改善。

5. 人民生活水平不断提高

2005年，城镇居民人均可支配收入、农民人均纯收入分别比“九五”末增长62.9%和40.8%。五年城镇净增就业13.9万人，养老保险、失业保险、医疗保险参保人数分别达到50万人、51万人和70万人。建立健全城乡最低生活保障制度，在全省率先建立市区居民医疗统筹与救助制度和扶贫济困长效机制。大力兴办农村五件实事，农村生产生活条件有较大改善。

6. 精神文明和民主法制建设明显加强

“四五”普法任务全面完成，公民道德素质和城乡文明程度进一步提高，社会大局保持和谐稳定。

“十五”发展的成就，为“十一五”的发展奠定了良好基础，积累了宝贵经验。盐城市政府认为，取得上述成就，贵在五个坚持：坚持抓好发展这个第一要务，牢牢把握全面实践“三个代表”、全力推进“两个率先”的总要求，认真落实科学发展观，推进经济又快又好发展；坚持以解放思想为先导，不断深化改革，扩大开放，用创新的办法破解发展中的难题，努力增创发展新优势；坚持以工兴市，以项目推进为抓手，推动经济加快发展和社会全面进步；坚持以人为本、富民优先，把发展经济和造福百姓统一起来，努力让全市人民从改革和发展中得到更多的实惠，充分调动广大干群创新创业的积极性，形成加快发展的强大合力；坚持统筹兼顾，促进城乡、区域、经济社会协调发展，保持社会安定和谐。

面对取得的成就，还应清醒地看到存在的矛盾和问题。

（1）经济结构性矛盾依然突出。经济总量还不大，产业层次偏低，经济增长的质量和效益还不高。从产业结构看，第一产业比重偏高，二、三产业比重偏低的矛盾依然突出，特别是工业主要以传统产业为主，产品附加值低，缺少优势特色产业。从投资结构看，虽然投资总量保持较快增长，但农业投入仅占 1.2%，这与盐城农业大市不相协调；高新技术投资仅占5%，比重偏低。从财政结构看，非税收入占财政收入的比重过高。从信贷结构看，全市70%以上的贷款集中在少数大企业，中小企业特别是成长型企业贷款问题仍很突出。贷款短期化趋势明显，中长期贷款投放基本停止，企业的贷款利息负担过重。因此，今后要善于利用国家宏观调控的机遇，加快经济结构调整与升级的步伐。

（2）农民持续增收的难度加大。农村人口多，农产品附加值低，农民组织化程度低，农民收入中来自非农产业比重低，持续增收的长效机制尚未建立。按照盐城市在2010 年全面建成小康社会的要求，农民人均纯收入增幅平均每年要保持在10.5%左右。近几年来，随着取消农业税等各项惠农政策的逐步到位，对农民增收形成的支撑效应基本释放完毕，农民增收的长效机制还不健全。因此，农民持续增收已成为盐城市当前“三农”问题的重中之重，也是全面建设小康社会的难中之难。

（3）制约发展的体制机制障碍仍然存在。重点企业开放式重组任务还没有完成，现代企业制度尚未普遍建立，市场体系还不健全，乡镇综合改革有待推进，政府社会管理与公共服务职能还需要进一步加强。

（4）统筹发展的任务很重。镇村之间发展的不平衡性较大，社会事业发展相对滞后，农村基础设施建设欠账较多，部分镇村债务包袱较重。就业再就业工作任务艰巨，社会保障体系和社会救助体系还不够完善，影响社会稳定的因素仍然存在。

（5）市区经济发展相对滞后。2005 年，市区经济除 GDP 总量和社会消费品零售总额增幅高于全市平均水平 1.2 个和 0.1 个百分点外，其他经济指标增幅都低于全市平均水平。市区规模以上工业主营业务收入、利税总额和利润总额分别低于全市平均水平 0.7 个、11.7

个和31.7个百分点；市区全社会固定资产投资、工业技改投资分别低于全市平均水平2.6和1.4个百分点；市区财政收入和地方一般预算收入分别低于全市平均水平1.6和3.5个百分点；市区注册外资实际到账仅占全市的18.24%。因此，市委、市政府提出“大市区”概念和“重抓本级”的思路，对于保持全市经济快速、健康发展具有重大意义。

(五) 盐城市发展趋势与“十一五”目标

“十五”期间是盐城经济快速发展时期，五年来GDP累计增速为80.6%。回顾盐城经济的高速增长，主要是通过不断投资建厂，吸纳城乡剩余劳动力来实现的。“十五”期间，全社会固定资产投资达1500亿元。固定资产投资是当期的需求，更是下期的供给，大规模投资形成的产能将在2006年以后逐渐释放。因此，未来的五年，盐城经济仍将处于快速发展阶段。但在投资不断增长的同时，要注重投资质量，更要注意经济发展的稳定性、持续性、效益性。

“十一五”时期，盐城经济社会发展的主要目标：力争城镇居民收入和农民人均纯收入年均增一成左右，单位地区生产总值能源消耗比“十五”期末降低20%左右，实现全社会固定资产投资和规模以上工业增加值三年翻一番，财政一般预算收入四年翻一番，人均地区生产总值五年翻一番，经济发展速度赶超全省平均水平，把盐城建设成为“二城四基地”，即汽车城、红色湿地旅游城，科技含量较高的纺织轻工生产基地、生态化工基地、清洁能源基地、绿色食品基地；经济结构明显优化，形成一批拥有自主知识产权、知名品牌和国际竞争力较强的优势企业；经济增长方式实现较大转变，资源利用效率明显提高，生态和人居环境有较大改善，在苏北率先建成国家级生态示范区；社会主义市场经济体制比较完善，经济国际化进程明显加快；普及高中阶段教育，在苏北率先基本实现教育现代化；城市化进程明显加快，城镇就业岗位持续增加，社会保障体系基本完善；城乡居民生活质量普遍提高，居住、交通、教育、文化、卫生和环境等方面的条件有较大改善；民主法制建设和精神文明建设取得新进展，努力在苏北率先建成最安全地区，建设法治盐城、平安盐城、文化盐城、诚信盐城、绿色盐城。到2010年，全市总体上全面建成小康社会。

2006年是实施“十一五”规划的第一年。主要调控目标是：地区生产总值增长14%；地方一般预算收入同口径增长19%，财政总收入同口径增长20%；规模以上工业增加值增长23%；自营出口总额增长20%，注册外资实际到账增长50%；全社会固定资产投资增长26%，其中工业技改投资增长30%；万元地区生产总值能耗下降4%；社会消费品零售总额增长15%；市区城镇居民人均可支配收入增长10%，农民人均纯收入增长9%；城镇净增就业4万人，年末城镇登记失业率控制在4%以内；人口自然增长率控制在4‰以内。

(六) 盐城经济社会发展对长三角经济的影响

1. “十五”期间盐城生产总值在长三角所占比重的变化趋势

2002~2005年的这四年中，盐城市生产总值在长三角中所占比重分别是2.82%、

2.71%、2.55%和2.48%，呈持续的下降态势，虽然盐城市主动适应客观因素的变化，克服了许多困难，但是也要清醒看到，全市经济社会发展中还存在很多矛盾和问题，主要是：与长三角的其他先进地区相比，总体指标在量上的差距还很大；经济增长的方式转变的仍然显得缓慢；等等。这些原因导致了盐城在整体经济上并没有明显赶上先进地区的态势，甚至逐渐与其他地区拉开了差距（见图2－78）。

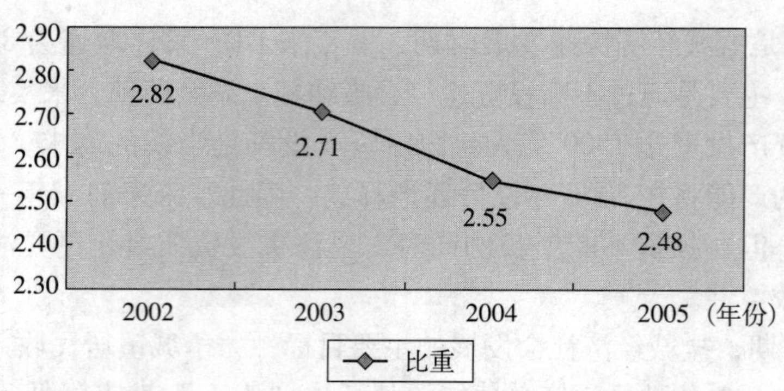

图2－78　2002～2005年盐城市地区生产总值占长三角生产总值比重（单位：%）

2. "十五"期间盐城市产业结构变化情况

"十五"期间，盐城市各产业产值在长三角产值中所占比重变化并不很明显。其最大的特点是，从第二产业在长三角所占的比重与第一产业和第三产业在长三角所占的比重的比较中，我们可以看出，第二产业相比其他两个产业来讲，所占的比例微乎其微（见图2－79）。

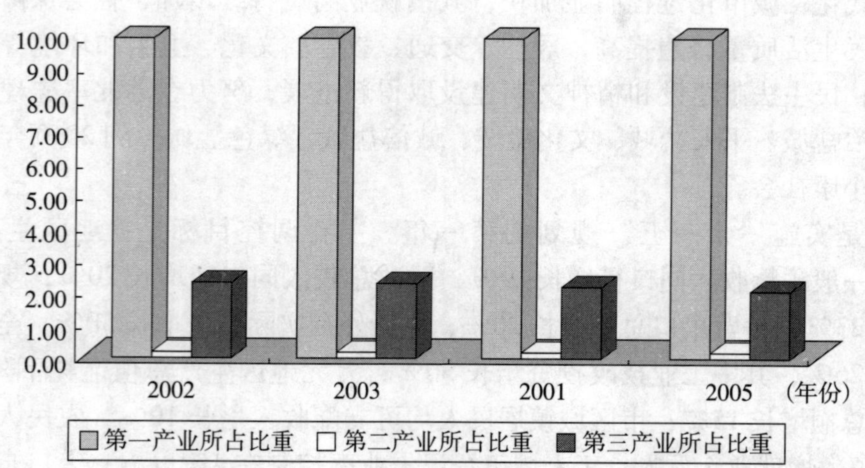

图2－79　2002～2005年盐城市各产业产值占长三角产值比重（单位：%）

2002～2005年，盐城市第一产业占长三角第一产业的比重分别为9.94%、9.21%、8.93%、9.61%。这一组数据告诉我们，盐城市的传统产业在长三角总比重中所占的比例很大，盐城市的第一产业在长三角的第一产业中扮演着重要的不可替代的角色。但是，

与同在长三角的先进地区相比，盐城市还需要有效调整自己的产业结构。

2002～2005 年，盐城市第二产业占长三角第二产业的比重分别为0.08%、0.06%、0.05%和0.04%。通过以上数据，我们可以看出，第二产业在总比重中所占的比例很少，而且呈现出很明显的下降趋势，这说明，第二产业是盐城相比较来说最为薄弱的环节，盐城市从第二产业上来讲，还没有跟上长三角其他城市发展的步伐。

2002～2005 年，盐城市第三产业占长三角第三产业的比重分别为2.21%、2.20%、2.10%、1.97%。通过以上数据，我们可以看出，第三产业在总比重中所占的比例从总体上呈现出下降的趋势。

3. 盐城市经济社会发展在长三角中的地位（见表2－53）

表2－53　2005年长三角与盐城部分经济社会发展指标比较

指　　标	长三角	盐　城	比例（%）
固定资产投资（亿元）			
全社会固定资产投资总额	18978.51	265.06	1.40
国内商业			
社会消费品零售总额（亿元）	13304.55	316.91	2.38
对外经济贸易			
出口总额（亿美元）	2905.28	8.71	0.30
运输			
公路客运量总计（万人）	292977.00	6544.00	2.23
公路货物运输量总计（万吨）	190433.00	3198.00	1.68
民用车辆拥有量（万辆）			
民用汽车拥有量	492.06	7.96	1.62
邮电业务总量（亿元）			
年末市内电话（万户）	4507.77	240.71	5.34
年末移动电话用户（万户）	6680.00	176.08	2.64
国际互联网用户（万户）	1597.46	14.89	0.93
从业人员合计（万人）	8474.20	318.36	3.76
第一产业	2241.24	116.14	5.18
第二产业	3266.99	87.88	2.69
第三产业	2965.97	114.34	3.86
教育			
普通中学在校学生（万人）	759.68	52.49	6.91
小学在校学生（万人）	881.43	42.57	4.83

盐城市全社会固定资产投资总额达265.06亿元，占长三角地区总额的1.40%。社会

消费品零售总额为316.91亿元，是长三角地区的2.38%。盐城在的外经济贸易出口总额为8.71亿美元，仅占长三角地区的0.30%。

在交通运输方面，盐城的公路客运量为6544万人，占长三角地区公路客运总量的2.23%；公路货物运输量为3198万吨，占到长三角地区公路货运总量的1.68%。盐城市的民用汽车拥有量为7.96万辆，仅为长三角地区民用汽车拥有数量的1.62%。在通信方面，盐城市2005年末的市内电话总量为240.71万户，占长三角地区固定电话总数的5.34%；移动电话用户为176.08万户，在长三角地区的比例为2.64%；国际互联网用户为14.89万户，仅占长三角地区的0.93%。

盐城市各产业从业人员总数为318.36万人，占长三角从业人员总数的比重为3.76%。其中，第一产业116.14万人，占长三角地区第一产业从业人员的5.18%，第二产业的从业人员数为87.88万人，占长三角地区的2.69%，第三产业从业人员人数为114.34万人，占长三角地区的3.86%。长三角地区的一、二、三产业从业人员结构大致为26:39:35，盐城市的从业人员在各产业的比例为36:28:36，第一产业从业人数比例高于长三角水平，第三产业从业人数比例与长三角总体持平，而第二产业从业人员比例则明显低于长三角的总体水平（见图2-80）。

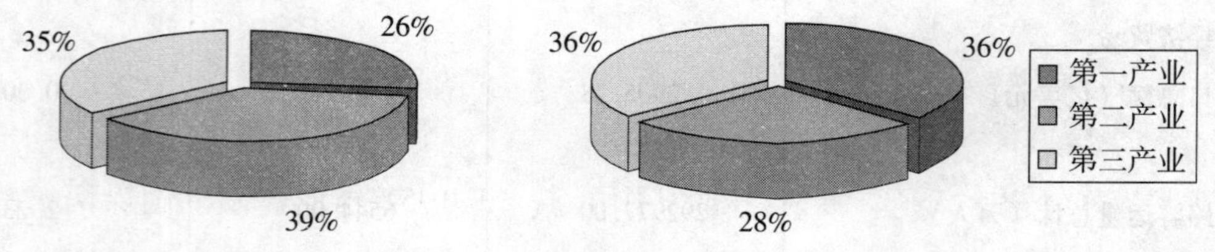

1）长三角地区一、二、三产业从业人员结构　　2）盐城市一、二、三产业从业人员结构

图2-80　长三角地区与盐城市一、二、三产业从业人员结构比较

盐城市的教育发展良好，普通中学在校生为52.49万人，占长三角的比例达到6.91%，小学在校生为42.57万人，占长三角的4.83%。

盐城走新型工业化道路，努力建设具有区域特色和优势的汽车、纺织、机械等现代制造业基地，积极推进高新技术产业园区建设，大力发展现代服务业，进一步推动产业结构调整和增长方式转变。盐城正在加快沿海开发的步伐，按照“以工兴港、以港兴海、集约开发、保护生态”的总体思路，实施沿海开发战略，加快融入“长三角”，提高区域发展的竞争力。

建湖县经济社会发展情况

（一）建湖县概况

1. 地理位置

建湖县位于江苏省东北，盐城市的中西部，东枕通榆公路，西襟射阳湖。南北长

43.7公里，东西宽48.7公里，总面积为1154平方公里。县治所在地近湖镇。

县境地处苏北里下河地区“三大洼”的下洼，平均地面真高1.74米，汛期雨水偏多易成涝灾。腹地干流东西两塘河，南承高、宝、兴、泰诸湖之水，北注射阳河与东流黄沙港入海。温带季风气候明显，雨量充沛，日照充足。年平均无霜期212天。传统物产有“稻麦蒲柴藕，鱼蟹鳖蛋虾”，素称“饭稻羹鱼”之乡。抗日战争和解放战争期间，享有盐阜区的“小乌克兰”称誉。中华人民共和国成立以来，生产不断发展，现为全国重点商品粮基地之一。

全境平畴沃野，沟河纵横，圩区棋布，长堤环绕，绿树掩映，呈现一派水乡风光。境西湖区，景色绝佳，“九龙口”之奇，“永浮墩”之怪，神奇莫测，闻名遐迩，有水乡“西湖”之称，令人流连忘返。

县城近湖镇，位于县境中部，交通便利，陆上公路成网，内联乡镇，外接全国；水上航运畅通，北达滨海、射阳，南抵高港、上海；邮电发达；工商企业繁荣，集市贸易活跃，是全县政治、经济、文化中心。

2. 历史沿革

县域原是古淮夷地的一部分，春秋初，地近古干（邗）国。干亡，吴国掩有其地；吴亡，地属越；越亡，地入楚。秦和汉初为射阳县东境，其后射阳、盐渎分治，县境大部为盐渎县辖地，只有西南临湖地区仍属射阳。至东晋义熙年间，射阳县废置，盐渎改称盐城，县境的东部仍属盐城，西部划属新设的左乡县。唐时全为盐城属境，此后大致相沿未变。1941年秋，根据当时斗争形势的需要，决定划盐城县西北乡部分建立建阳县。因境内建阳镇而得名。后因与福建省建阳县同名，于1951年取建阳、湖垛两镇的首字改称建湖县。

（二）建湖县经济发展基本状况

“十五”期间，建湖经历了各种挑战，经受了各种考验，经济社会发展取得了巨大成就，建湖进入了历史上发展速度最快、城乡面貌变化最大、人民群众得到实惠最多的时期。

2005年是实施“十五”计划的最后一年，也是全面建设小康社会的承上启下之年。以经济建设为中心，不断深化各项改革，着力推进体制创新和技术创新，深入开展全民创业活动，努力扩大投资和消费需求，大力发展各项社会事业，推进城市基础设施建设，国民经济主要指标实现了快速增长，各项社会事业也得到了较快发展，全面完成了年度经济和社会发展的预期调控目标。

1. 积极适应形势变化，国民经济快速发展

2005年，全县完成地区生产总值101.88亿元，按可比价计算，比上年增长14%，其中，第一产业完成增加值20.8亿元，增长7.2%；第二产业完成增加值50.2亿元，增长17.2%；第三产业完成增加值30.88亿元，增长14%，按户籍人口计算，人均地区生产总值达12703元，折1580美元，三次产业的结构调整为20.4∶49.3∶30.3，财政总收入占GDP的比重为8.58%，比上年提高了0.64个百分点，一般预算收入占GDP的比重为

3.76%，比上年提高了0.28个百分点。

2005年，财税工作紧紧围绕“双倍”目标，克难奋进，大力组织财政收入、调整和优化财政支出结构，促进了全县经济和社会事业的发展。全县实现财政总收入87368万元，同口径比上年实绩增长28.3%。在财政总收入中，完成地方一般预算收入38336万元，增长36.9%，上划中央收入29635万元，增长11.4%，基金预算收入19397万元，增长43.7%，县本级完成财政总收入41310万元，增长36%。镇（区）财政收入继续保持较快增长，全年完成财政总收入50269万元，增长22.6%，其中完成一般预算收入22454万元，增长18.7%。近湖镇总收入超2亿元，开发区财政收入达4232万元，财政收入超3000万元的有庆丰和建阳镇，超2500万元的有恒济、颜单和上冈镇，蒋营镇财政收入超2000万元，有4个镇超1000万元，冈西、冈东和宝塔镇的财政收入均已超800万元。全县人均财政收入达1088元，人均一般预算收入也达478元。全县实现财政支出86686万元，增长32.7%。在总支出中，科技三项费用和科学支出1262万元，增长84.8%，农业支出6578万元，增长25%，文教卫生事业费25331万元，增长18.2%，抚恤和社会福利救济支出2886万元，增长79.1%，社会保障补助支出3139万元，增长95.3%，城市维护费2816万元，增长95.4%，公检法司支出5538万元，增长14.1%，行政管理费支出8439万元，增长24.9%，基金预算支出20333万元，增长70.5%，县本级实现财政支出68641万元，增长29.3%。

2. 三大需求拉动经济稳步增长

1）固定资产投资

建湖始终坚持以项目推进为主线，全县上下把招商引资、项目推进作为组织经济工作的有效措施，2005年全年完成全社会固定资产投资47亿元，比上年增长33.3%，增幅提高了10个百分点。在总投资中完成基本建设投资14.3亿元，同比增长22.7%，完成工业技改投资32.7亿元，增长40.2%，完成房地产开发投资4.86亿元，增长8.5%，完成城镇固定资产投资22.8亿元，增长36%。

2005年全年实施超千万元项目186个，完成投资15.7亿元，其中5000万元以上项目36个，完成投资5.3亿元，亿元以上项目18个，完成投资10.2亿元。森达生物工程、穗特数控机床、裕安绿色乳胶、剑牌化学工业城等超亿元重大工业项目相继开工建设；金基东方广场、德容装饰城等大型市场建设初具规模，列入县重点服务业项目的江苏里下河物流中心和县人民医院综合病房楼建设项目正式启动。

房地产开发品味提升，2005年全年开工总面积达48万平方米，金基东方广场、振亚国际广场、东方御花园、明星城、清华苑、阳光水城、金阳花园等楼盘销售火爆，为建湖县房地产业引入了绿色、健康、和谐的新理念。

农村道路建设投资8500万元，建成农村公路205公里，盐淮高速公路建设进展顺利；新建和改造城市、农村电网43公里，电网结构进一步优化；县城北污水处理厂一期工程竣工并投入试运营；国土大厦和行政审批中心等建设项目竣工并交付使用。

2）国内贸易

在国家扩大内需、鼓励消费政策的推动下，随着城乡居民收入水平的不断提高，建湖县的消费品市场也呈现出异常的活跃。据统计，2005 年全年实现社会消费品零售总额30.6 亿元，比上年增长 15%，是“十五”期间增幅最高的年份。城乡消费均实现较快增长，县的零售额实现的 16.4 亿元，增长 17.3%，县以下的零售额完成 14.2 亿元，增长12.4%；从分行业看，批发零售业实现 27 亿元，增长 13.3%，餐饮业依然保持旺盛的增长势头，全年完成 3.4 亿元，增长 28.1%，其他完成 0.21 万元，增长 57.2%。居民的消费结构和消费层次都在发生着深刻的变化，住房、私家车、通信、教育、旅游、文化娱乐等消费持续增长。

市场建设稳步推进，发展层次不断提升。投资 1.8 亿元的金基东方场商贸核心区架构已初步形成，投资超亿元的中捷钢贸城启动建设，引资 1200 万元和 1500 万元的建湖商场、粮贸大厦改造工程顺利实施，德容装饰城正式开盘，按四星级标准建设的凯悦大酒店基本竣工；肯德基、五星电器等著名商家落户建湖，宝隆银楼、千年翠钻、通灵翠钻等一批品牌专卖店相继开业，供销系统新办省级三星级为农服务社 3 个；旅游业快速发展，中国城乡规划设计院编制了九龙口开发建设总体规划，其整体开发取得较大进展，九龙口风景区被批准为国家 2A 级风景区和省级风景名胜区，建湖宾馆、华都饭店、冠华苑大酒店荣膺三星级涉外旅游饭店；新兴服务业发展步伐加快，会务展示、广告策划、信息咨询、调剂拍卖、劳务中介等各类商务中介应运而生，成立了民营阳标担保公司。服务业全年实现税收 1.56 亿元，同比增长 22.5%，吸纳就业人员 12.9 万人，约占全社会从业人员的 33%。

3）对外贸易

全面扩大对外开放，“三外”工作取得新的成绩。对外贸易稳定增长，全县自营出口企业发展到 33 家，出口商品市场达到 45 个国家和地区，全县实现进出口总额 7557 万美元，增长 30.7%，其中自营出口 5724 万美元，增长 45.7%，外贸依存度提高到 6%；利用外资取得显著成绩，全年新批外资项目 30 个，协议利用外资 6300 万美元，增长154%，注册外资实际到账 2088 万美元增长 166%；外经合作再创新高，成立全省首家县级外派劳务培训中心，全年新签外经合同额 9132 万美元，完成外经营业额 8950 万美元，比上年增长 32.4%，新派出国劳务 4650 人，比上年增加 1630 人，年末在外劳务达7070 人。

3. 三大产业齐头并进，带动全市经济增长

1）农业

农业经济继续保持了较快增长。2005 年，全县完成农林牧渔总产值 42.74 亿元，比上年增长 11.5%，实现农林牧渔增加值 20.8 亿元，同比增长 7.2%。全年粮食作物播种面积 86767 公顷，比上年增加 4.6%，完成粮食产量 59.3 万吨，比上年增产 8.9%，其中稻谷产量 37.14 万吨，增产 7.2%；棉花播种面积 5133 公顷，减少 11.1%，棉花产量为5387 吨，比上年减产 37.8%；油料播种面积 6438 公顷，增长 10.9%，油料总产量 1.75万吨，增长 13.1%。

农业产业化经营快速发展，标准化建设步伐加快。生猪饲养量 63.7 万头，增长3.5%，生猪出栏 39.29 万头，增长 13.4%，生猪年末存栏 31.45 万头，增长 16.7%；羊的饲养量为58.3万只，增长14.9%，当年出栏23.85万只，增长15.9%，羊年末存栏34.76万只，增长15.1%；全年家禽饲养量2187万只，增长5.2%，出栏1427万只，增长15.4%，家禽年末存栏969.5万只，增长13.1%，全年禽蛋产量7.01万吨，增长2.2%，肉类总产量4.6万吨，增长7.2%。水产养殖面积19.1万亩，水产品总产量8.19万吨，增长4.3%，其中鱼类产量5.61万吨，增长12.1%，虾蟹类产量2.16万吨，增长14.6%。当年造林面积270公顷，成片造林及完善农田林网21.6万亩，以意杨为主的绿色通道工程得到国家林业局认可。年末实有桑园面积671公顷，蚕茧产量13653担，比上年略有下降；年末实有果园面积873公顷，园林水果产量2.34万吨，与上年基本持平。

全县现有农产品龙头加工企业60家、农产品专业市场20个，专业合作社19个、专业协会27个、各类农民经纪人1.6万多人；优质农产品认证方面，拥有有机食品1个、绿色食品2个、无公害产品3个、当年新增无公害产地8个、新创市级以上农业品牌14个，进超市农产品39个。

农村劳动力转移工作取得新的成绩，加大对农村劳动力的文化及技能培训力度，新转移农村劳动力1.28万人，累计转移农村劳动力16.22万人，比上年增长8.6%，转移率达58.74%，劳务收入对全县农民收入增长的贡献率继续提高；全面落实党在农村的各项政策，2005年发放粮食、良种和农机补贴1881万元，全部免征农业税，减轻农民负担5257万元，促进了农民增收。

农业基础设施建设力度加大，疏浚河道505公里，加固圩堤115公里，完成水利总土方735万方；农业机械化进程加快，2005年全年新增大中型农机具453台套，其中高性能收割机98台、插秧机具305台，水稻种植机械化水平在全省名列前茅，农业生产综合机械化水平达78.2%，年末全县农机总动力35.37万千瓦，其中排灌动力机械8万千瓦，机电灌溉面积6.35万公顷，机械植保作业面积7.86万公顷，农机化作业收入1.57亿元，其中跨区作业收入0.53亿元。土地整理工作得到加强，恒济、颜单、沿河等镇土地整理项目被列为省重点支持项目，省投资重点开发项目新增耕地389公顷，土地开发项目库项目新增耕地133公顷。

2）工业

进一步确立工业立县的发展战略，努力克服制约工业经济发展的各种不利因素，不断加大工业经济的组织推进力度，全县工业经济继续保持快速增长的良好态势。截止到2005年底，全县定报工业企业已发展到279家，全县定报工业企业全年完成工业增加值28.8亿元，增长20.7%，实现工业主营业务收入108亿元，增长28.8%，实现工业利税8.6亿元，增长31.2%，完成工业利润4亿元，增长42.3%，全社会工业用电量达4.42亿千瓦时，比上年增长23.8%，其中定报企业工业用电量2.8亿千瓦时，同比增长23.6%。

积极培育产业集群，产业特色日趋明显。全县六大支柱产业均已建立了行业商会，石油机械产业被省列入20个重点培植的产业集群，皮鞋及鞋材、石油机械、绿色照明被列入市12个重点培植的产业集群，国内最大的绿色环保乳胶手套项目落户建湖并开始投产。工业品牌创建成效显著，全县拥有森达、克胜2个中国驰名商标、中国名牌产品2

个、省级著名商标和名牌产品16个；森达集团跻身“向世界名牌进军、最具国际竞争力的中国16家企业”行列，拥有7个免检产品；技术创新工作取得新的成绩，全县拥有省级企业技术中心2家，市级企业技术中心21家，建成国家级油气井口设备质量监督检验中心，石油机械研发平台成为全市首家市级研发平台。

深入开展全民创业，大力发展民营经济，全县私营个体经济得到继续扩张。2005年全年新发展私营企业515家，个体工商户2200户，新增从业人员0.79万人，注册资本3.24亿元，其中私营工业企业新增注册资本1.9亿元。

建筑业坚持以做大做强为目标，积极实施市场拉动、名牌牵引、规模推进和错位竞争四大战略，努力实现建筑业的提速增效，2005年，完成建安产值55亿元，同比增长22%，完成县内建筑业增加值5.5亿元，增长23.6%。建业集团被评为江苏省建筑业最佳企业。

3）金融和保险业

金融运行基本平稳，存贷款余额继续得到较快增长。2005年末全县各金融机构本外币存款余额80.31亿元，比年初增加11.91亿元，增长17.4%，其中居民储蓄存款62.13亿元，比年初净增加8.59亿元，增长16%，人均储蓄存款达7737元；年末各项贷款余额46.67亿元，比年初净增加4.6亿元，增长10.9%，其中短期贷款达37.83亿元，净增加3.12亿元、农业贷款10.27亿元，净增加2.49亿元，个人中长期消费贷款余额15211万元，增长8.9%，全县存贷差33.64亿元，存贷率为58.1%。

保险业继续得到较快发展，市场主体不断增加，人保公司和国寿公司2005年承保额102亿元，比上年增长27.5%，全年保费收入16156万元，增长23.2%。

4）交通和邮电业

加快交通建设步伐，努力改善投资的交通环境。2005年，全县完成交通投资7165万元，实施了农村公路、县开发区热电路等重点工程建设，建成农村公路205公里，累计近900公里，全县农村班车通达率达95.3%，再次被江苏省评为农村公路建设先进单位；盐淮高速公路建设进展顺利，规划的国家内河二类对外开放口岸的江苏里下河物流中心被列为省服务业重点项目并已正式启动。

（三）建湖县社会发展基本状况

1. 城市建设和环境保护

城市和基础设施建设明显加快。2005年，完成了县城总体规划第四轮修编，在全市各县（市、区）中率先建成城市规划实景沙盘及影像演示系统；县城建成区面积达16平方公里，常住人口16.5万人，城镇化水平接近40%；加强对创建省级文明城市工作的领导，大力开展县城环境综合整治，对县城7条主干道两侧350多幢楼宇实施出新改造工程，县城面貌焕然一新，一举建成省级文明城市，成为第三批苏北唯一获此殊荣的县份。县城绿化、亮化、美化建设取得新进展，城市绿化覆盖率达35.5%，森林覆盖率达16%，城镇人均拥有道路面积11.5平方米，人均公共绿地达10.5平方米，精心打造的西塘河风光带成为县城的标志和充分体现建湖历史文化底蕴、水乡风貌特色和现代化气息的新景观。

统筹经济、人与自然的协调、和谐发展，经过全县人民的共同努力，建成国家级生态示范区。生活垃圾无害化处理率达100%；城北污水处理厂建成投入使用，工业废水排放量1019万吨，排放达标率为100%，生活污水处理率达60%；工业二氧化硫排放量1866.5吨，去除量1366.7吨；烟尘控制区面积达14.2平方公里，环境噪声达标区总面积14.2平方公里，环境质量综合指数为80.2%；城市环境基础设施建设2005年完成投资额15633万元，比上年增长61.2%，工业固体废物综合利用率100%，三废综合利用产品产值达5004万元。

2. 人口、人民生活和社会保障

人口和计划生育工作成效显著，省人口与计划生育示范县创建工作通过验收，荣获全国婚育新风进万家活动先进县称号，计划生育率达98.9%。2005年末全县总人口为802999人（公安户籍人口），比上年增加2250人，在总人口中，非农业人口为279888人，占34.9%，城镇人口314775人，占39.2%。

人民生活水平得到新提高。据对城镇100户居民家庭的抽样调查，2005年全年城镇居民人均可支配收入达8052元，比上年增长13.6%；人均消费性支出为5879元，其中食品支出2298元，城镇居民的恩格尔系数为39.1%；年末全县城镇集体以上单位从业人员50190人，其中在岗职工人数为48512人，比上年增长4.5%，从业人员平均劳动报酬12384元，比上年增长16.7%，其中在岗职工年人均工资收入12535元，比上年增长15.8%。根据对农村住户的抽样调查，全年农村居民人均纯收入4833元（省核定数），按同口径比上年增长10.8%，为“十五”期间农民收入增幅较高的年份；农民人均生活消费支出3036元，比上年增长18.9%，其中食品消费支出1385元，比上年下降11元，农村居民的恩格尔系数为45.62%。城乡居民的居住条件进一步改善，城镇居民的人均住房建筑面积达32平方米，农村居民人均钢筋、砖木结构住房面积达31.5平方米。

强化爱民之心，细化为民之策，硬化惠民之举，全县社会保障体系进一步完善。实行积极的就业政策，2005年全年城镇净增就业人数6193人，年末失业登记率为3.01%控制在较低水平；大力度推进社会保险扩面征缴工作，养老、医疗保险扩面分别净增8000人和3000人，年末基本养老保险缴费人数达4.2万人。失业保险缴费人数达5.37万人，医疗保险缴费人数达4.7万人，养老、失业、医疗保险基金征缴分别达6556万元、815万元和3800万元，征缴率达92%以上；新型农村合作医疗改革推进顺利，实际参加人数达42.7万人，参合率达84.2%，参合农民受益面达21.3万人次，补偿总额达460.93万元，已有5000多名大病农民获得了补偿，其中累计补偿万元以上的患者达20人；大力推行企业养老保险费核征制，保证了全县1.4万多名企业离退休人员养老金的按时足额发放；社会救助体系日益完善，建立了城乡居民最低生活保障制度，实现了应保尽保，全年抚恤和社会福利救济支出2886万元，增长了79.1%，社会保障补助支出3139万元，增长95.3%，建立了农村计划生育家庭奖励扶助制度。

社会福利事业稳步推进，全县2005年末共有社会福利收养性单位16个，收养床位1800张；社区服务设施16个，居民最低生活保障已保人数达15865人，其中城镇低保居

民4499人，农村传统救济人数11366人。

3. 各项社会事业

加快实施科教兴县战略，科技进步对工农业的贡献份额分别达40%和57.9%，荣获全国科技进步先进县称号。全县通过鉴定的新产品4个，通过科学技术鉴定和验收的项目22个，3个新产品列入国家重点科技新产品计划，4个产品列入省高科技产品计划，专利申请受理量166件，专利申请授权量41件，其中发明2件。高新技术产业化和科技成果转化步伐加快，森达制鞋工程研究中心通过省级验收，克胜集团被认定为国家级高新技术企业，特达钻采公司被省列为江苏省知识产权百强企业。

以县为主的义务教育管理体制得到落实，教育事业整体水平进一步提高，县职教中心成为国家级中等职业学校和国家级农民科技培训星火学校，高标准通过省“六有”工程建设验收。2005年，全县有各类学校104所，其中普通中等专业学校1所、普通中学30所、职业高中2所、技工学校1所、小学70所。

群众性文体活动蓬勃开展，县文化馆被评为国家一级文化馆，广电部门的宣传质量和服务水平明显提高，广播和有线电视的入户率不断提高，实现村村通电视；年末全县共有剧场、影剧院15座，公共图书馆16个，图书总藏量319.8千册。

农村公共卫生体系建设进一步完善，镇村卫生组织逐步健全，社区卫生服务工作不断扩大，公共卫生防控体系建设进一步深化和完善，县级治疗卫生的技术装备水平有了较大提高，基本达到了小病就地医疗、大病不出县的要求。

十　扬州市2005年经济社会发展报告

2005年，扬州市坚持以邓小平理论和“三个代表”重要思想为指导，以科学发展观为统领，以经济建设为中心，求真务实，开拓创新，突出重点，克难求进，全市经济社会保持良好的发展势头，顺利完成了市五届人大三次会议确定的任务。

（一）2005年扬州市经济发展基本情况

1. 经济实力跨上新台阶

（1）综合实力不断增强，地方财力再上台阶（见图2－81、图2－82）。2005年，扬州市实现地区生产总值922.02亿元，比上年增长15%，增幅首次超过省均水平，其中，第一产业增加值89.29亿元，增长6%；第二产业增加值519.17亿元，增长17.2%；第三产业增加值313.56亿元，增长14.3%。人均地区生产总值20251元，按现行汇率折算达2500美元。三次产业结构比为9.7∶56.3∶34.0。财政总收入117亿元，同口径增长26%。城市居民人均可支配收入11379元，农民人均纯收入5200元，分别增长15.5%和11.2%。

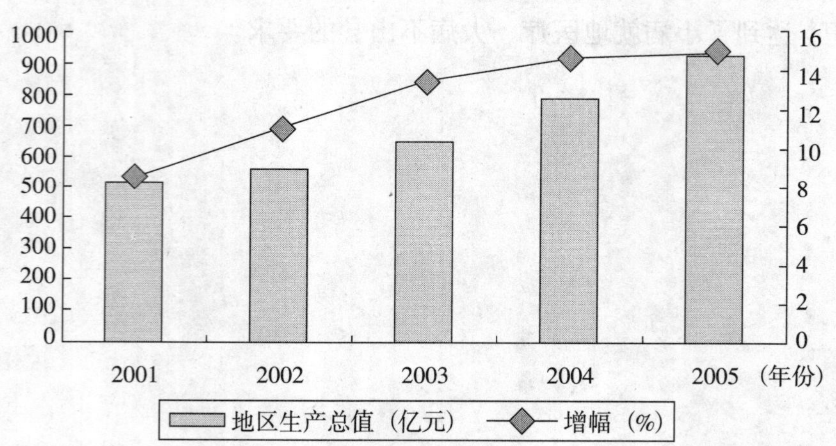

图2－81　2002～2005年扬州市地区生产总值概况

（2）投资规模稳步扩大，投资主体日趋多元。2005年全年完成全社会固定资产投资410亿元，增长24.2%。其中，城镇规模以上项目完成投资222.42亿元，比上年增长40.4%；农村规模以上项目完成投资114.52亿元，比上年增长95.1%。民间投资占全社会固定资产投资比重71%，比2000年上升22个百分点。

（3）重点工程进展顺利。润扬长江公路大桥正式通车；沿江高等级公路全线基本贯通；扬州港3号、4号泊位建成投产，发电厂扩建工程2×30万千瓦机组并网发电，二电厂二期工程项目建设顺利；出口加工区基础设施初步建成。

（4）市场物价温和上涨。2005年，市区居民消费价格总水平与2004年同期相比，上

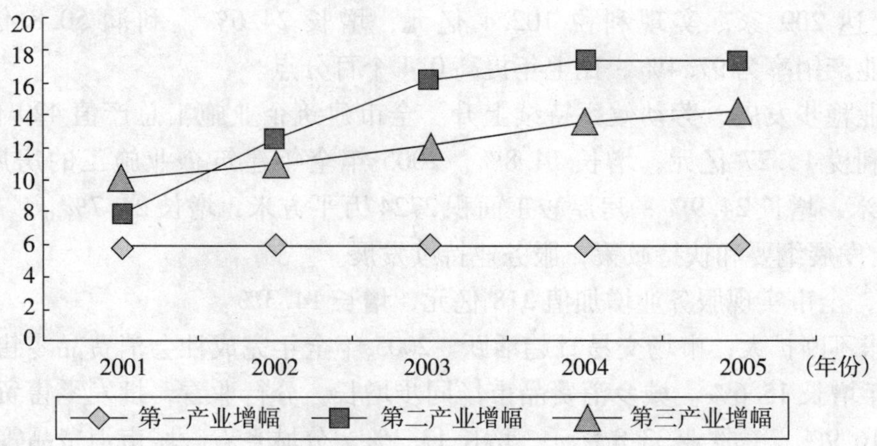

图 2－82　2002～2005 年扬州市三次产业产值增长概况（单位：%）

涨 1.9%，涨幅比去年同期低 2.0 个百分点。商品零售价格总水平与去年同期相比上涨 0.6%，涨幅比上年同期低 2.3 个百分点。分类别看，食品价格累计上涨 1.9%，非食品价格上涨 1.9%；消费品价格上涨 1.1%，服务项目价格上涨 5.7%。

2. 三次产业共同推进

1）以增加农民收入为中心，农村经济稳步发展

2005 年，全市实现农业总产值 171 亿元，现价增长 7.3%；粮食播种面积 357.51 千公顷，比上年扩大 21.15 千公顷，粮食总产 226.4 万吨，比上年增产 21.4 万吨，增长 10.5%；油料产量 12.28 万吨，下降 10.4%；蔬菜产量 128.15 万吨，增长 6.4%；水产品产量 35.6 万吨，增长 6.5%。启动全面小康村建设，首批 30 个先行村基本达标。

结构调整成效显著，现代农业步伐加快。全市农业优良品种和新技术推广已达 70% 和 80%，建立市级以上农业标准化示范区 29 个，无公害农产品、绿色食品、有机食品分别达到 214 个、131 个和 27 个。“菜篮子工程”建设完成预定任务。新增无公害农产品基地 70 万亩，新增“三品”品牌 48 个。宝应县建成全国有机食品基地示范县。

农业产业化步伐加快。新增市级以上龙头企业 12 家，累计达 47 家。2005 年，47 家市级以上龙头企业实现销售收入 110.7 亿元、利税 5.2 亿元、出口创汇 1.6 亿美元，同比分别增长 25.5%、24.9% 和 15.1%。新增农业外资项目 47 个，利用外资 5100 万美元。

2）工业生产较快增长，运行质量稳步提升

2005 年，全市着力抓好“双创”和“三重”，强力推进工业第一方略，实现全部工业总产值 2100 亿元，工业增加值增幅“十五”以来首次超过全省平均水平。规模以上工业企业达 2045 家，实现工业总产值 1448.8 亿元。其中，高新技术产业和私营经济产值比重分别为 18.8% 和 46.2%，同比分别提升了 1.5 个和 1.1 个百分点；实现增加值 388 亿元，同比增长 23.1%。完成工业技术改造投入 252 亿元，增长 40%。新培育省级以上高新技术企业 30 家、产品 138 个。高新技术产业产值 270 亿元，增长 43.5%。新增中国名牌产品 5 个。在工业发展速度明显加快的同时，工业经济效益也实现了同步增长。2005 年，全市规模以上工业实现产品销售收入 1370.1 亿元，同比增长 32%，其中销售收入过

亿元的企业达 209 家；实现利税 102.4 亿元，增长 24.6%，利润 50.8 亿元，增长 30.3%；工业产销率为 97.4%，比上年提高 0.4 个百分点。

建筑企业稳步发展，劳动效率持续上升。全市建筑企业施工总产值 420 亿元，增长 18%，实现利税 15.27 亿元，增长 14.8%。2005 年全年建筑企业施工的房屋建筑面积 5244 万平方米，增长 24.9%；房屋竣工面积 2724 万平方米，增长 24.7%。

3）制定发展纲要和扶持政策，服务业持续发展

2005 年，全市实现服务业增加值 318 亿元，增长 14.3%。

消费需求不断扩大，市场交易日趋活跃。2005 年全年完成社会消费品零售总额 263.7 亿元，比上年增长 15.6%。城乡消费品市场同步增长。分行业看，批发零售贸易业 224.3 亿元，增长 16.9%；餐饮业 33.8 亿元，增长 13.3%。分城乡看，城市消费品零售总额 187 亿元，增长 15.6%；县及县以下消费品零售额 76.7 亿元，增长 15.8%。分经济类型看，私营个体经济实现零售额 143.4 亿元，增长 15.9%，占全市消费品零售总额的 54.4%。

旅游经济加快发展，产业规模不断壮大。2005 年全年接待境内外游客 1136.91 万人次，增长 23.3%；旅游总收入 104.6 亿元，增长 36.1%。其中，国内旅游人数 1113.05 万人次，增长 23.2%；国内旅游收入 92.36 亿元，增长 36.8%。接待入境旅游 23.86 万人次，增长 26.9%；旅游外汇收入 1.52 亿美元，增长 39.6%。信息服务业保持了良好的发展势头，全年实现销售收入 35.66 亿元，同比增长 10.67%。

房地产开发平稳发展。2005 年全年实现房地产业增加值 34.19 亿元，同比增长 11.2%；完成房地产开发投资 73.14 亿元，同比增长 14.3%；商品房施工面积 706.54 万平方米，同比增长 20.7%；商品房竣工面积 280.14 万平方米，同比增长 1.8%；商品房销售额 66.82 亿元，同比增长 27%。

邮政业务稳步增加，电信事业加快发展。2005 年全年邮电通信业实现业务收入 26.56 亿元，增长 17.5%。公用通信能力提高，邮政新型业务迅速发展。年末新增固定电话用户 28.26 万户，新增移动电话用户 27.3 万户。信息服务业实现销售收入 35.7 亿元，增长 10.7%。

交通运能不断扩展，客货运量较快增长。全市各种运输方式完成的货物周转量 61.57 亿吨公里，比上年增长 32%。各种运输方式完成的旅客周转量 51.59 亿人公里，比上年增长 105.9%。全社会港口货物吞吐量 4634 万吨，增长 24.3%，其中扬州港（长江）货物吞吐量 3527 万吨，增长 17.2%。物流、中介、会展等行业发展势头良好。

金融生态环境得到改善，保险业务不断拓展。2005 年末金融机构各项存款余额 952.7 亿元，比年初增加 109.8 亿元，其中储蓄存款余额 604.7 亿元，比年初增加 81.9 亿元；各项贷款余额 513.3 亿元，比年初增加 68.2 亿元。全年实现保费总收入 27.1 亿元，增长 14%。

3. 开发开放实现新突破

沿江开发和园区基础设施完成投入 85 亿元。润扬长江公路大桥建成通车，沿江高等级公路全线基本贯通。扬州港 3 号泊位对外开放，4 号泊位建成投产。扬州出口加工区经国务院批准设立，相关基础设施初步建成。二电厂二期工程建设进展顺利，扬州发电厂

扩建工程投入运行。化工、汽车及零部件、电子信息等产业集聚初具规模。沿河开发重点基础设施建设启动，安大公路先导段开工建设。南水北调东线一期工程建成，淮河流域灾后重建应急工程投入使用。

利用外资量质并举，对外合作稳步发展（见图2-83）。2005年，成功举办了“烟花三月”国际经贸旅游节及各类招商推介活动。全年协议注册外资24.2亿美元，增长47.4%。注册外资实际到账老口径12.5亿美元，增长53.6%；新口径5.3亿美元。全年新批外资项目371项，比上年增加38项，其中新批1000万美元以上项目106个。实现外贸出口19亿美元，外经营业额1.04亿美元，分别增长40.6%和22%。对外贸易持续扩大，出口结构不断优化。全市完成进出口总额27.93亿美元，比上年增长15.4%，其中出口19.06亿美元，增长41.0%。

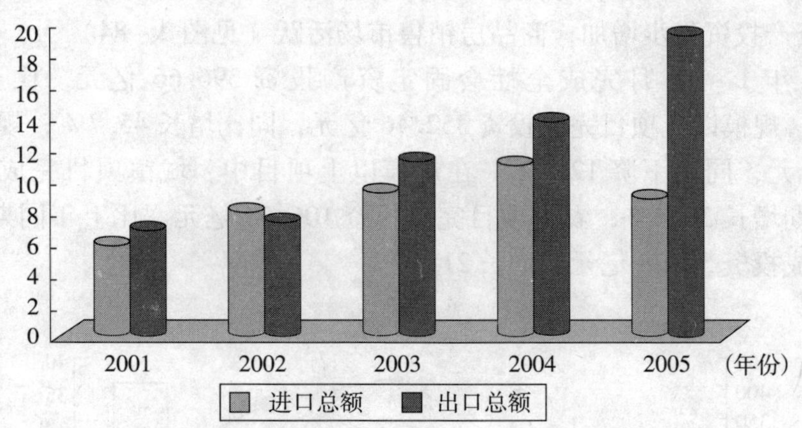

图2-83 2002~2005年扬州市对外贸易概况（单位：亿美元）

私营企业发展迅速，民营经济彰显活力。2005年，全市新增私营企业8461户，新增个体工商户3.11万户，分别增长38.3%和20.7%。新增民资注册资本165亿元、民资总投入402亿元，分别增长61.9%和57%。全市民营经济实现增加值520亿元，增长17.5%，增速高出GDP 2.5个百分点；民营经济增加值占GDP的比重达56.4%。

4. 2005年扬州市经济运行特点

2005年以来，扬州市上下紧紧围绕“快速崛起，实现两个率先”的要求，认真贯彻落实科学发展观和加强宏观调控的各项政策措施，着力增强经济发展的动力和活力，工业生产继续保持快速增长，固定资产投资稳步增加，消费品市场较快增长，外贸出口增势强劲，利用外资、城镇居民收入较快增长，居民消费价格涨幅逐步回落，物价形势趋于稳定，财政收入增长较快，金融运行保持平稳。

1）工业生产继续保持快速增长

2005年11月份，全市实现规模以上工业总产值123.12亿元，增长28.5%。1~11月份，累计完成1321.35亿元，增长31.7%，增速比上月回落0.2个百分点。工业生产的主要特点如下：

（1）重工业生产增长继续快于轻工业。11月份，全市实现轻、重工业总产值分别为

49.03 亿元、74.08 亿元，分别比上月少完成 2.45 亿元、1.35 亿元。1～11 月份，轻、重工业累计分别完成产值 527.01 亿元、794.34 亿元，分别比上年同期增长 27.3% 和 34.8%，重工业增速仍然快于轻工业，但增速比三季度回落 0.4 个百分点。

（2）非公有制企业生产增势强劲。1～11 月份，全市规模以上各种经济类型工业企业中，私营企业实现总产值 608.7 亿元，比上年同期增长 34.8%；国有及国有控股企业累计完成总产值 316.82 亿元，增长 22.2%。私营企业增长幅度高于国有及国有控股企业增幅 12.6 个百分点。

（3）县（市）、区工业生产发展平稳。11 月份，各县（市）区完成工业总产值 99.63 亿元，比第三季度多完成 0.85 亿元。从 1～11 月份累计完成产值情况看，大部分县（市）区增幅高于全市平均水平，分别是江都（39.3%）、高邮（37.1%）、宝应（35.8%）、维扬（35%）、邗江（33.4%），增幅低于全市水平的是广陵（28%）和仪征（25.7%）。

2）固定资产投资稳步增加，商品房销售市场活跃（见图 2－84）

全市 2005 年 1～11 月完成全社会固定资产投资 396.66 亿元，比上年同期增长 35.5%。其中，规模以上项目完成投资 352.46 亿元，同比增长 45.7%；规模以下项目完成投资 44.2 亿元，同比下降 12.8%。在规模以上项目中，城镇项目完成投资 186.8 亿元，比上年同期增长 39.4%；农村项目完成投资 106.58 亿元，比上年同期增长 80.2%；房地产开发完成投资 59.08 亿元，增长 21.1%。

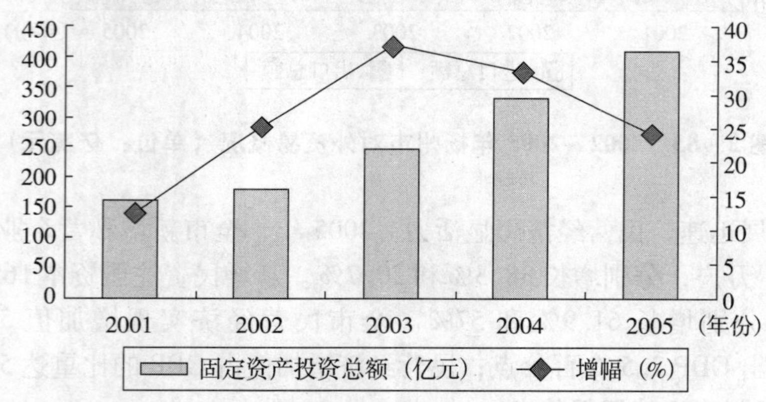

图 2－84　2002～2005 年扬州市全社会固定资产投资概况

固定资产投资的主要特点是：①农村投资增势强劲。1～11 月份，全市农村规模以上项目完成投资增长 80.2%，仍然保持快速增长。②私营个体经济投资成为重要支撑力量。1～11 月份，全市私营个体经济完成投资 159.86 亿元，增长 51.1%，占到全社会总投资的四成。③县域投资逐步走强。各县（市）区投资快速增长，其中宝应增长 78.6%，广陵增长 46.2%，仪征增长 45.9%，高邮增长 42.2%，邗江增长 40.8%，江都增长 40.4%，均高于全市水平。

2005 年 1～11 月，扬州市房地产开发投资继续保持稳步增长，共完成投资 59.08 亿元，同比增长 21.1%；商品房施工面积 583.01 万平方米，同比增长 30.1%；商品房竣工

面积 173.17 万平方米，同比增长 20.4%；商品房销售面积 138.35 万平方米，同比增长 16.2%。

3）消费品市场稳定增长

2005 年 1～11 月，扬州市实现社会消费品零售总额 238.5 亿元，同比增长 15.7%。其中，11 月份当月实现零售额 23.1 亿元，比 2004 年同期增长 15.6%。

分地区情况来看，1～11 月，城市实现零售额 169.7 亿元，同比增长 15.7%；县及县以下实现 68.8 亿元，同比增长 15.7%，增幅与城市市场持平。

分行业情况来看，1～11 月，批发零售贸易业实现零售额 203 亿元，同比增长 16.9%；餐饮业实现零售额 30.4 亿元，同比增长 16.8%；其他行业实现 5.1 亿元，同比增长 19.7%，增幅均保持了平稳的态势。

4）实际利用外资稳步增加

实际利用外资稳步增加。2005 年 11 月，扬州市批准利用外资项目 307 个，比上月末增加 44 个。

1～11 月，全市协议注册外资金额 184395 万美元，比上年同期增长 41.3%，比 1～10 月提高 14.7 个百分点，各县（市、区）均呈上升态势，其中，高邮增长 172.3%，仪征增长 138%，维扬增长 97%，江都增长 65.4%，宝应增长 61.4%，邗江增长 53.3%，广陵增长 15.6%，开发区降幅也减少到 14.8%。

1～11 月，全市注册外资实际到账 107918 万美元，比上年同期增长 51%，比 1～10 月提高 16 个百分点，其中，维扬增长 126.2%，邗江增长 93.7%，广陵增长 84.9%，宝应增长 82.9%，仪征增长 81.6%，江都增长 57.8%，高邮增长 55%。

5）城市居民生活水平继续提高，物价形势趋于稳定（见图 2－85）

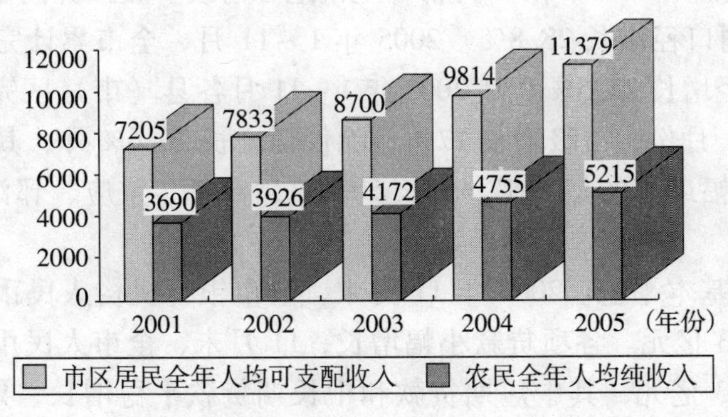

图 2－85　2002～2005 年扬州市城乡居民收入对比（单位：元）

城市居民生活水平继续提高。2005 年 1～11 月，市区居民人均可支配收入 10427.2 元，首次突破万元大关，在全省 13 个省辖市中收入水平仍居第 7 位，前 6 位城市为苏南五城市和苏中南通市。从居民家庭收入的四大构成看，除财产性收入同比下降外，工薪收入、经营净收入和转移性收入均有不同程度的增长。

2005 年 11 月份，扬州市区居民消费价格总水平继续保持前期温和上涨的态势。居民消费价格总水平与上年同期比上涨1.1%，涨幅比去年同期低1.8个百分点。由于受中国周边多个国家和国内部分地区发生禽流感疫情的影响，居民对消费禽类产品的戒心有所增长，致使市场需求减少，禽类价格大幅下滑，肉禽蛋鱼价格全线下跌，鸡价格环比下降10.5%，鸭下降7.8%。受禽类价格大幅下滑拉动，肉禽及其制品价格环比下降4.7%，蛋类价格环比下降11.3%。另外，水产品市场受上市量增加影响，各类水产价格均有所下降，水产品价格环比下降3.1%。11月份，气候适宜，蔬菜长势较好，本地蔬菜大量上市，市场货源充足，蔬菜价格呈现出不同程度下降。鲜菜价格环比下降22.0%。

6）财政收入增长较快，金融运行平稳发展（见图2-86）

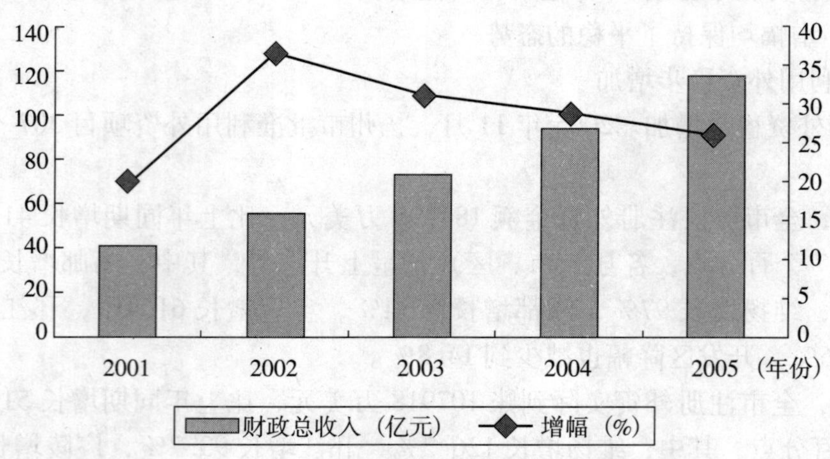

图2-86　2002~2005年扬州市财政收入概况

财政收入增长较快。2005年11月份，全市地方财政一般预算内收入3.4亿元，同比增收1.12亿元，同口径增长28.8%。2005年1~11月，全市累计完成一般预算内收入41.91亿元，同口径增长22.5%。从2005年1~11月各县（市）区完成情况看，县级完成好于市级。1~11月份，市级增长17%，除仪征增长20.6%外，其他县级增幅均超过全市平均增幅，增幅最高的是高邮，增长50.8%，江都、宝应、邗江分别增长29.1%、27.5%、24%。

金融运行状况基本平稳。2005年11月末，全市银行机构人民币存款余额948.8亿元，比上月增加4.3亿元。各项贷款小幅增长，11月末，全市人民币贷款余额497.8亿元，比上月增加0.3亿元，其中短期贷款和中长期贷款平稳增长，票据融资小幅下降。11月份，全市金融机构现金收入221.7亿元，现金支出226.9亿元，收支相抵，现金净投放5.2亿元，同比多投放1亿元。

（二）2005年扬州社会发展基本情况

1. 体制机制改革取得新进展

国有企业改制重组不断推进，企业上市工作得到加强，宝胜科创、琼花高科股权分置改革顺利完成。全市1034家县属以上工业、商贸流通企业中，完成改制1003家，改制

面达97%。着手进行市区公用事业单位改革。112家市直生产经营型事业单位改革完成人员身份置换和社保接续工作。成立市国有资产监督管理委员会，国有资产管理体系基本建立。协调了区财政制，完善了部门预算、国库集中支付和政府采购制度。农村税费改革取得明显成效，全面免征农业税及其附加，建立了减轻农民负担监管的长效机制。农村土地使用权流转率达13.9%。农民专业合作经济组织已有320家。

2. 城乡面貌呈现新变化

全年市区完成城市建设投资65亿元。先后拓宽改造史可法北路、渡江南路、润扬南路等19条城区和出入口道路，整治了沿山河、新城河等4条河道。实施了邗沟河、漕河、二道河绿化风光带建设和汶河路等道路街景美化亮化改造，初步建成润扬森林公园。市区新增绿地面积134万平方米。新增、改造路灯近2万盏。翻建街巷43条。新辟公交线路10条。汤汪污水处理厂二期、开发区污水处理厂一期和城市医疗废物处理中心等工程按计划推进。村镇建设步伐加快。完成了全市镇村布局规划编制工作。全市80个村庄实施了环境综合整治，新建成生态村18个。农村新增改水受益人数15.6万人，改厕4万座。建成农村公路1107公里。城市管理进一步加强，基层管理责任网络逐步健全，"数字城管"启动建设。2005年，成功承办了首届城市水景观建设和水环境治理国际研讨会、全省城乡建设工作会议。城市化率达48%，比上年提高1.4个百分点。

污染防治力度加大，生态城市建设加快。年内全市新建2个环境经济协调发展示范镇和2个市级自然保护区、2个省级森林公园，国家级生态示范区面积已达2988平方公里。烟尘控制区建设成果继续得到巩固和扩大。市区噪音达标覆盖率由上年的93.8%提高到98.4%。2005年，固体废物综合利用率93.5%，比上年度提高3.5个百分点。

3. 社会事业取得新进步

科教兴市战略深入实施，科技创新力度加大，高新产业发展加快。全市重点实施省级以上科技项目385项，其中国家级科技项目124项，争取省级以上科技项目拨款1.07亿元。落实53项省级以上火炬、星火计划项目，培育国家级重点新产品37个，省级高新技术产品101个。2005年全年新增国家级高新技术企业5家、省级高新技术企业30家，新增省级以上高新技术产品138项。全市工业企业新批中国驰名商标1个、中国名牌产品5个。扬州市被评为全国科技进步先进市，江都、仪征、邗江被评为全国科技进步先进县（市、区）。刘秀梵、程顺和当选为中国工程院院士。

教育事业扎实推进，办学条件继续改善。义务教育全面普及，初中毕业生升学率93.9%，高中阶段毛入学率86.9%，高考录取率76%，比全省平均水平高3个百分点。完成农村中小学"六有"工程和教育信息化工程。实施了市三中、市特殊教育学校的扩建工程，扬中西部校区开工建设，扬子津科教园区一期工程顺利完成。全市有16所学校开办了宏志班。

城乡社区卫生服务机构建设步伐加快。2005年，全市新型农村合作医疗覆盖面达88.6%，比上年提高8个百分点。重点医院建设项目顺利推进。卫生条件进一步改善，医疗资源得到合理配置。重视人口与计划生育工作，全市近1.3万名农村计划生育群众领取奖励扶助金。

群众健身深入开展，竞技体育再创佳绩。建成市区新体育馆，成功承办了全国十运会艺术体操、男子举重和男子足球比赛。全国第十届运动会扬州市共有63名运动员参加了21个大项目的比赛，获得9.75枚金牌、4枚银牌、7.5枚铜牌和788.75分的成绩，金牌贡献率列全省第三位。

文化生活丰富多彩，艺术活动积极开展。成功承办了第四届全国“四进社区”文艺展演，举办了首届“扬州市民日”、市第五届少儿艺术节等活动。扬州中国雕版印刷博物馆暨扬州博物馆建成开馆。实施了市级以上文物保护单位和一批古迹的解读工程，吴道台宅第基本修复开放。创作了一批文艺精品。全市第二轮修志工作开始启动，市档案馆被评为国家一级档案馆。城乡有线电视入户率达69%，数字电视实现试开通。

4. 关注民生收到新成效

2005年末，扬州市户籍总人口为456.31万人，比上年末增加2.02万人，增长0.44%。自然增长率为3.8‰。全市登记出生人口4.64万人，出生率10.8‰；死亡人口2.91万人，死亡率6.4‰；全市人口迁移12.34万人，其中，省际迁移2.36万人。

2005年，市区居民人均可支配收入11379元，比上年增长15.5%；全市农民人均纯收入5215元，增长11.5%；扣除物价因素，实际分别增长13.3%和9.4%。城乡居民储蓄存款继续增加，年末全市城乡居民储蓄存款余额604.7亿元，比年初增加81.9亿元。

多渠道、多形式开发就业岗位，积极为下岗失业人员提供税费减免、职业介绍、培训补贴、小额贷款担保等扶持，2005年全年采集就业岗位7.5万个，推荐就业3.5万人，新增城镇就业4.6万人，年末城镇登记失业率为3.8%。全年新增转移输出农村劳动力5.5万人。

社会保障制度进一步完善，社会保障体系进一步健全。2005年，城镇职工养老保险扩面工作力度加大，参保人数达51万人。农村养老保险平稳运行，参保人数达31.2万人。全面提高征地补偿标准，近万名被征地农民领到了基本生活保障卡。全市城镇职工基本医疗保险参保人数达59万人。新型农村合作医疗覆盖率达88.6%。城乡6.3万人纳入低保范围，农村1.6万名五保对象得到妥善供养。

社会救助积极开展，慈善事业得到发展。2005年全年“慈济医院”和“慈济窗口”为3.4万人次减免、报销医药费208万元。市区1800多户低收入和“双困”家庭的住房困难得到解决，农村三年草危房改造和扶贫建房任务全面完成。新一轮帮扶经济薄弱村和贫困户工作全面展开。残疾人事业得到加强。城乡社会救助体系基本形成。

5. 精神文明和民主法制建设取得新成绩

深入开展文明城市、文明村镇、文明社区和文明行业等群众性精神文明创建活动。市第一人民医院等3家单位被命名为全国文明单位，江都市丁伙镇、维扬区平山村被命名为全国文明镇和文明村。高邮市菱塘回族乡被评为全国民族团结先进单位。老龄和关心下一代工作取得新进展。和谐社区创建扎实推进，基层民主管理和村民自治得到加强，政务和村务公开不断深入。

认真执行市人大及其常委会的决议和决定，主动接受市人大及其常委会的法律监督、工作监督。接受市政协的民主监督，积极听取各民主党派、工商联和社会各界的意见和

建议。办理市人大代表建议、批评、意见311件，办理市政协提案363件。广泛开展法制宣传教育，“四五”普法目标全面完成。高度重视人民群众来信来访工作，妥善处理涉及群众利益的重点问题，疏导化解社会矛盾。强化“平安扬州”创建和弱势群体的法律援助工作，深入推进社会治安综合治理，严厉打击各种犯罪，全市社会保持稳定。健全安全生产责任制，加大安全隐患整治力度，事故发生数和死亡人数实现双下降。外事、侨务、台湾事务和民族宗教等工作取得新进展。

6. 公共服务型政府建设迈出新步伐

加快推进行政管理体制改革，清理并初步确认了362项市级实施的行政许可事项，又有98项行政许可事项进入市行政办事服务中心办理。努力畅通与人民群众联系的渠道，建立健全了政府信息公开制度，开通了中国扬州政务网和“12345”政府公开电话。对规划、物价等人民群众紧密关的重要事项实行听证、公示等制度。公文交换、网上审批等电子政务投入应用。市区为民办实事和农村“八件实事”工程完成预定目标。坚持依法行政，规范行政行为，成立了市发展软环境投诉中心。加强经济社会发展的规划引导，制定了扬州市“十一五”发展规划和相关专项规划。

（三）“十五”时期扬州经济社会发展成就

2005年，各项工作任务的完成，标志着“十五”计划目标的实现。五年来，扬州市坚持加快发展不动摇，积极适应宏观经济环境的新变化，战胜“非典”和洪涝等灾害，全力做好改革、发展和稳定的各项工作，全市经济社会发展步入了新阶段。

过去的五年，是扬州经济综合实力迅速增强的五年。地区生产总值五年累计3422亿元，接近前20年的总和，是“九五”的1.7倍，可比价年均增长12.4%。财政总收入累计380亿元，是“九五”的2.9倍，年均增长28%。财政收入占GDP比重从2000年的7.2%提高到2005年的12.7%。2005年，全部工业总产值达2045亿元，比2000年增加1156亿元，增量超过2002年全年总量。规模以上工业企业单位数比2000年增加822家，工业总产值、工业增加值分别增加847.3亿元和239亿元。

过去五年，改革开放取得突破性进展。全市国有、集体企业和生产经营型事业单位改革取得了实质性进展，政府职能加快转变，招商引资、沿江开发、园区建设取得了重大突破，沿河开发启动实施。“十五”期间，累计协议注册外资金额56.7亿美元，比“九五”增加53亿美元，年平均增长92.4%；注册外资实际到账五年累计29亿美元，是“九五”的8.4倍，年均增长79.8%。新增民资注册资本累计398亿元，是“九五”的7.4倍，年均增长51%。“十五”期间，出口持续增长，五年平均增速为25.8%，比“九五”年均增速高13.4个百分点。

“十五”期间，着力提升城市功能和品位、城乡面貌有较大变化。全社会固定资产投资五年累计1311亿元，是“九五”期间投资总额的2.2倍，超过中华人民共和国成立以来前50年全部投资的总和。其中，城市建设投入265亿元，相当于前35年的总和，是“九五”的5.2倍。建成润扬长江公路大桥、宁启铁路扬州段、环城高速公路等一批重大交通工程。至“十五”期末，全市公路通车里程近9000公里，其中高速公路通车里程达

240公里，在全省名列前茅。新建和改建城市道路300多公里，新增绿地700多万平方米。先后创成国家卫生城市、国家环保模范城市、国家园林城市、中国人居环境奖城市。

过去五年，城乡人民生活水平加快提高。城市居民人均可支配收入年均增长11.1%，农民人均纯收入年均增长8.5%。城市居民和农民人均住房使用面积五年累计分别增加7平方米和5.6平方米。城镇登记失业率始终控制在4.5%以内。

“十五”期间，社会消费品零售总额持续增长，市场规模日益扩大，五年平均增速为12.5%，比“九五”年平均增速高4个百分点。

回顾“十五”时期改革开放和经济社会发展的实践，扬州市政府有以下几点体会：①坚持以经济建设为中心，牢固树立和认真落实科学发展观，狠抓发展第一要务，推进经济社会快速发展。②坚持解放思想、更新观念，用改革的思路突破体制机制上的束缚，用创新的办法破解发展中的难题。③坚持开放开发，推进沿江沿河开发和园区建设，强化招商引资，汇聚生产要素，加快产业集聚。④坚持基础设施建设先行，大力推进城乡建设，全面提升综合竞争力。⑤坚持以人为本、关注民生，着力改善人民群众生活条件，统筹城乡、人与自然、经济与社会发展，促进发展良性互动和社会安定和谐。

（四）扬州市未来经济社会发展面临的挑战与目标

在肯定成绩的同时，也清醒地认识到，扬州市经济和社会发展还存在一些不可忽视的矛盾和问题，主要表现在：重要产业、重点企业、重大项目的支撑带动作用不够明显，经济增长方式粗放并且尚未根本扭转，续稳定发展的基础不牢固；城乡居民收入水平提高不快，一些与群众利益密切相关的热点、难点问题仍未得到妥善解决；统筹发展、协调发展的任务还比较艰巨，城乡基础设施和公用设施建设、环境保护、社会稳定等方面还有许多事情要做；政府机关作风还有待改进，在服务水平、办事效率等方面还存在基层和群众不够满意的地方。这些矛盾和问题，需要在今后的工作中努力克服并认真加以解决。

未来的五年，扬州市面临着新的形势、新的机遇、新的挑战，做好今后五年的工作责任十分重大。根据扬州市委四届九次全会的精神，扬州市“十一五”时期经济社会发展的总体要求是，以邓小平理论和“三个代表”重要思想为指导，以科学发展观为统领，以全面建成小康社会为目标，以跨越发展、科学发展、和谐发展为主题，以改革开放为动力，全面实施开放开发、新型工业化、城市化、富民优先、科教兴市五大战略，建设更加富裕文明秀美的新扬州。

按照这一总体要求，扬州市今后五年经济社会发展的主要预期目标为：地区生产总值年均增长13%以上，工业增加值年均增长%以上。财政总收入均增长15%以上。社会固定资产投资年均增长18%。注册外资实际到账五年累计60亿美元，新增民资注册资本五年累计1200亿元。到2010年，全市地区生产总值达1700亿元，人均地区生产总值37000元以上。城市居民人均可支配收入16000元以上，农民人均纯收入达8000元。城市化率55%以上。城镇登记失业率控制在4.5%以内。单位地区生产总值能耗比“十五”期末降低20%左右。到“十一五”期末，全市全面建成小康社会，为2020年基本实现现代化打下坚实基础。

（五）扬州市的经济发展在长三角发展中的地位（见表2-54）

表2-54　2005年扬州市与长三角地区部分社会经济发展指标比较

指　标	长三角	扬州	比重（%）
固定资产投资（亿元）			
全社会固定资产投资总额	18978.51	295.55	1.6
国内商业			
社会消费品零售总额（亿元）	13304.55	306.89	2.3
对外经济贸易			
出口总额（亿美元）	2905.28	19.06	0.7
客运量总计（万人）			
公路	292977.00	8096.00	2.8
货物运输量总计（万吨）			
公路	190433.00	4433.00	2.3
民用车辆拥有量（万辆）			
民用汽车拥有量	492.06	8.17	1.7
邮电业务总量（亿元）			
年末市内电话（万户）	4507.77	182.93	4.1
年末移动电话用户（万户）	6680.00	161.85	2.4
国际互联网用户（万户）	1597.46	31.44	2.0
从业人员合计（万人）	8474.20	236.45	2.8
第一产业	2241.24	50.16	2.2
第二产业	3266.99	105.21	3.2
第三产业	2965.97	81.08	2.7
教育			
普通中学在校学生（万人）	759.68	26.41	3.5
小学在校学生（万人）	881.43	26.57	3.0

1. “十五”期间扬州市生产总值在长三角中所占比重的变化趋势（见图2-87）

“十五”期间，扬州市地区生产总值在整个长三角产值中所占的比重呈缓慢的下降趋势，2001~2005年各年所占比重分别为2.40%、2.34%、2.30%、2.30%与2.26%（见图2-88）。从这组数字我们可以看出，与长三角其他一些经济增长较快的地区比起来，扬州市的增长显得略为平稳，这是因为，一些重要产业、重点企业、重大项目在扬州的支撑带动作用不够有效，经济增长方式向集约经济的扭转也并不明显，这样，可持续发展的步伐的基础并不会十分牢靠。但是，值得肯定的是，扬州的经济增长在受到一定客观因素和历史原因制约的情况下，仍能在全国经济增长的“沸点”——长三角地区平稳地占有一席之地，也是难能可贵的。

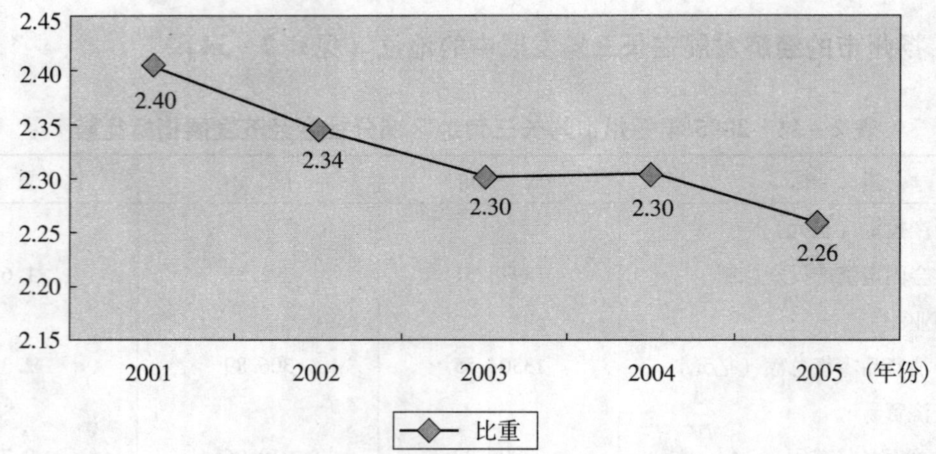

图2－87　2001～2005年扬州市地区生产总值占长三角生产总值比重（单位：%）

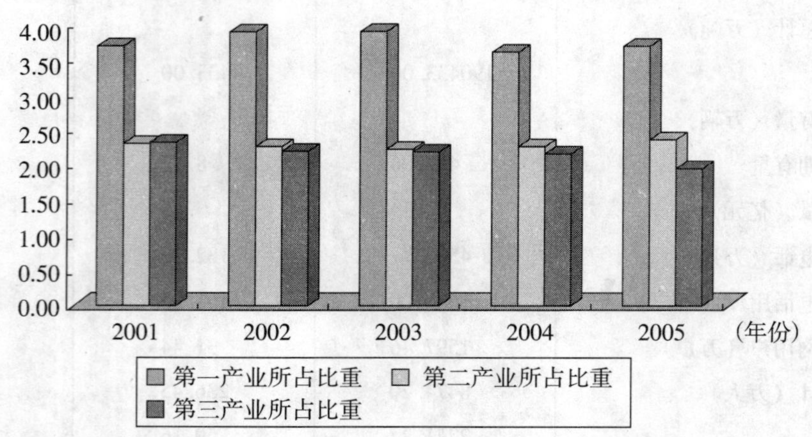

图2－88　2001～2005年扬州市各产业产值占长三角产值比重（单位：%）

2. “十五”期间扬州市产业结构变化情况

2001～2005年，扬州市第一产业占长三角第一产业的比重分别为3.68%、3.86%、3.89%、3.58%和3.67%，第一产业在总比重所占的比例中比起第二产业和第三产业明显较高，扬州的传统农副产业在长三角的总比重中占有一定的比较优势，但是这也从侧面说明，扬州市的第二产业和第三产业并没有得到充分的发展。

2001～2005年，扬州市第二产业占长三角第二产业的比重分别为2.27%、2.24%、2.20%、2.26%和2.36%，从变化上讲，第二产业所占比重的变化并不是很大，虽然在前三年持续下降，但是在最近两年又有了较为强势的增长。

2001～2005年，扬州市第三产业占长三角第三产业的比重分别为2.30%、2.19%、2.17%、2.16%和1.93%。通过比较以上数据，我们可以看出，第三产业在总比重中所占的比例有着较为明显的下降，这说明，在第三产业上，扬州市还并没有完全跟上同在长三角的其他兄弟城市的增长步伐，加快经济转型的速度是扬州接下来要面对的重要的工作。

3. 2005 年扬州市社会经济发展与长三角比较（见表 2－54）

2005 年，扬州市工业生产继续保持快速增长，固定资产投资稳步增加，消费品市场较快增长，外贸出口增势强劲，利用外资、城镇居民收入较快增长，总体经济实力不断提高。社会各项事业全面发展，“科教兴市”战略深入实施，科技、教育、文化等事业实现快速发展。

在经济方面，扬州市 2005 年的全社会固定资产投资总额达 295.55 亿美元，整个长三角地区为 18978.51 亿美元，扬州市在长三角地区所占比重为 1.6%。需求逐渐扩大，消费品市日益活跃，2005 年社会消费品零售总额达 306.89 亿美元，占整个长三角地区 13304.55 亿美元的 2.3%。虽然扬州市的对外贸易增势强劲，但仍需进一步发展，2005 年，连云港市实现出口总额 19.06 亿美元，在长三角地区 2905.28 亿美元中的比重仅为 0.7%。

交通运输发展良好，2005 年，整个长三角地区实现公路旅客运送量 292977 万人，其中，扬州市为 8096 万人，占长三角总量的 2.8%。长三角地区的公路货运总量为 190433 万吨，其中扬州市为 4433 万吨，比重为 2.3%。在民用汽车拥有量方面，长三角地区民用汽车拥有总量为 492.06 万辆，扬州市为 8.17 万辆，占整个长三角地区的 1.7%。

邮电业务总量保持稳定，2005 年，扬州年末市内电话用户总量为 182.93 万户，占长三角地区总量 4507.77 万户的 4.1%。年末移动电话用户为 161.85 万户，长三角移动电话用户总量为 6680 万户，比重为 2.4%。国际互联网用户为 31.44 万户，长三角用户总量为 1597.46 万户，比重仅为 2.0%。

从业人员比例结构合理。2005 年，长三角地区第一产业从业人员总数为 2241.24 万人，扬州市第一产业从业人员为 50.16 万人，占长三角地区的 2.2%。第二产业的从业人数为 105.21 万人，长三角地区为 3266.99 万人，占 3.2%。第三产业从业人员为 81.08 万人，占长三角地区第三产业从业人数 2965.97 万人的 2.7%。

教育事业扎实推进，义务教育全面普及，2005 年，扬州市小学在校学生人数为 26.57 万人，占整个长三角地区小学在校学生总数 881.43 万人的 3.0%。普通中学在校学生人数 26.41 万人，长三角地区普通中学在校学生人数为 759.68 万人，比重为 3.5%。

江都市经济社会发展情况

（一）江都市概况

1. 自然地理

江都市位于江苏省中部，南濒长江，西傍扬州市广陵区和邗江区，东与姜堰市、泰州市海陵区、高港区接壤，北与高邮市、兴化市毗连。境内地势平坦，河湖交织，通扬运河横穿东西，京杭大运河纵贯南北，地面真高 1.6～9.9 米，倾斜坡度小于 6°，南北最长处 55.75 公里，东西最宽处 42.76 公里。总面积 1332.54 平方公里（其中陆地面积占 85.8%，水域面积占 14.2%）。

2. 江都市情概况

江都是苏中平原的一座滨江城市，是国家南水北调的东线源头，因“江淮之水都汇于此”而得名，于汉景帝四年（公元前153年）建县，1994年撤县设市。全市面积1332平方公里，人口107万，下辖13个镇和1个省级经济技术开发区。江都连续五届进入全国农村综合实力百强县（市）行列。市情特点可以概括为“三水、四乡、三枢纽”。

三水：①长江。境内长江岸线总长35.3公里，是江苏省、扬州市沿江开发的重点规划发展区域，江都港现为国家一类开放口岸。②京杭大运河。南接长江，北通淮水，是境内主要的水上交通航道。③邵伯湖。是淮河入江水道的泄洪通道，又是天然的水上风景区，风光优美，物产丰饶。

四乡：①鱼米之乡。全市优质稻米种植面积65万亩，年产稻谷40万吨；养殖面积15万亩，“长江三鲜”等特色水产品闻名遐迩。②花木之乡。现有10万亩花卉苗木，年产1000万盆盆花盆景、200万枝鲜切花。③丝绸之乡。现有蚕桑面积2万亩。④建筑之乡。江都是首批被江苏省政府命名的建筑之乡之一，现有国家特级资质企业1家、一级资质企业11家，先后9次获得建筑业最高奖——鲁班奖。

三枢纽：①交通枢纽。境内宁启铁路、京沪高速、宁通高速、328国道、江平公路等四通八达。②水利枢纽。是“南水北调”东线工程的源头，远东地区引排能力最大的引江水利枢纽工程坐落在城区。③电力枢纽。拥有华东最高等级的500千伏变电所和江苏省最大的柴油发电调峰电厂。

（二）江都市经济发展总体状况

“十五”期间江都市各项工作都取得了新成绩。国民经济快速增长。2005年，全市实现地区生产总值200亿元、财政收入18.3亿元、全社会固定资产投资85亿元，分别比上年增长15.8%、28.3%、39.6%。三次产业协调发展。三次产业结构比为9.2:54.8:36。一产初步形成了10万亩花木、10万亩果蔬的格局。全部工业实现产值507亿元、销售456亿元、利税25.39亿元，同比分别增长35.3%、38.3%、47%。初步形成汽车及零部件、机械冶金、石化医药、船舶制造四大支柱产业，2004年，完成产值375亿元，占工业总量的70%。拥有年销售亿元以上企业60家，其中10亿元以上企业3家。建筑业总产值达130亿元，江都建设工程有限公司独立承建的西安高新广场火炬创业园工程、参建的北京印钞厂扩建工程双获鲁班奖。江都是苏中地区商贸集散地，现有皮鞋、花木等各类市场112个，超亿元市场8个，年成交额50亿元以上。年社会消费品零售总额58亿元，位居扬州市第一。

城乡面貌明显改善。大力推进交通重点工程建设，2005年，新建、改造10条城区道路，实施新都路南延、沿江高等级公路、安大路江都段工程。主城区建成区面积22平方公里，人口25万人，城市化率达50%。

沿江开发加快推进。沿江开发累计完成基础设施投入10.5亿元，拉开了11平方公里开发框架；引进项目16个，总投资40亿元。经济开发加快推进。经济开发区和重点镇工业集中区当年基础设施投入1亿元，新开发面积6500亩，新增入围项目200个。

经济社会全面进步。近年来，先后荣获全国科技进步先进市、江苏省双拥模范城、江苏省文明城市等荣誉称号。2005 年，全市城镇职工年均收入 14820 元，增长 16.7%；农民人均纯收入 5650 元，比上年净增 659 元；年末金融机构各项存款余额 210 亿元，其中城乡居民储蓄 160 亿元。

1. 经济总量快速增长

2005 年，实现地区生产总值 200 亿元、财政收入 18.3 亿元、全社会固定资产投资 85 亿元，分别比上年增长 15.8%、28.3%、39.6%。

农业稳步发展。初步形成花卉苗木、优质蔬菜、特种水产、特畜特禽、优质稻米五大特色，全面完成“312”造林绿化工程，花木面积突破 10 万亩、销售收入 5 亿元。建成千亩以上农业园区 10 个，新发展扬州市级以上农业龙头企业 3 家、农民专业合作经济组织 13 个、农民经纪人 1100 人，新增农业“三品”品牌 14 个，实现农机跨区作业收入 1.1 亿元。建成省首批生态农业县（市），12 个“全面小康村”先行村基本达标。

工业提速增效。以“双创”、“三重” 和 “三位一体” 为有效抓手，加大规划引领、行业推进、政策扶持、要素倾斜力度，推动支柱产业、特色行业加快发展。2005 年，全部工业实现产值 507 亿元、销售 465 亿元、利税 25.9 亿元，比上年分别增长 35.3%、38.3%、47%。规模工业产值比重上升到 63.5%，销售过亿元企业发展到 60 家，其中过 10 亿元企业 3 家，诚德集团突破 18 亿元。汽车及零部件、机械冶金、石化医药、船舶制造及配套件四大支柱产业占全部工业比重达 70%。完成工业技改投入 62.4 亿元，比上年增长 53.7%，当年实施千万元以上项目 230 个，其中亿元以上项目 15 个。建筑业总产值达 130 亿元，江都建设工程有限公司独立承建的西安高新广场火炬创业园工程、参建的北京印钞厂迁建工程双获鲁班奖，一级资质以上企业发展到 11 家。

服务业发展加快。2005 年，实现增加值 72 亿元、社会消费品零售总额 58 亿元，同比分别增长 14.1%、15.9%。市场建设步伐加快，全市各类市场成交额超 50 亿元，同比增长 16.2%，建成超亿元市场 8 个，其中苏中商贸城成交额超 15 亿元。商贸业态得到提升，龙头企业不断壮大，营业额过亿元企业发展到 6 家。旅游业总体规划通过扬州市评审，全年接待游客 50 万人次，实现收入 7500 万元，市级文物保护单位新增 18 家，京江大酒店成为苏中、苏北县（市）中首家四星级旅游饭店。

2. 开放开发步伐加快

沿江开发加速推进。坚持规划先行，修编完善了城市副中心组团、岸线利用、防洪排涝等 5 个专项规划。2005 年，完成基础设施投入 8.5 亿元，建设完善区内道路 4 条 11.2 公里，拉开 11 平方公里开发框架。建设 5 万吨污水处理厂一期工程、11 万伏公用变电所，扩建 1 万吨码头，3.5 万吨件杂码头通过国家审批，近期实施水下工程。启动城市副中心核心区建设，建成安置区二期 5.2 万平方米住宅。全年新增进区项目 10 个，总投资 21.2 亿元，华伦移师沿江、龙川钢管二期工程等项目启动实施。理顺开发区管理体制，实现城区、沿江开发区互动并进。

工业集中区建设成效明显。出台激励政策，加快工业集中区和标准化厂房建设。2005 年，全市工业集中区规划面积 5.9 万亩，当年完成基础设施投入 1 亿元，新开发面积6500亩，累计开发3万亩，新增入园项目200个，园区工业比重上升到33%，形成武坚体育器材、樊川汽配等一批特色园区。全市在建标准化厂房20万平方米，当年建成8万平方米。

经济外向度不断提高。大力开展系列招商活动，成功举办了第三届花卉节和经贸文化旅游节。有机整合招商力量，强化跟踪督查，不断提高资金到账率、项目开工率。完成协议利用外资3.47亿美元、实际利用外资1.8亿美元，同比增长88.7%、80%；利用民资70.5亿元，增长73.7%；利用国资2亿元，吴桥镇成功引进国有大型企业葛洲坝集团磷酸项目。举办“扬州银行行长看江都”和银企合作签约活动，一次签约信贷资金10亿元。实现自营出口1.36亿美元，增长45.5%；新签外经合同额2518万美元，实现外经营业额2620万美元，分别增长31%、42%。

（三）江都市社会发展基本状况

1. 社会事业加快发展

城乡面貌得到改观。适时实施了新一轮乡镇行政区划调整，初步建立布局合理的城镇体系。以新一轮城市总体规划为指导，编制分区规划、详细规划和专项规划。大力推进城乡交通重点工程建设，新建、改造北环一路、泰州路等10条城区道路，实施新都路南延、沿江高等级公路、安大路江都段工程。宁启铁路江都火车站、污水处理厂一期工程投入运营，垃圾卫生填埋场开工建设，站前大道等25项绿化工程如期完工。完成野田河南接一期工程，启动沿运灌区续建配套与节水改造工程。建设农村公路200公里，改造农村危桥29座，疏浚引排河道129条。经营城市步伐加快，采取BT、BOT合作方式建设城市北区道路、垃圾卫生填埋场、沿江污水处理厂等重点基础设施，招拍挂出让经营性用地54宗876亩，收益5.3亿元。加强土地资源保护，通过整理新增耕地1140亩。严格执行环保第一审批权、“三同时”、环境影响评价等制度，扎实开展环境专项整治，国家环保模范城市创建工作顺利通过省级调研。

科教兴市步伐加快。推进全国科技进步示范市建设，2005年，实施省级以上科技计划项目17项，培育省级以上高新技术企业5家，开发国家级重点新产品和省高新技术产品21个，申请专利400件，建成工程技术研发中心2个，亚威数控机床荣获中国名牌产品称号，12家鞋业企业获得国家授予的“真皮标志”。开展与科研院所及高等院校产学研合作，签约项目33个。人才工作得到加强，出台人才引进政策，被评为省人才工作先进市。巩固“普九”成果，全面推进素质教育，高考本科上线率、上线人数等主要指标位居扬州市第一，高中阶段入学率80%以上。优化教育布局，改善办学条件，“三新一亮”工程通过省验收。整合职教资源，组建职教集团。

其他社会事业协调发展。卫生事业加快发展，初步建立突发公共卫生事件应急机制，加强疾病预防控制和妇幼卫生保健工作。新型农村合作医疗参保62.7万人、覆盖率86.6%，新增自来水饮用人数7.7万人。爱国卫生运动深入开展，丁伙镇创建国家级卫生镇、邵伯镇创建省级卫生镇均通过考核验收。文体活动丰富多彩，深入开展“十百千”群众性文化活动，挖掘文化资源，繁荣文艺创作，1000多篇文艺作品在市级以上刊物发

表，建成“中国特色文化乡镇”1个。全民健身活动广泛开展，竞技体育水平得到提高，在全国十运会上获金牌2枚。有线电视新增用户1.3万户，基本实现“组组通”。依法治育工作得到加强，计划生育率98.8%，发放农村计划生育家庭奖励扶助金202万元，各项指标均达到省级计划生育示范市标准。双拥活动深入开展，陈巧云家庭被表彰为“全国十佳情系国防好家庭”，顺利通过省级双拥模范城检查验收。

2. 人民生活继续改善

认真落实富民措施。进一步放开放活政策，扎实开展“十个一”系列活动，组织百名机关干部驻镇入村帮扶创业，大力推进全民创业、自主创业，努力提高居民经营性、资本性收入。2005年全年新发展个体工商户6675户、私营企业1343家，新增注册资本32.8亿元，分别增长19.4%、39.4%和57.8%。农民人均纯收入约5650元，净增659元；城镇在岗职工年均工资14820元，净增2041元。城乡居民储蓄存款余额165亿元，比年初净增26亿元。

大力推进社会保障。全面落实就业再就业政策，强化技能培训和就业服务，2005年全年累计采集岗位11540个，新增就业职工3870人，其中下岗失业人员再就业1500人，培训8500人次，城镇登记失业率控制在3.8%以内，新转移农村劳动力近2万人。在扬州市率先开展社会保险“成建制、全覆盖”试点工作，全年社会养老保险扩面10600人，失业保险扩面3020人，医疗保险扩面8900人，特困企业6210名退休职工医保问题得到解决。住房公积金扩面3200人，发放公积金贷款570万元。

高度关注人民生活。继续对城乡特困群体给予基本生活及医疗、住房、子女就学等方面特殊帮扶，城乡4904户、12129名低保对象实现了应保尽保，发放保障金708万元，建成解困房4万平方米、安排住房困难户580户，改造农村草危房310户。加大城乡脱贫解困力度，帮助12个经济薄弱村、164户贫困户脱贫，发放职工解困金1200多万元。老龄及残疾人工作得到加强，“彭年光明行动”帮助近800名白内障患者恢复光明。广泛开展为困难群众送温暖、献爱心活动，全社会帮弱、助残、扶贫、济困的良好氛围逐步形成。2005年，政府八件实事顺利完成。

3. 社会文明程度不断提高

精神文明建设成效明显。精心组织“三个代表”重要思想和党的十六届四中、五中全会精神学习活动，深入开展政府及其部门党员先进性教育活动，全市各级干部宗旨意识、发展意识、责任意识进一步增强。认真落实《公民道德建设实施纲要》，加强未成年人思想道德教育，深入开展精神文明创建活动，省文明城市创建工作顺利通过复查验收，丁伙、小纪镇分别被评为全国文明镇和全国创建文明村镇工作先进镇。

民主法制建设得到加强。顺利完成“四五”普法，全面启动“法治江都”建设。扩大基层民主，58个社区完成换届选举。强化社会治安综合治理，“平安江都”创建成果得到巩固。高度重视群众来信来访，完善社会矛盾大调处机制，保持了社会稳定。认真落实安全生产责任制，全市安全生产形势总体平稳。顺利完成全国经济普查任务。发挥物价、审计、工商、质监、药监、银监、外管等部门作用，市场经济秩序进一步规范。

十一　镇江市2005年经济社会发展报告

2005年，镇江市积极贯彻落实国家一系列重大方针和政策，大力实施科教兴市、港口型经济、城市化、双轮驱动和沿江开发等发展战略；坚持走集聚吸纳、富民优先、改革创新和特色发展之路，提前完成了“十五”计划确定的主要目标，全市国民经济和社会发展迈上了新台阶。

（一）2005年镇江经济发展状况

1. 国民经济健康发展

（1）综合实力不断增强（见图2－89～图2－91）。2005年，镇江市实现地区生产总值871.67亿元，比上年增长15%，增幅超过省均水平；其中，第一产业增长3.1%；第二产业增长15.1%；第三产业增长16.6%。人均地区生产总值32597元。三次产业结构比为4.4∶60.6∶35。财政总收入118.4亿元，增长26.6%，地方财政一般预算收入47.1亿元，增长26.4%。

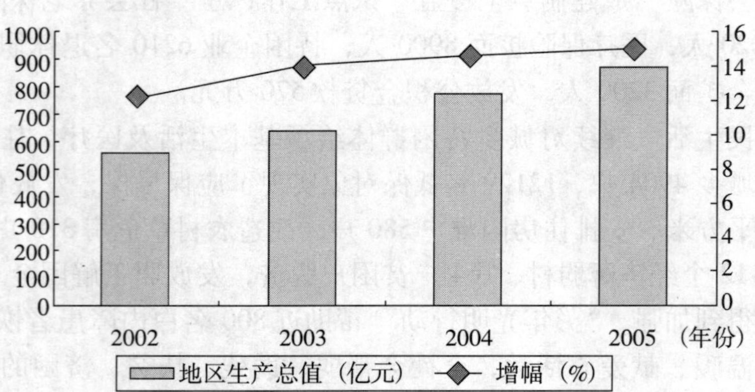

图2－89　2002～2005年镇江市地区生产总值概况

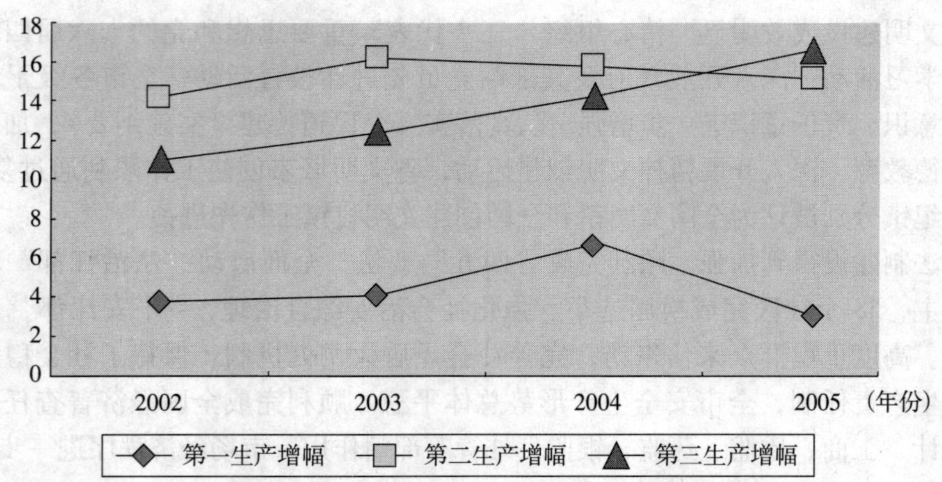

图2－90　2002～2005年镇江市三次产业产值增长概况（单位：%）

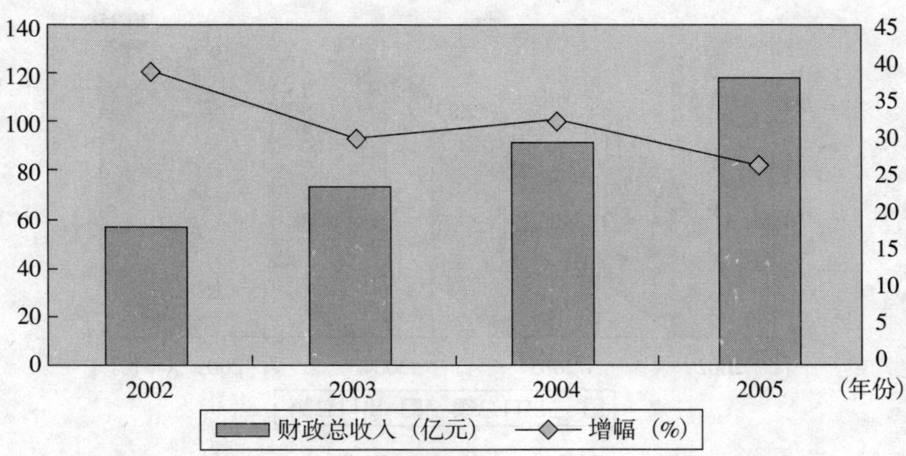

图 2－91　2002～2005 年镇江市财政收入概况

（2）投资规模稳步扩大（见图 2－92）。2005 年全年完成全社会固定资产投资 404.75 亿元，比上年增长 26.2%。其中，城镇固定资产投资额达 260.35 亿元，新增固定资产 200.93 亿元。民间自筹资金投资占全社会固定资产投资比重达 63.5%。

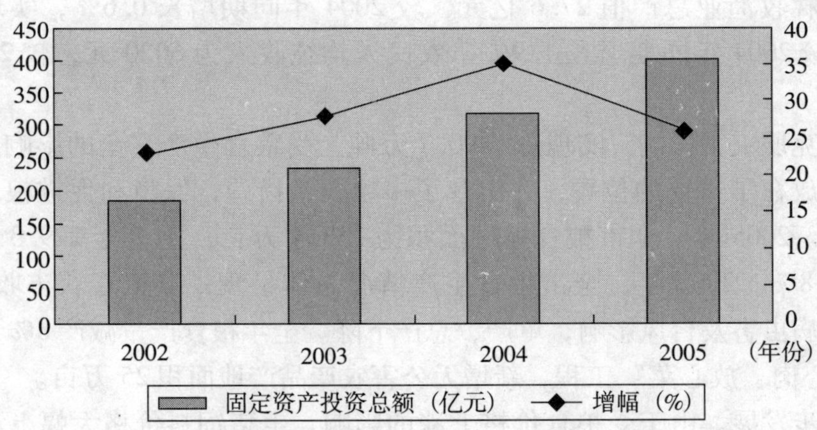

图 2－92　2002～2005 年镇江市全社会固定资产投资概况

（3）消费品市场稳定增长。2005 年全年实现社会消费零售总额 241.39 亿元。市场物价温和上涨，市区居民消费价格总水平与上年同期相比上涨 2.2%。

（4）对外贸易增长强劲（见图 2－93）。2005 年完成进出口总额 39.65 亿美元，增长 13.9%，其中出口 20.34 亿美元，增长 34.0%。

2. 三次产业共同推进

“十五”以来，随着“双轮驱动”、“科教兴市”等战略的实施，以及鼓励和扶持民营经济发展的一系列政策的出台，使一大批外资企业和民营企业纷纷落户镇江。企业产权制度改革步伐的加快，又激发了企业发展的内在动力，股份制经济已经成为镇江市经济发展的最活跃的因素。浓厚的发展氛围和内在活力的竞相迸发，使镇江市经济呈现出

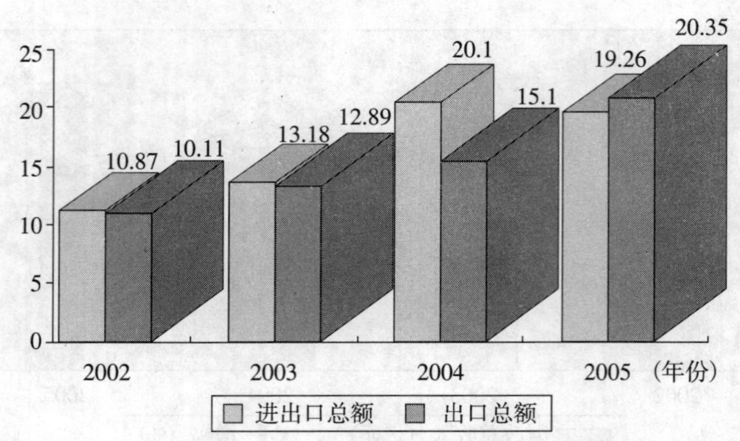

图 2－93　2002～2005 年镇江市对外贸易概况（单位：亿美元）

持续、健康、稳定、快速发展的良好态势，表现为农业的基础地位不断稳固，传统产业稳定增长，新兴工业部门加速成长，第三产业发展取得新突破。

1）以增加农民收入为中心，农业基础地位得以加强

2005 年，全市实现现价农林牧渔业总产值 68.36 亿元，较 2004 年同期增长 2.1%，实现不变价农林牧渔业总产值 27.6 亿元，较 2004 年同期增长 0.6%，实现农业增加值 38.69 亿元，较 2004 年同期增长 1.9%，农民人均纯收入为 6020 元，较 2004 年同期增长 13.5%。

粮食生产克服灾害影响，实现总产 90.7 万吨。受粮食生产安全的影响，各级政府再度将粮食生产放在了重要的位置，并出台了多项政策措施，保障和促进粮食生产，提高粮食生产能力。2005 年，全市粮食播种面积为 233.4 万亩，比上年 229.3 万亩增加 4.1 万亩，增长 1.8%。2005 年，全市粮食生产情况总体呈现：夏粮喜获丰收，秋熟作物，尤其水稻，受病虫害及台风影响，单产、总产下降。全年粮食产量减产 8%。实施“放心粮（油）、放心肉、放心菜”工程，新增无公害农产品产地面积 25 万亩。

养殖业稳步发展。由于受粮食价格上涨的影响，生猪饲料价格大幅上涨，饲养成本明显增加，导致生猪出栏数和存栏数有所下降。2005 年，生猪存栏 64.17 万头，比上年同期下降 1.16%；出栏 70.67 万头，比上年同期下降 1.05%。2005 年，虽然全国发生“禽流感”疫情，但由于镇江市采取一系列紧急预防措施，严防禽流感的传入，全力抓好禽流感等重大疫病防控。全市家禽养殖基本未受影响，特别是丹徒和京口两区农户与温氏集团联姻，依托该集团的技术和优势，发展家禽规模养殖。2005 年，全市家禽存栏 461.3 万只，比上年同期增长 11.3%；出栏 944.64 万只，比上年期增长 19.8%。2005 年，水产养殖自然条件较好，价格更是稳中有涨，带动了农民的生产积极性，发展较为平稳，2005 年，水产品产量 7.38 万吨，比上年同期增长 4%。

农产品价格保持平稳增长。2005 年，全市主要农产品价格在经历了上年大幅上涨之后，已经达到相对较高的水平。据对全市 400 户农户生产者价格的调查显示，2005 年，农产品生产者价格指数为 105.3（上年同期为 100），农产品价格保持平稳增长，比 2004

年同期上涨5.3%，涨幅比上年同期回落13个百分点，涨势趋缓。分类别看，农业生产者价格上涨5.7%，畜牧业生产者价格上涨4.2%，渔业生产者价格上涨5.4%。

加强农业基础设施建设。“三资”开发农业项目440个，总投资33亿元。新建、改造塘坝994座，疏浚县乡河道78条，治理水土流失面积11.3平方公里。新增耕地近1.6万亩，完成中低产田改造5.75万亩，成片造林3.1万亩。

2）工业经济运行平稳，重点企业效益明显提高

2005年，全市共有规模以上工业企业1773家，规模以上工业完成增加值358.4亿元，增长23.5%。实现销售收入1231亿元、利税95.9亿元，分别增长25.3%和24.9%。完成工业性投入235.1亿元，增长30.3%。政府积极培育大企业集团，2005年新增销售超亿元企业40家。索普集团、大亚科技、大全集团、中电电气、鼎胜铝业等企业增势强劲。尤其是纳入《重点企业建立现代企业制度跟踪监测统计制度》（以下简称“重点企业”）的30户工业企业，效益明显提高。积极推进名牌战略，新增全国驰名商标1个、中国名牌2个、国家免检产品5个。

近年来，镇江市工业企业以科学发展观为指导，以制度创新和体制创新为动力，以工业结构战略性调整为主线，加大科技创新和改造力度，不断推进新型工业化进程和培植规模企业，走产业集聚跳跃式发展道路，初步实现了工业经济增长方式的转变，提升了全市工业企业的综合竞争力，创下了工业经济运行质量、工业发展速度超历史最高水平的骄人业绩。概括来说，镇江工业经济发展呈现以下特点：

（1）工业经济结构逐渐趋于合理。具体表现为：

• 组织结构趋于优化，企业规模不断壮大，大中型企业占据半壁江山。2005年，全市规模以上工业企业户均增加值首次突破2000万元，达到2033万元；户均拥有资产首次突破7000万元，达到7005万元。年末，全市147家大中型工业企业实现工业增加值181.7亿元、实现产品销售收入621.7亿元、利税总额60.9亿元，占全市的比重分别达到50.4%、49.9%和62.3%，分别比2000年提高12.4个、16.4个、16.1个百分点。

• 所有制结构渐趋完善，三资企业、民营企业发展步伐加快。2005年，全市共有三资企业432家，实现工业增加值121.8亿元、利税总额30.7亿元、利润总额17.9亿元，年平均增长率分别为34.7%、46.8%、71.7%；占全市工业的比重分别为24.4%、33.8%、31.4%、37.4%。2005年，全市共有民营企业1070家，实现工业增加值141.7亿元、利税总额35.3亿元、利润总额15.5亿元，分别比2004年增长24.2%、37.0%、46.6%；占全市工业的比重分别为39.3%、36.1%、32.4%。

• 产业结构逐步升级，产业集中度明显上升，高新技术产业规模不断壮大。2005年，全市34个行业大类中产品销售收入超过50亿元的行业有造纸及纸制品业、纺织业、木材加工业、化学原料及化学制品制造业、非金属矿物制品业、金属制品业、通用设备制造业、交通运输设备制造业、电气机械及器材制造业、电力工业等10个，而2000年只有一个行业——化学原料及化学制品制造业超过50亿元；十大行业累计实现产品销售收入895亿元，比2000年增长215.1%，年均递增25.8%，比全部工业增幅快2.8个百分点；占全市工业的比重达71.9%，比2000年提高7.6个百分点。2005年，全市高新技术产业

企业完成工业增加值86.2亿元、产品销售收入310.6亿元、利税总额26.7亿元、利润总额14.7亿元，分别比2004年增长26.8%、27.5%、45.9%、53.2%；占全市工业的比重分别为23.9%、24.9%、27.3%、30.8%。

重工业特征更加明显。2005年，全市重工业完成销售收入869.0亿元、利税总额71.0亿元、利润总额34.4亿元，平均年增长率分别为31.5%、33.6%和55.7%，分别高于轻工业增幅20.2个、16.9个、27.7个百分点。以工业增加值计算，轻重工业比由2000年的42.7∶57.3调整为30.1∶69.9。

（2）重点企业运营态势良好。主要表现在：

•经济效益明显提高。2005年，30户重点企业完成增加值86.92亿元，同比增长43.2%，实现营业收入、利税总额477.37亿元、56.69亿元，同比分别增长21.0%、46.9%，拥有资产总计644.41亿元，同比增长13.8%。从五个效益指标看，30户重点企业在经营效益和效率上均有了不同程度的改善。总资产使用率同比增加了4个百分点，资产利税率同比增加2个百分点，总资产报酬率同比增长0.65个百分点，劳动生产率同比增加5.60万元，实现资本保值增值率116.81%。

•骨干企业主导地位突出。2005年，骨干重点企业发展步伐明显加快，规模效益突出。重点工业企业拥有资产超10亿元以上的有17户，其资产总计为559.46亿元，占年末资产总数的86.8%，同比增长16.7%，增幅高出30户重点企业平均水平3.3个百分点；户均资产由上年同期的28.20亿元上升到32.91亿元，高出30户重点企业资产平均水平53.2%；实现销售收入343.34亿元，占30户重点企业的71.9%，同比增长27.1%。

•产品出口销售增势强劲。2005年，30户重点企业实现出口68.15亿元，同比增长达41.4%，从外向度指标产品出口销售率来看，2005年为15.1%，同比增长了2.3个百分点；从行业看，占主导地位的是金属制品业、造纸及纸制品业，出口额分别为17.16亿元、12.80亿元，增幅分别为36.1%、39.2%；从企业看，出口大户支撑作用明显，出口额超过亿元以上的集团有12户，实现出口额67.20亿元，同比增长42.1%，出口额居重点企业前三位分别是金东纸业（江苏）有限公司12.80亿元，镇江江奎集团公司11.83亿元，江苏天工集团有限公司8.66亿元。

•上市公司发展迅速。镇江3户上市公司全部纳入重点企业调查范围，调查资料显示，3户上市公司规模扩张，产品市场竞争力增强，经营业绩突出，特别是三项业务收入均有较大幅度的增长。2005年，3户上市公司年末资产70.10亿元，同比增长46.3%，实现利税总额3.56亿元，同比增长23.9%；从三项业务收入看，实现营业收入36.31亿元，同比增长23.3%，新产品销售收入5.81亿元，同比增长25.5%，出口销售总额为4.53亿元，同比增长达1.4倍，三项业务收入增幅均高于重点企业平均增幅水平。

•企业发展后劲增强。2005年，30户重点企业完成固定资产投资71.53亿元，同比增长34.0%；投入研究开发费用8.88亿元，同比增长25.5%。从30户重点企业近三年专利申请授权及应用情况看，获得国内专利申请授权有151件，其中已应用专利137件，

平均每个重点企业应用了近5件专利。

（3）中小企业蓬勃发展。

镇江市政府在抓重点企业的同时，努力培育发展中小企业，促进经济的全面增长，规模以下工业（年销售收入500万元以下的非国有工业企业和个体工业户，下同）成为镇江市工业特别是农村工业的重要组成部分。据镇江市企调队在全市范围开展的抽样调查表明：2005年，镇江市规模以下工业生产保持平稳增长，小企业不仅数量迅速增加，而且规模不断扩大，发展潜力明显增强。2005年，全市规模以下工业单位数共有2.28万户，比上年增长10%。规模以下工业涉及行业广泛，区域特色明显。国民经济行业40个大类中，镇江市规模以下工业涉及31个。其中眼镜制造、纺织服装加工业、皮鞋皮革制造、汽车灯具及配件制造、通用零部件加工、电工仪器仪表制造、食品加工等是规模以下工业的主要行业，其全部营业收入和从业人员均占全部规模以下工业的70%以上。一些行业呈较明显的区域特色，如丹阳司徒的眼镜加工、陵口的皮鞋加工、新桥的汽车灯具制造等，并随着规模不断扩大，行业竞争能力也不断提高。

3）积极培育新型业态，服务业迅速发展

2005年，镇江完成增加值322.3亿元，增长16.6%。

旅游市场持续升温，旅游业增加值占GDP的比重提高到6.5%。全年接待入境旅游30.65万人次，旅游外汇收入1.8亿美元。年末有星级饭店29家。

新型商贸业态不断涌现，天润发、沃尔玛等知名企业相继落户，长江新天地、农副产品批发市场、润扬国际工业物流中心、金太阳家居广场等一批重点项目开工建设。全年完成社会消费品零售总额241.39亿元。分行业看，批发零售贸易业201.33亿元，餐饮业37.05亿元。分城乡看，城市消费品零售总额190.53亿元，县及县以下消费品零售额50.85亿元。

邮电业务稳步增加，电信事业加快发展。全年实现邮电业务总量21.42亿元。年末移动电话用户达106.1万户。

2005年末金融机构各项存款余额803.96亿元，各项贷款余额560.50亿元。金融机构新增人民币贷款88.94亿元。金融资产质量明显提高，对经济的支持力度进一步加大。

房地产开发平稳发展。商品房销售面积154.8万平方米。

3. 改革开放不断深入

（1）体制改革稳步推进。2005年，国有资产管理体制改革继续完善。市属中小企业改制基本完成，索普集团等大型企业改制顺利实施。从改制情况看：改制企业达到九成以上，公司治理结构日臻完善。在30户被调查的重点企业中，有28户企业进行了改制，改制面达93.0%。在已改制的企业中，成立股东会的有20户，占改制企业的66.7%（改制为国有独资公司企业不需要成立股东会）；成立董事会的有27户，占90.0%；成立监事会的有20户，占66.7%。企业总经理在企业生产中的作用明显增强，其中有96.7%的总经理能独立主持生产经营、组织实施经营、投资方案和拟定管理制度及机构方案；有86.7%的总经理有权聘用或解聘企业管理人员。

（2）生产经营性事业单位改革稳步推进。2005年，市直国库集中收付制度改革全面推开。新一轮乡镇行政区划调整基本完成。土地市场健康发展，完成市区土地级别更新，出让经营性用地2207亩，土地成交金额14.92亿元。

（3）民营经济加快发展。2005年，全市新增私营企业3000家、个体工商户1.5万户，新增注册资本40亿元，实际吸纳民资122亿元。规模以上工业民营企业完成增加值147.5亿元，增长24.3%，占全市规模以上工业比重为41%。

（4）对外开放态势良好。2005年全年完成合同利用外资32.4亿美元，实际到位外资9.2亿美元（原口径），分别增长20.9%和51.8%。完成进出口总额39.1亿美元，增长12.5%，其中出口20.3亿美元，增长33.6%。外经完成营业额1.62亿美元，新批境外投资企业9家。全市开发园区基础设施投入26.8亿元，增长21%，园区产业集聚效应进一步显现。以大港三期工程为重点，加强港口建设，开工建设泊位13个，其中万吨级5个。完成外贸运量1000万吨、港口吞吐量5800万吨，分别增长25%和20%。外事、侨务、对台工作取得新进展，与德国曼海姆市结为国际友好城市。

（二）2005年镇江社会发展状况

1. 群众生活继续改善（见图2－94）

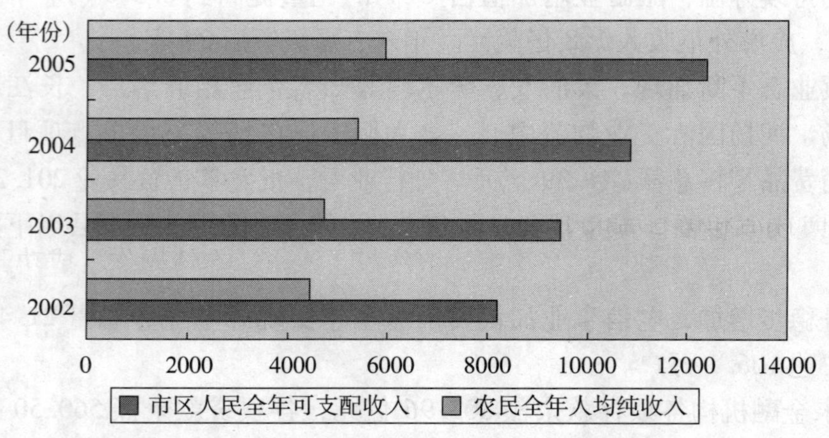

图2－94　2002～2005年镇江市城乡居民收入对比（单位：元）

2005年末，镇江市户籍总人口为267.61万人。全市登记出生人口2.15万人，死亡人口1.59万人，人口自然增长率为2.09‰。

市区居民人均可支配收入12394元，全市农民人均纯收入5916元。城乡居民储蓄存款继续增加，年末全市城乡居民储蓄存款余额458.45亿元。

2005年，镇江为民办15件实事全面完成。新增城镇就业2.55万人，转移农村劳动力6.52万人。城镇登记失业率3.5%，处于全省最低控制线以下。发放《再就业优惠证》10500本，近8000人实现再就业。完善工资宏观指导机制，最低月工资标准由500元提高到550元。城镇职工平均工资增长13.8%，农民工资性收入增长18.7%。社会保障不断完善。养老保险基金连续三年实现收支硬平衡，离退休人员养老金继续保持100%社会化发放。全市社会医疗保险参保人数超过210万人，城镇职工参保率99%以上；城乡居

民合作医疗保险覆盖率达91.6%。4万多名被征地农民进入基本生活保障体系。成立市慈善总会，募集资金3385万元。城市低保标准由200元提高到230元，初步建立城乡一体的医疗救助制度，已有5000名城乡困难人员进入医疗救助体系。扩大市区住房保障覆盖面，新增住房保障家庭181户。茅山老区扶贫工作取得新成绩。

2. 城市建设全力推进

（1）城市功能提升。润扬大桥建成通车，沪宁高速、312国道镇江段拓宽改造完成。建成金桥大道、中山北路、纬六路、宗泽路、通港北路等城市干道。改造市区10个老住宅片区，总面积55万平方米；改造街巷道路80条；治理危房1万平方米。解决部分积水区内涝问题，完成市区4座山体滑坡综合治理。加快天然气工程建设，12万户居民用上天然气。新增环保节能公交车63辆，新辟、调整优化公交线路9条；三年投资10多亿元，全面完成农村公路工程，行政村班车通车率达96%。

（2）生态建设加强。生态示范区创建工作扎实推进。句容、扬中创建国家卫生城市、国家环保模范城市取得实质性进展。市区新增绿地120万平方米，成功创建为国家园林城市。高度重视饮用水安全，颁布并实施征润洲和黄岗饮用水水源地保护方案。加快建设城东垃圾填埋场和无害化粪便处理场，完成丹徒新区污水处理厂一期主体工程。开展循环经济试点工作，30家企业通过清洁生产审核。企业环境行为信息公开化制度继续走在全国前列。关闭违法排污企业25家；对钛白粉厂实施搬迁，上铁水泥厂停产拆除；关闭非法开采矿山企业19家、采石宕口32个。2005年全年空气质量良好以上天数达322天。

（3）城管水平提高。新一轮城市总体规划在省内率先编制完成并开始实施。加强主次干道20小时保洁和街巷居民小区“三位一体”保洁，18条新建城市道路保洁权实行市场化运作，城市长效管理机制初步形成。坚持以人为本、有情操作，成功开展“三小车”整治，一举解决这一困扰城市管理多年的难题，市容环境和交通秩序明显改观。

3. 社会事业加快发展

大力推进“双倍增”计划。高新技术产业增加值占规模以上工业增加值的25.8%，比上年提高1.8个百分点；新认定省级以上高新技术企业26家、省级高新技术产品68项。重大科技成果转化成效显著，7个项目被列入省专项，获拨款资助超亿元，居全省第一。专利申请量超过1800件。被国家知识产权局列为“全国知识产权试点城市”。“水环境质量改善与生态修复技术研究及示范”项目按序时进度推进。引进培养高层次人才1574人，各类专业技术人员达11.45万人。

初中毕业生升学率连续三年保持在95%以上，高中阶段毛入学率达到85.3%，适龄青年接受高等教育比例达47%。92%的乡镇通过“实施江苏省教育现代化工程示范（先进）乡镇”评估验收。

区域卫生发展规划顺利实施，城区80%以上街道、辖市所有街道和85%以上乡镇建成社区卫生服务中心。年末卫生机构达920个，卫生技术人员达1.35万人。2005年，市疾控中心和卫生监督所综合业务大楼、市传染病医院一期工程按计划实施，市儿童医院落成。农村自来水普及率达98%以上。建成全民健身工程（点）226个。

镇江博物馆新馆开馆，并被国家旅游局批准为4A级风景旅游区；苏南抗战胜利纪念碑二期工程竣工。成功承办十运会女排和男篮部分比赛，镇江籍运动员在十运会上获6金2银1铜的佳绩。完成第一次全国经济普查、人口抽样调查任务。落实双拥政策，完成军地互办20件实事。发放农村部分计划生育家庭奖励扶助金315万元。

4. 民主法制和政府自身建设得到加强

社区居委会和新一届村委会换届工作基本完成。"平安镇江"创建活动不断深入，"打防控"格局基本形成，城乡治安良好、社会稳定。出台反恐怖袭击及突发事件处置意见和重特大生产安全事故应急救援预案，安全生产形势总体平稳，工矿商贸企业未发生重大安全事故。

坚持和完善领导干部信访接待日制度，建立健全社会矛盾纠纷调处网络，加大处理信访突出问题的力度。自觉接受市人大及其常委会和市政协监督，办理人大代表建议232件、政协提案467件，代表、委员的满意和基本满意率分别为98%、96.6%。不断加强依法行政工作，加快"法治政府"建设。行政审批制度改革进一步深化，再次取消审批事项105项。市政府门户网站"中国镇江"服务功能达到国内先进水平，各组成部门全面开通电子政务网站。加强廉政建设。成立市行政效能监察中心，加大行政监察和责任追究力度。开设"行风热线"，妥善解决群众反映的各类问题。市行政服务中心建设继续加强，34个部门基本完成"两集中、两到位"，即办件占中心日均办件量的54%，承诺件的平均承诺时限压缩56%。推进节约型机关建设，机关事务后勤保障有力。

（三）镇江"十五"期间经济社会发展成就

2005年，各项工作任务的完成，标志着"十五"计划目标的实现。五年来，镇江市坚持加快发展不动摇，积极适应宏观经济环境的新变化，战胜非典和洪涝等灾害，全力做好改革、发展和稳定的各项工作，全市经济社会发展步入了新阶段。

（1）率先发展，综合实力显著增强。"十五"期间，全市地区生产总值及人均数实现翻番，年均分别增长13.3%和13.1%，增幅分别高于"九五"2.8个百分点和2.4个百分点。财政总收入由32.4亿元增长到118.4亿元，增长2.6倍。全社会固定资产投资由141亿元增长到404.8亿元，增长1.87倍。累计完成投资1300亿元，其中电力、港口等基础产业投入80亿元。农业产业化水平明显提升，旅游、物流等新型服务业蓬勃发展。工业产业集中度显著提高，机械、化工、造纸主导产业地位进一步确立，涌现出一批新兴产业集群。

（2）开拓创新，经济活力显著提高。五年来，基本完成国有企业改制和农村税费改革，事业单位改革全面展开。累计实际到位外资37.7亿美元，超过此前历年总和。"十五"期末外贸出口是"九五"期末的3倍，镇江口岸与全球近一半的国家和地区开通贸易往来。民营经济占到全市经济总量的"半壁江山"。

（3）加快建设，城乡面貌显著变化。五年来，对外交通和城市建设投入累计超过310亿元，加快了城市道路建设、旧城改造和环境整治步伐，实施了南徐生态大道、长江路、广场绿地、铁路三线搬迁和国家“863”水环境治理等一大批重点工程，拉开了城市框架，扩大了城市规模。新增道路面积590万平方米，新增公共绿地面积300万平方米，城市化水平达58%。荣获国家卫生城市、国家环保模范城市、国家园林城市等称号。加强辖市（区）主城区和中心镇建设，圆满完成农村“五件实事”工程，全面完成草危房改造任务，新建和改建了1822公里农村公路，农村自来水普及率达98%以上，建成了润扬长江大桥、完成了沪宁高速公路和312国道镇江段拓宽改造任务。

（4）富民优先，人民生活显著改善。“十五”期间，城镇居民人均可支配收入和农民人均纯收入年均分别增长11.6%和8.3%。2005年，居民储蓄存款余额458.45亿元，比“九五”期末增加254.5亿元。市区城镇居民人均住房建筑面积23.9平方米。遍及城乡的社会保障体系初步建立，城镇职工基本养老、医疗和失业保险覆盖面接近98%，城镇登记失业率控制在3.5%以内，新型农村合作医疗覆盖面达80%，农村人口养老参保率达到40%，城乡低保基本上实现“应保尽保”。成立了各级慈善机构，促进社会慈善事业发展。

（5）协调推进，社会事业全面进步。大力实施科教兴市战略，连续五次荣获“全国科技兴市先进城市”称号。教育现代化进程加快，基本普及高中阶段教育。改建和扩建了镇江博物馆、新四军纪念馆、镇江烈士纪念馆等文化设施。卫生服务网络覆盖范围不断扩大；医疗服务条件明显改善，新建了市一院门急诊大楼、四院妇幼保健大楼等；医疗技术水平进一步提高，开展了“非亲缘性异基因骨髓移植”、“肝肾联合移植”等一批新项目。改善体育基础设施，联合承办了第14届世界女篮锦标赛、第十届全运会等一系列体坛重要赛事。积极推进全民健身活动，新增健身活动场地40万平方米，全民健身工程遍布城乡。深入开展“平安镇江”、“法治镇江”创建活动，镇江市被评为全国社会治安综合治理优秀地市。不断加强精神文明建设，新时期镇江精神得到弘扬，市民素质和城市文明程度进一步提高。连续四次荣获全国双拥模范城称号。

（四）从产业密度看镇江市在长三角发展中的地位

产业密度是用来反映一个国家或地区经济发展水平的重要指标，它能够准确地反映出一个国家或地区单位土地总面积上的经济产出水平。产业密度的值等于GDP或地区生产总值/国家或地区土地总面积。产业密度又可细分为第一产业密度（第一产业增加值/土地总面积）、第二产业密度（第二产业增加值/土地总面积），第三产业密度（第三产业增加值/土地总面积）。

1. 镇江市产业密度的现状（见表2－55、表2－56）

与“九五”末的2000年前相比，“十五”前四年全市地区生产总值年平均增长速度达到13.0%。单位土地面积的总产出随着地区生产总值的迅速膨胀而快速增加，到2004年末，全市单位面积的总产出已经达到2031万元/平方千米，比2000年的1175万元/平方千米增加了856万元/平方千米，增长72.5%；与1998年相比，增长了1倍，即6年实现了倍增。2005年全市地区生产生产总值将达910亿元左右，比2000年增长1倍，5年实现倍增。

表 2-55　1998~2005 年镇江市产业密度情况

年　份	地区生产总值（亿元）	产业密度（万元/平方千米）	比上年增减	比 2000 年增减
1998	390.56	1015	—	—
1999	416.51	1083	68	—
2000	452.03	1175	92	—
2001	502.66	1307	132	132
2002	560.90	1458	151	283
2003	641.05	1666	208	491
2004	781.16	2031	365	856
2005	910（预计）	2365	334	1190

从表 2-55 可以看出：镇江市单位土地面积的总产出在逐年提高，至 2005 年末，全市的产业密度将达到 2365 万元/平方千米。

表 2-56　1998~2004 年镇江三次产业密度情况

单位：万元/平方千米

年　份	产业密度	第一产业密度	第二产业密度	第三产业密度
1998	1015	83	566	366
1999	1083	82	600	400
2000	1175	84	651	441
2001	1307	87	722	498
2002	1458	90	814	554
2003	1666	84	954	628
2004	2031	89	1197	745

金东纸业、奇美化工、国亨化学、索普集团、大全集团、中电电气、大亚科技等一批重点骨干企业的快速发展，极大地提高了镇江市工业经济的整体实力，工业经济对整个国民经济增长的支撑作用更加明显，已然成为镇江市国民经济发展的主动力。2004 年，全市工业增加值占地区生产总值的比重已达 50.4%，比 2000 年增加 3.6 个百分点。与 2000 年比较，“十五”期间镇江市工业增加值的年均可比增速达 15.6%，比地区生产总值的增速高 2.4 个百分点。再从三次产业密度来看，第二产业的增加额也明显高于第三产业和第一产业。

从表 2-56 可以看出：1998 年以来，全市单位土地面积的农业产出始终徘徊在 80 万~90 万元之间，其中最好的年份为 2002 年。1998 年以来，第二产业产业密度的增加额一年高于一年，2004 年的产业密度已相当于 1999 年的 2 倍，实现了 5 年翻番。服务业的产业

密度也在逐年提高。2004 年全市服务业密度达到 745 万元/平方千米，是 1998 年的 2 倍多。

2. 镇江市产业密度与长三角主要 16 个城市的比较

自20 世纪90 年代以来，以上海为龙头的长三角地区，工业化、城市化以及经济国际化进程不断加快，逐渐成为继珠江三角洲之后、中国最重要的经济增长引擎。长三角地区以占全国1%的土地和7%的人口，创造了1/5 的生产总值。2004 年，土地面积近 11 万平方千米的长三角地区，共实现地区生产总值28775 亿元，产业密度高达2624 万元/平方千米，比上年提高了454 万元。上海市产业密度达 11749 万元/平方千米，成为长三角地区单位面积产出首个突破亿元的城市。

2004 年，长三角地区主要 16 城市产业密度从高到低的排列情况见表 2－57。

表 2－57　2004 年长三角地区 16 个城市产业密度情况

单位：亿元，万元/平方千米

城　市	地区生产总值	产业密度	城　市	地区生产总值	产业密度
上　海	7450.27	11749	绍　兴	1313.87	1591
无　锡	2350.00	4909	南　通	1226.06	1532
苏　州	3450.00	4064	杭　州	2515.00	1515
南　京	1910.00	2902	舟　山	212.04	1473
嘉　兴	1050.56	2683	台　州	1173.79	1247
常　州	1100.61	2516	泰　州	705.20	1218
宁　波	2158.04	2304	扬　州	788.13	1188
镇　江	781.16	2031	湖　州	590.69	1015

从长三角地区 16 个城市土地面积来看，镇江市排在第 15 位，仅大于舟山市（陆域面积1440 平方千米）。从地区生产总值来看，镇江市排在第 13 位，高于泰州、湖州和舟山三市。从产业密度来看，镇江市居第八位，除低于无锡、苏州、南京、常州四市外，还低于省外的上海、嘉兴和宁波等三城市。比长三角地区平均产业密度低593 万元/平方千米。

从三次产业密度来看，镇江市农业密度居长三角16 城市第15 位，仅高于杭州市。工业密度和服务业密度与产业密度的位次一致，也居长三角城市第八位。

（五）镇江市经济社会发展在长三角发展中的地位作用

1. “十五”期间镇江市生产总值在长三角所占比重的变化趋势（见图 2－95）

“十五”期间，虽然镇江市在科学发展观及“两个率先、两步走”发展目标的指引下，经济发展保持了良好的发展趋势，地区生产总值实现快速增长。但是，从长三角整体发展的角度来看，镇江市地区生产总值在长三角中所占比重有所下降，2002～2005 年的比重分别为 2.35%、2.29%、2.28%、2.14%。一方面，镇江市的经济发展处于上升

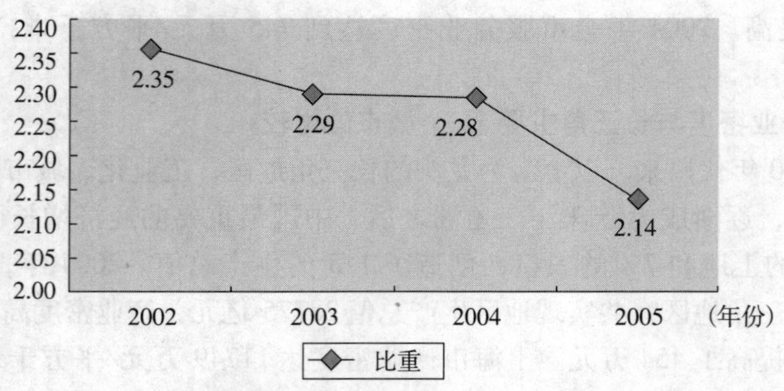

图 2－95　2002～2005 年镇江市地区生产总值长三角生产总值比重（单位：%）

阶段，其发展速度相对于长三角主要城市较慢，因此，呈现出地区生产总值的增长速度滞后于长三角地区的整体增长水平，导致镇江市的地区生产总值在长三角地区的比重有所下降。另一方面，镇江的城市规模也决定其地区生产总值在长三角的所占比重较小，但不断推进的城市化及生产力的不断提高，必定使镇江的社会经济发展在长三角中的比重不断提高。

2. “十五”期间镇江市产业结构变化情况（见图 2－96）

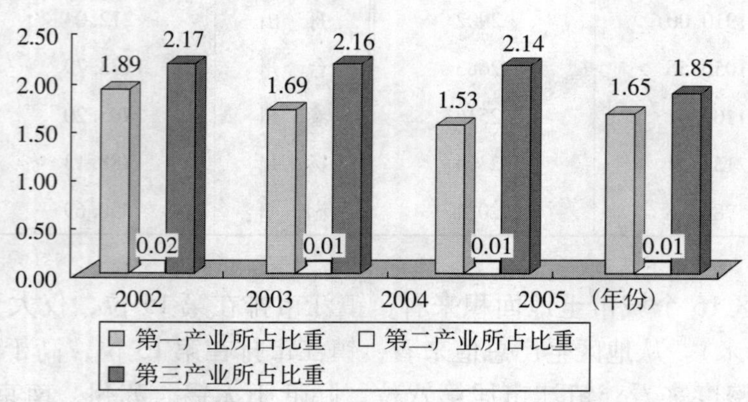

图 2－96　2002～2005 年镇江市各产业占长三角产值比重（单位：%）

“十五”期间，镇江市三次产业的发展速度较整个长三角地区的发展速度略慢，在长三角中的比重呈现降低的趋势。2002～2005 年，第一产业产值在长三角中的比值分别为 1.89%、1.69%、1.53%、1.65%。这主要是由于近年来，镇江市大力调整产业结构，不断加快城市化进程，致使第一产业的发展受到一定程度的影响。但相比第二产业，镇江市第一产业在长三角中的比重更大，这说明，在整个长三角地区，镇江市第一产业的贡献率更大，镇江市仍需继续调整产业结构，大力发展工业。

2002～2005 年，镇江市的工业产值在长三角中的比重分别为 0.02%、0.01%、0.01%、0.01%，基本保持稳定。虽然近几年，镇江市一直以工业结构战略性调整为主线，不断推进科技和制度创新，主要工业企业基本转变经济增长方式，工业效益迅速提

高，工业发展也取得了显著的成效，但是，镇江市的工业产值在整个长三角中的比重太小。相比第一产业和第三产业，镇江市仍需进一步加大产业结构调整的力度，在发展比较优势的基础上，加快发展工业，以实现三次产业的协调发展。

镇江市的第三产业产值在长三角中的比重较二、三产业高，2002～2005 年，比重分别为 2.17%、2.16%、2.14%、1.85%，呈下降趋势。镇江第三产业产值在长三角中比重有所降低与镇江市地区生产总值在长三角地区的比重不断降低有关，镇江市的整体经济发展速度较滞后于长三角整体发展水平。因此，大力调整产业结构，促进产业间的协调发展，不但可以提高镇江市的整体经济发展水平，也可以促进各产业的快速健康发展。

3. 2005 年镇江市社会经济发展与长三角比较（见表 2－58）

表 2－58　2005 年镇江市与长三角部分社会经济发展指标比较

指　标	长 三 角	镇　江	比　重（%）
固定资产投资（亿元）			
全社会固定资产投资总额	18978.51	260.35	1.4
国内商业			
社会消费品零售总额（亿元）	13304.55	241.39	1.8
对外经济贸易			
出口总额（亿美元）	2905.28	20.34	0.7
客运量总计（万人）			
公路	292977.00	6712.00	2.3
货物运输量总计（万吨）			
公路	190433.00	4574.00	2.4
民用车辆拥有量（万辆）			
民用汽车拥有量	492.06	8.51	1.7
邮电业务总量			
年末市内电话（万户）	4507.77	140.98	3.1
年末移动电话用户（万户）	6680.00	106.10	1.6
国际互联网用户（万户）	1597.46	14.73	0.9
从业人员合计（万人）	8474.20	148.46	1.8
第一产业	2241.24	35.37	1.6
第二产业	3266.99	68.41	2.1
第三产业	2965.97	44.68	1.5
教育			
普通中学在校学生（万人）	759.68	16.14	2.1
小学在校学生（万人）	881.43	15.88	1.8

2005年，镇江市大力调整经济结构，转变经济增长方式，着力提高人民生活水平，为实现民富安康的目标做出了积极的努力，也取得了一定的成绩。

在经济方面，镇江市2005年的全社会固定资产投资总额达260.35亿美元，整个长三角地区为18978.51亿美元，镇江市在长三角地区所占比重为1.4%。尽管镇江市第二产业产值在长三角中的比重仅有0.01%，但固定资产总额所占比重却远远高于前者，这说明，镇江应加大调整产业内部的层次，实现协调发展。消费品市场繁荣，2005年社会消费品零售总额达241.39亿美元，占整个长三角地区13304.55亿美元的1.8%。对外贸易保持稳定发展，实现出口总额20.34亿美元，在长三角地区2905.28亿美元中的比重较小，仅为0.7%。

交通运输发展良好，2005年，整个长三角地区实现公路旅客运送量292977万人，其中，镇江市为6712万人，占长三角总量的2.3%。长三角地区的公路货运总量为190433万吨，其中镇江市为4574万吨，比重为2.4%。在民用汽车拥有量方面，长三角地区民用汽车拥有总量为492.06万辆，镇江市为8.51万辆，占整个长三角地区的1.7%。

邮电业务总量保持稳定，2005年年末市内电话用户总量为140.98万户，占长三角地区总量4507.77万户的3.1%。年末移动电话用户为106.1万户，长三角移动电话用户总量为6680万户，比重为1.6%。国际互联网用户为14.73万户，长三角用户总量为1597.46万户，比重仅为0.9%。

2005年末从业人员比例结构反映出镇江市第二产业的发展仍存在一些影响因素。镇江市第二产业产值在整个长三角地区仅占0.01%，远远低于一、三产业产值在整个长三角中的比重。但是，镇江市第二产业的从业人员却为68.41万人，占整个长三角地区的2.1%，高于第一、三产业从业人员在长三角中的比重，分别为1.6%和1.5%。这反映出镇江市第二产业的人员负担较重，劳动力的边际成本过高，致使整个第二产业产值在整个长三角中的比重较低。

在义务教育方面，全市义务教育内在校学生人数基本稳定。2005年，镇江市小学在校学生人数为15.88万人，占整个长三角地区小学在校学生总数881.43万人的1.8%。普通中学在校学生人数16.14万人，长三角地区普通中学在校学生人数为759.68万人，比重为2.1%。

（六）镇江市未来经济社会发展中面临的挑战与展望

在肯定成绩、总结经验的同时，也要清醒看到，镇江市在前进的过程中还存在一些矛盾和问题。主要是：经济增长方式还比较粗放，产业层次还不够高，经济结构性矛盾没有得到根本解决；城乡居民就业压力较大，富裕程度还不高，农民增收的长效机制尚未形成；征地拆迁、企业改制、转岗就业还存在一些矛盾，社会不稳定因素还比较多；政府职能转变还不能完全适应市场经济的要求，发展环境有待进一步优化。对这些问题，今后仍需高度重视，务实解决。

未来的五年，是镇江市实现“两个率先”的关键五年。“十一五”期间，镇江发展的总体要求是：高举邓小平理论和“三个代表”重要思想伟大旗帜，以科学发展观统领经济社会发展全局，紧紧围绕“两率先、两步走”的奋斗目标，以转变增长方式、统筹城乡发展、构建和谐社会为战略重点，以深化改革、扩大开放和自主创新为基本动力，坚定不移地走富民优先、集聚吸纳、改革创新、特色发展、和谐文明之路，全力打造以人为本、全面协调可持续发展的新镇江。

按照这一总体要求，镇江市今后五年经济社会发展的主要预期目标为：

到2010年，地区生产总值力争翻一番，年均增长13.5%以上；地方财政一般预算收入突破100亿元；规模以上工业销售收入突破2500亿元；全社会固定资产投资五年累计3400亿元，年均增长18%；工商注册实际到位外资年均增长20%，五年累计达50亿美元，自营出口年均增长18%，期末达到45亿美元；民营经济增加值占地区生产总值比重超过60%；社会消费品零售总额年均增长14%；单位地区生产总值能耗比“十五”期末降低20%左右。

到2010年，力争城镇居民人均可支配收入、农民人均纯收入分别达到22000元和10000元。消费结构升级，文教娱乐及服务支出占家庭消费支出比重达到18%，恩格尔系数低于38%。社会保障体系比较健全，城镇养老、医疗、失业保险覆盖率均达98%以上，新型农村合作医疗和农村养老保险覆盖面分别达95%和80%以上。城镇登记失业率控制在4%以内。

到2010年，全社会R&D（研发）投入占到GDP的2%，高新技术产品销售收入超1000亿元。全面推进素质教育，率先基本实现教育现代化。卫生服务体系健全率达到95%，城乡公共文体服务设施明显改善。城市化率达到65%左右，城市建成区绿化覆盖率达40%以上，全市环境质量综合指数达90。

2006年是“十一五”发展的起始之年，做好2006年的工作至关重要。2006年，全市国民经济和社会发展的主要预期目标为：地区生产总值增长13.5%，单位生产总值能耗下降4%；全社会固定资产投资增长20%；财政总收入增长15%，地方财政一般预算收入增长15%；工商注册实际到位外资增长20%，外贸出口增长18%；社会消费品零售总额增长14%；城镇居民人均可支配收入增长12%，农民人均纯收入增长9%；城镇登记失业率控制在4%以内。

2006年将为人民群众办好15件实事：①新增城镇就业3万人，转移农村劳动力5万人；②加强市行政服务中心建设，设立行政服务便民窗口，建立市、辖市、乡镇（街道）便民服务网络；③完成市区40万平方米老住宅小区和2万平方米街巷道路改造，继续整治城区低洼积水区，对部分老住宅小区和街巷进行绿化配套；④新建定建房5万平方米，改造危房1万平方米；⑤按计划实施京岘山路和花山湾二区两处山体滑坡综合治理；⑥市区新增50辆环保节能公交车，新辟和调整优化5~6条公交线路；⑦淘汰4蒸吨以下燃煤锅炉及生活大灶100台左右；⑧建成镇江农副产品批发市场一期工程；⑨建立全市农业信息化支撑体系，为农村居民提供网上服务；⑩新建农村敬老院5所，改、扩建23所；⑪新建社区卫生服务中心（站）16个，街道（乡镇）社区卫生服务中心规划建设率达到100%，实施“人人享有医疗保障”工程；⑫新增农村无害化户厕7.25万户，全市农村无害化户厕普及率达50%以上；⑬新建全民健身工程（点）50个；⑭免除城乡低保家庭在校生义务教育杂费等6项费用；⑮易地新建市旅游学校，建成市青少年校外活动中心。

句容市经济社会发展情况

（一）句容市概况

1. 地理位置

句容市地处江苏省南部，紧依上海、南京、苏州、无锡等大中城市，是中国沿海和长江三角洲对外开放的重点区域。

2. 气候

句容市属北亚热带季风气候，四季分明，气候温和，雨水充沛，日照充足。全年平均气温为15.1℃，年平均降水量为1018.6毫米，年平均风速为3.2米/秒，无霜期为229天，年日照为2116小时，被投资者誉为风水宝地。

3. 旅游休闲

句容有道教圣地茅山、佛教名山宝华山、江苏九寨沟瓦屋山、南朝辟邪石刻、边城等旅游景区。

4. 交通运输

句容的公路网四通八达，沪宁高速公路穿境而过，到南京只要半小时，到上海也仅两个半小时。南北向有104国道、102省道，东西向有312国道、340省道和122省通。至句容附近的港口、机场和铁路也非常方便快捷。

5. 矿产资源

探明矿藏有20多种。金属矿有钼、铜、金、银、铁、铝、锌等，非金属矿有硫、磷、大理石、石灰石、膨润土、红柱石、玄武岩等。句容是全国膨润土第二大储区，优质储量达1.5亿吨。优质石灰石储量达13亿吨，且含钙55%以上，极富开发价值。

6. 行政区划

句容市总面积1385平方公里，人口60万，辖17个镇、1个街道办事处和1个省级经济开发区。

（二）句容市经济社会发展总体状况

“十五”期间，句容市地区生产总值年均增长13%，财政总收入年均增长26.9%，一般预算收入年均增长20.1%。五年间，句容市利用外资连续居镇江辖市第一，利用民资连续两年列镇江第一，累计引进外资超8亿美元，吸纳民资超80亿元，为全市经济社会的跨越发展注入了强大动力。五年间，句容市城市建设取得重大突破、城乡面貌显著变化。全市累计投入43.4亿元，建成市域干线公路128.6公里、农村公路626公里，新建市区干道50多公里，城区框架拓展到35平方公里。建成玉清广场、污水处理厂、葛仙湖公园等一大批城市标志性工程，城市功能不断完善，城市品位显著提升，城市化率达45%。五年间，句容市成功创建国家级生态示范区，茅山和宝华山相继创成国家4A级旅游区。城镇居民人均可支配收入和农民人均纯收入分别比“九五”末增长5610元和1903元，以养老和医疗保险为主的社会保障体系不断完善。农村五件实事扎实推进，农民生产生活条件明显改善。

（三）句容市经济发展基本状况

1. 国民经济健康发展，综合实力稳步提升

地区生产总值突破百亿元大关，达到111.8亿元，增长14.9%；财政总收入超10亿元，增长25%，地方财政一般预算收入4.2亿元，增长28.6%；全社会固定资产投资51.3亿元，增长34%；社会消费品零售总额26.9亿元，增长15.4%。

2. 农业平稳增长

2005年，农业生产克服特大旱灾和病虫害影响，实现增加值11亿元，较上年仍有所增长。农业结构调整力度加大，“三区”及十大特色示范带新开发2.5万亩，引进新品种26个，推广新技术27项，茅山有机农业示范区被批准为首批国家级有机食品生产示范基地。农业产业化步伐加快，新增省级农业龙头企业2家、各类农业合作组织45个。积极吸引“三资”开发农业，签约项目73个，协议利用资金10.46亿元，实际完成投入4.5亿元。实施农业综合开发项目2个，总投资1900万元，位列苏南第一。农业基础设施建设得到加强，新扩建塘坝471座，赤山闸站翻建工程通过省级验收，整治高阳河险工段1300米，完成黄金坝水系整治，疏浚葛仙湖溢洪支河，解决了10个人畜饮水特别困难村的水源问题。土地复垦开发扎实推进，实施国家级土地整理项目2个、省级46个。

3. 工业速效同增

2005年，规模以上工业企业实现增加值48亿元，增长23%。实现销售收入163.8亿元、利税11.9亿元，分别增长25.4%和23%。完成工业性投入34亿元，增长30%。出台鼓励大项目建设实施意见，100万元以上项目在建102个、计划总投资33.7亿元，竣工119个、总投资13.7亿元。新增规模企业26家、销售超亿元企业6家，规模支撑效应进一步放大。传统产业改造升级步伐加快，完成技改投入27亿元，增长13%；新认定镇江市级以上高新技术企业11家、高新技术产品20个，高新技术产业销售收入和利税分别增长10%和18%。

4. 服务业快速发展

2005年，实现增加值35.9亿元，增长13%。加快旅游资源开发，苏南抗战胜利纪念碑二期，茅山印宫栖真楼、华阳洞天，宝华山叶庵会所、秦淮源头，以及市区大圣塔、葛仙观等一批新景点建成开放。成功举办第五届茅山旅游文化节暨旅游发展高层论坛，茅山新四军纪念馆被列入全国红色旅游经典景区，南山农庄创成国家农业旅游示范点，九龙山创成省级风景名胜区。全年接待游客291万人次，增长47.7%，旅游业占GDP比重达6.8%，向“旅游强市”目标又迈出了一大步。大力发展专业市场，温州商贸城一期、苏南商贸城、新南门菜场一期建成营业，城西专业市场带规模初显。全年竣工楼盘39万平方米，房地产业对地方税收贡献份额达37%。商业、金融、保险、邮政、通信、烟草、交通运输等行业发展态势良好。

5. 招商引资强力推进，双轮驱动取得成效

成功举办金秋经贸洽谈会、自行车产业发展论坛、南方招商周以及浙江、上海、南京民营招商等系列推介活动，生物质能发电、美亚工业园、华正电器等一批大项目相继落户。全年新批外资项目120个，合同利用外资6.83亿美元，增长17.4%，实际利用外资1.2亿美元，注册外资2亿美元。出台加快开发区建设的意见，建成石狮路，开工建设西二环、福地路延伸段，开发区实际利用外资占全市的40%，项目承载能力和产业集聚效应进一步显现。完成外贸出口总额1.5亿美元，增长60%，增幅列镇江第一。新增民营企业800家、个体工商户4120户，合计新增注册资本12.5亿元，增长47%。民营经济增加值占GDP比重达57%，比上年提高7个百分点。

6. 各项改革继续深化，发展活力有所增强

市属企业改革进入尾声，金猴集团、东华酒业、物资系统改制基本完成。农村改革继续深化，区划调整平稳实施，严格落实“一免三补”政策，全年免除农业税2232万元，农民人均政策性增收82元。生产经营性事业单位转企改制加快推进，事业单位新进人员全部面向社会公开招考。财政体制改革全面推开，实施国库集中支付试点，市财政国库集中支付中心投入运行，部门预算试点扩大到30个单位。

（四）句容市社会发展基本状况

1. 城乡建设力度加大，人居环境不断优化

《句容市城市总体规划纲要》通过省级论证，在全省率先完成镇村布局规划编制。宁茅公路句容段一期、汤龙公路改造工程全面竣工；完成沪宁高速、312国道句容段拓宽改造，宁常、宁杭高速建设征地拆迁工作如期完成，全市交通网络更加完善。城区累计投入2亿多元，完成人民路、建设路、文昌路等10余条城市道路改造，硬化社区道路3.6万平方米。建成河滨北路一期、宁杭南路等绿化风光带；完成和平鸽广场、玉清小区地下人防工程；新建公共停车场1.1万平方米。全面改造出新21个城中村和13个居民小区。出台加强市区环卫保洁工作意见和“门前三包”责任制管理办法，完善卫生长效管理机制，城市垃圾袋装化率、生活垃圾无害化处理率均达到国家创卫标准。“双清双美”活动不断深化，农村环境明显改善。创模九大工程扎实推进，嘉新京阳循环经济试点全面启动；集中关闭采石宕口20个、采石企业9家。创建国家卫生城市和国家环保模范城市通过省级考核。

2. 居民收入增长较快，生活质量持续改善

2005年，城镇居民人均可支配收入12300元，增长16.6%；农民人均纯收入5508元，增长13.7%。扎实推进农村五件实事，完成110公里农村公路建设；新型农村合作医疗保险参保率达88.9%，参保人数达36万人；农村改水实现“三年任务、两年完成”目标。社会保障体系不断完善，城镇职工养老、医疗、失业三大保险参保率分别达95%、98%和98%；城乡低保分别新增97人和4596人；社保基金发放6480万元，连续三年实现收支硬结余。努力扩大就业再就业，全年新增城镇就业2912人，城镇登记失业率低于2%；转移农村劳动力2.64万人，其中劳务输出5760人。居民消费品价格涨幅控制在4%以内。

3. 社会事业全面进步，文明程度明显提高

科教兴市扎实推进。2005 年，科技对工、农业进步贡献率分别达到 48% 和 52%。实施各类科技项目 122 个，其中国家星火计划 3 项。全年专利申请量 312 件。实施“313”人才工程，新人才市场投入运行，引进各类专业人才 322 名。教育现代化工程进展顺利，农村中小学“六有”工程和“校校通”工程全面完成，建成开发区中心校，基础教育不断强化，职业教育稳步发展，高考取得好成绩。社会事业全面发展。积极构建公共卫生体系，完善突发公共卫生事件应急机制，传染性疾病防控水平有效提升。市妇幼保健院大楼主体竣工。成功举办“欢乐中国行——魅力句容”大型综艺晚会、协办十运会公路自行车赛，万人登茅山、广场文艺演出等群众文体活动蓬勃开展。积极创建省人口与计划生育工作示范市，实施农村部分计划生育家庭奖励扶助制度，开展万人免费健康检查活动。创成省级有线电视先进市，有线电视用户突破 10 万户。三创省双拥模范城通过验收。精神文明建设深入开展。广泛开展“句容精神”大讨论，进一步激发了全市人民热爱家乡、建设家乡的热情。评选“十大杰出创业女性”、“十大杰出青年企业家”和“诚信服务双十佳”，文明创建活动走向深入。成功举办中国道教界纪念抗战胜利 60 周年祈祷和平法会。

4. 民主法制建设继续完善

社区居委会和新一届村委会换届工作基本完成。平安创建和“四五”普法通过省市考核验收。社会治安综合治理和社会矛盾大调解机制进一步完善，各类信访问题得到妥善处理，安全生产形势总体平稳，全市社会安定、投资安全、人民安宁。

十二　泰州市2005年经济社会发展报告

2005年，泰州市政府紧紧围绕力争“五年总量翻番、八年全面小康”奋斗目标，全面落实科学发展观，努力克服发展中的各种矛盾和困难，抢抓机遇、奋力拼搏，加快结构调整步伐、转变经济增长方式，坚持走加快发展、科学发展、和谐发展之路，扎实推进全市经济、政治、文化与社会建设，较好地完成了市二届人大三次会议确定的各项目标任务，顺利完成“十五”计划，再次跻身全国百强城市行列，居第74位。

（一）2005年泰州市经济发展状况

1. 坚持加快发展，经济总量迈上新台阶（见图2－97、图2－98）

2005年，国民经济实现较快增长。全市实现地区生产总值822.26亿元，比上年增长15.0%，为建市以来最高增幅。其中，第一产业增加值89.89亿元，增长4.4%；第二产业增加值476.65亿元，增长17.2%；第三产业增加值255.72亿元，增长15.4%。第一

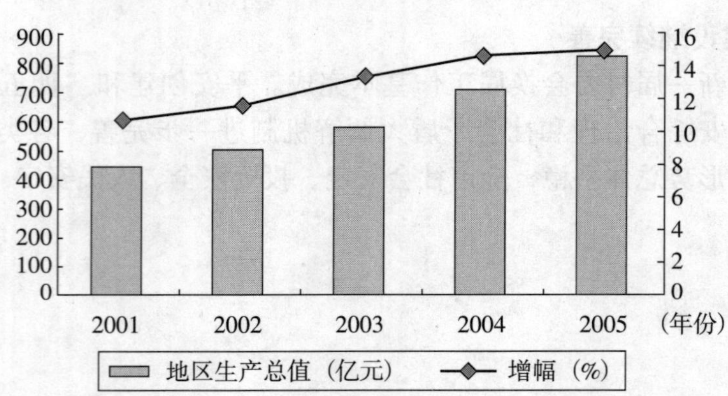

图2－97　2001～2005年泰州市地区生产总值概况

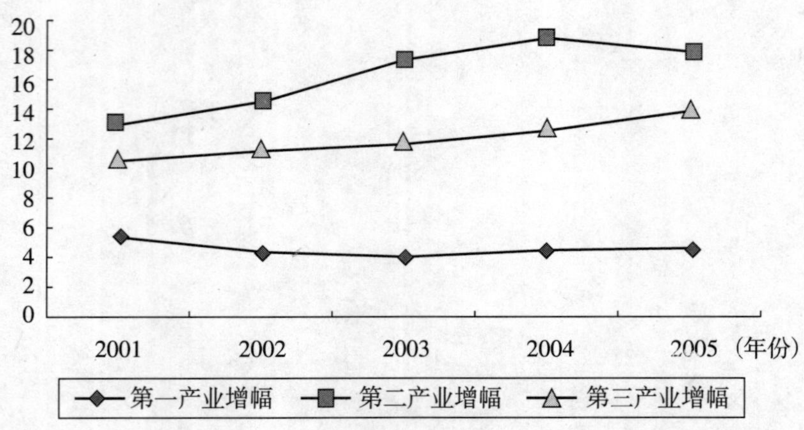

图2－98　2001～2005年泰州市三次产业产值增长概况（单位：%）

产业对经济增长的贡献率为3.7%，第二产业为67.8%，第三产业为28.5%，第二产业仍是拉动泰州市经济增长的主动力。三次产业结构调整为10.9:58.0:31.1。按常住人口计算，人均地区生产总值突破2000美元，达到16366元，增长15.6%。

地方财力明显增强（见图2－99）。2005年，全市完成财政总收入113.95亿元，比上年同口径增长30.2%。地方一般预算收入46.91亿元，增长34.3%。其中营业税、企业所得税和个人所得税分别增长26.7%、21.3%和62.2%。财政总支出82.26亿元，同比增长27.7%，地方一般预算支出62.37亿元，增长26.0%。财政支出结构不断优化，对“三农”、社会保障、抚恤和社会救助等领域的资金保障力度加大，分别增长39.8%、45.5%和50.9%。

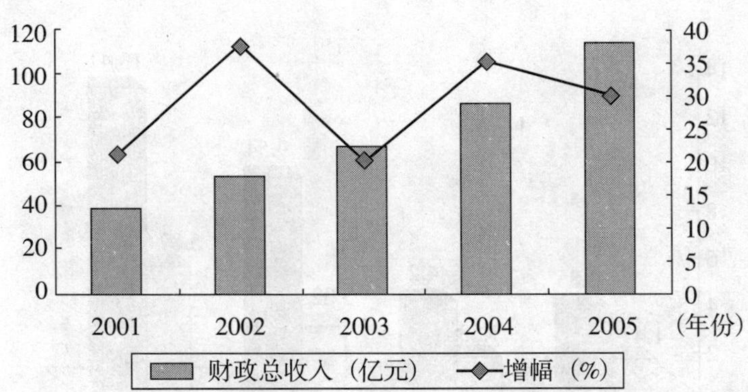

图2－99　2001～2005年泰州市财政收入概况

物价水平保持平稳。2005年，全市居民消费品价格总指数为101.6%，物价上涨1.6%。八大类商品和服务价格3升5降。食品类、居住类、烟酒及用品类分别比上年上升4.9%、2.9%和1.9%，衣着类、家庭设备用品及维修服务类、医疗保健和个人用品类、交通及通讯类、娱乐教育文化用品及服务类价格分别比上年下降1.7%、3.0%、0.2%、3.1%和0.5%。

2. 三大需求平稳增长，民间投资快速增长（见图2－100）

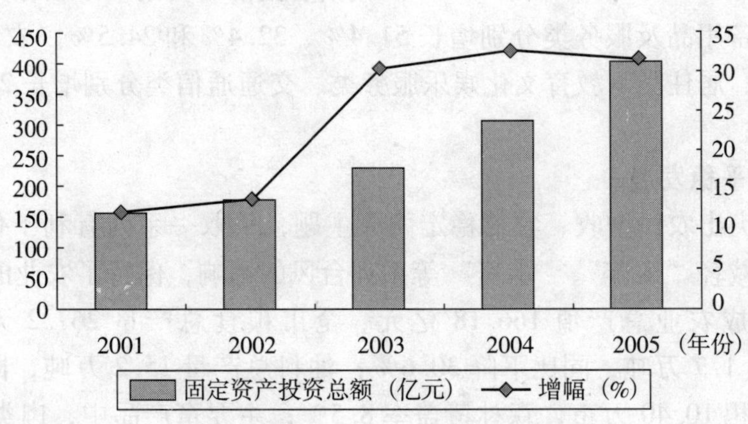

图2－100　2001～2005年泰州市全社会固定资产投资概况

固定资产投资。2005 年，全市完成全社会固定资产投资 403.13 亿元，同比增长 31.6%。其中，城镇集体以上固定资产投资 218.96 亿元，增长 39.3%。第一、二、三产业分别完成投资 6.97 亿元、216.80 亿元和 179.36 亿元，分别增长 30.6%、35.5% 和 27.3%。城镇投资 171.34 亿元，增长 41.3%，房地产开发完成投资 47.62 亿元，增长 21.2%，农村投资 143.20 亿元，增长 24.3%，城镇工矿区私人建房投资 4.36 亿元，增长 66.7%，农村私人建房 19.74 亿元，下降 9.2%。实现民间投资 295.84 亿元，占全社会固定资产投资的比重达到 73.4%。其中，私营个体经济投资 113.12 亿元。

进出口规模继续扩大（见图 2－101）。全市进出口总额达 19.29 亿美元，增长 53.5%。外贸出口在结构优化中实现高速增长，出口总额达 13.43 亿美元，增长 40.6%。

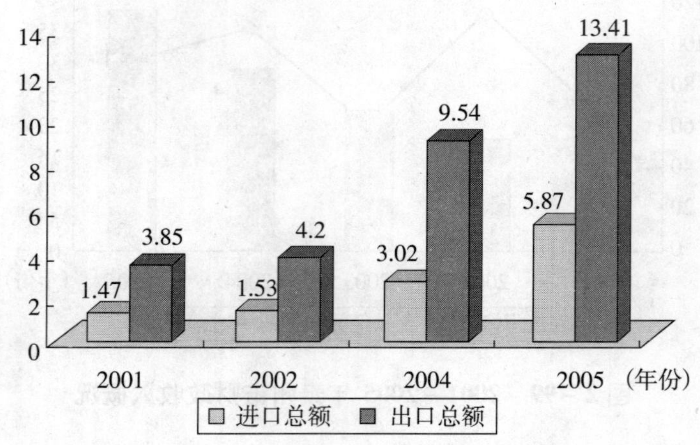

图 2－101　2001～2005 年泰州市对外贸易概况（单位：亿美元）

国内贸易繁荣兴旺。2005 年，全市实现社会消费品零售总额 233.81 亿元，同比增长 16.5%。餐饮业保持快速增长。实现零售额 30.06 亿元，增长 18.6%。批发零售业和其他行业分别实现零售额 200.15 亿元、3.60 亿元，分别增长 16.2%、17.1%。消费结构调整升级。全市限额以上批发零售贸易业中，文化办公用品类、通信器材类、汽车类等商品零售分别增长 60.8%、54.8% 和 31.6%。城镇居民消费支出中，教育文化娱乐服务类、衣着类和家庭设备用品及服务类分别增长 51.4%、32.4% 和 24.5%。农村居民生活消费支出中，衣着类、居住类、教育文化娱乐服务类、交通通信类分别增长 29.3%、19.8%、17.7% 和 15.6%。

3. 农业生产平稳发展

泰州市各地突出农民增收、农村稳定两大主题，采取一系列有利于化解“三农”问题的措施，努力减轻“麦莎”、“卡努”等系列台风的影响，保持了农业的稳定发展。

2005 年，完成农业总产值 166.18 亿元。全市粮食总产量 267.2 万吨，同比增长 3.5%；棉花产量 1.7 万吨，同比下降 30.6%；油料总产量 15.2 万吨，同比下降 4.6%。全年实现造林面积 10.40 万亩，森林覆盖率 8.5%；主要畜产品中，肉类总产量 24.5 万吨，增长 2.7%；禽蛋总产量 12.0 万吨，与上年持平；牛奶总产量 2.1 万吨，增长

12.1%；水产品总产量21.0万吨，增长4.1%。

农业结构稳步调整，初见成效。建设高效农业示范基地10万亩，优质农产品比重提高6个百分点，新建畜禽养殖小区20个。无公害农产品基地建设继续推进，新认定无公害农产品20个，新增绿色食品标志认证农产品51个。弱筋小麦、优质稻米、加工型蔬菜等优势产业不断壮大，产业化龙头企业带动作用进一步增强，农业利用“三资”22亿元。50家重点龙头企业实现销售收入94.57亿元，增长19.0%，利税4.63亿元，增长16.3%。

农业机械化水平不断上升。2005年末，全市拥有农业机械总动力207.02万千瓦，增长1.4%。大中型拖拉机2891台，小型拖拉机29630台。推广大中型高性能农机具600台（套），各类联合收割机504台，增长14.2%。水稻插秧机984台，增长29.0%。农用排灌动力机械38.18万千瓦，增长1.8%。农村用电量37.81亿千瓦时，增长16.4%。

农田水利建设稳步推进。2005年全年实现水利建设投资14780万元，完成各类土方3227万方，新开、疏浚大、中河沟219条648.8公里1388.2万方，配套小沟以上建筑物1640座，建设衬砌渠道96.3公里，维修、改建圩口闸100座，新建、改建机电排灌站75座，加高加固圩堤282公里220.3万方，建立高标准农田2万亩、改造中低产田7.2万亩，治理平原区水土流失面积4.5平方公里。

市县两级农产品检测体系初步形成，畜禽高致病性传染病、水稻病虫害等防治工作得到加强。市农业开发区启动建设。供销、粮食、气象和林业绿化工作取得新成绩。农业生产平稳发展。

4. 工业经济快速增长

2005年，全市完成工业增加值404.6亿元，增长18.9%。规模以上工业企业完成增加值323.39亿元，增长23.5%。其中，国有企业19.32亿元，增长25.4%；集体企业45.13亿元，增长14.4%；股份合作企业6.87亿元，增长31.0%；股份制企业181.84亿元，增长25.3%；外商和港澳台企业52.21亿元，增长20.9%；其他经济类型企业18.02亿元，增长34.5%。规模以上工业中：重工业保持了近年来较快增长的态势，发展快于轻工业，在工业总量中所占比重不断提高，重工业实现增加值179.91亿元，增速达28.2%，比轻工业快9.9个百分点，所占比重比上年提高4.6个百分点，轻重工业的比例调整为44.4:55.6；私营工业蓬勃发展。全市规模以上私营工业实现增加值81.66亿元，增长29.1%，所占比重由上年同期的22.4%提升到25.2%，对全市规模以上工业增长的贡献率达25.7%，拉动全市规模以上工业增长6.0个百分点。工业经济的快速增长明显体现了出口强劲的拉动作用。规模以上工业企业实现出口交货值170.0亿元，同比增长40.4%。

工业运行质量全面提升。2005年，规模以上工业企业实现销售收入1160.2亿元，比上年增长29.2%；实现利税总额107.8亿元，增长28.2%，其中利润总额54.8亿元，增长32.3%，规模企业进一步发挥了经济发展的支撑作用。亏损企业数171个，同比减少168个，亏损企业亏损总额2.5亿元，同比下降23.1%。经济效益综合指数为184.1，比上年提高22.8个百分点。产品销售率为97.8%，比上年提高0.4个百分点。新创中国名牌产品1个、江苏名牌产品18个。

行业调整取得明显成效。2005 年，全市电气机械及器材制造业产值 147.50 亿元，为第一大行业，比上年增长 21.0%；化学原料及化学制品制造业产值 131.01 亿元，增长 33.1%；医药制造业产值 129.94 亿元，增长 21.5%；通用设备制造业产值 126.66 亿元，增长 30.1%；交通运输设备制造业产值 103.03 亿元，增长 31.2%；纺织业产值 101.56 亿元，增长 27.9%；金属制品业产值 88.31 亿元，增长 37.1%。

工业技改投入大幅增加。2005 年，全市实施技改项目 2219 个，计划总投资 390.71 亿元，累计完成投资额 267.82 亿元；当年完成工业技改投资额 208.00 亿元，同比增长 35.0%。在 2004 年实现两年倍增计划的基础上再次实现了投入总量两年翻番。当年实施投入 3000 万元以上重大技改项目首次突破 200 个，达到 216 个，比上年同期增加 46 个，已竣工项目 102 个，其中实施亿元以上项目 40 个，比上年同期增加 7 个，已竣工项目 15 个。

高新技术产业发展加快。2005 年，全市高新技术产业产值 334.82 亿元，比上年增长 25.0%。其中电子及通讯设备制造业增长 73.6%，生物医药制造业增长 21.5%，专用科学仪器设备制造业增长 55.8%，电气机械及设备制造业增长 18.4%，新材料制造业增长 34.3%；占高新技术产业增加值的比重分别为 3.4%、37.7%、2.1%、35.1% 和 21.7%。高新技术产业产值占全市规模以上工业产值的比重达 27.5%。国家医药出口基地获得批准，医药高新技术产业园筹建工作启动。

建筑业发展势头强劲。2005 年，全市完成建筑业总产值 386 亿元，增长 27.7%；实现增加值 75.2 亿元，增长 12.1%。承建规模工程 1010 项，形成年产值 5 亿元以上的建筑企业 8 家。

5. 服务业发展势头良好

2005 年，全年实现第三产业增加值 255.72 亿元，同比增长 13.9%。

交通运输能力进一步提高。2005 年全年完成公路客运量 4670 万人，旅客周转量 345414 万人公里，较上年分别增长 9.3%、15.4%。公路、水路分别完成货运量 2123 万吨和 3430 万吨，增长 4.5% 和 2.3%；分别完成货运周转量 190433 万吨公里和 445089 万吨公里，增长 5.8% 和 10.1%。全市港口完成货物吞吐量 4231 万吨，其中外贸吞吐量 322 万吨，较上年分别增长 48.6% 和 70.8%。年末全市民用汽车保有量达到 8.13 万辆，增长 19.3%，其中本年新增 1.25 万辆，增长 5.2%；私人汽车保有量达到 4.14 万辆，增长 33.1%。

邮电通信能力进一步增强。2005 年，全面完成固定电话、移动电话及数据多媒体通信扩容年度建设任务。全年完成邮电业务收入 19.43 亿元，增长 9.0%。年末，互联网宽带用户达 9.50 万户，增长 48.3%。固定电话用户达到 172.45 万户，增长 6.8%。移动电话用户发展到 118.15 万户，增长 23.0%。

旅游业成为三产经济新的增长点。省级古银杏森林公园、省级溱湖湿地公园、东城河风景区、乌金荡风景区、李中水上森林公园等分别通过审批，初步建成。溱湖风景区被评为国家 4A 级风景区。全市实现旅游总收入 43.39 亿元，比上年增长 18.4%。全市接待境外游客 2.92 万人次，增长 15.1%；旅游外汇收入 2899 万美元，增长 51.3%。接待

国内游客488.29万人次，增长16.0%。年末拥有星级饭店20家，增长25.0%。

城乡市场协调发展，2005年，城市市场实现零售额161.87亿元，增长18.2%，农村市场实现零售额71.94亿元，增长12.8%。华东五金城、戴南不锈钢交易城等20个重点项目建设进展顺利。

金融信贷规模继续扩大。2005年末金融机构本外币存款余额达836.54亿元，比年初增加122.63亿元。城乡居民储蓄继续增加，本外币储蓄达541.02亿元。各项贷款稳定增长，信贷结构得到优化。金融机构本外币贷款余额达453.97亿元，比年初增加72.85亿元。在人民币贷款中，短期贷款余额304.40亿元，比年初增加34.28亿元；中长期贷款余额86.97亿元，比年初增加19.29亿元。保险市场保持平稳增长。全市新增保险机构3家，年末保险机构总数达17家。全年实现保费收入23.5亿元，增长12.7%，其中：财产保费收入3.8亿元，增长26.3%；人身保费收入19.7亿元，增长10.4%。赔款支出金额3.92亿元，其中财产险赔付金额2.16亿元，人身险赔付金额1.89亿元。

房地产开发稳步发展。2005年，全市商品房施工面积393.09万平方米，增长3.1%；商品房竣工面积138.84万平方米，增长13.4%；商品房销售面积144.72万平方米，增长10.6%；商品房销售额33.16亿元，增长37.8%；空置商品房面积31.78万平方米，下降7.9%。

6. 开放型经济活力增强

经济体制改革稳步推进。以“一免三补”为重点的农村税费改革全面落实，2005年全年免征农业税及发放各类补贴为全市农民减负增收1.96亿元，人均减负增收51元。工贸企业“三置换一保障”改革在全省率先推进、率先突破、率先到位；交通、建筑等行业改革加快，经营性服务类事业单位改革基本完成。

外向型经济加快发展。利用外资稳步增长，2005年全年新签外资协议项目253个，增长18.2%；实际利用外资4.91亿美元，（商务部新统计口径）；协议利用外资11.22亿美元，增长41.4%。对外技术经济合作不断增强，2005年新签对外承包劳务承包合同金额达1.68亿美元，比上年增长25.4%；实际完成对外承包劳务营业额1.65亿美元，比上年增长15.8%。境外投资项目数和投资额均列苏中第一。泰州边检站筹建工作基本完成，海关、国检、海事等口岸查验机构为开放型经济发展做出了积极贡献。

各类开发园区成为全市利用外资主阵地，海陵工业园、高港开发区进入省级经济开发区行列。根据不同地区和产业确定土地最低投资和产出标准，促进了投资强度和产出效益的提高。通过政策导向，推动工业向园区集中、人口向城镇集中、居住向社区集中，以集中布局实现集约发展。

民营经济迅速成长。2005年，新发展私营企业4172家、个体工商户3.69万户，新增民营经济注册资本114.59亿元。年末全市共有规模以上民营工业企业1452家，占规模以上工业企业数的76.2%，完成总产值766.94亿元，增长29.8%。全年民营经济完成增加值383.79亿元，税收收入51.04亿元，分别增长16.3%和37.0%，占全市GDP和税收的比重分别达46.8%和61.3%。

沿江开发取得新突破。泰州电厂一期工程获批并正式开工建设。扬子江药业城项目基本完工，国家医药出口基地获批，医药高新技术产业园筹建工作启动。新扬子造船、德桥仓储、新浦化工、中油 LPG、新时代造船等一批超亿美元项目进展顺利，埃力生科技工业园、嘉里粮油等项目相继落户。沿江高等级公路靖江段一期和泰兴、高港段路基桥梁工程建成，泰州过江通道工程可行性报告完成。沿江五大园区“七通一平”建设全面推进。岸线管理工作继续加强。两岸联动开发加快，江阴开发区靖江园区基础设施和产业项目建设全面展开。

（二）2005 年泰州市社会发展状况

1. 坚持统筹发展，城乡面貌发生新变化

扎实推进十大重点工程，中心城市建设日新月异。中心城市建设总投资达 62 亿元。迎春桥主体、扬子江路综合改造一期等工程竣工，垃圾卫生填埋场建成投运，坡子街改造等工程加快实施，老城区污水管网一期工程全面完成，75 条后街背巷改造、10 万平方米低价房建设和 10 个小区环境综合整治成效明显，泰山公园、环城河风景区一期等工程相继建成，东进小区定向销售房续建等工程如期竣工。辖市城区建设投入普遍加大，全年 4 个辖市城区建设完成投资 72 亿元，城市形象进一步提升。镇村布局规划编制完成，省、市级示范小城镇创建工作扎实推进。强力推进“五城同创”，“创卫”通过省级调研，“创模”通过国家技术评估，“创园”通过技术验收和考核。

城乡基础设施建设取得新成绩。宁启铁路泰州站建成运营，泰高路扩建改造工程竣工，333 省道兴化南绕城段建成通车；城区 10 条河道清淤整治工程竣工，“一片九河”等城市防洪工程有序推进，农村水利建设年度任务完成；220 千伏双墩变、110 千伏广陵变建成投运，邮电、通信等基础设施建设进一步加快农村公路新建、改造 1302 公里，以“一免三补”为重点的农村税费改革政策提前落实到位，农村低保惠及 51659 人。以强化扶持为着力点，组织实施“221 工程”，促进区域共同发展，黄桥老区和里下河地区 30 个经济薄弱乡镇主要经济指标增速可望超过全市平均水平。

2. 坚持和谐发展，人民生活有了新改善

2005 年末，全市户籍总人口为 502.05 万人。其中，市区 63.38 万人，增长 9.1‰。全市城镇人口比重达到 45.3%，较上年提高 0.9 个百分点。全年人口自然增长率为 1.59‰。年末常住人口为 468.50 万人。

居民收入增加、生活改善（见图 2－102）。2005 年全年城市居民人均可支配收入 11122 元，增长 14.7%；人均消费性支出 7556 元，增长 19.6%。农村居民收入增长较快，生活质量进一步提高。农民人均纯收入 5102 元，增长 11.5%；人均生活消费支出 3396 元，增长 16.1%。城乡居民文教娱乐服务支出占家庭消费支出的比重达 14.0%，恩格尔系数为 43.4%。全市城镇在岗职工平均工资 15090 元，增长 14.4%。城乡居民居住条件进一步改善。城镇人均住房建筑面积为 36.9 平方米，农村居民人均钢筋、砖木结构住房面积为 41.4 平方米。以农村“5＋1”实事为抓手，进一步改善农村生产生活条件。农村自来水受益人口新增 46.8 万人，农村新型合作医疗参保率提高到 82.2%，草危房改造任务全面完成。全市有线电视通村率达 100%，城乡综合入户率 60%，期末有线电视用

户数达76.16万户，增长17.6%。数字电视服务平台运行平稳，全年发展数字用户近3000户，宽带用户2000多户。

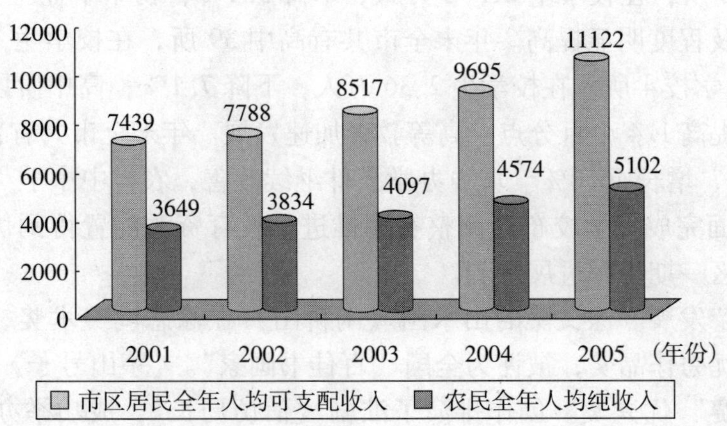

图2-102　2001~2005年泰州市城乡居民收入对比（单位：元）

重视就业再就业工作，劳动就业基本稳定。2005年末城镇登记失业率为3.4%，比上年末回落0.4个百分点。培训农村劳动力3.3万人，新增农村劳务输出7.5万人。培训城镇职工5.5万人，新增城镇就业人员3.56万人，失业人员再就业2.28万人。

推进“社会保险促进年”活动，养老保险、基本医疗保险覆盖面进一步扩大。组织开展失地农民社会保障试点，保障水平提高。2005年末，参加失业、养老、医疗保险人数分别达35.94万人、41.99万人、60.86万人，本年新增失业、养老、医疗保险参保人数2.64万人、4.5万人、8.0万人。三大保险覆盖率达95.9%，比上年提高0.9个百分点。城市低保“应保尽保”，共保障19754人，累计发放保障金额18389万元，农村低保惠及54172人。年末全市各类福利院拥有床位6851张，收养6208人；建立城镇各种社区服务设施213处，其中社区服务中心16个。

贯彻信访条例，强化信访工作，完善调解机制，形成防控体系，落实领导下访制度，妥善处置各类矛盾纠纷和信访案件。强化社区自治管理，推进“民主法制示范村”建设。城镇社区居委会依法自治达标率为93.0%，农村村委会自治达标率为98.0%。完成“四五”普法，创建“平安泰州”，人民群众对社会治安的满意率达97.3%。高度重视维护进城务工人员的合法权益，在全省率先成立市劳动争议仲裁院。

3. 坚持协调发展，社会事业全面进步

扎实推进科技进步，科技事业实现新突破。2005年，成功举办了第五届科技经贸洽谈会。全年组织实施省级以上火炬计划29项，其中国家级火炬计划19项；省级以上星火计划15项，其中国家级星火计划9项。年内新认定市级以上高新技术产品83项，其中省级高新技术产品53项；新认定省级以上高新技术企业16家，其中国家重点高新技术企业6家。全市专利申请量达1645件。国际专利受理、国家科技进步奖获奖实现零的突破，“国家科技进步先进市”创建成功。火炬和星火计划实施、国家级高新技术企业和新产品认定、国家火炬计划特色产业基地建设等工作均在全省名列前茅。

教育事业协调发展。九年义务教育普及率达100%。2005年末，全市共有小学438所，在校学生29.07万人，下降9.1%；职业中学23所，在校学生2.31万人，增长19.7%；初中155所，在校学生21.82万人，下降5.1%；初中毕业生升学率达93.1%。高中阶段教育普及程度明显提高。年末全市共有高中39所，在校学生10.52万人，增长3.1%；中等专业学校4所，在校学生2.36万人，下降7.1%；高中阶段教育毛入学率达71.1%，比上年提高1.4个百分点。高等教育加速发展。年末全市共有普通高校5所，在校学生2.01万人，增长46.8%。城乡办学条件继续改善，农村中小学“六有”和“校校通”工程建设全面完成。学校布局调整有序推进，教育资源配置得到优化。高等教育加速发展，高教园区一期工程进展顺利。

文化事业繁荣发展。徐文藻的山水画《闲耕图》在徐悲鸿美术奖、全国画院百佳书画家作品选中获优秀作品奖，被评为全国“百佳书画家”。《茅山号子》荣获“2005江苏水乡青年歌手大赛”优秀奖。创作排演了淮剧《信访局长》，成功举办了“泰州市第二届少儿艺术节”。举办了泰州市“纪念中国人民抗日战争胜利60周年”广场文艺演出及《相聚在泰州》大型文艺晚会；协助举办了“你是一面旗帜”巡演、“战舰与城市”研讨会及文艺演出，10000平方米博物馆和6000平方米文化馆的泰州市文化活动中心建设全面启动。修缮复原了古关帝庙和准提庵，保护了中共泰州市最早地下党组织活动旧址。黄桥战役纪念馆被列入“全国100个红色旅游经典景区”、全国30条“红色旅游精品线路”。泰州市图书馆全年接待读者突破40万人次，采编新书共2万余册，开展各种读书活动20余次。乡镇文化中心标准化建设试点工作扎实推进。城隍庙修复工程完成，学政试院修缮工程开工。市佛教协会成立，光孝寺新藏经楼落成。

卫生事业加快发展。市中医院顺利通过三级甲等中医院省级验收，并成为南京中医药大学附属医院，市传染病医院、人民医院南院病房楼开工建设，市卫生监督所综合办公大楼建成并投入使用，中外合资泰州普济医院建成运行。全市新型农村合作医疗覆盖率达82.2%，共筹集合作医疗资金6612.63万元，农村居民合作医疗参保人数达274.41万人。2005年末，全市已有或在建城市社区卫生服务中心8家，社区卫生服务站86个，从业卫生技术人员近2000人，以社区服务中心为主体、社区卫生服务站为补充的社区卫生服务网络已初具规模。卫生服务体系健全率达72.8%，比上年提高2.3个百分点。年末全市拥有医疗卫生机构626个，专业卫生技术人员16769人，卫生机构医疗床位11391张。泰兴、靖江建成国家农村中医工作先进市，市疾病预防控制中心通过国家实验室认证。农村部分计划生育家庭奖励扶助和社会保障工作全面实施，人口出生率继续稳定在较低水平。

体育事业蓬勃发展。2005年，成功承办十运会泰州赛区男子篮球比赛。扎实推进全民健身服务体系“八个一工程”建设。圆满完成国民体质监测。全市新建全民健身工程4个，健身点35个，省阳光基金健身点5个。袁爱军获得十运会男子举重“三连冠”，赵媛媛、于锦分获女子佩剑和武术散手银、铜牌。获得国际和全国性比赛奖牌60枚，其中金牌22枚、银牌24枚、铜牌14枚。夺得省级各类比赛奖牌136枚，其中金牌46枚、银牌48枚、铜牌42枚。泰州健儿新达国家健将级3人、一级9人、二级102人。

4. 坚持可持续发展，生态环境建设步伐加快

2005 年，编制了《泰州市循环经济建设规划》，开展 22 家省级循环经济试点，姜堰化肥有限公司通过废水处理装置使每天两万多吨的废水得到循环利用，实现了零排放；泰兴金江化工公司投入 2000 多万元使生产中产生的各类废弃物得到综合利用，实现了资源化，年综合效益达到 1000 多万元；泰兴经济开发区内以氯碱为原料的 75 家企业通过发展循环经济，形成了资源循环利用的化工产业链；姜堰河横农业生态园区发展生态农业产业链，实现了再利用。全面推行 ISO14000 环境管理体系标准认证工作，全市 60 家单位通过认证。

生态环境建设步伐明显加快。建成环境优美乡镇 21 个、生态村 44 个，辖市全部建成国家生态示范区。其中，省级环境优美乡镇 3 个，实现了零的突破。划分生态功能保护区 55 处 899. 47 平方公里，自然保护区覆盖率达 6. 19%。确立 59 个村开展农村环境综合整治试点工作，解决农村人畜粪便污染等环境问题。全面完成畜禽养殖禁养区划定工作，培植了一批规模畜禽养殖污染防治示范点。全市生态环境质量评价指数达 56. 7，居全省第一。

环境保护工作进一步加强。全市环境质量综合指数达 82. 3%，工业废水排放达标率达 91%。全市 22 条主要河流 45 个环境监测断面中，优于三类水的断面比例从 52% 上升到 64. 5%，饮用水源水质达标率保持在 99% 左右，市区年平均气温 15. 5℃，年均降水量 905. 0 毫米，年日照 2048. 8 小时，全年空气质量良好以上天数占比达 83. 3%，全市区域噪声值在 52. 7 ~56. 4 分贝之间，道路交通噪声值在 64. 2 分贝 ~69. 6 分贝之间，达到相关标准。开工、完工或投运城市生活污水处理厂 6 座、生活垃圾卫生填埋场 2 个、环保热电厂 4 座、危险废物处置中心 2 个。国家环境保护模范城市创建工作 2005 年通过国家技术评估。

5. 坚持全面发展，精神文明和民主法制建设进一步加强

深入开展保持共产党员先进性教育活动，引导政府机关工作人员学习全国先进典型张云泉，争做人民群众的贴心人。大力弘扬“三创”精神，扎实开展群众性精神文明创建活动。张郭镇、黄桥镇、春兰集团、泰州中学进入全国精神文明建设先进单位行列。泰兴市通过省级文明城市复查，姜堰市、靖江市创建成省级文明城市，兴化市成为创建省级文明城市工作先进市。加强民主法制建设。重视人大代表建议和政协委员提案工作，全年共办理人大代表建议 144 件，办理政协委员提案 265 件。推进“法治泰州”建设。基层民主法制建设继续加强，社区自治管理、“民主法制示范村”建设不断推进。“四五”普法任务完成。“平安泰州”创建活动取得成效，“大防控”体系、“大调解”机制逐步完善。贯彻信访条例，强化信访工作，落实领导下访制度，各类矛盾纠纷和信访案件得到妥善处置。推进企业、行业诚信建设，打造“诚信泰州”。工商、质量监督、安全监督、食品药品监督等部门在整顿和规范市场秩序、保障群众生产生活安全方面发挥了积极作用。成功举办首届中国泰州“战舰与城市”论坛。市人防指挥所主体工程封顶，市人防办被评为全国人防建设先进单位。政府自身建设进一步加强。认真贯彻依法行政实施纲要，行政执法水平进一步提高。继续深化行政审批制度改革，加强行政服务中心建设。推行政府信息公开，强化行政效能监察，促进工作落实。廉政建设和反腐败力度加大，纠正部门和行业不正之风成效明显。

（三）2005 年泰州市经济运行特点

总的来说，2005 年，泰州市总体经济呈现出增长加快、效益良好、结构改善、活力较强的格局，主要经济指标创近年来的最高水平。经济运行的主要呈现以下特点：

1. 开放型经济再上新台阶，外向度进一步提高

2005 年，全市进出口总额达到 19.28 亿美元，比上年增长 53.5%。其中出口 13.41 亿美元，增长 40.6%。泰州市外贸依存度达到 19.1%，比上年提高 4.7 个百分点。随着国际制造业加快向长三角地区的转移，以及泰州市投资环境不断改善、产业配套程度提高，进一步推动了泰州市利用外资的加速增长。全年实际外商直接投资达到 4.9 亿美元。协议外商直接投资达到 11.2 亿美元，增长 41.4%。新签对外承包劳务合同 1.68 亿美元，完成营业额 1.65 亿美元，分别增长 25.3% 和 15.6%。

2. 县域经济发展加快

从工业看，2005 年 1～10 月，四市规模以上工业实现销售收入 591.66 亿元，增长 32.6%，利税 56.32 亿元，增长 34.8%，利润 30.84 亿元，增长 44.8%，分别比全市和市区快 2.2 个和 5.7 个、7.4 个和 20.6 个、11.0 个和 35.0 个百分点。从投资看，四市投资增势强劲，2005 年 1～10 月累计完成全社会投资增长 32.4%，分别比全市和市区高 4.9 个和 14.0 个百分点，其中靖江市增幅高达 41.7%；从财政收入看，四市 2005 年 1～10 月一般预算收入增幅都达到 30% 以上，超过全市平均水平。增幅最低的泰兴市（30.7%）高于市区 6.4 个百分点，增幅最高的兴化市（44.5%）高于市区 20.2 个百分点。

3. 三种类型工业已成为工业经济的主体

从单位构成方面看：全市规模以上企业中股份制企业、三资企业、集体企业分别为 1065 家、221 家和 191 家，共占全部规模以上企业数的 77.54%，分别占 55.91%、11.6%、10.03%，居各种经济类型企业的前三位。从经济总量上看，这三类企业也居前三，且规模都超百亿元。2005 年，这三类企业的营业收入分别为 665.83 亿元、168.36 亿元和 140.51 亿元，共占全部规模以上企业数的 84.02%，分别占全部规模以上企业的 57.4%、14.51% 和 12.11%。

4. 私营经济带动工业效益的提高

2005 年，全市规模以上企业中民营企业 1452 家，实现营业收入 720.69 亿元，实现利税 70.06 亿元，分别占全部规模以上工业的 76.22%、62.12% 和 64.99%，民营工业企业已成为泰州市工业经济不可或缺的重要组成部分。民营经济中，私营工业经济总量虽小，但单位数多，职工多，效益拉动力强。2005 年，全市规模以上工业中私营企业 1067 家，占全部规模企业的 56.01%；营业收入 317.7 亿元，占 27.39%；职工人数 1.15 万人，占 38.56%；利税总额 21.82 亿元，占 20.24%。利税增幅达 50.29%，拉高全市增幅 4.6 个百分点。

5. 规模企业不断壮大

2005 年，全市工业总产值过亿元企业 211 家，比上年同期增加 68 家；营业收入过亿

元企业184家，比上年同期增加53家；利税过亿元企业17家，比去年同期增加1家。全市规模以上工业经济效益综合指数为184.1，比上年提高22.8个百分点。

经过不断调整产业结构，现已形成医药、机电、化工、船舶等四大产业基地。个产业基地龙头企业规模不断壮大，带动了工业经济的迅猛发展。

扬子江药业集团公司以产、销过百亿元、利税过13亿元、利润过8亿元独占鳌头，遥遥领先其他各企业。从营业收入方面看，扬子江药业集团公司销售过百亿元；陵光集团过50亿元；春兰集团（本地工业企业）过40亿元；泰州乐金电子冷机有限公司、江苏兴达钢帘线股份有限公司、江苏梅兰电化厂（集团）、江苏新世纪造船股份有限公司均实现销售20多亿元；江苏林海动力机械集团公司、江苏中丹化工集团公司、新浦化学工业（泰兴）有限公司三家销售10多亿元。从利税方面看，扬子江药业集团公司利税过13亿元；陵光集团过8亿元；江苏兴达钢帘线股份有限公司过7亿元分列前三甲。江苏梅兰电化厂（集团）以3亿元位居第四。新浦化学工业（泰兴）有限公司、江苏曙光集团有限公司、江苏新世纪造船股份有限公司、江苏林海动力机械集团公司利税超2亿元。另有江苏中丹化工集团公司等9家企业利税超亿元。

6. 小企业异军突起

从生产方面看，2005年，大中型企业完成工业总产值533.52亿元，比上年同期增长23.2%，小型企业完成473.15亿元，比上年同期增长39.2%，增幅比大中型企业高16.0个百分点，比全市平均水平高9.0个百分点。从销售方面看，大中型企业完成工业销售收入515.99亿元，比上年同期增长25.8%，小型企业完成432.16亿元，比上年同期增长36.4%，增幅比大中型企业高10.6个百分点，比全市平均水平高6.0个百分点。从实现利税方面看，大中型企业实现利税54.51亿元，比上年同期增长19.0%，小型企业实现28.69亿元，比上年同期增长46.9%，增幅比大中型企业高27.9个百分点，比全市平均水平高19.5个百分点。从亏损方面看，大中型企业中亏损企业亏损1.33亿元，比上年同期增长23.4%，小型企业中亏损企业亏损1.37亿元，比上年同期下降10.9%，增幅差达34.3个百分点。

从总体上看，大企业的发展和小企业的拉动共同推动着泰州工业经济稳步向前发展，投资和消费需求拉动了泰州经济的增长。但作为已进入重化工业阶段（营业收入的轻、重工业比为39.8∶60.2）的工业经济结构，2006年继续面临宏观调控政策、能源供应和价格、土地和资金、国际和国内经济形势的变化等一系列因素的考验。提高竞争力，防范风险，培植新的增长点，成为泰州市经济提速增效中值得关注的重点。

（四）“十五”期间泰州市经济社会发展成就

1. 经济实力大提升

2005年，全市地区生产总值比2000年翻一番，年均可比增长13.1%，比“九五”期间年均增速提高3.6个百分点；财政总收入增长246%，其中地方一般预算收入增长173%，年均增幅分别为28.1%和22.2%；全社会固定资产投资增长188.3%，年均增长23.6%。

2. 改革开放大突破

工贸企业“三置换一保障”改革在全省率先推进、率先突破、率先到位，民营经济蓬勃发展，行政审批制度改革、经营性服务类事业单位改革和以农村税费改革为主要内容的农村改革成效明显。开放型经济发展势头强劲，沿江开发持续升温，一批重大产业项目相继落户。“十五”期间累计实际利用外资16亿美元，为“九五”期间的3.3倍，其中2005年实际利用外资比2000年增长4.83倍，年均增长42.3%；自营出口额增长295.1%，年均增长31.6%。

3. 城乡建设大推进

“十五”期间，中心城市建设累计完成投资220亿元，比“九五”期间增加100多亿元；建成区面积由“九五”期末的37.5平方公里扩大到50平方公里，城市人口达到46.5万人，城市功能和形象得到进一步提升。辖市城区和重点中心镇面貌大变，全市城镇化进程不断加快，“十五”期末城市化率约达46%，比“九五”期末提高6.6个百分点。城乡基础设施建设取得重大进展，宁靖盐高速公路、新长铁路、宁启铁路泰州段建成通车，一批水利、电力和信息基础设施相继建成。泰州电厂等一批重大项目相继落户，为今后发展打下了基础。

4. 社会事业大发展

科技对经济增长的贡献份额进一步提高，人才工作得到加强；基础教育水平不断提高，职业教育发展加快，高等教育发展取得突破，2所本科层次的院校建成招生；各类文体设施建设投入力度加大，城乡卫生体系进一步健全，抗击“非典”取得重大胜利；妇女儿童、人口与计划生育、民政福利、社会救助等社会事业发展取得新进展。环境质量综合指数在全省名列前茅，可持续发展能力进一步增强。

5. 人民生活大提高

与2000年相比，2005年，城镇居民人均可支配收入增加4145元，农民人均纯收入增加1481元；城镇居民人均住房建筑面积、农村住户人均住房使用面积分别增加7.8平方米和6.7平方米；年末全市城乡居民人均储蓄余额增加5368元。城镇养老、失业、医疗三大保险基本全覆盖，城市低保和农村低保实现应保尽保。挂钩帮扶黄桥老区和里下河地区经济薄弱乡镇、促进“4050”人员就业、帮助困难家庭子女入学、救助特困家庭等工作都取得了新成效。

（五）泰州市未来经济社会发展面临的挑战及“十一五”目标

过去五年是泰州市综合实力提升快速、城乡面貌变化明显、人民群众得到实惠较多的五年。但国民经济和社会发展中仍然存在不足，未来发展还面临着问题与挑战。主要表现在：生产性服务业发展相对滞后，服务业在国民经济中的比重仍然偏低，结构性矛盾较为突出，产业升级步伐还需加快，社会需求持续增长的机制尚未完全形成；经济增长方式依然较为粗放，资源环境与经济社会的持续发展问题逐步显现；劳动就业供求压力仍未缓解，社会保障体系尚待进一步完善；受政策效应递减、农资价格上涨等多种因素影响，农民持续增收难度较大，解决“三农”问题、城乡统筹协调发展任重道远。

“十一五”期间是泰州市全面建成小康社会的关键阶段。2006年是“十一五”开局之年。2006年，全市国民经济和社会发展主要调控目标初步安排为：地区生产总值增长12%，其中第一产业、第二产业、服务业增加值分别增长4%、15%和11.5%；财政收入增长18%，其中地方一般预算收入增长18%；全社会固定资产投资增长20%；社会消费品零售总额增长13%；自营出口额增长23%；实际利用外资增长30%；城镇居民人均可支配收入增长9%，农民人均纯收入增长8%；居民消费价格涨幅控制在4%以内；城镇登记失业率控制在4%以内；万元地区生产总值能耗下降4%。“十一五”期间，泰州市经济和社会发展的主要目标是：经济持续快速协调健康发展，地区生产总值年均可比增长12%，力争比“十五”期末翻一番，人均地区生产总值达到4000美元左右；经济综合竞争能力明显增强，自主创新能力显著提升，形成一批拥有自主知识产权和知名品牌、核心竞争力较强的优势企业；人民群众富裕程度和生活质量明显提高，城乡之间、区域之间、社会成员之间收入分配差距扩大的趋势逐步缓解；就业相对充分，社会保障体系基本完善，公共服务体系更加健全，基本实现教育现代化，民主法制、精神文明建设全面加强，构建和谐社会取得明显成效；经济增长方式实现较大转变，科技进步、人力资源对经济增长的支撑作用明显增强，资源利用效率显著提高，单位生产总值能源消耗比“十五”期末下降20%左右，环境污染得到有效治理，生态和人居环境有较大改善；社会主义市场经济体制比较完善，开放型经济水平全面提升。到2010年，总体上全面建成小康社会。

（六）泰州市的经济发展在长三角发展中的地位

1.“十五”期间泰州生产总值在长三角中所占比重的变化趋势

2001～2005年的五年中，泰州市地区生产总值占长三角生产总值的比重分别为2.12%、2.12%、2.06%、2.06%、2.01%（见图2－103）。泰州市的发展是不可否认的，但是其在长三角地区的比较综合实力不但没有显著上升反而有所下降，在泰州市国民经济和社会发展中仍然存在不足，经济增长方式依然较为粗放，从一定程度上影响了泰州市经济增长的速度。

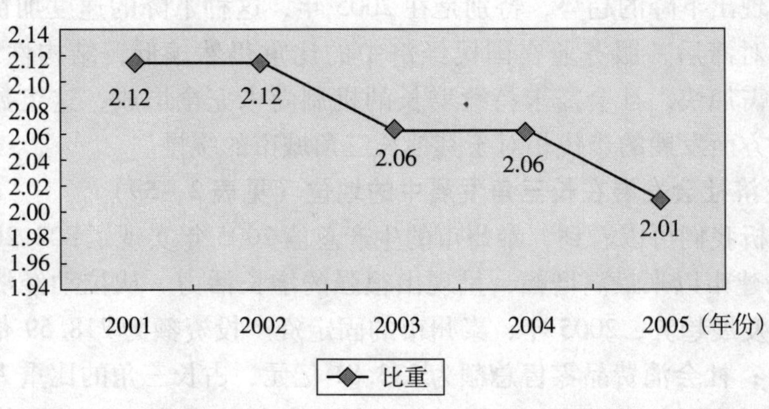

图2－103　2001～2005年泰州市地区生产总值占长三角生产总值比重（单位：%）

2. “十五”期间泰州市产业结构变化情况

2001～2005年，泰州市第一产业占长三角第一产业的比重分别为3.74%、3.88%、3.79%、3.71%和3.85%（见图2－104）。通过以上数据，我们可以看出，第一产业在总比重中所占的比例从总体上呈现出稳定的趋势，一直在3.70%～3.90%之间浮动。第一产业比起其他两个产业来说，其在长三角地区所占的比重有着明显的优势，这说明了泰州市第一产业的重要性，但同时也说明了泰州市关于产业结构调整的步伐相对一些先进市的步伐较慢。

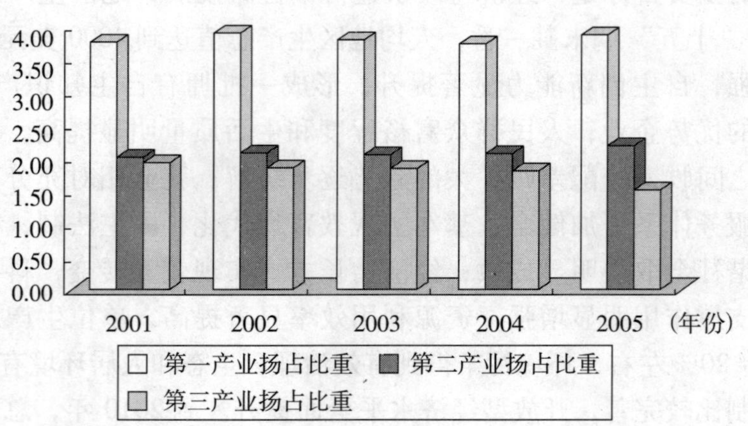

图2－104　2001～2005年泰州市各产业产值占长三角产值比重（单位：%）

2001～2005年，泰州市第二产业占长三角第二产业的比重分别为1.99%、2.06%、2.02%、2.05%和2.18%。通过以上数据，我们可以看出，在这五年中，第二产业在总比重中所占的比例从总体上呈现出很明显的上升的变化，这对于泰州这个传统的城市来说是一个可贵的、可喜的变化，这组数据反映出了泰州在产业结构调整方面的努力和成效。

2001～2005年，泰州市第三产业占长三角第三产业的比重分别为1.92%、1.86%、1.83%、1.81%和1.52%。通过以上数据，我们可以看出，第三产业在总比重中所占的比例从总体上呈现出下降的趋势，特别是在2005年，这种下降的速度加快。泰州市生产性服务业发展相对滞后，服务业在国民经济中的比重仍然偏低，结构性矛盾较为突出，产业升级步伐还需加快，社会需求持续增长的机制尚未完全形成，这组数据告诉我们泰州市在第三产业方面发展的步伐相对于其他长三角城市的缓慢。

3. 泰州市经济社会发展在长三角发展中的地位（见表2－59）

从前面的分析我们可以看到，泰州市的生产总值2005年实现了822.26亿元，比上年增长15.0%，为建市以来最高增幅，呈现出很强的增长活力。从拉动经济增长的三大动力来分析其经济发展趋势，2005年，泰州市的固定资产投资额为218.59亿元，占长三角的比重为1.15%；社会消费品零售总额为233.81亿元，占长三角的比重为1.76%；在对外贸易方面，出口总额实现了13.43亿元，占长三角的比重为0.46%。从泰州市固定资产投资、对内销售额和对外贸易额占长三角的比重的对比来看，这三方面虽然都有了很

大程度的提高，尤其是固定资产和社会消费品零售总额，增长幅度较大，但从整个长三角来看，这些发展还是很不够的，尤其是在对外贸易方面，在整个长三角中所占的比重还是很低的，只占到0.46%。如果能在这方面有更多的投入，泰州市的总体经济发展水平会有更大的提高。

表2－59　2005年泰州市与长三角部分经济社会发展指标比较

指　　标	长三角	泰州	
		绝对值	比重
固定资产投资（亿元）			
全社会固定资产投资总额	18978.51	218.59	1.15
国内商业			
社会消费品零售总额（亿元）	13304.55	233.81	1.76
对外经济贸易			
出口总额（亿美元）	2905.28	13.43	0.46
客运量总计（万人）			
公路	292977	4670	1.59
货物运输量总计（万吨）			
公路	190433	2123	1.11
民用车辆拥有量（万辆）			
民用汽车拥有量	492.06	8.6	1.75
邮电业务总量（亿元）			
年末市内电话（万户）	4507.77	172.45	3.83
年末移动电话用户（万户）	6680	118.14	1.77
国际互联网用户（万户）	1597.46	20.69	1.30
从业人员合计（万人）	8474.2	254.58	3.00
第一产业	2241.24	69.43	3.10
第二产业	3266.99	100.64	3.08
第三产业	2965.97	84.51	2.85
教育			
普通中学在校学生（万人）	759.68	32.34	4.26
小学在校学生（万人）	881.43	29.07	3.30

基础设施的推进是整个经济发展的基础，泰州市在城市规划建设，以及邮电通信方面也投入了大量的资金，并且取得了一定的进展。2005年，泰州市的公路客运总量为4670万人，货运总量为2123万吨，占整个长三角的比重为1.59%和1.11%。民用汽车拥有量为8.6万辆，占长三角的比重为1.75%。以上数据显示，泰州市的货运能力还是

比较低的，占长三角的比重仅为1.11%，由此也限制了泰州市整体交通运输能力的提高，但民用汽车的拥有量相对较高，一定程度上弥补了货运量的不足。交通运输能力的不足，这对经济的进一步发展也是一个瓶颈，需要更进一步的投入才能有更大程度的推进。

在通信发展方面，2005年泰州市的年末市内电话用户、年末移动电话用户、国际互联网用户分别实现了172.45万户、118.14万户、20.69万户，占整个长三角的比重分别为3.83%、1.77%、1.30%。在通信发展发面，泰州市还是有很大的发展空间，尤其是信息量迅速而丰富的国际互联网，在泰州还没有得到很好的发展，只占到整个长三角的1.30%，如能充分利用，能更好地提高人民生活水平和经济发展水平。

在考量社会发展水平以及人民生活水平时，从业人员数也是一个比较重要的指标。2005年，泰州市从业人员总数为254.58万人，占长三角的比重为3.00%。一、二、三产业的从业人员分别为69.43万人、100.64万人、84.51万人，占长三角的比重分别为3.10%、3.08%、2.85%。从以上的数据我们可以看到，泰州市的第二产业是最主要的劳动力吸收来源，第三产业也有了一定程度的发展，这也是近年来泰州市经济总体水平不断提升的主要原因。

教育水平的提高也是体现人民生活水平的重要方面之一，2005年，泰州市的普通中学在校学生为32.34万人，小学在校学生为29.07人，在长三角中所占的比重分别为4.26%、3.30%。泰州市在义务教育的实现方面还是投入了大量的人力、物力，普遍实现了适龄儿童的入学。

总体来讲，泰州市在整个长三角来说属于发展速度较快的中等发展城市，尤其是二、三产业有了很大程度的发展，整体竞技水平也有了很大的提升。但要突破这一瓶颈，取得更好的发展，还是需要进一步扩大投资规模。

泰兴市经济社会发展情况

（一）泰兴市概况

1. 地理位置

泰兴市位于江苏省中部、长江下游北岸。东接如皋市，南界靖江市，西濒长江，与扬中、武进两市隔江相望。北邻姜堰市，东北与海安县接壤，西北与泰州市高港区毗连。东西最大直线距离为47.0公里，南北最大直线距离为43.5公里。全市属长江三角洲冲积平原，总面积1252.6平方公里，水域230.3平方公里（含江域面积42.88平方公里），占18.4%，地势东北高、西南低，由东北向西南渐次倾斜。

2. 历史沿革

泰兴置县始于五代南唐升元元年（937年），县名由来是随泰州兴起之意，属泰州管辖。北宋徽宗宣和四年（1122年）改属扬州。南宋绍兴初，再属泰州；五年，仍改属扬州；十年又属泰州；十二年又改属扬州。元升泰兴为上等县，属扬州路总管府。明属扬州府。清雍正二年（1724年）改属通州。民国三年（1914年）属苏常道，十六年直属江苏省，二十二年属泰州行政督察区，二十三年改属扬州行政督察区。1949年全县解放，

属泰州行政区，1953 年属扬州行政公署，1983 年属扬州市。1992 年经国务院批准撤县设泰兴市（县级），由江苏省直辖、扬州市代管。1996 年 8 月，由新设的地级泰州市代管。1997 年 4 月，经省政府批准，将口岸、刁铺、田河、许庄、永安洲 5 个乡镇划归泰州市高港区。始建县时，县治设于济川镇。后因塌江，于北宋太祖乾德二年（964 年），县治由济川镇移至口岸以西的柴墟，并于四周累土为城。南宋绍兴初年，县治迁延龄村（今泰兴镇）。是亦为今市治。

3. 行政区划

2004 年底，泰兴市辖泰兴、黄桥、蒋华、广陵、马甸、过船、七圩、宣堡、古溪、曲霞、河失、姚王、新街、大生、珊瑚、横垛、南沙、张桥、溪桥、胡庄、分界、元竹、刘陈 23 个镇和根思乡，共有 59 个居委会、343 个村委会。

4. 区位交通

（1）公路：京沪高速、宁通高速、宁靖盐高速在此交汇，共有 5 个出入口，可方便快捷到达祖国各地。

（2）铁路：新长铁路穿越泰兴腹地 20 公里，与国家铁路主干线“陇海线”、“京沪线”交叉相连，并在境内设有现代化货运编组站。

（3）航空：距上海虹桥机场、南京禄口机场不到 2 小时车程，距无锡、常州 1 小时车程。

（4）水运：泰兴经济开发区港口为国家一类开放港口，可直接停泊外籍船只，港口为天然良港，枯水期水深 15 米，丰水期水深 20 多米，25.2 公里的长江岸线已建成通用、化工、建材、液化器、油品等多座码头，其中通用码头最大停靠能力为 5 万吨，可开展集装箱和散货的装卸业务；万吨级的专用液体化学品码头，已核准接卸多种化工原料。

（二）泰兴市经济社会发展情况

“十五”时期是泰兴市经济总量快速增长、运行质量显著改善的时期，是发展活力极大激发、改革开放取得重大进展的时期，是竞争实力迅速提升、城乡面貌发生巨大变化的时期，是经济社会协调发展、人民生活水平明显提高的时期。其取得的显著成绩主要体现在以下几个方面：

（1）综合实力不断增强。2005 年全年实现地区生产总值 174.31 亿元，比上年增长 14.5%。其中：第一产业增加值 22.86 亿元，增长 4.0%；第二产业增加值 98.26 亿元，增长 18.0%；第三产业增加值 53.19 亿元，增长 13.3%。人均地区生产总值 13600 元，增长 14.6%。产业结构由上年的 14.5∶54.7∶30.8 调整为 13.1∶56.4∶30.5，其中第二产业比重提高 1.7 个百分点，二、三产业的比重达到 86.9%。

（2）财政收入跨登新台阶。2005 年，全市财政总收入 20.62 亿元，同口径相比增长 32.3%。其中：地方财政收入 12.61 亿元，同比增长 39.0%，地方级一般预算收入 8.46 亿元，同口径增长 36.93%。财政总支出为 15.37 亿元，比上年增长 22.96%。财政收入占地区生产总值的比重为 11.8%，比上年提高 1.5 个百分点。

（3）私营个体经济健康发展。2005 年全年新增私营企业 903 家，其中：注册资金

500万元以上企业83家，新增个体户9931户；个私经济新增注册资金26.65亿元。到2005年底，全市私营企业达5091家，个体户33609户。个私从业人员达11.20万人。民营经济税收达9.33亿元，增长56.8%，占财政收入的比重为45.2%。

（4）市场物价涨幅较2004年有所回落。2005年，全市居民消费价格总水平比上年上升1.8%，较2004年回落1.6个百分点。价格上升的类别有：食品价格上升3.3%；娱乐教育文化用品及服务上涨2.3%；居住类上升2.6%；烟酒及用品上升0.4%。价格下降的有：衣着价格下降0.4%；家庭设备用品及维修服务下降0.1%；医疗保健及个人用品下降0.1%；交通和通信下降0.1%。

（三）泰兴市经济发展主要特点

1. 综合实力不断增强，产业结构不断提升

1）农业

农业经济稳步增长。2005年，全市实现农业总产值17.69亿元（不变价，含农林牧渔服务业），同口径增长5.3%。全年粮食总产量58.69万吨，比上年上升2.82%。2005年，农作物播种面积为134.92千公顷，其中：粮食作物播种面积91.37千公顷，比2004年增加2.97千公顷。经济作物播种面积43.55千公顷，粮经作物种植比例为67.7∶32.3。

林业、牧业、渔业生产增幅提高。2005年全年生猪出栏99.15万头，比上年增长5.1%；家禽出栏为605.27万羽，比上年增长4.5%；山羊出栏35万只，比上年增长11.1%；肉类产量8.38万吨，增长5.4%；水产品产量1.75万吨，比2004年增长2.8%，禽蛋总量3.24万吨，比2004年增长3.7%，牛奶产量7687吨，比2004年增长16.9%。

农业产业化经营持续发展。2005年，全市列入统计的100家龙头企业实现销售收入40.37亿元，同比增长23.08%，实现利润1.01亿元，同比增长34.7%。国家级龙头企业1家，省级龙头企业3家。

农业生态水平、机械化水平逐年提高。2005年，经济林木发展迅速，新扩蚕桑面积109亩，银杏经济林套种面积扩大到12万亩。全市年末拥有农业机械总动力49.58万千瓦，比上年增长1.1%。拥有大中型拖拉机441台，联合收割机1149台，其中高性能收割机574台，农用运输车1967辆，新增插秧机120台，农业综合机械化作业率达82.68%。跨区作业面积233万亩，收入达1.28亿元。农产品质量建设取得新突破。新认定省级无公害农产品基地8个，累计50个；绿色产品基地5.2万亩，绿色食品16个。国家级无公害农产品6个，累计32个。

2）工业和建筑业

工业经济继续加快发展。2005年全年实现工业增加值77.70亿元，比上年增长19.4%，占GDP的比重达44.6%，比上年提高2.3个百分点，对GDP的贡献份额达58.4%，拉动GDP现价增长9.50%。全部工业产、销、利分别达368.58亿元、338.54亿元、13.21亿元，增幅分别为27.32%、27.59%、48.05%。工业国税开票销售收入184.15亿元，同比增长27.87%。列统工业企业完成现价工业总产值212.2亿元，比上年

增长27.44%。列统工业实现销售收入198.11亿元，比上年增长27.11%；产品销售率达97.5%，比上年提高0.35个百分点。实现利税20.58亿元，增长31.21%，其中实现利润10.1亿元，增长36.11%。规模企业支撑作用明显。全市30家重点骨干企业完成工业产值97.4亿元，销售收入78.2亿元，利润4.7亿元，分别占列统工业的比重为45.9%、39.5%和46.5%。全部工业利税超亿元的企业达5家，其中新浦化工有限公司利税超2亿元。

建筑（疏浚）业发展再攀新高。建筑疏浚业市场开拓力度加大，积极抢占国内外市场，市场占有份额进一步扩大。全年实现建筑（疏浚）施工总产值116.5亿元，增长21.2%，其中：完成疏浚施工总产值6.5亿元，增长16.1%。建筑规模工程和施工总面积再创佳绩。建筑业施工面积1036.2万平方米，其中新开工面积596万平方米；规模工程365项，其中，29层以上29幢，60层以上4幢，创泰兴建筑业历史之最；规模市场由2004年的12个发展到2005年的18个。

3）交通、信息传输和旅游业

交通运输业稳定增长。2005年全年交通运输业实现增加值8.03亿元，比上年增长12.4%。全市已拥有等级公路1810公里（含村道），比2004年净增100公里，高速公路71公里。客运车辆特别是私人车辆增长迅速。年末民用汽车拥有量达17425辆，增长21.05%；年末私人汽车拥有量8955辆，净增3843辆。

信息传输业发展有所加快。2005年全年信息传输和邮政业实现增加值3.1亿元，比上年增长10.8%。全市邮电业务收入4.48亿元，增长8.5%。其中：邮政收入0.71亿元，增长4.5%；电信收入2.15亿元，增长11.6%；移动收入1.10亿元，增长10%；联通业务收入0.52亿元，与2004年持平。固定电话用户达到437027户（其中：小灵通用户97386），移动电话达到227246户，分别增长6.9%和12.9%。宽带数字网用户达20491户。

旅游业开始起步。宣堡古银杏森林公园已对中外游客开放，新四军黄桥战役纪念馆被列为国家红色旅游经典景区。

2. 增长质量显著提升

2005年，工业经济对GDP的贡献份额达44.6%，全部工业的利税增幅高出销售增幅28.1个百分点，高出产值增幅28.4个百分点。当年完成技改投入41亿元，比上年增长46.4%，高出全社会固定资产投资增幅12.91个百分点。全市高新技术产业产值47.38亿元，占规模以上工业的22.3%。万元GDP能耗降至1.18吨标煤。采取TOT方式，成功引进外来资本投入城市污水管网建设。企业违法排污和综合环境专项整治深入开展，非法烧制麻将料等区域性环境难题得到根治。

3. 改革开放深入推进

行政审批制度改革继续深化。财税改革积极推进。财政集中支付、政府采购行为更加透明、规范，市乡财政体制进一步完善，乡村债务逐步化解。农村综合配套改革任务顺利完成。2005年，全市乡镇领导班子职数、党政机关工作人员、事业单位人员的精简比例分别达33.1%、7.7%和19.3%。教育人事制度改革取得突破。取消师范院校毕业生按计划分配形式，通过考试考核，公开录用教师348名。企业内部配套改革得到加强，现代企业制度逐步建立。累计49家经营性服务类事业单位完成改制任务。民营经济快速发展。全市利用民资36.3亿元，新增私营企业903个、个体经营户9931户，新增注册资本26.65亿元。开放型经济取得新成绩。全市协议利用外资2.15亿美元，实际利用外资1.3亿美元（商务部新统计口径确认数为1.06亿美元），分别增长17.3%和22.5%。沿江开发扎实推进。滨江大桥、新浦自备电厂、新浦通用码头和化工码头基本建成，三木通用码头和化工码头开工建设，沿江高等级公路（泰兴段）、北二环西延工程顺利实施。斯帝尔板材、明发油脂等9个3000万美元以上重大项目相继开工，总投资超过1亿美元的塞浦路斯豪华游轮项目成功签约。园区建设步伐加快。经济开发区全年完成基础设施投入3.5亿元，道路、绿化、管网等配套设施进一步完善。城区科技工业园完成基础设施投入3294万元，一、二期工程配套设施日趋完善，三期工程路桥建设和征地工作全面启动。黄桥工业园完成基础设施投入906万元。济川医药工业园总体规划通过专家论证，征地拆迁任务基本完成。其他乡镇工业集聚区基础设施投入2亿元，全市建设标准厂房8.6万平方米。外经外贸工作成绩喜人。完成自营出口2.6亿美元，新签外经合同额2890万美元，实现外经营业额2506万美元，分别增长28%、12.1%和23.3%。新派出国劳务190人。

（四）泰兴市社会发展情况

1. 城乡面貌明显改观

新区建设全面提速。南二环东延、东城路、羽惠河整治三期、新区公园工程和行政办公中心、新都花城续建项目顺利实施，城市购物广场、人防指挥中心等10个项目先后开工建设，洋思中学新校区建成并投入使用。旧城改造继续推进。内环城路（国庆路以南段）、酒厂支沟路、运河路等道路工程和镇海门大桥建设任务圆满完成。城市绿化得到加强。完成东三环、南三环道路绿化等工程建设，新增绿化面积33.5万平方米。城市管理水平不断提高，被评为省城管创优达标城市。违法建设专项整治强力推进，累计拆除和整改违法建筑6.6万平方米。交通、电力、水利等基础设施建设力度加大。交通建设投入2.35亿元，姜八线、江平路城区段和泰过路拓宽改造、延令路西延工程进展顺利。新建广陵变，扩建珊瑚变、曲霞变，供电能力进一步增强。“三清”工程全面启动。农村“5+2”实事工程完成年度目标。建成农村公路295.5公里，提前两年完成任务；建设农村桥梁160座；改造农村草危房100户；新型农村合作医疗参合率达80.11%；改水受益人口新增6.1万人，自来水普及率达95.3%；农村低保资金按时发放。

2. 社会事业全面进步

1）科技和教育

科技工作取得新进展。2005年全年开发科技项目110项，组织实施省级以上各类科技项目41项。培育国家级高新技术企业3家，省级高新技术企业3家，省级高新技术产品12个，申请受理专利351件，专利申请授权量120件，其中发明22件。被评为全国科技进步先进市、江苏省知识产权工作示范市。

教育事业发展良好。2005 年，全市共有普通中学 57 所，在校学生 8.82 万人；小学 113 所，在校学生 5.37 万人。小学阶段入学率达 100%、初中入学率达 100%。高校录取 6912 人，其中高考本二线以上进线人数 2192 人，比上年增长 12.2%，均居全省各县级市前列。继续实施教育布局调整，全市撤并中小学校 7 所，其中高中 3 所。市二高、三高、黄中分校通过了省三星级高中验收。

2）文化、卫生和体育

文化、广播事业稳步发展。被评为全国文化先进市，成功举办第二届金秋文化活动周等活动；朱东润故居改扩建工程已竣工并对外开放。黄桥镇入选全国历史文化名镇。实现有线电视“村村通”，通组率达 86%，有线电视用户达 15.8 万户，入户率达 48.5%。中国泰兴网正式开通。

卫生事业发展迅速。卫生服务体系进一步完善。2005 年末拥有卫生机构 41 个，其中医院 8 个，均为等级医院，卫生院 29 个。年末各类卫生技术人员 4099 人，其中执业医师、执业助理医师 2003 个。全市拥有医疗床位数 2720 个。全市新增自来水受益人数 6.1 万人，自来水普及率达 95.3%。卫生防疫水平不断提高。传染病疫情、突发公共卫生事件网络直报率达 100%。“五苗”合格接种率达 97%，满 18 月龄儿童甲肝疫苗接种率 95% 以上，乙肝疫苗接种率达 98.8%。孕产妇管理率达 97.5%，分娩率达 100%，婴幼儿保健管理率 92.7%，死亡率 6‰，低于 12‰的要求。新型农村合作医疗工作进一步推进。参加农村合作医疗人数达 70.03 万人，参保率达 80.11%。

体育事业取得新成绩。全民健身组织网络进一步健全。在实行全民健身点覆盖所有乡镇的基础上，新建全民健身点 10 个，实行城市社区全覆盖。新建全民健身工程 1 处。广泛开展全民体质监测，深入开展全民健身周活动，举办第四届运动会。全年在国家级和省级比赛中，泰兴市运动员分别取得 4 银、2 铜和 10 金、11 银、9 铜的好成绩。已有 3 人达国家一级运动员标准，有 23 人达国家二级运动员标准。

3）人口、人民生活和社会保障

人口呈下降趋势。2005 年全年人口出生率 7.8‰，死亡率 5.41‰，人口自然增长率为 2.38‰，计划生育率达 99.0%。年末全市户籍人口 128.13 万人，其中：城镇人口 50.77 万人，城镇人口比重为 39.62%。男性 65.30 万人，占总人数 50.96%。年末总户数 42.54 万户。

人民生活水平明显提高。根据城市居民住户调查资料显示，全年城镇居民人均可支配收入 10268 元，增长 14.2%；人均消费性支出 7188 元，增长 19.11%。根据农村住户调查资料显示，全年农村居民人均纯收入 5125 元，比上年增长 11.6%，人均消费支出 3162 元，比上年增长 11.75%。全年在岗职工工资总额 8.6 亿元，比上年增长 7.5%；在岗职工平均工资 14266 元，增长 15.22%。

劳动就业和社会保障基本稳定。2005 年末全市城镇以上单位在岗职工 6.5 万人，略有减少。农村劳动力转移力度加快，新增农村劳动力输出人数 3.02 万人，全年培训农村劳动力 1.81 万人次。城镇就业不断扩大，安置城镇下岗失业人员 3640 人，其中：“4050”人员再就业 416 人，净增城镇就业人员 5782 人，年末城镇登记失业率控制在

3.6%以内。社会保障体系进一步完善。城乡低保和五保实现了应保尽保动态管理。城镇职工参加医疗保险人数达12.1万人，失业保险和养老保险覆盖面均达100%，失业保险征缴额达1544万元。

3. 精神文明建设得到加强

积极开展保持共产党员先进性教育活动，认真落实党风廉政建设责任制，党风政风进一步好转。“五城同创”有序开展。全国文化先进市创建成功，全国环保模范城创建规划通过国家评审，省级文明城市通过复查，省级双拥模范城连续三年通过验收。黄桥镇被评为全国历史文化名镇、全国文明镇。民主法制建设全面推进。“四五”普法工作任务圆满完成，基层民主法治建设得到加强。办理人大代表建议307件，政协委员提案210件，满意或基本满意率均为100%。政务公开积极推行，依法治市进程不断加快。行政审批行为逐步规范，行政执法水平明显提高。社会治安防控体系和矛盾纠纷大调解机制日趋完善。信访秩序明显好转，越级上访大幅下降。

十三　宿迁市2005年经济社会发展报告

2005年，宿迁市上下按照年初确立的目标，大力实施“工业突破”战略，深入开展招商引资活动，强力推进各项改革，努力拓展城乡居民增收渠道，全市经济向着更快、更好的方向发展，规模以上工业增加值、财政一般预算收入、进出口总额、工业用电量等指标增速位居全省第一，经济运行态势达到“十五”以来的最高水平。

（一）2005年宿迁市经济发展状况

1. 经济总量不断扩大，经济发展持续稳健（见图2－105～图2－108）

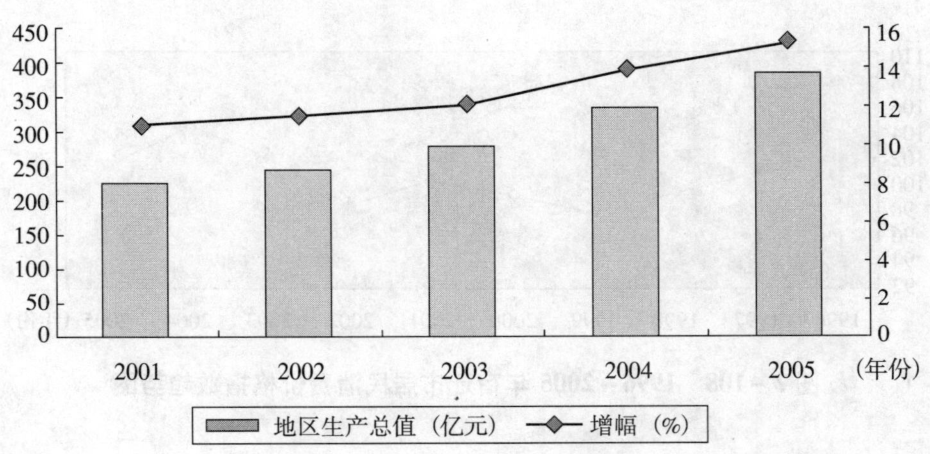

图2－105　2001～2005年宿迁市地区生产总值概况

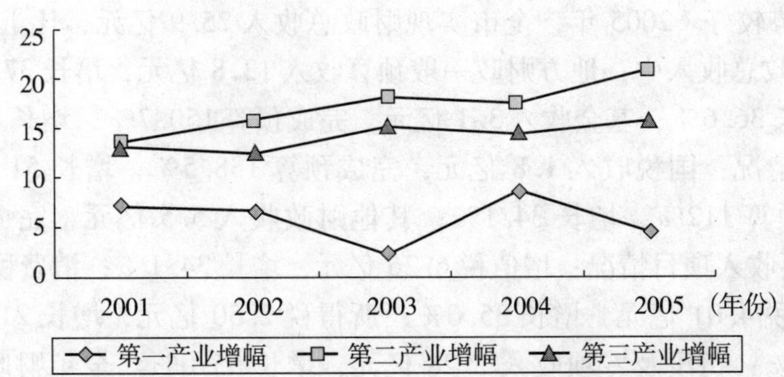

图2－106　2001～2005年宿迁市三次产业产值增长概况（单位：%）

全市经济发展呈持续、快速、健康发展态势，2005年实现地区生产总值375.93亿元，超过“十五”计划340亿元的目标，比上年增长14.5%，比全年目标高0.5个百分点，达“十五”以来最高水平。其中，第一产业增加值99.65亿元，增长4.5%；第二产业增加值163.25亿元，增长20.8%，第二产业中工业增加值123.05亿元，增长20.3%；

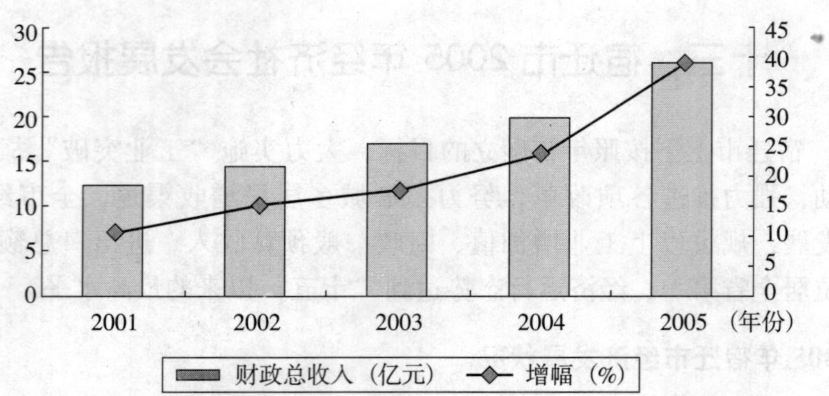

图 2－107　2001～2005 年宿迁市财政收入概况

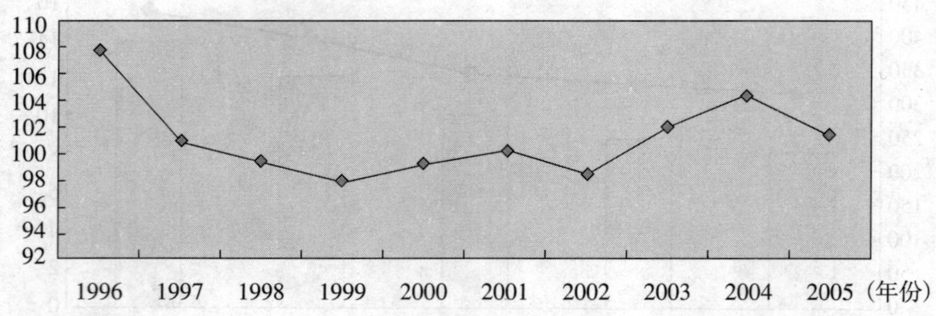

图 2－108　1996～2005 年宿迁市居民消费价格指数趋势图

第三产业增加值 113.03 亿元，增长 15.6%。全市产业结构比例为 25.6∶45.0∶29.4，呈“二、三、一”结构，达到“十五”预期目标。

财政收支形势较好。2005 年，全市实现财政总收入 25.9 亿元，比上年实绩（下同）增长 38.5%。财政总收入中：地方财政一般预算收入 13.8 亿元，增长 37.8%；上划中央收入 9 亿元，增长 36.6%；基金收入 3.1 亿元，完成预算 150.7%，增长 47.8%。部门一般预算收入征收情况：国税收入 1.8 亿元，完成预算 138.5%，增长 51.8%；地税收入 6.5 亿元，完成预算 112%，增长 34.1%；其他财政收入 5.5 亿元，完成预算 107.8%，增长 8.8%。主要收入项目情况：增值税 6.26 亿元，增长 34.1%；消费税 2.78 亿元，增长 61.3%；营业税 4.01 亿元，增长 35.6%；所得税 2.50 亿元，增长 21.9%；契税 1.0 亿元，增长 30.2%；罚没及专项收入 2.28 亿元，增长 55.0%。全年财政一般预算支出 37.3 亿元，比上年增长 14.1%，其中企业技改及科技项目费用 4698 万元，比上年增长 46.4%；社会保障补助支出 3.25 亿元，比上年增长 23.0%。

全市蔬菜等食品价格较大幅度上涨，煤、电、油、运供求偏紧，汽、柴油价格大幅度攀升。由于粮食价格趋向平稳，全市居民消费价格总水平明显回落。2005 年全年居民消费价格指数（CPI）101.5，商品零售价格指数 100.1，涨幅比上年分别回落 2.9 和 2.2 个百分点。

2. 投资、出口快速增长，内需消费平稳发展

1）固定资产投资快速发展（见图2－109）

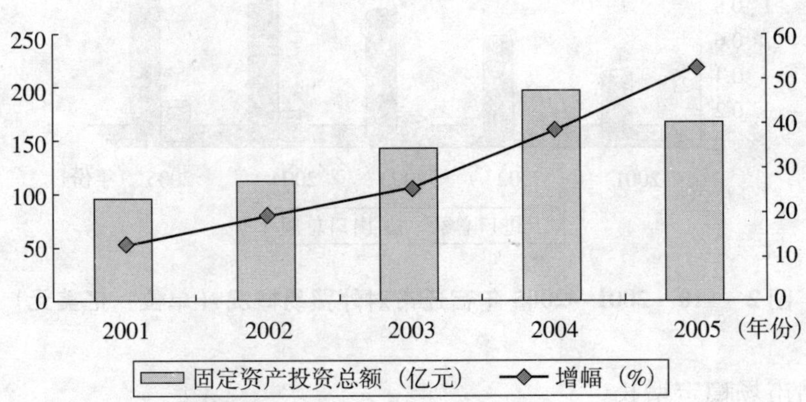

图2－109　2001～2005年宿迁市全社会固定资产投资概况

2005年全年完成固定资产投资（50万元及以上项目或单位）167.12亿元，比上年增加57.38亿元，增长52.3%。其中城镇投资完成124.55亿元，增长40.6%；农村非农户投资完成42.56亿元，增长101.0%。固定资产投资中，一、二、三产业全面增长。其中第一产业完成投资3.55亿元，增长75.5%；第二产业完成投资69.86亿元，增长68.2%；第三产业完成投资93.71亿元，增长39.5%。三次产业投资所占比重为2.1∶41.8∶56.1，一产、二产投资所占比重分别比上年提高1.1个、4.0个百分点，三产投资比重比上年下降5.1个百分点。

2005年固定资产投资中，工业投资力度继续加大，房地产开发投资快速增长。全市强力推进“工业强市”战略，加大招商引资力度，全年完成工业投资68.87亿元，比上年增长67.9%。占全市固定资产投资的41.2%，比上年提高3.8个百分点。全年完成房地产开发投资37.17亿元，比上年增长59.5%。全年商品房屋实际销售面积86.05万平方米，实现销售收入13.06亿元，比上年分别增长50.3%和78.6%。

建成了一大批重大基础设施项目。宿淮高速公路宿迁段建成通车，使全市新增高速公路54公里；建成运河四座大桥（发展大道运河桥、市府东路运河桥、项王路运河桥、开发区大道运河桥），建成京杭运河特大桥等，这些重点交通建设项目的建成，加强了全市与周边地区交通及经济联系，推进了城市化进程，增强了城市辐射功能，形成了市区高等级外环及对外的快速通道。

2）对外经济增势强劲（见图2－110）

2005年全年完成进出口总额1.53亿美元，比上年增长50.3%，增幅位居全省第二位。其中，出口总额1.36亿美元，增长50.8%，增幅位居全省第一位。全市累计新批外商投资企业49户，全年协议注册外资1.5亿美元，实际到账注册外资0.33亿美元，比上年增长122%，增幅位居全省第一位。完成外经营业额0.21亿美元，比上年增长95.0%；新派出人员3055人次，比上年增长33.0%；全市期末在外人数达5978人。

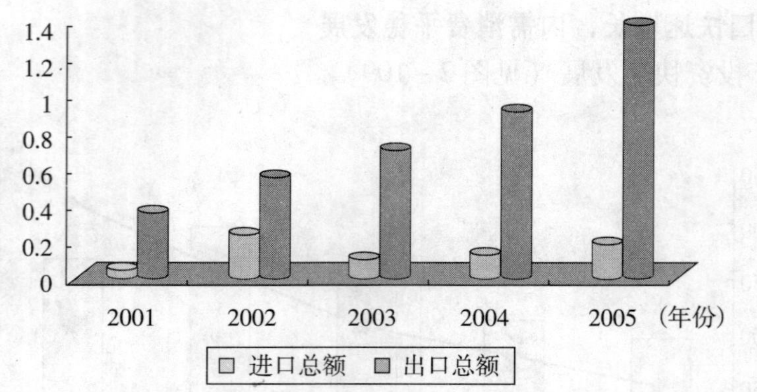

图2-110　2001~2005年宿迁市对外贸易概况（单位：亿美元）

3）消费品市场稳定增长

2005年全年实现社会消费零售总额109.50亿元，比上年增长15.0%。城镇（含市、县级）市场实现消费品零售额66亿元，比上年增长16.1%。其中，市级零售额29亿元，增长17.0%；县级零售额37亿元，增长15.4%。农村（县以下）实现零售额44亿元，比上年增长13.4%。全市批发零售贸易业实现零售94亿元，比上年增长12.7%。餐饮业实现零售13亿元，比上年增长35.0%。其他行业实现零售2亿元，比上年增长13.4%。全市个体实现零售75亿元，比上年增长10.8%。

3. 高度重视“三农”工作，农村经济发展态势良好

全市认真贯彻中央一号文件精神，积极策应省委省政府的政策扶持，开展了以农村劳动力转移和劳务输出为重点的“四全工程”，实施了以培育农村市场主体、促进农业增效、农民增收的“八大创建”工程，认真落实“一免三补”政策，全部免征农业税和农业特产税，极大地调动了百万农民加快发展的积极性。虽然受自然灾害影响，粮食总产、单产有所下降，但2005年全年实现现价农林牧渔业总产值179亿元，仍比上年增长1.5%。其中，实现农业产值103亿元，增长2.6%；林业产值8亿元，增长15.4%；牧业产值33亿元，下降5.5%；渔业产值31亿元，增长22.6%。

农业基础设施投入进一步加强。全市重点抓好县乡河道疏浚、灌区改造、连片治理、丘陵区水源建设等工程，投入资金7722万元，完成土方4014万方，投入劳务1113万工日，兴建小沟以上配套建筑物3686座，疏浚县乡河道122条，连片治理耕地5.9万亩。农业开发投入继续保持较高水平。全年农业开发项目总投资1.42亿元，其中财政投入9398万元。建成蔬菜等各类特色基地4.5万亩，水稻标准化基地17.4万亩。

农业产业化步伐继续加快。到2005年底，全市省级龙头企业共16家，实现销售总额32亿元，建立种植业基地119万亩，水产养殖基地6万亩，带动农户34万户。“杨树产业年”活动成效显著，五年共栽植杨树1.5亿株。林木、花卉、水产、蔬菜、食用菌等特色产业逐步形成。

4. 工业生产发展势头强劲，增长速度再创历史新高

2005年，全市实现全部工业增加值125.16亿元，比上年增长20.3%。全市工业用电

量15.87亿度，比上年增长26.9%，高出全省平均增速4.9个百分点，在全省各省辖市中名列第一。全部国有及年销售收入500万元以上非国有工业企业完成增加值55.01亿元，比上年增长28.6%，增速比上年提高8.5个百分点，不仅再创历史新高，而且高出全省平均增速6.1个百分点，在全省各省辖市中名列第一。

行业结构调整取得明显成效，支柱行业实力增强。全市轻工业完成增加值30.67亿元，比上年增长25.6%；重工业完成增加值24.34亿元，比上年增长32.1%，增速比轻工业快6.5个百分点。轻重工业的比例调整为55.7:44.3，比上年更趋合理。支柱行业对工业增长的支撑作用进一步显现。“九五”期间，宿迁市以酿酒、纺织、建材、农用工业等四大支柱产业为重点。目前全市木材加工、轻工食品、纺织服装、建材玻璃和化工医药成为五大支柱产业，2005年，五大产业完成工业增加值45.48亿元，占全市规模以上工业增加值的82.7%，比上年增加0.6个百分点。其中木材加工业实现工业增加值12.78亿元，占全市规模以上工业增加值的23.2%，成为全市第一大支柱产业。以洋河集团为代表的饮料制造业发展迅速，完成工业增加值10.08亿元，为全市工业增长做出了较大贡献。企业规模不断扩大，大中型工业企业增速加快。全年产品销售收入突破亿元的有24个企业，比上年净增加6个。全年大中型企业实现增加值17.07亿元，比上年增长30.9%，占全市工业的比重达到31.0%，比上年提高4.1个百分点。

产权结构继续优化，私营企业不断壮大。从企业注册类型看，2005年，国有企业实现增加值0.07亿元，比上年增长27.9%；集体企业实现增加值0.84亿元，比上年增长1.6倍；股份合作企业实现增加值0.10亿元，比上年增长5.5%；股份制企业实现增加值33.67亿元，比上年增长30.7%；外商和港澳台企业实现增加值3.91亿元，比上年增长40.9%；其他经济类型企业实现增加值16.42亿元，比上年增长19.8%。私营工业蓬勃发展。全市规模以上私营工业实现增加值29.63亿元，比上年增长22.1%。对全市工业增长贡献率达45.5%，拉动全市规模以上工业增长13.0个百分点。

工业运行质量全面提升，经济效益明显提高。2005年，全市规模以上工业企业产品销售率为96.5%，实现销售收入188.29亿元，比上年增长30.9%；实现出口交货值14.32亿元，比上年增长33.7%；实现利税总额17.88亿元，比上年增长19.1%。其中利润总额7.07亿元，增长19.6%；企业亏损面和亏损企业亏损额均有不同程度的下降。2005年企业亏损面8.9%，比上年下降2个百分点；年末实有亏损企业56个，比上年减少13个。亏损企业亏损总额0.75亿元，比上年下降29.8%；经济效益综合指数141.17，比上年提高6.7个百分点。

工业投入大幅增加，新产品开发成效明显。2005年全年工业完成投资68.87亿元，比上年增长67.90%。工业建设投入加大，使传统行业的技术装备水平和产品科技含量提高，产品结构进一步优化。全市共开发市级以上新产品139个，其中92个通过市级鉴定，40个通过省级鉴定，进一步提高了企业的品牌竞争力，为企业发展注入了新的活力。全市工业新产品产值3.72亿元，比上年增长44.2%。

主要工业产品产量保持较快增长。列入统计的69种主要工业产品产量中，增长的有56种，下降的有13种。其中食用植物油、服装和人造板产量增长超过30%。

建筑业平稳发展。2005 年，全市建筑业企业（在宿迁市范围内登记注册）实现增加值 14.47 亿元，比上年增长 54.7%；实现利润 3.05 亿元，比上年增长 95.5%；全员劳动生产率 8.67 万元/人，比上年下降 6.3%；房屋建筑面积 667.8 万平方米，比上年增长 18.2%。

5. 扶持现代服务业发展，提升第三产业综合服务能力

2005 年，宿迁市大力发展服务业，出台了多项政策，扶持金融、通信、运输等现代服务业发展。全市实现服务业增加值 114 亿元，五年年均增长 14.7%。

2005 年，全市交通运输仓储业完成增加值 12.31 亿元，比上年增长 14.3%。旅客运输平稳增长。全年旅客运输量 2608 万人次，比上年增长 2.0%。旅客周转量 22.56 亿人公里。货物运输小幅回落。全年货运总量 2035 万吨，比上年下降 0.2%。其中公路货运总量 1607 万吨，增长 2.9%；水上货运总量 300 万吨，下降 14.3%。全市货运周转量 18.82 亿公里，比上年下降 4.0%。港口货物吞吐量 428 万吨，比上年下降 1.2%。

电信和邮政业务加快发展。2005 年，邮电通信业完成增加值 6.85 亿元，比上年增长 24.1%。全年邮电业务总量完成 9.56 亿元，比上年增长 15.2%。其中电信业务总量 8.51 亿元，增长 15.1%。局用电话交换机总容量 115.04 万门，移动电话交换机总容量 95 万门。固定电话用户达到 108.28 万户，比上年增长 6.4%；移动电话用户 68.73 万户，比上年增长 50.2%。全年邮政业务总量 1.06 亿元，比上年增长 16.6%；订销报刊 2998 万件，比上年增长 19.8%；特快专递 21 万件，比上年增长 20.6%。

金融存贷基本平稳。2005 年末全市金融机构各项存款余额 229.36 亿元，比年初增加 35.33 亿元。其中储蓄存款 155.30 亿元，比年初增加 26.12 亿元。全市金融机构各项贷款余额 147.26 亿元，比年初增加 18.85 亿元。其中短期 109.80 亿元，比年初增加 6.45 亿元，中长期贷款 35.46 亿元，比年初增加 11.85 亿元。全年金融机构现金收入 1119.59 亿元，比上年增长 26.0%；现金支出 1127.90 亿元，比上年增长 26.0%。

保险事业发展迅速。全市拥有 8 家保险公司，2005 年全年保费收入 7.86 亿元，比上年增长 32.0%；保险赔付 9956 万元，比上年增长 24.0%。

6. 不断改善发展环境，开发区建设卓有成效

按照“提升功能、强化特色、降低成本、增强实力”的总体要求，宿迁市大力推进开发区的建设和发展。三县两区开发区在 2005 年均被批准为参照省级开发区管理的重点工业园区，全省第一家外向型农业示范区江苏省骆马湖外向型农业示范区于 2005 年底揭牌。

基础建设继续推进，发展环境不断改善。各开发区继续加大基础设施投入力度，完善各种配套设施，不断提升园区的硬件水平，为客商创造良好的投资环境。2005 年全年各开发区累计完成基础设施投资 18.4 亿元，其中用于道路（含桥梁）建设 8.0 亿元，电力建设 1.7 亿元，电信建设 0.6 亿元，市政建设 2.7 亿元，标准化厂房建设 3.9 亿元，其他建设 1.5 亿元。特别是引湖特大桥、发展大道运河桥、市府东路运河桥、运河项王大桥、开发区大道运河桥的建成通车，把市经济开发区、骆马湖现代生态农业示范区、宿豫工业园区、宿城工业园区及市区之间紧紧连接到一起，显著改善了开发区的整体发展环境。

进区项目数迅速增加，项目质量不断提高。全年各开发区共新增项目 606 个，新增投产企业 368 家，其中投资规模 1000 万元以上项目 514 个，占总数的 84.8%。一批大企业、知名企业和外资企业项目落户宿迁市各级开发区，明显扩大了开发区的经济规模，提升了开发区的整体形象。全市上下集中精力狠抓招商引资，促进了园区项目的增加。全年共引进固定资产投资额 1000 万元以上新开工工业项目 323 个，计划总投资 120.6 亿元；竣工项目固定资产投资总额 29.5 亿元，其中 1000 万元以上竣工项目 118 个，而进园区的 1000 万元以上竣工项目就有 89 个，总投资 17.47 亿元。

园区企业生产经营状态良好，对全市经济的贡献不断扩大。2005 年，全市开发区共实现业务总收入 86.0 亿元，是上年的 1.6 倍；实现财政收入 4.3 亿元，占全市财政收入的 16.6%；新增规模以上工业企业 81 家，使园区规模以上工业企业数达 136 家，占全市规模以上企业总数的 21.6%；吸收从业人员 10.6 万人，是上年末从业人员数的 2 倍；实现进出口总额 0.99 亿美元，占全市进出口总额的 64.7%。

7. 民间投资持续升温，民营经济逐步壮大（见表 2-60）

表 2-60　宿迁市 2005 年民营经济在各行业分布情况

行　业	户数（家）	从业人员（人）	注册资金（万元）	税收收入（万元）
总计	97615	401890	1507725	111534
农林牧渔业	1080	5221	33293	—
工业	13020	175317	676300	35073
制造业	12930	173804	640315	32934
建筑业	624	58565	155402	15699
交通运输、仓储和邮政业	2385	5176	36569	1687
信息传输、计算机服务和软件业	297	900	5521	2254
批发与零售业	66064	113193	201393	13170
住宿业和餐饮业	3790	11898	24713	924
房地产业	306	4455	250637	17133
租赁与商务服务业	1300	5515	29415	3040
文化、体育与娱乐业	403	1072	5188	862

随着鼓励民营经济发展的各种政策不断落实到位，宿迁市民营经济发展环境进一步优化，激发了民营企业投资的积极性。2005 年，民间投资完成 144.4 亿元，同比增长 11.5%，占全社会投资的 53.7%。其中，个体私营投资完成 137.7 亿元，占民间投资的 95.4%，比上年提高 1.6 个百分点。

几年来，民营经济逐步成为工业经济的主体，成为宿迁市最重要的经济组成部分。目前，除洋河集团、双沟集团、箭鹿集团 3 家企业保留部分国有股外，其余企业的国有股已全部退出，全市工商企业民营化率达99%，为全省最高。2005年全年新发展个体工商户3.1万户，累计达到8.4万户，新增私营企业3300家，累计达到1.4万家。总从业人员达32万人，总注册资金140亿元。个体私营经济入库税收8.27亿元，占全部工商税收的44.2%，比上年提高0.6个百分点。2005年，列统民营企业完成工业增加值43.32亿元，占列统企业的76.2%，比2000年提高23.5个百分点。民营经济的快速发展，对全市经济又快又好发展的拉动作用日益显现，贡献份额不断增大。2005年民营经济增加值占GDP的比重达63.3%，个体私营税收占全部工商税收的44.2%。

民营企业在发展生产力、增加就业岗位、促进经济增长等方面发挥着越来越重要的作用。仅在制造业中，民营企业在木材加工、轻工食品、纺织服装、玻璃建材、化工医药五大支柱行业总产值占规模以上工业总产值的比重达80%以上。随着数量上迅速增加，民营企业经营领域也逐步拓宽，行业覆盖范围也越来越广，逐渐从传统日用消费品生产、零售和餐饮等传统行业，拓展到文化教育、医疗卫生、体育、娱乐等服务业领域，2005年末，宿迁市从事三产民营企业8.3万户，同比增长22.4%。民营经济的快速发展，增加了大量的就业岗位。2005年末，全市民营经济吸纳从业人员40.2万人，同比增长58.2%，是2002年从业人数的1.7倍。

但由于历史和地域的原因，宿迁市民营企业宿迁市民营经济总量偏低、知名企业少。在今后的发展中要加大对龙头企业的培养，增强其辐射功能，提升民营企业的知名度，增强民营企业的规模效应。

（二）2005年宿迁社会发展状况

1. 城市面貌焕然一新

2005年，宿迁中心城市的道路、桥梁、绿化等市政基础设施投资建设进展加快，中心城市规划区面积由建市之初的180平方公里扩大到2108平方公里，城市基础设施到位的城区规模扩展到220平方公里，城市人口增加到34万人，市区道路里程达500公里，道路面积达752.2万平方米，人均道路面积26.3平方米。对沭阳、泗阳、泗洪三个县城行政区划进行了调整，使三个县城的面积由288.9平方公里扩大到836.3平方公里，为建设中等城市创造了条件。

中心城市功能进一步提升。完成了中心城市六大片区整合规划、骆马湖涉湖地区总体规划、骆马湖滨水地区景观规划、六塘河景观规划等。目前，市区和各县区控详规覆盖率均达到95%以上。严格执行《城市规划法》和“红线”、“绿线”等“六线”管理制度，出台了《宿迁市城乡规划管理全覆盖实施细则（试行）》，进一步增强了城市规划的权威性、科学性和民主性。八座桥的桥头公园初具规模，市区新增绿化面积50万平方米，绿化覆盖率达38.6%，人均公共绿地面积8.6平方米，顺利获得省级园林城市称号。

城市管理逐步规范。围绕“精心、精细、精品”目标，按照“全面覆盖、不留死角、长效管理、永久保洁”的要求，全面推进城市综合管理市场化运作机制，相继实施了单位“四化”达标工程，道路“绿色屏障”工程，“拆墙透绿、拆房建绿”工程，城市亮化提档升级工程等，城市面貌大变样。

2. 社会事业全面进步

科技创新能力进一步增强。2005 年全年共获批省级以上各类科技计划项目 128 项，比上年增长 47%；获批科技经费 3023 万元，比上年增长 687%，实现了历史性突破；完成专利申报 179 件，比上年增长 126%。新增省、市高新技术企业 26 家，高新技术产品 64 个，充分发挥了科技项目在与经济结合过程中的载体功能。

科普宣传作用充分发挥。以科普宣传周、全国科普日等活动为契机，全市发放科普宣传资料 23 万余份，举办科普讲座 65 场次，大型科普展览 32 次，参观人数突破 10 万人次。

教育事业成绩显著。以实施“六有”和“校校通”工程为重点，大力改善农村中、小学办学条件。全市“六有”工程累计投入 3. 5 亿元。全面完成中、小学“校校通”工程，累计建成网络教室 754 口，多媒体教室 735 口，教师办公网点 1914 个，优质教育资料惠及面进一步扩大。“普九”成果得到巩固和提高，初中毕业生升学率 88. 5%，高中阶段教育毛入学率 51. 5%，普职教育招生比例为 5. 2∶4. 8，被各类高校录取 18423 人，是历史上录取人数最多的一年。民办教育不断壮大，全年全市引进民间教育投入 2. 2 亿元，本科以上教师 778 人，学生 6742 人。

公共医疗卫生保障体系建设步伐加快。2005 年末，全市共有医疗卫生机构 726 个，卫生技术人员 8293 人。其中医疗机构 711 个，拥有床位 6654 张，防治防疫机构 11 个，妇幼保健机构 4 个。市人民医院顺利通过三级医院验收，改变了宿迁市无三级医院的历史。市医疗救护中心业务楼建成投入使用，华东医疗康复中心完成基建工程，市妇幼保健中心病房楼如期竣工，新型农村合作医疗参保率达到 88. 7%。

环境综合整治成效显著。全市建成烟尘控制区 4 个，环境噪声达标区 4 个，全省首家设立洪泽湖洪水调蓄（水源保护）、骆马湖湿地（水源保护）、淮沭新河饮用水源和古黄河四大市级生态保护区，受保护国土面积占全市总面积提高到 29. 6%，城市污水处理率提高到 50%。

其他社会事业也得到长足发展。文化、体育、广播、电视等各项事业健康发展。群众文化蓬勃发展，十运会宿迁赛区男排比赛成功承办，广播、电视覆盖率继续提高。

3. 人民生活水平稳步提高（见图 2 – 111）

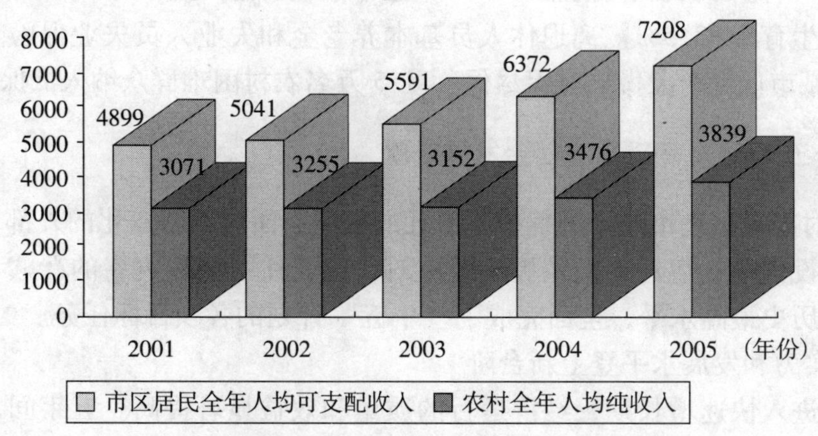

图 2 – 111　2001 ~ 2005 年宿迁市城乡居民收入对比（单位：元）

2005年末，全市总户数144.42万户，户籍人口524.54万人。全年人口自然增长率6.25‰。男女性别比105.70（女=100），比上年下降0.08。城镇人口比重34.43%。

2005年全年城市居民人均可支配收入7208元，比上年增长13.1%。其中工薪收入4401元，经营净收入1434元，财产性收入187元，转移性收入1389元，分别比上年增长10.0%、95.5%、66.3%和-20.3%。城市居民人均消费支出4939元，比上年增长12.2%。八大类消费呈“六升二降”格局。人均食品、衣着、医疗保健、交通和通信、教育文化娱乐服务和杂项商品及服务消费分别比上年分别增长5.9%、20.5%、36.0%、90.0%、16.9%和45.6%。年末城市居民人均住房使用面积27.34平方米，住房配套率42.5%。

农民收入增长较快，生活水平继续提高。2005年，全市农民人均纯收入3839元，比上年增长10.5%。其中工资性收入1744元，增长27.8%；家庭经营收入2025元，下降0.8%。家庭经营收入中一产收入1448元，比上年下降4.5%。全市农民人均生活消费支出2600元，比上年增长21.8%。八大类生活消费中，居住消费品支出、文化教育娱乐消费支出、医疗保健消费支出增势强劲，分别比上年增长87.7%、41.5%和25.8%。食品消费支出、交通通讯消费支出、家庭设备及用品消费支出增势平稳，分别比上年增长12.3%、12.6%和8.9%。衣着消费和其他消费比上年分别下降1.2%和12.2%。年末农民人均居住面积24.2平方米，比上年增长1.5%。其中楼房4平方米，增长22.2%。当年人均新建住房1.2平方米，其中六成以上属于楼房结构。农户百户耐用消费品拥有量增长较快。年末百户农民拥有洗衣机54台，电冰箱20台，空调机2.8台，热水器8.4台，摩托车30.6辆，彩电74台，分别比上年增长14.8%、33.3%、40%、40%、17.6%和13.8%。

全市列统单位从业人员比上年增加较多，职工收入大幅增长，但地区之间差距较大。2005年末全市城镇从业人员17.42万人，比上年增加8000人。其中在岗职工17.21万人，比上年增加1万人。全年在岗职工工资总额20.41亿元，比上年增长21.9%；在岗职工年平均工资11847元，比上年增长14.7%。2005年，全市在外务工劳动力达97万人，实现劳务收入72亿元，农民人均纯收入中来自非农产业的比例达41%。再就业工作有效开展，6.3万名下岗失业人员实现再就业，援助1.6万名城镇双下岗双失业家庭、单亲家庭和“4050”人员实现再就业，2005年全市城镇登记失业率为3.95%。

全市计划生育率93.5%。离退休人员基本养老金和失业人员失业保险金按时足额发放，4.8万名城市低保对象做到应保尽保，11.5万名农村困难群众纳入低保范围。

（三）“十五”时期宿迁经济社会发展成就

“十五”时期是宿迁市历史进程中不平凡的五年。面对不断变化的外部环境和纷繁复杂的改革、建设任务，宿迁人民积极有效应对，经受住了多种灾害的严峻考验，全市经济社会发展创历史最高水平，全面完成了“十五”计划的各项目标任务。

1）综合实力和发展水平登上新台阶

经济发展进入快速增长期，经济运行的质量和效益显著提高。五年间，地区生产总值由200亿元增加到387亿元，年均增长12.6%；财政总收入由11.3亿元增加到25.9亿

元，年均增长18.1%；地方财政一般预算收入由6.8亿元增加到13.8亿元，年均增长15.2%。金融机构各项存款余额230亿元、各项贷款余额150亿元，分别比“九五”末增加138亿元和76亿元。2005年，规模以上工业增加值56.8亿元，比上年增长29%；地方财政一般预算收入13.8亿元，增长37.8%；进出口总额1.55亿美元，增长52%；实际外商直接投资3300万美元，同口径增长120%；工业用电量15.4亿千瓦时，增长25%，这五项主要经济指标增幅均居全省第一，增长速度第一次走在全省前列。

2）产业结构发生历史性转变

三次产业结构比例由“九五”末的37.9∶35.3∶26.8调整为2004年的25.6∶45∶29.4，五年间，产业结构由“一二三”到2002年实现“二一三”，到2004年实现“二三一”，特别是在2004年二产中的工业增加值占GDP的比重首次超过一产后，2004年超过一产6.7个百分点，标志着宿迁的经济发展已从农业主导型转变为工业主导型，带动了经济结构的协调快速的发展。

大力发展服务业，出台了多项扶持政策，金融、通信、运输等现代服务业加速发展。2004年全市实现服务业增加值114亿元，五年年均增长14.7%。

3）城乡面貌变化显著

五年完成全社会固定资产投资820亿元，是“九五”的3.4倍。交通建设取得突破性进展，相继建成京沪高速公路、宁宿徐高速公路、徐宿淮高速公路、新长铁路宿迁段、运河“五桥”、通湖大道、环湖大道、开发区大道、宿沭一级公路等一批重点工程。抵御了2003年百年一遇降雨和1954年以来淮河流域最大洪水，顺利完成灾后水利重建及移民迁建工作。共完成水务建设投资15亿元，重点实施了奎濉河治理工程，骆马湖、中运河、古黄河城区段综合治理等一大批流域性、区域性工程。共完成电网建设投资20亿元，建成500千伏双泗变电所等一大批电力工程。举社会之力建设中心城市，建成区面积扩大到60平方公里，常住人口达35万人。全市城市化率达35%，五年提高了10个百分点。

“十五”期间，宿迁市加大对小城镇建设的投入力度，小城镇水、电、道路等基础设施建设逐步完善。全市涌现了一批布局合理、功能齐全的新型小城镇，成为农村政治、经济和文化中心。

4）人民生活水平明显提高

2005年，城镇居民人均可支配收入7200元、农民人均纯收入3786元，分别比“九五”末增长55.9%、30.3%。大力实施“三就三百”、“两后双百”和“四全”工程，竭尽全力推动劳动力内转外输。经过三年努力，惠及千家万户的农村五件实事取得显著成效，共新建改建农村公路3640公里，改造草危房54651户，新增改水受益人口198万人，农村新型合作医疗覆盖面达到88%，农民人均负担由税费改革前的152元/年减少到目前的20元/年。离退休人员基本养老金和失业人员失业金按时发放，4.8万名城市低保对象做到应保尽保，11.5万名农村困难群众也纳入了农村最低生活保障范围。

5）各项社会事业全面进步

坚持科教优先发展，全面推进社会事业领域的改革，加大对科技、教育、文化、体育事业的投入，各项社会事业发展活力增强。

新批省级以上高新技术企业10家，总量达14家。高度重视基础教育，大力改善农村中小学办学条件。农村中小学危房改造163.5万平方米，投入2.8亿元。集中实施农村教育的“六有”工程，累计投入3.5亿元，完成校园绿化80万平方米，铺设校园硬路面57万平方米，改、扩建水冲式厕所11万平方米，新、改建学生宿舍34万平方米，寄宿学生床铺11.1万张，新建学生餐厅16.6万平方米，添置保温饮水桶1.1万只，实现了农村最好的建筑是学校、最美的环境在学校的愿景。全面完成中小学“校校通”工程，建成网络教室754口、多媒体教室735口、教师办公网点1914个，优质教育资源惠及面进一步扩大。大力推进教育、卫生事业改革，吸引民资外资投入教育事业14.2亿元、卫生事业9.46亿元。截至2005年底，“春蕾班”总数达到292个，比“九五”末增加280个；初中毕业生升学率达到88.5%，位居苏北第一，比“九五”末提高40个百分点；2004年全市被各类普通高校录取18423人，比“九五”末增加1.2万人，是历史上录取人数最多的一年。宿迁学院完成了四年制本科的完整体系建设，在校生达到12600人，宿迁师范学校、沭阳师范学校分别升格为宿迁高等师范学校、宿迁经贸高等职业技术学校。

公共医疗卫生“521”工程基本完成，应对公共卫生突发事件能力明显增强。市人民医院顺利通过三级医院验收，改变了宿迁市无三级医院的历史。

江苏广播电视信息网络股份有限公司宿迁分公司在全省第一个挂牌成立，市文化艺术中心建成使用，第一次成功举办大型苏北国际交流合作会议和第十届全运会男排部分比赛。高度重视信访工作，妥善解决人民群众的合理诉求，宿迁市大信访格局工作法在全省推广。

在回顾“十五”所取得的成绩时，也要清醒地看到，宿迁市经济社会生活中还存在一些不容忽视的矛盾和问题。主要表现在：经济总量小、产业层次不高、高科技企业和高附加值产品不多的状况尚未根本改变。农业结构调整特色和效益还不明显，农民持续增收困难较大。财政硬性支出不断增长，收支矛盾进一步加剧。城乡居民收入水平较低，消费拉动、外向带动仍是宿迁市的短腿。影响社会稳定的因素还在增多，安全生产事故时有发生。政府自身建设还存在薄弱环节，运行机制需进一步完善。这些问题应受到高度重视，并在今后的工作中切实加以解决。

（四）未来展望

“十一五”期间，宿迁市经济社会发展既面临新的机遇，也有新的挑战。从国际环境看，现代科学技术迅速发展，经济全球化趋势不断增强，世界性产业结构调整和重组步伐加快，总体经济环境处于缓和增长态势。从国内看，随着全面小康建设步伐加快，经济体制改革进入攻坚阶段，经济结构调整进入关键时期，区域间的竞争日趋激烈。从江苏省情况看，省委省政府明确提出在“十一五”期间继续加大对宿迁市的扶持力度，这是宿迁市必须要紧紧抓住的难得机遇。全市上下要以富民强市、全面建设小康社会总揽全局，把加快发展作为主题，把招商引资作为主抓手，把结构调整作为主线，把改革开放和科技进步作为主动力，把提高人民群众生活水平作为根本出发点，坚持“两手抓、两手都要硬”的基本方针，推进经济持续、快速、健康发展和社会全面进步。只要抓住机遇，加快发展，在新的起点、新的开端上努力工作，强力推进经济和社会的快速发展，

宿迁市将在“十一五”再创新的辉煌。

（五）宿迁经济社会发展在长三角发展中的地位和作用

1.“十五”期间宿迁生产总值在长三角所占比重的变化趋势（见图2－112）

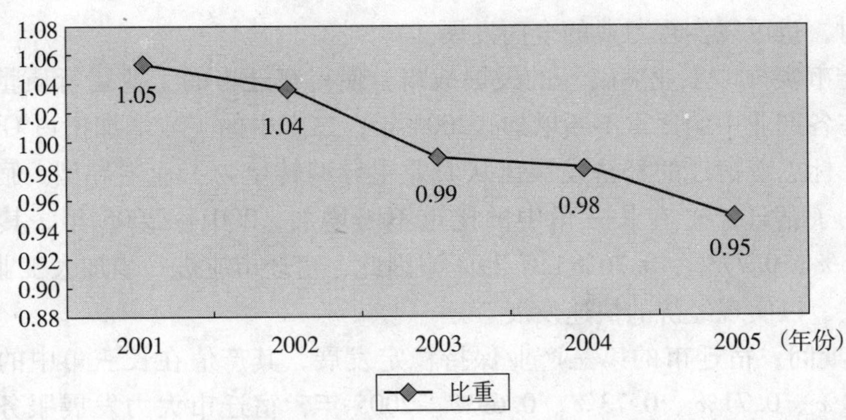

图2－112　2001～2005年宿迁市地区生产总值占长三角生产总值比重（单位：%）

“十五”期间，虽然宿迁市的经济运行质量有了显著的提高，地区生产总值逐年增加，但其在整个长三角地区的比重却呈缓慢下降的趋势，2001～2005年比重分别为1.05%、1.04%、0.99%、0.98%、0.95%。这是由于近年来，宿迁市加大产业结构调整的力度，大力实行“工业突破”战略，使得以往主导产业的农业产值比重不断减少，工业获得迅速发展。这种产业结构的变动在一定程度上影响了宿迁市经济增长的速度，使得相对长三角其他城市，宿迁市的经济发展仍比较落后。因此，呈现出宿迁市地区生产总值在整个长三角中的比重不断减少的变化趋势。

2.“十五”期间宿迁市产业结构变化情况（见图2－113）

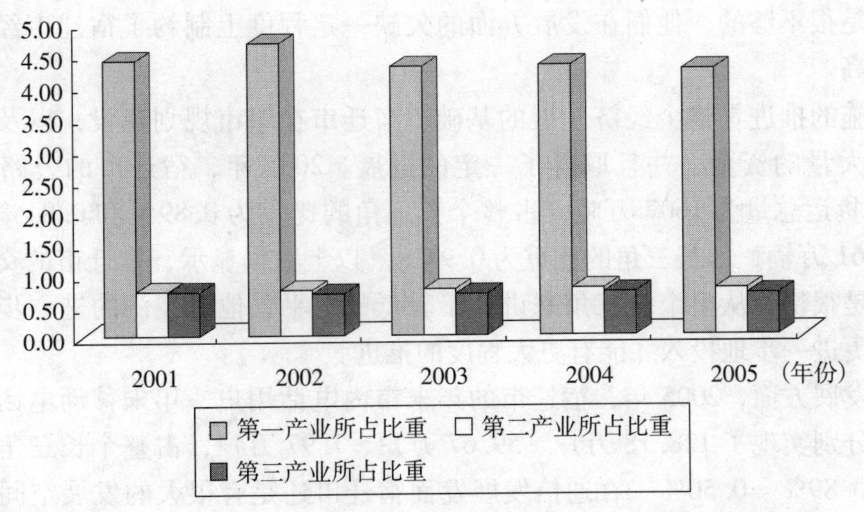

图2－113　2001～2005年宿迁市各产业产值占长三角生产总值比重（单位：%）

在宿迁市的三次产业中，农业占据主导地位。虽然在“工业突破”的战略下，宿迁市的农业增长速度有所放缓，在长三角中的比重也不断降低，但农业仍是宿迁市对长三角贡献最大的产业，2001～2005 年的比重分别为 4. 39%、4. 65%、4. 29%、4. 31%、4. 23%，远远高于二、三产业所占比重。但由于宿迁市的产业结构调整，使得农业发展受到了一定的影响，这表明，宿迁市应该积极寻求一种双赢的发展策略，在保证原有农业优势的同时，也可以实现工业的全面发展。

由于宿迁市实行“工业突破”的发展战略，使得宿迁市的工业运行质量有了显著的提高，工业在各产业中的比重不断增加，2004 年，二产中的工业增加值占 GDP 的比重首次超过一产，标志着宿迁的经济发展已从农业主导型转变为工业主导型。宿迁工业的迅速发展，带动了宿迁二产在长三角中的比重不断增加，2001～2005 年，其比重分别为 0. 75%、0. 76%、0. 77%、0. 76%、0. 79%。因此，宿迁市应进一步加大工业投入，转变经济增长方式，以实现经济的快速发展。

“十五”期间，宿迁市的第三产业保持稳定发展，其产值在长三角中的比重分别为 0. 72%、0. 70%、0. 71%、0. 73%、0. 69%。2005 年，宿迁市大力发展服务业，出台了多项政策，扶持金融、通信、运输等现代服务业发展。全市实现服务业增加值 114 亿元，五年年均增长 14. 7%。宿迁市应继续推进服务业现代化发展，在保持现有的发展速度的同时，不断提高在长三角地区所占比重。

3. 宿迁市经济社会发展在长三角发展中的地位（见表 2－61）

从前面的分析我们可以看到，宿迁市的生产总值 2005 年实现了 375. 93 亿元，超过“十五”计划 340 亿元的目标，比上年增长 14. 5%，比全年目标高 0. 5 个百分点，达“十五”以来最高水平。从拉动经济增长的三大动力来分析其经济发展趋势，2005 年，宿迁市的固定资产投资额为 124. 55 亿元，占长三角的比重为 0. 66%；社会消费品零售总额为 109. 5 亿元，占长三角的比重为 0. 82%；在对外贸易方面，出口总额实现了 1. 36 亿元，占长三角的比重为 0. 05%。从宿迁市固定资产投资、对内销售额和对外贸易额占长三角的比重的对比来看，这三方面虽然都有了一定程度的提高，但从整个长三角的角度来看，这些发展还是很不够的，他们在发展方面的欠缺一定程度上制约了宿迁市经济发展水平的进一步提高。

基础设施的推进是整个经济发展的基础，宿迁市在城市规划建设，以及邮电通信方面也投入了大量的资金，并且取得了一定的进展。2005 年，宿迁市的公路客运总量为 2608 万人，货运总量为 1607 万吨，占整个长三角的比重为 0. 89% 和 0. 84%。民用汽车拥有量为 4. 61 万辆，占长三角的比重为 0. 94%。以上数据显示，宿迁市的交通运输能力的提高并不是很快，从整个长三角来讲处于较低的水平，他对经济的进一步发展也一个瓶颈，需要更进一步地投入才能有更大程度的推进。

在通信发展方面，2005 年，宿迁市的年末市内电话用户、年末移动电话用户、国际互联网用户分别实现了 128. 18 万户、59. 67 万户、7. 97 万户，占整个长三角的比重分别为 2. 84%、0. 89%、0. 50%。在通信发展发面宿迁市还是有很大的发展空间，尤其是信息量迅速而丰富的国际互联网，在宿迁还远没有得到很好的发展，只占到整个长三角的

表 2－61　2005 年宿迁市与长三角部分经济社会发展指标比较

指　　标	长 三 角	宿　迁	
		绝对值	比重（%）
固定资产投资（亿元）			
全社会固定资产投资总额	18978.51	124.55	0.66
国内商业			
社会消费品零售总额（亿元）	13304.55	109.5	0.82
对外经济贸易			
出口总额（亿美元）	2905.28	1.36	0.05
客运量总计（万人）			
公路	292977	2608	0.89
货物运输量总计（万吨）			
公路	190433	1607	0.84
民用车辆拥有量（万辆）			
民用汽车拥有量	492.06	4.61	0.94
邮电业务总量（亿元）			
年末市内电话（万户）	4507.77	128.18	2.84
年末移动电话用户（万户）	6680	59.67	0.89
国际互联网用户（万户）	1597.46	7.97	0.50
从业人员合计（万人）	8474.2	267.69	3.16
第一产业	2241.24	111.49	4.97
第二产业	3266.99	71.76	2.20
第三产业	2965.97	84.43	2.85
教育			
普通中学在校学生（万人）	759.68	43.98	5.79
小学在校学生（万人）	881.43	50.06	5.68

0.50%，与整个长三角的发展速度是不协调的。

在考量社会发展水平以及人民生活水平时，从业人员数也是一个比较重要的指标。2005 年，宿迁市从业人员总数为 267.69 万人，占长三角的比重为 3.16%。一、二、三产的从业人员分别为 111.49 万人、71.76 万人、84.43 万人，占长三角的比重分别为 4.97%、2.20%、2.85%。从以上的数据我们可以看到宿迁市的农业仍然是最主要的劳动力吸纳产业，而二、三产业相对来讲发展得还不够，这与现代化的要求是不相适应的，应进一步提升产业结构，充分发挥二、三产业的劳动力吸收能力。

教育水平的提高也是体现人民生活水平的重要方面之一，2005 年，宿迁市的普通中学在校学生为 43.98 万人，小学在校学生为 50.06 人，在长三角的比重分别为 5.79%、

5.68%。宿迁市在义务教育的实现方面还是投入了大量的人力物力，普遍实现了适龄儿童的入学。

总体来讲，宿迁市在整个长三角来说属于发展较为缓慢的城市，尤其是在交通运输、邮电通信等第三产业方面，还有很大的发展余地。若能在这些方面有所突破，宿迁市的整体社会经济发展才能有很大的推进。

沭阳县经济社会发展情况

（一）沭阳县概况

1. 自然地理

沭阳地处江苏北部，沂沭泗水下游，属鲁南丘陵与江淮平原过渡带，东西 60 公里，南北 55 公里。东与连云港接壤，南与淮安市毗邻，西倚宿迁，北接徐州，是徐、连、淮、宿四市结合部。全县地形呈不规则方形，地势西高东低，大部分地面高程为 7～4.5 米。县内最高峰韩山海拔 70 米，除潼阳、茆圩、刘集、悦来等乡镇有些岗岭外，土地平衍，河网密布，有新沂河、淮沭新河等 29 条河流纵横境内。

沭阳属于暖温带季风气候，全境气候温和，四季分明，日照充足，雨量丰沛。年平均气温 13.8℃，年平均最高气温 14.3℃，最低气温 13.3℃。历年最高气温一般在 35℃～38℃之间，最低气温在 -4℃～-5℃左右。年平均日照时数 2363.7 小时，年平均相对湿度为 75%，年平均风速为 2.8 米/秒，年平均降水量为 937.6 毫米。

2. 历史沿革

夏商时属徐州，周时属青州，春秋末期为鲁国南境，战国时属楚国，秦初属薛郡，后属郯。西汉置厚丘县，隶属东海郡，立阴平、建陵两侯国。三国时立东海国，领厚丘、阴平、建陵等 11 县。南朝宋文帝元嘉四年，并入襄贲，另置僮县。梁武帝天监五年，废僮县，置僮阳郡。东魏孝静帝武定七年（549 年）改僮阳郡为沭阳郡。北周建德七年（578 年）始定沭阳县名。隋文帝开皇年间隶属海州，唐高宗总章元年（668 年）改属泗州，咸亨五年还属海州，明洪武年间隶属淮安府，清世宗雍正二年（1724 年）改属海州府，民国二年属徐海道，民国十七～三十七年属东海专员公署、徐海行政公署；民国二十九年秋，中共淮海地委对境内区划做了较大调整，分设泗沭县抗日民主政府、潼阳县抗日民主政府、东海县抗日民主政府、灌云县抗日民主政府，隶属淮海区专员公署；1949 年 5 月，撤销东海、潼阳、泗沭县，原辖区划归沭阳县，宿迁部分辖区划给沭阳，隶属淮阴行政专员公署。1983 年实行市管县，属淮阴市。1996 年 8 月苏北区划调整，属新设地级宿迁市。

3. 行政区划

沭阳县现辖 29 个镇、5 个乡，1 个农场，472 个行政村（居）委会，170 多万人口，是江苏省人口最多的县份。

（二）沭阳经济发展基本状况

2005 年，沭阳县上下以建设一定区域经济强县为目标，大力实施“一体两翼”发展

战略，主攻“三大重点”，加快“三化进程”，国民经济和社会事业保持良好发展态势，圆满完成年初制定的各项目标任务。

1. 积极适应形势变化，国民经济快速发展

国民经济持续快速增长。2005 年全年实现地区生产总值 117.75 亿元，比上年增长 14.7%，高于 2004 年增速 0.9 个百分点。其中第一产业增加值 35.69 亿元、第二产业增加值 47.21 亿元、第三产业增加值 34.85 亿元，同比分别增长 1.6%、24.2%、17.8%。三次产业结构比例由上年的 33.7∶36.8∶29.5 调整为 30.3∶40.1∶29.6。产业结构进一步优化，第二产业比重比上年提高 3.3 个百分点。人均实现地区生产总值 6690 元，比上年增加 924 元，增长 16.0%。

民营经济蓬勃发展。2005 年全年新增私营企业 974 户，个体工商户 6613 户，私营企业和个体工商户累计分别达到 4485 户和 20408 户。私营个体经济实现入库税收 27802 万元，比上年增长 29.9%，分别占工商税收和财政收入的 77.5% 和 47.9%。个体实现社会消费品零售额 20.28 亿元，比上年增长 18.6%，占全部零售额的 61.5%，比上年提高 13.9 个百分点。新增民营企业注册资本 5 亿元，增长 34.2%，民营固定资产投资增长 29.3%。创业主体呈现多元化发展态势。

招商引资成效显著。2005 年全年引进工业项目 346 个，其中千万元以上项目 107 个，超亿元项目 11 个，协议投资 52.34 亿元，到位资金 11.31 亿元。正在建设的江苏天能电池有限公司、国际汽摩配综合商城总投资分别达 10 亿元、8 亿元。天能电池、邦源纺织、美欧电子、易达木业等一批规模大、效益高、产业带动力强的企业的引进，为提升开发区的集聚效应起到了积极的推动作用。

经济开发区建设日新月异。2005 年，建成道路 12.4 公里 11.2 万平方米，完成亮化 17.5 公里，新增绿化面积 46 万平方米；新建标准化厂房及配套用房 8 万平方米，给排水、通讯、供电等配套设施建设基本完成。开发区新投产项目 80 个，累计达 224 个，其中超亿元项目 23 个。投产达效规模企业实现工业增加值 4.2 亿元，占全县规模工业增加值的 36%；从业人员 2.78 万人，全年实现工业税收 4092 万元。县经济开发区被省政府确定为首批 15 家重点工业园区之一，成为省开发区协会团体会员。

2. 三大需求拉动经济稳步增长

1）固定资产投资

固定资产投资大幅度增长。2005 年全年完成全社会固定资产投资 86.80 亿元，比上年增长 32.8%。全县 50 万元及以上项目完成投资额 35.23 亿元，比上年增长 67.2%。其中工业投资 20.53 亿元，比上年增长 153.7%；房地产投资 7.46 亿元，增长 98.3%。从投资区域看，城镇投资 28.22 亿元，增长 79.2%；农村投资 7.01 亿元，增长 59.1%。

基础设施建设力度加大。2005 年，先后启动总投资约 47 亿元 230 多项 500 万平方米的重点工程建设。实施温州路、水漫桥等路桥建设及配套工程 39 项，铺设城区道路 18 条 10.4 公里，组织实施了火车站改选、虞姬公园扩建工程；春风沂水、豪园·沭阳故事等建筑面积 165 万平方米的 12 个商住小区加快推进；新华大厦、上海花园等 23 栋 12 层以上高层标志性建筑已经封顶或即将封顶，主体 16 层的行政商务中心、占地 312 亩的虞姬生态园开工建设；沭源河面水厂投入使用，管网覆盖城区80%以上；铺设天然气管道3.1万米，新增用户3025户。

2）国内贸易

消费需求稳定增长。2005年全年实现社会消费品零售总额32.95亿元，比上年增长15.6%。其中，县城区域实现零售额17.63亿元，增长15.8%；农村实现15.32亿元，增长15.4%。按行业分组，批发零售贸易业实现零售额29.41亿元，比上年增长14.8%；住宿餐饮业实现零售额3.45亿元，比上年增长23.7%。以人民路—迎宾大道为轴线的三匹马、沈括像、东关口、客运中心等商圈日趋繁荣、人气兴旺，南京路服饰、公园路文化用品、天津路汽车配件等商业街区特色明显、商气浓厚，陶瓷市场、红星家具市场、花卉苗木市场等专业市场快速发展、财气兴盛。

3）对外贸易

外向型经济强势增长。2005年全年完成进出口总额1128万美元，比上年增长148.3%，出口产品包括同轴电缆、板材、工艺鞋、服装、玩具等；实际利用外资498万美元，比上年增长13.3%；外经营业额310万美元，比上年增长42.0%；新外派人数900人，比上年增长20.0%，主要外派地为日本、韩国、约旦、新加坡等国家。

3. 三大产业齐头并进，带动全市经济增长

1）农业

全县认真贯彻中央一号文件精神，围绕农民增收、农业增效、农村稳定的总体目标，大力发展特色产业，着力培育市场主体，农村经济继续健康稳步发展。2005年全年实现农林牧渔业总产值60.45亿元，比上年增长6.3%。

2）工业

工业生产发展势头强劲，增长速度再创历史新高。2005年，全部工业实现增加值34.01亿元，比上年增长24.9%。全县工业用电量4.05亿千瓦时，比上年增长35.8%，高于全市平均增速8.9个百分点。全部国有及年销售收入500万元以上非国有工业企业（以下简称：规模工业）完成增加值11.92亿元，比上年增长24.9%，增速比上年提高3.8个百分点，在全市县区中名列第一。

3）财政、金融和保险业

财政收入保持快速增长，重点支出得到有效保障。2005年全年实现财政总收入58069万元，比上年增长55.1%。其中一般预算收入35047万元，增长46.8%；上划中央收入13404万元，增长28.5%；基金收入9618万元，增长205.2%。

金融机构存贷款规模继续扩大。2005年12月末，全县金融机构各项存款余额56.25亿元，比年初增加9.77亿元，比上年增长21.6%。其中居民储蓄存款余额44.17亿元，比年初增加8.78亿元，比上年增长24.8%。金融机构贷款余额32.94亿元，比年初增加3.95亿元，比上年增长4.2%。

保险事业健康发展。2005年，财产保险完成业务收入1900万元，承担保险风险36亿元，上缴财政税收110万元，同比增长6.5%，处理各类赔案1531起，支付赔款1492万元。人寿保险实现保费收入8453万元，其中营销险5400万元，短险649万元，寿险

310万元，全年完成营销新单1971万元，处理各类赔付3800件，赔付及给付金额5100万元。

4）交通运输和邮政通信业

交通运输能力不断增强。2005年全年完成交通运输业增加值7.80亿元，比上年增长22.4%。完成公路客运量854万人，增长36.9%；货运量816万吨，增长30.6%。营业性载客汽车达1496辆，总客位20483个；营业性载货汽车达3223辆，总吨位25157吨。

邮政通信业快速增长。全年完成邮电通信业增加值1.42亿元，比上年增长23.8%。

（三）沭阳社会发展基本状况

1. 人口、人民生活、劳动和社会保障

人口总量低水平增长。2005年末全县总户数47.57万户，户籍人口176.14万人，比年初增加0.26万人。全年人口出生率10.2‰，死亡率4.6‰，人口自然增长率为5.6‰。

职工和居民收入明显增加。在岗职工平均工资9887元，比上年增加534元，增长5.7%。县城居民人均可支配收入达6452元，同比增长10.7%。其中工薪收入3644元，比上年增长9.7%，经营净收入2059元，比上年增长29.8%，财产性收入17元，比上年下降86.3%，转移性收入818元，增长24.9%。县城居民生活质量明显改善，居民人均生活消费支出4460元，同比增长1.3%。

劳动和社会保障全面推进。全县拥有职业培训机构132家，培训农村劳动力8.6万人，有组织输出7.1万人。城镇职工基本养老保险、医疗和失业保险覆盖面分别为100%、98%和97%。征缴企业养老保险费2507万元，发放企业离退休人员养老金7818万元、失业保险549万元。发放农村低保4.47万人计1592万元，城市低保1.45万人计715.5万元，发放扶贫小额贷款2700万元。财政投入1.1亿元建设临安、城北、祥和3个安置小区，解决城区困难拆迁户安置问题；对夏季发生的暴雨、台风等自然灾害，拨付688万元救灾救济款，妥善安置困难群众。

2. 科学技术和教育

科技创新能力日益增强。2005年，全县获批省级以上各类科技计划项目32项，比上年增长77.8%。其中国家级、省级星火计划6项；国家级、省级火炬计划3项；省科技成果示范推广计划5项、省星火计划贴息4项、省火炬计划贴息2项、其他各类科技计划12项。

教育事业成绩显著。2005年，投入资金1.4亿元，完成“六有”和“校校通”工程，并顺利通过省级验收。省、市“六有”工程现场会分别在沭阳县召开。县实验小学新校区建成运行，职教中心通过国家级重点职教学校验收，沭阳师范学校升格为宿迁经贸高等职业技术学校，全日制高等教育实现零的突破。

3. 文化、体育、卫生和环保

文化活动异彩纷呈。成功举办“欢聚花乡”沭阳县第二届花木节大型广场演出、清廉之风文艺晚会、千名客商看沭阳颁奖晚会等文化活动19场次。创作《六塘红霞》、《连心桥》等新剧本5部；创作《情系数海》、《广告游击队》等10个戏剧和小品；创作

《花乡夜歌》、《西部放歌》等9首歌词。

全民健身活动广泛开展，竞技体育水平不断提高。成功举办沭阳县第一届运动会，运动会共设职工部、农村部、学生部三大类15个大项90个小项，195个单位3500余名运动名参加了比赛。

卫生保障体系建设步伐加快。全县共有各类卫生机构775个，其中城区医院、乡镇卫生院51个。拥有病床2338张，卫生技术人员2598人。建成主体11层、建筑面积10027平方米的县疾控中心综合楼。

环境保护工作得到加强。全县建成烟尘控制区18.64平方公里，环境噪声达标区17平方公里。工业废水排放达标率96%，工业固体废物综合利用率100%。

4. 城市建设和管理

市政基础设施不断改善。新铺永康路、永安路、珠江南路等道路及配套工程18项，道路总长2.06万米，面积15.41万平方米。铺设排水管道1.31万米，道板11.78万平方米，路牙3.68万米，清掏、维修窨井4810座次，疏通排水管道6.80万米。完成沭宿一级路与常州路交汇处、人民路等绿化工程30余项，城区新增绿地面积49.2万平方米，改造绿地22万平方米，总投入556万元，建成区绿化覆盖率达43%。

城区人居环境更加优化。以改善形象、提升品位、营造良好投资环境为目标，不断加强城市管理，城区秩序更加优化。

第三章　2005 年浙江省经济社会发展报告

2005 年，浙江省深入实施“八八战略”，全面建设“平安浙江”，加快建设文化大省，坚决贯彻中央宏观调控政策，取得明显成效。国民经济保持持续快速发展的好势头，产业结构调整和增长方式转变取得新进展，财政、企业和居民收入增加，社会事业全面进步，市场价格涨幅明显回落，较好地实现了国民经济和社会发展的预期目标。

（一）2005 年浙江经济社会发展总况（见图 2－114）

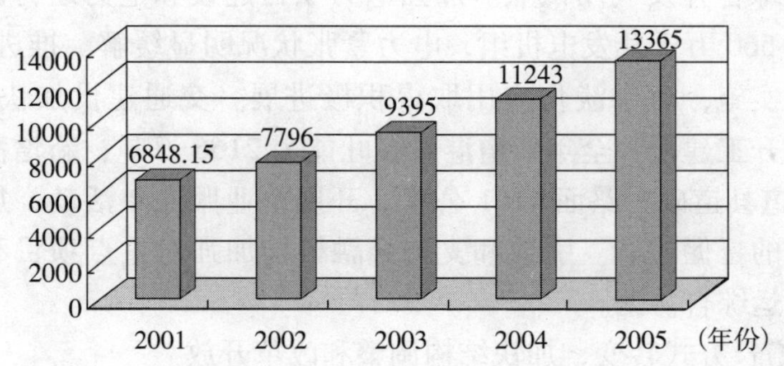

图 2－114　2001～2005 年浙江省生产总值（单位：亿元）

2005 年，浙江省全年生产总值 13365 亿元，按可比价格计算，比上年增长 12.4%，“十五”时期年均增长 13.0%。其中，第一产业增加值 873 亿元，第二产业增加值 7147 亿元，第三产业增加值 5345 亿元，分别比上年增长 1.6%、12.3% 和 14.9%，“十五”时期年均分别增长 3.6%、14.0% 和 13.7%。2005 年，第一、二、三产业对生产总值增长的贡献率为 1.0%、55.0% 和 44.0%。三次产业增加值结构由上年的 7.0∶53.6∶39.4 和 2000 年的 10.3∶53.3∶36.4 变化为 6.5∶53.5∶40（见图 2－115）。全省人均生产总值 27552 元，比上年增长 10.8%，“十五”时期年均增长 11.7%。

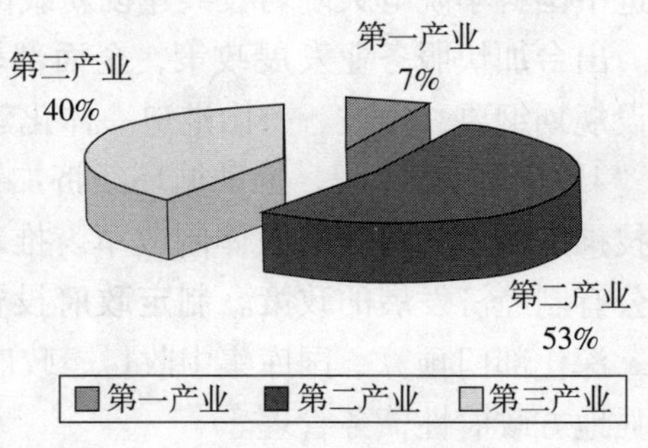

图 2－115　2005 年浙江省三次产业结构比例

在全省生产总值中，公有制经济增加值 3809 亿元，占 28.5%，比上年下降 1.2 个百分点；非公有制增加值 9556 亿元，占 71.5%，比上年上升 1.2 个百分点。其中个体私营经济增加值7618亿元，占57%，比上年上升1个百分点。

全省居民消费价格总水平比上年上涨1.3%，其中食品类价格上涨3.0%；居住类价格上涨4.4%。商品零售价格上涨0.9%。工业品出厂价格上涨2.3%。原材料、燃料、动力购进价4%。固定资产投资价格上涨0.3%。房屋销售价格上涨8.4%。

年末全省就业人员3035万人，比上年末增加43万人。其中城镇就业人员920万人，增加72万人。全年全省新增城镇就业岗位67万个，年末城镇登记失业率为3.7%，比上年末下降0.4个百分点。

（二）2005年浙江经济发展状况

1. 2005年浙江省经济发展特点

1）围绕促进经济平稳较快发展，强化要素和服务保障

严格土地管理，及时下达和落实年度建设用地指标，积极盘活土地存量，保证重点建设用地需要。大力推广标准厂房和多层厂房，提高土地集约利用率。科学合理围垦滩涂，开展低丘缓坡综合开发利用试点。加强电力项目建设和电力运行调度，大力推动节能降耗，全年投产560万千瓦发电机组，电力紧张状况明显缓解。推进水资源优化配置，一批水利工程顺利实施，海水淡化应用取得积极进展。交通建设加快推进，温福铁路、甬台温铁路等项目开工建设，全年新增港口吞吐能力2166万吨，新增高速公路通车里程391公里，改造省道县道砂石路面6161公里。开展企业服务年活动，加强对政府部门服务质量和工作效率的督促检查。引导和支持金融机构加强对重点项目和中小企业的金融支持。加强煤电油运综合协调。

2）围绕促进增长方式转变，加快结构调整和改革开放

落实环杭州湾、温台沿海地区和金衢丽高速公路沿线等产业带规划年度实施计划，推进一批高技术产业化重大项目，积极实施行业龙头企业技术赶超计划，努力做好镇海炼化大乙烯等重大工业项目的推进工作。加快推动发展平台和创新载体建设，完善开发区园区功能，积极建设科技企业孵化器、区域科技创新服务中心等科技公共服务平台，引进中国科学院等大院名校共建创新载体40家，落实专项资金支持省属高校重点学科建设。出台加快服务业发展政策，全面部署推进服务业发展工作。编制实施海洋经济强省建设规划纲要，宁波、舟山港口一体化建设取得突破性进展。部署实施“991”行动计划和“4121”示范工程，推动循环经济加快发展。开展农村综合改革试点，全面推进基层农技推广体系和畜牧兽医体制改革。推动省属国有企业改革重组。完善促进个体私营等非公有制经济发展的政策。制定政府投资项目管理办法和企业投资项目核准备案暂行办法。深化部门预算、国库集中收付、政府采购和财政支出绩效评价等财政管理制度改革，加强地方政府性债务管理。

深入实施外贸出口“四个多元化”战略，加强出口品牌建设，努力推动外贸出口结构优化和平稳较快增长。成功组织日韩经贸活动、法国中国浙江周、港澳浙江周等重大活动，加强招商引资工作，努力提高利用外资的质量和水平。稳步推进对外经济技术合作，进一步加强区域经济合作与交流。加快大通关建设，努力提高口岸效率。

2. 三大需求拉动经济快速增长

1）固定资产投资和房地产业（见图 2－116）

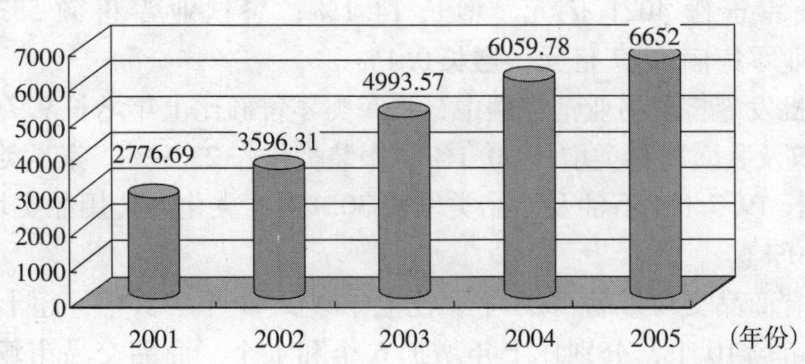

图 2－116 2001～2005 年浙江固定资产投资额（单位：亿元）

2005 年全年全社会固定资产投资 6652 亿元，比上年增长 15.1%，增幅比上年回落 5.1 个百分点，“十五”期间年均增长 26.3%。其中，限额以上固定资产投资 6270 亿元，比上年增长 18.5%，增幅比上年回落 8.5 个百分点。非国有投资 4313 亿元，增长 13.9%，占全社会投资的 64.8%。

在限额以上固定资产投资中，第一产业投资 20.2 亿元，比上年增长 35.4%，第二产业投资 2960.6 亿元，增长 21.2%。其中工业投资 2942.5 亿元，增长 22.4%。在工业投资中，非金属矿物制品业投资比上年下降 23.0%，黑色金属冶炼及压延加工业投资比上年增长 24.0%，分别比上年回落 53.7 个和 66.6 个百分点。第三产业投资 3289.3 亿元，增长 16.1%。

2005 年全年限额以上投资项目 21317 个，比上年增加 3007 个。其中，新开工项目 12447 个，增加 2272 个。建成了杭千、甬金高速公路部分路段等一批重点项目。

2005 年全年房地产开发投资 1454.5 亿元，比上年增长 12.3%，“十五”期间年均增长 36.5%。商品房销售额 1083 亿元，比上年增长 24.7%，其中销售给个人增长 26.3%，所占比重为 95.6%。

2）国内贸易（见图 2－117）

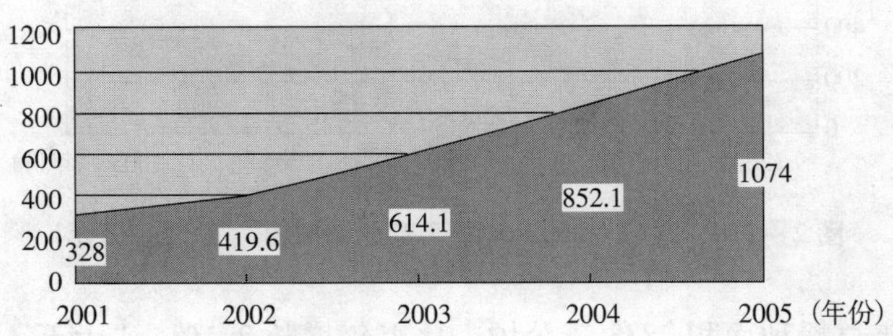

图 2－117 2001～2005 年浙江进出口总额（单位：亿美元）

2005 年全年社会消费品零售总额 4632 亿元，比上年增长 14.2%，扣除价格因素，实际增长13.2%，“十五”期间年均实际增长12.6%。其中，城市消费品零售额3047亿元，比上年增长15.2%，县及县以下消费品零售额1585亿元，增长12.4%。分行业看，批发零售贸易业零售额4021亿元，增长14.1%；餐饮业零售额533.2亿元，增长17.8%；其他行业零售额77.7亿元，增长0.1%。

在限额以上批发零售贸易业销售额中，汽车类零售额比上年增长9.7%，通信器材类增长9.1%，建筑及装潢材料类增长30.1%，服装类增长23.9%，家具类增长5.2%，食品饮料烟酒类增长19.7%，石油及制品类增长30.1%，文化办公用品类增长11.3%，家用电器类增长9.0%。

年末全省共有商品交易市场4008个，比上年减少41个。其中，超十亿元的市场120个，超百亿元的市场10个，分别比上年增加6个和1个。商品交易市场成交额7173亿元，比上年增长12.4%，市场成交额连续15年列全国第一。

3）对外经济

2005年全年进出口总额1074亿美元，比上年增长26.0%，“十五”期间年均增长31.0%。其中，出口768亿美元，进口306亿美元，分别比上年增长32.1%和13.0%，“十五”期间分别年均增长31.6%和29.5%。

对主要市场的出口均保持较快增长，韩国和东盟成为2005年浙江进口增长较快的国家和地区。

2005年全年批准设立外商直接投资企业3396个，比上年下降11.2%；合同金额161.3亿美元，比上年增长10.8%；实际使用金额77.2亿美元，增长15.6%。

2005年全年对外承包工程、对外劳务合作、对外设计咨询完成营业额17.6亿美元，比上年增长15.4%。批准境外投资企业435家，总投资2.0亿美元，其中中方投资1.7亿美元，分别增长15.1%、16.7%和10.5%。

2. 产业结构不断提升，促进经济平稳发展

1）农业（见图2－118）

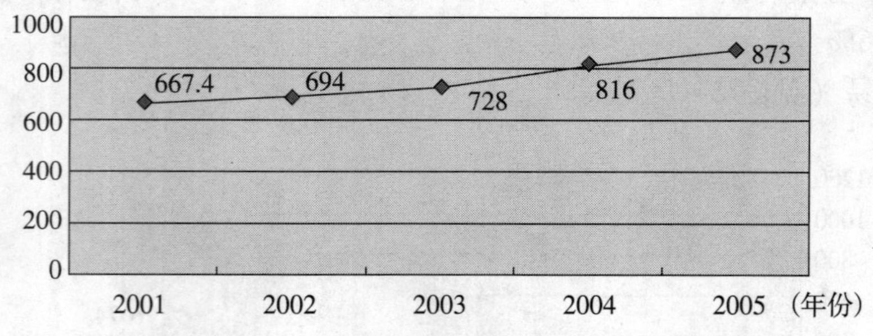

图2－118　2001～2005年浙江农业增加值（单位：亿元）

2005年全年总播种面积2838千公顷，比上年增长2.1%，“十五”期间年均下降4.4%。其中粮食播种面积1511千公顷，比上年增长3.9%，“十五”期间年均下降7.5%。棉花播种面积17.9千公顷，比上年减少4.6%。果用瓜种植面积102.5千公顷，增长0.5%。药材播种面积26.5千公顷，减少2.8%。油料播种面积249.3千公顷，增长

5.1%。蔬菜种植面积666.7千公顷，增长0.9%。花卉苗木面积107.5千公顷，减少5.8%。粮经面积比例由上年的52.4:47.6调整到53.2:46.8。全年粮食总产量为814.7万吨，比上年下降2.4%，“十五”期间年均下降7.4%。

2005年全年肉、蛋、奶产量分别为165.4万吨、44.5万吨和26.7万吨，分别比上年增长2.2%、5.8%和2.8%，“十五”期间分别年均增长6.0%、3.7%和19.0%。全省水产品总产量483.8万吨，比上年下降2.0%，“十五”期间年均增长0.6%。其中养殖产量160.2万吨，捕捞产量323.6万吨。

2005年全年新增有效灌溉面积0.2千公顷，新增节水灌溉面积44.5千公顷。农业机械总动力2111万千瓦，比上年增长4.2%。

2）工业和建筑业（见图2－119）

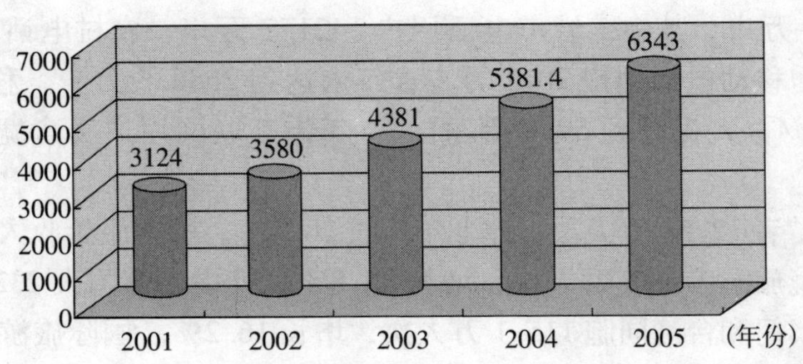

图2－119　2001～2005年浙江工业增加值（单位：亿元）

2005年全年全部工业增加值6343亿元，其中规模以上工业企业（国有及年产品销售收入500万元及以上的非国有工业企业）增加值4905亿元，分别比上年增长12.9%和18.1%，“十五”期间分别年均增长14.0%和18.8%。在规模以上工业增加值中，重工业2766亿元，占56.4%；轻工业2139亿元，占43.6%。国有及国有控股工业企业增加值1045亿元，比上年增长11.0%。规模以上工业企业完成出口交货值5934亿元，增长28.6%。出口交货值占销售产值的比重由上年的25.8%提高到26.6%。

2005年全年规模以上高技术产业增加值385亿元，比上年增长21.1%，“十五”期间年均增长23.9%（按现价计算）。在高技术产业中，集成电路、光通信设备、微波通信设备、移动电话机和微型电子计算机等产品产量分别比上年增长8.4%、16.2%、46.7%、29.9%和17.3%。汽车产量15.0万辆，增长54.5%，其中轿车产量13.4万辆，增长66.1%。

2005年全年规模以上工业企业中，实现利润1072.8亿元，比上年增长11.6%，“十五”期间年均增长22.3%。其中，国有及国有控股企业156.3亿元，比上年下降3.7%；集体企业31.0亿元，增长11.5%；股份制企业111.4亿元，下降4.7%；外商及港澳台投资企业278.4亿元，增长11.8%；私营企业306.5亿元，增长21.9%。工业企业产品销售率97.8%，比上年提高0.1个百分点。列入国家考核的7项经济效益指标综合指数为156.6，比上年提高0.6。

2005年全年建筑业增加值803.9亿元，比上年增长6.7%，“十五”期间年均增长13.5%。全年资质以上建筑企业利润总额120亿元，比上年增长20.4%；税金总额140亿元，增长18.8%。

3）交通运输、邮电和旅游

全年交通运输和邮电通信业增加值820.3亿元，比上年增长23.6%。

全年铁路、公路和水运等运输方式完成货物周转量3210亿吨公里，比上年增长18.8%；旅客周转量848亿人公里，增长6.7%。主要沿海港口货物吞吐量4.3亿吨，增长19.4%。

全年邮电业务总量835亿元，比上年增长24.8%。其中，邮政业务总量31.4亿元，增长8.2%；电信业务总量803.5亿元，增长25.6%。全年新增本地电话交换机249.2万门，总容量达到2870.2万门。“十五”时期新增固定电话用户1347.5万户，年末达到2231.8万户，其中，城市电话用户1421.7万户，农村电话用户810.1万户；“十五”时期新增移动电话用户2011万户，年末达到2686.3万户，移动电话普及率由上年末的49.2部/百人提高到59.0部/百人。年末互联网用户（含宽带用户）总量达到689万户。

全年国内旅游者12758万人次，比上年增长20.4%；国内旅游收入1240亿元，增长22.4%。境外入境旅游者348万人次，增长25.8%。其中，外国人232.9万人次，增长31.1%；香港、澳门和台湾同胞115.1万人次，增长16.2%。国际旅游外汇收入17.2亿美元，增长32.0%。全年国内国际旅游总收入1378.8亿元，增长23.0%，“十五”期间年均增长23.9%。

4）金融、证券和保险

年末金融机构本外币各项存款余额21118亿元，比上年末增长18.3%，其中人民币存款余额增长18.9%。全部金融机构本外币各项贷款余额17122亿元，比上年末增长14.3%，其中人民币贷款余额增长15.4%。年末城乡居民本外币储蓄存款余额9123亿元，比上年末增长17.8%，“十五”期间人民币储蓄存款余额年均增长19.5%。

按照五级分类统计，年末银行业主要金融机构不良贷款余额404.1亿元，比年初减少51.2亿元，不良贷款率为2.38%，比年初下降0.68个百分点。

截止到2005年末，全省已有上市公司106家，发行股票107只，累计通过证券市场募集资金486.7亿元。其中，A股上市公司85家，B股上市公司3家，H股上市公司8家，红筹股11家。

全年保险业实现保费收入313.3亿元，比上年增长7.6%，“十五”期间年均增长23.7%。其中，财产险保费收入110.9亿元，比上年增长19.1%；人身险保费收入202.4亿元，增长2.3%。支付各类赔款及给付94.6亿元。其中，寿险业务给付17.4亿元；健康险和意外伤害险赔款及给付8.9亿元；财产险赔款68.3亿元。

（三）2005年浙江社会发展状况

1. 实施统筹城乡发展，推进城乡一体化

全面免征农业税，加大对农业特别是粮食生产的支持力度。继续推进“千村示范、

万村整治”等工程，改善132万农村人口饮用水条件，解决14万人饮水困难，完成208座病险水库除险加固和2350公里清水河道建设，“千镇连锁超市”和“万村放心店”的覆盖面分别达64.8%和65%。省财政新增投入3亿元，在全省实施农村中小学“四项工程”。制定和落实“农民健康工程”政策，各级财政加大了对新型农村合作医疗、农民健康体检和农村公共卫生服务的支持力度。11个设区市如期建立了惠民医院。部署推进农村文化建设工作。完善支持欠发达地区加快发展的政策，加大扶持力度，省财政安排专项扶持资金88亿元，比上年增加12.5亿元。全年下山异地脱贫6.3万人。

2. 加快建设文化大省，大力推进科技、教育、文化、卫生、体育等社会事业发展

1）教育

全省拥有普通高校74所（含正在筹建的高职学校7所）。全年研究生招生9577人，在学研究生25637人，毕业生5558人；普通本专科招生21.54万人，在校生65.13万人，毕业生13.31万人。普通高考录取率71.4%，比上年下降5.2个百分点；高等教育毛入学率达到34%，比上年提高4个百分点。各类中等职业教育招生26.45万人，在校生73.28万人，毕业生21.88万人。普通高中招生30.40万人，在校生90万人，毕业生25.99万人。初中招生56.05万人，在校生171.09万人，毕业生63.73万人，初中毕业升高中段的比例为91.02%，比上年提高3.26个百分点。小学招生48.96万人，在校生342.40万人，毕业生55.25万人；小学毕业生升学比例达99.99%，初中入学率、巩固率分别为99.59%和99.93%。特殊教育招生1465人，在校生12889人。全省拥有幼儿园11472所，在园幼儿132.22万人。

2）科学技术

全年全社会科技活动经费投入300亿元，比上年增长23.1%，“十五”期间年均增长23.4%；占全省生产总值的比例为2.25%，比上年提高0.16个百分点。R&D经费投入144亿元，占全省生产总值的比例为1.08%，比上年提高0.09个百分点。地方财政科技投入44.7亿元，比上年增长30%；地方财政科技拨款占地方财政支出的比重由上年的3.24%提高到3.53%。年末全省拥有人才资源（具有中专以上学历或有初级及以上专业技术职务、职称的人员）390万人，比上年增长15.8%。每万人口中人才资源数从上年的701人增加到2005年的796人。

年末全省拥有县及县以上独立的研究开发机构200多家，其中国家、省部级重点实验室和中试基地105家、国家工程技术研究中心21家。省级高新技术研发中心390家，省级企业技术中心313家。全年受理专利申请4.3万件，授权专利1.9万件，分别比上年增长70.6%和24.9%。全年技术市场合同成交金额38.7亿元，其中，技术开发合同成交额19.75亿元，比上年增长8.5%；技术转让合同成交额3.47亿元，增长26.5%。

年末全省有956家产品质量检验机构，其中国家检测中心8个；产品质量、体系认证机构4个，全省有6881家企业获得36089张3C证书。法定计量技术机构79个，全年强制检定计量器具42万台件。

年末全省拥有海洋预报监测中心（站）16个，气象雷达观测站点5个，卫星云图接收站点32个。全年测绘部门完成各种比例尺地形图6.8万幅。

3）文化

年末全省文化部门共有艺术表演团体70个，群艺（文化）馆、文化站1479个，公共图书馆89个，博物馆77个。省市级广播电台、电视台各为12家，县级广播电视台66家。全省有线广播电视用户达到900万户，比上年增长7.0%。广播、电视人口覆盖率分别达到98.36%和98.84%。全年拍摄电视剧24部、630集。全年城市影院共放映电影25.1万场，观众达598.9万人次，票房收入1.3亿元。全省13家图书出版社共出版图书6348种，总印数2.8亿册；出版杂志218种，年发行量0.8亿册；全省公开发行的报纸有70种，年发行量达26亿份，平均每千人每天拥有149份报纸。全省共有综合档案馆97个，已开放各类档案9679个全宗，共计169.9万卷、6.0万件。

4）公共卫生

年末全省共有卫生机构12549个，其中医院、卫生院2896个，妇幼保健院（所、站）88个，专科疾病防治院（所、站）27个。医院和卫生院床位13.1万张。卫生技术人员19.8万人，其中执业医师和执业助理医师8.77万人，注册护士6.03万人。全省疾病预防控制中心（防疫站）97个，卫生技术人员0.38万人。卫生监督检验机构105个，卫生技术人员0.23万人。乡镇卫生院2162个，床位2.05万张，卫生技术人员3.58万人。

年末全省有86个县（市、区）已经实施新型农村合作医疗制度，占有农业人口的县（市、区）总数的98.8%；参保农民2460万人，占全省农业人口的71%。全省所有市、县（市、区）都出台了医疗救助实施办法，安排医疗救助资金2.9亿元，已救助75.9万人次，支出医疗救助资金1.3亿元。

5）体育

全年浙江省运动健儿共取得世界冠军11个、亚洲冠军8个、全国冠军20个。在第十届全运会上，浙江运动员共获得金牌29枚、银牌20枚、铜牌12枚及总分1291分的好成绩，其中1人2次创2项全国纪录，列金牌榜第六、奖牌榜第七、团体总分第八，并创造了运动成绩和精神文明双丰收。全民健身运动蓬勃发展。全省各市、县已建国民体质监测站101个，完成了43200个计划样本量。全年发行体育彩票23.6亿元，比上年增长56.5%，总销量居全国第三位。

3. 围绕促进社会和谐稳定，推动统筹协调发展和人民生活改善

切实做好就业和社会保障工作，新增城镇就业67万人，35万名城镇失业人员实现再就业，61万人享受城乡最低生活保障，180万被征地农民纳入社会保障范围，农村五保和城镇“三无”对象集中供养率分别达到90.9%和97.3%，50万名困难家庭中小学生接受免费教育，529万人次享受新型农村合作医疗费用报销，6.1万各类困难群众得到医疗救助。稳定房地产市场，开工建设经济适用房450万平方米，84%的市县实施了廉租房制度。编制和修订各类应急预案，加强安全生产监管和社会治安综合治理，各类事故发生次数、死亡人数和直接经济损失分别比上年下降17.5%、11.6%和28.6%。继续推进人口和计划生育工作，开展人口发展战略研究。全面排查污染源，加大环境污染整治力度，推进生态补偿机制建设，省级财政安排生态建设和环境保护专项资金18.4亿元，比上年增长107.7%。

1）人口

据1%人口抽样调查，2005年末全省常住人口4898万人，比上年增长1.97%。其中，男性人口2484.8万人，女性人口2413.2万人，分别占总人口的50.7%和49.3%。全年出生人口54.37万人，出生率11.10‰；死亡人口29.78万人，死亡率为6.08‰；全年净增人口24.59万人，自然增长率为5.02‰。

2）生活状况（见图2-120）

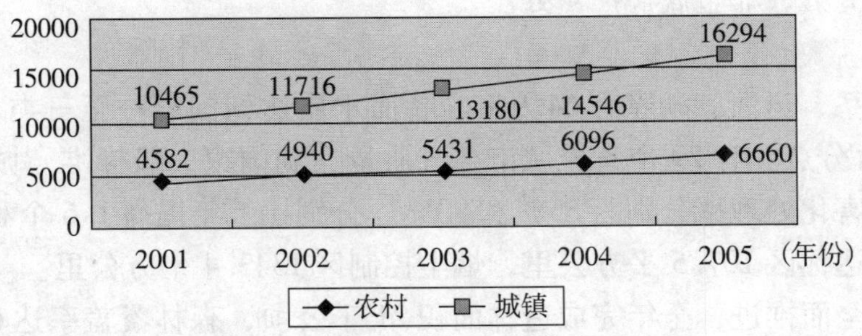

图2-120　2001~2005年浙江城乡居民收入（单位：元）

全省城镇居民人均可支配收入16294元，农村居民人均纯收入6660元，扣除价格因素，分别比上年实际增长10.4%和6.4%，“十五”期间分别年均增长11.3%和7.4%；城镇居民人均可支配收入连续五年、农村居民人均纯收入连续21年列全国各省区第一位。城镇居民人均消费支出12254元，比上年实际增长13.5%；农村居民人均生活消费支出5215元，实际增长10.2%。农村居民家庭恩格尔系数（即居民家庭食品消费支出占家庭消费总支出的比重）为38.6%，城镇居民家庭恩格尔系数为33.8%，分别比上年下降0.8个和2.4个百分点。城镇居民人均住房使用面积26.1平方米，比上年末增加2.2平方米；农村居民人均居住面积55.0平方米，比上年末增加3.7平方米。年末每百户城镇居民家用汽车拥有量8.7辆。

3）社会保障

2005年末全省参加企业基本养老保险人数为872万人，其中实际缴费人数为647万人，分别比上年末增加67万人和46万人。参加失业保险的人数为440万人，增加12万人。参加医疗保险的人数为632万人，增加63万人。参加工伤、生育保险参保职工分别为455万人和280万人。全省低保对象61.0万人，其中城镇8.8万人，农村52.2万人，城乡月平均保障标准分别为223元/人和129元/人，全年共支出低保金5.6亿元，比上年增长26.0%。

2005年末全省各类收养性社会福利单位拥有床位10.6万张，收养各类人员7.56万人。农村五保和城镇“三无”集中供养率分别为92.0%和97.9%，有5.29万名农村五保和城镇“三无”对象得到了集中供养，基本实现了农村五保和城镇“三无”对象集中供养。全省城镇建立各种社区服务设施3.6万个，其中综合性社区服务中心300个。全年销售社会福利彩票16亿元，直接接收社会捐赠款4亿元。

4）资源

2005年全年实际建设占用耕地16.6千公顷，比上年增长38.5%。生态退耕131.4公顷，改桑、茶、果园及挖鱼塘占用耕地1402.2公顷。土地整理等新增耕地19146.5公顷。当年净减少耕地1363.2公顷。

全年全省水资源总量990.3亿立方米，比上年增长49.6%；人均水资源2022立方米，比上年增长43.7%。总用水量206.9亿立方米，其中，生活用水量22.2亿立方米，生产用水量172.4亿立方米，城市环境用水量12.3亿立方米；全省人均用水量422立方米。

全省有地质环境监测站10个，全年新安排地质勘察项目7项，新查明矿产地6处。其中，金属矿产2处，非金属矿产4处。

5）环境

全省八大水系、运河、湖库有64.9%的断面水质达到国家一至三类水质标准，比上年提高12.8个百分点。有29个省控城市空气质量达到国家二级标准。城市污水处理率、城市生活垃圾无害化处理率分别为55%和90%，分别比上年提高1.6个和4.1个百分点。全年新创建噪声达标区107.5平方公里，烟尘控制区1343.4平方公里。

生态省建设全面推进，全年完成造林面积21千公顷，森林覆盖率达60.5%。全省已有22个县（市）获得国家级生态示范区的验收命名，建成了24个全国环境优美乡镇；建成全国绿色学校29家、全国绿色社区10个、全国绿色家庭4户。全省建有省级以上自然保护区16个，其中国家级自然保护区16个。建有省级以上森林公园83个。

全年因洪涝和干旱造成的直接经济损失13.5亿元，比上年增长21.9%；因洪水和沿海风暴潮死亡人口79人。全年农作物受灾面积1093千公顷，比上年扩大35%。其中，绝收194千公顷，扩大1.3倍。全年全省海域共发现赤潮22次，比上年减少16次；累计赤潮面积约13000多平方公里，比上年下降18.8%。全年共发生道路交通事故43266起，造成6881人死亡、48262人受伤，直接财产损失1.6亿元。全省工矿商贸企业生产安全死亡率为4.1人/十万职工，道路交通死亡率10.0人/万车。

4. 加强政府自身建设

2005年，浙江省进一步加强政府自身建设，主动接受人大依法监督和政协民主监督，积极推行政府领导领办人大代表重点建议和政协重点提案制度，进一步转变政府职能，深入贯彻行政许可法和依法行政实施纲要，建立健全科学民主决策制度，深化机关效能建设，加强和改进行政监察工作，深入开展反腐倡廉。

（四）浙江经济和社会发展存在的主要问题

粗放增长方式没有根本转变，经济结构不够合理，自主创新能力不强，经济社会发展与资源环境的矛盾日益突出。城乡、地区发展不够协调，社会事业发展相对滞后，居民收入差距扩大的趋势尚未扭转，处理好社会利益关系、保持社会和谐稳定的任务十分艰巨。

（五）浙江“十五”发展的回顾

“十五”期间，经济社会发展取得显著成绩，“十五”计划纲要提出的主要目标任务全面完成。其突出成就主要体现在以下几个方面：

1. 经济持续快速发展，结构调整取得积极成效

2005年全省生产总值13365亿元，“十五”时期年均增长12.8%。人均生产总值28160元，超过3400美元。财政总收入突破2000亿元，其中地方财政收入突破千亿元，分别达到2115亿元和1067亿元，按可比口径年均增长14.1%和14.7%。一、二、三产业结构由2000年的11:52.7:36.3调整为2005年的6.5:53.5:40。粮食生产保持基本稳定，效益农业取得新进展，农业结构不断优化，产业化经营水平进一步提高。先进制造业基地建设深入推进，规模以上工业增加值和企业实现利润年均分别增长18.8%和21.8%，高技术产业总产值年均增长26.4%。服务业发展加快，旅游、金融、房地产、现代物流、信息服务等产业成为新的经济增长点，服务业增加值年均增长13.4%。统筹城乡发展取得积极成效，农业农村生产条件得到改善，城市集聚辐射能力进一步增强。全省财政支农资金年均增长21.6%，完成480个示范村和5060个整治村建设任务，改造和建设通乡、通村等级公路4.3万公里。非农从业人员比重由64.4%提高到75%以上，城市化水平由48.7%提高到55%左右。欠发达地区发展势头良好，省级财政用于支持欠发达地区及海岛地区的支出五年累计336亿元，年均增长17.7%，25个欠发达县市生产总值年均增长13.5%，下山搬迁农户6.3万户、21.5万人。海洋经济加速发展，2005年实现增加值1000亿元，比2000年增加1.3倍，主要沿海港口货物吞吐量由1.8亿吨增加到4.3亿吨，集装箱吞吐量由102万标箱增加到554万标箱。“五大百亿”工程顺利推进，一批重大项目相继建成。基础设施条件明显改善，高速公路里程由627公里增加到1866公里，沿海港口万吨级以上泊位由49个增加到81个，空港年吞吐能力由1160万人次增加到1490万人次，6000千瓦以上电力装机容量由1557万千瓦增加到2855万千瓦，220千伏以上输电线路由7223公里增加到13392公里。

2. 体制改革进一步深化，开放型经济迈上新台阶

国有企业和国有资产管理体制改革稳步推进。非公有制经济活力进一步增强，其增加值占全省生产总值的比重由47.1%提高到65%。行政管理体制改革积极推进，政府社会管理和公共服务职能得到强化，投资、财政等体制改革取得进展，行政审批制度改革不断深化，行政审批项目大幅度减少。粮食购销市场化改革取得重大突破。文化体制综合改革试点有序推进。资本、人才、技术、土地等要素市场建设步伐加快。对外贸易发展迅速，2005年进出口总额1074亿美元，其中出口总额768亿美元，年均增长31.6%。利用外资取得长足发展，实际直接利用外资五年累计252亿美元，比“九五”时期增加2.4倍。对内对外经济技术交流与合作不断深化。

3. 文化大省建设步伐加快，生态省建设扎实推进

各项社会事业加快发展，全省用于社会事业发展的财政支出五年累计2402亿元，年均增长24.5%。全社会科技投入占生产总值的比重由1.7%提高到2.3%。2005年，初中入学率、初中升高中比率和高等教育毛入学率达到99.6%、91%和34%，分别比2000年提高2.9个、16个和21个百分点。公共卫生体系建设全面加强，86个县（市、区）、2460万农村居民参加了新型农村合作医疗。文化、广电、新闻出版等事业更加繁荣，文化产业进一步发展，第七届中国艺术节取得圆满成功。全民健身运动广泛开展，竞技体育创造历史最好成绩。各类精神文明创建活动深入推进，群众的文明素质不断提高。开发区园区和土地市场治理整顿成效明显，耕地得到切实保护，五年建成1300万亩标准农田。节能降耗工作深入推进，万元生产总值综合能耗五年下降19.6%。生态建设和环境保护取得积极成效，“811”环境污染整治行动扎实开展。除二氧化硫外，“十五”期末主要污染物排放总量比“九五”期末有所下降，八大水系、运河、湖库地表水64.9%的监测断面水质达到Ⅲ类及以上标准，比“九五”期末上升10.6个百分点。森林覆盖率提高到60.5%。继续保持低生育水平，五年平均人口自然增长率4‰。

4. 人民生活水平和质量明显提高，社会保持和谐稳定

2005年全省城镇居民人均可支配收入16294元，农村居民人均纯收入6660元，年均分别实际增长11.3%和7.4%。2005年末居民本外币储蓄存款余额9123亿元，比2000年增加1.3倍。城乡居民恩格尔系数分别由39.2%和43.5%下降到33.8%和38.6%，人均居住面积分别由19.9平方米和46.4平方米提高到26.1平方米和55平方米。通电话和有线电视的行政村比重达100%和85%。覆盖城乡的不同层次、不同水平社会保障体系加快形成。全省用于社会保障的财政资金五年累计457亿元，年均增长23.7%。五年的城镇登记失业率均控制在4.2%以内。养老、医疗、失业、工伤等社会保险覆盖面进一步扩大，建立了城乡居民最低生活保障、被征地农民基本生活保障、新型农村合作医疗等制度，形成了包括城乡医疗救助、困难家庭学生助学、农村五保和城镇“三无”对象集中供养、经济适用房和廉租房保障、司法援助等在内的社会救助体系。社会主义民主法制建设切实加强，基层民主继续扩大，依法行政全面推进。社会治安防控体系建设得到加强，平安创建活动取得积极成效，处置各类突发公共事件的能力不断提高，群众的安全感普遍增强。

“十五”期间浙江省的经济社会发展取得了巨大的成绩，但是也应该看到其发展过程中仍然存在的一些矛盾和问题。经济结构不合理和粗放增长方式还没有根本改变，自主创新能力不强，传统产业提升和高技术产业发展不快，资源要素制约和环境压力加大，一些深层次体制性问题有待解决。城乡、区域发展还不够协调，社会事业发展相对滞后，居民收入差距扩大的趋势尚未扭转，部分低收入群众生活还比较困难，安全生产工作仍面临严峻形势，处理好社会利益关系的难度加大。加快政府职能转变、加强依法行政、提高行政效能的任务还很艰巨，官僚主义、形式主义、奢侈浪费和腐败现象在一些地方和单位还不同程度地存在。

（六）浙江省的经济发展在长三角发展中的地位

1.“十五”期间浙江生产总值在长三角所占比重的变化趋势

“十五”期间，浙江省的经济发展速度还是很快的，生产总值从2001年的6748.15亿元增长到2005年的13365亿元，年均增长13.0%。从整个长三角的发展状况来看，浙江省的生产总值在长三角所占的比重比较稳定，基本上都在32%左右，由此可见，浙江省与整个长三角的发展是同步的。另外，近几年，对外贸易对浙江省的经济发展起到了很强的拉动作用（见图2-121）。2005年，浙江省全年进出口总额1074亿美元，比上年

增长26.0%，“十五”期间年均增长31.0%。

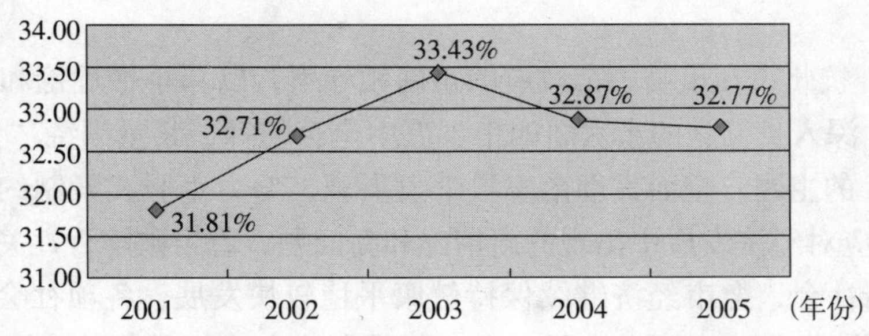

图2-121　2001~2005年浙江生产总值在长三角中所占的比重（单位:%）

浙江省三大产业的发展还是比较平稳的，各产业的增加值在长三角所占的比重也比较均衡。具体来看，农业增加值在整个长三角的第一产业中所占的比重稍微要高一些，这与浙江省的地理环境有关，沿海渔港的发展对整个农业产值的贡献还是比较大的（见图2-122）。

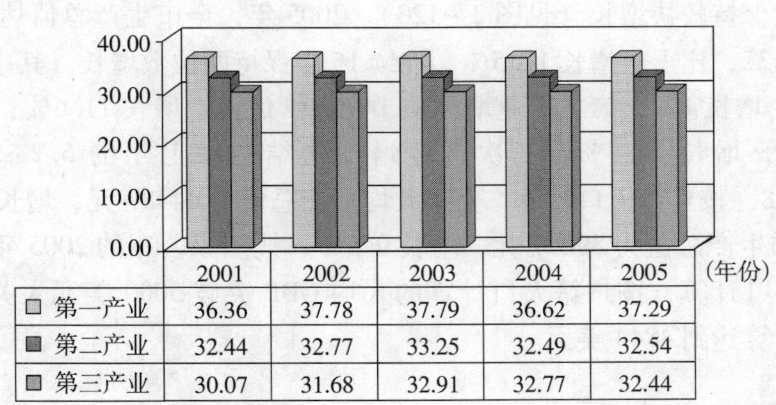

	2001	2002	2003	2004	2005
第一产业	36.36	37.78	37.79	36.62	37.29
第二产业	32.44	32.77	33.25	32.49	32.54
第三产业	30.07	31.68	32.91	32.77	32.44

图2-122　2001~2005年浙江各产业增加值在长三角所占的比重（单位:%）

第二产业所占的比重变化不大，由此可见，整个浙江省的产业提升的规划还是比较科学的，传统产业与新兴产业的更替没有造成经济产值的大幅度下滑。从另外一个角度来看，比重的稳定也反映了浙江省的工业和建筑业的活力并没有得到全面地发挥，尤其是浙西、浙中地区的粗放型经济增长方式仍然占据主导地位，这些方面都有待进一步改善。

第三产业的增加值在整个长三角的比重总体来讲还是逐年攀升的，虽然幅度并不是很大。但它反映了浙江省在产业结构调整方面的力度还是比较大的。比如旅游业，2005年，浙江省全年国内国际旅游总收入1378.8亿元，增长23.0%，“十五”期间年均增长23.9%。

一　杭州市2005年经济社会发展报告

2005年，杭州市在市委、市政府的正确领导下，以邓小平理论和“三个代表”重要思想为指导，深入贯彻党的十六届四中、五中全会精神，紧紧围绕“发展、创新、节约、稳定、为民”的主题，全面贯彻落实科学发展观，努力克服要素制约，深入实施“五大战略”，积极应对经济发展中出现的新情况和新问题，着力破解百姓关注的“七大问题”，努力构建和谐社会，全市经济继续保持健康平稳较快发展，各项社会事业全面进步，人民生活水平不断提高，全面完成了“十五”计划确定的各项主要任务。

（一）2005年杭州经济发展状况

杭州市始终坚持科学发展观，加快发展，率先发展，协调发展，在抓住市场取向改革的先发性优势、保持经济快速健康发展的同时，注重经济发展与社会发展并举，大力发展社会事业，促进了经济社会全面协调的发展。

1. 经济总量继续保持较快增长

经济总量保持较快增长（见图2－123）。2005年，全市生产总值达到2942.65亿元，按可比价格计算，比上年增长12.5%，连续15年保持两位数增长。其中第一产业增加值148.21亿元，增长4%；第二产业增加值1496.94亿元，增长11.6%；第三产业增加值1297.50亿元，增长14.7%。三次产业增加值结构由上年的5.2∶51.8∶43调整为5.0∶51.2∶43.8。按户籍人口计算，全年人均生产总值为44487元，增长11%；按常住人口计算，人均生产总值为39677元，增长9.5%；按国家公布的2005年人民币对美元平均汇率8.1917∶1计算，按户籍人口计算的人均GDP突破5000美元大关，达5431美元，按常住人口计算达到4844美元。

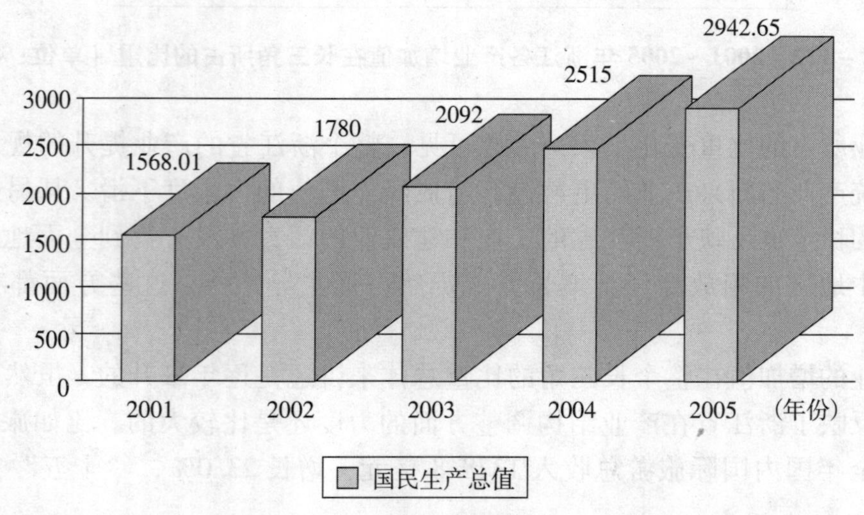

图2－123　2001～2005年杭州市国民生产总值（单位：亿元）

财政收入稳步增长。2005 年全年财政总收入 520.79 亿元，比上年增长 17.6%，其中地方财政收入 250.46 亿元，比上年增长 19.7%。全年地方财政支出 238.33 亿元，比上年增长 21.8%。

价格总水平升幅有所回落。全年市区居民消费价格总水平平均上升 1.7%，涨幅低于上年 0.8 个百分点。其中食品类价格上涨 3.3%，烟酒及用品类价格上涨 0.2%，家庭设备用品及维修服务类价格上涨 1.9%，医疗保健及个人用品类价格上涨 2.2%，居住类价格上涨 5.3%；衣着类价格下降 1.6%，交通和通信类价格下降 2.8%，娱乐教育文化用品及服务类价格下降 0.2%。

工业品出厂价格指数为 103.5，涨幅比上年回落 4.4 个百分点；原材料、燃料及动力购进价格指数为 106.9，比上年回落 7.7 个百分点。

2. 三大需求拉动经济稳步增长

1）固定资产投资

固定资产投资保持适度增长（见图 2－124）。全年全社会固定资产投资完成 1386.68 亿元，比上年增长 15.3%。其中限额以上投资 1277.24 亿元，比上年增长 16%。从投资结构看，第一产业投资 1.40 亿元，比上年增长 5%；第二产业投资 449.25 亿元，比上年增长 4.7%，其中能源工业投资 65.78 亿元，比上年增长 11.5%；第三产业投资 826.58 亿元，比上年增长 23.3%。限额以上投资中，交通运输仓储和邮政业、居民服务和其他服务业、卫生社会保障和社会福利业、文化体育和娱乐业投资分别增长 25.5%、54.1%、75.4% 和 35.1%，均高于全市平均增长水平。

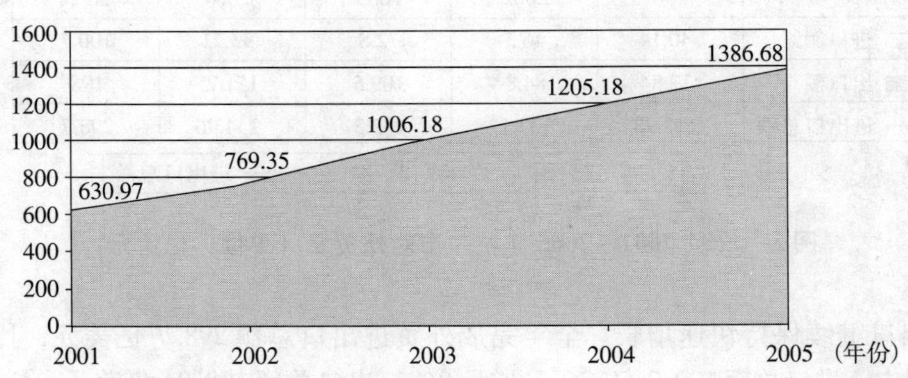

图 2－124　2001～2005 年杭州市固定资产投资（单位：亿元）

房地产业保持适度增长。2005 年全年完成房地产开发投资 407.96 亿元，比上年增长 24.2%；商品房施工面积 4184.65 万平方米，比上年增长 23.7%；竣工面积 799.73 万平方米，比上年增长 17.7%；销售面积 705.22 万平方米，比上年增长 16.5%，其中住宅销售 610.05 万平方米，比上年增长 19.7%。

2）国内贸易

国内市场销售活跃。全年实现社会消费品零售总额 975.43 亿元，比上年增长 14%，其中市区实现零售额 841.47 亿元，增长 13.9%；五县（市）实现零售额 133.96 亿元，增长 14.6%。分行业看，批发零售贸易业零售额 872.01 亿元，增长 14.4%；餐饮业零售额100.86亿元，增长11.5%。

连锁超市快速发展。年末全市限额以上连锁零售、餐饮、住宿企业84个，连锁门店2268个，年零售额达到159.12亿元，比上年增长36%，占全部社会消费品零售总额的比重为16.3%。

商品市场交易活跃。年末，全市商品交易市场达736个，其中年成交额超亿元的大型市场达109个，比上年增加29家。全年成交总额1467亿元，比上年增长7.1%。汽车类、服装类、通信器材类三大类商品成交额大幅度增长，分别比上年增长47.1%、42.9%和37.7%。

3）对外贸易（见图2－125）

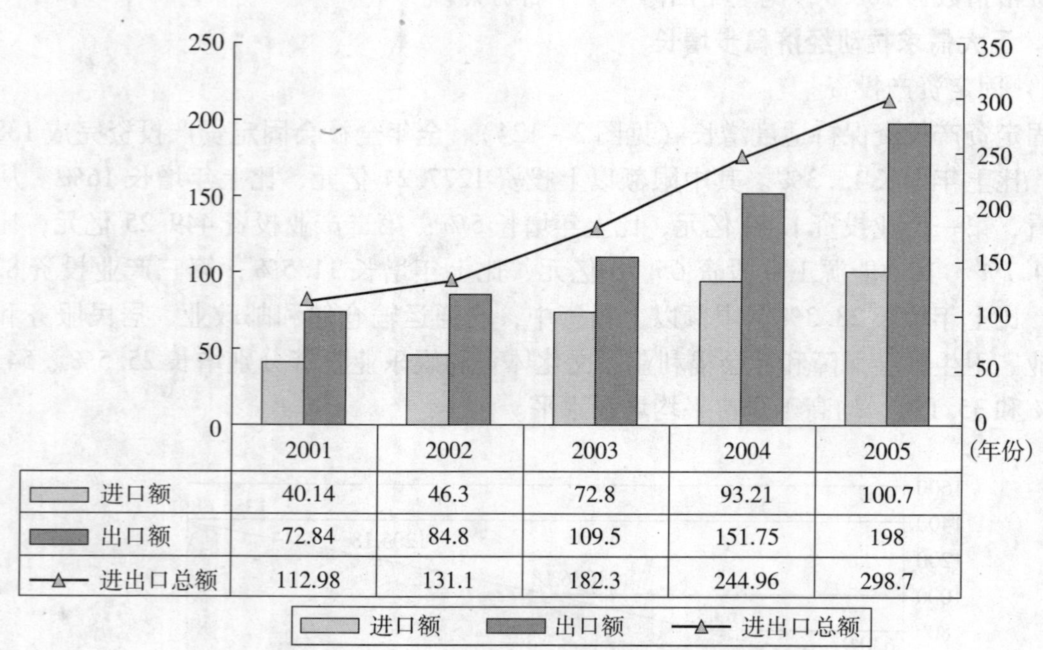

	2001	2002	2003	2004	2005
进口额	40.14	46.3	72.8	93.21	100.7
出口额	72.84	84.8	109.5	151.75	198
进出口总额	112.98	131.1	182.3	244.96	298.7

图2－125　2001～2005年杭州市对外贸易（单位：亿美元）

外贸出口继续保持快速增长。全年完成外贸进出口总额298.7亿美元，比上年增长21.9%。其中，进口总额100.7亿美元，增长8%；出口总额198.04亿美元，增长30.5%。企业开拓市场能力明显增强，出口产品结构不断优化，高新技术产品出口比重提高。全年高新技术产品出口36.81亿美元，比上年增长54.2%，占全市外贸出口总额的比重由上年的15.7%提高到18.6%。机电产品出口的主导地位日益增强。全年机电产品出口79.92亿美元，比上年增长39.4%，占全市外贸出口总额的比重由上年的37.8%提高到40.4%。出口市场多元化战略成效明显。全年对美国出口55.88亿美元，增长43.3%；对日本出口26.68亿美元，比上年增长35.4%；对欧盟出口48.56亿美元，增长22.8%。

招商引资成绩显著，利用外资规模继续扩大。全年批准外商直接投资合同项目756项，合同利用外资金额40.05亿美元，比上年增长30.1%；实际到位外资17.13亿美元，增长21.5%。外资结构优化，质量提高。金融、中介服务等领域引进外资有新的突破。

全年第三产业合同利用外资 18.89 亿美元，比上年增长 101.6%；实际利用外资 6.66 亿美元，比上年增长 105%。在全部项目中，合同总投资 1000 万美元以上项目达 227 个，合同外资 30.90 亿美元，占全部外资总额的 77.1%。至 2005 年底，已引进 55 家世界 500 强企业投资举办了 85 家企业。

企业加快实施“走出去”战略，对外投资、工程承包和劳务合作在参与国际合作中不断提高竞争力。全年境外投资项目 51 个，比上年增长 21.4%，其中非贸易性投资 12 个。全年完成对外承包工程和劳务合作营业额 2.59 亿美元，比上年增长 9.3%。

国内经济合作迈出新步伐，引进内资稳步增长。全年共引进内资项目数 5437 个，比上年增长 5%。合同引进内资 556.3 亿元，比上年增长 17.3%，实际到位内资 268.5 亿元，比上年增长 19%。接轨上海进一步推进，长三角区域合作不断深化，“双对口”和“山海协作工程”进一步推进。积极参与西部大开发、中部崛起和振兴东北老工业基地建设。

开发区和功能园区招商引资作用得到提升，继续发挥示范、带动效应。杭州经济技术开发区、杭州高新技术产业开发区、萧山经济技术开发区和杭州之江国家旅游度假区四个国家级开发区建设和发展进入新阶段。年末，四个国家级开发区累计入区企业 5347 家，其中投产企业 2878 家，分别比上年末增加 753 家和 264 家。全年四个开发区实现技工贸总收入 1729.8 亿元，比上年增长 34.3%；实现利税总额 133.08 亿元，增长 2%；出口创汇 65.51 亿美元，增长 50%。

3. 三大产业齐头并进，带动全市经济增长

1）农业

农业综合生产能力不断提升（见图 2－126）。2005 年，全市良种覆盖率达 96% 以上。农林牧渔业总产值 219.48 亿元，比上年增长 10.7%。其中种植业产值 113.66 亿元，比上年增长 12.4%；林业产值 23.3 亿元，比上年增长 12.7%；牧业产值 49.59 亿元，比上年增长 8.4%；渔业产值 27.08 亿元，比上年增长 15.7%。

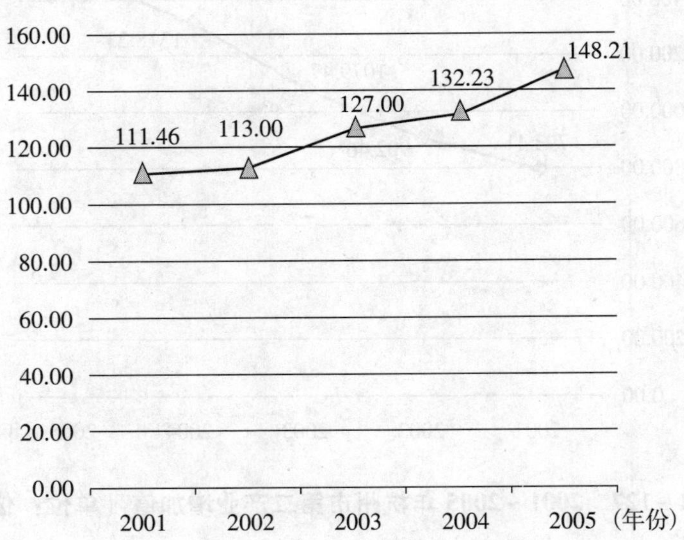

图 2－126　2001～2005 年杭州市第一产业增加值（单位：亿元）

2005 年，全市完成造林面积 1433 公顷；全市森林覆盖率 62.8%。全年肉类总产量为 30.74 万吨，比上年增长 2.9%；全年水产品总产量为 14.78 万吨，比上年增长 5.9%；水产品养殖面积 61 千公顷，与上年基本持平。林、牧、渔业生产实现稳步发展。

积极推进农业结构调整和产业化经营，已培育市级以上农业龙头企业 167 家，农村专业合作组织 316 家。都市型农业发展较快，茶叶、花卉苗木、水产品、节粮型畜禽、蔬菜和竹业六大优势产业实现产值 125.31 亿元，比上年增长 13.5%；水果、干果、蚕桑、药材和蜂业五大特色产业实现产值 23.59 亿元，比上年增长 16.6%，占农林牧渔业总产值的比重分别为 57.1% 和 10.7%。

新建无公害农产品基地 32.16 万亩。实施农村帮扶工程项目 321 个，总投资额 2.1 亿元，其中帮扶集团投入资金达 4159.88 万元。

2）工业与建筑业

继续推进工业产业结构优化，建立“两项制度”，开展“两项活动”，积极争取和筹措用地指标，强化要素和服务保障。开展新的园区申报工作，工业功能区建设水平不断提高。产业结构调整和企业技术创新步伐加快，高技术产业化进程加速。通信设备制造、集成电路设计、软件产业集聚和带动效应明显，新材料、光机电一体化产业保持良好发展势头。信息化带动工业化步伐加快，示范、试点企业逐步扩大。关停小水泥、小化肥、小煤矿工作取得成效。积极实施品牌战略，创中国名牌 13 个、浙江名牌 56 个。清洁生产和循环经济工作稳步推进。

工业生产保持平稳增长（见图 2－127）。2005 年，全市实现工业增加值 1330.39 亿元，比上年增长 12%，占全市 GDP 的比重为 45.6%。规模以上工业全年实现总产值 5428.27 亿元，比上年增长 22.1%；实现销售产值 5332.83 亿元，比上年增长 22.1%。

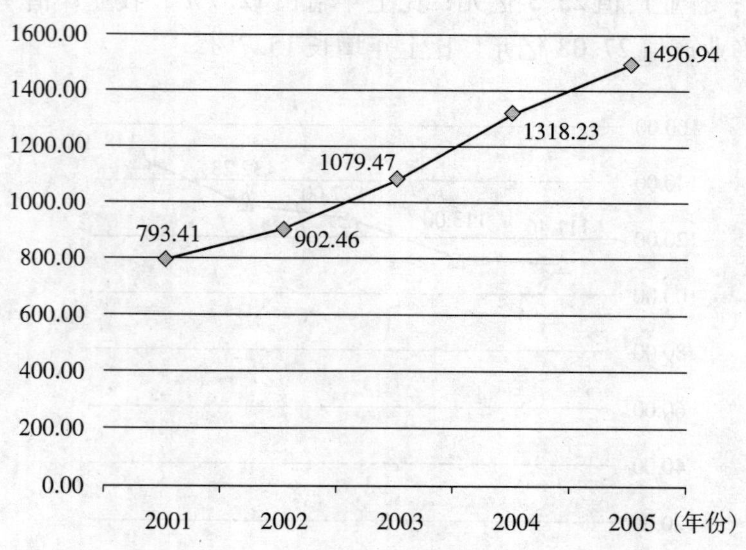

图 2－127　2001～2005 年杭州市第二产业增加值（单位：亿元）

工业产品出口交货值快速增长。全年工业完成出口产品交货值 1289.53 亿元，比上

年增长36.1%；占规模以上工业销售产值的比重为24.2%，比上年提高1.7个百分点。

新产品开发力度继续加大。全年规模以上工业企业实现新产品产值261.02亿元，比上年增长26.1%，占规模以上工业总产值的比重达4.8%。

非国有控股工业继续较快增长。全市规模以上非国有控股工业实现销售产值4556.37亿元，比上年增长24.0%。其中私营工业企业实现销售产值1651.58亿元，比上年增长26.5%。

工业经济效益总体水平有所提高。全年规模以上工业企业实现产品销售收入5216亿元，比上年增长22%；实现利税总额442.65亿元，比上年增长9.1%；实现利润233.74亿元，比上年增长2.8%；按工业增加值计算的全员劳动生产率为10.31万元/人，比上年增加0.67万元/人。

建筑业保持稳定发展。全年实现建筑业增加值165.76亿元，比上年增长8.5%。全市建筑企业全年完成施工产值1081.81亿元，比上年增长23.9%；施工面积12847.67万平方米，比上年增长35.5%；竣工面积4987.67万平方米，比上年增长38.3%。建筑企业经济效益进一步提高。按施工产值计算的全员劳动生产率达到人均18.18万元，比上年增长9.5%。

3）现代服务业

现代服务业发展加快。2005年，召开全市现代服务业发展大会，出台政策，完善机制，制定规划，促进连锁经营、物流配送、电子商务等现代流通业发展，金融服务、中介服务、社区服务业健康兴起。数字电视发展迅速，动漫和网络游戏产业成为新的亮点。房地产市场平稳发展。旅游西进战略持续推进，旅游业态转型步伐加快。西湖博物馆等新景相继推出，西溪国家湿地公园一期建成并对外开放，十大休闲基地建设全面启动。2005年接待国内游客3265.96万人次，入境游客151.36万人次，分别比上年增长8.3%和22.6%。

4）旅游产业

旅游业实现较大增长。2005年全年接待国际旅游者151.36万人次，比上年增长22.6%；旅游创汇7.58亿美元，增长26.8%。接待国内游客3265.96万人次，比上年增长8.3%；国内旅游收入404亿元，比上年增长11.9%。全市旅游总收入达到465亿元，比上年增长13.2%。全市出境旅游达到17.5万人次。旅游接待设施进一步完善。至年末，全市各类旅行社达340家，比上年末增加44家，其中国际旅行社33家，增加2家；全市星级酒店达到229家，比上年增加26家，其中五星级酒店9家，新增5家。

5）金融保险

金融业务进一步扩大。2005年末全市金融机构本外币各项存款余额6748.72亿元，比上年末增长18.2%；各项贷款余额5545.3亿元，比上年末增长15.5%。全年金融机构现金收入11752.53亿元，现金支出11562.05亿元，收支相抵现金净回笼190.48亿元。

资本市场平稳发展。年末，全市累计上市公司（含异地控股上市）46家，比上年末增加4家。其中境内证券市场上市38家，境外红筹上市8家。全年新募集资金11.4亿元，上市公司累计募集资金155亿元。

保险事业平稳运行。2005 年全市保费收入 72.53 亿元，其中，财产险保费收入 27.67 亿元，增长 14.8%；人身险保费收入 44.86 亿元，比上年下降 7.0%。全年支付各类保险赔款及给付 17.65 亿元，比上年增长 5.5%。

6）交通运输

交通运营能力进一步增强。全年货物运输总量达 19909.2 万吨，比上年增长 5.4%。其中，公路运输 13539 万吨，增长 3.2%；水路运输 5833 万吨，增长 10.3%；铁路运输 525 万吨，增长 9.3%；民用航空运输 12.2 万吨，增长 32.1%。全年旅客运输量达 24123.5 万人次，比上年增长 5.7%。其中公路运输 21431 万人次，增长 5.2%；水路运输 304 万人次，增长 28.4%；铁路运输 2011 万人次，增长 5.4%；民用航空运输 377.5 万人次，增长 19.6%。杭州萧山国际机场至年末已开通航线 159 条，其中国际航线 22 条，分别比上年增长 26.2%、46.7%。

全市机动车辆继续大幅上升。年末全市民用汽车拥有量达 49.27 万辆，其中私人汽车 30.39 万辆，分别比上年增长 19.9% 和 30.4%。

路网建设取得新突破。长 108 千米、总投资达 60 多亿元的杭千高速一期工程建成通车。年末全市公路里程 8340.48 千米，其中高等级公路 2318.52 千米，比上年分别增长 11% 和 22.5%。

7）邮电通信

2005 年全年完成邮政业务总量 6.69 亿元，比上年增长 3.1%。完成邮政业务收入 6.26 亿元，比上年增长 3.5%。邮政特快专递辐射 221 个国家和地区，全年完成国内特快业务 399.22 万件，比上年增长 10.4%；国际特快业务 19.3 万件，比上年增长 16.4%。全市电信业务总收入 85.08 亿元，比上年增长 8.3%。本地电话用户数达 419.05 万户，比上年增长 14%，固定电话主线普及率达到 63.97 线/百人，比上年增长 21.1%。全市移动电话用户 618.61 万户，比上年增长 26.6%。

（二）2005 年杭州社会发展状况

1. 改革攻坚取得新突破，市场经济体制进一步完善

国有企事业单位改革不断深化。组建了新的市国资委，国有资产监督、管理和营运体系进一步完善。规范国有企业改制行为，妥善解决遗留问题。启动全市事业单位机构编制清理规范工作，用人制度和分配制度改革进一步深化。

所有制结构不断改善，非公有制经济比重上升。2005 年，规模以上民营工业销售产值 2775 亿元，同比增长 24.5%，占规模以上工业的 52%，同比提高 1 个百分点；全部民营商贸企业实现商品销售总额 3685.6 亿元，同比增长 13.8%，占全部的 66.1%，所占比重提高 4.6 个百分点。初步统计，全市非公经济占生产总值的比重达到 56.5%，同比上升 1.5 个百分点；其中个私经济占 48%，同比提高 1 个百分点。

行政管理体制改革稳步推进。组建了市发改委、市口岸办、市行政服务中心和公共资源交易中心。食品药品监管体制改革逐步推进。稳妥开展区、县（市）公车改革试点。因地制宜地调整部分县（市）乡镇行政区划。积极申报国家综合配套改革试点。

社会领域改革逐步扩大。稳步推进公立医院产权制度改革。放开医疗市场，吸引民资、外资兴办医疗机构，新批准开设民营医疗机构121家。省市联动，全面实施药品集中招标采购。深化文化体制改革，重组市文化广电新闻出版局，成立市文化市场行政执法总队，组建市文广集团，在全省率先完成文化行政管理体制的调整。

社会保障体系进一步完善。2005年末，全市参加基本养老保险人数为227.58万人（其中企业参保职工169.24万人），参加失业保险人数为118.37万人，参加基本医疗保险187.71万人，分别比上年增长9.2%、12.0%和8.2%。社会福利事业持续发展。年末全市拥有各类福利院、敬老院207所，床位15719张，收养人员8653人。年末全市城镇享受最低生活保障人数1.65万人，农村享受居民最低生活保障人员5.90万人。

2. 城市化步伐加快，市域网络化进程扎实推进

城市各项规划加快编制。新一轮杭州城市总体规划报国务院审批，城市快速轨道交通建设规划经国务院审批通过，新一轮土地利用总体规划上报省政府。完成杭州市历史文化名城保护规划及“和谐杭州示范区”规划编制工作。加强萧山、余杭两区与主城区的规划协调。进一步推进阳光规划工作。

道路交通网络日趋完善。德胜快速路项目启动；市区“一纵三横”道路综合整治一期工程完成，年末，市区道路总长度达1595公里，比上年增长2.4%。“交通西进”、“东网加密”骨架性工程顺利推进，干线畅通工程建设加快，杭新景（杭千）高速公路一期工程袁浦至建德洋溪段顺利通车；富阳富春江大桥拼宽工程竣工；05省道、淳安千岛湖大桥全面竣工通车；复兴大桥建成并投入使用；杭徽、杭浦高速公路和杭甬运河建设进度加快，钱江九桥（江东大桥）接线工程开工建设。建成通村公路2515公里，农村路网进一步完善。

城建重点工程顺利推进。运河水上巴士二期艮山门站和大关停靠点基本建成；七格污水处理厂二期工程建成试通水；钱江新城建设项目不断推进；运河（杭州段）综合整治与保护开发工程全面启动。撤村建居和“城中村”改造工作进展顺利，违法建筑得到有效遏制。市区背街小巷改善363条，改善街巷总长度127公里，改善面积120.2万平方米。

公用事业综合服务水平不断提高。杭州电网新增35千伏及以上输变电项目271.35万千伏安，110千伏及以上线路251.5公里。全市供电量达到320.76亿千瓦小时，比上年增长18.2%，其中城乡居民生活用电35.08亿千瓦小时，增长20.4%。市区完成自来水“一户一表”改造户外预置83044户，完成进户安装67011户。全年供水量63500亿立方米，增长2%。年末市区管道煤气家庭用户达到25.31万户，比上年增长12.9%；液化气用户86.59万户，增长21.3%。开通、延长了公交线路51条，完成公交车辆更新449辆及20个公交车站港湾式改造。市区营运汽电车4500辆，增长7.5%。城区新增公园8个，年末实有公园99个，公园面积达1076公顷，比上年增长53.4%。

城市管理成效明显。城市管理网络进一步完善，综合服务功能不断提升，主城区长效管理覆盖率达80%。精心组织实施城市序化专项整治，完成363条背街小巷改善工程。杭州市被列为全国首批10个数字城管试点城市之一。城市管理中主城区的相对集中行政处罚权试点和县（市）综合执法试点成效初步显现。

3. 城乡居民收入稳步提高，社会保障体系更加完善（见图2－128）

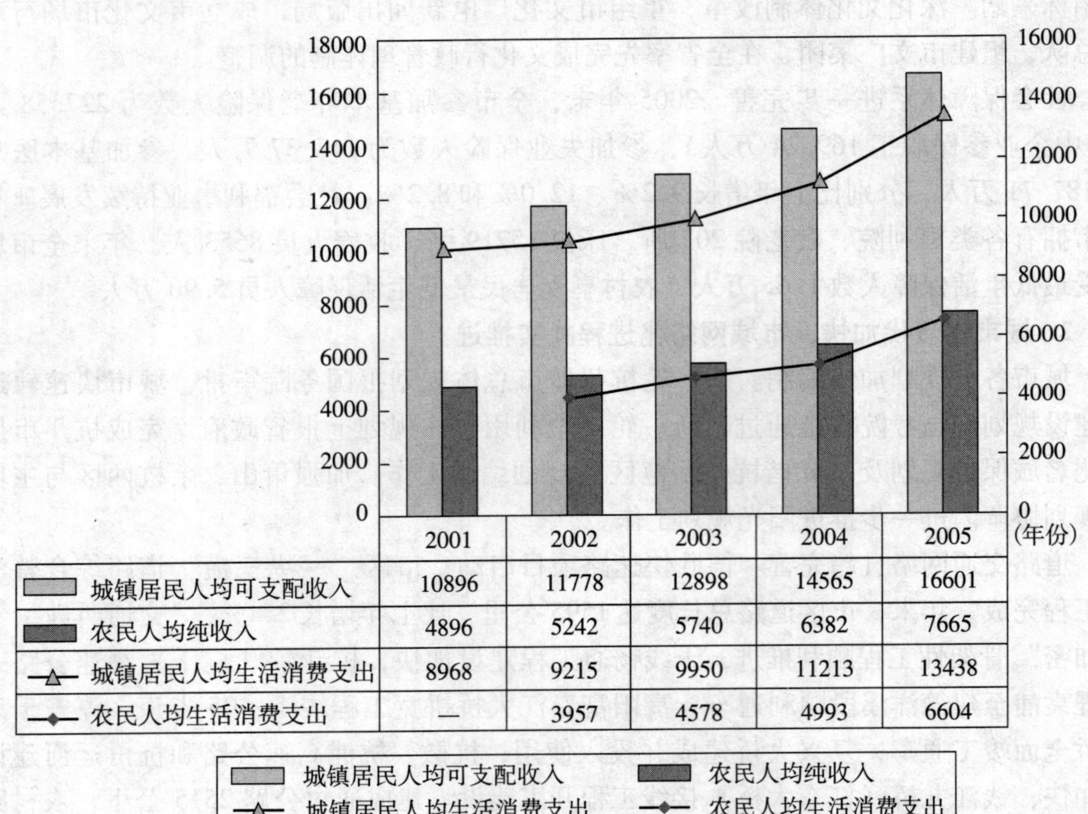

	2001	2002	2003	2004	2005
城镇居民人均可支配收入	10896	11778	12898	14565	16601
农民人均纯收入	4896	5242	5740	6382	7665
城镇居民人均生活消费支出	8968	9215	9950	11213	13438
农民人均生活消费支出	—	3957	4578	4993	6604

图2－128　2001～2005年杭州市城乡居民生活水平（单位：元）

2005年末，全市总人口达660.45万人，比上年末增加8.77万人，增长1.4%。在户籍人口中，农业人口362.91万人，非农业人口297.54万人。人口出生率为8.72‰，死亡率为5.4‰，自然增长率为3.33‰。

2005年，城乡居民收入持续增长。据抽样调查，市区城镇居民人均可支配收入16601元，比上年增长14%，扣除价格因素，实际增长12.1%；人均消费性支出13438元，比上年增长19.8%。全市农民人均纯收入7655元，比上年增长10.1%，扣除价格因素，实际增长7.2%；农村居民家庭人均生活消费支出6604元，增长7.1%。居民储蓄继续增加。年末全市城乡居民本外币储蓄存款余额2191.66亿元，比上年末增长19.4%。

城乡居民居住条件和居住环境不断改善。市区开工建设经济适用住房111.8万平方米、拆迁安置房110.8万平方米，公开销售经济适用住房52万平方米，推出廉租住房配租249户。据抽样调查，至年末，城镇居民人均住房使用面积达20.7平方米，比上年末增加2.9平方米；农村居民人均居住面积达66平方米，增加7.1平方米。

就业再就业工作取得明显成效。年末全市城镇以上单位从业人员83万人，比上年末增长2.5%。全市新增就业岗位15.51万个，比上年增长10%，失业人员实现再就业

13.09万人，其中安置就业困难人员4.95万人，全市年末共有城镇登记失业人员6.09万人，登记失业率为3.71%，其中市区3.62%，分别比上年下降0.62个和0.66个百分点。取消外来人员就业登记证制度，劳动就业服务平台开始向农村行政村延伸。

社会保障体系进一步健全。社会基本保险覆盖面进一步扩大。扩大了企业退休人员门诊统筹约定医疗机构家数。基本医疗保险规定病种门诊医疗费结算方式得到调整。全市99%以上企业退休人员实现社会化管理。“五险合征”顺利开展。

4. 社会事业全面发展，三大文明共同进步

1）科技事业创新发展

完善科技创新政策，加快科技企业孵化器建设，全市新建孵化器3家，新增孵化场地19.1万平方米，新增孵化企业190家。孵化器面积比上年增加19.1万平方米。推进企业研发中心、技术中心建设，年末经认定的国家级高新技术企业57家，省级739家；市级以上企业高新技术研发中心178家，企业技术中心231家，新增企业研发中心44家，提高了企业技术自主创新能力。组建中国机械科学研究院浙江分院等一批创新载体，建成一批公共技术创新服务平台。组织实施国家火炬高技术产业化项目47项、国家重点新产品项目18项，新增省级高技术企业75家。推进国家专利试点城市建设，个人专利较大增长。全市专利申请量为9486件，专利授权量为4072件，分别增长59.9%、53.3%。全年引进各类人才40264名，比上年同期增长34%，其中博士生112名，硕士生1796名，本科生19518名。2005年全市获得国家级科技进步奖2项，获市级科技进步奖69项。

2）教育事业健康发展

全市学前三年幼儿入园率为96.1%；年末全市共有小学791所，在校学生45.89万人；普通中学369所，在校学生36.23万人，其中普通高中在校学生12.09万人。全市小学入学率和初中升学率均达到100%；全市初中毕业生升入各类高中比例达95.0%，比上年提高3.6个百分点。优质高中招生比例达70.6%。普通高等院校36所，在校学生35.19万人，比上年增长12.1%，其中在校研究生2.34万人，比上年增长13.3%。全市高等教育毛入学率达47%。职业技术教育持续稳步发展，职普招生比保持在53:47。成人教育健康发展，社区教育全面推进。加强农村教育，实施对桐庐、建德、淳安三县（市）教育帮扶工程。教育资助券和人民助学金制度全面落实，积极破解“上学难”。近10万外来人员子女及29个国家的400多名外籍中小学生在杭入学。共解决9.95万余名外来务工人员子女在杭入学。有5.3万余人次在校生接受资助，资助金额约2140万元。至年末，全市共有社会办学97所，比上年增长32.9%；在校学生人数11.2万人，比上年增长37.4%。

3）文化事业蓬勃发展

建立文化产业发展专项资金，促进文化产业发展。成功举办和承办2005年西湖狂欢节、2005年西湖书市、首届中国国际动漫节、第三届全球化论坛——世界文化多样性等一系列国内外大型文化交流活动。组织实施民族民间艺术和非物质文化遗产保护工程。开工建设杭州图书馆新馆，开办全省首家少儿英文图书馆，启动数字图书馆工程，至年末，杭州市有公共图书馆12个，并建成30个社区图书馆。文化、新闻、出版和广播电影电视事业取得新成就。全年文艺作品创作获国家级奖项27个，获省级奖183个；杭州市属广播电视作品获国家级奖项8个，省级奖项50个。全市电视覆盖率和广播覆盖率分别达到99.2%和99.6%。加快推进数字电视整体平移和广播电视“村村通”工程。全年共出版报纸14.87亿份、杂志0.88亿册、图书2.79亿册。建成8个省级和17个市级“东海明珠工程”，努力丰富活跃基层文化活动。至年末，全市有各类专业艺术表演团体18个；博物纪念馆12个。

4）卫生事业加快发展

出台社区卫生服务发展政策，完善基层医疗服务体系，医疗卫生基础设施水平提高。至年末，全市共有各类卫生机构1990个，其中医院115个；拥有床位3.2万张，其中医院床位2.5万张。有各类专业卫生技术人员3.99万人，其中执业医师（含助理医师）1.69万人，注册护士1.35万人。健全医疗救助机制，进一步办好市惠民医院。全市参加新型农村合作医疗的人数达350.61万人，参保率为89.6%，乡镇覆盖率达100%。实施检查检验结果互认等措施，控制医疗费用增长。进一步完善新型农村合作医疗制度，基本建立以区、县（市）为单位的统一筹资、统一管理制度。加强艾滋病、禽流感等防治工作，严密预防和控制疫情的发生。积极实施安全放心水工程，全市农村自来水普及率达96.2%，自来水受益人数432.12万人，比上年增长2.1%，卫生厕所普及率达91.2%。农村卫生服务条件改善。居民健康水平稳步提高。2005年，孕产妇死亡率由上年的10.54/10万下降为9.89/10万；婴儿死亡率为6.62‰。

5）体育事业蓬勃发展

竞技体育成绩突出，在加拿大蒙特利尔举行的2005年世界游泳锦标赛上，杭州籍运动员获2枚铜牌；在第十届全运会上杭州籍运动员获8枚金牌、11枚银牌和3枚铜牌。群众性体育运动蓬勃开展。全市举办区县（市）级以上健身活动1385项次，参加人数为84.35万人次，全市体育锻炼人口达45%。成功举办或协办杭州市第十六届运动会、2005年“商业杯”杭州国际城市围棋赛、“青春宝杯”浙江省暨杭州市国际马拉松赛、“挑战杯”2005亚洲男子排球赛、国际滑联短道速滑世界杯（杭州站）比赛等体育赛事。

6）人才事业协调发展，公共事业全面展开

人才环境进一步优化，全年引进各类人才4万余人，其中高层次人才1900余名。开展文明城市创建活动。圆满完成第一次全国经济普查。人防、信访、统计、计生、档案、民族、宗教、侨务、对台、外事、口岸、气象、防震减灾等工作不断加强，工会、青年、妇女、科协、红十字会、老龄、关心下一代、残疾人事业等健康发展。

5. 生态市建设快速推进

在全国率先建立生态补偿机制，实施“1278”环境污染整治和“1250”生态示范工程。加强环保执法和环境管理，开展污染物总量控制试点工作。顺利通过国家环保总局的“创模”复查。2005年，杭州市区空气质量优良天数达到301天，比上年增加9天，优良比例为82.5%。全市关停污染企业107家，比上年增加1.1倍。工业废气二氧化硫排放达标率、工业废水综合排放达标率由上年的97.1%、97%分别提高到97.5%、98%，

七格污水处理厂二期工程已基本完成。城市污水集中处理率达到72%，比上年提高1.8个百分点。主要水系监测断面水质Ⅲ类以上比例达到54.8%，较上年提高9.2个百分点。第一批通过了国家环保总局的“创模”复检验收。全年新建绿地770.1公顷，其中市区新增公共绿地258.4公顷。至年末，市区建成区绿化覆盖率达到36.83%；人均公共绿地面积达到10.25平方米。

6. 民主法制建设步伐加快

法治政府加快建设。深入贯彻《行政许可法》和《全面推进依法行政实施纲要》，政府法制工作有效推进。加强社会主义民主政治建设，广泛开展民情民意调查和人民建议征集活动，认真办理人大代表、政协委员的建议、提案。坚持科学民主决策，实行重大事项公示制和听证制，落实人民群众对地方重大事务的选择权、参与权、知情权和监督权。推进基层民主政治建设，在村委会组织换届选举中成功试行“自荐海选”方式。建立健全公共事件应急机制，不断提高突发公共事件的应急处置能力。加强社会治安综合治理，提高预防和打击犯罪能力，积极推进“平安杭州”建设。开展食品安全等专项整治，进一步规范市场秩序。加强行政监察和审计监督，进一步健全领导干部经济责任审计制度。政府自身建设得到加强。认真开展保持共产党员先进性教育活动，自觉查找问题，采取有效措施，加强自身建设，机关效能进一步提高。政府职能转变力度加大，社会管理和公共服务职能进一步增强。电子政务建设取得较大进展，政务公开工作进一步深化。

（三）“十五”时期杭州经济社会发展回顾

1. 综合实力显著增强

全市实现生产总值10911.39亿元，年均增长13.6%，比“九五”期间增长0.9倍（按当年价格计算），人均GDP（按户籍人口计算）实现了从3000多美元到5000多美元的跨越；财政总收入1691.85亿元，年均增长29.5%，比“九五”期间增长2.6倍，每年跃上一个新台阶；三次产业结构由“九五”期末的7.5∶51.3∶41.2调整到“十五”期末的5.0∶51.2∶43.8，经济结构日趋合理；主要经济指标继续保持全国大中城市领先地位，提前一年完成“十五”计划。都市农业扎实推进，农业结构不断优化。六大优势产业和五大特色产业的产值占农林牧渔总产值的比重达67.8%，城市、平原、山区三大农业圈层的格局基本形成。严格保护基本农田，积极开展土地开发整理，连续九年实现耕地占补平衡。大力实施林业水利“双十大”工程，水利建设总投资70亿元，森林覆盖率达到62.8%。全面开展农村土地二轮承包完善工作，全市村级完善率达98.7%。实施和深化九件为农民办实事项目，农村社会事业不断推进。大力实施“工业兴市”战略，加快建设“两港五区”。规模以上工业销售产值为16760.78亿元，年均增长28.9%。全市规模以上工业中拥有高技术企业450家，实现的工业销售产值占全部规模以上工业产值15.1%。利用高技术和先进适用技术改造传统产业的力度加大。电子信息、机械制造、纺织服装、食品饮料、医药化工五大优势主导产业占规模以上工业总量的59.6%。商贸等传统服务业得到提升，旅游、金融、房地产、现代物流等成为新的经济增长点。第三产业增加值年均增长13.8%，消费拉动作用不断发挥。粮食市场稳定，各类市场秩序明显好转。

2. 城市化步伐明显加快

“十五”期末，全市城市化率达62.1%，中心城市的集聚力、辐射力、带动力进一步增强，城乡一体化进程不断加快。萧山、余杭撤市设区，城区面积从683平方公里增加到3068平方公里，发展空间进一步扩大。注重基础设施功能的延伸和拓展，大都市形象日趋呈现。投资297亿元，建成高等级公路974公里。市本级投入城建资金301.12亿元，主城区拓建、新建82条道路、9座桥梁、6条隧道，全面完成9个入城口等环境整治工程。开展截污纳管河道综合整治、西湖疏浚和配水等环境治理，改善了城市水环境。房地产市场发展健康有序，人居环境显著改善。钱江新城显露雏形。西湖综合保护等工程的实现，使西湖更美杭州更靓。西湖风景名胜区荣获全国文明旅游区荣誉称号。“两级政府、三级管理、四级服务”的城市管理新格局正在形成。

3. 改革开放扎实推进

以产权制度和劳动用工制度改革为重点的国有企业改制基本完成。民营经济发展扶持力度加大，民营经济总量跃居全省第一位。非公有制经济占GDP比重为56.5%，比“九五”末提高19.7个百分点。行政管理体制改革稳步推进，调整并组建了工业、商业、城建、交通、旅游等领域的国资营运机构。开展行政审批制度改革，依法清理和公布行政许可事项。事业单位改制逐步展开，完成市属事业单位转企改制75家。资本、土地、劳动力等生产要素市场加快发展，现代市场体系正在建立。开放型经济发展加快，全方位、宽领域、多层次的对外开放格局基本形成。实现进口总额353.14亿美元、出口总额616.95亿美元，分别比“九五”期间增长2.6倍和1.6倍，与所有世贸组织成员建立了贸易关系。实际利用外资51.57亿美元，比“九五”期间增长1.4倍，利用外资结构不断优化，外资进入领域逐步从制造业向第三产业延伸。国内区域合作与交流不断深化，“省会经济”、“总部经济”不断发展。

4. 社会事业协调发展

创新民营科技企业扶持、培育体系，实施“双百双十”创业计划。率先普及学前三年到高中段15年教育。高等教育实现跨越式发展，毛入学率达47%。实施名校集团化办学，推进教育均衡化发展。杭州大剧院、红星文化大厦等一批文化设施相继建成，文艺、广播电视作品获国家级奖项204项。举办了五届西博会及萧山观潮节、千岛湖秀水节、新安江之夏旅游节、天目山森博会、富春江山水节等活动，并成功承办第七届中国艺术节、第五届国际民间艺术节等重大文化活动。积极实施“四改联动”，努力缓解群众“看病难”。加强公共卫生工作，基本建立疾病预防控制、卫生监督、医疗救治及突发公共卫生事件应急处置体系。抗击非典取得重大胜利，结核病等疾病得到有效控制。完善社区卫生服务体系，社区卫生服务中心、站分别达45家、220家，实现了市区街道全覆盖。建立新型农村合作医疗制度，乡镇覆盖率达100%，参保人数达350.61万人，参保率为89.6%。贯彻落实《杭州市爱国卫生条例》，爱国卫生工作得到加强。建立了食品安全综合监管机制。群众性体育运动蓬勃开展，竞技体育稳步发展。低生育水平保持稳定，年均人口自然增长率控制在4‰以内，计划生育率保持在97%以上。

5. 人民生活不断改善

“十五”期末，市区城镇居民年人均可支配收入和全市农民年人均纯收入比“九五”期末分别增长71.7%和56.4%，两者的恩格尔系数分别从2000年的42.4%和41%降低到2005年的34.8%和35.7%。多层次的住房供应保障体系基本健全，中低收入家庭住房保障体系逐步完善。2005年末，市区城镇居民人均使用住房面积达到20.7平方米，比2000年末增加5.8平方米。就业服务体系日益完善，五年来有78.41万名下岗失业人员实现再就业。多层次社会保障体系基本建立，2005年末，全市基本养老保险、基本医疗保险、失业保险、工伤保险、生育保险参保人数分别达到227.58万人、187.71万人、118.37万人、111.03万人和96.41万人，比“九五”末有较大幅度增长。全面落实征地农转非人员社会保障制度，19.36万被征地农转非人员纳入保障范围。开展“春风行动”，对困难群体的援助力度不断加大。社会治安稳定，市民有较高的安全感。市政府每年为民办成10件实事项目，人民生活质量不断提高。

（四）杭州市在长三角地区的发展状况（见表2－62）

表2－62　2005年杭州与长三角地区部分经济发展指标比较

指　　标	长三角	杭　州	比　例（%）
固定资产投资（亿元）			
全社会固定资产投资总额	18978.51	1386.68	7.31
国内商业			
社会消费品零售总额（亿元）	13304.55	975.43	7.33
对外经济贸易			
出口总额（亿美元）	2905.28	198.04	6.82
运输			
公路客运量总计（万人）	292977.00	21431.00	7.31
公路货物运输量总计（万吨）	190433.00	13539.00	7.11
民用车辆拥有量（辆）			
民用汽车拥有量	4920600.00	492696.00	10.01
邮电业务总量			
年末市内电话（万户）	4507.77	411.05	9.12
年末移动电话用户（万户）	6680.00	618.61	9.26
国际互联网用户（万户）	1597.46	109.50	6.85
从业人员合计（万人）	8474.20	481.10	5.68
第一产业	2241.24	91.63	4.09
第二产业	3266.99	222.16	6.80
第三产业	2965.97	167.31	5.64
教育			
普通中学在校学生（万人）	759.68	36.23	4.77
小学在校学生（万人）	881.43	45.89	5.21

杭州是长三角的三个副省级城市之一，2005 年内生产总值达 2942.65 亿元，占长三角地区国内生产总值的 7.22%。“十五”期间，杭州市在长三角的生产总值比重呈下降趋势，主要问题是粗放型经济增长方式没有根本转变，自主创新能力不强；资源要素和生态环境制约加剧；城乡之间、区域之间发展不平衡性（见图 2－129）。

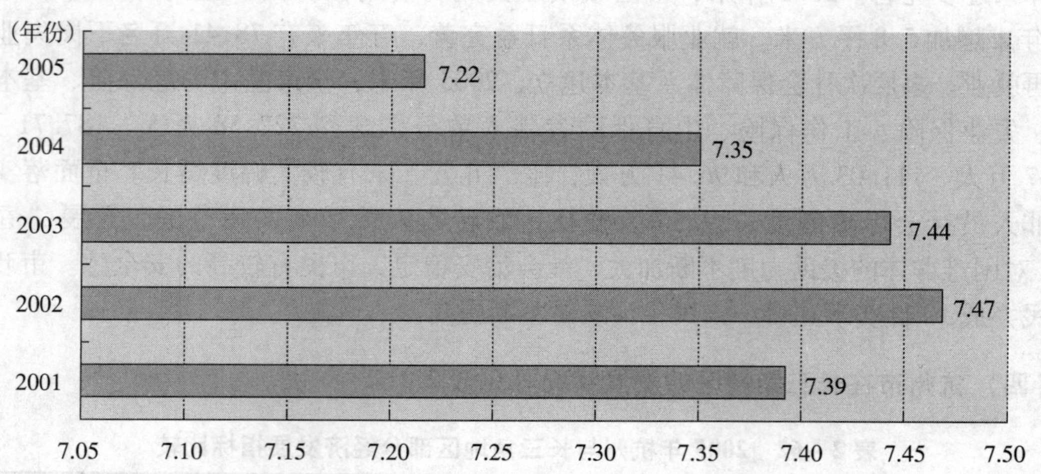

图 2－129　2001～2005 年杭州市国内生产总值在长三角中的比重（单位：%）

2001～2003 年，杭州市的第一产业在长三角的比重呈上升趋势，2004 年，该比重显著下落，而 2005 年又有所回升，达到 6.33%。杭州着力建设规模化、集约化的农业优势产业带，发展高效生态农业和休闲观光农业，推进农业产业化经营，培育有品牌、上规模、连基地、带农户的加工型龙头企业。同时，杭州大力推动科技兴农，加强农业信息服务体系和基础设施的建设，提高了农业综合水平。按照生产发展、生活宽裕、乡风文明、村容整洁、管理民主的总体要求，杭州着力提升都市农业，加快了农村人口向城镇的集聚转移，农民就业从第一产业向二、三产业的转移（见图 2－130）。

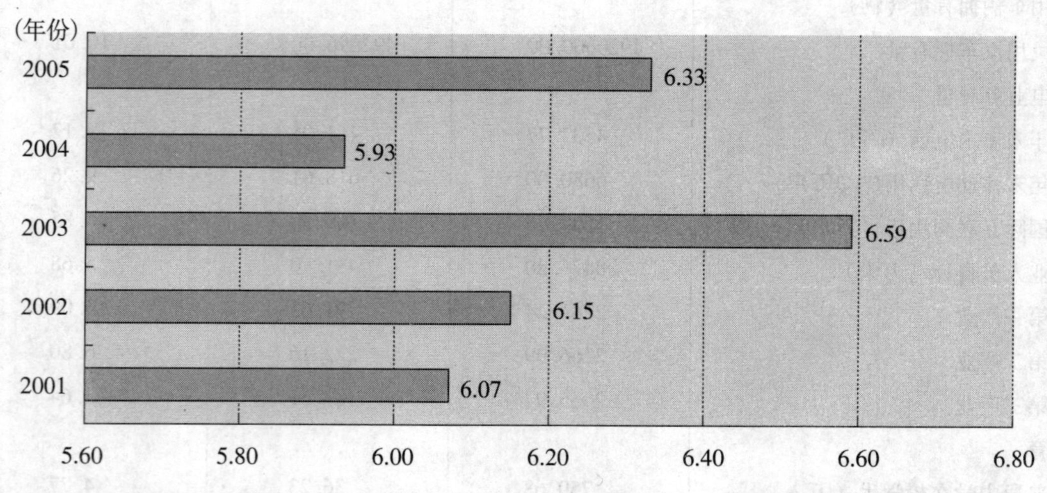

图 2－130　2001～2005 年杭州市第一产业增加值在长三角的比重（单位：%）

“十五”期间，杭州市的第二产业增加值在长三角地区的比重呈下降趋势。针对这一问题，杭州市提倡自主创新，走新型工业化道路、促进经济增长方式的转变。杭州市鼓励发展电子信息产业和软件产业等高技术产业，并应用高技术和先进适用技术提升改造传统产业，扶持机械装备、医药化工、纺织服装、食品饮料与丝绸、女装、包装、工艺美术等优势和特色产业的技术创新。适度发展重化工业。大力实施品牌战略，积极鼓励企业争创名牌（见图2－131）。

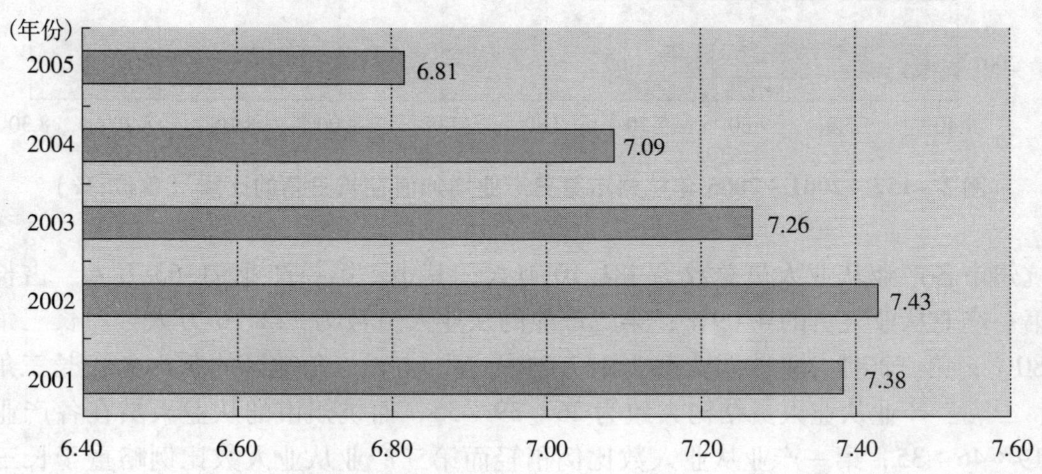

图2－131　2001～2005年杭州市第二产业增加值在长三角的比重（单位:%）

2001～2004年，杭州市第三产业在长三角的比重呈上升趋势（见图2－132）。首先，杭州实施的旅游西进战略，打响了“游在杭州”品牌，提升了旅游国际化程度；第二，杭州全面推进现代物流业、金融、银行、保险、信托、证券、基金等行业的发展，深化农村信用社改革，发展会计、律师、咨询、评估、技术检测和认证等中介机构，完善电子商务环境，推进各类电子商务发展，杭州的生产性服务业迅速发展壮大；第三，杭州的商贸流通现代化水平提高，游憩购物天堂的建设加快，农村新型流通组织发展起来。杭州的消费性服务业水平也不断提高。

杭州市全社会固定资产投资总额达1386.68亿元，占长三角地区总额的7.31%。社会消费品零售总额为975.43亿元，达长三角地区的7.33%。在对外经济贸易中，杭州的出口总额为198.04亿美元，占长三角地区的6.82%。杭州市的经济发展在长三角地区占有相当的比重。

在交通运输方面，杭州的公路客运量为21431万人，占长三角地区公路客运总量的7.31%，而公路货物运输量为13539万吨，达到长三角地区公路货运总量的7.11%。杭州市的民用汽车拥有量为492696辆，达到了长三角地区民用汽车拥有数量的10.01%，交通事业发展迅速。

通信方面，杭州市2005年末的市内电话总量为411.05万户，移动电话用户为618.61万户，国际互联网用户为109.50万户，在长三角的比例分别高达9.12%、9.26%和6.85%。

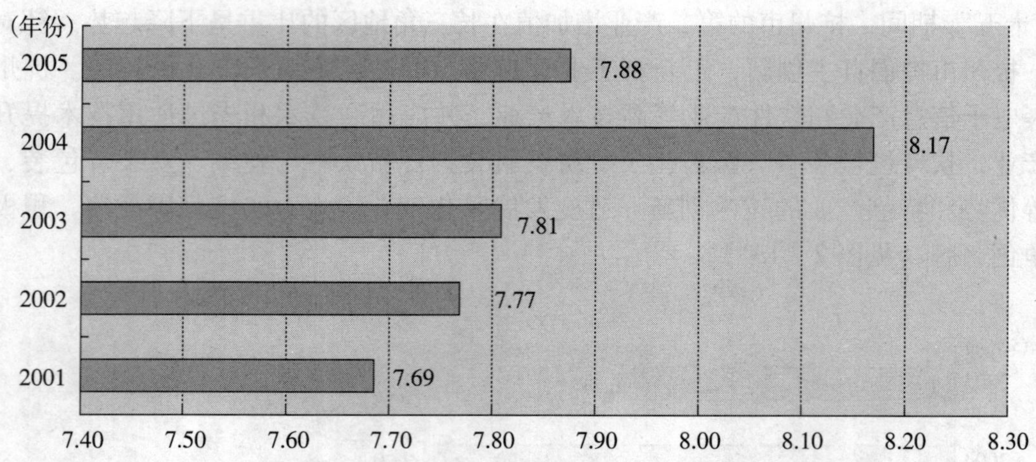

图 2-132　2001~2005 年杭州市第三产业增加值在长三角的比重（单位:%）

杭州市各产业从业人员总数为481.10万人，其中，第一产业91.63万人，占长三角地区第一产业从业人员的4.09%；第二产业的从业人员数为222.16万人，占长三角地区的6.80%；第三产业从业人员人数为167.31万人，占长三角地区的5.64%。长三角地区的一、二、三产业从业人员结构大致为26∶39∶35，而杭州市的从业人员在各产业的比例为19∶46∶35，第一产业从业人数比例稍轻而第三产业从业人数比例略重于长三角的从业人员结构（见图2-133）。

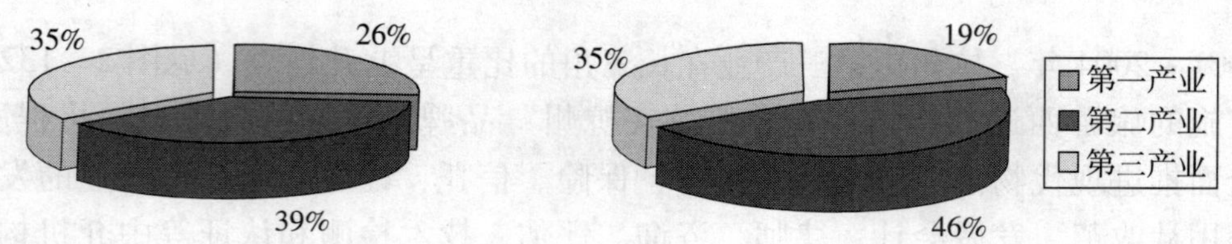

1）长三角地区一、二、三产业从业人员结构　2）杭州市一、二、三产业从业人员结构

图 2-133　2005 年杭州市与长三角地区一、二、三产业从业人员结构比较

杭州市的教育平稳发展，普通中学在校生为36.23万人，占长三角比例的4.77%，小学在校生为45.89万人，在长三角的比重为5.21%。

总体说来，杭州市的经济社会发展水平在长三角的地位显著，经济总量及各项指标均在长三角总量中保持相当的比重，在长三角地区占据着举足轻重的位置。

淳安县经济社会发展情况

（一）淳安县概况

1. 地理位置

淳安县位于浙江省西部，地处北纬29°11′~30°02′，东经118°20′~119°20′。是著名

国家级风景区千岛湖所在地，又是浙江省政府批准的革命老根据地县。北接临安，东邻桐庐、建德，南连常山、衢县，西南与开化接壤，西与安徽休宁、歙县毗连。全境东西长96.8公里，南北宽94.4公里，面积4427平方公里，占全省总面积的4.35%，是浙江省面积最大的县。属杭州市，距杭州市区151公里。

2. 淳安历史

淳安县历史悠久。在新石器时代就有人类活动。春秋属吴、越，战国属楚，秦时为歙县辖地。

东汉建安十三年（208年），孙权遣威武中郎将贺齐击山越，分歙县东之叶乡置始新县，分歙县南之武强乡置新定县。为此淳安、遂安建县之始。西晋太康元年（280年）改新定县为遂安县。隋开皇九年（589年）改始新县为新安县，并遂安、寿昌县入新安县。仁寿三年（603年），遂安县从新安县分出复立。大业三年（607年）改新安县为雉山县。唐文明元年（684年），复改雉山县为新安县，开元二十年（732年）改新安县为还淳县，永贞元年（805年），避宪宗李纯名讳，改还淳为青溪县。北宋宣和三年（1121年），改青溪县为淳化县。南宋绍兴元年（1131年），改淳化县为淳安县。1958年10月，淳安、遂安两县合并为淳安县。三国吴置新都郡，以始新县治为郡治。西晋太康元年（280年），易新都郡为新安郡，县治仍为郡治。隋开皇九年（589年）置郡置州，属婺州。仁寿三年（603年）置睦州，县为州治并属之。唐武周神功元年（697年），睦州治所始迁建德县治。北宋宣和三年（1121年），改睦州为严州，咸淳元年（1265年）改为建德府，隶属未变。元时，淳安、遂安属建德路；明、清属严州府；民国元年（1912年）属浙江省；三年（1914年）属金华道；二十四年（1935年）属第五行政督察区；后又多次变更，至1949年，淳安、遂安两县改隶第四行政督察区。中华人民共和国成立后，初属建德专署，1950年撤建德专署，改属金华专署，1955年划归复设的建德专署。1958年撤建德专属，淳安属金华专属。1963年，淳安县划属杭州市。

（二）淳安县经济发展基本状况

2005年，淳安县政府坚持以邓小平理论和“三个代表”重要思想为指导，团结和依靠全县人民，按照“干在实处、走在前列”和争当“三个示范”的要求，以环境建设年为主抓手，以先进性教育为推动力，解放思想，开拓进取，求真务实，克难攻坚，较好地完成了县十三届人大三次会议提出的各项目标任务，实现了国民经济的快速发展和社会各项事业的全面进步。

1. 积极适应形势变化，国民经济快速发展

面对宏观调控滞后效应逐步显现和生产要素制约日益严峻的形势，淳安县始终坚持加快发展不放松，抢抓机遇，锐意奋进，县域综合实力进一步增强。初步统计，2005年全县实现生产总值57.6亿元，同比增长14.3%。其中，一产增长11.2%，二产增长16.2%，三产增长14.5%。三次产业的比例为22.4∶37.9∶39.7。按户籍人口计算，全县人均生产总值为12750元，比上年增长14.2%；按常住人口计算的人均生产总值为15000元，按国家公布的2005年人民币对美元平均汇率8.1917∶1计算，为1830美元。

全县实现财政总收入47783万元，增长22.1%，实现地方预算内财政收入27686万元，增长16.3%。实现财政总收入4.78亿元，增长22.1%，其中地方预算内财政收入2.77亿元，增长16.3%。全社会固定资产投资32.6亿元，增长26.6%。实现农民人均纯收入4358元，增长11.1%。金融机构存贷款余额达50.6亿元和27.2亿元，分别增长18.3%和19.3%。

2. 三大需求拉动经济稳步增长

1）固定资产投资

固定资产投资增长较快。全年完成固定资产投资32.6亿元，同比增长26.6%。其中，限额以上完成投资21.5亿元，增长71.1%；房地产开发投资5.9亿元，下降32.6%。从投资结构看，第一产业投资0.16亿元，增长6倍，第二产业投资8.16亿元，增长90.7%；第三产业投资19.11亿元，增长11.9%。全年完成建筑业增加值4.8亿元，比上年增长13.4%。

重点工程进展顺利。千岛湖大桥竣工通车，杭千高速公路淳安段进展良好，工程形象进度为85%。千汾公路全线动工，昌文公路一期建成通车，康庄工程全面实施，累计完成投资3.8亿元，完成路基路面2125公里。

2）国内贸易

招商引资成效显著。国内招商引资全年共引进项目197个，协议资金26.9亿元，实际到位资金15.5亿元，增长40.6%。在全部到位资金中，农业项目67个，到位资金22700万元，工业项目119个，到位资金112080万元，增长47.5%。

3）对外贸易

外贸出口态势良好。全年实现外贸出口供货总值19.3亿元，比上年增长13.1%，其中，自营出口总额4738万美元，增长12.8%。全县出口商品种类22大类298种，出口到70个国家和地区。在自营出口中，生产企业占47%。

淳安县对外开放不断扩大。坚持把招商引资作为扩大开放、加快发展的生命线和第一任务，全年引进项目219个，协议利用资金34.83亿元，实际到位资金19.08亿元，分别增长19.2%和34.4%。其中引进外资项目22个，合同利用外资9547万美元，实际利用外资4357万美元，分别增长24.2%和12.4%，荣获市招商引资考核一等奖。项目结构进一步优化，协议资金1000万元以上的项目达50个，占22.8%，香港道图、宁波丰润等IT企业先后落户淳安县。外经外贸迈出新步伐，实现自营出口4738万美元，外派劳务419人。

3. 三大产业齐头并进，带动全市经济增长

1）农业

2005年，全县实现农林牧渔业总产值18.96亿元，增长12.6%，其中，农业产值11.28亿元，增长8.6%；林业产值2.78亿元，增长8.6%；牧业产值3.73亿元，增长17.3%；渔业产值1.01亿元，增长21.2%。实现农村经济总收入91.9亿元，增长24.4%。

粮食生产继续呈恢复性增长。全县粮食播种面积39.1万亩，增长2.1%，粮食产量10.62万吨，增长1.4%，粮食生产连续两年呈现增长态势。油料、水果等主要经济作物

持续增长。全县油料产量12015吨，增长11.1%；水果产量70787吨，增长10.4%，其中，柑橘产量35651吨，增长4.1%。

林牧渔业发展良好。全年造林面积2.5万亩，封山育林206万亩，全县森林覆盖率73.9%。全年生猪出栏25.6万头，增长8%，家禽存栏52.3万羽，肉类总产量20672吨。全年鲜鱼起水量9538吨，增长13.4%。

支柱产业、特色产业建设取得明显成效。新增农产品基地7.3万亩，完成低产园林改造2万亩，茶叶产值达到3.05亿元，增长21.2%；蚕桑产值1.86亿元，增长40%；蔬菜产值2.35亿元，增长0.8%。茶叶、蚕桑、干水果、蔬菜四大支柱产业产值为9.53亿元，占农林牧渔业产值的比重为50.3%。

2）工业

工业经济快速发展。深入实施“工业兴县”战略，全面实现“五超”目标。全年实现工业销售产值80.33亿元（即：按经济普查规定和抽样调查统计方法进行调整的数据），增长24.1%（按原方法口径统计的销售产值，2005年已达101亿元，增长30.1%），全部工业产品产销率为97.6%。在工业销售产值中，国有及年销售收入500万元以上非国有工业企业实现销售产值42.5亿元，增长43.4%。全县独立核算工业企业实现利税6亿元，增长19%，其中，利润3.5亿元。

工业投入快速增长。全年完成工业投入10.5亿元，比上年增长31.6%。企业规模不断壮大，全县规模企业由上年的92家增加到103家，其中，亿元以上企业10家。投资5000万元以上的工业项目达13个，千啤、祥虹纺织等一批重点项目相继投产。水产业、农副产品加工业、丝绸纺织业、高新技术产业等生态型、资源型、科技型工业粗具雏形。平台建设扎实推进，鼓山区块基本建成，坪山区块稳步推进，珍珠半岛区块全面启动，姜家区块完成规划编制，汾口、威坪等乡镇工业区块建设取得新进展。来料加工发展迅速，全县固定从事来料加工人数达2.21万人，经纪人346名，实现加工费5200万元，辐射全县700多个行政村（社区）。

工业兴县强力推进，圆满实现了“五超”目标。工业销售产值突破百亿大关，顺利完成三年翻一番的任务。

3）第三产业

第三产业日趋兴旺。以打造休闲度假胜地、建设旅游经济强县为目标，着力提升观光游，推进休闲游，黄山尖、金山湾、九咆界等景点建成开放，开元度假村五星级酒店正式挂牌，千岛龙庭、滨江等一批高星级酒店相继启动建设，新旅游码头建设进展顺利。完善旅游经营管理体制，组建景区旅游有限公司，强化景区综合管理和游船艇“六统一”管理。加强品牌宣传，创新营销举措，首次列为全国黄金周假日旅游直报点，荣获中国最美的地方等称号。完成《淳北乡村旅游规划》编制。全年共接待游客150万人，实现旅游经济总收入15亿元，分别增长25.3%和42.9%。积极引进新型商业业态，加强市场建设和市场监管，积极推进“千镇连锁万村放心店”工程，消费市场繁荣稳定。实现社会消费品零售总额14.9亿元，增长13.8%。同时，交通运输、金融保险、邮政通信和其他服务业进一步发展，实现第三产业增加值23.1亿元，增长14.5%。

4）金融保险

金融形势保持稳定。年末，全县金融机构存款余额50.6亿元，同比增长18.3%，其中，城乡居民储蓄余额28.9亿元，增长17.9%；贷款余额27.2亿元，增长19.3%。全年金融机构现金收支相抵净回笼1.6亿元。全县保险机构保费收入9677万元，全年支付各类赔款1335万元。

5）交通邮电

交通运输事业持续发展。年末，全县境内通车公路里程894公里，其中，高等级公路32公里。全县货物运输量480万吨，增长27.6%；旅客运输量893万人，增长5.1%。

邮电通信事业不断发展。全年完成邮政业务总量1251万元，比上年增长19.7%；完成电信业务总量5388万元，与上年持平。年末，全县固定电话用户12.82万户，新增0.92万户。其中，市内电话5.44万户，增加0.34万户；农村电话用户7.38万户，增加0.58万户。全县固定电话普及率28.15部/百人。年末，移动电话在网用户13.5万户，全县互联网用户13784户，增长35.1%。

6）旅游业

成功举办“2005杭州·千岛湖秀水节”，千岛湖旅游业得到较好发展。全年共接待中外游客150万人，同比增长了25.3%，其中，接待境外游客5.39万人，增长23.3%。全年实现旅游经济总收入15亿元，同比增长42.9%。

（三）2005年淳安县社会发展状况

1. 深入推进改革开放，发展活力持续增强

各项改革日益深化。深化国有资产管理体制改革，制定出台国企监管措施，努力实现国有资产的保值增值。强化土地等政府性资源的规范化管理、市场化运作，实现资源效益的最大化。完成农村信用社改革和文化体制改革。完善社会保障征缴机制，扩大社会保险参保面和公共财政覆盖面。大力推行新型农村合作医疗制度，参合率达到80.5%。倡导厚养薄葬新风，实现殡葬改革全覆盖。

2. 大力推进城市建设，发展条件明显改善

城市建设日益加快。2005年，全县用于城镇道路、供排水、公用事业、电力等基础设施建设的投资2亿元。千岛湖广场二期投入使用，千岛湖大道全线贯通，滨湖景观大道二期工程建设顺利实施，完成2万平方米经济适用房建设。两大入城口改造和新安大街中心段改造全面完成。汾口、威坪两个副中心镇建设进一步加快。

基础条件明显改善。杭千高速淳安段完成形象进度85%。千岛湖大桥、昌文公路一期工程建成通车。淳开公路淳安段（千汾线）顺利完成前期工作并全线动工建设。全面完成县道砂改油。康庄工程快速推进，全年开工里程达1837.2公里，完成1513公里。加强道路安全设施建设，完成防护设施256公里，建成绿色通道106公里。认真开展千深线国家级文明样板航道创建工作。完成城市建设年度投资2亿元，同比增长30%。千岛湖自来水厂建成使用，千岛湖广场二期建成开放，千岛湖大道全线贯通。城中湖南路、滨湖景观大道二期等工程进展顺利。房地产业健康发展，全年新开工商品房21.6万平方

米，竣工35.7万平方米，建成经济适用房、廉租房2万平方米。加强汾口、威坪等中心镇建设，汾口二桥建成通车。完成水利年度投资1.76亿元，实施水利工程722处，兴建水电站9座，严家水库顺利实现封库蓄水。

公用事业发展迅速。淳安县完成交通年度投资9.95亿元，同比增长93.3%。2005年末，千岛湖镇城区拥有新型公交车辆16辆，拥有营运出租车111辆。全年城乡居民生活用电4852万千瓦时，比上年增长27.8%。其中，城镇居民生活用电2292万千瓦时，增长24.6%，农村居民生活用电2559万千瓦时，增长30.7%。市区居民生活用水240万吨，年末，城区居民液化气用户16900户。

城市绿化水平进一步提高。年末，城区园林绿地面积256.6公顷，城区公共绿地面积59.7公顷，建城区绿化覆盖率49.9%。城区人均占有公共绿地面积12.8平方米，比上年末增加0.5平方米。

3. 人民生活条件不断改善

2005年末全县户籍人口452539人，比上年末增加930人。其中，农业人口383973人，减少1386人；非农业人口68566人，增加2316人。千岛湖镇户籍人口64902人，比上年末增加2341人。全县人口出生率8.22‰，死亡率6.26‰，人口自然增长率1.96‰。

城乡居民生活水平稳步提高。据抽样调查，全年城镇居民人均可支配收入12262元，比上年增长12.9%，人均消费性支出8432元，比上年增长3.6%，恩格尔系数为36.2%。农民人均纯收入4358元，增长11.1%，农村居民恩格尔系数为40.7%。年末，城乡居民人均储蓄存款余额6380元，比上年增加950元。

居住条件进一步改善。年末，城镇居民人均住房使用面积24.8平方米，农民人均住房面积41.3平方米。

4. 致力加强城乡统筹，社会事业全面进步

文明创建深入推进。成功举办以“魅力千岛湖、国际花园城”为主题的2005中国·杭州千岛湖秀水节，通过中国和加拿大千岛湖两湖对话、国际湖泊旅游论坛、国际游艇展等一系列活动，全面展示国际花园城市的崭新形象。大力开展省示范文明县城创建活动，千岛湖镇荣获杭州最佳人居环境奖和中国最佳自然生态名镇称号。巩固和深化文明创建成果，积极实施文明创建“三延伸”，开展“双百结对、共建文明”活动，农村文明创建工作取得新成效。

（1）科技。积极实施科教兴县战略。全年组织实施科技项目55项，其中，工业项目39项、农业项目16项。有26项科技项目列入国家、省、市科技项目，其中国家级1项，省级6项。全年申请各项专利50项，已授权专利20项。年末，全县在职各类专业技术人员6955人，其中，中级职称以上3526人。

（2）教育。教育事业全面发展。全县小学入学率100%，小学升初中比率99.9%，初中升高中段比率93.1%。年末，全县有普通中学29所，在校学生27524人；小学127所，在校学生29163人；幼儿园90所，在园幼儿8723人。职业教育、成人教育、特殊教育不断得到重视。全县职业高中4所，在校学生6022人；广播电视大学在校生516人，当年毕业125人。县聋哑学校在校学生60人。

（3）文化。年末，全县拥有文化馆（站）38 个，公共图书馆1 个，藏书量8 万册；县档案馆接待档案查阅715 人次，利用档案1452 卷次；《千岛湖》全年共发行136 万份。全县有线电视台、广播电台各1 个，新开通了华数数字电视，城区有线电视节目数26 套，乡镇12 套，电视人口覆盖率为94.5%。

（4）卫生。城乡医疗卫生条件不断改善。年末，全县拥有各类医疗卫生机构（网点）62 个，医疗病床845 张，专业卫生技术人员1246 人，其中医生509 人（不含乡村医生）。

（5）体育。圆满完成了全国皮划艇春季冠军赛，成功举办了县第四届运动会。在市以上各类体育比赛中，淳安县运动员共获奖牌36 枚，其中金牌21 枚，银牌9 枚、铜牌6 枚。

5. 全力实施环境建设

生态建设步伐加快。正确处理保护与发展的关系，积极探索双赢发展之路。认真贯彻实施《关于进一步加强千岛湖保护的决议》，着力推进千岛湖生态保护的规范化、制度化。全面实施生态县建设规划，深入开展生态乡镇、村建设，有5 个乡镇和7 个村顺利通过市级考核验收，完成各类生态保护与建设项目33 个，被命名为国家生态示范区。认真实施城中湖生态保护工程，启动千岛湖镇城市污水处理厂建设，规范网箱养殖，加强山脊线、湖岸线和照面山的管理。实施万里清水河道工程，强化小流域综合治理，启动武强溪流域水电项目开发。加强封山育林、退耕还林和封库禁渔等工作，全年完成绿化造林2.5 万亩，退耕还林7425 亩，建设重点生态公益林213.5 万亩。

生态环境进一步改善。围绕千岛湖环境保护，加大了封山育林、退耕还林和小流域综合治理力度。千岛湖水质总体符合地面水Ⅰ类标准；城区“禁鸣”工作进一步巩固，城市声环境基本符合各功能区要求；城市环境空气总体符合一级标准，处优级水平。

二　宁波市2005年经济社会发展报告

2005年是全面实现“十五”计划目标、认真谋划“十一五”发展的承前启后之年，也是深入实施市第十次党代会决策部署的重要一年。全市深入贯彻落实科学发展观，坚决执行中央宏观调控政策，全力实施省委“八八战略”、市委“六大联动”和建设“平安宁波”的战略部署，取得了明显成效。全市国民经济继续保持快速协调健康发展，结构调整取得积极进展，经济活力显著增强，各项社会事业全面进步，城乡居民生活水平继续提高。

（一）2005年宁波经济发展状况

宁波市坚持以科学发展观统领经济社会发展全局，按照“干在实处、走在前列”和市委“三个突破”的总体要求，全市人民在宁波市委、市政府的正确领导下，以邓小平理论和“三个代表”重要思想为指导，认真贯彻党的十六届四中、五中全会精神，积极应对各种新形势和新挑战，迎难而上，奋力拼搏，开拓创新，扎实工作，在巩固深化前四年发展成果的基础上，进一步完善发展思路，优化发展环境，增强发展活力，经济社会保持了平稳较快发展的好势头。

1. 经济保持良好发展态势

强化要素和服务保障。面对市场环境、资源要素的“双重制约”，把防止经济出现大的起落作为经济发展的首要目标，大力加强要素和服务保障工作。坚持有保有压，调整完善产业准入政策，大力推进符合国家产业政策、事关国计民生的项目建设，加强对房地产市场调控，强化资金、水、电、土地、能源等方面的协调，组成专门工作小组深入基层，指导项目审报服务，促进投资在优化结构基础上保持合理增长。全年固定资产投资增长25.1%，其中设备和工器具购置投资增长63.5%。适应城乡消费升级，扩大公共服务，改善消费环境，多次举办国家级大型会展活动，促进相关产业发展，全社会消费品零售总额增长14%。同心协力抗击强台风袭击等自然灾害，及时部署灾后基础设施重建和生产恢复工作，努力推动经济平稳健康发展。

加快转变经济增长方式，提高发展的质量和效益。围绕增强经济运行的协调性和可持续性，坚持三次产业联动发展，制定完善相关规划和政策体系，加快结构调整步伐，大力发展生态高效农业，推动工业结构优化升级，积极发展现代服务业，形成农业结构协调、工业结构改善、服务业升级加快的产业发展新格局。坚持把提高自主创新能力作为结构调整、增长方式转变的中心环节，促进科技与经济发展的紧密结合，构建服务型科教体系，加强国家高新技术产业开发区申报工作，推进区域创新体系和研发园区建设，大力实施品牌战略，企业自主创新能力逐步增强。全市新增国家级重点高新技术企业14家，规模以上企业高新技术产品年产值同比增长24.4%。大力发展循环经济，坚决淘汰重污染、高能耗项目，全市能源利用结构进一步优化，资源利用效率逐步提升，单位生产总值能耗、水耗明显下降。

加大统筹联动力度，推动城乡区域协调发展。积极探索建立以工促农、以城带乡的长效机制，制定实施《宁波市统筹城乡发展纲要》，统筹规划市域范围内产业、资源利用保护、就业社会保障和重大基础设施建设，实现统一布局，共建共享。稳步推进农村配套改革，深入实施“百千工程”和“百万农民培训工程”，农村环境有效改善，农村劳动力培训和转移就业进程加快，全年培训农村劳动力25.3万人次。完善规划、国土、财税和投融资管理体制，建立健全统筹区域协调发展的体制保障。完成土地总体规划大纲修编，东部新城建设全面启动，鄞州新城区等重点区域建设继续加快，湾头地块开发有序推进。积极统筹余慈区域发展，把象山港区域保护与利用列入重要议事日程。探索建立生态补偿机制，健全财政转移支付制度，加大了对欠发达地区的帮扶力度。

国民经济快速发展，各季度增长平稳，在宏观调控效应显现和资源要素制约加剧的情况下，防止和避免了大的起落。初步核算，全市实现生产总值2449.31亿元，按可比价格计算，比上年增长12.5%。第一产业增加值132.26亿元，增长1.8%；第二产业增加值1341.46亿元，增长11.8%，其中工业增加值1201.8亿元，增长12.2%，第二产业对全市生产总值增长的贡献率为52%，仍是拉动经济快速增长的主要动力；第三产业增加值975.59亿元，增长15.2%。三次产业比为5.3∶55.3∶39.4，第三产业所占比重比上年提高0.5个百分点。人均生产总值达38733元（按现价汇率折算超过4700美元）（见图2-134）。

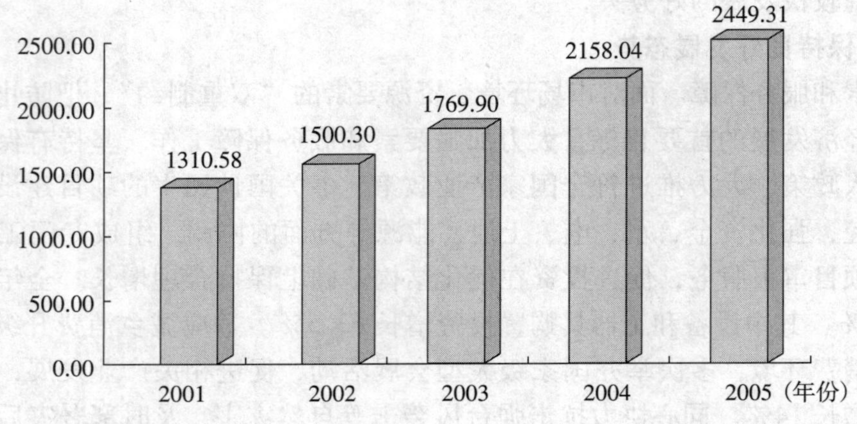

图2-134 2001~2005年宁波市国内生产总值（单位：亿元）

财政预算执行情况良好，财政支出结构优化。全市财政一般预算收入466.5亿元，同口径比上年增长16.4%。其中，中央财政收入254.1亿元，增长15%；地方财政收入212.4亿元，增长18.0%。全市一般预算支出264.8亿元，比上年增长22.6%。各项重点支出增幅高于全市平均支出增幅，其中，科学支出、基本建设支出、医疗卫生支出、科技三项费用、抚恤和社会福利救济费分别比上年增长51%、36%、33%、32.6%和32.4%。

价格总水平温和上涨。市区居民消费价格比上年上涨2%；农村居民消费价格上涨1.7%；工业品出厂价格上涨5.5%；原材料燃料动力购进价格上涨8.2%；房屋销售价格上涨6.2%。

在经济社会保持良好发展态势的同时，也存在一些问题和困难。土地、电力等要素制约依然存在；企业效益下滑，部分行业利润率降低，经济结构性、素质性矛盾仍然比较突出；地区之间、城乡之间发展还不平衡；就业、征地拆迁、生态环境保护等方面社会矛盾也在增加，“平安宁波”、和谐社会建设任务十分艰巨。

2. 三大需求拉动经济稳步增长

1）固定资产投资

固定资产投资增速较快（见图2－135）。2005年，全社会固定资产投资完成1336.30亿元，比上年增长25.1%。第一产业投资2亿元，下降12.7%；第二产业投资755.8亿元，增长38.5%，其中工业投资完成752.5亿元，增长38.2%，占全部投资的比重为54.9%；第三产业投资612.6亿元，增长11.9%。限额以上投资完成1302.6亿元，增长28.5%。投资结构逐步优化，工业投资占全部投资比重上升5.2个百分点。发布《工业投资产业导向目录》和《外商投资产业导向目录》，坚决抑制高耗低效项目和重复投资，属于国家重点清理对象的黑色金属、有色金属冶炼及压延加工业投资均明显下降。房地产投资总量平稳，结构调整明显，普通商品房投资增幅明显回落，办公楼与商业营业用房投资保持快速增长。全社会固定资产投资中设备工器具投资所占比重达26.1%，比上年提高5.6个百分点。

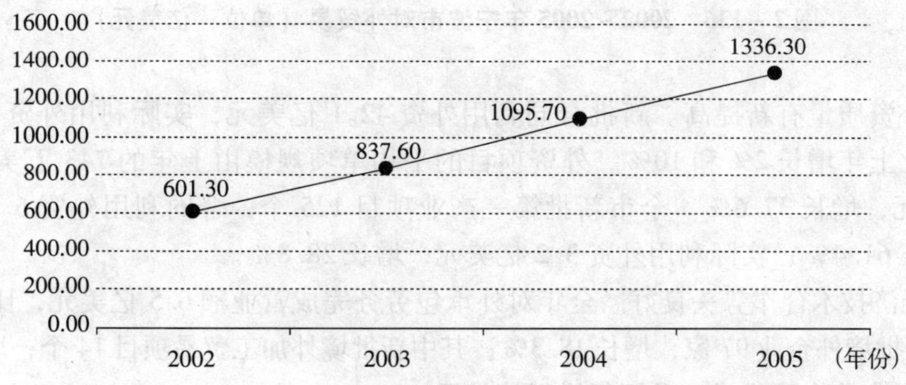

图2－135　2002～2005年宁波市固定资产投资（单位：亿元）

房地产开发投资健康发展。全年房地产开发投资完成258.2亿元，比上年增长10.2%，增速回落17个百分点。土地购置面积和土地开发面积分别完成176.7万平方米、268.4万平方米，分别下降51.2%和17.6%；竣工房屋面积624.6万平方米，增长6.4%，其中住宅481.5万平方米，下降1.5%；商品房销售面积为466.5万平方米，其中住宅销售面积为380.2万平方米，占81.5%，分别下降9.7%、10.9%。

2）国内贸易

消费品市场持续走高。实现社会消费品零售总额759.83亿元，比上年增长14%。其中限额以上批发零售贸易企业实现247.4亿元，增长15.4%，高于全市平均水平1.4个百分点。

大型商品交易市场交易活跃。年成交额亿元以上的商品交易市场达95个，比上年增加

3个；实现成交额915亿元，增长13.7%。连锁经营高速增长。规模以上零售、餐饮业连锁总店达28个，其中零售业24个，餐饮业4个。实现销售额69.5亿元，增长42.9%。

3）对外贸易再上新台阶（见图2-136）

全年实现进出口总额334.9亿美元，比上年增长28.5%；其中出口222.33亿美元，增长33.5%；进口112.6亿美元，增长19.6%。出口产品结构进一步优化，机电产品和高新技术产品出口比重分别达到53.4%和15.4%，分别高于全省平均14个和7.5个百分点。

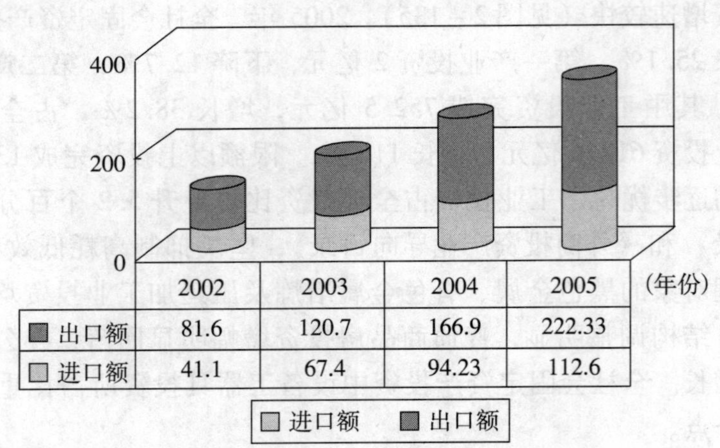

	2002	2003	2004	2005
出口额	81.6	120.7	166.9	222.33
进口额	41.1	67.4	94.23	112.6

图2-136　2002~2005年宁波市对外贸易（单位：亿美元）

利用外资质量有新提高。新批合同利用外资42.1亿美元，实际利用外资23.1亿美元，分别比上年增长2%和10%。外资项目的平均单项规模由上年的743万美元扩大到1022万美元，增长37.6%。全市新批第三产业项目125个，合同利用外资6.9亿美元，比上年增长61.4%；实际利用外资3.2亿美元，增长28.8%。

对外经济技术合作势头良好。全年对外承包劳务完成营业额6.5亿美元，比上年增长35.0%；新批境外企业97家，增长18.3%；其中新批境外加工贸易项目14个，增长40%。

3. 三大产业全面推进，共同促进经济发展

1）农业（见图2-137）

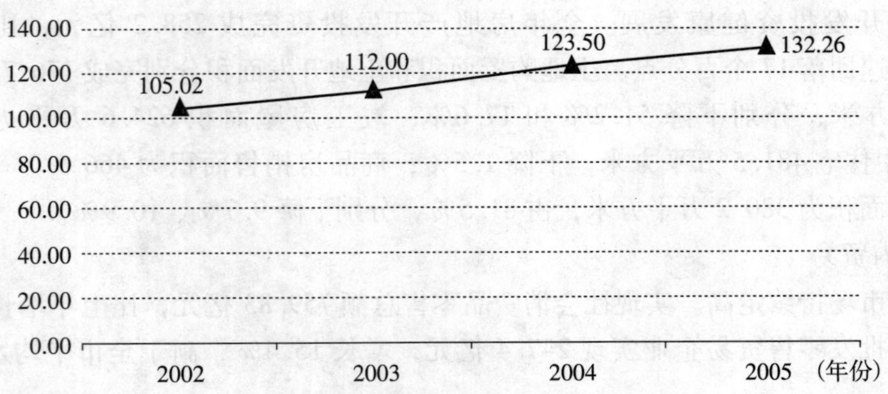

图2-137　2002~2005年宁波市第一产业增加值（单位：亿元）

农业基础地位进一步巩固，城乡统筹发展取得新进展。农业生产经受住了倒春寒和两次台风的考验，农林牧渔各业生产继续平稳发展。粮食播种面积 217.9 万亩，与上年基本持平，粮食总产量 80.1 万吨。经济作物结构进一步优化。农林牧渔业总产值达到 207.4 亿元，比上年增长 3.5%。其中，农业 91.1 亿元，下降 1%；林业 5.3 亿元，增长 17%；畜牧业 33 亿元，增长 12.2%；渔业 75.3 亿元，增长 2.6%；农林牧渔服务业产值 2.7 亿元，增长 11.6%。各业产值中，林牧渔业产值所占比重达到 54.7%。由于晚稻成熟期遭遇水稻褐飞虱灾害，粮食产量减少。全年粮食产量 80.1 万吨，比上年减少 4.3%；其中谷物产量 68.1 万吨，比上年减少 6.2%。牧业生产稳定发展，面对禽流感等重大动物疫病威胁，及时出台应急预案，扶持畜禽养殖，全年肉类总产量 17.5 万吨，增长 5.8%。渔业生产基本稳定，水产品总产量 91.7 万吨，下降 1.1%。

城乡统筹稳步推进。编制完成《宁波市统筹城乡发展纲要》。深化城镇户籍制度改革，配套实施了城乡衔接的社会保障、义务教育和计划生育等政策。农村公共基础设施建设完成情况良好。城乡产业联动加强。新一轮农业产业基地建设开始启动，农业结构和布局进一步优化，产业层次和市场竞争力逐步提升。市级以上农业龙头企业达到 192 家，其中省级 16 家、国家级 6 家。农业龙头企业技改贴息补助工作稳步推进，共下达市级技改补助资金 1550.8 万元，县（市）区配套 649 万元。大力实施“百村示范、千村整治”工程，扎实推进新农村建设。百万农民素质培训工程加快推进，全市共投入农民培训专项资金 6800 万元，培训各类农村劳动力 25.3 万人次，城乡统一的劳动力就业市场体系基本建立。

2）工业与建筑业（见图 2－138）

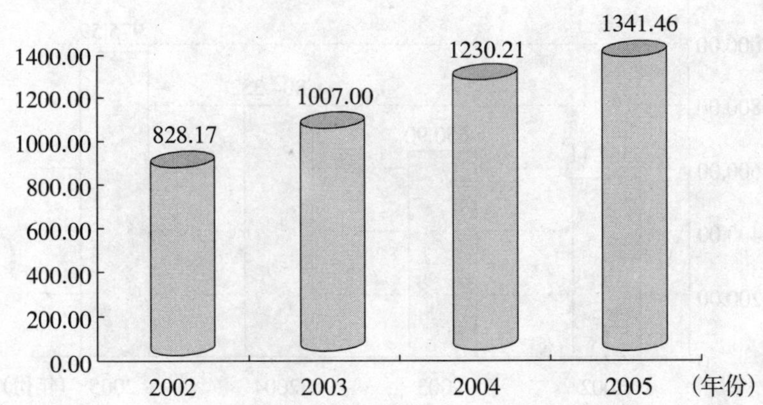

图 2－138 2002～2005 年宁波市第二产业增加值（单位：亿元）

工业生产快速增长。全市实现全部工业总产值 5936.7 亿元，比上年增长 18.4%。规模以上工业企业实现工业总产值 4721.4 亿元，比上年增长 24.1%。其中，国有控股工业 1195.1 亿元，增长 23.8%；股份制工业 741.4 亿元，增长 27.4%；私营工业 1377.6 亿元，增长 21.2%；外商投资工业 822.3 亿元，增长 28.1%；港澳台商投资工业 857.1 亿元，增长 34.8%。轻工业总产值 1743.5 亿元，增长 20.1%；重工业 2978 亿元，增长 26.7%，轻重工业之比由上年的 1∶1.67 变化为 1∶1.71。工业产销衔接良好。规模以上工业产销率为98.4%，比上年提高0.5个百分点。

工业结构继续调整。临港大工业建设取得明显成效，一批重大项目建成投产。全年规模以上工业产值中，重工业比重为63.1%，同比提高1.3个百分点。全市规模以上企业高新技术产品产值达到1526.2亿元，占规模以上工业总产值比重32.3%。新增国家级重点高新技术企业14家，新增省级及以上企业工程技术中心10家，6个项目列入国家高技术攻关项目。开发市级新产品1400多项，新产品产值增长持续加快。荣获中国品牌之都和中国文具之都称号。扎实推进循环经济工作，出台《宁波市发展循环经济实施意见》，确定了一批循环经济重点项目、试点企业、试点园区和生态村镇。

工业经济效益增速趋缓，部分行业表现较佳。规模以上工业实现产品销售收入4533.3亿元，比上年增长24.8%；实现利润254.4亿元，实现利税428.1亿元，分别增长3.4%和4.8%。反映工业经济效益整体水平的综合指数为208.14，同比呈下降趋势。全市36个行业大类中有16个行业利润增长在10%以上。其中电气机械及器材制造业、交通运输设备制造业等行业效益较好，实现利润增幅分别为10.5%和22.9%。

建筑业生产增长较快。全市完成建筑业增加值151.7亿元，比上年增长9%；建筑业总产值712.4亿元，比上年增长19.5%；其中，国有及国有控股企业完成64.3亿元，占全市建筑业总产值比重为9%。全年完成建筑业施工面积8776.1万平方米，比上年增长2.8%；竣工面积3018.7万平方米。按建筑业总产值计算的全员劳动生产率为14.1万元/人。

3）服务业（见图2－139）

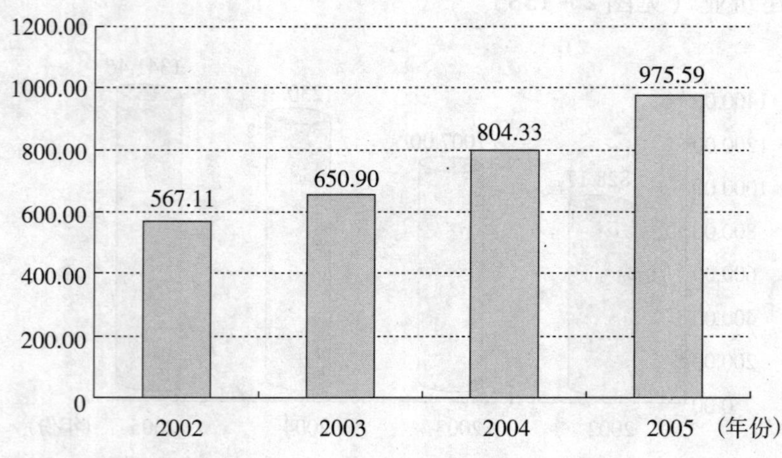

图2－139　2002～2005年宁波市第三产业增加值（单位：亿元）

服务业呈现领先发展的好势头。三产增加值增长15.2%，领先生产总值增长2.7个百分点。内外贸易快速增长，实现社会消费品零售总额759.8亿元，增长14%；外贸自营出口222.3亿美元，增长33.5%，进口112.6亿美元，增长19.6%。金融存贷规模扩张，利润快速增长，被评为金融生态环境一级城市。交通运输业、旅游业发展势头强劲。会展、物流等新兴服务业拓展成效显著。2005年共举办各类展会85个，比上年增长58%，获得中国优秀会展城市称号。物流重点项目进展顺利，明州物流中心、空港物流

中心和江北物流中心等项目有序推进。

4）金融和保险

金融存贷款适度增长，信贷结构继续调整。2005 年末全市金融机构本外币存款余额达到 3916 亿元，比上年增长 21.2%。其中，人民币各项存款余额 3791.9 亿元，增长 22.7%。城乡居民本外币储蓄存款余额达 1503.1 亿元，增长 19%。金融机构本外币贷款余额达到 3089.4 亿元，比上年增长 18.7%。其中，人民币各项贷款余额 2959.8 亿元，增长 19.2%。中长期贷款和个人住房贷款增速回落。中长期贷款余额为 1033.2 亿元，增长 16.7%，增幅回落 16.4 个百分点；个人住房消费贷款年末余额为 240.7 亿元，增长 11.7%，增幅回落 35.6 个百分点。

保险业务平稳健康发展。全年保费收入 51.2 亿元，比上年增长 9.7%；其中，财产险保费收入 22.3 亿元，增长 19.2%，人身险保费收入 28.9 亿元，增长 3.4%。共支付各类保险赔款及给付 17 亿元，增长 31.9%。

5）港口、交通、邮电和旅游

港口发展保持强劲态势，港口运输再上新台阶，交通枢纽地位进一步上升。全市新建成沿海码头泊位 18 个，其中万吨级以上泊位 9 个，新建集装箱泊位 7 个。港口货物吞吐量和集装箱吞吐量继续保持高增长，新增吞吐能力 1634 万吨、280 万标箱，全年港口货物吞吐量 2.7 亿吨，增长 19%，港口集装箱吞吐量 520.8 万标箱，增长 30%，分别保持大陆港口第二和第四位。集装箱全年新开航线 40 条，累计达到 147 条，世界排名前 20 位的班轮公司都已“落户”宁波港，月均航班数突破 600 班。国际远洋干线吞吐量占全部吞吐量 87%；9200 万标箱的“地中海帕海拉”轮成功靠泊，标志着宁波港步入国际重要节点港。

综合交通枢纽建设取得重大进展。编制完成《宁波港总体规划》。甬金高速公路全线通车，甬台温铁路宁波段开工建设。宁波航空口岸扩大对外籍飞机开放正式通过国家验收，宁波市成为长三角第四个拥有国际机场的城市。宁波、舟山两港一体化取得进展，“宁波—舟山港”名称正式启用。区港联动取得突破，编制完成《宁波区港联动总体规划》，保税物流园区通过海关总署审验，正式封关运作。

2005 年全年交通建设完成投资 124.4 亿元，同比增长 6.9%。新增高速公路 42.3 公里，总里程达到 226 公里。全市公路里程达到 8113 公里，全年新建公路 589 公里，新建桥梁 263 座。全社会运输量稳步增长，旅客运输量达到 2.9 亿人次，旅客周转量 104.2 万人公里；全市货运量 1.7 亿吨，货运周转量 745.1 亿吨，同比分别增长 9%、34.5%。民航旅客进出港吞吐量达到 237 万人，同比增长 28%，宁波栎社机场正式批准为国际机场。

邮电通信业持续快速增长。完成电信业务收入为 71.5 亿元，增长 14.3%；年末固定电话用户达到 339.4 万户，移动电话用户 467.1 万户，全市电话主线普及率达到 59.9 线/百人，国际互联网用户 170.5 万户，增长 64%。完成邮政业务总量 5.5 亿元，增长 8.4%。

旅游业实现大幅增长。全年旅游总收入 258.2 亿元，比上年增长 25.8%。接待国内游客 2352 万人次，增长 17%，实现国内旅游收入 238.4 亿元，增长 23.8%。接待入境游客43.8万人次，增长36.1%；入境旅游外汇收入2.5亿美元，增长62.1%。

（二）2005年宁波社会发展状况

1. 各项改革深入推进

围绕消除生产力发展的体制障碍、增强经济社会发展的动力，积极稳妥地深化改革和扩大开放，努力为发展拓展新的空间，注入新的活力。

努力缓解要素制约矛盾。实施土地指标动态管理，做深做细项目储备和项目前期工作，争取土地计划指标3.45万亩，占全省的24.6%。积极向国家争取资金，共争取到中央预算内和国债资金2.7亿元，争取到国家开发银行贷款102亿元；拓展融资渠道，召开第三届宁波市中小企业银企洽谈会，促成企业融资45亿元。电源点和电网建设加快，电力需求侧管理取得一定成效。

深入开展经济体制改革。投资体制改革进一步深化，全面实施企业投资项目核准制和备案制。推进国有资产管理体制改革，完善非公有制经济发展的政策环境，促进多种所有制经济共同发展。深化行政审批制度改革，积极转变政府职能，进一步提高行政效能。首次对政府投资的拟建社会事业项目进行公示。继续推进企事业单位改革和社会保障制度改革。推进生产经营服务型事业单位转企改制，着手探索供水、公交等公用、垄断性行业改革。适应对外开放新形势，扩大重点领域开发开放，建立慈溪出口加工区，实施区港联动，加强电子口岸建设，实现空港全面对外籍飞机开放。积极推动外贸增长方式转变，加大招商选资力度，加快企业“走出去”步伐，开放型经济取得新业绩。全市外贸出口增长33.5%，其中机电产品出口比重达到53.4%，加工贸易出口比重达到23.2%；实际利用外资增长10%，外资项目平均投资规模达到1022万美元。加大区域经济合作力度，宁波、舟山港口一体化取得实质性进展。

加强价格管理和调控。实施煤电、煤热价格联动，及时疏导各类上网电价矛盾。合理制定粮食收购价格，强化农业生产资料价格管理。进一步规范市场价格行为，按照中央和省要求，取消了127个收费项目。扩大药品招标范围，从严审核投标药品价格，降低中标药品零售价格，平均降幅达23%。

2. 城市建设取得显著成效

重点工程支撑作用明显，一批事关宁波市长远发展和综合实力的重大项目取得了突破性进展。全市91项重点工程建设项目完成投资345亿元，超出年度计划45亿元，占全部投资比重25%，比上年上升3.6个百分点。

环境与公共设施建设完成投资66.4亿元。新建、扩建城市道路83公里，市区启动“五桥四路”项目。加大内河整治力度，总投资达5000万元。积极应对因持续高温干旱和频繁的台灾汛情，中心城区供水量达到21100万吨，日平均供水量81.1万吨，同比增长12.7%，日最高供水量98万吨。社会客运中巴车的公交化改造工作进展顺利，收购社会客运中巴线17条，开辟、调整、延伸公交线路51条，投入公交车辆499辆，改造资金约14600万元。全年新增园林绿地约250公顷，其中市区约100公顷。完成了居住区占绿毁绿专项整治工作，城区累计完成复绿面积达3.6万平方米。拆迁非成套房10万平方米，

建成经济适用房50万平方米。

稳步推进生态市建设。大力开展生态工程建设，北仑电厂脱硫工程完成投资的14.2%，镇海电厂油改气项目总投资23.1%，江东南区污水处理厂完成30%的工程量。编制完成《甬江流域污染防治规划》，科学规划污染防治措施；确定了宁波化学工业区等3家工业园区和中华纸业有限公司等7家企业为第一批循环经济试点单位。全市有105家单位通过ISO14001环境质量管理体系认证，宁波保税区通过省级ISO14001示范区验收。巩固扩大烟控区和噪声达标区工作成果，全市建成烟控区25个，面积356.3平方公里。大气环境和城市噪声环境质量保持良好水平，环境空气一、二级优良天数330天，占全年总天数的90.4%，城市区域环境噪声52.6分贝，交通干线噪声68.2分贝。

提高城市管理水平，推进解难创优，成为全国首批文明城市之一。加快城市道路建设，庆丰桥及连接线、东苑立交、北外环东段等项目进展顺利。全面完成“三车”整治。医疗卫生基础设施建设加快，宁大附属医院投入使用，明州医院、鄞州区人民医院迁建工程等基本建成，新民医院开工建设，市中医院迁建工程、妇儿医院住院楼等项目建设顺利推进。鼓励和规范社会力量参与卫生事业，新批准设立民营医院2家。

3. 人民生活质量稳步提高

人口继续保持低速增长，人口素质不断提高。年末全市总人口556.7万人，比上年增加4.01万人，其中市区人口213.4万人。人口出生率为8.12‰，死亡率6.04‰，自然增长率2.08‰。

城镇居民生活质量稳步提高。据抽样调查，市区居民人均可支配收入17408元，比上年增长9.6%。市区居民人均消费性支出为11758元，增长4.2%。市区居民恩格尔系数为37.8%。市区居民人均住房使用面积达18.4平方米。

农村居民生活水平进一步改善。据抽样调查，农民人均纯收入7810元，比上年增长11.3%。人均生活消费支出6623元，增长8.5%。农村居民恩格尔系数为41%。农村居民人均住房面积达50.4平方米。

推进社会保障体系建设，社会保险覆盖面进一步扩大，待遇水平逐步提高。五大保险、被征地农民养老保障和农村新型合作医疗覆盖面进一步扩大。基本形成全覆盖的城乡最低生活保障体系。“三无”、“五保”集中供养率分别达到98.9%和94%。全市企业基本养老保险参保人数151.3万人，比上年净增17万人，城镇职工医疗保险参保人数106万人，净增11.5万人。失业保险参保人数75.8万人，失业保险金标准上调至469元/月。新型农村合作医疗全面启动，全市参保乡镇109个，参保人数达351.4万人，参保率达92.2%。失地农民保障措施逐步健全，被征地村覆盖率达到83.6%，参保人员46.4万人。城乡低保和社会福利工作得到加强。城镇最低生活保障人数1.7万人；共有各类收养性社会福利单位167个，床位数1.5万张，收养人员1.2万人，直接接受社会捐款978.5万元。

就业再就业成效显著。全市新增就业岗位13.3万个，开发社区公益性岗位5764个。全年用于促进再就业资金支出达3.5亿元。组织2.8万名失业人员、7.5万名农村劳动力开展再就业培训和转移培训，培训就业率在60%以上。全市共7万名失业人员在政策帮扶下实现再就业，其中就业困难人员1.8万名。年末城镇登记失业率3.5%，已连续三年下降，就业形势继续保持稳定。

4. 各项社会事业全面发展

科技创新能力不断提高，科技队伍建设进一步加强。全年共获得授权专利3985项，其中发明专利157件。通过鉴定的科技成果达到323项，有12项成果获得省政府科学技术奖，1项成果获国家科技进步二等奖。全市拥有市级以上科技创业中心10家。以“两院两校”为重点的国内科技合作全面展开，全年共引进高新技术项目310项，引进、共建技术开发机构21个。国家级高新技术企业和市级高新技术企业累计分别为66家和294家，其中国家级高新技术企业新增14家。企业工程技术中心新增市级18家、省级9家、国家级1家。

教育事业取得新成就。全市拥有各级各类全日制学校2544所，在校学生122.7万人。九年义务教育人口覆盖率达100%；全市初中毕业生升入高中段的比例达到94.2%，比上年提高2.4个百分点；全国高校统考报名录取率达80.7%，位于全省前列；在甬高校数达到15所，普通高校在校学生11.1万人，较上年增长15%；全市高等教育毛入学率达42%，比上年提高了6个百分点。中等职业教育进一步发展，省级以上重点职业学校达到26所。宁波技工学校迁建完成并投入使用，宁波九中迁建工程开工建设，中科院宁波材料所、宁波工程学院等项目建设顺利推进。

文化事业继续发展。统筹城乡公共文化服务体系。开展“万场电影千场戏”进农村活动。完善“东海明珠”、村落文化示范点和社区文化宫功能，努力构建十五分钟文化活动圈。文化基础设施建设进展顺利，宁波美术馆和鄞州文化中心投入使用。数字电视建设稳步推进，全市农村有线广播电视基本实现“村村通”。继续实施“市民健身工程”和“农民小康体育工程”，启动建设蓝天健身中心，进一步完善城乡体育健身设施。积极举办体育大赛，承办国际国内体育赛事31项。基本实现了全市农村行政村通有线广播电视，新增光缆2841公里，新增有线用户8.1万户；光缆通村3150个，通村率99.6%。拥有综合档案馆12家，馆藏档案104.5万卷，比上年增长21.1%。

卫生保健服务网络不断完善。年末各类卫生机构开放病床达1.8万张，拥有专业卫生人员3.2万人。全市共建成社区卫生服务中心（站）150个，平均每1.5万居民拥有一家社区卫生服务机构，基本实现城市社区卫生服务十分钟服务圈。

体育事业蓬勃发展。竞技体育取得较好成绩，参加世界、亚洲比赛获得4金、1银、2铜，参加全国赛获得26金、20银、34铜。群体性体育活动深入开展，全市体育社团128个，共承办和参加了1000余项群众性体育赛事和活动。继续实施市民健身工程和农村小康体育工程，新建健身路径660条，全市健身路径总数达1700余条。

（三）“十五”期间宁波经济社会发展回顾

2001~2005年的第十个五年计划时期，是宁波经济社会发展跃上新台阶的重要历史时期。五年来，宁波在市委的领导下，在市人大及其常委会的监督、支持下，高举邓小平理论和“三个代表”重要思想伟大旗帜，以党的十五大和十六大精神为指导，树立和

落实科学发展观，深入贯彻省委“八八战略”、市委“六大联动”和建设“平安宁波”战略部署，紧紧依靠全市人民，开拓创新，奋发有为，扎实工作，积极应对非典疫情、重大自然灾害、资源要素紧缺等严峻挑战，提前一年基本完成了“十五”计划确定的主要任务，荣获全国首批文明城市称号，为全面建设小康社会、率先基本实现现代化奠定了坚实基础。

1. 国民经济持续快速健康发展，城市综合实力显著提升

全市生产总值从1175.8亿元增加到2446.4亿元，年均增长13.8%。人均生产总值从22025元增加到38733元，年均增长9.5%。财政一般预算收入从143.2亿元增加到466.5亿元，其中地方财政收入从64.4亿元增加到212.4亿元，年均分别增长26.7%和27%；累计完成固定资产投资4381.7亿元，是前五年的2.7倍；宁波港区货物吞吐量达到2.7亿吨，集装箱吞吐量达到520.8万标箱，分别是“九五”末的2.3倍和5.8倍。三次产业比重由8.2∶56.0∶35.8调整到5.3∶55.3∶39.4，城市综合竞争力跻身全国十强。

2. 产业联动发展取得成效，整体竞争力稳步增强

粮食生产和供应保持稳定，高效生态农业得到长足发展，农业产业化稳步推进，拥有市级以上农业龙头企业192家，无公害农产品基地236个。打造先进制造业基地迈出扎实步伐，一大批高素质工业项目建成投产。全市规模以上工业总产值从1427.7亿元增加到4721.4亿元，实现利税从163.3亿元增加到428.1亿元，年均分别增长27%和21.3%；高新技术产品产值占规模以上工业总产值的比重由“九五”末的20.8%提高到32.3%，并荣获中国品牌之都称号。第三产业发展加快，城市服务功能进一步增强，荣获中国优秀会展城市称号。三产增加值从421.1亿元增加到964.1亿元，年均增长14.3%；社会消费品零售总额从389.3亿元增加到759.8亿元，年均增长11.8%。

3. 体制改革全面深化，对外开放向纵深推进

基本完成国有、城镇集体企业产权制度改革，加快投资、财政、规划、国土管理体制和行政审批制度改革，科技、教育、文化、卫生管理体制改革和事业单位改革有序推进，市场在资源配置中的基础性作用得到进一步发挥。开放型经济发展取得新突破，全市外贸进出口总额从75.4亿美元增加到334.9亿美元，其中出口总额从51.7亿美元增加到222.3亿美元，年均分别增长34.7%和33.9%，经济外向度比“九五”末提高56.5个百分点；累计实际利用外资82.6亿美元，是前五年的3.1倍；完成对外经济技术合作营业额20.5亿美元，年均增长26.7%。

4. 城市化进程不断加快，城乡面貌发生深刻变化

修编完成了宁波城市总体规划，鄞州新城区、镇海新城区、北仑新城区、东钱湖旅游度假区、高新技术产业园区等重点区域规划建设扎实推进，副中心城市、城镇和新农村建设有序展开，中心城区建成区面积从“九五”末的134.7平方公里扩展到224平方公里，城市化率从45%提高到56%。全市财政支农资金年均增长20.9%，完成75个市级全面小康示范村建设，改造和建设通乡、通村等级公路2364公里。杭州湾跨海大桥等一批重大基础设施项目开工建设，累计完成基础设施投入1292.6亿元，城乡道路、供水、供电、公交、通信、污水和垃圾处理网络化体系初步形成。生态市建设全面启动，工业废水达标排放率、城镇污水处理率和垃圾无害化处理率分别比“九五”末提高3.5个、24.1个和6.8个百分点，森林覆盖率提高到50%，城市人均公绿面积由7平方米提高到11.5平方米，先后被评为首批中国优秀旅游城市、国家环保模范城市、国家卫生城市和国家园林城市。

5. 统筹发展力度逐年加大，区域经济实力明显增强

中心城区发展层次不断提升，辐射带动功能进一步增强，余慈地区组团发展扎实起步，大桥经济圈加速形成，南部地区基础设施逐步完善，经济发展步伐不断加快，五县（市）全部跨入全国百强县行列。统筹区域协调发展体制逐步理顺，“共建共享”发展机制基本形成。欠发达地区帮扶力度加大，“双百工程”扎实推进，累计转移支付2.2亿元支持欠发达地区发展，下山搬迁农户6020户、17958人，老区、山区和海岛的自我发展能力进一步增强。

6. 文化大市建设扎实起步，社会事业蓬勃发展

精神文明建设大力推进，累计完成教育文化科技投入211.8亿元。教育事业实现跨越式发展，率先实施欠发达乡镇免费义务教育，初中升高中比例和高等教育毛入学率达到94.2%和42%，分别比“九五”末提高11.8个和27.7个百分点。新增中高级人才近7万人，是前五年的2.2倍。城乡公共卫生体系建设不断加快，城区社区卫生服务实现全覆盖，农村医疗卫生条件进一步改善。一大批文化、体育基础设施建成投用，精品创作跨上新台阶，群众文化日益繁荣。人口与计划生育、老龄、残疾人和双拥等工作取得新进展。

7. 人民生活水平稳步提高，和谐社会建设有序推进

“解难创优”系列工程全面实施，累计新增就业岗位60万个，帮助25.3万名失业人员实现再就业，城镇登记失业率控制在4.1%以内。全市用于社会保障的财政资金五年累计101亿元，年均增长30.4%。城镇企业职工基本养老保险、城镇职工医疗保险、失业保险、工伤保险和生育保险参保人数分别达到151.3万人、106万人、75.8万人、90.5万人和43.8万人，被征地人员养老保障重点参保对象参保率达到76.2%，农民新型农村合作医疗参保率达到92.2%。城乡低保实现应保尽保，农村“五保”、城镇“三无”人员集中供养率分别达到94%和98.9%。市区居民人均可支配收入从10921元增加到17408元，农民人均纯收入从5069元增加到7810元，年均实际增长分别为11.4%和8.5%。城乡居民本外币储蓄存款余额达到1503.1亿元，比“九五”末增加1.4倍。城乡居民恩格尔系数分别由39.8%和45.2%下降到37.8%和41%，人均居住面积分别由19.8和41.6平方米提高到23.5和50.4平方米。

8. 依法行政逐步推进，政府自身建设不断加强

认真执行市人大及其常委会的决议、决定，定期向市人大常委会报告工作，及时向市政协常委会通报政务情况，自觉接受市人大的法律监督、工作监督和市政协的民主监督，共办复市人大代表建议2810件、政协委员提案2523件。认真贯彻实施行政许可法和依法行政纲要，清理地方性法规和政府规章，制定实施政府工作规则和政务公开等一系列规定，建立政府新闻发言人制度，自觉接受人民监督。社会管理和公共服务职能逐步

加强，生产安全、食品药品安全的监管体制基本形成，政府采购逐步推广，行政资源配置进一步优化，效能政府和廉洁政府建设取得了较大成效。

（四）宁波市在长三角地区的发展状况（见表2－63）

表2－63　2005年宁波市与长三角部分社会经济发展指标比较

指　　标	长三角	杭州	比例（%）
固定资产投资（亿元）			
全社会固定资产投资总额	18978.51	1336.30	7.04
国内商业			
社会消费品零售总额（亿元）	13304.55	759.83	0.71
对外经济贸易			
出口总额（亿美元）	2905.28	222.33	7.65
运输			
公路客运量总计（万人）	292977.00	27570.00	9.41
公路货物运输量总计（万吨）	190433.00	10480.00	5.50
民用车辆拥有量（辆）			
民用汽车拥有量	4920600.00	333084.00	6.77
邮电业务总量			
年末市内电话（万户）	4507.77	339.41	7.53
年末移动电话用户（万户）	6680.00	467.10	6.99
国际互联网用户（万户）	1597.46	170.53	10.68
从业人员合计（万人）	8474.20	415.10	4.90
第一产业	2241.24	76.40	3.41
第二产业	3266.99	213.20	6.53
第三产业	2965.97	125.50	4.23
教育			
普通中学在校学生（万人）	759.68	32.30	4.25
小学在校学生（万人）	881.43	47.60	5.40

2001～2004年，宁波市的国内生产总值在长三角的比重稳步上升，经济发展势头良好，但受到土地、电力等要素的制约，企业效益下滑，部分行业利润率降低，经济结构性、素质性矛盾比较突出，地区之间、城乡之间发展还不平衡（见图2－140）。2005年，

宁波国内生产总值在长三角的比重有所回落，达到6%。

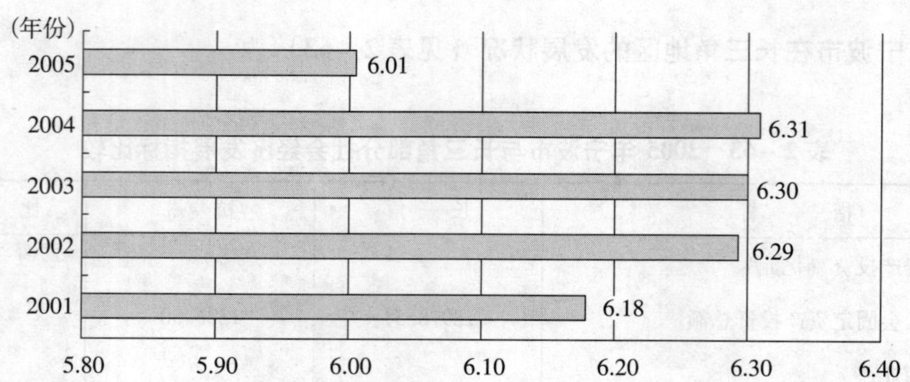

图2－140　2001～2005年宁波市国内生产总值在长三角的比重（单位：%）

2002年以来，宁波市的第一产业在长三角的比重基本呈下降趋势（见图2－141）。一方面，由于气候原因，农业生产遭遇了严峻的考验；另一方面，面对禽流感等重大动物疫病威胁，畜禽养殖业也受到一定程度的影响。尽管如此，宁波市的农业仍保持稳定发展，在推进农村建设和城乡一体化方面进行了积极探索。

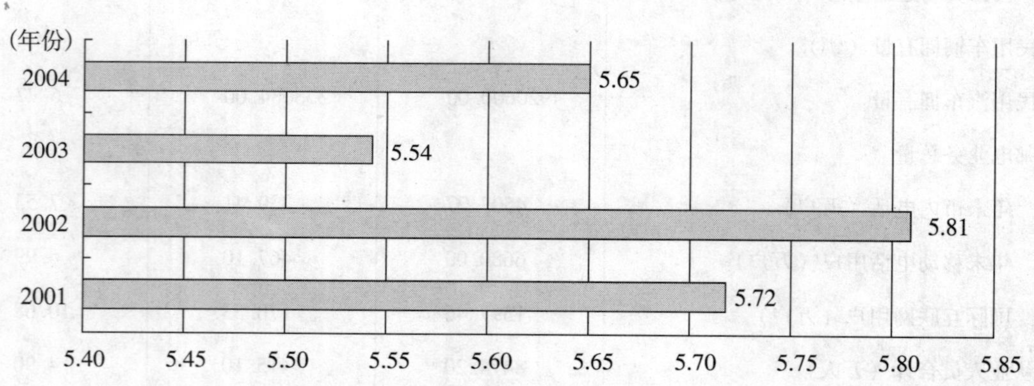

图2－141　2001～2005年宁波市第一产业增加值在长三角的比重（单位：%）

宁波市的第二产业在长三角的比重呈现下降趋势，针对面临的巨大挑战，宁波市致力于增强自主创新能力，积极推进经济结构调整。首先，宁波市鼓励和支持自主创新，加强示范引导，同时积极参与国际国内科技交流与合作，支持引进技术的消化、吸收和再创新。宁波市调整了财政性资金使用方向，重点扶持具有自主知识产权、拥有自主品牌和参与制定行业标准的企业，并加强知识产权保护，支持企业实施品牌战略。第二，宁波着手打造先进制造业基地，组织实施一批关键项目，促进石化、造纸、汽车、光电、电子等产业链的形成，促进产业集群化发展。宁波推进园区化建设，提高园区化率，进一步发挥园区的集聚效应。依托宁波高新技术园区，组织实施一批高技术产业化示范工程。积极引导企业开展技术改造和技术创新，淘汰落后生产技术、生产工艺和产品，限

制“三高一低”产业发展（见图 2－142）。

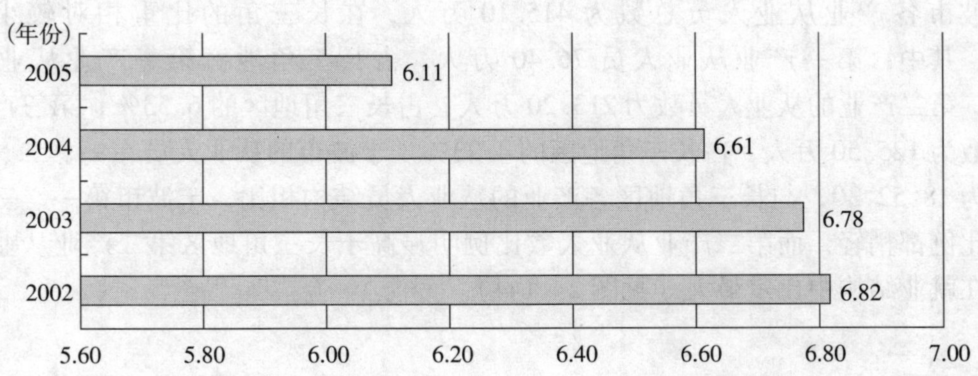

图 2－142　2002～2005 年宁波市第二产业增加值在长三角的比重（单位：%）

宁波促进服务业快速健康发展，积极实施《宁波市服务业发展规划纲要》和现代物流等八个服务业专项规划，加大对服务业在市场准入、财政、价格等方面政策支持，同时做好工业企业中服务业的剥离工作，促进服务业专业化发展，培育壮大第三方经营主体。2005 年，宁波市的第三产业在长三角的比重为 5.85%（见图 2－143）。

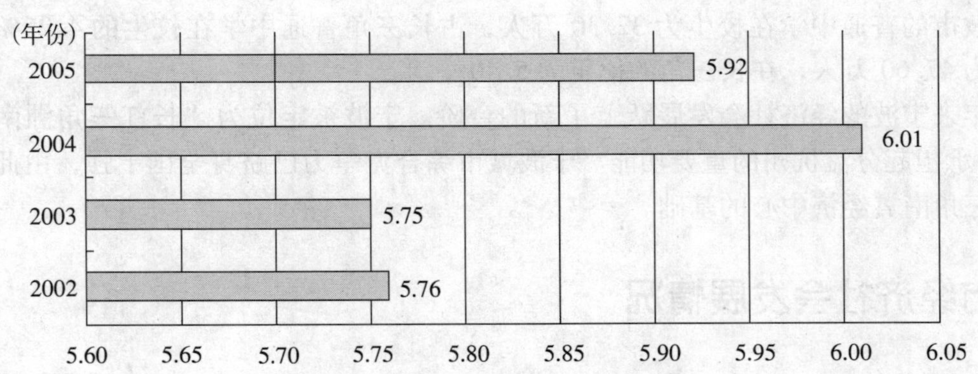

图 2－143　2002～2005 年宁波市第三产业增加值在长三角的比重（单位：%）

宁波市的经济发展对整个长三角地区的经济发展具有重要的意义。宁波市全社会固定资产投资总额达 1336.30 亿元，占长三角地区总额的 7.04%。社会消费品零售总额为 759.83 亿元，达长三角地区的 5.71%。在对外经济贸易中，宁波的出口总额为 222.33 亿美元，占长三角地区的 7.65%。

宁波的公路客运量为 27570 万人，在长三角地区的公路客运总量中比重很高，占 9.41%。宁波的公路货物运输量为 10480 万吨，达到长三角地区公路货运总量的 5.50%。宁波市的交通事业平稳发展，民用汽车拥有量达到 333084 辆，占长三角地区民用汽车拥有数量的 6.77%。

在通信方面，宁波市 2005 年末的市内电话总量为 339.41 万户，占长三角地区固定电话总量的 7.53%；移动电话用户为 467.10 万户，占长三角地区的 6.99%；国际互联网用户为170.53万户，在长三角的比例高达10.68%。

宁波市各产业从业人员总数为415.10万人，在长三角的比重相对较小，仅占4.90%。其中，第一产业从业人员76.40万人，占长三角地区第一产业从业人员的3.41%；第二产业的从业人员数为213.20万人，占长三角地区的6.53%；第三产业从业人员人数为125.50万人，占长三角地区的4.23%。宁波市的从业人员在一、二、三产业的比例为18:52:30，与长三角地区各产业的从业人员结构相比，宁波市第一、三产业从业人数比例都稍轻，而第二产业从业人数比例明显高于长三角地区第二产业从业人员的比例，在就业结构中比重最大（见图2-144）。

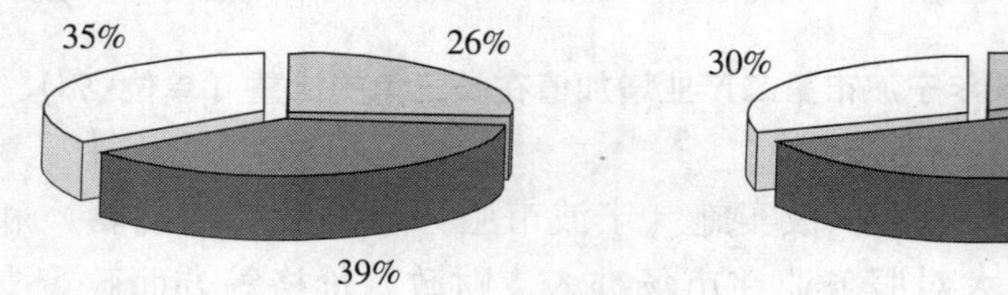

1）长三角地区一、二、三产业从业人员结构　2）宁波市一、二、三产业从业人员结构

图2-144　2005年长三角与宁波一、二、三产业从业人员结构比较

宁波市的普通中学在校生为32.30万人，占长三角普通中学在校生的4.25%，小学在校生为47.60万人，在长三角的比重为5.40%。

近年来宁波的经济社会发展跃上了新的台阶。宁波被定位为“长江三角洲南翼经济中心”，承担起分流杭州的重要功能。宁波城市综合竞争力已跻身全国十强，由此奠定了成为长三角南翼经济中心的基础。

奉化市经济社会发展情况

2005年，奉化市荣膺中国优秀旅游城市，成功创建省级“教育强市”，顺利通过创建国家环保模范城市技术评估，再次进入全国综合经济双“百强县（市）”行列，入围全国中小城市综合实力百强和长三角最具投资价值县市。

（一）奉化市概况

1. 地理环境

奉化市地处长江三角洲南翼的东海之滨，是宁波市副中心城市，全国甲类开放区。全市陆地面积1253平方公里，海域面积96平方公里，人口47.94万，辖6个镇、5个街道。

市区距宁波市区28公里，离宁波栎社国际机场15公里，距国际深水良港北仑港45公里。沿海大通道同三高速公路、即将建成的甬金高速公路和规划建设的甬台温铁路横贯境内，五条高等级公路建设全面实施。奉化是全国环境综合整治优秀城市、浙江省环境保护优秀城市。

2. 历史沿革

新石器时代，境内已有人类活动。春秋时今奉化地属越国。战国时属楚国。秦王政二十五年（前222年），属会稽郡鄞县，县治设白杜里（今奉化白杜村）。王莽始建国元年（9年）改鄞为谨。东汉建武初年复改为鄞。宋时，奉化为望县。元代，元贞元年（1295年）升为州。明洪武二年（1369年）复为县，属明州府。1381年，明州府改称宁波府。清沿明制，奉化属宁波府。民国二年（1913年），属浙江省第四地方。1914年属会稽道。1927年废道，直属浙江省。1928年属鄞县区。1936年属浙江省第六行政督察区。1948年属浙江省第二行政督察区。中华人民共和国成立后，奉化属宁波专区。1970年，专区改称地区。1983年，宁波地区撤销，奉化改为宁波市属。1988年10月13日，奉化撤县设市，以原县行政境域为市行政境域。

（二）奉化市经济发展基本状况

2005年，奉化始终坚持突出以科学发展观为指导，抓住宏观调控的机遇，加快经济结构调整和经济增长方式转变，在积极有为中加快发展，在加快发展中解决问题，在解决问题中凝聚人心；坚持突出创新创造、品牌兴业、产业集群，走新型工业化发展路子；坚持突出扩大出口、扩大投资、扩大消费，拉动经济快速增长；坚持突出规划论证、选商引资、项目攻坚，为今后加快发展创造条件；坚持突出创新体制、完善机制、加强管理、注重服务，积极优化发展环境；坚持突出以人为本、关注民生，集中力量解决热点难点问题，切实维护好、实现好广大人民群众的根本利益；坚持突出加强政府自身建设，建章立制，依法行政，狠抓落实，注重建设服务型政府和廉洁型政府，加快政府职能转变，加强机关效能建设。通过以上有效措施，确保了全年经济和社会发展预期目标的完成。

1. 坚持科学发展，经济实力在创新转型中再上新台阶

2005年，奉化市生产总值达到124.51亿元，按可比价格计算，比上年增长13.6%。其中，第一、二、三产业增加值分别达11.5亿元、63.96亿元和49.05亿元，增长2.2%、13.4%和16.9%；实现财政一般预算收入15.03亿元，增长16.4%；城镇居民人均可支配收入16752元，农村居民人均纯收入7188元，扣除价格因素，实际分别增长13.8%和13.9%。

开放型经济取得新业绩，全市完成进出口总额15.85亿美元，其中出口9.38亿美元，分别比上年增长7.1%和49.8%。加工贸易大幅增加，达到4.17亿美元，增长159.2%。选商引资奋力推进，全市合同利用外资2943万美元，实际利用外资2072万美元。对外经济合作巩固发展，“山海协作”等活动成效明显。

2. 三大产业齐头并进，带动全市经济增长

1）农业

农业基础地位稳步加强。坚持发挥农业产业特色优势，认真落实支农惠农政策，大力发展设施农业、休闲农业，改造提升传统农业，农业生产保持稳步增长的良好态势。六大主导农产品总产值达14.75亿元，占农业总产值的76.3%。农业龙头企业实力不断增强，新增宁波市级农业龙头企业3家，新增紧密型基地5500亩，农产品加工率达

55%。农产品知名度进一步提升，产品质量安全体系建设得到加强，5只农产品获得省、宁波市著名商标、名牌产品称号，“宠龙”牌生物鸡蛋被确定为国家机关特供商品。农业产业化经营继续推进，民营资本、科研机构与现代农业开发相互联姻，农业生产基地与生态休闲业互动发展，5个农业项目被列入国家级农业综合开发重点项目库。组建了农业小额贷款担保中心，缓解了农业企业和农户贷款难问题。动植物疫病防治工作取得阶段性成效。“农民信箱”工程开始启动。2005年，全市完成农业总产值19.31亿元，比上年增长6.7%。

2）工业

工业主导地位更加凸现。坚持以提高质量和效益为中心，加大创新创优力度，工业经济实力不断提高。规模企业进一步发展壮大，净增规模以上企业129家，总数达到605家。工业经济结构调整和传统产业改造力度加大，标准厂房和多层厂房建设加快，园区经济和产业集群效应成效明显。全市完成投资千万元以上技改项目72只，总投资10.4亿元，增长42.7%。品牌带动战略取得新进展，全年共获得国家、省、宁波名牌19只。科技创新能力有所增强，新建企业工程技术中心6家，新增省级高新技术企业4家，计算机全过程控制等先进技术全面推广，制造业信息化应用面达到50%以上。工业发展环境不断优化，“企业服务年”和政府质量奖等活动深入开展，再次成为值得台商推荐城市。2005年，全市实现规模以上工业总产值217.04亿元，利润总额4.57亿元，工业经济综合效益得分继续位列宁波各县（市）之首。

3）第三产业

第三产业地位不断提升。坚持优化服务业发展环境，提高服务质量，第三产业得到快速发展。旅游规划和景区建设进一步加强，修编完善了旅游业发展总体规划和民国第一镇、弥勒文化村等专项规划。雪窦寺露天布袋弥勒佛像建设项目得到批准，商量岗森林休闲度假区建成开业，松岙峰景湾等旅游项目顺利签约。积极拓宽旅游营销渠道，加强与普陀山和甬台温区域的旅游合作，巩固和扩大主要客源市场。全年共接待游客456万人次，旅游门票收入7110万元，旅游经济综合收入15.3亿元，分别比上年增长17.0%、10.0%和22.6%。编制完成了奉化市“十一五”服务业发展规划，商贸业发展加快，消费品市场稳中见旺。华信国际大酒店建设进展顺利，太平洋商城建设准备就绪，方桥三江物流中心建成运营，县江两岸休闲商贸街区初具规模，以中心商业街和特色商品街为重点的商业布局，以连锁经营、物流配送为主的新型商贸业格局逐步形成。连锁超市、“放心店”建设扎实推进，新增农村“放心店”207家，健全了农资“放心网络”。开展了奉化市第一次经济普查。金融、保险、运输、通信、中介等服务业也取得新成绩。2005年，全市实现社会消费品零售总额38.44亿元，比上年增长13.5%。

（三）奉化社会发展基本状况

1. 改革继续深化

深化完善新一轮政府机构改革工作，组建调整了7个政府部门，新建立了教育投资公司、水利投资公司和公建中心。完成了第三轮审批制度改革，清理行政许可项目不断深化。城市管理体制进一步完善，新组建了街道和开发区城管中队，实现城市管理网络全面覆盖。城区污水处理厂实行企业化管理和市场化经营。

2. 坚持协调发展，城乡建设在统筹推进中取得新突破

城市化进程不断推进。《奉化市城市总体规划（2005～2030）》以及重点区域、重点产业的专项规划编制工作相继完成。"项目攻坚年"活动成效明显，重点项目和实事工程建设扎实推进，城区污水处理厂、邱家山水厂扩建等10件24项政府实事工程全部开工，其中8项已竣工投入使用。甬金高速公路建成通车，城区至溪口生态公路建设进展顺利，城区交通路网进一步完善。新丰小区、武岭门地块拆迁工作全面完成，长汀村、倪家碶村旧村改造有序推进，商住小区和城区农民住宅小区建设稳步实施，全年建成拆迁安置房和农居房30.3万平方米。甬新河、桐照渔港建设进展顺利，县江开发区段治理工程启动实施。"三高"连接线、甬台温铁路、方桥中心港区等项目征迁工作全面展开，沿海中线设计方案编制完成。社会主义新农村建设稳步推进，全市行政村区划调整工作顺利完成，32个行政村环境整治工作扎实开展，实现下山移民3400人，妥善安置滩坑水库移民171人，完成农村公路建设79.1公里。2005年，全市实现全社会固定资产投资总额40.49亿元，比上年增长25.5%，12个项目被列为省重点项目。城市管理水平不断提高，城区"一把扫帚"市场化运作成效明显，"洁平亮"工程有序开展，城区污水处理、供水网络和卫生保洁等基础设施逐步完善，在全国城市环境管理和综合整治"城考"排名中位列全省第一。深入贯彻实施《奉化生态市建设规划》，环境污染整治工作深入展开，建立了医疗固废物三级安全收集网络，开展了以"两江两库"为重点的源头水环境治理，生态市建设扎实推进，城乡生态环境不断改善。

3. 社会保障体系建设进一步完善

健全以市场为导向的就业机制，城乡统筹就业服务网络基本形成。全年净增就业岗位6600个，培训各类人员5947人。全市基本养老、失业、医疗、工伤等保险扩面工作全面推进。城乡低保制度不断完善，新增低保人员307人，累计达到9108人，发放低保金605万元，基本做到应保尽保。被征地人员养老保障工作稳步推进，全市被征地人员办理参保手续达到10752名，其中新增3710名，累计发放养老金3513.5万元。农村五保对象和城镇"三无"人员集中供养率达92%。公共卫生服务体系建设不断加强，新型农村合作医疗运行良好，全年累计有14974人次报销医疗费用1880.9万元，465人次享受了医疗费用救助金221.9万元。在宁波市内率先推行免费婚孕期医学检查，开设了慈善惠民门诊部。

4. 社会各项事业发展加快

深入实施"科教兴市"战略，全年列入宁波市级以上科技计划项目109项，其中国家级科技计划项目9项，宁波市级新产品105项，专利授权156件，建立了"院地科技合作交流中心"和奉化市科技创业服务中心。教育工作再上新台阶，学校布局得到有效调整，中小学校标准化建设步伐加快，优质教育资源不断整合，教科研水平进一步提高，奉化中学考生获高考宁波文理双"状元"。"平安校车"工程全面开展，贫困地区学生营养餐工程试点实施，教育四中心、实验幼儿园等项目前期工作有序推进。"人才强市"工作得到加强，积极同国内外著名教育机构、高校合作，组织开展“全国知名高校看奉化”等活动，开展评选杰出人才和重才爱才先进单位、个人工作，全面普查人才资源，全年引进适用性高级人才和紧缺型专业人才2290名。公共文化建设力度进一步加大，“东海明珠”工程全面完成，江口街道青年中心建成并投入使用，组织开展了“千场电影百场戏剧进农村”和“三下乡”等文化活动，成功举办全国女子拳击比赛、首届社区运动会，奉化布龙和奉化吹打列为浙江省首批民族民间艺术保护和首批非物质文化遗产代表作名录，顺利通过省一级档案馆认证。地方志续修工作全面启动。人口和计生工作继续加强，奉化市被命名为省计划生育优质服务县（市）。广播电视工作有新进展，奉化新闻网正式开通。

5. 精神文明和民主法制建设进一步加强

保持共产党员先进性教育活动深入开展，公民思想道德建设继续深化，未成年人思想道德建设得到加强，群众性精神文明创建活动取得新进展。创建省级示范文明城市扎实推进，“五城联创”成果进一步巩固。滕头村被评为首批全国文明村。全市村委会和村经济合作社换届选举工作基本完成。贯彻执行《全面推进依法行政实施纲要》，规范性文件的报备、备案审查工作进一步加强，行政执法责任制得到落实。自觉向市人大及其常委会报告工作，向市政协通报情况。152件人民代表议案和建议、201件政协委员提案全部办理完毕，办理结果满意和基本满意率不断提高。政务、村务、厂务公开深化推进。廉政文化建设继续加强，对领导干部的管理、监察、审计力度进一步加大。

6. 和谐社会建设进一步深化

认真贯彻落实《信访条例》，严格信访工作责任制，建立健全了领导下访约访、定期排查、信息报送、首问责任制等制度。对重大信访问题，实行党政领导蹲点或包案调处。大力排查化解矛盾纠纷，及时处置一批重点信访案件，全力做好息诉罢访工作，疏导化解群众矛盾纠纷的机制基本建立。社会治安综合治理进一步加强，扎实推进基层平安中心建设，深入开展反邪教斗争，强化打黑治恶、街面“两抢”犯罪等专项整治，治安情况总体良好，全市破获刑事案件数比上年上升12.6%。对出租私房和外来人口的管理力度加大，深入研究推广“力邦模式”，积极探索外来人口管理新办法，社会治安防控体系进一步完善。建立了市安全生产监督管理局和各镇、街道安全生产监督管理站，安全生产责任制进一步落实。公共应急体系建设不断完善，制定了《奉化市突发公共事件总体应急预案》，着手构建应急管理体系和运行机制，全力保障人民群众的生命财产安全。

三　温州市2005年经济社会发展报告

2005年，面对发展阶段变化、要素瓶颈制约等带来的种种压力，温州市深入实施“一港三城”发展战略，大力推进“三个温州”建设，积极抓住宏观调控环境下的发展机遇，实施一系列促进经济社会发展的重大政策措施，大力推进经济结构调整优化和增长方式的转变，国民经济实现稳健快速地发展，投资、消费、出口等三大需求对国民经济拉动力度增强，经济发展的微观基础得到稳固，经济运行效果良好，社会事业全面进步，人民生活继续改善，实现了国民经济和社会发展的年度预期目标，较好地完成了“十五”时期的主要目标任务。

（一）2005年温州经济社会发展总况

2005年，温州市坚持以科学发展观统领全局，按照“干在实处、走在前列”的要求，全力实施招商引资“一号工程”、工业发展“12345工程”、基础设施“百项千亿工程”和“139富民攻坚计划”，经济发展在攻坚克难中强力推进，和谐建设在真抓实干中取得成果，全市经济社会保持良好的发展态势。狠抓开放带动，强化工作考核，推进“民外合作”，招商引资取得突破性进展，外贸出口保持快速增长。实现合同利用外资8.9亿美元，实际利用外资3.6亿美元，分别增长76%和71.4%；，引进世界500强企业5家；外贸进出口总额78亿美元，同比增长30%。狠抓项目建设，以实现供地率、进场率“两个90%”为抓手，完成工业性投入188亿元；相继建成或开工建设一批重大基础设施项目，完成重点工程投资186.7亿元，同比增长23.5%，是历年来投资最多的一年。狠抓统筹发展，落实支农惠农政策，深入开展“千村整治、百村示范”，全面实施农村教育“四项工程”和农民健康工程；加大对欠发达地区的扶持力度，78个欠发达乡镇农民人均纯收入高于全国平均水平；部署实施文化建设系列工程，集中精力打好文明城市创建攻坚战。狠抓民生工程，大力推进安置房建设，完成年初确定的可认购任务，三个入城口整治、地下排污管网建设成效明显，社会保障体系建设得到加强。在过去的一年里，面对多次台风灾害的袭击，全市人民万众一心、奋起抗灾，各级党委政府以人为本、靠前指挥，夺取了抗灾重建工作的全面胜利。

（二）2005年温州经济发展状况

1. 综合经济实力跃上新台阶（见图2－145、图2－146）

2005年，全市生产总值1596.33元，按可比价格计算，比上年增长13.0%，“十五”时期年均增长13.5%。财政总收入达到204.92亿元，年均增长22.6%，其中地方财政收入109.61亿元，年均增长19.7%。

第一产业增加值64.89亿元，第二产业增加值866.88亿元，第三产业增加值664.58亿元，分别比上年增长0.4%、14.3%和12.4%，“十五”时期年均分别增长2.6%、14.3%和13.7%。全市人均生产总值21335元，按可比价格计算，比上年增长12.4%，

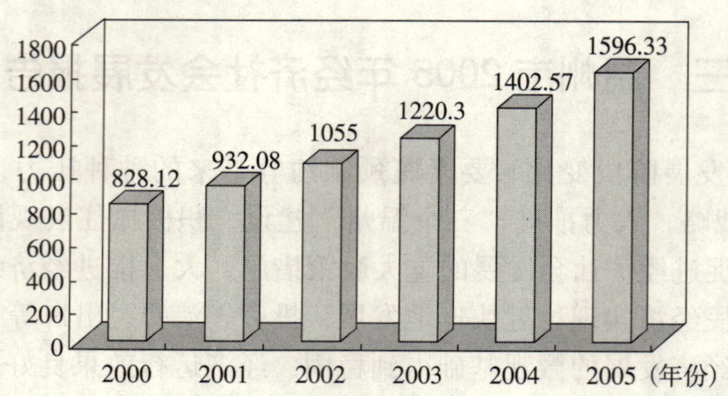

图 2－145　2000～2005 年温州生产总值概况（单位：亿元）

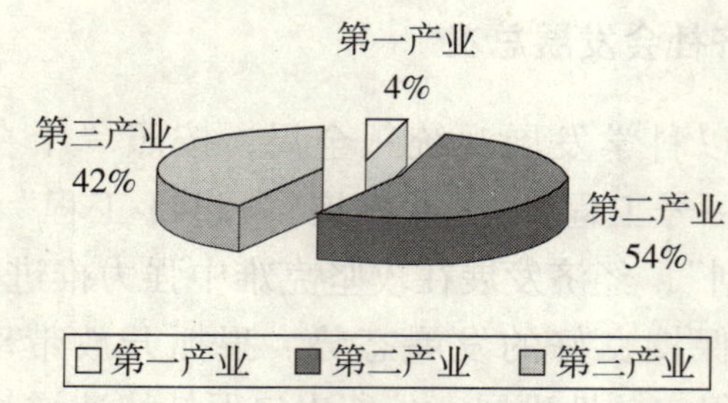

图 2－146　2005 年温州产业结构分布图

“十五”时期年均增长 12.9%。

2005 年，国民经济三次产业增加值结构由上年的 4.5：53.7：41.8 调整为 4.1:54.3:41.6。财政收入占生产总值的比重为 12.8%；外贸依存度为 39.6%，其中出口依存度为 31.2%。非农产值占农林牧渔业产值比重为 59.5%，规模以上工业产值占全部工业的比重提高到 63.3%。民营经济占生产总值比重提高到 80.5%。

2. 三大需求拉动经济稳步增长

1）固定资产投资（见图 2－147）

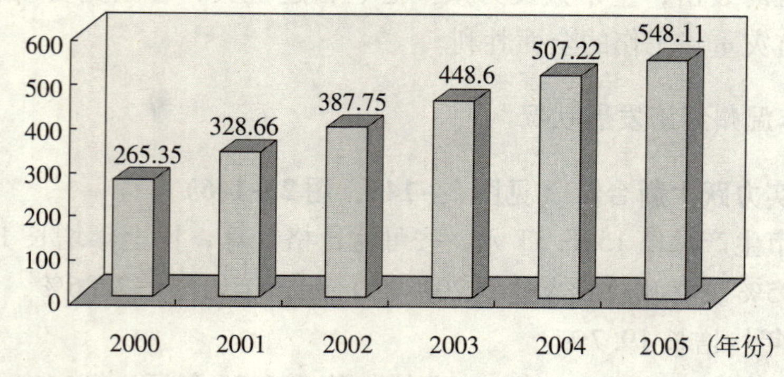

图 2－147　2000～2005 年温州固定资产投资额（单位：亿元）

全年全社会固定资产投资完成542.11亿元，比上年增长15.0%。按经济类型分，国有单位投资183.61亿元，比上年增长18.9%；非国有单位投资316.72亿元，增长16.1%；城乡个人投资41.78亿元，下降5.2%。“十五”时期全市完成全社会固定资产投资额2214.44亿元，年均增长15.4%。

在全社会固定资产投资中，全市完成限额以上固定资产投资465.92亿元，比上年增长18.3%，其中第一产业投资1.44亿元，下降39.8%；第二产业投资157.41亿元，增长32.4%（其中工业投资156.83亿元，增长32.6%）；第三产业投资307.07亿元，增长12.7%。

在限额以上固定资产投资中，基本建设和更新改造等投资项目投资311.95亿元，增长23.8%；基础设施建设投资161.24亿元，增长19.0%；农村投资73.68亿元，增长79.4%；工业性投资156.83亿元，增长32.6%。基础设施建设中，水利环境和公共设施投资43.90亿元，增长13.9%；电力及水业投资34.48亿元，增长6.9%；交通邮政业投资54.34亿元，增长73.8%；电信等信息传输投资10.81亿元，下降22.9%；社会事业投资17.72亿元，下降8.8%。

房地产开发完成投资153.97亿元，增长8.7%，其中住宅建设投资113.67亿元，增长11.9%。全年房屋施工面积2114.51万平方米，增长9.5%；竣工面积408.08万平方米，增长5.5%；商品房销售面积306.64万平方米，增长0.8%；商品房销售额136.63亿元，增长18.5%。

全年限额以上投资项目1833个，比上年增加311个。其中新开工项目1030个，增加251个。全年实施“百项千亿”工程项目（省市重点工程）106项，计划总投资185亿元，当年完成投资186.69亿元，增长22.3%。年内新开工重点工程项目21项，已建成或基本建成项目19项，主要有：温州发电厂三期扩建工程、500KV温南输变电工程、永强垃圾发电厂、金丽温高速公路永鹿段、56省道瑞安段、甬台温高速公路平苍段、温州联通网络工程、电信网络工程、华峰集团技改工程、市图书档案馆、永嘉中学、泰顺县第一中学、平阳中学、龙湾中学、珊溪水利枢纽供水工程、洞头医院迁建工程、洞头大小门连路工程、渔藤公路、金龙机电有限公司技改工程等。

年内固定资产新增生产能力主要有：火力发电61.2万千瓦，输电线路238公里，变电设备能力67万千伏安，新建公路104公里，其中高速公路21.9公里，改建公路1933公里，高等院校席位5913个，中小学席位15436个，图书馆1个，藏书量300万册，医院病床268张，自来水供水能力35万吨/日，管道长度103.2公里，城市道路扩建面积133.39万平方米，污水处理能力11万吨/日，城市防洪堤6.11公里。

2）国内贸易

全年贸易业实现增加值172.57亿元，比上年增长16.5%；社会消费品零售总额680.86亿元，比上年增长13.3%，其中城市零售额437.03亿元，增长15.7%；县级零售额50.81亿元，增长10.5%；县以下零售额193.02亿元，增长9.0%。“十五”时期，社会消费品零售总额年均增长11.3%。

按行业划分，2005年批发零售业零售额574.34亿元，增长14.2%；餐饮业零售额

88.91 亿元，增长 15.8%；其他行业 17.61 亿元，下降 16.0%。

全年批发零售贸易业实现商品销售总额 1849.98 亿元，比上年增长 8.5%，其中限额以上批发零售贸易业销售额 810.60 亿元，比上年增长 12.1%。年末拥有限额以上连锁总店 11 家，实现销售额 16.9 亿元，增长 25.8%。

年末全市共有各类专业市场 442 个，比上年减少 17 个。其中消费品市场 355 个，生产资料市场 86 个，货运市场 1 个。商品交易市场全年成交额 668.41 亿元，比上年增长 14.1%，其中超亿元市场 62 个，年成交额 507.24 亿元，超十亿元市场 13 个，年成交额 334.8 亿元。

3）对外经济

全年外贸进出口总额 78.60 亿美元，比上年增长 31.7%，其中进口 16.76 亿美元，出口 61.84 亿美元，分别比上年增长 20.5% 和 35.2%，“十五”时期年均分别增长 26.6% 和 32.8%。

目前，温州市建立出口贸易关系的国家和地区 191 个，比上年增加 15 个。全年有 912 家企业获得进出口经营权，累计 3158 家。出口市场不断拓展，美国、俄罗斯联邦、阿联酋、欧共体等成为温州市对外出口的主要国家和地区。

全年新签外资项目 224 项，新签协议项目金额 8.91 亿美元，比上年增长 76.0%；实际使用外资 3.57 亿美元，增长 70.7%。全年招商引资工作取得明显成效，但外向型经济仍是温州市的薄弱环节。

3. 三大产业发展保持良好的发展势头

1）农业（见图 2－148）

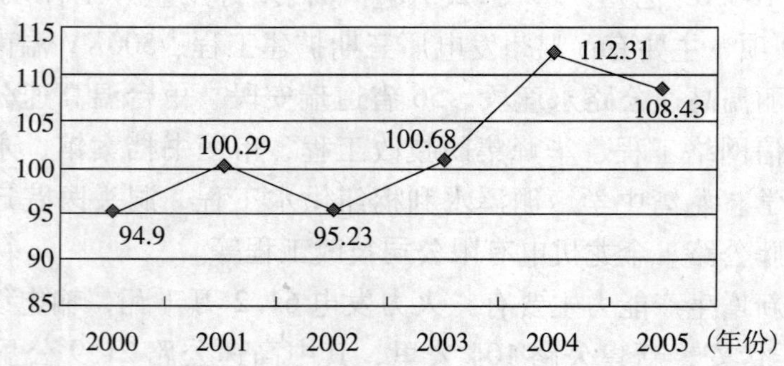

图 2－148　2000～2005 年温州农业总产值（单位：亿元）

受连续五次强台风和严重的倒春寒等自然灾害影响，2005 年全年农林牧渔业总产值 108.43 亿元，按可比价计算，比上年下降 2.6%，其中农业产值 43.95 亿元，下降 11.7%；林业产值 2.11 亿元，下降 17.5%；牧业产值 19.47 亿元，增长 5.3%；渔业产值 41.51 亿元，增长 5.0%；农林牧渔服务业产值 1.39 亿元，增长 9.6%。

全年农作物总播种面积 276.02 千公顷，比上年增加 336 公顷，增长 0.1%，“十五”时期年均下降 3.9%。其中粮食播种面积 171.95 千公顷，比上年增长 0.1%，“十五”时期年均下降 7.1%；全年粮食总产量为 85.83 万吨，比上年下降 8.7%，“十五”时期年

均下降7.3%。水果、蔬菜、糖料、茶叶等农作物比上年减产。

全市各级财政投入绿化造林资金3420万元，全年造林面积2068公顷，发展经济林基地516公顷，成幼林抚育作业面积4561公顷，年末实有封山育林48.69千公顷，其中本年新封1.94千公顷；平原植树194.32万株。全年退耕还林1026公顷。加强森林资源保护，严格控制林木采伐，全年木材采伐量9.20万立方米，比上年下降3.1%。

全年肉类产量11.46万吨，比上年增长3.7%，“十五”时期年均增长2.6%。年末生猪、家禽存栏有所回升，猪肉产量、禽肉产量、禽蛋产量均比上年增长。

全市水产品总产量62.34万吨，比上年下降1.7%，“十五”时期年均增长0.4%，其中养殖产量14.51万吨，年均增长1.5%；捕捞产量47.83万吨，年均增长0.1%。

全市现有国家级农业龙头企业3家、省级16家、市级106家，年产值超亿元的农业龙头企业18家。省级无公害农产品基地47个，国家级无公害农产品基地49个，建立农产品质量监测点40个。被国家有关部门命名为农业特产之乡16个，已建成百亩以上的优质特色农业基地100多个。全市建成农民专业合作经济组织455家，省级示范性合作经济组织9家。

全年各级财政用于农业资金8.8亿元，比上年增长40.8%；全年农田水利建设筹集资金18.95亿元，比上年增长48.0%；新增旱涝保收面积2080公顷，有效灌溉面积907公顷，节水灌溉面积5933公顷。开工建设围垦工程15项9667公顷，完成“千库保安”工程44座，清理河道622.6公里。年末全市拥有农（渔）业机械总动力198.10万千瓦，比上年增长1.2%。

2）工业和建筑业（见图2-149）

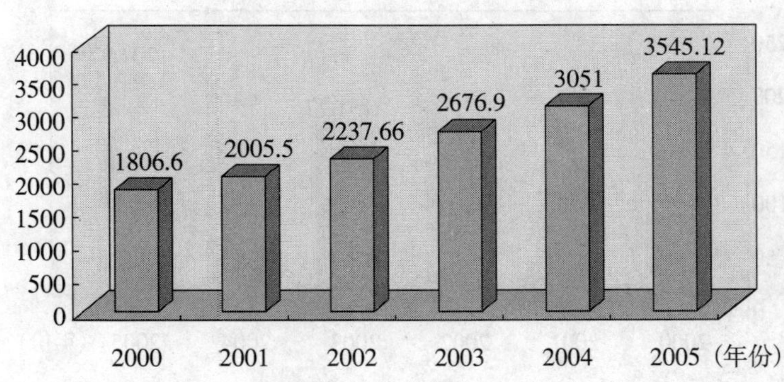

图2-149 2000~2005年温州工业总产值（单位：亿元）

全年实现工业增加值795.39亿元，比上年增长14.6%；实现工业总产值3545.12亿元，比上年增长18.2%，“十五”时期年均增长14.4%。

全市国有及年销售收入500万元以上工业企业5226家，实现工业总产值2243.97亿元，比上年增长23.1%，其中轻工业产值861.48亿元，增长22.1%；重工业产值1382.49亿元，增长23.7%。

全市拥有工业产值超亿元的企业419家，比上年增加100家，实现工业产值1242.37亿元，增长28.2%，占规模以上工业产值比重55.4%，其中产值超5亿元企业47家，销售产值超10亿元企业22家，分别比上年增加18家和10家。电气机械、鞋革、服装、塑料制品、通用设备、交通运输设备、化学原料及化学制品等8大行业产值均超过100亿元，全年实现工业产值1628.55亿元，增长24.8%，占规模以上工业产值比重72.6%。至年末，温州市已拥有28个国家级生产基地称号，15个中国驰名商标，25个中国名牌，82个国家免检产品，128个省级名牌，被评为中国品牌经济城市。4家企业跻身中国企业500强，27家企业跻身全国民营企业500强。

列入经济效益考核的工业企业，全年经济效益综合指数为190.53分，比上年提高4.91分。在11项考核指标中，比上年改善的有5项，分别是全员劳动生产率、工业产品质量指数、万元产值综合能耗降低率、新产品产值率和亏损率等指标。效益考核企业全年实现产品销售收入2153.92亿元，比上年增长23.2%；利税总额191.77亿元，增长17.6%，其中利润总额104.20亿元，增长18.1%，增幅分别比上年下降3.2和7.0个百分点。经济效益考核企业中，发生亏损企业206家，亏损额3.24亿元，比上年上升16.3%。年末企业应收账款净额361.70亿元，比上年上升21.0%。加强企业经营管理，转变经济增长方式，提高企业产品附加值，扭亏增盈，加快资金周转仍是工业企业的重要任务。

建筑业实现增加值74.01亿元，比上年增长11.6%，“十五”时期年均增长11.2%。全市拥有三级以上资质的建筑企业492家，实现总产值261.62亿元，比上年增长18.8%；实现利润7.45亿元，增长46.1%；年末拥有资产244.7亿元，其中固定资产43.71亿元；全年施工面积3474.98万平方米，竣工房屋面积1145.66万平方米。

3）财政、金融和保险（见图2－150）

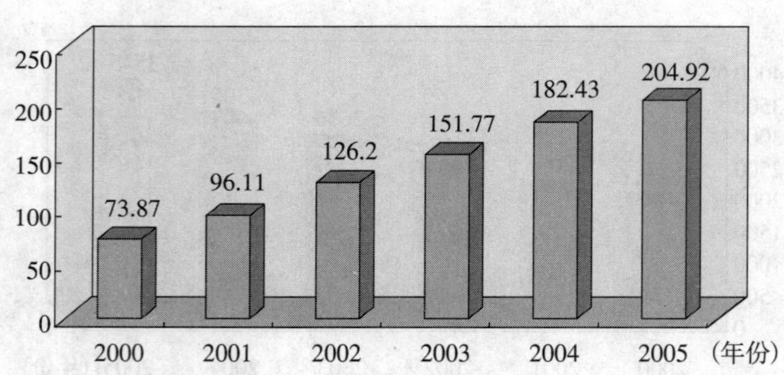

图2－150　2000～2005年温州财政总收入（单位：亿元）

2005年全年实现财政一般预算总收入204.92亿元，比上年增长15.4%，“十五”时期年均增长22.6%。其中地方财政一般预算收入109.61亿元，增长16.2%，“十五”时期年均增长19.7%。全年地方财政一般预算支出93.39亿元，比上年增长12.1%，“十五”时期年均增长16.9%。其中教育事业费支出26.84亿元，比上年增长12.5%；科技支出2.54亿元，增长24.6%；支农支出6.13亿元，增长11.3%；城市维护费支出3.87亿元，增长17.7%，环境保护、公共卫生、行政管理、重点项目建设等支出得到了保障。

年末金融机构本外币各项存款余额2409.16亿元，比上年末增长18.0%，其中人民

币存款余额2268.13亿元，增长17.2%。年末城乡居民人民币储蓄存款余额1161.31亿元，比上年末增长15.7%。年末金融机构本外币各项贷款余额1736.82亿元，比上年末增长11.6%，其中人民币贷款余额1711.09亿元，增长11.5%。“十五”时期金融机构人民币存款余额增加1340.41亿元，年均增长19.6%；金融机构人民币贷款余额增加1115.79亿元，年均增长23.5%。

全年金融机构现金支出14745.71亿元，比上年增长10.1%；全年货币投放94.75亿元，增长17.7%。

全年保险业保费收入37.46亿元，比上年增长9.5%，“十五”时期年均增长25.7%。其中，财产险保费收入11.77亿元，增长19.5%；人身险保费收入25.69亿元，增长5.4%。全年支付各类保险赔款及给付12.15亿元，增长16.6%。其中，财产险赔款9.85亿元，赔付率83.6%。

4）旅游

全年接待国内旅游者1422.47万人次，比上年增长35.2%；国内旅游收入121.31亿元，增长33.2%。全年接待海外入境旅游者21.33万人次，增长23.8%。国际旅游外汇收入9097万美元，增长28.2%。全年旅游总收入128.65亿元，增长32.7%，“十五”时期年均增长20.6%。

（三）2005年温州社会发展状况

1. 基础设施建设取得重大突破

2005年，温州市完成重点工程投资589亿元。对外综合交通体系初步形成，建成高速公路204公里，港口货物吞吐量由1117.5万吨增加到3500万吨；电力装机容量由98.3万千瓦增加到251.3万千瓦，市区日供水能力由60万吨增加到108万吨，信息主光缆总长达到46.6万芯公里，基础设施从制约型向初步适应型转变。

1）交通

2005年末公路总里程5565公里，其中高速公路204公里，一级公路182公里，二、三级公路1264公里。公路已绿化3205公里，绿化率68.8%。全市通公路行政村4707个，通车率84.8%。年末机动车拥有量66.17万辆，比上年净增加10.04万辆，其中载客汽车21.06万辆，载货汽车6.50万辆，摩托车38.22万辆；私人汽车21.66万辆。

2）邮电

电信业保持稳定发展。全年电信业务收入67.18亿元，增长7.6%。全年新增本地电话交换机61.57万门，总容量达到478.79万门。“十五”时期新增固定电话用户230.62万户，年末达到359.07万户，其中，城市电话用户236.58万户，农村电话用户122.49万户；“十五”时期新增移动电话用户341.94万户，年末达到448.26万户。全市固定电话普及率由上年末的148.5部/百户提高到163.8部/百户，移动电话普及率由上年末的189.4部/百户提高到204.5部/百户。年末互联网注册用户84.76万户，比上年增长22.3%，其中宽带用户57.71万户，增长37.1%；互联网非注册用户37.77万户。

全年邮政业务总量4.34亿元，增长8.5%。全年函件总量6966.23万件，包裹总量

129.26万件，汇票221.42万张，特快专递183.89万件，订销报纸13169.93万份，订销杂志553.07万份，集邮业务1010.36万枚。

3）电力

全市电力系统最高负荷297.37万千瓦，比上年增加42.64万千瓦。全年用电量184.21亿千瓦时，比上年增长18.5%，其中工业用电量132.10亿千瓦时，增长18.4%；建筑业用电量1.26亿千瓦时，增长29.5%；商业用电量4.98亿千瓦时，增长10.2%；居民生活用电量33.35亿千瓦时，增长23.0%。电力供应紧张局面有所缓解，全年限电拉闸3.43万条次，比上年减少6.68万条次。

2. 经济社会协调性不断增强

2005年，温州市的科学技术、教育、文化和卫生事业等社会事业有了很大的发展。财政预算内社会事业经费投入476.3亿元，是“九五”的2.5倍。基本普及学前到高中段15年教育，高等教育毛入学率达到32.6%，公共卫生体系逐步完善，一批具有标志性的文化设施相继建成。跨入全国创建文明城市工作先进城市行列。

1）科学技术

2005年全年全社会科技活动经费投入24.84亿元，比上年增长27.5%，“十五”时期年均增长20.7%；占全市生产总值比重1.55%，比上年提高0.15个百分点。R&D经费投入8.42亿元，占全市生产总值比重0.53%，比上年提高0.06个百分点。全年列入国家级火炬计划45项，星火计划18项，重点新产品计划20项；列入省级星火计划15项，新产品试制计划315项。全年获国家级科技进步奖2项，省科技进步奖34项，市科技进步奖95项。积极培育高新技术企业，全年新认定省级以上高新技术企业33家，市级56家，至年末分别拥有168家和265家。全年专利授权3116项，至年末累计21541项。一批科技项目获得国家和省贴息贷款或创新基金资助。

2005年末人事部门直接管理的各类专业技术人员12.24万人，比上年增加0.38万人，其中中级职称以上人员4.25万人，增加0.32万人。每万人口中人才资源数从上年的663人增加到786人。

2005年末全市拥有县及县以上独立的研究开发机构17家，新增1家。年末全市有106家产品质量检验机构，新增23家。

2）教育

2005年末各类全日制学校在校学生123万人，占总人口16.4%。全市拥有普通高等学校5所，年内招生16866人。全国各类普通高校在温录取新生33124人，与上年基本持平。高等教育毛入学率32.6%，比上年提高4.6个百分点。初中毕业生升入高中阶段的比例为88.1%，比上年提高2.4个百分点。

省市级重点中学55所，比上年增加16所；国家和省级重点职业学校20所，比上年增加1所；省市级教育强镇91个（其中省级69个），比上年增加4个。乐清市、洞头县通过省级教育强县（市）验收，教育强县（市）达到6个。

全年新建校舍48.4万平方米，排除中小学危房5.4万平方米，改造破旧房6.4万平方米。年末各类学校校舍总面积1227.88万平方米，其中普通高校172.25万平方米。

3）文化

全市有艺术表演团体12个，文化馆12个，文化站292个，公共图书馆12个，博物馆2个。全年艺术团体演出947场次。公共图书馆藏书222.3万册（件），年总流通量158万人次，全市广播综合人口覆盖率97.4%，电视综合人口覆盖率97.6%，有线电视用户115.28万户。

4）卫生

全市有卫生机构769家，其中医院69家，卫生院435家；个体开业诊所662个。年末有各类卫生技术人员27351人，其中医生12297人。全市医疗机构拥有病床16839张，平均每万人有病床22.4张、医生16.4人。医疗机构全年诊疗病人2280.38万人次。19家二级以上综合医院建立了感染性疾病科。全市农村建有村卫生室2460个，社区卫生服务站108个。

5）体育

全市有公共体育场馆50个，业余体校10所，已建成公共健身点1000多个。全年温州市体育健儿在国际比赛中获得1项冠军，在亚洲比赛中获得3项冠军，在全国比赛中获得6项冠军。在第十届全运会上共获得12枚金牌，在第五届省农民运动会上获得团体总分第2名。向省体校和省体工队输送运动员26名。

全市已建国民体质监测站10个，完成了8100个样本测试。全年发行体育彩票3.74亿元，比上年增长60.5%，总销量居全省第三位。

3. 城乡面貌发生明显变化

中心城市建成区面积扩大到146平方公里，行政文化中心区和高教园区基本建成。旧城改造稳步推进，公共配套设施逐步完善，理山治水和环境整治取得成效，新增城市绿地433万平方米。副中心城市和一批现代化城镇发展加快，城市化水平达到56.7%。

1）城市建设

2005年全年市区新增城市道路面积72.44万平方米，累计1257.6万平方米；新增公共绿地面积12.54万平方米，累计818.24万平方米。市区公共交通营运线路88条，年载客量2.48亿人次。年末供水管道1554.78公里，排水管道1273.53公里，自来水日生产能力108万立方米，年供水量19648万吨。液化石油气年末用户38.86万户。

2）资源环境

加强土地资源管理，提高土地利用效率。全年建设占地1193公顷，比上年增加27公顷；生态退耕9.2公顷，因灾毁耕地683.4公顷。年内土地整理复垦452.3公顷，开垦荒地593.0公顷。年内耕地增减相抵净减少752.9公顷。年末实有耕地158.82千公顷，其中水田119.17千公顷；标准农田52.54千公顷。全市人均耕地0.32亩。

据能源消耗千吨以上的440家工业企业统计，全年综合能耗371.89万吨，比上年增长13.6%，万元产值综合能耗0.48吨标准煤，比上年下降9.6%。

按照《温州生态市建设规划》，扎实推进环境污染治理工作。全市已建成省级生态乡镇10个，市级生态乡镇39个，自然保护区4个，风景名胜区25个（国家级风景名胜区

3个，省级自然保护区、风景名胜区12个），森林公园13个，自然保护区土地覆盖率19.8%。市区建成烟尘控制区126.5平方公里，噪声达标区69.55平方公里，市区建成区噪声达标覆盖率71.9%。市区工业污水排放达标率97.3%，二氧化硫排放达标率99.3%，工业固体废物综合利用率87.1%。

据市环境监测中心站监测，市区环境空气质量达到一级标准的有74天，达到二级标准的有283天，大气中的二氧化硫、二氧化氮、可吸入颗粒物年平均值符合国家环境空气质量二级标准。全市合格饮用水源保护区63个，省市控地表水站位54个，水质在一至三类的站位23个。市区饮用水源地28个监测项目监测结果全部达标。市区区域环境噪声昼间等效声级平均值57.5分贝，比上年下降0.3分贝；交通噪声等效声级平均值69.9分贝，比上年上升1.1分贝。全年环境保护投资37.87亿元，比上年增长20.9%。

4. 人民生活各方面得到进一步提高（见图2－151）

城市居民人均可支配收入、农村居民人均纯收入分别达到19805元和6845元，年均增长10.4%和9.8%。全年全市新增城镇就业岗位7.2万个，年末城镇登记失业人数3.02万人，城镇登记失业率为2.3%，比上年末下降0.4个百分点。城市、农村居民人均住房面积分别达到23.4平方米和40平方米，人均期望寿命达到76.2岁，处于全省领先水平。

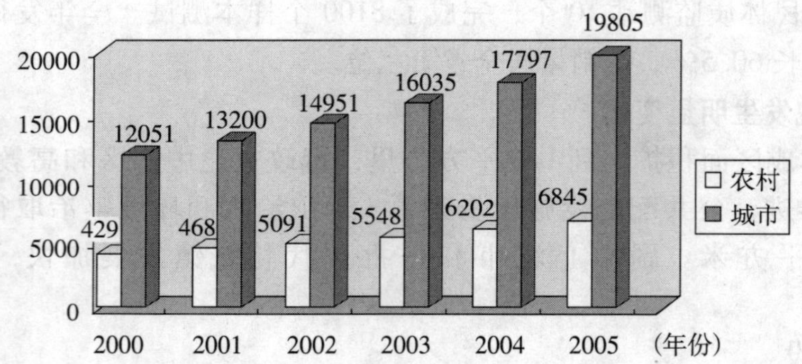

图2－151　2000～2005年温州城乡居民收入对比（单位：元）

全市居民消费价格总水平比上年上涨2.5%，其中服务项目价格上涨0.7%，消费品价格上涨3.1%。食品类、居住类价格分别上涨8.1%和4.5%，衣着类、家庭设备用品及维修服务类、医疗保健类、交通和通信类、娱乐教育文化用品类价格分别下降3%、0.9%、2.9%、1.4%和0.5%。商品零售价格上涨1.3%。原材料、燃料、动力购进价格上涨5.6%。工业品出厂价格上涨1.9%。农产品生产价格上涨5.7%。

1）人口

年末全市户籍总人口750.28万人，其中市区人口139.02万人；男性人口391.28万人，女性人口359.0万人；非农业人口152.61万人。全年出生人口95866人，死亡人口44305人，人口出生率12.8‰，死亡率5.9‰，人口自然增长率6.9‰。据1%人口抽样调查，年末全市常住人口777.7万人。全年人口计划生育率88.74%，比上年提高0.21个百分点；初婚女性晚婚率59.5%，提高2.5个百分点；已婚育龄妇女综合节育率90.6%，

提高0.2个百分点。出生人口性别比120.1，一些县（市、区）的出生人口性别比严重失调的现象依然十分突出。

2）生活状况

全年职工平均工资21279元，比上年增长11.2%。据抽样调查，全年城市居民人均可支配收入19805元，比上年增长11.7%；人均生活费支出15822元，增长11.3%，其中食品类支出5160元，占32.6%。全年农村居民人均纯收入6845元，比上年增长10.4%；人均生活费支出5032元，增长3.3%，食品类支出2246元，占44.6%。城市居民人均住房使用面积23.4平方米，农村居民人均生活用房面积40平方米。自房改以来累计归集住房公积金62.41亿元，其中当年归集13.49亿元，年末余额47.68亿元。全年发放住房公积金贷款13.00亿元，累计发放贷款52.47亿元，年末贷款余额36.77亿元。至2005年底，市本级住房补贴经财政审批发放人数5919人，累计发放住房补贴2.23亿元。当年经济适用房已开工建设103.3万平方米，在建面积110.7万平方米。

全市设镇119个，乡143个（其中民族乡5个），街道办事处30个。全市有居民委员会506个，村民委员会5395个。年末城镇社区服务设施17993个，城镇社区服务网点6563个。年末实有社会团体1397个。

3）社会保障

全年政府财政用于抚恤和社救支出4.66亿元。年末参加基本养老保险在职职工94.76万人，比上年增加11.69万人，其中企业职工及自由职业者79.63万人，增加11.25万人；机关事业单位职工15.14万人，增加0.45万人。当年实缴基本养老保险费28.99亿元。全市享受基本养老保险的离退休职工20.43万人，发放养老金22.14亿元。参加工伤保险45.34万人，当年实缴工伤保险费3443万元；参加基本医疗保险52.57万人，其中在职职工38.67万人，离退休职工13.90万人，当年实缴基本医疗保险费36737万元，基本医疗保险待遇支出25789万元。城乡居民享受最低生活保障人数12.36万人，发放保障资金7724万元，民政部门接受社会各界捐赠款物6392万元，市慈善总会募款956万元，支出救助金999万元。全年办理结婚登记78393对。

4）其他社会事业

全年发生道路交通事故7255起，比上年下降12.8%；交通事故死亡人数789人，下降10.3%；受伤人数7978人，上升4.3%；直接经济损失1561万元，下降34.3%。每万辆机动车死伤人口11.9人，比上年下降24.2%。

全年发生火灾408次，比上年增加217次；火灾死亡34人，比上年减少57人；火灾受伤19人，减少63人；直接损失1176万元，下降26.0%。

全市有律师机构44个，全年办理国内刑事诉讼辩护案件5983件，经济案件3128件，民事诉讼案件11328件，行政诉讼案件1165件；代理涉外及港澳台诉讼案件157件。各级人民调解机构调解各类纠纷2.1万件。全年办理国内公证8.8万件，办理涉外公证8.5万件。

（四）温州经济社会发展中存在的主要问题

经济粗放型增长方式没有根本性转变，经济社会发展与资源环境的制约矛盾仍然比较突出，社会发展滞后于经济发展。企业自主创新能力不强，工业增效、农民增收面临新问题，不同社会群体的收入差距扩大。

（五）温州“十五”发展的回顾

21 世纪的头五年，面对发展阶段变化、要素瓶颈制约等带来的种种压力，面对非典疫情、台风干旱灾害等造成的严重冲击，温州市以邓小平理论和“三个代表”重要思想为指导，全面落实科学发展观，坚决贯彻中央宏观调控政策，深入实施“一港三城”发展战略，大力推进“三个温州”建设，不断开拓创新，全力攻坚克难，较好地完成了“十五”计划确定的主要目标任务。

“十五”期间，温州市在六个方面取得较大的成就。

（1）加快产业结构调整，全力打造先进制造业基地。立足大温州建设，实施温台沿海产业带发展规划，整合提升开发区和工业园区，推进产业布局战略性调整。编制产业、产品导向目录，改造提升传统产业，积极培育临港产业和高新技术产业，省级以上高新技术企业达到 168 家。全力打造区域品牌和产品品牌，累计获得中国驰名商标 15 个、中国名牌产品 25 个、国家免检产品 82 个、“国字号”生产基地 27 个，被评为全国品牌经济城市。鼓励企业外联内合、做强做大，规模企业总产值占工业经济比重由 34. 6% 提高到 62. 3%。加快发展商贸、旅游、金融、信息、房地产等产业，第三产业增加值占生产总值的比重提高到 41. 5%。

（2）统筹城乡发展，着力解决“三农”问题。加大政策支持力度，市本级对“三农”投入超过 30 亿元。落实对种粮农民的补贴政策，初步建立粮食安全保障体系。深化农村税费改革，全面免征农业税。发展农业产业化经营，建成 16 个“国字号”农业特产之乡。大力推进乡村康庄工程，改造通乡公路 732 公里、通村公路 6450 公里。“千村整治、百村示范”工程顺利实施。加快欠发达乡镇奔小康步伐，投入扶贫专项资金 56. 8 亿元，落实产业开发项目 1200 多个，实现下山移民近 15 万人。实施“百万农村劳动力素质培训工程”，共培训 41 万人次。

（3）深化改革开放，切实增强发展活力。积极应对我国加入世贸组织后的新形势，实现外贸、外资、外经联动发展。五年间进出口总额增长 3. 7 倍，累计实际利用外资 8. 2 亿美元。重视发挥在外温州人作用，努力放大温州经济。成功举办“首届世界温州人大会”和“轻博会”、“科交会”、“农博会”、“民交会”等大型活动，促进了对外交流与合作。投资、财政、粮食体制改革取得明显进展，资本、技术、土地、人才和劳动力等要素市场建设步伐加快。多种所有制经济相互促进、共同发展，民营企业制度创新取得新进展。推进金融综合改革试点，获得全国金融生态一级城市称号。深化效能革命，完成三轮行政审批制度改革。加快建设“信用温州”，探索建立企业信用服务平台和个人征信系统。荣获中国十大最具经济活力城市称号。

（4）强力推进重大基础设施建设，加强城市建设和管理。全面实施“百项千亿工程”，提升基础设施的现代化水平。温州半岛工程和深水港建设取得突破性进展，甬台温、金丽温高速公路温州段和珊溪水利枢纽、东向供水、温州电厂扩建工程相继建成，温福铁路浙江段、甬台温铁路温州段、诸永高速公路温州段、绕城高速公路北段、永强机场扩建、浙能乐清电厂和15万亩围垦造地工程开工建设。制定新一轮城市总体规划，拓展城市发展空间，南塘大道、瓯海大道等城市主干道建设加快，西向排洪、沿江防洪堤建设顺利实施。重视生态建设和环境治理，加大城市管理力度。启动温州生态园建设，开展温瑞塘河综合整治，拆除违章建筑958万平方米，新增地下排污管网180公里，市区垃圾日处理能力达到2200吨。

（5）实施科教兴市战略，大力发展各项社会事业。推进产学研结合，鼓励企业与大院名校共建创新载体，组建了国家大院名校温州联合研究院和华中科技大学温州研究院。推动基础教育均衡发展，加快发展职业教育、民办教育。新温州大学成功组建，温州医学院“申博”顺利通过。以疾病预防控制和农村为重点，加强公共卫生体系建设，新型农村合作医疗制度顺利推进。文化事业日益繁荣，温州博物馆、科技馆、图书馆、档案馆、青少年活动中心等相继建成。全民健身活动深入开展，竞技体育成绩显著。计划生育基层基础建设得到加强。人民武装和人事、民政、民族、宗教、外事、侨务、对台、口岸、人防、统计、档案、地方志等工作取得新成绩。被国务院命名为全国民族团结进步模范集体。

（6）高度关注民生问题，不断改善人民生活。建立和完善为民办实事长效机制，解决了一批群众关心的热点问题。深化社会保障制度改革，初步建立涵盖养老、医疗、失业、工伤、生育等险种的社会保险体系。加强新型社会救助体系建设，城乡享受最低生活保障对象13.2万人，农村“五保”和城镇“三无”对象集中供养率分别达到90.2%和98.9%。被征地农民基本生活保障试点取得成效。开展“和馨行动”，外来民工的合法权益得到保障。加快安置房建设和拆迁户安置，实施廉租房制度，建成经济适用房92万平方米，住房保障体系进一步完善。推进“平安温州”建设，实施安全生产“铁网行动”和食品安全整治，维护了公共安全和社会稳定。

回顾五年来的工作，最根本的就是坚持以科学发展观统领全局，认真落实“五个统筹”的要求，从温州实际出发，把深入实施“一港三城”发展战略，推进“三个温州”建设作为落实科学发展观的具体实践。①坚持把促进经济社会又快又好发展作为落实科学发展观的根本要求。坚持发展不动摇，快是前提，好是关键。按照以人为本，全面、协调、可持续发展的要求，努力将落实科学发展观与调整产业结构、解决要素瓶颈制约、培育新的经济增长点结合起来，推进城乡、区域、经济社会的协调发展和人与自然的和谐统一，在促进经济较快增长的同时，着力增强发展的协调性、均衡性和科学性。②坚持把攻坚克难打硬仗作为落实科学发展观的着力点。抓住产业“低小散”、招商引资、欠发达地区发展、重大项目建设、文明城市创建、发展软环境整治等事关全局的重大问题，设计工作载体，明确阶段要求，举全市之力攻坚克难。实践证明，克难而进的过程，就是发展的过程，就是成就事业的过程。③坚持把解决人民群众最关心、最直接、最现实的利益问题作为落实科学发展观的出发点和落脚点。对事关人民群众生活的衣、食、住、行、医、保等问题，集中力量，制定方案，调配资源，创造条件，下大力气加以解决，使广大人民群众在经济和社会发展中得到更多的实惠。④坚持把加强政风建设作为落实科学发展观的根本保证。牢固树立正确的政绩观，多干群众急需的事、群众受益的事，多干打基础的事、长远起作用的事。在全体政府工作人员中努力营造“想干事、能干事、干成事”的良好氛围，把心思凝聚到干事业上，把精力集中到办实事上，把工夫下到抓落实上。

在充分肯定成绩的同时，温州市的发展中还存在着一些困难和问题，政府工作还有需要继续改进的地方。经济增长方式仍然比较粗放，产业“低小散”问题还没有根本改变，自主创新能力不强，要素制约、环境压力和市场约束日益突出。经济与社会发展不够协调，区域、城乡之间发展不平衡，不同群体收入差距扩大的趋势尚未得到有效扭转，保持社会和谐稳定的任务十分艰巨。政府职能转变还不到位，依法行政能力需要进一步提高，一些部门和干部服务意识不强、办事效率不高、工作落实不力，官僚主义、形式主义、铺张浪费和腐败现象还不同程度地存在。

（六）“十五”期间温州市在长三角地区的发展状况

1. “十五”期间温州生产总值在长三角所占比重的变化趋势

虽然“十五”期间，温州的生产总值还是呈现稳步增长的趋势，但在整个长三角地区中所占的比重却并不乐观，尤其是2003年以来有了较大幅度的下滑，从2002年的4.43%下降到了2005年的3.92%。这再一次反映了温州市的经济增长方式仍以粗放型为主，虽然，温州市也在极力改善这一现状，但并未得到根本性转变。从下面的产业结构分析中，更是可见一斑（见图2－152）。

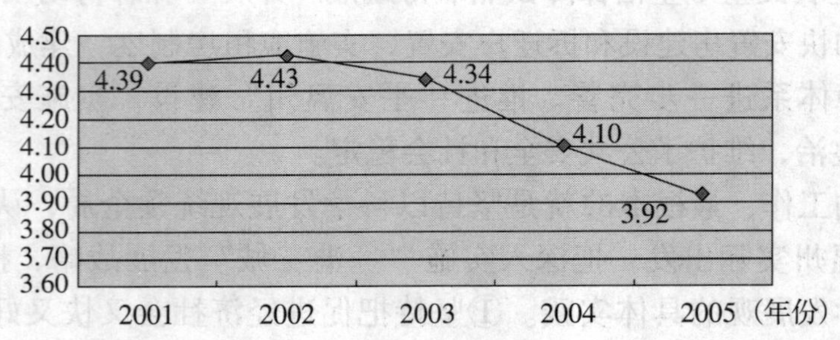

图2－152　2001～2005年温州生产总值在长三角所占的比重（单位:%）

2. “十五”期间温州产业结构变化情况（见图2－153）

从图2－255的数据中，我们可以看到，“十五”期间，温州市的农业产值在整个长三角地区的农业产值中所占的比重都是逐年下降的。这一方面与温州的产业结构调整有关，另一方面，也受到气候的影响，温州市受连续多次强台风和严重的倒春寒等自然灾害影响，所以，虽然对农业进行了一定程度的政策和资金扶持，农业产值仍是不可避免地滑坡了。

制造业是温州市经济发展中很重要的一个产业，但同时也是资源能耗比较厉害的产业，近几年来温州市注意到了经济发展与资源环境之间的矛盾，开始逐步地提升传统产业，培育临港产业和高科技等集约型产业。由于正处在转型期，传统产业正在逐步收缩，

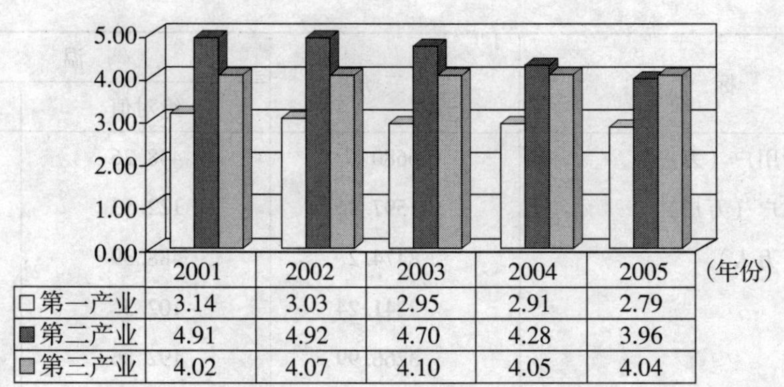

图2－153　“十五”期间温州各产业产值在长三角所占的比重（单位:%）

而新兴产业尚未很好地发挥作用，一定程度上造成了温州市的生产总值近几年在长三角所占比重的下滑。

“十五“期间，与整个长三角的发展态势相比较，温州市的第三产业的发展势头还是很强劲的。分析其第三产业各行业的发展状况，主要是国内贸易、旅游和对外经济这三个行业发展很快，“十五”期间，社会消费品零售总额年均增长11.3%；旅游总收入年均增长20.6%；进口和出口总额年均分别增长26.6%和32.8%。上述数字，再一次表明了温州市在产业结构调整方面所作的努力与成就。

3. 温州市经济社会发展在长三角中的地位（见表2－64）

表2－64　2005年温州市与长三角部分经济社会发展指标比较

指　标	长三角	温州	
		绝对值	比　重（%）
固定资产投资（亿元）			
全社会固定资产投资总额	18978.51	542.11	2.86
国内商业			
社会消费品零售总额（亿元）	13304.55	680.86	5.12
对外经济贸易			
出口总额（亿美元）	2905.28	61.84	2.13
客运量总计（万人）			
公路	292977	25500	8.70
货物运输量总计（万吨）			
公路	190433	12942	6.80
民用车辆拥有量（辆）			
民用汽车拥有量	4920600	279101	5.67
邮电业务总量（亿元）			
年末市内电话（万户）	4507.77	359.07	7.97

续表 2-64

指　　标	长三角	温　　州	
		绝对值	比　重（%）
年末移动电话用户（万户）	6680	448.26	6.71
国际互联网用户（万户）	1597.46	122.53	7.67
从业人员合计（万人）	8474.2	488.39	5.76
第一产业	2241.24	102.3	4.56
第二产业	3266.99	192.86	5.90
第三产业	2965.97	193.23	6.51
教育			
普通中学在校学生（万人）	759.68	46.54	6.13
小学在校学生（万人）	881.43	61.25	6.95

从前面的分析我们可以看到，温州市的生产总值2005年实现了1596.35亿元，按可比价格计算，比上年增长13.0%，“十五”时期年均增长13.5%，表现出了强大的增长势头。究其原因，从拉动经济增长的三大动力来看，2005年，温州市的固定资产投资额为542.11亿元，占长三角的比重为2.86%；社会消费品零售总额为680.86亿元，占长三角的比重为5.12%；在对外贸易方面，出口总额实现了61.84亿元，占长三角的比重为2.13%。从温州市固定资产投资、对内销售额和对外贸易额占长三角的比重的对比来看，温州市的社会消费品零售总额发展得更为迅速些，对经济发展的贡献也更大。温州市的服装、生产等专业市场以及相关贸易和衍生产业在国内外都有了很大程度的发展，从而带动了温州市的整个经济社会发展。并且在其发展过程中，逐渐扩展到了长三角地区的其他城市，对整个长三角的发展起到了良好的促进作用。

基础设施的推进是整个经济发展的基础，温州市在城市规划建设，以及邮电通信方面也投入了大量的资金，并且取得了一定的进展。2005年温州市的公路客运总量为25500万人，货运总量为12942万吨，占整个长三角的比重为8.70%和6.80%。民用汽车拥有量为279101辆，占长三角的比重为5.67%。以上数据显示，温州市的道路建设，以及运输能力的提升与经济发展速度还是比较匹配的，温州对于道路交通的大量投资还是卓有成效的。

在通信发展方面，2005年温州市的年末市内电话用户、年末移动电话用户、国际互联网用户分别实现了359.07万户、448.26万户、122.53万户，占整个长三角的比重分别为7.97%、6.71%、7.67%。在通信发展发面，温州市在浙江省是处于发展前列，从整个长三角的发展来看，也发展得较好。

在考量社会发展水平以及人民生活水平时，从业人员数也是一个比较重要的指标。2005年温州市从业人员总数为488.39万人，占长三角的比重为5.67%。一、二、三产的从业人员分别为102.3万人、192.8万人、193.3万人，占长三角的比重分别为4.56%、5.90%、6.51%。从以上的数据我们可以看到，温州市的农业仍然吸收了大量的劳动力，但是二、三产业也有了一定程度的发展，尤其是第三产业有了较大的发展，吸收了相对较多劳动力，从整个长三角来看，也发展得较快。

教育水平的提高也是体现人民生活水平的重要方面之一，2005 年，温州市的普通中学在校学生为46.54 万人，小学在校学生为61.25 万人，在长三角的比重分别为6.13%、6.95%。温州市在义务教育的实现方面还是投入了大量的人力物力，普遍实现了适龄儿童的入学。

总体来讲，温州市在整个长三角来说属于发展得较好的行列，尤其是社会消费品批发零售业的繁荣，对长三角的其他城市造成了一定的影响，不同程度地促进了这些城市的发展。

泰顺县经济社会发展情况

(一) 泰顺县概况

泰顺位于浙南边陲，温州西南部。先秦属荒服之地，汉至唐历归回浦、章安、永宁、罗阳、安固与横阳县所辖，五代后为瑞安、平阳之远乡，明景泰三年（1452 年）始置县。东北接苍南、文成二县，西北界景宁县，西南与福建省的福鼎、柘荣、福安、寿宁四县相邻。

现县境面积1761.5 平方公里，东西长61.65 公里，南北宽56.55 公里，最东至月湖乡西关村犁壁坑，最南至龟湖乡交溪、南岭尾，最西至岭北乡上蛘村山头仔，最北至黄桥乡联盟村双坑头。辖36 个乡镇，总人口35.2 万。

(二) 泰顺县经济社会发展总体状况

泰顺县是国家级生态示范区、中国茶叶之乡、廊桥之乡。面临新的发展机遇，泰顺县以科学发展观统领全局，继续按照欠发达地区要成为全省新的经济增长点的要求，紧紧抓住发展，牢牢把握稳定，立足泰顺实际，按照“突出发展，建设美丽家园；创新机制，构筑温暖社会；民主执政，打造人民政府”的思路，努力把泰顺建成天蓝、水清、地绿、景美，宜商、宜居、宜游、宜创业的温州大都市“后花园”。

2005 年，泰顺县以改善发展环境、壮大县域经济实力、增加农（居）民收入为重点，全力推进招商引资“一号工程”、“五个十亿工程”、“富民攻坚”工程，竭力推进各项重点工作和主要项目，取得明显成效。招商引资实现重大突破，引进企业26 家，实际到位内资1.13 亿元，利用外资110 万美元，超额完成市下达任务。全年完成工业性投资2.51 亿元，同比增长39.4%。小水电全年发电量5.6 亿度，经济效益创历史最高。全社会固定资产投资9.3 亿元，交通、能源、公共服务等一批设施建成投用或正在加紧建设中；城镇开发有序推进，房地产业创历史新高，完成投资1.07 亿元。采取多种措施增加农民收入，在遭受台风重创的情况下，农民人均纯收入比上年增长7.9%。全力开展计划生育“百日攻坚大行动”，计划生育工作进一步转向制度化、规范化。推进社会事业协调发展，科技、教育、文化、卫生、体育等各项社会事业取得了新成绩。切实关注民生，努力建立为民办实事的长效机制，大力推进社会保障体系建设，解决了一批群众反映比较强烈的热点难点问题。全力做好抗台救灾工作。

（三）泰顺县经济发展状况

1. 全力推进结构调整，经济实力明显增强

“十五”期间，泰顺县坚持加快发展不动摇，积极推进经济结构调整，努力扩大经济总量。2005 年，全县生产总值达到 19. 2 亿元，“十五”期间年均增长 10. 8%；财政总收入 1. 81 亿元，其中地方财政收入 1. 26 亿元，年均分别增长 17. 6% 和 19. 9%；社会消费品零售总额 7. 1 亿元，年均增长 14. 0%；农民人均纯收入 2966 元，年均增长 8. 0%。

三次产业比重由 22∶32∶46 调整为 13. 5∶38. 5∶48。农业在提高效益中平稳发展。蔬菜、茶叶、食草型动物、竹笋两用林等效益型农业持续发展，一批农业龙头企业不断发展壮大，农业产业化进程明显加快。工业在优化结构中强劲增长。从单一的资源型工业逐步向制造型工业拓展，工业总产值从 6 亿元增至 10. 9 亿元，年均递增 12. 6%。实施技改项目 41 个，完成投资 3. 41 亿元；累计获得省市著名（知名）商标 9 只、省市名牌产品 6 个；基本建成罗阳木制品和司前竹制品加工基地，彭月产业转移基地初成规模；建筑业走出低谷后迅速崛起，产值从 4 亿多元增加到 15. 6 亿元。生态旅游在建设和宣传并重中呈现出良好的发展态势。新建九峰、承天氡泉省级风景名胜区和天关山、三魁省级森林公园，建成氡泉香溢度假村、泰顺国际大酒店等旅游接待项目，多形式扩大古廊桥、古民居等宣传，五年来累计接待游客 118. 6 万人次，旅游综合收入 3. 86 亿元，旅游业正逐步成为重要产业。同时，供销、物资、金融、保险、信息、房地产、交通运输、餐饮服务等第三产业也得到快速发展。

2. 努力破解瓶颈制约，设施建设成果丰硕

“十五”期间，泰顺县坚持狠抓设施建设不放松，切实加大道路交通、电力能源、通信设施等建设力度，累计完成全社会固定资产投资 40. 8 亿元。交通建设取得重大成绩，完成投资 8. 5 亿元。开展龙丽温高速公路温州（泰顺）段线位论证前期工作，基本确定了线路走向。52 省道泰顺段改建工程、同三高速公路分水关互通工程建成通车；58 省道（分泰线）改建工程全线动工建设。完成 58 省道大中修 90 公里、县道硬化 286 公里。全面完成通乡公路路面改造任务，改造通村公路路基 409 公里、硬化路面 350 公里。完成仕龟公路改造和乌岩岭至 52 省道连接公路建设，东仕公路改造、珊溪水库泰顺库区路桥复建工程基本完工，启动新 58 省道连接雅阳镇公路建设。电力设施建设稳步推进，完成洪溪一、二级水电站、三插溪二级水电站、仙居水电站建设和南山水电站改造；《交溪综合规划》编制及龟湖水电站建设前期工作顺利推进。完成 110 千伏泰顺变、雅阳变和 35 千伏彭溪变、司前变、筱村变扩建增容及 35 千伏泗溪变工程建设；全面完成农网改造任务，实现城乡同网同价。通信设施日趋完善，全县固定电话主容量达 7. 8 万门，电话主线普及率每百人达 22 部，全县移动电话用户达 8. 6 万户。

（四）泰顺县社会发展状况

1. 大力促进要素集聚，城镇建设加快推进

五年间，泰顺县坚持强化城镇开发不松劲，按照“小县大城关，小乡大集镇”的城镇化发展思路，编制完成县域体系规划和县城总体规划，有序推进城镇建设。促进要素集聚，优先发展县城和重点集镇。以“再建一个县城”的规模，启动和推进县城新城区开发；加快县城旧城改造和城郊拓展工程，城南小区、城西小区、桃花园安居工程等项目基本建成，县城规划建成区面积由3.7平方公里扩大到4.4平方公里；雅阳和平洋开发小区、司前峰门整乡搬迁扶贫开发小区等项目初具规模。全县新增城镇建成区面积1.2平方公里，城镇常住人口达10.92万人，占总人口的31.2%。

2. 着力深化各项改革，机制体制不断优化

泰顺县坚持深化改革不退缩，努力破解体制性障碍，经济和社会事务运行机制明显优化。全面实施农村税费改革，农民负担明显减轻。积极开展行政村规模调整，全县行政村（居）数减少了42%。规范和完善企业改制政策，完成企业改制26家。积极推进政府机构改革，政府管理社会的职能得到强化。全面推进人事制度改革，实行干部全员聘任和专职驻村干部制度，有效增强干部工作责任感。搭建政府统一招投标平台，实施财政资金综合改革，建立健全会计集中核算、政府采购等制度，政府对财政资金的调控能力进一步增强。加快行政审批制度改革，行政审批程序大大简化。积极推进投融资体制改革，完成农村信用社改革；组建浙江宇丰水电集团有限公司，整合、盘活国有资产，增强政府对投资的引导和调控功能。

3. 高度关注民生问题，群众生活明显改善

泰顺县坚持关注民生不怠慢，尽心尽力为民谋利益。深入实施欠发达乡镇奔小康工程，共投入各类扶贫资金1.04亿元，落实扶贫项目510个。积极推进“下山扶贫”，完成下山移民4750户1.91万人；大力实施“农民知识化”工程，开展农民就业技能培训2.47万人，新增输出劳动力1.16万人；深入开展“一户一策一干部”制度，结对帮扶贫困户5068户。全县贫困人口从5.99万人减少到3.21万人。切实关注弱势群体，全县有1.5万特困人口列为低保对象，91%的农村“五保”人员和所有城镇“三无”人员纳入集中供养；加快发展残疾人事业，积极解决残疾人就业、住房等问题。社会保险覆盖面不断扩大，城镇医疗保险制度全面建立，社会保障体系不断完善。推进新型农村合作医疗和大病救助制度，着力解决农民看病难问题。积极开展“和馨行动”，切实维护民工合法权益。深入实施“平安泰顺”建设，加强社会治安综合治理，认真抓好“禁毒扫黄打非”等专项整治活动，依法查处各类治安、刑事案件，整顿和规范市场经济秩序。开展农村食品“三网”建设，建成县食品检验检测中心，食品安全工作得到加强。大力加强环境保护与建设，2002年通过国家级生态示范区验收，2004年生态环境质量评定居全国第九位，人居环境进一步改善。

4. 深入推进科教兴县，社会事业全面发展

坚持统筹社会事业发展不滞后，努力促进社会全面进步。科技开发和推广应用得到

加强，科技知识和先进实用技术进一步普及，各级科技特派员在科技研究和推广中发挥了重要作用。坚持优先发展教育，投入校建资金2.1亿元，其中县级财政投入1.1亿元，改建、新建校舍18万平方米，全面完成学校危房改造任务，新建育才和新城民办学校，建成县职业高中和泰一中新校。加强师资队伍建设，强化教育教学质量督导与评估，教育质量进一步提高，初中升学率从49.5%提高到74%，累计有4010人升入高校就读。

重视文化事业发展，建成36个乡镇电子信息站、7个乡镇文化活动中心；加强文物和传统文化保护抢救，新增省级文保单位5个、县级文保单位18个。以泰顺廊桥为代表的浙江木拱廊桥被列入浙江省申报世界文化遗产预备名单项目，泰顺药发木偶列入国家第一批非物质文化遗产名录推荐名单，15座古廊桥和仕水矴步申报国家级文保单位。加强广播电视设施建设，投入资金5277万元，架设电视光缆1035公里，建成地面卫星接收站75个，97%的村覆盖电视信号，95%的村覆盖调频广播信号。

深化卫生体制改革，进一步完善卫生监督和服务体系网络，全面恢复乡镇卫生院功能，强化社区卫生服务。加强疾病预防控制，实行肺结核病免费诊治、初生婴儿乙肝免费免疫；强化卫生设施建设，公共卫生应急能力和医疗服务水平进一步提高。

建立人口与计划生育利益导向机制，强化基层基础工作，人口持续保持低生育水平。深入开展全民健身运动，体育事业健康发展。同时，审计、统计、民族宗教、外事侨务等工作不断加强，文学艺术、人防、气象、档案、地方志及老龄、妇女儿童、工会、共青团等工作都取得了新的成绩。

5. 加强政府自身建设，行政能力有效增强

坚持加强政府自身建设不懈怠，努力树立政府的良好形象。大力推进效能建设，实行服务承诺制度，提高行政效率。纠正部门和行业不正之风，健全和完善领导干部经济责任审计制度，严厉查处贪污、受贿等腐败行为，深化反腐败斗争。完善重大事项决策程序，推进决策科学化、民主化。制定出台突发公共事件总体应急预案及相关专项预案，提高政府应对突发事件的能力。全面推行政务公开，建立政府新闻发言人制度，开通12345县长热线电话，主动方便群众监督。自觉接受县人大及其常委会的法律监督和工作监督，支持县政协发挥参政议政和民主监督作用，认真办理人大代表议案和政协委员提案。加强电子政务工程建设，建成泰顺网和党政网，初步实现公文无纸化运转，信息化水平明显提高。

四　嘉兴市2005年经济社会发展报告

2005年是攻坚克难、锐意进取的一年。一年来，在中共嘉兴市委的正确领导下，全市上下认真落实科学发展观，主动适应国家宏观调控，深入开展“招商引资年”、“项目推进年”、“效能建设年”活动，努力克服要素制约、强台风连续侵袭等不利影响，开拓创新，扎实工作，较好地完成了市五届人大三次会议确定的年度目标任务。

（一）2005年嘉兴经济发展状况

2005年是“十五”计划的最后一年。全市人民紧紧围绕全面建设小康社会、提前基本实现现代化目标，以加快发展为主题，解放思想，真抓实干，增创新优势，实现新跨越，圆满完成“十五”计划确定的目标任务。

1. 经济实现快速增长，综合实力明显增强（见图2－154）

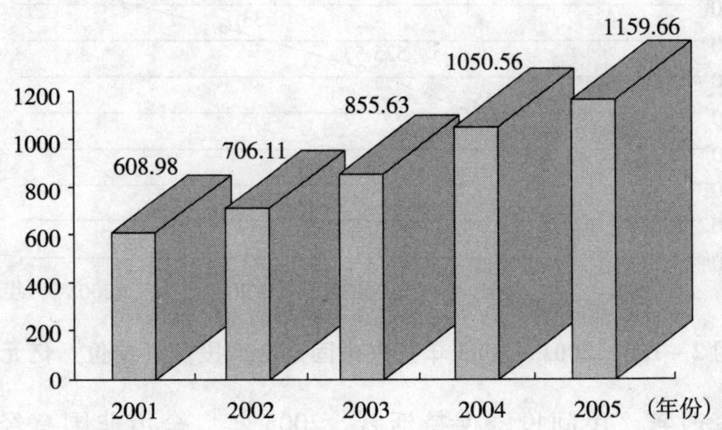

图2－154　2001～2005年嘉兴市国内生产总值（单位：亿元）

经济实现快速增长，综合实力明显增强。2005年，全市生产总值1159.66亿元，按可比价计算，比上年增长13.1%。按户籍人口计算，人均生产总值达34588元，比上年增长12.9%，按当年基准汇率计算达4222美元。

经济结构继续调整，三次产业协调发展。2005年，受国家宏观调控和要素制约双重影响下，全市经济增速较上年内有所减缓，但依然保持稳定较快增长。从三次产业构成上看更趋合理，全年第一产业增加值84.45亿元，比上年增长3.0%，占生产总值的比重由上年的7.4%下降为7.1%；第二产业增加值681.93亿元，比上年增长13.5%；第三产业完成增加值393.28亿元，比上年增长14.7%，占生产总值的比重为34.0%，比上年上升1.9个百分点。

“十五”期间，全市地区生产总值年均增长14.5%，高于“九五”时期平均增速2.5个百分点，其中三次产业年均分别增长4.9%、16.4%、14.2%，分别比“九五”时期加快2.0个、3.6个和0.6个百分点。

完成财政总收入134.9亿元，增长18.7%，其中地方财政收入66.5亿元，增长21.2%。完成全社会固定资产投资729亿元，增长15%。

经济实现快速增长，综合实力明显增强。2005年，全市生产总值1155.71亿元，按可比价计算，比上年增长13.1%。按户籍人口计算，人均生产总值达34588元，比上年增长12.9%，按当年基准汇率计算达4222美元。

2. 三大需求拉动经济稳步增长

1）固定资产投资

固定资产投资继续较快增长（见图2－155）。2005年，全市全社会固定资产投资703.46亿元，比上年增长15.7%，比上年增速回落4.9个百分点。其中，限额以上项目完成投资额641.40亿元，增长15.1%；房地产开发投资120.95亿元，增长5.9%，完成房屋施工面积1433.2万平方米，竣工面积473.6万平方米，分别比上年增长6.2%和76.8%，销售面积282.8万平方米，比上年增长22.5%。

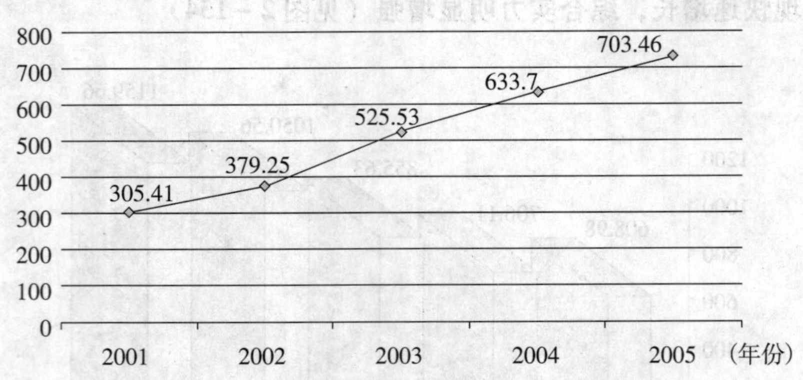

图2－155　2001～2005年嘉兴市固定资产投资（单位：亿元）

投资结构继续改善，民间投资保持活跃。2005年，全市非国有经济固定资产投资（全社会中扣除纯国有投资部分）达586.83亿元，比上年增长14.5%，占全社会固定资产投资的比重达80.1%。非国有经济固定资产投资领域不断扩大，继续保持了制造业、批发零售餐饮业和房地产业等竞争性行业投资的主导地位。限额以上投资中第一、二、三产业投资分别增长25.1%、12.9%和18.0%，第一和第三产业投资增长明显快于第二产业。

重点建设进展顺利。2005年，全市重点建设中，在建项目58项，完成投资104.00亿元，建成和部分建成投产项目22个。

2005年，全市限额以上投资项目中当年施工项目2610个，比上年增长32.0%；当年新开工项目1643个，比上年增长52.8%；建成投产项目680个，比上年下降8.4%，新增固定资产292.50亿元。

2）国内贸易

消费品市场销售稳步增长（见表2－65）。2005年，全市实现社会消费品零售总额374.44亿元，比上年增长15.1%，比上年增速加快0.4个百分点。城镇消费品零售额244.39亿元，增长16.2%；农村消费品零售额130.05亿元，增长13.1%。批发零售贸易业

实现零售额318.06亿元，增长15.2%，餐饮业实现零售额39.70亿元，增长17.4%。

表2-65　2004年、2005年嘉兴市市区居民消费价格指数（上年=100）

分　类	2004年	2005年
市区居民消费价格指数	103.3	101.5
食品类	111.1	102.4
粮食	146.8	100.1
烟酒及用品	102	100.1
衣着	93.4	99.3
家庭设备用品及维修服务	99.5	101.7
医疗保健和个人用品	92.4	97.6
交通和通信	95.5	99.4
娱乐教育文化用品及服务	104.4	101.3
居住	105.4	106.5

"十五"期间，全市累计实现社会消费品零售总额1452.11亿元，是"九五"时期的1.7倍，五年间年均增长13.3%，比"九五"时期提高5.4个百分点。

各类商品市场成交活跃。2005年末，全市拥有各类商品交易市场326个，全年实现商品交易额621.00亿元，比上年增长21.8%，其中成交额超亿元的市场41个，比上年增加4个；超10亿元市场10个。

市场物价保持稳定。2005年，市区居民消费价格比上年上涨1.5%。从分类情况看，食品、烟酒及用品、家庭设备用品及维修服务、娱乐教育文化用品及服务、居住等五个大类商品和服务价格水平比上年有不同程度的上涨，食品类价格上涨2.4%；烟酒及用品类价格上涨0.1%；家庭设备用品及维修服务价格上涨1.7%；娱乐教育文化用品及服务类价格上涨1.3%；居住类价格上涨6.5%。衣着、医疗保健和个人用品、交通和通信三大类商品和服务价格下降，分别比上年下降0.7%、2.4%、0.6%。

生产领域价格较为平稳。全年原材料、燃料、动力购进价格比上年上涨4.6%，工业品出厂价格上涨1.9%。

房地产价格平稳增长，从市区房地产价格变动情况看，2005年全年房屋销售价格水平比上年上升8.4%，其中，商品房价格上升8.6%；二手房销售价格上升7.6%；全年房屋租赁价格水平比上年上升2.3%；全年土地交易价格水平比上年上升12.2%。

3）对外贸易

利用外资总体情况良好。2005年，全市新批外商投资企业440家，比上年减少134家；合同利用外资25亿美元，比上年下降3.0%；实际利用外资11.57亿美元，增长13.0%。受国家宏观调控和要素市场变化的影响，实际利用外资未能完成年度目标任务。对外经济技术合作工作继续稳步推进。全年新办境外企业36家，投资总额1290万美元，

全社会外派劳务714人次。

2005年，全市继续推进招商引资年活动，开放型经济取得新进展，对外贸易实现较快增长。全年引进内资63亿元，增长21%。全年进出口总值达99.22亿美元，比上年增长25.2%。其中出口总值70.44亿美元，比上年增长38.0%；进口总值28.79亿美元，增长2.1%。经济外向度进一步提高，外贸依存度已达70.3%，出口依存度达49.9%。全市出口商品中机电产品、服装类产品等仍占据主导地位，机电产品出口16.50亿美元，增长30.4%，占全市出口总额的23.4%；服装类产品出口21.93亿美元，增长26.7%，占全市出口总额的31.1%。“十五”期间，全市累计实现出口总额205.31亿美元，是“九五”时期的3.6倍，五年间年均增长30.1%（见图2-156）。

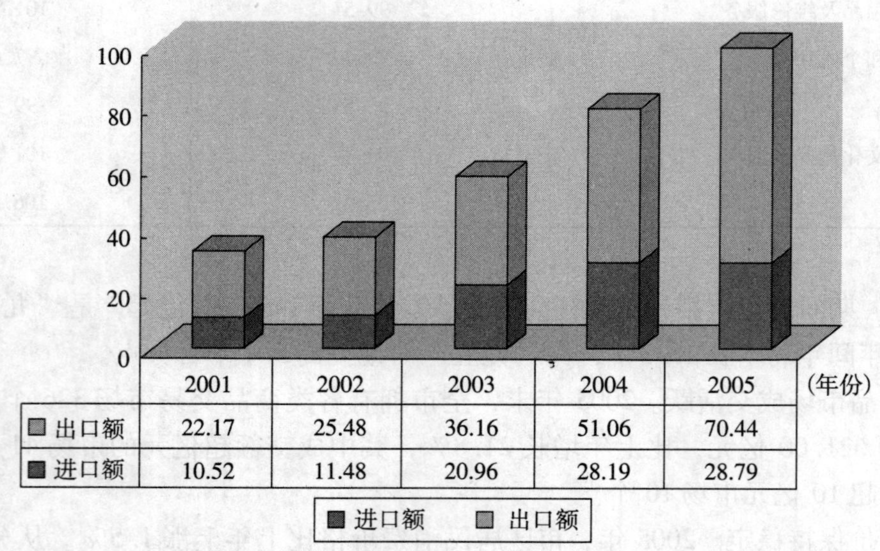

	2001	2002	2003	2004	2005
出口额	22.17	25.48	36.16	51.06	70.44
进口额	10.52	11.48	20.96	28.19	28.79

图2-156　2001～2005年嘉兴市进出口额（单位：亿美元）

嘉兴出口加工区通过国家验收。区域合作交流取得成效，在云南、贵州等地建立蚕桑等农产品生产基地近300万亩。

3. 三大产业保持良好发展势头

1）农业

农业生产保持稳定（见图2-157、表2-66）。嘉兴市编制实施《都市农业发展规划》，推进农业转型增效，农作物种植结构得到了优化，农业综合生产能力继续提高。2005年，全市农林牧渔业总产值139.70亿元，按可比价计算，比上年增长5.2%。

2005年，全年粮食种植面积274.1万亩，比上年增加6.8万亩；油菜子种植面积86.3万亩，比上年增加2.3万亩。蔬菜等其他经济作物种植面积257.2万亩，比上年增加3.7万亩，其中，蔬菜种植面积117.0万亩，比上年增加2.4万亩；果用瓜种植面积17.2万亩，比上年减少0.7万亩；花卉苗木种植面积12.5万亩，比上年减少2.1万亩。粮经面积比由上年的51.3∶48.7调至51.6∶48.4。受自然灾害影响，粮食总产量略有减少，全年粮食总产量119.4万吨，比上年下降4.5%，蔬菜总产量206.5万吨，比上年增长3.8%。

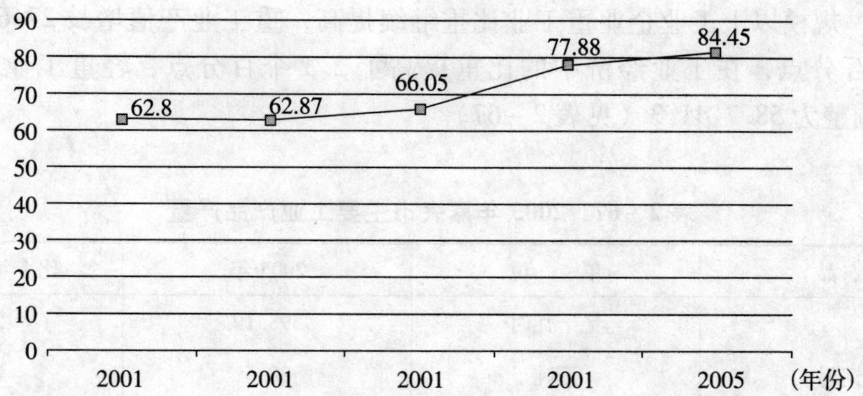

图 2－157　2001～2005 年嘉兴市第一产业增加值（单位：亿元）

表 2－66　嘉兴市 2005 年主要农产品产量

产　品	单　位	2005 年	比上年（±%）
粮　　食	万吨	119.4	－4.5
蔬　　菜	万吨	206.47	3.8
油 菜 子	万吨	13.96	－0.8
蚕　　茧	万吨	3.76	1.7
肉　　类	万吨	33.02	3.4
禽　　蛋	万吨	6.55	16.4
水 产 品	万吨	14.51	4.3

农业结构继续优化，农业综合生产能力不断增强。畜牧、水产业生产继续增长。2005 年，全年生猪饲养量达 788.1 万头，增长 0.2%，肉类总产量 33.0 万吨，比上年增长 3.4%，水产品产量 14.5 万吨，比上年增长 4.3%。特种养殖、花卉、优质水果产量大幅增加，旅游观光和生态休闲农业发展加快，全市已建成各类观光休闲农业园区 28 个；种子种苗基地 61 个，引进新品种 815 个；全市制定农业标准达 374 项，有 87 个农产品在中国浙江农业博览会上获奖，115 个农产品通过国家级无公害农产品认证。

农业产业化经营继续推进，新增市级农业龙头企业 22 家，农民合作社 41 家。农业利用外资进展顺利，签订农业外资项目 36 个，合同利用外资约 2.10 亿美元，实际利用外资 0.67 亿美元。农产品质量提高，动植物疫病防控工作取得成效，全年农产品出口额 6.30 亿美元。成功举办名特优新农产品上海展销会。

2）工业和建筑业

工业生产快速增长。全市工业增加值 608.77 亿元，按可比价格计算比上年增长 13.8%，占地区生产总值 52.7%，比上年提高 0.7 个百分点。全市规模以上工业企业总产值 2148.08 亿元，比上年增长 25.7%，产销率 98.7%，利税 168 亿元，增长 22%。

产品结构调整步伐加快。为适应市场需求变化，一些落后过剩行业生产能力压缩，新产品开发步伐加快，新产品产值在上年高速增长的基础上增长了 34.2%。工业结构继续优化调整。规模以上工业企业重工业比重继续提高，重工业产值增长27.6%，快于轻工业3.3个百分点，在工业经济中的比重提高了2.3个百分点，轻重工业比由上年的60.7∶39.3调整为58.7∶41.3（见表2－67）。

表2－67　2005年嘉兴市主要工业产品产量

产　品	单　位	2005年	比上年（±%）
发电量	亿千瓦时	398.19	31.4
配（混）合饲料	万吨	88.5	12.4
布	万米	149549	25.3
绒线（毛线）	吨	6.5	－99.2
呢绒	万米	681.87	－7.1
丝	吨	24669	5.1
丝织品	万米	6356.36	3.3
服装	万件	42324	7.9
轻革	万平方米	4673	5.3
革皮服装	万件	1352.48	1.4
轮胎外胎	万条	1222.18	15.7
涂料（油漆）	万吨	4.43	36.2
机制纸及纸板	万吨	139.97	30.3
化肥（折100%）	万吨	6.53	－13
化学农药	万吨	1.94	7.5
水泥	万吨	1561.88	9.9
人造板	万立方米	86.64	－5
化学纤维	万吨	131.64	5.8

工业综合经济效益继续得到改善（见图2－158）。据4709家规模以上工业企业统计，全年实现销售收入2068.83亿元，比上年增长26.7%，利税177.37亿元，比上年增长23.5%，其中利润总额101.06亿元，比上年增长25.1%。11项经济效益指标综合得分200.39分。其中，产品销售率98.72%，总资产贡献率12.71%，资本保值增值率126.56%，成本费用利润率5.11%，全员劳动生产率由53674元/人增至60003元/人，资产负债率由65.56%下降为62.66%，亏损率由8.43%下降为7.92%。

深入实施工业立市战略，出台了《先进制造业基地建设重点领域、关键技术和产品导向目录》，引导土地、资金等生产要素向优势产业集聚，工业结构不断优化。工业用电量达123亿千瓦时，增长19%。电子信息等高技术产业增长26%，高于工业平均增速。

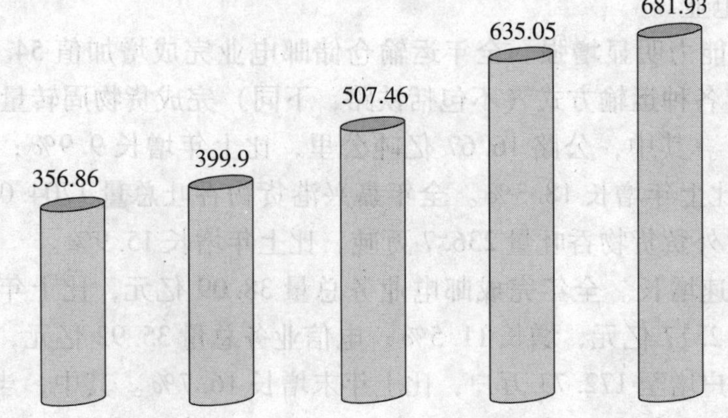

图 2－158　2001～2005 年嘉兴市第二产业增加值（单位：亿元）

注重发展循环经济，促进资源集约利用，工业企业万元产值综合能耗同比下降 7.3%。品牌工程取得实效，新增中国名牌 4 个、浙江著名商标 20 个。

建筑业保持较快增长。2005 年，全社会完成建筑业增加值 72.24 亿元，按可比价格计算比上年增长 11.4%。具有建筑业资质的独立核算企业完成房屋施工面积 2307.4 万平方米，竣工面积 1085.4 万平方米，分别比上年增长 19.7% 和 6.4%。

3）第三产业

第三产业发展加快。认真实施《第三产业发展总体规划》，积极营造三产发展的良好氛围和环境，全年实现社会消费品零售总额 370 亿元，增长 14%。嘉兴会展中心、综合物流园一期和海宁皮革城迁建一期建成使用，易初莲花、国美电器等著名连锁企业入驻嘉兴，江南摩尔、国际中港城等项目加快推进。南湖景区被列为全国红色旅游经典景区，桐乡乌镇被评为中国十大魅力名镇。全市旅游总收入达到 106.7 亿元，增长 24.1%。

4）财政、金融和保险业

财政收入较快增长。全市财政一般预算收入 135.14 亿元，同比增长 18.9%，其中地方财政收入 66.79 亿元，同比增长 21.7%。企业所得税和营业税分别比上年增长 14.9% 和 17.8%。

金融业服务功能进一步完善。2005 年末，全市金融机构存款余额（人民币，下同）1341.75 亿元，比年初增加 172.97 亿元，比上年末多增 175.71 亿元，其中城乡居民储蓄存款余额 737.14 亿元，比年初增加 105.02 亿元，比上年末多增加 105.03 亿元；金融机构贷款余额 960.51 亿元，比年初增加 83.20 亿元，比上年末多增加 93.15 亿元。全年金融机构现金净投放 107.17 亿元，比上年末增加 7.61 亿元。

2005 年，全市新增股份有限公司 13 家，其中 2 家进入上市辅导期，全市正式上市企业累计达 7 家。

保险业稳步发展。2005 年，全市保费收入 27.14 亿元，增长 9.6%。其中，财产险保费收入 8.75 亿元，增长 19.1%；人寿险保费收入 18.39 亿元，增长 5.6%。全年赔付额 6.64 亿元，增长 27.7%。其中，财产险赔付金额 5.66 亿元，增长 44.4%；人寿险赔付金额 0.97 亿元，下降 27.2%。全年人寿险期满返还金额 1.06 亿元，比上年增长 60.6%。

5）交通和邮电业

交通运输综合能力明显增强。全年运输仓储邮电业完成增加值54.07亿元，比上年增长23.1%。全年各种运输方式（不包括铁路，下同）完成货物周转量97.41亿吨公里，比上年增长29.6%。其中，公路16.67亿吨公里，比上年增长9.9%；全年旅客周转量47.18亿人公里，比上年增长18.3%。全年嘉兴港货物吞吐总量1704.0万吨，比上年增长26.3%，其中，外贸货物吞吐量236.7万吨，比上年增长15.9%。

邮电通信业快速增长。全年完成邮电业务总量38.09亿元，比上年增长11.7%。其中，邮政业务总量2.17亿元，增长11.5%；电信业务总量35.92亿元，增长11.8%。年末城乡固定电话用户增至172.73万户，比上年末增长16.7%。其中，当年新增固定电话用户23.53万门，年末住宅电话用户达93.26万户，比上年末增长4.9%；年末全市移动电话用户232.97万户，比上年末增长16.8%。电话普及率由上年末的104.0部/百人提高至121.0部/百人。互联网络用户达到37.56万户，比上年末增长10.3%，其中注册用户20.89万户。

6）旅游业

旅游业较快发展。2005年，全市共接待海内外游客1403万人次，旅游总收入106.60亿元，比上年分别增长21.9%和23.0%。其中，接待外国、港澳台游客43万人次，增长26.0%，旅游外汇收入1.20亿美元，比上年增长39.0%；接待国内游客1360万人次，比上年增长21.8%，国内旅游收入97.00亿元，比上年增长23.0%。

（二）2005年嘉兴社会发展状况

1. 各项改革不断深化

出台《深化完善政府机构改革方案》，完成了市级机关11个部门"三定"方案的调整工作。行政集中审批范围继续扩大，招投标统一平台功能得到提升。事业单位改革进展顺利，完成了87家市属事业单位的改制工作。强化行政监督，效能监察和经济责任审计进一步加强。农村乡镇综合改革试点工作扎实推进。国资监管力度加大，对13家市级国资营运公司进行了清产核资，纳入监管范围的国有经营性资产总量已达312.2亿元。企业改革继续深化，改组改造股份公司13家，新增上市企业1家。积极培育各类中介服务组织，全年新增中介组织21家。认真落实国务院稳定房价八项措施，建立房地产市场信息互通和政策协调机制，促进了房地产业规范健康发展。个人信贷征信、食品安全信用建设稳步推进，社会信用体系逐步完善，市场秩序进一步规范。

2. 城乡建设扎实推进

沪杭高速公路拓宽工程全线贯通，杭浦、申嘉湖（杭）、杭州湾大桥北岸连接线等高速公路建设加快推进，嘉善大道、嘉湖大道建成通车，07省道市区段改建工程基本完成，建成乍浦港区3个万吨级以上码头，内河国际集装箱港建设开始启动，南郊河工程完成进度的65%。平湖、海盐、海宁治江围垦工程进展顺利。中心城市建设步伐加快，中环东路延伸段、三塔路改造等基本完成，小街小巷整治全面推进，完成危旧房拆迁3.5万平方米，新增城市绿地1400亩，成功创建国家园林城市。理顺城市保洁管理体制，全面

启动“数字城管”，市区“三乱”和无牌无证营运三轮车专项整治取得实效，城市管理水平进一步提高。电源电网建设力度加大，恒洋、协鑫等热电联产项目建成投产，220千伏桐乡青石变、嘉善变3号主变扩容工程等建成使用，新增110千伏以上变电容量162万千伏安。城乡交通、供水等一体化进程加快，新建连村到组公路1502公里，全市已有827个行政村开通公交线路；开工建设南郊贯泾港水厂，加快供水管网建设，新增城市管网供水人口31.5万人。深入开展城乡环境综合整治，全年疏浚河道1027.9公里，市区完成16家工业污染和危险源改造、整治任务。“百村示范、千村整治”工程扎实推进，农村生活垃圾集中收集率达到90%。

3. 人民生活水平继续提高，社会保障体系不断完善

人口继续保持低增长。2005年末，全市人口出生率7.03‰，死亡率7.15‰，自然增长率-0.12‰。全年迁入人口3.66万人，迁出人口3.32万人，人口机械增长率1.02‰。年末全市户籍人口达334.33万人，比上年末增加0.40万人。

城乡居民生活水平继续提高（见图2-159）。据抽样调查资料显示，2005年，全市城镇居民人均可支配收入16189元，比上年增长10.2%；全市农村居民人均纯收入8007元，比上年增长14.0%，“十五”期间，全市城乡居民收入年均增长均达11%以上。居民家庭恩格尔系数均在40%以内，城镇为36.0%，农村为37.5%。年末城镇居民家庭住房人均建筑面积31.75平方米；农村居民人均生活用房建筑面积61.50平方米。同时，仍有部分低收入居民家庭生活比较困难。

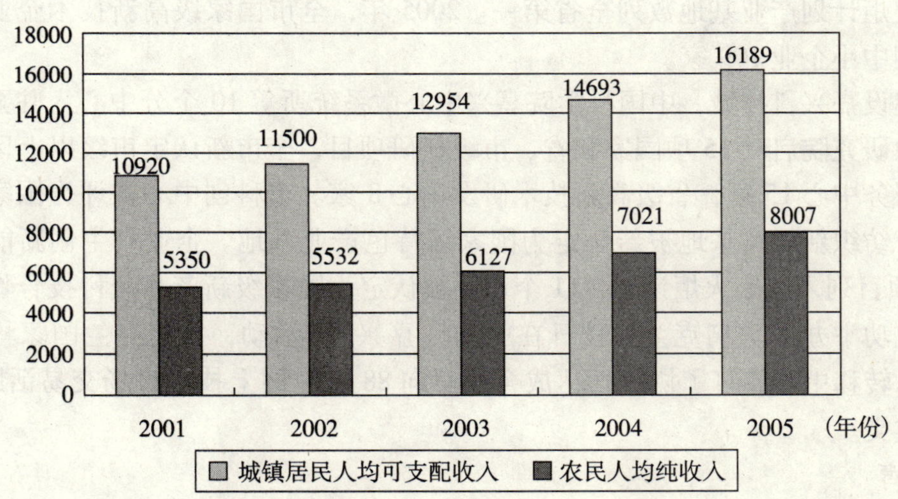

图2-159　2001~2005年嘉兴城乡居民收入对比（单位：元）

社会保险事业稳步发展。2005年末，全市参加社会养老保险统筹的城镇职工99.86万人，其中在职职工73.69万人，离退休人员19.30万人。全年共发放养老金19.55亿元；失业保险参保人数达37.9万人，领取失业保险金的人员有0.8万人。

社会救济和社会福利工作成效明显。2005年末，有福利院6个，床位393张；老年公寓4所，床位455张；社会办敬老院83所，床位5404张，比上年增加470张；年末在院人数4479人，比上年增加305人。城乡居民家庭实施最低生活保障制度的保障对象分别为 8116 人和 30369 人，分别比上年下降 0.1% 和 4.3%。保障资金总额 3694.3 万元，比上年增长 7.1%。

就业和再就业工作成绩明显。各级政府深入实施就业和再就业工程，继续完善公共就业服务体系和健全人力资源市场网络。2005 年末，全市共有职业介绍机构 106 家，全年举办各类劳动力招聘活动 330 次，提供就业岗位 25.4 万个；同时，举办各类职业技能培训 525 期，培训结业人数达 1.91 万人，有 68.7% 的人实现了就业。年末全市城镇登记失业率为 3.8%，与上年持平。

4. 科教文卫体事业全面发展

1）科技

科教兴市战略加快实施，科技研究开发及产业化发展取得新成就。2005 年末，全市拥有县级以上国有独立研究开发机构 11 个，全市人才资源总量 23.9 万人，比 2004 年增加 2.1 万人，增长 9.6%。科技成果不断涌现，全年获得市级以上各类科技成果 118 项，其中，获得省级科技成果奖 17 项，市级科技成果奖 101 项。技术市场发展平稳，全年经认定登记技术交易金额 8819.0 万元，交易合同数 1186 项。

高新技术园区建设取得新进展，高新技术产业发展加快。2005 年，嘉兴市高新园区入驻企业达 400 家，完成技工贸总收入 74.13 亿元，利税 8.90 亿元，引进外资项目 19 个，合同利用外资 1.21 亿美元。特色产业基地区域格局逐步形成，嘉兴电子信息、海宁纺织新材料、桐乡特种纤维和平湖光机电等特色产业已成为国家级产业基地，目前嘉兴市国家级火炬计划产业基地数列全省第一。2005 年，全市国家级高新技术企业达 36 家，省级科技型中小企业 109 家。

启动建设嘉兴科技城，中国科学院嘉兴中心微系统所等 10 个分中心入驻嘉兴，浙江清华长三角研究院启动 15 项国家和省、市级科研项目，全市新认定市级以上区域科技创新、创业服务中心 15 家，省级高新技术研发中心 8 家。市科创中心被评为国家级科技孵化器，海宁纺织新材料基地被新认定为国家级特色产业基地。企业自主创新能力得到增强，26 个项目列入国家火炬计划，11 个产品被认定为国家级新产品。科技合作领域进一步拓宽，成功举办了“乌克兰科技日在中国（嘉兴）”活动，与乌克兰国家科学院就共建国际技术转移中心签订了协议，达成合作意向 88 项。网上技术市场交易活跃，173 个项目签约成交。

2）教育

教育事业取得新成就。2005 年，全市拥有各类学校（含幼儿园）995 所，在校生 64.50 万人，其中，高等教育学校 8 所，在校生 3.70 万余人，普通高中 41 所，在校生 6.44 万人，初级中学 127 所，在校生 14.0 万人，小学 391 所，在校学生 26.6 万人。全市义务教育各项主要指标继续保持全省前列，初中和小学入学率分别达 99.98% 和 100%。初中、小学学生巩固率分别为 99.96% 和 100%。初升高比率达 94.12%，比上年提高 1.39 个百分点。高等教育发展较快。2005 年，全市普通高校招生 8089 人，毕业学生 4185 人，比上年增长 41.9%。高等自学考试和成人教育快速发展。自考报考人数 4.77 万人，1655 人获得大专以上文凭，比上年增长 82.3%；成人高等学历教育毕业班学生 4890

人；成人中等专业学历教育招收学生1490人，毕业班学生1345人。农村成人文化教育不断加强，各类文化技术培训40.4万多人次，相当于全市农村劳动力的27.0%。教育体制改革步伐加快，全市新设各类民办学校达55所。

教育强县创建成果得到巩固，平湖、海盐、桐乡通过省级教育强县复评，义务教育和高中段教育保持全省领先水平，普职比为1:1，高考上线率达到90.7%。实施农村中小学校"四项工程"，积极创建省级示范学校，全市101所中小学通过省学校建设标准化验收，城乡办学条件继续改善。嘉兴学院综合实力得到提升，嘉兴职业技术学院新校区建成使用，嘉兴南洋职业技术学院三期开工建设，嘉兴城市大学正式成立，全市高校在校生规模达到3.6万人。教育体制改革步伐加快，全市新设各类民办学校55所。

3）文化

文化、新闻出版和广播电影电视事业进一步发展。2005年末，全市共有文化艺术表演团体3个，艺术表演场所9个，群众艺术馆1个，文化馆7个，文化站74个，公共图书馆8个，图书藏书量199.0万册。有各类电影放映单位87家，广播电台6座，电视台6座，全市行政村有线电视联网率达到100%，广播和电视人口覆盖率均达100.0%，数字电视已进入百姓人家。

广播影视文艺创作再上新台阶，群众文化生活丰富多彩。2005年，全市积极推进文化大市建设，努力创建江南水乡历史文化名城，积极开展群众喜闻乐见的文化活动，文艺创作又创新绩。成功举办2005中国·嘉兴江南文化节、江南丝竹湖畔音乐会、"秋之歌"江南风情合唱音乐会、第八届巴金国际学术研讨会及2005中国·嘉兴国际漫画展等一系列活动，参加人数近30万人次。文艺创作硕果累累，有50多篇小说在全国性文学刊物上发表。获省级以上荣誉的各类文艺作品近70余件。其中，获国家级金奖一件；获浙江省广播电视文艺奖一等奖一件。市区已组建了业余合唱团160多个，完成176场广场文艺演出；放映广场电影425场次。继续做好文化遗产保护工作，完成了《马家浜博物馆设计方案》等多项规划；完成了国家级南湖烟雨楼和市级文物保护单位清真寺的修缮工作。

4）体育

竞技体育实力不断增强，全民健身活动广泛开展。2005年，嘉兴市在浙江省青少年运动会上共获得金牌46.5枚，银牌57枚，铜牌70枚，以总分2221分的总成绩列全省第五位。以全民健身宣传为契机，倡导科学锻炼，不断将全民健身活动引向深入。全市全年共组织举办综合性健身活动达45次，参加人数约28万人次。

5）卫生

卫生事业继续发展，公共卫生应急处置能力进一步加强，防控高致病性禽流感、抗击霍乱取得阶段性胜利。卫生基础设施建设稳步推进，2005年末，全市共有医疗卫生机构746个，卫生技术人员14280人，其中医生6054人，注册护士4607人，医疗床位11165张。平均每千人拥有医生1.81名，每千人拥有医院床位3.34张，基本满足了全市人民对卫生服务的需求。防病治病水平进一步提高。医疗服务能力得到扩大，全年门急诊病人1504.92万人次，住院29.1万人次，2005年市公共卫生中心建成并投入使用。

全市已累计建成96个社区卫生服务中心和732个社区卫生服务站，社区卫生服务体系基本形成。全市无偿献血31680人次，献血量953.5万毫升；无偿献血占临床用血比例达100%。

全市乡（镇）、村合作医疗覆盖率均达100%，乡镇初保达标率为100%。全市农村自来水受益率达93.2%，全市农村农户改厕率达90.1%。

6）社会事业取得新成绩

深入开展以“双百、双千、双万”为主要内容的文化下农村进社区活动，成功举办江南文化节，群众文化生活丰富多彩。文艺创作成果丰硕，70件作品获省级以上奖项。海盐滚灯等7种民间艺术列入首批省非物质文化遗产代表作名录。市公共卫生中心建成使用，社区卫生服务扎实开展，卫生服务体系不断完善。积极防控高致病性禽流感，霍乱防治取得阶段性胜利，公共卫生应急处置能力进一步增强。医疗市场开放步伐加快，首家中外合资医院——浙江新安国际医院开工建设。积极开展体育强县、镇创建活动，群众体育和竞技体育协调发展，嘉兴籍运动员在第十届全运会上获得5枚金牌。市体育中心建设进展顺利，市民健身中心、残疾人奥林匹克体育中心动工兴建。全面完成经济普查登记工作，1%人口抽样调查开始启动。气象、档案、地方志、外事、侨务和对台工作取得新成绩。

5. 社会保持和谐稳定

落实就业优先政策，积极开展以“四送一落实”为主要内容的就业援助月活动，帮助8584名就业困难人员实现再就业。健全政府清欠机制，强化企业用工管理和劳动监察，打造“无欠薪城市”。整合市人才和劳动力市场，人力资源中心市场服务功能得到提升。社会保障覆盖面继续扩大，全市养老、失业、生育保险参保人数分别新增5.4万人、1.9万人和4.1万人。医疗保险体系建设积极推进，职工基本医疗和城乡居民合作医疗保险参保人数分别达到61.6万人、227.5万人。成立了全市首家惠民医院。扶贫助学制度进一步完善，筹措资金1375.6万元，资助贫困生2.8万名。围绕2004年初人代会确定的与人民群众生产、生活密切相关的10件实事，认真做好责任分解，强化督察，狠抓落实，确保了实事项目按时完成。重视民族宗教、人口和计划生育工作，支持发展残疾人事业、慈善事业和志愿服务事业。深入开展法制宣传教育，认真做好信访工作，妥善处理人民内部矛盾。高度重视安全生产，实现了省政府下达的“三个零增长”目标。加强社会治安综合治理，依法打击各类违法犯罪活动。国防后备力量建设取得新成绩，荣获全国人民防空先进城市称号。

6. 城市建设与环境保护取得新发展

城市建设步伐加快，中心城市功能不断完善。2005年，全年道路建设项目已完成投资5.84亿元，新增道路面积173.2万平方米，中环东路延伸段、新气象路延伸段、三塔路等改造工程基本完成。市区新增绿地面积约432.7公顷，市区历史街区保护开发建设取得新进展，梅湾街西区、月河历史街区、芦席汇街区沿河民居修缮工程已基本完成。集中开展了公园绿地大整治、市政设施大整修、环境卫生大治理、沿街沿路大美化行动，市容市貌焕然一新，成功创建国家园林城市。乡村康庄工程建设进一步深入推进。积极

探索并创新城市管理体制，推行了数字化城管新模式，管理水平再上新台阶。

全市环境综合整治工作取得新进展，城乡环境面貌继续改观。全市水环境整治成效显著，大气环境质量稳步提高，声环境质量继续好转，固体废物污染防治得到加强。2005 年末，全市烟尘控制区和噪声达标区面积分别达到 206.4 平方公里和 142.0 平方公里，大气中可吸入性颗粒物得到了有效控制。水污染防治工作继续强化，全市污水集中处理能力已达63 万吨/日，新增11 万吨/日。污水入网建设进度加快，全市污水入网量已达42 万吨/日，比上年增长7 万吨/日。市河整治和城市绿化继续推进，生活污水集中处理量已达11 万吨/日，市区管网覆盖率达到70%，收集率达到60%。

（三）“十五”时期嘉兴经济社会发展回顾

1. 综合实力跃上新台阶

“十五”期间，全市地区生产总值五年实现翻番。全市地区生产总值年均增长14.5%，高于“九五”时期平均增速2.5 个百分点，经济总量列全国地级以上城市第41 位，五县（市）全部进入全国百强县前30 位。其中，三次产业年均分别增长4.9%、16.4%、14.2%，分别比“九五”时期加快2.0 个、3.6 个和0.6 个百分点。

财政总收入为“九五”末的3.4 倍，年均增长27.5%。五年累计完成全社会固定资产投资2574 亿元，是“九五”的2.8 倍，年均增长22.5%。农业综合生产能力显著增强，传统农业向都市农业转型步伐加快，2005 年，农业增加值超过80 亿元，粮经比由“九五”末的58:42 调整到52:48。工业经济快速增长，产业层次不断提升，工业增加值达到600 亿元，五年增长1.1 倍。高技术产业实现产值75 亿元，是“九五”末的1.6 倍。第三产业加快发展，对经济发展的贡献度明显提高，2005 年三产税收收入在地方财政收入中的占比已达56.4%。三次产业比由“九五”末的11.2:55.3:33.5 调整到7:60:33。

2. 城乡面貌发生显著变化

路网结构不断完善，新建改建高等级公路253 公里，每百平方公里通车里程达到78.3 公里，市域内基本形成“半小时交通圈”。港口开发和内河航道改造步伐加快，建成万吨级以上码头泊位6 个，改造内河航道202 公里。电源电网建设成效显著，新增装机容量544.1 万千瓦、35 千伏以上变电容量628.5 万千伏安。自来水日供水能力达到82 万吨，污水日处理能力达到63 万吨。中心城市建设力度加大，初步形成“三横三纵三环十放射”的城市道路主体框架，建成区面积由“九五”末的32.6 平方公里扩大到60.6 平方公里。现代化网络型大城市粗具雏形，城市化水平由“九五”末的38%提高到50%。

3. 经济市场化和国际化程度明显提高

经济体制改革向纵深推进，要素市场不断健全，国有经济布局的战略性调整基本完成。国资监管体系初步建立，按同口径比较，市级国有资产总量从“九五”末的194.4 亿元增加到358 亿元。民营经济实现新跨越，在国民经济中的占比达到70%以上。开放型经济加速发展，五年累计实际利用外资36.9 亿美元，是前五年的5.5 倍；完成进出口总值304 亿美元，其中出口204.87 亿美元，分别是“九五”的3.7 倍和3.6 倍。经济外向度从“九五”末的41.7%提高到66.3%。

4. 社会文明程度不断提高

深入实施公民道德建设纲要，文明城市创建活动扎实开展，市民素质和社会文明程度进一步提高，实现了省级文明城市“满堂红”。科技进步水平明显提高，市及各县（市）连续三轮进入全国科技进步先进行列。人才资源开发成效显著，每万人人才拥有量由“九五”末的396人提高到780人。各类教育蓬勃发展，基本普及15年教育。文化设施建设不断加快，“一院三馆”等一批标志性文化设施建成使用，文化事业全面繁荣。公共卫生服务体系逐步健全，全民健身运动深入开展，竞技体育取得新成绩，城乡居民健康水平逐年提高，人均期望寿命达到79.2岁。

5. 人民生活显著改善

2005年，城镇居民人均可支配收入16000元，农村居民人均纯收入8000元，均为“九五”末的1.7倍。城镇居民人均住房建筑面积达到29.6平方米，比“九五”末增加7平方米。以市场为导向的就业机制基本形成，“十五”期间累计增加城镇就业岗位24.5万个，帮助13.6万名城镇下岗失业人员实现了再就业。养老、失业、医疗等社会保险覆盖面不断扩大，新型社会救助体系初步形成，多层次、广覆盖、可衔接的社会保障制度逐步建立。2005年末，居民人均储蓄达到2.2万元，五年增长1.3倍。教育文化、旅游休闲等支出大幅增加，汽车、电脑等正成为新消费热点，城乡居民恩格尔系数分别从2000年的37.9%和43.6%下降为36.3%和38%，城乡居民生活质量明显改善，总体向宽裕型小康迈进。

6. 民主法制建设得到加强

行政管理体制改革扎实推进，事业单位改革迈出步伐，政企、政事、政社关系进一步理顺，政府公共服务能力得到加强。坚持重大事项向人大报告制度，认真执行人大及其常委会的决议、决定，及时向政协通报情况，加强与各民主党派、工商联和人民团体的联系。完善基层民主自治，推进政务公开，强化行政监察和经济责任审计，政府工作的规范化水平不断提高。深入开展“四五”法制宣传教育，全面实施《行政许可法》，依法行政能力不断增强。

（四）嘉兴市在长三角地区的发展状况（见表2－68）

表2－68　2005年长三角与嘉兴部分经济社会指标比较

指　　标	长三角	嘉　兴	比　例（%）
固定资产投资（亿元）			
全社会固定资产投资总额	18978.51	703.46	3.71
国内商业			
社会消费品零售总额（亿元）	13304.55	374.44	2.81
对外经济贸易			

续表 2－68

指　　标	长 三 角	嘉　兴	比　例（%）
出口总额（亿美元）	2905.28	70.44	2.42
运输			
公路客运量总计（万人）	292977.00	15747.00	5.37
公路货物运输量总计（万吨）	190433.00	2596.00	1.36
民用车辆拥有量（辆）			
民用汽车拥有量	4920600.00	132673.00	2.70
邮电业务总量（亿元）			
年末市内电话（万户）	4507.77	172.51	3.83
年末移动电话用户（万户）	6680.00	243.90	3.65
国际互联网用户（万户）	1597.46	41.45	2.59
从业人员合计（万人）	8474.20	240.83	2.84
第一产业	2241.24	42.40	1.89
第二产业	3266.99	144.45	4.42
第三产业	2965.97	53.98	1.82
教育			
普通中学在校学生（万人）	759.68	20.42	2.69
小学在校学生（万人）	881.43	26.60	3.02

嘉兴市国内生产总值在长三角的比重，2001～2004 年间稳步提高。但 2005 年该比重明显下降（见图 2－160）。嘉兴市的经济发展主要受到经济运行的结构性、素质性矛盾制约，经济增长方式仍显粗放，产业层次整体水平不高。资源要素制约加剧，环境保护尤其是水环境问题突出，这些问题进一步加大了嘉兴经济增长和社会发展的压力。

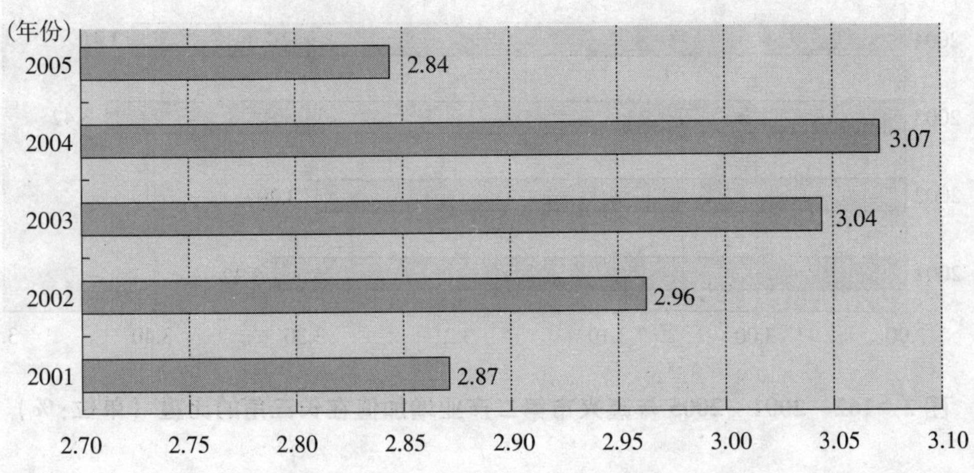

图 2－160　2001～2005 年嘉兴市国内生产总值在长三角的比重（单位：%）

嘉兴市的第一产业发展势头良好（见图2－161），2001～2004年，其第一产业在长三角的比重逐年上升，2005年略微下降。嘉兴市着力构筑都市型现代农业体系，大力推进农业产业化经营，促进农业增效、农民增收。农业产业结构的优化和农业产业化经营为嘉兴的农业发展注入了许多活力，实现了第一产业的稳步增长。

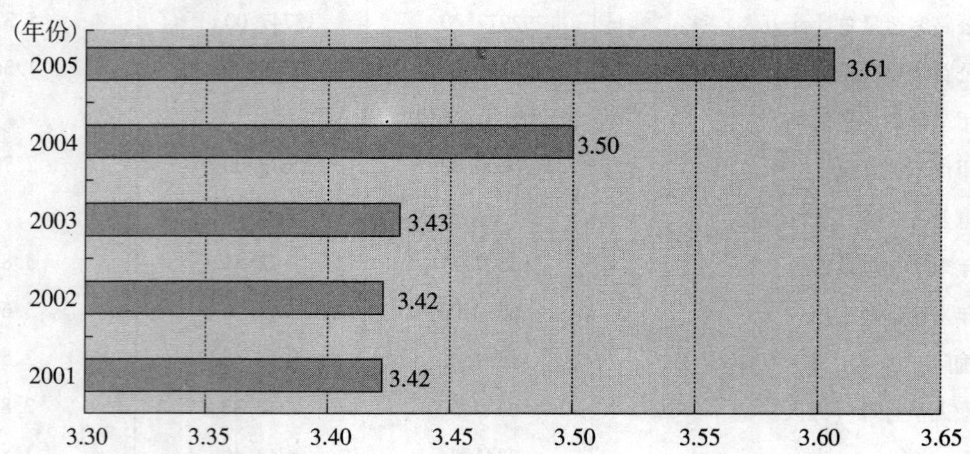

图2－161　2001～2005年嘉兴市第一产业增加值在长三角的比重（单位：%）

2005年，嘉兴市的第二产业在长三角的比重为3.1%。嘉兴城市化水平偏低，中心城市的集聚辐射带动效应还不够强，但坚持走新型工业化道路，重点发展临港、高技术、装备制造、特色优势四大产业集群，使产业竞争力逐步提升。目前，嘉兴正在有序开发乍浦、独山、海盐三大港区，打造现代化、多功能、综合性的嘉兴港。嘉兴市大力发展临港型工业和高技术产业，加快建设化工、煤炭、粮食等物流中心，同时积极推进滨海旅游开发，着力构建滨海产业新高地（见图2－162）。

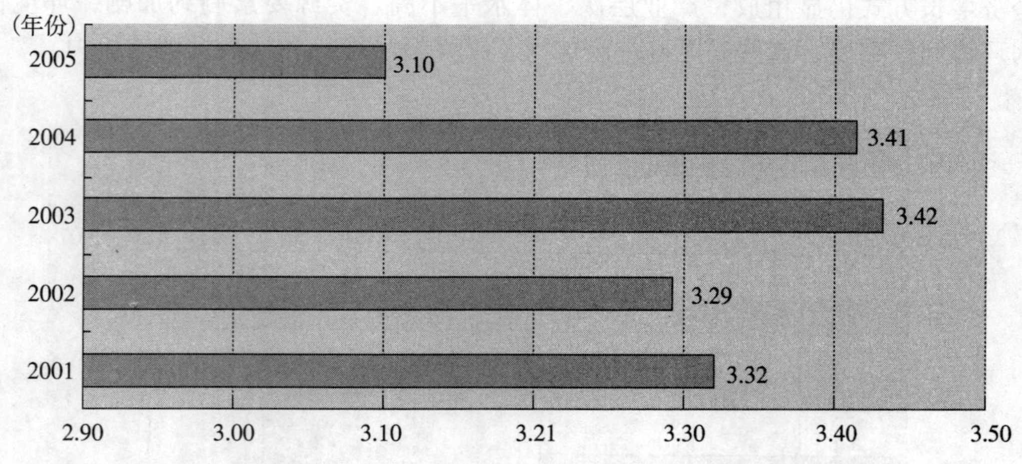

图2－162　2001～2005年嘉兴市第二产业增加值在长三角的比重（单位：%）

嘉兴市确立了服务业的优先发展地位，着力提高服务业的规模和水平。“十五”期

间，嘉兴的第三产业在长三角的比重基本成平稳上升的趋势，2005 年该比例稍有回落，为 2.39%（见图 2－163）。

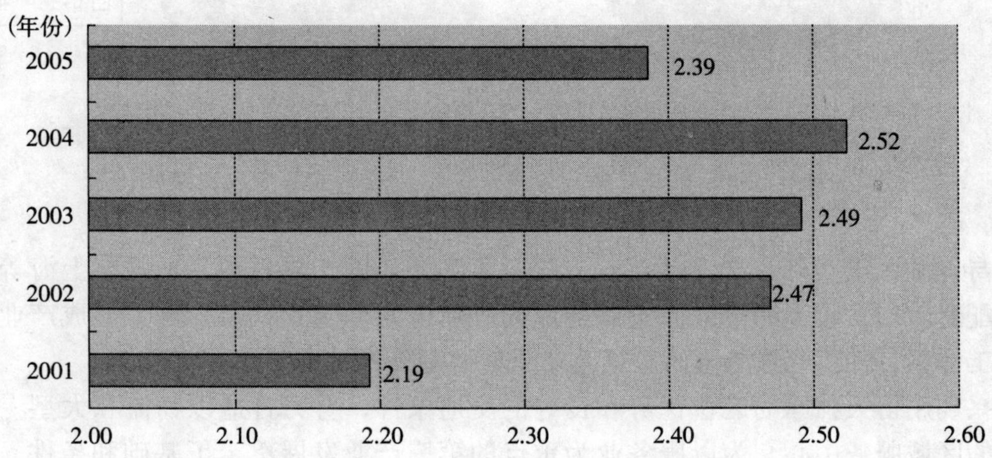

图 2－163 2001～2005 年嘉兴市第三产业增加值在长三角的比重（单位：%）

2005 年，嘉兴市全社会固定资产投资总额达 703.46 亿元，占长三角地区总额的 3.71%。社会消费品零售总额为 374.44 亿元，达长三角地区的 2.81%。在对外经济贸易中，嘉兴的出口总额为 70.44 亿美元，占长三角地区的 2.42%。长三角地区经济扩张性竞争日趋激烈，嘉兴在新一轮长三角竞争和合作发展中面临着难得的机遇和优势，同时也面临着前有标兵、后有追兵的压力和挑战。

嘉兴的对外交通条件不断改善，得天独厚的区位优势逐渐明显。嘉兴的公路客运量为 15747 万人，占长三角地区公路客运总量的 5.37%；公路货物运输量为 2596 万吨，为长三角地区公路货运总量的 1.36%。嘉兴市的民用汽车拥有量为 132673 辆，占长三角地区民用汽车拥有数量的 2.70%。

嘉兴市的通信事业也稳步发展，2005 年末，市内电话总量为 172.51 万户，移动电话用户为 243.90 万户，国际互联网用户为 41.45 万户，在长三角的比例分别为 3.83%、3.65% 和 2.59%。

嘉兴市各产业从业人员总数为 240.83 万人，占长三角从业人员总数的 2.84%。其中，第一产业从业人数为 42.40 万人，占长三角地区第一产业从业人员的 1.89%，第二产业的从业人员数为 144.45 万人，占长三角地区的 4.42%，第三产业从业人员人数为 53.98 万人，占长三角地区的 1.82%。长三角地区的一、二、三产业从业人员结构大致为 26:39:35，而嘉兴市的第一产业从业人数比例仅为 18%，第三产业从业人员比例也低于长三角水平，为 22%。嘉兴市第二产业从业人员比重明显偏高，达到 60%（见图 2－164）。

嘉兴市的教育发展平稳，普通中学在校生为 20.42 万人，占长三角比例的 2.69%，小学在校生为 26.60 万人，在长三角的比重为 3.02%。

嘉兴市作为长三角的产业配角，强化了长三角先进制造业的配套服务功能。嘉兴按

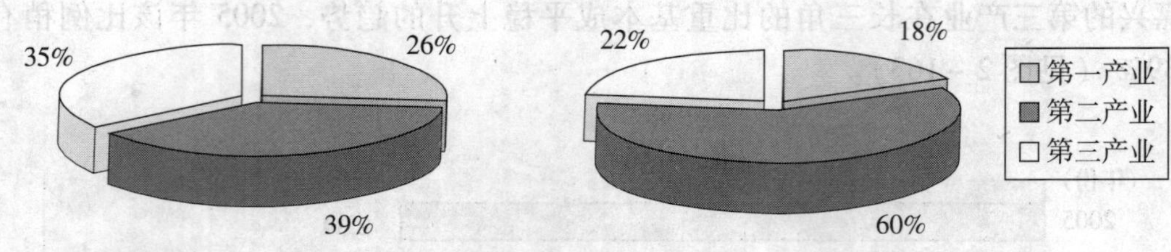

1）长三角地区一、二、三产业从业人员结构　2）嘉州市一、二、三产业从业人员结构

图 2－164　2005 年长三角与嘉兴一、二、三产业从业人员结构比较

照“主导产业配套、新兴产业共建、一般产业互补”的指导思想，加强与上海等地支柱产业的配套协作，将上海等地先进制造业的产业链延伸至嘉兴市，努力形成产业水平和垂直分工体系，使嘉兴成为上海等地企业重要的零部件供应基地。

嘉兴利用得天独厚的区位优势和良好的交通条件，努力打造以物流和大型专业市场为重点的区域服务中心，为以服务业为重点的第三产业发展奠定了基础和条件。嘉兴重点加快发展大型专业市场、旅游休闲、现代物流、房地产业、职业技术教育、医疗康复、酒店会展等行业。并以服务大嘉兴为前提，加快发展商贸流通业、信息服务业、金融保险业、中介服务业、社区服务业和社会事业。

海盐县经济社会发展情况

（一）海盐县概况

1. 地理环境

海盐地处沪、苏、杭、甬四大城市的交通节点，地理位置优越，历史文化悠久，旅游资源丰富，经济发展迅速，列 2004 年全国综合实力百强县第 30 位。

海盐县位于长江三角洲的东南端，以太湖为中心的碟形盆地边缘，东濒杭州湾，西南邻海宁，北连平湖和嘉兴。距上海 100 公里，杭州 98 公里，苏州 120 公里，宁波 200 公里（杭州湾大桥建成后 100 公里）。

海盐县境内陆地部分坐落在海盐—钱清凸起上，此凸起形成于二叠纪末，距今约 250 万年，现代地层主要是海相沉积、灰黑色粉砂质黏土。以下为陆相河流沉积，灰绿色，锈黄色黏土及砂跞层，总厚度约为 100～200 米。地表承载力一般 8～13T/m^2，地质结构稳定，厂房建设无须打桩。

海盐地处北亚热带南缘，是典型的东亚季风气候。全年平均气温 15.9°C，年平均高温累计日数明显低于长江中下游同纬度城市。年平均雨量 1189.7 毫米，全年无霜期约为 240 天，全年日照时数平均为 1919.7 小时。

地下水主要存在于第四纪松散堆积层的空隙中，厚度为 100～200 米，分浅层潜水和深层承压水两种，地下水可用量 30 亿立方米。全县河港总长 1860.7 公里，平均每平方公里有河道 3.71 公里，河面宽度一般为 20～40 米，最宽 100 米左右，日平均水位 2.74 米。

2. 历史沿革

海盐县是崧泽文化发祥地之一，距今5000多年前县境就有先民从事农牧渔猎活动。秦王政二十五年（前222年）置县。因“海滨广斥，盐田相望”而得名。建县以来，海盐曾四徙县治，六析其境。秦末县治陷为湖（柘湖），迁至武原乡（今平湖市东门外）。

东汉永建（126～131年）中，县治又陷为湖（当湖），南迁至齐景乡山旁。建安五至八年（200～203年）析海盐西南境、由拳南境置海昌县（今海宁市）。晋咸康七年（341年）县治迁至马嗥城。南朝梁天监六年（507年），析县东北境置前京县。梁中大通六年（534年）至大同元年（535年），再析县东北境置胥浦县。唐开元五年（717年），迁县治于今地。天宝十年（751年），割海盐北境、嘉兴东境、昆山南境置华亭县。元元贞元年（1295年）升为海盐州。明洪武二年（1369年）复降为县。宣德五年（1430年），析武原、齐景、华亭、大易4个乡置平湖县。

1949年5月7日，海盐解放。1950年5月，狮岭乡3个行政村划属海宁县，平湖县10个行政村划属海盐县。1958年11月21日，撤销海盐县建制，区域并入海宁县，其中西塘桥、海塘、元通3个乡划归平湖县。1961年12月15日，复置海盐县，辖2个镇16个公社，狮岭乡仍属海宁县。1983年，撤销公社建乡。1985年8月，澉浦、通元、西塘桥撤乡建镇。随着经济发展，又有于城、百步、秦山撤乡建镇。1999年，调整乡镇行政区划，辖9个镇3个乡。2001年10月，乡镇行政区划再次调整优化，辖武原、沈荡、澉浦、秦山、通元、西塘桥、于城、百步8个镇。

3. 人口及行政区划

2003年末，全县辖武原、沈荡、澉浦、秦山、通元、西塘桥、于城、百步8个镇。共有行政村104个，居民委员会23个。

全县户籍人口36.45万人，比上年减少487人，人口负增长，年增长率为－1.33‰。其中，男性18.13万人，女性18.32万人，性别比为98.98（女＝100）。全县非农业人口9.26万人，占总人口25.4%，非农人口比例比上年提高3.93个百分点，农业人口27.19万人，占74.6%。

（二）海盐县经济发展基本状况

2005年，海盐以科学发展观为指导，牢牢把握发展第一要务，努力建设和谐社会，继续深入开展基础设施建设年、项目推进年、效能建设年活动，开拓进取，扎实工作，较好地完成了年初人代会所确定的各项目标任务。

1. 国民经济平稳较快增长

全县实现生产总值153.82亿元，增长10.1%，其中，第一产业增加值为11.53亿元，增长4.8%；第二产业增加值为107.33亿元，增长9.4%，其中工业103.65亿元，增长9.4%；第三产业增加值34.96亿元，增长14.1%。人均生产总值42223元，约为5110美元。

财政收入较快增长，全县实现财政总收入10.5亿元，增长15.4%，其中地方财政收入 5.01 亿元，增长 17.8%。一般预算支出 6.07 亿元，增长 18.3%。全社会固定资产投资 49.98 亿元，增长 15.2%。

2. 三大需求保持一定的拉动力

1）固定资产投资

资产投资继续增长，投资结构更趋合理。全县全社会固定资产投资完成 49.98 亿元，比去年同期增长 15.2%，比上半年上升 22.2 个百分点；其中工业生产性投资完成 35.3 亿元，同比增长 13.4%。限额以上固定资产投资 39.1 亿元，增长 21.2%。其中基础设施投资 5.3 亿元，下降 14.8%，房地产开发投资 6.82 亿元，增长 55.2%。全年限额以上投资项目施工 260 个，同比增加 108 个，增长 71.1%，其中当年新开工项目 152 个，同比增加 47 个，增长 44.8%。

房地产开发投资增长势头依然较快。2005 年度，全县房地产开发完成投资 6.82 亿元，同比增长 55.3%；商品房建设投资继续以较高的速度增长，增幅为 27.7%。

2）国内贸易

城乡市场繁荣，消费需求购销两旺。全县社会消费品零售额为 30.13 亿元，同比增长 15.4%，保持较高的增长水平。其中，县的零售额增长较快，达 17.2 亿元，增长 15.4%，县以下零售额达 12.93 亿元，增长 15.4%；批发零售贸易业增长 15.6%，餐饮业发展较快，实现零售额 3.84 亿元，增长 15.2%。

3）对外贸易

出口和利用外资保持较高增幅。对外贸易继续保持强劲势头，外贸进出口总值达 6.38 亿美元，比上年增长 22.1%，其中自营出口 5.17 亿美元，增长 32.3%。进口 12070 万美元，下降 8.3%。外经与“山海协作”工作取得新成效。

开放型经济继续推进。重点围绕工业生产性项目，加大招商力度，创新招商方式，拓宽招商领域，全县新批外商投资项目 27 个，合同利用外资 1.57 亿美元，增长 59%；实际利用外资 6018 万美元，增长 10.6%；实际到位内资 9.9 亿元，增长 22.2%。

3. 三大产业齐头并进，带动全市经济增长

1）农业

由于农业政策的鼓励作用和农产品价格的上升，农民种养积极性提高。作为全县农业的主体产业，粮食生产保持稳定，畜牧业生产稳定增长。据统计，全年实现农业增加值 11.53 亿元，扣去物价因素，同比增长 4.8%。全县总播种面积 70.5 万亩，比上年增长 3.3%。粮食播种面积 38.1 万亩，增长 3.4%，粮食总产量达 16.9 万吨，下降 5.6%。经济作物面积稳中有升，内部结构也进一步优化，蔬菜种植产量为 23.1 万吨，比上年减少 0.4%。全年肉类总产量为 38849 吨，比上年增长 10.4%，肥猪出栏 59.1 万头，增长 8.2%。

农业扶持政策完善，调动农民和各类农业主体的生产积极性，产业结构更趋合理，粮食种植面积稳中有增，畜牧、蚕茧、水产和水果等种养殖业全面增收。推进农业产业化经营，引进新三资 5077 万元，全县 21 家农业龙头企业联结农户 8.36 万户次，实现产值 8.55 亿元；23 家农业合作社带动农户 4.39 万户次，销售农产品 4.1 亿元。加快发展生态高效农业，新建无公害农产品生产基地3个，引进推广各类名优特新品种68个。制定和完善农业生产地方标准，加强农业行政执法，从源头上保障农产品质量安全。加强动植物防病防疫工作，有效落实禽流感、松材线虫、加拿大一枝黄花等重大动植物疫情疫病的防控措施。开展村级集体经济股份制改造，促进集体资产保值增值。重视农村劳动力培训工作，全年共培训3.56万人次。以农田水利基本建设、农业综合开发、土地整理为主要途径，农业基础设施建设顺利进行，农业生产条件继续改善。

2）工业

工业生产产销衔接良好，增长方式有所转变。全县工业企业（规模以上企业，下同）全年完成产值237.43亿元，同比增长11.5%；其中县内工业累计实现产值154.82亿元，同比增长17.1%，实现销售产值233.7亿元，同比增长11.4%。工业产销率98.43%，于上年基本持平。其中，县内工业产销率达97.59%，于上年基本持平。2004年，全县工业企业实现利税总额31.96亿元，同比增长9.0%；实现利润13.1亿元，同比增长9.8%。经济效益得分同比提高28分，以238.94分继续居五县二区之首。

工业经济较快增长。深入实施“工业强县”主战略，制定产业导向目录，加强规划引导，确定海盐县机械（标准件）、造纸及纸制品、电子仪器仪表和新型建材等四大重点产业，努力培育特色产业。规模以上企业完成工业增加值94.4亿元，增长10.6%；工业用电量达12.37亿千瓦时，增长9.7%。加快工业结构调整，淘汰资源消耗大、生产工艺落后企业，关停矿产企业27家，水泥机立窑6座，有氰电镀生产线26条。通过领导联系、定期分析和现场督查等措施，以项目推进为载体，切实增加有效投入，工业生产性投入35.3亿元，增长13.4%。投资结构不断优化，项目设备投资占比不断提高。重视要素缓解和关停企业重组工作。出台民营中小企业信用担保机构建设鼓励政策，新组建担保机构2家，典当行1家。注重发展循环经济，促进资源集约利用，工业企业万元产值综合能耗同比下降17.1%。品牌建设取得实效，新增市级以上名牌6个、著名商标11个。

3）第三产业

第三产业加速发展。营造三产发展氛围，加强领导，制定政策，确定发展重点。编制第三产业发展规划及各类专项规划，促进三产有序发展。充分利用丰富的岸线资源，培育以海河联运为主的港口物流业，三个5000吨级海运码头已开工建设。黄沙坞治江围垦工程进展顺利，完成促淤丁坝3.3公里，并开始抛筑顺坝。南北湖区域概念性规划通过初审。开展旅游市场系列促销活动，成功举办南北湖旅游节，共接待国内外游客139.2万人次，实现旅游总收入10.2亿元。实现全社会消费品零售总额30.1亿元，增长15.4%。

金融机构运行良好。到2005年底，全县金融机构存款127.46亿元，比年初增加13.28亿元，比上年同期增长12.1%，金融机构贷款90.62亿元，比年初增加5.79亿元，比2004年同期增长6.8%。城乡居民储蓄存款78.08亿元，比年初增加11.81亿元，比上年同期增长17.8%。

（三）海盐县社会发展基本状况

1. 各项改革不断深化

深化政府机构改革，调整7个政府工作部门的职能设置，编制县安全生产监督管理局、县统计局、县文化广电新闻出版局（县体育局）等部门的“三定”方案。加强调研，完善政策，积极稳妥地启动了事业单位改革。进一步清理行政审批事项，规范政府采购及招投标工作。稳步推进部门预算改革、国库集中收付制度改革、农村税费改革和国有资产管理制度改革。充分发挥监察、审计机关的专项监督作用，强化政府行政层级监督和领导干部经济责任审计。加大国有资产监管力度，11.2亿元的企业国有资产已全部纳入集中监管范围。强化政府投资项目的管理与监督，提高政府资金使用效率。积极培育各类中介服务组织，全年新增中介组织25家。整顿和规范市场经济秩序，营造企业发展的公平环境。

2. 城乡建设扎实推进

切实加强规划编制和管理，完成新一轮城镇总体规划和交通发展规划修编。加快城市建设，百尺南路延伸段顺利通车，河南西路延伸段工程进展顺利，实施县城路灯改造，完成勤俭路二期、城北东路延伸段配套工程建设。加快城乡供水一体化，县城成功切换使用地面水，稳步推进地下水禁采。加快污水城网和县域西片污水处理工程建设，标准件工业城和秦山污水支管网建设全面完工。加大征迁工作力度，杭浦高速及其连接线、跨海大桥北岸连接线、新武原中学、董家弄改造等工程共拆迁房屋27.9万平方米，征用土地4833亩。完善交通设施建设，六平申线6座航道桥梁改造工程全部开工建设，完成东西大道10公里半幅路面大修。加强电源电网建设，恒洋热电项目顺利投产，吉安热电项目即将竣工，新增发电能力10.2万千瓦；220千伏海塘变、110千伏澉浦变和齐家变扩容工程建成使用，新增110千伏以上变电容量27万千伏安。加快工业平台建设，建成标准厂房15.3万平方米，超过年计划的53%；大桥新区征地拆迁工作顺利推进，共拆迁房屋13.45万平方米，预征土地1234亩。深入实施“十百”工程，开展村庄整治工作，创建省级小康示范村3个，整治村庄36个，建设连村到组道路178.2公里，整治河道142公里，新增绿化面积21.58万平方米。完成海盐至海宁、平湖两条一级城乡公交线路改造。重视生态建设和环境保护工作，顺利通过国家级生态示范区验收。加强环境监测和环保执法，开展企业排污在线监测，完成盐嘉塘交界断面水质自动监测站建设，限期治理企业125家，停产整顿11家，关停26家，取缔“十五小”企业2家。

3. 社会保持和谐稳定

居民收入提高。城镇居民人均可支配收入为18017元，同比增长11.2%；全县农民人均现金收入为8542元，同比增长12.4%。据住户抽样调查，全县城镇居民人均消费支出为10681元，同比增长1.7%；农村居民人均生活消费支出为5719元，增长15.9%。

积极开展劳动技能培训，努力扩大就业，全县净增就业岗位4501个，帮助城镇下岗

失业人员实现再就业2444人，其中帮助463名就业困难人员实现再就业，年末城镇登记失业率为3.7%。加强劳动保障专项监督检查，强化对重点行业工资支付的执法监管。加强基本养老、基本医疗、工伤、生育、失业五大社会保险征缴扩面工作，积极筹备“五费合征”。巩固新型农村合作医疗制度，开展城镇居民合作医疗大病保险。广泛开展慈善募捐救助，县慈善总会全年共募集善款558万元，发放救助金132万元。继续开展助医、助残、助学等扶贫济困工作，抓好五保户集中供养工作，集中供养率达到96.97%。县老年公寓二期建成并投入使用。年初确定的8件政府实事项目，7件已如期完成，经济适用房和廉租房因土地供应问题影响了工期，目前还在抓紧建设中。加强社会治安综合治理，完善治安防控网络，加快县看守所等设施建设。认真做好人民群众来信来访和人民内部矛盾排查调处工作，信访工作得到省领导充分肯定。高度关注公共安全，完善公共突发事件应急预案体系建设。加强安全生产监管，落实安全生产责任，强化安全生产监督和执法检查，全县安全生产形势平稳。加强食品、药品和医疗器械安全监督检查，提前完成镇（区）连锁超市和百村放心食品店建设。初步建立灾害预警应急体系，成功抗击麦莎、卡努强台风，保障人民群众生命财产安全。高度重视、妥善处置劳资纠纷、虾农死虾等问题引发的群体性事件。开展“五好”平安企业创建工作。依法加强人民武装、人民防空建设及民族宗教事务管理。外事、侨务和对台工作不断创新，妇女、老年人、残疾人和关心下一代工作取得新的进步。

4. 社会事业全面进步

加强科技创新平台建设，5.9万平方米的科技创业园全面竣工并投入使用。重视科技创新体系建设，组建海盐标准件省级区域科技创新服务中心。组织实施国家级科技项目6项，开展大型科技合作活动6次，2家企业被认定为省级高新技术企业。加强知识产权保护，全年申请专利230件，比上年翻了一番，新产品产值率达10.02%。高标准普及九年义务教育，重视学前教育，合理调整普高教育结构，高考取得优异成绩，上线率达96.25%。秦山中学、于城小学等项目基本完成土建工程。实施农村文化“851”工程，创建市级“东海文化明珠”镇1个。开展民俗民间艺术普查，重视抢救保护海盐腔、海盐滚灯等传统民间艺术。成功举办第二届农民文化体育节。《海盐县志》续修工作全面展开。加大农村公共卫生投入，加强急性传染病防控工作督查，落实各项措施，有效控制霍乱、麻疹等疫情。落实人口与计划生育目标管理责任制，计划生育率达到98.68%。顺利完成经济普查工作。广电（新闻）事业有新的发展，气象、档案等工作更好地发挥了服务经济社会的作用。

五　湖州市2005年经济社会发展报告

2005年，全市人民在湖州市委、市政府的正确领导下，坚持以科学发展观统领经济社会发展全局，围绕湖州在杭湖宁发展带中间率先崛起的战略目标，加快调整经济结构，努力转变增长方式，统筹城乡社会发展，积极应对各种矛盾和困难，全市经济社会实现了快速协调健康发展，圆满完成了“十五”计划的各项主要经济指标，为“十一五”发展奠定了坚实的基础（见表2－69）。

表2－69　2005年湖州市经济社会发展主要预期目标与完成情况

指标名称	预期目标	完成实绩	指标名称	预期目标	完成实绩
生产总值	增长12%	增长14.1%	新增城镇就业岗位	3.2万个	5.1万个
财政总收入	增长14%	增长18.97%	城镇登记失业率	控制在4.2%以内	3.8%
其中：地方财政收入	增长16%	增长23.28%	城镇居民人均可支配收入	增长6%	增长14.0%
全社会固定资产投资	增长18%	增长18.5%	农村居民人均纯收入	增长6%	增长14.2%
其中：工业性投入	增长15%	增长19.3%	居民消费价格指数	控制在104左右	101.2
社会消费品零售总额	增长11%	增长14.3%	人口自然增长率	控制在2.8‰	0.68‰
外贸出口	增长20%	增长37.8%			

（一）2005年湖州经济发展状况

2005年是“十五”计划的最后一年，也是不平凡的一年。在湖州市委的正确领导下，在市人大的监督下，全市上下认真贯彻中国共产党的十六大和十六届五中全会精神，牢固树立和落实科学发展观，把全面完成“十五”计划目标与积极谋划“十一五”规划紧密结合起来，形成了“在杭湖宁发展带中间率先崛起”的总战略，大力推进改革开放，着力转变增长方式，努力化解要素制约，国民经济较快发展，社会事业协调推进，湖州市五届人大三次会议确定的主要预期目标除全社会工业性投入指标未完成外，其他指标均圆满完成，多项指标增幅位居全省前列。

1. 经济运行平稳较快

经济运行平稳较快（见图2－165）。全年实现地区生产总值644.25亿元，按可比价格计算增长14.1%，增幅位居全省第二位。高于全省平均水平1.7个百分点。人均生产总值达到24866元，首次突破3000美元（折合3036美元）。在经济继续保持较快增长的同时，物价总水平保持基本稳定，居民消费价格指数为101.2，涨幅比上年回落3.6个百分点。

其中，第一产业增加值63亿元，增长4.1%；第二产业增加值353.27亿元，增长

14.8%；第三产业增加值227.98亿元，增长16.1%。

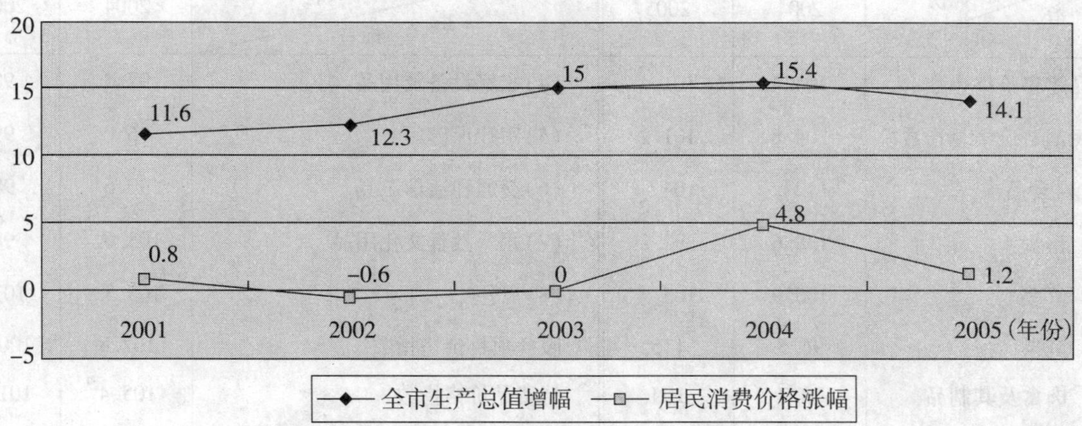

图2-165　“十五”期间湖州市生产总值增幅和居民消费价格涨幅图（单位:%）

产业结构进一步优化，三次产业比例由上年的10.6:54.8:34.6调整为9.8:55.0:35.2（见图2-166），第三产业比重比上年上升了0.6个百分点。按户籍人口计算，湖州市人均生产总值达到24866元，比上年增长13.9%，折合3036美元（按2005年人民币对美元年平均汇率8.1917:1计算），首次突破3000美元大关。

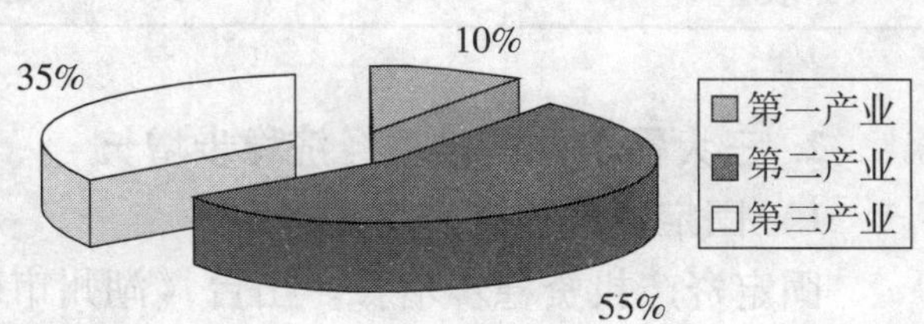

图2-166　湖州市2005年三次产业比例

2005年，全市财政金融运行良好。财政收入较快增长，实现财政总收入74.24亿元、地方财政收入39.73亿元，按可比口径分别增长18.97%和23.28%，增幅分列全省第三和第二。财政总收入占生产总值的比重为11.6%，比上年上升0.3个百分点。全年财政支出44.08亿元，增长20.7%。金融总量不断扩大，信贷结构得到优化。金融机构年末本外币存贷款余额达到608.43亿元和461.39亿元，比年初分别新增67.69亿元和55.69亿元。贷款中用于支持工农业生产的短期贷款增幅大大高于其他类平均水平。金融机构不良贷款率为4.47%，比年初下降3.14个百分点。

价格走势平稳（见表2-70）。居民消费价格小幅上涨，2005年全年居民消费价格总指数为101.2，八大类商品和服务价格“二升六降”，其中食品类价格上涨4.0%，居住类价格上涨7.5%，分别拉动居民消费价格总水平上涨1.3个和0.9个百分点，是居民消费价格上涨的主要因素。商品零售价格上涨1.4%。工业品进出价格差距逐步缩小，工业品出厂价格上涨2.5%，原材料、燃料、动力购进价格上涨6.0%，涨幅分别比上年回落5.1个和10.1个百分点。房地产价格涨幅明显回落，房屋销售价格上涨10.8%，涨幅比上年回落12.2个百分点，其中商品住宅销售价格上涨12.4%，涨幅比上年回落16.2个百分点。

表2－70　2004年、2005年湖州市消费价格指数（以上年为100）

指标＼年份	2004	2005	指标＼年份	2004	2005
商品零售价格指数	104.4	101.4	(4)家庭设备及用品	97.5	98
居民消费价格总指数	104.8	101.2	(5)医疗保健	96	99.4
(1)食品	112	104	(6)交通和通信工具	99.6	98.1
粮食	138.6	91.2	(7)娱乐教育文化用品	103.6	98.9
鲜菜	105.9	105	(8)居住	105.3	107.5
鲜果	96.5	115	服务项目价格指数	102.8	100.4
肉禽及其制品	118.7	105	消费品价格指数	105.4	101.5
蛋	123.6	109.2	房屋销售价格指数	123	110.8
水产品	118.7	111.9	房屋租赁价格指数	103.4	106.5
(2)烟酒及用品	102.9	98.3	全部工业品出厂价格指数	107.6	102.5
(3)衣着	100.7	96.9	原材料、燃料、动力购进价格指数	116.1	106

2. 三大需求共同推动经济稳步增长

1）固定资产投资和房地产

固定资产投资稳步增长。出台《湖州市政府投资项目管理办法》，逐步开展政府投资项目公示制。贯彻《浙江省企业投资项目核准和备案暂行办法》，正确引导投资方向，有效激活民间投资。加强省重点建设项目申报，多渠道缓解建设用地指标供应紧张矛盾，对“开工率”实行考核，推进项目实施。2005年，全社会固定资产投资完成416.05亿元，增长18.5%。其中，工业性投入235.70亿元，增长19.3%，增幅分别比上年回落17.9个和18.8个百分点。投资结构有所改善，在工业性投入中，非金属矿物制品业投资22.12亿元，同比下降4.9%；有色金属冶炼及压延加工业投资2.11亿元，同比下降8.9%。二、三产业仍是投资的重点，完成投资238.53亿元和191.49亿元，分别增长19.7%和17.5%。民间投资较快增长，全部限额以上投资中，民间投资237.05亿元，增长21.4%，增幅高出全部限额以上投资3.9个百分点，占全部限额以上投资的60.8%，比上年提高1.9个百分点（见图2－167）。

房地产业稳步发展。2005年，全市房地产开发投资完成70.19亿元，增长23.4%，其中，住宅投资完成55.35亿元，增长33.6%。商品房竣工面积202.97万平方米，增长47.6%，其中住宅149.54万平方米，增长48.8%。商品房销售面积167.54万平方米，增长16.8%，其中住宅137.85万平方米，增长20.8%。

2）国内贸易和旅游

消费品市场稳中趋旺。2005年全年实现社会消费品零售总额237.75亿元，比上年增长14.3%，扣除价格因素影响，增长12.7%，高出上年3.2个百分点。其中，批零贸易业零售额208.05亿元，餐饮业零售额25.49亿元，分别比上年增长14.1%和16.5%。全市限额

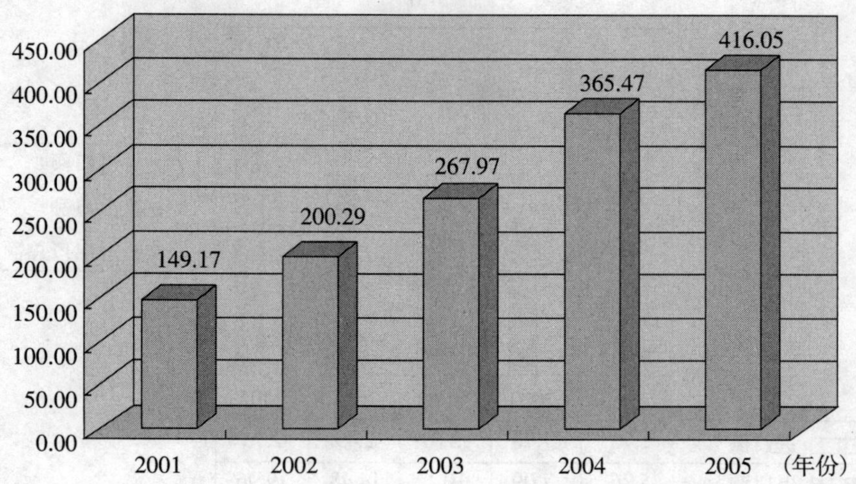

图 2－167　2001～2005 年湖州市社会固定资产投资（单位：亿元）

以上贸易企业实现零售额 45.71 亿元，增长 22.5%，对社会消费品零售总额增长贡献率达 28.3%，拉动消费品零售总额增长 4.0 个百分点。连锁经营实现快速发展，全市限额以上连锁贸易、餐饮企业零售额达 17.49 亿元，比上年增长 54.3%。

商品交易市场规模继续扩大。全市 2005 年末共有商品交易市场 197 个，全年实现市场成交额 419.08 亿元，比上年增长 1.3%。年成交额超亿元的市场有 30 个，实现市场成交额 317.69 亿元，其中超十亿元的市场有 7 个，市场成交额 264.15 亿元。

旅游产业快速发展。围绕“加快发展旅游经济，建设生态旅游强市”的总体目标，突出“太湖、竹乡、古镇、名山”四大特色，推出生态、湿地等旅游产品，大力发展“农家乐”旅游。2005 年，全市接待国内游客 1078.38 万人次，比上年增长 25.9%；接待入境旅游者 10.21 万人次，增长 44.8%。全市实现旅游总收入 65.65 亿元，比上年增长 30.9%，其中国内旅游收入 62.63 亿元、外汇收入 3688 万美元，分别增长 28.3% 和 85.3%。年末拥有星级饭店 53 家，其中三星级及以上饭店 16 家；拥有旅行社 37 家，其中 1 家入选全国百强旅行社。

3）对外贸易（见图 2－168）

2005 年，全市实现外贸进出口总额 22.71 亿美元，比上年增长 33.8%。其中，出口额 19.96 亿美元，增长 37.8%，出口增幅列全省第二位，出口增幅高于全省平均增幅近 6 个百分点；进口额 2.75 亿美元，增长 10.2%。在外贸出口中，一般贸易完成 17.35 亿美元，增长 36.9%，加工贸易完成 2.61 亿美元，增长 44.1%；私营企业和外商投资企业是外贸出口的主体，实现出口额 8.06 亿美元和 7.13 亿美元，分别比上年增长 97.8% 和 41.7%，占全市出口额的比重分别达 35.7% 和 40.4%；对美国、日本、德国出口额占前三位，实现出口 5.44 亿美元、1.62 亿美元和 1.18 亿美元，分别增长 58.5%、9.5% 和 50.4%；纺织品出口仍占据主导地位，出口额达 8.91 亿美元，增长 33.4%，占出口总额的比重高达 44.7%。出口产品结构不断优化，机电产品出口同比增长 51.2%，占比接近 20%。新兴市场开拓力度加大，对加拿大、澳大利亚等国的出口增长较快。

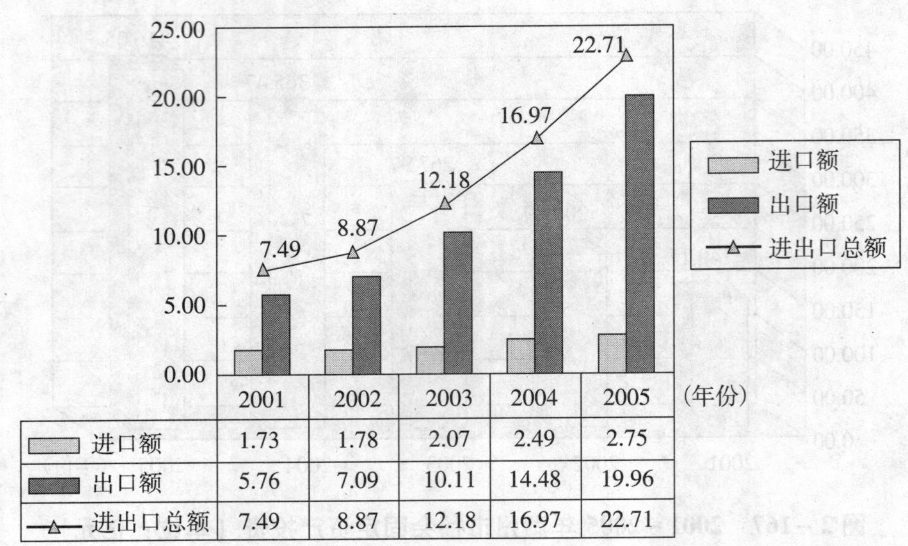

	2001	2002	2003	2004	2005
进口额	1.73	1.78	2.07	2.49	2.75
出口额	5.76	7.09	10.11	14.48	19.96
进出口总额	7.49	8.87	12.18	16.97	22.71

图 2－168　2001～2005 年湖州市对外贸易（单位：亿美元）

招商引资规模扩大，利用外资质量进一步提高（见图 2－169）。2005 年全年新批利用外资项目 475 个，新批外商投资企业规模进一步扩大，平均单个项目合同外资达到 560 万美元，比上年增加 89 万美元，合同利用外资 16. 92 亿美元，比上年增长 5. 6%，实际到位外资 6. 51 亿美元，比上年增长 6. 5%，外资到位率 38. 5%。新增总投资千万美元以上项目 113 个，总投资和合同外资分别为 22. 82 亿美元和 12. 03 亿美元，占全年新批外资项目数的 23. 8%、总投资的 77. 7%、合同外资的 71. 1%。新批项目的科技含量进一步提高，高技术项目占项目总数的 23%，较上年提高 5. 4 个百分点。开发区在招商引资中继续发挥领跑、示范的作用，5 个省级开发区新批合同外资占全市总数的 56. 6%，实际到位外资占全市总数的 61. 2%。

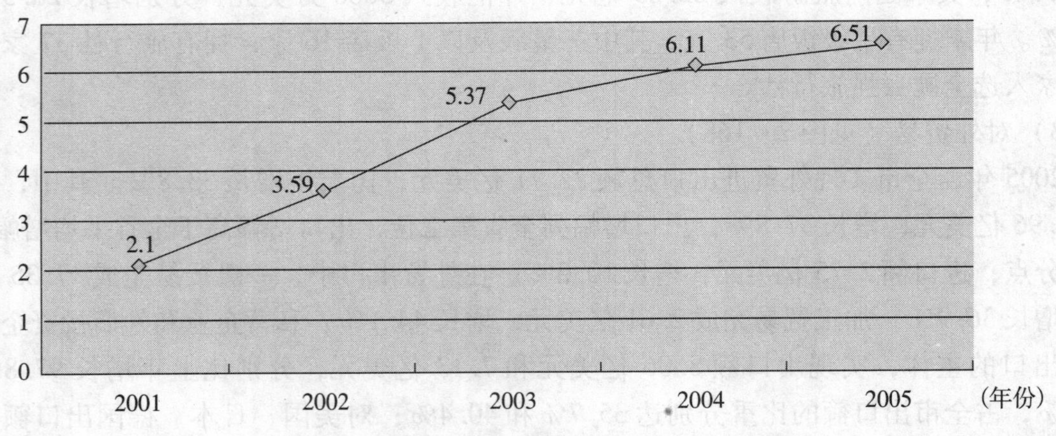

图 2－169　2001～2005 年湖州市利用外资图（单位：亿美元）

对外经济技术合作发展势头良好。2005 年，新批境外投资项目 10 个，比上年增长 42. 8%，中方投资额为 104. 8 万美元，累计批准境外投资项目 52 个。全年输出劳务 421 人，增长11.7%，累计输出劳务2306人次。对外合作营业额完成386万美元，增长4.9%。

3. 三大产业协调发展，拉动全市经济稳定增长

1）产业结构

产业结构调整步伐加快，增长方式转变着力推进。高效生态农业发展迈出新步伐。大力发展特色农产品生产基地，全市已拥有各类特色农产品生产基地250万亩。加快龙头企业培育和专业合作组织发展，新增“双五一千”企业28家、农村专业合作组织77家，全市省级以上农业龙头企业和市场累计达到13家，农业产业化进程进一步加快。大力实施农产品品牌战略，已拥有省级以上名牌农产品14个，省级以上著名商标农产品8个。以“农家乐”、“渔农乐”为主的休闲观光农业快速发展，成为农民增收的新亮点。积极克服台风、病虫害、禽流感等不利影响，农业生产发展较快，实现农业增加值63亿元，增长4.1%。

全力推进先进制造业基地建设。积极组织实施重大技术改造项目和高新技术产业化项目，2005年全年地方工业性投入达到210亿元，完成先进制造业基地建设年度工作目标。大力推进高新技术产业发展，高新技术产业产值占规模以上工业比重达到24.5%，同比提高1.8个百分点。加快淘汰落后生产能力，关停黏土砖瓦窑、淘汰水泥机立窑工作走在全省前列。全市实现工业增加值312.38亿元，增长16.1%。

服务业发展势头良好。制定旅游、物流等服务业发展重点专项规划，出台相关扶持政策，加快服务业发展的氛围逐步形成。2005年，旅游业发展实现新突破，接待国内游客和境外游客首次超过1000万人次和10万人次，分别达到1078.38万人次和10.21万人次，增长25.9%和44.8%；国内旅游收入和旅游外汇收入分别增长28.3%和85.3%。批零贸易业和餐饮业零售额分别增长14.1%和16.5%。房地产业有序发展，房产价格走势平稳。全年服务业增加值达到225.35亿元，增长16.1%。服务业所占比重比2004年提高0.6个百分点。

2）农业

农业生产平稳增长，产业结构不断优化。2005年，全市农业生产克服了台风、病虫害、动物疫病的影响，全年实现农林牧渔业总产值106.08亿元，比上年增长8.9%（见图2－170）。其中，农业产值42.33亿元，增长3.9%；林业产值14.36亿元，增长12.4%；牧业产值24.48亿元，增长13.4%；渔业产值24.14亿元，增长11.9%。全年农作物总播种面积为349.66万亩，比上年增长2.3%。其中：粮食作物播种面积为187.93万亩，经济作物播种面积161.73万亩，分别比上年增长1.8%和2.8%。

龙头企业带动作用明显，畜牧业增长继续领先。2005年，全市以农产品加工为主的农业龙头企业695家，比上年增加41家，其中省级以上农业龙头企业13家。在农业龙头企业的带动下，全市生猪和家禽规模养殖不断扩大，全年家禽出栏4628.31万羽，增长17.0%，家禽存栏1700.31万羽，增长28.9%；年末奶牛存栏4190头，增长26.4%；兔存栏28.27万只，出栏28.87万只，分别增长51.3%和26.5%。

绿色生态农业发展加快。至2005年底，全市农作物良种覆盖率达到97%；通过国家认证的有机食品81只，绿色食品27只，分别比上年增加52只和18只；拥有省级农产品

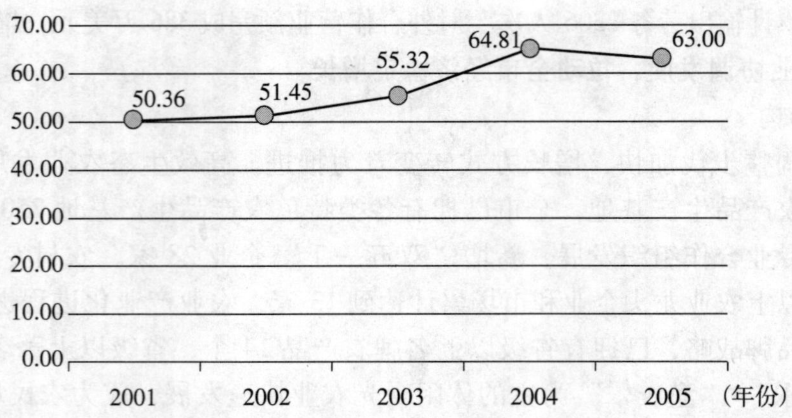

图 2－170　2001～2005 年湖州市第一产业增加值（单位：亿元）

商标 21 个，省级以上名牌农产品 26 只；通过认定的省级无公害农产品种养基地、森林食品基地 201 个，面积 137 万亩（见表 2－71）。

表 2－71　湖州 2005 年主要农产品产量情况

种　类	单　位	2005 年	±%	种　类	单　位	2005 年	±%
粮食总产量	万吨	82.21	－6.0	肉类产量	万吨	16.39	12.6
春粮	万吨	2.36	39.6	禽蛋产量	万吨	3.69	8.5
晚稻	万吨	70.21	－8.5	生猪年末存栏数	万头	83.98	3.8
油菜子产量	万吨	8.98	－1.6	生猪全年出栏数	万头	159.95	5.7
蔬菜产量	万吨	89.5	－1.5	羊年末存栏数	万只	41.48	－2.4
园林水果产量	万吨	6.92	12.7	羊全年出栏数	万只	37.18	8.8
茶叶产量	吨	8461	－4.2	家禽年末存栏数	万只	1700.31	28.9
蚕茧饲养张数	万张	45.71	0.6	家禽全年出栏数	万只	4628.31	17
蚕茧产量	万吨	1.89	－3.0	家兔年末存栏数	万只	28.27	54.5
水产品产量	万吨	17.84	3.1	奶牛年末存栏数	头	8703	4.6

3）工业与建筑业

工业生产高位增长，经济效益逐步回升（见图 2－171、图 2－172、表 2－72）。2005 年，全市实现工业增加值 312.38 亿元，增长 16.1%；规模以上工业企业完成工业总产值 1055.40 亿元，实现产品销售收入 1014.42 亿元，双双突破千亿元大关，分别增长 32.7% 和 33.1%。轻工业完成产值 494.11 亿元，同比增长 33.2%；重工业完成产值 561.29 亿元，增长 32.3%。全年实现利税总额 88.44 亿元，增长 21.3%，其中利润 50.32 亿元，增长 19.6%；11 项经济效益指标考核得分 244.95 分，比上年提高 11.92 分，高出全省平均水平 35.61 分。

主要行业增长较快。2005 年，产值占比超过 5% 的六大行业产值均实现较快增长：纺织业完成产值 217.27 亿元，同比增长 26.8%；电气机械及器材制造业完成产值 96.53

亿元，增长36.7%；非金属矿物制品业完成产值90.57亿元，增长15.1%；电力、热力的生产和供应业完成产值84.94亿元，增长25.6%；木制品业完成产值66.73亿元，增长39.5%；黑色金属冶炼及压延加工业完成产值59.14亿元，增长38.5%。利润超过3亿元的六个行业是：纺织业、电气机械及器材制造业、医药制造业、非金属矿物制品业、木材加工及木竹藤棕草制品业和电力热力的生产和供应业，分别实现利润9.63亿元、4.84亿元、3.98亿元、3.41亿元、3.39亿元和3.32亿元。

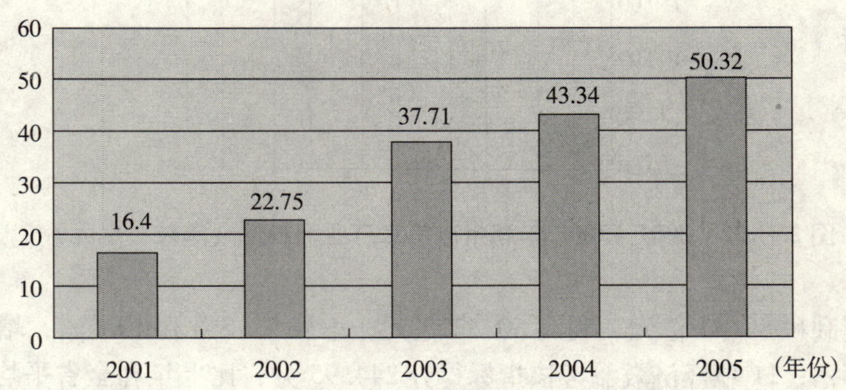

图2－171　"十五"期间湖州规模以上工业企业利润情况（单位：亿元）

表2－72　湖州2005年主要工业产品产量

产品种类	单位	2005年	±%	产品种类	单位	2005年	±%
发电量	亿千瓦时	108.73	9.4	人造板	万立方米	67.05	9.1
精制食用植物油	万吨	5.45	-25.6	家具	万件	954.61	104.7
配混合饲料	万吨	7.96	33.9	合成氨	吨	41649	1.5
罐头	吨	5462	-24.0	农用化学肥料	吨	39831	8.8
饮料酒	千升	137884	-1.1	化学农药（折有效成分100%）	吨	39193	21.7
精制茶	吨	23373	6.2	化学药品原药	吨	19959	6.7
化学纤维	吨	42371	71	水泥	万吨	1373.17	10.5
纱	吨	13012	8.3	耐火材料制品	万吨	49.29	10.9
布	万米	34202	69.6	钢材	万吨	53.93	30.9
印染布	万米	120757	11.6	铝材	万吨	11.8	70.9
呢绒	万米	106	-38.8	通信及电子网络用电缆	对千米	1168582	-11.2
丝	吨	15818	10.1	蓄电池	千伏安时	3607493	67.9
丝织品	万米	147834	8	冷柜	万台	17.89	8.5
服装	万件	8924	33.3				

工业效益稳步回升。2005年全年规模以上工业销售收入达到1014.4亿元，跨上千亿

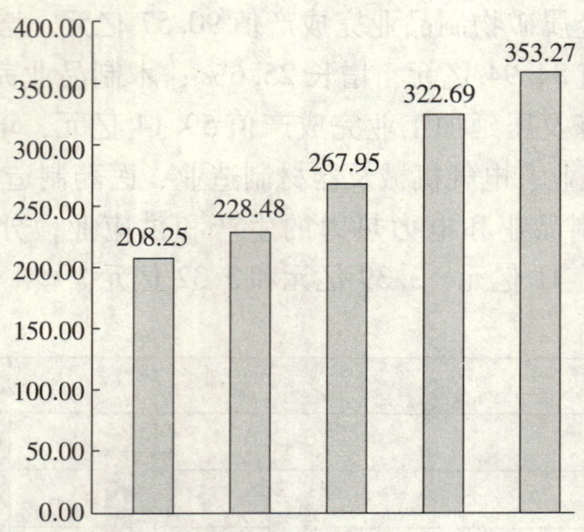

图 2－172　2001～2005 年湖州市第二产业增加值（单位：亿元）

元台阶；实现利税 88.44 亿元、利润 50.32 亿元，增长 21.3% 和 19.6%，增幅分别位居全省第五和第六；11 项经济效益考核指标得分 244.95 分，比上年和全省平均水平分别高出 11.92 分和 35.61 分，得分位居全省第一。“培大育强”工程取得明显进展，利税超千万元以上工业企业达到 132 家。

外商投资、港澳台投资、私营企业快速发展。2005 年，外商投资、港澳台投资、私营企业完成工业产值 63.42 亿元、96.93 亿元和 379.16 亿元，比上年分别增长 47.2%、43.4%、38.5%，明显高于规模工业增幅。三类企业共实现利税 45.29 亿元、利润 25.54 亿元，分别增长 37.1% 和 37.0%，高出规模工业 15.8 个和 17.4 个百分点，对规模工业利税、利润增长的贡献率达 78.8% 和 83.6%。

企业创新能力有所增强。高新技术企业培育效果明显，2005 年，全市新增省级高新技术企业 8 家，累计达到 86 家；新增国家级高新技术企业 4 家，累计达到 24 家；全市共有省级以上高新技术企业 110 家，其中 3 家企业被评为“浙江省高新技术企业 50 强”。全年高新技术企业实现工业产值 226.34 亿元，比上年增长 37.7%，占规模以上工业总产值的 21.4%；实现国家级、省级新产品产值 180.88 亿元，增长 45.3%；十大先进制造业中心的规模以上工业企业完成总产值 533.90 亿元，增长 33.9%。全市拥有中国名牌 2 只，中国驰名商标 4 件。

建筑业保持快速发展。2005 年，全市实现建筑业增加值 39.32 亿元，增长 5.6%。建筑企业完成产值 125.54 亿元，其中，建筑工程产值 106.91 亿元，分别增长 30.4% 和 31.9%；竣工房屋面积 796.61 万平方米，增长 44.5%。

4）金融、保险和证券（见图 2－173）

金融机构存贷款平稳增长。2005 年末，全市金融机构本外币存款余额为 608.43 亿元，同比增长 12.8%，其中人民币存款 598.59 亿元，增长 13.5%。年末金融机构本外币贷款余额为 461.39 亿元，增长 13.6%。人民币贷款余额为 453.72 亿元，增长 13.2%，其中农业短期贷款 42.95 亿元，新增 12.27 亿元，同比多增 8.63 亿元；工业短期贷款

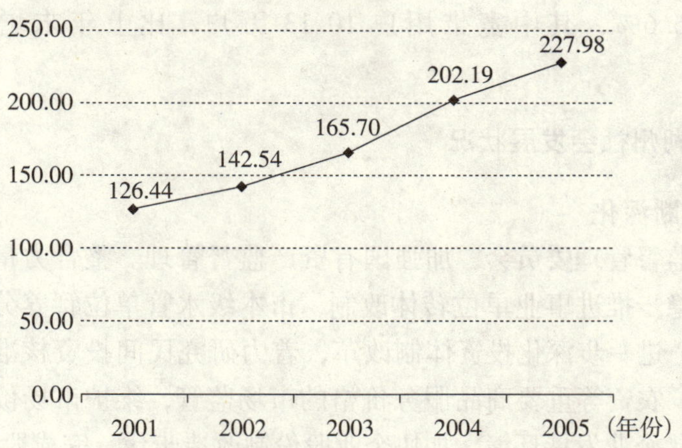

图 2-173 2001~2005 年湖州市第三产业增加值（单位：亿元）

68.20 亿元，新增 13.17 亿元，同比多增 7.05 亿元；个人消费贷款 62.41 亿元，新增 6.31 亿元。年末城乡居民本外币储蓄存款余额达 336.22 亿元，新增 40.9 亿元。全年金融机构现金收入 2892.06 亿元，现金支出 2917.34 亿元，收支相抵现金净投放 25.28 亿元。金融机构资产质量明显提高，不良贷款比例为 4.5%，比年初下降 3.1 个百分点。

保险业健康发展。2005 年末全市拥有各类保险公司 14 家，全年保费收入 15.63 亿元，比上年增长 5.1%。其中，财险保费收入 4.8 亿元，增长 15.6%；寿险保费收入 10.83 亿元，增长 1.0%。支付各类赔款及给付 3.91 亿元，增长 35.9%，其中财险赔付 3.58 亿元，比上年增长 43.2%，寿险赔付 3350 万元，比上年减少 12.1%。

证券业务出现负增长。2005 年，全市证券营业机构各项代理业务累计成交 140.57 亿元，比上年减少 46 亿元，同比下降 24.7%。其中代理 A 股累计成交 79 亿元，比上年减少 21 亿元，同比下降 21.3%。

5）交通运输和邮电

交通运输业平稳增长。2005 年末，全市公路通车里程 3045 公里，其中高速公路通车里程 86 公里，一级公路通车里程 273 公里。全年完成旅客运输量 7555 万人，比上年增长 4.1%，旅客运输周转量 29.42 亿人公里，比上年增长 2.0%。全年完成货物运输量 13811 万吨，比上年增长 15.6%，其中公路货物运输量 5385 万吨，水路货物运输量 8426 万吨，分别增长 15.0% 和 15.9%；完成货物运输周转量 152.49 亿吨公里，增长 13.6%，其中公路货物运输周转量 23.07 亿吨公里，水路货物运输周转量 129.42 亿吨公里，分别增长 12.0% 和 13.9%。年末民用汽车拥有量为 8.10 万辆，比上年增加 1.34 万辆，增长 19.7%，其中私人汽车拥有量达 5.42 万辆，增长 31.3%。

邮电通信业持续增长。2005 年全年实现邮电业务收入 18.81 亿元，比上年增长 9.5%；年末拥有固定电话（含小灵通）用户 117.78 万户，比上年末增加 13.61 万户，增长 13.1%；年末移动电话用户 150.04 万户，比上年末增加 16.64 万户，增长 12.5%；电话普及率达到 104 部/百人，比上年提高 11.6 部，其中固定电话普及率为 45.7 部/百人，移动电话普及率为 58.2 部/百人；年末国际互联网用户 16.83 万户，比上年末增加

1.05 万户，增长 6.6%，其中宽带用户 10.13 万户，比上年末增加 3.84 万户，增长61.1%。

（二）2005 年湖州社会发展状况

1. 体制改革不断深化

组建国有资产监督管理委员会，加强国有资产监督管理。整合力量，完善城市行政综合执法管理体制。稳步推进事业单位转体改制，市本级水管单位管养分离和两项经费落实均已通过国家验收。进一步深化投资体制改革，着力研究民间投资核准备案实施办法。强化对液化气、药品、农资等重要商品服务价格的市场监管，维护市场价格秩序。加大“清费减负”力度，优化企业发展环境。加快企业股份制改造步伐，完成股份制改造企业 5 家；积极推进企业上市融资，有 3 家企业进入上市辅导期，德华兔宝宝成功实现挂牌上市。

2. 重点项目建设成效显著

重点项目建设成效显著。2005 年，编制下达全市重大项目年度实施计划（比年初增加 4 项），强化责任，合力推进，全年完成投资 141.7 亿元，为年度计划的 109%，增长 36.9%。水利建设力度加大。安吉凤凰水库下闸蓄水，湖州船闸扩建、导流港拓浚及东大堤加固等工程基本完工，老虎潭水库开工建设。10 项水利项目共完成投资 3.33 亿元，超年度计划 82.4%。交通建设继续加快。“康庄工程”在全省率先完成，宣杭铁路复线全线交付使用，104 国道西大门改造基本完工，申苏浙皖高速公路、申嘉湖高速公路、申嘉湖航道加快建设。19 项交通建设项目完成投资 41.68 亿元，超年度计划 21.5%。电力项目实施顺利。长电二期 1 台机组并网发电，220 千伏东迁变竣工，西山变电所等 5 座 110 千伏输变电工程竣工。新增 110 千伏及以上变电容量 195.15 万千伏安。8 项电力项目完成投资 17.23 亿元，超年度计划 14.6%。通信扩容步伐加快。移动、联通两个传输扩容项目基本竣工，完成投资 0.75 亿元，为年度计划的 95.1%。城建环保项目加速推进。吴兴大道、三环北路东延、红旗路西延二期、苕溪路东延二期投入使用，南街北延二期等城市道路工程基本完成。凤凰污水处理二期等一批城镇污水处理项目建设进度加快。39 项城建环保项目完成投资 25.39 亿元，为年度计划的 98.5%。工业项目顺利实施。金洲 ERW630 钢管生产线、栋梁铝材铝板生产线、升华拜克高技术产业化等一批重大产业发展项目竣工。50 项工业产业项目完成投资 35.72 亿元，超年度计划 4.8%。社会发展项目建设加快。湖州职业技术学院二期工程已完工，湖州图书馆、湖州中心医院病房综合楼、市妇幼保健院住院楼等工程主体已基本完工，吴兴高级中学投入使用，南浔古镇保护与开发项目建设加快。20 项社会发展项目共完成投资 10.6 亿元，超年度计划 9.5%。其他项目稳步推进。八里店农民社区一期全面完工，长湖监狱迁建等项目加快实施。14 项其他类项目共完成投资 7.61 亿元，为年度计划的 88.3%。

重大项目前期取得突破性进展。2005 年，进一步加强事关全市长远发展的重大建设项目前期研究，在排出“十一五”规划重大项目的同时，突出开展了湖嘉（乍）沪铁路、杭湖宁城际轨道交通、湖州火车站、天荒坪抽水蓄能电站期等重大项目前期工作，年初安排的 10 个重大项目前期工作进度基本达到预期要求。湖嘉（乍）沪铁路工程预可

行性研究报告已经铁道部组织审查；杭湖宁城际轨道交通项目已列入国家“十一五”建设规划，铁道部与苏浙两省已经签署协议，2006年开工建设；湖州火车站改造方案研究进展顺利；天荒坪抽水蓄能电站二期已列为省“十一五”首推项目，目前项目业主已确定；第二座500千伏输变电工程项目选址基本确定，计划于2007~2008年建设；220千伏钮家变（原东林变）、英溪变（原龙山变）工程可行性研究报告已通过省电网公司组织的审查；仁皇山公园、毗山公园、长兴体育中心项目列入文化大市建设工程，项目前期工作正在深化。

3. 社会保障体系进一步健全

确保离退休人员养老金和失业人员失业保险金的按时足额发放，2005年，全市共支付7.63万名离退休人员养老金7.9亿元，发放6.71万人次失业保险金2778万元。推进城镇社会保险“五费合征”，不断扩大城镇社会保险覆盖面，全市基本养老保险年末参保人数37.91万人，比上年增加6.24万人；失业保险参保人数22.2万人，比上年增加2.13万人；基本医疗保险参保人数30.37万人，比上年增加3.05万人；工伤保险参保人数17.57万人，比上年增加4.2万人；生育保险参保人数13.83万人，比上年增加3.88万人。进一步完善“三条保障线”，提高了企业离退休人员养老金标准、失业人员的失业保险金标准以及最低工资标准。

社会保障水平进一步提高。2005年，湖州根据经济社会发展水平提高了最低工资标准，市区最低月工资标准由560元调整为610元，非全日制工作最低小时工资标准由4.8元调整为5.2元；三县最低月工资标准由510元调整为560元，非全日制工作最低小时工资标准由4.4元调整为4.8元。降低了城镇职工基本医疗保险的住院起付标准，普遍下调了600~800元；扩大了基本医疗保险用药范围，由原来的1389个品种增加到2142个品种。全市最低生活保障人数37023人，全年发放低保保障金额3115.2万元，增长28.3%。全市参加被征地农民基本生活保障制度的人数达到7.78万人；全市“五保”、“三无”人员集中供养率达到94.9%，比上年提高8个百分点。

加强农村社会保障，新增被征地农民基本社会保障实现全覆盖。2005年累计有7.4万名失地农民落实生活保障，农村最低生活保障实现应保尽保，农村“新五保”集中供养率达95%。

4. 人民生活水平显著提高

人口保持基本稳定。2005年末户籍人口257.58万人，其中男性130.36万人，女性127.22万人；非农人口77.81万人，比上年增加1.44万人。全年出生人口1.91万人，出生率7.41‰；死亡人口1.69万人，死亡率为6.55‰；人口自然增长率为0.86‰；计划生育率97.9%。

城乡居民生活水平明显提高（见图2-174）。2005年，全市城镇居民人均可支配收入15375元，同比增长14.0%，扣除价格因素的影响，实际增长12.6%，比上年提高4.6个百分点；全市农村居民人均纯收入7288元，增长14.2%，扣除价格因素的影响，实际增长12.8%，比上年提高2.9个百分点。农民人均纯收入增幅连续两年超过城镇居民收入增幅。湖州市城乡居民人均收入增幅分别高出全省平均水平2.0个和4.9个百分点。居

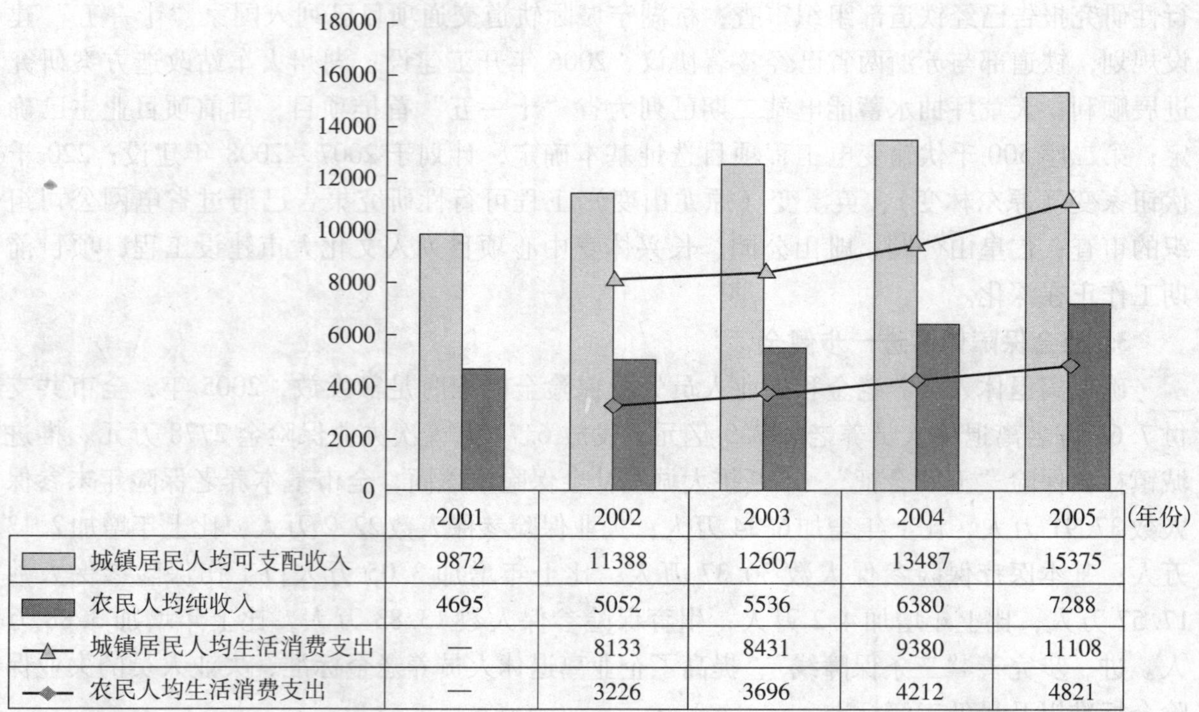

	2001	2002	2003	2004	2005
城镇居民人均可支配收入	9872	11388	12607	13487	15375
农民人均纯收入	4695	5052	5536	6380	7288
城镇居民人均生活消费支出	—	8133	8431	9380	11108
农民人均生活消费支出	—	3226	3696	4212	4821

图 2－174　2001～2005 年湖州市城乡居民生活水平（单位：元）

民消费增势强劲，全社会消费品零售总额达到 237.75 亿元，增长 14.3%。城乡居民人均消费支出分别增长 18.4% 和 14.5%，住房、旅游等消费增势良好。市区城镇居民人均消费支出 11108 元，增长 18.4%，增幅比上年提高 7.1 个百分点；全市农村居民人均生活消费支出 4821 元，增长 14.5%，增幅比上年提高 0.5 个百分点。2005 年，城镇、农村居民恩格尔系数为 34.9% 和 38.3%，分别比上年下降 5.0 个和 3.1 个百分点。城镇居民人均住房建筑面积 30.9 平方米，农村居民人均居住面积 49.8 平方米，分别比上年增加 4.8 平方米和 1.6 平方米。

再就业工作成效明显。加强城镇就业岗位开发，2005 年全市新增城镇就业岗位 5.1 万个，帮扶下岗失业人员再就业 2.32 万人，其中就业困难人员再就业 0.91 万人。全市拥有政府主办的公益性劳动力市场 38 家、职业中介机构 67 家。全年再就业培训 1.24 万人，职业技能培训 3.19 万人，农村劳动力转移就业技能培训 4.33 万人。城镇登记失业率为 3.8%，与上年持平。加强在职职工技能培训和创业培训、再就业培训，提高从业能力。

城乡统筹稳步推进。“百千工程”在注重质量、营造特色、强化管理的基础上继续有序推进，2005 年全市累计有 6105 个自然村、454 个行政村完成环境整治，有 56 个行政村成为省级“全面小康示范村”。“康庄工程”在全省率先完成，城乡公交一体化工程进展顺利，行政村通达率达 98%，名列全省第一。“百万农村劳动力技能培训工程”深入实施，全年共有 11.7 万农民参加了各类技能培训，促进了农村劳动力的转移就业。大力开展“千万农民饮用水工程”，新增受益人口 12.5 万人。实施“千镇连锁超市、万村放心店”工程，有 47 个乡镇开设连锁超市，覆盖率达到 78.3%，有 770 个行政村建起“放心

店”，覆盖率达到72.5%。扎实推进“农民健康工程”，建成农村社区卫生服务中心62个。进一步完善新型农村合作医疗制度，完善筹资机制，新型农村合作医疗参保率达92.9%，居全省各市首位。

5. 社会事业稳步发展

社会事业加快发展。深入实施“文化大市”建设八项工程，文化、卫生、体育、广电等社会事业加快发展。继续稳定低生育水平，人口自然增长率为0.86‰。

1）“科教兴市”战略稳步推进

2005年，全市财政科技经费支出1.59亿元，比上年增长58.4%，其中科技三项费用1.13亿元，增长37.4%。加强与科研院所的合作，建立了与中国科学院、国家信息产业部第十五研究所、北京师范大学、杭州电子科技大学、浙大大学农业与生物技术学院等院校的合作关系；新批准省级高新技术研究开发中心4家，累计26家。获得省级政府奖励的科技成果6项，比上年增加2项；列入国家级火炬项目24项，重点火炬项目4项；批准为省重大科技攻关专项3项，国家级科技型中小企业创新基金项目8项，省级科技创新资金项目19项，国家级重点新产品15项。全年受理专利申请1774件，专利授权量482件，分别比上年增长150.6%和2.3%。全年认定登记的技术成交项目778项，技术成交金额4914万元。年末拥有各类专业技术人员12.51万人，比上年增加1.75万人；享受省政府特殊津贴专家38名，国家和省有突出贡献专家5名；全年引进高层次人才214名，其中市区引进的具有硕士以上学历的毕业生60名，同比增长20%。

2）教育事业稳步发展

2005年，全市拥有各级各类学校603所，在校学生46.57万人。其中普通高等学校3所，中等职业学校29所，在校学生分别为16406人、41649人，比上年增加2137人和1712人，毕业生人数分别为3309人、12241人，比上年增加507人和3959人；普通中学141所，小学262所，在校学生分别为15.25万人和18.25万人。全市共有专任教师2.29万人，中小学每百名学生拥有专任教师数5.3人，比上年增加0.2人；幼儿园163所，在园幼儿5.85万人。全市各县区均成为省级教育强县、教育强区，有5个镇成为首批示范性教育强镇，36所九年义务教育学校通过了省首批标准化学校的评定。基本普及15年基础教育得到巩固提高，全市学前三年幼儿入园率达到90%以上，初中升学率达到89%，其中优质高中招生比例超过80%。普通高校招生考试上线率达86.9%；高等教育毛入学率达到32.5%，比上年提高2.5个百分点。大力发展城乡教育，织里镇等5个镇成为全市首批示范性教育强镇，36所九年义务教育学校通过了省首批标准化学校的评定。

3）文化事业健康发展

2005年，全市拥有艺术表演团体1个，剧院、影剧院4个，公共图书馆4个，总藏书量80万册；文化馆（艺术馆）4个，乡镇街道文化站67个，省级“东海明珠”乡镇24个；博物馆（纪念馆）7个，各级文物保护单位163个，其中国家级6个、省级30个。公共文化设施建筑面积14.61万平方米，比上年增加2.77万平方米。“十百千万工程”成效明显，全年共引进高雅艺术演出44场，举办大型广场文化活动294场，组织基层文化活动2277场，开展电影下乡放映7316场次。南浔镇入选中国十大魅力名镇和全国历史文化名镇，德清县、长兴县被评为全国文化先进县。年末全市有线电视用户51.95万户，比上年增加2.91万户；广播电视人口综合覆盖率达到99.8%；数字电视用户1000户，比上年增加400户。全年发行各类报纸3136万份，其中《湖州日报》1568万份，《湖州晚报》1316万份。

4）体育事业取得新成绩

2005年，全市拥有体育场馆20个，体育场地面积19.67万平方米，全年举办县级以上运动会65次，参加活动人数4.72万人。在省级以上运动会上获得奖牌数99枚，其中金牌29枚、银牌25枚、铜牌45枚。培养等级运动员88名、等级裁判员13名。

5）医疗设施不断完善，卫生事业稳步推进

2005年末，全市拥有医疗卫生机构819个，医院、卫生院128家，其中三级医院3家。拥有医疗床位8721张，卫生专业技术人员10859人，比上年增加1122人，其中执业医师和执业助理医师4704人，增加302人，注册护士3269人，增加186人；每千人口拥有医疗床位数3.4张，每千人口拥有卫生专业技术人员4.2人，其中拥有医生1.8人。新型农村合作医疗继续推进，实现了行政村的全覆盖，全市有175.07万农民参加了新型农村合作医疗，参加率达92.9%，列全省第一，全年报销金额达5564万元，比上年增长67.7%。社区卫生服务网络建设加快，全市已建立社区卫生服务站110个。

6. 城市建设与环境保护并进

城市建设步伐加快。2005年，全市城市化水平达到48.4%，中心城市建成区面积达到65平方公里，比上年增加6平方公里，基本完成了南太湖大桥、三环北路、苕溪东路、红旗路西延二期、南街北延等“五路十桥”工程建设。市区污水截流工程基本完成，中心城市日污水处理能力达到14万吨。天然气管网完成145公里，用户覆盖面达4万户。全年新增绿地200公顷，中心城区绿化覆盖率为37.2%，人均公共绿地面积8.4平方米，顺利通过了国家园林城市考评验收。

城乡一体化进程加快。“百村示范、千村整治”工程取得新进展，2005年，全市村庄整治累计投入28亿元，完成6105个自然村、454个行政村的整治工作，受益人口达到123.6万人，有56个村成为省级全面小康示范村，6个乡镇成为全国“环境优美乡”。康庄工程累计完成路基改造1200公里，路面硬化1400公里，1063个行政村已全部开通等级公路。城乡公交一体化工程已完成通村数1044个，通达率98%。

资源生态保护进一步加强。2005年，全年造林面积536公顷，全市森林覆盖率48.3%；年末拥有自然保护区2个，面积1312公顷，生态保护小区8个，面积1917公顷，湿地示范区面积1100公顷。全年水资源总量28.16亿立方米，比上年增加20.3%，人均水资源1094立方米；全年降雨量1203毫米。年末全市拥有水库153座，总库容2.82亿立方米，蓄水量2.27亿立方米，其中8座大中型水库蓄水量1.57亿立方米。

环境保护力度继续加大。环保基础设施建设加快，2005年全市已建成城镇集中污水处理厂10座，日处理能力25万吨，在建污水处理能力26.5万吨；工业企业废水治理装置日处理能力达33万吨，工业废气治理装置的日处理能力达1.53亿标立方米；城市垃圾无害化处理场4座，日垃圾处理量870吨。中心城区城市生活垃圾无害化处理率达100%；城市生活污水处理率72.2%；医疗固废收集率和处理率均达100%，成为全国首个实行医疗废物集中处置全覆盖的示范城市。全市已有25家企业通过清洁生产审计，50家企业通过了ISO14000环境管理体系认证，18家企业被评为市级绿色企业。2005年，全市大气环境质量达到国家二级标准，空气污染指数小于100的天数达到330天，城市烟尘控制区覆盖率达到100%；城市区域环境噪声平均值为56.7分贝，交通干线噪声平均值为68.4分贝，城市环境噪声达标区覆盖率为64.9%。工业废水排放总量9517.51万吨，比上年减少10.9%，全市四大水系（东西苕溪水系、东部平原河网水系、长兴河网水系、湖州运河水系）水质基本达到Ⅲ类水标准，城市集中式饮用水源地水质达标率为96.3%。

生态环境建设扎实推进。创建国家园林城市和国家环保模范城市取得明显成效，通过了建设部和国家环保总局组织的技术验收。德清新市镇、安吉天荒坪镇等5个乡镇入围全国环境优美乡镇。

2005年，湖州市经济社会发展取得了较好成绩，顺利完成了“十五”计划目标，但在前进道路上还面临不少困难和挑战。经济发展的资源和环境约束仍较突出，加快转变增长方式的要求更为迫切；第三产业和高技术产业发展仍相对滞后，加快产业结构优化升级的任务仍非常艰巨；创新人才不足，加快企业自主创新能力建设面临严峻挑战；社会矛盾纠纷增多，重点领域的改革仍需着力推进；周边城市加快发展的势头强劲，湖州面临的区域竞争压力进一步加大。

（三）“十五”时期湖州经济社会发展回顾

过去五年，是不平凡的五年，是在迎接新挑战、经受新考验中夺取新胜利、谱写新篇章的五年。五年来，湖州市在市委的领导下，坚持以邓小平理论和“三个代表”重要思想为指导，全面落实科学发展观，积极贯彻国家宏观调控政策，紧紧依靠全市人民团结拼搏、努力奋斗，实现了经济社会持续快速协调发展，开创了21世纪头五年的崭新局面，为“十一五”时期的发展打下了坚实基础。

1. 始终坚持加快科学发展，综合实力跃上新台阶

全力推进经济又快又好发展，经济结构逐步优化，产业竞争力进一步提升，“十五”计划目标全面完成，湖州市位列中国综合实力百强城市第77位，德清、长兴在全国百强县中的排名大幅前移（见图2－175）。2005年，全市地区生产总值完成644.25亿元，五年年均增长13.1%，人均生产总值突破3000美元；财政总收入达到74.2亿元，其中地方财政收入达到39.7亿元，按可比口径计算，年均分别增长29.7%和38.9%。大力优化农业经济结构，高效生态农业发展势头良好，农产品加工业快速发展，农业总产值年均增长6.2%。扎实推进先进制造业基地建设，生物医药、新型建材、新型纺织、特色机电四大产业不断壮大。2005年，规模以上工业总产值突破千亿元大关。高新技术产业快速发展，总产值年均增长33.5%，省级以上高新技术企业达到110家。加快发展第三产业，太湖、竹乡、古镇、名山、湿地、古生态六大旅游品牌优势显现，连锁经营和物流等新型商贸业态发展步伐加快，全社会消费品零售总额年均增长12.3%。品牌建设实现新突

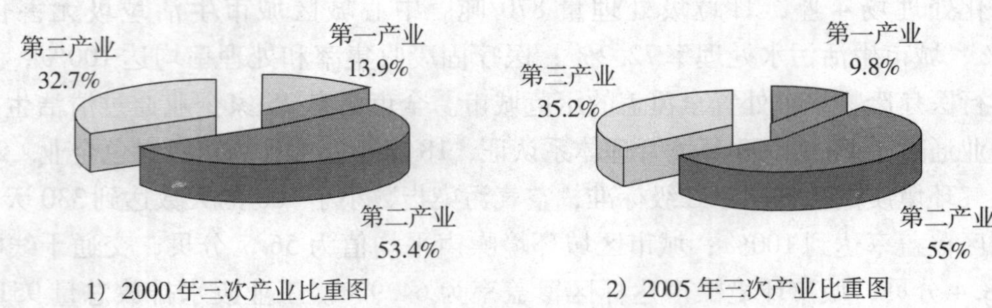

图 2-175　2000 年、2005 年湖州三次产业结构分布图

破，已拥有中国名牌2只、驰名商标4件、国家免检产品22种。加大知识产权保护力度，安吉竹产品专利保护取得成效。

2. 着力加快城市建设步伐，城乡统筹展现新面貌

坚持极化中心城市和统筹城乡发展两手抓，编制实施新一轮城市总体规划，“一城两区”带状组团式城市初具规模。仁皇山新区和吴兴东部新区建设、南浔古镇保护性修复加快推进，环城和骨干道路拉开框架、逐年拓展、推进完善、渐成体系，城市出入口改造和环城河沿岸开发步伐加快，南太湖大桥等一批标志性建筑相继建成。中心城市建成区面积达到65平方公里，德清、长兴、安吉县城新区建设亮点纷呈。全市城市化水平达到48.4%，比“九五”期末提高11.9个百分点。加快推进城乡统筹“六大工程”，“百村示范、千村整治”工程深入实施，农村基础设施条件得到显著改善，建成省级全面小康示范村56个，八里店农民社区成为农村新社区建设省示范点。乡村康庄、城乡公交一体化工程全面推进，公路和公交“村村通”目标基本实现。大面积开展土地整理，建成标准农田161万亩。在水利、交通、能源、城建、文化、教育、卫生、信息化等领域强力推进重点建设，杭宁高速公路湖州段、东苕溪防洪工程等一批项目相继建成运行，申苏浙皖、申嘉湖高速公路等一批工程加快建设。全社会固定资产投资累计完成1416亿元，是“九五”的3倍。

3. 扎实推进体制机制转变，改革开放实现新突破

坚持改革推动和开放带动，着力突破体制机制性障碍，提升经济市场化和国际化水平。国有集体企业产权制度改革基本完成，民营经济蓬勃发展，增加值占比达到73.6%，企业股份制改造扎实推进，股票上市公司达到6家。深化农村改革，免征农业税，涉农收费和村级财务管理进一步规范，撤乡并镇进展顺利，土地流转机制不断完善。推进行政管理体制改革，市区行政区划做出重大调整，两区建设释放生机活力，呈现崭新面貌。深入推进行政审批制度改革，强化依法行政和政务公开。财税改革继续推进，公共财政构建步伐加快，财税职能作用得到充分发挥。国有资产经营管理体制改革取得新成效。事业单位转体改制取得新进展。加大政府管理创新力度，户籍制度改革、长兴县教育券制度分别荣获和入围中国地方政府创新奖。大力发展开放型经济，招商引资量质并举，成效明显，实际利用外资累计达到23.7亿美元，是“九五”时期的7.7倍，芬兰通力电梯、日本朝日啤酒等一批世界知名企业在湖投资。对外贸易迅速发展，出口累计达到57.4亿美元，是

"九五"的4倍，在外贸反倾销中成功创造了"诺力"等经典案例（见图2-176）。接轨上海取得新进展，区域经济协作力度加大。开发区和工业园区进一步整合、提升，有效承接国内外投资和创业的大平台加快形成。

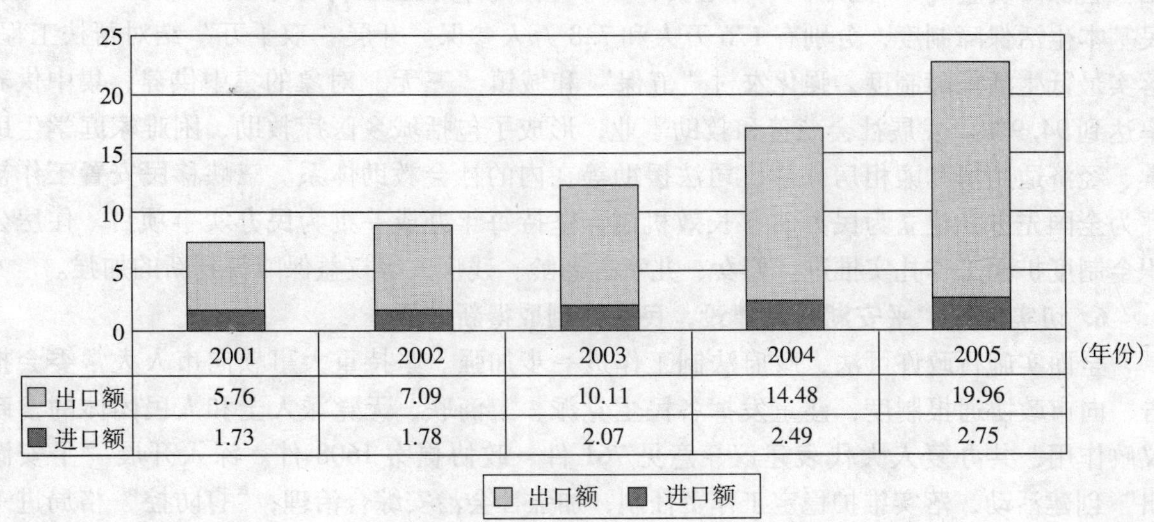

	2001	2002	2003	2004	2005
出口额	5.76	7.09	10.11	14.48	19.96
进口额	1.73	1.78	2.07	2.49	2.75

图2-176　2001~2005年湖州市对外贸易（单位：亿美元）

4. 全面开展文明创建活动，社会事业取得新进步

推动经济社会协调发展，提高文明程度，提升软实力，精神文明创建和社会事业发展取得丰硕成果。在获得"四张城市名片"的基础上，全面开展新一轮"四城联创"，国家环保模范城市、国家园林城市创建工作通过国家验收，南浔镇成为全国历史文化名镇和中国十大魅力名镇，安吉县山川乡等6个乡镇成为全国"环境优美乡"。以"四铁"的精神，大力开展矿山整治和矿山复绿，生态环境建设成效明显。扎实推进科教兴市，湖州市成为全国科技进步先进城市。基本普及15年基础教育，县区全部成为省级教育强县强区，湖州师院跨入"万人大学"行列，并通过教育部本科教学水平评估。实施人才强市战略，全市人才总量达到16.3万名，比"九五"期末增加7.5万名。加快发展文化体育事业，文化体制综合改革扎实推进，群众性文体活动蓬勃开展，长兴、德清成为全国文化先进县，百叶龙等具有地方特色的民间民俗文化得到保护和弘扬。连续成功举办国际湖笔文化节和全国极限运动大赛，湖州市成为全国极限运动之都，周苏红等湖州籍运动员在世界和全国性重大比赛中屡创佳绩。全面加强公共卫生体系建设和人口与计划生育工作，农村卫生服务体系逐步健全，低生育水平保持稳定，殡葬制度改革全面推进。民族宗教、国防动员、人防、侨台、外事、广电、气象、档案等工作取得了新的进展。

5. 努力实施富民惠民政策，人民生活再上新水平

牢固树立以人为本、执政为民的理念，人民生活水平和质量不断提高。城镇居民人均可支配收入达到15375元，农村居民人均纯收入达到7288元，年均分别增长12.1%和10.9%；城乡居民人均居住面积分别达到35.9平方米和49.8平方米，均增加10平方米以上。落实和完善就业再就业政策，累计新增城镇就业岗位19.6万个，登记失业率控制在4%以内。实施百万农村劳动力技能培训工程，累计有22.1万人次接受培训，加大了农村劳动力转移力度。加强社会保障体系建设，养老、医疗、失业、工伤、生育五大保险覆盖面明显扩大，实施“五费合征”制度，基金支付能力稳步提高，全市财政累计支出社会保障资金27.9亿元，年均增长34%。积极推行新型农村合作医疗制度和被征地农民基本生活保障制度，分别有176万人和7.8万人参保。开展“双千万”结对帮扶工程，落实最低生活保障制度，强化农村“五保”和城镇“三无”对象的集中供养，集中供养率达到94.9%。发展社会慈善和救助事业，形成了包括城乡医疗救助、困难家庭学生助学、经济适用房和廉租房保障、司法援助等在内的社会救助体系。三峡移民安置工作被评为全国先进。建立为民办实事长效机制，坚持每年办成一批为民办实事项目。住房公积金制度扩面工作扎实推进。妇女、儿童、老龄、残疾人等权益保障得到新的加强。

6. 切实加强“平安湖州”建设，民主法制取得新进展

全面实施行政许可法，政府法制工作进一步加强。坚持重大事项向市人大常委会报告、向市政协通报制度，注重发挥各民主党派、工商联、无党派人士和人民团体的参政议政作用，共办复人大代表建议、意见761件、政协提案1608件。深入开展“平安湖州”创建活动，落实维护稳定工作责任制，加强社会治安综合治理，“打防控”格局进一步巩固完善，城乡治安环境良好，社会保持和谐稳定，群众安全感受度位居全省前列。切实加强信访工作，妥善处置矛盾纠纷，群众利益得到有效维护。落实安全生产责任制，健全安全生产和食品药品安全监管的长效机制。加强公共安全领域预警系统和应急预案建设，着力提高预防和处置突发公共事件的能力，战胜了台风等自然灾害，成功抵御了“非典”、禽流感、急性肠道传染病等疫情，妥善处置了重大群体性事件和特大交通事故。

（四）湖州市在长三角地区的发展状况（见表2－73）

表2－73　2005年长三角与湖州部分经济社会发展指标比较

指　标	长三角	湖　州	比例（%）
固定资产投资（亿元）			
全社会固定资产投资总额	18978.51	416.05	2.19
国内商业			
社会消费品零售总额（亿元）	13304.55	237.75	1.79
对外经济贸易			
出口总额（亿美元）	2905.28	19.96	0.69
运输			
公路客运量总计（万人）	292977.00	7555.00	2.58
公路货物运输量总计（万吨）	190433.00	5385.00	2.83
民用车辆拥有量（辆）			
民用汽车拥有量	4920600.00	80960.00	1.65
邮电业务总量（亿元）			

续表 2－73

指　标	长三角	湖　州	比例（%）
年末市内电话（万户）	4507.77	117.78	2.61
年末移动电话用户（万户）	6680.00	150.04	2.25
国际互联网用户（万户）	1597.46	16.83	1.05
从业人员合计（万人）	8474.20	157.72	1.86
第一产业	2241.24	42.11	1.88
第二产业	3266.99	66.39	2.03
第三产业	2965.97	50.22	1.69
教育			
普通中学在校学生（万人）	759.68	15.25	2.01
小学在校学生（万人）	881.43	18.25	2.07

2001～2005 年，受到经济发展的资源和环境约束，湖州市的国内生产总值在长三角的比重呈逐年下降趋势（见图 2－177）。湖州的创新人才不足，加快企业自主创新能力建设面临严峻挑战；社会矛盾纠纷增多，重点领域的改革仍需着力推进；周边城市加快发展的势头强劲，湖州市面临的区域竞争压力进一步加大。新的形势对湖州市加快转变增长方式提出了迫切的要求。

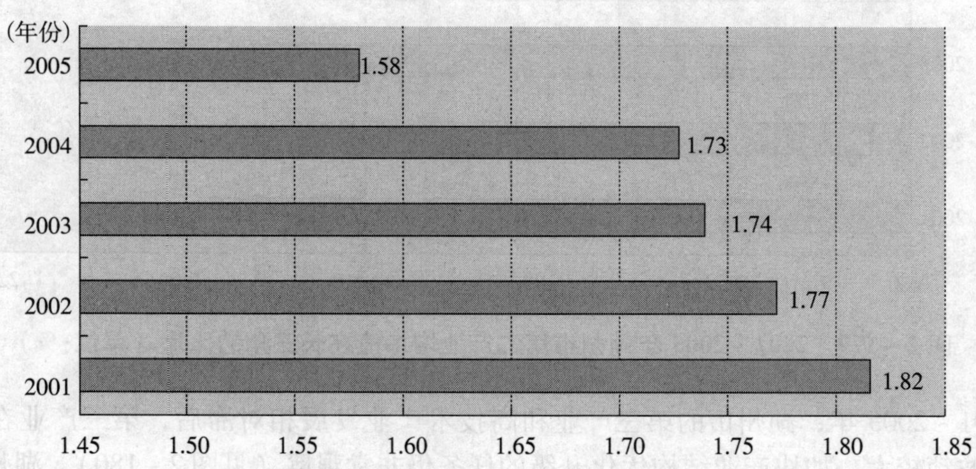

图 2－177　2001～2005 年湖州市国内生产总值在长三角的比重（单位：%）

2001～2005 年，湖州市第一产业在长三角的比重呈逐年上升的趋势，农业发展势头良好（见图 2－178）。湖州市在优化农业经济结构和发展高效生态农业方面取得了长足的进步，实现了农业的快速发展。但 2005 年，该比重突然下降到"十五"期间最低点。针对这一情况，湖州市将进一步加快产业结构优化升级步伐，着力推进经济增长方式的转变。大力发展高效生态农业和区域特色块状农业，提高农产品市场竞争力；加快建立城乡协调发展的机制，推进社会主义新农村建设。

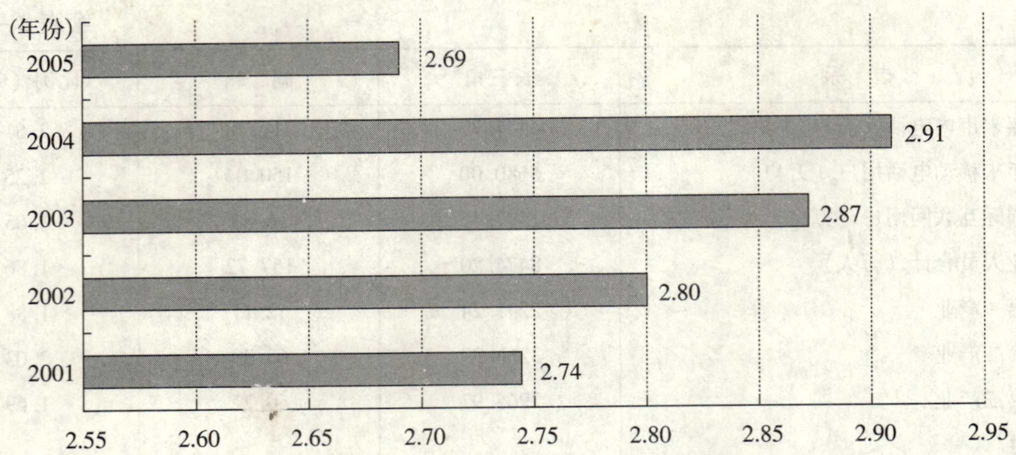

图2－178　2001～2005年湖州市第一产业增加值在长三角的比重（单位:%）

2001～2005年，湖州市第二产业在长三角的比重逐年下降（见图2－179）。面临挑战，湖州市计划着力推进工业“二三一”产业结构调整，加快产业集聚和科技创新平台建设，继续加强落后生产能力的淘汰，大力发展循环经济，推进工业经济增量提质。

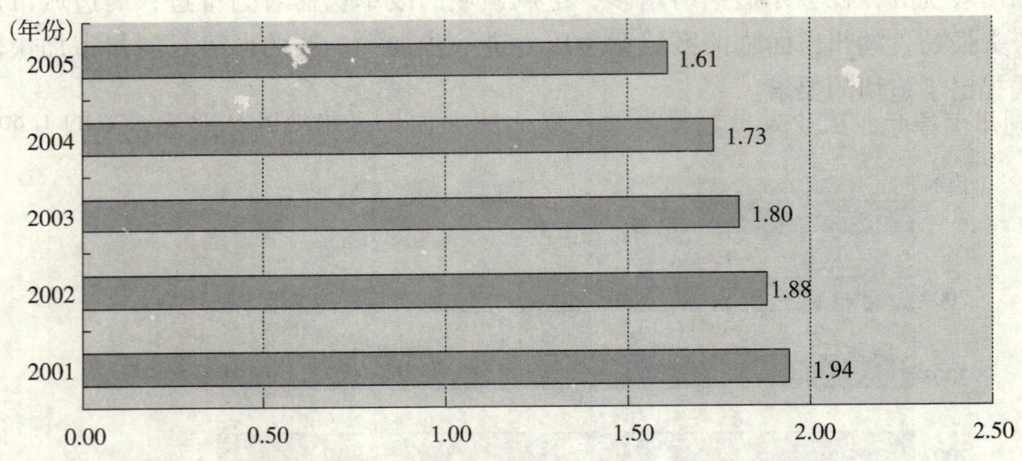

图2－179　2001～2005年湖州市第二产业增加值在长三角的比重（单位:%）

2001～2005年，湖州市的第三产业和高技术产业发展相对滞后，第三产业在长三角的比重波动较大，加快产业结构优化升级的任务仍非常艰巨（见图2－180）。湖州市已经开始着力于加快大旅游、大物流、大商贸的发展，不断提升传统服务业，大力培育新兴服务业，加快发展生产性服务业，努力实现服务业的大发展、大提升。

2005年以来，湖州市出台了加快旅游产业发展、加快循环经济发展、加快服务业发展、加快文化大市建设、合力打造先进制造业基地等一系列促进经济发展的相关政策措施，为2006年的发展奠定了良好的基础。

湖州市全社会固定资产投资总额达416.05亿元，占长三角地区总额的2.19%。社会消费品零售总额为237.75亿元，在长三角地区的比重为1.79%。湖州的出口总额为19.96亿美元，仅占长三角地区的0.69%。

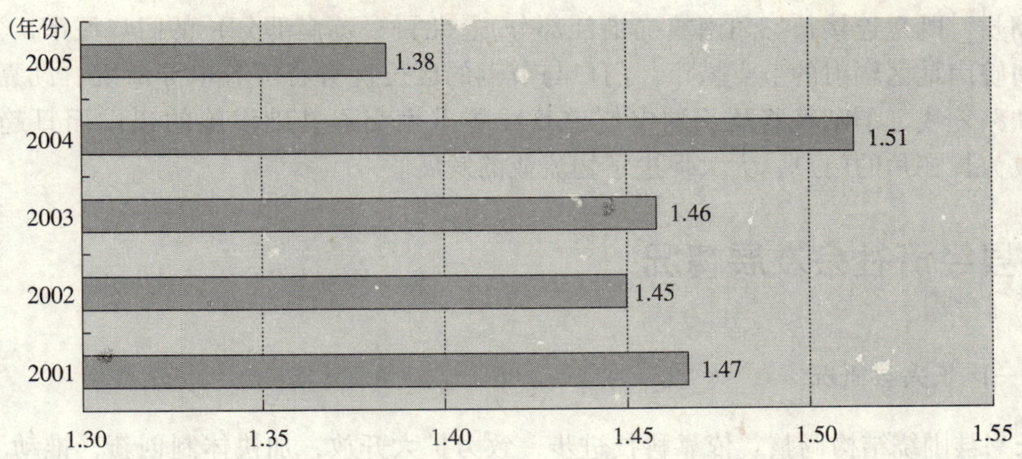

图2－180　2001～2005年湖州市第三产业增加值在长三角的比重（单位:%）

在交通运输方面，湖州的公路客运量为7555万人，占长三角地区公路客运总量的2.58%，而公路货物运输量为5385万吨，是长三角地区公路货运总量的2.83%。湖州市的民用汽车拥有量为80960辆，占长三角地区民用汽车拥有数量的1.65%。

在通信方面，湖州市2005年末的市内电话总量为117.78万户，占长三角固定电话总量的2.61%；移动电话用户为150.04万户，占长三角地区的2.25%；国际互联网用户为16.83万户，仅为长三角地区的1.05%。

湖州市各产业从业人员总数为157.72万人，为长三角地区从业总人数的1.86%。其中，第一产业从业人数为42.11万人，占长三角地区第一产业从业人员的1.88%；第二产业的从业人员数为66.39万人，占长三角地区的2.03%；第三产业从业人员人数为50.22万人，占长三角地区的1.69%。长三角地区的一、二、三产业从业人员结构大致为26:39:35，湖州市的从业人员在各产业的比例与此相近，为27:41:32，第二产业从业人员的比重稍大（见图2－181）。

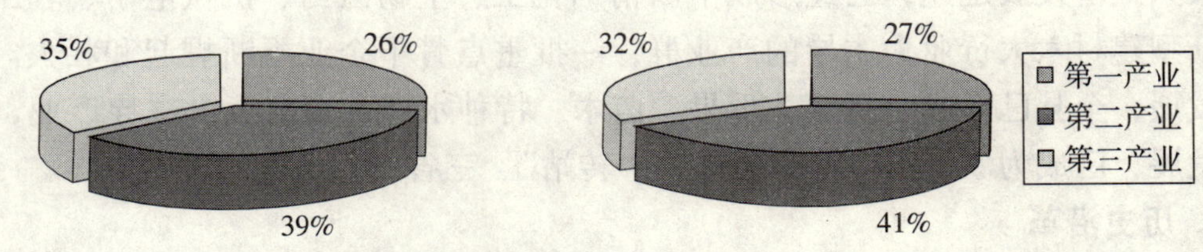

1）长三角地区一、二、三产业从业人员结构　　2）湖州市一、二、三产业从业人员结构

图2－181　长三角地区和湖州市一、二、三产业从业人员结构比较

湖州市的教育稳步发展，普通中学在校生为15.25万人，占长三角的比例为2.01%，小学在校生为18.25万人，在长三角的比重为2.07%。

湖州的经济增长促进了物流业的发展，近年来，随着湖州市特色块状经济和商品专业批发市场的迅速崛起，商品交易规模不断扩大，对物流产生了巨大的需求。湖州是“门户”、“聚散”两相宜。“门户”是湖州独特的区位优势决定的，地处长三角腹地的湖州，既是连接长三角南翼（浙江部分）、北翼（苏南部分）的门户城市，又是长三角向皖南地区辐射的节点城市。门户与节点的区位优势将随着申苏浙皖、湖嘉高速、宣杭铁路复线、乍湖铁路及长湖申航道复线等重大交通基础设施的建设而日趋明显。湖州成为长三角的门户，大大促进了物流业的发展。

长兴县经济社会发展情况

（一）长兴县概况

长兴县围绕结构调整、依靠科技进步，致力扩大开放，加快体制创新，推动了经济社会的持续快速健康发展，保持了强劲的发展势头。长兴经济活跃，社会安定，百业兴旺，人民富裕。进入21世纪，长兴以更开放的姿态、更开拓的精神、更扎实的工作，更矫健的步伐，朝着建设山水园林型的现代化中等工贸城市和提前实现现代化这个宏伟目标迈进，取得了新的业绩。

1. 地理环境

太湖明珠——长兴，位于浙江省北部，地处中国长江三角洲杭嘉湖平原，太湖西南岸，与苏州、无锡隔湖相望，素有“鱼米之乡”、“丝绸之府”、“文化之邦”、“东南望县”之美誉。县城雉城镇距上海180公里、杭州90公里、南京200公里。由两条国道（北京—福州的104国道、上海—拉萨的318国道）、三条高速（杭州—南京的杭宁高速、杭州—长兴的杭长高速、上海—合肥的申苏浙皖高速）、三条铁路（联结陇海线沟通东北与长江三角洲的陆海大通道江苏新沂—浙江长兴铁路、华东第二大通道宣州—杭州铁路、杭州—牛头山铁路）和一条年运量超过2000万吨、有“东方莱茵河”美称的“黄金水道”（长兴—湖州—上海）构成的水陆交通网，交叉汇聚于长兴，使长兴与周边大中城市通达便捷，联系紧密，为长兴物流畅通和经济发展提供了优越的便利条件。

长兴经济发展迅速，已经形成了以精细化工、生物医药、机械电子、轻工纺织、冶金、新型建材六大行业为主导的产业群，一批重点骨干企业不断崛起和壮大。效益产业快速发展，全县已形成了蔬菜、瓜果、苗木、特种水产和畜禽五大主导产业，加之物流迅速发展，已成为浙、苏、皖的物资“中转站”、三省毗邻地区的贸易中心。

2. 历史沿革

长兴的历史，习惯上从春秋吴越争霸时期（前514~前495年）说起。吴越春秋时，长兴属吴国，吴阖闾元年（前514年），吴王阖闾使弟夫概居此筑城。古城依山傍水，跨箬水之深，据戌山之险，狭而长，得名长城。因吴王令夫概主持建造，亦称吴王城，后毁于战火。今长兴县城始筑于唐武德七年（624年），along土为城。宋天圣五年（1027年）重修，建城门7座。宋《图经》载，城内建长乐、赞善、习善、归化、仁和等13坊。元至正十七年（1357年），朱元璋部将耿炳文兵克长兴，主持战后重建。虽经700多年沧桑，其城址、格局、规模基本未变，直至民国，风貌犹存。期间，历代先后疏浚河道、修建桥梁、铺设道路、恢复寺庙道观、修缮名胜古迹，重现南朝陈开国皇帝陈霸先故里“帝

乡佛国”胜景，成为江南古城之一。

3. 人口及行政区划

长兴县辖乡镇16个，人口62万，面积1430平方公里。2005年，全县共出生5140人，死亡3751人，人口出生率和死亡率分别为8.31‰和6.06‰，人口自然增长率为2.25‰，计划生育率达到98.12%，节育率达到94.4%。2005年末全县总人口61.87万人，农业人口45.2万人，非农业人口16.67万人。人口密度为433人/平方公里。

（二）2005年长兴经济发展状况

1. 经济保持较高增幅

2005年，全县实现地区生产总值135.38亿元，按可比价格计算，增长15.0%。其中，第一产业完成增加值15.45亿元，增长5.3%；第二产业完成增加值73.67亿元，增长14.9%；第三产业完成增加值46.26亿元，增长18.8%。三次产业的比重由上年的12.3∶54.6∶33.1调整为11.4∶54.4∶34.2。人均地区生产总值达到（按户籍人口计算）21850元，增长15.1%。

财政收入大量增加。2005年，全县完成财政总收入17.51亿元，增长20.4%；完成地方财政收入9.4亿元，增长32.6%。经济质量不断提升。财政总收入与GDP的比重从上年的11.7%提高到12.9%，人均地方财政收入从上年的1100元提高到1519元，增加了419元。

2. 三大需求拉动经济稳步增长

1）固定资产投资

投资稳步较快增长。2005年，全县全社会固定资产投资完成90.39亿元，增长17.7%。第一产业完成投资0.82亿元，增长2.55倍；第二产业完成投资54.83亿元，增长8.0%；第三产业完成投资34.74亿元，增长34.9%。基础设施完成投资26.48亿元，增长13.8%。

房地产市场供需两旺。2005年，全县房地产开发投资完成17.07亿元，增长88.3%，增幅同比提高41.05个百分点。其中：商品房建设投资完成15.76亿元，增长100.0%；土地开发投资完成1.15亿元，增长40.2%。住宅完成投资13.78亿元，增长100.5%；商业营业用房完成投资2.16亿元，增长24.6%；其他商品房完成投资1.08亿元，增长3.89倍。商品房销售热销。全县销售商品房74.33万平方米，增长196.1%，住宅销售占商品房销售总量的81.45%，销售面积超过竣工面积15.66万平方米。

2）国内贸易

消费品市场稳中趋旺。2005年，完成社会消费品零售总额48.92亿元，增长13.5%。全县各类交易市场48个，其中消费品综合市场6个、农副产品市场29个、工业消费品综合市场5个、工业消费品专业市场1个、工业生产资料市场6个、劳动力市场1个。全县亿元以上的商品交易市场7个，年成交额75.5亿元，增长5.5%。

3）对外经济往来

对外贸易高速增长。2005年全年完成进出口总额21959万美元，增长41.5%。其中自营出口总额19392万美元，增长41.6%；进口总额2567万美元，增长40.4%。全县有出口实绩的的企业达到84家，出口超1000万美元的企业4家，占全县总量的45.4%。

招商引资绩效显著。2005年全年合同外资、实到外资、引进内资分别完成了30073万美元、13006万美元和30.5亿元人民币，一批大、好、高项目已顺利开工建设。“长洽会”签约项目54个，其中外资项目23个，总投资2.5亿美元；县外内资项目27个，总投资23亿元；人才科技合作项目4个；银企洽谈会签约项目12个，融资金额6亿元；人才科技洽谈会签约项目40个。

3. 三大产业齐头并进，带动全市经济增长

1）农业

农业生产“调优提效”。2005年，全县实现农业总产值27.22亿元，增长10.3%，扣除价格因素，实际增长6.6%。“510工程”稳步推进，农业调优提效成效明显。商品蔬菜、吊瓜、特种水产、花卉苗木、人造林五个10万亩特色农产品基地建设加快，全年新发展“510工程”基地面积8.04万亩，完成全年任务的138.4%，总面积达到40.06万亩。畜牧业、渔业生产基本稳定。生猪饲养量45.58万头，增长4.4%，年内出栏26.97万头。牛存栏3363头，出栏792头，羊存栏8.91万头，出栏10.11万头。水产品产量32485吨，增长5.5%。

2）第二产业

工业生产继续快速发展。2005年，实现工业增加值66.63亿元，扣除价格因素增长16.2%。规模以上工业企业完成现价工业总产值184.74亿元，增长30.1%。51种主要产品中，有39种产品产量得到不同程度的增长。

工业效益稳步回升。全县规模以上工业企业实现利税21.28亿元，回升到增长6%，而2005年前三个季度同比分别下降39.5%、13.8%和8.9%。扣除省属企业因素，县属工业利税总额同比增长11.2%，实现利润总额8.81亿元，下降幅度从一～三季度的61.6%、29.9%和24.1%回升为2.6%，回升趋势明显。

企业品牌建设取得新突破。2005年，全县工业新增省级名牌产品4个（诺力牌液压搬运车、BUGAO牌三嗪类系列除草剂、丰达牌镁碳砖、长欣牌桑蚕丝），通过省级名牌复评2个（三狮牌普通硅酸盐水泥、金三发牌粘合衬），为历史上获得省级名牌最多的一年，并新增市级名牌2个。

建筑业稳步发展。2005年，全县实现建筑业增加值7.05亿元，增长4.0%。全年完成房屋建筑施工面积162.15万平方米，其中新开工面积64万平方米，全年完成房屋建筑竣工面积77.3万平方米。

3）交通和邮电业

交通运输业运营能力不断增强。2005年，交通运输、仓储和邮政业实现增加值9.83亿元，扣除价格因素增长16.6%。全年完成公路客运量1101万人，增长4.4%；客运周转量41087万人公里，增长0.7%。完成公路货运量1047万吨，增长28.3%，货运周转量42652万吨公里，增长12.5%。水路货运量3262万吨，增长22.6%，其中，个私货运量3011万吨，占到92.3%；货运周转量490579万吨公里，增长33.9%。年末全县通车

公路总里程863公里，其中高速公路30.5公里。年末全县民用汽车拥有量达14817辆，私人汽车达到10377辆，分别增长12.5%和19.4%，全县私人轿车拥有量达到了4382辆。

邮电通信业继续较快发展。2005年，全县完成邮电业务总量62696万元，增长3.7%，其中邮政业务总量2480万元，增长10.2%。全年新增固定电话用户23732户，年末城乡固定电话用户达到25.22万户，比上年末增长10.4%，固定电话主线普及率由上年末的36.8线/百人提高到40.8线/百人；年末全县移动电话用户达27.87万户，比上年末增长32.8%，年末全县已有国际互联网用户28498户，比上年末增长12.8%。

4）旅游业

旅游业发展形势喜人。2005年，全县共接待游客127万人次，实现旅游总收入7.4亿元。全年共接待入境旅游者2634人次，实现门票收入116万元。旅游星级宾馆实现营业收入6014万元，全县参与年检的五家旅行社共实现营业收入3630.6万元，其中超千万的有1家（长兴京兴康辉旅行社），净利润44.1万元，实缴税金48.4万元，组团4万人次，地接2.1万人次。

5）金融和保险

金融业健康运行。2005年末，全县全部金融机构各项本外币存款余额100.93亿元，比年初增加9.43亿元，增长10.3%。其中，城乡居民储蓄存款52.28亿元，比年初增加5.73亿元，增长12.2%。年末金融机构本外币贷款余额86.98亿元，比年初增加11.88亿元，增长15.8%。

保险市场拓展加快。2005年底，全县共有保险公司分支机构4家。全年各类保险金额323.64亿元，增长12.5%。保费收入2.99亿元，增长14.2%，其中，财险保费收入8928万元，增长21.4%，寿险保费收入21704万元，增长13.7%。全年保险机构共支付各类赔款7064万元，增长33.3%，其中，财险赔款6297万元，增长39.6%，寿险赔款823万元，增长0.4%。

（三）长兴社会发展基本状况

1. 城乡统筹和环境保护

城乡一体化加速推进。城市化战略和城乡统筹发展步伐明显加快，2005年，城市化水平提高到44%，“一核心三组团”空间布局基本确立。城市框架拉大到30平方公里，中心城区建成区面积24平方公里，城市人口达20万人。龙山新区建设生机勃发，累计完成投资10亿元，2005年完成投资3.6亿元，大剧院、图书馆与档案馆建成使用。2005年，城市新增绿地358公顷，绿化覆盖率达到40.2%。以“八大工程”为载体，全力推进城乡一体化进程，在全市率先出台《长兴县城乡一体化行动纲要》。9个小城镇、92个基础设施和公共设施建设全面启动，累计完成建设投资3.74亿元，小城镇镇区规模已扩大到23平方公里，完成13个市级以上示范村、65个整村建设工作。完成区域供水达到13个乡镇的87个行政村，新增受益人口17.8万人。乡村康庄工程累计投入2.1亿元，完成道路等级化改造322.4公里，行政村班车通村率达到100%。

环境保护工作进一步加强。2005 年，全面实施环境整治“135”工程，铅酸蓄电池环保重点监管区“摘帽”、道路粉尘和码头整治、工业污染治理、城镇污染防治等整治行动均取得明显进展。全县水环境质量基本稳定，空气环境质量明显好转，粉尘和二氧化硫含量分别下降了10.7%和31%。蓄电池企业从整治前的175 家削减到50 家，铅酸蓄电池环保重点监管区顺利通过省市验收。累计拆除了38 台水泥机立窑，关闭6 家企业17 座石灰窑和8 座黏土砖瓦窑。2005 年，工业污染治理项目完成投资14055 万元，其中废水治理435 万元，废气治理13620 万元。中心城市生活垃圾无害化处理达到100%，城市污水处理率达到55%。全县工业废水排放达标率为96.9%，工业废气二氧化硫排放达标率为98.9%，工业粉尘排放达标率为98.9%，工业固体废物综合利用率为98.6%，医疗废物集中处置率100%。烟尘控制区总面积17.3 平方公里，城市环境噪声达标区面积为10.3 平方公里。

2. 人口、就业、社会保障和人民生活

人口状况保持稳定。2005 年，全县总人口61.87 万人，其中农业人口45.2 万人，非农业人口16.67 万人。人口密度为433 人/平方公里。

就业情况态势良好。2005 年末全县各行业从业人员共计38.91 万人，非农产业从业人员比重从上年的66.2%提高到72%。年末全县城镇单位全部职工人数5.1 万人，城乡个体和私营企业从业人员16.48 万人。农村劳动力转移和再就业工作取得新进展，全年共转移农村富余劳动力22471 人，实现再就业4200 人，累计培训1.18 万人次，年末城镇登记失业率控制在4.0%以内。

社会保障体系逐步完善。2005 年，全县养老保险参保单位1972 家，有8.65 万人参加基本养老保险，其中参保职工7.08 万人，离退休人员1.57 万人。全年实收缴养老金21870 万元，共支付养老金18180 万元。全县有5.11 万人参加了城镇基本医疗保险，其中，职工为3.13 万人，退休人员1.43 万人，特殊人员559 人；工伤、生育保险年末参保人数分别达到3.13 万人和2.57 万人；参加失业保险职工3.8 万人。被征地农民社会保障工作顺利开展，1~12 月，全县合计8246 人被征地农民参加农村养老保险。2005 年完成农村贫困家庭危房改造595 户，累计完成907 户。

社会福利事业持续发展。2005 年，全县共有社会福利企事业单位17 个，床位1510 张，年在院总人天数达到133349 人天。全县定期社会救济对象总人数10158 人。城市居民最低生活保障人数1715 人，临时救济人次数784 人次；农村居民最低生活保障人数8135 人，定期救济人数308 人，临时救济人次数6041 人次。

城乡居民收支较快增长。2005 年，城镇居民人均可支配收入15350 元，增长14.3%，人均消费性支出9069.7 元，比上年同期增长10.1%，城镇居民恩格尔系数为36.01%。城镇居民家庭每百户助力车、摩托车、汽车拥有量已达58 辆、46 辆、13 辆，分别增长35%、21.8%和1.5 倍。全县农村居民人均纯收入7307 元，增长13.5%，农村居民恩格尔系数为37.8%，农村居民家庭每百户耐用消费品中，空调、移动电话、彩电、电冰箱、摩托车拥有量达到49 台、147 台、131 台、45 台、92 辆，分别增长88.5%、33.6%、20.2%、36.4%和13.6%。城镇集体以上单位职工平均工资为24214 元，增长8.7%。城

乡居民居住条件继续改善。年末城镇居民人均住房面积为30.3平方米，农村居民人均住房面积49.9平方米。

3. 科学和教育

科学事业发展良好。2005年全年完成各级各类科技计划项目106项。高新技术产品研发及产业化计划项目53项，科技创新体系建设项目15项，农业与社会发展计划项目38项。按项目级别分，国家级13项，省级52项，市级21项，县级20项。2005年，新认定国家火炬计划重点高新技术企业2家，省高新技术企业2家，省农业科技企业3家，省高新技术产品15只。全年专利申报量为340件，是历年来总申报量的7倍，其中发明专利33件，实用新型80件，外观设计113件。

教育水平进一步提高。2005年，全县共有小学95个，班级数1059个，专任教师2344人，在校学生数48939人，入学率和巩固率分别达到99.99%和100%。普通中学27所，班级数684个，专任教师2195人，在校学生数35971人，其中初中25346人，高中10625人，初中入学率和巩固率分别达到99.88%和99.95%，初中毕业生升高中阶段比例达到89.63%。高教自学考试累计报考人数57648人，累计毕业生数2052人。高考报名人数合计3512人，录取人数合计2755人，录取率78.4%。全国首创“教育券”制度，入围地方政府创新奖，至2005年已累计发放2.53万张，金额达到737.3万元。

4. 文化、卫生和体育

文化事业健康发展。全力建设文化大县，荣获全国文化先进县称号。民间艺术精品——百叶龙声名远播，应邀参加了国内众多重大文化活动，并远赴韩国、法国参加中外文化交流活动。2005年，共引进15台精品艺术演出，组织开展了35场广场文化活动、436场基层群众文化活动和2363场电影下乡展映活动。年末全县有文化馆、博物馆、新四军苏浙军区纪念馆各1个，乡镇文化站16个，公共图书馆1个，乡镇图书室16个，全县公共图书拥有31.08万册。年末拥有广播电台1座，电视台1座，乡镇广播电视机构16个，无线电视综合覆盖人口60.76万人，有线电视用户13.99万户，全年广播节目播出时间5841小时，电视节目播出时间2435小时。

卫生事业不断进步。2005年末全县拥有各类医疗卫生机构42家，床位1881张，各类卫生技术人员1972人，个体诊所卫生技术人员388人，合计全县卫生技术人员2360人。其中执业医生和执业助理医生1056人。年末每万人拥有卫生技术人员38人，比上年增加2人。社区和乡村卫生服务建设逐步推进，全县社区卫生服务机构8家，村卫生室583个，乡村医生和卫生员611人。

体育事业取得新进步。2005年，中国女排长兴籍健儿周苏红继2004年勇摘雅典奥运会金牌后又夺国际女排精英赛宁波站冠军；亚洲标王李荣祥获得了亚锦赛“三连冠”和十运会冠军；范慧玉获得全国帆船青年锦标赛冠军；王清波在全国和省青少年田径锦标赛中荣获标枪冠军。县体育中心被国家体育总局命名为国家高水平体育后备人才基地。全年共开展全民健身活动200多次，参与人数达8万多人次，获得省以上群众体育先进个人（集体）荣誉称号达8次。

六　绍兴市2005年经济社会发展报告

2005年，在绍兴市委、市政府正确领导下，全市上下认真贯彻中国共产党的十六大和十六届五中全会精神，牢固树立和全面落实科学发展观，紧紧围绕“推进率先发展，实现富民强市”的总目标和构建和谐社会的总要求，主动适应抢机遇，攻坚克难促发展，着力调整经济结构、转变经济增长方式，各项社会事业全面进步，人民生活水平不断提高，全面建设小康社会进程加快，全市经济保持快速、平稳、协调发展的良好势头，为“十五”计划超额完成画上了圆满的句号。

（一）2005年绍兴经济发展状况

1. 经济发展保持良好势头

国民经济快速增长，经济总量再上新台阶。据初步核算，2005年，全市GDP达1447.47亿元，按可比价计算，比上年同期增长13.3%，呈现较稳健的发展态势（见图2－182）。其中，第一产业增加值93.07亿元，比上年增长4.7%；第二产业增加值873.00亿元，增长15.7%；第三产业增加值481.40亿元，增长10.9%。三次产业之比由上年的6.9∶59.7∶33.4调整为2005年的6.6∶61.0∶32.4。

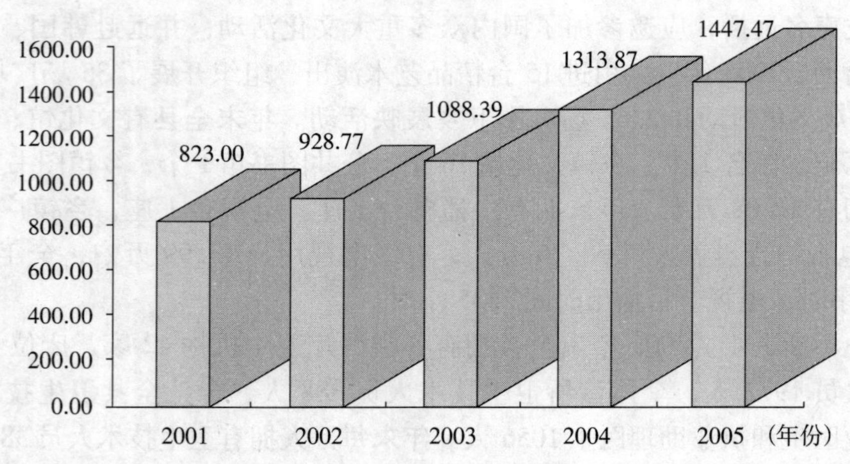

图2－182　2001～2005年绍兴市国内生产总值（单位：亿元）

从GDP各季增幅看，2005年第一季度增长13.3%，第二季度增长13.7%，第三季度增长13.6%，全年增长13.3%，从一季度到四季上下波动0.4个百分点。整体经济持续在高位平稳运行，经济总量呈逐季扩大趋势。全市人均GDP达3.31万元（按户籍人口计算），按现行汇率计算，约4043美元。

财政收入稳步增长。2005年，绍兴市实现财政总收入150.56亿元，同比增长18.8%。其中地方财政收入76.13亿元，同比增长19.8%，上划中央四税74.43亿元，同比增长17.9%，占全市财政收入的近一半，为49.4%。各主要税种均保持较快增长，

增值税增长16.0%，企业所得税和个人所得税增幅达到22.9%和21.0%，营业税增长7.1%。

企业景气指数高位运行。2005年，据对全市270多家企业景气调查，第四季度企业景气指数为148.4，企业家信心指数为137.1。从全年走势看，各季度景气指数均运行在较好景气区间，这表明绍兴市企业运行质量整体趋好，对宏观经济运行和自身发展趋势持续看好。

经济和社会发展存在的主要问题有：区域经济发展不平衡，经济结构、产业结构调整任务依然艰巨；就业结构性矛盾突出，"招工难"与"就业难"并存，就业压力仍然较大；科技自主创新能力有待增强；高附加值产品少，产品竞争力不强；资源环境对经济社会发展的制约日益明显，部分生产要素紧张，资源约束矛盾突出，环境压力加大；社会保障体系有待完善；社会事业发展还有待加强。

市场物价小幅回升。2005年全年居民消费价格总水平上涨1.2%，其中，居住类上升5.0%，食品类上升2.4%，烟酒及用品类上升0.5%，医疗保健和个人用品类下降0.2%。工业品出厂价格上涨2.5%，原材料、燃料、动力购进价格上涨7.5%。

2. 三大需求拉动经济稳步增长

1）固定资产投资

固定资产投资增幅稳步上升（见图2－183）。2005年，全市完成全社会固定资产投资676.13亿元，同比增长11.3%，其中，工业性投资446.54亿元，同比增长18.0%，增速比上半年分别上升9.4个百分点、6.8个百分点。在全部限额以上投资中，基础设施投资141.83亿元，增长2.8%；房地产开发投资103.33亿元，下降10.9%；民间投资445.13亿元，增长5.8%。

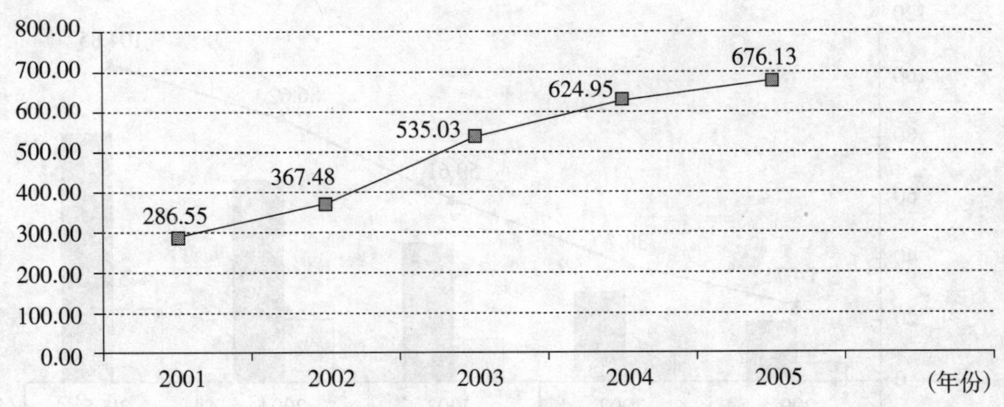

图2－183　2001～2005年绍兴市固定资产投资（单位：亿元）

投资结构不断优化。2005年，在限额以上工业性投资中，非纺产业投资比重同比增长13.3%，而纺织工业投资同比下降12.6个百分点，非纺产业投资比重已由上年同期的62.0%提高到70.2%。主要行业中，塑料制品、设备制造、医药、食品、金属冶炼等行业投资热情仍较高。

房地产市场经营状况良好。2005 年末全市房地产开发企业达 214 家，全年实现商品房销售额 85. 13 亿元，同比增长 12. 4%；房地产开发施工面积 1111 万平方米，同比增长 1. 4%，其中新开工面积 332 万平方米；竣工面积 355 万平方米，同比下降 13. 1%；年末商品房空置面积 136. 8 万平方米，同比增长 45. 1%。

重点建设项目进展顺利。2005 年，全市确定的 129 个重点项目，当年完成投资 147. 24 亿元，完成年度计划的 110. 1%。其中市区 69 个重点建设项目完成投资 86. 47 亿元，为年度计划的 107. 2%。各县（市）60 个重点建设项目，完成投资 60. 77 亿元，为年度计划的 114. 5%。按行业类别分，基础设施重点项目 46 项，完成投资 57. 1 亿元，为年度计划的 101. 4%；工业重点建设项目 51 项，完成投资 54. 9 亿元，为年度计划的 126. 6%；社会事业及其他类重点建设项目 32 项，完成投资 35. 24 亿元，为年度计划的 103. 6%。当年有 34 个重点建设项目竣工或基本建成，其中市区 16 个，各县（市）18 个。

2）国内贸易

消费品市场繁荣活跃。2005 年全年实现社会消费品零售总额 381. 63 亿元，比上年增长 14. 0%，扣除价格因素，实际增长 12. 6%。分城乡看，城镇市场消费品零售额 240. 12 亿元，增长 14. 8%；农村市场消费品零售额 141. 51 亿元，增长 12. 7%。分行业看，批发零售贸易业零售额 342. 89 亿元，增长 14. 0%；餐饮业零售额 38. 74 亿元，增长 14. 1%。

商品交易市场成交活跃。2005 年末全市有各类商品交易市场 364 个，新增 3 个。其中成交额超亿元的市场 50 个，超十亿元 17 个，超百亿元 2 个。全年城乡商品交易市场成交额 980 亿元，比上年增长 10. 8%，其中中国轻纺城成交额 276. 3 亿元，增长 7. 0%，成交额稳居全国第二位。

3）对外经济（见图 2 - 184）

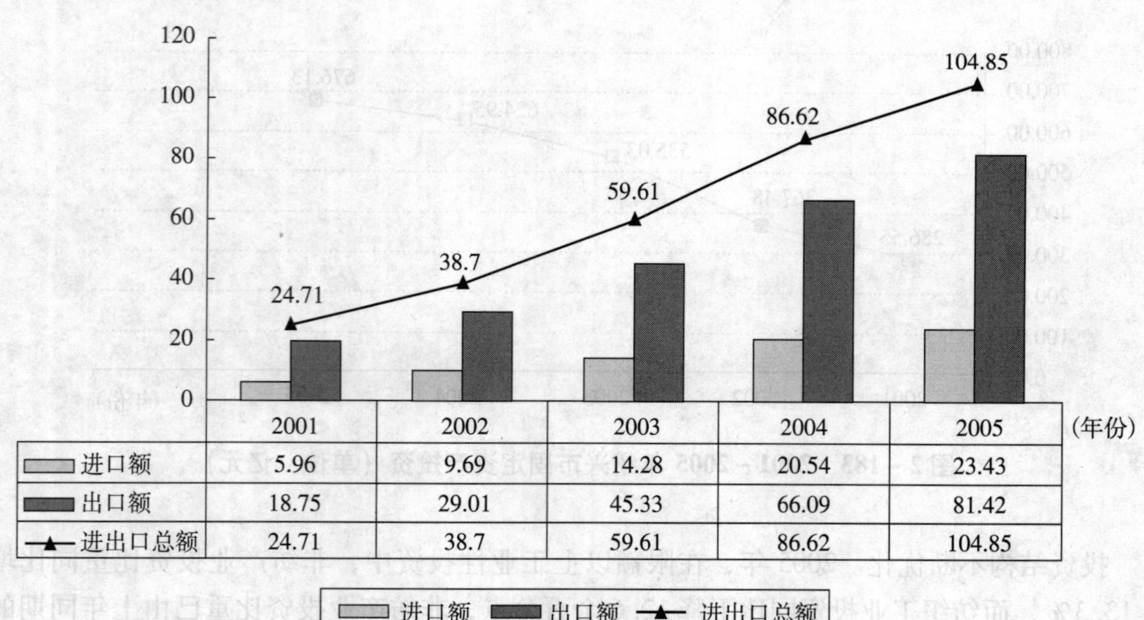

	2001	2002	2003	2004	2005
进口额	5.96	9.69	14.28	20.54	23.43
出口额	18.75	29.01	45.33	66.09	81.42
进出口总额	24.71	38.7	59.61	86.62	104.85

图 2 - 184　2001 ~ 2005 年绍兴市对外贸易（单位：亿美元）

对外贸易继续增长。据绍兴海关统计，2005年，全市进出口贸易总额达104.85亿美元，比上年增长21.1%。其中自营出口81.42亿美元，增长23.2%；进口额23.43亿美元，增长14.1%。绍兴市先后与198个国家和地区开展贸易业务，其中出口超千万美元的国家和地区达到74个，同比增加5个。印度、意大利、美国出口增幅居全市前15个重点出口市场的前三位。纺织品出口优势明显，高新技术出口增势强劲，2005年全市纺织品出口额58.34亿美元，同比增长18.8%，占全市出口总量的71.7%；高新技术出口1.38亿美元，同比增长47.4%。进出口企业队伍迅速壮大，2005年新获进出口经营权企业996家，获权企业累计达到3436家，获权企业数量继续保持全省前列。

利用外资平稳增长。2005年全年新批准外商投资项目416只，合同利用外资20.21亿美元，比上年增长20.9%；实际利用外资9.01亿美元，增长9.4%，实际利用外资总量继续保持全省第四位。新签外商直接投资项目平均规模为905万美元，比上年增长4.5%，总投资千万美元以上的项目132个，同比增加19个，其中引进世界500强的企业共有4家，累计达到13家。2005年，香港居各国家（地区）来绍投资之首，全市港资项目的合同外资和实到外资分别达到10.49亿美元和5.14亿美元，占全市总量的51.9%和57.0%。引资结构进一步优化，新增非纺织类项目合同外资11.56亿美元，占全市总量的57.2%，比上年提高12.7个百分点。开发区（工业区）龙头作用更加突出，全市12个重点开发区（工业区）新批外资项目241个，实际利用外资占全市的83.9%。

对外经济技术合作开创新局面。2005年全年新批境外投资企业57家，至目前累计批准境外投资企业306家，总投资达10613万美元，分布在40多个国家和地区。2005年，新签对外承包劳务合同21097万美元，同比增长15.9%，完成对外承包劳务营业额19671万美元，增长20.5%。

3. 三大产业协调发展

1）农业

农业经济稳步增长（见图2-185，表2-74）。2005年，绍兴市积极落实国家和省农业政策，出台促进农民增收的政策意见，农民种粮积极性提高，加之主要农产品市场需

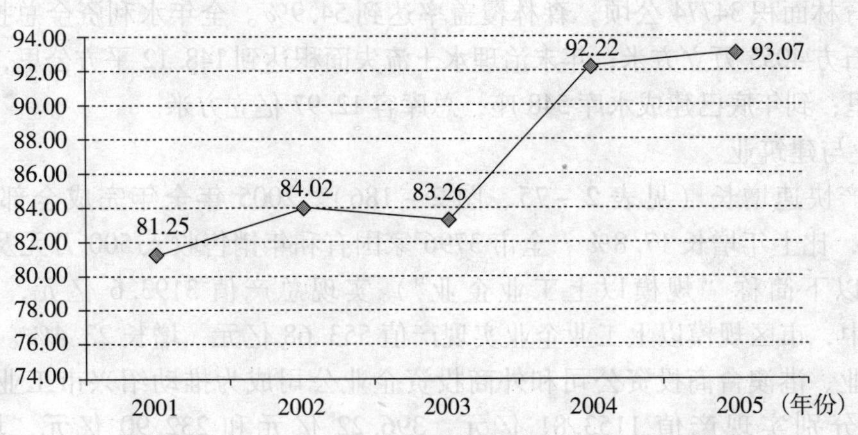

图2-185　2001~2005年绍兴市第一产业增加值（单位：亿元）

求增长较快，农业生产形势明显好转。2005 年，全市实现农林牧渔业总产值 135.33 亿元，按可比价增长 4.8%。全年农作物播种面积 451.34 万亩，增长 3.1%，其中粮食播种面积 239.79 万亩，同比净增 15.56 万亩，增长 6.9%；尽管遭受"禽流感"之灾的影响，畜禽价格一度下跌，但对整个畜牧业生产影响不大，畜牧业产值 27.91 亿元，增长 6.1%，全市家禽出栏量及产值均比上年略增 1.0%，全市生猪出栏量达 159.79 万头，与上年持平，生猪产值 15.72 亿元，增长 10.6%；渔业产值 18.39 亿元，增长 6.6%，由于对耕地利用政策的调整，市场需求转变，林业生产的高增长态势受到遏止，林业产值 12.05 亿元，增长 7.9%。

表 2－74　2005 年绍兴市农业主要产品产量

产品名称	计量单位	2005 年	比上年增长（%）	产品名称	计量单位	2005 年	比上年增长（%）
粮　食	万吨	96.39	1.1	果用瓜	万吨	29.27	1.7
谷　物	万吨	86.97	0.4	甘　蔗	万吨	5.7	-4.5
油　料	万吨	4.2	12.3	肉　类	万吨	16.39	8.5
油菜籽	万吨	3.14	15	猪牛羊肉	万吨	11.86	6.6
棉　花	万吨	0.34	-8.1	禽　蛋	万吨	5.03	18.6
茶　叶	万吨	4.34	3.8	蚕　茧	万吨	0.55	-8.3
蔬　菜	万吨	231.77	-0.1	水产品	万吨	9.9	7.8

农业外拓基地扩大。到 2005 年末，全市外拓农产品基地面积 650 万亩，当年新增 130 万亩，在市外基本形成了水产、茶叶、干果、蔬菜、粮食五大原料基地。

农业产业化步伐加快。至 2005 年底，绍兴市已发展规模型农业龙头企业 1079 家，其中产销额在 5000 万元以上的龙头企业 93 家，超亿元的企业 35 家，新昌丰岛、诸暨金大地、嵊州华发等 4 家企业已被评为全国重点农业产业化龙头企业。

林业、水利建设进展明显。2005 年完成造林面积 2370 公顷，幼林抚育实际面积 4148 公顷，封山育林面积 34774 公顷，森林覆盖率达到 54.9%。全年水利资金总投入 14.68 亿元，完成土石方 4055 万立方米；年末治理水土流失面积达到 148.12 平方公里，加高加固堤防 75.53 公里；到年底已建成水库 548 座，总库容 12.97 亿立方米。

2）工业与建筑业

工业生产快速增长（见表 2－75、图 2－186）。2005 年全年完成全部工业增加值 787.51 亿元，比上年增长 17.8%。全市 3796 家国有和年销售收入 500 万元及以上非国有工业企业（以下简称"规模以上工业企业"）实现总产值 3193.6 亿元，比上年增长 23.5%，其中，市区规模以上工业企业实现产值 553.68 亿元，增长 23.4%。从企业类型看，私营企业、港澳台商投资公司和外商投资企业公司成为推动绍兴市工业生产提速的主要力量，分别实现产值 1153.81 亿元、396.22 亿元和 232.90 亿元，增速分别为 25.5%、33.8%和 40.8%。全市规模以上重工业产值增速快于轻工业，全年重工业实现产值 1159.98 亿元，增长 26.6%，轻工业实现产值 2033.62 亿元，增长 21.8%。

表 2－75　2005 年绍兴市工业主要产品产量

产品名称	计量单位	2005 年	比上年增长（%）	产品名称	计量单位	2005 年	比上年增长（%）
纱	万吨	21.89	31.2	黄酒	万吨	20.62	10.4
布	亿米	29.36	18	精制茶叶	万吨	12.86	4.2
印染布	亿米	131.96	16.1	发电量	亿千瓦时	66.92	13.9
丝织品	亿米	24.96	10.2	成品钢材	万吨	81.4	36
服装	亿件	4.92	20.3	水泥	万吨	1134.7	14.9
化学纤维	万吨	184.73	12	农用化肥（折 100%）	万吨	3.56	32.8
合成纤维聚合物	万吨	48.81	22.1	轴承	亿套	4.54	4.3
塑料制品	万吨	66.63	14.9	集成电路	亿块	5.74	7.3
化学原料药	万吨	6.56	-9.4				

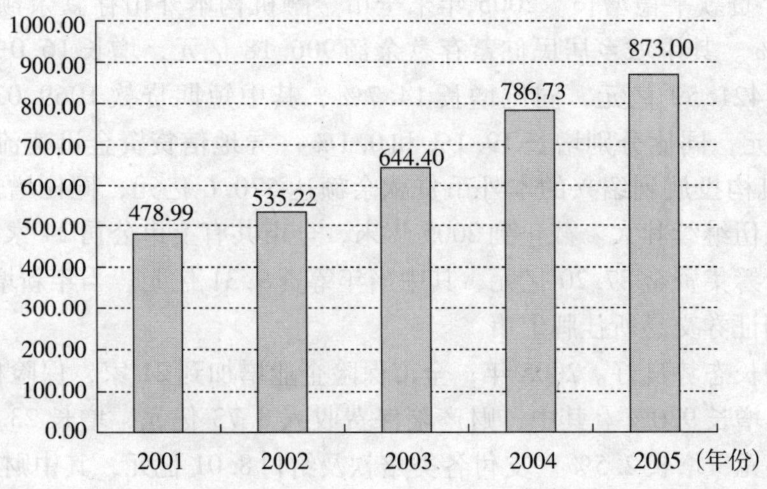

图 2－186　2001～2005 年绍兴市第二产业增加值（单位：亿元）

工业龙头企业迅速崛起。2005 年末全市完成销售收入 10 亿元以上的工业企业 46 家，当年新增 4 家。其中完成销售收入 20 亿元以上的企业 22 家，新增 8 家；完成销售收入 50 亿元以上的企业 4 家，新增 2 家。远东化纤集团完成销售收入 68.06 亿元，位居全市之首，取得了全市工业企业销售的历史性突破。

工业经济效益稳步提高。2005 年全年规模以上工业企业实现销售收入 3062.46 亿元，比上年增长 23.9%；实现利税 248.42 亿元，增长 17.1%，其中，利润总额 159.33 亿元，增长 16.4%。列入全省考核的 11 项工业经济效益指标综合得分为 216.97 分，比上年增加 0.88 分，居全省第三位。

企业创优争牌意识不断加强。在政策鼓动下，绍兴市企业创牌意识和积极性高涨，2005 年，国家工商总局商标评审委员会已认定绍兴市喜临门（床垫）、会稽山（酒）、太子龙（服装）、恒柏（服装）、女儿红（酒）、三力士、阳光、巴贝八只商标为中国驰名商标，全市累计拥有中国驰名商标14只，跃居全省第一。这一成绩的取得，是绍兴市打造先进制造业基地、发展民营经济、着力推进“品牌年”建设的成果。

建筑业持续发展。2005年全年按工程属地原则核算的建筑业增加值为91.33亿元（不含建筑企业在外地创造的增加值），比上年增长0.7%。全市建筑企业全年完成建筑业总产值1252.19亿元，比上年增长12.2%；全年房屋建筑施工面积16246万平方米，增长7.7%。绍兴市建筑企业拓展国内外市场形势乐观。绍兴市建筑队伍遍布29个省、市、自治区，上海市场继续保持全省进沪施工产值半壁江山的地位，全年新签证业务186亿元，占全省进沪施工企业总量的55.0%。据统计，全市完成的省外产值为729.45亿元，占全部产值的58.3%。目前，全市已形成10亿元以上区域性市场6个，形成20亿元以上区域性市场6个，形成100亿元以上区域性市场3个。全年工程质量合格率达100%，评出市级“兰花杯”33项，创浙江“钱江杯”30项，上海“白玉兰杯”44项，鲁班奖3项，各项建筑经济指标继续保持全省第一和全国地级市首位。

3）金融保险（见图2－187）

金融机构存贷款平稳增长。2005年末全市金融机构本外币存款余额1896.91亿元，同比增长21.5%。其中城乡居民储蓄存款余额906.18亿元，增长16.0%。金融机构本外币贷款余额1421.59亿元，同比增长14.7%，其中短期贷款1069.03亿元，中长期贷款302.39亿元，同比分别增长19.1%和0.1%。异地信贷资金迅速流入，到2005年末，异地金融机构投放到绍兴的本外币贷款余额达570.6亿元，同比增长19.6%。

上市公司队伍继续壮大。截止到2005年末，全市共有上市公司24家，其中境外上市企业5家；累计筹集资金87.20亿元，其中当年筹资9.31亿元。当年新增1家上市企业，三花股份在深圳证券交易所挂牌上市。

保险业务增长态势良好。2005年，全市保险企业增加到21家，保险机构实现保费收入24.77亿元，增长9.0%。其中，财产险保费收入8.73亿元，增长23.5%；人身险保费收入16.04亿元，增长2.5%。支付各类赔款及给付8.01亿元，其中财产险4.82亿元，人身险3.18亿元。

4）交通、邮电和旅游（见图2－187）

公路建设不断推进。2005年全年新建公路102.81公里，改建公路490.03公里，新增公路绿化150.04公里。年末全市公路通车里程达4397.52公里；公路密度达53.26公里/百平方公里；高级次高级路面86.6%；公路铺装率为86.6%；公路通村率为99.7%。全年公路客运量1.42亿人，客运周转量47.56亿人公里，分别比上年增长3.4%和3.7%；公路货运量8406万吨，货运周转量26.24亿吨公里，分别比上年增长3.4%和4.0%。

邮电通信业持续发展。2005年全年完成邮电业务收入34.19亿元，比上年增长5.4%。新增本地固定电话用户31.47万户，年末城乡固定电话用户（含小灵通）达221.39万户，固定电话主线普及率达51号线/百人；新增移动电话用户65.29万，年末移动电话用户数达243.91万，移动电话普及率达56部/百人。年末互联网用户数（含手机上网用户）达74.66万户。特快专递业务发展迅速，全年特快专递达87.69万件，同

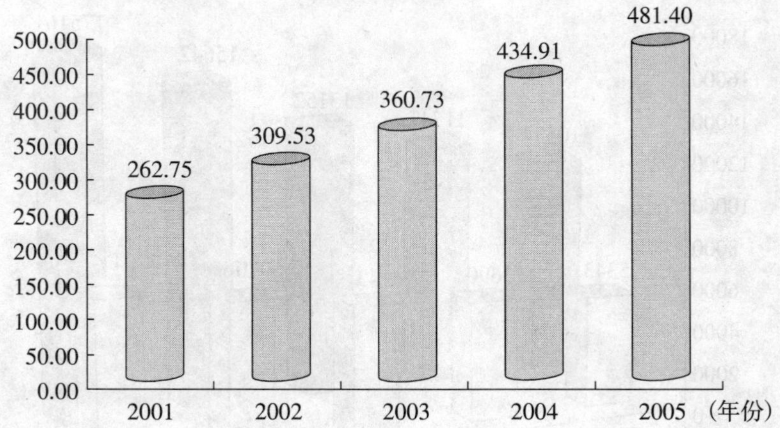

图 2－187 2001～2005 年绍兴市第三产业增加值（单位：亿元）

比增长 11.2%；农村投递路线不断加长，当年新增 166 公里。

旅游事业迅猛发展。据市旅游局统计，2005 年全年实现旅游总收入 115.99 亿元，比上年增长 21.8%；全年接待国内游客 1503 万人次，国内旅游收入 110.58 亿元，分别比上年增长 24.1% 和 21.9%；接待入境游客 20 万人次，旅游外汇收入 6679 万美元，分别比上年增长 31.6%% 和 24.7%。年末共有星级饭店 82 家，其中五星级饭店 3 家，四星级饭店 5 家，三星级饭店 30 家，当年新增五星级饭店 1 家，三星级饭店 1 家；新增旅行社 19 家，旅行社总数达 82 家。

（二）2005 年绍兴市社会发展状况

1. 人口、人民生活和社会保障

人口增长继续得到有效控制。据市公安人口年报统计，2005 年全市人口出生率 9.19‰，死亡率 7.22‰，人口自然增长率 1.97‰，比上年下降 1.14 个千分点。年末全市户籍人口 435.09 万人，其中男性人口 219.81 万人，女性人口 215.28 万人，分别占总人口的 50.5% 和 49.5%；全市非农业人口 126.71 万人，占总人口的 29.1%，比上年提高 1.2 个百分点。年末全市暂住人口（暂住一个月以上）85.93 万人，同比增长 14.4%。

城乡居民收入继续增加（见图 2－188）。根据抽样调查，全市城镇居民人均可支配收入 17516 元，比上年增长 12.0%；全市农村居民人均纯收入 7704 元，比上年增长 10.5%。城乡居民恩格尔系数（食品支出占全部消费支出的比重）分别为 34.0% 和 38.8%，分别比上年下降 1.7 个和 1.3 个百分点。

劳动就业基本稳定。2005 年末全市城镇登记失业率为 3.7%，其中市区为 3.8%。全市人力资源市场共接受求职登记 34.32 万人次，介绍成功 18.33 万人次。

社会保障体系不断完善。按城镇口径统计，2005 年末全市基本养老保险参保人数 89.40 万人（含机关、事业），比上年增加 6.06 万人；基本医疗保险参保人数 49.39 万人，比上年增加 5.08 万人；失业保险参保人数 40.10 万人，比上年增加 1 万人；企业工伤保险参保人数 44.79 万人，比上年增加 6.15 万人；女工生育保险参保人数 17.44 万人。

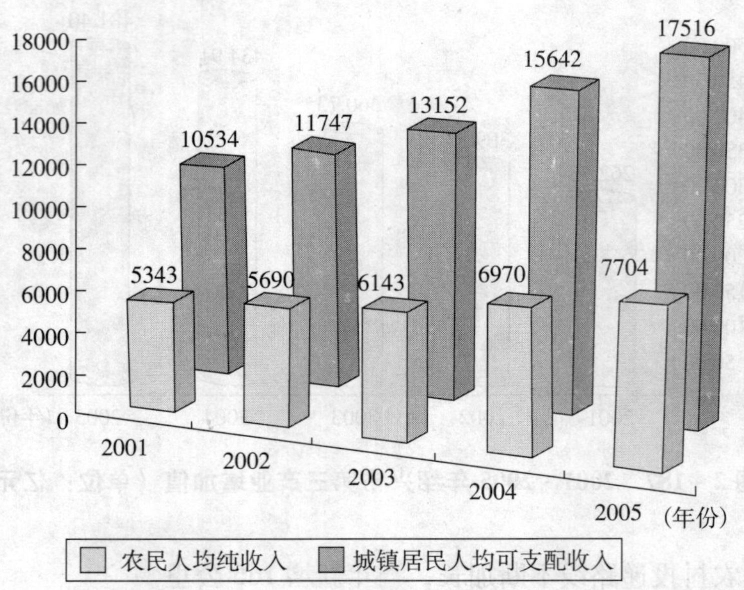

图 2－188　2001～2005 年绍兴市城乡居民收入水平（单位：元）

农村养老保险参保人数46.12万人，被征地农民养老保障参保人数达到36.86万人，比上年增加7.02万人。

社会福利事业继续发展。2005年末全市共有最低生活保障对象45487人，其中城镇7890人，农村37597人；全年最低生活保障资金支出4481万元，其中城镇1413万元，农村3068万元。年末全市共有收养性社会福利单位151个，床位10661张，在院人数5448人。全年优待优抚对象7885户，其中优待军属4664户；优待总金额2685万元。城镇社区服务设施1512个，其中新建422个。全年接受社会捐赠款8328万元；发行福利彩票1.3亿元，支助福利项目76个；全市270家福利企业安置残疾职工1.20万人。

表 2－76　2004～2005 年绍兴市区物价变动情况

类　别	指数（上年＝100）		类　别	指数（上年＝100）	
	2005 年	2004 年		2005 年	2004 年
市区居民消费价格	102.4	103.6	衣　着	101.1	99
食　品	103.8	110.6	家庭设备用品及维修服务	99.5	98.8
粮　食	100.2	134.6	医疗保健和个人用品	101.1	95.5
肉禽及其制品	104.3	116.9	交通和通信	97.3	94.8
水产品	104.4	115	娱乐教育文化用品及服务	102.5	103.9
鲜　菜	123	85.7	居　住	106.2	103.6
烟酒及用品	101.8	101			

2. 科学技术和教育

科技事业再创新绩。2005年全年专利申请量为3068件，授权专利量为957件。全年绍兴市研究开发成果获省级科学技术奖38项，地市级科学技术奖100项。绍兴市科技综合实力、科技进步水平均位居全省第三位，绍兴县、诸暨市、上虞市、新昌县被浙江省委、省政府评定为浙江省科技强县（市）。高新技术产业快速发展。2005年全市新列入国家重点新产品计划42只，新列入国家级火炬计划项目49项，分别占全省的30%和19.6%；新认定国家重点高新技术企业22家、省级40家、市级69家。区域科技创新服务体系进一步优化。新增省级高新技术研究开发中心16家，省级区域科技创新服务中心3家，市级工程技术研发中心42家。

教育事业健康发展。2005年，高中教育发展水平有新提高，全市共招收普高新生36872人、中等职校新生29849人，初中毕业生升入高中段比例达95.5%，连续六年保持全省第一；全市高考成绩喜人，文、理科上线率分别达87.4%和94.8%，高出全省平均11.8和6.1个百分点，有17人和22人分别进入全省文、理科前100名。高等教育综合实力有新增强，全市普通高校新增专业12个，招收全日制本专科新生11634人，本专科在校生突破3万人，达到30702人。教师队伍整体素质有新提升，全市幼儿园、小学、初中、普高、中等职校专任教师学历合格率分别提高到97.3%、99.8%、99.1%、97.4%和86.1%，小学教师大专学历、初中教师本科学历分别占67.8%和60.3%，比上年提高12个和9.5个百分点。教育投入力度加大，全市预算内教育事业费拨款15.97亿元，比上年增长10.4%；征收教育费附加5.5亿元，增长14.7%。

3. 文化、卫生和体育

文化事业繁荣发展。2005年，绍兴市成功举办第二届鲁迅文化艺术节。涌现了歌曲《沉醉水乡》、《江南青青竹》，双档莲花落《借大衫》、《小间头》等一批上档次上品位的佳作。绍兴籍演员陈飞获第22届中国戏剧“梅花奖”。广场文化活动异彩纷呈，全市共组织大型广场文化活动159次，约有2430个节目、19360名演职员参加，受益观众60余万人次。电影业蓬勃发展，鲁迅电影城荣膺“五星级影城”和省文化产业示范基地。2005年末全市拥有艺术表演团体6个，公共图书馆6个，国家级文保单位9个，群艺馆、文化馆6个。广播电视事业日新月异。已有广播电视台6座，广播电台全年播出49322小时，电视台全年播出44259小时；年末有线电视用户数达111.55万户，数字电视用户达10.45万户。

卫生事业稳步发展。2005年末全市共有医疗卫生机构1088个，其中医院34家、卫生院及分院281家；医疗床位12158张，其中医院8680张，卫生院2515张；卫生技术人员16660人，其中医生7976人，注册护士4898人；每万人拥有医院床位20张，每万人拥有医生18人。市人民医院成功晋级为三级甲等综合性医院。社区卫生服务发展迅猛，全市已建成社区卫生服务中心107个，社区卫生服务站576个，中心和站的创建达标面已分别达到规划数的91.5%和88.6%。新型农村合作医疗巩固完善，2005年，绍兴市新型农村合作医疗制在所有县（市）全面推行，全市参加新型农村合作医疗的人员达300.55万人，参保率为86.9%。妇幼保健工作不断加强，全市孕产妇死亡率7.57人/10万人，婴儿死亡率5.7‰，5岁以下儿童死亡率7.34‰。年末农村自来水受益率达到92.9%，卫生厕所普及率达到94.9%。全市无偿献血比例100%。绍兴县成功创建为国家卫生县。

体育事业蓬勃发展。第十届全国运动会上，绍兴市成绩显著，共有22名运动员参赛，共获得3枚金牌、3枚银牌、2枚铜牌，这是绍兴市在历届全运会中参加人数最多，参加项目面最广，所获金牌数、奖牌数最多的一次。绍兴市组队参加21项全省青少年体育比赛，共获得59枚金牌、55枚银牌和56枚铜牌。举办了绍兴市首届大学生运动会，全面检阅了绍兴市高校体育教育和大学生体育运动水平。公共体育设施建设又上新台阶，全市新建健身路径87条，年末全市共有体育场馆44个。诸暨市被省政府命名为浙江省首批体育强市。

4. 环境保护

生态市建设扎实推进。绍兴巩固国家环保模范城市工作通过了初步复查。袍江工业区、绍兴市生态产业园和绍兴县滨海工业区都列入了省级生态工业示范园区创建计划。全市累计有63个乡镇完成生态镇建设规划编制，占全市乡镇总数的64.3%。2005年末绍兴市省级绿色企业达到19家，IS014000认证企业209家，国家级绿色学校4所，省级绿色学校24所，市级绿色学校79所，省级绿色社区18个，市级绿色社区35个，省级绿色家庭40个，省级绿色医院4个。

环保基础工程建设不断加强。绍兴污水处理厂三期扩建工程、诸暨市污水处理厂二期工程、嵊新污水处理厂、上虞市杭州湾精细化工园区工业固废焚烧中心（一期），均按照预定目标在积极有序的推进之中。全市重点工业园区已建立比较完善的污水收集和集中供热系统。全市新建地表水水质自动监测站2个，新建空气自动监测站3个。

环境保护成果显著。2005年，全市工业废水排放达标率96%，工业废气排放达标率98%，工业固体废物综合利用率94%，生活垃圾无害化处理率100%，生活污水集中处理率74%。全市集中式污水处理能力达71.5万吨/日，截污管网达到600多公里。年末全市共有自然保护区24个，自然保护区面积达13499公顷，污水处理厂3个，烟尘控制区面积320平方公里，环境噪声达标区面积135平方公里。全市环境空气质量基本达到国家二级标准，全年空气质量达到优良天数312天。

（三）“十五”期间绍兴经济社会发展回顾

过去五年，绍兴市人民高举邓小平理论和“三个代表”重要思想伟大旗帜，牢固树立和落实科学发展观，认真贯彻省委“八八战略”，紧紧围绕市委“推进率先发展、实现富民强市”的战略部署，加快经济发展步伐，推动社会全面进步，胜利完成了“十五”计划纲要提出的各项主要目标任务。

1. 综合实力迈上新台阶

2005年，全市实现生产总值1440亿元（不考虑经济普查调整因素，则为1512亿元），比2000年翻一番，年均增长13.8%，人均生产总值达到3.3万元，超过4000美元。实现财政总收入150.6亿元，其中地方财政收入76.1亿元，均为“九五”期末的

3.1倍。金融系统人民币存贷款余额分别达到1865亿元和1382亿元，比“九五”期末增加1209亿元和923亿元。产业结构调整取得新进展，三次产业比例由2000年的10.5∶58.8∶30.7调整为2005年的6.6∶61∶32.4。粮食生产保持稳定，农业产业化步伐加快，农业龙头企业超过1000家，建成“万字号”特色农产品基地89个，外建农业基地650万亩。先进制造业基地建设扎实推进，工业性投资年均增长33.6%，累计达到1487亿元，是“九五”期间的3倍，省级以上高新技术企业达到255家。新增中国驰名商标和中国名牌产品38个，荣获中国品牌经济城市称号。服务业发展态势良好，全社会消费品零售总额由“九五”期末的215亿元增加到382亿元，旅游总收入由56亿元增加到116亿元。专业市场建设继续推进，房地产业迅速发展，交通、通信、信息、物流业不断壮大。

2. 城乡面貌呈现新气象

绍兴中心城市加快发展，越城、柯桥、袍江组团和镜湖城市绿心的规划建设全面推进。柯桥初显现代化新形象，袍江工业区基本实现“五年大变样”目标，镜湖新区“五路十桥”工程基本建成。鲁迅故里、书圣故里等历史文化街区保护、古城风貌整合、城中村改造、二环线建设、环城河整治等工程的实施，进一步改善了城市面貌。绍虞、诸暨、嵊新三大城镇组群初具规模。开发区在经济发展和城市建设中的作用更加明显。农村“千村改造整治、千里清水河道、千里绿色林带”工程建设顺利推进，累计完成村庄改造629个，整修河道630公里，建成绿色林带2200公里。城乡基础设施建设步伐加快，五年累计投资达到490亿元，是“九五”期间的2倍。曹娥江大闸启动建设，嘉绍高速公路前期工作取得突破。完成了杭金衢高速、甬金高速、杭甬高速、104国道绍兴段等一批高速公路和国省道的建设改造，新增高等级公路469公里、乡村康庄公路4075公里，在全省率先实现县县通高速公路。五年间，全市城市化水平由36.5%提高到55%。中心城市综合实力居全国第41位，4个县（市）成为全国百强县，农村全面小康实现程度居全省第二位。

3. 改革开放实现新突破

企业改革不断深化，绍兴钢铁厂、绍兴丝织厂等特困企业实施改制解困，职工新型劳动关系普遍建立。民营经济实力增强，拥有全国500强民营企业41家，全省100强中占了37家。上市公司由8家增加到24家。资本、劳动力、技术、土地等要素市场建设步伐加快。投融资体制、国有资本监管体制和事业单位改革取得了新的进展。农村税费改革取得突破，第二轮土地承包责任制得到完善，农村综合改革试点进展顺利。行政机构改革和审批制度改革深入推进，招投标中心、机关财务集中结算中心、市长公开电话受理中心相继建立，权力运作更加规范透明。开放水平不断提高，2005年，实现进出口总额105亿美元，其中自营出口81亿美元，年均增幅分别达到44.5%和44.8%，五年实际利用外资超过30亿美元，经济交流合作进一步深化。

4. 环境建设得到新加强

在全省率先完成生态县（市）建设规划工作，被列为全国三个生态市建设试点市之一。污水日处理能力达到71.5万吨，人均公共绿地面积超过11平方米。“十五”期间，环保投入占生产总值的比重达到2.1%，成功创建国家环境保护模范城市、国家园林城市和国家节水型城市，镜湖国家城市湿地公园正式命名。要素资源保障和集约利用水平提高，耕地总量连年实现占补平衡，新增输变电容量659万千伏安，天然气利用工程一期完工。防灾抗灾能力显著增强，城市防洪工程和曹娥江、浦阳江、绍虞海涂标准堤塘基本建成。

5. 社会事业取得新进展

区域科技创新和产学研合作不断加强，连年被评为全国科技进步先进城市。引进各类人才7.8万人。提前三年高标准普及九年制义务教育，基本普及15年教育。高校从1所增加到5所，在校学生超过3万人，绍兴文理学院成为万人综合性高校。“争做文明绍兴人，争创全国文明城”活动深入推进。成功举办“七艺节”分会场、闭幕式和鲁迅文化艺术节等活动，建成绍兴大剧院等一批标志性文化设施。农村广播电视入户工程全面完成，在全省率先开通了有线数字电视。医疗卫生服务体系不断完善，市公共卫生中心和民办华宇医院、博爱医院等建成使用，城乡社区卫生服务发展迅速，非典、禽流感、霍乱等防控成效明显，新型农村合作医疗农民参保率达到87%，成功创建国家卫生城市。人口与计划生育综合改革不断深化，计划生育优质服务得到加强，人口自然增长率年均控制在2.34‰以内。全民健身运动广泛开展，竞技体育取得新的突破。民主法制建设不断加强，基层民主继续扩大，依法行政全面推进。“平安绍兴”建设取得成效，社会治安防控能力不断增强，安全生产监管体系进一步完善，突发公共事件应急体系逐步建立，人民群众的安全感普遍增强。国防动员、民兵预备役、征兵、人民防空、国家安全工作得到加强，双拥工作富有成效。金融、审计、统计、民族、宗教、外事、侨务、对台事务、档案、气象、新闻出版等工作取得新成绩，妇女、儿童、老龄、残疾人等事业进一步发展。

6. 人民生活达到新水平

2005年，全市城镇居民人均可支配收入17516元，农村居民人均纯收入7704元，年均分别增长13.2%和9.1%。城镇居民人均住房使用面积25平方米，农村居民人均生活用房面积59平方米，位居全省前列。城镇就业岗位累计新增25万个，城镇登记失业率控制在4%以内。新转移农村富余劳动力15万人。养老、医疗、失业、生育和工伤等社会保险覆盖面进一步扩大。城乡居民最低生活保障制度得到健全，被征地农民养老保障参保人数达到36.9万，多层次的社会救助体系初步建立。农村安全卫生饮用水人口覆盖率超过90%。城乡居民住宅电话基本普及，移动电话和互联网用户大幅增加，汽车开始进入家庭，人民的物质和文化生活日益丰富多彩。

（四）绍兴市在长三角地区的发展状况（见表2－77）

2001~2005年，绍兴市国内生产总值在长三角中所占的比重逐年下降（见图2－189）。目前制约绍兴发展的主要因素有：经济粗放增长的格局尚未明显改变，科技和人才的支撑作用还不够强，服务业和高新技术产业发展还不够快；城乡差距仍然较大，农民增收难度不小；社会不稳定因素和安全生产隐患仍然存在；等等。

表 2－77　2005 年长三角与绍兴部分经济社会发展指标比较

指　标	长三角	绍　兴	比例（%）
固定资产投资（亿元）			
全社会固定资产投资总额	18978.51	676.13	3.56
国内商业			
社会消费品零售总额（亿元）	13304.55	381.63	2.87
对外经济贸易			
出口总额（亿美元）	2905.28	81.42	2.80
运输			
公路客运量总计（万人）	292977	14200	4.85
公路货物运输量总计（万吨）	190433	8406	4.41
民用车辆拥有量（辆）			
民用汽车拥有量	4920600	164639	3.35
邮电业务总量（亿元）			
年末市内电话（万户）	4507.77	221.39	4.91
年末移动电话用户（万户）	6680	243.91	3.65
国际互联网用户（万户）	1597.46	31.49	1.97
从业人员合计（万人）	8474.2	284.83	3.36
第一产业	2241.24	64.52	2.88
第二产业	3266.99	147.65	4.52
第三产业	2965.97	72.66	2.45
教育			
普通中学在校学生（万人）	759.68	27.75	3.65
小学在校学生（万人）	881.43	33.28	3.78

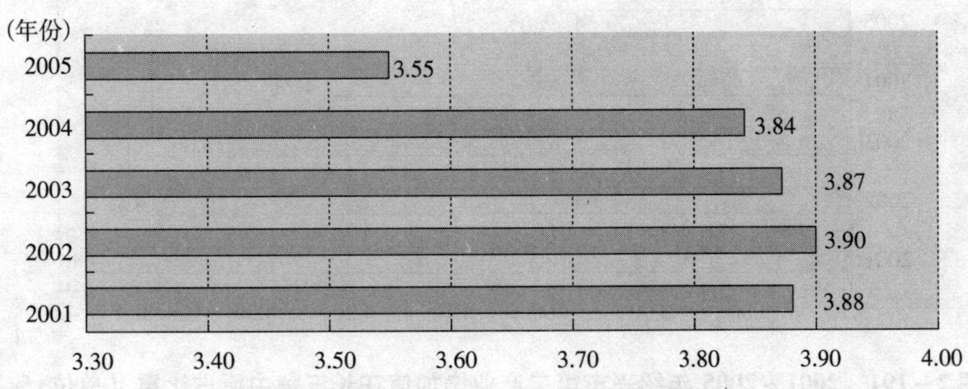

图 2－189　2001～2005 年绍兴市地区生产总值在长三角中所占比重（单位：%）

2001～2005年，绍兴的第一产业在长三角中所占的比重逐年下降（见图2－190），主要是受到非典、禽流感疫情和各种自然灾害的影响，加之资源要素和环境制约等困难，绍兴市的第一产业面临巨大的挑战。绍兴正着力调整优化产业结构，坚持抓好粮食生产；优化农业发展布局，建设10条跨区域的特色农业产业带，打造绿色茶都，构建花卉强市，提升珍珠之乡，创建蔬菜大市。同时，绍兴鼓励工商企业投资高效生态农业，发展休闲观光农业，壮大开放型农业。

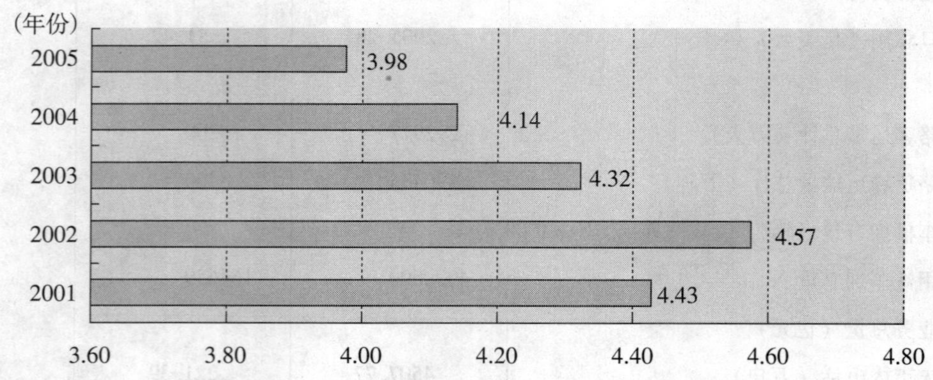

图2－190　2001～2005年绍兴市第一产业增加值在长三角中所占比重（单位:%）

“十五”期间，面对国际贸易摩擦和石油等原材料价格大幅上涨带来的影响，绍兴的第二产业也面临巨大的挑战（见图2－191）。2005年，绍兴第二产业在长三角中所占的比重下落至4%。针对实际情况，绍兴走新型工业化道路，改造提升纺织等传统优势产业，大力培育高新技术产业，重点发展现代纺织、机械装备、精细化工、生物医药、新型材料、光电显示、节能环保、金属加工、塑料薄膜、食品加工等制造业。绍兴支持成长性较强的中小企业迅速壮大，力图培育一批有较强核心竞争力的大企业大集团，同时拓展建筑市场，巩固建筑业在全国的领先地位。

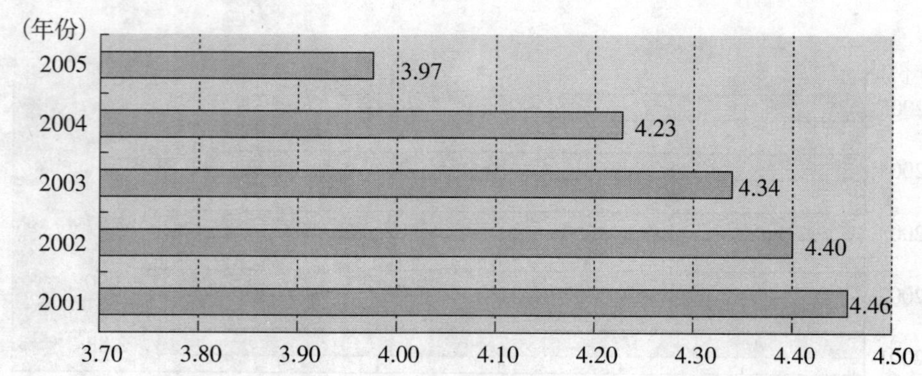

图2－191　2001～2005年绍兴市第二产业增加值在长三角中所占比重（单位:%）

绍兴市着力提升商贸流通、文化、旅游、房地产业，加快发展现代物流、信息、中

介、金融、公共服务和社区服务业。积极拓展连锁配送、电子商务、现代会展等新型商贸流通业态，整体规划、保护和建设绍兴古城旅游区，打造一批特色旅游精品，第三产业蓬勃发展，2004 年，达到长三角第三产业增加值的 3.25%。2005 年，该比重下落到 2.92%（见图 2－192）。

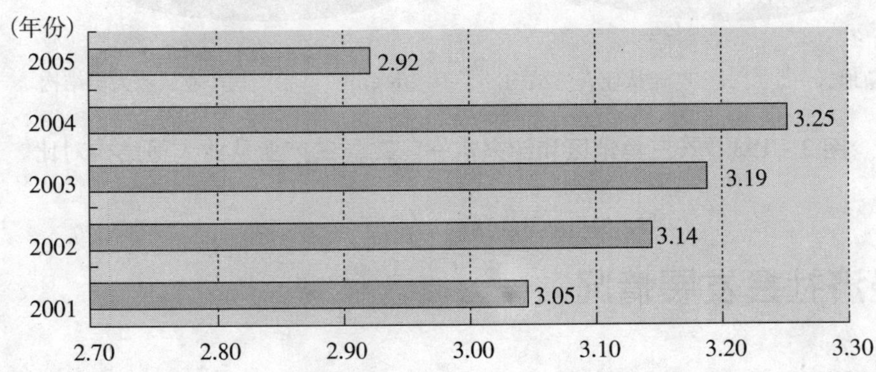

图 2－192　2001～2005 年绍兴市第三产业增加值在长三角中所占比重（单位：%）

绍兴站在区域经济合作的高度，与上海及长江三角洲其他城市合理分工、竞争、合作，努力实现跨越式发展。2005 年，绍兴市全社会固定资产投资总额达 676.13 亿元，占长三角地区总额的 3.56%。社会消费品零售总额为 381.63 亿元，占长三角地区总额的 2.87%。在对外经济贸易中，绍兴的出口总额为 81.42 亿美元，占长三角地区总额的 2.80%。

在交通运输方面，绍兴的公路客运量为 14200 万人，占长三角地区公路客运总量的 4.85%，公路货物运输量为 8406 万吨，占长三角地区公路货运总量的 4.41%。绍兴市的民用汽车拥有量为 164639 辆，达到了长三角地区民用汽车拥有数量的 3.35%。绍兴市 2005 年末的市内电话总量为 221.39 万户，占长三角固定用户总数的 4.91%；移动电话用户为 243.91 万户，在长三角中所占比重为 3.65%；国际互联网用户为 31.49 万户，占长三角地区的 1.97%。

绍兴市各产业从业人员总数为 284.83 万人，占长三角地区从业总人数的 3.36%（见图 2－193）。其中，第一产业 64.52 万人，占长三角地区第一产业从业人员的 2.88%；第二产业的从业人员数为 147.65 万人，在长三角地区的比例达 4.52%；第三产业从业人员人数为 72.66 万人，占长三角地区的 2.45%。长三角地区的一、二、三产业从业人员结构大致为26∶39∶35，而绍兴市的从业人员在各产业的比例为19∶46∶35，第一产业从业人数比例稍轻而第三产业从业人数比例略重于长三角的从业人员结构。

绍兴市的教育发展成绩显著，普通中学在校生为 27.75 万人，占长三角的比例 3.65%，小学在校生为 33.28 万人，占长三角的比重为 3.78%。

绍兴正以“城市北进、旅游南延、沿江开发、多向拓展”为战略导向，形成“北工、南闲、东新、西市、中秀”的形态格局，按照“四大组团、绿色空间”城市新规划，逐步实现由单项主城式封闭型结构向多核组团式开放型结构的跨越，形成“一主二副三轴四片”的城市新格局。

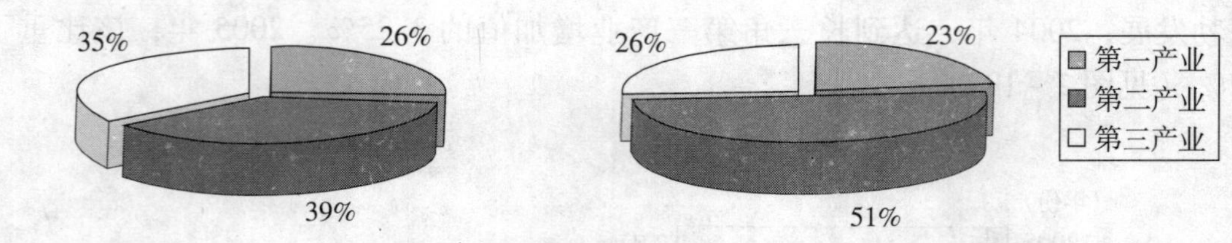

1）长三角地区一、二、三产业从业人员结构　　2）绍兴市一、二、三产业从业人员结构

图 2－193　长三角地区和绍兴市一、二、三产业从业人员结构对比

绍兴县经济社会发展情况

（一）绍兴县概况

1. 地理环境

绍兴县地处杭州湾南岸，会稽山北麓，东与上虞市交界，东南和西南分别与嵊州市、诸暨市为邻，西和西北部与萧山市接壤，北濒海，腹部横亘越城区。东西宽 46. 6 公里，南北长 68. 5 公里，周边长 356. 59 公里，总面积 1392 平方公里。

县境背靠会稽山，北濒海，故呈西面高、东北低的阶梯形地势，山脉、平原、海岸兼有，山丘与平原间界线明显。西南部为低山丘陵河谷区，占全县总面积约 51%，有名称并经实测高程的山冈共 273 座，岭 24 座，为五百岗、木窝尖、独子尖、化山、东干山、秦望山、西干山、香炉峰等，海拔一般在 300 ~400 米之间。骆家尖海拔 747 米，为境内最高峰。中北部为水网平原区，占全县总面积约 30%，平均海拔 6 ~7 米，偶有孤山、残丘分布其间，其高度一般不超过 200 米，史称山会平原。东北部为滨海平原区，占全县总面积 11%，海拔 5 米左右，系淤涨型滩涂，地势平坦。

境内的低山丘陵，形成于 1. 3 亿年前，长期基本稳定。山会平原与滨海平原几经沧桑，约从公元前 5 世纪起，随文明进步而逐渐开拓，遂形成当今地形地貌。

发源于南部会稽山脉的石泄江、富盛江、撵宫江、平水江、直落江（若耶溪）、南池江、坡塘江、娄宫江、漓渚江、秋湖江、项里江、型塘江、陌坞江、夏履江 10 余条江河溪流，史称鉴湖 36 源，实有 43 条。

2. 历史沿革

绍兴历史悠久。新石器时代，境内就有人类繁衍生息。在原始部落定居时代，属于河姆渡文化圈的绍兴就是中华文明的起源区域。传说时代，尚存舜、禹遗迹。春秋战国时期是越国基地。秦行郡县，始置山阴县。南朝陈时，析为山阴、会稽两县，同城而治。民国建元，撤府建县，合二而一，统名绍兴。因山阴、会稽、绍兴，自东汉永建四年（129 年）起，向为会稽郡治、越州州治、绍兴府（路）治、绍兴市（专署）治所在地，故“绍兴”既泛指郡、州、府、市，其辖区时有变动；亦专指越国都城和山阴、会稽及绍兴

县。其基本地域和治所，历经近2500年基本不变。

1982年2月8日，国务院公布绍兴成为历史文化名城，绍兴县是全国首批24个历史文化名城之一。

改革开放以来，绍兴县经济和社会事业得到了迅速发展，取得了巨大的成就，是浙江省首批命名的小康县之一。1991年起，均被评为“中国农村综合实力百强县（市）”，多次名列前10位。1988年起，连续三届名列全国财政收入“十大财政县”行列。2002年，再次跻身全国经济十强县。绍兴县还是全国村镇建设先进县、全国基础教育先进县、全国体育工作先进县、全国村民自治模范县、全国农村卫生保健工作先进县、国家级生态示范区。

绍兴县是全国商贸市场大县之一，柯桥中国轻纺城已成为目前亚洲最大的轻纺专业市场，轻纺产品总销售额占全国的1/3。名列全国10大专业批发市场第二位。依托中国轻纺城建立的省级经济开发区——绍兴柯桥经济开发区已初具规模，是绍兴县对外开放的重要区域。

随着经济的发展，全县教育、文化、卫生等各项事业都得到长足的进步。全县涌现出一批经济繁荣、社会文明、环境优美、城乡一体的现代化新农村、新城镇。

3. 人口与行政区划

2005年末，户籍人口为70.47万人。境内人口中，以汉族为主，少数民族有侗族、苗族、畲族、壮族、布依族、回族、纳西族、土家族、黎族、仫佬族、白族、彝族、满族、水族、蒙古族、瑶族、朝鲜族、傣族、哈尼族、毛南族、傈僳族、仡佬族、柯尔克孜族、景颇族24个少数民族，他们大多来自广西、云南、贵州、湖南、四川等省，并且呈现逐年增长的趋势。

全县共辖15个镇、4个街道，分别是：钱清镇、夏履镇、杨汛桥镇、齐贤镇、马鞍镇、安昌镇、孙端镇、富盛镇、陶堰镇、漓渚镇、福全镇、兰亭镇、平水镇、王坛镇、稽东镇、柯桥街道、柯岩街道、华舍街道、湖塘街道。

（二）2005年绍兴经济发展状况

1. 经济实力显著提高

国民经济较快增长。2005年全年实现地区生产总值390亿元，人均6850美元。三次产业结构由2000年的6.5∶64.5∶29.0调整为4.2∶65.5∶30.3。

综合实力不断增强。全国县（市）社会经济综合发展指数（简称百强县）排名由上年的第十位晋升为第九位。经济发展进一步加快，结构升级取得较大突破，三产比重明显提高，体制创新不断深化，城乡面貌明显改善，各项社会事业协调发展。

2. 三大需求拉动经济稳步增长

1）固定资产投资

投资总量继续增加。2005年全年实现全社会固定资产投资175.52亿元，比上年增长2.7%，其中工业性投资120.08亿元，比上年增长13.6%，城市建设及非工业投资55.44亿元。

投资结构明显优化。2005 年，非纺与大纺织业的比重由上年的 38. 2∶61. 8 调整为 60. 9∶39. 1，其中大纺织业完成投资 46. 90 亿元，比上年下降 29. 1%，非纺行业完成投资 73. 18 亿元，比上年增长 78. 9%。

投资强度不断提高。2005 年，全县土地投资强度达到 149 万元/亩，比上年提高 20. 6%。

房地产投资保持稳定。2005 年，全年完成房地产开发投资 27. 88 亿元，比上年增长 0. 3%，开发面积 328. 16 万平方米，比上年增长 27. 9%，新开工面积 109. 98 万平方米，竣工面积 75. 42 万平方米。商品房销售面积 53. 18 万平方米，比上年增长 48. 8%。2005 年，房地产企业新增二级资质企业 1 家。

2）国内贸易

消费品市场销售增长加快。2005 年，全年实现全社会消费品零售总额 55. 06 亿元，比上年增长 16. 4%，其中批发零售贸易业 50. 34 亿元，比上年增长 16. 6%；餐饮业 4. 72 亿元，比上年增长 14. 7%。

商贸设施不断完善。轻纺城市场改造升级一期、国际贸易区一期基本完成，钱清原料市场改造一期进展顺利，富丽华大酒店等一批商贸服务设施投入运行。农村现代流通网加快建设，全县已开设农村放心店 318 家、学校放心店 86 家，在全国率先达到“镇镇有连锁超市、村村有放心店”目标。成功举办了 2005 年中国（绍兴）国际纺织品博览会，实现商品成交总额 16. 78 亿元。

商品交易市场稳步发展。2005 年，年末拥有各类商品交易市场 74 个，实现商品市场成交额 471. 91 亿元，比上年增长 11. 0%，其中，中国轻纺城纺织面料市场成交额 276. 27 亿元，比上年增长 7. 0%；化纤布成交量 27. 34 亿米，比上年增长 6. 8%；钱清轻纺原料市场成交额 173. 14 亿元，比上年增长 15. 0%。

3）对外贸易

对外贸易稳步增长。2005 年，全年自营进出口总额达 45. 35 亿美元，比上年增长 6. 4%，其中自营出口 33. 64 亿美元，比上年增长 4. 8%；加工贸易出口额 2. 83 亿美元，同比增长 33. 5%；进口总额 11. 70 亿美元，增长 11. 1%。出口呈现产品、市场、主体、贸易方式四个多元化趋势，非纺产品出口增长 15. 9%，高新技术产品出口增长 42. 1%，出口的国家和地区达 173 个，出口额列前三位的国家和地区分别为阿联酋 3. 76 亿美元、美国 2. 63 亿美元、伊朗 2. 29 亿美元。全年有自营出口业绩的企业由上年的 726 家增加到 993 家。加工贸易出口比重由上年的 6. 6% 上升到 8. 4%。

利用外资难中求进。2005 年，全年新批三资企业 83 家，增资调整 43 家，合同利用外资 5. 09 亿美元，比上年增长 12. 1%，实际利用外资 2. 35 亿美元，比上年下降 6. 5%。滨海工业区和柯桥经济开发区合同外资、实际利用外资分别占全县的 80. 0% 和 82. 0%。利用外资呈现出跨国合作意识增强、结构调整型、资源集约型项目增多等特点。

对外经济技术合作保持良好发展势头。2005 年全年对外承包工程、劳务合作完成营业额 3157 万美元，比上年增长 23. 3%，全年新设境外窗口 16 家。

3. 三大产业齐头并进，带动全市经济增长

1）农业

2005 年，全县完成现价农林牧渔业总产值 24.37 亿元，比上年增长 10.1%。

粮食生产稳定增长。2005 年，全年粮食播种面积 36.51 万亩，总产量 16.34 万吨，分别比上年增长 5.6% 和 0.3%，粮经面积比由上年的 53∶47 调整为 55∶45。蔬菜、花卉等经济作物播种面积 30.07 万亩，比上年下降 3.2%。其中：蔬菜播种面积 20.10 万亩，比上年下降 5.0%；花卉播种面积 4.47 万亩，比上年下降 3.9%。

林、牧、渔业生产稳步发展。林特基地不断巩固扩大，2005 年，全年新发展林特基地 1.22 万亩，现有国家级、省级重点生态公益林 22.95 万亩，茶叶产量 9223 吨。农庄经济蓬勃发展，全县已建和在建的休闲农庄 37 家，其中已建成 20 家。牧、渔业生产继续保持稳定，全县有效控制了禽流感冲击，全年生猪饲养量 56.25 万头，比上年增长 3.2%；肉类总产量 3.29 万吨，比上年增长 6.9%；家禽饲养量 603.38 万羽，比上年减少 11.0%；淡水产品产量 2.44 万吨，比上年增长 4.2%。

科技兴农进一步深入。2005 年，大豆蛋白纤维等一批高科技新品种、新技术进入规模化生产，全县新增省级农业科技企业 4 家。生态农业建设全面启动推广，创新一批生态农业模式，“稻鸭生态共育标准”成为绍兴县首个省级地方标准，新增国家绿色食品 4 种，国家级无公害农产品 20 种，省级无公害农产品 12 种。农业产业化不断推进，农产品加工企业实现产值 33.23 亿元，比上年增长 21.3%，销售收入超亿元的农业龙头企业达到 3 家。

外向型农业持续发展。2005 年，全年新建外拓基地 10.50 万亩，累计达到 84.80 万亩，拥有外建加工企业 18 家，其中 2 家被当地认定为省级农业龙头企业，外设市场及农产品直销点 205 个，境外贸易公司 7 家，境外农贸市场 1 家。

农业生产条件不断改善。“清水河道”建设全面展开，2005 年，全年完成水利总投入 2.65 亿元，农田有效灌溉面积达 23.95 千公顷，年末拥有农业机械总动力 34.54 万千瓦，全年化肥施用量（折纯）2.67 万吨。

2）工业和建筑业

经济总量进一步扩大。2005 年，全年完成工业总产值 1403.48 亿元，工业产品销售收入 1363.25 亿元，利润总额 52.67 亿元，分别比上年增长 24.5%、23.8%、0.6%，其中国有及年产品销售收入 500 万元及以上非国有工业企业（以下简称“规模以上工业企业”）完成工业总产值 1160.56 亿元，产品销售收入 1127.02 亿元，利润总额 40.88 亿元，分别比上年增长 23.9%、23.7%、9.8%。规模以上工业企业主要产品产量保持较快增长，布及丝织品 35.92 亿米，比上年增长 14.4%；印染布 113.51 亿米，比上年增长 17.3%；化学纤维 127.77 万吨，比上年增长 20.2%。

经济结构调整步伐加快。大纺织业升级势头良好，印染后整理技术加速推广应用。2005 年，规模以上非纺与大纺织业比重由上年的 22.4∶77.6 调整为 28.7∶71.3。

经济运行质量明显改善。2005 年，企业自主创新能力不断得到增强，循环经济深入推进，省级以上新产品产值率达到 7.1%。列入省考核的 11 项经济效益指数综合得分 196.34 分，万元产值电耗 497.53 千瓦时/万元，比上年下降 4.4%，万元产值综合能耗下降13.1%。

规模企业数量不断增加。2005年，全县规模以上工业企业达到899家，比上年增加121家，其中产品销售收入超亿元的企业达193家，比上年增加28家，其中超10亿元及以上的企业22家，超20亿元的企业5家，超60亿元的企业1家。

体制改革不断深化。2005年，全县上市企业累计达到8家，企业管理创新在全县面上不断推广。

建筑业发展迅速。2005年，完成建筑业增加值76.40亿元，比上年增长32.2%；实现利润9.54亿元，比上年增长37.5%；税金总额11.28亿元，比上年增长43.9%。房屋建筑施工面积4425万平方米。

3）财政、金融

财政收入实现平稳较快增长。2005年全年完成财政总收入42.32亿元，比上年增长16.1%，其中地方财政收入20.13亿元，比上年增长17.7%。财政在确保预算收支基本平衡的同时，积极优化支出结构，保障经济社会的和谐发展。全年财政支出18.90亿元，比上年增长29.2%，其中：企业挖潜改造资金支出0.49亿元；城市维护费支出1.11亿元；科教文卫支出5.38亿元；抚恤和社会救济事业经费以及社会保障补助支出1.28亿元。

金融机构存贷款平稳增长。2005年末金融机构各项存款余额（本外币）455.52亿元，比年初增加78.60亿元，其中城乡居民储蓄存款余额221.22亿元，比年初增加28.82亿元；各项贷款余额（本外币）323.81亿元，比年初增加41.76亿元。

4）交通、旅游业

交通设施不断完善。2005年，全年完成全社会客运周转量97885万人公里，比上年增长2.9%；货运周转量69213万吨公里，比上年增长13.9%。2005年，交通建设总投资6.4亿元，城乡公交候车亭建设全面启动，新建候车亭1119个，公交线路布局进一步完善。杭金衢高速公路绍兴连接线提前通车，县道公路砂改油工程全面完工，杭甬运河绍兴县段二期工程全面开工建设。年末，全县公路通车里程807.93公里。

旅游业快速发展。出台鼓励旅游业发展经济政策，通过举办“鉴湖金秋旅游节”等系列活动进一步打响了“稽山鉴水”旅游品牌。2005年全年共接待国内外游客293.48万人次，比上年增长24.3%，境外游客6.45万人次，比上年增长27.0%，其中外国人5.67万人次，比上年增长37.3%。实现旅游总收入23.50亿元，比上年增长22.7%，其中国际旅游收入2347万美元，比上年增长17.1%。

（三）2005年绍兴社会发展状况

1. 城市建设

城乡面貌明显改善。《绍兴县城乡一体化规划》、《县城2006~2010年近期建设规划》等各种规划编制工作进展顺利。建成区面积达到38平方公里，城市化水平由上年的46.7%提高到54.1%，城市道路、市政环卫设施、环境景观、河道整治和经济适用房建设五大工程全面实施。新农村建设稳步实施，全县已有18个村被浙江省委、省政府命名为全面小康建设示范村，26个村成为市级示范村。2005年，全县各级投入资金2.6亿元，

新建小康住宅13.93万平方米，新增村庄道路面积79.24万平方米，新增通村公路10.62公里，新增绿化面积61.82万平方米，新建公厕145只。累计建成移民安置房3.46万平方米，安置落实下山移民191户。

城市功能日趋完善。城市接待能力进一步提高，成功举办2005年中国最发达县域经济论坛、中国中小城市可持续发展论坛等各类活动和展会。城市设施不断完善，2005年全年新增城市道路路灯198盏，灯箱广告457只，建成区范围内实有铺装道路长度89.06公里，铺装道路面积235万平方米，排水管道长度183公里，日供水综合生产能力达51万立方米。城市卫生治理能力日益加强，城市污水日处理能力达到60万吨，垃圾无害化年处理量10.95万吨，道路清扫面积已覆盖250万平方米。

2. 人口、人民生活和社会保障

人口保持低速增长。据公安年报统计，2005年末户籍人口为70.47万人。出生人口6446人，出生率为9.15‰，自然增长率为2.22‰，比上年下降0.74个千分点。

计划生育工作取得新进展。计划生育率达99.6%，流动人口计划生育管理服务机制不断创新，荣获全国婚育新风进万家活动先进县称号。

人民生活水平不断提高。2005年，城镇居民人均可支配收入18128元，比上年增长13.1%，农村居民人均纯收入9241元，比上年增长14.4%。生活条件不断改善，年末城镇居民人均住房建筑面积36.8平方米，农村居民人均住房面积53.1平方米。城乡居民家庭恩格尔系数分别为35.7%和36.2%，分别比上年降低0.5个、3.4个百分点，年末每百户居民民用汽车拥有量14辆。

就业形势保持稳定。2005年全年新增就业9653人，开发公益性岗位安置就业困难人员6695人次，帮助3850名下岗失业人员实现再就业，年末城镇职工登记失业率为3.8%。积极开展技术培训和技能鉴定，全年共组织各类职业技术培训21732人，其中高技能人才培训828人，参加技能鉴定10022人，核发各类职业资格证书8262本。

社会保障体系进一步完善。2005年末，18.15万人参加基本养老保险，9358名企业退休人员人均每月享受952元的养老待遇。有13.67万名被征地农民纳入社会保障范围，其中12.11万人参加了社会养老保险，为3.24万人发放养老金或生活补助费7339万元。

3. 科学技术和教育

科技事业明显进步。顺利通过全国科技进步先进县考核，被浙江省委、省政府授予首批浙江省科技强县称号。2005年全年新建县级以上技术研发中心14家，其中省级以上6家、市级7家，累计拥有厂办科研机构142家。拥有各类专业技术人员42892人，其中高、中级职称人员11661人。全年新实施省级以上各类科技计划项目138项，其中，国家级21项，获得省科学技术奖5项，市级科学技术奖18项。全年专利申请数500件，获国家授权专利229项，其中发明专利7项。全年共开发省级以上新产品69项，其中16个产品被认定为省级高新技术产品。新增省级以上高新技术企业8家，其中国家级2家，累计拥有县级以上高新技术企业94家，其中，国家级20家，省级22家。

教育现代化加快推进。历时两年的高中段布局调整基本完成，提前基本普及15年教育，高中段普及率提高到96.5%。年末拥有普通中学32所，在校学生5.21万人，专任教师

3022人；小学145所，在校学生7.17万人，专任教师2707人；中等职业学校5所，在校学生1.18万人，专任教师476人。其中各类民工子女学校12所，中小学外来民工子女在校学生2.40万人。素质教育进一步深化，全年新增省市重点、示范、文明学校和示范专业94个，2005年，普通高考上线率94.5%，连续5年居全市第一，在各级各类学科竞赛中获省级以上奖项136个。全省首创村完小教师“三单制”免费培训模式，全面培训村完小教师近1200名，“三大培训工程”扎实推进，共培训农民2.45万人，其中被征地农民1.50万人。

4. 文化、卫生和体育

文化大县建设步伐加快。全县共有县级艺术表演团体1个，文化馆1个，图书馆1个，镇（街）文化站19个，县级以上文物保护单位41个，全年书刊发行量491万册，公共图书馆图书藏书量13万册。整合资源组建成立了绍兴小百花艺术中心和绍兴县文化发展中心。新创建81个文化村、2个省级东海文化明珠镇、2个市级文化示范镇。实施“文化五进”工程，全年举办各类广场文化活动37场，组织演出205余场次，送电影下乡1895余场次，新编越剧大戏《越王勾践》、情景歌舞剧《在那紫薇盛开的地方》、莲花落小戏《一只红木箱》等作品，先后在国家、省评比中获奖，陈飞荣获第22届中国戏剧梅花奖。广电基础设施不断完善，全面完成广播“村村响”工程，积极推进“村村阅报栏”建设。文化遗产保护利用发展工作加强。绍兴莲花落、王星记扇被列为浙江省第一批非物质文化遗产，安昌镇被评为中国历史文化名镇。

卫生事业迈上新台阶。2005年末拥有卫生机构30个，其中医院、卫生院23个，实有床位2556张，其中医院、卫生院床位2526张，卫生技术人员3673人，其中医生1458人。社区卫生服务不断深化，集预防、保健、医疗、康复、健康教育、计划生育技术服务的六位一体功能得到强化。疾病预防控制得到加强，传染病发病率控制在300人/10万人以下。新型农村合作医疗稳步推进，参保人数达58.59万人，覆盖率达90.3%。爱国卫生工作成效明显，国家卫生县城创建成功并通过全国爱卫会考核验收，新创建省级卫生村16个、社区1个、单位1个，市级卫生镇2个、村13个、社区5个、单位1个。

体育事业取得新成绩。拥有各类体育场馆数23个，全年共获亚洲级金牌2枚、全国级金牌6枚、省级金牌14枚、市级金牌100枚，体育成绩跃居全市第一位，绍兴县籍运动员徐东香在第十届全国运动会上获得2枚金牌，成为全市唯一在全运会上获得金牌的运动员。成功举办首届中国大学生赛艇公开赛，精心组织全民健身宣传月活动，举办了第三届“柯桥杯”桥牌邀请赛、县龙舟赛和中老年文体大展示等一系列全民健身活动，共开展体育活动2296场次。柯桥街道湖滨社区被国家体育总局授予全国优秀全民健身活动站称号，齐贤镇获得浙江省首批体育强镇称号。

5. 环境保护

生态县建设全面推进。顺利通过国家级生态示范区复查，齐贤镇成为绍兴县第三个全国环境优美乡镇。2005年末，已建成省级生态镇6个，市级生态示范镇3个，市级生态示范村（场）23个，省、市、县级绿色学校41所，省、市级绿色社区10个。其中百福园社区成为全市唯一一家首批全国绿色社区创建活动先进社区，夏履镇中心校成为全国绿色学校创建活动先进学校。绿色认证取得重大进展，ISO14001认证企业突破100家。

七　金华市2005年经济社会发展报告

2005年，金华市围绕“发展城市群，共建大金华”的战略主线，积极应对宏观调控，努力克服各种不利因素，大力推进“三化”战略、实施“四大”举措，扎实推进“平安金华”建设，全市经济保持协调快速发展，各项改革稳步推进，社会事业加快发展，城乡居民生活继续改善，较好地实现了国民经济和社会发展的预期目标。

（一）2005年金华经济社会发展总况

国民经济平稳较快增长（见图2－194）。2005年，金华市实现生产总值（GDP）1063.54亿元，比上年增长14.0%。其中：第一产业增加值65.66亿元，增长3.9%；第二产业增加值565.15亿元，增长14.5%；第三产业增加值432.72元，增长15.6%。在第三产业中，住宿餐饮业增长18.6%，金融保险业增长14.5%，批发和零售贸易餐饮业增长13.7%。全市人均生产总值达到233482元，增长13.5%。

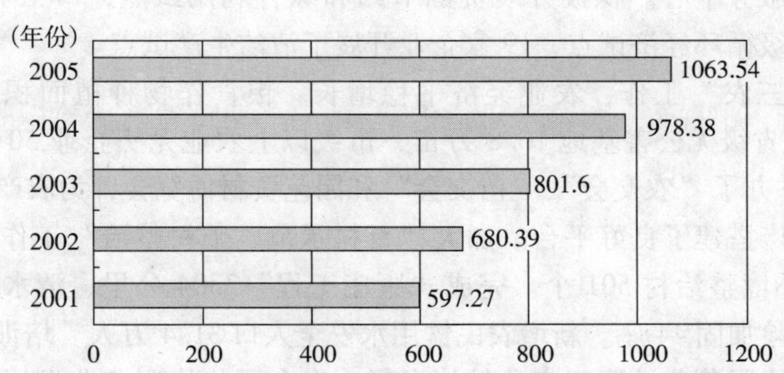

图2－194　2001～2005年金华市生产总值（单位：亿元）

价格总水平有所上涨。2005年，据抽样调查，市区居民消费价格上涨0.8个百分点，商品零售价格上涨0.8个百分点。

就业人数平稳增加。多渠道开发就业岗位。2005年末全市拥有各类职业介绍机构149家。全年净增就业岗位6.7万个，失业人员再就业19745人。年末城镇登记失业率为3.2%。

经济结构进一步调整。2005年，第一、二、三产业增加值占地区生产总值的比重由上年的6.6∶53.1∶40.3变化为6.0∶53.4∶40.6，第三产业所占比重比上年提高0.3个百分点（见图2－195）。

区域经济对消费、进出口的依存度有所提高，投资的依存度下降。2005年，全社会固定资产投资完成额、社会消费品零售总额、进出口总额对地区生产总值的依存度分别为49.2%、39.7%、36.7%，与上年相比，进出口的依存度上升4.1个百分点，消费的依存度基本持平，投资的依存度下降6.6个百分点。

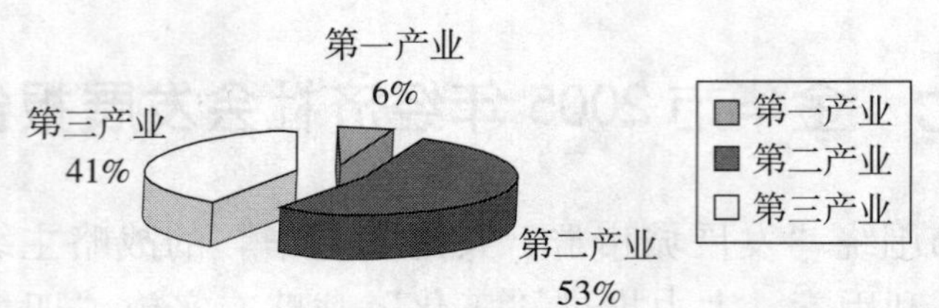

图 2－195　2005 年金华市产业构成

（二）2005 年金华市经济发展状况

1. 强化经济结构的调整，提升综合经济实力

2005 年，金华市规模以上工业总产值比上年增长 25%，实现利润增长 21.2%。出台了《金华市先进制造业基地产业导向目录》。加大工业投入力度，完成工业投资 180.1 亿元、重点技改项目投资 35 亿元。利用外资质量明显提高，实际利用外资 4.6 亿美元，新批 1000 万美元以上大项目 51 个，比上年增长 70%。外贸出口额 43.9 亿美元，出口额超 1000 万美元企业达到 90 家，比上年增加 18 家。市高新技术园区创新服务中心被评为国家高新技术创新服务中心。积极开展资源节约和综合利用试点，市工业园区、永康市、横店集团列为省级循环经济试点，19 家企业开展了清洁生产试点。

高度重视“三农”工作，农业经济平稳增长。粮食作物种植面积 229 万亩，产量 84.9 万吨。新增省级无公害基地 16.8 万亩、市级以上农业龙头企业 50 家、农村专业合作组织 27 家。举办了“农交会”、“苗交会”和园艺资材博览会，为农产品销售和农业新技术、新品种推广搭建了良好平台。加大“百村示范、千村整治”工作力度，建成示范村 64 个，实施环境整治村 501 个。完成“康庄工程”3304 公里、清水河道建设 211 公里、病险水库除险加固 44 座。新增农民饮用水安全人口 31.4 万人。培训农民 18.8 万人。

积极培育现代服务业，第三产业较快发展。出台了加快服务业发展的政策，商贸流通业档次有所提升，沃尔玛落户市区。旅游业加快发展，接待国内外游客 1412.3 万人次，旅游总收入 115.7 亿元。东阳横店影视产业发展迅速。市场大市地位得到巩固，“义博会”成为全国第三大商品交易会。

2. 三大需求拉动经济快速增长

1）固定资产投资（见图 2－196）

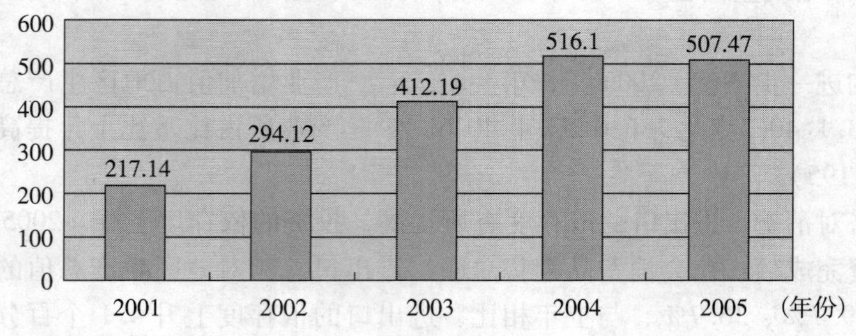

图 2－196　2001～2005 年固定资产投资额（单位：亿元）

固定资产投资增速有所回落。2005 年，全市完成全社会固定资产投资 507.47 亿元，比上年增长 5.3%，增速回落 19.9 个百分点。其中，限额以上固定资产投资 449.35 亿元，增长 8.7%，回落 19.8 个百分点。民间投资活力进一步增强。全年限额以上非国有投资 279.47 亿元，比上年增长 12.8%，占限额以上投资的 62.2%。在全部限额以上固定资产投资额中，房地产开发完成投资 121.79 亿元，增长 5.5%；投资项目（单位）投资 327.55 亿元，增长 10.0%。

投资结构有所调整。2005 年，第一、二产业投资较快增长，比重有所增加。在限额以上投资中，第一产业完成投资 2.26 亿元，比重由上年的 0.3% 上升为 0.5%；第二产业完成投资 183.77 亿元，比重由 39.5% 上升为 40.9%；第三产业完成投资 263.32 亿元，比重由 60.2% 下降为 58.6%。工业投资增长明显快于其他产业。全年工业投资达 180.06 亿元，增长 25.4%。

重点工程进展顺利。2005 年，市级以上重点项目 88 项，完成投资 165.5 亿元。省重点建设项目 70 项，完成投资 111.7 亿元，其中在建项目 48 项。金甬高速公路、5000KV 义东输变电工程等 20 项已建成或基本建成，浙能兰溪电厂、诸永高速公路金华段等 34 项完成或基本完成年度建设计划。全年限额以上投资项目达 1869 个，其中新开工项目 804 个。纺织服装、通信设备、电力燃气和水的生产和供应、交通运输、金融等重点行业投资有大幅增长。

房地产业稳定发展。2005 年，全市完成房地产开发投资 121.79 亿元，比上年增长 5.5%。商品房新开工面积 376.82 万平方米，竣工 239.57 万平方米。商品房销售面积 176.74 万平方米，其中住宅销售面积 152.23 万平方米。

2）国内贸易

市场销售稳定增长。2005 年，全市实现社会消费品零售总额 418.84 亿元，比上年增长 14.2%。分行业看，批发零售贸易业零售额 367.58 亿元，增长 14.3%；餐饮业零售额 42.6 亿元，增长 18.5%。

市场需求较为旺盛。2005 年，在限额以上批发零售贸易业零售额中，食品、饮料、烟酒类比上年增长 21.3%，服装、鞋帽、针纺织品类增长 36.6%，金银珠宝类增长 32.1%，体育娱乐用品类增长 58.3%，家具类增长 29%，通信器材类增长 38.8%，石油及制品类增长 21.4%，汽车类增长 23.1%。

交易市场日趋成熟。2005 年，全市商品交易市场 377 个，总成交额 899.1 亿元。年成交额超亿元的市场有 39 个，成交额 800.79 亿元，比上年增长 14.4%。

3）对外经济

进出口高速增长，结构调整初显成效（见图 2－197）。2005 年，全市完成进出口总额 47.22 亿美元，比上年增长 28.5%。其中，进口总额 3.34 亿美元，增长 2.1%；出口总额 43.87 亿美元，增长 31.1%。生产型企业自营出口比重 61.8%，比上年提高 1.9 个百分点；加工贸易出口增长 61.88%。

外贸经营主体快速增加。2005 年全年新增外贸出口主体 666 家，全市累计各类经营主体达 2509 家（均不含三资企业）。

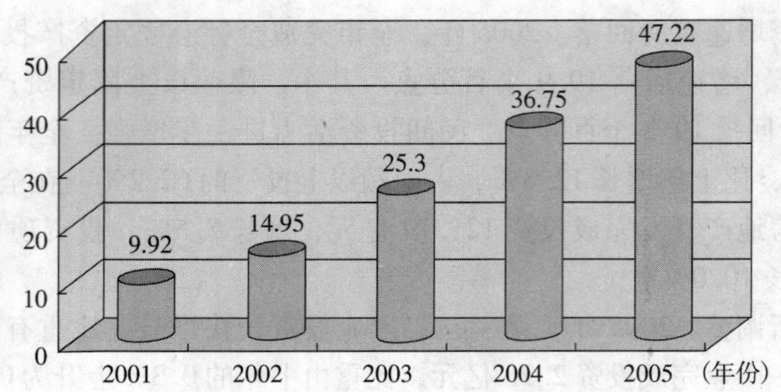

图 2－197　2001～2005 年金华市进出口总额（单位：亿美元）

招商引资成效明显。2005 年，全市新批外商投资企业 180 家，新增合同外资额 62803 万美元，增长 11.4%。实际到位外资 45775 万美元。

外经合作稳步发展。2005 年，全市完成外经营业额 2252 万美元，增长 12.4%。新批境外投资项目 40 个，增长 25%；对境外投资额 517 万美元。

3. 突出抓好工业经济，产业层次稳步提升

1）农业

2005 年，全市农业生产呈现良好的发展态势（见图 2－198），农林牧渔业增加值 63.29 亿元，比上年增长 3.9%。

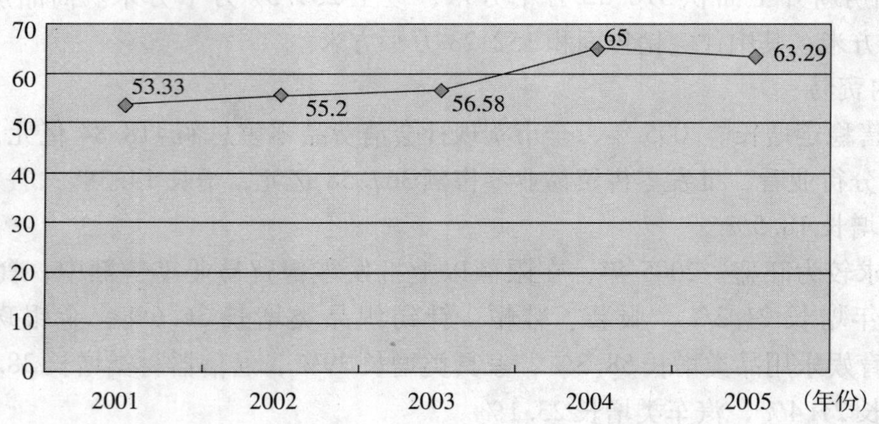

图 2－198　2001～2005 年金华市农业增加值（单位：亿元）

农作物种植结构调整步伐加快。2005 年，全市总播种面积 262.19 千公顷，比上年增长 1.8%，其中粮食播种面积为 152.73 千公顷，总产量为 84.87 万吨，分别比上年增长 2.2% 和下降 0.5%；棉花播种面积 3.63 千公顷，产量为 0.54 万吨，分别下降 3.7% 和增长 5.9%；果用瓜种植面积 8.22 千公顷，产量为 19.49 万吨，分别增长 4.8 和 5.0%。油料播种面积为 20.58 千公顷，产量为 3.35 万吨，分别比上年增长 5.9% 和 1.5%；蔬菜播种面积为 46.26 千公顷，增长 1.7%；药材播种面积 6.1 千公顷，下降 1.6%；花卉苗木种植面积 9.85 千公顷，下降 0.2%。经济作物产值占种植业的比重为 81.5%。其他各种

农产品产量有增有减。

生态林业建设平稳推进。2005 年全年完成造林更新面积 4.772 千公顷，其中迹地更新 3.669 千公顷，国债项目和阔页林发展工程造林 0.467 千公顷；幼林抚育作业面积 5.35 千公顷；封山育林面积 128.38 千公顷，其中本年新封面积 2.10 千公顷；森林覆盖率 61.3%。此外，建成市级以上绿化示范村 35 个（其中省级绿化示范村 10 个），通道绿化 411.54 公里。

畜牧业、渔业生产稳步发展。2005 年，全年肉类总产量 18.77 万吨，比上年增长 5.39%，其中，猪肉 14.49 万吨，增长 2.62%。牛奶产量 10.37 万吨，比上年下降 3.2%。全年生猪出栏 203.26 万头，增长 9.07%；家禽出栏 2439.86 万只，增长 8.79%。全年水产品产量 5.13 万吨，增长 3.8%。

农业生产条件继续改善。2005 年，全市农田有效灌溉面积 157.68 千公顷，旱涝保收面积 116.94 千公顷。年末拥有农业机械总动力 192.80 万千瓦，比上年末增长 7.1%；全年化肥施用量（折纯）10.57 万吨，增长 6.23%；农村用电量 26.36 亿千瓦小时，增长 15.11%。

2）工业和建筑业

工业生产快速增长（见图 2－199）。2005 年，全市完成工业增加值 491.41 亿元，比上年增长 16.1%，工业增加值占 GDP 的比重为 46.3%。全市规模以上工业实现总产值 1372.59 亿元，销售产值 1342.45 亿元，分别增长 25.0%、25.9%。规模以上工业企业完成出口交货值 430.38 亿元，增长 24.0%，占销售产值的比重为 32.1%。

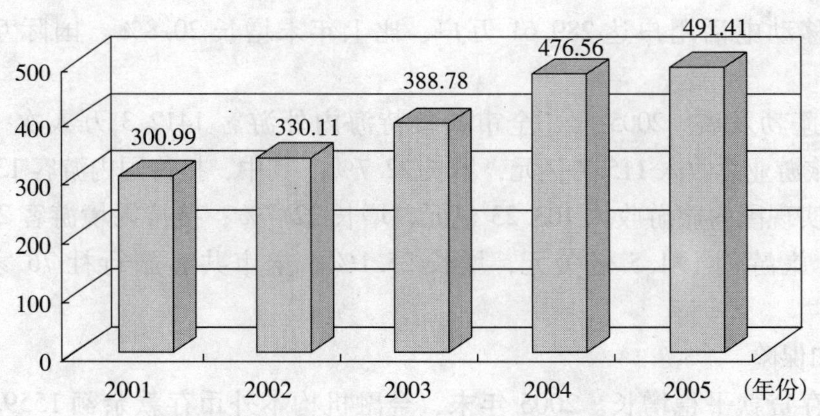

图 2－199　2001～2005 年金华市工业增加值（单位：亿元）

企业科技创新不断增强。2005 年，全市规模以上工业技术改造投入加大，科技活动经费与购置技术成果费用分别增长 57.2%与 21.7%，设备购置费增长 4.6%。新产品生产快速增长。全年规模以上工业实现省级以上新产品产值 73.09 亿元，增长 34.02%，新产品产值率为 5.33%；一些主要工业产品产量发生了较大变化。

工业经济效益进一步提高。2005 年，列入省考核的 11 项规模以上工业经济效益评价考核指标综合得分为 190.55 分，比上年提高 7.80 分。全年规模以上企业实现利税

109.52 亿元，增长 18.0%，其中利润 60.67 亿元，增长 21.2%。国有企业、三资企业效益增势强劲，利税分别增长 70.2%、42.3%；集体企业、私营企业稳步提高，利税分别增长 24.6%、16.3%。多数行业效益快速增长，纺织、金属制品、服装鞋帽、化工、医药、交通运输设备六大行业实现利润占全市规模以上工业利润总额的 55%。

建筑业较快发展。2005 年，全市完成建筑业增加值 74.57 亿元，比上年增长 5.3%。建筑施工面积 7468.74 万平方米，完成房屋竣工面积 2567.08 万平方米。资质以上建筑企业实现利税总额 34.7 亿元，增长 24.0%。

3）交通、邮电和旅游

交通运输业快速发展。着力构筑浙中城市群“八高八快十二联”为主骨架的交通网。2005 年，全市交通建设投资完成 41.2 亿元，其中：高速网络工程完成投资 19.16 亿元，境内高速公路通车里程达 230.19 公里；国省道及重要县道干线畅通工程完成投资 11.12 万元，新建改建二级以上公路里程 178.2 公里，县道路面硬化 790.19 公里；完成绿色通道 411.54 公里；乡村康庄工程完成投资 10.85 亿元，完成路基改造 1468.5 公里，路面硬化 2151.3 公里。全市境内公路总里程达 10454.01 公里（其中，乡村康庄公路 2988.72 公里）。拥有机动车 20.51 万辆，比上年增长 21.0%，其中，汽车 17.07 万辆，比上年增长 26.0%。年内公路旅客周转量 477238 万人公里，货物周转量 562520 万吨公里。航空出港客运量 20.86 万人次，货运量 4069.1 吨。

邮电事业进一步发展。2005 年，全市完成邮电业务总量 59.96 亿元。当年新增电话用户 79.02 万户，年末城乡固定电话用户增至 207.56 万户，比上年末增长 16.4%。其中住宅电话 88.9 万户；公用电话 22.18 万户，增长 18.3%。主线普及率达 45.7 部/百人，增长 15.7%。年末移动电话用户达 289.61 万户，比上年末增长 20.8%。国际互联网用户达 29.17 万户。

旅游事业蓬勃发展。2005 年，全市共接待海内外游客 1412.3 万人次，比上年增长 15.5%，实现旅游业总收入 115.7 亿元，增长 22.7%。其中，接待国内游客 1383.9 万人次，增长 15.4%，实现国内旅游收入 103.23 亿元，增长 22.7%；接待入境游客 28.39 万人次，增长 21.07%，旅游创汇 1.5 亿美元，增长 25.1%。全市共有旅行社 76 家、旅游饭店 104 家。

4）金融和保险

金融机构存贷款平稳增长。2005 年末，金融机构本外币存款余额 1559.58 亿元，比年初增加 219.25 亿元，增长 16.4%。其中：企事业存款余额 429.62 亿元，增长 1.4%；城乡居民储蓄存款余额 791.75 亿元，增长 23.16%。金融机构本外币贷款余额 1199.30 亿元，比年初增加 128.14 亿元，增长 11.96%。其中，短期贷款 724.07 亿元，增长 12.9%；中长期贷款 381.22 亿元，增长 10.85%。存贷比例为 76.9%。

商业保险业务进一步拓展。2005 年，全市保险机构全年保费收入 31.43 亿元，比上年增长 9.7%。其中，财产险保费收入 10.72 亿元，寿险保费收入 20.71 亿元，分别比上年增长 19.8% 和 5.1%。全年支付各类赔偿及给付 7.75 亿元，其中财产险赔款 5.33 亿元；寿险赔款 0.98 亿元，寿险期满给付 1.44 亿元。

4. 强化经济发展的要素保障

千方百计做好建设用地保障工作，2005 年，全市完成土地整理 19.1 万亩，建成标准农田 14.2 万亩，获取折抵指标 1.7 万亩；上报建设用地 6.1 万亩，比上年多 3.8 万亩；开展了黄土丘陵综合开发试点，婺城区、金东区试点项目开工建设。加大资金保障力度，加强与省级各金融部门的沟通，引导金融机构增加对中小企业的信贷投放，金融系统新增贷款 128 亿元。加快电源电网建设，浙能兰溪电厂一号机组进入调试阶段，城乡电网建设投资 17.1 亿元。

（三）2005 年金华市社会发展状况

1. 强化城市群的协调发展

2005 年，城市群“外通内畅”工程加快实施，完成交通投资 41.2 亿元。甬金高速公路建成通车，诸永、台金高速公路和浙赣铁路金华段电气化改造等工程顺利推进，完成 40 省道磐安段二期、47 省道浦兰线、43 省道武义段、20 省道浦江段的改造。义乌、永康两大市场的辐射带动能力增强，县域经济平稳较快发展，城市群联系日趋紧密。

2. 强化社会事业的协调发展

加快文化大市建设，制定了文化、教育、卫生、体育强市发展纲要。全面启动农村中小学“四项工程”建设，积极实施公共卫生工程、农民健康工程、食品和药品放心工程。切实做好禽流感等重大传染病防控工作，全市无重大传染病疫情发生。加大重点区域、重点行业和重点企业的污染整治力度，兰溪拆除了 34 条水泥机立窑。加快环保基础设施建设，东阳、浦江两个污水处理厂投入使用。妥善处理了东阳“4·10”事件。市区开展村（居）民违法建房、大黄山化工区两项整治，取得了良好成效，二环线内 7812 户违法建房户全部得到处理，8 家化工企业全部关停。

1）教育

教育事业均衡协调发展。以巩固普及 15 年教育和实施“高标准、高质量”义务教育为目标，走教育强市之路。2005 年，全市拥有各级各类全日制学校 1008 所，在校学生 71.90 万人。其中小学 669 所，在校学生 33.17 万人，小学适龄儿童入学率达到 100%；初中 200 所，在校学生 16.38 万人，初中适龄少年入学率达到 99.9%。普通高中教育与中等职业教育协调发展。全市有普通高中 68 所（含 11 所完全中学），在校生 9.13 万人；职业高中 43 所，在校生 7.28 万人；普通中专 7 所，在校生 1.07 万人；初中毕业生升入高中段学校比例 93.2%。高等教育规模不断扩大。高等院校 6 所，在校生 47153 人，其中，成人高校 2 所，在校生 5922 人。学前教育、特殊教育进一步加强。全市拥有幼儿园 1847 所，在园幼儿 14.26 万人。特殊教育学校 7 所，在校学生 681 人，残疾儿童入学率 99.1%，三类残疾儿童入学率达 99.3%。

2）科学技术

科技事业稳步推进。2005 年，金华市再次通过国家科技进步先进城市考核，并列为国家知识产权试点城市；义乌市首批跨入浙江省科技强市行列，永康市成为浙江省首个国家知识产权兴贸试点基地。全市新列国家科技计划项目 55 项，其中，国家级创新基金项目10项，为历年之最；省级项目268项，省农业科技成果转化项目14项，市级项目243项。全市12项科技成果评为2004年度省科学技术奖，其中省一等奖1项，77项评为市科学技术奖。新培育认定市级以上高新技术企业50家，其中国家级6家，省级20家；新组建市级以上技术研发中心25家，其中省级10家；评选第三批市科技型农业龙头企业11家，认定市级专利示范企业18家。中国科学院金华科技园发展进一步加快，科技园创业服务中心被认定为国家高新技术创业服务中心。全市专利授权公告量（含发明专利公开数）为3028件，同比增长40%，特别是发明专利达517件，实现了翻番。科技队伍不断壮大，全市年末各类人才总数28万人。

气象现代化建设步伐加快。新一代天气雷达建设基本完成，雷达数据处理中心大楼正式投入使用。区域天气观测站2005年新建六要素站22个，二要素站8个，全市区域天气观测站达到56个，布点密度达到了10~15公里。新安装了MTSAT卫星云图接收设备，使卫星云图的接收处理达到了每半小时一次。全市台站地面观测场均安装全方位的视频探头，实现了对天气状况的实时监测。全年一般性质降水24小时预报准确率92.7%，重要性质天气24小时预报准确率89.7%。

质量技术监督工作实现全面突破。2005年，全市获得中国名牌产品4个、国家免检产品10个、浙江名牌产品62个、金华名牌产品68个，质量指数比上年提升了9.3，达93.5。在用特种设备定期检验量增长16.7%，锅炉产品监督检验量增长31.3%，特种设备严重事故率保持零增长，未发生重大安全事故。标准化工作实行标准审查专家负责制，清理了食品企业标准1839项，全市列为国家标准化示范基地4项、省示范项目17项、省级标准化管理示范市场1个，确认省级标准化良好行为企业2家。计量服务推进41家企业建立计量检测体系，检定企业计量器具10万台（件），监督评定检验机构26家，监督检查食品检验机构19家。在全国率先创建了“三员四图”食品安全监管体系，得到国务院办公厅、国家质检总局和浙江省领导的充分肯定并向全国推广。

3）文化

文化事业健康发展。2005年末，全市拥有艺术专业团体5个，群众艺术馆（文化馆）10个，公共图书馆9个，剧院8家。地市级广播电台1家、电视台1家，县级广播电视台7家。广播综合覆盖率和电视综合覆盖率达98.6%和99.3%。市本级开通了数学电视，发展了3个小区双向数字电视用户近300户。

4）体育

体育事业上新台阶。成功举办了金华市第六届运动会，共有10人超11项省记录，27人10队破22项市记录。2005年全年金华市运动员在省级比赛中共取得金牌87枚、银牌92枚、铜牌114枚，其中，在国家级以上比赛中共取得金牌12枚、银牌14枚、铜牌22枚。有135人达到二级运动员以上标准，有62人达到一级裁判员以上标准。金华市有18名运动员代表浙江省参加了第十届全国运动会11个大项、20个小项的比赛，夺得4金1银1铜，金牌榜居全省第四，实现了金华市竞技体育在全国性比赛中的历史性突破。其中，游泳运动员蔡力一举夺得50米自由泳、4×100米、4×200米自由泳接力等项目的三枚金牌，武术运动员张春燕获剑术和枪术全能金牌、南拳和南刀全能

银牌。金江涛在世界举重青年锦标赛中夺得男子62公斤级冠军，成为金华市第一个在世界级举重竞赛中取得金牌的运动员。柔道运动员邵丹在亚洲柔道锦标赛中赢得女子52公斤级铜牌。全民健身运动蓬勃发展。全年电脑体育彩票销售量达1.93亿元，比上年增长77%。

5）公共卫生

卫生事业稳步发展。加快推进浙江中西部医疗中心建设，深化“诚信医院”创建活动，新型农村合作医疗进展顺利。不断完善和巩固疾病防治措施和应急预案，加强疫情监测网络和医疗救治网络。实施科教战略，获省部级科研项目立项1项，市厅级56项，其中省医药卫生科学研究基金项目5项，省中医药项目4项，市级科研项目45项。2005年，获省医药卫生科技创新奖10项，省中医药创新奖2项，获市科技进步奖19项。卫生保健工作加强。全市共有卫生机构434个（不含诊所等），其中医院、卫生院343个，妇幼保健院（所、站）10个，专科疾病防治院（所、站）6个。全市实际开放床位数12596张，其中：医院和卫生院床位11950张。全市卫生技术人员16945人，其中执业医师和执业助理医师7766人，注册护士5134人。疾病预防控制机构（含一个预防保健中心）11个，卫生技术人员405人；卫生监督检验机构10个，卫生技术人员152人；另有诊所、医务室、卫生所、社区卫生服务站917个，卫技人员1302人。全市共有艾滋病初筛实验室33个。

6）生态环境

环境保护事业取得新进展。继续实施金华江流域“碧水行动”计划，生态市建设全面推进。2005年末，全市拥有各级监测站8个，其中二级站1个、三级站7个。工业废水排放达标率、工业固体废物综合利用率分别为96.5%、95.1%。建成烟尘控制区面积349.5平方公里，增长6.0%，噪声达标区170.9平方公里，增长20.38%。2005年，金华市辖各城市环境空气中二氧化硫、二氧化氮和总悬浮颗粒物的年日均值都符合国家二级标准；金华市区和义乌市空气质量优良率分别达到81.4%和80.4%，均达到城考及创模的要求。

生态环境保护力度加大。生态市建设全面推进，2005年，全市实施生态公益林面积197.6千公顷，累计建成生态公益林47.8千公顷，累计净增森林蓄积量36万立方米。全市共建成全国环境优美乡镇1个，市级生态乡镇35个。建成金华市沙金兰等23个规范化合格饮用水源保护区，各饮用水源保护区内水质基本达到国家Ⅱ类水质标准。建成自然保护区5个，其中国家级自然保护区1个，省级自然保护区33个；森林公园16个，其中省级以上森林公园4个。

3. 人民生活水平的逐步提高

2005年，金华市扎实做好就业再就业工作，新增城镇就业岗位6.7万个。抓好社保扩面和基金征缴工作，养老保险人数净增3.3万人，基金可支付能力比上年提高6.37个月。新型社会救助体系逐步完善，实施分层分类救助办法。完善公共安全预警和应急工作机制，制定了《突发公共事件总体应急预案》和15个专项预案，市应急指挥中心建成使用。健全安全生产责任体系，开展重点领域专项整治，减少了安全事故隐患。加强治安防控体系建设，群众安全感满意率达到95.7%。

1）人口

人口总量保持低速增长。2005年，全市出生人口52776人，出生率11.65‰，人口自然增长率5.78‰。年末总人口454.13万人，其中市区92.16万人；非农业人口99.1万人，其中市区31.36万人。平均每户家庭人口2.68人。

2）生活状况

城乡居民生活水平继续提高（见图2－200）。2005年，据抽样调查，市区城镇居民人均可支配收入15387元，比上年增长10.6%，剔除物价因素后实际增长9.7%。全市农村居民人均纯收入5516元，增长9.9%，剔除物价因素后实际增长9.0%。居民住房条件继续改善。年末市区城镇居民人均居住面积24.69平方米，比上年末增加2.76平方米；全市农村居民人均生活用房面积54.15平方米，增加4.75平方米。

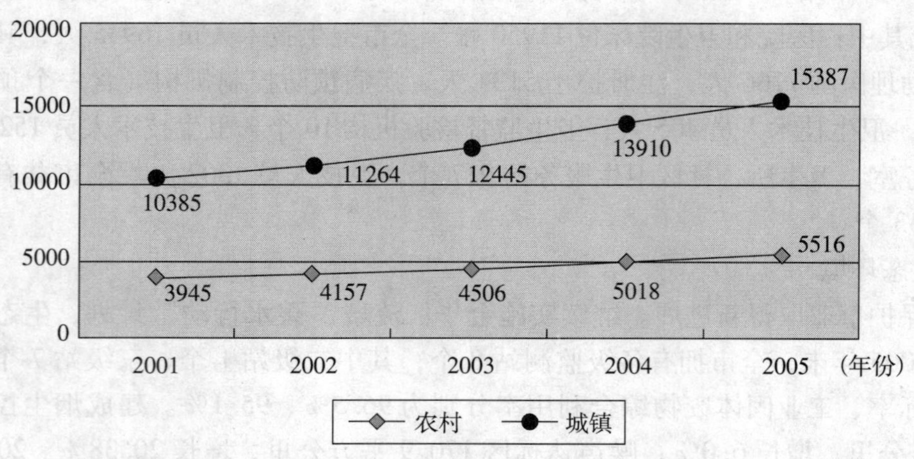

图2－200　2001～2005年金华市城乡居民收入对照表（单位：元）

3）社会保障

民政福利事业继续发展。全市拥有各类收养性社会福利单位92个，社会福利床位数9841张，收养各类人员8129人。社会福利事业迈上新台阶。2005年，市区10件实事之一的市社会福利中心建设项目第一期工程占地58亩，设计床位1000张，总投资达4500多万元。全市共发放义务兵优待金1511.1万元；城镇退役义务兵自谋职业率达到97.5%。全市共有低保对象5.07万人，其中城镇4827人，发放最低生活保障金4954万元。低保资金社会化发放率，城市达100%，农村达90%以上。农村五保对象集中供养率为93.5%，城镇“三无”对象集中供养率为96.35%，分别比上年提高了8.3个和5.3个百分点。发行社会福利彩票1.6亿元，增长64.2%。创造社会福利基金约1000万元。

社会保障进一步加强。2005年末全市养老保险总参保人数64.1万人，其中缴费人数52.7万人，比上年净增3.3万人。医疗保险参保人数40.09万人，比上年净增3.5万人。参加失业保险35.3万人；工伤保险27.1万人；女工生育保险11.3万人；被征地农民基

本生活保障参保23.95万人。

4. 强化政府的自身建设

全面贯彻《行政许可法》，深化行政审批制度改革。加强招投标统一平台建设，积极探索政府性公共资源市场化运作方式。推进投资体制改革，建立政府重大投资项目前期工作协调制度，实施企业投资项目核准和备案制。修订了政府工作规则、议事规则和决策制度，促进政府决策的科学化、民主化。电子政务加快建设，政务公开不断深化。推进部门预算改革，开展国库集中支付试点。行政监察工作得到加强，机关效能进一步提高。扎实开展企业服务年活动，企业发展中的一些困难和问题得到妥善解决。

（四）金华市未来发展中存在的困难和问题

在肯定金华市取得的成绩的同时，也应该看到其经济社会发展中存在的困难和问题。①经济结构性、素质性矛盾依然突出，自主创新能力不强，量的扩张不足与质的提升不够并存，产业层次偏低，部分地区经济发展滞后于城市发展，区域综合竞争力有待提高。②粗放型增长方式还没有根本改变，资源要素瓶颈制约和环境压力加大。③城乡、区域发展不够协调，城乡居民收入差距扩大的趋势尚未得到根本改变。④改革发展中累积的矛盾增多，财政和金融风险凸现，就业和社会保障压力加大，构建和谐社会任重道远。⑤政府职能有待进一步转变，依法行政能力有待提高，官僚主义、形式主义、奢侈浪费和腐败现象在一些地方和单位还不同程度地存在。

（五）金华市“十五”发展的回顾

过去五年，金华市扎实推进工业化、城市化和城乡一体化，经济社会稳步发展，“十五”计划纲要提出的主要目标任务全面完成。

1. 区域经济快速发展，综合实力明显提升

2005年，全市生产总值突破千亿元大关，达到1063.54亿元，比2000年增长90.5%，年均增长13.8%；人均生产总值23302元，年均增长13.4%。财政总收入突破百亿元，达到124亿元，年均增长26.7%；地方财政收入68亿元，年均增长26.7%。社会消费品零售总额418.8亿元，年均增长13.1%。全社会固定资产投资507.47亿元，年均增长25.8%。结构调整取得积极成效，一、二、三产业结构之比由9.7∶56.6∶33.7调整为6.0∶53.4∶40.6。工业化水平明显提高，规模以上工业总产值达到1373亿元，年均增长36.7%；实现利润60.7亿元，年均增长39.2%。年销售收入超亿元企业265家，其中超10亿元企业有9家。开发区累计开发面积117平方公里，基础设施投入155亿元，入园企业5873家。高新技术产业发展势头良好，国家级高新技术企业达到20家，省级69家。品牌建设取得突破，创中国驰名商标3个、中国名牌产品8个。粮食生产能力保持稳定，效益农业深入发展，奶牛乳品、花卉苗木、蔬菜水果、药材食用菌、生猪肉制品、茶叶六大优势产业进一步提升，市级以上农业龙头企业达到156家，农村专业合作组织246家。累计完成土地整理162.6万亩，建成标准农田114.4万亩。第三产业加快发展，服务业增加值年均增长14.8%，旅游、金融、房地产、会展等产业成为新的增长点。

2. 城乡建设步伐加快，发展环境明显改善

“十五”期间，基础设施建设投入567.1亿元，是“九五”时期的3.6倍。对外交通大为改善，高速公路通车里程232公里。城际快速通道加快构建，基本形成一小时城市群交通圈。电力和通信设施日趋完善，110千伏以上变电容量由446万千伏安增加到1173万千伏安，输变电线路由1917公里增加到3088公里；固定电话用户由73.2万户增加到207.6万户，移动电话用户由56.1万户增加到289.6万户。城市化快速推进，城市功能明显提升，建成区面积不断扩大，城镇化水平由48%提高到55%。市区形成了“一中两翼两三角”的发展框架，基本建成一、二环路，实施旧城改造140万平方米。义乌、浦江、磐安被评为国家卫生城市（县城）。城乡一体化全面推进，农村生产生活条件明显改善，累计财政支农资金24.1亿元，年均增长23.2%。完成环境整治村1146个、“康庄工程”7184公里、清水河道建设632公里，增加农民饮用水安全人口63.5万人，转移农村劳动力30.9万人，农业从业人员比重由40.2%降为29.8%，实现下山脱贫2.9万人。开展了生态市建设，实施金华江流域“碧水行动”，小冶炼、化工及水泥行业粉尘治理取得明显成效，金华江水质逐步好转。

3. 改革开放深入推进，经济活力明显增强

2005年，国有企业改革有序推进，非公有制经济增加值占生产总值的比重达到78.9%，个体工商户和私营企业分别达到19.8万户和3.2万家。行政审批制度改革进一步深化，审批项目取消了2/3。投资、财政、粮食流通等体制改革取得明显进展。农业税全部免缴。外向型经济迅猛发展，外贸出口额年均增长47.3%，经济外向度达到36.7%；实际利用外资累计12.8亿美元，是“九五”时期的7.9倍，占全省比重提高4.1个百分点，5家世界500强企业在金华市投资创业；对外经济交流与区域合作不断扩大。

4. 社会事业协调发展，生活水平明显提高

“十五”期间，社会事业财政性资金投入104.5亿元，年均增长26.5%。高标准普及了义务教育，初中入学率和初中升高中比例达到99.9%和93.2%，分别比2000年提高了1.2个和9个百分点。文化事业繁荣兴旺，文化产业加快发展。新闻出版、广播电视、文物保护、体育事业取得新进展。养老、医疗、失业、工伤等社会保险覆盖面进一步扩大，建立了城乡居民最低生活保障、被征地农民基本生活保障等制度，形成了包括城乡医疗救助、困难家庭学生助学、农村五保和城镇“三无”对象集中供养、经济适用房和廉租房保障、司法援助等在内的社会救助体系。公共卫生体系逐步健全，参加新型农村合作医疗人数309.6万人，参合率为82.4%。居民生活质量明显提高，全市农村居民人均纯收入达到5516元，年均增长8.2%，恩格尔系数由38.2%降为31.8%；市区城镇居民人均可支配收入达到15387元，年均增长10.8%，人均住房面积由18.8平方米提高到24.7平方米。认真贯彻计划生育基本国策，稳定人口低生育水平。民族宗教、对台、侨务、人防、档案等工作都取得了新成绩。

（六）金华市经济发展在长三角中的地位

1. “十五”期间金华市生产总值在长三角所占比重的变化趋势

从长三角的整体发展状况来看，金华市生产总值所占的比重还是相对较低的，尤其是2004～2005年期间，比重有了一定程度的下滑。“十五”期间，从金华市自身的经济发展状况来看，2004～2005年间的增长幅度也很小（见图2－201）。

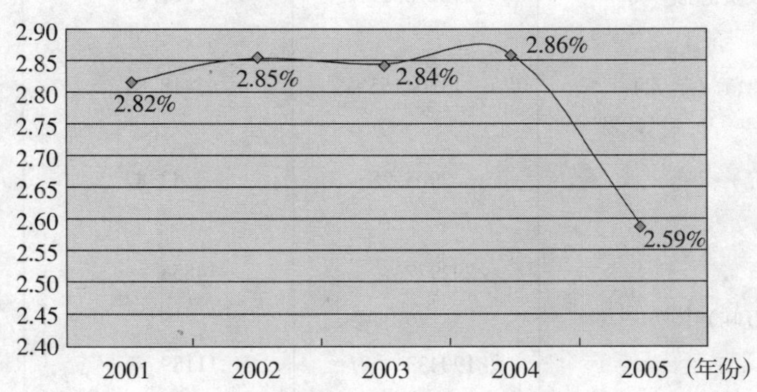

图2－201　2001～2005年金华市生产总值在长三角所占的比重（单位：%）

金华市三个产业增加值在长三角所占的比重差异比较小，也就是说，一、二、三产业在长三角的地位差不多，发展比较平衡。但是，经济增长速度的减缓，主要还是因为固定资产投资的增长减缓了，2005年，金华市全社会固定资产投资507.47亿元，比上年增长5.3%，与上年同期相比增速回落了19.9个百分点。不过，近几年金华市的对外贸易还是有较大幅度增长的，2005年全市完成进出口总额47.22亿美元，比上年增长了28.5%。另外，相对一、二产业的发展来讲，第三产业的发展也较为稳定。总体来讲，金华市的经济发展还是有很大努力空间的，各个产业的提升也是迫在眉睫（见图2－202）。

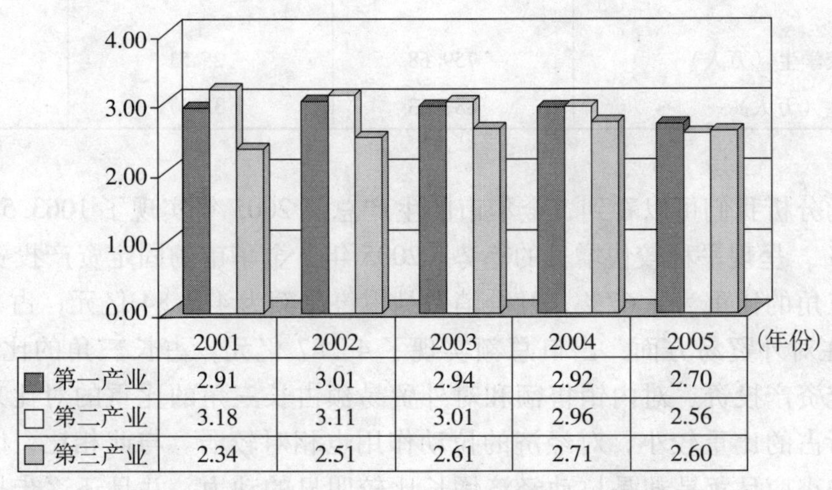

	2001	2002	2003	2004	2005
第一产业	2.91	3.01	2.94	2.92	2.70
第二产业	3.18	3.11	3.01	2.96	2.56
第三产业	2.34	2.51	2.61	2.71	2.60

图2－202　2001～2005年金华各产业增加值在长三角所占的比重（单位：%）

2. 金华市的经济社会发展在长三角的地位（见表2－78）

表2－78　2005年金华市与长三角部分经济社会发展指标比较

指　标	长三角	金　华	
		绝对值	比重（%）
固定资产投资（亿元）			
全社会固定资产投资总额	18978.51	507.47	2.67
国内商业			
社会消费品零售总额（亿元）	13304.55	418.84	3.15
对外经济贸易			
出口总额（亿美元）	2905.28	43.87	1.51
客运量总计（万人）			
公路	292977	14858	5.07
货物运输量总计（万吨）			
公路	190433	11189	5.88
民用车辆拥有量（辆）			
民用汽车拥有量	4920600	210006	4.27
邮电业务总量（亿元）			
年末市内电话（万户）	4507.77	207.56	4.60
年末移动电话用户（万户）	6680	289.61	4.34
国际互联网用户（万户）	1597.46	29.17	1.83
从业人员合计（万人）	8474.2	312	3.68
第一产业	2241.24	93	4.15
第二产业	3266.99	128.2	3.92
第三产业	2965.97	90.8	3.06
教育			
普通中学在校学生（万人）	759.68	25.51	3.36
小学在校学生（万人）	881.43	33.17	3.76

从前面的分析我们可以看到，金华市的生产总值2005年实现了1063.54亿元，比上年增长14.0%，呈现平稳较快增长的趋势。2005年，金华市的固定资产投资额为507.47亿元，占长三角的比重为2.67%；社会消费品零售总额为418.84亿元，占长三角的比重为3.15%；在对外贸易方面，出口总额实现了43.87亿元，占长三角的比重为1.51%。从金华市固定资产投资、对内销售额和对外贸易额占长三角的比重的对比来看，金华市的对外贸易所占的比重较小，对经济的拉动作用也相对较弱。与此相比，以义乌市为龙头发展起来的小商品贸易却是拉动经济增长比较明显的动力，并且还逐步拓展到了其他城市，对长三角的其他城市也起到了一定的衍生性影响。金华市的小商品贸易在整个长

三角的经济发展中发挥了一定的作用。

基础设施的推进是整个经济发展的基础，金华市在城市规划建设、邮电通信方面也投入了大量的资金，并且取得了一定的进展。2005 年，金华市的公路客运总量为 14858 万人，货运总量为 11189 万吨，占整个长三角的比重为 5.07% 和 5.88%。民用汽车拥有量为 210006 辆，占长三角的比重为 4.27%。以上数据充分反映了金华市在交通运输业方面的快速发展，也是其在着力构筑浙中城市群“八高八快十二联”为主骨架的交通网的过程中所展现出来的成果。

在通信发展方面，2005 年，金华市的年末市内电话用户、年末移动电话用户、国际互联网用户分别实现了 207.56 万户、289.61 万户、29.17 万户，占整个长三角的比重分别为 4.60%、4.34%、1.83%。从通信的发展来看，金华市还有较大的发展空间，尤其是在国际互联网方面，在长三角所占的比重较小，虽然已经取得了一些成绩，但还处于发展的初级阶段，还有很大的努力空间。

在考量社会发展水平以及人民生活水平时，从业人员数也是一个比较重要的指标。2005 年，金华市从业人员总数为 312 万人，占长三角的比重为 3.68%。一、二、三产业的从业人员分别为 93 万人、128.2 万人、90.8 万人，占长三角的比重分别为 4.15%、3.92%、3.06%。从以上的数据我们可以看到，金华市的农业仍然吸收了大量的劳动力，二、三产业也有了一定程度的发展，但是第三产业并没有充分发挥其吸收劳动力的优势，相应的第二产业仍然发挥着主导作用，在充分就业方面，产业结构的提升还有待进一步努力。

教育水平的提高也是体现人民生活水平的重要方面之一，2005 年，金华市的普通中学在校学生为 25.51 万人，小学在校学生为 33.17 万人，在长三角中所占比重分别为 3.36%、3.76%。金华市在义务教育的实现方面还是投入了大量的人力物力，普遍实现了适龄儿童的入学。

总体来讲，金华市的发展在整个长三角的发展过程中处于中等行列，尤其是小商品市场的繁荣，在长三角地区甚至全国都造成了很大的影响。

义乌市经济社会发展情况

（一）义乌市概况

1. 地理位置

义乌位于金衢盆地东部，浙江省地理中心地处境内。东邻东阳，南界永康、武义，西连金华、兰溪，北接诸暨、浦江。至省会杭州百余里。市境东、南、北三面群山环抱，南北长 58.15 公里，东西宽 44.41 公里，境内有中低山、丘陵、岗地、平原，土壤类型多样，光热资源丰富。

义乌属亚热带季风气候，温和湿润，四季分明，年平均气温在 17℃左右，平均气温以七月份最高，为 29.3℃，一月份最低，为 4.2℃。年平均无霜期为 243 天左右。年平均降水量为 1100～1600 毫米之间。

2. 历史沿革

义乌历史悠久，秦嬴政二十五年（前222年）置乌伤县，624年，改称义乌，1988年撤县建市。素有文化之乡的美誉，著名的人物有初唐四杰之一骆宾王、宋朝抗金名将宗泽、金元四大名医之一朱丹溪及现代教育家陈望道、文艺理论家冯雪峰、历史学家吴晗等。

3. 行政区划

义乌下辖6个镇、7个街道办事处，面积1105平方公里，总人口160余万，其中，本地人口68万，暂住人口75万，流动人口约20万，城区常住人口中有来自近100个国家及地区的6000多名外商和国内40个民族、计2.6万人的少数民族群众。全市下辖稠城、稠江、北苑、江东、后宅、廿三里、城西7个街道办事处和大陈、苏溪、上溪、义亭、佛堂、赤岸6个镇。

（二）义乌市经济社会发展总体状况

“十五”期间，义乌市国民经济继续保持平稳较快增长。2005年，全市实现地区生产总值300.1亿元，增长15.1%。分三次产业看，第一产业增加值8.82亿元，增长2.8%；第二产业增加值138.65亿元，增长15.6%；第三产业增加值152.62亿元，增长16.5%，三产比例调整为2.9∶46.2∶50.9。按户籍人口计算，人均GDP达43100元人民币，按现行汇率折算为5400美元。

市场物价稳中有降。在国家宏观调控的背景下，2005年全年物价形势总体稳定，并呈稳中略降。12月份，居民生活费用价格指数同比下降1.3%，市场零售物价指数同比下降2.2%，下降最明显的是日用品类（下降10%）、文化娱乐用品类（下降20%）、药及医疗用品类（下降10.6%）；上涨明显的主要有食品类（涨4.3%）、书报杂志类（涨9%）、燃料类（涨6.2%）和服务项目价格（涨1.5%）。

1. 优先发展第三产业的发展战略

在义乌市的整个经济发展过程中，服务业的发展是很重要的一个方面。“十五”期间，国际商贸城一、二期建成运营，布局调整稳步推进，市场体系日臻完善。新增市场营业面积120万平方米，市场总面积达260万平方米，确立了全球最大小商品市场的地位，被列为浙江省“十一五”时期现代服务业建设的五大高地之一。市场功能由单一的商品交易向商品展示、信息汇集、价格形成、产品创新等方向拓展。小商品城股票成功上市，竞争力名列全国上市公司第二位。购物旅游方兴未艾，国际商贸城成为全国首家4A级购物旅游景区，来义购物旅游人次年均增长18.5%。区域性金融中心建设迈出坚实步伐，国有商业银行、股份制商业银行、地方银行并举发展，存贷款余额分别增加407亿元和259亿元。

2. 对外贸易迅速拉动经济增长

“十五”期间，义乌市的经济国际化大步向前迈进。2005年，经济外向度达到31.2%，外贸依存度达到29%，均比2000年提高了22个百分点。市场外向度达到55%以上，境外企业驻义办事机构从31家增加到615家，小商品出口国家和地区从122个扩大到212个。

对外贸易取得突破性进展，全市自营进出口总额从1.4亿美元增加到11.8亿美元，年均增长54.2%。利用外资质量进一步提高，五年新增外资企业298家，累计实际利用外资3.58亿美元，世界500强企业首次投资义乌。外贸促进体系日益健全，新设立了海关办事处、出入境管理局、外事服务中心、国际物流中心等涉外管理、服务机构，获得了涉外经济纠纷一审审理权和外国人居留许可签发权。不断改进适合小商品出口的监管模式，实现了"异地报关、口岸放行"一站式通关，被列入全省三个"大通关"建设重点，经海关义乌办事处出口的标准集装箱年均增长74%以上。对外经济交流与合作不断深化，2005年，来义采购和旅游的境外客商突破20万人次，接待外国使节、访问团等110批次。

3. 以商带工，以工促商，工商发展促进良性循环

义乌市第三产业的发展直接带动了第二产业的发展，围绕义乌小商品市场，众多中小企业利用市场地理优势，捕捉市场信息，形成了特色鲜明的小商品制造业。

"十五"期间，规模以上工业企业从235家增加到725家，在工业总产值中的比重提高了20.3个百分点，实现产值、利税、利润分别年均增长55.2%、70.7%和78.2%。先进制造业基地建设取得重大进展，形成了针织、饰品、工艺品、化妆品、玩具等一批极具竞争力的优势行业，先后被授予中国拉链产业基地、中国制笔工贸基地、中国化妆品产业基地、中国袜业名城和中国无缝针织服装名城等称号。科技创新和品牌建设成果丰硕，新增省级高新技术企业14家，新建研发中心72家，新增专利授权数2916件，每万人占有专利授权数位居全省首位；创立中国驰名商标和中国名牌4个、国家免检产品4个，新增省著名商标和名牌产品58个。

（三）义乌市的经济发展具体状况

1. 三大需求拉动经济增长

1）固定资产投资

固定资产投资保持适度增长。在国家宏观调控政策的连续效用下，全社会固定资产投资增速继续回落，2005年全年完成全社会固定资产投资130.08亿元，增长15.2%，增幅比2004年同期回落5.2个百分点，其中限额以上固定资产投资额110.3亿元，增长16.1%，增幅回落12.9个百分点。固定资产投资增幅在上半年达到近年最低，四季度后随着一批用地指标的落实而有所回升。全年房地产开发投资增幅回落明显，投资额39.8亿元，增长3.8%，增幅回落78.1个百分点；工业投资仍保持较快增长势头，完成投资额28.8亿元，增长19.9%，增幅加快8.7个百分点；农业投资回落较大，投资额2914万元，下降50.3%。

2）国内经济

消费品市场稳中趋旺，消费结构逐步升级。2005年，全社会消费品零售额128.9亿元，增长16.1%，增幅提高1.7个百分点。其中，批发零售业零售额110.9亿元，增长15.5%；餐饮业零售额15.7亿元，增长21%。商贸业规模效应进一步显现，限额以上批发零售企业零售额增幅达到43%，高出平均水平27.5百分点。消费热点继续向住房、汽车、化妆品、金银珠宝等高档消费品转变，据限额以上批零统计数据，全年汽车销售额增长58.1%，化妆品类销售额增长44.7%，金银珠宝类销售额增长65.2%，均大大高出一般消费品的增幅。

批发市场持续旺盛。2005年，义乌国际小商品博览会成交额81亿元，比上届增长10.7%。全年集贸市场成交额388.9亿元，增长19.6%，其中，中国小商品城成交额288.5亿元，增长8.1%，成交额继续蝉联全国集贸市场榜首。

3）对外贸易

外贸出口平稳较快增长，利用外资形势好转。2005年全年自营进出口总额11.76亿美元，增长19%，其中，进口0.84亿美元，下降30.9%；出口10.92亿美元，增长26.1%。尽管2005年中国对外贸易风云多变，但义乌市出口一直保持较为平稳的态势，增幅保持在20%~30%之间。出口结构继续优化，生产企业出口额6.5亿美元，增长38%，外贸公司出口额4.5亿美元，增长13.2%，生产企业增速比外贸公司高24.8个百分点。外贸出口主体日趋扩大，新增出口主体251家，新批自营进出口权企业150家。全年合同利用外资额1.35亿美元，增长8%，实际利用外资1.33亿美元，增长8.1%。

2. 产业结构不断提升

1）农业

农业生产形势良好。2005年，全市实现农业总产值13.8亿元，增长9.1%，其中粮食总产值2.01亿元，增长17.7%；畜牧业总产值5.15亿元，增长10.1%；花卉苗木总产值1.21亿元，下降3.3%。全年粮食播种面积17117公顷，增长2.3%，花木由于价格回落，播种面积646公顷，下降18.7%。

2）工业和建筑业

2005年，全市实现工业总产值593亿元，增长20.4%。其中规模以上工业总产值251.5亿元，增长32.5%，增幅较2004年回落1.8个百分点，但仍处在30%以上的高位运行。规模以上工业总产值和全市工业用电量（增长31.5%）两项指标增幅从3月份起连续在全省14个经济强县（市、区）中处于领先。规模以上工业产值占全部工业总产值比重由2004年的37.9%提高到2005年的42.4%。工业产销形势良好，全年规模以上工业完成销售产值245.7亿元，增长33.7%，其中，出口交货值69亿元，增长28.7%，工业产销率97.7%，比2004年同期提高0.8个百分点。

在工业生产快速增长同时，企业效益也大幅提高，2005年全年规模以上工业企业实现利润总额14.3亿元，增长50.8%，超过产值增幅18.5个百分点，增长幅度之高为近年来少有。全员劳动生产率48553元/人，比上年提高2300元/人，11项经济效益考核指标综合指数从2004年的167.1分提高到175.4分。

建筑业较快发展。2005年全年实现建筑业增加值18.69亿元，增长15.4%。全市有四级以上建筑企业119家，比上年增加7家，完成建筑总产值56.1亿元，增长27.2%，实现利润总额22.3亿元，增长36.8%。房屋建筑施工面积707.1万平方米，增长22.5%，房屋建筑竣工面积329.8万平方米，增长28.3%。

3）交通、邮政电信和旅游

交通运输业稳步发展。2005年全年交通运输业实现增加值14亿元，增长13.3%。完

成公路客运量 17100 万人次，增长 23.1%。完成公路货运量 2451 万吨，增长 6.8%。义乌机场全年民航客运量 20.9 万人次，增长 9.6%；民航货运量 4069 吨，增长 7.1%。全年新建公路 43.67 公里，改建公路 276.8 公里；年末汽车拥有量 6.78 万辆，增加 1.58 万辆。

邮政通信业较快发展。2005 年全年完成邮政业务总量 6974 万元，增长 21.9%，完成电信业务总量 45398 万元（仅包含电信公司），增长 13.5%。年末全市固定电话用户 45.87 万户，增长 17.4%，其中农村电话用户 11.8 万户，固定电话普及率达 66.32 部/百人。移动电话、互联网用户继续快速发展，年末移动电话用户 95 万户，增长 24.5%，互联网固定用户 7.37 万户，增长 52.8%。

区域旅游品牌和城市旅游形象不断提升。2005 年全年共完成旅游接待约 366.9 万人次，其中境外游客 21.6 万人次，分别增长 18.7% 和 18.1%。设在国际商贸城的购物旅游接待处，共接待来自 414 家旅行社组织的旅游团队 2786 个，游客 95636 人次，分别增长 78.4% 和 42.4%，其中，境外团队 208 个，游客 4290 人次，分别增长 23.8% 和 23.9%。

4）财政、金融和保险业

财政收入保持平稳增长。2005 年全年完成财政总收入 35.03 亿元，为调整后预算的 100.2%，增长 17.9%，完成地方财政收入 19.6 亿元，为调整后预算的 100%，增长 17.2%。财政收入结构中，营业税增长较快，累计入库 6.06 亿元，增长 21.8%，主要得益于围绕市场的租赁、商务服务业、信息传输、计算机服务和软件业等现代服务业的快速发展；个人所得税较快增长，入库 3.3 亿元，增长 22.4%；由于土地紧缩政策和严格的审批制度，耕地占用税下降 36%。全年财政支出累计完成 19.9 亿元，为调整后预算的 108.7%，增长 18.5%，其中，农业、科技、教育、卫生、社会保障等是 2005 年的支出重点，均有较大幅度增长。

金融运行态势平稳，存贷款总量较快增长。2005 年，全市银行金融机构各项本外币存款余额为 586.2 亿元，比年初增加 102.8 亿元，增长 21.4%，其中，居民储蓄存款余额 297.5 亿元，比年初增加 79.4 亿元，增长 36.5%。各项贷款余额 355.8 亿元，比年初增加 49.7 亿元，增长 16.2%。现金收支十分活跃，全年银行现金收入 3343.7 亿元，现金支出 3457.7 亿元，分别增长 21.3% 和 21.1%，收支相抵，全年净投放现金 114 亿元，增长 21.3%，银行现金收支量约占金华全市的 45%。

保险事业稳步发展。2005 年全年人民财产保险公司和人寿保险公司两家机构实现保费收入 63364 万元，增长 6.1%，其中，财产保险保费收入 15961 万元，增长 15.6%；人寿险保费收入 47403 万元，增长 4.2%。全年支付各类赔付金额 9677 万元，增长 16.8%，其中，财产险赔付款 8192 万元，增长 20.1%；人寿险赔付款 1485 万元，增长 1.7%。

（四）义乌市社会发展状况

1. 和谐社会建设扎实推进

1）科技

全面开展浙江省科技强市创建和全国科技进步示范市建设活动，被浙江省委、省政府授予首批科技强市称号，也被列入全国83个科技进步示范市（县、区）行列。至2005年底，全市已建立企业研究开发中心79家，其中省级4家，金华市级10家。全年新增省级高新技术企业3家，省级科技型中小企业（农业科技企业）2家，金华市高新技术企业4家。全年高新技术企业实现产值62亿元，增长110%。全年共获授权专利991件，其中发明专利18件，在金华位列第一。新上科技项目155项，其中国家级3项，省级51项，金华市级26项。全年获得省科技进步奖3项，金华市科技进步奖16项。

2）教育

教育事业全面发展。2005年，全市共有小学91所，在校学生68064人，初中26所，在校学生27910人，高中15所，在校学生26212人，高校1所，在校学生4248人。

3）文化

文化事业健康发展。2005年，紧密围绕市委、市政府中心工作，先后开展了两会宣传、创建宣传、禁毒宣传、税收宣传、消防安全宣传、普法宣传、廉政宣传等系列文化宣传活动。在全市广场、社区、农村、企业等巡回宣传演出279场，送电影下乡近5000场，电影幻灯片放映25万片，送图书下乡3.1万册。共开展了全市性大型群众文化活动16次，书画展览13次，广场文化演出40场。文化产业进一步壮大与提升，全市有各类文化生产经营单位7000余家，年销售额达200亿元，从业人员10万余人，义乌市已成为全国重要的文化产业基地之一。

4）公共卫生

卫生事业稳步发展。2005年末共有各类医疗机构642个（含个体诊所），核定医疗病床2226张，开放病床1873张；共有卫生技术人员3185人。人均期望寿命74岁。

5）体育

体育事业蓬勃发展。2005年全年组织参加金华市以上比赛42次，获金牌222枚、银牌261枚、铜牌369枚。2005年，义乌市承办了中国—丹麦女子足球赛、绿化江河中国足球义赛浙江绿城—上海国际队比赛、全国青年女篮联赛1~8名决赛、2005年全国女足锦标赛、中国男篮职业联赛（浙江万马主场）等一系列国际国内重大赛事。全市共有体育场馆14个，投资1.6亿元的梅湖体育馆建成使用。

6）生态环境

环境保护事业成效显著。2005年末拥有环境监测站1个，工业废水排放达标率为100%，工业固体废物综合利用率100%，烟尘控制区面积103.5平方公里，增长107%，噪音达标区101.7平方公里，增长320%，全市空气质量达到国家Ⅱ级标准。

2. 城乡建设统筹发展

“十五”的五年间，累计完成固定资产投资484亿元，比“九五”时期增长3.1倍。城市发展空间不断拓展。完成城市总体规划修编，建成区面积从32平方公里拓展到55平方公里，城市化水平达到60%，提高了12个百分点。商贸城市功能显著增强。相继完成了旧城改造、国际商贸城区块、会展体育中心、江滨绿廊、城市外环线、横锦引水工程、杭金衢高速公路、甬金高速公路、铁路移线等重大基础设施建设，新增城市干道36.7公里，新建改建公路730公里，新增城市日供水能力15万吨，新增变电容量133.9万千伏

安，民航旅客和货邮吞吐量年均增长17.1%和34.8%。积极推进综合行政执法，城市管理水平不断提高。深入开展创建工作，先后被命名为浙江省文明城市和国家卫生城市，顺利通过了国家园林城市的省级验收，城市绿化覆盖率达40.2%。

城乡一体化扎实推进。在全国率先制定了城乡一体化行动纲要，编制完成全省首个城乡社区布点规划。不断加大公共财政向农村的转移支付力度，从2002年开始，市财政每年安排1亿元资金，专项用于城乡一体化建设，极大激发了农村广大干部群众建设社会主义新农村的热情。

3. 人民生活水平不断提高

1）生活状况

城乡居民收入稳步提高。2005年全年城镇居民人均可支配收入19010元，增长10.8%，扣除物价因素，实际增长12.3%，城镇居民收入水平比全省平均水平（16294元）高16.7%。农民人均纯收入7735元，增长11%，扣除物价因素，实际增长12.5%，农民人均纯收入水平比全省平均水平（6660元）高16.1%。农民收入全年增幅首超城镇居民。

2）社会保障

社会保障制度进一步完善。2005年，实现农村劳动力转移15160人，新增就业岗位12879个，失业人员实现再就业3519人，失业率控制在2.89%。全市参加城乡居民大病医保人员461286人，净增71049人，占应参保人数的72.1%，村（居）参保率100%。被征地农民有114431人参加养老保障，净增38256人，有23605人按月领取养老保障金。全市基本养老保险参保人数135499人，净增11019人；城镇基本医疗保险参保54980人，净增5110人。全市共有低保对象5051户，7480人享受最低生活保障，全年发放低保资金1004万元。

八　衢州市2005年经济社会发展报告

2005年，衢州市紧紧围绕“跻身全国百强城市、全面建设小康社会”两大目标，深入实施“工业立市、借力发展、特色竞争”三大战略，努力化解经济发展中的各种制约因素，大力培育壮大特色产业，经济结构得到优化和调整，效益质量继续改善，国民经济保持平稳较快发展；稳步推进城乡统筹发展，积极构建和谐社会，就业再就业和社会保障工作取得新进展，城乡居民生活水平进一步提高，各项社会事业全面发展，较好地实现了国民经济和社会发展的预期目标。

（一）2005年衢州市经济社会发展总况

2005年，衢州市针对经济社会发展中的突出矛盾和问题，采取积极有效措施，集中力量，克难闯关，狠抓落实，主要目标任务顺利完成。2005年，全市生产总值329.11亿元，按可比价格计算，比上年增长13.6%（见图2－203）。其中，第一产业增加值49.27亿元，增长4.0%；第二产业增加值152.31亿元，增长17.2%；第三产业增加值127.53亿元，增长13.2%。在第三产业中，交通运输、仓储及邮政业增加值

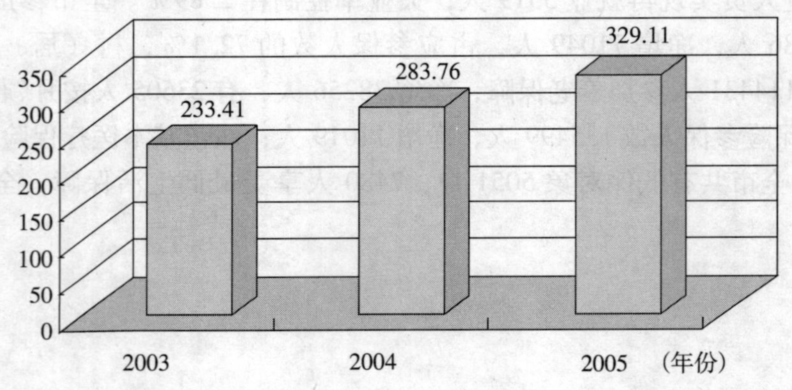

图2－203　2003～2005年衢州市生产总值（单位：亿元）

增长14.3%，批发和零售业增加值增长13.3%，住宿和餐饮业增加值增长13.0%，金融保险业增加值增长15.1%，房地产业增加值增长10.1%。三次产业增加值结构由上年的15.8∶44.7∶39.5变化为14.7∶45.9∶39.4（见图2－204）。全市人均生产总值（按户籍人口计算）13401元，合1640美元，比上年增长13.4%。

居民消费价格总水平基本保持平稳。市区居民消费价格总水平比上年下降0.1%，其中，消费品价格下降0.8%，服务价格上涨2.0%。食品类价格依然保持上涨的态势，全年食品类价格上涨2.0%；衣着类和家庭设备用品类价格分别下降9.7%和5.5%。工业品出厂价格上涨4.5%。原材料、燃料、动力购进价格上涨4.1%，其中，燃料、动力类上涨9.9%。市区房屋销售价格上涨5.0%，其中住宅价格上涨9.8%，增幅比上年下降22.1个百分点。

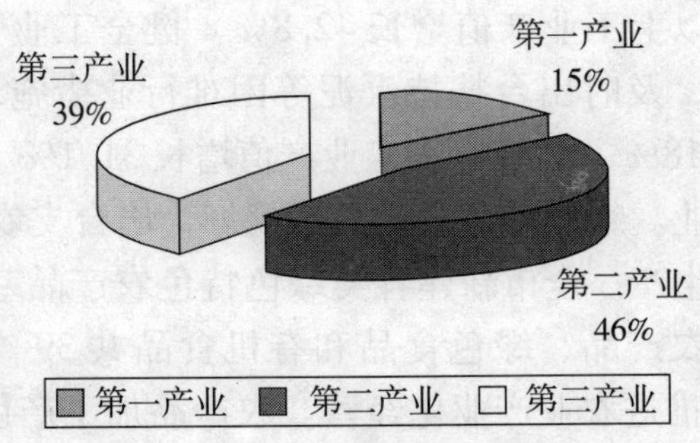

图 2－204　2005 年衢州市产业结构图

全市新增就业岗位 2.2 万个，有 1.58 万城镇失业人员实现了再就业，年末城镇登记失业率为 4.1%，比上年下降 0.1 个百分点。

（二）2005 年衢州市经济发展状况

1. 2005 年衢州市经济发展特点

1）围绕促进经济平稳较快发展，集中精力抓规划、抓项目、抓招商、抓保障

全面加强规划工作。迅速适应国家宏观管理方式转变，创新规划管理决策体制，推进重大规划修编，初步构建了战略规划、区域规划、专项规划体系，解决了一批制约发展的瓶颈性问题，为增强发展的协调性和可持续性打下了基础。

强力推进项目建设。建立“六大百亿”项目推进工作体系，健全项目推进协调督查机制，开展“项目推进会战月”和保障施工等工作，加快了浙赣铁路取直工程、塔底水利枢纽、九龙输变电等一批重点项目建设，迅速扭转了上半年投资负增长的局面；加强九景衢铁路、衢江航道、综合物流中心等一批重大项目前期工作，38 个项目列入国家和省重点，黄衢南高速公路、衢常铁路开工建设；“六大百亿”工程完成投资 201 亿元，超额完成年初计划，全年投资实现较快增长。大力开展招商引资。完善招商激励办法，出台利用外资优惠政策，加强“山海协作”对接，精心组织重大招商活动，开展定向产业招商，引进市外资金 66 亿元，增长 27%，实际利用外资 3042 万美元，增长 88.9%。

全力做好要素保障。加强煤电油运等综合协调，突出抓好土地和资金保障，严格土地管理，及时落实年度用地指标，争取省部重点项目戴帽指标 25185 亩，获得土地整理折抵指标 7285 亩，保证了重点建设用地需求；科学调度政府资金，积极争取上级各类补助资金超过 30 亿元，加强政银协作、银企对接，金融机构本外币贷款余额增长 9%，引进市外金融机构贷款 48.4 亿元，缓解了资金紧缺矛盾。

2）围绕优化结构转变增长方式，大力培育壮大特色产业，着力做强特色工业

完善落实“工业五十条”政策，深化“氟硅”等特色产业发展规划，抓好重点技改项目实施，推动龙头企业做大做强，不断拉长产业链，促进 410 产业加快发展。完成重点技改投资 43.4 亿元，新增年销售超亿元企业 12 家，410 产业产值增长 38.4%。开展市区“工业新城”战略规划研究，推进开发区建设和管理体制创新，全市开发区新开发面

积8平方公里，区内规模以上工业产值增长42.8%。健全工业管理服务和项目决策咨询制度，加强经济运行监测，及时出台扶持水泥等困难行业措施，保持了工业经济快速增长，全市工业增加值增长18%，规模以上工业产值增长31.1%。

着力做优高效特色农业。编制特色农业发展规划，出台支农新政策，推进科技兴农，调整农业结构，稳定粮食生产。全市新建各类绿色特色农产品基地24.7万亩，新增国家原产地标志产品、无公害农产品、绿色食品和有机食品共39个。大力发展农产品加工业，培育“六十”龙头，推进农业产业化经营。农产品加工产值增长20%，加工率达到18%，新建规范化农村专业合作社72个。

着力做大特色服务业。加强旅游促销、区域合作和景区建设，积极发展“农家乐”，促进旅游业快速发展。全年接待国内外游客530万人次，旅游总收入增长28.6%。制定服务业发展和现代物流空间布局规划，加快物流中心建设前期工作，加强专业市场、第三方物流培育。努力扩大对外贸易，全市完成出口总额3.2亿美元。房地产业稳定发展，商业流通向连锁化迈进，金融、信息等产业平稳健康发展，服务业产业贡献率达到38.5%。

2. 三大需求拉动经济增长

1）固定资产投资和房地产业

全年全社会固定资产投资233.84亿元，比上年增长20.2%，增幅比上年回落6.2个百分点（见图2－205）。其中，限额以上固定资产投资212.01亿元，增长21.7%，回落7.2个百分点。在限额以上固定资产投资中，第一产业投资2.04亿元，增长59.1%。第二产业投资99.25亿元，增长19.3%。第三产业投资110.72亿元，增长23.3%。

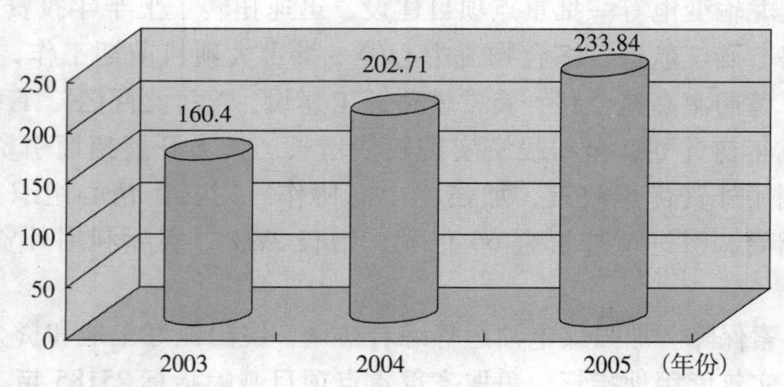

图2－205　2003～2005年衢州市固定资产投资额（单位：亿元）

全年完成工业投资99.08亿元，比上年增长20.2%。造纸及纸制品业、化学工业、通用设备制造业、专用设备制造业、电气机械及器材制造业等13个行业的投资增幅在20%以上，其中：造纸及纸制品业完成投资7.77亿元，增长37.8%；化学工业完成投资16.15亿元，增长61.1%。非金属矿物制品业完成投资10.6亿元，下降33.9%。

全市完成园区建设项目投资71.84亿元，比上年增长18.6%。其中：高新技术、科技类园区投资17.71亿元，增长30.4%；经济开发区投资46.74亿元，增长15.8%；工

业专业园区投资 7.39 亿元，增长 11.3%。

全市基础设施投资 76.2 亿元，比上年增长 42.7%。其中：交通运输、仓储和邮政业投资 26.81 亿元，增长 239.6%；电信及信息传输业投资 3.4 亿元，增长 131.1%；教育设施投资 7.1 亿元，增长 72.1%。

全市安排重点建设项目 133 项，实际实施项目数 144 个，完成投资 85.67 亿元，比上年增长 22.0%。已竣工项目 32 个。衢州市区供水工程、220 千伏太真输变电项目等重点工程如期完成。全市房地产开发投资 37.92 亿元，比上年下降 12.2%。其中住宅投资 27.11 亿元，下降 10.7%。房地产开发施工面积 496 万平方米，增长 8.2%；竣工面积 183 万平方米，增长 11.4%；销售面积 140 万平方米，其中住宅销售 125.6 万平方米，增长 1.1%，商业营业用房 8.5 万平方米，下降 46.6%。商品房实际销售额 29.41 亿元，其中住宅 23.51 亿元，增长 32.6%；在商品房销售中，个人购房比重达 98.1%。

2）国内贸易

全年社会消费品零售总额 134.74 亿元，比上年增长 14.4%。分城乡看，城市消费品零售额 63.06 亿元，增长 15.5%；县及县以下消费品零售额 71.68 亿元，增长 13.4%。分行业看，批发零售业零售额 112.19 亿元，增长 14.8%；餐饮业零售额 18.33 亿元，增长 14.7%；其他行业零售额 4.23 亿元，增长 4.1%。

全市限额以上批发零售业实现零售额 23.17 亿元，比上年增长 11.9%。其中：食品、饮料、烟酒类增长 14.0%，服装鞋帽、针、纺织品类增长 58.0%，日用品类增长 18.7%，中西药品类零售额增长 17.0%，石油及制品类零售额同比增长 22.0%，汽车类零售额下降 1.5%。

3）对外经济（见图 2－206）

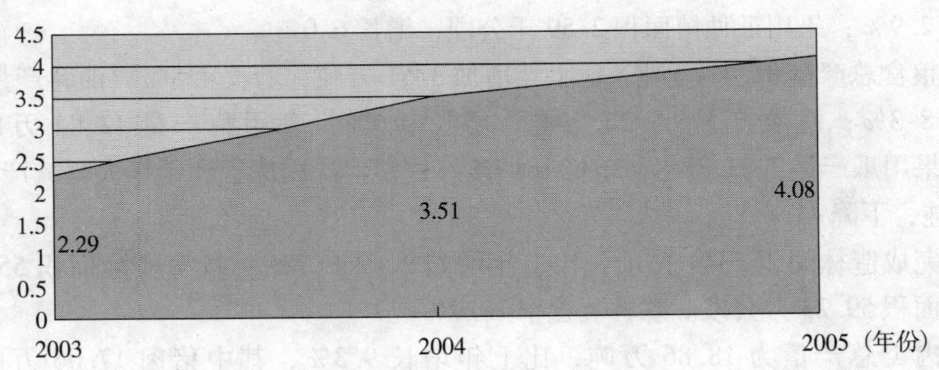

图 2－206　2003～2005 年衢州市进出口总额（单位：亿美元）

全年进出口总额 40847 万美元，比上年增长 16.4%。其中：出口 32390 万美元，增长 36.9%；进口 8457 万美元，下降 26.0%。

全市有出口实绩的企业达 229 家，比上年增加 54 家，增长 30.9%。其中：出口额在 100 万美元以上的企业有 79 家，出口额在 1000 万美元以上的龙头企业有 5 家。

全市外贸出口的国家（地区）达 137 个，对欧盟、美国、日本和香港等主要国家和地区的出口分别达到6504万美元、5158万美元、3574万美元和2291万美元，占全部出口额的54.1%。

主要商品出口中：机电产品出口6570万美元，增长57.1%；高新技术产品出口1722万美元，增长47.4%；农副产品及加工品出口4584万美元，下降10.4%。

全年共新批外商投资企业38家，总投资23496万美元，比上年增长45.0%；合同利用外资12161万美元，增长50.5%；实际利用外资3042万美元，增长88.9%。

3. 提升产业结构，优化经济增长方式

1）农业（见图2－207）

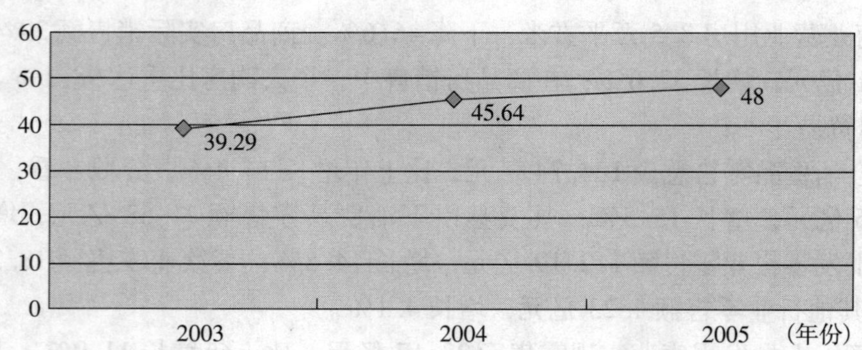

图2－207 2003～2005年衢州市农业增加值（单位：亿元）

全年实现农林牧渔业总产值73.54亿元，比上年增长9.2%。

全年农作物播种面积216.85千公顷，比上年增长4.0%，其中：粮食播种面积140.3千公顷，增长3.5%；油料播种面积26.82千公顷，增长8.9%；蔬菜种植面积30.5千公顷，增长2.9%；果用瓜种植面积2.59千公顷，增长6.0%。

全年粮食总产量81.42万吨，比上年增加3.51万吨，增长4.5%；油料产量3.96万吨，增长8.3%；蔬菜产量68.25万吨，增长0.5%；食用菌产量12.04万吨，增长39.4%；果用瓜产量7.21万吨，增长18.8%。柑橘生产因冻害和干旱大幅减产，总产量45.52万吨，下降41.4%。

全年完成造林面积2344公顷，比上年增长22.2%。幼林抚育实际面积5568公顷；年末森林面积59.23万公顷。森林覆盖率70.9%。

全年肉类总产量为18.86万吨，比上年增长9.3%，其中猪肉17.06万吨，增长10.7%。全年生猪出栏285.98万头，增长10.1%；家禽出栏1288.7万只，增长1.6%。全年水产品总产量为3.24万吨，增长4.8%。

2）工业和建筑业

全年完成工业增加值122.92亿元，比上年增长18.0%（见图2－208）。规模以上工业全年完成产值322.53亿元，增长31.1%，其中：重工业245.85亿元，增长35.1%；轻工业76.67亿元，增长19.7%。产销率达到98.1%，比上年提高1.2个百分点。全年完成工业出口交货值36.3亿元，增长14.7%。

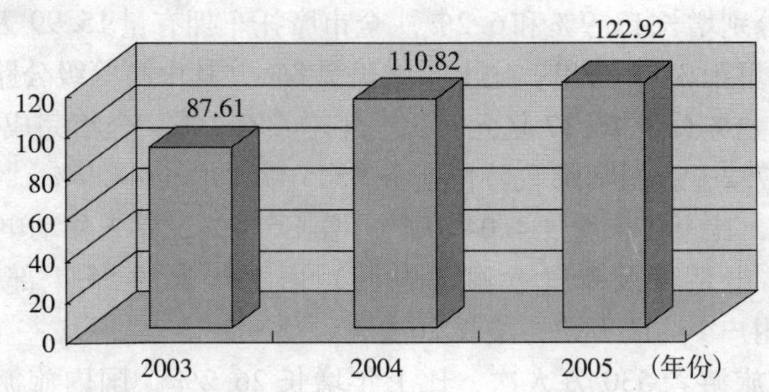

图2-208　2003~2005年衢州市工业增加值（单位：亿元）

年底全市共有规模以上工业企业单位751家，比上年增加145家，其中年销售收入亿元以上的企业达到55家，增加12家。有1家企业新升入大型企业行列。

在规模以上工业中，化工行业完成产值91.22亿元，比上年增长25.4%；机械行业完成产值59.97亿元，增长29.7%；建材行业产值32.40亿元，增长23.1%；造纸行业产值13.69亿元，增长37.8%；电力行业产值27.36亿元，增长38.8%。

化工行业中，硫酸产量30.76万吨，比上年增长21.2%；烧碱产量30.44万吨，增长32.2%；尿素产量4.54万吨，增长165.6%。机械行业中，空压机产量18.92万台，增长15.8%；轴承产量4647.86万套，增长21.1%。建材行业中，水泥产量1316.1万吨，增长13.5%。黑色金属冶压业中，粗钢产量80.6万吨，增长315.8%。造纸行业中，机制纸产量24.14万吨，增长14.5%。纺织、服装类产品中，纱产量5.58万吨，增长25.1%；服装产量1562.3万件，增长43.8%。食品类产品中，乳制品产量0.97万吨，增长48.2%。全年发电量29.85亿千瓦时，增长35.4%。

列入省考核的11项工业经济效益指数综合得分195.27分，比上年提高10.9分。全年规模以上工业企业实现利税25.19亿元，增长24.3%，其中利润11.88亿元，增长21.9%。

全年建筑业实现增加值30.17亿元，按可比价格计算，比上年增长14.3%。全市具有三级及以上资质等级的建筑施工企业113家，从业人员4.86万人。全年施工面积711万平方米，比上年增加25万平方米；房屋竣工面积369.4万平方米，减少32.1万平方米。

3）交通、邮电和旅游业

全年完成交通运输和邮政业增加值14.91亿元，比上年增长14.3%。

全年各种运输方式完成货物运输量7647.9万吨，比上年增长11.5%。其中：铁路501.4万吨，增长13.1%；公路7142万吨，增长11.4%；水运4.41万吨，增长40.0%。

全年各种运输方式完成旅客运输量5192.1万人，比上年增长35.1%。其中：受浙赣线改造的影响，铁路206.70万人，下降7.0%；公路4980万人，增长37.8%；水运4.48万人，下降34.3%；民航0.88万人，下降29.6%。

全市民用汽车拥有量3.64万辆，比上年增长16.0%。私人汽车2.29万辆，其中私人轿车8319辆，分别增长13.9%和6.2%。全市摩托车拥有量15.99万辆，增长19.4%。

年末全市公路里程3181公里，比上年增长2.8%，其中高等级公路101公里。

全年完成邮电业务总量16.17亿元，比上年增长6.7%。全年完成国内邮政特快业务23.91万件，增长7.2%；国际邮政特快业务6545件，增长44.9%。年末城乡固定电话用户达79.29万户，比上年末增加4.04万户，增长5.4%；年末移动电话用户达76.74万户，增长26.8%。电话普及率（含移动电话）由上年末的55.4部/百人提高到63.5部/百人。互联网用户14.02万户，增长26.2%。

全年接待国内旅游者530万人次，比上年增长26.2%，国内旅游收入27.74亿元，增长28.4%。全年入境的旅游者人数2.74万人次，增长40.2%。在入境的旅游者中：外国人1.06万人次，增长39.5%；香港、澳门和台湾同胞1.68万人次，增长47.4%。国际旅游外汇收入1320万美元，增长26.0%。全市拥有旅游星级宾馆饭店36家，新增7家。通过国家级验收，获得中国优秀旅游城市称号。

（三）2005年衢州市社会发展状况

1. 围绕推进城乡一体化，积极促进城乡统筹发展

按照建设浙西城市群的要求，优化市域城镇布局，实施新一轮乡镇（街道）区划调整，加快城镇建设步伐，县城、经济强镇、中心镇联结城乡、带动农村的作用进一步增强。

按照跻身全国百强城市的要求，加强中心城市建设。年末全市建成区面积93.88平方公里，比上年增长17.0%；城市人口63.46万人，增长2.9%；全年新增道路面积117.1万平方米，增长11.2%；全市公交营运线路总长度达699公里，公交营运车辆775台；全年公共汽车客运量9268万人次；年末有出租汽车728辆。全市日供水能力135.82万立方米，全年供水量16575万立方米。全市使用燃气居民家庭用户20.26万户，其中：液化气用户17.75万户，人工煤气用户1.96万户，天然气用户5535户。全市现有污水处理厂3座，日处理污水10.04万立方米，城市污水处理率为49.1%。全年新增园林绿地面积540.1公顷，建成区绿地率29.8%，人均公共绿地面积10.17平方米，增长17.03%。

有序实施旧城改造，完成和推进了木材厂片区拆迁、讲舍街拓宽、衢化路南段改造、生活垃圾填埋场建设等一批重点难点工程，抓好“城中村”改造。加快西区、衢江新区建设，市广电中心、报业大楼等15个项目加快建设，建成衢江区行政中心大楼。全面开展“五城联创”活动，荣获中国优秀旅游城市称号，顺利通过省级园林城市、卫生城市验收。

按照统筹发展的要求，出台城乡公交、供水一体化等一系列政策，促进城市基础设施和公共服务向农村延伸。各级财政投入资金17.2亿元，以“百村示范、千村整治”工程为龙头，整合资源，推进农村基础设施建设，开展违法占地建房专项整治；建成47个示范村，完成300个村环境整治，建成27个垃圾中转站，879个村实现生活垃圾集中收集处理；建成1780公里康庄工程道路，改善和解决7.4万农民饮水，新建农村户用沼气3424户；完成下山异地脱贫1.2万人，培训农民12.9万人，转移就业6万人，新农村建

设迈出了可喜步伐。

2. 围绕推动社会全面进步，加快各项社会事业建设

1）教育

加快教育名市建设，基本理顺市区教育管理体制，推进县(市、区）教育“创强”，柯城、江山通过省验收；全面实施农村教育“五项工程”，各级共投入资金1.3亿元，农村办学条件进一步改善；衢州学院专升本工作顺利推进。

全市现有普通高校1所，在校生9600人；中等职业教育学校39所，在校生40273人。普通高中28所，在校生41867人。普通初中108所，在校生83965人。小学381所，在校生15.80万人。特殊教育学校2所，在校生550人。全市拥有幼儿园1268所，在园幼儿6.56万人。全市初中入学率、巩固率分别为99.88%和99.95%。初中毕业升高中段的比例为88.8%，其中升入普通高中的比例为43.4%。高等教育毛入学率为30.4%。

全市普通高中专任教师学历合格率为92.36%，初中专任教师学历合格率为98.68%，小学专任教师学历合格率为98.62%，幼儿园专任教师学历合格率为85.05%。

2）科学技术

加强科技和人才工作，举办第三届“科工会”，实施“农民信箱工程”，新办企业研发中心14家，引进2600名人才和42项国外智力。

全市现有省级高新技术企业30家，比上年增加3家；市级高新技术企业38家。全市拥有县及县以上独立研究开发机构11个、企业技术开发机构70个。全年获得省以上科技进步奖7项，市级科技进步奖40项。专利申请受理297项，专利申请授权116项。全年经认定登记的技术转让合同90项，成交金额1627.9万元。

年末全市拥有产品质量检验机构54家，法定计量技术机构6个，全年强制检定计量器具21220台（件)，其中：贸易结算用计量器具16295件，安全防护用计量器具3842件。全年检验特种设备6747台（件)，其中：电梯558台，压力容器3476台。

3）文化

加快文化名市建设，编制“两子”文化发展纲要，举办孔子诞辰学祭活动，推出“农家乐文化大篷车”，推进学习型城市建设，精心组织建市20周年系列活动，扩大了衢州的知名度，提升了市民文明素质。

年末全市共有专业艺术表演团体2个；公共图书馆7个，面积10615平方米，藏书量60.6万册；博物馆3个，面积13220平方米。年末全市有县以上广播电台6座，广播综合人口覆盖率95.34%。全市有电视台6座，有线电视用户31.43万户，电视综合人口覆盖率95.7%。市广播电视总台挂牌成立。全年共放映电影5810场，观众92.73万人次，票房收入239万元。全市日均发行《衢州日报》5.10万份、《衢州晚报》5.72万份。全市共有综合档案馆7个，面积15527平方米。全市馆藏档案全宗876个，共计44.36万卷、18752件。全年查阅档案3455人次、30242卷（件）次。

4）公共卫生

加强城乡公共卫生体系建设，启动农民健康工程，成立市惠民医院，建成市人民医院门急诊大楼和市急救中心等重点设施。

年末全市共有卫生机构（不含诊所等）202个，其中，医院、卫生院169个。各类病床床位6033张，其中，医院、卫生院病床位5604张。卫生技术人员7140人，其中，执业医师2990人，执业助理医师600人，注册护士2065人。市人民医院门急诊综合大楼正式启用，市惠民医院揭牌成立。

全市共有疾病控制中心6个，卫生技术人员181人。年法定报告传染病发病率为3.94‰；全市农村自来水受益率59.8%，卫生厕所普及率75.2%。全市有妇幼保健院（所、站）6所，卫生技术人员312人。全年全市共抢救重症高危孕产妇20例，危重新生儿81例，产妇住院分娩率达到99.54%。农村乡（镇）共有卫生院130个，卫生技术人员2046人。全市农村居民有157万人参加了新型农村合作医疗体系，占农村人口的79.77%，全市全年为3.8万名参保农民报销医疗费用4474万元。

5）体育

成功举办第二届运动会，推动全民健身活动开展。全年举办市、县运动会65次，参加人次2.23万人。市第二届运动会隆重举行，共有4人次破市记录。在全省各类体育比赛中，全市共获35枚金牌、36枚银牌、50枚铜牌。

6）资源与环境

资源消耗率有所降低。2005年，全市万元GDP耗电1804千瓦时，比上年降低0.6%；耗水50.9吨（建设局口径），下降19.1%。年销售收入亿元以上工业企业万元产值的综合能源消费量从上年的2.35吨标煤下降到2.10吨标煤，降低10.6%。

深入推进“811”污染整治行动，重点流域、区域、行业的环境逐步改善，城市环境基础设施建设进度加快，农业面源污染防治进一步加强。全年环境污染治理投资额61890万元。全市工业废水排放达标率、工业废气排放达标率、工业固体废物综合利用率分别为95.5%、92.8%、98.2%。全市烟尘控制区覆盖率达到100%；噪声达标区29.49平方公里；建设项目环评执行率达到100%。环境空气质量全部达到国家二级标准；区域水环境功能区水质达标率为90.5%，衢江出境水质达标率达到100%，城市和乡镇集中式饮用水源水质达标率达到100%；全市未发生大的环境污染事故和生态破坏事件。

生态市建设继续向纵深推进。开化县获得国家级生态示范区称号，江山市、常山县通过了验收。生态建设“六个一批”工程取得明显成效。全市已建成市级生态示范乡镇68个、生态示范村124个。常山县同弓乡获得全国环境优美乡镇称号；开化县齐溪镇、江山市碗窑乡和常山县龙绕乡获得省级生态乡镇称号，另有6个乡镇通过省级验收。全市已有15个社区获省级绿色社区称号，19所学校获省级绿色学校称号，6家饭店获省级绿色饭店称号，2家医院获省级绿色医院称号。清洁生产理念得以推行。全市共有2家企业获得省级绿色企业称号，累计达到14家；10家企业清洁生产工作通过省级阶段性审核验收，累计达到23家；通过ISO14000认证的企业有6家，累计达到30家。

全市已建成各类绿色、特色、有机、无公害农产品标准化基地510个；全市累计认证省级无公害农产品基地92个，获得国家级无公害农产品认证累计70个，有机食品认证的农产品累计20个，获得绿色食品认证的农产品累计14个，江山市、龙游县和开化已被列入全省30个绿色生态农业示范县建设。

3. 围绕构建和谐社会，努力提高人民生活水平和质量

加强城乡社保工作领导和协调，切实做好就业和社会保障工作。全市新增就业岗位2.2万个，企业养老保险缴费和基本医疗保险参保分别净增8548人和8897人。城乡最低生活保障实现应保尽保，农村五保对象和城镇“三无”人员集中供养率分别达到82.7%和91%，新型农村合作医疗参保率达到82.9%，贫困家庭子女就学资助面继续扩大，新增被征地人员基本实现即征即保。加强中低收入群众住房保障，建设经济适用房7.1万平方米，向4221户职工发放住房公积金贷款5亿元。

1）人口

全市年末户籍人口245.57万人，其中，男性人口127.99万人，女性人口117.58万人，分别占总人口的52.12%和47.88%。全年出生人口2.49万人，出生率为10.15‰；死亡人口1.31万人，死亡率为5.35‰；全年净增人口1.18万，自然增长率为4.8‰。

2）生活状况

市区城市居民人均可支配收入13006元，比上年增长13.3%；全市农村居民人均纯收入4850元，比上年增长9.9%。居民家庭恩格尔系数（即食品消费支出占消费总支出的比重），市区为33.5%，比上年下降1.9个百分点；农村为41.3%，下降3.8个百分点。市区城市居民人均住房使用面积26.7平方米；农村居民人均居住面积达48.3平方米。

3）社会保障

全市参加基本养老保险人数为25.81万人，比上年增加1.08万人。其中参保职工20.45万人，参保的离退休人员5.36万人。参加失业保险的人数为14.85万人，参加医疗保险的人数为21.45万人。参加工伤、生育保险的职工分别为8.98万人和6.71万人；年末享受失业保险职工人数为2095人。

全市有各类收养性社会福利单位90个，拥有床位7808张，收养各类人员5015人。农村五保人员集中供养率达84%，城镇“三无”对象集中供养率达91%。城镇建立各种社区服务设施4854个。年末全市城镇居民和农村居民最低生活保障已保人数分别为4570人和4.57万人，全年投入保障资金4872万元，基本实现动态管理中应保尽保的目标。

4. 扎实推进“平安衢州”建设

深入开展创建民主法制村活动，基本完成第七届村委会换届工作。加快农村食品安全“三网”建设，“连锁超市”、“放心店”覆盖面分别达到64.2%和44.2%。全面落实安全生产责任制，建立健全各级安监机构，编制各类应急预案，组织重大事故应急演练，加强禽流感等动植物重大疫病防控，妥善处置“3·17”事故，进一步提高了安全生产监管和突发公共事件处置能力，全市各类事故发生次数、死亡人数、直接经济损失数分别下降3%、10%和12%。扎实推进生态市建设，“六个一批”工程进展顺利；落实省“811”行动计划，重点企业、区域和流域环境综合整治取得阶段性成果；建成一批清洁生产、余热余气利用的循环经济项目，关停一批“五小”企业和落后生产线，平毁竹料腌塘1.2万多个。加强信访工作，集中处理了一批信访突出问题。强化社会治安综合治理，妥善处理各类群体性事件，严厉打击各类犯罪活动，刑事案件发案数升幅下降14个百分点，破案率高于全省平均水平3.4个百分点，群众安全感调查满意率全省第一。

5. 围绕优化发展环境，大力推进政府管理和服务创新

切实加强政府自身建设，努力提升执行力。贯彻落实市委各项重大决策部署，自觉接受人大依法监督，自觉接受政协民主监督，认真负责做好人大代表议案、建议、意见和政协提案办理工作。扎实推进依法行政，推进学习型机关建设。深化审批制度改革，行政许可事项进中心比例从57.3%提高到78.2%，审批时限进一步缩短。制定实施政府信息公开办法，推行电子政务，规范政务公开。深化市县政府机构改革，推进综合行政执法试点，开展农村综合改革。推进市区统一招投标平台建设，加强国有资产监管和政府性债务管理。加强廉政建设，强化行政监察和审计监督，严格执行“十不准”规定，严肃查处“三乱”行为，推进机关效能建设和“三服务”活动，政风行风进一步改善。

（四）衢州市未来发展过程中存在的矛盾和问题

衢州市国民经济和社会发展情况总体是好的，但在发展过程中仍存在一些矛盾和问题，如经济总量偏小，结构性矛盾突出，自主创新能力不强，增长方式比较粗放，要素制约、环境压力和市场约束日益突出。工业企业增效的难度加大，投资对经济的拉动力减弱。农民增收的基础还不牢固，部分群众生活还比较困难。

（五）衢州市“十五”发展的回顾

“十五”时期是衢州经济社会发展最快、城乡面貌变化最大、人民群众得到实惠最多的五年。衢州市紧紧围绕“跻身全国百强城市、全面建设小康社会”目标，深入实施“工业立市、借力发展、特色竞争”战略，解放思想，开拓进取，克难攻坚，提前全面完成“十五”计划主要任务，国民经济实现从工业化初期向中期跨越，现代化建设取得令人瞩目的巨大成就。

1. 综合经济实力显著增强

生产总值从156.3亿元增加到329.11亿元，年均增长13.5%，高于全省0.7个百分点。人均生产总值超过1600美元。财政总收入达到32.2亿元，其中地方财政收入20亿元，年均分别增长25.5%和28.1%，一、二、三产业结构产比由21.1:40.1:38.8调整为14.7:45.9:39.4。工业经济增势强劲，特色产业快速崛起，开发区集聚效应显现，410产业和开发区工业产值占规模以上工业的比重分别达到72.5%和53.1%，工业增加值年均增长17.1%。高效特色农业长足发展，粮食生产保持稳定，农业结构不断优化，产业化经营水平不断提高，农业增加值年均增长5.1%。服务业加快发展，旅游业成为新增长点，商贸物流、金融、房地产、信息服务等产业快速发展，服务业增加值年均增长13.8%。

2. 城乡面貌发生明显变化

完成全社会固定资产投资796亿元，是“九五”时期的4倍，年均增长34.2%，高于全省7.9个百分点。交通、电力、水利等基础设施明显改善，杭金衢高速公路建成通车，国省干道、市县间公路基本达到二级加宽标准，在四省边际的交通优势得到提升；全面改造城乡电网，一批重要输变电工程竣工投产；建成一批大中型水库，基本建成城市防洪工程。

统筹城乡发展取得积极成效，全市财政支农资金年均增长29.2%，完成84个示范村和595个整治村建设任务，建设乡村等级公路4558公里，下山异地脱贫6万人，解决20.5万农民饮用水问题；中心城市建成一批重要基础设施和景观项目，绿化、亮化、美化成效明显，建成区从24.3平方公里扩大到39.3平方公里，功能、品位显著提升，集聚辐射能力不断增强，美誉度、知名度不断提高；全市城市化水平由29.6%提高到37.8%。

3. 改革开放取得丰硕成果

全面完成国有、集体企业改制，经济主体活力进一步增强。政府职能转变步伐加快，投资体制、公共财政、国资管理、事业单位、行政审批、综合行政执法等改革成效明显，粮食购销、农村税费等改革取得突破。借力发展成果喜人，引进市外资金186.6亿元，实际利用外资9518万美元。对外贸易规模不断扩大，进出口总额年均增长26.2%，出口年均增长28.4%。国务院批准衢州外事审批权和设立衢州海关。

4. 各项社会事业加快发展

全市用于社会事业发展的财政预算内外支出累计113.8亿元，年均增长26.6%。全社会科技投入占生产总值的比重由0.8%提高到1.4%，市县两级全部跨入全国科技先进市县行列。教育事业迈上新台阶，高等教育取得突破，职业教育发展较快，基本普及15年教育，初中入学率、初升高比率和高等教育毛入学率达到99.9%、88.8%和30.4%，分别提高2.3个、16.8个和18个百分点，建成一批设施完备、环境优美的学校。龙游成为全省欠发达地区首个教育强县。农民素质工程成效显著，累计培训37.1万人，转移就业14.4万人。公共卫生体系建设得到加强，全市162.6万农民参加新型农村合作医疗，开化经验在全国推广。城乡精神文明建设扎实推进，文化、体育、广电、新闻出版等事业更加繁荣。率先在全省启动生态市建设并取得明显成效，人口、资源、环境工作得到加强。国防动员、人防、气象、审计、档案、民族宗教、台湾事务、外事侨务、妇女、未成年人、老年人、残疾人等工作都取得新发展。

5. 人民生活水平不断提高

城市居民人均可支配收入从7592元提高到13006元，农村居民人均纯收入从2949元提高到4850元（见图2-209）。城乡居民本外币储蓄存款余额从100.4亿元增加到200亿元。城镇和农村居民人均住房分别由19.8平方米和39.5平方米增加到26.7平方米和

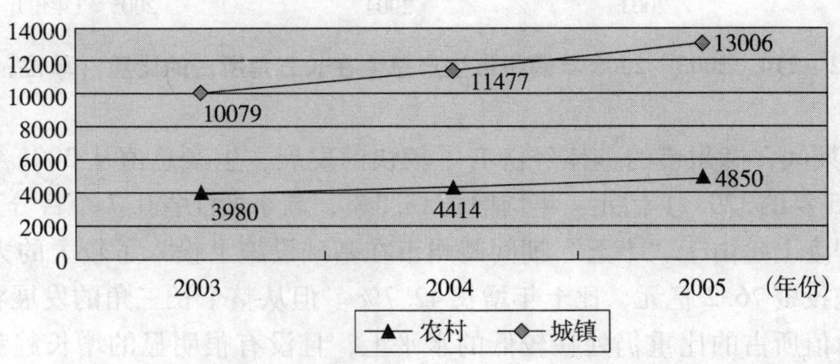

图2-209 2003~2005年衢州市城乡居民收入（单位：元）

48.3平方米。电话、有线广播电视通村率达100%和68%，互联网用户达12.5万户。全市用于社会保障的财政资金累计16.7亿元，年均增长22.2%。新增就业岗位7.9万个，城镇登记失业率控制在4.5%以内。城镇五项保险制度覆盖面不断扩大，农村五项社会救助体系全面推开，覆盖城乡、不同层次的社会保障体系加快形成。

民主法制建设得到加强。认真执行人大决议、决定，及时向政协通报情况，建立政府组成人员与代表、委员挂钩联系制度，加强与各民主党派、工商联和人民团体的联系。推进村民自治和社区自治，推行"两公开一监督"，基层民主继续扩大。广泛开展"四五"普法教育，依法行政全面推进，社会法治意识不断增强。加强国家安全工作和社会治安防控体系建设，平安创建活动取得明显成效。廉政建设和反腐败斗争深入开展，政府自身建设得到加强。

回顾"十五"，衢州市的经济社会发展取得了很大成就，但发展过程中仍然存在着一些问题，如经济总量偏小，结构性矛盾突出，自主创新能力不强，增长方式比较粗放，要素制约、环保压力和市场约束日益突出。城乡、区域发展不够协调，中心城市集聚辐射能力不强，农村规划和建设滞后。社会事业发展还不平衡，社会保障体系还不完善，财政收支平衡压力不断加大，部分群众生活还比较困难，安全生产仍面临严峻形势，协调社会利益关系难度加大。政府职能转变和管理服务还不够到位，少数干部执政为民理念、工作作风和水平离群众的要求还有差距。

（六）衢州市经济发展在长三角的地位

1. "十五"期间衢州市生产总值在长三角所占比重的变化趋势（见图2－210）

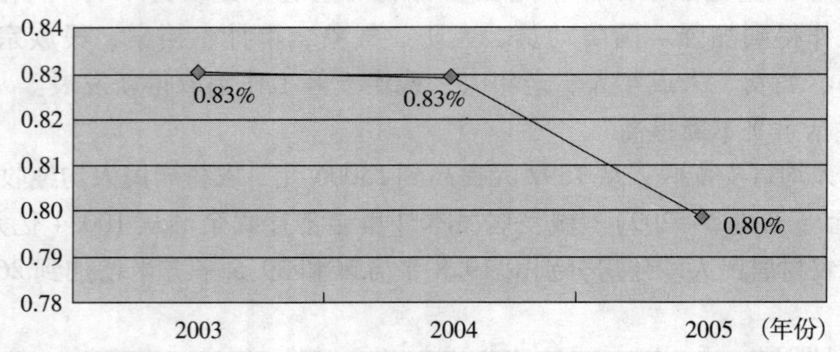

图2－210　2003～2005年衢州市生产总值在长三角所占的比重（单位：%）

"十五"期间，衢州市的整体经济有了较快的发展，生产总值从2001年的156.3亿元增加到2005年的329.11亿元，年均增长13.5%，高于浙江省0.7个百分点。其经济的发展，一定程度上是由于"十五"期间衢州市在基础设施上投入了较大的力量，2005年全市基础设施投资76.2亿元，比上年增长42.7%。但从整个长三角的发展状况来看，衢州市的生产总值所占的比重仍处在较低的水平上，且没有很明显的增长趋势，没有跟上整个长三角的发展步伐。

2. "十五"期间衢州市产业结构变化情况（见图 2－211）

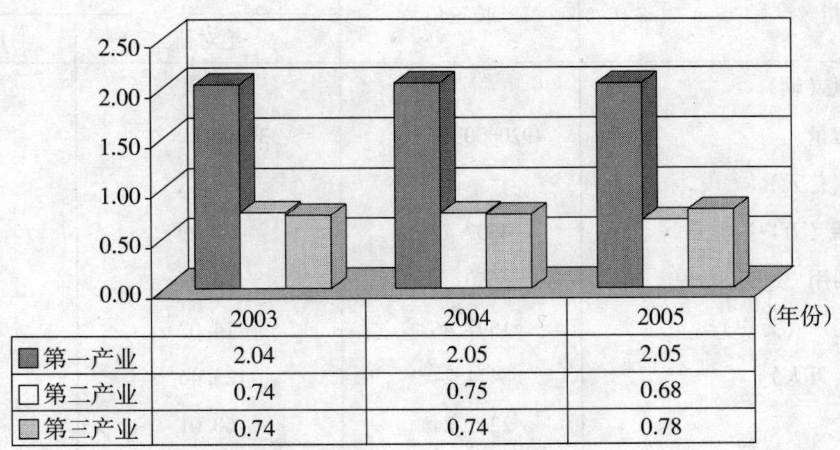

	2003	2004	2005
第一产业	2.04	2.05	2.05
第二产业	0.74	0.75	0.68
第三产业	0.74	0.74	0.78

图 2－211　2003～2005 年衢州市各产业增加值在长三角所占的比重（单位：%）

从各产业增加值在长三角所占的比重来看，"十五"期间，衢州市各产业保持稳定的趋势。其中，第一产业所占的比重较其他两个产业要高一些，在整个长三角的第一产业中也占有较为重要的地位。相对来讲，第二、第三产业的发展就不那么乐观了，虽然衢州市在基础设施、开发区的聚集效应等方面都采取了措施，也产生了一定效果，但与整个长三角的发展状况相比，仍然较弱，这也是衢州市整体生产总值比重较低的关键原因。在经济发展与产业结构提升方面，衢州市仍然有很大的发展空间。

3. 衢州市经济社会发展在长三角的地位（见表 2－79）

表 2－79　2005 年衢州市和长三角部分经济社会发展指标比较

指　　标	长三角	衢　　州	
		绝对值	比重（%）
固定资产投资（亿元）			
全社会固定资产投资总额	18978.51	233.84	1.23
国内商业			
社会消费品零售总额（亿元）	13304.55	134.74	1.01
对外经济贸易			
出口总额（亿美元）	2905.28	3.24	0.11
客运量总计（万人）			
公路	292977	4980	1.70
货物运输量总计（万吨）			
公路	190433	7142	3.75

续表 2－79

指　　标	长三角	衢　　州	
		绝对值	比重（%）
民用车辆拥有量（辆）			
民用汽车拥有量	4920600	36407	0.74
邮电业务总量（亿元）			
年末市内电话（万户）	4507.77	79.29	1.76
年末移动电话用户（万户）	6680	76.74	1.15
国际互联网用户（万户）	1597.46	14.02	0.88
从业人员合计（万人）	8474.2	125.46	1.48
第一产业	2241.24	60.01	2.68
第二产业	3266.99	34.45	1.05
第三产业	2965.97	31	1.05
教育			
普通中学在校学生（万人）	759.68	12.58	1.66
小学在校学生（万人）	881.43	15.8	1.79

从前面的分析我们可以看到，衢州市的生产总值2005年实现了329.11亿元，按可比价格计算，比上年增长13.6%，表现出了很强的增长活力。从拉动经济增长的三大动力来分析其经济发展趋势，2005年，衢州市的固定资产投资额为233.84亿元，占长三角的比重为1.23%；社会消费品零售总额为137.74亿元，占长三角的比重为1.01%；在对外贸易方面，出口总额实现了3.24亿元，占长三角的比重为0.11%。从衢州市固定资产投资、对内销售额和对外贸易额占长三角的比重的对比来看，这三方面虽然都有了很大程度的提高，尤其是对外贸易增长幅度还是很大的，但从整个长三角的角度来看，这些发展还是很不够的，尤其是在对内对外贸易方面，在整个长三角所占的比重还是很低的，如果能更好地推进这三方面的发展，衢州市的总体经济发展水平会有更大的提高。

基础设施的推进是整个经济发展的基础，衢州市在城市规划建设，以及邮电通信方面也投入了大量的资金，并且取得了一定的进展。2005年，衢州市的公路客运总量为4890万人，货运总量为7142万吨，占整个长三角的比重为1.70%和3.75%。以上数据显示，衢州市的货运能力与经济的发展还是比较匹配的，但民用汽车拥有量较低，占长三角的比重仅为0.74%，由此也限制了衢州市整体交通运输能力的提高。交通运输能力的提高并不是很快，这对经济的进一步发展也是一个瓶颈，需要更进一步地投入才能有更大程度的推进。

在通信发展方面，2005年，衢州市的年末市内电话用户、年末移动电话用户、国际互联网用户分别实现了79.29万户、76.74万户、14.02万户，占整个长三角的比重分别为1.76%、1.15%、0.88%。在通信发展发面，衢州市还是有很大的发展空间，尤其是信息量迅速而丰富的国际互联网，在衢州还远没有得到很好的发展，只占到整个长三角

的0.88%，与整个长三角的发展速度是不协调的。

在考量社会发展水平以及人民生活水平时，从业人员数也是一个比较重要的指标。2005年，衢州市从业人员总数为125.46万人，占长三角的比重为1.48%。一、二、三产业的从业人员分别为60.01万人、34.45万人、31万人，占长三角的比重分别为2.68%、1.05%、1.05%。从以上的数据我们可以看到，衢州市的农业仍然是最主要的劳动力吸收来源，而二、三产业相对来讲发展得还不够，这与现代化的要求是不相适应的，应进一步提升产业结构，充分发挥二、三产业的劳动力吸收能力。

教育水平的提高也是体现人民生活水平的重要方面之一，2005年，衢州市的普通中学在校学生为12.58万人，小学在校学生为15.8人，在长三角的比重分别为1.66%、1.79%。衢州市在义务教育的实现方面还是投入了大量的人力、物力，普遍实现了适龄儿童的入学。

总体来讲，衢州市在整个长三角来说属于发展较为缓慢的城市，其第二产业以及第三产业的发展还有很大的提升空间，只有这两方面加快发展，衢州市的整体社会经济发展才能有更大的突破。

开化县经济社会发展情况

（一）开化县概况

1. 地理位置与行政区划

开化县位于浙江省母亲河——钱塘江的源头，地处浙、皖、赣三省七县交界处（东北连淳安，西南与江西的婺源、德兴、玉山毗邻，北与安徽省休宁县交界，东南接常山），是连接浙西、皖南和赣东北的要冲、浙江的“西大门”、重要的生态功能保护区。浙江省开化县位于浙江西部边境，境内景色秀丽，林木茂盛，是一个环境幽静、资源丰富、开发潜力大的山区县。开化县建县于北宋太平兴国六年即公元981年，距今有1025年的历史。全县地域面积2236.61平方公里，辖10个镇、16个乡，人口33.7万人。

2. 气候与自然资源

开化县属亚热带季风气候，四季分明，温和宜人。境内多山，县域版图的85%为山地，素有“九山半水半分田”之称。山林总面积280多万亩，森林覆盖率达80.4%，位居全国前列，是天然的“氧吧”，全县地表水水质达Ⅰ类水标准，被国家环保总局划定为“华东地区重要的生态屏障”，并于2002年3月被命名为全国生态示范区，2004年被授予全国绿化模范县。

开化县境内的矿产资源蕴藏丰富，尤其是石煤、石英石、金矿、银矿、铅锌矿、花岗岩等储量大、品位高，具有较高的开发价值。水力资源充足，星罗棋布的小水电为山区经济发展提供了强有力的动力。

（二）开化县经济社会发展总体状况

2000年初，开化县确立并实施了“生态立县”发展战略，构筑了生态工业、生态农业、生态旅游业、生态城市化和生态环境保护与建设五大框架，经济社会发展逐年加快。到“十五”期末，全县地区生产总值完成31.95亿元，年均增长13%；社会消费品零售总额14.87亿元，年均增长11.7%；财政总收入2.42亿元，年均增长21.6%，其中地方财政收入1.48亿元，年均增长21.1%；外贸进出口总额3955万美元，年均增长34.4%，其中自营出口3148万美元，年均增长35.9%；农民人均纯收入4338元，年均增长8.6%。“十五”期间，全社会固定资产投资总额累计达56亿元，翻了一番多。三次产业比重、恩格尔系数、计划生育率均实现既定目标。

（三）开化县“生态立县”战略取得明显成效

1. 生态工业特色鲜明

编制完成有机硅、单晶硅、新型密胺塑料、木糖醇等九大工业特色产业发展规划，成立12个重点产业发展工作领导小组，依托经济开发区、有机硅省级高新技术特色产业基地、硅电子产业基地、绝缘材料科技特色产业基地，以元通硅业、合成材料、国家级火炬计划重点高新技术企业万向硅峰等骨干企业为龙头，与高等院校、科研院所合作新建了一批技术创新中心、研发中心，实施了一批废料回收利用和清洁生产试点工程，工业经济保持较快增长，经济效益显著提高，有机硅、单晶硅两大产业被列入全省拟培育的全国制造中心和衢州市“四中心、十基地”建设。

“十五”期间，工业经济对财政贡献率净增了62%，主导产业销售收入占比提高了46%。2005年，全县规模以上工业企业完成工业总产值同比增长25.9%，其中两硅产业总产值增长47%；工业销售产值增长25%，工业产品产销率达98.75%，实现利润增长111.94%。

2. 生态城市建设加快推进

突出生态、山水特色，坚持走“山水园林城市”之路，完成10个片区旧城改造，岙滩新区建设初成规模，南湖中心区建设稳步推进，开化商贸城、开化大酒店等相继投入使用，新建成的经济开发区规划面积由1平方公里拓展到8平方公里。加快城华（城关镇、华埠镇）对接、中心镇（中心村）、康庄工程等建设，促进了城乡统筹发展。五年内，全县城市化率年均提高1个百分点以上，县城建成区面积扩大至8.04平方公里，城乡面貌不断改善，打响了“钱江源头、生态名城”品牌。

3. 生态农业不断壮大

新培育了一批龙头企业、一批特色品牌、一批绿色基地，完善了农业信息技术综合服务体系，“开化龙顶”名茶、“菇老爷”食用菌等产业继续加快发展，开化县已成为全国绿茶和出口眉茶的重要生产基地、全省最大的金针菇生产基地。全县绿色生态农业比重已超过90%，被列入全省首批绿色生态农业示范县。特别是名茶产业，6年内年产量翻了两番，年销售额翻了三番，2005年实现茶叶总产量9421吨，产值3亿元。“开化龙顶”名茶荣获浙江省十大名茶称号，被评为浙江省名茶重点县。

4. 生态旅游日益兴旺

以休闲养生、回归自然为重点，依托钱江源头、生态开化优势，加快推进钱江源、古

田山、南华山、霞山古民居、圣坛沟、休闲生态坞等景点联网建设，带动旅游业提档升级。实施了钱江源农居特色园、中国根雕博览园等12个旅游文化项目，强化特色文化的支撑力，促进第三产业发展。五年内，生态旅游业从无到有快速发展，接待国内外游客数、实现旅游总收入年均增长都在30%以上，旅游业已逐步成为开化县生态经济的重要增长点。

5. 生态环境保护和建设进一步加强

按照“统一规划、严格保护、综合管理、合理开发、永续利用”的思路，关闭有污染的企业160多家，建立生态公益林135多万亩，把“一江清水送出开化”。目前，全年出境水水质接近Ⅰ类水标准。每亿元GDP综合能耗年均下降7.87%，排放的废水、二氧化硫等废气、废物下降13%，生态环境进一步优化。

6. 开化县的“五个一”

开化人现在形象地用“五个一”来描述开化县，即：一片青山绿水（森林覆盖率达80.4%，空气质量优于国家二级标准，地表水接近Ⅰ类水标准）；一茶飘香四海（“开化龙顶”名茶先后40多次获得国际国内博览会、名茶评比会金奖，批量出口40多个国家和地区。并向德、法、意、俄、美等WTO成员国申请注册“开化龙顶”国际商标，申请注册了原产地标志，被命名为“中国龙顶名茶之乡”和“全国无公害茶叶生产基地县”）；一硅飞向蓝天（单晶硅产量居全国第一，并广泛应用于神舟号系列宇宙飞船等航天航空领域）；一刀雕出乾坤（开化是中国根雕艺术之乡，有联合国教科文组织授予的一级民间工艺美术大师称号的根雕大师和国内规模最大、工艺最高的根雕企业）；一举享誉世界（占旭刚成为世界蝉联奥运会举重冠军第一人，开化被命名为全国举重高水平后备人才基地）。

（四）开化县经济发展的具体状况

1. 坚持主攻工业，工业主导地位凸显

修改出台新的“工业60条”等激励政策，大力发展特色产业，注重提高经济外向度，全县工业经济持续快速增长，表现出发展速度与经济质量相统一、总量增长与结构优化相协调、实力提升与活力增强相促进的趋势。

工业经济效益继续增长。2005年，全年实现工业总产值47.98亿元，同比增长20.8%。全县规模以上企业达到72家，比上年增加6家。全年规模企业实现销售收入19.37亿元，同比增长32.5%，实现利税2.51亿元，同比增长71.4%。工业经济11项效益综合评价指标得分226.01分，位居全市前列。

工业主导产业优势继续显现。2005年，“两硅两药”、新型密胺塑料产业进一步做大做强，实现工业总产值11.13亿元，同比增长44.01%，占全县规模以上工业企业总产值的54.93%。开化合成材料有限公司实现总产值3.3亿元、利税1.22亿元，成为全县首家利税超亿元企业。工业技改投入继续加大。注重经济运行的质量与效益，加快经济增长方式转变，完成工业技改项目投入6.03亿元，同比增长29%，16个列入市重点的技改项目完成投资额3.18亿元，开始显现出良好的经济和社会效益。

工业经济外向度继续提高。积极组织经济主体参加“义博会”等各类大型经贸活动，对外贸易更加活跃，新增获权企业5家，有出口实绩企业达到21家，6家企业进入市重点出口企业行列，新增合成材料、华和五金、宝纳茶叶三家出口首次突破百万美元企业，华康药业有限公司自营出口额达1500万美元，占全市首位。平台建设继续加快。重点加快县经济开发区各项基础设施建设，搭建好招商引资、产业发展的平台，引导各类企业重点向开发区集聚。

2005年经济开发区新入园企业25家，当年开工建设企业20家，建成投产企业11家，招商引资实际到位资金2.8亿元，入园企业实现工业总产值7.1亿元，入库税金1052万元。名牌战略继续推进。新增省级工业名牌产品1个、市级工业名牌产品3个，全县工业名牌产品总数达12个。单晶硅、有机硅和工业硅均已获得浙江名牌产品称号，有力地促进了硅产业的进一步发展。

2. 坚持优化结构，农业经济稳步发展

牢牢把握“两个趋向”要求，大力发展高效生态农业，调整优化农业产业结构，着力提高农业综合生产能力。2005年，全年完成农业总产值9.65亿元，同比增长11%。粮食生产能力得到保护与提高，全年粮食作物播种面积28.04万亩，总产量10.84万吨，呈恢复性增长态势。单季稻千亩超高产示范畈平均单产超750公斤，处全省领先水平。新发展名茶6072亩，为历年之最。全年茶叶实现销售收入2.57亿元，其中名茶销售收入1.57亿元。启动食用菌良繁中心建设项目，金针菇标准化推广示范项目通过省级验收。食用菌栽培总量1.15亿袋，同比增长9.3%。实施蚕桑西进工程，发展蚕桑基地1247亩。茶、菌、桑成为农民增收的重要渠道之一。完成迹地更新造林25685亩，完成“杉改竹”和毛竹造林4764亩。新增农业龙头企业9家，全县农业龙头企业达44家，实现产值5.5亿元。专业合作经济组织快速发展，各类经济组织累计达128家，实现订单销售额超7000万元。在全省率先完成农民信箱的建设任务，注册启用农民信箱1.25万个，名列全省第一。新增“杜康”牌杜仲茶等三个国家有机食品，以及钱江源尖椒、茄子两个国家无公害农产品，全县通过论证的国家无公害农产品生产面积达16.33万亩，同比增长6%。成功举办中国济南—开化龙顶品茗茶艺会、第六届上海开化龙顶茶会暨生态旅游推介会等农产品推介会展活动。农业品牌建设进一步加强，新增市级农业名牌产品3个，“菇老爷”牌黑木耳、“苏庄”牌山茶油获得国家原产地地理标志注册保护，黄金茶、杜仲茶通过国家原产地地理标志注册保护审核。

3. 坚持统筹提升，三产经济加快发展

以生态休闲旅游业和商贸流通业为主线，注重提高质量和效益，第三产业进一步加快发展。召开全县旅游发展大会，完善生态旅游业发展的若干政策意见，完成《开化县旅游业发展总体规划》的修编。钱江源大峡谷景区建成开放，钱江源森林公园国债建设项目全面完成，古田山、圣潭沟景区基础设施建设项目进展顺利。钱江源农家乐在“十一”黄金周前开张，旅游接待能力有所提高。加大旅游宣传促销力度，钱江源旅游知名度不断提高。打造红色旅游品牌，何田乡福岭山中共浙皖特委遗址被命名为衢州市唯一的浙江省青少年红色之旅经典景区。2005年全年各景区接待国内外游客63.1万人次，同比增长23.2%，实现旅游总收入3.25亿元，同比增长23.5%。

休闲娱乐业、社区服务业发展迅速，交通运输业巩固壮大，传统商贸结构进一步优化。商贸城经营管理水平不断提升，龙顶名茶、建材装饰等专业市场日益兴旺。积极建设农村商贸服务体系，实施省“千镇连锁超市、万村放心店”工程建设，全年共发展连锁超市直营店和加盟店43家，培育农村放心示范店223家。进一步完善流通领域商品准入体制，对全县32家大中型商场（超市）、382家个体工商户实施商品准入制，对县城两个农贸市场实行部分农产品准入。市场经济秩序进一步规范，消费安全得到保障。

以增收节支为主线，不断调整优化收支结构，狠抓财源建设，严肃财经纪律，社会稳定和重点项目建设等刚性支出得到保证，全年财政收支总体平衡。开展金融“三服务”活动，加强银企对接，保障重点项目资金需求。加大中小企业扶持力度，金融对地方经济发展的支撑力进一步提高。2005年底金融机构各项存款余额为29.74亿元，各项贷款余额为19.15亿元，分别比年初增加4.35亿元和1.06亿元，实现利润6116万元，同比增长80%。电信、邮政、移动、联通等通信事业全面发展，新增37个移动基站，移动网络覆盖率进一步提高。

4. 招商引资稳步开展

组团参加“香港浙江周”、“日韩经贸推介会”、“厦洽会”等招商活动，全年招商引资项目108个，协议引资13.48亿元，实际到位6.2亿元。“山海协作工程”新签订项目88个，协议总投资12.97亿元，协议引进资金11.41亿元，实际到位资金3.11亿元，项目履约率100%。健全客商投资项目协调机制，“亲商、安商、富商”理念进一步强化。新引进外商投资企业2家，协议引进外资916万美元，实际利用外资541万美元，利用外资总额位居全市前列。

5. 项目建设扎实推进

对“510工程”建设实行领导联系制度。2005年，年度“510工程”开工率为98%，累计完成投资8.45亿元，完成计划的90%。城市供水、开中迁建、万向硅峰抛光片等五个项目被列入省重点项目。全年交通建设总投资达2.69亿元。黄衢南高速公路开化段已启动土地勘察定界和政策处理工作，杭新景高速公路开化段已着手前期各项准备工作；205国道西坑口至开化一期改建工程、油苏线解元岭改建工程和14条县道153.75公里路面硬化工程全面完成；乡村康庄工程建设进展顺利，新建通村公路项目91个，共计220公里，全县行政村等级公路通达率达89.5%，比上年度提高17个百分点。农田水利建设扎实开展。通过万亩土地整理，获取土地整理折抵指标2522亩。开中迁建、硅电子基地两个项目争取到省土地指标550亩。实施农村宅基地整理和建设用地复垦项目，申报建设用地复垦项目16项，复垦面积1073亩。实施省委托造田造地项目5项，计1451亩；实施省造地改田扶持资金项目4项，计1480亩。首次争取到国家级基本农田整理项目，完成项目可行性论证，计划整理1758公顷。3座水库标准化建设、6座病险水库除险加固、马金镇750米防洪堤工程全面完工。完成河道整治23.7公里。完成钱江源水土保持生态建设马金片区综合治理工程，治理水土流失面积20.68平方公里。实施黄土丘陵综合治理工程，新增粮食生产能力1100吨。

（五）开化县社会发展基本状况

以建设“钱江源头、生态名城”为目标，以新农村建设为载体，城市化进程继续加快。

1）县城建设有序推进

城市供水工程被列为省重点工程，管道铺设和沥青路面浇筑顺利推进。城市污水处理厂工程正式启动。县城西入口综合改造工程基本完成拆迁补偿工作，收回国有土地180亩。南湖中心区山体搬迁工程已顺利完成，一、二期房地产开发工程正在建设中。合力推进岙滩新区开发建设，基本完成新村建设用地和414亩开发用地的平整，新区三期市政工程正式动工。岙滩新区开发建设取得突破性进展，有力地促进了其他重点工程项目的建设。

2）城市管理水平不断提高

加强城市管理，出台《城区建筑垃圾管理实施办法》、《城区违法建设处理办法》等规定。组织开展城区违章建筑专项整治、禁止县城城区沿街流动燃放烟花爆竹专项整治、县城学校周边环境整治等各类专项整治活动。加强社区建设，通过省级卫生县城复查和创建省级文明城市工作先进县检查，城市品位和城市管理水平不断提高。

3）新农村建设扎实开展

深入推进“十村示范、百村整治”工程，完成59个整治村规划和45个村的环境整治任务。按照“规划先行、设施先建、环境先搞、特色先抓、试点先帮”的要求，在112个行政村推行“门前三包、集中分拣、综合利用、无害化处理”的农村垃圾集中处理新模式，得到了省、市领导和专家的好评。百村绿化工程全面启动，建成5个绿化示范村。下山脱贫工程、欠发达乡镇奔小康工程进展顺利，千万农民饮用水工程稳步推进。

4）教育事业全面发展

完善农村义务教育管理体制和教育资源配置。开中迁建工程正式启动，清水湾防洪堤项目和土地平整工程进展顺利。全面启动农村中小学“四项工程”，完成19所学校的食宿改造工程，改造面积近1.4万平方米，资助扩面工程、爱心营养餐工程惠及家庭经济困难学生9673人，教师队伍参加各级培训2000余人次。注重资源整合，调减中小学校5所，教育布局进一步优化。规范教育收费，严格实行“一费制”。开展教育强县创建工作，村头镇被评为省、市教育强镇，华埠初中、村头初中和瑞园外校通过省级示范初中验收。

5）文化事业更趋繁荣

完成城关镇、大溪边乡“东海明珠”工程和齐溪镇“金走廊”工程。古建筑霞山汪氏宗祠列入省级文物保护单位。文艺创作和表演水平进一步提高，荣获第二届“星星火炬”中国青少年艺术英才评选金奖。组织开展“钱江浪花”文化直通车“欢乐开化行”等公益性文体活动。高度重视安全生产，制定33项应急预案，提高了突发事件的应急处置能力，实现了事故总量、死亡人数和直接经济损失三项指标零增长目标。进一步加强动植物防疫、森林防火、防汛防旱等“三防”工作，“绿剑三号”打击破坏森林资源专项行动和森林防火综合治理工作成效显著。深入实施法律援助工作，农民工合法权益进

一步得到维护。

6）社会保障体系逐步完善

扩大城镇职工基本医疗保险覆盖面，推行社会养老保险缴费改革，城乡最低生活保障制度不断完善，实现应保尽保。建立困难群众物价上涨动态补贴机制。困难家庭子女免费入学政策实施到位。新建和改、扩建敬老院11所，农村五保老人集中供养率达到85.1%，城镇“三无”对象集中供养率为91.5%。继续完善城镇住房保障体系，帮助低收入居民改善住房条件，第二期72套经济适用住房交付使用。扎实开展“双清欠”工作，建立欠薪保证金制度，顺利完成省、市政府确定的清欠目标。8件为民办实事项目基本完成，有效解决了群众关注的热点难点问题。

7）人民生活不断改善

深入实施农民素质工程，共举办各类农民素质培训班300期，培训19017人，全县外出务工人员达8万余人，务工收入超10亿元。至2005年底，城乡居民存款达18.19亿元，比年初增加3.04亿元；新增城镇就业岗位1500个，年末全县城镇登记失业率为4.06%。全县农民人均纯收入达4338元，同比增长9.6%。

8）发展环境更加优化

进一步加强社会治安综合治理工作，加大对各类违法犯罪分子的打击力度，推进小流域防灾减灾体系建设，组织开展防御山区小流域洪水、地质灾害演练。地质灾害气象预警系统地面监测网建设有序推进，建成自动监测站4个。

九　舟山市2005年经济社会发展报告

“十五”以来，舟山市全市上下牢固树立和认真落实科学发展观，深入实施浙江省委“八八战略”和舟山市委“六六决策”，围绕“发展、平安、和谐”工作主线，努力打造海洋经济强市、海洋文化名城和海上花园城市，全面建设“平安舟山”。全市经济继续保持平稳健康快速发展，综合实力明显增强，各项社会事业全面进步，人民生活水平稳步提高，较好地实现了国民经济和社会发展预期目标。

（一）2005年舟山市经济发展状况

2005年，全市人民在市委、市政府的正确领导下，以邓小平理论和“三个代表”重要思想为指导，深入贯彻党的十六大和十六届四中、五中全会精神，坚持以科学发展观统领经济社会发展全局，按照省委“干在实处、走在前列”和市委“争领先、打头阵、创特色、求实效”的要求，大力发展经济。国民经济持续快速健康发展，“十五”各项主要经济社会发展目标提前实现，综合实力显著提高。

1. 经济总量继续保持较快增长

国民经济持续快速发展，综合实力不断增强。初步核算，2005年，全市生产总值为280.16亿元，按可比价计算，比上年增长15.0%，增速居全省各市首位（见图2－212）。其中，第一产业增加值39.84亿元，增长0.2%；第二产业增加值111.26亿元，增长19.7%，其中工业增加值81.6亿元，增长19.3%；第三产业增加值129.05亿元，增长

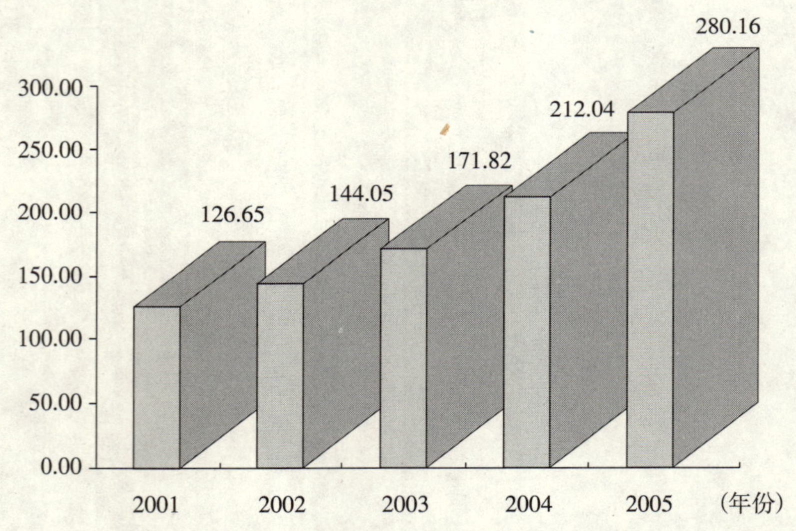

图2－212　2001～2005年舟山市国内生产总值（单位：亿元）

16.2%。各县（区）经济均保持快速增长。定海区生产总值增长15.4%，普陀区生产总值增长14.8%，岱山县生产总值增长15.4%，嵊泗县生产总值增长14.0%。全市三次产业结构比例由上年的16.0∶38.2∶45.8调整为14.3∶39.5∶46.2。2005年，全市人均生产总

值为26931元，约3325美元。海洋经济快速发展。初步测算，2005年，全市海洋经济总产出为510亿元，比上年增长18.6%；海洋经济增加值166亿元，增长16%，占全市生产总值比重达到61%。

财政收入增长较快。2005年，全市预算内财政总收入28.52亿元，按可比口径计算，比上年增长23.0%。地方财政一般预算收入18.21亿元，增长25.7%，增速居全省各市首位。其中营业税增长32.6%，所得税增长34.2%。地方财政支出31.94亿元，增长10.4%。

经济和社会发展中存在的主要问题是：在经济快速发展的同时，土地、资金、人才等要素制约矛盾依然突出，综合竞争实力还不强；渔农民转产转业难度仍然很大，渔农民增收基础还不牢固；外贸出口压力增大；海洋环境资源保护力度需进一步加大。

价格总水平温和上涨，涨幅回落（见表2－80）。2005年全年居民消费价格水平比上年上涨1.7%，涨幅比上年回落2.7个百分点，其中食品类价格上涨5.4%，涨幅回落7.4个百分点，服务价格上涨1.7%；商品零售价格上涨1.0%；工业品出厂价格上涨2.0%；房屋销售价格上涨12.9%，其中商品住宅价格上涨14.9%，房价涨幅呈逐季回落态势。

表2－80　2005年舟山市市场价格变动情况

类　　别	指数（2004年＝100）
居民消费价格	101.7
其中：服务项目价格	101.7
消费品价格	101.7
其中：食品	105.4
其中：粮食	98.5
水产品	107.7
鲜菜	121.6
肉禽及其制品	102.8
烟酒及用品	100.3
衣着	98.2
家庭设备用品及维修服务	99.1
医疗保健和个人用品	97.1
交通和通信	100.1
娱乐教育文化用品及服务	98.6
居住	105.7
商品零售价格	101
工业品出厂价格	102
其中：水产加工品	101.8
房屋销售价格	112.9
其中：商品房销售价格	114.9
其中：住宅	114.9

2. 三大需求拉动经济稳步增长

1）固定资产投资和房地产业

固定资产投资增长较快（见图2－213）。2005年，全市全社会固定资产投资161.12亿元，增长28.1%，其中限额以上投资额155.08亿元，增长31.5%，增幅高于全省平均水平13个百分点，居全省各市首位。

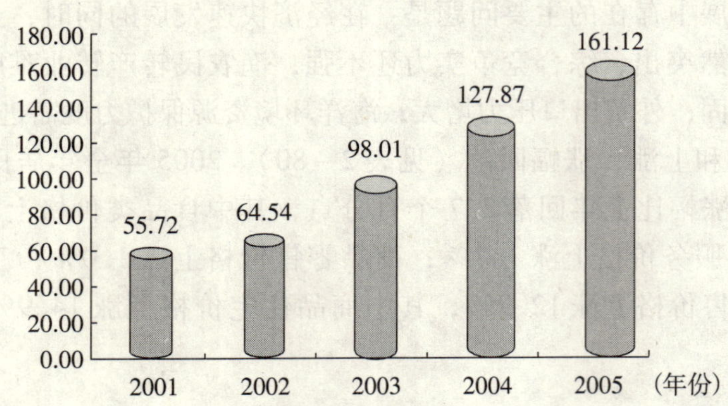

图2－213　2001～2005年舟山市固定资产投资（单位：亿元）

投资结构继续优化。2005年全年基础设施投资74.60亿元，增长34.6%，占全社会投资总额的45.5%。分产业看，第一产业投资增长18.9%；第二产业投资额41.93亿元，增长15.5%，其中工业投资41.4亿元，增长24.0%；以交通、港口为重点的第三产业投资额121.15亿元，增长33.2%，占全社会投资的比重上升到73.9%。2005年，临港型工业完成投资27.9亿元，增长50.8%，其中船舶修造业完成投资18.1亿元，增长1倍，占全市工业投资的比重由上年的27.2%提高到43.8%；水产加工业完成投资4.1亿元，增长13%；机械制造业完成投资2.7亿元，增长4.8%；临港重化工完成投资1.4亿元。

房地产市场平稳发展。2005年全年完成房地产开发投资29.15亿元，比上年增长23.2%，增幅比上年回落6.9个百分点；商品房施工面积271.46万平方米，增长11.6%，其中新开工面积98.23万平方米，下降4.3%；竣工面积101.7万平方米，增长61.3%；商品房销售面积85.07万平方米，增长26.9%，其中住宅销售面积75.65万平方米，增长25%；商品房空置面积6.60万平方米，增长25.5%。

重点项目建设进展顺利。2005年，全市共安排重点建设项目52项，其中，续建项目29项，新建项目23项，共完成投资45亿元。中石化60万吨储油罐及配套工程、舟山省级直属中转储备粮库、永跃船舶修造公司船坞工程等15项重点项目竣工或基本完成。大陆连岛工程建设进展顺利，金塘大桥和西堠门大桥本年完成投资9.6亿元。

2）国内贸易

消费市场繁荣活跃。2005年，全市实现社会消费品零售总额100.14亿元，比上年增长14.4%。其中市区消费品零售额76.8亿元，增长14.4%；县及县以下消费品零售额23.34亿元，增长14.4%。分行业看，批发零售贸易业零售额86.06亿元，增长14.2%；

餐饮业13.84亿元，增长15.9%。全市星级饭店共实现营业收入4.37亿元，增长9.1%。全年限额以上批发零售业商品销售额142.77亿元，增长14.6%，其中石油及制品类销售额81.21亿元，增长18.3%；食品饮料烟酒类销售额29.96亿元；煤炭制品类6.92亿元；金属材料类7.16亿元。

交易市场规模不断扩大。2005年末全市有各类交易市场116个，其中消费品市场107个，生产资料市场7个，生产要素市场2个。全年商品交易市场成交额92.48亿元，增长15.2%，其中水产品市场成交额32.11亿元，增长3.6%；船舶市场成交额26.3亿元，增长54.5%；船用市场成交额5.68亿元，增长3.5%。

3）对外经济

进出口贸易保持较快增长（见图2－214）。2005年，全市外贸进出口总额15.05亿美元，增长27.6%，其中出口9.95亿美元，增长29.2%。全市地方外贸自营进出口总额（剔除保税库货物）12.09亿美元，增长19.7%，其中出口9.95亿美元，增长22.3%。出口结构继续优化。全市水产品出口6.09亿美元，下降1.2%，占全市出口比重下降到61.2%，其中精加工水产品出口2.89亿美元，增长26.1%，占全部水产品出口的比重达47.4%；工业制成品出口3.78亿美元，增长94.1%，占全市出口比重38.0%，比上年提高14.1个百分点，其中船舶出口额2.4亿美元，增长1.5倍，占全市工业品出口的63.5%。2005年，全市外贸出口国家和地区达到119个。对日本、欧盟、美国出口分别为3.56亿美元、2.76亿美元和0.36亿美元，分别增长26.3%、83.1%和22.0%，对韩国出口1.86亿美元，下降12.0%。

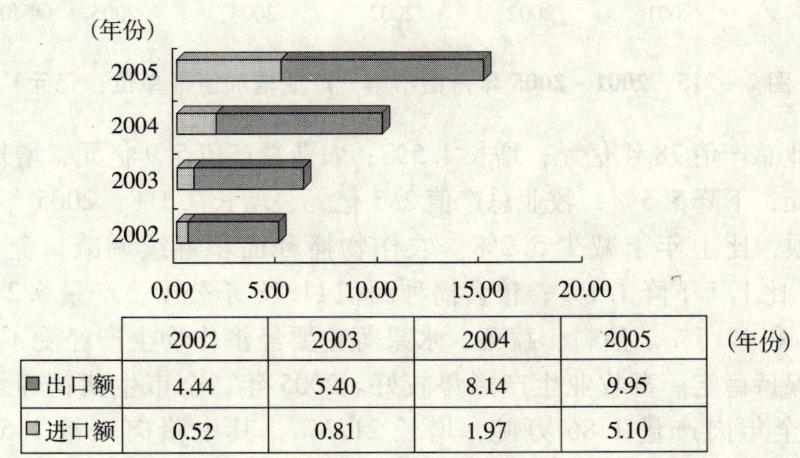

	2002	2003	2004	2005	(年份)
出口额	4.44	5.40	8.14	9.95	
进口额	0.52	0.81	1.97	5.10	

图2－214　2002～2005年舟山市对外贸易（单位：亿美元）

舟山口岸进出口增长较快。2005年，全市口岸进出口货运量2741万吨，增长7.3%，其中进口2598万吨，增长2.7%，出口143万吨，增长4.8倍。全市口岸进出口货运总值54.85亿美元，比上年增长35.0%，其中进口50.15亿美元，增长29.6%，出口4.48亿美元，增长1.3倍。进出境船舶3864艘次，增长4.2%，其中外籍船舶1900艘次，增长16.9%。外籍船舶修理361艘次，增长25.4%，外轮修理产值4.57亿元，增长67.3%，创利税1.14亿元，增长67.3%。2005年末，舟山口岸对外开放陆海域面积833.43平方公里。

引进外资规模继续扩大。2005年，全市外商直接投资项目21个，合同外资金额6940万美元，增长14.3%，实际利用外资3120万美元，增长38.6%。投资总额在1000万美元以上的项目7个，投资总额为2.3亿美元，增长44.7%，占全部投资额的87.5%。

对外经济合作业务稳步发展。2005年，全市新设立境外合作项目3个。全年对外经济合作营业额3795万美元，比上年增长21.8%。其中对外劳务合作营业额1470万美元，增长39.9%；对外承包工程营业额2325万美元，增长12.6%。对外渔业合作营业额2803万美元，增长35.8%。

3. 三大产业齐头并进，带动全市经济增长

1）农业

农业生产保持稳定（见图2-215）。2005年，全市实现农林牧渔业总产值87.2亿元，比上年增长4.4%。

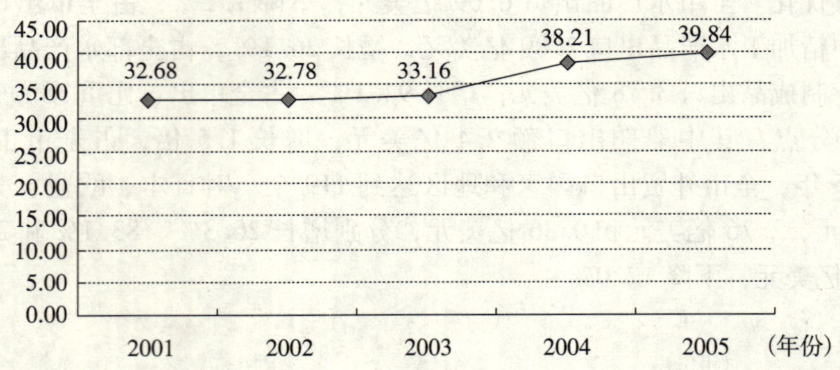

图2-215 2001~2005年舟山市第一产业增加值（单位：亿元）

其中，渔业总产值78.4亿元，增长4.5%；农业总产值5.9亿元，增长2.4%；林业总产值0.2亿元，下降5.3%；牧业总产值2.7亿元，增长7.1%。2005年末全市耕地面积16.73千公顷，比上年末减少5.2%。农作物播种面积继续调减。全年总播种面积27.23千公顷，比上年下降1.1%；粮食播种面积11.78千公顷，产量5.2万吨，分别比上年下降2.1%和12.3%。油料、蔬菜、水果等主要经济作物生产经受了自然灾害的考验，产量基本保持稳定。畜牧业生产形势较好。2005年，全市生猪饲养量33.17万头，增长10.2%。全年肉产量1.86万吨，增长21.3%，其中猪肉产量1.54万吨，增长24.1%。禽蛋产量8324吨，增长9.2%。农产品无公害基地建设扎实推进。年末全市省级无公害农产品基地达到25个，面积6.33万亩（见表2-81）。

渔业生产稳步发展，渔业结构继续调整。2005年全市水产品总产量124.08万吨，比上年下降4.9%，其中地方渔业产量119.68万吨，下降2.5%。国内捕捞引进和推广了对资源破坏小、经济效益好的作业方式和技术，尤其是灯围作业发展较快。年末全市共有远洋渔船290艘，全年远洋渔业产量15.52万吨，比上年下降22.4%。海水养殖业积极引进和推广养殖新模式和新品种，水产养殖品质全面提升，养殖示范基地和优势产业带建设稳步推进。全市水产养殖面积11.79千公顷，产量12.38万吨，分别下降9.6%和

7.7%。全市省级无公害水产品基地达到24个，累计有24个养殖水产品获得了农业部无公害产品认证。

表2-81　2005年舟山市渔农业主要产品产量

产品名称	计量单位	绝对数	比上年增长（%）	产品名称	计量单位	绝对数	比上年增长（%）
一　水产品产量				其中：谷物	吨	36439	-16.5
大小黄鱼	吨	28262	-18.2	其中：早稻	吨	343	-72.2
带　鱼	吨	152366	-11.5	晚稻	吨	32174	-16.9
鲳　鱼	吨	22269	-0.7	棉　花	吨	78	-38.6
鲐鱼、参鱼	吨	88610	4.3	油菜子	吨	3795	2.7
马面鱼	吨	2551	24.6	茶　叶	吨	132	12.8
马鲛鱼	吨	3754	-4	水　果	吨	77200	1
虾　类	吨	239777	0.7	蔬　菜	吨	185479	-3.5
蟹　类	吨	93875	8.6	肉　类	吨	18646	21.3
头足类	吨	139186	-19.5	牛　奶	吨	1572	-54.6
二　农产品产量				禽　蛋	吨	8324	9.2
粮　食	吨	52024	-12.3				

“双转”工作有效推进。2005年末全市有机动渔船9103艘，比上年末减少128艘，渔船总吨位80.42万吨，减少2.27万吨，总功率136.99万千瓦，减少4.82万千瓦。年内全市共拆解捕捞渔船323艘，总马力2.77万千瓦，分流捕捞渔民2708名。“暖人心、促发展”工程深入实施，“双转”渔民的技能培训成效显著。全年培训渔农村劳动力2.2万名，帮助1.41万名渔农村富余劳动力实现就业，结对帮扶渔农民4555户。

2）工业、盐业和建筑业（见图2-216）

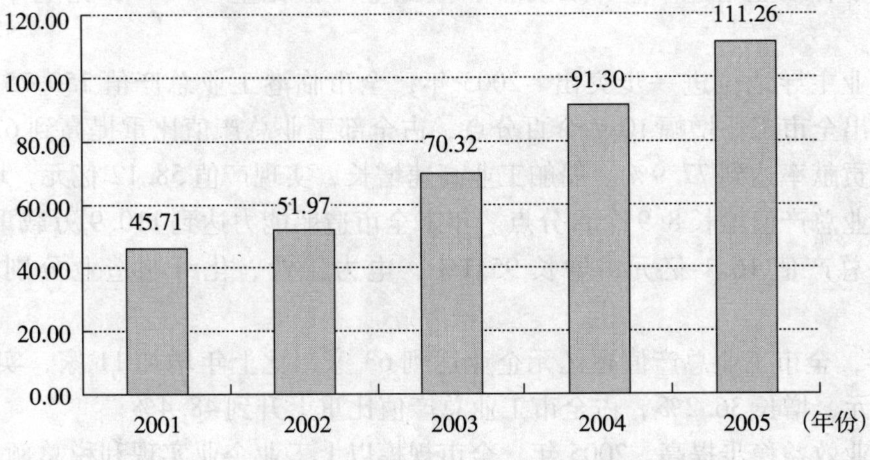

图2-216　2001～2005年舟山市第二产业增加值（单位：亿元）

工业生产快速发展（见表 2－82）。2005 年，全市工业总产值 403.64 亿元，增长 30.0%，其中规模以上工业总产值 275.35 亿元，增长 25.7%。

表 2－82　2005 年舟山市工业主要产品产量

产品名称	计量单位	绝对数	比上年增长（%）
发电量	万千瓦时	221395	2.3
自来水生产量	万吨	1284	7.4
混合液化气	万立方米	781	14.7
水产加工品	万吨	64	1.9
民用钢质船舶	综合吨	114585	75.8
纺、针织设备	吨	6215	－66.3
食用植物油	吨	4458	－82.4
罐　头	吨	8279	48.6
啤　酒	吨	66850	3
黄　酒	吨	20789	20.8
软饮料	吨	37603	23.6
服　装	万件	1840	32.6
电子元件	万只	300	－66.3
化学纤维	吨	50252	持平
配混合饲料	吨	15744	－1.3
机制纸	吨	25452	3.6

产销衔接良好，全市工业销售产值 389.11 亿元，增长 29.3%，产销率 96.4%。结构调整步伐加快，重工业份额提升。规模以上工业中，重工业总产值 116.08 亿元，增长 31.6%，高于轻工业增速 9.9 个百分点，重工业产值比重 42.2%，比上年提高 5 个百分点。

临港工业主导地位进一步突出。2005 年，全市临港工业总产值 250.75 亿元，增长 40.7%，高出全市工业增幅 10.7 个百分点，占全部工业总产值比重提高到 62.1%，对全市工业增长贡献率达到 77.9%。船舶工业高速增长，实现产值 58.12 亿元，增长 91.1%，拉动全市工业总产值增长 8.9 个百分点。年末全市造船能力达到 110.9 万载重吨。临港型粮油加工业总产值 16.1 亿元，增长 95.1%，电力工业、化纤制造业分别增长 12.9% 和 54.1%。

2005 年，全市工业总产值超亿元企业达到 63 家，比上年增加 11 家，实现工业总产值 195.4 亿元，增长 36.2%，占全市工业总产值比重上升到 48.4%。

工业企业效益稳步提高。2005 年，全市规模以上工业企业实现利税总额 13.77 亿元，比上年增长 13.2%，利润 7.09 亿元，增长 18.8%。全年列入省考核的 11 项经济效益指

标综合考评得分为185.88分，比上年提高16.3个百分点。

工业能源消耗率降低。2005年，万元工业总产值综合能源消费量比上年降低22.65%。全市工业用电量11.45亿千瓦时，增长15.2%，其中规模以上工业用电量6.96亿千瓦时，增长14.8%。规模以上工业用水量1569万吨，增长2.2%。

盐业生产结构进一步调整。一批盐田转产或改造，全市盐田生产面积2973亩，下降13.5%。全年共生产原盐23.15万吨，比上年下降14.7%，实现盐业产值5805万元；原盐销售24.56万吨，增长7.1%；盐产品国家标准一级品率37.4%。

建筑业生产持续发展。全市资质以上建筑企业完成总产值41.57亿元，增长10.9%。全年房屋建筑施工面积433.62万平方米，增长9.9%。

3）金融保险（见图2－217）

金融总量稳定增长。2005年末，全市金融机构本外币各项存款余额376.26亿元，比上年末增长16.1%，其中城乡居民本外币储蓄存款余额182.48亿元，比上年末增长11.3%。金融机构人民币贷款余额284.70亿元，比上年末增长21.0%。信贷结构进一步优化。重点支持船舶修造业、水产加工业、海运业以及围垦、大桥、城市建设等基础设施建设。年末全市制造业贷款余额62.18亿元，比年初增加14.38亿元；海运业贷款余额26.67亿元，比年初增加9.14亿元。全市基本建设贷款余额66.38亿元，比年初增加6.79亿元。受国家宏观调控影响，房地产业贷款出现下降。年末全市住房开发贷款余额15.9亿元，比年初减少2亿元；个人住房按揭贷款余额33.2亿元，比年初增加6.64亿元，同比少增5.36亿元。

保险业务继续扩大。2005年，全市保险机构实现保费收入8.13亿元，比上年增长11.3%。其中财产险保费收入2.80亿元，增长26.4%；养老金及寿险保费收入5.33亿元，增长4.7%。全年赔款支出1.96亿元，增长39.2%，给付支出1.35亿元，增长36.9%。

4）交通、港口和邮电业（见图2－217）

运输市场持续繁荣。2005年，全市水、陆货运量6698万吨，水、陆货运周转量506.81亿吨公里，分别增长28.5%和54.5%；水、陆客运量8716万人，水、陆旅客周转量17.87亿人公里，分别增长7.8%和2.6%。民航客运量38.41万人次，增长0.9%，民用航空货邮运量2369吨，增长1.5%。全市机动车辆继续增加。年末全市民用汽车保有量1.86万辆，其中私人汽车0.92万辆，分别比上年增长19.3%和27.5%。

海运业快速健康发展。年末全市海运企业150家，在册营运客货船舶1512艘。全市货运船舶运力达到193万载重吨，净增52万载重吨。海运货运量4892万吨，货物周转量503.15亿吨公里，分别增长29.7%和55.0%。运力结构逐步优化，普通货船所占比重有所下降，油船、化工品船、集装箱船等所占比重逐步上升。万吨以上的船舶从上年的7艘增加到18艘。

港口货物吞吐量再创新高。全年港口货物吞吐量9052万吨，增长23.0%，连续7年位居全国沿海港口第九位。其中石油及天然气吞吐量2573万吨，增长4.6%；金属矿砂吞吐量3290万吨，增长35.1%。全年外贸货物吞吐量2673万吨，增长12.4%。年末全市有生产性泊位385个，其中万吨级以上深水泊位12个。

邮电通信业继续发展。全市邮政电信业务总收入8.96亿元，比上年增长8.6%。年末全市固定电话（含小灵通）用户48.72万户，增长3.5%；移动电话用户59.18万户，增长15.6%；互联网用户16.49万户。完成国内邮政特快专递19.34万件，比上年增长47.1%；国际邮政特快专递0.48万件，增长11.7%。

5）旅游产业（见图2－217）

旅游业发展步伐加快。以海洋文化为载体，旅游节庆活动得到进一步拓展和创新，以旅游项目开发为重点，海洋旅游精品工程建设进一步推进，“海天佛国，渔都港城——中国舟山群岛”旅游品牌进一步打响。2005年，全市共接待国内外游客1001.71万人次，实现旅游收入61.4亿元，分别增长19.7%和20.0%。其中入境游客14万人次，外汇收入7532万美元，分别增长20.2%和26.1%。普陀山、桃花、朱家尖等主要景点旅游人次分别增长7.5%、35.7%和5.1%。旅游集散服务中心投入运行，旅游公共服务设施不断完善。年末全市有旅行社84家，旅游星级饭店61家。

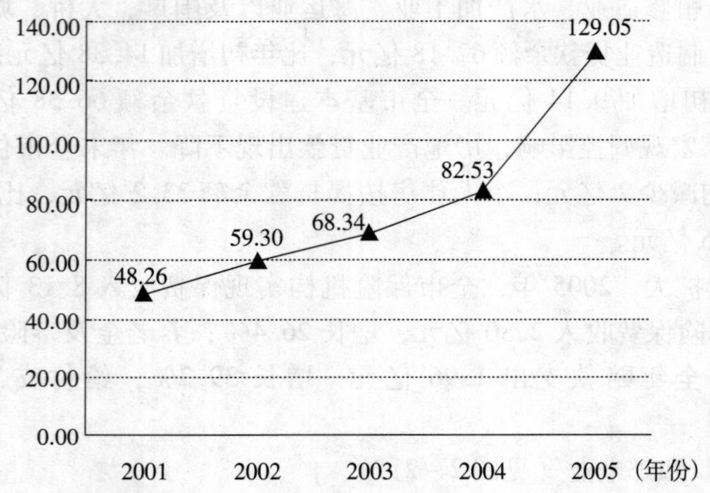

图2－217　2001～2005年舟山市第三产业增加值（单位：亿元）

（二）2005年舟山市社会发展状况

1. 人口与人民生活

人口持续负增长。2005年，年末全市户籍人口967250人，比上年减少1895人。全年出生人口6592人，死亡人口6783人，自然增长率为－0.20‰。迁入人口17426人，迁出人口19057人，机械增长率为－1.68‰。

城乡居民生活水平继续提高（见图2－218）。2005年，全市城镇居民人均可支配收入15524元，增长12.9%，扣除居民消费价格上涨因素，实际增长11.0%。城镇居民人均消费性支出10950元，增长11.3%，实际增长9.4%。恩格尔系数为35.0%。城镇居民人均服务性消费支出3056元，增长25.2%，服务性支出占消费性总支出的比重由上年的24.8%提高到27.9%。全年渔农村居民人均纯收入7190元，增长15.4%，增速居全省各

市首位，扣除价格上涨因素，实际增长13.5%。其中农村居民人均纯收入7109元，增长15.7%；渔村居民人均纯收入7642元，增长14.4%。城乡居民居住条件继续改善。年末城镇居民人均住房使用面积达22平方米，渔农村居民人均生活用房面积44.34平方米。

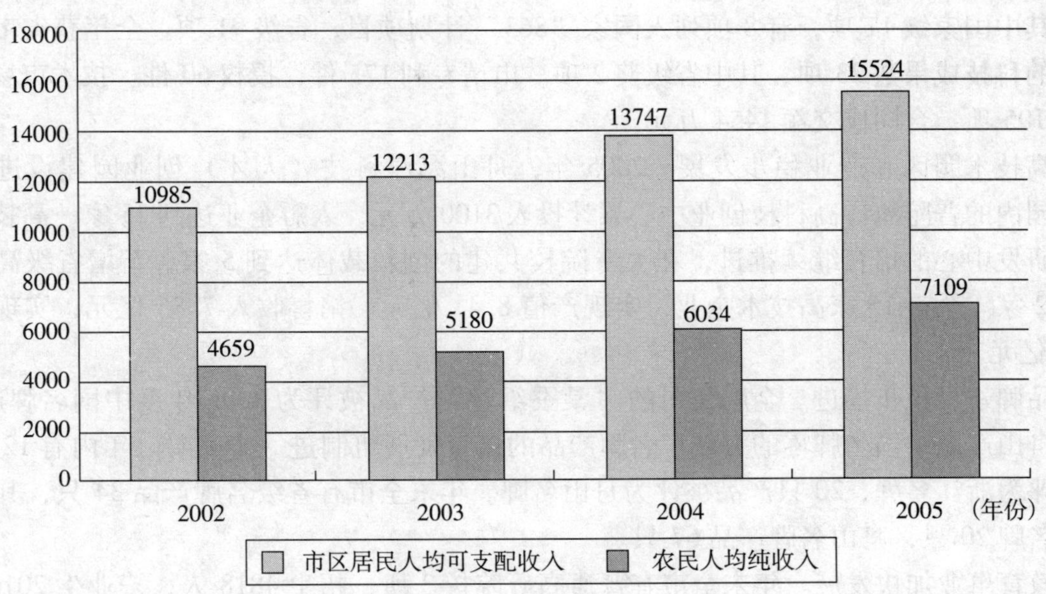

图2-218　2002~2005年舟山市城乡居民收入（单位：元）

社会保障体系进一步健全。2005年，年末全市参加养老保险单位数4691家，参保人数17.95万人；参加医疗保险单位4226家，参保人数18.48万人；失业保险参保人数11.71万人。建立了渔农村新社区182个，渔农民养老保障制度初步建立，基层组织公共服务职能得到加强，渔农民生活条件得到进一步改善。被征地农民基本养老保障进一步完善，全市被征地农民参加养老保障人数达到3.7万人，有1.39万人开始享受保障待遇。完成乡村（社区）道路建设68公里，饮用水工程覆盖人口8.45万人。年末全市共有社会福利院和敬老院41家，床位2515张，供养1276人。城镇社区服务设施588个。城镇“三无”对象集中供养率达到94.5%。农村“五保”老人集中供养率达到93%。城乡居民实施最低生活保障制度的保障对象达12200人，比上年增长3.4%，其中城镇保障对象2223人，渔农村保障对象9977人。

社会救助事业稳步推进。覆盖城乡的新型社会救助体系基本建立，全市所有乡镇、街道建立了社会救助管理服务站，257个社区建立了社会救助服务室。由民政部门统计的各级财政投入的社会救助资金达到4500万元，2005年，救助各类困难群众8.65万人次。全市完成渔农村危房改造951户，改造总面积50796平方米，投入资金1085万元。

城乡就业稳步推进。据劳动部门统计，全年新增城镇就业岗位6349个，共有5770名城镇失业人员实现了就业和再就业，年末城镇登记失业率为3.9%。渔农村劳动力向二、三产业转移步伐继续加快。2005年末，全市渔农村从事一产的劳动力13.8万人，比上年减少10.7%，从事二、三产业的劳动力23.44万人，比上年增长4.8%，其中从事工业和交通运输业的劳动力分别增长24.7%和12.4%。渔农村劳动力从事二、三产业的比重上升到62.9%。

2. 科学技术和教育

深入实施科技兴市战略，科技创新能力进一步增强。全年共实施各类科技项目358项，其中国家级11项，有8项列入国家“863”计划项目，省级91项。全年获省市级政府奖的科技成果数23项，其中省级奖2项。申请专利175件，授权60件。技术市场成交合同105项，合同成交额1454万元。

高技术园区和产业稳步发展。2005年，舟山海洋科技（人才）创业园建设进展顺利，园内的普陀海洋高科技创业中心累计投入3100万元，入孵企业达到25家。高技术企业及研发中心的培育继续推进，和大专院校共建的创新载体达到5家，新增省级高技术企业2家。全市15家高技术企业，实现产值8.41亿元，销售收入7.86亿元，实现利税0.68亿元。

品牌建设稳步推进。金鹰公司的“桑蚕绢丝”产品被评为2005年度中国名牌产品，实现舟山产品中国名牌零的突破。名牌产品的培育发展机制进一步完善。年内有12只产品被评为浙江名牌，20只产品被评为舟山名牌。年末全市有省级名牌产品34只，其中水产品名牌20只，舟山名牌产品67只。

教育事业加快发展。年末全市有普通高等院校3所，招生4818人，毕业生2016人，在校学生13481人；成人高校2所，在校学生2535人；普通中学55所，在校学生48081人；中等职业学校15所，在校学生16314人；普通小学82所，在校学生50096人；幼儿园147所，在园幼儿21911人。全市有10478名外来流动人口子女在各类学校就读。

教育质量全面提高。2005年，全市初中升高中段比例为94.32%，高考上线率为85.96%，文理科重点线万人比居全省第一。全市高等教育毛入学率40.83%，3～5周岁幼儿入园率为96.91%。全年自学考试报考1.72万人次。小学专任教师学历合格率99.77%，初中专任教师专科以上学历比例为99.08%，高中专任教师本科以上学历比例为96.39%。年末全市有124所学校建立了校园网。浙江海洋学院扩建、舟山中学海洋科技馆等教育重点工程完工，定海一中改建、新城小学建设等项目进展顺利。

3. 文化、卫生和体育

全面创建海洋文化名城，文化、广播电影电视事业取得新进展。2005年，年末全市共有文化艺术表演团体3个，艺术表演场所2处，群众艺术馆1个，文化馆4个，文化站43个，公共图书馆4个，藏书52万册。海洋文化精品创作进一步发展，共有4件作品获得国家级奖项。年末全市有线电视用户数23万户，广播、电视人口综合覆盖率均达到98.4%。

卫生事业继续加强。2005年，年末全市共有医疗卫生机构395个（不包括村卫生室），其中医院、卫生院80个，医疗开放床位3501张，卫生技术人员4610人，其中执业医师2093人，注册护士1531人。城乡卫生体系进一步健全。全市有社区卫生服务中心35个，服务覆盖人口77.4万人；社区卫生服务站90个，服务覆盖人口46.8万人。2005年，全市建立起新型渔农村合作医疗制度，合作医疗实际参加人数43.66万人，参加率

78.2%，共筹集资金2249.76万元。医疗体制改革不断深化，建立了舟山群岛渔农民流动医院，组建系列惠民医院，困难群众得到医疗救助，偏远岛屿的渔农民得到免费医疗服务。公共卫生事业健康发展。艾滋病、霍乱和禽流感等传染病得到有效预防和控制，全市传染病发病率低于全省平均水平。孕产妇死亡率为零。加强了包括流动人口在内的计划免疫工作，与计划免疫相关的疾病发病率在全省处于较低水平。

体育事业不断发展。2005年，全市共举办县级以上体育运动会375次，全民健身运动参加人数37.7万人次。新增全民健身路径88条。参加省级运动会共夺得金牌7枚、银牌7枚、铜牌8枚。全年发行体育彩票2910万元。

4. 市政建设和环境保护

城市建设继续加快。2005年，全市城市维护建设资金支出9.3亿元。年末建成区面积59.2平方公里，年末实有城市道路面积499万平方米；排水管道长度391公里；全年供水总量4404万吨，日供水综合生产能力34.2万立方米；液化石油气供气总量3.05万吨，用气户数6.13万户；年末实有公共汽车营运车辆数350辆；城市绿化环境进一步改善，全市园林绿地面积2799公顷，其中公共绿地面积262公顷，建成区绿化覆盖率为30.5%。

全面开展生态市建设，环境保护不断得到重视。2005年，全市环境污染治理投资额2.3亿元。城市空气质量均好于或等于二级标准，其中符合国家一级标准的天数占69.8%，连续两年生态环境质量被评为全省第一。全市6个A级以上旅游区环境达标率达到90%以上，普陀山景区获得联合国全球优秀生态旅游区荣誉称号。城市集中式饮用水源水质达标率100%，水环境功能区水质达标率70%。全年完成清水河道整治97公里。年末全市有污水处理厂1座，污水集中处理率为35%。环境噪声达标区总面积23.5平方公里，烟尘控制区总面积38.5平方公里，工业烟尘排放达标率52.7%。2005年，舟山市完成生态公益林建设面积68万亩，累计生态公益林建成面积9万亩。

全市近岸海域25个海水水质监测点中，达到国家Ⅰ、Ⅱ类海水水质标准的比例为20%，Ⅲ类海水占5%，均比上年略有下降；Ⅳ类和劣Ⅳ类海水比例占75%，比上年提高15个百分点。近岸海域环境功能区达标率为6.73%，比上年提高2.12个百分点。

（三）舟山市“十五”经济社会发展回顾

舟山“十五”的五年是海洋、港、景、渔资源优势得到进一步开发利用，奏响蓝色海洋经济快速发展旋律的五年；这是产业结构进一步调整优化、工业主导地位进一步增强、优势特色产业加速发展、经济发展内在动力激情涌动的五年；这是大投入、大产出的五年；这是社会事业全面发展、改革发展成果充分共享、城乡居民得到实惠最多、社会更加平安和谐的五年。

1. 经济增速加快，综合实力增强

“十五”是舟山历史上发展最快、最好的时期之一，国民经济保持年均14.6%的增长速度，超过“九五”时期5.4个百分点，比全省同期高1.8个百分点，比全国同期高5.8个百分点，年均增速位居全省各市首位。经济总量跃上新台阶，2005年达到272亿元。

人均GDP达到26931元，首次超过3000美元，达3325美元。GDP和人均GDP均提前一年超过“十五”计划目标，人均GDP在全省各市位次由2000年的第八位上升到2005年的第五位。城市综合竞争力有明显提升，列2004年度中国综合实力百强城市第84位。

财政收入稳步增长，财政实力显著增强。2005年，预算内财政总收入28.52亿元，地方财政收入18.21亿元，分别比2000年增长1.6倍和1.9倍。“十五”时期财政收入增幅高于同期GDP增长幅度，财政总收入占GDP的比重逐年提高。

价格总水平基本稳定。2001～2005年，居民消费价格总指数呈现前两年略有下降、后三年温和上涨的态势，年均上涨1.2%，实现了“保持价格总水平基本稳定”的预期目标。

2. 海洋经济加速发展，经济结构得到优化

以发展海洋经济为主线，经济结构进一步调整。全市的三次产业结构由2000年的26.6∶29.6∶43.8演变为2005年的14.3∶39.5∶46.2，第二产业、第三产业比重分别上升9.9个和2.4个百分点。产业结构不断优化，产业层次不断提升，经济发展的抗波动能力明显增强。“十五”以来，海洋开发全面推进，海洋资源优势进一步转化为现实经济强势，以新兴临港工业为代表的海洋经济发展方兴未艾，已逐步转化为全市经济发展的重要支撑。据测算，2005年，全市海洋经济总产出突破500亿元，达510亿元，“十五”时期，海洋经济总产出年均增长20%。2005年海洋经济增加值166亿元，比上年增长16%，高出GDP增幅1个百分点，占全市GDP的比重达61%。

临港工业迅速崛起，工业结构调整加快，临港先进制造业基地建设不断推进。2005年全市工业总产值突破400亿元，达到403.6亿元，年均增长25.8%，高于“九五”时期12个百分点。工业对全市经济增长的贡献率保持在35%以上，成为全市经济增长的重要支撑，工业主导地位进一步突出。临港工业成为全市工业的主要增长点。2005年，全市临港工业产值达到250.8亿元，比上年增长40.7%，占全部工业产值的比重达到62.1%。船舶修造业凭借港口岸线资源，呈现蓬勃发展势头。船舶工业总产值从2000年的5.6亿元扩大到2005年的58.1亿元，年均增长59.9%，增速居工业主要行业首位。工业内部结构进一步调整。在船舶工业快速发展的带动下，工业重型化倾向日趋明显。规模工业迅速发展，2005年全市工业总产值亿元以上企业达63家，比2000年增加了58家，彻底改变了舟山工业过去“低、小、散”的局面。

渔农业结构继续调整，“双转”进程不断加快。渔农业在加快结构调整步伐中保持平稳发展。2005年，全市渔农业总产值87.2亿元，年均增长3.2%。农业发展坚持走集约高效的路子，不断调整农业种植结构，确保了农业生产有新的发展。渔业结构调整进一步加快。远洋渔业、海水养殖地位进一步突出，在渔业产量中的比重由“九五”末的9.9%、3.8%提高到“十五”末的12.5%、9.3%。渔民“双转”进程加快，海运业、工业、建筑业成为渔业劳动力的主要转移方向。农村渔农业劳动力占农村劳动力的比重由“九五”末的47.3%下降至37.1%，工业、建筑业劳动力由16.0%上升至28.0%。

港口资源进一步开发，海运大市地位基本确立。“十五”时期，舟山港开发建设翻开了新的一页，共投入港口开发建设资金31亿元（未含洋山港），新建各类生产性码头泊位38个。2005年，全市各类码头泊位达到385个，其中万吨级以上泊位达到12个。

2005年全市港口货物吞吐量9052万吨，比2000年增长1.8倍，年均增长23.2%，连续7年居全国沿海港口第九位。海运运力快速增长，海运大市地位基本确立。2005年全市海运企业有150家，比2000年增加57家。海运运力规模达193万载重吨，比2000年增长1.8倍，年均增长22.5%，运力规模居全省各市首位。运力结构进一步改善，单船吨位提高较快，特种船舶增加较多。

旅游资源进一步整合，海洋旅游快速发展。2005年，全市游客接待量突破1000万人次，为1001.7万人次，比2000年增长1.2倍，年均增长16.9%。2005年，舟山市旅游总收入61.41亿元，比2000年增长1.7倍，年均增长22.1%。

3. 体制改革继续深化，对外开放水平进一步提高

体制创新为全市经济发展注入新的活力。民营经济成为拉动经济增长的新亮点。“十五”时期，全市进一步优化民营经济发展环境，民营经济发展从量的扩张逐步转向质的提高，混合所有制经济得到快速发展，资本构成形式和企业组织形式得到全面优化，民营经济进入的领域不断拓宽，市场占有率和核心竞争力不断提高。到“十五”末，民营经济占工业总产值的比重上升到70%以上，占社会消费品零售额的比重在80%以上，民营经济增加值占GDP比重达到65%以上。

外向型经济成为全市经济增长的“助推器”。“十五”时期，全市不断改善投资环境，利用各种载体拓展招商引资的广度和深度，积极开展“山海协作”工程，借用外力促发展进入一个新阶段。“十五”时期，全市累计合同外资2.4亿美元，是“九五”时期的2.4倍，实际使用外资9296万美元，是“九五”时期的1.6倍，引进的国内外项目投资规模呈不断扩大趋势。

对外贸易不断扩大。2005年，全市外贸进出口总额12.1亿美元，比2000年增长1.6倍，年均增长20.7%。出口产品结构进一步优化，产品附加值不断提高。外贸出口快速增长，为工业生产创造了更多的外部市场需求，为相关行业发展起到了重要的拉动作用。

4. 发展环境逐步改善，经济增长动力进一步增强

“十五”时期，是全市固定资产投资规模迅速扩大的重要时期，五年累计完成全社会固定资产投资总额达到510亿元，比全市1950～2000年历年固定资产投资总额总和还多出175亿元，年均增长31.0%，高强度、大规模的投资，成为全市经济快速增长的重要动力。

基础设施投入力度加大，经济发展条件明显改善。“十五”时期，全市基础设施累计投入230亿元，占全社会固定资产投资总额的45.1%。大陆连岛工程等一批大手笔基础设施建设工程的相继开工或完工，以及船舶、水产、电力、石化等一批重大港口工业项目投产、在建或洽谈，使舟山优势资源得到进一步开发利用，同时有力缓解了全市交通、水、电等生产要素的瓶颈制约。

工业性投入加大，产业素质和发展后劲明显增强。“十五”时期，全市累计工业性投入达到125亿元，占全社会固定资产投资额的比重达24.5%。投资方向进一步集中，优势产业成为投资热点。2005年，临港工业完成投资27.9亿元，占全部工业投资的比重达67.4%。以扬帆集团、中远集团、常石集团为主的一批大型修造船项目建设，为舟山打造全国重要的船舶修造业基地增添了重要砝码。逐步形成基础设施以政府为主导，工业性投入以民间投资为主体的格局，“十五”时期，全市民间投资达209亿元，占全市投资的比重为41.0%。

金融对经济发展的支持进一步增大。“十五”时期是全市金融机构存贷款增长最快的时期，有力支持了全市经济快速发展。2005年末，全市金融机构人民币贷款余额284.7亿元，比2000年末增加186.45亿元，年均增长23.7%；金融机构存贷比由“九五”末的65.5%提高到“十五”末的78.3%，五年上升了13.1个百分点。在贷款规模不断扩大的同时，不断调整资金投向，围绕海洋经济建设，突出基础设施建设和临港产业发展，积极支持了大陆连岛工程建设，运用多种融资形式对船舶修造、水产品加工等临港型经济贷款给予重点投放。

5. 各类市场繁荣兴旺，房地产市场快速发展

“十五”时期，经济持续快速增长，城乡居民收入水平不断提高，为消费品市场的发展提供了良好的基础和条件，批零贸易业、餐饮业销售额得到了快速增长。2005年，全市社会消费品零售总额100.14亿元，比2000年增长68.4%，年均增长11.0%。2005年末，全市商品交易市场数量为114个，全市商品交易市场成交额92.48亿元，比2000年增长1.4倍，年均增长19.4%。生产资料市场发展加快，船舶交易市场发展尤为突出。

“十五”时期，房地产业发展迅猛，成为国民经济中发展最快的行业之一。五年间，全市房地产开发投资累计达104.9亿元，为“九五”时期的1.5倍，占同期全社会固定资产投资额的比重为20.6%。“十五”时期，全市房屋竣工面积370.89万平方米，年均增长15.7%。房地产市场十分活跃，个人购买商品住房的比重进一步上升。“十五”时期，全市商品房销售面积年均增长11.4%。

6. 城乡统筹力度加大，社会事业全面进步

实施“暖人心、促发展”工程，进一步推进城乡统筹，城乡差距有所缩小。近年来，全市进一步加快城乡一体化进程，加大渔农村建设投入力度，加快渔农村各项保障与城市的对接。

加快推进城市化进程，城市功能布局调整进一步优化，临城新区建设步伐加快。2005年末，全市城市建成区面积已达59.2平方公里，比2000年扩大8.9平方公里，城市化水平达60%左右。

社会事业全面进步。社会综合发展水平连续3年保持全省第五位。教育事业快速发展，办学条件明显改观。“十五”时期，全市中小学基本建设投入共计10.79亿元，新建校舍30.75万平方米。

科技事业快速发展。“十五”时期，全市累计实施省级以上各类科技项目516项，其中，国家“863”计划8项，国家级重大科技攻关项目3项，有11项科技成果获省科技进步奖，120项科技成果获市科技进步奖。

卫生事业得到长足进步。卫生技术人员和医院病床数均比2000年有一定的增加。积极推进渔农村社区服务试点工作，社区卫生服务中心覆盖人口77.4万人。

覆盖城乡的社会保障体系初步建立。2005年末，全市养老保险参保人数17.95万人，

基本医疗保险参保人数18.48万人，失业保险参保职工11.71万人。建立健全了多种新型社会救助制度和新型渔农村合作医疗制度。

创建海洋文化名城成效显著，文化事业更加繁荣。据测算，全市文化产业增加值占GDP的比重约高于全省平均0.3个百分点。

7. 生态市建设全面推进，可持续发展能力增强

生态市建设全面推进，城乡生态环境进一步改善。全市环境质量继续保持良好水平，地表水环境功能区水质达标率达到70%。环境空气质量均好于或等于二级标准。2004年、2005年连续两年生态环境质量被评为全省第一。累计治理水土流失面积达46.27平方公里。完成49条、共计97公里的清水河道工程，

海岛自然生态环境进一步优化。2005年，全市投入绿化造林资金1300万元，完成绿化造林13329亩。"十五"时期，全市共建成绿色通道172.2公里，城市公共绿地面积达到262公顷。

计划生育率继续保持良好水平。2005年，全市计划生育率达99.48%；出生人口性别比为106.13，控制在正常范围内。

8. 企业效益不断提高，人民生活更加殷实

企业效益不断改善。"十五"时期，在生产、经营成本不断上升的情况下，企业通过改善管理和经营方式，积极推进技术创新，提高劳动生产率，使工业经济效益仍保持在较好的水平。2005年，全市规模以上工业企业经济效益指标综合指数为185.88，比2000年的145.98提高39.9个点。

城乡居民生活更为富裕。2005年，城镇居民人均可支配收入和渔农村居民人均纯收入分别达到15524元和7190元，扣除价格因素，年均实际增长11.5%和10.9%，分别比"九五"时期提高8.7个和10.2个百分点。收入水平分别居全省第七位和第六位。渔农村居民收入结构调整加快，来自二、三产业工资性、经营性收入比重不断提高。2005年末城乡居民人民币储蓄余额173.54亿元，比2000年末增加88.15亿元，人均储蓄余额由"九五"末的8676元提高到"十五"末的17924元，增长1.1倍。

居民消费水平不断提高。2005年，全市城镇居民人均消费性支出10950元，渔农村居民人均生活消费支出5264元，扣除价格因素，年均实际增长10.6%和11.4%。文化生活日趋丰富，文化娱乐教育支出比重明显提高。衡量城乡居民生活质量的恩格尔系数分别从2000年的42.0%、51.7%下降到2005年的35.0%、42.8%。消费升级趋势愈益明显，新的消费热点不断涌现。

城乡居民居住条件有较大改善。城镇居民人均住房使用面积由2000年的不到20平方米增加到2005年的22平方米。农村居民人均居住面积由2000年的39.3平方米增加到2005年的44.1平方米；渔村居民人均居住面积由2000年的36.1平方米增加到2005年的44.4平方米。

（四）舟山市在长三角地区的发展状况

"十五"期间，舟山市坚持科学发展，跳出舟山看舟山，进一步理清发展思路；坚持

发挥优势，抢抓发展机遇，大力发展海洋经济；坚持优化环境，加强招商引资，显著增强发展活力；坚持以人为本，加强统筹协调，努力建设和谐社会，其国内生产总值在长三角的比重逐年增加，经济发展势头良好（见图3－219）。

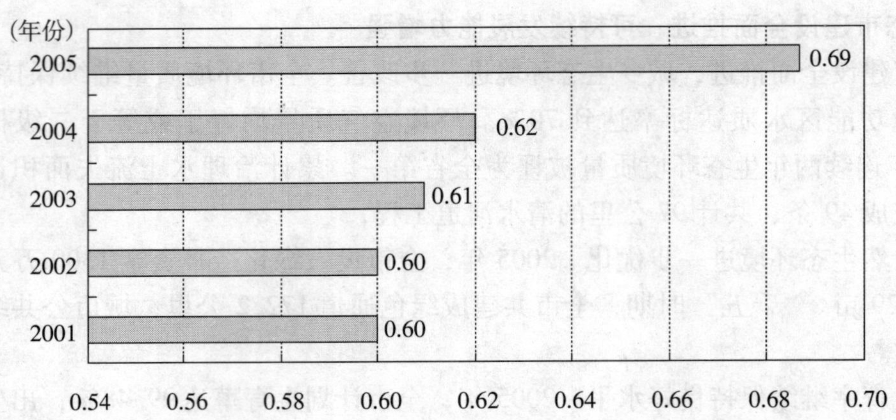

图2－219　2001～2005年舟山市国内生产总值在长三角的比重（单位：%）

受到台风、干旱等自然灾害的影响，又遇到非典、禽流感等疫情带来的严重冲击，加之发展中的要素制约和国际贸易壁垒等新问题，舟山的第一产业在长三角的比重呈下降趋势，2005年，该比重降至1.66%（见图2－220）。目前，舟山市城乡、区域发展不够协调，部分低收入群众生活比较困难，新渔农村建设的任务十分艰巨。现在，舟山正在大力推广效益农业、生态农业，进一步拓展远洋渔业作业区域，扎实推进现代渔业基地和渔港经济区建设。

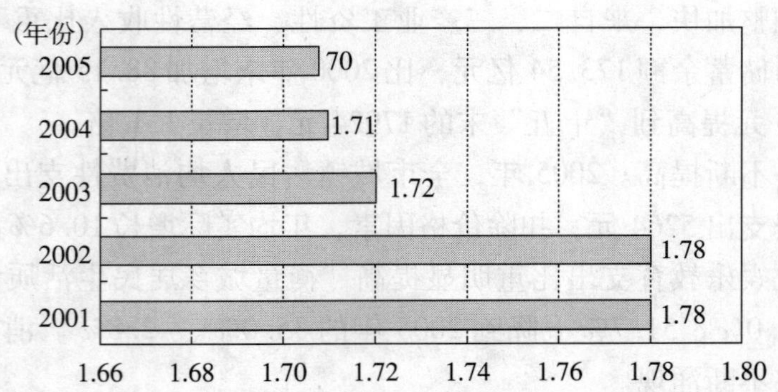

图2－220　2001～2005年舟山市第一产业增加值在长三角的比重（单位：%）

虽然舟山市的自主创新能力还比较弱，要素制约突出，粗放型增长方式还没有根本改变，但舟山市在长三角的第二产业比重逐年增加，2005年达到0.49%，显示出强势增长的势头（见图2－221）。海洋资源是舟山的最大优势，舟山着力把海洋经济作为经济工作的战略重点和主攻方向，加快推进先进临港工业基地、现代港口物流基地、现代海洋休闲旅游基地和现代渔业基地四大基地的建设。同时，舟山致力于推进重点修造船项目

的引进和建设，扶持培育水产品加工龙头企业，加大对石化行业大公司、大集团的招商力度。

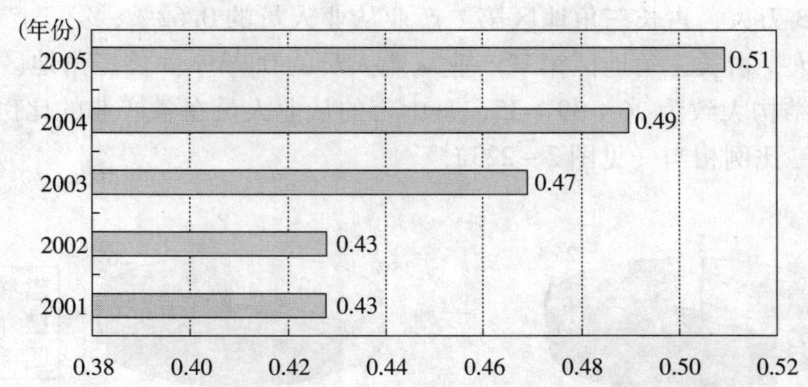

图 2－221　2001～2005 年舟山市第二产业增加值在长三角的比重（单位：%）

“十五”期间，舟山市的第三产业在长三角的比重也在稳步提高。舟山的第三产业加快发展，产业结构更趋合理。舟山实施了港航联动，扩大运力规模，重点扶持大吨位散装船和特种船舶运输，加快舟山从海运大市向海运强市迈进的步伐。舟山还不断提升旅游发展水平，加快推进旅游精品项目建设，加大旅游推介力度。同时，舟山的金融总量稳定增长，保险业务继续扩大。第三产业发展良好（见图 2－222）。

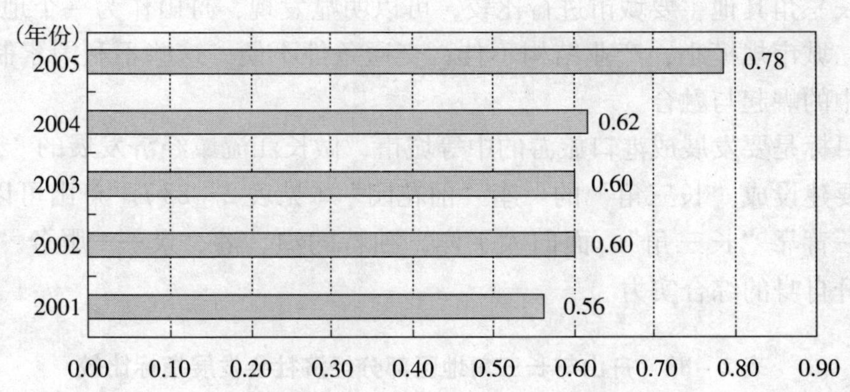

图 2－222　2001～2005 年舟山市第三产业增加值在长三角的比重（单位：%）

舟山市的综合实力相对较弱，全社会固定资产投资总额达 161. 12 亿元，占长三角地区总额的 0. 85%。社会消费品零售总额为 100. 14 亿元，为长三角地区的 0. 75%。在对外经济贸易中，舟山的出口总额为 9. 95 亿美元，仅占长三角地区的 0. 34%。

在交通运输方面，舟山的公路客运量为 6914 万人，在长三角地区公路客运总量中的比例达到 2. 36%，而公路货物运输量为 1806 万吨，仅占长三角地区公路货运总量的 0. 95%。舟山市的民用汽车拥有量为 18609. 00 辆，只是长三角地区民用汽车拥有数量的 0. 38%。

在通信方面，舟山市 2005 年末的市内电话总量为 48. 72 万户，移动电话用户为 59. 18

万户，国际互联网用户为16.49万户，在长三角的比例分别高达1.08%、0.89%和1.03%。

舟山市各产业从业人员总数为55.72万人，仅为长三角地区从业人员总数的0.66%。其中第一产业13.86万人，占长三角地区第一产业从业人员的0.62%；第二产业的从业人员数为20.33万人，占长三角地区第二产业从业人员的0.62%；第三产业从业人员人数为21.53万人，占长三角地区第三产业从业人员的0.73%。长三角地区的一、二、三产业从业人员结构大致为26：39：35，舟山市的从业人员在各产业的比例为25:36:39，与长三角的这一比例相当（见图2－223）。

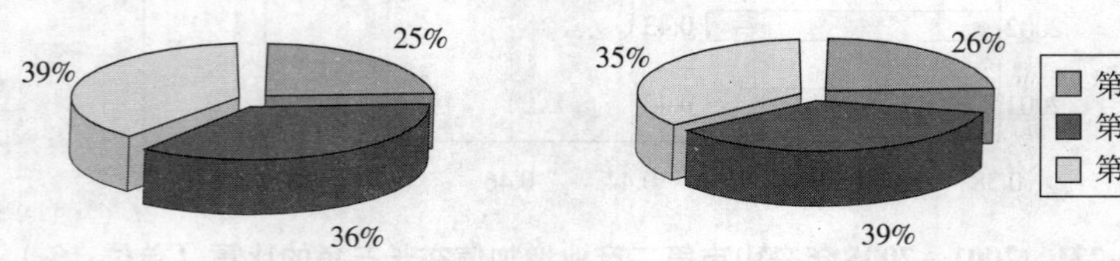

1）舟山市一、二、三 产业从业人员结构　　2）长三角地区一、二、三产业从业人员结构

图2－223　2005年舟山市与长三角整体三大产业从业人员结构对比

舟山市的普通中学在校生为4.81万人，在长三角的比重为0.63%，小学在校生为5.01万人，占长三角地区小学在校生的0.57%。

舟山在上海和宁波两大都市的双重辐射下，借助其自身优势也实现了较大的发展。但将舟山与长三角其他主要城市进行比较，可以明显发现，舟山作为一个地级海岛城市，经济总量小，城市规模小，产业结构不佳，交通条件不便，这些不利因素制约了其在长三角城市群中的崛起与融合。

舟山的目标是要发展成港口旅游的中等城市，做长江流域经济发展的“桥头堡”，同时，舟山还要建设成“长三角”的一座“前花园”（见表2－83）。舟山可以利用当地的经济优势——背靠“长三角”，面向太平洋，独特的渔、港、景——服务“长三角”经济，进而提升自身的综合实力。

表2－83　舟山与长三角地区部分经济社会发展指标比较

指　　标	长三角	舟　山	比例（%）
固定资产投资（亿元）			
全社会固定资产投资总额	18978.51	161.12	0.85
国内商业			
社会消费品零售总额（亿元）	13304.55	100.14	0.75
对外经济贸易			
出口总额（亿美元）	2905.28	9.95	0.34
运输			
公路客运量总计（万人）	292977.00	6914.00	2.36

续表 2－83

指　　标	长三角	舟山	比例（%）
公路货物运输量总计（万吨）	190433.00	1806.00	0.95
民用车辆拥有量（辆）			
民用汽车拥有量	4920600.00	18609.00	0.38
邮电业务总量（亿元）			
年末市内电话（万户）	4507.77	48.72	1.08
年末移动电话用户（万户）	6680.00	59.18	0.89
国际互联网用户（万户）	1597.46	16.49	1.03
从业人员合计（万人）	8474.20	55.72	0.66
第一产业	2241.24	13.86	0.62
第二产业	3266.99	20.33	0.62
第三产业	2965.97	21.53	0.73
教育			
普通中学在校学生（万人）	759.68	4.81	0.63
小学在校学生（万人）	881.43	5.01	0.57

嵊泗县经济社会发展情况

（一）嵊泗县概况

嵊泗处于亚太经济发展区的重点地带，是中国18000公里的海岸线中心点，长江、钱塘江的交会处，为沪、杭、甬之屏障。嵊泗背靠上海，面朝大海，是中国海上南北交通的中心、江海联运的枢纽，是国内外海轮进出长江口的必经之地，区位优越，气候宜人，资源丰富，地灵人杰，港、渔、景优势独特。全县404个岛屿，星罗棋布地镶嵌于8747平方公里的碧波、绿壤、金沙之间，陆域面积86平方公里，16个住人岛屿，设3镇、4乡，有8.2万人口。泗礁岛是全县最大的岛，占地25.88平方公里，菜园镇是县委、县政府驻地，也是县政治、经济、文化中心。距上海芦潮港31海里、宁波75海里、舟山74海里。泗礁的西域是港口综合开发区、上海国际航运中心，洋山深水港区在建设之中，东海大桥横跨32.2公里，上海芦潮港与嵊泗洋山相连接。东域是渔业、海水养殖区，著名的嵊山渔场曾以之集全国七省二市万艘渔船、十数万渔民下渔场而扬名，中部泗礁岛被誉为“南方北戴河”，每年接纳游客40万~50万人次，1988年8月，被国务院批准为国家级重点风景名胜区，也是中国唯一的列岛型国家风景名胜区。

嵊泗渔业，历史悠久。“羊山洋面，明时已为重要之渔区，每岁孟夏，出海渔船以万计。”后渔场逐渐东移，形成著名的嵊山渔场，盛产小黄鱼、墨鱼、带鱼。大戢渔场盛产大黄鱼。海蜇、梭子蟹、虾、鳗、鲳、鳓、鲐鱼，小杂鱼等资源亦丰，一年四季有鱼可捕，被誉为天然的海上鱼库。

围绕水产捕捞和水产品养殖，加工企业应运而生。中华人民共和国成立前，水产加工十分落后，当时加工方法简单，主要方式有腌、槽、晒干等。中华人民共和国成立后，随着渔业生产的发展，水产品加工业发展很快，尤其在十一届三中全会以后得到迅速发展，先后建立冷冻厂、蒸干鱼粉厂、水产品罐头厂等。

港口业，作为嵊泗的新兴产业，蕴藏着无限的潜力，给嵊泗带来巨大的发展机遇。自1998年11月上海宝钢马迹山矿砂中码头开工新建，嵊泗深水港口建设从此拉开序幕。总投资13.28亿元的马迹山港区经过3年多的建设，建造25万吨级兼靠30万吨级卸船码头1座、3.5万吨级装船码头1座及配套的装卸设备和堆场设施。工程通过国家计委、交通部等有关部门竣工验收，已正式投入运行。

上海国际航运中心洋山深水港，是国家“十五”重大建设项目。港区建设规划分4期进行，计划到2020年建成30多个深水集装箱泊位，吞吐能力达1300万标箱以上。

深水港区的建设，其带动相关产业的辐射效应是巨大的。围绕洋山深水港建设这一核心，激活港口相关产业的兴奋点，将推动嵊泗经济、社会跨越式发展。深水港口的开发建设，其配套项目、港口功能综合开发等涉港产业形成港口产业链。诸如，洋山客运中心、船舶修理、境内外加工工业、外轮供油基地、海上物流中心、海上工程运输业、集卡运输业、国际海员俱乐部等将逐步形成并发展，成为嵊泗最具特色的嵊泗产业经济。

特有的海岛地理环境，造就了独特的列岛名胜风景。1985年8月，浙江省人民政府决定将嵊泗列岛列为省级风景名胜区，1988年8月经国务院批准，列为国家级重点风景名胜区。嵊泗的旅游产业快速形成，以列岛自然景色、人文景观为依托，以“观海景、尝海鲜、游海水、买海货”为特色载体，旅游人数年年增加，带动了旅馆业、餐饮业、休闲娱乐业和交通海运等产业链的发展。

（二）嵊泗县经济发展基本状况

2005年，嵊泗县人民以邓小平理论和“三个代表”重要思想为指导，深入贯彻党的十六大和十六届四中、五中全会精神，全面落实科学发展观，按照浙江省委“干在实处、走在前列”要求，努力打造生态嵊泗、和谐嵊泗，积极推进渔农村新型社区建设，全面完成“十五”计划提出的各项目标任务，国民经济继续保持平稳健康快速发展。

1. 国民经济持续快速发展

初步核算，2005年，全县实现地区生产总值33.51亿元，按可比价格计算，比上年增长14.0%。其中，第一产业增加值6.44亿元，增长0.7%；第二产业增加值15.35亿元，增长17.3%，实现工业增加值7.39亿元，增长16.8%，建筑业增加值7.96亿元，增长17.9%；第三产业增加值11.72亿元，增长17.8%。三次产业增加值结构由上年的21.1∶45.1∶33.8调整为19.2∶45.8∶35.0，产业结构继续呈“二、三、一”分布格局。2005年，按户籍人口计算，全县人均地区生产总值突破4万元大关，达到41227元，按现行汇率折算，为5083美元。

财政收入大幅增长。2005年，全县财政总收入23369万元，比上年增长30.3%，其

中地方财政收入18086万元，增长27.9%。地方财政收入中的主要税种，营业税14057万元，增长50.6%；增值税999万元，增长22.0%；企业所得税1033万元，个人所得税490万元，分别增长1.4倍和9.7%。全年地方财政支出38097万元，增长14.4%，其中行政管理费支出7488万元，文教科卫支出10871万元，分别增长14.1%和25.8%。

价格总水平温和上涨。2005年，全年居民消费价格水平比上年上升2.2%，其中服务项目价格上涨2.8%，消费品价格上涨1.8%。此外，食品类价格上涨3.7%，其中肉禽及制品类价格上涨3.6个百分点，水产品类和鲜菜价格分别上涨5.0个和17.2个百分点。

2. 三大需求拉动经济稳步增长

1）固定资产投资

固定资产投资规模不断扩大。2005年全年完成全社会固定资产投资433150万元，比上年增长25.1%，其中洋山深水港工程完成投资371268万元，比上年增长34.7%，地方固定资产投资51172万元，比上年下降27.5%。全部固定资产投资中，限额以上投资额420370万元，增长27.0%；民间投资30426万元，下降42.7%；城乡个私完成投资17388万元，下降13.1%。

固定资产投资结构继续改善。从投向看，基础设施投资成为投资增长的主导力量，全年基础设施投资398907万元，比上年增长33.3%，占全社会投资额的比重达92.1%。工业性投入17479万元，增长9.4%。分产业看，第一、二产业投资额继续下跌，分别完成投资1538万元和17634万元，比上年分别下降7.5%和24.4%；第三产业投资仍保持快速增长，完成投资413978万元，比上年增长28.9%。

房地产开发投资全面下降。2005年，全县房地产开发投资7696万元，比上年下降28.0%。全年房屋施工面积18.3万平方米，下降6.9%；房屋竣工面积4.1万平方米，下降65.3%；商品房销售面积3.3万平方米，比上年下降44.1%，其中销售住宅面积3.2万平方米，下降44.8%；商品房空置面积1.0万平方米，其中空置住宅面积0.6万平方米，分别比上年增长1.5倍和1.0倍。全年商品房销售额8229万元，比上年下降31.8%，其中住宅销售额8186万元，比上年下降29.9%。

2）国内贸易

消费品市场繁荣兴旺。2005年全年实现社会消费品零售总额79049万元，比上年增长13.0%。其中，县城消费品零售额66380万元，增长15.4%，占全县社会消费品零售总额的84.0%。分行业看，批发零售贸易业零售额70698万元，比上年增长11.4%；餐饮业零售额8123万元，比上年增长29.9%。在全社会消费品零售总额中，个私经济零售额为66345万元，比上年增长14.5%，占全县社会消费品零售总额的83.9%。全年限额以上批发零售贸易业商品销售额97608万元，比上年增长23.9%，其中石油及石油制品类销售额76706万元，增长31.3%。

商品交易市场继续发展。2005年末全县共有各类商品交易市场11个，其中年成交额超亿元的市场1个。全年商品交易市场实现成交额22898万元，比上年增长8.1%。成交品种丰富，其中粮食类成交量1813吨，比上年增长34.7%，成交额655万元，比上年增长37.6%；油脂油料类成交量491吨，比上年增长10.6%，成交额392万元，比上年增长8.3%；肉食禽蛋类成交量3149吨，比上年增长7.9%，成交额4919万元，比上年增长16.5%；蔬菜类成交量10880吨，比上年增长3.8%，成交额5094万元，比上年增长1.8%。

3）对外贸易

出口贸易增势强劲，招商引资取得新进展。2005年全县外贸自营出口总额613万美元，比上年增长80.8%。其中水产品出口额468万美元，比上年增长2.0倍，占全部出口总额的76.3%。招商引资加大工作力度，紧抓洋山深水港开发运行契机，积极创新招商工作思路，培育投资环境，营造招商平台，招商引资取得实质性进展。2005年全县新注册招商引资项目4个，其中外商投资项目2个，全年协议总投资7.3亿元，实际到位资金1.75亿元，合同利用外资584.8万美元，实际到位外资631.8万美元。

3. 三大产业齐头并进，带动全市经济增长

1）农业

2005年，全县实现农林牧渔业总产值124253万元，比上年增长4.6%。

渔业生产稳步发展。2005年，嵊泗县继续突出渔业增效、渔民增收、渔区稳定和海洋综合管理这一主题，渔业生产继续保持稳步发展。全年水产品产量253069吨，比上年下降1.8%；实现渔业总产值123291万元，比上年增长4.8%。

农林牧业平稳发展。积极推广无公害农产品生产技术，发展生态农业、效益农业。2005年，嵊泗县新增100亩微喷滴灌设施及部分农业栽培设施，增加农田基础设施改造投入，努力提高蔬菜种植业的生产水平，全县蔬菜产量基本保持稳定。蔬菜播种面积2692亩，蔬菜产量3068吨，水果及果用瓜产量194吨，比上年增长94.0%，实现种植业产值506万元。加大营造林力度，加强病害防治，继续深入开展再造绿岛工程，2005年全年完成造林面积140公顷，幼林抚育作业面积567公顷，比上年增长54.5%，封山育林面积1560公顷，比上年增长70.9%，实现林业产值126万元，比上年增长11.5%。严格做好动物疫病防治工作，合理划定限、禁养区，建设生猪生态养殖小区，畜牧业生产形势稳定，实现畜牧业产值330万元，比上年增长0.3%。全年生猪出栏4216头，家禽出栏1.53万只，肉类产量313吨，其中猪肉和禽肉产量分别为272吨和25吨。

2）工业和建筑业

工业生产快速发展。2005年全年完成工业总产值241279万元，比上年增长20.5%。产销衔接良好，全部工业实现销售产值231402万元，增长19.9%，产销率为95.9%。个私工业实现总产值97681万元，增长17.7%，占全部工业总产值的比重为40.5%。全年工业增加值7.39亿元，比上年增长16.8%。

3）金融保险业

金融业务持续发展。2005年末全县金融机构存款余额306778万元，比年初增加56898万元。其中企业存款93669万元，比年初增加16844万元；城乡居民储蓄存款141576万元，比年初增加13451万元。年末各项贷款余额133124万元，比年初增加6311万元，其中农业

贷款比年初增加 1866 万元，乡镇企业贷款比年初增加 1587 万元，技术改造贷款比年初增加 1200 万元，分别占新增贷款的 29.6%、25.1% 和 19.0%。全年累计现金收入 701562 万元，增长 5.5%，现金支出 693028 万元，增长 7.4%。

保险业市场稳步发展。2005 年全年保费收入 5349.8 万元，比上年增长 21.9%，其中财产险保费收入 1203.1 万元，比上年增长 1.5%；人身险保费收入 4146.7 万元，比上年增长 29.5%。全年赔款支出 779.7 万元，比上年增长 3.1%；给付支出 1170.5 万元，比上年增长 73.5%。

4）交通运输业

2005 年，全县拥有各种机动车 3356 辆，各种运输船 166 艘，分别比上年增长 12.6% 和 8.5%。全年各种运输方式完成货物运输量 295.1 万吨，比上年增长 2.8%，其中海上运输 181.8 万吨，比上年增长 3.9%；货物周转量 24076.2 万吨公里，比上年增长 9.8%，其中海上运输 23034.3 万吨公里，比上年增长 9.9%。完成旅客运输量 291.5 万人，比上年增长 8.4%，旅客周转量 8261.6 万人公里，比上年增长 3.9%。港口货物吞吐量再创新高，达到 3441.7 万吨，占全市港口货物吞吐量的 38.0%，比上年增长 21.3%，其中马迹山港吞吐量 2585.1 万吨，比上年增长 3.4%。

5）邮电通信业

2005 年全年完成邮电业务总量 8873 万元，比上年增长 7.5%。年末城乡固定电话用户达 40083 户，增加 855 户，比上年增长 2.2%，全县电话主线普及率由上年末的 43.8 线/百人提高到 46.6 线/百人。移动电话用户 54500 户，净增 4500 户，比上年增长 9.0%，移动电话普及率由上年末的 61 户/百人提高到 67 户/百人。数据网络服务高速发展，年末全县拥有互联网用户 7556 户，增加 1191 户，比上年增长 18.7%。完成国际、国内邮政特快专递 7604 件，比上年增长 25.8%。全年订销报刊累计 180 万份，基本保持上年水平。

6）海洋旅游业

2005 年，嵊泗县进一步提升旅游产品档次，充分挖掘旅游发展潜力，积极创新旅游促销手段，成功举办了以“亲近海洋、和谐发展”为主题的第二届中国嵊泗贻贝文化节暨马鞍列岛海洋特别保护区成立庆典等旅游节庆活动，海洋旅游业得到快速发展。全年共接待国内外游客 89 万人次，比上年增长 31.5%，增幅较上年提高了 5.6 个百分点，实现旅游收入 52232 万元，比上年增长 30.0%。县内旅游配套设施不断完善，旅游接待能力进一步提高。年末，全县共有旅行社 15 家、星级宾馆 6 家。

（三）嵊泗县社会发展基本状况

1. 改革开放力度不断加大

渔农村新型社区建设全面推进，以联村、并村方式在全县建立了 18 个渔农村新型社区，洋山镇撤村建居工作顺利完成。政府机构改革进一步深化，政务公开不断深入，政府机构采购制度进一步加强，行政许可法得到深入贯彻实施。不断完善国有资产运行和监管体系，进一步完善固定资产投资体制，积极推进重大项目招投标制度。

2. 重点实事建设项目进展顺利

2005 年，县政府共安排交通、市政、水利及城乡环境卫生综合整治等方面的重点实事项目 45 个，全年共完成投资 18139 万元，其中用于交通方面的项目投资 6100 万元。李柱山港区建设、280 客位航速 33 节高速客轮、石柱至插旗岗公路改建、花鸟北岙交通码头、双拥公园、菜园至金平供水工程、大洋 2000 吨级海水淡化一期工程等 25 个重点实事项目相继竣工并投入使用，有力地改善了嵊泗的交通环境，提高了海岛城市的品位，增强了城市发展的后劲。

3. 人民生活质量明显提高

人口总量继续减少。全县现有 3 个镇，4 个乡；8 个居民委员会，38 个村民委员会。2005 年末，全县总户数 30299 户，户籍总人口 81174 人，其中非农业人口 34160 人，占总人口的 42.1%。

人民生活水平和生活质量明显提高。据抽样调查，2005 年，县城居民人均可支配收入 14577 元，比上年增长 11.5%，扣除价格因素，实际增长 9.1%，人均消费性支出 10357元，比上年增长 15.3%；渔农民人均纯收入创历史新高，为 7056 元，比上年增长 10.7%，扣除价格因素，实际增长 8.3%，人均消费性支出 6411 元，比上年增长 28.8%；城乡居民家庭恩格尔系数分别为 35.8% 和 41.8%，比上年分别降低 0.5 个和 4.2 个百分点。

就业再就业工作稳步推进。2005 年末全县城镇集体以上单位从业人员 8460 人，职工 8775 人；城乡个私经济从业人员 9405 人，其中个体从业人员 5048 人。2005 年末共有城镇登记失业人员 593 人，其中失业职工 280 人，城镇登记失业率为 4.2%。就业和再就业工作成效显著，全年净增就业岗位 821 个，共有 538 名城镇失业人员实现就业和再就业。全县渔农村劳动力实现就业 994 人，其中失海失地渔农民就业 430 人。

4. 科学技术和教育

科技队伍不断壮大。继续深入实施“科教兴县”战略，进一步加大科技创新与普及力度，科技队伍不断壮大。2005 年末全县共有各类专业技术人员 3182 人，其中高级职称 118 人，中级职称 1160 人。科技创新能力不断增强，全年共组织和实施市级以上各类科技项目 18 项，其中部级 2 项、省级 9 项、市级 7 项。

教育事业全面发展。2005 年 12 月 20 日，嵊泗县被正式批准为浙江省教育强县。年末，全县拥有普通中学 3 所，招生 1206 人，其中高中招生 403 人；毕业学生 1317 人，其中高中毕业生 397 人；在校学生 3573 人，其中高中在校生 1195 人。普通小学 12 所，招生 552 人，在校学生 4091 人。幼儿园 12 所，在园幼儿 1853 人。2005 年，全县初中入学率达 99.5%，初中升高中率达 96.8%，高考上线率达 91.8%，本科上线率达 62.0%，学前一年（5 周岁）幼儿入园率达到 99.2%。

5. 文化、卫生和体育

文化广电新闻出版事业取得新进展。2005 年，根据《嵊泗县人民政府改革方案》，在原嵊泗县文化体育广播电视局的基础上组建成立了嵊泗县文化广电新闻出版局和嵊泗县体育局，进一步整合优化文化、广电、新闻、体育功能，大力推进基层文化建设，认

真做好重大新闻和热点问题的宣传报道，不断提高新闻宣传工作力度。至年末，全县共有文化馆1个，文化站7个，公共图书馆1个，藏书5.4万册次，全年图书流通量2.4万人次。放映电影90场次，电影观众5.9万人次，放映收入12.5万元，发行收入9.5万元。广播电视节目丰富多彩，综合覆盖率均达到98%。

卫生事业进一步提高。2005年，全县共有医疗卫生机构16个，医疗床位329张，卫生事业从业人员541人，卫生技术人员427人，其中医生171人。渔农村卫生室19个，村卫生室从业人员22人。

体育事业不断进步。2005年，全县共举办县级体育比赛16次，参加市级以上体育运动会6次。竞技体育水平逐步提高，组织选派运动员先后参加了全市中小学生田径运动会、老年人乒乓邀请赛、浙东片海洋特色体育运动会以及全市首届儿童短式网球比赛等赛事，并分别取得了可喜的成绩。

6. 环境保护

全面推进生态县建设。2005年，全县7个乡镇的生态建设规划全部通过了专家评审，并进一步做好省级生态示范乡镇创建工作，12月，嵊泗县通过了国家级生态示范区省级预验收。扎实推进环境污染整治工作，着重加强对重点污染源的监督性监测，切实改善环境质量。

十　台州市2005年经济社会发展报告

2005年，台州市积极落实科学发展观，深化各项宏观调控措施，努力克服要素资源紧缺和五次强台风袭击等重大自然灾害所带来的各种困难，深入实施“两年”活动，全力推进“两个社会”建设，实现了国民经济和社会事业的全面、协调和可持续发展。

（一）2005年台州市经济社会发展总况

2005年，台州市牢抢抓机遇，苦练内功，克难攻坚，全力推进“两个社会”建设，保持经济较快发展与社会和谐稳定，较好完成市三届人大一次会议确定的主要预期目标和十方面实事任务。全市实现生产总值1251.77亿元，比上年增长13.4%；财政总收入147.45亿元，增长16.4%，其中地方财政收入72.33亿元，增长15.5%；全社会固定资产投资537.62亿元，增长16.6%；社会消费品零售总额439.9亿元，增长16.1%；自营进出口63.53亿美元，增长32.7%；城镇居民人均可支配收入和农村居民人均纯收入分别为17394元和6689元，实际增长7.4%和10.6%；城镇登记失业率控制在3.8%；人口自然增长率为7.13‰。

（二）2005年台州市经济发展状况

1. 经济发展综合质量的稳步提高

2005年，台州市经济稳定快速发展。初步核算，按经济普查口径计算的全市生产总值达到1251.77亿元，按可比价格计算，比上年（普查数据）增长13.4%（见图2－224）。其中第一产业增加值102.46亿元，增长0.1%；第二产业增加值658.14亿元，增长14.6%；第三产业增加值490.99亿元，增长14.8%；三次产业结构进一步优化，由上年的8.8∶52.0∶39.2调整为8.0∶52.6∶39.4（见图2－225）。全市按户籍人口计算的人均生产总值为22438元，比上年增长12.7%。

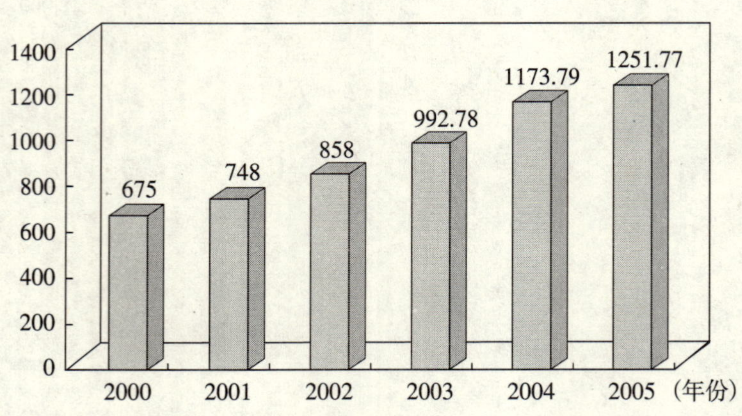

图2－224　2000～2005年台州市生产总值（单位：亿元）

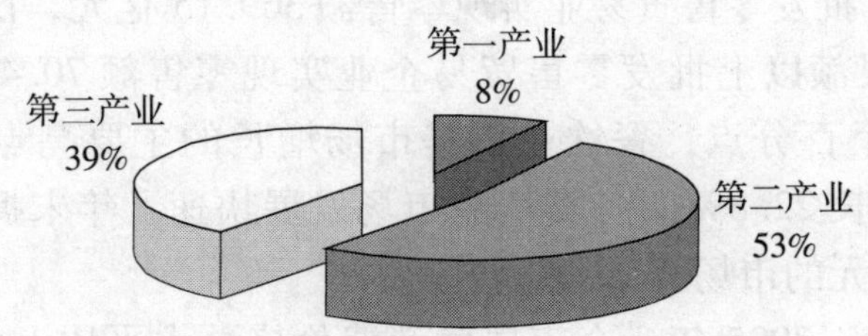

图 2－225　2005 年台州市产业结构图

2005 年，市区实现生产总值 467.3 亿元，按可比价格计算，比上年增长 13.5%。市区人均生产总值达到 31562 元，比上年增长 12.5%。

2. 三大需求拉动经济增长

1）固定资产投资和房地产业

投资结构继续调整，固定资产投资呈现平稳增长态势。全年完成全社会固定资产投资 537.62 亿元，比上年增长 16.6%，增幅比上年回落 7.5 个百分点。其中工业性投资 296.21 亿元，比上年增长 19.0%。全部限额以上固定资产投资 450.65 亿元，比上年增长 25.2%，增幅比上年回落 2.9 个百分点（见图 2－226）。

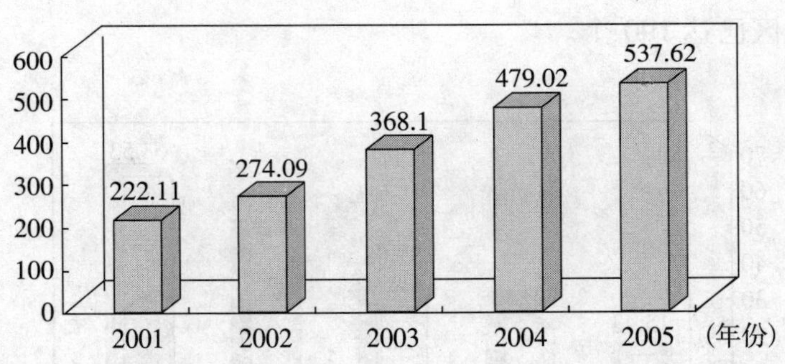

图 2－226　2001～2005 年台州市固定资产投资额（单位：亿元）

“项目推进年”成效显著，重点建设项目进展顺利。桐柏抽水蓄能电站第一台机组并网发电，台州广电中心、漩门二期、东海塘南片海涂围垦、长潭水库除险加固等工程基本完成；台州供水二期、华能玉环电厂主体建筑及主体安装、台金高速公路、诸永高速公路等项目进展良好。甬台温铁路台州段、三山涂围垦工程、台州滨海工业区块基础设施、温岭石粘至松门一级公路开工建设。

房地产投资增幅仍在高位运行。全年房地产开发完成投资 116.13 亿元，比上年增长 33.0%；全年销售商品房 166.84 万平方米，比上年下降 1.8%。

2）国内贸易

消费品市场繁荣活跃。2005 年，全市实现社会消费品零售总额 439.92 亿元，比上年增长 16.1%。其中城市消费品零售额 258.43 亿元，比上年增长 16.8%；县城消费品零售额 62.7 亿元，比上年增长 16.2%；县以下消费品零售额 118.79 亿元，比上年增长

14.5%。分行业来看，批发零售贸易业实现零售额369.15亿元，比上年增长15.2%，规模效应进一步凸现，限额以上批发零售贸易企业实现零售额70.46亿元，增长21.1%，高出全市平均水平5个百分点，餐饮业仍是市场增长的主要亮点，餐饮业实现零售额58.84亿元，比上年增长22.8%。各类商品市场发展快速。年末拥有各类商品交易市场530家，年成交额超亿元的市场有73家。

市场物价保持平稳。2005年，全市居民消费价格总水平比上年上涨0.6%，涨幅比上年回落4.4个百分点。其中服务项目价格上涨1.7%，消费品价格上涨0.2%。从构成居民消费价格指数的八大类项目看，呈现三涨五跌的格局，上涨的三个大类分别是：居住类上涨6.1%，食品类上涨3.2%，家庭设备用品及维修服务费上涨0.5%；下跌的五个大类分别是：衣着类下跌6.7%，医疗保健及个人用品类下降2.7%，交通和通信类下降2.4%，烟酒及用品类下降0.8%，娱乐教育文化用品及服务类下降0.7%。

3）对外经济

对外贸易保持较快增长（见图2－227）。全年外贸进出口总额达到63.53亿美元，比上年增长32.7%。其中自营出口总额51.96亿美元，增长36.8%。全年实现贸易顺差40.38亿美元。在出口总额中，一般贸易出口46.50亿美元，增长36.4%，加工贸易出口5.23亿美元，增长37.9%。主要出口产品中，机电产品和纺织品出口增长较快，分别比上年增长47.6%和34.7%。2005年末全市有进出口实绩企业1902家，比上年末增加350家。出口国家和地区已达190个。

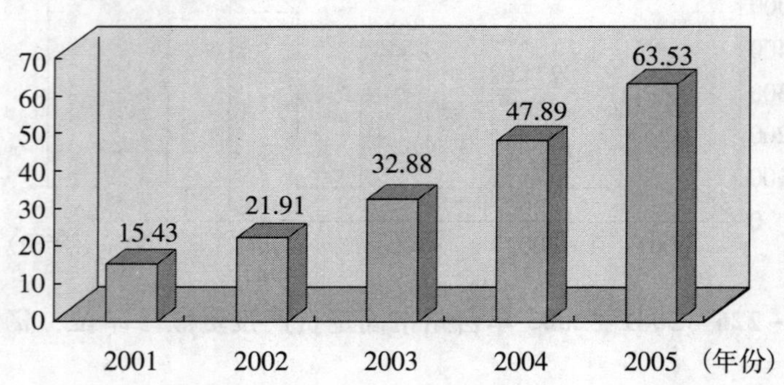

图2－227　2001～2005年台州市进出口总额（单位：亿美元）

利用外资取得新成绩。全年新签利用外资项目117个，项目总投资6.32亿美元，协议利用外资3.99亿美元，比上年增长45.0%，实际利用外资3.38亿美元，比上年增长11.5%。境外投资快速发展。全年新批境外企业48家，其中中方投资额1892万美元，境外投资带动出口3.87亿美元，比上年增长22.0%。

3. 产业发展水平进一步得到提升

1）农业

2005年，台州市坚持发展高效生态农业，大灾之年仍实现农林牧渔业增加值99.69亿元，增长0.1%。100家农民专业合作社完成规范化改造，农产品产地编码查询系统投入应用，农产品运输“绿色通道”全面开通。新增市级农业龙头企业43家。动植物疫病防控等工作得到加强。渔业结构调整不断深化，渔港经济区加快建设，海洋经济强市建设积极推进，海洋经济总产值402亿元，增长25.42%。

2005年，台州市全年实现农林牧渔业总产值184.23亿元，其中，农业产值64.53亿元，增长5.8%，林业产值2.95亿元，增长2.9%，牧业产值18.44亿元，增长5.8%，渔业产值96.79亿元，增长6.0%。

受自然灾害和病虫害影响，全市主要农作物产量全面减产（见图2-228）。全年农作物总播种面积286.01千公顷，比上年增长0.7%。全市粮食播种面积165.86千公顷，比上年增长2.1%；粮食总产量82.48万吨，比上年下降3.1%。全市非粮作物播种面积120.15千公顷，比上年下降1.2%。其中花卉苗木种植面积2.65千公顷，比上年下降0.3%。粮食作物与非粮作物播种面积的比例为58.0:42.0。全年蔬菜产量179.34万吨，比上年下降2.1%；果用瓜57.20万吨，比上年下降4.3%；水果产量107万吨，比上年下降7.6%。

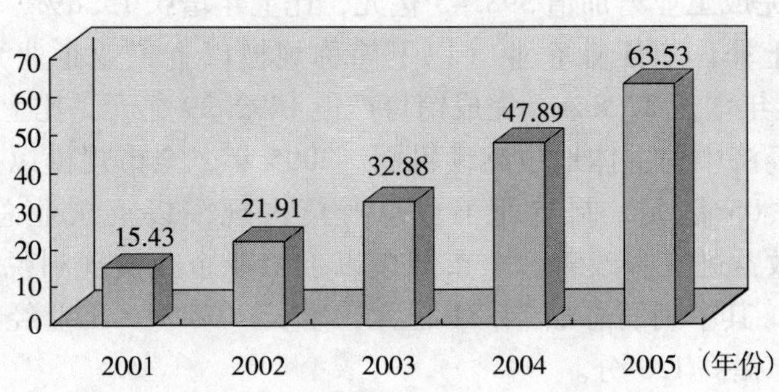

图2-228　2001~2005年台州市农业总产值（单位：亿元）

绿化造林工作成效显著。2005年，全市完成造林更新面积4308公顷，其中退耕还林面积187公顷；封山育林面积3802公顷。全市有林地面积535.78千公顷，森林覆盖率为62.2%。村庄绿化工作顺利推进，年末省级绿化示范村和市级绿化示范村分别为7个和25个。

畜牧业、渔业生产基本稳定。全市肉类总产量13.23万吨，比上年增长5.5%，禽蛋产量3.79万吨，比上年增长4.6%。全年水产品总产量135.00万吨，比上年下降2.4%。其中海洋捕捞产量94.11万吨，比上年下降0.4%；海水养殖产量36.74万吨，比上年下降6.8%；淡水渔业产量4.16万吨，比上年下降6.3%。

农业生产条件继续改善。全年疏浚河道515公里，整治河道73公里，完成清水河道建设225公里，治理水土流失面积6380公顷，全年完成滩涂围垦面积493公顷。年末全市拥有农业机械总动力288.63万千瓦，比上年增长9.2%。

2）工业和建筑业

2005年，台州市继续坚持工业立市战略，大力实施“5431工业发展计划”，先进制造业基地建设取得新成效。五大主导行业发展势头良好，造船业迅速兴起。工业产值上亿元企业新增80家，其中超10亿元企业新增7家，省级以上高新技术企业新增43家。

规模以上工业企业新增507家，规模以上工业销售收入增长28.2%，利润增长20.1%（见图2－229）。

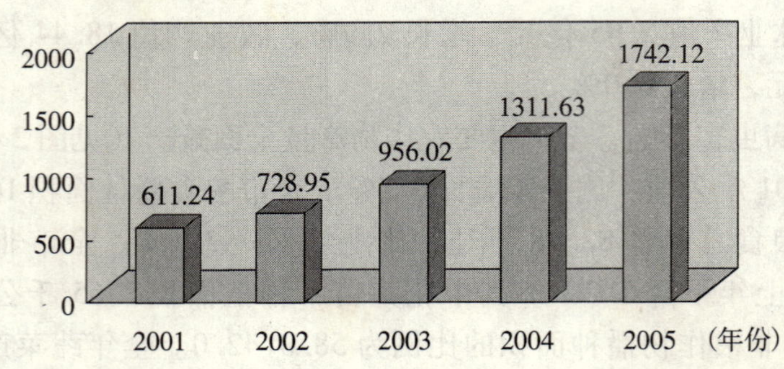

图2－229　2001～2005年台州市规模以上工业总产值（单位：亿元）

2005年，全市完成工业增加值598.45亿元，比上年增长15.8%。全市国有和年销售收入500万元及以上非国有工业企业（以下简称规模以上工业企业）完成工业总产值1742.12亿元，比上年增长27.8%，完成销售产值1692.39亿元，比上年增长27.9%。

制造业在工业经济中的主体地位继续巩固。2005年，全市规模以上工业中制造业完成工业总产值1610.05亿元，制造业工业总产值占规模以上工业总产值的比重达到92.4%。工业经济效益进一步改善。全市规模以上工业企业实现利税总额135.12亿元，比上年增长22.2%，其中利润总额74.81亿元，增长20.1%。工业经济效益考核综合得分209.5分，比上年提高1.9分。

工业结构调整进一步加快。2005年，全市规模以上重工业完成工业总产值998.18亿元，轻工业完成工业总产值743.94亿元，分别比上年增长32.0%和22.5%。五大主导产业发展势头强劲。规模以上工业企业中，汽摩及配件行业完成工业总产值288.93亿元，增长34.7%，家用电器行业256.89亿元，增长33.5%，医化行业197.31亿元，增长20.3%，塑料模具行业125.43亿元，增长28.1%，服装机械行业103.99亿元，增长30.2%。五大主导产业规模以上企业共完成工业总产值972.55亿元，比上年增长29.9%，占全部规模以上工业总产值的55.8%。重点骨干企业发展势头良好。2005年末，全市工业总产值超亿元企业有318家，比上年末增加80家，完成工业总产值993.33亿元。

产品开发和创新能力继续增强。全年全市规模以上工业企业实现国家、省级新产品产值253.05亿元，比上年增长31.8%。新产品产值率为14.5%。工业产品出口拉动作用明显。全市规模以上工业企业实现出口交货值570.04亿元，比上年增长29.0%，占销售产值的比重为33.7%。

企业上市工作有序推进。2005年末，全市已有上市公司7家，新进入上市辅导企业4家，已通过上市辅导1家，另有4家企业进入境外上市的实质性准备阶段。工业产品创名牌取得新进展。2005年末，全市已拥有6件中国驰名商标，8个工业产品获中国名牌产品称号，31个工业产品获国家免检产品称号，76个工业产品获浙江名牌产品称号。

建筑业稳步发展。全年实现建筑业增加值58.07亿元，按可比价格计算，比上年增长4.0%，完成房屋建筑施工面积3183.14万平方米，比上年增长6.4%，竣工面积1238.01万平方米，比上年下降12.7%。建筑业产品质量逐步提高，全市有49个工程获“括苍杯”奖，12个工程获“钱江杯”奖，1个工程获“鲁班”奖。

3）第三产业

2005年，台州市坚持大力发展现代服务业，确立了“7+5服务业发展框架”，推动现代物流、金融、会展、旅游业加快发展。第三产业增加值491.22亿元，增长14.8%。台州市被评为中国金融生态环境城市，交通银行台州分行批准成立。创建3226家农村“放心店”。举办第二届台州旅游节，启动创建中国优秀旅游城市活动，全市国内外旅游人数达1615万人，旅游收入达139.1亿元。

（1）交通和邮电业。

交通运输业营运能力进一步增强。2005年全年完成货物周转量457.69亿吨公里，比上年增长22.9%，旅客周转量为79.44亿人公里，比上年增长9.0%。民航完成旅客吞吐量22.59万人，比上年增长14.8%。港口完成货物吞吐量2820.41万吨，比上年增长3.6%，其中海门港1784.87万吨，增长11.6%。年末全市通车公路总里程4128公里，其中高速公路128公里。汽车拥有量持续扩张，年末全市民用汽车拥有量达21.17万辆，比上年净增4.1万辆，其中私人汽车16.66万辆，比上年增加3.7万辆。

邮电通信业进入平稳发展期。2005年，全市完成邮电业务总量88.93亿元，比上年增长6.3%。全年新增固定电话用户9.37万户，年末城乡固定电话用户达到207.69万户，其中住宅电话115.33万户，固定电话主线普及率提高到37线/百人；年末全市移动电话用户达360.83万户，比上年末增加77.77万户，年末全市已有国际互联网用户43.19万户，其中宽带用户28.24万户。

（2）金融和保险业。

金融业平稳运行。2005年末，全市金融机构各项本外币存款余额1384.98亿元，比上年末增长17.1%。其中本外币储蓄存款余额719.66亿元，比上年增长17.7%。年末金融机构本外币贷款余额1058.04亿元，比上年增长11.9%。年末金融机构本外币存贷比为76.4%。

保险业健康发展。2005年末，全市有各类保险机构18家，全年保费总收入27.45亿元，比上年增长14.2%。其中财产险保费收入9.87亿元，人身险保费收入17.58亿元，分别比上年增长29.6%和7.1%。全年保险机构共支付各类赔款9.18亿元，比上年下降18.0%。其中财产险赔款8.23亿元，人身险赔款0.95亿元，分别比上年下降19.2%和5.8%。

（3）旅游。旅游经济发展较快。2005年全年共接待旅游总人数1615.03万人次，比上年增长29.8%。其中入境旅游人数7.53万人次，增长19.7%；接待国内游客1607.5万人次，增长29.9%。实现旅游总收入139.09亿元，比上年增长38.5%。其中旅游外汇收入5304万美元，增长35.2%；国内旅游收入134.79亿元，增长38.7%。年末全市拥有旅游星级宾馆饭店72家，各类旅行社93家。成功举办第二届台州旅游节系列活动。

（三）2005 年台州市社会发展状况

1. 致力于统筹协调发展，城乡一体化步伐加快

2005 年，新一轮《台州市城市总体规划》已经浙江省省政府批准，分区规划、专业规划修编基本完成。市区“710 城市建设工程”全面启动实施，新建成一批高层建筑、居民小区、城市雕塑和城市道路，城市功能不断完善。创建省级园林城市通过验收。县域城市规划建设和管理得到加强，全市完成小街小巷整治 54 条，完成城中村改造 27 个。天台、三门被评为省文明城市。积极推进新农村建设，“百千工程”深入开展，425 个村完成环境整治，新建成 64 个省市级示范村，温岭市村庄整治成效明显。深入实施“百万农村劳动力素质培训工程”，培训农村劳动力 20 万人。下山移民 7488 人。城乡环卫一体化启动实施，农村生活垃圾和生活污水集中处理开始试点。疏浚河道 515 公里，整治河道 73 公里，全面完成了五年河道疏浚整治任务。改善农村饮用水人口 21.28 万，全市农村安全饮用水普及率 59%，农村卫生户厕普及率 69.5%，玉环完成全县农村改厕任务。加强县域经济分类指导，“南北协作”工程初见成效，北部地区主要经济指标增幅超过全市平均水平，区域协调发展呈现良好态势。

2. 致力于加快重大项目建设，“两年”工作深入开展

优化建设、融资和服务环境，狠抓了项目报批率、供地率和开工率。市区滨海工业区块拉开框架，20 家企业进园施工，县市区工业园区建设加快。建成标准厂房 148.46 万平方米。加快废弃盐田、溪滩地利用和海涂开发，盘活存量土地 2 万亩。全年供地 5.56 万亩，为近年来最多。着力破解资金制约，市政府相继与中国工商银行、中国建设银行签订了为期三年共 250 亿元的贷款合作意向书，与国家开发银行合作在全国率先启动可持续微小企业项目融资试点，银企合作得到加强，工业贷款增长 27.4%。建成 500 千伏台南输变电工程、15 个 110 千伏及以上输变电工程，工业用电增长 23.2%，电力短缺矛盾得到缓解。百项重点工程投资 129.65 亿元，完成年度计划 125.9%。甬台温铁路开工，台金高速、诸永高速加快建设，一批国、省道改扩建工程开工。大麦屿港区建设实质性启动。台州新机场选址已经民航总局批准。天台桐柏抽水蓄能电站一号机组并网发电，玉环华能电厂加快建设，台州供水二期工程全面开工，天台水厂建成。临海牛头山水库除险加固完成大坝主体工程，“百库保安工程”进展顺利。

3. 致力于生态市建设，环境污染治理取得实效

环境保护工作进一步加强。2005 年末，全市共有环境保护机构 30 个，各类工作人员 369 人；各级环境监测站 8 个，环境监测人员 154 人。全市工业废水排放达标率为 90.0%，工业固体废物综合利用率为 95.0%；目前已建成规范化合格饮用水源保护区 33 个，烟尘控制区 476.1 平方公里，城市环境噪声达标区面积为 120.4 平方公里，生活污水处理率达 49.3%。2005 年，市区工业废水排放达标率为 85.0%，工业固体废物综合利用率为 96.0%，生活污水处理率达到 65.0%。市区环境空气质量达到二级标准以上的天数有 329 天，占全年总天数的 90.1%。

积极开展“811 环境污染整治行动”，临海水洋化工区污染整治在全省率先“摘

帽”，黄岩王西、外东浦医化企业基本关停，椒江外沙、岩头化工区废气达标治理基本完成。路桥1309家小冶炼厂全部取缔，天台坡塘化工区通过市级验收。市区空气质量二级以上天数达到90%，环境质量明显改善。市区新建污水管网28公里，截污管网覆盖率85%以上，日污水处理量提高到13.2万吨。临海、温岭、玉环城市污水处理厂建成运行，天台城市污水处理厂基本建成。农村面源污染治理、海洋生态环境保护不断加强。100个生态示范点和45项生态市建设重点工程进展顺利。温岭市通过国家级生态示范区验收。制定“511循环经济行动计划”，开展资源节约型社会建设，30多家企业通过环境管理认证，78家企业通过清洁生产审核。重点耗能工业企业万元产值平均综合能耗下降6.2%。

4. 致力于制度创新和区域合作，改革开放呈现新局面

区域创新体系建设加快，科技、金融、人才三大服务体系不断完善。积极扶持企业上市，新增股份有限公司5家。成立了五大主导行业协会。温岭大溪镇成为国家级发展改革综合试点镇。建成个人征信管理系统。着力改善外贸结构，扶持发展加工贸易，自营出口51.96亿美元，增长36.8%。积极拓宽引资渠道，组织参加“广交会”、浙洽会和香港、韩国、法国“浙江周”等重大活动，加强与世界500强企业联系，新批外资企业117家，实际利用外资3.4亿美元，增长11.5%。对外经济合作有新举措，新批境外投资企业48家。开展了“台州拉美友好周”活动，与法国纳维尔市和智利伊基克市缔结为友好城市。台州港口岸开放实现新突破。台州市被正式纳入长三角区域规划范围，与周边城市合作与交流得到加强。全市建立异地商会40余个。成功举办首届台州商人大会，“回归工程”取得新成果。

5. 致力于增强区域软实力，社会事业加快发展

实施软实力战略，大力推进自主创新。新增省级以上高新技术研发中心和区域科技创新服务中心共13家，引进“大院名校”共建创新载体26家，新列入国家火炬计划项目33项。实施“211人才工程”，新增各类人才4.7万人。15年基础教育普及成果得到巩固，初升高比例达93.9%。在农村学校全面开展“改水改厕”等五项工程建设，137所学校被认定为省级标准化学校。台州学院椒江校区启用，浙江大学台州研究院经省政府同意筹建。天台县成为省级教育强县。开展创建学习型城市活动，县（市、区）社区学院相继成立。

大力推进文化大市建设，“百分之一文化计划”开始实施。台州乱弹和“一绣三雕”得到抢救，台州府城、天台国清寺等历史文化遗产得到进一步保护和开发。举办了纪念解放一江山岛50周年、首届中国（台州）网络音乐节、城市雕塑设计大赛等系列活动。市文化艺术中心建成，新建310家基层文化俱乐部。文明礼仪宣传教育实践活动广泛开展。

体育工作有序进行。参加全国十运会取得历史最好成绩，第十三届浙江省运动会筹备工作有序开展。

卫生工作进一步加强。公共卫生疫情监测信息网络进一步完善，农村重点传染病和职业病的防控工作得到加强，市急救中心动工建设。低生育水平保持稳定。完成了经济普查、国民体质监测普查和1%人口抽样调查等工作。

民族、宗教、侨务和对台工作得到加强，气象、档案、地方志工作取得新的成绩，老干部、关心下一代工作取得进步，妇女儿童、老龄、残疾人事业有了新发展。

1）科学技术

科技事业发展迈上新台阶。2005 年，全市科技投入占生产总值的比例为 2.4%，比上年提高 0.3 个百分点。年末全市有省级及以上高新技术企业 164 家，其中国家级高新技术企业 33 家；省级高新技术企业研究开发中心 48 家，市级高新技术企业研究开发中心 139 家，市高新技术创业服务中心进一步完善孵化功能，目前在孵企业已达 21 家。全年申请专利 4834 件，专利授权 2129 件，分别比上年增长 72.5% 和 25.6%。全年共签订各类技术合同 1029 项，技术交易额 1.98 亿元。

质量技术监督工作不断强化。全市工业产品质量指数为 97.0%，产品省定检批次合格率为 87.0%，国家监督抽查合格率 77.0%。全市有 1647 家企业通过了 ISO9000 体系认证，有 30 家企业通过了 ISO14000 体系认证，91 家食品生产企业取得了 QS 证书，911 家企业通过 3C 认证。

气象服务工作进一步增强。年末全市有气象局（站）11 个，其中国家基准气候站 1 个、国家基本站 3 个。

2）教育

教育水平继续提高。全市小学入学率和巩固率达到 100%，初中入学率和巩固率分别达到 99.20% 和 99.89%；全市高中段在校生 19.87 万人，初升高比例达到 93.89%；特殊教育招生 218 人，在校生 1824 人；全市有幼儿园 1319 所，在园幼儿 17.22 万人。师资队伍建设得到不断加强，教师学历合格率稳步提高。全市小学、初中、普通高中和职业高中专任教师学历合格率分别达到 98.9%、98.0%、93.0% 和 82.3%。高等教育体系进一步完善，全市全日制普通高校招生数达到 6957 人，在校生数达到 18069 人，其中本科学生 6358 人，专科学生 11711 人，成人高校学生总数达到 16332 人。台州学院椒江校区医学院和机电学院新校园交付使用，高教园区图书科技大楼和台州职业技术学院实训大楼投入使用，浙江大学研究院项目进展顺利。成人教育网络基本形成。

3）文化

文化事业欣欣向荣。在全国优秀科普文艺作品评选中，台州市群艺馆选送的《打瓜园》获优秀作品奖。在全省乡镇文艺汇演中，台州市有 2 个作品获表演创作一等奖，3 个获表演创作二等奖，4 个获表演创作三等奖。在浙江省乡镇美术、书法、摄影优秀作品评选中，台州市获金奖 5 个、银奖 12 个、铜奖 21 个。首届中国（台州）网络音乐节和城市雕塑设计大赛取得圆满成功。文化设施建设不断完善，台州市文化艺术中心建成，年末全市有群众艺术馆 1 个、文化馆 9 个、公共图书馆 8 个、自办广播节目 10 套、自办电视节目 10 套。年末全市拥有有线电视用户 111.80 万户，数字电视用户 3125 户，全年广播节目播出时间 69271 小时，电视节目播出时间 45095 小时。广播和电视人口综合覆盖率分别为 98.73% 和 98.85%。

4）公共卫生

公共卫生体系不断完善。年末全市有各类医疗卫生机构 1285 家，床位 12634 张，各类卫生技术人员20806人，其中执业医生和执业助理医生9066人。年末每千人拥有卫生技术人员3.7人。全市有卫生防疫机构20家，卫生防疫技术人员689人，社区卫生服务机构510家。农村卫生条件不断改善，农村自来水普及率88.3%，卫生户厕普及率69.5%。全年有6.17万人参加无偿献血。

5）体育

体育事业再创佳绩。2005年全市共夺得全国比赛金牌28枚、银牌11枚、铜牌7枚，省级比赛金牌116枚、银牌96枚、铜牌81枚。成功举办首届台州市民营企业运动会、市级机关首届运动会和第二届县处级领导干部运动会。第十三届浙江省运动会筹备工作进展加快，市游泳馆加紧施工，体操馆、射击馆已开工建设，帆船板场地、皮划艇场地已顺利承接全省比赛。

6. 致力于建设"平安台州"，和谐社会建设稳步推进

民主法制建设得到加强。台州市自觉接受市人大和政协的监督，认真实施人大有关决定和决议，办理人大建议案291件、政协提案462件，基本满意以上比例分别达到99.7%和99.6%。重视民主党派和工商联参政议政，支持工会、共青团、妇联和科协、社联、文联、侨联等群众团体开展工作。加强社会治安综合治理，开展"百日维稳行动"，推广网格化巡防和村级巡防制度，刑事发案率近年来首次下降，台州市成为全国科技强警示范城市。编制了四大类、26个专项应急预案，开展突发性事故应急预案演练。认真落实信访工作责任制，依法规范信访秩序，妥善处置群体性事件。基本完成村委会换届选举工作，普遍建立城市社区管理新体制。重视国防、人防和民兵、预备役部队建设，拥军优属、优抚安置和征兵工作得到加强，蝉联省双拥模范城。

就业和社会保障工作得到加强。新增城镇就业岗位4.6万个，城镇职工养老、医疗、工伤参保人数分别增长5.4%、10.9%和23.4%。最低生活保障基本做到应保尽保，7.3万被征地农民参加养老保障，新型农村合作医疗参保率达82%，"五保"和"三无"人员集中供养率分别达到94.4%和98.8%。外来务工人员合法权益保障和城市流浪乞讨人员救助管理得到加强。慈善事业健康发展。安全生产专项整治力度加大，三项安全生产指标下降。高度重视食品药品安全，15类食品实施质量安全市场准入制度，"菜篮子"放心工程继续推进，农村现代流通网和群众监督网建设全面开展。

1）人口

人口平稳增长。2005年末全市户籍总人口559.85万人，比上年增加3.93万人。其中男性人口288.71万人，女性人口271.14万人，分别占总人口的51.6%和48.4%。全年共出生7.46万人，死亡3.48万人，人口出生率和死亡率分别为13.37‰和6.24‰，人口自然增长率为7.13‰，比上年回落0.64个千分点。总人口中，市区人口148.75万人，比上年增加1.38万人。

2）就业

再就业工作取得新进展。2005年末全市有职业介绍机构262个，介绍就业成功人数16.0万人。全年再就业培训1.21万人。年末城镇登记失业率为3.8%，与上年持平。

3）社会保障

社会保障逐步完善。2005年末全市有69.98万人参加城镇基本养老保险，其中参保职工61.65万人，离退休人员8.33万人。全年共支付养老金8.76亿元。全市有37.52万人参加了城镇医疗保险，其中在职职工28.29万人，离退休人员9.22万人；工伤、生育保险年末参保人数分别达到29.01万人和13.59万人。年末全市参加失业保险职工34.7万人，全年共发放失业保险金1924万元。农村社保面不断扩大，年末全市有7.32万被征地农民参加农村养老保险，比上年增加2.39万人，有388.43万人参加农村新型合作医疗。

社会福利事业持续发展。全市共有社会福利事业单位192个，床位11271张，收养各类人员6633人。城乡居民最低生活保障人数56747人，全年共投入低保资金4932万元。

4）生活状况

城乡居民生活水平稳步提高。全年城镇居民人均可支配收入17394元，比上年增长8.0%，扣除价格上涨因素，实际增长7.4%。全市农村居民人均纯收入6689元，比上年增长11.3%，扣除价格上涨因素，实际增长10.6%。城镇居民恩格尔系数为32.6%，农村居民恩格尔系数为36.2%（见图2-230）。城乡居民居住条件继续改善。年末城镇居民人均住房面积为28.3平方米，农村居民人均住房面积49.6平方米。

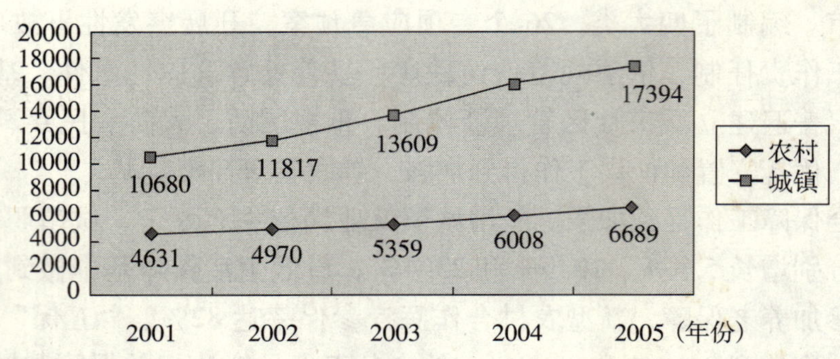

图2-230　2001~2005年台州市城乡居民收入（单位：元）

7. 致力于转变政府职能，政府自身建设得到加强

开展“十一五”规划编制工作。制定推进依法行政五年规划、市政府工作规则和重大行政决策事项公示办法，建立新闻发言人制度和为民办实事长效机制，成立市政府决策咨询委员会，开展市领导与网民对话活动。深化了国有资产、国土资源、文化体育、食品药品、安全监管体制等改革。深化机关效能建设，增强行政服务中心职能，成立市招投标中心，市级机关办事效率有了新提高。认真开展保持共产党员先进性教育活动，加强和改进行政监察工作，深入开展反腐倡廉活动。

（四）台州市“十五”发展的回顾

“十五”期间，台州市提前完成了市二届人大二次会议确定的主要计划目标，全市国民经济和社会发展迈上新台阶。

1. 综合实力明显增强

全市生产总值从616.62亿元增加到1251.77亿元，年均增长13.5%；人均生产总值从11318元增加到22360元，年均增长13%。财政总收入从53.18亿元增加到147.45亿元，其中地方财政收入从26.15亿元增加到72.33亿元，均增长1.77倍。经济结构不断优化，三次产业比例由13.6∶52∶34.4转变为8∶52.6∶39.4。效益农业发展加快，市场竞争力大幅度提升。先进制造业基地建设进展较快，大工业建设取得明显成效。全部工业增加值年均增长14.6%，规模以上工业企业实现利税年均增长23%。获得中国名牌产品8个、国家驰名商标7个、国家免检产品31个。第三产业增加值年均增长16.3%，旅游、物流金融、房地产、信息服务等产业成为新的经济增长点。

2. 改革开放不断深入

增创民营经济新优势，非公有制经济发展环境进一步改善。行政审批制度改革不断深化，审批项目从1252项削减到385项，减少了69.2%；投资、国资管理、粮食流通、盐业管理等体制改革取得明显进展。资本、劳动力和人才、技术、土地等要素市场建设步伐加快，市场经济体制基本建立。开放型经济发展较快，自营进出口年均增长41%。累计实际直接利用外资10.3亿美元，增加了4倍。对外经济交流与合作不断加强，全方位、宽领域、多层次的对外开放格局基本形成。

3. 城市面貌显著变化

中心城市框架进一步拉大，建成区面积达到70平方公里，城市功能逐步增强，城市品位明显提升。副中心城市、县域城市、中心镇建设步伐加快，城乡布局日趋合理。全市城市化水平按“五普”口径达到58.2%。完成重点工程投资额391.28亿元，一批重大基础设施项目相继建成，大交通、大港口建设迈出新步伐。港口货物吞吐量从1397万吨增加到2820万吨。220千伏和500千伏输变电线路由647.4公里增加到1032.8公里。基础设施严重滞后于经济社会发展的局面得到改变。

4. 统筹发展加快推进

高度重视改善农村生产生活条件。全市财政支农资金25.8亿元，年均增长21.1%。近三年，“百千”工程完成村庄整治851个，建成省市级示范村75个。“康庄工程”取得明显成效，建成通村等级公路2650公里，路面硬化率达80%。有线电视通村率达87.5%。教育、科技、卫生、文化等社会事业加快发展。全市用于文教卫事业财政支出103.5亿元，年均增长21.43%。全社会科技投入占生产总值的比重由1.9%提高到2.4%。提前两年基本普及15年基础教育，乡镇都建有一所中心幼儿园目标基本实现，初升高比例和高等教育毛入学率分别提高26.15个和22.57个百分点，有7个县（市、区）成为省级教育强县。医院上等级取得重大进展，公共卫生体系建设全面加强。文化产业加快发展，建成1577家基层文化俱乐部，全民健身运动广泛开展。生态市建设深入推进，环境污染整治行动扎实开展，全市生活垃圾集中处理率和城市污水处理率分别提高18个和40个百分点。社会发展严重滞后于经济建设、落后于全省平均水平的局面开始扭转。

5. 人民生活日益改善

城镇居民人均可支配收入从8861元增加到17394元，年均增长13.1%；农村居民人均纯收入从4296元增加到6689元，年均增长8%。连续四年实施为民办实事工程，群众关心的一批实际问题得到较好解决。覆盖城乡、不同层次、不同水平的社会保障体系初步建立，全市用于社会保障财政支出年均增长72.5%；城镇职工养老、医疗、失业、工伤、生育等社会保险覆盖面扩大，参保人数分别增长116.1%、193.5%、28.3%、137.6%和5.8%。建立和健全了城乡居民最低生活保障、被征地农民基本生活保障、新型农村合作医疗和城乡医疗救助、困难家庭学生助学、农村五保和城镇“三无”对象集中供养、廉租房等社会救助制度。居民人民币储蓄存款余额712亿元，增长1.5倍。城镇和农村居民人均住房面积分别达到28.3平方米和49.6平方米，市区每百户居民汽车拥有量12.7辆，居全省前列。

6. 未来发展中的一些问题和矛盾

“十五”期间，台州市取得了很大的成绩，但仍然存在一些亟待解决的矛盾和问题。区域自主创新能力还不强，粗放型的增长方式没有根本改变；基础设施建设相对滞后，要素制约仍然突出，经济发展后劲不足；市本级财力薄弱，中心城市辐射带动能力不强；环境承载压力加大，社会事业相对滞后，城乡、区域发展不够协调；社会转型期矛盾增多，维护稳定任务艰巨；政府职能转变仍不适应发展要求，依法行政能力和行政效率亟待提高；党风廉政建设和反腐败斗争仍需不断加强。

（五）台州市经济发展在长三角的地位

1. “十五”期间台州市生产总值在长三角所占比重的变化趋势

“十五”期间，台州市生产总值的增长速度较快，从2000年的748亿元增长到2005年的1251.77亿元，年均增长13.5%；但从整个长三角的发展来看，台州市的经济发展还是不乐观的，从2002年起，生产总值在长三角所占的比重逐年下降，尤其是2004～2005年这两年，下滑的幅度较大（见图2－231）。总的原因还是经济增长方式以粗放型为主，随着资源的紧缺，生产发展受到限制。另外，基础设施的不健全也是一个很重要的制约瓶颈。

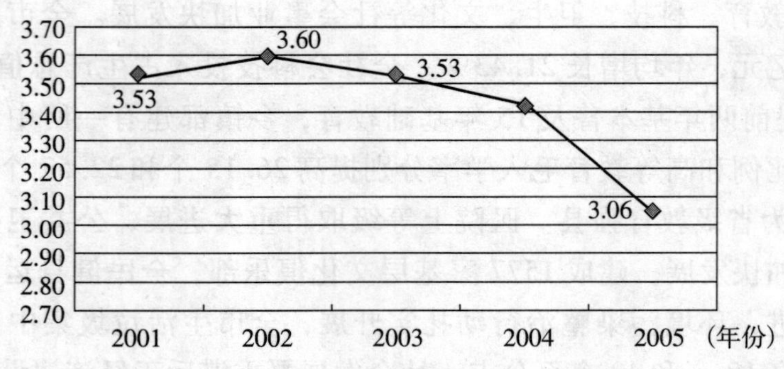

图2－231　2001～2005年台州市的生产总值在长三角所占的比重（单位：%）

2. “十五”期间台州产业结构变化情况（见图 2 –232）

虽然从“十五”期间的发展状况来讲，台州市的农业产值逐渐下降，但从整个长三角的农业发展状况来看，台州的农业产值所占的比重还是较高的。这一方面与政府的产业发展政策有关，另一方面也与台州的自然资源状况有很大的关系。台州市渔港产业的发展对整个农业发展的贡献较大。

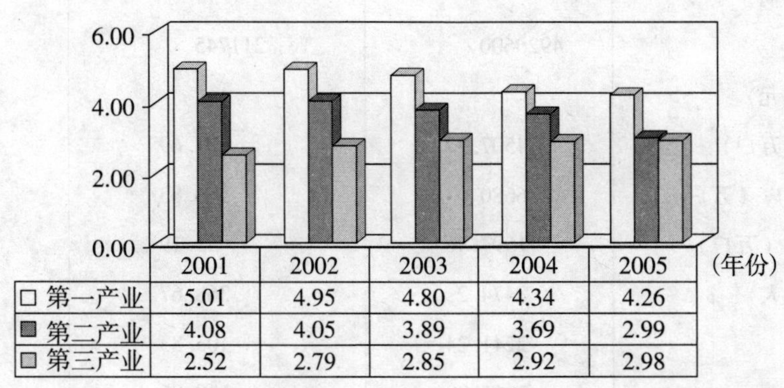

图 2 –232　2001 ~2005 年台州市各产业在长三角所占的比重（单位：%）

台州市的工业产业结构比较传统，以制造业为绝对的主导，仍是以劳动密集型的粗放型为主，技术密集型产业并没有得到很好的发展。近几年，随着资源供应的紧张，这些传统制造业的效益明显受到影响，台州市的第二产业产值有了很大的滑坡，从 2001 年的 4. 08% 下降到了 2. 99%，这也是整个台州的生产总值在长三角所占的比重下降的重要原因。

在“十五”期间的五年内，台州市的第三产业有了一定程度的发展，从 2001 年的 2. 52% 提升到了 2005 年的 2. 98%。但从整个长三角第三产业的发展力度来看，台州市第三产业的发展仍处于较低的阶段，发展较为缓慢。这也是影响台州经济发展的因素之一。

3. 台州市经济社会发展在长三角的地位（见表 2 –84）

表 2 –84　2005 年台州市与长三角部分经济社会发展指标比较

指　标	长三角	台　州	
		绝对值	比重（%）
固定资产投资（亿元）			
全社会固定资产投资总额	18978. 51	537. 62	2. 83
国内商业			
社会消费品零售总额（亿元）	13304. 55	439. 92	3. 31
对外经济贸易			
出口总额（亿美元）	2905. 28	51. 96	1. 79
客运量总计（万人）			
公路	292977	15590	5. 32

续表 2－84

指　标	长三角	台　州	
		绝对值	比重（%）
货物运输量总计（万吨）			
公路	190433	5948	3.12
民用车辆拥有量（辆）			
民用汽车拥有量	4920600	211745	4.30
邮电业务总量（亿元）			
年末市内电话（万户）	4507.77	207.69	4.61
年末移动电话用户（万户）	6680	360.83	5.40
国际互联网用户（万户）	1597.46	43.19	2.70
从业人员合计（万人）	8474.2	368.67	4.35
第一产业	2241.24	103.83	4.63
第二产业	3266.99	140.06	4.29
第三产业	2965.97	124.78	4.21
教育			
普通中学在校学生（万人）	759.68	28.4	3.74
小学在校学生（万人）	881.43	38.75	4.40

2005 年，台州市实现生产总值 1251.77 亿元，比上年增长 13.4%，呈现出稳步而又快速的增长势头。从拉动经济增长的三大动力来看，2005 年，台州市的固定资产投资额为 537.62 亿元，占长三角的比重为 2.83%；社会消费品零售总额为 439.92 亿元，占长三角的比重为 3.31%；在对外贸易方面，出口总额实现了 51.96 亿元，占长三角的比重为 1.79%。从台州市固定资产投资、对内销售额和对外贸易额占长三角的比重的对比来看，这三个方面都有了一定程度的发展，也确实对经济起到了拉动作用。但从其在长三角所占的比重来看，还有很大的提升空间，比如对外贸易，除了机电产品和纺织产品的大幅度增长外，其他产品也还有发展的空间。

基础设施的推进是整个经济发展的基础，台州市在城市规划建设，以及邮电通信方面也投入了大量的资金，并且取得了一定的进展。2005 年，台州市的公路客运总量为 15590 万人，货运总量为 5948 万吨，占整个长三角的比重为 5.32% 和 3.12%。民用汽车拥有量为 21175 辆，占长三角的比重为 4.30%。以上数据可以不同程度地反映台州市在交通运输能力方面的大幅度提升，但在客运量、货运量方面，从整个长三角来看，发展的还不是很完全，需要进一步投入。

在通信发展方面，2005 年，台州市的年末市内电话用户、年末移动电话用户、国际互联网用户分别实现了 207.69 万户、360.83 万户、43.19 万户，占整个长三角的比重分别为 4.61%、5.40%、2.70%。在邮电通信方面，台州市进入了一个稳步发展的时期，

从整个长三角来看，也表现出了很大的发展活力。

在考量社会发展水平以及人民生活水平时，从业人员数也是一个比较重要的指标。2005 年，台州市从业人员总数为368.67 万人，占长三角的比重为4.35%。第一、二、三产业的从业人员分别为103.83 万人、140.06 万人、124.78 万人，占长三角的比重分别为4.63%、4.29%、4.21%。从以上的数据可知，台州市的农业仍然是主要的劳动力吸收渠道，这主要与台州市渔港产业的大力发展有关。相对而言，台州市的第二、三产业却还有很大的发展空间，尤其是第三产业，其吸收劳动力的巨大潜能并没有完全发挥出来。

教育水平的提高也是体现人民生活水平的重要方面之一，2005 年，台州市的普通中学在校学生为28.4 万人，小学在校学生为38.75 万人，在长三角中所占的比重分别为3.74%、4.40%。台州市对义务教育投入了大量的人力、物力，普遍实现了适龄儿童的入学。

总体来讲，台州市在整个长三角来说属于中等发展水平，尤其是其临海的渔港资源，为其经济的进一步发展提供了很大的潜力。

天台县经济社会发展情况

（一）天台县概况

1. 地理位置和行政区划

天台县位于浙江省东部、台州市的西北部，因天台山而得名，是中国东南沿海对外开放县之一。东连宁海县、三门县，南邻临海市、仙居县，西接磐安县，北界新昌县。东西长54.7 公里，南北宽33.5 公里，总面积1420.7 平方公里。其中山丘占82.3%，耕地占13.7%，河流山塘占4%。辖7 区、7 镇、45 乡、7 居委会和1020 村委会。

天台属浙东丘陵山区，主干天台山脉由大盆地东峰发脉，延伸入县境西部，向东北蜿蜒，形成四面环山、中部较为平坦的丘陵盆地，整个地势东北、西北、西部较高，东南较低。东部最高为苍山顶，海拔1113 米，西南部最高为大雷山，海拔1229.4 米，北部最高为华顶山，海拔1110 米。中部始丰溪两岸为河谷平原，海拔50～120 米。

2. 气候

气候属中亚热带季风区，具有盆地气候的特点，四季分明，温暖湿润，气候宜人。年平均气温16.8℃。最热的7 月份平均气温28.2℃，最冷的1 月份平均气温4.9℃。年平均降水量在1300～1600 毫米之间。

3. 历史沿革

三国吴大帝黄武至黄龙三年间（222～231 年）始置县，名始平。晋武帝太康元年(280 年)，改名始丰。唐肃宗上元二年（761 年），改名唐兴。五代梁开平二年（908 年），改名天台，后改台兴。宋太祖建隆元年（960 年），复名天台，沿用至今。

4. 自然资源

水资源年平均总量12.37 亿立方米，水质良好，属低矿化度弱性软水。矿藏拥有金、银、铜、铅、锌等20 余种，有120 多处矿点，其中银矿储量含银1000 吨以上。野生植物有：木本植物665种，被列为国家重点保护的珍稀树种有水杉、银杏、金钱松、水松、夏腊梅、香果树、浙江七子花、浙江樟、鹅掌楸等；药用植物459种，其中天台乌药被誉为“长生不老之药”，东传日本。野生动物有：兽类47种，被列为国家重点保护的有云豹、原猫、苏门羚、大灵猫、小灵猫、水獭等；鸟类17种，被列为国家重点保护的有白颈长尾雉、彩鹮、鸢等，其中草鹭、大白鹭、绿头鸭等78种，属中日两国联合保护。

（二）天台县经济社会发展总体状况

2005年，天台县深入实施“四大战略”，全面建设“五个天台”，全县经济社会保持良好发展势头，主要预期目标顺利完成（见表2-85）。

表2-85 2005年天台县国民经济和社会发展计划主要指标完成情况

指标	计算单位	2005年实际		完成年度计划数（%）
		绝对值	增长（%）	
全县生产总值	亿元	61.9	14.5	101.5
财政总收入	亿元	7.7	14.7	101.3
地方财政收入	亿元	3.75	14.3	109.6
全社会固定资产投资	亿元	34	10.7	100.9
技术改造投资	亿元	10.7	10.3	100.9
社会消费品零售总额	亿元	24.5	13.1	107.9
全社会出口交货值	亿元	33.7	31.1	112.3
自营出口	亿美元	1.7	39.5	121.4
城镇居民人均可支配收入	元	12998	19.5	110.6
农民人均纯收入	元	4890	9	102.8
城镇人口登记失业率	%	3.5	—	—
人口自然增长率	‰	6.3	—	—

注：1）增长按可比价格计算；2）2005年实际数与增长速度均为经济普查数据。

（三）2005年天台县经济发展状况

1. 综合经济实力进一步增强

经济运行比较平稳。全年实现生产总值61.9亿元，增长14.5%，完成年度计划的101.5%。其中，第一产业增加值5.9亿元，增长7.5%；第二产业增加值28.3亿元，增长15.8%；第三产业增加值27.6亿元，增长14.9%。三次产业结构比例为9.6:45.8:44.6。

财政金融运行良好。全县实现财政总收入7.7亿元，增长14.7%，完成年度计划的101.3%。其中地方财政收入3.75亿元，增长14.3%，完成年度计划的109.6%。信贷结构优化。年末全县金融机构贷款余额43.7亿元，增长12.6%，农业、乡镇企业和个人消

费贷款增速超过全县贷款平均增长水平，中长期贷款增速高于短期贷款增速。

工业企业效益上升较快。全县规模以上工业企业利润总额在2004年年初就出现“开门红”，实现了70%以上的高速增长，奠定了全年企业效益上升的良好基础，上半年企业利润总额增速一直保持在40%以上。全年实现利税总额7.2亿元，增长26.6%，其中利润总额3.9亿元，增长25.7%。

2. 产业结构调整和增长方式转变步伐加快

农业产业化稳步推进。粮食生产遭受三次台风影响后，仍取得较好收成，全年粮食播种面积41.2万亩，总产量12.2万吨。绿色农业发展势头良好，全面开展无公害示范乡镇（街道）创建活动，基本实现全境无公害；新认定省无公害农产品产地6个，申报安全农产品9个。农业产业化发展较快，农业龙头企业稳步发展，新增市级农业龙头企业6家，新发展农民专业合作社11家，全县农业龙头企业共实现产值7.7亿元，同比增长10%。农业品牌建设得到加强，有7个农产品在省农博会上获金奖。

先进制造业加快发展。行业区域品牌进一步做强。成功申报中国汽车用品生产基地和天台乌药国家原产地域保护，积极申报中国（天台）橡胶工业城称号，洪畴镇、三合镇被列为台州市专业商标品牌基地。规模企业发展势头较好。全县规模以上工业企业实现总产值62.2亿元，增长29.7%。其中，六大支柱行业实现产值46.4亿元，占全县规模以上工业总产值的74.5%，汽车用品、交通运输机械设备、橡胶制品、产业用布、医药化工、饮料酒行业分别实现产值9.4亿元、7.1亿元、11.1亿元、3.4亿元、10.5亿元、4.9亿元，同比增长26.5%、19.8%、34.7%、31.6%、23.7%、18.4%。技术进步继续扎实推进。全年获国家级、省级高新技术企业各1家、国家高技术产业化项目1项、国家级新产品3只、省级新产品38只。乳链菌肽、肠道高能营养食品、轿车铝散热器改扩建等国家级高技术产业化项目顺利实施，石梁热电一期工程建成投产。工业集聚区建设有序推进。交通运输机械工业园区、西工业区和产业用布、汽车用品集聚区及南北协作白鹤基地共完成投资3.5亿元，新建标准厂房3.6万平方米，新入园企业7家。

第三产业发展势头良好。全年实现第三产业增加值27.6亿元，增长14.9%，比重由“九五”期末的35.2%提高到“十五”期末的44.6%。旅游业发展较快，全县接待游客263.9万人次，增长53%，旅游总收入9.8亿元，增长51%。批发零售贸易和餐饮业持续发展，分别实现销售额21.4亿元和2.9亿元，分别增长10.5%、36.4%。现代物流业加速发展，浙江天啸物流基地开工建设。

3. 投资规模合理增长，投资结构进一步优化

固定资产投资保持合理增长。严格规范政府投资，有效激活民间投资，正确引导投资方向。开展“项目推进年”活动，确保重点项目建设用地，对项目“开工率”进行考核，加快项目实施进度，固定资产投资自2005年8月份以来止跌转升。全年全社会固定资产投资完成34亿元，增长10.7%，完成年度计划的100.9%；其中限额以上固定资产投资完成30.4亿元，增长23.3%。工业企业生产性投入力度加大，全年完成工业性投资19.5亿元，增长12.8%，其中技术改造10.7亿元，增长10.3%，完成年度计划的100.9%。认真贯彻国家关于房地产业发展的有关政策，在调整优化房产开发结构的基础上保持房地产投资的基本稳定，房地产投资完成7.1亿元，增长15.3%。

重点项目建设成果显著。编制下达全县重点项目年度实施计划，坚持重点建设项目督察和月报制度，确保计划实施进度。2005年，全县共安排省、市、县重点建设项目24项，其中续建项目19项，新开工项目5项，实际完成投资11.4亿元，完成年度计划的101%。

4. 经济体制改革和对外开放迈出新步伐

经济体制改革进一步深化。完成对工业、流通领域的最后一家国有企业——天台隋梅宾馆的产权制度改革。积极探索企业制度创新，指导企业建立现代企业制度。继续深化政府行政管理体制改革。在第二轮政府行政审批制度改革的基础上，根据《行政许可法》的要求，进一步清理和削减行政审批事项，出台了《天台县行政许可听证规定》。县便民服务中心进一步推出便民措施，全县各部门的审批事项一律进中心办理，实行"一门受理、抄告相关、同步审批、限时完成"的并联审批制度。开通投资项目审批绿色通道，坚持"双休日"照常办公制度。积极推进投融资体制改革，强化政府投资项目管理，规范政府投资行为，放宽民间投资领域，确立企业投资主体地位，把经营性资产和基础设施项目推向市场，进一步拓宽融资渠道。

外贸出口快速增长。全县完成外贸出口交货值33.7亿元，增长31.1%，完成年度计划的112.3%。其中自营出口1.7亿美元，增长39.5%，完成年度计划的121.4%。出口主体不断扩大，全县新增出口实绩企业37家，总数达109家。规模出口企业明显增多，出口100万美元以上的企业35家，同比增加了6家。橡胶制品、汽车用品、医化产品等主要出口产品的出口额均大幅增长，且增幅都在20%以上，其中橡胶制品增幅达40.5%。

利用外资取得新进展。招商引资力度加大，全年引进国内资金2.2亿元，新批外商投资企业7家，实际利用外资1259万美元。利用外资领域有了拓展，农业、城市基础设施建设等领域的茗元茶业、大友生物、天威水处理等项目进展顺利。大力推进"南北协作"工程，启动了南北协作白鹤基地建设。

（四）2005年天台县社会发展状况

1. 发展的协调性和科学性有所增强

统筹城乡发展力度加大。和谐生态村建设大力开展，"百村整治、争创示范"工程扎实推进。建立了"放心店——示范商店"351家。继续大力实施高山移民工程，幸福花苑二期交付使用，安置下山移民450户，平桥、白鹤移民安置区一期工程基本建成，全年全县共安置移民690户。

社会事业发展步伐加快。顺利实现创建省级教育强县工作目标，全县学校基础设施建设进一步加快，天台中学、天台小学迁建工程进展顺利。各类教育均衡发展，城乡幼儿入园率超过90%，普职比保持1:1，初升高比例达94.1%，高考上线万人比和本科万人比继续居全市第一。天台县被评为省级文明城市。各类文体活动蓬勃开展，卫生、新闻、计生、殡葬、档案等各项社会事业得到全面发展。

生态环境建设力度加大。全年共造林1.5万亩，城区新增绿地20.5万平方米。千里清水河道建设完成19.4公里。标准农田建设进展顺利，建成标准农田1.65万亩。通村公路建设完成路基254.2公里、路面229.8公里。

2. 城乡居民生活水平和质量进一步提高

城乡居民收入继续较快增长。城镇居民人均可支配收入12998元，增长19.5%，完成年度计划的110.6%；农民人均纯收入4890元，增长9%，完成年度计划的102.8%。

居民消费增势强劲。社会消费品零售总额24.5亿元，增长13.1%，完成年度计划的107.9%。城乡居民消费支出分别增长24%和29.3%，城乡居民恩格尔系数分别为35.8%和30.6%，分别比上年下降3.1个、14.1个百分点。住房、汽车、通信、旅游等消费增势良好。

社保体系进一步推进。失地农民社保工作完成参保1045人，收取基金1956万元。农村五保户和城镇“三无”人员集中供养工作全面实施。继续推进养老保险扩覆工作，养老保险净增12367人，基金净支付能力达13个月。农村大病医疗统筹保险工作实现参保数23万人，参保面达72.1%。失业、工伤、生育保险在原有基础上有了新进展。高度重视就业再就业工作，新增就业岗位3016个，城镇登记失业率控制在3.5%以内。

十一　丽水市2005年经济社会发展报告

2005年，丽水市深入实施“三市并举”战略，全面建设“平安丽水”，坚决贯彻中央宏观调控政策，解放思想，开拓进取，攻坚克难，国民经济保持持续快速发展的好势头，产业结构调整和增长方式转变取得新进展，财政、企业和居民收入增加，社会事业全面进步，市场价格涨幅平稳，较好地实现了国民经济和社会发展的预期目标。

（一）2005年丽水市经济社会发展总况

2005年，丽水市生产总值实现305.99亿元，按可比价格计算，比上年增长12.7%，“十五”时期年均增长13.7%（见图2－233）。其中，第一产业增加值为43.84亿元，第二产业增加值为137.15亿元，第三产业增加值为125.00亿元，分别比上年增长3.4%、14.6%和14.2%，“十五”时期年均分别增长3.3%、18.5%和13.9%（见图2－234）。三次产业增加值结构由2004年的15.5∶44.3∶40.2和2000年的25.8∶39.2∶35.0变化为14.0∶45.1∶40.9。全市人均生产总值11963元，比2004年增长12.3%，“十五”时期年均增长13.4%。

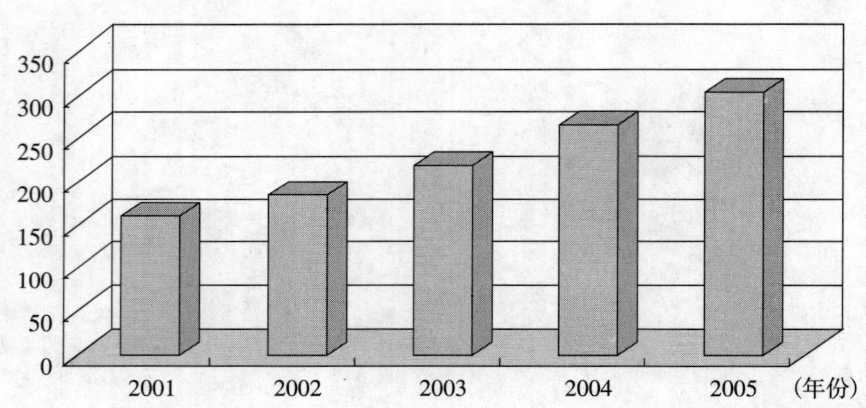

图2－233　2001～2005年丽水市生产总值（单位：亿元）

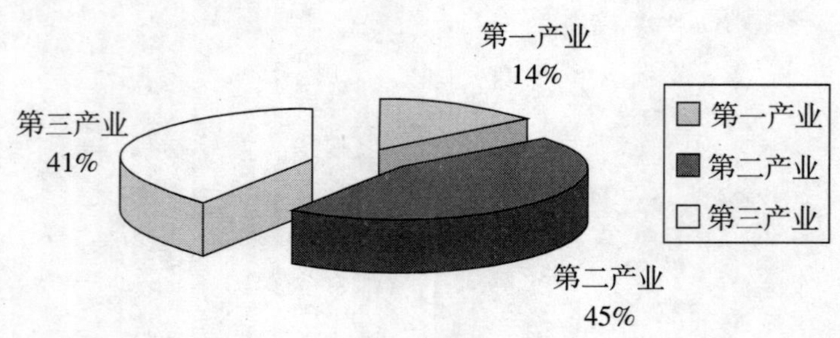

图2－234　2005年丽水市产业结构图

居民消费价格总水平比上年上涨1.0%，其中食品类价格上涨1.2%，居住类价格上涨6.0%（见表2-86）。

表2-86 2005年丽水市居民消费价格情况

指 标	上年=100
居民消费价格总指数	101.0
食品	101.2
粮食	96.3
烟酒及用品	99.3
衣着	100.8
家庭设备用品及服务	99.6
医疗保健及个人用品	100.2
交通和通信	98.3
娱乐教育文化用品及服务	100.4
居住	106.0

年末全市城镇集体以上单位就业人员为13.99万人，比上年末增加0.53万人。全年新增城镇就业岗位11268个。全年帮助5210人下岗失业人员实现了再就业。2005年末城镇登记失业率为4.3%，与上年持平。

（二）2005年丽水市经济发展状况

1. 三大需求拉动经济增长

1）固定资产投资和房地产业

全年全社会固定资产投资198.16亿元，比上年增长12.8%，增幅比上年回落9.8个百分点，“十五”期间年均增长36.7%。其中，限额以上固定资产投资188.36亿元，增长13.0%，增幅比上年回落14.0个百分点（见图2-235）。2005年，非国有投资为82.01亿元，比上年下降10.5%，占全社会投资的41.4%。

在限额以上固定资产投资中，第一产业投资1.59亿元，比上年增长19.8%；第二产业投资61.04亿元，下降8.6%，其中工业投资61.04亿元，下降8.6%；第三产业投资125.58亿元，增长27.6%。

全年限额以上投资项目805个，比上年增加68个。其中，新开工项目319个，减少46个。全市共安排重点建设项目56个，年度计划投资60亿元，累计完成68.56亿元，占年度计划的114.3%，建成金丽温高速公路丽青段、处州公园、紫金大桥、遂昌青田220千伏输变电工程、景宁三枝树水电站、浙江移动和中国联通通信网络设施、梅山中学迁建工程、丽水中学教学楼及丽水二中实验楼等一批重点项目。

全年房地产开发投资34.85亿元，比上年增长1.8%，“十五”期间年均增长49.5%。商品房销售额25.42亿元，比上年增长57.5%，其中销售给个人增长61.8%，

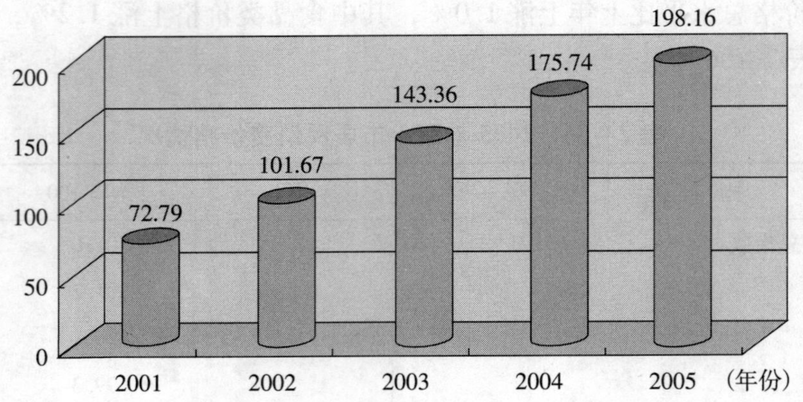

图 2－235　2001～2005 年丽水市固定资产投资额（单位：亿元）

所占比重为 96.7%。

2）国内贸易

全年社会消费品零售总额 128.10 亿元，比上年增长 13.0%，“十五”期间年均增长 12.3%；其中，城市消费品零售额 44.93 亿元，县及县以下消费品零售额 83.17 亿元，分别比上年增长 13.5% 和 12.8%。分行业看，批发零售业零售额 108.45 亿元，增长 12.7%；住宿餐饮业零售额 14.11 亿元，增长 18.4%；其他行业零售额 5.54 亿元，增长 7.0%。

年末全市共有商品交易市场 132 个，比上年增加 2 个，全年成交额 108.54 亿元，比上年下降 1.7%。其中，成交额超亿元的市场有 15 个，全年成交额 64.07 亿元，超十亿元的市场有 3 个，全年成交额 38.28 亿元。

3）对外经济

全年进出口总额 52340 万美元，比上年增长 26.8%，“十五”期间年均增长 25.3%。其中，出口 44063 万美元，进口 8277 万美元，分别比上年增长 18.1% 和 109.5%，“十五”期间分别年均增长 26.2% 和 21.1%（见图 2－236、表 2－87）。

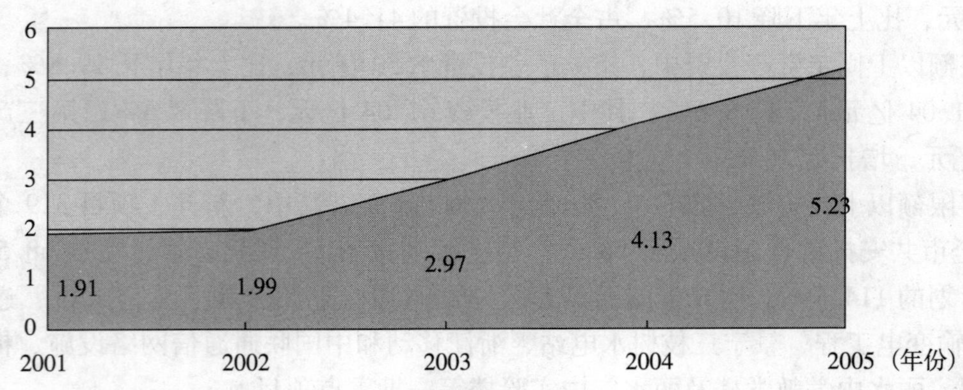

图 2－236　2001～2005 年丽水市进出口总额（单位：亿美元）

表 2－87　2005 年丽水市进出口主要分类情况

单位：万美元，%

指标 分类	绝对数	比上年增长	"十五"年均增长
进出口总额	52340	26.8	25.3
出口额	44063	18.1	26.2
一般贸易	43013	20.0	26.5
加工贸易	1049	－28.0	16.2
机电产品	16459	10.5	24.9
轻工工艺	13204	34.9	31.1
纺织服装	11857	13.0	25.3
进口额	8277	109.5	21.1

对主要市场的出口保持较快增长，欧洲和大洋洲成为 2005 年丽水出口增长较快的国家（见表 2－88）。

表 2－88　2005 年丽水市对主要市场进出口情况

单位：万美元，%

指标 国（地区）别	出口额	比上年增长
欧洲	16388	44.8
欧盟	7492	56.9
亚洲	14054	4.7
东盟	3185	14.7
日本	2086	－6.4
香港	1865	－8.9
中东	4321	－3.1
北美洲	6090	10.9
美国	5716	16.6
非洲	4939	4.0
拉丁美洲	2173	6.8
大洋洲	418	40.4

全年批准设定外商直接投资企业 27 个，比上年增加 3 个；外商直接总投资 18096 万

美元，比上年增长101.9%；合同金额6525万美元，增长115.9%；实际使用金额1943万美元，下降5.3%。

2. 产业发展水平得到进一步提高

1）农业

全年农作物总播种面积195.4千公顷，比上年下降0.5%，“十五”期间年均下降1.6%。其中，粮食播种面积为113.1千公顷，比上年下降2.1%，“十五”期间年均下降5.8%。果用瓜种植面积3.0千公顷，增长2.8%；药材种植面积2.7千公顷，增长17.4%。油料种植面积8.7千公顷，增长10.1%；蔬菜种植面积51.9千公顷，增长2.4%；花卉苗木面积1.4千公顷，增长4.6%。全年粮食总产量为54.92万吨，下降1.0%，“十五”期间年均下降4.7%（见图2－237、表2－89）。

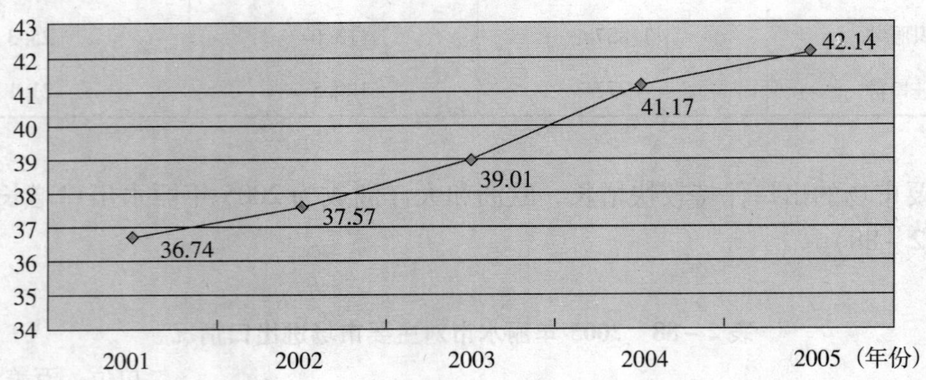

图2－237　2001～2005年丽水市农业增加值（单位：亿元）

表2－89　2005年丽水市主要农产品产量

单位：吨，%

产品名称	绝对数	比上年增长
粮食	549166	－1.0
油料	14530	10.1
其中：油菜子	10845	15.1
食用菌	36034	－12.8
其中：香菇	31366	－18.4
蔬菜	1241280	4.7
茶叶	14093	8.5
水果	323570	－8.5
其中：柑橘	160353	－23.0
肉类	81062	1.8
其中：猪牛羊肉	65122	0.9
禽蛋	7894	2.5

全年肉类总产量为8.11万吨，比上年增长1.8%，其中猪肉产量6.20万吨，增长0.5%，禽肉产量1.56万吨，增长5.6%。牛奶产量为984吨，增长12.3%。全年生猪出栏80.60万头，增长2.3%；家禽出栏1167.85万只，增长4.5%。全市水产品总产量为16882吨，比上年增长3.3%。

2005年末，农田有效灌溉面积78.93千公顷，比上年增长0.7%，其中旱涝保收面积45.82千公顷，比上年下降1.7%。全年化肥施用量（折纯）5.71万吨，增长1.2%。农业机械总动力达72.02万千瓦，比上年增长10.1%。

2）工业和建筑业

全年全部工业增加值107.51亿元，其中规模以上工业企业（国有及年产品销售收入500万元及以上的非国有工业企业）增加值88.11亿元，分别比上年增长17.3%和34.3%，“十五”期间分别年均增长18.1%和32.9%（见图2-238）。在规模以上工业增加值中，重工业50.92亿元，占57.8%；轻工业37.19亿元，占42.2%。国有及国有控股工业企业增加值10.52亿元，增长21.3%。规模以上工业企业完成出口交货值40.62亿元，增长8.1%（见表2-90）。出口交货值占销售产值比重为13.6%，比上年下降2.4个百分点。

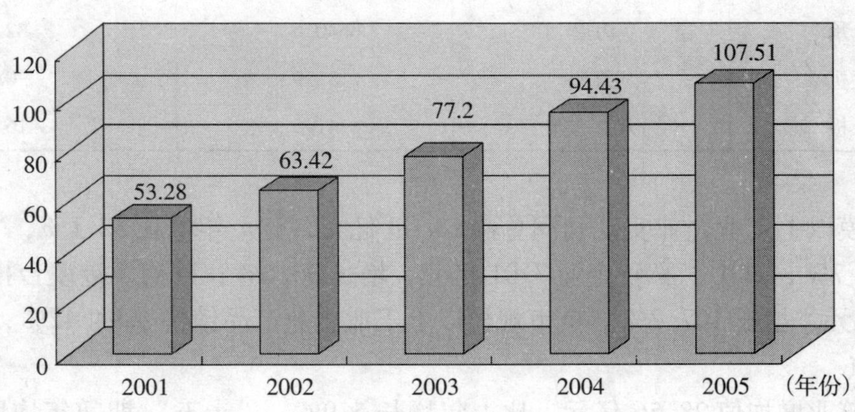

图2-238　2001~2005年丽水市工业增加值（单位：亿元）

表2-90　2005年丽水市规模以上工业增加值及其构成

单位：亿元，%

	绝对数	比上年增长	“十五”年均增长
工业增加值	88.11	34.3	32.9
国有及国有控股企业	10.52	21.3	17.0
集体企业	0.18	20.0	-48.1
股份制企业	3.34	124.2	-15.8
外商及港澳台投资企业	0.89	-81.8	8.3
轻工业	37.19	29.9	27.2
重工业	50.92	36.4	38.2

全年有色金属矿采选业产值比上年增长 90.6%，纺织服装、鞋、帽制造业增长 120.2%，塑料制品业增长 174.5%，橡胶制品业增长 94.3%，黑色金属冶炼及压延加工业增长 95.5%，仪器仪表及文化、办公用机械制造业增长 285.9%，电力生产供应业增长 30.7%（见表 2－91）。

表 2－91　2005 年丽水市主要工业产品产量

产品名称	单　位	绝对数	比上年增长（%）
发电量	亿千瓦时	19.1	60.1
饮料酒	千升	144879.7	6.0
自来水笔	万支	1879.9	23.4
肥　皂	万吨	18.7	6.5
合成洗涤剂	万吨	32.7	-2.1
皮　鞋	万双	2317.3	22.9
成品钢材	万吨	40.1	-32.1
伞	万把	237.7	18.8
轴　承	万套	6640.6	82.8
缝纫机	万架	188.9	0.5
人造板	万立方米	41.5	-16.2

全年规模以上工业企业实现利润总额 13.03 亿元，比上年增长 32.1%，“十五”期间年均增长 16.7%，其中，私营企业 7.01 亿元，增长 36.6%；外商及港澳台投资企业实现利润 2.01 亿元，增长 107.2%。全市规模以上工业企业产品销售率 94.42%，比上年下降 0.4 个百分点。

全年建筑业增加值 28.56 亿元，比上年增长 5.9%，“十五”期间年均增长 20.6%。全年资质以上建筑企业完成总产值 57.32 亿元，增长 14.6%，利润总额 2.09 亿元，增长 29.5%。

3）交通运输、邮电和旅游

全年交通运输、仓储和邮政业增加值 8.75 亿元，比上年增长 9.2%。

全年完成公路建设投资 60.18 亿元，其中高速公路完成投资 41.8 亿元。新增公路里程 83 公里，年末公路里程达 4809 公里。全社会公路货物周转量 199431 万吨公里，比上年增长 1.6%；旅客周转量 182591 万人公里，增长 6.1%。铁路客运量 117 万人，比上年增长 6.4%，铁路货运量 169 万吨，下降 4.0%（见表 2－92）。

全年邮电业务收入 112605 万元，比上年增长 6.5%，“十五”期间年均增长 7.7%。其中，邮政业务收入 10991 万元，增长 7.8%；电信业务收入 101614 万元，增长 6.4%。全年新增局用交换机 6.64 万门，总容量达到 86.42 万门。“十五”时期新增固定电话用户（含小灵通）36.88 万户，年末达到 65.23 万户。其中，城市电话用户 41.97 万户，农

表 2－92 2005 年丽水市公路运输完成运输量

指 标	单 位	绝对数	比上年增长（%）
货物周转量	万吨公里	216106	1.0
公路	万吨公里	199431	1.6
水运	万吨公里	16675	-6.0
旅客周转量	万人公里	182831	6.1
公路	万人公里	182591	6.1
水运	万人公里	240	-4.8

村电话用户 23.26 万户。“十五”时期新增移动电话用户 126.64 万户，年末达到 145.39 万户。固定电话普及率由上年末的 24.1 部/百人提高到 26.0 部/百人；移动电话普及率由上年末的 36.3 部/百人提高到 57.9 部/百人。全年新增互联网用户（含宽带用户）1.43 万户，年末总量达到 11.6 万户。

全年国内旅游者为 485.78 万人次，比上年增长 28.9%；国内旅游收入 21.48 亿元，增长 31.6%。入境旅游者为 4.07 万人次，增长 32.9%。其中外国人 3.75 万人次，增长 34.4%；香港、澳门和台湾同胞为 0.32 万人次，增长 18.1%。国际旅游外汇收入 8201 万美元，增长 33.5%。全年国内、国际旅游总收入 28.28 亿元，增长 32.1%，“十五”期间年均增长 35.9%。

4）金融和保险

年末金融机构本外币各项存款余额 421.63 亿元，比上年末增长 13.2%。其中人民币存款余额 374.4 亿元，增长 11.8%。全部金融机构本外币各项贷款余额 288.70 亿元，比上年末增长 10.5%，其中人民币贷款余额 286.9 亿元，增长 11.1%。年末城乡居民本外币储蓄存款余额 253.11 亿元，比上年末增长 12.0%。“十五”期间人民币储蓄存款余额年均增长 16.9%。

按五级分类，丽水市 4 家国有商业银行不良贷款 48838 万元，不良贷款率为 2.18%，比年初下降 0.5 个百分点（见表 2－93）。

表 2－93 2005 年丽水市全部金融机构本外币存贷款情况

单位：万元，%

指 标	年末数	比上年增长
各项存款余额	4216340	13.2
其中：企业存款	1067955	9.9
城乡居民储蓄存款	2531115	12.0
其中：人民币	2065704	9.0
各项贷款余额	2887049	10.5
其中：短期贷款	1210517	14.1
中长期贷款	1654084	8.4

全年保险业实现保费收入8.35亿元，比上年增长5.8%，“十五”期间年均增长20.6%。其中，财产险保费收入2.92亿元，比上年增长19.7%；人身险保费收入5.43亿元，比上年下降0.4%。支付各类赔款及给付2.46亿元，其中寿险赔款及给付0.57亿元；财产险赔款1.89亿元。

（三）2005年丽水市社会发展状况

1. 社会事业与经济发展协同进步

1）教育

全市拥有普通高校3所。普通高等教育本专科招生11871人，在校生26090人，毕业生8341人。各类中等职业教育招生12804人，在校生36952人，毕业生11403人。普通高中招生12716人，在校生36507人，毕业生11143人。初中招生26535人，在校生77515人，毕业生29974人，初中毕业升高中段的比例为86.98%，比上年提高4.25个百分点。普通小学招生25674人，在校生167905人，毕业生26415人；小学毕业生升学比例达100%，初中入学率、巩固率分别为99.38%和99.8%。特殊教育招生46人，在校生383人。全市拥有幼儿园1157所，在园幼儿65626人。

2）科学技术

全年全社会科技活动经费投入3.22亿元，比上年增长25.7%，“十五”期间年均增长19.3%；占生产总值的比例为1.1%，比上年提高0.1个百分点。R&D经费投入0.56亿元，占生产总值的比例为0.2%，比上年下降0.7个百分点。地方财政科技投入1.1亿元，比上年增长5.8%。年末全市拥有人才资源（具有中专以上学历或有初级及以上专业技术职务、职称的人员）12.28万人，比上年增长11.9%。每万人口中人才资源数从上年的438人增加到2005年的489人。

全年新增省级高新技术企业5家，省级高新产品17个，新认定市级高新技术企业5家，高新产品7个。年末共有省、市级高新技术企业45家，省、市级高新产品93个。全年共开发新产品、新技术12项，其中国家、省级新产品8个，国家、省创新基金项目6个。

全年通过市级以上验收、评审和鉴定的项目共37项，其中有11项达到国内领先水平，7项达到国内先进水平，3项达到省内先进水平，获得省级科学技术进步奖5项。知识产权保护工作得到加强，共获专利授权272项，其中发明专利6项。

年末全市有54家产品质量检验机构；全市有20家企业获得84张3C证书。法定计量技术机构有9家，全年强制检定计量器具2.6万台件。

3）文化

年末全市共有艺术表演团体5个，群艺（文化）馆、文化站190个，公共图书馆9个，博物馆5个。市级广播电台、电视台各为1家，县级广播电视台8家。全市有线广播电视用户达到36.84万户，比上年增长2.6%。广播、电视人口覆盖率分别达到89.75%和96.84%。全年共引进国外和港台影片115部，放映电影2419场次，观众达13.25万人次，票房收入41.4万元。全市公开发行的报纸有3种，年发行量达3516万份，平均每千

人每天拥有38份报纸。全市共有综合档案馆10个，已开放各类档案936个全宗，共计11.95万卷。

4）公共卫生

年末全市共有卫生机构368个，其中医院、卫生院322个，妇幼保健院（所、站）9个。医院和卫生院床位有5818张。卫生技术人员有8018人，其中执业医师和执业助理医师3663人，注册护士2476人。疾病预防控制中心（防疫站）9个，卫生技术人员182人。卫生监督检验机构9个，卫生技术人员94人。乡镇卫生院297个，床位807张，卫生技术人员1875人。

年末全市9个县（市、区）全部实施新型农村合作医疗制度，参保人员达146.62万人，占全市应参保农业人口的74.14%。

5）体育

全年丽水市运动健儿分别取得世界级亚军和国家级冠军各1个，全市组织选手参加13项省青少年体育竞赛，获得15金、21银、14铜的好成绩。全民健身运动蓬勃发展。全市各县（市、区）已建国民体质监测站6个，完成了3240个计划样本量。全年发行体育彩票8096万元，比上年增长107.6%，总销量居全省第九位。

2. 人民生活水平不断提高

1）人口

年末全市公安户籍人口2513914人，比上年增长0.29%。其中，男性人口1310921人，女性人口1202993人，分别占总人口的52.1%和47.9%。全年出生人口30029人，出生率为11.96‰；死亡人口14602人，死亡率为5.82‰；全年净增人口7305人，自然增长率为6.14‰。

2）生活状况

全市城镇居民人均可支配收入12846元，农村居民人均纯收入3572元，扣除价格因素，分别比上年实际增长6.9%和6.5%；“十五”期间分别年均增长9.4%和6.3%（见图2-239）。城镇居民人均消费支出9244元，比上年增长6.4%；农村居民人均生活消费支出3293元，增长7.0%。农村居民家庭恩格尔系数（即居民家庭食品消费支出占家庭消费总支出的比重）为38.3%，城镇居民家庭恩格尔系数为37.2%，分别比上年下降0.8个和0.6个百分点。城镇居民人均住房使用面积30.9平方米，比上年末增加2平方米；农村居民人均居住面积43.7平方米，增加2.6平方米。年末每百户城镇居民家用汽车拥有量为3.1辆。

3）社会保障

年末全市参加基本养老保险人数为19.56万人，比上年增加1.07万人。其中参保职工15.45万人，参保的离退休人员4.11万人。参加失业保险的人数为11.71万人，增加0.20万人。参加医疗保险的人数为16.80万人，增加0.95万人。其中参保职工1.26万人，参保退休人员4.27万人。参加工伤、生育保险参保职工分别为5.55万人和4.83万人。年末领取失业保险金人数为0.26万人，比上年减少0.12万人。全市低保对象4.48万人，其中城镇0.38万人，农村4.10万人，城乡月平均生活保障标准分别为163元/人

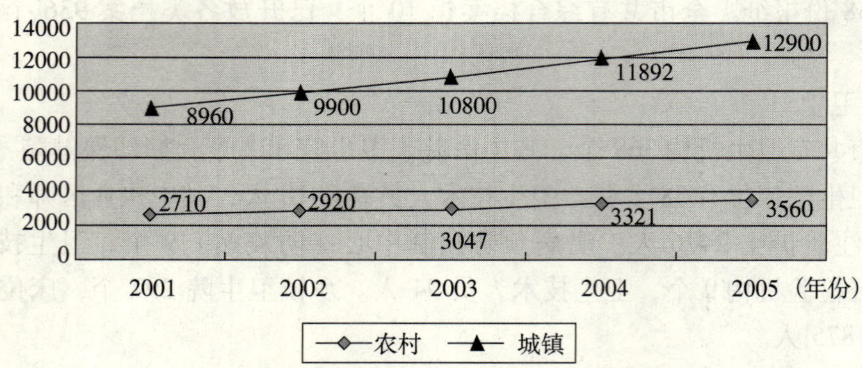

图 2－239　2001～2005 年丽水市城乡居民收入（单位：元）

和 93 元/人，全年共支出低保金 1990 万元，比上年增长 18.0%。

年末全市各类收养性社会福利单位拥有床位 5550 张，收养各类人员 4477 人。基本实现农村五保和城镇"三无"对象集中供养，农村五保和城镇"三无"集中供养率分别达到 87.4% 和 92.3%，有 3959 名农村五保和城镇"三无"对象得到了集中供养。

全年销售社会福利彩票 1.23 亿元。

3. 资源环境与经济和谐发展

1）资源

全年实际建设占用耕地 373 公顷，比上年减少 8.1%。灾毁耕地 518 公顷。土地整理复垦开发补充耕地 733 公顷。当年净增耕地 434 公顷。

全年全市水资源总量 207.13 亿立方米，比上年增长 44.3%；人均水资源 8251 立方米，比上年增长 43.8%。总用水量 84095 万立方米，其中生活用水量 10145 万立方米，生产用水量 70636 万立方米，城市环境用水量 3314 万立方米；全市人均用水量 335 立方米。全年平均年降水量 1931 毫米，增长 23.3%。年末全市 24 座大中型水库蓄水总量 9.1 亿立方米，减少 2.7%。

全市全年完成 51 个建设项目用地地质危险性评估。全年共安排地质勘察项目 29 个，新增萤石矿储量 473 万吨，钼精储量 4970 吨，膨润土储量 1344 万吨。

2）环境

全年噪声达标区 210.5 平方公里，烟尘控制区 293.9 平方公里。工业废水排放达标率 93.3%。城市污水集中处理率、城市生活垃圾无害化处理率和工业固体废物综合利用率分别达到 38.6%、87.5% 和 80.5%，比上年提高 1.5 个、1.0 个和 7.6 个百分点。建设项目环评执行率达到 100%。全市地表水 87 个断面的水质监测中，有 85 个断面达到或优于地表水环境质量Ⅲ类以上水质标准，比上年增加 3 个。市区空气质量符合Ⅱ级标准要求的天数达到 352 天。城市声环境质量符合国家标准，各标准适用区平均值均低于相应标准。

全年完成造林面积 3832 公顷，比上年增长 25.8%；迹地更新 2982 公顷，增长 79.7%；当年新增育苗 262 公顷；中、幼龄林抚育面积 20855 公顷。生态公益林建成面积

2074公顷。全市建有各级自然保护区（含自然保护小区）81个，其中国家级自然保护区2个；自然保护区面积34.5千公顷，占土地总面积的2.0%。建有市级以上森林公园10个。全年新增绿地74.68万平方米，人均公共绿地面积达10.2平方米，比上年增长2.0%。

全年因洪涝和干旱、台风等自然灾害造成的直接经济损失达24.07亿元，比上年增长225%；因洪水等自然灾害死亡人口15人。全年农作物受灾面积72.82千公顷，比上年扩大15.4%。其中，绝收11.22千公顷，扩大1.5倍。全年共发生道路交通事故2602起，造成340人死亡、3365人受伤，直接财产损失891万元。全市工矿商贸企业生产安全死亡417人，道路交通死亡率10.2人/万车。

（四）丽水市“十五”发展的回顾

“十五”的五年，正是丽水撤地设市的五年。2000年撤地设市，翻开了丽水发展史上崭新的一页。这五年，全市人民紧紧把握撤地设市这一行政管理体制重大调整的历史机遇，认真落实“八八战略”和“三市并举”战略，解放思想，开拓进取，攻坚克难，完成或超额完成了撤地设市后第一个五年计划所确定的各项主要目标任务，经济、政治、文化和社会建设取得了一系列令人鼓舞的新成就。丽水的发展已经站到了一个新的较高起点上。

1. 经济实力上了一个新台阶

2005年，全市生产总值超过300亿元，比2000年增长了1.2倍；财政总收入超过34亿元，其中地方财政收入超过20亿元，比2000年分别增长了1.7倍和1.6倍。粮食生产趋于稳定，农业产业化水平明显提高，农业增加值超过42亿元，比2000年增长了17.5%。第二产业发展迅速，工业增加值超过110亿元，比2000年增长了1.6倍；建筑业增加值超过28亿元，比2000年增长了1.7倍。旅游、商贸流通、交通运输、房地产和金融、信息服务等第三产业有了长足发展，增加值超过120亿元，比2000年增长了1.2倍。在三次产业中，二产特别是工业经济的主体地位已经确立。

2. 城乡面貌发生显著变化

五年完成全社会固定资产投资超过690亿元，比“九五”时期增长了3.8倍。新增二级以上公路里程421公里，其中金丽温高速公路已于年前全线建成通车。完成山塘水库除险加固104座、河道整治256公里，建成城市防洪堤108公里，丽水市区和松阳、云和、景宁三县城区防洪标准达到50年一遇，其他县（市）城区防洪标准也已达到20年一遇。全市小水电装机容量达到130.6万千瓦，新增加了52.4万千瓦。输变电110千伏网架已基本完善，220千伏主供电网初步形成。滩坑水电站第一水平年移民任务已经完成，第二水平年移民工作全面启动，大坝建设已如期实现围堰截流。全市新建城市道路174公里；新增城市绿地面积187万平方米；丽水市区建成区面积已从2000年的9.2平方公里扩展到23平方公里；全市城市化率已从33.1%提高到38.2%。农村基础设施建设进一步加快，全市行政村通车率达83.8%，通自来水率达71.8%，通电率达到了100%；已建成省市级示范村54个，环境整治村573个。

3. 改革开放取得丰硕成果

完成农村土地二轮承包，全面免征农业税。国有和城镇集体企业改革已完成95.3%，民营经济在国民经济中所占比重上升到77.5%。投融资体制改革和公共财政体制改革有序推进。稳步开展撤并乡镇和行政村工作。结合开展“山海协作”和“华侨要素回流”等活动，招商引资工作不断加强，五年实际引进外资5819万美元；2002年以来实际引进市外内资95.6亿元。全市开发区和工业园区建成面积达到18平方公里，成为丽水市承接招商引资项目的重要平台。对外贸易规模不断扩大，2005年进出口总额超过5亿美元，比2000年增长了1.9倍，其中出口超过4.3亿美元，增长了2.1倍。

4. 各项社会事业蓬勃发展

围绕调整教育布局，改善学校设施条件，新建中小学校36所，撤并1086所，改造破旧校舍20.4万平方米，教育资源集约配置程度明显提高。基础教育得到全面加强，幼儿入园率、小学入学率、初中入学率和初升高比例分别达到了85.2%、99.9%、99.4%和87.0%，普教和职教比基本保持在1:1水平。高等教育质量不断提高，丽水师专实现了专升本的目标。云和县在全市率先通过了省级“教育强县”的评估验收。科技进步步伐加快，网上技术市场活跃，推动企业与省内外高等院校、科研机构合作，充分发挥科技特派员作用，五年累计实施各类科技项目2200余项，科技对发展的带动和促进作用进一步增强。公共卫生和医疗服务体系建设有了明显加强，新建卫生业务用房12.76万平方米，改造乡镇卫生院50所，市中心医院晋升为三级甲等医院。文化事业和文化产业进一步发展，黄帝文化、畲乡文化、华侨文化、剑瓷文化、石雕文化、廊桥文化、摄影文化等具有地方特色的文化，通过举办丰富多彩的节庆和展览活动，对外影响力越来越大，各类城乡群众性文化、体育活动日趋活跃。妇女、儿童、老龄和残疾人事业不断发展，民族、宗教、外事、侨务、对台事务和人口与计划生育等工作取得了新的进步。生态环境建设成效显著。加强环境保护和生态环境建设，推行清洁生产和循环经济试点，成为全省首个获国家级生态示范区称号的地级市。全面启动生态市建设，建成地表水交接断面水质自动监测站4个，空气环境自动监测站3个，垃圾集中填埋场9座，丽水市区污水处理厂2003年建成投入运行，缙云、云和、龙泉三个城区污水处理厂于2005年相继开工建设。在经济快速发展的同时，生态环境质量保持稳定，2005年瓯江水系90%的监测断面水质达到或优于国家Ⅱ类水标准，丽水市区及各县（市）城区空气质量普遍达到或优于国家二级标准，全市森林覆盖率达79.9%，各县（市、区）全部进入全国生态环境质量前50位，庆元县荣膺“中国生态环境第一县”。

5. 人民生活水平不断提高

2005年，丽水市城镇居民人均可支配收入和农村居民人均纯收入分别达到12900元和3560元，分别是2000年的1.6倍和1.4倍。2005年末城乡居民储蓄存款余额比2000年末增长了1.2倍。城乡居民人均住房使用面积分别由2000年的24.3平方米、33.9平方米提高到30.5平方米、43平方米。农村饮用水合格率从2000年的12.8%提高到41.7%。2004年以来，全市累计新增城镇就业2.1万人，完成农村劳动力转移就业培训8.08万人。城镇养老等五大社会保险进一步完善。面向城乡困难群体的社会救助工作迈出了坚实步伐，对低保对象实现了应保尽保，2005 年新型农村合作医疗参合率达到了 74.1%，农村五保和城镇“三无”对象集中供养率达到了 87.5%，被征地农民基本生活保障参保人数达到了 1.03 万人。形成了多层次供房体系，累计建成经济适用房和拆迁安置房 26.3 万平方米，动工建设农民公寓 6 万平方米，丽水市区和龙泉、云和城区已实行了廉租房制度。贫困家庭子女就学资助和医疗救助制度全面推开。扶贫工作力度不断加大，累计实现下山移民 4 万余人，人均年收入 1500 元以下人口已从 2002 年底的 36.4 万人下降到 2005 年底的 24 万人。

6. 文明创建和民主法制建设取得新成绩

市本级相继荣获省级卫生城市和省级文明城市称号，莲都、云和、遂昌荣获省级文明城区和县城称号，云和县荣获国家卫生县城称号，青田、松阳、缙云、庆元县荣获省级创建文明城市工作先进县称号。不断推进法治政府建设，扎实开展“四五”普法教育，全面贯彻行政许可法，市本级依法清理行政许可项目 625 项，取消 229 项；严格执行人大及其常委会的决定和决议，自觉接受人大及其常委会的法律监督、政协的民主监督和各民主党派及工商联、人民团体等社会各方面的监督，积极推进基层民主建设。坚持从严治政，强化了廉政建设责任制，严肃查处了一批腐败案件。城乡社会秩序稳定，信访、安全生产、防灾减灾、社会治安综合治理等工作有了很大加强，群体性事件、安全生产事故、重特大恶性案件等发生数明显下降。

总结过去五年，丽水的全面发展有这样一些经验和教训：必须始终坚持从丽水欠发达这个最大的市情出发，咬住发展不放松，扭住经济建设不动摇；必须始终坚持以科学发展观为指导，遵循客观规律，扬长避短求发展；必须始终坚持统筹兼顾，按照“五个统筹”的要求，突出处理好城乡之间、区域之间、经济与社会发展之间、经济社会发展与环境保护之间等一系列重大关系；必须始终坚持以改革开放促发展，通过改革激发发展的内在活力，通过开放拓展借力发展的途径和空间；必须始终坚持以人为本，把解决民生问题放在首位，努力实现好、维护好、发展好最广大人民群众的根本利益。

分析过去五年，丽水经济和社会发展还存在着一些矛盾和问题：要素空间布局不合理，中心城市集聚辐射能力弱，在不少方面发展不平衡问题都比较突出。经济总量小，产业层次低，企业整体竞争能力不强，经济增长方式还更多地表现为粗放。农民转产转业和增加收入渠道狭窄，劳动力就业压力大，城乡群众生活困难面仍然不小。社会还存在着一些不稳定因素，有些矛盾还比较尖锐，构建和谐社会的任务还相当艰巨。政府职能转变仍然滞后，管理和服务离群众的要求还有较大差距，有效缓解资源、环境制约的办法还不够多，依法执政水平有待进一步提高，在一些地方和单位官僚主义、形式主义等不负责任的现象还比较突出，不廉洁乃至腐败问题时有发生。

（五）丽水市经济发展在长三角经济发展中的地位

1. “十五”期间生产总值在长三角所占比重的变化趋势

丽水市的生产总值在“十五”期间的增长速度还是较快的（见图 2－240），2005 年，丽水市生产总值实现 305.99 亿元，按可比价格计算，“十五”时期年均增长 13.7%。但是从整个长三角来看，丽水市的发展仍处于低水平发展阶段，有很多的提升空间。这一方面与丽水市的自然环境与资源处于劣势有关，另一方面也与产业结构的发展不平衡有关。

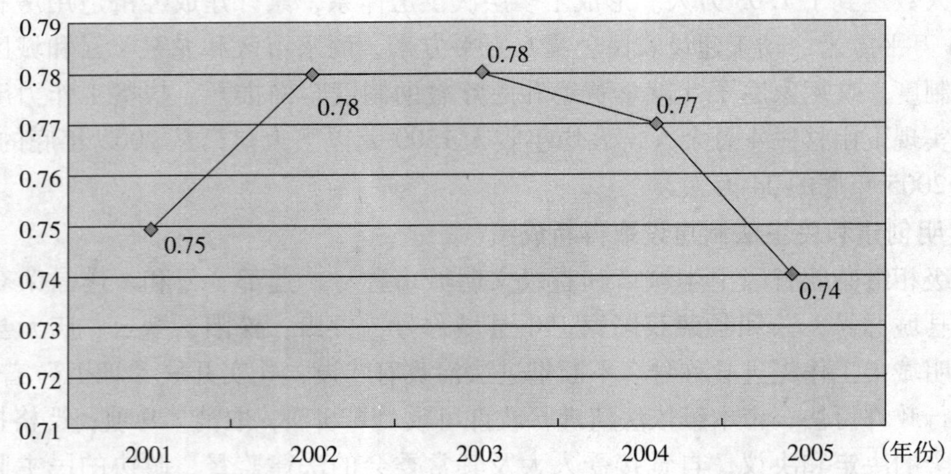

图 2-240　2001～2005 年丽水市生产总值在长三角所占的比重（单位：%）

2. “十五”期间丽水市产业结构变化情况

从丽水市各个产业在长三角所占的比重来看，丽水市的产业结构还处于比较传统的阶段（见图 2-241）。农业由于自然资源的制约，发展比较缓慢，而且表现出逐年下降的

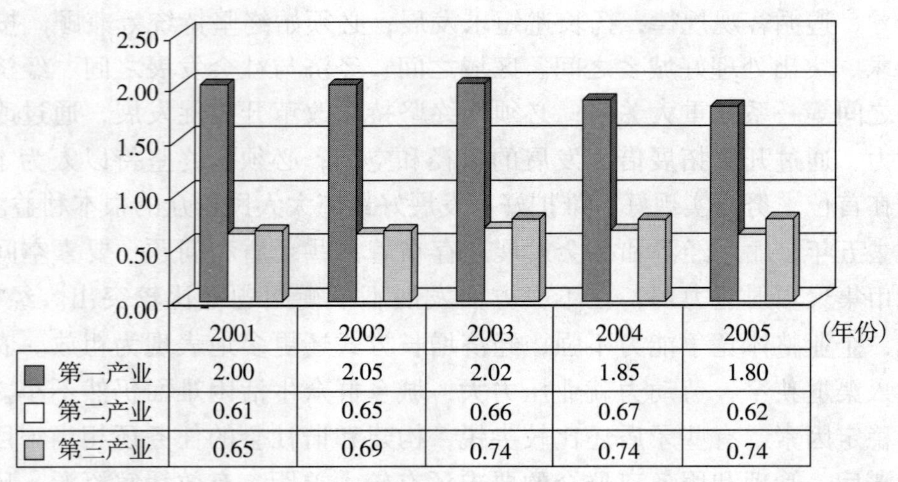

	2001	2002	2003	2004	2005
第一产业	2.00	2.05	2.02	1.85	1.80
第二产业	0.61	0.65	0.66	0.67	0.62
第三产业	0.65	0.69	0.74	0.74	0.74

图 2-241　2001～2005 年丽水市各产业在长三角所占的比重（单位：%）

趋势。第二产业从整个长三角来看，竞争力也比较弱，所占比重较小。第三产业的发展正处于兴起阶段，如旅游业，2005 年，丽水市全年国内、国际旅游总收入达到 28.28 亿元，增长 32.1%，“十五”期间年均增长 35.9%。一方面是近几年丽水市的发展较快，另一方面也是基数的原因，丽水市的增长幅度较大，但是主要还是以发展重工业为主，而且发展的过程中应该进一步注意与资源环境的协调发展。

3. 丽水市的经济社会发展在长三角的地位

从前面的分析我们可以看到，丽水市的生产总值2005年实现了305.99亿元，按可比价格计算，比上年增长12.7%，“十五”时期年均增长13.7%，表现出了很强的增长活力。从拉动经济增长的三大动力来分析其经济发展趋势，2005年，丽水市的固定资产投资额为198.16亿元，占长三角的比重为1.04%；社会消费品零售总额为128.1亿元，占长三角的比重为0.96%；在对外贸易方面，出口总额实现了4.41亿元，占长三角的比重为0.15%。从丽水市固定资产投资、对内销售额和对外贸易额分别在长三角中所占的比重的对比来看，虽然都有了很大程度的提高，尤其是对外贸易增长幅度还是很大的，但从整个长三角的角度来看，这些发展还很不够，虽然这与丽水市自然资源的局限性有很大的关系，但如果能更好地推进这三方面的发展，丽水的总体经济发展水平会有更大的提高（见表2-94）。

表2-94 2005年丽水市与长三角部分经济社会发展指标比较

指 标	长三角	丽 水	
		绝对值	比重（%）
固定资产投资（亿元）			
全社会固定资产投资总额	18978.51	198.16	1.04
国内商业			
社会消费品零售总额（亿元）	13304.55	128.1	0.96
对外经济贸易			
出口总额（亿美元）	2905.28	4.41	0.15
客运量总计（万人）			
公路	292977	3706	1.26
货物运输量总计（万吨）			
公路	190433	2352	1.24
民用车辆拥有量（辆）			
民用汽车拥有量	4920600	60274	1.22
邮电业务总量（亿元）			
年末市内电话（万户）	4507.77	60.23	1.34
年末移动电话用户（万户）	6680	145.39	2.18
国际互联网用户（万户）	1597.46	11.6	0.73
从业人员合计（万人）	8474.2	142.41	1.68
第一产业	2241.24	68.99	3.08
第二产业	3266.99	32.27	0.99
第三产业	2965.97	41.15	1.39
教育			
普通中学在校学生（万人）	759.68	11.4	1.50
小学在校学生（万人）	881.43	16.69	1.89

基础设施的推进是整个经济发展的基础，丽水市在城市规划建设，以及邮电通信方面也投入了大量的资金，并且取得了一定的进展。2005年丽水市的公路客运总量为3706万人，货运总量为2352万吨，占整个长三角的比重为1.26%和1.24%。民用汽车拥有量为60274辆，占长三角的比重为1.22%。以上数据显示，丽水市交通运输能力的提高并不是很快，这对经济的进一步发展也是一个瓶颈，需要更进一步地投入才能有更大程度的推进。

在通信发展方面，2005年丽水市的年末市内电话用户、年末移动电话用户、国际互联网用户分别实现了60.23万户、145.39万户、11.6万户，占整个长三角的比重分别为1.34%、2.18%、0.73%。在通信发展发面，丽水市还是有很大的发展空间，尤其是信息量迅速而丰富的国际互联网，在丽水远没有得到很好的发展，只占到整个长三角的0.73%，与整个长三角的发展速度是不协调的。

在考量社会发展水平以及人民生活水平时，从业人员数也是一个比较重要的指标。2005年丽水市从业人员总数为142.41万人，占长三角的比重为1.68%。第一、二、三产业的从业人员分别为68.99万人、32.27万人、41.15万人，占长三角的比重分别为3.08%、0.99%、1.39%。从以上的数据我们可以看到，丽水市的农业仍然是最主要的劳动力吸收来源，而二、三产业相对来讲发展得还不够，尤其是工业中的集体企业近两年衰败得比较厉害，在劳动力的吸收方面减弱很多。另外，第三产业的吸收能力也仍有很大的发展空间。

教育水平的提高也是体现人民生活水平的重要方面之一，2005年，丽水市的普通中学在校学生为11.4万人，小学在校学生为16.69万人，占长三角的比重分别为1.50%、1.89%。丽水市在义务教育的实现方面还是投入了大量的人力、物力，普遍实现了适龄儿童的入学。

总体来讲，丽水市在整个长三角的发展状况中属于发展较为缓慢的城市，其第二产业以及第三产业的发展仍有很大的提升空间，只有这两方面能有更快的发展，丽水市的整体社会经济发展才能有很大的突破。

缙云县经济社会发展情况

（一）缙云县概况

1. 地理位置与行政区划

缙云县，简称缙，隶属浙江省丽水市，是“革命老区县”、“中国麻鸭之乡”。地处浙江省中南部丘陵山区，位于北纬28°25′~28°57′，东经119°52′~120°25′，东临仙居、永嘉，南连青田，西邻莲都、武义，北接永康、磐安，面积1503平方公里。

建城区面积为4.6平方公里，辖9镇、15乡、642个行政村。全县人口为43.6万，其中60岁以上人口为5.8万，占全县总人口的13%，已进入老龄化县。男女性别比例为108：100。平均寿命为75岁。民族以汉为主。

2. 建制沿革

缙云县始建于武周万岁登丰元年（696年），以境内古缙云山而得名。缙云是中华民

族人文始祖轩辕黄帝的号名。置县后，属括州。大历十四年（779 年）改括州为处州，沿属处州，1949 年 5 月，缙云解放，属丽水专区。1952 年改属金华专区。1963 年复属丽水专区。1968 年丽水专区改为丽水地区，隶属不变，2000 年丽水地区改为丽水市，隶属不变。县人民政府驻地是五云镇。

3. 气候

缙云县地处括苍山与仙霞岭的过渡地带，地形以山地、丘陵为主，约占全县总面积的80%以上，是“八山一水一分田”的山区县，地势东南高、西北低。境内主峰大洋山，海拔 1500 米，为括苍山脉最高峰，壶镇、新建是境内两块最大的河谷盆地。

境内属亚热带季风气候，温暖湿润，四季分明，日照充足。由于地势高低悬殊，形成“一山有四季，山前山后不同天”的垂直气候特征。年平均气温 17℃，7 月平均气温 29.2℃～24.5℃，极端最高温达 41.9℃，1 月平均气温 5℃～2.3℃，极端最低温达 -13.1℃。年平均降水量 1437 毫米，无霜期 245 天。

主要河流有好溪、新建溪、永安溪等，分属瓯江、钱塘江、灵江三大水系。好溪为境内最大河流，自东北向西南斜穿全境，干流全长 100 余公里。流域面积 791.8 平方公里，全县水资源丰富，年平均径流量 13.69 亿立方米，人均占有水资源 3321 立方米。河流落差大，水力资源总蕴藏量 8.3 万千瓦，人均 0.2 千瓦。水和水力资源高于全国、全省平均水平。盘溪电站为“一水多用，梯级开发”的典范，为联合国指定的亚太小水电技术培训实验基地。

4. 资源物产

缙云县境内非金属矿产极为丰富，已发掘的有沸石、凝灰岩、珍珠岩、膨润土、石英砂、萤石等。其中，沸石贮量约 3 亿吨，居全国第四，质量第一。建材矿产以凝灰岩、花岗岩为主。主要农作物是水稻，为丽水市主要产粮区之一。旅游资源得天独厚。1994 年，仙都被国务院批准为国家级风景名胜区，2000 年，被评为 4A 级旅游区。鼎湖峰号称“天下第一奇峰”，相传为黄帝升天成仙之地。黄帝文化源远流长，黄帝祠宇是中国南方朝拜轩辕黄帝的中心，已与陕西黄陵形成“北陵南祠”格局。该景区逐步成为浙江西南旅游热点和影视天然摄影棚。仙都“奇峰异石”、“田园风光”、“黄帝文化”集于一身，海内外游客纷至沓来，每年游客达 100 多万人次，旅游业年总收入 3 亿元左右，旅游业已成为该县三产的龙头。

（二）缙云县经济发展状况

1. 总体状况

“十五”期间，缙云县提出并实施了“开放兴县、工业强县、生态立县”三大战略，经济社会得到了较快发展。

2005 年缙云县经济发展再上新台阶，实现生产总值 47.6 亿元，是 2000 年的 1.3 倍；人均生产总值 10865 元（约合 1346 美元），突破了 1000 美元大关。实现财政总收入 4.61 亿元，年均增长 22.7%，其中地方财政收入 2.34 亿元，年均增长 21.7%。农业综合生产能力不断增强，粮食生产呈现恢复性增长，农业产业化水平明显提高，实现农业总产值 8.41 亿元，年均增长 2.8%。第二产业快速发展，工业主导地位初步确立，实现工业总产值87.6亿元，年均增长24.8%。仙都景区开发取得显著成效，旅游、商贸、交通、信息、房地产等产业快速发展，第三产业实现增加值16.44亿元，年均增长16.1%。三次产业结构由2000年的20.8∶42.5∶36.7调整为11∶54.4∶34.6。

2. 经济发展特点

1）在调整中实现稳步增长

1999年底，缙云县经济新一轮上升增长周期启动，在2003年、2004年迈入了快速增长期，2004年GDP增速达到此轮周期的高峰16.8%。2005年以来，在宏观调控的作用下，缙云县经济增长总体趋势是在合理增长区间略有下降，有经济调整迹象，但由于政策得当，措施有力，并未出现大的波动，仍保持经济平稳较快增长的态势。

2）需求平稳发展

固定资产投资继续增长。全社会固定资产投资完成23.2亿元，同比增长4.6%。其中，限额以上投资22.1亿元，占全社会固定资产投资的95.2%，同比增长4.1%；房地产开发完成投资5.5亿元，同比增长24.9%；基础设施投资6.6亿元，同比增长26.8%。消费市场稳中趋旺。实现社会消费品零售总额17.5亿元，同比增长13.0%；个私工商户数不断增加，全县城乡个私工商户数分别达到8674户和1439户，同比分别增加了255户和75户。外贸出口增长较快。实现外贸出口交货值17.8亿元，同比增长7.6%，其中自营出口总值9283万美元，同比增长26.9%。

3）产业稳步扩张

2005年，工业生产继续较快增长。全县实现工业总产值87.6亿元，同比增长24.6%，其中规模以上工业企业实现工业产值62.1亿元，同比增长33.5%；销售产值82.7亿元，同比增长24.4%，产销率94.4%。①企业群体和规模不断壮大，规模以上企业由上年152家增加到183家，产值上亿元的企业由上年12家增加到19家；②重点行业发展态势良好，五金机械等五大行业完成工业总产值53亿元，同比增长30.3%，占全部工业产值的60.5%；③集聚效应初步显现，七个一类工业重镇实现工业产值78.6亿元，同比增长26.6%，占全部工业产值的89.7%。

2005年，农业生产平稳增长。实现农业总产值8.4亿元，同比增长4.6%。粮食生产稳定发展，粮食播种面积19.82万亩，同比增长1.4%。特色高效生态农业稳步推进，建有高效生态农业基地14个，两个农产品取得无公害产地产品认证。农业龙头企业实力增强，带动作用日益明显，29家农业龙头企业资产总额2.2亿元，从业人员2500余人，连着6万多农户进行畜禽、竹木、蔬菜、蚕桑、食用菌等特色农产品的一体化经营。

2005年，第三产业稳定增长。旅游业保持较快增长，全县接待国内游客101.5万人次，同比增长21.8%；实现旅游收入4.04亿元，同比增长27.4%；其中仙都主景区接待游客39.2万人次，门票收入774.6万元，分别增长21.3%和20.7%。社区服务、商贸餐饮、公用服务等劳动密集型服务业进一步发展。

4）改革开放不断深化

农村税费改革扎实推进，农民负担明显下降。二轮土地承包全面完成。国有和集体企业改制面达93.4%，职工身份置换率达85.2%。民营经济活力显著增强，占国民经济的比重由69%提高到78%，成为经济发展的重要推动力量。行政审批制度改革不断深化，

机关效能建设初见成效，发展环境进一步优化。园区开发和招商引资卓有成效。园区和功能区建成面积4.1平方公里，成为工业集聚发展的重要平台。“十五”期间，实际利用县外内资17亿元、外资2501万美元，共计引进县外企业173家。对外贸易快速增长，2005年实现外贸自营出口总额9342万美元，年均增长40%。

5）经济发展的质量明显提高

财政收入增长较快。财政总收入4.61亿元，可比增长17.4%；其中上划中央“四税”收入2.27亿元，可比增长19.1%。地方财政收入2.34亿元，可比增长15.7%；其中增值税收入1.90亿元，可比增长24.9%。金融运行平稳。金融系统各项存款余额44.6亿元，同比增长12.6%，其中城乡居民储蓄存款余额27.2亿元，同比增长15.4%；各项贷款余额31.1亿元，同比增长8.0%；存贷比为69.8%。城乡居民收入稳定增加。城镇居民人均可支配收入12900元，同比增长11.9%，其中工薪收入10205元，占整个收入79.1%；农村居民人均纯收入3757元，同比增长7.0%。

（三）缙云县社会发展状况

1. 城乡一体化统筹发展

以新区开发为龙头，形成了大规划、大投入、大建设的城乡统筹发展态势。五年累计完成全社会固定资产投资78.4亿元，年均增长26.4%。其中，投入城市建设资金8.47亿元，县城建成区面积从2.4平方公里扩大到5.2平方公里，新建、改建城市道路16.4公里，新增城市绿地20.5万平方米。城市框架快速拉开，集聚功能不断增强，人居环境明显改善。城乡水、电、路等基础设施全面改善，输变电、防洪堤、供排水等一批重点项目顺利实施，金丽温高速公路竣工通车，台缙高速公路建设稳步推进。“十村示范、百村整治”、乡村康庄工程等一系列工程深入实施，农村生产生活条件进一步改善。建成示范村4个、整治村81个，新建、改建通村公路700公里；完成山塘水库除险加固148座，整治河道22.4公里，近4万亩农田灌溉状况得到有效改善，2万多名农村群众饮水困难得到有效解决。

2. 人民生活水平不断提高

城乡居民收入快速增长，2005年，城镇居民人均可支配收入12900元；农村居民人均纯收入3757元，年均增长8.5%。2005年末城乡居民储蓄余额比2000年末增长87%。全社会消费品零售总额17.5亿元，年均增长17.9%。就业再就业工作扎实推进，“十五”期间新增城镇就业2334人，完成农村劳动力培训6.07万人，实现转移就业8799人。城镇养老、医疗、失业、工伤、生育保险覆盖面逐步扩大。低保对象实现动态管理下的应保尽保，被征地农民基本生活保障、新型农村合作医疗、农村五保和城镇“三无”对象集中供养、贫困家庭子女就学资助等农村社会保障救助体系初步建成。欠发达乡镇奔小康和下山脱贫等扶贫帮困工作扎实开展。

3. 社会事业协调发展

教育资源配置不断优化，基础教育得到全面加强，成为全市第一个“两高”普九县，高考上线率始终位居全市前茅，幼教、职教、成教规模不断扩大。科技事业稳步发展，产学研联系进一步密切，企业的科技创新意识不断增强。五年共投入技改资金25.9亿元，批准科技项目92个，获得省级高新技术认定的产品22个。公共卫生和医疗服务体系建设明显加强。顺利通过国家级生态示范区验收。文明县城创建活动深入开展。文化事业和文化产业不断繁荣，文体娱乐设施逐步改善，群众性文体活动蓬勃开展。人口和计划生育、妇女、儿童、老龄、残疾人事业不断发展，双拥、民族、宗教、侨台等工作取得新的进步。

4. 民主法制稳步推进

主动接受人大的依法监督和政协的民主监督，认真办理人大代表的建议和政协委员的提案。自觉接受各民主党派及工商联、人民团体等社会各方面的监督。基层民主建设稳步推进。全面贯彻实施《行政许可法》，依法、科学、民主行政水平得到有效提高。认真落实廉政建设责任制，严肃查处了一批腐败案件。“平安缙云”建设扎实推进，社会治安综合治理、安全生产、防灾减灾和信访工作得到全面加强。

（四）缙云县经济社会发展中存在的问题

从过去五年的发展状况来看，缙云县在未来的发展中主要面临以下困难和问题：①从发展趋势看，各类生产要素紧缺，区域竞争日益激烈，与周边地区的差距还在拉大；②从发展后劲看，缺乏大项目、大企业的带动和支撑，企业自主创新能力普遍较弱，固定资产投资回落，招商引资难度加大，企业利润空间受到压缩；③从发展机制看，还存在诸多不符合国家政策导向和市场经济规律的环节；④从发展环境看，一些社会矛盾和突发公共事件对经济发展的影响不容忽视，信访和维稳的压力依然很大，转变政府职能和提高行政效能的任务仍然十分繁重。

第三编

长三角地区专项经济社会发展

一　长三角人口构成与特征

（一）长三角人口基本情况

1. 长三角人口总量

2005年长江三角洲的上海市、江苏省和浙江省常住人口总量为14146.5万人，而2005年底全国的人口为130756万人。与2000年人口普查相比，在2000到2005年的五年期间（“十五”期间），浙江省的常住人口增加了217.02万人，增长4.64%，年平均增加43.40万人，年平均增长0.91%；江苏省在“十五”期间，全省总人口增加147.26万人，年均增长0.4%；上海市在“十五”期间户籍人口增加了约有30万人，而外来常住人口比2000年第五次全国人口普查时的数据增加139万人，上海市年均增加33.8万人，年均增长2.06%。长三角2005年总的人口与2000年相比，平均每年增加人口106.65万人，年平均增长率为0.78%。而“十五”期间全国年平均人口的增长率为0.63%，长三角地区的人口增长率要稍微高出全国的水平。不过，由于长三角地区属于经济发达地区，大量的外来人口进入该地区，从而加大了该地区的常住人口量，上海就是一个典型的例子。

2. 长三角人口的城乡构成

2005年，长三角地区的城镇人口占该地区总人口的比例为57.05%，农村人口为42.95%，长三角地区的城镇人口比例已远远超过农村人口比例（见表3－1）。2005年全国人口中，居住在城镇的人口56157万人，占总人口的42.99%；居住在乡村的人口74471万人，占总人口的57.01%。长三角的城镇人口比例高出全国14.06%，说明长三角地区的城镇化水平要远远高于全国的平均水平。这从侧面反映了由于长三角地区经济较为发达，城市发展迅速，已经形成了一个较大的城市群，因而导致长三角地区城镇人口的比例很高。

在长三角地区，江苏全省常住人口中，居住在城镇的人口3742万人，占常住人口的50.11%；居住在乡村的人口3726万人，占常住人口的49.89%。与第五次全国人口普查相比，城镇人口比重上升了8.62个百分点。浙江全省人口中，居住在城镇的人口2742万人，占总人口的56.02%；居住在乡村的人口2152万人，占总人口的43.98%。与第五次全国人口普查相比，城镇人口占总人口的比重上升了7.35个百分点。上海市常住人口中，居住在城镇的人口1584万人，占总人口的89.09%；居住在乡村的人口194万人，占总人口的10.91%。与第五次全国人口普查相比，城镇人口占总人口的比重上升了0.79个百分点。

表3－1　2005年长三角人口的城乡构成

单位：万人

地区	浙江	江苏	上海	总计	地区	浙江	江苏	上海	总计
城镇	2742	3742	1584	8068	农村	2152	3726	194	6072

3. 长三角人口的性别构成

长三角地区人口中，男性有7111万人，占该地区总人口的50.29%；女性有7029万人，占了49.71%（见表3-2）。性别比（以女性为100，男性对女性的比例）为101.2。而全国人口中，男性为67309万人，占总人口的51.53%；女性为63319万人，占总人口的48.47%。性别比为106.30。这说明长三角地区的性别比要低于全国的水平，长三角地区男女性别比例相对较为平衡。

在长三角地区中，浙江全省人口男性为2483万人，占总人口的50.73%；女性为2411万人，占总人口的49.27%。江苏全省常住人口，男性为3735万人，占常住人口的50.02%；女性为3733万人，占常住人口的49.98%。上海市常住人口中，男性为893万人，占总人口的50.22%；女性为885万人，占总人口的49.78%。

表3-2　2005年长三角人口的性别构成

单位：万人

地区	江苏	浙江	上海	总计	地区	江苏	浙江	上海	总计
男性	3735	2483	893	7111	女性	3733	2411	885	7029

4. 长三角人口的年龄构成

长三角地区当中，0~14岁的人口为2088万人，占总人口的15%；15~64岁的人口为10512万人，占总人口的74%；65岁以上人口为1540万人，占总人口的11%（见表3-3、图3-1）。而全国人口中，0~14岁的人口为26478万人，占总人口的20.27%；15~59岁的人口占总人口的72.04%；65岁及以上的人口为10045万人，占总人口的7.69%（其中，60岁及以上的人口为14408万人，占总人口的11.03%）。这说明长三角0~14岁的儿童比例要远远低于全国，15~64岁人口的比例和全国较为接近，而65岁以上的老年人人口的比例要高于全国3.31%。

在长三角地区当中，浙江全省人口中，0~14岁的人口为774万人，占总人口的15.81%；15~64岁的人口为3603万人，占总人口的73.63%；65岁及以上的人口为517万人，占总人口的10.56%。与第五次全国人口普查相比，0~14岁人口的比重下降了2.26个百分点，65岁及以上人口的比重上升了1.72个百分点。

江苏全省常住人口中，0~14岁的人口为1156万人，占常住人口的15.48%；15~64岁的人口为5501万人，占常住人口的73.66%；65岁及以上的人口为811万人，占常住人口的10.86%。与第五次全国人口普查相比，0~14岁人口的比重下降了4.15个百分点，65岁及以上人口的比重上升了2.02个百分点。

上海市常住人口中，0~14岁的人口为158万人，占总人口的8.88%；15~64岁的人口为1408万人，占总人口的79.17%；65岁及以上的人口为212万人，占总人口的11.94%。与第五次全国人口普查相比，0~14岁人口的比重下降了3.38个百分点，65岁及以上人口的比重上升了0.48个百分点。

表3－3　2005年长三角人口的年龄构成

单位：万人

地　区	江苏	浙江	上海	总计	地　区	江苏	浙江	上海	总计
0～14岁	1156	774	158	2088	65岁以上	811	517	212	1540
15～64岁	5501	3603	1408	10512					

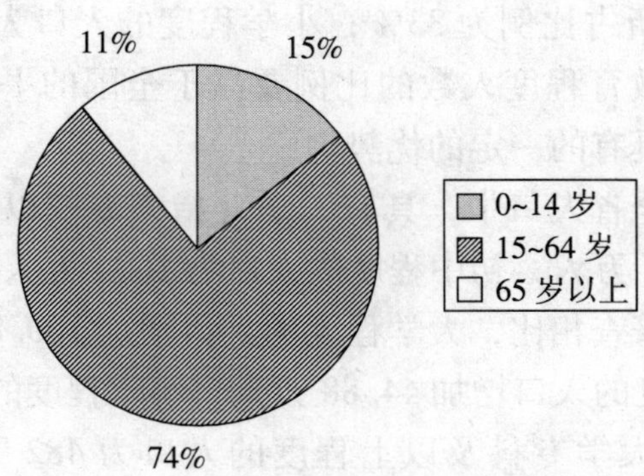

图3－1　2005年长三角人口的年龄构成

5. 长三角人口的民族构成

长三角地区人口当中，汉族人口为14038万人，占总人口的99.28%；各少数民族人口为102万人，占总人口的0.72%（见表3－4）。而全国人口中，汉族人口为118295万人，占总人口的90.56%；各少数民族人口为12333万人，占总人口的9.44%。长三角地区少数民族的比例要远远小于全国的比例，这说明长三角地区的民族构成比较单一，汉族人口占绝对的多数。

长三角地区中，浙江全省人口中，汉族人口为4842万人，占总人口的98.93%；各少数民族人口为52万人，占总人口的1.07%。与第五次全国人口普查相比，汉族人口增加了204.99万人，增长了4.42%；各少数民族人口增加了12.03万人，增长了30.10%。江苏全省常住人口中，汉族人口为7434万人，占常住人口的99.54%；各少数民族人口为34万人，占常住人口的0.46%。与第五次全国人口普查相比，汉族人口增加了156万人，增长了2.14%；各少数民族人口增加了8万人，增长了30.77%。上海市常住人口中，汉族人口为1762万人，占总人口的99.1%；各少数民族人口为16万人，占总人口的0.9%。与第五次全国人口普查相比，汉族人口增加了132万人，增长了8.1%；各少数民族人口增加了6万人，增长了60%。

表3－4　2005年长三角人口的民族构成

单位：万人

地　区	江苏	浙江	上海	总计	地　区	江苏	浙江	上海	总计
汉　族	7434	4842	1762	14038	少数民族	34	52	16	102

6. 长三角人口的受教育程度

长三角地区人口当中，大学（指大专及以上）程度的人口为1044万人，占总人口比例的9%；高中程度的人口为2029万人，占总人口比例的17%；初中程度的人口为5015万人，占总人口比例的41%；小学程度的人口为4019万人，占总人口比例的33%（见表3－5、图3－2）。而全国人口中，具有大学程度（指大专及以上）的人口为6764万人，所占比例为6%；高中程度（含中专）的人口为15083万人，所占比例为17%；初中程度的人口为46735万人，所占比例为33%；小学程度的人口为40706万人，所占比例为43%。长三角地区受大学教育程度人数的比例要高于全国的平均水平，这说明长三角地区在人口文化素质方面所具有的一定的优势。

长三角地区中，浙江全省人口中，具有大学（指大专及以上）程度的人口为250万人，高中程度的人口为558万人，初中程度的人口为1604万人，小学程度的人口为1648万人。与第五次全国人口普查相比，大学程度的人口增加100.84万人，高中程度的人口增加54.85万人，初中程度的人口增加44.88万人，小学程度的人口减少64.79万人。江苏全省常住人口中，具有大学专科及以上程度的人口为482万人，高中程度的人口为1044万人，初中程度的人口为2794万人，小学程度的人口为2039万人。与第五次全国人口普查相比，大学专科及以上程度的人口增加196万人，高中程度的人口增加89万人，初中程度的人口增加138万人，小学程度的人口减少363万人。上海市6岁及以上常住人口为1719万人，其中，具有大学及以上受教育程度的人口占8.78%，大专程度的人口占9.31%，高中程度的人口占24.84%，初中程度的人口占35.78%，小学程度的人口15.82%。与第五次全国人口普查相比，大学及以上程度人口的比重提高了3.34个百分点，大专比重提高了3.4个百分点，高中比重提高了0.95个百分点，初中比重减少了2.43个百分点，小学比重减少了3.83个百分点。

表3－5　2005年长三角人口的受教育程度

单位：万人

地　区	江苏	浙江	上海	总计	地　区	江苏	浙江	上海	总计
小学及以下	2039	1648	332	4019	高　中	1044	558	427	2029
初　中	2794	1604	617	5015	大学及以上	482	250	312	1044

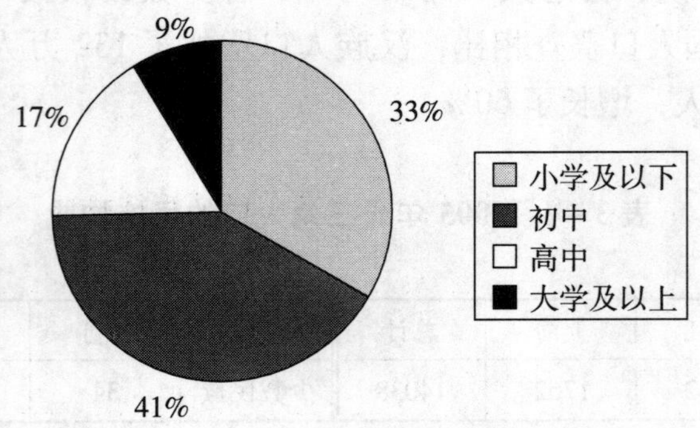

图3－2　长三角人口的受教育程度

7. 长三角的家庭户人口数量

长三角地区共有家庭户4645万户，家庭户人口为13364万人，平均每个家庭户的人口为2.88人。而全国共有家庭户39519万户，家庭户人口为123694万人，平均每个家庭户的人口为3.13人。长三角地区的平均家庭户人口要低于全国的平均水平。

长三角地区中，浙江全省共有家庭户1710万户，家庭户人口为4679万人，平均每个家庭户的人口为2.74人，集体户人口为215万人。与第五次全国人口普查相比，平均每个家庭户的人口减少了0.25人。城镇平均每个家庭户的人口为2.73人，农村为2.74人。江苏全省共有家庭户2308万户，家庭户人口为7018万人，平均每个家庭户的人口为3.04人，集体户人口为450万人。与第五次全国人口普查相比，平均每个家庭户的人口减少了0.21人。城镇平均每个家庭户的人口为3.03人，农村为3.06人。上海全国全市共有家庭户627万户，家庭户人口为1667万人，集体户人口为111万人。平均每个家庭户的人口为2.66人，与第五次全国人口普查相比，平均每个家庭户的人口减少了0.14人。

8. 人口的出生率与死亡率

长三角地区2005年全年出生人口131.45万人，出生率为9.3‰；死亡人口92.41万人，死亡率为6.5‰；全年净增人口39.04万人，自然增长率为2.8‰。而2005年全国全年出生人口1617万人，出生率为12.40‰；死亡人口849万人，死亡率为6.51‰；自然增长率为5.89‰。长三角地区的人口出生率要低于全国，而死亡率和全国的水平差不多，因此其自然增长率要低于全国。

长三角地区中，浙江全年出生人口54.37万人，出生率为11.10‰；死亡人口29.78万人，死亡率为6.08‰；全年净增人口24.59万人，自然增长率为5.02‰。2005年上海市全年出生人口8.24万人，出生率为6.08‰；死亡人口10.23万人，死亡率为7.54‰；人口自然增长率为-1.46‰。2005年江苏全省出生人口68.84万人，出生率9.24‰；死亡人口52.40万人，死亡率为7.03‰；自然增长人口16.44万人，自然增长率为2.21‰。

（二）“十五”期间长三角地区的人口特征及未来发展趋势

1. 总人口平稳低速增长，人口再生产保持“三低”的现代模式

表3-6　2001~2005年长三角人口

年份	江苏	上海	浙江	总计	年份	江苏	上海	浙江	总计
2001	7354.92	1327.14	4613.4	13295.46	2004	7432.50	1352.39	4719.57	13504.46
2002	7380.97	1334.23	4647	13362.2	2005	7474.50	1360.26	4894	13728.76
2003	7405.82	1341.77	4679.6	13427.19					

注：江苏、浙江为常住人口，上海为户籍人口。

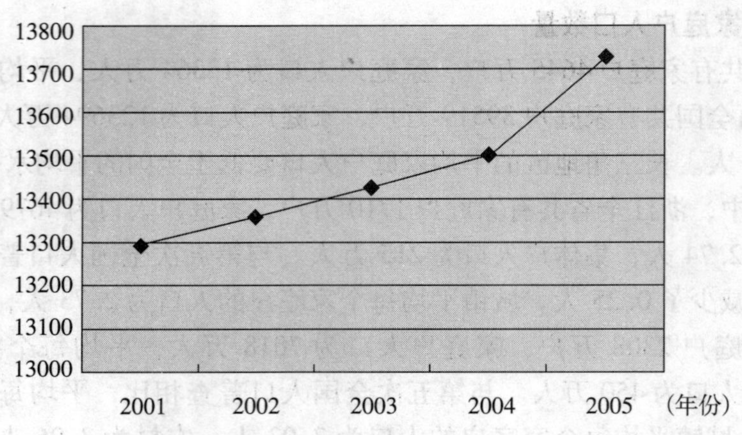

图 3－3　长三角地区总人口（单位：万人）

21 世纪以来，长三角地区的总人口在原有基础上，进入了一个更低的增长期。由表 3－6 和图 3－3、图 3－4 可知，2001～2005 年长三角的人口增长是比较缓慢的，平均每年的人口增长数都控制在 80 万左右。

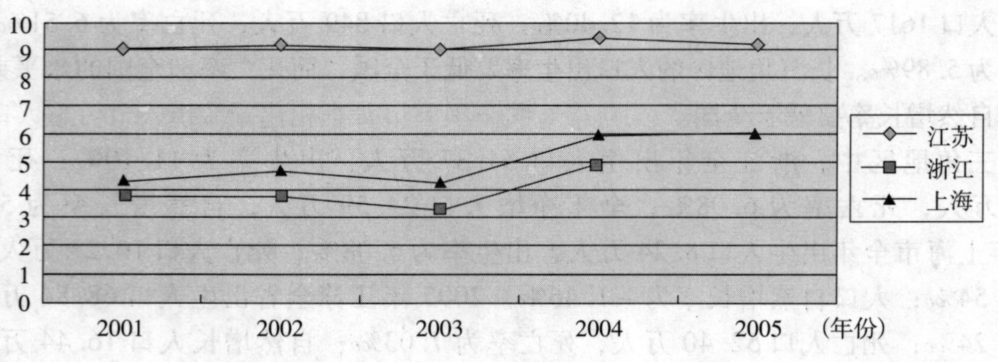

图 3－4　长三角地区的人口出生率（单位：%）

进入 21 世纪，长三角地区的人口始终保持"低出生、低死亡、低自然增长"的现代人口再生产模式。这种稳定的现代人口再生产类型，主要得益于长三角地区经济快速发展、社会进步、政策引导，以及人们在思想观念上、经济上、生活方式上发生的深刻变化，从而直接影响到全民婚育观的转变。

2. 人口老龄化速度加快

长三角地区是我国经济较发达地区，也是我国人口老龄化速度最快、程度最高的地区。据 2000 年"五普"资料，长三角所在的上海市、浙江省和江苏省 65 岁及以上老年人口比例分别为 11.42%、8.92%、8.84%，在全国各省市区中居第一、第二、第三位。而到了 2005 年，在长三角地区当中，上海市、浙江省和江苏省 65 岁及以上老年人口比例分别为 11.94%、10.56%、10.86%，分别比 2000 年人口普查时的情况增加了 0.52%、1.64%、2.02%。在全国各省市区中仍居第一、第二、第三位。

2000 年“五普”资料显示，长三角地区共有常住人口 8743.12 万人。其中 0～14 岁人口 1395.16 万人，占总人口的 15.96%；15～64 岁人口 6484.54 万人，占总人口的 74.17%；65 岁及以上人口 863.42 万人，占总人口的 9.87%。而到 2005 年，长三角地区 65 岁以上人口为 1540 万人，占了总人口的 11%，比 2000 年增长了 1.13 个百分点。

按照目前国际上通用的人口年龄结构类型划分标准，如果一个国家或地区 0～14 岁少年儿童人口比重在 30% 以下，65 岁及以上老年人口比重在 7% 以上，这样的国家或地区人口年龄结构类型就为老年型。2000 年“五普”时，长三角地区 0～14 岁少年儿童人口比重为 15.96%，65 岁及以上老年人口比重达 9.87%，表明当时长三角地区人口年龄结构早已成为老年型。而到 2005 年长三角地区 65 岁以上老年人的比例进一步增加，这说明长三角地区的人口老龄化速度进一步加快。

3. 城镇人口不断增加

“十五”期间，江苏省把城市化作为地区发展的五大战略之一，城市化步骤加快，农村人口持续降低，截止到 2005 年，江苏全省常住人口中，居住在城镇的人口为 3742 万人，占常住人口的 50.11%。与第五次全国人口普查相比，城镇人口比重上升了 8.62 个百分点。2005 年底浙江全省常住人口为 4898 万人。全省人口中，居住在城镇的人口 2742 万人，占总人口的 56.02%。与第五次全国人口普查相比，城镇人口占总人口的比重上升了 7.35 个百分点。由于人口大部分集中在市区，以及强大的城市辐射影响，上海的城市化比率已经基本上接近发达国家水平。2005 年上海市常住人口中，居住在城镇的人口为 1584 万人，占总人口的 89.09%。与第五次全国人口普查相比，城镇人口占总人口的比重上升了 0.79 个百分点。由图 3－5 我们也可以看出，长三角地区在 2001～2005 的五年当中，城镇人口得到了进一步的增长。

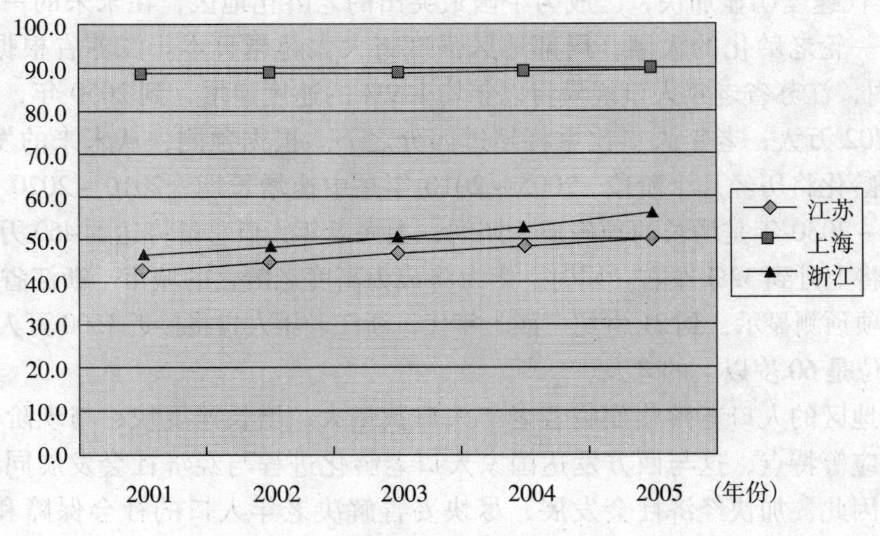

图 3－5　长三角地区的城镇人口状况（单位：%）

4. 教育体系建设继续加强，人口文化素质稳步提高

“十五”期间江苏加强现代化教育体系建设，全面推行素质教育。九年义务教育的巩固提高和高等教育大众化发展，普通教育与职业教育的沟通，学校教育与校外培训相结合，构建成了21世纪现代化教育体系。2000~2005年的5年时间当中，长三角地区小学及以下的人口减少了1%；初中的人口比例减少了6%；高中的人口比例增加了3.3%；大学及以上的人口比例增加了3.7%（见表3-7）。这说明，“十五”以来，长三角地区的人口文化素质不断提高。虽然与2000年相比，小学人口和初中及以下人口的比重明显下降，但直到2005年初中及以下人口仍是主体（比例为74%）。随着知识经济的到来，科学技术和生产力的发展对人口受教育程度，尤其是对劳动力资源素质提出了较高的要求，小学和初中受教育程度，远不能满足现代经济和科学技术的发展。长三角地区需要进一步提高所在地区民众的受教育程度。

表3-7　长三角地区人口受教育程度的变化

单位：%

年　份	2000	2005	年　份	2000	2005
小学及以下	34	33	高　中	13.70	17
初　中	47	41	大学及以上	5.30	9

（三）长三角人口未来发展趋势与挑战

1. 老龄化程度将更加严重

随着社会经济的快速发展和人口预期寿命的延长，1950年以后出生的人口将陆续进入老年人口行列，人口老龄化速度将进一步加快。长三角从20世纪80年代起进入老龄化阶段，90年代速度明显加快，已成为中国最突出的老龄化地区，在未来的一些年内，长三角将迎来一轮老龄化的大潮，局部地区强度将大大超越日本。江苏省根据预测显示：未来50年内，江苏省老年人口规模将以年均1.9%的速度递增，到2050年，全省老年人口将达到1702万人，老年人口比重将超过四分之一。根据预测，从未来的发展趋势看，上海人口老龄化将历经几个阶段，2005~2010年是中速增长期；2010~2020年是高速增长期；2020~2030年是增长的顶峰期。期间，上海老年人口总量将达到460万左右，占总人口的比重将上升到32%左右，届时，上海将成为高度老龄化的城市。浙江省老龄科学研究中心的一项预测显示，到21世纪三四十年代，浙江老年人口将接近1500万人，届时每三人中就有一位是60岁以上的老人。

长三角地区的人口老龄化面临着老年人口数量大、增长速度快、与现阶段的经济发展水平不适应等特点，这与西方发达国家人口老龄化进程与经济社会发展同步并进形成鲜明对比。因此，加快经济社会发展，尽快妥善解决老年人口的社会保障和健康服务，是长三角地区面临的一项艰巨任务。

2. 人口出生率将大幅下降，甚至会进入零增长负增长阶段

人口相对年轻的长三角的出生率已低于东京大都市圈；与法国巴黎大都市圈相比，人口出生率更低了将近一半。值得关注的是由于人口年龄结构的迅速收缩，长三角的育

龄妇女比重已经或即将开始减小，这预示人口出生率将进一步明显下降。

3. 外来人口大规模流入，将成为人口总量增长的主要来源

进入20世纪90年代，这种净流入已成为全区人口总量增长的主要来源，人口净迁入相对于自然增长的强度已接近日本东京圈50年代高峰期的水平，但就净迁移率而言尚有不小差距。这说明长三角的人口迁移还有待进一步的发展。由于长三角地区经济社会的持续发展，在未来的一些年当中我们将能看到全国有很多地方的人有着向长三角迁移的强烈愿望，上海、杭州等地近二十多年来一直是全国人口净迁入强度最大的城市。这种迁移的效应总的说来是非常良好的。随着长三角户籍人口的日趋老龄化，青少年在校率和出国率的不断上升，未来在业人口中外来人员的比重毫无疑问将越来越大。因此，无论从全国实现人口合理再分布的要求，还是长三角自身社会经济发展的需要来看，较大规模的人口迁入还将持续较长一段时间，而人口迁移运动惯性形成的“链式迁移”也将长期延续下去，这种人口迁移是必要和有益的。

二　长三角的土地利用与开发

（一）长三角土地利用与开发状况

长江三角洲是我国经济最发达的地区之一，也是世界上最具活力和发展前景的经济区域之一。长三角地区仅以占全国2%的土地和7%的人口，却创造了1/5的生产总值。这占全国2%的土地创造的价值可谓“寸土寸金”。

1. 耕地面积逐年减少，上海耕地面积缩减最快

截至2004年底，上海有耕地面积245744公顷，比2002年减少23238公顷，缩减比例为8%；江苏耕地面积2004年底为4795.19千公顷，比2002年减少109.83千公顷，缩减比例为2%；浙江耕地面积2004年底为1594.92千公顷，比2002年减少4.19千公顷，缩减比例为0.2%（见表3-8：两省一市主要年份耕地面积增减情况）。可见，上海耕地面积的缩减速度最快，也从一个侧面反映出上海的城市化水平速度之快。江苏、浙江两省耕地面积缩减的主要原因是国家基建占地和乡村基建占地。2004年，江苏国家基建占地是其年内减少耕地面积的31.7%。同年，浙江国家基建占地是其年内减少耕地面积的58.8%。

表3-8　两省一市主要年份耕地面积增减情况

指　标	2002	2003	2004
上　海			单位：公顷
年初耕地面积	280561	270382	257323
当年增加	4773	7465	3553
新开荒	3082	1610	1434
当年减少	14952	20524	15132
国家征用	2471	4967	4274
乡村基建	3694	7002	4282
私人造房	227	748	132
其　他	8560	7807	6444
年末耕地面积	270382	257323	245744
江　苏			单位：千公顷
年末实有耕地面积	4905.02	4858.34	4795.19
水　田	3098.00	3060.80	2980.60
旱　田	1807.02	1797.54	1814.59
年内减少	78.77	66.31	85.67
国家基建占地	25.95	25.71	27.15

续表 3－8

指　　标	2002	2003	2004
浙　江			单位：千公顷
年末实有耕地面积	1599.11	1592.14	1594.92
水　田	1310.52	1301.15	1299.96
旱　地	288.59	290.99	294.96
本年内增加数	37.98	34.61	16.43
围垦海涂	0.94	0.44	0.1
开　荒	7.1	6.63	3.25
本年内减少数	40.33	41.58	13.65
国家基建占地	16.25	19.67	8.03
乡村基建占地	12.93	15.28	3.94

数据来源：《2005 上海统计年鉴》、《2005 江苏统计年鉴》、《2005 浙江统计年鉴》。

浙江由于其本身耕地面积小及土地严格的管理政策，缩减的速度慢于江苏。上海耕地面积缩减速度快一方面是由于其本身的耕地面积小，另一方面是由于其城市化的飞速进程，城市建设、乡村基建用地不断增加，尤其是重大工程配套商品房和中低价普通商品房建设项目用地引发的郊区扩张所带来的用地面积增加。

2. 土地利用率逐年提高，上海的单位面积产出量最高

截至 2005 年年末，上海、江苏、浙江的生产总值分别为 9143.95 亿元、18272.12 亿元、13365 亿元，分别比 2004 年增长 11.1%、14.5%、12.4%，均保持增长的好势头（见表 3－9：2003～2005 年上海、江苏、浙江生产总值统计表）。上海自 1992 年以来已连续第 14 年保持两位数增长。在经济飞速发展的过程中，上海、江苏、浙江两省一市的单位面积产出量也在不断攀升，截至 2005 年年底，上海、江苏、浙江两省一市的单位面积产出量分别达 14422.63 万元/平方公里、1780.91 万元/平方公里、1312.87 万元/平方公里（见表 3－10 与图 3－6）。从图 3－6 中我们发现，上海的单位面积产出量历年最高，其在有限的土地上发挥了最大化的价值；江苏历年的单位面积产出量高于浙江。

表 3－9　2003～2005 年上海、江苏、浙江生产总值统计表

单位：亿元

生产总值	上　海	江　苏	浙　江
2003	6250.81	12460.83	9200
2004	7450.27	15512.35	11243
2005	9143.95	18272.12	13365

表 3 – 10　2003 ~ 2005 年上海、江苏、浙江单位土地面积产出量统计表

单位：万元/平方公里

单位面积产出量	2003	2004	2005
上　　海	9859.32	11751.22	14422.63
江　　苏	1214.51	1511.92	1780.91
浙　　江	903.73	1104.42	1312.87

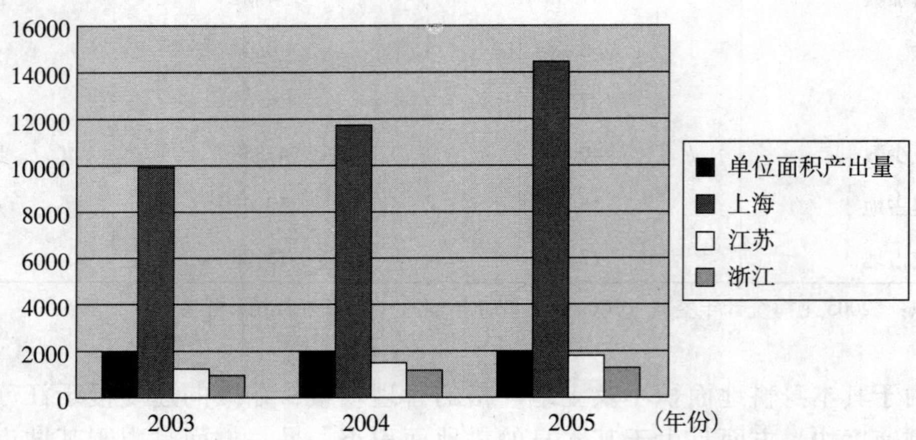

图 3 – 6　2003 ~ 2005 年单位土地面积产出量（单位：万元/平方公里）

（二）上海土地利用与开发情况

1. 上海土地利用现状：耕地面积仍在减少

根据 2006 年发布上海市土地利用总体规划①和《2005 上海统计年鉴》②，全市面积 6340.5 平方公里，其中陆地面积 6218.65 平方公里，水面面积 121.85 平方公里。其中，耕地面积到 2005 年年末为 25.73 万公顷。

土地利用结构处于动态变化中，既受到自然因素的制约，也受人类社会经济活动和科学技术水平的制约。而后者对上海土地利用结构的影响更是非常之大。近年来，随着上海轰轰烈烈的开发区建设以及房地产开发，工业用地面积、住宅用地和交通设施用地面积的增加换来的是耕地面积的下降，耕地面积由 1990 年的 32.32 万公顷减少为 2004 年的 25.73 万公顷。

2. 上海城市用地布局：呈现圈层式发展

上海城市用地布局呈现圈层式发展。

第一层为以南京路商业区为中心，东到临平路，北到宝山路—天目路，西到新闸路—乌鲁木齐路，南到复兴路，还包括浦东小陆家嘴地区，区域范围约 35 平方公里。这

① http://www.myliving.cn/house/urban_planning/gh2152.htm. 上海 2006 土地利用现状是根据 1994 年航片资料统计和 1996 年全国土地利用现状调查统一标准。

② http://www.pinggu.org/bbs/UploadFile/2006 – 3/2006395135220203.pdf.

一区域即是通常所说的集商业和商务功能于一身的CBD。区内零售业密集，南京路、淮海路、金陵路、四川北路及豫园等市级商业街（中心）都分布在这一区域内，尤以南京路为代表。外滩和浦东小陆家嘴地区则是新兴服务业如金融、保险、通讯、信息、贸易以及法律咨询等的聚集区，承接历史上的传统，顺应上海建设国际金融中心这一目标，该区域已经发展成为上海的金融业核心区，林立的写字楼是其在空间景观上的表现。因此，作为上海土地利用布局总的核心地区，土地利用以办公楼和商业用地为主。

第二层为内环线与CBD边界之间的大约100平方公里的环行区域。工业布局类型，主要是相对集中的工业街坊和众多分散的工业点。在这些工业点之间是一些住宅区，住宅用地在该区也占有一定比重。

第三层为内外环线之间的区域，约620平方公里，包括浦东新区、闵行区的一部分和宝山区的大部分。主要分布有城市边缘的9个工业区、若干大型住宅区及各类批发市场、储运中心等。

第四层为第三层以外的地区，在本圈层内，除金山、宝山、安亭几个大工业基地外，在地域上，主要包括“改县建区”前的郊区县及嘉定大部分。以近郊工业和农村用地为主。

从上面四个圈层的用地分析中可以看出，工业用地和住宅用地都出现了“二元”现象：工业用地既在第二层占主导地位，在第三层又有很大部分面积，住宅用地也在二、三两个圈层都有大面积分布。此外，批发零售业分布在第三圈层。

3. 上海区域土地利用规划

1）市中心区——浦西10区

特点：上海老城区，金融、贸易、工业、科技、文化、教育事业最发达地区，人口密集，居住集中，立体化交通网络初步形成。土地面积278.81平方公里。

土地利用方向：以发展第三产业为中心，除保障居住用地外，优化城市土地使用功能，改造旧城区，调整产业结构，以合理的布局、配套齐全的设施和优美的环境为目标，建成最具活力的国际经济、金融、贸易中心城市的标志性地区。

东片（黄浦区、南市区）是上海规划中的中央商务区和中心商业区所在地，商业经济发达，区域经济繁荣。旅游资源丰富，文化娱乐、教育、卫生设施齐全。土地利用要以中央商务区建设为重点，形成以金融、贸易等高层次第三产业为主体的城市功能区。

南片（徐汇区、卢湾区）商业繁荣、社会事业发达，科学技术力量雄厚，居住质量较高，经济增长势头强劲。土地利用要以繁荣的商贸、高水准的配套设施和优质服务为特色，发挥现代中心商业街区的集聚和带动功能；以一流的教育、高雅的文化和完备的体育设施等为标志，发挥文化中心的服务和辐射功能；以迅速发展的新兴技术开发区和雄厚的科技力量为依托，发挥工业基地的创新功能；以优美的环境为目标，发挥一流居住城区的示范功能。成为商贸繁荣、文化发达、工业先进、居住舒适、高度文明的现代化城区。

西片（静安区、长宁区、普陀区）是全市水陆空三大通道相对集中的地区，是上海与长江三角洲、沿江地区经济带乃至全国交通网络衔接的“西大门”。土地利用要发挥三大通道的交通优势和“西大门”的地域条件，发展成为上海重要的商贸、物贸、外贸中心和货物集散地；成为产业布局合理，城市功能齐全，具有高效益的内外贸、高水准的教育文化、高科技的城市型工业、高质量休闲娱乐观光和现代化的居住新城区。

北片（闸北区、虹口区、杨浦区）是上海的老工业基地，对外交通的重要门户，科技教育机构最密集的地区和大型居住区集中地。土地利用要结合传统产业改造、市级工业区开发，建设结构优化和布局合理的工业、能源基地；结合危、棚、简屋地区的改造，建设环境幽雅、配套完善、管理有序的现代化大型居住基地；围绕科、教和人才密集优势，建设一流的科技中心与产业化基地；利用水路和铁路客货运集中的优势，建设以对外水陆交通枢纽为核心的仓储、运输、配货等集散基地和中高档商贸、工贸中心。使北片成为上海经济社会发展实力最大的地区之一。

2）浦东新区

特点：上海开发开放和现代化建设的前沿和重点，政策优势明显。随着陆家嘴金融贸易区、金桥出口加工区、外高桥保税区、张江高科技园区等重点小区的开发、市政交通基础设施的逐步完善和浦东国际机场的建设，浦东将发挥连接国内外、辐射长江三角洲和长江沿岸城市的龙头作用，成为上海的精华地区。土地面积 517.38 平方公里。

土地利用方向：浦东新区以建设外向型、多功能、现代化的新城区为目标，全面推进城市化进程。土地利用划分为基本农田保护区、一般农田保护区、园地区、林业用地区、城镇建设用地区、村镇建设用地区、工业用地区、自然与人文景观保护区和其他用途区等九个分区。土地利用要成为以金融、贸易等高层次第三产业为主体的服务功能区；成为高开放度的综合自由贸易港口区；成为以高新技术产业为主体的出口加工基地和现代化工业园区；成为体现现代化新区一流水准的社会发展和社区服务的住宅区及沿江、沿河、沿路带状绿地为重点的绿化区域；成为具有上海特色的都市观光旅游区和现代化农业示范基地。规划居民点及工矿用地规模，2010 年为 282.39 平方公里；基本农田保护面积 90.00 平方公里（15.50 万亩）。

4. 上海土地储备制度建立与土地发展趋势

根据土地利用的预测情况可知，市场性土地储备机制是很有必要的。

上海早从 1996 年就在全国率先组建土地储备机构，土地储备运作行为基本上没有行政强制性，而具有较强的市场性。自 2002 年，市土地储备中心作为市政府组建的土地储备机构，地产集团作为土地储备运作载体的成立，以及 2004 年土地储备法规的出台，标志着上海土地储备制度的正式建立。

按照市场供求平衡的原则，可推断出“十五”期间，上海所需的经营性用地的土地储备总量大约为 11703 ~ 12011 万平方米；“十一五”期间，上海所需的经营性用地的土地储备总量大约为 11353 ~ 11907 万平方米。上海实施土地储备的区域战略和远景规划主要是：①结合高速公路网、轨道交通网和道路交通网规划，实施土地储备；②结合重大工程、重点项目和重点地区，实施土地储备；③结合“一城九镇”重点区域发展，推进郊区土地储备。

据专家预测[①]，至2010年，上海要基本形成世界大都市的经济规模和综合实力，基本形成现代化国际城市基础设施构架。在经济发展方面——形成高新技术产业群和发达的第三产业体系；在城市发展方面——形成由中心城、新城、中心镇、集镇、中心村构成的城市功能形态布局和结构框架；在生活方面——居民生活质量全面提高，城市的生态环境显著改善。在用地结构、布局、规模上将进一步适应两个根本性转变，其中城市建设中存量土地利用和置换将占相当比例，工业区的土地利用率显著提高，农村居民点归并集中的进程加快；郊区调整工业和农村居民点布局，提高产业和人口集聚程度，提高郊区的城市化水平，是提高土地利用率的潜力所在[②]。预测居民点及工矿用地规模为1966.77平方公里（295.02万亩），总规模外延扩张趋缓，增减相抵，与1996年相比，外延36平方公里（5.4万亩）。

（三）江苏土地利用与开发情况

全省面积10.26万平方公里，占全国总面积的1.06%。其中平原面积7.06万平方公里，水面面积1.73万平方公里。海岸线长954公里。江苏以地形地势低平，河湖众多为特点，平原、水面所占比例之大，在全国居首位，成为江苏一大地理优势。

1. 江苏土地利用现状：耕地略有回升、土地集约利用初显成效

目前，江苏耕地有4816985.9公顷，占土地总面积的45.1%，比2002年减少88.04千公顷，比2004年回升21.48千公顷（见表3-11：江苏省土地利用现状构成表）。

表3-11　江苏省土地利用现状构成表

单位：公顷

一级地类	面　积	二级地类	面　积	占土地总面积比例%
农用地	6789785	耕　地	4816985.9	45.1
		园　地	313796.4	2.9
		林　地	329867.9	3.1
		牧草地	2487.6	0.02
		其他农用地	1326647.2	12.4
建设用地	1807330.7	居民点及工矿用地	1499771.6	14.1
		交通用地	111728.9	1
		水利设施用地	195830.2	1.8
未利用地	2077052	未利用土地	199264.6	1.9
		其他土地	1877787.4	17.6

资料来源：江苏国土资源厅，http://www.jsmlr.gov.cn/jsmlr/resourcesurvey/groud/userobject1ai9313.html。

① http://www.myliving.cn/house/urban_planning/gh2152.htm.

② http://www.myliving.cn/house/urban_planning/gh2152.htm.

开发区用地清理整顿取得实效。严格按照国家的政策标准，全省撤销各类开发区（园区）544个，占总数的77.5%；规划总面积核减为1150平方公里，减少了67.2%；保留和拟保留的开发区158个。各地共退回土地20027公顷，收回闲置土地589公顷，恢复耕种8367公顷。同时，积极推进土地开发整理项目规范化管理，完成2003年度项目库，建库项目1787个，涉及土地总面积7万公顷，建成后计划新增耕地面积指标28066公顷，其中新增耕地26666公顷。加强对省以上土地开发整理项目的管理，分别投资1200万元、9000万元，开展了年度省级土地复垦开发项目和省投资土地开发整理项目的审查和立项。江苏推进土地集约用地新机制起到了预期的效果。

2. 江苏土地利用特点

1）自然条件优越，区位优势突出

江苏地处暖温带与北亚热带过渡地区，光照热量充裕，水资源丰富；矿藏类型多，储量大；近千公里的海岸线占全国的1/6。位于我国东部沿海，长江、淮河的下游，处于全国生产力总体布局主轴线长江、沿海地带的结合部，是全国国土开发整治重点区域中的沪宁杭地区和徐淮兖滕地区的主要组成部分。优越的自然条件和突出的区位优势对促进土地资源的开发利用向纵深发展极为有利。

2）土地利用程度高，利用方式多样

2005年单位土地面积国内生产总值1780.91万元/平方公里，是全国平均水平的9倍。江苏地势平坦，土地肥沃，适宜多种用途的作物，在长期的生产实践中形成了多种土地利用方式和不同的经济区域。工农业生产发达、综合经济实力较强的沿江地区，已成为具有中国特色和全国意义的经济区域；拥有江苏省全部海岸线和新欧亚大陆桥桥头堡的沿海地区，已逐步成为江苏省经济发达、内外贸易活跃的新兴经济区域；农业基础好、资源丰富的徐淮地区，是江苏省重要的农副产品生产基地和能源基地。

3）开发区建设欣欣向荣

截止到2002年底，累计批准设立的各类型开发区83个，其中国家级开发区12个。按产业类型划分，有综合类经济开发区59个、高新技术产业开发区6个、农业开发区12个、旅游度假区6个，在苏州工业园区、昆山经济技术开发区、无锡高新技术产业开发区和南通经济技术开发区内还设有4个出口加工区[①]。2004年，全省有87个国家级和省级开发区（其中国家级开发区12个，省级开发区75个，在开发区内还设有8个出口加工区），以不到全省2%的土地，吸纳了全省2/3的外资，创造了全省1/2的外贸出口额、1/3的工业增加值、1/4的生产总值、1/5的财政收入、1/10的城镇就业岗位[②]。

3. 江苏土地利用区域规划

根据土地资源的自然和经济特点、土地利用现状及结构、土地合理利用的方向与趋势等，考虑土地利用方向和经济条件的相对一致性，全省分为苏锡常、宁镇扬泰通和徐淮连宿盐等四个土地利用区域。

---

① http://www.jsdoftec.gov.cn/Site/kfqc2/NewsDetail.asp? NewsID = 1258.

② http://www.jsdoftec.gov.cn/Site/kfqc2/NewsDetail.asp? NewsID = 6491.

1）苏锡常地区土地利用

包括苏州、无锡、常州三市及所辖的25个县（市、区）。

（1）土地利用特点。本区处于长江三角洲和太湖流域，土地总面积179.52万公顷(2692.73万亩)，占全省土地总面积的17.3%。本区地貌以平原为主，自然条件优越，区位优势突出，处于我国生产力布局长江主轴线的重要区位；乡镇工业发达，是我国重要工业基地；也是我国农业集约经营较早的地区，江苏省粮食的高产地区。本区社会经济发达，在全省乃至全国具有举足轻重的地位，经济发展已进入工业化中期；城镇密集，城镇化水平较高，拥有苏州、无锡、常州三个大城市和9个县级市，仅占江苏省17%左右的面积、人口，创造了占全省40%的GDP和财政收入。苏州、无锡的经济总量在全国的所有城市中分居第7、10位，人均指标分列6、7位，是全国的经济明星城市。在中国200城市综合竞争力排名（2002年）中，苏州、无锡、常州均位居前列，苏锡常已成为带动江苏经济社会现代化的先导地区。该区人口密集，人地矛盾十分突出，人口密度极高，粮食生产已不能自给；农村建设分散，城镇用地规模扩展过快，占用了大片高产稳产良田和菜地；环境压力较大，环境污染严重，洪涝水害的威胁尚未解除。

（2）土地利用目标和总体要求。该区应力争实现耕地总量动态平衡；高效利用土地资源，充分发挥土地利用效益。

（3）土地利用方向和措施。①切实保护耕地，建立健全的耕地保护制度，强化基本农田保护措施，确保耕地面积基本稳定；深化土地整理，增加耕地面积，改善生产条件。②突出长江沿线的交通通道和枢纽地位，保障公益性基础设施用地，特别是区域性骨干工程建设的用地。③挖掘现有存量建设用地潜力，提高土地利用率和产出率。④实施“两区”规划，推进乡村建设的内涵发展与集中布局，最大限度地节约土地。

2）宁镇扬泰通地区土地利用

包括南京、镇江、扬州、泰州、南通五市及所辖的县（市、区）。

（1）土地利用特点。本区地貌类型多样，兼有低山、丘陵、岗地和河谷冲积平原等。该区位于南北交通要冲，水陆交通便利，以南京为中心，辐射范围涉及皖南和皖东地区；是我国重要的工业基地之一，江苏省矿产资源的主要分布区；经济实力略次于苏锡常区。本区土地类型多样，森林覆盖率在全省最高；早在1996年该区的地均国内生产总值已经达到全省平均水平的1.4倍。人地矛盾较为突出；丘陵山区生态条件较差，农业生产水平偏低，中低产耕地比重大。

（2）土地利用目标和总体要求。应在实现耕地总量动态平衡的基础上，使耕地总量略有增加；充分挖潜城镇内部土地利用潜力，切实提高土地利用率。

（3）土地利用方向和措施。①保护好现有的耕地，积极改造中低产田。②大力开发非耕地资源，尤其对丘陵山区资源，因地制宜地实施高效开发整治，发展城郊副食品生产。③引导乡镇工业和集镇建设适当集中，成组布局。④发挥旅游优势，建设旅游基地。

3）徐淮连宿盐地区土地利用

包括徐州、淮阴、宿迁、连云港、盐城五市及所辖的县（市、区）。

（1）土地利用特点。本区地貌类型多样，平原与丘陵相兼。本区处于新亚欧大陆桥东段，拥有“桥头堡”之称，基础条件好，是我国中西部地区重要的出海口，是经济发展的“增长极”和我国东西连贯的通道和枢纽；矿产资源丰富，拥有在全省乃至华东地区具有重要意义的煤炭资源；是全省耕地面积总量和人均耕地量最多的区域，是全省重要的综合性农业商品基地；同时拥有丰富的后备资源，具有沿海滩涂、煤炭塌陷地、黄河故道等多种类型的后备资源。江苏省在2004年提出发展“徐州都市圈”。设定范围包括江苏的徐州、连云港，安徽的淮北，山东的枣庄，河南的永城等。规划重点是“培育、发展、协调”，即突出对产业、劳动力、政策环境等发展要素的有序培育、择优培育和重点培育，加强对产业发展的规划、引导，深化对城镇布局、交通网络、区域基础设施和公共设施、旅游资源、生态环境等重大问题的协调。但是，与其优势相对立的是，本区土地质量较差，中低产田分布广泛，约占本区耕地面积的2/3；土地利用程度较低；水资源污染严重，北部地区水资源不足，影响到土地资源的合理利用和后备资源的开发。

（2）土地利用目标和总体要求。本区应在实现自身耕地总量动态平衡的基础上，为全省的耕地总量动态平衡做出贡献。

（3）土地利用方向和措施。①加快黄淮海中低产田的改造，以及沿海滩涂、黄河故道滩地、煤炭塌陷地的开发利用，巩固和提高农业基础地位。②合理调整农业生产布局，建立拥有地区优势的农业商品生产基地。③提高已利用土地效益。④加强基础设施建设，完善区域交通网络。⑤进一步开发优势矿产资源。

可见，做好资源保护和节约工作，要努力实现资源的永续利用。强化国土资源管理，实行最严格的耕地保护制度。治理整顿土地市场秩序，全面落实经营性用地招标拍卖挂牌制度，清理整顿开发区用地。到2010年，沿江地区要努力实现经济总量迅速扩张、产业层次显著提升、空间布局更趋合理，建成中国先进生产力发展最旺盛的地区之一，使之成为具有强大竞争力的国际制造业聚集带，文明发达、充满活力的滨江城市带，生态良好、风景优美的长江风光带。沿江开发区正在使“黄金水道”变得更加璀璨辉煌。届时，江苏省土地开发和利用情况将会迈上一个新的台阶。

（四）浙江土地利用与开发情况

浙江省地处中国东南沿海、长江三角洲南翼，现辖2个副省级城市，9个地级市，陆地面积10.18万平方公里，占全国国土总面积的1.06%。其中山地和丘陵占全省陆地面积的70.4%，平原和盆地占23.2%，河流和湖泊占6.4%，素有“七山一水两分田”之说。

1. 浙江土地利用现状：耕地总量动态平衡

根据2004年度全省土地利用变更调查结果，全省土地利用构成中，农用地面积为12961.2万亩，占全省土地总面积的82.0%，建设用地面积为1360.2万亩，占8.6%，未利用地面积为1488.2万亩，占9.4%。2004年全省耕地面积减少94.5万亩、增加46.8万亩，增减相抵净减少47.7万亩。全省减少耕地面积中，农业结构调整减少耕地50.3万

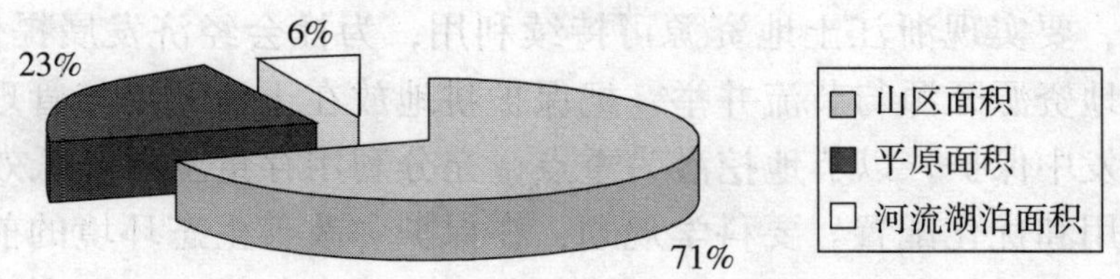

图 3 - 7　2004 年土地面积构成

亩，占 53.2%；建设占用耕地 36.7 万亩，占 38.8%；生态退耕 6.0 万亩，占 6.4%；灾毁及其他减少耕地 1.5 万亩，占 1.6%。全省新增耕地面积中，通过土地开发、复垦、整理新增耕地 37.2 万亩，占 79.5%；农业结构调整及其他新增耕地 9.6 万亩，占 20.5%。

年末全省耕地面积 2997.9 万亩，比上年度净减少 47.7 万亩；可调整土地面积 116.4 万亩，比上年度净增加 41.3 万亩。二者合计 3114.3 万亩。扣除 2004 年度生态退耕和灾毁耕地面积，表明浙江省 2004 年度继续实现了耕地总量动态平衡。

2. 杭州的“优化用地”策略

杭州市实行“优化用地”策略，仅 2004 年就清理出闲置土地 4210 亩。同时该市对建筑高度、容积率没有特别限制的区域，在不破坏城市生态和景观的前提下，适度增加建筑容积率和建筑高度，向空中要地。2004 年市区对正在前期审批的 300 多个建设项目进行全面清理，对其中 7600 亩工业用地的容积率和建筑高度进行了调整，平均容积率约提高 0.6，可新增建筑面积约 300 万平方米，折合 4500 亩。该市江干区加快撤村建居地区农转居多层公寓建设，切实改变原有村民分散居住大量占用土地的状况，最大限度地发挥土地资源的集聚利用效应，目前该区四季青街道已建成农转居多层公寓 46.6 万平方米，可安置居民近 2300 户、9900 人。滨江区全面推行农村多层住宅建设，目前，全区共选址建设小区 15 个，规划总面积 680 万平方米，开工建设小区 14 个，开工面积 313 万平方米，其中已竣工交付使用面积 124.5 万平方米，安置拆迁户 2323 户。

3. 浙江土地发展趋势：合理用地与生态省建设

针对以上的情况，浙江省提出的建设生态省的省内重点方案就需与土地开发利用结合起来。

在深入调查和科学论证的基础上，浙江省建设生态省是有一定的基础的，首先浙江省经济社会发展在全国位居前列，环保工作成效明显，工业污染和污染物总量得到有效控制，城市环境综合整治取得显著成效，农业和农村生态环境保护工作得到不断加强，环保产业发展势头迅猛，出了不少可资借鉴的经验，这就使生态省建设具备了良好的环境基础和较强的经济支持能力。但同时，浙江地处海陆过渡地带，人口稠密；经济总量大，环境容量小；部分地区环境污染还比较严重，生态破坏现象仍然存在；尤其是经济结构不尽合理，山区和沿海地区经济发展还不平衡。随着浙江经济的进一步高速增长，水、土地等资源开发和保护的矛盾，以及资源开发利用方式粗放和资源短缺的矛盾将更加突出，生态环境压力很大，建设生态省的任务相当繁重。所以，如何使土地开发利用与生态省的目标相一致将是指导浙江省今后土地发展的方向。

综上可见，要实现浙江土地资源可持续利用，为社会经济发展提供基本支撑条件，就必须实行土地资源开源与节流并举，把保护耕地放在土地利用与管理的首位，在保护中开发，在开发中保护，以节地挖潜为重点，充分利用存量土地和低效土地，促进土地资源的集约利用和优化配置。要科学规划，在保护和改善生态环境的前提下，积极创造条件，加强土地资源的合理利用，从严控制各类建设占用耕地，提高建设用地效率，积极开展农田和农村居民点土地整理、开发复垦土地后备资源，坚持土地利用经济、社会、生态效益相结合的方针，正确处理保护耕地与经济建设、眼前利益与子孙后代长远利益、快速发展与可持续健康发展的关系，坚持土地开发、利用与保护相结合，防止过度开发和掠夺式利用，力争实现省域耕地总量动态平衡，保障社会经济可持续发展。

三　长三角固定资产投资

（一）长三角总体情况

长江三角洲作为中国经济最发达的地区之一，20 世纪 90 年代以来已经成为中国经济增长的“火车头”，而固定资产投资在经济增长中起着十分关键的基础性作用。根据《中国统计年鉴 2005》的有关数据（见表 3－12），2004 年长三角两省一市的全社会固定资产投资总额为 15388.8 亿元，其中上海 3050.3 亿元、江苏 6557.1 亿元、浙江 5781.4 亿元，分别列全国第 7、2、4 位。两省一市全社会固定资产投资总额占全国的比重为 21.83%，这个数据低于 2004 年两省一市地区生产总值占全国的比重 25%，长三角地区以较少的固定资产投入产出了较高的 GDP，这说明，长三角地区的投资效益高于全国其他地方。

表 3－12　长三角按经济类型分全社会固定资产投资（2004）

单位：亿元，%

	总　计	全国位次	国有经济	集体经济	农　村	个体经济	农　村
全国总计	70477.4		25027.6	9965.7	8086.6	9880.6	3362.7
上　海	3050.3	7	909.3	308.8	180.8	253.3	6.5
江　苏	6557.1	2	2003.2	1557.9	1378.1	898.0	170.8
浙　江	5781.4	4	1515.3	1649.3	1571.2	622.6	211.4
三地合计	15388.8		4427.8	3516.0	3130.1	1773.9	388.6
三地比重	21.84		17.69	35.28	38.71	17.95	11.56

1. 不同所有制经济的固定资产投资

按经济类型分，长三角两省一市占全国的比重分别是国有经济 17.69%、集体经济 35.28%、个体经济 17.95%。长三角地区一直是中国乡镇企业最发达的区域，尤其是苏南和浙北地区，虽然近年来由于改制，乡镇企业占经济的比重有所下降，但苏南和浙北地区的乡镇工业在全国的优势仍然十分明显，因此两省一市的集体经济占全国的比重超过 1/3，达到 35.28%，其中农村集体经济达到 38.71%。另外一个明显的特征是，尽管浙江全社会固定资产投资总额低于江苏，但浙江集体经济、集体经济中的农村部分和个体经济中的农村部分均高于江苏，这说明 2004 年，浙江比江苏更加重视农村建设与城市建设的协调发展。

2. 长三角固定资产投资的资金来源

2004 年，长三角两省一市全社会固定资产投资总资金来源为 16582.6 亿元（见

表3－13），其中国家预算内资金253.8亿元、国内贷款3651.9亿元、利用外资1070亿元、自筹资金8729.8亿元、其他资金3077.1亿元，分别占1.53%、22.02%、6.45%、52.65%、18.56%。可见，国家预算内资金所占比重较小，其中上海1.1%、江苏1.5%、浙江1.7%。在两省一市的资金来源中，比重最高的均为自筹资金。江、浙、沪位于中国经济最发达的地区之列，无论是其地方财政收入，还是民间资本总量都位于全国各省前列。另外利用外资比例最高的是江苏，达到9.3%，是浙江的3倍。近年来，江苏各地纷纷加大吸引外资的力度，2004年初见成效，但吸引外资投资固定资产的量必须控制在一定的范围，否则国民经济的运行会产生风险。

表3－13　长三角全社会固定资产投资资金来源（2004）

单位：亿元，%

	资金来源小计	国家预算内	国内贷款	利用外资	自筹资金	其他资金
上　海	3554.7	38.1	881.2	234.1	1476.0	925.5
资金来源结构		1.1	24.8	6.6	41.5	26.0
江　苏	6748.9	103.3	1226.2	626.3	3920.2	873.0
资金来源结构		1.5	18.2	9.3	58.1	12.9
浙　江	6279.0	109.8	1501.6	193.8	3234.1	1239.7
资金来源结构		1.7	23.9	3.1	51.5	19.7
长三角合计	16582.6	251.2	3609	1054.2	8630.3	3038.2
资金来源结构		1.53	22.02	6.45	52.65	18.56

3. 长三角不同行业的固定资产投资

2004年，长三角两省一市各行业中，固定资产投资总量占全国比重超过20%的有（见表3－14）：制造业27.1%，电力、燃气及水的生产和供应业21.7%，金融业32.6%，房地产业25.5%，水利、环境和公共设施管理业24.8%，居民服务和其他服务业20.0%，文化、体育和娱乐业37.4%，另外超过15%的还有交通运输、仓储和邮政业18.1%，住宿和餐饮业15.5%，租赁和商务服务业19.6%，科学研究、技术服务和地质勘查业15.3%，教育17.9%，卫生、社会保障和社会福利业19.3%。制造业一直是长三角传统的支柱产业，特别是自20世纪90年代以来，“长三角制造”已成为“中国制造”的代名词。2004年的金融业固定资产投资中，江苏最多达到36亿元，远远高于上海和浙江，可见江苏在优化产业结构、加快现代服务业特别是金融业发展方面的决心很大。另外，在信息传输、计算机服务和软件业的固定资产投资中，浙江达到106亿元，远远高于上海和江苏，近年来，浙江省利用自身民营经济活跃、民营资本雄厚的优势，在IT业上的投入逐年加大，特别是杭州，其战略意图已经非常明确，就是要在21世纪初抢占IT这个经济发展的制高点，以信息化主导现代化，以信息化替换工业化。

表 3－14　长三角按主要行业分的全社会固定资产投资（2004）

单位：亿元，%

指　标	全　国	上　海	江　苏	浙　江	长三角合计	长三角占全国的比重
合　计	70477.4	3050.3	6557.1	5781.4	15388.8	21.8
农、林、牧、渔业	1890.7	5.3	34.7	68.1	108.1	5.7
采矿业	2395.9	2.2	30.6	18.4	51.2	2.1
制造业	19585.5	880.9	2499.9	1935.0	5315.8	27.1
电力、燃气及水的生产和供应业	5795.1	121.6	654.2	479.3	1255.1	21.7
建筑业	964.0	5.9	61.9	40.6	108.4	11.2
交通运输、仓储和邮政业	7646.2	303.4	540.9	536.6	1380.9	18.1
信息传输、计算机服务和软件业	1657.7	54.3	65.5	106.0	225.8	13.6
批发和零售业	1273.0	20.0	90.1	63.8	173.9	13.7
住宿和餐饮业	560.8	12.8	34.0	40.3	87.1	15.5
金融业	136.0	1.2	36.0	7.2	44.4	32.6
房地产业	16678.9	1258.1	1439.1	1554.0	4251.2	25.5
租赁和商务服务业	420.8	6.1	39.6	36.9	82.6	19.6
科学研究、技术服务和地质勘查业	333.1	9.9	34.1	7.0	51.0	15.3
水利、环境和公共设施管理业	5071.7	217.7	524.9	517.2	1259.8	24.8
居民服务和其他服务业	313.7	3.0	26.4	33.4	62.8	20.0
教　育	2024.8	60.2	152.9	149.0	362.1	17.9
卫生、社会保障和社会福利业	516.7	24.7	21.2	53.8	99.7	19.3
文化、体育和娱乐业	773.4	44.9	201.5	42.7	289.1	37.4
公共管理和社会组织	2437.4	16.9	69.4	92.1	178.4	7.3

表 3－15　长三角按行业分城镇固定资产投资（2004）

单位：亿元，%

指　标	全　国	上　海	江　苏	浙　江	长三角合计	长三角所占比重
合　计	59028.2	2863.0	5008.2	3998.8	11870	20.11
农、林、牧、渔业	645.1	2.2	7.9	8.9	19.0	2.94
采矿业	2126.3	2.1	25.6	1.5	29.2	1.37
制造业	14657.2	739.8	1477.1	795.2	3012.1	20.55
电力、燃气及水的生产和供应业	5525.1	116.5	603.8	383.3	1103.6	19.97
建筑业	526.3	4.7	23.0	8.9	36.5	6.94
交通运输、仓储和邮政业	7091.5	297.5	521.0	478.6	1297.1	18.29
信息传输、计算机服务和软件业	1638.0	54.3	65.4	105.1	224.8	13.72
批发和零售业	1117.2	15.6	81.8	36.5	133.9	11.99

续表 3－15

指　　标	全　国	上　海	江　苏	浙　江	长三角合计	长三角所占比重
住宿和餐饮业	438.1	11.8	29.1	27.1	68.0	15.52
金 融 业	97.6	1.1	1.1	7.0	9.2	9.40
房地产业	14547.0	1249.1	1318.8	1362.0	3929.9	27.02
租赁和商务服务业	361.7	4.8	39.4	31.3	75.5	20.87
科学研究、技术服务和地质勘查业	311.8	9.3	16.3	6.9	32.5	10.42
水利、环境和公共设施管理业	4890.8	216.3	508.7	472.5	1197.5	24.48
居民服务和其他服务业	107.6	1.5	10.5	14.4	26.4	24.57
教　育	1803.0	57.4	151.1	126.7	335.3	18.59
卫生、社会保障和社会福利业	446.9	24.2	18.8	32.5	75.5	16.90
文化、体育和娱乐业	531.2	44.1	39.6	34.7	118.4	22.28
公共管理和社会组织	2165.6	10.8	69.4	65.7	145.9	6.74

4. 长三角房地产投资情况

长三角地区一直是中国房地产投资的热点地区，特别是自21世纪以来，长三角地区有大量的资金被投放在房地产开发中。2004年，长三角两省一市的住宅投资总额达3469.7亿元（见表3－16），占全国的25.77%。其中浙江1274.5亿元、江苏1274亿元、上海921.2亿元，分列全国的第1、2、5位。2004年，长三角房屋施工总面积为75629.1万平方米（见表3－17），占全国的20.09%，其中浙江最高，达34287.6万平方米。

2004年，浙江省地方生产总值位列全国第四，而总人口在全国各省区中位于下游，那为什么其住宅投资额和房屋施工面积却是全国最高的呢？这主要是因为，近年来浙江经济发展迅速，人均生产总值仅次于上海、北京这两个直辖市，位列全国第三，而且浙江民营经济发展的速度和实力在全国首屈一指，民间资本特别雄厚，而目前民营经济是房地产开发的主体，再加上浙江百姓随着生活水平的快速提高，对商品房的需求量也非常大，因此，出现这种反差。

表3－16　长三角全社会住宅投资（2004）

单位：亿元，%

地　　区	合　计	全国位次	城　镇	房地产	农　村	农　户
全　　国	13465.1		11010.1	8837.0	2455.0	2002.2
上　　海	921.2	5	914.1	900.7	7.1	6.2
江　　苏	1274.0	2	1052.2	960.9	221.8	109.0
浙　　江	1274.5	1	1073.8	978.0	200.7	156.3
长三角合计	3469.7		3040.1	2839.6	429.6	271.5
长三角占全国比重	25.76797		27.61	32.13	17.50	13.56

表3－17　长三角全社会施工、竣工房屋面积（2004）

地区＼年份	施工房屋面积（万平方米）	住宅	商品住宅	竣工房屋建筑面积（万平方米）	住宅	商品住宅	竣工房屋价值（亿元）	住宅	商品住宅
全　国	376495.1	217580.5	108196.5	207019.1	124881.1	34677.2	15239.6	8320.3	4620.7
上　海	12744.4	7860.6	7631.3	4891.9	3257.9	3076.2	1238.5	929.7	909.9
江　苏	28597.2	14261.1	9945.5	15285.2	6558.8	3217.1	1389.4	585.7	384.7
浙　江	34287.6	16426.7	10712.8	16172.0	6357.6	2533.4	1267.0	568.7	368.2
长三角合计	75629.2	38548.4	28289.6	36349.1	16174.3	8826.7	3894.9	2084.1	1662.8
长三角占全国比重	20.09	17.72	26.15	17.56	12.95	25.45	25.56	25.05	35.99

5. 长三角全社会建设规模

2004年，长三角两省一市全社会建设总规模为46687.2亿元（见表3－18），占全国的21.99%，其中上海11683.4亿元、江苏17367.6亿元、浙江17636.2亿元，分别位列全国的第5、3、2位。2004年，长三角两省一市的在建总规模为37849.9亿元、在建净规模为18577.4亿元，分别占全国的21.55%、20.03%。其中，在建净规模除在建总规模的比率——在建净规模率，浙江最高达55.7%，上海最低仅39.5%。

另外，长三角城镇固定资产投资项目规模都比较大，其中规模500万元以下的项目投资额仅占全国的8.52%，而规模1亿～5亿元、5亿～10亿元、10亿元以上的项目投资额占全国的比重则分别达到19.15%、21.12%、20.93%，这主要是因为江、浙、沪经济发达，地方财政收入和民间资本多，外资、银行放款额度也大，因此上大项目的可行性大。

表3－18　长三角全社会建设总规模（2004）

单位：亿元，%

地　　区	建设总规模	全国位次	在建总规模	在建净规模
全　　国	212275.1		175652.6	92728.5
上　　海	11683.4	5	9713.8	3840.2
江　　苏	17367.6	3	13929.1	6829.1
浙　　江	17636.2	2	14207.0	7908.2
长三角合计	46687.2		37849.9	18577.4
长三角占全国比重	21.99		21.55	20.03

表3－19　长三角按项目规模分城镇固定资产投资（2004）

单位：亿元，%

地　　区	500万元以下	500万元～1亿元	1亿～5亿元	5亿～10亿元	10亿元以上
全　　国	1397.2	14939.7	11576.9	4079.6	13246.6
上　　海	24.5	261.8	358.7	177.5	865.1
江　　苏	48.5	1049.2	1055.7	444.8	1125.3
浙　　江	46.0	811.6	802.3	239.5	782.5
长三角合计	119.0	2122.6	2216.7	861.8	2772.9
长三角所占比重	8.52	14.21	19.15	21.12	20.93

注：本表不含房地产和城镇工矿区投资。

6. 长三角能源工业投资情况

由于长三角地区矿产资源不丰富，工矿业不发达，因此，整个长三角只有江苏有煤炭开采上的固定资产投入，另外江苏和浙江在石油及天然气上也有少量的固定资产投入。2004年，两省一市在石油及炼焦上固定资产投入为45.2亿元（见表3－20），仅占全国的7.09%，相比于长三角占全国25%的生产总值来说，这个比重是非常低的。当然，由于长三角地区工业企业众多，能源需求量巨大，再加上电力、热力业的发展受本地资源禀赋的制约较少，因此，两省一市在电力、热力上的固定资产投入较多，2004年达到1002.5亿元，占全国的19.8%。

表3－20　长三角城镇能源工业投资（2004）

单位：亿元，%

地　　区	合　　计	煤炭开采	石油及天然气	石油及炼焦	电力、热力
全　　国	7504.8	690.4	1112.3	637.9	5064.2
上　　海	118.3		2.0	16.2	100.1
江　　苏	594.9	12.0	11.2	13.1	558.7
浙　　江	359.7			15.9	343.7
长三角合计	1072.9	12.0	13.2	45.2	1002.5
长三角所占比重	14.30	1.74	1.19	7.09	19.80

（二）江苏省

2005年，江苏省全年完成全社会固定资产投资8739.7亿元（见表3－21），比上年增长28%。其中，城镇固定资产投资完成6211.9亿元，增长24%；农村固定资产投资2527.8亿元，增长38.9%。在全社会投资中，国有及国有控股投资2547.1亿元，下降7.8 %；外商、港澳台经济投资1552.3亿元，增长26.1%；民间投资4640.3亿元，增长63.7%，其中私营个体经济投资2567.0亿元，增长60.4%。民间投资占全社会投资的比重达53.1%，比上年提高11.6个百分点。

表 3－21　江苏省全社会固定资产投资（按经济类型）

单位：亿元

指　　标	1990	1995	2003	2004	2005
投资总额	356. 3	1680. 17	5335. 8	6827. 59	8379. 7
国有经济	134. 86	602. 7	1998. 19	2006. 2	
集体经济	74. 87	491. 08	456. 98	418. 43	
农　村	54. 08	362. 17	242. 8	238. 6	
私营个体经济			932. 11	1599. 91	2567. 0
联营经济		28. 26	12. 11	7. 71	
股份制经济		28. 63	263. 74	404. 47	
有限责任公司		10. 51	658. 92	1013. 71	
港澳台投资经济		86. 51	392. 5	473. 02	
外商投资经济		213. 71	580. 38	757. 56	
其他经济	146. 57	218. 77	40. 88	146. 6	

2004 年，江苏省全社会第二产业固定资产投资达 3645. 32 亿元（见表 3－22），比上年增长 28. 3%；第三产业固定资产投资达 3154. 58 亿元，比上年增长 30. 0%，第三产业固定资产投资增长速度快于第二产业，这预示江苏省产业结构将不断优化。

表 3－22　江苏省全社会固定资产投资（按产业）

单位：亿元

指　　标	1990	1995	2003	2004	2005（城镇部分）
住　　宅	156. 49	366. 67	686. 54	1132. 77	
第一产业	13. 15	40. 94	67. 62	27. 69	12. 7
第二产业	140. 38	819. 54	2841. 76	3645. 32	2801. 5
第三产业	202. 77	819. 69	2426. 42	3154. 58	3397. 7

2005 年，江苏省城镇固定资产投资完成额为 5008. 18 亿元（见表 3－23），其中钢铁工业完成投资 150. 0 亿元，增长 14. 4%，增幅比上年下降 7 个百分点；水泥工业投资 28. 3 亿元，增幅由上年增长 77. 1% 转为下降 28. 3%；纺织工业投资 208. 9 亿元，增长 47. 1%，增幅比上年上升 39. 9 个百分点。总的来说，2005 年，江苏省固定资产投资增长过快势头得到了遏制，总体上保持稳定增长。

2004 年，江苏省房屋竣工面积 14070. 46 万平方米，比上年增长 17. 8%，其中住宅竣工 6278. 92 万平方米，比上年下降 3. 2%。之所以住宅竣工量会下降，主要受国家宏观调控的影响。

表3－23　江苏省分行业城镇固定资产投资完成额（2005）　单位：亿元

行　业	投资额	新　建	扩　建	改　建	2005年投资额
总　计	5008.18	2077.29	2479.88	393.23	
农、林、牧、渔业	7.86	5.10	1.58	1.18	
采矿业	25.57	0.73	18.27	6.57	
制造业	1477.43	839.19	462.48	136.17	
电力、燃气及水的生产和供应业	601.28	298.34	275.37	27.16	
建筑业	26.40	10.99	9.19	5.84	
交通运输、仓储和邮政业	520.96	306.29	94.50	109.64	536.9
信息传输、计算机服务和软件业	65.39	10.01	48.73	6.50	
批发和零售业	81.77	67.36	8.27	5.00	
住宿和餐饮业	29.11	22.09	2.35	4.10	
金融业	1.08	0.25	0.73	0.08	
房地产业	1318.73	31.20	1285.17	2.15	1526.9
租赁和商务服务业	39.38	32.56	6.26	0.44	
科学研究、技术服务和地质勘查业	16.86	7.79	7.86	0.99	
水利、环境和公共设施管理业	506.93	291.56	148.32	67.05	577.0
居民服务和其他服务业	10.50	9.23	0.84	0.16	
教　育	151.10	65.56	72.28	11.18	
卫生、社会保障和社会福利业	18.82	9.59	7.32	0.98	40.2
文化、体育和娱乐业	39.58	25.85	12.84	0.70	60.8
公共管理和社会组织	69.43	43.59	17.54	7.33	

根据以上数据，可见2005年江苏省固定资产投资呈现以下特点：

1. 产业投资结构进一步优化

在城镇固定资产投资中，第一产业投资12.7亿元，比上年增长61.1%；第二产业投资2801.5亿元，增长31.6%；第三产业投资3397.7亿元，增长18.3%。工业投资2765.2亿元，增长31.6%；其中通信设备、计算机及其他电子设备制造业308.2亿元，交通运输设备制造业140.5亿元，通用设备制造业投资163.3亿元，分别增长43.6%、78.3%和79.8%。第三产业投资中，房地产开发投资1526.9亿元（见表3－24），增长20.2%；交通运输仓储和邮政业投资536.9亿元，增长3%；水利、环境和公共设施管理业投资577.0亿元，增长14.1%；卫生、社会保障和社会福利业投资40.2亿元，增长113.8%；文化、体育和娱乐业投资60.8亿元，增长53.6 %。

表3－24　江苏省房地产开发情况　单位：万平方米

房屋建筑面积	1990	1995	2003	2004
施工面积	12821.31	16234.74	23120.45	28437.07
住　宅	10679.54	10530.29	11916.70	13715.15
竣工面积	11732.39	12452.44	11949.16	14070.46
住　宅	10209.36	9036.00	6487.83	6278.92
商品房销售面积	250.02	798.31	2721.57	3178.91

2. 重点项目加快建设

2005 年，江苏省新增高速公路 463 公里，建成国省干线公路 614 公里，润扬大桥、南京三桥和盐通、宿淮高速公路提前建成通车，沪宁高速公路扩建和 312 国道拓宽改造工程全线贯通，全省“四纵四横四联”高速公路网主骨架基本形成，高速公路通车里程达到 2886 公里。宁启铁路一期、新长铁路新淮段扩能改造、南京地铁一号线、南京奥体中心、扬巴一体化工程等一批重点工程建成。发电总装机容量达到 4230 万千瓦。苏通大桥、南京长江过江隧道、连云港港、太仓港、田湾核电站、淮河治理和南水北调东线一期工程等重点建设项目进展顺利。

3. 固定资产投资成果明显

全年城镇固定资产投资建成投产项目 8093 个，项目建成投产率为 59.9%；新增固定资产 4730.1 亿元，固定资产交付使用率为 76.1%。

（三）浙江省

2005 年浙江省全社会固定资产投资 6652 亿元（见表3-25），比上年增长 15.1%，虽然增幅比上年回落了 5.1 个百分点，但仍属于较快增长。之所以增幅回落，主要原因是受国家宏观调控的影响。2005 年浙江省限额以上固定资产投资 6270 亿元，比上年增长 18.5%，增幅比上年回落 8.5 个百分点。其中基础设施投资 2005 亿元，增长 20%。非国有投资 4313 亿元，增长 13.9%，占全社会投资的 64.8%。

2005 年，浙江省固定资产投资结构得到进一步调整。从限额以上投资的结构看，第一产业投资 20 亿元，增长 35.4%；第二、三产业投资分别为 2961 亿和 3289 亿元，增长 21.2% 和 16.1%。其中工业投资 2943 亿元，增长 22.4%，工业中的制造业投资 2386 亿元，增长 21.6%，电力燃气及水的生产和供应投资增长 26.8%。从这组数据我们发现，2005 年浙江省第三产业投资的增长幅度小于第二产业，远远小于第一产业，这主要是因为这两年国家和浙江省政府非常重视农业、农村的发展，加大了对农业、农村的投入。而浙江是一个工业大省，其发达的民营经济主要集中在第二产业特别是制造业中，而且近年来，由于“浙商”的崛起，越来越多的“浙江制造”品牌走出浙江、走出中国，因此浙江第二产业的迅速扩张无疑带动了固定资产投资的大幅增长。

在 30 个制造业大类中，食品加工、饮料、服装、造纸、家具、文教体育用品、医药、橡胶、塑料、黑色金属、金属制品、通用设备、专用设备、交通运输设备、电气机械、工艺品、废弃资源和材料回收加工等 21 个行业投资增幅超过 20%，其中化工、烟草、有色金属、仪器仪表等行业投资增幅超过 50%。而重点调控和产能过剩的非金属矿物制品和化纤业投资分别下降 23% 和 19.8%。在第三产业中，交通运输仓储和邮政、住宿和餐饮、租赁和商务服务、居民服务和其他服务业投资分别增长 53.6%、41%、59.4% 和 66.5%。

2005 年浙江省限额以上投资项目 21317 个，比上年增加 3007 个。其中，新开工项目 12447 个，增加 2272 个。建成了杭千、甬金高速公路部分路段等一批重点项目。

表 3－25　2003～2005 年浙江省全社会固定资产投资

单位：亿元

年　　份	2003	2004	2004 比 2003 ±%	2005	2005 比 2004 ±%
全社会固定资产投资	4809.82	5781.4	20.2	6651.7	15.1
限额以上固定资产投资	4166.755906	5291.78	27	6270.1	18.5
其中：中央项目	261.3405495	313.87	20.1	338.22	7.8
地方项目	3904.243137	4977.91	27.5	5931.88	19.2
其中：第一产业	13.866171	14.92	7.6	20.2	35.4
第二产业	1809.940741	2443.42	35	2960.56	21.2
工业	1777.309682	2404.7	35.3	2942.5	22.4
制造业		1962.15		2385.97	21.6
第三产业	2343.622829	2833.44	20.9	3289.34	16.1

2005 年，在浙江投资项目完成投资 4815.55 亿元（如表3－26），比上年增长 20.5%，比 2004 年增长回落 4.6 个百分点。其中基础设施完成投资 1588.74 亿元，比上年增长 20%，比 2004 年增长回落 3.4 个百分点。按行业分，2005 年浙江省投资项目完成投资增长幅度最大是：电力、燃气以及水的生产供应业 548.63 亿元，交通运输、仓储和邮政业 684.73 亿元，分别比上年增长 26.8%、53.6%。这主要是因为，近年来浙江制造业迅速扩张，能源特别是水电供应不足，甚至发生“电荒”，严重影响了企业的生产经营活动，因此，浙江为了缓解用电、用气和用水紧张，加大了电力、燃气以及水的生产供应业的投资。而浙江交通运输、仓储和邮政业的固定资产投资之所以连年大幅度上升（2004 年比 2003 年增长 47.4%），同样是因为浙江制造业的迅速发展带动了其相关服务业如物流业的发展，再加上浙江拥有众多的全国数一数二的专业市场如绍兴中国轻纺城、义乌中国小商品城、海宁中国皮具城等，这些专业市场对物流业的需求无疑更大。

表 3－26　2003～2005 年浙江省投资项目完成投资情况

单位：亿元

年　　份	2003	2004	2004 比 2003 ±%	2005	2005 比 2004 ±%
投资项目完成投资	3194.676259	3996.54	25.1	4815.55	20.5
其中：农村投资	1049.285714	1380.86	31.6	1588.74	15.1
其中：基础设施投资	1354.157212	1671.03	23.4	2005.29	20
水利、环境和公共设施管理	554.3243243	512.75	－7.5	521.55	1.7
电力、燃气以及水的生产供应业	237.9867987	432.66	81.8	548.63	26.8
交通运输、仓储和邮政业	302.3541384	445.67	47.4	684.73	53.6
电信和其他信息传输服务业	86.12068966	99.9	16	96.13	－3.8
教育设施	117.0324427	122.65	4.8	103.09	－15.9
广播、电视、电影和音像业	4.353448276	2.02	－53.6	2.08	2.9
文化艺术业	18.07577268	18.13	0.3	12.57	－30.7
体育设施	7.277379734	7.11	－2.3	5.65	－20.5
卫生设施	26.29468178	30.16	14.7	30.85	2.3

2005年，浙江省房地产开发投资1454.55亿元（见表3－27），比上年增长12.3%，“十五”期间年均增长36.5%。房屋竣工面积3780.29万平方米、商品房销售面积和销售额1082.69亿元，分别增长18.3%、0.8%和24.7%。其中住宅竣工面积3780.29万平方米。另外新开工经济适用房276万平方米，增长17.4%；经济适用房投资增幅比住宅投资高出26.7个百分点。商品房屋中销售给个人的增长26.3%，所占比重为95.6%。

浙江省人口总数较少，但自2002年开始，浙江省房地产开发投资额、房屋竣工面积一直位居全国第一，这主要是因为浙江省人均GDP、人均可支配收入较高，仅次于上海、北京这两个大都市，而且浙江民间资本实力雄厚，大量的资本进入房地产业。当然，这一方面有助于提高浙江百姓的人均居住面积，另一方面通过增加房屋供应量形成房屋买方市场，可以适当控制房价上涨，从而使百姓得到实惠。

表3－27　2003～2005年浙江省房地产开发投资额情况

单位：亿元，万平方米

年　　份	2003	2004	2004比2003±%	2005	2005比2004±%
房地产开发投资额	972.4024024	1295.24	33.2	1454.55	12.3
其中：商品房建设投资额	615.2520692	817.67	32.9	967.88	18.4
商品房屋建筑施工面积	10726.74149	13858.95	29.2	15596.75	12.5
其中：住宅	8375.910868	10712.79	27.9	11956.92	11.6
商品房屋建筑竣工面积	3051.91022	3195.35	4.7	3780.29	18.3
其中：住宅	2431.247601	2533.36	4.2	2943.97	16.2
商品房屋销售额	713.6483155	868.51	21.7	1082.69	24.7

根据以上数据，可以将2005年浙江省固定资产投资特点归纳成以下几点：

（1）基础设施投资继续保持平稳增长。2005年浙江省限额以上完成基础设施投资2005.29亿元，同比增长20.0%，增幅比上年同期回落3.4个百分点，但比全省限额以上投资增幅高出1.5个百分点，其中电力、燃气及水的生产和供应业同比增长26.8%，交通运输仓储和邮政业完成投资同比增长53.6%。

（2）制造业投资增长逐季回升。2005年浙江省限额以上制造业投资完成2385.97亿元，同比增长21.6%，比上年回落6.3个百分点，前三季度累计分别增长2.6%、9.5%、17.7%。

（3）房地产投资增速下滑。受国家宏观调控的影响，2005年浙江省完成房地产开发投资增速比上年同期回落20.9个百分点，与前三季度累计增速（分别为16.7%、17%、19.2%）相比，出现较大程度的下滑。另外，2005年浙江省房屋新开工面积、土地购置面积、土地开发面积继续呈现负增长，同比分别下降了13.3%、24.5%、21.3%。

（四）上海市

上海自清末以来一直是中国的第一大都市，也是中国的经济中心。20 世纪 90 年代以来，上海的经济一直保持着健康发展的势头，并显现出再度成为国际金融中心的迹象。在上海的经济增长过程中，固定资产投资成为重要的推动力量。2004 年，上海固定资产投资总额达到 3084. 66 亿元（见表3 –28），比上年增长 25. 8%，其中第三产业投资总额达 2069. 13 亿元，比上年增长 26. 1%。2004 年，上海第三产业固定资产投资占全社会固定资产投资总额的 67. 7%，这充分显示了上海市发展现代金融业、服务业，优化产业结构的决心和努力。

表 3 –28　上海主要年份全社会固定资产投资主要指标

单位：亿元

年　　份	1990	2000	2003	2004
投资总额	227. 08	1869. 67	2452. 11	3084. 66
第一产业	3. 20	7. 87	4. 18	5. 28
第二产业	133. 00	615. 94	806. 94	1010. 25
第三产业	90. 88	1245. 86	1 640. 99	2069. 13
住　　宅	42. 94	443. 90	694. 30	922. 61

2004 年，上海市非国有经济固定资产投资额达 2129. 54 亿元（见表 3 –29），占总投资的 69%，国有经济则只有 31%，而且非国有经济固定资产投资的增长速度明显快于国有经济，特别是外商经济，2004 年比 2003 年增长 99. 1%。之所以出现这种情况，主要是因为上海的外商经济、股份制经济、私营经济比较发达。

表 3 –29　上海主要年份全社会固定资产投资主要指标

单位：亿元

年　　份	2000	2003	2004
国有经济	829. 98	811. 85	955. 11
非国有经济	1039. 69	1 640. 26	2129. 54
集体经济	156. 34	116. 63	146. 58
私营经济	83. 29	362. 84	360. 53
联营经济	41. 20	20. 04	30. 35
股份制经济	421. 53	647. 27	667. 52
外商经济	222. 86	325. 15	647. 47
港澳台经济	96. 19	143. 05	203. 92
其他经济	18. 28	25. 28	73. 17

自20世纪90年代以来，上海成为中国房地产投资最为活跃的地区之一，2004年房屋竣工面积4932.57万平方米（见表3-30），其中住宅竣工面积为3270.43万平方米。在上海房地产业迅速发展的同时，也出现了一些负面的效应，最突出的就是房价上升过快，达到了普通百姓无法承受的地步。

表3-30　上海主要年份全社会固定资产投资主要指标

单位：万平方米

年　　份	1990	2000	2003	2004
房屋建筑面积				
施工面积	3801.46	8636.31	11023.24	12291.81
住　　宅	2269.06	4804.12	6974.27	7873.44
竣工面积	2138.44	3266.52	3582.34	4932.57
住　　宅	1339.02	1724.02	2280.79	3270.43

注：从2000年起，固定资产投资统计起点为50万元以上（含50万元）项目，按建设性质分中不包括房地产开发投资。

2004年上海固定资产投资资金来源中，比重最大的是上海的自筹资金，达1484.00亿元，占资金总额的35.3%，且比上年增长23.3%；与此对应的是，国家预算内资金仅占上海固定资产投资资金的0.9%。这说明，经过10余年国家政策倾斜，随着经济的快速发展，上海自身的经济实力越来越强，已经有充足的能力自己筹集经济发展所需要的资金，从而对国家的资金依赖度越来越低。

表3-31　上海市主要年份固定资产投资资金来源

单位：亿元

年　　份	1990	2000	2003	2004	比上年（%）
资金来源合计	261.46	2061.66	3270.19	4199.16	28.4
上年末结余资金	28.85	241.05	425.78	588.34	38.2
本年资金来源小计	232.61	1820.61	2844.41	3610.82	26.9
国家预算内资金	14.39	48.3	35.51	38.50	8.4
国内贷款	62.52	379.21	674.32	907.37	34.6
债　　券		4.85			
利用外资	35.46	161.83	210.53	234.05	11.2
外商直接投资		73.71	136.68	173.55	27.0
对外借款	10.12	55.25	37.83	40.50	7.1
自筹资金	94.13	905.46	1203.45	1484.00	23.3
市自筹	32.12	72.63	51.43	77.74	51.2
企、事业单位自筹	57.13	509.93	1022.04	1258.65	23.2

续表 3－31

年　份	1990	2000	2003	2004	比上年（%）
其他资金	26.11	320.96	720.6	946.90	31.4
集　资		6.29	6.7	5.17	－22.8
本年各项应付投资款		310.42	355.62	446.07	25.4
工程款		76.52	186.98	219.18	17.2

2004 年，上海在建重大项目达 51 个（见表 3－32），全年共完成投资额 651.98 亿元。

表 3－32　上海重大项目完成情况（2004）

单位：万元

项　　目	本年完成投资额	项　　目	本年完成投资额
长江口深水航道治理二期	286065	轨道交通 8 号线杨浦一期工程	141005
宝钢一钢不锈钢及碳钢热轧板卷项目	117476	轨道交通 9 号线申松线	101224
宝钢宽厚板轧机及配套连铸工程	245755	中环路（浦西）工程	452316
宝钢 1800 毫米冷轧带钢工程	252895	上中路越江工程（双向八车道）	4483
90 万吨乙烯工程	1251507	翔殷路越江工程	47700
复旦大学光华楼项目	25508	复兴东路越江工程	60568
同济汽车学院	19876	苏州河综合整治二期工程	79237
复旦大学新江湾城校区	9128	污水治理三期工程	45305
中山医院急诊医疗综合楼	29033	延安路生态景观走廊绿地	17927
洋山深水港一期工程	684780	外高桥电厂二期	281902
上海铁路南站及配套	106579	外高桥物流园区国际物流中心	69323
A30 郊区环线北段	105566	聚碳酸酯（PC）	47212
A2 沪芦高速公路	78607	上海联合异氰酸酯	189880
A6 新卫高速公路	13466	巴斯夫中间体聚四呋氢喃项目	95650
A30 郊环（莘奉公路—界河）	57345	上海浦东国家干部学院	69731
A7 亭枫高速公路	32514	东方艺术中心	56821
A30 郊环（张泾公路—莘奉金）	42752	上海国际赛车场项目	69550
A5 嘉金高速公路	128111	上海旗忠网球中心	81274
A9 沪青平高速公路西段 16 公里	24442	公共卫生体系主体工程	63223
轨道交通 1 号线北延伸工程	48803	仁济医院外科病房楼	18259
轨道交通 1 号线地铁新龙华车站改造	23070	曙光医院迁建	33294
轨道交通 2 号线西延伸工程	51358	黄浦江两岸综合开发"外滩源"地区	89441
轨道交通 3 号线北延伸工程	49189	上海港国际客运中心工程	5009
轨道交通 4 号线工程	127581	NEC 第五代薄膜晶体管液晶显示器	402483
轨道交通 6 号线工程	146113	上海检测中心	7766
轨道交通 7 号线工程	31707		

四　长三角之基础设施建设

基础设施是指以保证社会经济活动、改善生存环境、克服自然障碍、实现资源共享等为目的而建立的公共服务设施，是构成城市与区域系统的基础要素，一般可分为经济性和社会性两大类，经济性基础设施包括交通运输、能源、邮电通讯等设施，社会性基础设施包括教育、科研、卫生等设施。本文所说的基础设施主要指经济性基础设施，特别是交通设施体系。

基础设施建设特别是交通基础设施建设在长三角两省一市的一体化过程中起着基础性作用，甚至起着决定性作用。笔者将从基础设施建设的各个方面评述目前长三角两省一市各自的发展概况，并提出了相关的应对策略。

（一）长三角交通基础设施基本状况与发展态势

改革开放以来，长江三角洲两省一市的经济建设取得了飞速的发展，并已经成为中国经济增长的“火车头”。随着经济的飞速发展，长三角区域内的各项基础设施建设也取得了很大的成绩。截至目前，长江三角洲区域内的机场、港口、公路、水路、邮电、通讯等都已经初步连成网。近年来先后建成并开通了沪宁、沪杭高速公路，完成了对原有国道、省道以及包括长江和运河在内的主要航道的拓宽和改造工作，上海浦东国际机场已经建成并投入使用。一些大型区域基础设施建设项目也正在规划和建设当中。

1. 长三角交通基础设施发展的现状

经过多年的建设，长江三角洲已初步形成公路、水运、铁路、航空、管道等多种运输方式共同发展的综合运输体系。以上海为龙头的国际航运中心建设取得了初步成效，为建立具有国际影响力的制造业基地奠定了基础，推动了长江三角洲更广泛地融入全球经济活动。

1）公路水路交通成为区域经济发展和对外贸易的重要支撑

长江三角洲是我国能源、原材料工业密集区，冶金、电力、石油化工产业沿海、沿江、沿交通干线布局，资源需求量大，目前90%以上的能源、原材料由区外调进。外向型的高新技术产业和加工制造业在该地区高度集聚，对外贸易发达，外贸依存度高达67%。

在长江三角洲，水运承担了90%以上的能源和外贸物资运输；公路是港口的主要集疏运方式，在城际货运、与周边省区的物资往来中发挥了基础性作用。交通运输已经成为该地区国民经济发展的重要基础。

2）公路水路交通在综合运输体系中居主导地位

长江三角洲公路网发达，水网密布，港口众多，具有通江达海的优越条件。2003年，长江三角洲公路水路客、货运量分别达到25.7亿人次和24.5亿吨，在本地区综合运输总量中分别占94.7%和95.2%；沿海港口（包括长江干线南京以下港口）完成货物总吞吐量9.1亿吨，其中外贸货物吞吐量3.1亿吨，上海港、宁波港已迈入亿吨大港行列，货物吞吐量分列我国港口一、二位，上海港货物吞吐量和集装箱吞吐量分列世界第二、第三位。

3）公路水路交通基础设施建设实现了跨越式发展

到2003年底，长三角区域公路网总里程达到11.8万公里，其中高速公路3779公里，公路网密度、高速公路密度分别为全国的3倍和5.8倍；内河航道总里程达到3.3万公里，其中四级以上航道1800公里，分别占全国的30%和12%；港口生产性泊位2045个、万吨级以上泊位353个，综合通过能力7.85亿吨，分别占全国沿海港口（含长江南京以下港口）的42.6%、38.8%、40.5%。

2. 长三角交通运输面临着新的问题

1）交通基础设施不适应社会经济快速发展的需要

长江三角洲路网发展水平虽居全国前列，但通达问题还未彻底解决，单位面积拥有公路仅为发达国家的1/6~1/3，万人拥有公路仅为发达国家的1/11~1/7，而且农村公路仍很落后，与现代化的要求及世界发达国家的水平还有较大差距。

上海、宁波等主要港口出现压船压港现象，2003年，长江三角洲主要港口实际货物吞吐量和集装箱吞吐量总体上分别超出能力16.3%和25%。万吨级以上深水泊位仅占泊位总数的21.6%，大型专业化集装箱、铁矿石和原油泊位尤其缺乏。

2）交通运输一体化程度不高

枢纽城市的铁路、公路站场与港口布局之间合理衔接问题长期未得到解决，缺乏协调，货物换装环节多，不仅增加运输时间和费用，也增加了城市交通压力。铁路、公路客运站等独立建设，衔接不畅。

3）资源、环境与交通发展的矛盾突出

长江三角洲城镇、产业和人口高度集聚，运输需求大，土地、岸线资源紧张。沿海、沿江企业专用码头布局分散，利用率不高；现有的车船工具能耗较高，污染较重，节能、减污的内河标准化船型研制、推广应用尚显薄弱，加大了长江三角洲能源短缺和环境压力。

4）交通设施规模不足

与国际大都市圈交通设施比较，目前长三角地区交通设施发展规模仍然不足。铁路网络和公路网络人均里程不高，特别是铁路网络密度只有其他大都市圈的1/10~1/6左右，难以适应当前及未来发展要求。

与全国综合运输线路各项指标对比来看，长三角地区各种交通方式密度均高于全国平均水平。但由于长三角地区为人口稠密地区，因此从人均指标来看，除水运外其他各项指标均低于全国水平。从运输效率比较来看，长三角地区运输系统承担压力大，其中尤以铁路为甚：同期全国铁路平均负荷仅为17万人次/公里，而长三角铁路承担客运量为56万人次/公里，是全国水平的3倍，而发达国家区域铁路一般为3万~4万人次/公里左右。

从公路规模来看，现有公路里程约11万公里，每万人拥有公路里程8.55公里，仅为全国水平的80%左右。同国内同类区域相比，长三角的公路网密度和每万人拥有的公路

里程也低于京津唐和珠三角地区水平。

从铁路规模来看，铁路营运里程约2216公里，每万人拥有的铁路里程仅为0.17公里，只有全国水平的1/3。

5）交通设施布局结构不尽合理

由于长期未进行基础设施统一协调规划和建设，各地区都强调高速公路建设，而忽略铁路建设。从各种运输方式的最优速度范围、投资、运输成本比较来看，长三角地区整个区域总面积21万平方公里，从区域中心城市上海到地区中心城市南京、杭州等距离300公里左右，各种运输中铁路应当占一定优势。而目前区域内客运周转量主要由公路承担，客运周转量铁路比重只占到21.6%（全国铁路比重为40%左右），公路占主导地位，其占总量的比重为60%以上。其次，在规划、建设、运营中长期存在重客运、轻货运现象，因此导致该地区货物流转至今效率低下，阻碍了区域经济一体化发展。

6）交通设施衔接问题

（1）大小交通衔接性差。从现状情况来看，长三角地区至今还没有真正可以称得上综合交通枢纽的交通枢纽点。长三角地区上海、杭州、南京等城市在轨道交通规划时考虑了铁路与市内轨道交通换乘的可能，但由于铁路站建设与轨道交通建设在体制上属于两个部门，铁路站规划、建设由铁路局承担，城市规划部门参与力度较小，因此铁路与轨道交通衔接仍存在较大问题。

（2）区域南北通道少。整个区域客流、物流主要依靠沪宁、沪杭两条高速公路、铁路分别向西北、西南延伸。区域北部、南部遇到了长江、杭州湾等天然障碍，整个区域缺少贯穿南北的通道。

（二）长三角城市之基础设施建设

1. 长三角两省一市城市基础设施建设总体情况

2005年，上海市枢纽型、功能性、网络化的城市基础设施建设取得新进展。2005年全年完成城市基础设施建设投资885.74亿元，比上年增长31.7%，占全社会固定资产投资总额的比重为25%。其中，交通运输邮电通信投资443.91亿元，增长19.5%；市政建设投资276.28亿元，增长49.5%；公用事业投资41.33亿元，增长53.6%。年内浦东铁路一期、轨道交通4号线、翔殷路隧道、长江口深水航道治理二期、东海大桥等重大城市基础设施项目相继建成。建成A6新卫、A7亭枫等高速公路，高速公路网通车里程达到560公里。

2005年年内，上海市新辟和调整公交线路169条；轨道交通营运线路长度由121.23公里提高到148公里（包括磁浮线）。至年末，全市公交线路达到940条，公交运营车辆1.8万辆，运营出租车4.8万辆。全年市内公共交通客运量44.09亿人次，比上年增长0.3%。其中，轨道交通客运量5.94亿人次，增长23.8%；公共汽电车客运量27.81亿人次，比上年下降2%。公共交通设施更新加快。空调车占公交车的比重由上年的39.9%提高到45.8%。年内中心城区新增4条总长21.6公里的公交专用道，改造完成28个瓶颈、堵头道路。

表 3－33　上海主要年份城市基础设施投资额

单位：亿元

年份	合计	其中						
		电力建设	运输邮电	其中		公用设施	其中	
				交通运输	邮电通信		公用事业	市政建设
1995	273.78	57.33	79.36	25.94	53.42	137.09	35.03	102.06
1996	378.78	77.61	147.21	69.66	77.55	153.96	48.31	105.65
1997	412.85	80.24	146.10	85.06	61.04	186.51	52.24	134.27
1998	531.38	89.58	181.46	108.79	72.67	260.34	58.37	201.97
1999	501.39	83.05	166.16	102.24	63.92	252.18	64.20	187.98
2000	449.90	64.61	117.52	48.83	68.69	267.77	104.43	163.34
2001	510.78	72.22	168.42	60.72	107.70	270.14	92.25	177.89
2002	583.49	62.14	171.24	63.01	108.23	350.11	148.42	201.69
2003	604.62	66.00	350.35	273.77	76.58	188.27	36.91	151.36
2004	672.58	89.52	371.35	316.96	54.39	211.71	26.92	184.8

注：本表各项投资额均不包括住宅建设投资。从 2003 年起，交通运输投资包括公用设施中市内公共交通投资。

2005 年，上海全市自来水日供水能力达到 1096 万立方米。全年自来水售水总量 22.81 亿立方米，比上年增长 4.5%，其中生活用水 13.54 亿立方米，增长 2.4%。全年全市用电量 921.97 亿千瓦小时，比上年增长 12.2%，其中城乡居民生活用电 109.2 亿千瓦小时，增长 20.5%。至年末，全市人工煤气及液化气家庭用户达到 490 万户，比上年末下降 3.4%；天然气家庭用户达到 186 万户，比上年末增长 31.6%。全年人工煤气供应总量 22.8 亿立方米，比上年下降 5%；天然气售气量 17.5 亿立方米，比上年增长 78.6%。

近 10 年来，长三角两省一市的城市基础设施建设都取得了飞速发展，其中上海的发展尤为突出。

由表 3－33 我们可以看出，上海 1995 年城市基础设施投资额为 273.78 亿元，2004 年达到 672.58 亿元，十年间增长了 2.5 倍。其中，增长最快的是交通运输基础设施投资额，从 1995 年的 25.94 亿元增长到 2004 年的 316.96 亿元。1995～2004 年这十年间，上海在城市基础设施上累计投入 4919.55 亿元。如此巨大的资金投入到城市基础设施上，为上海市城市面貌在这十年间发生翻天覆地的变化创造了关键条件。

相比于上海市，虽然同属经济发达的长三角地区，但由于国家支持力度不同，江苏和浙江在这十年间的城市基础设施投资额却没有增长得像上海那么快，表 3－34 虽然不是像表 3－33 那样是各项事业的投资额，但从江苏各年之间指标量的对比中我们发现，

虽然江苏在这十年中也发展迅速，但增长速度远没有上海市快。如1995年江苏省平均每万人拥有道路8.3公里，2004年仅增加到11.0公里；1995年江苏省平均每万人拥有7.1辆，2004年仅增长到7.9辆。

表3－34　江苏公用事业基本情况

指　　标	1990	1995	2003	2004
供水、供气				
自来水年供水量（亿吨）	25.67	38.23	38.04	39.25
生活用水量	6.24	10.52	17.18	17.91
平均每人日生活用水（升）	176.4	225.6	217.2	215.8
用水普及率（%）	91.3	98.9	91.9	94.0
人工煤气供气量（亿立方米）	14.27	28.22	80.24	102.79
家庭用量	1.59	3.09	4.74	4.09
煤气管道长度（公里）	1118	2041	5994.76	5620.48
液化气家庭用量（万吨）	12.27	43.61	68.74	70.8
用气普及率（%）	36.8	81.8	88.6	91.98
市政工程				
年末实有道路长度（公里）	5812	8163	25541	26597.9
平均每万人拥有（公里）	6.5	8.3	10.8	11.0
年末实有道路面积（万平方米）	5672	8669	31859	35596.22
平均每万人拥有（万平方米）	6.3	8.3	13.5	14.7
排水管道长度（公里）	4099	8262	20343	25537.49
排水管道密度（公里/平方公里）	5.7	7.5	9.6	11.34
公共交通				
公共汽（电）车总数（辆）	2827	8101	17822	19079
平均每万人拥有（辆）	3.6	7.1	7.2	7.9
出租汽车（万辆）	0.6	1.8	4.0	4.1
城市绿化				
公共绿地面积（公顷）	3447	7402	18743	21617.13
人均公共绿地面积（公顷）	3.8	6.9	7.9	8.94
公园面积（公顷）	2991	5648	7317	9098.1

2. 长三角城市公共交通状况

2004年长江三角洲两省一市的人口占全国总人口的比重为10.69%，但公共汽（电）车运营数（辆）却占全国的18.82%（见表3－35），出租汽车数（辆）占全国的13.08%，可见长江三角洲两省一市的城市公共交通水平在全国处于领先水平。

表3－35 长三角两省一市城市公共交通情况（2004）

单位：辆，%

地　　区	年末公共汽(电)车运营数（辆）	公共汽车	无轨电车	轨道交通	出租汽车
全　　国	281516	276908	2712	1896	903734
上　　海	18797	17651	535	611	48709
江　　苏	19079	19079			40746
浙　　江	15115	14907	208		28779
长三角合计	52991	51637	743	611	118234
长三角占全国比重	18.8	18.6	27.4	32.2	13.1

其中，2004年，上海市人口仅占全国的1.34%，而公共汽（电）车运营数（辆）却占全国的6.68%，江苏省人口占全国的5.72%，比上海高出4.4个百分点，而公共汽（电）车运营数（辆）占全国的比重为6.78%，仅比上海高了0.1个百分点，可见上海市人均公共汽（电）车运营数（辆）拥有量远远高于江苏省。浙江省人均公共汽（电）车运营数（辆）处于上海市和江苏省之间。

3. 长三角城市市政设施状况

2004年，长三角两省一市年末实有道路长度为48914.6公里（见表3－36），年末实有道路面积为74168.0万平方米，城市桥梁25824座，城市排水管道长度48948.4公里，城市污水日处理能力1973.9万立方米，城市路灯2079418盏，分别占全国的21.94%、21.01%、50.54%、22.36%、26.72%、19.74%，这组数据远远高于长三角两省一市占全国的人口比重10.69%，接近于两省一市全社会固定资产投资总额占全国的比重21.83%。其中比重最高的是城市桥梁，达50.54%，这主要是因为长三角地区地处长江下游流域，区域内河流众多，因此桥梁也多。另外相对于其他指标来说，长三角两省一市的城市道路“亮化”率不高，因为长三角两省一市年末实有道路长度占全国的21.94%，而城市路灯仅占全国的19.74%，这说明长三角两省一市城市道路每公里拥有路灯数低于全国平均水平。

表3－36 长三角两省一市城市市政设施（2004）

地　　区	年末实有道路长度（公里）	年末实有道路面积（万平方米）	城市桥梁（座）	城市排水管道长度（公里）	城市污水日处理能力（万立方米）	城市路灯（盏）
全　　国	222963.8	352954.6	51092	218880.9	7387.2	10531538
上　　海	11028.0	19795.0	7297	6469.0	452.6	267442
江　　苏	26597.9	35596.2	12680	25537.5	1017.8	1169011
浙　　江	11288.7	18776.8	5847	16942.0	503.6	642965
长三角合计	48914.6	74168.0	25824.0	48948.5	1974	2079418.0
长三角占全国比重（%）	21.9	21.0	50.5	22.4	26.7	19.7

4. 长三角城市水与燃气供应状况

2004年长江三角洲两省一市年末供水综合生产能力4537.7（万立方米/日），年末供水管道长度91452.2公里，全年供水总量958404.0万立方米（见表3-37），分别占全国的18.33%、25.52%、19.55%，这三个比重都低于长三角的用水人口占全国人口比重。可见长三角人均水平远远高于全国人均水平。事实上，2004年全国人均日生活用水量为210.8升，而上海、江苏、浙江分别达到361.7升、215.8升、228.1升。

表3-37 长三角两省一市城市供水情况（2004）

地区	年末供水综合生产能力（万立方米/日）	年末供水管道长度（公里）	全年供水总量（万立方米）	生活用水	生产用水	用水人口（万人）	人均日生活用水量（升）
全国	24753.0	358410.5	4902755	2334625	2113633	30339.7	210.8
上海	1429.0	23496.8	323454	170183	121739	1289.1	361.7
江苏	1871.4	42565.3	392462	179068	179602	2273.7	215.8
浙江	1237.3	25390.0	242488	110032	107823	1321.9	228.1
长三角合计	4537.7	91452.1	958404.0	459283.0	409164.0	4884.7	805.6
长三角占全国比重（%）	18.3	25.5	19.5	19.7	19.4	16.1	

2004年，长三角两省一市人工煤气生产能力为4100.8（万立方米/日）、人工煤气管道长度为16559.4公里（见表3-38）、液化石油气管道长度为4867.9公里、天然气管道长度为9935.6公里，分别占全国的49.41%、29.35%、24.20%、13.91%，其中长三角天然气的全年供气总量仅占全国的7.22%，甚至低于长三角占全国的人口比重。由此可见，目前在长三角城市燃气供应中，天然气所占的比重较低，而天然气是一种低污染的燃料，因此长三角两省一市在今后应该致力于增加天然气的供气总量，以缓解环境污染的压力。

表3-38 长三角两省一市城市燃气情况（2004）

地区	人工煤气生产能力（万立方米/日）	管道长度（公里）			全年供气总量		
		人工煤气	液化石油气	天然气	人工煤气（万立方米）	液化石油气（吨）	天然气（万立方米）
全国	8298.7	56419.3	20118.8	71411.3	2137224.8	11267119.9	1693364.3
上海	1194.3	8244.7		4911.1	207463.3	446543.0	98268.0
江苏	2817.3	5620.5	1958.5	4727.4	1027886.1	1226674.8	20975.7
浙江	89.2	2694.2	2909.3	297.2	33503.5	1050666.6	3051.7
长三角合计	4100.8	16559.4	4867.9	9935.7	1268852.9	2723884.4	122295.4
长三角占全国比重（%）	49.41	29.35	24.20	13.91	59.37	24.18	7.22

5. 长三角城市园林与绿地建设状况

长三角两省一市的国土面积约占全国的3%，但城市园林绿地面积达到247081.8公顷，占全国的18.69%，可见长三角城市园林绿地水平远远高于全国平均水平。另外长三角两省一市公园总数为1249个，占全国的比重为19.43%，而长三角两省一市的总人口仅占全国的10.69%，因此长三角两省一市的人均公园数远远多于全国平均水平。从这两项指标可以看出长三角两省一市的城市居民的生活质量高于全国平均水平。其中两省一市中公园数最多的浙江达626个，这是因为浙江的自然山水资源多于江苏和上海。

表3－39 长三角两省一市城市园林和绿地（2004）

地　区	城市园林绿地面积（公顷）	公共绿地面积（公顷）	公　园（个）	公园面积（公顷）	年游人量（万人次）
全　国	1321866.1	252285.9	6427	133846.0	165062.3
上　海	26543.1	10923.8	134	1475.9	13373.9
江　苏	172562.8	21617.1	489	9098.1	9682.9
浙　江	47975.9	11251.8	626	4869.3	11236.6
长三角合计	247081.8	43792.7	1249	15443.3	34293.4
长三角所占比重（%）	18.7	17.4	19.4	11.5	20.8

五　沪苏浙产业区域的布局和特点

（一）长三角两省一市产业布局综述

总体上讲，目前长江三角洲地区经济已初步呈现整体发展态势，产业的梯度分工和水平分工渐次明朗。各地依托区位或资源比较优势，逐渐形成了自己独特的产业优势，上海强化高层次现代服务业及资本技术密集型高新技术产业发展，江苏、浙江则突出先进制造业及其相关服务业发展，并通过发达的交通通讯和较为成熟的市场体系实现了区域整体产业分工协作与互动。但其存在的一定程度低水平重复建设及恶性竞争等问题也不容忽视。面对中国加入世界贸易组织后全球竞争的新形势，长三角各地应积极打破行政壁垒，进一步加强区域联动，谋求建立优势互补、资源共享、既合作又有效竞争的区域分工合作体系，以提升区域整体的国际竞争力。

1. 上海市：继续完善“三环”布局

坚持“三、二、一”产业发展方针，坚持第二、三产业共同推动经济增长，全面实施“科教兴市”战略，重点发展信息、金融、商贸流通、汽车制造、成套设备制造、房地产等六大支柱产业，积极发展生物医药、新材料、环境保护、现代物流等四大新兴产业，优化发展石化、钢铁等两大基础产业，着力发展装备工业和船舶制造业，加速发展现代服务业，大力引进跨国公司地区总部和研究开发机构，积极拓展国内与海外市场，提高产业外向度，加快建立适应国际大都市要求的新型产业体系。从上海和长江三角洲地区的区域整体发展出发，根据“市中心体现繁荣，郊区体现实力水平”的总体要求，结合地域紧密度和产业关联度，构筑三个圈层的产业布局，引导产业向各级各类开发区集聚，形成以浦东新区等国家级开发区为先导，主要产业基地为支撑，市级工业园区和现代物流园区等市级开发区为延伸的布局，加快推进产业集聚发展。

（1）内环线以内。以发展金融保险、商贸物流为代表的高层次服务业为重点，适当保留都市型工业。重点是浦东新区开发开放，发展现代服务业和新兴战略产业，进一步集聚相关经济要素，强化在上海经济发展中的地位，力争成为上海外向型、多功能、现代化城区之一，要对未来世界级城市功能和能级的提升以及增强长江三角洲的经济能级起到至关重要的作用。陆家嘴金融贸易区重点发展金融、商贸等现代服务业，加快吸引跨国公司地区总部，积极发展要素市场，规划建成中央商务区。外高桥保税区加快形成出口加工、现代物流、国际贸易和保税商品交易，展示四大功能。张江高科技园区以技术研发、创新制造为先导，重点发展生物医药、信息等产业。金桥出口加工区重点发展电子信息、汽车及零部件、现代家电、生物医药等产业。

（2）内外环线之间。以发展高科技、高增值、无污染的工业为重点，调整、整治、完善现有工业区。以漕河泾新兴技术开发区、闵行经济技术开发区和虹桥经济技术开发区三个国家级开发区为重点，进一步完善开发区功能，发挥其在开发区的开发、建设、管理等方面的示范和先导作用，带动上海开发区整体能级的提升。漕河泾新兴技术开发区重点发展微电子、光电子、计算机及其软件、新材料等高新技术产业。闵行经济技术开发区重点发展机电设备、现代生物工程与医药以及饮料、休闲食品等产业。虹桥经济技术开发区以外贸中心为特征，重点发展商贸、展览、展示等产业。

（3）外环线以外。以发展第一产业和第二产业为重点，集中建设市级工业区，提高经济规模和集约化水平，加快建成第六大世界级制造基地。根据上海城市总体规划和产业发展规划，在青浦、松江、嘉定等西部郊区，与沪苏锡工业走廊衔接，重点发展汽车、电子及通信设备、电气机械、普通机械、服装等产业。依托松江科技园区和出口加工区、青浦工业园区和上海集成电路设计创业中心，联合张江高科技园区和漕河泾新兴技术开发区，重点发展芯片制造与设计、芯片封装测试、微电子研发体系、微电子设备制造业、微电子原材料业和其他配套产业，建成世界级的微电子制造基地；抓住嘉定国际汽车城建设，重点发展汽车整车和零部件研发制造、汽车贸易、汽车物流、汽车科教博览、汽车文化旅游、汽车服务等产业，建设世界级的汽车制造基地。在宝山等北部郊区，重点发展汽车用钢、石油管、造船板、不锈钢、电工钢和高效建筑用钢等钢铁精品，建设世界级的精品钢材制造基地；依托长兴岛，引进和开发世界先进水平的造船新技术、新工艺和新材料，加强船用装备的自主开发创新，建设世界级的传播制造基地。在南汇等东部郊区，定位于形成国际航空港与深水港配套服务的“服务载体”，限制发展重化工业，建设集先进制造、现代物流、研发服务、出口加工、自由贸易、教育培训六大功能于一体的上海临港新城产业区，建设世界级的机电成套装备制造基地。在金山等南部郊区，与嘉兴乍浦、宁波重化工业基地相衔接，建设世界级的石油化工及精细化工制造基地，形成环杭州湾重化工业带。

加快推进嘉定、松江、青浦等9个市级工业区建设，形成“一业特强、多业并存”的发展格局，实现错位竞争、协调发展，增强区县发展后劲。嘉定市级工业区重点发展汽车零部件、光电子信息、环保设备制造业等产业；松江市级工业区重点发展微电子、无污染的新型材料、生物医药、食品与保健品生产等产业；青浦市级工业区重点发展信息通讯、生物医药、无污染的现代纺织新材料、无污染的精密机械加工等产业；闵行市级工业区重点发展计算机及通讯设备制造、家用电器、新材料等产业；宝山市级工业区重点发展钢铁精品延伸加工、现代机械制造、新材料、重型集装箱运输设备等产业；金山市级工业区重点发展精细化工、化工建材、食品加工等产业。南汇市级工业区重点发展电子电器、汽车零配件、新型建材等产业；奉贤市级工业区重点发展电子通讯设备制造、输配电设备制造、电子机械设备制造等产业；崇明市级工业区重点发展绿色产业。

2. 江苏：深入实施“四沿”开发

充分借助上海作为东亚重要的国际经济、金融、贸易、航运中心的功能，通过主动加强与上海的合作，抓住新一轮国际产业转移的历史性机遇，特别是国际资本和产业正在加速向长三角等地区转移的趋势，加快发展电子信息、生物工程和新医药、新材料等高新技术产业，切实提高自主研发能力，尽快提高高新技术产业在工业经济中的比重；大力发展装备制造、冶金、化工、能源、资源加工等基础产业，利用高新技术和先进适用技术改造提升纺织、服装、轻工等传统优势产业，积极培育现代服务业尤其是为制造

业配套的生产服务业，构建产业层次较高的国际制造业基地。积极调整产业布局，将原来主要集中在苏南的工业化布局调整为以“四沿”为轴线的产业带布局，在提升沿沪宁线高新技术产业带的同时，加快建设沿江基础产业带、沿东陇海线加工工业带和沿海经济带，推动产业集聚，优化产业布局，从而提升苏南发展水平，促进苏中快速崛起，加速苏北工业化进程，联手推进以上海为龙头的长三角区域经济一体化。

（1）沿沪宁线的高新技术产业带。以宁沪铁路和高速公路为主动脉，宽约50公里，长约300公里，沿线主要包括南京、镇江、丹阳、常州、无锡、苏州、昆山七个城市。该区域与上海经济连接紧密，城市经济均比较发达，有着极强的资金人才集聚力，目前信息产业在国内乃至国际已有相当地位。以沿线7个电子信息产业基地和5个软件园为载体，积极加强与上海、浙江等地高新技术产业的联合，推进科研、教育与生产的一体化发展，同时加快承接国际信息产业转移，在更大范围融入国际商圈中求得突破。重点发展移动和卫星通信、光纤和光电子、微电子、计算机及网络设备和软件等五大产业，着力抓好技术创新和人才引进，提高自主研发、设计和配套能力，努力掌握核心技术，加快构建面向国际国内两个科技市场、与区域经济和社会发展格局相一致的科技资源配置体系，力争形成以信息产业为主导、高新技术产业为主体、新兴传统产业相配套的沿沪宁线高新技术产业带，建成全国领先、全球先进的重要信息产业基地。

（2）沿江基础产业带。以长江沿岸为主线，包括南京、镇江、常州、扬州、泰州、南通6个市区和句容、扬中、丹阳、江阴、张家港、常熟、太仓、仪征、江都、泰兴、靖江、如皋、通州、海门、启东15个县（市）。该区域东接上海，西连长江中上游诸省，既有长江黄金水道为依托，又有苏北乃至中原广大地区为腹地，是江苏省承接上海，辐射苏北，缩小江苏南北差距，促进区域经济共同发展的重要纽带，是江苏经济社会21世纪发展的新增长极。充分发挥临江适宜布局大运输量、大吞吐量、大进大出产业的资源优势，在沿江地区重点发展装备制造、冶金、化工、物流四大基础产业，通过产业的上下游、前后及旁侧链接，延伸产业链，发展成为世界级产业集群。着力建设好沿江开发区，争取更多的龙头型、基地型特别是国际一流的跨国公司项目落户沿江。进一步整合沿江港口，组建沿江港口联盟，强化与上海国际航运中心的联动，发展港口大物流。建立能够参与国际产业水平分工的生产体系、面向国际的市场营销体系和与国际惯例接轨的生产服务体系，加快形成长江三角洲地区具有全球影响的资本技术密集型制造业基地之一。

（3）沿东陇海线加工产业带。以陇海铁路为主线，经徐州自西向东依次穿越徐州市区、铜山县、邳州市、新沂市、东海县和连云港市区，与沿海经济带交汇，是江苏省的最北部地区。该区域位于长三角和环渤海经济带的中间，陇海铁路和连云港至霍尔果斯高速公路横贯东西，京沪铁路和京沪高速公路纵贯南北，东面与日本、韩国隔海相望，区位优势异常优越，是中国沿海东部优势和西部资源的连接点。充分发挥丰富的资源优势，把推进工业化进程与推进农业产业化、推进城市化结合起来，以工业园区为载体，以徐州、连云港等节点城市为支撑，承接沿江地区产业的梯度转移，为沿江开发提供基础原材料、电力和配套协作等方面的支撑，构筑起江苏国际制造业基地的产业链条。突出资源优势和产业特色，从资源利用型项目起步，加快形成基础原材料工业的产业优势，建成以资源加工型和劳动密集型为主体的加工产业密集带。提高工业整体素质，推动资源加工向机械制造、化工医药跃升，发展对未来区域经济发展具有强劲带动作用的高附加值产业。尽快将资源优势转化为产业优势。突出支持连云港港口建设，推进港城一体化，加快码头建设，增开国际航线，提高港口辐射能力，逐步形成苏北地区的国际商务中心。通过加快沿东陇海线产业带建设，辐射带动苏北地区加快发展。

(4) 沿海经济带。以江苏境内的海岸线为主线，包括南通、盐城和连云港3个市区及其所辖的18个县（市）。该区域拥有954公里的海岸线，拥有滩涂1130万亩，占全国的1/4以上。海水、淡水、交通、电力、人力及人才资源丰富，拥有较好的地理、人文、自然优势。随着苏通大桥竣工，该区域与上海之间的交通障碍得以消除，积极接纳上海产业辐射，并通过上海的国际平台承接国际产业转移的时机逐渐成熟。先行启动沿海地区港口、交通、水利、输变电设施等重大基础设施建设，优先发展能源电力、船舶修造、化工、汽车、纺织等产业，重视海洋生物技术、海洋工程技术的推广和应用，积极发展海水养殖、海产品深加工、海洋医药、海水化工和滨海旅游业，形成苏、通、盐、连四市江海连通的沿海工业经济带。

3. 浙江：着力构筑“三大产业带”

立足浙江资源优势和产业优势，以提升产业结构国际竞争力和综合效益为目标，积极参与以上海为龙头的长三角地区经济交流与合作，主动接受上海的辐射，积极承接上海乃至国际产业转移和技术、资本输出，坚持特色化发展、差异化竞争，加快推进纺织、服装等特色块状经济向国际性产业集群转型，积极培育电子信息、现代医药等高新技术产业，合理发展临港重化工业，联动发展现代服务业，形成开放协同、动态优化、整合创新、连贯递进、高效低耗的新型产业体系，努力建成以高新技术为先导，高附加值产品为主体，传统优势产业为基础，若干行业产业规模大、技术创新能力强、专业化分工水平高、功能配套完善、国际化程度高、核心企业带动作用强、管理先进的先进制造业基地。为进一步统筹区域经济发展，优化经济布局，推动集聚发展，为建设先进制造业基地提供发展空间，全力建设浙江省环杭州湾、温台沿海、金衢丽高速公路沿线三大产业带。

(1) 浙江省环杭州湾产业带。包括环杭州湾六市（杭州市、宁波市、绍兴市、嘉兴市、湖州市、舟山市）产业和城市新的成长空间，并涉及六市与产业发展密切相关的功能区域。该区域是浙江省现代化进程最快的地区，其经济总量占到全省的70%，集中了浙江省主要的深水港口、滩涂、高校与专业技术人才资源，也是以上海为龙头的长江三角洲的重要组成部分。充分发挥特色块状经济优势和近沪临苏的区位优势，抓住国际产业结构转移的历史机遇，积极推动与上海、江苏的联动发展，以杭州、宁波两大中心城市为重点，沪杭甬高速公路为主轴线，大力集聚创新资源，推动高新技术研发及其产业化，大力培育电子信息、生物医药等高新技术产业；依托宁波、舟山、嘉兴的港口资源，与上海共建国际航运中心，合理发展石化、钢铁、能源等临港产业；利用高新技术和先进适用技术，改造提升纺织、服装等高附加值传统产业；以杭州、宁波两大中心城市为核心，强化与上海现代服务业的分工协作，加快培育金融保险、信息咨询、现代物流、

科技服务、海洋旅游等现代服务业，建设成为浙江世界先进制造业基地核心区、扩大开放先行区、科技创新的先导区和长三角南翼现代服务业中心。突出培育带动作用强、国际竞争力强、盈利能力佳的电子信息、现代医药、石化、纺织、服装五大标志性产业集群以及大力扶持交通运输设备、先进装备制造、新型金属材料及制品、造纸业及纸制品、家用电器及设备、食品加工制造六大成长性产业集群，其中电子信息产业集群与上海、江苏电子信息产业共同构筑世界电子信息产业基地，石化产业集群与上海共同构筑环杭州湾国际石化制造基地。

（2）温台沿海产业带。包括温州市和台州市主要产业和城市新的成长空间，并涉及与该地区产业发展密切相关的功能区域。该区域位于我国沿海中部经济发达地区的南缘，是我国民营经济最活跃的地区，拥有大批国际化的轻工产业和专业市场及其依托的小城镇，体制机制灵活，民资积累丰厚，创新精神充沛。通过积极加强与上海的经济合作，增进与浙江省环杭州湾产业带的联动发展，吸纳国际先进生产要素和先进管理方式，推进经济资源跨区域整合和加快经济国际化进程，实现民营经济制度、科技、管理、文化的全面创新，改造提升传统轻工特色优势产业，适度发展高新技术产业和临港产业，有重点地发展装备制造工业，加快建设市场占有率高、拥有自主核心技术、具有国际竞争优势的国际性产业集群。重点发展电气机械及器材、交通运输设备、轻工机械三大装备制造型产业集群，改造提升服装服饰、日用小商品、工艺品家具、家用电器、通用机械、包装印刷六大轻加工型产业集群，培育现代医药与保健食品、新材料两大新兴产业，成为浙江建设世界先进制造业基地的重要支撑，在更高层次上保持民营经济发展在全省乃至全国的领先地位，继续发挥我国民营经济创新的策源地作用。

（3）金衢丽高速公路沿线产业带。以杭金衢高速公路和金丽温高速公路为主线，包括金华、衢州、丽水 3 个市区和浦江、义乌、东阳、兰溪、龙游、江山、常山、武义、永康、缙云、青田沿高速公路地区，其经济发展总体水平在浙江省相对落后。该区域是浙江省重要的生态屏障和主要江河源头及上游地区，水资源、森林资源、矿产资源、土地资源和劳动力资源较为丰富，特别是随着杭金衢、金丽温等高速公路相继建成通车，该区域将与浙江省环杭州湾产业带、温台沿海产业带相连通，更加紧密地融入长三角经济圈，大开发条件已经具备。立足生态及资源优势，坚持以新型工业化为主导，加强向周边发达地区开放，主动接轨上海，加强与长三角地区的经济、技术、教育、信息联系，大力吸引外资，培育电子信息、生物医药等高新技术产业；积极吸纳环杭州湾、温台沿海两大产业带劳动密集型和无污染产业转移，突出发展绿色食品加工、竹木加工、硅材料等资源深加工产业与生态性工业、绿色农业和生态旅游等产业，成为浙江省新兴的特色制造业基地、浙江省乃至长三角地区重要的绿色农产品生产基地和生态旅游休闲基地。

（二）长三角两省一市产业布局特点

1. 产业以开发区为核心集聚

长三角两省一市在空间布局上，产业发展呈现以开发区（工业园区）为核心集聚的趋势。如 2003 年，上海市各类工业园区完成工业总产值占全市的 40% 左右，出口交货值占63%，实现利润占30%以上，年末资产总额占34%左右；浙江各类工业园区2003年建设投资占全省制造业总投资的77.7%，对工业增长的贡献率在50%左右，省级以上开发区实际利用外资占全省的51.2%；江苏全省开发区2002年实现国内生产总值占全省的18.8%，完成进出口总额占54.7%，2003年实际利用外资占全省总额的69%。开发区已经成为长三角招商引资的主要平台和产业集聚高地，涌现出了上海张江高科技园区、漕河泾新兴技术开发区、上海陆家嘴金融贸易区，浙江杭州经济技术开发区、宁波经济技术开发区，江苏苏州高新技术开发区、苏州工业园区、昆山经济技术开发区等一批国际知名、实力雄厚的开发区。

2. 国际性产业集群迅速成长

长三角是我国“集群经济”最活跃的地区之一，一批具有核心竞争力的国际性产业集群正在逐步形成。在上海，已经初步形成松江、青浦、张江、漕河泾的微电子，嘉定的汽车制造，宝山的精品钢材，金山的石油化工等大规模的产业集群；在浙江，环杭州湾的电子信息，杭州、台州、金华、绍兴的现代医药，绍兴、萧山一带的纺织，宁波、杭州、温州的服装，乐清的电工电器，台州的塑料模具和制品，永康的五金机械，义乌的小商品等标志性产业集群正在崛起；在江苏，正努力形成以苏锡常为核心的电子信息，无锡、南通的纺织服装，苏州、南京、徐州、连云港一带的精密机械等产业集群。

3. 产业发展环境明显改善

体制、交通、市场、人才、科技等方面的一体化进程不断深化，长三角产业发展的外部环境得到明显改善。区域一体化发展的相关体制机制建设获得重要进展，除成立了“长江三角洲中心城市经济协调会”和“长江三角洲中心城市经济协作工作会议”制度外，还建立了由三省市常务副省（市）长参加的“沪苏浙经济合作与发展（高层）座谈会”制度。交通基础设施的一体化建设获得了突破性进展，杭州湾跨海大桥及南北接线工程、沪崇苏越江大通道已开工建设，根据交通部牵头制订的《长江三角洲地区现代化公路水路交通规划纲要》，到2020年，区域公路网总里程将由目前的11.8万公里达到30万公里左右，公路密度大体接近欧洲发达国家水平，形成以上海为中心、苏浙为两翼的上海国际航运中心；实现都市圈内中心城市“三小时互通”，所有地区“20分钟上高速”，上海与长三角以外周边地区“五小时沟通”，形成以上海为中心、覆盖长江三角洲的“半日交通圈”。区域市场一体化建设取得明显成效，三省市工商部门签署了合作会议纪要，内容包括对企业异地办厂实行市场准入政策，开通省际著名商标保护“直通车”，共建三地工商管理部门办案协作机制以及共建企业信用监管体系等。长三角的人才自由流动将有望在5年内逐步实现，2003年10月“长三角高校毕业生就业合作组织”成立，三地区的政策将协调一致，逐步形成高校毕业生无障碍自由流动机制；从2004年开始，长三角地区内的19个城市实施各地人员资格证书的互认和衔接，从而实现各地教育、培训、考试的资源互通及共享；苏浙沪三地还将开展联手共建“专家资源库”、建立博士后工作站合作和公务员交流机制等多项活动。长三角开始联手打造区域科技创新体系，2003年11月初，《沪苏浙共同推进长三角区域创新体系建设协议书》

正式签订，两省一市的科技工作者将在共同的平台上进行科学研究和交流、合作，强化区域技术创新和产业创新能力。

4. 重复建设和无序竞争仍然存在

招商引资恶性竞争现象比较突出，一些地方相互攀比，竞相压低地价，形成土地开发成本与地价倒挂，既增大了引资成本，同时形成要素价格的软约束，一定程度上引发了重复建设和圈地现象。产业同构现象相对存在，技术创新能力不足，一些行业如冶金、化工、纺织等出现了不同程度的低水平重复建设。基础设施建设缺乏统一规划，各自为政，突出表现在港口开发建设缺乏协调，岸线资源得不到合理利用等方面。出现这些情况的主要根源是现行行政管理体制与政绩考核体系，一些地方政府过分追求自身经济增长，缺乏统筹和长远考虑，容易造成低水平重复建设。

（三）长三角两省一市未来产业布局

长三角两省一市产业结构趋同的原因是行政分割造成的城市功能趋同。各个城市没有在区域经济中形成明确、合理的功能定位，什么对地方经济有利就做什么，城市之间就是同构化竞争，因此才会形成产业同构竞争的局面。在国家发改委制定的长三角“十一五”区域规划中，调整长三角产业布局的主要杠杆是对各城市功能明确定位。这次长三角区域规划，重在规划协调，解决在行政区域范围内，政府要做而单个行政主体无法去做的工作，重点是协调跨省市行政区划的城市总体功能定位。例如紧邻上海的嘉兴，根据自身实际，提出建设综合交通体系、打造长三角交通枢纽，加强新能源开发利用、打造综合能源基地，建成网络型大城市、打造城乡一体化先行之地等战略目标，对城市功能进行了明确的定位。这样的定位充分考虑到城市在长三角区域中的位置、本身的资源禀赋以及发展现状，在未来将对长三角新的产业布局产生深远影响。

尽管长三角“十一五”规划思路十分明晰，城市功能定位也切合实际，但有专家仍然提出，由于地方本位的发展思路积重难返，所以要真正做到科学定位，防止新一轮同构竞争，使长三角区域发展规划落到实处，还应统一认识，使科学的发展规划“固化”。因此，对于长三角未来产业布局，要重点解决以下几个方面的认识：

（1）全局定位与区域地位的问题。从地方政府利益考虑，都愿意自己的城市成为门户城市、枢纽城市、核心城市，对此，在城市发展战略上形成“远交近攻”态势。在一个特定的区域看，这个观点尚可成立，但是从长三角或更大的区域看，未必合理。

（2）产业布局、基础设施、生态环境与治理、人口与城市化等重大问题的区域间协调。我国是行政区经济为主导的体制，在各级地方政府的利益与全局利益的协调上，理论上都会承认是局部利益服务全局利益、地方利益服务国家利益，但落到具体工作上则并不容易。

（3）实施规划的保障机制，区域规划实施必须要以组织和法律保障为前提。

（4）要有科学的研究方法和开门搞规划的观念。这次长三角区域规划编制请了国内一些著名的国家及地方的研究机构、高等院校的专家学者参与，与实际工作部门一道开展调研，起到了良好的效果。各地制订规划也应如此。

六　第一产业基本情况

（一）长三角两省一市第一产业情况综述

2005年，长三角两省一市国内生产总值为40781.07亿元。其中，第一产业总产值2341.23亿元，同比增长1.93%，第一产业总产值占长三角地区生产总值比重为5.74%。其中，江苏第一产业总产值一直在两省一市中位居第一位，2005年达到1388.58亿元，其次是浙江873亿元，再次是上海79.65亿元；按第一产业在地区总产值构成比重排列，江苏以7.6%排在第一，浙江5.74%位居第二，上海第一产业比重最低，只占0.87%。

表3－40　长三角第一产业基本情况

单位：亿元，%

地　区	指　　标	2000	2001	2002	2003	2004	2005
上　海	地区总产值	4551.15	4950.84	5408.76	6250.81	7450.27	9143.95
	第一产业总产值	83.20	85.50	88.24	90.64	96.71	79.65
	一产占地区总产值比重	1.83	1.73	1.63	1.45	1.30	0.87
	比上年增长	3.40	3	3	－0.20	－5	－9.70
江　苏	地区总产值	8582.73	9511.91	10631.75	12460.83	15403.16	18272.12
	第一产业总产值	1031.17	1082.43	1119.12	1106.35	1315.38	1388.58
	一产占地区总产值比重	12.01	11.38	10.53	8.88	8.54	7.60
	比上年增长	3.90	3.90	3.50	－0.10	6	2.80
浙　江	地区总产值	6036.34	6748.15	7796.00	9395.00	11243.00	13365.00
	第一产业总产值	664.16	695.15	694.00	728.00	816.00	873.00
	一产占地区总产值比重	11.00	10.30	8.90	7.75	7.26	6.53
	比上年增长	4.50	4.80	4.50	3.60	3.70	1.60
长三角	地区总产值	19170.22	21210.90	23836.51	28106.64	34096.43	40781.07
	第一产业总产值	1778.53	1863.08	1901.36	1924.99	2228.09	2341.23
	一产占地区总产值比重	9.28	8.78	7.98	6.85	6.53	5.74
	比上年增长	4.10	4.19	3.84	1.29	4.68	1.93

从表3－40可以看出，从2000年起，长三角地区每年第一产业增加值不断提高，2000年为1778.53亿元，2005年达到2341.23亿元，但是增长速度不断放缓，2000年为4.10%，2005年则只有1.93%，上海更是从2003年起连续三年出现负增长，而且负增长的幅度从2003年的－0.2%扩大到2005年的－9.7%。同时，第一产业产值在各地区生产总值中的比重也不断降低，长三角两省一市2000年第一产业比重为9.28%，到了2005

年，只有5.74%。总体来看，2000~2005年中，2003年由于“非典”对第一产业的冲击比较大，导致2003年第一产业总体状况整体不佳，这种情况在2004年开始好转。但从发展趋势来看，可以预期，长三角地区第一产业的产值比重将会进一步下降，增长速度也将逐步放缓，这与产业“三二一”的结构调整方向相一致。

（二）长三角两省一市第一产业具体情况

1. 上海市

1）基本情况

2004年，上海第一产业（同农、林、牧、副、渔业）从业人员67.29万人，在岗职工人数0.96万人。2004年末，上海耕地面积24.57万公顷，平均每个农村人口占有耕地654平方米，平均每个农村从业人员占有耕地918平方米。2004年上海全年完成农业总产值248.89亿元（现价），比上年下降6.8%。其中种植业产值109.32亿元，比上年增长6.4%；畜牧业产值70.77亿元，比上年下降22.5%；渔业产值49.94亿元，比上年下降3.3%。粮食作物和经济作物的播种面积比例为39:61。粮油作物基本实现优质化，优质稻种植比例达93.7%，优质油料作物种植比例达到70%。粮食播种面积15.47万公顷，比上年增加0.64万公顷；粮食总产量106.29万吨，比上年增长7.6%。水产品产量34.41万吨，比上年下降3%；生猪出栏数330.87万头，比上年下降19.3%；牛奶产量25.20万吨，比上年下降6.8%；家禽产量0.98亿只，比上年下降33.9%。优质农产品出口继续扩大。全年初级农产品出口总额10.59亿元，比上年增长6.1%。农民人均可支配收入7337元，比上年增长10.2%，是1997年以来增幅最高的一年。

2005年上海第一产业产业结构调整继续推进。全年完成总产值236.78亿元（现价），比上年下降9.6%。其中，种植业产值108.84亿元，下降8.1%；畜牧业产值60.28亿元，下降16.3%；渔业产值51.47亿元，比上年增长1.4%。全年粮油作物优质化率分别达到94%和70%。严格实行耕地保护，粮食生产实现“双超”。全年粮食种植面积超过13.33万公顷（200万亩），达到16.61万公顷（249.15万亩）；粮食产量超过100万吨，达到105.36万吨。全年水产品产量35.35万吨，比上年增长2.7%；蔬菜产量387.02万吨，比上年下降11.4%；生猪出栏数280万头，下降15.4%；牛奶产量23.76万吨，下降5.7%；家禽产量0.76亿只，下降22.1%。农产品出口保持稳定增长。全年初级农产品出口13.34亿元，比上年增长26%。

2）产业化经营

近几年，上海农业产业化经营紧紧围绕推进上海农村“三个集中”（人口向城镇集中，产业向园区集中，土地向规模经营集中）和增强上海都市型现代农业综合竞争力的目标，一手抓农民专业合作社推进，一手抓龙头企业提升，开创具有上海特色、体现上海水平的农业产业化新局面。如2004年，共落实市农业产业化重点扶持项目24个，市财政扶持资金安排5318万元，农业产业化专项贷款贴息资金2078万元，扶持农民专业合作社1400万元，行业协会专项补贴资金200万元。市财政用于重点项目的5318万元扶持资金，带动社会资本投入2.73亿元，是公共财政投入的5.13倍；直接和间接新增生产能力

192.2亿元，新增企业利润9200万多元，新增带动农户1.8万多户。2078万元贷款贴息资金共带动金融资金投入农业企业8亿元。贷款贴息资金分布在种植业和养殖业，出口创汇企业和农产品深加工企业，分布到乳品、肉禽、食用菌、花卉、水产、米业等农业行业内。至2004年底，全市已形成一头牵农户，一头连市场，具有一定规模的农业产业化龙头企业（含专业市场）402个，年销售额（含交易额）300亿元，拥有从业人员15万人，近40万户农户从中受益。全市共有市级以上农业产业化重点龙头企业35家，其中11家评为国家级农业产业化重点龙头企业。50家农民专业合作社列为市首批农民专业合作社试点单位。

3）粮食生产

2004年，粮食生产总量106.3万吨，其中3.25万公顷夏粮平均亩产239.8公斤，比上年增长10.1%；总产11.7万吨，比上年增长13.6%；11.18万公顷水稻平均亩产达到533.3公斤。超额完成市政府确定的全年10亿公斤粮食生产任务。种植业“粮经比”为39∶61。粮油作物基本实现优质化，推广应用经济作物优质新品种20余个。实施国家和市级标准的生产基地面积达9333余公顷；已经工商注册的种植业农产品品牌达120个，涵盖生产面积2.33万公顷（次）。全市种植业亩均产值达2640元，比上年增长4%。全市已经注册或正在注册登记的种植业农民专业合作社达116家，占农业专业合作社总数的63%。年内，鲜切花、盆花栽种面积1199.4公顷，产值4.58亿元，亩均产值2.5万余元。结合推进郊区畜禽粪便“减量化、无害化、资源化、生态化”综合治理，推广应用商品有机肥1.52万吨，推广应用面积达6667公顷（次）。12个市级现代农业园区内已建的111家农产品加工、贸易企业，加工贸易量达40余万吨，产值23.3亿元，其中出口贸易额5700万美元，带动周边农户17万户、面积1.4万公顷（次）。

2005年农业标准化生产水平继续提高。至2005年年末，已建立54个国家级农业标准化示范区。食用农产品安全性不断提高。全市注册品牌的农产品139个，有149家企业的273个农产品通过无公害农产品、安全卫生优质农产品、有机食品和绿色食品认证。全市已实施3.67万公顷基本农田有机肥推广使用。全市化肥每公顷年施用量比上年下降7.9%；全年生产基地蔬菜农药残留检测合格率达到95%以上。

4）林业

2004年，上海年末竹园面积3097公顷，比上年减少220公顷，年末林地面积64040公顷，比2003年增加8505公顷，年末实有育苗面积20670公顷，比上年增加2066公顷，年末四旁植树4467万株，比上年减少1344万株。

5）畜牧业

2004年，全市畜禽生产稳步下调，产品质量提高，价格上扬，农民收入增加。全年畜牧业产值70.77亿元。生猪出栏330.87万头，比上年减少19.3%。年末，生猪总存栏164.72万头，比上年减少11%。受禽流感疫情影响，家禽出栏9803万只，比上年减少33.9%；其中肉鸡出栏6671万只，肉鸭出栏3014万只，肉鹅出栏118万只，分别比上年下降37%、24%和43%。家禽总存栏2231万只，比上年减少35%，其中肉禽存栏1426万只，比上年减少34%。鲜蛋总产量10512万公斤，比上年减少30.3%，其中鸡蛋产量

4204万公斤，比上年减少24%，鸭蛋产量6308万公斤，比上年减少33%。蛋鸡存栏356万只，比上年减少35%，蛋鸭存栏449万只，比上年减少36%。牛奶总产量25136万公斤，比上年减少6.8%，奶牛饲养5.8万头，其中成乳牛饲养3.3万头，分别比上年减少5%和8%。2004年主要畜产品生产效益好于往年，农民收入有所增加。饲料生产方面，全市有饲料、饲料添加剂生产企业200多家，饲料经营企业约3000家。全年饲料产品总产量约123.7万吨，饲料工业总产值37亿元，饲料出口额2.5亿元。兽药生产方面，全市有兽药生产企业32家，其中13家通过兽药GMP认证，全市兽药生产年产值约10亿元，年出口额3.5亿元。

6）渔业

2004年，全市水产品总产量达34.41万吨，比上年下降3.01%，其中海洋捕捞13.20万吨，比上年增长0.94%；海水养殖2229吨，比上年增长18%；淡水养殖20.50万吨，比上年下降4.56%；淡水捕捞4831吨，比上年下降25.32%；市外养殖基地产量16268吨，比上年增长35.63%。市内水产养殖面积42194公顷，比上年下降6.2%；市外养殖基地面积82750公顷，比上年增长7.24%。名特优水产品总产量5.98万吨，比上年下降6.88%。渔业总产值49.90亿元，比上年下降3.3%，连续第六年产值增长大于产量增长。渔民人均收入8726元，比上年增长1.75%。年内，加强渔业基础和服务保障体系建设，发展渔业生产。继续加大对3个养殖优势产业带基础建设的投入，增强水产养殖竞争力，年内共立项18项，总投资4857万元。

7）农业科技

上海市农业科技工作以科教兴市战略为指导，在种源农业、生态农业、设施农业、创汇农业等方面取得一定成绩。2004年由中国农业科学院土壤肥料研究所联合上海市农业科学院、上海市农技服务中心等主持进行的“精准农业”的研究将国外精准农业的理念与上海农业的实际情况相结合，以土壤养分精准管理为突破口，确定变量和施肥方案，为最大限度地优化各项农业投入，实现农业高产、优质和环保的统一打下基础。通过对西瓜、水稻、小麦和大麦进行“个性化”施肥，作物得到平衡的营养，缓解因过量施肥而造成的生产资料浪费和环境污染。在降低总养分量的基础上，提高西瓜产量14%～27%，糖度增加3度，水稻增产9%～13%。农业科技下乡活动取得显著成效。

8）农业园区

至2004年末，全市有166个规模化、现代化蔬菜园艺场；12个市级现代农业园区投入各类建设资金48.1亿元，引入产业开发项目111个，有141项科研成果在园区推广应用。扶持、壮大农业产业化龙头企业发展。已有农业产业化龙头企业（含专业市场）402家，年销售额（含交易额）300亿元。其中被列为国家级龙头企业11家，市级龙头企业24家。加快组建农民专业合作社，农民组织化程度不断提高。注册的农民专业合作社183家，拥有固定资产5.1亿元。2005年农业规模化生产和科技水平稳步提高。至2005年年末，全市有143个规模化、现代化蔬菜园艺场；12个市级现代农业园区投入各类建设资金54.82亿元，引入产业开发项目128个，有163项科研成果在园区推广应用。全市有农业产业化企业420家。其中，被列为国家级龙头企业11家，市级龙头企业25家。至2005年年末，有农民专业合作社310家。

9）农业机械

2004年，上海农机总动力105.30万千瓦，各种拖拉机4324台，配套农机具20155台（套），联合收割机2654台，水稻播种机815台。水稻播种面积2.26万公顷，机械化水平为20.10%，机收面积10.61万公顷，机械化水平达94.30%；小麦机播面积0.88万公顷，机械化水平为24.10%，机收面积2.98万公顷，机械化水平达99.00%。机耕率90.10%。

10）农田水利

2004年，上海郊区冬春水利建设全面完成，夹塘水系改造一期工程、北横引河综合整治工程、低洼圩区达标工程、新浜泵闸计算机监控系统等一批重点工程相继竣工。全市郊区共投入资金26.14亿元，是历年来投入力度最大的一年。10个区县完成水利土方6081万立方米，其中疏浚河道2180条段、2238公里、4049万立方米，为市下达计划任务3300万立方米的122.7%，超额完成郊区河道疏浚任务，水利专项工程顺利推进，主体工程全部按时完成。

2. 江苏省

1）基本情况

江苏农业历史悠久，早在6000年以前的新石器时代，就已开始种植旱谷和水稻、饲养家禽。2004年，江苏省有乡村劳动力2664.81万人，农林牧渔业劳动力1134.85万人。农林牧渔业总产值（现价）2417.63亿元，其中农业产值1242.41亿元，林业产值40.16亿元，畜牧业563.44亿元，渔业449.47亿元，农林牧渔服务业122.15亿元。2004年末实有耕地面积4795.19千公顷，农作物播种面积7668.98千公顷。主要农产品产量为，粮食产量2829.06万吨，棉花产量50.28万吨，油料产量238.38万吨，肉类产量346.85万吨，水产品产量366.13万吨。农业机械总动力3052.51万千瓦，化肥施用量336.80万吨，农村用电量679.83亿千瓦小时。2005年江苏农村经济结构调整步伐加快。江苏第一产业增加值1388.58亿元，增长2.8%。农村工业、建筑业、运输业、批发零售贸易业、餐饮业产值占农村社会总产值比重继续保持在90%以上。农业投入进一步增加，农业生产条件改善，全省农田有效灌溉面积达3817.7千公顷；节水灌溉面积1424.5千公顷，新增49.7千公顷；年末全省农业机械总动力3135.3万千瓦，比上年末增长2.7%。惠及千家万户的农村五件实事取得显著成效，农民生产生活条件得到明显改善。三年建成农村公路4.1万公里，改造草危房15.2万户，新增改水受益人口960万人，农村自来水普及率达95.7%，新型农村合作医疗覆盖面达85.5%。

2）粮食生产

2004年江苏粮食生产喜获丰收。全年全省粮食播种面积为7161.89万亩，比上年增加172.69万亩，增长2.5%，这使自1997年以来全省粮食播种面积连续六年下滑的势头得到了遏制；亩产395公斤，比上年增加41公斤，增长11.6%；总产2829.06万吨（565.8亿斤），比上年增加357.22万吨（71.4亿斤），增长14.5%，粮食总产在连续四

年下滑后出现了转机，实现恢复性增长。

全省夏粮种植面积 2883.01 万亩，比上年减少 48.27 万亩，下降 1.6%，降幅为近几年最小；亩产为 280 公斤，比上年增加 31 公斤，增加 12.4%，是近四年最好的一年；总产 807.24 万吨，比上年增加 77.95 万吨，增长 10.7%，是 2000 年以来连续减产后首次出现较大幅度回升。夏粮中占主导地位的小麦种植面积 2401.76 万亩，比上年缩减 28.92 万亩；亩产 286 公斤，比上年增加 36 公斤；总产达 687.70 万吨，比上年增加 78.99 万吨，增长 13.0%。

全省秋粮播种面积为 4278.87 万亩，比上年增加 220.95 万亩，增长 5.4%；亩产 473 公斤，比上年增加 43 公斤，增长 10.3%，为常年亩产水平；总产 2021.82 万吨，比上年增加 279.26 万吨，增长 16%，产量绝对增加值是中华人民共和国成立以来第二个最高年份。其中，稻谷播种面积为 3169.35 万亩，比上年增加 407.96 万亩；亩产 528 公斤，比上年增加 19 公斤；总产 1673.16 万吨，比上年增加 268.52 万吨，增长 19.1%。

2005 年农业稳定发展。落实“一免三补”等支农惠农政策，江苏实现免征农业税，加大对农业和农村的投入，加快农业结构调整步伐，推进农业产业化经营，促进农业综合生产能力的进一步提高以及农业增效和农民增收。2005 年粮食总产量达 2834.6 万吨，比上年增加 5.5 万吨。其中夏粮亩产 282 公斤、总产量 844.4 万吨，均为近年来较高水平；秋粮受自然灾害影响，总产 1990.2 万吨，下降 1.6%。棉花、油料减产。种植业结构发生变化，全年粮食种植面积回升，为 4909.5 千公顷，比上年增加 134.9 千公顷；棉花、油料种植面积 368.3 千公顷、846.9 千公顷，分别减少 41.3 千公顷和 73.8 千公顷。优质、高效、安全和生态农业发展较快。

3）林业

2004 年江苏全年造林面积达到 64.40 千公顷，其中用材林 13.22 千公顷，经济林 13.60 千公顷，防护林 37.56 千公顷，其他林 0.02 千公顷。主要林产品有油桐籽、油茶籽、竹笋干、板栗、白果等，产量分别为 2 吨、196 吨、1463 吨、17477 吨、16305 吨。育苗面积 68.74 千公顷，幼林抚育作业面积 274.76 千公顷，成林抚育实际面积 252.99 千公顷，林木采伐量为 60.54 万立方米，竹林采伐量 238.91 万根，四旁植树 14131 万株。江苏现有林木种子园 16 个，林木种子园面积 140 公顷。2005 年造林面积 102.0 千公顷。

4）畜牧业

2004 年江苏全年生猪累计出栏 2989 万头左右，同比下降 0.7%；年末存栏 1940 万头左右，同比下降 2.6%。生猪饲养徘徊不前的主要原因：一是生猪生产比较利益低。虽然生猪价格持续上涨，其涨幅甚至超过粮食价格涨幅，但在农民收入中非农收入逐渐增加的今天，农民在计算生猪效益时不仅要看猪粮价格比，而且更多的是将养猪效益与务工收入相比，显然养猪效益偏低。在面临更多的选择时，农民选择不养或少养猪。二是苗猪价格偏高，农民对补栏持观望态度。全年苗猪平均价格已达每公斤 10.11 元，由于补栏成本上升，农户对后续行情看不准，担心出栏时生猪价格下跌，故对补栏持观望态度。三是农民面对诱人的粮价，宁愿放弃养猪的风险，选择直接卖粮。

2005 年多数畜产品产量保持增长，肉类总产量 352.0 万吨，增长 1.5%，其中猪牛羊肉产量242.1万吨，与上年基本持平；虽然上年四季度禽流感疫情对全省养禽业造成一定影响，但由于前三个季度增长较多，全年家禽仍呈现增长态势，禽肉产量104.6万吨，增长5.9%，禽蛋总产量182.0万吨，增长3.8%；牛奶总产量56.6万吨，增长5.6%。

家禽养殖尚未走出“禽流感”的阴影。和生猪饲养情况相似，尽管目前家禽价格也以较大幅度上升，但由于很多家禽饲养户在经受“禽流感”的冲击后大伤元气，尤其是规模以上饲养户，“禽流感”后或不再饲养家禽，或缩小饲养规模，扩大再生产的很少。当前较高的价格仍不能刺激农民的养殖积极性。全年累计出栏家禽58258万只左右，同比下降4.7%；年末存栏26608万只左右，同比下降10.9%。

5）渔业

2004年以来，江苏海洋与渔业系统大力推进渔业产业化经营，用工业化的理念发展渔业，积极培育渔业优势品种和主导产业，发展特色渔业，加快区域优势向产业优势、资源优势的转变，努力突破渔业二、三产业，渔业生产实现了质的飞跃。全年水产品总产量为366.13万吨左右，同比增长6.8%。其中，淡水产品总产量为258.73万吨左右，增长5.7%；海水产品总产量为107.40万吨左右，增长9.4%。

江苏海洋与渔业生产全面提速增效得益于渔业结构调整步伐的加大。2004年在国家严格土地利用政策、大力发展粮食生产、确保粮食安全的情况下，全省水产养殖面积基本稳定，达到1200万亩，比上年增长2.7%，其中，内陆特种水产养殖面积达到611万亩，占内陆水产养殖面积的64%。河蟹、虾类、经济贝类、紫菜、珍珠等养殖品种稳中有增，鳜鱼、鲻梭鱼等新品种养殖发展势头强劲。优势区域产业带和产业群不断兴起，沿江渔业开发提速，沿江特色渔业产业带正在孕育。海水养殖持续发展，养殖区域由滩涂向浅海延伸，贝类养殖水平进一步提高。同时，海洋与渔业科技进步也为渔业生产提速增效带来了强劲支持。

2005年江苏水产品产量388.7万吨，增长6.2%；其中淡水产品275.2万吨，海水产品113.5万吨，分别增长6.4%和5.6%。

6）农业科技

近年来，江苏小麦等主要粮食品种生产水平有所下降，重要原因之一是农技推广服务体系有所削弱，有的地方在机构改革中对农技站所“脱钩”、“断奶”，政策落实不到位的现象十分突出，农技推广服务单位经费不足，乡镇农技部门依靠经营发工资，淡化了农业技术的推广，各种试验、示范和苗情调查没有专人负责，资料无法收集、统计，新品种、新技术无法及时传授给农民，直接导致农业生产缺乏正确的生产技术指导，抵御自然灾害的能力下降。据省农调局对部分农户的调查结果表明，认为乡村农技服务能满足需求的只有30.6%，认为基本能满足需求的有53.4%，认为不能满足需求的为16%。特别是苏北地区对农技服务的需求最为强烈，该地区调查户认为乡村农技服务能满足需求的只有17.9%；认为基本能满足需求的有59.4%；认为不能满足需求的达22.7%。这表明农民有迫切需求农技服务的愿望，愿望与现实脱节，致使部分农民对近年来基层农技推广力量有所削弱的现状反响较大，希望政府加强农技服务体系建设，能在播种技术、田间管理、合理施肥、病虫害防治等方面，得到农技服务部门的及时指导和优质服务。

7）农民收入

2004年江苏省农民人均纯收入4753.9元，增加515元、增长12.1%，增收数额比上年扩大1.12倍、增幅提高6个百分点，仅次于浙江的555元，农民人均增收额在全国列第二位，实现了自1997年以来的最高增长，具体呈现以下几个显著的特点：

（1）家庭经营特别是种植业收入大幅度回升，是农民收入实现较快增长的主要动力。农民家庭经营纯收入2018.5元，增加224.2元，增速由2003年的持平略降回升增长到12.5%。从不同产业看，第一产业在种植业产品增产和农产品价格上涨的双重作用下，农民人均纯收入1369.3元，增收195.9元、增长16.7%，其中主要是种植业收入大幅度恢复增长，人均957.6元、增加198.4元，增幅在上年下降4.6%的基础上回升增长26.1%。

（2）工资性收入保持较快增长，是农民增收的最大来源。农民工资性收入人均2443.4元，比上年增加254.3元、增长11.6%，增幅提高1.8个百分点。其中：农民在本地各类经济组织劳动得到的报酬收入人均1272.3元，增加127.1元、增长11.1%；农民外出打工得到的劳务收入人均853.7元，比上年增加116.7元、增长15.8%；农民从本地行政事业非企业组织中得到工资收入人均317.4元，增加10.5元、增长3.4%。农民人均纯收入增加额中49.4%来自于工资性收入。

（3）财产性和转移性等非经营性收入稳步提高，促进了农民增收。两项合计人均292.0元，增加36.1元、增长14.1%。其中：财产性收入人均110元，增加16.1元、增长17.0%；转移性收入人均181.7元，增加20.0元、增长12.4%，其中农民实际得到的粮食等“三项补贴”收入从无到有，人均净增14.3元。

3. 浙江省

1）基本情况

浙江素有“鱼米之乡，丝绸之府，文物之邦，旅游之地”之称。2004年第一产业总产值1332.27亿元，其中，农业产值592.59亿元，林业产值78.36亿元，牧业产值78.89亿元，渔业产值361.99亿元，农林牧渔服务业产值21.44亿元。2005年第一产业总产值873亿元，比上年增长1.6%。到2005年年末，浙江农村实有劳动力人数为2298.54万人，比上年增加46.20万人，增长2.1%，一产劳动力继续稳步向二、三产业转移，地区间的流动活跃。第一产业劳动力人数继续减少，年末为786.92万人，比上年减少39.71万人，下降4.8%，占农村实有劳动力的比重为34.2%，比上年下降2.5个百分点。从事农、林、牧、渔业的劳动力均呈现下降趋势，其中种植业劳动力为641.31万人，比上年减少31.11万人，下降4.6%；林业、牧业、渔业劳动力则分别下降3.3%、7.5%、3.9%。浙江是一个农、林、牧、渔各业全面发展的综合性农业区域。谷物生产以水稻为主，其次是麦类、玉米等，经济作物主要有蚕桑、茶叶、柑橘、棉花、油菜、蔬菜、食用菌等。茶叶的产量、出口量均居全国首位，蚕茧产量居全国第三，柑橘产量居全国第四，是全国生猪的重点生产基地，年出栏1719万头，50头以上的规模饲养户出栏数占全省总出栏量的55%，水产品总产量达480万吨，其中淡水产品71万吨，是全国三大淡水鱼产地之一。

2）产业化经营

近年来，浙江着力改善农业基础设施，优化农业产业结构，发展效益农业和农业产业化经营，有效开发利用农业资源，改善农产品结构，实施品牌战略，积极发展名特优新农产品，初步形成了粮油、水产品、茧丝绸、果品、竹木、畜禽、蔬菜、茶叶、食用菌、花卉等主导产业。全省各地从农业增效、农民增收出发，加强对农业产业化工作的组织和领导，以市场为导向，积极调整农业产业结构，农业产业化经营迈出了实质性步伐，呈现了“三增加三扩大”趋势。产业化经营组织数量增加，龙头企业规模扩大，全省现有各类产业化经营组织6883个，其中龙头企业带动型3255个，中介组织带动型2311个，专业市场带动型605个，其他类型712个。产业化经营组织直接建立或联结基地1158万亩。利用龙头企业开拓市场的强势，组织营销，带动了农产品出口。

3）粮食生产

2004年浙江农作物播种面积2778.41千公顷，粮食作物播种面积1454.53千公顷，其中，春粮126.18千公顷，秋粮1174.25千公顷，谷物1170.93千公顷（稻谷1028.05千公顷，小麦59.53千公顷，大麦21.53千公顷，玉米54.50千公顷，其他谷物7.32千公顷），豆类184.9千公顷。油料播种面积237.25千公顷，棉花播种面积18.77千公顷，麻类、糖类、烟叶、药材类分别为0.48千公顷、18.11千公顷、1.90千公顷和27.22千公顷。2005年初步统计，全年总播种面积2838千公顷，比上年增长2.1%，其中粮食播种面积1511千公顷，比上年增长3.9%。棉花播种面积17.9千公顷，比上年减少4.6%。果用瓜种植面积102.5千公顷，增长0.5%。药材播种面积26.5千公顷，减少2.8%。油料播种面积249.3千公顷，增长5.1%。蔬菜种植面积666.7千公顷，增长0.9%。花卉苗木面积107.5千公顷，减少5.8%。粮经面积比例由上年的52.4:47.6调整到53.2:46.8。

2004年浙江粮食作物总产量为834.90万吨，春粮36.30万吨，秋粮711.70万吨，谷物739.26万吨（其中稻谷686.94万吨，小麦19.04万吨，大麦8.12万吨，玉米22.48万吨，其他谷物2.68万吨）。豆类总产量41.01万吨，油料48.77万吨，棉花2.28万吨，麻类、糖类、烟叶、蔬菜等产量为0.27万吨、106.29万吨、0.46万吨、1749.76万吨。2005年粮食总产量为814.7万吨，比上年下降2.4%。

4）林业

浙江2004年造林面积20.95千公顷，其中，用材林面积1.82千公顷，经济林面积4.31千公顷，防护林面积14.68千公顷，薪炭林面积0.10千公顷，特种用途林0.04千公顷。四旁植树2348万株，幼林抚育实际面积65.99千公顷，育苗面积56.39千公顷，迹地更新面积4.46千公顷。浙江的主要林产品是油茶籽、竹笋干、山核桃、板栗，产量分别是3.4万吨、16.06万吨、1.06万吨、5.5万吨。

5）畜牧业

2004年，浙江生猪年末存栏1125.27万头，生猪出栏率167.18%，牛年末存栏39.25万头，牛年内出栏头数9.94万头，羊年末存栏256.72万只，羊年内出栏212.22万只。猪、牛、羊肉产量131.72万吨，其中猪肉产量126.43万吨。兔年末存栏581.63万只，

兔年内出栏 703.58 万只，家禽年末存栏 10028.9 万只，家禽年内出栏 19174.84 万只，全年家禽饲养 29203.74 万只，禽蛋产量 43.07 万吨。蜂蜜产量 7.39 万吨，蚕茧产量 8.41 万吨。2005 年肉、蛋、奶产量分别为 165.4 万、44.5 万和 26.7 万吨，分别比上年增长 2.2%、5.8% 和 2.8%。

6）渔业

2004 年，浙江全年水产品总产量为 493.53 万吨，海水产品产量为 414.98 万吨，其中，按生产性质分，海洋捕捞 322.04 万吨，海水养殖 92.94 万吨；按类别分，鱼类 202.06 万吨，虾蟹类 85.08 万吨，贝类 76.31 万吨，藻类 4.34 万吨，其他海水产品 12.07 万吨。淡水产品产量 78.55 万吨，按生产性质分，天然生产 9.10 万吨，淡水养殖 69.45 万吨；按类别分，鱼类 54.27 万吨，虾蟹类 10.89 万吨，贝类 4.89 万吨，其他类 8.50 万吨。海水养殖面积 118.28 千公顷，淡水养殖面积 205.08 千公顷。全省 2005 年水产品总产量 483.8 万吨，比上年下降 2.0%，其中养殖产量 160.2 万吨，捕捞产量 323.6 万吨。

7）农技质监

省、市、县三级农业信息网络平台和乡镇农业信息服务站现已基本建立，农业信息服务体系初步形成。全省 78% 的农业局建立了农业信息网站，有 1188 个乡镇建立了农业信息服务站，占全省乡镇总数的 81%。目前，浙江已制定各类农业标准和规范 1300 余项，其中省级农业地方标准近 200 项，对产地环境、生产技术、产品质量和生产资料毒副效应等进行了严格规定，初步形成了覆盖全省主导产业产品和各地特色农产品的农业标准体系。已建立部级农药残留检测中心、土壤肥料检测中心和省农产品、畜产品质检中心以及 61 个市、县级农产品质量安全监督检验机构，初步形成了以省质检中心为龙头，区域性检验站为主体、基地与市场检验相配套的农产品质量安全检测网络。全省建立优质高效农业示范基地 4137 个，种植面积达 340 万亩，按照无公害标准要求，通过环境、产品检测和现场评审，认定了 244 个省级无公害农产品基地。

七 第二产业基本情况

（一）长三角两省一市第二产业情况综述

近年来，长三角地区两省一市第二产业不断增长。2004 年长三角地区总产值为 34096.43 亿元，其中第二产业总产值为 18549.33 亿元，比上年增长 16.34%，第二产业占总产值比重达到 54.4%。与 2000 年相比，第二产业总产值增加了 14926.21 亿元，增长速度多了 5.13 个百分点，比重增加了 3.37 个百分点，体现出长三角地区第二产业的支柱作用。但在经过 2003 年和 2004 年 16% 以上的高增长之后，从 2005 年开始整体回落，经初步核算，2005 年该地区实现生产总值 40781.07 亿元，其中第二产业 21965.59 亿元，增长 13.88%，增幅较上年回落了 3.0 个百分点。从主要指标的增长速度来看，工业生产和效益、投资、出口等均出现不同程度下降。

表 3－41 长三角第二产业经济情况

单位：亿元，%

地 区	指 标	2000	2001	2002	2003	2004
上 海	地区总产值	4551.15	4950.84	5408.76	6250.81	7450.27
	第二产业总产值	2163.68	2355.53	2564.69	3130.72	3788.22
	二产占地区总产值比重	47.54	47.58	47.42	50.09	50.85
	二产总产值比上年增长	9.80	12.00	12.10	16.10	14.90
江 苏	地区总产值	8582.73	9511.91	10631.75	12460.83	15403.16
	第二产业总产值	4435.89	4907.46	5550.98	6787.11	8716.11
	二产占地区总产值比重	51.68	51.59	52.21	54.47	56.59
	二产总产值比上年增长	11.60	11.00	13.70	17.20	17.10
浙 江	地区总产值	6036.34	6748.15	7796.00	9395.00	11243.00
	第二产业总产值	3183.47	3459.75	3982.00	4941.00	6045.00
	二产占地区总产值比重	52.74	51.27	51.08	52.59	53.77
	二产总产值比上年增长	11.70	11.00	13.40	16.70	16.20
长三角	地区总产值	19170.22	21210.90	23836.51	28106.64	34096.43
	第二产业总产值	9783.04	10722.74	12097.67	14858.83	18549.33
	二产占地区总产值比重	51.03	50.55	50.75	52.87	54.40
	二产总产值比上年增长	11.21	11.21	13.25	16.80	16.34

从区域内部来看，在第二产业总产值及增幅方面，江苏领先其他两地。2005 年江苏、浙江和上海市分别实现地区生产总值 10342.67 亿元、7147.00 亿元和 4475.92 亿元，分

别增长16%、12.3%和12.1%，增幅分别较上年回落了1.1个、3.9个和2.8个百分点；苏浙沪三地占长三角的比重2005年分别为47%、33%和25%。工业增长是第二产业的主要增长动力，江、浙、沪三地2005年的工业增加值分别为9326.67亿元、6343亿元、4155.23亿元，比上年分别增长16.7%、12.9%、12.5%。

（二）长三角两省一市第二产业具体情况

1. 上海市

上海工业以优先发展先进制造业为重点，推进产业基地和重大项目建设。2005年，完成工业总产值15116.32亿元，按可比价格计算，比上年增长13.8%。上海工业经济保持了稳定、持续、快速的增长势头，各项经济指标完成情况良好。

（1）工业增长成为主动力。2005年全市工业增加值完成4155.23亿元，增长12.5%，高于全市GDP增幅1.4个百分点，成为全市经济增长的主要推动力量。从轻重工业完成工业总产值比重看，1~12月份重工业比重继续上升，达到74.5%，比上年上升3.1个百分点，重化工特征明显。

（2）运行质量保持高水平。2005年，工业经济效益综合指数202.27，比全国平均水平高24.83个百分点；工业产销率98.61%，比全国平均水平高0.39个百分点；全员劳动生产率16.1万元，比全国平均水平高5.2万元，比上年同期高1.3万元；但是，由于受国际原油、集成电路价格变化以及国内汽车市场变化的影响，工业利润出现六年来的首次负增长。2005年，实现利润总额939.56亿元，同比下降10.8%。

（3）产业结构实现更优化。2005年，电子信息产品制造业、汽车制造业、石油化工及精细化工制造业、精品钢材制造业、成套设备制造业和生物医药制造业作为上海六大支柱工业，占全市工业的比重达到63.2%，对全市工业增长的贡献率超过70%。产业结构进一步优化，支柱工业的引领作用进一步加强。六大支柱工业中的钢铁、成套设备、生物医药实现主营业务收入、利润同步增长；电子信息和石化行业主营业务收入保持增长。

（4）工业出口继续高增长。2005年，上海工业出口交货值完成4972.12亿元，同比增长28.7%，占工业销售产值的比重达到31.9%，比上年底提高了2个百分点。随着工业外向度的不断上升，上海主要产业的国际化程度显著提高，特别是电子信息产业外向度超过77%，和国际市场的变化息息相关。

对比2003~2005年上海工业主要经济指标（见表3-42）可见：从2003~2005年，上海工业经济保持了稳定增长的态势。按轻重工业形态划分，2005年，相对于轻工业的回缩，重工业依然保持了稳定的增长，实现工业总产值10563.88亿元，突破万亿元大关。在不同所有制经济中，国有经济、股份制经济持续增长。国有经济2003年工业产值为827.84亿元，2004年为954.66亿元，2005年为1121.6亿元，平均增长16%；股份制经济2003年实现工业产值2324.2亿元，2004年实现2928.26亿元，2005年实现3426.13亿元，平均增长达21.4%；外商及港澳台投资在不同所有制经济中完成工业产值所占比重逐步加大，2003年外商及港澳台投资实现产值6426.75亿元、在不同所有制经济中占

62.1%，2004年实现产值8148.7亿元、比重占63.2%，2005年产值达到8765.97亿元、比重达到70%。而集体经济、股份合作企业和其他经济都不同程度地出现负增长。2003～2005年，上海的工业经济中，中央工业、地方工业都有所增长，中央工业三年来实现工业产值分别为1996.83亿元、2541.08亿元、2850.75亿元，平均增长19.5%；地方工业作为上海工业经济的支柱，三年来实现工业产值分别为8345.99亿元、10343.93亿元、11109.57亿元，平均增长15.4%。

表3－42　上海工业主要经济指标（2003～2005）

单位：亿元，%

年　　份	2003	2004	2005
全市工业总产值	11266.62	14017.51	15116.32
规模以上工业总产值	10342.82	12885.01	13960.32
一　轻工业	2936.22	3485.29	3396.44
重工业	7406.6	9399.72	10563.88
二　国有经济	827.84	954.66	1121.6
集体经济	361.16	370.8	285.47
股份制经济	2324.2	2928.26	3426.13
股份合作企业	153.59	194.54	162.14
外商及港澳台投资	6426.75	8148.7	8765.97
其他经济	249.28	288.05	199.01
三　国有控股	4471.44	5082.35	5492.07
四　大中型工业	7322.34	8256.45	9482.58
国有大中型工业	735.39	858.67	1066.61
五　新产品产值	1496.9	1552.47	1805.77
六　中央工业	1996.83	2541.08	2850.75
地方工业	8345.99	10343.93	11109.57
主要地方工业	2915.46	2986.69	2516.94
区县工业	5018.78	6832.86	8003.23
全市工业总产值增长	31.4	20.3	13.8
规模以上工业总产值增长	31.4	20.4	13.6

数据来源：根据上海市经济委员会网站数据整理。

结合表3－42数据进行分析，可见上海2005年各行业经济运行存在以下新特点：

（1）电子行业生产总量大，但盈利能力相对较低。2005年，上海电子行业实现工

业总产值3473.69亿元，同比增长28.8%，其中新产品产值593.59亿元，同比增长1.3倍。目前英顺达、达功、达业、达丰、英华达、惠普科技等电子信息产品加工制造企业，月产值均达到10亿元以上。但由于这类企业多以加工型为主，盈利能力相对较差，1~12月份，电子行业利润完成54.36亿元，同比下降43.8%，由于电子行业开始复苏，与1~10月份51.9%相比，利润降幅趋缓；产成品存货达到75.48亿元，增长46.1%。

(2) 机械行业效益与生产同步较快增长。上海机械制造业在全国处于较领先水平，近两年，机械行业整体呈稳定上升的发展势头。尽管主要原材料价格上涨导致成本大幅度增加，但机械行业已成为上海盈利能力最强的工业行业。从2003年开始，受国内电力不足等影响，各地电站建设项目增多，上海电站设备企业订单不断增加，生产任务饱满，生产订单一直延续到2007年。1~12月份，机械行业完成工业总产值3134.83亿元，同比增长14.5%。机械行业1~12月份实现利润226.04亿元，同比增长16.9%。

(3) 轻工行业生产平稳增长，产成品存货维持较低的增长水平。1~12月份，轻工行业完成工业生产总值2574.29亿元，同比增长10.0%。其中，光明集团全年累计产值99.64亿元，占轻工控股公司全部产值的50.8%，同比增长17.0%，增幅居轻工集团之首，高于控股公司的平均增幅5个百分点。1~12月份，轻工行业产成品存货同比增幅为12.6%，比全市增幅低10.2个百分点。

(4) 石油和化工行业生产增长平稳，利润受国际原油价格影响，下降幅度增大。2005年，该行业实现工业总产值1892.66亿元，同比增长12.2%。由于原油价格持续高位，汽、柴油价格倒挂，原油加工企业亏损额增大。1~12月份石化行业完成利润67.26亿元，同比下降35.8%；应收账款174.93亿元，同比增长18.8%。

(5) 冶金行业生产总量仅居各行业第五位，但其利润总额占全市工业利润的两成以上。冶金行业2005年完成工业总产值1339.84亿元，同比增长13.0%，占本市工业总产值的7.9%。冶金行业1~12月份实现利润178.33亿元，同比增长7%，但由于国家宏观调控影响，规模较小的企业盈利能力降低，亏损企业个数比上年同期增长1.3倍。同时，应收账款净额和产成品库存也居高不下，两项资金占用增幅较大。由于受国家宏观调控以及取消钢坯出口退税，降低钢材出口退税，将铁矿石、生铁、废钢等产品列入加工贸易禁止类商品目录等一系列政策因素的影响，钢材价格下跌较快。

(6) 汽车行业累计产销和效益依然同比下降，但利润总额占全市工业的比重仍达10%。2005年以来轿车市场形势发生了新的变化。由于前段时间轿车价格下跌速度较快，单纯降价已不能吸引轿车消费者，市场观望情绪浓厚。同时轿车市场各种车型齐全，产品不断推陈出新，目前销售情况较好的是经济型轿车，而上海大众和通用两个汽车公司均以中、高档车为主。2005年，汽车行业实现工业总产值1043.06亿元，同比下降7.2%，其中新产品产值471.08亿元，同比下降27.0%。其中，桑塔纳轿车全年产量为23.5万辆，同比下降32.3%；别克轿车全年产量为22.1万辆，同比增长15.7%。1~12月份汽车行业实现利润99.58亿元，同比下降47.2%。

表 3-43　上海 13 个主要行业生产及效益情况（2005）

单位：亿元，%

行业名称	2005 年 1～12 月份		2005 年 1～12 月份	
	总产值	同比增减	利润总额	同比增减
电子	3473.69	28.8	54.36	-43.8
机械	3134.83	14.5	226.04	16.9
轻工	2574.29	10	129.87	4.1
石化	1892.66	12.2	67.26	-35.8
冶金	1339.84	13	178.33	7
汽车	1043.06	-7.2	99.58	-47.2
纺织	775.12	8.3	31.79	-2.2
电力	565.71	17.3	41.13	32.7
建材	261.89	8.9	9.90	-35.4
有色	256.01	0.6	8.64	5.7
船舶	223.01	21.3	6.96	301.2
医药	216.86	13.8	15.86	-2.8
烟草	215.70	0.3	71.10	-3.8

数据来源：根据上海市经济委员会网站数据整理。

2. 江苏省

江苏工业经济近年来加强运行调节，加大有效投入，加快结构调整，保持了工业经济在高平台上平稳快速协调发展。2005 年全年完成工业增加值 9326.67 亿元，比上年增长 16.7%。

（1）工业生产保持较快增长，经济总量居全国前列。2005 年，全省全部国有及年产品销售收入 500 万元及以上的非国有工业（以下简称：规模以上工业）完成工业增加值 8054.67 亿元，同比增长 22.5%，工业生产继续保持高位运行态势；工业增加值总量列山东（8411.9 亿元）、广东（8290.0 亿元）之后位居全国第三位，工业增速高于全国平均水平 6.1 个百分点。全省规模以上工业实现产值 32651.43 亿元，完成销售产值 32064.10 亿元，工业产品销售率为 98.2%，同比提高 0.4 个百分点，产销衔接状况良好。

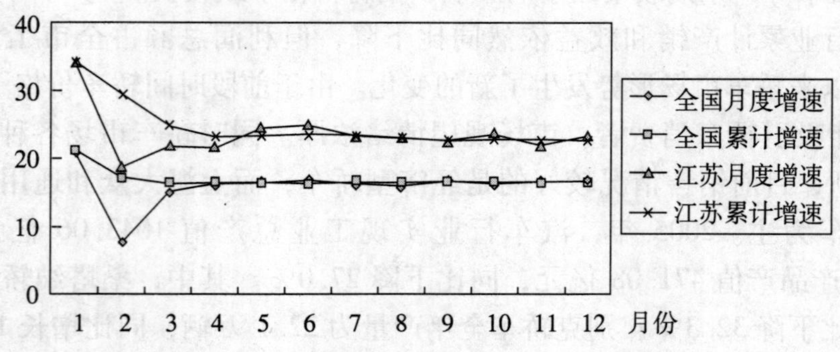

图 3-8　2005 年江苏、全国工业增加值增速走势图（单位：%）

（2）轻重工业发展渐趋协调，工业运行基本稳定。2005 年，全省工业经济继续呈现重工业增长快于轻工业的态势，重工业在工业经济中的比重进一步提高，但轻重工业增速差缩小，发展的协调性有所增强。主要行业运行基本稳定。2005 年，冶金、石化、煤炭、电力、有色行业现价产值分别增长 32.6%、36.7%、35.6%、46%和 32.4%，上述 5 个行业占全省工业总量的 29.7%。建材、机械行业现价产值分别增长 22.3%和 27.0%，轻工、纺织、电子和医药行业则分别增长 24.0%、27.2%、28.1%和 26.8%，这 6 个行业占总量的 67.8%。

（3）经济效益总体较快增长，运行质态不断改善。2005 年，全省规模以上工业销售收入增长 28.8%，利税增长 23.6%，利润增长 24.9%；增幅分别高于增加值增幅 6.3 个、1.1 个和 2.4 个百分点。全省规模以上工业企业中亏损企业数同比下降 23.8%，亏损企业亏损额同比上升 5.5%。全省工业经济效益综合指数达到 176.8%，同比提高 14.9 个百分点；除成本费用利润同比下降 0.2 个百分点外，其他六项指标均有不同程度的改善；其中产销率 98.2%，同比提高 0.4 个百分点；全员劳动生产率同比提高 21.9%。

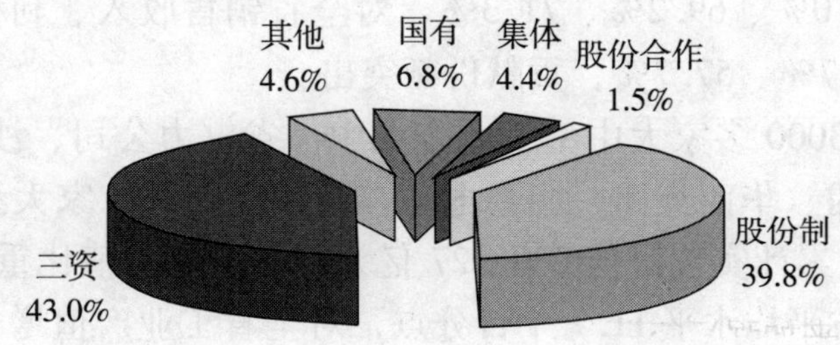

图 3－9　2005 年分经济类型工业贡献率示意图

（4）“三资”、股份制工业两轮驱动明显，贡献份额超八成。2005 年，全省规模以上“三资”工业实现增加值 3172.71 亿元，同比增长 25.3%，高于全省平均水平 2.8 个百分点，在各种经济类型工业中增速名列首位，拉动全省工业增长 9.7 个百分点，对全省工业增长的贡献率为 43.0%；股份制工业实现增加值 3348.28 亿元，同比增长 21.9%，比上年同期提高 3.2 个百分点，拉动全省工业增长 9.0 个百分点，对全省工业增长的贡献率为 39.8%；国有、集体、其他类型和股份合作等其他工业共同拉动全省工业增长 3.8 个百分点，对全省工业增长的累计贡献率为 17.3%。“三资”、股份制工业对全省工业增长的累计贡献率达 82.8%，是其他工业对全省工业增长的贡献份额的 4.81 倍，成为全省工业稳步增长的“助推器”。

（5）民营工业规模壮大，私营工业活力增强。在各地政府鼓励发展民营经济的政策引导下，全省民营工业队伍不断壮大，呈现出良好发展势头。2005 年，全省规模以上民营工业企业 22005 户，比上年同期净增 3195 户，拥有资产 9088.82 亿元，占全省资产比重 1/3 强（35.7%）；实现现价产值 13551.02 亿元，占全省现价产值比重为 41.5%；完成销售收入 13268.85 亿元，占全省销售收入比重为 41.3%；实现工业增加值 3284.47 亿元，同比增长 23.5%，增加值占全省规模以上工业增加值比重为 40.8%，增速高于全省平均增速 1. 0 个百分点，民营工业对全省工业增长的贡献率为 41. 6%，拉动全省工业增长 9. 4 个百分点。

私营工业活力进一步增强，生产同比加速，效益稳步提高。2005 年，全省规模以上私营工业实现增加值 1965. 93 亿元，同比增长 25. 6%，增速高于全省平均水平 3. 1 个百分点，较去年同期加快 3. 6 个百分点；实现利税 474. 38 亿元，其中利润 246. 57 亿元，比上年同期分别增长 37. 9% 和 47. 7%，分别高于全省平均水平 14. 3 个、22. 8 个百分点，比上年同期增幅分别提高 10. 5 个、17. 1 个百分点；私营工业对全省工业增长的贡献率为 26. 6%，拉动全省工业增长 6. 0 个百分点，比上年同期分别提高 7. 3 个、1. 5 个百分点。

（6）大中型企业贡献份额突出，支撑作用明显。2005 年，全省 3415 家大中型工业企业，拥有资产 17791. 33 亿元，占全省资产合计比重超过三分之二（69. 9%）；实现工业增加值 5011. 24 亿元，同比增长 19. 6%，占规模以上工业增加值比重达 62. 2%，比上年同期上升 0. 9 个百分点，对全省工业增长的贡献率达 55. 7%，强力支撑全省工业保持稳定增长；实现销售收入、利税、利润分别为 20879. 72 亿元、1651. 70 亿元、987. 95 亿元，分别占全省比重为 65. 0%、69. 2%、71. 3%，对全省销售收入、利税、利润增长的贡献率分别为 65. 6%、57. 7%、57. 7%，贡献份额突出。

2005 年，在全省 3000 多家大中型工业企业中，省电力公司、沙钢集团、扬子石化、金陵石化、乐金飞利浦、华西集团、明基电通、南钢集团等 8 家大型企业实现产值均超 200 亿元，这 8 家企业累计实现产值 2996. 27 亿元，占全省产值比重为 9. 2%，同比增长 40. 9%，增幅高于全省平均水平 11. 7 个百分点，对全省工业产值增长的贡献率超过一成（11. 8%）；其中，乐金飞利浦同比增长 1. 03 倍，金陵石化、南钢集团、沙钢集团同比分别增长 62. 6%、34. 2%、27. 9%，有力支撑并拉动地方工业快速发展。

（7）纺织、服装行业生产加快，效益提升，石油和天然气开采业利润倍增。2005 年是我国加入 WTO 后全球全部取消纺织品配额的第一年，江苏纺织及服装制造企业抢抓市场机遇，加大生产组织力度，积极开拓国际市场，行业生产加快，效益提升。2005 年，全省纺织业完成产值 3027. 82 亿元，同比增长 25. 8%，较去年同期增幅加快 3. 1 个百分点，生产纱 305. 04 万吨、布 53. 97 亿米，产量同比分别增长 19. 8% 和 18. 1%，增幅比上年同期分别提高 9. 7 个、5. 8 个百分点，实现利润 82. 39 亿元，同比增长 55. 3%，增幅是全省平均水平的 2. 34 倍，是同期利润增幅的 5. 27 倍；纺织服装制造业完成产值 999. 59 亿元，同比增长 31. 0%，较去年同期增幅加快 16. 2 个百分点，生产服装 25. 46 亿件，产量同比增长 21. 4%，比上年同期增幅提高 8. 7 个百分点，实现利润 47. 41 亿元，同比增长 41. 3%，高于全省平均水平 16. 4 个百分点，而去年同期利润增幅则低于全省平均水平 17. 5 个百分点。

受国际原油价格急剧攀升的影响，江苏石油和天然气开采业产销两旺，利润成倍增长。2005 年，石油和天然气开采业实现产值 48. 78 亿元，同比增长 35. 7%，增速高于全省 6. 5 个百分点，是同期增幅的 1. 57 倍；实现利润 23. 38 亿元，同比增长 1. 66 倍，是去年同期利润增幅的 2. 12 倍，对全省利润增长的贡献率为 5. 3%。江苏石油勘

探局受益于原油价格上涨，企业效益大幅攀升，2005 年原油产量同比仅增长 1.7%，产值、销售、利润同比则分别增长 35.8%、40.5%、1.65 倍，企业净增利润 14.55 亿元。

（8）工业出口保持快速增长，电子行业出口总量继续领先。2005 年，全省规模以上工业实现出口交货值 7881.85 亿元，比上年同期增长 35.3%，增速高于规模以上工业产值增速 6.1 个百分点，高于销售产值增速 5.5 个百分点，工业出口在去年高增长的基础上继续保持快速增长势头。在全省 39 个工业行业大类中，通信设备、计算机及其他电子设备制造业（简称：电子行业）实现出口交货值 3579.26 亿，同比增长 34.1%，其出口交货值总量继续高居各行业之首，是位居第二的纺织业的 5.36 倍，占全省出口总量的比重为 45.4%，对全省工业出口交货值增长的贡献份额达 44.3%，地位举足轻重。以生产电子产品为主的乐金飞利浦液晶显示（南京）有限公司、明基电通信息技术有限公司、希捷国际科技（无锡）有限公司、无锡夏普电子元器件有限公司、纬创资通（昆山）有限公司、苏州飞利浦消费电子有限公司等六家“三资”企业 2005 年工业出口交货值均超百亿元，其中乐金飞利浦液晶显示（南京）有限公司实现出口交货值 317.41 亿元，同比增长 1.17 倍，增势强劲，跃居全省工业出口总量排名第一大户。

3. 浙江省

2005 年，浙江省工业增加值 6343 亿元，增长 12.9%。

（1）工业增加值继续稳步上升。2005 年浙江省全部工业增加值 6343 亿元，其中规模以上工业企业（国有及年产品销售收入 500 万元及以上的非国有工业企业）增加值 4905 亿元，分别比上年增长 12.9% 和 18.1%，“十五”期间分别年均增长 14.0% 和 18.8%。在规模以上工业增加值中，重工业 2766 亿元，占 56.4%；轻工业 2139 亿元，占 43.6%。国有及国有控股工业企业增加值 1045 亿元，比上年增长 11.0%。规模以上工业企业完成出口交货值 5934 亿元，增长 28.6%。出口交货值占销售产值的比重由上年的 25.8% 提高到 26.6%。

（2）高新技术发展势头迅猛。高技术产业总产值 1706 亿元，增长 22.3%。产业全年规模以上高技术产业增加值 385 亿元，比上年增长 21.1%，“十五”期间年均增长 23.9%（按现价计算）。在高技术产业中，集成电路、光通信设备、微波通信设备、移动电话机和微型电子计算机等产品产量分别比上年增长 8.4%、16.2%、46.7%、29.9% 和 17.3%。汽车产量 15.0 万辆，增长 54.5%，其中轿车产量 13.4 万辆，增长 66.1%。纺织、服装、家具、工艺品、木材加工、石油加工、化工、医药、塑料制品、金属制品、交通运输设备制造等传统和优势产业生产增长较快，废弃资源和废旧材料回收加工业总产值增长 53%，电力、燃气生产和供应业等能源工业分别增长 24.7% 和 46.3%。前几年过快发展的非金属矿物制品、化纤、黑色和有色金属冶炼及压延加工业总产值增幅均回落 20 个百分点左右。工业企业七项经济效益指标综合指数为 156.6，比上年上升 0.6 个百分点，实现利税 1878 亿元，其中实现利润 1073 亿元，分别增长 13.4% 和 11.6%，增幅比上半年回升 6.4 个和 9.7 个百分点。

（3）私营企业利润增幅最大。全年规模以上工业企业中，实现利润 1072.8 亿元，比上年增长11.6%，“十五”期间年均增长22.3%。其中，国有及国有控股企业156.3亿元，比上年下降3.7%；集体企业31.0亿元，增长11.5%；股份制企业111.4亿元，下降4.7%；外商及港澳台投资企业278.4亿元，增长11.8%；私营企业306.5亿元，增长21.9%。工业企业产品销售率97.8%，比上年提高0.1个百分点。列入国家考核的7项经济效益指标综合指数为156.6，比上年提高0.6点。

（4）工业投资继续增长。据初步统计，2005年全省完成全社会工业投资3044.14亿元，同比增长15%，增幅比上年回落8.5个百分点。其中限额以上工业投资完成2942.50亿元，同比增长22.4%，增幅比上年同期回落了12.9个百分点。第二产业投资为2961亿元，增长21.2%。工业投资2943亿元，增长22.4%，其中制造业投资2386亿元，增长21.6%，电力燃气及水的生产和供应投资增长26.8%。在30个制造业大类中，食品加工、饮料、服装、造纸、家具、文教体育用品、医药、橡胶、塑料、黑色金属、金属制品、通用设备、专用设备、交通运输设备、电气机械、工艺品、废弃资源和材料回收加工等21个行业投资增幅超过20%，其中化工、烟草、有色金属、仪器仪表等行业投资增幅超过50%。而重点调控和产能过剩的非金属矿物制品和化纤业投资分别下降23%和19.8%。

（5）实现利润稳步提高。据抽样调查，2005年浙江省规模以上工业企业每百元产品销售收入实现利润6.57元，比上年提高1.88元。从规模以上工业行业大类看，专用设备制造业每百元产品销售收入实现利润最高，为8.09元；其次是金属制品业，为7.73元；通用设备制造业、电气机械及器材制造业和工艺品及其他制造业的盈利水平也较高，分别为7.55元、7.14元和7.12元。每百元产品销售收入实现利润最低的行业是纺织服装、鞋、帽制造业，为4.41元；其次是农副产品加工业，为4.66元；造纸及纸制品业、纺织业、印刷业和记录媒介复制的盈利水平也较低，分别为5.00元、5.27元和5.83元。

按每百元资产实现利润计算，2005年浙江省规模以上工业企业每百元资产实现利润6.53元，比上年提高0.86元。从规模以上工业行业大类看，排在首位的是电气机械及器材制造业，为9.77元；然后，依次是木材加工及木、竹、藤、棕、草制品业为9.56元，皮革、毛皮、羽毛（绒）及其制品业为8.72元，专用设备制造业为8.25元，金属制品业为8.20元。每百元资产实现利润最低的是通信设备、计算机及其他电子设备制造业，为4.11元；然后，依次是农副产品加工业为4.25元，仪器仪表及文化、办公用机械制造业为4.79元，印刷业和记录媒介的复制为5.47元，交通运输设备制造业为5.49元。

以行业来看，2005年浙江省行业发展情况有如下特点：

（1）制造业投资增长稳步回升。2005年限额以上制造业完成投资2385.97亿元，同比增长21.6%，前三季度累计增速分别为2.6%、9.5%、17.7%，投资增长呈现逐季回升的态势。其中增长较快的行业有烟草制品业、化学原料及化学制品制造业、仪器仪表及文化办公用机械制造业、有色金属冶炼及压延加工业，全年分别增长了54.9%、54.0%、54.2%和54.5%；纺织业继续呈现较低的增长势头，同比只增长了2.1%；石油

加工炼焦及核燃料加工业、印刷业和记录媒介的复制业首次出现负增长，增速分别下降了37.3%和0.2%；化学纤维制造业、非金属矿物制品业同比则继续呈现负增长，分别下降了19.8%和23.0%。

（2）电力、燃气及水的生产和供应业保持较高增长。全年累计完成投资548.63亿元，占工业投资的23%，同比增长26.8%。这对浙江省工业投资稳定增长起到了很大作用。

（3）采矿业投资继续负增长。2005年采矿业完成投资7.90亿元，同比下降了24.2%，增幅比上年同期回落高达96.3个百分点。

（4）全年建筑业增加值803.9亿元，比上年增长6.7%，“十五”期间年均增长13.5%。全年资质以上建筑企业利润总额120亿元，比上年增长20.4%；税金总额140亿元，增长18.8%。

八　沪苏浙地区的现代服务业

（一）长三角地区两省一市服务业情况综述

21世纪以来，长三角地区服务业发展势头良好，对产业的支撑作用明显提升。增加值由2000年的7608.65亿元增加到2005年的16474.25亿元，服务业占长三角地区的比重由12.45%上升到13.48%，2005年上海、江苏、浙江年增速分别达到10.5%，14.8%和14.9%（见表3－44）。其中上海的服务业比重一直领先于江浙，2005年高于全国

表3－44　长三角第三产业情况（2000～2005）

单位：亿元，%

地　区	指　　标	2000	2001	2002	2003	2004	2005
上　海	地区总产值	4551.15	4950.84	5408.76	6250.81	7450.27	9143.95
	第三产业总产值	2304.27	2509.81	2755.83	3029.45	3565.34	4588.38
	比上年增长	15.00	8.70	10.00	8.00	12.90	10.50
江　苏	地区总产值	8582.73	9511.91	10631.75	12460.83	15403.16	18272.12
	第三产业总产值	3115.67	3522.02	3961.65	4567.37	5371.68	6540.87
	三产占地区总产值比重	36.30	37.03	37.26	36.65	34.87	35.80
	比上年增长	11.20	11.10	11.20	11.90	13.70	14.80
浙　江	地区总产值	6036.34	6748.15	7796.00	9395.00	11243.00	13365.00
	第三产业总产值	2188.71	2593.25	3120.00	3726.00	4382.00	5345.00
	三产占地区总产值比重	36.26	38.43	40.02	39.66	38.98	39.99
	比上年增长	11.90	11.50	13.50	13.80	13.90	14.90
长三角	地区总产值	19170.22	21210.90	23836.51	28106.64	34096.43	40781.07
	第三产业总产值	7608.65	8625.08	9837.48	11322.82	13319.02	16474.25
	三产占地区总产值比重	39.69	40.66	41.27	40.29	39.06	40.40
	比上年增长	12.45	10.45	11.51	11.24	13.55	13.48

10个百分点（见表3－45），江苏由于制造业的比重上升，服务业比重近年略有下降，浙江服务业比重2005年上升到40%，与全国持平。上海的服务业经过多年重点发展，在长三角地区具有明显优势，金融、商贸、物流、房地产、旅游和信息六大行业在上海服务业增加值中的比重已超过80%，成为上海服务业的主要支撑，其中金融业、证券交易所、债券交易市场、期货交易所、产权交易中心等的市场功能和规模不断扩大，物流业也已经成为全市四大新兴行业之一，对区域的服务功能不断强化，有力地支撑了长三角的产业发展。此外，房地产业的发展对长三角区域经济的增长起到了明显拉动作用，根据相关研究

数据显示[①]，长三角房地产投资额占全国的份额均值为21.6%，高于长三角GDP占全国的份额均值17.7%，对GDP的贡献度达到2.9%，几乎是全国房地产投资额对GDP贡献度的两倍。

表3-45 长三角服务业发展（2000~2005）

单位：%

年 份	上 海		江 苏		浙 江		全 国	
	比重	增速	比重	增速	比重	增速	比重	增速
2000	50.6	12.9	36.3	11.2	36.3	11.9	33.4	8.1
2001	50.7	8.7	37.0	11.1	38.4	11.5	34.1	8.4
2002	51.0	10.0	37.4	11.2	40.0	13.5	34.3	8.7
2003	48.4	8.0	36.6	11.9	39.7	13.8	33.4	7.8
2004	47.9	12.9	35.0	13.7	39.0	13.9	31.9	8.3
2005	50.2	10.5	35.8	14.8	40.0	14.9	40.3	9.6

长三角服务业一体化进程不断加快。三地在服务业方面的合作和联系不断加强，金融、物流、旅游等一体化的平台加速形成。上海推进国际金融中心建设，杭州和南京加紧建设区域金融中心，长三角的金融联动不断推进，长三角15个城市人民银行就金融监管和金融市场建设跨区域合作事宜进行磋商、16家农行组建“区域金融共同体”等合作行动陆续展开；两省一市谋划建设“无障碍物流”，上海和浙江就大小洋山深水港进行合作开发；长三角城市与黄山市的旅游行业代表共同签署了“杭州合作宣言”，建设跨省市的“无障碍旅游区”。

（二）长三角地区两省一市服务业发展基本情况

1. 上海市

1）目前发展情况

（1）服务业总量。统计数据显示，服务业对上海经济的持续健康发展发挥了重要的支撑作用。1991~2004年，上海服务业增加值年均增速达到12.7%，比同期全市生产总值的增速高0.7个百分点，占GDP的比重从20世纪90年代初的30%左右提高到近50%。2005年上海服务业增加值达到4588.38亿元，占全市生产总值的比重近50.18%，同比增长10.5%。从2000~2005年，上海市服务业比重一直徘徊在全市GDP的50%左右，产业结构优化程度位居苏浙沪地区第一位。

（2）服务业就业情况。上海服务业吸纳的就业人口已超过制造业，2004年服务业从业人员422.21万人，吸纳就业人员比重达51.9%。金融、物流、商贸、房地产、旅游和信息服务等行业占全市服务业增加值的比重已超过70%。文化、教育培训、医疗

① 朱李鸣：《长三角产业布局与发展研究》，《2005年：中国长三角区域发展报告》，2005年3月。

卫生、体育、会展和中介服务成为上海服务业中极具增长潜力的新兴行业。

（3）国际服务贸易情况。在服务业发展的同时，国际服务贸易保持了快速增长势头。上海国际服务贸易进出口总额，2000 年为 79.1 亿美元，2004 年达到 244.8 亿美元，年平均增长率达到 33%，高于服务业年均增长速度，也高于货物贸易年均增长速度。

2）存在的主要问题

20 世纪 90 年代以来，上海产业结构进行了战略性调整，按照"三、二、一"产业发展方针，优先发展第三产业，取得了显著成效。到 2002 年，上海第三产业增加值占全市 GDP 的比重已达 51%，但以后两年又出现了回落迹象。上海服务业的发展停滞的原因在于现代服务业发展方向不明、增长乏力、后劲不足，而根本原因还是在于路径依赖不清晰。上海现代服务业发展一靠市场，二靠空间。换一句话来说，一是依赖于现代服务业向本市市场的广度和深度推进；二是依赖于现代服务业走出上海拓展新的增长空间。从这个角度来看，也就是上海现代服务业发展需要市内与市外"两条腿"走路。

从市内发展来说，一方面，由于全市先进制造业和现代农业发展不够充分，转型社会消费倾向发生变化等因素，造成现代服务业先天不足，市场局限，根基不牢。另一方面，由于现代服务业资源配置不及时，再加上体制机制的障碍尚未完全破除，使现代服务业长期处于被动应付和被动发展状态。其结果：上海现代服务业在围城中找不到突破口，最终是"团团转"而不得要领。

从市外发展来说，由于求静怕动，患得患失，安于现状，缺乏跨出市外打天下的竞争意识和风险精神，缺乏资源共享、优势互补、协同发展的市场合作胆识，因而也就放着巨大的增长空间而迈不开步伐。拿上海与长江三角洲来说，长三角现代服务业增加值占 GDP 的比重平均要比上海低 9 个百分点左右，迫切需要增加现代服务业的供给，这本来正是上海融入长三角、服务长三角的极好机遇，但这个缺口还没有由上海现代服务业加以补缺。因此，上海有必要克服"就上海论上海"进而"就上海发展现代服务业论上海现代服务业"的狭隘观念，跳出上海现代服务业局限于本市的发展思路，迈开一步，走向长三角乃至走向全国。

实际上，上海要在发展壮大自身的同时，还需要进一步"服务长三角、服务长江流域、服务全国"。上海的制造业还不够强大，优势也不甚明显，市内外产业链的形成尚需时日，如何服务还需市场化推进，唯有现代服务业上海有较为显著的比较优势，也能够为市外提供服务。如此，不仅使上海"三个服务"落到了实处，而且也将使上海现代服务业的市场半径大为扩展，发展空间更加辽阔。按照这种发展思路，上海现代服务业首先需要的是走向长三角、融入长三角、服务长三角。

上海现代服务业要加快"走出去"，一要靠意识。没有积极开拓的战略眼光和融入服务的市场胆略，也就不可能在长三角乃至更大范围内施展拳脚。二要靠实力。没有市场影响力或品牌感召力的企业是难以走出去的，也不可能走得很远，因而也就需要摸底梳理，分类推进。三要靠机制。走出去需要形成相应的激励机制和配套政策，走出去也需要同当地构建多形式的利益协调机制，让当地也能够得到实惠，否则，走出去的基础就不会牢固，最终还会退回来。近年来，上海与长三角各城市

之间在旅游、会展、人才、质量技术监督、科技、信息、教育、交通等二十余个领域正在实现越来越有效的合作与联动，长三角区域经济共同发展的趋势逐渐显露。但是，上海现代服务业融入长三角是一个长期的战略发展过程，要实现这一目标，必须确立新的服务理念，依靠市场化运作机制，转变政府职能，理顺合作发展机制，完善利益协调机制，充分调动内资外资两个积极性，统筹整合服务资源，建立公共服务平台，构建基础设施网络，完善相关发展机构，采取重大推进举措。

3）未来发展方向

根据上海市政府发展规划，上海市未来现代服务业的发展思路如下：

（1）三个层面发展。上海现代服务业发展的空间布局已相对集中，中心城区已成为上海服务业发展的重要载体。全市的产业布局将在三个层面上展开。第一个层面是上海市一级的现代服务业的集聚带，要打造三条“二横一纵”的现代服务业的集聚带；第二个层面是依托区位优势和产业基础，突出强势产业，在中心城区规划建设12个各具特色的现代服务业集聚区；第三个层面是依托重大功能性基础设施项目、大型交通枢纽和产业基地，在郊区规划建设7个以生产性服务业为特征的现代服务业集聚区。

（2）四个中心建设。上海在坚持二、三产业共同推动经济发展的同时，把现代服务业发展放到更加突出的位置，围绕“四个中心”建设，特别是国际航运中心和国际金融中心的建设，加快构筑现代服务业体系，坚持扩大开放，进一步提高国际竞争力。根据2005年上海制定的《上海加速发展现代服务业实施纲要》，建设国际经济、金融、贸易和航运“四个中心”，是上海发展现代服务业的重点领域。

（3）六大重点领域。根据上海“四个中心”的战略定位，结合上海现代服务业的基础和条件，上海将按照“突出重点、分类推进”的原则，选择发展潜力大、产业关联度高、面临良好发展机遇的六大重点领域，集中突破，带动上海现代服务业的加速发展。这六大领域分别为：以资源集聚和金融创新为抓手，大力发展金融业；以综合改革试点为契机，积极扶持发展文化服务业；以扩大“两港”开放为突破口，加速发展现代物流和航运服务业；以举办世博会为契机，整合发展会展、旅游业；以城市信息化为抓手，培育壮大信息服务业；以市场化、专业化为方向，着力提高专业服务业水平。上海将按照国家的统一部署，进一步放宽市场准入，降低门槛，健全各行业的管理规范，抓紧制定行业标准，规范市场准入制度和行业监管办法，营造公平、公正、公开的市场环境，形成服务业领域国资、民资、外资联动发展的新格局。在保障基本公共服务的基础上，抓紧落实文化综合改革试点、教育综合改革实验区等相关政策，加快文化、教育等产业发展。同时，上海还将积极发展“总部经济”，大力推动国际服务贸易发展，不断提升城市综合服务功能。

（4）加快融入长三角。在市场建设方面，推动建设联合的产权交易市场、人才市场、劳动力市场、生产资料市场、商品市场和农副产品市场等，并要推动上海资本市场、期货市场、保险市场、黄金市场等国家级要素市场等现代服务业向长三角的融入发展。在平台建设方面，联合推动信息平台、产业平台、物流平台、科技平台、教育平台、文化平台、医疗平台、体育平台等建设，把上海的比较优势体现在融入长三角发展上去。在产业发展方面，要加快海陆空物流产业的联动发展，形成组合发展网络；要加快交通卡、社会保障卡及医疗保险等的互联互通；要积极探索地方银行的战略联盟，共同探索金融改革和金融创新的路径；要推动有品牌、有影响、有规模的咨询中介机构向长三角的扩展；要加强科技文化的互动，增强科技文化为长三角服务的力度；要充分发挥上海教育、卫生、体育资源的合作优势，推进合作办学、合作办医、远程教育、远程医疗咨询以及共同开拓体育竞赛、体育健身、体育旅游等体育服务业市场；要进一步推进旅游会展业的深度合作，探索集团化经营方式；要进一步完善商贸业融入长三角发展的动力机制和利益协调机制等。

2. 江苏省

1）目前发展情况

（1）服务业总量。2005 年，江苏省服务业实现增加值 6540.87 亿元，服务业保持了稳定增长，服务业可比增速 14.8%，占全省生产总值的比重为 35.8%。服务业增加值比上海高 1952.49 亿元（2004 年比上海高 1806.34 亿元），比浙江高 1195.87 亿元（2004 年比浙江高 989 亿元），与 2004 年相比，与上海、浙江的差距进一步加大，服务业总量继续位居苏浙沪地区第一位。

（2）各地服务业增长情况。各地服务业均有不同程度的增长情况。以 2005 年上半年为例，全省 13 个省辖市服务业增长速度均在 12% 以上，排名前五位的是苏州 15.2%、无锡 15.0%、徐州 14.9%、常州 14.6%、镇江 14.3%。

（3）服务业内部行业发展情况。2005 年上半年，在服务业内部各行业中，交通运输仓储和邮电通信业实现增加值 505.9 亿元，占全省服务业总量的 17.8%，增长速度为 13.4%；批发零售贸易和餐饮业增加值 26.1 亿元，占 32.6%，增长 14.4%；金融保险业增加值 339.8 亿元，占 12%，增长 13.3%；房地产业增加值 285.5 亿元，占 10%，增长 4%，扭转了今年一季度负增长 9.6% 的局面；其他服务业增加值 783.5 亿元，占 27.6%，增长 11.9%。以上五大行业增加值占全国同行业总数的比重分别是 12%、18.4%、9.7%、18.7% 和 11.5%。

（4）服务业投资情况。2005 年上半年全省服务业完成城镇固定资产投资 1347.61 亿元，比上年增长 22.7%，占全省城镇固定资产投资总额的比重为 53.2%。扣除交通、水利、环境等公共设施建设投资，实际投入服务业发展的资金 900 亿元左右，其中房地产项目 614.82 亿元，占实际投入的 68.3%。

2）存在的主要问题

江苏省充分利用了 20 世纪 90 年代世界制造业的转移，制造业得到了强势的发展。这几年，江苏省整体经济实力一直排在全国第二位，仅次于广东省。在这样的情况下，第三产业也就是现代服务业的发展明显滞后，第三产业在江苏省的比例相对来说是比较低的，比上海和浙江都要低。以 2004 年的数据为例，江苏省一、二产和三产的比例为：8.5%，56.6% 和 34.9%；浙江省三个产业的比例为：7.3%，53.8% 和 39%；上海三个产业的比例为：1.3%，50.8% 和 47.9%。一般而言，一个地区的第三产业比例越高，产业结构高度也就越高。从以上的数据来看，在长三角，上海的产业结构高度最高，浙江

省其次，而江苏省最低。

一般而言，一个地区的第三产业滞后，将会对城市化进程造成阻碍，长期发展下去则会造成地区经济的扭曲和失衡。江苏省2003年和2004年制造业成分不断上升，从经济长远发展的角度来说是一个退步，对产业的优化和升级不利。随着江苏省制造业的不断发展以及国际制造业的转移，现在面临着产业升级和优化。一方面，制造业发展到一定程度需要第三产业的支持，江苏省的现代服务产业，特别是为生产企业服务的服务业比如金融业等，发展相对滞后，要想更好地发挥第二产业的优势就要加快发展第三产业；另一方面从经济发展规律来说，总是从一产到二产再到三产，因此从江苏省产业升级的角度来看，也需要发展现代服务业，加快发展第三产业也将优化及提升江苏省的产业结构；另外，从提高人民生活水平和构建和谐社会的角度来说，也需要大力发展现代服务业。现代服务业是以城市为基点的，现代服务业的发展也将会提升城市整体的竞争力。

江苏省现在意识到这一点了，要把先进制造业和现代服务业的发展结合起来。当制造业发展到一定阶段的时候，第三产业对第二产业的制约作用会越来越突出。因此，江苏省目前加快推进现代服务业发展的政策，是顺势而为的一个重大决策，将有利于江苏省实现产业结构优化和产业结构转换。

3）未来发展方向

对当前和今后一个时期，江苏省要着力抓好十个服务产业的发展，这些行业将是未来发展现代服务业的重点对象。

（1）现代物流业。充分发挥江苏交通发达、产业基础较好的优势，加强物流资源整合，加快发展第三方物流，培育壮大一批有竞争力的现代物流企业集团，建立公共物流信息平台，促进物流网络体系的形成。

（2）科技服务业。积极兴办各类科技服务机构，加强区域性、行业性生产力促进机构和科技创新服务机构建设，加快农村科技服务机构发展，支持公共科技平台建设，促进资源和信息共享。

（3）金融业。支持各类金融机构在江苏发展。鼓励建立中外合资银行、保险、证券和投资性公司。大力发展地方金融保险业，加快组建地方商业银行和保险机构。

（4）商务服务业。加快发展法律、会计、审计、咨询、经纪代理、就业和劳务中介等商务服务业，规范公平、公开、公正的中介服务市场秩序，提高商务服务水平。加快发展以国际化、专业化、贸易型为主导的会展经济。

（5）信息服务业。建立健全电子商务认证体系、网上支付体系、物流配送体系和服务应用系统，加快有线电视数字化进程，积极建设第三代移动通信网络。推动社会服务信息化，促进信息资源共享。大力发展软件产业，扩大承接软件外包业务。

（6）文化产业。进一步推动文化和经济的相互融合。积极发展教育、卫生、体育、文化娱乐、新闻出版、广播电视等大文化产业，培育文化产业集团，壮大产业规模，提高竞争力。加大开放力度，积极探索多元化投入路子，增强发展活力。

（7）旅游业。大力发展观光、度假、休闲、商务、会展等旅游项目，积极开发工业旅游、农业旅游、红色旅游等特色旅游项目。到2010年，旅游业增加值占地区生产总值的比重要达到6%以上，占服务业增加值比重达到16%，旅游就业人数占就业总量的10%。

（8）商贸流通业。继续大力发展连锁、超市、代理制等新型业态，形成多元化、多层次的商业销售网络。集中力量在商品生产地或集散地扶持发展一批面向全国的大型专业批发市场。

（9）房地产业。继续深化住房制度改革，加强房地产市场调控，规范房地产市场交易行为，扩大房地产有效需求。把解决中低收入人民群众的住房问题作为重点，发展经济适用住房、廉租房和普通商品住宅，建立合理的住房供给体系，促进房地产业健康、持续、稳定发展。

（10）社区服务业。鼓励创办各种便民利民的社区服务企业，形成广覆盖、多层次、社会化的服务体系。加快发展养老托幼、社区医疗、家庭教育、环境卫生、物业管理等服务业，培育社区服务新的增长点。

3. 浙江省

1）目前发展情况

（1）服务业总量。2004年，浙江省服务业增加值为4382亿元，四年年均增长13.2%，比“九五”时期加快2.2个百分点，占GDP的比重从2000年的36.3%提高到2004年的39%。2005年实现增加值5345亿元，服务业保持了稳定增长，服务业可比增速14.9%，占全省生产总值的比重进一步提高为39.99%。浙江省服务业总产值2000年位居苏浙沪第三，2001年开始超过上海，总量一直保持第二位。同时，从2001年开始，浙江服务业连续五年保持两位数增长，增长速度一直位于苏浙沪第一位。在三产比重上，浙江服务业比重占地区GDP的40%，成为地方经济的第二大支柱。

（2）服务业行业发展。浙江省运用现代经营方式和服务技术改组改造商贸流通、交通运输等传统服务业，积极发展连锁经营、物流配送、多式联运、网上销售，专业市场在整合和创新中得到发展提升，金融、保险、房地产、旅游、软件、信息、会展、社区服务等新兴服务业迅速发展，成为浙江省服务业的新增长点。其中房地产业、金融保险业、其他服务业占服务业的比重从2000年的42.6%上升到2004年的50.5%。交通运输和通信业快速发展。全省已初步形成四通八达的水、陆、空并举的综合运输网络，杭州至其他10个区市的四小时公路圈建成。在政府行政管理、社会公共服务、企业生产经营活动等各个领域，广泛推广和运用数字化、网络化技术，加快发展电子商务和网络教育，提高计算机和网络在全社会的普及应用程度。至2005年6月末，全省国际互联网用户超过500万户，电话用户4641万户，其中固定电话和移动电话用户分别为2141和2500万户，98%以上的行政村已通电话，有线电视入户率达56.4%。

2）存在的主要问题

在浙江服务业平稳发展的同时，应该看到其发展增速已明显滞后于GDP增速，所占比重不高等问题比较突出。

（1）服务业增加值增速滞后于GDP增速，增加值、从业人员比重回落。2005年，浙江省服务业增加值占GDP的40%，《“十五”规划纲要》中要求服务业占GDP比重每年

提高约1个百分点、到2005年达到41%的目标未能如期完成。服务业发展滞后的原因，除了服务业发展本身缺乏新增长点外，主要是第二产业特别是工业的加快发展使服务业所占的份额相对减小。

（2）现代物流、现代流通和新兴服务业发展总体水平偏低，房地产投资和交易逐渐降温。虽然浙江省服务业内部行业结构得到进一步优化，但交通运输邮电通信业、批发和零售贸易餐饮业两大传统行业增加值占服务业比重仍然较高，且升级改造的步子不够快，新兴业态所占的比重仍然较低。2005年全省贸易连锁企业零售额仅占全社会消费品零售总额的11%左右，仅相当于上海的1/4，缺乏国内外知名的大型商贸龙头企业。而且浙江省连锁企业在本地市场竞争中并不具有明显优势，上海联华、华联、农工商等大型连锁企业通过重组、兼并等方式在浙江省的规模扩张十分迅速，一大块连锁销售市场已被省外企业占领。新兴服务业发展也存在着一些困难和问题，总体水平偏低。

（3）城乡居民收入差距较大，低收入群体的消费难以扩大。虽然城乡居民收入继续保持较快增长，但不同家庭之间收入差距进一步扩大。

（4）贸易摩擦增多，欧美等国对我国纺织品服装、鞋类出口重新设限，以及人民币升值压力加大等对出口贸易带来一定影响。2005年7月汇率制度改革时人民币兑美元的汇价为8.2765，对于以薄利多销为主要竞争手段的大多数出口贸易企业的压力明显加大。

（5）生产资料价格上涨使服务业企业的商务成本和劳动力成本上升，赢利空间减少。随着能源、煤炭供应和运输的紧张，浙江省公用事业中水价、电价、管道煤气以及铁路运输、城市公交运输等服务项目面临较大的成本压力，为此政府出台了一系列公用事业及服务项目的调价政策，各地陆续上调了自来水、用电、管道煤气、医疗保健服务、交通费用等价格。同时，受国际原油价格持续攀升影响，成品油、液化石油气价格在去年高价位上继续上扬，使服务业企业的经营成本和投资成本大幅上升，且成本的升幅超过服务产品价格的涨幅，赢利空间减小。市场价格总水平的上涨和劳动力供求的变化，也迫使企业提高员工工资，使劳动力成本大幅上升。房地产价格涨幅虽有回落，但仍维持在高位，使浙江省的商务运营成本在全国各省市中处于较高水平，成为制约服务业企业进一步扩张发展的重要因素。据商务成本统计监测评价指标体系测算，在经济比较发达的五省一市中，综合商务成本从低到高的排位依次是：江苏、广东、山东、上海、浙江、福建，浙江省仅低于福建，而江苏比浙江低15.0%，广东、山东、上海分别比浙江低5.7%、5.3%、3.7%。

3）未来发展方向

从浙江服务业的发展状况看，产业结构的不合理和产业升级缓慢成为制约服务业快速增长的主要因素。服务业的增长对浙江经济的可持续发展起着日益重要的作用，是下一阶段浙江经济继续快速增长的突破口。近年来，浙江省服务业发展趋于平稳增长，服务业比重也在不断提高，一些行业部门的发展也走上快速轨道。交通运输及仓储业、房地产业、卫生、社会保障和福利业、科学研究事业、综合技术服务业、公共管理和社会组织等行业部门的重要性日渐突显，无论从影响力还是最终需求的生产诱发分析，这些行业部门的影响程度都在不断增强。金融保险业对其他各部门产生的波及影响程度虽然有所减弱，但其对其他部门的生产提供的产出却增长很快，感应程度在不断增强；批发和贸易零售业、住宿和餐饮业、社会服务业、教育事业等行业部门的影响程度近年来虽然有所减弱，但作为传统主导行业，仍占据重要地位。

要积极培育现代服务业。进一步放宽市场准入，引导各类服务行业向产业化、市场化、社会化方向发展，积极发展金融保险、交通物流、贸易、中介、信息等需求压力较大的生产性服务业，促进制造业和服务业融合互促。大力发展商贸、旅游、文化、房地产等生活性服务业，满足居民消费层次提升要求。进一步挖掘服务业安置就业的巨大潜力，鼓励发展社区服务、农业服务等劳动密集型行业，以实施CEPA为契机，大力发展技术、知识密集型服务业，抢占现代服务业的某些制高点。

服务业涉及面很广，而且服务业的新型业态还在不断产生，因此大力发展现代服务业、提高服务业在经济中的比重是实现经济可持续发展的重要途径。一要加快现代服务业的基础设施建设，拓宽融资渠道和方式，增加直接投融资和项目融资的比重。二要大力推进小城镇和农村现代服务业的发展，在扩大就业的同时促进城市化发展。三要根据现代服务发展的需要，着眼于世界高科技发展的趋势，立足于现有基础和优势，坚持“有所为、有所不为”的原则，选择一批拥有自主知识产权的、属于核心技术范畴的、有广阔实用价值或市场需求的技术项目，有效开展技术攻关及其应用性推广，以带动浙江现代服务业的水平上一个新的台阶。四要积极发展服务贸易出口。服务贸易通常有过境支付、跨境消费、商业存在和自然人流动四种贸易形式。扩大“商业存在”需要以服务业的对外投资为前提，发展“自然人流动”需要有一批符合国外需要的高素质人才，这在短期内都是难以实现的。因此，要把“跨境消费”（如旅游业、国际会展、中文教育、中医服务）和“过境支付”（如国际电信、国际运输、软件出口等）作为扩大服务贸易出口的主要形式。重点发展投资少、见效快、效益好、就业量大、与经济发展和人们生活关系密切的服务行业，如国际旅游、国际运输、国际会展、对外承包工程、现代物流等，鼓励企业承接新一轮的国际服务业转移。同时大力鼓励民营企业进入服务贸易出口领域。五要大力推进现代服务业的信息化和网络化进程。按照建设“数字浙江”的总体要求，创造良好的信息化发展环境，深度开发和综合利用信息资源，加快信息网络建设和信息技术应用的步伐，普及各种信息化的服务方式，以信息化和网络化带动现代服务业的快速协调发展。

九　资源丰富的旅游业

（一）长三角旅游业发展总体状况

长江三角洲地区是全国经济发展水平最高、综合经济实力最强的地区之一，也是世界上最具活力和发展前景的经济区域之一，被法国地理学家戈特曼认为是世界第六大都市群。近年来，长江三角洲以独具江南特色、兼具现代都市风貌和历史文化底蕴的丰富的旅游资源为依托，以方便的旅游交通为基础，构筑了中国最具吸引力及发展潜力的旅游经济圈，已成为我国旅游业发展最快地区之一。

1. 国际旅游

长江三角洲是我国经济最发达、旅游资源最丰富的地区之一。自20世纪90年代中期以来，长三角国际旅游业得到了巨大发展，到长三角两省一市旅游的港澳台同胞和外国人数量迅速增长。从1995年的280.83万人次增加到2004年的711.55万人次（见表3－46），整整增长了近3倍。外国游客最多的上海达到319.67万人次，其次是江苏214.24万人次，最少的是浙江177.64万人次。另外长江三角洲两省一市外国游客占全国的比重也大幅度增加，从1995年的21.90%增加到2004年的29.14%，增加了7个百分点。这说明长三角这10年间国际旅游业的发展速度远远高于全国平均水平，这同长江三角洲的经济增长速度是一致的。

表3－46　长三角接待入境旅游人数

单位：万人次，%

地　区	1995		2000		2003		2004	
	总　计	外国人	总　计	外国人	总　计	外国人	总　计	外国人
全　国	1728.15	880.62	3112.31	1468.01	3016.957	1506.7181	4393.709	2441.9206
上　海	136.79	107.54	181.40	143.90	244.71	199.00	385.45	319.67
江　苏	76.77	48.68	160.95	98.15	223.16	143.45	306.57	214.24
浙　江	67.27	36.65	112.59	64.75	180.83	106.93	276.67	177.64
长三角合计	280.83	192.87	454.94	306.80	648.70	449.38	968.69	711.55
长三角占全国的比重	16.25	21.90	14.62	20.90	21.50	29.82	22.05	29.14

随着到长三角旅游的港澳台同胞和外国人数量的增加，长三角两省一市所获得的旅游外汇收入也得到迅速增长。从1995年的14.35亿美元增加到2004年的61.05亿美元，增长了4倍多。另外长三角国际旅游外汇收入占全国的比重也从1995年的17.40%增加到2004年的29.03%，增加了近12个百分点。

表3－47　长三角国际旅游外汇收入

单位：百万美元，%

地区	1995	1997	1998	1999	2000	2001	2002	2003	2004
全国	8249	10428	10760	12009	14327	15968	18531	14410	21031
上海	939	1317	1218	1364	1613	1808	2275	2053	3041
江苏	260	408	529	620	724	822	1050	1132	1763
浙江	236	345	361	410	514	699	928	873	1300
长三角合计	1435	2070	2108	2394	2851	3329	4253	4058	6105
长三角占全国比重	17.4	19.9	19.6	20	19.90	20.8	23	28.2	29.0

2. 国内旅游

表3－48～表3－50反映了近几年上海、江苏、浙江三地国内旅游的人数和收入，其中增长最快的是江苏，从2000年的7191.53万人次增加到2004年的14661.8万人次，旅游收入从2000年的587.52亿元增加到2004年的1289.82亿元，四年间分别增加了2倍多。相比之下，上海和浙江的增长并不怎么显著，原因主要是因为上海和浙江的旅游业起步比较早，2000年前的发展明显好于江苏，而江苏只是在近几年才重视旅游业的发展。

表3－48　上海市主要年份国内旅游人数与收入

单位：万人次，亿元

指标	2000	2001	2002	2003	2004
人数	7848	8255	8761	7603	8505
收入	979.4304	1009.5865	993.4974	1113.8395	1216.215

表3－49　江苏省主要年份国内旅游人数与收入

单位：万人次，亿元

指标	1995	1999	2000	2003	2004
人数	4403.4	6601.82	7191.53	11423.82	14661.8
收入	261.07	510.54	587.52	975.00	1289.82

表3－50　浙江省主要年份国内旅游人数与收入

单位：万人次，亿元

指标	2000	2001	2002	2003	2004
人数	5870	6895	8020	8429	10600
收入	430	529	633.8	695.3	902.5

（二）上海

进入21世纪以来，上海住宿业得到了迅速发展，客房住宿人数从2001年的1783.34

万人次增加2004年的2070.13万人次，营业收入也从2001年的120.21亿元增加到2004年的165.59亿元。尤其值得注意的是上海住宿业的利润额增加速度比营业收入增加速度快得多，利润总额从2001年的3.13亿元增加到2004年的22.67亿元，增加了7倍多，而营业额在这三年间仅增加了1倍多。这主要是因为上海住宿业在这几年的发展比较规范，再加上优质客户如外国游客大量增加。

表3－51　上海住宿业接待经营情况（2001～2004）

指　　标	2001	2002	2003	2004
年末客房数（万间）	10.45	10.64	11.54	11.49
年末客房床位数（万张）	21.06	21.38	21.90	21.72
客房平均出租率（%）	56.1	62.1	57.2	62.9
星级宾馆	67.5	71.8	61.1	69.0
实际住宿人次数（万人次）	1783.34	1884.08	1824.12	2070.13
境外来沪	182.67	249.27	247.87	345.04
实际住宿人天数（万人天）	3539.36	3641.38	3060.52	3595.18
境外来沪	706.95	860.85	847.17	863.49
营业收入（亿元）	120.21	134.01	130.41	165.59
客房收入	61.56	73.29	69.33	89.99
餐饮收入	38.67	39.16	39.27	49.80
商品收入	5.19	3.50	3.54	3.68
利润总额（亿元）	3.13	8.62	4.66	22.67

2004年上海共有旅游星级饭店数为359家，客房60500间，其中五星级饭店达到24家，客房10500间；四星级饭店37家，客房13100间；三星级饭店132家，客房23500间。2004年上海市旅游星级饭店客房出租率为69%，其中五星级饭店的出租率最高达到76%，四星级其次达到72.3，以下是二星级、三星级、一星级，分别是66.3%、65.7%、61.1%。2004年上海旅游星级饭店的营业收入达139.69亿元，其中最高的是五星级饭店达60.10亿元。

表3－52　上海市旅游星级饭店基本情况（2004）

指　　标	合计	五星级	四星级	三星级	二星级	一星级
饭店数（个）	359	24	37	132	147	19
客房数（万间）	6.05	1.05	1.31	2.35	1.22	0.12
床位数（万张）	10.32	1.50	2.07	4.25	2.26	0.24
客房平均出租率（%）	69.0	76.0	72.3	65.7	66.3	61.1
营业收入（亿元）	139.69	60.10	34.33	35.24	9.37	0.65
平均房价（元/间天）	539	1177.21	586.81	332.94	204.70	178.23

2001～2004年上海市旅行社发展迅速，接待境内外来沪旅游者从2001年的400.14万人次增加到2004年的633.47万人次；出境旅游者从2001年的14.82万人次增加到2004年的49.86万人次；营业收入从2001年的58.47亿元增加到2004年的108.22亿元。

表3－53　上海旅行社接待经营情况（2001～2004）

指　　标	2001	2002	2003	2004
接待境内外来沪				
旅游者（万人次）	400.14	537.76	431.84	633.47
境外旅游者	97.42	128.37	51.48	78.40
外 国 人	86.88	117.80	47.17	74.92
中国香港	6.36	6.29	2.75	1.83
中国澳门	0.08	0.02	0.01	0.01
中国台湾	4.10	4.26	1.55	1.64
境内旅游者	302.72	409.39	380.36	555.07
出境旅游者（万人次）	14.82	18.91	28.77	49.86
经营和财务状况				
营业收入（亿元）	58.47	74.22	68.54	108.22
利润总额（亿元）	0.86	1.13	－0.28	1.81

改革开放以来，上海国际旅游业得到了飞速发展，2004年外国游客数增加到339.11万人次，其中所占比重最大的是日本游客达120.67人次，其次是美国达35.46万人次，另外台湾同胞、港澳同胞来上海旅游的人数也增长迅速，分别从2000年的19.88万人次、17.62万人次增加到2004年的71.75万人次、48.95万人次。

表3－54　上海主要年份国际旅游入境人数

指　　标	1978	1990	2000	2003	2004
国际旅游入境人数（万人次）	24.02	89.30	181.40	319.87	491.92
外国人	17.07	46.06	139.14	211.57	339.11
日　本	5.73	22.60	53.76	79.51	120.67
新加坡	0.34	1.02	5.29	7.46	12.74
德　国	0.73	1.60	7.11	9.90	16.42

续表 3－54

指　标	1978	1990	2000	2003	2004
法　国	0.70	1.19	5.39	4.81	8.98
英　国	0.44	1.11	1.69	0.86	9.52
意大利	0.39	0.99	1.88	2.35	4.81
加拿大	0.34	0.81	2.25	3.86	6.08
美　国	3.87	4.67	13.78	20.99	35.46
澳大利亚	0.42	0.53	3.23	4.45	7.75
港澳同胞		10.33	17.62	35.03	48.95
台湾同胞	6.29	31.03	19.88	52.28	71.75
华　侨	0.66	1.88	4.76	20.99	32.11
平均每天来沪旅游人数（人次/天）	658	2447	4970	8764	13477
来沪旅游者平均逗留天数（天/人）	3.87	2.83	3.92	3.61	3.50
国际旅游（外汇）收入（亿美元）	0.56	2.31	16.13	20.53	30.89

注：1. 本表数据由上海市旅游事业委员会、上海市出入境边防检查总站等提供。

2. 自 2003 年起，国际旅游入境人数包括由上海入境的（剔除在上海空港中转的游客）外国人、华侨、港澳台旅客以及经外省市入境后来沪的外国人、华侨、港澳台游客两部分。

2005 年上海市进一步优化旅游环境，加快旅游资源整合，旅游业服务水平得到了不断提升。2005 年，上海全年实现旅游产业增加值 584.26 亿元，比上年增长 15.8%。至 2005 年年末，上海全市星级宾馆已达 351 家，其中五星级宾馆 25 家。全市已有旅行社 763 家，其中，国际旅行社 52 家，国内旅行社 711 家。入境旅游人数稳定增长。全年接待国际旅游入境人数 571.35 万人次，比上年增长 16.1%。其中，入境外国人 452.27 万人次，增长 21.8%；港、澳、台同胞 119.08 万人次，比上年下降 1.3%。在国际旅游入境人数中，入境过夜旅游人数 444.54 万人次，比上年增长 15.3%。国际旅游外汇收入 36.08 亿美元，比上年增长 16.8%。全年接待国内旅游者 9011.94 万人次，比上年增长 6%，其中外省市来沪旅游者 6804.98 万人次，增长 7.2%。国内旅游收入 1308.41 亿元，比上年增长 7.6%。

（三）江苏

江苏是一个无论人文旅游资源还是自然旅游资源都十分丰富的经济大省，虽然改革开放初期，旅游经济的发展相比于上海来说并不怎么迅速，但 20 世纪 90 年代中期后特别是进入 21 世纪后，江苏的旅游事业快速发展，很快赶上了上海和浙江，国内旅游人数从 2000 年的 7191.53 万人次增加到 2004 年的 14661.80 万人次（见表 3－55），在短短四年内增加了 2 倍多，其中国内旅游人数最多的地级市是苏州达到 3157.21 万人次，再次是省会南京达到 2806.32 万人次，以下是无锡、常州、镇江等。

表 3－55　江苏省国内旅游人数

单位：万人次

指　　标	1995	1999	2000	2003	2004
全　　省	4403.40	6601.82	7191.53	11423.82	14661.80
南京市	764.66	1145.72	1272.70	2223.92	2806.32
无锡市	841.08	1072.26	1127.77	1765.16	2201.56
徐州市	177.84	312.72	360.09	583.58	801.45
常州市	331.30	385.89	428.33	817.10	1040.66
苏州市	821.06	1305.97	1496.05	2350.17	3157.21
南通市	228.44	317.91	319.88	514.97	628.76
连云港市	120.12	281.71	308.49	501.58	609.42
淮安市	299.85	304.33	280.89	406.10	490.32
盐城市	258.18	307.74	328.80	415.09	465.13
扬州市	301.20	410.78	436.66	685.33	903.51
镇江市	259.67	399.45	442.75	670.23	970.89
泰州市		233.40	286.02	349.87	420.88
宿迁市		123.94	103.10	140.72	165.69

随着国内旅游人数的增加，国内旅游收入自然而然也得到了迅速增加，江苏全省国内旅游收入从2000年的587.52亿元增加到2004年的1289.82亿元，也增加了两倍多。与旅游人数相对应，旅游收入最多的也是苏州达到295.69亿元，其次是南京达到271.27亿元，以下同样是无锡、常州、镇江。

表 3－56　江苏省国内旅游收入

单位：亿元

指　　标	1995	1999	2000	2003	2004
南京市	51.55	91.97	101.08	209.88	271.27
无锡市	48.85	89.10	101.75	167.33	212.46
徐州市	8.18	21.68	23.87	42.68	59.58
常州市	22.12	34.87	36.10	70.13	92.16
苏州市	44.42	107.35	125.22	211.87	295.69
南通市	16.29	20.52	28.24	40.24	48.98
连云港市	7.97	19.86	24.21	41.23	49.60
淮安市	12.81	11.40	12.48	21.34	28.21
盐城市	18.70	24.63	29.46	30.44	33.64
扬州市	19.14	31.54	37.26	50.99	67.82
镇江市	11.04	36.04	41.93	54.02	85.95
泰州市		16.22	20.46	27.40	35.07
宿迁市		5.36	5.46	7.45	9.39
全　　省	261.07	510.54	587.52	975.00	1289.82

注：1995年扬州包括泰州、淮安包括宿迁。

除了国内旅游增长迅速外，江苏省也吸引了大量的国外游客，并且自2000年起增长十分迅速。接待外国游客从2000年的143.45万人次增加到2004年的214.24万人次，增长了1.5倍，而旅游外汇收入增长更快，从2000年的7.24亿美元，增加到2004年的17.63亿美元，增长了2倍多。

表3-57　江苏省主要年份国际旅游情况

单位：万人次，亿美元

指　标	1995	2000	2003	2004
接待海外旅游者	76.77	160.94	223.16	306.57
外国人	50.33	98.15	143.45	214.24
香港同胞	14.66	24.90	29.24	35.39
澳门同胞		2.16	3.00	3.09
台湾同胞	11.78	35.73	47.47	53.85
旅游外汇收入	2.60	7.24	11.32	17.63

2005年，江苏省国内国际旅游业得到了进一步快速发展。全年国内旅游人数17234.26万人次，比上年增长17.6%；国内旅游收入1625.62亿元，增长26.0%。全年境外入境旅游人数378.3万人次，比上年增长23.4%，其中外国人262.1万人次，增长22.4%，港澳台同胞116.2万人次，增长25.8%。国际旅游外汇收入22.6亿美元，增长28.1%。旅行社组织公民自费出境旅游25.7万人次，增长2.9%。

（四）浙江

浙江省自20世纪90年代后期经济开始腾飞，人均GDP和人均收入已列全国各省之首。与此同时，有着丰富的自然旅游资源和深厚文化底蕴的浙江，其旅游事业也得到了迅速发展，国内旅游人数从2000年的5870万人次增加到2004年的10600万人次，国内旅游收入从2000年的430亿元增加到2004年的902.5亿元，分别增加了近2倍左右。

表3-58　浙江旅游事业发展情况（2000～2004）

项　目	2000	2001	2002	2003	2004
国内旅游					
人数（万人次）	5870	6895	8020	8429	10600
收入（亿元）	430	529	633.8	695.3	902.5
入境旅游					
人数合计（人次）	1125898	1469502	2041761	1806386	2766680
外国人	643840	818686	1214635	1068318	1776392
港澳同胞	210890	251159	302949	311491	456517
台湾同胞	271168	399657	524177	426577	533771
创汇收入（万美元）	51397	70693	92763	87039	130047

表3－59反映了浙江省近十年来国际旅游业的发展情况，入境旅游人数从1995年的672717人增加到2004年的2766680人，增长了4倍多。旅游创汇收入从1995年的2.36亿美元增加到2004年的13亿美元，增长了5.5倍多，这个速度远远高于江苏和上海，充分展现了“浙江现象”的神秘。

表3－59　浙江国际旅游发展情况（1995～2004年）

单位：人，万美元

年　份	入境旅游者人数	外 国 人	港澳台同胞	旅游创汇收入
1995	672717	366491	283353	23591
1996	729012	412970	293000	29184
1997	811468	453449	328430	34495
1998	819615	414273	364074	36122
1999	947788	506650	408454	41009
2000	1125898	643840	482058	51397
2001	1469502	818686	650816	70693
2002	2041761	1214635	827126	92763
2003	1806386	1068318	738068	87039
2004	2766680	1776392	990288	130047

2000～2004年，浙江共接待台湾同胞533771人，香港同胞409385人，港台两地来浙江旅游的人数均超过其他国家来浙江的人数。除港澳同胞外，浙江接待的入境旅游者中，人数最多的也是日本达到348246人次（见表3－60），其次是韩国达到297199人次，再次是马来西亚、美国、新加坡。

表3－60　浙江接待入境旅游者人数（2000～2004）

项　目	2000	2001	2002	2003	2004
日　本	162908	202680	262991	223193	348246
韩　国	89332	121735	216004	202786	297199
马来西亚	40010	48652	99033	81371	151475
美　国	65672	72989	90745	75062	129821
新加坡	32421	37693	69848	57257	99754
泰　国	20445	26851	48875	32983	67780
德　国	23742	27618	30067	27608	55083
意大利	15338	21780	25830	26982	44095
法　国	18094	22104	28507	22383	41136
印度尼西亚	14798	18042	22339	24009	37798
澳大利亚	13076	16734	19628	20190	34590

续表 3-60

项　目	2000	2001	2002	2003	2004
英　国	14153	16346	20867	19927	30685
印　度	8194	11474	13569	16738	30656
菲律宾	11813	15673	19817	14345	28946
加拿大	14990	20639	22908	19716	28742
西班牙	10463	13709	15377	11801	21970
荷　兰	7748	9924	11618	11371	20498
俄罗斯	7872	11289	9776	9686	18712
瑞　典	4129	5963	5862	5785	8761
瑞　士	2821	4171	3750	4378	6975
新西兰	3464	5232	3612	4289	6074
香　港	180726	221071	265738	279378	409385
澳　门	30164	30088	37298	32113	47132
台　湾	271168	399657	524332	426577	533771

2005 年，浙江省全年国内旅游者 12758 万人次，比上年增长 20.4%；国内旅游收入 1240 亿元，增长 22.4%。境外入境旅游者 348 万人次，增长 25.8%。其中，外国人 232.9 万人次，增长 31.1%；香港、澳门和台湾同胞 115.1 万人次，增长 16.2%。国际旅游外汇收入 17.2 亿美元，增长 32.0%。2005 年，浙江全年国内国际旅游总收入 1378.8 亿元，增长 23.0%，“十五”期间年均增长 23.9%。

（五）长三角两省一市旅游业一体化的战略思考

长江三角洲旅游经济一体化，除了加强旅游基础设施建设，还需认真加强对总体发展战略的研究。一方面，积极提高长江三角洲各城市的旅游业发展水平，另一方面，推进“区域合作”，长江三角洲城市之间互为宣传、互送客源，做到互动、互赢和互利，城市之间无障碍交流。

（1）制度创新，实施区域旅游一体化战略。采取有效措施打破区域内条块分割的不利局面，建立一体化的旅游管理体制及市场组织体系，以确保长江三角洲旅游经济一体化目标的实现。

（2）旅游项目创新，全方位、多层次开发旅游资源。旅游产品开发应在现有基础上，将具有江南特色的人文资源与现代化的城市景观相结合，将纯朴的旅游文化与现代旅游经营理念相结合，国际和国内旅游并举，合作开发、合理布局，突出重点，开发出一批与长江三角洲地区经济水平相符合的旅游精品。长江三角洲旅游资源开发要各显优势，多样化发展，避免旅游活动内容上的重复和雷同。例如，水上观光休闲是具有永恒魅力的旅游产品，长江三角洲可以长江、钱塘江、古运河为依托，拓展水上旅游产品。再如，长江三角洲大部分城市为沿海城市，经济国际化程度比较高，以经济为主题的各种形式的大型国际会议和展览，将成为长江三角洲旅游会展经济的重点发展方向。

（3）联合宣传，塑造高品质旅游形象。长江三角洲各地、各旅游企业每年各种节庆活动不断，但各自分散，难以形成旅游整体形象。随着旅游需求的不断扩大及苏浙沪交通条件的不断改善，打破行政区划界限，实现资源共享、优势互补，共同开发旅游市场的呼声越来越高。“上有天堂，下有苏杭”，为使苏州、杭州两地旅游形成合力，共塑天堂形象，合作谋求双赢，苏州、杭州两市已签订了共同打造“天堂之旅”旅游品牌的合作协议。目前，南京与扬州也已签订了共同推进旅游市场一体化的协议。长江三角洲地区应该通力合作，充分利用区位优势、经济优势、资源优势等条件，以互补、互动、互利、互赢为原则，共同打造长江三角洲旅游品牌。

十　苏浙沪产业发展结构变革

在经济得到较大发展的基础上，近年来长三角地区的产业结构发生了很大的变化，其中制造业的变化最为突出，本文给以重点分析。

1. 三次产业结构由“二三一”向“三二一”转变

改革开放以来，苏浙沪三次产业结构转变明显，特别是近几年，结构调整和升级的步伐不断加快。除个别地方第一产业仍在地区生产总值中占有较大比重外，三地大部分地区特别是核心区15个城市的第一产业生产总值在地区生产总值中所占的比重迅速下降，第三产业稳步上升。1979年浙江的三次产业结构为42.9:40.6:16.5，到2001年已下降到8.8:51.2:40.0，22年中第一产业增加值在地区生产总值中的比重下降了34.1个百分点。与此同时，第二产业和第三产业的比值分别增加了10.6个和23.5个百分点。1998年以后，浙江的第二产业比值有下降趋势，第三产业开始出现上升势头。2001年浙江第三产业增长速度超过第二产业增长速度，在地区生产总值中的比重上升至38.4%，第三产业就业比重首次超过第二产业。江苏的情况也大体如此，经过前期工业化的快速发展以后，注意解决工业化的稳定与质量提升问题。上海依靠其国际化城市的优势地位，第三产业也有所发展。

表3－61　苏浙沪三次产业结构变化情况

单位：%

年　份	第一产业			第二产业			第三产业		
	江苏	浙江	上海	江苏	浙江	上海	江苏	浙江	上海
1980		36.0	3.2		46.8	75.7		17.2	21.1
1990		25.1	4.4		45.4	63.7		29.5	31.9
1994	16.6	16.6	2.5	53.9	52.1	58.0	29.5	32.3	37.5
1996	16.1	14.7	2.5	51.2	53.1	54.5	32.7	32.2	43.0
1998	14.1	12.4		50.6	54.6		35.3	32.9	
2000	12.0	11.0	1.8	51.7	52.7	47.6	36.3	36.3	50.6
2001	11.4	10.3	1.7	51.6	51.3	47.6	37.0	38.4	50.7
2002	9.9	8.8	1.65	52.7	51.2	47.6	37.4	40.0	50.75
2003	8.9	7.7	1.5	54.5	52.6	50.1	36.6	39.7	48.4
2004	8.5	7.2	1.3	56.5	53.8	50.8			

资料来源：《中国统计年鉴》、《江苏统计年鉴》、《浙江统计年鉴》、《上海统计年鉴》（历年）。

从第三产业与第二产业的比值来看，20世纪80年代初浙江的三次产业结构为“二一三”型，处于工业化的初期，为典型的工农业大省。80年代后期，浙江第三产业产值超过第一产业，产业结构由“二一三”型转向“二三一”型。1979年上海第二产业比值已高达近80%。20世纪90年代初浦东开放后，上海的第三产业得到较快发展，1999年第三产业比值超过第二产业。预计浙江在2010年前，第三产业比值可超过第二产业。而江苏预计在2015年左右实现三次产业结构由“二三一”型向“三二一”型转变。浙江的三次产业结构转换要慢于上海十二年左右，但与上海的差距已经明显缩小。

2. 20世纪90年代后，两省一市的第一产业比重均呈稳定下降趋势

上海成为国际化大都市的过程也是第一产业比重迅速下降，产业结构不断高级化的过程。据统计，上海的第一产业占国内生产总值的比重1980年为3.2%，1994年为2.5%，到2001年为1.7%，2003年为1.5%。浙江第一产业比重1980年为36.0%，1994年为16.6%，2001年为10.3%，2003年为7.7%，下降趋势较快；江苏第一产业比重1994年为16.6%，2001年为11.4%，到2003年下降为8.9%（见表3-62）。由于上海为都市型经济，20世纪50年代上海的产业结构已经为“二三一”型，即已经处于工业化中期阶段。浙江与江苏的三次产业结构与上海有着较大的差异，苏浙两省的第一产业比值即使进入后工业化阶段也不可能降低到上海目前的水平。正是由于省域与都市区域经济结构的差异，也使得上海与苏浙两省的产业结构特别是第一产业上有很大的互补性。

（1）长江三角洲地区是传统的鱼米之乡，随着经济的全面快速发展，第一产业仍然得到了较好的发展，只是在整个地区生产总值中所占的比重不断下降。

表3-62　苏浙沪第一产业变动情况

单位：%

年份	第一产业		
	江苏	上海	浙江
1980		3.2	36.0
1985		4.2	29.0
1990		4.4	25.1
1994	16.6	2.5	16.6
1996	16.1	2.5	14.7
1999	13.0	2.0	11.8
2000	12.0	1.8	11.0
2001	11.4	1.7	10.3
2003	8.9	1.5	7.7

资料来源：《中国统计年鉴》、《江苏统计年鉴》、《上海统计年鉴》、《浙江统计年鉴》（历年）。

（2）产业内部结构比重情况。基于自我保障供应、经济全面协调发展和部分解决就业与城乡协调发展的需要，近年来，长江三角洲地区的第一产业仍然保持了良好的发展势头。第一产业内部各部分都有所增长。

（3）苏浙沪三地第一产业（农业）比较优势分析。随着工业化进程的加快，苏浙沪三地第一产业的绝对量虽然不断扩大，但其在整个国民经济中所占的比重逐渐下降，并且各地的进程存在着一定的差异。

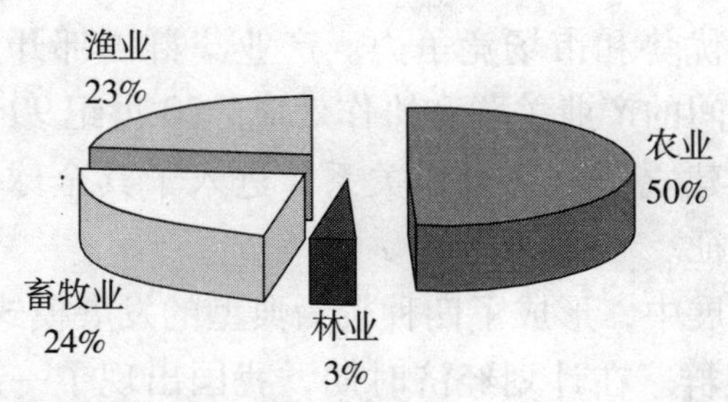

图3-10　2003年长江三角洲地区第一产业内部结构基本情况

2003年苏浙沪三地第一产业的总值共1928.33亿元，其中江苏为1106.35亿元，占总值的57.4%，浙江为728.00，占总值的37.8%，上海为92.98，占总值的4.8%。

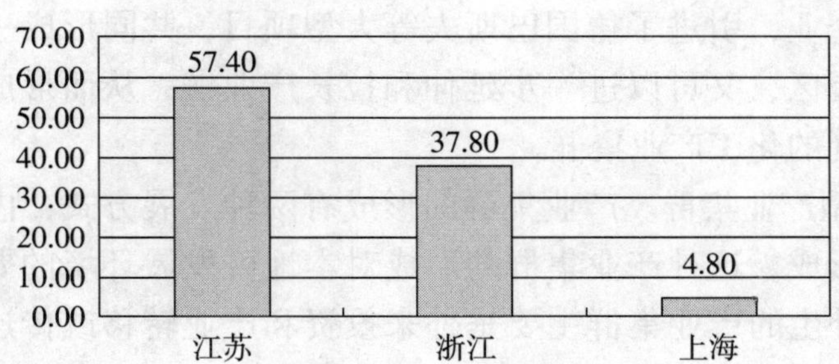

图3-11　2003年苏浙沪三地第一产业比较（单位：%）

（4）产业的区域分布情况。由于工业化进程的不一致，使得长江三角洲地区不同地区第一产业内部的发展也存在着不平衡性，有的地区发展较快，有的地区发展稳定。

3. 第二产业增加值不断增长

随着工业化进程的不断加快，长江三角洲地区的产业结构发生了非常明显的变化。其中最有代表性的变化就是第二产业在长江三角洲地区生产总值中所占的比重都有了较大幅度的提高，并随着第二产业比重的提高，推动了整个地区工业化进程向中后期过渡。

在整个地区经济发展进程中，工业的比重不断提高，工业对地区国民经济发展的贡献作用越来越明显。

4. 江浙两省的产业集群发展

1）江苏产业集群的发展模式分析

20世纪90年代中后期，随着外来投资的扩大和乡镇企业的发展，江苏一些地区开始集中办产业，一些产业集群初见端倪。进入21世纪，随着市场经济的发展和地方政府的引导，江苏产业集群得到快速发展，并形成了一定的发展基础。截至2003年末，江苏各地区共形成常熟服装服饰、吴江盛泽丝绸纺织、宜兴环保产业、锡山摩托车、扬中低压电器、邳州板材加工、丹阳眼镜、海门绣品、句容自行车等近百个比较成熟的产业集群。

江苏产业集群的演进过程总体经历了从分散办企业到集中办企业，由集中办企业到集成做产业等阶段。改革开放初期，江苏乡镇企业的兴起和快速发展，成为工业化初期的重要推动力量。随着经济社会不断发展，乡镇企业和城镇工业逐步向开发区、工业小区集中，构成企业群落。到20世纪90年代中后期，一批主导产业和特色产业的雏形逐渐形成，凸显出较大的比较优势和市场竞争力。产业集群内部开始形成的产品链将企业逐步聚集起来，增强了企业间的产业关联和协作效应。20 世纪 90 年代后，国外投资使江苏本地企业与国际跨国公司建立了分工合作关系，进入了其全球分工协作的产业链，使产业集群具备了全球化的特征。

在江苏产业集群的发展中，形成了四种较为典型的发展模式：

（1）大企业形成大集群。在计划经济时期，我国出现了一些由区位指向性相同的多个工业企业集聚而成的综合性工业区域，这类专业性工业区域随着产业的发展壮大，逐步形成一个围绕纵向产业链的产业集群区。江苏的大企业集群往往是以某个或多个大型联合企业为主，众多配套企业集聚形成的一个产业基地。例如南京江北的化工产业集群区。它以南京化学工业公司、扬子乙烯等国家特大型化工产业基地为基础，联合了仪征化纤等特大型化工企业，引进了德国巴斯夫等大型项目，共同形成一个现代化工产业园区。利用这一专业园区，又可以进一步延伸和拉长产业链，从而形成在国内有特色，整体规模位于全国前列的化工产业集群。

（2）外资引导型产业集群。产业集群的形成有两种发展方式：内生的产业集群主要是本地市场自组织形成，这种产业集群的形成对本地区发展环境的要求比较苛刻，发展过程也比较缓慢；外生的产业集群主要是外来投资和产业转移或传递的结果，这种方式更能节省时间，可以在承接国外产业转移中实现产业集群的跨越式发展。20 世纪 90 年代中后期，江苏以其本地的优越条件吸引大量外来投资和外来关键性企业，尤其是苏南地区诱发了大批产业集群的快速成长。在江苏外资引导型产业集群的成长中，既形成了产业转移型的高新技术产业集群，又发展了产业转移型的制造业产业集群。例如苏州地区的 IT 制造业集群，经过 10 多年的发展，吴江已初步形成了以吴江经济开发区为龙头，松陵、同里、芦墟等镇为支撑的电子信息产业集群。已有世界 500 强企业中的 3 家以及中国台湾和日本、韩国等近 50 家大型企业落户吴江，拥有计算机及外部设备、通讯类产品和电子元器件及电子材料等几十个产品的规模化生产能力。目前，吴江经济开发区内现有 IT 企业 341 家，累计引进外资 25 亿美元。IT 制造产业在吴江经济总量中的比重也逐年增长，2001 年实现销售收入 58 亿元，占全市销售收入的 13.4%，2002 年实现销售收入 144 亿元，占全市销售收入的 23.6%，形成了良好的发展势头。又如苏州太仓的自行车制造。太仓市陆渡镇把台资台商作为重点招商对象，把自行车产业作为重点引资产业，以“以外引外”的方式促成该产业的滚动发展，不断拉长产业链，扩大群体规模，形成了产业特色。到 2002 年中期，已引进自行车及自行车配件企业 46 家，其中整车企业 2 家，配件企业 44 家，投资总额 1.75 亿美元，注册资本 1 亿美元，已到位外资 8000 万美元。46 家企业已开业。2001 年自行车及自行车配件企业的销售收入达 6.5 亿元，2002 年生产出口自行车 200 万辆。

（3）依托乡镇企业发展形成的产业集群。乡镇企业是改革开放以来江苏经济发展的重要力量，它在发展中形成了独具特色的“苏南模式”。20 世纪 90 年代中期，江苏的乡镇企业在市场化进程的推进下逐步进入调整期，大批企业通过产权改制获得新的发展，与此同时，江苏乡镇企业为了重新获取竞争优势，加快了集群化发展的步伐，由此形成了一批以乡镇企业为依托的产业集群。例如镇江扬中的低压电器产业板块，苏州吴江的

丝绸纺织产业集群等。扬中的低压电器产业集群现有生产企业500多家，销售收入近50亿元，形成国内同行业首家通过国家评审验收的电力电器企业基地等等。

（4）资源加工型产业集群。资源加工型产业集群是通过地方特有资源带动企业地方集聚形成的产业集群。江苏一些地区依托当地特有资源形成了产业集群区，如徐州的邳州木材加工产业集群、连云港的东海水晶产业集群、无锡宜兴的陶瓷产业集群等，这些产业集群区随着集群产业体系的不断完善而获得新的发展。例如：宜兴因其特产紫砂泥而成为我国陶瓷工业基地之一，陶瓷工业既是宜兴的传统产业，又是宜兴的四大支柱产业之一。宜兴现有陶瓷企业411家，主要集中分布在丁蜀镇及周边地区、环科园内。近几年来，宜兴的陶瓷企业不断加强相互间的分工协作，通过产业集群的发展模式使宜兴陶瓷产业不断更新和发展，改变了“粗、大、笨”的产品结构模式，特别是新技术、新工艺的广泛应用，提高了陶瓷行业的整体水平，使宜兴陶瓷行业发展成为品种门类齐全，前后方配套协调的产业体系。目前，宜兴陶瓷产品门类有日用陶瓷、艺术陶瓷、建筑陶瓷、园林陶瓷、工业陶瓷、耐火陶瓷等七大类达7000多个品种。2002年，全陶瓷行业完成日用陶瓷7443万件、艺术陶瓷3.7万吨、建筑陶瓷83万吨、园林陶瓷9.2万吨、工业陶瓷1.64万吨、耐火材料9.92万吨、坭料釉料116万吨。2002年，宜兴陶瓷产业完成工业总产值21.56亿元，同比增长11.02%；完成销售收入18.5亿元，同比增长12%；实现工业利税0.91亿元，同比增长4.6%；出口创汇4957.98万美元。宜兴陶瓷产业通过产业集群的新发展实现了“中国陶都”的美誉。

虽然江苏产业集群无论是在规模还是在数量上与浙、闽、粤还有较大差距，但产业集群发展在江苏已被视为经济发展的一种“战略方式”。江苏的产业集群在10多年的快速发展中形成了自身的特点，其主要表现为大企业主导和外来资本驱动的特点。由于江苏产业集群发展与乡镇企业联系密切，而江苏大型乡镇企业的发展模式造就了大企业主导产业集群的特色。另外，目前外商在江苏的系统化投资倾向越来越明显。外资投资已经使江苏在IT、电子、汽车配套等领域形成了具有国际影响的产业集群。

2）浙江产业集群发展的模式分析

浙江是我国“块状经济”发展典型地区，据统计，浙江省目前拥有年产值亿元以上的产业集群区519个，年产值达6000亿元，其中使浙江全省形成总产值超10亿的产业集群118个，52个产业集群的产品国内市场占有率在30%以上。在浙江省86个县市区中，有85个县市区形成了块状经济，平均每个县有3个产业集群，广泛分布在工业中的175个大小行业；所涉及的工业企业23.7万家，吸纳就业人员380.1万人。在浙江的产业集群发展中，数以万计的中小企业“扎堆”在一起，实行细密的专业化分工和广泛的社会化协作，并依托专业市场形成的共享性营销网络，使市场优势与产业优势相得益彰。块状经济的形成和发展极大地推动了浙江农村工业化进程，又为浙江面广量大的中小企业构筑了一种有效的空间集群地域组织模式，并产生良好的规模效应和相应的人口空间聚集效应，进而促进了地方经济的快速发展。

浙江产业集群的发展是一个动态的、逐渐演进、深化的过程。它经历了一个由产品生产专业化、生产工艺专业化、生产服务专业化和从“原生地”成长到“异地孵化与克隆”式成长为主要特征的空间聚集发展，向以产业组织与企业组织结构创新模式为特征的高级形态演变的过程。它的每一次演进都是随着市场环境的变化，围绕着如何取得聚集经济和提高企业竞争力而展开的。

浙江农村工业化的典型方式是依靠民营小企业的力量，产业集群具有数量众多、以传统产业为主、从“一村（或镇）一品”起步，就近建立专业市场，形成最有浙江特色的“专业市场 + 家庭工场”式的经营模式。经过无数次产品档次的提升，主导产业不断壮大，构成了“小资本、大集聚；小商品、大市场；小企业、大协作”的区域特色产业。

（1）小资本、大集聚。就单个小企业的资本实力来说，都是“小资本”，但是由于集聚在一个区域，形成了相当大的产业规模，有力地推动了区域经济发展。浙江经济总量不小，但企业生产的大都是人们看不上眼的小商品：领带、袜子、皮鞋、纽扣、眼镜、打火机等等。这些小商品做出了大文章，市场占有率很高。如温州的打火机在国际市场的占有率超过70%；嵊州领带占全球领带销量的1/3；萧山羽绒制品产量占全国1/3。根据国家统计局对全国规模以上企业生产的532种主要工业产品产量的统计（2000年），浙江有336种产品的产量居全国前10位，占被统计产品的63%，其中56种产品产量居全国第一位，53种产品产量居全国第二位，有13种产品的产量超过全国总产量的一半。这些市场占有率大的小商品，构成浙江经济发展的一大比较优势。

（2）小商品、大市场。小商品生产在浙江之所以具有竞争优势，关键在于它与大市场建立了密切的联系，从而形成“小商品、大市场”的经济格局。依托大市场网络，使浙江成千上万种小商品流向全国甚至世界各地。现在，义乌中国小商品城、绍兴中国轻纺城是全国经营规模最大的两个专业市场，年销售额分别都达到了200亿元以上。

（3）小企业、大协作。单个小企业如果小而全，在市场竞争中各自为战，势必势单力薄，缺乏竞争力。而处在产业集群中的浙江小企业既相互竞争，又紧密合作，既注重自身创新，又相互模仿学习。由于以专业化分工为基础，以社会化协作为纽带，因而产生了“小企业、大协作”的规模经济效应，大大降低了技术难度、管理费用和交易成本，逐渐发展成具有很强竞争力的生产地。“小企业、大协作”，在诸暨大唐镇的袜业生产中得到淋漓尽致的展示。该镇有8000多个家庭企业，其中有1000家原料厂、300家缝头厂、100家定型厂、300家包装厂、200家机械配件厂、600家营销商、100家联运商，依靠专业化分工协作，环环相扣，使整个大唐镇成为一个庞大的袜业工厂，年产48亿双袜子，产值达90亿人民币，再大的订货量都能消化。

这种集群的小企业之间的专业化分工，是浙江省区域特色经济发展的一大成功秘诀。一只小小的打火机，有数十个零配件，如果这些零配件都由打火机厂商自己生产的话，成本将高得惊人。但温州市区所形成的打火机生产基地有2500多家生产厂家，其中成品厂只有500家，而零件厂则有2000家。如打火机专用的工业标准0.5mm～0.88mm螺丝，就有上百家厂商可以提供。这上百家螺丝厂商是竞争关系，而螺丝厂与成品厂又是协作关系。这不仅降低了生产成本，而且还大大促进了企业的创新活动。

小资本、大集聚；小商品、大市场；小企业、大协作。所有这些，构成了浙江区域经济的结构特色，也是浙江经济活力的重要源泉所在。

5. 制造业产业结构趋同

近年来，苏浙沪地区随着工业化进程的不断加快，工业不仅在总量上绝对地增长，而且在整个地区国民生产总值中所占的比重也始终保持在一个较高的水平上。

但苏浙沪三地在工业化进程中，由于原来工业化的基础条件、产业结构、管理体制、人力资源与技术水平上的差异，也使得它们工业化内部的具体情况存在着较大的不同。

表3－63　2003年长三角地区工业主要行业同构情况

单位：%

行业＼地区	江苏	上海	浙江
食品制造业	34.4	39.7	25.9
饮料制造业	37.7	18.1	44.2
烟草制品业	30.0	40.3	29.7
纺织业	47.1	7.8	45.1
纺织服装、鞋、帽制造业	37.3	8.3	44.4
皮革、毛皮、羽毛（绒）及其制品	28.1	10.3	61.6
木材加工及木、竹、藤、棕、草制品业	42.7	22.0	35.3
家具制造业	26.1	29.6	44.3
造纸及纸制品业	43.1	13.7	43.2
印刷业和记录媒介的复制	26.9	35.4	37.7
石油化工、炼焦及核燃料加工业	28.6	44.6	26.8
化学原料及化学制品制造业	56.7	20.3	23.0
医药制造业	40.2	23.5	36.3
化学纤维制造业	50.5	6.8	42.7
橡胶制品业	40.5	27.7	31.8
塑料制品业	37.2	20.5	42.3
非金属矿物制品业	44.3	21.4	34.3
黑色金属冶炼及压延加工业	53.8	34.9	11.3
有色金属冶炼及压延加工业	45.8	17.1	37.1
金属制品业	45.8	23.7	30.5
通用设备制造业	42.7	26.6	30.7
专用设备制造业	45.8	22.7	31.5
交通运输设备制造业	29.4	48.4	22.2
电气机械及器材制造业	39.3	22.1	38.6
通信设备、计算机及其他电子设备制造业	49.9	37.7	12.4
仪器仪表及文化、办公用机械制造业	36.7	32.2	31.1
电力、热力的生产和供应业	42.0	23.5	34.5
燃气生产和供应业	40.5	37.9	21.6

资料来源：《2004年江苏统计年鉴》、《2004年浙江统计年鉴》、《2004年上海统计年鉴》。

在表3－63所列的行业中，以三地产业相互比例达到80%以上为产业强同构度标准，以此计算，江苏与上海强同构的产业有2个，江苏与浙江强同构的产业有14个，浙江与上海强同构的产业有1个，江苏、浙江与上海强同构的产业有1个。

近年来，随着产业结构调整与产业升级，长江三角洲地区的工业结构也发生了很大的变化，但三地工业结构趋同的问题依然存在。这既有增加区内竞争程度的问题，但同时也反映了长江三角洲地区要想成为国际制造业基地，就必须在某些产业上三地寻求共同发展的道路，只有这样才能在国际制造业竞争中取得规模上的优势。

表3－64　2002年长江三角洲地区主要城市三次产业结构相似系数

城市	南京	苏州	无锡	常州	镇江	南通	扬州	泰州	杭州	宁波	嘉兴	湖州	绍兴
上海	1.00	0.97	0.98	0.97	0.97	0.95	0.97	0.96	0.99	0.97	0.95	0.95	0.95
南京		0.98	0.99	0.98	0.98	0.97	0.98	0.98	1.00	0.98	0.97	0.97	0.96
苏州			1.00	1.00	1.00	0.98	0.99	0.98	0.99	1.00	1.00	0.99	1.00
无锡				0.84	0.85	0.85	0.89	0.87	0.93	0.85	0.82	0.83	0.81
常州					1.00	0.99	0.99	0.99	0.99	1.00	1.00	1.00	1.00
镇江						0.99	0.99	0.99	0.99	1.00	1.00	0.99	1.00
南通							1.00	1.00	0.98	0.99	0.99	1.00	0.99
扬州								1.00	0.99	0.99	0.99	0.99	0.99
泰州									0.99	0.99	0.99	1.00	0.99
杭州										0.99	0.99	0.99	0.98
宁波											1.00	1.00	1.00
嘉兴												1.00	1.00
湖州													1.00

从表3－64的数据来看，除了无锡市与长江三角洲其他主要城市之间的三次产业结构相似系数稍低外，其他各城市之间的系数非常高，平均达到97%以上的水平，说明长江三角洲的三次产业同构现象比较明显。形成这种同构现象可能是经济发展的一般规律的表现，并没有什么值得奇怪的。但这一问题应该引起长江三角洲地区各地的高度重视。

6. 地区服务业呈现快速发展及多样化的特性

在整个长江三角洲地区，近年来一个明显的发展趋势是第三产业的发展速度开始加快，第三产业在整个地区生产总值中的比重也随之提高。

1）发展规模

总体发展良好，2002年服务业增加值达到8093亿元，邮电业务总量715亿元，社会消费品零售总额达到6000亿元，人均GDP超过3000美元，表明经济处于工业化的中期，标志着经济进入快速发展阶段。

2）结构状况评价

2002年长江三角洲地区主要的15个城市服务业增加值占GDP的比重已经达到42.3%，高于同期全国平均水平8.0个百分点，服务业从业人员占全部从业人员的比重为33.0%，也高于全国平均水平4.4个百分点。上海市的服务业增加值占GDP的比重已经超过50%，此外南京、舟山的服务业增加值占GDP的比重也超过第二产业增加值占GDP的比重。从15个城市服务业结构评价情况看，主成分分析提取因子，得到1个因子，累计贡献率达到71.96%。从得分来看，排在前5位的分别为上海市、南京市、杭州市、无锡市、常州市。这五个城市中上海的服务业增加值占GDP的一半以上，南京、杭州、无锡则分别为47.9%、43.0%和41.5%，常州的服务业增加值占GDP的比重虽然偏低，但其现代服务业增加值占服务业的比重、现代服务业从业人员占服务业从业人员的比重都较高，故排列在第五位。

3）发展速度

评价服务业的发展状况，不仅要看总量规模的大小，更要看发展速度如何，从长江三角洲地区2002年服务业增长速度看，均值为12.8%，增速最高的是舟山市达到16.2%，杭州增长14.7%、南京增长14%，都远远高于全国平均水平。对服务业增加值年增量、服务业增加值可比价增速、社会消费品零售总额增速三个指标的分析，提取两个因子，累计贡献率达到86.84%。从得分来看，15个城市中排在前5位的分别为苏州市、杭州市、无锡市、南京市、舟山市，除了舟山外都是一些增量大、增速快的城市。

4）创新能力

评价服务业的创新能力要注重现代服务业的发展，因此从现代服务业增加值、人均金融保险业增加值、人均房地产增加值三个指标进行主成分分析，提取1个因子，累计贡献率达到87.04%。从得分来看，排在前5位的分别为上海市、苏州市、无锡市、杭州市、南京市。上海的现代服务业占服务业的比重已经达到35%以上，南京超过30%。上海市人均金融保险业增加值达到4076元。

5）发展效率

2002年长江三角洲地区单位面积服务业增加值产出为807万元/平方公里，是全国平均水平的21倍；服务业增加值劳动生产率为57023元/人，是全国平均水平的3.3倍。从15个城市服务业发展效率来看，三个指标经过主成分提取到1个因子，累计贡献率为81.69%。从得分来看，排在前5位的分别为上海市、无锡市、苏州市、宁波市、南京市。无锡的服务业劳动生产率最高，达到98144元/人，苏州和上海都超过70000元/人。单位面积服务业产出上海最高，达到4346万元/平方公里，无锡为1369万元/平方公里，列第二位。

6）发展状况综合评价

第一层次：得分在1以上的，仅上海市。上海市作为长江三角洲地区的龙头城市，服务业发展快速，明显高于其他城市。

第二层次：得分在0~1之间，包括无锡市、苏州市、南京市、杭州市、宁波市。5个城市均为长三角地区次重量级城市，南京、杭州、宁波都为副省级城市，苏州、无锡经济总量都居全国前10位。

第三层次：得分在 -0.5~0 之间，包括常州市、绍兴市、嘉兴市、镇江市、舟山市。

第四层次：得分在 -0.5 以下，包括扬州市、南通市、泰州市、湖州市。

7）基本判断

苏浙两地已经进入工业化的中后期。第二产业的扩张仍将是经济增长的主要推动力，但产业结构的演进，将主要集中在第一、二产业间进行，转变为在第二、三产业间进行。

从上海市的第三产业内部结构变化中我们可以看到，随着经济的发展，第三产业中的商业零售、交通运输等传统行业的比重在不断下降，金融保险业、房地产业、教育文化广播电视服务业、科学研究和综合技术服务业与社会服务业等服务部门的比重不断上升。这种演变趋势是符合经济发展规律的。在工业化初中期，需要有商品流通体系作支撑，交通运输、商业零售等流通行业的发展要快于其他服务业，这些产业构成了第三产业的主体。进入工业化后期阶段后，随着人们收入的提高，流通行业的发展渐趋饱和，而居民对服务的需求取代企业成为第三产业的主体并日趋多样化，金融保险、文化信息、社会服务等行业在快速增长需求的刺激下得到较快的发展。

江苏与浙江的第三产业内部结构的演变基本上也是符合这一规律。社会服务业、文化教育广播电视等信息服务业发展、金融保险发展迅速，在第三产业的比重不断上升。但商品流通服务业的比值仍然保持在较高的水平上，这与江苏、浙江发达的产业集群与专业市场密切相关。从发展趋势来看，随着工业化的快速推进与城市化发展，近年来浙江、江苏的运输、商业发展速度已明显放慢，自20世纪90年代中期以来，商业与运输行业在第三产业中的比值已出现明显的下滑趋势。而房地产业比值在1978~1997年间下降，但其后发展速度已明显加快，在第三产业的比值有了较大的回升。科研与综合技术服务业在第三产业中的比值在相当长的一段时间内趋于下降，但随着近年来社会对科技的重视与投入增加，这一行业也得到了较快的发展，在第三产业中的比值也会逐步回升。

可以看出，江苏、浙江、上海的第三产业内部行业同构趋势将进一步加强，但上海的科研与技术服务业、金融服务业将保持领先地位。

7. 长江三角洲地区产业结构调整的原则与基本思路

长江三角洲地区产业结构调整应遵循以下原则：

（1）知识密集型产业优先发展原则。长江三角洲地区在21世纪要成为中国知识产业基地，必须继续调整现有产业结构，扶植培育知识密集型的产业，使生物医药、电子信息、新材料等知识密集型重点产业在21世纪初能成为长江三角洲地区的支柱产业。

（2）区域一体化发展的原则。长江三角洲地区应该加强地区间产业的横向联合，发挥产业综合配套优势，由各省市经济的自我循环转向区内乃至全国范围内的良性循环。对于区域内一些重大基础设施的建设，如道路、港口、机场、环保工程等应统一规划，减少重复投资，发挥区域整体优势。

（3）可持续发展原则。根据长江三角洲地区技术和区位的比较优势以及能源和原材料短缺、交通拥挤、环境容量有限的比较劣势，应优先发展低污染、低消耗、低运量的产业，对于现有的污染型企业，应加强环保治理配套措施。并且通过环保工程的建设等，促进长江三角洲地区的可持续发展。

十一　长三角农村发展

（一）长三角农村发展概况

近年来，长三角农村经济社会继续稳步发展，农民收入增加。江苏省2004年实现农、林、牧、渔业总产值2417.63亿元，按可比价格计算比2003年同期增长19.3%。浙江省2004年农、林、牧、渔业总产值1332.27亿元，增长12.5%。上海市郊区农业生产经受住了恶劣天气和虫害的影响，2004年实现农业总产值248.89亿元，按可比价格计算，比2003年增长0.6%，增幅下降了5个百分点。但是，郊区农村的第二、第三产业发挥了积极作用，第二产业实现增加值1307.47亿元，同比增长21.1%；第三产业746.17亿元，增长19.2%。苏浙沪农村居民人均可支配收入都有大幅度的增加。与2003年相比，江苏省增长12.1%，浙江省增长10.9%，上海市增长了9.3%。

1. 城市化进程加快，农村人口呈逐年下降趋势

1）江苏

人口数量多、密度高一直是江苏省情中较为显著的特点。2004年，江苏省总人口为7432.5万人，占全国人口总数的5.72%，而地域面积仅占全国的1.06%。2004年人口密度达到724人，是全国平均水平的5.4倍。有效地转移农村人口，对于改变农村生产方式，缓解农村耕地紧张都是最为重要的一环。为此，“十五”期间，江苏省把城市化作为地区发展的五大战略之一，城市化步伐加快，农村人口持续降低，截止到2004年，全省农村人口为3851.52万人，占总人口数的51.8%（见表3－65）。

表3－65　江苏省人口分布表

单位：万人，%

年　份	总人口数	城镇人口		农村人口	
		人口数	占总人口	人口数	占总人口
2000	7327.24	3040.81	41.5	4286.43	58.50
2001	7354.92	3133.20	42.6	4221.72	57.40
2002	7380.97	3299.29	44.7	4081.68	55.30
2003	7405.82	3463.70	46.8	3942.12	53.20
2004	7432.50	3580.98	48.2	3851.52	51.80

2）浙江

2005年底全省常住人口为4894万人。全省人口中，居住在城镇的人口2742万人，占总人口的56.03%；居住在乡村的人口2152万人，占总人口的43.97%。与第五次全国人口普查相比，城镇人口占总人口的比重上升了7.35个百分点。

3）上海

由于人口大部分集中在市区，以及强大的城市辐射影响，上海的城市化比率已经基本上接近发达国家水平。2004 年，居住在乡村的人口为 307. 85 万人。

2. 农业产业迅速升温，第一产业发展加快

这几年，政府加强对农村生产的政策引导，减免农业税，鼓励农民发展互助性的农业生产组织，发放小额贷款，改进传统的农业生产方式。第一产业摆脱前几年徘徊不前的境况，发展迅速。2004 年，浙江省农林牧渔业总产值达到 1332. 27 亿元，比上年同期增长 12. 5%；江苏省总产值达到 2417. 63 亿元，比上年同期增长 19. 3%。上海市也达到 248. 89 亿元，增长 0. 6%（见表 3 – 66）。

表 3 – 66　农、林、牧、渔业总产值

单位：亿元

年　份	浙江省	江苏省	上海市	年　份	浙江省	江苏省	上海市
2000	1057. 07	1869. 73	216. 5	2003	1165. 23	1952. 20	247. 29
2001	1053. 57	1956. 10	227. 61	2004	1332. 27	2417. 63	248. 89
2002	1101. 86	1779. 07	233. 57				

3. 耕地流失减缓，粮食产量回升

2004 年，虽然在关乎农业生存基础的耕地流失问题上没有从根本上得到扭转，但已经得到缓解，播种面积下降趋势明显缩小。浙江省比上年下降 1. 98%，江苏省比上年下降 0. 16%，均为 2000 年下降幅度最小的一年（见表 3 – 67）。

表 3 – 67

单位：千公顷，万吨

年　份	浙　江		江　苏	
	播种面积	粮食产量	播种面积	粮食产量
2000	3554. 33	1196. 92	7944. 87	3106. 63
2001	3245. 93	1055. 68	7777. 42	2942. 05
2002	3064. 54	942. 27	7797. 4	2907. 05
2003	2834. 39	793. 38	7681. 49	2471. 85
2004	2778. 41	834. 9	7668. 98	2829. 06

粮食产量方面也自1995年以来首次得到回升，浙江省增长41.52万吨，江苏省增长357.21万吨。粮食产量回升，主要是由于以下三点原因：

（1）国家开始对农村发展的停滞产生重视，积极出台各种措施促进粮食增产，即进一步降低农业税率；对具有生产优势的水稻进行直补；实施农机补贴和水稻良种补贴；农民种粮积极性提高，往年夏粮抛荒现象逐渐减少。

（2）市场经济条件下，价格调节作用明显：上年水稻、小麦和玉米价格一直在高位运行，创下了近五年来的最高水平。水稻收购价1.75元/公斤，比2003年上涨18.48%；小麦收购价1.43元/公斤，同比上涨32.12%；玉米收购价1.32元/公斤，同比上涨2.07%。农户切实感受到种粮不仅有政府的支持，而且还赚钱了，农民种粮积极性进一步高涨。在粮食价格上涨后，无论种植油菜籽还是种植花生，其收益与同茬种粮相比，已经没有优势可言。

（3）农民增收渠道狭窄的必然选择：为了促进农民增收，在多年的种植结构调整过程中，出台了诸多优惠政策，许多农户积极响应，一度缩粮扩经，但由于农业种植存在滞后因素，加上农民组织化和市场化程度不高，技术不新，在产品质量、销售渠道、销售时机、承担风险能力等各方面处于劣势，难以形成稳定的增收途径。相对而言，粮食生产得到了政府高度重视，不仅有政策保障，而且销售渠道、收购价也相对稳定，上一年种粮的实际效益出现了大幅增长，大部分地区的农户又开始缩经扩粮，农业结构调整并没有跳出“粮、棉、油”的圈子。无论是缩粮扩经，还是缩经扩粮，这都是农民在狭窄的增收渠道前的必然选择。

4. 农业现代化

长三角地区拥有得天独厚的地理优势，地势平坦，河网纵横，适合机械化作业；同时位于中国第一大城市带中，受城市的经济辐射影响大，农业现代化程度一直位列全国前茅。但受制于人多地少的矛盾，许多农户仍保持着分家独户精耕细作的小农经济模式，农业机械化程度一直徘徊不前。2004年，江苏省机耕面积为3839.65千公顷，占当年耕地面积的80%，与去年持平，农业机械总动力为3052.51万千瓦，比上年增长24.31万千瓦；浙江省机耕面积为990.89千公顷，占当年耕地面积的62.1%，与去年相比提高0.5%，农业机械总动力为2026.74万千瓦，比上年下降12.94万千瓦；上海市机耕面积为175.1千公顷，占当年耕地面积的71.3%，比上年下降3.4%，农业机械总动力为105.15万千瓦，与去年相比下降7.46万千瓦。

5. 农村从业人员构成和劳动力流动

2004年浙江省农村从业人员2512.34万人，江苏省为2664.81万人，上海市为210.71万人。从从业人员结构来看，受城市化的影响，虽然从事第一产业的人员仍然占到最大比重，分别占总从业人员的32.9%、42.6%、31%，但相较去年的34.7%、46.2%、34%都略有下降。第二产业呈稳步上升趋势，浙江省、江苏省、上海市都有一定程度的上升。而浙江省从事第三产业的人员有较大的起伏，下降85.07万人。上海市和江苏省第三产业发展迅速，江苏省更是增加170.88万人，与整个长三角地区向服务型社会转变的方向保持一致（见表3－68）。

表3－68 长三角地区农村从业人员分布（2003～2004）

单位：万人

年份	农林牧渔业	工业	建筑业	交通运输仓储业及邮电通信业	其他非农行业
浙江省					
2003	872.96	647.41	130.85	79.61	592.22
2004	826.63	700.68	138.27	89.93	496.83
江苏省					
2003	1230.29	509.33	287.33	93.94	408.33
2004	1134.85	555.72	301.09	100.31	572.84
上海市					
2003	71.74	112.47	11.67	6.62	10.22
2004	65.22	113.77	12.24	8.44	11.04

受经济利益的驱使，从第一产业分流出来的劳动力多流向附近城市，长三角地区的密集的工厂吸纳了绝大部分的农村剩余劳动力，2005年，江苏省就地转移788.1万人，较年初增加8.92万人，增长1.14%；同比增速加快了0.9个百分点。在这些转移劳动力中，男性占了大多数。据抽样调查显示，在转移的劳动力中，男性占了64.3%，女性占了35.7%，即约2/3为男性，1/3为女性。年龄上以青壮年为主：在转移的劳动力中，45岁以下的占70.8%，其中25～45岁的占60.1%。对7570名劳动力调查后的数据汇总显示，转移的劳动力中在25～45岁的共有2797人，占这一年龄段农村劳动力的77.4%。文化上以初中为主：抽样调查显示，在转移的劳动力中，小学及小学以下文化程度占14.7%，初中文化程度占68.0%，高中及高中以上的文化程度占17.3%，2/3以上的是初中文化程度。

劳动力转移人数的增加，带来农民收入的增加。江苏省调查资料显示，在工资性收入中农民外出打工得到的劳务收入人均497.6元，增加78.6元，增长18.9%。农民人均现金收入增加额中57.4%来自于工资性收入。民工外出，缓解了人多地少的矛盾，为农业结构调整、提高农业效益创造了条件。随着外出务工人员的增多，农村的田地得到了一定程度的集中，从而使在乡的农村劳动力人均耕地有所上升，使得从事农业生产的劳动力收入大幅增长。2004年江苏省农民家庭平均每人收入中，家庭经营收入比上年增加了423.3元，提高了13.5个百分点（见表3－69）。

表3－69 江苏省农民家庭平均每人收入构成表

单位：元

指标	1990	1995	2003	2004
总收入	1182.0	3290.9	5202.5	5915.1
工资性收入	300.6	821.9	2189.1	2443.4
家庭经营收入	848.3	2368.0	2703.7	3127.0
转移性收入	33.1	75.5	215.4	234.5
财产性收入	25.5	94.3	110.3	
纯收入	883.8	2456.9	4239.3	4753.9

6. 农村人口平均收入及消费

2004年，在中央和地方各级更加重视“三农”问题等多方面有利条件下，长三角农业生产出现重要转机，农村经济结构调整继续优化，非农产业进一步发展，农民收入实现了自1997年以来的最高增长。呈现出家庭经营种植业收入大幅度回升、工资性收入保持较快增长、实物收入增长高于现金收入增长、中低收入家庭比重下降、收入差距有所缩小等显著特点。

2004年江苏省农民人均纯收入4753.9元，比上年增加约515元、增长12.1%，增收数额比2003年扩大1.12倍、增幅提高6个百分点。浙江省农民人均纯收入6096元，比上年增加665元，增幅10.9%，比上年提高将近2个百分点。上海市农民人均收入7337元，比上年增加679元，增幅达到9.3%，比上年提高2.6个百分点。

调查数据显示，长三角地区按人均纯收入水平分组的户数占调查总户数的比重呈一边倒的趋势。中低等收入家庭比重明显下降，人均收入5000元以上的家庭最多，浙江为54.8%，上海为73.5%，由于苏北农村经济的落后在拖后腿，江苏为38.4%。5000元以下的分组户数分布得都比较平均，江苏省地区都在10%~20%中间，浙江和上海基本上都在10%之下（见表3-70、表3-71、表3-72）。

表3-70　江苏省人均收入分布表

单位:%

年　份	按人均纯收入水平分组的户数占调查总户数的比重				
	2000元以下	2000~3000元	3000~4000元	4000~5000元	5000元以上
1990	94.5		5.5		
1995	42.3	27.8	13.4	7.2	8.3
2003	15.7	21.6	19.4	13	30.3
2004	11.7	16.9	18.1	14.9	38.4

表3-71　浙江省人均收入分布表

单位:%

年　份	按人均纯收入水平分组的户数占调查总户数的比重				
	2000元以下	2000~3000元	3000~4000元	4000~5000元	5000元以上
2000	16.3	18.5	18.7	16.3	30.2
2001	14	17.2	17.3	15.1	36.4
2002	12.2	16.0	16.5	15.2	40.1
2003	10.7	13.5	14.5	13.8	47.5
2004	8.1	10.2	13.3	13.6	54.8

表 3－72　上海市人均收入分布表

单位：%

年　份	按人均纯收入水平分组的户数占调查总户数的比重				
	2000 元以下	2000～3000 元	3000～4000 元	4000～5000 元	5000 元以上
1995	9.5	19.5	23.2	17.2	30.6
2000	5.2	10.5	15.7	13.7	54.9
2003	2.8	7.8	11.8	12.5	65.1
2004	2.7	5	7.8	11	73.5

而在人均消费方面，受人均收入和物价的双重影响，上海市最高，平均每人支出6329 元；浙江省次之，为 4659 元；江苏省最低，平均每人仅支出 3035 元。

恩格尔系数是指居民用于购买基本生活物品的费用在总消费性支出中所占的比重，能够排除物价和通货膨胀的影响，有效地反映出居民的实际生活水平。从这方面看，农村经济形势并不如表面所体现的那样乐观。长三角地区农民收入增长很大一部分被物价和通货膨胀抵消掉了。2004 年浙江省农村的恩格尔系数为 39.5%，与上年相比上升1.3%；江苏为 44.2%，比上年上升 2.8%；只有上海比上年下降了 0.8%，为 39%。反映在居民具体消费支出上，则表现为基本生活消费增幅大于用于发展性享受的消费增幅。2004 年，江苏省农民人均用于购买粮食和衣着的支出比上年增加 16.3%，而用于文教娱乐和医疗保健的支出只比上年增加了 6.2%（见表 3－73）。

表 3－73

单位：元，%

年　份	人均消费性支出			恩格尔系数		
	浙　江	江　苏	上　海	浙　江	江　苏	上　海
1995	2378	1938	3368	50.4	54.8	51.2
2000	3231		4138	43.5	43.5	48.9
2003	4287	2704	5670	38.2	41.4	39.8
2004	4659	3035	6329	39.5	44.2	39

7. 乡镇企业的发展

长三角地区特别是江苏和浙江素以乡镇企业发达而著称，乡镇企业的发展，不仅带动了当地经济的发展，增加了农民的收入，缩小了城乡差距；而且为农村生产方式和生产结构的转变作出了巨大贡献。2004 年，浙江省乡镇企业稳中有升共有 108.22 万个乡镇企业，比上年新增 0.1 万个。其中工业企业所占的比重最大，为 64.8%，且呈逐年上升

趋势。农业企业所占比重最小，并在逐年下降。2004 年所占比率仅为 0.14%。2004 年，浙江省乡镇企业一共提供了 1176.24 万个工作岗位，实现生产总值 26416.16 亿元，比上年增加 5311.16 亿元，实现利润总额 1399.27 亿元。江苏省的乡镇企业数量比浙江省还要多些，2004 年为 110.35 万个，其中制造型工业企业所占比重要比浙江省少得多，为 45.7%，服务型企业所占比重较大，为 40.8%，拥有职工 1232.88 万人，总产值为 24401.09 亿元，比上年增加 5507.05 亿元，实现利润总额 985.09 亿元。

（二）长三角农村发展所面临的问题以及发展趋势

从政府对农村问题的不断重视和对农村的支持力度来看，长三角农村将进入一个新的快速发展的阶段：农村人口将不断减少，以每年下降 2% 的速度来推测的话，估计再过 10 年左右浙江和江苏将达到发达国家城市化水平。从新政策的有效推动期来看，农民收入在接下来的几年还会有大幅度的上升，并且伴随着政府对农村收入的调节和二次分配，中低等收入群体将迅速下降。乡镇企业现在已经发展到一个稳步上升时期，在短时间内应该不可能会有大的变动。虽然制造型企业仍然占了大多数，但近年随着发达国家向服务型社会的转型，长三角地区服务型企业数量在未来的时间内也将不断上升，并逐渐在乡镇企业中占据举足轻重的地位。当然，长三角农村还有许多不稳定的因素和问题，主要是以下几个方面：

（1）农资价格上涨与粮、油等主要农产品价格快速下跌，在一定程度上抵消了“三农”政策特别是“两减免，三补贴”的政策效应。

据江苏测算，2005 年上半年农业生产资料价格指数为 110.8，而同期农产品生产价格总指数为 103.7，其中粮食生产价格指数为 100.8。浙江省农民 2005 年前三季度购买农业生产资料支出人均 200 元，与 2004 年同比增长 17.7%，而全省大米、食用油、水产品价格多数下跌，其中，大米价格下跌 3.3%，豆油价格下跌 2.1%，水产品价格下跌 2.3% ~3.4%。农业生产资料和农产品价格上的“高进低出”，对农民增收造成立竿见影的损失。

（2）农村固定资产投资不合理，农业服务机构减少。

长三角农村的固定资产投资虽然已形成一定的规模，渗透的领域比较广，总量也比较大，但是，投资结构不尽合理，有些方面问题比较突出。一产投资比重太低。尤其是投向农业、投向农业基本建设的太少。工业投资比重偏高。部分传统工业有过度建设倾向，资源浪费严重。传统工业在加快发展的同时，带来的问题不容忽视。①重复建设重新抬头，生产能力有过剩之虞，钢材、水泥等建材产品价格的迅速上涨，引发这些行业投资的高速增长。②资源消耗严重。如目前投资速度较快的钢铁、水泥生产等，对矿石、水、电的需求都非常大，加剧了资源、能源的供给缺口。而且有的建设项目规模较小，技术含量不高，对资源的利用简单粗放，污染严重，破坏了农村的生态环境，给农业经济的可持续发展带来了不利的影响。

虽然 2004 年长三角农村第一产业产值实现了较大提高，但这并不意味着农村经济发展就进入了一个新的快速增长时期。2004 年的发展只是国家纯粹政策刺激的结果。2005 年，第一产业发展基础比较脆弱，变数较多。虽然长三角有优良的发展第一产业的地理优势，但是由于人多地少，作业方式基本上仍是属于传统上的独立的小农经济模式，同时又缺乏足够的技术支持和信息平台，不能够及时地把握市场机遇。从表3－74中可以看到，农业服务组织实际上一直都在下降，很多服务机构也名存实亡（见表3－74）。在应对来自国际化的高科技规模化的农产品挑战过程中，不可避免地陷入不利地位。

表3－74　浙江省农业事业机构和服务组织（2000～2004）

指　　标	2000	2001	2002	2003	2004
县（市）农技推广中心（个）	130	81	80	81	88
乡镇农技站农业技术人员（人）	10908	12334	13135	11893	13227
配有农技员的村数（万个）	3.76	3.35	3.02	2.83	2.67
村不脱产农民技术人员（万人）	6.38	7.24	6.49	6.37	6.1
科技户（万户）	15.13	14.7	13.44	12.59	11.04

（3）农民增收存在一些不稳定因素。影响农民收入增长的因素有：①取决于农业生产资料和农产品价格差异。如前所述的“高进低出”现象，影响着农民经营第一产业的收入。②取决于剩余劳动力转移和劳务输出环境。由于新增劳动力大规模转移难度加大，因此不能过分寄希望于依赖劳动力转移规模的大幅度增长来提升农民收入。③农业税减免对全年农民收入的影响减弱。当前，由“税”向“费”回归、税免费兴的趋势已经显现，农村税费改革及其配套改革不能因为免税而停止，需要进一步推进。

十二　开发区：长三角区域经济一体化的推进

（一）长三角两省一市开发区状况

开发区是我国对外开放的产物，在长三角两省一市对外开放和经济发展中占有重要的地位。近年来，长三角的外向型经济呈现出爆发式增长的态势，从实际利用外资情况看，仅2003年，长三角地区16城市（含台州）利用外资达到258亿美元，占全国的48.2%，也就是有将近一半的外资流向了长三角地区，而长三角各地区建成的各类开发区，成为招商引资的重要途径之一。初步统计，经过20多年的发展，长三角两省一市已建成国家级经济技术开发区共13个，国家级保税区3个，国家级高新技术产业开发区6个（见表3-75）。除此之外，各地还拥有众多不同类型的省市级开发区，其中，上海建成宝山城市工业园区等市级开发区13个，江苏则有省级开发区75个，浙江有省级开发区11个。

表3-75　长三角两省一市国家级开发区一览

单位：个

地　区	国家级经济技术开发区	国家级保税区	国家级高新技术产业开发区
上　海	上海漕河泾新兴技术开发区 上海金桥出口加工区 上海虹桥经济技术开发区 上海闵行经济技术开发区	上海外高桥保税区	张江高科技园区
江　苏	连云港经济技术开发区 昆山经济技术开发区 苏州工业园区 南京经济技术开发区 南通经济技术开发区	张家港保税区	南京高新技术产业开发区 常州高新技术产业开发区 苏州新区 无锡新区
浙　江	杭州经济技术开发区 萧山经济技术开发区 宁波大榭经济开发区 宁波经济技术开发区	宁波保税区	杭州高新技术产业开发区
长三角开发区小计	13	3	6

1. 上海市

1）开发区基本情况

2005年上海共有开发区80个，开发区规划面积为626.5平方公里。在目前80个开发区中，有73个开发区以工业为主导产业，其中，5个国家级工业区、13个市级工业区，其余为区级配套工业区（这里开发区仅指国家级和市级工业区，口径为规模以上工业企业）（见表3-76）。

表 3－76　上海工业开发区主要经济指标（2005）

单位：亿元，%

名　　称	工业总产值	比上年增长	出口交货值	比上年增长	利润总额	比上年增长
总　　计	6121.52	24.1	3244.58	29.4	279.62	－22.3
国家级工业区	3158.31	14.8	1577.80	21.5	194.59	－24.5
外高桥保税区	528.19	6.5	337.75	4.7	35.15	1.1
金桥出口加工区	1297.80	9.6	407.59	12.1	101.79	－26.6
张江高科技园区	261.02	12	135.42	15.5	12.89	－67
漕河泾新兴技术开发区	789.02	32.3	637.55	40.1	16.36	7.3
闵行经济技术开发区	282.28	16.9	59.48	49.7	28.4	－5.5
市级工业区	2963.21	36.1	1666.78	37.9	85.03	－16.8
宝山城市工业园区	26.81	7	7.25	28.9	1.35	－14.8
宝山工业园区	21.99	16.3	2.28	－32.7	0.47	2.8
崇明工业园区	5.84	6.4	3.29	2.4	0.3	1.1 倍
星火开发区	86.08	7	17.73	54.7	1.17	－8.8
上海市工业综合开发区	101.33	21.8	38.52	3.4	1.39	1.9 倍
嘉定工业区	318.34	11.5	142.00	13	16.56	－6
金山工业区	16.06	12	7.78	38.5	1.66	55.2
康桥工业开发区	172.28	18.8	43.93	48.6	13.07	－8.8
青浦工业园区	226.43	29.2	76.74	64.2	11.7	0
上海化学工业区	145.47	32 倍	12.44	6.4 倍	－7.41	—
松江工业区	1514.46	42.6	1218.67	39	26.93	－1.1
莘庄工业区	270.04	26.5	80.63	62.7	11.92	－36.6
上海国际汽车城零部件配套工业园区	58.09	8	15.50	29.1	5.91	－20.1

图表说明：

1. 国家级工业区：外高桥保税区、金桥出口加工区、张江高科技园区、漕河泾新兴技术开发区和闵行经济技术开发区。

2. 市级工业区：宝山城市工业园区、宝山工业园区、崇明工业园区、星火开发区、上海市工业综合开发区、嘉定工业区、金山工业区、康桥工业开发区、青浦工业园区、上海化学工业区、松江工业区、莘庄工业区和上海国际汽车城零部件配套工业园区。

2）开发区特点

上海市开发区呈现以下一些特点：

（1）经济总量占全市1/3。2005年年末，本市工业开发区共有2592户企业，从业人员67.19万人。全年完成工业总产值6121.52亿元，比上年增长24.1%，增幅高出全市工业10.2个百分点；占全市工业总产值的38.7%，比重同比提高1.9个百分点，对全市工业增长贡献率达50.7%。其中，国家级工业区完成工业总产值3158.31亿元，增长14.8%；市级工业区完成工业总产值2963.21亿元，增长36.1%。

（2）出口增长速度快。由于税收、海关等优惠及便利政策，工业开发区已成为全市工业出口增长的重要支撑和拉动力量。2005年，工业开发区完成出口交货值3244.58亿元，比上年增长29.4%，占全市的65.3%，拉动全市工业出口交货值增长19个百分点。其中，松江工业区出口居各工业开发区之首，完成出口交货值1218.67亿元，增长39%；上海化工区增长最快，出口交货值12.44亿元，增长6.4倍；青浦工业园区、莘庄工业区和星火开发区的出口交货值增长速度也较快，均超过50%。

（3）成为外商及港澳台投资企业的首选地。至2005年年末，工业开发区内，外商及港澳台投资企业1725户，占工业开发区企业数的2/3；全年完成工业总产值5738.37亿元，占工业开发区的93.7%，占全市外商及港澳台投资经济的58.4%。从经济效益看，实现主营业务收入5963.13亿元，占工业开发区的93.8%；利润总额245.83亿元，占工业开发区的87.9%。国家级工业区内，外商及港澳台投资经济主营业务收入的比重高达96.1%，高于市级工业区。

（4）产业集中度强。产业集聚效应已在全市工业开发区内显现。2005年，工业开发区内的通信设备、计算机及其他电子设备制造业实现主营业务收入3158.54亿元，占全市该行业主营业务收入的89.3%。行业内的大企业主要集中在松江工业区、金桥出口加工区、张江高科技园区和漕河泾新兴技术开发区等。仪器仪表及文化、办公用机械制造业的生产企业也大部分集中在工业开发区内，全年主营业务收入216.37亿元，占全市该行业的73.5%。区内的交通运输设备制造业、电气机械及器材制造业和化学原料及化学制品制造业分别实现主营业务收入714.47亿元、414.52亿元和429.13亿元，占全市该行业的比重均超过40%。

（5）高技术产值比重高。2005年，工业开发区完成高技术产值3372.27亿元，比上年增长25%，占工业总产值的55.1%，比重同比提高1.5个百分点；占全市高技术产值达85%，比重同比提高3个百分点。除闵行经济技术开发区外，其余国家级工业区高技术产值占工业总产值比重都较高，其中，漕河泾新兴技术开发区达93.4%，张江高科技园区69.7%，外高桥保税区67.7%，金桥出口加工区44.9%。在市级工业区中，松江工业区高技术产值1167.15亿元，占工业总产值的77.1%；上海市工业综合开发区和莘庄工业区高技术产值比重也较高，分别为50.3%和42.3%。

（6）利税下滑。2005年，工业开发区实现利润总额279.62亿元，比上年下降22.3%。其中，国家级工业区利润总额194.59亿元，下降24.5%；市级工业区利润总额85.03亿元，下降16.8%。18个工业开发区中，有11个区的利润总额比上年下降。其中，上海化学工业区利润总额亏损7.41亿元；莘庄工业区下降幅度最大，达36.6%；金桥开发区下降26.6%。工业开发区的销售利润率4.4%，比上年下降2.5个百分点，比全市工业平均水平低 1.3 个百分点；税金总额 134.97 亿元，比上年减少 0.51 亿元；每百元主营业务收入上缴税金 2.1 元，比上年下降 19.2%。

2. 江苏省

2005 年是江苏开发区建设 21 周年，江苏开发区经历了 20 世纪 80 年代的创业探索阶段、90 年代的迅速发展阶段、近年来在发展中提高的阶段，已成为全省经济的重要增长极、实施五大战略的重要载体，在发展开放型经济和新兴产业方面发挥了吸纳集聚和辐射作用，在体制创新和技术创新方面发挥了先行示范和带动作用。目前，全省 87 个国家级和省级开发区（其中国家级开发区 12 个，省级开发区 75 个，在开发区内还设有 8 个出口加工区），以不到全省 2% 的土地，吸纳了全省 2/3 的外资，创造了全省 1/2 的外贸出口额、1/3 的工业增加值、1/4 的生产总值、1/5 的财政收入、1/10 的城镇就业岗位。江苏开发区无论是建设规模、发展速度，还是质量和水平都位居全国前列。5 个国家级经济技术开发区实际利用外资约占全国 54 个经济技术开发区的 1/4，进出口总额约占 1/3。4 个国家级高新区实现的经济总量，约占全国 53 个高新区的 1/5。

1）开发区基本情况

（1）投资环境。江苏省开发区 2005 年共投入基础设施建设资金 445 亿元，比上年增长 -11%。截至 2004 年底，全省开发区累计投入基础设施建设资金 2156.8 亿元。2004 年，新批外资企业投资额 3710 亿元，比上年增长 7%；新增注册内资企业 15817 个，比上年增长 2%；新增内资企业注册资本 553.3 亿元，比上年增长 27%。开发区在加大基础设施投入的同时，在软环境上努力营造透明的法律和政策环境，办事高效的行政环境，公平竞争的市场环境，完善的服务体系。各开发区不断改进服务方式，提高服务水平。现在各地开发区都普遍建立了外商服务中心，实施一个窗口对外、一个口子收费、一条龙服务方式，为外商提供三个全过程服务体系：一是项目洽谈引进过程的服务体系；二是项目实施过程的服务体系；三是项目竣工投产后的常规服务体系。

（2）招商引资。江苏省开发区新批外商投资企业 3286 个，比上年增长 2%；新批合同外资 269.5 亿美元，比上年增长 28%，占全省总额的 74.7%。实际利用外资 83.2 亿美元，占全省总额的 69%。截至 2004 年底，全省开发区累计合同利用外资额和实际利用外资额分别达 1107.8 亿美元和 613.7 亿美元。

（3）自营进出口。江苏省开发区强化服务措施，鼓励和方便区内企业进出口，对外贸易增势迅猛。全省开发区完成进出口总额 1074.1 亿美元，比上年增长 55.4%；其中出口额 525.8 亿美元，比上年增长 54.9%。出口额超过 1 亿美元的开发区有 29 个，其中超过 5 亿美元的有 11 个，超过 100 亿美元的有 3 个。

（4）经济产出。江苏省开发区实现国内生产总值 4126 亿元，比上年增长 36%；实现业务总收入 17382.3 亿元，比上年增长 44%，其中工业产品销售收入 12919.9 亿元，比上年增长 46%。全省开发区完成财政收入 593.3 亿元，比上年增长 43%。财政收入超过 1 亿元的开发区有 63 个，约占全省开发区的 2/3。

（5）从业人数。开发区的建设提供了大量的就业岗位。到2005年年底，江苏省开发区进区企业从业人数达270.47万人，增长27%，其中外商投资企业从业人数122.97万人，增长28%。

（6）出口加工区。8个出口加工区基础设施投入8.18亿元，利用外资合同额8.48亿美元，实际利用外资2.72亿美元，区内企业自营进出口136.59亿美元，增长96.53%，其中出口80.85亿美元，增长116.18%。

2）开发区特点

（1）土地集约利用效益显著提高。认真清理整顿开发区，撤销了一批不符合条件的开发园区，核减土地面积2355平方公里。提高用地标准，明确进区项目投资强度、投入产出比标准。昆山市严格执行“五四三”标准，即出口加工区每亩投资强度不低于50万美元，开发区不低于40万美元，配套区不低于30万美元（民资每亩不低于250万元，对民营企业总投资500万元以下的项目不再供地，全部进入标准厂房）。盘活土地存量。江宁、常熟、江阴、太仓港等开发区对取得土地使用权超过两年而未开发的地块依法收回。张家港、泰州、扬州等开发区对长期不动工或效益不好的项目用地予以回购，拓展了利用土地的空间。一些开发区对项目建设用地复核验收，制止投资规模不实、降低投资强度、改变土地用途等违规行为。苏州高新区等一批开发区积极推行多层标准厂房建设，引导中小企业向标准厂房集中，提高了土地利用率。

（2）利用外资结构继续改善。抓住国际资本和产业加快向长三角地区转移的机遇，积极有效地利用外资，提高产业发展层次。开发区引进外资呈现“三多”：一是大项目多。全省20个超亿美元项目有19个落户开发区。二是增资项目多。2004年开发区增资额达47.6亿美元，增长69%，其中苏州工业园区外资企业增资超过10亿美元。三是技术含量高的项目多。新引进的3000万美元以上的大项目90%以上是高新技术项目。

（3）产业层次明显提升。抓住国际产业转移的有利时机，加快引进高新技术项目，产业层次得到新的提升。2004年外商在江苏省落户的高新技术企业90%以上设在开发区，跨国公司在江苏省新设的研发中心90%以上落户开发区。坚持走新型工业化发展之路，重点引进高技术、高投入、高产出、低能耗、无污染项目，聚集了英飞凌、和舰等众多高科技龙头企业。无锡高新区加强科技创新，增强可持续发展能力，建成了国家级集成电路设计产业化基地、国家级软件产业基地，高新技术产业产值占工业总产值的85%以上，科技进步对工业的贡献份额达54%。高新技术研发和科技成果转化的步伐加快，企业自主创新能力有所增强。4个国家级高新区都设立了高新技术创业服务中心、国际企业孵化中心、留学人员创业园等科技创新发展基地，苏州高新区目前在孵企业500多家，已经认定的高新技术228家，毕业企业超百家。以开发区为重要载体的沿沪宁线高新技术产业带已基本形成，沿江、沿东陇海产业带高新技术产业集聚更加明显，开发区成为江苏省发展高新技术的生力军。

（4）载体功能有了新的拓展。完善配套能力，优势叠加，为大进大出、快进快出创造条件。发挥张家港保税区功能，实施区港联动，保税物流园被国务院列为全国区港联动试点单位。全省8个出口加工区全部实行封关运作，出口额占全国38个出口加工区的

40%。以此为基础，积极推动8个出口加工区与张家港保税区、苏州工业园保税物流中心（B型）联动发展，推动“8+2”管理模式和信息系统建设，把全省出口加工区和保税区、保税物流中心整合为一个大的虚拟关区，促进要素资源在区内自由流动，拓展单个出口加工区的功能。

（5）生态环境建设进一步加强。采取综合措施，从侧重于生产转向生产、生活、生态的统一，促进人与自然和谐发展。高标准编制园区环境规划，实施环境影响评价，江阴经济开发区靖江园区率先通过了园区环境规划专家论证。坚持环境标准，严把环保审批关，所有进区项目严格按法定程序办理环评手续，环评率、审批率都达到100%。不少园区大力发展循环经济，积极开展清洁生产试点，有效地提高了资源利用效率。进行环境管理系列认证，继苏州工业园等开发区通过ISO14000系列认证后，南通、江宁、扬州等一批开发区先后获得环境标准认证。

（6）沿江开发区特别是苏中开发区外资集聚度有了新的提高。以新一轮沿江开发为契机，沿江开发区开发开放步伐加快。2004年，沿江开发区实际利用外资40.7亿美元，同比增长42.5%，高于全省开发区增幅20个百分点。全省开发区19个超亿美元项目中，有7个落户沿江开发区。苏中沿江开发区利用外资呈现迅猛发展态势，实际利用外资增长70%，增幅为全省开发区的3倍多。

3. 浙江省

2004年，浙江省共有118家经济（技术）开发区、工业园区，工业总产值占全省全部工业总产值的24.9%，比2003年提高2.9个百分点，占规模以上工业企业的35.2%，提高2.1个百分点。

1）开发区基本情况

（1）工业产值。至2004年底，全省园区（开发区）共有入园企业39463家，比2003年底增加5499家，其中已投产企业26361家，增加3696家；已投产工业企业17314家，增加3180家。2004年实现工业总产值6099亿元，比上年增长43.2%。

分单个园区看，工业总产值超百亿的有13家，比上年多6家；10亿元及以上的有88家，比上年多16家；1亿元及以上的有112家，比上年多6家，杭州经济技术开发区、宁波经济技术开发区、杭州高新技术产业开发区、宁波化学工业区等园区工业总产值在400亿元以上。

分11个市看，杭州、宁波和绍兴3市园区创造的工业总产值占全部园区的60.9%，比上年提高0.5个百分点；与2003年工业总产值比重相比，宁波、嘉兴、湖州、衢州和丽水5市上升，其余均有不同程度的下降，其中金华下降了近1个百分点。

（2）经济密度。2004年全省118家经济（技术）开发区和工业园区经济密度86.5万元/亩，比上年高出18.0万元/亩，增长26.3%。全省工业经济密度在100万元/亩的园区（开发区）有30家，比上年多9家，其中200万元/亩及以上的有12家，比上年多8家；50万~100万元/亩的有39家，比上年多13家。分11市看，杭州、宁波和温州3市工业经济密度较高，分别为杭州（174.7万元/亩）、宁波（126.6万元/亩）、温州（107.2万元/亩），湖州、绍兴、金华和台州为60万~100万元/亩，嘉兴和舟山为

50万~60万元/亩，衢州和丽水相对较低。

(3) 资金投入。据统计监测显示：2004年，全省园区（开发区）总投入1758.4亿元，累计总投入7267.1亿元，比2003年底累计增长31.9%。其中，企业投资额1449.0亿元，累计达5625.9亿元，累计增长34.7%；基础设施建设投资309.2亿元，累计投资1641.2亿元，累计增长23.2%。至2004年底，投资密度平均63.7万元/亩，比2003年高出10.6万元/亩，基础设施投资强度和企业投资强度分别为14.4万元/亩和49.3万元/亩。

分11市看，差异较大。建设起步较早、较为成熟的杭州、嘉兴和湖州等地园区（开发区）投入规模进入平稳发展期，温州、丽水和绍兴的园区投入规模增长幅度较大，丽水2004年新增投资94.4亿元，累计增长64.3%，温州2004年新增99.2亿元，累计增长45.5%，增长幅度远高于全省平均水平，进入快速发展期。2004年底，宁波和台州的投资密度较高，均在70万元/亩以上，稳居前两位，其中宁波高达89.4万元/亩；第三是丽水，投资密度67.2万元/亩，比2003年底高出21.9万元/亩，比上年上升5位；湖州、金华和杭州投资密度分别为65.2万元/亩、62.8万元/亩和61.8万元/亩，湖州和杭州的位次均下降1位，金华下降2位，由于3市的园区（开发区）开发程度较高，新开发土地面积少，新进园区项目较少，投资规模在短时间内难以大幅度提高。

分园区类型看，工业园区累计投资7019.7亿元，累计增长32%，平均投资密度65.1万元/亩，比2003年高出11.2万元/亩，比2002年底调查结果高出26.9万元/亩。旅游度假区累计投资171亿元，累计增长34.8%，平均投资密度33.9万元/亩，比2003年底高出2.3万元/亩。高教园区入园高校建设投资额累计76.4亿元，累计增长18.3%，平均投资密度56.6万元/亩，比2003年底高出7.9万元/亩。

2）开发区特点

(1) 园区建设规模不平衡，但差距在逐步缩小。至2004年底总投资累计增长幅度维持在25%~30%左右，与前几年相比，增速有所下降。虽然园区之间、不同地区之间的投资密度差异较大，但差异逐渐缩小。建设起步较早、较为成熟的宁波、杭州、嘉兴和湖州等地园区（开发区）投入规模进入平稳发展期；温州、丽水和绍兴园区投入规模增长幅度较大，投资增长幅度远高于全省平均水平，进入快速发展期；湖州、金华和杭州3市的园区（开发区）开发程度较高，新开发土地面积少，新进园区项目较少，投资规模在短时间内难以大幅度提高。

(2) 产业聚集度提高，龙头带动作用明显。调查显示：2004年，园区（开发区）第一支柱产业集聚度平均为49.6%（比上半年提高1个百分点），前八位工业企业销售额占全部工业企业销售额的比重平均58.7%，比上年提高2.6个百分点；全年产品销售收入超亿元的工业企业有788家，占全部投产工业企业的4.5%，5000万元~1亿元的811家，占4.7%。分11市看，亿元以上工业企业主要集中在杭州（146家）、宁波（152家）和绍兴（128家），3市合计占54.1%。

(3) 出口商品结构进一步优化，引进外资浙西地区有突破。据统计，2004年工业企业出口交货值1465.9亿元，进出口总额2325.0亿元，分别比上年增长50.1%和48.6%，其中出口交货值在10亿元以上的园区（开发区）有41家，比上年多9家；出口前五位的杭州经济技术开发区、宁波经济技术开发区、杭州高新技术产业开发区、杭州萧山经济技术开发区和平湖经济开发区出口合计544.7亿元，占全部的37.2%。一直是全省引进外资“短板”地区的衢州和温州，2004年实际到位外资增幅分别达到132.9%和67%，金华为88.7%，远远超过全省平均增长幅度。

（4）要素制约依然紧张，经济结构调整成为主线。在面临煤、电、油、运的全面紧缺，土地资源进一步约束的情况下，园区（开发区）注重引进项目的质量，构建和谐园区（开发区）的理念逐渐深入，调整经济发展结构、保护生态环境等。园区（开发区）投入资金建设污水集中处理设施，加大绿地建设和维护力度。2004年，园区污水处理率和工业固体废物处理率平均分别达到88.0%和92.6%，比上年提高1.2个百分点和2.2个百分点。

（5）人才科技投入力度加大，可持续发展能力增强。2004年末，入园企业中大专及以上学历人员或高中级技术职称人员达到24万人，比上年增长31.1%，相当于每7.6个企业职工中就有1个高级人才，2003年该比例是8.2∶1。杭州、宁波由于中心城市人才集聚效应的优势，高级人才合计占全部园区的四成多。企业职工技能培训、岗位培训及学历学习等教育培训费为9.4亿元，人均教育培训费517元。宁波和绍兴园区（开发区）企业较“舍得”投入。2004年入园企业科技投入加大，研究开发费用和购进技术成果费用合计为79.6亿元，比上年增长37.8%，其中研发费用投入超亿元的有13家，杭州高新技术产业开发区最高，达15.8亿元。

（二）长三角两省一市开发区评析

得天独厚的综合优势使得长三角地区成为吸引外国直接投资的一块热土：上海拥有较为完善的生产服务体系和高素质人才，苏南和浙北拥有良好的加工工业基础及低廉的生产成本。跨国公司把经营管理中心设在上海，充分利用上海的服务体系，以降低交易成本；把生产制造过程放在江浙，充分利用江浙的生产基础，以降低生产成本。这在客观上促进了长三角地区内部的区域分工和合作，加深了区域经济的一体化。

近年来长三角地区各个城市都开辟了特定的地区，作为招商引资的基地和园区，并制定出相应的税收和产业优惠政策，开发区建设快速发展，吸引了外商对中国的直接投资的近1/3。近十年来，长三角地区，特别是苏南，为了实现快速发展，普遍采取大规模招商引资的手段，形成了“本地的低廉土地+外来的资本技术（特别是外国资本）+内地的廉价劳力”的发展模式，在较短时间内建立起现代制造加工业，并正在成为国际制造业的加工基地。

但是由于长三角地区分属不同行政主体，利益驱使形成了一定的地缘竞争，而现行体制因素进一步加剧了竞争的激烈程度。目前长三角地区新的一轮地缘竞争正如火如荼：2003年苏浙沪都开始运作新的经济发展战略，江苏实施沿江大开发，打算用8～10年时间使沿江地区的经济总量翻1.5番，达到1.25万亿，“再造”一个江苏；浙江大力推进

环杭州湾开发，从宁波到嘉兴建设绵延数百公里的临港滨海工业带，打造长三角的“金南翼”；上海启动“173 计划”，努力降低商务成本，加大招商引资力度，计划用 3 年时间使嘉、青、松三区的 GDP 总量翻一番。

尽管这种地缘竞争有一定的促进发展的效果，但同时带来的负面影响也相当严重：

（1）长三角地区重复建设和无序竞争依然存在，招商引资恶性竞争现象比较突出，一些地方相互攀比，竞相优惠、压低地价，形成土地开发成本与地价倒挂，既增大了引资成本，同时形成要素价格的软约束，一定程度上引发了重复建设和圈地现象。

（2）产业同构现象相对存在，技术创新能力不足。一些行业如冶金、化工、纺织等出现了不同程度的低水平重复建设。基础设施建设缺乏统一规划，各自为政，突出表现在港口开发建设缺乏协调，岸线资源得不到合理利用等方面。出现这些情况的主要根源是现行行政管理体制与政绩考核体系，一些地方政府过分追求自身经济增长，缺乏统筹和长远考虑，容易造成低水平重复建设。

（3）资源消耗严重，污染加剧。仅 2002 年苏州市就净减少 10. 32 万公顷耕地，上海净减少 1. 02 万公顷耕地，而浙江目前环杭州湾沿岸各市县在建的开发区和工业园区总面积达 600 多平方公里；外来人口剧增，苏南某县级市总人口 60 万，但去年一年就新增外来人口 20 多万，公共设施和空间环境的压力巨大。

由于区域之间要素禀赋的不同，竞争会促进区域的专业化分工，从而提高技术、降低成本、增加收益。然而由于我国市场体制还不健全完善，地方政府主导经济发展而成为竞争的主体，急功近利行为使得资源配置严重扭曲，发展的成本很高而效益不高，经济增长速度很快，但老百姓得到的实惠并不多。因此，在长三角地区开发区建设方面，应加强与周边地区之间的协调，避免或减少同质竞争的负面影响，充分发挥上海与江浙周边地区的连接纽带作用，积极推动长三角地区的资源整合，促进区域内部的产业分工，根据当地经济优势来建设开发区，优化空间布局和资源配置。形成良性互动、合作共赢的开发区格局，降低开发成本，提高经济效益，控制污染，这是上海、也是江浙等周边地区未来发展的共同课题。

十三　长三角区域市场一体化快速发展

作为我国最早对外开放的经济区域之一，长三角地区在市场建设方面也始终走在全国的前列，主要表现在以下几个方面：

（一）市场总量迅速扩大，产品的商品化率明显提高

改革开放以来，随着国民经济总量不断增长和城乡居民消费结构的快速升级，市场规模和市场需求持续扩大。2000～2005年，长三角地区社会消费品零售总额从6625.17亿元增加到13304.87亿元，2005年总额约占全国总量的19.81%，与前几年基本持平；进出口贸易总额从2000年的1281.81亿美元增加到2005年的5217.06亿美元，在全国总量中所占的份额也由27.03%增长到36.69%。

表3－77　长三角市场总量发展情况表

地区	项目＼年份	2000	2001	2002	2003	2004	2005
上海	社会消费品零售总额（亿元）	1722.27	1861.30	2035.21	2220.64	2454.61	2972.97
	进出口贸易总额（亿美元）	547.10	608.98	726.64	1123.97	1600.26	1863.65
江苏	社会消费品零售总额（亿元）	2604.14	2868.99	3215.83	3566.48	4159.70	5699.90
	进出口贸易总额（亿美元）	456.38	513.55	703.05	1136.70	1708.57	2279.41
浙江	社会消费品零售总额（亿元）	2298.76	2555.46	2877.52	3157.09	3645.38	4632.00
	进出口贸易总额（亿美元）	278.33	328.00	419.57	614.11	852.13	1074.00
长三角合计	社会消费品零售总额（亿元）	6625.17	7285.75	8128.56	8944.21	10259.69	13304.87
	社会消费品零售总额占全国份额（%）	19.40	19.38	19.34	19.51	19.02	19.81
	进出口贸易总额（亿美元）	1281.81	1450.53	1849.26	2874.78	4160.96	5217.06
	进出口贸易总额占全国份额（%）	27.03	28.46	29.79	33.78	36.04	36.69
全国	社会消费品零售总额（亿元）	34152.6	37595.2	42027.1	45842.0	53950.1	67177.0
	进出口贸易总额（亿美元）	4742.9	5096.5	6207.7	8509.9	11545.5	14221.0

（二）商品市场体系基本建成，有形商品的市场交易载体发挥着越来越大的作用

商品市场体系是现代市场体系的重要基础。经过多年改革开放，特别是随着社会主义市场经济体制的初步建立，长三角商品市场快速成长，在国民经济发展中发挥着越来越重要的作用。多层次的商品市场体系已基本建成，包括生产资料市场和生活资料市场、有形市场和无形市场、期货市场和现货市场、批发市场与零售市场、城市市场与农村市场、国内市场和国际市场。市场的培育和发展，适应了消费者消费行为、消费需求、消

费结构的变化，不断满足着市场的即期消费需求，挖掘着潜在消费需求，创造着崭新消费需求。据统计，到2005年底，整个长三角地区共有各类商品交易市场10217个，其中上海1053个，实现成交额2545亿元，浙江4008个，成交额7173亿元，江苏仅亿元以上的452家交易市场就实现成交额4808亿元。

同时，金融市场、期货市场、技术市场、房地产市场、信息市场、劳动力市场、产权市场和土地市场等要素市场体系框架初步确立。

（三）区域市场一体化进程显著加快

区域一体化的重心是区域经济一体化，而区域经济一体化的基本标志是市场一体化，即在区域内建成高度融合的大市场，为各类经济主体的经济活动提供公平一致的市场环境、市场条件和市场制度，从而实现区域内的商品、资金、资源、货物、服务、信息、生产等在区域一体化的市场中充分流动、配置和运作，提升整个区域经济的发展层次、发展水平、发展效率和综合竞争力。

而市场一体化的基础则是市场制度一体化：即区域内各地区认可相同的市场运作规则，或者直接建设支配各地区市场的统一的市场运行规则，体现为区域内各地区市场制度和政策环境的一致性。因此，市场一体化的前提是市场制度一体化，只有在市场制度一体化的基础上，才能真正实现市场一体化。

近几年来，长三角逐步加大了市场建设区域一体化的实践步伐和力度。主要在以下几方面深入推进。

（1）加快市场体系建设，推动长三角区域逐步成为全国性大市场。上海目前已初步建成了由9个国家级、18个市级和近180多个区县级市场组成的市场体系：以证券交易、外汇交易、黄金交易、同业拆借、票据贴现及保险为代表的具有相当规模的金融市场体系；以名列全国前茅的产权市场、技术市场、航运市场、物流市场、人才市场和信息咨询市场等为代表的现代化服务业市场体系；以及众多的商品交易批发市场，加上江浙两省的各类市场建设，长三角已成为重要的全国性市场中心，这为长三角区域统一市场的建立奠定了基础。如全国十大生产资料市场中长三角区域拥有6个，其中包括华东不锈钢中心批发市场、上海宝山钢材交易市场、宁波开发区生产资料综合市场、绍兴中国轻纺城原料市场、江苏的纺织品市场等，均在全国占有重要地位。

（2）加强金融互动，推动长三角市场开放的日益深化。上海各大银行抓紧开拓长三角区域的异地金融业务，如交通银行上海分行打出“长江三角洲”概念，北到扬州，南到温州，其业务触角几乎遍及苏、浙所有城市，入驻上海的花旗、汇丰等外资银行也在抢滩这一中国经济最为发达的区域。而长三角各地区的资金也在不断涌进上海。据上海市政府协作办透露，目前长三角地区流入上海的资金占到全国投资上海的50%强。苏、浙各类实力强劲的投资公司开始携巨资进军上海，春兰集团、杉杉集团、红豆集团等均以不同方式在上海安营扎寨，或将企业的决策机构、营销中心、研发中心迁移上海，共享上海的发展机遇。长三角区域各地的资本由“留”为“流”，已成为市场彼此开放的重要信号。

（3）促进区域人才流动，构建区域人才大市场。2003 年 4 月，长三角区域 20 个城市在上海召开“长江三角洲人才开发一体化论坛”，为实现长三角区域人才流动的开放格局研讨具体政策，签署了“长江三角洲人才开发一体化共同宣言”。各方希望建立人才开发协调机制，建立长三角人才大市场，实现长三角区域人才的自由流动。同年 8 月，又签订了 6 项协议，长三角将首先在人才政策、人才市场、人才信息、资格证书互认、人事服务体系和公务员能力建设方面开展双边和多边合作，冲破单位、部门、地区的制约，在收入分配、保障户籍等方面消除障碍，在福利保障、人事关系、户籍等仍挂靠原来地方的前提下，促进长三角区域内的人才流动。

（4）加快市场制度一体化步伐。2003 年 4 月，苏浙沪三省市的工商部门在杭州签署了一份合作会议纪要，开始在投资准入、市场秩序、信用信息等方面推行“一体化”，内容包括：三省市之间企业异地办厂，在市场准入方面将一视同仁；鼓励民营企业跨地区投资；在省际开通著名商标保护“直通车”；共建三地工商管理部门办案协作机制以及共建企业信用监管体系等。2003 年 9 月，苏浙沪共同发表了《长三角质量技术监督合作互认宣言》，宣言规定：两省一市将联手打假，消费者以后只要直拨本地 12365 投诉热线网络，就能实现异地投诉和跨省维权，案件转办、移交和联合办案的快速绿色通道将更迅速保护消费者权益。同时，三地通行的不良企业“黑名单”通报制度也让假冒伪劣在长三角难以立足。作为目前全国第一个区域性质检体系互认合作，该宣言除了在联手打假上规定了详细做法，还就市场准入、标准一体化、服务开放化等其他 9 个方面达成了互认协议。今后在有效期内的省级名牌在三地内免检，还要建立长三角一体化的绿色食品和农产品质量安全互认体系。

经过 20 年的改革探索，长三角已初步奠定了社会主义市场经济体制的基本框架，市场已经在资源配置中日趋发挥基础性的作用，特别是浙江在政府职能转换、企业制度改革和市场机制培育方面取得了很大进步，但是毋庸讳言，制度约束并未根本解决。其主要表现为：一方面，政府作为市场监管的行为扭曲，江苏、上海政府主导经济的色彩还比较明显；另一方面，企业作为市场主体的角色薄弱。而随着体制改革的深化和社会主义市场经济体制的不断完善，区域竞争的决定性因素正在从区位优势、政策优势转为环境优势。环境是一个涵义非常宽泛的概念。在区域经济发展中，环境不仅体现为由各种基础设施构成的物质条件，更重要的是指各种影响经济发展的制度因素。因此，从一定意义上说，能否进一步深化体制改革，强化市场在资源配置中的基础性作用，实现从政府主导经济向民间主导经济的转化，将是决定长三角未来发展的关键。长三角应努力实现率先建立和完善社会主义市场体制，率先在市场规则上与国际接轨，形成统一、有序、公平、竞争的市场环境。

1. 上海

2004 年，上海商业系统克服“禽流感”、持续高温等不利影响，实践中国加入世界贸易组织第三年全面放开分销业的承诺，制定《上海商业发展行动方案》，调整商业布局和商业结构，推进产业联动发展，拓展国内外市场，全市实现社会消费品零售总额 2454.61 亿元，比上年增长 10.5%，占全国社会消费品零售总额 53950 亿元的 4.5%。

建设国际贸易中心初见成效。2004 年，商品购进总额和商品销售总额分别达 5374.87 亿元和 6181.68 亿元，分别比上年增长 10.3% 和 11.3%；上海从市外购进的商品总额达 703.06 亿元，比上年增长 9.9%；上海批发销售给市外的商品总额达 826.77 亿元，比上年增长 10%；在市外开设的连锁销售网点达 4057 家，实现销售额 431 亿元，比上年增长 56%。

商业对国民经济的支柱作用增强。2004 年，上海商业实现生产总值 783.35 亿元，比上年增长 9.7%，增幅比上年提高 3.1 个百分点。其中批发零售业和餐饮住宿业分别实现 609.23 亿元和 174.12 亿元，分别比上年增长 6.5% 和 23.4%。商业对全市国民经济和第三产业的贡献率分别达 10.5% 和 22%。

外商投资商业增势明显。2004 年，上海商业积极实践中国加入世界贸易组织第三年放开分销业的承诺，加快引进外资，推动商业服务业发展。全年外商直接投资商业的合同项目 843 个，其中批发零售业、餐饮住宿业分别为 726 个和 117 个。外商直接投资商业的合同金额达 5.95 亿美元，占全市外商直接投资合同金额的 5.1%，比上年增长 38.1%，增速分别比全市和第三产业高出 25.5 个和 4.9 个百分点，其中批发零售业和餐饮住宿业分别完成合同金额 5.38 亿美元和 0.57 亿美元。改革开放以来商业引进外资合同金额累计达 4712 亿美元。

流通现代化扎实推进。连锁超市、仓储式大卖场、专业专卖店、名牌折扣店等新型商业业态发展迅速，邮购、电视购物、网上购物、无人售货机等无店铺销售形式广泛进入市民生活。至 2004 年年末，全市共有连锁商业业态 80 种，其中年内新增 11 种。连锁销售规模扩大，全市共有连锁商业网点 9620 家，比上年增长 26.4%，其中连锁超市门店 1803 家、便利店 4159 家。全年实现连锁商业销售额 925.5 亿元，比上年增长 15.6%，其中实现市内零售额 670 亿元，比上年增长 15.3%，占全市社会消费品零售总额的 27.3%。

各类销售全面上升。2004 年，上海社会消费品零售总额增势良好。①市区、郊县同向增长，分别实现零售总额 2117.74 亿元和 336.87 亿元，比上年增长 11.1% 和 7%。②吃、穿、用、烧商品零售额分别实现 1005.77 亿元、311.26 亿元、1113.87 亿元和 23.72 亿元，分别比上年增长 13.4%、8.2%、8.4% 和 28.3%。③批发零售业、餐饮业、其他行业全年分别实现零售总额 2137.46 亿元、300.17 亿元和 16.98 亿元，分别比上年增长 7.4%、39.7% 和 9%，其中餐饮业首次突破 300 亿元，增速居各行业之首，比全国餐饮业平均增长 21.6% 的增幅高出 18.1 个百分点。④混合型经济零售额快速增长。年内，国有、集体经济和混合型经济分别实现 996.77 亿元、1457.84 亿元，占全市零售总额的比重分别达 40.6% 和 59.4%，其中混合型经济销售所占比重比上年提高 4.3 个百分点。销售同比增速领先的是私营、外商投资、个体商业，分别比上年增长 46.3%、42.3% 和 19%。

商业设施建设步伐加快。2004 年，全市商业优化固定资产投资结构，控制固定资产投资规模，投资总额完成 110.50 亿元，比上年增长 28.6%。批发业、餐饮业、零售业、住宿业投资增长较快，分别比上年增长 147.7%、97.6%、69.8% 和 63.1%；房地产配套商业设施完成投资达 78.93 亿元，比上年增长 16.4%。外商、港澳台商、股份制经济和私营经济成为投资主体，分别比上年投资增长301.8%、94.4%和90.6%，国有经济投资总额则比上年下降28.4%。

节庆综合消费活跃。春节、“五一”节和国庆节期间，抽样调查300多户大中型商业企业，分别实现节日零售额24.29亿元、18.31亿元和25.41亿元，分别比上年同期增长10.4%、52.7%和19.5%。在三月上海国际服装文化节和十月上海旅游节期间，上海商业分别实现社会消费品零售总额201.31亿元和210.75亿元，比上年同期增长10.4%和6.2%。

服务消费成为市民生活重要内容。随着市民收入增加、生活质量提高，服务性消费迅速扩大。2004年，上海城市居民家庭人均消费支出达12631元，比上年增长14.4%，其中服务性消费支出达4084元，比上年增长21.2%。服务性消费支出已占人均消费总支出的32.3%，所占比重比上年提高1.8个百分点。服务消费中，交通和通讯、在外餐饮、医疗保健、教育文娱等增长较快，分别比上年增长35.3%、31.9%、26.4%、19.7%。

2. 江苏

近年来，随着商品流通体制改革的不断深化，江苏省商品交易市场得到快速发展，在社会商品流通中占有举足轻重的地位，极大地改变了江苏省商品流通格局，对促进国民经济持续增长及方便城乡居民生活发挥了重要作用。

1）发展速度与规模

截止到2005年底，全省各类市场总数为5156个，比上年底减少476个。其中消费品和生产资料市场分别为4293个和641个，同比下降9.68%和12.67%，生产要素市场222个，同比增长53.1%。生产要素市场中增加的是房地产市场，159个，同比增长238.3%。2005年全省市场总数下降较大的原因是，各地调整市场培育思路，逐步整合已建市场，着力培育大型专业化市场。同时2005年江苏省亿元以上商品交易市场发展迅速，规模扩大。据统计，截至去年末，全省年成交额达1亿元及以上的商品交易市场452个，与上年相比，增加了15个。其中，综合市场193个，减少1个；专业市场217个，增加了23个。市场内摊位数达25.5万个，比上年增加1.5万个。已出租摊位数为24万个，同比增加2万个，摊位出租率达94%，同比增加3个百分点。全省亿元市场营业面积达1708.9万平方米，比上年增长5.2%。2005年，亿元市场的商品成交额达4808.46亿元，比上年增长15.3%。建设大型商品交易市场是江苏省构筑现代商业流通的重要组成部分，各级政府和有关部门对大型市场的发展给予了大力支持，出现了一大批超大型市场。2005年，江苏省年成交额达50亿元及以上的市场有20个，比上年增加2个；实现成交额2374.20亿元，比上年增长17.7%，占全部亿元市场成交额的49.38%；年成交额超100亿元的有13个，比上年增加4个，实现成交额1957.57亿元，占全部亿元市场成交额的28.7%。

2）市场体系与专业化程度

江苏省商品交易市场已初步建成了一个门类齐全、协调配套，农产品、工业品市场特色鲜明，综合市场和专业市场互为依托，共同发展的市场体系。2005年，全省综合市场占全部市场的42.7%，实现成交额983.5亿元，占全部市场成交额的20.5%，其中工

业品综合市场44个，农产品综合市场149个；专业市场占全部市场的48.0%，实现成交额3127.0亿元，占全部市场成交额的65.0%。经过多年的发展和近几年的完善，江苏省专业市场增加较快，已建成的市场涵盖了工业原材料、日用消费品、农副产品和生产要素等一批各具特色的专业性市场。到2005年年末，综合市场的比重较上年下降了1.7个百分点；专业市场占全省亿元市场的比重较上年上升了5.3个百分点。在全省各类亿元市场中，农副产品综合市场最多，达149个，占33.0%；其次为建材装饰材料市场，达56个，占12.4%；工业品综合市场44个，纺织品服装鞋帽市场31个，分别占9.7%和6.9%。

3）经营环境与营业面积

近年来，江苏省在注重市场培育的同时，亿元市场也十分注重塑造自身形象，硬件设施上档次、流通规模上台阶。2005年，全省亿元市场中，封闭式市场334个，占全部亿元市场的73.9%；露天式市场37个，比上年减少6个，占全部亿元市场的1.3%；其他市场81个，占17.9%。全省亿元市场营业面积达1708.9万平方米，比上年增长5.2%，平均摊位营业面积达71.3平方米，比上年下降3.1%。其中，营业面积10万平方米以上的亿元市场有35家，占亿元市场的7.7%，比上年增加4家；20万平方米以上的大市场有13家，占亿元市场的2.9%，比上年增加1家。

4）经营结构

从已出租的摊位数看：在各类已出租的摊位中，农副产品综合市场摊位最多，为69357个，占已出租摊位总数的28.9%，比上年下降4.1%。其次是工业品综合市场，为46765个，占已出租摊位的19.5%，比上年增长3.2%。再次是纺织品服装鞋帽市场，为41305个，占已出租摊位总数的17.2%，比上年增长2.6%。从实现的商品成交额看：金属材料市场最多，为1093.7亿元，比上年增长14.7%，占全部成交额的比重为22.7%；其次是纺织品服装鞋帽市场，成交额为887.0亿元，比上年增长26.4%，占全部成交额的比重为18.4%。与居民消费水平和质量密切相关的粮油市场、水产品市场和花卉市场增长迅速，分别实现成交额66.1亿、60.1亿和23.7亿元，分别比上年增长41.0%、44.3%和25.8%。

5）交易品种与规模

江苏省商品交易市场经营范围不断扩大，涉及商品种类丰富，生活资料有食品饮料烟酒、纺织品、服装鞋帽、农副产品、蔬菜、水果、粮油等商品，生产资料有金属材料、机动车、木材、纺织原料等。近几年各类专业市场建设进一步发展，单个规模大，辐射能力强。年成交额最高的江苏吴江中国东方丝绸市场，市场总投资9.5亿元，总资产达4亿元，其成交额已超过300亿元，辐射全国31个省市自治区，远销东南亚、俄罗斯、西欧等国外市场。由20多家专业市场组成的常熟招商城，占地面积2.5平方公里，商业用房112万平方米，店铺、摊位2万个，日均货运量2000多吨，1996～2005年成交额连续10年超100亿元。南京白云亭市场发展集团公司，主要从事蔬菜、干货、调味品、副食品、粮油等批发零售交易，年成交额27.5亿元，是华东地区最大的农副产品集散地，目前已和全国28个省市、600多个县、近千个乡镇建立供求业务关系。超大型亿元市场已经成为引领商品交易市场快速发展的龙头骨干。这些骨干市场交易规模大，辐射功能强，已成为对全国具有较大影响力的批发集散中心、价格形成中心和信息汇集传递中心，带动了交通、旅游、服务等相关产业的兴旺，同时也提供了大量的就业人口，社会综合经济效益巨大，对江苏省交易市场和商品流通的发展具有十分重要的影响。

3. 浙江

2005 年浙江省各类市场继续保持了良好的发展态势，尤其是各重点市场积极主动应对日益加剧的竞争环境，加快改造提升，调整市场结构，完善配套设施，整体素质不断提高。呈现出园区化、集聚化、品牌化、国际化和功能多样化等特点。

（1）专业市场的建设呈现出园区化、集聚化的新趋势。通过创新市场建设模式，统一规划用地，将中心城市的专业市场逐步向城郊边缘地区拓展，形成具有集聚化优势的园区。在联合国与世界银行、摩根斯坦利公司等世界权威机构一起公布的一份中国发展报告中，义乌被称为“全球最大的小商品批发市场”。

（2）市场逐渐成为商品品牌新的孵化器。一方面积极扩展市场的知名度和影响力，打造市场自身品牌，另一方面通过制订优惠措施，大力引进品牌企业入市，发展总经销、总代理和专营专卖；同时引导经营户注册商标，利用市场集聚人气的功能，培育品牌商品，把市场打造成商品品牌的新孵化器。2005 年全省市场经营户注册商标 14699 个，市场注册商标 230 个，分别增长了 46% 和 39%。

（3）国际化程度不断上升，市场外向度显著提高。随着市场经营户外贸经营观念的日益形成以及商品档次的不断提高，专业市场的国际竞争力有了显著提升，全省从事外贸业务的经营户达 37891 户，比上年增长 61%。商品市场外贸总额达到 251 亿元。

（4）市场功能得到新的拓展。大型专业批发市场利用自身优势，积极发展会展业和旅游购物，打响了中国义乌国际小商品博览会、中国五金博览会、国际纺织品博览会等一批具有国际影响力的品牌。2005 年全省依托专业市场举办展销会 107 期，达成交易额 273 亿，分别比上年增长 8% 和 31%。

十四 富有特色的民营经济发展情况

（一）中国民营经济发展概况

改革开放以来，我国民营经济取得了长足发展，真正担当起了“国民经济重要组成部分”的重任，主要表现在：

1. 民营经济已经成为经济增长的重要推动力

根据国家统计局的数据进行推算：“九五”末期的2000年，我国内资民营经济在国内生产总值（GDP）中所占比重约为42.8%，到“十五”末期的2005年，内资民营经济在GDP中的比重约为49.7%。

在工业方面，2005年与2000年相比，规模以上民营企业实现工业增加值5年共增长246%。2005年，民营工业比重达到60%左右，比2000年提高约14个百分点。

2. 民营经济已经成为吸纳社会就业的主要渠道

“十五”期间，民营经济在二、三产业的就业人数净增7000万人。城镇民营经济就业人数，净增5700万人。而同期城镇就业总数只增加了4100万人，国有单位就业减少了约1500万人，个体私营企业就业增加了2600万人。民营经济在二、三产业就业的比重，已经从2000年的77.5%增加到2005年的84.1%。民营经济占城镇就业的比例从2000年的65%左右增加到2005年的75%以上。民营经济创造的就业，不仅分担了国企“减员增效”的后顾之忧，而且吸纳了更多的新增劳动力。可以说，没有民营经济，就没有就业问题的基本解决，也就没有社会的基本稳定。

3. 民营经济已经成为国家税收的重要来源

2000年以来，民营经济特别是私营企业税收明显快于全国税收增长速度。私营企业税收增长率五年来一直保持在40%以上，占全国税收的比重从2000年的3.3%提高到目前的8.7%。2005年私营企业税收可达2000年的6.3倍。在不少地方，民营经济税收占地方财政收入的比重已经超过60%，成为地方的财源主体。

4. 民营经济已经成为对外贸易的生力军

“十五”期间，民营经济出口总额从2000年的1328亿美元增加到2005年的6043亿美元（预计），增长3.6倍，年均增速35%。进出口总额占全国的比重从2000年的53.3%提高到2005年的77.4%，5年间提高了24.1个百分点。私营企业在外贸出口中的比例由2000年仅占1%提高到2005年1~9月份的14.6%。

（二）长三角地区民营经济发展

长三角地区是我国民营经济起步最早、发展最快、最具代表性的地区之一。改革开放以来，在政府各项有利政策的扶持下，凭着敢为人先的开拓意识和吃苦耐劳的实干精神，长三角民营经济在市场经济大潮中经受了磨砺和考验，迅速成长，不断壮大，先后创造了“苏南模式”和“温州模式”，走上了富有特色的发展之路，创造了一个又一个令人赞叹的奇迹。1998年初，浙江省委、省政府颁布了《关于大力发展个体私营等非公有制经济的通知》，江苏也在1997年底和2000年底两次召开“全省私营个体经济工作会议”，并先后三次出台了鼓励和加快民营经济发展的政策文件，从而大大促进了民营经济的发展。1995～2004年浙江的私营企业和个体工商户由161.5万户增加到201.7万户，从业人员由359万人增加到830万人，民营经济已占全省经济的一半以上。同期，江苏的私营企业和个体工商户也由146.1万户增加到206.6万户，从业人员由279万人增加到710万人，工业总产值由233.8亿元增加到3144.7亿元，批发和零售营业额由360.4亿元增加到2861.6亿元，民营经济在全省经济中的比重达到了38%。2004年，上海规模以上工业企业中，私营企业的户数已占1/4强；限额以上商贸企业中，私营企业的户数和从业人员都占近1/5；建筑业中，私营企业达1303家，占48.4%，从业人员29.08万人，占39.2%，竣工产值307.97亿元，占26.5%。民营经济的迅速发展，成为长三角经济增长的强大推动力。

随着改革开放的不断深入，社会主义市场经济体制的不断完善，经济全球化、区域一体化的加速推进，民营经济发展的市场环境将进一步优化，发展空间将不断拓展，但是长期积累的结构性、素质性矛盾进一步凸现，“成长的烦恼”日益困扰，国际国内市场竞争更趋激烈。面对新的发展机遇和更加严峻的挑战，加快推进民营经济转入科学发展轨道，实现新的飞跃，是事关全面建设小康社会、加快推进社会主义现代化的重大战略问题。

加强区域合作与交流，从更高起点、更大范围、更深层次谋划民营经济的发展，是加快推进经济社会转入科学发展轨道的迫切需要。近年来，长三角地区各省市相继采取了一系列有力措施，着力从行政推动与市场驱动两方面入手，以更加积极、更加开放的姿态加快推进长三角区域一体化进程，有力地推动了硬件建设上的对接、政策层面上的协调、思想观念上的融合和生产要素上的自由流动，形成了宽领域、多层次、全方位的区域合作与交流的新态势。这为民营经济发展提供了新的契机，为开展民营经济的合作研究创造了更为有利的条件。

1. 上海

2004年，全市私营企业384927家，从业人员4048728人（投资者826007人，雇工3222721人），比上年分别增长31.9%和27.3%。全市有个体工商户275082户，从业人员334120人，比上年分别增长2.7%和6.3%。在全国评出的全市127家国家级“守合同重信用”企业中，私营企业有48家，占总数的37.8%；在全年评出的信用等级在A级以上的上海市“守合同重信用”企业中，私营企业有3236家。私营企业产品商标被认定为上海市著名商标的有19件，占认定总数的33.9%。全年共有163名青年会员分获“创业奋斗”、“诚实守信”、“奉献爱心”、“见义勇为”、“促进就业”等5个奖项表彰；有55名非公有制企业经营者获得全国和上海市“优秀中国特色社会主义事业建设者”称号；有30名私营企业经营者和5名个体劳动者获市劳动模范称号，5个企业的部门、科室被评为市劳动模范集体；1名会员获得全国“五一”劳动奖状和奖章；8家会员单位被团中央和国家工商总局新认定和继续认定为全国青年文明号。

2004年，在国家宏观调控政策和市场环境变化的影响和推动下，上海私营经济产业结构调整步伐加快。私营经济长期以来以传统制造业、餐饮业和商业批发零售业为主的

格局开始松动和打破，呈现出更多地进军高新技术产业、先进制造业，以及现代服务业等领域的态势。上海私营经济的结构布局开始发生转变。

（1）私营企业在现代服务业开始崭露头角，信息、金融、物流、会展、市场中介等行业私营经济发展迅速。民办非企业单位涉及教育、民政、劳动、体育、卫生、文化事业等领域。

（2）非公有制科技企业已成为上海市发展高新技术产业的生力军。随着“科教兴市”主战略的实施，非公有制企业重视技术进步对企业发展的贡献，加大研发投入和科技创新力度。至年底，全市科技型非公有制企业达21516家，比上年增长14.2%。全市销售收入超亿元的26家计算机软件企业中，非公有制企业占38%强。经认定的非公有制高新技术企业已占全市高新技术企业的25%，且全部拥有知识产权。产品所处技术领域绝大部分属于高新技术产品，包括新能源及高效节能技术、环境保护技术、光机电一体化技术、地球空间海洋工程等方面。非公有制科技企业的快速增长为上海经济发展注入强大活力，成为新一轮经济发展中的重要力量。

（3）私营企业规模不断扩大，竞争力不断增强。2004年，新增私营企业120783家；注册资本5681.5亿元，比上年增长36.1%。私营企业占全市各类企业总数的71.8%，比上年增长7.6%，注册资本1亿元以上的企业有452家，比上年增长40.4%。从行业分布情况看，私营企业涉足的行业居前3位的分别是：批发零售业170005家，占总数的44.1%；制造业72558家，占总数的18.8%；商务服务业61864家，占总数的16.1%。从产业划分情况看，从事第一产业的1126家，占总数的0.3%，比上年增长34.2%；从事第二产业的90753家，占总数的23.6%，比上年增长18.9%；从事第三产业的293048家，占总数的76.1%，比上年增长36.6%。在全市私营企业中有限责任公司344030家，占总数的89.4%；个人独资企业38890家，占总数的10.1%；合伙企业2007家，占总数的0.5%。私营企业中有限责任公司注册资本为5607.6亿元，户均注册资本163万元，比上年分别增长36.5%和2.8%。全年实现产值和营业额5663.6亿元。

（4）区域合作型私营企业呈加速发展态势。一是跨省市的区域流动与合作。依托上海的地理、市场及制度优势和良好的发展前景，外省市来上海投资设立的私营企业数量和规模不断增加。2004年，在上海的浙江企业达2.7万家，注册资本860亿元，总投资1700亿元，年销售额3000亿元。二是市区私营企业向市郊流动。市郊相对较为优越的发展环境和较低的综合商务成本，吸引私营企业向市郊流动聚集，至年底，市郊私营企业数达32.74万家，占全市私营企业的85%，比上年增长36.1%，高于全市私营企业总数增长比例幅度4.2个百分点。

2. 江苏

2005年又是江苏省个体工商户、私营企业继续得到较快发展的一年，并呈现出六个特点：

1）2005年江苏个体工商户、私营企业总量与份额呈继续上升的一个总趋势

截止到2005年12月底，江苏个体工商户、私营企业合计已达226.07万户，从业人员1118.37万人，注册资本（资金）7830.05亿元，分别比上年底净增23.48万户、

310.98 万人、2010.71 亿元，分别增长 11.59%、38.52%、34.55%。其中个体工商户净增 14.55 万户，从业人员 75.92 万人，注册资金 128.19 亿元，分别比上年底增长 9.05%、30.95%、27.39%，私营企业净增 8.94 万户，从业人员 235.06 万人，注册资本 1882.53 亿元，分别比上年底增长 21.39%、41.82%、35.18%。个体工商户、私营企业总户数在全省市场经营主体中的份额已占 90.39%，比上年底净增 3.77 个百分点，个体工商户、私营企业总注册资本在全省市场经营主体注册资本总额中的份额已占 29.77%，比上年底净增 2.95 个百分点。江苏个体工商户、私营企业总户数仅次于广东省的 272.32 万户，位居第二位，占全国个体工商户、私营企业总量的份额由 2004 年底的 7.46% 上升到 7.81%，增加了 0.35 百分点，其中，个体工商户占 6.84%，由上年底第四位上升到第二位；私营企业占 11.80%，全国每 10 户私营企业中就有 1 户江苏的私营企业，自 2002 年以来，江苏私营企业户数连续四年全国第一，2005 年达 50.74 万户，领先第二位上海市 3.34 万户，领先第三位广东省 5.82 万户。纵观“十五”期间，江苏个体、私营经济呈稳定的刚性上升发展趋势，个体工商户净增 26.34 万户，私营企业净增 33.33 万户。“十五”期间私营企业户数增加了 3 倍，年平均以 23.90% 的增幅快速增长。

2）2005 年江苏个体工商户、私营企业发展出现了两个值得关注的亮点

① 2005 年国务院颁发了《关于鼓励支持和引导个体私营等非公有制经济发展的若干意见》，放宽非公有制经济市场准入，允许非公有资本进入垄断行业、公用事业、基础设施、社会事业、金融服务业等领域，为具有一定规模和实力的私营企业提供了大展身手的舞台。据不完全统计，到 2005 年底，全省已有 849 户私营企业挺进电力、煤气、水的生产和供应等社会基础设施及垄断行业。② 2005 年国家下发了《关于港澳居民在内地申办个体工商户登记管理工作的若干意见》，全省工商系统积极开展港澳居民在内地申办个体工商户的登记工作，截止 12 月底，全省已有 7 户港澳居民申办了个体工商户，随着国家进一步放宽港澳居民开办个体经营的经营范围，将会有更多的港澳居民在江苏省申办个体工商户。

3）2005 年全省个体工商户、私营企业达到了“三个新高”

①2005 年度新开业个私经济经营户数突破 66 万户，达 66.73 万户，同比增长 2.26%。其中，新开业个体工商户突破 50 万户，达 55.89 万户，私营企业新开业突破 10 万户，达 10.85 万户。②私营企业投资者突破百万大关，达到 114.25 万人，同比增幅 17.59%，就是说经过市场经济的洗礼，上百万的私营企业家在市场大潮中探索成长，已成为江苏省企业家队伍的重要组成部分。③2005 年全省个私经济户数、从业人员、注册资本总量分别突破 220 万户、1100 万人、7800 亿元，分别达 226.07 万户、1118.37 万人、7830.05 亿元。其中，私营企业户数、从业人数、注册资本分别达到 50.74 万户、797.16 万人、7233.87 亿元，私营企业中最具经济学意义的公司制企业注册资本突破 6000 亿元，达 6168.97 亿元，个体工商户户数、从业人数、注册资金分别达到 175.34 万户、321.21 万人、596.18 亿元，这些都达到自改革开放以来江苏个体工商户、私营企业发展的最高值。

4）2005 年江苏个体工商户、私营企业发展呈现四大静态特点

①个体工商户以第三产业为主，私营企业以第二产业为多。个体工商户主要从事批发与零售业、制造业、服务业，个体工商户从事第三产业的户数、资金、从业人员分别占个体工商户的 87.22%、77.65%、85.30%。私营企业多为制造业、批发零售业、服务业。个体工商户从事一、二、三产业比例分别为 1.57%、11.21%、87.22%，私营企业从事一、二、三产业比例分别为 1.94%、50.13%、47.93%。②私营企业中以公司制企业为主，独资、合伙、有限公司和股份公司的比例分别为 31.36%、2.05%、66.57% 和 0.02%。③个体工商户、私营企业的发展与全省国民经济发展的梯度成正相关，其中，苏南板块个体工商户、私营企业分别占全省总量的 40.11% 和 56.58%，苏北板块个体工商户、私营企业仅占 31.16%、30.90%。④在全省个体工商户和私营企业中，外来投资者占相当比例。据统计，截止到 2005 年 12 月底，外来投资者在江苏从事个体工商户和私营企业经营的分别占全省个体工商户、私营企业总户数的 13.48%、17.07%，即有超过 1/10 的经营者是来自外省。

5）2005 年江苏个体工商户、私营企业发展呈现五个动态走势

①规模经营趋势明显。据统计，截止到 2005 年 12 月底，全省个体工商户户均注册资金为 3.4 万元，私营企业户均注册资本为 142.57 万元，私营公司户均注册资本为 184.81 万元，分别比上年底增长 16.84%、11.37%、10.34%，其中私营企业注册资本 100 万～500 万元的达 85668 户，500 万～1000 万元的达 1700 户，1000 万元～1 亿元的达 12411 户，亿元以上的达 370 户，分别比上年底增长 28.33%、30.25%、41.65%、47.41%。另外私营股份公司达 113 户，私营企业集团公司达 422 户，分别比上年底增长 13%、13.75%。其中，注册资本亿元以上的私营企业增长比例远远高于私营企业增长的平均水平，反映资本的集中和集聚的加快。在省局登记注册的私营企业中，注册资本前三位的私营企业分别是江苏苏源集团有限公司，江苏地华实业有限公司，江苏高力集团有限公司，注册资本分别 7.04 亿、6 亿和 5.2 亿元。②服务业优先发展趋势明显。传统服务业得到进一步加强，现代服务业得到长足发展。据统计，2005 年底，个体工商户从事第三产业的户数占 87.22%，私营企业中从事第三产业的户数占 47.93%，其中，个体工商户、私营企业从事软件业、咨询业、广告业及其他新兴行业等发展尤为迅速，个体工商户中四个行业分别增长 46.80%、28.72%、48.30%、15.31%；私营企业中四个行业分别增长 28.04%、24.45%、28.19%、37.52%。这些都远远高于个体工商户、私营企业的平均发展水平。③全省个体工商户、私营企业发展质量明显提高。据统计，2005 年与 2004 年相比，在江苏个体工商户以 9.05% 增幅发展的同时，各种违章违法率下降了 17.23%，私营企业以 21.39% 增幅发展的同时，各种违章违法率下降了 21.10%。同时私营企业保持持续、稳定发展，2005 年歇业数比上年下降 28.28%。④在促进江苏省三大板块经济协调发展上作用越来越明显。个私经济逐步成为后发达地区经济发展的加速器，成为协调发展的调节器。苏北、苏中个体私营经济在全省个私经济总量中的比重与上年底相比，提升了 3.16 个百分点，全省个私经济已初步形成了苏北追赶、苏中崛起、苏南提升的局面。⑤全省个体工商户、私营企业发展势头仍十分强劲。与内资、外资相比，在所

有制结构呈现剧烈变动的同时，个私经济发展势头很猛。在全省81.03万户企业中私营企业就达56.39万户，占69.59%，在全省47.68万户法人企业中，其中私营企业法人有33.78万户，占70.88%。在全省2005年内资以9.97%继续减少、外资以13.74%稳定增长的情况下，私营企业已超过20%的增幅刚性上升，注册资本已超过30%的增幅刚性增长，1～12月份全省新开业个体工商户55.89万户，新开业私营企业10.85万户，2005年全省每天有1531户个体工商户开业，每天有297户私营企业开业。个私经济领域每月增加约有168亿注册资金，即每天个私经济领域增加约5亿元注册资金，每天有6576人进入个私经济领域就业。

6）2005年江苏个体工商户、私营企业在全省国民经济和社会发展中发挥了六大作用

①形成江苏国民经济的一个重要的增长点。据省工商局信息中心的最新统计，2005年个体工商户、私营企业创造的产值达5181.70亿元，实现销售收入5847.85亿元，实现社会商品零售额2733.90亿元。据有关部门统计，2005年全省个私经济上交税收526亿元，其中国税328亿元，地税198亿元，同比增长30.2%，占全省税收总额的23.1%。如果加上大量未纳入统计的民办医院、学校、事务所等，全省个私经济的比重会更大，尤其值得注意的是，不少个体工商户、私营企业利用各种闲置人员和闲置资源、厂房，开展经营活动，取得了较好的经济效益，可以说是典型的节约型经济。②形成一个就业再就业的重要载体。全省个体工商户、私营企业已实际创造就业机会1000余万个。这些机会门槛要求较低，特别适合对下岗职工等弱势群体的就业再就业。仅2005年就解决下岗职工再就业95757人，高校毕业生5335人从事个体经营，还使许多离、退休同志的余热得到释放，成为传统计划经济体制形成的各种矛盾如就业难的化解点、接受点、容纳点，形成一个相对稳定的社会经济群体，促进了平安江苏的建设。③市场流通的最活跃细胞之一，是人民群众生活上不可缺少的联系点。江苏省上千家农贸市场的经营主体主要是个体工商户、私营企业，广大的个体、私营经营者，在促进流通、平抑价格、方便人民生活等方面有积极作用。同时，个体工商户、私营企业经营的网点之多、行业之齐全，对于满足人民群众丰富多样的生活需求具有特殊的、不可替代的作用。④个体工商户、私营企业成为改革开放政策的先行者和直接实践者，为深化改革开放，建立和完善社会主义市场经济新体制作出了有益的探索与创新，走在改革的最前沿，是改革的急先锋与开拓者。⑤促进了江苏省经济总体竞争力的提升。首先表现在全省涌现出一大批新苏商代表，如在全国有位置的苏宁、雨润、太平洋等实力型私营企业和一批知名企业家，这些私营企业实力雄厚，经营稳定，管理成熟，团队富有效率，在国际、国内都形成了极大的竞争力。其次是一大批社会精英伴随着国有企业的改制流入私营企业，同时在全民创业的诱因下，一大批有知识、有能力的科技、管理人才和大学毕业生纷纷进入个私领域。再次，相当一部分私营企业注重自主创新、创牌，形成自身的企业文化与商标。据统计，2005年底，全省共有注册商标14.75万件，其中私营企业拥有注册商标超过半数，省著名商标817件，全国驰名商标46件，私营企业分别占50%、39%。⑥瓦解了传统落后观点，推动竞争公平等新观念的形成，引发了人们人生观、价值观的改变，引导人们逐步淡化官本位、行政计划意识，逐渐形成公平竞争、公开竞争、民主的市场经济

新观念，极大地推进了社会文明的进程。

3. 浙江

2005 年，全省共有规模以上私营工业企业 2.38 万个，同比增长 6.2%，高出全省规模以上工业企业增幅 0.6 个百分点，占规模以上企业比重上升至 59.3%。

1～12 月，私营工业累计完成总产值 7846.21 亿元，同比增长 26.3%，高出全省工业总产值增幅 1.8 个百分点，对全省工业总产值增长的贡献率为 36.4%，拉动全省工业总产值增长 8.9 个百分点。完成销售收入 7507.62 亿元，同比增长 26.6%，高出全省增幅 1.9 个百分点；实现利税和利润分别为 557.18 亿和 306.55 亿元，比上年增长 21.2% 和 21.9%，增速分别比规上工业高 7.8 个和 10.3 个百分点，对全省工业利税、利润增长的贡献率分别为 43.7% 和 49.4%，拉动利税、利润增长 5.9 个和 5.7 个百分点。私营工业企业总产值、销售收入、利税和利润占规上工业的比重分别为 34.4%、34.6%、29.7% 和 28.6%，分别比上年提高 0.5 个、0.5 个、1.9 个和 2.4 个百分点。

私营工业中盈利超 1000 万元的企业有 516 个，比上年增加 127 个，占全省盈利 1000 万元以上企业的比重由上年的 25.1% 提升至 27.5%，利润总量为 130.36 亿元，占 16.7%，比重上升 2.1 个百分点；其中盈利超亿元的企业有 14 个，比上年同期增加 7 个，利润总量为 16.73 亿元。

首次经济普查资料显示，浙江省个人资本实力雄厚且在国民经济中起着举足轻重的作用。突出表现在三个方面：

（1）个人资本成为浙江省企业资本的主要来源，占浙江省企业实收资本五成强。2004 年末，浙江省企业法人单位实收资本达 11367.90 亿元。其中，由个人投入的资本最多，占全部实收资本的 52.3%；由国家和集体投入的资本其次，分别占 23.8% 和 7.2%；港澳台商投入的资本占 7.9%；外商投入的资本占 8.8%。

（2）企业个人资本份额远高于全国。浙江省企业实收资本来源构成与全国存在明显差异，主要表现为国家资本和个人资本所占比重悬殊。在全国企业法人的实收资本总额中，个人投入的资本约占三成（28%），比浙江省低 24.3 个百分点，国家投入的资本约占一半（48.1%），比浙江省高 24.3 个百分点。

（3）企业个人资本金占全国 1/10 强。从企业法人单位 2004 年末所拥有的个人资本总额看，浙江省为 5941.47 亿元，全国为 5.1 万亿元，浙江省约占全国 1/10 强。

十五　长三角地区之财政

长江三角洲地区历来是我国最为富庶的地区之一，从近几年的统计数据来看，上海、江苏、浙江的财政总收入基本保持在全国的第二、三、五位，因而长三角地区的总体财政收入也在全国几个重要的经济区域中遥遥领先，根据2004年的数据，长三角地区在全国的财政收入中的比重超过1/4，达到27.83%。从2000~2005年，长三角两省一市的财政总收入始终保持着两位数的增长速度，基本保持稳定，2005年长三角财政总收入达到9335.97亿元，同比增长27.08%。其中江苏省的财政收入增长速度总体看来高于上海和浙江，2005年更是达到了创纪录的40.99%，上海市基本保持着稳中有升的势头，而浙江近几年财政总收入的增长速度逐渐趋缓。从两省一市占长三角的比重来看，上海始终保持着第一的位置，2005年上海市财政总收入占长三角总体的43.87%；江苏次之，占33.47%；浙江又次之，占22.66%。近几年来由于江苏的快速发展，使得江苏在长三角财政总收入中的比例在不断上升，而上海却呈现出不断下降的趋势，浙江的比例基本保持稳定（见表3-78、图3-12、图3-13）。

表3-78　长三角总体财政收支比较表（2000~2005）

单位：亿元，%

地区	项目＼年份	2000	2001	2002	2003	2004	2005
上海	财政总收入	1752.7	1995.62	2202.25	2828.87	3325.14	4095.8
	占全国比例					12.60	
	总收入增长速度		13.86	10.35	28.45	17.54	23.18
	占长三角总体比重	53.50	50.16	45.38	45.14	45.26	43.87
	地方财政支出	622.84	726.38	877.84	1102.64	1395.69	1660.32
江苏	财政总收入	865.00	1064.99	1483.68	1968.92	2216.41	3124.81
	占全国比例					8.40	
	总收入增长速度		23.12	39.31	32.71	12.57	40.99
	占长三角总体比重	26.40	26.77	30.58	31.42	30.17	33.47
	地方财政支出	645.57	782.64	1049.31	1402.04	1719.32	2191.49
浙江	财政总收入	658.42	917.76	1166.58	1468.89	1805.16	2115.36
	占全国比例					6.84	
	总收入增长速度		39.39	27.11	25.91	22.89	17.18
	占长三角总体比重	20.10	23.07	24.04	23.44	24.57	22.66
	地方财政支出	431.30	597.30	749.90	896.77	1062.94	1265.53
长三角合计	财政总收入	3276.12	3978.37	4852.51	6266.68	7346.71	9335.97
	占全国比例					27.83	
	总收入增长速度		21.44	21.97	29.14	17.23	27.08
	地方财政支出	1699.71	2106.32	2677.05	3401.45	4177.95	5117.34

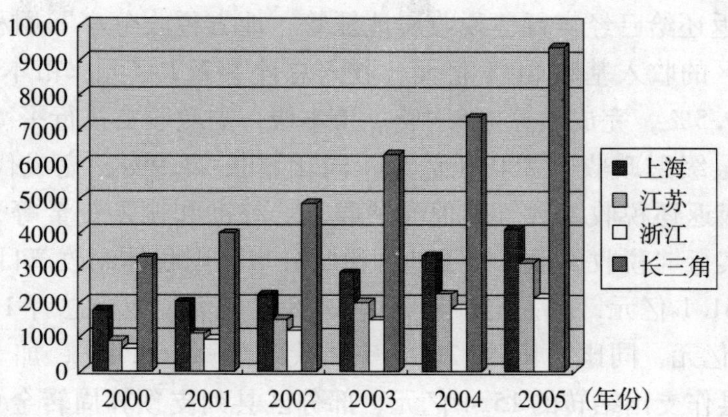

图3-12　长三角财政收入增长示意图（单位：亿元）

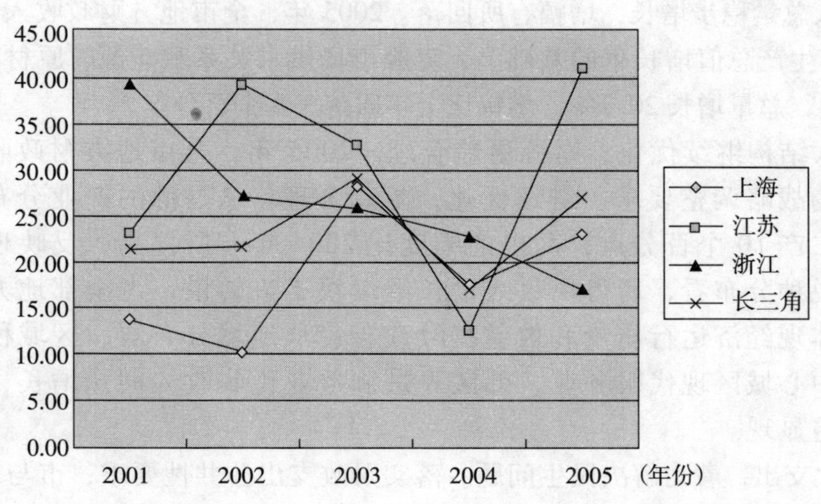

图3-13　长三角财政总收入增长率曲线（单位：%）

（一）上海财政基本情况

1. 2005年财政预算执行情况

1）2005年全市财政收支执行

2005年，地方财政收入1433.9亿元，同比增长20.7%，完成预算103.9%，加上中央返还税收基数、其他专项收入、补助和上年结转、调入资金等366.3亿元，减去定额上解中央120亿元，收入总计1680.2亿元。

2005年，地方财政支出1660.3亿元，同比增长19%，完成预算108.4%，加上中央归还历年欠地方出口退税区县作支出结转的15.4亿元、部分区县列支预算周转金0.6亿元，支出总计1676.3亿元。全市财政收支执行结余3.9亿元。

2）2005年分级财政收支执行

2005年，市本级财政收入553.3亿元，同比增长16%，完成预算101.2%，加上中央返还税收基数、其他专项收入、补助和上年结转等131.4亿元，减去定额上解中央

81. 4 亿元，减去返还给已经实行“税收属地征管、地方税收分享”财税体制改革目标模式的浦东等 8 个区的收入基数 61. 1 亿元，收入总计 542. 2 亿元；市本级财政支出 542. 2 亿元，同比增长 9. 5%，完成预算 108. 4%。市本级，财政收支执行平衡。

2005 年，区县级财政收入 880. 6 亿元，同比增长 23. 9%，完成代编预算 105. 6%，加上中央和市两级返还税收基数、其他专项收入、补助和调入资金等 234. 9 亿元，加上市级返还给已经实行“税收属地征管、地方税收分享”财税体制改革目标模式的浦东等 8 个区的收入基数 61. 1 亿元，减去定额上解中央 38. 6 亿元，收入总计 1138 亿元；区县级财政支出 1118. 1 亿元，同比增长 24. 2%，完成代编预算 108. 4%，加上中央归还历年欠地方出口退税区县作支出结转的 15. 4 亿元、部分区县列支预算周转金 0. 6 亿元，支出总计 1134. 1 亿元。区县级财政收支执行结余 3. 9 亿元。

2. 2005 年财政运行特点

（1）收入总量稳步增长，增幅有所回落。2005 年，全市地方财政收入在连续十二年增幅高于全市生产总值增长率的基础上，克服市场供求关系和能源、原材料价格等经济环境变化影响，总量增长 20. 7%，增幅比上年回落 3. 8 个百分点。

（2）收入结构继续优化，财源更趋合理。2005 年，全市地方财政收入分布结构体现经济结构战略调整要求，继续优化，更趋合理。从财源的产业分布看，三产税收增幅高出二产 10 个百分点，高出的幅度比 2004 年有所提高，反映现代服务业加快发展；从税种分布看，所得税收入增长继续快于流转税，占全部地方收入的比重继续上升，体现经济运行质量和效益持续改善；从地域分布看，区域税收与发展重点相一致，中心城区现代服务业、郊区先进制造业税收收入同比增长，产业合理布局的效应日益显现。

（3）优化支出，着力解决民生问题。落实财政支出公共性要求，市与区县两级财政支出以民为本，调增专项预算安排，合力解决人民群众最关心、最直接、最现实的利益问题：完善社会保障体系，增加社会保障支出和抚恤支出；增加医疗卫生支出，落实“医保服务点建设”市府实事项目等；及时化解突发灾情、疫情，快速拨付抗灾防疫专项资金。

（4）集中财力，重点落实战略需求。着眼本市经济社会可持续发展的基础性领域，市级集中新增财力和优化支出结构挤出的财力，重点落实事关城乡发展全局的战略需求。落实科教兴市主战略，增加专项资金投入；推进枢纽型、功能性、网络化重大基础设施建设，基本建设支出保证轨道交通、长江隧桥、洋山深水港一期工程等城市基础建设和环境综合整治重点项目建设；确保三项法定增长支出项目的财力保障，市本级教育、科学、农业支出增幅高于财政经常性收入增幅。同时，各区县结合全市区域功能定位，战略性财政投向更加明确，重点加快浦东综合配套改革试点、“一城九镇”建设和各区县市级工业园区等开发。

（5）扩大转移支付，均衡区县公共支出。按照构建社会主义和谐社会的要求，根据区县财力强弱和财力保障需求分类分批分三年推进财税体制改革，逐步缩小各区县的财力差异；增加对困难区县的转移支付，努力实现区县基本公共支出保障均衡化。同时，

在兑现财税体制改革区县基数返还的基础上，市级分享新增财力全部用于扩大转移支付规模，重点用于区县低保、廉租房补贴和崇明“三岛联动”，以及财力相对困难区县的义务教育、公共卫生预防保健、郊区老年农民养老、农村合作医疗、乡镇卫生院改造等基本公共服务支出。

（二）江苏财政基本情况

1. 2005 年财政预算执行情况

2005 年全省一般预算收入 1322. 67 亿元，增收 342. 18 亿元，同口径增长 26. 4%，完成变更预算的 105. 2%；基金收入 545. 56 亿元，增长 30. 4%。一般预算收入加上基金收入、上划中央收入 1256. 58 亿元，财政总收入 3124. 81 亿元，增收 584 亿元，同口径增长 23. 8%。

全省一般预算支出 1652. 05 亿元，增支 340. 01 亿元，同口径增长 18. 8%；基金支出 539. 44 亿元，增长 26. 1%。

2005 年省级征收的一般预算收入 144. 49 亿元，增收 41. 38 亿元，同口径增长 27. 0%；基金收入 120. 16 亿元，增长 23. 3%。

省级一般预算支出 423. 07 亿元，其中省本级支出 266. 60 亿元，增支 43. 03 亿元，同口径增长 14. 3%。基金支出 118. 26 亿元，增长 16. 5%。

2. 2005 年财政运行特点

1）坚持服务发展，支持做大“蛋糕”，丰富新政策

支持发展的理念深入人心，服务发展成为各级财政部门的自觉行动。一是支持优化发展环境。大力构建财税政策、融资服务、科技服务、县级工业园区等服务平台，重点支持法治江苏、平安江苏、绿色江苏、文化江苏、诚信江苏建设，支持营造和谐稳定的人文居住环境和“亲商安商富商”的投资环境。二是支持促进区域共同发展。始终把支持苏北发展作为重要政策目标之一。一方面，加大对苏北的财政转移支付力度，促进基本公共服务均等化。财力性转移支付主要投向苏北，惠民、支教、解困等各项政策向苏北倾斜。2003 年以来省财政对苏北的转移支付和其他各类补助累计达到 293 亿元。另一方面，从 2005 年起对苏北实行“一不变、四不减、一全留”的新政策（在财政体制不变、转移支付基数不减、专项补助不减、调资补助不减、中央补助配套不减的前提下，2005 ~ 2007 年对转移支付县和宿迁市本级，以 2004 年为基期年，新增地方财政收入省集中部分予以全额返还）。以沿江开发为契机，省财政制定了沿江开发的财政奖励政策，促进苏中苏南联动开发。2005 年，对既未能享受到省加快苏北发展政策又未能享受到省沿江开发扶持政策的高邮等苏中六县（市）推进工业化、农业产业化予以政策扶持。不断探索支持苏南发展的有效方式，激励苏南在更高层次上加快发展。对超收多、贡献大的市县给予年终一次性奖励。制定了促进苏南产业转移到苏北苏中的相关扶持政策，支持苏南通过“腾笼换鸟”。总结推广苏南“四小龙”经济财政发展的经验。三是创新支持手段，促进经济又快又好地发展。2004 年首次设立了 3 亿元的科技成果转化资金，2005 年增加到 5 亿元，两年来共支持了 105 个项目，引导社会资金 143

亿元，新增销售收入581亿元，新增利税144亿元；2004年首次设立1亿元扶持民营经济发展专项资金，2005年增加到1.3亿元，两年来累计支持了近千户民营企业的技术改造、技术创新、知名品牌开发和服务体系建设项目，新增销售收入600亿元、利税约80亿元、就业岗位约15万个；从2004年起，连续三年每年安排2亿元，用于增加中小企业担保基金，两年来直接支持了78家地方中小企业担保机构，引导新成立39家担保机构，累计担保余额达到390亿元，有效缓解中小企业融资困难；2005年首次设立服务业发展引导资金，三年内每年安排1亿元，重点扶持服务业集聚区、现代物流、金融保险业总部或地区总部、商务服务业、旅游业等现代服务业领域的重点项目；自2003年起，连续十年每年安排1亿元资金，对较为困难的23家农村信用社进行政策扶持。

2）坚持富民优先，农民增收减负收到新成效

各级财政部门认真贯彻“多予、少取、放活”的方针，着力支持解决“三农”问题。财政对“三农”投入规模之大、惠农政策含金量之高、农民得实惠之多，为多年来少见。一是连续大幅度增加对“三农”的投入。2005年，省财政对“三农”领域的各项投入达150.4亿元，在2004年增长55.3%的基础上又增长了32.9%。二是创新财政支农方式。“减法”“加法”一起做。2003年，取消农业特产税，降低“两工”和以资代劳数额。2004年，全省农业税税率由7%调减为4%，全省有五个市全部免征农业税，取消了农村“两工”，实行一事一议制度。2005年，实现全面免征农业税，农民人均负担从税改前的177.9元下降至20元左右；增加对农民的直接补贴，2005年全省面向农民的粮食直补、良种补贴、农机具购置补贴等涉农直接补贴达到10亿元，36个县（市、区）实现了“一折通”发放。支持农村劳动力培训，增加农民务工收入。三是支持提高农业综合生产能力。三年来，全省财政共安排105亿元，其中省级财政安排33.6亿元，支持水利重点工程项目建设；投入资金15.8亿元，支持修建农桥7523座，疏浚河道开挖土方3.9亿立方米；各级财政共安排农业综合开发资金23.4亿元，改造中低产田476万亩；省财政用于农业产业化经营、外向型农业、设施农业和农业三项工程等项目的投入累计达10.4亿元，提高了农业综合效益。四是探索财政支农资金使用管理的新机制。在苏北五个县实施财政支农资金整合“打包”试点，纳入“打包”的省级支农专项资金共18项，资金总额1.67亿元。

3）坚持为民理财，保障百姓利益

各级财政部门理众人之财，尽为民之责，办惠民之事。一是加大就业再就业资金投入。认真落实中央和省出台的各项扶持政策，三年来各级财政预算安排再就业资金累计达27.8亿元，全省累计新增就业人数268.9万人，其中下岗失业人员再就业116万人。二是完善企业养老保险征缴机制。研究制定了抓扩面、促征缴的考核奖励机制，养老保险基金收入连年超收40亿元以上，同时省对困难市县养老保险的补助三年累计达到29.6亿元，保证了全省退休职工养老金的按时足额发放。三是建立健全城乡居民最低生活保障制度。截至2005年底，符合低保条件的42万城镇困难居民和86万困难农民实现了应保尽保，并建立了对低收入居民的物价动态补贴机制。四是支持农村改水、农村草危房

改造和新型农村合作医疗三件实事。各级财政三年来累计投入农村改水资金8.5亿元，实际新增农村受益人口960万；筹集安排草危房改造资金3.7亿元，支持改造草危房15.2万户，全面完成草危房改造任务；从2003年开始新型农村合作医疗制度试点，到2004年在全省全面推开，各级财政共安排新型农村合作医疗补助资金20.7亿元，全省已有97个县（市、区）开展了新型农村合作医疗。五是实行农村计划生育奖励扶助制度。2004年在徐州市、如东县进行农村计划生育奖励扶助试点，2005年起在全省全面推行，全省18.8万人享受政府奖励扶助。六是推进农村五保户“关爱工程”建设。2005年省财政安排专项资金1.33亿元，支持困难地区农村敬老院改造，农村敬老院新增床位3.3万张。

4）坚持有保有压，社会事业发展呈现新气象

调整优化财政支出结构，压缩一般性支出，加大教育、科技、公共卫生、文化、体育等领域的投入。一是加大对教育的支持力度。落实教育投入“三增长”的法定要求，以全国第三的财政收入实现了全国第二的教育投入，以全国第十四位的人均预算财政支出达到了全国第十位的生均预算支出，全省教育支出占地方一般预算支出的比重达到23.3%。建立农村义务教育经费保障机制，在保证农村中小学教师国标工资发放的基础上，2005年省财政安排专项转移支付12.6亿元，全面解决了经济薄弱地区省标补贴的发放问题；在2002年完成农村中小学危房改造任务的基础上，三年来省财政累计安排12亿元专项资金，继续支持改善农村中小学办学条件、布局调整和实施“校校通”工程。支持职业教育示范专业及实验实训基地建设，改善职业教育学校人才培训条件。累计安排11亿元，支持重点高校及高校重点学科、实验室等内涵建设。进一步建立健全扶困助学机制，向义务教育阶段农村困难家庭学生实行“两免一补”，资助特殊教育学校学生免费接受义务教育，资助家庭经济困难的初中毕业生免费接受中等职业技术教育。二是加强科技创新体系建设。在设立科技成果转化资金的同时，三年来省财政还安排2.51亿元，支持实施高新技术研究计划、科技攻关计划、星火和火炬计划，支持江苏软件园等科技园区和基地、公共技术服务平台及科技创新服务体系的建设。三是加快基本医疗和公共卫生事业发展。三年来，各级财政共安排公共卫生应急体系建设专项经费15亿元，全面建成了疾病预防控制体系，基本建成突发公共卫生事件医疗救治体系。支持农村卫生院购置医疗设备，苏北地区300所乡镇卫生院医疗条件明显改善。四是积极推进文体事业发展。重点支持文物保护、文化场馆建设和未成年人思想道德建设。加强体育场馆改造和建设，确保了“十运会”的成功举办。

5）坚持改革创新，规范财政管理取得新进展

把创新机制体制作为加快财政改革与发展的重要动力。一是农村税费改革继续深化。2003年以来，取消了农村劳动积累工和义务工“两工”制度，同时积极推进相关配套改革，完善农村公益事业投入机制，规范税费征管秩序和基层政府行为，确保乡村组织正常运转和农村义务教育经费的需要。2005年，以乡镇机构改革、农村义务教育管理体制改革、县乡财政管理体制和控制化解乡村债务为主要内容的农村综合改革试点有序展开，省财政支持农村税费改革的相关转移支付资金达到34.36亿元，比2002年增长55.6%。二是出口退税负担机制进一步完善。2005年中央与地方的分担比例由75∶25调整为

92.5∶7.5，其中地方负担7.5%部分，省负担1.5%，市县负担6%，有效缓解了地方财政压力。做到了“老账”还清、“新账”不欠。三是预算管理制度改革向纵深拓展。部门预算改革加快推进。省级建立了部门预算基础信息库和项目库，基本支出预算实行定额管理，实施了项目滚动预算。所有省辖市和绝大部分县（市、区）都编制了部门预算；国库集中支付改革继续深化。省级116个部门和1112个预算单位纳入了国库集中支付范围，简化了工作流程，加强了财政监管。全省已有12个省辖市和19个县实行了国库集中支付改革。2005年全省纳入国库集中支付的资金总额达到700多亿元；政府采购规模从2002年的80亿元，增加到2005年的240亿元；深化“收支两条线”改革。省属高校、中专校收费资金全面实行“收支两条线”管理。四是加快政府投资项目建设方式改革。选择省老年公寓等项目进行“代建制”试点，推行基本建设重点项目派驻财政现场代表制度，增强政府投资监管的实效性、科学性，提高财政基本建设支出预算的准确性、科学性。

（三）浙江财政基本情况

1. 2005年财政预算执行情况

2005年全省财政预算执行总体情况较好，财政总收入突破2000亿元，完成2115.36亿元，比上年增收310.14亿元，增长17.2%。其中，上划中央“四税”收入1048.76亿元，比上年增收144.6亿元，增长16.0%；地方一般预算收入突破1000亿元，完成1066.6亿元，比上年增收165.55亿元，增长18.4%，完成年度预算的105.4%。

2005年全省财政支出汇总预算为1169.00亿元，执行数为1265.53亿元，完成预算的108.3%，按可比口径计算比上年增长13.2%。

2. 2005年财政运行特点

1）主体税种是地方财政收入的增收主力

各项收入全面增加，占地方财政收入总量七成多的四大主体税种成为地方一般预算收入的增收主力。2005年，增值税（25%部分）、营业税、企业所得税和个人所得税分别完成204.23亿、324.33亿、167.90亿和66.12亿元，分别增长18.9%、13.3%、13.6%和17.6%，四项合计增收100.62亿元，占地方财政收入增收额的60.8%，拉动地方财政收入增长11.2个百分点。四项主体税种增势有所趋缓，只有增值税（25%部分）增幅超过同期地方一般预算收入增幅0.5个百分点，营业税、企业所得税和个人所得税增幅都低于同期地方一般预算收入增幅。其中营业税没有完成年度预算任务。

2）地方小税种和非税收入增长较快

以城市维护税、契税为代表的地方小税种和以罚没收入、排污费收入为代表的非税收入保持了持续高增长，有力地支撑了地方财政收入的平稳较快增长。2005年，城市维护税实现61.64亿元，完成年度预算的106.5%，同比增长19.1%；契税实现69.14亿元，完成年度预算的128.3%，同比增长17.8%；罚没收入实现58.44亿元，完成年度预算的119.0%，同比增长36.3%；排污费收入实现8.30亿元，完成年度预算的125.8%，同比增长39.1%。全年地方小税种和非税收入完成346.47亿元，增收61.19亿元，占地

方财政收入增收额的37.0%，拉动地方财政收入增长6.8个百分点。

3）各地区财政收入增长不均衡

2005年以来，全省各市地方一般预算收入总体上保持稳步增长，但地区间增长不平衡。在全省11个市中，前几年增速较快的台州市、温州市2005年地方一般预算收入增长乏力，增幅低于全省平均水平，分别为15.5%、16.2%，增幅低于全省平均水平的还有宁波和衢州市。2005年全省各市地方一般预算收入增幅从高到低分别为：舟山（25.7%）、湖州（23.3%）、嘉兴（21.7%）、绍兴（19.8%）、杭州（19.7%）、金华（18.5%）、丽水（18.5%）、宁波（18.0%）、温州（16.2%）、台州（15.5%）和衢州（14.7%）。

十六　居民收入与消费

长江三角洲的人民生活水平长期以来在全国处于比较高的地位，而改革开放之后苏浙沪三地的人民更是迅速地富裕起来，因此这里人民的生活水平普遍要高于全国大部分地方。

（一）城镇居民人均可支配收入

根据2005年的统计资料（见表3－79、图3－14），全国城镇居民的人均可支配收入已经超过了5位数，达到了10493元，而此时长三角即使是水平最低的江苏省也已经达到12319元，比全国水平高出了17.4%，上海更是达到了18645元，高居全国首位，浙江省以16294元位居第三，第二位被北京市占据，而江苏稍稍落后，排在广东、天津、福建之后，居第七位。

表3－79　长三角城镇居民人均可支配收入比较表（2000～2005）

单位：元，%

地区	项目＼年份	2000	2001	2002	2003	2004	2005	均值
上海	城镇居民人均可支配收入	11718	12883	13250	14867	16683	18645	
	人均可支配收入增长		9.96	14.75	10.76	20.47	11.80	13.07
江苏	城镇居民人均可支配收入	6800	7375	8178	9263	10482	12319	
	人均可支配收入增长		8.34	12.69	12.26	9.12	15.20	11.25
浙江	城镇居民人均可支配收入	9279	10465	11716	13180	14546	16294	
	人均可支配收入增长		13.30	13.40	11.90	7.40	10.40	11.03
全国	城镇居民人均可支配收入	6280.0	6859.6	7702.8	8472.2	9421.6	10493	
	人均可支配收入增长		8.50	13.40	9.00	7.70	9.60	9.46

注：1. 本表价值量指标按当年价格计算，发展速度按可比价格计算。

2. 本表发展速度均值由2001～2005年速度作几何平均计算。

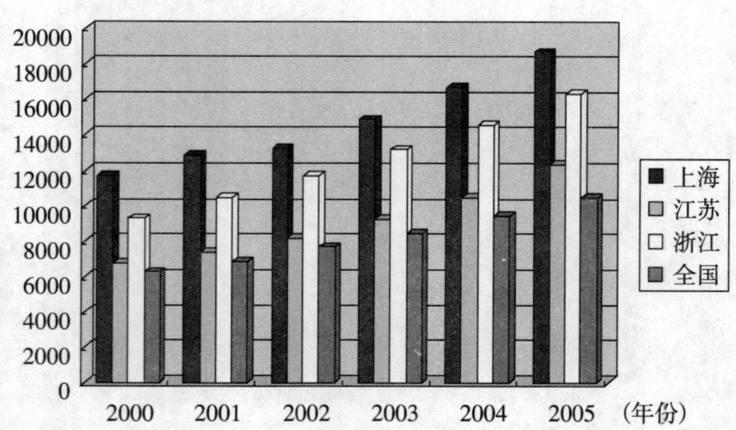

图3－14　2000～2005年长三角城镇居民人均可支配收入增长趋势图（单位：元）

从城镇居民的人均可支配收入的增长速度来看，长三角地区的速度也明显高于全国平均水平，上海五年来的平均增长达到了13.07%，江苏和浙江也都实现了11%以上的增长，均高于全国9.46%的平均增长速度。而浙江在2003年之前增长速度较快，2004年以来速度有所放慢，上海和江苏的速度起伏较大（见图3-15）。

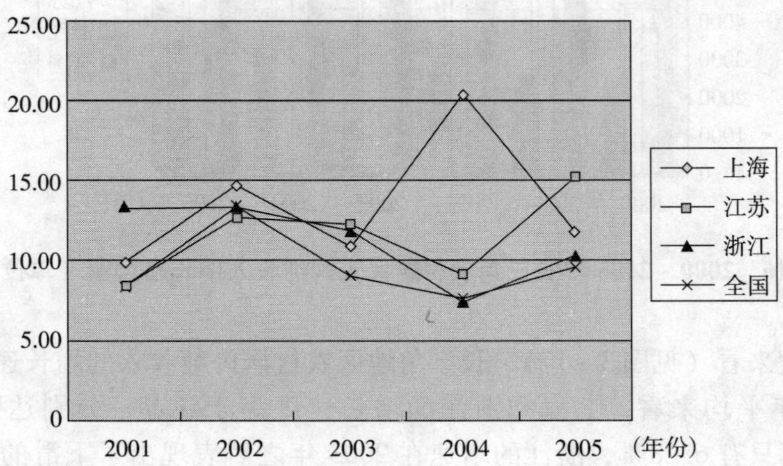

图3-15　2001~2005年长三角城镇居民人均可支配收入增长速度比较图（单位：%）

（二）农村居民人均纯收入

根据2005年的数据来看（见表3-80、图3-16），长三角农村居民人均纯收入水平的特点基本和城镇的情况接近，也是上海市最高，达到了8342元，浙江次之，达到了6660元，江苏最低，但还是达到5276元，比全国总体水平高出62%，这说明长三角的农村生活水平要比全国水平高很多，该地区人民的富裕程度也主要体现在这里。在全国各地区的排位，上海仍旧是第一，浙江紧跟北京之后排第三，而江苏则超过了广东、福建，紧跟天津排在了第五。

表3-80　长三角农村居民人均纯收入比较表（2000~2005）

单位：元，%

地区	项目＼年份	2000	2001	2002	2003	2004	2005	均值
上海	农村居民人均纯收入	5565	5850	6212	6658	7337	8342	
	人均纯收入增长		4.52	6.21	7.18	10.20	10.70	7.39
江苏	农村居民人均纯收入	3595	3785	3996	4239	4754	5276	
	人均纯收入增长		4.00	5.90	5.20	7.20	11.00	6.28
浙江	农村居民人均纯收入	4254	4582	4940	5431	6096	6660	
	人均纯收入增长		6.90	8.40	7.80	7.40	6.40	7.35
全国	农村居民人均纯收入	2253.4	2366.4	2475.6	2622.2	2936.4	3255	
	人均纯收入增长		4.20	4.80	4.30	6.79	6.20	5.16

注：1. 本表价值量指标按当年价格计算，发展速度按可比价格计算。

2. 本表发展速度均值由2001~2005年速度作几何平均计算。

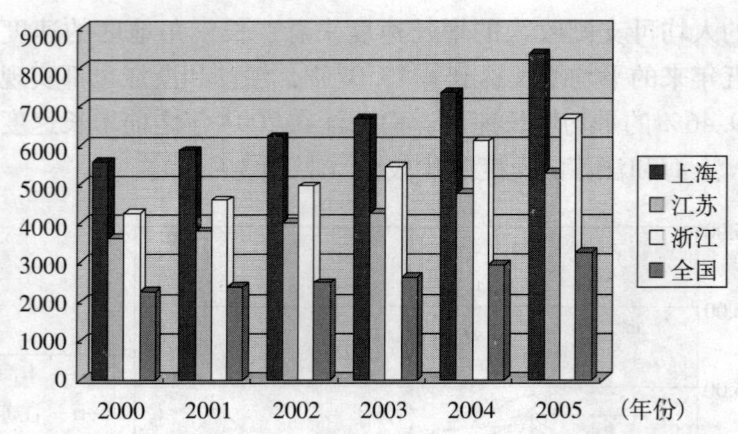

图3－16　2000～2005年长三角农村居民人均纯收入增长趋势图（单位：元）

从增长速度来看（见图3－17），长三角地区农村居民纯收入的增长速度仍然高于全国水平，从五年平均来看，上海和浙江的增长速度高于江苏，分别达到了7.39%和7.35%，而江苏只有6.28%，浙江的增速在2003年之后表现出了下滑的态势，到2005年已基本和全国持平，而上海和江苏则基本保持着稳定的上升势头，江苏近两年增长速度更是进一步加快，到2005年增速甚至已超过上海，达到了11%。

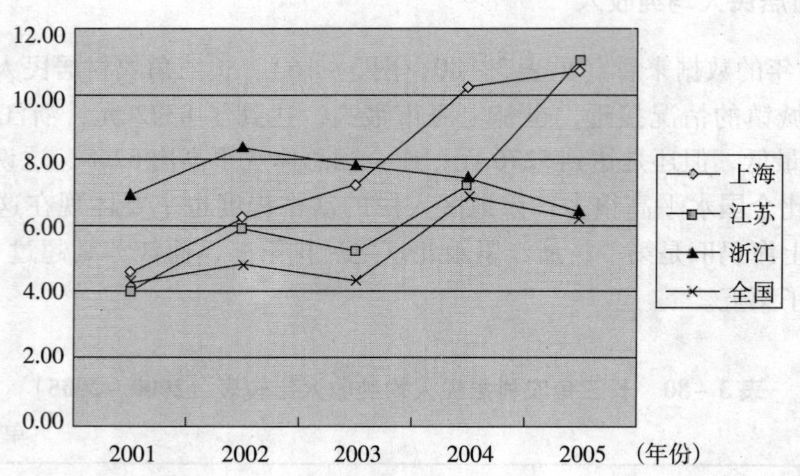

图3－17　2001～2005年长三角农村居民人均纯收入增长速度比较图（单位：%）

（三）城乡居民恩格尔系数

衡量一个地区居民的生活水平有一个很重要的指标就是恩格尔系数（食品支出在消费性支出中所占的比重）。从城镇近五年的情况来看（见表3－81），长三角地区除了浙江省，在恩格尔系数水平上与全国相比并不占有优势，上海和江苏都要高于全国总体水平，五年平均分别达到了40.0和39.4，而全国只是37.8，这说明虽然长三角城镇居民的收入水平较高，但生活水准并没有上去，这和该地区城镇相对较高的物价水

平有一定关系，特别是上海市区。而同样的指标在农村中就表现正常，长三角各省市的农村恩格尔系数水平均低于全国总体水平，上海更是低达37.7，这说明上海的农民生活水平相当高。纵向看，整个长三角地区的恩格尔系数水平是在波动中有一定的下降，只有江苏的农村居民的恩格尔系数在近两年有所上升，说明江苏需要密切注意改善农村居民的生活条件。

表3-81　长三角地区城乡居民恩格尔系数比较表（2000~2005）

单位：%

地区	项目＼年份	2000	2001	2002	2003	2004	2005	均值
上海	城镇居民恩格尔系数	44.5	43.4	39.4	37.2	36.4		40.0
	农村居民恩格尔系数	44.0	40.3	35.2	35.4	34.6		37.7
江苏	城镇居民恩格尔系数	41.1	39.7	40.4	38.3	40.0	37.2	39.4
	农村居民恩格尔系数	43.5	42.6	40.0	41.4	44.2	44.0	42.6
浙江	城镇居民恩格尔系数	39.2	36.3	37.9	36.6	36.2	33.8	36.6
	农村居民恩格尔系数	43.5	41.6	40.8	38.2	39.5	38.6	40.3
全国	城镇居民恩格尔系数	39.4	38.2	37.7	37.1	37.7	36.7	37.8
	农村居民恩格尔系数	49.1	47.7	46.2	45.6	47.2	45.5	46.9

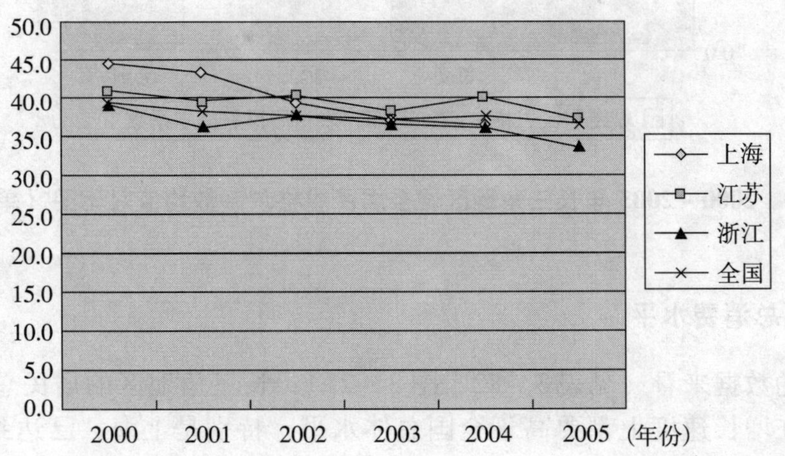

图3-18　2000~2005年长三角地区城镇居民恩格尔系数变化图（单位：%）

从城乡的差别来看（见图3-18、图3-19、图3-20），长三角地区的恩格尔系数城乡差异要比全国水平小，而且基本都是城镇低于农村，显然继续提高农村居民的生活水平仍然是一项重要的任务。但这一现象在上海却颠倒了过来，农村居民的恩格尔系数水平要低于城镇。

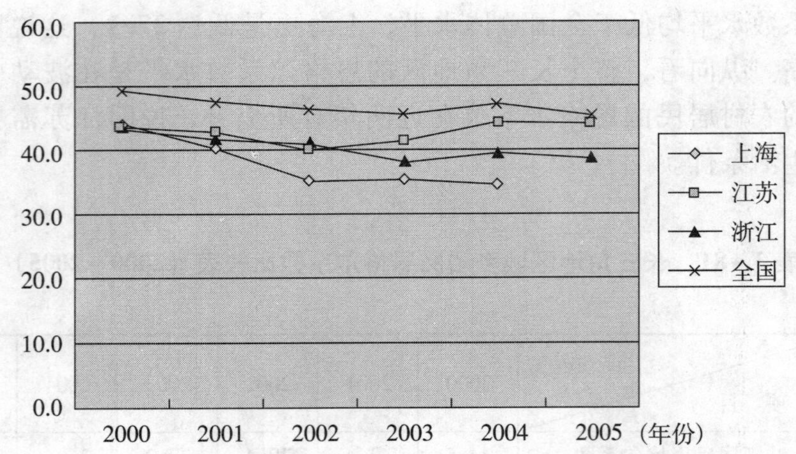

图3－19　2000～2005年长三角地区农村居民恩格尔系数变化图（单位：%）

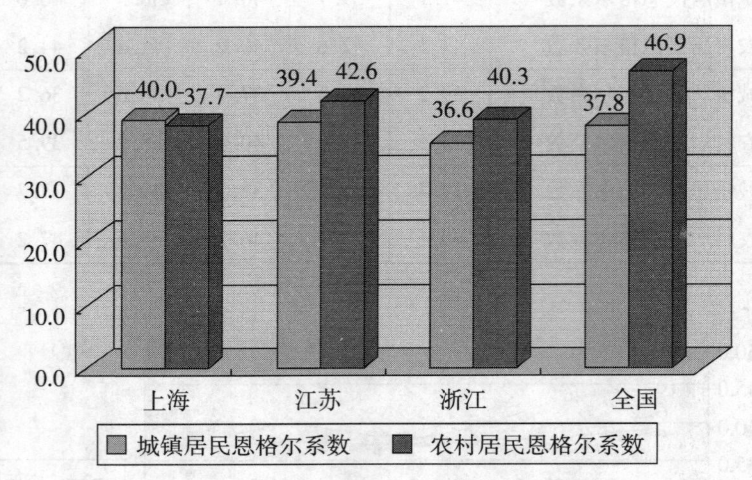

图3－20　2000～2005年长三角地区城乡居民恩格尔系数均值对比图（单位：%）

（四）居民总消费水平

从近几年的数据来看（见表3－82、图3－21），长三角地区的居民总消费水平无论是在数量还是在增长速度上都要高于全国总体水平，特别是上海，已达到全国水平的4倍以上，而且由于增长速度的原因，这样的差距还在不断拉大，但由于上海的人口只占长三角地区总人口的10%左右，上海的高消费水平并没有太大地影响到长三角的总体水平。而作为长三角人口最多的江苏省，其居民总消费水平在长三角却是最低的，只有上海的1/3左右，也正因为如此，要想提高长三角地区的消费水平，仅仅靠上海一枝独秀是不行的，关键是要提高江苏、浙江这样的人口大省的消费水平。从发展速度上来看，长三角的消费总水平远远高于全国水平，有的年份甚至超出一倍，这使得长三角地区与全国大部分地区的消费水平差距越拉越大。

表3－82　长三角地区城乡居民总消费水平比较表（2000～2005）

地区	项目＼年份	2000	2001	2002	2003	2004	均值
上海	居民总消费水平（元/人）	11546	12562	14295	15866	18382	
	总消费水平增长速度（%）		8.80	12.60	9.40	14.00	10.99
	当年常住人口（万人）	1321.63	1327.14	1334.23	1341.77	1352.39	
江苏	居民总消费水平（元/人）	3862	4322	4704	5274	6159	
	总消费水平增长速度（%）		11.90	11.10	9.90	13.50	11.53
	当年常住人口（万人）	7327.24	7354.92	7380.97	7405.82	7432.50	
浙江	居民总消费水平（元/人）	4366	4772	5515	6451	6844	
	总消费水平增长速度（%）		9.40	8.99	13.81	8.99	10.12
	当年常住人口（万人）	4501.22	4519.84	4535.98	4551.58	4577.22	
长三角	居民总消费水平（元/人）	4807	5304	5947	6745	7631	
	总消费水平增长速度（%）		10.65	10.46	11.04	11.79	10.97
	当年常住人口（万人）	13150.09	13201.90	13251.18	13299.17	13362.11	
全国	居民总消费水平（元/人）	3397	3611	3818	4089	4552	
	总消费水平增长速度（%）		5.40	6.20	6.30	7.20	6.24
	当年常住人口（万人）	126743	127627	128453	129227	129988	

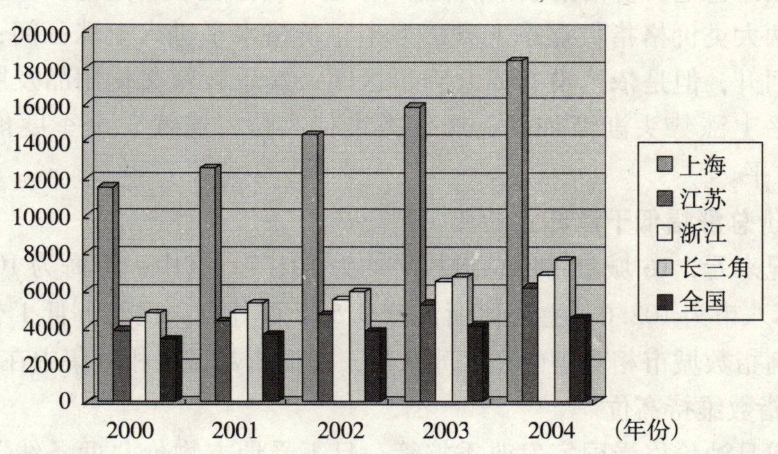

图3－21　2000～2005年长三角地区城乡居民总消费水平增长趋势图（单位：元/人）

（五）居民消费价格指数

2005年，长三角地区城市居民消费价格指数总体呈现高开低走、稳步回落的态势，以传统的长三角16市为例，居民消费价格平均指数（以上年价格水平为100，下同）为101.7，上海为101.0。在国家宏观政策的有力调控下，2005年，长三角地区物价大幅度上涨的势头得到有效遏制，粮食价格过快上涨的现象得到根本扭转，构成居民消费价格指数的八大类商品价格水平呈“四升三降一平”的态势，物价总水平保持了温和上涨势头。

从全年居民消费价格总指数运行情况来看，长三角地区物价形势呈现以下六个特点：

1. 居民消费价格总指数稳步回落至预计区间

2005 年，长三角地区平均居民消费价格总水平温和上涨。从全年分季度的价格总指数来看：一季度102.8，二季度101.2，三季度101.2，四季度101.9，16 城市全年物价指数平均为101.7。物价总平均水平较去年上涨1.7%。

受气候影响，四季度指数出现一定上扬。从第四季度与第三季度指数比较来看，江苏八市和浙江七市平均均有所回升，分别由第三季度的101.4、100.9 上升至第四季度的102.2、101.8；上海市则由第三季度的101.0 下降至第四季度的100.8。尽管16 城市四季度平均价格涨幅有所反弹，但从2005 年总体来看、呈现高开低走、趋于稳定的态势；全年价格涨幅依然低于年初制定的“两条控制线”。

2. 八大类商品涨幅“四升三降一平”

从2005 年总体来看，八大类商品价格涨幅呈“四升三降一平”的态势。其中，物价指数较去年上升的有：食品类（103.7）、烟酒及用品类（100.4）、娱乐教育文化用品及服务类（100.9）、居住类（105.5）；下降的有：衣着类（98.0）、家庭设备用品及维修服务类（99.8）、交通和通信类（98.2）；而医疗保健和个人用品类则与上年持平。

从全年价格运行情况来看，食品类价格涨幅先降后升；烟酒及用品类逐季下降；衣着类价格涨幅相对稳定，价格指数徘徊在98.0 上下；家庭设备用品及维修服务、医疗保健和个人用品两大类价格指数逐季上升，下半年价格水平进入上涨区间；而交通和通信指数虽然逐步回升，但是依然没有离开降价区间；娱乐教育文化用品及服务类指数稳步回升，价格水平上涨势头渐渐加强；居住类维持高位，连续3 个季度价格指数保持在105.9 的较高水平。

3. 上海物价总涨幅低于江苏、浙江

从全年情况来看，16 城市物价总指数平均为101.7。其中：上海为101.0，浙江七市为101.5，江苏八市为102.0；上海比浙江低0.5 个百分点，比江苏低1 个百分点。从地区分布来看，高指数城市相对集中在江苏八市，而低指数城市相对集中在浙江六市。

4. 居住类指数维持高位

由于国内成品油价格受国家发改委控管，且不受地方物价“两条线”的限制，因此燃油价格成为居住类指数上升的主要推动力量。2005 年，国际原油价格多次上涨，国内石油大幅进口拉动国内燃料等能源价格涨势迅猛，对我国生产资料价格影响较大。同时也带动汽油、柴油、液化气等公共用品价格的上涨。

5. 公用产品及各项服务价格集中调整

在其他各类消费品价格指数走低的同时，公共事业收费价格指数保持了较高水平。2005 年，长三角地区相对集中地调高了部分公用产品价格。为了应对燃油价格不断上涨的压力，上海市对公交行业执行了政府油价补贴政策，对出租汽车行业采取了油价

临时补贴政策；而南京、杭州等城市纷纷调高了出租车起步价，其中南京由7元/3公里调整为8元/3公里，杭州由10元/4公里调整为10元/3公里。此外，江苏地区从2005年春季开学实行教育收费“一费制”，这种收费方式的改变，也间接地促使相关指数的提高。

尽管居民消费价格总指数有所回落，但是由于作为比较基数的上年物价水平已经相对较高，因此，当前的指数稳定，更准确的理解应该是：在较高物价水平上的温和上涨。此外，值得注意的是，食品类和居住类价格涨幅依然较高，特别是水、电、煤等生活必需消费品价格出现了新高。由于上述两类支出在普通家庭特别是低收入家庭日常支出中占较大份额，因此大范围的价格压力明显缓和，但是在特定范围内，价格压力依然严峻，需要我们更多的关注。

（六）上海

城乡居民收入水平不断提高。据抽样调查，2005年城市居民家庭人均年可支配收入18645元，比上年增长11.8%；农村居民家庭人均年可支配收入8342元，增长10.7%。2005年城市居民人均消费支出13773元，比上年增长9%，其中服务性消费支出4447元，增长8.9%；农村居民人均消费支出7265元，增长14.8%，其中服务性消费支出2359元，增长13.7%。

家庭耐用消费品拥有量继续增加。据抽样调查，至2005年末，平均每百户城市居民家庭耐用消费品拥有量：家用空调168台，影碟机93台，组合音响48套，移动电话181部，家用电脑81台，热水淋浴器90台。平均每百户农村居民家庭耐用消费品拥有量：彩电157台，轻骑、摩托车72辆，洗衣机86台，热水淋浴器78台，移动电话130部，影碟机33台，家用空调84台，家用电脑32台。

居民储蓄持续增加。2005年末全市居民储蓄存款余额8432.49亿元，当年新增1471.35亿元。其中，定期储蓄存款余额6071.83亿元，新增1166.81亿元；活期储蓄存款余额2360.66亿元，新增304.54亿元。

居民居住水平不断提高。2005年全市完成住宅建设投资929.73亿元，比上年增长1.7%。建成为住宅配套的公共服务设施面积264.4万平方米。旧区改造突出重点，动拆迁保持合理规模。全年拆除住宅建筑面积851.85万平方米，比上年增长91.1%；动迁居民7.45万户，增长34.5%，其中世博园区完成居民动迁1.79万户，总签约率达到96.9%。至年末，城镇居民人均住房使用面积21.3平方米，比上年末增加0.9平方米；人均住房居住面积15.5平方米，增加0.7平方米。居民住宅成套率达到93%。住房保障体系进一步完善，廉租住房制度受益面扩大。至年末，享受廉租住房政策的家庭达到18074户。年内完成平改坡综合改造386万平方米。完成旧住房综合整治1550万平方米，使41.3万户家庭的居住条件进一步改善。

（七）江苏

人民生活水平得到新提高。根据对5000户城镇住户的抽样调查，2005年城镇居民人均可支配收入12319元，比上年增长17.5%，考虑物价因素，实际增长15.2%；人均消费性支出8622元，增长17.6%，其中食品支出占人均消费性支出的比重为37.2%。根据对3400户农村住户的抽样调查，全年农村居民人均纯收入5276元，比上年增长11%，考虑物价因素，实际增长8.4%；人均生活消费支出3567元，增长17.5%，其中食品支出占人均生活消费支出的比重为44%。城乡居民居住条件进一步改善。城镇居民人均住宅使用面积为21.7平方米，农村居民人均住房使用面积为38.6平方米。

社会保障体系进一步完善。城镇基本养老、基本医疗、失业保险覆盖面均达90%以上。社会保险主要险种向非公有经济组织、进城务工农民和乡镇企业延伸，国有企业下岗职工基本生活保障向失业保险顺利并轨，破产关闭的国有、集体企业退休人员已纳入基本医疗保险范围，被征地农民基本生活保障制度全面建立。全省城乡“低保”实现全覆盖，符合“低保”条件的40.1万城镇困难群众和85.5万农民实现应保尽保。2005年末全省参加基本养老保险职工952.10万人，参加基本养老保险的离退休人员282.40万人；参加基本医疗保险的职工819.10万人，参加基本医疗保险的退休人员304万人；参加失业保险职工838.30万人。年末全省各类福利院拥有床位9.43万张，收养7.39万人；建立城镇各种社区服务设施24550个，其中社区服务中心463个；城乡居民最低生活保障对象128.6万人，筹集福利资金4.05亿元，接受社会捐赠2.4亿元（不包括慈善机构）。

城镇登记失业率近三年持续下降，2004年控制在3.6%。五年新增城镇就业380万人，新增农村劳务输出286万人。经过近三年的努力，惠及千家万户的农村五件实事取得显著成效，新建农村公路4.1万公里，基本实现了行政村通公路，改造草危房15.2万户，新增改水受益人口960万人，农村自来水普及率达到95.7%，农村新型合作医疗覆盖面达到85.5%。

（八）浙江

2005年全省城镇居民人均可支配收入16294元，农村居民人均纯收入6660元，扣除价格因素，分别比上年实际增长10.4%和6.4%，“十五”期间分别年均增长11.3%和7.4%；城镇居民人均可支配收入连续五年、农村居民人均纯收入连续二十一年列全国各省区第一位。城镇居民人均消费支出12254元，比上年实际增长13.5%；农村居民人均消费支出5215元，实际增长10.2%。农村居民家庭恩格尔系数（即居民家庭食品消费支出占家庭消费总支出的比重）为38.6%，城镇居民家庭恩格尔系数为33.8%，分别比上年下降0.8个和2.4个百分点。城镇居民人均住房使用面积26.1平方米，比上年末增加2.2平方米；农村居民人均居住面积55.0平方米，比上年末增加3.7平方米。2005年年末每百户城镇居民家用汽车拥有量8.7辆。

2005年年末全省参加企业基本养老保险人数为872万人，其中实际缴费人数为647万人，分别比上年末增加67万和46万人。参加失业保险的人数为440万人，增加12万人。参加医疗保险的人数为632万人，增加63万人。参加工伤、生育保险参保职工分别

为455万和280万人。全省低保对象61万人，其中城镇8.8万人，农村52.2万人，城乡月平均保障标准分别为223元/人和129元/人，全年共支出低保金5.6亿元，比上年增长26.0%。

2005年年末全省各类收养性社会福利单位拥有床位10.6万张，收养各类人员7.56万人。农村“五保”和城镇“三无”集中供养率分别为92.0%和97.9%，有5.29万名农村“五保”和城镇“三无”对象得到了集中供养，基本实现了农村“五保”和城镇“三无”对象集中供养。全省城镇建立各种社区服务设施3.6万个，其中综合性社区服务中心300个。全年销售社会福利彩票16亿元，直接接收社会捐赠款4亿元。

十七 科技的进步与创新

长江三角洲地区是中国科技最发达的地区之一。在经济全球化的趋势下，长江三角洲地区紧紧围绕“科技兴省”、“科技兴市”战略，积极寻求科技合作机会，整合科技资源，快速、均衡增长，取得了可喜的进步，科技投入显著提高，科技产出令人瞩目，高新技术独领风骚，科技进步成为经济发展强有力的推动力。

（一）长三角地区科技进步发展的总体状况

1. 长三角科技人才状况分析

科技人才是经济社会发展的重要战略资源，是科技创新的关键。随着知识经济时代的到来和经济的全球化，经济的竞争越来越突出地表现为人才的竞争。长三角区域科技人才队伍建设卓有成效。2001 年，长三角区域拥有从事科技活动人员 51.79 万人，2005 年为 72.27 万人，增长了 39.54%（见图 3－22、图 3－23）。

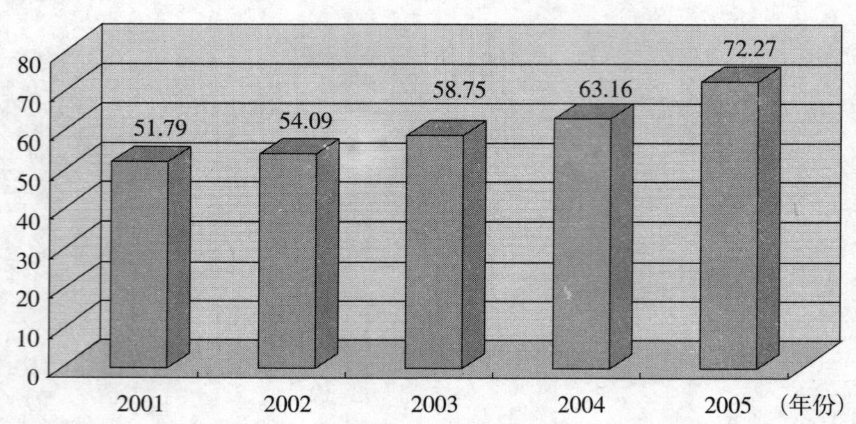

图 3－22 2001～2005 年长三角科技活动人员数（单位：万人）

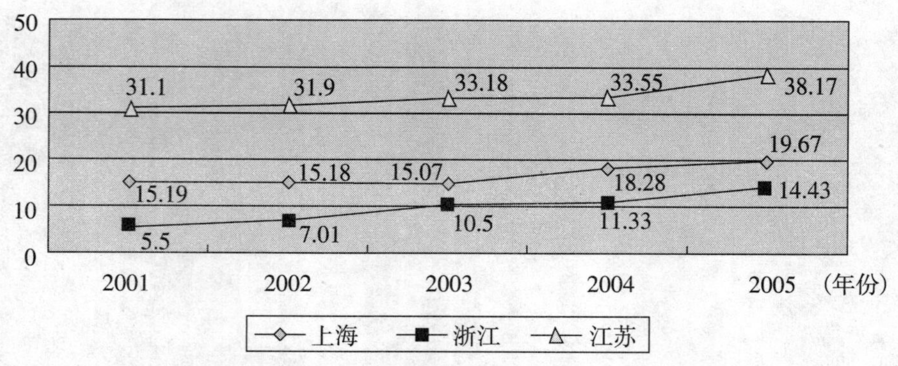

图 3－23 苏浙沪三地科技活动人员状况（单位：万人）

比较上海、江苏和浙江的科技活动人员状况，江苏居龙头地位，浙江发展速度较快。

在“十五”期间，江苏的科技活动人员持续保持在30万以上，并且在稳定中保持了增长的趋势。浙江的科技活动人员虽然从总数上来讲处于较弱势的地位，但是却呈现出了较快的增长趋势，“十五”期间从2001年的5.5万增长到了2004年的14.43万，增长率为132.36%，表现出了较强的活力。而上海的万人科技人员数是最多的，充分展现了上海的科技发展状况。

2. 长三角地区科技投入状况分析（见图3-24～图3-28）

“科技投入是创新的一种度量”，是经济增长有力的支撑。改革开放以来，随着长三角经济的快速发展，科技经费投入也持续增加，自主创新能力明显提高。2001年长三角地区的科技经费支出为580.62亿元，2005年达到1340.82亿元，增长了130.92%。R&D经费支出从2001年的195.38亿元增加到2005年的627.77亿元，增幅很大。科技投入的持续高速增长，既表明长三角区域经济发展有较强的支撑，也表明长三角科技进步的潜在优势是相当强的。

从苏浙沪三地的具体发展情况来看，总体来讲，在科技经费支出方面，江苏的增长幅度较大，从2001年的208.4亿元增长到2005年的621.48亿元，增长了将近两倍，而浙江与上海相对处于平稳增长的趋势，分别从2001年的125亿元、247.22亿元增长到2005年的300亿元、419.34亿元。

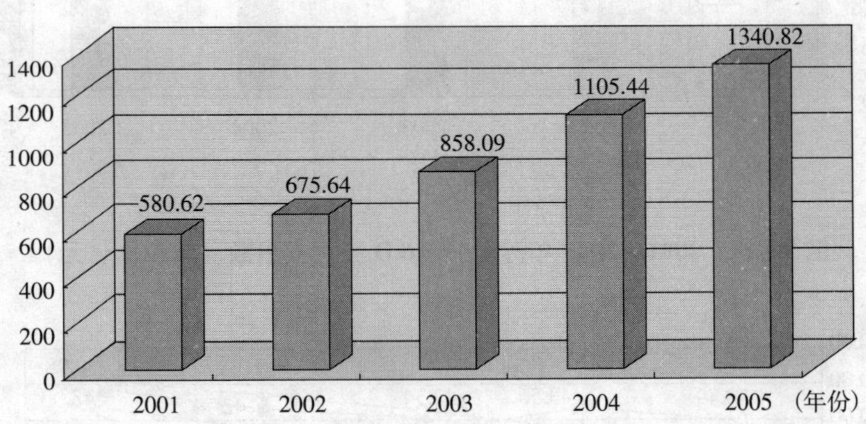

图3-24　2001～2005年长三角科技经费支出总额（单位：亿元）

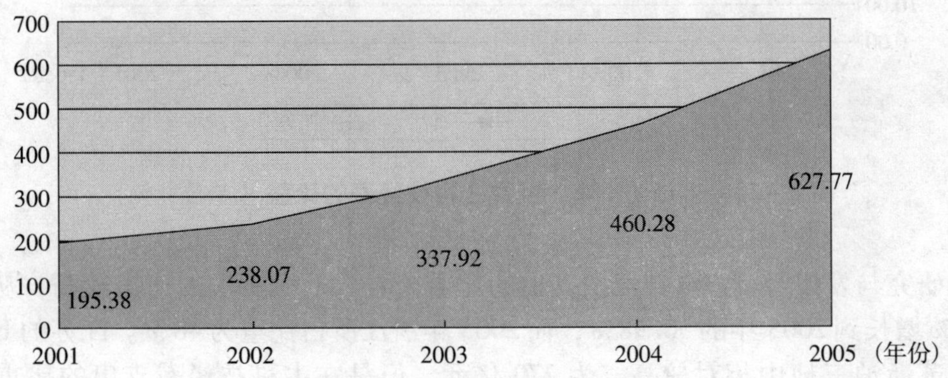

图3-25　2001～2005年长三角R&D经费支出额（单位：亿元）

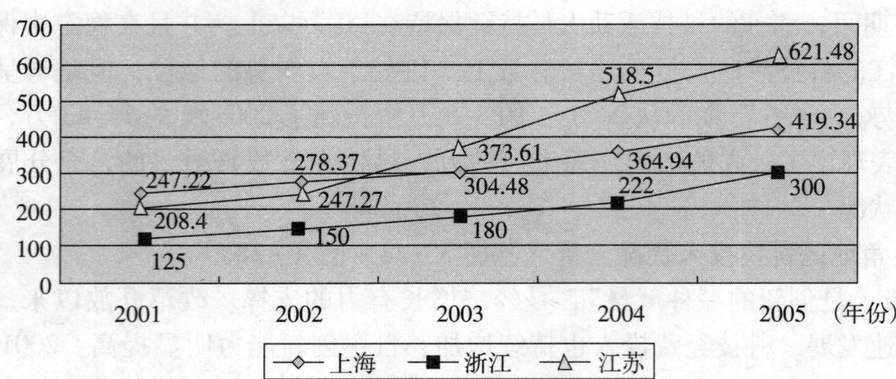

图 3－26　2001～2005 年苏浙沪科技经费支出额（单位：亿元）

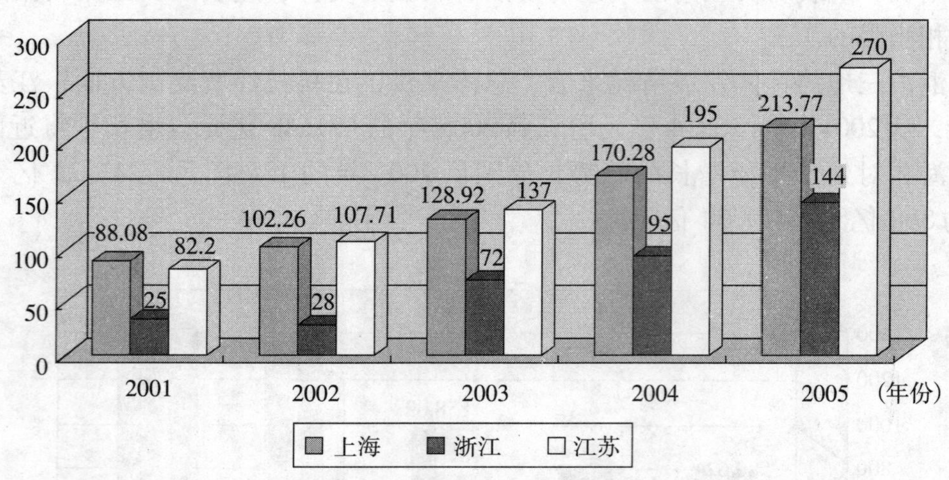

图 3－27　2001～2005 年苏浙沪 R&D 经费支出额（单位：亿元）

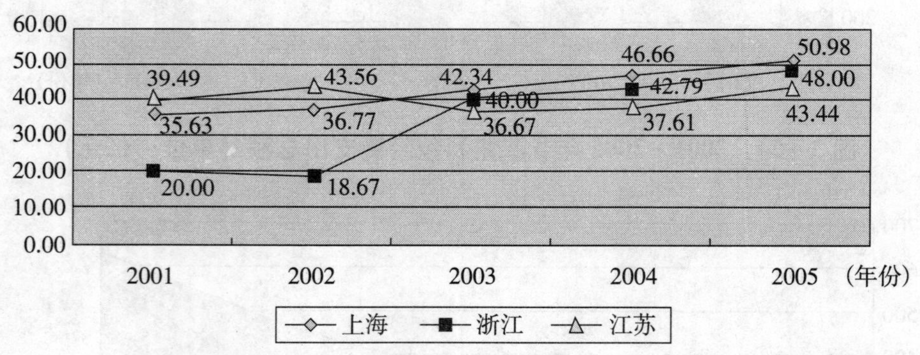

图 3－28　苏浙沪 R&D 经费占科技经费的比重（单位：%）

但从研究与发展经费占科技经费支出的比重来看，上海所占的比重较高，从 2001 年的 35.63% 增长到 2005 年的 50.98%，而 2005 年浙江所占比重为 48%。江苏的 R&D 经费支出额在苏浙沪三地中相对较高，为 270 亿元，但是在占科技经费支出的比重这方面，仅占 43.44，相对较低。

3. 长三角地区专利申请与授权量分析（见图3-29~图3-32）

专利数量的变化作为近似代表技术创新基本情况的重要指标，在某种程度上是科技实力的一种度量。长三角作为经济发展较快的地区，保护自主知识产权和鼓励技术创新的专利制度较成熟，专利意识较强，2004年，浙江、江苏、上海专利申请和授权总量在全国各省市分别排名第二、第四、第六和第三、第五、第六。2000年以来，长三角地区的专利申请和授权量以高于全国平均水平的增速快速增长，2005年专利申请和授权总量达到110773件和45239件。

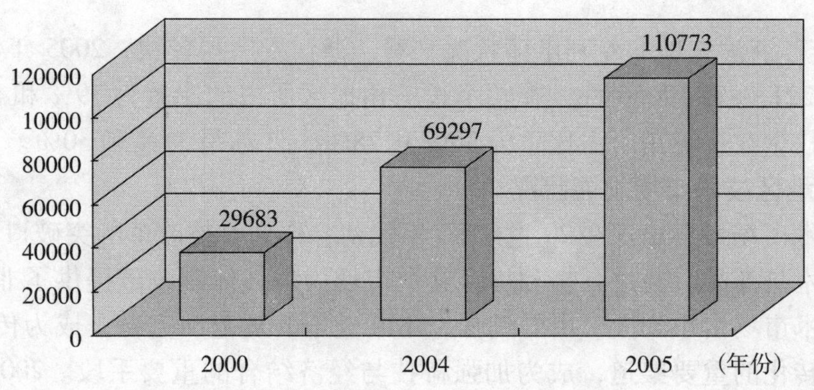

图3-29　长三角专利申请量（单位：件）

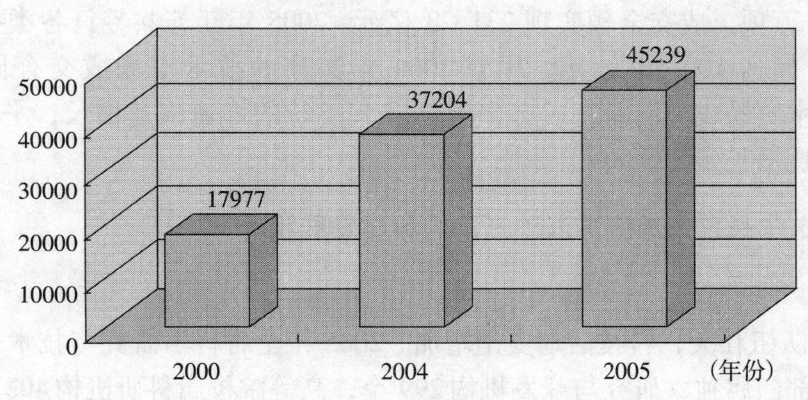

图3-30　长三角专利授权量（单位：件）

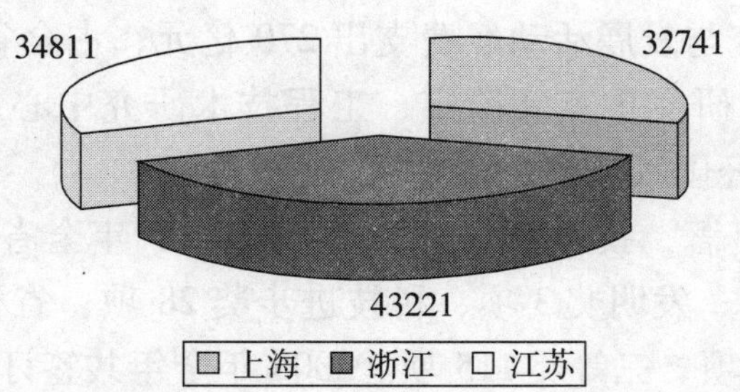

图3-31　2005年苏浙沪专利申请量（单位：件）

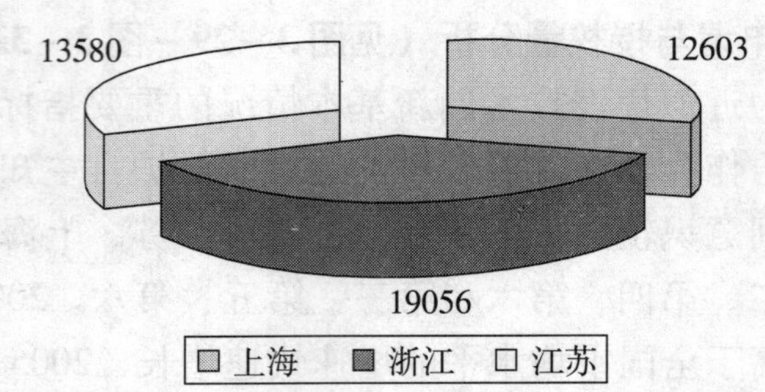

图 3－32　2005 年苏浙沪专利授权量（单位：件）

从 2005 年苏浙沪三地的专利申请状况来看，浙江发展得较快，2005 年专利申请和授权量分别为 43221 件和 19056 件，在整个长三角地区所占的比重为 39% 和 42%。上海专利申请量和授权量在长三角所占比重为 30% 和 28%，江苏是 31% 和 30%。

4. 长三角地区技术市场发展状况

中国的技术市场最早出现在 20 世纪 80 年代初，作为科技改革的突破口，它的重要意义在于承认技术是商品，通过开拓和培育这个市场为科技体制改革提供了非常好的环境。长三角地区技术市场由小到大、由弱到强，不断健全、规范和完善，成为传播技术信息、促进科技成果转化的重要渠道，成为加强科技与经济结合的重要手段。2005 年，长三角两省一市共签订技术合同 7. 71 万项，技术贸易成交额达到 371. 25 亿元，其中，浙江到 2005 年技术市场成交合同数高达 2. 06 万项，成交金额达 38. 69 亿元。上海技术市场成交合同数为 3. 03 万项，成交金额实现 231. 73 亿元。2005 年江苏共签订各类技术合同 2. 62 万项，成交金额达 100. 83 亿元。尽管 2004 年江苏的技术市场成交合同数同比下降 15. 5%，但技术贸易成交活跃，成交金额仍以 12. 3% 的增速快速增长，平均每份技术合同成交金额同比增长了 32. 88%。

（二）2005 年长三角地区苏浙沪三地的科技发展状况

1. 江苏

（1）科技队伍壮大，科技活动支出增加。2005 年全省科学研究与技术开发机构 3584 个，其中政府部门属独立研究与开发机构 299 个，高等院校属科研机构 403 个，大中型工业企业办科研机构 1373 个。从事科技活动人员 35. 5 万人，其中研究与发展人员 10. 05 万人。全省拥有中国科学院和中国工程院院士 94 人。2005 年全年科技活动经费支出 617 亿元，增长 28%，其中研究与发展活动经费支出 270 亿元，占全省生产总值的 1. 48%。全省已建国家及省级高技术研究重点实验室、工程技术研究中心、科技公共服务平台 166 个，比上年增加 21 个。经国家认定企业技术中心 9 个。

（2）科学研究成果显著，技术市场较为活跃。2005 年全省有 32 项成果获国家科技奖，其中自然科学奖 1 项、发明奖 3 项、科技进步奖 28 项；省科技进步奖 185 项，其中一等奖 14 项、二等奖 56 项、三等奖 115 项。2005 年全年共签订各类技术合同 2. 62 万项；技术合同成交额 100. 83 亿元，增长 12%。知识产权工作取得明显进展，全年专利申请量 34811 件，比上年增长 47. 9%，其中发明专利 6582 件；专利授权量 13580 件，增长 19%。

（3）高新技术园区建设进一步加强，全省高新技术产业化进程加快。2005年全年实现高新技术产业产值7928.17亿元，比上年增长34.4%。组织实施省科技项目1610项，其中：高技术研究及重大科技攻关项目257项、科技成果转化专项资金项目77项、火炬计划项目421项、星火计划项目327项。全省高新技术企业达2948家，新批国家高新技术企业90家，当年认定省级高新技术产品1345项，国家重点新产品244项。已建国家级高新技术特色产业基地45个，其中当年新建9个。全省国家级和省级高新技术产业开发区实现技工贸总收入6864.32亿元，创汇309.06亿美元，分别比上年增长17.4%和21.7%。

（4）质量检验工作进一步得到加强。全省共有产品质量检验机构155个，国家检测中心7个；监督抽查产品113种，比上年下降61%。共有产品质量、体系认证机构4个，完成强制性产品认证的企业300个；法定计量技术机构65个，强制检定计量器具188.02万台（件），比上年增长5.2%；制定、修订地方标准304项，增长32.2%。

2. 浙江

2005年全社会科技活动经费投入300亿元，比上年增长23.1%，“十五”期间年均增长23.4%；占全省生产总值的比例为2.25%，比上年提高0.16个百分点。R&D经费投入144亿元，占全省生产总值的比例为1.08%，比上年提高0.09个百分点。地方财政科技投入44.7亿元，比上年增长30%；地方财政科技拨款占地方财政支出的比重由上年的3.24%提高到3.53%。到2005年年末全省拥有人才资源（具有中专以上学历或有初级及以上专业技术职务、职称的人员）390万人，比上年增长15.8%。每万人口中人才资源数从上年的701人增加到2005年的796人。

至2005年年末全省拥有县及县以上独立的研究开发机构200多家，其中国家、省部级重点实验室和中试基地105家、国家工程技术研究中心21家。省级高新技术研发中心390家，省级企业技术中心313家。全年受理专利申请4.3万件，授权专利1.9万件，分别比上年增长70.6%和24.9%。全年技术市场合同成交金额38.7亿元，其中，技术开发合同成交额19.75亿元，比上年增长8.5%；技术转让合同成交额3.47亿元，增长26.5%。

年末全省有956家产品质量检验机构，其中国家检测中心8个；产品质量、体系认证机构4个，全省有6881家企业获得36089张3C证书。法定计量技术机构79个，全年强制检定计量器具42万台（件）。

年末全省拥有海洋预报监测中心（站）16个，气象雷达观测站点5个，卫星云图接收站点32个。全年测绘部门完成各种比例尺地形图6.8万幅。

3. 上海

（1）深入实施“科教兴市”主战略，科技创新能力不断增强。2005年全年用于研究与试验发展（R&D）经费支出214亿元，相当于全市生产总值的比例为2.34%。全年共取得科技成果1701项。其中，属于国际领先的有123项，达到国际先进水平的有629项。2005年年内本市共有46个项目（人）获得2005年度国家科技奖励，占全国获奖总数的14.3%。其中，1人首次获国家最高科学技术奖，7项获国家自然科学奖，34项获国家科技进步奖，3项获国家技术发明奖，1人获中华人民共和国国际科学技术合作奖。知识产权保护力度加大。全年受理专利申请量3.27万件，比上年增长59.9%，其中发明专利1.04万件，增长55%。全年专利授权量1.26万件，比上年增长18.6%，其中发明专利1997件，增长18.4%。至2005年年末，全市拥有中国科学院院士97人，其中年内新增9人；中国工程院院士67人。

（2）落实促进高新技术成果转化政策，科研成果产业化进程加快。2005年年内新认定高新技术成果转化项目602项。在认定的项目中，电子信息、生物医药、新材料等重点领域的项目占92%；拥有自主知识产权的项目占89.4%；达到国际先进水平的项目占82.3%。注重培育自主创新能力，企业创新活力增强。至年末，全市共认定高新技术成果转化项目3555项，其中70%的项目已实现产业化，累计新增产值2497亿元。至年末，全市共有29家国家级企业技术中心和166家市级企业技术中心，其中年内新认定3个国家级企业技术中心。技术交易日趋活跃。全年共签订各类技术交易合同3.03万项，比上年增长10.8%；合同金额231.73亿元，增长35%。科普教育基地建设继续推进，年内新建科普教育基地15个。

（三）长三角区域科技进步中存在的深层次问题

科技综合能力及区域创新能力评价表明，长三角区域科技依靠经济的快速增长取得了明显的进步。但同时我们也应看到存在的一些深层次问题。

1. 原始性创新和知识创新能力有待进一步提高

和全国各省市比较，长三角综合创新能力相当强，但在关系科技竞争力的关键指标上却显出了薄弱。发明专利因其技术含量高而在专利中居核心地位，发明专利在专利中所占比重是反映一个地区技术创新能力和水平的重要指标。2004年，上海、江苏、浙江发明专利申请量占全部专利的比重，分别是32.9%、18.8%、14.1%，上海高于全国23.6%的平均水平，江苏和浙江低于全国平均水平；发明专利授权量占全部专利的比重分别是15.9%、9.1%、5.1%，也是只有上海高于全国12.1%的平均水平，江苏和浙江则低于全国平均水平。从发明专利占全部专利比重的全国排序看，长三角三省市没有什么优势，有些还比较落后。2003年，上海的发明专利申请占全部专利比重在全国排名第11，2004年上升到第八；江苏从第22名下滑到第24名；浙江继续维持在第29名。发明专利授权占全部专利比重上海在2004年有明显的提高，从第27名上升到第11名，而江苏和浙江继续处在全国末几位，分别是第25名和第29名。长三角在专利方面的差距终将影响经济结构的调整和提升经济增长的技术含量。从这点上看，长三角还不是科技创新型省份，其科技创新能力与经济发展水平不相匹配。

直接反映创新成果增长趋势的另外指标，如研究与发展人员增长率、国内科技论文数量增长率来看，长三角的排名较落后，也值得关注。在2000～2003年间，研究与发展全时人员年均增长率，浙江和江苏分别为23.1%和11.4%，位居全国排名第二和第四，而上海只排在第28名。2003年，上海的增长率排名虽然上升至第15名，但其增长率（2.6%）依然低于全国平均增长水平（3.1%）。国内科技论文数量增长率，上海

(9.9%) 还是处在较低水平，排在第 23 位，江苏（13.6%）排在第 17 位，浙江（18.2%）排在第九位，上海和江苏在全国平均水平（15.9%）以下。这些与长三角的经济社会发展水平是不相称的。

2. 企业创新投入不足

长三角企业综合科技创新水平在全国处于前列，但企业 R&D 投入、消化吸收投入仍然不足。较低的企业 R&D 投入水平终究会成为制约地区技术自主创新能力提高的一个重要因素。2003 年，上海企业创新指标全国排名第一，但资料表明，上海企业承担的 R&D 经费在全市 R&D 经费支出的比例远远落后于广东、山东、宁夏等地区，更低于经济发达国家水平。近年来，美国企业 R&D 占 75.7%，日本占 70.7%，欧盟国家占 63.6%，韩国占 70.3%；在 1997 ~2001 年间，广东 R&D 经费中企业所占比例高达 88.9%，山东达 86.6%，宁夏为 83.9%，而上海只有 57.35%。一般而言，不同创新主体在研究与发展活动中所占比例能够反映出一个地区科技创新的运行模式和发展潜力，由此可见，上海企业在科技创新中的主体地位还没有充分体现出来，仍然存在较大差距。

江苏大中型企业消化吸收经费支出与技术引进经费支出比是 5.4%，浙江是 4.8%，均低于全国 6.7% 的平均水平。在高技术产业领域消化吸收经费与技术引进经费之比，浙江达到 22.8%，远远高于大中型企业比例，全国排名第四；而江苏只有 3.9%（全国排名第 13），低于全国 6% 的平均水平，也低于山东（10.7%）和上海（7.3%）。江苏高技术产业技术引进经费支出总额相当高，2003 年达 18.7 亿元，但消化吸收经费却没有同步增长。虽然这种情况表明江苏借鉴先进技术的水平高，但仅仅靠模仿是无法维持其长久竞争能力的。对中国企业来说，缺乏快速更新产品的需求和压力，是直接导致企业对引进技术的偏重以及对消化吸收和再创新的忽视，最终缺乏对新产品研究开发的执著追求的主要原因。在 20 世纪 60 年代，日本机械行业引进技术和对引进技术的改进和创新经费之比是 16.9%:68.1%，而在电子行业则已达到 24.4%:48.1%。

3. 高技术产业技术创新强度低

长三角高技术产业在多项指标上领先全国，对经济增长的贡献大，但创新强度还有待进一步提高。这主要表现在高技术产业 R&D 强度，即 R&D 经费占工业增加值比重较低。R&D 经费占工业增加值比重是国际上公认的用来衡量自主研发能力、技术密集度的指标之一，也是构成一个国家或地区综合实力最重要的内容之一。但恰恰在 R&D 强度上长三角与国内其他省市，与世界发达国家存在较大的差距。2003 年，在长三角地区上海的 R&D 强度最高，达到 4.67%，全国排名第 11；浙江是 3.85%，全国排名第 15；江苏是 1.94%，全国排名第 24，浙江与江苏的 R&D 强度均低于全国 4.42% 的平均水平。这与长三角在高技术产业总量规模及发展速度是极不相称的。与国外比较，长三角三省市在高技术产业的研发方面存在非常大的差距。据 OECD《结构分析数据库 2004》中的资料显示，2000 ~2001 年，美国、日本、德国、法国、英国、韩国的高技术产业 R&D 投入强度均超过 20%，分别为 22.5%、26.3%、23.8%、25.8%、21.2%、21.8%。

总之，如果在今后长三角地区的科技发展中，发明专利占专利中的比例偏少、企业研发投入及消化吸收投入不高、高技术产业原始性创新、知识创新能力较弱等关系到科技竞争力的问题仍得不到根本解决，不仅无法真正确立长三角在科技层面上的优势，而且由此会牵动经济社会发展的支点，最终会在知识经济时代的全球竞争中处于落后地位。

（四）长三角地区科学技术的共同发展

加快共性、关键技术和先进技术的推广应用，进一步发挥长三角地区产业簇群效应，是长三角地区科技进步发展的关键。长三角地区在经济和社会发展领域存在很多具有共性的地方，形成了长三角产业集群。在科技发展领域也不例外，如 R&D 强度都偏小，专利产出低、新产品开发经费少等，从分行业来看，长三角地区在医药制造业、电子及通信设备制造业、医疗设备及仪器仪表制造业方面都增长较快，在这三个行业都具有较强的竞争优势。产业集群正成为提升长三角区域创新能力的有效途径，在参与全球产业分工、提高国际竞争力和走新型工业化道路中具有重要的作用。产业集群发展已成为世界范围内政府和产业界的共识，在产业集群中科技能真正发挥引领和支撑作用。知识集群和技术集群有利于学科的交叉互动和技术的转移、扩散，促进高新技术及其产业实现新的突破。此外，加强长三角区域科技合作，建立长三角区域创新体系，也是国家创新体系中区域创新体系的重要组成部分，要以提高区域创新能力为目标，以促进跨地区的知识流动与扩散为重点，形成跨行政区的企业、高校、研究机构和政府等创新主体之间结合互动的机制和制度环境，形成产业技术体系和服务体系，从而提高长三角区域的整体竞争力。通过建设各具特色的产业技术中心、平台和网络，进而集成为以企业为主体的产业技术体系，支持企业关键技术的突破。因此，从优化科技资源配置，促进区域科技合作，增强长三角区域科技竞争力的角度出发，长三角地区应加快关键技术和先进技术的研究和推广应用，进一步发挥长三角地区产业簇群效应。

十八 长三角信息化的发展

信息化是20世纪后期全球最汹涌的潮流之一。信息化是以信息基础设施为平台，广泛利用信息技术，有效整合信息资源，大力发展信息产业，使得社会经济发展从以物质与能量为经济结构的重心，向以信息和知识为经济结构的重心转变，最终实现工业文明向信息文明，工业社会向信息社会的演变。

信息化不仅可以更新和节约区域发展的资源要素，减轻实物型资源和距离摩擦作用对区域发展的制约作用，拓宽区域发展的空间，而且可以提高区域的科技水平，优化区域的产业结构，促进区域经济增长方式的集约化。因此，信息化成为发达地区追求可持续发展，落后地区追求跨越式发展的战略选择，长江三角洲地区也没有例外。作为中国经济最发达、开放度最高、最具发展潜力的地区，长三角的信息化建设起步早、成果多，目前已经成为中国信息化发展的领军地区。长三角地区产业基础好、人口密集度高、经济流动性强，为信息化提供了适宜的外部环境；信息化为长三角的区域合作与一体化进程提供了新的平台，信息化与长三角发展可谓相互促进、共进共荣。

（一）长三角信息化的发展状况

1. 上海的信息化

2005年上海信息基础设施进一步完善，信息产业继续保持快速发展，信息技术应用向纵深拓展，信息化环境更加优化，“数字上海”的雏形显现，上海成为长三角信息化的核心区。在信息基础设施建设上，组织完成了世博园区、浦东机场（三期）、卢潮巷镇等108平方公里重点区域信息基础设施专项规划编制。运算峰值达到10.2万亿次/秒的高性能计算机正式开通运行，实现了我国高性能计算机研发和应用的双跨越，标志着中国网格南方主节点的正式建成。至2005年年末，上海互联网国际出口带宽超过30G；长途光缆线路总长达5141公里；固定电话交换机总容量达1356.5万门；移动电话交换机容量达1991万门；城市居民家庭计算机拥有量每百户达81.1台，电视机拥有量每百户达176.7台，居民的信息消费水平持续增长，城市居民家庭人均信息消费支出达1207.70元。2005年信息产业的规模不断壮大，信息产业制造业累计完成销售收入4106亿元，其增长速度位列六大主导产业之首，成为拉动上海经济增长的重要力量。LINUX桌面系统、软件构件平台、TD-SCDMA第三代移动通信、有线数字电视广播、房屋土地综合信息平台五个信息化领域的“科教兴市”重大项目进展良好，“科教兴市”信息服务平台总体规划基本形成。电子政务取得良好成绩，至2005年年末，公务网覆盖市、区两级1611个单位和部门，开通单位和部门1027个，开通率64%；各委办局有近百项业务应用软件在市公务网上运行。覆盖市级政务单位的政务外网骨干网基本形成，近90个接入网节点开通；协同办事平台核心系统建设完成并投入试运行，政务外网应用平台主体功能进一步完善，开展了户外广告设施设置、市容城管投诉等业务协同试点。为了进一步规范与协调信息化的管理工作，2004年7月，建立上海市网络与信息安全协调小组，该协调小组办公室设在上海市信息化委员会。全面启动信息化“十一五”规划工作，完成信息化发展战略、电子政务、电子商务等一批重大课题，同时出台一系列信息化政策法规为信息化营造的政策环境。

2. 江苏的信息化

2005年江苏省城镇居民家庭百户电脑拥有量为46.35台，在46.35台电脑中有32.94台接入了互联网。全省电话用户超过4815万户，有线电视用户超过10万户，家庭上网普及率达到10.1%，全省上网人数达666万，居全国第三位。在城镇居民家庭中有43.3%的家庭拥有电脑，3.0%的家庭拥有2台及以上。在拥有电脑的城镇居民家庭中，有73.9%的家庭接入互联网，2005年全省城镇居民人均通过互联网购买的商品和服务支出为8.3元。江苏的软件产业、政府上网、企业上网、信息化基础设施、信息化人才培养等多项指标列全国前五位。全省上网工商企业有40.8万，上网率超过80%。

江苏省的信息产业已连续12年居全国第二位，连续5年年增长率超过55%，形成了专业门类比较齐全，产业规模较大，国际化程度较高的产业体系，成为带动全省经济增长的战略性产业。2005年，全国电子元件百强企业，江苏省拥有18家，其中亨通集团、永鼎集团、通光集团分居百强的第2、3、4名。2005年信息产业的运行特征为：①企业平均规模较大。全省规模以上电子信息制造业企业2483个，占全省总数的7.7%。2005年前三季度共实现产品销售收入4599.14亿元，利税185.33亿元，其中，大中型企业548家，占全省大中型企业的比重18.1%；电子信息制造业企业平均实现销售收入1.85亿元，平均完成利税0.74亿元，平均资产总额1.71亿元，比全省规模以上工业平均水平分别高1.14亿元、0.23亿元和0.95亿元。②“三资”企业增势强劲。江苏电子信息制造业有“三资”企业1097个，占全行业企业数的44.2%，前三季度完成产品销售收入3786.8亿元，占全行业的比重高达82.3%，拉动全行业增长11.2个百分点。③骨干行业支撑作用突出。电子信息制造业主要分布在通信设备制造、电子计算机制造、电子元件制造和电线、电缆、光缆及电工器材制造四个种类行业。四行业完成产品销售收入和利税占全行业的比重分别为74.7%和76.1%。④沿江地区产业集中。全省2483家电子信息制造业企业中，分布在沿江8市的企业有2309家，苏北地区仅有174家，苏南地区1937家，苏中地区372家。苏南地区电子信息制造业的销售收入占全行业的比重为92%，其中，苏南地区的苏州、常州、无锡和南京四市集中了全省73.9%的电子信息制造业企业。⑤出口保持增长。2005年1～9月份，全省电子信息产品完成出口交货值2692.15亿元，占全省工业出口交货值的43.1%。

3. 浙江的信息化

至2005年年末，浙江省国际互联网用户（含宽带用户）总量达到689万户，2005年邮电业务总量约835亿元，其中，邮政业务总量31.4亿元，电信业务总量803.5亿元。2005年年末本地电话交换机总容量达到2870.2万门，固定电话用户2231.8万户，其中，城市电话用户1421.7万户，农村电话用户810.1万户，98.4%的行政村已通电话。移动电话用户达到2686.3万户，移动电话普及率为59.0部/百人。全省有线电视入户率从2001年的44.7%上升到2004年的56.4%。基于“数字浙江”的一批基础设施和重点项目建设稳步推进，“金盾工程”、“电子报税”、“数字水利”、“浙江农网”、“电子口岸”、

企业信用查询系统、CA认证中心等重点项目已相继建成或启动建设，许多部门实行了网上审批，电子政务和电子商务发展势头良好。2004年《互联网周刊》公布的中国网站100强中，属于行业网站的有12家，其中浙江省就占了8家，其中阿里巴巴、中国化工网等电子商务网站知名度较高。“十五”以来，浙江实施以信息化带动工业化战略的政策力度逐步加大，以企业信息化为主要内容的工业信息化建设走在了全国的前列。浙江大中型企业装备的信息化程度达到20%，重点骨干企业达到50%，80%以上的企业实行了计算机辅助设计，80%的连续工艺过程控制实行了计算机网络化控制。“十一五”时期，浙江信息化的总体目标是：建成先进适用的信息基础设施并达到国际先进水平，信息产业规模与产业层次迈上新台阶并成为全国重要的信息产业基地，应用信息技术改造提升传统产业取得显著成效，企业信息化水平普遍提高，城市信息化与农村信息化协调发展，电子政务和电子商务广泛应用，信息资源的开发、利用和共享日益深化，信息化总体水平继续保持全国领先地位。具体发展指标要求是：有80%以上企业开展电子商务，电子商务交易额相当于生产总值的25%；政府行政许可项目网上服务比例超过80%；全省固定电话普及率达到56线/百人，移动电话普及率达到84户/百人，互联网用户普及率达到17%以上；全省城区有线数字电视整体转换，农村广播电视“村村通”水平进一步提高，广播电视的人口覆盖率达到96%以上。

（二）长三角信息化的重点领域

长三角信息化旨在实现信息基础设施、信息资源、信息技术、信息产业、信息消费等信息化的要素与长三角地区经济、社会、生态之间的融合。目前，长三角正处于工业化的中期，信息化主要体现为工业化与信息化的相互促进，共同繁荣，以信息化优化区域产业的供应链，降低产品的流通成本，增强政府的管理能力，提高区域的外联能力和开放程度，推动区域的一体化进程。

1. 建设信息基础设施，构建长三角的交流平台

信息网络是未来区域经济、社会联系的主要空间载体，在这个平台上，各种信息可以低廉、自由、高效地传递到四面八方，并在发布者和接受者之间形成双向、即时的交流，从而促进人才流、物质流、资金流的交汇，增加区域要素相互需求、取长补短以及最优配置的可能性。因此，长三角信息化的首要任务是要以通讯网络、电子计算机、数据库及日常电子产品为基本硬件，以统一规划、政策支持、法律保障为基本软件，建设一个信息传播网络、信息处理设施、信息资源储库三位一体的信息基础设施平台。构建面向行业、区域的信息技术公共服务平台，是长三角基于区域块状经济的实际情况，经过不断实践探索出的以信息化带动中小企业发展的现实途径。通过信息平台，整合区域、行业内的共性生产要素资源、人力资源、技术资源、管理资源、市场资源等。搭建功能齐全、操作简便、开放共享的信息资源服务平台，为区域、行业内中小企业提供产品设计、网络化制造、工艺指导、产品检测、行业数据库共享、客户关系管理、供应链管理、电子商务、现代物流、人才培训等不同种类的公共信息服务与技术支持。长三角是经济发达地区，却是资源短缺地区，通过构建信息基础设施平台，可以取得集中建设和集约化服务的效果，使资源的利用率大大提高，社会资源得到有效配置，对提升整个地区的综合竞争力起到事半功倍的作用。

目前，长三角的信息基础设施已经初见规模，在网络容量、用户规模、普及水平等方面均处于全国领先地位。截至2006年3月，长江三角洲地区的电话用户总数达到1.3亿户，占了全国的17%，其中固定电话用户和移动电话用户分别达到6424万户和6907万户，固定电话普及率和移动电话普及率分别达到47%和51%，均比全国水平高出近20个百分点。互联网宽带接入用户937万户，占全国的22.8%。

2. 共享信息资源，促进长三角的区域合作与分工

信息化是以使用智力资源和物化在产品中的信息为基础的，区域信息化就是要在区域系统内深入开发和广泛应用各种信息资源，实现区域资源要素的更新与优化，推动资源投入结构从以实物资源为主，向以信息资源为主转化。加快信息资源开发和共享，能够有效地提高现有信息基础设施和技术设备的利用率，促进信息产业与网络建设相互协调，提高信息化建设的整体水平。在长三角行政区划问题短期难以协调的情况下，推动信息资源的共享，无疑是促进区域一体化的切实可行的选择。信息资源从使用机制的角度，可以分为政府信息、公益性信息和市场信息。政府信息在信息资源总量中占了80%以上的比例，加强政府信息资源的公开、交流和社会化增值开发是长三角信息资源共享的重点领域。按照“统筹规划、分步实施、整合资源”的原则，长三角两省一市的交通、人事、规划、环保、质量等行政部门协同工作，初步构建了长三角政府信息共享平台，其中政府的门户网站正在成为政府政务公开的渠道、对外宣传的窗口、在线管理的平台、服务公众的桥梁。同时，长三角也在推动公益性信息资源的利用，促进经营性信息资源的市场化开发，从而培育和繁荣信息内容市场，促进信息服务业发展。作为区域信息中心，各级城市也在不断丰富自身的信息资源拥有量，提高为广大的外围地域提供基础性、动态性、权威性、公益性的信息数据的能力，其中，城市的数字图书馆、网络新闻、远程教育、地理信息系统以及有关区域行政管理、交通管理、治安管理、档案户籍管理的信息库的发展尤为迅速。政府建立的政务信息资源库与企业建立的业务资源库相互融合，成为信息资源中最主要的组分。可以说，在政府、企业、个人三者的努力下，长三角信息资源的共享已经进入操作阶段。

3. 壮大信息产业，优化长三角的区域产业结构

信息产业属于知识密集型产业，具有较高的产业关联度、较大的需求收入弹性和较强的产业创新能力，被普遍认为是区域产业结构调整的突破口。长三角信息化就是要积极发展信息产业，包括信息制造业和信息服务业，逐步将其培育成为长三角经济的主导产业，通过信息产业的壮大来推动长三角产业结构的高级化。

中国信息产业发端于北京中关村，珠江三角洲和长江三角洲逐步跟进，从而形成了我国信息产业三个区域性亮点。近年来，由于国际市场的变化，以加工型为主的珠三角由于订单的减少和市场的衰退等原因，区域信息产业发展速度下降。北京中关村由于发展模式的调整，信息产业的发展也受到一定影响，出现了历史上少有的负增长。而长三角却取得了信息产业后发效应，新的增长点逐步转移到长三角地区，预示着中国电子信息产业总体

格局正在出现新的变化。2001 年，上海和江苏的信息产业规模已占到全国的 23% 左右。目前，长三角的信息制造业已经具备较强的竞争能力，其中上海在通讯光缆、光通信设备、电脑、移动通信设备等方面具有明显的产品优势。苏州、无锡、常州的通讯光缆、计算机外设等产业也颇具规模。长三角是中国软件业最为发达的地区，其中，上海是中国软件的第三产业基地，2002 年有 IT 企业 1000 多家，从业人员 3.2 万人，浦东软件园等软件产业基地的建设和软件产业社会化服务体系的强化更是提升了软件业的竞争力，促进软件业的跨越式发展。现代服务业是长三角发展的重点，而现代服务业又以信息服务业为热点和增值点，长三角在巩固信息制造业优势的同时又将工作重心转移到了与现代服务业有关的信息产业领域，尤其信息内容服务业、信息安全服务业。发展信息服务业不仅培育消费热点，创造就业机会，而且为区域产业优化供应链、降低流通成本、满足个性需求构造了新平台。

4. 推广信息技术，促进长三角生产与决策的革新

电子商务、电子政府、电子社区的兴起使得区域运营过程中的许多“中间环节”被省略，经济形式越来越“直接”、管理形式越来越透明，生活形式越来越多样。目前，信息技术已经在长三角的经济领域和社会领域广泛渗透开来，企业信息化的成果最为显著。江苏省制定了江苏国际制造业基地建设规划，并通过加快推进制造企业信息化应用水平，引进先进管理工具，借助强大的企业信息化系统，提高企业的运行效率和经营能力，全面提升长三角制造企业的国际竞争力。到 2003 年，江苏共组织实施了 5 批共 216 个省级制造业信息化示范项目，取得了实效。上海市加快推进企业信息化，促进信息技术在企业研发、生产和管理中的应用。上海市经委拿出 2000 万元作为企业管理信息化专项资金，推进企业的信息化建设；上海市信息办每年拿出 2000 万元，用于企业信息化的培训，进行管理咨询，组织成果评价和国家软件的开发与推广，并且以骨干企业为载体，积极发展电子商务。浙江省也加大对企业信息化的投入力度，省政府为制造业信息化工程拨出专项资金 1500 万元，同时要求地方政府和企业以 1∶1∶2 的比例投入经费。在传统制造业的改造上，浙江省建成了面向服装行业的公共服务与技术支持平台和面向纺织和印染企业的公共技术服务平台，取得良好的带动效果。经统计调查，企业在实施信息化后生产效率得到了明显的提高：浙江省统计局 2003 年对全省 663 家工业园区入园企业的调查结果表明，半数以上企业因建立信息化而使企业的成本核算工作效率明显提高；四成以上企业因建立信息化而缩短了生产周期和作业时间；37% 的企业的办公用品等管理费用明显下降；33.9% 的企业提高了流动资金周转率；31.4% 的企业的产品库存天数明显下降；20.7% 的企业的应收账款周转天数得以下降。

长三角在继续加强信息技术对产业的推动作用的基础上，也加大信息技术在其他领域的应用，政府信息化、家庭信息化取得一定成绩。长三角积极推广使用银行卡，加快“电子口岸”和物流信息平台的建设，在城市中，普及地理信息系统应用，加快建设城市应急指挥信息系统和智能化交通系统。建立统一的电子政务网络平台，以“政务公开”作为长三角电子政务工作的新亮点，按照公开为原则、不公开为例外的要求，依法拓宽政府信息公开范围，重点推进公益性强、公众关注程度高的政府部门信息公开。例如：在江苏省人事厅的“江苏人事”网站上，可以及时地获得人事方面的政策法规与需求信息。在上海规划局的网站上，全市规划的电子地图上清晰地标注出上海所有得到规划部门批准的建设项目。浙江2003年推出“百亿信息化建设”工程，建成了企业基础信息交换平台、互联网交互中心以及城区社会化管理信息系统等公共信息系统。上海还进一步推动社区管理的信息化，至2005年年末，全市95%的街道建成内部局域网，95个街道与区电子政务平台联网，86个街道与居（村）委和下属企事业单位联网，基本建成市、区、街道三级信息基础网络。

（三）长三角信息化的未来方向

在“十一五”期间，上海、江苏、浙江将继续实施信息化战略，并将信息化作为落实科学发展观的重要手段，给予更多的重视，毋庸置疑，信息化将在长三角获得更大的发展机遇。长三角信息化的发展目标将是经济效益、社会效益和环境效益的三位一体，遵循“科技以人为本”，追求可持续发展，而具体建设工作则显得更加务实与稳健。

1. 推动社会生活信息化，以实现信息化的全方位发展

信息化在发展层次上可以依次划分为产品信息化、企业信息化、产业信息化、国民经济信息化、社会生活信息化。在“十一五”及未来时段，长三角信息化将逐步从经济领域向社会生活领域不断渗透与扩展，形成政府信息化、企业信息化、家庭信息化三者良性互动的态势，以达到信息化的全方位、多层次发展。电子社区是电子政务功能的延伸和拓展，也是电子商务走进百姓生活的重要接口，今后电子社区将成为长三角社会信息化的重要组成部分。具体运作是以社区服务中心为主，联合政府部门、社区服务提供商、银行金融机构和物业管理公司等相关单位，以网络平台、语音平台和平面资讯为载体，以政务服务、商务服务、金融服务、物业服务和资讯服务等为内容，整合各方资源，建立面向社区居民提供属地化服务的综合服务体系。为了适应社会信息化的需要，长三角将逐步培养老百姓发现信息、辨别信息、使用信息、创造信息的能力，提高信息消费能力。上海市还在“十一五”规划中特别加快电子社区建设，强化社区信息服务功能，作为改善市民生活质量的重要途径，争取在2010年互联网用户普及率达到65%以上。

2. 积极推进农村信息化建设，缩小城乡信息化差距

信息化是推动区域协调发展，缩小城乡差距的动力之一。目前，长三角城市信息化已经取得初步进展，未来的任务是大力推进农村信息化建设，避免数字鸿沟所带来的新的地区不平等。当前长三角的农村信息化建设已经取得初步成效：浙江省已经建成新农网和“农技110”信息服务网等传播农业、农村交易信息，从2005年开始实施“百万农民信箱工程”，以扩大农业信息的覆盖面。江苏省启动“鼠标种田，网络备耕”的“致富工程”，已在13个省辖市建立了20个农民上网培训点，为广大农民带来更多的农业信息。在新一轮的社会主义新农村建设中，农村信息化将成为建设的重点，利用公共网络，采用多种接入手段，以农民普遍能够承受的价格进行信息传播，以提高农村网络普及率。在信息化建设中追求实用性与可操作性，防止片面追求高标准、高新技术而忽视三农的实际需求。积极收集与开发基层的农业信息资源，将信息灌输与信息引导相结合，将现

代信息传播与传统媒介相结合，拓宽农民获得信息的途径，增强农民利用信息的自觉性。各种农业专业协会、科研推广机构、信息咨询服务企业加入到农村信息化的建设当中，形成社会各界力量共建信息化的局面。培养农业信息化网络技术人才，造就“农业经济—信息技术”的复合型人才，以解燃眉之急。进一步完善政府涉农部门之间信息的交换制度，整合涉农的各类信息资源，使得信息沟通顺畅，充分共享。规范和完善公益性信息中介服务，建设城乡统筹的信息服务体系，为农民提供适用的市场、科技、教育、卫生保健等信息服务，推动农村富余劳动力向城市的合理有序流动。

3. 深化长三角信息化的合作，推动区域信息一体化

区域一体化不仅带来了商品的低成本跨地区流动，而且也使地区间的资本与劳动力流动、知识扩散等更加容易，区域一体化已成为不可阻挡的时代潮流，长三角的经济一体化也处于快速发展阶段，它对信息一体化提出了迫切需求。经过多方努力，2005 年 6 月 1 日，江苏、浙江和上海信息化主管部门在上海签署了长三角地区信息技术应用与合作协议。建立这样的合作机制旨在研究、交流长三角信息化和信息产业近期、中长期的合作目标和计划，确定年度合作项目和计划，组织开展长三角地区信息化“十一五”规划编制和信息化法规、标准制订的研讨交流工作。2006 年长三角开通网上求职“一点多投”功能，长三角地区的各类求职者只需在联盟任何一个城市的政府所属网上人才市场投递简历，就可以在其他城市共享求职资源。在未来，长三角将把信息基础设施作为最重要、最优先的公共设施投资领域，统一信息设施规划，协调信息设施建设，遵循共建共享的原则，构建覆盖全区的高效、稳定、便捷的信息网络平台。提高区域内信息公共服务水平，解决信息平台中存在的因行政壁垒带来的标准不一、资源流动不畅等问题。降低使用信息的成本和门槛，确保不同的领域和地域都能共享区域的信息资源。同时，以“数字城市”作为区域信息化的增长极，进一步加强上海作为长三角信息化中心的扩散和辐射作用。利用信息网络外向循环渠道，推动各级规模城市的分工合作，减少城市的对抗型竞争，形成优势互补、错位竞争的城市体系。

4. 规范信息标准、完善信息法规，优化信息化发展环境

信息化的相关规范、统计标准、征集体系以及现代支付系统建设的步伐将加快，《电子签名法》、《电子支付指引》等一系列法律法规将贯彻实施，信息化的外部条件日益成熟，特别是政府推动与企业主导相结合的电子商务发展机制逐步形成，在长三角将有更多中小企业加入网上交易的行列。传统的信息网络安全主要是网络本身的安全，被关注的主要是网络可靠性、稳定性，被关注的范围是基础传输网和通信网等传统的通信基础设施。这些网络安全问题，无论在设备、技术标准，还是公网和专网领域都形成比较完善的体系。然而现在新型数据网络安全的概念和传统的概念有很大不同。随着信息通信业的快速发展，新型数据业务日新月异，互联网网络安全概念不仅涵盖传统意义上的网络自身运行安全，还包含网络攻击、网络病毒、垃圾邮件、有害非法信息和其他突发事件，从网络层扩展到了应用层。互联网安全不仅局限于运营商和用户的范畴，网络内容惊人的信息扩散速度使互联网安全涉及政治、经济、文化等领域，网络安全问题显得更加迫切，构建信息安全保障体系将成为与三网融合并重的战略要务。

十九 长三角城市化与城市现代化

世纪之交，诺贝尔经济学奖获得者斯蒂格利茨曾经这样展望：21世纪初影响最大的世界性事件，一个是高科技，另一个就是中国的城市化。

（一）长三角总体概况：城市化迈上新台阶、世博会推进长三角城市一体化进程

2005年，中国城市化率达到42.99%。长三角地区的城市化率约为63%，进入了高速发展时期，上海进入城市化稳定发展时期。

根据各地方1%人口抽样调查结果，上海是31个省区市中城市化率最高的地区，达到84.09%（图3-33、表3-83）①。

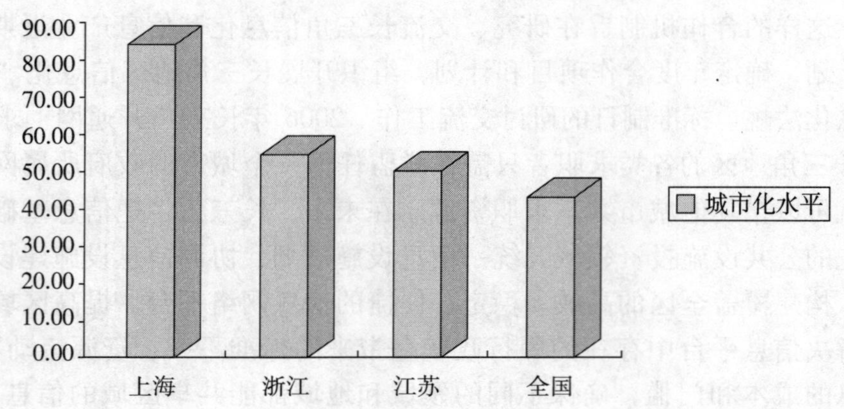

图3-33 2005长三角城市化水平（单位：%）

表3-83

单位：万人，%

2005地区	人口总量	城市化水平	2005地区	人口总量	城市化水平
上 海	1778	84.09	江 苏	7468	50.5
浙 江	4894	55	全 国	126583	42.99

2010年上海世博会的召开，将带动整个长三角的城市建设、经济联动。

世博会的举办将拉动上海及周边地区交通网络的建设，促成长三角交通网络的全面对接。第一，以建设国际航运中心为抓手，联合江浙两省的港口，尽快形成以上海港为中心、服务于整个长三角乃至全国其他区域的长三角组合港；第二，以城际快速交通网络为重点，推进轨道交通的跨区域对接；第三，加快陆上公路、内河航运的网络建设；第

① 《2006年中国政务景气监测报告·数据监测》（3月号），http：//www.ccgov.org. cn/zwjjjcbg/jqjc 20060424001.htm。

四，进一步完善与提高交通管理水平，并为智能化交通的实施创造条件。目前，上海有7条快速通道联结苏浙，沪苏浙将建起高速公路网，并以高速公路为轴线形成“经济走廊”。同时，长江和杭州湾新的大桥在建，这意味着长三角地区经济上的联动效应将更为显著。①

2010年上海世博会至少将吸引7000万游客，而其中将有30%～35%的游客顺道去周边城市一游。因此长三角地区应积极充分利用世博会的契机，构筑长三角旅游经济新格局，形成上海都市旅游、江苏园林旅游、浙江山水休闲旅游等优势互补、错位发展的局面，并设置专门线路，安排江苏、浙江等外省市游客到上海世博会场馆，并接送游客从世博会场馆到周边其他旅游城市与景点。世博效应带来的旅游人流将推动长三角地区从浅度合作进入深度合作。专家分析，世博会将对长三角地区资本的输入输出、产业的升级换代、基础设施的共建共享、旅游及商品市场的联合开发以及引来中央的特殊政策等方面起重大作用。

（二）上海城市化与城市现代化

1. 上海城市化现状

根据各地方2005年1%人口抽样调查结果，上海是31个省区市中城市化率最高的地区，达到84.09%，比2004年上升2.93个百分点。② 自1992年以来，上海经济已连续13年保持两位数增长。2004年，实现上海市生产总值7450.27亿元，按可比价格计算，比上年增长13.6%，增幅为1996年以来的最高水平；比1990年增长3.9倍，平均每年增长12%。截至2005年底，全市户籍人口1360.26万人，全市常住人口达到1778万人。

从城市化的进程来看，上海的城市化进入稳步发展阶段。

上海城市建设迅速发展。以构建枢纽型、功能性、网络化基础设施和立体化交通网络建设为核心，加速推进城市基础设施的现代化建设。1991～2004年，全市用于城市基础设施建设的投资累计达到5471.38亿元，平均每年增长25.7%，占同期固定资产投资的比重为23.4%。城市基础设施网络的不断完善，为进一步改善上海投资环境、扩大对外开放、增强城市综合功能创造了有利条件。相继建成了南浦大桥、杨浦大桥、内环高架路、延安高架路、地铁一号线、地铁二号线、轻轨明珠线一期、磁悬浮列车、浦东国际机场、轨道交通5号线等一批标志性工程。2004年，上海重大工程建设完成投资655亿元。建成和开工外高桥电厂二期、中环线浦西北段主线高架、上海天然气主干网一期、苏州河环境综合整治二期等28项重大工程。A30郊环北段、A2沪芦等高速公路建成，轨道交通1号线北延伸段投入试运营，高速公路网通车里程达到485公里，轨道交通运营里程达到125公里（含磁悬浮），复兴东路隧道建成通车，使中心城区的越江车道数增至50条。

上海绿化建设以实施科技兴绿、科技兴林为抓手，大力推进城市生态景观走廊建设，城市生态环境明显改善。至2004年末，上海城市园林绿地面积2.67万公顷，其中，公共绿地面积1.1万公顷。城市人均公共绿地面积达到10平方米，绿化覆盖率达到36%。近

---

① 王颖：《世博效应对长三角地区经济一体化的影响探析——兼论长三角地区区域经济一体化策略》，《旅游科学》，2005年8月第19卷第4期，第62页。

② http://www.ccgov.org.cn/zwjjcbg/jqjc20060424001.htm.

年来相继建成了延安中路绿地、太平桥绿地、黄兴公园、大宁绿地、徐家汇公园、广场公园三期、徐家汇公园三期、延虹绿地、世博林绿地等近250块3000平方米以上的大型开放式生态景观绿地，使市民的生活和创业环境得到显著改善。

根据中央批准的上海新一轮城市总体规划，到2020年上海要初步建成国际经济、金融、贸易、航运中心之一。为实现上海的宏伟战略目标，向世界城市迈进，上海要充分发挥经济中心城市配置资源的集聚和辐射作用，率先基本实现现代化，为我国实现全面建设小康社会的奋斗目标作出新贡献。2010年上海世博会申办成功，通过举办世博会，上海的国际化和现代化进程将大大加快。

2. 上海城市现代化近期建设目标

上海新一轮总体规划指出，到2020年上海要初步建成国际经济、金融、贸易、航运中心之一。上海要以2010年在上海举办世博会为动力，加快上海的国际化和现代化进程，推动城市能级不断提升。

1）构筑国际大都市空间体系，加快城乡一体化发展

为顺应经济全球化，在更大范围、更广领域和更高层次上参与国际经济技术合作和竞争，上海要积极探索同长江三角洲地区和长江流域联动发展，立足于长江三角洲交通、环境、城镇的一体化发展，加快城乡一体化步伐，力争城市化水平达到85%。在推进现代化与国际化的进程中，上海城市建设的重点应从中心城区转向郊区。加快郊区发展，进一步推动产业、人口、土地的三个集中。

2）构筑新型产业体系，增强产业国际竞争力

基本建立与国际大都市功能相适应的新型产业体系。国民经济继续保持持续快速健康发展，经济运行质量和效益明显提高，综合经济实力显著增强，国内生产总值年均增长率继续高于全国2～3个百分点；到2007年人均国内生产总值达7500～8000美元。坚持“三二一”产业发展方针，在参与经济全球化中增强产业国际竞争力。基本建立与知识经济发展相适应的城市创新体系，不断增强科技创新能力，进一步优化产业布局。

3）构筑社会事业体系，提高人民生活质量

基本建立以促进人的全面发展为中心的社会事业体系。以建设一流的教育、医疗、体育和国际文化交流中心为重点，以社区建设为基础，提高市民的思想道德素质、科学文化素质和健康素质；更加丰富城市的精神文化生活。加快构筑人才高地，把经济社会发展转到依靠科技进步和提高劳动者素质上来。进一步健全社会保障体系，使社会就业比较充分，困难群众基本生活得到保障，社会秩序保持稳定，全市人民始终保持昂扬向上的精神风貌。创造以提高居住环境质量为核心，适应不同消费层次，更舒适宜人的居住环境。

4）构筑良好生态体系，促进城市可持续发展

以全面提高城市生态环境质量，建设国家园林城市为目标，构筑以中心城区大型公共绿地和郊区城市森林为骨架，符合现代化国际大都市生态要求的城市绿化系统；进一步深化环境治理、提高固体废物利用的水平，启动郊区农业生态环境保护和建设，把上海建成人与自然和谐相处的现代化生态城市。

5）构筑都市特色景观体系，提升城市整体形象

抓住举办“一届最成功、最精彩、最难忘的世博会”的世纪机遇，不断深化“城市，让生活更美好”的主题，以黄浦江、苏州河改造和世博会建设为重点，完善富有历史底蕴的老城区和创造充满活力的新城区，营造上海历史魅力与现代活力兼容并蓄的世界城市新形象，为上海未来创造更大的发展空间。

6）构筑现代化基础设施体系，增强城市集聚辐射功能

以枢纽型、功能性、网络化基础设施建设为重点，基本建立以“三港两网”为骨架的现代化基础设施体系，为增强城市的集聚、辐射功能提供坚实支撑。加大以水资源综合开发利用和能源结构优化为主的市政公用设施建设。提高城市防灾、抗灾、救灾的能力。

3. 上海现代化城市建设重点：确定“三港三网”

市委副书记、市长韩正指出，未来上海城市基础设施建设的重点将聚焦“三港三网”，即空港、海港、信息港和面向全国的铁路网、公路网和水路网。①

在空港方面，上海计划通过对浦东国际机场和虹桥机场的二期改扩建工程，使得浦东国际机场和虹桥机场互为补充，上海两大机场的年客运流量5年内能从目前的4000万人次发展到8000万人次，未来的总体目标将超过1亿人次。以洋山深水港竣工投产为标志，上海的港口已从“长江时代”全面走向“东海时代”，今年上海将继续保持全球货运量第一，同时集装箱吞吐量要达到2100万~2200万标准箱。而在信息港建设方面，上海将进一步提高信息化水平对城市竞争力的贡献。

未来上海将建设面向全国的铁路、公路和水路网。届时将有12条高速公路将上海与全国各地连接。在铁路方面，目前沿海大通道铁路、上海到北京的高速铁路和上海到杭州的磁悬浮铁路都已立项，正在建设中的京沪高速铁路的列车设计时速为350公里，建成后乘火车从北京到上海只需5个小时；再过几年，沪杭磁悬浮将把上海市到杭州市的运行时间缩短至25分钟。

（三）江苏城市化与城市现代化

1. 江苏城市化总体状况：城市化进入加速发展时期

2000年7月，江苏省委、省政府召开全省城市工作会议，做出了实施城市化战略的决策部署，提出了“大力推进特大城市和大城市建设，积极合理发展中小城市，择优培育重点中心镇，全面提高城镇发展质量”的指导思想，并把城市化战略确定为推进经济社会发展的“五大战略”之一。经过五年的努力，江苏省城市化快速推进，城市化水平和质量稳步提高，到2004年底城市化水平已达50%以上。同时，全省城镇体系趋于合理，城镇发展质量明显提高，规模结构进一步完善。

根据2005年《江苏省国民经济和社会发展主要指标》，2005年年末总人口达7474.50万人，比2004年增长0.5个百分点，城市化水平达50.5%，比2004年增长2.3个百分点。江苏进入了城市化加速发展时期。

① 《上海未来城市建设重点》，http://www.china.cn/chinese/difang/1185500.htm。

全省已有特大城市5个，大城市5个，中等城市9个，小城市45个。南京、苏锡常、徐州三大都市圈建设初显成效；13个省辖市市区以占全省1/5的面积，集聚了全省近1/3的人口，创造了全省一半以上的国内生产总值和财政收入；高速公路总里程达到2880公里，密度居全国第一；7个城市获国家园林城市称号，17个城市获国家卫生城市称号，16个城市获中国优秀旅游城市称号。

经济增长方式转变，带来城市竞争力多项"第一"。

由于经济增长方式迅速转变，江苏城市综合竞争力明显增强。2005年，江苏把加强宏观调控作为新的发展机遇，优化产业结构，促进了城市经济又快又好发展。

江苏各市积极加快了城市化进程。2005年全省城市化总体水平达50.5%。南京为76.3%、无锡67%、苏州65%、常州60.4%、镇江59.1%、扬州48.3%、泰州45.3%、南通45.8%、盐城41.7%、徐州44.1%、连云港38.1%、淮安37.5%、宿迁31.5%（见表3－84：2005年江苏各大城市人口总量与城市化水平）。县级市昆山为64.1%、张家港63%、常熟62.3%、江阴61.5%、吴江57%、太仓56.4%，都超过了55%的江苏全面小康建设城市化指标值。

表3－84　江苏各大城市人口总量与城市化水平（2005）

单位：万人，%

地　区	人口总量	城市化水平	地　区	人口总量	城市化水平
南京市	595.8	76.3	淮安市	526.48	37.5
无锡市	452.84	67	盐城市	798.67	41.7
徐州市	925.31	44.1	扬州市	456.31	48.3
常州市	351.63	60.4	镇江市	267.61	59.1
苏州市	606.9	65	泰州市	502.05	45.30
南通市	770.86	45.8	宿迁市	524.54	31.5
连云港市	472.18	38.1			

2. 江苏城市化取得的新成效*

1）城市化进程加快，成为经济社会发展的重要推动力

全省城市化水平由2000年底的41.49%提高到2005年的50%以上，高于同期全国城市化平均水平7个百分点以上，成为全国城市化水平上升最快的省份之一。目前，江苏省城市化水平在华东地区高于除浙江（56%左右）以外的其他省份，与浙江的差距也正在缩小。总体来说，江苏省城市化滞后于工业化的局面有所改善。城市化进程的加速，有力地促进了工业化、信息化、国际化、市场化，拉动了投资，刺激了消费，活跃了外资，激发了民资，沟通了城乡，对经济社会发展发挥着越来越重要的作用。目前，全省市（城）区实现的GDP占全省的比例达60%左右。城市作为区域经济社会发展的核心，

* 江苏省建设厅厅长周游：《2000年以来江苏城市化的进展和问题》，http://www.jsass.com.cn/article_show.asp?ArticleID=344。

正发挥着越来越重要的作用。

2）中心城市实力增强，在区域发展中的地位日益凸显

近年来，全省各地在加快城市化进程中，把做大、做强、做优、做美中心城市摆上突出位置。全省中心城市的框架进一步拉开，空间迅速拓展，规模不断扩大，实力明显增强，作为区域经济增长极的作用逐步凸现。南京、苏州、无锡、徐州、常州等特大城市发展势头良好，新区建设和老城改造同步发展，城市功能进一步优化；以大都市为核心形成的城市区域基础设施不断完善，城市的集聚和辐射能力进一步提高。2003 年，苏州、无锡、南京的经济总量都已跨入千亿元行列，2004 年，苏州已达 3450 亿元，在全国城市中位居前列。2004 年底，南京、苏锡常、徐州三大都市圈 GDP 总量已达 11811.29 亿元，占全省总量的 76%。

3）大中城市发展速度加快，城镇空间布局更趋合理

随着各地城市化战略的积极实施，大中城市发展速度逐渐加快，城镇规模等级结构在变化中逐步完善。目前，全省有特大城市和大城市各 5 个，中等城市 9 个，小城市（含县城）45 个，初步形成与时代相适应，与现代化进程相匹配，与产业布局相呼应的城镇体系结构。2000 年全省城市工作会议提出的“以特大城市和大城市为核心、中小城市为纽带、小城镇为基础、城乡协调发展”的城镇发展格局已初步形成。

4）都市圈和沿江城市带建设稳步推进，区域一体化进程加快

随着南京、苏锡常、徐州三大都市圈建设各项措施的逐步实施，都市圈内各城市在找准自身发展定位的基础上，不断增强区域一体化发展意识，逐渐走向区域合作、联动发展。同时，按照建设沿江基础产业带和沿沪宁线高新技术产业带以及打造长江三角洲城市带的要求，本着集聚发展、集约经营的原则，积极构建跨江城市组团，在加快区域一体化进程的基础上，江苏省沿江城市带建设正在稳步推进。

5）城市发展的交通瓶颈制约有所缓解，城市基础设施功能全面提升

经过近几年的建设和改造，全省各地城市道路网络日趋完善，市政公用设施逐步配套，城市功能得到有效发挥和全面提升。不少城市的道路交通初步实现了“内部成网、外部成环”的目标，全省城际间交通状况也大大改善。全省高速公路总里程突破 2000 公里，居全国第二，密度居全国第一。城市道路、供水、燃气、垃圾污水无害化处理等指标，无论是总量还是人均值，都有了明显提高，在全国处于先进水平。到 2004 年底，全省城市自来水普及率达 93%，燃气普及率达 90.2%，污水处理率达 72.8%，人均拥有道路面积 14 平方米。

6）城市人居环境显著改善，人民生活质量明显提高

目前，城市环境建设和保护越来越受到重视，建设生态城市已成为江苏省各地的自觉追求，城市人居环境明显改善。2004 年，全省新增城市绿地面积 4500 公顷，城市人均公共绿地面积达 8.1 平方米，建成区绿化覆盖率达 36.5%，城镇居民人均住房建筑面积达 25 平方米。南通濠河、无锡运河与蠡湖、镇江古运河整治均取得了较好成效。扬州市获得了中国人居环境奖，常州市旧住宅小区综合整治、南京市明城墙保护项目获得了中国人居环境范例奖。此外，南京市和常熟市进入了国家园林城市行列，苏州、无锡等 17

个城市被命名为国家卫生城市，南京市、无锡市等14个城市成为中国优秀旅游城市，苏州和江阴等12个城市获得“全国环境保护模范城市”称号。

3. 江苏三大都市圈建设

1）南京都市圈建设

南京都市圈规划范围包括：南京市、镇江市、扬州市、马鞍山市、滁州市、芜湖市的全部行政区域，淮安市的盱眙县、金湖县和巢湖市的市区、和县、含山县。近期总人口2600万人，城市化水平达到52%左右（省内58%），城市人均住房建筑面积18平方米（省内20平方米），人均公共绿地8平方米（省内12平方米）；远期总人口3200万人，城市化水平达到66%左右（省内74%）。①

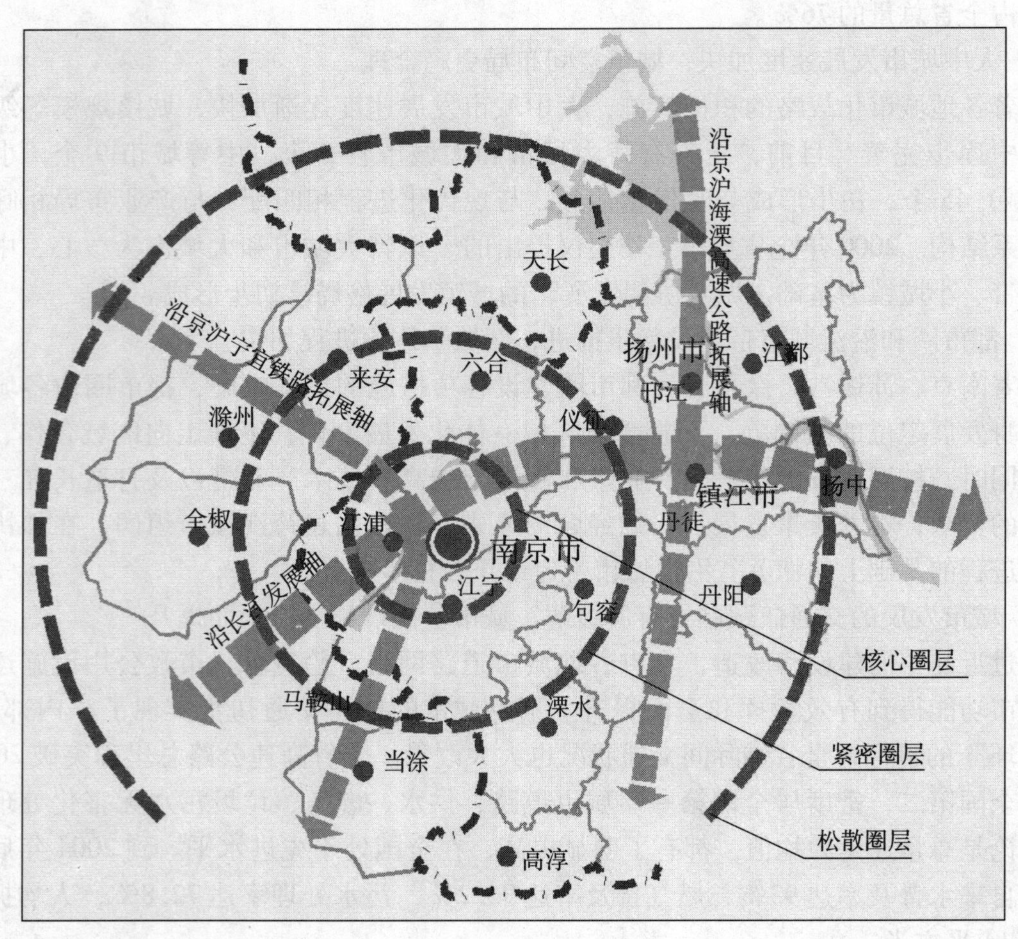

图3－34

近期发展目标：

• 强化科教和创新功能，建设成为我国科学研究、高等教育和高新技术产业的先进区域。

① http://www.nanjing.gov.cn/cps/site/nanjing/dsq/index6－mb_a200308064950.htm.

- 大力发展外向型经济，积极参与全球竞争。
- 加快建设地区性的金融中心和物流中心。
- 以开发区为重点，发展现代制造业，建设高水平的沿江工业带。
- 大力发展旅游、信息、房地产等现代服务业。
- 城镇之间建设以生态农业为主的绿色生态空间。

2）苏锡常都市圈建设

2004 年底，全区 GDP 总量 6900 亿元，总人口 1395 万人，城市化水平达 64.1%。人均地区生产总值达 47494 元，居全国水平前列。

目前，苏锡常都市圈的区域供水规划有序实施。

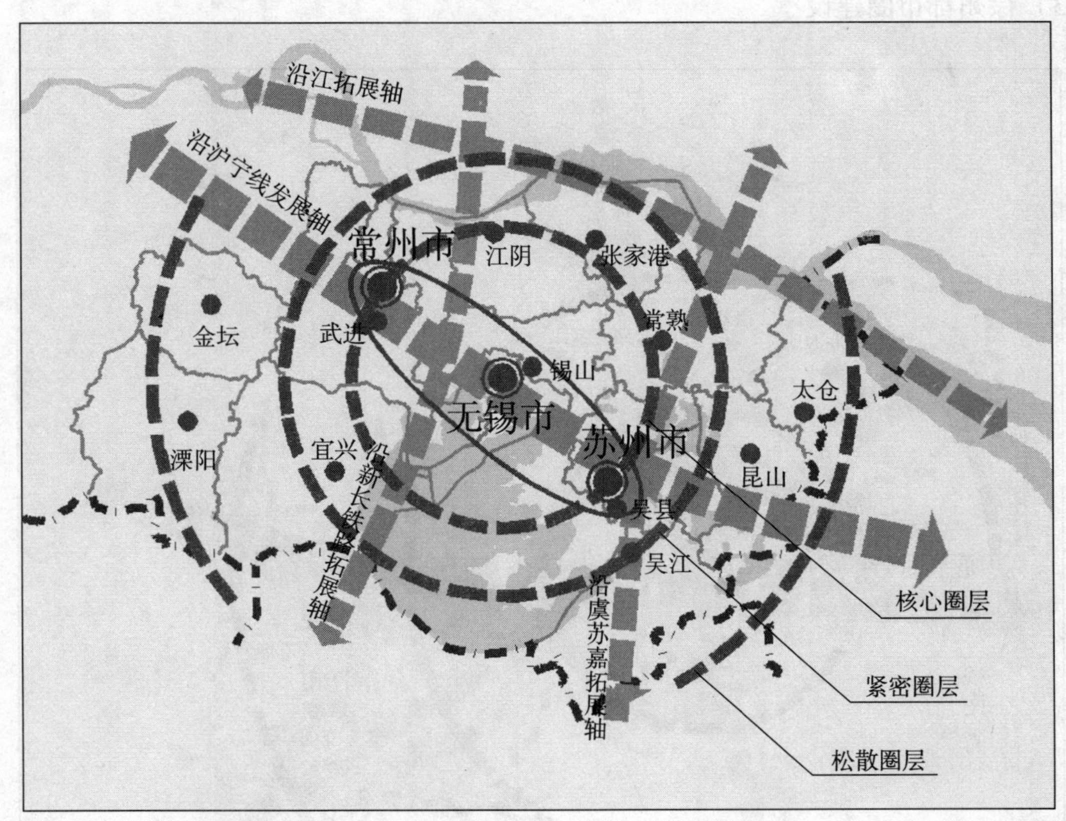

图 3－35

苏锡常地区历经五年多时间开展的地下水禁采工作取得显著成效，长期以来作为该地区经济社会发展重要制约因素的地下水过度开采行为得到有效制止，苏锡常地下水位全面回升。2000 年 8 月，江苏省人大颁布实施了《关于苏锡常地区禁采地下水的决定》，苏锡常地区 2003 年底实现地下水超采区禁止开采，2005 年底将全面实现禁采。截至 2004 年底，苏南地区累计完成封井 4560 眼，占应封井总数的 95%；地下水年开采量从 2000 年的 2.88 亿立方米，压缩到 2004 年的 0.4 亿立方米，地下水漏斗面积从 1996 年的 5500 平方公里，下降到 2004 年的 2445 平方公里。随着地下水水位的逐步回升，地质灾害得到了初步控制。同时，推动了区域供水、节水改水、水资源优化配置等其他工作。

苏锡常在“十一五”期间均有可能建设地铁。苏州、无锡、常州三市申请的长三角区域规划重大项目中，均明确提出“十一五”（2006～2010年）期间将建设地铁交通。

近期发展目标：

• 依托上海，服务上海，相对独立，互惠互利。

• 继续壮大外向型经济，率先实现现代化，带动苏北地区共同发展。

• 建设沪宁交通走廊高新技术产业带、沿长江基础工业带和环太湖旅游风光带。

• 加强绿色空间的建设与保护，加大村镇居民点整理力度，保护生态环境和农业产业化发展空间 。

3）徐州都市圈建设

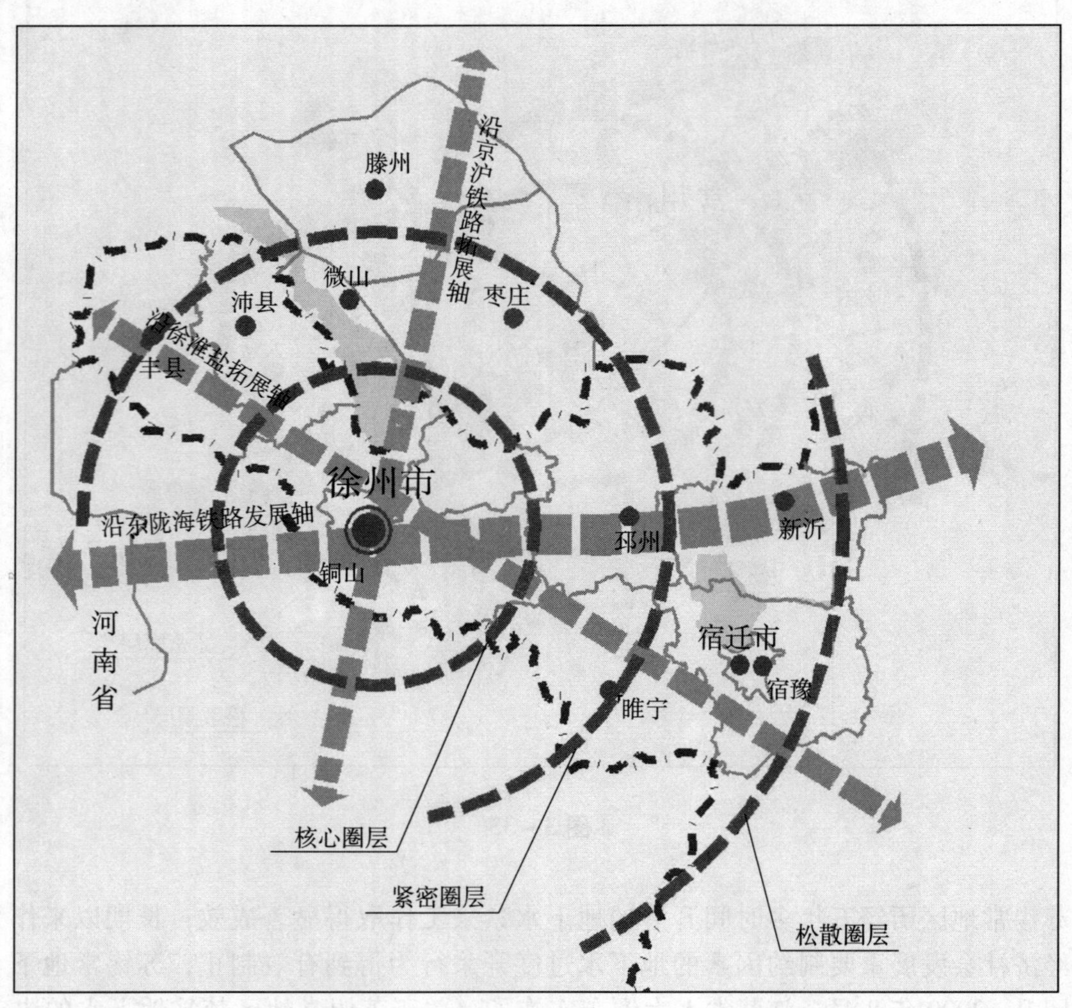

图 3－36

《徐州都市圈规划》明确提出，徐州都市圈的设定范围包括江苏省的徐州市、宿迁市及其所辖县（市）；安徽省的宿州市、淮北市及其所辖县（市）；山东省枣庄市及其所辖

县（市）、济宁市的微山县；河南省商丘市的永城市；规划范围包括徐州都市圈和连云港市及其所辖县。

徐州都市圈发展的总体目标是，工业化、城市化超过全国平均水平，科教文体卫和社会保障体系比较完善，人口、资源和环境相互协调，区域可持续发展能力显著增强，人民群众安居乐业、生活殷实，全面实现富裕小康。

徐州都市圈显现新气色，为加快核心城市建设，增强中心城市辐射带动能力，正争取开建徐菏铁路和徐州至济宁、宿州、淮北等周边城市的高速公路，实现圈域城际间供电、供水、通信、环保等重大基础设施共建共享，探讨1小时都市圈快速通达区域交通规划和对接事宜，强化徐州核心城市的交通枢纽地位。

近期发展目标：

• 增强徐州的综合实力，强化交通、流通中心功能，形成有利于生产要素快速集聚的发展环境。

• 努力调整经济结构，推进农业产业化，建设郊区型农业，提高制造业的现代化水平，大力发展旅游、商贸、信息等服务业。

• 形成都市圈内的绿色开敞空间，保护好农业发展空间。

（四）浙江城市化与城市现代化

1. 浙江城市化总体状况：城市化加速发展

浙江省统计局发布的一份关于浙江省城市化发展最新进程的调查统计报告显示，2004年浙江省城市化水平已达54%，比全国平均水平高出12.2个百分点，2005年底浙江省城市化水平达56.02%，比全国平均水平高出约13个百分点。城市化进程走在全国前列。

据统计，2004年末，浙江省城市（地级市区和县级市）区域面积为5.08万平方公里，比1990年增加2万多平方公里；11个地级市区面积比2000年末增长一半以上。作为农村城镇化主要载体的浙江小城镇建设也方兴未艾，2004年全省762个城镇建成区面积与2000年相比扩大了76%。尤其是近年，杭州、宁波等地先后把周边的萧山、余杭、鄞县等并入市区，使11个地级市区面积由2000年的1.20万平方公里猛增到上年的1.82万平方公里。

浙江城市化重点区域杭州、宁波、温州三大中心城市的集聚效应尤为明显。截至2003年，杭甬温三市市区面积仅占全省面积的6.7%，人口占16.4%，却创造了全省32.1%的生产总值，人均GDP达到51633元，高出全省平均水平1倍以上。①

2005年度《中国城市竞争力报告》对我国200个城市的综合竞争力和各个分项竞争力进行了分析排序，浙江省有6个城市竞争力入全国50强，杭州、宁波分列第五、六位，温州、绍兴、台州、嘉兴综合竞争力进入前50位；9个城市入围全国最佳商业城市50强，居全国第一；百强县数量占全国三成，居全国第一。

区域竞争力总指数多年列全国第六，其中，总体经济竞争力列全国第一；第一次现

① 梁世燕等：《城市化的提高给浙江带来了什么?》，http://biz.zjol.com.cn/05biz/system/2005/12/12/006400121.shtml。

代化实现程度列全国省（区）第一；科技进步环境上升到全国第六位；金融资产质量全国最优，其中宁波、温州、杭州列入金融生态环境最好的五个城市。①

2. 浙江城市化取得的新成效

1）人均道路面积居全国前列

专家认为，世界各国经济发展的历程表明，在人均GDP超过3000美元阶段，居民出行将进入以公共交通和私人轿车并重的阶段，而这将对公共交通和道路面积提出一定要求。

据统计，2004年浙江省城市（11个地级市区＋22个县级市＋其余县城）营运公共车辆达1.7万辆，浙江省每万人拥有城市公共车辆为3.6辆，和全国每万人拥有城市公共车辆为8.2辆相比，还有很大的差距。

在道路资源建设上，浙江省城市走在前列，2004年浙江省城市铺设道路面积达23169万平方米，浙江省城市人均拥有道路面积14平方米，居全国城市前列，同期全国人均道路面积10.3平方米，也高于同等发达国家该指标10平方米的水平。

相对来说浙江省城市道路资源建设为居民出行提供了便捷条件，人均道路面积指标还是比较高，但是由于杭、甬、温三市私人汽车较多，拥挤程度还是比较明显。②

2）城市环境显著改善

据了解，在人均GDP超过3000美元阶段，通信将成为消费热点，同时城市公共建设将也转移到对环境的保护上来，浙江省的城市化进程刚好证明了这个观点。

据统计，2004年底浙江省城市电话用户达到1188.2万户，比2000年增长1.8倍，移动电话用户达到2323万户，比2000年增长2.4倍，其中城镇居民每百户拥有移动电话145部，比2000年增长3.6倍。“将自然引进城市，让城市融入自然”成为浙江省城市发展的目标。截至2004年，浙江省城市绿化覆盖面积66980公顷，比2000年增加29558公顷，人均公共绿地面积8.15平方米；污水处理率稳步提高，从2001年的34.3%提高到2004年的50.4%，城市环境得到显著改善。③

3）城市空间结构和功能布局进入新的优化调整阶段

据最新调查，截至2005年7月底，浙江省城镇居民每百户家庭汽车拥有量为8.43辆，2004年同期这个数字仅为3.4辆，同比增长1.5倍。其中，温州市区每百户居民家庭汽车拥有量为19辆，已拥有1辆汽车的市民家庭占18%，拥有2辆汽车的市民家庭占0.5%；杭州市区每百户家庭汽车拥有量为13辆；台州市区每百户家庭汽车拥有量为11.3辆；宁波市区每百户居民家庭汽车拥有量为4.3辆。城镇居民汽车普及率的提高，以及小汽车加速进入千家万户，拓展了人们的活动范围，改变了人们的生活、工作方式，也同时对城市空间布局产生了重要的影响。

一方面，城市空间结构和功能布局在原有中心继续强化，另一方面，城市也开始出现分散化、多中心的发展趋势，城市空间结构从原来摊大饼式的单中心发展转向“葡萄

---

① 《2005多项排名看浙江》，http://zj.people.com.cn/GB/channel4/29/200512/23/6345.html。

② 《2005多项排名看浙江》，http://zj.people.com.cn/GB/channel4/29/200512/23/6345.html。

③ 梁世燕等：《城市化的提高给浙江带来了什么?》，浙商网 http://biz.zjol.com.cn/05biz/system/2005/12/12/006400121.shtml。

串”式的多中心布局，组团式、多中心式的城市开始增多。根据相关资料，近年来，浙江省11个地级市区总人口大幅增长，由2000年末的940.3万人增加到2004年末的1428.5万人，增长51.9%，占全省总人口的比重由20.9%上升到31.2%。其中杭州、宁波、温州三大中心城市人口集聚效应更为明显，市区总人口由2000年末的422.4万人增加到2004年的749.2万人，增长77.4%。与此同时，作为农村城镇化主要载体的小城镇发展方兴未艾，整合力度加大。2004年全省762个城镇建成区面积4061平方公里，平均每个建制镇的建成区面积达5.34平方公里，与2000年3.03平方公里相比扩大了76%。从人口规模分析，部分小城镇人口集聚度较快提高，2004年全省县级城关镇以外有13个镇镇区人口在5万人以上。①

3. 浙江现代化建设：战略布局“四位一体”与“民生工程”

2006年，浙江省委做出了“八八战略”、“平安浙江”、“文化大省”等战略部署，并即将对“法治浙江”做出具体部署，这构成了未来浙江社会主义经济、社会、文化和政治建设“四位一体”的战略布局。②

深入实施“八八战略”，是以人为本，全面、协调、可持续科学发展观在浙江的生动实践。所谓“八八”，具体表现为四个等式：

发挥体制机制优势，发展混合所有制经济，发挥块状特色产业优势，建设先进制造业基地；发挥城乡协调发展优势，推进城乡一体化；发挥生态优势，打造“绿色浙江”；发挥区位优势，提高对内对外开放水平；发挥山海资源优势，加快海洋经济和欠发达地区发展；发挥环境优势，积极推进重点工程建设、法治建设、信用建设、机关效能建设；发挥人文优势，积极推进科技兴省、人才强省，加快建设文化大省。

“八八战略”内涵极为丰富，总揽浙江经济、政治、文化、党的建设和社会生活各个方面，抓住了事关浙江当前和长远发展的“牛鼻子”，是大战略和总纲领，具有基础性、指导性和广泛性。它的突破点在于，发展不仅要关注GDP指标，而且要关注社会发展指标、人文指标、资源指标和环境指标；不仅要增加促进经济增长的投入，而且要增加促进社会发展的投入，增加保护资源和环境的投入。

促进社会和谐稳定，全面建设“平安浙江”，做到六个“确保”：确保社会政治稳定，确保治安状况良好，确保经济运行稳健，确保安全生产状况稳定好转，确保社会公共安全，确保人民安居乐业。

浙江省在未来五年，为构建和谐社会将进行几项“民生工程”：

千村示范、万村整治工程：2003年始，决定用五年时间对全省10000个左右的行政村进行全面环境整治，并把其中1000个左右的中心村建成全面小康示范村。到2005年9月底，全省累计资金投入已达到392.9亿元。

千万农民饮用水工程：从2003年开始，计划用10年时间，全面改善1000多万农民

① 林宏：《浙江城市建设：现状、特点及问题》，http://www.zj.xinhuanet.com/magazine/2006-04/28/content_6870676.htm。

② 刘亭：《浙江人的未来5年》，http://zjdaily.zjol.com.cn/gb/node2/node802/node807/node375225/node375258/userobject15ai5119135.html。

的饮用水条件，彻底解决目前100多万农村人口饮水困难。

农民健康工程：以加强农村公共卫生服务和建立新型农村合作医疗制度为重点，改善农村公共卫生状况，提高农民健康水平的社会系统工程。

农村教育“四项工程”：2005年5月开始实施的“农村中小学家庭经济困难资助扩面工程”、“农村中小学爱心营养餐工程”、“农村中小学教师素质提升工程”、“农村中小学食宿改造工程”等四项工程。

千万农村劳动力培训工程：为切实提高农民的职业技能和就业竞争力，促进农业劳动力加快向二、三产业转移和现代农业发展，进一步增加农民收入，省委、省政府从2004年开始，到2010年全省计划培训农村劳动力1000万人。

山海协作工程：要求按照市场经济规律，以项目合作为中心，通过政府推动、部门协调，引导发达地区的企业向欠发达地区投资，促进省内发达地区产业向欠发达地区梯度转移，推进省内欠发达地区的人口向发达地区合理流动。

百亿帮扶致富工程：计划在2002～2007年5年投资335亿元，改造、铺装通村公路10000公里，迁移特困人口25万人，着重改善欠发达地区的交通条件。

欠发达乡镇奔小康工程：2003年省委决定将原“百乡扶贫攻坚计划”的乡镇和2001年农民人均纯收入低于全国平均水平的乡镇列入欠发达乡镇，实施“欠发达乡镇奔小康工程”。

二十　长三角地区社会保障

（一）社会保险

2004年全国城镇就业人员26476万人，其中江苏2004年末城镇就业人员1962.18万人，上海城镇从业人员588.97万人，浙江城镇就业人员848万人，整个长三角3399.15万人，占全国的比例为12.83%。同期长三角参加各种社会保险的人数见表3-85在全国所占比重均超过了这个比例，初步表明长三角地区的社会保障事业走在全国前列。

表3-85　2004年长三角各种社会保险参保人数与全国比较

单位：万人，%

名称		江苏	浙江	上海	全国	长三角占全国比重
社会保障	企业养老保险人数	1214.1	888	770.9	16352.9	17.57
	医疗保险人数	976.7	569	714.1	12403.7	18.22
	失业保险参保人数	797.1	428	487.8	10583.9	16.18
	工伤保险参保人数	577.2	361	438.16	6845.2	20.11
	生育保险参保人数	552.7	240	455.46	4383.8	28.47

资料来源：《国家统计年鉴》、《江苏统计年鉴》、《上海统计年鉴》及《浙江统计年鉴》2005年卷。

1. 基本养老保险（见表3-86、图3-37）

长三角地区的基本养老保险参保人数2873万人，相对于其他各种保险参保人数最多，但是养老保险在全国所占比重却比较低，这说明全国各地对养老保险事业都比较重视。在长三角内部，各省市养老保险发展也有着不同的特点。

1）江苏

2004年末，江苏省参加基本养老保险的单位15.98万家，参保职工1214.1万人，其中在职职工925.3万人，享受城镇职工基本养老保险的离退休人员288.8万人，参保缴费总人数位居全国第二位。全省企业离退休人员养老金基本做到了按时足额发放。年末，企业退休人员实行社会化管理人数达到242.16万人，比上年末增加32.49万人，社会化管理率达到93.4%。全年基本养老保险基金总收入314亿元，全年基本养老金支出272亿元。

2）浙江

2004年末，全省养老保险参保人数为888万人，其中企业参保人数670.5万人；企业实际缴费人数601.5万人，比上年末净增69.7万人。企业养老保险基金收入236.97亿元，支出164.06亿元，企业养老保险基金支付能力稳定上升，支付能力达18个月；人均养老金达到858元，134万企业离退休人员养老金全部按时足额发放，社会化发放率继续保持100%，退休人员社会化管理服务率已达95%。

浙江在社会保险工作中采取重点督查、倒排扩面进度计划、按月通报等措施，大力推进养老保险全覆盖工作。26个发达县市如期实现了养老保险基本全覆盖的目标，13个基金支付困难县市支付能力稳步提高，其中6个县市实现了基金收支基本平衡，养老保险工作上了一个新台阶。在"抓两头"的同时，加大了对一般县市扩面征缴工作的督导，明确了任务，核定了指标，进一步将扩面重点转移到非公有制、规模以上企业。调整了企业退休人员退休待遇。加快推进企业退休人员社会化管理服务，积极参与省属事业单位改制的实施工作。

3）上海

2004年年末，上海市已有15.4万家单位、共770.9万人参加城镇基本养老保险，其中在职职工505.6万人，离退休人员265.3万人。全年基本养老保险基金总收入326.08亿元，基本养老金总支出319.94亿元。

表3-86　长三角养老保险详细情况

单位：万人，亿元

名　　称	江　苏	浙　江	上　海	全　国
企业在职职工参保人数	925.3	735.5	505.6	12250.3
离退休人员参保人数	288.8	152.4	265.3	4102.6
总计人数	1214.1	888.0	770.9	16352.9
基金总收入	313.97	236.97	32.608	4258.38
基金总支出	271.50	164.06	319.94	3502.10

资料来源：《国家统计年鉴》、《江苏统计年鉴》、《上海统计年鉴》及《浙江统计年鉴》2005年卷。

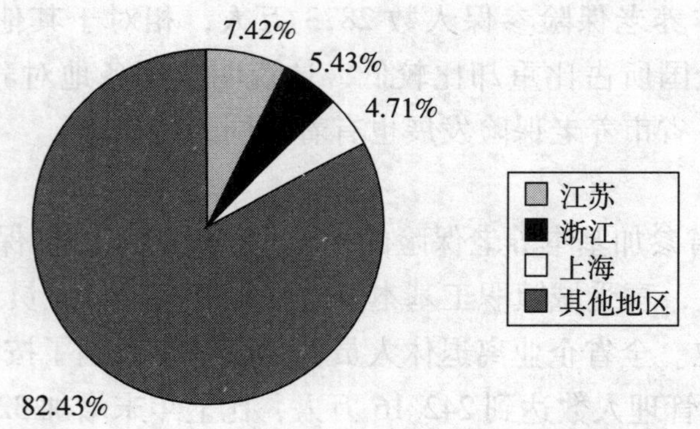

图3-37　长三角与全国参加养老保险人数比较

2. 基本医疗保险（见表3-87、图3-38）

长三角地区参加医疗保险总人数为2259.8万，占全国投保人数的18.22%。

1）江苏

2004年年末全省基本医疗保险参保人数达976.7万人，比上年末增加141.6万人，增长17%，参保总量和增量分别居全国第二位和第一位。其中参保职工715.1万人，参

保退休人员261.6万人，分别比上年末增加106.7万人和34.9万人。全年基本医疗保险基金收入94.4亿元，支出69.4亿元，年末医疗保险基金累计结余达77亿元，比上年增加25亿元。其中个人账户基金滚存结余积累37.8亿元，统筹基金滚存结余39.2亿元，分别比上年末增加11.7亿元和13.3亿元。基金总体运行稳定。

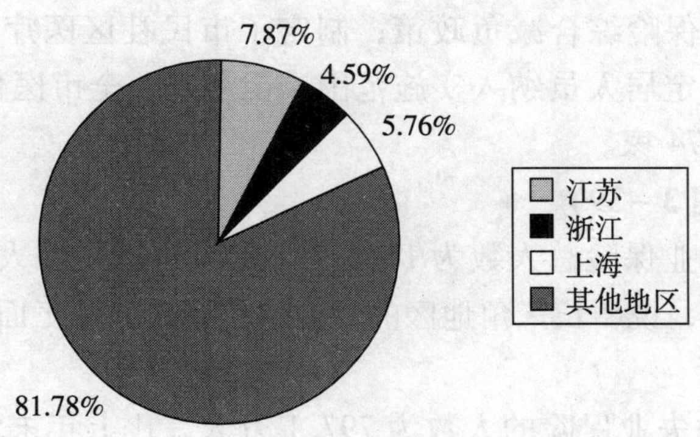

图3－38　长三角与全国参加医疗保险人数比较

2）浙江

浙江省积极扩大基本医疗保险覆盖面，大力推进非公有制企业和灵活就业人员参保工作，全省基本医疗保险参保人数达569.2万人，比上年增加93万人，其中，由大病统筹转为基本医疗保险人数34万。569.2万人中参保职工418.9万人，参保退休人员150.3万人。全年基本医疗保险基金收入67.60亿元，支出45.05亿元。

浙江省有关部门在深入调研的基础上，会同出台了破产、关闭、解散和改制后无用人单位的退休人员参加基本医疗保险政策；同时，较好解决了驻浙部队机关事业单位职工参加基本医疗保险的问题。继续扩大了定点医疗机构、定点零售药店范围，并引入定点医疗机构退出机制，方便了参保人员就医购药。出台了城镇职工基本医疗保险关系转移政策，解决了人才流动中的医疗保险关系转移问题。协同有关部门建立社会医疗救助制度，多层次的医疗保障体系基本建立。加强了医疗保险基金管理，统筹基金和个人账户收支平衡，略有结余。

表3－87　长三角医疗保险详细情况

单位：万人，亿元

医疗保险	江　苏	浙　江	上　海	全　国
参保职工人数	715.1	418.9	453.3	9044.5
参保退休人数	261.6	150.3	260.9	3359.2
总计人数	976.7	569.2	714.1	12403.7
基金总收入	94.4	67.60	13.43	1140.5
基金总支出	69.4	45.05	11.95	862.2

资料来源：《国家统计年鉴》、《江苏统计年鉴》、《上海统计年鉴》及《浙江统计年鉴》2005 年卷。

3）上海

医保改革继续深化。2004 年末，全市有 13. 13 万家城镇机关、企事业单位共 697. 22 万人（包括离退休人员）加入城镇职工基本医疗保险。全市共有 20. 2 万个体工商户、自由职业人员参加基本医疗保险。为进一步缓解群众医疗费负担过重的矛盾，年内启动实施了城镇职工基本医疗保险综合减负政策；制定了市民社区医疗互助帮困计划，将 9. 6 万支内和支疆退休回沪定居人员纳入实施范围。至年末，全市医保定点零售药店扩展到 184 家，其中年内新增 74 家。

3. 失业保险（见图 3 –39）

长三角地区参加失业保险总人数为 1712. 9 万，占全国投保人数的 16. 18%。这个比例在各险种中比例最低，说明长三角地区的就业比较稳定，职工面临的失业风险比较小。

1）江苏

2004 年末全省参加失业保险的人数为 797. 1 万人，比上年末增加 35. 48 万人，增长 4. 7%。年末全省领取失业保险金人数 43. 6 万人，比上年末减少 5. 33 万人。全年失业保险基金收入 27. 37 亿元，支出 22. 2 亿元，分别比上年增加 2. 4 亿元和 0. 15 亿元。年末基金滚存结余 25. 8 亿元。

2）浙江

2004 年末，浙江省失业保险参保人数达到 428 万人，比上年末增加 32 万人；失业保险基金征缴 14. 77 亿元，比上年末增加 2. 84 亿元；基金支出 6. 64 亿元；年末领取失业保险金人数为 11. 3 万人，比上年末减少 6. 2 万人。全省失业保险基金收支平衡，略有结余。

浙江省围绕《浙江省失业保险条例》的贯彻实施，会同财政等部门制定出台了《失业保险调剂金使用管理办法》、《失业保险基金促进再就业经费使用管理办法》等配套政策，全省近一半的统筹地区已实现地税征收。以 26 个经济发达县市为重点，与养老保险全覆盖同步推进失业保险扩面力度，效果明显。

3）上海

有 438. 16 万人参加失业保险，全年领取失业保险金的人数为 26. 33 万人。

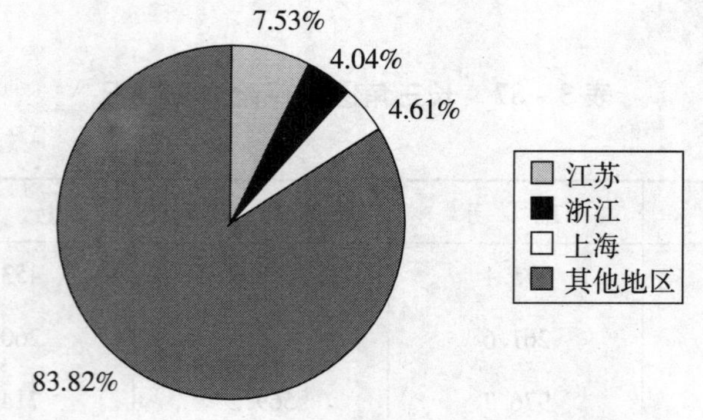

图 3 –39　长三角与全国参加失业保险人数比较

4. 工伤保险和生育保险（见表3－88、图3－40、图3－41）

2004年长三角地区工伤保险参保人数1376.36万人，占全国参保人数的20.11%；生育保险参保人数为1248.16万人，占全国参保人数的28.47%。这两种保险和养老保险与医疗保险相比对生活影响程度较低，属于比较高级的险种。如此高的参保比例从一定方面也反映出长三角地区经济在全国处于领先地位。

1）江苏

2004年末全省参加工伤保险的职工人数位居全国第二位，达到577.2万人，比上年末增加74万人，增幅15%。全年工伤保险基金收入4.25亿元，支出2.8亿元，年末基金滚存结余9亿元。全年共有2.66万人享受了工伤保险待遇。

2004年末全省参加生育保险的职工有552.7万人，比上年末增加48.7万人，增幅9.7%，其中女职工245.7万人。全年生育保险基金收入5亿元，支出2.9亿元，年末基金滚存结余9.9亿元。全年共有9.2万名职工享受了生育保险待遇。

2）浙江

2004年末，全省工伤、生育保险参保人数达361万人和240万人，分别比上年末净增73万人和25万人。浙江省认真贯彻落实国务院《工伤保险条例》，按照省政府关于贯彻执行《条例》的通知要求，努力扩大覆盖面，理顺了省、市、县三级劳动保障行政部门工伤保险工作的职责，积极探索生育保险与医疗保险协同推进的扩面办法。

3）上海

年内新出台了工伤保险办法，形成了养老、医疗、失业、生育、工伤“五险合一”的城镇基本社会保险制度框架。

表3－88　长三角工伤保险和生育保险详细情况

单位：万人

名　称	江　苏	浙　江	上　海	全　国
工伤保险参保人数	577.2	361	438.16	6845.2
生育保险参保人数	552.7	240	455.46	4383.8

资料来源：《国家统计年鉴》、《江苏统计年鉴》、《上海统计年鉴》及《浙江统计年鉴》2005年卷。

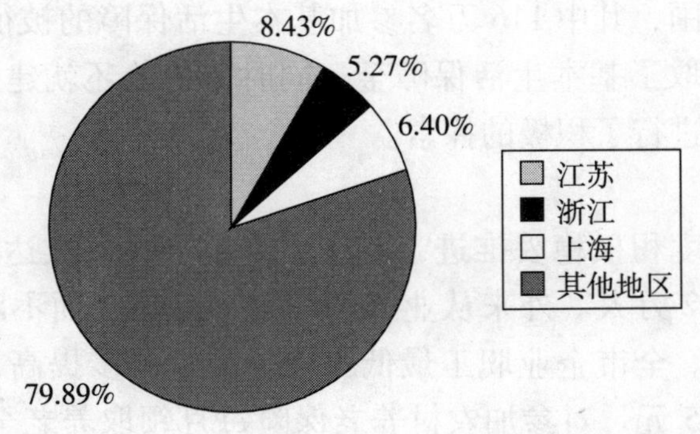

图3－40　长三角与全国参加工伤保险人数比较

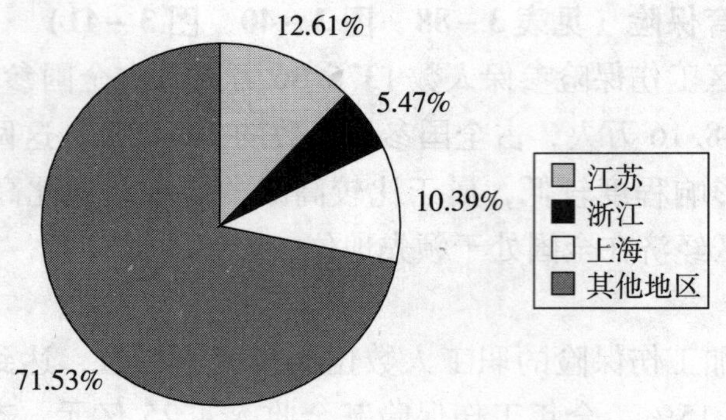

图 3－41　长三角与全国参加生育保险人数比较

5. 其他保险

长三角地区各地根据实际情况，在上述基本社会保险工作之外还开展了一些其他的社会保险工作。

1）江苏

开展机关事业单位基本养老保险和农村社会养老保险。机关事业单位基本养老保险的参保单位和参保人数减少。2004 年末，全省参保单位为 30322 家，参保职工 85.46 万人，比上年减少 2.63 万人，减少 3%。享受机关事业单位基本养老保险的离退休人员 25.49 万人，比上年增加 0.54 万人，增幅 2.2%。全年全省机关事业单位养老保险基金总收入 44.43 亿元，比上年增长 9.8%。全年基金总支出 41.71 亿元，比上年同期增加 3.43 亿元，增长 9%。2004 年全省机关事业单位养老保险基金累计结余 36 亿元，较年初增加 2.72 亿元。2004 年全省新增农村社会养老保险参保人数 62.5 万人，累计参保人数达 829.7 万人。全年农村社会养老保险基金收入 16.7 亿元，支出 8.6 亿元，累计结余 66.1 亿元。

2）浙江

开展被征地农民基本生活保障工作。根据全省被征地农民基本生活保障工作会议提出的“加大力度，全面推进，进一步规范完善被征地农民基本生活保障制度”的要求，对全省被征地农民基本生活保障工作进行了专项检查，以进一步推动这项工作的开展。目前，全省被征地农民基本生活保障制度已初步建立，到上年末，全省有 139 万名被征地农民纳入社会保障范围，其中 116 万名参加基本生活保障的被征地农民，已有 49 万名符合条件的参保对象领取了基本生活保障金。同时，各地还就建立符合当地实际的新型农村社会养老保险制度进行了积极的探索。

3）上海

小城镇社会保险制度积极稳妥推进，2004 年末，参保人数达到 58.74 万人，其中征用地农民参保人数 44.52 万人。外来从业人员综合保险覆盖面不断扩大，2004 年末，参保人数达到 209.4 万人。全市企业职工最低工资标准进一步提高，每月最低工资标准由上年的 570 元提高到 635 元。对参加农村养老保险每月领取养老金低于 75 元及未参保的 65 岁以上农民实行托底补贴，直接受益者达 30.3 万人。

6. 长三角地区社会保险总体评价及趋势分析

目前长三角地区的社会保险水平居全国前列。长三角地区的基本养老保险参保人数2873万人，相对于其他各种保险参保人数最多，但是和其他险种相比，养老保险在全国所占比重比较低，这说明全国各地对养老保险事业都比较重视。为了保持长三角地区的综合优势，有必要更加重视养老保险，尤其要重视农村地区养老保险。长三角地区参加医疗保险总人数为2259.8万，占全国投保人数的18.22%，将来发展的重点和养老保险一样，要重视农村地区。长三角地区参加医疗保险总人数为1712.9万，占全国投保人数的16.18%。这个比例在各险种中最低，说明长三角地区的就业比较稳定，职工面临的失业风险比较小。长三角地区连年保持两位数的高速增长，经济繁荣活跃，尤其外资经济和民营经济发展水平较高，既需要大量劳动力，又较少遇到国企改制导致的大规模下岗失业问题。乐观的经济环境既能够解释本地区失业保险投保比例相对其他保险低的问题，也说明只要经济保持高速增长，本地区的失业保险就不会出现大的增长。2004年长三角地区工伤保险参保人数1376.36万人，占全国参保人数的20.11%；生育保险参保人数为1248.16万人，占全国参保人数的28.47%，这两种保险和养老保险、医疗保险相比属于比较高级的险种。如此高的参保比例从一定方面也反映出长三角地区经济在全国处于领先地位，人民的生活水平更加高。

（二）社会福利

1. 江苏省社会福利发展情况

2004年末全省各类福利院拥有床位9.1万张，收养7.6万人；建立城镇各种社区服务设施24974个，其中社区服务中心454个；城乡居民最低生活保障对象92.9万人，筹集福利资金2.6亿元，接受社会捐赠1.33亿元。

2005年年末全省各类福利院拥有床位9.43万张，收养7.39万人；建立城镇各种社区服务设施24550个，其中社区服务中心463个；城乡居民最低生活保障对象128.6万人，筹集福利资金4.05亿元，接受社会捐赠2.4亿元（不包括慈善机构）。

2. 浙江省社会福利发展情况

2004年末全省各类收养性社会福利单位拥有床位8.6万张，收养各类人员6.4万人。农村“五保”对象和城镇“三无”对象集中供养率分别从上年的49.5%、68.8%提高到81.9%和90.6%。城镇建立各种社区服务设施2.6万个，其中综合性社区服务中心254个。全年销售社会福利彩票8.2亿元，直接接收社会捐赠款2.9亿元。

2005年年末全省各类收养性社会福利单位拥有床位10.6万张，收养各类人员7.56万人。农村“五保”和城镇“三无”集中供养率分别为92.0%和97.9%，有5.29万名农村“五保”和城镇“三无”对象得到了集中供养，基本实现了农村“五保”和城镇“三无”对象集中供养。全省城镇建立各种社区服务设施3.6万个，其中综合性社区服务中心300个。全年销售社会福利彩票16亿元，直接接收社会捐赠款4亿元。

3. 上海市社会福利发展情况

2004年末，全市共有养老机构439家，床位4.01万张，其中，年内新增养老床位

2098张，改扩（新）建薄弱养老机构64家。在全市养老机构中，由社会投资开办的181家，床位1.71万张。全年新建83家社区老年人日间服务中心；225个街道（镇）居家养老服务社，为2.3万名居家养老困难的老年人提供就近上门照料服务。实施社会救助政策，推进扶贫帮困工程。至年末，全市有58.65万人享受政府救助。其中，享受城镇最低生活保障人数40.36万人，享受农村最低生活保障人数9.99万人，分别比上年净减4.24万人和0.48万人，为实施低保政策以来首次出现人数净减；有8.3万协保人员享受政府生活困难补助。低保家庭中的12.02万老弱病残人员享受粮油帮困。全年全市共有10.74万人次的大病重病患者获得医疗救助。残疾人救助事业不断发展。年内新办福利企业81家，新安置1200名残疾人就业。残障人、老年人出行条件继续改善。年内新建盲道459公里、铺筑坡道1169处，完成5889处公共场所无障碍设施改造。

2005年年末，全市共有养老机构474家，床位4.95万张。其中，年内改扩（新）建薄弱养老机构35家，新增养老床位9393张。鼓励社会各界开办养老机构。在全市养老机构中，由社会投资开办的231家，床位2.56万张。全年新建83家社区老年人日间服务中心；233个社区助老服务社，为16万名独居及其他需特殊照顾的老人提供上门照顾等服务。社会救助政策不断完善，困难群众的基本生活得到保障。年内统一了农村最低生活标准，城乡居民最低生活标准进一步提高。城镇低保标准由上年的月人均290元提高到300元。农村低保标准由上年的年人均郊区2240元和海岛1980元归并提高到2340元。至年末，全市有55.23万人享受政府救助，比上年末净减3.4万人。其中，享受城镇最低生活保障人数36.74万人，净减3.62万人；享受农村最低生活保障人数11.55万人，比上年末净增1.56万人；有6.94万协保人员享受政府生活困难补助，比上年末净减1.34万人。低保家庭中有10.95万老幼病残人员享受粮油帮困。全年全市共有7.7万人次的大病重病患者获得医疗救助。对残疾人的福利服务稳步开展。年内新办福利企业40家，新安置750名残疾人就业。残障人、老年人出行条件继续改善。年内新建盲道303.1公里，铺筑坡道6288处，完成4754处公共场所无障碍设施改造。

二十一　长三角地区社会治安

（一）长三角社会治安的基本情况

1. 江苏社会治安基本情况

1）立案的刑事案件情况

2004 年，江苏省公安机关立案的刑事案件有 246432 件，比 2003 年略有上升，其中以盗窃为主，占了总共案件的 75.3%（见表 3－89）。

表 3－89　2003 与 2004 年江苏省公安机关立案的刑事案件

单位：起，%

案件类别	立案		构成	
	2003	2004	2003	2004
合计	243890	246432	100.0	100.0
杀人	872	918	0.4	0.4
伤害	4928	4772	2.0	1.9
抢劫	4713	4954	1.9	2.0
强奸	2340	1912	1.0	0.8
拐卖人口	42	27	0.0	0.0
盗窃	182126	185458	74.7	75.3
诈骗	10181	10576	4.2	4.3
持有使用伪造货币	166	102	0.1	0.0
其他	38522	37713	15.8	15.3

2）公安机关受理、查处治安案件情况

2004 年江苏共受理案件 415791 起，其中查处治安案件 263227 起，查处案件占受理案件的 63.3%。其中偷窃财物的比例较高（见表 3－90）。

表 3－90　公安机关受理、查处治安案件情况

单位：起

案件类别	2003		2004	
	受理	查处	受理	查处
合计	378593	261535	415791	263227
扰乱工作、公共秩序	3321	3052	2844	2580
结伙斗殴、寻衅滋事	5384	4170	5624	3980
侮辱妇女及其他流氓活动	3282	2866	2505	2055
阻碍国家工作人员执行职务	2173	2003	2156	2064

续表 3－90

案件类别	2003		2004	
	受理	查处	受理	查处
违反枪支管理规定	201	183	217	188
违反爆炸物品管理规定	1965	1863	1388	1302
殴打他人	39354	29799	42819	32495
偷窃财物	119195	30457	150836	41610
骗取、抢夺、敲诈勒索财物	7845	2855	10253	2707
哄抢公私财物	249	97	256	152
故意损坏公私财物	6581	3866	7964	4312
伪造倒卖票券、证件	188	172	196	166
利用迷信扰乱秩序或骗财	176	166	181	169
卖淫、嫖娼	14319	14041	14180	13946
赌博	27797	26845	23521	22817
违反户口、居民身份证管理	17884	16875	41367	40771
其他	128679	122225	109484	91913

3）交通事故情况

2004 年，江苏省共发生交通事故 27446 起，其中死亡人数达到 6241 人，受伤人数达到 20536 人。江苏发生交通事故的比例占到全国的 6% 左右（见表 3－91）。

表 3－91　江苏省交通事故情况（2004）

类别	发生数（起）	死亡人数（人）	受伤人数（人）	损失折款（万元）
总计	27446	6241	20536	16087.3
重大事故	6505	6241	2059	3326.8
特大事故	82	289	105	

4）火灾事故情况

2004 年江苏发生交通事故 17104 起，其中死亡 187 人，受伤 172 人（见表 3－92）。

表 3－92　火灾事故情况（2004）

项目	合计	按事故发生程度分		项目	合计	按事故发生程度分	
		重大	一般			重大	一般
发生（起）	17104	12	17092	损失折款（万元）	7177	2377	4800
死亡（人）	187	11	176	平均每起事故损失（万元）	0.42	198.08	0.28
受伤（人）	172	2	170				

2. 上海社会治安基本情况

1）公安机关立案的刑事案件情况

2004 年，上海市公安机关立案的刑事案件有 127143 件，比 2003 年略有上升，其中以盗窃为主，占了总共案件的 78.5%．不过从总体趋势上看，上海这几年立案的刑事案件数量增加的并不是很快（见表 3－93）。

表 3－93　主要年份公安机关立案的刑事案件情况

单位：起

类　别	2000	2001	2003	2004	类　别	2000	2001	2003	2004
总　计	104946	107449	104452	127143	强　奸	396	391	332	285
杀　人	252	261	269	229	诈　骗	8425	9104	7906	8941
伤　害	1553	1667	1589	1844	盗　窃	77912	79672	80642	99842
抢　劫	3033	2383	1948	2182	其　他	13375	13971	11766	13820

2）公安机关查处治安案件情况

2004 年上海共查处案件 138606 起，查处案件的数量相比 2003 年下降了 5%，相比 2001 年则下降了 32.8%，这说明上海查处的治安案件在近几年当中有了迅速的降低，这也从一个侧面反映了上海社会治安的好转（见表 3－94）。

表 3－94　主要年份公安机关查处治安案件情况

单位：起

类　别	2000	2001	2003	2004
总　计	194141	206154	146022	138606
扰乱工作、公共秩序	23568	25256	11357	12127
结伙斗殴、寻衅滋事	3373	3228	1812	1877
侮辱妇女及其他流氓活动	3744	3859	3108	1869
阻碍国家工作人员执行职务	1029	1037	680	737
殴打他人	16973	20376	15742	13179
偷窃少量财物	17488	16258	15449	20420
骗取、抢夺、敲诈勒索财物	2936	2616	1558	1499
故意损坏公私财物	681	712	634	752
伪造倒卖票券、证件	5551	4622	292	291
卖淫、嫖娼	4631	4581	4249	5381
赌　博	17464	18886	26403	19675
违反户口、居民身份证管理	56025	60432	14979	19332
其　他	40678	44291	49759	41467

3）交通事故情况

2004年，上海市共发生交通事故27136起，其中死亡人数达1534人，受伤人数达11304人（见表3－95）。上海发生交通事故的比例占全国的6%左右，这说明上海发生交通事故的比例还是比较高的。

表3－95　交通事故情况（2004）

类　别	发生数（起）	死亡人数（人）	受伤人数（人）	损失折款（万元）
总　计	27136	1543	11304	19149
死亡事故	1447	1543	573	835
伤人事故	9115		10727	3749

4）火灾事故情况

2004年上海发生交通事故5134起，其中死亡30人，受伤47人（见表3－96）。

表3－96　火灾事故情况（2004）

指　标	合　计	按事故发生程度分	
		重　大	一　般
次数（起）	5134	3	5131
死亡人数（人）	30		30
受伤人数（人）	47		47
损失折款（万元）	1681	231	1420
平均每起事故损失（万元）	0.33	76.87	0.28

3. 浙江社会治安基本情况

1）火灾事故

2005年，全省消防部队共接警出动31407次，其中参加火灾扑救9013次，抢险救援18797次，社会救助2955次，参与重大活动执勤63次，成功抢救人员1135人，抢救财产价值1.98亿元。浙江消防工作和部队建设已走在全国前列。

2005年，全省的火灾起数、直接经济损失、死亡人数和受伤人数分别比上年下降了32.6%、34.2%、67%、58.6%，实现了火灾起数、死亡人数、受伤人数、直接财产损失数四项指标“零增长”的目标，全年无特大恶性火灾事故发生。

2）交通事故情况

2005年，浙江省公安厅交通管理局称：“浙江交通事故20年来首次下降!”2005年，浙江全省交通事故总量减少6700余起，死亡人数减少668人，受伤人数减少2486人，直接经济损失减少1.2亿元。

3）查处案件情况

2005年1至11月，全省公安机关共破获各类刑事案件15万余起，逮捕犯罪嫌疑人

近6万名，抓获各类网上逃犯1.13万名，追逃成绩居全国首位。其中，各地警方破获现行杀人案677起，破案率为88%，破获现行伤害致死案件332起，破案率达94.3%，均居全国前列。

（二）长三角地区的平安建设活动

1.“平安江苏”建设

1）江苏平安建设所取得的成绩

从2002年开始，江苏省委就作出了在全省开展建设“平安江苏”活动的决定。三年后，江苏以两个第一展现了他们创建的成绩：根据国家统计局调查，体现群众对社会治安认可程度的公众安全感，2005年江苏以95.8%拔得头筹；在中央综治委2005年综治工作绩效考核榜上，江苏也位居榜首。

江苏是全国最早开展平安建设的省份之一。从1990年扬州在全国率先开展“创建平安村”活动以来，平安乡镇、平安街道、平安社区等创建活动就不断地写出新的篇章。三年前，他们又在全国率先提出了“平安省”的概念，提出通过建设平安县、平安市，进而实现“平安江苏”的奋斗目标。作为“平安江苏”创建的第一阶段，他们的目标是，“奋斗三年，把80%的县（市、区）建成‘社会治安安全县（市、区）’”。

三年过去了。他们终于交出了一份出色的答卷：

开展“平安江苏”建设当年，全省就有18个县（市、区）经过严格的考核，被省委、省政府授予“社会治安安全县（市、区）”称号。目前，这样的县、市、区已经达到97个，超过了全省县、市、区数的87%；同时有7个省辖市首次获得“社会治安安全市”的称号。

而社会治安的实际情况也反映了这样的创建成果：全省社会治安状况持续改善，在刑事案件连续三年稳中有降、八类主要刑事案件连续四年下降的基础上，2005年刑事案件又持续下降。其中，对群众安全感影响最大的八类案件、杀人和严重暴力犯罪案件发案率在东部沿海省份处于最低水平。

2）江苏平安建设的经验

江苏最早提出了建设治安防控体系的概念。经过长期的努力，全省已经初步形成集人防、技防于一体，能够有效发挥防范和打击作用的多层次防控体系。

江苏首先提出了“社会矛盾纠纷大调解”的概念，并通过不断探索，形成了全省社会矛盾大调解的格局。2005年共调处矛盾纠纷26.5万件，调处成功率达96%，其中化解群体性纠纷6000多起。

创新，给江苏的平安创建不断注入新的活力。但是，比创新给人印象更为深刻的，是他们的真抓实干，动真碰硬。

和其他工作一样，衡量创建成果离不了考核，而这个考核却严肃认真，绝不走过场。

综治队伍建设是平安创建考核的重要内容，暗访是考核的重要形式，江苏也不例外。但他们的考核方式却独树一帜：今天在这个乡镇，也许是出题目，检验综治队伍的应对能力；明天到那个街道，则是要求提供综治队伍人员工资表，并根据工资表随机抽查表列工作人员。

江苏在平安建设中勇于真抓实干，敢于动真碰硬，用省委书记李源潮的话说，是因为平安和富裕是和平时期老百姓的愿望；用省委常委、政法委书记林祥国的话说，社会平安是“易碎品”，不能有一点松懈。

正是因为有这些认识，中共江苏省委已经为建设“平安江苏”提出了新的奋斗目标，这就是“把平安建设作为一项长期的任务，扎扎实实地抓十年，努力打造一个不含水分、经得起时间检验和人民群众评判的平安江苏”。

2.“平安上海”建设

每年一次的全国性公众安全感调查表明，上海市民的“安全”感逐年递增，连续几年名列前茅。在中央综治委、中央组织部、人事部组织的2002～2004年度全国综治工作考核中，上海在31个省市中名列第四，被喻为“中国最安全的城市”之一。从2005年开始，上海也正在打造“平安上海”的建设活动。

上海将以“平安建设”为载体，营造政治安定、社会和谐、治安良好和法制公正“四大环境”，构建严打整治、治安防控、疏导化解、维稳协调和法制保障的“五大体系”。此外，为了从源头上预防和减少各类矛盾纠纷，上海通过建立区、镇、村三级排查网络，提高预防预警能力，赢得工作主动权；同时，整合社会资源，加强辅警和治安联防力量，建立护楼、护村、护厂的“三支队伍”，真正把“平安建设”落实到社会最基层。

上海在“平安上海”建设过程中组织动员社会各方力量，坚持“打防结合、预防为主，专群结合、依靠群众”的工作方针，以建立健全长效机制为核心，以加强基层基础建设为重点，力争不发生重大刑事治安案件、群死群伤安全事故、危害市场经济秩序案件，预防、减少各类事故灾害和公共卫生事件，有效化解各类矛盾和纠纷等。通过5年努力，在考核达标的基础上，全市要建成80%以上的“平安小区”和“平安单位”，以及“平安社区”和“平安区县”。

运用高科技手段构筑治安防控体系是建设平安上海的一个重要举措。据了解，全市5万企事业单位配建了公共安全技术防范设施；3392家金融营业网点、862家自助银行、4608个ATM机，配建了电视监控、防盗报警、紧急报警等系统；383家金银珠宝饰品店（柜）安装了紧急报警系统；3315家便利店和808家加油（气）站安装了紧急报警系统；2192个封闭式新建居民住宅小区安装了技防设施。此外，近年来，上海以构建现代警务机制为主线，切实提高公安机关应急反应、打击犯罪和治安防控能力。目前，全市已有14个分局推行街面“网络化”治安巡逻机制，3400余名民警24小时对街面实施动态管理，覆盖341平方公里人口高度密集地区。上海还组建起防暴特警等6支应急队伍，构筑梯次型三道防线，确保24小时有足够警力处置各类突发（案）事件，同时推进社区警务建设，建立并完善严打工作机制。公安交通管理部门强化“排堵保畅”各项措施，推行快速处置道路交通事故办法，加大处罚交通违章力度等，增强了市民交通安全和交通文明意识。截至2003年底，市中心主干道平均车流量较上年提高5.3%，高峰时段车速上升到17.2公里，高架道路平均车流量提高6.4%。各级

公安消防部门针对大都市特点，有效开展易燃易爆化工企业、高层建筑、公众聚集场所、老式居民住宅的防火安全监督检查和整治，消除各类火灾隐患。

维护上海安全，离不开群众的支持与协助。广大市民将维护城市社会治安秩序作为自己的神圣职责，用各种方式积极参与社会治安综合治理工作，与违法犯罪分子斗争。2004 年，又有 104 位市民荣获“上海市见义勇为先进分子”称号，使全市荣获此称号的市民增至 2500 余人。

在“平安上海”的建设过程中，人民调解是维护社会治安的“第一道防线”。目前，全市共有社会矛盾纠纷调解中心 270 个，调解员人数达 10 万人。区县司法部门会同信访部门组建了 300 余名律师参加的信访工作志愿团，并在社区选择一批懂法律、有协调能力的居民担任首席人民调解员。三年来已调处民间纠纷 273074 件，成功率达 95.96%，使大量矛盾化解在基层。这些都为打造“平安上海”、创建和谐社会作出了很大的贡献。

3. “平安浙江”建设

2004 年 5 月，在深入调研的基础上，浙江省委在十一届六次全会上作出了建设“平安浙江”、促进社会和谐稳定的重大决策。并从经济社会全面协调发展的高度，提出了“大平安”这一新理念，要求从经济、政治、文化和社会各方面宽领域、大范围、多层面地创建“平安浙江”。这为浙江省继续保持改革发展的好势头，走在全国领先行列，廓清了思路，拓宽了视野。

平安不平安，首先看治安。省委、省政府在“平安浙江”建设中提出，必须依法执政、依法行政，通过综合治理，实现刑事案件高发势头得到有效遏制、社会治安综合治理评估和人民群众安全感继续保持全国前列等 9 项确保社会治安状况良好的指标。一年多来，全省各地的社会治安状况始终保持在较好状态。杭州市把平安创建工作所需经费列入财政预算，并做到与经济增长同步，仅电子监控一项就投入资金 2 亿多元。“现在晚上逛公园也不用怕了。”住在杭州市望江街道的陈美娟这样形容平安创建给她带来的生活新变化。

没有基层的平安，就没有全省的平安。抓基层平安，“枫桥经验”闻名全国。省委、省政府要求各地创新新时期的“枫桥经验”，形成了全新的基层矛盾纠纷排查调处机制：把改革的力度、发展的速度和社会可承受的程度统一起来，科学决策，完善政策，依法及时解决经济社会生活中的热点难点问题，从源头上减少各类矛盾纠纷和影响社会和谐稳定的群体性事件发生。目前，全省建立标准化综治工作中心的镇乡（街道）已达 70%，年底将达到 80% 以上。而镇乡（街道）综治工作中心也早已成为各地基层民情信息的收集中心、矛盾纠纷的调处中心、群防群治的指挥中心、重点人群的服务管理中心、法治教育的宣传中心，在维护基层和谐稳定中发挥了日益明显的作用。

“没有平安的富裕，是缺少保障的富裕；没有富裕的平安，是缺少依托的平安。”省委、省政府根据中央的精神和胡锦涛总书记对建设“平安浙江”作出的“贵在坚持、贵在落实”的重要批示，明确要求各级党委、政府始终坚持以加快发展保平安，在平安和谐中争取更快发展。如今，“发展是硬道理、稳定是硬任务”这一理念，早已成为各级领导干部指导工作的立足点。

省委认为，党政干部亲民、利民和安民是实现社会和谐的本质要求。为此，该省把为民办实事作为建设“平安浙江”、构建和谐社会的着力点，从就业再就业、社会保障、医疗卫生、基础设施、城乡住房、生态环境、扶贫开发、科教文化、权益保障、社会稳定等十个领域入手，探索建立为民办实事的长效机制。据统计，目前全省93%以上的乡镇（街道）建立了劳动保障和社会救助综合管理服务机构，农村“五保”和城镇“三无”对象集中供养率分别达到81.9%和90.6%，提前一年完成了省政府的预定目标。全省城乡居民收入差距从2003年的2.43∶1缩小到上年的2.39∶1，出现了1998年以来城乡收入差距的第一次缩小。

“平安浙江”建设是一项庞大而艰巨的系统工程，不可能一蹴而就，需要全省人民进行坚持不懈的长期努力。为确保平安建设取得长效，该省制定的《浙江省平安市、县（市、区）考核办法》，并把列入考核的100条具体指标，逐一分解到各个职能部门，列入干部任期目标，考核结果与政绩挂钩。省委要求把平安建设作为全省上下齐心协力为之奋斗的工程，三年内大部分市县必须达标。2005年初，28个省级“平安创建先进县（市、区）”和11个省级部门受到了表彰。

2004年，浙江省出台了《浙江省处置经济社会紧急情况工作预案》，对全省区域发生各类经济社会紧急情况的处置原则、处置分工、处置程序、善后处理等作了明确规定。目前，省政府制订和修订的公共突发事件应急预案达到22个，各种快速反应机制的健全完善，提高了该省应对公共突发事件和公共危机的能力。一旦发生突发事件，可以将事件造成的影响和损失减少到最低程度。

平安是福。从生活富裕到生活安康，从“经济强省”到“平安浙江”，一个“经济更加发展、政治更加稳定、文化更加繁荣、社会更加和谐、人民生活更加安康”的浙江，离广大干部和民众越来越近。

（三）长三角地区的群众安全感状况

1. 江苏情况

为了解江苏群众对当前社会治安的真实感受，了解江苏在平安创建、构建和谐社会方面取得的成效和需要进一步努力的方向，2005年10月，根据国家统计局统一部署，在全省13个省辖市的41个县（市、区），对4774户进行了问卷调查。结果表明，目前，江苏社会治安总体状况保持了平稳的态势，群众安全感稳中有升。

1）群众安全感稳中有升

2005年调查结果显示，在目前社会治安环境下，被调查者感觉“安全”和“基本安全”的比重分别为48.76%和47.04%，两者合计达到95.8%，比2004年提高了0.66个百分点，继续位居全国前列。

调查显示，被调查者中认为所在地的社会治安状况“好”和“一般”的占97.34%，同比2004年上升0.31个百分点。还有96.78%的被调查者认为，所在地的社会治安状况同上一年相比有“明显好转”或“和以前一样”，只有3.22%的群众认为2005年社会治

安状况比2004年差，同比下降2.1个百分点，表明绝大多数群众认可社会治安状况进一步好转。

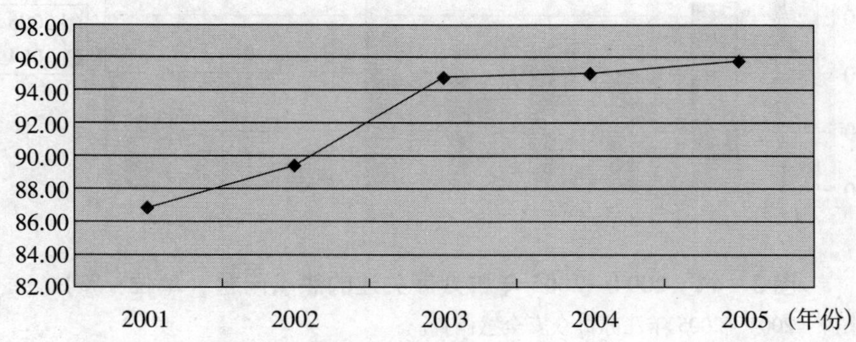

图3-42　2001~2005年江苏群众安全感走势（单位：%）

数据来源：2001~2005年江苏群众安全感调查报告。

2）刑事犯罪、公共秩序混乱和交通事故是影响安全感的主要因素

2005年，对群众安全感威胁较大的仍然是刑事犯罪、公共秩序混乱和交通事故等三类治安问题，三者合计所占比重达到96.23%。这表明，这三类问题是人民群众公认的主要不安全因素，其中以刑事犯罪影响力最大。值得注意的是，交通事故的比重较2004年上升了2.03个百分点。目前，江苏省共有机动车943.7万辆、驾驶员958.3万人，私家车年均增长61.8%，而城市实有道路里程年均增速为16.3%，人车路矛盾日益加剧，加上部分群众安全守法意识还比较薄弱，“闯红灯”、横穿马路等交通违法行为具有一定的普遍性，因此群众的道路交通安全意识亟待加强。

3）社会治安状况仍是群众最为关注的热点之一

目前，群众最为关注的社会热点问题仍然是社会风气问题、就业失业问题、社会治安问题，这与2004年相比并没有发生明显变化。社会治安问题2001年、2002年是群众最为关心的热点问题，排在首位，2005年从第二位退至第三位。这表明，随着社会治安综合治理的深入进行，社会治安状况进一步好转。但社会治安问题是经济、政治、文化等各方面社会消极因素的综合反映，与群众的生产、生活密切相关，人们对社会治安的认可度在逐渐提高的情况下，社会治安仍需精心呵护、常抓不懈。

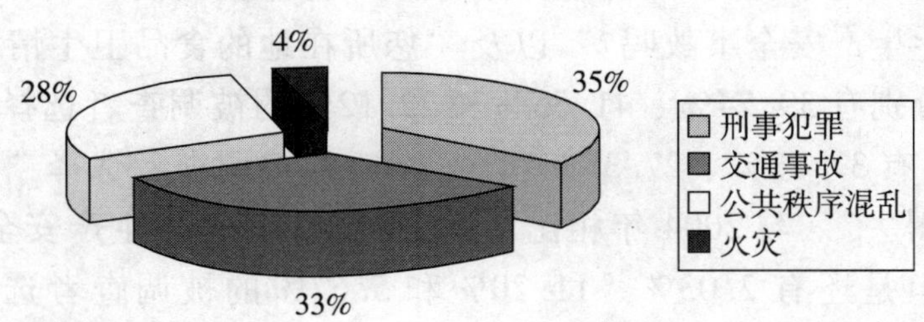

图3-43　影响全省群众安全感的原因构成

数据来源：2005年江苏群众安全感调查。

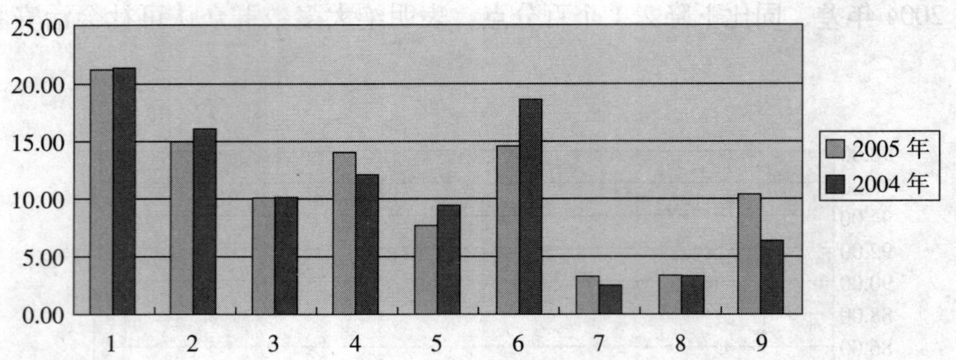

图 3－44　2004～2005 年群众最关注的热点问题（单位：%）

数据来源：2004～2005 年江苏群众安全感调查。

说明：1. 社会风气问题；2. 就业失业问题；3. 腐败问题；4. 教育问题；5. 工资待遇问题；6. 社会治安问题；7. 住房问题；8. 征地搬迁问题；9. 环保问题。

2. 上海情况

上海市统计局 2006 年初的一份调查结果显示，人们对生活在上海这座城市有着越来越强的安全感，社会治安已连续三年不再是市民关注的首要问题。

这是根据国家统一要求，统计部门最新进行的上海第五次群众安全感抽样调查的结果。据悉，社会治安问题曾在 2002 年的群众安全感调查中居关注度的首位，但在本次调查中仅排在第三位。

同时，通过国家统计局进行的 2003 年群众安全感调查的数据表明：上海群众的安全感为 91. 2%，人民群众对上海公安工作的满意率达 93. 5%。

3. 浙江情况

2005 年 10 月，浙江省统计局组织开展了全省第二次建设“平安浙江”人民群众安全感满意率调查。调查结果显示，在当前的社会环境下，被调查者感觉“很安全”、“安全”和“基本安全”的比重分别为 16. 59%、45. 10% 和 34. 70%，三项合计占被调查者总数的 96. 39%，与 2004 年相比，群众安全感提高了 4. 06 个百分点。同比，感觉“很安全”、“安全”和“基本安全”的人数分别上升了 3. 49、2. 28 个百分点和下降了 1. 71 个百分点。

1）浙江民众普遍比上年感觉更安全

在对“您参加当地举行的大型群众性活动时，您感觉安全吗?”、“在您从事的工作环境中会担心发生生产安全事故吗?”以及“您所在地的食品卫生情况如何?”等问题的问卷调查中，分别有 39. 24%、41. 55% 和 22. 12% 的被调查者选择“安全”、“不担心”和“较好”，有 37. 73%、27. 35% 和 64. 03% 的被调查者选择“基本安全”、“有点担心”和“过得去”。与 2004 年相比，浙江的公共安全、生产安全、食品安全总体情况有所好转，但是还有 2. 03%、11. 20% 和 5. 67% 的被调查者选择了“不安全”、“担心”和“较差”。特别是仍有 11. 20% 的被调查者“担心”工作中会发生生产安全事故。在对“食品安全”问题的问卷调查中，又作了深入调查，当问到“哪一类食品安全问题是您感到最担心的”时，被调查者选择最多的是假冒知名品牌的食品，占

46.28%；其次是达不到国家卫生标准的食品，占22.51%；第三是过了保质期还在销售的食品，占15.30%。

2）九成七群众认为治安较好

在对“您认为您所在地的社会治安状况如何?”问题的问卷调查中，被调查者选择“很好”的有3225人，占20.05%；选择“较好”的有6648人，占41.33%；选择“一般”的有5749人，占35.74%；选择“较差和很差”的有464人，占2.88%。从总体上看，全省有97.12%的群众认为当地社会治安状况良好，与2004年相比，提高了0.70个百分点。在对“您认为2005年您所在地的社会治安状况与2004年相比怎么样”问题的问卷调查中，选择“有明显好转或有好转”的有9847人，占61.21%；选择“和以前一样”的有5655人，占35.15%；选择“比以前差和比以前差很多”的有584人，占3.63%。认为所在地的社会治安状况与2004年相比，有明显好转及有好转的群众，全省比2004年提高了2.89个百分点。

3）刑事犯罪影响公众安全感

刑事犯罪、交通事故、食品安全仍然是影响群众安全感的三个最主要问题。从2005年的调查数据看，群众认为当前影响安全感的主要问题，排在前三位的仍然是“盗窃、抢劫、杀人等刑事犯罪”、“交通事故”和“食品安全”问题，分别占被调查人员总数的32.27%、14.20%和9.64%。其他依次为“环境污染严重”占9.41%，“其他”占8.84%，“社会保障差”占7.68%，“市场经济秩序不规范、公共秩序混乱”占5.23%，“居住环境差”占4.41%，“生产安全事故”占3.53%，“火灾”占3.20%，“突发性公共安全事故”占1.60%。与2004年相比，认为“盗窃、抢劫、杀人等刑事犯罪”比重上升了4.46个百分点，其他各项调查指标则均有所下降，说明目前浙江的社会治安和社会秩序在不断好转。

外来人员违法犯罪依然位居十种犯罪行为之首。本次调查，列出了十种犯罪现象，让被调查者选择。从群众对所在地十种犯罪现象的评价结果看，按被调查者选择“比较严重”的比例排序，外来人员违法犯罪现象依然位居十种犯罪行为之首，占25.19%；其次为赌博现象，占17.32%；第三为入室盗窃犯罪现象，占16.75%。

公共场所治安秩序不容乐观。铁路、车站、码头、商场、影剧院等公共场所是一个城市和地方的窗口，它直接反映了这个城市和地方的文明程度和形象。在询问“您认为当地的学校周围、铁路、车站、码头、大企业周边、商场、影剧院等公共场所的治安秩序如何”时，有48.76%的人认为“学校周围”治安秩序好；有28.24%的人认为“铁路、车站、码头”的治安秩序好；认为“大企业周边”、“商场、影剧院”等公共场所治安秩序好的分别为25.38%和31.02%。从上述数据可以看出，群众对“公共场所”的治安秩序认为“好”的均未超过50%，说明浙江公共场所的治安秩序仍然欠佳，离人民群众心目中“满意”的期望还有很大距离。

4）对公安队伍总体满意

调查数据显示：有83.35%的被调查者对所在区、县的公安队伍建设表示“满意”。其中，表示“很满意”的占11.49%；表示“满意”的占37.93%；表示“基本满意”的占33.93%。有5.27%和11.38%的人表示“不满意”和“不了解”。与2004年相比，群众对所在区、县的公安队伍建设表示“很满意”的上升了3.72个百分点；表示“满意”的上升了2.03个百分点；而表示“不满意”的则下降了1.45个百分点。

在全部被调查者中，有12.27%的被调查者反映近一年来遭受过不法侵害，包括家人、家庭财产。其中，有51.60%的受害者向公安机关报了案，在报案者中得到公安机关受理登记并立案的占56.09%；已调查了解或查处的占21.41%；未采取任何措施或行动的占15.13%。以上数据说明：在全部报案者中，有77.50%的群众认为报案后，当地公安机关采取了相关措施或行动，但还有15.13%的群众认为当地公安机关在接到报案后，未采取任何措施或行动，降低了群众对公安机关的信任度。

在对“您认为当前公安队伍中存在的最突出问题是什么”的问卷调查中，被调查者认为：“效率不高”的占18.21%；“态度生硬”的占5.69%；“执法不公”的占5.87%；“以权谋私”的占1.69%；“耍特权”的占1.14%；“刑讯逼供”的占0.21%；“警容风纪不整”的占1.26%；“贪赃枉法”的占0.47%；“工作推诿”的占2.98%；“其他”的占5.03%；“不了解”的占57.45%。调查结果表明，群众对公安队伍的评价总体情况比2004年好。但是，对群众认为的“效率不高”、“执法不公”、“态度生硬”等三大问题比较突出。同时，57.45%的被调查者表示对公安队伍“不了解”。

5）增强安全感六问题优先

为了准确掌握当前增强群众安全感最急需解决的问题，调查中列举了12个问题让被调查者进行选择。从选择的结果看，选择“加强社会治安工作”的占18.97%；选择“加强生产、交通安全管理”的占9.53%；选择“加强食品卫生监督”的占13.22%；选择“加大环境保护力度”的占8.28%；选择“加强流动人口管理”的占8.64%；选择“弘扬社会正气”的占5.18%；选择“加强青少年教育”的占10.17%；选择“公正执法”的占6.78%；选择“健全社会保障制度”的占9.70%；选择“加强再就业工作力度”的占5.59%；选择“其他”的占1.94%；选择“没想过”的占2.00%。与2004年相比，在人民群众心目中，认为当前增强群众安全感最急需解决的问题，排在前三位的仍然是“加强社会治安工作”，“加强食品卫生监督”和“加强青少年教育工作”。“健全社会保障制度”、“生产、交通安全管理”、“流动人口管理”等问题也比较突出。

二十二　长三角医疗卫生发展基本情况*

（一）长三角医疗卫生事业总体发展状况

1. 卫生机构

随着经济的迅速发展，20 世纪 90 年代以来长江三角洲两省一市的医疗卫生事业也取得了显著的进步。但是相比于经济发展程度，长三角两省一市的医疗卫生发展相对滞后。长三角人口虽然占全国的比重为 10.69%，但由表 3－97 我们可以发现，长三角卫生机构总数 27888 个，仅占全国的 9.41%，低于长三角人口所占比重。再加上长三角地区是中西部地区民工的最大目的地，因此目前长三角医疗卫生机构的运营压力非常大，这种状况与长三角的经济发展水平极不相称，也阻碍了长三角居民生活质量的提高。

表 3－97　长三角两省一市卫生机构、床位数（2004）

地　区	卫生机构数（个数）	医院	卫生院	门诊部、所	疾病预防控制中心（防疫站）	妇　幼保健院（所站）	医疗机构床位数（张）
全　国	296492	18396	42471	207933	3586	2997	3250938
上　海	2551	238	123	1903	22	21	85315
江　苏	13400	995	1493	8175	143	107	186282
浙　江	11937	519	2400	6384	138	88	134491
长三角合计	27888	1752	4016	16462	303	216	406088
长三角所占比重（%）	9.41	9.52	9.46	7.92	8.45	7.21	12.49

2. 卫生机构人员数

虽然，长三角卫生机构人员数为 659001 人（见表 3－98），占全国的比重为 12.3%，超过了长三角人口占全国的比重，但因为长三角地区有大量的外来人口，因此长三角人均拥有卫生人员数仍低于全国平均水平。

* 本文数据均来自国家统计局、江苏省统计局、浙江省统计局、上海市统计局网站。

表 3-98　长三角卫生机构人员数（2004）

单位：人，%

地　区	人员合计	卫生技术人员	执业（助理）医师	注册护士
全　国	5353628	4389998	1904771	1307814
上　海	130823	101661	43775	38112
江　苏	306639	247323	104512	76356
浙　江	221539	185376	83052	54874
长三角合计	659001	534360	231339	169342
长三角所占比重	12.31	12.17	12.15	12.95

3. 城市环境卫生

2004 年，长三角两省一市清扫保洁面积为 47864.7 万平方米、生活垃圾清运量为 2132.6 万吨、粪便清运量为 756.8 万吨、市容环卫专用车辆总数 11299.0 台、公共厕所 18275.0 座，分别占全国的比重为 17.34%、13.75%、21.16%、18.76%、16.7%，这组数据均高于长三角人口占全国的比重，高出最多的是粪便清运量，达到 21.16%，这表明长三角两省一市的城市环卫工作做得较好，高于全国平均水平（见表 3-99）。

表 3-99　长三角两省一市城市环境卫生情况（2004）

地　区	清扫保洁面积（万平方米）	生活垃圾清运量（万吨）	粪便清运量（万吨）	市容环卫专用车辆总数（台）	公共厕所（座）	水冲式
全　国	275972.5	15509.3	3576.3	60238	109629	62868
上　海	9700.6	609.7	258.3	4082	3640	3169
江　苏	22504.6	817.7	388.6	4494	10260	9055
浙　江	15659.5	705.2	109.9	2723	4375	4226
长三角合计	47864.7	2132.6	756.8	11299.0	18275.0	16450.0
长三角所占比重（%）	17.3	13.8	21.2	18.8	16.7	26.2

（二）上海市

上海是我国第一大都市、经济中心，并且致力于建设国际金融中心、航运中心，要达到这个目标，并不是仅靠 GDP 和人口规模就能实现的，还得看上海的城市建设和公共事业发展水平，尤其是医疗卫生事业发展水平。下表是上海 1995～2004 年 10 年间的卫生事业发展基本状况。

表 3-100　上海市卫生事业基本情况（1995～2004）

年　份	卫生机构数（个数）	其　中	卫生技术人　员（万人）	其　中	卫生机构床位数（万张）	其　中	每万人口医生数（人）	每万人口医院床位数（张）
		医院		医生		医院		
1995	5286	485	11.06	5.37	7.10	6.69	41	52
1996	5200	477	10.95	5.24	7.00	6.73	40	52
1997	5028	474	10.89	5.13	7.00	6.78	34	52
1998	4637	473	10.84	5.03	7.02	6.83	39	52
1999	4620	465	10.81	5.06	7.24	7.06	39	54
2000	4400	459	10.71	4.99	7.53	7.31	38	55
2001	3813	432	10.51	4.85	7.88	7.63	37	58
2002	2422	436	10.16	4.38	8.15	8.13	33	61
2003	2319	452	10.22	4.41	8.44	8.11	33	60
2004	2577	489	10.17	4.38	8.64	8.50	32	63

由表 3-100，我们可以很清楚地看到上海市卫生事业在 1995～2004 年这十年间，几乎是止步不前的，甚至在某些方面还是倒退的。例如 1995 年上海市有卫生机构 5286 个，但此后呈现逐年减少的趋势，到 2004 年只剩下 2577 个，医院数量其实是少量增加的，从 2000 年的 459 个到 2004 年 489 个（见表 3-101），主要是因为门诊部、所、卫生所、医务室、护理站等医疗机构大量减少。出现这种现象一方面是因为卫生机构之间的合并，另一方面也是因为部分卫生机构经营不善倒闭，而新建立的机构又很少。另外从卫生技术人员数量的变化中，我们也可以证实卫生机构数的减少并不主要因为机构之间的合并。因为 1995 年上海市的卫生技术人员有 11.06 万人，但之后也是逐年减少，到 2004 年只剩下 10.17 万人。这导致上海市每万人医生数由 1995 年的 41 人减少到 2004 年的 32 人。虽然上海市医院的床位数增加了，从 1995 年的每万人 52 张增加到 2004 年的每万人 63 张，但是决定一个城市医疗卫生发展水平和人民生活质量的因素是每万人拥有医生数这个指标。因此，上海今后应大力发展医疗卫生事业，鼓励非公有制医院的开设，并采取优惠措施吸引国内外医护人员赴沪工作。

表 3-101　上海市主要年份卫生事业基本情况

指　　标	1980	1990	2000	2003	2004
机构数（个）	6067	7690	4400	2319	2577
医院	399	462	459	452	489
门诊部、所、卫生所、医务室、护理站	5397	6947	3769	1737	1972
妇幼保健所	21	23	10	12	12
专科疾病防治所	49	41	16	15	13
急救中心（站）			12	11	11

续表 3 - 101

指　　标	1980	1990	2000	2003	2004
疾病预防控制中心	35	33	28	22	22
床位数（万张）	5. 80	6. 96	7. 53	8. 44	8. 64
医院	4. 94	6. 21	7. 31	8. 11	8. 50
工作人员（万人）	13. 19	15. 85	14. 67	13. 30	13. 08
卫生技术人员	9. 41	11. 84	10. 71	10. 22	10. 17

虽然上海市的医疗机构数和每万人拥有医生数在这 10 年间是减少的，但上海市医疗机构和医护人员的技术水平却是提高的。这主要可以从婴儿死亡率、新生儿死亡率、孕产妇死亡率这三个指标可以看出。如 1990 年上海市的婴儿死亡率、新生儿死亡率、孕产妇死亡率分别是 10. 95‰、7. 17‰、23. 76/10 万，到 2004 年，这三个指标分别降低至 3. 78‰、2. 50‰、10. 79/10 万（见表 3 - 102）。可见上海市医疗机构和医护人员的技术水平在这 15 年间取得了很大的提高。

表 3 - 102　上海市主要年份婴儿死亡率、新生儿死亡率、孕产妇死亡率

指　　标	1990	2000	2003	2004
婴儿死亡率（‰）	10. 95	5. 05	5. 52	3. 78
新生儿死亡率（‰）	7. 17	3. 09	3. 61	2. 50
孕产妇死亡率（1/10 万）	23. 76	9. 61	11. 99	10. 79

2005 年，上海市政府加快公共卫生体系和健康城市建设，上海市公共卫生应急处置和医疗服务水平继续提高。至 2005 年末，上海全市共有卫生机构 2527 所。其中，医院 487 所，门诊部 199 所，疾病预防控制中心 22 所，卫生监督所 20 所。至年末，全市共有卫生技术人员 10. 35 万人。其中，执业医生 4. 4 万人，注册护士 3. 94 万人。公共卫生体系建设不断推进。年内 6 个市级专科急救中心、5 所市级医院传染病病房和 20 所市级医院传染病专用门诊基本建成。实施新一轮医学重点学科建设，年内重点建设 30 个三级医院医学重点学科、30 个二级医院重点专科和 40 个社区卫生重点项目。上海市医疗科研水平不断提高，年内共获中华医学科技奖 17 项。另外上海市的卫生监督执法力度进一步加强，年内全市共进行卫生监督 23. 75 万户次。

（三）江苏省

江苏是我国的经济大省，其医疗卫生事业自 20 世纪 90 年代以来取得了巨大进步，并且与上海不同的是，江苏医疗卫生机构的数目最近十年中是增长的，从 1995 年的 12039 个增加到 2004 年 14447 个，增长了 16. 7%。其中增加最快的是医院和门诊部，从 2000 年的 634 个和 106 个，分别增加到 2004 年的 995 个和 371 个（见表 3 - 103）。

表 3－103 江苏省主要年份卫生机构数

单位：个

年 份	总 计	医 院	卫生院	疗养院	门诊部	妇 幼 保健院（所、站）	专科疾病防治院（所、站）	疾病预防控制中心（防疫站）	医学科学研究机构
1995	12039	2534		35		117	122	141	17
1996	14944	2617		35		115	121	142	18
1997	13386	2620		33		114	121	143	18
1998	14572	2610		30		114	120	144	18
1999	13699	2641		30		116	122	147	18
2000	12813	634	1877	29	106	112	118	142	17
2001	13208	662	1771	29	119	112	113	147	17
2002	12368	891	1625	28	293	111	80	145	14
2003	12733	920	1602	21	313	106	59	136	13
2004	14447	995	1493	24	371	107	45	143	12

同上海一样，江苏省的每万人拥有医生数在 1995 ~ 2004 年这十年间也是减少的，从 1995 年的 15.9 人减少到 2004 年的 14.7 人（见表 3－104）。

表 3－104 江苏省主要年份卫生机构人员数

年 份	卫生工作人员	卫生技术人员	医 生	护师、护士	每万人拥有医生数（人）
1995	31.57	24.55	11.22	6.44	15.9
1996	31.90	25.02	11.34	6.69	16.0
1997	32.42	25.48	11.58	6.95	16.2
1998	32.61	25.67	11.61	7.13	16.2
1999	32.64	25.60	11.59	7.26	16.1
2000	32.18	25.36	11.44	7.39	15.6
2001	32.08	25.36	11.46	7.54	16.2
2002	30.08	24.00	10.22	7.25	14.3
2003	30.37	24.37	10.40	7.37	14.5
2004	30.95	25.01	10.60	7.70	14.7

注：从 2002 年起，医生系执业（助理）医师数，护师（士）系注册护士数，故有所减少。

虽然江苏省的医疗机构和医护人员的技术水平也是不断提高的，婴儿死亡率、新生儿死亡率、孕产妇死亡率三项指标分别从 2000 年 11.20‰、14.61‰、28.51/10 万减少到 2004 年的 8.03‰、10.14‰、20.74/10 万（见表 3－105），但这组数据比起上海市 2004 年的婴儿死亡率、新生儿死亡率、孕产妇死亡率（分别是3.78‰、2.50‰、10.79/10万），还是相差甚远，因此江苏省今后还应花大力气提高本省医疗机构和医护人员的技术水平。

表3－105　江苏省主要年份孕产妇及婴儿死亡率

指　标	2000	2002	2003	2004
孕产妇死亡率（1/10万）	28.51	25.44	23.12	20.74
婴儿死亡率（‰）	11.20	8.84	8.71	8.03
5岁以下儿童死亡率（‰）	14.61	11.34	11.25	10.14

2005年，江苏省进一步加强卫生事业建设，全面建成疾病预防控制体系，基本建成突发公共卫生事件医疗救治体系。2005年年末共有各类卫生机构15007个，其中医院、卫生院2510个，卫生防疫和防治机构190个，妇幼卫生保健机构104个。各类卫生机构拥有病床19.39万张，其中医院、卫生院病床18.13万张。共有卫生技术人员25.75万人，其中执业医师、执业助理医师11.02万人，注册护师8.12万人，卫生防疫和防治机构卫生技术人员0.75万人，妇幼卫生机构卫生技术人员0.32万人。乡镇卫生院0.16万个，床位5.21万张，卫生技术人员6.79万人，乡村医生和卫生员6.09万人。江苏省财政拨专款加强农村卫生院建设，苏北地区第一批重点支持的300个乡镇卫生院医疗条件明显改善。

（四）浙江省

相比于上海市和江苏省，浙江省的医疗卫生事业发展得要更好一些。首先，浙江省的卫生机构数增加迅速的，从2002年的10708个增加到2004年的11937个，两年间增长了11.5%，其中增长最快的是社区服务中心（站），从2002年的872个增加到1880个，整整增长了2.2倍；其次，浙江省每万人拥有医生数也增长较快，从2002年的16.5个增加到2004年的18.1个，两年间增长了8.8%（见表3－106）。浙江发展社区服务中心（站）的成功经验值得其他省份借鉴。

2005年年末，浙江省共有卫生机构12549个，其中医院、卫生院2896个，妇幼保健院（所、站）88个，专科疾病防治院（所、站）27个。医院和卫生院床位13.1万张。卫生技术人员19.8万人，其中执业医师和执业助理医师8.77万人，注册护士6.03万人。全省疾病预防控制中心（防疫站）97个，卫生技术人员0.38万人。卫生监督检验机构105个，卫生技术人员0.23万人。乡镇卫生院2162个，床位2.05万张，卫生技术人员3.58万人。

2005年年末，浙江全省有86个县（市、区）已经实施新型农村合作医疗制度，占有农业人口的县（市、区）总数的98.8%；参保农民2460万人，占全省农业人口的71%。全省所有市、县（市、区）都出台了医疗救助实施办法，安排医疗救助资金2.9亿元，已救助75.9万人次，支出医疗救助资金1.3亿元。

表3－106 浙江省主要年份卫生事业情况

项　　目	2002	2003	2004
卫生机构数合计（个）	10708	11177	11937
医院	502	480	519
疗养院		17	17
社区服务中心（站）	872	1274	1880
卫生院	2653	2506	2400
门诊部	446	494	450
诊所医务室卫生所	5500	5650	5934
专科防治所站	33	30	27
疾控中心防疫站	102	104	97
卫生防疫站	9	4	3
妇幼保健机构	88	88	88
卫生监督所	84	93	100
医学科学研究机构	9	8	9
医学在职培训机构	21	51	50
其他卫生机构	348	339	287
床位合计数（张）	119522	126678	135139
卫生人员合计（人）	198335	207937	221539
卫生技术人员	163205	173010	185376
医生	74668	79310	83052
平均每千人口拥有卫生技术人员	3.6	3.8	4.05
平均每个人口拥有医生	1.65	1.74	1.81

二十三　长三角文化发展现状及前景展望

（一）概说

长江三角洲地区不仅具有得天独厚的地理位置，是我国最富饶最有经济发展潜力的地区，同时还拥有悠久的文化传统，深厚的文化底蕴。历史上所形成的吴文化、越文化和海派文化等各具自身特色，对中国汉文化的形成与发展有着不可估量的深远影响，是中华文明的一大重要组成部分。

吴文化、越文化的起源可追溯到河姆渡原始文明时期，在春秋时随着吴越两国的先后崛起而兴盛起来，自此后不断演化发展，孕育了一代又一代艺术大师和学者，同时也确立了鲜明的“刚柔并济，柔性为主”的文化特色，成就了自身独特的文化价值，形成了该地特有的生活方式。由吴文化发展而来的海派文化以上海为中心，在传承传统文化的同时大胆吸纳西洋的文化元素，在汉文化的现代化和国际化进程上扮演了重要的角色。

如今，长三角地区的文化事业在深厚的历史积淀基础之上与时俱进，在弘扬中华文明传统的同时把握时代脉搏，取得了令人瞩目的成就，不断引领中国文化事业向着更健康的方向发展。

（二）长三角文化事业取得的硕果

1. 文化事业单位和文化景观概况

长三角具有得天独厚的地理位置和文化传统，自古以来便是中华民族的文化重镇，而今天，这里的文化事业发展更是日新月异。这首先可以从文化事业单位的建设成果上直观地反映出来。

2004 年，江苏省共建文化事业单位 21752 个，从业人员 88337 人；其中艺术表演团体 128 个，艺术表演场馆 96 个，艺术业从业人数 7800 多人；图书馆 100 个，博物馆 97 个，群众文化服务站文化馆等 1511 个；文化市场经营单位 19300 多个，从业人员 6000 余人；另有文艺科研、艺术创作及展览机构 92 个，文物保护管理及科研单位 66 个，及其他文化产业 180 多个。2005 年艺术表演团体则增加至 130 个。此外江苏省以创建群众文化先进县为龙头，开展了文化长廊、“蒲公英计划”和“知识工程”建设，群众文化基本队伍和基本活动建设进一步加强（见表 3－107）。

表 3－107　江苏省主要年份文化事业单位概况

单位：个

年　份	艺术表演团体	文化馆	文化站	图书馆	博物馆
2000	133	107	1650	101	86
2002	131	108	1493	101	90
2004	128	116	1395	100	97

浙江省至2004年为止已有2259个文化事业单位，已成立艺术表演团体71个，文化馆文化站1733个，图书馆84个，博物馆73个。上海全市则有市、区（县）文化馆、群众艺术馆35个，艺术表演团体78个、公共图书馆28个，档案馆45个，博物馆90个。且至2003年底，浙江建成了17个全国文化先进县，241个东海文化明珠乡镇。

上海的文化建设更是一直走在全国前列（见表3-108）。

表3-108　上海主要文化机构从业人员数（2000~2004）

单位：个，%

机构类别	2000	2001	2002	2003	2004	2004比前一年增加
总　计	217572	218356	222685	229513	237571	3.5
艺术机构	4759	4725	4109	6135	5955	-2.9
图书馆	2513	2035	1976	2048	2009	-1.9
档案机构	2330	1926	2089	1683	1810	7.5
群众文化活动机构	3874	3287	3557	3625	3671	1.3
文化娱乐机构	63297	63840	61704	55578	62826	13
新闻出版机构	138492	139815	146855	149710	145745	-2.6
其他文化机构	1171	1428	1043	9617	13894	44.5

注：本表由市文化广播影视管理局、市文物管理委员会、市档案局、市新闻出版局提供。

除此以外，长三角地带还有着无数历史名城，数不胜数的文物和各种历史文化景观遍布两省一市。江苏省有省级文物保护单位540余处，全国重点文物保护单位有50余处超过一百个点。到2003年为止，江苏省拥有馆藏国宝21件，一级文物1951件，二级文物99749件。江苏省还成功举办了南京历史文化名城博览会、苏州世界遗产大会，同里等三大古镇被授予首批“中国历史文化名镇”称号。2004年，浙江省的文物分布密度已居全国第二位，拥有国家历史文化名城5座，省级历史文化名城12座，省级历史文化保护区43处；全国重点文物保护单位73处，省级文物保护单位442处，市县级文物保护单位2762处，文物保护点2万余处。上海市至2004年已有文物保护单位1661处，比2003年增加48.7%。

2. 图书出版业的发展

书报是人们学习知识、了解社会的一个重要窗口，是信息和文化广泛传播的一个无可替代的途径。书报的发行量、覆盖率和品质的高低对一个地区居民的文化和文明程度有着至关重要的影响，因此一个地区的图书出版业发展情况就成为该地文化状况的一个重要指标。

2004年，江苏省共出版发行各类图书7314种，总印数达41806万册，总印张为280247万张，比上一年增长14%。出版的图书涵盖内容极其广泛，从生物科学、工业技术到社会科学总论、文学、历史，再到医药卫生、军事、法律，世间万象，无所不包。

江苏报刊业的印量和发行量也十分惊人（见表3－109）。

表3－109　江苏省报纸、期刊出版情况（2004）

指　　标	种数（种）	总印数（万册、万份）	总印张（万印张）
报纸	133	245073	1000290
期刊	435	9754	40922
综合	19	159	636
哲学、社会科学	77	1501	6298
自然科学、技术	255	2922	12744
文化、教育	51	2784	14133
文学、艺术	25	356	2581
画刊	1	8	39
少年儿童读物	7	2023	4490

浙江省2004年也有各种图书数千余种，其中哲学类48种，4649万册；社会科学总论31种，2165万册；文化、科学、教育、体育类3813种，23790万册；艺术类585种，44312万册，自然科学总论25种，3737万册。同时出版了报纸70种，总印数为255639万份，总印张达11013153万印张，其中综合型报纸220318万份，总印数1027147.5万印张，专业类报纸35321万份，总印数74167.8万印张。另外同期浙江省还发行了杂志217种，8925万册，总印数为26098.2万印张。

2004年上海市出版报纸19.71亿份、各类期刊1.93亿册、图书2.67亿册。

在丰富的出版量和出版种类之外，书报业的出版质量也明显提高。如上海在全国新闻出版评奖中共获奖70余项。浙江省出版的《中国小说史丛书》、《近代中医珍本集》、《新课程学科教学论丛书》、《高等燃烧学》等书荣获第十四届中国图书奖，《太平私盐案》荣获第三届国家音像制品奖提名奖；另有5种图书荣列全国“知识工程推荐书目”，5件报纸新闻作品荣获中国新闻奖。上海则在全国新闻出版评奖中，共获奖70余项。

与此同时，江苏省2004年为止共拥有公共图书馆100个，总经费19103.9万元，总藏书量达2974.2万册，拥有阅览坐席2.4万个，累计发放借书证76.6万个，图书外借数1604.8万人次，书刊文献外借1359.1万册次，并且为读者举办各种活动2038次。浙江省同期共建图书馆84个，总建筑面积36万平方米，从业人员1999人，总经费支出达18951万元，藏书量2087万册，阅览室坐席2.1万个，发放借书证数59万个，书刊外借人数641万人次，外借1099万册次。如此之大的图书藏量和到位的相关设施与管理不仅为学术事业的发展提供了便利条件，大大地丰富了长三角各地人民的文化生活，也在很大程度上促进了长三角文化事业的迅速发展。

为了促进两省一市的图书也共同发展，构筑长三角城市图书馆共同的发展平台，三地特地于2004年12月联合举办了“长江三角洲城市图书馆发展论坛”。这次大规模的跨地区的图书馆会议不仅使16个城市携手创建了图书馆合作新模式，也为长三角区域的文化资源整合开了好头。

3. 广播影视业的兴盛（见表3－110）

随着现代传播业的迅速发展，广播电视等媒体在信息的传播过程中扮演了重要角色，在人们的文化生活中占有不可替代的重要地位。一个地区广播电视的发展也直接影响和决定着该地的文化发展进程，是该地文化事业发展状况的重要指标。

表3－110 江苏省主要年份广播电视制作时间

单位：小时，%

指　标	1995	2000	2003	2004	2004比上一年增加
广播节目制作	197793	335483	411923	544258	0.32
新闻	24574	42722	53620	68085	0.27
专题	40465	61658	99018	205692	1.08
教育	6168	16515	21228		
文艺（综艺）	90838	129893	146456	140614	-0.04
广告	31440	36582	60750	0.660653	
服务信息	35746	53255	55201		
电视节目制作	28738	42404	101768	156774	0.54
新闻	4659	9460	12489	31648	1.53
专题	3854	8111	23094	31139	0.35
教育	7450	248	2100		
文艺（综艺）	544	10311	31095	19915	-0.36
广告	7739	16395	25216	0.53803	
服务信息	12231	6535	16595		

2004年，江苏省的广播电视业发展取得了巨大的进展，拥有电视和广播发射转播台147和21个，发射机功率分别463千瓦和490千瓦，电视覆盖率达99.5%，广播覆盖率则达到99.67%，全年江苏省共制作的电视节目长达156774小时，其中新闻节目31648小时，专题节目31139小时，综艺节目19915小时；同时广播播出时间为544258小时，其中新闻、专题和文艺节目时间分别为68085小时、205692小时和140614小时。浙江省2004年已拥有省级电视台12座，电视发射台及转播台624座，电视人口覆盖率为98.69%，有线电视入户率为56.37%。浙江省2004年共制作了电视节目108套，其中新闻节目856小时，专题节目，文艺节目，教育节目、服务性节目及广告时间分别为926小时、5446小时、156小时，572小时和1049小时。与此同时，浙江省还拥有省市级广播

电台12座，中短波广播发射台和转播台66个，县级及乡（镇）广播电视台1295个，广播人口综合覆盖率98.12%，共制作广播节目套数103套，全年公共广播节目播出时间长达622907小时，且广播具有多种形式，涵盖了新闻咨讯、专题服务、综艺、广播剧、广告类等内容（见表3－111）。

表3－111　上海广播电台、电视台节目制作情况（2004）

类　别	节　目	公共节目	其　中	全年制作节目
	套　数（套）	播出时间（小时）	自办节目	时间（小时）
电视台	25	135522	75986	44766
市级电视台	15	97183	63952	33522
上海教育电视台	1	6570	340	392
区县级电视台	9	31769	11694	10852
广播电台	20	120082	98092	85125
市级广播电台	10	70053	67280	68360
区县级广播电台	10	50029	30812	16765

除此之外，长三角地区的音像制品也极大地丰富了当地居民的文化娱乐生活。在磁带唱片方面，上海市2004年发行了磁带3296种，共计4504.21万盒，激光唱盘1884种，684.89万张；这几项的指标的数据江苏分别为：187种，229.56万盒；浙江分别为：127种，104.58万张。在视频产品方面，上海市在2004年内出版了数码光盘548种，302.45万张，高密度激光光盘49种，数目达54.15万张；江苏省和浙江省同期出版这两种光盘的数目分别为江苏：210种，238.27万张，16种，7.30万张；浙江：373种，465.55万张，86种，284.92万张。

长三角地区的影视业发展同样迅猛，2004年上海市共摄制电影故事片12部。浙江省城市影院共放映23.89万场，观众556.6万人次，票房收入1.22亿元，分别比上年增长26.3%、12.3%和38.6%。上海市2004年拥有电影放映单位317个（见表3－112）。

表3－112　上海影片制作及放映情况（2001～2004）

年　份	摄制和译制电影片（部）				电影放映	
	故事片	美术片	科学教育片	译制片	放映场次（万）	观众（万人次）
2001	12	2	8	237	18	1553
2002	10	2	11	204	20	1198
2003	9	10	2	216	20	971
2004	12	1		248	24	1364

4. **艺术的蓬勃**

长三角地区自古有着优良的艺术传统，而今的文化艺术建设更是全面而广泛。

截至2004年为止，江苏省就有艺术表演团体295个，从业人数7893人；艺术表演场馆96个，从业人员2219人。在城市艺术文化蓬勃发展的同时，乡镇的艺术文化也不甘落后，2004年江苏省共建有各类文化站1395个，其中乡镇文化站1185个，另有农村集镇文化中心1231个，可见各类文化站已广泛深入到了各级县市及农村。除此之外，江苏省还设有艺术科研机构8处，艺术创作机构69家，艺术展馆11座，馆办文艺团体157个，基层示范点459个。在良好艺术设施建设的基础之上，江苏省的艺术文化生活十分丰富，2004年，江苏省的国有剧团共演出3.85万场，其中在农村的表演达2.03万场，吸引了观众共计1587.8万次，演出总收入达6163万元。同期各艺术展馆举办展览8906场，组织文艺活动21459次；此外在江苏省举行的中国昆剧艺术节、苏州评弹艺术节及江苏省音乐舞蹈节等重大文艺活动也受到社会各界好评。

浙江省的文化艺术发展同样日新月异。2004年，全省共有1634个群艺（文化）馆、文化站，共举办展览11261个，组织文艺活动21128次，举办训练班12013个，下基层服务48052次，组织各类理论研讨活动332次，组织各类讲座490次。除基本的艺术团体表演及展馆建设外，浙江省还举办各种大规模艺术文化活动，浙江全省广场文化艺术节、西湖博览会文艺晚会、中国“金鸡”、“百花”电影节、第七届中国艺术节等一系列大型文化活动都有力地推动了浙江的文化大省建设，丰富了全省人民的精神文化生活。除此之外，浙江省还被列为全国首批民间艺术保护试点，共有62种民族民间艺术被列为扶持对象。

作为我国城市文化中心的上海市，2004年内举办了第六届中国上海国际艺术节、上海国际服装文化节等一系列国内外大型文化交流活动。在全国和国际性重要文艺评奖中，上海共获奖47项。2005年更是成功地举办了中法文化交流上海“马赛周”、第七届中国上海国际艺术节、第八届上海国际电影节等等艺术交流活动。此外上海市的群众文化艺术创作和活动也是内容丰富、形式多样，年内全市共举办各类群众文化活动6.23万场次，1600多万人次参加，创作各类群众文艺作品8303个(件)。在全国和国际性重要文艺评奖中，上海共获奖58项。在保护民间艺术资源方面，上海市组织展开了各种群众文化活动项目，通过普查、保护试点、立项跟踪等措施推进上海民间文化保护体系的发展，目前，上海已有16个地区被文化部授予“中国文化之乡”的称号。

5. **教育事业的推进**

2004年江苏省的普通高等学校达105所，共拥有教师4.98万人，毕业生数为14.61万人，其中包括研究生9000人；普通中学3203所，毕业生数达132.19万人，教师人数为25.98万人；此外全省还有小学7845所，幼儿园6875所，特殊教育学校108所，成人教育机构13000多个，另外还设有11个学历文凭考试机构。可以说是覆盖面很广，为社会提供了充足的教育资源。2005年江苏省高中和高等教育院校的招生数、在校生数和毕业生数较上一年普遍有所提高（见表3-113）。

表3－113 江苏省各类教育招生和在校生情况（2005年）

单位：万人

指标	招生数		在校生数		毕业生数	
	绝对数	比上年增加	绝对数	比上年增加	绝对数	比上年增加
研究生教育	2.87	0.19	7.79	1	1.49	0.32
普通高等教育	36.15	4.75	115.98	16.5	22.97	3.23
中等职业教育	41.18	4.42	106.08	15.16	19.72	3.72
普通高中教育	52.25	2.78	145.34	7.99	42.65	7.33
普通初中教育	105.3	－13.67	346.23	－21.55	120.33	7.09
小学教育	61.93	－6.28	485.53	－42.68	105.52	－14.92

浙江省2004年全省教育经费总投入达474亿元，比上年增长20%。投入的增加促进了各类教育事业的全面协调发展。2004年，全省有小学6747所，初中1999所，小学和初中在校生分别达344.3万人和180.1万人，且随着流动人口管理力度的加大，流动人口子女义务教育阶段入学率也达到了96%。同时，浙江省的高等教育发展也有很大的进步。2004年全省有普通高校73所（含正在筹建的高职学校7所），共招收研究生8029人，在学研究生达22062人，分别比上年增长17%和14.5%；普通本专科招生19.56万人，在校生达57.28万人，分别增长12.7%和18.2%。普通高考录取率达到76.6%，高等教育毛入学率达30%，比上年提高5个百分点。2004年，全省每万人口在校大学生（含研究生）达126人，比上年增加18人。全省成人高等学历教育在校生达到17.78万人；有145万人次参加了各类学历教育和非学历教育证书的自学考试，其中有75万人次报考高等学历教育自学考试。

然而，虽然两省的文盲人口大幅度减少，受到高等教育的人数显著增加，但教育的整体发展仍达不到全国的领先水平，特别是浙江省，其教育水平在全国的排名较江苏落后十位左右，这与浙江省的经济发展状况极不相称。江浙地区历史上素有文化之邦的美誉，然而由于近年来教育资金投入和高素质人口外流等原因，该地的教育发展水平受到一定影响，这需要引起政府的高度重视，并通过社会各界的支持和教育界的不懈努力去改善。

2004年上海市平均每百万人口中在校学生数为大学生307人，中学生612人，小学生397人，平均每个教师负担学生数高等院校15人，普通中等学校17人，普通小学14人。实施教育综合改革，加快高等教育布局结构调整后，至2004年年末，全市共有普通高等院校59所，其中，本科院校30所，高职、高专院校29所。在校学生41.57万人，比上年增长9.8%。全年普通高等院校共招收本科、专科学生13.06万人，比上年增长8.6%；毕业学生8.86万人，增长24.4%。全年招收研究生2.53万人，比上年增长12.5%；毕业研究生1.35万人，增长33.6%。全市高等教育毛入学率达到55%。率先落实国家助学贷款新机制，助学贷款已覆盖全部高校。年内全市共有3.18万贫困学生得到国家助学贷款，发放金额2.54亿元。与此同时，上海大力提高基础教育的整体质量：2004年末，全市共有小学648所，在校学生53.74万人；普通中学822所，在校学生

82.78万人，其中普通高中在校学生31.07万人；中等专业学校82所，在校学生14.05万人。全市九年制义务教育入学率达到99.99%，高中阶段入学率99.7%。此外，职业教育以强化就业为导向，面向社会办学。至2004年年末，全市共拥有42所职业教育学校；老年教育不断发展，年内新办12所老年教育机构；民办教育成果显著，建成16所民办普通高校，在校学生5.39万人；127所民办普通中学，在校学生8.85万人；17所民办小学，在校学生2.24万人。

6. 体育事业的勃兴

长三角两省一市的体育业也呈现稳步发展态势。

至2004年为止，江苏省已发展一级运动员353名，二级运动员2259名；同时培养了国际、国家级裁判员53名，一级和二级裁判各50名、1912名。2005年江苏省在南京市成功举办第十届全运会。江苏体育健儿在各大运动会上取得好成绩：世界最高水平比赛中江苏省7人获金牌、1人次获银牌、2人次获铜牌；在亚洲最高水平比赛中，江苏省10人次获金牌；在全国最高水平比赛中则夺得40.5枚金牌、122枚银牌、2295.5分，金牌数列全国第三，奖牌数和总分列全国第二。

浙江省至2004年共有等级运动员1118名，等级裁判员1136名。2005年浙江省运动员共取得世界冠军11个、亚洲冠军8个、全国冠军20个。在第十届全运会上，浙江运动员共获得金牌29枚、银牌20枚、铜牌12枚及总分1291分。在全民健身运动方面，全省各市、县已建国民体质监测站101个，完成了43200个计划样本量。另外浙江省2005年发行体育彩票23.6亿元，比上年增长56.5%，总销量居全国第3位。

2004年上海市在竞技体育方面同样取得了良好成绩。在第28届雅典奥运会上，上海运动员共获得1.5枚金牌、3.5枚银牌、1枚铜牌，并有1人1次平1项世界记录，4人2次破奥运会纪录。在全国最高级别比赛中，上海运动员共获38.5项冠军和21项亚军。年内成功地举办了F1中国站、NBA季前赛中国站比赛等24项国际体育赛事和27项国内重要体育赛事。在竞技体育发展的同时，上海市也深入开展群体性体育活动：2004年上海成功举办了第九届全民健身节、世界著名在华企业健身大赛、“东丽杯”上海国际马拉松赛等20余项大型群众性体育活动和赛事。不断加大社区健身设施建设力度，新建了34个社区公共运动场，32个街道（乡镇）健身苑、508个居（村）委会健身点、1个健身中心，总面积达40万平方米，安置各类健身器材7000件。

目前，在长三角地带，已经形成了一个“长三角体育圈”，两省一市在竞技体育的发展中进行了广泛的交流与合作。目前该地主要的合作活动有，上海市率先举行的大型竞技体育比赛和体育旅游合作活动，江苏省进行的“环太湖体育圈”建设项目，浙江省筹办的“长三角体育圈”全民健身体育节等等。今后，三地还将继续在体育事业的其他方面进行深入的合作，共同促进体育竞技水平，共同发展体育经济，并努力实现长三角体育后备人才资源的一体化开发。

（三）一体化——长三角地区文化的前景规划

在文化事业的各个领域都取得了骄人成绩的同时，长三角地区的文化事业呈现出显著的一体化倾向。自古以来，长江三角洲地区就有着风俗相近、语言相似的特点，地域性的文化相似性十分突出，这为该地的文化一体化建设提供了良好的条件。如今，在改革开放和全球化大潮的推动下，苏浙沪地区更深深地认识到了文化认同的力量和优势，长三角地区十分有望建成一个兼有深刻历史内涵和蓬勃生命力的文化共同体，而作为共同体的长三角文化圈将具有更强的文化吸引力与辐射能力，在大大提升自身实力的同时也可以更好地带动周边城市的文化发展，并给予北方和西部的文化建设以积极的影响。

在今后的文化建设中，长三角地区将采取以下措施和方法：

（1）打破壁垒，协同并进：打破行政区划的限制，充分利用三地发达的交通及信息网络，使三地资源共同发挥其作用，资源共享，打造该地区的文化特色，共同创造和分享文化建设成果。

（2）制度创新，共建平台：努力克服文化政策上的行政推动滞后、财政支持不足、文化政策落后等弱点。政府将继续深化文化体制的改革，推动文化产业的发展，积极为文化的发展规划筹集资金并作必要的宣传，并同时给文化事业产业单位以正确健康的引导。

（3）和而不同，各尽所能：长三角地区虽然有共通的文化渊源，然而各地仍有各自的地方特色，应努力发挥自身所长，在一体化文化定位下保持自身独有的吸引力。

目前，为促进长三角文化建设的发展，上海创立了一年一度的国际文化艺术节“长江三角洲文化论坛”。在论坛上，来自长三角地区16个城市的文化工作者、专家学者和有关领导汇聚一堂，围绕“长江三角洲文化合作与发展”的论坛主题，共商21世纪长三角文化一体化发展趋势，探讨地域文化资源和成果共享新模式。在社会各界的共同努力下，长三角有望发展成为全国文化创新内容最多、文化辐射力最强且文化消费能力最高的地区。

二十四　长三角环境保护与生态建设

(一) 长江三角洲生态环境总体状况 (见表3-114)

进入21世纪以来，上海、江苏、浙江在经济社会事业快速发展的同时，进一步加大了环境保护和生态建设的力度，使环境恶化的趋势得到了基本控制，环境质量总体上比较稳定，部分地区环境质量有所改善。

表3-114　长三角生态环境的总体状况

指　标	上海市(2005年)	浙江省(2003年)	江苏省(2005年)	全国平均水平
环境质量				
可吸入颗粒物日平均值(毫克/立方米)	0.088	0.093[1]	0.105	0.110[2]
二氧化硫日平均值(毫克/立方米)	0.061	0.020[1]	0.044	0.049
二氧化氮日平均值(毫克/立方米)	0.061	0.030[1]	0.030	0.037[2]
酸雨频度(%)	32.7	84.3[1]	33.9	
降水(pH值)	4.92	4.50[1]	5.1	3.87~8.35
城市人均公共绿地面积(平方米)	11.0	8.15	7.1[2]	7.4
污染控制				
工业废水排放达标率(%)	94.9[1]	97.21	97.5	90.7
工业固体废物综合利用率(%)	97.2	86.9[1]	95.0	56.1
环境保护				
自然保护区覆盖率(%)	11.8	1.7	8.3	14.8
环境保护投资(亿元)	225.0[1]	231.7[1]	1908.6[3]	
环保投资相当于GDP比例(%)	3.0[1]	2.52[1]	1.40	

注：1栏为2003年数据。2栏为2002年数据。3栏为全国环保总投资。

数据来源：《2005上海市环境状况公报》，《2003浙江省环境状况公报》，《2005江苏省环境状况公报》，《全国环境统计公报2004年》，《2005年中国环境状况公报》。

上海市以“环保三年行动”为抓手，加强了水环境治理、大气环境治理、固体废物治理、工业污染治理、农业污染治理和绿化建设，使城市生态环境质量进一步改善。2005年，该市环境空气质量为优良的天数有322天，优良率为88.2%。全年可吸入颗粒物和二氧化硫同为首要污染物的有6天，占总数的1.6%。可吸入颗粒物和二氧化氮同为首要污染物的有1天，占总数的0.3%。近5年(2001~2005年)的监测数据表明，环境空气质量优良率除2002年外，其余4年均高于80%，2003~2005年连续三年超过85%。另据统计，自2002年以来，上海市空气质量在中度污染以上的天数分别为6天、3天和1天，呈逐级下降趋势；水环境质量恶化的趋势基本得到遏制，苏州河干流基本消除了恶臭，河水的生态功能开始恢复，主要水质指标基本达到景观水标准，黄浦江的水质状况也有所好转；重点区域环境综合整治成效明显，吴淞工业区空气环境质量有较大改善；废弃物减量化、资源化和无害化处理得到进一步推进，中心城50%以上的地区、185万户居民实施了生活垃圾分类收集，并开展了重点行业包装减量化试点，建立了社区废品回收利用交投站150多个；绿化建设取得突破性进展，中心城区绿化覆盖率达到36%，人均公共绿地面积10平方米，并于2003年实现了建成国家园林城市的目标，到2005年底，上海人均公共绿地面积要比上年再增加近1平方米，达到11平方米，绿化整体覆盖率超过37%，市区居民出门500米可见大型公共绿地的工程也逐渐向郊区推进。据悉，目前上海人均绿地面积已超过了东京、大阪等都市。环境保护和建设工作提升到了一个新水平。

浙江省在环境保护和建设方面，主要是组织实施了一批重点环保工程项目，积极推行清洁生产，加强杭嘉湖等重点流域、重点地区的水环境综合整治，强化农业农村污染防治。2005年监测表明，浙江省江河湖库总体水质基本良好，据八大水系、运河和湖库171个省控断面水质监测结果，有64.9%的监测断面水质达到或优于地表水环境质量三类标准，较上年有明显好转。八大水系中，满足功能断面数由多到少排列依次为飞云江、瓯江、苕溪、甬江、钱塘江、曹娥江、椒江、鳌江和运河。与2004年相比，湖库富营养化程度略有减轻；但32个省控河网监测断面水质不容乐观，水质仍然较差，主要超标指标为氨氮、总磷、高锰酸盐指数和生化需氧量；省内大部分设区市的主要饮用水源地水质优良；与2004年相比，2005年太湖流域杭嘉湖地区地表水总体水质略好，年全省地表水总体水质也有明显好转。大部分城市的主要饮用水源地水质良好。全省酸雨污染仍较严重，酸雨发生的频率高、强度大、范围广。全省城市环境空气质量总体良好，32个省控城市中，90.6%的城市空气质量达到国家空气质量二级标准，城市空气综合污染指数下降了0.05，全省城市空气质量有所好转。影响城市空气环境质量的首要污染物是总悬浮颗粒物，其次是二氧化氮和二氧化硫。在32个省控城市中，11个设区市全年的一至二级空气质量天数已经达到80.0%以上，大多数城市达到90.0%以上。全省降水pH年均值为4.39，比上年下降了0.02。酸雨率平均为91.6%，比上年上升了2.1个百分点。

江苏省主要以改善环境质量为根本出发点和落脚点，以水和大气污染防治为重点，以强化执法监督为保障，积极开展了淮河、太湖和长江流域水环境综合整治。2005年，江苏城市空气环境质量总体好于上年同期水平，道路交通噪声污染状况有所减轻，但水环境状况喜忧参半，酸雨污染有所加重。苏州、南通、连云港、扬州和镇江5市空气质量达到国家空气质量二级标准，主要污染物可吸入颗粒物平均浓度下降了10%。按空气综合污染指数评价，仍有常州、无锡、南京和徐州4市处于轻污染级状态。全省城市空气污染以煤烟型污染为主。大型城市和部分中等发达城市正向混合型（煤烟型污染、汽车尾气污染）过渡。尘灰污染普遍较重，69.2%的城市超标；氮氧化物超标的城市是徐州、常州、南京等市，其他城市均符合二级标准；二氧化硫基本达到二级标准，但酸雨污染未得到完全控制。春、秋季节里，在不利气象条件下，一些城市空气质量恶化，引起社会各界的关注。与2004年同期相比，全省酸雨污染有所加重，酸雨发生频率为34.1%，上升了6.2个百分点，三场雨中就有一场多是酸雨。酸雨污染较重的城市依次

为扬州、苏州、南通和南京，淮安、盐城、镇江和宿迁4市未发生酸雨，其中扬州、泰州、南京和苏州4市酸雨污染明显加剧。水环境状况方面喜忧参半，1至11月，13个省辖城市市区取水总量为14.72亿立方米，其中有少量水质超标，影响水质的主要超标项目为总氮和总磷。长江流域干流水质较好。太湖流域，与2004年同期相比，湖体高锰酸盐指数和总磷污染基本持平。淮河流域，45个考核断面水质达标率上升了6.7个百分点。全省主要河流受到较严重的有机污染。对无锡、常州、苏州、南通、连云港、淮安和盐城等7市主要水产养殖区水产品生物质量监测结果表明：江苏省部分水产品（可食用部分）中镉、铅和汞含量未达到食品卫生标准要求。长江干流水质继续保持良好，各江段水质均达到或优于地表水环境质量II类标准；淮河流域水污染防治工作进一步加快，淮河干流水质总体处于III类；京杭大运河水体有机污染较为严重，且苏南段污染程度重于苏北段，2004年苏北段总体水质为Ⅳ类，苏南段水质劣于V类；太湖湖体水质基本达到国家“十五”计划的考核目标，湖体高锰酸盐指数达到地表水环境质量III类标准，总磷达Ⅳ类标准，总氮平均劣于Ⅴ类，全湖富营养化程度平均为中富营养，其中湖心区和东部沿岸区为轻富营养水平，其余湖区均处于中富营养水平。水质总体达标率有所上升，全省生态环境建设正逐步加强。

（二）长江三角洲生态环境质量

1. 水环境质量

长三角地区水资源总量丰富，但水环境污染问题仍比较突出，存在一定程度的“水质性缺水”状况。通过近年来着重加大污染防治力度和全力推进水环境综合整治工作，水环境质量局部得到改善，但总体仍不容乐观。

长三角地区河流总体水质逐年下降，干流水质基本稳定并有好转的趋势，中小河流水质呈持续恶化态势，呈现出有机污染特征和强烈的富营养化趋势。长江和钱塘江两大干流基本能保持在地面水Ⅱ类水标准，一般市区河流水质均远低于Ⅴ类标准，郊区和农村河流水质均低于Ⅳ类标准。湖泊呈现严重的富营养化现象。近十年该区湖泊水质已由原来的以III类为主变为以IV类、V类为主，区内近20个主要湖泊超过75%已呈现明显的富营养化。

与2004年相比，2005年淮河流域总体水环境质量呈好转趋势，淮河干流未发生大的污染事故，沿岸群众饮水安全基本得到保障。但总体上看淮河水质还属于中度污染，仍有一些跨省界断面水质不能达标，部分二、三级支流仍为劣五类水体，水体中氨氮浓度较高。

1）长江干流水质较好，但岸边污染带呈发展趋势，支流有机污染严重

（1）长江干流（江苏段）。2005年长江干流水质良好，干流11个断面中有10个断面水质符合功能要求，90.9%断面水质处于Ⅱ类以上，仅镇江三号码头（内江）断面受石油类影响水质为Ⅳ类（图3－45）。25条主要入江支流的29个控制断面中，17个断面水质符合功能要求。与上年相比，南京段水质略有好转，其他城市段水质基本持平，挥发酚、石油类等指标偶有超标。

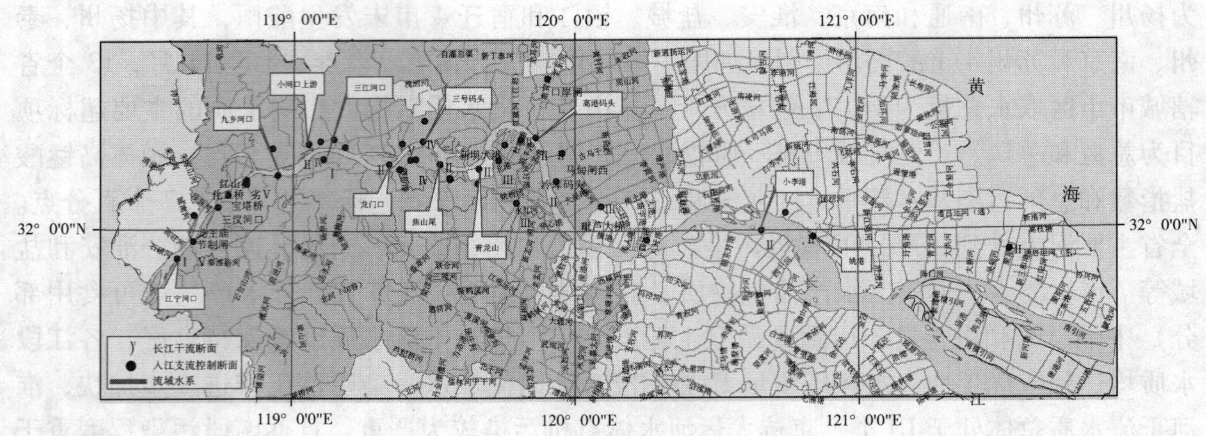

图3－45　2005年长江干流断面水质示意

（2）入江支流（江苏段）。2005年长江入江支流控制断面29个断面中，Ⅲ类水质断面占41.3%，Ⅴ类和劣于Ⅴ类水质断面分别占20.7%和17.2%，另有20.7%断面为Ⅳ类。南京段外秦淮河三汊河口、金川河宝塔桥、十里长沟化工桥和红山桥等断面均劣于Ⅴ类；泰州如泰运河冷库码头、古马干河马甸闸西和南通通启运河聚南大桥水质相对较好。

（3）长江口及近岸海域。长江口的淡水资源量较为丰沛，但由于近岸水域的水质污染、北支咸潮的倒灌及南支咸潮的上溯，该地区正日益成为典型的水质型缺水地区。

长江口区域水体质量呈现总体水质良好与局部水质污染并存的格局，河道主泓水域水质优于近岸水域，断面水质南岸较北岸差。水体污染主要表现形式为城市江段岸边污染带，其主要污染物为TP、COD_{Mn}、氨氮，且呈现出局部水域水体污染日趋严重，岸边污染带呈逐年加剧趋势。长江口南支河道近岸水域有明显的岸边污染带，直接影响上海市长江水源地的建设。

咸潮入侵是影响长江口地区水资源利用的另一个主要因素。目前长江口咸潮入侵日益加剧，枯水季节更为严重，近20多年来，每年的1～3月均发生不同程度的氯化物超标现象，已严重影响到上海市和江苏南通启东地区、常熟、太仓地区淡水资源的开发利用。

长江口毗连海域海水质量较差，水质以Ⅳ类和劣Ⅳ类为主。无机氮和活性磷酸盐普遍超标严重，局部海域受到铜、化学需氧量和石油类污染物影响。长江口及其邻近海域的营养盐水平从20世纪60年代至今已经增加了7～8倍，近岸海域水体均呈富营养或严重富营养状态。2005年江苏省近岸海域海水水质以Ⅱ类为主，16个海水水质测点中，有12个测点符合《海水水质标准》（GB3097-1997）Ⅱ类海水水质的要求，所占比例为75%，其余4个测点水质劣于Ⅳ类，占25%。

2）太湖湖体水质趋于好转，但仍处于富营养化水平，出入湖控制断面水质仍然较差

太湖湖体高锰酸盐指数达到地表水环境质量Ⅲ类标准，总磷达Ⅳ类标准，总氮平均劣于Ⅴ类。全湖富营养化程度平均为中富营养，其中湖心区和东部沿岸区处于轻富营养水平，其余湖区均处于中富营养水平（见图3－46）。

对照《太湖流域水污染防治“十五”计划》2005年水质目标，太湖主要出入湖河流

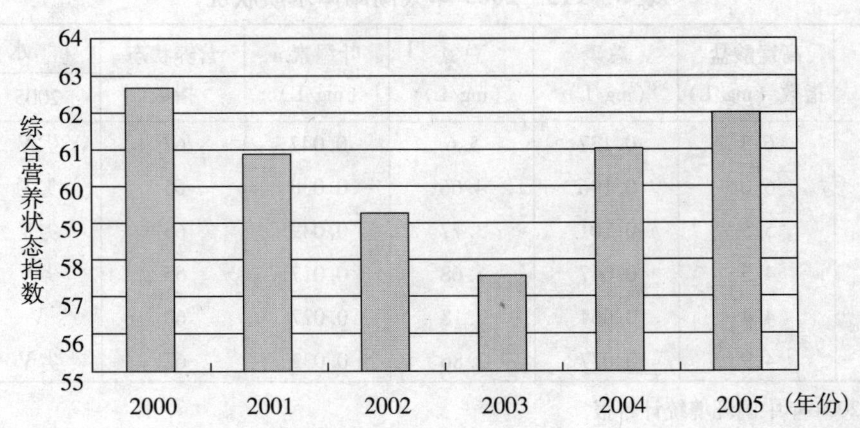

图3-46 2000~2005年太湖湖体综合营养状态指数变化趋势图

21个控制断面中有13个达标，达标率为61.9%；45个行政交界断面中有24个达标，达标率为53.3%。

据江苏省环境检测站检测结果，2005年11月，太湖湖体平均水质劣于Ⅴ类，富营养化程度平均处于中富营养水平。与《太湖流域水污染防治“十五”计划》湖体水质目标相比，除东部沿岸区水质达到目标要求外，其余湖区均未达到水质目标要求。江苏省境内太湖流域出入湖河流21个控制断面（苏州苏东河越溪桥因河道整治无法采样）中，有11条河流水质符合2005年水质目标类别要求，达标率为55.0%；9条主要入湖河流中有4条河流水质达标，达标率为44.4%。45个环湖河流行政交界断面中，达到2005年水质目标的断面有22个，达标率为48.7%；45个断面中符合Ⅱ、Ⅲ、Ⅳ、Ⅴ类水质标准和劣Ⅴ类水质的断面分别为2个、11个、14个、6个和12个，分别占4.4%、24.4%、31.1%、13.3%和26.7%。与上月相比，太湖全湖高锰酸盐指数和总磷污染无明显变化，综合营养状态指数亦无明显变化，总氮污染略有上升；太湖出入湖河流水质略有下降，行政交界断面水质无明显变化。与去年同期相比，太湖全湖高锰酸盐指数和总磷污染无明显变化，总氮污染和富营养化程度略有上升；主要出入湖河流和行政交界断面水质略有好转。

2005年，太湖5个重点湖区高锰酸盐指数浓度范围在4.37毫克/升~6.33毫克/升，达到了国家《太湖流域水污染防治“十五”计划》提出的“5个重点湖区高锰酸盐指数浓度控制在5.0毫克/升~7.5毫克/升”的要求；5个重点湖区总磷浓度在0.064毫克/升~0.137毫克/升，也达到了2005年控制目标0.1毫克/升~0.2毫克/升的浓度范围要求（见表3-115）。

太湖各湖区中五里湖、梅梁湖和西部沿岸区污染最为严重，水质一直劣于Ⅴ类，富营养状况一直处于重富或中富状况；各项指标均不同程度超过2005年水质目标要求。湖心区和东部沿岸区污染相对较轻，富营养状况维持在轻富营养水平。2004年各湖区高锰酸盐指数比上年均有升高，五里湖高锰酸盐指数和总磷浓度年均值增加幅度较为显著；除梅梁湖总氮比上年增加外，其他湖区总氮浓度均有所降低。

表 3-115 2005 年太湖湖体水质状况

湖区	高锰酸盐指数（mg/L）	总磷（mg/L）	总氮（mg/L）	叶绿素 a（mg/L）	营养状态指数	水质类别	
						2005	2004
五里湖	6.3	0.137	5.6	0.047	67	劣Ⅴ	劣Ⅴ
梅梁湖	6.0	0.106	4.66	0.038	65	劣Ⅴ	劣Ⅴ
西部沿岸区	5.5	0.101	3.77	0.049	65	劣Ⅴ	劣Ⅴ
东部沿岸区	4.5	0.047	1.68	0.017	55	劣Ⅴ	Ⅴ
湖心区	4.4	0.064	2.18	0.027	60	Ⅴ	Ⅴ
全湖平均	4.9	0.077	2.86	0.032	62	劣Ⅴ	劣Ⅴ

数据来源：2004 年中国环境统计年报。

2005 年，国家考核江苏省的 21 条出入湖河流中有 13 条河流水质达到《太湖流域水污染防治“十五”计划》目标要求，达标率为 61.9%；9 条主要入湖河流中有 4 条河流水质达到水质目标要求，达标率为 44.4%。8 条水质未达标的河流为无锡市的直湖港、漕桥河、小溪港、洪巷港、陈东港和梁溪河，苏州市的吴淞江和苏东河（见图 3-47、图 3-48）。

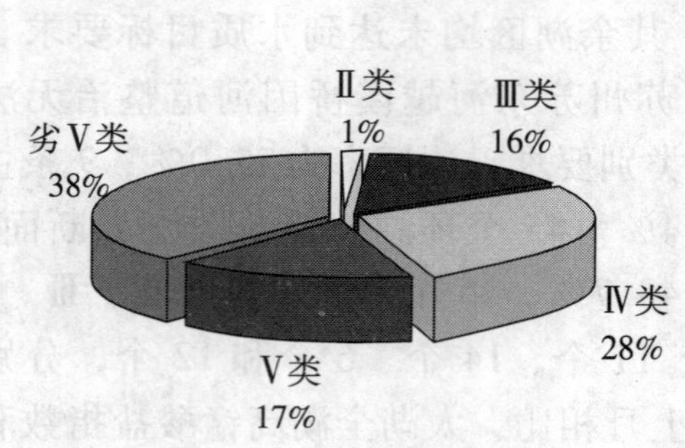

图 3-47 2005 年环湖河流水质类别比例

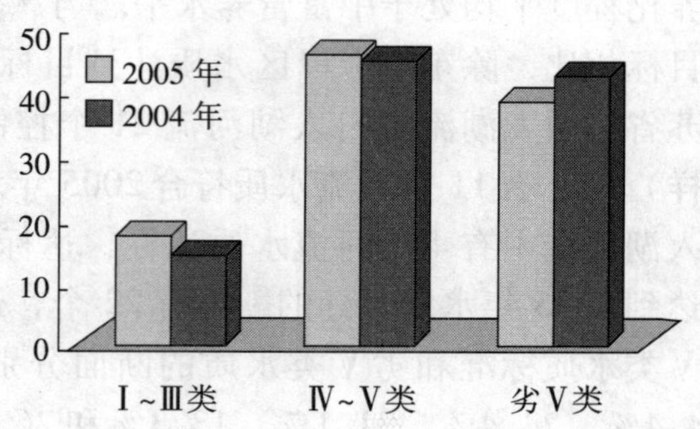

图 3-48 2004 年、2005 年环湖河流水质年际比较（单位：%）

3）钱塘江及浙东诸河水质下降，环杭州湾近岸海域水质恶化，赤潮频发

2005 年，浙江省江河干流水质总体基本良好，但在部分支流和各水系流经城镇的局部河段，存在不同程度的污染。运河、平原河网和城市内河污染仍然严重；湖泊存在不同程度的富营养化现象，水库富营养化较轻；大部分城市的主要饮用水源地水质良好。水体主要污染指标是氨氮、总磷、高锰酸盐指数、生化需氧量、挥发酚和石油类。据八大水系、内陆河流和湖库的 171 个省控断面检测结果统计，64.9% 的检测水质达到或优于地表水环境质量Ⅲ类标准（其中Ⅰ类水质为 2.9%、Ⅱ类为 27.5%、Ⅲ类为 34.5%），14.6% 的检测断面水质为Ⅳ类，20.5% 的检测断面水质为Ⅴ类和劣Ⅴ类（其中Ⅴ类水质为 6.4%、劣Ⅴ类为 14.1%）。八大水系按满足功能断面数百分比由大到小顺序排列依次为：飞云江、瓯江、苕溪、甬江、钱塘江、曹娥江、椒江、鳌江。平原河网水质主要为Ⅲ~劣Ⅴ类，93.8% 的断面不能满足功能的要求，总体水质依然很差，主要污染指标是

氨氮、总磷、高锰酸盐指数、生化需氧量和石油类。京杭运河氨氮和总磷指标仍然超标，水质依然很差，100%的断面不能满足功能要求。水库水质总体优良，主要为II、III类，占93.3%；湖泊水质相对较差，其中东钱湖水质最好，为III类；西湖、鉴湖分别为IV类和V类；南湖水质最差，为V类；湖泊均呈现不同程度的富营养化（见表3-116）。

表3-116　长三角区域浙江入海河流河口水质评价结果

河口名称	钱塘江河口	曹娥江河口	甬江河口	椒江河口	备　注
水质类别	Ⅳ	劣V	Ⅳ	Ⅳ	GB3838—2002《地表水环境质量标准》
定类项目	石油类	高锰酸盐指数、总磷	石油类	溶解氧、总磷、石油类	

近岸海域环境污染仍然严重，主要超标指标为无机氨、活性磷酸盐，部分水样溶解氧、化学需氧量和石油类超标，其他铅、锌、汞、铜、镉、pH、非离子氨等指标测值均在海水水质II类标准限值范围内。受无机氨和活性磷酸盐超标影响，海域水体总体处于中度富营养状态，全省绝大部分近岸环境功能区未达到水质保护目标要求，水质达标率仅为8.0%。所监测的45个国控站位水质IV类和劣IV类占62.2%，III类占17.8%，II类占13.3%，I类占6.7%。各沿海城市中嘉兴水质较差，均为IV类海水；温州较好，优于II类水占42.9%。重要海湾中，杭州湾与象山湾海域水质较差，均为IV类海水，乐清湾与三门湾海域劣IV类海水占一半，水质状况也不容乐观。

近岸海域生物环境质量处于中等污染程度，海域生物多样性普遍较低，尤其是底栖生物。赤潮仍然是浙江省目前最大的海洋污染灾害，2005年浙江近岸海域发现赤潮18次，累计面积近10000平方公里。2005年5月30日至6月10日在全省海域爆发大面积赤潮，从嵊山外侧至南麂列岛南部整个浙江近岸海域均有分布，面积高达7000平方公里。

2. 大气环境质量

长江三角洲地区大气污染目前总体上是以煤烟型污染为主，这是由于耗能结构中目前仍以耗煤量的比重最大，煤烟型污染以酸雨的危害最大。大量燃煤电厂密布于沿长江和沿海地带，沿长江带、沪杭甬一带均为酸雨的高频率地区，且酸度高，pH值常小于4。除煤电厂排放的废气外，本区城市一次性能源中煤的比重过大，小锅炉与民用炉低矮源排放是城市降尘增多、大气环境恶化的主要原因之一。此外，在上海等大城市中，污染物来自汽车、石油化工厂的排放，主要包括NO_2、烯烃、链烷等碳氢化合物和各种自由基，造成NO_X/SO_2比值一直呈上升趋势，石油型污染的特征日益突出，由此形成了煤烟型与石油型并重的复合型污染。

1）二氧化硫浓度基本达到国家二级标准，个别城市出现超标现象，总体上整个区域二氧化硫年日均浓度呈现上升趋势（见图3-49）

上海市城区二氧化硫年日均值为0.061mg/m^3，略超过《国家环境空气质量标准》（GB3095-1996）二级标准，较2004年上升0.006mg/m^3。首要污染物为二氧化硫的有49天，占总数的13.4%。由于经济高速发展和能源需求的增长，二氧化硫污染总体呈上升趋势。

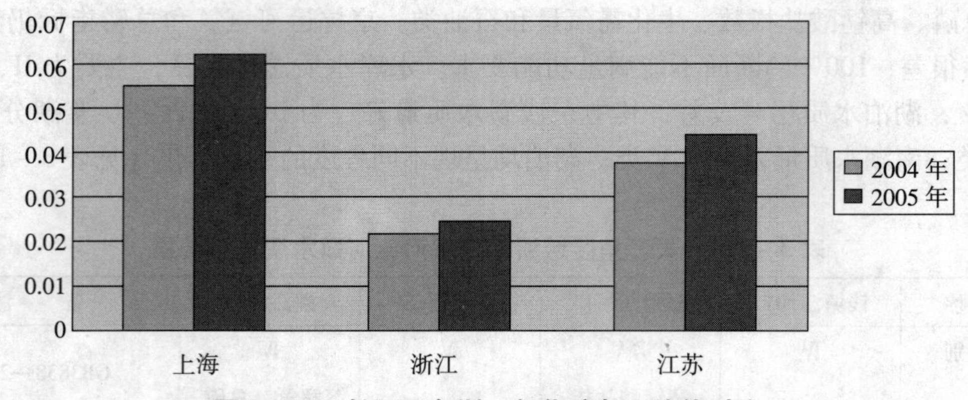

图 3－49　长江三角洲二氧化硫年日均值对比

江苏省平均水平在 0.29～0.45 mg/m³ 之间，但是无锡（0.057～0.072 mg/m³）、南通（0.049～0.050 mg/m³）两市二氧化硫年日均浓度水平高于全省平均水平，变化幅度不大，说明二氧化硫得到控制。浙江省二氧化硫年日均值变化缓慢，近五年来基本控制在 0.30 mg/m³ 左右，2004 年平均浓度为 0.21 mg/m³，为国家空气质量二级标准浓度的 1/2，五年间无一城市超标。

2）降水 PH 值较低，酸雨频率居高不下（见图 3－50）

“十五”期间以来，长江三角洲地区各城市积极实施 SO_2 总量控制，对减轻酸雨污染有一定作用，但是降水酸度仍然较低，五年来降水 PH 值保持在 4 左右，酸雨频率居高不下。

近年来长江三角洲地区酸雨污染依然严重，酸雨污染覆盖面积较大。酸雨污染相对较严重的城市主要集中在浙江省，显示出明显的区域性分布特征。该地区各城市降水酸度在 4.38～5.2 之间。其中浙江省酸雨污染最严重，平均降水酸度最低为 4.38，平均酸雨频率为 91.9%，最高的城市达到 98.6%；其次是上海市降水 PH 值为 4.92，酸雨频率为 32.7%；江苏省平均降水酸度为 5.2，平均酸雨频率为 28.7%，但是南通市酸雨频率位居全省首位，超过 60%，酸雨发生率常年在 50% 以上，南通、南京等地也是相对稳定的酸雨污染较重的区域。

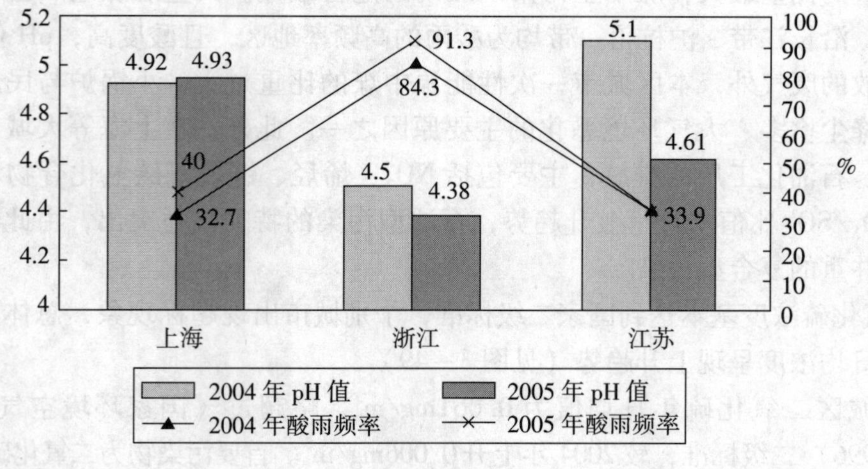

图 3－50　长江三角洲酸雨状况对比

3）可吸入颗粒物为整个区域的首要污染物，部分城市超标严重

近五年来长江三角洲各城市针对颗粒物污染严重问题，实施了有效的治理措施，使颗粒物污染有不同程度的改善，2005 年所有城市 PM_{10}年日均浓度均有所下降，但是可吸入颗粒物年日均浓度仍然很高。江苏省最严重，其次是上海，浙江省污染水平最低。

4）NO_X 年日均浓度均达到国家空气质量二级标准，但是呈现逐年上升的趋势

就整个长江三角洲区域来看，浓度区域分布规律为上海 > 浙江 > 江苏，所有城市 NO_X 浓度均不超标，但是部分大型城市（如上海、南京、杭州、宁波等）呈现稳定上升趋势。

从未来发展趋势分析，该地区的能源利用结构将会被调整，能源消耗中燃油、燃气的比例将会增加，同时随着今后机动车保有量的持续增长，长江三角洲各地区平均 NO_X/SO_2 比值一直呈上升趋势，预示着长江三角洲地区将面临 NO_X 污染的压力，大气污染将由燃煤型污染向燃煤型和石油型混合污染转变（见图 3 -51、图 3 -52）。

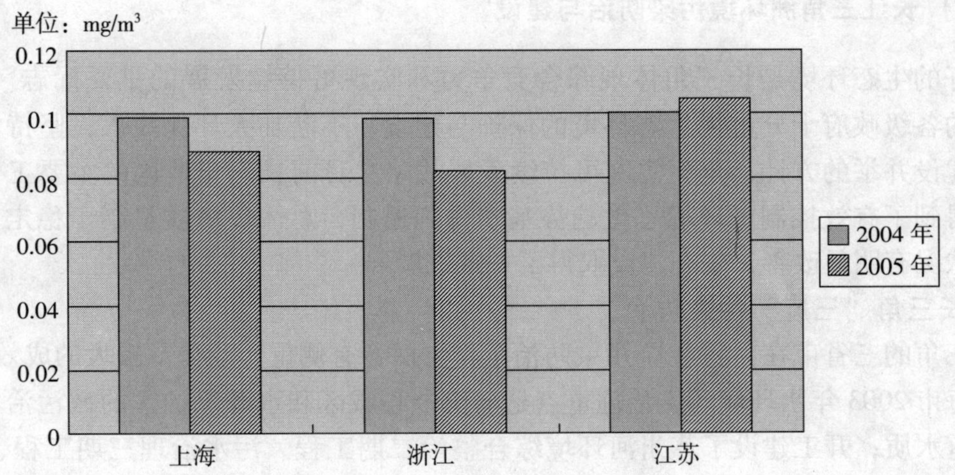

图 3 -51　长江三角洲 PM_{10}年日均值对比

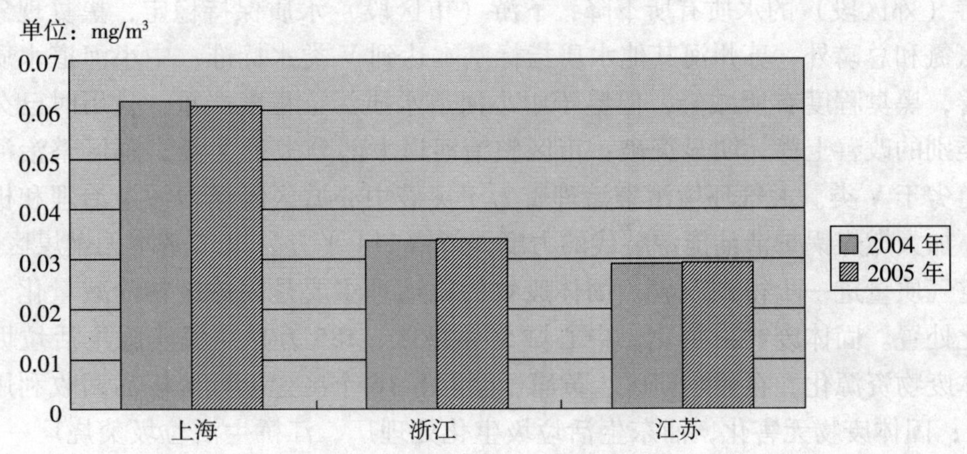

图 3 -52　长江三角洲氮氧化物年日均值

3. 土壤环境质量

由于化肥农药的不合理施用，管理粗放，导致耕地质量下降。据监测，近几年土壤有机质平均每年下降0.07克/公斤，土壤耕层变浅，物理性状变差。由于长期大量施用氮肥，钾肥严重不足，加剧了土壤养分的不平衡，造成土壤钾素锐减。个别地区1994年水稻田速效钾含量与1984年相比平均下降21.7‰，缓效钾含量下降38.0‰。同时化肥农药投入施用强度高，超过全国平均水平2倍。

土壤环境污染与食品质量问题息息相关。在乡镇企业的直接污染以及水体污染的双重作用下，土壤的污染程度加重。1983年调查部分地区有20%左右的耕地存在着不同程度的污染，主要污染物是汞、砷、铬等；1989年第二次调查发现，这些地区铅的污染增加了2~5倍；锡的污染增加了5~7倍；汞的污染增加了1倍多。近年来各种污染更是有增无减。农业灌溉用水受到污染，造成食品重金属、亚硝酸盐类等超标，养殖场受到污染，造成水产品菌类超标等问题日益突出。

（三）长江三角洲环境污染防治与建设

良好的生态环境是长三角体现综合竞争力和实现可持续发展的重要标志。近年来，长三角的各级政府十分重视生态环境的保护与建设，不断加大环保投入，坚持污染防治与环境建设并举的方针，全面实施可持续发展战略。目前长三角地区的主要工业污染物排放量得到了有效控制，环境恶化趋势基本得到遏制，总体环境质量趋于稳定，局部地区环境状况有明显改善，生态建设取得了一定进展。

1. 长三角“三废”污染防治

长三角的三省市在“三废”污染防治工作方面各有侧重，取得了较大的成效。

上海市2003年水环境污染治理重点是加快中心城区和水源保护区的截污治污，大力改善河道水质；开工建设了苏州河环境综合整治二期工程、污水治理三期工程、11个郊区污水处理厂和7个污水收集管网；对中心城区苏州河南北两片21条重点河道进行了整治。监测结果显示：黄浦江总体水质状况有所好转，大多数污染物浓度均有所下降；苏州河上游（郊区段）的水质有所下降，下游（市区段）水质保持稳定，黑臭现象基本消除，除氨氮和总磷外，苏州河其他水质指标基本达到V类水标准；中小河道水质状况已有所改善，黑臭程度有所减轻，但鉴于中小河道水质污染程度严重，且历时已久，所以在水质类别的改善上尚无明显突破：市区整治河道大部分劣于V类；郊区整治河道中近一半河道劣于V类。大气环境污染治理着力于突破中心城区煤烟型污染治理和机动车尾气治理；加大燃煤锅炉清洁能源替代的力度，新增114平方公里“基本无燃煤区”。上海的环境空气质量进一步得到改善。固体废物污染治理主要是固体废物的减量化、资源化和无害化处置。固体废物减量化，中心城50%地区、185万户居民实施生活垃圾分类收集；固体废物资源化，在浦东新区、黄浦、徐汇等16个区建立社区废品回收利用交投站150多个；固体废物无害化，浦东生活垃圾生化处理厂、江桥生活垃圾焚烧厂一期工程、危险废物集中处置一期工程建成并投入使用；医疗废物集中无害化处置工作已完成招商工作。

浙江省2003年水环境污染防治重点是杭嘉湖流域水污染防治以及城市集中污水处理厂建设与监测管理。杭嘉湖流域已建成污水处理厂22家，处理能力167万吨/日。24家企业完成了清洁生产审核；110家企业安装了在线监测系统；31家重点氮磷污染物排放企业已完成脱氮脱磷治理。流域水质仍基本保持稳定，6条入太湖河流水质均达到Ⅲ类标准，COD指标明显改善。全省建成并投入运行的集中污水处理厂已达36座，日处理污水能力281.6万吨。继续加强城市污水处理厂和大型工业污水集中处理厂的监管工作，对32家污水处理厂进行指标考核，总体达标率为61.0%。另外，全省已创建合格、规范的饮用水源保护区310个，服务人口1700多万。大气环境污染治理重点是二氧化硫污染防治、"禁燃区"实施和"烟控区"建设。加大了火电厂脱硫力度，实施二氧化硫总量削减计划，有15家热电企业进行脱硫工程建设；正式开展禁止使用高污染燃料工作，杭州、宁波、温州、绍兴、湖州等五个大气污染防治重点城市均启动了"禁燃区"工作，已建成高污染燃料禁燃区面积100多平方公里；全省新建成烟尘控制区760.1平方公里，累计建成3084.2平方公里。全省城市环境空气质量总体良好，75%的省控城市达到国家二级标准，但是酸雨污染仍较严重，全省城市空气质量较上年略有下降。固体废物污染治理主要是加强危险废物、医疗废物以及进口废物的处置和监管。全省已经投运的危险固体废物集中处理厂13座，绝大部分采用焚烧处置方法。危险固废的实际处置能力为129.9吨/日，共处置危险固废2.1万吨，比上年增加52%。

江苏省以水和大气污染防治为重点。2003年水环境污染防治的重点是太湖和淮河流域的水环境综合整治。太湖流域内城镇污水集中处理设施建设进度加快，"十五"计划建设的89座污水处理厂已建成42座，在建27座，形成处理能力123.2万吨/日；"引江济太"工程见效，经望虞河向太湖引长江水10亿立方米，有效改善了太湖整体水质；五里湖综合整治工程全面开展，其中退渔还湖工程已完工，使五里湖水域面积由5.6平方公里扩大到8.6平方公里。淮河流域暨南水北调东线水环境综合整治取得较快进展。南水北调东线治污规划中的5个工业结构调整项目和4个综合整治项目已全部完成；城镇生活污染治理速度加快，淮河流域"十五"期间计划新建污水处理厂47座，现已建成11座，新增处理能力38.75万吨/日，在建19座。太湖和淮河水质的达标率均有所上升。尽管加强大气污染防治工作，但全省城市空气质量总体上仍处于轻污染级。全省城市空气环境二氧化硫和二氧化氮普遍达标，酸雨污染格局基本不变，南通、常州、南京3市是相对稳定的酸雨污染较重区域。

2. 长三角工业污染防治和重大环境工程建设

随着长三角工业经济实力的不断增强，工业污染防治能力也不断提高，基本实现了从原来以末端治理为主，转向以调整产业结构、优化工业布局、加快技术进步、加强资源综合利用、实施清洁生产和源头控制为主的方式转变。主要的措施有：①调整工业结构，高污染行业产值比重下降；②调整工业布局，减轻城市中心区的污染负荷；③贯彻落实"一控双达标"，即控制工业污染排放总量，工业废水、废气排放要达标；④推行清洁生产和环境管理体系国际标准认证；⑤对重污染地区和工业区进行环境综合整治。

长三角工业污染防治成效显著。比如上海市，2001 年与 1990 年相比，万元工业产值废水排放量下降了 89.03%，万元工业产值固体废物产生量下降了 73.77%，万元工业产值废气排放量下降 56.84%。在工业总产值增加 3.66 倍的情况下，废水排放总量下降了 48.07%，固体废物综合利用率提高了 13%，二氧化硫排放量下降了 37.4%。通过执行工业污染治理项目，使工业企业既创造了经济效益，又取得了良好的社会和环境效益。

长三角的重大环境工程建设项目如表 3－117 所示。

表 3－117　长三角重大环境工程项目

单位：亿元

地　区	工 程 名 称	总投资额
上海市	苏州河综合治理一期工程	86.548
	合流污水二期工程	50
	浦东新区生活垃圾焚烧厂	6.7
	上海江桥生活垃圾焚烧厂	7.48
	上海市固体废物处置中心	3.6
	四大公共绿地工程	16
浙江省	浙江半山天然气发电工程	40
	杭州—宁波天然气管道工程	20.416
	杭州市天然气利用工程	16.38
	萧山东片大型污水处理厂工程	7.301
	杭州市第二垃圾填埋场	3.54
江苏省	太湖流域水环境综合整治	220.1
	淮河流域暨南水北调东线水环境综合整治	650

数据来源：《2003 上海环境年鉴》，上海人民出版社，2003 年 11 月。
《2002 上海环境年鉴》，上海人民出版社，2002 年 11 月。

（四）长江三角洲生态环境保护

生态环境资源保护工作主要包括绿化建设、农村生态环境保护、野生动植物栖息地资源保护、自然保护区建设、土地资源保护与利用、地质资源保护与利用等内容。长三角的三省市采取了各种有效的措施来保护自然生态环境和资源，在各方面都取得了进步。

1. 绿化建设（见表 3－118）

近年来长三角的绿化建设取得突破性进展。尤其是上海市，2003 年绿化建设的突出成绩是实现创建国家园林城市的目标。2003 年上海市新增绿化面积 24312 公顷，城市人

表 3－118　长三角人均公共绿地面积变化

单位：平方米

年　份	1999	2000	2001	2002	2003	2004	2005
上海市	3.62	4.6	5.56	6.1	9.16	10.0	11.0
浙江省	3.2	8.0	5.12	6.51		8.15	
江苏省	8	8.1	6.6	7.1			

数据来源：《上海市环境状况公报》，《浙江省环境状况公报》，《江苏省环境状况公报》（历年）。

均公共绿地面积达到 9.16 平方米，绿化覆盖率达到 35.18%，森林覆盖率达到 15.1%。其中，中心城区全面开展国家园林城市创建工作，完成外环线 400 米宽绿带一期、广场公园三期等一批公共绿地，2003 年新建各类绿地 4155 公顷。郊区林业建设继续保持了较好的发展势头，2003 年完成郊区绿化造林超过 20000 公顷。闵行浦江、嘉定、宝山、崇明已完成生态片林建设 1759 公顷，奉贤海上森林一期项目的 9100 亩森林经过三年多建设已基本完成；黄浦江上游水源涵养林完成 529.5 公顷；沿海防护林工程完成 355 公顷高水平、高标准“绿色屏障”的建设任务；在政策推动下，结合农业结构调整，经济林建设势头迅猛，新增经济林 16293.7 公顷。上海的绿化建设速度为历史之最，城市生态系统得到进一步改善。

浙江省的绿化建设也取得了一定成绩。据浙江省“九五”森林资源清查，全省森林覆盖率（含灌木林）达到 59.4%，名列全国前茅。全省有林地面积 553.9 万公顷，林木蓄积量 13847 万立方米。2003 年全省完成造林更新 53.5 万亩，为计划的 112.9%。全省省级以上森林公园已达 73 个。完成了 3000 万亩重点生态公益林区界定工作，并通过国家验收。森林资源保护管理力度不断加大，全省林木采伐控制在 700 万立方米限额以内。大力实施平原城镇绿化工程，全省城镇绿化 9400 多万平方米。全面启动万里绿色通道建设工程，累计建成绿色通道 6600 多公里。

2. 农村生态环境保护

长三角地区的农业和农村经济十分发达，农业农村的生态环境保护问题就显得尤为重要，上海市已把农业环境保护列入市环境建设与保护新“三年行动计划”中。控制化肥农药等农村面源污染，是农村环境建设的重要内容。长三角农村属农田化肥、农药使用量偏高地区，且化肥、农药的品种结构不够合理，利用率低，加上分散种植，在一定程度上造成了化肥和农药的面源污染。比如，2001 年上海农田化肥单位面积施用量为 613 公斤/公顷，是美国的 27 倍，德国和法国的 10 倍，高于全国平均水平 60%。从氮肥的品种结构来看，尿素占 42% 左右，碳铵占 46% 左右，复合肥（其中 70% 属低浓度）占 12% 左右。而碳铵是一种挥发性氮肥，其氮的损失率要大于利用率 2 倍以上。农药单位面积使用量为 5.65 公斤/公顷，高于全国平均水平 1.4 倍。从农药的剂型来看，有效率和利用率较低的老剂型占 70% 左右。因此，上海计划自 2002 年起，用 3 年时间达到下述目标：郊区使用的化肥农药品种优化，使用总量下降（化肥用量减 15%、农药用量减 20%），面源污染得到控制，生态环境改良。江苏省农业面源污染防治也取得突破，2003

年淮河流域的化肥使用量比2000年减少了15%以上。

农村环境保护的工作内容还包括畜禽场污染治理、秸秆禁烧和创建环境优美乡镇等。2003年，上海市的外环线以内关闭了33家畜禽场，完成了黄浦江上游水源保护区内6个区的178个畜禽场关闭、搬迁的前期准备工作，开工建设了4个有机肥加工利用中心项目。虹桥、浦东等机场周围15公里，崇明军用机场周围10公里，沪宁、沪杭、沪嘉高速公路、浦东远东大道两侧各2公里，沪宁、沪杭和沪石铁路沿线两侧各2公里范围内，以及国道、外环线和市级主要道路两侧各1公里范围作为秸秆禁烧重点区域，涉及10个区县的69个乡镇，674个村和5个农场，杜绝了秸秆焚烧现象。浙江省2003年完成全省畜禽养殖“禁养区”的划分，全面启动“禁养区”内现有规模化畜禽养殖场的关停转迁；巩固和深化了农业农村污染防治“三个10”示范工程建设成效，重点开展农村生活污水处理设施和规模化畜禽养殖场废弃物综合治理示范工程建设；积极组织开展全国环境优美乡镇创建工作。2003年3月，临安市太湖源镇被国家环保总局命名为全国首批14个环境优美乡镇之一。

3. 自然生态保护

到2003年底，上海市共有包括崇明东滩自然保护区在内的4个自然保护区，自然保护区覆盖率达到11.8%。其中，崇明东滩自然保护区2002年经国务院批准为“国际重要湿地”。

浙江省在2003年，遂昌九龙山自然保护区晋升为国家级；新建了诸暨东白山香榧种源省级自然保护区；全省新增重点自然保护小区74个。目前浙江省共有省级以上自然保护区16个（国家级和省级各8个），陆地总面积为130862公顷，约占全省陆地面积的1.3%；类型包括森林及野生动物类、地质遗迹类以及海洋及水生生物类等，其中森林类型有9处。基本形成了以国家级自然保护区为核心，地方级自然保护区和保护小区为补充的保护区网络，使国家和省重点保护的野生动植物得到了有效的保护。全省有26个国家级生态示范区。

江苏省认真贯彻落实省委、省政府《关于加强生态环境保护和建设的意见》，大力推进自然保护区、生态功能保护区、生态示范区、环境优美城镇以及有机食品基地建设。2003年，全省新建4个市级自然保护区，新增自然保护区面积68701公顷。截至2003年年底，全省共建有各类自然保护区26个，其中：国家级2个，省级10个，地市级8个，县级6个，总面积为73.79万公顷，约占国土面积的7.19％。全省还开展了生态环境功能区划分；南京等7个市被国家批准为生态示范区建设试点，2003年又有12个生态示范区通过了国家环保总局的验收；常熟市大义镇、昆山市周庄镇等通过了国家环境优美城镇考核。

二十五　走向一体化的长三角*

21世纪的历史剧已壮丽上演，现代化与全球化的浪潮席卷着整个人类社会。在这一大潮的裹挟下，中国区域一体化的发展也在经历了上一世纪的探索、开拓、曲折、坎坷、奋进的历程之后，终于在新的世纪迎来了一次蔚为壮观的大潮涌动、大浪奔流。长三角一体化既是中国现代化及世界全球化发展的反映，又对中国现代化的发展及世界全球化产生着不同程度的影响。长三角区域人民为了长三角区域的发展和中国现代化的实现，以一种强烈的发展意识和历史责任感在区域一体化发展的长河中辛勤开掘，中流击浪，汇聚成了一道中国现代化与世界全球化大潮中独具魅力的亮丽风景。

（一）长三角一体化何以可能

1. 长三角的概念指称

长三角作为一个区域空间，在近20年里出现了不同范围的指称，有着不同地理位置的划分。最小的区域空间指称大概是仅包括5个城市的范围。1982年提出了“以上海为中心建立长三角经济圈”的设想。这里所说的长三角区域空间是仅指上海、南京、宁波、苏州、杭州。而最大的区域空间则大概是在1986年建立的“上海经济区办公室”和“五省一市省市长联席会议”制度。这时的长三角区域空间扩大到了五省一市，即上海、江苏、浙江、安徽、福建、江西。这是在中央政府协调下建立的，除此之外，还有五省一市的“行业联席会议”制度。这个区域空间占到全国国土面积的6.6%，总人口将近全国人口的1/4，GDP比值也非常高，在全国具有重要的经济地位和战略地位。然而，到了20世纪80年代末、90年代初，五省一市组成的上海经济区（长三角经济圈）却突然偃旗息鼓，长三角经济圈的第一次试验以失败告终。这大概主要是由于在当时的长三角经济圈中，地区经济发展程度相差太大，导致长三角经济圈最终难以维持。

现在人们一般所说的“长三角”，是指由苏浙沪15个城市组成的“长江三角洲城市经济协调会”的城市行政区域面积总和，它包括上海、南京、苏州、无锡、常州、镇江、扬州、泰州、南通、杭州、宁波、嘉兴、湖州、绍兴、舟山，也就是今天的苏南和浙北。其总面积为77800平方公里，占中国总面积的1%（《中国城市统计年鉴1996》）。它在2000年的总人口为5550万（《中国人口统计年鉴2001》），占中国总人口的4.6%。

由于经济高速稳健的发展，长三角区域已成为我国经济最发达、最活跃、最具国际竞争力的地区之一。受长三角区域魅力的吸引，华东地区越来越多的城市正纷纷申请加盟。2003年8月，浙江省台州市在长江三角洲城市经济协调会第四次会议上，被正式接纳为第16个城市。2004年，安徽马鞍山市和浙江金华市，都分别正式申请加入长三角城市经济协调会；还有浙江衢州、江苏盐城、淮安紧随其后，也都希望成为长三角的第17

---

* 参加本文讨论的有万斌、孙克强、李建中、陆立军、陈维、陈建军、陈立旭、曾骅、蒋影明、徐琴、葛立成、徐剑峰，本文根据他们的意见做修改，特此致谢！

个城市。连远离上海的安徽省的合肥市也提出了加入长三角经济圈的申请。按照经济内在发展需要，长三角经济圈扩容已势在必行，并成为一种发展趋势。有学者称一个“泛长三角”的经济圈可能会随之出现。

其实，长三角在某种意义上说还是一个主观建构的概念，但一体化却不是个空泛的概念，而是一种实实在在的发展进程。纵观长三角区域空间概念指称的变化，我们认为，经济联系密切，社会发展同步，观念机制衔接，一体化自然而然地能获得实现的优势。相反，经济联系疏远，观念体制落差很大，即使是有概念也难以一体化起来。一体化的都市圈需要超越行政区划，着重于从城市活动空间的拓展，但也须有相应的构建快速通道和网络系统，以确保物质流、能量流、信息流、人才流、货币流的快速流动。

根据城市区域发展理论和发达国家城市群发展规律，根据长三角的现状和发展趋势，并考虑到我国经济社会发展受行政区划和经济区域共同作用的实际国情，我们认为，长三角区域范围应大致以上海为中心，以400公里为半径划定一扇形区域。这包括江苏的盐城、宿迁、徐州、连云港和浙江的温州、金华、衢州、丽水，乃至安徽的马鞍山、芜湖、滁州、宣城、铜陵等地级以上城市。这就是说，长三角的主体区域应是苏浙沪两省一市。因此，我们所说的“长三角”就是指以苏浙沪两省一市为主体的区域空间。

在我国全面建设小康、实现现代化的新世纪，中国实际上已形成了三大经济引擎，长江三角洲、珠江三角洲和环渤海湾经济圈。长三角能不能实现其经济的长期快速增长，并居于三大经济圈领先地位，很大程度上取决于由江、浙、沪所辖的长三角能否高水准的联动发展，构建起一体化的战略群。

2. 长三角一体化的历史积淀

长三角一体化之所以能成为一种可能，首先就在于以苏浙沪两省一市为主体的长三角区域的联动发展是一个“自然历史过程”，是中国区域文化和近代城市文明发展过程中的一个基本历史事实。在长期的发展和历史演变过程中，这一区域内各城镇之间的经济社会发展具有许多共同点，相互之间的联系非常紧密。可以说，长三角一体化其实传统已久。虽然一体化是近年来出现的一个新概念，但在客观上，“长三角一体化”早就客观存在了，或者至少可以这样说，在长三角地区早就出现了“一体化”的雏形。

任何一个一体化区域的形成和发展都绝不是偶然的，一般来说，总是在经济比较发达的地域里才有可能逐步形成并得以发展，就是说，必须有一定的经济基础。长三角区域具有大致相同的自然资源和气候条件。由于位于亚热带，气候温暖，降雨量充沛，这里大都是河湖纵横，土地肥沃，气候宜人，是中国的稻米、丝绸、茶叶、工艺品之乡。长三角是以精致细巧著称的吴越文化的发祥地。这里既有悠久的人文、历史的丰富沉淀，又是中国土地上最早系统获得过近代工商文明和科学技术洗礼的地方。隋唐以后随着大运河水运设施条件的不断完善，成为当时经济和社会发展的重心之一。“商贾辐辏，百货骈阗，上自帝京，运连交广，以及海外诸洋，梯航毕至。”区域经济和社会发展对全国的影响巨大。南宋以来，这里一直是中国生产力最先进的地方。史书上说：“当今赋出于天

下，江南居十九。”明清时期，更是依靠漕运，从江南调出大批粮食、棉花、丝绸和其他财富，以维持和巩固当时的政权。

因为有了发达的农业和手工业，这块区域的商业也跟着逐渐繁荣起来。商业的发展，使小市镇的数量迅速增加，规模不断增大。南宋时，苏州、湖州地区仅有为数不多的市镇，到了清朝中期，已增加至200多个，其密度为全国之最。其中如盛泽、南浔，在宋代仅是几十户人家的小村落，随着丝织业的发展，到清朝已成为“户达万家，方圆二十里的巨镇”，它们作为丝绸专业产区和市场，“舟楫塞港”，“街道肩摩”，繁盛无比。这些众多的市镇，与区域内几个大都会一起，形成了一个完善的商业网络和市场体系，反过来又促进了这一区域的工商业和农业的发展。正是在这样坚实的经济基础上，我国历史上最大的船队才是从这里起航走向世界，海上“丝绸之路”才是以这里为起点，我国历史上的“对外贸易”首先是在这里出现，我国资本主义的“萌芽”最早也是在这里生发出来。到了近代，这一带更出了大批的民族资本家、科学家、工程师、技师，成功地经营过中国最初的各种实业。

区域一体化联动发展除了相似的自然物质经济基础这一最基本的要素之外，另外一个最基本的要素就是文化特征的区域性认同。从更深的层面上看，文化特征的认同对区域性一体化的自然形成起到了关键的作用。在长三角地区，就存在着这样一个为区域认同的地域文化，即吴越文化。与全国各个区域性文化相比，吴越文化无疑是一个具有鲜明特色的区域文化。这绝不是偶然的，经济是文化的基础，文化是经济的反映。长三角巨大的经济能量，当然也会在文化上充分表现出来。在吴越文化的熏陶下，无论是在政治、军事、文学、艺术等方面，还是在科学技术方面，都曾涌现过许多杰出的代表人物，他们无不对这一区域乃至全国的经济社会发展都做出了巨大贡献。精巧雅致的吴越文化是海派文化的母文化。以上海为中心的江浙地区的近代文化传统，为今天推动长三角城市群经济体系化形态的形成提供了文化认同的基础。如果我们把经济看作是“体”，那么文化便就是“灵魂”了。因此，长三角区域一体化也就成了一个有机的生命体。

地域相连，经济相融，人缘相亲。共同的文化背景，各方面联系密切，长三角这种天然的联系从来就没有因为行政的分属而阻隔。上海开埠后，除外国资本需要上海作为渗透到长江流域的桥头堡以外，江浙资源输入对上海的繁荣同样起到了非常重要的作用。正是在这个历史事实的基本结果之上，法国人戈特曼才有可能客观地指认这一地区是全球“第六城市群”。

3. 长三角一体化是区域内生发展的必然与国家战略的需求

长三角一体化是区域经济社会内生发展的一种必然。

长三角区域以上海为核心，以江浙为两翼，经济社会水平整体较高，城市体系完备，正处在向工业化中后期发展的阶段，成了中国经济巨轮的一个领航者。长三角之所以一体化成为一种可能，其根本的原因就在于社会是一个活的有机体，市民社会经济活动中有着一种追求财富、追求发展的原始冲动，有着一种永不满足现状、不受制于任何区域行政及人为藩篱阻断的原动力，同时也在于利益的一体化而促进了经济社会文化的一体化。地区间因某种相互依赖、共同发展的利益关系而推进市场制度的融合，并因这种融合所产生的实际经济效果，进一步加强市场制度的一体化。长三角区域由于地理上接近、文化上相似，市场结构上互补，有效地降低了交易成本和违约风险，有效地降低了在全球范围内配置资源的搜寻成本。根据经济发展的规律，今后五年，通过高新技术对传统支柱产业的改造，一个世界性的新型制造业基地有望在此崛起。同时，这一区域城市化进程也将明显加快，在未来十年内，这一区域极有可能成为我国区域经济发展的重要增长极和亚太地区经济发达地带，成为具有较强国际竞争能力的外向型经济示范区，还极有可能成为世界经济下一轮复苏的“发动机”。

同时，长三角一体化也是国家发展战略的必然需求。区域经济社会的一体化发展已是我国国民经济和社会发展的一项重大战略，长三角区域经济社会发展的效应不断提升、扩展，已成为宏观经济社会发展和参与全球化进程战略的重要组成部分。这一区域一体化的形成和发展，对于促进我国经济社会的发展，进一步加快我国的经济现代化和国际化的进程，有着举足轻重的地位和作用。

当前，中国城市化进程不断加快，其中长三角地区的城市化水平已经达到50%以上，长三角代表了中国城市文明的最高水平，成为劳动力转移的一个最优城市群。源源不断的农村劳动力流入长三角都市圈，对长三角稳步成为东亚和世界的主要制造业中心有着极大的帮助，可保证该地区的劳动力的价格不会上涨过速。另外，只有人口的大量聚集，才能使服务业发展起来，并成为吸收就业的最大、最后的归宿。发达国家之所以能做到服务业吸收总就业人口的70%～80%以上，在于人口的聚集，使服务的平均成本极大地下降。如果人口进一步在长三角聚集起来，将为服务业的迅速发展提供极好的前提。

根据国际经验和中国未来发展的大趋势，长三角应该会成为中国更重要的经济承载区和人口承载区。目前长三角区域GDP比重占全国1/5，常住人口总量占全国10.39%。与世界著名大都市圈相比，长三角区域人口规模明显偏小，大都市圈的集聚效应尚未充分发挥。此外，在并不平衡的地区发展中，有条件的地区承载更多人口对全国实现全面小康和现代化都具有重要战略意义，国家需要长三角充分发挥它吸引农业人口的无形而巨大的影响力。

4. 长三角一体化是经济全球化的折射

在全球化浪潮愈演愈烈的今天，区域经济一体化已成为一种必然选择。从世界范围来看，欧盟、北美自由贸易区在不断拓展范围，东盟和拉美自由贸易区等新的区域一体化组织正在孕育。从一个国家内部来看，以大都市带、城市群为中心的区域经济一体化也非常迅猛，通过推进区域化而增强区域集团和区域组织的成员在全球化进程中的地位和作用，以便得到更多的全球化利益。面对这样一种国际经济环境，环顾整个东北亚和东南亚地区，最有条件成为整个地区的经济中心的还是以上海为龙头的长三角区域。

随着全球化进程的加快，全球产业正向中国大转移。这种大转移的趋势给区域化的进一步发展带来了新的刺激和驱动力，它要求区域经济首先实现一体化，长三角的一体

化正是入世后中国经济全球化的一个缩影。这是一股市场推动的不可阻挡的力量。目前，整个长三角区域正在成为“世界工厂”。

与此同时，“中国制造”的商品也正源源不断地从这里走向世界。上海港国际集装箱吞吐量的快速上升就是一个佐证。上世纪80年代初期，上海港的吞吐量仅为3万多标准箱，到了2000年则飙升至561万标箱。预计到2010年，这一数字有望达到1300万到1500万标箱。如此巨大的国际资本集结量和如此庞大的国际货物吞吐量，正是与长三角地区的“世界工厂”地位互为因果。

全球企业向中国转移给长三角地区带来了前所未有的机遇。长三角城市群经济实力强大，产业基础坚实，拥有门类齐全、实力雄厚的区域性工业体系，拥有我国最大的沿海沿江港口群，堪称承接全球产业大转移的最佳平台。现在长三角各个城市都在行动，尤其是制造业，不遗余力地搭建产业对接平台。这给整个长三角区域产业升级、资源整合、形成优势龙头产业带来契机，同时也有力地推动了长三角一体化的进程。

从某种意义上来说，区域一体化即是区域都市圈化。长三角的一体化，其实质上也就是长三角区域的都市圈化。只有长三角一体化，才有可能使上海有望成为继纽约、多伦多与芝加哥、东京、巴黎与阿姆斯特丹、伦敦与曼彻斯特为核心城市的五大都市圈之后的“世界第六大都市圈”。还从来没有一个诱惑让这么多人心动，这个诱惑极大地鼓舞着长三角22万平方公里内的上亿人。但这还都只是一种可能，能否将这种可能变成现实，则要看长三角一体化的实现程度。

（二）长三角区域一体化发展现状评估

当前，长三角区域一体化发展已呈现出了这样一些特点：一是政府、学界和企业界形成了一种合力；二是跨地区多层次、多形式、多领域合作逐步展开；三是经济融合方兴未艾，市场的推力不断增强；四是一体化的城市、交通、信息、网络体系正在加速构建。

1. 政府、学界和企业界合力推进长三角一体化

在一个现代社会中，政府、学界和企业是一个社会发展三角形的三个顶点。这是因为政府有大量问题需要解决，学界是训练基地，并储存大量科学人才，企业是国家主要的工程和技术来源，是经济发展的主要动力。那么对经济社会发展作分析预测性研究的社会科学研究机构则应努力成为这个三角形的中心，成为问题、资源、科学和技术的汇聚点，它可以起到政府、大学及企业界不能发挥的作用。在过去的一年中，“长三角”是政府、学界和企业界最热门的关键词。

从20世纪80年代的“国务院上海经济规划办公室”，到90年代后期的“长江三角洲城市经济协调会”，直到后来启动的“二省一市省市长联席会议制度”，经过20年的尝试，长三角各地在地方政府协调方面取得了相当的成果，长三角各城市对接轨上海、建构长三角一体化都市圈已形成共识。2003年春，苏浙沪三省市高层领导进行了闪电般的互访，签订了进一步推进经济合作与发展的一揽子协议，并提出共同建设以上海为主导的“区域经济一体化试验区”。长三角各地的官员和市民已越来越认识到，只有加快融入长三角，当地的发展才有充足的后劲，从而在江苏、浙江掀起了“接轨上海”活动的新高潮。长三角各市纷纷举办“接轨上海论坛”、“接轨上海活动周”、“融入大上海”展览展销活动等。

随着以上海为核心的长三角都市群城市化水平不断提高，城市间互动性越来越强。从2001年开始，每年召开一次由常务副省（市）长参加的“沪苏浙经济发展座谈会”，以共谋发展为主题。围绕进一步优化长三角地区发展环境，加强区域合作，构建区域大交通体系、促进统一大市场建设、建设“绿色长三角”、实现区域信息资源共享、建设相互融通的区域经济功能与服务体系、促进人力资源有序流动等进行了协商与合作，提出了打破贸易壁垒，统一市场，共享城市信用体系的计划。承诺努力建设信用政府，大力推进政府职能转变，规范行政行为，严格依法行政，树立诚信政府的良好形象，要在长三角内推进社会信用环境建设。进一步开放市场，打破地区封锁，消除地方保护，努力建设与国际接轨的大市场，促进各种要素在区域内合理流动，优化配置。

与此相应，近两年来学界和企业界召开的长江三角洲区域发展研讨会议超过100次，长三角区域经济社会合作的理论研讨活动空前活跃。先后在上海召开了“长江发展论坛”第四、第五届年会，“上海及长江三角洲地区合作与发展”国际研讨会；在杭州召开了“长江三角洲区域发展国际研讨会暨城市市长论坛”；在南京召开了“长江三角洲城市经济协调会第四次会议”、“南京都市圈互动发展高层研讨会”；在沪苏浙三省市轮流召开了“21世纪初长江三角洲区域发展战略研讨会”；以及2004年1月召开的第九届中华经济协作系统研讨会暨第四届沪港澳关系论坛，又把这次论坛的主题确定为“区域经济：中国面临的机遇、挑战与前景”，等等。一些专业合作研讨活动也已蓬勃开展起来。

如果说，上述走向“一体化”的行动还主要体现在政府与学界层面的话，那么，由长三角各种市场主体主导的“一体化”行动亦已呈现出更多的亮点。江浙两省的企业纷纷到上海投资。据相关统计，目前在上海市的内地投资中，来自江浙的投资已占50%。而在环杭州湾5万多家企业中，有一半以上已经或即将在上海设点；江浙两省至少有35亿元的民营资本有意在近期内选择上海作为投资落脚地，有十几个县的工业园区携数百家民营企业到上海自我推销、洽谈投资与引资；长三角200多家旅行社（旅游公司）齐聚杭州，互相协商旅游市场开放后的具体合作事宜。

在政府、学界和企业界共同努力下，长三角一体化进程正由务虚转向务实，长三角一体化步伐明显加快。这主要表现为：接轨上海、打造以上海为核心的世界级第六大都市圈已形成共识，产业整合速度加快，基础设施建设在空间上开始呈现连续性和网络化，区域资源和生产要素的聚散性及广域流动性正在逐步加强，区域政策环境正在按照市场经济规则实现一定程度的无差异性和协同性，区域经济关系的依存性和融合性正在加大，机制变革加快启动，长三角地区各级行政区对经济活动的直接干预正在逐渐减弱，注重宏观管理和综合调控，更多地关注社会事业的发展。在这样条件下，长三角地区跨行政区经济活动将得到显著增强，长三角一体化大格局正呼之欲出。

2. 各领域、各层次一体化规划相继制定并实施

长三角，正在崛起的世界第六大城市群，它要承载更多的人口，意味着要有更高

的区域开放度。目前长三角已制定了各领域、各层次的开放合作计划，并得到逐步的实施。这其中有：长三角公路运营和旅游市场开始打破行政区划的藩篱，苏嘉杭高速公路江苏、浙江交界的收费站实现二合一，三地交通部门就率先开放三地公路旅游客运市场达成一致；长三角15座城市和安徽省黄山市达成共同打破地域限制、构建中国首个无障碍区域性旅游整体市场的协议；苏浙沪三省市的工商部门签署了合作会议纪要，三省市之间企业异地办厂实行市场准入政策，鼓励民营企业跨地区投资，在省际开通著名商标保护"直通车"，共建三地工商管理部门办案协作机制，以及共建企业信用监管体系。

长三角交通、旅游、信用等一体化平台搭建方兴未艾，而文化教育、人才流动、社会政策等方面的"一体化"，在长三角也已表现出明显的加速迹象。长江三角洲是中国经济最发达的地区之一，也是文化教育发展的黄金地带。为推进长江三角洲地区教育资源共享，苏浙沪三省市启动了教育合作计划，包括建立两地交流合作的组织和工作机制，交流各方的教育信息和经济社会发展情况，定期举办各级各类教育发展的学术研讨，推进三地优质教育资源共享，扩大优质教育资源的辐射力，共同探索中小学课程教材改革和中学、高考制度改革，共同开展教师培训，共同鼓励两地高校积极开展校际教学合作，推动学分互认、师资互聘、联合办学、合作科研，实施各地人员资格证书的互认和衔接，各地教育、培训、考试的资源互通、共享，成立"长三角地区高校毕业生就业工作合作组织"等。

在长三角区域一体化的进程中，各行各业的一体化最终都会归结到人才问题。2003年，苏浙沪20个城市人事部门签署了《长江三角洲人才开发一体化共同宣言》，以推进长三角人才开发的资源共享、政策协调、制度衔接和服务贯通，高层次人才智力共享，高级人才可率先进行无障碍流动，公务员互派，建立长江三角洲区域人才开发新机制，逐步形成统一的人事制度框架、人才大市场和人事人才服务体系，最终实现区域内人才的自由流动。这些不同层次、不同领域的合作规划和共建举措，使各部门找到了各自的一体化的切入点，为加快长三角一体化提供了坚实的基础。

3. 长三角一体化的市场推动力在增强

市场经济体制建立，使市场这只看不见的手对经济的调控作用越来越大，超越了政府对经济的行政管理作用力。推动长三角一体化的主体力量是市场，是企业，是长三角区域内具有独立市场主体地位的各类市场法人和自然人，各市场主体之间多维度、多层面的广泛的市场交易和经济合作是构成一体化的主要内容。当前，企业在长三角地区的跨行政区活动日趋活跃，企业作为市场主体的地位逐步得到确立。长三角地区企业数量多、规模大，企业按照市场规律进行经济活动，由此推动着资源在整个区域内流动和配置。

在2004年的长三角第四次市长峰会上，100多位民营企业家就"喧宾夺主"当起了峰会的主角。会上，170亿元的民营资本，共计30个投资项目，加快了长三角内部各城市之间民间资本的互相渗透，资本流实打实地推进着长三角一体化的进程。

长三角中小企业自由流动也迈出了实质性的步伐。苏浙沪"中小企业合作与发展论坛”签署了《中小企业合作与发展协议书》。这项协议着眼于共同打造长三角地区的服务平台，三省市任何一地的中小企业到其他两地发展，三省市主管部门将简化审批程序，提高办事效率，不收取任何额外费用，并给予其和当地企业同等的待遇。协议书还规定，三地将积极推进“长三角”的大融合，提高中小企业对内对外开放水平，在长三角地区集聚一批优势企业、优势产业，建成若干个具有区域特色、较强国际竞争力的先进制造业基地；优化和完善中小企业资源共享体系，建立中小企业资源共享平台，包括信息交流、考察学习、企业行业协作等；建立绿色人才通道，构建人才信息、人才中介、人才培训、人才合理流动四大平台，以提高中小企业人力资源素质；提供技术服务，共同加强对中小企业名牌产品培育。尽快探索建立中小企业技术支撑体系，创建技术服务中心，为中小企业提供技术咨询，引导其开发名优特新产品；积极为异地企业准入长三角提供便利条件；长三角以后将每年举行一次中小企业合作与发展论坛。

另外，外资大规模进入也有力地带动了长三角地区资源的有效整合。以浦东开发开放为龙头的长三角地区，正在成为我国吸引外资的重要地区。外资大规模进入长三角地区，不仅促进了各行政区经济的发展，推动了产业结构升级，更重要的是外资进入完全是一种市场化选择，加之外资进入后外资企业之间的联系完全遵循市场规则，由此带动了长三角地区资源的有效整合，也抵消了行政区经济对资源跨区域配置的阻碍力量，加快推动了区域一体化发展。

4. 一体化的城市、交通、信息网络体系正加速构建

与经济一体化同步进行的，是城市化进程的推进。该区域正在进行高速城市化，在这个城市化过程中，将导入很多新移民，除了本区域内农村人口转化为城市人口外，还有其他区域移民涌入，未来10~15年，长三角地区人口将达1.5亿。根据国际经验和中国未来发展的大趋势，长三角将成为中国更重要的经济承载区和人口承载区。

长三角地区城市功能分化扩展了城市的集聚与辐射范围。随着区域经济一体化加速发展，城市功能分化日益明显，以上海为核心的长三角城市体系正在逐步形成，不同等级规模和职能的城市的集聚与辐射能力及范围正在显著增强，并且城市间人口流动规模也在扩大，城市之间基础设施配套能力也在逐步加强。这都有利于资源的跨地区流动和人口的自由流动。

在苏浙沪三省市政府的推动下，近年来长三角区域重大基础设施建设取得了突破性进展，使长三角各地区的区位条件均质化程度越来越高，如宁波在长三角中原来处于边缘，一个跨海大桥使之一步跨入了核心区域。目前，上海国际航运中心、杭州湾跨海大桥已开工建设，苏通大桥和沪崇苏越江大通道建设已提上议事日程。2003年，明确提出要在五年内打造一个三小时都市经济圈。一个纵横交错、通江达海的现代化快速交通网，将把“长三角”15座中心城市、55座中等城市、1446个小城镇全部纳入“3小时都市圈”。浙江省提出在今后五年投入600多亿元、建成1000多公里高速公路。长三角先从交通上实现一体化，为长三角地区一体化发展奠定了技术和物质基础，也为今后长三角地区的一体化发展提供了动力。

长三角地区合作共建其他基础设施项目也在加快实施。上海市与浙江省积极探索合

作建设港口的新模式，共同建设上海国际航运中心。2001年，上海同盛投资集团和舟山嵊泗县投资公司合作承担洋山深水港工程项目建设。随着京沪、沪杭高速铁路以及沿海和沿江铁路的修建，区域铁路运输体系也将网络化。多运输方式，多层次交通运输网络结构，再加上全球一体化和超高速通信技术的发展，正在使长三角地区的交通网络新功能日益强化。

长三角各城市积极与上海建立多层次联系和信息沟通渠道，重点推进了上海公交IC卡的异地互通、CA证书的异地互认，以及信用信息的互通共享等。苏州、无锡、上海三地从2002年开始启动交通卡互通工程。上海、宁波、杭州、南京等市协作部门相继建立了专业协作网站。由南京信息中心主办创建、长江三角洲部分城市参与共建的“中国长江”网站也在2002年10月开通，为长江三角洲乃至长江流域的经济协作提供了信息平台。由无锡市统计局倡议建立的15城市统计交换网络，在2000年3月开始运作，向实现信息资源共享迈出了可喜步伐。

（三）长三角一体化进程面临的问题与对策

1. 长三角一体化进程面临的问题

虽然长三角一体化的呼声迭起、进程加快，虽然长三角一体化的范围不断扩展、层次不断提高，但是由于以各级地方政府为代表的诸多利益主体的存在，长三角目前仍旧是一种以行政区经济为主体的发展模式，长三角城市间的战略联盟目前还没有达成，很多基础设施还处于分割状态，尚未形成行业布局协调、经济能量集聚、产业结构合理的理想范型。在一体化进程中也还存在着诸多一时还难以解决的矛盾和问题。这些矛盾和问题主要表现在：市场机制与行政壁垒的矛盾，区域共荣与地方利益的矛盾等。

1）经济发展与行政壁垒的矛盾

区域经济一体化的本质含义是建立共同市场，以实现要素的合理流转和优化组合，一般情况下并不排斥或否认行政区划的存在。但由于中国长期来行政主导力量的强势，使得长三角区域一体化发展的最大困惑就是依附于行政区域背后的行政壁垒。长三角有苏浙沪三条省界，不计其数的市界、县界。长期以来形成的行政壁垒，已经成为长三角未来发展的最大的制约因素。在这个区域空间里，行政隶属关系的非常复杂，地区之间的协调难度很大，区域政策环境不平等，区域统一市场形成难度较大，一些政策领域存在的跨区界溢出效应与行政辖区的利益边界不一致，影响着资源的合理配置，导致一些区域性交通基础设施和环境治理工程因各地缺乏协调而进展缓慢。当前在长三角，随着经济的快速发展，城市与城市之间的经济交往越来越频繁，行政壁垒与经济发展的矛盾冲突也越来越激烈。

2）区域共荣与地方利益的矛盾

尽管目前各地都认识到一体化将会是一个多赢的局面，是一个不可逆转的趋势，但要融合经济，首先区域各方会判断互相开放市场后，如何分配因开放带来的总体收益及补偿少数地方因开放带来的局部利益的阶段性受损，会判断从长期来看互通有无、扬长避短是否符合各自利益，即使各自认同从长远利益来看是个双赢的结果，从短期看要达到经济一体化是需要支付成本的，短期内必须放弃一些产业。分灶吃饭财政体制使得每个地方都要扩大税绩，增加GDP。这又需要大量的产业发展，需要地方经济的保护和限制资源及市场要素自由流动的互相封闭。近年来，长三角区域内各地在招商引资等方面呈恶性竞争态势，特别是引进外资企业方面，不论其从属产业和专长，一概成为各地政府激烈争夺的对象。一些地方推出压价等诸多政策，导致价格信号扭曲，造成过度竞争和资源浪费。本应是成本导向的企业投资行为，现受到追求地方利益的政府短期行为的干扰，影响了产业链的分工协作关系。

现阶段长三角在不同程度上仍然存在地区封锁和经济割据的现象，各地出台的政策和法律有些是以有利于本地区的经济发展为出发点。受行政区划影响，长三角目前还不是一个统一的经济区域，资源配置受到诸多人为因素干扰，巨大的潜能得不到充分发挥。这类低层次的竞争方式，无论从长三角的整体利益看，还是从该地区的长远利益看，都是不利于长三角的整体发展。

长三角不同于珠三角，在不同的行政区域内，在现行的体制下，地方利益不可能被完全排除。无论是分配收益还是补偿损失，我们都没有理由指责地方政府，因为地方政府要把本地就业、税收放在重要位置来考虑，有其一定合理性。现在的问题在于，我们能否找到突破现有体制障碍的钥匙？

3）高速增长与环境质量的矛盾

长三角地区经济的高速增长正面临着地区环境质量下降的压力。经济增长了，生态破坏却很严重，长三角现有联盟内的16个城市中有14个属于酸雨控制区，几乎整个长三角都处于酸雨的威胁中。长江以前有很多著名的水产，但由于污染，这些水产资源日渐稀少，它的水过两年也很难再饮用。政府以GDP为标准，百姓以金钱为标准。这个趋势需要转变，这种发展观需要转变，否则我们将会丢失美好的家园，老百姓的幸福值也会降低。天空是连接的，河流是流动的，没有区域内跨行政边界的联合活动，区域内的全体居民都将尝苦果。但长三角现行环境管理体制却影响了各地政府对环境的治理。如近年来引起共同关注的太湖污染问题，固然跟区域内的工业化、城市化进程有关，但与日趋加剧的地区分割和管理体制有着更为密切的联系。

造成以上这些矛盾的根源主要还是来自于政府衡量地方经济发展的标准，来自于目前这种管理体制和现行政绩考核制度。它导致资源不能在更加广阔的区域范围内进行有效配置，降低了资源配置的效率；导致地方政府行为短期化和公司化倾向明显，由于地方政府都有追求经济效益最大化的趋同性，客观上造成了严重的产业结构同构化；导致跨区域的经济合作始终难以形成。政府为了有效控制资源的流动，在行政区范围内构筑起了自我封闭、自我配套的经济结构体系，不利于区域经济社会一体化的发展。

2. 长三角一体化的对策

根据国家总体发展战略和区域一体化的要求，实现长三角一体化的总体思路应该是：遵循都市圈和一体化的发展规律，坚持科学发展观和社会化分工理念，坚持互惠互利、优势互补、市场主导和系统协调原则，有效发挥一体化经济社会的“累积效应”和“扩散效应”，构建城市布局合理、市场高度开放、产业结构互补、信息资源共享、交通体系

完备的区域一体化经济社会共同体，以降低交易成本、行政成本、制度成本，增强整个区域的综合竞争力。为了实现这一理想型的目标，选择的对策至少应该有：

1）深化发展理念，为长三角一体化提供观念文化支撑

党的十六大提出走新型工业化道路，确定了在本世纪前20年全面建设小康社会的目标，紧紧抓住今后一二十年这个重要战略机遇期，以上海建设国际经济、金融、贸易和航运中心为龙头，长三角将迎来一个前所未有的发展机遇。在全球经济一体化的背景下，积极推进长三角经济一体化，必将促进沪苏浙三地范围内资源要素的合理配置，拓展长三角经济发展的国际空间，提升长三角的国际竞争力。从国际上看，随着世界经济一体化进程的加快，太平洋沿岸正成为国际资本转移的场所，长三角凭借其有利的经济发展基础、科技实力、市场潜力等优势，将成为吸引国际资本的强力“磁场”。但要把这种可能变为现实，首先需要深化我们的发展理念，树立以人本、内源、均衡为基本内涵的科学发展观，建构长三角一体化的思想文化基础。

深化发展理念，就是要树立合作、妥协、共赢意识。世界经济的竞争同时表现为区域与区域、城市群与城市群为主导的竞争，提高区域整体竞争力，应当作为长三角参与国际竞争的区域与国家战略来推进。这也符合长三角一体化的目标。要按照经济圈发展理念进一步制定和调整好经济社会发展的规划。在制定和调整发展规划时，不仅要考虑自身的条件和发展趋势，同时还应充分考虑到与周边城市的联系。国内外的成功实践都已表明，区域城际联动发展是优化区内资源配置、提高国际竞争力、参与经济全球化极其重要的基础。其城际联动发展的程度越高，参与经济全球化的竞争力就越强，从中得到的利益就越大，同时它也是加速长三角及其城市共赢步伐必不可少的思想基础。要从大局出发，抛弃眼前、局部利益，把参与经济全球化同推进区域一体化发展有机结合起来，把加速区域一体化发展进程纳入各个地方经济社会发展的重要议事日程，使本地区在区域共同发展基础上获得更大的效益。强调区域总体的均衡的发展，在一定程度上将逐步改变地方政府片面追求本地经济发展速度的观念，将逐步消除不同城市经济指标盲目攀比的现象。

深化发展理念，就是要树立综合竞争力意识。综合竞争力涉及诸多要素，根据长三角的特点，这些竞争力可以概括为地理区位、经济实力、开放程度、科教力量、居民素质、发展环境、政府作用与综合形象等方面。长三角虽然已具有国内最好的区位优势和较好的环境及综合形象，但与国际发达地区相比还远远不足。而发展环境和综合形象的提升，需要政府的作用。因此，长三角地区的各级政府必须打破行政区划的界限，采取切实有效措施，进一步加强相互间的协调与合作，解决好准入和放行的问题。在历史上，江南地区的经济为什么能够在总体上获得几乎是同步的发展和繁荣，能够具有某种经济圈的属性？其中的一个重要原因，就是当时的政府对商家的准入和放行，几乎没有什么限制。因此，政府在推动长三角经济发展的着眼点和着力点，不应是要素的重新配置，而是如何保障要素的自由流动。政府的定位是研究如何创造公平、公开、统一的竞争、合作环境，而不应干预企业的投资、投向。要进一步解放思想，采取有效措施，让每一个生产者和经营者都能根据自身发展的需要，自由地从一个地方迁移到另一个地方，让

各种生产要素得到科学、合理的流动和组合。

深化发展理念，就是要树立内源性意识。内源性发展的精神实质在于充分挖掘、动员“本土资源”，这包括本土的精神文化资源。它不否认“外力”在某种条件下的重大作用，但更坚信所有的发展最终都必须是从各自社会内部中创发出来的，而不是简单地从外部移植过来的。按照国际上的通行标准，一个地区或城市的综合竞争力不仅包含了这个地区或城市的经济结构、基础设施、生产力水平、教育投入等定量化的硬性指标，尤其还包含着这个地区或城市作为一种整合力量的价值体系，也就是人文精神。

俗话说，一方水土养一方人。同时，一方水土也涵养了一方人的生活态度，培植了一方人的文化精神。尽管长三角区域长期以来被纵横交错的行政区界长期分割，但区域内的经济联系始终不断。这与长三角区域这种地域性同一文化所特有的基本精神内核和文化底蕴的强大凝聚力有密切关系。在着力推进长三角城市化以及一体化进程中，精心打造长三角的区域精神，将是其成为中国经济航母的不竭动力。

2）整合市场、政府、社会三种力量，为加速长三角一体化提供推进动力

根据我国目前现实状况，建构一种由市场、政府和社会三种力量来共同推进区域一体化的模式，即外生与内生相结合、市场与行政相结合、民间与政府相结合的区域一体化发展模式，形成一种以企业为主导，政府为引导，社会为助力的企业、政府、社会合力互动型机制，是我国当前仍处于转型时期的一种较理想的发展模式，是向完全市场化条件下企业主导型机制转变的一种过渡形式。

首先应该强调的是推动长三角一体化的主体力量是市场，是企业。区域一体化的根本推动力是市场自发有序的力量，在市场的作用下，区域经济的发展必然会突破以行政界限为范围的碎片化甚至是以邻为壑的模式，转向形成跨行政区的一体化组合体系为主导的区域经济模式。随着全球一体化，市场交易原则成为基本的区域交往运行机制的主导。从区域经济社会发展效应传播和扩散的未来发展趋势看，以行政为主导的模式必将逐步被以市场选择为主导的模式所替代。市场交往的法则是平等互利、追求效益，使区域资源达到最大限度的流动，冲破地域和行政干预的束缚。

企业、政府互动型的运行机制必须按市场规律办事，即同时把企业与政府看作两个相对独立的经济利益主体，企业唯一的经营动机是利润最大化，政府的目标是多重收益最大化，如财政收入、社会福利、区域实力等。这样，区域经济一体化的过程就变为企业、政府两个主体在三方面的多重博弈，即两个或两个以上区域地方政府之间的博弈，企业与企业之间的博弈，同一区域中政府与企业间的博弈。在这种种的博弈中，要充分发挥市场在区域利益调节中的主导作用，弱化区域利益调节中的行政干预手段，逐步打破地方利益主体、经济主体和管理主体“三位一体”的格局，进一步完善市场机制。鼓励更多的民营资本和外资来配置市场，将产业形态交给市场，联手共建区域性商品市场和要素市场体系，建立相应的区际贸易和要素自由流动的监督管理机构，以市场一体化为核心来推动区域经济一体化发展。也只有在区域性市场体系形成和发展后，长三角才能够具备区域一体化的稳定基础。

长三角经济圈的形成和发展在历史上本来是一个自然发生过程，其成长和壮大的动力原本主要来自经济自身，依靠市场力量的推动。因此，在目前和今后的发展进程中，动力理所当然地也应当主要来自经济发展自身。从当前情况看，行政的力量参与地区经济的程度很深，阻碍了市场力量对区域整合的作用。政府需要从具体的经济领域撤退出来，并为顺应市场力量提供服务，顺应市场的力量打破各种行政化的壁垒，市场力量通过“看不见的手”会自然地实现区域的一体化。

但我们这样说，并不是要忽视来自政府的行政力量。尽管各自为政的行政体制和行政摩擦，是长三角一体化的绊脚石，但行政分割的区域经济要不断走向融合，仍旧离不开政府“有形的手”。在经济社会的发展过程中，政府的行政力量理所当然不可忽视。如果政府的行为违背了经济发展的客观规律，就必然会对经济圈的正常运行造成障碍，延缓其发展进程。反之，如果政府能够遵循经济规律特别是按经济圈成长的客观规律办事，也可以成为一种强大的行政驱动力，使长三角经济圈得到更快的发展，在全国的现代化建设中发挥更大的作用。

除了政府和市场的作用外，还应积极发挥民间组织的力量来推动区域一体化，民间力量的参与对长三角一体化和长三角区域率先实现现代化十分重要。作为一个有生机和活力的社会，政府和民间的力量缺一不可。所谓“民间”，也有人称之为“民间社会”，是指不在政府直接控制之下的生活空间和社会秩序。长三角在历史上曾经形成过的江南市镇经济圈在很大一点上就是得益于当时民间力量的强劲。以民间力量来推动经济社会发展，以民间力量来推动长三角区域的一体化，不仅具有成本低、见效快的优势，而且不容易受到地方利益的影响。

依据现代政府理论，政府的存在是基于公民的授权。由于政府是由个体组成的，所以也存在逐利的冲动。这种冲动如果再有了不受节制的权力，就可能带来灾难性的后果。因此，作为公民社会的一种必然要求，就必须严格限制政府的权力。作为一种结构性补充，民间社会须得到健康发育。政府鼓励民众自行提出区域一体化和可持续发展及活化区域竞争力的计划，政府则支持民间的社会主体去尝试完成梦想的可能，并且通过促进改善基础设施的措施——比如提供综合交通体系——支持这一变迁。长三角区域一体化只是手段，实现长三角区域经济资源合理有效配置，寻求区域内各城市经济社会可持续协调发展才是一体化的根本目的。围绕这个目的，政府与学界、政府与民间，按不同的分工与定位，对政策配套、体制调整、分工协作、资源共享、合作模式、利益分配等诸多直接关系到一体化进程及效果的重大问题，可在理论层面做多角度的梳理与研究，以力求使一体化进程少走弯路。

3）发展产业集群和县域经济，为长三角一体化提供合理社会化分工基础

要提高长三角的区域竞争力，长三角各个地区与城市之间就必须形成一个合理的社会分工体系。强化区域产业联动发展，是实现长三角区域共赢的物质基础。随着长三角区域内经济差距的缩小，长三角的发展正在从产业梯度转移模式向产业分工协作模式转变。这就要求长三角区域内各地区、各城市要依托自己的优势，以强势产业或强势园区的联动为纽带，成立专业联合体，构建区域产业互动发展机制，参与区域分

工体系。应该打破行政关系的地域壁垒，运用市场经济的方法，整合基础设施投资和产业运作，不同层面的地区与城市形成不同的分工协作体系，以充分发挥自身特长，促进不同地区不同产业集群的叠加和融合，在提升整个区域竞争力的同时，也进一步提升自身的竞争力。

由于产业集群具有区域的集中性、产业的主导性、产品的关联性和专业的配套性等优长之处，因此，大力发展产业集群，可以形成外部规模优势，降低交易成本，提高创新能力，产生区域环境文化氛围。长三角区域已形成了高科技产业、IT 产业、日用、五金等有一定规模的产业集聚，并积累了相当的经验，今后应进一步加快长三角区域内现有开发区、产业园区、工业走廊、支柱产业等发展，要有计划、有步骤地引进先进技术和国际资本，提高产业集群的规模和层次，使之产生更强的国际效应。

上海 2010 年举办世界博览会，在一定程度上会带动长三角区域产业集群的发展，给长三角发展和长三角一体化进程带来极强劲的动力。世博会的举办通过旅游、会展、物流、建筑、投资、商贸等一系列经济活动推动长三角经济高速增长，从而使长三角真正成为经济繁荣的世界第六大都市圈。以世博会为抓手，推进长三角区域合理的社会化分工体系的建立，提高长三角城市综合服务能力，提升区域整体形象，促进长三角区域一体化的发展。

同时，长三角区域内的县域经济所形成的块状产业，也是一种产业集群，它既为合理的社会分工体系的建构提供了坚实的物质基础，也为长三角城市带和都市圈的形成打下了深厚的社会基础，使长三角区域的一体化具有更丰富、更具层次感的斑斓色彩。我国著名社会学家费孝通，在 20 世纪 80 年代从事小城镇调查研究中发现，位置相近、结构相似的两个城镇，呈现一个繁荣、一个衰败的景象。为什么呢？他研究的结论是：凡是在城镇周围的“乡脚”（农村）是富裕的，那么，这个城镇就繁荣，反之，就是凋敝、衰败的。因此，相对于上海都市圈而言，长三角区域县域经济的发展正是大都市圈发展的基础，县域经济发展是建构以上海为核心都市圈的重点。

县域经济作为区域经济中最具活力的板块，在整个长三角经济和社会发展中占据重要地位，是长三角全面建设小康社会和提前实现现代化的重要基础和关键所在。长三角区域经济发展水平的高低、总量的大小、竞争力的强弱，在很大程度上取决于县域经济的发展。县域经济是农村社会向城市社会过渡的中间力量，只有县域经济的崛起才可能使城市连片化、都市化。因此，继续推进县域经济的发展，推进长三角城乡走向一体化，推进长三角城市带和都市圈的快速形成，是建构长三角区域一体化的必不可少的重要一环。

4）建构社会政策体系，为长三角一体化提供制度保证

建立起均衡各方利益的制度安排，是实现区域一体化的重要保证。这种制度安排既是区域一体化过程中实施操作本身的需要，也是长三角区域一体化现阶段特点的需要。目前，长三角经济社会仅处于有限一体化阶段，即各城市为追求各自利益最大化条件下的相互妥协和有限的经济社会联合，因此各地区的经济发展总体关系格局是以竞争为主，合作则是建立在竞争的基础上。因此，设计一个合理的制度框架，均衡各竞争主体的利

益，显得尤为重要。

这一制度框架的首要内容是规划。规划是经济社会发展的纲领，但目前长三角区域内的规划大多仍局限于行政区划内，有些地区甚至以邻为壑，画地为牢，各自为战，因而普遍存在就镇论镇、就城论城、就地方论地方的状况，导致了长三角区域内布局分散、高度同构、相互牵制的严重现实状况。要下大决心，花大力气突破现有的行政区划束缚，高起点、高水平地制订并实施统一的经济社会发展规划，逐步形成以上海为龙头，以苏浙为两翼的规划协调机制和经济社会布局协调机制。要建立长三角区域一体化各层次、各领域的具体规划，并在这具体规划基础上形成长三角区域一体化的总体规划，加强城市间发展规划衔接；构建现代化区域交通网络，制定保护区域生态环境的规划，开展各种专项合作；加强服务型政府建设，形成投资新环境。

第二是体制。应在政府层面上达成共识，建立一体化体制，加快推进区域制度建设一体化。区域一体化发展往往产生于不同行政区域，其政策和制度之间的相互冲突和矛盾在所难免。这也是区际关系、市际关系紊乱的重要原因之一。应设立多层次、多形式的长三角行政协调机制，现有的“市长联席会议”可以探索朝着体制化、机制化、法制化、效率化的方向转变，形成一个高层次的决策机构，并可探索设立相应的常设协调执行机构，以市场为导向进行一体化的管理工作。设立长三角高层次的重大项目咨询机构，防止省市间的互相厮杀、高浪费的重复建设，促进合理分工，上规模、上水平，走规模效益之路。设立跨行政区的长三角一体化的政策、法规协调机构，并依据市场经济发展中暴露出的问题制定出共同的规则、制度，以减少彼此间的行政摩擦和办案不公的现象。建立区域公共资源统一配置机制，对区域内土地资源、水资源、岸线资源、旅游资源等公共资源进行统一规划、统一开发和统一管理，使区域公共资源在合理利用的基础上取得最大效益。构建区域性公共基础设施建设和环境保护的协调机制。建立长三角市场一体化机制和统一的市场管理政策，消除行政、地区封锁和以邻为壑的运作及管理方式。鼓励、推进跨行政区的长三角企业联合会和行业协会，促进行业间、企业间的自律，并谋求在微观层面上的协调发展。

第三是制度。这包括各种法律和社会政策。面对新世纪新发展，长三角的发展显然已经进入一个“共进共荣”的新阶段。“共进共荣”需要“服务效应”，也更需要“制度效应”，需要营造一个统一、公平的法治环境。长三角一体化应重视制度建设，应为区域一体化发展提供制度保障。政府要对市场经济发展履行政策引导、规划指导、依法监管和公共服务等职能，努力改善区域投资环境和经营环境，搞好建设规划，制定游戏规则，加强法律监督，提供公共服务，构建跨区域的基础设施网络，健全税收制度和收益分配机制，完善社会保障体制，进行环境保护的区域协调等。应为区域协调发展提供法制保障，应从长三角区域整体利益出发，认真梳理各城市现有的地方性政策和法规，减小各城市在税收等特殊优惠政策方面的差异，对各种经济主体实行国民待遇。建立一种以市场竞争为基础、非行政扭曲和垄断势力扭曲的竞争秩序。要深化市场监管制度改革，如推行市场巡查制、互联审批制、经济户口管理和企业监管双轨制、企业信用公示制、首办责任制、分距离监管制等等。

整合区域政策，联手制定长三角的财政政策、货币政策、产业政策等，克服政出多门、各自为政的倾向。与此同时，在招商引资、土地批租、外贸出口、人才流动、技术开发、信息共享等方面，要联手制定统一政策，着力营造一种区域经济发展无差异的政策环境。要彻底清除市场壁垒。长三角应建立统一的信用评价标准，实行统一市场准入、统一商标保护等措施，取消产品准入的附加条件，对取得安全认证标志的产品应允许自由流通，消除以行政区界为依据的一切歧视行为和做法，为各类市场主体创造公平竞争的环境。区域内各主要城市可实行工商联手，扩大商品交流的广度和深度。统一规划建设资本、技术、人才等要素市场网络。完善区域服务网络。统一市场监管规则。加大知识产权保护力度，为科技成果的市场化提供良好法制环境。

应加大户籍制度、就业制度、住房制度、教育制度、医疗制度、社会保障制度等方面的改革力度，在这些社会制度方面建设一体化政策框架，建立健全区域性社会保障体系，实施城乡居民最低生活保障制度，完善全社会职工失业保障制度、养老保险制度和医疗保险制度。

5）加快基础设施建设与环境保护，为长三角一体化提供便捷沟通网络及良好生态环境

为了在全球经济一体化的发展中，增强长三角的整体竞争力，为长三角区域一体化提供坚实基础和良好环境，长三角的交通、信息、环境保护应该加速一体化发展的步伐，尽早形成长三角统一的交通、信息、环境保护网，实现长三角交通、信息、环境保护一体化。其目标是建立以规划一体化、经营一体化、管理一体化、信息一体化和保护一体化为标志的长三角统一的交通、信息、环境保护网。

便捷的交通、通讯是构筑区域一体化的最基本要素。要进一步加大交通建设的力度，在长三角区域建设包括高速铁路网络、高速公路网络、轨道交通网络、地铁网络、跨海大桥网络、长江越江隧道及大桥网络、环太湖交通网络等。其中要重点发展快速轨道交通。它不仅是长三角区域交通一体化的标志，也是区域社会经济发展高度一体化的体现，显示了现代城市范围的空间扩散以及新的都市圈空间的特质。快速轨道交通逐步走出城市范围，成为城际沟通的新手段，成为加速长三角的现代化进程的有力措施，适应长三角区域更高层次的经济社会发展。轨道交通不仅会推动长三角的区域融合，更能加速长三角的现代化进程。制定长三角高速公路站点统一收费标准，实现统一规范的一门式收费方法。建构长三角区域一体化的通讯网络体系，包括建立一体化的信息港，特别是在全国率先建立金融信息一体化的网络等，将为长三角一体化提供便捷的发展平台。

要进一步体现和谐化，重视生产、生活、生态之间的和谐与文明发展。长三角循环经济的发展，应结合经济结构调整、走新型工业化道路战略的实施，在城市化的进程中加以推进，在企业、社区和城市的层次上加以实施，提高资源的利用效率，改善环境质量，实现长三角的可持续发展。要大力发展循环经济、生态经济。长三角区域应通过立法促进循环经济的发展，制定具体的实施条例，加大执法力度，促进循环经济的发展。发挥企业在循环经济发展中的主体作用。企业在废旧物资回收和资源综合

利用中产生利润，是循环经济发展的内在动力。企业是经济发展的主体。没有企业的积极性，没有企业的行动，发展循环经济只能停留在口头上，而不能产生实际的效果。长三角正处于工业化、城市化的高速发展时期，应特别重视“垃圾围城”问题。从当前着眼，发展循环经济应将城市生活垃圾的减量化、回收和处理放在重要位置。

长三角是我国地面沉降最严重的三大地区之一，近年来长三角地区虽然部分沉降中心的沉降速率逐渐下降，但沉降范围迅速扩大，20 世纪 90 年代末，有面积近 10000 平方公里的范围累积沉降已超过 200 毫米，且有连成一片的趋势，最大累积沉降超过 2500 毫米。三地联合治理沉降有着必要性和迫切性。但是三省市之间直到 2003 年 9 月才建立统一的地面沉降监测网络，信息隔绝、网络重复建设、资源浪费现象等大量存在，影响了治理沉降的效果和进程。长三角地区地质条件差不多，应联合起来治理地面沉降问题，以达到资源共享、优势互补、事半功倍的效果，取得好的经济、社会和环境效益。通过区域协作，可以互相借鉴一些行之有效的技术措施和行政管理措施，从而使以后的工作少走弯路。联动机制的内容包括建立联席会议制度、监测网络一体化制度、监测工作标准化制度、监测信息共享制度和信息发布规范化制度等。

附录　世界城市群发展的现状、特征与趋势

城市群是城市化过程中一种特殊的经济与空间的组织形式，是以中心城市为核心的、由不同等级、规模城市所组成的巨大的多中心城市区域，由于经济的高度发展及城市间巨大的相互作用，致使城市间的地域边界相互蔓延，形成连接成片的城市地区，即城市群。

（一）世界城市群发展的概况（见表3－119）

当今世界公认的城市群主要有以下五个：①美国东北部大西洋沿岸城市群。②北美五大湖城市群。③日本太平洋沿岸城市群。④英国以伦敦为核心的城市群。⑤欧洲西北部城市群。

此外，长三角城市群力求在较短时间内倾力打造出让世人瞩目的第六大世界城市群。这个城市群的经济特征是高科技—知识密集型。长三角经济圈产业门类齐全，是中国最大的综合性工业区。相对其他经济圈而言，这里的高新技术产业更为突出。

表3－119　世界五大都市圈基本情况

指　标	美国东北部大西洋沿岸城市群	北美五大湖城市群	日本太平洋沿岸城市群	英国以伦敦为核心的城市群	欧洲西北部城市群
面　积	13.8万平方公里，占美国面积的1.5%	约24.5万平方公里	约10万平方公里，约占总面积的20%	约4.5万平方公里，约为全英国的1/5	约14.5万平方公里
人　口	4500万，占美国总人口的20%	约5000万	近7000万，占日本总人口的61%	3650万，约占全英国人口的一半	约4600万
区　位	北起波士顿，南至华盛顿，故又被称作“波士华”，共包括200多座城镇	分布于北美五大湖沿岸，跨美国和加拿大两国	以东京为中心的东京城市圈、以大阪为中心的大阪城市圈、以名古屋为中心的中京城市圈	以伦敦为核心，以伦敦—利物浦为轴线的地区	由大巴黎地区城市群、莱茵—鲁尔城市群、荷兰比利时城市群构成
城　市	波士顿、纽约、费城、巴尔的摩、华盛顿	芝加哥、底特律、克里夫兰、匹兹堡、多伦多、蒙特利尔	东京、横滨、静冈、名古屋、京都、大阪神户	大伦敦地区、伯明翰、谢菲尔德、曼彻斯特、利物浦	巴黎、阿姆斯特丹、鹿特丹、海牙、安特卫普、布鲁塞尔、科隆

续表 3-119

指　标	美国东北部大西洋沿岸城市群	北美五大湖城市群	日本太平洋沿岸城市群	英国以伦敦为核心的城市群	欧洲西北部城市群
主要经济特征	城市化水平达到90%以上。这一城市群是美国经济的核心地带，制造业产值占全国的30%，是国内最大的生产基地。其在金融、贸易、运输和科技等方面的作用更加突出，不仅是美国最大的商业贸易中心，而且也是世界最大的国际金融中心。这里也是知识、技术、信息密集地区，拥有哈佛、麻省理工等美国著名的高等学府。纽约和华盛顿分别是美国的经济中心和政治中心	该城市群与美国东北部大西洋沿岸城市群共同构成北美制造业带。五大湖区丰富的煤、铁等矿产资源以及廉价的水运条件，对北美的钢铁工业发展起到很大作用。在五大湖区南岸和西岸，目前形成了五大钢铁工业中心。底特律是全球著名的汽车城	日本太平洋沿岸城市群在日本国内具有非常重要的地位，是日本经济最发达的地带，集中了全国工业企业和工业就业人数的2/3工业产值的3/4和国民收入的2/3。这个城市群是全国政治、经济、文化、交通的中枢，分布着日本80%以上的金融、教育、出版、信息和研究开发机构	这是产业革命后英国主要的生产基地。大伦敦区、英格兰东南部和东部这三个区域政府所辖范围，在财富上已经大大超过整个不列颠的任何地区，而且近年来这种差距正在不断加大。除曼彻斯特、利物浦等城市设有金融交易中心外，伦敦形成了欧洲最大、同时也是世界的三大金融中心之一。据伦敦市长办公室统计，伦敦地区总的办公费用是全球最高	这是一个超级城市带，其中，10万人口以上的城市有40座。巴黎是法国的经济中心和最大的工商业城市，也是西欧重要的交通中心之一。巴黎主要工业区在城市近郊，以重工业为主，巴黎远郊的工业以轻工业占优势。荷兰的鹿特丹和比利时的安特卫普构成亚欧大陆桥的西端桥头堡。鹿特丹处在世界上最繁忙的两大运输线——大西洋海上运输线和莱茵水系运输线的交接口，素有“欧洲门户”之称

（二）世界城市群的空间分布与发展特征

1. 世界城市群的空间分布

城市群是伴随工业化而出现的，因此它主要分布在西欧、美国和日本等发达工业化国家。

西欧是工业化和城市化进程开始最早的地区，城市化水平高，城市数量多，密度大，均以多个城市集聚的形式形成城市群，如英国的伦敦—伯明翰—利物浦—曼彻斯特城市群集中了英国4个主要大城市和10多个中小城市，是英国产业密集带和经济核心区；法国的巴黎—鲁昂—勒阿弗尔城市群是法国为了限制巴黎大都市区的扩展，改变原来向心聚集发展的城市结构，沿塞纳河下游在更大范围内规划布局工业和人口而形成的带状城市群；德国的莱因—鲁尔城市群是因工矿业发展而形成的多中心城市集聚区，在长116公里、宽67公里范围内聚集了波恩、科隆、杜塞尔多夫、埃森等20多个城市，其中50万～100万人的大城市有5个；荷兰的兰斯塔德城市群是一个多中心马蹄形环状城市群，包括阿姆斯特丹、鹿特丹和海牙3个大城市，乌德支列、哈勒姆、莱登3个中等城市以及众多小城市，各城市之间的距离仅有10～20公里。该城市群的特点是把一个城市所具有的多种职能分散到大、中、小城市，形成既有联系、又有区别的空间组织形式，以保持整体的统一性和有序性。

美国城市群的形成与制造业的发展密切相关，三大城市群都分布在制造业发达地区。波士顿—华盛顿城市群分布于美国东北部大西洋沿岸平原，北起波士顿，南至华盛顿，以波士顿、纽约、费城、巴尔的摩、华盛顿等一系列大城市为中心地带，其间分布的萨默尔维尔、伍斯特、普罗维登斯、新贝德福德、哈特福特、纽黑文、帕特森、特伦顿、威明尔顿等城市将上述特大中心城市连成一体，在沿海岸600多公里长、100多公里宽的地带上形成一个由5个大都市和40多个中小城市组成的超大型城市群，面积约13.8万平方公里，人口约4500万人，城市化水平达90%。虽然面积占国土面积的比重不到1.5%，但却集中了美国人口的20%左右，它是美国经济核心地带，制造业产值占全国的30%。各个城市都有自己的特殊功能，都有占优势的产业部门，城市之间形成紧密的分工协作关系。芝加哥—匹兹堡城市群分布于美国中部五大湖沿岸地区，东起大西洋沿岸的纽约，西沿五大湖南岸至芝加哥，其间分布有匹兹堡、克利夫兰、托利多、底特律等大中城市以及众多小城市，城市总数达35个之多。这两个城市群集中了20多个人口达100万以上的大都市区和美国70%以上的制造业，构成一个特大工业化区域（又称之为“制造业带”），这一地带是美国工业化和城市化水平最高、人口最稠密的地区。另一个城市群，即圣地亚哥—旧金山城市群分布于美国西南部太平洋沿岸，以洛杉矶为中心，南起加利福尼亚的圣地亚哥，向北经洛杉矶、圣塔巴巴拉到旧金山海湾地区和萨克拉门托。

日本是亚洲地区城市群发展程度最高的国家，已形成典型的城市群。日本城市群又称为“东海道太平洋沿岸城市群”，由东京、名古屋、大阪三大都市圈组成，大、中、小城市总数达310个，包括东京、横滨、川崎、名古屋、大阪、神户、京都等大城市，全日本11座人口在100万以上的大城市中有10座分布在该城市群区域内。三大城市群国土面积约10万平方公里，占全国总面积的31.7%；人口近7000万人，占全国总人口的63.3%。它集中了日本工业企业和工业就业人数的2/3，工业产值的3/4和国民收入的2/3。三大都市圈以及各主要城市各具特色，发挥着各自不同的功能。其中，东京的城市功能是综合性的，是日本最大的金融、工业、商业、政治、文化中心，被认为是“纽约+华盛顿+硅谷+底特律”型的集多种功能于一身的世界大城市。

2. 世界城市群的发展特征

纵观世界城市群的发展历程，主要有如下特征：

（1）具有良好的地理位置和自然条件。世界城市群都位于适宜人类居住的中纬度地带，并且都处于平原地带。平原地带便于农业耕作、居住和交通联络，因此人口总是向平原集中，导致城市也向平原集中。如日本是一个岛国，平原面积狭窄，仅占国土面积的24%，最大的平原是东京附近的关东平原，其次是名古屋附近的浓尾平原和京都、大阪附近的畿内平原。日本的人口和经济高度集中于这三大平原地带，在工业化过程中，这三大平原逐渐发展成三大城市群，它集中了日本全境63.3%的人口和68.5%的国民生产总值。

（2）具有中枢的支配地位。世界的超大型城市群往往都是国家或洲际的中枢，乃至

全世界的政治经济中心，它常常集外贸门户职能、现代工业职能、商业金融职能、文化先导职能于一身，成为国家社会经济最发达、经济效益最高的地区，具有发展国际联系的最佳区位优势，是产生新技术、新思想的“孵化器”，对国家、地区乃至世界经济发展具有中枢的支配作用。如美国大西洋沿岸城市群是美国最重要的工商业区，其中华盛顿是美国的首都，纽约是联合国总部所在地，表明这一核心区域不仅是美国的政治中心，而且也是世界政治活动的中心地。

（3）具有完整的城市等级体系。城市群是一个巨大的城市群体，不仅拥有数个大的中心城市，而且还有大量的中小城市，是一个包括大、中、小城市和市镇的城市群体。其中，中心城市在城市群形成和发展中起着核心作用。中心城市是人口与产业集聚的引力中心，世界上已形成的城市群中的中心城市都是由两个以上大城市或特大城市组成。如美国东北部大西洋沿岸和五大湖沿岸以及西部太平洋沿岸三大城市群都集中了美国的主要大城市，日本、英国的城市群也都以首都等大城市为核心。

（4）空间体系结构形态大多沿长轴呈带状拓展。世界城市群大多都是长轴呈带状拓展，也有呈其他结构拓展的。如美国大西洋沿岸、太平洋沿岸两个城市群、日本东海道太平洋沿岸城市群等均沿海岸延伸，呈现出带状的空间结构特点，而欧洲西北部城市群略呈环状拓展。

（5）具有发达的区域性基础设施网络。交通运输业和信息产业的快速发展是国外城市群发展的主要驱动力。国外城市群大多拥有由高速公路、高速铁路、航道、通讯干线、运输管道、电力输送网和给、排水管网体系所构成的区域性基础设施网络，其中发达的铁路、公路设施构成了城市群空间结构的骨架。不论城市群的空间结构形态如何，城市群总是有一条产业和城镇密集分布的走廊，通过发达的交通、通讯网络相连。同时，城市群区域内除城市用地外，还有大片的农田、林地相间，作为获取新鲜农产品、提供游憩场所和改善环境的空间有机组成部分。

（三）世界城市群发展的动力

（1）城市群是城市化发展的成熟阶段。世界城市化的一个显著特点表现为：大城市化趋势明显，其结果不仅使人口和财富进一步向大城市集中，大城市数量急剧增加，而且出现了超级城市（Supercity）、巨城市（Megacity）、大都市区（Metropolitan District）和大都市带（Megalopolis）等新型城市空间组织形式。伴随一批以集聚城市化为主的超级城市、巨城市的出现，人口与产业在空间上一方面继续向大城市集聚，另一方面向大城市郊区扩散，从而又形成众多地域相连的大都市区，若干大都市区因地理空间相互毗连，最后连绵组合成大都市带。因此，城市群是由于科技进步、规模经济效益促使产业与人口在空间上集聚与扩散运动的结果，是城市化发展的高级阶段。

（2）工业化是推动城市群的根本动力。工业化带动城市化是世界城市发展中的一个重要特点。尽管“大都市带”或“城市群”的概念出现在第二次世界大战后，但“大都市带”或“城市群”现象在第二次世界大战前就已出现。工业革命始于英国，因而英国是世界上最早开始工业化和城市化的国家。在工业革命的推动下，英国的城市化进程十分迅速，曼彻斯特、伯明翰、利物浦等一大批工业城市迅速崛起、成长，在伦敦和英格兰中部地区形成了由伦敦、伯明翰、利物浦、曼彻斯特等城市聚集而成的英格兰城市带或城市群。此外，随着资本、工厂、人口向城市的迅速集中，在德国的鲁尔地区、法国北部地区、美国的大西洋沿岸和五大湖沿岸等煤田和沿海沿湖地区，都在工业革命中形成城市密集地区，出现了城市带或城市群现象。

（3）世界经济重心的转移促进城市群的发展。18 世纪后，工业革命使英国成为世界经济增长中心，伦敦和英格兰中部地区形成以伦敦至利物浦为轴线的大片城市带或城市群。到 19 世纪，欧洲大陆的兴起，使西欧地区成为世界经济增长中心。在法国大巴黎地区、德国莱因—鲁尔地区、荷兰和比利时的中部地区，以巴黎、布鲁塞尔、阿姆斯特丹、波恩等大城市为中心形成了规模大小不等的城市群，并共同组成了“人字形”的发展轴。进入 20 世纪后，世界经济增长中心从西欧转移至北美。在美国东北部和中部地区形成了波士顿—纽约—华盛顿城市群以及五大湖沿岸城市群。50 年代后，美国的经济重心向中西部转移，从而推动了该地区城市群的发展，形成了旧金山—洛杉矶、达拉斯—休斯敦以开发高新技术产业为特色的新兴城市群。随着日本经济的崛起以及工业化与城市化的加速发展，在日本东部地区形成了以东京—大阪为轴线的庞大城市群。进入 21 世纪后，世界经济增长的重心正向亚洲太平洋地区转移，中国正成为世界经济发展的新增长极，而长三角城市群将获得这一产业转移的诸多利益，成为世界第六大城市群。

（四）世界城市群的发展趋势

西方城市群的发展初期是各国政府为了改善原有单一的中心大城市人口过于集中、交通拥挤、生态环境恶化、失业人口增加而将产业和人口向大城市周围的地区扩散，采用城市群布局方式在地域上组成一个相互关联、相互依赖的城市群体。这种城市群体随经济发展而逐步演化成巨大的城市化地带，并以其独有的聚集优势，对一定区域乃至一国的经济发展起着不可替代的重要作用。

尽管如此，这种巨大的城市化地带也导致国家经济、人口和产业过分集中于某一地带，相应地带来了一系列弊端。突出地表现为：导致区域生态平衡破坏；加剧区域经济发展失衡与区际差异扩大；城市基础设施的连绵扩张吞食大量良田；企业外迁造成城市政府财税锐减，中心城市渐趋衰退。

针对上述问题，自 20 世纪 60 年代末期以来，许多发达国家在国土规划上开始重视城市群区域的良性持续发展，并相继采取了一些应对之策，主要有：

（1）控制大城市人口的过度膨胀。如法国为控制巴黎地区人口的膨胀，在全国范围内确定 8 个平衡性大城市来促进人口的合理流动和全国经济的均衡发展。

（2）重视落后地区的发展。如英国积极培植新的区域增长极以带动落后地区的发展。

（3）重视克服环境污染。如日本为了根除太平洋沿岸严重的环境污染，重新调整工业布局，将一些大型工业基地转迁至东北、西北地区，以新干线和高速公路和现代通讯网络将其与大城市连接起来。

第四编
重 要 文 献

国民经济和社会发展第十一个五年规划纲要

中华人民共和国国民经济和社会发展第十一个五年（2006～2010年）规划纲要根据《中共中央关于制定国民经济和社会发展第十一个五年规划的建议》编制，主要阐明国家战略意图，明确政府工作重点，引导市场主体行为，是未来五年我国经济社会发展的宏伟蓝图，是全国各族人民共同的行动纲领，是政府履行经济调节、市场监管、社会管理和公共服务职责的重要依据。

第一篇　指导原则和发展目标

第一章　全面建设小康社会的关键时期

“十五”时期是不平凡的五年，我国综合国力明显增强，人民生活明显改善，国际地位明显提高。面对复杂多变的国内外形势，在全国各族人民共同努力下，我们有效抑制经济运行中出现的不稳定不健康因素，成功战胜非典疫情和重大自然灾害的挑战，从容应对加入世界贸易组织后的新变化，国民经济持续较快发展，“十五”计划确定的主要发展目标提前实现。工业化、城镇化、市场化、国际化步伐加快，经济体制改革不断深化，对外贸易迈上新台阶，国家财政收入大幅度增加，价格总水平保持基本稳定，城乡面貌和人民生活进一步改善，民族团结不断巩固，各项社会事业取得新进步，国防和军队建设取得新进展，社会主义民主政治和精神文明建设继续加强。更为重要的是，党中央提出了树立科学发展观和构建社会主义和谐社会的重大战略思想。这些都为“十一五”时期的发展奠定了良好基础。面向未来，我们站在一个新的历史起点上。

“十一五”时期是全面建设小康社会的关键时期，具有承前启后的历史地位，既面临难得机遇，也存在严峻挑战。

我国具备保持经济平稳较快发展和社会和谐进步的有利条件。城乡居民消费结构加速升级，将带动产业结构加快调整和城镇化加快发展，市场潜力巨大。劳动力资源丰富，国民储蓄率较高，基础设施不断改善，产业配套能力较强，科技教育具有较好基础，社会政治保持长期稳定。改革向纵深推进，社会主义市场经济体制逐步完善，将进一步激发社会活力和发展动力。和平、发展、合作成为当今时代的潮流，世界政治力量对比有利于保持国际环境的总体稳定，经济全球化趋势深入发展，科技进步日新月异，生产要素流动和产业转移加快，我国与世界经济的相互联系和影响日益加深，国内国际两个市场、两种资源相互补充，外部环境总体上对我国发展有利。

在前进道路上还存在不少困难和问题。我国正处于并将长期处于社会主义初级阶段，生产力还不发达，制约发展的一些长期性深层次矛盾依然存在：耕地、淡水、能源和重要矿产资源相对不足，生态环境比较脆弱，经济结构不合理，解决“三农”问题任务相当艰巨，就业压力较大，科技自主创新能力不强，影响发展的体制机制障碍亟待解决。“十五”时期在快速发展中又出现了一些突出问题：投资和消费关系不协调，部分行业盲目扩张、产能过剩，经济增长方式转变缓慢，能源资源消耗过大，环境污染加剧，城乡、区域发展差距和部分社会成员之间收入差距继续扩大，社会事业发展仍然滞后，影响社会稳定的因素还较多。国际环境复杂多变，影响和平与发展的不稳定不确定因素增多，发达国家在经济科技上占优势的压力将长期存在，世界经济发展不平衡状况加剧，围绕资源、市场、技术、人才的竞争更加激烈，贸易保护主义有新的表现，对我国经济社会发展和安全提出了新的挑战。

在战略机遇与矛盾凸显并存的关键时期，要有高度的历史责任感、强烈的忧患意识和宽广的世界眼光，准确把握我国发展的阶段性特征，立足科学发展，着力自主创新，完善体制机制，促进社会和谐，全面提高我国的综合国力、国际竞争力和抗风险能力，开创社会主义经济建设、政治建设、文化建设、社会建设的新局面，为后十年顺利发展打下坚实基础，奋力把中国特色社会主义事业推向前进。

第二章　全面贯彻落实科学发展观

“十一五”时期促进国民经济持续快速协调健康发展和社会全面进步，要以邓小平理论和“三个代表”重要思想为指导，以科学发展观统领经济社会发展全局。坚持发展是硬道理，坚持抓好发展这个党执政兴国的第一要务，坚持以经济建设为中心，坚持用发展和改革的办法解决前进中的问题。发展必须是科学发展，要坚持以人为本，转变发展观念，创新发展模式，提高发展质量，落实“五个统筹”，把经济社会发展切实转入全面协调可持续发展的轨道。要坚持以下原则：

——必须保持经济平稳较快发展。要进一步扩大国内需求，调整投资和消费的关系，合理控制投资规模，增强消费对经济增长的拉动作用。正确把握经济发展趋势的变化，保持社会供求总量基本平衡，避免经济大起大落，实现又快又好发展。

——必须加快转变经济增长方式。要把节约资源作为基本国策，发展循环经济，保护生态环境，加快建设资源节约型、环境友好型社会，促进经济发展与人口、资源、环境相协调。推进国民经济和社会信息化，切实走新型工业化道路，坚持节约发展、清洁发展、安全发展，实现可持续发展。

——必须提高自主创新能力。要深入实施科教兴国战略和人才强国战略，把增强自主创新能力作为科学技术发展的战略基点和调整产业结构、转变增长方式的中心环节，大力提高原始创新能力、集成创新能力和引进消化吸收再创新能力。

——必须促进城乡区域协调发展。要从社会主义现代化建设全局出发，统筹城乡区域发展。坚持把解决好“三农”问题作为重中之重，实行工业反哺农业、城市支持农村，推进社会主义新农村建设，促进城镇化健康发展。落实区域发展总体战略，形成东中西优势互补、良性互动的区域协调发展机制。

——必须加强和谐社会建设。要按照以人为本的要求，从解决关系人民群众切身利益的现实问题入手，更加注重经济社会协调发展，千方百计扩大就业，加快发展社会事业，促进人的全面发展；更加注重社会公平，使全体人民共享改革发展成果；更加注重民主法制建设，正确处理改革发展稳定的关系，保持社会安定团结。

——必须不断深化改革开放。要坚持社会主义市场经济的改革方向，完善现代企业制度和现代产权制度，建立反映市场供求状况和资源稀缺程度的价格形成机制，更大程度地发挥市场在资源配置中的基础性作用，提高资源配置效率，切实转变政府职能，健全国家宏观调控体系。统筹

国内发展和对外开放，不断提高对外开放水平，增强在扩大开放条件下促进发展的能力。

根据上述指导思想和原则，针对发展中的突出矛盾和问题，要进一步调整推动发展的思路，转变推动发展的方式，明确推动发展的政策导向。

——立足扩大国内需求推动发展，把扩大国内需求特别是消费需求作为基本立足点，促使经济增长由主要依靠投资和出口拉动向消费与投资、内需与外需协调拉动转变。

——立足优化产业结构推动发展，把调整经济结构作为主线，促使经济增长由主要依靠工业带动和数量扩张带动向三次产业协同带动和结构优化升级带动转变。

——立足节约资源保护环境推动发展，把促进经济增长方式根本转变作为着力点，促使经济增长由主要依靠增加资源投入带动向主要依靠提高资源利用效率带动转变。

——立足增强自主创新能力推动发展，把增强自主创新能力作为国家战略，促使经济增长由主要依靠资金和物质要素投入带动向主要依靠科技进步和人力资本带动转变。

——立足深化改革开放推动发展，把改革开放作为动力，促使经济增长由某些领域相当程度上依靠行政干预推动向在国家宏观调控下更大程度发挥市场配置资源基础性作用转变。

——立足以人为本推动发展，把提高人民生活水平作为根本出发点和落脚点，促使发展由偏重于增加物质财富向更加注重促进人的全面发展和经济社会的协调发展转变。

第三章 经济社会发展的主要目标

根据全面建设小康社会的总体要求，“十一五”时期要努力实现以下经济社会发展的主要目标：

——宏观经济平稳运行。国内生产总值年均增长7.5%，实现人均国内生产总值比2000年翻一番。城镇新增就业和转移农业劳动力各4500万人，城镇登记失业率控制在5%。价格总水平基本稳定。国际收支基本平衡。

——产业结构优化升级。产业、产品和企业组织结构更趋合理，服务业增加值占国内生产总值比重和就业人员占全社会就业人员比重分别提高3个和4个百分点。自主创新能力增强，研究与试验发展经费支出占国内生产总值比重增加到2%，形成一批拥有自主知识产权和知名品牌、国际竞争力较强的优势企业。

——资源利用效率显著提高。单位国内生产总值能源消耗降低20%左右，单位工业增加值用水量降低30%，农业灌溉用水有效利用系数提高到0.5，工业固体废物综合利用率提高到60%。

——城乡区域发展趋向协调。社会主义新农村建设取得明显成效，城镇化率提高到47%。各具特色的区域发展格局初步形成，城乡、区域间公共服务、人均收入和生活水平差距扩大的趋势得到遏制。

——基本公共服务明显加强。国民平均受教育年限增加到9年。公共卫生和医疗服务体系比较健全。社会保障覆盖面扩大，城镇基本养老保险覆盖人数达到2.23亿人，新型农村合作医疗覆盖率提高到80%以上。贫困人口继续减少。防灾减灾能力增强，社会治安和安全生产状况进一步好转。

——可持续发展能力增强。全国总人口控制在136000万人。耕地保有量保持1.2亿公顷，淡水、能源和重要矿产资源保障水平提高。生态环境恶化趋势基本遏制，主要污染物排放总量减少10%，森林覆盖率达到20%，控制温室气体排放取得成效。

——市场经济体制比较完善。行政管理、国有企业、财税、金融、科技、教育、文化、卫生等领域的改革和制度建设取得突破，市场监管能力和社会管理水平明显提高。对外开放与国内发展更加协调，开放型经济达到新水平。

——人民生活水平继续提高。城镇居民人均可支配收入和农村居民人均纯收入分别年均增长5%，城乡居民生活质量普遍提高，居住、交通、教育、文化、卫生和环境等方面的条件有较大改善。

——民主法制建设和精神文明建设取得新进展。法制建设全面推进，形成中国特色社会主义法律体系。思想道德建设进一步加强，构建和谐社会取得新进步。

第二篇　建设社会主义新农村

坚持统筹城乡经济社会发展的基本方略，在积极稳妥地推进城镇化的同时，按照生产发展、生活宽裕、乡风文明、村容整洁、管理民主的要求，扎实稳步推进新农村建设。

第四章　发展现代农业

坚持把发展农业生产力作为建设社会主义新农村的首要任务，推进农业结构战略性调整，转变农业增长方式，提高农业综合生产能力和增值能力，巩固和加强农业基础地位。

第一节　提高农业综合生产能力

坚持粮食基本自给，稳定发展粮食生产，确保国家粮食安全，粮食综合生产能力达到5亿吨左右。加强粮食主产区生产能力建设，提高粮食单产、品质和生产效益。建立粮食主产区与主销区间利益协调机制。抓好其他区域粮食生产能力建设。

坚持最严格的耕地保护制度，确保基本农田总量不减少、质量不下降。加强以小型水利设施为重点的农田基本建设，改造大型灌区，加快中低产田改造，提高耕地质量和农业防灾减灾能力。

提高农业科技创新和转化能力。加快建设国家农业科技创新基地和区域性农业科研中心。加快农作物和畜禽水产良种繁育、饲料饲养、疫病防治、资源节约、污染治理等技术的研发和推广。培育和推广超级杂交水稻等优良品种。加强物种资源保护和合理开发利用。

改革传统耕作方式，推行农业标准化，发展节约型农业。科学使用化肥、农药和农膜，推广测土配方施肥、平衡施肥、缓释氮肥、生物防治病虫害等适用技术。推广先进适用农机具，提高农业机械化水平。

第二节　推进农业结构调整

优化农业产业结构。在保证粮棉油稳定增产的同时，提高养殖业比重。加快发展畜牧业和奶业，保护天然草场，建设饲草料基地，改进畜禽饲养方式，提高规模化、集约化和标准化水平。因地制宜发展经济林和花卉产业。发展水产养殖和水产品加工，实施休渔、禁渔制度，控制捕捞强度。

优化农业产品结构。发展高产、优质、高效、生态、安全农产品。重点发展优质专用粮食品种、经济效益高的经济作物、节粮型畜产品和名特优新水产品。

优化农业区域布局。提高黄淮海平原、长江中下游平原和东北平原的粮食综合生产能力。在气候条件适宜区域建设经济作物产业带和名特优新稀热带作物产业带。发展农区、农牧交错区畜牧业，在南方草山草坡和西南岩溶地区发展草地畜牧业，恢复和培育传统牧区可持续发展能力。在缺水地区发展旱作节水农业。

第三节　加强农业服务体系建设

健全农业技术推广、农产品质量安全和标准、动物防疫和植物保护、认证认可等服务体系。整合涉农信息资源，加强农村经济信息应用系统建设。推进农业服务组织和机制创新，鼓励和引

导农民发展各类专业合作经济组织，提高农业的组织化程度。

第四节　完善农村流通体系

推进农产品批发市场建设和改造，促进农产品质量等级化、包装规格化。继续实施“万村千乡市场工程”，加快供销合作社经营网络改造和城市商业网点向农村延伸。完善鲜活农产品“绿色通道”网络。发展农资连锁经营，规范农资市场秩序。

第五章　增加农民收入

第一节　挖掘农业增收潜力

积极发展品种优良、特色明显、附加值高的优势农产品。延长农业产业链条，使农民在农业功能拓展中获得更多收益。发展农产品加工、保鲜、储运和其他服务。支持发展农业产业化经营，培育带动力强的龙头企业，健全企业与农户利益共享、风险共担的机制。扩大养殖、园艺等劳动密集型产品和绿色食品生产。鼓励优势农产品出口。发展休闲观光农业。

第二节　增加非农产业收入

推动乡镇企业机制创新和结构调整，引导乡镇企业向有条件的小城镇和县城集中。扶持县域经济发展，注重发展就业容量大的劳动密集型产业和服务业，壮大县域经济。健全就业信息服务体系，引导富余劳动力向非农产业和城镇有序转移，保障进城务工人员合法权益，增加农民务工收入。

第三节　完善增收减负政策

继续实行对农民的直接补贴政策，加大补贴力度，完善补贴方式。促进农产品价格保持在合理水平，稳定农业生产资料价格，建立农业支持保护制度。严格涉农收费管理，禁止向农民乱收费、乱摊派。

第六章　改善农村面貌

统筹规划、分步实施，政府引导、群众自愿，因地制宜、注重实效，改善农民生产生活条件。

第一节　加强农村基础设施建设

着力加强农民最急需的生产生活设施建设。加快实施农村饮水安全工程。加强农村公路建设，基本实现全国所有乡镇通油（水泥）路，东中部地区所有具备条件的建制村通油（水泥）路，西部地区具备条件的建制村通公路，健全农村公路管护体系。积极发展农村沼气、秸秆发电、小水电、太阳能、风能等可再生能源，完善农村电网。建立电信普遍服务基金，加强农村信息网络建设，发展农村邮政和电信，基本实现村村通电话、乡乡能上网。按照节约土地、设施配套、节能环保、突出特色的原则，做好乡村建设规划，引导农民合理建设住宅，保护有特色的农村建筑风貌。

第二节　加强农村环境保护

开展全国土壤污染现状调查，综合治理土壤污染。防治农药、化肥和农膜等面源污染，加强规模化养殖场污染治理。推进农村生活垃圾和污水处理，改善环境卫生和村容村貌。禁止工业固体废物、危险废物、城镇垃圾及其他污染物向农村转移。

第三节　积极发展农村卫生事业

加强以乡镇卫生院为重点的农村卫生基础设施建设，健全农村三级卫生服务和医疗救助体系。培训乡村卫生人员，开展城市医师支援农村活动。建设农村药品供应网和监督网。加强禽流感等人畜共患疾病防治。完善农村计划生育服务体系，实施农村计划生育家庭奖励扶助制度和

“少生快富”工程。

第四节　发展农村社会保障

探索建立与农村经济发展水平相适应、与其他保障措施相配套的农村养老保险制度。基本建立新型农村合作医疗制度。有条件的地方要建立农村最低生活保障制度。完善农村“五保户”供养、特困户生活补助、灾民救助等社会救助体系。

第七章　培养新型农民

加快发展农村教育、技能培训和文化事业，培养造就有文化、懂技术、会经营的新型农民。

第一节　加快发展农村义务教育

着力普及和巩固农村九年制义务教育。对农村义务教育阶段学生免收学杂费，对其中的贫困家庭学生免费提供课本和补助寄宿生生活费。按照明确各级责任、中央地方共担、加大财政投入、提高保障水平、分步组织实施的原则，将农村义务教育全面纳入公共财政保障范围，构建农村义务教育经费保障机制。实施农村教师培训计划，使中西部地区50%的农村教师得到一次专业培训。鼓励城市各单位开展智力支农，加大城镇教师支援农村教育的力度。全面实施农村中小学远程教育。

第二节　加强劳动力技能培训

支持新型农民科技培训，提高农民务农技能和科技素质。实施农村劳动力转移培训工程，增强农村劳动力的就业能力。实施农村实用人才培训工程，培养一大批生产能手、能工巧匠、经营能人和科技人员。

第三节　发展农村文化事业

加强农村文化设施建设，扩大广播电视和电影覆盖面。引导文化工作者深入乡村，满足农民群众精神文化需求。扶持农村业余文化队伍，鼓励农民兴办文化产业。推动实施农民体育健身工程。开展“文明村镇”和“文明户”活动，引导农民形成科学文明健康的生活方式。

第八章　增加农业和农村投入

坚持“多予少取放活”的方针，加快建立以工促农、以城带乡的长效机制。调整国民收入分配格局，国家财政支出和预算内固定资产投资，要按照存量适度调整、增量重点倾斜的原则，不断增加对农业和农村的投入。扩大公共财政覆盖农村的范围，确保财政用于“三农”投入的增量高于上年，新增教育、卫生、文化财政支出主要用于农村，中央和地方各级政府基础设施建设投资的重点要放在农业和农村。改革政府支农投资管理方式，整合支农投资，提高资金使用效率。鼓励、支持金融组织增加对农业和农村的投入，积极发展小额信贷，引导社会资金投向农业和农村。

第九章　深化农村改革

稳定并完善以家庭承包经营为基础、统分结合的双层经营体制，有条件的地方可根据自愿、有偿的原则依法流转土地承包经营权，发展多种形式的适度规模经营，搞好土地承包流转中的仲裁服务。巩固农村税费改革成果，全面推进农村综合改革，基本完成乡镇机构、农村义务教育和县乡财政管理体制等改革任务。深化农村金融体制改革，规范发展适合农村特点的金融组织，发挥农村信用社的支农作用，建立健全农村金融体系。稳步推进集体林权改革。加快征地制度改革，健全对被征地农民的合理补偿机制。增强村级集体经济组织的服务功能。

大力推进农村基层组织建设。着重抓好村党组织建设，同步推进村民自治组织和其他村级组织配套建设。积极推进村级组织活动场所建设。加强农村基层干部队伍建设。推进政务公开和民主管理，健全村党组织领导的充满活力的村民自治机制。

第三篇 推进工业结构优化升级

按照走新型工业化道路要求，坚持以市场为导向、企业为主体，把增强自主创新能力作为中心环节，继续发挥劳动密集型产业的竞争优势，调整优化产品结构、企业组织结构和产业布局，提升整体技术水平和综合竞争力，促进工业由大变强。

第十章 加快发展高技术产业

按照产业集聚、规模发展和扩大国际合作的要求，加快促进高技术产业从加工装配为主向自主研发制造延伸，推进自主创新成果产业化，引导形成一批具有核心竞争力的先导产业、一批集聚效应突出的产业基地、一批跨国高技术企业和一批具有自主知识产权的知名品牌。

第一节 提升电子信息制造业

根据数字化、网络化、智能化总体趋势，大力发展集成电路、软件和新型元器件等核心产业，重点培育光电通信、无线通信及网络设备等信息产业群，建设软件、微电子、光电子等产业基地，推动形成光电子产业链。开发信息产业关键技术，增强创新能力和竞争力，延伸产业链。

第二节 培育生物产业

发挥我国特有的生物资源优势和技术优势，面向健康、农业、环保、能源和材料等领域的重大需求，重点发展生物医药、生物农业、生物能源、生物制造。实施生物产业专项工程，努力实现生物产业关键技术和重要产品研制的新突破。健全市场准入制度，保护特有生物资源，保障生物安全。

第三节 推进航空航天产业

坚持远近结合、军民结合、自主开发与国际合作结合，发展新支线飞机、大型飞机、直升机和先进发动机、机载设备，扩大转包生产，推进产业化；推进航天产业由试验应用型向业务服务型转变，发展通信、导航、遥感等卫星及其应用，形成空间、地面与终端产品制造、运营服务的航天产业链。

第四节 发展新材料产业

围绕信息、生物、航空航天、重大装备、新能源等产业发展的需求，重点发展特种功能材料、高性能结构材料、纳米材料、复合材料、环保节能材料等产业群，建立和完善新材料创新体系。

第十一章 振兴装备制造业

第一节 振兴重大技术装备

努力突破核心技术，提高重大技术装备研发设计、核心元器件配套、加工制造和系统集成的整体水平。加强组织协调，强化政策支持，依托重点工程，完善技术标准，在高档数控机床与基础制造装备、高效清洁发电与输变电等领域研制一批对国家经济安全、技术进步、产业升级有重大影响和带动作用的重大技术装备，引导形成一批集研发设计制造于一体、竞争力强的企业。

第二节 提升汽车工业水平

增强汽车工业自主创新能力，加快发展拥有自主知识产权的汽车发动机、汽车电子、关键总成及零部件。发挥骨干企业作用，提高自主品牌乘用车市场占有率。鼓励开发使用节能环保和新型燃料汽车。引导企业在竞争中兼并重组，形成若干产能百万辆的企业。

第三节　壮大船舶工业实力

加强船舶自主设计能力、船用装备配套能力和大型造船设施建设，优化散货船、油船、集装箱船三大主力船型，重点发展高技术、高附加值的新型船舶和海洋工程装备。在环渤海、长江口和珠江口等区域建设造船基地，引导其他地区造船企业合理布局和集聚发展。

第十二章　优化发展能源工业

坚持节约优先、立足国内、煤为基础、多元发展，优化生产和消费结构，构筑稳定、经济、清洁、安全的能源供应体系。

第一节　有序发展煤炭

加强煤炭资源勘探，统筹规划，合理开发，提高回采率，减少煤炭开采对生态环境的影响。建设大型煤炭基地，鼓励煤炭企业联合重组，引导形成若干产能亿吨级的企业。鼓励有优势的煤炭企业实行煤电联营或煤电运一体化经营。调整改造重组中小煤矿，依法关闭不具备安全生产条件、破坏资源和环境的煤矿。

加强煤矿瓦斯综合治理，加快煤层气开发利用。加强煤炭清洁生产和利用，鼓励发展煤炭洗选及低热值煤、煤矸石发电等综合利用，开发推广高效洁净燃烧、烟气脱硫等技术。发展煤化工，开发煤基液体燃料，有序推进煤炭液化示范工程建设，促进煤炭深度加工转化。

第二节　积极发展电力

以大型高效环保机组为重点优化发展火电。建设大型超超临界电站和大型空冷电站。推进洁净煤发电，建设单机60万千瓦级循环流化床电站，启动整体煤气化燃气—蒸汽联合循环电站工程。鼓励发展坑口电站，建设大型煤电基地。适度发展天然气发电。加快淘汰落后的小火电机组。

在保护生态基础上有序开发水电。统筹做好移民安置、环境治理、防洪和航运。建设金沙江、雅砻江、澜沧江、黄河上游等水电基地和溪洛渡、向家坝等大型水电站。适当建设抽水蓄能电站。

积极推进核电建设。重点建设百万千瓦级核电站，逐步实现先进压水堆核电站的设计、制造、建设和运营自主化。加强核燃料资源勘查、开采、加工工艺改造以及核电关键技术开发和核电人才培养。

加强电网建设。建设西电东送三大输电通道和跨区域输变电工程，扩大西电东送规模，继续推进西电东送、南北互济、全国联网。加强区域、省级电网建设，同步发展输配电网络，加强城乡电网建设和改造，完善城乡配电网络，扩大供电范围，确保供电安全。

第三节　加快发展石油天然气

加大石油天然气资源勘探力度。加强油气资源调查评价，扩大勘探范围，重点开拓海域、主要油气盆地和陆地油气新区，开展煤层气、油页岩、油砂、天然气水合物等非常规油气资源调查勘探。推进油气勘探开发主体多元化。

实行油气并举，稳定增加原油产量，提高天然气产量。加强老油田稳产改造，延缓老油田产量递减。加快深海海域和塔里木、准噶尔、鄂尔多斯、柴达木、四川盆地等地区的油气资源开发。坚持平等合作、互利共赢，扩大境外油气资源合作开发。在沿海地区适度建设进口液化天然气项目。扩建和新建国家石油储备基地。

加快油气干线管网和配套设施的规划建设，逐步完善全国油气管线网络。建成西油东送、北油南运成品油管道。适时建设第二条西气东输管道及陆路进口油气管道。

第四节 大力发展可再生能源

实行优惠的财税、投资政策和强制性市场份额政策，鼓励生产与消费可再生能源，提高在一次能源消费中的比重。大力开发风能，建成30个10万千瓦级以上的大型风电项目，在内蒙古、河北、江苏、甘肃等地区形成百万千瓦风电基地。加快开发生物质能，支持发展秸秆、垃圾焚烧和垃圾填埋气发电，建设一批秸秆和林木质电站，扩大生物质固体成型燃料、燃料乙醇和生物柴油生产能力。并网风电装机、生物质发电装机分别达到500万千瓦和550万千瓦。积极开发利用太阳能、地热能和海洋能。

第十三章 调整原材料工业结构和布局

按照控制总量、淘汰落后、加快重组、提升水平的原则，加快调整原材料工业结构和布局，降低消耗，减少污染，提高产品档次、技术含量和产业集中度。

第一节 优化发展冶金工业

坚持内需主导，着力解决产能过剩问题，严格控制新增钢铁生产能力，加速淘汰落后工艺、装备和产品，提高钢铁产品档次和质量。推进钢铁工业发展循环经济，发挥钢铁企业产品制造、能源转换和废物消纳处理功能。鼓励企业跨地区集团化重组，形成若干具有国际竞争力的企业。结合首钢等城市钢铁企业搬迁和淘汰落后生产能力，建设曹妃甸等钢铁基地。积极利用低品位铁矿资源。

控制电解铝总量，适度发展氧化铝，鼓励发展铝深加工和新型合金材料，提高铝工业资源综合利用水平。加大铜铅锌锰矿资源勘查力度，增加后备资源，稳定矿山生产。控制铜铅锌冶炼建设规模，发展深加工产品和新型合金材料。加强稀土和钨锡锑资源保护，推动稀土在高技术产业的应用。

第二节 调整化学工业布局

按照基地化、大型化、一体化方向，调整石化工业布局。在油品消费集中区域以扩建为主适度扩大炼油生产能力，在无炼油工业的油品消费集中区域合理布局新项目，在生产能力相对过剩区域控制炼油规模。关停并转小型低效炼油装置。合理布局大型乙烯项目，形成若干炼化一体化基地，防止一哄而上。

调整化肥、农药、农膜工业布局和结构。在能源产地和粮棉主产区建设百万吨级尿素基地，建设云南、贵州、湖北磷复肥基地和青海、新疆钾肥基地。控制农药总量，提高农药质量，发展高效、低毒、低残留农药。发展和推广可降解农膜。

优化发展基础化工原料，积极发展精细化工，淘汰高污染化工企业。

提高药品自主开发能力，巩固传统化学原料药，开发特色原料药。加强中药资源普查、保护、开发和可持续利用，建设中药资源基地，大力发展中药产业。

第三节 促进建材建筑业健康发展

以节约能源资源、保护生态环境和提高产品质量档次为重点，促进建材工业结构调整和产业升级。在有条件的地区发展日产5000吨及以上的新型干法水泥，逐步淘汰立窑等落后生产能力。提高玻璃等建筑材料质量及加工深度。大力发展节能环保的新型建筑材料、保温材料以及绿色装饰装修材料。

推进建筑业技术进步，完善工程建设标准体系和质量安全监管机制，发展建筑标准件，推进施工机械化，提高建筑质量。

第十四章 提升轻纺工业水平

着力打造自主品牌，提高质量，增加品种，满足多样化需求，扩大高端市场份额，巩固和提高轻纺工业竞争力。

第一节 鼓励轻工业提高制造水平

运用信息、生物、环保等新技术改造轻工业。调整造纸工业原料结构，降低水资源消耗和污染物排放，淘汰落后草浆生产线，在有条件的地区实施林纸一体化工程。大力发展食品工业，提高精深加工水平，保障食品安全。鼓励家用电器、塑料制品和皮革及其他轻工行业开发新产品，提高技术含量和质量。

第二节 鼓励纺织工业增加附加值

提高纺织工业技术含量和自主品牌比重。发展高技术、高性能、差别化、绿色环保纤维和再生纤维，扩大产业用纺织品、丝绸和非棉天然纤维开发利用。推进纺织工业梯度转移。

第十五章 积极推进信息化

坚持以信息化带动工业化，以工业化促进信息化，提高经济社会信息化水平。

第一节 加快制造业信息化

以信息化改造制造业，推进生产设备数字化、生产过程智能化和企业管理信息化，促进制造业研发设计、生产制造、物流库存和市场营销变革。提高机电装备信息化水平，实现精准、高效生产。推广集散控制、现场总线控制、敏捷制造等技术，强化生产过程的在线监测、预警和控制。

第二节 深度开发信息资源

加快国家基础信息库建设，促进基础信息共享。优化信息资源结构。加强生产、流通、科技、人口、资源、生态环境等领域的信息采集，加强信息资源深度开发、及时处理、传播共享和有效利用。

第三节 完善信息基础设施

积极推进“三网融合”。建设和完善宽带通信网，加快发展宽带用户接入网，稳步推进新一代移动通信网络建设。建设集有线、地面、卫星传输于一体的数字电视网络。构建下一代互联网，加快商业化应用。制定和完善网络标准，促进互联互通和资源共享。

第四节 强化信息安全保障

积极防御、综合防范，提高信息安全保障能力。强化安全监控、应急响应、密钥管理、网络信任等信息安全基础设施建设。加强基础信息网络和国家重要信息系统的安全防护。推进信息安全产品产业化。发展咨询、测评、灾备等专业化信息安全服务。健全安全等级保护、风险评估和安全准入制度。

第四篇 加快发展服务业

坚持市场化、产业化、社会化方向，拓宽领域、扩大规模、优化结构、增强功能、规范市场，提高服务业的比重和水平。

第十六章 拓展生产性服务业

大力发展主要面向生产者的服务业，细化深化专业化分工，降低社会交易成本，提高资源配

置效率。

第一节 优先发展交通运输业

统筹规划、合理布局交通基础设施，做好各种运输方式相互衔接，发挥组合效率和整体优势，建设便捷、通畅、高效、安全的综合运输体系。

加快发展铁路运输。重点建设客运专线、城际轨道交通、煤运通道，初步形成快速客运和煤炭运输网络。扩展西部地区路网，强化中部地区路网，完善东部地区路网。加强集装箱运输系统和主要客货枢纽建设。建设铁路新线1.7万公里，其中客运专线7000公里。

进一步完善公路网络。重点建设国家高速公路网，基本形成国家高速公路网骨架。继续完善国道、省道干线公路网络，打通省际通道，发挥路网整体效率。公路总里程达到230万公里，其中高速公路6.5万公里。

积极发展水路运输。完善沿海沿江港口布局，重点建设集装箱、煤炭、进口油气和铁矿石中转运输系统，扩大港口吞吐能力。改善出海口航道，提高内河通航条件，建设长江黄金水道和长江三角洲、珠江三角洲高等级航道网。推进江海联运。

优化民用机场布局。扩充大型机场，完善中型机场，增加小型机场，提高中西部地区和东北地区机场密度。完善航线网络。建设现代化空中交通管理系统。

优化运输资源配置。强化枢纽衔接和集疏运配套，促进运输一体化。开发应用高速重载、大型专业化运载、新一代航行系统等高新技术，推广集装箱多式联运和快递服务。应用信息技术提升运输管理水平，推广智能交通运输体系。发展货运代理、客货营销等运输中介服务。建设上海、天津、大连等国际航运中心。

第二节 大力发展现代物流业

推广现代物流管理技术，促进企业内部物流社会化，实现企业物资采购、生产组织、产品销售和再生资源回收的系列化运作。培育专业化物流企业，积极发展第三方物流。建立物流标准化体系，加强物流新技术开发利用，推进物流信息化。加强物流基础设施整合，建设大型物流枢纽，发展区域性物流中心。

第三节 有序发展金融服务业

健全金融体系，完善服务功能，创新服务品种，提高服务质量。规范发展多种所有制形式的中小银行以及证券公司、财务公司、融资租赁公司、基金管理公司等非银行金融机构。鼓励金融创新，稳步发展综合类金融服务，支持发展网上金融服务。积极发展面向中小企业的融资和小额信贷。完善支付结算体系，提高支付清算效率。健全金融市场的登记、托管、交易、清算系统。发展境外金融服务和外汇风险管理、综合理财等，为企业跨境经营提供便利服务和外汇避险工具。

拓宽保险服务领域，发展养老、医疗保险，发挥商业保险在健全社会保障体系中的重要作用。发展农业保险、责任保险，建立国家支持的农业和巨灾再保险体系。拓宽保险资金运用渠道。发展网上保险等新的服务方式。

第四节 积极发展信息服务业

改善邮政和电信基础业务，发展增值业务，开发新兴业务，促进普遍服务。调整电信业务结构，发展互联网产业。

积极发展电子商务。建立健全电子商务基础设施、法律环境、信用和安全认证体系，建设安全、便捷的在线支付服务平台。发展企业间电子商务，推广面向中小企业、重点行业和区域的第三方电子商务交易与服务。

推进电子政务。整合网络资源，建设统一的电子政务网络，构建政务信息网络平台、数据交换中心、数字认证中心，推动部门间信息共享和业务协同。开发基础数据资源和办公资源，完善重点业务系统。健全政府与企业、公众互动的门户网站体系，依法开放政务信息，促进办事程序规范。培育公益性信息服务机构，开发利用公益性信息资源。

加强测绘基础设施建设，丰富和开发利用基础地理信息资源，发展地理信息产业。鼓励教育、文化、出版、广播影视等领域的数字内容产业发展，丰富中文数字内容资源，发展动漫产业。

第五节　规范发展商务服务业

拓展和规范律师、公证、法律援助、司法鉴定、经济仲裁等法律服务。发展项目策划、财务顾问、并购重组、上市等投资与资产管理服务。规范发展会计、审计、税务、资产评估、校准、检测、验货等经济鉴证类服务。支持发展市场调查、工程咨询、管理咨询、资信服务等咨询服务。鼓励发展专业化的工业设计。推动广告业发展。合理规划展馆布局，发展会展业。

第十七章　丰富消费性服务业

适应居民消费结构升级趋势，继续发展主要面向消费者的服务业，扩大短缺服务产品供给，满足多样化的服务需求。

第一节　提升商贸服务业

鼓励发展所有制形式和经营业态多样化、诚信便民的零售、餐饮等商贸服务。积极发展连锁经营、特许经营、物流配送等现代流通方式和组织形式。按照优化城市功能、疏解交通的要求，合理调整城市商业网点结构和布局。

第二节　发展房地产业

调整住房供应结构，重点发展普通商品住房和经济适用住房，严格控制大户型高档商品房。按照保障供给、稳定房价的原则，加强对房地产一、二级市场和租赁市场的调控，促进住房梯次消费。完善房地产开发融资方式，加强资本金管理，规范发展住房消费信贷和保险。规范物业管理行为，提高市场化程度。

第三节　大力发展旅游业

全面发展国内旅游，积极发展入境旅游，规范发展出境旅游。合理开发和保护旅游资源，改善基础设施，推进重点旅游区、旅游线路建设，规范旅游市场秩序。继续发展观光旅游，开发休闲度假以及科普、农业、工业、海洋等专题旅游，完善自助游服务体系。继续推进红色旅游。加快旅游企业整合重组。鼓励开发特色旅游商品。

第四节　加强市政公用事业

优先发展公共交通，完善城市路网结构和公共交通场站，有条件的大城市和城市群地区要把轨道交通作为优先领域，超前规划，适时建设。积极发展出租车业。加强城市供排水、中水管网改造和建设，增强安全供水能力，扩大再生水使用范围。合理规划建设和改造城市集中供热、燃气设施。

第五节　加快发展社区服务业

围绕便民服务，重点发展社区卫生、家政服务、社区保安、养老托幼、食品配送、修理服务和废旧物品回收等。理顺社区管理体制，推进社区服务规范化和网络化建设。

第六节　发展体育事业和体育产业

加强城乡基层和各类学校体育设施建设，开展全民健身活动，提高全民特别是青少年的身体素质。保护发展民族民间体育。深化体育改革，鼓励社会力量兴办体育事业和投资体育产业。规范发展体育健身、竞赛表演、体育彩票、体育用品，以及多种形式的体育组织和经营实体。提高

竞技运动水平，办好北京奥运会和广州亚运会。

第十八章 促进服务业发展的政策

打破垄断，放宽准入领域，建立公开、平等、规范的行业准入制度。鼓励社会资金投入服务业，提高非公有制经济比重。公共服务以外的领域，要按照营利性与非营利性分开的原则加快产业化改组。营利性事业单位要改制为企业，并尽快建立现代企业制度。继续推进政府机关和事业单位后勤服务社会化改革。采取积极的财税、土地、价格等政策，支持服务业关键领域、薄弱环节、新兴产业和新型业态的发展。健全服务业标准体系，推进服务业标准化。大城市要把发展服务业放在优先位置，有条件的要逐步形成服务经济为主的产业结构。

第五篇 促进区域协调发展

根据资源环境承载能力、发展基础和潜力，按照发挥比较优势、加强薄弱环节、享受均等化基本公共服务的要求，逐步形成主体功能定位清晰，东中西良性互动，公共服务和人民生活水平差距趋向缩小的区域协调发展格局。

第十九章 实施区域发展总体战略

坚持实施推进西部大开发，振兴东北地区等老工业基地，促进中部地区崛起，鼓励东部地区率先发展的区域发展总体战略，健全区域协调互动机制，形成合理的区域发展格局。

第一节 推进西部大开发

西部地区要加快改革开放步伐，通过国家支持、自身努力和区域合作，增强自我发展能力。坚持以线串点，以点带面，依托中心城市和交通干线，实行重点开发。加强基础设施建设，建设出境、跨区铁路和西煤东运新通道，建成“五纵七横”西部路段和八条省际公路，建设电源基地和西电东送工程。巩固和发展退耕还林成果，继续推进退牧还草、天然林保护等生态工程，加强植被保护，加大荒漠化和石漠化治理力度，加强重点区域水污染防治。加强青藏高原生态安全屏障保护和建设。支持资源优势转化为产业优势，大力发展特色产业，加强清洁能源、优势矿产资源开发及加工，支持发展先进制造业、高技术产业及其他有优势的产业。加强和改善公共服务，优先发展义务教育和职业教育，改善农村医疗卫生条件，推进人才开发和科技创新。建设和完善边境口岸设施，加强与毗邻国家的经济技术合作，发展边境贸易。落实和深化西部大开发政策，加大政策扶持和财政转移支付力度，推动建立长期稳定的西部开发资金渠道。

第二节 振兴东北地区等老工业基地

东北地区要加快产业结构调整和国有企业改革改组改造，在改革开放中实现振兴。发展现代农业，强化粮食基地建设，推进农业规模化、标准化、机械化和产业化经营，提高商品率和附加值。建设先进装备、精品钢材、石化、汽车、船舶和农副产品深加工基地，发展高技术产业。建立资源开发补偿机制和衰退产业援助机制，抓好阜新、大庆、伊春和辽源等资源枯竭型城市经济转型试点，搞好棚户区改造和采煤沉陷区治理。加强东北东部铁路通道和跨省区公路运输通道等基础设施建设，加快市场体系建设，促进区域经济一体化。扩大与毗邻国家的经济技术合作。加强黑土地水土流失和东北西部荒漠化综合治理。支持其他地区老工业基地的振兴。

第三节 促进中部地区崛起

中部地区要依托现有基础，提升产业层次，推进工业化和城镇化，在发挥承东启西和产业发展优势中崛起。加强现代农业特别是粮食主产区建设，加大农业基础设施建设投入，增强粮食等大宗农产品生产能力，促进农产品加工转化增值。支持山西、河南、安徽加强大型煤炭基地建设，发展坑口电站和煤电联营。加快钢铁、化工、有色、建材等优势产业的结构调整，形成精品原材料基地。支持发展矿山机械、汽车、农业机械、机车车辆、输变电设备等装备制造业以及软件、光电子、新材料、生物工程等高技术产业。构建综合交通运输体系，重点建设干线铁路和公路、内河港口、区域性机场。加强物流中心等基础设施建设，完善市场体系。

第四节 鼓励东部地区率先发展

东部地区要率先提高自主创新能力，率先实现经济结构优化升级和增长方式转变，率先完善社会主义市场经济体制，在率先发展和改革中带动帮助中西部地区发展。加快形成一批自主知识产权、核心技术和知名品牌，提高产业素质和竞争力。优先发展先进制造业、高技术产业和服务业，着力发展精加工和高端产品。促进加工贸易升级，积极承接高技术产业和现代服务业转移，提高外向型经济水平，增强国际竞争力。加强耕地保护，发展现代农业。提高资源特别是土地、能源利用效率，加强生态环境保护，增强可持续发展能力。继续发挥经济特区、上海浦东新区的作用，推进天津滨海新区开发开放，支持海峡西岸和其他台商投资相对集中地区的经济发展，带动区域经济发展。

第五节 支持革命老区、民族地区和边疆地区发展

加大财政转移支付力度和财政性投资力度，支持革命老区、民族地区和边疆地区加快发展。保护自然生态，改善基础设施条件。发展学前教育，加快普及义务教育，办好中心城市的民族初中班和高中班，加强民族大学建设和民族地区高等教育。建设少数民族民间传统文化社区，扶持少数民族出版事业，建立双语教学示范区。加强少数民族人才队伍建设，稳定民族地区人才队伍。支持发展民族特色产业、民族特需商品、民族医药产业和其他有优势的产业。优先解决特困少数民族贫困问题，扶持人口较少民族的经济社会发展，推进兴边富民行动。继续实行支持西藏、新疆及新疆生产建设兵团发展的政策。

第六节 健全区域协调互动机制

健全市场机制，打破行政区划的局限，促进生产要素在区域间自由流动，引导产业转移。健全合作机制，鼓励和支持各地区开展多种形式的区域经济协作和技术、人才合作，形成以东带西、东中西共同发展的格局。健全互助机制，发达地区要采取对口支援、社会捐助等方式帮扶欠发达地区。健全扶持机制，按照公共服务均等化原则，加大国家对欠发达地区的支持力度。国家继续在经济政策、资金投入和产业发展等方面，加大对中西部地区的支持。

第二十章 推进形成主体功能区

根据资源环境承载能力、现有开发密度和发展潜力，统筹考虑未来我国人口分布、经济布局、国土利用和城镇化格局，将国土空间划分为优化开发、重点开发、限制开发和禁止开发四类主体功能区，按照主体功能定位调整完善区域政策和绩效评价，规范空间开发秩序，形成合理的空间开发结构。

第一节 优化开发区域的发展方向

优化开发区域是指国土开发密度已经较高、资源环境承载能力开始减弱的区域。要改变依靠大量占用土地、大量消耗资源和大量排放污染实现经济较快增长的模式，把提高增长质量和效益放在首位，提升参与全球分工与竞争的层次，继续成为带动全国经济社会发展的龙头和我国参与经济全球化的主体区域。

第二节 重点开发区域的发展方向

重点开发区域是指资源环境承载能力较强、经济和人口集聚条件较好的区域。要充实基础设

施，改善投资创业环境，促进产业集群发展，壮大经济规模，加快工业化和城镇化，承接优化开发区域的产业转移，承接限制开发区域和禁止开发区域的人口转移，逐步成为支撑全国经济发展和人口集聚的重要载体。

第三节 限制开发区域的发展方向

限制开发区域是指资源环境承载能力较弱、大规模集聚经济和人口条件不够好并关系到全国或较大区域范围生态安全的区域。要坚持保护优先、适度开发、点状发展，因地制宜发展资源环境可承载的特色产业，加强生态修复和环境保护，引导超载人口逐步有序转移，逐步成为全国或区域性的重要生态功能区。

第四节 禁止开发区域的发展方向

禁止开发区域是指依法设立的各类自然保护区域。要依据法律法规规定和相关规划实行强制性保护，控制人为因素对自然生态的干扰，严禁不符合主体功能定位的开发活动。

第五节 实行分类管理的区域政策

财政政策，要增加对限制开发区域、禁止开发区域用于公共服务和生态环境补偿的财政转移支付，逐步使当地居民享有均等化的基本公共服务。投资政策，要重点支持限制开发区域、禁止开发区域公共服务设施建设和生态环境保护，支持重点开发区域基础设施建设。产业政策，要引导优化开发区域转移占地多、消耗高的加工业和劳动密集型产业，提升产业结构层次；引导重点开发区域加强产业配套能力建设；引导限制开发区域发展特色产业，限制不符合主体功能定位的产业扩张。土地政策，要对优化开发区域实行更严格的建设用地增量控制，在保证基本农田不减少的前提下适当扩大重点开发区域建设用地供给，对限制开发区域和禁止开发区域实行严格的土地用途管制，严禁生态用地改变用途。人口管理政策，要鼓励在优化开发区域、重点开发区域有稳定就业和住所的外来人口定居落户，引导限制开发区域和禁止开发区域的人口逐步自愿平稳有序转移。绩效评价和政绩考核，对优化开发区域，要强化经济结构、资源消耗、自主创新等的评价，弱化经济增长的评价；对重点开发区域，要综合评价经济增长、质量效益、工业化和城镇化水平等；对限制开发区域，要突出生态环境保护等的评价，弱化经济增长、工业化和城镇化水平的评价；对禁止开发区域，主要评价生态环境保护。

第二十一章 促进城镇化健康发展

坚持大中小城市和小城镇协调发展，提高城镇综合承载能力，按照循序渐进、节约土地、集约发展、合理布局的原则，积极稳妥地推进城镇化，逐步改变城乡二元结构。

第一节 分类引导人口城镇化

对临时进城务工人员，继续实行亦工亦农、城乡双向流动的政策，在劳动报酬、劳动时间、法定假日和安全保护等方面依法保障其合法权益；对在城市已有稳定职业和住所的进城务工人员，要创造条件使之逐步转为城市居民，依法享有当地居民应有的权利，承担应尽的义务；对因城市建设承包地被征用、完全失去土地的农村人口，要转为城市居民，城市政府要负责提供就业援助、技能培训、失业保险和最低生活保障等。鼓励农村人口进入中小城市和小城镇定居，特大城市要从调整产业结构的源头入手，形成用经济办法等控制人口过快增长的机制。

第二节 形成合理的城镇化空间格局

要把城市群作为推进城镇化的主体形态，逐步形成以沿海及京广京哈线为纵轴，长江及陇海线为横轴，若干城市群为主体，其他城市和小城镇点状分布，永久耕地和生态功能区相间隔，高效协调可持续的城镇化空间格局。

已形成城市群发展格局的京津冀、长江三角洲和珠江三角洲等区域，要继续发挥带动和辐射作用，加强城市群内各城市的分工协作和优势互补，增强城市群的整体竞争力。

具备城市群发展条件的区域，要加强统筹规划，以特大城市和大城市为龙头，发挥中心城市作用，形成若干用地少、就业多、要素集聚能力强、人口分布合理的新城市群。

人口分散、资源条件较差、不具备城市群发展条件的区域，要重点发展现有城市、县城及有条件的建制镇，成为本地区集聚经济、人口和提供公共服务的中心。

第三节　加强城市规划建设管理

规划城市规模与布局，要符合当地水土资源、环境容量、地质构造等自然承载力，并与当地经济发展、就业空间、基础设施和公共服务供给能力相适应。

加强城市水源地保护和供水设施建设。缺水城市要适度控制城市规模，禁止发展高耗水产业和建设高耗水景观。地下水超采城市要控制地下水开采，防止地面沉降。城市道路以及供排水、能源、环保、电信、有线电视等的建设，要破除部门和地方分割，在统一规划基础上协同建设，减少盲目填挖和拆建。加强城市综合防灾减灾和应急管理能力建设。稳步推进城市危旧住房和“城中村”改造，保障拆迁户合法权益。城市规划和建筑设计要延续历史，传承文化，突出特色，保护民族、文化遗产和风景名胜资源。强化城市规划实施的监管，推进城市综合管理，提高城市管理水平。

第四节　健全城镇化发展的体制机制

加快破除城乡分割的体制障碍，建立健全与城镇化健康发展相适应的财税、征地、行政管理和公共服务等制度。完善行政区划设置和管理模式。改革城乡分割的就业管理制度，深化户籍制度改革，逐步建立城乡统一的人口登记制度。

第六篇　建设资源节约型、环境友好型社会

落实节约资源和保护环境基本国策，建设低投入、高产出，低消耗、少排放，能循环、可持续的国民经济体系和资源节约型、环境友好型社会。

第二十二章　发展循环经济

坚持开发节约并重、节约优先，按照减量化、再利用、资源化的原则，在资源开采、生产消耗、废物产生、消费等环节，逐步建立全社会的资源循环利用体系。

第一节　节约能源

强化能源节约和高效利用的政策导向，加大节能力度。通过优化产业结构特别是降低高耗能产业比重，实现结构节能；通过开发推广节能技术，实现技术节能；通过加强能源生产、运输、消费各环节的制度建设和监管，实现管理节能。突出抓好钢铁、有色、煤炭、电力、化工、建材等行业和耗能大户的节能工作。加大汽车燃油经济性标准实施力度，加快淘汰老旧运输设备。制定替代液体燃料标准，积极发展石油替代产品。鼓励生产使用高效节能产品。

第二节　节约用水

发展农业节水，推进雨水集蓄，建设节水灌溉饲草基地，提高水的利用效率，基本实现灌溉用水总量零增长。重点推进火电、冶金等高耗水行业节水技术改造。抓好城市节水工作，强制推广使用节水设备和器具，扩大再生水利用。加强公共建筑和住宅节水设施建设。积极开展海水淡化、海水直接利用和矿井水利用。

第三节　节约土地

落实保护耕地基本国策。管住总量、严控增量、盘活存量，控制农用地转为建设用地的规

模。建立健全用地定额标准，推行多层标准厂房。开展农村土地整理，调整居民点布局，控制农村居民点占地，推进废弃土地复垦。控制城市大广场建设，发展节能省地型公共建筑和住宅。到2010年实现所有城市禁用实心黏土砖。

第四节 节约材料

推行产品生态设计，推广节约材料的技术工艺，鼓励采用小型、轻型和再生材料。提高建筑物质量，延长使用寿命，提倡简约实用的建筑装修。推进木材、金属材料、水泥等的节约代用。禁止过度包装。规范并减少一次性用品生产和使用。

第五节 加强资源综合利用

抓好煤炭、黑色和有色金属共伴生矿产资源综合利用。推进粉煤灰、煤矸石、冶金和化工废渣及尾矿等工业废物利用。推进秸秆、农膜、禽畜粪便等循环利用。建立生产者责任延伸制度，推进废纸、废旧金属、废旧轮胎和废弃电子产品等回收利用。加强生活垃圾和污泥资源化利用。

推动钢铁、有色、煤炭、电力、化工、建材、制糖等行业实施循环经济改造，形成一批循环经济示范企业。在重点行业、领域、产业园区和城市开展循环经济试点。发展黄河三角洲、三峡库区等高效生态经济。

第六节 强化促进节约的政策措施

加快循环经济立法。实行单位能耗目标责任和考核制度。完善重点行业能耗和水耗准入标准、主要用能产品和建筑物能效标准、重点行业节能设计规范和取水定额标准。严格执行设计、施工、生产等技术标准和材料消耗核算制度。实行强制淘汰高耗能高耗水落后工艺、技术和设备的制度。推行强制性能效标识制度和节能产品认证制度。加强政府节能采购、合同能源管理。实行有利于资源节约、综合利用和石油替代产品开发的财税、价格、投资政策。增强全社会的资源忧患意识和节约意识。

第二十三章 保护修复自然生态

生态保护和建设的重点要从事后治理向事前保护转变，从人工建设为主向自然恢复为主转变，从源头上扭转生态恶化趋势。

在天然林保护区、重要水源涵养区等限制开发区域建立重要生态功能区，促进自然生态恢复。健全法制、落实主体、分清责任，加强对自然保护区的监管。有效保护生物多样性，防止外来有害物种对我国生态系统的侵害。按照谁开发谁保护、谁受益谁补偿的原则，建立生态补偿机制。

第二十四章 加大环境保护力度

坚持预防为主、综合治理，强化从源头防治污染，坚决改变先污染后治理、边治理边污染的状况。以解决影响经济社会发展特别是严重危害人民健康的突出问题为重点，有效控制污染物排放，尽快改善重点流域、重点区域和重点城市的环境质量。

第一节 加强水污染防治

加大“三河三湖”等重点流域和区域水污染防治力度。科学划定饮用水源保护区，强化对主要河流和湖泊排污的管制，坚决取缔饮用水源地的直接排污口，严禁向江河湖海排放超标污水。加强城市污水处理设施建设，全面开征污水处理费，到2010年城市污水处理率不低于70%。

第二节 加强大气污染防治

加大重点城市大气污染防治力度。加快现有燃煤电厂脱硫设施建设，新建燃煤电厂必须根据排放标准安装脱硫装置，推进钢铁、有色、化工、建材等行业二氧化硫综合治理。在大中城市及

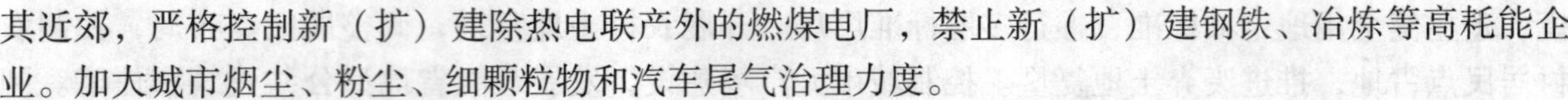

其近郊，严格控制新（扩）建除热电联产外的燃煤电厂，禁止新（扩）建钢铁、冶炼等高耗能企业。加大城市烟尘、粉尘、细颗粒物和汽车尾气治理力度。

第三节　加强固体废物污染防治

加快危险废物处理设施建设，妥善处置危险废物和医疗废物。强化对危险化学品的监管，加强重金属污染治理，推进堆存铬渣无害化处置。加强核设施和放射源安全监管，确保环境安全。加强城市垃圾处理设施建设，加大城市垃圾处理费征收力度，到2010年城市生活垃圾无害化处理率不低于60%。

第四节　实行强有力的环保措施

各地区要切实承担对所辖地区环境质量的责任，实行严格的环保绩效考核、环境执法责任制和责任追究制。各级政府要将环保投入作为本级财政支出的重点并逐年增加。健全环境监管体制，提高监管能力，加大环保执法力度。实施排放总量控制、排放许可和环境影响评价制度。实行清洁生产审核、环境标识和环境认证制度，严格执行强制淘汰和限期治理制度，建立跨省界河流断面水质考核制度。实行环境质量公告和企业环保信息公开制度，鼓励社会公众参与并监督环保。大力发展环保产业，建立社会化多元化环保投融资机制，运用经济手段加快污染治理市场化进程。积极参与全球环境与发展事务，认真履行环境国际公约。

第二十五章　强化资源管理

实行有限开发、有序开发、有偿开发，加强对各种自然资源的保护和管理。

第一节　加强水资源管理

顺应自然规律，调整治水思路，从单纯的洪水控制向洪水管理、雨洪资源科学利用转变，从注重水资源开发利用向水资源节约、保护和优化配置转变。加强水资源统一管理，统筹生活、生产、生态用水，做好上下游、地表地下水调配，控制地下水开采。完善取水许可和水资源有偿使用制度，实行用水总量控制与定额管理相结合的制度，健全流域管理与区域管理相结合的水资源管理体制，建立国家初始水权分配制度和水权转让制度。完成南水北调东线和中线一期工程，合理规划建设其他水资源调配工程。

第二节　加强土地资源管理

实行最严格的土地管理制度。严格执行法定权限审批土地和占用耕地补偿制度，禁止非法压低地价招商。严格土地利用总体规划、城市总体规划、村庄和集镇规划修编的管理。加强土地利用计划管理、用途管制和项目用地预审管理。加强村镇建设用地管理，改革和完善宅基地审批制度。完善耕地保护责任考核体系，实行土地管理责任追究制。加强土地产权登记和土地资产管理。

第三节　加强矿产资源管理

加强矿产资源勘查开发统一规划管理，严格矿产资源开发准入条件，强化资格认证和许可管理，严格按照法律法规和规划开发。完善矿产资源开发管理体制，依法设置探矿权、采矿权，建立矿业权交易制度，健全矿产资源有偿占用制度和矿山环境恢复补偿机制。完善重要资源储备制度，加强国家重要矿产品储备，调整储备结构和布局。实行国家储备与用户储备相结合，对资源消耗大户实行强制性储备。

第二十六章　合理利用海洋和气候资源

第一节　保护和开发海洋资源

强化海洋意识，维护海洋权益，保护海洋生态，开发海洋资源，实施海洋综合管理，促进海

洋经济发展。综合治理重点海域环境，遏制渤海、长江口和珠江口等近岸海域生态恶化趋势。恢复近海海洋生态功能，保护红树林、海滨湿地和珊瑚礁等海洋、海岸带生态系统，加强海岛保护和海洋自然保护区管理。完善海洋功能区划，规范海域使用秩序，严格限制开采海砂。有重点地勘探开发专属经济区、大陆架和国际海底资源。

第二节 开发利用气候资源

加强空中水资源、太阳能、风能等的合理开发利用。发展气象事业，加强气象卫星应用、天气雷达等综合监测，建立先进的气象服务业务系统。增强灾害性天气预警预报能力，提高预报准确率和时效性。增强气象为农业等行业服务的能力。加强人工影响天气、大气成分和气候变化监测、预测、评估工作。

第七篇 实施科教兴国战略和人才强国战略

把科技进步和创新作为经济社会发展的重要推动力，把发展教育和培养德才兼备的高素质人才摆在更加突出的战略位置，深化体制改革，加大投入，加快科技教育发展，努力建设创新型国家和人力资本强国。

第二十七章 加快科学技术创新和跨越

实施国家中长期科学和技术发展规划，按照自主创新、重点跨越、支撑发展、引领未来的方针，加快建设国家创新体系，不断增强企业创新能力，加强科技与经济、教育的紧密结合，全面提高科技整体实力和产业技术水平。

第一节 大力推进自主创新

加强基础研究、前沿技术研究和社会公益性技术研究，在信息、生命、空间、海洋、纳米及新材料等领域超前部署，集中优势力量，加大投入力度，力争取得重要突破。适应国家重大战略需求，启动一批重大科技专项，在能源、资源、环境、农业、信息、健康等领域加强关键技术攻关，实现核心技术集成创新与跨越。实施重大产业技术开发专项，促进引进技术消化吸收再创新。

坚持哲学社会科学与自然科学并重，繁荣和发展哲学社会科学。实施马克思主义理论研究和建设工程，构建哲学社会科学创新体系，积极推动理论创新，进一步发挥对经济社会发展的重要促进作用。促进自然科学与哲学社会科学的结合。

第二节 加强自主创新能力建设

建设科技支撑体系，全面提升科技自主创新能力。建设国家重大科技基础设施，实施知识创新工程，整合研究实验体系，建设若干世界一流水平的科研机构和研究型大学，构筑高水平科学研究和人才培养基地。实施重大科学工程，加强国家重点实验室建设，构建国家科技基础条件平台，促进科技资源共享。建设一批产业技术研发试验设施，提高产业技术创新能力。加强科普能力建设，实施全民科学素质行动计划。

第三节 强化企业技术创新主体地位

加快建立以企业为主体、市场为导向、产学研相结合的技术创新体系，形成自主创新的基本体制架构。加强国家工程实验室、国家工程中心和企业技术中心建设，建立企业自主创新的基础支撑平台。发展技术咨询、技术转让等技术创新中介服务，形成社会化服务体系。实行支持自主创新的财税、金融和政府采购政策，引导企业增加研发投入。发挥各类企业特别是中小企业的创新活力，鼓励技术革新和发明创造。

第四节　加大知识产权保护力度

加强公民知识产权意识，健全知识产权保护体系，建立知识产权预警机制，依法严厉打击侵犯知识产权行为。加强计量基础研究，完善国家标准体系，及时淘汰落后标准。优先采用具有自主知识产权的技术标准，积极参与制定国际标准。发展专利、商标、版权转让与代理、无形资产评估等知识产权服务。

第五节　深化科技体制改革

整合科技资源，合理配置基础研究、前沿技术研究和社会公益性研究力量，促进科研机构、大学、企业间科研人员的合理流动与合作，构建科技资源共享机制。深化技术开发类院所企业化转制改革和社会公益类科研机构改革，完善现代科研院所制度，形成开放合作的研究开发体系。完善科技管理体制和运行机制，改革科技评审评估和成果评价奖励等制度。建立多元化、多渠道的科技投入体系，保证科技经费的增长幅度明显高于财政经常性收入的增长幅度，逐步提高国家财政性科技投入占国内生产总值的比例。

第二十八章　优先发展教育

全面实施素质教育，着力完成“普及、发展、提高”三大任务，加快教育结构调整，促进教育全面协调发展，建设学习型社会。

第一节　普及和巩固义务教育

重点加强农村义务教育，努力降低义务教育阶段农村学生特别是女性学生、少数民族学生和贫困家庭学生的辍学率，全国初中三年保留率达到95%。推进城乡、地区间义务教育均衡发展。各地政府要保证进城务工人员子女与当地学生平等接受义务教育。

第二节　大力发展职业教育

重点发展中等职业教育，年招生规模扩大到800万人。发展多种形式的职业技能培训。改革职业教育教学方式，更新教学内容，推行工学结合、校企合作的培养模式，建立弹性学习制度。促进职业教育和普通高中教育协调发展，提高办学水平和质量。

第三节　提高高等教育质量

把高等教育发展的重点放在提高质量和优化结构上，加强研究与实践，培养学生的创新精神和实践能力。稳步提高高等教育大众化水平，稳步发展普通本专科和研究生教育，提高高层次人才培养质量。有重点地加强高水平大学和重点学科建设，推动各类高等院校协调发展。继续发展各类成人教育。

第四节　加大教育投入

保证财政性教育经费的增长幅度明显高于财政经常性收入的增长幅度，逐步使财政性教育经费占国内生产总值的比例达到4%。强化政府对义务教育的保障责任，加大中央和省级政府对财政困难县义务教育经费的转移支付力度。促进教育公平，公共教育资源要向农村、中西部地区、贫困地区、民族地区以及薄弱学校、贫困家庭学生倾斜。各级政府要增加职业教育投入，重点支持面向农村学生的中等职业学校。支持设立资助贫困家庭学生就学的民间慈善基金组织，鼓励社会各界捐资助教。继续实行助学贷款，健全面向各阶段学生的资助制度，完善贫困家庭学生助学体系。扩大彩票公益金收益用于特殊教育的份额。

第五节　深化教育体制改革

明确各级政府提供公共教育职责，制定和完善学校的设置标准，支持民办教育发展，形成公办教育与民办教育共同发展的办学格局。形成多元化的教育投入体制，义务教育由政府负全责，高中阶段教育以政府投入为主，职业教育和高等教育实行政府投入与社会投入相互补充。规范教育收费，建立严格的教育收费公示制度。形成适应素质教育要求的教学体制，改革招生考试制度，推进教学课程改革，减轻中小学生过重的课业负担，健全评价制度。形成权责明确的教育管理体制，在学科、专业和课程设置以及招生规模、人才聘用等方面给学校更多自主权，培育并发挥学校的优势和特色。进一步加强教师队伍建设。

第二十九章 推进人才强国战略

坚持党管人才原则，牢固树立科学人才观，壮大人才队伍，提高人才素质，优化人才结构，完善用人机制，发挥人才作用，促进人口大国向人力资本强国转变。

第一节 建设高素质人才队伍

实施党政人才培养工程，完善培训制度，加强理论教育、专业培训和实践锻炼，提高党政人才思想政治素质和执政能力，建设高素质党政领导人才队伍。实施企业家培养工程，培养造就一批富有创新意识和能力、适应经济全球化要求的企业家，推进企业经营管理人才职业化、市场化。实施专业技术人才知识更新工程和战略高技术人才培养工程，重点培养造就一批科技领军人才、学科带头人和战略科学家。实施高技能人才培养工程，建立一批高技能人才培训基地和公共实训基地，建设高技能人才队伍。加强农村实用人才培养。加强中西部地区和东北地区人才资源开发和人才队伍建设。鼓励和引导海外留学人员回国工作、为国服务。积极吸引海外高层次人才。

第二节 创新人才工作机制

推进市场配置人才资源，消除人才市场发展的体制性障碍，规范人才市场管理，营造人才辈出、人尽其才的社会环境。深化干部人事制度改革，完善机关、企业和事业单位干部人事分类管理体制，健全以品德、能力和业绩为重点的人才评价、选拔任用和激励保障机制。建立符合科学发展观要求的干部综合考核评价体系，注重在实践中锻炼培养人才。深化职称制度改革。贯彻实施公务员法，完善公务员制度。各级政府和企事业单位要加大人才资源开发投入，加强人才资源能力建设，形成多元化投入机制。

第八篇 深化体制改革

以转变政府职能和深化企业、财税、金融等改革为重点，加快完善社会主义市场经济体制，形成有利于转变经济增长方式、促进全面协调可持续发展的机制。

第三十章 着力推进行政管理体制改革

按照精简、统一、效能的原则和决策、执行、监督相协调的要求，建立决策科学、权责对等、分工合理、执行顺畅、监督有力的行政管理体制，加快建设服务政府、责任政府、法治政府。

第一节 推进政府职能转变

按照政企分开、政资分开、政事分开以及政府与市场中介组织分开的原则，合理界定政府职责范围，加强各级政府的社会管理和公共服务职能。进一步推进行政审批制度改革，减少和规范行政审批。深化政府机构改革，优化组织结构，减少行政层级，理顺职责分工，提高行政效率，降低行政成本，实现政府职责、机构和编制的科学化、规范化、法定化。合理划分中央与地方及地方各级政府间在经济调节、市场监管、社会管理和公共服务方面的权责。加快推进事业单位分类改革。

第二节　健全政府决策机制

健全科学民主决策机制，完善重大事项集体决策、专家咨询、社会公示和听证以及决策失误责任追究制度。推行政务公开并逐步实现制度化，完善政府新闻发布制度，提高政府工作透明度，保障公民对政府工作的知情权、参与权、表达权和监督权。全面推进依法行政，行政机关及其工作人员要严格按照法定权限和程序履行职责。实行综合执法，加强对行政执法的监督，建立执法责任追究制。推行政府问责制，完善行政赔偿制度。

第三节　深化投资体制改革

落实企业投资自主权，逐步缩小政府对投资项目的核准范围，健全企业投资项目核准制和备案制。合理界定政府投资范围和中央与地方的投资事权，改进和完善决策规则和程序，提高资金使用效率，建立政府投资项目决策责任追究制。建立和完善投资调控体系。

第三十一章　坚持和完善基本经济制度

坚持公有制为主体、多种所有制经济共同发展的基本经济制度。毫不动摇地巩固和发展公有制经济，毫不动摇地鼓励、支持和引导个体、私营等非公有制经济发展。

第一节　深化国有企业改革

推动国有资本向关系国家安全和国民经济命脉的重要行业和关键领域集中，优化国有经济布局，增强国有经济控制力、影响力和带动力，发挥主导作用。完善国有资本有进有退、合理流动的机制，加快国有大型企业股份制改革，除极少数必须由国家独资经营的企业外，绝大多数国有大型企业改制为多元股东的公司。改善国有企业股本结构，发展混合所有制经济，实现投资主体和产权多元化，建立和完善现代企业制度，形成有效的公司法人治理结构，增强企业活力。发展具有较强竞争力的大公司大企业集团。全心全意依靠职工群众，探索现代企业制度下职工民主管理的有效途径。继续深化集体企业改革，发展多种形式的集体经济。

第二节　健全国有资产监管体制

制定完善经营性国有资产监管体制的法律及配套行政法规，建立健全国有资本经营预算、企业经营业绩考核和企业重大决策失误追究等制度，落实监管责任，实现国有资产保值增值。建立健全国有金融资产、非经营性资产和自然资源资产等监管体制，防止国有资产流失。

第三节　深化垄断行业改革

坚持政企分开、放宽准入、引入竞争、依法监管，推进垄断行业管理体制和产权制度改革。按照形成综合运输体系的要求，推进交通运输业管理体制改革。积极稳妥地推进铁路体制改革，加快铁路投融资体制改革。深化电力体制改革，巩固厂网分开，加快主辅分开，稳步推进输配分开和区域电力市场建设。深化石油、电信、民航、邮政、烟草、盐业和市政公用事业改革，推进国有资产重组，形成竞争性市场格局，建立现代企业制度。

第四节　鼓励非公有制经济发展

大力发展个体、私营等非公有制经济。进一步消除制约非公有制经济发展的体制性障碍和政策性因素，进一步落实鼓励、支持和引导非公有制经济发展的政策措施。允许非公有制经济进入法律法规未禁止的行业和领域，鼓励和支持非公有制经济参与国有企业改革，进入金融服务、公用事业、基础设施等领域。完善金融、税收、信用担保、技术创新等方面的政策，改善行政执法和司法环境，加强和改进对非公有制企业的服务和监管。

第三十二章　推进财政税收体制改革

调整和规范中央与地方、地方各级政府间的收支关系，建立健全与事权相匹配的财税体制。

实行有利于促进科技进步、转变增长方式、优化经济结构的财税制度。

第一节 完善财政体制

加快公共财政体系建设，明确界定各级政府的财政支出责任，合理调整政府间财政收入划分。完善中央和省级政府的财政转移支付制度，理顺省级以下财政管理体制，有条件的地方可实行省级直接对县的管理体制，逐步推进基本公共服务均等化。改革预算编制制度，提高预算的规范性和透明度。继续深化部门预算、国库集中收付、政府采购和收支两条线管理制度改革。建立国库现金管理和国债余额管理制度，推进政府会计改革。加强预算执行审计，提高预算执行的严肃性。建立财政预算绩效评价体系，提高财政资金使用效率。加强政府债务管理，防范政府债务风险。完善非税收入管理制度，规范对土地和探矿权、采矿权出让收入的管理。

第二节 完善税收制度

在全国范围内实现增值税由生产型转为消费型。适当调整消费税征收范围，合理调整部分应税品目税负水平和征缴办法。适时开征燃油税。合理调整营业税征税范围和税目。完善出口退税制度。统一各类企业税收制度。实行综合和分类相结合的个人所得税制度。改革房地产税收制度，稳步推行物业税并相应取消有关收费。改革资源税制度。完善城市维护建设税、耕地占用税、印花税。

第三十三章 加快金融体制改革

第一节 深化金融企业改革

积极推进国有商业银行综合改革，通过加快处置不良资产、充实资本金、股份制改造和上市等途径，完善公司治理结构，健全内控机制，建设具有国际竞争力的现代股份制银行。合理确定政策性银行职能定位，健全自我约束机制、风险调控机制和风险补偿机制。加快其他商业银行、邮政储蓄机构等金融机构改革。稳步发展多种所有制金融企业，鼓励社会资金参与中小金融机构的设立、重组与改造。完善金融机构规范运作的基本制度，稳步推进金融业综合经营试点。推进金融资产管理公司改革。完善保险公司治理结构，深化保险资金运用管理体制改革。

第二节 加快发展直接融资

积极发展股票、债券等资本市场，稳步发展期货市场。推进证券发行、交易、并购等基础性制度建设，促进上市公司、证券经营机构规范运作，建立多层次市场体系，完善市场功能，拓宽资金入市渠道，提高直接融资比重。发展创业投资，做好产业投资基金试点工作。

第三节 健全金融调控机制

加强货币政策与其他宏观政策的相互协调配合，完善金融调控体系。建立健全货币市场、资本市场、保险市场有机结合、协调发展的机制，维护金融稳定和金融安全。稳步发展货币市场，理顺货币政策传导机制，推进利率市场化改革。完善有管理的浮动汇率制度，逐步实现人民币资本项目可兑换。

第四节 完善金融监管体制

建立金融风险识别、预警和控制体系，防范和化解系统性金融风险。规范金融机构市场退出机制，建立相应的存款保险、投资者保护和保险保障制度。提高金融监管水平，加强风险监管和资本充足率约束，建立健全银行、证券、保险监管机构间以及同宏观调控部门的协调机制。

第三十四章 完善现代市场体系

第一节 健全全国统一开放市场

进一步打破行政性垄断和地区封锁，完善商品市场，健全资本、土地、技术和劳动力等要素市场。严格界定公益性用地和经营性用地，经营性基础设施用地实行有偿使用，完善经营性用地招标拍卖挂牌出让和非经营性用地公开供地制度。规范发展产权交易市场。积极发展技术市场。逐步建立城乡统一的劳动力市场。

第二节　完善价格形成机制

积极稳妥地推进资源性产品价格改革。合理调整水利工程供水、城市供水和再生水价格。推进电价改革，逐步建立发电、售电价格由市场竞争形成，输电、配电价格由政府定价的机制。适时推进石油价格改革，建立与替代能源价格挂钩的天然气价格形成机制。扩大市场形成土地价格的范围。

第三节　规范市场秩序

打击各种违法经营活动，规范市场主体行为和市场竞争秩序。清理整顿对企业的乱收费、乱罚款和各种摊派。加强价格监管，禁止价格欺诈、价格操纵等行为。以完善信贷、纳税、合同履约、产品质量的信用记录为重点，加快建设社会信用体系，健全失信惩戒制度。

第九篇　实施互利共赢的开放战略

坚持对外开放基本国策，在更大范围、更广领域、更高层次上参与国际经济技术合作和竞争，更好地促进国内发展与改革，切实维护国家经济安全。

第三十五章　加快转变对外贸易增长方式

按照发挥比较优势、弥补资源不足、扩大发展空间、提高附加价值的要求，积极发展对外贸易，促进对外贸易由数量增加为主向质量提高为主转变。到2010年货物贸易、服务贸易进出口总额分别达到2.3万亿美元和4000亿美元。

第一节　优化出口结构

以自有品牌、自主知识产权和自主营销为重点，引导企业增强综合竞争力。支持自主性高技术产品、机电产品和高附加值劳动密集型产品出口。严格执行劳动、安全、环保标准，规范出口成本构成，控制高耗能、高污染和资源性产品出口。完善加工贸易政策，继续发展加工贸易，着重提高产业层次和加工深度，增强国内配套能力，促进国内产业升级。引导企业构建境外营销网络，增强自主营销能力。积极开拓非传统出口市场，推进市场多元化。加强对出口商品价格、质量、数量的动态监测，构建质量效益导向的外贸促进和调控体系。

第二节　积极扩大进口

实行进出口基本平衡的政策，发挥进口在促进我国经济发展中的作用。完善进口税收政策，扩大先进技术、关键设备及零部件和国内短缺的能源、原材料进口，促进资源进口多元化。

第三节　发展服务贸易

扩大工程承包、设计咨询、技术转让、金融保险、国际运输、教育培训、信息技术、民族文化等服务贸易出口。鼓励外资参与软件开发、跨境外包、物流服务等。建设若干服务业外包基地，有序承接国际服务业转移。积极稳妥扩大服务业开放，建立服务贸易监管体制和促进体系。

第四节　完善公平贸易政策

健全贸易运行监测预警体系和摩擦应对机制，合理运用反倾销、反补措施，增强应对贸易争端能力，维护企业合法权益和国家利益。加强国际贸易的多双边对话与合作，实现共同发展。完善贸易法律制度，建立大宗商品进出口协调机制，加强行业自律，规范贸易秩序。有效运用技术性贸易措施，加强进出口检验检疫和疫情监控。

第三十六章 提高利用外资质量

抓住国际产业转移机遇，继续积极有效利用外资，重点通过利用外资引进国外先进技术、管理经验和高素质人才，把利用外资同提升国内产业结构、技术水平结合起来。

第一节 引导外商投资方向

完善法律法规和政策，形成稳定、透明的管理体制和公平、可预见的政策环境。引导外资更多地投向高技术产业、现代服务业、高端制造环节、基础设施和生态环境保护，投向中西部地区和东北地区等老工业基地。鼓励跨国公司在我国设立地区总部、研发中心、采购中心、培训中心。鼓励外资企业技术创新，增强配套能力，延伸产业链。吸引外资能力较强的地区和开发区，要注重提高生产制造层次，并积极向研究开发、现代流通等领域拓展，充分发挥集聚和带动效应。

第二节 促进利用外资方式多样化

引导国内企业同跨国公司开展多种形式的合作，发挥外资的技术溢出效应。在保护国内自主品牌基础上，引导和规范外商参与国内企业改组改造。有效利用境外资本市场，支持国内企业境外上市。完善风险投资退出机制，鼓励外商风险投资公司和风险投资基金来华投资。鼓励具备条件的境外机构参股国内证券公司和基金管理公司。

继续用好国际金融组织和外国政府贷款，重点投向中西部地区和东北地区等老工业基地，用于资源节约、环境保护和基础设施建设。合理、审慎使用国际商业贷款，允许具备条件的金融机构和企业在境外融资。加强对外债的宏观监测和管理，优化债务结构，保持适度的外债规模。

第三十七章 积极开展国际经济合作

完善促进生产要素跨境流动和优化配置的体制和政策，积极发展与周边国家及其他国家的经济技术合作，实现互利共赢。

第一节 实施“走出去”战略

支持有条件的企业对外直接投资和跨国经营。以优势产业为重点，引导企业开展境外加工贸易，促进产品原产地多元化。通过跨国并购、参股、上市、重组联合等方式，培育和发展我国的跨国公司。按照优势互补、平等互利的原则扩大境外资源合作开发。鼓励企业参与境外基础设施建设，提高工程承包水平，稳步发展劳务合作。完善境外投资促进和保障体系，加强对境外投资的统筹协调、风险管理和海外国有资产监管。

第二节 推进国际区域经济合作

统筹规划并稳步推进贸易、投资、交通运输的便利化，积极参与国际区域经济合作机制，加强对话与协商，发展与各国的双边、多边经贸合作。积极参与多边贸易、投资规则制定，推动建立国际经济新秩序。增加我国对其他发展中国家的援助，进一步加强与发展中国家的经济技术合作。

第十篇 推进社会主义和谐社会建设

按照民主法治、公平正义、诚信友爱、充满活力、安定有序、人与自然和谐相处的要求，从解决人民群众最关心、最直接、最现实的切身利益问题入手，扎实推进和谐社会建设。

第三十八章 全面做好人口工作

第一节 稳定人口低生育水平

坚持计划生育基本国策，稳定和完善现行生育政策，落实人口和计划生育工作目标责任制。

建立独生子女死亡、伤残家庭扶助制度，完善基本服务项目免费制度。加强计划生育服务管理能力建设。完善以现居住地管理为主的流动人口计划生育服务管理体系。

第二节　改善出生人口素质和结构

普及优生优育知识，实施计划生育生殖健康促进计划，加大出生缺陷干预力度，鼓励婚前和孕前医学检查，预防和控制先天性感染、遗传性因素对出生人口健康的影响。采取综合措施有效治理出生人口性别比升高的问题。

第三节　积极应对人口老龄化

弘扬敬老风尚，营造老有所养、老有所乐、老有所为的社会氛围。积极发展老龄产业，增强全社会的养老服务功能，提高老年人生活质量，保障老年人权益。实施爱心护理工程，加强养老服务、医疗救助、家庭病床等面向老年人的服务设施建设。

第四节　保障妇女儿童权益

落实男女平等基本国策，实施妇女发展纲要，保障妇女平等获得就学、就业、社会保障、婚姻财产和参与社会事务的权利，加强妇女卫生保健、扶贫减贫、劳动保护、法律援助等工作。坚持儿童优先原则，实施儿童发展纲要，依法保障儿童生存权、发展权、受保护权和参与权。改善儿童成长环境，促进儿童身心健康发展。完善孤残儿童手术康复、家庭寄养经费投入和艾滋孤儿救助机制。

第五节　保障残疾人权益

倡导和鼓励社会各界关心、支持和参与残疾人事业。推进无障碍设施建设，加强残疾人康复、贫困残疾人脱贫、残疾少年儿童义务教育、残疾人就业服务和社会保障等工作，创造残疾人平等参与社会生活的条件。

第三十九章　提高人民生活水平

第一节　千方百计扩大就业

把扩大就业摆在经济社会发展更突出的位置，实行积极的就业政策，统筹城乡就业，努力控制失业规模。继续实施和完善鼓励企业增加就业岗位、加强就业培训的财税、信贷等优惠政策。健全就业服务体系，加快建立政府扶助、社会参与的职业技能培训机制。完善对困难地区、困难行业和困难群体的就业援助制度。积极发展就业容量大的劳动密集型产业、服务业和各类所有制的中小企业。鼓励劳动者自主创业和自谋职业，促进多种形式就业。支持并规范发展就业中介服务。全面实行劳动合同制度，积极推行集体合同制度，健全协调劳动关系三方机制，完善劳动争议处理体制。全面建立用人单位守法诚信制度。完善企业裁员机制，避免把富余人员集中推向社会。国有企业要尽可能通过主辅分离、辅业改制等措施安置富余人员。加强劳动力市场监管、劳动保护和劳动执法监察，规范用工行为，切实维护劳动者合法权益。

第二节　加大收入分配调节力度

完善按劳分配为主体、多种分配方式并存的分配制度，坚持各种生产要素按贡献参与分配。加快推进收入分配制度改革，规范个人收入分配秩序。强化对分配结果的监管，努力缓解行业、地区和社会成员间收入分配差距扩大的趋势。更加注重社会公平，特别要关注就学、就业机会和分配过程的公平。着力提高低收入者收入水平，逐步扩大中等收入者比重，有效调节过高收入。严格执行最低工资制度，逐步提高最低工资标准。建立规范的公务员工资制度，规范职务消费，完善国有企事业单位收入分配规则和监管机制。控制和调节垄断性行业的收入，建立健全个人收入申报制，强化个人所得税征管。坚决取缔各种非法收入。

第三节 健全社会保障体系

增加财政社会保障投入，多渠道筹措社会保障基金，合理确定保障标准和方式，建立健全与经济发展水平相适应的分层次、广覆盖的社会保障体系。

扩大城镇基本养老保险覆盖范围，逐步做实个人账户，逐步提高社会统筹层次，增强统筹调剂的能力。推进机关事业单位养老保险制度改革。建立失业保险与促进就业联动机制，完善失业保险制度。扩大基本医疗保险覆盖范围，健全多层次的医疗保障体系。完善和落实工伤保险政策和标准，推进各类用人单位依法参加工伤保险。鼓励有条件的企业建立补充保险。建立健全生育保险制度。认真解决进城务工人员社会保障问题。规范社会保险基金征缴和监管。加强社会保障服务管理能力建设。

完善城市居民最低生活保障制度，逐步提高保障标准。建立城乡医疗救助制度，将城市居民最低生活保障对象、农村特困户和五保供养对象纳入救助范围。完善城市生活无着流浪乞讨人员特别是流浪未成年人的救助制度。鼓励开展社会慈善、社会捐赠、群众互助等社会扶助活动，支持志愿服务活动并实现制度化。

第四节 加大扶贫工作力度

强化各级政府扶贫职责，加大扶贫投入，完善扶贫开发机制，提高扶贫效率。对具备基本生存条件的贫困地区，继续实行就地扶贫，改善基本生产生活条件，开辟增收途径；对生存条件恶劣的贫困地区，实行易地扶贫。对有劳动能力的贫困人口，实行技能培训、技术扶贫和劳务输出扶贫，增强其增收能力；对不具备劳动能力的贫困人口，实行救济和救助。更加注重对贫困家庭子女的扶助，通过寄宿学习、家庭寄养、社会托养、免费职业教育等，改善其成长环境，防止贫困代际传递。采取社会救助和设立专项贷款等措施，防止因灾因病返贫。加大对集中连片贫困地区扶持力度，因地制宜地实行整村推进的扶贫开发方式。继续开展定点帮扶工作，鼓励社会各界积极参与扶贫工作。

第五节 扩大城乡居民消费

提高城乡居民收入水平，增强居民特别是农村居民和城镇低收入者的消费能力。培育消费热点，推进公众营养改善行动，健全普通商品住房与经济适用住房、廉租住房相结合的城镇住房供应体系，继续提高电话、计算机等的普及率，促进文化、健身、旅游、休闲等服务性消费。引导居民消费预期，扩大即期消费。改善消费环境，规范和发展消费信贷。

第四十章 提高人民健康水平

高度关注人民健康，加大政府投入力度，加快发展医疗卫生事业，认真解决群众看病难看病贵问题。

第一节 完善公共卫生和医疗服务体系

建立健全突发公共卫生事件应急机制，提高疾病预防控制和医疗救治能力。改善医疗卫生机构条件，加强专业队伍建设。大力发展社区卫生，加快构建以社区卫生服务为基础，社区卫生服务机构与医院分工协作、双向转诊的城市医疗服务体系。

第二节 加强疾病防治和预防保健

严格控制艾滋病、结核病、乙型肝炎等重大传染病的传播，有效预防和控制血吸虫病等寄生虫病和地方病，加强新发传染病防治和免疫工作，综合防治心脑血管疾病、恶性肿瘤等慢性病和职业病。加强心理健康教育和保健，重视精神卫生及疾病防治。加强妇幼卫生保健，儿童计划免疫接种率达到90%以上，婴儿死亡率降至17‰，孕产妇死亡率降至40/10万。

第三节　加强中医药和医学科研工作

保护和发展中医药，加强中医临床研究基地和中医医院建设，推进中医药标准化、规范化。整合优势医学科研资源，加强对重大疾病的研究。

第四节　深化医疗卫生体制改革

按照政事分开、管办分开、医药分开、营利性与非营利性分开的方向，坚持政府主导、社会参与、转换机制、加强监管的原则，建立符合国情的医疗卫生体制，为广大群众提供安全方便有效合理的公共卫生和基本医疗服务。按属地化和全行业管理的原则完善分类管理。强化政府在提供公共卫生和基本医疗服务中的责任，建立各级政府间规范的责任分担与资金投入机制，逐步建立投资主体多元化、投资方式多样化的办医体制。完善公立医疗机构运行机制、激励机制和补偿政策。整合医疗卫生资源，大力提高农村、中西部地区和基层公共卫生资源的比重。加强对医疗卫生服务行为、服务质量和药品市场的监管，降低药品虚高价格，控制医疗费用过快上涨。

第四十一章　加强公共安全建设

完成改革和发展的任务，必须保持长期稳定的社会环境。要强化全社会公共安全意识，加强公共安全保障能力建设，提高公共安全保障水平，维护人民生命财产安全，确保社会稳定。

第一节　增强防灾减灾能力

加强防洪减灾薄弱环节建设，重点加强大江大河综合治理、病险水库除险加固、蓄滞洪区建设和城市防洪，增强沿海地区防台风、风暴潮、海啸的能力。加强对滑坡、泥石流和森林、草原火灾的防治。提高防洪减灾预警和指挥能力，建立洪水等灾害风险管理制度和防洪减灾保障制度。加强对三峡库区等重点地区地质灾害的防治。完善大中型水库移民后期扶持政策。加强城市群和大城市地震安全基础工作，加强数字地震台网、震情、灾情信息快速传输系统建设，实行预测、预防、救助综合管理，提高地震综合防御能力。

第二节　提高安全生产水平

坚持安全第一、预防为主、综合治理，落实安全生产责任制，强化企业安全生产主体责任，健全安全生产监管体制，严格执行重大安全生产事故责任追究制度。加强安全生产科研开发、监管监察和支撑体系建设。实施重大危险源普查和监测监控，加大安全设施投入，搞好隐患治理和安全技术改造。严格执行安全生产许可制度，加强煤炭等高危行业和重点领域的安全生产，抓好非煤矿山、特种设备、危险化学品、烟花爆竹、建筑施工、道路交通和人员密集场所消防安全等的专项整治。强化交通、消防基础设施建设和安全监管。培育和规范安全生产中介机构。加强安全生产宣传教育培训。建立安全生产指标考核体系，到2010年单位国内生产总值生产安全事故死亡率下降35%，工矿商贸就业人员生产安全事故死亡率下降25%。

第三节　保障饮食和用药安全

加强食品、药品监管设施建设，完善技术标准体系，创新监管机制，规范监管行为，提升监管能力和水平，依法强化对食品、药品、餐饮卫生等的监管，保障人民群众健康安全。

第四节　维护国家安全和社会稳定

依法严厉打击各种犯罪活动，保障人民群众安居乐业。加强社会治安综合治理，推进社会治安防控体系建设，深入开展平安创建活动。改善司法保障条件，加强基层政法机构、案件侦查、禁毒、缉私、边境检查等的基础设施建设。积极应对传统和非传统安全问题。加强公安政法队伍建设。

第五节　强化应急体系建设

建立健全应急管理体系，加强指挥信息系统、应急物资保障、专业救灾抢险队伍、应急标准体系以及运输、现场通讯保障等重点领域和重点项目的建设，健全重特大自然灾害发生后的社会动员机制，提高处置突发公共事件能力。

第四十二章 完善社会管理体制

健全党委领导、政府负责、社会协同、公众参与的社会管理格局，推进社会管理体制创新。

第一节 加强基层自治组织建设

推进管理有序、治安良好的和谐社区、和谐村镇建设，倡导人与人和睦相处，增强社会和谐基础。探索新时期城乡基层自治组织建设和管理的有效模式，发挥城乡基层自治组织协调利益、排忧解难的作用。

第二节 规范引导民间组织有序发展

培育发展行业协会、学会、公益慈善和基层服务性民间组织，发挥提供服务、反映诉求、规范行为的作用。完善民间组织自律机制，加强改进对民间组织的监管。

第三节 正确处理人民内部矛盾

高度重视并维护人民群众根本利益，妥善协调各方面利益关系，从源头上预防和化解人民内部矛盾。改进和完善信访工作，畅通诉求渠道，综合运用教育、协商、调解、法律等方式，依法及时合理地处理群众反映的问题。健全人民调解制度，完善社会矛盾纠纷调处机制。深入做好新时期的群众工作，引导群众以理性合法的形式表达诉求。建立和完善矛盾排查机制、信息预警机制、应急处置机制和责任追究机制，预防和妥善处置群体性、突发性事件，切实解决群众的合理诉求，依法维护社会稳定。

第十一篇 加强社会主义民主政治建设

坚持政治文明和物质文明全面发展，扩大社会主义民主，健全社会主义法制，为现代化建设提供政治保证。

第四十三章 加强社会主义民主政治建设

第一节 发展社会主义民主

坚持和完善人民代表大会制度、中国共产党领导的多党合作和政治协商制度、民族区域自治制度。积极稳妥地继续推进政治体制改革，巩固和发展民主团结、生动活泼、安定和谐的政治局面。

健全民主制度，丰富民主形式，扩大公民有序的政治参与，保证公民依法实行民主选举、民主决策、民主管理、民主监督。加强基层民主建设，坚持和完善政务公开、厂务公开、村务公开，保证公民依法行使选举权、知情权、参与权、监督权。尊重和保障人权，促进人权事业全面发展。

巩固和壮大最广泛的爱国统一战线，健全重大问题决策前协商的制度。发挥人民政协的作用，支持人民政协履行政治协商、民主监督、参政议政的职能。坚持和完善职工代表大会和其他形式的企事业民主管理制度。发挥工会、共青团、妇联等人民团体的桥梁纽带作用。保证民族自治地方依法行使自治权，巩固和发展平等团结互助的社会主义民族关系，促进各民族共同繁荣进步。全面贯彻宗教信仰自由政策，依法管理宗教事务，坚持独立自主自办的原则，引导宗教与社会主义社会相适应。贯彻落实侨务方针政策，做好侨务工作。

第二节　全面推进法制建设

贯彻依法治国基本方略，推进科学立法、民主立法，形成中国特色社会主义法律体系。完善市场主体、市场交易、市场监管、社会管理、可持续发展等方面的法律法规。推进司法体制和工作机制改革，规范司法行为，加强司法监督，促进司法公正，维护社会正义和司法权威。实施“五五”普法规划，开展法制宣传教育，提高全民法律素质，形成遵法守法、依法办事的社会风气。

第三节　加强廉政建设

坚持标本兼治、综合治理、惩防并举、注重预防的方针，建立健全教育、制度、监督并重的惩治和预防腐败体系。加大从源头上预防和治理腐败的力度。推进反腐倡廉体制、机制和制度创新，加强对权力运行的制约和监督，强化政府专门机构和社会监督，保障公民的检举权、控告权、申诉权。严肃查处违纪违法案件，坚决纠正损害群众利益的不正之风。

第十二篇　加强社会主义文化建设

牢牢把握先进文化的前进方向，坚持为人民服务、为社会主义服务的方向和百花齐放、百家争鸣的方针，繁荣社会主义文化，不断满足人民群众日益增长的精神文化需求。

第四十四章　加强社会主义文化建设

第一节　加强思想道德建设

全面落实邓小平理论和“三个代表”重要思想，深入学习贯彻科学发展观，加强马克思主义理论研究和建设，坚持马克思主义在意识形态领域的指导地位，进一步巩固全国各族人民团结奋斗的共同思想基础。坚持正确的舆论导向。加强理想信念教育和思想政治工作，大力弘扬以爱国主义为核心的民族精神和以改革创新为核心的时代精神，加强社会主义思想道德建设，扎实开展群众性精神文明创建活动，在全社会倡导爱国守法、明礼诚信、团结友善、勤俭自强、敬业奉献的基本道德规范，发扬艰苦奋斗的优良传统，进一步增强中华民族的凝聚力和创造力，使全体人民始终保持昂扬向上的精神状态，为全面建设小康社会提供强大的思想保证和精神动力。

第二节　丰富人民群众精神文化生活

积极发展文化事业和文化产业，创造更多更好适应人民群众需求的优秀文化产品。加大政府对文化事业的投入，逐步形成覆盖全社会的比较完备的公共文化服务体系。推进文化创新，实施精品战略，繁荣艺术创作，提高文化艺术产品质量。加强文化自然遗产和民族民间文化保护。扩大广播影视覆盖范围，发展数字广播影视，确保播出安全。繁荣新闻事业。发展现代出版发行业，积极发展数字出版，重视网络媒体建设。大力推广普通话。扩大国际文化交流，积极开拓国际文化市场，推动中华文化走向世界。办好上海世博会。

第三节　深化文化体制改革

建立党委领导、政府管理、行业自律、企事业单位依法运营的文化管理体制和富有活力的文化产品生产经营机制。改进对公共文化单位的扶持方式，促其增强活力、改善服务。推进经营性文化事业单位转制，努力形成一批坚持社会主义先进文化方向，有较强自主创新能力、市场竞争能力的文化企业和企业集团。完善文化产业政策，促进民族文化产业发展，引导和规范非公有制经济进入文化产业，形成以公有制为主体、多种所有制共同发展的文化产业格局和民族文化为主体、吸收外来有益文化的文化市场格局。加强文化市场综合执法和对互联网的管理，坚持扫黄打非，营造扶持健康文化、改造落后文化、抵制腐朽文化的社会环境。积极倡导企业文化建设。

第十三篇 加强国防和军队建设

根据维护国家安全统一和发展利益的要求，加强国防和军队现代化建设，形成国防建设与经济建设协调发展的良好局面。

第四十五章 加强国防和军队建设

第一节 全面加强军队建设

坚持以毛泽东军事思想、邓小平新时期军队建设思想、江泽民国防和军队建设思想为指导，坚持把科学发展观作为加强国防和军队建设的重要指导方针，坚持党对军队的绝对领导，贯彻积极防御的军事战略方针，着眼有效履行新世纪新阶段军队的历史使命，全面加强军队革命化现代化正规化建设，积极推进中国特色军事变革，努力提高部队信息化条件下整体防卫作战能力。始终把思想政治建设摆在各项建设的首位，保持军队建设的正确方向。实施科技强军战略，推进机械化和信息化复合发展。深化体制编制和政策制度调整改革，优化力量结构和部队编成，增强军队建设的活力。创新军事理论，加强部队训练和院校教育，培养新型军事人才，提高官兵素质。发展现代化武器装备，优化体系结构，提高配套水平。推进后勤建设和改革，增强综合保障能力，提高官兵生活水平。加强基层建设，打牢部队建设基础。贯彻依法治军、从严治军方针，强化作风纪律建设，严格部队管理教育，确保部队高度稳定和集中统一。

加强武装警察部队建设，着力提高执勤处突反恐的能力。深入开展“双拥”活动，军队要积极参加抢险救灾和支援国家经济建设，国家和社会要做好优抚安置工作，巩固和发展军政军民团结。

第二节 调整优化国防科技工业

坚持军民结合、寓军于民、强化基础、自主创新的方针，加快国防科技工业转型升级，提高科技创新能力，开发军民两用技术和产品。推进数字化军工建设，提高武器装备研发和制造水平，确保武器装备供应。调整优化军品科研生产能力结构，提升总体设计、总装测试和系统集成等核心能力，精干科研生产主体，推进专业化重组和社会化协作。积极稳妥地实施军工科研院所改革。建立面向社会的军品科研生产准入和退出制度，健全军民互动合作的协调机制。以产权制度改革为突破口，分类实施军工企业股份制改造。深化军工投资体制改革，推进投资主体多元化。

第三节 增强国防动员能力

深化国防动员体制和运行机制改革，坚持在经济建设中贯彻国防的要求，逐步建立集中统一、结构合理、反应迅速、权威高效的现代国防动员体系。加强民兵预备役部队质量建设，抓好国民经济动员、人民防空和交通战备等建设，推进国防动员信息化，开展全民国防教育，提高平战转换、快速动员、持续保障和综合防护能力。加强国防基础设施建设，依法保护国防设施。

第十四篇 建立健全规划实施机制

在社会主义市场经济体制初步建立的条件下，实现本规划的目标和任务，主要依靠发挥市场配置资源的基础性作用。同时，政府要正确履行职责，调控引导社会资源，合理配置公共资源，保障规划顺利实施。

第四十六章 建立分类指导的实施机制

本规划提出的农业、工业、服务业等的发展方向，利用外资、对外贸易等的发展重点，是对市场主体的导向，主要依靠市场主体的自主行为实施。各级政府要维护公平竞争，严禁地方分割和部门保护，不得直接干预企业经营活动，不得干预市场机制正常运行。

本规划确定的保持经济平稳较快发展、转变经济增长方式、调整优化经济结构、增强自主创新能力、建设社会主义新农村、促进区域协调发展、促进城镇化健康发展、建设资源节约型和环境友好型社会等重点任务，主要通过完善市场机制和利益导向机制努力实现。政府要通过体制机制创新和完善政策，为激发市场主体的积极性、创造性营造良好的制度和政策环境。国有企事业单位要发挥带头和示范作用。

本规划确定的义务教育、公共卫生、社会保障、社会救助、促进就业、减少贫困、防灾减灾、公共安全、公共文化、基础科学与前沿技术以及社会公益性技术研究、国防等公共服务领域的任务，是政府的承诺，各级政府要切实履行职能，运用公共资源全力完成。

本规划提出的主体功能区划、保护生态环境、资源管理、保护知识产权、调节收入分配、维护市场经济秩序、保障人民合法权益、社会建设和管理等的要求，主要通过健全法律法规、加大执法力度等法律手段，并辅之以经济手段加以落实。

本规划确定的改革任务，是政府的重要职责，必须放在政府工作的重要位置。要加强对改革的总体指导和统筹协调，将改革任务分解落实到有关部门，不失时机地推进，并注重及时把行之有效的改革措施用法律、规章和制度的形式确立下来。

第四十七章 调整和完善经济政策

根据公共财政服从和服务于公共政策的原则，按照公共财政配置的重点要转到为全体人民提供均等化基本公共服务的方向，合理划分政府间事权，合理界定财政支出范围。公共财政预算安排的优先领域是：农村义务教育和公共卫生、农业科技推广、职业教育、农村劳动力培训、促进就业、社会保障、减少贫困、计划生育、防灾减灾、公共安全、公共文化、基础科学与前沿技术以及社会公益性技术研究、能源和重要矿产资源地质勘查、污染防治、生态保护、资源管理和国家安全等。重点支持的区域是：限制开发区域和禁止开发区域，中西部地区特别是革命老区、民族地区、边疆地区、贫困地区，三峡库区，资源枯竭型城市等。

充分发挥税收的调节作用，完善和制定鼓励资源节约型和环境友好型社会建设、促进就业和再就业、促进科技发展和增强自主创新能力、促进文化体制改革，以及振兴装备制造业和其他产业健康发展的税收政策。

按照社会主义集中力量办大事原则，在经济发展和财力增加基础上逐步增加中央政府投资规模。完善政府投资管理体制，整合政府投资，改进投资方式，加强项目监管。

加强和改进产业政策工作，增强对国内产业发展、对外贸易和利用外资的统筹，加强信贷、土地、环保、安全、科技等政策和产业政策的配合，采用经济手段促进产业发展。加强对高技术产业和装备制造业薄弱环节的扶持，重点支持研究开发，培育核心竞争力。按照适度偏紧原则调控高耗能产业规模，控制生产能力盲目扩张。按照引导产业集群发展、减少资源跨区域大规模调动的原则优化产业布局，促进主要使用海路进口资源的产业在沿海地区布局，主要使用国内资源和陆路进口资源的产业在中西部重点开发区域布局。实施品牌战略，支持拥有自主知识产权和知名品牌、竞争力强的大企业发展成为跨国公司。实施中小企业成长工程。依法淘汰落后工艺技术，关闭破坏资源、污染环境和不具备安全生产条件的企业。

第四十八章 健全规划管理体制

加强统筹协调。继续做好总需求与总供给的平衡，特别要加强制度协调、规划协调和政策协调。统筹协调政策目标和政策手段，搞好财政政策、货币政策、产业政策、区域政策、社会政策和政绩考核间的配合，防止国家政策部门化。统筹协调长期发展与短期发展，近期措施要有利于解决长期性发展难题，改革体制、制定政策、安排投资、确定发展速度，都要充分考虑可持续性，防止急于求成。

改革规划管理体制，健全科学化、民主化的编制程序，形成以国民经济和社会发展规划为统领，各类规划定位清晰、功能互补、统一衔接的规划体系。做深做实城市规划、土地利用规划、环境保护规划和粮食、能源、交通等专项规划。编制全国主体功能区划规划，明确主体功能区的范围、功能定位、发展方向和区域政策。强化区域规划工作，编制部分主体功能区的区域规划。改革完善地方规划，深化市县规划体制改革。

本规划确定的约束性指标，具有法律效力，要纳入各地区、各部门经济社会发展综合评价和绩效考核。约束性指标要分解落实到有关部门，其中耕地保有量、单位国内生产总值能源消耗降低、主要污染物排放总量减少等指标要分解落实到各省、自治区、直辖市。

国务院有关部门要加强对本规划实施情况的跟踪分析，接受全国人民代表大会及其常务委员会对规划实施情况的监督检查。

在本规划实施的中期阶段，要对规划实施情况进行中期评估。中期评估报告提交全国人民代表大会常务委员会审议。经中期评估需要修订本规划时，报全国人民代表大会常务委员会批准。

保持香港、澳门长期繁荣稳定。坚持“一国两制”、“港人治港”、“澳人治澳”、高度自治的方针，严格按照特别行政区基本法办事，加强和推动内地同港澳在经贸、科教、文化、卫生、体育等领域的交流和合作，继续实施内地与香港、澳门更紧密的经贸关系安排，加强内地和港澳在基础设施建设、产业发展、资源利用、环境保护等方面的合作。支持香港发展金融、物流、旅游、资讯等服务业，保持香港国际金融、贸易、航运等中心的地位。支持澳门发展旅游等服务业，促进澳门经济适度多元发展。

台湾是中华人民共和国不可分割的神圣领土。推进两岸关系发展和祖国统一大业，扩大海峡两岸经济、文化、科技、教育交流与人员往来，维护台湾同胞的正当权益，推动全面、直接、双向“三通”，促进建立稳定的两岸经贸合作机制，促进两岸关系发展，维护台海和平稳定。

上海市国民经济和社会发展第十一个五年规划纲要

第一篇 站在新的起点，明确奋斗目标

“十五”期间是上海国际经济、金融、贸易和航运中心建设取得重要突破，城市综合竞争力显著增强，国际影响力明显提升的五年。全市人民在党中央、国务院和中共上海市委的坚强领导下，以邓小平理论和“三个代表”重要思想为指导，认真贯彻落实科学发展观和构建社会主义和谐社会的重大战略思想，牢牢抓住发展这个党执政兴国的第一要务，坚持连续性、稳定性、开拓性有机统一，坚持开创性、坚韧性、操作性有机统一，不断探索具有中国特色、时代特征、上海特点的发展新路，在二十世纪九十年代以来上海历史性变化的基础上，实现了改革开放和社会主义现代化建设新的推进。面向未来，上海要全面贯彻落实以胡锦涛同志为总书记的党中央对上海发展的新要求，站在新的起点，谋划发展的新蓝图。

第一章 “十五”经济社会发展取得巨大成就

“十五”以来，上海坚决贯彻国家宏观调控政策，积极应对更加开放的外部环境变化带来的风险，努力解决前进中出现的新问题新矛盾，成功战胜非典疫情等重大灾害的挑战，城市的国际化、市场化、信息化、法治化水平明显提高，“十五”计划确定的主要发展目标提前实现。

（一）经济保持持续较快平稳增长

“十五”期间，全市生产总值年均增长率达到11.5%，实现连续14年保持两位数增长，2005年全市生产总值预计达到9125亿元，按常住人口计算的人均生产总值达到5万元，二、三产业共同推动经济增长的格局进一步巩固，现代服务业和先进制造业加快发展，工业结构和产业基地能级明显提升，农业现代化建设取得初步成效。综合经济效益明显改善，2005年地方财政收入预计达到1434亿元，万元生产总值综合能耗从“九五”期末的1.14吨标准煤降至0.93吨标准煤，降幅达18.4%。

（二）人民生活持续改善

城乡居民收入保持较快增长，2005年城市和农村居民家庭人均可支配收入预计分别达到18640元和8340元，收入增幅差距逐步缩小。居民生活质量进一步提高，城市居民家庭服务性消费支出比重提高到32.3%，城镇居民人均住房使用面积达到21.3平方米。全面推进以“平改坡”为主要内容的旧住房综合改造，加快改善市民居住质量和环境。城镇登记失业率控制在4.5%以内，基本社会保障体系框架初步形成，人口管理和服务新体制初步确立。

（三）城市建设管理和环境整治取得重大进展

枢纽型、功能性、网络化的基础设施建设实现重要突破，上海国际航运中心建设取得新进展，洋山深水港区一期工程建成开港，上海港连续三年保持全球第三大集装箱港地位，建成浦东

国际机场第二跑道，市域高速公路网框架基本建成，轨道交通建设取得新进展。信息基础设施综合服务能力明显提升。燃气、交通、环卫、水务等行业改革不断推进，城市规划管理体制进一步完善，全市统一的灾害综合管理新模式框架初步确立。环境建设与保护取得阶段性突破，全面完成两轮环保三年行动计划，中心城区河道水质得到改善，人均公共绿地面积达到11平方米，建成国家园林城市，成为国家循环经济试点城市。

（四）科技教育等各项社会事业实现新发展

科教兴市主战略向纵深推进，科技创新动力进一步增强，科技投入和科技成果明显增多，全社会研发经费支出相当于全市生产总值的比例达到2.34%，高技术产业自主知识产权拥有率达到27%。政府财政性教育投入明显增加，实现“三个增长”的法定要求，中小学校舍建设达标工程基本完成，高校布局结构调整初步完成，新增劳动力平均受教育年限达到13.5年。公共卫生体系建设三年行动计划和建设健康城市三年行动计划全面完成，公共卫生应急处置能力进一步提高，医疗机构门急诊条件得到改善。建成上海科技馆、东方艺术中心等一批文化教育设施，成功举办F1汽车赛、第48届世乒赛、网球大师杯赛等重要赛事和文化节庆活动，在奥运会和全运会上取得良好成绩，涌现出一批世界级的优秀运动员。

（五）经济体制改革不断深化

政府、企业、市场、社会综合配套改革深入推进。国有控股公司和大企业集团改革重组取得重要进展，初步形成国有资产管理、营运、监督体系。非公经济发展环境不断改善，在国民经济中的作用不断增强。证券、期货市场稳步发展，外汇、债券、钻石、黄金、产权、土地等要素市场加快发展。政府职能进一步转变，市、区（县）政府机构改革和财税管理体制改革基本完成，认真贯彻《行政许可法》，完成行政许可和审批事项规范清理，率先在全国推出政府信息公开制度。初步构建起社会诚信体系框架。行业协会和中介机构加快发展。整顿和规范市场经济秩序取得成效。

（六）对外开放和区域合作提高到新水平

APEC会议、全球扶贫大会、世界工程师大会等重大国际性会议在上海成功举办。对外开放领域不断拓展。推进“大通关”工程，洋山保税港区投入运营，口岸服务功能进一步增强，2005年上海口岸进出口总额预计达到3506亿美元，外商直接投资实到金额累计超过280亿美元。与长江三角洲及全国其他地区的经济合作领域不断扩大，对口支援工作取得新进展。与香港、澳门和台湾地区的经贸交流与合作进一步深化。

“十五”期间，在推进全市发展、改革和稳定的各项工作过程中，主要工作体会是：着力提高经济运行的质量和效益，努力保持经济持续较快协调健康发展；坚持“三、二、一”产业发展方针，实现二、三产业共同推动经济发展；坚持建管并举、重在管理，加强城市基础设施和环境建设；着眼于实现好、维护好、发展好最广大人民群众的根本利益，统筹经济社会协调发展；立足于为经济社会发展注入新的动力，坚持深化改革和扩大开放；坚持不断提高城市国际化、市场化、信息化和法治化水平，进一步完善城市综合发展环境；按照协调推进物质文明、政治文明、精神文明与和谐社会建设的要求，努力提高市民综合素质和城市文明程度；围绕建设服务政府、责任政府和法治政府的目标，加快转变政府职能和加强政府自身建设。过去的五年是不平凡的五年，在国内外环境发生深刻变化的情况下，在历届市委、市人大、市政府、市政协坚实工作的基础上，全市人民贯彻落实党的十六大和十六届三中、四中、五中全会精神，贯彻落实党中央、国务院对上海发展的新要求，齐心协力，迎难而上，在继承中创新，在务实中开拓，立足当前，谋划长远，在全国人民大力支持下成功获得中国2010年上海世博会承办权，把科教兴市主战略作为上海树立和落实科学发展观的核心举措，作为上海未来实现攀登、提升、超越之路。“十五”计划确定的发展目标和各项任务全面完成，成绩来之不易。思源奋进，继往开来 上海改革开放和现代化建设将迈上新的征程。

第二章 “十一五”上海发展处在关键时期

“十一五”时期是我国处于重要战略机遇期十分紧要的五年，是上海全面贯彻落实科学发展观、深入实施科教兴市主战略、加快“四个中心”建设进入关键阶段的五年，机遇与挑战并存，机遇大于挑战。

经济全球化趋势深入发展，我国与世界经济的相互联系和影响日益加深，科技进步日新月异，全球生产要素流动和国际产业转移速度加快，有利于上海在参与国际合作与竞争中实现跨越式发展。我国进入全面建设小康社会的关键时期，居民消费结构逐步升级，产业结构调整和城镇化进程加快，社会主义市场经济体制逐步完善，为上海经济社会发展创造了良好环境和有利条件。上海发展进入新时期，面临加快国际金融中心和国际航运中心建设、推进浦东综合配套改革试点、办好中国2010年上海世博会、国家规划长江三角洲区域发展等重要机遇，不仅对上海自身发展产生广泛而深远的影响，而且为上海服务长江三角洲、服务长江流域、服务全国和全面参与国际竞争提供了难得的契机。

同时也要清醒地认识到，影响世界和平与发展的不稳定不确定因素增多，围绕资源、市场、技术、人才的竞争更加激烈。上海作为沿海改革开放地区和特大型经济中心城市，直接面对外部环境波动变化的新挑战，未来发展中还面临着不少困难和问题：一是人口、资源、环境、基础设施等约束更加突出，特别是土地资源和环境容量约束趋紧，能源供求和安全问题凸显，中心城区交通拥堵等矛盾较为突出；二是自主创新能力不足，创新体系和创新环境有待完善，服务业发展仍比较滞后，制造业缺乏核心技术和自主品牌，加快产业结构升级更加迫切；三是促进经济、社会和城乡协调发展的任务艰巨，就业、社会保障压力依然较大，郊区和农村发展存在薄弱环节，维护社会稳定和城市安全的工作更加繁重；四是制约进一步发展的体制机制瓶颈亟待突破，政府职能转变、所有制结构调整、市场体系建设等需要进一步加快推进。

面对新的形势，我们必须进一步增强使命意识、责任意识和忧患意识，紧紧抓住发展机遇，积极应对各种挑战，开拓创新，努力开创未来发展的新局面。

第三章 以科学发展观统领经济社会发展全局

“十一五”期间，上海要以邓小平理论和“三个代表”重要思想为指导，按照立足科学发展、着力自主创新、完善体制机制、促进社会和谐的要求，全面贯彻落实科学发展观，努力构建和谐社会，以增强城市国际竞争力为发展主线，深入实施科教兴市主战略，走全面协调可持续发展之路。要把握国际大都市发展规律，抓住发展机遇、激发创造活力、转变发展模式、创新发展体制，从各个方面把中央提出的增强国际竞争力的要求落到实处。要坚持发展是硬道理，正确处理改革发展稳定的关系，用发展的办法和改革的思路解决前进中的问题，不断增强发展的全面性、协调性和可持续性。

“十一五”期间要坚持以下原则：

——坚持遵循科学发展规律，保持经济平稳较快发展。坚决贯彻国家宏观调控政策，尊重科学、因势利导、积极主动，把提高经济增长质量和效益放到更加重要的战略位置，把扩大内需特别是消费需求作为促进经济增长的基点，把工作的着力点落实到加快体制改革、转变增长方式上来，努力实现又快又好的经济发展，为提高国际竞争力创造宽松环境。

——坚持以科技进步为发展动力，提高自主创新能力。转入全面协调可持续发展的轨道，必

须充分依靠科学技术进步提供强大动力。增强城市国际竞争力，核心是增强城市的创新能力。要牢牢抓住增强自主创新能力和提高劳动者素质推动经济发展这个中心环节，营造激励创新的体制环境，深入推进经济社会信息化，以我为主，为我所用，在引进的基础上加大消化吸收再创新的力度，重点推进集成创新，不断提高原始创新能力，抢占科技制高点、培育经济增长点。

——坚持转变城市发展模式，提升产业竞争力。转向创新带动发展的模式，对推动产业结构优化升级十分重要，是增强城市国际竞争力的必由之路。要按照形成服务经济为主的产业结构的方向，优先发展现代服务业和先进制造业。注重发展知识经济，实现经济增长动力的转变；注重发展循环经济，实现经济增长方式的转变；注重发展集群经济，实现产业布局结构的转变。加强环境保护与生态建设，加快建设资源节约型、环境友好型城市。

——坚持惠及广大群众的发展理念，促进城市和谐安康。以人为本是科学发展观的价值导向和核心理念。国际城市的竞争归根到底是人的综合素质的竞争。要率先发展先进文化，大力发展科技、教育、医疗卫生、体育等各项社会事业。花更大力气解决就业、社会保障等问题，加强收入分配调节。抓好平安建设，推进和谐社区与和谐村镇建设，加强人口综合调控和社会治安综合治理。

——坚持发挥浦东新区先行先试的作用，创新发展体制机制。把科学发展观落到实处，必须形成更为有力的体制机制保障。增强城市国际竞争力，关键要增强制度的竞争力。坚持国际化、市场化、信息化、法治化，聚焦突破，率先推进浦东新区与国际惯例相衔接的体制创新，深入推进政府、企业、市场和社会联动配套改革。转变利用外资与外贸增长方式，坚持扩大“引进来”与主动“走出去”相结合，加快建立开放型经济体系。

——坚持以办好世博会为载体，完善城市服务功能和文明发展环境。办好上海世博会是落实国家战略、提高城市国际地位的重大举措。筹备办好世博会，必须加快完善枢纽型、功能性、网络化的基础设施体系，全面提高城市管理水平，加强城市文明建设，着力提高市民文明素质。要运用世博会的平台，提高国际交往能力，推进城区、郊区协调发展，促进上海与长江三角洲共同发展，实现与中西部互动发展。

贯彻上述指导方针和原则，要努力提高自主创新的能力，提高服务全国面向世界的能力，提高推进国际化、市场化、信息化和法治化建设的能力，提高促进人的全面发展的能力，提高可持续发展的能力，有力地促进城市国际竞争力的不断增强。

第四章 形成国际经济、金融、贸易、航运中心基本框架

根据中央对上海发展的定位，到2020年上海要基本建成国际经济、金融、贸易、航运中心之一和社会主义现代化国际大都市。综合考虑未来五年发展环境和基础条件，“十一五”时期经济社会发展的奋斗目标是：实现经济社会又快又好发展，办好一届成功、精彩、难忘的世博会，形成国际经济、金融、贸易、航运中心基本框架，取得社会主义现代化国际大都市建设的阶段性进展，为上海从2011年到2020年的持续发展奠定坚实基础。具体是：

——经济保持持续较快健康发展。在优化结构、提高效益和降低消耗的基础上，全市年均经济增长率预期为9%以上，到2010年全市生产总值达到1.5万亿元，逐步形成服务经济为主的产业结构，地方财政收入与国民经济保持同步增长。

——经济增长方式实现重大转变。资源利用效率明显提高，单位生产总值综合能耗比“十五”期末降低20%左右，生态型城市建设取得全面进展，环保投入相当于全市生产总值的比例保持在3%。

——科教兴市主战略实施取得新突破。城市创新体系基本形成，全社会研发经费支出相当于

全市生产总值的比例达到2.8%以上，科技进步贡献率达到65%左右，形成一批拥有自主知识产权和知名品牌、国际竞争力较强的优势企业。教育综合改革进一步深化，劳动力素质继续提高。

——城市综合服务功能明显增强。加快形成多元化金融市场和金融机构体系，金融发展环境进一步完善，在进一步巩固国内金融中心地位的基础上，成为具有国际影响的金融中心之一。基本建成洋山深水枢纽港和上海航空枢纽港。形成内外贸一体、货物贸易和服务贸易并举的发展格局。通过国际金融、航运、贸易中心互动融合，经济中心城市的集聚辐射功能显著增强。

——人民生活质量进一步提高。城乡居民家庭人均可支配收入持续稳定增长，城镇登记失业率控制在4.5%左右，实现各类社会保障基本全覆盖。居民普遍享有便利的基本医疗和公共卫生服务。人民群众文化生活更加丰富，市民素质和文明程度普遍提高，城市公共安全保障有力。

——率先形成更具活力、更加开放、更符合国际惯例的体制环境。浦东综合配套改革试点取得重要突破。民主法制建设和服务政府、责任政府和法治政府建设不断推进。现代企业制度、现代产权制度、社会信用制度和现代市场体系进一步完善。国有经济战略性调整取得新进展，非公有制经济增加值占全市生产总值比重达到50%左右，利用外资质量和水平进一步提高，国内外跨国公司和企业集团的地区总部及国际机构进一步集聚。开放型经济体系框架基本形成，城市国际化、市场化、信息化、法治化程度明显提高。

第二篇　加强统筹协调，落实重点任务

按照全面贯彻落实科学发展观和构建社会主义和谐社会的要求，围绕加快建设“四个中心”和社会主义现代化国际大都市的总体目标，深入实施科教兴市主战略，进一步处理好自身发展与服务全国的关系，进一步处理好提升城区功能与增强郊区实力的关系，进一步处理好经济发展与社会全面进步和人的全面发展的关系，进一步处理好人口、产业、基础设施、资源和环境的关系，进一步处理好“引进来”与“走出去”的关系，注重全面统筹协调，全力推进十二项重点任务，实现又快又好发展。

第五章　加快形成服务经济为主的产业结构

继续坚持“三二一”产业发展方针，按照逐步形成服务经济为主的产业结构的总体要求，优先发展现代服务业和先进制造业，把提高自主创新能力作为产业结构优化升级的中心环节，以信息化为基础提升产业能级，促进二、三产业融合发展，努力提高产业国际竞争力。

（一）优先发展现代服务业

以信息化为基础，以金融、物流、文化等为重点，以现代服务业集聚区为突破口，以大型服务企业集团为载体，集聚高端人才，加强综合集成，积极承接国际服务外包业务，提升服务业的规模与能级。

重点发展金融业。围绕国际金融中心建设，加快完善金融机构、金融市场、金融服务和金融监管体系。按照稳步推进的原则，积极探索金融业综合经营的有效方式，优化整合地方金融机构，引进和组建新兴金融机构，进一步集聚各类金融机构和金融人才。积极促进金融衍生品、保险和再保险、离岸金融、债券等市场和业务发展，推动金融产品创新中心建设；支持和完善资本、货币、外汇、期货、黄金和产权市场建设。加强托管、交易、清算结算等金融市场基础设施建设，促进金融市场之间的连通互动。完成股权分置改革，提高上市公司质量。加强信用征信体系建设，强化金融风险防范和处置，继续建设金融安全区。积极发展金融辅助产业，加强金融生态环境建设。

重点发展物流业。围绕国际航运中心建设，依托深水港、航空港及铁路、公路网络，促进国际中转物流发展，拓展航运服务产业链。积极培育现代物流服务市场，构建口岸物流、制造业物流和城市配送物流相结合的现代物流体系。完善深水港、外高桥、浦东空港和西北综合物流园区等物流基地的服务功能。促进物流技术的标准化和物流信息化应用。

重点发展文化及相关产业。建设相对完善的文化产业和文化市场体系，大力促进科技、创意与文化融合发展，加大开放和创新力度，着力促进文化休闲娱乐业、创意和时尚、印刷包装等产业发展。以网络动漫、影视传媒等为突破口，建设一批各有特色的数字文化内容产业基地和园区，加快文化功能区域和核心产业基地建设。推进教育培训、医疗保健、体育健身、竞技表演等行业发展，文化及相关产业增加值占全市生产总值比重达到7%左右。

积极发展会展旅游、专业服务、社区服务等产业。培育国际会展品牌，发展都市特色旅游产品，建设若干大型旅游基础设施，推动会展旅游业与相关产业的融合发展。加快发展会计、审计、法律、咨询、广告、经纪等专业和中介服务业。拓宽社区服务业发展渠道，提升社区服务功能，扩大就业。

稳定发展商贸、房地产等产业。大力发展批发贸易和服务贸易。发展新型商贸业态，调整和优化商业布局结构，加快推动郊区、社区、交通枢纽型商业发展，推进内外贸一体化的现代流通体系建设。积极稳妥发展房地产业，完善房地产市场体系，优化供给结构，保持适度规模，加强交易秩序监管，保持房地产价格基本稳定，延伸发展房地产服务，推进房地产业持续健康发展。

（二）优先发展先进制造业

以提升自主创新能力为核心，依托大产业、大项目和大基地建设，运用新技术、新装备、新工艺提升制造业水平，促进产业集群化发展，实现从发展中调整向发展中提高的转变。

着力提升汽车、装备等优势产业的核心竞争力。汽车产业，以形成自主品牌汽车生产能力为突破口，推进新能源汽车开发和生产，发展以汽车电子为核心的关键零部件产业，促进汽车金融、租赁、体育和文化等相关产业发展。装备制造业，重点攻关百万千瓦级超超临界火电机组、核电成套设备、F级燃气轮机等电站设备，进一步提升数控机床、微电子装备、轨道交通设备、煤液化制油装备的国产化水平。

积极培育生物医药、新能源新材料、船舶制造、航空航天等战略产业。生物技术与医药产业，重点推进基于中药先导物的创新药物、诊断试剂与基因工程疫苗的自主创新，在介入治疗器械和数字影像设备方面实现自主设计能力的突破，加快生物技术在农业、环保、能源和材料等领域的应用。新能源新材料产业，重点攻关光伏产业和风能等装备和材料，推动氢能产业发展，大力发展半导体照明材料、节能建筑材料等新材料产业。船舶制造业，重点突破LNG（液化天然气）船舶和海上浮式储油装置的技术瓶颈，实现船舶大型曲轴等关键零部件的自主开发。航空航天产业，大力推进新支线飞机研制，积极发展航空维修业和民用飞机项目建设，加快推进航天产业发展。支持发展军民兼容产品。

优化发展钢铁、石化等基础工业。要按照完善规划、调整结构、集约发展的要求，钢铁产业重点发展汽车造船用钢、不锈钢、碳钢、特种钢等领域的精品钢材；石化产业重点发展精细化工产品，延长产业链。

（三）以信息化为基础提升产业能级

充分发挥信息化在实施科教兴市主战略中的引领带动作用，推进信息技术在经济领域的广泛应用，加快发展信息产业，促进产业结构优化升级。

全力推进信息技术的应用渗透和融合发展。以信息技术改造提升传统产业，运用新理念、新技术、新业态，全面提升产业和企业的信息化应用水平。围绕金融、物流、文化等服务业发展方向，以信息技术支撑服务手段多样化、服务产品个性化，以及服务范围拓展和服务效率提升。围绕汽车、装备、造船等制造业的能级提升要求，以提高装备智能化水平和优化工艺流程为重点，积极促进信息技术与制造技术的融合发展。推进信息技术在企业研发、生产、管理、营销等环节的创新应用，大力发展电子商务。

做大做强信息产业。根据数字化、网络化、智能化总体趋势，以研发设计、自主品牌建设为重点，加快集成电路、软件、新型元器件等关键技术研发及核心产业发展，建设和完善软件开发测试、无线通信等公共开发平台，大力推进新一代移动通信、汽车电子、数字音视频、互联网内容服务等产业发展，尽快形成产业集聚优势。

（四）加强产业政策引导

促进产业优胜劣汰。按照国家鼓励、允许、限制和淘汰的产业结构调整政策要求，结合上海实际，积极壮大优势产业、稳定发展均势产业、加快淘汰劣势产业。支持符合城市发展方向、具有竞争优势的产业发展，鼓励企业参与和发起制定行业标准。促进均势产业保持和创造就业岗位，在稳定发展中优化调整。制定和实施严格的技术、用地、能耗、排放、效益等标准，严格市场准入，主要运用法律、经济等手段，依法淘汰高耗能、高耗水、占地多、低效率、污染重和不符合安全生产条件的企业、生产工艺和产品。

大力实施自主品牌战略。优化产业组织结构，提高企业规模经济水平和产业集中度，大力发展一批拥有知名品牌、核心技术、主业突出、综合集成能力较强的大型企业集团。推动中小企业与大企业分工协作，提高专业化水平，促进中小企业技术进步和产业升级。引导产业集群化发展。鼓励有条件的企业跨地区、跨行业发展，支持符合条件的企业进入海内外资本市场上市融资。要振兴、引进、培育和保护知名品牌，努力将上海建成品牌孵化培育中心、品牌集聚辐射中心和品牌交易运作中心。增强“老字号”企业的自主创新能力、连锁经营能力和品牌营销能力。

（五）进一步优化调整产业布局

着力打造一批现代服务业集聚区。中心城区要进一步吸引国内外各类服务机构，完善高端服务功能；充分利用历史文化资源和工业建筑，规划建设一批知识密集、多元文化、充满活力的创意产业集聚区。郊区要推进建设若干各具特色的生产性服务业集聚区。

大力推进工业向园区集中。基本建成国际汽车城、精品钢铁基地；加快上海化学工业区、国家级微电子产业基地（包括浦东微电子产业带、漕河泾新兴技术开发区和松江工业园区等）和生物医药基地建设；着力推进临港新城装备产业基地和上海船舶工业基地建设。继续推进中心城区“退二进三”，加快杨浦、彭浦、桃浦、吴泾等传统工业集中地区的改造、调整和转型。加快工业向国家级、市级工业园区集中。到2010年，市级以上工业区增加值占全市工业增加值比重达到75%以上。

第六章　着力构建以自主创新为核心的城市创新体系

坚持自主创新、重点跨越、支撑发展、引领未来的方针，加快建立以企业为主体、市场为导向、产学研相结合的技术创新体系，大力提高原始创新、集成创新和引进消化吸收再创新能力，逐步形成以知识创新为基础、技术创新为重点、制度创新为保障、科技中介服务为纽带的城市创新体系，知识竞争力位居全国前列，在建设创新型国家的进程中发挥上海应有的作用。

（一）聚焦自主创新关键领域

着眼国家战略，立足上海优势，围绕构建健康上海、生态上海、精品上海、数字上海等战略需求，实现有限领域重大科技创新的突破。

努力增强原始创新能力。紧密结合国家科技发展中长期规划，加强“部市合作”和“院地合

作”，在生物与医学、物理与信息、材料与化学、海洋与环境、航空航天等领域，攀登科技制高点。建设和建成一批重大科技基础设施。加强国家级、市级重点实验室建设，力争到2010年国家级重点实验室和工程研究中心总量达到50个，市级重点实验室达到90个。

加快提高集成创新和消化吸收再创新能力。着眼于攻克制约产业发展的重大共性关键技术，在信息技术、生物医药、现代装备、交通运输、新能源等领域启动一批重大专项。坚持开放式创新，把技术引进与消化吸收更好地结合起来。组织开展集成电路设计与制造、电子标签、平板显示、创新药物、半导体照明、氢能和太阳能光伏关键技术、民用航空航天等战略产品的研发，掌握一批关键核心技术，加速实现科技成果产业化。

优化创新基地布局。深化“聚焦张江”战略，推动紫竹科学园区、杨浦知识创新区和松江大学园区建设，实现园区、校区和社区联动发展。建设一批综合性、示范性的重大科技示范工程，推进科技世博园、智能新港城、崇明生态岛建设。探索新的研发机制，整合科技资源，建设生命健康等创新基地。

（二）构筑产学研相结合的技术创新体系

强化企业创新主体地位。按照市抓实力、区抓活力、企业抓动力的要求，形成全市创新创业的强大合力机制。落实支持自主创新的财税、金融和政府采购政策，激发各类主体的创新活力，到2010年企业研发投入占全市研发投入比例达到65%以上。完善国有企业考核机制，考核重心从资产保值增值向自主创新能力和资产长期收益能力转变，重点产业集团研发投入占销售收入比重要逐步达到5%以上。支持民营企业参与国家、地方科技攻关项目申报和实施。加强对科技型中小企业的扶持。鼓励外资研发机构技术创新成果实施本地化和产业化。

推进产学研战略联盟建设。鼓励以重大项目为纽带，建立多种形式的产学研联盟。完善科教兴市重大科技攻关项目运作机制，建立市场化的筛选、投入、评估和退出机制。以企业为主体，组织高校、科研院所联合攻关。进一步深化科研院所改革，加快建立现代科研院所制度。加强高校重点学科建设，逐步建立开放式学科发展体系。

（三）营造良好创新环境

加大知识产权保护力度。实施以专利为核心的知识产权战略，引导企业建立和完善专利、商标、技术秘密等管理制度。健全知识产权保护体系，加快发展知识产权交易、专利代理等中介服务机构，加强高校、科研院所知识产权工作。

加强公共服务平台建设。进一步优化科技资源配置，发挥好政府各类科技攻关专项资金的引导作用，重点向关键领域重大科技攻关项目倾斜。完善创新载体公开招标制度。继续做好研发、人才、知识产权等公共服务平台建设。发展多种形式技术中介服务模式，形成社会化科技中介服务网络。加快技术产权交易市场发展，促进科技成果流动扩散和转化。

切实加强科普工作。完善科普教育基地网络和功能，到2010年全市专业科普场馆达到40个，科普教育基地达到200个。

（四）大力实施人才强市战略

加强人才培养、开发和使用。着力优化人才结构，加快党政人才、企业经营管理人才和专业技术人才三支队伍建设，加强对领军人才的教育、培养和使用，加快培养一批具有战略开拓能力的优秀企业家和职业经理人，大力推进海外人才集聚工程，实施各类人才培训工程，造就一支规模大、素质高的劳动者和专门人才队伍。到2010年每万人中研发人员达到45人，全市高层次企业经营管理人才总量达到25万人左右，常驻上海的境外专家达到15万人，各类归国留学人员达到8万人。

完善激励人才发展的制度。健全人才选拔、评价、考核和奖惩制度，形成以业绩和能力为导向的社会化人才评价标准。完善人才服务体系，规范人才市场管理，建立开放灵活的人才流动机制，营造人尽其才、人才辈出的良好环境。

第七章　发展循环经济和建设资源节约型环境友好型城市

强化资源节约和环境保护意识，按照建设国家循环经济试点城市的要求，坚持节约与开发并举、节约优先，以技术创新和制度创新为动力，加强政策引导和法制建设，明显提高资源利用效率，减少废物排放，形成健康文明、节约资源的消费模式。围绕重治本、重机制、重实效，推进环境保护和生态建设，滚动实施环保三年行动计划。

（一）加强节地节能节水节材

节约和集约利用土地。加强土地资源需求调控和管理，实施和完善批项目、核土地制度，严格限制不符合产业导向的项目用地，稳步推进农民宅基地置换。合理规划重大基础设施，节约集约利用土地，以轨道交通站点和公共交通换乘枢纽为重点，加快地下空间综合开发和合理利用。推进节能降耗。采取强有力措施，严格限制耗能高、效益低、污染重的项目发展，分阶段强制淘汰明显高于同行业能耗标准的企业和产品，强制进行用能设备节能改造；新建建筑要严格实施国家规定的节能50%的设计标准，推进公共建筑节能改造；鼓励大型公共建筑使用分布式供能系统和太阳能利用设施；推进交通节能。加强节水管理。对高耗水行业实行计划用水管理，推广节水型设备和器具，进一步降低公共供水管网漏失率，推进中水回用和雨水收集利用，到2010年万元生产总值用水量较“十五”期末下降16%。推进节约原材料。加强重点行业的原材料消耗管理，逐年提高新建住宅全装修的比例，推进包装减量化，逐步减少或取消一次性用品。

（二）推进清洁生产和资源综合利用

市级以上工业区和六大产业基地内企业基本实现清洁生产，化工、冶金、纺织、医药等重点行业全面推行清洁生产试点。全面实行生活垃圾分类收集，提高资源化利用水平。重点推进汽车、家电、轮胎等大件废弃物的资源化利用，进一步提高高钙粉煤灰、电厂脱硫灰渣和废弃混凝土的综合利用能力。发展循环型生态农业，减少化肥、农药、地膜的使用，推进作物秸秆和畜禽粪便的综合利用，扩大商品有机肥使用面积。

（三）形成有利于发展循环经济的机制和技术支撑

严格执行国家法律法规和标准规范，制定、修订地方性法规和政府规章。加快建立反映供求和稀缺程度的资源性产品的价格形成机制。推广应用节约资源的新技术、新工艺、新设备和新材料。制定资源消耗评价标准，建立建设项目的土地占用、能耗、水耗、污染排放综合评价制度。制定和落实有利于资源节约和综合利用的财税政策。组织开展多种形式的试点，创建一批具有国内领先水平的循环经济园区和企业。各类教材要增加资源节约的教育内容，继续组织好各类宣传活动，倡导理性消费，形成节约资源的良好社会氛围。

（四）加大环境保护和污染治理力度

着力提高水环境质量。加快完善中心城区污水收集管网，升级改造竹园、白龙港污水处理厂，基本完成污水西干线改造工程，建成污水三期工程和竹园第二污水处理厂，初步建立污水处理设施与收集管网相配套的郊区污水处理体系。以截污治污为重点加快推进河道整治工作，完成苏州河环境综合整治三期工程，巩固和提高中心城河道整治的成果，加快推进郊区河道治理，进一步改善郊区河道水质。

持续改善大气环境质量。按照全市二氧化硫排放量比“十五”期末减少35%的目标，以燃煤电厂烟气脱硫为重点，有效控制煤烟型污染。建设基本无燃煤区和烟尘控制区。强化对各类扬尘

污染源的规范化管理。实施更严格的机动车排放管理。

完善固体废弃物收运处置系统。建设闵行垃圾焚烧厂、市区生活垃圾集装化水运系统，建成崇明、宝山、青浦等一批生活垃圾无害化处理设施。开展老港生活垃圾填埋场生态修复、环境整治及资源化利用工作。

全面加强市容环境综合建设和管理。强化市容环境综合整治，创建市容环境示范区域、规范区域和达标区域，加强市容环境管理难点和顽症治理，继续推进中心城架空线入地工程，确保以良好的市容环境迎接世博会的召开。

继续推进吴泾等工业区环境整治。加快建设和完善工业区污染治理设施，在有条件的工业区实行集中供热。开展环保重点监管企业达标治理，实现污染物稳定达标排放。

完善环境保护和治理的体制机制。加强环保执法和监管，完善环境质量监测体系，加强环境质量监测系统和重点污染源在线监控网络。严格执行环境影响评价制度。

（五）加强生态建设和自然保护

完善城乡一体的绿化系统。加快生态绿化建设，推进绿化布局的系统性、均衡性，建设世博园区配套绿化项目，中心城以完善延安路、黄浦江、苏州河“一纵两横”生态走廊建设为重点，继续推进公共绿地建设，推进郊区试点城镇绿化建设，重点建设辰山国家植物园、东滩国家湿地公园、海湾国家森林公园等，有序推进水源涵养林、沿海防护林等林业建设。到2010年人均公共绿地面积达到13平方米。

加强自然生态和海洋生态保护。以崇明东滩鸟类国家级自然保护区和九段沙湿地自然保护区为重点，继续强化生态保护工作。进一步加强金山三岛、长江口中华鲟自然保护区和水源地等的生态保护和建设。加强郊区自然村风貌保护。加强外来物种的安全管理，保护生物多样性。加强海洋生态环境保护和监测管理，发展海洋经济。

第八章 大力推进社会主义新郊区建设

按照规划布局合理、经济实力增强、人居环境良好、人文素质提高、民主法制加强的要求，努力建设与现代化国际大都市相适应的社会主义新郊区。着眼于建设社会主义新农村，加大工业反哺农业、城市支持农村的力度，加快推进“三个集中”，加快农村城镇化、农业现代化和城乡一体化进程，初步形成城镇体系框架。到2010年郊区城市化率达到75%。

（一）加快农业现代化建设

进一步增强农业综合生产能力。以发展高产、优质、高效、生态、安全农业为目标，以发展种源农业、装备农业、数字农业为重点，运用工业化手段和规模经营方式，改善农业基础设施，大力推进科技强农。建设一批优质农产品生产基地，建设100万亩设施粮田和30万亩设施蔬菜基地。加强现代农业园区建设，重点建设崇明三岛、黄浦江上游、杭州湾北岸、城郊结合部楔形农业区。

提高农业组织化和市场化水平。完善农村合作经济组织制度，培育农业产业化、规模化经营的龙头企业，实施农业品牌化战略。拓展农业服务领域，建设多功能的农产品交易和物流平台，增强服务全国“三农”的能力。

完善支持农村和农业发展的政策。根据农业发展布局、重点和产品结构，确定不同的农业投资扶持政策，重点增加对农业基础设施、科技进步和农产品安全监管等领域的投入，创新投融资手段，吸引各类资金参与郊区建设。

建立农民增收的长效机制。坚持“多予、少取、放活”，提高农民收入水平。加强对农民的职业技能培训，提高农民非农创业与就业能力，培养有文化、懂技术、会经营的新型农民。扩大非农就业，稳步提高农民工资性收入。完善郊区社会保障体系，增加农民的转移性收入。完善农民宅基地置换试点政策，拓展农民的财产性收入。发展农村集体经济，探索征地留用地制度，增加农民经营性收入。

（二）稳步推进城镇体系建设

按照“1966”城镇体系规划目标，分步实施，整体推进，建设一批与上海国际大都市发展水平相适应的新城、新市镇，促进中心城区人口疏解，吸引农民进入城镇，逐步归并自然村，提高郊区的城镇化和集约化水平，构建和谐村镇。

加快推进以嘉定、松江和临港为重点的新城建设。按照逐步建设成为服务功能完善、人口集聚功能较强的现代化综合性城市的要求，依托产业基地、开发区和高速公路、轨道交通等重大基础设施，重点推进嘉定、松江和临港新城建设，加快其他新城的规划与建设。

大力推进新市镇的开发建设。按照建设成为形态和功能各具特色的现代化新市镇的要求，依托工业园区、高速公路节点和综合交通站点，继续推进试点城镇开发建设。选择具备良好条件的新市镇，因地制宜地推广试点城镇的做法和经验。

积极推进中心村的规划建设。按照建设成为居住功能和观赏功能有机统一的新型农村集中居住社区的要求，依托郊区城镇、基础设施建设，加快中心村建设和农村人口集聚，提高基层社会管理能力。

（三）提高郊区基础设施和公共事业发展水平

加快郊区基础设施建设。加大市、区（县）两级财政对郊区基础设施的投入力度。建设重点新城与中心城区的轨道交通联系，完善郊区高速公路网，初步形成城郊停车换乘枢纽系统。与城镇建设相配套，加快郊区电力和信息基础设施建设。建成覆盖郊区城镇的集约化供水和雨污水收集处理系统框架，建设郊区生活垃圾综合处理系统。

提高郊区社会发展和公共服务水平。推进农村综合改革，进一步强化农村公共服务体系建设。增加公共教育经费投入，提高郊区义务教育水平。加强郊区镇、村基层卫生机构、公共文化和体育基础设施建设。实施农村计划生育家庭奖励扶助制度。不断完善郊区和农村社会保障体系。

（四）推进崇明三岛联动发展

有序推进综合开发和生态保护。按照崇明三岛功能定位和建成崇明生态岛群的总体目标，分步实施发展规划。“十一五”期间重点进行基础性开发，以长江隧桥工程和长兴岛造船基地建设为契机，统筹三岛产业发展，加快建设城桥、陈家镇（东滩）试点城镇和一批重要项目。按照环境优先、生态优先的要求，根据永久保护区、开发控制区、战略储备区和适度建设区的功能区划分，保护好湿地、河湖等自然生态，合理利用岛域土地资源，重点发展循环农业和环境友好型产业。

加大政策支持力度。统筹协调崇明生态岛建设，落实生态专项支持资金，加大财政投入和转移支付力度，提高崇明三岛公共支出的保障水平，加强崇明发展的人力资源积累。

第九章　全面提升城市建设和管理的现代化水平

坚持建管并举、重在管理，加强枢纽型、功能性、网络化重大基础设施建设，构筑城郊一体、内外衔接、便捷高效的综合交通体系。强化城市资源供应保障，健全应急管理体系，提高城市安全保障能力。以城市管理现代化为目标，网格化为抓手，信息化为手段，管理资源整合为保障，运用多种手段建立城市管理的长效机制。

（一）完善对外综合交通体系

继续推进国际航运中心建设。基本确立国际航运中心地位。建成洋山深水港区二期及后续工程，完善洋山、外高桥、罗泾港区总体布局。加快调整港口结构，优化黄浦江两岸功能，推进重点地区开发，加快发展北外滩等地区航运交易服务。加强以浦东机场为主、虹桥机场为辅的上海航空枢纽港建设，初步确立亚太地区航空枢纽港地位。完成浦东国际机场二期扩建工程，基本完成虹桥机场改造扩建工程，到2010年货邮吞吐能力达到500万吨。构建枢纽航线网络，积极推进基地航空公司向枢纽运营模式战略转型。加快航空货运物流业发展，初步建成空港物流园区。

建设虹桥综合交通枢纽。初步形成磁悬浮、高速铁路、普通铁路、轨道交通、公交出租、长途客运、航空港等多种交通方式紧密衔接、便捷换乘的现代化大型综合交通枢纽。

完善高速公路网和内河航道网。建成上海长江隧桥工程、崇启高速公路（A14）、沪苏高速公路（A16）、浦东机场高速公路（A15）和沿江高速公路（二期）（A13），建成沪青平高速公路（A9）、莘奉金高速公路（A4）出境段，拓宽沪宁高速公路上海段（A11），与江、浙高速公路出口增加到10个，车道数增加到60个，市域高速公路通车总里程达到约880公里。建成赵家沟、大芦、杭申、苏申外港线等多条Ⅲ级航道，初步形成高等级内河航运框架。

进一步提升上海铁路客运枢纽功能。优化调整铁路布局，建成沪宁城际、沪乍嘉铁路上海段，建设沪杭城际快速轨道交通项目，适时开工建设沪通铁路。形成上海站、上海南站、虹桥站三个主客站布局，大力发展多式联运。

（二）提高城市交通便捷化水平

基本建成轨道交通基本网络。把加快发展轨道交通作为实施公交优先战略的重点，轨道交通运营里程达到400公里，提高轨道交通运营服务水平。

提升公交服务水平。优化和完善地面公交线网，建设中心城100公里以上公交专用道，加强多种交通方式相互衔接。以轨道交通多线换乘站和中环交通枢纽等为重点，推进公交枢纽和停车换乘系统建设，公共交通出行占市民出行比重逐步提高。

完善中心城路网和越江通道布局。全面建成中环线，完善高架系统，拓宽河南路、瑞金路等骨干道路，形成包括200公里以上快速路和400公里以上主干路，以及次干路、支路等组成的中心城道路网络。建成上中路、西藏路等7处越江设施和打浦路隧道复线，中心城越江通道达到17处、94车道。完成中心城苏州河桥梁新建或改造。

着力提升城市交通综合管理水平。加强城市交通的规划和建设管理，逐步建立交通影响评价机制。综合运用交通需求管理措施，改善交通方式结构。加强城市道路交通管理，增强市民交通法规意识。加快发展城市智能交通系统。

（三）强化重要资源供应保障

加快建设安全清洁高效的能源供应体系。以LNG项目建设为重点，形成西气、东海气、LNG三气源互补供应格局，建设气源应急储备站。基本建成覆盖全市、城乡一体的天然气主干管网系统。提高电力供应能力，建成华能上海燃机电厂、外高桥电厂三期工程。加快市内外电力输电通道和市外电力基地建设，市外建成500千伏第三通道、三峡—上海直流、皖沪特高压输电线路和变电站，市内建设500千伏、220千伏电网和变电站，全市接受外电能力超过1000万千瓦。建设崇明等三岛电力电源和联网工程。提高煤炭、石油等供应和储备能力，建设罗泾煤炭储备中转基地，扩建外高桥海滨油库、建设航空燃油码头和油库。开发利用可再生能源，大型建筑和公共性项目积极发展利用光伏发电和光热工程，在崇明、南汇、奉贤等建设风电场，建设沼气回收发电示范工程。建设世博能源中心。

提高供水保障服务水平。扩大长江水资源开发利用，建设青草沙水源地，建成长江陈行引水三期工程。建设金海等水厂，全市日供水能力提高到1260万立方米。中心城注重提高水质，郊区推进集约化供水。

加强土地等资源保护和综合利用。科学编制土地利用总体规划。实施最严格的耕地保护制度，大力推进土地整理复垦，确保现有基本农田面积。建立城乡土地储备和保障体系。加强岸线、滩涂和海洋空间等资源的综合开发利用。

（四）推进城市信息化建设促进城市信息资源开发利用

加快人口、法人基础设施信息资源的开发和共享，提升教育、卫生、文化、旅游等领域的公共信息服务能力，完善全市统一的空间地理基础数据平台，加快推进规划、房地、环保、市政、绿化、水务、气象等城市管理信息深度开发和共享交换，着力推进防灾应急、交通管理、人口管理等重要信息系统建设。

进一步提升信息基础设施水平。加快信息基础设施集约化建设，推动新一代移动通信、软交换、智能光网络等技术的试验和应用。继续推进“三网融合”，扩大宽带接入网和数字电视网的规模和服务能力。提升高性能计算平台服务能级。全面增强信息基础设施的综合服务能力，基本建成亚太地区信息枢纽之一。

保障城市信息安全。加快信息安全基础设施建设，实施信息安全关键技术创新工程，完善信息安全长效机制与管理体制，提高信息安全防护、监控与应急处理、打击网络犯罪的能力。

完善信息化应用环境。加强法制、政策、标准的建设和衔接配套，推动信息化知识普及，完善以信息化服务外包为重点的社会化服务体系。

（五）积极推进城市旧区改造

继续保持旧区改造力度。坚持政府主导，统筹规划，完善政策，创新机制，切实改善困难群众的居住环境，到2010年累计完成市区400万平方米成片二级旧里以下房屋改造，继续推进旧住房综合改造。

发挥基础设施的布局引导作用。统筹人口、产业、资源、环境与基础设施，运用多种手段使基础设施达到合理水平，促进城市布局优化和结构调整，实现资源的有效利用和合理配置。

（六）提升城市管理现代化水平和安全保障能力

进一步理顺城市建设和管理体制。逐步形成市与区（县）基本衔接、行为规范、运转协调、权责对应、调控有力的城市建设和管理体制。大力推进城市管理网格化，推动管理重心下移，充分发挥区县、街道、社区在城市管理中的作用。加强和完善城市规划体系。加强城市基础测绘和管理工作。

增强城市防灾减灾能力。继续提高地面沉降监测与防治能力，强化地下水资源开发利用管理，有效控制地面沉降。提高水安全防御能力，加强海塘江堤、城市防洪、区域除涝和城镇排水系统建设。提高地震、灾害天气等自然灾害监测、预报和应对能力，加强物资储备、减灾队伍和民防工程等建设。

第十章　促进区域协调互动发展

按照国家主体功能区划分和统筹区域协调发展的要求，立足于本市不同区域的发展基础和区位特点，发挥优势，强化功能，形成特色，逐步形成区县错位发展、城乡统筹发展、区域协调发展的格局。依托上海城市综合服务功能，进一步服务长江三角洲、服务长江流域、服务全国。

（一）明确城市区域功能定位

明确四大功能片区定位。浦东南汇地区是上海国际金融中心、国际航运中心的重要载体，要充分发挥制度创新和扩大开放先行先试的作用，建成以金融、物流为依托的现代服务业核心集聚

区。中心城区是体现上海繁荣繁华内涵与历史文脉特色的地区，要着力完善国际大都市的现代服务功能，建成服务经济全面发展的重要区域。郊区是提升上海经济实力水平的重心所在，要统筹城乡发展，打造现代农业基地、先进制造业高地和新兴城镇体系。崇明三岛地区是上海未来可持续发展的重要战略空间，要建成环境和谐优美、资源集约利用、人与自然协调发展的现代化生态岛区。

加强区县分类指导。区县发展要立足提升城市整体功能和落实城市总体规划，结合区县发展特点，依托大学、大院所、大企业，逐步完善区县功能定位，实施差别化政策，加强分类考核，促进区县协调发展。

（二）促进长江三角洲城市群整体竞争力提升

加强区域交通、能源、生态环境等重点领域的合作。按照国家对长江三角洲区域发展规划的要求，积极推动公路、铁路、港口、航空、内河等多种运输方式的相互配套和协调发展，共同构筑各种运输方式布局合理、衔接顺畅、优势互补、智能化、信息化的区域综合交通体系，增强长江三角洲地区的对外辐射能力。共同构筑安全、清洁、高效的区域能源体系，进一步提高区域能源供应保障能力。加强区域生态环境保护、治理和灾害防治，建设跨区域环境保护和治理的重大项目，逐步建立区域环境保护标准体系，完善区域环境管理和协调机制，推动区域循环经济发展。

进一步促进区域经济共同发展。加强在信息、港口、产权交易、科教、文化和人才资源等方面的合作与交流，联手推进金融、物流、旅游等现代服务业发展。积极配合国家有关部门，推进长江三角洲通关一体化改革，加强区域诚信体系建设，建立知识产权联合保护机制。

完善区域合作交流机制。坚持优势互补、合作共赢、联动发展、共同繁荣，确立企业在区域合作中的主体地位，以企业合作带动区域经济合作，促进区域内资源的流动，注重发挥行业协会、中介组织和社会研究机构的积极作用，努力形成政府引导、市场运作、企业主体、社会参与的区域合作机制。

（三）加强与中西部和东北地区互动发展

服务于中西部发展和东北振兴。积极贯彻中央关于西部开发、东北等老工业基地振兴和中部崛起的战略部署，鼓励本市优势行业和企业走向全国，加强地区间能源、原材料和优质农产品基地建设等多样化合作。加强地区间沟通和协调。

推进长江黄金水道建设。按照国家统一规划，与沿江省市共同推进长江黄金水道建设。以集装箱船型标准化为核心，逐步推进长江航运设施和航运服务标准化，提高长江沿岸航运业发展水平，推动长江流域发展。

（四）进一步做好对口支援工作

落实中央要求，全力做好云南、西藏、新疆、三峡库区等重点地区的对口支援，把帮扶与资源开发、产业调整有机结合起来，形成帮扶协作的长效机制。对口支援西藏要围绕发展边疆经济，向农牧区和农牧民倾斜，援建一批安康工程、健康工程和希望工程。对口支援新疆要以促进地区发展稳定和提高贫困农牧民生产、生活水平为重点，全方位开展帮扶协作。对口帮扶云南要实施以整村推进为主要模式的开发式扶贫项目，加大教育、卫生等社会公益事业的援助力度。对口支援三峡库区要围绕帮助库区发展经济，推进移民就业基地建设，促进移民就业和增收。

第十一章　全力办好一届成功精彩难忘的世博会

要把举办好中国2010年上海世博会作为实施国家战略、提升城市文明程度和市民文明素质、增强城市综合服务功能的重要载体，依托全国支持，举全市之力办好世博会，全面带动上海城市发展。加强与周边地区的协调互动，共抓办博机遇，为服务长三角、服务长江流域、服务全国提供平台支撑。

（一）有序推进世博会各项建设和筹办任务

按照国家和国际展览局对上海世博会的总体部署和要求，高起点规划、高水平建设和管理世博会，确保按时间节点完成世博会筹备工作，重点推进园区内企业和居民搬迁、世博园区主体工程以及配套项目的建设任务，统筹世博动迁基地和试点城镇建设，带动全市产业布局结构调整。科学合理规划世博园区功能布局，形成"园、区、片、组、团"的规划布局。高效组织世博会交通体系，带动全市服务功能配套。坚持节约办博，充分利用或改造现有建筑及相关配套、市政公用设施，实现场馆、土地、新增城市基础设施和服务设施的综合利用。加强组织管理和统筹协调，做好安全和应急处置预案，确保世博会成功举办。

（二）创造性地演绎"城市，让生活更美好"主题

紧紧依靠全国人民的关心支持，以举办好世博会为契机，全面展示中华文明魅力和悠久历史文化。把办博与提升上海国际大都市精神面貌相结合，充分展示社会主义现代化国际大都市的深厚文化底蕴。以和谐城市为理念，充分演绎人与人的和谐、人与自然的和谐、历史与未来的和谐，充分体现以人为本、科技创新、文化多元、合作共赢、面向未来的上海世博会理念。加强主题宣传和推介，充分展示好世博会主题和副主题，组织开展相关主题深化活动。

（三）积极营造人人参与办博的氛围

鼓励和发挥全市人民的积极性和创造性，发扬主人翁精神，以各种方式参与到世博会的各项活动中来，形成人人关心、支持和参与办博的良好氛围。加强办博的专职队伍、基本队伍和志愿者队伍建设，展现良好的文明风貌。深入实施《迎世博文明行动计划》，整体提升市民素质和城市精神文明程度。创新世博招展机制，吸引世界各国、跨国企业和各省市到上海来展现最精彩的项目、科技、文化与设计等未来城市发展理念。动员各方力量，广泛吸引全国各地的关注和参与。

（四）统筹规划好世博会后续发展

着眼于为"十二五"开局平稳较快发展奠定良好基础，加强世博会举办之后世博园区内外布局调整和建设，逐步建成具有会展旅游、商务贸易等综合功能的新的多功能城市公共活动中心，使世博园区成为特大型城市中心城区开发和再造的典范，成为上海国际文化交流的重要载体。进一步放大世博品牌效应。

第十二章　继续发挥好浦东新区的示范带动作用

在党中央、国务院作出开发开放浦东重大决策十五周年、浦东发展取得举世瞩目成就的新起点上，要继续高举浦东开发开放旗帜，全面贯彻国家关于浦东综合配套改革试点的战略部署，聚焦浦东、东西联动、服务全国、面向世界，发挥示范带动作用，把浦东建设成为改革开放先行先试区、自主创新示范引领区、现代服务业核心集聚区。

（一）浦东新区改革开放再上新台阶

全面提升外向型经济层次。注重引资与引技、引智相结合，着力吸引和发展高端、高效、高辐射力的产业，带动产业结构能级提升。进一步加快在金融、物流、电信、专业服务等服务贸易领域市场开放的先行先试。改善海关监管模式，进行综合贸易通关模式改革试点。

率先建成公共服务型政府。赋予浦东新区更大的自主发展权，建立条块互补、职能整合的行政管理体制和事权与财权相统一的财政体制。探索实行决策、执行、监督相协调的体制。深化行政审批制度改革，重点探索功能区域一体化管理模式和相对集中许可权及综合执法模式。

率先形成城乡一体化发展的制度保障。推进土地处置、社会保障和户籍管理"三联动"，率

先试行农村人口户籍改革，统筹城乡公共服务资源，着力改变城乡二元经济与社会结构。

（二）陆家嘴金融贸易区再塑新功能

陆家嘴金融贸易区要成为建设国际金融中心的重要载体。强化以金融业为核心的现代服务业要素集散、资源配置和综合服务功能，推动陆家嘴金融贸易区成为国家金融创新试验区。

加快形成以金融业为核心的现代服务业集群。实施金融集聚战略，巩固和完善证券、期货等国家级交易市场，培育新兴市场，大力吸引国内外金融机构和金融高级人才，尤其是总部、业务中心等机构集聚。积极配合人民银行和国家金融监管部门，推动金融产品、技术、市场、机构与机制创新。以金融业为核心，加快形成以金融贸易、会展商务和专业服务等为主导功能的现代服务业集群。

进一步优化金融集聚区发展环境。支持陆家嘴金融贸易区拓展发展空间，形成“一道三区”的发展布局。加强政策支持。大力完善交通、通信、文化、生活等基础设施。

（三）实施“聚焦张江”战略再有新突破

张江高科技园区要成为实施科教兴市主战略的重要载体。大力提升研发创新、孵化创业和转化辐射功能，推动张江成为国家自主创新示范区、科技成果产业化重要基地和具有国际竞争力的高科技园区。

进一步放大张江品牌效应。按照综合平衡、分期推进的原则，加快形成以张江为核心、覆盖全市的高新技术园区布局。支持张江围绕电子信息、生物医药、软件开发和新材料等产业，加快形成具有核心技术和自主创新能力的高科技产业链，培育和发展一批具有自主知识产权的科技型企业集群。支持国家重大产业化基地、国家级或市级重点实验室、工程研究中心等落户张江。继续深化和扩大张江政策。

（四）区域联动发展再拓新空间

支持浦东新区探索区镇联动体制。通过资源整合，深化区镇联动，高起点规划和建设若干个新市镇。加快区域功能一体化发展，形成功能特色明显、布局合理、配套完善、重点突出的“一轴三带六个功能区域”的空间布局。

注重区域联动发展。依托洋山深水港、航空枢纽港等重大基础设施建设和国家级开发区，进一步增强航空、航运、物流功能，带动南汇等地区加快发展。结合世博动迁基地和长江隧桥工程建设，加强浦东与闵行、崇明等区县的联动发展。

第十三章 实现深化改革和扩大开放新突破

按照建立比较完善的社会主义市场经济体制、为全面贯彻落实科学发展观提供体制保障的要求，以浦东综合配套改革试点为重点，加快政府职能转变，深化国资国企改革，完善市场体系，推进社会领域改革，形成有利于自主创新、转变增长方式、实现可持续发展的机制。进一步扩大对外开放，坚持以开放促改革、促发展，实施互利共赢的开放战略，不断提高外向型经济层次，提升城市国际化水平。

（一）深化行政管理体制改革

推进政企、政资、政事、政府与市场中介组织分开。实行管办分离，理顺政府与行政执法类、社会公益类和经营服务类事业单位的关系，将一部分专业行政管理部门和事业单位转为提供公共服务的社会组织。

加快公共财政体系建设。深化财政管理体制改革，合理划分各级政府的财权和事权，促进经济社会管理重心下移。突出财政支出的公共性、合理性和均衡性，优化财政支出结构，进一步完善转移支付制度。优化财政供给方式，建立健全有利于增长方式转变、科技进步和能源资源节约的财税政策机制。加强财税行政执法的监督效能，严格会计诚信监管，不断提高会计信息的真实性和完整性，建立规范高效的财税运行秩序。

推进投资管理体制改革。完善企业投资核准和备案制度，进一步落实企业投资自主权，促进公共领域的社会投资，加快实施特许经营权制度。规范政府投资行为，建立健全政府投资管理制度，加强对政府投资项目的审计监督和社会监督。

（二）促进多种所有制经济共同发展

加快国有经济布局和结构调整。推进国有资本向战略性、基础性、先导性产业和关键领域集中，向自主创新能力强的优势企业集中，增强国有经济控制力。完善国有资本有进有退、有序流动的机制，增强国有资本的流动性。

深化国资国企改革。进一步推进国有企业股份制改革和国有控股公司改革重组，完善公司治理结构，通过多种形式全面放开搞活国有中小企业。健全国有资产出资人制度，完善国有资产授权经营和监管制度体系，建立健全国有资产产权代表授权制度，完善分类考核评价体系，维护职工合法权益。

鼓励、支持和引导非公有制经济发展。清理和废止有碍非公有制经济发展的部门政策及规章，深化垄断行业改革，放宽市场准入，鼓励支持和引导非公有资本参与国有经济战略性调整和国有企业重组改制，进入金融服务、公用事业、基础设施以及法律未限制的一切领域，进一步完善非公有制经济发展的社会服务体系。

（三）进一步完善现代市场体系

健全统一开放竞争有序的市场体系。完善产权、技术、人才、航运物流等全国性、区域性大市场。进一步打破垄断，完善商品和要素价格形成机制，促进市场竞争和要素自由流动。

进一步整顿和规范市场秩序。加强政府市场监管职能，加大执法力度，坚决打击制假贩假、商业欺诈、偷逃骗税等违法行为，加强对交易标准、规则的管理。保护消费者权益。

加强诚信体系建设。以制度建设和有效应用为重点，进一步完善社会信用信息采集、加工和信用产品使用等环节的法规规章以及失信惩戒、信用监督等制度，健全个人和企业联合征信平台。

（四）加快推进社会领域改革

探索建立政府与社会合作提供公共产品和公共服务的运作模式。完善公共服务行业管理和政府购买服务制度。通过公办民助、合作经营、股份制等多种形式，鼓励社会力量提供公共服务。积极推进社会事业单位分类改革。

培育和发展各类社会组织。加快培育能够承担事务性工作、提供公益性服务、调节民间纠纷、发展慈善事业的社区民间组织。继续推进行业协会和市场中介发展改革，支持行业企业组建行业协会并引入竞争机制，进一步开放中介服务领域。

（五）提高外向型经济水平

促进对外贸易持续健康发展。加快转变外贸增长方式，优化贸易结构，大力促进具有自主知识产权和自主品牌的产品出口，加快加工贸易转型升级，扩大高附加值产品出口的比重。大力发展服务贸易，扩大服务贸易出口。依托口岸综合优势，发挥洋山保税港功能，加快发展转口贸易。积极做好进口工作。

努力提高利用外资的质量与水平。进一步改善投资环境，拓宽利用外资渠道，优化利用外资结构，创新利用外资方式，积极承接国际产业转移，重点引进现代服务业和先进制造业项目。加大力度引进跨国公司地区总部、研发机构和专业服务机构。

加大实施“走出去”战略的力度。引导和推进有条件、有比较优势的企业到境外投资开发重

要资源能源，购并拥有先进技术、品牌和营销网络的海外企业，承接海外工程和输出劳务。加快培育本土跨国企业。积极防范境外投资风险。

不断扩大与港澳台经济合作与交流。推进与香港、澳门在金融、物流、贸易、旅游等各个领域的深层次合作，加强与台湾的经济贸易技术合作，做好台商的服务工作。

（六）营造良好的对外开放环境

积极拓展各种国际大型活动载体，加强与国际友好城市往来，扩大国际交流。积极吸引国际性组织入驻上海。创造国际化的生活和服务条件，提高教育、医疗、居住、语言和出入境等服务的便利化程度。进一步完善口岸管理体制和贸易便利措施，加快电子口岸建设，提高通关效率。完善符合国际通行规则的涉外经济管理体制。完善法规保障、政策引导、统计监测、信息发布制度。建立健全应对国际贸易摩擦预警机制和跨部门综合应对机制。切实维护经济安全。

第十四章　积极推进各项社会事业健康发展

把促进人的全面发展作为经济社会发展的出发点和落脚点，按照确保公益、促进均衡、注重内涵、激发活力的要求，加强公共财政对各项社会事业均衡发展的保障作用，优先投资于人的全面发展，全面提升和优化社会事业的结构和质量，逐步实现均衡协调发展。

（一）加快建设现代教育体系

提高基础教育质量和均衡化水平。全面推进素质教育，巩固提高基础教育质量。强化政府义务教育保障责任，逐步扩大义务教育的免费范围，在对城乡困难家庭学生继续实施免杂费和课本费、提供寄宿生活费补助政策的基础上，对农村学生全部免收学杂费，进一步缩小城乡之间、地区之间公办学校的办学条件和办学水平差距，鼓励优秀教师到郊区任教。继续推进课程体系改革，减轻学生课业负担。扩展优质高中资源。进一步加强学前教育，鼓励多元办学，重点改善郊区和新建住宅区的幼儿园及托儿所条件。加强对来沪从业人员子女接受义务教育的服务和管理。

提高高等教育质量和水平。优化资源配置，调整层次结构，促进各级各类高校协调发展。推进高等教育内涵发展，重点建设若干所高水平大学和一批特色学科，努力提高教育质量，增强学生创新和实践能力。完善困难家庭学生教育资助政策。积极鼓励高水平的中外合作办学，促进民办高等教育健康发展。

大力发展职业教育。以扩大就业为导向，以提高技能为核心，加大投入，推动职业教育和培训资源整合，建设一批与产业发展和促进就业紧密结合、实效明显、具有品牌优势的高等和中等职业学校，以及开放式实训基地。加大职业教育资助力度，建立困难家庭职校学生助学制度。推进和规范职业资格证书制度。

深入推进教育综合改革。积极推进教育管理创新，促进政事分开、管办分离。稳步推进招生制度改革，进一步落实高校依法办学的自主权。确保教育投入“三个增长”，继续保持各级政府对教育投入的持续增长，“十一五”期间，政府财政性教育投入相当于全市生产总值比例达到4%，新增部分重点向郊区倾斜。鼓励社会投资教育和捐资办教育，加快推进教育投融资体制改革，落实和完善社会力量参与非义务教育阶段办学的相关政策。强化对教育经费使用和绩效的科学评估。

（二）建立有效便利的公共卫生和医疗服务体系

加强公共卫生体系功能建设。健全包括应急处置、信息、疾病预防控制、卫生监督、医疗救治和人才建设等系统在内的公共卫生体系，提高应对突发公共卫生事件和预防控制疾病的能力。加强艾滋病预防和源头控制，加强新老传染病，以及高致病性禽流感等人畜共患疾病、慢性病、职业病和精神疾病等疾病防治。继续推进健康城市建设，进一步拓宽健康教育和健康干预的渠道，探索建立多元化的健康管理、服务和参与模式。

提高基本医疗的均衡化和可及性。完善基本医疗服务体系，把政府投入重点转向基本医疗服务、社区和郊区基层服务，大力实施区域卫生规划，优化卫生资源配置，使部分群众看病难问题得到有效缓解。推进村卫生室（社区卫生服务站）标准化建设，改善郊区基本卫生条件，促进三级医院与郊区医院的合作，提高郊区医疗卫生服务水平。完善社区卫生服务中心功能和运行机制，鼓励和引导各级医疗机构纵向整合，推进双向转诊，促进基本医疗服务重心下移。加强全科医师培养，全科医师总量比“十五”期末增加一倍。围绕建设亚洲医疗中心城市的目标，建设30个左右国内外先进水平的临床医学中心和若干所现代化综合性、特色专科医院，推进国际医学园建设。促进中医药事业和中药产业全面发展。健全医疗质量控制网络。完善医疗救助帮困和慈善助医体系。

深化“三医联动”改革。按照保障医疗、减少浪费、促进发展的总体要求，进一步明确各级政府保障公共卫生和基本医疗的责任。建立卫生全行业管理和医保契约化管理的联动机制，加强医疗费用的总量控制和医保费用的总额预算管理，继续整顿和规范药品生产流通的市场秩序，加强监督管理，制止医疗费用不合理增长，逐步缓解群众看病贵问题。深化医保管理和公立医疗机构综合改革，促进门诊医疗服务重心下沉社区，完善公立医疗机构合理补偿机制和运行机制。深化卫生投融资改革和医疗机构管办分离，促进医疗服务市场有序开放。

（三）建立基本覆盖全市的公共文化服务体系

扩大公共文化产品和服务的有效供给。加大对公共文化领域的投入力度。增强文化原创力，推进文艺创作“精品、优品、新品”工程，图书出版“专、精、特”工程和电影品牌崛起工程。按照面向基层、服务大众的要求，大力发展群众文化。深化文化体制改革，转换运行机制，加强文化市场管理，提高公共文化产品质量和服务水平。进一步扩大公共文化设施对学生、老人和低收入人群开设公益场的范围。繁荣发展哲学社会科学。进一步推动档案事业发展。

加强公共文化服务基础设施建设。充分发挥现有公共文化基础设施的作用，新建一批特色博物馆（纪念馆）和剧场；完成区县级图书馆标准化建设。完成基本覆盖全市的社区文化活动中心和一批社区信息苑建设，人均拥有公共文化设施面积达到0.18平方米。推进世博会文化场馆群、文化广场、上海图书馆二期（含少儿图书馆）等重大文化设施的改造和建设，加强城市雕塑建设。完善“一轴、两河、多圈、特色文化街区以及文化服务网点”的文化形态布局。

加强国内外文化交流。建设国际文化交流中心，弘扬民族优秀文化，提升各类文化节庆活动的内涵和水平，充分发挥好世博会的文化交流功能，积极打造新型文化交流品牌，注重加强与国内外的文化交流合作。加强对历史风貌保护区、历史文化名镇（街区）、优秀历史建筑以及优秀民间和民俗艺术等的保护。

（四）提高群众体育和竞技体育水平

大力开展全民健身运动，加强公共体育基础设施网络建设和管理，整合社会资源，促进学校等体育场地向社区开放，基本实现每个社区和村镇都有公共体育活动场地，使经常性参加体育锻炼的人数达到全市总人口的50%。继续建设亚洲体育中心城市，实施奥运争光计划，力争2008年奥运会取得更好成绩；加强体育与教育结合；每年举办一批具有较高国际知名度的体育赛事活动。

（五）加强社会主义精神文明建设

提高城市文明程度和市民素质。弘扬以爱国主义为核心的民族精神和以改革创新为核心的时代精神，弘扬以海纳百川而服务全国、在艰苦奋斗中追求卓越的上海城市精神。进一步落实《公

民道德建设实施纲要》，广泛开展社会公德、职业道德、家庭美德和诚信教育，坚持不懈实施文明工程和“七不规范”，大力推进“七建”工作，提高市民道德素养。加强和改进大学生思想政治工作，加强青少年思想道德建设。充分发挥工会、共青团、妇联等人民团体的桥梁纽带作用，广泛密切地联系各方面群众，在全社会形成团结和谐的社会氛围和人际关系。切实做好民族宗教和侨务工作。

深入持久地推动创建学习型城市。整合各类资源，建设城市开放大学，积极发展社会化、多元化、国际化的继续教育。按照建设人人皆学、时时能学、处处可学的学习型城市目标，坚持政府主导与社会参与相结合，坚持终身教育体系与国民教育体系相结合，动员全社会力量，分阶段、分人群、按需求、有重点地推进学习型城市创建工作，通过多种形式，多种内容的学习，使广大市民掌握真才实学，不断提高服务社会的本领和综合素质。

第十五章 努力形成有序有效的社会管理新格局

加强政府社会管理职能，完善社会管理体系，建立健全党委领导、政府负责、社会协同、公众参与的社会管理格局，增强企业社会责任，充分发挥基层组织和民间组织、行业组织、社会中介组织、公益组织等的积极作用，形成社会管理和社会服务的合力。坚持城区社区建设与郊区村镇建设协调推进，全面加强平安建设，为人民群众安居乐业创造良好环境。

（一）着力构建和谐社区与和谐村镇

加强基层公共服务。发挥社区和村镇等基层组织服务群众、便民利民的综合功能，完善各类公共服务设施，加强促进就业、帮困救助、社会福利、人口管理等职能。整合社区行政事务受理服务机构，设立综合性社区事务受理服务中心，并逐步覆盖到全市所有镇（乡），到2010年受理项目一次办结率达到80%。完善“一门式”服务方式，推进电子社区建设。按照高起点高标准的要求，有序推进村镇体系建设。

健全基层管理机制。扩大基层民主，探索建立由社区居民、驻区单位、民间组织、群众团队和社区党政组织代表等共同参与的民主组织形式和社区利益协调机制。进一步推进居委会直选工作，到2010年实行直选的居委会占总数的85%。完善听证会、协调会、评议会和居务村务公开等制度。推进社会工作者和志愿者积极参与社会公益、公共管理和社会援助等活动，推进社区专业社工和义工制度建设，新增社工3万人、义工30万人。

（二）全面加强人口工作做好人口综合管理和服务

按照国家批准的上海城市总体规划的要求，建立适合上海特大型城市特点的人口管理新模式，保持人口规模与城市资源环境的承载能力和经济社会发展水平相适应，到2010年全市常住人口规模预计为1900万人左右。坚持计划生育基本国策，稳定人口低生育水平。进一步优化人口布局，中心城区坚持“双增双减”，积极引导人口向郊区转移，推动郊区农村人口向新城、新市镇和中心村集中。加强市级综合协调、强化区级综合管理、落实社区具体实施，加强对来沪从业人员的服务和管理，完善居住证制度和房屋租赁管理制度，逐步实现居住证制度全覆盖，健全人口信息管理系统，形成人口属地化管理格局。

加强对老年人的服务。积极应对人口老龄化的挑战，大力发展居家养老，逐步扩大政府购买居家养老社区服务对象范围。健全养老服务设施网络，养老机构床位数达到10万张。鼓励社会力量发展多层次的养老服务。整合社会资源，加强老年护理床位建设。继续完善老年人基本生活保障制度，积极做好对独居老人的结对关爱和紧急援助服务。推动老年文化、体育、教育等事业和产业发展，倡导全社会对老年人的尊敬和精神关爱。

保障妇女儿童和青少年合法权益。加强妇幼卫生保健，提高出生人口素质。贯彻男女平等基本国策，依法保护妇女、青少年和儿童的各项权益。有效治理常住人口出生性别比尤其是来沪人员出生性别比升高问题。

加强对困难人群的服务和保障。办好2007年上海世界特殊奥运会，建成特奥中心。进一步做好残疾人、精神病人的服务和基本生活保障工作。

（三）积极推进平安建设

保障市民食品药品安全。继续加强全过程的食品安全监控网建设，全面推进质量安全准入制度，强化对食品、餐饮卫生等的检测和监管，重点食品抽检平均合格率较“十五”期末进一步提高。加强对药品生产和使用的监管。

加强安全生产管理。强化综合交通安全管理，减少交通事故。进一步加强安全生产应急预防、应急指挥、应急救援三位一体架构，建立健全重大危险源监控体系，以中小企业、危险化学品、建筑、火灾、燃气等为重点，防止重特大事故发生。加强职业危害监管，保障职工健康。

健全治安防控网络。适应社会治安面临新形势的需要，完善上海现代警务机制建设，实施社会治安评估。健全防控网络和应急联动中心运作机制，整体提高治安防控的科技含量，建立健全专业部门与社会力量相结合的社会治安防控体系及预防和减少犯罪工作体系。严格依法打击各类犯罪活动，严密防范、严厉打击各种敌对势力和敌对分子的渗透破坏活动。

维护公共安全和社会稳定。建立健全社会预警机制和应急联动体系，完善各类突发事件的应急预案，提高保障公共安全和突发公共事件的预警和处置能力。建立预防和减少信访问题的长效工作机制，畅通、拓展群众诉求渠道，改进处理人民内部矛盾的方式方法，完善预防和处理各类群体性矛盾的工作机制，积极预防和有效化解各种社会矛盾。加强国防教育和双拥共建工作，加强民兵防空、民兵预备役力量建设。提高国防动员和国民经济保障能力。

第十六章　进一步完善就业社会保障与收入分配体系

从人民群众最关心的实际问题出发，落实政府责任，动员社会力量，继续实施积极的就业政策，努力增加就业岗位；加快完善社会保障体系，进一步提高市民的社会保障水平；逐步理顺收入分配关系，努力缓解部分社会成员收入分配差距扩大的趋势。

（一）千方百计扩大就业

扩大经济增长对就业的拉动作用。要把扩大就业摆在经济社会发展更加突出的位置，继续实施新增就业岗位计划。建立产业结构调整与就业结构调整以及人力资源开发有机结合的促进就业机制，大力支持就业容量大的服务业、民营企业和中小企业发展，对吸纳市民就业量大的均势产业进行必要的扶持。

鼓励以创业带动就业。加强对创业企业的服务和支持力度，优化创业环境。发挥好政府专项资金的引导作用，市、区两级促进就业专项资金主要用于扶持和资助创业，进一步营造鼓励创业的社会氛围。

完善就业援助制度。运用公共财力创造或购买的就业项目和岗位，重点用于安置生活困难和就业困难的“双困”人员就业。巩固政府补贴的公益性就业岗位，提高困难人员的就业稳定率。加大对农村富余劳动力非农就业的扶持力度。加强就业政策与保障政策联动，促进有劳动能力的低保人员积极就业。

健全就业服务体系和促进就业责任体系。完善政府扶助、社会参与的职业技能培训机制，形成城乡一体化的劳动力市场。实施第二轮“三年技能振兴计划”，完成100万人次职业培训，注重加强面向郊区农民、青年失业人员的职业培训，进一步完善政府购买培训成果的机制。进一步规范劳动力市场秩序，依法强化劳动监察和执法力度，逐步推行特殊岗位就业的职业资格准入制

度，保护劳动者合法权益。完善企业裁员机制，鼓励国有企业通过主辅分离、辅业改制等措施安置富余人员。加快推进就业立法。

（二）进一步完善社会保障体系

扩大基本社会保障覆盖面。按照要分类、有梯次、保基本、广覆盖的要求，合理确定保障水平和方式，完善与经济社会发展水平相适应的社会保障体系，到2010年本市市民各类基本社会保障覆盖面达到98%左右。逐步落实解决城镇职工老年遗属、70岁以上无劳动保障关系的城镇老年人员等的医疗保障和生活保障，扩大社会保障覆盖面。到2010年参加城保、镇保、农保等基本社会保险的总人数达到1050万人。

深化社会保险制度改革。稳妥推进城镇职工基本养老保险制度改革，实行“统账分理”，逐步做实个人账户。进一步完善机关事业单位养老保险制度。改革和完善城镇职工基本医疗保险制度，增强统筹调剂能力。重组少年儿童住院基金为未成年人基本医疗保险制度。强化小城镇社会保险的个人缴费机制，适度提高门急诊医疗的保障程度，以离土农民为重点进一步扩大覆盖面。完善农村养老保险制度，逐步实现农村养老保险以区县为主统筹，形成农民养老金合理增长机制。完善郊区农村新型合作医疗制度，建立逐年递增的筹资机制，逐步提高本市农民的医疗保障水平。规范企业参保，逐步提高来沪从业人员综合保险的覆盖面，到2010年，参保人数争取达到350万人。探索建立城保、镇保、农保等不同社会保险制度相互衔接的基础平台。大力发展补充保险，鼓励发展商业保险。增加财政对社会保障的投入，多渠道筹措社会保障基金，完善社会保障监管机制。

发展社会救助、社会福利和社会慈善事业。继续实施“分类施保”，完善医疗、教育、住房等单项救助政策，并加强对困难群众的综合帮扶。完善最低工资、最低生活保障和养老金年度增长的调整机制。加强社会福利事业建设，鼓励和扶持社会力量举办公益性福利设施。进一步做好拥军优抚安置工作。继续发挥慈善基金会、红十字会等组织的示范作用，通过税收等政策引导和鼓励社会各方面积极参与慈善和公益事业。

改善困难家庭和中低收入家庭的居住条件。完善住房保障体系，通过扩大廉租住房、实行公有住房低租金和旧公房改造等措施，逐步解决生活和居住困难家庭的安居问题；通过适当放宽购房贴息条件、建立租售并举新机制等途径，逐步改善中低收入家庭的住房条件。

（三）合理调节收入分配

深化收入分配制度改革。进一步完善按劳分配为主体、多种分配方式并存的分配制度，坚持各种生产要素按贡献参与分配。规范和完善国有企业经营者薪酬管理制度和机关事业单位工资管理制度，加强对垄断性行业分配制度的改革和监管。完善个人收入申报制度和信息体系，加强个人收入税收征管。逐步建立收入分配差距的预警预报机制。

加强收入分配政策调节。逐步提高最低生活保障、最低工资和基本养老金标准，提高低收入者收入水平；推进企业工资集体协商制度，形成企业普通职工正常的工资增长机制；鼓励劳动者通过资本、技术、管理等要素参与分配，通过自主创业、技术创新等方式提高收入，逐步扩大中等收入者比重；积极发挥税收、捐助等制度对社会收入和财富的调节功能。

第三篇 转变政府职能，实现规划目标

全面完成“十一五”规划确定的各项目标和任务，必须加快转变政府职能，进一步发挥政府对规划实施的组织、引导和保障作用；必须动员全社会力量，形成全民参与和实施规划的合力。

第十七章　建设服务政府、责任政府和法治政府

坚持执政为民、科学决策、依法行政，切实做到权为民所用、情为民所系、利为民所谋，推进政府管理方式、管理制度和管理方法创新，提高行政效率，促进政务公开，努力建设忧民所忧、乐民所乐的服务政府，务实高效、廉洁勤政的责任政府，依法行政、公正严明的法治政府。

（一）进一步转变政府职能

依法全面履行政府职能。按照“强化、转化、弱化”的要求，在履行好经济调节和市场监管职能的同时，更加注重强化社会管理和公共服务职能。充分发挥市场配置资源的基础性作用，主要运用经济、法律等手段，通过制订规划、政策指导、发布信息以及规范市场准入，引导和调控经济运行。依法履行市场监管职能，保证市场的公正性和有效性，为市场主体服务，营造良好的市场环境。依法加强对社会组织和社会事务的管理，注重加强社会公共政策的研究设计，完善实施机制，妥善协调各种利益关系，增强维护公共安全和处置突发事件的能力，维护社会公正、社会秩序和社会稳定。加大政府对公共产品与服务、公益性事业的投入，逐步缩小区域之间、不同群体之间获得公共服务水平的差距，进一步提高政府公共服务的效率。

改进行政管理方式。深化行政审批制度改革，改革行政许可方式，充分运用间接管理、动态管理和事后监督管理等手段，对经济和社会事务实施管理。合理区分行业性质，实行分类管理。对市场竞争类行业进一步简化审批、核准程序，加强事后监管；对垄断性行业依法加强管理。

完善市区（县）两级政府管理体制。进一步完善两级政府、三级管理、四级网络的管理体制，合理划分和依法规范各级行政机关的职能、权限。加强市政府综合调控、统筹协调和分类指导职责，加强区县政府在社会管理和公共服务方面的管理职责，积极推进乡镇改革。按照精简、统一、效能的原则，依法规范政府机构设置、职能确定和人员编制核定。建立健全科学合理的行政绩效分类考核机制。

（二）努力提高行政效率

健全科学的决策和执行机制。按照建立科学民主的决策机制、规范有序的执行机制、公正透明的监督机制的要求，继续完善政府工作制度和运作机制。进一步完善重大事项集体决策制度、专家咨询制度、决策责任制度，逐步完善与群众利益密切相关的重大事项社会公示和听证制度。坚持和完善分工负责、合力推进的工作机制。

推进电子政务建设。加强政务信息资源的开发利用，完善统一、安全、可靠的电子政务网络平台和应用支撑体系，推进跨部门、集约化的政务信息系统建设，逐步形成政府业务协同办理和网上服务的工作格局。

加强公务员队伍建设。深入贯彻实施《公务员法》，加强政风建设，建立健全公务员的新陈代谢机制、竞争择优机制、权益保障机制、监督约束机制，完善干部实绩考核体系，加强法制教育，努力建设一支政治坚定、业务精通、清正廉洁、作风优良的公务员队伍。

（三）全面推进依法行政

加强依法行政制度建设。深入贯彻国务院《全面推进依法行政实施纲要》，按照合法行政、合理行政、程序正当、高效便民、诚实守信、权责统一的要求，全面提高政府依法行政水平。加强和改进政府立法工作，建立健全公众参与的立法机制，进一步完善规范性文件的制定和备案制度。深入贯彻《行政许可法》，完善行政许可配套制度建设。以继续推进综合执法体制改革为重点，建立和完善权责明确、行为规范、监督有效、保障有力的执法体制，进一步理顺执法体制，整合执法资源，完善执法程序，规范执法行为，改进执法作风。建立健全行政执法责任制、过错责任追究制度和评议考核机制。

深入推进政府信息公开。按照“以公开为原则、不公开为例外”的总体要求，深化政府信息公开制度建设，拓宽公开范围和渠道，完善新闻发言人制度，建立和落实政府信息公开争议解决机制和监督机制，为社会提供公开、透明、高效的公共服务。

进一步完善行政监督机制。各级政府要自觉接受同级人大及其常委会的监督和政协的民主监督，接受人民法院的司法监督，接受新闻舆论和社会公众监督，切实做到有权必有责、用权受监督、侵权要赔偿、违法须追究。加强政府内部监督，监察、审计部门要依法独立履行监督职责。坚持标本兼治、综合治理、惩防并举、注重预防的方针，建立健全教育、制度、监督并重的惩治和预防腐败体系。

第十八章 加强规划实施与保障

推进国民经济和社会发展规划编制和实施工作的规范化、制度化，提高规划的科学性、民主性，进一步建立健全规划实施机制，更好地发挥规划对经济社会发展的指导作用。

（一）完善规划体系

明确各类规划功能。要不断完善由总体规划、专项规划、区县规划共同组成的全市国民经济和社会发展规划体系。增强总体规划对各级各类规划编制的指导作用；组织编制若干专项规划，作为指导特定领域发展、审批和核准重大项目以及制定相关政策措施等的依据；组织编制区县规划，把总体规划在特定区域予以细化和落实。

完善规划编制的协调衔接机制。高度重视规划衔接工作，促进专项规划、区县规划与总体规划相互衔接以及各级各类相关规划之间的相互衔接，加强国民经济和社会发展规划与土地利用规划、城市规划等相关领域规划的相互协调。

建立规划编制的社会参与和论证制度。编制各级各类规划要充分发扬民主，广泛听取意见。要认真听取本级人大、政协的意见，自觉接受指导。要采取多种方式进一步听取公众意见。规划草案形成后，应当组织专家进行深入论证。

（二）建立健全规划落实机制

强化规划落实。各级政府部门要结合职能，在实际工作中落实好各类规划中的相关任务。要把规划与有关建设计划、各类行动计划以及年度计划紧密结合起来，远近结合，形成合力，使规划确定的目标、任务和各项措施切实得到贯彻落实。

实施规划评估。规划实施一段时期后，围绕规划提出的主要目标、重点任务和政策措施，要组织开展规划实施评估，全面分析检查规划实施效果及各项政策措施落实情况，推动规划有效实施，并为动态调整和修订规划提供依据。

扩大公众参与。做好规划及相关信息的公开工作。面向社会，面向广大市民广泛宣传规划，不断提高公众规划意识，让更多的社会公众通过法定程序和渠道参与规划的实施和监督，在全社会形成共同参与规划实施和依规划办事的良好环境。

（三）建立和完善规划指标体系实施和评价制度

上海市国民经济和社会发展“十一五”规划主要指标共分为综合效益、人民生活、创新动力、服务功能和人口资源环境等五大类、38 项，其中预期性指标 26 项、约束性指标 12 项根据不同指标的属性，要建立相应的规划指标评价与实施机制。本规划确定的约束性指标要纳入各部门、各区县经济社会发展综合评价和绩效考核体系，分解落实。

江苏省国民经济和社会发展
第十一个五年规划

序　言

“十一五”时期（2006～2010年），是江苏贯彻落实科学发展观、全面建设小康社会的关键时期。《江苏省国民经济和社会发展第十一个五年规划纲要》，根据《中共江苏省委关于制定江苏省国民经济和社会发展第十一个五年规划的建议》编制，主要阐明“十一五”期间江苏国民经济和社会发展的目标任务、发展重点和政策取向，是全省各级政府和部门依法履行工作职责，编制和实施各类规划、计划以及制定相关政策的重要依据，是今后五年全省人民共同努力的行动纲领。

第一篇　发展背景和发展阶段

第一章　“十五”发展成就

“十五”期间，全省人民以邓小平理论和“三个代表”重要思想为指导，认真落实科学发展观，围绕富民强省、“两个率先”目标，弘扬“三创”精神，实施五大战略，优化发展环境，推进协调发展，提前实现了“十五”计划的主要发展目标，全面小康社会建设进展顺利，经济社会和人民生活水平跃上新台阶。

经济实力快速提升。2005年，全省地区生产总值达到18272.12亿元，年均增长13.1%，人均地区生产总值达到24515元。财政总收入3124.8亿元，地方一般预算收入1322.68亿元。经济增长效率明显提高，资本产出率由2000年的22%上升到38%。

经济结构得到优化。2005年，三次产业增加值结构为7.6:56.6:35.8，三次产业从业人员结构为35.6:32.4:32.0；城市化水平达到50.5%；高新技术产业产值占规模以上工业总产值的比重达到24.3%；苏南、苏中、苏北共同发展，沿江、沿沪宁线、沿东陇海线、沿海产业布局主体框架初步形成。

体制活力不断增强。各项改革有效推进，民营经济发展、农村税费改革、国有企业改革、事业单位改革、投资体制改革、政府职能转变等取得明显成效，体制机制活力进一步释放，非公有制经济占国民经济的比重逐年上升。积极推进法治江苏、平安江苏、诚信江苏建设，市场环境日趋完善。

开放水平显著提高。“十五”期间外商直接投资保持全国前列，五年累计达到570亿美元，世界500强企业已有236家落户江苏；2005年，进出口总额达到2279.41亿美元，其中出口1229.82亿美元；对外经济合作保持全国领先；开发区建设的规模和质量明显提高。

基础设施日趋完善。新建高速公路1800公里，总里程达到2886公里，新增铁路营业里程808公里，相继建成3座长江大桥，新增万吨级以上泊位79个，总数达到208个；新增电力装机

2300 万千瓦，总装机容量达到 4230 万千瓦；新增 13 条国际空运航线；水利工程建设取得积极成效，防洪排涝和供水能力明显增强；建立起技术较为先进、覆盖面广、基本适应信息化需要的现代信息基础网络。

社会发展日益进步。2005 年，全社会研发经费占地区生产总值的比重达到 1.48%，年均增长 28.8%；义务教育进一步巩固，高中阶段教育普及率达到 89%，高等教育毛入学率达到 33.5%，高校在校生总数全国第一；文化大省建设步伐加快，广播影视、新闻出版、文学艺术和哲学社会科学取得新成绩；公共卫生预防体系逐步完善；成功举办第十届全国运动会，群众体育得到较快发展。

人民生活明显改善。2005 年，城镇居民人均可支配收入和农民人均纯收入分别达到 12319 元、5276 元；五年新增城镇就业岗位 380 万个；城镇职工基本养老、基本医疗和失业保险参保人数分别达到 952 万、1123 万、838 万，新型农村合作医疗覆盖面达到 85.5%，困难群众基本生活保障水平提高；农村"五件实事"得到有效实施，改善了农村住房、饮用水、道路、医疗等条件；积极推进绿色江苏建设，环境污染和生态破坏加剧的趋势得到初步控制，局部地区环境质量有所改善，生态保护体系逐步形成。

"十五"成就的取得，是党中央、国务院正确领导的结果，是全省人民团结奋斗的结果。五年来，全省上下牢固树立发展是硬道理的思想，聚精会神搞建设，一心一意谋发展，主动适应宏观经济环境的变化，抢抓发展机遇，破解发展难题，增创发展优势，实现了经济持续快速健康发展，社会全面进步。经济社会发展中还存在一些矛盾和问题，主要表现在：①经济增长方式转变步伐不够快。经济结构性矛盾没有得到根本解决，服务业发展相对滞后，经济增长主要依靠资本投入和资源、能源消耗的格局尚未根本转变，资源环境压力加大。②科技创新能力不够强。以企业为主体的技术创新体系还未完全建立，创新人才缺乏，创新动力不足，创新机制不活，缺少具有自主知识产权的核心技术和品牌。③城乡之间、区域之间、经济与社会之间发展不够协调。居民收入总体水平不高，农民收入增长的长效机制尚未建立；区域发展不平衡问题仍然存在；社会事业投入不足，结构不合理；社会保障体系尚未健全；就业压力增大，因利益调整引发的社会矛盾增多。④体制机制不够完善。行政管理体制改革没有到位，现代市场体系尚未完全建立，市场主体的活力还不够强。这些矛盾和问题需要在发展和改革中逐步加以解决。

第二章　"十一五"发展阶段

本世纪头二十年，是我国发展的重要战略机遇期，"十一五"时期尤为关键。立足"十五"打下的良好基础，继续推进改革开放和现代化建设，江苏经济社会将迈入工业化、城市化、国际化、市场化互动并进的新阶段。

工业化转型期。我国经济发展进入新一轮快速增长期，工业化加速推进，居民消费结构持续升级，新的消费需求不断涌现，经济增长将呈现消费、投资"双轮"驱动的格局，为江苏的发展提供了广阔的市场空间。江苏总体上已进入工业化中期并向后期迈进，将呈现制造业和服务业共同发展、高新技术产业快速发展、经济增长质量和效益明显提升的新特征，促进产业结构优化升级，低消耗、低排放、集约化、高效益的新型工业化成为江苏经济发展的主流。

城市化加速期。我国正处在城市化加速推进期，人口、产业将进一步向城市集聚，"十一五"期间国家将大力推进长江三角洲等大城市群发展，为城市化增添了新的动力。江苏工业化程度较高，城市化进程较快，农村人口将加速向二三产业转移，城市现代化步伐将明显加快，中心城市的辐射带动功能日益增强，统筹城乡发展的力度进一步加大，城市化将成为推动江苏经济社会和区域发展的主体力量之一。

国际化提升期。经济全球化向纵深推进，国际投资与贸易快速增长，生产要素流动和产业转移步伐加快，为江苏提高利用外资质量、扩大进出口贸易、提升经济国际化水平提供了新的机遇。随着我国加入WTO过渡期的基本结束，我国将在新起点上参与国际合作与竞争。江苏突出产业集群发展，加快建立适应国际竞争的产业体系、面向国际市场的营销体系、与国际接轨的商务服务体系，在更大范围、更广领域、更高层次上发展开放型经济，必将促进江苏经济发展迈向更高水平。

市场化完善期。我国正处于改革的攻坚阶段，各项改革加快推进，重大体制改革将取得突破性进展，促进社会主义市场经济体制逐步完善。政府职能加快转变，现代企业制度和现代产权制度逐步建立，市场在资源配置中的基础性作用进一步增强，市场化程度进一步提高，社会信用体系建设步伐加快，将为江苏加快发展创造更加有利的体制环境。

第二篇　指导思想和发展目标

第三章　指导思想

以邓小平理论和“三个代表”重要思想为指导，以科学发展观统领经济社会发展全局，紧紧围绕富民强省、“两个率先”的目标，按照“立足科学发展，着力自主创新，完善体制机制，促进社会和谐”的要求，坚持率先发展、科学发展、和谐发展，坚持以人为本，实行富民优先、科教优先、环保优先、节约优先方针，在更高的起点上实施五大发展战略，把经济社会发展切实转入全面协调可持续发展的轨道，又快又好地推进“两个率先”。

——坚持把实现又快又好发展作为“十一五”发展的主题。坚持发展是硬道理，坚持抓好发展这个党执政兴国的第一要务，坚持以经济建设为中心，坚持用发展和改革的办法解决前进中的问题。转变发展观念、创新发展模式、提高发展质量，落实“五个统筹”，在优化结构、提高效益、降低消耗的基础上，实现经济社会全面协调可持续发展。

——坚持把调整经济结构和转变增长方式作为“十一五”发展的主线。坚持先进制造业和现代服务业并举，着力提高先进制造业的竞争力、现代服务业的贡献率。调整投资与消费的关系，着力提高消费对经济增长的拉动力。坚持节约资源、保护环境的基本国策，推进集约和节约发展，着力提高资源利用效率。

——坚持把统筹协调发展作为“十一五”发展的基本要求。采取更加有力的政策措施，坚持不懈地解决发展不平衡、不协调、不全面的问题，加快建设社会主义新农村，统筹城乡协调发展；加强分类指导，统筹区域协调发展；加大社会事业投入，统筹经济社会协调发展。

——坚持把增强自主创新能力作为“十一五”发展的战略任务。建立健全自主创新体系，大力推进自主创新，全面提高原始创新能力、集成创新能力和引进消化吸收再创新能力，加快形成具有江苏特点的创新之路。坚持优先发展教育，全面提高劳动者素质。加快建设人才强省，注重人力资源能力建设，构建江苏发展的人才优势。加快建设创新型企业、创新型城市、创新型社会。

——坚持把深化改革和扩大开放作为“十一五”发展的强大动力。加大体制改革和创新力度，破除妨碍生产力发展的观念和体制束缚，推进行政管理体制改革，切实转变政府职能，更大程度发挥市场在资源配置中的基础性作用，完善落实科学发展观的体制保障。推进经济国际化进程，建立更具活力、更加开放的经济体制，在更广领域和更高层次上参与国际合作与竞争。

——坚持把提高人民生活水平和构建和谐社会作为“十一五”发展的根本目的。坚持富民优

先，加快富民步伐，努力扩大就业，千方百计增加城乡居民收入，切实扩大社会保障覆盖面，进一步提高城乡居民的生活水平和生活质量，让人民群众过上更加宽裕的小康生活。更加注重社会公平，认真解决好人民群众最关心、最直接、最现实的利益问题，更加注重民主法制建设，加强社会建设和管理，全力维护社会稳定，促进社会主义经济、政治、文化和社会建设的互动并进。

第四章　总体目标

“十一五”期间，江苏经济和社会发展的主要目标是：经济持续快速协调健康发展，经济总量保持在全国领先行列，全省人均地区生产总值力争2010年比2000年增加2倍左右；人民群众生活水平和生活质量普遍提高，城乡之间、区域之间、社会成员之间收入分配差距扩大趋势逐步缓解，就业相对充分，社会保障体系基本完善，公共服务体系比较健全，基本实现教育现代化；经济结构趋向优化，自主创新能力明显增强，在若干领域掌握一批核心技术，拥有一批自主知识产权，造就一批具有国际竞争力的企业；经济增长方式实现较大转变，资源利用效率显著提高，单位地区生产总值能源消耗力争比“十五”期末降低20%左右，生态省建设取得阶段性重要成果，环境污染得到有效治理，生态和人居环境明显改善；社会主义市场经济体制比较完善，开放型经济水平全面提升；社会主义精神文明和民主法制建设全面加强，社会治安和安全生产居于全国先进水平，构建和谐社会走在全国前列。到2010年左右以省为单位达到全面小康四大类18项指标的目标值，总体上达到全面建设小康社会的水平，苏南等有条件的地方率先向基本实现现代化迈进。到2020年左右全省基本实现现代化，成为经济繁荣、生活富裕、科教发达、环境优美、法制健全、社会文明的省份。

经济增长。2010年，全省地区生产总值达到29000亿元左右（2005年价，下同），年均增长10%以上，人均地区生产总值以2000年为基数增加2倍左右。地方一般预算收入达到2400亿元左右，年均增长12%左右。

结构效益。服务业增加值比重和从业人员比重在2005年基础上均提高5个百分点，三次产业从业人员结构实现“三二一”排序。总增加值率提高到35%左右。城市化水平达到55%左右。苏南、苏中、苏北三大区域共同发展，地区差距扩大的趋势趋于缓解。

改革开放。建立比较完善的社会主义市场经济体制，形成有效的行政管理体制、比较健全的现代市场体系、规范的企业法人治理结构和合理的所有制结构。对外开放进一步深化，进出口总额和外商直接投资保持全国领先。

科技创新。自主创新体系初步建立，全社会研发投入占地区生产总值的比例提高到2%以上，企业研发投入占全社会研发投入的比重提高到75%左右。专利授权量达到3万件以上，专利总量居全国前列。高新技术产业产值占规模以上工业产值的比例达到30%左右。

人口资源环境。人口自然增长率控制在4‰以内，万元地区生产总值能源消耗下降到0.84吨标煤，耕地保有量控制在470万公顷。主要污染物排放总量在2005年基础上减少5%左右，城乡环境质量继续改善，城市建成区绿化覆盖率达到40%左右，森林覆盖率达到20%左右。

公共服务。进一步提高九年义务教育水平，基本普及高中阶段教育，职业教育在校生达到120万人以上，高等教育毛入学率达到40%，人均预期受教育年限达到13年。卫生服务体系健全率达到90%。城镇基本养老保险、失业保险和基本医疗保险覆盖面均达到95%以上，新型农村合作医疗保险参保率提高到90%，低收入人群社会保障水平进一步提高，社会救助体系比较完备。覆盖城乡的公共文化服务体系进一步完善。社会预警应急体系健全，防灾减灾能力增强，安全生产形势进一步好转，人民群众对社会治安满意率保持在90%以上。

人民生活。城镇居民人均可支配收入达到19000元，农民人均纯收入超过7500元，力争达到我省全面建设小康社会所确定的目标值，中等收入人群比例提高到40%左右。居民消费价格总水平涨幅控制在3%以内。恩格尔系数低于40%。城镇登记失业率控制在4.5%以内。五年新增城镇就业400万人左右。基本实现城镇每户家庭居住成套住房，农民居住向社区集中的程度明显提高。

第三篇　发展重点和政策取向

第五章　产业发展

坚持走新型工业化道路，切实转变经济增长方式，推进产业全面优化升级。调强第一产业发展能力，加快传统农业向现代农业转变；调优第二产业结构，提升制造业发展质量；调高第三产业比重，加速发展现代服务业。通过专业化和深加工，不断提高增加值率，形成以高新技术为主导、高效农业为基础、先进制造业为主体、现代服务业为支撑的产业发展新格局。

第一节　积极发展现代高效农业

以增加农民收入为中心，发展高效、外向、生态、安全农业，努力提高农业综合生产能力和综合竞争力。到2010年，农业生产率提高到11000元左右，年均增长6%左右。

突出发展高效外向农业。稳定发展粮食生产，积极推进大型优质商品粮基地建设，发展优质粮食产业，保证口粮省内基本自给。加大农业结构调整力度，突出发展园艺、畜牧和水产等高效产业。扩大农业短平快项目生产，实施高效农业规模化工程，着力培育壮大优质水稻、专用小麦、双低油菜、蔬菜园艺、优质畜禽、特种水产、林业等优势产业，发展瘦肉型猪、特色家禽、波杂山羊、奶业等四大特色产业，加快特色蔬菜、花卉苗木、优质水果等设施农业的发展，扩大优质高效特种水产品养殖规模，不断提高优质特色高效农业的规模化生产。加快发展外向农业，全面实施农产品出口振兴计划，形成沿江、沿海、沿运河等农产品出口示范区域。到2010年，全省高效农业种植面积达到30%以上，优势农产品生产总量占农产品总量的75%以上，农产品出口额年增长率达到15%以上。

加快发展生态安全农业。大力发展无公害、绿色、有机农产品，推广使用生物有机肥料和低毒低残留高效农药，推进农业废弃物、畜禽粪便综合处理利用，控制农业面源污染，加快生态农业县建设。建立健全与农产品质量和现代农业发展要求相适应的农业标准化体系，推进农业标准化示范区建设，加强地理标志产品认证，注重对地方特色农产品的保护。到2010年，无公害农产品、绿色食品、有机食品种植业基地面积以及养殖业生产量比例分别达到80%、70%以上。

提高农业规模化和产业化水平。鼓励和引导工商资本、民间资本、外商资本投资开发农业，鼓励有知识、有资本、有技术、有能力的企业和个人投资开发农业。扶持重点龙头企业做大做强，发展农产品精深加工业和现代流通业，延伸农业产业链，提高附加值。积极发展“订单”农业，切实加强农业龙头企业与农民的利益联结，实现农民增收、龙头企业增效的“双赢”目标。提高农民组织化程度，提高农业规模效益。鼓励农村基层组织、农技人员、种养大户、农民经纪人及龙头企业等，开展产销合作，发展专业合作社、专业协会等农村专业合作经济组织。规范清产核资、股权设置、股东身份界定与股份量化等程序，促进集体资产保值增值，稳步推进村级集体经济股份合作。引导农民实现劳动联合、土地联合和资本联合，按照自愿、有偿的原则，依法流转土地承包经营权，发展多种形式的规模经营。

全面提高农业综合生产能力。加大农田基础设施建设，实施“沃土工程”、河道疏浚、节水

灌溉、灌区改造、圩区治理、丘陵山区水源建设等工程，全面提高农田增产增收和防灾减灾能力。加快农业资源综合开发，以黄河故道、丘陵山区、高沙土地区、里下河地区和沿海滩涂等区域为重点，提高农业资源综合利用效率。加快农业机械化步伐，全面提升农业机械化水平。实施农业信息工程，加强农业“七大体系”建设，全面提高现代农业的调控能力、管理能力和服务能力。

加强农业科技创新。加强农业关键共性技术和高新技术的研究和开发，围绕新品种引进与选育、农副产品加工、农产品质量控制、病虫害防治、资源高效利用、生态环境建设等，整合资源，集中力量，积极组织科技攻关。培育壮大100家星火龙头企业。加强种质资源基因库建设，促进农业种质资源创新。大力发展降低成本与节约资源技术、生态环境保护技术、生物技术、信息技术和设施农业技术，以实施农业三项更新工程为重点，加大新品种新技术示范推广力度，继续推进农技服务体系改革，充分调动科研院所、农业企业、各类合作经济组织参与农技推广的积极性，逐步构建多元化科技推广服务体系，大力推进农业科技进村入户，加快现代农业科技示范区建设。

第二节 着力发展先进制造业

积极发展技术水平和附加值高的先进制造业，加快产业基地建设，培育产业集群，做大做强优势企业，着力形成有较强竞争力的先进制造业基地。到2010年全省制造业增加值预期超过13000亿元。

重点发展优势产业。依托现有产业基础，瞄准未来产业发展方向，重点发展装备制造、电子信息、生物与新医药、基础材料与新材料、现代轻纺等产业，形成集成电路、光电显示、石化、冶金、造船、造纸等产业基地，提高优势产业在制造业中的比重。

——装备制造业。以汽车、船舶、工程机械、数控机床、仪器仪表及其他成套设备和专用设备等为重点，推广应用先进的设计与制造、机电一体化、信息技术，加快产品结构调整和技术升级。重点建设南京、扬州、盐城等汽车生产基地，支持徐州发展重型汽车；加快建设南京、常州机车车辆等轨道交通装备生产基地，苏中沿江地区和沿海地区船舶制造基地，徐州、常州、镇江工程机械生产基地，沿江地区数控机床及仪器仪表生产基地。在沿江地区加快建设汽车零部件产业集群，在宜兴、常州、苏州建设环保产业生产基地。支持其他有条件的地区布局发展装备制造业。到2010年，预计机械产业销售收入达到10000亿元左右。

——电子信息产业。以集成电路、网络与通信设备、光电显示、信息家电、汽车电子产品、新型电子元器件等为重点，巩固提高电子信息产品制造业。重点依托苏州、南京、无锡等国家级和省级信息产业基地，加快形成电子产品制造基地和信息产业集群，鼓励其他有条件的地区发展电子信息产业。到2010年，预计电子信息产业销售收入达到12000亿元，成为重要的电子信息产业基地。

——生物与新医药产业。加快生物技术应用，围绕生物医药、生物农业、生物能源等领域，重点发展新型疫苗、基因工程药物、现代中药等重大疾病防治药物，加速重要农作物和高产优质畜禽良种繁育的产业化，发展生物柴油、生物基燃料酒精等生物质能源，推进重要微生物和酶制剂的产业化生产和应用。加快建设泰州、南京医药产业基地，建立和完善新药筛选、药效评价、安全评价、药物提取和合成等10个开放性新药研发平台。发展壮大徐州、南通、连云港的生物制药、抗肿瘤新药、海洋医药、中枢神经类药等产业。提高发展无锡、苏州等地区的医药产业。到2010年，预计全省生物和医药产业销售收入达到2000亿元左右。

——基础材料与新材料产业。重点发展特种冶金、石化、新型建材等基础产业，注重发展化纤、电子信息等特色材料和工程材料、复合材料、功能性高分子材料、纳米材料、光通信等新材料。积极发展特种钢，加快发展烯烃和芳烃等大宗石化原料产品。在沿江地区建设宁扬石油化工基地、新材料产业基地。

——现代轻纺产业。围绕原料、面料、终端产品三个环节，提高原料、高档面料技术水平，突破印染后整理技术瓶颈，重点发展品牌服装、装饰用纺织品、产业用纺织品，提高产品档次。提高无锡、南通等现代纺织基地发展水平，加快推进纺织产业向苏北转移，建设徐州、连云港、淮安、盐城、宿迁等新的纺织服装基地。推进林纸一体化，在沿海、沿江地区布局建设林纸一体化项目，加快南通、盐城、镇江、连云港等造纸基地建设。注重食品工业发展，提高食品工业的精深加工水平。

提高产业附加值。以集成创新应用为主，加快技术引进，注重消化吸收，逐步掌握关键技术和核心技术。鼓励企业实施技术创新工程，开发具有自主知识产权的技术，培育自主品牌、知名品牌，提高产业核心竞争力。提高集约化专业化生产水平，发展精深加工制造。加快发展高新技术产业，促进科技成果商品化、市场化、产业化，构建高新技术产业优势。推进企业管理创新，形成科学管理新机制。到2010年，全省工业增加值率接近30%。

培育产业集群。以特色产业为主体，促进产业集群发展。强化各级各类开发园区功能定位，促进工业园区整合、优化，增强产业集聚能力，提高产业集中度。积极引进关联度大、产业链长的项目，鼓励企业向产业链上下游延伸，拓展产业集聚空间。注重发展与主导产业配套的服务业和相关产业，提高产业配套能力和发展水平，形成特色优势产业集群。到2010年，全省形成一批特色鲜明的产业集群。

优化企业组织结构。以品牌为龙头、技术为核心、资本为纽带，加快企业并购重组步伐，积极吸引战略投资者，形成一批主业突出、核心竞争力强、带动作用大的大企业、大集团。按照产业供应链要求，扶持中小企业发展，建立大企业、中小企业相互协作的战略联盟。发挥大企业、大集团骨干作用，促进中小企业做专做精，提高专业化分工协作水平。到2010年，前100位工业企业产值占规模以上工业总产值的比重达到40%以上。

限制和淘汰落后生产能力。根据国家产业政策，运用经济、法律和必要的行政手段，限制不符合行业准入条件和产业政策的生产能力、工艺技术、装备和产品。淘汰不符合有关法律法规规定，严重浪费资源、污染环境，不具备安全生产条件的工艺技术、装备和产品。压缩过剩生产能力，推进技术改造。

第三节　加速发展现代服务业

抓住全省制造业快速发展和国际服务业加速转移的机遇，重点发展生产性服务业，积极发展生活消费性服务业，运用信息技术和现代经营理念，全面改造提升传统服务业，树立服务业品牌，打造现代服务业集聚区。到2010年，全省服务业增加值在2004年基础上实现倍增，进一步发挥服务业促进发展、吸纳就业的重要作用。

加快重点领域服务业发展。优先发展与制造业配套、提升制造业水平的现代物流业、软件业、金融业、商务和科技服务业；加快发展产业关联度大、渗透性强的信息服务业、文化产业、旅游业和房地产业；积极发展现代商贸业和居民服务业。

——现代物流业。加强物流资源整合，推进社会物流信息公开，构建相互衔接、配置优化的集疏运支撑体系。加快发展第三方物流，培育发展第四方物流，促进物流企业从提供仓储、运输服务转向提供完整的供应链服务，提高物流企业现代经营能力和管理水平。依托南京、徐州、连云港国家级综合运输枢纽，建设区域性现代物流基地，依托重点港站场建设一批综合性现代物流基地，依托大型企业建设一批专业化现代物流基地。

——软件业。重点发展行业应用软件、嵌入式软件和动漫等优势软件，加快发展Linux操作

系统、信息安全、集成办公、数据库管理系统等具有自主知识产权的基础软件产品，积极发展面向国际市场的软件或模块定制加工、数据和技术服务等，主动承接国际软件服务外包，扩大软件服务业规模。着力推进软件标准化、商品化、国际化进程，鼓励企业通过集成能力成熟度模式（CMMI）认证，开展信息系统工程监理资质认证。重点发展南京、苏州、无锡、常州等地区的国家级软件园，努力将南京打造成为中国软件名城，鼓励有条件的地区发展软件业，建成若干个软件出口基地。

——金融业。鼓励金融创新，完善金融产业结构，提升金融服务水平。积极整合城市商业银行、农村商业（合作）银行、农村信用社、地方证券和保险等地方金融资源，提高资本配置效率，筹建江苏省地方性股份制商业银行和江苏地方保险公司，对具备条件的县级农村信用联社，加快组建成农村商业银行、农村合作银行。吸引外资银行、保险公司到江苏主要中心城市设立分支机构，开展业务。推动南京等有条件的特大城市建设区域性金融中心。加强金融生态环境建设，维护金融稳定，提高金融产业的竞争力和抗风险能力。

——商务和科技服务业。大力发展会展业，积极举办大型国际会展活动。加快发展企业管理、法律、咨询、广告、租赁、代理、职业中介等商务服务业，推进会议、办公等服务外包，积极培育企业化经营、规范化管理、社会化服务的商务服务机构。重点加快南京现代商务服务中心、昆山花桥国际商务城和连云港区域性商务中心建设。大力发展技术开发及转移、科技信息及咨询、知识产权及认证、技术交易等科技服务业，建设公共科技平台，建立风险投资机制，健全社会化的科技服务体系，促进科技成果的转化和产业化。积极发展设计产业，在南京、无锡、苏州等地建设工业设计园和科技园，在全省其他有条件的地方建设研发设计平台；积极推进重点留学生创业园、高校科技产业园建设，成为科技企业孵化培育中心、技术交流和成果转化中心。

——信息服务业。重点发展计算机服务业、电信服务业和网络服务业。以多媒体信息服务为重点，积极拓展移动通信业务，扩大电信服务业发展空间。重视网络数字内容服务业、电子商务及应用服务提供商的发展，推广数字电视、数字广播应用，不断拓展网络增值服务。

——文化产业。优化文化产业布局和结构，重点发展出版报刊发行业、工艺美术业、演艺业，培育发展动漫、游戏、数字电视等数字内容产业，培育和推进创意产业发展。集中力量建设一批文化服务基础工程和文化产业重点工程，加快国家文化产业示范基地建设，重点支持苏州、无锡、常州等国家动画产业基地及江苏文化产业园建设。积极发展培训业、医疗服务业和体育产业，形成多元化投入机制，进一步扩大产业规模。

——旅游业。加强旅游资源整合，着力构建环太湖旅游圈、沿长江旅游带、沿海旅游带、沿东陇海线旅游带、古运河旅游轴“一圈三沿一轴”的空间布局框架。加快旅游产品开发，形成一批观光旅游、休闲度假旅游、城市旅游、红色旅游、生态旅游、世界遗产旅游等系列旅游产品。积极打造旅游品牌，形成水乡品牌、湿地品牌、城市群品牌和文化经典品牌等体现江苏特色的旅游品牌体系。加快发展国际旅游，加强旅游公共设施建设，提高旅游业管理水平。

——房地产业。建立合理的房地产供给结构，形成适应不同消费需求的房地产市场。注重发展中低档商品住宅，努力提高商品住宅品位，发展建筑特色鲜明、服务功能完善的综合社区；积极发展工业、商务及为其他行业服务的房地产业。鼓励房地产企业做大做强，形成在全国有较大影响的房地产企业集团。

——现代商贸业。运用信息技术和现代经营理念改造提升传统商贸业，积极发展连锁经营、仓储式超市，大力拓展新型流通业态，提高餐饮业服务和管理水平。重点推进有形市场和无形市场相结合的现代大市场建设，提高市场建设层次和水平。在南京、苏州、无锡等地加快建设石油化工、电子信息、纺织服装等国际性产品交易中心。在徐州、泰州等有条件的地方建设一批新型产品交易市场集群。积极建设农村骨干商品流通体系。加快改造提升一批业务收入已达百亿元的批发交易市场，到2010年形成百亿元级的大型批发市场20个左右。

——居民服务业。建立政府扶持、市场运作的现代社区服务发展机制，完善社区服务设施，形成广覆盖、多层次、社会化的社区服务体系。加快发展养老托幼、家庭医疗、家庭教育、清洁卫生、保养维护等便民利民的家政服务，培育新的社区服务增长点。发展农村社区服务，实施“千镇万村工程”和“万村为农服务社建设”，推进连锁经营进入农村社区。

实施服务业品牌工程。以品牌为龙头、以质量为核心推进服务业加快发展，在服务业重点行业推进专业化、标准化、规模化服务，促进一批国内著名的服务业品牌的发展，努力培育国际知名服务业品牌，扶持一批江苏地方特点的传统服务业老字号品牌，支持一批优势服务品牌企业做大做强，实行跨地区、跨行业、跨所有制的连锁扩张，发展成为竞争力较强的大型服务业企业集团。

打造现代服务业集聚区。按照“大城市要把发展服务业放在优先位置，有条件的要逐步形成以服务经济为主的产业结构”的要求，以南京、苏锡常、徐州三大都市圈和中心城市为载体，大力发展现代服务业。以构建功能性服务平台为重点，加快建设一批特色鲜明、主业突出、功能完善的现代服务业集聚区。在中心城区布局建设商务、商贸集聚区，在城郊结合部和交通道口布局建设产品交易市场集聚区，在重点开发园区布局建设技术服务和物流集聚区，在主要交通枢纽布局建设综合物流集聚区，在集中居住区布局建设生活服务业集聚区。

第四节　加强基础设施建设

加快综合交通运输体系建设。适应全面建设小康社会和建设先进制造业基地的要求，建设现代化的综合交通运输体系，重点建设方便快捷舒适的客运体系和快速高效低成本的货运体系。突出综合运输通道建设，集中构建沪宁、沿江、沿东陇海、沿海、沿京杭运河、徐宿淮盐和徐宁杭“三纵四横”七大运输通道，加快形成面向国际及省外的广域交通体系和省内区域之间的网络化交通体系。

——铁路建设。建成京沪高速铁路（沪宁段）。加快建设南京至合肥段等铁路，完成京沪铁路（江苏段）和东陇海铁路的电气化改造，规划建设长江铁路大桥。积极做好镇江至南翔段、南通至上海、盐城至连云港、宿州经宿迁至淮安、扬州至淮安等铁路项目的论证工作，争取纳入国家相关规划。“十一五”期间，新建铁路约1000公里。

——城际轨道和城市轨道交通建设。全力推进长三角大流量的城际轨道交通系统建设，重点建设沪宁城际轨道交通，争取尽早开工建设宁杭城际轨道交通，启动宁镇扬城际轨道交通规划。积极缓解特大城市交通拥堵状况，优先发展城市轨道交通，加快完成南京地铁2号线，启动建设苏州地铁1号线、无锡地铁1号线和南京地铁3号线，争取启动建设常州地铁1号线，积极做好其他特大城市轨道交通的前期工作。“十一五”期间，新建城际轨道450公里、城市轻轨100公里左右。

——公路和过江通道建设。重点实施沪苏浙、宁常、镇溧、宁杭二期、南京绕越公路东南段、连云港至临沂江苏段、徐州至济宁江苏段、江都至海安、南京至马鞍山等高速公路建设；实施一批干线公路工程，加快农村公路建设，提高农村公路等级。续建和新建7座长江过江通道，建成苏通大桥、南京过江隧道，实施泰州－镇江－常州、启东至崇明、南京四桥、五峰山、海门至崇明等过江通道项目。“十一五”期间，建成高速公路1200公里，新建、改扩建干线公路3000公里，新建改造农村公路40000公里，初步形成现代化的高速公路网、畅通的干线公路网和四通八达的农村公路网。

——港口建设。加快沿江沿海港口建设，形成集装箱、原油、铁矿石、煤炭四大专业货种港

口的专业化、集约化布局，构筑长江港口海运直达、江海转运和长江中上游中转联运三大物流运输服务平台。重点建设一批沿海沿江港口，形成连云港、南京、苏州、南通、镇江5个亿吨大港，加快连云港港、南京港、太仓港区集装箱港口建设，积极开辟近远洋航线，建成沿海和沿江干线、支线和喂给相协调的集装箱运输系统。到2010年，沿江沿海港口吞吐能力翻一番，吞吐量力争达到8亿吨，集装箱达到1200万标箱，其中连云港、南京港、太仓港区集装箱吞吐量分别达到400、320和300万标箱。建设一批为地方经济发展服务的大中型港口，主要是扬州、泰州、江阴、常州等沿江港口，徐州、无锡、淮安、宿迁等运河港口，滨海、大丰、射阳、洋口港区、吕四港区等沿海港口。“十一五”期间新增万吨级泊位150个。

——航道建设。集中力量建设水系沟通、干支直达、区域成网的海江河联运的水运体系。加快实施长江口深水航道三期工程、长江南京以下-12.5米航道整治、连云港15万吨级深水航道整治、苏南运河“四改三”整治、苏北运河“三改二”整治、连申线航道整治、芜申线航道整治、湖西航道整治等项目，建设内河集装箱运输通道，开展徐连运河前期工作。“十一五”期间，整治内河航道650多公里，船闸10座，形成以京杭运河和苏南干线航道网为主体的高等级航道体系。

——航空建设。重点是增强空港吞吐能力，优化航空运输网络，提高对外开放度和国际竞争力，形成以国际机场为核心、区域性枢纽机场为骨干、支线机场为补充的航空运输网络。加快推进南京禄口国际机场改扩建工程，继续增辟国际国内航线，启动建设苏南（无锡）机场，形成客货运空中枢纽；配套完善连云港白塔埠、盐城南洋等支线机场建设，发展提升徐州观音国际机场，实施大校场机场搬迁，做好南通兴东、常州奔牛机场改扩建论证工作，适时做好苏中地区新机场的规划论证工作。“十一五”期间，新增18条国际和地区客货运航线，到2010年，机场旅客客运量达到1500万人，货邮吞吐量达到55万吨。

——交通枢纽建设。完善南京、徐州和连云港等国家级综合运输枢纽，建设苏州、无锡、镇江、南通、扬州、淮安等区域性交通运输中心。加强城市交通枢纽节点建设，注重区域公路、铁路、港口和城市公共交通的衔接，促进各种运输方式高效衔接、换乘便捷。

——统筹各类交通建设。以七大运输通道建设为主体，稳步推进高速公路建设，重点加快航道、港口、铁路、空港和城际轨道交通建设。统筹使用各类交通建设资金，适当向水运、铁路倾斜，拓宽资金筹集渠道。理顺交通建设、经营和管理体制，培育壮大综合交通投资和经营主体，建立综合交通发展的激励机制。

增强能源保障能力。加快能源建设步伐，合理调整能源布局结构和能源供给结构，充分利用国内、国外两种资源，建立安全可靠的能源供应基地。到2010年，新增电力装机容量2000万千瓦，可供装机6600万千瓦。满足原煤需求1.9亿吨，石油3010万吨，天然气输送能力达到126亿立方米，过江输电能力超过1000万千瓦。

——燃煤电厂建设。加快已批项目的建设步伐，重点建设泰州电厂一期、华能太仓电厂二期、沙洲电厂一期、利港电厂三期、常州电厂一期、扬州第二发电厂二期、国华太仓电厂、镇江高资电厂三期、华能淮阴电厂三期等项目。积极推进盐城陈家港电厂、大唐吕四电厂、徐州阚山电厂、华能金陵燃煤电厂等一批新电源点建设。新上项目原则上布局在苏北和沿海地区。建成宜兴抽水蓄能电站，加快建设无锡马山、常州伍员山、连云港苏文顶等抽水蓄能电站。到2010年，全省煤炭在一次能源中的比重由2005年的68.8%降低到63%左右。

——发展新能源。重点推进如东LNG项目建设；积极发展核电，尽快启动实施田湾二期工程，规划江苏核电新址；利用沿海地区的风力资源，积极推进风力发电，重点在如东、东台、大丰等地建设风力发电场，在其他有条件的地区规划建设新的风力发电场。到2010年，力争建成

100万千瓦装机容量，并为形成规模化风力发电打下基础。充分利用西电东送电力，扩大外省电力输入。积极开发太阳能、地热能，鼓励垃圾、秸秆发电，推广沼气利用。到2010年，全省新能源电力装机比重由2005年的5%提高到15%。

——建立能源资源基地。稳定省内煤炭生产，通过联合开发等途径，加快在省外建立稳定的煤炭供应基地，建立省内大型煤炭集散基地。重视能源资源储备，重点建设金坛国家级原油储备基地、南京省级成品油储备中心，做好连云港、南通、淮安等原油储备基地的前期工作。加快建立海外石油、天然气、煤炭等能源资源供应基地，加快建设如东LNG接收站。

——电网建设。加快建设南京三江口过江通道，在江阴和镇江五峰山继续开发新的输电过江通道，建设苏南沿江主干网架等输变电工程，形成500千伏电网“三横（沿东陇海线、沿江两岸）四纵（板桥、江阴、五峰山、三江口）”网架布局，在有条件的地区规划新的输电过江通道。

加强水利保障能力建设。加强流域防洪、区域治理、城市防洪、区域供调水及水资源保护等工程建设，进一步完善防洪减灾体系、水资源供给体系、水环境保护体系。到2010年，我省沂沭泗水系防洪标准提高到50年一遇，淮河水系、太湖流域、长江干流防洪能力得到巩固提高，区域骨干河道排水能力基本恢复，里下河等重点区域防御洪涝能力有较大改善，大中城市中心城区防洪达到国家规定设防标准，全省绝大部分地区一般洪水不受损失，安全抵御建国以来最大洪水，淮北地区和沿海地区供水能力增加20亿立方米。

——流域防洪。淮河流域，全面完成在建治淮骨干工程，启动实施新一轮的治淮工程，开展淮河入海水道二期工程的前期研究；长江流域，进一步巩固长江堤防，整治干流河道，稳定长江河势；太湖流域，巩固环太湖大堤，启动望虞河、太浦河后续工程和新孟河、新沟河拓浚工程；继续实施重点海堤达标建设，完成侵蚀段海堤防护及穿堤涵闸加固。

——区域治理。重点实施里下河、南四湖湖西和中运河两岸等沿湖沿河平原洼地排涝工程，实施省际、市际边界河道整治，继续推进太湖湖西区、武澄锡虞区、阳澄淀泖区、秦淮河地区、沂南和沂北地区、废黄河地区、苏中沿江地区治理，完成病险水库除险加固。加强城市防洪保安，依托流域、区域骨干工程构建城市防洪屏障。

——供调水工程。完成南水北调东线一期工程，完成泰东河等重点区域水资源调配工程，完善淮北地区、里下河内部及沿海垦区的骨干输水网络，增强向淮北地区、沿海地区供水能力。

第五节　加快信息化步伐

坚持以信息化带动工业化，以工业化促进信息化。以信息技术应用为龙头，加快国民经济和社会信息化步伐，实现社会生产力的跨越式发展。

推进企业信息化。围绕降低交易成本，积极发展电子商务。加大对电子商务基础性和关键性领域研究开发的支持力度，完善数字认证、在线支付、物流配送等支撑和配套服务体系，构建全省电子商务综合平台，方便企业网上交易，提高参与国际市场竞争的能力。以企业为主体，逐步实现信息及网络技术在产品研发、生产、营销和管理等环节的应用。积极推进企业内部单项信息化向企业内部系统集成信息化、企业内外全程供应链信息化跨越。加快应用信息技术改造，提升传统产业，推进生产自动化、产品智能化、经营管理网络化和商务电子化。

推进政府信息化。围绕转变政府职能、提高行政效率，发展电子政务。整合现有专业网络，建设全省标准统一、功能完善、互联互通、安全可靠的电子政务网络平台。加快建成覆盖全省的政务协同办公系统、公共信用信息系统、突发公共事件应急指挥系统，基本形成“一站式”、“一线式”、“一门式”电子政府服务格局。实施信息安全等级保护制度，构建全社会信息安全保障体系。到2010年，政府上网工程普及率、可上网行政审批事项网上办理率均达到100%。

推进社会信息化。发展城市信息化，提高全社会公众信息化运用水平。积极推进政府、企

业、社区、社会公众信息资源的开发和利用，加快建设全省诚信信息系统，推进公共服务领域的信息化应用。加强基础测绘工作，全面完成地理空间信息基础框架建设，建设一批基础性、应用型数据库。以便民利民为目的，构建社区信息化服务体系，让群众真正得到“数字文明”带来的便利和实惠。认真抓好国家信息化试点城市建设工作，提高城市管理效率与水平。

推进信息资源的有效整合。开发和整合信息资源，实现信息资源共享。加快宽带通信网、数字电视网和下一代互联网建设，形成高效、安全、可靠、可信的现代信息基础设施网络。进一步加大通信基础设施整合力度，促进各类管线的集约化建设，拓展网络增值服务。以应用需求为基础，推进三网集成，促进“三网融合”。

第六章 城乡发展

按照统筹城乡发展的要求，实行工业反哺农业、城市支持农村的方针，以工业化致富农民，以城市化带动农村，以产业化提升农业。加快社会主义新农村建设，加快城市化和城市现代化，加快建立城乡统筹发展机制，促进城乡共同繁荣。

第一节 建设社会主义新农村

按照“生产发展、生活宽裕、乡风文明、村容整洁、管理民主”的要求，坚持多予少取放活的方针，加大对农业和农村投入的力度，大力发展农村经济，努力改善农村生产生活条件，促进农村经济持续发展和农民持续增收，扎实推进社会主义新农村建设。

大力提高农民收入。坚持增加收入和“减少农民”并举，促进农村劳动力向非农产业转移，提高农民务工收入；以规模化、产业化为重点，积极发展现代高效农业，着力提高农业生产率，增加农民经营性收入；强化和完善对农业的补贴政策，实施必要的农产品价格保护政策，促进农民直接受益，增加农民现金收入；加大财政转移支付力度，提高农村社会保障水平，提高农民转移性收入。启动实施“千村示范、千村帮扶”工程。完善扶贫开发机制，整合扶贫开发资源，实行整村推进、项目扶贫和劳动力转移培训扶贫、产业化带动扶贫的方式，提高扶贫开发效率。到2010年，有效解决低收入农民脱贫问题。

着力培育新型农民。进一步巩固农村九年义务教育，对农村学生免收学杂费，对贫困家庭学生免费提供教科书和寄宿生活费补助。大力推进农村职业教育和就业技能培训，实施百万农民培训工程，开展创业培训、农业实用科技培训和技能培训，积极培养有文化、讲道德、懂技术、会经营的新型农民。构建农村文化服务体系，活跃农村文化生活。教育农民遵纪守法、提高修养、崇尚科学、移风易俗，大力开展“文明村镇”、“文明农户”创建活动，倡导健康向上的生活方式。

改善农村生产生活条件。加大财政对农村公共服务的投入，提高农村公共设施的供给水平。实施教育培训、道路建设、农民健康、环境整治、文化建设五件实事，实行山水田林路综合治理，大力开展以“六清六建”为重点的农村人居环境建设和环境综合整治试点。以镇村布局规划为指导，因地制宜建设各具特色的中心村。尊重农民意愿，制订鼓励农民宅基地异地置换、农民进安置公寓等方面的政策，有序引导农村居民点相对集中布局。加强道路、清洁饮用水、生活污水和垃圾处理、电信、有线电视、体育等社区生活设施配套。推广农村沼气应用，发展适合农村特点的清洁能源。到2010年，全面实现农村公路等级化，农村自来水普及率达到98%以上，改厕率、河道清淤完成率均达到80%以上。大部分农村地区基本建成公共服务设施完善、人居环境良好的新型农村社区。

教育培训：对农村义务教育阶段学生免收学杂费，对贫困家庭学生提供免费课本和寄宿生活费补助。实施百万农民大培训，开展劳动力转移培训、农村实用技术培训和创业培训，增强劳动就业技能。

道路建设：新建和改造农村道路40000公里，逐步把农村公路延伸到规划的集中居住点。

农民健康：完善新型农村合作医疗制度，加大各级政府对新型农村合作医疗的补助力度。加强农村公共卫生服务供给，推进乡镇卫生院和村卫生室向农村社区卫生服务中心（站）转型，开展医务人员培训，保障农民享有最基础的卫生服务。

环境整治：疏浚农村河道，推广秸秆气化和沼气。

文化建设：加强乡镇综合文化站建设，对经济薄弱地区乡镇综合文化站建设给予扶持，推进农村有线电视村村通，改善基层文化设施条件。

推进农村综合配套改革。加快推进乡镇机构、农村义务教育、农村卫生医疗体制、县乡财政管理体制等配套改革，完善财政转移支付办法，保障农村基层组织正常运转，促进农村经济社会稳步发展。深化农村金融体制、农村流通体制和供销合作社改革。进一步完善农村土地流转、土地征收征用、耕地保护制度，切实保护农民权益。

第二节　建立城乡统筹发展机制

有序推进农村人口向城镇转移。根据农村劳动力就业能力、城市综合承载能力和体制保障情况，分类指导、合理有序地促进农村人口向城镇转移。对临时进城务工人员，实行亦工亦农、城乡双向流动；对在城市有稳定职业和住所的人员，逐步转变为市民；对因建设而被征收征用土地或完全失地的农民，逐步转为城镇人口，提供就业培训和最低生活保障；加强对进城务工人员的职业教育和就业技能培训。

统筹城乡就业。统筹管理城乡劳动力资源和就业工作，健全城乡就业管理服务平台及网络，营造城乡劳动力就业公平竞争、同工同酬、同等待遇的良好环境，实现城乡劳动者平等就业。改善农民进城就业环境，取消农村劳动力进城和跨地区就业的限制，完善农村劳动者进城务工和跨地区就业合法权益保障的政策措施。加快建立覆盖城乡广大劳动者的就业、失业登记制度和城乡统一的劳动力市场，引导劳动力在城乡之间合理有序流动。

统筹城乡市场。按照建立统一、开放、竞争、有序的现代市场体系要求，加快发展和培育城乡一体的商品市场和要素市场，建立城乡统一的市场网络，促进生产要素在城乡之间自由流动。加大农村市场建设力度，鼓励城市工商经济组织向农村延伸和发展，提高农产品的商品化程度和农业的市场化程度。

统筹城乡社会保障。加快建设城乡协调的社会保障体系，基本建立以制度规范为基础，以政府责任为主导，农民个人缴费、集体补助、政府补贴三方筹资，苏南、苏中、苏北分类指导的新型农村养老保险制度。建立健全相对独立的被征地农民的基本生活保障制度和养老、医疗等社会保险制度，将被征地农民纳入统一的城乡就业培训体系，使被征地农民享受城镇同等人员再就业优惠扶持政策，研究制定城镇基本养老保险、农村社会养老保险、被征地农民基本生活保障衔接办法，有条件的地区逐步实行城乡社会保障并轨。

统筹城乡规划。实现规划的城乡全覆盖，强化发展规划覆盖城乡的空间布局功能，明确城乡产业、人居、生态在空间上的合理布局。坚持城市规划和村镇规划并重，注重城市规划和村镇规划在基础设施方面的衔接、协调，明确连接城市和乡村、城乡一体的基础设施体系，促进城乡协调发展。

第三节　推进城市现代化

发挥中心城市的辐射带动作用，注重提高城市特色和品位，着力提升城市规划水平、综合功能和管理水平，推进城市现代化。

提高城市规划水平。按照发展规划、城市总体规划、城市详细规划、城市设计的体系，增强

发展规划的战略指导功能，健全城市总体规划的建设功能，完善城市详细规划的控制功能，形成城市设计的美化功能。树立以人为本的规划理念，引进先进的规划技术，完善规划编制程序，着力体现城市个性特色，注重提高城市效率，提供高效便捷的公共设施，创造舒适宜人的人居环境。

提升城市综合功能。提升城市公共服务功能，加快公用设施、教育、卫生、文化、体育、社会救助和公共安全等方面的建设，建立快捷的城市公共交通系统，促进完备的城市公共服务体系的形成。到2010年，特大城市公交出行比例达到30%。改善人居环境，提高城市环境质量，整治城市河湖水系，建设城市绿地系统，推行基层生态绿地建设。提升城市商务支持功能，发展金融、会展、中介、科技、信息、法律等商务服务业。加快工业企业向开发区集中，促进产业专业化分工协作，壮大城市经济实力。提升城市就业功能，通过增强产业发展能力、扩大服务业发展领域，向社会提供更多的就业岗位。完善就业服务体系和支撑体系，提供多渠道、多类型的就业培训服务。

提高城市管理水平。创新市政公用事业的投资、管理和运营体制，积极推进市政公用事业改革，进一步提高市政公用事业服务水平。深化二级政府三级管理，推动城市管理重心下移，强化社区管理。合理布局公共基础设施，使公共基础设施服务延伸到社区。提高城市信息化管理水平，加快建设并完善城市电子地图。加强公共交通管理，建立现代化的交通组织指挥系统，实行城市各种公共交通方式“一卡通”。加强城市社会治安防控建设，建立城市防灾减灾和公共安全应急体系。把握城市建设和城市经营规律，坚持先规划后建设，先征地后配套，先储备后开发，全面提升城市科学经营水平。

第四节 优化城镇体系布局

以城市群为主体形态推进城市化。抓住长江三角洲城市群快速发展的重要机遇，依托南京、苏锡常和徐州三个都市圈，加快建设沿江城市群，积极推动东陇海城市发展，着力培育区域性中心城市，壮大县城和重点中心镇，逐步形成便捷交通网络相连接，绿色空间廊道相间隔，结构合理、功能互补、发展集约、布局协调、环境优美、生态良好的城镇体系。

建设沿江城市群。按照国家对长江三角洲城市群发展的总体要求，加快南京、苏锡常都市圈建设。充分发挥南京在我国长江中下游地区的重要传导枢纽作用，强化与扬州、镇江等周边城市的联系，增强核心城市的功能。加强苏锡常城市间的资源整合与共享，促进各类要素的无障碍流动，强化与南通、泰州的联系，促进跨江发展。以城际快速轨道交通和长江过江通道为纽带，促进沿江各城市的融合，共同构建沿江城市群。

推动东陇海城市发展。利用沿东陇海铁路地区地处新亚欧大陆桥东段的区位优势，加强徐州、连云港、宿迁之间以及与周边地区的联系，加快建设徐州都市圈。突出徐州的交通枢纽和商贸中心的地位，加快新城区建设，打造区域物流中心，增强服务功能。充分发挥连云港的港口功能，推进城市、港口、产业互动发展，重点加快滨海新城建设，加快建成国际性海滨城市。带动沿线中小城市发展，以若干中小城市为节点，加快培育东陇海城市群。强化城镇之间的联系，带动沿东陇海线产业带建设和发展。注重沿线中小城市发展，增强集聚产业和人口的能力，促进小城市发展成为中等城市。

发展沿海及苏北腹地中心城市。加快盐城、淮安、宿迁等城市建设，提升在区域发展中的地位和作用。盐城要着力强化市区和县（市）城区功能建设，促进产业和人口集聚，重点加快具有建设深水海港条件的县城和镇建设，推动沿海开发。淮安要强化“三淮一体”，加快城市建设，壮大城市实力。宿迁要着力强化城市功能，加强与周边城市的联系，发展特色产业，积极打造生态型、功能型、人居环境优越的湖滨新城。

壮大县城和重点中心镇。发挥县城和重点中心镇连接城乡的纽带作用，积极承接大城市溢出功能，发展特色经济，提高综合服务能力，为产业和人口集聚提供载体和空间。加快公共服务设施建设，增强对广大农村地区的公共服务能力，成为规划科学、规模适度、功能健全、环境整洁的县域经济中心和公共服务中心。

健全城市化发展的体制机制。建立和完善与城市化健康发展相适应的财税、土地管理、行政管理和公共服务等制度。深化户籍管理制度、土地使用保护制度等改革，推动农村剩余劳动力向城镇有序转移。建立健全流动人口管理机制。进一步完善城建投融资体制，拓宽社会投资领域，开辟新的投融资渠道。加快市政公用事业改革，加大公共财政对公益性事业投入力度，放开经营性市政公用设施建设和运营。适应经济社会发展需要，积极稳妥地推进行政区划调整。

第七章　区域发展

促进区域协调发展、努力缩小地区差距是江苏经济社会发展的重要战略任务。按照不同区域社会成员都享有均等化的公共服务的要求，赋予区域发展新的内涵，形成区域之间协调发展的新格局。

第一节　优化产业布局

按照全省产业布局的主框架，充分发挥各区域的比较优势，全面推进沿江、沿沪宁线、沿东陇海线、沿海等区域发展，推动产业布局进一步优化，促进区域协调发展。

发展沿江产业带。发展大运输量、大进大出的装备制造、石化、冶金、物流等基础产业集群，注重发展资本、技术密集型产业，加快形成重要的基础产业基地和先进制造业的集聚区，规划建设好沿江城镇带和生态旅游带，全力打造沿江内湾型区域开发格局。到2010年，沿江开发区域地区生产总值达到14500亿元，占全省的比重达到50%以上。

提升沿沪宁线产业带发展水平。重点发展资源消耗少、环境污染小、附加值高的电子信息产业、生物医药、新材料等高新技术产业集群，加快产业结构升级，提高产业竞争力，大力发展现代服务业，构筑辐射面广、影响力大的现代服务业高地，形成具有国际竞争力的高新技术产业带。到2010年，本区域高新技术产业增加值达到3500亿元左右。

建设沿东陇海线产业带。依托连云港港口优势和徐州区域性商贸中心的优势，以劳动密集型和资源加工型产业为主，重点发展资源加工、机械、化工、医药等产业集群，积极发展外向型农业，建设新兴的加工业生产基地和内外贸基地。连云港港口要建成上海和青岛之间最重要的集装箱干线大港。到2010年，沿东陇海线地区生产总值达到2300亿元以上，占全省的比重上升到8%左右。

加快开发沿海产业带。重点围绕连云港港、灌河口港口群、滨海港、大丰港、洋口港、吕四港等深水港口的开发建设，充分利用国际资源，重点发展新能源、化工、造船、林纸、物流等临港产业，培育临港产业群。积极发展海洋食品、海产品加工、海洋化工、海洋医药等海洋产业，鼓励、支持和引导沿江地区的产业向资源环境具有比较优势的沿海地区转移，壮大沿海基础产业。开展沿海围海造地建港工程的前期研究，创造条件打造大型产业、人口集聚空间，形成新的经济增长极。到2010年，沿海地区生产总值达到4400亿元，占全省的比重为15%左右。

沿大运河长江以北区域和沿灌河区域，是江苏资源较为独特、经济发展相对滞后的区域。“十一五”期间，要发挥沿大运河、沿灌河的资源优势，推进产业合理开发，重点发展生态产业、观光旅游业及符合环保要求的加工产业，切实保护运河资源，加快构建大运河水系和灌河水系现代内河航运系统，着力形成各具特色的产业集群。

第二节 加强区域分类指导

按照“提升苏南发展水平，促进苏中快速崛起，发挥苏北后发优势”的分类指导方针，进一步推进区域共同发展。

加快苏北振兴步伐。坚定不移推进新型工业化，积极承接国内外产业转移，把发达地区资本、技术、人才和管理方面的优势与苏北的资源、成本和政策方面的优势结合起来，着力发展特色经济。利用农业资源优势，进一步做大做强农业产业化龙头企业，加快发展外向型农业，着力延伸农业产业链和提高农产品附加值。发挥重要交通枢纽和港口对产业发展的支撑作用，进一步带动苏北经济发展。进一步推进产业、财政、科技、劳动力等四项转移，加快农村劳动力就地转向二、三产业。继续加大对苏北的支持力度，重点加大对宿迁的扶持，下更大力气帮助宿迁实现突破。改善政府服务，培育市场主体，发展要素市场，高度重视人力资源开发，加快培育经济发展的自主增长机制。

推动苏中快速崛起。抓住沿江与沿海开发的重大机遇，积极接受国际国内制造业的转移，形成江海联动发展新局面，构筑产业发展的新优势。加快长江过江通道建设，优化整合长江两岸港口资源，推进生产要素的相互融通，促进苏南与苏中联动开发。加强与苏南及上海的区域合作，提升在长三角地区中的地位。努力发挥承南启北的纽带作用，带动苏北地区发展。

提升苏南国际竞争力。以提高产业竞争力、科技竞争力、环境竞争力为目标，强化苏南发展的先导和带动作用。率先转变经济增长方式，率先推进体制机制创新，率先实现经济结构优化升级，强化科技创新和自主品牌建设，推进制造业由加工制造型向自主创新型转变，大力发展现代服务业，提升服务业对制造业发展的支撑作用，推动产业向价值链高端延伸，实现产业发展新突破。积极推动苏南劳动密集型、资源加工型产业向外转移，辐射带动苏中、苏北发展，推进长三角一体化进程，提高区域合作水平。

壮大县域经济实力。坚持工业化、城市化和农业产业化并举，壮大县域经济的整体实力。加快发展县域工业，着力培育特色产业集群，以工业集中区为主要依托，形成集群化发展。加快城市化进程，有条件的县城向中等城市发展。赋予县级政府更大更多的经济、行政管理权限，实行省直接对县的财政管理体制。加大对经济薄弱县（市）的扶持力度，促进区域协调发展。

第三节 构建空间开发新格局

注重产业、人口、资源环境三大要素在空间上的合理分布和均衡发展，按照主体功能清晰、发展导向明确、开发秩序规范、各类要素协调的空间秩序，形成合理的空间开发格局。

明确空间功能分区。根据区域发展定位、不同区域资源环境承载能力和发展潜力，在苏南、苏中、苏北的区域划分基础上，将全省进一步划分成优化开发区域、重点开发区域、限制开发区域和禁止开发区域。

——优化开发区域。指国土开发密度已经较高、资源环境承载能力开始减弱且建设用地比重较高的区域。沿沪宁线一带为优化开发区域，本区域要以集约发展、提高发展层次为主，着力提高产业的技术水平，降低资源消耗，提高环境准入标准，大量减少污染物排放，优化基础设施结构，增强参与全球竞争的能力，继续成为带动全省经济社会发展的龙头。

——重点开发区域。指资源环境承载能力较强、集聚经济和人口条件较好的区域。沿江地区是江苏经济社会发展条件较好、环境承载能力较大的区域，属重点开发区域，沿东陇海线、沿海、沿运河等区域的大部分地区也属重点开发区域。本区域要以加快发展、壮大规模为主，加快基础设施建设，合理布局产业，促进产业集群发展，提高资源利用效率，推进城市化，增强集聚和辐射功能。

——限制开发区域。指生态环境脆弱、灾害频发且威胁较大、水资源供给严重不足、环境容量较小的区域和重要生态功能保护区。市、县辖区内的生态环境脆弱区域为限制开发区域。本区域要实行保护优先、适度开发，加强生态环境整治，适度发展特色经济，引导人口有序外迁。

——禁止开发区域。指依法设立的各类重点自然保护区域。主要是各级自然保护区、世界自然文化遗产保护区、风景名胜区、基本农田保护区、矿产资源（开山采石）禁采区、森林公园、地质公园、矿山公园、地质遗迹保护区，以及坡度大于25度的山地、提供区域居民饮用水源和承担南水北调调水工程的重要河湖水面及缓冲区等。这类区域要依据法律法规和相关规划规定实行强制性保护，严禁不符合区域功能定位的开发建设活动。

构建科学的区域调控框架。根据空间开发功能分区，在土地、人口、财税及资源配置等方面适时实施差别化的政策，推动省内资源跨区域的合理流动和有效利用。完善城镇体系布局，有针对性地推进基础设施建设，立足全局、面向长远制定资源跨区域调动方案，逐步形成新的区域调控框架。

第四节　健全区域合作互动机制

促进省内区域合作。加强跨地区的统筹规划，促进交通等基础设施的共建共享。充分发挥市场机制作用，打破行政区划界限，实现生产要素自由流动。完善南北结对挂钩机制，鼓励和支持各地开展多种形式的经济技术协作和人才交流。抓紧研究制定鼓励发达地区产业转移的政策措施。

促进长三角区域合作。充分利用长江三角洲区域合作机制，以上海举办世界博览会为契机，加快推进区域合作。深化沪苏浙在交通、科技开发、信息网络、流域水利治理、生态环境治理、旅游、人力资源、信用体系建设等方面的合作，协调区域内市场竞争规则，形成统一开放、竞争有序的区域共同市场。消除生产要素跨地区流动的障碍，加强产业合作，在更广领域和更高层次上促进区域经济的优化布局和产业的集聚发展。充分利用上海在金融、贸易、技术、人才、信息等方面的优势，加强与上海的合作，密切江苏沿江、沿海地区与上海、浙江的联系，共同构建以上海为龙头的长三角城市群。发挥我省江海联动的优势，呼应我国“中部崛起”战略，加强与长江中上游地区的区域合作，共同开发“黄金水道”，全力建设长江沿江经济带，建成全国最重要的产业集聚区。

促进与西部地区合作与交流。坚持优势互补、共同发展的原则，积极参与西部大开发，加强省际经济技术协作，重点推进资源合作，积极开拓西部市场，拓展江苏发展空间。继续做好对口支援拉萨、三峡库区移民、苏陕挂钩协作和干部援助新疆伊犁等工作。加强与陇海兰新铁路沿线地区和资源富集省份的经济合作，实现互利共赢，共同发展。

第八章　和谐社会

坚持以人为本，兼顾国家、企业、群众三者利益，兼顾发展能力强的和发展能力弱的群体的利益，兼顾改革中得益较多和得益较少群体的利益，兼顾社会中先富与后富群体的利益，兼顾不同行业群体的利益，认真解决好人民群众最关心、最直接、最现实的利益问题，妥善处理社会各方面的利益关系，促进社会和谐进步。

第一节　坚持富民优先

积极鼓励创业。大力弘扬创业精神，营造浓厚的创业氛围，积极推动民众创业、自主创业、艰苦创业，提高经营性、资产性收入在城乡居民收入中的比重。制定和完善政策措施。加大金融财政政策对民众创业的扶持力度。建立创业指导服务体系，实施创业辅导工程，开展创业培训，提高创业成功率。加强对创业者劳动成果和合法权益的保护，提高创业者的社会地位。

努力扩大就业。把扩大就业作为经济社会发展的优先目标，摆在更加突出的位置。继续实行

就业再就业目标责任制，实施积极的就业政策。建立市场主导就业、政府促进就业、个人自谋职业相结合的长效机制。加快发展就业容量大的劳动密集型产业、服务业、中小企业和非公有制企业。继续实施并完善财税、信贷等优惠政策，鼓励企业吸纳更多的劳动力就业。建立困难群体再就业援助制度，通过增加培训经费、政府购买岗位、实行岗位补贴、社会保险补贴等方式帮助困难群众就业。建立失业监测预警机制，严格控制失业率，裁员超过一定比例的实行事前报告制度，企业改制、破产前应制定职工安置方案，并落实职工安置及社会保障资金，防止把富余人员集中推向社会。建立健全制度化、专业化、社会化的就业服务体系，加大对公共就业服务机构的投入。充分发挥社区在促进就业中的作用，加强街道、社区就业再就业平台建设。统筹城乡劳动力就业，促进和规范就业中介组织发展，鼓励开展就业信息、技能培训、劳务租赁、劳务输出和海外劳务等业务。强化对劳动者的就业技能培训，全面推行职业资格证书制度，重点实施新技师培养倍增计划，下岗失业人员技能再就业培训计划，农村劳动力技能培训计划。建立健全劳动合同和集体合同制度，普遍实行工资集体协商制度，健全劳动关系三方协调机制，制定进城务工人员权益保护办法，保护劳动者特别是进城务工人员的合法权益。

扩大中等收入人群比重。积极提高居民收入，重点提高居民经营性收入和资产性收入，建立资本、技术和管理等生产要素按贡献参与分配的机制，引入合伙人制度，促进多元化、灵活的投资机制形成。稳步提高工资收入在国民收入中的比重，加快建立职工收入随企业效益增长而增长、公务员收入随经济增长而增长、离退休人员离退休费（养老金）随在职职工收入增长而增长的长效机制。积极调整收入分配，不断提高中低收入人群的收入水平，逐年提高最低工资和城镇最低生活保障标准，提高困难人群的生活补贴。加强收入监管和税收征管力度，强化收入调节的功能。努力形成“两头小、中间大”的收入分配格局。到2010年，中等收入群体比重达到40%左右。

提高生活质量。加强城乡居民社区建设，进一步完善社区服务功能，使居民享有环境优美、治安良好、管理有序、生活便利的社区服务，提高服务水平。强化食品、药品安全监管，实施食品、药品放心工程，保障人民群众饮食和用药安全。丰富群众的文化娱乐生活，普及文化设施，提高娱乐消费水平。加快城市内部和城乡之间公共交通建设，形成便捷、舒适、高效的公共交通服务体系，提高出行效率。推行带薪休假。努力使全省城乡居民喝上干净水、吃上放心食品、呼吸上新鲜空气、走上快速便捷路。

第二节 健全社会保障体系

把扩大社会保障覆盖面和提高社会保障水平及能力作为重要目标，加大公共财政对社会保障的投入，加快建立统筹城乡、覆盖广大劳动者的多层次的社会保障体系。

扩大社会保障覆盖面。加快完善城镇社会保障体系，把养老、医疗、失业、工伤、生育保险覆盖到城镇各类企业职工、个体工商户和灵活就业人员等广大劳动者，重点将非公所有制企业职工、城镇个体工商户和灵活就业人员纳入城镇养老、医疗、失业、工伤和生育保险范围。加强对特殊群体和困难群体的社会保障，落实国家和省有关社会保险补贴政策，帮助就业困难群体参保缴费；认真解决进城务工人员的社会保障问题。在农村逐步建立和完善由养老保险、新型农村合作医疗和最低生活保障组成的农村社会保障体系，建立老年农民救助制度，使广大农民老有所养。完善城乡居民最低生活保障制度。鼓励城乡居民参加各种类型的商业保险。

完善社会保障制度。改革养老金计发办法，提高基本养老保险社会统筹层次。积极推广实施和建立企业年金制度，建立多层次保障体系。推进机关事业单位养老保险制度改革试点工作。逐步建立完善适合不同人群和满足多层次医疗需求的医疗保障体系，协同推进生育保险。合理拓展失业保险基金使用范围。完善工伤保险政策和标准体系，建立工伤储备金制度。继续完善农村计划生育家庭奖励制度。调整财政支出结构，提高财政的社会保障支出比重。多渠道筹措社会保障基金，逐步做实养老保险个人账户。加强对社会保险基金的监管，确保基金的保值增值。完善住房公积金制度，扩大覆盖面。

提高社会保障水平及公共服务能力。不断提高社会保障总体水平，使广大参保对象共享经济社会发展成果。建立基本养老金正常调整机制。健全省级基金预算管理和省级调剂金制度，完善困难市县基本养老保险基金补助办法。强化社会保障的公共服务及信息网络建设，将服务的网络延伸到街道、社区及乡镇，将社会保障卡发放到广大参保对象；实施“金保”工程，提高社会保障信息化水平和社会化管理服务水平。

切实关心困难群众。关心被征地农民、下岗失业职工、城市住房拆迁居民等困难群众，完善困难群众的基本生活保障制度，保证有饭吃、有衣穿、有房住。发展经济适用住房和廉租房，解决好低收入人群的住房问题。逐步解决困难家庭看病难问题，确保每个困难家庭的子女免费接受义务教育，扶持困难家庭子女接受职业教育，确保江苏每个考上大学的学生不因贫失学。

完善社会救助体系。积极发展“红十字”、慈善事业和公益性基金会组织等事业，建立社会慈善、社会捐赠、群众互助等多种形式的社会救助机制。发挥慈善机构的作用，多元化、多渠道、多形式筹募慈善资金，开展各类慈善活动。加强对流浪乞讨人员的救助管理。积极开展法律援助和心理疏导咨询。

第三节　建设文化大省

按照建设文化大省的要求，加快公共文化服务和文化市场体系的建设，繁荣文化事业，发展文化产业，努力多出人才多出精品，不断满足人民群众日益增长的精神文化需求。

加快文化事业建设。增加公益性文化事业投入，建设一批功能实用、标准较高的文化产业设施，重点建设江苏大剧院、江苏广电城、江苏美术馆新馆、南京博物院二期等工程，加强乡镇文化站建设，改善基层文化设施条件。完善广播电视传输网络，加大对历史文化遗产的保护，弘扬具有江苏特色的优秀文化。积极推进重大社会科学学科的建设，促进哲学、社会科学繁荣。加强档案资源建设，保护档案文献遗产，推进档案数字化，提高档案馆服务功能。做好地方志编纂工作。积极打造江苏文化品牌，精心组织精神文化产品生产，推出一批思想性、艺术性、观赏性俱佳的精品力作，满足人民群众的文化消费需求。

推进文化产业发展。完善和落实文化产业政策，大力提高文化产业规模化、集约化和专业化水平，建设一批实力雄厚、具有较强竞争力和影响力的文化企业和企业集团。壮大文化市场主体，加快发展文化产业，扶持开发一批发展潜力大、市场前景好的文化产业新品。高度重视文化人才队伍建设，培养一批政治强、业务精、作风正的领头人、专业人才和复合型人才，推动我省文化产业发展。

深化文化体制改革。围绕做大做强文化集团、增强中小文化单位活力、促进文化事业和产业发展的目标，按照政事分开、管办分离的原则，加快推进文化事业单位改革；按照现代企业制度的要求，加快推进国有文化企业的分类改革。积极调整文化资源配置，盘活存量，优化增量，逐步构建公共文化服务体系。引导社会资金以多种形式投入文化事业，形成以公有制为主体、多种所有制共同发展的文化产业格局。加快培育现代文化市场体系，加强文化产品和要素市场建设，形成统一、开放、竞争、有序的现代文化市场体系。建立健全市场中介机构和行业组织，提高文化产品和服务的市场化程度。

发展体育事业。全面实施全民健身计划，增强人民体质。高度关注青少年身体健康，着力提高青少年身体素质。重视发展农村体育事业，以社区为重点加强公共体育设施建设。提高竞技体育水平，积极承接和举办好重大体育赛事。探索体育运动项目面向社会、面向市场良性循环的运

行机制，加快体育场馆多元化经营。

第四节 发展卫生事业

把人人享有基本医疗保障服务作为“十一五”期间的重要任务，加快公共卫生体系建设，切实推进卫生体制改革，建立健全城乡医疗卫生服务体系，完善新型农村合作医疗制度，逐步解决群众看病难看病贵问题，提高城乡居民医疗保健水平和健康水平。

加强公共卫生建设。高度关注人民健康，加大政府对公共卫生的投入力度，完善公共卫生体系。加快建设疾病预防控制体系，提高结核病、血吸虫病、艾滋病、乙肝等重大传染病的防控能力，继续降低重大传染病的危害。加强和完善卫生监督体系。建立健全突发公共卫生事件应急机制，提高应对能力。改善疾病预防控制机构条件，加强专业队伍建设。加强妇幼卫生保健工作，重点建设农村地区妇幼卫生服务机构，提高综合服务能力。

优化卫生资源配置。整合城市公共医疗资源，鼓励城市卫生资源向农村辐射，扩大农村和基层公共卫生资源的比重。积极发展社区卫生服务，强化社区医疗卫生服务机构在提供基本医疗和公共卫生服务中的基础地位，将社区医疗卫生服务机构纳入城镇职工基本医疗保险定点范围。构建区域医疗卫生中心和社区卫生服务机构合理分工、相互合作、双向转诊的两级新型城市卫生服务体系。切实加强乡村卫生服务体系建设，形成以县乡两级、乡村一体、防治结合、分工合理的农村卫生服务网络，提高乡镇卫生院医疗装备水平和医务人员的技术水平，改善农村的医疗卫生状况。推进农村药品监督和供应网络建设，确保农民用药安全、有效、方便、经济。

推进医疗卫生体制改革。坚持政事分开、管办分离、医药分开、营利性和非营利性分开的原则，加快公立医疗机构改革改组，整合医疗卫生资源。鼓励社会资金、外资进入医疗市场，建立投资主体多元化、投资方式多样化的办医体制和投入机制。改变“以药补医”状况，合理确定医疗服务价格。进一步加强卫生行业监管，纠正医疗卫生行业不正之风。推进医疗保障制度改革，完善城镇职工基本医疗保险制度，积极稳妥地扩大新型农村合作医疗覆盖面，提高财政对贫困地区农民的新型合作医疗补助标准，探索农村医疗保险新途径。力争到2010年新型合作医疗基本覆盖全体农村居民。

第五节 强化社会公共管理

建设公共突发事件应急管理体系。加强公共安全基础设施和专业应急队伍建设，建立应急联动机制，提高应急处置能力。实施分级管理，明确各级政府的责任，进一步完善突发公共事件专项应急预案、部门应急预案和地方应急预案。强化公共场所应急体系建设。加强宣传和培训教育工作，提高公众自救、互救和应对各类突发公共事件的综合能力。

切实加强安全生产。健全安全生产监管体系，认真落实安全生产责任制和责任追究制。严格行政执法，对不具备安全生产条件的企业限期整改，直至关闭，强化企业安全生产主体的责任。重点抓好危险化学品、矿山、烟花爆竹等高危行业的安全生产，有效遏制重特大事故发生。“十一五”期间，全省事故起数和死亡人数力争每年下降2.5%。

增强防灾减灾能力。加强防洪减灾薄弱环节建设，增强防治洪涝灾害的能力。加强气象、地震、地质和风暴潮等灾害监测预报工作，建立重大灾害监测预警和应急服务体系，加快防灾减灾系统现代化建设步伐，重点加强人口和产业密集地区防灾减灾设施建设，提高防灾减灾和灾害治理能力。健全自然灾害管理体制，完善社会动员机制，落实防灾减灾措施，减少灾害损失。

第六节 加强精神文明和民主法制建设

加强理想信念教育和思想政治工作，大力弘扬以“创业创新创优”为核心的新时期江苏精神，进一步完善社会主义民主，加快平安江苏建设，着力构建诚信江苏，促进社会主义物质文明、政治文明和精神文明协调发展。

推进精神文明建设。深入学习邓小平理论、“三个代表”重要思想，全面落实科学发展观，坚持开展爱国主义、集体主义、社会主义思想道德教育，在全社会形成艰苦创业、开拓创新、争先创优的社会主义新风尚。大力倡导社会公德、家庭美德和职业道德，特别要加强青少年的思想政治、道德品质、心理健康和法制教育。弘扬科学精神、普及科学知识、传播科学思想和方法，抵制封建迷信。深入开展以城市、社区、行业、“窗口”单位和村镇为重点的文明创建活动，提高公民的思想道德素质。

加强社会主义民主。以民主选举、民主决策、民主管理、民主监督和村务公开、财务公开为重点，进一步扩大基层民主，保障人民群众对社会事务的知情权、参与权、监督权和选择权，加强城乡基层政权和群众性自治组织建设，建立健全村（居）民民主议事的决策制度和议事规则，坚持和完善职工代表大会和其他形式的企事业单位民主管理制度，推进政务、厂务和村务公开。对经济薄弱的乡村给予适当行政经费补助。健全人大、政协、媒体和社会对政府工作的监督机制。“十一五”末，城镇社区居委会依法自治率达到90%，农村村委会依法自治率达到95%。

建设法治江苏。全面实施“五五”普法规划，完善普法教育的考评体系，深入开展法制宣传教育，形成自觉遵守宪法、维护法律权威、严格依法办事的社会环境和舆论氛围。加强地方立法，形成较完备的与国家法律、行政法规相配套、具有江苏特点的地方性法规和规章。推进政府依法行政，完善公共权力有效制约机制。强化行政执法责任制，建立健全科学合理的行政执法体制。加强司法队伍建设，提高司法人员素质。促进司法公正，防止和惩治司法腐败。妥善处理好人民内部矛盾。维护劳动者合法权益，使人民群众的劳动、教育、收入、健康、休息、社会保障的权益受到法律的严格保护。提高全民国防意识，坚持在经济建设中贯彻国防要求，加强民兵、预备役部队建设和国防动员工作。支持军队建设，做好双拥、优抚和安置工作。

加强廉政建设。坚持标本兼治、综合治理、惩防并举、注重预防的方针，加大从源头上预防和治理腐败的力度，推进反腐倡廉体制、机制和制度创新，建立健全教育、制度、监督并重的惩治和预防腐败体系。加强对权力运行的监督和制约，推行和完善领导干部经济责任审计制度。制止和纠正损害群众利益的不正之风。

建设平安江苏。依法严厉打击严重刑事犯罪活动，大力整治影响社会稳定的突出问题，建立健全现代社会治安防控体系，正确处理人民内部矛盾，完善劳动争议调解和社会矛盾纠纷“大调解”机制，建立社会舆论汇集和分析机制，畅通社情民意反映渠道，规范依法信访秩序，注重解决人民群众合理诉求，积极化解社会不安定因素，依法妥善处理各类群体性事件。加强流动人口服务和管理，落实社区专业防范力量，推进社区矫正工作，全面落实社会治安综合治理责任制。加强国家安全工作，严密防范和打击各种敌对势力的渗透破坏活动。加强反恐怖斗争，严密防范和严厉打击各种暴力恐怖活动。

建设诚信江苏。加快建立信用监督和信用服务两大体系。发挥政府的示范带头作用，建立信用信息归集开放、信用产品开发使用和失信行为惩戒三个机制。加强信用法规建设、信用市场培育和信用行业监督，建设企业、个人联合征信系统。加强诚信宣传教育，营造社会诚实守信氛围，促进全社会诚信意识、企业信用水平和政府公信力的显著提高。到2010年左右，基本形成诚实守信的经济社会环境。

第九章　人口资源环境

全面做好人口工作，落实计划生育、节约资源和保护环境基本国策，建设资源节约型、环境友好型社会。积极推进资源节约、生态保护和环境治理，大力发展循环经济，努力形成节约型的

生产模式、消费模式和城市建设模式，实现经济社会的可持续发展。

第一节 加强人口工作

坚持计划生育基本国策。稳定人口低生育水平，重点控制农村地区的人口出生率。加强计划生育管理服务能力建设，加强县乡两级计划生育服务站建设，提高计划生育服务网络化和信息化水平。完善以现居住地管理为主的流动人口计划生育管理和服务体系。到2010年，人口自然增长率控制在4‰以内，全省总人口为7600万左右。

改善出生人口素质和结构。逐步实行免费婚前检查，建立出生缺陷干预体系，努力降低出生缺陷发生率。完善农村计划生育服务体系，实现优生优育。实施出生人口性别综合治理，严厉打击非医学需要的胎儿性别鉴定和选择性别终止妊娠的行为，有效遏制出生人口性别比升高势头。

积极应对人口老龄化。把握人口老龄化趋势，关心老年人口，积极发展老龄产业，增强社会的老龄服务功能，提高老年人生活质量。实施爱心护理工程，加强社区养老服务、医疗救助等面向老年人的公共服务设施建设。弘扬敬老风尚，营造老有所养、老有所乐的社会氛围。

保障妇女儿童权益。贯彻男女平等基本国策，保障妇女平等获得就学、就业、社会保障和参与社会事务管理的权利，加强妇女卫生保健、劳动保护等方面的工作。坚持儿童优先原则，依法保护儿童生存权、发展权、受保护权和参与权，改善少年儿童成长环境，促进儿童身心健康发展。

保障残疾人权益。将残疾工作纳入公共服务，推进无障碍设施建设，加强残疾人康复服务、贫困残疾人脱贫、残疾儿童及少年义务教育、残疾人就业服务和社会保障等工作，创造残疾人平等参与社会生活的条件。

第二节 建设资源节约型社会

坚持开源节流并重、节约优先的原则，以节地、节能、节水、节材为重点，制定差别化政策，大力推进全社会资源节约，提高资源利用效率，构建节约型社会。

节约用地。实行最严格的耕地保护制度，全面落实保护耕地的各项措施。建立土地节约集约利用机制，提高土地投资强度和产出效益，实行行业用地定额标准和投资强度控制标准，推进工业向园区集中、人口向城镇集中、居住向社区集中。禁止城镇和各类开发区无序扩张，建设紧凑型城镇。大力开展土地整理复垦，合理开发宜农土地后备资源，搞好煤炭塌陷地治理。

节约能源。限制高能耗产业发展，强制淘汰耗能高的技术、工艺和设备，抓好重点耗能行业和年能耗5000吨标准煤以上企业的节能降耗工作。切实贯彻能源效率标准，对家电产品和照明产品实施强制性能效标识管理，鼓励推广使用高效节能产品。新建的建筑物必须严格执行建筑节能标准，推进现有建筑节能改造，推广太阳能、地热能和生物质能的使用。鼓励使用节能型交通工具和太阳能产品。在工业园区推广热电联产和余热利用。积极发展太阳能电池、太阳能热水器、太阳能暖房等产品，加强节能技术改造，扶持一批节能技术项目。

节约原材料。鼓励使用新材料、再生材料，加强金属材料、木材、水泥等材料的节约代用，减少一次性用品使用。加强重点行业原材料消耗管理，推行产品生态设计，推广节约材料的技术工艺。研究实施节约包装材料的政策措施，坚决遏制产品的过度包装。积极采用新型建筑材料，推广应用高性能、低材耗、可再生循环利用的建筑材料。

资源综合利用。以粉煤灰、煤矸石、尾矿和冶金、化工废渣的综合利用为重点，推进工业废弃物综合利用。积极开展废钢铁、废有色金属、建筑垃圾、包装废弃物、电子废弃物等废旧物资的回收和循环使用，加快发展废物回收利用产业。推进城市生活垃圾资源化、减量化和无害化处理，逐步实现城市生活垃圾分类回收。逐步落实废旧家电生产者延伸责任制度。推广秸秆综合利用技术，建设一批秸秆综合利用示范点。鼓励畜禽粪便的综合利用和农膜回收利用，推广新技术，降低化肥、农药施用量。

第三节　建设环境友好型社会

坚持环保优先，推进生态省建设。实行最严格的环境保护制度，加大环境保护和生态建设投入，有效控制环境污染和生态破坏。“十一五”期间，全社会环保投资占地区生产总值的比重提高到3%左右。

重点流域水环境整治。把太湖、淮河、长江等流域作为水环境治理的重点，继续实施主要污染物排放总量控制，深入开展流域水环境综合整治，促进水质改善。在重点企业开展“有毒物排放清单”试点工程，推进清洁生产。严格保护饮用水源，加大水源地水质保护工程的建设，在集中式饮用水源地开展有机毒物监测，建立饮用水源安全预警系统，保障饮用水安全。加快重点区域尾水排放通道和生物生态治理工程建设，减少向太湖、长江等水体和南水北调输水线的尾水排放，保护流域水质。加快南水北调东线、泰州引江河、通榆河、望虞河、淮沭新河等清水通道建设。到2010年，全省重点流域COD、氨氮排放总量在2005年基础上削减5%左右，城市集中式饮用水水源地水质达标率达到95%，水功能区水质达标率达到65%。

区域大气环境治理。以控制酸雨和粉尘污染为重点，切实改善区域大气环境质量，削减二氧化硫和颗粒物排放总量，着力减少重点城市酸雨发生频率。重点加大电力行业二氧化硫污染控制力度，新上项目必须同时配套脱硫设施，已建项目要尽快补建脱硫设施。加快城市燃煤锅炉气化改造，逐步淘汰城市燃煤小锅炉，加强城市气化工程、集中供热、热电联产等基础设施工程建设。提高机动车尾气排放控制标准。到2010年，全省主要城市空气环境质量达到二级标准的天数增加10%左右。

城乡环境污染治理。以创建国家环保模范城市、生态示范区、环境优美乡镇为载体，推进城乡环境综合整治。推进城镇生活污水处理、垃圾处理和危险废物安全处置工程建设，加快城镇生活污水管网建设，提高污水处理率，提高垃圾无害化处理和资源化利用水平。鼓励低能耗、低排放车辆使用。加强农业面源污染和畜禽养殖污染防治，开展土壤污染调查和治理的试点工作，制定化肥、农药使用的技术标准；开展农村环境综合整治，改善农村生态环境。加强核安全监管及放射性、电磁辐射污染的防治工作。到2010年，城市污水处理率超过85%，城市生活垃圾无害化处理率达80%。

建设绿色江苏。加快沿江、沿海、沿湖、沿河、沿路等生态林网、经济林网建设，按照“一区两带三网多点”的布局要求，构建区域生态安全屏障。加强城市绿化建设，在工业园区周围建设生态隔离带。加大自然保护区和重要生态功能保护区建设力度，强化湿地保护，逐步扭转全省湿地面积有所减少、生态功能逐步退化的趋势。注重生态建设与生态产业发展相结合，推进生态工业、生态农业、生态养殖、生态林业、生态旅游等生态示范园区和基地工程建设。按照谁开发谁保护、谁受益谁补偿的原则，加快建立生态补偿机制。

完善环境管理体制。建立以政府主导、市场推进的环境保护基础设施建设、运营的投融资机制，推行排污权交易制度。严格实行环境影响评价制度，依法实施规划的环境影响评价，坚持环境信息公开，加大环境执法力度。建立不同区域不同产业环保准入制度，引导石化、冶金、造纸等行业的合理布局。加大政府对生态环境保护的投入，切实加强环境保护能力建设，建立健全生态环境预警应急体系和环保监测、监察体系。

第四节　发展循环经济

以新型工业化为导向，重点从企业、园区、社会三个层次，大力推行“减量化、再利用、资源化”的循环发展模式，推进全国首批循环经济试点省份工作，建立政府推动、公众参与、市场主体作用充分发挥的循环经济发展机制。

推进企业内部小循环。依法加大企业清洁生产实施力度，支持企业通过改进设计、实施清洁生产改造方案，按照绿色产品的要求加快升级换代，实现产品生命周期全过程的资源利用和生态影响最小化，加快形成“低消耗、低排放、高效率”的生产模式。在化工、冶金、建材、造纸等行业建设一批“零排放”试点示范工程。对纳入强制清洁生产审核范围的企业加强管理，积极引导企业开展ISO14000环境管理体系、环境标志产品和其他绿色认证，增强产品的环境竞争力。

推进产业园区中循环。以企业之间、产业之间的循环链建设为主要途径，引导不同产业通过产业链的延伸和耦合，实现资源在不同企业之间和不同产业之间的充分利用，建立起以二次资源的再利用和再循环为重要组成部分的循环经济机制。加快产业园区的生态化转向，积极推进零排放工业示范区建设。到2010年，工业用水重复利用率提高到70%，工业固体废弃物综合利用率达到92%。

推进社会大循环。按照建设生态社区和生态城镇的要求，规划建设节能型城镇，减少资源消耗。推行绿色生产、绿色消费，建立起全社会共同参与的循环经济社会体制。加大环境综合治理力度，积极创建全国生态示范区。培育再生资源回收产业，建立社会化的废旧物资回收网络。

加强政策引导。综合运用财税、投资、信贷、价格等手段，引导企业和居民的行为，建立自觉节约资源和保护环境的机制。在立法方面，明确企业的生产、包装、回收的义务和责任。在投资引导方面，对符合循环经济要求、促进循环经济发展的项目给予扶持。在能源资源消耗环节，制定并完善阶梯式水价、峰谷电价和差别电价等。在资源综合利用和再生资源回收利用方面，推进各种废旧资源回收和循环利用，建立再生资源回收、加工、利用体系。在社会消费环节，鼓励使用绿色产品、能效标识产品、节能节水认证产品和环境标志产品等。

第五节 加强资源管理

按照“有限开发、有序开发、有偿开发”的原则，加强对土地、水、矿产、岸线和海洋资源的管理。

土地资源管理。严格保护耕地，特别是基本农田，全面落实保护耕地各项措施。结合空间功能区划，完成省、市、县、乡四级土地利用总体规划修编，严格规划的编制、审批、实施管理。盘活利用存量建设用地，按照城镇建设用地增加与农村建设用地减少相挂钩的要求，合理规划和整治村镇建设用地。对土地利用年度计划实施情况进行动态监测和定期评估。五年累计新增建设用地占用耕地量控制在8万公顷以内。

水资源管理。加强水资源统一管理，合理调配水资源，提高水资源和水环境承载能力。建立湖泊资源保护体系。完善取水许可和水资源有偿使用制度，推进用水总量控制和定额管理，逐步理顺水价结构，建立多层次供水价格体系和合理的比价关系，制订实施水资源、城市供水和水利工程供水、再生水分类价格等政策，建立有利于节水的水价计征方式。加强深层地下水禁采、控采管理。

矿产资源管理。加强对矿产资源勘查开发的统一规划和管理，严格按照法律法规和规划进行开发。加强重要矿产资源的地质勘查，增加资源地质储量，健全资源有偿使用制度，提高合理开采和综合利用水平。加大能源和重要矿产资源勘查力度，整顿和规范矿产资源开发秩序，按照矿山的开采规模必须与矿区的矿产资源储量规模相适应的要求，严格执行矿产资源规划确定的最低开采规模要求和准入条件，鼓励和引导矿山企业实现规模开采，禁止粗放式开采，严格限制开山采石。加强矿产资源的资产化管理，建立矿产资源的有偿使用制度和合理补偿机制。加强对矿山生态环境的保护和恢复治理，建设生态矿业。

长江岸线资源管理。按照深水深用、浅水浅用的原则，根据岸线功能属性，合理开发利用和治理保护岸线资源，提高岸线利用效率。严格按照有关法律法规，规范岸线资源的审批，禁止乱占滥用。编制《江苏省长江岸线利用总体布局规划》，加强对长江岸线资源的开发与保护。

海洋资源管理。按照全省海洋功能区划，科学合理地开发海岸线。加大对海洋环境和生态的保护，积极整治陆源污染，修复海洋重点功能区生态功能，促进海域环境质量改善。控制近海捕捞强度，积极保护海洋生物资源，重点保护好吕四渔场、海州湾渔场。

第十章　科教人才

坚持科学技术是第一生产力，树立人力资源是重要资源、人才资源是第一资源的思想，强化科技进步和自主创新，大力推进科教兴省和人才强省，努力把江苏科教和人才优势转化为现实竞争优势，推进创新型企业、创新型城市、创新型社会建设，建设创新型省份。

第一节　强化自主创新

坚持自主创新、重点跨越、支撑发展、引领未来的方针，有所为有所不为，注重原始创新和集成创新，把引进、消化、吸收、再创新作为今后一个时期提高自主创新能力的突破口，以产业为龙头、企业为主体、市场为导向，加紧构建产学研相结合的区域创新体系，促进江苏经济结构调整、增长方式转变和产业全面升级。

推进科技创新重点跨越。集中优势力量和资金，着力支持一批重大科技攻关和成果转化项目，努力实现重点关键技术领域的突破与跨领域的技术集成。重点在电子信息和软件、新材料、现代装备、生物技术与医药、新能源、环保等领域取得一批重大原创成果、发明专利和自主研发的知名品牌，在现代农业、人口与健康、资源与环境、公共安全、减灾防灾等领域攻克一批重大关键技术。“十一五”期间，力争在信息技术、先进制造技术、新材料技术、生物技术、新型能源技术、资源利用和环境保护技术、重大疾病防治技术等方面取得新的突破，保持在全国的领先地位。

促进企业成为技术创新主体。加快建立以企业为主体的技术创新体系，完善自主创新激励机制和动力机制，支持企业创建自主品牌，增强企业技术创新能力。发挥民营科技企业在科技创新中的生力军作用。以市场为导向，促进产学研融合，加大政府科技投入力度。加强企业科技创新载体建设，鼓励企业增加研发投入，建立技术开发中心、工程技术研究中心、博士后科研工作站，促进企业成为研究开发投入的主体、技术创新活动的主体、创新成果集成与受益的主体。到2010年，企业研发经费占全社会研发投入的比重提高到75%左右。

开放式配置科技资源。按照优势互补、利益共享的原则，进一步提升科技资源配置的市场化和国际化水平。通过技术引进、设计外包、出资收购等方式，有效地配置和利用科技资源，引进急需的先进技术、管理经验和高技术尖端人才。加强本土企业与大型跨国公司开展产品研发、生产和销售服务配套，实现国外高新技术高端产业链、关键技术、核心技术的溢出。重点扶持大企业与跨国公司共建技术研发联合体，建立高新技术研发战略联盟。鼓励省内企业与国内高校、科研机构共建研发机构和科技成果转化基地。

全力打造科技创新高地。以南京、无锡、常州、苏州4个国家级高新技术产业开发区、10个省级高新技术产业开发区和36个国家级特色产业基地为依托，加快自主创新基地、科技成果孵化基地和高新技术产业基地建设，重点扶持特色鲜明、拥有核心技术和国际竞争力的高新技术产业集群，形成一批具有知名品牌的高新技术企业。努力把4个国家级高新技术开发区建成区域性创新高地。

完善科技创新公共服务。重点建设大型科学仪器设备、科技文献信息、生物种质资源、科学数据、科技创业、三药创制、检验检测、知识产权、人口健康等具有共享共用功能的9大科技公共服务平台。围绕建设先进制造业基地，重点建设工业设计、模具设计与制造、智能化加工及装

备、系统集成技术、制造业信息化等一批国内一流的制造业共性技术服务平台。进一步完善区域创新体系，建立为中小企业技术创新服务的公共信息平台和网络系统。加快培育科技中介服务市场，扶持建设科技创业服务中心、大学科技园、留学人员创业园等多种类型的孵化器。

建立多元化科技投入机制。制定和完善财政、税收和政府采购有关政策，激励企业加大科技投入，促进企业科技投入的持续增长。大力发展风险投资，积极引进国内外风险投资机构来江苏设立风险投资公司，鼓励直接投资高新技术产业项目。鼓励和支持企业、个人以股份制或合伙制等形式，组建风险投资公司或创业投资公司，建立健全风险投资机制。进一步加大财政对科技创新的投入，实现财政科技支出增长高于财政经常性收入的增长，优化财政科技资金支出结构，改进政府资金使用方式，提高财政科技资金的使用效益。

加大知识产权保护力度。加强政府对知识产权工作的政策引导和宏观管理，完善知识产权执法机制、体制建设，健全知识产权保护体系，依法严厉打击侵犯知识产权的行为。实施企业知识产权战略推进工程，重点加强知识产权工作的基础条件和战略运用能力建设，提高知识产权创造、管理、运用和保护能力。建设社会化的知识产权信息服务网络体系，发展专利、商标、版权转让与代理、无形资产评估等知识产权服务，为自主创新和知识产权保护提供有效的信息和法律支撑。

第二节 优先发展教育

把教育放在优先发展的战略地位，把义务教育、职业教育和高等教育作为江苏教育发展的三大重点，进一步深化教育体制改革，优化教育结构和布局，全面提高教育质量和发展水平。到2010年，基本建立起比较完善的现代国民教育体系和终身教育体系，人均预期受教育年限达到13年，基本实现教育现代化。

提高基础教育水平。强化政府对义务教育的保障责任，推进义务教育均衡发展。加快普及学前和高中阶段教育。高度重视农村义务教育，切实提高农村义务教育质量，实行农村义务教育免费制度，降低农村学生辍学率。完善苏南、苏中地区对苏北地区教育对口帮扶的机制。充分发挥城市教育对农村教育的带动作用，统筹城乡教育的规划、学校建设、教师配置，改造农村薄弱学校。坚持以流入地政府为主、以公办学校为主，采取多种形式解决好农村进城务工人员子女义务教育问题。建立健全政府主导、学校联动、社会参与的扶困助学机制，对义务教育阶段困难学生、特殊教育学校学生、在普通学校随班就读的残疾儿童实行“两免一补”。加强义务教育执法监督检查，保护中小学生的合法权益。

大力发展职业教育。继续扩大职业教育规模，保持中等职业教育与普通高中教育比例相近。加快发展农村职业教育，每个县（市）要办好一个职教中心，逐步建成以县（市、区）优质职业学校为龙头，乡镇成人教育中心、职业培训机构为基础的农村职业成人教育培训网络。实施“两后双百”工程，确保未能继续升学的初高中毕业生接受职业技能培训、适龄人员推荐就业。实施技能型紧缺人才培训工程，优先在人才紧缺的专业领域，推行职业院校与企业共同培养人才。加强实训基地建设，重点支持建设200个规模较大、水平较高、资源共享、起示范作用的职业教育实训基地。推进校企合作，鼓励高、中等职业院校与企业组建职教集团。探索建立职业资格体系，逐步实现职业教育学历证书与职业资格证书衔接，完善技术岗位就业准入制度。

优化发展高等教育。以学科建设为重点，支持前沿性、前瞻性重点学科建设，进一步优化高等教育结构，大力推进高等学校教学改革工程，尽快形成一批高水平、有特色的学科群，提升高等学校的教育质量和办学水平。以引进优质教育资源为重点，进一步推进中外合作办学，拓展国际交流与合作，创新教学模式，提高江苏高等教育现代化水平。

进一步深化教育体制改革。改革和调整教育管理体制，合理划分省和市、县职责，充分调动各级办学积极性。加快推进办学体制改革，鼓励和支持民办教育发展，实现公办教育与民办教育的相互促进和相互补充。探索建立多元化的教育投入体制，形成义务教育由政府负全责、高中教育以政府投入为主、职业教育和高等教育以政府投入和社会投入并重的办学格局。继续深化教育教学改革，全面实施素质教育，推进教育教学模式创新，切实减轻中小学生的课业负担，以培养学生的理想情操、创新精神和实践能力为重点，加快应试教育向素质教育转变。积极推进高考制度改革，建立健全以统一考试为主、多元化考试和多次多样化选拔录取的高校招生制度。加强教师培训，提高教师专业技能和教学能力，建设高素质的教师队伍。深化各类职业学校教学改革，加快专业设置调整，推进课程改革和教材改革，建设“双师型”教师队伍，培养技能型人才。

第三节　建设人才强省

培养和壮大人才队伍，提升和增强人才素质，调整和优化人才结构，健全和完善用人机制，努力形成促进优秀人才迅速成长和充分汇聚的良好环境。

培养人才。加快党政人才、企业经营管理人才和专业技术人才三支队伍建设，重点实施一批人才培养计划和培训工程。健全党政人才选拔任用机制，提升公务员整体素质，建设一支高素质的党政领导干部队伍。加快企业家队伍建设，推进职业经理人的市场化，提高企业家素质和管理水平。实施“技能振兴行动”，培养一批高素质、专业化的高技能人才。构建多元化的农村实用人才教育培训体系，培育农村实用人才。到2010年，高级工以上的技能人才占全部技工的比例提高到30%左右。

引进人才。制定和实施紧缺人才引进计划，重点引进经济社会发展急需的各类高层次人才，加大引进海外留学人员及外国专家的力度。积极推进人才柔性流动制度，鼓励国内外各类高层次人才来江苏服务、创业。充分发挥用人主体的引才作用，大力引进适用性人才。

使用人才。加快建立以能力和业绩为导向的人才评价机制和体现科学发展观与正确政绩观要求的党政领导干部综合考核评价体系。建立人才主要由群众评价、市场评价、社会评价、业内评价的人才评价机制，建立奖优罚劣的人才激励机制，建立主要由市场配置人才资源、人才自由流动的机制。建立健全公共人才资源服务系统。改革职称制度，推进社会化的专业技术人才评价工作，推行职业资格制度和水平等级认证制度。强化企业用人主体地位，鼓励企业加大人力资本投入和人力资源开发。

第十一章　体制改革

建立比较完善的社会主义市场经济体制是“十一五”时期的重要任务。通过深化政府、企业、市场和社会的改革，促进体制机制完善，形成有利于转变经济增长方式、促进全面协调可持续发展的机制。

第一节　推进行政管理体制改革

推进政府管理体制改革。继续推进政企分开、政资分开、政事分开以及政府与中介机构分开，减少和规范行政审批，加强社会管理和公共服务职能。加强政府部门的内部监督，自觉接受人大的法律监督、政协的民主监督和媒体的舆论监督。强化服务意识，降低行政成本，提高行政效率。优化政府组织结构，减少行政层级。健全科学民主决策机制，完善政府重大问题集体决策、专家咨询、社会公示和听证制度。推行政务公开并逐步实现制度化，完善政府新闻发布制度和网上审批制度，提高政府工作的透明度，保障人民群众对政府工作的知情权、参与权和监督权。推进南京、苏州城市综合改革试点工作。推进规划体制改革，形成与社会主义市场经济体制相配套的规划体制。加快推进管理体制改革，建立以国民经济和社会发展规划为依据的绩效考核

制度，形成落实科学发展观的体制机制。

推进投资体制改革。建立规划引导、市场主导、企业自主决策的新型投资体制。确立企业投资主体地位，健全和规范核准制和备案制，简化行政审批程序。规范政府投资行为，合理界定政府投资职能，积极推行“代建制”，提高项目投资效率。加强投资监管，建立有效的政府投资责任追究制和社会监督机制。

推进财税金融体制改革。按照财权与事权对应的原则，推进财政体制改革。实行省直接对县的管理体制，进一步完善财政转移支付制度。合理划分各级政府的事权范围，规范财政支出行为。深化部门预算、国库集中收付、政府采购制度改革，推进财政资金使用绩效评估，加强审计监督。改革非税收入管理制度，继续推进县乡财政管理体制改革。实行有利于促进充分就业、经济增长方式转变、科技创新、资源能源节约的财税制度，正确、充分地行使中央赋予的地方税政管理权，加强税收征管。完善城市商业银行、农村商业（合作）银行和农村信用社法人治理结构，建立科学有效的决策、执行、监督和激励机制。鼓励社会资金参与中小金融机构的重组改造，稳步发展各种所有制的中小金融机构。

推进价格体制改革。进一步扩大市场定价的范围，建立反映市场供求状况和资源稀缺程度的价格形成机制。深化垄断行业价格改革。扩大资源费的征收范围，推进水、土地和能源价格改革。通过优化资源配置等手段，解决部分医疗卫生和教育等服务领域收费不合理现象。对直接关系群众生活的商品与服务，加强价格执法检查，努力保持价格总水平的基本稳定。

第二节 健全现代市场体系

现代市场体系是建立完善的社会主义市场经济体制的重要组成部分。“十一五”期间，要以建设和发展要素市场为重点，按照“统一、开放、竞争、有序”的要求，建成较为健全的现代市场体系。

发展资本市场。努力培育和利用股票市场和债券市场，支持企业在境内外资本市场上市，推进企业股权融资和债权融资，鼓励发展创业投资市场，拓展直接融资渠道，提高直接融资份额，建立区域性产权交易市场，稳健发展期货市场，努力创建多元化、多层次的区域资本市场体系。

规范土地市场。建立统一、规范的土地市场体系，完善土地有形市场。在完善经营性用地招标拍卖挂牌出让制度的基础上，积极推进工业用地招标拍卖和挂牌出让，完善土地储备制度，增强政府对土地市场的调控能力。改革和完善现行征地制度，建立公正平等的征地机制，加快集体建设用地使用权流转改革，建立集体建设用地流转机制，合理分配土地收益。

发展技术市场。推动科技成果进入市场，交易价格由市场决定。建立健全技术商品交易活动规则，保障交易各方的合法权益；切实依法保护知识产权。

完善人力资源市场。加快人才市场、劳动力市场和高校毕业生就业市场的贯通步伐，坚持公益性的发展方向，建立统一互联、开放有序、信息共享的人力资源市场，加强对现有人才、劳动力市场的整合，全面建立机制健全、运行规范、服务周到、指导监督有力的人力资源市场体系。利用信息手段，发展网上人力资源市场。促进各类用人单位通过市场自主择人，人才和劳动力进入市场自主择业。

发展行业组织和中介组织。坚持“政会分开”，改变行业组织双重管理体制，推进行业协会改革。鼓励以企业为主体，按照“四自”原则，建立各种行业协会（商会），推动行业自我管理、自我服务，加强行业自律，促进行业有序发展。调整行业组织布局结构，初步建立与我省产业结构、市场经济体制相适应的行业组织体系。

规范市场秩序。建立和完善市场政策法规，创造良好的法治环境。继续整顿和规范市场秩序，加强市场监管，打击经济领域违法犯罪活动，加大对注册商标专用权的保护。整顿、规范食品、药品生产和流通秩序。坚持依法行政，加强对执法活动的监督。

第三节　深化国有企业改革

推进国有经济布局和结构的战略性调整，完善国有资本有进有退、合理流动的机制，提高国有资本在关系国家安全和国民经济命脉的重要行业、关键领域的集中度，增强国有经济在国民经济命脉行业的控制力。加快省属国有企业和大型国有企业改制，全面完成国有企业改革，进一步完善法人治理结构，健全现代产权制度和企业制度。推进垄断行业改革，引入竞争机制，实现投资主体多元化。探索企业经营管理人才市场化产生机制，培育发展职业经理人市场。继续深化集体企业改革，发展多种形式的集体经济。

第四节　大力发展民营经济

全面落实加快发展民营经济的政策，优化民营经济发展环境，依法保护私有财产。鼓励和支持非公有制经济参与国有企业改革，平等进入金融服务、公用事业、基础设施等领域。鼓励民营经济外向发展，支持民营经济与外资经济合作。鼓励和引导民营企业制度创新和机制创新，转换企业内部经营管理机制，加快建立现代企业制度，提高企业家素质。增强自主创新和技术创新能力，提高民营经济竞争力。到 2010 年，民营经济创造的增加值占国民经济比重提高到 40% 左右。

第十二章　对外开放

顺应经济全球化潮流，全面推进经济国际化进程，提高对外开放的层次和水平，增强开放对发展和改革的促进作用。

第一节　提高对外贸易水平

建设外贸强省。加快转变对外贸易增长方式，促进江苏由外贸大省向外贸强省的转变。优化出口产品结构，推进高新技术产品和装备制造等附加值高的产品出口，扩大拥有自主知识产权的产品出口，增强自主品牌产品的国际竞争力，推进外商投资企业提升产业层次和加工深度，提高其出口商品的国内增值率。提高加工贸易产业层次，引导加工贸易企业进一步延伸产业链，提高加工贸易的附加值，注重发展一般贸易，提升中高端产品的国际竞争力。严格控制高耗能、高污染产品出口。加快发展服务贸易，提高服务贸易在国际贸易中的比重。积极开拓新兴市场，努力化解市场风险，规避贸易壁垒，解决贸易争端和纠纷。优化进口产品结构，重点引进国内市场紧缺的资源、先进技术、先进设备和软件等，提升产业发展水平。

建立面向国际市场的营销体系。加快建立具有国际营销经验的人才队伍，鼓励企业通过自建、合作、并购等多种途径，建立海外营销网络，充分利用国际性商务活动，发展营销代理，拓宽销售渠道。

第二节　优化利用外资结构

继续扩大吸收外资规模，结合江苏产业结构调整升级与增长方式转变，有针对性地开展招商引资，吸引跨国公司把更高技术水平、更大附加值含量的加工制造环节转移过来，有序承接国际现代服务业转移，鼓励跨国公司设立研发机构、服务中心和地区总部，扩大服务业和农业招商引资，提高服务业在利用外资中的比重，到 2010 年，全省服务业利用外资比重超过全国平均水平。加大同国际金融组织的合作，积极稳妥地利用境外贷款，创新利用外资新方式。

第三节　提高经济国际合作水平

积极开展对外经济合作。充分利用国际、国内两个市场、两种资源，开展形式多样的对外经济技术合作与交流，拓展聚集资金、技术、人才等要素的空间，促进内外资源合理配置、内外市

场互为补充，在积极参与国际合作的过程中提升经济素质和综合竞争力。引导和支持外资企业加快实施产业配套、技术研发、管理人才的本土化步伐，促进外资企业落地生根。支持本土企业与外资企业配套合作，借助外资企业的品牌、市场、技术和管理优势，提高本土企业的国际竞争能力，推进本土企业国际化。

加快“走出去”步伐。支持企业以周边国家和发展中国家为重点，促进电子、轻纺、机械等有条件的企业到境外投资，建立境外生产加工基地，鼓励企业以合资、合作及独资等方式开展境外资源利用，鼓励企业以并购、租赁等方式到发达国家开拓市场。积极探索建立境外相对集中的加工区域。不断提高对外承包工程劳务合作层次，拓展对外工程承包领域，积极有序开展对外劳务合作，加快制定对外投资法律法规，健全对外承包工程促进体系和对外劳务合作管理体系。鼓励企业在海外建立资源、能源供应基地，特别是在国外生产初级产品到国内进行深度加工。鼓励企业到境外融资，开拓海外资本市场，做强做大企业。

第四节　加快人才国际化步伐

重点培养造就具有世界眼光和战略思维、通晓国际经济贸易规则的高层次的人才队伍。以重大科研项目、国际学术交流和合作项目、重点学科、重点科研基地为载体，加大学科带头人的培养力度，集聚和培养一批具有国际水平的骨干人才。发展与国际接轨的人才服务机构，加快建立国际互认的专业技术职业资格制度，积极引入适应江苏需要的国际职业资格证书标准体系。充分尊重人才，建立能体现人才价值、灵活有效的薪酬机制，创造宽松的氛围，为国际人才来江苏创新创业提供良好的环境。

第五节　提高开发区发展水平

促进开发区集聚集约发展。充分发挥苏州工业园区等国家级、省级开发区的示范带动作用，重点引进基地型、龙头型的大项目和跨国公司地区总部、研发机构、营销中心。合理确定开发区的主体功能，以产业链整合生产和服务，强化企业间的专业化分工与协作，发展专业特色园区，促进开发区由集中发展向集聚集约发展提升。推进出口加工区、保税物流园区等特殊功能区的建设。把开发区建设成为吸引外资的密集区、先进制造业的集聚区、科技创新的核心区、体制创新的先行区、集约节约利用土地的示范区，增强整体竞争力和辐射带动力。

加强开发区管理体制创新。鼓励开发区深化管理体制改革，防止旧体制复归。注重提高开发区规划水平，强化开发区功能创新，提高行政效率和服务能力，形成与国际接轨的管理方式和良好的投资环境，增强生产要素集聚功能。积极打造开发区公共服务平台，提供完善的招商引资、审批代理、法律咨询、信息、培训等服务，进一步完善服务功能，降低交易成本，提升管理水平。支持宿迁市与苏州市以及苏南和苏北其他各市探索开发区联动发展的新模式。

积极贯彻国家宏观调控政策，把握全省经济发展走势，高度关注民生，加大公共产品供给。加强公共政策与规划之间的协调，合理运用财政、投资、信贷、土地和价格政策工具，保持全省经济社会平稳快速发展，人民生活水平进一步提高。

第四篇　规划保障和规划实施

第十三章　经济调节

第一节　调整积累和消费比例

积极提高消费率。调整国民收入分配比例，降低积累率，提高消费率，重点向增加城乡居民收入倾斜，为经济发展提供内在动力。大力提高低收入居民收入，扩大中等收入人群比例，增强整体消费能力。保持物价总体水平基本稳定。努力调控价格总水平保持小幅增长，稳定投资品和消费品价格。实施积极的消费政策，加快发展与全面小康社会相适应的消费服务，培育新的消费增长点和消费方式，扩大居民消费需求，提升消费层次，促进经济良性发展。到2010年最终消费率在2005年基础上提高5个百分点左右。

保持投资稳定增长。着力提高投资质量和效益。“十一五”期间，全省全社会固定资产投资五年累计为60000亿元，总投资率有所下降。进一步优化投资结构，继续支持农业和农村经济发展，加大对农业投入的力度。积极发展先进制造业，注重工业产品附加价值的提高，增加对先进制造业的投入。高度重视现代服务业的发展，提高服务业投资在总投资中的比重。通过增量投入带动存量结构的调整。进一步加大资金筹措力度，激活民间投资，更好地发挥股票、企业债券在融资中的作用，扩大企业境外上市融资的比例，鼓励发展创业投资，积极探索促进民间资本向投资转化的新机制。

第二节　合理配置财政资源

遵循公共财政服从于公共政策的原则，确保公共财政资源的配置与经济社会发展规划等重大公共政策之间相互配合和协调。“十一五”期间，省级公共财政的配置方向是，优先投向农业、教育、社会保障、公共卫生、科技进步、公益文化、防灾减灾、生态环境、公共安全等领域。整合各项专项资金，优化配置，强化管理，确保投向关键领域和薄弱环节。建立健全财政资金绩效评价制度，最大限度地发挥财政资金的使用效益。加强财政收支审计。严格控制行政经费增长，厉行节约。加强对经济相对薄弱地区财政转移支付力度，完善财政转移支付制度。进一步加大对人力资本和研发的投入，运用税收杠杆促进产业政策落实。

第十四章　重大工程

从战略上实施一批事关江苏发展全局的重大基础设施和公共服务工程，是提高江苏综合竞争力和人民生活水平的重要保障。“十一五”期间，组织实施300项重大项目，总投资达11000亿元，占全社会固定资产总投资的比重为18%左右。

1. 现代综合运输体系工程。以形成7大综合运输通道为重点，完善高等级公路网，加快深水海港、国际空港的建设，积极发展轨道和航道等大容量交通运输方式，建设和改善乡村道路，建设各种交通方式无缝连接的换乘中心。

2. 能源建设和保障工程。新建、续建一批电源点，在建设燃煤电厂的同时，大力推进风力发电、核电等新能源建设，建立能源资源供应基地，加快电网建设；增强北电南送能力，全面推进节能。

3. 信息化建设工程。以省地理空间信息基础框架为基础，加快电子商务综合平台、电子政务网络平台和全社会信息安全保障体系的建设，积极推进信息资源整合，建设高效、安全、可靠的现代信息基础设施网络。

4. 防洪减灾和水资源保障工程。完善防洪减灾、水资源供给、水资源保护三大体系，重点实施南水北调东线一期、流域防洪、海堤达标、水库加固、区域治理、城市防洪、区域供调水及水资源保护等工程。

5. 生态省建设工程。重点实施长江、太湖、淮河和南水北调东线等流域性的污染治理，在沿江、沿海等区域建设一批生态项目，实施全省森林资源倍增计划，实施城乡环境污染治理。

6. 科技创新工程。重点推进高新技术产业、农业、社会发展和前瞻性基础研究等方面44个重大科技创新项目，健全完善科技公共服务9大平台，加快研发机构和科技成果转化基地建设，积极保护知识产权。

7. 人才强省和教育现代化工程。加快实施一批人才培养计划和人才引进计划，重点推进“江苏人才国际化工程”和“技能振兴行动”。强化农村义务教育，扩大职业教育规模，推进高等教育现代化。加快教师队伍培训、教学设施完善和课程设置改革进程。

8. 医疗卫生服务和食品药品安全体系建设工程。加强农村卫生服务网络和城市社区卫生服务中心建设。健全和完善疾病预防控制体系、卫生监督体系和食品药品安全体系。扩大新型农村合作医疗覆盖面，加快医疗卫生资源整合，推进卫生体制改革。

9. 劳动和社会保障体系工程。充实各项社会保障基金，建设社区服务平台，做实养老保险个人账户。健全和完善就业再就业资金专项，建设实训基地，健全就业服务体系。加强劳动执法监督，保护劳动者合法权益。

10. 文化大省建设工程。加强艺术精品生产，重视农村文化建设，保护文化遗产，培育文化产业，发展一批具有竞争力和引领作用的文化企业（集团），深化文化体制改革，推进文化事业和文化产业发展。

11. 农业支持和保障工程。重点加强种养业良种、科技推广服务、动植物保护、农产品质量、农业信息、农业资源与生态环境保护、农村经营与行政执法管理等工作，构建支持保护有力、服务快捷高效、监管规范有序的农业支持与保障新体系。

12. 突发公共事件应急体系工程。重点建设预警监测系统、应急指挥系统、信息管理系统、决策咨询系统、救灾和救助系统、物资和装备保障系统、教育培训系统，建立应急联动体系、应急响应机制，整合各类应急资源，建设专业化抢险救援队伍，加强防灾减灾能力建设。

第十五章　实施机制

建立健全规划实施机制是确保“十一五”规划目标顺利实现的重要条件。要从建立体系、完善机制、分类指导、组织落实、监督检查等方面，形成“十一五”规划实施的有效机制。

第一节　建立完备的规划体系

“十一五”规划包括总体规划、区域规划、专项规划和市县发展规划。总体规划是统领全省经济社会发展全局的发展规划，是编制其他各类规划的依据。区域规划是总体规划在特定区域的落实，是总体规划在区域上的延伸和细化。专项规划是总体规划在特定领域的落实，是总体规划在领域上的延伸和细化。市县发展规划是以市县行政单元为中心地域编制的发展规划，是总体规划在市县行政区域的延伸、细化和落实。省政府组织编制和实施 5 个区域规划和 26 个专项规划，编制全省空间布局总体规划。根据本规划，修编各级土地利用和城市总体规划。

第二节　完善衔接协调机制

规划衔接的主要内容。下级总体规划要在约束性目标、空间功能定位和重大基础设施建设等方面与上级总体规划进行对接；区域规划和专项规划要在发展目标、空间布局、重大项目建设等方面与总体规划进行对接；同级总体规划要在空间布局和基础设施建设等方面与周边地区的总体规划进行衔接；同级区域规划和专项规划要在发展目标、空间布局、重大项目建设等方面进行协调。

加强发展规划与其他规划的衔接。加强发展规划与城市规划和土地利用规划之间的衔接配合，城市规划和土地利用规划以发展规划为依据，要将发展规划确定的目标、任务和要求进行具体落实，突出建设性、控制性；发展规划要加强与城市总体规划和土地利用总体规划衔接协调。确保在总体要求上方向一致，在空间配置上相互协调，在时序安排上科学有序，提高规划的管理水平和行政效率，确保规划目标的顺利实现。

第三节　形成分类实施机制

按照社会主义市场经济体制的要求，充分发挥市场配置资源的基础性作用，正确履行政府职责，调动社会各界和广大人民群众的积极性，形成有效的分类实施机制。

——本规划提出的产业发展的方向和任务，以及利用外资、对外贸易等领域的发展重点，主要依靠市场配置资源，引导市场主体行为实现。政府的工作重点是加强市场监管，维护公平竞争，确保市场机制正常发挥作用。

——本规划确定的调整优化经济结构、转变经济增长方式、增强自主创新能力、建设社会主义新农村、推进信息化、促进城乡和区域发展、提高居民收入、建设人才强省、建设资源节约型社会等重点任务，主要通过完善市场调节机制和政策导向机制实现。政府的工作重点是营造良好的制度环境和政策环境，激发市场主体的活力和动力。

——本规划确定的社会公益事业、社会保障、促进就业、防灾减灾、公共安全等公共服务领域的目标和任务，是政府的承诺，政府要切实履行职责，应用公共资源和调动社会力量努力完成。

——本规划确定的空间功能区划、环境保护、生态保护、资源管理、加强社会公共管理、规范市场秩序、精神文明和民主政治建设等方面的任务，主要依靠建立健全法律法规，加大行政执法力度，并辅之以一定的经济手段予以实施。

——本规划确定的各项体制改革任务是政府的重要职责，政府要积极推进行政管理体制改革，把改革任务分解落实到有关部门、单位，按进度安排抓紧推进，确保改革任务如期完成。

第四节　强化组织落实

省各部门要按照职责分工，将规划纲要确定的相关任务纳入本部门年度计划，明确责任人和进度要求，并及时将进展情况向省政府报告。本规划提出的约束性目标，省政府分解落实到省各有关部门和地区，特别是耕地保有量、单位地区生产总值能耗、污染物减排三项指标，要定期检查，强化落实，重要的预期性目标也要分解落实。建立重大项目责任制，对规划纲要中确定的重大项目和重大工程进行分解落实，明确进度、明确要求、明确责任，由省政府分管领导牵头，相关部门和地方各负其责，确保重大项目和重大工程的实施。要按照科学发展观和正确政绩观的要求，进一步改进考核评价机制，着重考核规划纲要中提出的约束性指标，确保约束性指标的落实。

第五节　健全监督评估机制

健全规划实施报告制度。通过制定和实施国民经济和社会发展年度计划，每年将规划目标和主要任务的进展情况向省人大报告，并向省政协通报。推进规划实施的信息公开，健全政府与企业、公众的沟通机制，加强社会对规划实施的监督。

健全规划实施中期评估制度。2008 年，省发展改革主管部门将组织力量，对“十一五”规划的实施情况进行中期评估，检查规划落实情况，分析规划实施效果，找出规划实施中的问题，提出解决问题的对策建议，形成中期评估报告，上报省政府。经中期评估，若需要对本规划进行修订，省政府提出修订方案，提请省人民代表大会常务委员会批准实施。

健全规划调整制度。“十一五”规划实施期间，如遇国内外环境发生重大变化或其他重要原因导致实际运行与规划目标发生重大偏离时，省政府将适时提出调整方案，提请省人民代表大会常务委员会审议批准。

浙江省国民经济和社会发展第十一个五年规划纲要（摘要）

《浙江省国民经济和社会发展第十一个五年（2006～2010年）规划纲要》，根据《中共浙江省委关于制定浙江省国民经济和社会发展第十一个五年规划的建议》编制，是贯彻落实党的十六届五中全会精神、全面落实科学发展观、基本实现全面小康社会目标的总体规划，是政府履行经济调节、市场监管、社会管理和公共服务职责的重要依据。

一　以科学发展观统领全局，基本实现全面小康社会目标

（一）“十五”取得巨大成就，站在新的历史起点

“十五”时期是极不平凡的五年。面对台风洪涝、高温干旱等灾害的严峻考验，面对非典、禽流感等疫情的严重冲击，面对发展中资源环境制约、贸易摩擦加剧、社会矛盾增多的种种压力，全省人民大力弘扬浙江精神，坚持与时俱进，不断开拓创新，奋力克难攻坚，保持了全省经济平稳较快发展与社会和谐稳定，使“十五”时期成为浙江综合实力提高较快、改革开放取得重大进展、城乡面貌和人民生活得到较大改善的时期。全省生产总值迈上万亿元台阶，人均生产总值突破3000美元，地方财政收入超过1000亿元，进出口总额达到1000亿美元；城市化加快推进，改革开放继续深化，以“五大百亿”工程为主体的重点建设成效显著，社会发展水平居全国前列，城乡居民人均收入居各省区之首。面向未来，我们站在一个新的历史起点上。放眼世界，和平、发展、合作已成为当今时代潮流。经济全球化趋势深入发展，科技进步日新月异，生产要素流动和产业转移明显加快，区域经济一体化蓬勃发展，国内外经济互动日益增强。这总体上有利于浙江利用国际资源、吸纳高端要素、承接产业转移、参与国际分工和合作。同时，国际贸易保护主义抬头，国际油价和人民币汇率等不确定性因素增多，围绕资源、技术、市场、人才的国际竞争更加激烈。这对浙江加快发展开放型经济，在更广领域、更高层次上参与国际竞争，提出了新挑战。

纵观国内，经济社会将继续保持良好的发展态势。工业化、城市化、市场化、国际化加快推进，社会活力和发展动力充足；人民生活水平不断提高，消费结构加速升级，社会保持长期稳定，发展潜力巨大。这为浙江拓展发展空间、加快发展步伐创造了有利条件。全国区域发展新格局逐步形成，东部地区率先发展，长三角地区经济一体化进程加快。这对浙江实现高起点上更高水平的发展，继续走在全国前列，提出了新要求。

立足浙江，实现高起点上更高水平的发展任重道远。“十五”计划目标圆满完成，中共浙江省委相继作出深入实施“八八战略”、全面建设“平安浙江”、加快建设文化大省等重大战略部署，全省形成了“干在实处、走在前列”的良好氛围，为“十一五”经济社会发展奠定了坚实基础。同时，也要清醒地认识到，粗放型增长方式没有根本转变，经济结构不尽合理，自主创新能力不强，人才科技等高端要素制约加大；经济与社会发展不够协调，城乡和地区发展不够平衡，

处理好社会利益关系的难度加大。缓解发展中长期积累的素质性、结构性、体制性矛盾和问题，必须与时俱进地创新发展模式。

（二）深入实施“八八战略”，转入科学发展轨道

“十一五”时期是全面建设小康社会的攻坚阶段，全省经济社会发展的指导思想是：高举邓小平理论和“三个代表”重要思想伟大旗帜，全面贯彻落实科学发展观，按照“干在实处、走在前列”的要求，深入实施“八八战略”，全面建设“平安浙江”，加快建设文化大省，坚持依法治省，扎实推进改革开放和统筹发展，促进经济结构调整和增长方式转变，努力构建社会主义和谐社会，加快全面建设小康社会、提前基本实现现代化步伐。

按照“立足科学发展、促进社会和谐、实现全面小康、继续走在前列”的总体要求，必须切实把握好以下四个方面：

推进又快又好的发展。坚持以科学发展观统领经济社会发展全局，强化发展意识，抓住发展机遇，努力保持经济平稳较快发展；转变发展观念，创新发展模式，提高发展质量，把经济社会发展切实转入全面协调可持续发展的轨道。

转变经济增长方式。加快自主创新步伐，强化经济增长的人才和科技支撑，坚持走新型工业化道路，推进经济结构的战略性调整；大力发展循环经济，建设资源节约型和环境友好型社会，逐步实现节约发展、清洁发展、安全发展和可持续发展。

深化改革开放。坚持推进经济市场化和国际化，切实转变政府职能，更大程度地发挥市场在资源配置中的基础性作用，完善落实科学发展观的体制保障；积极参与国内外经济合作与交流，进一步提高对内对外开放水平，增强扩大开放条件下促进发展的能力。

促进人的全面发展。坚持以人为本，注重社会公平，倡导和睦相处，健全民主法制，努力构建社会主义和谐社会；不断改善民生，认真解决人民群众最关心、最直接、最现实的利益问题，完善教育、卫生等公共服务，使全体人民共享改革发展成果。

（三）干在实处、走在前列，全面建设小康社会

“十一五”时期，浙江经济社会发展的目标是：力争到2010年全省基本实现全面小康社会的目标，为提前基本实现社会主义现代化打下坚实基础。综合实力和国际竞争力进一步增强。在优化结构、提高效益、降低消耗的基础上，全省生产总值年均增长9%左右，到2010年达到20000亿元左右，人均生产总值达到40000元左右；加快发展高效生态农业、先进制造业和现代服务业，服务业在三次产业中的比重达到45%左右，投资和消费的比例更趋合理；形成一批拥有自主知识产权和知名品牌、国际竞争力较强的优势企业，研究与实验发展经费支出占生产总值比重达到1.5%以上，科技综合实力、区域创新能力居全国各省区前列。体制机制和对外开放形成新优势。行政管理体制改革步伐加快，要素配置市场化改革取得突破性进展，民营经济发展继续保持全国领先地位，多种所有制经济更加繁荣，初步建立落实科学发展观的体制保障；外贸结构进一步优化，利用外资质量进一步提高，对外经济技术交流与合作进一步扩大，开放型经济达到新水平，进出口总额年均增长10%。

——构建和谐社会取得新进展。社会就业比较充分，城乡、区域发展进一步协调，新增城镇就业300万人，转移农村劳动力200万人，城镇登记失业率控制在4.5%以内，非农从业人员比重达到80%左右，城市化水平达到60%左右；社会保障体系比较健全，全省企业养老保险参保人数达到1000万人，新型农村合作医疗覆盖率达到85%以上；城乡居民收入水平和家庭财产普遍增加，城镇居民人均可支配收入达到22000元左右，农村居民人均纯收入达到9000元左右，努力

缓解城乡、地区和部分社会成员之间收入分配差距扩大的趋势，公共服务有较大改善；居住、交通、工作、休闲环境逐步优化，物质文化生活更加丰富，生活质量和水平进一步提高。

——可持续发展能力不断增强。生态省建设取得明显进展，全省生态环境质量有所改善，总体水平保持全国领先地位，30%的县（市、区）和40%的设区市基本达到生态县、市建设要求；资源利用效率有较大提高，万元生产总值综合能耗下降15%左右；发展循环经济取得明显成效，建设资源节约型和环境友好型社会实现阶段性目标；稳定低生育水平，人口自然增长率控制在5‰左右。

——公民的思想道德、科学文化和健康素质进一步提高。文化大省建设步伐加快，文化建设“八项工程”扎实推进，科技、教育、人才、卫生、体育强省建设取得重大进展，现代国民教育、区域科技创新、人才支撑、医疗卫生体系和全民健身体系不断完善，学习型社会、创新型省份建设有效推进。

——依法治省得到明显加强。“法治浙江”建设成效显著，政府职能全面履行，政府决策的科学化、民主化水平进一步提高，公共服务型政府建设积极推进；经济社会生活的法制环境不断改善，基层民主更加健全，人民群众的政治、经济和文化权益得到切实尊重和保障，社会秩序良好，人民安居乐业。

二 建设社会主义新农村，推进城乡协调发展

顺应全面进入以工促农、以城带乡发展新阶段的要求，积极推进城市化，促进城市化健康发展；坚持统筹规划、因地制宜、分类指导、注重实效，全面建设社会主义新农村，推动产业新发展，建设新社区，培育新农民，树立新风尚，构建新体制，形成城乡互促、共同繁荣的城乡一体化发展新格局。

（一）发展高效生态农业，切实增加农民收入

提高农业综合生产能力。加大财政对农业的支持力度，多渠道增加农业投入。实行最严格的耕地保护制度，加强农业基础设施建设，建成1500万亩标准农田，提高基本农田的地力和产出，确保全省300亿斤粮食综合生产能力。加强粮食流通和储备体系建设，加快省外粮源基地合作开发，确保粮食安全。增强农业的生态功能，充分发挥水土保持、气候调节、自然观光等综合效用。

优化农业结构和区域布局。着力建设浙北浙东沿海平原、浙中盆地丘陵、浙西北浙西南山区和沿海及岛屿四大农业区块。创建一批高效生态农业示范县、示范园区，重点建设400个规模化标准化的特色优势农产品基地、150万亩设施农业基地、一批环保型畜牧业养殖场和100万亩标准养殖塘。实施百乡千村兴林富民示范工程，建成高效生态林业基地200万亩。

提高农业产业化和现代化水平。发展设施农业、精准农业、循环农业、有机农业、休闲农业，把传统农业逐步提升为具有持久市场竞争力和能持续增加农民收入的高效生态农业。大力推进适度规模经营，实施“强龙兴农”工程，重点培育1万家农业产业化经营组织和100万专业农民。提高农业组织化程度，建立行业协会、专业合作组织、农产品市场、龙头企业、专业农户有机结合的贸工农一体化经济组织体系。强化农业科技创新，实行复种轮作、立体种养等农作制度，推进种养结合、粮经结合、粮饲牧结合和水产混养、套养、轮养。实施农机化促进工程，建立100个农业优势产业农机化示范基地。实施种子种苗和肥药减量增效工程，推广测土配方施肥技术。推行从育种、生产、加工、储运到营销整个产业链的标准化生产，强化从田头到餐桌全过

程的农产品质量安全管理，不断提高绿色农产品和有机农产品的比重。

千方百计增加农民收入。坚持“多予、少取、放活”的方针，加大各级政府支持力度，引导社会资金投向“三农”。挖掘农业增收潜力，延长农业产业链，提高农产品加工增值率，大力开拓农产品市场。健全企业与农户利益共享、风险共担机制，加快政策性农业保险试点和农产品流通体制改革。发挥乡村文化、养生、休闲功能，促进“农家乐”等特色旅游业加快发展。继续完善对农民的各项直接补贴政策，扩大补贴范围，加大补贴力度。稳定农业生产资料价格，控制生产成本过快增长。提高农民就业能力，有效增加非农产业收入。

（二）建设农村新社区，努力改善农村整体面貌

深入实施“千村示范、万村整治”工程。大力治理农村“散、脏、乱、差”，把传统村落建设成为现代文明的农村新社区。优化小城镇和村庄布局，积极稳妥地开展乡村撤并，加快推进中心镇、中心村建设，力争完成20000个村庄的整治任务，建成2000个全面小康示范村。合理制定农村居民人均建设用地定额，完善农村宅基地整理复垦机制，控制农村建设用地规模，引导农民向中心镇、中心村集聚。以生态村建设为载体，建设集中和分散相结合的生活垃圾和污水处理设施，实施百万农户生活污水净化和沼气工程，改善环境卫生和村容村貌。

加强农村公共服务。建设万村文化阵地和农村体育设施，倡导健康文明的生活方式，广泛开展农民喜闻乐见的文体活动。整合发挥“浙江农网”等信息平台的作用，加强农技推广、农产品质量安全检验检测。构建县、乡、村三级联动的农村卫生医疗服务体系，实施农民健康工程。继续开展多种形式的文化、科技、卫生“三下乡”活动。建成千镇连锁超市和万村放心店，改善农村消费环境。大力开展普法教育，鼓励司法部门和中介机构向农民提供法律援助，改善农村治安状况。

社会主义新农村建设十大抓手和十大目标

十大抓手：

1. “强龙兴农”工程，农机化促进工程，农业10大科技专项，1500万亩标准农田、400个规模化标准化的特色优势农产品基地、150万亩设施农业基地、一批环保型畜牧业养殖场和100万亩标准养殖塘建设

2. “千村示范、万村整治”工程

3. 中心镇培育工程

4. 欠发达乡镇奔小康工程、乡村康庄工程、百乡千村兴林富民示范工程

5. 千万农民饮用水工程、万里清水河道工程、千万亩十亿方节水工程、百万农户生活污水净化和沼气工程

6. 农民健康工程

7. 农村中小学“四项工程”，农村职业教育，农村现代远程教育，千万农村劳动力培训工程

8. 万村文化阵地和农村体育设施建设，文化、科技、卫生“三下乡”活动，“双万结对共建文明”活动

9. 千镇连锁超市和万村放心店工程，“浙江农网”、“百万农户农民信箱”等农村公共信息服务平台建设

10. 农村综合改革

十大目标：

1. 高效生态的现代农业

2. 繁荣兴旺的农村经济

3. 整洁优美的农村社区
4. 城乡一体的公共服务
5. 文明健康的生活方式
6. 丰富多彩的文化生活
7. 奋发向上的精神风貌
8. 民主和谐的社会管理
9. 全面发展的新型农民
10. 城乡协调的发展体制

推动城镇公共基础设施向农村延伸。以城乡共享为导向，完善城乡一体的基础设施体系。加强交通枢纽和农村运输节点的连接，推进以乡村康庄工程为重点的农村交通设施建设，提高农村公路网的通达深度和服务水平。实施千万农民饮用水等工程，稳步推进城乡供水一体化。以区域中心城市和县城为核心，以中心镇、中心村为基本连接点，完善覆盖城乡的公交、电力、邮政、通信、广播电视等基础设施网络。

着力培育新型农民。加强农村义务教育和劳动力培训，把传统农民培育成为能适应分工分业发展要求的，有文化、懂技术、会经营、高素质的新型农民。加快农村义务教育管理体制改革，完善“以县为主”的办学体制，切实提高农村教师待遇。加大扶贫助学力度，继续实施家庭经济困难学生资助扩面、爱心营养餐、食宿改造、教师素质提升等农村中小学“四项工程”。深入实施千万农村劳动力培训工程，加强对农村富余劳动力的技能培训和农业专业大户、农业企业主的专业培训。大力发展农村职业教育，全面提高农村后备劳动力的专业技能和整体素质。

（三）积极推进城市化，强化城市的集聚辐射作用

加快区域中心城市和城市群建设。按照循序渐进、节约土地、集约发展、合理布局的原则，加快中心城市发展，发挥城市群的网络效应，提高区域整体竞争力。杭州市要加快沿江、跨江发展进程，强化长江三角洲重要中心城市和全省政治、经济、文化中心的功能，构筑杭州都市经济圈，使之成为全省高新技术研究开发与产业化的核心区、现代服务业发展的集聚区。宁波市要逐步发展成为现代化的国际性港口城市和长江三角洲南翼经济中心，构筑宁波都市经济圈，使之成为浙江临港重化工业的核心区、上海国际航运中心的重要组成部分。温州市要加快城市东拓和港口建设步伐，加大外向发展力度，逐步发展成为东南沿海重要的工业、商贸中心和港口城市，构筑温州都市经济圈，使之继续成为民营经济的先行区，辐射浙南闽北、影响皖赣的经济枢纽。加快培育金华包括义乌等城市在内的浙中城市群，充分发挥先进制造业和大型专业市场优势，使之成为中国小商品制造基地和贸易中心、浙江中西部现代物流中心和区域发展极核。

强化大中小城市的辐射带动作用。按照“35221”的城镇体系规划，形成特大城市、大城市、中等城市、小城市和中心镇协调发展的格局。充分发挥大中小城市的比较优势，提高城市综合承载能力。鼓励大城市通过城际快速干道连接周边中小城市，形成点轴型组群式城市空间发展形态。支持有条件的地级市和经济强县政府所在地发展成为区域经济中心和中等城市，鼓励更多的县城和中心镇发展成为功能健全的中小城市。发挥县城的龙头带动作用，催生具有区域特色、竞争优势的产业集群，使之成为县域经济发展的增长极。加快培育中心镇，使之成为连接城乡的节点和繁荣农村、服务农业、集聚农民的重要载体。

增强和完善城市功能。加强城市规划管理，找准城市发展定位，强化城市发展特色，提升城市发展品位。优化城市基础设施的结构布局和运行管理，建设环境优美、适合人居的生态城市，充分发挥城市对产业、人口的吸纳集聚作用。加强对进城务工人员的培训，逐步赋予进城就业农

民与市民同等的待遇，充分发挥城市对农村人口的转移转化作用。强化城市在资金、技术、人才、信息、管理等方面的优势，进一步完善服务和创新功能，充分发挥城市对区域经济的辐射带动作用。腾笼换鸟、退二进三，对主城区、近郊发展空间和功能进行战略拓展与科学整合，充分发挥城市在更大空间范围内对资源的优化配置作用。

（四）加快城乡一体的制度创新，推进农村人口城市化

逐步消除城乡二元的体制障碍。加快实施城乡统一的户籍登记管理制度，消除附加在户籍制度上的不合理功能。探索农村土地产权制度改革，推动土地使用权依法自愿有偿流转，完善土地征用“区片综合价”制度和征用程序，切实维护和保障被征地农民的合法权益。完善城乡统筹就业制度，实现劳动力的自由流动和平等竞争。

实施农村综合改革。巩固农村税费改革成果，加强涉农收费项目监管，切实减轻农民负担。推进县乡公共财政管理体制改革，采取有效措施化解乡镇债务。加快公共财政向农村覆盖，保障农村公共支出。科学界定乡镇政府职能，合理设置乡镇机构。进一步完善村务公开和民主管理制度，健全村民代表会议、村务公开监督小组、民主理财小组“三个组织”，创新民主议事协商、集体财务审计监督、民主评议村干部“三项制度”。积极推进以社区股份合作制为主要形式的农村集体资产管理体制改革，壮大村级集体经济。

改善进城务工人员的就业生活环境。进一步提高进城务工人员待遇，切实解决涉及收费、薪酬、劳动时间和工作条件等突出问题，依法办理养老、医疗、失业、工伤、生育等社会保险。研究制定政策，为进城务工人员提供同等的职业培训、子女就学、计划生育、公共卫生服务。广泛开展社会公德、职业道德和家庭美德教育，增强进城务工人员的民主法制、生态环保和城市公共生活意识。

三　着力自主创新，推进产业结构优化升级

顺应集群化、信息化、国际化和生态化发展趋势，抓住新一轮全球产业结构调整的机遇，把提高自主创新能力作为产业结构调整和经济增长方式转变的中心环节，推动产业结构由“二三一”向“三二一”转变，走出一条互动互补、集聚集约、创新创优、高质高效的产业发展之路，成为我国走新型工业化道路的先行区。

（一）着力整合提升，建设先进制造业基地

推动产业集群化发展。全面实施环杭州湾、温台沿海、金衢丽高速公路沿线三大产业带发展规划。推动国家级、省级开发区和重点园区的整合提升扩容，增强研发、信息、培训、营销等服务功能，构筑全国一流的产业集聚平台。加快承接国际产业转移，实施中小企业成长计划，提高企业的管理水平和国际化经营能力，促进区域块状特色经济向国际性产业集群转型。合力打造中高档纺织、品牌服装及皮革、电子信息及电气等10大产业集群，以及20个左右国内重要的制造基地，培育100家销售收入达到50亿元以上、拥有自主知识产权和自有品牌的大企业大集团，培育1万家专业特色强的成长型中小企业。

推进关键领域的重点突破。优先发展具有重大带动作用的高技术产业。组织实施重大高技术产业化示范工程，加快第三代移动通信、下一代互联网、数字电视等具有自主知识产权成果的产业化进程，大力发展生物医药、高效低毒低残留农药和医疗器械，积极开发新材料、新能源和先进环保技术。高技术产业增加值年均增长20%以上。加快改造传统优势行业，进一步巩固和提升

纺织、服装、皮革、五金、造纸、精细化工等行业在全国的优势地位。积极发展临港重化工业，建设大乙烯、对二甲苯（PX）、精对苯二甲酸（PTA）等大型石化以及板材类优质钢冶炼和深加工项目，积极发展大型船舶和特色船舶修造产业。整合提升装备制造业，依托汽车零部件生产的优势，加大国际合资合作力度，提升豪华大客车、经济型轿车、皮卡车等整车制造水平；依托现有产业基础，着力提升研发和工艺水平，在电子通信设备、输变电设备、环保专用设备等领域有新突破。

增强建筑业发展优势。强化建筑工程的质量和安全管理，健全建筑业环境保护和资源利用的标准体系。加快培养建筑业管理人才和高技能紧缺人才，培育能参与国际竞争、承揽大型工程的建筑企业集团。大力推进建筑业科技创新，鼓励和支持新技术、新材料、新工艺、新设备的开发应用。进一步增强浙江建筑业的品牌优势和竞争能力，继续保持在全国的领先地位。

（二）提升战略地位，加快发展现代服务业

提高服务业发展水平。把服务业作为新的经济增长点和结构调整的战略重点，建立“高增值、强辐射、广就业”的服务业体系，提高服务业对经济增长和全社会就业的贡献率。着力推进服务业市场化，健全社会化、专业化的生产生活服务网络。充分发挥服务业的比较优势，运用现代经营方式和信息技术，提升商贸物流、金融保险、旅游会展、文化和房地产等优势服务业。积极发展电子商务、连锁经营、现代物流等新技术、新业态和新的服务方式，加快培育信息、科教、中介、社区和公共服务等新兴服务业。

深化服务业体制改革。以市场化、产业化、社会化为方向，打破行业垄断，建立公开、平等、规范的行业准入制度。加快电信、金融、铁路、航空和市政公用服务等行业的市场化改革进程，进一步深化科技、教育、文化、卫生、体育等事业单位改革。对公共服务与非公共服务、营利性服务与非营利性服务实行分类管理和差别化政策，转换运营机制，提高公共服务业的效率和水平。

着力建设服务业高地。鼓励有条件的区域中心城市确立服务业优先发展的地位，推动杭州、宁波、温州等大城市逐步形成以服务经济为主的产业结构，打造现代服务业的集聚区；通过推进宁波、舟山港口一体化，杭州萧山国际机场浙港合作，形成长三角南翼现代物流和国际航运枢纽；通过发展网络增值服务和软件产业，培育国家电子信息和软件产业基地；通过义乌国际商贸城等大型专业市场的整合、转型和提升，积极融入国际采购和分销网络，构筑具有国际竞争力的现代商贸流通中心；通过优化整合全省旅游资源，打造文化、休闲、商贸、生态、海洋、红色旅游六大品牌，建设杭州国际休闲旅游等十大旅游区，成为国际知名、国内一流的旅游目的地。

服务业发展重点：

壮大提升优势服务业

积极发展新型流通业态和现代流通方式，做大做强现代商贸业

着力创建物流枢纽和物流配送中心，加速发展现代物流业

推进金融创新和区域性金融中心建设，大力发展金融保险业

打造文化、生态、海洋、商贸、休闲五大旅游品牌，做精做特旅游业，培育一批特色文化及高技术文化企业和基地，积极扶持文化服务业

以改善广大中低收入居民的住房条件为重点，稳步发展房地产业

培育发展新兴服务业

网络传输与增值并重、软件与系统集成并举，加快发展信息服务业

健全区域创新体系和现代教育体系，扶持发展科教服务业

推进市场化改革和规范化管理，培育发展中介服务业
围绕便民利民创新服务方式，积极发展城乡社区服务业
建设现代服务业五大高地
杭州、宁波、温州等11市现代服务业集聚区
宁波—舟山港、杭州萧山国际机场等长三角现代物流和国际航运枢纽
“数字浙江”及杭州国家电子信息产业基地、杭州国家软件产业基地
义乌国际商贸城等现代商贸流通中心
杭州国际休闲旅游等十大旅游区

（三）加强自主创新，提升产业国际竞争力

实现自主创新的重点突破。把提高自主创新能力作为推进产业结构调整的中心环节，加强原始创新、集成创新，提升引进消化吸收再创新的能力。重点建设国家和省级软件、信息、生物等高技术产业基地，努力在高效生态农业、先进制造业、现代服务业的重点领域和关键环节，掌握一批核心技术，形成一批具有自主知识产权的共性技术创新成果，培育一批具有自主创新能力、拥有自主知识产权的企业。加强品牌创新和管理创新，逐步实现由初级简单加工和贴牌生产为主，向自主创新和自有品牌为主转变，培育100个左右驰名商标，一批全国有较高知名度的制造业、服务业和农产品品牌，打造品牌大省。

完善自主创新的政策导向。实行支持自主创新的财税、金融和政府采购政策，健全知识产权保护体系，完善对自主创新的激励机制。实施技术改造的“双千计划”。健全技术创新机制，引导省级高新技术企业、大中型企业增加研发投入，加强产学研联合攻关和技术成果转化。大力发展创业风险投资，培育壮大一批科技型中小企业。实施重要技术标准，加快淘汰落后工艺技术和装备。

充分发挥信息化的带动作用。以信息化带动工业化，加快运用高技术和先进适用技术改造提升传统产业。广泛应用信息技术，加快机械、纺织、轻工、电子、化工、医药等重点行业的信息化改造，推进贸易、旅游、文化、教育等领域的电子化进程。依托专业网站，积极发展电子商务，引导专业市场融入国际采购分销网络。提高信息资源开发利用水平，加强市场信息对产业发展的引导，促进优势产业、知名品牌快速成长。

四　优化开发格局，统筹区域发展

按照国家区域发展总体战略和统筹全省区域协调发展的要求，积极参与长三角合作与交流，加大国内经济技术合作力度。明确主体功能区划，形成合理的区域发展格局。进一步发挥山海资源优势，推动欠发达地区跨越式发展，建设海洋经济强省，使山区经济和海洋经济成为新的经济增长点。

（一）明确主体功能区划，完善区域空间布局

优化空间发展框架。把城市群作为推进城市化的主体形态，培育杭、甬、温三大都市经济圈，推进浙中城市群的资源整合和经济融合。根据区位条件和资源环境承载能力，建设分工合理、优势互补、特色鲜明的环杭州湾、温台沿海、金衢丽高速公路沿线三大产业带。重视保护和合理开发浙西南、浙西北丘陵山区与浙东沿海近海海域，形成以主要森林资源和重要江河源头保护区为重点的“绿色屏障”，以海洋自然保护区和海洋特别保护区为重点的“蓝色屏障”。

明确区域主体功能区划。根据资源禀赋、环境容量、生态状况、人口数量和开发程度，合理划分优化开发、重点开发、限制开发和禁止开发四类主体功能区，逐步形成功能定位清晰、发展导向明确、开发秩序规范、经济发展与人口资源环境相协调的区域开发格局。

优化开发区域主要包括环杭州湾和温台地区高速公路沿线城镇密集区，以及金衢丽地区开发强度较高的城区。主要任务是优化城镇与产业空间布局，提高整体开发效益。提升中心城市服务和创新功能，着力打造现代服务业和高新技术产业集聚区，严格限制低水平盲目开发和空间扩张；加快卫星城镇培育，吸纳中心城区产业和人口的合理转移；构建城市（镇）间生态廊道和绿色开敞空间，形成布局合理、功能互补、产业优化、设施先进、环境优美的城市群。

重点开发区域主要包括国家级和省级开发区（园区）、城市新兴工业功能区块，环杭州湾和温台沿海地区港口物流和临港工业发展区，金衢丽地区具有开发前景的低丘缓坡和河谷盆地。主要任务是实现高起点的规划与建设，推进工业化和城市化，承接国际先进制造业和现代服务业转移，发展前景广阔的新兴产业，加快人口的有效集聚，力争形成若干新的产业高地和城市新区。

限制开发区域主要包括森林覆盖地区、江河水系源头地区、重要湿地生态系统等生态环境脆弱地区和生态功能保护区。主要任务是强化生态环境保护与整治，着力引导人口和产业向重点开发区域和优化开发区域转移，精心选择少数条件较好的陆域和海岛进行点状式集约开发，发展特色优势产业。

禁止开发区域主要是指依法设立的自然保护区和具有特殊保护价值的地区。主要任务是依据法律法规实行强制性保护，严禁不符合规定的开发活动。

建立和完善主体功能区划的管理机制。编制全省主体功能区划规划，协调各类空间规划和专项规划，提高空间资源配置的总体效率。逐步建立以主体功能区划为基础的差别化区域开发政策，探索重要资源环境的统筹配置机制，完善相应的生态补偿机制。

（二）推进山海协作，加快欠发达地区发展

加大对欠发达地区的扶持力度。以缩小与发达地区居民公共服务差距为目标，加大公共财政对欠发达地区的倾斜力度。强化对农村困难家庭子女的教育扶持和对农村劳动力的技能培训，支持欠发达地区培养和引进人才。加强对欠发达地区医疗卫生服务事业的扶持，提高社会保障和救助水平。加大对革命老区、少数民族地区、边远海岛和贫困山区的扶贫开发力度，做好结对帮扶工作。继续推进百亿帮扶致富工程和欠发达乡镇奔小康工程，健全社会力量对欠发达地区的帮扶机制。

形成山海协作新格局。完善政府推动、市场运作、企业主体、社会参与的机制，深入实施“山海协作工程”，逐步形成欠发达地区与发达地区优势互补、互惠互利、共同发展的区域合作新格局。鼓励欠发达地区承接产业转移，开展来料加工，建立出口货源基地；进一步拓宽山海协作领域，联合开发生态农业和旅游业，联合进行技术攻关、科技成果转化、劳务合作和人才开发。在欠发达地区培育一批龙头骨干企业、优势产业和特色产业基地，建设一批科技、教育、文化、卫生等社会发展项目。

探索欠发达地区跨越式发展新途径。因地制宜、特色开发，力争使欠发达地区城乡居民收入增长速度高于全省平均水平。坚持基础设施先行，加快欠发达地区交通、电力、水利等设施建设，实施一批教育、卫生、文化和环保项目。坚持教育培训先行，高标准普及欠发达地区义务教育，加强转岗转业技能培训。坚持“内聚外迁”先行，推动区内人口向县城、中心镇和部分河谷盆地集聚，实施“下山避险”工程，支持有条件的县市走“小县大城”发展之路，加快欠发达地

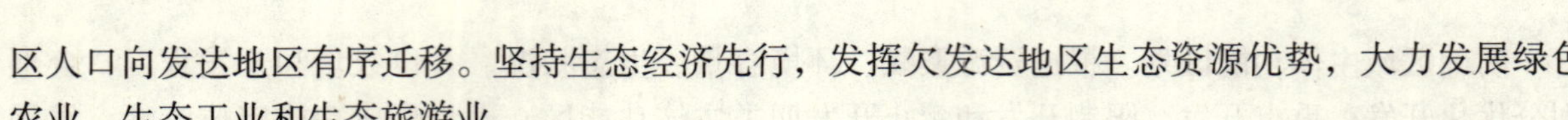

区人口向发达地区有序迁移。坚持生态经济先行，发挥欠发达地区生态资源优势，大力发展绿色农业、生态工业和生态旅游业。

（三）推进陆海联动，加快海洋经济强省建设

加快港口物流、战略物资储运和临港工业三大基地建设。加强沿海港口资源整合和合理开发，发挥集装箱、油品、煤炭、矿石等专用深水泊位优势，加快建设分工合理、江海相连、通达国际的现代港口物流基地。实施岙山原油战略储备库、舟山煤炭配送中心、进口液化天然气（LNG）接收中转站等项目，加快建设保障长三角、辐射全国的战略物资储运基地。引进大公司和大项目，加快建设石化、能源、船舶、钢铁等规模化、高科技临港重化工业基地。依靠科技发展海洋产业。进一步增强海洋国土意识，深入实施“科技兴海”，整合海洋科技资源，创办一批国家和省重点涉海研发机构，建设一批海洋产业基地服务设施。加强海洋生物医药、海洋功能食品、海洋环保技术及设备、海水淡化及综合利用等新兴领域的研究开发和成果转化，培育一批具有高成长性的海洋产业。搞好转产转业渔民培训，大力推动传统渔业向产业化、生态型、高效益的现代渔业转型，建设一批设施配套、功能完善的中心渔港和渔港经济特色区块。

海洋经济强省建设目标和重点：

经济总量：调整海洋捕养结构，大力发展临港工业，积极拓展海洋服务业，海洋经济总产值达到6000亿元。

发展水平：

深入实施“科技兴海”，重要海洋产业主要经济技术指标居全国领先水平

重大建设工程：

建成舟山大陆连岛、杭州湾大通道、洞头半岛等“三大对接工程”

建设港口物流、战略物资储运和临港工业三大基地

海洋生态环境：

健全海洋环境监测、海洋灾害预警预报和防御体系

实施“310海洋环境工程”，近岸海域水质达标率达到31%

主要河口、重点港湾、滨海旅游区等重要海域的生态环境质量明显提高

改善海洋经济发展环境。按照“大岛建、小岛迁、有条件的陆岛连”的总体要求，继续完善接陆连海、贯通海岸、延伸内陆的大交通网架，不断提升重要海岛的基础设施水平，加快海岛水源和海水淡化工程建设。严格海洋功能区划和海域使用管理制度，综合整治河口海湾，保护并合理开发滩涂、岸线资源和无居民海岛。健全海洋环境监测体系、海洋灾害预警预报和防御体系，提高海洋污染重大事故应急处理能力。加强生态修复，恢复海洋生物多样性。

（四）发挥比较优势，促进区域经济合作

积极参与长三角区域经济一体化。主动接轨上海，借助上海“四个中心”建设和科教人才高地的辐射带动效应，提升对外开放水平和产业国际竞争力。进一步推动沪苏浙三省市的交通互联、产业互补、要素共享、环境共保，逐步实现人才、信息、资金等要素的自由流动。以上海世博会为契机，以杭州、宁波为战略支点，充分发挥嘉兴、湖州近沪经济走廊、绍兴吴越文化、舟山深水港资源、台州民营经济等比较优势，加快杭湖宁发展带的形成，进一步融入以上海为龙头的长三角世界级城市群。

积极参与西部大开发、东北地区等老工业基地振兴和中部崛起。加强与中西部及东北地区资源富集省份的战略合作，建立重要资源和原材料基地，参与当地国企改革重组，利用边境口岸开

拓东盟、南亚和东北亚边贸市场。发挥衢州作为浙闽赣皖四省边际中心城市和丽水作为浙西南山区中心城市的区位优势，拓展内陆经济腹地。鼓励企业在省外投资创业，积极支持浙商回归发展。加强引进内资工作，改善对在外浙商及商会的指导和服务。继续做好对口支援和对口帮扶工作，帮助受援地区增强自身积累和自我发展能力。

不断扩大与港澳台的经济合作和交流。进一步落实内地与香港关于建立更紧密经贸关系的安排（CEPA），推进与港澳在金融、物流、贸易、旅游、咨询、教育、科技等服务领域的深入合作，拓展新的合作领域。继续推进"东引台资"，加强与台湾的经贸技术合作。

五　完善基础设施，增强资源要素保障能力

着眼于适度超前，着力于综合提升，以水利、能源、交通、信息等基础设施建设为重点，构建布局合理、结构优化、设施先进、城乡共享的基础设施体系。加强对重大基础设施项目的统筹规划和科学论证，防止重复建设和资源浪费。推进基础设施投资、建设和管理改革，加强需求侧管理，全面提高建设运营水平。

（一）优化配置、综合利用，强化水资源保障

加强水环境整治和保护。全面规划和建设安全饮水、治污净水、节约用水、科学调水等"四水工程"。进一步加强八大水系流域和小流域综合治理。加快城镇截污治污工程、城市水环境整治工程、"万里清水河道工程"建设。全省地表水省控断面水质三类标准以上比例超过60%，城市集中式饮用水源地水质基本达标率达到85%以上。新增治理水土流失面积4000平方公里，承压地下水超采区实行全面禁采。

优化水资源配置。加强跨区域引供水的综合协调，建立水源充足、水质良好、管网配套、城乡一体的供水网络，新增年供水能力30亿立方米。继续实施浙东引水等工程，深化浙北引水前期工作，加快推进金华九峰、龙游沐尘、宁波周公宅、湖州老虎潭、长兴合溪、新昌钦寸等水源工程建设。积极推进海水淡化工程建设，海水淡化日处理规模争取超过20万吨。

进一步完善江堤、海塘加固和排涝工程。实施八大水系江堤和重要海塘的加固工程，完善太湖流域治理、温州西向排洪等易涝常灾地区的排涝工程，继续抓好全省城市防洪工程，建成金华市城市防洪工程等项目，推进"千库保安"工程和300座标准水库建设，加强小流域综合治理，提高沿海防台御潮和城乡防洪抗灾能力。

（二）优化结构、积极平衡，强化电力能源保障

加强电源建设。按照"十一五"期末全省人均电力装机1千瓦的目标，加快电力项目的建设进度。坚持水火核气并举，优化电源结构。在保护生态的基础上有序开发水电，建成滩坑水电站，有重点地新建若干抽水蓄能电站；以增加大型高效机组为重点优化燃煤火电结构，建成国华宁海电厂、华能玉环电厂、浙能兰溪电厂、大唐乌沙山电厂、浙能乐清电厂、台州电厂五期等，争取新建若干燃煤电厂；加快建设三门核电和秦山二期扩建工程，形成南北两大核电基地；积极推进天然气发电，建成镇海、萧山燃气电厂和宁波液化天然气（LNG）电厂；加快推进开发利用太阳能、风能、生物质能等可再生能源项目。加快建设宁波舟山港域的原油和煤炭储运基地，提高战略储备能力，扩大国外能源利用，保障一次能源供应。

完善电网布局。推进"西电东送"、"皖电东送"工程，增强浙江电网的受电能力。完善500千伏电网结构，加快建设临海—义乌双回500千伏线路，建设双龙—丽水—瓯海Ⅱ回线、玉环电

厂和乐清电厂送出等一批输电线路，新建嘉善、温东、甬东、丽水等14座500千伏变电所。建成安徽—浙江双回路通道等项目，形成浙东浙西双通道、钱塘江南双环网的主网架格局。建成以大型电厂为支撑点，以500千伏环网为主网架，布配合理、安全可靠的电网运行体系。

（三）优化布局、衔接配套，提高综合运输效能

构建综合运输体系。加强运输通道和枢纽建设，加快形成“两纵”（沿海和沪浙赣通道）“三横”（浙北、杭甬舟和浙南通道）、“双枢纽”（杭州以客为主、宁波以货为主）、多节点的综合运输网络。充分发挥各种运输方式的优势，提高综合运输系统的整体效能和普遍服务水平。

加快发展轨道交通。优先发展快速、安全、集约的轨道交通，新建杭州地铁和沪杭、杭宁城际快速轨道交通工程。积极推进金温铁路提速扩能改造、湖嘉乍铁路建设和金台铁路前期工作。加快贯通沿海铁路大通道，建成温福浙江段、甬台温及衢常铁路，完成浙赣、沪杭和萧甬铁路电气化改造。结合规划调整和城市发展，优化铁路场站和线路布局，完善杭州、宁波、温州、金华等铁路枢纽。

完善公路运输网络。优化路网布局，拓展省际通道，建成杭州湾跨海大桥及南北接线、台缙、杭浦、杭徽、申嘉湖（杭）、申苏浙皖等高速公路，推进绍嘉、甬台温复线等高速公路建设；加快欠发达地区高速公路建设，建成诸永、龙（游）丽（水）、丽（水）龙（泉）、黄衢南高速公路和舟山大陆连岛工程。

提升港航发展水平。推进宁波、舟山港口一体化，加快进口矿石、原油中转运输系统、煤炭卸船运输系统和集装箱专用泊位建设，充分发挥上海国际航运中心重要组成部分的优势。科学保护和合理开发深水岸线资源，形成以宁波—舟山港为中心，以温、台港口和浙北港口为两翼的海港布局体系。加快推进高等级航道改造工程，重点抓好骨干航道和内河港口建设，逐步构建水系沟通、干支直达、区域成网的航运网络。

扩大航空运输能力。推进浙港合作，加快杭州萧山机场扩建；改扩建宁波栎社、温州永强机场，做好迁建机场的前期工作，形成以杭州萧山机场为重点，宁波、温州机场为骨干，其他机场为补充的空港布局。巩固已有航线，拓展新航线，形成国内外、客货运、干支线、空中与地面有机衔接的航空运输网络。

（四）优化网络、联建共享，提高信息应用效能

继续完善计算机互联网。推进光缆传输，发展无线传输，整合网络资源，建成大容量、高速率、安全可靠的公众骨干传输网。加快实施宽带网接入和扩容工程，重点建设宽带互联网以及兼容综合业务的接入网，全省互联网用户普及率达到15%以上。

扩容提升通信网。继续发展第二代数字移动通信系统，开展多元化业务，适时向第三代移动通信系统平稳过渡。按照“大容量、少局所、多模块、广覆盖”的原则，优化升级固定电话网络，逐步将业务汇聚到宽带、智能、开放的下一代综合业务网络。

加快建设数字广电网。全面推进广播电视从模拟向数字化过渡，进一步完善以有线电视管网为重点的网络建设，逐步建立包括节目、传输、服务、监管功能在内的统一平台。强化数字化广播电视技术的集成和应用，加快广播电视网络双向改造和有线数字电视的整体转换。

积极促进计算机、通信、广播电视三网融合。深化信息管理体制改革，加强信息技术标准的衔接和统一，健全信息安全保障，促进大型数据库和公共信息平台的联建共享。继续建设“数字浙江”，构建开放、高效、便捷、安全的信息网络平台，全面推进政府、企业、社区和家庭信息化。

重大基础设施工程及目标

水资源：

“四水工程”建设，八大水系及小流域综合治理、防灾和水资源配置工程

海水淡化日处理规模超过20万吨

能源：

水火核气并举，全省人均电力装机达到1千瓦

加快推进太阳能、风能等可再生能源开发利用项目

杭州地铁、沪杭、杭宁城际快速轨道交通、沿海铁路大通道，铁路建设和改造1500公里，电气化率达到75%，新增营运里程500公里以上

公路总里程达到10万公里、高速公路总里程3500公里、准四级以上标准化公路通行政村率达到98%

沿海港口吞吐能力达到6.2亿吨、集装箱吞吐能力达到1000万标箱，四级以上航道达到1000公里

全省机场年旅客吞吐能力达到3500万人次，年货邮吞吐能力达到40万吨

信息化：

建设“数字浙江”，互联网用户普及率达到15%以上

全省城区基本完成有线数字电视整体转换

大力推进电子政务和电子商务，促进计算机、通信、广播电视三网融合

防灾减灾：

提高台风、洪涝、干旱等气象灾害和地震的防灾减灾能力

提高火灾、交通事故、化学污染、核辐射等重大公共事件应急避险能力

（五）防灾减灾、应急避险，强化公共安全保障

加强防减灾设施建设。规范基础设施项目的设计、施工和管理，强化沿海防台御潮、高标准城市防洪、主要水系和流域治理、抗震及地质灾害避险等重要工程建设。合理开发气象资源，提高气象预报的准确率和时效性。普及全民防灾减灾知识，以供水、供电、供气保障和学校、医院、商场、娱乐场所安全为重点，提高综合防灾减灾能力。

加快应急网络平台建设。整合应急技术系统和设施，建立应急指挥平台。加强气象、海洋、水文、地质等多部门和多学科的协作，建立健全覆盖陆域和海洋的地理信息系统，提高对台风、洪涝、干旱、地震等自然灾害和火灾、交通事故、化学污染、核辐射等重大公共事件的监测、预测和预警能力。

六 全面推进生态省建设，加快建设资源节约型和环境友好型社会

按照统筹人与自然和谐发展的要求，全面建设生态省，打造“绿色浙江”。大力发展循环经济，推进节能节水节材节地和资源综合利用，加大环境污染综合整治力度，逐步形成节约资源的生产方式和健康文明的消费模式，加快建设资源节约型和环境友好型社会，全面提高可持续发展能力。

（一）加强资源综合利用，形成节约型增长方式

大力推进能源节约。实施“十大重点节能工程”，突出抓好钢铁、有色金属、电力、建材等

重点耗能行业和企业的节能工作。大力发展节能型交通运输工具和农业机械，优先发展城市公共交通系统，控制高耗油汽车的发展。推动新建住宅、公共建筑节能和现有建筑节能改造。推广节能环保型空调、冰箱等家电产品和节能照明产品。到2010年，能源综合利用效率达到40%。

深入开展节约用水。建立合理的水资源管理体制和节约用水机制。积极推广节水设备和器具，加快城市供水管网改造，推进污水处理及再生利用。实施“千万亩十亿方节水工程”，做好农业节水工作。大力实施高耗水行业节水技术改造。

积极推进原材料节约。加强重点行业原材料消耗管理，严格设计、施工、生产等技术标准。使用再生材料，推广替代材料，应用新型材料，提高原材料利用率。延长材料使用寿命，加强木材节约代用。大力节约包装材料，做好玻璃、马口铁、铝、纸板和塑料等包装材料的回收工作，全省水泥散装率达到70%以上。

提高土地节约和集约利用水平。坚持十分珍惜和合理利用土地的基本国策。合理围垦滩涂，开发低丘缓坡，开展土地整理和复垦，实现耕地占补平衡，保障土地供给。优化土地资源配置，强化新增用地的前置控制和事后监督，盘活各类闲置土地。进一步优化乡镇村布局，开展农村集体建设用地整理试点，提高建设用地效率。严格限制毁田烧砖，大力推广新型墙体材料，推进标准厂房建设。

加强资源综合利用。建立废弃物循环利用产业链，重点推进冶金、电力、医药、石化、造纸、建材、轻纺等行业的“三废”循环利用。建立生产者责任制度，以再生金属、废旧轮胎、废旧家电及电子产品为重点，提高加工利用再资源化水平。推广城市垃圾分类收集管理制度，推进农业废弃物生态化处理和农业生产资料资源化利用。

（二）转变生产消费模式，推动循环经济发展

加快构建循环经济体系。按照“减量化、再利用、资源化”原则，以企业为主体，政府推动、市场引导、公众参与相结合，实现企业、园区、社会三个层次循环经济的互动发展。以“低消耗、低排放、高效率”为导向，通过企业生态设计和清洁生产，推进企业内部小循环。以企业、产业之间的循环链建设为主要途径，以园区生态化改造为主要抓手，推进产业园区中循环。以生态社区和生态城镇创建为载体，推行绿色消费和社会化废旧物资回收，推进社会大循环。

发展循环经济重点项目：

生态工业示范园区

生态农业示范园区

企业清洁生产示范工程

风力发电等可再生能源及高效节能技术示范工程

垃圾焚烧发电、废旧金属回收等废弃物处置与资源综合利用工程

机器设备翻新等再制造技术示范工程

海水淡化、中水回用等节水示范工程

废弃矿山修复治理等节地示范工程

绿色建筑示范工程

生态湿地和海洋生态保护示范工程

推动循环经济示范工程建设。实施循环经济“991行动计划”，突出资源节约型和环境友好型产业发展、推行清洁生产、资源综合利用、工业园区生态化改造、高效生态农业、循环技术开发和推广应用、生态城市和生态乡镇建设、绿色消费、政策法规建设等九大领域，建设“九个一批”示范工程，组织实施百个重大项目。推进工业循环经济“4121”示范工程建设，确定4个

市、10个县（市、区）、20余个工业园区（块状经济）和100余家企业作为工业循环经济首批试点。

（三）强化污染防治和生态建设，不断改善环境质量

加大生态建设力度。进一步完善生态补偿机制，多渠道多形式支持江河水系源头地区和重要生态功能区的生态保护和建设。加强陆域和海洋的自然资源和生态环境监测，加强森林资源保护和生态公益林建设，实施沿海防护林、万里生物防火林带工程，森林覆盖率稳定在60%以上，力争阔叶林与针阔混交林比例达到45%以上。进一步做好珍稀濒危物种的抢救与保护，强化对临安天目山等生物多样性自然保护区的保护，合理增建森林生态、野生动植物、湿地和海洋等自然保护区，促进自然生态恢复。

环境保护和治理主要目标：
地表水省控断面水质达到三类标准以上比例60%
城市集中式饮用水源地水质基本达标率85%
设区市空气质量达到二级标准的天数大于292天/年的比例80%
城市生活垃圾无害化处理率90%
农村生活垃圾收集率72%
城市污水处理率75%
废放射源收贮率100%

严格控制和整治环境污染。进一步强化环境准入、“三同时”和排污许可等环境管理，坚决控制发生新的污染和生态破坏，逐步实现污染防治由末端治理向全过程控制转变。继续推进“811”环境污染整治行动，抓好钱塘江等八大水系、京杭运河、平原河网、海湾河口等重点流域污染治理，完成温瑞塘河、曹娥江流域综合治理等一批重点工程。加强重点行业的污染防治，淘汰浪费资源、污染环境的落后生产工艺和设备，坚决依法关闭污染严重、危害人民健康的企业。加大城乡环境整治和管理力度，提高城乡生活污水、生活垃圾和医疗垃圾的集中处理率和无害化处理率，建成绍兴污水处理厂三期扩建、金华市金东区污水处理厂等一批工程，实现全省县县建有污水处理厂。综合整治城市内河河道污染、大气污染和噪声污染；防治农业面源污染，大力推进规模化养殖场污染治理。执行碧海行动计划，重点实施“310海洋环境工程”，严格控制近海海域污染。建立健全辐射环境监管体系，重点加强核辐射环境监管。

（四）强化引导和约束机制，增强可持续发展能力

建立健全法规和标准。加快健全有利于建设资源节约型和环境友好型社会的地方性法规，修订和制定环境保护、资源节约综合利用、废旧物资回收利用、建筑节能等政府规章，明确政府、企业和自然人的责任与义务。加快制定资源节约的产品和产业标准，完善企业清洁生产的标准规范，研究制定循环经济的资源效率标准、能源效率标准、废弃物排放标准等。建立和推行绿色产品、绿色企业的标准体系，完善监管办法。

建立导向机制。建立再生资源回收处理收费制度，加快制定鼓励清洁生产和绿色消费的相关政策，加大公共财政对环境保护、资源节约和发展循环经济的投入力度。研究自然资源和环境生态价值评估方法，探索建立绿色国民经济核算体系和包括资源环境保护指标在内的政绩考核制度，完善生态恢复、破坏修复责任制度。充分发挥新闻媒体的舆论引导和监督作用，大力加强国情、省情教育，广泛组织开展创建资源节约型和环境友好型城市、政府、企业、社区活动。

七　科教兴省、人才强省，加快建设文化大省

发挥浙江人文优势，大力实施科教兴省和人才强省战略，增强先进文化凝聚力，解放和发展文化生产力，提高文化公共服务能力，实施文化建设“八项工程”，全面建设科技强省、教育强省、卫生强省和体育强省，促进经济社会协调发展。

（一）加强文化建设，繁荣先进文化

加强思想道德建设。以先进文化为导向，积极开展爱国主义和形势政策教育，与时俱进地坚持和发展浙江精神。深入开展群众性精神文明创建活动和“双建设、双整治”活动。切实加强和改进未成年人思想道德建设，加强文明礼仪教育和法制信用宣传，全面提升公民思想道德素质。大力推动廉政文化“六进工程”，在全社会形成廉洁从政从业的良好风尚。加强浙江当代发展问题和历史文化研究，繁荣哲学社会科学。

积极发展文化事业。重点加强欠发达地区和农村、社区等基层文化阵地建设，进一步提升图书馆、文化馆站的服务水平，优化档案馆、博物馆建设布局，建成西湖文化广场、浙江美术馆等公益性文化设施。完善有利于优秀文化产品创作生产的政策机制，推出一批文化精品。建立覆盖城乡的文化传播网络，推进数字化在线传播。加强历史文化遗产和民族民间艺术传承，妥善保护历史文化名城、街区、村镇、重要历史建筑和文物。促进文化开放，积极推动优秀文化成果的对外交流。

文化“八项工程”和“四个一批”建设：

建设文明素质、文化精品、文化研究、文化保护、文化产业促进、文化阵地、文化传播、文化人才等八项工程

建设一批重点文化设施：

省、市两级标志性文化设施

县级、社区、农村三类基层文化设施

广播影视、新闻出版、文化、文化旅游四类文化信息网络设施，文化演艺、休闲娱乐、体育健身、文化旅游、出版发行五类经营性文化设施

发展一批重点文化产业：

出版、发行、印刷、文化旅游、广播影视、会展、文体用品制造等七类优势文化产业

网络文化服务、动漫、体育服务、文化经纪等五类新兴文化产业

文化演艺业、休闲娱乐业、艺术品经营等三类特色文化产业

培育一批重点产业区块：

横店影视、杭州滨江两大高新文化产业区块

戏剧、工艺美术、金石书画三类传统艺术产业区块

现代传媒、文体用品制造、文化旅游、出版物和包装装潢印刷、文体用品专业市场五类优势文化产业区块

壮大一批重点文化企业：

若干大型综合性文化集团、专业性文化企业、骨干民营文化企业和外向型文化企业

大力发展文化产业。深化文化体制改革，研究制定发展文化产业、加强文化市场管理的相关政策和规章制度。发展文化中介组织，推进经营性文化事业单位的转企改制。在新闻出版、广播影视、文化演艺、信息网络、动漫游戏、文化用品制造、艺术品经营等领域，发展具有浙江特色

和高技术、外向型的文化产业。培育文化龙头企业和文化名牌产品，打造文化产业示范基地、特色文化产业区块和文化专业市场。鼓励非公有资本进入国家政策许可的文化领域，积极扶持民办文化产业。

（二）加快科技进步，全面提升科技综合实力

构筑区域创新体系。贯彻“自主创新、重点跨越、支撑发展、引领未来”的指导方针，把提高自主创新能力摆在全部科技工作的首位，发展创新文化，集聚创新要素，激发创新活力，转化创新成果。在建立健全科技创新体系、知识创新体系、科技中介服务体系的同时，进一步完善企业主体、市场导向、政府推动、产学研紧密结合的区域创新体系。

建设开放型区域创新平台。积极引导扶持有条件的企业建立高层次研发机构，建设一批国家级和省级科技研发机构，推进创新团队建设。鼓励技术革新和发明创造，激活各类企业特别是中小企业的创新动力，提升高等院校和科研院所的研究开发和技术服务能力。建设并开放一批国家和省级重点实验室、试验基地，发展一批区域科技创新服务中心和科技中介组织，建设一批高新技术孵化器，促进科技成果产业化。积极发展民办和外资科研机构，鼓励国内外著名大学、科研机构和跨国公司来浙江设立分支机构和研发中心。采取理事会、股份制、会员制等形式，组建一批公共科技基础条件平台、行业和专业创新平台。加快发展技术市场，完善中国浙江网上技术市场，加速科技成果转化。

组织实施重大科技专项。围绕高技术产业、传统制造业、装备制造业、高效生态农业、环境资源、海洋开发、健康与安全、服务业信息化等八个重点领域，组织实施30个重大专项，形成一批具有自主知识产权的科技成果，加快实现技术跨越。

科技创新30个重大专项：

1. 重大与高发疾病防治技术
2. 重大自然灾害预警和应急处置技术
3. 水污染防治与水资源综合利用技术
4. 固体废物综合处置技术
5. 海水淡化及综合利用技术
6. 可再生能源利用技术
7. 高效节能技术
8. 绿色化工技术
9. 新一代移动通信技术与设备
10. 下一代互联网技术与设备
11. 数字电视技术与设备
12. Linux 系统开发与应用
13. 集成电路设计
14. 新型显示技术及产品
15. 新型电子元器件
16. 嵌入式系统开发及应用
17. 数字音视频技术
18. 半导体照明（LED）技术
19. 纳米技术攻关及示范应用
20. 生物制药技术

21. 现代中医药技术
22. 农业新品种选育及产业化
23. 农产品（食品）质量安全与标准化生产技术
24. 现代农业工程技术及产业化
25. 农业生物技术及产业化
26. 农产品（食品）加工技术及产业化
27. 现代纺织加工技术及装备
28. 汽车及关键零部件制造技术
29. 制造业信息化
30. 服务业信息化

（三）突出素质教育，推进教育均衡发展

加快发展现代教育体系。坚持教育优先发展，高标准、高质量普及九年制义务教育，全面普及高中段教育和学前三年教育，加快扫除青壮年文盲。着力提高高等教育质量，支持浙江大学和中国美术学院创建世界一流大学，争取若干所高校进入国内一流大学行列。办好高教园区，促进与省外、国外名校联合办学。坚持以就业为导向，大力发展职业教育，高等和中等职业教育招生均占高等和高中段教育招生总规模的50%。加快发展校外教育，进一步扩大青少年宫、青少年学生校外素质教育基地的规模，建设一批国内一流的青少年校外活动场所。积极发展成人教育和继续教育，形成多层次、开放式的终身教育网络，建设学习型社会。建设一批社区学院和农村成人文化学校，城乡社区教育普及面分别达到90%和60%以上。加强科普教育，提高社会公众的科技意识和科学素养。

促进城乡、区域教育均衡发展。把农村基础教育作为重中之重，加大对农村和欠发达地区的教育经费投入。对全省城乡义务教育免收学杂费，省财政对各地免收的学杂费给予一定的转移支付，各地财政要确保教育经费足额到位。对家庭经济困难学生免收课本费、作业本费和补助住宿费，消除学生因贫辍学现象。调整和优化学校布局，安排专项资金用于欠发达地区和农村学校建设，大力发展农村中小学远程教育，重视流动人口子女的教育。

教育发展重点任务

基础教育抓均衡：

高标准、高质量普及九年制义务教育，全面普及高中段和学前三年教育

实施家庭经济困难学生资助扩面、爱心营养餐、食宿改造、教师素质提升等农村中小学“四项工程”

建立素质教育导向的招生考试制度和学生评价体系

高等教育抓质量：

培育20个“重中之重”学科和200个省级重点学科，建设25个人文社会科学研究基地

支持浙江大学和中国美术学院创建世界一流大学，争取若干所高校进入国内一流大学行列

办好高教园区，整合高等教育资源

职业教育抓结合：

建设80个与支柱产业相结合的实训基地

建设15所全国和省级示范性高职学校、200所省级重点中职学校

重点扶持欠发达地区60所中职学校

终身教育抓体系：

建设一批社区学院和农村成人文化学校

开展学习型社区、机关和企业创建活动

（四）实施人才强省战略，提高人才队伍整体素质

加强人力资源能力建设。优先投资于人的全面发展，以高层次、高技能人才为重点，大力开发人才资源。围绕提升执政能力，继续开展大规模培训干部工作，实施“万名公务员公共管理培训工程”，培养造就一支能够担当重任、奋发有为的领导干部队伍和廉洁勤政、务实高效、高素质专业化的公务员队伍。围绕提升经营管理能力，轮训全省规模以上企业的高层经营管理人才，培养造就一支市场拓展能力和社会责任感强的企业家和职业经理人队伍。围绕提升自主创新能力，深入推进“新世纪151人才工程”和“钱江学者计划”，培养造就一支在全国有影响力、比较优势明显的学科带头人和专业技术领军人才队伍。围绕提升实践能力，实施高技能人才培训工程，培养造就一支掌握高超技能和前沿技术的高技能人才队伍。围绕提升致富创业能力，启动百万农村实用人才培养计划，培养造就一支技术能手、能工巧匠、经营能人和乡村科技人员队伍。

调整优化人才结构。围绕高效生态农业、先进制造业和现代服务业发展及三大产业带建设，打造特色产业人才培育基地，加快人才集聚。设立人才开发专项资金，加大对欠发达地区智力支持和人才培训力度。实施“非公经济组织人才工作推进工程”，强化对民营经济的人才支撑。加快长三角人才开发一体化进程，全方位推进跨区域的人才开发交流与合作。倡导和推行人才柔性流动，继续实施“万名高层次人才引进工程”，积极吸纳海内外高层次人才和紧缺急需人才。选送一批高层次人才到国外学习培训，开展科技合作与学术交流。依托留学人员创业园、博士后科研流动站和工作站等高层次人才载体，凝聚和培养创新创业人才。

创新人才机制。全面贯彻党管人才原则，继续深化干部人事制度改革，健全以品德、能力和业绩为重点的选拔任用、评价和激励机制。建立健全浙江省特级专家、突出贡献中青年专家、突出贡献人才奖励、钱江技能大奖等制度。加快构建统一开放的人才市场体系，加强人才公共服务，促进人才合理流动。进一步完善人才开发的投入机制，切实发挥人才投入效益。

人才培育和开发的10个载体：

1. 万名公务员公共管理培训工程
2. 新世纪151人才工程
3. “钱江学者”计划
4. 高技能人才培训工程
5. 百万农村实用人才培养计划
6. 欠发达地区人才开发专项资金
7. 非公经济组织人才工作推进工程
8. 万名高层次人才引进工程
9. 特色产业人才培育基地
10. 留学人员创业园、博士后科研流动站等

（五）发展医疗卫生和体育事业，增进全民健康

提升医疗卫生服务水平。加强农村及欠发达地区卫生基础设施建设，健全集预防、医疗、保健、康复、健康教育和计划生育指导“六位一体”的社区卫生服务网络。建立重大传染病疫情和突发公共卫生事件应急指挥、疾病预防控制、卫生监督执法、医疗救治和公共卫生信息预警监测报告体系，加强艾滋病、结核病、肝炎、人禽流感、血吸虫病等重大传染病和地方病的防控工

作。强化医学科技，建设一批现代化医院。发展中医药产业，推进中医药现代化和国际化。继续大力开展爱国卫生运动，提升城乡公共卫生水平。

深化医疗卫生体制改革。加大公共卫生投入，合理配置资源，提高医疗卫生事业的公益性、公平性。完善新型农村合作医疗制度，力争参保率达到90%以上。建立健全药品和医疗服务价格形成机制，健全药品网上集中采购制度，进一步调整和规范医疗服务价格，切实解决看病难、看病贵问题。健全卫生监督执法体系，加强对农村基层卫生事业的监管和服务。完善全民健康教育与健康促进工作机制。

卫生强省建设“六大工程”：

1. 农民健康工程。建立和完善新型农村合作医疗制度、农民健康体检制度和农村公共卫生服务项目管理制度

2. 公共卫生建设工程。建立健全突发公共卫生事件应急指挥、疾病预防控制、卫生监督执法、医疗救治以及公共卫生信息预警、监测和报告五大体系

3. 城乡社区健康促进工程。建立与经济社会发展水平相适应的、具有浙江特色的城乡社区卫生服务体系

4. 科教兴卫工程。建立和完善适应市场经济和卫生事业发展要求的医学科技创新体系、科教管理体系和人才培养体系

5.“强院”工程。形成以三级特等、三级甲等医院为龙头，三级乙等、二级甲等医院为骨干，专科医院门类齐全的现代化医疗服务体系

6. 中医药攀登工程。加强中医药的继承与创新，促进中医药的现代化和国际化

推进全民健身。加快推进小康健身工程、奥运争光工程和体育产业培育发展工程，兴建一批国家和省级健身中心、青少年户外活动营地、社区和乡镇健身场所，进一步开放体育场馆和学校体育场地。按照布局合理、资源共享的原则，建设一批符合国内外大型赛事标准的体育场馆。重点发展竞技体育的优势项目，培育一批国家和省级高水平体育后备人才。改善训练条件，建成省体育运动训练基地，健全集训练、教育和科研为一体的集约化训练体系。发展体育竞技表演、体育技术培训、休闲健身、体育用品制造等体育产业，培育体育产业集团、职业体育俱乐部和体育中介，大力引进高水准的国际赛事。

八　建设“平安浙江”，促进社会和谐

按照构建社会主义和谐社会的要求，紧紧抓住发展民主政治、实现公平正义、维护社会安定、加强社会管理四个着力点，建设“平安浙江”。建立健全党委领导、政府负责、社会协同、公众参与的社会管理新格局。建设“法治浙江”，加快形成民主完善、法制完备、公共权力运行规范、公民权利切实保障的法治社会。

（一）建设社会保障体系，不断提高人民生活水平

健全就业服务体系。大力发展劳动密集型产业特别是服务业，鼓励发展中小企业，努力创造更多的就业岗位。把职业培训和促进就业结合起来，提高劳动者的就业、转业和创业能力。完善困难群体就业援助长效机制，健全城乡一体的劳动力市场，逐步形成连通城乡、覆盖全省的就业服务网络。

完善社会保险体系。加大公共财政对社会保障的资金支持力度，进一步扩大养老、医疗、失业等基本社会保险覆盖面。建立基本养老保险、企业年金、个人储蓄性养老保险相结合的养老保

障制度，全面推进城镇企业基本养老保险制度，稳步改革事业单位基本养老保险制度，全省企业养老保险参保人数达到1000万人。加快构建多层次、全覆盖的全民健康保障体系，健全城镇居民基本医疗保障和新型农村合作医疗制度，基本医疗保险参保人数超过900万人。规范失业保险制度，促进失业人员再就业，全省失业保险参保人数达到770万人以上。建立健全工伤保险与事故预防、职业康复相结合的制度，被征地农民全部纳入基本生活保障范围。

健全新型社会救助体系。更加关注社会弱势群体，进一步规范最低生活保障、医疗、教育、住房、养老等救助制度，健全农村“五保”和城镇“三无”对象集中供养长效机制。保护残疾人合法权益，健全残疾人保障机制。加大廉租住房、经济适用房建设力度，扩大住房公积金制度覆盖面，加快解决城镇低收入家庭、外来务工人员住房困难，逐步建立农村特困家庭的住房救助制度。

探索构建新型社会福利体系。积极发展社会福利事业，科学规划、合理布局福利设施，全省综合社会福利床位数年均递增10%，有效保障老年人、残疾人、孤儿等弱势群体的福利服务要求。大力推进福利事业社会化，鼓励社会募捐，加快发展社会慈善事业。建立社会工作者职业资格认证制度，大力倡导义工、志愿者服务，健全服务网络，提高福利服务整体水平。

进一步优化收入分配。规范个人收入分配秩序，坚持各种生产要素按贡献参与分配。注重就业机会和分配过程的公平，有效调节过高收入，不断提高中等收入者比重。着力提高低收入者收入水平，在经济发展的基础上逐步提高最低生活保障和最低工资标准，认真解决低收入群众的住房、医疗和子女就学等困难问题。培育消费热点，引导消费预期，完善消费政策，扩大居民消费。切实改善购物、娱乐、餐饮等消费环境，提高生活质量。

（二）加强社会建设，不断提高社会管理水平

加强人口和计划生育工作。重视人口战略性问题研究，以人的全面发展统筹解决人口数量、素质、结构、分布等问题。保持现有生育政策的连续性和稳定性，稳定人口低生育水平，全省总和生育率控制在1.5以内。全面实施计划生育家庭奖励扶助制度，关注性别平等，综合治理流动人口生育率和出生人口性别比偏高问题，大力推进“计划生育、生殖健康促进工程”。重视保障妇女儿童权益。积极应对人口老龄化，大力发展老龄事业和老年服务产业。加强对流动人口的服务和管理，促进人口有序流动和合理分布。

加强民主政治建设。推进基层民主自治，健全民主选举、民主决策、民主管理、民主监督等各项制度，保障城市社区居委会和村民委员会依法行使自治权利。大力培育公众的参与意识，规范参与行为，完善城乡社区的自我管理、自我教育、自我服务功能。规范社区组织建设，理顺政府部门和社区的关系。加大对少数民族和景宁畲族自治县等民族地区的扶持力度，做好城市民族工作，增进民族团结。落实宗教政策，依法管理宗教事务。贯彻侨务方针，进一步做好侨务工作。

规范发展社会组织。培育各类社会组织，发展一批行业协会、非营利性基金会和公益性社团。加强政府与社会组织间的合理分工，使各类社会组织成为政府与公众之间的重要桥梁和纽带。推进各类中介机构与政府部门彻底脱钩，加快承接政府改革中转移出来的职能。完善社会组织管理的法规规章，充分发挥社会组织提供服务、反映诉求、协调利益、自律管理等职能。

有效保障社会公共安全。坚持“安全第一、预防为主”的方针，加强突发公共危机预警体系建设，形成覆盖城乡、反应灵敏、统一指挥、功能齐全、运转高效的危机应对管理机制，提高处置突发事件的能力。推进科技强警，建设“金盾工程”。创新“枫桥经验”，加强和完善社会治安综合治理工作机制，努力把各类矛盾解决在基层和萌芽状态。依法打击各种犯罪活

动，保障人民生命财产安全。切实加强禁毒工作和互联网安全管理，防范和打击非法宗教活动和各类恐怖活动。落实安全生产责任制，强化对建筑、矿山、危险化学品、核设施和饮用水、药品、特种设备等重点领域、重点行业的监督管理；加强动植物检验检疫，建立食品安全监管长效机制；提高交通安全监管水平，防止重特大事故发生。加强国家安全工作，严密防范和严厉打击各种敌对势力的渗透和破坏活动。建立社会舆情汇集和分析机制，畅通社情民意反映渠道，创新信访工作机制，完善领导下访、约访制度，正确处理人民内部矛盾，妥善处置各类群体性事件。积极支持国防和军队建设，切实做好国防动员和民兵预备役工作，广泛开展“双拥”和军民共建活动。

（三）建设“法治浙江”，不断提高依法治省水平

加快法制化建设进程。以适应经济市场化、国际化进程和维护人民群众切身利益为重点，健全政府立法程序和工作机制。加强和改善行政执法，加快建立权责明确、行为规范、监督有效、保障有力的行政执法体制。积极探索相对集中行政处罚权工作，推进综合执法。规范行政执法行为，重点解决执法不严和多头执法等问题。完善行政执法责任制，加强执法队伍建设，提高行政执法水平。

切实维护司法公正。以保证司法公正为目标，逐步推进司法体制改革，形成权责明确、配合密切、相互制约、高效运行的司法体制。完善司法工作机制，规范司法行为，加强司法监督，促进司法公正，维护司法权威。加强司法队伍建设，防止和惩戒司法工作中的违法违纪行为。

加强普法宣传和法律服务。实施“五五普法”规划，不断提高全民法律素质。努力创新手段、拓宽渠道，以领导干部、公职人员和青少年为重点，深化形式多样、生动活泼的法制宣传教育。完善包括律师、公证、司法鉴定等在内的法律服务体系，扩大法律服务领域，加强对弱势群体的法律援助工作，积极参与疏导和化解各类社会矛盾。加强法律服务从业人员、法律援助工作人员和基层司法行政队伍建设，到2010年每万人拥有律师数达到2人左右。

完善社会和谐促进机制：
就业与再就业服务机制
社会保障和社会救助机制
社会利益协调机制
流动人口服务和管理机制
基层民主自治机制
社会组织表达诉求与自律管理机制
公共安全监管与社会危机应急处置机制
社会舆情汇集和分析机制
公正执法监督机制
法律服务和援助机制

九　坚持互利共赢，提升经济国际化水平

顺应经济全球化和区域经济一体化趋势，充分利用“两个市场”、“两种资源”，加快推进产品、产业和市场的国际化，充分发挥外经贸对产业结构调整的促进作用，在更大范围、更广领域和更高层次上参与国际经济合作与竞争，努力实现对外开放的新突破。

（一）转变外贸增长方式，提高对外贸易效益

增强出口综合竞争能力。深入实施外贸"四个多元化"，积极培育大型外贸企业、科工贸一体化企业、专业外贸公司等优势出口主体，鼓励企业进入大型跨国公司的全球供应和采购体系，支持企业加快建立国际营销网络和售后服务体系。推行生产、销售、环境和社会责任的国际标准认证。着力提高传统产品的质量和档次，增强纺织、服装、轻工、机电等优势行业的持续出口能力。培育若干全国重要的汽车及零部件、医药和软件出口基地，扶持电子信息、新材料等高技术产品出口。努力破解农产品出口的"绿色壁垒"，建设一批高效生态农业出口基地。

进一步优化外贸结构。在发挥一般贸易优势的同时，推动加工贸易转型升级，努力增加出口加工区数量，完善出口加工区功能。扩大基础性自然资源、原材料的进口，鼓励引进初级产品和中间产品，大力引进国外先进技术和关键设备。扩大服务业对外开放，加快承接国际服务业转移，全面推动国际服务贸易发展，大力支持汉语培训、民族文化、动漫产品、中医药等文化产品扩大出口。

完善国际贸易摩擦应对机制。建立健全对外贸易监测预警机制、产业损害监测预警机制和反技术壁垒工作机制，加强对大宗、重点、敏感产品进出口情况监控，积极应对国外反倾销、反补贴和贸易保障措施。加强和完善政府、企业、行业协会及中介机构的分工协作，提高快速反应的贸易摩擦应对能力。加强行业协调和自律，避免恶性竞争。

（二）积极引导外资投向，提高利用外资水平

强化利用外资的产业导向。实施鼓励外商投资产业目录，大力引进对产业升级具有重大带动作用的大项目、大企业。着力引进跨国公司高科技含量、高附加值、高产业关联度的投资项目，引导外资投向先进制造业、现代服务业和高效生态农业。

创新招商引资方式。继续推进"以民引外"、"以外引外"、跨国并购、海外上市，推动招商引资向招商选资转变。创新招商方式，积极运用现代信息技术开展网上招商，继续办好"浙洽会"、"西博会"和"义博会"等重大经贸活动。采取多种形式，赴境外对重大规划及重点项目进行全面推介和对口招商。

（三）加快"走出去"步伐，用好国外市场和资源

推动企业开展对外投资和跨国经营。充分发挥轻工、纺织、服装、家电等行业的竞争优势，大力推动有实力的企业采取投资办厂、控股参股等方式到境外投资。支持省内大中型专业市场到境外创办浙货展销中心，积极探索收购兼并、股权置换、境外上市等对外投融资和跨国经营方式。鼓励企业在发达国家设立研发机构或参与国外研发机构科研工作，直接获取市场信息和跟踪前沿技术。

加强境外重要资源的合作开发。以各种经贸合作机构和洽谈会为基础，以"友好省州"为载体，以"对发展中国家投资贸易专项资金"等为重要支持手段，鼓励有实力的企业到俄罗斯等国家和地区合作开发能源、森林、矿产、渔业等资源，拓展海外重要资源开发和供应渠道，提高利用国际资源的能力和水平。

大力发展对外工程承包和劳务输出。完善对外工程承包促进措施，加强与中央直属企业、外省市企业、国外著名承包商的合作，支持企业以国际流行投资方式参与国际工程招投标、境外工程分包等各项业务活动。通过对外工程承包带动劳务和设备出口，积极开展国际劳务合作。强化外派劳务人员的业务培训，加强对外派劳务工作的指导和管理。

（四）完善涉外经济体制，优化外经贸发展环境

创新涉外经济体制机制。按照市场经济和世贸组织规则的要求，加快内外贸一体化进程。扩大口岸开放，加强外贸“大通关”和电子口岸建设。选择若干“区港联动”试点，建设国际物流园区，增强对腹地经济的带动作用。深化境外投资管理体制改革，进一步简化对民营企业“走出去”的审核和管理程序。

加强开发区建设。以国家级、省级开发区为依托，建设若干规模较大、特色明显、外资密集、国际知名度高的重点开发区。加强整合、扩建和提升，鼓励开发区向综合性多功能产业区发展，实现高水平、集约化开发。

完善外经贸发展扶持政策。逐步由一般性的直接扶持，向公共服务、贸易保障、降低贸易风险和投资风险转变。鼓励外贸企业由规模扩张向提升国际竞争力转变。鼓励外商转让先进技术，推出相对优惠的欠发达地区引资政策。制定和完善对外经济合作便利化政策和措施。加强外经贸运行监测和管理，完善外经贸公共服务。

开放型经济发展重点领域：

培育若干全国重要的汽车及零部件、医药和软件出口基地，扶持电子信息和新材料等高技术产品出口

扩大进口急需的能源、矿产等自然资源，引进一批国外先进技术和关键设备

大力支持汉语培训、民族文化、动漫产品、中医药等文化产品扩大出口

加快承接国际产业转移，引导外资投向高效生态农业、先进制造业和现代服务业

加强国家级、省级开发区的扩容和水平提升

加快推进能源、森林、矿产等资源的境外合作开发

促进对外工程承包和劳务输出

十　深化体制改革，加快政府职能转变

把改革放在更加突出的位置，按照“五个统筹”和“五个坚持”要求，以行政管理体制改革为着力点，加快完善落实科学发展观的体制保障，以新一轮的改革促进浙江经济社会新一轮更高水平的发展。

（一）坚持和完善基本经济制度，推动民营经济新飞跃

进一步优化民营经济发展环境。加快制度创新、技术创新和管理创新，推进民营企业向高端化、品牌化、国际化发展。遵循“非禁即入”的原则，进一步拓宽非公有资本进入基础设施、公用事业及文化产业等领域。建立市场准入、税收管理、规费标准、金融贷款、部门服务“五个平等”的新机制，加快实施企业家素质提升、企业管理信息化和品牌经营三大工程。引导有条件的民营企业以资本为纽带，打破封闭式股权结构，创新治理机制。鼓励和支持民营企业积极参与国内外经济技术合作和竞争，打响“浙商”品牌。

深化国企国资改革。以省属国有企业为重点，推进产权多元化，全面完成新一轮国有企业改革。健全国资监管体制，改进国资监管方式，加强对非经营性国有资产的监管，确保国有资产保值增值。完善国有资产授权经营等相关责任制度，优化国有企业法人治理结构，加快市场化选聘经营者步伐，深化企业经营者年薪制、期（股）权制和要素参与收益分配改革。加快垄断公用行业改革，推进基础设施市场化建设和运营。

大力发展混合所有制经济。加快建立现代产权制度，在更大范围内推动国资、民资、外资等各类资本的流动和重组，进一步激活富有生机的微观经济基础。推进现代企业制度建设，鼓励支持跨地域、跨所有制的相互参股、联合重组和嫁接外资，形成多元混合型产权结构。保障所有市场主体的平等法律地位和发展权利，增强创业资本的逐利动力和增值活力。

（二）建立现代市场体系，健全资源市场化配置机制

加快建设“信用浙江”。切实提高监管水平，坚决打击制假售假、商业欺诈、偷逃骗税和侵犯知识产权行为，维护市场公平交易和质量安全。以完善信贷、纳税、合同履约、产品质量的信用记录为重点，充分发挥企业信用发布查询系统的作用。加强信用监督，健全失信惩戒，加快建设社会信用体系。建立和完善个人信用征信系统，切实提高社会诚信水平。

加强地方资本市场建设。扩大直接融资，推进地方金融改革，促进金融与经济发展的良性互动，建立区域金融稳定和安全长效机制。大力推动企业多渠道上市融资，打造以民营企业为主体、特色鲜明的“浙江板块”。推进地方金融体制创新，鼓励社会资金投资地方金融机构，加快引进境外金融机构，做大做强一批地方性金融机构。深化农村金融改革，继续推进农村信用社管理体制改革和产权改革。加强中小企业信用担保体系建设，建立小企业贷款风险补偿制度。扩大发行企业债券，积极发展期货、保险、租赁市场。重点培育省级产权交易平台，发展多层次、多形式的产权交易，形成全省统一互联、流转顺畅的产权交易市场体系。

推进资源要素市场化改革。建立反映资源稀缺程度的价格形成机制，健全能源、矿产、水资源使用差别化价格和阶梯式价格调节机制。全面推行城市污水和生活垃圾处理收费制度，建立完善水权、排污权等交易制度。完善环境资源的有偿使用和补偿机制，深化二、三产业用地市场化配置改革，探索用地使用权招标、拍卖、挂牌供应方式，试行土地出让年租金制度，推进森林和林地使用权的合理流转。深化劳动力市场化改革，使劳动力价格真实反映劳动力成本。加快培育人才、技术等要素市场，强化市场化配置功能。

（三）加快行政管理体制改革，提高行政管理水平

推进规划体制改革。充分发挥规划调控作用，建立层次分明、功能清晰的规划体系。加强国民经济和社会发展规划纲要的战略性和导向性，切实强化空间规划功能，增强区域规划在特定区域的指导性，进一步做深做实专项规划。完善规划综合协调管理机制，规范立项管理，注重衔接协调，扩大公众参与，健全专家论证，完善审批发布，强化组织实施。坚持以规划带项目，进一步发挥规划配置资源的导向作用，有效增强规划对开发建设活动的约束性。

深化投资体制改革。按照政府投资管严管好、同时尽可能引入市场化运作的要求，全面实施政府投资项目管理办法，完善政府投资项目决策机制，建立政府投资项目公示制、后评价制和责任追究制度，加快推行代建制。按照企业投资放开放活、同时相应加强引导监管的要求，全面实施企业投资项目管理办法，确立企业投资主体地位，建立企业投资项目核准制、备案制以及相关行政许可配套联动机制。逐步建立市场引导投资、企业自主决策、银行独立审贷、融资方式多样、中介服务规范、宏观调控有效的新型投资体制。

健全行政许可制度。全面实施行政许可法，严格设定行政许可项目和权限，规范行政许可行为。进一步减少行政许可项目，规范配套制度，提高办理效率，加强事后监管和责任追究。推进网上并联审批，加强行政服务中心建设，提高综合服务效能。

完善政府经济调节机制。合理设定调节目标，主要运用法规和规划、产业政策和价格政策、公共资源配置等手段管理国民经济活动。建立政府决策的公众参与和专家论证制度，提高科学决策水平。完善土地、税收和公共支出政策，促进增长方式转变和经济结构优化。完善统计体系，加强经济社会运行监测、评估和预警，促进政府部门的功能互补和信息共享，提高经济调节能力。

创新政府管理体制。按照精简、统一、效能的原则，深化政府机构改革，合理界定政府部门的责任和职能。积极探索简化行政层级和管理架构的有效形式，建立行政支出的刚性约束机制，控制和降低行政成本。完善公务员录用考核制度，实行绩效考核、公开选拔和竞争上岗。推行公务员专业化改革，探索职务消费货币化。加快电子政务建设，推进政府信息公开。建立科学有效的政绩考核制度，完善政绩考核与干部使用挂钩机制。

（四）建立健全公共财政，强化政府公共服务职能

推进财政管理体制改革。合理划分省对市、县的事权和财权，理顺财政分配关系。继续深化“收支两条线”管理改革，进一步完善政府采购制度。全面推进部门预算改革，实行国库集中收付，推行财政支出绩效评价工作。优化财政支出结构，扩大社会保障支出，加大对“三农”和社会事业的财政投入，重点保证农业和农村基础设施、农村基础教育、城乡公共卫生、关键共性技术研发与服务、基层文化事业支出需要。

创新公共事业管理体制。在分类定位的基础上，加快全省事业单位改革步伐。加快生产经营类、社会中介服务类事业单位的转企改制；加大监督管理类、社会公益类事业单位的优化重组力度，改革运行方式，提升服务能力。改革公共服务供给模式，逐步推进公共服务市场化运作。鼓励和支持社会投资进入公共服务领域，建立和完善特许经营制度。探索采用合同外包、发放服务券等方式，推行公共服务社会化，降低公共服务成本，提高公共服务质量。

在全面建设小康社会的攻坚阶段，为完成本规划确定的奋斗目标和主要任务，必须建立健全责任分明、推进有效的规划实施机制。发挥国民经济和社会发展规划纲要的统领作用，通过区域规划、城市规划、土地利用规划以及年度计划加以细化，分解落实到各地、各部门，并健全规划实施目标责任制。按照“先编规划、后定项目”的原则，逐步实现投资调控由项目审批向规划审批的转变。进一步加强规划宣传，强化规划的社会监督。健全规划评估制度，提高规划实施的有效性。

上海市人民政府
印发关于黄浦江两岸综合开发
若干政策意见的通知

为有效地整合黄浦江两岸现有资源，形成良性循环的滚动开发机制，克服两岸开发建设中存在的动迁成本高、基础性和公益性项目投资量大的困难，现提出黄浦江两岸综合开发的若干政策意见如下：

一、坚持高起点规划、高水平开发，严格规划控制。凡规划方案未批准、规划参数未公布的地块，不得启动项目建设。要集中力量推进北外滩—上海船厂、十六铺—东昌路地区、杨浦大桥地区、南浦大桥地区等四个重点区域开发。

二、根据黄浦江两岸的总体规划，遵循投资与收益平衡的原则。要按项目的性质、规划，将经营性和非经营性项目合理组合成项目开发单元，作为明确开发责任主体的最小实施单位。在项目开发单元内，要通过环境建设等非经营性项目的优先或同步建设，提高经营性项目的开发收益，实现项目开发单元的投融资平衡。

三、遵循责权利一致、沿江开发与腹地建设相结合的原则。以沿江各区政府为主，按照规划要求负责推进本行政区域内黄浦江两岸的开发工作。

沿江各区政府要根据批准的控制性详细规划，负责组织编制项目开发单元，经上海市黄浦江两岸开发工作领导小组办公室（以下简称“市浦江办”）会同市计委、市规划局、市房地资源局综合平衡并由市浦江办报市政府批准后实施。

四、黄浦江两岸开发区域范围内建设项目土地利用年度计划，由沿江各区根据批准的黄浦江两岸总体规划和土地开发的实施进度负责编制。该计划经市浦江办审核，由市房地资源局、市计委综合平衡后，纳入全市土地利用年度计划，并实行计划单列。

五、开发单元土地的前期开发由市、区政府委托的土地开发机构承担。土地开发机构在土地实现市场出让之前，可取得成片土地使用权，暂缓交纳土地出让金。在具备建设条件后，由市、区房地资源局代表市、区政府收回土地使用权，并按现行办法将土地使用权出让给项目建设单位。

对土地量大、需分期实施的项目开发单元，土地开发机构要向市房地资源局、市计委、市浦江办递交分期实施计划，经批准后分阶段实施。

六、沿江各区政府按照《上海市城市房屋拆迁管理实施细则》和《黄浦江两岸开发范围内非居住房屋拆迁补偿规定》，组织实施本行政区域内居民和单位的动拆迁工作。

七、黄浦江两岸开发区域范围内的重点项目需纳入市重大项目计划的，由有关区政府或相关单位征求市浦江办意见后，按原渠道报批。

八、黄浦江两岸开发核心区中心段范围内（根据沪府发〔2002〕18 号文规定，自规划中的五洲大道至卢浦大桥，共22.6平方公里，下同）的土地出让金中市里实际所得部分，主要用于支持黄浦江两岸公共基础设施和公益性开发项目的建设。具体使用办法，由市计委会同市财政局、市房地资源局、市浦江办另行制定。

黄浦江两岸开发核心区中心段范围内的土地出让金中区里所得部分，也主要用于支持黄浦江两岸的公共基础设施和公益性开发项目建设。

九、市政府有关委、办、局和各区按各自职责，对黄浦江两岸开发涉及的项目给予重点支持。根据黄浦江两岸开发的进程，近期先将四个重点地区开发涉及的市政和公用基础设施、“三废”迁建、标志性和公益性建筑项目，旧区改造项目，沿江动迁居民配套商品房，搬迁单位新址用地指标，搬迁单位在新址地区需提供的岸线，水、电、气用量指标的转移等事项纳入年度计划，予以优先安排。

上海市人民政府关于推进资本市场改革开放和稳定发展实施意见的通知

大力发展资本市场，是党中央、国务院作出的重大战略决策。《国务院关于推进资本市场改革开放和稳定发展的若干意见》（国发〔2004〕3号，以下简称《意见》）是指导我国资本市场发展的纲领性文件。为全面贯彻《意见》精神，现就本市推进资本市场改革开放和稳定发展，提出如下实施意见：

（一）学习领会《意见》，增强推进资本市场发展的紧迫感

各区县和各部门、各单位要认真学习、领会《意见》精神，增强紧迫感，按照《意见》的要求，积极配合做好各项工作，全面推进资本市场发展，加快建设上海国际金融中心。

建立上海推进资本市场发展联席会议制度，统一协调资本市场建设方面的重大事项。各区县、各有关部门要结合自身职责和实际情况，在支持资本市场改革发展、防范风险、加强服务等方面发挥积极作用。

（二）明确本市大力发展资本市场的主要目标

今后一段时间，上海要按照中国证监会的总体部署，坚持以发展为主线，以创新为动力，调动一切可以利用的资源，努力建成规范、高效，适合国内外投资者共同参与、具有国际影响力的资本市场体系；建成市场影响力强和综合实力领先的境内外机构投资者和资本市场中介服务机构的运营中心；培育一批规模大、业绩优、治理机制健全、具有行业龙头地位的上市公司；形成有利于促进市场创新发展和风险防范化解的机制和环境。

（三）完善资本市场体系，增强资本市场功能

全力支持上海证券交易所创新交易制度，丰富投资品种，提高市场效率，增强市场活力，做大市场规模，巩固和增强股票市场的主板地位，充分发挥服务全国的功能，尽快建成亚太地区一流的证券交易所。鼓励和吸引代表国民经济发展方向的支柱企业在上海证券交易所发行上市，推动在海外上市的国内大型企业发行A股。推动各种创新品种的推出。

大力推动证券交易所债券市场与银行间债券市场、柜台市场的统一互联和登记结算体系的整合，巩固全国债券交易中心地位。积极推动债券市场发展，鼓励债券市场交易制度和品种创新。在严密防范和控制风险的基础上，积极培育合格的企业债券发行主体，进一步扩大企业债券发行上市的规模。探索建立多种形式的偿债保障机制。

大力支持上海期货交易所进一步做大现有品种的市场规模，稳步推进期货市场发展，不断推出具有价格发现和套期保值功能的大宗商品期货品种，推动股指期货、国债期货、期权等金融衍

生品交易试点，建成规范、高效、透明，具有国际影响力的综合性期货交易所。

规范发展产权交易市场。进一步完善产权交易规定，支持上海联合产权交易所规范发展，提升服务功能，提高市场参与度，增强资源配置能力和市场辐射力，依托长江流域产权交易共同市场平台和国内外分支机构，建成全国性的综合产权交易大市场之一。

（四）扩大直接融资规模，推动上市公司购并重组和规范运作，全面提高上海上市公司质量

采取有效措施，扩大直接融资规模。加大上市资源的培育力度，切实做好优势企业改制上市工作。积极创造条件，支持上市公司发行股票和债券进行直接融资，利用资本市场做优做强。鼓励发展前景良好、符合条件的大型企业集团通过各种方式整体上市。

完善鼓励上市公司重组发展的政策，明确重组责任，提高重组效率，降低重组成本。支持上市公司与上海国有资产战略调整和产业结构优化联动，消除部门、行业、地区和所有制的限制。通过吸收合并、定向回购、定向增发等各种重组创新，开展以市场为主导、有利于持续发展的并购重组，不断提高上市公司的质量和经营业绩。

督促上市公司规范运作，完善公司治理结构，加强投资者关系管理，注重对投资者的回报。强化董事和高级管理人员的诚信责任，建立失职追究制度。

积极探索在上海上市公司中率先建立多种形式的激励和约束机制。

（五）鼓励合规资金入市，集聚和发展机构投资者

积极推动上海各类合规资金有序进入资本市场。规范上海社保基金、企业年金以及各类公益性基金的证券投资行为，建立上述各类资金委托符合条件的专业证券投资机构进行投资管理的机制。大力支持和推动银行业、证券期货业、保险业在业务合作方面的创新，形成资本市场、货币市场和保险市场联动发展的格局。

积极推动基金管理公司融资试点，加快基金品种创新。大力支持证券公司推出各种证券投资类集合理财计划和信托公司开发各种资金信托品种，做大资产管理规模。大力吸引基金公司、保险资产管理公司、合格的境外机构投资者（QFII）等落户上海，形成机构投资者集聚中心。

（六）提升证券期货机构综合竞争力，完善资本市场中介服务体系

以建成资本充足、内控严密、运营安全、服务效益良好的现代金融企业为目标，提升上海证券期货机构的综合竞争力。加大实质性支持力度，帮助上海的证券公司解决发展中的实际困难。支持证券公司通过质押贷款及进入银行间同业市场融通短期资金，争取发展、创新融资试点的支持政策。积极推进地方金融资源整合，提高证券公司综合竞争力。鼓励证券公司通过收购、兼并、增资重组等方式，做优做强核心业务，形成核心竞争优势。

支持在沪期货公司增资扩股，拓展业务范围。鼓励综合实力强的企业集团和证券公司参股期货公司。督促上海证券期货机构及其控股股东不断完善治理结构和风险控制系统。

大力扶持证券期货投资咨询机构、证券资信评级机构、会计师事务所、律师事务所、资产评估机构、金融信息服务机构等资本市场各类中介机构的规范发展，提高专业化服务水平，完善资本市场中介服务体系。

（七）健全协调监管机制，防范和化解市场风险

健全协调监管机制，建立金融稳定工作框架，制定资本市场各类重大风险处置预案，形成对资本市场突发事件的快速反应机制和防范化解风险的长效机制。与国家金融监管部门协调配合，

认真履行地方政府职能，做好资本市场的风险处置工作。

规范上市公司控股股东行为，制订追究损害上市公司和中小股东利益的控股股东责任的办法。建立规范上海上市公司控股股东行为的工作机制。

进一步完善上市公司退市工作机制，确保退市工作平稳顺利。进一步加强协调配合，对退出资本市场或被采取其他行政处置措施的证券期货机构，妥善做好相关稳定工作。

各有关部门要密切配合，严厉打击证券期货市场违法活动。按照国务院关于整顿和规范市场经济秩序的要求，严格禁止本地区非法发行证券、非法设立证券期货经营机构、非法代理证券期货买卖、非法或变相设立证券期货交易场所及从事其他证券期货违法活动，维护上海资本市场秩序。

（八）积极推进资本市场对外开放

支持证券公司和基金管理公司引进境外战略投资者，推动符合条件的证券机构到香港和境外资本市场拓展业务，加快国际化进程。

积极推动合格境外机构投资者制度试点的深入。吸引各类境外证券类机构到上海开展业务合作，鼓励中外机构开展技术、管理、人才等方面的交流合作。特别是要抓住 CEPA 实施的有利时机，推进沪港在发展资本市场方面的联动互补，实现共同发展。

加强期货市场国际交流与合作，研究推动境外机构参与期货市场。

（九）营造良好的政策和服务环境

充分运用政府资源和行政优势，努力为资本市场发展营造良好的政策和服务环境。

尽快出台相关政策，努力降低在沪证券期货类机构的经营成本，营造公平的税负环境，切实加强行政性服务，提高服务效率。

全力配合做好资本市场各项创新试点工作，鼓励各类市场主体积极进行制度、品种等方面的创新探索，力争使上海成为我国资本市场的“试验田”。设立金融创新奖，奖励在金融创新中做出重大贡献的机构和个人。

推进资本市场诚信建设，会同金融监管部门建立诚信信息征信系统，强化失信惩戒，维护诚信秩序。

加强人才队伍建设，形成有利于发现、培养、引进、使用、激励人才的机制和环境。

按照国际一流标准，加快陆家嘴—外滩金融贸易区及其他金融服务区的规划建设，进一步搞好信息化基础设施建设，为资本市场发展提供硬件支撑。

加强研究规划，完善决策支持系统。通过组织讲座、论坛等形式，宣传政策，推广经验，形成良好的舆论环境。

各区县、各有关部门可根据本实施意见，制定具体办法。

上海市人民政府
关于在体制改革中加强国有资产管理意见的通知

根据党的十六大和全国人大十届一次会议精神，本市将按照国民经济发展的总体要求，进一步深化国有资产管理体制改革，加快国有经济布局与结构调整，推动国有企业战略性重组。为确保改革的平稳推进，防止国有资产流失，维护国有资产权益，现就在体制改革中加强国有资产管理提出如下意见：

一、有关委办、授权经营公司要深入贯彻“三个代表”的重要思想，牢固树立政治意识、大局意识和责任意识，紧紧围绕改革、发展、稳定的大局，坚持解放思想，积极进取。要按照市委、市政府的统一部署和整体安排，积极主动、认真细致地做好改革的各项工作，确保改革稳步进行。

二、授权经营公司在推进下属企业改革、改制和改组的过程中，必须坚持“公开、公平、公正”的原则，以市场为取向，规范操作，增强透明度。

（一）企业重大改制、重组方案应由出资方制定，也可由企业拟订报出资方批准，并在一定范围内公示。要做到企业调整重组方案、职工利益保障方案、思想政治工作方案和确保企业、社会稳定方案同步设计、同步实施。同时，要建立利益相关人的回避制度。

（二）授权经营公司对二级子公司实行整建制改制的，以及含国有股的上市公司涉及资产重组和股权变动的，要事先向市国资管理部门申报、备案。

（三）企业改制、重组应由出资方按规定选择资质良好的资产评估机构进行评估。为使资产评估与经济行为相匹配，并符合全市国有经济布局和结构调整方向，出资方应将企业改制的经济行为事前向市国资管理部门备案。

（四）出资方应明确产权受让方的标准，并进行资格审核。产权交易要通过市产权交易所或市技术产权交易所进行。在进一步规范协议转让的同时，要充分利用招投标、拍卖等市场手段。产权交割后，要按规定办理有关手续。

三、授权经营公司应采取有效措施，进一步加强资产和财务管理。

（一）尽快建立和完善国有资产经营预算管理制度，认真搞好对外投资、预收应收款、账外资产等的登记和管理，加强对全资、控股子公司的监督和控制，确保财务信息的真实、完整。

（二）强化产权管理。对于权属不清或存在权属纠纷的资产，应按照本市国有资产管理和集体资产管理的有关规定进行产权界定。

（三）明确和落实资产责任。对于弄虚作假、瞒报谎报资产，转移资产、体外循环，隐匿资产，擅自改变资产性质，违反报批程序低价变现库存和放弃应收账款追讨，私分钱财等违规违纪行为，一经发现，应依法严肃查处。

四、授权经营公司应进一步健全和完善法人治理结构的运作机制，做到职能到位、责任明确、运作规范。

（一）授权经营公司董事会应建立规范的议事规则和决策程序，对于涉及投资决策、资产处置、干部任免、人员分流等重大问题，必须按照规定的权限和程序进行决策。

（二）授权经营公司经营者应严格执行董事会作出的决议，不得超出董事会的授权范围擅自决策。

（三）授权经营公司监事会应按照本市有关规定，加强对资产运行的监督，重点是对决策程序的合法性、合规性实施监督。

上海市人民政府
关于促进高新技术成果转化的若干规定

为了贯彻《中华人民共和国促进科技成果转化法》、《上海实施科教兴市战略行动纲要》，加快本市高新技术成果转化，积极培育新兴产业，优化高新技术产业结构，形成高新技术产业链，特制定本规定。

一、市政府颁布上海市高新技术产业和技术指导目录。法人和自然人可按照市政府颁布的指导目录，申请高新技术成果转化项目的认定和高新技术企业的认定。

市政府有关部门在上海市高新技术成果转化服务中心联合设立“一门式”服务窗口，提供政策咨询服务，协调解决高新技术成果转化和高新技术企业发展过程中的疑难问题。

二、本市实行高新技术成果转化项目认定制度。上海市高新技术成果转化服务中心常年受理并负责组织高新技术成果转化项目的认定。对经认定的软件、集成电路、创新药物等项目，国家863计划等各项科研项目，以及获得科技型中小企业技术创新资金资助的项目，简化成果转化认定程序。

经认定的高新技术成果转化项目，若发现其转化内容与项目申请书有严重违背或在规定期限内未实施转化的，撤销该项目的认定资格，并停止其继续享受有关优惠政策的待遇。

三、本市实行高新技术企业认定制度。上海市高新技术企业认定办公室常年受理并负责组织本市高新技术企业的认定。对已经认定的软件、集成电路等企业，简化认定程序。经认定的高新技术企业，可按规定享受有关优惠政策。鼓励高新技术企业向国家高新技术产业开发区集中。

四、各类企事业单位特别是高等院校、科研机构和国有企事业单位，要以各种形式实施技术和管理要素参与分配。单位职务成果进行转化的，可根据不同的转化方式，约定成果完成人应当获得的股权、收益或奖励。

以股权投入方式进行转化的，成果完成人可享有不低于该项目成果所占股份20%的股权。

以技术转让方式将成果提供给他人实施转化的，成果完成人可享有不低于转让所得的税后净收入20%的收益。

自行实施转化或以合作方式实施转化的，在项目盈利后3~5年内，每年可从实施该项成果的税后净利润中提取不低于5%的比例，用于奖励成果完成人；企业自主开发的非本企业主导经营领域的成果，在项目盈利后3~5年内，每年可从实施该项成果的税后净利润中提取不低于10%的比例，用于奖励成果完成人。

高等院校、科研机构和国有企事业单位的科技人员在落实技术、管理等要素参与分配遇到障碍时，可以向高新技术成果转化服务中心咨询和申诉。

五、高新技术成果作为无形资产参与转化项目投资的，其作为无形资产的价值占注册资本比例可达35%。合作各方另有约定的，从其约定。

高新技术成果作为无形资产投资的价值，应经具有资质的评估机构评估，或经各投资方协商

认可并同意承担相应连带责任。企业凭评估机构的评估报告，或投资各方同意承担相应连带责任的协议书等，办理验资手续。

具备法人资格的高等院校、科研机构可与外国投资者以合作的方式，设立外商投资高新技术企业。

允许在外商投资高新技术企业工作 1 年以上的国内科研人员成为该企业的中方投资者。外商投资高新技术企业对所研究开发的产品，可实行委托加工生产模式，并允许对外租赁自产产品。

六、经认定的高新技术（国有独资）企业在实施公司制改制时，经出资人认可，可将前 3 年国有净资产增值中（不包括房地产增值部分）不高于 35% 的部分作为股份，奖励有贡献的员工特别是科技人员和经营管理人员。

高新技术企业和高新技术成果转化项目的企业可以期股、期权或技术分红等形式，奖励科技人员和经营管理人员。技术分红享受者可将技术分红作为出资，按照规定的价格购买公司股权，并依法办理股权登记手续。

七、鼓励企业加大技术开发费投入。企业当年发生的技术开发费（包括新产品设计费，工艺规程制定费，设备调整费，专门用于研究活动的专利、技术资料检索费用，委托其他单位进行的科研试制费，与新产品的试制和技术研究有关的其他费用）可据实列支，比上年实际增长 10% 以上的，可再按技术开发费实际发生额的 50% 抵扣当年应纳税所得额。企业为开发新技术、研制新产品必须购置的专用、关键的试制用设备、测试仪器所发生的费用，可一次或分次摊入成本。对技术转让、技术开发和与之相关的技术咨询、技术服务获得的收入，免征营业税。

国资重点支撑的产业性集团实际发生的技术开发费，应不低于当年销售收入的 1% ~3%。

八、本市注册的企业中经认定的高新技术成果转化项目，根据其综合经济指标的完成情况及项目知识产权的具体属性，在认定之后的一定期限内，由财政专项资金对其专项研发给予扶持。自认定之日起 3 年内，经上海市高新技术成果转化中心认定实现生产或试生产的，政府返还高新技术成果转化部分项目用地的土地使用费、土地出让金；购置用于高新技术成果转化的生产经营用房的，可免收交易手续费和产权登记费。如改变土地使用性质或用于非高新技术成果转化项目，所享受的优惠须全额退还。

九、鼓励境内外各类资本在本市设立注册资本不低于 1000 万元人民币的创业投资公司，以及注册资本不低于 100 万元人民币的创业投资管理公司。

创业投资主管部门委托市创业投资行业协会认定的创业投资公司，可按国家规定，运用其全额资本金进行投资。对其投资经认定的高新技术成果转化项目和高新技术企业的资金余额超过净资产 50%，并且其他投资的资金余额未超过净资产 30% 的，给予财政专项资金扶持。

经市创业投资行业协会认定的本市创业投资管理公司，其管理投资于经认定的高新技术成果转化项目和高新技术企业所取得的投资收益、管理费收入和业绩奖励，自获利年度起 3 年内，由财政专项资金给予一定的扶持。

本市注册的创业投资公司可以按总收益中不高于 10% 的比例提取风险准备金，市科技专款予以等额匹配，市、区县两级科委共同设立创业投资风险救助专项资金。具体办法，由市科委会同市财政局另行制定。

十、市和区、县在有关专项资金中，对经认定的高新技术成果转化项目，给予贷款贴息或融资担保。

担保机构为经认定的高新技术成果转化项目和高新技术企业提供融资担保，所发生的项目代偿损失，经主管财政部门核准，可给予一定的补偿。

市、区县两级财政所属的担保机构要逐步扩大用于高新技术成果转化项目和高新技术企业的担保额比例。

对资产少、科技含量高的科技项目，可探索实行信用担保，以及与专利等无形资产挂钩的担保模式。

十一、在沪注册并缴纳企业所得税的企业（包括外商投资企业的中方投资者），以近3年的税后利润投资于经认定的高新技术成果转化项目，形成或增加企业的资本金，且投资合同期超过5年的，在第二年度内由财政专项资金给予一定的扶持。外商投资企业的外方投资者，将其从企业取得的利润直接再投资，该再投资部分已交纳的企业所得税，按税法规定退税。

从事高新技术成果转化的科技人员，用其从成果转化中获得的收益投资经认定的高新技术成果转化项目或高新技术企业的，在第二年度由财政专项资金给予一定的扶持。

十二、建立上海市科技企业孵化器指导委员会，促进孵化器提高成果转化、中介、投融资等培育企业的服务功能。经上海市科技企业孵化器指导委员会批准的孵化基地视其实际运行情况，由市、区县财政安排专项资金给予扶持，用于加快孵化基地的建设和提升服务功能。

十三、从事经认定的高新技术成果转化项目的海外留学生在沪取得的工薪收入，在计算个人应纳所得税额时，可按规定享受加计扣除。企业和研究开发机构聘用的外籍专家，其薪金可列支成本。

经认定的高新技术成果转化项目所组建的企业，不受工资总额限制，董事会可参照劳动力市场价格和当年政府颁布的工资增长指导线，自行决定其职工的工资发放水平，并可全额列支成本。

十四、高等院校、科研院所的科技人员可以兼职从事高新技术成果的转化工作。科技人员兼职从事高新技术成果转化工作，应遵守与本单位的约定，保守本单位的商业秘密，尊重本单位知识产权；使用本单位或他人知识产权的，应与本单位或他人签订许可或转让协议。

科技人员和管理人员整体或者部分成建制脱离高校、科研机构等事业单位，进入企业从事高新技术成果转化的，凭转化证书经与劳动保障部门协商，可享受本市转制事业单位养老保险的有关政策。

十五、由上海市高新技术成果转化类高级专业技术职务任职资格评审委员会负责对本市在高新技术成果转化中做出贡献的工程技术人员、经营人员、管理人员以及中介服务组织工作人员的任职资格进行评审。对在高新技术成果转化工作中业绩突出者，可破格评定相应的专业技术职务任职资格。

十六、高新技术企业和高新技术成果转化项目的企业从外省引进大学以上学历（有相应学位）且紧缺、急需的专业技术人员、管理人员和创新团队的，引进人员的配偶（含农业户口）及未成年子女可以随调、随迁来沪。

建设留学人员创业园区，完善对留学人员创业的服务。对海外留学人员回国创办软件、集成电路设计和生物技术企业，给予创业扶持。

十七、上海人才发展资金资助认定的高新技术企业和高新技术成果转化项目的企业建立技术主管、信息主管岗位，并对聘用经考核合格的优秀人才提供补贴。

上海职业培训公共实训基地对开展高技能人才培训的职业培训学院、职业培训机构及本市相关行业和企业的培训部门免费开放、无偿使用。

十八、由市政府有关部门和区、县政府根据本规定，制定实施细则和服务指南。上海市高新技术成果转化服务中心负责对本规定的落实，进行组织协调和督促推进。

本市已颁布的有关高新技术成果转化的政策与本规定不一致的，以本规定为准。

上海市人民政府
关于切实推进“三个集中”
加快上海郊区发展的规划纲要的通知

党的十六大指出，加快城镇化进程、统筹城乡发展是全面建设小康社会的一项重要任务。市第八次党代会提出，要加快上海郊区城市化进程。市郊区工作会议进一步明确了郊区实现“城乡一体化、农村城市化、农业现代化、农民市民化”的总目标和切实推进“人口向城镇集中、产业向园区集中、土地向规模经营集中”（以下简称“三个集中”）的总战略。

在市第五次城市规划工作会议上，市委、市政府强调郊区是上海未来城市发展的重点，要求高起点、高水平、高标准编制区县域总体规划、城镇总体规划和其他各类规划，充分发挥规划在人口集中、产业集聚和土地集约利用中的导向作用。为了进一步贯彻党的十六大和市第八次党代会的精神，落实市委、市政府的要求，特制定本规划纲要。

一 指导思想

1. 牢固树立和落实全面、协调、可持续的科学发展观，按照统筹城乡发展、统筹区域发展、统筹经济社会发展、统筹人与自然和谐发展、统筹国内发展和对外开放的基本要求，促进上海与长江三角洲及沿江地区优势互补、协调发展，加快推进上海现代化国际大都市和国际经济、金融、贸易、航运中心之一的建设步伐，率先全面建成小康社会，率先基本实现现代化。

2. 全面实施“科教兴市”战略，认真贯彻“科技是第一生产力、人才是第一资源”思想，着眼于城市经济、社会和环境的综合效益，加大科技渗透的力度，加强教育的辐射作用，加快落实“科教兴市”的各项举措，充分发挥规划在城市发展中的先导和调控作用，全面提升上海郊区的综合实力和竞争力。

3. 切实推进郊区“三个集中”，立足市域6340平方公里，加快中心城和郊区的联动发展，优化市域人口、城镇、产业布局，按照人口集中、产业集聚和土地集约的要求，提高人口、产业、资源、环境和基础设施各类要素的聚集度，逐步消除城乡二元结构，全面提高郊区生产力和人民生活水平。

二 基本原则

4. 处理好长远与当前的关系。郊区规划要有前瞻性、合理性，做到既要着眼长远，又立足现实。要制定阶段规划目标和实施计划，坚持开创性、坚韧性和操作性的有机统一。

5. 处理好整体与局部的关系。要形成市域整体发展、协调发展的格局。局部要符合整体发展需要，整体要为局部发展创造条件。

6. 处理好共性与个性的关系。郊区规划既要体现与现代化国际大都市发展相匹配的各项共性要求，又要结合区县实际和特点，注重个性，鼓励创新，形成特色。

7. 处理好重点和一般的关系。规划实施要集聚资源、突出重点，聚焦政策，抓好试点、以点带面，带动郊区整体发展水平提高。

8. 处理好开发与保护的关系。要加强对历史文化名镇和有历史特色城镇的保护；注重历史内涵，增强文化品味，延续历史文脉。要严格保护耕地，合理和节约使用土地，科学规划和预留城市可持续发展的空间。优化配置资源，提高土地利用效率，坚决制止分散、无序开发。

三 人口规模

9. 加大郊区人口导入。城郊结合，统筹考虑市域人口布局。加快中心城人口向郊区重点城镇疏解，加快郊区人口向城镇集中，提高郊区对人才的吸纳能力。

10. 增强郊区城镇人口集聚能力。不断提升郊区城镇的居住质量、产业支撑、交通和环境设施水平，创造良好的就业和生活环境，提高郊区城镇对人口的集聚能力。

规划到2010年，郊区常住人口为900万左右；到2020年，郊区常住人口为1050万左右，城市化水平达到85%以上。

四 城镇体系

11. 优化市域城镇体系。按照“体系呈梯度、布局成组团、城镇成规模、发展有重点”的原则，规划郊区“新城、新市镇和居民新村”三级城郊居住体系。

新城为郊区中等以上规模城市，是区县政治、经济、文化中心。

新市镇为郊区中心镇、一般镇的镇区，是镇域政治、经济、文化中心。

居民新村为新市镇镇区以外，规划保留或新建的居住社区、中心村或农村居民点。

12. 集中力量建设新城。依托轨道交通、高速公路和重大产业支撑，规划建设若干个城市功能完善、产业结构合理、人口规模在30万以上的新城。

突出重点，加快发展轨道交通，建设松江、嘉定—安亭和临港等有发展优势的新城。这些新城人口规模按照80万~100万规划。

13. 有序推进新市镇建设。依托市级工业园区、高速公路节点和轨道交通站点，充分利用各城镇历史基础和发展优势，建设60个左右相对独立、各具特色，人口规模在3万以上的新市镇。

对于资源条件好、发展潜力大的新市镇，人口规模按照10万~15万规划。

14. 加快归并农村居民点，建设居民新村。鼓励农民直接进入城镇，积极调整规模小、布局散、占地多、环境差的自然村落。要统一规划，先行试点，稳步推进，形成居住社区、中心村和农村居民点三种不同类型的居民新村。居民新村总量为3000个左右；居民新村人口规模在300~1000人左右，有潜力的可达到3000人。

居住社区主要是乡镇区划调整后，整合原镇区，利用现有市政基础设施和公共配套服务设施条件并进一步建设完善的社区。

中心村和居民点是根据农业规模化经营的要求，通过归并调整形成的布局相对均衡、具备基本居住生活功能的居民新村。规模较大的为中心村，规模较小的为居民点。

15. 节约用地，合理安排建设用地总量。郊区城镇建设用地总规模控制在900平方公里以内。

郊区城镇建设用地主要包括为新城和新市镇常住人口服务的居住、交通、市政、绿化和社会

服务设施等用地以及少量城镇型工业用地。

16. 加强对农村居民建房的规划指导，建设与上海国际化大都市相匹配的郊区居民新村。从满足农业生产实际需求和适应现代化生活方式出发，引导、鼓励、扶持农民在建房时，选择实用美观房型，完善居住和观赏功能，提高各项基本设施的配套水平。

通过整体规划设计，充分利用现状地形地貌和传统院落式空间组合特点，吸取江南水乡传统意蕴，重视水系、绿化和建筑的有机结合，形成清新、简洁、具有现代特征的农村建筑风貌，建设人与自然和谐相处的郊区居民新村。

五 产业发展

17. 郊区产业发展要提升能级、优化布局。积极发展优势产业，稳定均势产业，淘汰劣势产业。按照优先发展现代服务业和先进制造业的要求，坚持二、三产业共同推动经济增长。依托郊区新城和功能性、基础性设施项目建设，大力发展生产性服务业和生活性服务业。依托国家级、市级开发区和重大产业基地，大力发展先进制造业和高新技术产业。注重产业集聚，加快形成产业链和产业集群。积极发展现代化都市型农业。

充分发挥区县积极性，利用区域资源优势，加强规划分类指导，形成各具特色、错位竞争、协调发展的新格局。

提升近郊城市化水平较高地区的城市功能和环境品质，重点优化产业结构、提升功能、改善环境。

促进快速城市化地区的产业合理布局和规模集聚，高标准、高水平、高起点推进规划建设，做到整体规划、分步实施、有序建设，防止随意布点、低效益开发。

扶持城市化潜力较大地区的基础设施建设和产业发展，做到合理布局、留有余地，为未来健康、持续发展做好规划和土地储备。

18. 优化市域工业园区布局。推进郊区人口、城镇、产业协调发展，以六大产业基地为龙头，市级和市级以上工业区为支撑，区级重点工业区和配套产业街区为补充，调整归并区级工业区和区级以下零星工业点。

郊区工业发展突出规模效益和集聚效应，大力发展循环经济，切实提高产业用地的集约水平和单位土地投入产出率。

到2010年，郊区工业园区总用地控制在950平方公里左右；到2020年，郊区工业园区总用地控制在1000平方公里以内。

19. 充分发挥国家级、市级工业园区的聚集效应。郊区国家级、市级工业园区要在整合周边工业基础上，形成一定集聚规模，成为区域发展的基本产业支撑。

到2010年，郊区国家级和市级工业园区用地总量为600平方公里左右；到2020年，郊区国家级和市级工业园区用地总量为650平方公里左右。

20. 整合郊区市级以下各类工业区，依托规划确定的新市镇，合理布局区级工业区。区级工业区主要利用零星工业点归并调整出的存量土地，作为发展空间。

到2010年，郊区区级工业区用地总量为250平方公里左右；到2020年，郊区区级工业区用地总量为300平方公里左右。

21. 整合归并乡、镇、村各类零星工业点。结合乡、镇、村行政区划调整和土地整理，进一步加大对各类零星工业点的淘汰、转移和归并力度，充分依托新城或新市镇，加快形成以都市型工业为主的配套产业街区。

到2010年，配套产业街区总用地控制在100平方公里左右；到2020年，配套产业街区总用地控制在50平方公里左右。

22. 推进农业规模化、生态化、科技化和现代化，合理配置农业资源，提高劳均耕地面积和农业劳均生产率；推进农民就业非农化，加快郊区农民市民化。

六 基础设施

23. 规划先行，实现基础设施规划在市域范围全覆盖。根据郊区“三个集中”要求，围绕新城、新市镇和重点产业园区，优先安排基础设施建设，集中多种资源、多种条件，促进人口、城镇和产业的集中集聚。

24. 充分发挥轨道交通对城镇建设和人口、产业布局的导向和推动作用。城镇的规划布局要根据市域轨道交通网络规划，充分结合轨道交通站点，建设合理、便捷、高效的换乘枢纽和公交换乘站。

郊区城镇的公路网络要与市域高速公路网络合理衔接，新市镇布局要尽量避免跨越高速公路和干线公路。要加快完善区域道路交通网络，加强与中心城和对外交通的衔接。市域交通要实现“153060”的目标，郊区城镇各主要功能区的机动车能在15分钟内进入高速公路网。

25. 郊区城镇提倡“绿色交通”。新城和新市镇应设置各种明显的交通指示标志标牌，建立健全无障碍设施系统。新城内路网建设要处理好人车分流、机非分流、快慢分流，具备较完善的城区公交系统，并建立非机动车交通网络。

26. 加快郊区信息化的进程，提高郊区信息基础设施建设水平，逐步实现宽带接入网和移动通信网全覆盖。根据城镇的人口规模和服务标准，合理配置邮政支局和邮政所。

27. 郊区城镇以天然气供应为主。具备条件的直接供应天然气，其他地区可先以液化石油气（LPG）小区汽化供应作为过渡，但必须以天然气标准作为规划设计依据。

28. 根据《上海市供水专业规划》的总体要求，加强水源地的保护。近期重点搞好黄浦江上游和长江口水源地的集中整治和保护，供水水源逐步从内河向黄浦江和长江口转移。

郊区新城和新市镇要按照《上海市污水专业规划》，建立雨水和污水收集系统，实行雨污水分流。建立合理分布、相对集中的组团式污水处理设施，所有污水纳入污水处理系统统一处理，并按照污水纳管标准进行预处理后，纳入城市污水管网；污水处理厂按污水专业规划布点设置，郊区污水处理率逐步达到70%以上。

29. 统筹考虑全市水系规划，加强防洪减灾设施建设。新城和新市镇雨水管网按1~3年一遇暴雨重现期标准配置；防洪设施按照流域50年一遇防洪标准配置。到2020年，黄浦江上游地区达到防御太湖流域百年一遇防洪标准。保护郊区现有河道水系，未经批准，不得随意填埋河道。郊区河道水面率达到10%左右，镇区范围内规划河道水面率原则上不得少于现状水面率。

30. 郊区城镇地下管网实行统一规划。重点新城和新市镇要创造条件逐步推进市政共同建设。消防、人防、抗震等其他防灾设施按照相关专业技术规范配置。

七 公共服务

31. 加快公共设施、社会服务设施建设向郊区转移。高起点规划、高水平实施，完善新城和城镇的医疗、教育、文化、娱乐等配套设施，充分体现郊区城镇特别是新城公共服务设施的完整性和先进性。

32. 搞好文化、体育设施建设。新城要设置专业电影院、专业剧场、文化馆、图书馆、艺术展览馆、博物馆、少年儿童图书馆等高标准的文化设施，设置包含标准体育场、体育馆、室内温水馆等设施的一流综合体育健身中心。

新市镇要设置综合性文化中心，并按标准配置游泳馆、训练房、健身场所等体育健身设施。

33. 完善市域高校布局结构。以重点大学为核心，建设若干个同国际接轨、世界一流的大学（科教）园区，并紧密结合郊区重点城镇和产业发展，形成新型的产学研一体化布局结构。每个区县都要设置社区学院、高标准示范性中等职业技术学校、特殊教育学校和以少年宫、少科站为基础的学生活动中心。新城要建设现代化寄宿制高中、高标准的九年一贯制学校和中等职业学校。

34. 按照基本医疗服务的可及性要求，配置高标准的医疗卫生设施，建设完善的郊区公共卫生体系。三级医院按照全市区域卫生规划统一布局；二级甲等医院服务区县居民，逐步建设成为区域卫生中心；郊区城镇卫生院要逐步转制为社区卫生服务中心，每个社区卫生服务中心服务人口为8万~10万人。郊区新城按标准配建区县疾病控制中心，各城镇社区卫生服务中心能够满足社区疾病预防控制的功能要求。每个城镇配建养老机构等社会福利机构。

35. 重点发展组合型大型商业设施。在郊区合理设置若干个综合型和专业型农产品中心批发市场。新市镇商业要根据产业主导型、交通枢纽型、旅游主导型、现代居住型等不同的特点，构建具有合理业态结构和布局结构的商业设施。新城和人口规模较大、辐射力较强的新市镇适度设置大型购物中心和大型综合超市，以满足当地消费需求。

八 生态环境

36. 加大郊区环境保护力度。严格执行《上海市实施〈中华人民共和国环境影响评价法〉办法》的有关规定，从源头上防止污染和生态破坏。积极推进污水收集和污水处理厂建设，加快郊区城镇生活污水纳管处理，大力推进工业园区集中供热或采用清洁能源，加快工业区污水处理厂建设，切实控制工业污染。以减量化、资源化、无害化为重点，全面提高郊区固体废物收集、利用和处置水平。新城设置独立的垃圾分类收集设施和运输设备，并建设为所在区县服务的生活垃圾处理厂。新市镇配建生活垃圾收集、中转、运输设施，有条件的设置具有垃圾分拣功能的生活垃圾中转站。公共厕所等其他环卫设施配置按照国家及本市有关专业技术规范执行。

37. 积极推进郊区生态环境建设，构筑郊区生态网络系统。有序推进郊区林地、绿化建设，构筑以“环、楔、廊、园、林”为特征的市域绿化系统，加强对水源地、自然保护区等生态敏感区的保护。在城镇规划区内，规划保留一定的农田作为城市湿地。

郊区城镇人均公共绿地大于15平方米。新城绿地率大于30%，新市镇绿地率大于35%。

38. 精心规划区县域和镇域范围内的田园、森林、河川等大地景观，塑造上海郊区的秀美风光。新城和新市镇建设一批具有艺术特色的城市雕塑。

加强对松江、嘉定、南翔、朱家角等郊区历史文化名镇的保护，对尚未列入历史文化名镇的新场、金泽、练塘、枫泾等有历史特色城镇，也要加大保护力度。兼收并蓄、大胆创新，努力营造具有时代特征、地域特点、各具特色的现代城镇空间环境和建筑风貌。

九 配套政策

39. 从计划、规划、土地、建设和配套各个环节，进一步深化和完善各项对策措施。通过政策聚焦、形成合力，推进郊区“三个集中”战略的实施。

40. 结合郊区规划建设要求，尽快编制完成覆盖市域范围的专项系统规划。根据“三个集中”的要求和郊区城镇发展的阶段目标，研究制定交通和重大基础设施的实施推进计划，为郊区发展提供支撑和导向。

41. 研究制定农民宅基地置换、农民进镇购买住房、就业与社会保障、人才引进、财政扶持等优惠政策。加强政策引导和宏观调控。

42. 分类指导，区别对待，合理确定郊区工业研发用地和生产用地的建筑容积率。集约使用土地，切实提高单位用地产出率，促进郊区工业园区土地的可持续利用。

43. 试点先行，稳步推进。力争在宅基地置换、农村建房管理、零星工业点归并等难点问题和关键环节上有所突破。

十 规划管理

44. 进一步完善郊区规划管理体制。依托“两级政府、两级管理”的体制优势，明确界定市、区县两级规划部门在规划管理中的职责分工，不断建立和完善郊区规划运作机制，全面推进规划法制建设，为郊区“三个集中”战略的有效实施提供体制、机制和法制保障。

45. 郊区的区县规划管理部门要提高依法行政水平，优化人员结构，充实管理力量，加强能力建设，严格执行各类规划，建立具有全局观念和创新意识，政治素质高、业务能力强的高素质的管理人员队伍。

46. 加强非建设用地的规划控制。加大对非规划建设用地范围内开发建设活动的控制力度，严禁占用绿地、林地、水源地等永久性生态空间。

47. 加强工业园区规划管理，严格执行经法定程序批准的工业园区规划。工业园区规划布局调整必须严格按法定程序报批。

加大零星工业点调控力度。在规划工业园区以外，因特殊需要拟新建、扩建的零星工业项目，各区县和各部门一律不得单独审批，必须由市发展改革委、市经委、市农委、市规划局、市房地资源局和市环保局共同认定。

48. 加强农村建房的规划管理。合理规划居民新村布局，落实行政村、自然村归并目标计划。积极推进郊区居民新村建设规划的编制，居民新村建设规划由区县规划管理部门审批，区县可以委托镇政府进行农民建房的项目管理。在居民新村规划区以外，原则上不准分散布点建房。

49. 实行最严格的耕地保护措施。坚决执行基本农田保护制度，严格执行本市土地利用总体规划。

加强发展备用地的规划管理。对于区域总体规划、城镇总体规划或产业园区总体规划明确的发展备用地，不得自行开发建设。确需对发展备用地进行开发建设的，需报原规划批准机关批准后，方可启动建设。

50. 本规划纲要自市政府印发之日起实施。郊区规划编制、管理、建设，必须符合本规划纲要。

本规划纲要由市规划局负责解释。

江苏省人民政府
关于鼓励和促进科技创新创业若干政策的通知

为贯彻《省委省政府关于增强自主创新能力建设创新型省份的决定》，实施《江苏省科技发展“十一五”规划纲要》，促进科技创新创业，根据国家有关规定，结合我省实际，特制定以下政策：

一 推动企业自主创新

（一）允许企业按当年实际发生技术开发费用的150%抵扣当年应纳税所得额；实际发生技术开发费用当年抵扣不足部分，可按税法规定在5年内结转抵扣。企业应足额提取职工教育经费，所提取职工教育经费在计税工资总额2.5%以内的，可在企业所得税前扣除。对研究开发实际支出占当年销售收入比例超过5%的企业，可由企业纳税关系所在地政府从企业贡献中拿出部分资金给予奖励。

（二）企业用于研究开发的仪器设备，单位价值在30万元以下的，可一次或分次摊入管理费，达到固定资产标准的单独管理，不提取折旧；单位价值在30万元以上的，可适当缩短固定资产折旧年限或加速折旧。企业购置软件，经主管税务机关核准，其折旧或摊销年限可适当缩短，最短可为2年；集成电路生产企业的生产性设备，经主管税务机关核准，其折旧年限最短可为3年。

（三）企业建立的省级以上技术中心、工程中心、工程技术研究中心，进口规定范围内的科学研究和技术开发用品，免征进口关税和进口环节增值税。经税务部门审定，其科技人员实际发放的工资额在计算应纳税所得额时可据实扣除。

（四）国家高新技术产业开发区内新办的高新技术企业经严格认定后，自获利年度起两年内免征企业所得税，两年后减按15%的税率征收企业所得税。国家高新技术产业开发区外的省级以上高新技术企业，可由企业纳税关系所在地政府给予一定的科技创新补贴。

（五）用于出口产品技术改造贴息以及出口产品研发贴息的省配套资金，重点补贴具有自主知识产权的产品出口。各市对当地具有自主知识产权的产品出口给予一定的专项补贴。

（六）设立科技型中小企业技术创新资金，支持中小企业采取联合出资、共同委托等方式进行合作研究开发，对加快创新成果转化给予政策扶持。

（七）政府利用专项资金、贴息、担保等方式，引导各类商业金融机构支持自主创新与产业化。鼓励国家政策性银行省级分支机构及商业银行省级分行对国家和省级立项的高新技术项目发放贷款。对“十一五”期间科技项目贷款年递增20%以上的银行，经考核后，由省财政每年按新增科技贷款余额的1%给予风险补贴。

国家开发银行在我省分支机构每年安排一定规模的授信额度，以统贷方式向有借款资格和承贷能力的各类科技创新载体发放中小企业贷款。

（八）改善对中小企业科技创新的金融服务，支持商业银行与科技型中小企业建立稳定的银企关系。加快建设企业和个人征信体系，促进各类征信机构发展。

鼓励社会资金建立中小企业信用担保机构，建立担保机构资本金补充和多层次风险分担机制。担保机构可按当年担保费的50%提取偿债准备金，按不超过年末担保责任余额1%的比例提取风险准备金，用于担保赔付。推进政策性银行、商业银行和其他金融机构开展知识产权权利质押业务试点。支持保险公司开展高新技术企业财产保险、产品责任保险、出口信用保险、业务中断保险等险种，为高新技术企业提供保险服务。

二　促进产学研结合和科技成果转化

（九）建立推进产学研结合的协调机制。鼓励和支持高等学校同企业、科研机构建立多渠道、多形式的紧密型合作关系，共同培养创新人才，联合开展创新活动。具有产业前景的共性技术研究项目，特别是应用性较强的项目，要由企业与科研院所、高等学校联合申报。在高等学校和科研机构中设立面向企业创新人才的客座研究员岗位，选聘企业高级专家担任兼职教授或研究员；支持企业为高等学校和科研机构设立研发岗位。支持企业为高等学校和职业院校建立学生实习、实训基地。支持高校和科研机构围绕产业发展搭建公共服务平台，为企业科技创新提供服务。

（十）省科技成果转化专项资金优先支持产学研结合的项目，省科技基础设施建设优先支持产学研合作组建的技术平台。对由企业主导创新的产学研合作项目、国内科研院所和高等学校落户我省的重大合作项目、省内企业与国内外高校和科研机构共建的产学研联合体，省相关科技计划优先给予支持。

（十一）高等学校、科研院所实施省及省以下政府科研项目形成的职务成果，自项目验收之日起第一年内，鼓励和支持项目承担单位实施转化；第二年开始，对未实施转化的项目，由下达部门责成项目承担单位将该成果交省内技术产权交易机构挂牌转让。

（十二）以股权投入方式进行成果转化的，其成果完成人可享有不低于该成果所占股份20%的股权；以技术转让方式将成果提供给他人转化的，其成果完成人可享有不低于转让所得的税后净收入20%的收益；自行实施转化或以合作方式实施转化的，在项目盈利后3～5年内，每年可从实施该项成果的税后净利润中提取不低于5%的比例，用于奖励成果完成人。

（十三）“十一五”期间，省财政继续安排省科技成果转化专项资金，不断完善资金使用管理办法，引入风险投资机制，多渠道投入支持科技成果转化。各地应在财政预算内安排一定数额的科技成果转化专项资金。

（十四）经批准的转制科研机构，从转制之日起或注册之日起5年内免征企业所得税和科研开发自用土地、房产的城镇土地使用税、房产税；5年期满后，经审定可再延长2年。

三　鼓励引进消化吸收再创新

（十五）凡由国家有关部门和省核准或使用政府投资的重点工程项目中确需引进的重大技术装备，由项目业主联合制造企业制定引进消化吸收再创新方案，作为工程项目审批和核准的重要内容，经审批（核准）后实施。将通过消化吸收是否形成自主创新能力，列为对引进项目验收评估的重要内容。

（十六）将消化吸收再创新形成的先进装备和产品纳入政府优先采购范围。建立由项目业主、装备制造企业和保险公司风险共担、利益共享的重大装备保险机制，引导项目业主和装备制造企业对国产首台（套）重大装备投保。承担重大引进技术消化再创新项目的企业，进口国内不能生产的关键设备、原材料及零部件，免征进口关税和进口环节增值税。

（十七）对重大装备引进以及属于省重点引进消化吸收再创新项目，由省有关部门集成省科技成果转化专项资金、技术创新专项资金以及产业研究发展专项资金等政府计划资金，给予重点支持。

（十八）鼓励和支持国外及港澳台地区的组织和个人在我省设立研发机构。凡设在国家高新技术产业开发区内并经省有关部门确认属于高新技术企业的，减按15%税率征收企业所得税，并从获利年度起，第一年和第二年免征企业所得税，第三年至第五年减半征收企业所得税；两免三减半期满后，属先进技术企业的可延长三年减按10%征收企业所得税。

经依法审批设立的外商及港澳台商研发机构，其从事技术开发、技术转让以及与之相关的技术咨询、技术服务业务，经省技术市场管理机构认定，可向当地税务机关申请暂免营业税；上述机构向国外境外购买专利权、专有技术等，其中技术先进、条件优惠的，所取得的特许权使用费可向有关国税部门申请减征、免征企业所得税。

鼓励科技型企业在海外设立研发机构，政府给予资金扶持。

四　鼓励和支持科技创业

（十九）高等学校、科研院所应建立适应不同性质科技工作的人才评价办法。凡面向市场的应用性研究和试验开发等创新活动，以获得自主知识产权及其对经济社会发展的实际贡献为评价重点。

（二十）制定和规范科技人才兼职办法，引导和规范高等学校或科研机构科技人员到企业兼职。积极探索高等学校、科研机构科技人才在职和离岗创新创业的办法。

对高等学校、科研院所以及农业技术推广机构从事技术成果转让、技术培训、技术咨询、技术服务、技术承包等活动所取得的技术性服务收入，暂免征收企业所得税。

高等学校与企业联合且由企业出资的横向科研课题的节余经费，允许用于由该项科技成果转化而兴办的科技企业注册资本金；成果完成人可享有该注册资本金对应股权的80%，学校享有20%。

（二十一）允许在校大学生休学创办科技型企业或进行科技中介服务，经所在学校批准，其学习年限可延长3~4年；其所创办的科技型企业或科技中介服务机构，经税务部门审查批准，免征企业所得税2年；从事技术转让、技术开发和与之相关的技术咨询、技术服务等业务取得的收入，技术交易合同经登记后，可免征营业税、城市维护建设税和教育费附加。

（二十二）科技人员申请设立有限责任公司，注册资本可分3年到位，首期出资额应达到认缴额的10%，且不低于人民币3万元；申请设立非公司制企业条件尚不完全具备、但一年内能够予以完善的筹办企业，可由当地工商部门先行核发营业执照，实行预备期企业管理。

（二十三）科技人员离开原单位从事科技创业的，其档案由人才交流服务机构代行管理，人才交流服务机构免收人事档案代理服务管理费用，其管理成本由各级财政列入预算。探索有条件企业自行管理的办法。

科技人员和管理人员经批准整体或部分成建制脱离高等学校、科研院所等事业单位，进入企业或直接创办企业的，经当地劳动保障部门协同财政、科技、人事部门审批，可按转制事业单位养老金保险有关政策执行。

五　积极发展各类创业投资

（二十四）支持保险公司投资创业风险投资企业，允许证券公司在符合法律法规和有关监管规定的前提下开展创业风险投资业务。允许创业风险投资企业在法律法规规定的范围内通过债权融资方式增强投资能力。

（二十五）充分发挥省创业风险投资基金作用，引导社会资金流向创业风险投资企业，引导创业风险投资企业投资处于种子期和起步期的创业企业。有条件的市县、高新技术产业开发区可设立创业风险投资引导资金。

创业风险投资机构可以采用股份有限公司、有限责任公司、有限合伙的组织形式。创业风险投资机构的注册资本可按出资人的约定分期到位，按国家规定运用全额资本金进行投资。

（二十六）创业风险投资企业投资于中小高新技术企业的资金余额超过净资产的50%，且其他投资的资金余额未超过净资产30%的，可认定为高新技术企业，实行投资收益税收减免或投资额按比例抵扣应纳税所得额等税收优惠政策。

（二十七）省、市、县建立创业风险投资风险补偿机制，允许创业风险投资企业按不高于总收益10%的比例提取风险准备金。

（二十八）支持有条件的高新技术企业在国内主板和中小企业板上市。允许国家高新技术产业开发区内具备条件的未上市高新技术企业进入证券公司代办系统进行股份转让。支持符合条件的高新技术企业发行公司债券。

通过财政支持等方式，扶持发展全省统一的区域性产权交易市场，拓宽创业风险投资退出渠道。允许和鼓励非银行金融机构、上市公司、产业投资资金和其他公司及个人参与并购具有较强科技创新能力的初创公司，支持创业风险投资企业进行股权回购。

鼓励我省创业风险投资公司通过在境外直接设立或采用股权置换、收购等方式举办特殊目的公司从事返程投资。鼓励我省有实力的企业通过设立特殊目的公司进行海外融资。

六　加大科技投入

（二十九）各级政府把财政科技投入作为预算保障的重点，年初预算编制和预算执行中的超收分配，都要体现法定增长的要求。保证科技经费增长幅度明显高于财政经常性收入的增长幅度，逐步提高财政性科技投入占地区生产总值的比例。省、市、县每年新增财政支出中科技支出的比例分别不低于6%、3%、2%。强化企业科技投入主体地位，逐步提高全社会研发投入占地区生产总值的比重。

（三十）省财政安排专项资金，对获得国家重大科技专项和高技术产业发展专项等国家科技创新项目立项、并能有效推动我省经济社会发展的重点项目，按一定比例给予匹配支持。各市对国家和省立项的重大科技创新项目给予相应的匹配支持。

（三十一）优化财政科技投入结构，财政科技投入重点支持应用基础研究、社会公益研究、前沿技术研究、重大关键共性技术攻关以及科技基础条件建设和科学技术普及。发挥财政资金激励企业自主创新的引导作用，加强面向企业的技术创新服务体系建设。整合现有各类科技专项资金，统筹使用，形成合力，提高资金使用效益。改革和完善科研经费管理，建立严格规范的监管制度。建立财政科技经费绩效评价体系，明确设立政府科技计划和应用型科技项目的绩效目标，建立面向结果的追踪问效机制。

（三十二）鼓励社会资金捐赠创新活动。企事业单位、社会团体和个人，通过公益性社会团体和国家机关，捐赠非关联的科研机构和高校的研究开发经费，按规定在当年度应纳税所得额中扣除。

七 实施促进自主创新的政府采购

（三十三）建立财政性资金采购自主创新产品制度。由科技部门会同综合经济部门按照公开、公正的程序对自主创新产品进行认定，并向全社会公告。财政部门会同有关部门在获得认定的自主创新产品范围内，确定政府采购目录。各级政府机关、事业单位和团体组织用财政性资金进行采购的，必须优先购买列入目录的产品。

省重大建设项目以及其他使用财政性资金采购重大装备和产品的项目，有关部门应将承诺采购自主创新产品作为申报立项的条件，并明确采购自主创新产品的具体要求。在政府投资的重点工程中，国产设备采购比例一般不得低于总价值的60%。

（三十四）建立激励自主创新的政府首购和订购制度。省内企业或科研机构生产或开发的试制品和首次投向市场的产品，且符合国民经济发展要求和先进技术发展方向，具有较大市场潜力并需要重点扶持的，经认定，政府进行首购，由采购单位直接购买或政府出资购买。省内企业研发和生产的一类新药和二类中药，优先进入医保目录。政府对于需要研究开发的重大创新产品或技术，应当通过政府采购招标方式，面向社会确定研发机构，签订政府订购合同，并建立相应的考核验收和研究开发成果推广机制。

（三十五）在国家规定的范围内，政府定价的自主创新产品价格由生产经营企业自主确定。以价格为主的招标项目评标，在满足采购需求的条件下，优先采购自主创新产品。其中，自主创新产品价格高于一般产品的，要根据科技含量和市场竞争程度等因素，给予一定幅度的价格扣除；自主创新产品企业报价不高于排序第一的一般产品企业报价一定比例的，将优先获得采购合同。以综合评标为主的招标项目，要增加自主创新评分因素并合理设置分值比重。

经认定的自主创新技术含量高、技术规格和价格难以确定的服务项目采购，报经财政部门同意后采用竞争性谈判采购方式，将采购合同授予具有自主创新能力的企业。

八 支持创新创业载体与平台建设

（三十六）依法设立的高新园区要纳入土地利用总体规划和城市总体规划实行统一管理，符合规划的高新技术产业建设项目用地，应及时办理用地手续，未经依法批准，不得擅自改变土地用途。高新园区新增建设用地的土地有偿使用费地方留成部分，可以土地开发整理项目方式、按不低于50%的比例返还园区，优先用于土地开发和整理。耕地占补可在园区所在市域范围内平衡，所在市域不能平衡的，在全省范围内调剂解决。

对省内重点科技创新载体以及重大技术创新和科技成果转化项目的建设用地，予以重点保障并优先安排，其中科技创新载体项目用地实行工业项目用地供地方式。

（三十七）国家及省认定的高新技术创业服务中心、大学科技园、软件园、留学生创业园等科技企业孵化器，自认定之日起，一定期限内免征营业税、所得税、房产税和城镇土地使用税。

国家大学科技园、江苏软件园内在孵企业经认定为省级以上高新技术企业的，可参照国家高新技术产业开发区内高新技术企业享受税收优惠政策。

对经有关部门认定为国家科技兴贸出口创新基地的各类出口基地给予扶持。

（三十八）省重点实验室、公共技术服务平台等科技基础设施，以及提供公共技术服务的省企业技术中心、工程中心、工程技术研究中心，经评估为优秀和良好的，省财政给予运行经费补贴或奖励。

（三十九）科技中介机构从事技术转让、技术开发和与之相关的技术咨询、技术服务业务取得的收入，技术交易合同经登记后，可免征营业税、城市维护建设税和教育费附加。

科技中介机构为完成特定服务项目，聘请属于海外留学人员和国内享受政府特殊津贴的专家，所支付的咨询费、劳务费可直接进入成本。

（四十）对社会公益类科研机构进行整合，增强公益性研究与公共服务能力。

九　加强知识产权创造与保护

（四十一）各级财政设立专利申请专项补助资金，对本省企事业单位和个人获得受理的重大发明专利以及向国外申请专利所需申请费、实审费给予全额补贴。省财政承担50%，其余由市县财政承担。

（四十二）设立专项资金支持重要技术标准的研究；鼓励省内企事业单位制定或参与制定国际标准，支持国外先进标准向国内标准的转化；引导产学研联合研制技术标准，促使标准与科研、开发、设计、制造相结合。对通过 CMM 及 CMMI 三级以上认证的软件企业，省软件与集成电路产业专项资金给予奖励。

（四十三）加强社会化知识产权服务，社会化知识产权中介服务机构从事知识产权许可证贸易代收代缴的各类国家规费，可在计算营业税基数时予以扣除。

（四十四）建立健全知识产权保护体系，加大执法力度，营造尊重和保护知识产权的法治环境。实施知识产权诉讼法律援助，对涉外诉讼、困难企业诉讼以及个人专利诉讼，由财政给予诉讼或行政处理费用补助。

对国家重大科技创新项目以及省科技成果转化资金项目等，建立知识产权审查论证制度，将自主知识产权产出的数量、质量、实施效益和知识产权管理制度建设状况，纳入项目评价指标体系，并进行专项监督、管理和保护。

企业或品牌被外商收购时，其所承担的由财政资助的科技项目所形成的知识产权及其无形资产，经有资质评估机构评估后，由收购方按评估价全额返还项目下达单位。

十　加强创新创业人才队伍建设

（四十五）用好高层次创新创业人才专项资金，加快培养和引进我省前沿技术领域和高新技术产业化急需的高水平创新创业人才及优秀企业家。

（四十六）积极吸引海内外优秀人才。海外高层次留学人才来我省工作不受用人单位编制、工资总额和出国前户籍所在地限制。企业和研发机构聘用的外籍专家，其薪金可在成本中列支，其工作许可、在华永久居留的条件可适当放宽，在居留证件有效期内可办理多次入境有效签证。

对引进的海外优秀人才和国家级学科带头人等高层次人才，在医疗保险、配偶就业、子女上学、住房等方面给予优先安排或资助，并提供一定的科研条件。用人单位引进高层次人才的住房货币补贴、安家费、科研启动经费等费用，可依法列入成本核算。

（四十七）允许国有高新技术企业对技术骨干和管理骨干实施期权等激励政策，探索建立知识、技术、管理等要素参与分配的具体办法。

（四十八）设立江苏省科学技术突出贡献奖，对我省从事科技创新活动并为经济社会发展作出突出贡献的有关人员进行奖励，每年奖励人数不超过2名，每名奖励200万元，其中50万元奖励个人，150万元用于资助获奖者主持的科研创新活动。获奖者享受省级劳模待遇。

（四十九）合理布局并切实加强科普场馆建设，提高科普场馆运营质量。制定重大科普作品选题规划，扶持原创性科普作品。鼓励经营性科普文化产业发展，放宽利用民间和海外资金发展科普产业的准入限制。将科普经费列入同级财政预算，并逐步增加。建立高等学校、科研院所定期向公众开放制度。

（五十）省有关部门要依据本文件制定相应的实施细则；各地要结合实际，依照法定权限制定相应的政策措施。

江苏省人民政府
关于加快开拓农村市场的意见

根据《中共江苏省委、江苏省人民政府关于加快发展现代服务业的实施纲要》（苏发〔2005〕16号）、《中共江苏省委、江苏省人民政府关于加快发展现代服务业的若干政策》（苏发〔2005〕17号）和商务部《关于开展“万村千乡”市场工程试点的通知》（商建发〔2005〕45号）精神，为大力推进社会主义新农村建设，进一步完善农村市场现代流通网络，促进农民安全、便捷消费，现就加快开拓农村市场提出如下意见：

（一）进一步明确开拓农村市场目标

根据国家统一部署，坚持以市场为导向、企业为主体，政府在做好整体规划的前提下，不搞硬性摊派，不直接插手市场经营。通过政策引导、市场化运作，以县以下市场为重点，以大型企业为主体，以农家店为载体，运用连锁经营等现代流通方式，到2007年底，在全省乡（镇）村两级建成10000个农家店，建成一批面向农村市场的配送中心和“以店代配”的中心店，形成连锁经营、商品配送、质量可靠、价格合理的农村现代流通网络，基本实现县城有配送中心或中心店、乡（镇）有中型超市、主要行政村有农家店。

（二）积极开展“万村千乡市场工程”试点

试点对象为县及县以下农村市场，主要依托有实力的商贸连锁企业，到乡（镇）村建立或改造标准化的日用消费品和农业生产资料农家店，通过试点，总结经验逐步向面上推开。根据商务部颁布的建设和改造农家店的标准，加快改建、扩建、新建农家店步伐，在经营面积、购物环境、经营品种、配送比例、商品质量等方面进行规范，以县城配送中心或中心店为基础，加快向乡（镇）和行政村延伸经营网点。进一步加快试点步伐，在2005年建成2200家农家店的基础上，2006年再建3000家农家店，到2007年实现建成10000家农家店的目标。同时，建成一批面向农村市场，主要为乡（镇）村农家店服务的物流配送中心和“以店代配”的中心店，形成较为完备的农村商品流通网络。

（三）加快发展乡（镇）村连锁网点

鼓励大型连锁企业通过新建、租赁、控股、参股等形式，到农村建立直营店、加盟店、便利店，构建以县城为中心、乡（镇）为骨干、行政村为基础的农村流通网络。引导多种所有制商业投资农村商业，鼓励有实力的流通企业采用集中采购、连锁经营、统一配送方式，整合农村的代销店或中小型门店，实现网络化规模经营。鼓励农业生产资料、药品零售连锁、文化用品经营企业和农副产品收购企业到乡（镇）村开设门店，支持大型零售企业开发适合农村消费的自有品牌商品，建立和完善农村大件商品售后服务体系。

（四）发挥大型连锁企业的龙头作用

根据农村消费特点，以副食品、日用百货、农业生产资料三大类商品为重点，鼓励苏果超市有限公司等大型连锁企业根据市场要求，通过连锁方式向乡（镇）村推进。

发挥供销系统的传统优势，充分利用供销合作社经营网络，按照“多元化投资、规范化管理、市场化运作”要求，通过标准化改造和统一标识、集中配供等方式建立网点，推进日用消费品和农业生产资料下乡（镇）进村，有条件的地方，在农家店基础上，积极建设为农服务社，扩大为农服务范围。

（五）加快农村商品市场体系建设

加强对农村批发市场建设的统一规划，重点发展依托当地制造业和加工业基础，向区外、省外甚至国外辐射的规模化销售市场，通过市场集聚带动产业集聚。围绕“四沿”布局，兴建一批依托产业优势、面向国内国际市场的工业品批发市场。加快规模化批发市场的技术改造，不断改善交通、运输、通信、物流、信息等基础设施，进一步提高层次、提升水平、提速发展。引导农产品批发市场发展分拣、加工、包装业务，扩大向超市、社区菜场、便利店等配送产品，推进市场加基地的产加销一体化经营。加强农产品批发市场信息处理、检验检测、仓储运输等设施建设和改造，发展和创新农产品拍卖、经纪人代理、网上交易等新型交易方式，推进农产品批发市场标准化建设，培育一批国家级标准化农产品批发市场。

（六）整合农村市场的经营网络

按照“多元化投资、规范化管理、市场化运作”要求，整合乡（镇）村社会商业资源，鼓励社会经济组织、企业和个人投资建设农村经营网点，销售日用品和农业生产资料。选择区位条件较好、有一定经营能力的食品站、农机站或个体经营户，加盟大型连锁企业的连锁网络，通过标准化改造和整合，实行统一标识、统一价格、配送供货等集中管理，使其成为大型连锁企业的农村经营网点。鼓励乡（镇）依托当地的农产品生产优势，建立和完善农产品批发市场，扩大与城市农产品市场的对接，进一步拓宽农产品进城通道。

（七）加大政策扶持力度

对连锁企业实行统一纳税。纳入“万村千乡市场工程”试点的连锁企业在省内跨市、县经营，凡由总部全资或控股开设的，在总部领导下统一经营、与总部实行微机联网，由总部统一采购配送、统一核算、统一规范化管理，并且不设银行结算账户、不编制财务报表和账簿的直营门店，报经省国税局、地税局会同省财政厅审批同意后，可由总店向其所在地税务机关统一申报缴纳增值税和企业所得税。实行统一纳税后，涉及地区间利益转移数额较大的，由省财政厅通过年终结算方式予以调整。

设立我省“万村千乡市场工程”建设配套资金。对有一定规模的日用品批发市场、农产品交易市场、省际边界市场，改善物流配送、电子商务、信息系统、经营环境等设施的固定资产投资，商贸连锁企业建设或改造面向农村市场的配送中心、进行信息化改造，商贸连锁试点企业在乡（镇）设立的农家店，给予贷款贴息和补贴。具体办法由省财政厅会同省经贸委、省供销社制定。

对连锁企业用电实行价格优惠并提供交通便利。连锁企业使用的大型冷藏、冷冻和各类加工设备的生产用电，以及列入省规划和重点扶持的大型批发交易市场、物流基地、大型配送中心的照明用电，按普通工业用电标准收取电费。对连锁企业进入市区的物流配送车辆，公安交警、交通管理部门优先发放货车通行证，为配送车辆在市区通行和停靠提供便利。

简化连锁企业证照办理手续。连锁企业证照办理手续，按照苏发〔2005〕17号文件有关规定办理。

（八）切实加强组织领导

开拓农村市场工作涉及部门多、任务重。各地、各有关部门要高度重视。全省开拓农村市场工作由省经贸委、省供销社牵头，重点抓好规划制订、政策落实、推进实施等工作；各有关部门要加强协调配合，形成合力，确保开拓农村市场取得实效。各级政府要高度重视，切实加强组织领导，科学规划，合理布局，精心组织，有序推进；各级经贸委、供销社要认真做好组织实施工作。各级行政执法部门要加大对农村市场的执法监督，严厉打击制售假冒伪劣商品的不法行为，健全市场投诉受理机制，保护广大农民的合法权益。

江苏省人民政府
关于全面免征农业税的通知

为进一步减轻农民负担，促进农民增收，根据中央今年1号文件精神，结合我省实际，省委、省政府决定，从2005年起在全省全面免征农业税。现就有关事项通知如下：

一、从2005年起，在本省境内从事农业生产、取得农业收入的单位和个人，不再缴纳农业税及其附加。

二、取消各地的农业税及其附加收入任务，农业税纳税基数不再保留。

三、对以往欠缴的农业税及其附加，要按照国务院和省政府的有关政策规定，区别情况，妥善处理，不得突击清收。

四、免征农业税及其附加后，各地要通过深化改革、加快发展和优化财政支出结构等措施，消化政策性减收形成的收支缺口，确保农民负担不反弹，确保农村义务教育正常经费需要，确保基层组织正常运转。对财政困难地区因免征农业税减少的财力，省里将通过财政转移支付的方式给予适当补助。具体补助办法，另行制定下达。

五、全面免征农业税，是贯彻“多予、少取、放活”方针、统筹城乡经济社会发展的具体体现，是推进“富民强省”、实现“两个率先”目标的重大决策部署，事关广大农民群众的切身利益。各级各部门要充分认识免征农业税的重大意义，切实加强领导，搞好政策宣传，精心组织实施，确保免征农业税的政策不折不扣地落实到位，让广大农民群众长期得益受惠。

江苏省人民政府
关于进一步加快国民经济和
社会信息化的意见

推进国民经济和社会信息化，是覆盖现代化建设全局的重大战略举措，是转变经济增长方式、优化经济结构的重要途径，是实现富民强省和“两个率先”的必然要求。为进一步加快我省国民经济和社会信息化，特提出如下意见：

一　指导思想、基本原则和主要任务

（一）指导思想

以邓小平理论、“三个代表”重要思想和科学发展观为指导，坚持以信息化带动工业化，以工业化促进信息化，走新型工业化道路，坚持把信息化放在现代化建设的全局和战略位置，着眼发展，立足应用，创新机制，资源共享，突出重点，务求实效，努力开创信息化建设的新局面，为实现富民强省和“两个率先”提供物质技术保障。

（二）基本原则

统筹协调原则。坚持政府主导和市场运作相结合，统一规划和分类指导相结合，全面推进和重点突破相结合，加快建设与强化管理相结合，形成领导有力、体制合理、发展协调、效益显著的信息化建设新格局。

需求导向原则。紧紧围绕我省经济和社会发展的实际需要，紧密结合人民群众的物质和精神文化需求，加快信息技术在各行各业的应用，以应用促发展，以发展促应用。

创新开放原则。大力推进制度创新、管理创新和技术创新，不断为信息化建设注入新的动力和活力。充分利用两种资源、两个市场，在扩大开放中提升水平，在提升水平中扩大开放。

效益优先原则。加强信息资源的开发、整合和综合利用，促进信息资源合理配置和资源共享，进一步提高信息化建设的经济与社会效益。

确保安全原则。正确处理信息化建设与信息安全的关系，综合利用法律、行政、经济和技术手段，强化信息安全管理，打击违法犯罪活动，维护信息安全和社会稳定。

（三）主要任务

1. 总体目标

到2010年，将我省建成信息基础设施比较先进、信息产业竞争力比较显著、电子政务和电子商务服务比较完善、信息消费市场比较繁荣的国内信息化最为发达的地区之一。信息产业成为国

民经济的主导产业，占全省生产总值的比重提高到15%，在全国具有较为明显的比较优势，在全球产业分工体系中占有一定位置，成为全国重要、全球有影响力的信息产品制造业基地、软件业研发高地、信息服务业重地。

2. 阶段性目标

到2005年，建立以"中国江苏"为龙头的政府门户网站群，全面实现网上政务公开，初步实现网络化政务协同办公和在线服务。初步建立全省电子政务体系框架，信息化带动工业化初见成效。信息产业销售收入达到6000亿元，成为全省第一支柱产业，其中软件产业销售收入达到300亿元。

到2007年，信息化带动工业化、促进现代化的作用得到加强，网上办公成为政府机关履行职责和企业办事的重要手段，电子商务交易额占全省商品销售额的比例达到5%以上，社会信用体系逐步完善。信息产业销售收入达到8000亿元，其中软件产业销售收入达到500亿元。

到2010年，基本形成国民经济和社会信息化的框架，成为全国信息化程度最高、信息产业最具竞争力的地区之一。苏南地区率先基本实现经济和社会信息化，苏中和苏北地区信息化水平显著提高。信息产业实现"111"奋斗目标：销售收入达到12000亿元，其中制造业10000亿元，软件业1000亿元（其中，出口50亿美元），信息服务业1000亿元。

3. 标志性工程

以"12345计划"为重点，稳步推进若干涉及全局的基础性、公益性、标志性信息化工程。"一个体系"：基本建成适应我省信息化发展需要的法律法规和标准体系；"两大工程"：信息化知识普及工程和"大通关"工程；"三大系统"：覆盖全省的政务协同办公系统、公共信用信息系统、突发公共事件应急指挥系统；"四个中心"：容灾备份中心、电子档案中心、数字认证（CA）中心、信息化工程绩效评估中心；"五大基础信息库"：人口数据库、法人单位数据库、宏观经济数据库、自然资源和空间地理数据库、政务信息资源数据库。

二　重点工作

（一）建设信息产业强省

1. 增强信息产品制造业竞争力

紧密跟踪国际信息产业发展方向，适应改造提高传统产业的需要，集中力量培育一批高、精、专知名企业，形成一批以自主知识产权为支撑、在国内外市场具有强大竞争力的电子信息产业集群。加强国家和省级信息产业基地公共服务平台建设，不断优化基地服务功能。以骨干企业为核心，以专业化协作为途径，加快发展特色产业园区。重点在硅信息材料、汽车电子、半导体器件、光电子、精密模具等领域取得突破，形成优势。

2. 做大做强软件和集成电路设计产业

充分运用我省科教发达、人才众多的有利条件，集中政策优势，以江苏软件园为基础，重点支持南京地区发展软件产业，推进沿江软件产业密集带建设。积极发展各类行业应用软件、多媒体软件和嵌入式软件，加快培育壮大软件骨干企业。"走出去"与"引进来"相结合，通过扩大国际交流与合作，尽快提升软件产业竞争力。发挥软件企业出口联盟作用，努力开拓软件国际市场，建成若干软件出口基地。

3. 大力发展信息服务业

加快发展互联网新闻、电子出版、信息咨询、电脑动画、电子游戏及基于数字电视的信息内容产业，培育一批在全国有影响的专业信息服务提供商。

（二）提高电子政务应用水平

建成全省标准统一、功能完善、互联互通、安全可靠的电子政务网络平台，围绕具有时代特征、江苏特色、形式和内容俱佳的要求，进一步完善政府门户网站功能。基本形成“一站式”、“一线式”、“一门式”政府服务格局，积极推行政府网上采购方式，政府上网工程普及率达到100%，可上网行政审批事项网上办理率达到100%。基本实现各级政府机关文档数字化、办公自动化以及行政管理信息化。整合现有业务网络，已建部门纵向网逐步并转到统一的政务网络平台。

（三）推进经济和社会信息化

1. 实施信息化带动工业化战略

加快应用信息技术改造传统产业，推进生产自动化、产品智能化、经营管理网络化和商务电子化。推进企业信息化，逐步实现信息及网络技术在产品研发、生产、营销和管理等环节的应用，提高信息化装备、产品和人才的比重。

2. 积极推进农业信息化

加大低成本信息技术产品和服务的开发力度，充分发挥信息技术在加快农业现代化进程中的作用。进一步加强农业信息网络内容建设，建好江苏农业网、江苏农展网和特色农业网。引导和支持农业龙头企业、农村经济组织、农村经纪人利用网络查询信息、开展业务。

3. 加快发展电子商务

加大对电子商务基础性和关键性领域研究开发的支持力度，完善数字认证、在线支付、物流配送等支撑和配套服务体系，构建全省电子商务综合平台，方便企业通过网上交易降低成本，提高参与国际市场竞争的能力。

4. 提升城市信息化建设水平

在城市管理的各个领域推广应用信息技术，以地理信息、应急联动指挥及智能交通等为基础，建立城市智能化管理平台，提高城市管理效率与水平。认真抓好国家信息化试点城市试点工作，充分发挥示范作用。

5. 推进社会服务信息化

坚持以人为本、以需求为导向整合服务资源，以便民利民为目的构建社区信息化服务体系，不断拓展社会公共服务领域的信息化应用，让群众真正得到“数字文明”带来的便利和实惠。

三 保障措施

（一）优化信息化发展环境

1. 加强法制和标准建设

根据信息化建设需要，适时制定有关法规和规章。依法加强信息市场管理、信息化工程监管、信息资源开发利用、信息安全、知识产权保护等方面的工作。加快制定和完善我省信息化建设标准，积极参与制订国际和国家标准，鼓励行业协会、企业制定行业、企业标准。

2. 加强人才队伍建设

坚持多渠道培养与高起点引进并举，满足信息化建设对人才的迫切需要。大力吸引海内外优秀人才特别是高层次人才来江苏创业。建立和完善人才激励机制。对作出突出贡献的单位和个人

进行表彰和奖励。

3. 规范信息化建设市场

加强计算机系统集成资质和信息产品质量保证体系认证工作，通过认证的企业和产品列入政府采购和服务目录。推行计算机系统集成、建设项目经理及监理制度。财政投资建设的信息化工程，必须由具有相应资质的企业承建和监理。依法治理软件交易市场，保护企业和个人的合法权益。积极推进软件正版化。

4. 维护信息和网络安全

建立信息网络安全监管领导机制，形成全省统一的信息安全协调管理体系。加快制定信息安全等级保护制度，重点加强对基础信息网络和关系国家安全、经济命脉、社会稳定等重要信息系统的安全保护和监督管理。

（二）推进信息资源整合与共享

1. 按照“公开为原则，不公开为例外”的要求，推动政务信息依法公开和有效共享

制定统一的信息数据定义、目录、分类和交换体系，完善统计标准，明确信息资源采集、维护、共享、管理的责任主体。财政资金投入的新建信息系统，应将信息共享作为项目审批的必要条件。

2. 推行信息技术外包服务

在政府部门和财政投资项目中推行信息技术外包服务，鼓励企事业单位采用外包服务，提高信息化建设效益。加快培育外包服务企业，对从事政府类项目外包服务的企业与从业人员进行资质认定，将通过认定的企业列入政府采购服务目录。

3. 提高资源利用效率和效益

按照“统一规划、统一建设、统一管理”的原则，推行公共信息基础设施集约化建设和管理。

（三）建立多元化投融资体系

以政府投入为导向，企业投入为主体，其他投入为补充，多渠道投资信息化建设。在竞争性领域坚持以社会资金为主，鼓励企业和机构运用自有资金及多种金融工具投资信息化建设，吸引国内外风险资本进入我省信息化建设市场。引导企业增加对信息化建设的投入，使企业成为信息化建设的投资主体。

（四）加大财税扶持力度

1. 加大政府投入和资金引导

在未来几年内，根据实际需要，高质量、高效率地推进一批全局性、基础性、公益性、示范性重大信息化工程。具体项目由省信息化主管部门会同有关部门提出方案，报省信息化领导小组审定后实施。省财政安排的软件产业和集成电路业专项经费，由每年5000万元增加到1亿元。

2. 实施财税扶持政策

认真落实《国务院关于印发鼓励软件产业和集成电路产业发展若干政策的通知》（国发〔2000〕18号），鼓励软件出口型企业通过GB/T19000、ISO9000和CMM认证，在中央外贸发展基金给予支持的基础上，配套予以支持。由省信息产业主管部门对集成电路设计企业进行认定，经认定的企业视同软件企业，适用软件产业有关政策。

（五）完善推进信息化的工作机制

加强对全省信息化工作的统筹协调。省信息化领导小组下设办公室，与省信息产业厅合署办公，主要负责全省信息化建设的战略、规划、政策指导和重大问题的协调。各市、县（市、区）政府都要建立主要领导牵头、分管领导具体负责的工作机制，确保把工作任务落到实处。建立省信息化专家咨询组，推进信息化建设重大决策的科学化、规范化。

（六）加强规划指导和项目管理

1. 坚持先规划、后建设

在全面完成信息化建设“十五”规划的基础上，科学编制我省信息化建设“十一五”规划。各地、各部门要根据统一部署，结合各自实际，编制本地区、本部门信息化建设规划，并在规划指导下有计划、分步骤地实施。

2. 规范财政资金建设项目管理

省财政出资建设的信息化项目，由省信息化主管部门统一扎口管理。中央财政出资的我省信息化建设项目，项目建设单位须抄报同级信息化主管部门。各市、县政府要加强对财政资金建设的信息化项目的规范管理。

（七）建立信息化建设项目评估制度

对财政投资和涉及国计民生的信息化建设项目，进行质量检测和绩效评估。探索建立信息化建设第三方评估机制，制定不同领域的评估标准，建立群众评议、专家评审、专业机构评测相结合的信息化评价体系，确保信息化建设发挥应有的效益。

浙江省人民政府办公厅关于加强湿地保护管理工作的通知

湿地是重要的自然资源，具有陆地生态和水域的双重特征，与森林、海洋并称为全球三大生态系统。湿地不仅具有保持水源、净化水质、蓄洪防旱、调节气候和维护生物多样性等多种独特的不可替代的重要生态功能，还为人类提供丰富的生产、生活资源，具有巨大的经济、社会效益和科学、文化价值。但是，由于长期以来人们对湿地的价值认识不足、保护管理能力薄弱等原因，造成湿地面积不断减少，水质污染加重，生态功能退化。根据《国务院办公厅关于加强湿地保护管理的通知》（国办发〔2004〕50号）精神，经省政府同意，现就我省加强湿地保护管理的有关问题通知如下：

（一）湿地保护工作的总体要求

我省湿地保护工作的总体要求是：以科学发展观为指导，坚持以保护湿地生态系统和改善湿地生态功能为中心，按照积极保护、科学恢复、合理利用、持续发展的原则，认真组织实施湿地保护管理的各项工作措施，争取到2010年，湿地面积萎缩和功能退化的趋势得到遏制和初步扭转，基本形成自然湿地保护网络体系，初步建立起湿地保护的管理、法制、科研监测等体系；到2020年，湿地保护与利用步入良性发展的轨道，形成完善的自然湿地保护网络体系，湿地保护的管理、法制、科研监测等体系全面建成并进一步完善，湿地保护和利用能力显著提高。

（二）加快湿地保护规划编制工作

湿地保护是一项长期而艰巨的任务，对现有湿地资源要进行全面规划，实施有效保护，合理开发利用。省林业厅要在全省湿地资源调查工作的基础上，会同有关部门，依据《全国湿地保护工程规划（2002～2030）》，编制《浙江省湿地保护规划》，报省政府批准后实施。各地要根据当地实际，抓紧编制本地区的湿地保护规划，明确奋斗目标、建设布局、重点项目和政策措施，并纳入本地区经济和社会发展计划，认真组织实施。

（三）依法监管，坚决制止破坏、占用湿地行为

要坚持保护优先原则，对现有自然湿地资源实行普遍保护，坚决制止随意侵占和破坏湿地的行为。凡是列入国际重要湿地和国家重要湿地名录，以及位于自然保护区内的自然湿地，一律禁止开垦占用或随意改变用途。对涉及湿地的重大建设工程，要严格执行有关法律法规和环境影响评价制度，充分听取各方面意见，必要时要举行听证会。各级政府要加强对自然湿地保护的监管，组织力量依法制止和打击违法占用、开垦、填埋以及污染自然湿地等行为。对湿地生态造成严重破坏的责任单位和个人，要依法追究其责任。省林业、环保等有关部门要加强对湿地自然保护区和拟建湿地自然保护区开发建设项目的监督检查。

（四）切实加强自然湿地的抢救性保护工作

各地要按照有关法律法规，在适宜地区抓紧建设一批各种级别的有推广示范意义的湿地自然保护区，划定保护区域，实行严格有效的保护。对不具备条件划建自然保护区的，也要因地制宜，采取建立湿地保护小区、湿地公园、海洋特别保护区、湿地多用途管理区或划定野生动植物栖息地等多种形式加以保护管理。对已具备省级自然保护区条件的湿地，要抓紧进行申报。省林业厅要选择一批具备条件的湿地保护区，申报国家级湿地自然保护区和列入国际重要湿地。凡经县级以上人民政府批准建立的湿地自然保护区，要按照已批准的湿地自然保护区总体规划，标明区界，予以公告。

（五）加强对湿地保护管理工作的领导

各级政府要把湿地保护工作纳入重要议事日程，积极探索湿地保护的有效办法和途径，实行目标考核通报和奖惩制度。要依据湿地保护规划，加大湿地保护资金投入；合理利用湿地资源，广泛吸引社会各方面资金，形成多渠道、多元化投入机制。要加强湿地保护的科普宣传教育工作，利用多种形式，扩大宣传效果，增强公众的保护意识。建立湿地监测制度，开展湿地监测站、点的规范化建设，定期对湿地资源与环境进行监测。

有关科研单位、大专院校要加强湿地基础研究和应用技术研究，探索湿地资源合理开发利用的最佳模式，充分发挥湿地资源的生态、社会与经济价值；各级科技部门对有关湿地的科研课题要予以大力支持；各级林业部门要做好湿地保护工作的组织协调。各有关部门应密切配合，按照职责分工，发挥各自的优势，共同做好湿地保护工作。

浙江省人民政府关于鼓励支持和引导个体私营等非公有制经济发展的实施意见

一　加快非公有制经济发展的重要意义和指导思想

（一）重要意义

个体私营等非公有制经济是社会主义市场经济的重要组成部分和促进社会生产力发展的重要力量，也是浙江的优势和活力所在。认真贯彻落实国发〔2005〕3号文件，进一步加快我省个体私营等非公有制经济发展，有利于繁荣城乡经济、增加财政收入，有利于扩大社会就业、改善人民生活，有利于促进经济结构调整和增长方式转变、增强经济综合实力和竞争能力。对于在更高层次上保持我省非公有制经济在全国的领先地位，落实“干在实处、走在前列”的要求，全面建设小康社会和提前基本实现现代化具有十分重要的战略意义。因此，在毫不动摇地巩固和发展公有制经济的同时，必须毫不动摇地鼓励、支持和引导个体私营等非公有制经济的发展。

（二）指导思想

以邓小平理论和“三个代表”重要思想为指导，以科学发展观为统领，深入实施“八八战略”、全面建设“平安浙江”，进一步解放思想、深化改革，消除影响非公有制经济发展的体制性障碍，确立平等的市场主体地位，实现公平竞争；进一步完善政策法规，着力解决非公有制经济发展中的突出问题，依法保护非公有制企业和职工的合法权益；进一步改进和加强政府指导和监管，为非公有制经济发展创造良好环境；进一步推动非公有制企业加快制度创新、技术创新、管理创新，转变增长方式，提高竞争能力；进一步引导非公有制企业依法经营、诚实守信，不断提高自身素质，促进非公有制经济持续快速健康发展。

二　放宽非公有制经济市场准入

（三）平等准入、公平待遇

法律法规没有明确禁入的行业和领域，非公有资本都可以进入。向外资开放的领域，允许国内非公有资本进入，并放宽股权比例限制等方面的条件。在投资核准的条件和程序、融资服务、财税政策、土地使用、对外贸易和经济技术合作等方面，对非公有制企业与其他所有制企业一视同仁，实行同等待遇。对企业不使用政府性资金建设的项目以及《政府核准的投资项目目录》以外的项目，一律不再实行审批。对需要实行许可、核准和备案的事项，政府部门必须公开相应的制度、条件和程序。对可以采取招投标方式选择经营者的项目，实行公开招投标，按照“公开、公平、公正”的原则，允许非公有制企业平等参与竞争。外商投资企业依照有关法律法规的规定执行。

（四）允许非公有资本进入垄断行业和领域

按照国务院关于加快电力等垄断行业改革的要求，扩大非公有资本进入的比例和业务领域。对其中的自然垄断业务，非公有资本可以参股等方式进入；对其他业务，非公有资本可以独资、合资、合作、项目融资等方式进入。除了极少数涉及国家安全的特殊行业外，对竞争性的行业和可以商业化运作的领域及预期有收益或者通过建立收费补偿机制可获得稳定收益的项目，支持各类投资主体进入。对投资额大、回收期长的项目，允许通过适当延长项目特许经营权期限等方式组织实施，降低非公有资本的进入门槛。支持非公有制企业投资发电行业，以及从事电力安装、设计、施工等辅业。允许符合条件的公司制企业申请经营增值电信业务。按照铁道部的有关规定，鼓励非公有制企业参与铁路建设经营。允许非公有资本按照政府规划投资建设加油站及仓储设施，从事成品油零售经营业务；允许非公有资本按照我国加入WTO承诺的时间进入成品油批发业务领域。在国家统一规划的前提下，除法律法规等另有规定外，允许具备资质的非公有制企业依法平等取得矿产资源的探矿权、采矿权；鼓励非公有资本进行商业性矿产资源的勘查开发，对投资风险勘查并探明可供开采的矿产地，可依法转让探矿权或直接申请采矿权；除国家规定的金、钨、锡、锑、稀土等保护性矿种实行计划产销外，非公有制企业可依法自主销售其开采的矿产品。

（五）支持非公有资本进入市政公用事业和基础设施领域

加快完善政府特许经营制度。支持非公有资本参与城镇供水、供气、供热、公共交通、污水和垃圾处理等市政公用事业和基础设施的投资、建设与运营。具备条件的公用事业和基础设施项目，在规范转让行为的前提下，可向非公有制企业转让产权或经营权。全面放开市政设施维护、城市绿化养护、道路清扫、垃圾清运等作业市场。鼓励和引导非公有资本通过受让公路收费权益、独资或合资建设经营、发行债券和股票、股权受让等方式进入交通基础设施领域，并依法保障投资者的合法权益。

（六）支持非公有资本进入社会事业领域

坚持“积极鼓励、大力支持、正确引导、加强管理”的原则，支持非公有资本投资教育、文化、卫生、科研、体育等社会事业领域。

非公有制企业可以独资、合资、合作等形式兴办教育事业。建立和完善科学的办学成本核算办法，非公有制企业投资办学的收费标准根据实际培养成本确定。非公有制企业投资办学可以面向社会自主招聘教职工，教师专业技术职务评审可以参照公办学校职务结构比例，不受指标限制，自主设岗，自主聘任。

认真贯彻落实《国务院关于非公有资本进入文化产业的若干决定》（国发〔2005〕10号），鼓励和支持非公有资本进入文艺表演团体、演出场所、博物馆和展览馆、动漫和网络游戏、电影电视剧制作发行、广播影视技术开发运用等文化行业和领域。鼓励和支持非公有资本在文艺表演团体、演出场所等国有文化单位的公司制改建和有线电视接入网社区部分业务中控股。允许非公

有资本在出版物印刷、发行，新闻出版单位的广告、发行，广播电台和电视台的音乐、科技、体育、娱乐方面的节目制作，电影制作发行放映，建设和经营有线电视接入网，有线电视接收端数字化改造中参股。鼓励和支持非公有制企业从事文化产品和文化服务的出口业务。非公有制文化企业在项目审批、资质认定、融资等方面与国有文化企业享受同等待遇。

允许非公有资本兴办营利性或非营利性医疗机构。鼓励非公有资本投资兴办老年护理、康复类医疗卫生机构以及设施，投资兴办技术一流、管理先进、提供高端服务的医疗卫生机构。鼓励非公有制企业参与国有科研院所的改革改制，支持具备条件的非公有制企业和非公有资本自主创办科研开发机构。鼓励非公有资本投资体育事业，允许非公有制企业以委托管理的方式参与公共体育设施的管理。

（七）鼓励非公有资本投资发展现代服务业和现代农业

在规范准入、加强监管、有效防范金融风险的前提下，鼓励非公有资本进入地方性金融机构和金融中介服务机构，通过参股等方式参与地方性银行、证券、保险等金融机构的改组改制。鼓励符合条件的非公有制企业集团组建财务公司。

鼓励非公有资本投资商贸、物流、信息、会展、旅游等现代服务业和农业科研、农业技术社会化服务、种业、农产品流通等现代农业，以及就业容量大的加工贸易、社区服务等劳动密集型产业。

（八）允许非公有资本进入国防科技工业建设领域

允许符合条件的非公有制企业按有关规定平等参与军工科研任务的竞争以及军工企业的改组改制。对承担军品任务并通过质量体系认证和保密资格认证的非公有制企业，根据产品在武器装备中的功能，积极向国家有关部门推荐，申请取得有关生产经营资格。非公有制企业承担符合国防科技工业产品政策的重要项目，可享受国家有关扶持政策。

（九）鼓励非公有制企业参与国有经济结构调整和国有企业、事业单位改革

大力发展混合所有制经济，鼓励非公有制企业通过并购、入股等形式，参与国有、集体企业的改组改制改造和公有制社会事业单位的改组改制。鼓励非公有制企业在国家实施西部大开发、东北地区等老工业基地振兴和中部地区崛起战略中发挥积极作用。

三　加大对非公有制经济的财税金融支持

（十）加大财税扶持力度

省级财政设立中小企业专项扶持资金，主要用于培育科技型和成长型中小企业，小企业创业辅导，社会化服务体系建设以及国家扶持项目的配套资金等。各市、县（市、区）政府要根据当地实际，积极安排中小企业专项扶持资金。

认真落实国家扶持非公有制经济发展的税收政策。加大对企业技术开发的税收扶持力度。企业发生的技术开发费可按规定据实扣除，其中技术开发费比上年实际发生额增长10%以上（含10%）的盈利企业，对取得享受技术开发费加计扣除审核确认书的，还可再按实际发生额的50%直接抵扣当年应纳税所得额。

（十一）改进和加强信贷服务

努力改善非公有资本项目的金融政策环境，支持各商业银行有效运用贷款利率浮动政策，建立和完善风险定价机制，开展信贷产品创新，提高对非公有制企业的贷款比重。鼓励商业银行改革中小企业贷款管理制度，按经济社会发展状况，扩大省以下各级银行信贷审批权限，再造信贷审批流程，更新信贷管理方式，简化贷款手续，提高贷款办理效率。鼓励政策性银行依托地方中小金融机构，开展以非公有制企业为主要对象的转贷款等业务。鼓励金融机构根据非公有制企业生产、市场特征及资金需求特点，积极探索开发针对性强的金融产品和服务。鼓励金融机构开展融资租赁、公司理财和账户托管等业务以及无形资产质押贷款试点。完善中小企业信用评级体系，扩大对有发展潜力的非公有制企业的信贷支持。

（十二）拓宽直接融资渠道

在非公有制企业中积极培育上市公司的后备资源，创造条件支持其在境内外资本市场上市融资。在法律允许的范围内，妥善处理非公有制企业改制上市前的税收减免、资产权属和股权规范等历史遗留问题。加快培育和发展区域性产权交易市场，推动各类资本的流动和重组。鼓励非公有制企业依法以股权融资、项目融资、债券融资、租赁融资等融资方式筹集资金。积极引进境内外风险投资公司，逐步建立健全非公有制企业创业投融资服务平台。大力发展票据市场，支持金融机构发挥信用证、保函、承兑汇票等金融工具的信用功能，满足企业多种融资需求。支持符合条件的非公有制企业依照国家有关规定发行中长期企业债券和短期融资债券。

（十三）积极开发利用民间资金

探索投融资体制改革与创新。鼓励非公有资本组建中小企业风险投资公司、产业投资基金公司。支持民间资本依法投资参股金融机构。进一步规范民间融资，努力解决非公有制企业特别是小企业创办和发展的资金需求。

（十四）加强信用担保体系建设

积极引导非公有制企业设立商业性或互助性信用担保机构，探索建立再担保机构。建立和完善中小企业担保机构的行业准入、风险控制和担保运作机制。引导担保机构做优做强，通过重组、增资等多种渠道，增强资金实力，提高担保能力。积极推行担保机构资信评级制度，加强担保机构与金融机构的合作，建立互助互惠的合作机制。鼓励担保机构建立区域性行业协会，加强行业自律、行业互助、自我监管与服务。

四　提升对非公有制经济的社会服务水平

（十五）积极开展创业服务

进一步落实国家和省有关就业再就业政策，鼓励下岗失业人员、退役士兵、大学毕业生和归国留学生等各类人员创办小企业。鼓励非公有制企业创办科技型、农产品加工型企业。对初创小企业，允许注册资金分期到位，不得提高其最低注册资本限额。加快标准厂房及公共辅助设施建设，采取出租等多种形式，积极帮助创业者降低商务成本。建立健全省、市、县三级创业辅导网络，积极开展创业辅导、企业诊断、管理咨询等方面的服务。

（十六）建立完善人才服务体系

整合社会资源，创新培训方式，形成政府引导、社会参与和企业自主相结合的培训机制。认真组织实施企业家素质提升、专业技术人员继续教育、民营企业经营管理者培训和务工农民素质培训等工程，努力培养和造就一支高素质的企业家、专业技术人员和技工队伍。县级以上政府对企业培训工作要视情给予适当的经费补助或奖励。非公有制企业要充分利用社会培训资源，加强对企业员工的继续教育、职业技能培训和文化素质培训；按照规定比例提取职工培训经费。各级政府要为非公有制企业引进和培养各类人才提供户口、子女入学等方面的政策支持。

（十七）大力发展和提升社会中介服务

加大对中介服务机构建设的支持力度，积极发展认证、咨询、检测、校准、审计、资产评估、统计、律师、专利代理、技术服务等社会中介服务机构，完善执业标准和监督机制，规范中介服务行为，维护中介服务秩序。按照市场化原则，规范和发展行业协会、商会等自律性组织，充分发挥其服务会员、行业自律、协调和监督等作用。打破部门、所有制界限，做好行业协会、商会的整合和优化，为非公有制企业提供良好的服务。

（十八）推进企业信用制度建设

建立健全非公有制企业有关统计、会计、税收、金融、产品质量等信息的收集制度，加快建立适合非公有制企业特点的信用征集体系、评级发布制度以及失信惩戒机制。推进企业信用档案试点，建立和完善非公有制企业信用信息数据库。对信用等级较高的企业，有关部门在生产要素配置方面予以倾斜，有关登记审核机构应简化其年检、备案等手续，营造诚信经营的良好环境。

五 推进非公有制经济加快结构调整和增长方式转变

（十九）推进非公有制企业集约化发展

围绕建设环杭州湾产业带、温台沿海产业带、金衢丽高速公路沿线产业带，强化优势产业，突出特色产业，培育发展新兴产业和以电子信息技术为代表的高新技术产业。以国内市场占有率居前两位的产品为基础，培育一批产业集群区，提高产业组织化程度、专业化配套协作水平。以培育一批有基础、有潜力、有优势的块状经济区为重点，开展行业成长与企业成长状况评价。支持有条件的非公有制企业通过兼并、收购、联合等方式，进一步扩大规模、壮大实力，发展成为主业突出、竞争力强的大企业大集团。积极引导非公有制企业开展节能、节水、节地、节材工作，实行生产、工艺流程再造，推动产业循环式组合，把企业内部的循环、企业间的循环和社会整体的循环有机结合起来，围绕主业拓展产业循环链，创建循环型企业，降低消耗，提高资源利用效率。

（二十）促进非公有制企业提高自主创新能力

加快建立区域科技创新体系，以产业集群区和行业龙头企业为依托，积极培育企业研发中心、科研机构等创新载体，建设区域科技创新服务中心。注重原始性创新、集成创新和引进消化吸收再创新，加强产业核心技术、关键技术和共性技术的研究开发、联合攻关和推广应用。鼓励申请发明专利。推进非公有制企业与国内外高等院校和科研院所的产学研合作。大力培育技术市场，促进科技成果转化和技术转让。科技中介服务机构要积极为非公有制企业提供科技咨询、技术推广等专业化服务。鼓励和支持非公有制企业加大研发投入，组织开发具有自主知识产权的核心技术，提高自主创新能力。

（二十一）加快推进非公有制企业信息化

积极支持非公有制企业将信息技术应用于研发、生产、经营、管理等各个方面，不断推进设计、制造过程信息化，提高生产效率；不断推进产品信息化，改善和提高产品性能、质量与附加值；不断推进管理信息化，提升企业管理效率和水平；不断推进企业商务电子化，提高企业的营销水平和综合效益。

（二十二）推动非公有制企业实施品牌战略

加强品牌创造、品牌创新和品牌管理，推进自主品牌建设，培育品牌企业和品牌产品，形成一批拥有自主知识产权和知名品牌、国际竞争力较强的优势企业。引导非公有制企业加强质量管理，建立健全计量检测控制体系，全面推行国际标准认证，重点扶持获得产品、服务和管理体系认证的企业。鼓励非公有制企业争创驰名（著名）商标、名牌产品和知名商号。注重发挥骨干企业的品牌效应，构筑群体优势，培育一批区域品牌、行业品牌和产业集群品牌。

（二十三）支持非公有制企业“走出去”、“引进来”

鼓励和支持非公有制企业采用国际标准融入跨国公司的供应链，在境外设立营销网点，建立国际营销网络；鼓励和支持有条件的企业赴境外承包工程、投资办厂、建立研发机构以及到资源富集地投资。有关部门和单位要简化境外投资项目审批和企业核准程序，在信贷、外汇、融资、保险、信息等方面给予支持。逐步建立重点出口产品的预警机制，努力避免盲目出口和低价竞销。鼓励非公有制企业积极开展商标境外注册，努力增强企业开拓国际市场的竞争力。积极做好产业损害调查、倾销和反倾销调查、知识产权保护调查和技术性贸易壁垒调查等工作。

加强引进内外资工作。加大对重大项目、优势项目的引进力度。引导和推动非公有制企业与国内外大企业大集团合作，利用国内外优质资本、先进技术、优秀人才和现代管理等资源，提升产业层次和核心竞争力。

（二十四）提升中小企业发展水平

支持中小企业积极运用高新技术和先进适用技术，改造和提升传统产业；鼓励中小企业向信息产业、新型材料、生物工程、光机电一体化等高新技术产业发展。引导和支持中小企业从事专业化生产和特色经营，向“专、精、特、新”方向发展。鼓励中小企业与大企业开展多种形式的经济技术合作，建立稳定的供应、生产、销售、技术开发等协作关系。建立成长性中小企业信息库，加大对成长性中小企业的培育以及科技创新活动的支持力度。鼓励有条件的中小企业建立现代企业制度，完善法人治理结构。

六　维护非公有制企业和职工的合法权益

（二十五）依法保障非公有制企业合法权益

依法保护非公有制企业财产权、知识产权以及自主经营权，依法保护企业主的名誉、人身和财产等各项合法权益。除法律法规规定外，对非公有制企业自筹资金的基本建设、技术改造、引进设备和各类工程施工等，不准超范围强迫要求其实行招投标；中介代理机构不准利用政府部门的权力和影响力或自身特殊地位，强行向企业提供服务或提供低质高价的服务；任何部门和单位不准向企业指定应由企业自主选择的服务或商品供应商；不准向企业施加压力，要求企业赞助、订购报刊或加入协会等。对任何单位或个人违法违规的审批、检查、收费、评比和强制企业接受指定产品或者服务的，企业有权拒绝，并向有关职能部门举报投诉，有关部门应当及时受理并依法查处。企业对政府部门行政行为提出过异议、对行政机关违法活动进行举报投诉以及对行政行为申请行政复议和提起行政诉讼的，政府部门及其工作人员不准以任何方式对其进行刁难、压制或打击报复。

（二十六）依法维护非公有制企业职工合法权益

加强非公有制企业工会建设，依法保障非公有制企业职工组建和参加工会的权利；促进职工法律知识普及教育和相关法律服务工作，完善弱势群体法律援助体系。非公有制企业要认真执行劳动、社会保障等法律、法规，尊重和保障企业职工的合法权益，建立稳定和谐的劳动关系。依法规范企业用工制度，签订规范的劳动合同；积极推广平等协商集体合同制度、工资集体协商谈判制度，逐步建立正常的工资增长机制；依法按时足额支付职工工资，工资标准不得低于或者变相低于当地最低工资标准，不得拖欠职工工资；尊重和保障职工依法享有的休息休假权利，不得强制或变相强制职工超时工作，加班或延长工时必须依法支付相应的工资或给予补休；加强劳动保护和职业病防治，切实做好安全生产与作业场所危害防治工作，不断改善劳动条件。

（二十七）积极推进社会保障制度建设

非公有制企业及其职工应按照国家和我省有关规定，参加养老、失业、医疗、工伤、生育等社会保险，依法缴纳社会保险费。按照国家规定建立住房公积金制度。各地要根据当地经济社会发展水平，积极推进各项社会保障制度的建立和完善。

七 改进和加强政府对非公有制企业的指导和监管

（二十八）加强对非公有制经济发展的指导

要将非公有制经济发展纳入国民经济和社会发展规划。及时研究分析非公有制经济发展趋势，公布产业政策和产业导向，完善对非公有制经济的统计和监测，全面准确地反映非公有制经济发展状况，引导非公有制经济健康发展。在制订涉及非公有制经济发展的公共政策时要广泛听取各方面意见。

加快推行电子政务建设，积极为非公有制企业提供信息服务，实现公共服务信息化。改进政府采购办法，积极安排向中小企业购买商品或服务。

进一步理顺非公有制经济管理体制，建立促进非公有制经济发展的工作协调机制，加强部门间的沟通和配合，形成工作合力。充分发挥各级工商联在鼓励、支持和引导非公有制经济发展方面的积极作用。

（二十九）依法履行监管职能

各级政府要根据非公有制企业生产经营特点，完善相关制度，依法履行监督管理职能。加强对非公有制企业经营行为的监管，规范市场秩序，坚决制止各种不正当竞争和侵犯消费者权益的行为。加大知识产权保护力度。引导和督促非公有制企业严格执行法律法规和有关技术标准、规范；自觉遵守产品质量、环境保护、安全生产等有关规定；健全各项规章制度，规范企业经营管理行为。加强对非公有制企业执行劳动合同、工资报酬、劳动保护和社会保险等法律法规、政策的监察。完善劳动争议处理制度，做好劳动仲裁工作，及时化解劳动纠纷，维护社会稳定。

（三十）改进监管方式

各监管部门要根据本部门职责，公开监管制度，探索各种有效的监管方式，改进监管办法，提高监管水平。加强协调配合，防止重复检查、多头执法。加强监管执法队伍建设，提高监管人员素质。及时向社会公布有关监管信息，发挥社会监督作用。

（三十一）加大宣传力度

大力宣传鼓励、支持和引导非公有制经济发展的法律法规和方针政策，宣传非公有制经济在我省经济社会发展中的地位和作用，宣传非公有制经济发展中的先进经验，表彰优秀企业家和先进个人，努力营造创新创业、争干事业、干成事业的创业环境，形成有利于非公有制经济发展的良好社会氛围。

（三十二）认真抓好贯彻落实工作

各级政府和有关部门要根据国发〔2005〕3 号文件和本实施意见的精神，在 2006 年 6 月底前完成对限制非公有制经济市场准入的规章和政策性规定的清理工作；加强调查研究，结合本地区、本部门实际，抓紧制订和完善促进非公有制经济发展的具体措施和配套办法。加强对有关政策措施贯彻落实情况的督查，确保落实到位，促进非公有制经济持续快速健康发展。

浙江省人民政府办公厅关于积极稳妥推进新型农村合作医疗工作的指导意见

2003年全省新型农村合作医疗试点工作会议以来，省政府确定的27个试点县（市、区）积极开展试点，做了大量工作，进行了有益探索。截至2004年11月底，27个省级试点县（市、区）已有859万人参加了新型农村合作医疗，占试点县农业人口的83%；累计筹集资金5.49亿元；已有24.37万人次得到住院报销，79.79万人次得到门诊报销，22.84万人次得到免费体检；参加合作医疗农民共享受合作医疗补助3.35亿元。同时，全省还有54个非试点县（市、区）先后出台实施了这项制度。新型农村合作医疗制度的实施，为降低农民医药费用负担，解决农村地区因病致贫、因病返贫问题起到了积极作用，受到广大农民群众的欢迎。各地在试点实践中摸索出一些成功经验，也发现了一些问题。为保证我省新型农村合作医疗工作扎实稳步推进和持续健康发展，根据《国务院办公厅转发卫生部等部门关于进一步做好新型农村合作医疗试点工作指导意见的通知》（国办发〔2004〕3号）精神，经省政府同意，现提出以下指导意见。

一　统一思想，提高认识，把握推进新型农村合作医疗工作的原则

建立新型农村合作医疗制度，解决农民"因病致贫、因病返贫"问题，提高农民健康保障水平，是新形势下党中央、国务院为切实解决"三农"问题，构建和谐社会的重大举措，也是省委、省政府树立和落实科学发展观，实施"八八战略"，建设"平安浙江"，统筹城乡经济社会全面协调可持续发展的内在要求。建立新型农村合作医疗制度是一项十分复杂、艰巨的任务，各地、各部门一定要把思想统一到党中央、国务院的部署和省委、省政府的要求上来，从维护广大农民根本利益出发，正确把握新型农村合作医疗的性质和指导思想，吸取以往合作医疗几起几落的教训，精心组织实施。推进我省新型农村合作医疗工作要坚持以下几个基本原则：

（一）坚持积极稳妥的原则

各地一定要从现阶段农村经济社会发展水平和农民医疗保障需求出发，低标准起步，逐步扩大覆盖，经过积极探索和实践，力争到2007年全省基本建立新型农村合作医疗制度。今年工作的主要任务是，加强指导、解决问题、规范制度、稳步推进，重在探索新型农村合作医疗的筹资机制、管理体制和运行机制，努力实现这项制度的可持续发展。

（二）坚持农民自愿的原则

要坚持新型农村合作医疗个人、集体、政府多方筹资和农民互助共济的性质，坚持农民个人

出资为自己健康负责的筹资机制，通过制度吸引和宣传工作动员农民自愿参加合作医疗。各级政府和有关部门要树立正确的政绩观，不片面追求参保率和工作进度，严禁硬性规定农民参加合作医疗的指标、向乡村干部搞任务包干摊派等做法。

（三）坚持结合实际的原则

各地在新型农村合作医疗实施过程中，既要统一基本制度和工作规范，又要结合本地实际，创造性地开展工作。要坚持县级大病统筹的基本方案，坚持“以收定支、收支平衡”的受益保障，坚持“钱账分离、封闭运行”的基金管理制度，坚持落实县（市、区）、乡镇“有机构管事、有人办事、有钱办事、有制度办事”。在此基础上，各地要因地制宜，积极探索各种行之有效的宣传手段、收费办法、运作模式、报销方式、便民措施等。

（四）坚持分类指导的原则

对已有一定工作基础的27个省级试点县（市、区）和未列入试点的县（市、区）实行分类指导，各有侧重。省级试点县（市、区）要进一步完善实施方案，巩固试点成果，扎扎实实做好各项管理制度深化和长效机制建设工作。要重点加强对未列入省级试点的县（市、区）的工作指导，按照省定的标准和办法进行检查督促和考核，确保扎实稳步地推进新型农村合作医疗工作。

二　明确重点，积极探索，落实完善新型农村合作医疗的各项措施

建立新型农村合作医疗制度这项重大改革是复杂的社会系统工程，必须积极探索，稳步推进，逐步完善。各地、各部门要在全面总结试点工作经验的基础上，集中精力抓好以下几项重点工作。

（一）深入细致地开展宣传教育工作

新型农村合作医疗制度真正受到农民的拥护，是这项制度可持续发展的基础。各地、各部门要高度重视新型农村合作医疗制度的宣传工作，基层干部和农村卫生人员要加强学习，正确理解建立新型农村合作医疗制度的重要意义和有关政策，积极做好对广大农民群众的宣传教育和引导工作，解除农民的疑虑和担心，使农民真正认识新型农村合作医疗的意义和好处。各级宣传部门要关心和支持新型农村合作医疗的宣传报道工作，各新闻媒体要按照“三贴近”的要求，通过典型事例的宣传报道，引导农民自愿参加新型农村合作医疗。

（二）积极探索长效筹资机制

不断探索行之有效的农民个人缴费收缴方式，积极引导农民自觉主动缴费。可以在农民自愿参加并签约承诺的前提下，委托信用社代扣、农村电费收取单位代收，或者采取符合农民意愿的其他收缴方式，逐步建立合理有效的农民个人缴费机制，提高工作效率。要注重培养农民的互助共济意识，农民个人缴费部分不得由政府、集体垫资代缴。

各地要根据经济社会发展状况，逐步提高筹资额度和保障水平，建立起合作医疗基金投入的动态增长机制。

（三）加强合作医疗资金管理，确保基金安全

各地要严格执行《浙江省新型农村合作医疗基金财务制度（试行）》、《浙江省新型农村合作

医疗基金会计核算办法（试行）》，设立合作医疗基金财政专户，基金预算年度应与会计年度一致。坚持县级统一筹资、统一管理，乡镇不设立基金。实行县、乡两级管理的地区要统一到县级管理，乡镇只设报销代理点以方便农民结报。要加强对资金的监管，确保新型农村合作医疗资金“收支分离、管用分开、封闭运行”。要树立合作医疗基金的风险防范意识，按照中央的要求，探索建立合作医疗风险基金制度以化解风险。

各级财政部门要加强对合作医疗工作人员的财务会计知识培训，定期对合作医疗财务制度的执行情况和资金的运行情况进行督查和业务指导，确保基金管理规范。各级审计部门要把合作医疗基金的收支和管理情况纳入年度审计计划，提前介入、全程审计。

各县（市、区）要成立由相关部门和参加新型农村合作医疗的农民代表共同组成的新型农村合作医疗监督委员会，定期检查、监督基金使用和管理情况。各乡镇、行政村要定期将合作医疗支付情况在镇务、村务公开栏中公布，接受村民监督。

（四）合理制定和完善实施方案

要坚持县级大病统筹的基本方案，按照以解决农民大病住院和特殊病种门诊医疗费用负担为主、兼顾受益面的原则，制定合理的补偿方案，年度基金结余率一般应控制在10%以内，努力做到“收支平衡、略有结余、保障充分”，防止基金过多沉淀或透支。在科学测算的基础上，及时评估和调整现行方案。方案的调整要注意保持政策的连续性和稳定性，妥善处理补偿率和受益面的关系。各地要积极探索大病救助等办法，以提高补偿率；拓宽新型农村合作医疗费用补助途径，探索与社区卫生服务相结合的普通门诊费用报销办法，以扩大受益面。各地在建立和完善医疗救助制度过程中，要正确区分合作医疗基金和医疗救助专项资金，两项制度可以结合实施，但资金的筹集和管理要分开，医疗救助专项资金应按照省政府有关文件规定安排落实，不得从合作医疗基金中提取。

新开展工作的县（市、区）要认真做好基线调查，重点对当地的经济发展水平、医疗卫生机构服务现状、农民疾病发生状况、就医用药及费用情况、农民对参加新型农村合作医疗的意愿等进行调查摸底，科学合理地制订方案，减少工作的盲目性。省新型农村合作医疗技术指导组要深入基层，加强指导。

（五）加强县级经办机构能力建设

县级经办机构应坚持以卫生部门管理为主，有专门机构、落实专人负责。如委托社会保障部门、商业保险公司或其他单位办理结报工作的，当地卫生行政部门仍应承担合作医疗业务指导和管理的责任，加强对经办机构和定点医疗机构的监管，保障参保农民的权益。各地要本着精简、高效的原则，合理配备工作人员，加大管理经费投入，确保工作需要。经办机构的人员和工作经费列入同级财政年度预算予以保证，不得从新型农村合作医疗基金中提取。

（六）加快信息化管理建设步伐

充分运用现代信息技术，推进信息化管理进程，做到参保农民报销补偿“公平、公开、公正”。各地要立足长远，将信息化建设项目资金列入财政预算，尽快制定信息化建设方案，充分利用现有硬件和网络架构，使用全省统一的管理软件，争取在2005年底前完成建设任务。已经开展信息化管理的县（市、区），要按照《浙江省新型农村合作医疗信息化管理系统基本功能规范（试行）》的要求进行必要的改造完善，尤其是住院费用清单审核和数据录入工作必须由计算机自动完成。加快建立省级信息汇总、资金监管、统计分析中心，为各地数据交换提供平台，真正达到全省合作医疗信息共享。

（七）切实加强医疗服务和监管

加快推进新型农村合作医疗与农村社区卫生服务的有机结合，努力打造坚实的农村公共卫生服务网，逐步形成小病不出乡镇，大病得到有效救治的农村卫生服务新格局。各级卫生、财政、物价等部门要认真研究制定加强医疗服务收费管理的政策，严格控制参保农民医药费用的不合理上涨，降低自费的药品和诊疗费用比例，严肃处理乱检查、开大方、乱收费等各种增加农民负担的行为。

三　加强对新型农村合作医疗工作的组织领导和指导考核

各地、各部门要从实践“三个代表”重要思想和落实科学发展观的高度，以对广大农民高度负责的精神，切实加强对新型农村合作医疗工作的领导。省新型农村合作医疗工作协调小组各成员单位要积极履行职能，加强政策调研和业务培训，形成整体合力。卫生行政部门要充分发挥主管部门的职能作用，进一步充实管理力量，加强对全省新型农村合作医疗工作的管理和指导。各市要切实承担起指导和监管所辖县（市、区）新型农村合作医疗工作的责任，尽快在卫生行政部门内部设立新型农村合作医疗专职管理机构，落实工作人员和工作经费。

为确保各地扎实稳步推进新型农村合作医疗工作，对非试点县（市、区），按照以下条件和要求，由省和市共同给予重点指导，加强检查督促和考核，并根据考核结果拨付省级补助资金：

（1）县（市、区）政府高度重视，对合作医疗政策的认识和理解到位。

（2）县（市、区）政府补助资金保证及时足额到位，其中“低保、五保、特困”等困难群体参加合作医疗的个人出资部分由政府资助并100%参加。

（3）宣传发动工作到位，农民参加合作医疗的积极性较高，参保意愿调查结果显示60%以上的农民愿意参加。无政府、集体为农民个人垫资代缴甚至强迫农民参加或向乡村干部搞任务包干等情况。

（4）基线调查充分翔实，方案测算科学合理，各项政策切合实际、导向正确。根据前三年数据模拟测算，参保人员大病住院实际补偿率在25%左右，基金年度结余率控制在10%以内，乡镇、县（市、区）及县外医疗机构报销比例应拉开较大差距。

（5）制定配套的合作医疗管理制度，落实经办机构及各结报点的工作用房、办公设施、人员编制、工作经费等，保证工作顺利开展。

（6）制定合作医疗信息化建设方案，其中住院病人费用清单的审核和数据的录入由计算机自动完成，避免人工操作的漏洞和弊端；使用全省统一开发的管理软件，硬件、网络等配置符合基本要求，经费列入当地财政预算。

（7）坚持以县为单位统一筹资、统一管理，严格执行《浙江省新型农村合作医疗基金财务制度（试行）》、《浙江省新型农村合作医疗基金会计核算办法（试行）》，基金预算年度与基金会计年度保持一致。

各级政府、各有关部门要结合实际，认真贯彻落实本指导意见，共同努力，扎实工作，不断推进我省新型农村合作医疗事业持续健康发展。

浙江省人民政府关于文化建设“四个一批”规划的通知

根据《浙江省文化体制改革综合试点总体方案》、《浙江省建设文化大省纲要（2001～2020）》、《中共浙江省委关于加快建设文化大省的决定》等政策文件，制定《浙江省文化建设“四个一批”规划（2005～2010）》。本规划以文化产业发展为主，是我省“十一五”规划体系中的重点专项规划。规划中的“四个一批”是指，建设一批重点文化设施，发展一批重点文化产业，培育一批重点文化产业区块，壮大一批重点文化企业。规划的范围是按照国家统计局2004年《文化及相关产业分类》、《浙江省文化体制改革综合试点总体方案》，并结合我省实际界定的，具体包括全省新闻出版、广播影视、文化艺术、文化旅游、体育五大领域。规划期限为2005～2010年。

一 思路与目标

加快文化“四个一批”的建设，关系到我省文化软实力的提升与和谐社会的建设，关系到文化大省战略目标的深化、具体化，关系到文化体制改革在这些领域的实施与推进，关系到为人民大众创造与提供优秀的精神食粮，具有鲜明的时代特色和深刻的战略意义。

（一）指导思想

以邓小平理论和“三个代表”重要思想为指导，树立和落实科学发展观，扎实推进社会主义和谐社会建设，深入贯彻实施“八八战略”和“平安浙江”的决策部署，根据建设文化大省的总体目标，按照文化体制改革的方案，以弘扬“浙江精神”、创新体制机制为动力，以满足人民群众精神文化需要和人的全面发展为根本目的，建设一批重点文化设施、发展一批重点文化产业、培育一批重点产业区块、壮大一批重点文化企业，提升浙江文化活力，壮大浙江文化实力，提高浙江文化竞争力，加快推进浙江文化大省建设，切实增强我省综合竞争力的软实力。

（二）基本原则

——文化继承与改革创新并重。发挥浙江历史悠久、文化底蕴深厚、文化资源丰富的优势，继承弘扬优秀文化传统，充分体现区域文化特色。顺应时代潮流，把握先进文化前进方向，广泛吸收和借鉴外来优秀文化成果，倡导人民群众对文化的创新创造精神，注重文化创新，深化体制机制改革，以改革创新求发展。

——文化发展与经济发展统筹。经济发展为文化发展提供强大的物质基础，文化发展为经济发展提供强大的精神动力和智力支持。要按照统筹经济社会发展的要求，促进经济文化发展相协调，实现社会全面进步。

——文化事业与文化产业协调。文化事业是公益性的，以追求社会效益为首要目标，兼顾经济效益。文化产业是经营性的，力求经济效益与社会效益的结合，在坚持社会效益的基础上，追求经济效益的最大化。要正确处理好两者的关系，一方面，继续加大对公益性文化事业的扶持力度，繁荣文化事业；另一方面，不断优化文化产业发展环境，做大做强文化产业，努力实现文化事业和文化产业的协调发展。

——大众文化与精品文化并举。面向基层，贴近生活、贴近群众、贴近实际，推进各具特色的社区文化、农村文化、校园文化、企业文化等大众文化建设。同时，要充分发掘浙江历史文化资源，充分展示浙江人民在现代化历史进程中艰苦卓绝的创业精神，创造出具有浙江特色的文化精品，积极开发具有国内国际竞争力和影响力的文化品牌。

——文化发展与结构调整结合。坚持发展是第一要务，以改革促进发展，以发展带动改革。要通过规划引导文化产业所有制结构调整、行业结构调整、区域布局调整、组织结构调整、产品结构调整、市场结构调整，加快形成与不断完善的社会主义市场经济体制相适应的文化产业体系。

——政府引导与市场运作互动。积极完善政府对文化领域的指导、调控和管理，坚持正确导向，引导健康发展。充分发挥市场机制作用，把满足消费者的需求、为消费者提供优质产品和优良服务作为文化发展的出发点和落脚点，促进良性发展。

（三）主要目标

锐意改革，努力进取，全面推进文化大省建设，“十一五”期间，加快建设覆盖全省城乡、功能完善、富有特色的文化设施网络，加快集聚具有规模实力、竞争力、辐射力的现代文化产业区块和骨干文化企业，加快形成优势产业、传统产业、新兴产业协调、融合、共促发展的现代文化产业体系，全省综合竞争力的软实力明显增强。

——文化设施布局合理，功能健全。基本建成以中心城市为主干、覆盖全省的重点文化设施网络，形成一批标志性大型现代化文化设施和一批有特色的基层文化设施。到2010年，全省城乡人均文化设施（含体育设施）面积超过2平方米，基本建成布局合理、设施完善、功能健全，公益性与经营性文化设施有机分工、融合发展的全省文化设施网络，力争人均文化设施面积和设施管理运营水平居全国前列。

——文化产业加快发展，优势突出。形成一批在全国有竞争优势的文化主导产业。文化产业年均增长速度快于国民经济增长速度，文化产业增加值在全省GDP中的比重显著提高，文化产业在国内、国际的综合实力和竞争力显著提高。到2010年，文化产业增加值占全省地区生产总值的7%，城镇居民人均文化消费支出占总消费支出的15%，农村居民人均文化消费支出占总消费支出的10%。

——产业区块特色鲜明，带动力强。形成一批特色鲜明、规模较大、辐射带动力强、核心竞争力突出的文化产业区块，提升产业区块在国内外的影响力和知名度，提高产品在国内外市场上的占有率。到2010年，全省形成3个以上知名文化区域品牌，5个以上产值超100亿元、10个以上产值超50亿元的重点文化区块，成为浙江文化产业发展的核心载体。

——文化企业发展壮大，实力提高。做大做强一批跨地区、跨行业的大型综合性文化企业集团，培育发展一批社会效益与经济效益俱佳的中小型文化企业，形成结构合理的大中小文化企业组织体系。到2010年，培育5家以上产值超50亿元的大型文化企业，100家以上产值超1亿元的重点文化企业，成为浙江文化经济发展的主力军。

——文化体制不断完善，环境优化。推进全省国有文化企业改革转制工作。建立起与经济社

会协调发展、科学合理、调控得当、灵活高效的文化管理体制。文化法规体系逐步健全，文化支持政策不断完善，文化资源得到优化配置，文化人才不断集聚，文化发展环境明显改善。

二 建设一批重点文化设施

按照科学规划、合理布局、突出重点、统筹发展的原则，以重点文化设施的“2345”工程，即省市两级标志性文化设施、三类基层文化设施、四类文化信息网络设施、五类经营性文化设施建设为突破口，加快重点文化设施建设，加强公益性、准公益性和经营性文化设施机制体制的区分与健全，为繁荣文化事业，壮大文化经济，加快推进浙江文化大省建设创造良好的硬环境。

（一）有序建设标志性文化设施

标志性文化设施是城市文化设施的重要组成部分，是城市形象与品位的集中体现。我省将有序建设省市两级标志性文化设施，深化文化设施投资运营体制改革，加快提升浙江文化设施品位，展现浙江历史文化和现代文明风貌。标志性文化设施要着重于文化内涵的提升，实现建筑特色与地方特色和当地经济社会发展相和谐，防止追求豪华。要注重文化设施建成后的管理和运营，在发挥社会效益的同时提高经济效益，节减财政负担。

1. 省级标志性文化设施

在原有省博物馆、省图书馆、杭州剧院等大型文化设施基础上，续建西湖文化广场、黄龙体育中心，新建浙江美术馆、浙江日报传媒广场、浙江广电传媒大厦、浙江高科技广播影视后期制作中心、浙江小百花艺术中心、浙江国际旅游展示中心等省级标志性文化设施，根据需要适时规划建设省级其他大型文化设施。省级标志性文化设施要服务浙江全省，充分体现浙江文化特征与品位，要积极探索建立现代管理运营机制，充分发挥其经济与社会效益，真正成为展示交流浙江文化、促进浙江文化发展的标志。

2. 市级标志性文化设施

结合各市经济社会发展，特别是文化事业和文化产业发展的需要，续建或新建杭州大剧院、宁波博物馆、温州大剧院、金华大剧院、台州文化艺术中心、嘉兴体育中心、湖州体育中心、舟山海洋文化体育广场、衢州文化艺术中心、丽水文化艺术中心等市级标志性文化设施。市级标志性文化设施要充分体现地方文化特色，根据地方经济财政实力，结合城市发展规划，科学选址，确定合理规模和建设内容；要注重通盘考虑区域间、部门间的资源共享，特别是省会城市要打破省市两级及部门界限、设区市要打破市区两级和部门界限、城镇密集区要打破相邻城市间的界限，切实实现文化资源的充分共享。

（二）加强建设基层文化设施

根据我省基层文化设施的现状以及人民群众对文化设施的需求，应加强建设县级文化设施、社区文化设施、农村文化设施三类基层文化设施，进一步丰富居民文化生活，提升居民文化层次和个人素质修养。

1. 县级文化设施

按照全省县级图书馆、文化馆、档案馆、体育场馆达标建设规划，加快欠发达县文化设施建设。条件具备的县，可适时建设综合性的文化艺术中心、体育中心。具有独特地方文化资源的县（市），可建设特色博物馆，成为展示、保护地方文化资源的重要载体。要根据地方特色、经济实力和城镇规模，量力而行，提高设施的经济社会效益。

2. 社区文化设施

社区文化具有很大的需求空间。社区文化设施含图书馆、电子阅览室、文化活动室、健身路径、游泳池、健身活动室、篮球场、羽毛球场等。要按照国家文明城市考核指标和全国文化信息资源共享工程的要求，结合浙江实际，加快制定落实社区文化设施标准，加强活动场所室内外面积、安全、卫生标准的监督落实。要鼓励财政转移支付、以奖代拨、社会集资、个人捐助、单位社区共建等多渠道融资，积极探索社区文化健身休闲场所建设、运营、维护的新形式，要积极扶持鼓励社区业余文化演出团队开展活动，丰富居民文化生活。

3. 农村文化设施

继续加强乡镇文化站建设，要在原有乡镇文化站的基础上扩大规模、完善内容、健全功能、形成网络，使乡镇文化站成为综合性的基层群众文化活动中心。要因地制宜，利用各种资源，积极推进农村文化活动场所建设，至2010年，争取全省85%左右的行政村建有文化活动场所，具有图书报刊阅览、电视录像播放、体育健身娱乐等功能，并配有必要的设备和器材。加快乡镇新华书店、邮政及其他出版物发行网点建设，促进并繁荣农村出版物市场。

（三）着力建设文化信息网络设施

结合高新科技和现代营销业态的发展，着力建设广播影视、出版发行、文化艺术、文化旅游四大文化信息网络设施，有效创新文化活动形式，丰富居民文化服务内容，促进浙江文化事业和产业的发展。

1. 广播影视网络

适应数字化、集成化发展趋势，着力建设全省有线广播电视网络、广播电视数字化体系、广播电视监测系统等广播影视网络。加快全省有线广播电视网络改造建设、联网和双向多功能开发的进程，完善基层广播电视网络，加快欠发达地区和农村有线广播电视网络、乡镇广电站的建设和升级改造，将全省有线广播电视网建设成为一张宽频、高速、高效、多功能应用的综合信息传输网。积极推广数字摄、录、编设备，加强数字特技、电脑动画、非线性编辑、卫星新闻采集、视频服务模拟演播室等新技术、新设备应用，健全从模拟向数字过渡的技术体系，完善有线电视模拟向数字整体转换的实施方案，加快实施进程。

2. 新闻出版信息网络

随着新闻出版系统的网络化、电子化，加快建设全省出版物连锁经营信息网络、新闻出版管理信息系统、新华书店EBS电子商务网站等现代新闻出版信息网络。进一步完善新华书店信息系统，健全全省出版物物流配供系统和网点仓储建设，实现全省新华书店的全面信息化连锁经营，稳步推进跨省连锁经营。邮政发行系统要充分利用信息流、实物流、资金流三流合一的优势，大力发展电子商务，建立出版物连锁经营体系。

3. 文化信息网络

加快全省文化信息资源共享工程建设，基本形成覆盖全省所有市县和重要单位的文化信息网络。加快浙江省图书馆数字图书项目建设进程，与全省各地电子图书馆联成便捷网络，并与国内外重要数字图书馆、数字期刊联网互通，实现图书信息资源的共建共享。积极推进浙江社会科普网络、档案资源信息网络建设，普及人文社科知识，实现全省档案资源信息共享。

4. 文化旅游信息网络

有机融合全省重点文化旅游景区、文化旅游精品线路，加快建设全省旅游咨询信息网络和全省旅游集散中心网络建设。积极参与长三角旅游交易网络平台建设，利用浙江优越的区位条件和丰富的文化旅游资源，打造我国乃至全球知名文化旅游品牌。

（四）鼓励建设经营性文化设施

充分利用浙江市场经济发达、民间投资活跃的优势，鼓励社会资金加大对文化演艺、休闲娱乐、体育健身、文化旅游、出版发行五类经营性文化设施的投资经营，创新文化设施经营模式，提高文化消费质量，丰富文化生活内容。

1. 文化演艺设施

有序建设KTV厅、舞厅、演艺厅等文化演艺娱乐设施，优化文化演艺娱乐设施布局。提倡演艺娱乐设施的个性化、特色化、品牌化经营，推广量贩式、连锁式等新型经营模式，逐步提高文化演艺的整体层次和品位，丰富居民文化生活内容，满足不同消费水平的健康文化娱乐需求，推进浙江文化演艺业健康、有序、快速发展。

2. 休闲娱乐设施

随着生活质量的不断提高，居民对休闲娱乐的个性化需求快速增加。要积极开发建设富有江南精致和谐韵味的茶馆、游乐园、文化休闲公园、都市农庄、休闲渔业场所等休闲娱乐设施。加快全省电影放映院线建设，提高电影放映的软硬件质量，倡导电影放映院线的多元化、品牌化和规模化经营。结合杭州世界休闲博览会的举办，积极提升全省文化休闲娱乐设施的档次、规模，形成独特的浙江文化休闲娱乐风情，打造全国知名文化休闲娱乐品牌。

3. 体育健身设施

积极吸引社会资金投资建设各类特色体育健身休闲设施，如瑜伽馆、武术馆、形体训练馆、游泳馆、羽毛球馆等。鼓励社会资金承包经营县级体育健身设施，提高场馆利用效率和服务质量水平。在不影响教学的前提下，鼓励学校自有体育健身设施对外经营。大力拓宽体育健身领域，提升体育健身服务质量，满足不同层次群众健身休闲需求。

4. 文化旅游设施

适应旅游从观光型向休闲型、体验型转变的需要，加快建设浙江国际旅游展示中心及宁波、温州、湖州、嘉兴、绍兴、金华、舟山、台州、衢州、丽水等市的文化旅游集散中心，完善杭州文化旅游集散中心，使其成为浙江大力发展文化旅游的重要平台。加大文化旅游景区基础设施建设，提升浙江文化旅游配套服务质量。

5. 出版发行设施

充分利用浙江民营经济发达的优势，积极引导民间资金进入出版物发行、零售领域，重点支持大型民营发行企业发展，进一步加强出版物连锁经营和网络出版、图书电子商务平台等设施和渠道的建设，通过出版发行主体的多元化培育，促进出版发行设施运营的连锁化、集约化、信息化、规模化发展。

三　发展一批重点文化产业

依托浙江文化产业基础，深化文化体制改革，充分发挥文化资源优势，重点发展“七优五新三特”文化产业，即做大做强七大优势文化产业，着力发展五大新兴文化产业，积极扶持三大特色文化产业，在国内外打响基于文化设计和创意，具有自主知识产权的文化产品“浙江制造”品牌。

（一）做大做强优势文化产业

浙江的出版业、发行业、印刷业、文化旅游业、广播影视业、会展业和文体用品制造业，其发展规模和水平均居全国前列，有着较明显的比较优势和巨大的发展潜力，是我省的七大优势文化产业。做大做强优势文化产业是浙江面对国内外文化市场激烈竞争，力创文化产业品牌、大力发展文化经济的重要抓手。

1. 出版业

充分利用浙江出版业基础较好的优势，推进出版业集团化建设，提升我省出版业在全国的地位和影响力，把杭州建设成为全国重要的出版中心之一。优化出版结构，大力扶持发展优势图书报刊群，进一步做强浙版少儿类出版物等名牌出版门类，积极发展音像、电子、网络等数字媒体出版业。

2. 发行业

推进出版物发行企业集团化建设，促进新华书店等国有发行企业股份制改造，鼓励图书、报纸、期刊、电子、音像、网络等出版物的多元化发行，增强出版物发行企业的竞争力和市场主导作用，培育浙江省新华书店集团有限公司等一批具有全国性影响力的发行龙头企业。鼓励大型民营集团等社会资本进入发行业。积极发展出版物跨省的物流配送和连锁经营，加快发展电子商务和网上书店。

3. 印刷业

加快印刷业集聚化、集团化、专业化发展，建设一批主业突出、竞争力强的大型企业集团。加快杭州、宁波、苍南、义乌四大产业区块建设，开拓国内外市场，力争使浙江省成为重要的国际印刷中心。加快印刷业的技术改造，坚持“印前数字网络化，印刷多色高效化，印后多样自动化，器材高质系列化”发展方向，引进国外先进的设备、技术、工艺、管理，促进印刷业的升级优化。扶持印刷领域“专、精、特、新”中小企业发展，满足市场个性化需求。

4. 文化旅游业

着力保护和开发河姆渡文化、良渚文化、吴越文化、宗教文化、水乡文化、畲族文化等地域性、民族性特色文化旅游资源，鼓励良渚文化遗址、江南水乡古镇等文化项目的申遗，力争列入世界文化遗产名录。加强文化部门与旅游、规划建设等部门间的协作，按照积极保护理念，建设民间艺术之乡和民间文化生态保护区，适度开发浙江历史名城名镇、名人故居、名山名园等文化旅游资源，积极发展红色旅游，实现保护与开发的良性互动。打造唐诗文化旅游、海上丝绸之路等精品旅游线路，加大文化旅游龙头企业培育，加大文化旅游品牌在海内外的推介力度，提升浙江文化旅游产品的美誉度和竞争力。

5. 广播影视业

积极探索宣传业务与经营业务相对独立、制作业务与播出业务相分离的运行机制，推进广播电视业的市场化、产业化进程。加快电影公司改制步伐，加快全省、跨省院线建设。加大对浙江广播影视制作的扶持力度，建设一批知名影视拍摄基地，培育一批民营影视制作企业，创造一批广播影视精品。创新广播影视经营模式，大力开发广播影视衍生产品市场，积极开办付费电视。适应多媒体综合性发展的趋势，加强对广播电视、音像、报刊、出版等多种媒体进行多重开发、多重利用。加强广播电视的省市联合，积极推进有线数字市场业务的开发，有序推进全省广播电视数字化、网络化技术的改造。

6. 会展业

积极打造浙江会展品牌，在进一步建设好杭州“西湖博览会”、宁波“浙江投资贸易洽谈会”、义乌“中国小商品博览会”、绍兴“中国国际纺织品博览会”、温州“浙江轻工产品博览会”、永康“中国五金博览会”、海宁“中国皮革博览会”等会展品牌的基础上，结合浙江产业特点，培育服装类、高新技术类、书报类等会展产品。大力整合会展场馆资源，在全省范围内合理

布置会展场馆，逐步形成以杭州为中心，宁波、绍兴、温州、义乌等城市特色会展联动发展的会展业体系，在以上海为中心的长三角会展业体系中发挥起相应功能。以办好杭州世界休闲博览会为契机，加快培养和引进会展业专门人才，完善会展中介机构体系，培育一批具有国际竞争实力的会展市场主体。

7. 文体用品制造业

抓住我省加快建设先进制造业基地和北京主办奥运会、上海承办世博会的机遇，大力提高文体用品档次和技术含量，培育若干骨干企业和著名品牌。大力发展工艺美术品、运动球拍、办公文化用品、木制玩具、运动服装及鞋帽、皮划艇等文体用品制造业，利用产业集聚优势，形成若干个区域品牌和龙头企业，进一步扩大国内外市场占有率和知名度。大力提升文体用品高新技术含量，提升浙江文体用品附加值和在国内外市场的竞争力。

（二）着力发展新兴文化产业

结合浙江优势，着力发展网络文化服务业、动漫业、广告业、体育服务业和文化经纪业五大新兴文化产业，力争使其成为浙江文化产业新亮点。

1. 网络文化服务业

网络文化服务业潜力巨大，要充分利用杭州、宁波、温州等中心城市资本、人才、科技等优势，开发具有自主知识产权的网络服务产品，大力培育网络游戏、手机内容、电脑动画、虚拟现实等新兴网络服务行业。落实高新技术扶持政策，鼓励民营资本依法进入网络文化服务业运营及研发领域。充分发挥滨江高新文化产业区网络文化服务业较发达的优势，大力引进国内外著名高新文化企业，力争使杭州成为国内重要的网络文化服务业中心之一。

2. 动漫业

积极吸纳我省社会资本投资动漫业，加强对外合作，加快动漫业发展步伐，增强浙江动漫业规模实力。着力建设杭州高新技术开发区动漫产业基地和中国美术学院动漫教学研究基地，打造浙江动漫品牌，拓展浙江动漫市场领域。加大动漫文具、动漫玩具、动漫服装、动漫公园等动漫衍生产品开发力度，延长产业链，拓展产业容量，提升产品附加值。通过浙江大学、中国美术学院、浙江传媒学院等高校动漫专业的设置，香港、北京等地动漫专业人才的引进和现代教育培训机构对动漫专业人才的培训等途径，增加我省动漫专业人才数量，提升人才整体素质。

3. 广告业

含电视、广播、报刊、互联网络等广告制作和服务。要充分利用浙江现代媒体业发达的优势，大力发展广播影视广告、报刊广告、户外广告和新媒体广告，扶持网络广告、分众广告等新兴广告形态。要以培育扶持大型广告公司为突破口，打造一批具有全国影响力的广告制作企业。健全广告协会功能，加强行业交流与自律，建立完善广告监管体系，促进浙江广告业健康发展。支持大众传媒、广告公司进入网络传媒领域参与网络广告经营，拓展广告业发展新空间。

4. 体育服务业

以市场化为导向，鼓励社会资本进入体育服务业，重点发展游泳、足球、篮球、排球、水上运动等体育竞赛，积极引进高级别的商业化体育赛事，打造浙江竞技体育品牌。

大力发展体育健身业，提升浙江居民体育活动参与和消费水平。积极拓展体育健身旅游业，构建“环太湖体育旅游圈”、“环杭州湾运动旅游圈”和“浙东海上运动旅游圈”，打造浙江特色体育旅游品牌。加快吸引社会资金组建大型体育场馆运营企业，实现体育场馆、体育训练、教学基地等体育设施市场化经营。

5. 文化经纪业

大力扶持演艺公司、版权代理公司、艺术品拍卖行、艺术品经营代理公司等文化经纪类企业，加快浙江文化经纪业发展。加快相关法律法规制定，健全文化经纪行业协会，规范文化经纪业活动，实现其专业化、品牌化经营。加快文化经纪业人才培养。

（三）积极扶持特色文化产业

浙江文化资源相对丰富，有着发展特色文化产业的独特优势。重点扶持文化演艺业、休闲娱乐业、艺术品经营业三大特色文化产业，继承发扬浙江民间文化、民俗文化等非物质文化遗产，提升浙江文化影响力。

1. 文化演艺业

加大政策扶持力度，推进国有艺术院团分类改革，以越剧为重点，培育越剧、婺剧、绍剧、甬剧、昆剧等民间职业演出团体，鼓励剧团跨区域、品牌化、规模化发展，鼓励出新人、出精品，巩固拓宽戏剧演出市场。积极培养浙江文化演艺院团，打造富有影响力的浙江文化演艺团队。加快现代商业文化演艺市场的培育，在适当增加流行歌曲演唱会场次的基础上，增加交响乐、音乐剧等高雅艺术在浙江的演出场次，形成多层次、多元化的文化演艺市场。

2. 休闲娱乐业

有机融合浙江传统休闲娱乐文化，发展茶道、棋牌、评书等传统休闲娱乐业，丰富群众文化生活。积极引进国外优秀健康的现代休闲娱乐项目，引导休闲娱乐业向个性化、规模化、品牌化方向发展。以网络文化资源开发与整合为切入点，培育和扶持网络文化超市。

3. 艺术品经营业

重点发展工艺美术、金石书画等艺术品经营业，抢救挖掘面临失传的民间工艺美术。支持中国美术学院、西泠印社、浙江大学等名校、名社推行大师化、品牌化、市场化战略，光大浙派美术等传统文化品牌在国内外的文化影响力。大力培育湖州湖笔、青田石雕、东阳木雕、浦江书画、龙泉剑瓷、台州玻雕等民间艺术创作交易集聚区。有效整合浙江各类艺术品资源和民间工艺品资源，着力培育特色化、品牌化、个性化艺术品市场。积极探索建立现代艺术品拍卖市场，打造在全国乃至全球有重要影响的艺术品市场品牌。

四　培育一批重点产业区块

按照整合、提升要求，培育一批产业优势明显、发展潜力大的文化产业区块，重点打造“两新三传五优”区块，即两大高新文化产业区块、三类传统艺术产业区块和五类优势文化产业区块，进一步增强重点文化区块的特色优势、综合竞争力和集聚辐射能力，将其建设成为浙江文化产业跨越式发展的核心载体。

（一）优先培育高新文化产业区

充分利用浙江丰富的文化资源和较发达的科技基础，坚持走文化科技化道路，优先培育横店影视产业实验区、滨江高新文化产业区两大高新文化产业区块，力争建成浙江高新文化产业的重要高地。

1. 横店影视产业实验区

在完善和扩充影视拍摄场景，建设成为全国最大影视实景拍摄基地的同时，着力建设影视策划与制作体系、要素构建体系、展示交易体系、影视后期产品开发体系和实验区服务体系，建成

集影视投资、影视创作与制作、影视产业研究、影视高科技企业孵化、影视市场开发和影视人才培养于一体的影视高新技术产业区。

2. 滨江高新文化产业区

依托杭州发达的软件业、深厚的历史文化积淀和现有高新技术产业基础，积极扶持和吸引国内外高新文化企业，着力培育网络游戏、动漫制作、影视后期制作及衍生产品开发、数字广播影视、电子出版等高新文化产业，力争经十年努力，集聚一批高新文化企业和高新文化专业人才，形成完善的高新文化产业链，建成我国重要的高新文化产业区。

（二）加大扶持传统艺术产业区

浙江文化源远流长，丰富多彩的民间艺术与产业相结合，有力地带动了地方经济的发展。在继续挖掘保护民间传统艺术的基础上，加大扶持戏剧、工艺美术、金石书画三类产业区，光大浙江文化品牌。

1. 戏剧产业区

以嵊州、台州等民间职业剧团为主体，积极转变观念，实现戏剧的产业化开发。围绕戏剧表演，加大新人培养力度，加强剧本创作、戏剧理论研究与培训、道具制作、纪念品生产与销售等相关产业配套服务。在尊重艺术规律的前提下，不断探索剧团适应市场的运行方式。在做大做强嵊州、台州越剧产业区的基础上，积极带动省内其他戏曲剧种开拓演出市场。

2. 工艺美术产业区

重点扶持地方特色明显、艺术价值较高，又有市场开发前景的龙泉青瓷宝剑、湖州湖笔、青田石雕、东阳木雕四大工艺美术产业区。

龙泉青瓷宝剑产业区。坚持走艺术化、精品化道路，加大青瓷宝剑传统制作工艺的挖掘保护，加大新技术、新工艺的研发，凸现龙泉青瓷宝剑文化的独特魅力和艺术价值。

湖州湖笔产业区。在加大对著名湖笔品牌、湖笔笔庄保护的同时，进一步挖掘宣传湖笔所含的文化底蕴。

青田石雕产业区。加大石雕人才培养，促进石雕题材与表现形式的创新，拓展领域，提升“石文化”品质和价值，保持青田石雕的精品特色。东阳木雕产业区。继续推进木雕产业集聚区建设，完善产（生产基地）、技（技术学校）、研（研究所）、销（市场）、展（精品馆）“五位一体”的互动发展平台，提升木雕产业的层次和水平。

3. 金石书画产业区

浙江金石书画艺术流派纷呈，在中国金石书画史上占有重要地位。重点扶持三大书画市场区块、九大民间绘画区块，同时要加大浙江民间文化人才的挖掘，加强对古玩书画鉴定、拍卖及经纪人的培育，完善浙江金石书画创作、交流、交易环境，做强浙江金石书画产业。

三大书画市场区。三大书画市场区块分别为杭州书画市场区块，宁波书画市场区块和浦江书画市场区块。杭州书画市场区块以书画作品的拍卖收藏交流为主，同时以中国美术学院、西泠印社等艺术高校和名社为依托，提升市场的品位和品牌，加快发展一批个性化、品牌化画廊；宁波书画市场区块以古玩和书画的拍卖收藏交流为主；浦江书画市场区块以浦江、杭州、宁波等地青年书画家的作品交易交流为主。书画市场要加强市场规范，加快建立完善书画经纪人制度。

九大民间绘画区。九大民间绘画区块分别为秀洲、临安、奉化、慈溪、义乌、嵊泗、岱山、普陀和定海，是由文化部命名的“中国现代民间绘画之乡”，显示出浙江民间蕴藏着极大的创作热情和创作能力。加大农（渔）民画创作培训班、农（渔）民画教学创作基地建设和农（渔）民画展览陈列场馆建设的投入力度。

（三）壮大提升优势文化产业区

改革开放后，浙江已在现代传媒、文体用品制造、文化旅游、出版物和包装装潢印刷、文体用品贸易五大领域形成一批全国知名的优势文化产业区块。发挥特色优势，拓展壮大优势文化产业区，是浙江大力发展文化经济的主要途径。

1. 现代传媒

浙江已形成以杭州为中心的现代传媒业区块。要以做大做强杭州现代传媒业区块为重点，深化浙江传媒企业体制改革，鼓励民间资本进入传媒行业，推进传媒业跨行业发展，实现资源有效整合，提高浙江传媒企业竞争力和规模实力，力争把杭州建成全国重要的现代传媒中心。宁波、温州等中心城市要加快区域性现代传媒区块建设。

2. 文体用品制造

文体用品制造业已占浙江文化产业半壁江山，已形成仙居工艺礼品、云和木制玩具、温州龙湾制笔、桐庐分水制笔、宁海文具、德清钢琴、富阳体育用品、江山羽毛球等规模化、品牌化文体用品制造基地，其产品在国内外市场上占有较大的比例。拓展文体用品领域、提升产品工艺水平、提高产品技术含量、健全产品全球营销网络是浙江文体用品制造区块发展的重要方向。

仙居工艺礼品区。以加快建设仙居工艺礼品生产加工园为重点，积极推进工艺礼品业的规模化、个性化、品牌化发展，扶持壮大一批龙头企业，完善仙居工艺礼品 EBS 平台建设，健全全球营销网络，带动工艺礼品业新工艺、新产品的研发和产品档次的不断提高。

云和木制玩具区。以中国木制玩具城为载体，以中国木制玩具节为交流平台，提升“云和木制玩具”区域品牌，增强整体竞争力。进一步充实完善中国木制玩具业生产力促进中心、中国木制玩具研发中心、信息服务中心和质量监督中心等研发服务体系，在进一步健全全球营销网络的同时，加快国内市场开发。

温州龙湾制笔区。以“中国制笔之都”为载体，通过 ISO9000 国际质量体系认证、欧盟 CE 认证、美国 ASTM. D4236 检测等途径，加快产品工艺创新，提升龙湾制笔的产品附加值和综合竞争力。

桐庐分水制笔区。在加快研发中心、模具制作中心等建设的同时，依托高校科研力量，引进一批专业技术人才、一批技术软件和关键设备，着力提高产品研发和设计能力，提高产品的技术含量，将产品由目前的“仿造型”向“特色型”、“独创型”发展。

宁海文具区。加快宁海文具研发中心、宁海文具电子商务 EBS 平台等建设，加强文具人才资源的开发、培训和储备，积极采用先进行业国际标准，提高产品技术含量和工艺水平。加快宁海文具品牌化建设，构筑宁海文具在国内外的综合竞争优势。

德清钢琴区。通过企业间联合互动，加强与知名企业、知名品牌的合作与交流，在制作工艺和管理方式上与国际接轨。培养和引进钢琴专业人才，改善金融服务，培育优强钢琴企业，使德清成为国内重要的钢琴制造基地。

富阳体育用品区。包括赛艇和运动球拍的研发制造。其中赛艇要进一步加强新产品研发，通过兼并、合作等方式形成龙头企业与配套企业间分工合作的集聚效应，扩大产品在全球的知名度和市场占有率。运动球拍要通过规模化生产和品牌建设，提高产品档次和质量，强化运动球拍协会的信息交流、产品研发、行业管理服务、市场开拓等功能，提升区块整体竞争力。

江山羽毛球区。实施品牌战略，加快提高产品档次。通过要素集聚、兼并、整合及控股等途径，提升江山羽毛球的生产研发能力。逐步向乒乓球、网球、篮球架、运动球拍等相关产业拓展延伸，壮大区块规模，增强区块抗市场风险能力。

3. 文化旅游

大力发展红色旅游、宗教文化、水乡古镇、民俗文化四类文化旅游区块，打响“诗画江南，山水浙江”的浙江文化旅游品牌。加强全省文化资源的建设性保护，实现文化资源保护与旅游开发间的双赢发展。

红色旅游区。浙江红色旅游资源丰富。重点建设嘉兴市南湖风景名胜区（中共一大旧址）、绍兴市鲁迅故居及纪念馆、台州市解放一江山岛战役纪念地、温州市浙南（平阳）抗日根据地旧址、宁波市浙东（四明山）抗日根据地旧址等国家红色旅游经典景区，适时推进新四军苏浙军区纪念馆、中共浙皖特委旧址等红色旅游景区建设，加强相关基础设施建设和革命历史文化遗产保护，配套完善红色旅游精品线路，逐步实现红色旅游产业化，推动红色旅游全面发展。

宗教文化旅游区。依托浙江丰富悠久的宗教文化旅游资源，重点发展普陀山风景名胜区、天台山风景名胜区和雪窦山风景名胜区，形成以宗教文化为主要特色的精品文化旅游区。加快“海天佛国”等宗教文化旅游专线的开辟，为宗教文化旅游产业的发展提供便捷服务。引导宗教文化与社会主义精神文明相结合，保护、修缮和恢复原有文化资源，适度开发新景点，加强配套设施建设，不断充实丰富游览内容。

水乡古镇旅游区。坚持走保护与发展并举之路，继续加大对乌镇、西塘、南浔等古镇的保护力度，保护水乡古镇风貌的整体框架，加快古镇申报联合国世界文化遗产进程。

依照规划，加快景点景区建设，增添一批反映江南特有的水乡风味的设施，恢复和延伸传统的民间节庆活动，开展丰富多彩的文化活动。加强与国内外旅游经营公司和旅行社的合作，加大媒体宣传力度，进一步打响水乡古镇品牌。

民俗文化旅游区。发挥浙江民俗文化资源丰富的优势，重点发展海宁盐官、绍兴安昌、景宁畲乡、兰溪诸葛八卦村、武义俞源村、江山廿八都、仙居皤滩、临海桃渚军事古镇等具有民俗文化特色的旅游区。以精品意识开发和包装民俗文艺，提高其艺术欣赏性、娱乐性、参与性。鼓励民间资本参与文化旅游资源的开发经营活动，推进浙江民俗文化旅游的健康发展。

4. 出版物和包装装潢印刷

以信息化为先导，突出科技进步和可持续发展，通过控制总量、调整结构、合理布局、提高质量，打造四大出版物及包装装潢印刷区块。

杭州出版物和包装装潢印刷基地。以亚洲包装中心落户杭州为契机，加大杭州出版物和包装装潢印刷业的研发、科技集成，促进产业链的延伸，着力发展出版物印刷、高档包装装潢印刷、特色印刷。加快培育和孵化一批出版物印刷和包装行业的重点企业，推动出版物印刷和包装产业的结构调整和产业升级，形成一批世界包装产品品牌，建成具有全国领先水平的出版物印刷和包装装潢印刷区。

宁波包装装潢印刷区。以宁波市区、慈溪市、余姚市为核心区域，以建设具有印刷材料、机械和印前、印后配套服务等综合性能的宁波印刷集聚区和全市统一的包装印刷产业综合信息网络平台为重要抓手，进一步强化企业集聚效应和产业链扩展，进一步发展特色印刷门类和提升优化产业结构、提升产业水平，力争行业总体发展水平进入全国领先行列。

苍南包装印刷工业区。继续扩大胶印、发展柔印、稳定凹印和丝印，大力发展精细包装装潢印刷和多种绿色环保的印后整饰工艺，提高苍南包装装潢印刷的整体实力和水平。通过加强行业管理、扶持龙头企业以及集中布点等方式，进一步规范印刷企业行为，引导区域印刷产业健康、快速发展。

义乌包装印刷生产区。着重发展以服装、袜业包装印刷为特色的包装装潢印刷和挂历、年画印刷，服务于中国小商品城和当地产业。同时要加快建立规范的印刷工业集聚区，引导企业向集聚区集中。

5. 文体用品贸易

作为义乌中国小商品市场的有机组成部分，义乌文体专业市场已成为我国最大的文体用品流通中心、信息中心、展示中心和出口基地。要进一步加强中国（义乌）文体用品贸易博览会和中国文化用品贸易网等现代化商贸平台建设，加强市场的仓储、物流、海关、金融、商检、保险、信息网络等配套服务设施建设，带动浙江和我国文体用品制造业的发展。加快杭州、温州等地文体用品专业市场区块的建设培育。

五　壮大一批重点文化企业

文化企业是文化产业发展的基本单元和载体。通过做强大型国有文化集团、壮大重点国有文化企业、发展骨干民营文化企业、培育外向型文化企业，形成浙江国有、民营、外资多种所有制文化企业有序竞争、良性互动、共同发展的格局，促进浙江文化经济健康快速发展。

（一）做强大型国有文化集团

重点抓好浙江广播电视集团、浙江日报报业集团、浙江出版联合集团、杭州日报报业集团、杭州文化广电集团、宁波日报报业集团、宁波广播电视集团、温州日报报业集团等大型国有文化单位改革，通过联合、控股、收购、兼并、改制等途径，优化资源配置，组建国有经营性集团公司等独立法人实体，努力建成一批具有竞争力、影响力的全国大型综合性现代传媒产业集团。积极探索宣传业务和经营业务相分离的运营机制，鼓励国有文化企业跨地区、跨行业、跨所有制经营，加快推进浙江国有文化集团的集约化发展。

1. 浙江广播电视集团

进一步深化体制改革，优化整合频道资源，加快与市县广播电视的联合、合作步伐，组建集团网络控股公司。做大做强广播电视产业，积极发展其他文化产业和相关产业，努力建成全国大型综合性现代传媒产业集团。

2. 浙江日报报业集团

加强集团内部资源的整合，全面提升报刊、网站、印务、发行、广告等核心业务发展水平，力争发展成为综合竞争力跻身全国前列的大型综合性传媒产业集团。

3. 浙江出版联合集团

推进集团整体改制，增强期刊、音像、电子、网络等出版媒体的市场运营能力。加大资本整合，积极开展跨地区、跨行业、多媒体经营，努力发展成为有全国影响力的大型文化传媒集团。

4. 杭州文化广电集团

全面整合全市有线电视网络资源，加快全市“模转数”整体转换进程，力争使杭州成为我国第一批基本完成数字电视整体转换的城市。发挥主业优势，积极发展内容产业及衍生产业，提升集团综合竞争力。

5. 杭州日报报业集团

以新闻创新、体制改革和产业结构调整为重点，充分利用现有资源，积极向出版物发行、印务、会展、物流等产业拓展，成为以报刊为主业，集广播电视、互联网、会展、物流、印务等多媒体、多元化经营于一体，在全国具有较大影响的区域性现代传媒集团。

6. 宁波广播电视集团

全面整合宁波有线电视网络，加大数字化、网络化、智能化技术的综合应用，推进全市数字电视“整体转换进程”。强化广播影视的主业优势，拓展经营空间，建成在长三角地区有着重要影响力的现代传媒集团。

7. 宁波日报报业集团

以报业为主业，充分利用和整合现有报刊、出版、发行资源优势，积极拓展经营空间，努力开展跨地区经营和发展。加快“宁波书城”等项目建设，努力成为以报业及图书出版为主业的区域性现代传媒集团。

8. 温州日报报业集团

进一步整合现有“四报一刊一网”资源，提高报业核心竞争力，积极发展相关产业，提升综合实力。实施跨地区、跨媒体、跨行业发展战略，努力成为区域性现代传媒集团。

（二）壮大重点国有文化企业

积极整合国有文化资源，加大现代法人治理机制建设，加快重点文化单位转企改制和股份制改造步伐，积极推进民营文化企业对国有文化企业的参股、控股、合作、兼并等多形式改造。重点扶持浙江省新华书店集团有限公司等一批现有国有文化企业，积极筹建浙江新远文化产业集团、省体育产业集团、杭州出版总社等一批省、市出版物发行、演出、电影、体育、旅游、文化科技领域的重点国有文化企业，努力培育成为浙江省文化产业发展的生力军，有效提高我省文化企业和产业的综合竞争力。

（三）发展骨干民营文化企业

充分发挥浙江民营经济发达、民资活跃的优势，鼓励浙江民间资本进入文化领域，鼓励个人、企业、社会团体以独资或合资等多种形式参与兴办国家政策许可的各种文化经营企业，形成多元投资主体。要抓紧落实相关产业扶持政策，为民营文化企业的发展营造宽松环境，加快壮大横店集团、广厦集团、宋城集团、阿里巴巴公司、华新影视公司、浙江华虹光电集团有限公司、浙江大安信息技术有限公司、杭州文化商城有限公司、华宝斋富翰文化有限公司、杭州飞鹰赛艇公司、杭州中南卡通有限公司、杭州神州视景有限公司等一批骨干民营文化企业，推动浙江民营文化经济的全面发展。

（四）培育外向型文化企业

充分利用浙江外向型经济日益发达和文化企业快速发展壮大的优势，借鉴美国、日本、韩国、香港等文化“走出去”的成功经验，积极培育外向型文化企业，力争使更多的浙江优秀文化产品走向世界。加大对浙江广播电视集团、浙江日报报业集团、浙江出版联合集团等浙江国有大型文化集团文化产品出口业务的扶持，通过交流、推介、贸易等方式，积极向国外出口浙江优秀的影视、出版物和其他文化产品。加大对浙江小百花越剧团、浙江歌舞剧院、嵊州越剧团等文化演艺公司的扶持，巩固和扩大国外演出市场。加大对横店集团、宋城集团、华新影视公司、中南卡通等民营文化企业的扶持，打造一批优秀的影视、网络游戏、卡通、文化旅游作品产品，并积极打入国际市场，成为浙江文化产业“走出去”的生力军。

同时，积极吸引国外优秀文化成果，推动浙江国有文化企业集团及民营特色文化企业与跨国文化公司间的合资合作，重点在亚洲包装中心、横店影视产业实验区、滨江高新文化区等项目上实现突破，并以点带面，促进浙江外向型文化企业的积极发展。

六 对策措施

（一）狠抓规划贯彻落实

各地要把文化建设摆上重要议事日程，及时研究解决文化建设中的重大问题。各有关部门要不断完善落实文化经济政策，加强宏观调控，统筹兼顾，保证重点。要完善协调机制，定期研究实施中的重大问题，加强沟通与交流信息，密切配合，形成合力。根据本规划的目标要求，编制相关实施计划和年度推进计划，突出发展重点，引导投资方向，抓好项目落实。具体项目实施要确定负责单位和负责人，实行目标责任制，采取各种有效措施狠抓规划的落实，推动文化改革和发展。

（二）推进体制机制创新

继续推进文化管理部门的职能转变，推行政事分开、管办分离，进一步理顺关系，完善管理体制。加强分类指导，大力推进国有文化单位体制和运行机制改革，按照构建现代产权制度的要求，贯彻落实“转出一批、改出一批、放出一批、扶出一批”的思路，培育一批具有活力和竞争力的文化发展主体。

（三）规范文化市场准入

要严格按照《行政许可法》和《国务院关于投资体制改革的决定》（国发〔2004〕20号）的规定，以及中央关于文化体制改革的总体部署，按照鼓励、允许、限制、禁止等不同类型，加快制定文化产业投资目录，规范文化市场准入。积极推进审批制度改革，逐步推行公益性文化项目和重大文化产业项目政府采购制度和公开招投标制度，营造公开、公平、公正的市场准入环境。重点支持列入“四个一批”的文化事业和产业项目建设。

（四）拓宽投资融资渠道

进一步拓宽投融资渠道，探索适合文化企业特点的信贷融资方式，建立多元化投融资体系。支持以版权、品牌、技术、科研成果等无形资产作为资本投资文化产业，充分调动各类文化人才发展文化产业的创造性和积极性。对于通过股份制改制，实行投资主体多元化的文化企业，符合条件的要支持其申请上市。发挥我省体制机制优势，在文化项目建设资金来源上，充分利用社会资金，省财政资金主要发挥引导功能，各级政府要给予适当配套。鼓励民营文化企业通过独资、合资、参股、承包、租赁等方式参与文化产业项目的开发建设，政府要在产品定价、服务质量等方面加强管理指导。鼓励社会资本对公益性文化项目的捐赠，鼓励社会资本兴办公益性文化项目。

（五）加大产业扶持力度

按国家和省政府相关规定，落实对文化产业的优惠和扶持政策。对民间资本投入国家重点扶持的文化产业项目，鼓励国有资产授权经营主体参股。设立省级文化产业发展专项资金，用于扶持省级文化产业的发展。狠抓牵头项目，确保资金和土地落实。文化产业投资项目用地要统一纳入各级国土资源部门年度建设用地规划，鼓励和引导民间文化投资项目集约用地。

（六）创建优良发展平台

加强文化市场建设和管理，加强知识产权保护，优化市场发展环境。加强各类文化行业协会建设，确立行业协会的独立法人地位，充分发挥文化行业协会作用。规范和扶持文化经纪、咨询、代理、仲裁等文化中介机构建设，建成完善的文化中介机构体系。加强文化事业、文化产业统计核算工作。以高校为重点创建文化人才培训基地，加快文化产业经营管理、影视科技制作、动漫画制作、网络游戏、网络出版等新兴专业文化人才的培养。推进文化人才资源合理配置，促进人才流动，优化人才结构，努力使浙江成为全国文化发展高地。

浙江省人民政府关于进一步完善新型社会救助体系的通知

为深入实施“八八战略”，建设“平安浙江”，各地各部门要从贯彻落实科学发展观、构建社会主义和谐社会和履行政府职能出发，按照“保基本、全覆盖，多层次、相协调，高效率、可持续”的工作要求，巩固成果，深化改革，完善政策，进一步加快推进新型社会救助体系建设，认真做好对困难群众的救助工作。现就完善新型社会救助体系建设有关问题通知如下：

（一）健全最低生活保障标准调整机制

根据中央提出的逐步提高最低生活保障标准的要求，各地要按照《浙江省最低生活保障办法》的有关规定，建立健全与经济发展和物价上涨水平相适应的正常增长机制，在应保尽保的前提下，适时调整城乡居民最低生活保障标准：城镇居民最低生活保障标准一般按当地最低工资标准的40%确定，2006年最低生活保障标准可按2005年的最低工资标准为基数调整；农村居民最低生活保障标准原则上按城镇居民最低生活保障标准的60%确定。今后，城乡居民最低生活保障标准由当地政府根据经济社会发展和最低工资调整情况定期调整。同时，要健全价格上涨动态补贴制度，根据低收入群体居民消费价格指数，在物价上涨较快年份，按照《浙江省人民政府关于对困难群众实行基本生活消费品价格上涨动态补贴的意见》（浙政发〔2004〕52号）的规定，对最低生活保障救助对象实行一次性基本生活物价补贴。

要加强最低生活保障的动态管理，合理核定保障对象家庭成员收入，纠正和查处以虚报、隐瞒、伪造等手段骗取享受最低生活保障金的行为，同时要研究改进核查、核算办法，提高核查的透明度。凡符合最低生活保障条件的，要全部纳入保障的范围，并按其家庭人均收入低于当地最低生活保障标准之间的差额分档发放保障金。

为让困难群众得到切实的实惠，按差额发放的保障金一般不少于月人均30元，其中农村五保对象和城镇“三无”对象以及生活不能自理的重度残疾救助对象，按保障标准全额享受保障金。家庭收入发生变化的，要按程序及时减发或增发保障金；要健全最低生活保障退出机制，对家庭人均收入高于最低生活保障标准的救助对象，要按规定办理退保手续，并做好政策宣传和思想教育工作，鼓励引导其通过劳动自食其力、脱贫致富。

（二）建立完善分层分类救助制度

分层分类救助制度是针对各类社会困难群众的困难程度和救助需求，在分层、分类的基础上，给予困难群众最低生活保障或其他专项救助的制度。这既是深化最低生活保障制度的重要措施，也是完善社会救助体系的重要内容。要坚持应保尽保、公平公正、区别对待、因地制宜的原则，整合各类社会救助资源，发挥好最低生活保障以及养老、医疗、教育、住房等救助的功能和作用，进一步提高社会救助水平。

合理确定救助层次。在确定最低生活保障标准的基础上，按一定的比例划分若干救助层次，并分别确定各层次的救助标准。家庭收入在最低生活保障标准以下的，享受最低生活保障及相应的各项社会救助政策；收入在最低生活保障标准以上的困难家庭，区分若干个层次，实行不同的标准，给予相应的专项救助（救济、帮扶）。救助层次和标准由各地根据经济社会发展水平和保障能力确定。

积极实施分类救助。根据困难群众致贫、致困的不同情况，实施分类救助：因下岗失业或就业不充分造成家庭生活困难的，在给予必要的生活保障外，要通过免费提供就业技能培训、职业介绍或提供就业岗位，帮助其实现就业；因病因残导致家庭生活困难的，要给予必要的医疗救助，对丧失劳动能力或造成家庭失去收入来源，符合条件的，可申请最低生活保障；将生活贫困的残疾家庭纳入最低生活保障范围，其中生活不能自理的重度残疾保障对象家庭，除享受最低生活保障外，当地政府应提供专门的困难补助；因自然灾害造成家庭困难的，要及时启动应急救助，安排好灾民生活，确保有饭吃、有衣穿、有房住；子女就学、住房困难的家庭，通过提供教育、住房等救助，帮助其解决家庭困难问题。

（三）进一步巩固农村五保和城镇“三无”对象集中供养，做好孤儿救助工作

要认真总结农村五保和城镇“三无”对象集中供养工作经验，巩固工作成果，进一步加强敬老院建设，建立和完善长效供养机制，全省农村五保对象集中供养率巩固在80%以上，城镇“三无”对象集中供养率保持在90%以上。要按照市、县（市、区）和乡镇、村分级负担的原则，多渠道筹措供养经费，其中应由政府负担的部分列入年度财政部门预算。省政府继续安排专项补助经费，重点对欠发达地区及海岛县进行适当补助。

要认真研究和多渠道解决供养对象的医疗问题。一是多方筹集医疗经费，除供养经费一部分用于医疗支出外，各地在敬老院建设任务完成后，原安排用于敬老院建设的资金，仍要保留一部分资金，重点用于医疗支出。二是敬老院与乡镇卫生院等医疗机构实行定点挂钩，有条件的可设立医务室，为救助对象提供及时、便利和优惠的医疗服务。三是加强医疗经费管理，推行建立敬老院医疗互助资金、实行经费统筹与个人包干相结合等办法，管好、用好医疗经费。要重视敬老院文化、娱乐、健身等设施建设，积极开展适合老年人的文娱、游览活动，使老年人老有所学、老有所乐、老有所为，安享晚年。要创造条件，让尚有一定劳动能力和劳动愿望的人员从事必要的生产劳动，给予必要的报酬，改善其生活。

要加强和规范敬老院的管理，健全各项管理规章制度。敬老院规范化建设和管理办法，由省民政厅另行制定。为有利于敬老院等集中供养机构的运行，新办敬老院可统一登记为民办非企业单位，其原产权和管理人员身份保持不变。要利用和发挥敬老院等社会福利机构资源，在满足集中供养需要的前提下，向社会其他老年人开放，并按物价部门批准的标准收取费用。对农村“三老”（老党员、老交通员、老游击队员）人员、在乡重点优抚对象和其他困难家庭老年人，本人和家属有要求的，要优先安排，并在收费上给予优惠。在供养对象管理上，对因土地征用、房屋拆迁获得补偿等原因重新获得生活来源的，其提出要求退出供养的，在签订协议、落实好日常照料的情况下，应按规定办理退保手续，也可以在敬老院实行自费寄养。

孤儿是社会上最弱小、最困难的群体。要高度重视和做好孤儿的救助工作，大力开展“关爱孤儿行动”，为孤儿提供全面救助。要研究改进集中养育、领养、代养、寄养办法，创造有利于孤儿健康成长的环境。要加强规划和资金投入，在全省建设一批设施比较齐全、管理规范的儿童福利机构。要落实福利机构和困难家庭作为监护人的孤儿供养经费，其供养标准按保证其健康成长为前提由各地研究确定。同时，要继续做好流浪乞讨人员的救助和管理工作，特别要做好对未成年流浪乞讨人员的保护。

（四）进一步完善被征地农民基本生活保障制度

要加强被征地农民基本生活保障与就业、社会保险政策的衔接，在做好应保尽保、即征即保的基础上，对劳动年龄段的被征地农民，比照城镇下岗失业人员，免费提供就业培训和职业介绍，就业困难的人员优先安排政府提供的就业岗位。被征地农民在企业就业后，劳动保障部门要及时为其转办社会保险，衔接好基本生活保障与养老保险的关系。

要按照制度设计的要求，加强对保障资金筹集、运行的管理，确保资金到位和基金有效运行。今后，凡为被征地农民办理基本生活保障，资金必须足额到位；对目前已办理参保手续但资金仍未到位的，地方政府要通过增加支出及时予以偿还，以减少基金风险，确保基金支付。要根据经济发展水平，逐步调整提高被征地农民基本生活保障的标准，调整幅度原则上不低于当地城镇居民最低生活保障标准的调整水平。

省级有关部门要在总结、借鉴各地经验的基础上，加快被征地农民基本生活保障的立法工作，进一步规范操作，依法保护被征地农民的合法权益。

（五）加快推进新型农村合作医疗制度和医疗救助制度

要着力于解决群众特别是困难群众“看得起病，看得上病，加强预防少生病”的问题，加快实施新型农村合作医疗制度和医疗救助制度。规范完善新型农村合作医疗制度，在现有医疗服务的基础上，为参保农民提供2年一次的免费健康体检；建立与经济社会同步增长的动态筹资机制，控制年度基金结余率，提高参保人员大病住院实际补偿水平。要参照新型农村合作医疗的模式，研究制定针对城镇未参加职工基本医疗保险制度人员的医疗保障政策，2006年要启动试点工作，并加快推进。

扩大医疗救助覆盖范围，在着力解决最低生活保障对象、农村五保和城镇“三无”对象医疗困难的同时，针对其他困难群众、低收入家庭抗患病风险能力弱的问题，按照分层分类救助的要求，将患病后确需救助的困难群众纳入救助的对象，其中农村“三老”（老党员、老交通员、老游击队员）人员、重点优抚对象等要优先救助。

要逐步降低医疗救助门槛，充分考虑救助对象支付医疗费用的实际困难，逐步调低起补标准，有条件的地区，在经新型农村合作医疗或城镇基本医疗保险报销后，实行即时救助。探索和推行定额包干门诊助医卡、慈善助医卡，为特殊困难对象解决日常医疗和起补线以下部分的医疗支出。按照量入为出、收支平衡的原则确定救助标准，当年医疗救助专项资金结余率一般要控制在20%以内。

按照政府主导、社会参与的方针，积极筹措救助资金。当地财政要按一般不低于人均3元的标准安排医疗救助专项资金。同时，要开展社会捐赠活动，充实医疗救助专项资金，福利彩票公益金、残疾人保障金也可安排用于医疗救助。要加大对职工互助保障活动的支持，积极发挥其在社会救助中的补充作用。要大力推进慈善机构建设，将慈善助医行动作为各级慈善机构的重要内容。要加强对定点医疗机构的管理，规范医疗服务行为，提高服务质量，控制医疗费用。要鼓励多方筹资兴办“惠民医院”、“慈善医院”等医院，对医疗救助对象予以优惠。

（六）加大对经济困难家庭子女救助力度

从2006学年（秋季）开始，全省义务教育阶段学生免收杂费。继续实施“农村中小学家庭困难学生资助扩面工程”，对低保家庭子女、福利机构监护的未成年人、革命烈士子女、五保供

养的未成年人以及残疾学生，免收义务教育阶段的课本费、作业本费、住宿费、借读费和高中阶段教育的学费、代管费；加大对农村居民年人均纯收入1500元以下和城镇居民年人均可支配收入3000元以下家庭的子女的扶持，其免费项目和标准由各地根据财力状况决定；因受灾、疾病等原因造成家庭经济困难的学生，可根据家庭困难情况，缓交、减交或免交有关费用。推行“教育券”制度，由教育部门直接发放到救助的学生，确保困难家庭学生上学。关心学生营养健康，全面实施“农村中小学爱心营养餐工程”；加快实施“农村中小学食宿改造工程”，努力改善农村学校办学条件。

进一步完善以“设立奖助学金、推行国家助学贷款、开展勤工助学、实施特殊困难补助、采取学费减免”为主要内容的高等教育资助体系，对家庭困难学生学费采取“减、免、缓”。进一步发挥高校资助贫困学生的主体作用，公办高校要按学费收入的10%提取建立助学基金，用于贫困学生勤工助学、困难补助和助学贷款风险准备金。

（七）多渠道解决城乡困难家庭住房困难问题

加快建立以住房公积金、经济适用住房和廉租住房为主要内容的住房供应和保障体系，着力解决低收入和困难家庭住房困难问题。各地要根据《浙江省城镇廉租住房保障办法》的要求，抓紧制定出台具体实施办法，2006年全面实施廉租住房制度，对人均住房建筑面积在12平方米以下的困难家庭予以住房救助。要建立以财政资金为主、多种形式筹集的廉租住房专项资金，采取租金补贴、租金减免和实物配租相结合的方式，改善救助家庭的住房条件。鼓励各地通过盘活现有公房、收购二手房等措施解决廉租住房的房源。

要高度重视农村困难家庭的住房保障问题，区别不同情况，按照政府补一块、集体助一块、个人出一块的筹资模式，采取新建、改造、修缮、置换、配租等方式，实施对农村符合救助条件的困难家庭的住房救助。通过集中供养解决农村五保户的居住问题；加快实施“助残安居工程”，到2006年底前全面完成3年1万户残疾人家庭危房改造任务；继续实施下山移民脱贫工作，认真做好农村地质灾害调查，通过搬迁有计划、分步骤地改善下山移民和受地质灾害影响的困难群众住房条件。要充分利用农村现有的闲置房，通过村组织租用、置换等方式，为农村困难家庭解决住房困难问题。省建设、民政部门要会同有关部门研究制定具体办法，开展试点工作。

（八）加大法律援助工作力度

要认真贯彻落实国务院《法律援助条例》和《浙江省法律援助条例》，为低保对象、农村五保和城镇“三无”对象、残疾人等经济困难群众提供法律咨询、代理、诉讼和非诉讼法律事务、公证和刑事辩护等无偿法律援助。各级政府要落实法律援助专项经费，将其列入年度财政预算，为法律援助的实施提供财政支持。要加快法律援助机构建设，健全各级法律援助中心，并配备一定的有律师资格或法律职业资格的专职法律援助工作人员。法律援助机构要与民政等有关部门加强配合，法律援助与劳动仲裁要加强衔接；政府部门和社会组织要及时为法律援助机构提供有关情况和案件，减免法律援助机构在办理案件过程中的相关费用，共同降低法律援助成本。要积极鼓励事业单位、社会团体等社会组织和法律工作者为困难群众提供法律援助，维护困难群众的权益。

（九）进一步做好慈善、捐赠等其他救助、帮扶工作

大力发展慈善事业，建立健全各级慈善机构。根据我省经济社会发展条件，到2006年底前，各市、县（市、区）都要成立慈善机构，充分发挥慈善机构在组织开展慈善活动和扶贫、救灾、

济困等方面的积极作用。要广泛开展各种类型的慈善、捐赠活动，落实各项税收减免政策，支持、鼓励企业和公民参与慈善活动，保护公众慈善捐赠的积极性。大力发展志愿服务组织，建立志愿者（义工）制度，创新和丰富志愿服务方式和内容，为老年人、未成年人、残疾人等社会困难群众提供服务。要研究制定扶持政策，鼓励和支持社会力量兴办慈善福利机构，建立和推广"慈善超市"，为困难群众提供优质、便捷的服务。

要动员和支持各级工会、共青团、妇联及其他团体和组织开展多种形式的群众性互助活动。鼓励和发动社会力量参与社会救助活动，对政府主办的供水、供电、供气（燃料）、有线电视、公交、环卫等经营服务性项目，有关部门和单位要落实对困难群众的扶持政策，减免相关的收费。通过全社会的共同努力，形成政府主导、社会参与、与构建社会主义和谐社会相适应的新型社会救助体系。

（十）进一步健全社会救助组织体系和网络

加强社会救助工作，深化完善新型社会救助体系，是政府履行社会管理和公共服务的重要职能。各级政府要切实加强领导，按照省政府提出的目标要求，健全各级社会困难群众救助工作组织体系，充分发挥各级民政、劳动保障、教育、建设、卫生等部门以及工会、共青团、妇联、残联等组织的作用。要加强基层机构建设，建立健全乡镇、街道、社区劳动保障和社会救助综合管理服务机构，并在基层机构、职能调整中，充实和加强社会保险、社会救助和公共服务等方面的力量，做到机构、人员、场地、经费、制度和工作的到位，健全社会救助服务网络。各级社会困难群众救助工作领导小组办公室要加强督促检查，抓好调查研究和工作协调。要加大对社会救助的资金投入，确保各项救助政策的落实。要加强规划，整合资源，加快社会救助信息化建设，努力提高社会救助工作的水平。

浙江省人民政府关于进一步加快欠发达乡镇奔小康的若干意见

2003年以来，在各级、各部门的重视和社会各方面的大力支持下，全省361个欠发达乡镇广大干部群众积极实施“欠发达乡镇奔小康”工程，取得了良好的成效。为了认真贯彻落实全国扶贫开发会议和全省农村工作会议精神，加快欠发达乡镇奔小康步伐，特提出以下意见。

一　进一步明确扶贫工作的总体要求和工作目标

（一）总体要求

以邓小平理论、“三个代表”重要思想为指导，按照落实科学发展观、构建和谐社会的要求，统筹城乡和区域发展。以增强农民致富能力和提高农民收入水平为核心，扩大区域协作，强化结对帮扶；加大扶持力度，推进下山脱贫；加强农民培训，促进转移就业；推动农业产业化经营，做大做强特色优势产业，加快欠发达乡镇奔小康步伐，提高农民群众的物质和文化生活水平。

（二）工作目标

2005～2007年，全省欠发达乡镇农民人均纯收入的年增长幅度高于全省平均水平，80%以上的欠发达乡镇农民人均纯收入超过当年全国平均水平；完成下山脱贫20万人，其中省重点扶持的211个乡镇15万人，三分之二以上的下山劳动力实现转产转业；通乡公路全面硬化，75%以上的建制村通等级公路，65%以上的通村公路路面得到硬化；安全卫生饮用水普及率达到70%以上；贫困家庭子女实现九年义务教育和高中段教育免费入学；基本实现20户以上自然村广播电视“村村通”。

二　加快下山脱贫步伐

（一）下山脱贫的重点和原则

按照“政府引导、农民自愿，整体规划、分步实施，整村搬迁、灵活安置”的原则，制定欠发达乡镇下山脱贫和整村（以自然村为主，下同）搬迁规划，主要抓好缺乏基本生产生活条件的高山远山地区、重点水库库区、地质灾害频发地区农民的整村搬迁工作。坚持以帮助农民增加在二、三产业就业机会为目标，以保护生态环境和提高政府对欠发达地区基础设施投入的效益为导向，使下山脱贫与推进农村工业化、城市化统筹实施，确保完成下山脱贫计划任务。

（二）加大财政扶持力度

2005～2007年，省财政每年安排专项资金，重点对纳入省扶持范围的211个欠发达乡镇的整村搬迁给予支持，并按不同类型制定补助标准。市、县也要相应安排下山脱贫专项资金，加大扶持力度。同时，切实抓好面上的下山脱贫工作。

（三）落实下山脱贫建房用地指标

下山脱贫是“五大百亿”工程的重要内容，各级政府应优先安排下山脱贫小区建设所需的农用地转用指标。省里将根据下山脱贫项目落实情况，匹配一定的折抵指标额度，戴帽下达到有关县（市、区）。有关县（市、区）要用好下山脱贫建设用地复垦项目的周转指标，切实抓好下山农户原宅基地的退宅还耕（林）工作。

（四）落实配套政策

认真落实浙委办〔2003〕14号文件规定的下山农民建房用地收费优惠政策。交通、水利、电力、通信、广播电视等各有关部门要积极筹措资金，对安置整村搬迁农户的下山脱贫小区基础设施给予重点支持。

三　切实加强欠发达乡镇农村劳动力培训和转移就业工作

（一）培训的重点和任务

把欠发达乡镇农村劳动力转移培训作为脱贫奔小康的根本性措施来抓，确保361个乡镇每年完成培训25万人次，实现转移就业9万人的目标。培训工作要讲求实用、实效，重点开展两个方面的培训：一是开展适应二、三产业发展要求的职业技能培训；二是围绕当地农业特色产业的农业技术培训。各地应从土地出让金净收益中安排一定比例的资金，用于农村劳动力的培训。省安排的“千万农村劳动力素质培训工程”专项资金的新增部分，重点用于211个欠发达乡镇农村劳动力的转移培训。

（二）加强后备劳动力的教育培训

在农村对回乡初、高中毕业生开展“3＋X”的职业技术教育，使之掌握1～2门就业技能，提高后备劳动力的素质。各县（市、区）政府应通过奖学金、助学金、贷学金、减免费用等多种形式，对欠发达乡镇的低收入农户子女参加职业技术教育提供帮助。

（三）加强就业的指导和服务

建立健全城乡统一的公共就业服务体系，实行城乡劳动者平等享受公共就业服务的制度。加快推进乡镇就业服务平台建设，开展免费的职业指导和职业介绍服务，任何地方和部门都不得随意设置有关收费项目，各级就业服务机构必需的经费由当地政府安排。各级公共职业介绍机构要为欠发达乡镇农村劳动力的求职登记、政策咨询、信息发布、职业指导、职业介绍和劳动保障事务代理等提供“一站式”的就业服务，使他们享受更多的就业机会。

（四）鼓励企业招用欠发达乡镇农村劳动力

各地可视财力情况，给予招用本省欠发达乡镇农村劳动力的企业一定的就业补助。对各类服务型企业（国家限制的行业除外）新增岗位招用本省欠发达乡镇农村劳动力，并与其签订3年以上劳动合同的，经当地财政、劳动保障部门共同批准，由促进再就业专项资金按招用人数提供为期3年的社会保险补贴。补贴标准按单位应为所招人员缴纳的养老和失业保险费之和计算，个人

应缴部分仍由个人负担。因企业原因提前与招用的欠发达乡镇劳动力解除劳动关系的，企业应为其一次性补缴3年的社会保险费。

（五）切实保障进城务工农村劳动者的权益

各级劳动保障部门要全面掌握用人单位招用农民工，以及农民工参加社会保障和权益保障等方面的情况。在切实保证农民工工资按时足额发放和将其纳入社会保险范围的基础上，研究制定省内农民工特别是对欠发达乡镇农民工跨地区转移社会保险关系的办法。各级工会组织都应吸纳农民工入会，并努力维护他们的权益不受侵犯。

（六）切实解决进城务工农民工子女的就学问题

以开放本地公办学校为主、建立农民工子女全日制学校为辅的办法，千方百计让农民工子女就近入学，享受与本地居民子女同等受教育的权利，解除农民工的后顾之忧。

（七）大力支持发展来料加工业

广泛动员欠发达乡镇农民群众从事来料加工，鼓励和支持有关企业和经纪人将来料加工业务扩散到欠发达乡镇。对到欠发达乡镇发展无污染、能带动当地农民就业的来料加工企业，各级政府应作为扶贫龙头企业，在贷款贴息等方面给予支持。

四　加大产业化扶贫力度

（一）扶持产业化组织

省级有关部门要研究制定标准，认定一批省级扶贫龙头企业（包括来料加工企业和扶贫专业合作社），享受省级农业龙头企业的有关扶持政策。鼓励和支持工商企业到欠发达乡镇投资建立农产品生产基地、劳务培训基地，发展流通加工业等。

（二）建立完善扶贫小额信贷担保资金

有条件的欠发达县（市、区）要积极筹措资金，建立完善扶贫小额信贷担保资金，支持欠发达乡镇的贫困户发展家庭种养业，参与特色农产品基地建设，发展来料加工业等。省里安排一定的资金，对开展扶贫小额信贷工作成效明显的县（市、区）给予适当的扶持。

（三）大力开发旅游资源

各级政府要把开发欠发达乡镇的旅游资源作为加快发展服务业的一项重要内容，充分利用“老、少、边”地区丰富的自然资源和革命历史资源，大力发展森林旅游和“红色旅游”，鼓励和引导农民兴办“农家乐”、“渔家乐”。各地在“千村示范、万村整治”工程经费中，要适当安排一定的资金，支持发展“农家乐”、“渔家乐”，用于改善人居条件等。

五　加快欠发达乡镇基础设施建设和社会事业发展

（一）推进基础设施建设

在符合规划、保护生态环境的前提下，对欠发达乡镇县乡公路建设、有线广播电视“村村通”建设给予倾斜支持。加强水利设施建设，继续支持欠发达乡镇小流域治理、农田水利和饮用水工程建设，提高防洪抗灾能力，改善生产生活条件。

（二）加快发展社会事业

加大对欠发达乡镇教育、文化事业的扶持力度，加快农村破旧校舍改造，全面实行家庭经济困难学生资助计划。加强农村基层文化、体育设施建设。积极稳妥推进新型农村合作医疗制度，减少因病致贫和因病返贫。从今年起，省级有关部门组织选派具有一定经验的教师和卫生技术人员，到欠发达县（市、区）教育和医疗卫生机构任职，担负起业务带头人的职责，帮助欠发达乡镇提高教育和医疗卫生水平。任职时间原则上不少于半年，并建立期满轮换制度。

（三）开展廉租公寓建设

对欠发达乡镇劳动力就业相对集中的地方，由当地政府、企业和农村集体经济组织集中建设“民工公寓”，重点为本省欠发达乡镇农民工提供廉租住宅。在实施整村搬迁下山脱贫的地方，对部分有下山脱贫意愿而缺乏搬迁能力的困难家庭，各级政府要帮助他们租住“下山脱贫公寓”，实现下山脱贫。各地要在财政投入、土地供给、城镇建设配套费减免等方面，对“下山脱贫公寓”建设给予大力支持。

（四）实行人才交流制度

推行欠发达乡镇与发达地区专业技术人员、管理干部等人才的交流制度，通过互派教师、医务人员和管理干部，进行定向、定点交流。特别是要加强发达地区与欠发达乡镇干部的交流工作，形成互动式的人才交流制度。从今年起，所有结对帮扶的发达县（市、区）与欠发达乡镇都要互派人员，进行半年以上的结对交流和帮扶活动，期满后进行轮换。省扶贫办要做好协调并加强检查督促，确保落到实处。

六　广泛动员各方面力量参与扶贫开发

进一步做好结对帮扶工作，建立由省级领导牵头的结对帮扶工作机制，在结对帮扶组长单位的具体协调下，实行“组合式”帮扶。把落实帮扶项目、解决劳动力就业、提高欠发达乡镇农民收入等作为结对帮扶的重要内容来抓。采取以县为单位的“集团式”帮扶办法，拓展结对帮扶内容，加大结对帮扶力度。广泛开展“一户一策一干部”的帮扶活动，在对贫困户进行全面普查的基础上，确定由县级部门或乡镇干部每人挂钩一个贫困户，从贫困户的实际出发，提供可实施的脱贫措施，把扶贫工作做到户，加快脱贫致富奔小康步伐。

七　加强对扶贫开发工作的领导

（一）进一步增强做好扶贫开发工作的责任感

要从构建和谐社会、统筹城乡发展的高度，坚持一把手负总责，按照全省农村工作会议提出的“五个务必”的要求，继续发扬自力更生，艰苦奋斗的精神，组织带领广大群众实现脱贫致富奔小康。从今年起，结合省对各市、县“三农”工作的督查考核，对发达县（市、区）结对帮扶工作进行督查考核，确保扶贫开发的各项工作落到实处。

（二）制定完善欠发达乡镇发展规划

各地要结合当地“十一五”规划和中长期发展规划的编制，将扶持欠发达乡镇的发展作为规划的重要内容，努力培育新的经济增长点。对于区域经济发展差异相对较大的县（市、区），都应对本区域内的欠发达乡镇制订发展规划，努力实现经济社会的协调发展。

（三）加强扶贫队伍建设

各地要根据扶贫工作的实际，健全工作机构、完善工作体系、充实工作力量，充分发挥扶贫部门在扶贫开发中的综合协调、组织实施、指导服务、检查督促的作用。欠发达乡镇都应配备专职扶贫干部，专门负责贫困村、贫困户的帮扶工作。各级干部要转变工作作风，增强服务意识，为促进欠发达乡镇群众脱贫致富作出更大的贡献。

浙江省人民政府
关于加强引进内资工作的通知

为进一步提高我省对内对外开放水平，推进先进制造业基地建设，加快经济结构调整和增长方式转变，现就加强引进内资工作通知如下：

（一）统一思想，深化对引进内资工作重要性和必要性的认识

“十五”以来，我省国民经济尤其是工业经济快速发展，经济规模持续扩大，增长质量显著提高，为全面建设小康社会、提前基本实现现代化打下了良好的基础。

“十一五”时期是我省国民经济和社会发展的关键时期，是全面建设小康社会的攻坚阶段。紧紧抓住并充分运用重要战略机遇期和良好发展条件，进一步提高我省对内开放水平，加强引进内资工作，利用国内优质资本、先进技术、优秀人才和现代管理等资源，汲取国内其他地区在技术创新、品牌创新、管理创新和发展模式创新等方面的先进经验，对于我省贯彻落实科学发展观，深入实施“八八战略”，全面建设“平安浙江”，加快产业升级和结构调整，促进增长方式转变，保持国民经济持续快速协调健康发展，继续走在全国前列，具有十分重要的意义。各地、各有关部门要进一步统一思想，提高认识，增强责任感和紧迫感，千方百计做好引进内资工作，不断取得新成效。

（二）突出重点，提高引进内资工作的质量与水平

以产业政策为导向，把引进内资与推进先进制造业基地建设紧密结合起来，与加快产业结构调整和经济增长方式转变紧密结合起来，着重围绕以下领域及项目开展引进内资工作。一是以大石化、船舶修造等为重点的临港重化工业重大项目；二是以大型成套装备、专用设备、电气机械、汽车及关键零部件、数控机床制造等为重点的装备制造业项目；三是以电子信息产业、生物医药、新材料等为重点的高新技术产业化项目；四是以轻纺、家电、建材等传统产业改造提升为重点的优势项目；五是重点产业、重点行业的关键技术和共性技术创新项目；六是与先进制造业基地建设相关的服务业项目。要把国家的大企业大集团、行业龙头企业和著名民营企业、世界500强企业在国内的投资企业作为招商引资的主要对象，着力引进一批技术含量高、产业关联度大、带动作用明显、市场竞争力强、经济效益好的优势项目。坚持科学选资、选项目，严格禁止引进高污染、高能耗、高排放和低水平重复建设项目。在引进资金的同时，更要注重引进先进技术、优秀人才、著名品牌和现代管理经验，全面提升我省经济的核心竞争力。

（三）创新方式，增强引进内资工作的针对性和实效性

各地、各有关部门要进一步创新工作方式，拓宽招商引资渠道，探索专业招商和代理招商。

要有重点地组织和参加各类投资推介活动，全省每年组织一次以引进内资为主的工业及其相关服务业投资洽谈活动，为国内投资者创造更多考察、沟通、合作的机会。注重定向招商和产业招商，在国内大企业大集团及高新技术企业集中的地区，有针对性地组织开展各种形式的招商活动。发挥我省民营经济较为发达的优势，引导和推动民营企业与国内大企业大集团合资合作，提升民营经济产业层次。在符合土地利用总体规划和城市总体规划的前提下，按照布局集中、用地集约和产业集聚的原则，进一步提高开发区、工业园区的土地利用效益和管理服务水平，完善各类配套设施，增强开发区、工业园区的招商引资功能。省、市、县（市、区）和相关招商单位分层次建立招商引资项目库，及时收集、更新招商引资项目，加强分类管理。建立快速收集、整理和发布引资信息的网络服务平台，逐步实现全省信息资源共享。

（四）加强领导，进一步改善引进内资的投资环境

为加强对引进内资工作的领导，省政府已决定成立省引进内资工作领导小组，办公室设在省经贸委，负责全省引进内资工作的组织协调和日常管理。各地可结合实际，建立健全引进内资工作领导机构，明确工作职责，加强组织领导，完善招商引资的政策措施。进一步加强引进内资项目所需要素的综合协调工作，特别要高度重视做好土地的保障工作，各地在安排的年度折抵指标中，要有一定的比例用于引进内资项目；要采取多种措施盘活存量土地，提高集约节约用地水平，腾出更多的土地用于招商引资；对重大招商引资项目所需土地，各地安排有困难的，可在省安排的年度农转用土地计划指标中给予一定支持。加强对引进内资工作的协调和指导，及时总结先进经验和做法，进一步完善长效工作机制。广泛开展投资环境、投资政策及招商引资典型事例的宣传，努力营造良好的社会氛围。经贸、发展改革、国土资源、科技、财政、经济协作、环保、税务、工商、质量技监、银行等有关部门和单位要加强协调，密切配合，提高办事效率和服务水平，共同做好引进内资工作，促进我省经济社会全面协调可持续发展。

浙江省人民政府
关于加快科技企业孵化器建设与发展的若干意见

科技企业孵化器（高新技术创业服务中心、大学科技园、留学生创业园等）是促进科技成果转化，培育高新技术企业和培养创新创业人才的公共科技服务平台，是我省区域科技创新体系建设的重要组成部分。面对国际新一轮产业转移和竞争加剧所带来的机遇与挑战，为加快提高我省自主创新能力，大力发展高新技术产业，促进经济增长方式的根本转变，现就加快科技企业孵化器建设与发展提出如下意见，请结合实际，认真贯彻实施。

一　加快科技企业孵化器建设与发展的主要目标任务

（一）今后一个时期，我省加快科技企业孵化器建设与发展的基本思路是：以邓小平理论和“三个代表”重要思想为指导，全面落实科学发展观，把科技企业孵化器建设与发展作为推进科技创新、培育自主知识产权和转变经济增长方式的重要抓手，充分调动企业参与建设的积极性，通过体制、机制创新，加大政策扶持力度，努力使科技企业孵化器在服务领域、服务功能和服务质量等方面实现新的跨越。

（二）我省科技企业孵化器建设与发展的目标是：到2010年，全省正式投入运行的科技企业孵化器达100家以上，在孵企业3000家以上，孵化器总建筑面积达120万平方米以上，为我省集聚创新创业的科技人才，加速高新技术成果的转化，培育一批技术上处于国际先进水平的高科技企业。

二　大力发展多形式、多层次的科技企业孵化器

（三）各市、县（市、区）政府要加大财政投入，以培育高新技术企业和培养创新创业人才的公共科技服务平台为目标，建设一批科技企业孵化器。与此同时，加快发展以企业为主体、投资多元化、实行市场运作、政府扶持的科技创新孵化体系。各市和有条件的县（市、区）政府应把科技企业孵化器建设纳入国民经济和社会发展计划，一方面加大政府投入力度，另一方面积极引导各类非政府组织、企业和自然人利用社会资金和闲置房屋参与孵化器建设，并大力推进与当地高新技术产业发展方向相一致的专业性孵化器建设，特别是鼓励、支持省内外高等院校、科研院所、大中型企业联合共建科技企业孵化器。各级财政都要安排资金，支持科技企业孵化器的建设。

（四）科技企业孵化器新建和扩建项目用地的选址应符合当地土地利用总体规划和城市总体

规划，各地应按“区别对待，有保有压”的原则，优先安排科技企业孵化器新建和扩建项目的农用地转用计划指标。国家和地方预算内投资的科技企业孵化器新建、扩建和改建项目，涉及城建等有关规费，报经相应权限机关批准后予以减免。

（五）科技企业孵化器按有关规定在工商行政管理部门注册为企业法人，实行独立核算、自负盈亏、自主经营、自我发展。对符合科技类民办非企业单位条件的，可先在民政部门核准登记为民办非企业单位，并可同时享受国家对民办非企业单位的优惠政策。

（六）支持符合条件的科技企业孵化器申报国家和省级科技企业孵化器，并享受相应的优惠政策。对申报并获得国家级科技企业孵化器公共服务平台、专业创新平台、科技型中小企业创新基金小额资助项目等，各级财政科技经费要给予配套扶持。

（七）国家和省级科技企业孵化器，经认定为高新技术企业的，可按照国家和省有关政策享受高新技术企业的各项优惠。为鼓励符合“毕业”条件的在孵企业离开孵化器，提高孵化器的利用率，孵化器所在地政府要制定相应的优惠政策，鼓励“毕业”企业在当地落户，并可按“毕业”企业和所交纳各税的数量，制定对孵化器的奖励政策，专项用于孵化器的建设。科技企业孵化器配套的公用服务设施，可按国家和省关于固定资产加速折旧的有关政策，由企业在申报纳税时自主选择采用加速折旧办法，同时报主管税务机关登记备案。

三　积极为入孵企业和人员创业创造良好的环境

（八）加大对科技企业孵化器公共服务条件和基础设施建设的支持力度，增强服务功能，提高服务质量。省财政每年在省级财政科技经费中安排一定的经费，与公共科技创新平台建设相结合，用于扶持国家和省级重点科技企业孵化器的公共服务平台建设。对在科技企业孵化器建设和发展中作出突出贡献的单位和个人，要给予表彰奖励。

（九）鼓励风险资本对在孵企业进行股权投资。凡风险投资机构投资本省孵化器在孵企业高新技术孵化项目（产品）的，可按其投资额占注册资本的比例享受省高新技术企业的有关优惠政策。风险投资机构投资在孵企业高新技术孵化项目（产品）因开发失败而导致的损失，符合财产税前扣除条件的，可以申请财产损失税前扣除。

（十）加大对科技企业孵化器在孵企业的金融支持力度。各类金融机构要改进信贷服务，增加信贷品种，合理确定贷款期限，主动做好在孵企业的信贷服务工作。各类担保机构和风险投资机构要积极为在孵企业提供信用担保。允许在孵企业以其专利、软件著作权、商标等知识产权向担保机构提供反担保。担保机构负连带责任担保的在孵企业高新技术孵化项目（产品）的担保金，符合财产损失税前扣除条件的，可以申请税前扣除。

（十一）加强科技企业孵化器及在孵企业的知识产权管理和保护。各级知识产权管理部门应积极组织开展有关知识产权法律、法规的宣传培训活动，引导孵化器及在孵企业增强知识产权保护意识，建立和完善知识产权管理制度；加大知识产权行政保护力度，维护孵化器、在孵企业及创新创业人员的合法权益；帮助孵化器及在孵企业建立知识产权申请联系制度，对在孵企业及创新创业人员申请有关专利等知识产权的，应按有关规定给予财政专项补助；对符合条件的孵化器或在孵企业，应积极推荐其成为国家或省专利试点示范企业。

（十二）加快科技企业孵化器人才队伍建设。科技企业孵化器引进人才享受各级政府引进人才的各项优惠政策。各级人才交流中心要积极为孵化器及在孵企业提供人才招聘、推荐和人事代理等服务，鼓励大中专毕业生到孵化器及在孵企业工作。孵化器及在孵企业所急需的外地专业技术和管理人才，所在地政府及有关部门要积极帮助办理引进手续，配偶和未成年子女可随调、随迁。省级有关部门要加强对全省孵化器负责人及其管理骨干的组织培训，提高孵化器管理队伍的整体素质和业务水平。

（十三）支持科技企业孵化器及在孵企业开展国内外合作与交流。各孵化器要借鉴国内外创办孵化器的成功经验，为在孵企业提供良好的服务，发展与境内外企业孵化机构之间的交流与合作，形成孵化器信息网络，实现资源共享。

（十四）完善省级科技企业孵化器和省级重点科技企业孵化器认定工作。公开并完善省级科技企业孵化器、省级重点科技企业孵化器认定条件、申报认定程序和在孵企业及“毕业”企业的相关条件。建立科技企业孵化器的绩效评估制度，实行动态管理。

（十五）各级政府要进一步提高认识，转变职能，改进作风，强化服务。要进一步深化审批制度改革，简化审批手续。允许以孵化器为单位统一向有关部门办理在孵企业的各种行政事业性收费及管理事项，严禁并查处各种对孵化器及在孵企业乱收费、乱罚款、乱摊派、乱检查的行为，努力营造有利于孵化器及在孵企业发展的良好环境。

长三角研究文献

长三角经济发展研究

一 产业集群与长三角的竞争力*

（一）产业集群：长三角经济发展的亮点

90 年代以来，随着我国工业化、城市化的日益深化，在我国许多地区出现了产业集群现象。其中以长江三角洲地区尤为典型。长三角区域内的产业集群大致分为两类：一是这个区域传统优势产业和新兴产业发展形成的产业集群。如上海、杭州、苏州等地的汽车、钢铁、医药、石化、丝绸、电子等优势产业和金融、信息技术产业等发展而来的产业集群；二是该区域自发孕育出许多富有竞争力的产业集群。如浙江温州的鞋业、打火机、塑料薄膜、眼镜、低压电器等，宁波的塑料模具、家用电器、服装等，台州的泵业，绍兴的轻纺，永康的小五金，义乌的小商品，嵊州的领带，大唐的袜业等。据有关方面的估计，浙江省已经形成规模不同的产业集群 3000 多个，年产值达到 4500 多亿元。

长三角区域的产业集群呈现出许多值得关注的特点：一是许多自发产业集群已经形成相当规模，并具有较强的竞争力。二是这些自发产业集群多属典型劳动密集型。三是许多自发产业集群程度和技术水平不断提升。四是由传统优势产业和新兴产业成长而来的产业集群重树竞争优势。概括而言，在长三角已经或正在形成众多颇具市场竞争力的特色产业集群，这些产业集群遵循世界产业发展规律和市场规律，依据地方优势，充分运用高技术和先进适用技术，成为区域和地方经济发展的支柱。能否推动这些产业集群健康发展是未来长三角经济持续增长、解决就业和顺利完成产业升级的关键。

（二）产业集群：一个新的政策视角

产业集群的概念提供了一个思考、分析国家和区域经济发展并制定相应政策的新视角。波特通过对 10 个工业化国家的考察发现，产业集群是工业化过程中的普遍现象，在所有发达的经济体中，都可以明显看到各种产业集群。产业集群无论对经济增长，企业、政府和其他机构的角色定位，乃至构建企业与政府、企业与其他机构的关系方面，都提供了一种新的思考方法。

产业集群从整体出发挖掘特定区域的竞争优势，同时又弱化了自然禀赋对竞争力的影响。因此，产业集群的观点为政府制定促进经济增长的政策提供了一个新的角度，政府可以避免传统的干预方式对市场竞争的扭曲，针对不同区域的特点，制定有利于促进竞争，以及区域可持续发展的政策。

---

* 见中国长三角招商网。

（三）促进产业集群发展和升级，提升长三角的竞争力

将促进产业集群的发展和升级作为长三角地区经济发展的战略性举措，对于培育长三角竞争优势，提升长三角竞争力具有重要意义。

首先，有助于扭转长三角内地区间产业结构的趋同现象。其次，有助于促进区域产业分工体系的合理化。第三，有助于促进经济转型和产业升级。第四，有助于推动政府在经济增长中的角色转变。总之，如果长三角区域各级政府能够积极调整发展思路，将培育特色产业集群，推动产业集群在深度和广度的发展作为区域和地方经济发展的一个重要政策出发点，可以更好地应对当前发展中面临的一系列问题，促进长三角竞争力的不断提升。

二 “长三角制造”转型——中国制造业结构升级*

近一两年，长江三角洲地区的制造业正加快结构升级步伐，并明显有向重型化转型的趋势。而新中国成立后斥巨资打造的第一个制造业基地东三省也开始了深层调整。笔者最近在江南和东北采访，强烈感受到长三角和东三省制造业的巨大差异，“长三角制造”与“东北重化工”在产业链上能否最终实现对接，将在很大程度上决定“中国制造”的未来。

两个制造业基地间的三大变数

我国制造业格局面临三大变数：一是“长三角制造”转型不成功，长期陷于加工制造的初级层面，以价格低廉的劳动力换取微薄的加工费，成为国际制造业分工中的“加工车间”；二是“长三角制造”付出巨量投资，在装备工业和基础原材料工业领域另起炉灶，新建一整套现代制造业体系，而东北老工业基地面对“长三角”新兴重化工业的竞争，进一步趋向沉沦；三是东三省重工业通过技术创新、技术改造和市场化改造，承接国际重化工产业转移，加快实现现代化，重新成为我国现代制造业的支撑力量，最终与珠三角、长三角形成优势互补的局面。

长三角与东三省能否成功实现对接？“长三角制造”能否激活“东北重化工”？将决定我国现代制造业新格局的形成。

谁来强壮长三角的“软肋”

统计表明，长江三角洲地区目前创造了全国25%的工业增加值。同时，长三角已经是国际资本在我国的最大栖息地。其基础主要依托国外装备和技术。专家认为，这是“长三角制造”的一根“软肋”。业内人士认为，这些外来工业一旦出现成本增高、盈利下降的情况，就会马上成批、成建制迁移到能够继续带来高额利润的地区。谁来强壮长三角的“软肋”？是国际市场、国外资本还是东三省，这是一个令经济界人士十分关注的问题。

振兴“中国制造”需要区域对接

不论是长三角、珠三角，还是国际产业资本，从来都没有忽视东北重工业的巨大存在和潜能。因体制不适而沉睡多年的东北重化工业巨额资产，始终吸引着国内外产业界的目光。国家振兴东北老工业基地战略的提出，在国内外引起的巨大反响超出了许多人的预期。当前，东北国企出现的两个重大变化也对国内外投资者显现出巨大吸引力。国企职工大部分与企业解除了传统劳动关系，市场化用工机制已经形成；各大商业银行正在积极运作核销国有企业呆坏账。冗员、债务，这两大长期困扰东北国有企业的沉重包袱开始被卸掉。

---

* 见周放、王振宏，中国技术信息创新网。

面向全球市场、已经形成产业集群的“长三角制造”为东北重化工业提供的巨大市场需求开始显现。今年以来，江苏企业购买大连机床的总量成倍上升，无锡市已经成为大连机床厂最大的销售地。业内人士指出，东北制造业必须抓住这一商机，通过国有、民资、外资的相互融合，重塑东北重型制造业竞争力，实现与“长三角制造”的对接。这也是强化“中国制造”的最佳选择。

三 FDI与长江三角洲制造业发展的实证研究*

改革开放20多年以来，长江三角洲地区已成为我国经济增长最快的地区之一。在长江三角洲经济发展和产业升级过程中，外商直接投资（FDI）起到巨大的促进作用。本文采用实证的方法，分析了FDI与长三角地区工业制造业规模、工业制造业年增长率、外资企业出口占总出口比重、工业制成品出口占全部出口比重、加工贸易与一般贸易等之间的相关关系，从不同侧面研究了FDI对长三角地区不同省市和不同阶段工业制造业发展的影响，最后根据研究结论对长三角地区不同省市利用FDI政策提出了相应的调整建议。

统计数据表明，FDI提升了长三角地区制造业的经济比重、促进了长三角地区制造业的快速发展、扩大了外资企业工业产值占全部工业产值的比重、推进了长三角地区加工贸易的发展、提高了长三角地区工业制成品出口占全部出口的比重。

结论与建议：

（1）FDI对于扩大中国工业制造业整体规模，提高制造业占国民经济比重，提升制造业的整体水平具有重要的作用。但就长三角地区不同省市来说，FDI作用已由20世纪90年代中期以前的以扩大工业制造业规模为主，转化为以提升工业经济的发展质量为主。流入上海的FDI对工业制造业的促进作用一开始就表现为以提高工业经济质量为主，而流入江苏和浙江的FDI在20世纪90年代中期以后对工业经济发展的作用发生了变化，所以长三角地区不同省市应对利用FDI政策作出相应调整。一是促进以加工贸易为主的FDI向江苏北部和浙江的西部地区转移；二是鼓励生产服务业和高水平现代制造业的FDI进入长三角地区的上海市、江苏的苏南地区和浙江的东北部地区，进一步提升这些地区制造业的水平；三是注重FDI对提高经济发展质量的作用，使FDI成为推动长三角地区实现新型工业化的重要力量。

（2）从全国来说，加工贸易方式的外资仍是FDI进入的主要方式之一，但是就长三角地区不同省市来说，情况有所不同。江苏省苏南地区的FDI多以加工贸易为主，并正向产业集群投资方向发展，逐步形成了外资产业群和产业带。上海市的FDI从开始就流入现代服务领域或工业制造业上下游阶段的生产服务行业，FDI投资领域层次较高。浙江省的FDI主要是从事一般贸易的工业制造业，并且主要集中于浙江东北地区的杭州、宁波、嘉兴、湖州等市，三个省市FDI性质的差异表明，长三角地区各具独特的优势。因此，FDI政策调整要注重发挥自身优势。江苏省要引导加工贸易类FDI向苏中、苏北地区转移以利用其劳动力生产要素优势，苏南地区要促进高技术含量外资产业的集群，实现由加工贸易向一般贸易的转变。同样，浙江省要进一步提高浙东北地区各市利用FDI的质量，加强外资与本地工业的融合，促进技术密集类外资向浙江东北部地区转移，扩大一般贸易规模，提升出口结构，同时要促进加工贸易类外资向浙江西南部地区转移，利用这些市县的资源和劳动力优势，扩大加工贸易。上海市则应继续发挥在服务业和先进设备制造业方面的优势，引导FDI更多地投向现代服务业，尤其是生产性服务业，发挥长三角先进国际制造业的龙头作用。

---

* 张为付、张二震，原载《世界经济与政治论坛》2005年第5期。

（3）从长三角整体来说，该区域已成为FDI进入的主要目标区域，但对于不同省市来说FDI对工业发展所起的作用各不相同，各种不同类型的FDI企业投资目标选择上虽然会受到偶然因素的影响，但从总体上说各类外资企业仍呈现以产业、行业和区域集聚的特征，目前外资企业的行业和区域集聚已基本成型。这就要求长三角地区的不同省市在制定引进FDI政策时，要充分考虑外资企业的产业和区域集聚特点，加强区域内利用FDI政策的协调，防止引资中的不正常竞争导致利益外流。

四　长江三角洲产业竞争力提升的战略选择*

长江三角洲是21世纪我国国民经济的重要增长极，是我国高新技术产业化纵深推进的最佳载体之一。因此，长江三角洲在我国新世纪产业竞争力提升中必须承担主体作用。借助高新技术产业集群，是长江三角洲产业竞争力提升的关键，是长江三角洲产业竞争力提升发展的基础条件。

高新技术产业集群对长江三角洲产业竞争力提升的积极作用表现在如下几点。

1. 推动长江三角洲高新技术产业化，形成区域高新技术产业规模竞争优势

要发挥长江三角洲科技投入有效需求持续增长的有利条件，要充分发挥区域人力资本对高新技术产业化的有力支撑作用，将15个城市及开发区及高新区建成高新技术集群的“增长极”，利用各级地方政府促进高新技术产业集群的导向和扶持功能，激发民间资本对高新技术产业化的投入强度，在强化与国际有技术创新实力的跨国公司合作的基础上，形成广泛的官产学研合作机制，确保长江三角洲高新技术产业持续增长，提高区域高新技术产业、产品的市场占有率，使高新技术产业化成为长江三角洲产业竞争力提升发展的新优势。

2. 提高长江三角洲国际化能力

长江三角洲高新技术产业集群要始终将提高高新技术产业集群竞争的国际化能力作为一个重要任务。通过高新技术产业集群，长江三角洲各城市要进行合理的产业政策分工和合作，特别是在利用外资政策、产业技术政策、交通基础设施建设、港口基础设施建设和科技资源配置和利用等方面的协调与合作，这对提高长江三角洲国际化整体竞争能力，对根治长江三角洲产业结构低级雷同包括高新技术产业集群结构雷同具有重要意义。通过形成长江三角洲各城市、各开发区和高新区之间的高新技术产业、产品链联结和一体化，通过提高区域高新技术产业集群国际化能力的同时，提高长江三角洲国际化能力。

3. 促进长江三角洲利用外资战略和目标的创新

长江三角洲利用外资要从过去的外国资本投资偏好型向现在高新技术、新型人才区域集聚偏好型转变，形成国际先进的高新技术、知识和新型人力资本资源向长江三角洲区域集聚的通道和制度安排，建立国际高新技术、知识和新型人力资本资源区域集聚高地，弥补长江三角洲高新技术产业集群发展中这方面供给不足的矛盾，并着力提高长江三角洲高新技术、知识和新型人力资本资源全球一体化的配置能力。

4. 促进地区产业结构高级化调整进程，加快地区科技经济一体化进程

长江三角洲科技经济一体化，既要求高新技术产业集群技术创新动力的供给能力强化，又要求加强长江三角洲有限科技资源和人才资源的整合，探索长江三角洲科技经济一体化的合作型制度建设的新路子。

---

* 本部分由陈昭锋提供。

5. 形成科技人才区域创业集聚的比较优势，建立人才高地，提高长江三角洲新型人力资本的积累和开发水平

我国目前正处在现代化加速发展时期，必须借助产业竞争力提升来实现中国的新型现代化，在全方位参与全球经济一体化的实践中，充分利用发达国家现代化发展的成功理念和经验，兼顾中国国情，将“以人为本”贯穿到产业竞争力提升的战略和实践中来。作为我国现代化发展先行一步的长江三角洲地区，必须在此基础上，提高自身科技资源全球配置能力，迅速构造长江三角洲新型人才创业的条件体系和政策、环境等方面的比较优势，提升区域科技资源配置效率，提高高新技术产业集群发展的国际竞争力，使高新技术成为改变长江三角洲经济增长动力、经济发展模式和社会进步机制的主要力量，推动我国产业结构的高级化调整。

五　长江三角洲地区县域经济发展状况的分析*

本文通过对长三角地区县（市）竞争力评价，分析其发展现状、特点和存在问题，提出进一步促进县域经济发展的对策思路。

（一）基本情况分析

长三角地区15个城市包括54个县（市），截止2003年底，53个县（市）（缺上海崇明县数据）行政区划土地面积为69262平方公里，占长三角土地面积的69.1%；县域内户籍人口3848.17万人，占长三角地区人口的50.6%；实现经济总量8027.94亿元，占长三角经济总量的35.2%。长三角地区县域经济发展呈现出五大特征：①经济规模不断壮大。长三角地区53个县（市）2003年实现地区生产总值8027.94亿元，平均每个县（市）实现地区生产总值151.5亿元，实现地方财政一般预算收入360.14亿元，平均每个县实现地方财政一般预算收入6.80亿元。实现人均地区生产总值20852元，人均地方财政一般预算收入935元，大大高于全国平均水平。②迅速发展的制造业是长三角地区县市经济迅速崛起的奥秘。2003年长三角地区53个县市实现工业增加值4096.31亿元，占GDP的比重超过50%，达到51.0%，规模以上工业企业达到18693个，实现总产值11291.89亿元，产品销售收入10850.64亿元。③经济国际化程度不断提高。县市外向型经济之所以取得长足发展，关键是充分利用和发挥地处长三角的区位优势，抢抓机遇，始终坚持“外向带动战略”的结果。尤其是苏南县（市）充分利用发达国家和台湾产业大转移的新机遇，利用台资独领风骚、一枝独秀，总量已占全国的五分之一。长三角地区县（市）的外贸依存度已经达到32.6%。④产业结构不断优化。与长三角地区平均水平相比，县域经济的第一产业偏高，第三产业比重偏低，但在整个产业结构中，强大的制造业是县域经济走在全国发达县前列的法宝。无工不强，无工不富，无工不发达是县域经济发展的核心，也是长三角县域经济发展的最集中的体现。⑤生活消费水平不断提高。县域经济是民生经济，更是富民经济。在收入、消费上，长三角地区县（市）更是走在全国前列。

（二）提高县域经济竞争力的对策与措施

党的十六大提出了全面建设小康社会的奋斗目标，这对壮大县域经济，提升县域经济综合实力是一次新的重大机遇。长江三角洲地区县市必须以全面、协调、可持续的科学发展观为指导，加快发展，率先发展，努力实现县域经济持续稳定健康发展。

---

* 见江苏统计信息网。

1. 缩小地区间差距，致力统筹发展

提高长三角县域竞争力，就必须统筹兼顾，落实好以第一、二层次带动其他县市发展，进行分类指导、梯次推进。

2. 进一步提高区域制造产业的竞争优势

各地必须依托日新月异的高新技术将以传统产业为主的块状经济进行提升和整合，同时在原有的高新技术产业及资本技术密集的装备制造业等领域引进大企业、大项目，从多途径努力打造并建设制造业基地，以进一步提高长三角县域的集聚水平，抢占国际国内产业高地，增强县域经济的竞争力。

3. 积极发展零售商贸业及新兴服务业

必须大力发展第三产业，调整三次产业结构。加快发展旅游业，形成以旅游特色为龙头，以名人文化为依托，通过文化、休闲度假、购物、旅游等来发展第三产业园，以提高县域经济的竞争力。

4. 大力发展非公有制经济

加速县域经济民营化进程，加大对个体私营经济的扶持力度，加快中小企业民营化进程。大力发展混合所有制经济。加大开放力度，全面构建开放型县域经济。

5. 进一步加快城镇化建设

以县域和中心镇建设为重点，加快城镇化建设，全面提高县域经济质量、环境质量、人口质量和生活质量，实现县域人民生活现代化，作为实现县域现代化的目标要求。

6. 依托地域优势积极扩大开放

要创新思路，走经营城市之路，引导、激活和聚集外商资本投入县域经济发展。

7. 加强人力资源培育

要提升县域经济发展的后劲和竞争力，人力资源是决定性因素。要加大对欠发达地区财政性教育投资。

8. 加大投入走可持续发展的道路

要增加对社会公共物品的投入比例，改善社会服务，克服社会发展落后于经济发展的现象，保证社会经济和谐发展。

六 长三角区域经济发展的总体战略思考*

长三角地区在地缘经济中属于同一个经济板块，各城市拥有相近的资源、共同的市场，以及雷同的经济体制。随着世界制造业的新一轮转移，长三角地区的制造业规模迅速膨胀，但由于行政体制的割裂，区域内产业同构、资源制约等矛盾日益显现。在未来的国际分工格局中，这些矛盾将严重影响长三角地区产业的提升和国际竞争力的提高，因此，长三角地区必须冲破行政区划的传统观念，确立共同的目标、共同的任务，并重新进行推进共同发展的战略思考。

提高综合国际竞争力——长三角地区经济发展的共同目标

从国际产业链看，长三角制造业只处于中低端环节，产品的研发、设计和市场营销网络由国际跨国集团所控制，产品生产过程中的关键材料、关键零部件大量由国际采购，先进生产装备的65%到70%得从国外进口。从国际价值链看，长三角地区能得到的利益只是极小的一部分。从产业的主导能力看，国际跨国公司对长三角地区的制造业已具有较强的主导能力。由此，我们可以

* 朱金海，《解放日报》。

作出一个明确的判断，按照目前的发展模式和产业水平，未来的长三角地区只能成为一个国际性的生产、加工装配基地，而很难达到世界制造业中心的水平。

长三角地区接受国际制造业转移虽然已取得了先发效应，但是随着该地区生产规模的迅速扩大，土地、能源、人才和服务等矛盾已日益显性化，生产成本不断上升，这种以中低端产业为主体的发展模式，将在国际产业的竞争格局中越来越显示出其弱势地位。因此，在未来的国际产业竞争格局中，尽快提高综合国际竞争力将成为长三角区域经济发展的共同目标。

推动世界制造业中心的形成——长三角区域经济发展的共同任务

提高长三角区域经济综合国际竞争力的根本途径就是要走全面、协调、可持续发展的路子，转变区域经济的增长方式，切实把长三角地区从一个国际性的生产、加工装配基地推向一个具有重要国际地位的世界制造业中心之一。这是长三角地区不断走向共同发展，提高综合国际竞争力的共同任务。

世界制造业中心不仅需要有较大的生产规模和强大的加工装配能力，更重要的，它是一个集研发设计、生产加工、国际营销和强大的国际商务服务为一体的集合体。首先，世界制造业中心是一个具有较高科技含量的生产中心。其次，世界制造业中心是一个具有较强创新能力的创新基地。再次，世界制造业中心是一个具有高度对外辐射力的能量体。第四，世界制造业中心一旦形成，将产生产业的整体根植性。由此可见，世界制造业中心的形成，将使长三角产业在国际产业链中占据重要的地位，在国际产业分工格局中具有较强的竞争力，而且由此产生的强大辐射力，成为中国东部沿海地区带动中西部地区发展的强大引擎。

科教兴区主战略——长三角区域经济发展的共同战略

长三角地区的整体战略就是全面实施科教兴区主战略。实施科教兴区主战略是全面贯彻科学发展观，有效落实“科技是第一生产力”、“人才是第一资源”基本思路的有效途径。科教兴区主战略的核心是创新，其中包括技术的创新、增长模式的创新、体制机制的创新，也包括环境的创新。在未来十年内，长三角地区实施科教兴区主战略的重点应当是：①实施科教兴区主战略要有效提升长三角地区的产业结构。②实施科教兴区主战略要合理调整长三角地区的产业布局。近期规划思路创新的重点是，第一，交通规划先行，使区域交通规划首先达到一体化的要求；第二，突破行政区划概念，按照沿江、沿海、沿路的三沿要求规划产业布局；第三，按照交通路线的设置和产业的走向，以及各个城市的特点，规划各城市的功能定位和产业定位。③实施科教兴区主战略要逐步理顺长三角地区的产业组织体系。理顺长三角地区产业组织的核心：一是培育本区域的跨国公司；二是培育国际性的品牌。④实施科教兴区主战略要相应完善长三角地区的生产服务体系。⑤实施科教兴区主战略要着力搭建人才资源的运作系统。

总之，要实现提高长三角地区综合国际竞争力这一共同目标，必须将长三角目前的国际性加工装配基地提升为世界级的制造业中心，而综合国际竞争力的提高和世界制造业中心的形成必须依托实施科教兴区主战略。近期长三角地区实施科教兴区主战略的重点应围绕产业提升展开，这一主战略的实施是有效提高区域综合国际竞争力的主要手段。

七 长江三角洲经济区域第二方阵加速发展*

近年来，包括苏州、杭州、宁波、南京在内的长江三角洲经济区域“第二方阵”的加速发展、脱颖而出，正成为近年来长三角一道最为亮丽的风景线。长江三角洲地区的发展是以上海为

* 本部分由周涛提供。

龙头，江苏沿江8市和浙江环杭州湾6市为两翼。而按经济总量及综合实力进行细分，长江三角洲地区各城市大致可划分为三大方阵。第一方阵：上海，经济总量突破6000亿元；第二方阵：包含超过2000亿元的苏州和杭州，以及超过1500亿元的宁波、南京4个城市；第三方阵：包括常州、绍兴、南通3个经济总量超1000亿元的城市和嘉兴、扬州、镇江、泰州、湖州和舟山6个1000亿元以下的城市。

杭州：长项——民营经济+旅游经济，短腿——辐射力不强

杭州工业所有制结构的特点是：国有、集体、外资、个私经济的齐头并进，多种所有制经济成分的均衡发展。尤其是民营企业在完成资本的原始积累后，正在突破一个个投资禁区，成为经济活动中最活跃的因子。杭州还有一个令人瞩目的经济增长点，那就是旅游经济。目前，杭州已初步形成了观光游、会展游、休闲游“三位一体”的新格局，合力打造“游在杭州”的品牌。

杭州的发展目前也遇到了一些问题。从杭州目前的情况看来，其经济还缺乏辐射力，在这方面比不上南京。此外，还有杭州城市定位的问题，此前杭州一直是居住型的消费城市，现在的定位则是高科技的制造业基地，成功转型尚有待时日。

宁波：长项——民营经济+港口经济，短腿——人才奇缺

宁波在乡镇企业发展的高峰期果断转制，避免了苏南乡镇企业向“小国企”形式的回流，又在“温州模式”增长乏力的关口，进行多元化投资主体的转型。宁波是混合所有制经济。宁波的民营经济是一种原生的、以块状经济为特色、以内联内销为主的民族经济形式，培育了许多大大小小属于自己的“老板”。宁波的民营经济之所以能取得如此迅猛的发展，除了当地人素有从商的传统外，更重要的是当地政府的支持。与第二方阵的其他几个城市相比，宁波还具有明显的区位优势。宁波港，海陆空交通发达，是我国东南沿海重要的港口城市和长江三角洲南翼经济中心。

宁波的人才短缺问题更为突出。宁波没有实力较强的高校和科研院所，许多企业特别是民企普遍感到优秀人才找不到、用不起、留不住。此外，资源匮乏如土地资源紧张等也是制约当地中小企业发展的瓶颈。

苏州：长项——外向型经济+郊县经济，短腿——外资尚未落地生根

该市的外向型经济占GDP总额的30%多，外资的投入正成为苏州经济投入的主要部分；外商投资企业在苏州经济中已经占据了重要位置，在历任领导的重视之下，苏州连续在“服务牌”上大打文章，多项改革举措率先走在了全国的前列。在这种从上而下形成的“重视招商、提供优质服务”的氛围下，苏州市目前已经形成了一种全民招商的良好氛围。发达的郊县经济，更是大幅提升了苏州的整体经济实力，昆山模式，就是苏州外资引领下的郊县经济快速发展的典型。在昆山模式的推广下，苏州市县均衡、联动发展，推动了整体经济持续快速增长。

苏州最主要的问题是外资能否落地生根，如何留住外资已是一个急需解决的问题。苏州的人均GDP虽高，但居民人均收入并不高，居民没有从外向型经济发展中得到更多的实惠。

南京：长项——产业基础+人才优势，短腿——民营经济、郊县经济落后，科教人才优势与产业基础脱节

作为中国重要的综合性工业基地，南京已初步形成基础雄厚、主导产业突出、产品门类齐全的现代工业体系。由于多年来的积累，南京的基础设施水平技术先进、配套完善。同时南京在内河港航方面具有很强的竞争力——南京港是国内最大的可常年停靠万吨货轮的港口，新生圩港是我国内河规模最大、功能最齐全的外贸港区，吞吐量居内河港口第一位。科教人才优势是南京最

显著的优势。作为一个省会级城市，南京拥有众多一流的高等学府和科研院所，人才资源在全国名列前茅。

南京和其他几个城市相比，民营经济和郊县经济都是短腿。但是南京最大的不足还是，名列国内前茅的科教人才优势没有与南京的产业基础很好地结合起来，潜在优势尚未转化成现实优势。

许多有识之士认为，南京要想建成为特色鲜明活力四射的先进制造业基地，必须解决以下三个问题。一是加快市场化改革，大力培育企业家精神，鼓励创新和竞争意识。二是南京要发挥后发优势，既要大胆借鉴其他城市的先进经验，也要注意避免其他城市在发展过程中出现的问题。三是建设先进产业基地，还要特别注意对所承接产业的遴选。

八 论长江三角洲未来产业整合战略*

中国加入 WTO 后长江三角洲地区产业协同调整的战略目标是：政府合作，加强协同，通过培育和强化市场的资源配置功能，理顺地区合作秩序，实现区域产业发展一体化和产业布局合理化，形成若干在全球具有竞争优势的区域产业群落；优先发展高新技术产业、装备制造业和现代服务业，实现区域产业结构高度化；培育和提升区域产业的整体竞争力，使长江三角洲区域产业发展率先融入世界一体化体系，成为产业发展外向化和参与国际竞争的龙头。

（一）协同整合地区规划，调整区域产业结构

长江三角洲地区在国内专门化程度较高的支柱行业与出口竞争力较强的行业之间有明显的差异，如汽车、化工、机械行业在国内是较具优势的专业化部门，但在国际尚处于劣势。为应对加入 WTO，长江三角洲地区产业结构调整的对策是，巩固和提高传统优势产业，淘汰和转移低层次劣势产业，整合加强“龙头”产业，积极培育新兴产业。具体来看，主要有以下几方面：调整劳动密集型产业的内部结构，提高产品附加值与国际市场份额；对现有支柱产业，应集中有限的资源，着重发展有优势和发展潜力的“龙头”行业和产品；积极培育具有先导性的高新技术产业；建立具有相当辐射范围的现代服务业。

为了推进产业协同调整，必须由长江三角洲地区各城市加强沟通和合作，协同整个地区规划，通过各城市发展思路的对接和发展规划的衔接，形成对长江三角洲区域整体产业发展的共识。

（二）协同整合产业优势，培育若干具备国际竞争力的产业群落

长江三角洲地区产业结构趋同和产业缺乏协调的情况，不能简单地看作为恶性竞争或竞争过度，而是由于人为的市场屏障和政府对企业决策的干预导致了市场分割，使市场竞争和价格机制的作用不能有效发挥。因此，培育具有国际竞争力的区域产业群落要在规范市场和促进竞争的基础上，通过建立资源配置效率高、对市场反应灵敏的企业组织形式来实现。

根据长江三角洲地区产业结构调整的方向，中国加入 WTO 后长江三角洲地区应形成以下几类具备国际竞争力的产业群落：①以电子信息、生物医药为核心的高新技术产业群落；②以金融、贸易、交通、信息为代表的现代服务业群落；③以大型电站设备、通信设备、运输设备、工程设备、石化设备为主的现代装备制造业群落；④技术含量和附加值较高的劳动密集型产业

* 本部分由沈玉芬、张超提供。

群落。

培育区域产业群落的途径有两方面：一是改善经济运行的基础面，二是增强企业驱动力。

（三）加强政策合作，构筑统一、规范和开放的市场体系。

加强政府合作进行市场体系建设是长江三角洲地区产业协同调整的工作重点之一。

1. 统一市场建设

规范市场运作，关键是要培育一体化的消费品市场、资本市场、技术市场、劳动力市场，特别是人才市场和统一的产权市场。

2. 强化核心城市——上海的对外辐射功能

为了加强上海的核心作用，上海要充分发挥自身的区位优势、产业基础、科技实力、管理水平、开放环境、信息服务等良好条件，强化上海的创新功能和服务功能，形成辐射全国和整合长江三角洲区域产业体系的能力。基于中国加入 WTO 后大型跨国公司将有可能大举进入国内市场的情况，上海应把吸引大跨国公司的投资、技术与自己的区位优势、人力资源优势结合起来，鼓励大跨国公司与上海的大企业联合，以分散风险，共享发展的机会，形成国际经济中心城市的辐射力。

3. 加强重点基础设施建设的协调

长江三角洲地区各城市应当进一步强化在区际交通、通讯信息、江河整治、生态环境保护等重大基础设施建设方面的合作与协调，尤其是强化在区域整体规划上的相互衔接，实现资源共享、信息共用，最大限度地提高基础设施的利用率和规模经济效益。在这当中，建设上海国际航运中心是协调基础设施建设的重中之重。

4. 实施可持续发展战略，加强环境保护协调

长江三角洲地区当前最突出的问题是河湖水系污染、大气污染及酸雨、城市垃圾污染，必须改变以牺牲环境质量为代价的经济增长方式，将产业协同调整与环境保护与整治结合起来，以整体和长远利益为重，各城市应紧密合作，统一规划实施，以水环境治理为重点，加强区域环境保护，坚决实施可持续发展战略。

九 长三角、珠三角和京津唐三大经济圈发展比较*

（一）基本情况

（二）发展情况比较

①竞争力比较。都市经济圈的形成，就其本质而言，是市场化和城市化的结果，以此标准来比较三地区的竞争力，结果表现为：长三角都市经济圈：区位竞争力最高。珠三角都市经济圈：制度竞争力最高。京津唐都市经济圈：聚集竞争力最高。②动力机制比较。A. 长三角：民资主导型。B. 珠三角：外资推动型。C. 京津唐：国资主导型。③增长源泉比较。A. 长三角：投资拉动型。B. 珠三角：出口拉动型。C. 京津唐：内需拉动型。④科技比较。A. 长三角。以微电子、光纤通信、生物工程等为代表的高新技术产业居全国领先地位。B. 珠三角。信息产业同样占了重要比重。C. 京津唐。雄厚的科技力量使得高科技产业主要体现和集中在研发上。⑤其他比较。A. 长三角。长三角的加工制造能力是其传统的长项。B. 珠三角。珠江三角洲的电子、医药、建

---

* 见陈立杰，《河北经济》2004 年第 8 期。

材的产值已居全国之首。C. 京津唐。京津唐都市经济圈的政治文化角色作用仍然是其他经济不可替代的。

（三）主要借鉴意义

1. 错位和共赢

在长三角发展经验中，第一个值得我们思考的是“错位发展”战略。这一经验给我们带来两点启迪：首先，长三角与珠三角“双龙出海”的发展格局固然会形成一定程度的竞争，但由于两者一个更多地倾向于内销市场，一个更多侧重在外销市场，因此二者间事实上可以大致形成一个错位发展、相互补充的良性竞争格局；其次，特定区域内大城市的错位发展（也即是分工协作）能很好地整合一个地区的优势，起到一加一大于二的作用。

2. 内生和外生

长三角的发展经验中值得我们思索的第二个问题是：如何正确看待内生型与外生型这两种不同的经济发展模式。苏州的外生型经济和浙江的内生型经济各自将面临的问题及他们的解决之道，完全可供珠江东、西两岸的经济决策者们借鉴。

3. 物流和商流

控制物流就能控制商流，从而能在区域经济竞争中制胜，这是长三角发展经验中值得我们深思的第三个问题。

（四）面临的挑战

①长三角。由于市场分割和地方保护，阻碍了经济资源的自由流动和跨地区的经济合作。另外，长三角地区人口密度高、土地承载压力大，随着近年来工业化和城市化迅猛发展，工业污水和生活污水的排放量急剧增加，生态环境急剧恶化。②珠三角的可持续发展存在一系列问题：由于受到南岭阻隔，经济腹地狭小，对周边区域辐射带动能力还不够强；国际资本流向已有所改变，市场因素将代替地缘和血缘因素；人才储备仍然是弱项。③京津唐。存在的主要问题：一是市场分割严重；二是管理与建设缺乏统一规划，区域内产业分工不明确，重复建设问题突出；三是城镇体系不完善，一方面未能形成一个公认的区域经济核心，另一方面城乡二元结构突出。

（五）主要发展观点

①长三角。要进一步缩小长三角与国外发达国家城市带的差距，必须充分发挥比较优势，加速经济、社会和环境的协调发展。②珠三角。有专家提出，深圳与香港之间应“放开一线（同香港接壤的一边），管好二线（同内陆接壤的一边）”，实现港深经济一体化，成立中国与东盟之间的“港深自由贸易区”。③京津唐。京津唐的发展有赖于“大北京”的建设。吴良镛教授规划的“大北京”更加强调开放性，更加强调在参与世界政治、经济、文化生活和国际交往等活动中的组织管理协调功能。

（六）前景展观

长三角发展“引擎”主要来自上海举办世博会及国际性大都市建设。珠三角发展“引擎”主要来自港澳与内地建立更紧密经贸关系的安排。京津唐发展“引擎”主要来自北京举办奥运会及国家扶持老工业基地的政策。

十　珠三角与长三角市场化的对比分析*

近年来，有许多迹象表明，珠江三角洲的经济发展态势和经济发展后劲已弱于长江三角洲。本文从市场化的角度，就两个三角经济发展中的若干方面作对比分析，以便我们看清差距，找到症结。

（一）市场深度的对比分析

（1）非公经济发展状况的对比

改革开放以来，珠、长三角公有制工业企业在经济中的比重均呈下降趋势，但广东省2000年的公有制工业企业创造的工业增加值占该地区工业增加值的42.89%，比上海市高17.61个百分点，比二省一市的平均水平高9.67个百分点。广东省工业企业中的公有成分仍占据主导地位，高于长三角（两省一市）的平均水平，要素资源配置的市场化程度低于长三角。

（2）市场信用环境的对比

近年来，台资企业纷纷从珠三角迁移到长三角，昭示着台商投资热开始东移。2000年江苏省吸引台资总额已占全国45%，高于广东省的43%，累计投资200多亿美元，超过广东省约10%；2001年台商在上海和江苏的投资额占其在大陆投资总额的一半以上；2002年一季度，台商对大陆投资的前三大地区分别是江苏、广东和浙江，其中浙江省合同台资同比增长一倍以上，而广东省同比则下降近四成。台湾向大陆申请设立分支机构的8家银行，其中有5家选址长三角。客观事实说明，珠三角与长三角的信用环境存在一定的差距。市场信用偏低的直接后果就是效率降低，投资下降，并影响未来经济增长速度。

（3）产业竞争力的对比

从土地、自然资源、资本、劳动力数量、劳动力素质和科技实力等方面综合比较珠三角和长三角，长三角在劳动力素质、科技实力和资本方面占有明显的优势，而其他几方面与珠三角不相上下。珠三角发展劳动密集型的产业更具有竞争力，而长三角发展资本密集型和高科技产业方面具备较强的竞争力。

随着珠三角劳动力价格的日渐提高，珠三角发展劳动密集型的产业与西部地区比较不具备要素禀赋，产业竞争力将受到内地企业的有力挑战，珠三角面临严峻的产业升级压力。即使产业升级成功，以目前两个三角所占据的要素禀赋来分析，与长三角比较，珠三角发展资本密集型产业也不具备产业竞争力。

（4）影响市场化程度的文化对比

由于地域文化特点产生对要素流动的约束，也可降低市场化的程度，所以珠三角的产业竞争力弱于长三角。珠三角文化体现出重商轻文的价值取向，经济活动缺乏科学的理性精神，主要是依靠利益和人情支撑着企业的行为模式，还有就是有很重的地域观念、家族观念。长三角在这方面就比珠三角好很多，其文化特点既重商又重文，经济发展重于整体规划，长于战略思考；企业的经营管理相对规范，制度建设较好，企业经营决策层、管理层和操作层的整体素质高于珠三角。

（5）政府在市场化中的作用对比

在高度市场化混合经济中，政府调控经济，应逐步从直接管理企业中退出，转变到为企业服务和间接管理企业上来。这种转变，长三角的基层政府比珠三角的基层政府转变得更主动、更

---

* 本部分由朱小黄提供。

彻底。

(6) 国际市场的对比

从国际市场情况看，珠三角市场比长三角市场更宽泛，但文化和现实的国际关系对下一轮领先不利。

(二) 市场化成效的对比分析经济运行质量的高低，一般通过以下几个指标反映

①失业率。从数据齐全的2000年看，广东的劳动力利用率低于上海、江苏和浙江，市场配置劳动的效率最低。②资金利用率。2001年广东省的存贷款总量大于长三角中的任何一个省市，但是相对占比却比长三角的平均水平约低5个百分点，闲置资金较多，经济利用资金的效率低于长三角。③城市化程度。从城市化水平来分析，长三角的城市化程度高于珠三角。

(三) 对比分析的结论与对策

(1) 长三角市场深度优于珠三角

通过前面两个三角市场深度的对比分析，长三角占有明显优势，其经济的发展潜力显然比珠三角大，经济发展的后劲较珠三角强，经济发展的层次更高，会走得更远。对此，珠三角需要在以下几个方面做好工作：

第一，加快制定和完善与市场经济对接的地方性法规，取缔一些不合理的规定和条款，依法维护市场秩序。

第二，着力打造信用广东，动员社会力量，在注重基础工作的前提下建立社会信用体系，加大对失信者的惩处，提高其失信成本。

第三，转变观念，加快转变政府职能，减少行政干预市场，加强对经济的宏观调控和间接调控。

第四，通过招聘和培训，提高基层政府工作人员的综合素质，规范其角色行为，更好地发挥政府的服务功能。

第五，政府引导文化建设，营造即重商又重文的文化氛围。

第六，发展基础教育和高等教育，要制造更多人才孵化基地。

(2) 珠三角市场广度优于长三角，但差距在缩小

通过前面两个三角市场广度的对比分析，珠三角显然占有现实GDP的优势。1979年到1998年，广东、浙江、江苏、上海的国内生产总值年均增长速度分别为13.91%、13.45%、12.6%、9.48%，列全国的第1位、第3位、第4位和第19位。珠三角的经济增长速度高于长三角主要地区的平均水平，印证了两个区域市场广度的差距。但这种差距正逐渐被市场深度的差距抹平。

(3) 长三角经济运行效率高于珠三角

一些数据显示，长三角经济运行的效率高于珠三角。珠三角应在以下几个方面努力：

第一，大力发展民营经济，在产业调整和企业升级等方面给予具体的指导，中小民营经济要做强做大，吸收社会闲置劳动力。

第二，加强信用体系和融资担保体系的建设，为银行富余资金的运用创造良好的信用外部环境，加大银行信贷资金对民营企业和个人消费的投放。

第三，认真实施好城市化战略，加强城市和城镇规划，逐步放开农转非的限制，提高城市化水平和质量。

十一　增长与极限：长江三角洲与珠江三角洲区域经济发展比较分析*

（一）地缘经济条件与整合前景

（1）三角洲与流域经济地理概况

长江三角洲因区域面积广、人口多，所以经济规模较大，区域内经济成长的潜在能力和前景应优于珠江三角洲。就更大范围的流域经济增长的潜质而言，长江流域更胜出珠江流域一筹。

（2）“极化”、“扩散”与区域经济发展

长江三角洲、珠江三角洲与其他区域一样，终究只是大陆乃至世界一角，离开其他区域的相应发展，可持续发展便可能落空。最突出的问题是，中、西部投资环境远不能与东部比拟，东部沿海三大经济圈的区域发展，并不能自然产生扩散效应或涓滴效应，带动中西部的发展。

（3）区域整合的前景

珠江三角洲整合的关键是与港、澳的互动。长江三角洲整合的关键是突破省际间壁垒。概言之，珠江三角洲现实优势明显，长江三角洲增长潜力较大，而当前区域内的整合是资源整合的首务。

（二）内外开放与区域发展

（1）对外开放及其效应

综合各方面的数据研判，90 年代，珠江三角洲经济增长速度仍然快于长江三角洲，只是增幅的差距缩小而已，长江三角洲还谈不上赶超。在加入 WTO 后，融入全球经济一体化进程已成为大陆经济发展的必然趋势，珠江三角洲与长江三角洲在扩大对外开放中的定位和举措，仍然是两地可持续发展的首要因素之一。

（2）对内开放的内涵及成果

对外开放刺激了境外资源的流入，而境外资源的配置也创造了更多商机，如为外资企业配套加工零配件等等，有利于私营企业的成长，因而越是对外开放度高的地区，个私经济发展的也就越快。所以，长江三角洲与珠江三角洲个私经济发展同样雄踞全国最前列，且各有所长。

（3）内外开放的前瞻

大陆已经逐渐发展形成内外开放的经济格局，“一体两翼”在长江三角洲与珠江三角洲将进一步强化，即国有资本主要配置在公共事业和基础设施领域，外国资本主要配置在高新技术产业领域，民间资本主要配置在传统产业领域。以两地民间现有的雄厚经济实力，谁能够率先为所有投资者创造更公平的环境，谁便能抢占私营经济腾飞的机遇，而两翼齐飞才能达至高远。

（三）行政制度创新与政府职能转变

长江三角洲与珠江三角洲已经步入这样的阶段，改革落后于开放，滞后于发展，制约的弊端日益显现，唯有加快包括行政体制改革在内的政治文明建设，或者更贴切地说是行政制度创新，才能保证经济体制改革和建设的成果，也是可持续发展最重要的条件之一。

---

* 本部分由孙祖培提供。

（1）“行政三分制”与职能转变

国务院在深圳试行的“行政三分制”，即是在行政体制框架内实行“决策”、“执行”、“监督”三权分开设置，由不同的部门分别履行三项职能，试图改变过去同一个部门既是决策者，又是执行者，还是监督者的体制，实现效率与公正廉洁的目标。转变政府职能正是对政府的行政权力实施改革，在行政制度创新中具有更本质的意义。先行实践表明，“政资分开”虽然是“政企分开”的必要条件，但却不是充分条件，因为只要政府部门仍然掌握着广泛的行政审批权，就势必对企业构成干预，国有独资或控股企业也必然是受到干预最多的企业，所以，政府职能转变的内容虽然少不了“政资分开”和“政企分开”，但更本质的内涵应是“政场分开”和“政社分开”。

（2）职能转变与区域经济一体化

由于两个三角洲市场化程度不断提升，行政审批在长江三角洲与珠江三角洲早几年即已逐渐淡化，加之外商投资的大规模进入，对两地产业结构变化造成重大影响。需要特别指出，两地的行政性障碍已主要不是来自于行政审批，而是主要来自于传统行政考核制度。推进行政制度创新，实现“政场分开”与“政社分开”，是两个三角洲持续成长的必要条件。

（四）区域创新体系与科技竞争力

珠江三角洲与长江三角洲欲图实现人口、经济、社会、资源和环境的可持续发展，面临着多种制约条件，在错综复杂的矛盾和问题中，发展并完善区域创新系统，提升科技竞争力是不可或缺的战略举措。

（1）科技竞争力与区域创新系统

珠江三角洲与长江三角洲正在成长为世界级的制造业基地，但以实际的考察印证，两地成为制造业基地仍然有明显的欠缺，即科技竞争力薄弱是软肋硬伤。区域创新系统的概念正在被引入两个三角洲，结合珠江三角洲和长江三角洲的实践，区域创新系统的关键在于：需要明确技术创新本质上是市场经济活动的一部分，企业既是市场主体，则也必是创新主体，决不能越俎代庖，介入企业的创新活动中去，政府的职责是围绕企业这个技术创新主体，创造外部的制度和政策环境，构建各种配套条件具备的支撑体系，以支持和激励企业开展创新活动；技术创新既是市场经济活动，则必须遵循市场机制的规律，遵守市场竞争的规则，政府不能随意以行政行为干扰市场竞争规则，更不能阻断市场机制运作，而是应以“有形的手”配合“无形的手”，即维护技术创新活动的法律秩序，保障技术创新主体的合法权益，充分发挥市场机制配置科技资源的基础性作用。

（2）区域创新系统与可持续发展

两个三角洲的技术应用状况显然不能令人满意，与经济发展水平和经济规模极不相称，技术创新有长足发展，各类专利的申请量和授权量均成倍乃至成十倍增长，但科技含量最高、对产业提升最重要的发明专利显然还是偏少，在与金融业配合的领域，在促进城市商业银行改善经营等方面，长江三角洲与珠江三角洲的政府仍然可能有所作为。目前珠江三角洲与长江三角洲的银行向私营企业贷款的非经济性障碍已很淡化，困难在于银行对面广量大的中小企业的还贷能力和信用难以把握。构建区域创新系统已成为两个三角洲提升科技竞争力的重要举措；地方政府应发挥积极作用，以期尽快形成有效的技术创新机制，逐步将区域真正纳入可持续发展轨道。

十二 走向后长三角时代
——长三角发展趋势与主要特征分析*

改革开放至1991年，沪苏浙GDP合计占全国比重有所下降。1991年以后，这种下降趋势得以扭转并开始上升，到2003年，沪苏浙GDP占全国比重上升到29.8%，比1991年增加13.3个百分点。目前，中国经济每增长1个百分点，其中沪苏浙约占1/3. 随着长三角重振雄风，沪苏浙经济格局也开始发生一系列积极变化。

后长三角时代的基本特点是：上海继续较快发展，但核心城市功能有所弱化、相对地位有所下降；周边区域持续快速发展，发展水平直逼上海，经济规模扩大引致外部经济性和报酬递增，竞争力快速增强；现代化水平快速提高和改革的深化，推动长三角成为竞争有序、合作紧密、要素优化配置的有机整体，更好地担纲中国改革发展“引擎”的作用。

（一）周边区域具有挑战上海的有利条件

与世界其他大都市圈相比，上海大都市圈具有独特的个性。与世界其他大都市圈相比，长三角地区具有独特的个性：幅员广阔、人口高度密集、周边区域经济规模大大超过核心区域、大国经济导致的巨大发展空间、非首都地位对上海的不利影响。长三角除了上述独特个性外，还具有制造业发展的投资环境均质化特点。空间距离趋向于零。有四个因素导致长三角大都市圈内的空间距离趋向零的倾向，一是人口高密度均衡分布，任一点上均具有同质的商品、劳务供需状况，以及经济社会发展需求；二是基础设施的均质化分布，这是人口高密度均衡分布下必然会有的一个状况，随着经济快速发展，各地基础设施将大致具有同等水准；三是国际和区际贸易的发展，导致各地短途运输成本在其总销售成本中的比重大大减少，并趋于相等；四是通信技术的快速发展，导致实时海量数据交换成本大幅下降。点对点（point to point）的资金、物品和信息流，增强了城市间的平等独立关系。面对面（face to face）的人员活动，强化了大城市的人员沟通功能。这种人员活动的空间非均质化格局，进一步强化了制造业空间布局的均质化倾向。结论：长三角具有多极化趋向。纽约和东京大都市圈均为单极格局，上海大都市圈则具有潜在的多极化趋向。

长三角由于自然、经济等原因，具有潜在的多极化趋向。区域广阔造就的活力、大国经济的积极影响、上海服务业发展制约所提供的机遇。从目前状况看，上海现代服务业发展受到发达国家和地区的替代、北京总部经济的替代、苏浙港口对上海航运中心的替代等方面的不利影响，给周边区域挑战上海提供了极佳机遇。

（二）周边区域的崛起

上海从1843年开埠至1978年改革开放前夕，在长三角地区具有不可争辩的“霸主”地位。改革开放以来，长三角终于逐渐向“百花齐放”的正常格局回复。表现为周边地区经济规模超越上海、发展差距日益缩小、制造业产值高于上海、商贸业迅猛发展、投资环境直逼上海。长三角周边地区的快速发展，正在日益改写着中国的经济地图，亦将改写长三角内部的经济关系。

（三）后长三角时代的基本特征

在后长三角时代，沪苏浙15个城市以群星璀璨之势，形成明亮的星云团，成为世界最大的都

* 见卓勇良，《浙江树人大学学报》2005年第3期。

市圈，成为中国经济社会发展的强有力“引擎”。当然，如果仅以市为单位考察，上海力量仍较强，其他各市稍弱，但从行政区划考察，苏浙两省长三角部分的经济总量，以及集聚和辐射力都将超过上海。①形成多点并重快速发展格局。②形成多层次经济圈。③形成周边地区较强的自我支撑能力。④形成制造业基地和投资中心。⑤形成更加紧密的整体。

长三角一体化研究

一　长江三角洲港口群一体化研究*

（一）长三角港口群一体化的背景和趋势

长江三角洲港口面临着区域性枢纽港地位的竞争和国际港航集团对长江三角洲港口市场的进入所带来的竞争。前者在于抢占航运制高点，使港口成为整个区域内的物流中心，使港口所在城市圈在经济发展和贸易竞争中处于区域的核心地位。后者旨在争夺中国的港口市场，壮大国际港口联盟，与国际航运联盟结成有机的整体。这两种竞争已经形成，并将愈演愈烈。通过对国际分工和世界航运发展趋势的分析，我们认为：东北亚在未来十年内将形成一个面向世界的枢纽港，长江三角洲港口群如果不能占据制高点，就只能处于被动，当配角，成为喂给港。以上海港为核心的长江三角洲港口群在东北亚竞争中能否确立枢纽港的优势地位，主要取决于长江三角洲港口群的竞争力。

（二）长三角港口群一体化的总体设想和运作机制

长三角港口群要分工合作，以集装箱运输产业为主导，致力于建设国际性集装箱枢纽港，争取早日建成上海国际航运中心。上海主张中心近海型模式，即一城（南汇海港城）、一桥（芦洋大桥）、一港（洋山深水港）；浙江主张中心外海模式，即上海＋宁波＋舟山金塘；交通部主张中心两翼型的组合模式，即以上海港为中心，以江苏太仓港为江内翼，以宁波—舟山港为海外翼的组合。我们认为长江三角洲港口群的航线规划和布局应充分考虑到集装箱转运方式的变化，结合为一个港口区域组合的群体，优势互补，错位竞争，形成合力。枢纽港、支线港和喂给港之间互相依赖，互相扶持。为了加快上海国际航运中心的形成，从而促进长三角及整个长江流域的对外经济联系的发展。上海港应通过洋山港的开发发展成国际集装箱枢纽港，应积极发展国际干线，重点发展上海至北美、欧洲、地中海、波斯湾、澳洲等地区的航线，成为国际航运的战略性枢纽港。同时，巩固沿海支线，发展长江支线，使我国长江流域和北方及东部沿海地区的远洋货物，主要集中在上海—洋山港中转；适当发展上海至日本、韩国、香港及亚洲周边地区的近洋航线；宁波—舟山港应参与欧美等远洋航运市场的竞争，大力发展国际水水中转运输，成为上海世界航运中心的外港，其良好的深水条件是上海—洋山港的重要补充，不仅可以开辟近洋航线，而且具备开辟远洋航线的良好条件，应按照超大型集装箱船舶要求加大航班密度，吸引集装箱国际中转货源，组织江海直达喂给支线和多式联运，延伸经济腹地，扩大货源；南京、镇江、张家港、南通四港的功能定位为集装箱支线港，成为长江中下游货源联系上海航运中心的枢纽，主要开辟江海航线。太仓港具有一定的深水条件，并有中远公司大型船队驻扎，可成为上海国际航运中心的

* 本部分由王颖提供。

辅港。扬州、泰州、江阴、常熟等地方港定位为喂给港。

长三角港口群围绕建设上海国际航运中心的目标，充分吸收海内外市场经济较为成熟的先进港口的有益经验，要以建成世界性跨国码头公司为战略目标，建立在市场调节下的政府主导的、以企业为主体的运作机制。运作机制的要素构成：①企业主体：长江三角洲各港只有形成一个有机整体，才能有效地承担众多不同类型船舶出入停靠和众多不同类型货物及旅客集散的任务，才能提高经济效益和增强竞争实力。组建长江三角洲组合港集团股份有限公司，彻底打破行政区域束缚形成紧密型联合。②政府主导：政府负责港口和航运管理，应以国际一流港口的公共性、开放性和服务性为标准，对整个长三角的港口规划发展，港口服务、水陆运输港政等实施统一管理，汇集海、铁、陆等多式联运的集疏运方式。履行好规划、协调、执法和行业管理的职能，积极创造公开、公正、公平的市场环境和软件环境，全力发挥长三角国际航运中心的聚集和辐射作用，参与亚太地区乃至世界的航运事业竞争。③市场调节：通过市场机制而不是通过行政手段去整合长江三角洲的港口资源，港口资源具有稀缺性，通过市场调节能够使得它进行有效配置。

二 长江三角洲一体化的对策及研究*

（一）长江三角洲经济一体化发展具有客观必然性

当前世界产业、国际资本向发展中国家转移，环太平洋地区是重点区域，中国则是这一区域中的热点，长江三角洲则是“热点”中的首选之地。长江三角洲的都市圈由苏州、无锡、常州、扬州、南京、南通、镇江、杭州、嘉兴、宁波、绍兴、舟山、湖州等城市与上海一起组成，面积近10万平方公里，人口超过7240万。作为中国经济版图上最大“闪光点”的“长三角”正在吸引着越来越多的“全球眼光”，2001年这一地区以占全国2.2%的陆地面积、10.4%的人口，创造了占全国22.1%的国内生产总值、24.5%的财政收入和28.5%的进出口总额。这说明，进一步促进长江三角洲经济一体化的发展既是长江三角洲地区本身实现现代化的需要，也是促进我国经济发展，提高国际竞争力的需要。

（二）嘉兴在长江三角洲经济一体化发展中具有一定的优势

从现实条件因素分析，嘉兴市处在以上海为首的长江三角洲较发达地区，在长江三角洲经济一体化发展中具有一定的优势。嘉兴在以上海为龙头的长江三角洲的城市群中具有明显的区位优势。嘉兴四季分明，气候适宜，土地肥沃，水资源丰富，在长江三角洲，最接近上海。嘉兴还将把上海规划中的经松江到枫泾轻轨、环海铁路延伸到乍浦或嘉兴。嘉兴具有自己的港口。嘉兴港是浙北地区唯一的出海口，也是国家一类开放口岸。

嘉兴有较好的经济基础。经济发展是建设经济一体化的基础。嘉兴市近几年经济呈现出快速、均衡、协调、可持续发展的态势。大中小城市经济同步发展，所属5个县（市）全部进入了全国百强县前50强，62个镇（乡）发展也很快，在所在县（市、区）已处举足轻重的地位，而且城镇面貌也日新月异。

嘉兴有较强的体制优势。嘉兴经济发展的所有制结构优化，个私、民营、股份制经济占90%以上，目前产权制度的改革已向文化、卫生、科技等事业单位延伸，有强大的发展动力。市场机制较健全。嘉兴区域市场条件日趋完善，在国际市场上已有了一定的份额。嘉兴市的市、县、镇

---

* 本部分由杜守嘉提供。

的宏观管理体制日趋完善，调控水平不断提高。这些为加快城市化发展和在经济一体化中发挥作用建立了体制基础。嘉兴有深厚的文化底蕴，具有发展国际文化交流的基础。

（三）加快嘉兴发展对促进长三角经济一体化具有重要战略意义

嘉兴有着优越的地理位置和各方面较好的基础条件，加快嘉兴社会经济发展对促进长江三角洲地区一体化发展具有重要战略意义。首先有利于上海国际化大都市的建设。其次，有利于促进宁波北仑港、上海大小洋港、嘉兴港的作用发挥。其三，有利于长江三角洲地区的产业结构的优化调整，城市化发展。

（四）融入长三角一体化发展的对策措施

接轨上海国际大都市，明确建设国际化城市群目标。笔者认为在融入长江三角洲一体化过程中要明确提出嘉兴建设国际化城市群目标，并以此推进城市系统的建设与发展。推进国际化城市群，当前重点要搞好研究和规划。进一步创新制度，发挥比较优势。当前，制度创新重点是全市上下必须锲而不舍地继续深化产权制度改革、在提高资产关切度上下功夫。一是加大国有、集体企业的产权制度改革力度。二是把产权制度为核心的所有制改革引入文化、卫生、体育、科研等大部分事业单位。三是积极探索农田产权制度改革。四是加快村级集体资产改革步伐。五是进一步加大招商引资力度。六是在已经转制的企业中进一步完善提高资产关切度的制度。要扬长避短发展本地的优势产业，提高竞争力。

要增强嘉兴城市系统的经济发展开放度，提高吸引力。要注意从区域系统整体出发，加强合作，推进“长三角”协调发展。积极推进政府、行业、企事业单位、学术界的四个层面合作关系。

三 2010 年上海世博会与长江三角洲大都市圈一体化发展研究*

（一）世界博览会的发展历程与回顾

自从 1851 年 5 月 1 日在英国伦敦举行的第一个真正的世界性博览会（简称为世博会）以来，世博会已经走过了 151 年的历史，先后总共举办了 40 届。2002 年 12 月 3 日中国成功获得以“城市，让生活更美好”为主题的 2010 年上海世博会的举办权，正是对中国和上海改革开放、文化进步、社会文明、竞争实力的直接体现，同时对世界博览业的发展也有着非同寻常的意义。更为重要的是，对上海和长江三角洲大都市圈的社会经济发展注入新的活力，再创新局面。

（二）2010 年上海世博会对上海及长江三角洲大都市圈的现实意义

2010 年上海世博会的举办是继我国加入世界贸易组织以后，更加全面融入经济全球化的有一次实质性措施，也是继申办奥运会成功以后再次向世人展现中国改革开放以后所取得的政治、经济、文化、科技发展成果的崭新机会，将对全面提高上海的城市综合竞争力和促进长江三角洲大都市圈的一体化发展会带来强大的推动力量，产生积极的直接和间接效应。主要表现在以下几个方面：成为上海建设国际化、现代化大都市的“加速器”；全面推动上海基础设施建设和城市现

* 本部分由陶希东、赵鸿婕提供。

代化管理水平再上新台阶；世博会能直接促进上海现代服务业的规模化和层次化发展；有助于形成亚洲地区经济繁荣、名副其实的长江三角洲大都市圈。

（三）转轨时期的“行政区经济”——急需改变的现实挑战

作者以为，长江三角洲大都市圈各成员城市全面弱化行政区划界线的分割作用，充分利用世博会的机会，在互利互惠基础上加强相互支持和密切合作，构筑一个真正能够实现辐射、呼应的无疆界的一体化都市圈。只有这样，才能将2010年上海世博会举办成一届最成功、最精彩、最难忘的世界博览会，也将在最大程度上实现风险共担和利益共享。

（四）空间整合、加强合作、实现一体化发展的战略措施

2010年世博会的举办不仅为上海和长三角都市圈的共同发展产生直接的推动作用，而更重要的则是为长江三角洲大都市圈各成员城市之间的跨区域合作和一体化发展提供了一个绝好的机会和平台。为了全面发挥世博会直接和间接的集聚与辐射效应，作者以为，应当在离2010年的几年时间里，长三角都市圈各成员城市以世博会为契机，切实从都市圈市场经济发展的内在规律出发，转变传统的各自为政观念，报以诚恳、平等的合作态度和整体、开放、互利的观念，弱化行政区划界限对城市之间社会经济发展的刚性约束，通过空间整合、加强合作和一体化发展，在机制、制度、政策、法规、市场、管理等方面确实构筑起一个统一的运作机制和操作平台，为今后长三角都市圈市场经济的发展、最大程度地发挥世博会的带动效应、共享世博会利益创造条件。具体而言，近期内应做好以下几项工作：从战略高度出发，上海应做好2010年世博会的全新规划工作；转变观念，树立市域观或区域观乃至全球观；统一规划和联合建设都市圈基础设施，努力构建互通互连、共建共享、网络化的基础设施体系；以市场原则实行跨行政区产业组织的重组，打破城乡分割、地区封锁格局，尽可能减少对市场运作的障碍，促进区域统一市场的形成、完善和发展；建立跨行政区的协调管理机构，寻求区际利益平衡和共同受益的新机制；积极发挥第三部门力量，培育有利于大都市圈经济合作的区域新文化。

四　长江三角洲地区工业的区域分工协作现状及产业结构趋同现象浅析*

本文采用工业的区域配置系数（S1）和区域专业系数（S2）来对长三角地区的区域分工协作水平进行评价。根据对2002年苏浙沪二省一市34种工业行业的统计资料进行整理计算的结果，每个省市拥有10个以上的主导专业化（倾向）工业行业，但其主要主导专业化（倾向）工业行业基本雷同，其中，江苏和浙江的主导专业化（倾向）工业行业高度重合。各个省市内部的工业呈多元化发展趋势，就本地而言，是多元化发展，可将其置于长三角地区的大背景下，则表现为区域间产业结构的非正常趋同。

长江三角洲地区的产业结构现状是：长三角地区各个城市的工业发展水平不一，但基本达到了工业化中期水平；产业结构不断优化升级；长江三角洲地区城市间产业结构全面趋同。长三角地区区域经济一体化所面临的一个重要瓶颈就是区域内产业结构的低水平趋同现象严重，这不利于整个区域形成大范围内的产业合理布局和专业化分工协作。区域内各个城市的多元化发展放在

* 本部分由赵丽、夏永祥提供。

长三角地区的大背景下，就成了"重复建设"，既不能充分发挥各个城市的比较优势，又无法使资源在区域大范围内进行合理高效的配置和利用，不能形成区域主导专业化工业行业，降低了区域的整体竞争力和经济效益。但对于产业结构趋同现象，我们要有正确的认识：①产业结构趋同是自然地理、历史基础等客观因素和地方政策等主观因素共同作用下的结果。②产业结构知识"趋同"，不是"相同"，各地产业结构中重要产品亦存在较大差异。③"同构"不是坏事，但要改变目前这种产业结构的"低水平趋同"，由"同质同构"向"异质同构"转变。④地方利益与区域利益在相互碰撞中艰难协调，要想打破"产业结构低水平趋同"的现象，就必须走出地方利益与区域利益的"囚犯困境"，由"零和博弈"走向"多赢"。

通过对长江三角洲地区的区域分工协作状况、工业化水平和产业结构现状的分析，我们不难发现，城市间产业结构的低水平趋同及其背后深层次的原因都是长三角地区为实现区域经济一体化所必须破除的樊篱。经济一体化作为一种长期的发展趋势，其实现过程必然伴随着阵痛，但是，也唯有大刀阔斧的改革，长江三角洲地区经济一体化才有实现的可能。

五　长江三角洲金融合作区的创建与对策研究*

推动长江三角洲区域经济一体化的一个重要基础在于创建长江三角洲金融合作区。

（一）创建长江三角洲金融合作区的重要意义

长江三角洲的发展对于我国经济有着举足轻重的作用，要真正发挥其极地辐射和带动内地经济发展的龙头作用，打破行政区划造成的地方保护主义和诸侯经济，谋求区域内地区间的协调发展，构筑一体化的有序整体是"长三角"未来发展的必经之路。为此，必须创建"长三角"金融合作区，实现"长三角"经济与金融的联动发展与合轨运行。其目标是，主动接受上海国际金融中心的辐射作用，在保持各区域金融独立性的同时实现区际金融协作，促进区域内金融资本的自由流动，缓和地区间资金供求不平衡的矛盾，推动区域内金融资本同区域内产业资本的融合生长，实现区域内金融与经济、社会发展的和谐运行。

（二）长江三角洲金融合作的必要性——对区域内部经济金融发展非均衡性的实证分析

①长江三角洲区域内部经济发展的非平衡性分析。长江三角洲区域内部经济发展的非平衡性对区域内部金融合作提出了现实要求。由于城市规模、经济总量、财政实力、产业构成以及工业经济运行质量存在差异，区域内部各地（市）对于资金的需求状况必然不同，因此可能会出现区域内部地区之间的资金供求不平衡的矛盾，这就为长三角地区金融合作提出了现实要求，以实现经济与金融的合轨运行。长三角区域内部不同地区对于资金的需求确实存在差异，这种差异也导致了金融机构的存款结构在发生变化。②长江三角洲区域内部产业（第三产业）结构差异性分析。长江三角洲产业结构的差异性，特别是第三产业的互补性以及第三产业中金融业发展的非均衡性，为长三角区域内部的经济金融合作提供了运作空间。在产业结构上，长江三角洲经济区显现出产业结构差异化特点。③长江三角洲地区两省一市金融业发展的差异性分析。

长江三角洲覆盖两省一市，区域内部呈现出非常鲜明的特色经济发展模式，"苏南模式"，"浙江模式"以及规模初显的国际大都会经济——上海经济，相应的，也就形成了各具特色的金

* 本部分由金雪军、余津津提供。

融体系。上海定位于国际金融中心，金融体系完备，辐射能力强；浙江省金融民营性特征突出，金融机构多，单体规模较小；江苏省金融体系比较成熟，农村金融发展超前。由于金融能级不同，服务定位相异，如果积极合作，互相渗透，将形成一个层次丰富的金融合作体系。

（三）建设长江三角洲金融合作区的对策与建议

长三角金融合作的目标是打破金融管理体制的条块分割状态，构筑金融体系运行的基础设施平台与合作网络，促进金融联动和推进长三角经济一体化进程。因此，长江三角洲金融合作的总体思路与对策建议可以表述如下：①确立长三角金融合作战略；②划分金融合作层次，确立区域金融中心，构建区域金融合作网络；③突破金融资源条状分割格局，加快金融业内部改革进程；④注重区际协调，形成市场化的运行机制；⑤积极开拓多种融资渠道，推进长三角金融合作。

（四）对浙江省金融业参与长三角金融合作的几点建议

①单体培育、强势联合；②充分利用长三角金融合作区的融资渠道，支持浙江经济的发展；③积极利用上海证券交易所的融资功能；④提高自身金融服务质量，增加资金流量；⑤大力推进浙江现代化支付清算系统建设，提高结算效率和质量；⑥鼓励外资金融机构到省内各大城市开设分支机构。

六　长江三角洲经济有限一体化条件下的上海发展战略*

本文在理论上充分阐述区域经济一体化的内涵和现实表现的基础上，深入分析区域经济有限一体化条件下上海与长三角的关系状态，以及长三角其他城市对上海发展的制约及上海的优势，并且提出了在推进长三角经济实现全面一体化的同时，尽早将上海建成世界级城市的思路与对策，以为上海新一轮发展提供必要的参考意见。

进入21世纪以后，上海要进一步增强城市综合功能，逐步跻身于世界级城市的行列，就必须加强同长江三角洲地区各城市的经济与技术合作，并且在区域经济有限一体化条件下探索出一条同长三角联动发展的新路子。

（一）区域经济有限一体化的内涵与现实表现

“经济一体化”一词源于世界经济的范畴，以后被用于解释各不同地域的经济联合。一体化可分为以下两类：全面一体化、有限一体化。当前，长江三角洲经济一体化的进程正处于有限一体化的阶段。对照区域经济全面一体化的标志，我们可以看出长江三角洲经济一体化的有限性。

（二）区域经济有限一体化条件下上海与长三角的关系状态

在长三角经济有限一体化的条件下，各城市在追求自身的利益目标时，都在挖掘更多的资源，拓展更大的空间，因此形成了一种竞争多于合作的格局。上海同长三角其他城市的关系也具有这一明显的特征，其具体表现在以下几个方面。

（1）长三角对上海的依存状态是：接轨上海、接受辐射、顺搭便车、以我为主、加快发展。①利用上海的海港、空港等大型基础设施为其服务，以节约巨额的基础设施投入。②在扩大外资吸引上，利用上海这一制高点降低成本。③在产业发展上，积极搭上海的便车。

---

* 本部分由丁健提供。

（2）长三角产业关系状态是：制造业水平竞争激烈，服务业中的低端行业存在竞争，高端行业则是上海独领风骚。

（3）长三角城市空间发展关系状态是：离散与集聚并行，离散趋势大于集聚趋势。

（三）区域经济有限一体化条件下长三角其他城市发展对上海实现发展战略目标形成的制约

根据上述分析，我们认为，长三角其他城市的发展会对上海实现自己的战略目标形成一定的制约。这种制约来自于争夺资源、市场、投资和同位竞争，即其他城市为集聚更多的要素促进自身发展而同上海拼资源、拼政策、拼成本和拼服务。拼土地资源——上海处于劣势。拼优惠政策——上海毫不占优。拼直接成本——上海处在高地。拼服务体系——上海不够完善。上海受到以上制约的根本原因在于：①上海的经济增长方式未得到根本的改变，与长三角其他城市同处于由粗放向集约的过渡阶段；②长三角各城市政府任期目标的价值取向基本一致；③上海市政府过多地支配资源和要素的配置，在相当程度上抑制了微观经济基础的重构和市场的发育，从而使整个经济的扩张缺乏内在动力和活力。

（四）区域经济有限一体化条件下上海实现新一轮发展战略的优势：城市发展定位优势；城市金融功能优势；城市口岸优势；城市科技和教育优势

（五）发挥优势，突破障碍，化解制约，创新机制，在推进长三角经济实现全面一体化的同时尽早将上海建成又一世界级城市

（1）确立一个观念：竞争力的提高源于创新，同时也源于合作。

（2）制定一个战略：推进长三角经济从有限一体化向全面一体化方向发展。

（3）理清一条思路：抢高度、提功能、扩服务、聚流量、做枢纽。要做好这 15 个字，必须注重定位和分工。

（4）找准一个切入点：功能性一体化先行，制度性一体化跟进。

（5）采取一揽子对策：①构筑长三角的高端市场集群，使上海成为企业家、银行家和投资者、创业者的城市。②根据上海优势产业在国际产业分工体系中的地位和竞争优势，引导建立企业之间的产业联系网络。③利用长三角丰富的人才资源，由上海发起建立一个区域一体化的创新网络。④在15 市市长联席会议的基础上，对涉及长三角整体的专门性和综合性问题成立具有一定协调功能和操作手段的权威机构。⑤由上海牵头建立一个长三角发展的战略性规划体系。

七 长江三角洲区域经济协调发展的战略目标和战略重点

（一）指导思想

长江三角洲区域经济协调发展的指导思想是，适应全球经济一体化和区域经济集团化的趋势，迎接新一轮世界经济结构调整所带来的机遇和挑战，成为带动全国经济快速发展的重点地区和增长极；贯彻党的十四大及十四届五中全会关于“坚持区域经济协调发展，逐步缩小地区差距”和“建设以上海为龙头的长江三角洲及沿江地区经济带”的重大战略决策，尽快实现长江三角洲城市职能的合理分工，形成区域整合优势，充分发挥长江经济的建设“大龙头”效应；以可持续发展为区域经济协调发展的最高战略，实现长江三角洲地区经济的集约化发展，积极克服环境污染严重、企业及产品竞争能力较弱、资源短缺等不利条件。

（二）战略目标

1. 总体目标

在我国区域经济跨世纪发展的过程中，长江三角洲区域经济协调发展的总体目标主要包括：到21世纪初，①进一步确立长江三角洲在长江经济带乃至全国的经济主导地位，未来10年内力争使该地区成为我国区域经济发展的重要增长极和亚太地区经济发达地区之一；②进一步发展成为具有较强国际竞争能力的外向型经济示范区。通过广泛参与国际分工和竞争，成为国内外市场的接轨点和国内与国际经济循环的战略支点，带动全国外向型经济的发展。③重点发展高新技术产业以及成为新技术改造传统支柱产业的基地，并且成为我国重要的产业改造和创新基地，在长江经济带及全国起产业示范作用；④培育和完善上海的城市综合功能，增强其集聚辐射能力，进一步巩固上海在长江三角洲及长江经济带的“龙头”作用，更好地为全国服务。

2. 阶段目标和目标体系

依据发挥“整体优势”和可持续发展两项基本原则，拟定长江三角洲未来20年发展的总体目标是：充分发挥长江三角洲的比较优势，加速经济社会和环境的协调发展，到2010年，成为经济实力最雄厚的，以市场导向为主的半紧密型区域经济联合体；到2020年，基本建成一个经济实力达到中等发达国家水平、区域内产业结构高度化、区域经济外向化、经济运行机制与国际市场接轨的长江三角洲经济共同体。目标体系应包括以下内容：①人均GDP保持10%左右的年增长速度，但一年按购买力平价计算法，长江三角洲人均GDP可接近较发达国家目前的水平（人均1.5万~1.7万美元）。②上海要初步建成国际经济、金融、贸易中心城市，区内要形成以上海为中心的，以宁沪杭甬发展主轴，沿江城市带为副轴的城市网络，全区城市化水平要达到60%以上。③要建成一批国内领先并具有一定国际竞争能力的支柱产业。要形成一批具有影响力跨国公司和全国性公司（包括金融机构），使之成为对外投资的主体。④建成以上海为中心的交通、通讯网络，特别是要初步建成集装箱枢纽港和浦东新国际机场，使城市带发挥连接国际国内两个扇面的辐射作用。⑤积极鼓励推进区内高新技术产业带的开发，使之成为新兴产业的“孵化器”和技术、产业、管理创新的辐射源。⑥实施可持续发展战略，实现发展与环境保护同步。

（三）战略重点

①完善市场体系。②建立产业化的现代农业示范区。③建设产品和技术创新示范基地。④联手开拓旅游金三角。⑤统筹规划建设三角洲综合交通体系。⑥建立合理的制造业分工合作体系。

八　加速长江三角洲经济一体化发展的战略构想*

长江三角洲经济一体化是经济发展的内生要求和必然趋势，长江三角洲地区的迅速崛起将对中国经济增长起到极为重要的作用。依据长江三角洲核心区一体化发展目标，需要从观念、市场、制度、机制和组织五个方面进行创新，有效推动长江三角洲经济一体化的进程。

（一）区域经济一体化的一般概念

区域经济一体化是指：按照自然地域经济内在联系、商品流向、民族文化传统以及社会发展

* 本部分由王维工、浦再明提供。

需要形成的经济联合体。同时，它是建立在区域分工与协作基础上，通过生产要素的区域流动，推动区域经济整体协调发展的过程。

（二）区域经济一体化是全球一种突出的趋势和现象

区域经济一体化在世界经济发展中的地位愈来愈显著，已成为经济全球化进程中的重要力量。除了国家之间的区域一体化，也存在一国范围内区域一体化发展的问题，这就是以大都市带、城市群为中心的区域经济一体化，或称之为大都市圈的经济一体化，这也是区域经济发展的必然趋势。

（三）中国经济的腾飞需要世界级大都市带作支撑

目前，我国已形成“三大都市带”，即长江三角洲都市带、京津唐都市带和珠江三角洲都市带。这三个区域经济是我国最具实力的地区，是共同拉动中国经济起飞的重要增长极。长江三角洲地区一直是我国经济发展的中心地带，是全国发展速度最快、投资环境最佳、经济内在素质最好的地区之一。未来5~10年，随着洋山深水港和沿海大通道的建成，长江三角洲完全有可能更加紧密地融入世界经济体系的分工和循环，建成世界上人口最多和规模最大的大都市带。

（四）长江三角洲经济一体化的目标和原则

长江三角洲一体化发展的概念性目标，大体可以描述为：积极推动经济一体化进程，有效发挥区域经济的“累积效应”和“扩散效应”，构建城市布局合理、市场高度开放、制度建设完善、产业结构互补、信息资源共享、交通体系完备的区域经济共同体。

为实现长江三角洲经济一体化目标，要贯彻以下基本原则：互惠互利原则、、优势互补原则、市场主导原则、系统协调原则。

（五）长江三角洲经济一体化的内涵

长江三角洲经济一体化是经济发展内生的客观要求，是一种联系紧密的区域经济安排。在现代条件下，其内涵至少要考虑形态、市场、产业、交通、信息、制度、生态环境等7个子系统。形态一体化：区域城市在空间形态上聚焦，成为各种要素流动的枢纽和创新的孵化器。市场一体化：消除区域合作的各种障碍，构造实现区域经济一体化的基础。产业一体化：根据比较优势形成产业分工，实现区域内产业结构合理化，以提升产业的整体竞争力。交通设施一体化：以区域高速公路等快速干道建设为契机，加快城市通道的配套与衔接，共同完善交通、物流网络。信息一体化：消除信息封锁现象，强调信息公开、透明，强化信息资源互通共享，降低社会交易成本。制度一体化：规范各地政策和制度，为区域经济一体化提供制度规范和保障。生态环境一体化：从可持续发展的要求出发，努力形成人和自然和谐发展的生态环境。

依据长江三角洲核心区一体化发展目标，我们认为，需要从观念、市场、制度、机制和组织五个方面进行创新，才能有效推动长江三角洲经济一体化的进程。观念创新：确立“共赢”和“协同”思维。市场创新：打破“围墙”，建立一体化区域共同市场。制度创新：形成共同遵守的区域公约和法规。机制创新：充分发挥民间组织的推动作用。组织创新：创立制度化的区域经济共同体。

在未来长江三角洲一体化发展格局中，上海要进一步解放思想，更新观念，找准自身的发展定位，关键是要坚定不移地发展开放型经济，以海纳百川的胸襟，真心实意地打好“世界牌”、“中华牌”、“长江牌”。

长三角联合研究中心编

上海经济的发展融入长江三角洲的重要意义表现在：上海经济融入长江三角洲是建设国际大都市和“四个中心”的需要；上海经济融入长江三角洲是发挥中心城市集聚辐射功能的需要；上海经济融入长江三角洲是上海经济结构调整的需要。

在中国加入世贸组织与国家确定上海发展战略的大背景下，上海有责任也有可能与周边省市及全国各兄弟省市自治区一起，把开拓创新、发展自身、协同各地、服务全国的工作做得更好，把长江三角洲经济发展推上一个更高阶段，在参与全球竞争中创造更加辉煌的业绩！

九　长三角走向绿色经济一体化*

长江三角洲两省一市作为经济发展速度最快、投资环境最佳、总量规模最大、发展前景最好的经济核心区，其经济一体化已是大势所趋。在全球倡导可持续发展，各地纷纷开始重视绿色经济建设的前提下，“绿色经济一体化”将成为长三角经济一体化进程中的一个突破口。

（一）现状特点

1. 由各自为政向一体化发展，绿色长三角已达成共识

绿色长三角的提出，打开了三地合作、朝一体化方向发展的新局面。

2. 由自然环境保护向绿色产业方向发展

第一，长三角的绿色经济进入工业领域，体现在致力发展循环经济和加大环保产业投入方面。第二，长三角绿色经济进入农业领域，主要体现在无公害农产品生产基地和生态农业园区建设、绿色农产品生产、畜牧循环经济发展模式探索等方面。第三，长三角绿色经济进入第三产业，目前主要体现在生态旅游及绿色旅游产品开发中。

3. 长三角绿色经济的科技含量越来越高

长三角绿色经济从无公害农产品等低技术产品向培植天然彩色棉花和蚕茧、开发新型清洁生产技术、利用城市垃圾发电、利用纳米技术开发环保绿色材料等新型、高端的环保产业发展，技术含量越来越高。

（二）发展趋势

1. 长三角绿色经济一体化将向更高层次一体化方向发展

三地将在建立各自省级绿色 GDP 核算体系基础上彼此借鉴和寻求统一。

2. 环保产业将成为长三角绿色经济一体化主要方向

首先，环保产业在长三角的地位必将越来越高。其次，环保产业的发展必将改变长三角的产业结构。第三，环保产业将成为高科技的主战场。

3. 长三角绿色经济内部竞争将愈演愈烈

长三角的绿色竞争，将主要表现在内部竞争和外部竞争。从前者看，上海具有占优战略，则浙江、江苏不可能占有龙头地位，只能在上海的占优战略下寻找自己的纳什均衡，发展配角经济。从后者看，长三角的产品标准化将会形成更高的贸易壁垒，即既会对国际贸易产生壁垒，又会对国内区际贸易产生壁垒。虽然对国际贸易产生壁垒，符合当今世界贸易的潮流，从而标志着长三角将接轨世界经济；但对国内区际贸易产生壁垒，将会引起国内经济秩序的巨大震动。

---

* 本部分由傅宏、吴克烈提供。

十 长三角区域合作建设国际制造中心的制度设计*

把长江三角洲打造成国际制造中心，在区域市场竞争的基础上进行广泛的经济合作最重要。因为只有强调苏浙沪三地在市场竞争基础上的经济合作，才能获取长三角经济区域内产业发展的范围经济和规模经济，才能在竞争选择和专业化分工的基础上提高整个区域的经济效益和经济福利，才能优化国际制造中心所要求的投资环境。以下从区域合作的角度，谈一谈对建设长三角国际制造中心问题的新认识。主要强调五个关键词："市场"、"分工"、"融合"、"项目"、"规则"。

（一）以市场机制为基础整合长三角区域经济关系

目前长江三角洲地区的经济竞争是在一个主权国家内的区域经济竞争，但由于中国经济体制转轨时期的特征，在市场利益主体和竞争主体方面形成了两个独特的层面：一是企业主体，即大量参与竞争的国有企业和国有控股企业，主要是听命于地方政府的行政决策；二是地方政府主体，目前它的职能被界定得过宽，参与市场运作的功能十分强大，一定程度上也是市场利益主体和竞争主体。

长三角地区一体化运行机制的建设，只能依赖于市场机制的发育和完善，只能以市场机制为基础来逐步推进，只能通过政府干预和创造"外部经济性"来定位，为此我们必须在发展中逐步改革国有经济模式和运行方式，逐步限制地方政府的直接的市场功能。

（二）国际制造中心的建设要有合理的产业分工秩序

首先应该明确的是，在社会主义市场经济条件下，强调区域之间的产业分工秩序，既不意味着某种事先的、特定的产业安排和某种计划指定，不意味着某些地区只能搞什么和不能搞什么，也不意味着地方政府可以用行政边界画地为牢、自行其是、盲目重复竞争。

我们认为目前以上海为中心的长三角地区的产业分工关系，存在着某种违背国际制造业中心发展趋势的倾向。根据建设长三角地区国际制造中心的要求，上海今后应大力发展各种服务业和某些先进的高科技制造业，尤其是各种知识密集型的现代生产者服务业；而江苏和浙江应该充分利用发展制造业的历史传统和市场优势，大力发展与中国工业化水平相适应的、具有世界市场竞争优势的各种制造业。这是中国走新型工业化道路所要求的产业分工秩序。

（三）国际制造中心建设：发展机制的融合

通过区域合作打造长三角国际制造中心，需要加快长三角地区经济发展机制一体化的步伐。只有发展机制的一体化，才有可能实现长三角大范围内的规模经济和范围经济。我们提倡在区域竞争的基础上推行长三角地区发展机制的一体化和融合，其基本出发点是要在保持现有行政边界基本不变的前提下（我们不排除必要的少数合理的区域调整），在形成市场统一竞争规则的基础上，大力鼓励微观经济领域中的以下各种经济活动：①长三角和国内外的企业之间在长三角地区的兼并收购活动；②长三角和国内外的企业在长三角地区的跨地区发展；③在"走出去"的过程中，长三角地区的企业联合起来收购国外的企业；④长三角和国内外的企业各种形式的联合、合作和合营。为了加速长江三角洲地区经济一体化的进程，在目前中国经济发展

* 本部分由刘志彪提供。

的阶段，我们还不能抽象地在长三角范围内反对一般的市场兼并和市场垄断，而是要大力鼓励各地企业在长三角地区共同市场中进行跨地区的兼并重组活动。

（四）项目合作：国际制造中心建设的基础和关键

长三角地区必须通过某些具体的行动进行实实在在的联合，在这些以市场为导向的活动中，逐步产生出各地区企业主体的自我联合、自我协调和自我发展机制。应该从以下几方面做起：①建设统一的、具体门类的专业市场体系。②建立统一的农业产业化基地。③建立大的工业技术创新项目的联合体。④综合性旅游金三角项目建设。⑤综合交通体系建设。⑥某些制造业项目的分工与合作。

（五）建设国际制造中心与完善长三角地区的竞争规则

目前长江三角洲地区难以建立一体化协调发展的格局的最根本原因，是因为在目前的地方政府主导发展的格局中，缺乏一个统一协调的有效的竞争规则。

根据欧共体建立的经验，避免高发展成本和发挥区域共同市场的优越性，只能在一定的条件下得以实现，其中最重要的条件就是要推动在长三角地区大市场范围内实现有效的竞争。

除了必须在经济体制改革和转轨过程中有效地限制地方政府参与市场竞争的行为和能力之外，还必须通过某些具体的协议，达成对各地区竞争规则的协调，最终达成全面的经济合作和发展的协议。该协议要在长三角地区建立一种以市场竞争为基础、非行政扭曲和垄断势力扭曲的竞争体系，逐步限制地方政府参与市场运作的市场主体功能，充分发挥企业或企业集团的资源配置功能。降低各种市场垄断力量，特别是中国目前地方政府的行政力量对市场的垄断，也应该是长三角地区制定统一竞争规则的具体目标之一。

十一　长三角经济一体化中的地方政府竞争行为分析*

政府竞争理论中对地方政府竞争的分析，可以作为区域经济一体化分析的重要补充。从政府和空间这两个维度的结合上，使市场竞争与政府竞争在区域经济一体化当中紧密联系起来，这两种竞争的结合及规范有序无疑将推动区域经济一体化的进程。

（一）长三角经济一体化中地方政府竞争的特点

从地理位置、空间距离、大都市圈、都市连绵区、经济关联度等因素考虑，长三角区域的政府竞争包括上海、江苏、浙江两省一市的政府竞争，也包括上海各区及苏南的八个市和浙北的六个市之间围绕有形或无形的资源而展开的竞争。竞争的形式可以是政府与政府之间的直接竞争，也可以是通过干预企业而实现的间接竞争。该区域内地方政府竞争具有如下特点：①地方政府竞争促进了区域内发展环境的改善，两省一市政府无论是在制度创新还是基础设施建设方面，都存在一种既竞争又合作的关系。②地方政府竞争仍缺乏良好的秩序。目前长三角地方政府竞争仍表现出不少非制度化的、非规范化的特征，缺乏良好的秩序，主要表现在以下几个方面：一是产业结构趋同所导致的过度竞争。二是某些领域的无序、恶性竞争。三是区域竞争导致经济负外部性问题突出。③地方政府竞争机制尚不完善。

---

* 本部分由姚先国、谢晓波提供。

（二）地方政府竞争与长三角经济一体化

1. 地方政府竞争对长三角经济一体化的影响

地方政府竞争对长三角经济一体化的影响是双重的，既有有利的一面，也有不利的一面。地方政府竞争的积极作用主要表现在以下几个方面：①地方政府竞争有利于加快该区域的经济转型。②地方政府竞争机制能有效解决政府中存在的“委托—代理”问题。③地方政府竞争迫使地方政府对本地企业加以引导和扶持，以扩大就业和增加地方财政收入，这样有利于促进企业加快技术进步，提升产业层次。总之，地方政府竞争具有在动员经济上、制度上和政治—行政上的创造性的重要作用，从而有利于经济增长。但现阶段，地方政府竞争的消极影响不容忽视：一是地方保护主义。二是重复建设。三是环境遭到严重破坏。四是招商引资恶性竞争或无序竞争。

2. 地方政府竞争对长三角经济一体化的制约

区域经济一体化是世界经济发展的大趋势，长三角正朝着经济一体化方向发展。但是，由于地方政府在竞争中可能采取保护主义行为而使区域经济发展有悖于区域经济一体化的发展方向，出现所谓的“诸侯经济”、“地方保护主义”、“市场分割”或“行政区经济”等现象。“行政区经济”最显著的特征：①企业在竞争中渗透着强烈的地方政府行为。②生产要素难以跨行政区自由流动。③“行政区经济”呈稳定结构态势。④制度差异存在甚至扩大。

（三）规范地方政府竞争行为，促进长三角经济一体化

规范地方政府竞争是促进区域经济协调发展的必要前提之一。一般而言，规范地方政府竞争应坚持开放性原则、宪政原则、职能下属化原则、原产地规则等原则。规范地方政府竞争的具体措施主要可从强化中央政府的调控职能、进一步深化经济体制改革、适当调整公共政策以及创造可行的政治经济条件、建立政府间的协调机制等方面来进行。

十二　尽快制定长三角区域发展总体规划*

推进长三角地区经济一体化的核心问题，是强化地区产业整合，提升产业功能，增强区域的国际竞争力。但是，目前，受行政区划、地方利益等因素的影响，长三角地区产业结构存在着三个严重问题。一是同构现象显著。二是产业集中度不高。三是低度化特征明显，主要表现在各地区产业结构层次低、产业的技术创新能力不强、处于“产业链”低端的产业所占比重较大等方面。特别是高新技术产品由于缺乏核心技术，盈利能力受到限制和挤压。即使是一些具有自主知识产权的产品，也大都属于低端产品。

在推动长三角地区经济一体化进程中，必须把推动产业合作、降低产业同构化带来的负面影响作为一个重要方向。我以为，要注意把握好以下几条原则：第一，必须正确处理好政府引导与市场机制的关系。今后长江三角洲的产业布局，应该在尽量减少政府行政干预的情况下，通过公平的市场竞争来实现。第二，必须面对国际竞争，积极主动融入世界制造业分工体系，定位好长三角制造业在世界制造业体系的角色。第三，必须从平面数量的调整走向纵深质量的调整。利用高新技术改造和提升传统产业，应成为长三角地区产业结构调整的方向。要建立区域性系统集成的技术创新体系，重点解决区域内支柱产业的核心技术问题，提高区域技术创新能力与竞争力。

---

* 本部分由朱步楼提供。

第四，必须注意比较优势与竞争优势相结合。不同地区要善于利用自身的条件，形成高新技术产业与传统产业，资本、技术密集型产业与劳动密集型产业互补发展的良好格局。第五，必须正确处理好合作与竞争的关系。这是提高产业规模和效率，提升长三角地区整体竞争力的根本之路。

调整结构的五个基本方略

（1）统筹区域发展规划，建立区域利益调整机制。建议由上海牵头，苏浙两省和中央有关部门共同组织力量，参照国际经验，尽快制定长江三角洲区域发展总体规划，重点是生产力布局规划和世界级城市群规划，对区域产业分工、基础设施建设、生态环境保护等进行统筹考虑，予以宏观指导。还必须从统计、税收、金融等方面着手，建立区域利益调整机制，以减少区域产业结构调整可能遇到的阻力。同时，要积极组织区域内各省市都能受益的重大合作项目，如洋山深水港建设、长江河道统一整治、2005 年第十届全国运动会、2010 年世博会等，可以更加有效地促进区域的合作与经济一体化进程。

（2）构建区域大交通体系，为产业结构调整提供完善、发达的基础设施环境。当前，要加快苏浙两省交通设施与上海的对接。铁路方面，要认真研究和加快建设区域内具有通勤功能的城际快速轨道交通系统；公路方面，重点发展连接区域内大中城市、主要港口、机场的高等级公路；按照“以上海为中心，江苏、浙江为两翼进行港口组合”的要求，在明确功能定位的前提下，加快沿江港口的建设和发展。

（3）形成区域统一市场，促进区域内生产要素、商品、服务的自由流动和自由交易。这是推动长三角区域产业结构调整的重要举措。沪苏浙三省市要在整顿和规范市场经济秩序方面加强合作与联动，大力推动区域信用环境即“信用长三角”的建设。

（4）优化企业组织结构，提高区域产业集中度。应以市场为导向，推动企业跨地区、跨部门、跨所有制兼并、联合、重组，培育和发展一批有国际竞争能力的大企业大集团。同时，引导中小企业向专精特方向发展，提高为大企业的配套能力。

（5）加快政府职能转变，为区域产业结构调整创造良好的政策环境。

十三　基于长三角经济一体化的合作机制研究*

长三角经济的快速发展需要一个稳定、开放、规范的外部环境和空间，该区域顺应了经济发展一体化而产生，是经济发展一体化的内在需求，区域合作具有相应的物质准备和人文基础，政府的引导和组织保证是合作的前提及实现一体化的有力保障，也是增强经济建设和社会发展的服务能力。

（一）长三角经济一体化催生人才资源一体化

随着生产社会化大发展，世界经济全球化和区域经济一体化发展趋势日趋明显，在此宏观背景下，长三角出现经济一体化的发展态势，这是经济发展的内在要求和必然趋势。上海、江苏、浙江三地，地缘相近，人文相亲，经济相融，构成世界第六城市群和中国最具活力的经济区域，市场经济高速发展，对人才资源的协同发展和高级人才的需求强烈，三地经济地位的迅速升温和提升要求长三角经济一体化，呼唤着该区域的一体化。

1. 文化特征的认同是人才资源一体化的先决条件

长三角一体化的发展除了相似的自然物质经济基础这一最基本要素之外，另外一个最基本的

* 本部分由肖阳提供。

要素就是文化特征的区域性认同，从更深刻的层面上看，文化特征的认同对区域性一体化的自然形成起到了关键的作用。在长三角地区，存在着这样为区域认同的地域文化——吴越文化。目前，长三角城市群文化布局呈现为自然、自发状态，呈现为局部的合理性，但缺乏战略性、全局性、功能性的文化空间总体布局。形成这一状态的原因，主要在于各级行政区划一定程度上切割了文化空间资源，弱化了文化空间潜在的功能定位。

2. 区域发展中的文化经济一体化

文化发展对长三角一体化的推动与制约：首先，文化协调发展为长三角一体化提供认同基础。其次，文化协调发展为长三角一体化提供精神动力。再者，文化协调发展为长三角一体化提供了竞争新优势。

3. 是历史使命和现实赋予的机遇

（二）长三角一体化是经济发展一体化的内在需求

长三角近年经济一体化进程不断加快，然而，在这一进程中，人才资源的培养、流动、优化日益显现出重要性，由此引发出对合作的呼唤。苏浙沪三地教育要真正融入经济一体化进程，实现教育合作，最需要解决的问题就是打破体制壁垒，冲破行政区划的桎梏，既是市场经济大环境的必然作用，也将对提高整个区域的教育国际竞争力，为推进经济一体化服务产生重要影响。

（三）一体化的有利条件

目前该区域已经具备了相当的高等教育基础，长三角已经形成了比较完备的人才培养和知识传播体系，规模在逐年加大。经济实力较强，已具备了一体化基本条件。充分的政策的支撑为实施长三角一体化提供了战略保障。

（四）实践与探索

长三角高等教育一体化尽管叫的响亮，也历时几年，但目前还处于“原地踏步”阶段。长三角6所高校合作培养优秀人才的探索，有助于建立高校间共享优势资源的机制、途径，以促进长三角高校整体文化圈的建立，培养更多更高水平的优秀人才。

1. 合理布局，整合有效资源

区际与校际间合作领域的拓宽是形成教育优势圈的重要趋势，首先应当在设点布局上打破原先的地区划分，在更大范围内合理布局、整合资源；其次要在教育结构上作进一步调整，专业设置减少重复，研究型大学的重点专业要更加突出，在研究型与教学型结合的大学里，专业可以更加流通，教授兼课与学生兼读可以提高教育效益，减少办学成本。三地合作所形成的大市场和跨省中介机构将使高校科研成果转化的速度大大加快。

2. 因势利导，优势资源互补

有效利用三地优势资源，高校开放各自强势专业，不仅为优秀学生跨校选择学习提供途径，而且在利用相互间教育优势资源的同时，还能促进高等教育质量的提高。

3. 相关内容研究

首先，一体化应该以经济建设为主要目标，在制订三地高校合作规划、培训计划与课程体系之前，必须对长三角内的现有经济水平和产业结构，发展趋势和速度进行认真研究，对高等教育在国际化的视野下进行教育合作的市场进行预测。同时，应该开展对发达国家教育合作的研究。在今后几年内，长三角研究内容不仅应涉及政策层面，还要注意其操作层面，长三角区域内的高等教育将会发生较大的结构调整。

总之，长三角合作有其得天独厚的吴越文化积淀，有良性民间合作基础，此外还有正在高速发展的经济一体化作物质支撑，寻求高校间的良性合作是高校一体化的当务之急。

长三角城市群研究

一　关于长江三角洲构建世界第六大城市群的思考*

（一）对长江三角洲构建世界城市群的分析

1. 城市群的概念

所谓城市群，是指在特定的地域范围内具有相当数量的不同性质、类型和等级规模的城市，依托一定的自然环境条件，以一个或两个超大或特大城市作为地区经济的核心，借助于现代化的交通工具和综合运输网的通达性，以及高度发达的信息网络，发生与发展着城市个体之间的内在联系，共同构成一个相对完整的城市“集合体”。

2. 长江三角洲构建世界城市群的优势分析

对照国际上五大城市群，我们认为长江三角洲地区构建世界第六大城市群有以下几个方面的优势。①具有面向海洋、依托长江、倚靠内陆发达交通联系世界各地的区位优势。②经济实力雄厚。经过建国以来50多年，特别是改革开放以来20多年的飞速发展，长江三角洲地区已成为我国经济、文化、科技最发达的地区。③外向型经济蓬勃发展。长江三角洲地区以其优越的区位条件、丰富的劳动力资源和具有一定基础的交通通讯设施网络而成为外商投资的热点。④交通网络发达。⑤ 有以上海为中心的龙头城市。⑥各类专业批发市场的迅速发展，对长江三角洲城市群发展产生了一系列的积极效应。

3. 长江三角洲构建城市群的问题与劣势分析

①核心城市上海与国际大都市标准尚有差距；②行政区划分割导致各城市各自为政，区域经济一体化进程滞后；③区域内各主要城市除与上海加强合作外，而与其他城市之间缺乏必要的横向联系；④城市内部市区与市辖市（县）之间矛盾尖锐；⑤城市产业结构趋同，互补性较弱，且城市间分工不明确；⑥城市建设用地较为紧张，用地结构不尽合理；⑦区域环境污染严重，可持续发展能力有待提高。

（二）对长江三角洲构建世界城市群的若干建议

1. 以申办世博会为契机，把龙头城市——上海建成世界级城市

2. 各地加强合作，构建统一、开放、规范的市场体系，推进经济一体化进程

建议成立一个权威性较强，且高于各个城市等级的专门机构来专门就长江三角洲城市群有关发展问题进行统筹规划、协调政策与利益。

3. 加强重点基础设施的协调建设

开发长江深水航道和深水港，加强一系列高速公路、铁路和大桥的建设。

4. 强化产业整合，培育具有国际竞争力的区域产业群落

借鉴国外的发展经验，在发挥苏浙沪比较优势的基础上，重塑各地区的分工与协作，实现优

* 本部分由夏永祥、成涛林提供。

势互补，培育具备国际竞争力的产业群落。

5. 加强生态环境治理和保护，走可持续发展道路

具体做法有：第一，产业整合应同环境保护与整治相结合。第二，打破地方保护主义，制定长江三角洲区域统一环保规划，加大环境治理和环保执法力度。第三，以水资源治理为重点，控制沿江钢铁、石化、建材等重污染企业的规模和布局，实现“三废”达标排放。第四，采用低能耗的先进工艺和技术，提高城市能耗效率，推广使用清洁能源，如城市应提倡液化气汽车，电动助力车而代替摩托车。

6. 积极推进政府职能改革，营造良好的经济环境

政府应弱化经济功能，强化社会服务功能。增强政府行为的科学性和透明性，对于重大决策应该广泛听取群众和专家意见，形成民间团体和个人掌握了解政府有关政策和方便向政府提供意见的机制。

二 长江三角洲建设国际性都市群研究*

（一）长江三角洲城市群特征研究

①良好的区位条件、广大的腹地；②合理的区域分工、相互依存的经济结构；③强大的综合经济实力；④完备的基础设施；⑤科技教育力量的强劲依托；⑥上海“龙头”作用更加突出。

（二）长江三角洲城市群与珠江三角洲城市群比较分析

①从地理条件看，两江三角洲皆为我国大江河下游的冲积平原。②从二者在全国形成的辐射面及影响看，珠江三角洲偏居南方一隅，位于珠江的下游，位置只是处于广东省境内，远离中原和内陆地区。而长江三角洲是由地扼大陆中部，把中国分为南北两部分的长江冲积而成的，处于整个国家海岸的中点，作为长江流域经济腾飞的“龙头”，它的起飞，对于我国南北两翼和以长江为纽带的中西部发展都会产生强大的带动和辐射作用。③“两江三角洲”发展条件、经济发展模式各具优势。④从目标定位和核心城市作用看。⑤从两江三角洲区域内部经济一体化基础看。⑥从政策效应看。

（三）长江三角洲国际都市群发展模式选择及与“波士华带”比较

①发展模式选择。之所以选择波士华带为长江三角洲的发展模式，是因为二者之间有着很多的相似甚至相同之处。②长江三角洲群与波士华带的比较。对以上海为中心的长江三角洲群和以纽约为中心的波士华带进行分析比较，可以发现二者在诸如地理环境、历史渊源、产业基础和经济地位等方面相似甚多。尽管波士华带和长江三角洲有着诸多的相似之处，但也存在一定的区别。主要在于地理构成形状有别、经济发展形式各异。③上海和纽约比较。

（四）对策措施研究

①加强领导，转变观念，决策协调高层化。坚持用党中央、国务院的英明决策统一认识，统一行动。重视高层领导的推动作用，改善政府的宏观调控作用，强化权威机构的组织协调作用。②着眼长远，科学规划，定位定向特色化。按照现代化国际大都市目标，制订规划。按照产业政

* 本部分由张维、高岭、陈新中提供。

策的要求调整产业结构。③眼睛向内,夯实基础，市政设施现代化。④优势互补,群体效应，市场开发效益化。强化群体效应，扩大开放，加速机制接轨。

三 长三角城市群：形成、竞争与合作*

（一）城市群的概念与长三角城市群

城市群是由许多在经济、社会、文化等各方面具有密切交互联系并连成一体的城市共同组成的巨大的都市空间形态。城市群的核心内涵是多城市化、都市化和区域内部的一体化。长三角地区是我国最大的经济核心区，自然条件优越，区位优势明显，经济基础良好，科技和文化教育事业发达，被公认为是全球最具活力的地区之一。长三角的经济发展在全国占有举足轻重的地位。长江三角洲又是我国城镇最为密集、城市化水平最高的地区之一，区域内部城镇体系完整，由特大城市、大城市、中等城市、小城市组成城镇系统，各类城市的数量呈现“金字塔形”特点，由直辖市、副省级城市、地级市、县级市组成的完整的行政建制等级体系。长江三角洲区域的中心城市曾经历过数次重大变迁，所有城市的变动都是由于历史条件和地理环境的变化所决定的。

（二）当代长三角城市群的形成及其内部差异

历史条件和地理环境构成了我国长三角地区城市群形成的客观的潜在基础，但近20多年来长三角城市群形成由潜在基础发展成现实条件，主要是经济发展因素造就的。①上海经济辐射力的凸现与周边城市的响应。②开放型经济的迅速发展及其影响。③区域经济一体化。长三角是我国区域经济一体化发展程度最高的地区之一，也促进了这一地区城市群的形成。④经济地理因素。虽然长三角城市群的形成比较快速，但在发展的规模和水平上，这个城市群的内部存在着不平衡和较大的差异。发展差异主要表现在两个方面：第一，经济总量有巨大落差；第二，产业发展阶段存在明显差距。经济总量的差距表现在由东向西依次减弱，南部总量比北部大。产业发展阶段的差异，一方面表现在各城市之间的产业结构的差异上，另一方面表现在城市主导产业的选择，上海作为该地区经济与社会发展的增长核心，担负着调配该区域经济和社会资源，建设国际经济、贸易、金融三大中心的重任，根据上海工业发展条件，以轿车、通讯设备、精细化工、机电一体化设备、微电子和电脑、生物工程等作为21世纪的重点行业。南京和杭州将会成为这个国内最大城市群的次区域中心城市。

（三）长三角城市群内部的竞争关系

①提升经济地位的竞争。在长三角城市群中，南京、苏州、无锡、杭州、宁波5个城市的经济发展水平相近，城市综合实力相当，客观上也存在着为加快发展提升经济地位而展开的竞争。②利用外资的竞争。长三角城市群内部城市间竞争最为激烈的领域就是利用外资。③争取上海经济辐射的竞争。随着上海经济的影响力不断提高，长三角的各中心城市都已经认识到与上海经济对接的重要性，由于现阶段各城市均以接受上海产业梯度转移为目标，围绕上海“四个中心”的国际化大都市建设开展物流网、交通网、金融网的对接，因此，各城市间针对上海的合作地位的竞争也将日趋激烈。④南京与杭州的第二区域中心城市竞争。

---

* 本部分由徐康宁、赵波、王绮芳提供。

（四）长三角城市群的合作前景：

城市间经济合作是大趋势，随着长三角区域经济一体化的纵深推进，以下领域的合作有较好的前景：①基础设施。②信息共享。③环境治理与人才共同市场。④旅游资源整合与金融合作。⑤产业分工。

由于目前长三角城市群在整体上仍然处于工业化的过程，每个城市又几乎无一例外地把加快工业发展当作本地经济发展和提升城市地位的主要路径，再加上旧体制的制约，各个城市为了做大 GDP 总量，都把主导产业放在电子信息、石油化工、汽车及汽车零件、医药等大容量的制造业上，结构高度相同，自然会在一定程度上影响产业效率和技术创新。在一个相当长的时间内，长三角城市群的产业整合与分工是困难的，只有后于而不会先于其他领域的合作。

四　长三角城市群高新技术产业集群发展趋势分析*

与传统产业集群不同，区域高新技术产业集群对有技术竞争力的跨国公司和研发机构的区域集聚具有特别的依赖性。这在长江三角洲区域高新技术产业集群发展中表现得十分突出。必须指出，长江三角洲先进城市世界跨国公司吸引集聚能力正在形成预期的溢出效应，区域产品链和产业链配套体系和配套能力开发，提高了长江三角洲分工和合作的水平，也相应提高了区域高新技术产业集群的分工和合作水平。特色高新技术产业基地建设对长江三角洲高新技术产业集群竞争优势培育和提升具有十分重要的价值。一方面，几乎所有 15 个长江三角洲城市都没有发展所有高新技术产业集群的优势条件和能力。因此，包括上海在内的长江三角洲 15 个城市必须科学定位，合理选择，发挥比较优势，扬长避短，选择有限 1～3 个高新技术产业进行重点集群孵化和服务，促进相应的微观基础和制度安排的形成和创新，在此基础促进了区域创新体系的完善。高新技术特色产业基地是推动区域高新技术转移和辐射的最有效途径。长江三角洲城市群高新技术特色产业基地的相继建设，直接形成长江三角洲高新技术产业带的规模优势和竞争优势。

区域科技经济一体化是长江三角洲城市群高新技术产业集群的制度创新的方向。为了更有效地应对经济全球化挑战，长江三角洲除了建立城市群各自制度竞争优势外，还要建立起区域整体竞争优势。长江三角洲区域整体竞争优势，既包括对密集国际贸易和大规模要素流动的被动反应，更为主要的是指为成功地竞争市场份额和国际可流动要素而对制度进行的预先调整。

郊县在长江三角洲高新技术产业集群中的载体功能将进一步显著。长江三角洲先进城市近年来区域经济综合实力持续高速增强，与郊县经济活力形成和不断提升几乎一一对应。郊县经济的富有生机也使长江三角洲先进城市利用外资能力迅速提高。城郊县域经济规模竞争力的不断提升，也得益于高新技术产业集群的有力促动。

地方政府促进行为创新是长江三角洲县郊高新技术产业集群“准增长极”或“亚增长极”功能开发的重要条件。这方面，长江三角洲地方政府在官产学研合作中的地位和作用明显提高，表明政府科技合作正在由过去的单纯口号宣传、优惠政策激励向区域创新条件体系、创业条件体系建设、有效制度安排等方向转变。

分工与合作的产品链和产业链配套体系和配套能力开发，是长江三角洲高新技术产业集群不可缺少的重要条件。建立产品链和产业链配套体系和提高区域产品链和产业链配套能力是长江三角洲先进城市吸引国际先进产业转移的成功手段。地方政府在产品链和产业链配套体系建设进行

* 本部分由陈昭锋提供。

了有益探索。

区域高新技术产业集群和产业集群竞争优势构建是微观基础建设和制度创新安排的互动过程，也是长江三角洲高新技术产业集群最重要的发展趋势。其一，高新技术产业集群模式的优劣最终会在集群微观基础和制度安排的优劣上体现出来，会在集群微观基础与制度安排的互动性上体现出来。其二，长江三角洲高新技术产业集群微观基础和制度安排建设具有明显的外商直接投资导向。其三，在形成促进区域高新技术产业集群微观基础本土化特别是企业微观基础本土化和研发机构本土化方面，长江三角洲还任重道远。其四，形成FDI和内资企业兼顾的高新技术产品微观基础再造的制度安排将是长江三角洲高新技术产业集群制度创新的重点，这对建立长江三角洲区域科技资源配置能力持续提升机制，对区域创业文化和创新环境的培育和地区高新技术集群景气度优化等都具有重要意义。

FDI在长江三角洲高新技术产业集群发展中主导功能将会持续10～15年时间，如何缩短FDI在长江三角洲高新技术产业集群发展中的主导功能作用周期，也是长江三角洲高新技术产业集群竞争优势得以迅速形成的关键。

不遗余力地推进区域科技经济一体化，是长江三角洲高新技术产业集群竞争的总体制度框架。接轨上海，实现共赢，推进长三角科技经济一体化，已成为长三角各地政府的共识，成为政府制度创新的重中之重。如何协调长江三角洲各城市之间利用外资和产业集群竞争中的深层次利益矛盾，是摆在长江三角洲城市群各政府面前的重要课题。必须全面推动长江三角洲高新技术产业集群由区域比较优势向区域竞争优势的跨越。必须强调，长江三角洲在促进区域高新技术产业集群经济规模的同时，更要将如何建立起以本土企业为导向、以新知识和新技术为基础的区域高新技术产业集群模式建设作为战略创新的核心。这是构造长江三角洲城市群高新技术产业集群可持续发展和全球竞争力持续提升机制的根本。这其中，要特别重视长江三角洲先进城市新型人力资本开发和积累国际竞争力的迅速提升。

五 统一政策法规构建合作机制推进长江三角洲城市的合作与发展*

面对跨越式发展的重任，面对人们对“长三角”寄予的厚望，以上海为龙头、以江苏中南部和浙江东北部为两翼组成的长江三角洲16个城市，亟须在统一的政策法律的框架下，统一认识，构建多方合作机制，不断加强相互间的协调合作，以便形成更大的发展优势。

（一）长江三角洲城市合作与发展的重大战略意义

长江三角洲地区的城市间，虽然分属不同的行政区域，但由于地域相近，人缘相亲，文化相通，经济相融，存在着广泛的共同利益，所以长期以来相互之间一直保持着良好的人际往来和密切的经济合作与交流。我国加入世界贸易组织后，机遇与挑战并存的局面逐渐明朗。在这样的情况下，长江三角洲地区城市通过紧密合作，整合区域优势，加快经济互动发展，进一步做大做强已成为需要从国家发展战略的高度来认识的问题。首先，长江三角洲地区城市的合作与发展，是促使长江三角洲地区率先基本实现现代化的需要。其次，长江三角洲地区城市的合作与发展，是构筑中国经济腾飞所需的世界级大都市的需要。第三，长江三角洲地区城市的合作与发展，是应对经济全球化挑战、提高长江三角洲地区乃至中国经济国

* 本部分由郭佑提供。

际竞争力的需要。

（二）当前制约长江三角洲地区城市合作与发展的主要问题

长江三角洲城市的合作与发展，有利于全面提升整个“长三角”的国际竞争力。正是基于这样的共识，长江三角洲地区各城市对加强相互间经济合作的主观愿望更加强烈，加快推动长江三角洲地区经济合作与交流已成为主流呼声。但是，由于各种因素的限制，目前长江三角洲地区16个城市的经济合作与交流尚不尽如人意，主要的问题是：各自为政、产业结构趋同、基础设施重复建设、区域环境污染、民营经济相互不合作。

（三）推进长江三角洲城市合作与发展的对策建议

长江三角洲16城市互为一体，共同参与国内和全球市场竞争，将进一步强化市场竞争优势，在全球市场竞争中居于更有利的地位。为了更好地构筑和促进长江三角洲16个城市在竞争基础上的合作关系，当务之急是各城市需要在统一的政策法律的框架下，统一认识，构建多方合作机制，采取积极的行动。①形成推进合作的战略共识。②统一有关的区域性政策法规。③建立多层次的合作组织。④联合编制规划。⑤科学定位城市目标与产业布局。⑥积极促进区域统一市场的建设。

六　长三角大都市周边地区城市定位研究*

经过改革开放20年的快速发展，长江三角洲地区经济已经积累了相当的实力，特别是近年来大批新的基础设施项目相继建成以及国民经济信息化的迅速推进，为加快实现长江三角洲区域现代化创造了新的条件。

（一）率先实现区域现代化：21世纪初长江三角洲地区的发展目标

长江三角洲地区率先实现现代化的意义表现在三个方面：第一，这一区域的现代化必定会对国内其他地区产生示范作用，对国家现代化建设战略产生积极影响。第二，在区域现代化战略实施过程中，区域内部结构的变动、功能的完善以及整体性整合将产生新的能量，使这一地区逐步成为新的经济高地，对国内其他地区特别是沿江经济带将产生强有力带动。第三，这一区域现代化将改变东亚地区经济格局，提升中国在世界经济体系中的地位，对我国参与国际竞争发挥重大支撑作用。从发展的外部条件看，长江三角洲地区既有可能也有必要加快结构调整，率先实现现代化。知识经济的兴起将对长江三角洲地区带来积极影响。世界经济一体化的发展将给长江三角洲地区产业升级带来更大的空间。我国加入WTO后对提升长江三角洲地区的集聚和辐射作用带来新的机遇。

（二）加快区域经济一体化：长江三角洲地区实现现代化的前提

从区域现代化的目标看，长江三角洲地区发展目前仍存在一些制约因素。主要是产业结构趋同，大都市连绵区尚不发达，基础设施重复建设，缺乏统筹协调，区域环境污染严重，可持续发展能力亟待提高。知识经济、全球一体化的压力以及国内外市场形势的变化，也在相当程度上强化了区域经济一体化的内在动力。

---

* 本部分由施祖麟、白永平提供。

迎接世界性知识经济的辐射，需要大力强化区域发展的增长极核；全球一体化的压力，要求联合培育足以与跨国公司相抗衡的特大型骨干企业；市场形势的变化以及经济发展阶段的转换，要求跨地区实施产业整合。以上三方面的因素以及国际区域经济发展的成功范例，都表明长江三角洲地区各城市在未来的发展中，不能继续依靠过去短缺经济条件下单个城市相对独立构筑的经济体系和企业组织营造的地区优势，单个城市的利益将更多地依赖整个区域的整体利益，迄今为止经济发展中相对突出的地方保护的冲动将大大削弱，区域合作的动力将大大增强。

（三）面向现代化的城市定位和重新审视

上海作为经济增长极具有良好的周边经济扩散条件。上海周边的长江三角洲具有以下优势条件：坚实的产业结构支撑、发达的乡镇企业、密切的区内联系，有助于上海增长极的经济扩散。长江三角洲经济扩散的空间图式具有明显的圈层与轴线。从总体上来看，上海这个增长极主要是沿着铁路扩散的，沿江扩散轴和沿海扩散轴成为次一级的扩散轴。长江三角洲经过半个世纪的建设，沪宁、沪杭、杭甬交通沿线为城市密集带，也是产业集中带和生产力发展的主轴线，沿江、沿海地带的港口、工业和城市，自20世纪70年代以来也得到快速发展，因此已初步形成了沪宁、沪杭甬铁路沿线的产业轴、苏南临江产业轴和苏北沿江产业轴线，这些产业轴线也成为经济的扩散轴线，其中沿铁路的扩散最为重要。最近的研究表明，苏州已经成为上海大都市圈的副中心，南通市是上海大都市圈北翼的江海门户。

（四）实施城市定位的基本考虑

联合进行基础设施的协调建设，形成一体化的区域基础设施网络；推进区域产业结构整体整合与分工，培育区域性主导产业与支柱产业，形成布局合理、协作密切的生产体系；构建系统集成的技术创新体系，共同培育区域一体化的创新网络；联手进行生态环境整治，增强防灾减灾能力，实现区域的可持续发展。

长三角文化研究

一 长三角，打造新文化中心*

长三角作为我国经济发展最快的地区，应该致力于成为全国文化内容创新最多、文化辐射力最大、文化消费能力最强的地区。

自然景观和人文资源高度集中在长三角，为资源互补创造了条件

专家曾预测：2005年长三角的GDP总量将超过2.5万亿元，到2015年将达到或者超过5万亿元。从可持续发展的角度看，长三角城市群经济的增长离不开社会文化的协调发展。要成为21世纪中国和世界上最有活力的城市群，必然要以文化发展的活力，给经济增长和社会全面进步以强大的推动。而长三角具有的文化资源的丰富形态和巨大存量，包括自然资源、实物资产、金融货币、专利技术、无形资产和知识资本等，又提供了进一步优化整合的重要基础。首先，长三角城市群所拥有的文化传统资源，极具特色，形态丰富，各有千秋，构成了互补整合的重要条件。其次，它在文化资源的流动条件、资源培育的社会投入等方面，不断扩大增量，加强了优化整合

* 本部分由花建提供。

的物质基础。第三，长三角文化资源整合的现实基础方面，具有体制改革上的互补性，制度创新上的多向性，区域开发上的协作性。

提高各城市的文化资源利用率，构筑协调发展的格局，成为当务之急。第一，体制创新应该成为长三角文化优化整合的突破口。第二，要以层次配置作为抓手，通过项目、院线、市场、信息等的分层合作，形成突破重点，进一步带动全局。第三，要以发展为重心，建立平等的共享协作机制，调动各种积极因素，扩大社会投入，增强长三角文化发展的后劲。

二 长三角实现率先发展中的文化因素*

从全国来说，为加快区域协调发展，在特定区域率先实现现代化的话，长三角的确是最佳选择之一。但是，单纯从空间区位、经济密度、产业集中度、科技实力、人口素质等因素考虑，还未能准确而全面地把握长三角在率先实现现代化进程中的内在优势，因为文化是长三角历久弥新、稳定发展的“三角”之一极，而且是起着须臾不可忽视的基础、引领和板块作用的重要一极。文化因素将在长三角率先实现现代化进程中扮演着越来越重要的角色。

（一）共同认同长三角同根同源、同盛同衰的历史人文

①远古同根同源。长三角是中华文明重要发祥地之一。根据考古发现，长三角地区有悠久的历史和共同的祖先。②近代同盛同衰。在现当代，长三角这种渊源关系仍然得到表达，1～3 小时的“同城生活”已为长三角各城市市民真切地感受到。

（二）共同铸就长三角共同理念和区域精神

从整个区域来看，长三角率先实现现代化仅凭物质基础和经济实力是远远不够的，还需要在文化一体化方面下工夫，必须尽快树立区域共同发展理念和确立区域精神，并使之努力达成整个长三角区域的高度文化认同。

（1）树立区域共同发展理念。从国家战略的层面考察，在长三角区域率先实现现代化具有十分重要的战略意义。①可以大大加速中国社会主义现代化建设的总体进程，总体增强国家的综合国力，迈出中华民族复兴大业的坚实步伐，进一步以事实确证中国共产党卓越的执政能力和中国特色社会主义道路的优越性；②以体量巨大、实力雄厚、技术先进、生态良好的经济板块，直接面向世界发展，有利于提高中国在世界市场体系中的竞争能力，有利于直接接轨国际经济循环，及时把握国际发展机遇；③长三角先行一步，取得科技、经济、社会、文化、资源、环境等方面的率先突破，既可以为中西部地区树立样板，提供经验，又可以以丰富的人才、资本、技术输出，以及产业梯度转移、综合服务支持等，辐射和带动中西部加快发展。可从四个递进的层面筹划确立长三角共同发展理念。①从确立区域观念切入，②逐步强化合作理念、互补理念、错位理念，③创新与区域一体化经济基础相适应的意识形态，④在条件许可的情况下，进一步将区域意识形态上升到规则、制度、组织、机制的创新层面。

（2）铸就区域共同精神 。长三角主要由江、浙、沪三地部分城市构成，三地的“精神”既各有特点，又存在较强的互补关系。

（3）达成区域文化认同。根据中央部署和长三角发展现实，长三角区域要在“十一五”期间整体率先实现现代化，这就是历史赋予长三角每个城市和全体人民的重要使命，用“率先实现现

* 本部分由巫志南提供。

代化”理念覆盖长三角整个区域，就是要使长三角每个城市明了这一历史阶段长三角发展面临的根本任务，以及每个城市在完成这一历史使命中的地位和作用。

（三）共同谋划“文化长三角”

长三角率先实现现代化，必须在重视“经济长三角”、“科技长三角”、“生态长三角”的同时，明确提出“文化长三角”的战略选择。经过实地深入考察，“文化长三角”的战略选择既具有深厚的历史人文依据，又能够得到现实丰富文化资源的支撑。①统一多样的人文文化资源；②优质丰富的生态文化资源；③健康发展的文化事业和文化产业。

目前，长三角城市群文化布局呈现为自然、自发状态，呈现为局部的合理性，缺乏战略性、全局性、功能性的文化空间总体布局。形成这一状态的原因，主要在于各级行政区划一定程度上切割了几个大规模的文化空间资源，弱化了文化空间潜在的功能作用。

从率先现代化的角度，考虑长三角文化空间定位问题，大体可分为三个层面：①在区域空间总体层面，应当立足于在这一区域尽快建成与社会主义市场经济体系相适应，与加速和谐社会建设要求相吻合，与资源节约、生态优美、环境友好相协调的有中国特色社会主义文化示范区。②在大的空间区位层面，应当根据自然条件、空间区位、人文传统，结合面向世界和面向未来的发展要求，以先进的理念跨城市构建起更具有世界影响力的大型主题文化区。③在区域内各城市文化空间定位层面，要借助区域的空间定位，有力地突破地方所有、地区分割的发展瓶颈，逐步消减各城市孤立定位的传统空间思维惯性，把分散、耦合的城市群转化为各城市均能根据自身发展特点独立承担和增强区域功能的“超级”城市群。

根据区域文化发展的阶段性特点，“十一五”期间应将重点放在构建大的世界级主题文化空间区位层面，初步设想如下：①共同研究和推进“环杭州湾海洋文化圈”建设；②共同研究和推进“环太湖江南文化圈”建设；③共同研究和推进“沿长江城市文化带”建设。

（四）共同筹划连通长三角的公共文化服务协作体系

与全国的平均水平相比较，长三角各城市公共文化资源比较丰厚，基本具备在整个区域率先实现公共文化服务现代化的基础条件。面对如此丰富的公共文化资源和文化人才资源，如果区域性打通服务空间，创建区域公共文化服务协作体系，实现共有、共享、共建，可大幅度提高人才资源和公共文化资源的开发效能。区域公共文化服务协作体系建设的六个要点：①准确把握区域的“公共”性；②严格落实区域的“服务”性；③稳步推进区域的“组织”性；④切实提高区域的“透明”度；⑤合理建立区域的“保障”力；⑥优化整合区域的“供应”链。

（五）共同建立相互开放的区域性文化市场

事实已经表明，长三角文化市场的开放已经有了良好的开局。在此基础上，未来数年长三角区域文化市场开放的重点应当放在为长三角文化发展塑造区域协作的基础环境、加强区域宏观指导、转变各地政府面向区域服务的职能、共同维护区域市场秩序、健全区域联合执法、增强区域行业自律等方面。①加强区域市场宏观指导；②维护区域市场运行秩序；③创新区域市场合作机制；④加强区域行业协会协作；⑤促进区域要素市场发展。

（六）共同推进长三角区域文化产业发展

共同推进长三角区域文化产业发展，重点是全面落实科学发展观，加快区域协作机制建设，加强科技与文化产业的融合发展，强化区域文化产业创新能力，培育区域龙头企业，创建区域文

化品牌，拉动区域文化内需，开拓国内外文化市场。①加快区域文化产业协作机制建设。②逐步优化区域文化产业基本构成 。产业结构调整的方向有四个方面：优化文化服务业构成；优化文化产业资本构成；优化文化产业技术构成；优化文化产业市场构成。③培育区域文化产业知名品牌。④优化区域文化产业功能布局。

三 以文化认同促长三角经济合作*

（一）文化认同对区域经济合作具有十分重要意义

文化认同实际上是指民族、国家、区域范围内的文化心态，是一种特殊的心理状态，涂尔干所指的“集体良知”就是对其凝练的概括。文化认同是区域的经济合作中必不可少的因素。从普遍意义上讲，区域经济合作需要两方面的基础，一是区域市场体系以及由此派生出来的城市体系与区域分工，这是经济方面的因素；二是基于行政的区域整合或者基于文化特征的区域性认同，这是政治与文化方面的因素。一般来讲，这两方面是相互作用缺一不可的。对于跨行政的区域合作而言，文化认同更是不可或缺的因素。

区域经济合作与文化认同是密切相关的，没有文化认同，区域经济合作也就难以整合。首先，文化认同有助于降低风险成本，从而推动区域经济合作。其次，文化认同有助于降低磨合成本，从而推动区域经济合作。再次，文化认同可以加强区域凝聚力，从而推动区域经济合作。

（二）长三角具有文化认同渊源

长三角在区域文化认同方面有着得天独厚的条件。从历史上看，这一区域在历史上就有着千丝万缕的联系。而且，一直以来，该区域人员的联系与经济的联系就很密切，虽然受着行政区划的影响，但它们之间的紧密联系却从未被割裂过。

从文化圈的角度来看，就地理环境、政治、历史、经济、文化等诸多因素综合考察，长三角区域属于同一个文化圈。长三角的文化是共性与个性的结合，是和而不同。共性的地方非常多，共性的特点表现在同根同源、互融互通。因此，在世人眼中，长三角已不仅是一个地域的概念或经济的概念，同时，它越来越多地成为一个人文的概念。长三角区域在历史上具有一脉相承的文化认同渊源，这为各部门的经济合作顺利展开奠定了坚实的基础。

（三）长三角文化认同的现状

长三角不仅在历史上具有良好的文化渊源，这种历史上的文化渊源同样也影响了当前的经济社会合作。人们对长三角合作普遍持有乐观的态度，在很大程度上是由于彼此认同的文化基础以及这种文化基础在今天的延续。除了语言等文化浅层面的认同基础，在文化核心层次——价值观念等方面，长三角也有着良好的认同基础。复旦大学哲学系教授王德峰在《第六城市群经济联动的文化基础》中，总结了长三角区域文化认同之基础：一是合理的个人主义，二是在文化价值上的宽容态度，三是务实精神和意识形态中立，四是积极学习新事物的开放心态。长三角文化认同方面有着良好的现状，但也有不尽如人意的地方，如上海人的“大上海”意识，还有长期行政分割所造成彼此不信任的心理，利益分割造成的自我中心心理等等。但总体而言，长三角区域在文化认同方面态势是良好的。

---

* 本部分由宋言奇、马乙玉提供。

（四）加强长三角文化认同的对策

文化认同不是一个固定的，而是一个动态的过程。为保持历史上形成的良好的文化认同渊源，促进区域文化认同转化为现实生产力，以文化认同带动区域经济合作，长三角还需要强化以下几个方面："长三角意识"的树立 ；政府的引导；媒体的推动；文化成果的共享。

四 "长三角大都市圈"战略的文化基础与文化意义*

"长三角大都市圈"的形成过程，同时也是在苏浙沪地区尝试建设当代中国先进的民族文化的一个探索过程。

（一）"长三角"区域文化特征及其在当代大都市圈发展中的基础作用

1. 从吴越文化到江南文化：中国近代精神的最初养育

"长三角"地区在先秦时期属于吴越文化区。六朝之后，尤其是在南宋之后，大量北人南迁，与本地人发生了文化上的冲撞和交融，在很大程度上使原来的吴越文化发生了特征上的转变，逐渐形成了一种我们现在所熟知的"江南文化"。它实现和示范了儒家道统与商品经济原则之间的结合。正是在这样一种区域文化中，已开始发生中国近代精神的最初养育。

2. 江南文化以上海为中心的近代转型：近代上海文化之初步形成

近代上海的海派文化风格有三个基本特征：其一，是对西学的积极"翻译"。其二，是对中国传统艺术的"开新"。其三，是对近代市民生活的贴近与表达，即文化的"市民化"。在这近代上海成长着的市民社会通过移民们的家乡纽带，把它的新精神和价值观念向四周传导，使长江三角洲区域的农村和小城镇无不向"上海文化"靠拢。

3. 近代上海文化为未来"长三角大都市圈"所提供的文化认同基础

"近代上海文化"已为"长三角区域"今后的"大都市圈文化"的发展准备好了区域文化认同的基础。对这一文化认同的基础，大致可作如下四个方面的特征描述。一是合理的个人主义以及在文化价值上的宽容态度。二是务实精神。三是积极学习新事物的开放心态。

（二）"长三角大都市圈"发展战略对于当代中国先进文化建设的意义

1."长三角大都市圈"的现实前景在根本上有赖于它的文化生命力

（1）来到大都市圈的新移民的伦理情感与文化理想将决定"长三角大都市圈"的前途和命运。

（2）由知识分子文化所引领的新型市民文化之建设将构成"长三角大都市圈"社会生活的真正灵魂。

上海知识分子文化的近代传统的"市民化"原则，要求"长三角大都市圈"的知识分子始终密切关注都市圈市民社会的生活情感和文化趣味，通过对它进行生动而深刻的文化表达，把实践的市民文化提升为高尚的伦理情感和积极的文化理想。只有在这种互动关系中，一个大都市圈才会形成它真正的文化生命，生长出它真正的灵魂来。

---

* 本部分由王德峰提供。

2.“长三角大都市圈”将在当代中国先进文化建设中居重要地位

在“长三角大都市圈”的现实形成过程中，中国文化精神与西方抽象的形式理性原则之间的冲突必不可免。中国人文知识分子的重大使命在于上承中国尚未完成的近代启蒙任务，下启能够抵御西方现代性病症的当代中华民族的文化理想，引导广大市民成长为以民族文化精神为根基的道德实践主体，使实际存在的多元的社会利益与不同的社会阶层彼此之间形成一个积极互补与和谐发展的局面。“长三角区域”目前已经形成一个“跨文化的空间”，已成为国内、国际多元文化的汇聚之地，为中国当代文化的创造性建设提供了一个具有丰富多样的文化资源的平台，让这个平台去率先承当中国文化在当代所必定要迎受的各种挑战与考验。

五 大城市群的文化协作
——从长三角和珠三角文化协调发展的思路说起*

长三角和珠三角两大城市群，不但经济充满活力，而且具有悠久和丰富的文化积淀，人民群众对优秀文化成果的消费能力也非常强烈。但是这些大城市群的文化创造潜力还远远没有发挥出来，主要文化产品和文化服务对海内外的覆盖率和市场占有率，远远未能达到发达国家大城市群的水平。其主要原因是：垂直的行政管理，割裂了统一的文化市场；滞后的文化法制建设，削弱了知识产权的保护力度；文化中介和服务机构的缺乏，堵塞了文化活力的“毛细血管”；缺乏文化动力“三大引擎”，即政府、文化企业和非政府组织的默契配合。

要进一步发挥中国大城市群的文化活力，首先，大城市群要逐步打破行政区划的分割，鼓励多样化，倡导特色化，和而不同、多元共享，构成互补合作的重要条件。以珠三角城市群为例，它经过改革开放20多年来的发展，已经形成了一个以广州与深圳为中心，广州至珠海、深圳至珠海为发展轴线的“双中心”的文化空间布局，并且分为3个特色层次：第一个层次是构成“双中心”的广州和深圳，它们是广东省乃至华南地区最重要的文化中心，其报业、印刷业、文化旅游业等在全中国都有广泛的影响，两大城市文化产业的经济贡献约占珠三角总量的70%以上。第二个层次是毗邻的珠海与佛山，虽然它们文化产业的经济总量不大，但是具有非常鲜明的特色。第三层次是周边的中山、江门、肇庆、东莞、惠州等5个小城市。将这些文化资源加以保护和提升，形成一个特色鲜明、多方共享、流通互补的空间，将大大提升珠三角和各城市群的发展动力。

大城市群要不断扩大文化投入，更新基础设施和开发投入，同时，要形成资本融通、资源流动与法制保护的网络，才能加强优化合作的物质基础。这种文化资源的融通网络，不仅仅包括有形的网络，包括以信息化为基础的各种运输网络和交流网络，如公路、铁路、水运、航空、管道等运输方式，方便大量的人流、物流、资金流和信息流，而且包括无形的文化服务和知识产权保护网络，提高文化资源融通的质量和安全感。首先，要推进文化资本市场的对内和对外开放，降低准入的门槛，促进资本的自由流动，废除妨碍公平竞争的行政壁垒，逐步消除排斥民营投资和外地投资的各种规定，打破集团垄断、行业垄断、地区封锁。第二，是要建立和健全社会信用体系，形成以道德为支撑、法律为保障的社会信用制度。其三，是发展中介服务平台。除了上述的要素，提高大城市群的文化活力，还必须在城市中倡导积极的人文精神。

随着中国现代化的步伐，中国城市群正进入一个空前的发展期。遵循文化发展和城市发育的规律，通过积极而持续的探索，中国的大城市群必将盛开多姿多彩的文化之花。

---

* 本部分由花建提供。

六　对“长三角”小康社会群众文化建设的思考*

党的十六大提出了全面建设小康社会的宏伟目标，“长三角”地区认真贯彻十六大精神，抓住机遇，制定了率先发展的奋斗目标，要在全国率先实现现代化，率先完成建设小康社会。围绕这一目标，“长三角”地区的群众文化如何制定与之相适应的发展目标？如何建设与之相匹配的具有“长三角”特色的小康文化？将是摆在我们群文工作者面前新的课题。

首先，我们要充分认识群众文化，在建设小康社会中所处的地位和作用。其次，我们要清楚地看到，小康型的群众文化没有统一的模式，它必须同这一地区的经济发展水平相协调；同这一地区的历史文化背景相适应；同这一地区人民群众的民风习俗相配套，具有自身特点和地域特性，具有一定的先进性和大众性的文化。

笔者认为，要建设好“长三角”小康群众文化，可以从三个方面加以思考。

思考之一：从“长三角”地区经济发展的高度来认识和定位。

改革开放以来二十余年，“长三角”经济建设经历了三次发展浪潮，从“长三角”地区发展的历程中，我们可以看得到社会文化的足迹。新世纪以来，群众文化呈开放型、多元化趋势，她的触角遍及方方面面，向旅游文化、网络文化、企业文化等领域渗透，并紧密相连，可以说群众文化进入了人们的生产和生活的各个方面。群众文化的地位也由此得到前所未有的提高。我们在建设小康的社会文化中必须要考虑从“长三角”的经济发达程度出发，从人们现已到达的初步小康生活水平的高度来设计、规划、建设“长三角”未来小康型的群众文化。

思考之二：要从“长三角”历史文化的深度来认识与定位。

“长三角”地区蕴含着吴文化的温文儒雅，也含有激越高亢的越文化，加上近代崛起的海派文化，三种具有鲜明特色的文化在全国乃至世界都有一定影响力，三者交融，组成了“长三角”的文化特征。建设“长三角”小康社会的群众文化，我们必须考虑“长三角”文化的历史背景和发展变化过程，从中也可借鉴历史文化发展的有益经验，开发利用历史文化的资源，着力打造以历史文化为依托的民族文化品牌，建设小康社会的群众文化，更是要注重传承和弘扬、传播优秀的民族文化，通过各类群众喜闻乐见的形式，培育人们以爱国主义为核心的团结统一、爱好和平、勤劳勇敢、自强不息的伟大民族精神。

思考之三：要从“长三角”沿海开放、城市化建设的进度来认识与定位。

经济的发达、文化历史的悠久、开发开放的程度、城市化的趋势都是“长三角”的优势，是“长三角”的持续发展的原动力，同时也构成了“长三角”的基本区情。首先我们要用“三个代表”重要思想指导和衡量群众文化建设的成果。其次要大力开展健康、有益的群众性文化活动，拓宽我们群众文化的领域。再是要根据“长三角”小康社会群众文化事业的发展要求，从我们现有群众文化的体制、内部管理、人才队伍建设、文化产业的开发、艺术生产的机制等等方面进行改革，并不断地创新观念、创新机制、创新管理，使群众文化与“长三角”小康社会建设的步伐同步。

* 本部分由乔新谓提供。

第五编
经济社会发展重要指标

表5-1　长三角地区国民经济和社会发展总量与速度指标（2005年）

指　　标	长三角	上海市	江苏省	浙江省
就业				
就业（万人）				
就业人数	8474.2	863.32	4510.12	3100.76
宏观经济				
国民核算（亿元）				
地区生产总值	40897.69	9154.18	18305.66	13437.85
第一产业	2434.65	80.34	1461.48	892.83
第二产业	21974.11	4452.92	10355.04	7166.15
第三产业	16488.93	4620.92	6489.14	5378.87
固定资产投资（亿元）				
全社会固定资产投资总额	18978.51	3542.55	8739.71	6696.25
财政（亿元）				
财政收入	9336	4095.81	3124.83	2115.36
地方财政支出	5142.06	1660.32	2216.21	1265.53
物价（上年=100）				
居民消费价格指数		101	102.1	101.3
国内商业				
社会消费品零售总额（亿元）	13304.55	2972.97	5699.89	4631.69
对外经济贸易和旅游				
进出口总额（亿美元）	5216.97	1863.65	2279.41	1073.91
出口	2905.28	907.42	1229.82	768.04
教育、科技、文化				
教育				
高等学校本专科在校学生（万人）	227.94	44.26	115.98	67.7
普通中学在校学生（万人）	759.68	7.02	491.56	261.1
小学在校学生（万人）	881.43	53.5	485.53	342.4
文化				
图书出版量（亿册）	9.59	2.59	4.26	2.74
杂志出版量（万册）	36759	19000	8743	9016
报纸出版量（亿份）	72.35	19.06	26.8	26.49
家庭、生活、环境				
家庭				
生活				
城镇居民人均可支配收入（元）		18645	12319	16294
农村居民人均纯收入（元）		8342	5276	6660

表 5－2　长三角地区国民经济和社会发展结构指标（2005 年）

指　　标	上海市	江苏省	浙江省
人口与就业			
人口			
城乡结构			
城镇	84.5	50.5	56
乡村	15.5	49.5	44
性别结构			
男	50.2	50	51.2
女	49.8	50	48.8
就业			
产业结构			
第一产业	7.1	31.5	24.5
第二产业	37.3	34.3	45.1
第三产业	55.6	34.2	30.4
宏观经济			
国民核算			
地区生产总值产业结构			
第一产业	0.9	8	6.6
第二产业	48.6	56.6	53.4
第三产业	50.5	35.4	40
产业经济			
工业			
工业产值按轻重分			
轻工业	25.5	31.2	46
重工业	74.5	68.8	54
运输业			
货运量结构			
铁路	5.4	4.5	2.3
公路	45.8	67.6	64.6
水运	48.5	25.9	33.1
对外经济贸易和国际旅游			
海外旅游人数结构			
外国人	79.2	69.3	66.9
港澳台同胞	20.8	30.7	33.1
教育、科技、文化			
教育			
在校学生结构			
大学生	25.3	10.3	9.1
中学生	44.1	49.3	44.6
小学生	30.6	40.4	46.3

续表 5－2

指　　标	上海市	江苏省	浙江省
专任教师结构			
大学	26.4	10.5	10.3
中学	42.5	48.6	46
小学	31.1	40.9	43.7
生活、环境			
生活			
城镇居民消费结构			
食品	35.9	37.2	33.8
衣着	6.8	9.3	10.3
居住	10.2	9.2	8.6
其他	47.1	44.3	47.3
农村居民消费结构			
食品	18.2	44	38.6
衣着	5.1	5.4	5.9
居住	18	14.4	16.2
其他	58.7	36.2	39.3

表 5－3　长三角地区主要年份地区生产总值

单位：亿元（按当年价格计算）

年　份	长三角	上海市	江苏省	浙江省
1978	645.77	272.81	249.24	123.72
1979	742.73	286.43	298.55	157.75
1980	811.61	311.89	319.8	179.92
1981	879.64	324.76	350.02	204.86
1982	961.25	337.07	390.17	234.01
1983	1046.55	351.81	437.65	257.09
1984	1232.95	390.85	518.85	323.25
1985	1547.73	466.75	651.82	429.16
1986	1738.24	490.83	744.94	502.47
1987	2074.78	545.46	922.33	606.99
1988	2627.4	648.3	1208.85	770.25
1989	2867.83	696.54	1321.85	849.44
1990	3102.85	781.66	1416.5	904.69
1991	3584.48	893.77	1601.38	1089.33
1992	4626.04	1114.32	2136.02	1375.7
1993	6443.3	1519.23	2998.16	1925.91
1994	8737.53	1990.86	4057.39	2689.28
1995	11212.23	2499.43	5155.25	3557.55
1996	13150.29	2957.55	6004.21	4188.53
1997	14805.24	3438.79	6680.34	4686.11
1998	16053.66	3801.09	7199.95	5052.62

续表 5-3

年　份	长三角	上海市	江苏省	浙江省
1999	17330.47	4188.73	7697.82	5443.92
2000	19465.89	4771.17	8553.69	6141.03
2001	21565.3	5210.12	9456.84	6898.34
2002	24351.55	5741.03	10606.85	8003.67
2003	28842.12	6694.23	12442.87	9705.02
2004	34725.13	8072.83	15003.6	11648.7
2005	40897.69	9154.18	18305.66	13437.85

表 5-4　长三角地区主要年份第一产业生产总值

单位：亿元（按当年价格计算）

年　份	长三角	上海市	江苏省	浙江省
1978	126.8	11	68.71	47.09
1979	182.99	11.39	104.04	67.56
1980	168.95	10.1	94.24	64.61
1981	189.03	10.58	109.39	69.06
1982	233.34	13.31	135.15	84.88
1983	246.82	13.52	150.41	82.89
1984	300.66	17.26	179	104.4
1985	339.07	19.53	195.66	123.88
1986	380.24	19.69	224.26	136.29
1987	427.87	21.6	246.86	159.41
1988	542.22	27.36	319.18	195.68
1989	564.76	29.63	324.18	210.95
1990	644.45	34.24	355.17	255.04
1991	624.42	34.06	345.14	245.22
1992	690.65	34.16	393.82	262.67
1993	844.38	37.82	490.59	315.97
1994	1170.24	47.61	683.98	438.65
1995	1476.02	59.82	866.24	549.96
1996	1652.84	68.72	989.18	594.94
1997	1726.73	72.03	1035.8	618.9
1998	1730.3	73.84	1047.16	609.3
1999	1718.17	74.49	1037.37	606.31
2000	1756	76.68	1048.34	630.98
2001	1832.26	78	1094.48	659.78
2002	1875.32	79.68	1110.44	685.2
2003	1961.32	81.02	1162.45	717.85
2004	2265.13	83.45	1367.58	814.1
2005	2434.65	80.34	1461.48	892.83

表5-5　长三角地区主要年份第二产业生产总值

单位：亿元（按当年价格计算）

年　份	长三角	上海市	江苏省	浙江省
1978	395.66	211.05	131.09	53.52
1979	426.42	221.21	141.14	64.07
1980	487.58	236.1	167.41	84.07
1981	516.43	244.34	178.01	94.08
1982	533.28	249.32	185.52	98.44
1983	579.25	255.32	210.81	113.12
1984	667.24	275.37	250.39	141.48
1985	864.1	325.63	339.56	198.91
1986	943.23	336.02	376.32	230.89
1987	1129.54	354.38	493.69	281.47
1988	1374.26	433.05	586.82	354.39
1989	1509.49	466.18	657.06	386.25
1990	1606.37	505.6	692.59	408.18
1991	1838.67	550.64	793.92	494.11
1992	2450.08	677.39	1119.26	653.43
1993	3484.39	902.38	1598.05	983.96
1994	4733.34	1148.45	2186.77	1398.12
1995	5989.19	1419.41	2715.26	1854.52
1996	6903.01	1596.72	3074.12	2232.17
1997	7740.45	1774.02	3411.86	2554.57
1998	8278.94	1871.89	3640.1	2766.95
1999	8879.53	1984.64	3920.15	2974.74
2000	9917.45	2207.63	4435.89	3273.93
2001	10883.52	2403.18	4907.46	3572.88
2002	12317.42	2622.45	5604.49	4090.48
2003	15092.51	3209.02	6787.11	5096.38
2004	18580.49	3892.12	8437.99	6250.38
2005	21974.11	4452.92	10355.04	7166.15

表5-6　长三角地区主要年份第三产业生产总值

单位：亿元（按当年价格计算）

年　份	长三角	上海市	江苏省	浙江省
1978	604	2497	430	331
1979	687	2568	509	417
1980	744	2737	541	471
1981	796	2813	586	531
1982	859	2877	645	599
1983	927	2963	716	650
1984	1084	3259	843	810
1985	1351	3855	1053	1067
1986	1502	4008	1193	1237
1987	1770	4396	1462	1478
1988	2213	5162	1891	1853

续表 5－6

年　份	长三角	上海市	江苏省	浙江省
1989	2386	5487	2038	2023
1990	2526	6107	2109	2138
1991	2893	6954	2353	2558
1992	3705	8650	3106	3212
1993	7799	11758	4321	4469
1994	6901	15352	5801	6201
1995	8803	19225	7319	8149
1996	10262	22700	8471	9552
1997	11499	26352	9371	10624
1998	12410	29104	10049	11394
1999	13338	31979	10695	12214
2000	14803	36217	11765	13416
2001	16335	39340	12882	14713
2002	18377	43143	14396	16978
2003	21687	50032	16830	20444
2004	25988	59928	20223	24352
2005	30437	67492	24560	27703

表 5－7　长三角地区主要年份工业生产总值

单位：亿元（按当年价格计算）

年　份	长三角	上海市	江苏省	浙江省
1978	371.54	207.47	117.1	46.97
1979	398.46	216.62	126.25	55.59
1980	455.8	230.87	151.22	73.71
1981	482.31	237.12	161.11	84.08
1982	496.05	240.75	168.09	87.21
1983	540.33	246.26	191.52	102.55
1984	619.68	263.19	228.58	127.91
1985	797.69	311.12	307.89	178.68
1986	863.29	318.89	337.77	206.63
1987	1029.46	336.54	443.23	249.69
1988	1241.81	399.53	526.92	315.36
1989	1379.33	432.92	599.91	346.5
1990	1467.7	469.83	634.13	363.74
1991	1678.98	514.79	725.83	438.36
1992	2236.35	636.68	1017.94	581.73
1993	3174.94	846.71	1451.97	876.26
1994	4319.96	1074.37	2002.22	1243.37
1995	5421.34	1308.2	2467.63	1645.51
1996	6191.49	1452.79	2754.8	1983.9
1997	6900.59	1598.91	3016.44	2285.24
1998	7312.85	1670.19	3157.69	2484.97
1999	7855.65	1787.98	3387.99	2679.68
2000	8793.18	1998.96	3848.52	2945.7

续表 5－7

年　份	长三角	上海市	江苏省	浙江省
2001	9619.57	2166.74	4270.9	3181.93
2002	10888.95	2368.02	4880.09	3640.84
2003	13408.86	2941.24	6004.65	4462.97
2004	16598.97	3593.25	7514.39	5491.33
2005	19813.56	4129.52	9334.7	6349.34

表 5－8　长三角地区主要年份建筑业生产总值

单位：亿元（按当年价格计算）

年　份	长三角	上海市	江苏省	浙江省
1978	24.12	3.58	13.99	6.55
1979	27.96	4.59	14.89	8.48
1980	31.78	5.23	16.19	10.36
1981	34.72	7.22	16.9	10.6
1982	37.23	8.57	17.43	11.23
1983	38.92	9.06	19.29	10.57
1984	47.56	12.18	21.81	13.57
1985	66.41	14.51	31.67	20.23
1986	79.94	17.13	38.55	24.26
1987	110.08	27.84	50.46	31.78
1988	132.45	33.52	59.9	39.03
1989	130.16	33.26	57.15	39.75
1990	138.67	35.77	58.46	44.44
1991	159.69	35.85	68.09	55.75
1992	213.73	40.71	101.32	71.7
1993	309.45	55.67	146.08	107.7
1994	413.38	74.08	184.55	154.75
1995	567.85	111.21	247.63	209.01
1996	711.52	143.93	319.32	248.27
1997	839.86	175.11	395.42	269.33
1998	966.08	201.7	482.41	281.97
1999	1023.88	196.66	532.16	295.06
2000	1124.27	208.67	587.37	328.23
2001	1263.94	236.44	636.56	390.94
2002	1428.47	254.43	724.4	449.64
2003	1683.66	267.78	782.46	633.42
2004	1981.52	298.87	923.6	759.05
2005	2160.55	323.4	1020.34	816.81

表5－9　长三角地区主要年份地区生产总值中第一产业比重

单位：%（按当年价格计算）

年　份	长三角	上海市	江苏省	浙江省
1978	19.6	4	27.6	38.1
1979	24.6	4	34.8	42.8
1980	20.8	3.2	29.5	35.9
1981	21.5	3.3	31.3	33.7
1982	24.3	3.9	34.6	36.3
1983	23.6	3.8	34.4	32.2
1984	24.4	4.4	34.5	32.3
1985	21.9	4.2	30	28.9
1986	21.9	4	30.1	27.1
1987	20.6	4	26.8	26.3
1988	20.6	4.2	26.4	25.4
1989	19.7	4.3	24.5	24.8
1990	20.8	4.4	25.1	24.9
1991	17.4	3.8	21.5	22.5
1992	14.9	3.1	18.4	19.1
1993	13.1	2.5	16.4	16.4
1994	13.4	2.4	16.9	16.3
1995	13.2	2.4	16.8	15.5
1996	12.6	2.3	16.5	14.2
1997	11.7	2.1	15.5	13.2
1998	10.8	1.9	14.5	12.1
1999	9.9	1.8	13.5	11.1
2000	9.0	1.6	12.2	10.3
2001	8.5	1.5	11.6	9.6
2002	7.7	1.4	10.5	8.6
2003	6.8	1.2	9.3	7.4
2004	6.5	1	9.1	7
2005	6.0	0.9	8	6.6

表5－10　长三角地区主要年份地区生产总值中第二产业比重

单位：%（按当年价格计算）

年　份	长三角	上海市	江苏省	浙江省
1978	61.3	77.4	52.6	43.3
1979	57.4	77.2	47.3	40.6
1980	60.1	75.7	52.3	46.7
1981	58.7	75.2	50.8	46.2
1982	55.5	74	47.6	42.1
1983	55.3	72.6	48.2	44
1984	54.1	70.5	48.3	43.8
1985	55.8	69.8	52.1	46.3
1986	54.3	68.5	50.5	46
1987	54.4	66.8	53.5	46.4
1988	52.3	66.8	48.5	46
1989	52.6	66.9	49.7	45.5
1990	51.8	64.7	48.9	45.1
1991	51.3	61.6	49.6	45.4

续表 5－10

年　份	长三角	上海市	江苏省	浙江省
1992	53.0	60.8	52.4	47.5
1993	54.1	59.4	53.3	51.1
1994	54.2	57.7	53.9	52
1995	53.4	56.8	52.7	52.1
1996	52.5	54	51.2	53.3
1997	52.3	51.6	51.1	54.5
1998	51.6	49.3	50.6	54.8
1999	51.2	47.4	50.9	54.6
2000	50.9	46.3	51.9	53.3
2001	50.5	46.1	51.9	51.8
2002	50.6	45.7	52.8	51.1
2003	52.3	47.9	54.6	52.5
2004	53.5	48.2	56.3	53.6
2005	53.7	48.6	56.6	53.4

表 5－11　长三角地区主要年份地区生产总值中第三产业比重

单位：%（按当年价格计算）

年　份	长三角	上海市	江苏省	浙江省
1978	19.1	18.6	19.8	18.7
1979	17.9	18.8	17.9	16.6
1980	19.1	21.1	18.2	17.4
1981	19.7	21.5	17.9	20.1
1982	20.2	22.1	17.8	21.7
1983	21.1	23.6	17.4	23.8
1984	21.5	25.1	17.2	23.9
1985	22.3	26	17.9	24.8
1986	23.9	27.5	19.4	26.9
1987	24.5	29.2	19.7	27.4
1988	27.1	29	25.1	28.6
1989	27.7	28.8	25.8	29.7
1990	28.4	30.9	26	30
1991	31.3	34.6	28.9	32.1
1992	32.1	36.1	29.2	33.4
1993	32.8	38.1	30.3	32.5
1994	32.4	39.9	29.2	31.7
1995	33.4	40.8	30.5	32.4
1996	34.9	43.7	32.3	32.5
1997	36.1	46.3	33.4	32.3
1998	37.7	48.8	34.9	33.2
1999	38.8	50.8	35.6	34.2
2000	40.0	52.1	35.9	36.4
2001	41.0	52.4	36.5	38.6
2002	41.7	52.9	36.7	40.3
2003	40.9	50.9	36.1	40.1
2004	40.0	50.8	34.6	39.4
2005	40.3	50.5	35.4	40

表 5－12　长三角地区主要年份地区生产总值构成中工业比重

单位：%（按当年价格计算）

年　份	长三角	上海市	江苏省	浙江省
1978	57.5	76.1	47	38
1979	53.6	75.6	42.3	35.2
1980	56.2	74	47.3	41
1981	54.8	73	46	41
1982	51.6	71.4	43.1	37.3
1983	51.6	70	43.8	39.9
1984	50.3	67.3	44.1	39.6
1985	51.5	66.7	47.2	41.6
1986	49.7	65	45.3	41.1
1987	49.6	61.7	48.1	41.1
1988	47.3	61.6	43.6	40.9
1989	48.1	62.1	45.4	40.8
1990	47.3	60.1	44.8	40.2
1991	46.8	57.6	45.3	40.2
1992	48.3	57.1	47.7	42.3
1993	49.3	55.7	48.4	45.5
1994	49.4	54	49.3	46.2
1995	48.4	52.3	47.9	46.3
1996	47.1	49.1	45.9	47.4
1997	46.6	46.5	45.2	48.8
1998	45.6	44	43.9	49.2
1999	45.3	42.7	44	49.2
2000	45.2	41.9	45	48
2001	44.6	41.6	45.2	46.1
2002	44.7	41.3	46	45.5
2003	46.5	43.9	48.3	46
2004	47.8	44.5	50.1	47.1
2005	48.4	45.1	51	47.2

表 5－13　长三角地区主要年份地区生产总值中建筑业比重

单位：%（按当年价格计算）

年　份	长三角	上海市	江苏省	浙江省
1978	3.7	1.3	5.6	5.3
1979	3.8	1.6	5	5.4
1980	3.9	1.7	5.1	5.8
1981	3.9	2.2	4.8	5.2
1982	3.9	2.6	4.5	4.8
1983	3.7	2.6	4.4	4.1
1984	3.9	3.2	4.2	4.2
1985	4.3	3.1	4.9	4.7
1986	4.6	3.5	5.2	4.8
1987	5.3	5.1	5.5	5.2
1988	5.0	5.2	5	5.1

续表 5-13

年 份	长三角	上海市	江苏省	浙江省
1989	4.5	4.8	4.3	4.7
1990	4.5	4.6	4.1	4.9
1991	4.5	4	4.3	5.1
1992	4.6	3.7	4.7	5.2
1993	4.8	3.7	4.9	5.6
1994	4.7	3.7	4.5	5.8
1995	5.1	4.5	4.8	5.9
1996	5.4	4.9	5.3	5.9
1997	5.7	5.1	5.9	5.7
1998	6.0	5.3	6.7	5.6
1999	5.9	4.7	6.9	5.4
2000	5.8	4.4	6.9	5.3
2001	5.9	4.5	6.7	5.7
2002	5.9	4.4	6.8	5.6
2003	5.8	4	6.3	6.5
2004	5.7	3.7	6.2	6.5
2005	5.3	3.5	5.6	6.1

表 5-14　长三角地区生产总值项目结构（增加值）（2005 年）

单位：亿元

项　目	长三角	上海市	江苏省	浙江省
地区生产总值	40897.69	9154.18	18305.66	13437.9
第一产业	2434.65	80.34	1461.48	892.83
第二产业	21974.11	4452.92	10355.04	7166.15
工业	19813.56	4129.52	9334.7	6349.34
建筑业	2160.55	323.4	1020.34	816.81
第三产业	16488.92	4620.92	6489.14	5378.86
交通运输、仓储和邮政业	1836.6	582.6	741.06	512.94
信息传输、计算机服务和软件业	994.32	359.21	318.92	316.19
批发和零售业	3915.56	840.89	1816.46	1258.21
住宿和餐饮业	676.83	168.31	287.25	221.27
金融业	1912.31	675.12	562.42	674.77
房地产业	2102.95	676.12	731.01	695.82
租赁和商务服务业	742.46	292.19	222.69	227.58
科学研究、技术服务和地质勘查业	451.41	212.91	118.01	120.49
水利、环境和公共设施管理业	198.81	53.38	82.57	62.86
居民服务和其他服务业	495.16	82.81	282.82	129.53
教育	1191.46	269.64	519.01	402.81
卫生、社会保障和社会福利业	555.02	144.63	197.03	213.36
文化、体育和娱乐业	247.45	77.6	104.07	65.78
公共管理和社会组织	1168.57	185.51	505.82	477.24

表 5－15　长三角地区总人口基本情况

单位：万人

年　份	长三角	上海市	江苏省	浙江省
1975	10327.31	1076.72	5636.12	3614.47
1976	10444.88	1081.3	5700.76	3662.82
1977	10558.85	1086.47	5765.28	3707.1
1978	10683.57	1098.28	5834.33	3750.96
1979	10817.02	1132.14	5892.55	3792.33
1980	10911.29	1146.52	5938.19	3826.58
1981	11044.59	1162.84	6010.24	3871.51
1982	11193.77	1180.51	6088.94	3924.32
1983	11292.1	1194.01	6134.99	3963.1
1984	11369.3	1204.78	6171.43	3993.09
1985	11459.73	1216.69	6213.48	4029.56
1986	11572.3	1232.33	6269.9	4070.07
1987	11718.7	1249.51	6348	4121.19
1988	11870.54	1262.42	6438.27	4169.85
1989	12021.18	1276.45	6535.85	4208.88
1990	12285.16	1283.35	6766.9	4234.91
1991	12392.27	1287.2	6843.7	4261.37
1992	12486.48	1289.37	6911.2	4285.91
1993	12575.31	1294.74	6967.27	4313.3
1994	12660.55	1298.81	7020.54	4341.2
1995	12737.02	1301.37	7066.02	4369.63
1996	12814.68	1304.43	7110.16	4400.09
1997	12875.6	1305.46	7147.86	4422.28
1998	12935.9	1306.58	7182.46	4446.86
1999	12993.71	1313.12	7213.13	4467.46
2000	13150.09	1321.63	7327.24	4501.22
2001	13201.9	1327.14	7354.92	4519.84
2002	13251.18	1334.23	7380.97	4535.98
2003	13299.17	1341.77	7405.82	4551.58
2004	13362.11	1352.39	7432.5	4577.22
2005	13436.87	1360.26	7474.5	4602.11

表 5－16　长三角地区城镇人口基本情况

单位：万人，%

年　份	长三角	上海市		江苏省		浙江省	
	人口数	人口数	占　比	人口数	占　比	人口数	占　比
1978	1875	645.23	58.7	800.77	13.7	429	11.4
1980	2084.39	702.43	61.3	901.78	15.2	480.18	12.5
1985	2510.57	776.37	63.8	1099.99	17.7	634.21	15.7
1990	3020.18	864.46	67.4	1458.94	21.6	696.78	16.5
1991	3163.62	869.88	67.6	1587.74	23.2	706	16.6
1992	3245.05	875.55	67.9	1643.72	23.8	725.78	16.9
1993	3317.1	893.46	69	1673.58	24	750.06	17.4
1994	3419.51	910.49	70.1	1733.01	24.7	776.01	17.9
1995	3653.28	921.7	70.8	1929.09	27.3	802.49	18.4

续表 5－16

年　份	长三角	上海市		江苏省		浙江省	
	人口数	人口数	占　比	人口数	占　比	人口数	占　比
1996	3704.56	932.14	71.5	1942.5	27.3	829.92	18.9
1997	3941.76	943.03	72.2	2133.64	29.9	865.09	19.6
1998	4123.2	953.65	73	2262.47	31.5	907.08	20.4
1999	4437.39	969.63	73.8	2520.09	34.9	947.67	21.2
2000	5021.99	986.16	74.6	3040.81	41.5	995.02	22.1
2001	5178.48	999.07	75.3	3133.2	42.6	1046.21	23.1
2002	5415.32	1018.81	76.4	3299.29	44.7	1097.22	24.2
2003	5662.59	1041.39	77.6	3463.7	46.8	1157.5	25.4
2004	5902.64	1097.6	81.2	3580.98	48.2	1224.06	26.7
2005	6190.37	1148.94	84.5	3774.62	50.5	1266.81	27.5

表 5－17　长三角地区劳动就业基本情况（2005 年）

单位：万人

指　　标	长三角	上海市	江苏省	浙江省
从业人员合计（万人）	8474.2	863.32	4510.12	3100.76
第一产业	2241.24	61.02	1420.69	759.53
第二产业	3266.99	322.33	1546.97	1397.69
第三产业	2965.97	479.97	1542.46	943.54
年末城镇登记失业人数（万人）	98.1	27.5	41.63	28.97
年末城镇登记失业率（%）		4.4	3.6	3.7

表 5－18　长三角地区从业人员基本情况

单位：万人

年　份	长三角	上海市	江苏省	浙江省
2000	7889.47	745.24	4418.14	2726.09
2004	8311.34	836.87	4482.52	2991.95
2005	8474.2	863.32	4510.12	3100.76

表 5－19　长三角地区年末尚有失业人员

单位：万人，%

年　份	长三角	上海市	江苏省	浙江省
1980	45.27	14.75	20.29	10.23
1985	11.8	1.2	7.15	3.45
1990	41.46	7.7	22.52	11.24
1995	52.21	14.36	20.13	17.72
1996	53.1	14.54	22.34	16.22
1997	57.45	14.9	23.8	18.75
1998	60.18	15.96	24.26	19.96
1999	65.21	17.47	26.57	21.17
2000	72.26	20.08	30.36	21.82
2001	85.85	25.72	36.14	23.99
2002	98.68	28.78	42.17	27.73
2003	100.22	30.11	41.84	28.27
2004	100.47	27.43	42.9	30.14
2005	98.1	27.5	41.63	28.97

表 5-20　长三角地区人民生活水平情况（2005 年）

指　　标	上海市	江苏省	浙江省
就业			
城镇居民家庭每户就业人口（人）	1.55	1.42	1.45
每一城镇就业者负担人数（人）	1.94	2.06	1.93
城镇登记失业率（%）	4.4	3.6	3.7
收入与支出			
城镇居民人均可支配收入（元）	18645	12319	16294
城镇居民生活消费支出（元）	13773	8622	12254
农村居民人均纯收入（元）	8342	5276	6660
农村居民生活消费支出（元）	7265	3567	5215.24
职工年平均工资（元）	26823	20957	25572
人均储蓄存款余额（元）	61992	14156	17856
生活质量			
居民家庭恩格尔系数（%）			
城镇居民	35.9	37.2	33.8
人均住房面积（平方米）			
农村人均住房面积	56.56	38.59	54.98
城市公用事业			
用水普及率（%）	99.1	96.3	99.99
人均公共绿地面积（平方米）	11.01	10.3	9.31
文化、教育和卫生			
文化			
城镇每百户拥有彩色电视机（台）	177	153.19	178.62
农村每百户拥有电视机（台）	178	136.12	152.02
每百户家用电脑拥有量（台）			
城市	81	46.35	59.47
居民家庭文教娱乐支出比重（%）			
城市	16.5	14.94	15.1
教育			
每万人口在校学生数（人）			
大学生数	325	155.2	132.97
中学生数	566	793.3	681.65
小学生数	393	649.6	699.06
平均每一教师负担学生（人）			
大学	14	18.4	17.6
中学	16	19	17.04
小学	14	18.6	21.11
卫生			
每万人拥有医生数（人）	32	15	19.1
居民家庭医疗保健支出比重（%）			
城市	5.8	6.72	6.8

表 5－21　长三角地区农村居民家庭人均纯收入基本情况

单位：元

年　份	上海市	江苏省	浙江省
1990	1665	884	1099
1991	2003	921	1211
1992	2226	1061	1359
1993	2727	1267	1746
1994	3437	1832	2225
1995	4246	2457	2966
1996	4846	3029	3463
1997	5277	3270	3684
1998	5407	3377	3815
1999	5481	3495	3948
2000	5565	3595	4254
2001	5850	3785	4582
2002	6212	3996	4940
2003	6658	4239	5431
2004	7337	4754	6096
2005	8342	5276	6660

表 5－22　长三角地区城镇居民家庭人均可支配收入基本情况

单位：元

年　份	上海市	江苏省	浙江省
1990	2183	1464	1932
1991	2486	1623	2143
1992	3009	2138	2619
1993	4277	2774	3626
1994	5868	3779	5066
1995	7172	4634	6221
1996	8159	5186	6956
1997	8439	5765	7359
1998	8773	6018	7837
1999	10932	6538	8428
2000	11718	6800	9279
2001	12883	7375	10465
2002	13250	8178	11716
2003	14867	9263	13180
2004	16683	10482	14546
2005	18645	12319	16294

表5-23 长三角地区城镇居民家庭恩格尔系数

单位：%

年份	上海市	江苏省	浙江省
1981	56.8	55.9	55.6
1982	58.8	58.2	57.3
1983	58.6	58.6	59.5
1984	56.5	56.3	51.3
1985	52.1	52.5	51.3
1986	52.7	51.2	50.8
1987	54.5	52	51.8
1988	52.6	50.8	51
1989	55.8	53.9	54.7
1990	56.5	55.5	55.1
1991	56.9	55.7	55
1992	55.9	53.9	51.6
1993	53.1	49.4	49.4
1994	53.5	50.1	47.4
1995	53.4	51.9	47
1996	50.7	51	46.9
1997	51.7	47.7	43.9
1998	50.6	45.1	42.5
1999	45.2	44.1	40.3
2000	44.5	41.1	39.2
2001	43.4	39.7	36.3
2002	39.4	40.4	37.9
2003	37.2	38.3	36.6
2004	36.4	40	36.2
2005	35.9	37.2	33.8

表5-24 长三角地区城镇居民家庭基本情况（2005年）

指标	上海市	江苏省	浙江省
基本情况			
调查户数（户）	1000	5000	4150
平均每户家庭人口（人）	3.01	2.92	2.8
平均每户就业人口（人）	1.55	1.42	1.45
平均每一就业人口负担人数（人）	1.94	2.06	1.93
平均每户就业面（%）	51.5	48.63	51.79
人均家庭总收入	26677	13329.95	17877
人均可支配收入（元）	18645	12318.57	16294

续表 5－24

指　　标	上海市	江苏省	浙江省
人均家庭总支出	25783	11897.97	16906
人均消费性支出	13773	8621.82	12254
食品	4940	3205.79	4140
衣着	940	804.23	1264
家庭设备用品及服务	800	586.84	609
医疗保健	797	579.32	832
交通通讯	1984	1050.88	2097
娱乐教育文化服务	2273	1287.9	1850
居住	1412	794.94	1059
借贷支出	6414	3798.04	5226

表 5－25　长三角地区农村居民家庭基本情况（2005 年）

指　　标	上海市	江苏省	浙江省
调查户数（户）	600	3400	4700
调查户人口（人）			
平均每户常住人口	3.21	3.74	3.56
平均每户整、半劳动力	2.19	2.66	2.6
平均每人全年收入（元）			
总收入	9234	6682.3	8580
纯收入	8342	5276.3	6660
按人均纯收入水平分组的户数占调查总户数的比重（%）			
2000 元以下	3.5	8.2	9.1
2000～3000 元	4.3	14.1	9.3
3000～4000 元	8.8	18	10.2
4000～5000 元	9.8	14.7	11.4
5000 元以上	73.6	45	60.1
总支出	8663	5281.3	7533.91
家庭经营性费用支出	493	1185.1	1524.84
购置生产性固定资产支出	93	141.4	163.32
生活消费支出	7265	3567.1	5215.24

表 5－26　长三角地区房地产投资主要指标（2005 年）

指　　标	长三角	上海市	江苏省	浙江省
房屋建筑面积（万平方米）				
施工面积	41733.39	10462.39	15619.26	15651.74
住宅	32487.75	8091.85	12385.98	12009.92
竣工面积	12726.66	3095.74	5500.12	4130.8
住宅	10446.49	2739.91	4497.68	3208.9
商品房销售情况				
房屋销售面积（万平方米）	11600.22	3158.87	5135.55	3305.8
商品房销售额（亿元）	219332.8	216193	1724.91	1414.89

表5－27　长三角地区商品零售价格指数

（1978＝100）

年　份	上海市	江苏省	浙江省
1985	130.4	123.2	100
1986	139.1	131.9	106
1987	151.4	144.2	116
1988	183.6	176.4	141.7
1989	214.3	206	166.9
1990	224.6	210.7	169.6
1991	245.9	220.9	174.7
1992	269.8	232.1	186.2
1993	317	269	217.3
1994	372.4	332.5	264.5
1995	420.9	380.1	300.2
1996	441.9	405.9	317.6
1997	436.6	403.1	318.6
1998	415.2	395.8	313.5
1999	404	383.5	306.3
2000	389.5	378.1	303.2
2001	384	373.9	297.4
2002	379	368	293.5
2003	375.4	367.3	292.3
2004	378.8	375.4	300.2
2005	376.7	376.5	302.9

表5－28　长三角地区居民消费价格指数

（1978＝100）

年　份	上海市	江苏省	浙江省
1985	128.2	123.7	100
1986	136.3	132.5	106.2
1987	147.3	144.7	115.5
1988	176.9	176.3	140.4
1989	205.1	206.5	165.9
1990	218	213.1	169.4
1991	240.9	223.5	175.4
1992	265	238.3	188.5
1993	318.5	281.7	225.8
1994	394.6	347	281.8
1995	468.4	401.8	328.6
1996	511.5	439.2	354.6
1997	525.8	446.7	364.5
1998	525.8	444	363.4

续表 5－28

年　份	上海市	江苏省	浙江省
1999	533.7	438.2	359.1
2000	547	438.7	362.6
2001	547	442.2	361.9
2002	549.8	438.6	358.6
2003	550.3	443	365.4
2004	562.2	461.2	379.7
2005	567.6	470.9	384.6

表 5－29　长三角地区农村基层组织和农业基本情况（2005 年）

指　　标	长三角	上海市	江苏省	浙江省
乡村户数、人口				
乡村户数（万户）	2841.57	111.07	1505.88	1224.62
乡村人口（万人）	9191.92	338.18	5063.25	3790.49
乡村劳动力合计（万人）	5204.53	243.49	2662.5	2298.54
按行业分				
农林牧渔业	1904.25	59.05	1058.28	786.92
工业	1469.83	116.42	598.52	754.89
建筑业	473.74	11.99	316.38	145.37
交通运输、仓储业和邮电通讯业	208.37	8.46	107.76	92.15
批发、零售贸易业、餐饮业	383.14	10.21	156.12	216.81
年末实有耕地面积（千公顷）	6611.22	237.3	4780.37	1593.55
农业机械总动力（万千瓦）	5343.06	96.46	3135.33	2111.27
化肥施用量（万吨）	852.97	62.01	340.81	450.15
农村用电量（亿千瓦小时）	1470.2	124.53	825.1	520.57
农作物总播种面积（千公顷）	10882.74	403.6	7641.2	2837.94
粮食	6586.29	166.1	4909.48	1510.71
主要农产品产量（万吨）				
粮食	3754.65	105.36	2834.59	814.7
棉花	34.61	0.18	32.27	2.16
油料	273.07	6.94	215.99	50.14

表 5－30　长三角地区主要年份年末实有耕地面积

单位：亩

年　份	长三角	上海市	江苏省	浙江省
1978		36.01	4660.79	1838
1979	6517.87	35.58	4650.4	1831.89
1980	6499.81	35.41	4641.38	1823.02
1981	6492.15	35.27	4637.01	1819.87
1982	6484.18	35.17	4631.21	1817.8
1983	6481.64	34.99	4630.05	1816.6
1984	6461.64	34.58	4621.09	1805.97
1985	6414.7	33.96	4604.03	1776.71
1986	6377.62	33.3	4590.79	1753.53

续表 5－30

年 份	长三角	上海市	江苏省	浙江省
1987	6357.83	33.09	4579.81	1744.93
1988	6338.03	32.72	4568.84	1736.47
1989	6326.01	32.4	4562.32	1731.29
1990	6313.71	32.32	4557.86	1723.53
1991	6297.08	32.1	4549.97	1715.01
1992	6244.77	31.78	4521.77	1691.22
1993	6187.08	30.2	4495.66	1661.22
1994	6128.85	29.38	4464	1635.47
1995	6095.11	29	4448.31	1617.8
1996	6705.54	30.06	5061.7	1613.78
1997	6697.89	29.8	5055.67	1612.42
1998	6679.36	29.38	5036.54	1613.44
1999	6662.38	29.09	5024.22	1609.07
2000	6644.54	28.59	5008.39	1607.56
2001	6603.64	28.06	4974.12	1601.46
2002	6531.17	27.04	4905.02	1599.11
2003	6476.21	25.73	4858.34	1592.14
2004	6414.68	24.57	4795.19	1594.92
2005	6397.65	23.73	4780.37	1593.55

表 5－31　长三角地区主要年份年内减少耕地面积

单位：亩

年 份	长三角	上海市	江苏省	浙江省
2000	6855.47	6813	21.15	21.32
2004	15231.32	15132	85.67	13.65
2005	10808.18	10755	32.67	20.51

表 5－32　长三角地区主要年份农业总产值

单位：当年价格亿元

年 份	长三角	上海市	江苏省	浙江省
1978		18.26	85.17	50.82
1979		20.41	114.26	69.47
1980		18.9	105.98	64.23
1981		20.33	119.9	69.21
1982	254.27	23.97	145.69	84.61
1983	266.71	22.68	160.38	83.65
1984	322.67	26.59	193.28	102.8
1985	344.43	31.38	201.85	111.2
1986	391.8	33.76	235.07	122.97
1987	437.83	38.84	257.9	141.09
1988	526.07	53.07	310.2	162.8
1989	566.91	60.63	325.02	181.26
1990	630.1	68.16	362.46	199.48

续表 5－32

年　份	长三角	上海市	江苏省	浙江省
1991	645.28	73.65	354.42	217.21
1992	717.8	80.01	411.33	226.46
1993	889.6	96.2	518.55	274.85
1994	1291.15	140.24	777.94	372.97
1995	1650.52	182.47	986.15	481.9
1996	1780.63	200.95	1062.39	517.29
1997	1805.88	204.41	1085.26	516.21
1998	1826.61	206.75	1096.88	522.98
1999	1821.03	206.9	1095.13	519
2000	1833.83	216.5	1096.02	521.31
2001	1858.86	227.61	1142.66	488.59
2002	1641.38	233.57	896.39	511.42
2003	1757.98	247.29	981.25	529.44
2004	2083.89	248.89	1242.41	592.59
2005	2179.26	233.39	1291.06	654.81

表 5－33　长三角地区主要年份林业总产值

单位：当年价格亿元

年　份	长三角	上海市	江苏省	浙江省
1978	3.53	0.06	1.48	1.99
1979	4.82	0.04	2.03	2.75
1980	5.61	0.06	1.94	3.61
1981	6	0.21	2	3.79
1982	6.61	0.23	1.96	4.42
1983	8.27	0.2	3.3	4.77
1984	11.21	0.21	4.33	6.67
1985	13.71	0.21	4.63	8.87
1986	14.65	0.24	5.15	9.26
1987	17.97	0.34	6.02	11.61
1988	22.14	0.45	7.29	14.4
1989	21.01	0.39	7.02	13.6
1990	24.31	0.37	7.94	16
1991	25.36	0.39	7.55	17.42
1992	31.37	0.43	9.93	21.01
1993	44.82	0.41	14.61	29.8
1994	60.79	0.49	18.38	41.92
1995	71.89	0.45	21.42	50.02
1996	78.92	0.67	23.48	54.77
1997	82.29	0.47	22.56	59.26
1998	84.46	0.84	24.16	59.46
1999	89.42	0.98	26.13	62.31
2000	86.06	1.41	30.17	54.48
2001	94.48	3.52	30.76	60.2
2002	95.69	7.75	27.1	60.84
2003	110.21	13.05	31.49	65.67
2004	131.66	13.14	40.16	78.36
2005	139.89	11.11	45.27	83.51

表5－34　长三角地区主要年份渔业总产值

单位：当年价格亿元

年　份	长三角	上海市	江苏省	浙江省
1978	6.78	0.86	2.44	3.48
1979	8.16	0.9	3.19	4.07
1980	10.29	0.97	3.88	5.44
1981	11.95	1.23	4.61	6.11
1982	12.35	1.56	4.66	6.13
1983	14.66	1.29	6.52	6.85
1984	21.45	1.4	9.04	11.01
1985	34.49	2.82	15.53	16.14
1986	45.78	3.45	22.61	19.72
1987	59.08	4.79	28.38	25.91
1988	80.81	7.43	39.97	33.41
1989	83.92	7.88	42.08	33.96
1990	98.29	8.04	49.35	40.9
1991	111.44	8.97	50.66	51.81
1992	137.33	9.18	63.92	64.23
1993	211.08	12.31	105.4	93.37
1994	306.26	17.52	148.21	140.53
1995	421.18	22.83	203.54	194.81
1996	471.45	27.18	239.35	204.92
1997	547.73	30.37	277.98	239.38
1998	577.56	29.54	292.65	255.37
1999	600.84	31.71	302.22	266.91
2000	648.29	37.92	313.01	297.36
2001	683.14	40.13	334.17	308.84
2002	715.52	45.13	345.88	324.51
2003	757.88	49.21	371.56	337.11
2004	861.36	49.9	449.47	361.99
2005	924.31	51.64	511.86	360.81

表5－35　长三角地区主要年份畜牧业总产值

单位：当年价格亿元

年　份	长三角	上海市	江苏省	浙江省
1978	29.87	3.67	16.78	9.42
1979	45.54	4.22	25.77	15.55
1980	52.31	6.27	26.65	19.39
1981	49.94	6.38	27.11	16.45
1982	66.49	7.81	35.8	22.88
1983	67.87	7.8	36.66	23.41
1984	82.24	8.06	47.17	27.01
1985	116.63	12.25	66.54	37.84
1986	122.67	12.75	69.83	40.09
1987	152	15.48	87.95	48.57
1988	233	22.18	140.49	70.33

续表 5 - 35

年　份	长三角	上海市	江苏省	浙江省
1989	250.22	26.41	148.13	75.68
1990	266.21	30.25	160.78	75.18
1991	278.46	33.38	168.3	76.78
1992	311.06	37.19	188.64	85.23
1993	371.87	42.95	236.81	92.11
1994	587.52	62.04	390.7	134.78
1995	699.18	81.48	475.67	142.03
1996	609.88	85.46	368.54	155.88
1997	708.97	88.37	430.57	190.03
1998	688.63	87.27	435.51	165.85
1999	657.3	86.35	413.95	157
2000	701.82	87.35	430.53	183.94
2001	732.88	88.43	448.51	195.94
2002	715.45	83.48	426.88	205.09
2003	773.01	81.13	458.87	233.01
2004	713.1	70.77	563.44	78.89
2005	939.43	54.34	599.14	285.95

表 5 - 36　长三角地区粮食产量

单位：万吨

年　份	长三角	上海市	江苏省	浙江省
1980	4040.3	186.85	2417.95	1435.5
1990	5094.61	244.36	3264.15	1586.1
2000	4477.55	174	3106.63	1196.92
2004	3770.25	106.29	2829.06	834.9
2005	3754.65	105.36	2834.59	814.7

表 5 - 37　长三角地区棉花产量

单位：万吨

年　份	长三角	上海市	江苏省	浙江省
1980	57.72	7.62	41.81	8.29
1990	54.06	1.22	46.42	6.42
2000	34.49	0.12	31.45	2.92
2004	52.74	0.18	50.28	2.28
2005	34.61	0.18	32.27	2.16

表 5 - 38　长三角地区油料产量

单位：万吨

年　份	长三角	上海市	江苏省	浙江省
1980	77.1	9.6	38.64	28.86
1990	178.94	18.2	112.39	48.35
2000	299.9	16.37	225.65	57.88
2004	294.54	7.39	238.38	48.77
2005	273.07	6.94	215.99	50.14

表 5－39　长三角地区农业现代化情况（2005 年）

指　　标	长三角	上海市	江苏省	浙江省
农业机械化情况				
机耕面积	5085.8	172.1	3923.66	990.04
机械收获面积	4667.73	145.7	3787.42	734.61
农村电气化情况				
农村用电量（亿千瓦小时）	1470.2	124.53	825.1	520.57
农用物资使用情况				
化肥施用量（折纯量）（万吨）	449.52	14.44	340.81	94.27
农用塑料薄膜使用量（万吨）	14.11	2.44	7.2	4.47
农药使用量（万吨）	17.73	0.84	10.33	6.56

表 5－40　长三角地区国有控股工业企业单位数（2005 年）

单位：个

项　　目	长三角	上海市	江苏省	浙江省
总　计	2156	387	958	811
按轻重工业分				
轻工业	841	137	375	329
重工业	1315	250	583	482
制造业				
农副食品加工业	91	8	52	31
食品制造业	47	6	21	20
饮料制造业	41	2	21	18
烟草加工业	9	1	5	3
纺织业	132	18	77	37
纺织服装、鞋、帽制造业	36	5	17	14
皮革、毛皮、羽毛（绒）及其制品业	12	6	4	2
木材加工及木、竹、藤、棕、草制造业	7	1	2	4
造纸及纸制品业	23	3	10	10
印刷业和记录媒介的复制	94	38	26	30
文教体育用品制造业	13	5	3	5
化学原料及化学制品制造业	149	33	76	40
医药制造业	54	9	26	19
化学纤维制造业	14	2	7	5
橡胶制品业	10	3	3	4
塑料制品业	33	11	10	12
非金属矿物制品业	80	15	37	28
黑色金属冶炼及压延加工业	24	4	15	5
有色金属冶炼及压延加工业	17	7	6	4
金属制品业	43	10	24	9
通用设备制造业	191	60	84	47
专用设备制造业	102	34	49	19
交通运输设备制造业	159	43	79	37
电气机械及器材制造业	99	19	50	30
通信设备、计算机及其他电子设备制造业	87	12	46	29
仪器仪表及文化、办公用机械制造业	57	12	28	17

续表 5－40

项　　目	长三角	上海市	江苏省	浙江省
工艺品及其他制造业	12	2	7	3
电力、燃气及水的生产和供应业	453	15	126	312
电力、热力的生产和供应业	250	7	51	192
燃气生产和供应	21	4	10	7
水的生产和供应业	182	4	65	113

表 5－41　长三角地区国有控股工业企业主营业务收入（2005 年）

单位：亿元

项　　目	长三角	上海市	江苏省	浙江省
总　计	9467.23	984.07	5021	3462.16
按轻重工业分				
轻工业	1604.59	289.92	775.18	539.49
重工业	7862.64	694.16	4245.82	2922.66
按行业分				
农副食品加工业	48.62	1.04	21.96	25.62
食品制造业	29.25	1.84	14.97	12.44
饮料制造业	46.19	0.2	24.47	21.52
烟草加工业	532.95	203.73	171.82	157.4
纺织业	248.41	21.33	180.17	46.91
纺织服装、鞋、帽制造业	17.72	0.8	10.61	6.31
皮革、毛皮、羽毛（绒）及其制品业	5.98	1.67	2.16	2.15
木材加工及木、竹、藤、棕、草制造业	52.3	0.11	50.05	2.14
造纸及纸制品业	22.15	0.73	9.18	12.24
印刷业和记录媒介的复制	40.73	22.84	8.82	9.07
文教体育用品制造业	1.18	0.54	0.21	0.43
化学原料及化学制品制造业	950.67	54.59	782.02	114.06
医药制造业	144.98	18.22	51.72	75.04
化学纤维制造业	237.32	2.05	178.43	56.84
橡胶制品业	97.98	1.73	22.5	73.75
塑料制品业	15.01	3.35	5.44	6.22
非金属矿物制品业	118.08	15.09	55.75	47.24
黑色金属冶炼及压延加工业	433.44	14.04	258.43	160.97
有色金属冶炼及压延加工业	26.59	3.69	12.67	10.23
金属制品业	132.09	9.96	119.41	2.72
通用设备制造业	408.52	41.1	271.95	95.47
专用设备制造业	120.27	21.02	75.55	23.7
交通运输设备制造业	570.4	123.24	348.11	99.05
电气机械及器材制造业	125.44	4.42	109.89	11.13
通信设备、计算机及其他电子设备制造业	469.41	2.91	336.72	129.78
仪器仪表及文化、办公用机械制造业	34.06	5.64	24.49	3.93
工艺品及其他制造业	3.7	0.13	3.24	0.33
电力、燃气及水的生产和供应业	3176.72	407.63	1220.66	1548.43
电力、热力的生产和供应业	3048.52	384.2	1170.78	1493.54
燃气生产和供应	57.63	23.09	20.46	14.08
水的生产和供应业	70.58	0.35	29.42	40.81

表5－42　长三角地区国有控股工业企业利润总额（2005年）

单位：亿元

项　　目	长三角	上海市	江苏省	浙江省
总计	502.02	88.45	231.34	182.23
按轻重工业分				
轻工业	169.33	72.71	52.4	44.22
重工业	332.69	15.74	178.94	138.01
按行业分				
农副食品加工业	0.39	-0.1	0.06	0.43
食品制造业	2.01	0.38	1	0.63
饮料制造业	1.95	-0.06	1.03	0.98
烟草加工业	139.63	68.82	45.47	25.34
纺织业	4.17	0.02	2.29	1.86
纺织服装、鞋、帽制造业	0.35	-0.01	0.13	0.23
皮革、毛皮、羽毛（绒）及其制品业	0.55	-0.09	0.03	0.61
木材加工及木、竹、藤、棕、草制造业	1.49		1.26	0.23
造纸及纸制品业	0.63	-0.02	-0.06	0.71
印刷业和记录媒介的复制	2.52	1.27	0.76	0.49
文教体育用品制造业	-0.02	0.01	-0.01	-0.02
化学原料及化学制品制造业	72.67	3.53	63.5	5.64
医药制造业	16.78	2.38	5.73	8.67
化学纤维制造业	-4.93	-0.07	-4.92	0.06
橡胶制品业	3.91	0.07	0.9	2.94
塑料制品业	0.36	0.05	0.06	0.25
非金属矿物制品业	3.46	0.52	2.38	0.56
黑色金属冶炼及压延加工业	31.94	0.34	32.41	-0.81
有色金属冶炼及压延加工业	0.78	-0.05	0.27	0.56
金属制品业	7.5	1.86	5.61	0.03
通用设备制造业	20.98	-0.1	8.48	12.6
专用设备制造业	3.62	0.58	1.8	1.24
交通运输设备制造业	6.93	1.69	1.34	3.9
电气机械及器材制造业	4.03	-0.41	3.49	0.95
通信设备、计算机及其他电子设备制造业	9.87	0.14	11.73	-2
仪器仪表及文化、办公用机械制造业	2.48	0.28	2.13	0.07
工艺品及其他制造业	0.22		0.23	-0.01
电力、燃气及水的生产和供应业	114.23	7.41	35.32	71.5
电力、热力的生产和供应业	117.42	8.05	36.7	72.67
燃气生产和供应	-2.3	-0.52	-1.26	-0.52
水的生产和供应业	-0.89	-0.12	-0.12	-0.65

表5-43 长三角地区国有控股工业企业利税总额（2005年）

单位：亿元

项目	长三角	上海市	江苏省	浙江省
总 计	1158.7	151.08	558.68	448.94
按轻重工业分				
轻工业	444.84	118.93	175.77	150.14
重工业	713.85	32.15	382.9	298.8
按行业分				
农副食品加工业	0.97	0.02	0.2	0.75
食品制造业	3.22	0.12	1.86	1.24
饮料制造业	10.71	0	6.88	3.83
烟草加工业	367.01	114.22	140.69	112.1
纺织业	12.15	0.99	8.13	3.03
纺织服装、鞋、帽制造业	0.91	0.07	0.38	0.46
皮革、毛皮、羽毛（绒）及其制品业	1.02	0.04	0.09	0.89
木材加工及木、竹、藤、棕、草制造业	3.09		2.76	0.33
造纸及纸制品业	2.09	0.03	0.53	1.53
印刷业和记录媒介的复制	3.73	1.49	1.46	0.78
文教体育用品制造业	0.09	0.08	0.01	
化学原料及化学制品制造业	109.02	1.44	96.33	11.25
医药制造业	23.75	1.16	9.85	12.74
化学纤维制造业	1.72	0.07	0.83	0.82
橡胶制品业	6.8	0.07	1.57	5.16
塑料制品业	0.85	0.17	0.23	0.45
非金属矿物制品业	9.47	0.76	5.59	3.12
黑色金属冶炼及压延加工业	49.79	0.24	46	3.55
有色金属冶炼及压延加工业	1.47	0.08	0.53	0.86
金属制品业	10.78	0.81	9.81	0.16
通用设备制造业	35.83	1.48	17.3	17.05
专用设备制造业	6.33	0.8	3.51	2.02
交通运输设备制造业	24.83	1.4	13.57	9.86
电气机械及器材制造业	9.3	0.33	7.42	1.55
通信设备、计算机及其他电子设备制造业	21.03	0.06	21.83	-0.86
仪器仪表及文化、办公用机械制造业	3.69	0.37	3.14	0.18
工艺品及其他制造业	0.33	0.02	0.31	
电力、燃气及水的生产和供应业	301.99	24.73	108.06	169.2
电力、热力的生产和供应业	299.25	24.61	106.86	167.78
燃气生产和供应	-0.73	0.12	-0.69	-0.16
水的生产和供应业	3.47		1.89	1.58

表5-44 长三角地区规模以上工业企业主要能源消费量（2005年）

单位：万吨

名 称	长三角	上海市	江苏省	浙江省
焦 炭	2385.07	603.16	1562.66	219.25
燃料油	531.61	130.42	212.52	188.67

表5－45　长三角地区建筑业总产值

单位：亿元

年　份	长三角	上海市	江苏省	浙江省
1990	301.83	75.62	147.23	78.98
1991	353.34	84.3	176.21	92.83
1992	517.48	117.68	265.8	134
1993	903.53	193	449.99	260.54
1994	1519.07	309.68	738.6	470.79
1995	2099.76	391.42	998.11	710.23
1996	2345.51	450.41	1049.42	845.68
1997	2549.82	564.37	1102.12	883.33
1998	2760.06	593.11	1224.42	942.53
1999	3039.8	573.06	1338.46	1128.28
2000	3561.58	631.64	1546.17	1383.77
2001	4358.19	730.33	1859.41	1768.45
2002	5304.78	822.27	2199.52	2282.99
2003	7118.02	1195.8	2794.94	3127.28
2004	9292.36	1724.4	3656.66	3911.3
2005	11001.5	1889.25	4368.95	4743.3

表5－46　长三角地区交通运输基本情况（2005年）

指　　标	长三角	上海市	江苏省	浙江省
运输线路长度（公里）				
铁路营业里程	3123	269	1599	1255
公路通车里程	139449	8110	82739	48600
高速公路	5312	560	2886	1866
内河航道里程	36562	2110	24800	9652
客运量总计（万人）	315360	9487	145204	160669
铁路	16245	4313	6658	5274
公路	292977	2468	138287	152222
水运	3173	626	37	2510
民用航空	2965	2080	222	663
旅客周转量（亿人公里）	2734.45	663.93	1222.03	848.49
货物运输量总计（万吨）	310389	71304	112909	126176
铁路	11891	3841	5090	2960
公路	190433	32684	76301	81448
水运	105602	34557	29277	41768
货物周转量（亿吨公里）	18617.78	12132	3068.88	3416.9
民用车辆拥有量（万辆）	1909.6	211.74	969.66	728.2
民用汽车拥有量	492.06	95.15	192.25	204.66
载客汽车	364.14	76	144.63	143.51
载货汽车	118.41	19.16	43.35	55.9
私人汽车	921.6	157.65	109.43	654.52
港口货物吞吐量（万吨）	167734	44317	75517	47900

表 5－47　长三角地区客运量基本情况（2005 年）

单位：万人

年　份	长三角	上海市	江苏省	浙江省
1980	64825	2369	34002	28454
1985	110145	3434	53935	52776
1990	112521	3835	48339	60347
1995	199207	5265	84803	109139
1996	211790	5822	91870	114098
1997	214882	6057	93684	115141
1998	221501	6139	97033	118329
1999	226225	6406	101000	118819
2000	238270	6893	107244	124133
2001	249918	6324	110713	132881
2002	259210	7326	115889	135995
2003	271373	7212	123462	140699
2004	287738	8968	128516	150254
2005	315360	9487	145204	160669

表 5－48　长三角地区铁路客运量基本情况

单位：万人

年　份	长三角	上海市	江苏省	浙江省
1980	7477	1692	3364	2421
1985	10364	2320	4819	3225
1990	10282	2476	4788	3018
1995	11680	2929	5185	3566
1996	10377	2804	4502	3071
1997	10202	2779	4433	2990
1998	10380	2760	4451	3169
1999	11480	2906	4824	3750
2000	11780	2980	4891	3909
2001	12453	3231	5029	4193
2002	13326	3518	5297	4511
2003	12833	3391	5104	4338
2004	15268	4076	5997	5195
2005	16245	4313	6658	5274

表 5－49　长三角地区公路客运量基本情况

单位：万人

年　份	长三角	上海市	江苏省	浙江省
1980	45989	200	26463	19326
1985	85536	410	45751	39375
1990	93538	605	41850	51083
1995	181574	1257	78947	101370
1996	196092	1974	86801	107317
1997	199757	2277	88826	108654

续表 5－49

年　份	长三角	上海市	江苏省	浙江省
1998	206068	2006	92215	111847
1999	209513	2178	95564	111771
2000	221191	2482	101713	116996
2001	232621	1508	105105	126008
2002	241165	2046	110139	128980
2003	254066	2052	118046	133968
2004	266860	2465	122218	142177
2005	292977	2468	138287	152222

表 5－50　长三角地区水运客运量基本情况

单位：万人

年　份	长三角	上海市	江苏省	浙江省
1980	11323	446	4175	6702
1985	14150	622	3365	10163
1990	8470	555	1701	6214
1995	5103	512	623	3968
1996	4367	422	499	3446
1997	3900	328	341	3231
1998	3985	678	273	3034
1999	4119	581	504	3034
2000	3991	539	514	2938
2001	3344	543	430	2371
2002	2932	526	284	2122
2003	2658	528	147	1983
2004	3023	621	91	2311
2005	3173	626	37	2510

表 5－51　长三角地区民用航空客运量基本情况

单位：万人

年　份	长三角	上海市	江苏省	浙江省
1995	850	567	48	235
1996	954	622	68	264
1997	1023	673	84	266
1998	1068	695	94	279
1999	1113	741	108	264
2000	1308	892	126	290
2001	1500	1042	149	309
2002	1788	1236	170	382
2003	1816	1241	165	410
2004	2587	1806	210	571
2005	2965	2080	222	663

表 5－52　长三角地区货运量基本情况

单位：万吨

年　份	长三角	上海市	江苏省	浙江省
1980	46141	20037	16527	9577
1985	93470	24243	46842	22385
1990	109650	26777	49399	33474
1995	171688	27571	81830	62287
1996	194362	45821	84666	63875
1997	189184	45938	82290	60956
1998	187028	46230	80429	60369
1999	193931	48398	81529	64004
2000	217526	52206	90436	74884
2001	219386	54049	87505	77832
2002	237996	58901	88588	90507
2003	260535	63861	93511	103163
2004	283149	65758	100093	117298
2005	310389	71304	112909	126176

表 5－53　长三角地区铁路货运量基本情况

单位：万吨

年　份	长三角	上海市	江苏省	浙江省
1980	9427	4484	3420	1523
1985	10877	5059	4037	1781
1990	11112	5186	4235	1691
1995	12473	6416	4143	1914
1996	12502	6213	4361	1928
1997	11669	5817	4131	1721
1998	10811	5292	3793	1726
1999	10561	4910	3941	1710
2000	11339	5307	4077	1955
2001	12004	5584	4239	2181
2002	12654	5836	4407	2411
2003	13520	6400	4462	2658
2004	11414	3862	4665	2887
2005	11891	3841	5090	2960

表 5－54　长三角地区公路货运量基本情况

单位：万吨

年份	长三角	上海市	江苏省	浙江省
1980	14723	7284	4427	3012
1985	41868	9216	23255	9397
1990	59497	8714	27904	22879
1995	100903	6273	49578	45052
1996	122994	25023	50571	47400
1997	123656	25991	52441	45224
1998	126018	26352	54328	45338
1999	127728	27171	54803	45754
2000	142433	28369	59056	55008
2001	143633	28869	59058	55706
2002	153590	29759	60299	63532
2003	165906	30678	64321	70907
2004	179152	31554	69058	78540
2005	190433	32684	76301	81448

表 5－55　长三角地区水运货运量基本情况

单位：万吨

年份	长三角	上海市	江苏省	浙江省
1980	19791	8267	6482	5042
1985	39289	9965	18117	11207
1990	37676	12864	15908	8904
1995	57327	14845	27161	15321
1996	57910	14544	28819	14547
1997	52919	14082	24826	14011
1998	49197	14529	21363	13305
1999	54377	16241	21596	16540
2000	62265	18442	25902	17921
2001	62024	19496	22583	19945
2002	70149	23174	22411	24564
2003	79539	26621	23320	29598
2004	90831	30148	24812	35871
2005	105602	34557	29277	41768

表 5－56　长三角地区民用车辆拥有量（2005 年）

单位：辆

指　　标	长三角	上海市	江苏省	浙江省
合　计			9696645	
汽车	5309250	951500	2311124	2046626
载客汽车	3641452	760000	1446337	1435115
轿车	2357476	535900	882210	939366
载货汽车	1184103	191600	433460	559043
摩托车	13107571	1204200	7099837	4803534
拖拉机	687214	12400	259322	415492

表 5 - 57　长三角地区私人车辆拥有量（2005 年）

单位：辆

指　　标	长三角	上海市	江苏省	浙江省
民用汽车	8049456	410000	1094252	6545204
载客汽车	2378806	410000	942143	1026663
轿车	1632467	322100	607462	702905
载货汽车	467190	400	146146	320644
摩托车	12970606	1165000	7045361	4760245

表 5 - 58　长三角地区邮电业务基本情况（2005 年）

指　　标	长三角	上海市	江苏省	浙江省
邮电业务总量（亿元）	1972.73	414.26	728.08	830.39
函件（亿件）	18.28	7.08	4.21	6.99
特快专递（万件）	4660.74	1685.5	1719.24	1256
报刊期发数（万份）	237011	123300	1294.38	112417
年末市内电话（万户）	4507.77	996.7	2089.54	1421.53
年末移动电话用户（万户）	6680	1444	2550	2686
国际互联网用户（万户）	1597.46	803	449.46	345
邮路及农村投递路线总长度（万公里）	88.28	23.81	37.85	26.62
邮电通信工具拥有量				
长途光缆线路长度（公里）	55641.2	5141	25699.15	24801

表 5 - 59　长三角地区社会消费品零售总额

单位：亿元

年　份	长三角	上海市	江苏省	浙江省
1978	185.75	54.1	84.79	46.86
1979	226.41	68.28	99.16	58.97
1980	277.86	80.43	122.56	74.87
1981	309.51	88.73	134.79	85.99
1982	333.58	89.8	150.01	93.77
1983	374.04	100.68	169.12	104.24
1984	454.59	123.72	205.05	125.82
1985	608.23	173.39	262.57	172.27
1986	704.91	196.84	304.58	203.49
1987	828.57	225.25	360.74	242.58
1988	1093.54	295.83	471.83	325.88
1989	1186.95	331.38	509.56	346.01
1990	1203.04	333.86	515.43	353.75
1991	1364.18	382.06	578.12	404
1992	1663.21	464.82	704.52	493.87
1993	2415.8	675.92	967.77	772.11
1994	3327.55	834.76	1359.61	1133.18

续表 5－59

年　份	长三角	上海市	江苏省	浙江省
1995	4265.54	1050.96	1741.92	1472.66
1996	5115.11	1258	2080.44	1776.67
1997	5687.95	1435.38	2300.61	1951.96
1998	6113.89	1539.27	2453.84	2120.78
1999	6677.75	1722.33	2649.56	2305.86
2000	7327.33	1865.28	2908.46	2553.59
2001	8089.31	2016.37	3233.35	2839.59
2002	9026.61	2203.89	3656.57	3166.15
2003	10110.21	2404.45	4194.5	3511.26
2004	11604.59	2656.91	4892.18	4055.5
2005	13304.55	2972.97	5699.89	4631.69

表 5－60　长三角地区批发和零售总额

单位：亿元

年　份	长三角	上海市	江苏省	浙江省
1978	170.3	47.55	79.18	43.57
1979	205.69	59.02	91.61	55.06
1980	254.25	70.28	114.35	69.62
1981	282.67	77.53	125.16	79.98
1982	302.96	77.31	138.87	86.78
1983	338.14	84.93	156.28	96.93
1984	408.44	103.27	188.8	116.37
1985	548.16	150.03	240.69	157.44
1990	1059.84	265.67	472.72	321.45
1991	1196.85	300.26	529.94	366.65
1992	1449.28	362.03	644.61	442.64
1993	2170.61	559.56	888.24	722.81
1994	2936.29	684.81	1238.3	1013.18
1995	3797.03	864.01	1573.01	1360.01
1996	4545.19	1032.78	1901.47	1610.94
1997	5016.52	1173.94	2082.71	1759.87
1998	5403.57	1298.4	2208.24	1896.93
1999	5800.1	1391.08	2367.59	2041.43
2000	6311.33	1493.13	2583.19	2235.01
2001	6943.06	1619.13	2845.89	2478.04
2002	7672.1	1756.77	3179.23	2736.1
2003	8532.79	1920.2	3613.67	2998.92
2004	9800.65	2108.59	4166.92	3525.14
2005	11377.47	2340.57	5016.09	4020.81

表5-61 长三角地区餐饮业总额

单位：亿元

年份	长三角	上海市	江苏省	浙江省
1978	7.47	2.39	3.24	1.84
1979	9	2.82	3.9	2.28
1980	10.99	3.41	4.72	2.86
1981	12.06	3.68	5.17	3.21
1982	12.7	3.76	5.49	3.45
1983	14.27	4.26	6.14	3.87
1984	17.49	4.9	7.61	4.98
1985	24.59	7.58	10.45	6.56
1990	57.15	17.08	24.17	15.9
1991	67.84	20.91	27.86	19.07
1992	84.6	25.92	33.64	25.04
1993	120.3	35.47	44.74	40.09
1994	169.42	42.74	71.44	55.24
1995	233.74	52.61	95.21	85.92
1996	329.16	78.5	135.64	115.02
1997	391.29	93.49	167.92	129.88
1998	398.43	56.58	192.52	149.33
1999	530.82	114.93	227.58	188.31
2000	641.38	134.12	269.59	237.67
2001	753.56	148.88	326.71	277.97
2002	944.85	193.68	410.83	340.34
2003	1135.91	225.83	510.94	399.14
2004	1385.68	279.44	653.46	452.78
2005	1466.6	350.32	583.09	533.19

表5-62 长三角地区限额以上批发和零售业法人企业数（2005年）

单位：个

项目	长三角	上海市	江苏省	浙江省
总计	8606	2296	2458	3852
国有及国有控股	1133	214	324	595
批发业	5762	1803	1202	2757
国有及国有控股	756	157	177	422
按登记注册类型分				
内资企业	5183	1239	1193	2751
国有企业	491	157	150	184
集体企业	154	55	35	64
股份制企业	231	37	88	106
私营企业	2497	587	497	1413
港、澳、台商投资企业	152	149	2	1
外商投资企业	427	415	7	5
按行业分				
农畜产品批发	121	9	66	46
食品、饮料及烟草制品批发	535	156	139	240
纺织、服装及日用品批发	865	242	175	448
文化、体育用品及器材批发	135	47	18	70
医药及医疗器材批发	263	94	63	106
矿产品、建材及化工产品批发	2029	366	460	1203
机械设备、五金交电及电子产品批发	1151	412	249	490
其他批发	630	452	32	146

续表 5－62

项　　目	长三角	上海市	江苏省	浙江省
零售业	2844	493	1256	1095
国有及国有控股	376	56	147	173
按登记注册类型分				
内资企业	2750	442	1226	1082
国有企业	227	56	131	40
集体企业	117	26	50	41
股份制企业	162	31	79	52
私营企业	1212	157	511	544
港、澳、台商投资企业	33	18	10	5
外商投资企业	61	33	20	8
按行业分				
综合零售	873	167	445	261
食品、饮料及烟草制品专门零售	145	37	52	56
纺织、服装及日用品专门零售	141	59	55	27
文化、体育用品及器材专门零售	265	52	127	86
医药及医疗器材专门零售	205	33	91	81
汽车、摩托车、燃料及零配件专门零售	724	71	284	369
家用电器及电子产品专门零售	347	25	155	167
五金、家具及室内装修材料专门零售	72	35	28	9
无店铺及其他零售	72	14	19	39

表 5－63　长三角地区限额以上批发和零售业产业活动单位（2005 年）

单位：个

项　　目	长三角	上海市	江苏省	浙江省
总　计	31876	11863	8552	11461
国有及国有控股	5615	1110	954	3551
批发业	11637	2568	2754	6315
国有及国有控股	2996	305	382	2309
按登记注册类型分				
内资企业	6004	1993	2738	1273
国有企业	1028	305	272	451
集体企业	767	110	309	348
股份制企业	2072	113	645	1314
私营企业	3275	681	707	1887
港、澳、台商投资企业	161	153	3	5
外商投资企业	472	422	13	37
按行业分				
农畜产品批发	343	24	140	179
食品、饮料及烟草制品批发	1620	639	293	688
纺织、服装及日用品批发	1034	252	199	583
文化、体育用品及器材批发	190	55	32	103
医药及医疗器材批发	696	127	106	463
矿产品、建材及化工产品批发	4903	502	1497	2904
机械设备、五金交电及电子产品批发	1418	448	308	662
贸易经纪与代理	36	25	2	9

续表 5－63

项　　目	长三角	上海市	江苏省	浙江省
其他批发	1397	496	177	724
零售业	20239	9295	5798	5146
国有及国有控股	2619	805	572	1242
按登记注册类型分				
内资企业	19077	8721	5264	5092
国有企业	1647	805	535	307
集体企业	893	232	219	442
股份制企业	2918	2384	117	417
私营企业	3144	43	1360	1741
港、澳、台商投资企业	306	151	118	37
外商投资企业	856	423	416	17
按行业分				
综合零售	8918	5228	1844	1846
食品、饮料及烟草制品专门零售	1158	205	546	407
纺织、服装及日用品专门零售	551	314	123	114
文化、体育用品及器材专门零售	2575	1843	458	274
医药及医疗器材专门零售	3632	1030	1585	1017
汽车、摩托车、燃料及零配件专门零售	2049	384	837	828
家用电器及电子产品专门零售	860	156	333	371
五金、家具及室内装修材料专门零售	168	96	40	32
无店铺及其他零售	328	39	32	257

表 5－64　长三角地区限额以上批发和零售业从业人员（2005 年

单位：人

项　　目	长三角	上海市	江苏省	浙江省
总　计	1061391	430065	355050	276276
国有及国有控股	151812	32310	46317	73185
批发业	420461	165542	112991	141928
国有及国有控股	94051	20120	24538	49393
按登记注册类型分				
内资企业	366461	115220	109891	141350
国有企业	61171	20120	22142	18909
集体企业	11723	6000	2731	2992
股份制企业	65103	9735	27683	27685
私营企业	93938	32177	22702	39059
港、澳、台商投资企业	11545	11381	97	67
外商投资企业	42455	38941	3003	511
按行业分				
农畜产品批发	6658	394	3735	2529
食品、饮料及烟草制品批发	72949	28534	17941	26474
纺织、服装及日用品批发	61038	24954	14760	21324
文化、体育用品及器材批发	11522	5411	1393	4718
医药及医疗器材批发	38896	16452	9030	13414
矿产品、建材及化工产品批发	109308	26104	40790	42414

续表 5－64

项　　目	长三角	上海市	江苏省	浙江省
机械设备、五金交电及电子产品批发	78825	28585	23861	26379
贸易经纪与代理	1631	1379	13	239
零售业	640930	264523	242059	134348
国有及国有控股	57761	12190	21779	23792
按登记注册类型分				
内资企业	569206	221377	219719	128110
国有企业	35283	12190	18723	4370
集体企业	15934	4719	6555	4660
股份制企业	113394	69802	29982	13610
私营企业	132114	30405	58031	43678
港、澳、台商投资企业	18666	9544	5962	3160
外商投资企业	53058	33602	16378	3078
按行业分				
综合零售	401563	188705	141295	71563
食品、饮料及烟草制品专门零售	21702	5568	9836	6298
纺织、服装及日用品专门零售	26819	14339	8578	3902
文化、体育用品及器材专门零售	26246	10151	10554	5541
医药及医疗器材专门零售	37547	8491	17698	11358
汽车、摩托车、燃料及零配件专门零售	59475	14515	25406	19554
家用电器及电子产品专门零售	51077	13083	24161	13833
五金、家具及室内装修材料专门零售	10292	6813	2822	657
无店铺及其他零售	6209	2858	1709	1642

表 5－65　长三角地区对外经济主要指标（2005 年）

单位：亿美元

指　　标	长三角	上海市	江苏省	浙江省
进出口总额	5216.97	1863.65	2279.41	1073.91
进口总额	2311.7	956.23	1049.59	305.88
初级产品	256.66	99.46	97.08	60.12
工业制成品	2054.99	856.77	952.51	245.71
出口总额	2905.28	907.42	1229.82	768.04
初级产品	78.68	24.79	15.77	38.12
工业制成品	2826.6	882.63	1214.05	729.92
合同外商直接投资项目（个）	14613	4091	7126	3396
合同外商直接投资	756.82	138.33	457.22	161.27
实际外商直接投资	339.68	68.5	131.8	139.38
接待海外旅游者（万人次）	1297.66	571.35	378.3	348.01
外国人	947.34	452.27	262.15	232.92
港澳同胞	144.63	48.59	44.99	51.05
台湾同胞	205.69	70.49	71.16	64.04
旅游外汇收入	75.84	36.08	22.6	17.16

表 5－66　长三角地区合同外商直接投资项目（2005 年）

单位：个

指　标	长三角	上海市	江苏省	浙江省
合　计	14613	4091	7126	3396
合资经营企业	3738	601	1749	1388
合作经营企业	206	44	112	50
独资经营企业	10655	3442	5259	1954

表 5－67　长三角地区合同外商直接投资金额（2005 年）

单位：万美元

指　标	长三角	上海市	江苏省	浙江省
合　计	7639849	1383300	4643882	1612667
合资经营企业	1230258	196200	602054	432004
合作经营企业	135836	26600	73794	35442
独资经营企业	6185665	1094700	3949724	1141241

表 5－68　长三角地区实际外商直接投资金额（2005 年）

单位：万美元

指　标	长三角	上海市	江苏省	浙江省
合　计	2775610	685000	1318339	772271
合资经营企业	625778	142500	248652	234626
合作经营企业	853267	824500	19130	9637
独资经营企业	4138520	2573500	1041074	523946

表 5－69　长三角地区接待海外旅游者人数和收入（2005 年）

项　　目	长三角	上海市	江苏省	浙江省
接待人数（人次）	12976612	5713500	3783023	3480089
外国人	9473374	4522700	2621472	2329202
日本	2254936	1197600	635260	422076
新加坡	379024	136900	133521	108603
美国	925192	445100	303362	176730
加拿大	186635	80600	65294	40741
英国	260248	138900	77726	43622
法国	268243	134400	77917	55926
德国	394454	203300	119195	71959
意大利	190819	76500	51965	62354
澳大利亚	229764	109900	73928	45936
港澳同胞	1446358	485900	449968	510490
台湾同胞	2056880	704900	711583	640397
旅游外汇收入（万美元）	758397	360800	225974	171623

表 5－70　长三角地区国内旅游者人数

单位：万人次

年　份	长三角	上海市	江苏省	浙江省
2003	27455.82	7603.00	11423.82	8429.00
2004	33766.80	8505.00	14661.80	10600.00
2005	39004.26	9012.00	17234.26	12758

表 5－71　长三角地区历年财政总收入

单位：亿元

年　份	长三角	上海市	江苏省	浙江省
1978	279.21	190.67	61.09	27.45
1979	277.9	192.75	59.28	25.87
1980	292.43	198.85	62.45	31.13
1981	301.9	204.52	63.04	34.34
1982	303.94	200.69	66.61	36.64
1983	319.76	204.34	73.63	41.79
1984	338.74	215.79	76.28	46.67
1985	411.11	263.86	89	58.25
1986	425.06	257.72	98.73	68.61
1987	424.89	241.36	107.17	76.36
1988	465.2	261.69	117.96	85.55
1989	521.85	297.25	126.39	98.21
1990	522.15	284.36	136.2	101.59
1991	576.89	324.66	143.29	108.94
1992	610.8	340.13	152.31	118.36
1993	827.47	439.53	221.3	166.64
1994	1118.71	615.91	293.41	209.39
1995	1301.04	702.46	350.08	248.5
1996	1593.5	873.76	427.99	291.75
1997	1924.4	1070.95	512.93	340.52
1998	2127.7	1146	579.9	401.8
1999	2548.21	1390.58	680.23	477.4
2000	3276.12	1752.7	865	658.42
2001	3978.37	1995.62	1064.99	917.76
2002	4852.51	2202.25	1483.68	1166.58
2003	6266.68	2828.87	1968.92	1468.89
2004	7346.71	3325.14	2216.41	1805.16
2005	9336	4095.81	3124.83	2115.36

表5－72　长三角地区保险业务主要指标（2005年）

单位：亿元

指　　标	长三角	上海市	江苏省	浙江省
保费收入	1084.29	333.62	437.34	313.33
财产险	292.41	87.86	93.64	110.91
机动车辆保险	185.77	43	64.4	78.37
人身意外伤害险	29.7	8	10.89	10.81
健康险	65	23.51	24.37	17.12
寿险	697.17	214.25	308.43	174.49
各项赔款和给付	300.82	87.46	118.83	94.53
财产险	168.81	47.26	53.3	68.25
机动车辆保险	107.4	23.6	40.76	43.04
人身意外伤害险	8.03	1.43	3.29	3.31
健康险	21.53	6.9	9.04	5.59
寿险	102.46	31.87	53.21	17.38

表5－73　长三角地区科研机构数（2005年）

单位：个

指　　标	长三角	上海市	江苏省	浙江省
科技机构数				
科研单位	524	266	159	99
大中型工业企业	2780	326	1193	1261
高等院校	957	225	541	191

表5－74　长三角地区三种专利申请受理量（2005年）

单位：件

项　　目	长三角	上海市	江苏省	浙江省
申请受理量合计	110773	32741	34811	43221
发　明	23799	10441	6582	6776
实用新型	32505	8711	11071	12723
外观设计	54469	13589	17158	23722

表5－75　长三角地区三种专利授权量（2005年）

单位：件

项　　目	长三角	上海市	江苏省	浙江省
授权量合计	45239	12603	13580	19056
发　明	4348	1997	1241	1110
实用新型	17698	4437	6483	6778
外观设计	23193	6169	5856	11168

表 5－76 长三角地区教育事业基本情况（2005 年）

指 标	长三角	上海市	江苏省	浙江省
学校数（所）				
普通高等学校	242	60	115	67
普通中学	6472	807	3141	2524
小学	13001	640	6261	6100
特殊教育	199	28	109	62
专任教师（万人）				
普通高等学校	13.75	3.18	6.73	3.84
普通中学	49.79	5.12	27.98	16.69
小学	46.12	3.74	26.16	16.22
特殊教育	0.47	0.1	0.25	0.12
招生数（万人）				
普通高等教育	73.05	13.18	39.02	20.85
研究生	6.41	2.58	2.87	0.96
本专科生	70.87	13.18	36.15	21.54
普通中学	264.85	20.9	157.55	86.4
小学	121.25	10.36	61.93	48.96
特殊教育	0.62	0.07	0.4	0.15
在校学生（万人）				
普通高等教育	231.31	44.26	123.77	63.28
研究生	17.7	7.35	7.79	2.56
本专科生	225.37	44.26	115.98	65.13
普通中学	829.66	77.02	491.56	261.08
小学	881.43	53.5	485.53	342.4
特殊教育	4.88	0.52	3.07	1.29
毕业生数（万人）				
普通高等教育	47.81	10.34	24.46	13.01
研究生	3.63	1.58	1.49	0.56
本专科生	46.62	10.34	22.97	13.31
普通中学	278.08	25.39	162.98	89.71
小学	171.7	10.93	105.52	55.25
特殊教育	0.7	0.08	0.43	0.19

表 5－77　长三角地区文化艺术和文物事业机构情况（2005 年）

单位：个

项　　目	长三角	上海市	江苏省	浙江省
总　计	284445	259218	22968	2259
艺术业	6659	6222	289	148
艺术表演团体	3799	3602	129	68
图书馆业	2790	2597	103	90
群众文化服务业	7000	3832	1534	1634
群众艺术馆、文化馆	1538	1409	117	12
文化站	5388	2379	1417	1592
艺术教育业	77	53	17	7
文艺科研	84	69	8	7
文物业	2017	1661	174	182
博物馆	1681	1502	99	80

表 5－78　长三角地区卫生事业机构数（2005 年）

单位：个

项　　目	长三角	上海市	江苏省	浙江省
总　计	30406	2527	15324	12555
医院	2056	487	1014	555
综合医院	1178	153	700	325
中医院	192	16	83	93
中西结合医院	21	4	11	6
专科医院	409	64	217	128
疗养院	44	2	26	16
社区卫生服务中心	297	123	108	66
卫生院	3911	100	1472	2339
门诊部	1017	199	372	446
专科疾病防治院（所、站）	81	5	49	27
疾病预防控制中心（防疫站）	274	22	154	98
卫生监督所	220	20	98	102
医学科学研究机构	31	10	12	9

第六编
大　事　记

一月

1月1日 全国首个道路交通地方性法规《江苏省道路交通安全条例》实施。

1月2日 由南京与上海联手打造的“绿地广场·紫峰大厦”在南京奠基，此大厦为南京市标志性建筑。

从2005年起，浙江省实行本省特级专家制度，特级专家为浙江省最高学术技术称号。

1月3日 《福布斯》中文版发布2005中国潜力100榜，其中上榜企业浙江23家、江苏15家、上海3家，再次显示长三角在中小企业发展上的领先优势。

1月4日 南京市政府召开新闻发布会：2005年南京教育着眼于16件实事，其中包括把部分原本用于城市的教育附加费转移到农村，全年转移资金达1.3亿到1.7亿元。

南水北调工程江苏扬州段45.5公里河道全线通水，其中13公里通过完工验收。

上海市各大医疗机构以最快速度组建的中国首支卫生救援队到达泰国普吉岛展开防疫行动。

上海市外高桥造船有限公司建造的17.5万吨我国最大吨位的散货船命名交船。

绍兴县被授予浙江省水利“大禹杯”竞赛金杯奖，成为浙江省唯一两次荣获此项水利工作金奖的单位。

1月5日 江苏省人事厅、省社科院、东南大学共同实施的江苏人才国际化战略研究开题仪式在南京举行，将人才国际化列为专题研究在全国属首次。

江苏省地方志办公室编写的《江苏地名溯源》出版。

华东最大的钢铁现货交易市场——上海铁闵钢市落户上海闵行，至此上海形成南北并举的钢市新格局。

上海市纪念中国13亿人口日大会透露：作为中国最早实行计划生育的城市，上海20多年来少出生人口700多万人，接近半个上海的人口数。

宁波市与成都市首次开通“民工航班”，这是川航为缓解民工过年回家难问题推出的新举措。

1月6日 沪崇苏长江隧桥工程启动，此建设对苏中、苏北地区接轨上海有重要意义。

江苏省人事厅披露，该省启动“江苏省博士后科研资助计划”，首批177项在站博士后承担的研究项目获得该计划资助，总额达500万元。

南京大学举行“加强技术创新体系建设工作会议暨科技成果转化中心揭牌”仪式，其在大学科技园的平台上建设高校科技成果转化中心的做法属全国首创。

在杭州市召开的2004年长江禁渔工作总结表彰暨2005年动员会议传出信息：经过3年的春季禁渔，长江部分流域多年未见的国家一级保护动物中华鲟重现长江。

浙江绿能投资有限公司与岱山县签订海上风电场建设项目投资协议书，计划总投资20亿元人民币，建成后将成为亚洲最大的海上风电场。

1月7日 南京市交通工作会议披露：全市交通将扩建和新建7条高速公路，在建规模212.7公里，全年交通基础设施建设总投资达40亿元，再创历史新高。

上海市绿化部门披露：上海将在松江区佘山兴建国家级植物园，占地面积约210万平方米。

首都国际机场扩建中的世界单体面积最大的网架工程由浙江东南网架股份有限公司中标，总造价为1.138亿元。

中国建设银行总行审批通过三门核电站一期工程项目贷款，总额达 250.48 亿元人民币，这是浙江省建行有史以来最大的贷款项目。

1 月 8 日 “珠江三角洲和长江三角洲地区经济发展论坛暨中国民营经济发展”峰会召开，会上专家提出“沪港渝大三角经济圈”，将珠、长三角进行自然对接，形成互动互补。

2005 年，江苏省固定资产投资将坚持总量控制与优化投资结构并举，全年计划安排 110 个重点建设项目，总投资 5000 亿元，当年完成投资 1000 亿元左右。

南京市过江隧道合资经营项目在北京举行协议签字仪式，总投资约 30 亿元。

1 月 10 日 江苏省南京、苏州、无锡、南通、扬州、镇江、江阴七城市八家旅游集散中心负责人在镇江签订旅游集散中心协作联盟协议。

苏州市政府决定将 66 处近代优秀建筑列入保护范围，其中 16 处列为市级文物保护单位，50 处列为市控制保护建筑。

上海市教育考试院披露，2005 年共有 99548 名考生报考上海各硕士招生单位，比上年增加 16.5%，创历史新高。

上海首批历史文化名人保护区恢复风貌，修建完成。

1 月 12 日 《苏浙沪三省市工商产业联动发展备忘录》签署，标志着长三角地区工商产业联动发展合作机制已经建立。

长三角地区春运联动稽查会议在浙江省长兴县召开，这是长三角毗邻地区首次开展跨省市道路运输稽查联运活动。

苏州市获“新浪 2004 网络中国年度最具发展力城市”奖。

首届长三角房地产年会在上海市举行。

1 月 13 日 华东地区首次开建的快速铁路南京至合肥、合肥至武汉的试验段工程开工。

无锡第一棉纺织厂向美国纺织品协议执行委员会发出书面材料，驳斥美方申诉，这是我国棉纺业应诉美国特别保障措施第一例。

《上海市建设健康城市三年行动中期评估报告》显示：加强食品安全监管、更新完善体育锻炼设施、场所和社区健康服务，已成为上海市民最希望政府做的三件健康实事。

最新统计结果表明：2004 年，上海市失业率 10 年来首次下降，城乡居民收入增幅差距明显缩小。全市新增就业岗位 60.8 万个，超额完成年初预定的目标；城镇登记失业人数 27.43 万人，比年初减少 2.68 万人，城镇登记失业率为 4.5%，比上年下降 0.4 个百分点。

1 月 14 日 苏州市全线启动太湖大堤区内段加固工程，此工程将利用围堰清淤的土地，保护周边生态环境及调节太湖防洪蓄水功能。

中科院上海神经科学所专家有关神经细胞极性的论文刊登于《细胞》（国际顶尖科学杂志），这是国内研究成果时隔 25 年后首次发表于该刊物。

1 月 15 日 《大都市形象论坛》在上海举行，主题为“世博会与城市文明形象”，这是国内首次召开的关于 21 世纪大都市形象塑造的国际性学术会议。

全国首个地区性的 IPV6 互联网——新一代上海教育与科研计算机网在上海交通大学开通运行，标志着上海教育信息化水平已跻身于世界领先的前沿。

1 月 16 日 “加快民营经济与区域经济共同发展”论坛在淮安市举行。

泰州市区发现一处距今近 600 年的明代建筑管王庙，这一发现至少将中国盐宗庙建设历史提前 400 年。

浙江在香港举办2005年“香港·浙江周”活动，两地共签订投资项目150项，总投资59.57亿美元，协议利用外资23.88亿美元，还签署了40多项友好合作协议。

1月17日 由美国微软和镇江江奎集团合作开发全球首台e通高清多媒体网络电视在镇江市诞生。

上海市《中心城社区公共文化活动中心规划》提出：至2007年，全市建设100个社区公共文化活动中心，到2010年再建100个。

1月18日 国内标准最高、规模最大的江苏水禽种质资源基因库在江苏牧院建成。

上海交大数字地面广播系统——ADTB-T系统研发成功，全球最快移动电视由此在上海诞生。

1月19日 江苏—荷兰贸易洽谈会在南京举行，这是中荷建交以来规模最大、层次最高的一次经贸活动。

作为中法文化年重要活动项目之一的“法国印象派绘画珍品展”在上海美术馆闭幕，总观展人次达25万多，为上海美术馆建馆以来最多。

杭州高新技术开发区和中国美术学院被国家广电总局命名为首批动漫基地，浙江省成为全国唯一既有动漫产业基地又有动漫教学研究基地的省份。

1月20日 “澳门·浙江周”在澳门举行，两地共签订7个合作项目，4个友好协作协议，总投资超过3亿美元。

浙医一院在国际上首次应用细胞移植治疗肺动脉高压成功。

1月21日 苏州市劳动和社会保障部门披露，苏州即将启动企业年金制度，这意味着苏州市的企业职工有望新增一份“养老保险”。

杭州湾大桥工程继青藏铁路、三峡工程后获全国第三个示范性重点工程劳动竞赛建设立功奖。

浙江省文物局和浦江县人民政府发布：浦江上山遗址发现万年前栽培稻遗存。

1月22日 江苏省经贸委、出入境检验检疫局举办“玩具产业发展论坛”。

1月23日 L774次列车从南京开往南通，这是历史上两地首次开通火车。

1月24日 第二届上海世界旅游资源博览会在上海召开，47个国家的480家参展商到会。

统计数据表明：2004年浙江省货币信贷平稳增长，各项存贷款指标位居全国前列。2004年全省金融机构本外币各项存款余额同比增长15.8%，新增2446.2亿元；金融机构本外币各项贷款余额同比增长20.8%，全年新增2436.3亿元。商业银行和农村信用社的不良贷款率比年初分别下降1.92个和2.62个百分点，本外币利润增长123.9%。

1月25日 江苏省海安县获“中国湖桑之乡”称号，是全国唯一获此殊荣的县（市）。

1月26日 首届全国建筑设计高峰论坛在北京举行，东南大学、南京大学教授包揽“第一届中国建筑学会的建筑教育奖”，同济大学五名教授获得“建筑教育特别奖”。

南京城市地下空间开发利用规划通过专家论证。这是江苏省第一部城市地下空间规划，也是国内第一部具有操作性的同类规划。

1月27日 《吴江丝绸纺织产业集群规划》通过专家评审，这是江苏省第一个组织专家审查并通过的产业集群规划。

绿地集团与金山区签订“建造金山国家级大化工产业基地”协议，为建设亚洲一流化工基地提供配套服务。

1月28日 全国县级市中规模最大、投资最多的昆山公共图书馆建成开馆。

张家港保税物流园区通过验收，成为国内唯一实现区港一体联动的“内河港型”保税物流园区。

中国石油江苏分公司总部搬迁至南京，标志着中国石油在华东市场进行战略调整。

1月29日 包括上航、东航在内的大陆、台湾8家航空公司的9架客机执行海峡两岸首日包机任务，这是两岸56年来首次直航成功。

1月30日 扬州市在上海举办“润扬大桥与扬州沿江开发”主题论坛暨2005中国扬州“烟花三月”经贸旅游节新闻发布会。

1月31日 上海环球金融中心——世界净高第一楼开工。

龙游至丽水、丽水至龙泉两条高速公路被部分纳入国家高速公路规划网。丽龙、龙丽高速公路建成后，丽水腹地将直接与杭金衢、金丽温、黄衢南、杭新景高速连通，更快捷地接受长三角和沿海城市的辐射。

在杭州市举行的市十届人大五次会议上，“关于加大钱塘江流域生态保护力度，建立生态补偿机制的议案”成为会议“一号议案”。

二月

2月1日 舟山港口物流开发项目在香港签约，总投资59亿元，力争成为世界级亿吨大港。

2004年度上海市重点工程实事立功竞赛表彰大会举行。

2月2日 全国首个国家湿地公园在杭州市试点启动。

2月3日 乍嘉苏高速公路（浙江段）获2004年中国建筑工程的最高奖项——鲁班奖，这是浙江省高速公路建设史上零的突破。

2月4日 上海已有2161家企业被认定为高新技术企业，实现总产值3112.34亿元，总收入3612.34亿元，年创利税388.55亿元。

2月6日 上海市闵行区虹桥镇、江苏省无锡市前洲镇、浙江省绍兴县夏履镇等获2004年全国环境优美乡镇荣誉称号。

上海大剧院艺术中心成立，这是上海深化文艺院团管理体制改革、探索多种管理模式的重要举措。

杭州万松岭隧道通车，该隧道为国内目前跨度最大的城市交通隧道。

2月7日 江苏省发改委披露：按照《长江三角洲地区干线航道网规划》的要求，该省2005年将完善苏南干线航道网改造，进一步打通江苏、上海、浙江水上运输通道，计划投资4.5亿元。

2月11日 首艘入境访沪的豪华邮轮——巴拿马籍“黄宝石”号驶抵上海港外高桥码头。

2月12日 联合国教科文专家评审会在巴黎宣布，中国浙江雁荡山等四家国家地质公园被评为第二批世界地质公园，浙江从此结束了没有“世界名山”的历史。

2月16日 上海博物馆周秦汉唐文明大展闭幕，此次展览持续50天，共吸引观众30万左右。

2月17日 江苏省基础教育年会在常州市召开，会上提出从2005年起，江苏省将在全国率先把幼儿教育纳入国民教育体系试点工作。

浙江杂技团的杂技节目《扛人蹬伞·苏堤春晓》在第26届法国明日国际杂技节上获金奖。

2月18日 江苏省在全国率先成立安全生产标准化技术委员会。

扬州市赴台开展“宝岛行”招商活动，签约项目20个，总投资达6亿多美元，协议

注册外资4亿多美元，洽谈项目60多个。

2月18日 浙江省政府发布《浙江省环杭州湾地区城市群空间发展战略规划》，环杭州湾地区的城市群在未来15年中将发生巨大改变。

2月20日 江苏省民营经济投诉中心成立，全省基本形成了民营经济投诉网络。

在上海市企业知识产权工作会议暨首批上海市专利新产品颁证仪式上，88项专利新产品获得市政府颁发的首批专利新产品证书。

2月22日 2005年中国宏观经济论坛在南京市举行。

无锡市中级人民法院以11.4亿人民币拍卖上海“弘基假日广场”地块，这是国内司法执行标的最大、也是上海拍卖史上最大的一宗拍卖。

上海市政府发布《上海加速发展现代服务业实施纲要》，该纲要展示了上海现代服务业集聚区的前景。

中国银行上海市分行与上海盛融投资有限公司签署总额达30亿元的银企战略合作协议。

2月23日 浙江省地方立法专家库成立，该库包括省内法学、经济、政治、社会、文化等方面知名学者64名。

日本政府取消对进口紫菜原产国的限制，中国产紫菜获准进入日本市场。（注：2004年4月22日，商务部应江苏省紫菜协会的申请，依据中华人民共和国商务部《对外贸易壁垒调查暂行规则》，决定对日本关于紫菜进口的管理措施进行贸易壁垒调查。该调查案是商务部迄今发起的第一例对外贸易壁垒调查案）

2月24日 江苏省人民医院发现并鉴定出三个人类白细胞抗原（HLA）新等位基因，得到NIH-Gen-bank（美国国立卫生院基因库）认证，并获得世界卫生组织HLA命名委员会的命名。

海峡两岸首家合资寿险公司——国泰人寿保险有限责任公司在沪成立。

2月25日 南京长江二桥工程项目在2004年度国家优质工程项目评比中获“国家优质工程金奖”。

浙江省世界物理年系列纪念活动开始举行，诺贝尔物理学奖得主戴维·格罗斯作首场演讲。

国内规模最大的两家流通企业集团——百联集团与大商集团签署战略合作协议，联手组建大商国际有限公司。

2月27日 2007年世界特殊奥林匹克运动会会标在上海揭晓。

2月28日 长三角区域创新体系建设联席会议在扬州召开，会议决定共同筹集5亿元专项经费，在9个项目上联合攻关。这是自2003年长三角区域创新体系建设联席会议制度建立以来，首次确定联合攻关项目。

上海液化天然气有限责任公司成立，这是该市加快能源结构调整、确保能源供应安全迈出的实质性一步。

三月

3月1日 第15届中国华东进出口商品交易会3月1日至6日在上海举行。本届华交会参展企业、到会客商和成交金额都创下历史新高，参展企业3300多家，比上届增加200多家；出口成交额29.74亿美元，比上届增长16.19%；到会境外客商首次突破2万人，比上届增长8.69%。

我国迄今为止承接的吨位最大、造价最高、技术最新的30万吨海上浮式生产储油船（FPSO）船体建造合同签约，上海外高桥造船有限公司中标。

3月3日 江苏航宇飞机制造有限公司直升机生产项目在徐州举行开工典礼，这是我国第一家获得国家发改委批准的小型民用直升机生产项目。

全国第二大粮食储备库——“上海外高桥粮食储备库及码头设施项目”开工，这是上海有史以来建设的最大的粮食储运基地。

3月4日 长三角南京旅游交易会在南京召开，十万人出席。

南京市科技工作会议传出信息，2004年南京高新技术产业销售产值首次突破1000亿元大关，软件产业销售收入突破100亿元大关。

3月5日 “长三角非织造产业联盟”建立，此为上海、江苏、浙江相关企事业单位发起首个长三角产业联盟。

3月6日 “桓王亭”奠基仪式在镇江市举行。

3月7日 上海市政府发布《关于当前加强房地产市场调控，促进房地产市场持续健康发展的若干意见》，进一步改善广大市民的居住条件。

3月8日 上海前沿控股集团的天目湖“慧谷”概念方案评审会披露，一个总投资达10亿元的中国“慧谷”将在江苏省溧阳天目湖畔启动。

“中国台州—拉美友好周”在台州市开幕，近3年以来，台州产品对拉美的出口年均增长60%，2004年达4.8亿美元，拉美已成为该市重要的经贸和投资合作伙伴。

3月9日 新亚欧大陆桥沿线九城市的书记、市长在北京共同签署11份建议和议案，其中包括将连云港市建设成为国际商贸中心、加强陇海兰新沿线旅游合作。

华东地区规模最大、功能最齐全的二手车交易市场在南京开工。

总投入达27亿元的无锡古运河整治工程开幕。

3月10日 国内规模最大、技术最先进的太阳能电池生产基地在南京建设。

浙江省杭州文澜阁修缮工程开工，总投资300万元，此次除了修缮和加固以外，还要使藏书楼“恢复原貌”。

3月11日 报载：在2005年上海、浙江、江苏三省及各地县召开的“两会”中，无论是政府工作报告还是人大代表、政协委员的建言献策，“绿色GDP”、“循环经济”成了频繁出现的关键词，意味着长三角开始走向“生态政经”时代。

长三角工业与环境生物技术产业发展研讨会在南京召开。

上海浦东国际机场第二跑道通过验收，标志着浦东机场二期建设已迈出第一步，上海成为国际航空核心枢纽进入加速起跑阶段。

3月12日 国内首个区域经济研究“智囊团”——上海社会科学院城市与区域研究中心在沪成立。

世界拉丁舞大奖赛暨第二届上海国际体育舞蹈公开赛在上海举行。本次拉丁舞大奖赛是2005年世界拉丁舞大奖赛五站赛事中的第一站。

3月13日 江苏省人民政府和中国农业科学院在北京签署全面科技合作协议。

音乐剧《剧院魅影》在上海大剧院落幕，写下了中国演出史上前所未有的连演100场的纪录。

3月14日 上海、浙江和江苏三地签订长三角地区消费者组织合作协议，携手打造维权平台，异地消费纠纷30天处理。

江苏省科技厅召开新闻发布会披露：2005 年江苏省科技投入成果转化专项资金增加到 5 亿元，为该省全面应用高新技术走新型工业化道路提供有力的资金支持。

苏州市发改委与中国社科院合作编制的《苏州市临沪浙经济带综合开发规划纲要》通过专家评审。

我国首次“和平学研究国际学术研讨会”在南京举行。

3 月 15 日 南京市首创重大规划市民“准听证”，首次以“玄武湖景区详细规划”为主题展开。

2005 年世界客车博览会亚洲展会在上海召开。

3 月 16 日 国务院召开国务院常务会议，审议并原则通过《环渤海京津冀地区、长江三角洲地区、珠江三角洲地区城际轨道交通网规划》。

3 月 17 日 中国社会科学院发布《2005 年城市竞争力蓝皮书：中国城市竞争力报告 NO. 3》，报告显示：与前两年相比，长三角城市竞争力提升最快，其中又以浙江为最快。

中国知识产权研究会在连云港市举行“中国 2005 年知识产权保护论坛”。

浙江省成为全国领导干部环保政绩考核试点省份。

3 月 18 日 杭州市旅委披露：《长三角旅游景点道路交通指引标志设置细则》签订。

江苏省无锡古运河整治工程启动，总投入达 27 亿元人民币。

美国 A. O. 史密斯全球工程研发中心在南京落成启用。

3 月 19 日 南通市旅游工作会议披露，该市计划用三年时间，投入 50 亿元建设具有江风海韵特色的旅游强市。

3 月 20 日 “首届中国·苏州网上人才交流大会”在苏州举办。

张家港市正式成为联合国世界卫生组织西太平洋地区健康城市联盟成员，这是张家港首次加入非政府国际性组织，成为中国第一个加入该健康城市联盟的县级市。

上海市劳动保障局、市建委联合发出通知，凡在本市区域内的建筑企业必须严格按照国家有关法律、法规和《上海市企业工资支付办法》、《上海市企业职工最低工资规定》等有关规定按月支付农民工工资，不得以任何理由拖欠或克扣农民工工资。

3 月 21 日 无锡首开银行向文化项目放贷先河，此项目为舞剧《红河谷》。该剧已演出 30 场，回收资金 200 万元。

2004 年，中国义乌小商品城成交额 266. 87 亿元，比上年增长 7. 49%，成交额继续稳居全国各大专业批发市场榜首。

宁波市尝试人大代表辞职制度，打破届内“终身制”，更好地履行职责。

浙江省政府出台贯彻落实《国务院关于深化改革严格土地管理的决定》的实施意见。

3 月 22 日 国土资源部南京地质矿产研究所主持的《长三角地区地下水资源与地质灾害调查评价》完成。调查显示，由于过量开采地下水形成“地面沉降”，造成长三角地区经济损失近 3150 亿元。

为支持农村低保，南京市在 2004 年拿出 500 万元的基础上，2005 年决定追加 200 万元，帮助农村特困群体，使农村五保户在原有基础上，将补助提高 10%。

国家发改委正式核准长江南京段上游过江通道项目，该项目总投资 28. 43 亿元，是国家投资体制改革以来首个获核准的城建项目。

在文化部全国艺术科学“十一五”规划论证会议上，昆曲和南通江淮僮子戏被列为江苏省两大文化重点资源和重点学科课题。

苏州海关披露，2005 年前两个月苏州市实现外贸进出口总值 180. 3 亿美元，比 2004 年同期增长 36. 6%，其中出口 88. 3 亿美元，同比增长 44. 4%，进口 92 亿美元，同比增长30%。苏州市对欧盟的产品出口发展迅速。

中石化与英国BP集团签署合资协议宣布，在南京市建设年产50万吨的世界级规模醋酸合资企业。

3月23日 中国商业街峰会披露，上海南京路、南京新街口、苏州观前街等荣获十大中国著名商业街，连云港陇海商业街荣获“最具升值前景商业街”称号。

无锡市与清华大学、北京大学在北京签署了市校进一步合作协议。

上海市政协十届十六次常委会议通过题为《融入长三角，加快上海现代服务业发展》常委会建议案。

3月24日 “苏州市循环经济推进中心”在苏州高新区挂牌成立。

华东师范大学公布重大科研成果，中美学者联手在世界上首次发现大脑记忆的编码单元与大脑密码的解读方法。

第六届中国国际机械工业博览会在宁波市举行，来自9个国家和地区的近400家客商参展。

国家环保总局宣布，在第一次全国生态环境质量调查中，浙江省庆元县、景宁县、龙泉市、泰顺县、云和县五个县（市）名列全国前10位。

杭州市政府召开金融服务业发展大会，提出了建设长三角区域性金融中心的目标。

3月25日 国内第一个公路水路综合交通区域规划——《长江三角洲地区现代化公路水路交通规划纲要》出台。

中国国际音像电子博览会这一国内最大的国际音像行业版权交易会首次从北京移至上海举办。

3月26日 “杭金衢金三角”旅游经济圈合作大会在建德举行，长三角区域性旅游市场的二度整合明朗化。

3月27日 “2005年中国国际人才交流大会”在南京市召开。

3月28日 2004年（第二届）中国会展产业年度评选在浙江省义乌市揭晓，南京、青岛、义乌三市被评为“2004年度中国最具魅力会展城市”。

江苏省人大财经委提出《江苏省中小企业促进条例（草案）》修改意见。

上海鲜花港开园。

上海市2005年启动两个“1000万”工程，确立了针对上海房地产市场发展现状“三个为主”的调控原则，再次明确把本市居民的普通居住消费放在最重要的位置。

总投资12亿元的上海外高桥造船有限公司二期工程开工，建设期为三年，年造船260万载重吨以上。

3月29日 京沪高速公路淮安段发生交通事故，导致液氯大面积泄漏，造成27人死亡。

南京长江隧道工程在南京举行开工仪式，该项目是南京市首个完全采用市场化方法运作的城市重大基础设施项目。

南京市将在未来5年内斥巨资扩容“港口经济中心”，这些泊位项目及配套设施建设总投资达38.1亿元。2004年南京港口货物吞吐量达1.18亿吨，其中集装箱吞吐量完成49万标箱，比上年增长21%。

国内最大的食用油生产企业嘉里粮油（中国）有限公司研发中心从深圳移居上海浦东新区，总投资8亿元的4家子公司同时宣告投产。

上海市青浦区朱家角古镇改造首个项目“尚都里”举行奠基仪式。

3月30日 我国直径最大的盾构法施工隧道——上海翔殷路隧道贯通，全长2600米。

比利时籍40万吨级超大型油轮“泰欧”轮抵靠宁波港，刷新了靠泊我国港口最大吨位船舶的记录。

3月31日　杭州市将推进长三角金融联动步伐列入市府今后数年中的经济工作，旨在打破“银政壁垒”，实现长三角金融一体化。

江苏省人才流动服务中心和徐州、连云港、淮安、盐城、宿迁5市人才中心主任在南京签署《加快苏北发展“51”人才中心主任联席会议备忘录》。

上海市卢湾图书馆新馆“小洋楼”竣工，在封存近半个世纪后，2838册明清时期的线装古籍与广大读者见面。

白玉兰远程医学管理中心揭牌仪式在上海市举行，其“白玉兰”远程医学网已在全国建成500多个远程医学接收站点，成为上海专家服务全国的一个平台。

四月

4月1日　沪甬城际特快列车开行，从此上海到宁波只需三个半小时。

江苏省从4月份起全面推行农村低保，年底前实现农村低保全覆盖。

南通至南京客运列车启用新的运行时刻表，南京至南通往返时间缩短至4小时33分。

上海科学家绘出“虚拟宇宙”，可据此解释星系起源和物理演化过程，引起国际天文界瞩目。

上海仲裁委员会汽车消费争议仲裁中心成立，其裁决具有法律效力。

宁波航空口岸对外籍飞机开放得到国务院批准。至此，宁波栎社机场成为继上海浦东、上海虹桥、南京禄口、杭州萧山后长三角第5个国际机场。

4月2日　我国首次横跨太平洋、大西洋、印度洋的环球科学考察队出发，本次科考由杭州国家海洋局第二海洋研究所组织实施。

4月3日　长三角地区联合师资招聘会在上海市举行，近2万应聘者竞争3000教师岗位。

4月5日　杭州的英国签证中心对公众开放，这是该国在中国境内设立的12个签证中心之一。

4月6日　国家统计局统计显示，从长三角16个城市单位面积产出来看，受地理位置、土地面积等因素影响，产出也各不相同，上海的单位面积产出最高，已经突破亿元，其次是江苏的8个城市，再次是浙江的7个城市。

苏浙沪三地联网合作协议在南京签署，长三角地区旅游将实行一票游到底的新模式。

上海交通大学参赛队获第29届ACM国际大学生程序设计竞赛全球总决赛的冠军。

温州市发现大型马桥文化聚落，此为太湖流域的首次发现。

4月7日　杭州市政府的《杭州城市金融竞争力与辐射研究——基于“长三角”城市群的实证分析》的课题显示长三角地区金融资源频繁互动的格局已基本形成。

蒋孝严第一次以“蒋家后人”的身份，在宁波市蒋氏故居祭祖。

温州机场开通首个“卡车货运航班”。

4月8日　“首届中国城市文化休闲产业论坛暨全国文化市场与文化产业调研报告会”在上海举办。

温州市委、市政府出台《推进工业产业结构优化升级的若干意见》和《推进工业企业做大做强的激励办法》，实施发展工业“12345工程”。

4月9日　以“共走红色路，同游苏浙沪”为主题的“长三角红色之旅江苏启动仪式”在全国红色旅游景点——常熟沙家浜举行。

南京市新开通11条“绿色假期”双休旅游直通车线路，目的地为苏浙皖景点。

4月10日 由《中国旅游报》社和武汉市旅游局发起的“长江自然文化之旅”实地考察活动以扬州作为终点站结束。

无锡鸿山越国贵族墓考古首次发现“缶”为何物，出土随葬乐器500余件。

中国首家活体肝脏移植研究所在江苏省人民医院（南京医科大学第一附属医院）揭牌。

上海市在黄浦江高阳路码头邻近建成首个游艇专用码头，可同时停靠16艘游艇。

由欧洲最大的非官方教育组织之一欧盟中欧教育研究基金会和浦东新区社会发展局主办的第一届国际名中学校长论坛在上海开幕。

交通部向国家发改委出具《关于嘉兴至绍兴公路项目建议书审查意见的函》，建成后将使绍兴至上海的车程由目前的2.5小时缩短为1.5小时。

由浙江省政府和清华大学共同组建的浙江清华长三角研究院在嘉兴科技城揭牌。

4月11日 世界500强企业之一、全球气体化工产品巨头——美国空气化工产品有限公司正式与常州山峰化工有限公司共同投资986万美元组建世界主要的三乙烯二胺生产基地。

4月12日 “中国江苏·意大利中小企业合作与发展论坛”在罗马举行。

江苏省重点建设暨投资工作会议在南京召开，2005年全力推进110个重点建设项目。

欧亚反洗钱与反恐融资小组（EAG）第二次全体会议在上海召开。

上海市举行《外国人永久居留证》颁证仪式，18位在沪外籍人士成为首批获得者。

4月13日 上海市嘉定区法院宣判特大网络赌博案，涉案金额达8000余万元。

4月14日 上海、江苏、浙江两省一市的政府信用管理部门在宁波签署《沪苏浙信用体系建设区域合作推进方案》（简称“宁波方案”）。

常州市首家市政公用事业特许经营企业——常州市城北污水处理有限公司成立，这是目前国内第一个公开招商成功的不转让资产所有权的污水处理厂TOT项目。

犹太妇女布兰德女士在上海寻找到了她70年前从奥地利逃难到上海的难民护照。

4月15日 国家发展和改革委员会国土开发与地区经济研究所、上海社科院城市化发展研究中心联合召开长三角区域城市发展战略论坛。

杭州萧山国际机场有限公司与香港机场管理局增资认购协议签署，成为内地首个引入外资的机场。

首届中国（杭州）西湖国际茶文化博览会在杭州开幕。

4月16日 南京青年商会、南京青年联合会在南京举办“春牛首”百名青年客商雨花行活动，85家南京企业和驻宁的浙江商会、潮汕商会、宁波经济促进会参加。

4月17日 作为全国“交通违法信息异地交换系统”一部分的上海、江苏、浙江等子系统建立，并开始采集违法信息，并通过网络交由所在地交管部门处理。

2004年度“全国十大考古新发现”评选结果在北京揭晓，杭州市严官巷南宋御街遗址入选。

4月18日 由交通部组织，苏浙沪两省一市交通部门等单位共同参与的中国首个公路水路综合交通区域规划——《长江三角洲地区现代化公路水路交通规划纲要》完成。

浦东开发开放15周年。浦东已初步建立起外向型、多功能、现代化的新城区框架，成为“中国改革开放的窗口”和“上海现代化建设的缩影”。

4月19日 作为“世界物理年”的启动仪式，“物理照耀世界”的光束传递活动在24小时内周游地球，穿越上海、杭州等地，以纪念爱因斯坦发表“相对论”等有巨大影响的三篇论

文 100 周年。

江苏省经贸委在南京市召开全省工商结构调整工作会议，会议公布了《江苏省工商业结构调整》、《江苏省工商业鼓励发展重点技术产品导向目录》、《江苏水泥行业发展规划》等6个《纲要》。

4 月 20 日 国家统计局最新统计资料公布：一季度，江苏房地产开发投资完成 313.76 亿元，总量在全国居第 1 位，浙江（259.67 亿元）、上海（236.66 亿元）分别占全国第 3 至第 4 位。

宁波港 GPS 定位引航调度系统通过验收，实现港口海上引航数字化操作。

4 月 21 日 长三角公共管理论坛在南京举行。

上海浦东张江高科技园区被授予“ISO4000 国家示范区”称号并揭牌。同时，园区内通过 ISO4001 认证的企业也获得相关证书。

杭州市商业银行与澳洲联邦银行签署了双方建立战略合作关系的法律文件，成为浙江省内第一家引入外资参股的城市商业银行，也是浙江省首个成功引进外资的金融合作项目。

浙江省见义勇为基金会追授来温州的民工、救人英雄李学生为“见义勇为先进勇士”称号，温州市追认李学生为“温州市劳动模范”。

4 月 22 日 “2005 中国扬州旅游发展国际论坛”在扬州召开，国内外专家学者建议大力发展运河文化旅游，形成与杭州南北呼应的“长三角休闲中心”。

镇江金山直通润扬大桥的金桥大道全线贯通。

第十一届上海国际汽车工业展览会在上海举行，主题为：汽车——让生活更精彩，共接待海内外观众 39 万人次。

4 月 23 日 扬州市首次举办“沪商日”活动，上海 40 多家大企业与扬州 22 家重点企业集团共商润扬大桥通车后的合作大计。

4 月 24 日 江苏省首届沿江地区“双高”人才交流会在常熟市举行，沿江 8 市 16 县的 400 多家规模型企业共推出 6800 个需求岗位。

中国加拿大江苏中小企业应用管理和环保合作项目成功实施七年，引起国际中小企业界关注。埃及中小企业考察团到江苏实地考察两家中小企业。

上海第二医科大学骨与关节研究中心攻克国际公认的骨科难题，首先做到用基因复制造骨。

4 月 25 日 国内首起“精子官司”在南京鼓楼法院一审判决，医院擅自改变方案，未告知原告属违约。

上海世博局公布《世界博览会标志使用管理办法》实施。

嘉兴市重大项目推介会在深圳举行，共签订 13 个项目，总投资近 30 亿元。

4 月 26 日 中国国民党主席连战率领的国民党大陆访问团抵达南京，在南京期间，访问团赴中山陵拜谒伟大的民主革命先行者孙中山先生的陵寝并游览世界文化遗产“明孝陵”、“总统府”等景点。

杭州市政府与新加坡国际企业发展局在新加坡签署《关于建立中新合作——新加坡杭州科技园的备忘录》，拟通过政府层面的努力，推进新加坡杭州科技园项目进程。

4 月 27 日 中美海关“集装箱安全倡议”（简称 CSI）合作启动实施仪式在上海举行，CSI 是目前防范恐怖分子利用集装箱夹藏大规模杀伤性武器的唯一正式运作机制。

由海关总署、国家质检总局、国家发改委、财政部、国土资源部等九部委组成的联合验收小组对嘉兴出口加工区进行验收，颁发了《浙江嘉兴出口加工区验收合格证书》并挂牌。这是浙江省继杭州、宁波之后的第三个国家级出口加工区运行启用。

4 月 28 日 长三角汽车市场联合体“2005 海门高层论坛暨长三角汽车市场首次信息发布会”在江苏省海门市举行。

首届苏浙沪中小学德育论坛在上海市嘉定区举行。

江苏省最大外商投资项目海力士—意法半导体 8 英寸和 12 英寸超大规模集成电路制造项目落户无锡市。

镇江等周边七城市与南京共同公布招商项目目录，共计 353 个招商项目，投资总额近千亿元，联手做大南京重洽会。

在上海市委、市政府推动下，上海首批 18 家创意产业集聚区挂牌。

4 月 29 日 南京阳山碑材向上海大世界基尼斯总部申报“世界最大的碑材”获得成功。

被孙中山先生称为“（辛亥）革命首功之臣”的陈英士烈士的铜像再现杭州西湖。

4 月 30 日 江苏省统计局提供的长三角地区城市调查资料显示，一季度，长三角 15 个城市受气候、节日和煤电油运等因素影响，市场消费物价平稳上涨，其中，江苏消费价格的涨幅高于浙江与上海。

连接镇江、扬州两城的润扬长江公路大桥通车。

五月

5 月 2 日 中国国民党主席连战率领的国民党大陆访问团访问上海，海协会会长汪道涵会见连战一行。

5 月 3 日 巴哈马籍“莫德”轮（243 米长、7.8 万吨级）靠泊南京港新生圩码头，创下南京港进出海轮尺寸最长、吨位最大的历史新纪录。

5 月 5 日 “纪念郑和下西洋 600 周年江苏文化周”活动在马六甲开幕。该活动由江苏省人民政府主办，江苏省人民政府新闻办公室、江苏省外事办公室承办，马来西亚马六甲州政府协办。

5 月 8 日 长三角旅游市场首现“哑铃型”结构，游客出行时间段向黄金周的节前和节后分流。

中国共产党早期领导人、党的新闻事业重要奠基人和开拓者秦邦宪故居在无锡市修复开放。

2005 世界公厕论坛暨第一届世界厕所博览会在上海市举行，探讨公厕管理的理念和思路，为积极筹办 2010 年中国上海世博会出谋划策。

《宁波区港联动总体规划》通过中央财经工作领导小组、国家发改委、商务部等国家有关部门的评审。

台州市正式被国家发改委列入《长三角区域规划目录》。

5 月 9 日 据国家城调总队反馈资料，一季度，全国收入水平最高的是浙江，人均为 5387 元、增长 17%，其次是上海市（5299 元、15%）、江苏省（3543 元、18.5%）。

5 月 10 日 由江苏省、浙江省、上海市工商联共同主办的长三角纺织服装业发展论坛在南京市举行，通过《长三角纺织服装企业后配额时代共同宣言》。

5 月 11 日 长三角都市圈省（市）际公路交通发展论坛在杭州举行，《长三角都市圈高速公路网规划方案》出台。

据苏浙沪统计显示，长三角城市居民收入 2005 年继续保持快速增长，一季度，长三

角城市居民平均可支配收入4625元，增长16.1%。

5月12日 常州高新区发展集团总公司与上海申融投资管理有限公司签约合作融资建设城市基础设施。

政协上海市委举行“融入长三角，加快上海现代服务业发展”论坛，来自苏浙沪三地的专家学者共议长三角地区现代服务业发展大计。

5月13日 上海巴士集团与台湾租车旅游集团签订合作协议，共同开拓两岸汽车租赁业务，为沪、浙及长江三角洲的数十万台商提供便利的商务租车服务。

5月14日 浙江、内蒙古两省区经济社会发展情况交流会在杭州市举行，双方共签署合作项目32个，总投资126亿元。

5月15日 浙江美术馆奠基开工典礼在杭州市举行。

5月16日 江苏省宜兴市在上海举办投资说明会，提出要打造成长三角北翼物流中心。

5月17日 以色列国独立57周年暨以色列驻沪总领事馆建馆10周年庆典在上海举行。来自长三角地区的政府官员、各国驻沪领事官员、各大企业领导及媒体界代表应邀出席。

第六届全国博物馆十大陈列展览精品评选活动结果在沈阳揭晓，中国丝绸博物馆（杭州）、温州博物馆、杭州中国江南水乡文化博物馆获奖。

由《浙江日报》报业集团、浙江移动通信有限公司和浙江在线网站联合举办的国内首张省级手机报——《浙江手机》报开通。

5月18日 国内首家外商投资的汽车服务公司AAC协车汽车服务公司在上海开业，长三角车市进入“后市场”竞争时期。

新华社报道：长三角房价体系开始松动，短期投资者纷纷出场，买方市场格局逐渐确立，租房市场开始回暖。

上海市出台《上海市贯彻〈国务院关于鼓励支持和引导个体私营等非公有制经济发展的若干意见〉的实施意见》，贯彻落实《国务院关于鼓励支持和引导个体私营等非公有制经济发展的若干意见》。

5月19日 杭州市召开长三角地区区域规划工作座谈会，长三角“十一五”区域规划的重点是对长三角的城市功能定位、人口与城市化、产业布局、基础设施、环境治理等方面进行研究。

我国首台9FA重型燃机（半山一号）——浙江半山天然气发电工程一号机组点火成功。

5月20日 宁常（南京—常州）高速公路南京段建设启动，宁常高速公路南京段全长9.738公里，投资5亿多元，2007年通车。

IBM在杭州成立分公司。

5月22日 浙江省首家民间文艺研究中心在宁波市成立。

5月23日 苏浙沪三地政府着手修订《长三角近海海洋生态环境保护与建设行动计划》，以挽救日益恶化的近海海域环境。

江苏省连云港市“走进长三角投资促进周”在上海市举行，连云港港定位上海港的北翼配套港。

上海市龙华小学被联合国教科文组织吸纳为FPD（人文、环境、教育）项目成员学校。

宁波市保税区集成电路产业园作为首批国家电子信息产业园之一通过国家信息产业部专题会议评审。

5月24日 第24届世界港口大会在上海市举行，80多个国家1000多个港口与会，我国参加的港口有南通、南京等10多个。

据江苏省统计局综合统计，一季度，长江三角洲地区16城市中，除扬州、镇江、泰州3市的GDP增长速度比2004年同期有所上升外，其他城市均有所回落，呈现出调整态势，凸现宏观调控效应。

全国首个以弘扬中医药事业为特色的非公募基金会——上海颜德馨中医药基金会挂牌成立。

上海华东医院成立张国桢疑难CT读片中心，上海乃至各地的患者均可以将外院拍摄的CT片带到这里请专家诊断。

新华网上海频道报道：上海文艺出版总社出版的16卷本大型中国历史文化百科全书《话说中国》成畅销书。

5月25日 长江三角洲地区房地产业协会联系网第八次会议在无锡召开，贯彻国务院两个八条措施，保持长三角地区房地产业持续健康发展。

经35个月的施工，中国第一座外海跨海大桥——东海大桥全线结构贯通。

5月26日 长江沿岸中心城市地方水运协调委员会第十九次会议在南京召开，沪宁汉渝共谋长江航运，相互协作建设“黄金水道”。

飞利浦、3M、思科、伟世通、本田、佛吉亚、爱立发和微开8家跨国公司研发中心同时落户上海漕河泾开发区，上海招商引资上了一个新层次。

以“共享、共创、共赢”为主题的2005中商网电子商务普及万里行活动抵达上海，中商网上海站（shanghai. chinaec. com）宣布开通；此外，还有来自温州、无锡、苏州等华东地区35个城市的60多个申请加盟中商网地区运营中心特许经营的投资人，参加了中商网华东专场的招商说明会。

5月31日 “纪念上海市总工会成立80周年——中国劳动组合书记部旧址陈列馆开幕仪式”在位于上海成都北路893弄的中国劳动组合书记部旧址陈列馆举行。

六月

6月1日 中国国家广播电影电视总局和浙江省人民政府主办的首届中国国际动漫节在杭州市举行。

6月2日 上海市港口管理局和南通港务管理局签订了加强两港联合、促进地区经济发展协议，加快上海港国际航运中心建设步伐。

上海市国内首幢生态楼在莘庄启用，节能高达75%。

中国船舶工业集团公司江南、沪东中华、外高桥和上船澄西四家公司分别与欧洲四家船东签订了总价值为4.5亿美元的造船合同，创下国内一次签约造船订单船舶数量最多的新纪录。

6月3日 由国家知识产权局与江苏省政府联合主办的2005企业知识产权战略国际论坛在无锡市举行，我国各地包括台湾省的350多名代表参会。

江南造船厂建厂140周年，中国第一造船基地“中船江南长兴造船基地”在上海长兴岛举行开工典礼。

6月4日 2005年中国无锡投资说明会首站签约仪式在宁波市举行，签约项目68个，投资总额93.83亿元。

6月5日　由上海第一财经频率和长三角14家城市经济广播电台联手打造的全国经济广播优秀节目《中国长三角》，在中央人民广播电台经济之声播出。

浙商论坛2005年峰会在杭州举行，省内外2000余名浙商参加。

6月6日　长三角第三届经典越剧大展演在绍兴市举行首场演出。

国家环保总局公布《中国城市环境保护报告》，我国共命名47个国家环境保护模范城市和3个国家环境保护模范城区，苏州模范城市群和常州模范城市群及苏州、上海市闵行区、宁波、杭州、常熟、绍兴、扬州、南京、无锡、镇江、常州等地入选。

上海亿通国际股份有限公司与南通港口集团有限公司签署了"长江三角洲地区物流一体化合作协议"，长三角物流信息一体化开始进入加速发展阶段。

6月7日　全长3610米的宁淮高速公路老山隧道贯通。

《上海市鼓励绿色电力认购营销试行办法》出台，宝钢股份、上海烟草、松下电器等本市12家企业单位签约成为第一批"绿色电力"用户。

6月8日　世界化工500强安格公司并购南化催化剂厂，更名为安格工艺技术（南京）公司。

上海浦东铁路开始铺架，全长约117公里，是浦东地区的第一条铁路，一期工程南段线路及支线等将与洋山深水港一期工程同步完成。

6月9日　人事部、教育部决定，追授为保护学生而英勇献身的江苏省金坛市城南小学高级教师殷雪梅"全国模范教师"荣誉称号，号召全国教育系统广大教师和教育工作者向殷雪梅同志学习。

嘉兴市秀洲区举办"嘉兴秀洲——长三角先进制造业特色区投资洽谈会暨电子项目签约仪式"，共签订了6个高新技术产业项目，其中外资项目5个，总投资1.55亿美元，内资项目1个，总投资5000万元人民币。

6月11日　《中欧纺织品贸易问题备忘录》签署，终止了欧盟对源自中国的棉布、T恤衫等10类纺织品的调查，并决定到2008年，欧盟将对中国全面开放纺织品市场，长三角纺织业机遇与风险并存。

由上海市体育局、江苏省体育局和浙江省体育局联合主办的"长三角"体育圈"英派斯健身器杯"全民健身大联动在上海市举行。

6月13日　亚洲首例胰岛细胞联合肾在上海移植成功，标志着国内千万名糖尿病患者从此有了治愈的希望。

6月14日　中共温州市常委会通过决定，将其城市精神确定为"敢为人先，民本和谐"。

6月15日　上海市社会服务局成立，启动"两新组织"公共服务新的政府构架。

建设部公布全国9处国家城市湿地公园，绍兴市镜湖国家城市湿地公园名列其中，成为浙江省首个国家城市湿地公园。

西门子杭州软件开发中心成立。

6月17日　经国务院批准，交通部长江口航道管理局在上海市成立，以此推进上海国际航运中心的建设。

工商银行浙江省分行与温州市政府签署共同促进温州民营企业加快发展合作协议。根据协议，将有100亿元的信贷资金在未来三年中投向温州的中小企业。

6月18日　主题为"总部经济与长三角互动发展"的2005年长三角园区青年论坛在上海市举行，苏、浙、皖、赣、沪参加论坛。

"中国—欧盟非典诊断及病毒研究"项目学术年会在杭州市举行，年会宣布中欧科学家已成功找到15种能够抑制非典病毒复制的化合物，为合成非典治疗药物提供了新途径。

6月19日 由宁波市农科院作物所和市种子公司合作选育的籼粳杂交稻——“甬优6号”获由国家科委印制、浙江省科技厅签发的2005年第235号《科学技术成果鉴定证书》。

6月20日 长三角7城市联合黄山市共同加盟西部旅游大开发，在伊犁举办的“2005新疆国际旅游节——伊犁草原风情游”开幕式上，首次签署《东西部旅游合作伊犁宣言》。

6月21日 国务院常务会议批准浦东新区进行综合配套改革试点，研究建设节约型社会和发展循环经济问题。

6月22日 长三角票据沙龙成立仪式暨首次会议在上海举行，就长三角票据市场的现状与发展展开探讨。

6月27日 德国·江苏周活动之一，江苏经贸合作论坛在德国北威州杜赛尔多夫市举行。首批签约项目32个，总投资21亿美元。

6月28日 《浙江日报》、《人民日报》、《经济日报》、新华社发表报道“长三角，总部经济的先声和诱惑”。

全国数字电影进农村试点首场放映暨台州市万场电影下农村活动启动仪式在台州举行。

6月29日 中国石化与英国BP合资的上海赛科90万吨/年乙烯工程投入运行庆祝大会在上海举行。上海赛科90万吨乙烯工程是目前国内最大的乙烯装置，也是世界上单线产能最大的乙烯装置之一。

中国轻工商举办欧盟劳保鞋应诉协调会在温州召开，为企业介绍有关案件情况，并向企业推荐律师。

6月30日 2005上海“卡通总动员”在沪开幕。

上海铁路局首次开通杭州到苏中的“直达特快专列”，沿途停靠上海、苏州、镇江、南京、扬州等站，全程运行时间7小时48分钟。

上海与西安合建西安国际港务区协议签字仪式在沪举行。打造西安“无水港”，并发展为保税物流中心，建成西部地区物流集散和海铁联运枢纽。

2005浙江省百强企业排序，镇海炼化、浙江物产、杭钢集团、广厦控股、万向集团列前五。百强中杭州、宁波、绍兴分别占45家、21家和17家。

均瑶集团获得国家民航总局批文，批准其筹建东部快线航空有限公司，从而成为国内第5家获准筹建的民营航空公司。

由国际度假联盟、亚太旅游联合会、中国房地产业协会经济合作委员会、浙江省旅游协会、浙江大学亚太休闲教育中心主办的“2005年第二届中国国际休闲度假大会”在杭州召开。

七月

7月1日 京沪铁路电气化改造工程开工，时速将达200公里，全程6小时，实现客货分离。

上海市和苏浙闽3省电力部门决定共度即将来临的盛夏用电高峰期，首次实施省市际“错峰换电”。

《江苏省海域使用管理条例》今起施行。在全国率先立法防范“海主”“炒海”。对海域使用权鼓励转让，限制“炒海”。

上海交通体制改革启动。市交通局与所属交通企业（承担全市公交90%、出租汽车

80%、轨道交通99%的客运量）全面脱钩。

上海上调最低工资标准，上调55元，达每月690元，每小时工资不低于6元。

7月2日 52集电视纪录片《百年商海》在上海电视台开播，以中国近代商业先驱为主角。

第二届“上海市青少年科技创新市长奖”颁发。

绍兴县在上海举行推介会，总投资120余亿元的20个工业项目、17个城建项目，与美、日、德、比利时等国的50余家驻沪外资银行进行洽谈。

7月3日 杭州中国水稻研究所与江苏明天种业公司签约，由明天公司出资1000万元，买断水稻所超级稻“国稻6号”品种经营权，创国内农作物新品种最高转让价。

国际多媒体协会联盟（FIAM）（属联合国教科文组织）与扬州市达成合作意向，助力“数字扬州”（国家863重点项目，全国“数字城市”示范样板）建设。

上海市卫生局宣布，市内70家区县中心以上公立医院试行互相认可辅助检查项目，包括乙肝二对半、CT、超声检查等，并在全市逐步推广。

报载：6月下半月，百年老店杭州景阳观从全市召回1.6万袋景阳观“双菜瓜”，此为全国首例食品召回事件。已买走的则由媒体告知调换。

7月4日 “2005年第二届长江口民营经济发展论坛”在上海举行，主题为“钢铁业发展及市场展望”。

国家纪念郑和下西洋600周年活动之一，大型民族交响乐《郑和下西洋》（词曲创作历时12年）在南京公演。

江苏移动与新华社江苏分社签署合作协议，共同打造“江苏移动新华资讯”，推进个人移动终端媒体。

西安市政府在苏州市举办台商经贸旅游恳谈会，签署29个项目，引资达4.9亿美元。

镇江最大的中法投资项目——天工爱和特钢有限公司一期投产。总投资7.05亿元，注册资本4.02亿元。

7月5日 “中国非物质文化遗产保护·苏州论坛”和“第二届中国昆曲国际学术研讨会”在苏州举行。

报载：欧盟反倾销对原产于中国之自行车产品征收48.5%的反倾销税，江苏省近百万辆自行车出口前景未卜。上半年出口同比已下降三、四成。

南汽集团10亿元打造的商用汽车生产基地在江宁科学园竣工。到2010年，成为中国继长春、上海、武汉后的第四大汽车工业基地。

平安银行总行从福州迁址上海。平安集团继中信集团和光大集团之后成为国内第三家具有证券、保险、银行、信托等多种业务的大型金融（混业）集团。

上海“郑和下西洋600周年”系列纪念活动开幕。“2005上海国际海事论坛”在沪举行。东海联合搜救演习在洋山深水港海域举行。8日，郑和航海暨国际海洋博览会在沪开幕。

7月6日 “2005上海旅游节主题旅游组团旅行社工作会议”举行，南京、扬州、镇江、南通、常州、苏州、无锡、杭州、宁波、绍兴、嘉兴、温州、湖州、舟山等14个城市加盟上海游营销网络。

报载：浙商投资6.8亿元，在江苏省级六合经济开发区建设长三角地区五金机电第一城沪江商贸城，把六合打造成江苏的“永康”（五金之都）。

国内首条“边运营边扩建”的沪宁高速公路江苏段南幅4车道全线双向通车。

苏浙沪三地联合组建的江苏省肝病药物研究中心通过验收。4年来，该中心已成功开发20个新品上市，累计产值5亿多元。

海峡两岸县市“双百”论坛在南京市举行，来自台湾的百名县市议员与大陆四省市（苏浙沪闽）的百名县市区人大代表参加，主题为“两岸合作、共同发展”。

总投资近32亿元的上海化工区热电联供项目一号联合循环机组并网发电，为上海市本年最大的新增电源。

7月7日 沪宁城际轨道交通项目在上海通过评估，为长三角地区轨道交通规划（已获国务院批准）首批项目。

驻沪境外媒体记者团就长三角地区协调发展问题对长三角地区进行联合采访。

纪念郑和下西洋600周年国际学术论坛在太仓市闭幕。第三届中国太仓郑和航海节同时开幕。郑和下西洋起锚地太仓市与终点城肯尼亚马林迪市签约，结为友好城市。

7月8日 第五届中国曲艺节在杭州开幕。每3年举办一届的国家级曲艺盛会，主会场北京，并设杭州、南京、江门、昆明、银川、铁岭、济南7个分会场。

国家发改委与苏浙沪及长三角16城市代表在扬州研讨长三角经济一体化问题。

苏州赛格电子市场在高新区奠基。该项目投资约4亿元，营造长三角地区最大的电子元器件产品专业市场。(市场规模将超深圳)。

上半年上海口岸外贸进出口总值1619.2亿美元，同比增长24.1%。其中6月份突破300亿美元大关，创单月进出口总值历史新高。

上海公共视频信息平台（国内首个）开通，上海东方公众传媒公司成立。每日18小时即时资讯滚动播出，形成规模化公共场所视频媒体发布网络。

杭州市科技型初创企业培育工程启动会召开。杭州市科技型中小企业创业投资联盟成立，系全国首个官民合作风险投资联盟，总金额达200亿元。

7月9日 中国曲艺界最高奖“牡丹奖”永久落户江苏（该奖项与中国电影金鸡奖、中国戏剧梅花奖、中国电视金鹰奖同为中国有影响的艺术奖项）。

第三届中国十大演出盛事颁奖，《上海越剧东北、西部行》位列榜首，上海大剧院引进的《音乐之声》及其策划的《香港文化周系列演出》分列第三、六位。

浙江省民族民间艺术资源普查保护成果大型公益展示在浙江西湖美术馆举行，千余件艺术品参展。列入省非物质文化遗产代表作的64个项目半数入展。

7月10日 国家动画产业基地落户苏州工业园区，苏州成为15个国家级动画产业基地之一。

浙江省初制茶厂优化改造现场会在上虞召开。本省茶叶产值与出口量全国第一，现有近8000家茶厂，仅1000家基本达标，到2008年，改造完成5000家初制茶厂，调整淘汰2000家小茶厂。

7月11日 “SMG手机电台”在上海市开播，是国内首次将广播语音节目系统拓展至新媒体。

上海市召开安置三峡移民工作总结表彰大会。上海历时5年，分四批共安置1835户7519名三峡移民，分别安置在崇明、金山等七个区县的62个乡镇、520个村组。

商务部公布“2004~2005年度重点培育和发展的出口品牌”名单（190个品牌），浙江省49个品牌榜上有名，列全国第一。

7月12日 国家旅游局在苏州召开2004年度全国旅行社“双百强”表彰暨出境旅游工作会议总结大会，江苏省13家企业荣登全国百强排行榜。

零时，江苏省2005年人口抽样调查试点工作全面展开。此次调查标准时点为2005年11月1日零时。

苏通大桥浇完第1786根钻孔桩。

"2005 上海国际青少年科技博览会"在上海科技馆举行，主题为"科学技术与我们的生活"。

报载：上海"宝钢"、"银联"、"春竹"、"斯而丽"等6件商标被认定为驰名商标，上海拥有中国驰名商标总数达40件，居全国前列。

美国《财富》杂志公布全球企业500强最新排名，上海宝钢集团公司居309位，上升63位。

上海首次发布年度文化产业统计数据。2004年，上海市文化产业总产出达1563.87亿元，同比增15.3%，文化产业占上海市GDP的6%，对全市经济增长贡献率达7.9%。上海网络文化服务业增幅最大，比上年增28.7%。

7月13日 "长三角民营企业苏北行"在杭州召开新闻发布会，苏浙沪130多家民营科技企业在苏北签署120多个项目，投资总额70余亿元。

报载：江苏创办9年的苏果超市首创城乡一体发展战略，以连锁经营开拓农村市场并获成功。上半年销售额达95亿元，列全国连锁业第七，超市业第三。

上海市出台《加快发展现代服务业纲要》，并已制定关于文化产业三年规划。

7月14日 江苏省低收入群体首次获物价补贴，补贴金额相当于当地月度低保金标准。

全国首批农产品绿色市场授牌仪式在南京市举行。通过认证的仅6家，南京市4家农产品市场获证书和铜牌，此外厦门市、大连市各1家。

全国首个脱硫与发电同步运行的大型项目温州电厂三期投产。烟气脱硫产出的石膏年产量6.18万吨。该脱硫工程国产化率85%，投资比引进设备技术降低70%。

7月15日 沪、杭、宁等长三角地区大中城市人才中心联合举办网上人才招聘会。

"国家科技图书文献中心南京镜像站"建成开通。中国沿海地区首家，文献总量达1200多万条，文献资源体系包括中外多个数据库，保持与国家科技图书文献中心网络服务系统同步更新。

"苏粤4+4青商合作联盟"在江阴启动。长三角江阴、昆山、张家港、常熟和珠三角南海、顺德、东莞、中山等八地青年企业家联盟，标志中国两个最有活力的经济圈从产业竞争走向产业竞合。

7月16日 江苏省宜兴市纪念徐悲鸿诞辰110周年。徐悲鸿纪念馆重新开馆仪式暨馆藏作品集首发式同时举行。此前，已恢复位于该市的悲鸿故居并创办悲鸿实验小学。

7月17日 江苏海伦化学PTA项目在江阴市奠基。海峡两岸化纤巨子联手投资6亿美元，开发年产60万吨PTA项目。

全国第三次公共图书馆评估定级，江苏上等级者82个，占全省图书馆83%，其中一、二、三级馆分别为47、18、17个，一级馆总数位居全国各省市第一。

无锡市出台《关于全面推进社会事业改革的实施意见》，组建四大中心，文教卫体"管办分离"。

报载，杭州首次强行收回未按规定交纳全部土地出让金的住宅用地。

江苏省公布首批南北对口合作名单，苏州工业园区与宿迁开发区、昆山开发区与连云港开发区、无锡高新技术产业开发区与徐州开发区、常州高新技术产业开发区与盐城开发区、江宁开发区与淮安开发区。

7月18日 "海峡两岸农业合作展览暨台湾农产品展销会"在沪开幕。与此同时，"江苏农业暨投资环境专场推介会"也在沪举行，扩大苏台合作交流。

中国工商银行和上海黄金交易所联合宣布，黄金交易向个人开放。个人实物黄金交易系统开通，为国内首个个人实金投资品种。

国家发改委、国家海洋局在杭州联合召开“沿海省市海水利用工作座谈会”。浙江省成为国内重要的海水淡化产业基地。

浙江省老字号企业协会在杭州成立，为全国首家省级老字号企业协会。

台风“海棠”登陆，浙江多处道路山体塌方，上海空中和水上交通受影响。20 日灾情报告显示，浙江受灾人口 607.8 万人，紧急转移安置 55.8 万人。

7 月 19 日 江苏省委、省政府在无锡召开全省加快发展现代服务业工作会议。

上海联通成立 11 年，迎来第 500 万个用户。

国内早稻单产最高纪录在浙江省诞生，超级早稻新品种“中早 22”最高亩产 693.71 公斤。科研人员十年心血育成此新品种。

浙江省首届驰名商标企业大会在杭州市召开。全省驰名商标 58 件，再列全国榜首。农产品证明商标达 22 件，占全国 1/5。“品牌浙江行”新闻采访活动同时启动。

浙江省在韩国举行投资说明会。双方签订投资项目 40 个，总投资 11.68 亿美元，协议外资 4.41 亿美元。

“赏心乐事”音乐联盟在杭州成立。浙、沪多家演出场馆、艺术院团、文化企业首批加盟，遍布杭州、宁波、绍兴、湖州、嘉兴、舟山及上海等地。

7 月 20 日 上半年苏州进出口额占全国 9.8%，上海、深圳、苏州为前三。出口八成为机电产品；高新技术产品出口 191.57 亿美元，增长 57.9%，占全市进出口总额 59.5%。

国家 973 项目“长江、珠江三角洲地区土壤和大气环境质量变化规律与调控原理”通过中期评估，由中科院南京土壤研究所主持。

《浙江省农产品产地环境质量安全标准》发布，从源头保“菜篮子”质量安全。

浙江省各地早稻收购开始，均价 74 元/百斤，国家最低收购价 70 元。早稻为农民种粮主要收入，对用于地方储备轮换的“订单粮”，各地区还给予 5 ~ 7 元/百斤的政府补贴。

浙江省环境整治暨生态补偿机制重点提案办理工作座谈会举行，本年省财政用于生态补偿转移支付资金总额达 63.58 亿元，同比增 19.8%。

浙江省血液中心公布，新发现 4 个 HLA 等位基因（2004 年发现 2 个），并已被世界卫生组织正式命名。新发现有助于减少黄种人群器官移植排异反应。

7 月 22 日 长三角家庭教育指导工作论坛于 22 日至 24 日在杭州举行，主题为“家庭与家庭教育——21 世纪家庭人文建设”。

江、浙、沪两省一市及鲁、赣、皖等周边地区 50 多个城市有关领导在上海签署《长三角地区道路货运一体化共同宣言》。

全国首家外商独资图书批发企业“康轩文化”总部落户南京。

粮食购销市场化改革先试，缺粮大省浙江与粮食主产省湖北、黑龙江、安徽等签约建立长期产销合作关系，确保粮食安全。

新疆德汇集团（温州企业创办）投资 5 亿元打造的火车头国际采购基地在乌鲁木齐市落成，为浙货西进之边贸物流中心，联结长三角、珠三角、乌鲁木齐和中亚八国。

报载：无锡市单位土地面积产出四年翻番，居江苏之首；在长三角城市中仅次于上海居第二；在全国大中城市中列第五。

一期投资达 6 亿美元的昆山龙腾光电项目，获国家批准。该项目主要从事笔记本计算机、PC 显示器及液晶电视等 TFT-LCD 显示盒的研发、生产和销售。

7月25日 上海市为外来从业人员发放综合保险卡，除住院医疗待遇外，增加日常药费补贴。迄今已有185万多人享综合保险，覆盖上海近2/3外来“打工者”。

截至2004年底，浙江省登记在册的民间组织近3万。民政部首次对民间组织表彰，浙江24个民间组织获殊荣，居全国省（区、市）第二。

7月26日 国际银团与南京国际集团签约，银团为73层的南京国际广场项目一期提供5.8亿元融资，即日生效。南京地产首次获国际银团巨额贷款。

江苏省举行农机化会议。上半年，江苏省农机装备总投入15亿元，同比增约五成，其中近90%为农民投入。各级财政提供农机补贴逾亿元，带动农民投入的资金为财政补贴的10倍以上。

南京出台治污方案，地方政府招商引“污”、群众投诉两年未解决的挂牌督办。

苏州昆剧院新创剧目《西施》，被文化部列为《国家昆曲艺术抢救保护和扶持工程》项目。

浙江省—日本企业·投资恳谈会在东京举行。签订11个项目，总投资2.97亿美元，协议利用外资1.41亿美元。同日，浙江省国际人才交流会在东京举行。

浙江桐乡乌镇成为茅盾文学奖永久颁奖地。第六届茅盾文学奖颁奖典礼在乌镇举行。

7月27日 江苏省“全省联动迎八一，拥军爱民专场招聘”，由江苏省劳动力市场及13个省辖市职介中心同步举办，提供就业岗位3万多个。供需双方洽谈成功率达50%以上。

报载：南京软件业从业人员达3万人，上年产业规模100亿元，占全省一半。南京软件销售在全国省会城市排名第一。

浙江省三峡移民安置工作会议在杭州市召开。杭嘉湖三地共安置三峡移民2104户，9128人。

7月28日 长三角交通一体化的重要快速通道——沪苏浙高速公路江苏段开工，全长49.88公里，总投资38.8亿元。

南京市绕城公路扩建工程建成通车。这条“金陵第一路”连接4条国道、9条省道，并与南京二桥、三桥相连，路网地位突出。

《关于促进宁波经济发展的若干意见》出台，其中鼓励农民变法人、人力资本入股、公司注册可分期付款等为宁波创新之举。民营企业可进入部分垄断领域。

7月29日 上半年长三角15个城市居民平均可支配收入8002元，增长15.3%。人均消费支出5271元，增12.5%。

上半年上海产权交易1639亿元，成交各类产权交易1600宗，交易额同比增18%。

上海公布首批非物质文化遗产项目，黄道婆及其纺织技术、上海地方戏剧沪剧等被作为重要项目挖掘、整理并推荐。

《中共浙江省委关于加快建设文化大省的决定》发表。

服务业领跑宁波经济，上半年同比增13.6%，首次替代第二产业成为经济主动力。

7月30日 首部全面系统汇编历史档案的《南京大屠杀史料集》在南京推出，共25册，首发前8册。

7月31日 上海绿地集团投资30亿元兴建的徐州“绿地世纪城”开工奠基。

历时一年半，投资超亿元的南京市103公里铁路沿线环境整治工程完成。

八月

8月1日 浙江省公布9位“回乡投资模范浙商”企业家名单，其中上海企业家5人。至此，在外浙企“反哺”浙江总金额已超5000亿元。

浙商投资26亿元兴建的宿迁·义乌国际商贸城开工建设。

《江苏省专业技术人员继续教育条例》今起施行。江苏省人才总量已超450万，其中专业技术人员占3/5。

上海市提高农村低保标准，调整为2340元/年/人。全市农村低保对象9.1万人。

8月2日 报载：上半年全国固定资产投资总量十强城市依次为：上海、北京、苏州、重庆、天津、南京、青岛、成都、无锡、宁波。长三角5城市分列第1、3、6、9、10。

南通与上海签署合作意向书，共筑南通农产品销沪绿色通道，已有288个名优产品、103家农副产品生产加工企业来沪。

报载：江苏投入8亿多元，接通5条高速公路的14条连接线，彻底解决“断头路”。

报载，上半年江苏省农产品出口4.52亿美元，同比增长22.2%；其中农产品加工品占46.2%，同比增长21.2%。苏南出口额为2.15亿美元，苏北出口增速超30%。

报载：上半年南通市GDP增速首次领跑长三角16个城市，达15.9%。

报载：上半年扬州出口总额逾9亿美元，同比增66.9%，增幅在长三角由上年末位升至首位。

南通城市博物馆建成开放。南通市于1905年建成全国首座博物苑。

投资逾20亿元的常州莱蒙都会国际商业街区项目开工。

上海市科委宣布上海加入“伽利略计划”，以“科研国家队”身份，参与新一代全球定位系统研发，这是迄今中国最大的国际科技合作项目。

上海市旅游委成立旅游会展推广中心，目标为国际会议城市前10名，现为第36名。

8月3日 宁波市参与长三角合作交流标志性工程——杭州湾跨海大桥完成“世界第一架”，开创单跨重量“梁上运梁架设”世界新纪录。

世界最大的桥梁群桩基础——苏通大桥主桥基础工程通过开工两年来首次验收。

总投资9900万美元的外资项目——南京博西家电园小家电生产车间落成。

浙江省委、省政府于嘉兴召开“千村示范万村整治”工程现场会，全面推进社会主义新农村建设。

8月4日 宁波市代表团在沪举行投资说明会暨沪甬合作项目签约仪式，签订合作项目29个，投资总额33.2亿元。

上海市崇明东滩鸟类自然保护区和九段沙湿地自然保护区升格为国家级，面积相当全市陆域1/10，所占比例在沿海经济发达地区中居首位。

8月5日 苏浙沪联合举办“2005年长三角地区网上人才交流大会”。

国内首家“中德康复医疗中心”在南京市成立。旨在为运动员提供伤病治疗、预防和康复服务，指导群众健康运动。

8月6日 全国产棉、纺织大市盐城与绍兴跨省牵手，投资21.79亿元的合作项目在绍兴市签约。

8月6日 主题为“读书，让生活更和谐”的书展在上海举办。

8月7日 首届无锡工商文化研讨会举行，“纪念荣德生先生诞辰130周年暨锡金商会成立百年”系列活动拉开帷幕。

8月8日 百名国内外学者汇聚南京，研讨纳粹屠犹和南京大屠杀。将二者进行关联性的集中研究，在国际学术界尚不多见。12日研讨会结束。

8月9日 浙江首次在省级机关系统内经拍卖竞价销售腾空房改房，为国内首例。拍卖所得3.9亿元资金用于平衡经济房建设资金。

8月10日 国内首家电子环保基金会在苏州成立。首批启动资金300万元。

江苏省向西藏自治区交接西藏经济发展战略文本，为全国首份智力援藏合作课题成果。

江苏省主办的《12·13——侵华日军南京大屠杀史实展》在北京中国博物馆举办，八成展品首次面世。

2005年中国报业竞争力年会在北京闭幕。全国晚报都市报竞争力20强揭晓，新民晚报再列榜首，综合得分蝉联第一。

中国人民银行上海总部揭牌仪式举行。

8月11日 江苏省启动建设国内首个“虚拟电厂”。（容量为30万千瓦能效电厂项目，以节电计划减少电力消耗需求，相当于为电力系统提供电力电量）。

2005“中国500最具价值品牌”排行榜揭晓。《钱江晚报》品牌价值11.5亿元再次上榜。浙江省45个品牌入选，包括雅戈尔、万向、娃哈哈、农夫山泉等全国著名品牌。

浙江人文大讲堂自4月起至今日已举办20期，吸引众多听众。

8月12日 目前亚洲规模最大的长途客运站——上海长途汽车客运总站正式启用。上海长途汽车客运总站每天可发车1200个班次、日输送旅客2万人次，年发送量达700万人次，预计占上海省际汽车旅客发送量的三分之一。

8月13日 连（云港）盐（城）高速新沂河特大桥贯通，为连盐高速顺利通车奠定基础。

浙江首个经认可的民间同性恋组织——“浙江同志爱心工作组”在杭州成立，协助官方进行艾滋病行为干预。

8月14日 “全民节约，共同行动”主题宣传活动开幕，全国启动仪式上海分会场举行“百万家庭节约活动”。

8月15日 国内十大汽车厂家重新排名公布：一汽、上汽、东风汽车公司、长安汽车集团公司、北汽、哈飞汽车公司、广汽集团公司、奇瑞汽车公司、安徽江淮汽车公司和浙江吉利集团（唯一的民营企业，首次入围）。

“中国最具行业领导力品牌”首次公布，森达与海尔、五粮液、联想等7个行业著名品牌获此殊荣。森达品牌价值50.12亿元，列中国最具价值品牌榜第19位，为目前全球最大的单个制鞋企业。

《人民的胜利——江苏纪念抗日战争胜利60周年大型史料展》在南京博物院开幕。

报载：江苏省税费改革后，农民负担下降90%，人均减负159元，亩均减负149元。

上海农村商业银行创立。

8月16日 “海峡两岸纪念抗日战争胜利60周年名家书法邀请展”在江苏省美术馆开幕。

建造于泰州的上海埃力生科技工业园项目签约仪式在泰州举行，该项目投资达180亿元。

8月17日 报载：“南方麦王”江苏里下河地区农科所育成糯小麦（扬麦158品种），填补国内谷物生产史空白。

世界最大的专业天文仪器生产基地（中科院研发生产基地之一）落户江苏高淳。总投资1.6亿元，投产后年产值可达2亿元。

8月18日 杭州市在上海召开西湖博览会、休博会新闻发布会，对接上海世博会进程。两地签署合作项目14个，总额达17亿多元。

报载：江苏梦兰集团在国内同行中创首个中国驰名商标和中国环境标志产品，被认定为中国名牌产品、国家免检产品。梦兰品牌价值68.75亿元，为全国家纺行业第一。

无锡投资27亿元对古运河进行大修，改善城区水环境。

江苏省大型科学仪器设备共享服务平台在南京市开通。

南京龙潭港和苏州高新区经批准设立保税物流中心（B型）。

南京市首批天然气公交车上路。

沿江开发管理信息系统一期工程通过验收，使江苏省沿江开发获软件支撑。

上海市诞生首台拥有世界先进技术的F级重型燃气轮机。

温州市出台《关于加强民间融资管理的意见》，首次由政府发文规范民间资本借贷。（温州民间资本总量逾3千亿，借贷规模逾4百亿）。

8月19日 第四届国际寒武纪地质大会在南京举行，系首次由中国主办的国际地质学领域“奥林匹克”盛会。

江苏省出水量最大的温泉钻井工程竣工。水温恒定73℃，日出水量逾2500吨，可开发多种相关项目。

国家古籍整理规划重点出版项目《古文字诂林》12册在上海市全部出齐。

浙江省全面启动“千万亩十亿方节水工程”，建成后每年节水13亿立方米，相当于杭州市区3年用水量。

8月20日 “纪念中国同盟会成立100周年暨孙中山逝世80周年国际学术讨论会”在南京市中山陵举行。

中国高速公路第一桥——宿淮高速公路五河口斜拉桥提前合龙。一桥横跨五大河，多项桥梁纪录被刷新。

8月21日 报载：浙江省2005年首批重点技改投资1245.4亿元，共974个项目，推动产业结构调整与增长方式转变。

8月22日 报载：浙江省国家级火炬计划279个项目获批准，跃居全国第一（江苏267个），九成以上由科技型中小企业承担。

江苏省首例海洋倾废案办结，违法当事人已在规定时间内上缴罚款。

上海市首批7万册《救助管理宣传手册》进入全市各社区。

8月23日 可载5000辆轿车的汽车滚装船在南通问世。该巨轮“上海高速号”为目前全国最大、世界领先，系国内首建。

中国首部反映“三农”问题长篇小说《美丽的中国结》在南京举行首发式，作品得到专家肯定，作者为江苏七旬老作家邹安和。

中国镇江（国际）生态汽车商业基地项目签字仪式在丹徒举行。该项目总投资7亿美元，由澳大利亚JBP投资集团投资兴建。

报载：浙江民企境外投资创业，1~7月销售额同比增20%。在130多个国家和地区共开设境外企业780余家，营销网点2600多个。

8月24日 《福布斯》中文版“2004年中国大陆最佳商业城市”前10名：杭州、宁波、大连、上海、温州、北京、苏州、无锡、绍兴、深圳。

8月25日 江苏省出台新规，省级机关新录公务员先赴苏北基层锻炼服务一年。

南京市政府将投资400亿元，重点推进10大生产服务业项目。

中宣部等主办的“伟大胜利——纪念中国人民抗日战争暨世界反法西斯战争胜利60周年大型主题展览”在上海展览中心开幕。400多件图片文物，相当部分为首次披露。

8月26日 长江芜（湖）南（京）段航路改革航标建设工程在南京开工，与长江南（京）浏（河）段水上快速通道衔接。

2005中国金融品牌论坛在沪召开，提出上海五年打基础，十年建框架，2020年力争基本建成国际金融中心。

8月27日 苏州市举办首届中国太湖开捕节，中国最大的内陆渔港举行祭祀，展示独特文化。

《南宋史研究丛书》编纂工作会议在杭州举行，国内南宋史专家40余人参加，计划六年编成50卷。

8月28日 宁波富达集团在江苏开建的首个项目——长江新天地奠基，总投资5.21亿元。

第二届中国最具生命力百强企业揭晓，春兰集团再度入前五。此前，列2005年“中国500最具价值品牌”第40位，在江苏32家入围企业中居首。

引进日本技术创办的悦达专用车新工厂举行奠基仪式。总投资3.56亿元，规划形成1万辆专用车生产能力，年销售收入逾10亿元，利税2亿元。

由民营企业投资7000万元建设的江苏文化产业园在南京开业，将建3500家连锁店，形成30亿元的年销售额。

2005中国市长论坛在浙江省义乌市举行，63个城市的市长或代表及专家学者参加，主题为“发展·节约·效益”。

8月29日 南京、上海两地民乐团联袂在上海大剧院演奏大型民族交响乐《和平颂》，祭奠亡灵，谴责侵略，呼唤和平。

2005年日本爱知世博会中国馆“苏州周”开幕。同日，“苏州：中国最具经济活力的城市”情况说明会在名古屋市举行。

浙江省政府与中国建设银行签署高层次合作协议，建行给浙江省新增贷款计划600亿元，重点支持中小企业发展。

诸（暨）永（康）高速公路全面开工，建成后，杭州到温州少走60公里。

8月30日 “台商极力推荐城市”名单公布，上海闵行、萧山、昆山、成都、江阴和徐州列前六。

江苏、浙江、上海三地公安机关网上信息协作启动，系统实现全面共享。

江苏省财政拨款亿元为600万册教材买单，60万中小学生今起使用免费教科书。

上海长江隧桥（崇明越江通道）工程《银团贷款合作协议书》在沪签约。银团（中国工商银行与国家开发银行）贷款总额76.16亿元（含6075万美元）。

全国首个区港联动试点区域——宁波保税物流园区经国家验收封关运作。

首次来华的世界古董缝纫机展在上海举行。一台浙江产电脑控制缝纫机作为当代精品首次被英国皇家缝纫机博物馆收藏。

8月31日 “2005年长三角质量月活动新闻发表会暨中国名牌企业争创世界名牌大会”在杭州市举行，发表《长三角中国名牌争创世界名牌宣言》。苏浙沪三地已拥有中国名牌产品289个，占全国总数的31%。

苏浙沪在杭州签署协议，给标准化农产品颁发统一的身份标志，加贴标志后在三地间流通享受当地产品待遇。

报载：江苏15个名牌地方特产入选全国“地理标志”产品（与专利、商标、注册权等同的知识产权，如地方名片），并有7家企业入榜全国地理标志销售额前100名。

九月

9月1日 《江苏省征地补偿和被征地农民基本生活保障办法》实施，以法规形式保障被征地农民生活，属全国首例。

江苏省全面执行新的医疗服务价格，7千多个收费项目归并为3916个，大型设备检查费降幅49%。

江苏省投资16.05亿元，今起对新沂河实施50年一遇的防洪整治工程建设。

美国微软公司以500万美元入股江苏境内软件企业，系“微软”首次在江苏创办合资公司。

上海市连续实施两轮三年环保行动计划，空气优良率已逾九成。

世界上跨径最大的双层公路斜拉桥——闵浦大桥打下第一桩（共770根钢管桩）。建成后，上海与湖州、嘉兴间可直通。

浙江省2005年起按每位农民每年15元标准，建农村公共卫生服务专项资金，为全省3500万农民购买基本公共卫生服务。

9月2日 “2005中国农业高新技术博览会”在徐州市举办。

“中国戏剧家纪念抗战胜利60周年主题采风活动”在南京市举行。

江苏省沿江8市的港口企业、沿江各经济开发区、保税区、物流园区等126家单位，在南京市成立江苏沿江港口联盟。

全国最大城市道路立交——南京双桥门立交提前竣工通车。

9月3日 《正义·和平》大型交响音乐会在南京市举行。

长三角旅游城市高峰论坛首次在江苏省举行，上海、南京、杭州、苏州、常州、无锡、宁波等长三角城市发表《无锡倡议》，打造“中国长三角旅游城市圈”。

南京地铁一号线通车。

9月4日 全国首份免费社区周刊——《新民生·城市假日》在杭州市推出。

宣（城）杭铁路复线（国家重点工程，总投资34.1亿元）全线铺通，28日开通投运。从杭州前往华北地区不必再绕道上海。

9月5日 江苏省居民储蓄人均首超万元。

2005法国·中国浙江周在巴黎开幕。签约67个项目，总投资30.5亿美元。同日，第十四届浙江旅外乡贤聚会在巴黎开幕。

9月7日 南京温州经济促进会第三届会员大会举行。温州商人在南京投资达50亿元，累计销售额逾300亿元，吸纳2万余人就业。

上海市应急管理工作会议召开，上海市突发公共事件应急管理委员会成立。

中国国际城市轨道交通展览会在沪举行。阿尔斯通、庞巴迪、阿尔卡特等角逐中国市场，150家国际知名企业展示最新技术。

9月8日 苏沪高速公路建成通车，全程仅需40分钟，6车道，投资逾32亿元。

国家级开发区发展报告首次发布，54个开发区（工业园区）中，江苏有连云港、南通、昆山、南京和苏州等5个，苏州、昆山多项指标领先。

宝钢创一项炼钢世界纪录，一炼钢单元300吨级转炉日产钢121炉，计3.59万吨（原最高为114炉）。

浙江图书馆历时4年组织编纂的首部家谱集成——《浙江家谱总目提要》问世，电子数据库同步建成。

9月9日 2005海外江苏之友暨“相聚长三角，海外高新技术交流合作周”活动在南京市开幕。

2005江苏发展国际咨询会议在南京市举行，主题为“科技进步与江苏产业结构调整”。

“开发性金融合作协议”签约仪式在沪举行。上海化工区发展有限公司与国家开发银行合签，总额50亿元人民币。

首批中国世界名牌产品和2005年中国名牌产品名单公布。24个“上海造”入选中国名牌，其中17个首次入选。

9月10日 2005年中国南京金秋经贸洽谈会暨国际软件产品博览会在南京市开幕。

国家“十五”重点图书，古吴轩出版社最大出版项目，百卷本《隋唐文明》在北京首发。珍贵古籍之相当部分为孤本首次面世。

9月11日 “无锡市国际友城交流会”举行，全球24个城市市长及其代表参加。

第二届网商大会在杭州市召开，评出中国十大网商。

9月12日 “相聚长三角——海外高新技术交流合作周”上海段活动在沪举行。

上半年江苏GDP增幅全国第二，超过粤、浙，居民收入增幅全国第一，5、6两个月社会销售额增幅全国第一，民企增长数遥居全国之首。

芬华创新中心（公众基金投资的非赢利组织）在上海张江高科技园区举行揭牌仪式。

9月13日 国内首份中国城市生活质量报告发布，前10名依次为：深圳、东莞、上海、北京、杭州、珠海、宁波、苏州、广州、厦门。

江南航道网中连接苏浙沪的省际干线长湖申线航道完成整治，苏浙沪水运瓶颈消除。

中国长三角地区—欧洲波罗的海地区合作交流与发展论坛在湖州市长兴县举行。

“中国上海—澳大利亚新南威尔士州”经贸洽谈会在悉尼举行。

上海农业代表团、市农委与澳商洽谈投资上海农业。

9月14日 国内民企500强排序揭晓，入围数前三位为：浙江183家，江苏113家，山东44家。

苏州、无锡、南通三地上规模民企数居江苏省三甲。

第六届“中茶杯”名优茶评比在杭州市举行（全国规模最大、最权威），评出特等奖60个，一等奖181个。江苏省获特等奖29个（其中6个进前10名），一等奖45个。

上海东方讲坛开讲一年，全市138个讲座点，举办讲座1800多场，听讲者80万人次。

9月15日 长三角首届法治社会与预防青少年违法犯罪论坛在南通市举行。

第一届两岸民间精英论坛15日至16日在上海举行，主题为“促进两岸经济交流与合作”。

9月16日 “江苏—印度软件产业合作与发展论坛”在印度举行。

9月17日 世界管理论坛暨第四届中国管理咨询高峰会在沪开幕。主题“赢在管理——全球化视野与中国式管理”。

9月18日 中国最发达县域经济论坛在绍兴市闭幕，发表《柯桥宣言》。十强县最新排名：江苏昆山市，广东顺德区，江苏江阴市、张家港市、常熟市，广东南海区，浙江萧山区，江苏武进区，浙江绍兴市，江苏太仓市。

9月19日 日本爱知世博会中国馆“上海周”开周仪式举行。

浙江工贸园区在黑龙江省绥芬河畔开工，总投资115亿元。为中俄东宁—波尔塔夫卡互市自由贸易区重要组成部分，浙江产品进俄罗斯之绿色通道。

9月20日 “2005经济全球化与工会”国际论坛在上海市举行。

诺基亚杭州创新软件园开工。

9月21日 江苏省—纽约州经济合作洽谈会在南京举行。

第36届世贸中心协会年会在上海举行，主题为“关注上海——共创美好未来”，并举办“中小企业国际合作与交流”上海论坛。

全国首个古窑址标本中心在杭州建成。

世界首个桂花品种基因库落户浙江，中国157个品种中浙江占91个（杭州67个）。

9月22日 第二届长三角科技论坛暨上海市科协第三届学术年会开幕。

9月22日 上海工人文化宫庆祝建宫55周年，沪宁杭共同发起建立“长三角城际工人文化宫联席会”。

国家开发银行320亿元贷款用于南京长江四桥、地铁二号线、过江隧道等项目建设。

江苏省文化产业研究中心成立。

南京市建成发展现代服务业标志性建筑——香港招商局南京国际金融中心。

秦山核电站三期工程通过国家验收。中国首座商用重水堆核电站提前投产，已安全发电265亿千瓦时。

9月23日 第三届2010年上海世博会国际论坛在日本爱知世博会园区开幕，主题“世博会与可持续发展”。

9月24日 《长三角人才服务城际合作宣言》在无锡市签署。

第三届华东律师论坛在上海市举行，主题为“构建和谐社会与律师的作用”。

第四届德国文化周在上海市开幕。

9月25日 沪苏浙130多家客商携手觅商机，长三角民营科技企业展开苏北行。

120多个项目“联姻”成功，投资总额70余亿元。

跨国公司长三角投资论坛在镇江市开幕，吸引世界500强代表百余人参加。

第三届中国人居环境高峰论坛在杭州市召开，这是联合国“世界人居日”活动之一。

9月26日 2005中国企业500强公布，其中北京91家，最多；广东54家；第三至第五为沪浙苏，分别为44家、42家和40家。（中央直属企业以总部所在地为标准）。

首届“长三角—珠三角”旅游合作交流会在镇江市举行。

宁波港港航部门的生产快报统计显示，截至当日，宁波港2005年货物吞吐量已突破2亿吨，比2004年同期增长22%；其中集装箱增幅超过30%。这是宁波港继2004年货物吞吐量首次突破2亿吨之后又一新跨越。

9月27日 2005世界旅游日中国主会场庆典系列活动在连云港市举行。苏沪浙三地旅游界联合发出“关爱之旅”倡议书。

国家重点建设的五大高新区之一——西安高新区在上海市举办“投资环境说明会暨项目推介会”和“吸引人才政策发布暨洽谈会”。

9月28日 南京区域经济协调会第十三届市长联席会在扬州市举行，来自苏、皖、赣20个城市市长就“十一五”规划等问题进行合作意向洽谈。

9月29日 “2005沪港青年经济发展论坛”在上海举行，主题为“中国企业的海外战略”。

9月30日 历时一个月的第二届长三角网上人才交流大会闭会，浙江、江苏、上海3省市累计有4200余家单位参加招聘，共推出岗位81000多个，一个月的访问总量逾1000万人次。

十月

10月5日 连云港港集装箱码头的最新统计数据显示，连云港港9月份集装箱运量突破12万标箱，较2004年同期增长144%，增幅创全国港口之最。

10月8日 江苏国际技术转移中心建设工程在无锡新区奠基。该中心总投资8千万人民币，将形成5万平方米的研发中心、接待中心、商务中心、综合服务中心等建筑群落。

10月8日 科技部最新公布的《科技统计报告》显示，2004年上海地方财政科技拨款39.32亿元，比前年翻了一番，约占全国的十分之一，排名从全国第七跃升至第二。

10月11日 国家火炬计划苏州汽车零部件产业基地日前通过评审，成为第10个国家火炬计划特色产业基地。该基地由相城区、高新区、工业园区共同组成，2004年实现产值105亿元。

10月13日 嘉善县科创服务中心正式落成，成为高新技术进驻嘉善县的专业孵化基地。

10月14日 江苏省经贸委、省统计局、省工商联排定全省民营企业（集团）50强。江苏沙钢集团以311.24亿元名列榜首，南京钢铁集团（278.81亿元）、苏宁电器集团（224.65亿元）分列二、三位。

宁波天一阁宣告，被誉为“镇阁之宝”的414册明清代科举录修补工作完成，历时10余年。

10月15日 2005年长三角集成电路产业发展合作论坛在杭州市举行。

据江苏省统计局对全省5000户抽样调查资料显示：2005年1～9月份，江苏省城镇居民人均可支配收入9334元，同比增长18%，同时，城镇居民消费呈现出强劲增势，人均消费性支出6570元，同比增长19.4%。

10月18日 2005年前三季度，江苏省完成进出口1651.2亿美元，比2004年同期增长36.2%，进出口总值继续保持全国第二，增幅高出全国12.5个百分点。

国家统计局公布了中国百强县最新排名，昆山市取代广东顺德荣登榜首。昆山市还被美国《福布斯》评为中国大陆最佳商业城市县级市第一名。

国家“十五”重点工程嘉兴发电厂二期工程最后一台60万千瓦机组经过168小时满负荷试营运，顺利投入商业运营，比原计划提前了317天。

浙江省农村电网建设与改造工作领导小组披露：浙江省通过改造农村电网、改革农电管理体制、实现城乡同网同价，5年来仅同网同价一项就减轻农民电费负担近55亿元，今后每年还将减轻农民电费负担15亿元以上。

中共上海市委召开市委常委会，原则同意市委、市政府有关闵行、宝山两区功能定位的批复，着力打造“航天闵行”、“金钢宝山”。

10月20日 江苏省统计局公布的2005年第三季度江苏经济形势报告显示：江苏产业结构得到优化，增长方式明显改变，高新技术成为江苏第一大产业，重工业增幅同比下降。

10月21日 江苏省启东市环保局披露：启东长江口（北支）湿地省级自然保护区发现20多只世界濒危鸟类——震旦鸦雀。这一发现表明通过设立湿地保护区，长江口（北支）鸟类生态环境得到了很大改善。

输入欧盟的10类纺织品出口许可数量2005年度第一次招标结果揭晓，江苏省441家参加投标的企业有246家中标。

10月22日 国家统计局公布2005年中国百强县的排行榜，长三角46个县市榜上有名，在三大经济圈中独领风骚。百强县主要集中在长三角、珠三角以及环渤海三大经济圈的格局保持不变。

长江三角洲城市经济协调会第六次会议（市长峰会）在南通举行。来自十六个城市的市长齐聚南通，探讨长三角地区经济合作，提高区域整体竞争力。共同签署了《长三角地区城市合作（南通）协议》。

由江苏、浙江和上海法学会共同发起主办的第一届“长三角法学论坛”在上海举行。

浙江省目前最大垃圾发电项目——首台垃圾焚烧炉在浙江富春江环保热电有限公司

投入营运。

10 月 23 日 第二届世界大城市带发展高层论坛在江苏省南通市举行，十一个国家二十个城市的市长、代表和长三角地区二十七位市长出席了论坛开幕式。世界六大城市带分别包括美国东北部大西洋沿岸城市带、北美五大湖城市带、日本太平洋沿岸城市带、欧洲西北部城市带、伦敦城市带以及中国以上海为中心的长三角城市带。

10 月 25 日 全球最大的硬盘驱动器生产企业希捷公司宣布，该公司在无锡的生产基地已经达到了每周 100 万块硬盘的生产能力，全年有接近 5000 万块硬盘从这里发往世界各地，使无锡成为全球最大的硬盘驱动器生产基地。

为期 5 天的第三届中国国际农产品交易会闭幕。江苏团以合同成交近 10 亿元、意向近 4 亿元的成绩，获得大会最高奖项——最佳组织奖和突出贸易成交奖。

10 月 26 日 人口与发展国际援助研讨会在苏州市举行。通过“加大人口和生殖健康投入，增进全人类福祉”为主题的《苏州宣言》。上海港 2005 年集装箱吞吐量达 1800 万标准箱，自 2003 年首次夺得“全球集装箱第三大港”的席位以来已稳坐三年。

10 月 27 日 经国务院同意，国家六部委联合下发通知，正式启动国家循环经济试点工作。江苏省及北京市、辽宁省、上海市、山东省、重庆市（三峡库区）被列为第一批国家循环经济试点省市。

我国第一座也是世界上容量最大，技术最先进的“绿色”炼铁炉——熔融还原炼铁炉在上海浦钢罗泾新基地开建。

10 月 28 日 “合力打造黄金水道，促进长江经济发展”座谈会在北京举行。上海、江苏、安徽、湖北、湖南、重庆、四川和云南的党政负责同志、交通部负责同志参加座谈会。

南水北调东线淮阴三站淮安四站工程开工。

苏北唯一的国家级经济技术开发区——连云港开发区集中开工 5 个单体投资超亿元项目，总投资达 30.38 亿元。项目涉及废纸利用、企业孵化器、食品加工等。

浙江省最大的风力发电场在岱山县衢山岛动工兴建。衢山风力发电场项目总投资 4.2 亿元人民币，被列入 2005 年省首批重点工程。

10 月 29 日 江苏省首个国家地质公园——苏州太湖西山地质公园开园。

位于江苏省江宁的我国首个利用太阳能热量发电的“虚拟电厂”发电成功。

10 月 30 日 以“加快发展现代服务业”为主题的第 17 次上海市长国际企业家咨询会议在上海举行。

2005 年上海国际创意产业活动周开幕，上海确定“十一五”创意产业五大类发展重点：研发设计创意，建筑设计创意、文化传媒创意、咨询策划创意和时尚消费创意。

江苏省首届“产学研”见面会在南京市举行。此次见面会吸引了 17 个市县（区）政府，22 所高校、科研院所以及 22 家企业前来进行“三方会晤”。

十一月

11 月 1 日 华东六省一市地学科技论坛在南京举行，论坛以“地球科学与社会可持续发展”为主题。

中国目前最大的雕塑艺术殿堂——上海城市雕塑艺术中心落成开馆。

该中心利用废弃多年的老厂房改建，旨在为上海城市雕塑事业搭建一个集展示交流、创作孵化、雕塑储备、艺术教育四位一体的艺术平台。

11月2日 江苏省医保中心宣布，全省各级财政将积极筹措和落实资金，于2005年年底前将全省困难和破产关闭的国有集体企业退休人员全部纳入医疗保险范围。并统一建设全省困难破产公有企业退休人员医保信息库，对各补助地区及时进行监督。

11月3日 江苏花桥国际商务城开幕，注册资金近5亿元的6个规模型服务业项目当场签约。到目前为止，已吸引了会展、酒店、研发中心、物流、金融等各类服务业资本100多亿元。

江苏省通信管理局与省物价局宣布：11月21日零时起，全省固定电话营业区间通话费资费标准由现行的0.50元/分钟调整为0.40元/分钟。全省城乡居民按正常通话量，一年可节省话费近两亿元。

由江苏省卫生、教育、宣传、农业、妇联等九部门组成的全省“亿万农民健康促进行动”督导组，即日起分赴全省各地巡回检查验收。

上海市劳动保障局披露：上海创业活动率为4.9%，高出我国香港和台湾地区，其活跃程度处于国际中等水平。

浙江省经贸委发布《浙江省限制和淘汰制造业落后生产能力目录》，明确限制和淘汰9大行业的工艺、技术和产品共430项。这是浙江省首次较为全面地对制造业领域落后生产能力作出界定。

《浙江省老年人优待证制发和管理办法》出台。此次新版《优待证》特别加注了“松鹤图案”的防伪标记。

11月4日 江苏省技术产权交易所与上海联合产权交易所签订了战略合作协议。

第三届中国民营企业峰会在杭州市召开。2005中国制造业民营企业品牌竞争力50强名单揭晓，浙江以23家企业入围，数量居全国首位，江苏、广东位居第二、第三。

江苏省内第一份企业年金基金管理合同在南京市签订，江苏省海外企业集团有限公司、江苏省对外经贸股份有限公司和江苏海企国际有限公司成为江苏省首批按企业年金信托模式运作员工养老保障计划的三家企业。

上海市政府新闻发布会宣布市府常务会议审议通过的《崇明三岛总体规划》，首次披露了生态崇明的总体目标和功能定位。

11月5日 据新华社最新经济数据显示，第三季度上海、浙江、江苏的生产总值、工业增加值、固定资产投资、信贷等核心经济指标增速继续回落，长三角经济十年来首次呈现整体“疲态”。房地产业降幅居于八大行业之首。

11月5日 长三角地区城调系统交换网络资料显示，该地区15个城市居民前三季度居民可支配收入呈现全面上升态势，人均可支配收入达8752元，增幅达11.2%，上海市居民收入水平列首位，苏州市居民收入增长速度列第一。

《中国城市金融生态环境评价》发布结果。在综合排名中，上海位居首位，北京列第10位。上海、宁波、温州、杭州、深圳被评为城市金融生态一级城市，按省区评价，则是浙江、上海、北京、天津、福建、江苏等六省市的金融资产质量最优。

11月8日 2005世界城市服务业大会在无锡召开。国内外近百位市长签署《世界城市服务业合作发展——无锡宣言》。大会同时确定无锡市为“世界城市服务业联盟”常设机构所在地。

11月9日 《江苏信息化发展报告（2000~2004年）》发布，这是全国第一个公开发布的地方信息化发展报告。报告显示，至2004年，江苏省信息产业已连续12年居全国第二。

南京市制订出全国首个和谐社区的评价细则，并以企业标准的形式在南京市质量技术监督局备案。

“第三届全球化论坛——世界文化多样性”在杭州市闭幕。会议通过了《杭州声明》。

11 月 10 日 “国家火炬计划软件产业基地揭牌暨江苏省软件创业服务平台建设启动仪式”在南京举行。

上海先进制造业十大品牌颁布，宝钢集团、上汽、上海电气、江南造船、振华港机、上海广电、中芯国际、海立集团、上海化工区、张江高科技园区被授予此称号。

11 月 12 日 由建设部、国家文物局共同评选的第二批中国历史文化名镇：浙江省湖州市南浔镇、绍兴县安昌镇、宁波市慈城镇、象山县石浦镇获中国历史文化名镇称号。

11 月 13 日 太仓市以高分入围中国优秀旅游城市，至此，苏州市成为江苏省第一个优秀旅游城市群。

我国第一辆拥有完全自主知识产权的电控共轨柴油公交车在无锡市投入运营。

位于龙湾区的永强垃圾发电厂 4 号炉日前正式投入运行，温州城市生活垃圾年处理能力达到 80 万吨，已成为全国首个 100% 无害化、能源化处理城市生活垃圾的城市。

11 月 15 日 2005 长三角（江苏）国际物流与大通关论坛在江阴市举办。主题为“江苏物流走向世界”。

11 月 16 日 《长三角 16 市区域创新研讨会暨第二届长三角高新技术项目洽谈会》在杭州市举行。16 市间相互对接合作的 21 个项目进行了签约，涉及合同资金 8000 万元。此外，另有 235 个项目现场进行了对接洽谈。会上披露，长三角大型科学仪器设备共享平台将于年底建成，沪苏浙 3 地的科研人员可共享网内各类科研设备。

11 月 16 日 苏浙沪三地的市政工程行业协会共同签署了《长三角三地市政工程协会合作协议》。

无锡市新型农民养老保险实施一个月以来，全市已有近 26 万靠种田为生的农民加入了按月领取“退休金”的行列。至此，无锡全市各类农民参保人数首度突破 100 万。

筹建 10 年、饱受争议的世界第一高楼——上海环球金融中心开工。按照计划，工程将于 2007 年中封顶，2008 年初竣工。上海环球金融中心在楼顶高度和人可到达高度两项指标上，都是世界最高。

11 月 17 日 “2005 上海软件外包国际峰会”披露：上海软件产业自 2001 年以来，连续四年保持 50% 以上高速增长。

11 月 18 日 “中日长江中下游—阪神·神户地区区域合作第七次会议”在日本神户召开。

江苏省慈善总会成立暨第一次会员代表大会在南京市举行。会议审议并通过了《江苏省慈善总会章程》。晚上举行揭牌仪式暨《爱心无限》大型文艺晚会。

扬州市政府在广州举行“扬州市民资商机说明会”，300 多名来自广东以及东南沿海地区的客商当场签下 58 个民资项目，投资总额 44.56 亿元，协议注册资本 7.86 亿元。

第七届中国上海国际艺术节举行。共有来自 24 个国家和地区的 45 台优秀参演剧（节）目，16 台祝贺演出剧（节）目和 4 台“节中节”演出节目，为 20 余万人次的观众演出 114 场。

上海市松江区在西班牙举行的“2005 第九届全球国际花园城市大赛”上荣获“全球国际花园城市竞赛”C 级组金奖第一名。

11 月 19 日 “优秀民企文化 20 佳”产生。温州 1580 多家民营企业踊跃角逐这 20 个“文化席位”，表明文化力正成为温州民营经济发展的新动力。

11 月 21 日 我国唯一的航空机电液压系统科研中心和生产基地——中国航空工业第一集团公司

金城南京机电液压工程研究中心在南京市落成，为我国航空机载机电技术跻身世界强者之列奠定基础。该中心投资5亿元。

国家重点工程长江口深水航道治理二期工程通过验收。长江口深水航道治理二期工程正式开工建设，2005年3月底提前完成。工程累计航道疏浚挖泥近6000万立方米，形成了一条底宽350至400米，通航水深10米，总长达74.1公里的深水航道。

浙江省实施城市医生支援农村卫生工程，近百专家定期驻扎县级医院。

11月22日　浙江省“文化精品工程”共有300余个项目提出申报。经严格审订其中29个项目被列入首批扶持对象。

11月24日　第五次沪苏浙经济合作与发展座谈会在南京举行。围绕实施长三角区域规划，推进自主创新，提升国际竞争力主题，两省一市与会代表进行了广泛交流。

为期两天的首届长三角“东方科技中介论坛”在南京举行。

浙皖两省举行经济社会发展情况座谈会，两省领导共商推动两省经济交流与合作大计，提升合作层次，促进区域协调发展。

11月25日　“首届长三角青年创新展”在上海举办。

苏北国际交流合作会议暨苏北发展新闻周活动在宿迁举行。总投资7.7亿美元的30个经贸项目集中签约，显示苏北已成外资投资热土。

11月26日　“长三角百家民营企业徐州行”投资洽谈会启动，来自浙江、上海和江苏省苏南、苏中的122位民营企业家专门赴徐州进行了相关项目的洽谈和对接。

根据最新工业月度统计资料显示，2005年1～10月，苏州全市累计完成工业增加值2026亿元，同比增长22.7%。在全国20个城市中成为继上海之后，第二个突破2000亿元大关的城市。第二届苏北地区投资贸易洽谈会在连云港市开幕。50个重大项目集中签约，总投资达88亿元。据大会组委会办公室统计，共签约项目877个，总金额384.61亿元。

2005浙江农业博览会在杭州开幕，同时举办海峡两岸农业合作交流会。

11月28日　在上海举办首届“长三角青年人才科技创新成果展示交流会”。

11月29日　华东六省一市信访工作座谈会在南京召开。

11月30日　在杭州市举行的以非公有制经济发展的法律保障为主题的第二届长三角法学论坛上，提出建立长三角地区民营企业国际反倾销中心。

国内首次创意产业系列活动——上海国际创意产业活动周在“海上海”创意产业集聚区开业。

以“信息化与工业化”为主题的第七届上海工业博览会在上海国际博览中心开幕。

以“中国因素——挑战与机遇”为主题的第二届国际海运（中国年会）在上海开幕。

十二月

12月1日　苏北腹地的又一条重要通道——宿淮高速公路通车。宿淮高速打通了苏北地区接应沿江、长三角和环渤海经济区的重要通道。

历时16天的第九届中国戏剧节在宁波市闭幕，共评出10台优秀剧目奖以及10个单项奖。浙江省6台参评剧目全部获得奖项。

浙江省政府根据《劳动法》规定，即日起调高全省最低工资标准。这是浙江省第七次调整最低工资标准。

12 月 2 日 《江苏省被征地农民基本生活保障资金管理办法》出台并实施。

12 月 6 日 苏浙沪三省市及其省辖市的妇联主席聚首镇江，以“合作、共享、和谐、发展”为主题，共商推进长三角区域妇女发展与合作大计。

12 月 8 日 一种新的通关模式，长三角一体化通关——“属地申报、口岸验放”启动。

浙江省近期将调整提高企业退休人员基本养老金待遇。

江苏省首家野生动植物和湿地保护管理站在扬州市挂牌成立。从此，扬州 100 余万亩湿地和 200 多种野生动植物，全面进入科学化管理新阶段。

12 月 9 日 首次南京—加拿大农业经贸洽谈会召开，打开了南京农产品直接对加出口的通道。

12 月 11 日 民营经济发展论坛永久性坛址落户台州，总投资 8 亿元，建筑面积 18 万平方米，计划在 3 年内建成。

12 月 13 日 南京市公布《郊县农民向城镇和农村居民点集中的实施意见》，将通过土地、户籍、金融、规划等方面的改革、支持，引导分散居住的农民向城镇和农村居民点聚居，推进城乡统筹发展。

12 月 15 日 第四届旅交会在杭州市开幕。苏浙沪等地 100 多家旅行社和 100 多家景点景区的旅游企业，自发举行长三角旅行社与景区深度协作活动。

12 月 17 日 “2005 中国长三角物流合作高峰论坛”在南京举行。

2005 中国生态城市建设高层论坛暨第六届江苏城市发展论坛在南京市举行。并发表了中国生态城市建设《南京宣言》。

12 月 18 日 上海社会科学院、江苏省社会科学院与浙江省社会科学院共同发起成立“长三角联合研究中心”。

12 月 19 日 浙江省 142 家企业的 148 项产品获国家质检总局公布的 2005 年度国家免检产品称号，企业数名列全国第一。

12 月 20 日 上海陆家嘴金融贸易区联合发展有限公司与李嘉诚的和记黄埔地产有限公司签署合作协议，双方将分别投资 20 亿元和 50 亿元人民币，共同开发大型商贸综合性项目“世纪大都会”。

上海浦东赵家沟航道整治工程开工，标志上海“十一五”内河航道整治工程全面启动。

由上海世博会事务协调局、上海市知识产权局等共同主办的“第二届世博会与法制化论坛”在沪举行。

中美高层知识产权论坛在杭州开幕，美国国家法官为中国企业走出“337 条款”困境支招。

12 月 21 日 长江（国际）电视联盟在南京成立。来自长江流域 13 家电视台的台长们聚集南京，出席联盟成立暨江苏国际频道开播一周年大会。

国家“863”计划的亚洲首座潮流能发电实验电站实用化项目，在浙江省岱山县建成发电。

12 月 22 日 上海浦东国际机场扩建工程启动。

12 月 23 日 由江苏省交通厅、港口管理局组织编制的《江苏省沿江港口布局规划》、《江苏省沿江沿海港口发展战略研究》在南京通过专家审查。

12 月 25 日 长三角三省市领导座谈会在杭州举行。

"2005 自主创新高峰论坛"在杭州举行。

12 月 27 日 2005 年中国"三农"发展（杭州）论坛暨首届"浙江村官"峰会在杭州召开。

12 月 28 日 国务院、国家发改委特批准发行总额为人民币 80 亿元的世博建设债券，首批 15 亿于当日在北京、上海和深圳三地同时发售。

12 月 29 日 上海市图书馆行业协会成立。51 家单位成为协会首批会员单位。

上海现代服务业联合会成立。

"中央金融信息数据库"的全国基础信用信息库落户上海，央行的征信服务中心也已经在上海设立，上海将成为全国信用信息中心。

12 月 30 日 苏浙沪三地的房地产业协会在沪共同举办"长三角地区房地产开发企业 80 强推介颁奖大会"。

12 月 31 日 上海轨道交通 4 号线"C"字形在完成了信号、通讯、消防报警、电视监控等 7 个系统的调试并获行业管理部门评审通过后通车试运营，不搞通车典礼。

图书在版编目（CIP）数据

长三角年鉴（2006）/宋林飞主编；长三角联合研究中心编. 一北京：社会科学文献出版社，2007.1
ISBN 978-7-80230-392-8

Ⅰ.长… Ⅱ.①宋…②长… Ⅲ.长江三角洲-2006-年鉴 Ⅳ.Z525

中国版本图书馆 CIP 数据核字（2006）第152796号

长三角年鉴（2006）

编　　者 / 长三角联合研究中心
主　　编 / 宋林飞
执行主编 / 孙克强

出 版 人 / 谢寿光
出 版 者 / 社会科学文献出版社
地　　址 / 北京市东城区先晓胡同10号
邮政编码 / 100005
网　　址 / http://www.ssap.com.cn
网站支持 / （010）65269967
责任部门 / 皮书出版中心（010）85117872
电子信箱 / pishubu@ssap.cn
项目负责 / 范广伟
责任编辑 / 崔　岩　王玉敏
责任印制 / 盖永东

总 经 销 / 社会科学文献出版社发行部
（010）65139961　65139963
经　　销 / 各地书店
读者服务 / 市场部
（010）65285539
法律顾问 / 北京建元律师事务所
排　　版 / 北京鑫联必升文化发展有限公司
印　　刷 / 三河市尚艺印装有限公司

开　　本 / 880×1230毫米　1/16开
印　　张 / 75.75
插图印张 / 1
字　　数 / 1773千字
版　　次 / 2007年1月第1版
印　　次 / 2007年1月第1次印刷

书　　号 / ISBN 978-7-80230-392-8/F·106
定　　价 / 380.00元

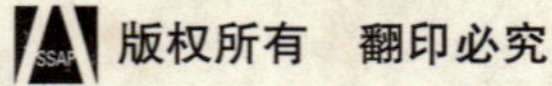